Dicionário enciclopédico de Direito

Dicionário enciclopédico de Direito

Valdemar P. da Luz

Sylvio Capanema de Souza

© Editora Manole Ltda., 2015, por meio de contrato com os autores.

EDITOR-GESTOR Walter Luiz Coutinho
EDITORA RESPONSÁVEL Sônia Midori Fujiyoshi
PRODUÇÃO EDITORIAL Luiza Bonfim, Rodrigo Botelho
EDITORA DE ARTE Deborah Sayuri Takaishi
CAPA Aline Shinzato da Silva
PROJETO GRÁFICO TKD Editoração Ltda.

Dados Internacionais de Catalogação na Publicação (CIP)
(Câmara Brasileira do Livro, SP, Brasil)

Luz, Valdemar P. da
   Dicionário enciclopédico de Direito / Valdemar P. da Luz, Sylvio Capanema de Souza. – Barueri, SP: Manole, 2015.

   ISBN 978-85-204-3775-9

   1. Direito – Dicionários 2. Direito – Dicionários – Brasil I. Souza, Sylvio Capanema de. II. Título.

15-03906   CDU-34(81)(03)

Índice para catálogo sistemático:
1. Brasil: Dicionários: Direito 34(81)(03)

Todos os direitos reservados. Nenhuma parte deste livro poderá ser reproduzida, por qualquer processo, sem a permissão expressa dos editores. É proibida a reprodução por fotocópia.

A Editora Manole é filiada à ABDR – Associação Brasileira de Direitos Reprográficos.

Edição – 2015

Data de fechamento desta edição: 13.05.2015.

Editora Manole Ltda.
Av. Ceci, 672 – Tamboré
06460-120 – Barueri – SP – Brasil
Fone: (11) 4196-6000 – Fax: (11) 4196-6021
www.manole.com.br
juridico@manole.com.br

Impresso no Brasil
Printed in Brazil

Sobre os autores

VALDEMAR P. DA LUZ
Advogado. Doutor em Direito Civil. Especialista em Direito Processual Civil. Ex-presidente do Instituto dos Advogados de Santa Catarina. Diretor do Instituto de Ciências Jurídicas em Florianópolis/SC. Comenda Osvaldo Vergara, por relevantes serviços prestados aos advogados e à OAB/RS. Professor universitário.

SYLVIO CAPANEMA DE SOUZA
Bacharel em Direito pela Faculdade Nacional de Direito. 1º Vice-Presidente do Tribunal de Justiça do Estado do Rio de Janeiro até 2008. 2º Vice-Presidente do Tribunal de Justiça do Rio de Janeiro. Diretor cultural da Associação dos Magistrados do Rio de Janeiro e do Instituto dos Magistrados Brasileiros. Ingressou na Magistratura em 1994 representando o quinto constitucional da advocacia, que exerceu durante 33 anos no Rio de Janeiro. Professor titular de Direito Civil da Faculdade Cândido Mendes, de pós-graduação em Direito Civil da Fundação Getulio Vargas, da Pontifícia Universidade Católica do Rio de Janeiro (PUC/RJ) e da Escola de Magistratura do Rio de Janeiro. Fundador e membro efetivo da Academia Brasileira de Direito Civil. Professor visitante das Universidades de Coimbra e de Salamanca.

Nota dos autores

Eis que surge o *Dicionário enciclopédico de Direito*. Fruto de longas e incessantes horas de trabalho e pesquisa jurídica, vem a lume essa obra cujo principal objetivo é contribuir e facilitar a compreensão de palavras, expressões ou vocábulos empregados por todos os que, de uma forma ou de outra, tenham contato com o Direito. Quem, sendo acadêmico de Direito, advogado, magistrado, membro do Ministério Público e outros que operam com o Direito, não tem necessidade de consultar um dicionário ou vocabulário jurídico para dissipar eventuais dúvidas? Quem não gostaria de encontrar nesse mesmo dicionário a explicação do verbete e a menção às situações nas quais ele se aplica, além da doutrina, da legislação correlata e da jurisprudência que lhe dá suporte?

Pois foi com esse intento que houvemos por bem elaborar esse *Dicionário enciclopédico de Direito*. Nele o leitor, estudante ou profissional de todas as áreas do Direito terá à disposição um manancial de informações, indispensável para sua formação ou para o exercício da profissão.

Os textos legislativos e jurisprudenciais estão dispostos logo após as definições dos verbetes e se diferenciam por sinais gráficos, da seguinte maneira:

- ▶ Legislação
- ■ Jurisprudência

Essa configuração certamente proporcionará ao leitor uma consulta dinâmica e prática dos verbetes, assim como da legislação e da jurisprudência correspondentes.

Já atualizado de acordo com o Código de Processo Civil de 2015 (que entrará em vigor "após decorrido 1 (um) ano da data de sua publicação oficial" – DOU 17.03.2015 –, de acordo com seu art. 1.045), a obra, como não poderia ser diferente, absorveu não só a legislação como também incorporou novos institutos e novas expressões contidas em seu bojo.

Nenhum dicionário pode ser considerado definitivo; ao contrário, será sempre uma obra inacabada. Desse modo, seja por eventual "esquecimento" dos autores em relação à inclusão de algum termo, seja pelo surgimento de novas expressões e termos jurídicos ou, ainda, pela alteração da legislação vigente, estamos convictos de que sempre haverá necessidade de se complementar ou atualizar a presente obra. Nessa perspectiva, é razoável presumir que não faltarão leitores que, ou farão críticas, ou farão sugestões ou, ainda, apontarão a ausência de termos que entendem deveriam constar no dicionário. Afinal, toda obra de Direito, justamente por ser de Direito, por provocar diferentes leituras, nem sempre alcança unanimidade.

Por último, confiamos na compreensão de quantos possam se interessar pela obra e que ela se torne importante fonte de referência de consulta não só para os operadores do Direito, de modo geral, como também para aqueles que pretendem adquirir conhecimentos jurídicos em todas as áreas do Direito, sejam estudantes ou aqueles que pretendam prestar concursos públicos.

Valdemar P. da Luz

Sylvio Capanema de Souza

Abreviaturas e siglas

ACO: ação civil originária
ADC: ação declaratória de constitucionalidade
ADCT: Ato das Disposições Constitucionais Transitórias
ADIn: ação direta de inconstitucionalidade
ADPF: ação de descumprimento de preceito fundamental
Ag. Reg.: agravo regimental
AGU: Advocacia-Geral da União
Anatel: Agência Nacional de Telecomunicações
Aneel: Agência Nacional de Energia Elétrica
ANS: Agência Nacional de Saúde Suplementar
Anvisa: Agência Nacional de Vigilância Sanitária
Ap.: apelação
Bacen: Banco Central do Brasil
BNDES: Banco Nacional de Desenvolvimento Econômico e Social
BNT: Bônus do Tesouro Nacional
c/ rev.: com revisão
Cade: Conselho Administrativo de Defesa Econômica
Câm.: Câmara
Câm. de Dir. Priv.: Câmara de Direito Privado
Câm. de Dir. Públ.: Câmara de Direito Público
CBA: Código Brasileiro de Aeronáutica (Lei n. 7.565/86)
CC: Código Civil
CC/1916: Código Civil de 1916 (Lei n. 3.071/1916)
CC/2002: Código Civil de 2002 (Lei n. 10.406/2002)
CCom: Código Comercial (Lei n. 556/1850)
CDC: Código de Defesa do Consumidor (Lei n. 8.078/90)
CEJ: Centro de Estudos Jurídicos
CF: Constituição Federal
CFM: Conselho Federal de Medicina
CJF: Conselho da Justiça Federal
CLT: Consolidação das Leis do Trabalho (DL n. 5.452/43)
CMN: Conselho Monetário Nacional
CNJ: Conselho Nacional de Justiça
CNMP: Conselho Nacional do Ministério Público
CNPJ: Cadastro Nacional de Pessoas Jurídicas
COJ: Código de Organização Judiciária
CP: Código Penal (DL n. 2.848/40)
CPC: Código de Processo Civil (Lei n. 5.869/73)
CPF: Cadastro de Pessoas Físicas
CPI: Comissão Parlamentar de Inquérito
CPM: Código Penal Militar (DL n. 1.001/69)
CPP: Código de Processo Penal (DL n. 3.689/41)
CPPM: Código de Processo Penal Militar (DL n. 1.002/69)
CR: Constituição da República
CTB: Código de Trânsito Brasileiro (Lei n. 9.503/97)
CTN: Código Tributário Nacional (Lei n. 5.172/66)
CTPS: Carteira de Trabalho e Previdência Social
Des.: desembargador
DJ: Diário da Justiça
DL: decreto-lei
EAOAB: Estatuto da Advocacia e a Ordem dos Advogados do Brasil (Lei n. 8.906/94)
EC: Emenda Constitucional
ECA: Estatuto da Criança e do Adolescente (Lei n. 8.069/90)
ECR: Emenda Constitucional de Revisão
FGTS: Fundo de Garantia do Tempo de Serviço
FMI: Fundo Monetário Internacional
HC: *habeas corpus*
IBGE: Instituto Brasileiro de Geografia e Estatística
ICMS: Imposto sobre Operações relativas à Circulação de Mercadorias e sobre Prestações de Serviços de Transporte Interestadual e Intermunicipal e de Comunicação
INSS: Instituto Nacional do Seguro Social
IPI: Imposto sobre Produtos Industrializados
IPTU: Imposto Predial e Territorial Urbano
IPVA: Imposto sobre a Propriedade de Veículos Automotores
IR: Imposto de Renda
ISS: Imposto sobre Serviços de Qualquer Natureza
j.: julgado
LACP: Lei da Ação Civil Pública (Lei n. 7.347/85)
LC: lei complementar
LCP: Lei das Contravenções Penais (DL n. 3.688/41)
LDO: Lei de Diretrizes Orçamentárias
LEP: Lei de Execução Penal (Lei n. 7.210/84)
LINDB: Lei de Introdução às normas do Direito Brasileiro (DL n. 4.657/42)
LONMP: Lei Orgânica Nacional do Ministério Público (Lei n. 8.625/93)
Mercosul: Mercado Comum do Sul
Min.: Ministro(a)
MP: Ministério Público
MP n.: Medida Provisória n.
MPF: Ministério Público Federal
n.: número
OAB: Ordem dos Advogados do Brasil
OIT: Organização Internacional do Trabalho

OJ: orientação jurisprudencial
OMS: Organização Mundial da Saúde
ONU: Organização das Nações Unidas
p.: página
PEC: projeto de emenda constitucional
PIB: Produto Interno Bruto
PL: projeto de lei
r.: referido(a)
RE: recurso extraordinário
rel.: relator(a)
REsp: recurso especial
RGPS: Regime Geral de Previdência Social
RMS: recurso em mandado de segurança
RO: recurso ordinário
RR: recurso de revista
s/ rev.: sem revisão
S.A.: sociedades anônimas

segs.: seguintes
SFN: Sistema Financeiro Nacional
Sisnama: Sistema Nacional do Meio Ambiente
SLS: suspensão de liminar e de sentença
SPU: Secretaria do Patrimônio da União
STF: Supremo Tribunal Federal
STJ: Superior Tribunal de Justiça
STM: Superior Tribunal Militar
T.: turma
TJ: Tribunal de Justiça
TRE: Tribunal Regional Eleitoral
TRF: Tribunal Regional Federal
TRT: Tribunal Regional do Trabalho
TSE: Tribunal Superior Eleitoral
TST: Tribunal Superior do Trabalho
Ufir: Unidade Fiscal de Referência
v.: *vide*

Abaixo-assinado Documento com características de requerimento ou petição, subscrito por um número ilimitado de pessoas, pelo qual se reivindica um direito ou determinada providência, endereçado à pessoa ou autoridade que possui competência para decidir.

Abalroamento Choque entre veículos terrestres. Colisão entre aeronaves, no ar ou em manobras terrestres. Colisão de embarcações em movimento ou com uma delas estacionada. O causador do abalroamento ou da colisão pode ser responsabilizado a indenizar por meio de ação própria (*v. Ação de reparação de danos*).

Abalroamento de aeronaves Colisão entre duas ou mais aeronaves, em voo ou em manobra na superfície. Consideram-se provenientes de abalroamento os danos produzidos pela colisão de duas ou mais aeronaves, em voo ou em manobra na superfície, e os produzidos às pessoas ou coisas a bordo por outra aeronave em voo (art. 273, CBA). A responsabilidade pela reparação dos danos resultantes do abalroamento cabe ao explorador ou proprietário da aeronave causadora, quer a utilize pessoalmente, quer por preposto. Havendo culpa concorrente, a responsabilidade dos exploradores é solidária, mas proporcional à gravidade da falta. Também constitui acidente aéreo a queda de qualquer tipo de aeronave que cause danos pessoais ou materiais, este regido pelos arts. 186 e 927, CC.

▶ Veja CBA: "**Art. 273.** Consideram-se provenientes de abalroamento os danos produzidos pela colisão de 2 (duas) ou mais aeronaves, em voo ou em manobra na superfície, e os produzidos às pessoas ou coisas a bordo, por outra aeronave em voo. **Art. 274.** A responsabilidade pela reparação dos danos resultantes do abalroamento cabe ao explorador ou proprietário da aeronave causadora, quer a utilize pessoalmente, quer por preposto. **Art. 275.** No abalroamento em que haja culpa concorrente, a responsabilidade dos exploradores é solidária, mas proporcional à gravidade da falta. Parágrafo único. Não se podendo determinar a proporcionalidade, responde cada um dos exploradores em partes iguais".

■ [...] 2. A União não é responsável por danos decorrentes de acidente aéreo ocasionado pelo uso indevido de aeronave de sua propriedade cedida gratuitamente a aeroclube privado para fins de treinamento de pilotos. Não se aplica a responsabilidade subjetiva estatal por ato omissivo, quando ausente o dever de vigilância e não caracterizada culpa *in vigilando*. 3. A autorização para funcionamento de aeroclubes, nos termos do art. 98 da Lei n. 7.565/86, decorre do poder de polícia da União, o que afasta sua responsabilidade por eventuais danos ocasionados pela utilização inadequada de aeronave. (STJ, REsp n. 449.407/PR, 2ª T., rel. Min. João Otávio de Noronha, j. 16.05.2006)

Abalroamento de embarcações Ou "abalroação" é o choque entre duas ou mais embarcações. Pressupõe embarcações em movimento ou com possibilidade de mover-se (Lei n. 2.180/54). Os abalroamentos ocorridos entre navios brasileiros são regidos pelo CCom (arts. 749 a 752). O abalroamento pode ser: culposo, quando existe desídia, negligência ou culpa do capitão ou da guarnição de um dos navios, ou dos capitães ou comandantes e tripulantes de ambos os navios; fortuito, quando ocorre em consequência de caso fortuito ou força maior; misto ou duvidoso, quando não se pode determinar a causa do choque ou apurar a quem cabe a culpa.

▶ Veja CCom: "**Art. 749.** Sendo um navio abalroado por outro, o dano inteiro causado ao navio abalroado e à sua carga será pago por aquele que tiver causado a abalroação, se esta tiver acontecido por falta de observância do regulamento do porto, imperícia, ou negligência do capitão ou da tripulação; fazendo-se a estimação por árbitros. **Art. 750.** Todos os casos de abalroação serão decididos, na menor dilação possível, por peritos, que julgarão qual dos navios foi o causador do dano, conformando-se com as disposições do regulamento do porto, e os usos e prática do lugar. No caso dos árbitros declararem que não podem julgar com segurança qual navio foi culpado, sofrerá cada um o dano que tiver recebido".

▸ Veja Código Bustamante: "**Art. 289.** O abalroamento fortuito, em águas territoriais ou no espaço aéreo nacional, submete-se à lei do pavilhão, se este for comum. **Art. 290.** No mesmo caso, se os pavilhões diferem, aplica-se a lei do lugar. **Art. 291.** Aplica-se essa mesma lei a todo caso de abalroamento culpável, em águas territoriais ou no espaço aéreo nacional. **Art. 292.** A lei do pavilhão aplicar-se-á nos casos de abalroamento fortuito ou culpável, em alto-mar ou no livre espaço, se os navios ou aeronaves tiverem o mesmo pavilhão. **Art. 293.** Em caso contrário, regular-se-á pelo pavilhão do navio ou aeronave abalroado, se o abalroamento for culpável. **Art. 294.** Nos casos de abalroamento fortuito, no alto-mar ou no espaço aéreo livre, entre navios ou aeronaves de diferentes pavilhões, cada um suportará a metade da soma total do dano, dividido segundo a lei de um deles, e a metade restante dividida segundo a lei do outro".

▸ Veja Lei n. 2.180/54: "**Art. 14.** Consideram-se acidentes da navegação: *a)* naufrágio, encalhe, colisão, abalroação, água aberta, explosão, incêndio, varação, arribada e alijamento; *b)* avaria ou defeito no navio nas suas instalações, que ponha em risco a embarcação, as vidas e fazendas de bordo".

Abalroamento de veículos Choque entre veículos que caracteriza uma das modalidades de acidente de trânsito. O causador do acidente pode ser responsabilizado civilmente por meio de ação própria denominada "ação de ressarcimento por danos causados em acidente de veículo", com fundamento nos arts. 186 e 927, CC. Também é possível ajuizar a ação perante os Juizados Especiais Cíveis, conforme dispõe o art. 3º, II, Lei n. 9.099/95. Caso do acidente advenham lesões corporais ou morte, o condutor que a ele der causa poderá também ser penalizado criminalmente, por ato culposo ou doloso (*v. Ação de reparação de danos causados em acidente de trânsito*).

▸ Veja CC: "**Art. 186.** Aquele que, por ação ou omissão voluntária, negligência ou imprudência, violar direito e causar dano a outrem, ainda que exclusivamente moral, comete ato ilícito. [...] **Art. 927.** Aquele que, por ato ilícito (arts. 186 e 187), causar dano a outrem, fica obrigado a repará-lo. Parágrafo único. Haverá obrigação de reparar o dano, independentemente de culpa, nos casos especificados em lei, ou quando a atividade normalmente desenvolvida pelo autor do dano implicar, por sua natureza, risco para os direitos de outrem".

▸ Veja CPC/2015: "**Art. 53.** É competente o foro: [...] V – de domicílio do autor ou do local do fato, para a ação de reparação de dano sofrido em razão de delito ou acidente de veículos, inclusive aeronaves".

■ Responsabilidade civil em acidente de trânsito. Abalroamento. Pretensão indenizatória. Danos materiais. Danos morais. Seguradora. Limites de cobertura da apólice. 1. Cuida-se de demanda que versa sobre responsabilidade subjetiva, decorrente de acidente de trânsito, em que o modelo probatório de constatação fática deve ser o da preponderância de provas. 1. [...] Evidenciada a imprudência do demandado ao não adotar as cautelas concernentes à direção defensiva (arts. 28 e 29, II, do CTB), sendo, portanto, responsável exclusivo pelo evento. [...] 4. Danos extrapatrimoniais fixados conforme a razoabilidade e as particularidades da causa, especialmente pelas condições socioeconômicas do demandado. Ausência de impugnação específica aos fundamentos da sentença neste aspecto. 5. Responsabilidade da seguradora no tocante aos danos morais, diante da inexistência de expressa exclusão de tal rubrica no instrumento formalizador do negócio jurídico de seguro. Danos morais que, na hipótese *sub judice*, encontram-se inseridos no contexto dos danos corporais. (TJRS, Ap. Cível n. 70.032.449.068, 12ª Câm. Cível, rel. Judith dos Santos Mottecy, j. 25.03.2010)

Ab alto Expressão latina que significa "por alto"; "por presunção"; "por suspeita".

Abandonatário Aquele que toma posse de coisa abandonada; ocupador (direito marítimo). Aquele em cujo favor se opera o abandono liberatório.

Abandono afetivo Abandono dos filhos, caracterizado pelo rompimento das relações de afeto entre o pai separado ou divorciado e seus filhos, passível de indenização por danos morais. Funda-se a pretensão de indenização no fato de que a responsabilidade (pelo filho) não se pauta tão somente no dever de alimentar, mas se insere no dever de possibilitar desenvolvimento humano aos filhos, baseado no princípio da dignidade da pessoa humana.

- Família. Abandono afetivo. Compensação por dano moral. Possibilidade. 1. Inexistem restrições legais à aplicação das regras concernentes à responsabilidade civil e o consequente dever de indenizar/compensar no Direito de Família. [...] 3. Comprovar que a imposição legal de cuidar da prole foi descumprida implica em se reconhecer a ocorrência de ilicitude civil, sob a forma de omissão. 4. Apesar das inúmeras hipóteses que minimizam a possibilidade de pleno cuidado de um dos genitores em relação à sua prole, existe um núcleo mínimo de cuidados parentais que, para além do mero cumprimento da lei, garantam aos filhos, ao menos quanto à afetividade, condições para uma adequada formação psicológica e inserção social. [...] 6. A alteração do valor fixado a título de compensação por danos morais é possível, em recurso especial, nas hipóteses em que a quantia estipulada pelo Tribunal de origem revela-se irrisória ou exagerada. (STJ, REsp n. 1.159.242/SP, 3ª T., rel. Min. Nancy Andrighi, j. 24.04.2012, DJe 10.05.2012)

Abandono da causa Renúncia de direito pelo autor da ação. Configura-se quando o autor, por um período de trinta dias, deixa de promover atos e diligências que lhe competem no processo. Se der causa, por três vezes, à extinção do processo, pelo fundamento previsto na lei, o autor não poderá intentar nova ação contra o réu com o mesmo objeto; poderá, porém, alegar em defesa o seu direito (arts. 267 e 268, CPC/73).

▶ Veja CPC/73: "**Art. 267.** Extingue-se o processo, sem resolução de mérito: [...] III – quando, por não promover os atos e diligências que lhe competir, o autor abandonar a causa por mais de 30 (trinta) dias; [...] **Art. 268.** Salvo o disposto no art. 267, V, a extinção do processo não obsta a que o autor intente de novo a ação. A petição inicial, todavia, não será despachada sem a prova do pagamento ou do depósito das custas e dos honorários de advogado. Parágrafo único. Se o autor der causa, por três vezes, à extinção do processo pelo fundamento previsto no n. III do artigo anterior, não poderá intentar nova ação contra o réu com o mesmo objeto, ficando-lhe ressalvada, entretanto, a possibilidade de alegar em defesa o seu direito".

▶ Veja CPC/2015: "**Art. 485.** O juiz não resolverá o mérito quando: [...] III – por não promover os atos e as diligências que lhe incumbir, o autor abandonar a causa por mais de 30 (trinta) dias; [...] **Art. 486.** O pronunciamento judicial que não resolve o mérito não obsta a que a parte proponha de novo a ação. [...] § 3º Se o autor der causa, por 3 (três) vezes, a sentença fundada em abandono da causa, não poderá propor nova ação contra o réu com o mesmo objeto, ficando-lhe ressalvada, entretanto, a possibilidade de alegar em defesa o seu direito".

- Súmula n. 240, STJ: A extinção do processo, por abandono da causa pelo autor, depende de requerimento do réu.

- Processo civil. Extinção do processo sem resolução do mérito, com fulcro no art. 267, III, do CPC. Inércia dos autores em promover os atos e diligências que lhes competiam. Inobservância dos requisitos legais. 1. O ordenamento processual admite a extinção do feito, sem apreciação do mérito, quando existe inércia do autor em promover as diligências e atos processuais a seu encargo caracterizando o abandono da causa. 2. Contudo, para caracterizar o abandono, a lei processual exige expressamente a prévia intimação pessoal do autor para cumprir seus encargos no prazo de 48 (quarenta e oito) horas. 3. Neste aspecto, inválida e ineficaz é a sentença que extingue o feito, por abandono de causa, em prejuízo da parte, sem observar o requisito legal da prévia intimação do autor. Apelo conhecido e provido para determinar a anulação da sentença e o regular prosseguimento do feito, na forma do art. 557, § 1º-A, do CPC. (TJRJ, Ap. n. 0253612-80.2008.8.19.0001, 14ª Câm. Cível, rel. Des. Cleber Ghelfenstein, j. 16.04.2010)

Abandono da coisa Ato pelo qual alguém, voluntariamente, abdica da posse e propriedade de uma coisa, por não querê-la mais. Coisa que o dono abandona com intenção de renunciar, sujeitando-se à apropriação (art. 1.275, III, CC). O abandono pressupõe um ato material, praticado intencionalmente, de rejeição da coisa, sendo que a perda de posse, nesse caso, está diretamente relacionada à intenção de retirar a coisa da esfera de atuação material do titular da posse. Abandonada, a coisa torna-se *res nullius*, coisa de ninguém, suscetível de ocupação.

▶ Veja CC: "**Art. 1.275.** Além das causas consideradas neste Código, perde-se a propriedade: I – por alienação; II – pela renúncia; III – por abandono; IV – por perecimento da coisa; V – por desapropriação. [...]".

- Ação reivindicatória. Imóvel abandonado. Inexistência de posse injusta. Falta de interesse de agir. 1. A admissibilidade da ação reivindicatória exige a presença de três requisitos: a prova da titularidade do domínio pelo autor, a individualização da coisa e a posse injusta do réu. Precedentes. 2. A caracterização da posse nem sempre se dá pelo contato físico com a coisa, muitas vezes prescindindo de exteriorização material, bastando a existência de um poder de fato sobre o bem. Nesse contexto, há de se distinguir o abandono da ausência, seja ela eventual ou habitual. No abandono, o possuidor abdica de sua situação jurídica, desligando-se da coisa com a intenção de se privar definitivamente de sua disponibilidade física e de não mais exercer sobre ela atos possessórios. Na mera ausência, o possuidor perde apenas transitoriamente o contato físico com a coisa, mas mantém a relação de fato com o bem e a vontade de exercer a posse. 3. Se o imóvel está abandonado, o proprietário não precisa de decisão judicial para reavê-lo, devendo ser reconhecida a sua falta de interesse de agir, ante à desnecessidade ou inutilidade do provimento jurisdicional perseguido. 4. Recurso especial a que se nega provimento. (STJ, REsp n. 1.003.305/DF, 3ª T., rel. Min. Nancy Andrighi, j. 18.11.2010, *DJe* 24.11.2010)

Abandono da família Deixar de cumprir, por ato voluntário e sem justa causa, deveres próprios do responsável pela manutenção da família, relativos às obrigações alimentícias, de moradia, educação, assistenciais e outras. O abandono pode ensejar a perda do poder familiar e a caracterização de delito penal (art. 1.638, CC; art. 244, CP).

- Veja CC: "**Art. 1.638.** Perderá por ato judicial o poder familiar o pai ou a mãe que: I – castigar imoderadamente o filho; II – deixar o filho em abandono; III – praticar atos contrários à moral e aos bons costumes; IV – incidir, reiteradamente, nas faltas previstas no artigo antecedente".

- Veja CP: "**Art. 244.** Deixar, sem justa causa, de prover a subsistência do cônjuge, ou de filho menor de 18 (dezoito) anos ou inapto para o trabalho, ou de ascendente inválido ou maior de 60 (sessenta) anos, não lhes proporcionando os recursos necessários ou faltando ao pagamento de pensão alimentícia judicialmente acordada, fixada ou majorada; deixar, sem justa causa, de socorrer descendente ou ascendente, gravemente enfermo: Pena – detenção, de 1 (um) a 4 (quatro) anos, e multa, de uma a dez vezes o maior salário mínimo vigente no País. Parágrafo único. Nas mesmas penas incide quem, sendo solvente, frustra ou ilide, de qualquer modo, inclusive por abandono injustificado de emprego ou função, o pagamento de pensão alimentícia judicialmente acordada, fixada ou majorada".

Abandono da herança Renúncia da herança. Recusa voluntária do herdeiro em receber a herança para não ser obrigado a pagar dívidas e legados do espólio, que passam à responsabilidade dos coerdeiros, legatários e credores. A renúncia deve constar, expressamente, de escritura pública ou termo judicial (art. 1.806, CC).

- Veja CC: "**Art. 1.806.** A renúncia da herança deve constar expressamente de instrumento público ou termo judicial. **Art. 1.807.** O interessado em que o herdeiro declare se aceita, ou não, a herança, poderá, vinte dias após aberta a sucessão, requerer ao juiz prazo razoável, não maior de trinta dias, para, nele, se pronunciar o herdeiro, sob pena de se haver a herança por aceita. **Art. 1.808.** Não se pode aceitar ou renunciar a herança em parte, sob condição ou a termo. § 1º O herdeiro, a quem se testarem legados, pode aceitá-los, renunciando a herança; ou, aceitando-a, repudiá-los. [...]".

- Tratando-se de renúncia pura e simples, o único imposto devido é o *causa mortis*, a ser pago pelo beneficiado, sendo inexigível o *inter vivos*; ao passo que cessão em benefício de pessoa determinada (*in favorem*), como verdadeira doação, incide na tributação respectiva. (TJSP, AI n. 55.540/1985/SP, rel. Des. Silva Costa, j. 16.05.1985)

- Para haver a renúncia *in favorem*, é mister que haja aceitação tácita da herança pelos herdeiros que, em ato subsequente, transferem os direitos hereditários a beneficiário certo, configurando verdadeira doação. (STJ, REsp n. 33.698/7/1994/MG, rel. Min. Cláudio Santos, j. 29.03.1994, *DJ* 16.05.1994)

Abandono da posse Uma das causas da perda da posse das coisas previstas no CC. Perde-se a posse ao cessar, embora contra a vontade do possuidor, algum dos poderes inerentes à propriedade (art. 1.196, CC).

- Veja CC: "**Art. 1.196.** Considera-se possuidor todo aquele que tem de fato o exercício, pleno ou não, de algum dos poderes inerentes à propriedade. [...] **Art. 1.223.** Perde-se a posse quando cessa, embora contra a vontade do possuidor, o poder sobre o bem, ao qual se refere o art. 1.196. **Art. 1.224.** Só se considera perdida a posse para quem não presenciou o esbulho, quando, tendo notícia dele, se abstém de retornar a coisa, ou, tentando recuperá-la, é violentamente repelido".

- Apelação cível. Ação de reintegração de posse. Bem imóvel. Art. 927 do CPC. Requisitos. Abandono do imóvel. Alienação do imóvel pela filha da titular. Abandono da posse. Comodato inexistente. Esbulho não caracterizado. Improcedência do pedido. Negado provimento à apelação. Unânime. (TJRS, Ap. Cível n. 70.039.230.727, 18ª Câm. Cível, rel. Nara Leonor Castro Garcia, j. 04.11.2010)

- Apelante que se insurge contra o não reconhecimento de sua melhor posse em face do alegado ocupante da área, este que ali se encontra há mais de 40 anos. Alegação de existência de comodato verbal pelo proprietário anterior. Prova oral conflitante. Ocupação da área pelo réu que é anterior à aquisição do domínio pela autora. Autora que em depoimento afirma nunca ter tido posse de área ou feito qualquer acessão ou benfeitoria no terreno. Ausência de qualquer ato de preservação dos seus direitos ao longo de mais de quatro décadas. Ocorrência de *supressio* pela inércia prolongada do exercício de um direito subjetivo, o que segundo a boa-fé objetiva cria na outra parte a legítima expectativa de que tal direito não mais será exercido. Réu que viu crescer seus filhos no imóvel e ainda explora no local pequeno comércio de bar de onde tira seu sustento. Nítida intervenção do caráter da posse por atos exteriores e inequívocos, durante largo período de tempo, pelo possuidor direto que se opõe ao abandono pelo possuidor indireto e alegado proprietário. Inteligência do parágrafo único do art. 1.198 c/c 1.203, CC/2002. (TJRJ, Processo n. 0001005, 5ª Câm. Cível, j. 18.04.2011)

Abandono da propriedade imóvel

Abandono, praticado pelo proprietário, que acarreta perda da propriedade imóvel. O abandono, segundo Paulo Nader, caracteriza-se pela composição de dois elementos: o objetivo ou externo (despojamento da coisa, deixando o *dominus* de utilizar a coisa e de exercer os atos inerentes ao direito de propriedade) e o subjetivo ou interno (o *animus* ou a intenção de se desfazer da coisa sem transmiti-la a outra pessoa) (NADER, Paulo. *Curso de direito civil*, v.4, p.166).

▶ Veja CC: "**Art. 1.276.** O imóvel urbano que o proprietário abandonar, com a intenção de não mais o conservar em seu patrimônio, e que se não encontrar na posse de outrem, poderá ser arrecadado, como bem vago, e passar, três anos depois, à propriedade do Município ou à do Distrito Federal, se se achar nas respectivas circunscrições. § 1º O imóvel situado na zona rural, abandonado nas mesmas circunstâncias, poderá ser arrecadado, como bem vago, e passar, três anos depois, à propriedade da União, onde quer que ele se localize. § 2º Presumir-se-á de modo absoluto a intenção a que se refere este artigo, quando, cessados os atos de posse, deixar o proprietário de satisfazer os ônus fiscais".

- O acórdão recorrido, mantendo a r. sentença, rechaçou a alegação do réu de ocorrência de abandono do imóvel pela autora com base nos depoimentos prestados e nos documentos apresentados pelas partes. [...] Corroborando os depoimentos prestados na instrução, tem-se, ainda, os comprovantes de pagamento de tributos relativos ao imóvel, anexados pela autora/apelada, o que serve para ilidir, definitivamente, a tese de abandono do bem sustentada pelo apelante. Ora, a realização de pagamentos de tributos relativos ao imóvel vai de encontro ao desejo de abandoná-lo, pois o abandono, como causa de perda da propriedade da coisa, se configura quando resta clara a intenção do proprietário em não mais conservá-la em seu patrimônio. Consoante a dicção do § 2º do art. 1.276 do CC [...]. Infere-se, portanto, que, uma vez adimplidas as obrigações fiscais relativas ao bem, presume-se, igualmente, a intenção do proprietário em manter o bem em seu patrimônio (fls.186-188). (REsp n. 907.285/RN, rel. Min. Antônio de Pádua Ribeiro)

Abandono da servidão

Dá-se quando o dono do prédio serviente o deixa voluntariamente ao proprietário dominante; se este se recusar a receber a propriedade ou parte dela, será obrigado a custear obras necessárias à sua conservação e uso (art. 1.382, CC).

▶ Veja CC: "**Art. 1.380.** O dono de uma servidão pode fazer todas as obras necessárias à sua conservação e uso, e, se a servidão pertencer a mais de um prédio, serão as despesas rateadas entre os respectivos donos. **Art. 1.381.** As obras a que se refere o artigo antecedente devem ser feitas pelo dono do prédio dominante, se o contrário não dispuser expressamente o título. **Art. 1.382.** Quando a obrigação incumbir ao dono do prédio serviente, este poderá exonerar-se, abandonando, total ou parcialmente, a propriedade ao dono do dominante. Parágrafo único. Se o proprietário do prédio dominante se recusar a receber a propriedade do serviente, ou parte dela, caber-lhe-á custear as obras. **Art. 1.383.** O dono do prédio serviente não poderá embaraçar de modo algum o exercício legítimo da servidão. **Art. 1.384.** A servidão pode ser removida, de um local para outro, pelo dono do prédio serviente e à sua custa, se em nada diminuir as vantagens do prédio dominante, ou pelo dono deste e à sua custa, se houver considerável incremento da utilidade e não prejudicar o prédio serviente. **Art. 1.385.** Restringir-se-á o exercício da servidão às necessidades do prédio dominante, evitando-se, quanto possível, agravar o encargo ao prédio serviente. § 1º Constituída para certo fim, a servidão não se pode ampliar a outro. § 2º Nas servidões de trânsito, a de maior inclui a de menor ônus, e a menor exclui a mais onerosa. § 3º Se as necessidades da cultura, ou da indústria, do prédio dominante impuserem à servidão maior larguexa, o dono do serviente é obrigado a sofrê-la; mas tem direito a ser indenizado pelo excesso. **Art. 1.386.** As servidões prediais são indivisíveis, e subsistem, no caso de divisão dos imóveis, em benefício de cada uma das porções do prédio dominante, e continuam a gravar cada uma das do prédio serviente, salvo se, por natureza, ou destino, só se aplicarem a certa parte de um ou de outro".

Abandono de aeronave Abandono de aeronave ou de parte dela quando não for possível determinar sua legítima origem ou quando se manifestar o proprietário, de modo expresso, no sentido de abandoná-la (art. 120, § 1º, CBA).

▸ Veja CBA: "**Art. 120.** Perde-se a propriedade da aeronave pela alienação, renúncia, abandono, perecimento, desapropriação e pelas causas de extinção previstas em lei. § 1º Ocorre o abandono da aeronave ou de parte dela quando não for possível determinar sua legítima origem ou quando manifestar-se o proprietário, de modo expresso, no sentido de abandoná-la. § 2º Considera-se perecida a aeronave quando verificada a impossibilidade de sua recuperação ou após o transcurso de mais de 180 (cento e oitenta) dias a contar da data em que dela se teve a última notícia oficial. § 3º Verificado, em inquérito administrativo, o abandono ou perecimento da aeronave, será cancelada *ex officio* a respectiva matrícula".

Abandono de animais Renúncia ao direito de propriedade ou perda voluntária da posse de animal. O abandono voluntário de animais domésticos é considerado delito de maus-tratos nos termos da lei (art. 32, Lei n. 9.605/98). De qualquer sorte, os animais abandonados tornam-se *res nullius*, podendo ser apreendidos e apropriados por quem tenha interesse.

▸ Veja CC: "**Art. 1.263.** Quem se assenhorear de coisa sem dono para logo lhe adquire a propriedade, não sendo essa ocupação defesa por lei".

▸ Veja Lei n. 9.605/98: "**Art. 32.** Praticar ato de abuso, maus-tratos, ferir ou mutilar animais silvestres, domésticos ou domesticados, nativos ou exóticos: Pena – detenção, de 3 (três) meses a 1 (um) ano, e multa. § 1º Incorre nas mesmas penas quem realiza experiência dolorosa ou cruel em animal vivo, ainda que para fins didáticos ou científicos, quando existirem recursos alternativos. § 2º A pena é aumentada de 1/6 (um sexto) a 1/3 (um terço), se ocorre morte do animal".

Abandono de ascendente Ato pelo qual filhos ou netos abandonam ou deixam de prover a subsistência de pais ou avós. Os descendentes, maiores e capazes, têm o dever de ajudá-los e ampará-los com a obrigação irrenunciável de assisti-los e alimentá-los até o final de suas vidas.

▸ Veja CF: "**Art. 229.** Os pais têm o dever de assistir, criar e educar os filhos menores, e os filhos maiores têm o dever de ajudar e amparar os pais na velhice, carência ou enfermidade".

▸ Veja CC: "**Art. 1.694.** Podem os parentes, os cônjuges ou companheiros pedir uns aos outros os alimentos de que necessitem para viver de modo compatível com a sua condição social, inclusive para atender às necessidades de sua educação. [...] **Art. 1.696.** O direito à prestação de alimentos é recíproco entre pais e filhos, e extensivo a todos os ascendentes, recaindo a obrigação nos mais próximos em grau, uns em falta de outros. [...] **Art. 1.962.** Além das causas mencionadas no art. 1.814, autorizam a deserdação dos descendentes por seus ascendentes: I – ofensa física; II – injúria grave; III – relações ilícitas com a madrasta ou com o padrasto; IV – desamparo do ascendente em alienação mental ou grave enfermidade".

▸ Veja CP: "**Art. 133.** Abandonar pessoa que está sob seu cuidado, guarda, vigilância ou autoridade, e, por qualquer motivo, incapaz de defender-se dos riscos resultantes do abandono: Pena – detenção, de 6 (seis) meses a 3 (três) anos. [...] § 3º As penas cominadas neste artigo aumentam-se de um terço: [...] II – se o agente é ascendente ou descendente, cônjuge, irmão, tutor ou curador da vítima; [...] **Art. 244.** Deixar, sem justa causa, de prover a subsistência do cônjuge, ou de filho menor de 18 (dezoito) anos ou inapto para o trabalho, ou de ascendente inválido ou maior de 60 (sessenta) anos, não lhes proporcionando os recursos necessários ou faltando ao pagamento de pensão alimentícia judicialmente acordada, fixada ou majorada; deixar, sem justa causa, de socorrer descendente ou ascendente, gravemente enfermo: Pena – detenção, de 1 (um) a 4 (quatro) anos, e multa, de uma a dez vezes o maior salário mínimo vigente no País. Parágrafo único. Nas mesmas penas incide quem, sendo solvente, frustra ou ilide, de qualquer modo, inclusive por abandono injustificado de emprego ou função, o pagamento de pensão alimentícia judicialmente acordada, fixada ou majorada".

▸ Veja Lei n. 10.741/2003 (Estatuto do Idoso): "**Art. 11.** Os alimentos serão prestados ao idoso na forma da lei civil. **Art. 12.** A obrigação alimentar é solidária, podendo o idoso optar entre os prestadores".

■ Agravo de instrumento. Ação de alimentos. Mãe que demanda contra filho. Estatuto do Idoso. Art. 12. Chamamento ao processo dos demais filhos. Descabimento. Da redação do art. 12 da Lei n. 10.741/2003 (Estatuto do Idoso), denota-se a intenção do legislador tanto de fortalecer a obrigação alimentar devida pelos familiares ao parente idoso quanto a liberdade deste para demandar contra quem bem entender. Assim, não se afigura razoável obrigá-lo a litigar contra todos os filhos, pois fica a seu critério decidir de quem exigirá a pensão. Negado seguimento ao recurso. (TJRS, AI n. 70.025.084.419, 8ª Câm. Cível, rel. Claudir Fidelis Faccenda, j. 01.07.2008)

Abandono de carga Dá-se quando, nos casos previstos em lei, o segurado abandona os objetos seguros e requer ao segurador indenização por perda total (art. 753, CCom).

- Veja CCom: "**Art. 753.** É lícito ao segurado fazer abandono dos objetos seguros, e pedir ao segurador a indenização de perda total nos seguintes casos: 1 – presa ou arresto por ordem de potência estrangeira, 6 (seis) meses depois de sua intimação, se o arresto durar por mais deste tempo; 2 – naufrágio, varação, ou outro qualquer sinistro de mar compreendido na apólice, de que resulte não poder o navio navegar, ou cujo conserto importe em três quartos ou mais do valor por que o navio foi segurado; 3 – perda total do objeto seguro, ou deterioração que importe pelo menos três quartos do valor da coisa segurada (arts. 759 e 777); [...]".

- Administrativo. Abandono de mercadoria. Retenção de *container*. Impossibilidade. Precedentes. 1. O *container* não se confunde com a mercadoria transportada, pelo que é ilegal a sua retenção no caso de abandono de carga. 2. Recurso Especial não provido. (STJ, REsp n. 1.049.270/SP, 2ª T., rel. Min. Eliana Calmon, j. 19.08.2008, *DJe* 22.09.2008)

Abandono de cargo público Ausência intencional do servidor público ao serviço por mais de trinta dias consecutivos, sem justificação, ou 45 intercalados, o que enseja demissão. Pode ocasionar, também, crime contra a Administração Pública.

- Veja CP: "**Art. 323.** Abandonar cargo público, fora dos casos permitidos em lei: Pena – detenção, de 15 (quinze) dias a 1 (um) mês, ou multa. § 1º Se do fato resulta prejuízo público: Pena – detenção, de 3 (três) meses a 1 (um) ano, e multa. § 2º Se o fato ocorre em lugar compreendido na faixa de fronteira: Pena – detenção, de 1 (um) a 3 (três) anos, e multa".

- Veja Lei n. 8.112/90: "**Art. 138.** Configura abandono de cargo a ausência intencional do servidor ao serviço por mais de 30 (trinta) dias consecutivos".

- Deve ser mantida a sentença que negou o pedido de anulação do ato de demissão do servidor, uma vez caracterizado o abandono do cargo (art. 138 da Lei n. 8.112/90); Os problemas pessoais, nos quais se escora o apelante para tentar descaracterizar o enquadramento de sua conduta, frente ao tipo do art. 138 da Lei n. 8.112/90, não justificam o grande número de faltas ao serviço, posto que não é qualquer motivo que serve para justificar a ausência do servidor do local de trabalho, por mais de trinta dias, só sendo aceitos aqueles que remetem a motivo de força maior ou ao estado de necessidade, entendidos, como tais, os obstáculos intransponíveis, de origens estranhas, liberatórios à responsabilidade; [...] (TRF-2ª Região, Ap. Cível n. 2004.51.01.004489-1/RJ, 5ª T. Especializada do TRT, rel. Des. Federal Paulo Espírito Santo, j. 05.12.2007, *DJU* 19.12.2007)

Abandono de descendente Não cumprimento pelos pais dos deveres inerentes à qualidade de autoridade paterna, como educar, assistir e zelar pela saúde e pela moral dos filhos. O abandono ou o não provimento da subsistência de descendente menor, sem justa causa, além de ser causa para a perda do poder familiar, é considerado crime punível (art. 1.638, II e III, CC).

- Veja CF: "**Art. 229.** Os pais têm o dever de assistir, criar e educar os filhos menores, e os filhos maiores têm o dever de ajudar e amparar os pais na velhice, carência ou enfermidade".

- Veja CC: "**Art. 1.638.** Perderá por ato judicial o poder familiar o pai ou a mãe que: I – castigar imoderadamente o filho; II – deixar o filho em abandono; III – praticar atos contrários à moral e aos bons costumes; IV – incidir, reiteradamente, nas faltas previstas no artigo antecedente".

- Veja CP: "**Art. 133.** Abandonar pessoa que está sob seu cuidado, guarda, vigilância ou autoridade, e, por qualquer motivo, incapaz de defender-se dos riscos resultantes do abandono: Pena – detenção, de 6 (seis) meses a 3 (três) anos. [...] § 3º As penas cominadas neste artigo aumentam-se de um terço: [...] II – se o agente é ascendente ou descendente, cônjuge, irmão, tutor ou curador da vítima; [...] **Art. 244.** Deixar, sem justa causa, de prover a subsistência do cônjuge, ou de filho menor de 18 (dezoito) anos ou inapto para o trabalho, ou de ascendente inválido ou maior de 60 (sessenta) anos, não lhes proporcionando os recursos necessários ou faltando ao pagamento de pensão alimentícia judicialmente acordada, fixada ou majorada; deixar, sem justa causa, de socorrer descendente ou ascendente, gravemente enfermo: Pena – detenção, de 1 (um) a 4 (quatro) anos, e multa, de uma a dez vezes o maior salário mínimo vigente no País. Parágrafo único. Nas mesmas penas incide quem, sendo solvente, frustra ou ilide, de qualquer modo, inclusive por abandono injustificado de emprego ou função, o pagamento de pensão alimentícia judicialmente acordada, fixada ou majorada".

- A acusada deixou a filha, com menos de quatro anos de idade, na casa de pessoas desconhecidas e foi embora, expondo a criança a perigo concreto como exige o tipo penal. O fato de serem pessoas idosas não significou qualquer garantia à vítima de que não seria maltratada, molestada ou, também, abandonada. Assustada, a criança fugiu, indo em busca da mãe, e atravessou a cidade, sozinha, até chegar à casa da avó materna. Dolo do abandono configurado. [...] (TJRS, Ap. Crime n. 70.016.308.835, 2ª Câm. Criminal, rel. Lúcia de Fátima Cerveira, j. 09.12.2008)

Abandono de emprego Ausência do empregado ao emprego por mais de trinta dias consecutivos, sem justa causa, o que enseja demissão por falta grave (art. 482, *i*, CLT). Também pode se caracterizar abandono quando o empregado que tiver sido afastado para o recebimento do auxílio-doença não retornar ao serviço no prazo de trinta dias após a cessação do benefício previdenciário (Súmula n. 62, TST).

▸ Veja CLT: "**Art. 482.** Constituem justa causa para rescisão do contrato de trabalho pelo empregador: *a)* ato de improbidade; *b)* incontinência de conduta ou mau procedimento; *c)* negociação habitual por conta própria ou alheia sem permissão do empregador, e quando constituir ato de concorrência à empresa para a qual trabalha o empregado, ou for prejudicial ao serviço; *d)* condenação criminal do empregado, passada em julgado, caso não tenha havido suspensão da execução da pena; *e)* desídia no desempenho das respectivas funções; *f)* embriaguez habitual ou em serviço; *g)* violação de segredo da empresa; *h)* ato de indisciplina ou de insubordinação; *i)* abandono de emprego; [...]".

- Súmula n. 32, TST: Presume-se o abandono de emprego se o trabalhador não retornar ao serviço no prazo de 30 (trinta) dias após a cessação do benefício previdenciário nem justificar o motivo de não o fazer.

- Súmula n. 62, TST: O prazo de decadência do direito do empregador de ajuizar inquérito contra o empregado que incorre em abandono de emprego é contado a partir do momento em que o empregado pretendeu seu retorno ao serviço.

- Não obstante verse o dissenso sobre abandono de emprego (em que o empregador deveria provar ausência reiterada de pelo menos trinta dias, consoante jurisprudência prevalente, e *animus abandonandi*), a autora acenou com a suposta autorização patronal para que se ausentasse reiteradamente, afirmando taxativamente que foi dispensada de trabalhar por mais de trinta dias. Nesse contexto, atraiu para si o ônus de prova, haja vista que, segundo o brocardo jurídico "o ordinário presume-se; o extraordinário, prova-se", deveria ter a reclamante deixado patente nos autos a indigitada autorização de ausência, ao tempo em que é fato incomum que uma empregada seja dispensada do serviço por tantos dias – tese pouco verossímil. Se a prova colhida nos autos aponta para a direção oposta à que foi sinalizada pela demandante, não há como se afastar a justa causa confirmada pela primeira instância. (TRT-10ª Região, ROPS n. 01090-2005-802-10-00-2, 2ª T., rel. Brasilino Santos Ramos, *DJ* 04.08.2006)

Abandono de filho *V. Abandono de descendente.*

- [...] I – Desacolhida a preliminar, uma vez que esgotados todos os meios de localização da genitora, apelante, que se encontra em local incerto e não sabido, não restando outra alternativa, que não a citação editalícia. II – A citação editalícia foi realizada com a qualificação da genitora. II – Dispensável que o laudo social seja com base em visita domiciliar, pois entrevistados a apelada e as crianças, demonstrando adaptação, o que foi corroborado pelas testemunhas e novamente pelo menor, em audiência. III – Cabe aos pais o poder-dever de proteção, amparo e educação dos filhos, não possuindo, no caso, a apelante condições para tanto, pois, além de estar desaparecida, demonstrou negligência com os cuidados dos menores, abandonando-os. Recurso desprovido. (TJRS, Ap. Cível n. 70.050.082.601, 7ª Câm. Cível, rel. Liselena Schifino Robles Ribeiro, j. 29.08.2012)

Abandono de idoso Abandono de ascendente com idade superior a 60 anos. O tipo mais comum de abandono é a internação do idoso, pelos filhos, em hospital, casa de saúde ou asilo, sem a sua concordância, e posterior desamparo, ou a negligência em prover suas necessidades básicas. O abandono, nessas condições, é considerado crime pelo CP (art. 133) e pelo Estatuto do Idoso (art. 98).

▸ Veja CP: "Abandono de incapaz – **Art. 133.** Abandonar pessoa que está sob seu cuidado, guarda, vigilância ou autoridade, e, por qualquer motivo, incapaz de defender-se dos riscos resultantes do abandono: Pena – detenção, de 6 (seis) meses a 3 (três) anos. § 1º Se do abandono resulta lesão corporal de natureza grave: Pena – reclusão, de 1 (um) a 5 (cinco) anos. § 2º Se resulta a morte: Pena – reclusão, de 4 (quatro) a 12 (doze) anos. Aumento de pena – § 3º As penas cominadas neste artigo aumentam-se de um terço: I – se o abandono ocorre em lugar ermo; II – se o agente é ascendente ou descendente, cônjuge, irmão, tutor ou curador da vítima; III – se a vítima é maior de 60 (sessenta) anos".

- Veja Lei n. 10.741/2003 (Estatuto do Idoso): "**Art. 98.** Abandonar o idoso em hospitais, casas de saúde, entidades de longa permanência, ou congêneres, ou não prover suas necessidades básicas, quando obrigado por lei ou mandado: Pena – detenção de 6 (seis) meses a 3 (três) anos e multa".

- A materialidade e a autoria restaram suficientemente comprovadas pela prova produzida nos autos, que confirma que o acusado abandonou sua mãe, pessoa idosa, em entidade de longa permanência, deixando de prover suas necessidades básicas, quando obrigado juridicamente. Além disso, também demonstrada a apropriação indébita dos valores referentes ao benefício do INSS da vítima, pelo acusado, que, ao invés de repassá-los à entidade em que a mãe se encontrava, dava-lhes destinação diversa, usando ele próprio o dinheiro, impondo-se, assim, a condenação, como está na sentença. (TJRS, Ap. Crime n. 70.047.707.666, 8ª Câm. Criminal, rel. Isabel de Borba Lucas, j. 18.07.2012)

Abandono de incapaz Deixar de cumprir os deveres de vigiar e cuidar dos filhos menores ou de incapazes sob seus cuidados, sua guarda, vigilância ou autoridade (pais ou responsáveis). O mesmo que abandono de pessoa e abandono de menor (art. 133, CP).

- Veja CC: "**Art. 1.638.** Perderá por ato judicial o poder familiar o pai ou a mãe que: I – castigar imoderadamente o filho; II – deixar o filho em abandono; III – praticar atos contrários à moral e aos bons costumes; IV – incidir, reiteradamente, nas faltas previstas no artigo antecedente".

- Veja CP: "Abandono de incapaz – **Art. 133.** Abandonar pessoa que está sob seu cuidado, guarda, vigilância ou autoridade, e, por qualquer motivo, incapaz de defender-se dos riscos resultantes do abandono: Pena – detenção, de 6 (seis) meses a 3 (três) anos. § 1º Se do abandono resulta lesão corporal de natureza grave: Pena – reclusão, de 1 (um) a 5 (cinco) anos. § 2º Se resulta a morte: Pena – reclusão, de 4 (quatro) a 12 (doze) anos. Aumento de pena – § 3º As penas cominadas neste artigo aumentam-se de um terço: I – se o abandono ocorre em lugar ermo; II – se o agente é ascendente ou descendente, cônjuge, irmão, tutor ou curador da vítima; III – se a vítima é maior de 60 (sessenta) anos".

- Veja Lei n. 10.741/2003 (Estatuto do Idoso): "**Art. 98.** Abandonar o idoso em hospitais, casas de saúde, entidades de longa permanência, ou congêneres, ou não prover suas necessidades básicas, quando obrigado por lei ou mandado: Pena – detenção de 6 (seis) meses a 3 (três) anos e multa".

- A acusada deixou a filha, com menos de quatro anos de idade, na casa de pessoas desconhecidas e foi embora, expondo a criança a perigo concreto como exige o tipo penal. O fato de serem pessoas idosas não significou qualquer garantia à vítima de que não seria maltratada, molestada ou, também, abandonada. Assustada, a criança fugiu, indo em busca da mãe, e atravessou a cidade, sozinha, até chegar à casa da avó materna. Dolo do abandono configurado. Condenação imperativa. [...] (TJRS, Ap. Crime n. 70.016.308.835, 2ª Câm. Criminal, rel. Lúcia de Fátima Cerveira, j. 09.12.2008)

Abandono de recém-nascido Deixar exposto ou abandonado recém-nascido para ocultar desonra própria. Constitui crime previsto no CP (art. 134). Trata-se de crime próprio, vez que somente a mãe pode figurar como sujeito ativo. Para a configuração do crime de exposição ou abandono de recém-nascido, é imprescindível que a intenção do agente seja a de ocultar desonra própria, que poderia decorrer dos seguintes casos: prática de ato sexual passível de ser repudiado pela família da mulher ou do homem ou pela comunidade em que vivem; relação extraconjugal; violação dos costumes familiares; desrespeito a crença religiosa.

- Veja CP: "Exposição ou abandono de recém-nascido – **Art. 134.** Expor ou abandonar recém-nascido, para ocultar desonra própria: Pena – detenção, de 6 (seis) meses a 2 (dois) anos. § 1º Se do fato resulta lesão corporal de natureza grave: Pena – detenção, de 1 (um) a 3 (três) anos. § 2º Se resulta a morte: Pena – detenção, de 2 (dois) a 6 (seis) anos".

- Ocorrência dos fatos comprovada nos autos pelas provas produzidas, especialmente inspeções judiciais e depoimentos dos moradores do local. A autoria, da mesma forma, restou inequívoca, bem como o elemento subjetivo. A apropriação indébita é inconteste, pois a ré deixou a vítima nas piores condições, enquanto usou o dinheiro daquela, demonstrado o abandono material no estado de miséria em que foi encontrada a vítima, tendo a ré infringido seu dever jurídico de curadora. O registro da filha da ré como filha do irmão da vítima, induzido por ela, aproveitando-se da incapacidade mental daquele, evidencia o delito do art. 242 do CP. (TJRS, Ap. Crime n. 70.032.837.213, 8ª Câm. Criminal, rel. Isabel de Borba Lucas, j. 29.09.2010)

Abandono do álveo Meio de aquisição de propriedade da terra do leito de um rio que secou ou foi desviado por um fenômeno natural. O leito do rio pertencerá aos proprietários ribeirinhos das duas margens, sendo metade para cada um.

▸ Veja CC: "**Art. 1.248.** A acessão pode dar-se: I – por formação de ilhas; II – por aluvião; III – por avulsão; IV – por abandono de álveo; V – por plantações ou construções. [...] **Art. 1.252.** O álveo abandonado de corrente pertence aos proprietários ribeirinhos das duas margens, sem que tenham indenização os donos dos terrenos por onde as águas abrirem novo curso, entendendo-se que os prédios marginais se estendem até o meio do álveo".

Abandono do estabelecimento Dá-se quando o comerciante fecha o seu estabelecimento e abandona os atos negociais sem motivo razoável. Trata-se de uma das hipóteses de decretação da falência de empresa e uma das causas que poderão ser opostas ao plano de recuperação extrajudicial (Lei n. 11.101/2005).

▸ Veja Lei n. 11.101/2005: "**Art. 94.** Será decretada a falência do devedor que: I – sem relevante razão de direito, não paga, no vencimento, obrigação líquida materializada em título ou títulos executivos protestados cuja soma ultrapasse o equivalente a 40 (quarenta) salários mínimos na data do pedido de falência; II – executado por qualquer quantia líquida, não paga, não deposita e não nomeia à penhora bens suficientes dentro do prazo legal; III – pratica qualquer dos seguintes atos, exceto se fizer parte de plano de recuperação judicial: *a)* procede à liquidação precipitada de seus ativos ou lança mão de meio ruinoso ou fraudulento para realizar pagamentos; *b)* realiza ou, por atos inequívocos, tenta realizar, com o objetivo de retardar pagamentos ou fraudar credores, negócio simulado ou alienação de parte ou da totalidade de seu ativo a terceiro, credor ou não; *c)* transfere estabelecimento a terceiro, credor ou não, sem o consentimento de todos os credores e sem ficar com bens suficientes para solver seu passivo; *d)* simula a transferência de seu principal estabelecimento com o objetivo de burlar a legislação ou a fiscalização ou para prejudicar credor; *e)* dá ou reforça garantia a credor por dívida contraída anteriormente sem ficar com bens livres e desembaraçados suficientes para saldar seu passivo; *f)* ausenta-se sem deixar representante habilitado e com recursos suficientes para pagar os credores, abandona estabelecimento ou tenta ocultar-se de seu domicílio, do local de sua sede ou de seu principal estabelecimento; *g)* deixa de cumprir, no prazo estabelecido, obrigação assumida no plano de recuperação judicial".

Abandono do imóvel locado Desocupação voluntária, pelo inquilino, de imóvel a ele locado. A lei faculta ao inquilino a devolução do imóvel, mediante o pagamento de multa. Caso este o abandone, continuará responsável pelos aluguéis em atraso. Quando o imóvel é abandonado após o início da ação de despejo, o locador pode requerer imissão na posse (art. 86, Lei n. 8.245/91).

▸ Veja Lei n. 8.245/91: "**Art. 4º** Durante o prazo estipulado para a duração do contrato, não poderá o locador reaver o imóvel alugado. Com exceção ao que estipula o § 2º do art. 54-A, o locatário, todavia, poderá devolvê-lo, pagando a multa pactuada, proporcional ao período de cumprimento do contrato, ou, na sua falta, a que for judicialmente estipulada. Parágrafo único. O locatário ficará dispensado da multa se a devolução do imóvel decorrer de transferência, pelo seu empregador, privado ou público, para prestar serviços em localidades diversas daquela do início do contrato, e se notificar, por escrito, o locador com prazo de, no mínimo, trinta dias de antecedência. [...] **Art. 65.** Findo o prazo assinado para a desocupação, contado da data da notificação, será efetuado o despejo, se necessário com emprego de força, inclusive arrombamento. § 1º Os móveis e utensílios serão entregues à guarda de depositário, se não os quiser retirar o despejado. § 2º O despejo não poderá ser executado até o trigésimo dia seguinte ao do falecimento do cônjuge, ascendente, descendente ou irmão de qualquer das pessoas que habitem o imóvel. **Art. 66.** Quando o imóvel for abandonado após ajuizada a ação, o locador poderá imitir-se na posse do imóvel. [...]".

▪ Insurgência contra decisão que deferiu a liminar de despejo, com base no disposto pelo art. 59, § 1º, VIII, da Lei n. 8.245/91. Contrato de locação não residencial. Locação prorrogada por tempo indeterminado. Pedido de desalijo que tem por pressuposto a prévia notificação extrajudicial do locatário, conferindo-lhe prazo mínimo de 30 dias para desocupação voluntária do imóvel. Requisito formal não observado. Notificação encaminhada ao réu que lhe concedeu o exíguo prazo de 5 dias para abandono do bem locado, em clara violação ao rito procedimental expressamente previsto em lei, o que obsta a concessão do despejo liminar. Revogação da medida liminar concedida em Primeiro Grau Recurso provido. (TJSP, AI n. 0143158-02.2012.8.26.0000, 25ª Câm. de Direito Privado, rel. Hugo Crepaldi, j. 12.09.2012)

Abandono do lar Afastamento de um dos cônjuges do lar conjugal com a intenção de não mais retornar. O abandono do lar caracteriza a impossibilidade da comunhão de vida (art. 1.573, IV,

CC) e pode originar o direito de usucapião em relação ao imóvel que serve de moradia ao casal, em favor do cônjuge ou companheiro que nele permanecer (art. 1.240-A, CC).

▶ Veja CC: "**Art. 1.240-A.** Aquele que exercer, por 2 (dois) anos ininterruptamente e sem oposição, posse direta, com exclusividade, sobre imóvel urbano de até 250 m² (duzentos e cinquenta metros quadrados) cuja propriedade divida com ex-cônjuge ou ex-companheiro que abandonou o lar, utilizando-o para sua moradia ou de sua família, adquirir-lhe-á o domínio integral, desde que não seja proprietário de outro imóvel urbano ou rural. § 1º O direito previsto no *caput* não será reconhecido ao mesmo possuidor mais de uma vez. [...] **Art. 1.573.** Pode caracterizar a impossibilidade da comunhão de vida a ocorrência de algum dos seguintes motivos: I – adultério; II – tentativa de morte; III – sevícia ou injúria grave; IV – abandono voluntário do lar conjugal, durante um ano contínuo; [...]".

■ 1. O pedido para permanecer no lar conjugal mostra-se infundado quando a própria recorrente noticia o abandono do lar pelo marido. 2. Os alimentos devem ser fixados sempre de forma a atender as necessidades dos alimentandos, mas sem sobrecarregar em demasia o alimentante, momento em sede de liminar, quando os elementos de convicção não são ainda muito seguros. 3. Os alimentos provisórios poderão ser revistos a qualquer tempo, seja para majorar o encargo, seja para reduzi-lo, bastando, para tanto, que venham aos autos elementos de convicção que justifiquem a revisão. [...] (TJRS, AI n. 70.022.977.029, 7ª Câm. Cível, rel. Sérgio Fernando de Vasconcellos Chaves, j. 25.06.2008)

Abandono do prêmio Ocorre na bolsa de valores, quando o comprador desiste de opção em operação a termo sobre títulos e, por isso, paga uma indenização (ou prêmio) previamente ajustada.

Abandono do produto Quando se tem um produto de importação abandonado, o cálculo do imposto é o preço da arrematação e o arrematante é o contribuinte desse imposto (arts. 20, III, 22, II, 46, III, e 51, IV, CTN).

▶ Veja CTN: "**Art. 20.** A base de cálculo do imposto é: I – quando a alíquota seja específica, a unidade de medida adotada pela lei tributária; II – quando a alíquota seja *ad valorem*, o preço normal que o produto, ou seu similar, alcançaria, ao tempo da importação, em uma venda em condições de livre concorrência, para entrega no porto ou lugar de entrada do produto no País; III – quando se trate de produto apreendido ou abandonado, levado a leilão, o preço da arrematação. [...] **Art. 22.** Contribuinte do imposto é: I – o importador ou quem a lei a ele equiparar; II – o arrematante de produtos apreendidos ou abandonados. [...] **Art. 46.** O imposto, de competência da União, sobre produtos industrializados tem como fato gerador: I – o seu desembaraço aduaneiro, quando de procedência estrangeira; II – a sua saída dos estabelecimentos a que se refere o parágrafo único do art. 51; III – a sua arrematação, quando apreendido ou abandonado e levado a leilão. [...] **Art. 51.** Contribuinte do imposto é: I – o importador ou quem a lei a ele equiparar; II – o industrial ou quem a lei a ele equiparar; III – o comerciante de produtos sujeitos ao imposto, que os forneça aos contribuintes definidos no inciso anterior; IV – o arrematante de produtos apreendidos ou abandonados, levados a leilão [...]".

Abandono intelectual Negligência dos pais, ou de quem conserva a guarda, em relação à educação de menores, deixando de lhes assegurar instrução escolar até a conclusão do ensino fundamental. O abandono intelectual constitui crime previsto na lei penal (arts. 246 e 247, CP).

▶ Veja CP: "**Art. 246.** Deixar, sem justa causa, de prover à instrução primária de filho em idade escolar: Pena – detenção, de 15 (quinze) dias a 1 (um) mês, ou multa. **Art. 247.** Permitir alguém que menor de 18 (dezoito) anos, sujeito a seu poder ou confiado à sua guarda ou vigilância: I – frequente casa de jogo ou mal-afamada, ou conviva com pessoa viciosa ou de má vida; II – frequente espetáculo capaz de pervertê-lo ou de ofender-lhe o pudor, ou participe de representação de igual natureza; III – resida ou trabalhe em casa de prostituição; IV – mendigue ou sirva a mendigo para excitar a comiseração pública: Pena – detenção, de 1 (um) a 3 (três) meses, ou multa".

■ Hipótese em que se veem configurados os arts. 244 e 246 do Código Penal, não havendo, pois, falar em atipicidade da conduta da apelante, que, sem justa causa, se omitiu de prover a subsistência de suas filhas de, respectivamente, 1, 4 e 7 anos de idade, bem como de promover a instrução primária da primogênita. Prova concludente e bastante à manutenção da sentença condenatória. Apelação desprovida. (TJRS, Ap. Crime n. 70.048.356.653, 7ª Câm. Criminal, rel. José Conrado Kurtz de Souza, j. 14.06.2012)

Abandono liberatório Nos casos em que as leis comerciais preveem, o dono ou comparte do navio, para eximir-se de responsabilidade decorrente de atos do capitão ou danos causados ou efeitos recebidos a bordo, deixa que os credores se apoderem do navio no estado em que se encontra. Significa a transferência da propriedade do navio para ressarcimento dos prejuízos. O capitão não pode abandonar o navio fora da hipótese de naufrágio (art. 508, CCom).

▶ Veja CCom: "**Art. 508.** É proibido ao capitão abandonar a embarcação, por maior perigo que se ofereça, fora do caso de naufrágio; e julgando-se indispensável o abandono, é obrigado a empregar a maior diligência possível para salvar todos os efeitos do navio e carga, e com preferência os papéis e livros da embarcação, dinheiro e mercadorias de maior valor. Se apesar de toda a diligência os objetos tirados do navio, ou os que nele ficarem se perderem ou forem roubados sem culpa sua, o capitão não será responsável".

Abandono material Crime decorrente da privação de meios de subsistência da pessoa ou pessoas a quem se deve obrigação de manter ou alimentar (art. 244, CP).

▶ Veja CP: "Abandono material – **Art. 244.** Deixar, sem justa causa, de prover a subsistência do cônjuge, ou de filho menor de 18 (dezoito) anos ou inapto para o trabalho, ou de ascendente inválido ou maior de 60 (sessenta) anos, não lhes proporcionando os recursos necessários ou faltando ao pagamento de pensão alimentícia judicialmente acordada, fixada ou majorada; deixar, sem justa causa, de socorrer descendente ou ascendente, gravemente enfermo: Pena – detenção, de 1 (um) a 4 (quatro) anos, e multa, de uma a dez vezes o maior salário mínimo vigente no País. Pena com redação dada pela Lei n. 5.478, de 25.07.1968. Parágrafo único. Nas mesmas penas incide quem, sendo solvente, frustra ou ilide, de qualquer modo, inclusive por abandono injustificado de emprego ou função, o pagamento de pensão alimentícia judicialmente acordada, fixada ou majorada".

■ Abandono material. Existência do dolo. Crime caracterizado. O delito de abandono material só se caracteriza se o agente, possuindo recursos para prover a subsistência da família, deixa de fazê-lo por livre e espontânea vontade. Pune-se o comportamento egoístico daquele que abandona os seus, embora tenha condições pessoais e (ou) materiais para cumprir com sua obrigação. É o que acontece no caso em julgamento. A prova mostrou que a apelante, por desleixo e descuido, abandonou suas filhas recém-nascidas, quando elas apresentavam doenças. Ademais, deixava-as aos cuidados de outro filho, este de cinco, em casebre onde imperava a sujeira com restos de alimentos pelo chão e animais, como ratos, pela casa. Assinala-se que, embora seja pessoa de baixa renda e escolaridade, não se pode cogitar que ela, como mãe, não tivesse suficiente instrução, e principalmente consciência, que deveria procurar auxílio médico ao constatar que as vítimas se encontravam em precário estado de saúde e apresentavam feridas pelo corpo. Apelo parcialmente provido, com o afastamento da pena de multa e das custas processuais. Por maioria. (TJRS, Ap. Crime n. 70006865570, 8ª Câm. Criminal, rel. Sylvio Baptista Neto, j. 12.11.2003)

Abandono moral Crime contra a assistência familiar, resultante da negligência ou da falta de cuidado daquele que tem o dever de guarda ou vigilância de menor de 18 anos (art. 247, CP).

▶ Veja CP: "**Art. 247.** Permitir alguém que menor de 18 (dezoito) anos, sujeito a seu poder ou confiado à sua guarda ou vigilância: I – frequente casa de jogo ou mal-afamada, ou conviva com pessoa viciosa ou de má vida; II – frequente espetáculo capaz de pervertê-lo ou de ofender-lhe o pudor, ou participe de representação de igual natureza; III – resida ou trabalhe em casa de prostituição; IV – mendigue ou sirva a mendigo para excitar a comiseração pública: Pena – detenção, de 1 (um) a 3 (três) meses, ou multa".

■ Responsabilidade civil. Abandono moral. Reparação. Danos morais. Impossibilidade. 1. A indenização por dano moral pressupõe a prática de ato ilícito, não rendendo ensejo à aplicabilidade da norma do art. 159 do CC/1916 o abandono afetivo, incapaz de reparação pecuniária. 2. Recurso especial conhecido e provido. (STJ, REsp n. 757.411/MG, 4ª T., rel. Min. Fernando Gonçalves, j. 09.11.2005, *DJ* 27.03.2006, p. 299)

Abandono sub-rogatório Dá-se quando o segurado abandona ou transfere aos seguradores os efeitos de sua apólice para deles receber a quantia total estipulada no seguro, ou indenização por perda total, e não apenas o valor dos prejuízos em caso de arresto, naufrágio, varação ou sinistro marítimo (art. 753, CCom). O mesmo que abandono asseguratório (*v. Abandono de aeronave* e *Abandono de carga*).

▶ Veja CCom: "**Art. 753.** É lícito ao segurado fazer abandono dos objetos seguros, e pedir ao segurador a indenização de perda total nos seguintes casos: 1. presa ou arresto por ordem de potência estrangeira, 6 (seis) meses depois de sua intimação, se o arresto durar por mais deste tempo; 2. naufrágio, varação, ou outro qualquer sinistro de mar compreendido na apólice, de que resulte não poder o navio navegar, ou cujo conserto importe em três quartos ou mais do valor por que o navio foi segurado; 3. perda total do objeto seguro, ou deterioração que importe pelo menos três quartos do valor da coisa segurada (arts. 759 e 777); 4. falta de notícia do navio sobre que se fez o seguro, ou em que se embarcaram os efeitos seguros (art. 720)".

Abatimento Redução ou desconto concedidos pelo credor de uma dívida em razão de mera liberalidade ou do fato de o devedor efetuar o pagamento à vista. Pode também derivar-se de imposição legal, como se verifica na hipótese de vícios redibitórios que afetam a coisa adquirida (arts. 442 e 445, CC; art. 18, III, CDC).

- Veja CC: "**Art. 442.** Em vez de rejeitar a coisa, redibindo o contrato (art. 441), pode o adquirente reclamar abatimento no preço. [...] **Art. 445.** O adquirente decai do direito de obter a redibição ou abatimento no preço no prazo de trinta dias se a coisa for móvel, e de um ano se for imóvel, contado da entrega efetiva; se já estava na posse, o prazo conta-se da alienação, reduzido à metade. [...]".

- Veja CDC: "**Art. 18.** Os fornecedores de produtos de consumo duráveis ou não duráveis respondem solidariamente pelos vícios de qualidade ou quantidade que os tornem impróprios ou inadequados ao consumo a que se destinam ou lhes diminuam o valor, assim como por aqueles decorrentes da disparidade, com as indicações constantes do recipiente, da embalagem, rotulagem ou mensagem publicitária, respeitadas as variações decorrentes de sua natureza, podendo o consumidor exigir a substituição das partes viciadas. § 1º Não sendo o vício sanado no prazo máximo de trinta dias, pode o consumidor exigir, alternativamente e à sua escolha: [...] III – o abatimento proporcional do preço. [...]".

- Indenização com fundamento em vício no efetivamente contratado. Abatimento no preço. Decadência. Perdas e danos. Aplicação do art. 27 do CDC. Visando os autores abatimento do preço e ressarcimento por danos advindo de aquisição de "pacote turístico", por não ter sido cumprida a avença na forma efetivamente contratada, de forma a incidir o art. 20, da Lei n. 8.078/90, deve a irresignação ser manifestada no prazo de 30 dias do término da prestação de serviço, sob pena de restar decadência do direito, caso não incida causa que a obste, no que tange ao primeiro pedido. Em relação às perdas e danos aplicável o prazo prescricional de 5 anos, previsto no art. 27, da Lei n. 8.078/90 (CDC). (TAPR, Ap. Cível n. 90.643/2/1997/Curitiba, rel. Juiz Fernando Vidal de Oliveira, j. 19.02.1997, *DJ* 14.03.1997)

Abatimento de aluguel Direito que compete ao locatário quando o locador, necessitando do imóvel locado para a realização de reparos urgentes, o retém por mais de dez dias. Nesse caso, o locatário terá direito a abatimento do aluguel proporcional ao período excedente; se mais de trinta dias, poderá resilir o contrato (art. 26, Lei n. 8.245/91). "Como reparações necessárias do prédio, nos termos do dispositivo, se entendem, pois, aquelas que se impõem de tal maneira que sem elas o prédio não poderia servir ao uso a que foi destinado. Não importa que se trate de reparações ordinárias ou extraordinárias, nem se indaga se elas se devem à antiguidade do prédio, a caso fortuito ou força maior. Constatada a urgência dos reparos, o inquilino é obrigado a autorizá-los, em nome da segurança do imóvel. Permitir a efetuação de reparos urgentes é dever do locatário, que, descumprido, enseja a rescisão de contrato e o despejo do imóvel" (CARVALHO SANTOS. *Código Civil brasileiro interpretado*. Rio de Janeiro, Freitas Bastos, 1964, v. 17, p. 160).

- Veja Lei n. 8.245/91: "**Art. 26.** Necessitando o imóvel de reparos urgentes, cuja realização incumba ao locador, o locatário é obrigado a consenti-los. Parágrafo único. Se os reparos durarem mais de dez dias, o locatário terá direito ao abatimento do aluguel, proporcional ao período excedente; se mais de trinta dias, poderá resilir o contrato".

Aberratio delicti O mesmo que *aberratio criminis*. Locução latina que designa o erro do agente quanto ao bem jurídico que desejaria ofender. O agente, com sua ação, obtém resultado diverso do pretendido. Exemplo: "A" pretende apenas destruir o muro da residência de "B", porém o muro, ao ruir, fere o transeunte "C".

- Veja CP: "Resultado diverso do pretendido – **Art. 74.** Fora dos casos do artigo anterior, quando, por acidente ou erro na execução do crime, sobrevém resultado diverso do pretendido, o agente responde por culpa, se o fato é previsto como crime culposo; se ocorre também o resultado pretendido, aplica-se a regra do art. 70 deste Código".

- *Aberratio criminis* (art. 74 do CP). Ocorre a figura quando alguém movido pelo ciúme e embriagado, o que lhe retira o dolo mesmo eventual da ação, provoca incêndio no colchão que guarnece a cama do amante, propagando-se o fogo, contra sua expressa vontade e apesar de seus esforços, pela residência. Viabilidade de censura penal por delito de dano e incêndio culposo, em concurso formal. Decisão só apelada pelo Ministério Público, que pleiteia condenação por incêndio doloso. Recurso improvido. (TJRS, Ap. Crime n. 690026380, 1ª Câm. Criminal, rel. Guilherme Oliveira de Souza Castro, j. 06.06.1990)

Aberratio ictus Locução latina que, no direito penal, designa o erro na execução do delito quanto à pessoa da vítima. Erro que se verifica quando o agente pretende atingir determinada pessoa, a qual visualiza, erra o golpe ou o disparo e vem a ofender outra. Nesse caso, o agente não se engana quanto à vítima, mas, por erro, atinge outra pessoa (art. 73, CP). Ocorre, por exemplo, quando "A" deseja atirar em "B", erra o alvo e acerta, porém, involuntariamente, "C". Consistindo em uma falha à própria execução do delito, a *aberratio ictus* não se confunde com a *aberratio delicti*, nem com a *aberratio personae* (*error in persona*). Na *aberratio delicti* o agente, alcançando um resultado diverso do pretendido, ofende, ademais, um bem jurídico estranho à sua intenção: "A" lança uma pedra contra o automóvel de "B" para danificá-lo, mas atinge o transeunte "C". Já na *aberratio personae* ou *error in persona*, ocorre uma falsa interpretação da realidade, um erro de representação: "A" golpeia "B", pensando tratar-se de "C".

▸ Veja CP: "Erro na execução – **Art. 73**. Quando, por acidente ou erro no uso dos meios de execução, o agente, ao invés de atingir a pessoa que pretendia ofender, atinge pessoa diversa, responde como se tivesse praticado o crime contra aquela, atendendo-se ao disposto no § 3º do art. 20 deste Código. No caso de ser também atingida a pessoa que o agente pretendia ofender, aplica-se a regra do art. 70 deste Código".

▪ Tendo o agente – segundo reconheceu o Conselho de Sentença –, por erro de pontaria, atingido (de forma fatal) vítima diversa da pretendida, além de ferir também a vítima visada e outra pessoa, configurado está o erro na execução na modalidade complexa, incidindo a regra do art. 73 c/c art. 70 do CP. O caso não se confunde com o *aberratio criminis* (resultado diverso do pretendido) previsto no art. 74 do CP, o qual prevê a circunstância em que o agente visa atingir um bem jurídico e acaba atingindo outro, de natureza diversa, o que inocorreu na hipótese dos autos. Apelação defensiva improvida. (TJRS, Ap. Crime n. 70048015960, 3ª Câm. Criminal, rel. Francesco Conti, j. 28.06.2012)

Aberratio personae Locução latina, também conhecida como *error in persona*, designa o erro de representação cometido pelo agente criminoso. Exemplo: "A", no escuro, atira em "B", presumindo ter atirado em "C".

▸ Veja CP: "Erro sobre elementos do tipo – **Art. 20**. O erro sobre elemento constitutivo do tipo legal de crime exclui o dolo, mas permite a punição por crime culposo, se previsto em lei. [...] Erro sobre a pessoa – § 3º O erro quanto à pessoa contra a qual o crime é praticado não isenta de pena. Não se consideram, neste caso, as condições ou qualidades da vítima, senão as da pessoa contra quem o agente queria praticar o crime".

▪ O réu não atirou contra um e acabou atingindo outro, o que caracteriza o erro na execução. O alvo era exatamente aquele que pretendia atingir, embora pensasse se tratar de outra pessoa. Tendo em conta que a consequência de uma ou outra figura, no caso concreto, é a mesma, e o equívoco cingiu-se à capitulação na denúncia, na pronúncia e na sentença condenatória, não houve qualquer prejuízo à defesa. Pena pelo crime contra o patrimônio fixada com adequação à espécie. Provimento, em parte, do apelo do Ministério Público para aumentar a pena-base do crime contra a vida e determinar o cumprimento desta reprimenda em regime inicial fechado, por se tratar de crime hediondo. Improvimento do apelo defensivo. (TJRS, Ap. Crime n. 70017219015, 2ª Câm. Criminal, rel. Lúcia de Fátima Cerveira, j. 29.01.2008)

Abertura da sucessão Expressão jurídica que indica o ato de disponibilidade da herança, em decorrência do falecimento de pessoa que tenha deixado bens. A abertura da sucessão hereditária e a consequente transmissão da herança ocorrem no momento mesmo da morte daquele cujos bens serão objeto de inventário e partilha (art. 1.784, CC). A sucessão abre-se no lugar do último domicílio do falecido e pode ser provisória ou definitiva (arts. 37 e 38, CC) (*v. Sucessão provisória* e *Sucessão definitiva*).

▸ Veja CC: "**Art. 37**. Dez anos depois de passada em julgado a sentença que concede a abertura da sucessão provisória, poderão os interessados requerer a sucessão definitiva e o levantamento das cauções prestadas. **Art. 38**. Pode-se requerer a sucessão definitiva, também, provando-se que o ausente conta oitenta anos de idade, e que de cinco datam as últimas notícias dele. [...] **Art. 1.784**. Aberta a sucessão, a herança transmite-se, desde logo, aos herdeiros legítimos e testamentários. **Art. 1.785**. A sucessão abre-se no lugar do último domicílio do falecido".

▶ Veja CPC/73: "**Art. 983.** O processo de inventário e partilha deve ser aberto dentro de 60 (sessenta) dias a contar da abertura da sucessão, ultimando-se nos 12 (doze) meses subsequentes, podendo o juiz prorrogar tais prazos, de ofício ou a requerimento de parte. [...]".

▶ Veja CPC/2015: "**Art. 611.** O processo de inventário e de partilha deve ser instaurado dentro de 2 (dois) meses, a contar da abertura da sucessão, ultimando-se nos 12 (doze) meses subsequentes, podendo o juiz prorrogar esses prazos, de ofício ou a requerimento de parte".

▶ Veja LINDB: "**Art. 10.** A sucessão por morte ou por ausência obedece à lei do país em que domiciliado o defunto ou o desaparecido, qualquer que seja a natureza e a situação dos bens. § 1º A sucessão de bens de estrangeiros, situados no País, será regulada pela lei brasileira em benefício do cônjuge ou dos filhos brasileiros, ou de quem os represente, sempre que não lhes seja mais favorável a lei pessoal do *de cujus*. § 2º A lei do domicílio do herdeiro ou legatário regula a capacidade para suceder".

Abertura de inquérito *V. Inquérito policial* e *Inquérito administrativo*.

Abertura de inventário Procedimento judicial ou extrajudicial exigido por lei de quem estiver na posse e na administração do espólio, destinado a inventariar e posteriormente partilhar entre os herdeiros os bens deixados por pessoa falecida (arts. 982 e 987, CPC/73). Incumbe, portanto, a quem estiver na posse e na administração do espólio, no prazo previsto pelo art. 983, CPC/73, requerer o inventário e a partilha, sendo o requerimento instruído com a certidão de óbito do autor da herança. O processo deve ser requerido dentro de dois meses, a contar da abertura da sucessão, ultimando-se nos doze meses subsequentes, podendo o juiz, de ofício ou a requerimento do inventariante, dilatar esse prazo. É facultada à parte a utilização do inventário extrajudicial ou por escritura pública, desde que todos os herdeiros sejam capazes e concordes.

▶ Veja CC: "**Art. 1.796.** No prazo de trinta dias, a contar da abertura da sucessão, instaurar-se-á inventário do patrimônio hereditário, perante o juízo competente no lugar da sucessão, para fins de liquidação e, quando for o caso, de partilha da herança".

▶ Veja CPC/73: "**Art. 982.** Havendo testamento ou interessado incapaz, proceder-se-á ao inventário judicial; se todos forem capazes e concordes, poderá fazer-se o inventário e a partilha por escritura pública, a qual constituirá título hábil para o registro imobiliário. [...] **Art. 983.** O processo de inventário e partilha deve ser aberto dentro de 60 (sessenta) dias a contar da abertura da sucessão, ultimando-se nos 12 (doze) meses subsequentes, podendo o juiz prorrogar tais prazos, de ofício ou a requerimento de parte. [...] **Art. 987.** A quem estiver na posse e administração do espólio incumbe, no prazo estabelecido no art. 983, requerer o inventário e a partilha. [...]".

▶ Veja CPC/2015: "**Art. 610.** Havendo testamento ou interessado incapaz, proceder-se-á ao inventário judicial. § 1º Se todos forem capazes e concordes, o inventário e a partilha poderão ser feitos por escritura pública, a qual constituirá documento hábil para qualquer ato de registro, bem como para levantamento de importância depositada em instituições financeiras. [...] **Art. 611.** O processo de inventário e de partilha deve ser instaurado dentro de 2 (dois) meses, a contar da abertura da sucessão, ultimando-se nos 12 (doze) meses subsequentes, podendo o juiz prorrogar esses prazos, de ofício ou a requerimento de parte. [...] **Art. 615.** O requerimento de inventário e de partilha incumbe a quem estiver na posse e na administração do espólio, no prazo estabelecido no art. 611. [...]".

■ A habilitação dos sucessores do exequente falecido que deixou bens a inventariar pressupõe a abertura de inventário e a representação processual do Espólio pelo inventariante (CPC, art. 12, V). Exame de ofício dessa questão relativa a pressuposto de regular desenvolvimento do processo. Ausente comprovação de que o procurador do credor falecido agiu de má-fé, inviável impor-lhe qualquer sanção de ordem processual. Apelo provido em parte. (TJRS, Ap. Cível n. 70047501235, 25ª Câm. Cível, rel. Miguel Ângelo da Silva, j. 28.08.2012)

Abigeato Furto de semoventes; furto de animais; furto de gado. Subtração de coisa móvel, punível com a pena de reclusão, de 1 a 4 anos, e multa (art. 155, CP).

▶ Veja CP: "**Furto – Art. 155.** Subtrair, para si ou para outrem, coisa alheia móvel: Pena – reclusão, de 1 (um) a 4 (quatro) anos, e multa. § 1º A pena aumenta-se de um terço, se o crime é praticado durante o repouso noturno. § 2º Se o criminoso é primário, e é de pequeno valor a coisa furtada, o juiz pode substituir a pena de reclusão pela de detenção, diminuí-la de um a dois terços, ou aplicar somente a pena de multa. § 3º Equipara-se à coisa móvel a energia elétrica ou qualquer outra que tenha valor econômico. Furto qualificado – § 4º A pena é de reclusão de 2 (dois) a 8 (oito) anos, e multa, se o crime é cometido: I – com destruição ou rompimento de obstáculo à subtração da coisa; II – com abuso de confiança, ou mediante fraude, escalada ou destreza; III – com emprego de chave falsa; IV – mediante concurso de duas ou mais pessoas. § 5º A pena é de reclusão de 3 (três) a 8 (oito) anos, se a subtração for de veículo automotor que venha a ser transportado para outro Estado ou para o exterior".

- Prova produzida amplamente incriminatória. Relato da vítima, coerente e convincente, no sentido de que o denunciado confirmou que subtraíra a *res*, uma porca de pelagem vermelha, sendo que acabara de carneá-la, plenamente confortado pelo de duas testemunhas, as quais também afirmaram ter visto o réu na posse do animal, logo após a rapina. Tese exculpatória de desavenças entre imputado e ofendido, não comprovada *quantum satis*. Prova segura à condenação, que vai mantida. [...] (TJRS, Ap. Crime n. 70047519111, 8ª Câm. Criminal, rel. Fabianne Breton Baisch, j. 18.04.2012)

Ab initio Locução latina que tem como significado "desde o início", "de começo" (p. ex., "à vista do exposto, dá-se provimento à apelação para reformar integralmente a sentença, decretando-se a nulidade do processo de inventário *ab initio*").

Ab intestato Locução latina pela qual se indica que determinada pessoa faleceu sem deixar testamento. Em tal caso, sucessão *ab intestato* se contrapõe a "sucessão testamentária" (v. Sucessão).

Abonar Ato de aprovar um ato praticado por terceiro. Justificar, assumir a responsabilidade, afiançar, garantir. Exemplo: "Pedro abonou a assinatura de João no cadastro feito por ele junto ao Banco do Brasil".

Aborto Processo de interrupção da gravidez com a consequente morte do feto, qualquer que seja o seu estado evolutivo, desde a concepção até o parto. Segundo a OMS, abortamento é a interrupção da gestação antes de 20 a 22 semanas ou com peso do feto inferior a 500 gramas, sendo considerada precoce quando ocorre até 12 semanas, e tardio quando entre 12 e 20 a 22 semanas. O aborto pode ser classificado como natural (espontâneo) ou provocado. Espontâneo é aquele em que o próprio organismo se encarrega de realizá-lo, independentemente da vontade da mulher; é provocado quando feito intencionalmente, ocasionando, então, a morte do feto por vontade da própria gestante e/ou de outrem. Em relação ao aborto provocado, o CP o considera legal, desde que praticado por médico, em duas situações: quando não houver outro meio de salvar a vida da gestante (aborto sentimental, moral ou humanitário); no caso de gravidez resultante de estupro (aborto terapêutico) (art. 128, CP). Em 12.04.2012, julgando a ADPF n. 54, ajuizada pela Confederação Nacional dos Trabalhadores na Saúde (CNTS), o Plenário do STF decidiu, por maioria, que não pratica o crime de aborto tipificado no CP a mulher que decide pela "antecipação do parto" em casos de gravidez de feto anencéfalo. De acordo com a Lei n. 9.882/99, que regula as ADPFs, a decisão tomada pelo STF tem "eficácia contra todos e efeito vinculante relativamente aos demais órgãos do Poder Público".

▶ Veja CP: "**Art. 124.** Provocar aborto em si mesma ou consentir que outrem lho provoque: Pena – detenção, de 1 (um) a 3 (três) anos. Aborto provocado por terceiro – **Art. 125.** Provocar aborto, sem o consentimento da gestante: Pena – reclusão, de 3 (três) a 10 (dez) anos. **Art. 126.** Provocar aborto com o consentimento da gestante: Pena – reclusão, de 1 (um) a 4 (quatro) anos. Parágrafo único. Aplica-se a pena do artigo anterior, se a gestante não é maior de 14 (quatorze) anos, ou é alienada ou débil mental, ou se o consentimento é obtido mediante fraude, grave ameaça ou violência. Forma qualificada – **Art. 127.** As penas cominadas nos dois artigos anteriores são aumentadas de um terço, se, em consequência do aborto ou dos meios empregados para provocá-lo, a gestante sofre lesão corporal de natureza grave; e são duplicadas, se, por qualquer dessas causas, lhe sobrevém a morte. **Art. 128.** Não se pune o aborto praticado por médico: Aborto necessário – I – se não há outro meio de salvar a vida da gestante; Aborto no caso de gravidez resultante de estupro – II – se a gravidez resulta de estupro e o aborto é precedido de consentimento da gestante ou, quando incapaz, de seu representante legal".

- Penal. *Habeas corpus*. Aborto. Ausência de prova da gravidez. Ação penal trancada. 1. No delito capitulado no art. 124 do CP, para instauração da persecução penal, é imprescindível a prova de sua materialidade. O ônus incumbe ao órgão acusador, não sendo suficiente para este mister, a simples confissão da acusada. Aborto, diz a medicina, é interrupção da gravidez e, portanto, fundamental, essencial, imprescindível o diagnóstico desta como meio de configuração da infração. 2. Ordem concedida para trancar a ação penal. (STJ, *HC* n. 11.515/RJ, rel. Min. Fernando Gonçalves, j. 07.11.2000, *DJ* 18.12.2000)

Aborto eugênico Modalidade de aborto realizada quando existe importante risco ou probabilidade de que o feto esteja gravemente afetado, dando origem a uma criança com graves anomalias ou malformações, como ocorre no caso dos anencéfalos. O aborto eugênico tem por fundamento o interesse social na qualidade de vida independente do ser humano e não apenas o interesse em assegurar a existência de um ser sem qualquer qualidade de vida (*v. Anencefalia*).

- Aborto eugênico. Interrupção de gravidez. Holoprosencefalia. Prognóstico reservado em relação à sobrevivência. CPP, art. 647, CP, art. 128, I e II. Prematuro, em circunstâncias indefinidas do ponto de vista médico, autorizar a morte do feto, pelo simples fato de serem restritas as condições de vida. Não há autorização legal para aborto eugênico. Não existe nos autos prova insofismável de que não haverá vida extrauterina e o feto morrerá à primeira oxigenação fora do ventre materno. Ordem denegada. Maioria. (TJRJ, *HC* n. 64.085, rel. Des. Antônio Carlos Nascimento Amado, j. 01.03.2011)

Ab-rogação Revogação geral ou total das normas que regulam determinadas situações, proposta por nova lei, decreto ou regulamento. "Ficam revogadas as disposições em contrário" é a forma como habitualmente aparece representada.

- Ação direta de inconstitucionalidade. A superveniente revogação – total (ab-rogação) ou parcial (derrogação) – do ato estatal impugnado em sede de fiscalização normativa abstrata faz instaurar, ante a decorrente perda de objeto, situação de prejudicialidade, total ou parcial, da ação direta de inconstitucionalidade, independentemente da existência, ou não, de efeitos residuais concretos que possam ter sido gerados pela aplicação do diploma legislativo questionado. Precedentes. (STF, ADIn-QO n. 2.010/DF, Tribunal Pleno, rel. Min. Celso de Mello, j. 12.06.2002, *DJ* 28.03.2003)

Absolutamente incapaz Pessoa impedida de exercer pessoalmente os atos da vida civil em razão de idade, deficiência física ou mental ou ausência declarada. A lei diz que são absolutamente incapazes os menores de 16 anos; os que, por enfermidade ou deficiência mental, não tiverem o discernimento para a prática desses atos; e os que, mesmo por causa transitória, não puderem exprimir sua vontade (art. 3º, CC). Os absolutamente incapazes serão representados por seus pais, tutores ou curadores (arts. 1.690, 1.747 e 1.781, CC).

▸ Veja CC: "**Art. 3º** São absolutamente incapazes de exercer pessoalmente os atos da vida civil: I – os menores de dezesseis anos; II – os que, por enfermidade ou deficiência mental, não tiverem o necessário discernimento para a prática desses atos; III – os que, mesmo por causa transitória, não puderem exprimir sua vontade. [...] **Art. 1.690.** Compete aos pais, e na falta de um deles ao outro, com exclusividade, representar os filhos menores de dezesseis anos, bem como assisti-los até completarem a maioridade ou serem emancipados. [...] **Art. 1.747.** Compete mais ao tutor: I – representar o menor, até os dezesseis anos, nos atos da vida civil, e assisti-lo, após essa idade, nos atos em que for parte; [...] **Art. 1.781.** As regras a respeito do exercício da tutela aplicam-se ao da curatela, com a restrição do art. 1.772 e as desta Seção".

▸ Veja CPC/73: "**Art. 8º** Os incapazes serão representados ou assistidos por seus pais, tutores ou curadores, na forma da lei civil".

▸ Veja CPC/2015: "**Art. 71.** O incapaz será representado ou assistido por seus pais, por tutor ou por curador, na forma da lei".

Absolvição criminal Do latim *absolvere*, desatar, desembaraçar, resgatar, perdoar. Ato judicial que declara o réu inocente ou meramente isento de sanção. No plano do processo penal, denominamos sentença absolutória aquela que julga improcedente a acusação. As hipóteses de absolvição têm previsão no CPP: estar provada a inexistência do fato; não haver prova da existência do fato; não constituir o fato infração penal; estar provado que o réu não concorreu para a infração penal; não existir prova de ter o réu concorrido para a infração penal; existirem circunstâncias que excluam o crime ou isentem o réu de pena, ou mesmo se houver fundada dúvida sobre sua existência; não existir prova suficiente para a condenação (art. 386). As sentenças que concedem perdão judicial não são absolutórias, porque, embora deixando de aplicar a pena, reconhecem a autoria do crime, de forma que haverá reincidência se o réu voltar a delinquir.

▶ Veja CPP: "**Art. 386.** O juiz absolverá o réu, mencionando a causa na parte dispositiva, desde que reconheça: I – estar provada a inexistência do fato; II – não haver prova da existência do fato; III – não constituir o fato infração penal; IV – estar provado que o réu não concorreu para a infração penal; V – não existir prova de ter o réu concorrido para a infração penal; VI – existirem circunstâncias que excluam o crime ou isentem o réu de pena (arts. 20, 21, 22, 23, 26 e § 1º do art. 28, todos do Código Penal), ou mesmo se houver fundada dúvida sobre sua existência; VII – não existir prova suficiente para a condenação. Parágrafo único. Na sentença absolutória, o juiz: I – mandará, se for o caso, pôr o réu em liberdade; II – ordenará a cessação das medidas cautelares e provisoriamente aplicadas; III – aplicará medida de segurança, se cabível".

■ *Habeas corpus*. Tráfico de drogas. O paciente foi condenado em Primeiro Grau de Jurisdição na pena de 3 anos e 6 meses de reclusão. Ocorre que o parecer do Ministério Público, nesta Corte, no recurso de apelação, é pela absolvição do paciente ante a falta de indícios de autoria e prova da materialidade. Parecer do Ministério Público nesta Corte pela concessão da ordem. Ordem concedida. (TJRS, HC n. 70050624527, 3ª Câm. Criminal, rel. Nereu José Giacomolli, j. 31.08.2012)

Absolvição de instância
Instituto processual que identificava a liberação do réu da demanda a que estava submetido, o que não obstava, contudo, a propositura de nova ação, sobre o mesmo objeto, pelo autor. A expressão "absolvição de instância" foi substituída, com o advento do CPC/73, pela extinção do processo sem julgamento do mérito (art. 267, CPC/73).

Absolvição teórica
Terceira modalidade de veredicto cuja existência foi reconhecida pela Corte Europeia de Direitos Humanos. Os juízes decidiram que um réu que foi condenado, cumpriu a pena e depois teve sua condenação anulada diante de novas provas não é, necessariamente, inocente. Não tem direito de reclamar indenização por danos morais pelo tempo que ficou preso. De acordo com o § 2º do art. 6º da Convenção Europeia de Direitos Humanos, todos são presumidamente inocentes até que sua culpa seja legalmente provada. No julgamento, no entanto, a Corte mitigou esse princípio ao estabelecer que, se a condenação é anulada e não é feito novo julgamento, o réu não pode ser considerado um inocente erroneamente condenado. Não é vítima de erro judicial. Tecnicamente, ele é um inocente aos olhos da Justiça, mas que já passou anos atrás das grades e não vai receber nenhuma compensação por isso (Disponível em: http://www.osconstitucionalistas.com.br/europa-mitiga-presuncao-de-inocencia; acessado em 11.08.2013).

Abstenção
Recusa voluntária de participar ou praticar determinado ato. Privação, abstinência, renúncia a um direito ou não exercício de um direito. Exemplos: "Abster-se de votar"; "abster-se de emitir opinião"; "a abstenção de 19,40% destas eleições supera a de 2010, de 18,12%".

Abuso de poder
Exercício excessivo de poder que determinadas pessoas praticam em razão dos cargos que ocupam. Ato ou deliberação fundada no arbítrio ou na vontade unilateral de alguém, contrariando lei ou regra existente. Contra abuso de poder cabem *habeas corpus* ou mandado de segurança. A CF assegura a todos, independentemente do pagamento de taxas, o direito de petição aos Poderes Públicos em defesa de direitos ou contra ilegalidade ou abuso de poder (art. 5º, XXXIV), da mesma forma que assegura a impetração do mandado de segurança, quando o responsável pelo abuso de poder for autoridade pública ou agente de pessoa jurídica no exercício de atribuições do poder público (art. 5º, LXIX), e o *habeas corpus*. O exercício arbitrário ou abuso de poder são considerados crimes (art. 350, CP).

▶ Veja CF: "**Art. 5º** [...] LXVIII – conceder-se-á *habeas corpus* sempre que alguém sofrer ou se achar ameaçado de sofrer violência ou coação em sua liberdade de locomoção, por ilegalidade ou abuso de poder; LXIX – conceder-se-á mandado de segurança para proteger direito líquido e certo, não amparado por *habeas corpus* ou *habeas data*, quando o responsável pela ilegalidade ou abuso de poder for autoridade pública ou agente de pessoa jurídica no exercício de atribuições do Poder Público; [...]".

▶ Veja CP: "Exercício arbitrário ou abuso de poder – **Art. 350**. Ordenar ou executar medida privativa de liberdade individual, sem as formalidades legais ou com abuso de poder: Pena – detenção, de 1 (um) mês a 1 (um) ano. Parágrafo único. Na mesma pena incorre o funcionário que: I – ilegalmente recebe e recolhe alguém a prisão, ou a estabelecimento destinado a execução de pena privativa de liberdade ou de medida de segurança; II – prolonga a execução de pena ou de medida de segurança, deixando de expedir em tempo oportuno ou de executar imediatamente a ordem de liberdade; III – submete pessoa que está sob sua guarda ou custódia a vexame ou a constrangimento não autorizado em lei; IV – efetua, com abuso de poder, qualquer diligência".

- Desapropriação. Ausência de interesse ou necessidade pública. Abuso de poder. Arbitrariedade. Nulidade. O ato expropriatório, editado pela Administração Pública, deve encerrar, além dos requisitos genéricos para validade dos atos administrativos, nítido interesse e ou necessidade pública, sem o que é, na verdade, fruto de abuso de poder e arbitrariedade, e, pois, nulo *pleno iure*. (TJMG, Ap. Cível n. 85.523/1/Luz, rel. Des. Bady Curi, j. 27.08.1991)

- TST. Justa causa. Abandono de emprego. Abuso do poder diretivo do empregador. O não comparecimento do reclamante por mais de 30 dias na empresa não caracteriza justa causa quando a empregadora dispensa a prestação de serviços para apuração de falta através de inquérito administrativo. A exigência constante do termo de suspensão do obreiro, relativa ao seu comparecimento diário na empresa, para marcação de ponto e prestação de esclarecimentos, denota abuso do poder diretivo do empregador, pois submete o empregado a situação humilhante, mormente a suspensão ultrapassa o período de 30 dias. (TST, Rec. de Rev. n. 354.475/2000, 2ª T., rel. Min. Vantuil Abdala, *DJ* 05.05.2000)

Abuso do poder familiar Exercício irregular ou exorbitante da autoridade paterna sobre os filhos. Configura-se abuso do poder familiar o castigo imoderado ao menor ou o fato de os pais o deixarem em situação que caracterize o estado de abandono. O abuso do poder familiar é sancionado com a perda do poder familiar (art. 1.638, CC).

- Veja CC: "**Art. 1.638.** Perderá por ato judicial o poder familiar o pai ou a mãe que: I – castigar imoderadamente o filho; II – deixar o filho em abandono; III – praticar atos contrários à moral e aos bons costumes; IV – incidir, reiteradamente, nas faltas previstas no artigo antecedente".

- Veja ECA: "**Art. 23.** A falta ou a carência de recursos materiais não constitui motivo suficiente para a perda ou a suspensão do poder familiar. § 1º Não existindo outro motivo que por si só autorize a decretação da medida, a criança ou o adolescente será mantido em sua família de origem, a qual deverá obrigatoriamente ser incluída em programas oficiais de auxílio. § 2º A condenação criminal do pai ou da mãe não implicará a destituição do poder familiar, exceto na hipótese de condenação por crime doloso, sujeito à pena de reclusão, contra o próprio filho ou filha. **Art. 24.** A perda e a suspensão do poder familiar serão decretadas judicialmente, em procedimento contraditório, nos casos previstos na legislação civil, bem como na hipótese de descumprimento injustificado dos deveres e obrigações a que alude o art. 22".

- Apelação. Destituição do poder familiar. Adequação. Merece ser mantida a sentença que destituiu os apelantes do poder familiar sobre os filhos, porquanto muito bem demonstrada a total incapacidade deles para ter os filhos sob seus cuidados, por abandono, negligência, abuso e maus-tratos. Negaram provimento. (TJRS, Ap. Cível n. 70047459342, 8ª Câm. Cível, rel. Rui Portanova, j. 30.08.2012)

Ação (1) Meio ou instrumento processual que a lei assegura à parte para que ela possa requerer, em juízo, o reconhecimento do direito que alega ter; meio processual pelo qual se pode reclamar à Justiça reconhecimento, declaração, atribuição ou efetivação de um direito (*v. Ação judicial*).

Ação (2) Cota ou capital; título de propriedade negociável, representativo de uma fração do capital de uma sociedade anônima. As ações se classificam, quanto aos direitos que conferem, em ordinárias, preferenciais e de gozo ou fruição. Em relação à forma, nominativas e escriturais. Quanto ao preço de emissão, podem ser com ou sem valor nominal. O estatuto da sociedade fixará o número das ações em que se divide o capital social e estabelecerá se as ações terão, ou não, valor nominal (Lei n. 6.404/76).

- Veja Lei n. 6.404/76: "Características – **Art. 1º** A companhia ou sociedade anônima terá o capital dividido em ações, e a responsabilidade dos sócios ou acionistas será limitada ao preço de emissão das ações subscritas ou adquiridas. [...] Fixação no estatuto – **Art. 11.** O estatuto fixará o número das ações em que se divide o capital social e estabelecerá se as ações terão ou não valor nominal. § 1º Na companhia com ações sem valor nominal, o estatuto poderá criar uma ou mais classes de ações preferenciais com valor nominal. § 2º O valor nominal será o mesmo para todas as ações da companhia. § 3º O valor nominal das ações de companhia aberta não poderá ser inferior ao mínimo fixado pela Comissão de Valores Mobiliários. Alteração – **Art. 12.** O número e o valor nominal das ações somente poderão ser alterados nos casos de modificação do valor do capital social ou da sua expressão monetária, de desdobramento ou grupamento de ações, ou de cancelamento de ações autorizado nesta Lei".

Ação acessória Ação proposta antes ou no curso da causa principal, sendo desta dependente. A ação acessória pode ser de natureza preparatória, quando visa a instruir ou fundamentar proposição da lide principal (separação de corpos), de natureza preventiva, quando tem por finalidade evitar fraudes, assegurando a futura efetivação de direito (arrolamento de bens, sequestro) ou de natureza incidente, quando surge durante a demanda (reconvenção, oposição, embargos de terceiro). A ação acessória deve ser proposta no juízo competente para a ação principal (art. 108, CPC/73).

▸ Veja CPC/73: "**Art. 108.** A ação acessória será proposta perante o juiz competente para a ação principal".

▸ Veja CPC/2015: "**Art. 61.** A ação acessória será proposta no juízo competente para a ação principal".

Ação autônoma de impugnação Por vezes confundida com recursos, esta ação, representada pelo *habeas corpus*, mandado de segurança e ação rescisória, é, como a própria denominação indica, mero instrumento de impugnação decorrente de uma nova ação. "O traço característico entre os recursos e as ações de impugnação deve ser buscado em outro elemento: pelo recurso, não se instaura uma nova relação processual (um *novo processo*), operando-se por ele um mero prosseguimento da relação processual já existente. Ao contrário, o meio autônomo de impugnação configura sempre o exercício de uma nova ação, dando vida a uma diversa relação jurídica processual" (cf. GRINOVER et al. *Recursos no processo penal*. 4.ed. RT, São Paulo, 2005, p. 30). Já no entender de Nelson Nery Júnior, as ações autônomas de impugnação "fazem as vezes de recurso (por isso denominadas sucedâneos recursais), já que se dirigem contra decisões judiciais" (*Princípios fundamentais*: teoria geral dos recursos. São Paulo, RT, 1990, p. 158).

Ação cambial Ação específica para promover a cobrança de dívida embasada em título de crédito ou cambial (cheque, nota promissória, duplicata, letra de câmbio). Ação executiva ou ação de execução por quantia certa contra devedor solvente (art. 646, CPC/73).

▸ Veja CPC/73: "**Art. 646.** A execução por quantia certa tem por objeto expropriar bens do devedor, a fim de satisfazer o direito do credor (art. 591). **Art. 647.** A expropriação consiste: I – na adjudicação em favor do exequente ou das pessoas indicadas no § 2º do art. 685-A desta Lei; II – na alienação por iniciativa particular; III – na alienação em hasta pública; IV – no usufruto de bem móvel ou imóvel".

▸ Veja CPC/2015: "**Art. 824.** A execução por quantia certa realiza-se pela expropriação de bens do executado, ressalvadas as execuções especiais. **Art. 825.** A expropriação consiste em: I – adjudicação; II – alienação; III – apropriação de frutos e rendimentos de empresa ou estabelecimentos e de outros bens".

Ação cautelar (*v. Medida cautelar*).

Ação civil *ex delicto* Ação fundada em sentença penal condenatória transitada em julgado que visa à reparação de um dano, moral ou material, decorrente de um ilícito penal (art. 63, CPP). A sentença condenatória constitui título executivo judicial, podendo ser executada em face do agente causador do dano ou de quem a lei civil apontar como responsável pela indenização.

▸ Veja CP: "**Art. 91.** São efeitos da condenação: I – tornar certa a obrigação de indenizar o dano causado pelo crime; [...]".

▸ Veja CPP: "**Art. 63.** Transitada em julgado a sentença condenatória, poderão promover-lhe a execução, no juízo cível, para o efeito da reparação do dano, o ofendido, seu representante legal ou seus herdeiros. [...] **Art. 64.** Sem prejuízo do disposto no artigo anterior, a ação para ressarcimento do dano poderá ser proposta no juízo cível, contra o autor do crime e, se for caso, contra o responsável civil. Parágrafo único. Intentada a ação penal, o juiz da ação civil poderá suspender o curso desta, até o julgamento definitivo daquela. **Art. 65.** Faz coisa julgada no cível a sentença penal que reconhecer ter sido o ato praticado em estado de necessidade, em legítima defesa, em estrito cumprimento de dever legal ou no exercício regular de direito. **Art. 66.** Não obstante a sentença absolutória no juízo criminal, a ação civil poderá ser proposta quando não tiver sido, categoricamente, reconhecida a inexistência material do fato. **Art. 67.** Não impedirão igualmente a propositura da ação civil: I – o despacho de arquivamento do inquérito ou das peças de informação; II – a decisão que julgar extinta a punibilidade; III – a sentença absolutória que decidir que o fato imputado não constitui crime".

- Agravo em recurso especial. Indenização por dano moral. Publicação de matéria jornalística. Fato que também configuraria, em tese, crime. Prescrição. Art. 200 do CC. Aplicabilidade apenas aos casos de ação civil *ex delicto*. 1. Uma vez veiculada matéria jornalística que se reputa ofensiva à honra, tem-se por configurado, em tese, dano moral capaz de ensejar ação de indenização, cujo termo inicial, para fins de prescrição, é a própria data da publicação da referida matéria. 2. A regra estabelecida no art. 200 do CC diz respeito à ação civil *ex delicto*, sendo inaplicável, portanto, a casos de indenização civil que não se fundamentem no título penal condenatório. Precedente do STJ. (STJ, Ag. Reg. no AREsp n. 496.307/RS, 3ª T., rel. Min. Sidnei Beneti, j. 27.05.2014, *DJe* 16.06.2014)

Ação civil pública Ação que visa a apurar a responsabilidade por danos morais e patrimoniais causados: ao meio ambiente; ao consumidor; a bens e direitos de valor artístico, estético, histórico, turístico e paisagístico; a qualquer outro interesse difuso ou coletivo; por infração da ordem econômica; à ordem urbanística (art. 1º, I a VI, Lei n. 7.347/85).

▶ Veja CF: "**Art. 129.** São funções institucionais do Ministério Público: I – promover, privativamente, a ação penal pública, na forma da lei; II – zelar pelo efetivo respeito dos Poderes Públicos e dos serviços de relevância pública aos direitos assegurados nesta Constituição, promovendo as medidas necessárias a sua garantia; III – promover o inquérito civil e a ação civil pública, para a proteção do patrimônio público e social, do meio ambiente e de outros interesses difusos e coletivos; [...] § 1º A legitimação do Ministério Público para as ações civis previstas neste artigo não impede a de terceiros, nas mesmas hipóteses, segundo o disposto nesta Constituição e na lei. [...]".

▶ Veja Lei n. 7.347/85: "**Art. 5º** Têm legitimidade para propor a ação principal e a ação cautelar: I – o Ministério Público; II – a Defensoria Pública; III – a União, os Estados, o Distrito Federal e os Municípios; IV – a autarquia, empresa pública, fundação ou sociedade de economia mista; V – a associação que, concomitantemente: *a)* esteja constituída há pelo menos 1 (um) ano nos termos da lei civil; *b)* inclua, entre suas finalidades institucionais, a proteção ao meio ambiente, ao consumidor, à ordem econômica, à livre concorrência ou ao patrimônio artístico, estético, histórico, turístico e paisagístico. [...]".

- Ação civil pública. Improbidade administrativa. Conforme consta do acórdão proferido na instância ordinária, o agravante deu causa à violação da obrigação que lhe impunha o art. 212 da CF, ao deixar de comprometer 25% da receita resultantes de impostos na manutenção e desenvolvimento do ensino, porque "custeou despesas com o transporte de pessoas não vinculadas ao ensino e adquiriu bens que não foram destinados ao desenvolvimento de atividades vinculadas ao ensino" (*e-STJ*, fl. 302). [...] 3. Ademais, a jurisprudência do STJ dispensa o dolo específico para a configuração de improbidade por atentado aos princípios administrativos (art. 11 da Lei n. 8.429/92), considerando bastante o dolo genérico. (STJ, Ag. Reg. no AREsp n. 163.308/SP, 2ª T., rel. Min. Humberto Martins, j. 21.08.2012, *DJe* 28.08.2012)

Ação cominatória Ação pela qual o titular de um direito requer ao juiz que alguém cumpra uma obrigação, preste um serviço ou se abstenha de praticar algum ato que lhe traga prejuízo, sob pena de sanção ou pagamento de multa (pena pecuniária) (art. 287, CPC/73). A multa é também conhecida como astreinte (*v. Astreinte*). A Lei n. 9.609/98, que dispõe sobre a proteção de propriedade intelectual de programa de computador, prevê expressamente a ação para o autor de programas de computador proibir ao infrator a prática do ato incriminado com a cominação de pena pecuniária para o caso de o réu não concretizar a pretensão do autor.

▶ Veja CPC/73: "**Art. 287.** Se o autor pedir que seja imposta ao réu a abstenção da prática de algum ato, tolerar alguma atividade, prestar ato ou entregar coisa, poderá requerer cominação de pena pecuniária para o caso de descumprimento da sentença ou da decisão antecipatória de tutela (arts. 461, § 4º, e 461-A)".

▶ Veja CPC/2015: "**Art. 536.** No cumprimento de sentença que reconheça a exigibilidade de obrigação de fazer ou de não fazer, o juiz poderá, de ofício ou a requerimento, para a efetivação da tutela específica ou a obtenção de tutela pelo resultado prático equivalente, determinar as medidas necessárias à satisfação do exequente. § 1º Para atender ao disposto no *caput*, o juiz poderá determinar, entre outras medidas, a imposição de multa, a busca e apreensão, a remoção de pessoas e coisas, o desfazimento de obras e o impedimento de atividade nociva, podendo, caso necessário, requisitar o auxílio de força policial. [...]. **Art. 537.** A multa independe de requerimento da parte e poderá ser aplicada na fase de conhecimento, em tutela provisória ou na sentença, ou na fase de execução, desde que seja suficiente e compatível com a obrigação e que se determine prazo razoável para cumprimento do preceito. [...]".

▶ Veja Lei n. 9.609/98: "**Art. 14.** Independentemente da ação penal, o prejudicado poderá intentar ação para proibir ao infrator a prática do ato incriminado, com cominação de pena pecuniária para o caso de transgressão do preceito. [...]".

■ Súmula 372, STJ: Na ação de exibição de documentos, não cabe a aplicação de multa cominatória.

■ A *quaestio juris* está na possibilidade de aplicação de multa cominatória (*astreinte*) contra a Fazenda Pública na hipótese em que o juízo singular considere descumprida ordem judicial que determinava a apresentação de documentos necessários ao deslinde da controvérsia. É cediço que o *Codex* processual, entre outras medidas coercitivas, atribuiu ao juiz a faculdade de impor astreinte em desfavor do devedor – ainda que se trate da Fazenda Pública –, objetivando inibir o descumprimento das obrigações de fazer ou não fazer (fungíveis ou infungíveis) ou de entregar coisa, que deverá incidir a partir da ciência do obrigado e da sua recalcitrância. [...] Dessarte, havendo a possibilidade de expedição de mandado de busca e apreensão dos documentos requisitados pela autoridade judicial (arts. 461, § 5º, e 461-A, § 2º, do mesmo diploma), como na hipótese, não se mostra razoável a fixação de multa pecuniária pelo descumprimento da ordem de apresentação, ademais, quando existente pedido de dilação de prazo formulado pela recorrente (Fazenda Nacional), o que afasta a caracterização de seu suposto intuito recalcitrante. Com essas considerações, a Turma deu provimento ao recurso, determinando a exclusão da astreinte cominada pelo juízo singular em desfavor da Fazenda Pública. (STJ, REsp n. 1.069.441/PE, rel. Min. Luiz Fux, j. 14.12.2010)

Ação condenatória Ação em que o autor visa a obter uma sentença que imponha ao réu a obrigação de prestar alguma coisa devida ao autor. A ação condenatória constitui título executivo judicial, que serve de instrumento para fundamentar posterior ação de cumprimento de sentença (art. 466, CPC/73).

▶ Veja CPC/73: "**Art. 466.** A sentença que condenar o réu no pagamento de uma prestação, consistente em dinheiro ou em coisa, valerá como título constitutivo de hipoteca judiciária, cuja inscrição será ordenada pelo juiz na forma prescrita na Lei de Registros Públicos. Parágrafo único. A sentença condenatória produz a hipoteca judiciária: I – embora a condenação seja genérica; II – pendente arresto de bens do devedor; III – ainda quando o credor possa promover a execução provisória da sentença".

▶ Veja CPC/2015: "**Art. 515.** São títulos executivos judiciais, cujo cumprimento dar-se-á de acordo com os artigos previstos neste Título: I – as decisões proferidas no processo civil que reconheçam a exigibilidade de obrigação de pagar quantia, de fazer, de não fazer ou de entregar coisa; II – a decisão homologatória de autocomposição judicial; III – a decisão homologatória de autocomposição extrajudicial de qualquer natureza; IV – o formal e a certidão de partilha, exclusivamente em relação ao inventariante, aos herdeiros e aos sucessores a título singular ou universal; V – o crédito de auxiliar da justiça, quando as custas, emolumentos ou honorários tiverem sido aprovados por decisão judicial; VI – a sentença penal condenatória transitada em julgado; VII – a sentença arbitral; VIII – a sentença estrangeira homologada pelo Superior Tribunal de Justiça; IX – a decisão interlocutória estrangeira, após a concessão do *exequatur* à carta rogatória pelo Superior Tribunal de Justiça. [...]".

Ação conexa Ação que, encerrando certa analogia ou identidade com outra, deve ser promovida simultaneamente, sempre que haja imperiosa necessidade de um único julgamento para ambas as causas, para evitar eventual prestação jurisdicional conflitante sobre a mesma causa de pedir (art. 103, CPC/73).

▶ Veja CPC/73: "**Art. 103.** Reputam-se conexas duas ou mais ações, quando lhes for comum o objeto ou a causa de pedir".

▶ Veja CPC/2015: "**Art. 55.** Reputam-se conexas 2 (duas) ou mais ações quando lhes for comum o pedido ou a causa de pedir. § 1º Os processos de ações conexas serão reunidos para decisão conjunta, salvo se um deles já houver sido sentenciado. § 2º Aplica-se o disposto no *caput*: I – à execução de título extrajudicial e à ação de conhecimento relativa ao mesmo ato jurídico; II – às execuções fundadas no mesmo título executivo. § 3º Serão reunidos para julgamento conjunto os processos que possam gerar risco de prolação de decisões conflitantes ou contraditórias caso decididos separadamente, mesmo sem conexão entre eles".

■ Súmula n. 235, STJ: A conexão não determina a reunião dos processos, se um deles já foi julgado.

■ Súmula n. 383, STJ: A competência para processar e julgar as ações conexas de interesse de menor é, em princípio, do foro do domicílio do detentor de sua guarda.

Ação confessória Ação que compete ao titular do direito real de servidão (proprietário, enfiteuta ou usufrutuário do prédio dominante) para requerer o reconhecimento da existência da servidão e a proibição de o réu embaraçar seu livre exercício.

▸ Veja CC: "**Art. 1.378.** A servidão proporciona utilidade para o prédio dominante, e grava o prédio serviente, que pertence a diverso dono, e constitui-se mediante declaração expressa dos proprietários, ou por testamento, e subsequente registro no Cartório de Registro de Imóveis".

Ação constitutiva Ação que, sem limitar a simples declaração de um direito e sem estatuir condenação ao cumprimento de uma prestação, cria, modifica ou extingue uma relação jurídica. Espécie de ação de conhecimento que tem por finalidade criar, alterar ou extinguir uma relação jurídica. A sentença poderá ter efeito *ex tunc* (retroação) ou *ex nunc* (irretroatividade), sendo excepcional a retroatividade, como para anular atos jurídicos que envolvam vícios de consentimento.

▪ As hipóteses excepcionais de desconstituição de acórdão transitado em julgado por meio da ação rescisória estão arroladas de forma taxativa no art. 485 do Código de Processo Civil. Pelo *caput* do referido dispositivo legal, evidencia-se que esta ação possui natureza constitutiva negativa, que produz sentença desconstitutiva, quando julgada procedente. Tal ação tem como pressupostos (i) a existência de decisão de mérito com trânsito em julgado; (ii) enquadramento nas hipóteses taxativamente previstas; e (iii) o exercício antes do decurso do prazo decadencial de dois anos (CPC, art. 495). (STJ, REsp n. 1.105.944/SC, 2ª T., rel. Min. Mauro Campbell Marques, j. 14.12.2010, *DJe* 08.02.2011)

Ação cumulada Ação proposta simultaneamente e em conjunto com outra ação em razão de o objeto ou a causa de pedir ser comum em ambas (art. 292, CPC/73).

▸ Veja CPC/73: "**Art. 292.** É permitida a cumulação, num único processo, contra o mesmo réu, de vários pedidos, ainda que entre eles não haja conexão. § 1º São requisitos de admissibilidade da cumulação que: I – que os pedidos sejam compatíveis entre si; II – que seja competente para conhecer deles o mesmo juízo; III – que seja adequado para todos os pedidos o tipo de procedimento. [...]".

▸ Veja CPC/2015: "**Art. 327.** É lícita a cumulação, em um único processo, contra o mesmo réu, de vários pedidos, ainda que entre eles não haja conexão. § 1º São requisitos de admissibilidade da cumulação que: I – os pedidos sejam compatíveis entre si; II – seja competente para conhecer deles o mesmo juízo; III – seja adequado para todos os pedidos o tipo de procedimento. [...]".

Ação de acidente de trânsito (*v. Ação de reparação de danos causados em acidente de trânsito*).

Ação de adjudicação compulsória Medida judicial que tem por objetivo obter a transferência da propriedade de uma coisa móvel ou imóvel do patrimônio de uma pessoa, nos casos em que a lei especifica. A medida visa a obter o suprimento judicial da vontade recusada pelo vendedor, ou seja, o suprimento da vontade de outorgar a escritura definitiva e a consequente transferência do domínio do imóvel compromissado. Adjudicação forçada ou obrigatória, como nos contratos que tenham por objeto a promessa de compra e venda de imóveis e o DL n. 58/37 (art. 15). Julgada procedente a ação, a sentença terá o condão de adjudicar o imóvel ao compromissário, valendo ela como título para a transcrição ou transferência de domínio (art. 16, § 2º).

▸ Veja DL n. 58/37: "**Art. 15.** Os compromissários têm o direito de, antecipando ou ultimando o pagamento integral do preço, e estando quites com os impostos e taxas, exigir a outorga da escritura de compra e venda. **Art. 16.** Recusando-se os compromitentes a outorgar a escritura definitiva no caso do artigo 15, o compromissário poderá propor, para o cumprimento da obrigação, ação de adjudicação compulsória, que tomará o rito sumaríssimo. § 1º A ação não será acolhida se a parte, que a intentou, não cumprir a sua prestação nem a oferecer nos casos e formas legais. § 2º Julgada procedente a ação a sentença, uma vez transitada em julgado, adjudicará o imóvel ao compromissário, valendo como título para a transcrição. [...]".

▪ Súmula n. 239, STJ: O direito à adjudicação compulsória não se condiciona ao registro do compromisso de compra e venda no cartório de imóveis.

▪ Adjudicação compulsória. Legitimidade passiva. Registro público. CPC, art. 466-C. A ação há de ser proposta contra o proprietário promitente vendedor, e não contra o cedente de direito. Não se requer a inscrição da promessa no registro de imóveis. (STJ, REsp n. 96.372/1999/RJ, rel. Min. Nilson Naves, j. 03.11.1998, *DJ* 29.03.1999)

■ Sustenta o recorrente que o direito vigente tem como indispensável à ação de adjudicação compulsória a inscrição do compromisso de compra e venda no registro imobiliário, não ocorrendo tal hipótese, não se poderia dar pela procedência da ação, sob pena de ofensa ao art. 23 do Decreto-lei n. 58 e discrepância com as Súmulas ns. 167 e 413, do Supremo Tribunal Federal. Inviável é o recurso. Isto porque esta Corte fixou orientação no sentido da desnecessidade do compromisso de compra e venda estar inscrito no Registro Imobiliário, como condição para a adjudicação compulsória. (STJ, REsp n. 10.383/MG, rel. Min. Fontes de Alencar, j. 12.08.1991)

Ação de alimentos Ação que permite aos cônjuges, companheiros e parentes, desde que provada a necessidade, exigirem, uns dos outros, os alimentos de que necessitam para subsistir (art. 1.694, CC). O direito à prestação de alimentos é recíproco entre pais e filhos e extensivo a todos os ascendentes (art. 1.696, CC). A ação de alimentos encontra-se regulada pela Lei n. 5.478/68. Os alimentos poderão ser requeridos e fixados, para o cônjuge, companheiro(a) e para os filhos, como pedido acessório no processo de divórcio. Todavia, como ação autônoma, deve a ação submeter-se aos ditames da Lei n. 5.478/68. Se qualquer dos pais não estiver em condições de suportar totalmente o encargo, serão chamados a concorrer os parentes de grau imediato; sendo várias as pessoas obrigadas a prestar alimentos, todas devem concorrer na proporção dos respectivos recursos, e, intentada ação contra uma delas, poderão as demais ser chamadas a integrar a lide (art. 1.698, CC).

▶ Veja CC: "**Art. 1.694**. Podem os parentes, os cônjuges ou companheiros pedir uns aos outros os alimentos de que necessitem para viver de modo compatível com a sua condição social, inclusive para atender às necessidades de sua educação. [...]".

▶ Veja CPC/2015: "**Art. 215**. Processam-se durante as férias forenses, onde as houver, e não se suspendem pela superveniência delas: I – os procedimentos de jurisdição voluntária e os necessários à conservação de direitos, quando puderem ser prejudicados pelo adiamento; II – a ação de alimentos e os processos de nomeação ou remoção de tutor e curador; III – os processos que a lei determinar".

▶ Veja Lei n. 5.478/68: "**Art. 1º** A ação de alimentos é de rito especial, independente de prévia distribuição e de anterior concessão do benefício de gratuidade. § 1º A distribuição será determinada posteriormente por ofício do juízo, inclusive para o fim de registro do feito. § 2º A parte que não estiver em condições de pagar as custas do processo, sem prejuízo do sustento próprio ou de sua família, gozará do benefício da gratuidade, por simples afirmativa dessas condições perante o juiz, sob pena de pagamento até o décuplo das custas judiciais. § 3º Presume-se pobre, até prova em contrário, quem afirmar essa condição, nos termos desta lei. § 4º A impugnação do direito à gratuidade não suspende o curso do processo de alimentos e será feita em autos apartados".

■ Os avós só estão obrigados a prestar alimentos aos netos quando existir prova robusta de que o titular do dever de sustento está impossibilitado de suportar totalmente o encargo, vez que os avoengos, quanto ao pensionamento, detêm a responsabilidade subsidiária e hierarquizada. (TJSC, Ap. Cível n. 2007.046226-3/Criciúma, 2ª Câm. de Direito Civil, rel. Des. José Mazoni Ferreira, *DJSC* 22.02.2008, p. 157)

■ A responsabilidade dos avós de prestar alimentos é subsidiária e complementar à responsabilidade dos pais, só sendo exigível em caso de impossibilidade de cumprimento da prestação – ou de cumprimento insuficiente – pelos genitores. 2. Recurso especial provido. (STJ, REsp n. 831.497/MG, 4ª T., rel. Min. João Otávio de Noronha, j. 04.02.2010)

Ação de anulação Ação que possibilita à parte interessada obter anulação do ato jurídico constituído sem obedecer às formalidades legais ou fundado em erro, dolo, coação, estado de perigo, lesão ou fraude contra credores ou do qual participe pessoa relativamente incapaz (art. 171, CC). A denominação da ação de anulação é complementada de acordo com o objeto ou ato jurídico que se pretende anular: "ação de anulação de negócio jurídico"; "ação de anulação de contrato"; "ação de anulação de casamento".

▶ Veja CC: "**Art. 171**. Além dos casos expressamente declarados na lei, é anulável o negócio jurídico: I – por incapacidade relativa do agente; II – por vício resultante de erro, dolo, coação, estado de perigo, lesão ou fraude contra credores".

■ Nulidade de ato jurídico. Venda de ascendentes a descendente por interposta pessoa. A *ratio legis* do art. 1.132 [leia-se art. 495, CC/2002], do CCB, está no intento de conjurar a dissimulação de doações inoficiosas, em favor de um dos descendentes, ou em desfalque das legítimas dos demais descendentes. A venda em questão, quer direta, quer por interposta pessoa, pode, perfeitamente, encobrir doação, em detrimento dos demais herdeiros. O fundamento de ineficácia do contrato não é, no caso, a simulação, mas a ofensa da lei, que veda, sem exceções, a venda de ascendentes a descendentes, sem a anuência expressa dos demais, que constitui formalidade essencial à validade do ato. Se o contrato é celebrado com omissão desse consentimento, deixa de revestir a forma prescrita em lei (CCB, art. 145, III). (TJPR, Ap. Cível n. 37.649/4/1996/Guaratuba, rel. Juiz Munir Karam, j. 13.12.1995, *DJ* 05.02.1996)

Ação de anulação de compra e venda   Ação pela qual uma das partes do contrato de compra e venda requer a decretação da nulidade deste, em razão de vício insanável. A transação de compra e venda será nula se ocorrer qualquer um dos casos previstos nos itens do art. 166, CC, bem como se se deixar ao arbítrio de uma das partes a taxação do preço (art. 489, CC). Também é anulável se for realizada entre ascendentes e descendentes, sem o consentimento necessário (art. 496, CC) e, ainda, quando realizada por pessoas proibidas de adquirir certos bens, em razão de sua condição ou função (art. 497, CC).

▶ Veja CC: "**Art. 104.** A validade do negócio jurídico requer: I – agente capaz; II – objeto lícito, possível, determinado ou determinável; III – forma prescrita ou não defesa em lei. [...] **Art. 166.** É nulo o negócio jurídico quando: I – celebrado por pessoa absolutamente incapaz; II – for ilícito, impossível ou indeterminável o seu objeto; III – o motivo determinante, comum a ambas as partes, for ilícito; IV – não revestir a forma prescrita em lei; V – for preterida alguma solenidade que a lei considere essencial para a sua validade; VI – tiver por objetivo fraudar lei imperativa; VII – a lei taxativamente o declarar nulo, ou proibir-lhe a prática, sem cominar sanção. [...] **Art. 489.** Nulo é o contrato de compra e venda, quando se deixa ao arbítrio exclusivo de uma das partes a fixação do preço. [...] **Art. 496.** É anulável a venda de ascendente a descendente, salvo se os outros descendentes e o cônjuge do alienante expressamente houverem consentido. Parágrafo único. Em ambos os casos, dispensa-se o consentimento do cônjuge se o regime de bens for o da separação obrigatória. **Art. 497.** Sob pena de nulidade, não podem ser comprados, ainda que em hasta pública: I – pelos tutores, curadores, testamenteiros e administradores, os bens confiados à sua guarda ou administração; II – pelos servidores públicos, em geral, os bens ou direitos da pessoa jurídica a que servirem, ou que estejam sob sua administração direta ou indireta; III – pelos juízes, secretários de tribunais, arbitradores, peritos e outros serventuários ou auxiliares da justiça, os bens ou direitos sobre que se litigar em tribunal, juízo ou conselho, no lugar onde servirem, ou a que se estender a sua autoridade; IV – pelos leiloeiros e seus prepostos, os bens de cuja venda estejam encarregados. Parágrafo único. As proibições deste artigo estendem-se à cessão de crédito".

■ Compromisso de compra e venda. Anulação do contrato. Evidente é que só pode vender ou prometer a venda aquele que é legítimo proprietário de um bem. Destarte, não pode o promitente comprador de um imóvel que pertencia a outrem, e que deixou de pagar as prestações, tendo a seu desfavor decisão que rescindiu seu contrato, realizar novo compromisso de compra e venda com terceiro, sem o consentimento da proprietária, relativamente ao mesmo bem. (TJSC, Ap. Cível n. 8.913/1/1998, rel. Des. Carlos Prudêncio, *DJ* 03.12.1998)

■ Compra e venda. Ação anulatória. Litisconsortes passivos necessários na ação que visa anular contratos de compra e venda são apenas as pessoas que deles participaram, os alienantes e os adquirentes; são estranhos ao objeto litigioso aqueles que, ontem, transmitiram a propriedade aos alienantes de hoje, tenha ou não esse negócio oneroso simulado uma doação, se a validade deste constitui o próprio pressuposto da ação. (STJ, REsp n. 279.372/MG, rel. Min. Ari Pargendler, j. 10.04.2007, *DJ* 21.05.2007)

Ação de anulação de contrato social   Ação que compete a qualquer dos sócios para pleitear a ineficácia do contrato social quando este contiver defeito insanável. A lei civil exige que o objeto e o fim a que se propõem as companhias e sociedades comerciais sejam lícitos e que o contrato seja celebrado por pessoa capaz e se revista na forma prescrita no ordenamento jurídico. Considera, ademais, que é nula a estipulação contratual que exclua qualquer sócio de participar dos lucros e das perdas (art. 1.008, CC).

▶ Veja CC: "**Art. 1.008.** É nula a estipulação contratual que exclua qualquer sócio de participar dos lucros e das perdas".

Ação de anulação de título cambiário   Ação para ver declarada a nulidade de título ou a inexistência da obrigação, seja por meio de embargos, seja por outra ação declaratória ou desconstitutiva (art. 4º, CPC/73).

▶ Veja CPC/73: "**Art. 4º** O interesse do autor pode limitar-se à declaração: I – da existência ou da inexistência de relação jurídica; II – da autenticidade ou falsidade de documento. [...]".

▶ Veja CPC/2015: "**Art. 19.** O interesse do autor pode limitar-se à declaração: I – da existência, da inexistência ou do modo de ser de uma relação jurídica; II – da autenticidade ou da falsidade de documento".

■ Execução fiscal. Ação anulatória do débito. Se é certo que a propositura de qualquer ação relativa ao débito constante do título não inibe o direito do credor de promover-lhe a execução (CPC, art. 585, § 1º), o inverso também é verdadeiro: o ajuizamento da ação executiva não impede que o devedor exerça o direito constitucional de ação para ver declarada a nulidade do título ou a inexistência da obrigação, seja por meio de embargos (CPC, art. 736), seja por outra ação declaratória ou desconstitutiva. Nada impede, outrossim, que o devedor se antecipe à execução e promova, em caráter preventivo, pedido de nulidade do título ou a declaração de inexistência da relação obrigacional. [...] Assim como os embargos, a ação anulatória ou desconstitutiva do título executivo representa forma de oposição do devedor aos atos de execução, razão pela qual quebraria a lógica do sistema dar-lhes curso perante juízos diferentes, comprometendo a unidade natural que existe entre pedido e defesa. (STJ, REsp n. 754.586/RS, rel. Min. Teori Albino Zavascki, j. 21.03.2006, *DJ* 12.06.2006)

Ação de apuração de haveres Medida judicial que assegura a todo aquele que se afastar da sociedade de que faz parte o direito de pleitear a apuração e o pagamento de valores referentes à sua participação na sociedade.

▶ Veja CC: "**Art. 1.031.** Nos casos em que a sociedade se resolver em relação a um sócio, o valor da sua quota, considerada pelo montante efetivamente realizado, liquidar-se-á, salvo disposição contratual em contrário, com base na situação patrimonial da sociedade, à data da resolução, verificada em balanço especialmente levantado. § 1º O capital social sofrerá a correspondente redução, salvo se os demais sócios suprirem o valor da quota. § 2º A quota liquidada será paga em dinheiro, no prazo de noventa dias, a partir da liquidação, salvo acordo, ou estipulação contratual em contrário".

■ Súmula n. 265, STF: Na apuração de haveres não prevalece o balanço não aprovado pelo sócio falecido, excluído ou que se retirou.

■ Direito empresarial. Dissolução de sociedade. Apuração de haveres. Forma de pagamento. 1. A apuração de haveres – levantamento dos valores referentes à participação do sócio que se retira ou que é excluído da sociedade – se processa da forma prevista no contrato social, uma vez que, nessa seara, prevalece o princípio da força obrigatória dos contratos, cujo fundamento é a autonomia da vontade, desde que observados os limites legais e os princípios gerais do direito. Precedentes. 2. No caso sob exame, o contrato social previu o pagamento dos haveres parcelados em 48 (quarenta e oito) prestações mensais e sucessivas, tendo o Tribunal estadual determinado o vencimento da primeira por ocasião do trânsito em julgado da decisão. 3. Em ação que versa sobre o inadimplemento dos haveres oriundos da retirada de sócio, a sociedade é constituída em mora com a citação válida, que passa então a ser considerada como termo inicial para o pagamento das parcelas, sendo certo que aquelas que venceram no curso do processo devem ser pagas de imediato, após o trânsito em julgado da sentença condenatória, enquanto as remanescentes serão adimplidas consoante determinado no contrato social. (Precedentes) 4. Recurso especial parcialmente provido. (STJ, REsp n. 1.239.754/RS, 4ª T., rel. Min. Luis Felipe Salomão, j. 15.05.2012, *DJe* 22.05.2012)

■ Ação de apuração de haveres. Negativa de prestação jurisdicional. Não ocorrência. Prescrição. Prazo decenal. Inocorrência. Rito processual. Ausência de regramento especial. Procedimento ordinário. Ausência de prejuízo concreto. Nulidade afastada. [...] 5. Aplica-se às ações de apuração de haveres o prazo prescricional decenal, por ausência de regra específica. 6. A apuração de haveres decorrente de dissolução parcial não é regulada especificamente por lei, porquanto a própria dissolução parcial representa criação doutrinária e jurisprudencial, aos poucos incorporada no direito posto. 7. Diante da inexistência de regras objetivas, aplica-se o procedimento ordinário à ação de apuração de haveres – ação de natureza eminentemente condenatória. 8. Apesar da aplicação de rito especial de forma indevida, deve-se analisar a nulidade a partir das lentes da economia processual, efetividade, respeito ao contraditório e ausência de prejuízo concreto. 9. Recurso especial parcialmente provido. (STJ, REsp n. 1.139.593/SC, 3ª T., rel. Min. Nancy Andrighi, j. 22.04.2014, *DJe* 02.05.2014)

Ação de atentado (*v. Atentado*).

Ação de avarias Ação que cabe ao proprietário da mercadoria, transportada em navio, contra o proprietário da embarcação, para obter indenização na hipótese de dano ou deterioração durante a viagem.

▶ Veja CCom: "**Art. 761.** Todas as despesas extraordinárias feitas a bem do navio ou da carga, conjunta ou separadamente, e todos os danos acontecidos àquele ou a esta, desde o embarque e partida até a sua volta e desembarque, são reputadas avarias".

▶ Veja DL n. 116/67: "**Art. 3º** A responsabilidade do navio ou embarcação transportadora começa com o recebimento da mercadoria a bordo, e cessa com a sua entrega à entidade portuária ou trapiche municipal, no porto de destino, ao costado do navio. [...] **Art. 8º** Prescrevem ao fim de um ano, contado da data do término da descarga do navio transportador, as ações por extravio de carga, bem como as ações por falta de conteúdo, diminuição, perdas e avarias ou danos à carga".

▪ Transporte marítimo. Avaria de carga. Ação de indenização por danos materiais. A responsabilidade do transportador é objetiva (art. 750 do CC), devendo transportar a carga incólume até o local de destino. Incontroversa a avaria ocorrida no *container* e a contaminação da carga, impondo-se o dever de indenizar. [...] Tratando-se de ação de indenização por danos materiais em razão de dano causado à mercadoria transportada, relação de consumo, o prazo aplicável é o do art. 27 do CDC. A pretensão ao recebimento de indenização por avaria da carga, via ação condenatória, está sujeita à prescrição e não à decadência. (TJRS, Ap. Cível n. 70053695581, 11ª Câm. Cível, rel. Bayard Ney de Freitas Barcellos, j. 09.04.2014)

Ação de busca e apreensão Medida judicial destinada a obter a apreensão de determinada coisa ou pessoa do poder de quem a detenha ilegalmente, a fim de que ela seja guardada ou depositada até que o juiz decida a quem deve ser entregue em definitivo (art. 839, CPC/73). Como processo autônomo, a busca e apreensão encontra previsão no DL n. 911/69, que regula os contratos de alienação fiduciária.

▶ Veja CPC/73: "**Art. 839.** O juiz pode decretar a busca e apreensão de pessoas ou de coisas".

▶ Veja CPC/2015: "**Art. 538.** Não cumprida a obrigação de entregar coisa no prazo estabelecido na sentença, será expedido mandado de busca e apreensão ou de imissão na posse em favor do credor, conforme se tratar de coisa móvel ou imóvel. [...] **Art. 806.** O devedor de obrigação de entrega de coisa certa, constante de título executivo extrajudicial, será citado para, em quinze dias, satisfazer a obrigação. [...] § 2º Do mandado de citação constará ordem para imissão na posse ou busca e apreensão, conforme se tratar de bem imóvel ou móvel, cujo cumprimento se dará de imediato, se o executado não satisfizer a obrigação no prazo que lhe foi designado".

▶ Veja DL n. 911/69: "**Art. 3º** O proprietário fiduciário ou credor poderá requerer contra o devedor ou terceiro a busca e apreensão do bem alienado fiduciariamente, a qual será concedida liminarmente, desde que comprovada a mora ou o inadimplemento do devedor. [...] § 6º Na sentença que decretar a improcedência da ação de busca e apreensão, o juiz condenará o credor fiduciário ao pagamento de multa, em favor do devedor fiduciante, equivalente a cinquenta por cento do valor originalmente financiado, devidamente atualizado, caso o bem já tenha sido alienado. § 7º A multa mencionada no § 6º não exclui a responsabilidade do credor fiduciário por perdas e danos. § 8º A busca e apreensão prevista no presente artigo constitui processo autônomo e independente de qualquer procedimento posterior. [...] **Art. 4º** Se o bem alienado fiduciariamente não for encontrado ou não se achar na posse do devedor, o credor poderá requerer a conversão do pedido de busca e apreensão, nos mesmos autos, em ação de depósito, na forma prevista no Capítulo II, do Título I, do Livro IV, do Código de Processo Civil".

▪ Súmula n. 72, STJ: A comprovação da mora é imprescindível à busca e apreensão do bem alienado fiduciariamente.

▪ Ação de busca e apreensão. Revisional de contrato c/c consignação em pagamento. 1. O simples ajuizamento de ação revisional, com a alegação da abusividade das cláusulas contratadas, não importa no reconhecimento do direito do contratante à antecipação da tutela, sendo necessário o preenchimento dos requisitos do art. 273 do CPC. 2. Para que seja deferido o pedido de manutenção do devedor na posse do bem, é indispensável que este demonstre a verossimilhança das alegações de abusividade das cláusulas contratuais e dos encargos financeiros capazes de elidir a mora, bem como deposite o valor incontroverso da dívida ou preste caução idônea. 3. Se não foi reconhecida, na ação revisional em curso, a abusividade dos encargos pactuados para o período da normalidade, é de se entender que os valores depositados pelo recorrente não são suficientes. Impossível, dessa forma, ter por afastada a mora. 4. O agravo não trouxe nenhum argumento capaz de modificar a conclusão do julgado, a qual se mantém por seus próprios fundamentos. 5. Agravo Regimental improvido. (STJ, Ag. Reg. no REsp n. 1.373.600/MS, 3ª T., rel. Min. Sidnei Beneti, j. 14.05.2013, *DJe* 05.06.2013)

▪ Ação de busca e apreensão. Notificação extrajudicial realizada por Cartório de Títulos e Documentos situado em comarca diversa. 1. A notificação extrajudicial realizada e entregue no endereço do devedor, por via postal e com aviso de recebimento, é válida quando realizada por Cartório de Títulos e Documentos de outra comarca, mesmo que não seja aquele do domicílio do devedor. 2. Agravo regimental a que se nega provimento. (STJ, Ag. Reg. no AREsp n. 191.607/DF, 4ª T., rel. Min. Maria Isabel Gallotti, j. 16.04.2013, DJe 23.04.2013)

Ação declaratória Ação pela qual, mediante simples declaração, sem força executória, o juiz proclama existência (declaratória positiva) ou inexistência (declaratória negativa) de uma relação jurídica, falsidade ou autenticidade de um documento (art. 4º, CPC/73). Exemplos: ação declaratória de sociedade de fato; ação declaratória de união estável.

▶ Veja CPC/73: "**Art. 4º** O interesse do autor pode limitar-se à declaração: I – da existência ou da inexistência de relação jurídica; II – da autenticidade ou falsidade de documento. [...]".

▶ Veja CPC/2015: "**Art. 19.** O interesse do autor pode limitar-se à declaração: I – da existência, da inexistência ou do modo de ser de uma relação jurídica; II – da autenticidade ou da falsidade de documento".

■ Súmula n. 181, STJ: É admissível ação declaratória, visando a obter certeza quanto à exata interpretação de cláusula contratual.

■ Súmula n. 242, STJ: Cabe ação declaratória para reconhecimento de tempo de serviço para fins previdenciários.

■ Ação declaratória de sociedade de fato. À vista da nova configuração emprestada à família de fato pela CF/88, reconhecendo a "união estável" como entidade familiar (CF/88, art. 226, § 3º), bem assim pela legislação extravagante que, a partir de então, se tem sucedido (alvo, aliás, de críticas generalizadas), é inafastável a conclusão de estar a autora-apelante a perseguir o reconhecimento de um *status* familiar que teria ocupado. Hoje, pois, por força dos novos tempos, além de cônjuge e de parente, há mais uma situação em que a pessoa pode se encontrar no plano familiar, a de partícipe de união estável ou "convivente", expressão utilizada pela Lei n. 8.971/94 (LBJ 94/1.746) e retomada pelo "Anteprojeto de Lei – Estatuto da União Estável" recentemente elaborado pelo Ministério da Justiça. No caso *sub examine*, o provimento almejado pela autora é, como visto, a declaração da posição que teria ocupado numa entidade familiar, ou seja, o reconhecimento de um "estado familiar". (TJPR, Dúvida de Competência n. 47.283/9/1997/Curitiba, rel. Des. Telmo Cherem, j. 21.02.1997)

■ União estável. Ação declaratória. União homoafetiva. Possibilidade jurídica do pedido. Alegação de lacuna legislativa. Possibilidade de emprego da analogia. O entendimento assente nesta Corte, quanto à possibilidade jurídica do pedido, corresponde à inexistência de vedação explícita no ordenamento jurídico para o ajuizamento da demanda proposta. A despeito da controvérsia em relação à matéria de fundo, o fato é que, para a hipótese em apreço, onde se pretende a declaração de união homoafetiva, não existe vedação legal para o prosseguimento do feito. Os dispositivos legais limitam-se a estabelecer a possibilidade de união estável entre homem e mulher, des que preencham as condições impostas pela lei, quais sejam, convivência pública, duradoura e contínua, sem, contudo, proibir a união entre dois homens ou duas mulheres. Poderia o legislador, caso desejasse, utilizar expressão restritiva, de modo a impedir que a união entre pessoas de idêntico sexo ficasse definitivamente excluída da abrangência legal. Contudo, assim não procedeu. É possível, portanto, que o magistrado de primeiro grau entenda existir lacuna legislativa, uma vez que a matéria, conquanto derive de situação fática conhecida de todos, ainda não foi expressamente regulada. Ao julgador é vedado eximir-se de prestar jurisdição sob o argumento de ausência de previsão legal. Admite-se, se for o caso, a integração mediante o uso da analogia, a fim de alcançar casos não expressamente contemplados, mas cuja essência coincida com outros tratados pelo legislador. (STJ, REsp n. 820.475/RJ, rel. Min. Luis Felipe Salomão, j. 02.09.2008, DJ 06.10.2008)

Ação declaratória de constitucionalidade (ADC) Ação destinada a confirmar a constitucionalidade de uma lei federal e garantir que ela não seja questionada por outras ações. A ADC foi criada pela EC n. 3/93, que alterou a redação do art. 102, I, *a*, e acresceu o § 2º ao art. 102, todos da CF. O processo e o julgamento da ADC são regulamentados pela Lei n. 9.868/99. É um dos instrumentos que os juristas denominam "controle concentrado de inconstitucionalidade das leis", ao contrário do "controle difuso", em que a constitucionalidade de uma lei é confirmada em ações entre pessoas (e não contra lei), quando a validade da norma é questionada para, se for o caso, ser aplicada ou não a uma situação de fato. Podem propor esta ação: presidente da república; Mesa da Câmara dos Deputados; Mesa do Senado Federal; procurador-geral da República. Não pode haver intervenção de terceiros no processo, e uma vez proposta a ação, não se admite desistência. O advogado-geral da União e o procurador-geral da República devem se manifestar nos autos. Contra a decisão que declara a constitucionalidade ou inconstitucionalidade em ADC e ADIn não cabe recurso de qualquer espécie, com a exceção de embargos declaratórios. "A finalidade da medida é muito clara: afastar a incerteza jurídica e estabelecer uma orientação homogênea na matéria. É certo que todos os operadores jurídicos lidam, ordinariamente, com a circunstância de que textos normativos se sujeitam a interpretações diversas e contrastantes. Por vezes, até câmaras ou turmas de um mesmo tribunal firmam linhas jurisprudenciais divergentes. Porém, em determinadas situações, pelo número de pessoas envolvidas ou pela sensibilidade social ou política da matéria, impõe-se, em nome da segurança jurídica, da isonomia ou de outras razões de interesse público primário, a pronta pacificação da controvérsia" (BARROSO, Luís Roberto. *O controle de constitucionalidade no Direito brasileiro*. 2.ed. São Paulo, Saraiva, 2006, p. 203).

▸ Veja CF: "**Art. 102.** Compete ao Supremo Tribunal Federal, precipuamente, a guarda da Constituição, cabendo-lhe: I – processar e julgar, originariamente: *a)* a ação direta de inconstitucionalidade de lei ou ato normativo federal ou estadual e a ação declaratória de constitucionalidade de lei ou ato normativo federal; [...] § 2º As decisões definitivas de mérito, proferidas pelo Supremo Tribunal Federal, nas ações diretas de inconstitucionalidade e nas ações declaratórias de constitucionalidade produzirão eficácia contra todos e efeito vinculante, relativamente aos demais órgãos do Poder Judiciário e à administração pública direta e indireta, nas esferas federal, estadual e municipal. [...] **Art. 103.** Podem propor a ação direta de inconstitucionalidade e a ação declaratória de constitucionalidade: I – o Presidente da República; II – a Mesa do Senado Federal; III – a Mesa da Câmara dos Deputados; IV – a Mesa de Assembleia Legislativa ou da Câmara Legislativa do Distrito Federal; V – o Governador de Estado ou do Distrito Federal; VI – o Procurador-Geral da República; VII – o Conselho Federal da Ordem dos Advogados do Brasil; VIII – partido político com representação no Congresso Nacional; IX – confederação sindical ou entidade de classe de âmbito nacional. [...]".

▸ Veja Lei n. 9.868/99: "**Art. 1º** Esta Lei dispõe sobre o processo e julgamento da ação direta de inconstitucionalidade e da ação declaratória de constitucionalidade perante o Supremo Tribunal Federal. **Art. 2º** Podem propor a ação direta de inconstitucionalidade: I – o Presidente da República; II – a Mesa do Senado Federal; III – a Mesa da Câmara dos Deputados; IV – a Mesa de Assembleia Legislativa ou a Mesa da Câmara Legislativa do Distrito Federal; V – o Governador de Estado ou o Governador do Distrito Federal; VI – o Procurador-Geral da República; VII – o Conselho Federal da Ordem dos Advogados do Brasil; VIII – partido político com representação no Congresso Nacional; IX – confederação sindical ou entidade de classe de âmbito nacional. [...]".

▪ Ação declaratória de constitucionalidade. Administrativo. Registro público. [...] A atividade desenvolvida pelos titulares das serventias de notas e registros, embora seja análoga à atividade empresarial, sujeita-se a um regime de direito público. Não ofende o princípio da proporcionalidade lei que isenta os "reconhecidamente pobres" do pagamento dos emolumentos devidos pela expedição de registro civil de nascimento e de óbito, bem como a primeira certidão respectiva. (STF, ADC n. 5/DF, rel. Min. Ricardo Lewandowski, j. 11.06.2007, *DJ* 05.10.2007)

▪ Ação Declaratória de Constitucionalidade. Pressupostos processuais. Lei n. 9.868/99, art. 14, III. "[...] Nos termos do art. 14, III, da Lei n. 9.868/99, consagrou-se, portanto, na doutrina e na jurisprudência da Corte, aliás como requisito óbvio de acesso justificado à jurisdição, despida de funções consultivas, a necessidade de demonstração liminar da existência de controvérsia judicial relevante sobre a legitimidade constitucional da norma, como requisito indispensável à instauração do processo de controle abstrato de constitucionalidade. Nesse quadro, escusa provar a existência de pronunciamentos judiciais de constitucionalidade da norma, porquanto isso já se presume; mas é de todo indeclinável evidenciar, já na petição inicial, tenha havido decisões que, em juízo incidental, lhe declararam a inconstitucionalidade. [...]" (Min. Cezar Peluso). (STF, ADC n. 16/2011/DF, rel. Min. Cezar Peluso, j. 24.11.2010, *DJ* 09.09.2011)

Ação declaratória de união estável Ação destinada a comprovar a existência da união estável entre pessoas hétero ou homossexuais não formalizada pelo casamento. Poderá o convivente, mediante a prova dos requisitos elencados pelo art. 1.723, CC, promover *ação declaratória de reconhecimento e de dissolução de união estável* para efeito não só de obter o reconhecimento da união estável, mas também requerer alimentos e eventual partilha de bens, esta em conformidade com o art. 1.725, CC.

▸ Veja CC: "**Art. 1.723.** É reconhecida como entidade familiar a união estável entre o homem e a mulher, configurada na convivência pública, contínua e duradoura e estabelecida com o objetivo de constituição de família. § 1º A união estável não se constituirá se ocorrerem os impedimentos do art. 1.521; não se aplicando a incidência do inciso VI no caso de a pessoa casada se achar separada de fato ou judicialmente. § 2º As causas suspensivas do art. 1.523 não impedirão a caracterização da união estável. **Art. 1.724.** As relações pessoais entre os companheiros obedecerão aos deveres de lealdade, respeito e assistência, e de guarda, sustento e educação dos filhos. **Art. 1.725.** Na união estável, salvo contrato escrito entre os companheiros, aplica-se às relações patrimoniais, no que couber, o regime da comunhão parcial de bens. **Art. 1.726.** A união estável poderá converter-se em casamento, mediante pedido dos companheiros ao juiz e assento no Registro Civil. **Art. 1.727.** As relações não eventuais entre o homem e a mulher, impedidos de casar, constituem concubinato".

- Veja CPC/2015: "**Art. 19.** O interesse do autor pode limitar-se à declaração: I – da existência, da inexistência ou do modo de ser de uma relação jurídica; II – da autenticidade ou da falsidade de documento. **Art. 20.** É admissível a ação meramente declaratória, ainda que tenha ocorrido a violação do direito".

- União estável. Ação declaratória. Justificação. Provas da existência de união estável. CPC, arts. 4º, I e 861, e segs. Lei n. 9.278/96, art. 1º. As únicas provas da existência de união estável são: (i) a sentença judicial que reconhece a união estável, seja ela proferida em ação declaratória (CPC, art. 4º, I) ou em processo de justificação (cfr. arts. 861 a 866, do CPC); e (ii) as certidões decorrentes dessa sentença. Outros documentos (tais como escrituras) e depoimento de testemunhas podem até servir de meios de prova da convivência duradoura, pública e contínua de um homem e uma mulher, a qual alude o art. 1º da Lei n. 9.278/96, mas não da existência da própria união estável, que depende de declaração judicial. (STJ, Ag. Reg. na Medida Cautelar n. 12.068/RJ, rel. Min. Nancy Andrighi, j. 07.05.2007, DJ 28.05.2007)

- Competência. Família. União estável. Ação de reconhecimento da união estável. 1. O art. 226, § 3º, CF estabelece que a família se constitui também pelas uniões estáveis, por isso não cabe a controvérsia sobre se a matéria relativa ao concubinato é de direito de família ou meramente obrigacional. 2. É competente o juízo de família para apreciar a demanda em que a autora pretende o reconhecimento de união estável. 3. O art. 9º da Lei n. 9.278/96 explicitou que toda "a matéria relativa à união estável é de competência do juízo da Vara de Família", aplicando-se ao caso a regra contida na parte final do art. 87, CPC. 4. Recurso especial não provido. (STJ, REsp n. 1.006.476/PB (2007/0268883-3), 4ª T., rel. Min. Luis Felipe Salomão, j. 04.10.2011, DJe 04.11.2011)

- Ação de reconhecimento e dissolução de união afetiva entre pessoas do mesmo sexo. Partilha de bens e pedido de alimentos. [...] 2. Os princípios da igualdade e da dignidade humana, que têm como função principal a promoção da autodeterminação e impõem tratamento igualitário entre as diferentes estruturas de convívio sob o âmbito do direito de família, justificam o reconhecimento das parcerias afetivas entre homossexuais como mais uma das várias modalidades de entidade familiar. 3. O art. 4º da LICC permite a equidade na busca da Justiça. O manejo da analogia frente à lacuna da lei é perfeitamente aceitável para alavancar, como entidades familiares, as uniões de afeto entre pessoas do mesmo sexo. [...] 4. Demonstrada a convivência, entre duas pessoas do mesmo sexo, pública, contínua e duradoura, estabelecida com o objetivo de constituição de família, sem a ocorrência dos impedimentos do art. 1.521 do CC/2002, com a exceção do inciso VI quanto à pessoa casada separada de fato ou judicialmente, haverá, por consequência, o reconhecimento dessa parceria como entidade familiar, com a respectiva atribuição de efeitos jurídicos dela advindos. 5. Comprovada a existência de união afetiva entre pessoas do mesmo sexo, é de se reconhecer o direito do companheiro à meação dos bens adquiridos a título oneroso ao longo do relacionamento, mesmo que registrados unicamente em nome de um dos parceiros, sem que se exija, para tanto, a prova do esforço comum, que nesses casos é presumida. 6. Recurso especial não provido. (STJ, REsp n. 1.085.646/RS, 2ª Seção, rel. Min. Nancy Andrighi, j. 11.05.2011, DJe 26.09.2011)

Ação de comisso Ação que, a teor do art. 692, II, CC/1916, facultava ao senhorio mover contra o foreiro para anulação ou extinção da enfiteuse. Somente poderia ser proposta na hipótese de o foreiro deixar de pagar as pensões devidas por três anos consecutivos. Embora extinta pelo CC/2002 (art. 2.038), a enfiteuse permanece em uso para os terrenos da União, conforme dispõe a Lei n. 9.636, de 15.05.1998 (*v. Aforamento de imóveis da União* e *Enfiteuse*).

- Veja CC: "**Art. 2.038.** Fica proibida a constituição de enfiteuses e subenfiteuses, subordinando-se as existentes, até sua extinção, às disposições do Código Civil anterior, Lei n. 3.071, de 1º de janeiro de 1916, e leis posteriores. § 1º Nos aforamentos a que se refere este artigo é defeso: I – cobrar laudêmio ou prestação análoga nas transmissões de bem aforado, sobre o valor das construções ou plantações; II – constituir subenfiteuse. § 2º A enfiteuse dos terrenos de marinha e acrescidos regula-se por lei especial".

- Enfiteuse. Extinção. Ação de comisso. Alegação de ausência de pagamento de foros por mais de trinta anos. Sentença que reconheceu a prescrição alegada pelo réu. CCB, art. 692, II. Recurso de apelação alegando que ainda que se admita a exclusão de eventuais foros em decorrência da prescrição, impõe-se a procedência do pedido, com força no art. 692, II, do CCB/16. Mesmo considerando que houve duas interrupções do prazo prescricional, ainda não foi implementado o prazo de três anos consecutivos sem pagamento de pensão anual para a aplicação da pena de comisso. (TJRJ, Ap. Cível n. 11.607, rel. Des. Leila Albuquerque, j. 14.09.2010)

Ação de consignação de aluguéis Ação que compete ao locatário sempre que o locador, sem justa causa, se recusar a receber o pagamento de aluguéis e acessórios da locação ou se recusar a fornecer o devido recibo de pagamento (art. 67, Lei n. 8.245/91). A consignação costuma ocorrer, com mais frequência, na situação em que o locador decide aumentar o valor do aluguel antes da data prevista para reajuste, sem obter o consentimento do locatário. Como se trata de exigência ilegal de pagamento, decorrente de ato unilateral praticado pelo locador à revelia do locatário, poderá este consignar em juízo apenas a importância que considere devida, com o fim de evitar a incidência da mora.

- ▶ Veja Lei n. 8.245/91: "**Art. 67.** Na ação que objetivar o pagamento dos aluguéis e acessórios da locação mediante consignação, será observado o seguinte: I – a petição inicial, além dos requisitos exigidos pelo art. 282 do Código de Processo Civil, deverá especificar os aluguéis e acessórios da locação com indicação dos respectivos valores; II – determinada a citação do réu, o autor será intimado a, no prazo de vinte e quatro horas, efetuar o depósito judicial da importância indicada na petição inicial, sob pena de ser extinto o processo; III – o pedido envolverá a quitação das obrigações que vencerem durante a tramitação do feito e até ser prolatada a sentença de primeira instância, devendo o autor promover os depósitos nos respectivos vencimentos; [...]".

- Locação. Ação de consignação de entrega das chaves. Possibilidade. Findo o prazo estipulado no contrato de locação e ausente o interesse do locatário em permanecer no imóvel locado, tem ele o direito de devolvê-lo ao locador, cuja resistência autorizará o manejo de ação de consignação. (STJ, Ag. Reg. no AI n. 853.350/SP, rel. Min. Arnaldo Esteves Lima, j. 18.12.2007, *DJ* 10.03.2008)

- Locação. Consignação em pagamento. Legitimidade passiva da administradora do imóvel locado. A imobiliária que administra o imóvel locado, com poderes para receber aluguéis e dar quitação, é parte legítima para figurar no polo passivo da ação de consignação dos valores relativos à locação. Caso em que houve a quitação integral dos locativos, pois que indevida a cobrança de percentual referente a serviços advocatícios que não foram prestados. Apelo desprovido. (TJRS, Ap. Cível n. 70034581389, 16ª Câm. Cível, rel. Ana Maria Nedel Scalzilli, j. 17.05.2012)

Ação de consignação em pagamento Ação que permite ao devedor depositar em juízo a coisa devida para valer como pagamento nas hipóteses previstas em lei (art. 890, CPC/73). Entre outros casos arrolados pelo art. 335, CC, cabe a ação de consignação: se o credor, sem justa causa, recusar receber o pagamento ou dar quitação na devida forma; se o credor não for, nem mandar receber a coisa no lugar, tempo e condição devido; se o credor for incapaz de receber, for desconhecido, estiver declarado ausente ou residir em lugar incerto, de acesso perigoso ou difícil; se ocorrer dúvida sobre quem deva legitimamente receber o objeto do pagamento; e se pender litígio sobre o objeto de pagamento. Quando o objeto da consignatória for o pagamento de aluguéis, o consignante encontra ação específica (ação de consignação de aluguéis) no art. 67, Lei n. 8.245/91 (Lei do Inquilinato).

- ▶ Veja CC: "**Art. 334.** Considera-se pagamento, e extingue a obrigação, o depósito judicial ou em estabelecimento bancário da coisa devida, nos casos e forma legais. **Art. 335.** A consignação tem lugar: I – se o credor não puder, ou, sem justa causa, recusar receber o pagamento, ou dar quitação na devida forma; II – se o credor não for, nem mandar receber a coisa no lugar, tempo e condição devidos; III – se o credor for incapaz de receber, for desconhecido, declarado ausente, ou residir em lugar incerto ou de acesso perigoso ou difícil; IV – se ocorrer dúvida sobre quem deva legitimamente receber o objeto do pagamento; V – se pender litígio sobre o objeto do pagamento".

- ▶ Veja CPC/73: "**Art. 890.** Nos casos previstos em lei, poderá o devedor ou terceiro requerer, com efeito de pagamento, a consignação da quantia ou da coisa devida. [...]".

- Veja CPC/2015: "**Art. 539.** Nos casos previstos em lei, poderá o devedor ou terceiro requerer, com efeito de pagamento, a consignação da quantia ou da coisa devida. § 1º Tratando-se de obrigação em dinheiro, poderá o valor ser depositado em estabelecimento bancário, oficial onde houver, situado no lugar do pagamento, cientificando-se o credor por carta com aviso de recebimento, assinado o prazo de 10 (dez) dias para a manifestação de recusa. [...]".

- Prazo prescricional. Ação de cobrança de prestações escolares e ação de consignação em pagamento. O ajuizamento de ação consignatória em pagamento de prestação escolar, em que se discute apenas o valor destas (*quantum debeatur*), interrompe o curso do prazo prescricional da respectiva ação de cobrança, porquanto implica o reconhecimento inequívoco, por parte da devedora, do direito da credora relativo às prestações reclamadas (*an debeatur*). (STJ, REsp n. 415.427/SP, rel. Min. Antônio de Pádua Ribeiro, j. 06.05.2002, *DJ* 10.06.2002)

Ação de *damno infecto* Ação pela qual a pessoa, estando na expectativa de sofrer dano eventual ou iminente, requer a quem esteja na iminência de causá-lo que preste caução. A ação, também conhecida por caução de dano iminente ou caução de dano *infecto*, cabe ao proprietário ou inquilino de um prédio, no qual alguém tem direito de fazer obras, além de outros casos previstos no CC (arts. 1.280, 1.281 e 1.305, parágrafo único, CC).

- Veja CC: "**Art. 1.280.** O proprietário ou o possuidor tem direito a exigir do dono do prédio vizinho a demolição, ou a reparação deste, quando ameace ruína, bem como que lhe preste caução pelo dano iminente. **Art. 1.281.** O proprietário ou o possuidor de um prédio, em que alguém tenha direito de fazer obras, pode, no caso de dano iminente, exigir do autor delas as necessárias garantias contra o prejuízo eventual. [...] **Art. 1.305.** O confinante, que primeiro construir, pode assentar a parede divisória até meia espessura no terreno contíguo, sem perder por isso o direito a haver meio valor dela se o vizinho a travejar, caso em que o primeiro fixará a largura e a profundidade do alicerce. Parágrafo único. Se a parede divisória pertencer a um dos vizinhos, e não tiver capacidade para ser travejada pelo outro, não poderá este fazer-lhe alicerce ao pé sem prestar caução àquele, pelo risco a que expõe a construção anterior".

- Direito de vizinhança. Ação de dano infecto. Mau uso da propriedade. Fato constitutivo do direito não reconhecido. Conquanto se possa afirmar que a responsabilidade pelo mau uso da propriedade prescinde de prova da culpa, a particularidade não isenta a parte autora de comprovar a ocorrência do dano. Caso em que não foi produzida prova suficiente dos fatos constantes da inicial. Ausência de demonstração de que os ruídos produzidos pela demandada se situam em níveis superiores ao patamar permitido em lei. Negaram provimento. Unânime. (TJRS, Ap. Cível n. 70049451552, 18ª Câm. Cível, rel. Pedro Celso Dal Pra, j. 06.09.2012)

Ação de demarcação Ação que tem por objeto delimitar a área de um imóvel e seus novos limites ou aviventar os limites já apagados. Pode ser cumulada com a ação de divisão (art. 946, CPC/73).

- Veja CPC/73: "**Art. 946.** Cabe: I – a ação de demarcação ao proprietário para obrigar o seu confinante a estremar os respectivos prédios, fixando-se novos limites entre eles ou aviventando-se os já apagados; [...]".

- Veja CPC/2015: "**Art. 569.** Cabe: I – ao proprietário a ação de demarcação, para obrigar o seu confinante a estremar os respectivos prédios, fixando-se novos limites entre eles ou aviventando-se os já apagados; II – ao condômino a ação de divisão, para obrigar os demais consortes a estremar os quinhões. **Art. 570.** É lícita a cumulação dessas ações, caso em que deverá processar-se primeiramente a demarcação total ou parcial da coisa comum, citando-se os confinantes e os condôminos".

- Ação reivindicatória. Juiz que a considera a via adequada para definir validade de títulos de propriedade conflitantes, extinguindo por isso ação demarcatória ajuizada pelos autores. Descabimento. Pretensão reivindicatória embutida na demarcação. Viabilidade da cumulação. A ação chamada de demarcatória qualificada guarda, sempre, uma pretensão reivindicatória contra a parte adversa, sendo cabível tal cumulação para definir as divisas entre as propriedades e a validade dos respectivos títulos. (TJSP, Ap. Cível n. 118.599-1/Itanhaém, rel. Des. Luiz de Azevedo, j. 20.03.1990)

- Ação demarcatória. Homologação de laudo com proposta de divisão. A parte que recorre argúi matérias que transitaram em julgado na sentença, sendo vedada a rediscussão de questões já decididas no processo. A proposta de demarcação e divisão escolhida na sentença homologatória ora recorrida é a mais adequada, diante do litígio havido entre as partes, e decorre de laudo do perito judicial emitido com exatidão. (TJRS, Ap. Cível n. 70049678022, 20ª Câm. Cível, rel. Carlos Cini Marchionatti, j. 08.08.2012)

Ação de desapropriação Ação que compete ao órgão público competente, destinada a subtrair do particular propriedade imóvel que considere de utilidade pública ou de interesse social para utilizá-la em benefício da coletividade, mediante prévia e justa indenização. A competência para promover a desapropriação de imóveis rurais para fins de reforma agrária é privativa da União (art. 184, CF). A LC n. 76/93 dispõe sobre o procedimento contraditório especial, de rito sumário, para o processo de desapropriação de imóvel rural, por interesse social, para fins de reforma agrária. A competência para promover a ação é da União, que deverá ser representada por procuradores do Incra; a competência para processar e julgar é da Justiça Federal. O processo desapropriatório envolve *duas fases distintas*: a da publicação do decreto declaratório de interesse social; a da ação de desapropriação propriamente dita, que deverá ser proposta no prazo de até dois anos, contados da publicação do decreto declaratório (art. 3º) (*v. Desapropriação*).

▸ Veja CF: "**Art. 184.** Compete à União desapropriar por interesse social, para fins de reforma agrária, o imóvel rural que não esteja cumprindo sua função social, mediante prévia e justa indenização em títulos da dívida agrária, com cláusula de preservação do valor real, resgatáveis no prazo de até vinte anos, a partir do segundo ano de sua emissão, e cuja utilização será definida em lei. § 1º As benfeitorias úteis e necessárias serão indenizadas em dinheiro. § 2º O decreto que declarar o imóvel como de interesse social, para fins de reforma agrária, autoriza a União a propor a ação de desapropriação. § 3º Cabe à lei complementar estabelecer procedimento contraditório especial, de rito sumário, para o processo judicial de desapropriação".

▸ Veja Lei n. 8.629/93: "**Art. 1º** Esta lei regulamenta e disciplina disposições relativas à reforma agrária, previstas no Capítulo III, Título VII, da Constituição Federal. **Art. 2º** A propriedade rural que não cumprir a função social prevista no art. 9º é passível de desapropriação, nos termos desta lei, respeitados os dispositivos constitucionais. § 1º Compete à União desapropriar por interesse social, para fins de reforma agrária, o imóvel rural que não esteja cumprindo sua função social. § 2º Para os fins deste artigo, fica a União, através do órgão federal competente, autorizada a ingressar no imóvel de propriedade particular para levantamento de dados e informações, mediante prévia comunicação escrita ao proprietário, preposto ou seu representante. § 3º Na ausência do proprietário, do preposto ou do representante, a comunicação será feita mediante edital, a ser publicado, por três vezes consecutivas, em jornal de grande circulação na capital do Estado de localização do imóvel. [...] **Art. 4º** Para os efeitos desta lei, conceituam-se: I – Imóvel Rural – o prédio rústico de área contínua, qualquer que seja a sua localização, que se destine ou possa se destinar à exploração agrícola, pecuária, extrativa vegetal, florestal ou agroindustrial; [...]".

■ Desapropriação indireta. Ação de desapropriação não proposta. Se à declaração de interesse social sobrevém o desapossamento administrativo do imóvel, com sua destinação a terceiros, pouco importa que a ação de desapropriação não tenha sido proposta; o Poder Público responde igualmente pela perda da propriedade. (STJ, REsp n. 60.074/1997/Amazonas, rel. Min. Ari Pargendler, j. 03.04.1997, *DJ* 20.04.1997)

■ Desapropriação. Interesse social. Propriedade pequena e média. Impossibilidade. CF/88, art. 185 e parágrafo único. Lei n. 8.629/93, art. 4º. Dec. n. 84.685/80, art. 5º. 2. São insuscetíveis de desapropriação, para fins de reforma agrária, a pequena e a média propriedade rural, assim definida em lei, desde que seu proprietário não possua outra (CF/88, art. 185, e parágrafo único do art. 4º da Lei 8.629/93). (STJ, REsp n. 1.161.624/GO, rel. Min. Humberto Martins, j. 15.06.2010, *DJ* 22.06.2010)

Ação de despejo Ação, que compete ao locador, destinada a obter a desocupação compulsória do prédio locado ao locatário, quando este se recusa a restituí-lo por determinação judicial (arts. 47 e 59, Lei n. 8.245/91).

Ação de despejo de imóvel rural Ação que compete ao arrendador (no contrato de arrendamento rural) ou ao parceiro outorgante (no contrato de parceria rural), que poderão ser tanto o próprio dono do imóvel como o simples possuidor, o usufrutuário, ou usuário, ou o administrador que tenha poderes específicos para contratar, contra o arrendatário ou parceiro outorgado, a fim de compeli-los a desocupar o imóvel nos casos permitidos em lei.

▸ Veja Decreto n. 59.566/66: "**Art. 32.** Só será concedido o despejo nos seguintes casos: I – término do prazo contratual ou de sua renovação; II – se o arrendatário subarrendar, ceder ou emprestar o imóvel rural, no todo ou em parte, sem o prévio e expresso consentimento do arrendador; III – se o arrendatário não pagar o aluguel ou renda no prazo convencionado; IV – dano causado à gleba arrendada ou às colheitas, provado o dolo ou culpa do arrendatário; V – se o arrendatário mudar a destinação do imóvel rural; VI – abandono total ou parcial do cultivo; VII – inobservância das normas obrigatórias fixadas no art. 13 deste Regulamento; VIII – nos casos de pedido de retomada, permitidos e previstos em lei e neste Regulamento, comprovada em Juízo a sinceridade do pedido; IX – se o arrendatário infringir obrigação legal, ou cometer infração grave de obrigação contratual. [...]".

- Arrendamento rural. Despejo. Contrato verbal. Prazo mínimo. Distrato. Validade. Em contrato de arrendamento rural pactuado verbalmente, observar-se-á obrigatoriamente o prazo mínimo de três anos estipulado no art. 13, II, *a*, do Dec. n. 59.566/66. É válido o distrato pactuado livremente objetivando a rescisão de contrato de arrendamento rural. (TAPR, Ap. Cível n. 83.670/8/1996/Assai, rel. Juiz Clayton Camargo, j. 14.02.1996, *DJ* 01.03.1996)

Ação de despejo de imóvel urbano Ação que compete ao locador, que tanto poderá ser o proprietário como o administrador ou quem possua poderes específicos para locar, o usufrutuário ou os herdeiros do locador (art. 10, Lei n. 8.245/91), contra o locatário a fim de compeli-lo a desocupar o imóvel nas hipóteses previstas em lei (arts. 9º, 46 e 47, Lei n. 8.245/91). Constituem fundamento para a ação: prática de infração legal ou contratual; falta de pagamento de aluguel e demais encargos; realização de reparações urgentes determinadas pelo Poder Público, desde que não possam ser normalmente executadas com a permanência do locatário no imóvel ou, podendo, ele se recuse a consenti-las; extinção do contrato de trabalho, se a ocupação do imóvel decorrer da relação de emprego; necessidade da ocupação do imóvel para uso próprio do locador, do cônjuge, do companheiro, do ascendente, na hipótese de nenhum deles possuir imóvel próprio; necessidade de demolição e edificação licenciada, realização de obras aprovadas pelo Poder Público que aumentem a área construída em, no mínimo, 20% ou 50% se o imóvel for destinado à exploração de hotel ou pensão; ocupação do imóvel, pelo locatário, pelo período de cinco anos ininterruptos. O rito processual para as ações de despejo é o ordinário, segundo estabelece o art. 59 da Lei do Inquilinato (Lei n. 8.245/91).

- Veja Lei n. 8.245/91: "**Art. 5º** Seja qual for o fundamento do término da locação, a ação do locador para reaver o imóvel é de despejo. [...] **Art. 9º** A locação também poderá ser desfeita: I – por mútuo acordo; II – em decorrência da prática de infração legal ou contratual; III – em decorrência da falta de pagamento do aluguel e demais encargos; IV – para a realização de reparações urgentes determinadas pelo Poder Público, que não possam ser normalmente executadas com a permanência do locatário no imóvel ou, podendo, ele se recuse a consenti-las. [...] **Art. 59**. Com as modificações constantes deste Capítulo, as ações de despejo terão o rito ordinário. [...]".

- Ação de despejo por falta de pagamento. Litispendência com ação de consignação em pagamento. Como o pagamento feito nos autos da ação de despejo foi incompleto, deixando de incluir o aluguel de um mês já vencido na data em que a locatária pagou, inexistiu a purgação da mora, porque esta tem que ser integral. Inadmissível é a purgação parcial. Isto porque purgar a mora é fazê-la desaparecer, extingui-la no todo. Não purgando a mora a contento, descumprida está a obrigação da locatária (art. 19, II, da Lei n. 6.649/79), o que leva à rescisão da locação e consequentemente despejo. (TJSC, Ap. Cível n. 29.941/Joinville, rel. Des. Cid Pedroso, j. 13.02.1990)

Ação de divisão Ação que cabe ao condômino para obrigar os demais consortes a partilhar a coisa comum (art. 946, CPC/73). A ação tem por finalidade atribuir a cada condômino ou coproprietário do imóvel o quinhão que lhe cabe na mesma propriedade, definindo perfeitamente sua localização, suas medidas e suas confrontações. O condômino possui o direito de, a todo tempo, exigir a divisão da coisa comum (art. 1.320, CC).

- Veja CC: "**Art. 1.320**. A todo tempo será lícito ao condômino exigir a divisão da coisa comum, respondendo o quinhão de cada um pela sua parte nas despesas da divisão. § 1º Podem os condôminos acordar que fique indivisa a coisa comum por prazo não maior de cinco anos, suscetível de prorrogação ulterior. § 2º Não poderá exceder de cinco anos a indivisão estabelecida pelo doador ou pelo testador. § 3º A requerimento de qualquer interessado e se graves razões o aconselharem, pode o juiz determinar a divisão da coisa comum antes do prazo. **Art. 1.321**. Aplicam-se à divisão do condomínio, no que couber, as regras de partilha de herança (arts. 2.013 a 2.022)".

- Veja CPC/73: "**Art. 946**. Cabe: [...] II – a ação de divisão, ao condômino para obrigar os demais consortes, a partilhar a coisa comum".

- Veja CPC/2015: "**Art. 569**. Cabe: I – ao proprietário a ação de demarcação, para obrigar o seu confinante a estremar os respectivos prédios, fixando-se novos limites entre eles ou aviventando-se os já apagados; II – ao condômino a ação de divisão, para obrigar os demais consortes a estremar os quinhões. **Art. 570.** É lícita a cumulação dessas ações, caso em que deverá processar-se primeiramente a demarcação total ou parcial da coisa comum, citando-se os confinantes e os condôminos".

- Cumulação de ações. Ação de divisão e ação de indenização. Possibilidade. Extinção, por acordo, da ação divisória. I – A ação de divisão pode ser cumulada com ação de indenização se há, como no caso, identidade de competência do juízo e compatibilidade de pedidos, tramitando as duas demandas pelo rito ordinário. CPC, art. 292, § 2º. Aplicação. II – O acordo que pôs termo à ação divisória celebrado após a subida dos autos a esta Corte, com ressalva quanto ao prosseguimento da ação de indenização e ao recurso especial interposto, embora, supervenientemente, tenha afastado a cumulação de ações, não prejudica o julgamento do citado recurso excepcional, porquanto remanesce o interesse quanto ao andamento do feito indenizatório. III – Recurso especial conhecido e provido. (STJ, REsp n. 131.823/SP, rel. Min. Antônio de Pádua Ribeiro, j. 31.08.2000, *DJ* 20.11.2000)

Ação de divisão e de demarcação Ação na qual se cumulam os pedidos de divisão e demarcação para se obter não só a divisão da propriedade, atribuindo-se a cada condômino seu quinhão, mas também a demarcação do terreno por seus limites exteriores, ou seja, em relação às propriedades confrontantes pertencentes a terceiros (art. 947, CPC/73).

▶ Veja CPC/73: "**Art. 947.** É lícita a cumulação destas ações; caso em que deverá processar-se primeiramente a demarcação total ou parcial da coisa comum, citando-se os confinantes e condôminos".

▶ Veja CPC/2015: "**Art. 569.** Cabe: I – ao proprietário a ação de demarcação, para obrigar o seu confinante a estremar os respectivos prédios, fixando-se novos limites entre eles ou aviventando-se os já apagados; II – ao condômino a ação de divisão, para obrigar os demais consortes a estremar os quinhões. **Art. 570.** É lícita a cumulação dessas ações, caso em que deverá processar-se primeiramente a demarcação total ou parcial da coisa comum, citando-se os confinantes e os condôminos".

- Ação demarcatória c/c reintegração de posse. [...] Autora que tem como certo limite dos prédios. Interesse. Inexistência de elementos concretos divisórios. Prova pericial. Dúvida exis- tente. O objetivo da ação demarcatória é a fixação dos limites entre os prédios confinantes, quando houver divergências entre os vizinhos, ou aviventar os já apagados, principalmente quando o pedido formulado pela autora tem sua necessidade reconhecida pelos requeridos. Havendo dúvidas quanto aos limites das propriedades, justo que se processe a ação até final julgamento, demarcando a extensão das dimensões dos imóveis cuja separação é incerta, tornando possível a constatação ou não da suposta invasão. (TJSC, Ap. Cível n. 50.041/1996/Ponte Serrada, rel. Des. Orli Rodrigues, j. 27.02.1996)

Ação de divórcio Ação promovida por um dos cônjuges, ou por ambos quando consensual, com o fim de extinguir de vez a sociedade conjugal. O divórcio judicial é obrigatório quando há filhos menores de idade ou incapazes. Não ocorrendo as referidas hipóteses, o divórcio consensual poderá ser feito por escritura pública (art. 1.124-A, CPC/73; art. 733, CPC/2015). O pedido de divórcio somente competirá aos cônjuges. Sendo o cônjuge incapaz para propor a ação ou defender-se, poderá fazê-lo o curador, o ascendente ou o irmão (art. 1.582, CC).

▶ Veja CF: "**Art. 226.** [...] § 6º O casamento civil pode ser dissolvido pelo divórcio. [...]".

▶ Veja CC: "**Art. 1.571.** A sociedade conjugal termina: I – pela morte de um dos cônjuges; II – pela nulidade ou anulação do casamento; [...] IV – pelo divórcio. § 1º O casamento válido só se dissolve pela morte de um dos cônjuges ou pelo divórcio, aplicando-se a presunção estabelecida neste Código quanto ao ausente. § 2º Dissolvido o casamento pelo divórcio direto ou por conversão, o cônjuge poderá manter o nome de casado; salvo, no segundo caso, dispondo em contrário a sentença de separação judicial. [...] **Art. 1.579.** O divórcio não modificará os direitos e deveres dos pais em relação aos filhos. [...] **Art. 1.581.** O divórcio pode ser concedido sem que haja prévia partilha de bens. **Art. 1.582.** O pedido de divórcio somente competirá aos cônjuges. Parágrafo único. Se o cônjuge for incapaz para propor a ação ou defender-se, poderá fazê-lo o curador, o ascendente ou o irmão".

▶ Veja CPC/73: "**Art. 1.124-A.** A separação consensual e o divórcio consensual, não havendo filhos menores ou incapazes do casal e observados os requisitos legais quanto aos prazos, poderão ser realizados por escritura pública, da qual constarão as disposições relativas à descrição e à partilha dos bens comuns e à pensão alimentícia e, ainda, ao acordo quanto à retomada pelo cônjuge de seu nome de solteiro ou à manutenção do nome adotado quando se deu o casamento".

▶ Veja CPC/2015: "**Art. 733.** O divórcio consensual, a separação consensual e a extinção consensual de união estável, não havendo nascituro ou filhos incapazes e observados os requisitos legais, poderão ser realizados por escritura pública, da qual constarão as disposições de que trata o art. 731. § 1º A escritura não depende de homologação judicial e constitui título hábil para qualquer ato de registro, bem como para levantamento de importância depositada em instituições financeiras. [...]".

■ Súmula n. 197, STJ: O divórcio direto pode ser concedido sem que haja prévia partilha dos bens.

■ Divórcio direto litigioso. Alimentos à ex-mulher. Cabimento. 1. Estando os litigantes vinculados ainda pelos laços conjugais, existe o dever de mútua assistência. 2. Se o alimentante foi sempre o provedor da família e a alimentanda não tem fonte de rendimentos, nem possui qualificação profissional, não há cogitar de exoneração. 3. Constituía ônus do alimentante provar a sua impossibilidade de alcançar a pensão alimentícia fixada, ônus do qual não se desincumbiu. Conclusão n. 37 do Centro de Estudos deste Tribunal de Justiça. Recurso desprovido. (TJRS, Ap. Cível n. 70034655746, 7ª Câm. Cível, rel. Sérgio Fernando de Vasconcellos Chaves, j. 28.04.2010)

Ação de evicção Ação pela qual o adquirente de coisa certa, que vier a perdê-la em razão de sentença que atribui sua propriedade a outrem, pretende o reconhecimento de seu direito de obter indenização do preço e demais despesas que sofrer daquele que lhe alienou a coisa (art. 447, CC).

▶ Veja CC: "**Art. 447.** Nos contratos onerosos, o alienante responde pela evicção. Subsiste esta garantia ainda que a aquisição se tenha realizado em hasta pública. **Art. 448.** Podem as partes, por cláusula expressa, reforçar, diminuir ou excluir a responsabilidade pela evicção. **Art. 449.** Não obstante a cláusula que exclui a garantia contra a evicção, se esta se der, tem direito o evicto a receber o preço que pagou pela coisa evicta, se não soube do risco da evicção, ou, dele informado, não o assumiu. **Art. 450.** Salvo estipulação em contrário, tem direito o evicto, além da restituição integral do preço ou das quantias que pagou: I – à indenização dos frutos que tiver sido obrigado a restituir; II – à indenização pelas despesas dos contratos e pelos prejuízos que diretamente resultarem da evicção; III – às custas judiciais e aos honorários do advogado por ele constituído. [...]".

■ Evicção. Alienação de veículo furtado. Não é de exigir-se sentença judicial para o exercício do direito que da evicção resulta ao adquirente, bastando que este fique privado, por ato de autoridade, do bem de procedência criminosa. Precedentes. Recurso parcialmente conhecido e não provido. (STJ, REsp n. 45.972/9/1994/SP, rel. Min. Costa Leite, j. 06.09.1994, DJ 24.10.1994)

■ Evicção. Contrato oneroso. Responsabilidade objetiva do alienante. Princípio da boa-fé contratual. CCB/2002, art. 447. De acordo com o princípio da boa-fé contratual, todos devem comportar-se de acordo com um padrão ético de confiança e lealdade; observando os comportamentos necessários, mesmo que não previstos de forma expressa nos contratos, que devem ser obedecidos a fim de permitir a realização das justas expectativas surgidas em razão da celebração e da execução da avença. Diante desse princípio, o alienante, ao vender um bem, deve entregá-lo livre e desembaraçado, sendo responsável por ônus posteriores que recaiam sobre ele. Cada um dos envolvidos, em cadeia, deve ressarcir àqueles aos quais venderam o bem e buscar, em decorrência do direito de regresso daqueles perante os quais o adquiriram, o valor que tiverem de despender no pagamento das indenizações, sucessivamente, até chegar ao verdadeiro responsável pela ilicitude. (TJMG, Ap. Cível n. 56.568/Viçosa, rel. Des. Irmar Ferreira Campos, j. 24.01.2008, DJ 05.09.2008)

Ação de execução Ação fundada em título extrajudicial destinada a compelir o devedor inadimplente a satisfazer o débito ou a obrigação, quando deixar de fazê-lo de forma espontânea. O mesmo que ação executiva ou execução forçada. O processo de execução é restrito à execução que tenha por fundamento as modalidades de títulos executivos extrajudiciais. Cumpre ao credor, ao ajuizar a execução, instruir a petição inicial com: a) o título executivo extrajudicial; b) o demonstrativo do débito atualizado até a data da propositura da ação, quando se tratar de execução por quantia certa; c) a prova de que se verificou a condição ou ocorreu o termo, se for o caso; d) a prova, se for o caso, de que adimpliu a contraprestação que lhe corresponde ou que lhe assegura o cumprimento, se o executado não for obrigado a satisfazer a sua prestação senão mediante a contraprestação do exequente; e) indicar a espécie de execução que prefere, quando por mais de um modo puder ser efetuada; f) os nomes completos do exequente e do executado e seus números de inscrição no Cadastro de Pessoas Físicas ou no Cadastro Nacional da Pessoa Jurídica; g) indicar os bens suscetíveis de penhora, sempre que possível (art. 798, CPC/2015). A Lei n. 9.099/95 (Juizados Especiais Cíveis), no art. 3º, § 1º, II, faculta que nesses juizados se processem as execuções de títulos executivos extrajudiciais no valor de até quarenta vezes o salário mínimo.

▶ Veja CPC/73: "**Art. 566.** Podem promover a execução forçada: I – o credor a quem a lei confere título executivo; II – o Ministério Público, nos casos prescritos em lei. **Art. 567.** Podem também promover a execução, ou nela prosseguir: I – o espólio, os herdeiros ou os sucessores do credor, sempre que, por morte deste, lhes for transmitido o direito resultante do título executivo; II – o cessionário, quando o direito resultante do título executivo lhe foi transferido por ato entre vivos; III – o sub-rogado, nos casos de sub-rogação legal ou convencional".

▶ Veja CPC/2015: "**Art. 771.** Este Livro regula o procedimento da execução fundada em título extrajudicial, e suas disposições aplicam-se, também, no que couber, aos procedimentos especiais de execução, aos atos executivos realizados no procedimento de cumprimento de sentença, bem como aos efeitos de atos ou fatos processuais a que a lei atribuir força executiva. [...] **Art. 778.** Pode promover a execução forçada o credor a quem a lei confere título executivo. § 1º Podem promover a execução forçada ou nela prosseguir, em sucessão ao exequente originário: I – o Ministério Público, nos casos previstos em lei; II – o espólio, os herdeiros ou os sucessores do credor, sempre que, por morte deste, lhes for transmitido o direito resultante do título executivo; III – o cessionário, quando o direito resultante do título executivo lhe for transferido por ato entre vivos; IV – o sub-rogado, nos casos de sub-rogação legal ou convencional. § 2º A sucessão prevista no § 1º independe de consentimento do executado. [...] **Art. 798.** Ao propor a execução, incumbe ao exequente: I – instruir a petição inicial com: a) o título executivo extrajudicial; b) o demonstrativo do débito atualizado até a data de propositura da ação, quando se tratar de execução por quantia certa; c) a prova de que se verificou a condição ou ocorreu o termo, se for o caso; d) a prova, se for o caso, de que adimpliu a contraprestação que lhe corresponde ou que lhe assegura o cumprimento, se o executado não for obrigado a satisfazer a sua prestação senão mediante a contraprestação do exequente; II – indicar: a) a espécie de execução de sua preferência, quando por mais de um modo puder ser realizada; b) os nomes completos do exequente e do executado e seus números de inscrição no Cadastro de Pessoas Físicas ou no Cadastro Nacional da Pessoa Jurídica; c) os bens suscetíveis de penhora, sempre que possível. [...]".

■ Embargos à execução de título extrajudicial (notas promissórias). A nota promissória é título formal, que deve atender ao princípio da literalidade. No caso dos autos, os títulos que embasam a execução não contêm o nome do beneficiário e a data da sua emissão, requisitos essenciais da cambial (arts. 75 e 76 da LUG – Decreto-lei n. 57.663/66). Precedentes jurisprudenciais. Apelação provida. (TJRS, Ap. Cível n. 70041679168, 19ª Câm. Cível, rel. Mylene Maria Michel, j. 11.09.2012)

Ação de execução de alimentos Execução fundada em título executivo extrajudicial que contém obrigação alimentar. Ao despachar a petição inicial, o juiz mandará citar o devedor para, em três dias, efetuar o pagamento, provar que o fez ou justificar a impossibilidade de efetuá-lo (art. 733, CPC/73).

▶ Veja CPC/73: "**Art. 732.** A execução de sentença, que condena ao pagamento de prestação alimentícia, far-se-á conforme o disposto no Capítulo IV deste Título. Parágrafo único. Recaindo a penhora em dinheiro, o oferecimento de embargos não obsta a que o exequente levante mensalmente a importância da prestação. **Art. 733.** Na execução de sentença ou de decisão, que fixa os alimentos provisionais, o juiz mandará citar o devedor para, em 3 (três) dias, efetuar o pagamento, provar que o fez ou justificar a impossibilidade de efetuá-lo. § 1º Se o devedor não pagar, nem se escusar, o juiz decretar-lhe-á a prisão pelo prazo de 1 (um) a 3 (três) meses. § 2º O cumprimento da pena não exime o devedor do pagamento das prestações vencidas e vincendas. § 3º Paga a prestação alimentícia, o juiz suspenderá o cumprimento da ordem de prisão".

▶ Veja CPC/2015: "**Art. 911.** Na execução fundada em título executivo extrajudicial que contenha obrigação alimentar, o juiz mandará citar o executado para, em 3 (três) dias, efetuar o pagamento das parcelas anteriores ao início da execução e das que se vencerem no seu curso, provar que o fez ou justificar a impossibilidade de fazê-lo. [...]".

■ Súmula n. 309, STJ: O débito alimentar que autoriza a prisão civil do alimentante é o que compreende as três prestações anteriores ao ajuizamento da execução e as que se vencerem no curso do processo.

■ *Habeas corpus.* Execução de alimentos. Prisão civil. Cumprimento em regime aberto. A prisão civil, por inadimplemento de pensão alimentícia, deve ser cumprida em regime aberto, com possibilidade de saídas, pelo devedor, para o exercício de sua atividade laboral, objetivando a obtenção de recursos para satisfação do débito. Recomendação da Circular n. 21/93 da Corregedoria-Geral da Justiça. Jurisprudência predominante no 4º Grupo Cível. Ordem de *habeas corpus* concedida. (TJRS, *HC* n. 70038754271, 7ª Câm. Cível, rel. André Luiz Planella Villarinho, j. 14.09.2010)

▪ Execução de alimentos. Pagamento sob pena de prisão civil. Cabimento. 1. Se a dívida alimentar é líquida, certa e exigível, e a justificativa do devedor é inconsistente e foi corretamente rejeitada, cabível a sua intimação para efetuar o pagamento do débito, sob pena de prisão. 2. Descabe questionar o binômio possibilidade e necessidade em sede de execução de alimentos, sendo cabível, para tanto, a via revisional. 3. Não demonstrada a impossibilidade absoluta de pagar os alimentos, cabível a prisão civil do devedor, que não é medida de exceção, senão providência prevista na lei para a execução de alimentos que tramita sob a forma procedimental do art. 733 do CPC. Recurso desprovido. (TJRS, AI n. 70055044416, 7ª Câm. Cível, rel. Sérgio Fernando de Vasconcellos Chaves, j. 18.07.2013)

Ação de execução por quantia certa Ação, fundada em título líquido, certo e exigível, do credor contra o devedor, que tem por fim obter o cumprimento de obrigação que o devedor deixou de satisfazer espontaneamente sob pena da expropriação de bens (art. 646, CPC/73), com exceção daqueles que a lei considera impenhoráveis ou inalienáveis (arts. 648 e 649, CPC/73) (*v. Ação de execução*).

▸ Veja CPC/73: "**Art. 646.** A execução por quantia certa tem por objeto expropriar bens do devedor, a fim de satisfazer o direito do credor (art. 591). **Art. 647.** A expropriação consiste: I – na adjudicação em favor do exequente ou das pessoas indicadas no § 2º do art. 685-A desta Lei; II – na alienação por iniciativa particular; III – na alienação em hasta pública; IV – no usufruto de bem móvel ou imóvel".

▸ Veja CPC/2015: "**Art. 824.** A execução por quantia certa realiza-se pela expropriação de bens do executado, ressalvadas as execuções especiais. **Art. 825.** A expropriação consiste em: I – adjudicação; II – alienação; III – apropriação de frutos e rendimentos de empresa ou estabelecimentos e de outros bens. **Art. 826.** Antes de adjudicados ou alienados os bens, o executado pode, a todo tempo, remir a execução, pagando ou consignando a importância atualizada da dívida, acrescida de juros, custas e honorários advocatícios".

▪ Execução por quantia certa contra devedor solvente. Exceção de pré-executividade. I. A exceção de pré-executividade, construção doutrinária e pretoriana, tem cabimento nas hipóteses referentes à falta de pressupostos processuais e/ou condições da ação. É cabível, em tese, a exceção para discutir a nulidade da execução, sem a necessidade de dilação probatória. II. Matéria própria a ser articulada mediante embargos à execução. Inexistência de elementos para o exame da insurgência. Ausência de elementos aptos a ensejar a alteração da decisão monocrática hostilizada, que negou seguimento ao agravo de instrumento. Agravo interno improvido. (TJRS, Ag. n. 70048024814, 19ª Câm. Cível, rel. Mylene Maria Michel, j. 22.05.2012)

Ação de exigir contas Ação pela qual o interessado pleiteia que alguém lhe preste contas nos casos previstos em lei ou em razão de convenção entre as partes. Cumpre ao requerente, na petição inicial, especificar detalhadamente as razões pelas quais exige as contas, instruindo-a com documentos comprobatórios dessa necessidade, se existirem (art. 550, CPC/2015).

▸ Veja CPC/2015: "**Art. 550.** Aquele que afirmar ser titular do direito de exigir contas requererá a citação do réu para que as preste ou ofereça contestação no prazo de 15 (quinze) dias. § 1º Na petição inicial, o autor especificará, detalhadamente, as razões pelas quais exige as contas, instruindo-a com documentos comprobatórios dessa necessidade, se existirem. § 2º Prestadas as contas, o autor terá 15 (quinze) dias para se manifestar, prosseguindo-se o processo na forma do Capítulo X do Título I deste Livro. § 3º A impugnação das contas apresentadas pelo réu deverá ser fundamentada e específica, com referência expressa ao lançamento questionado. § 4º Se o réu não contestar o pedido, observar-se-á o disposto no art. 355. § 5º A decisão que julgar procedente o pedido condenará o réu a prestar as contas no prazo de 15 (quinze) dias, sob pena de não lhe ser lícito impugnar as que o autor apresentar. § 6º Se o réu apresentar as contas no prazo previsto no § 5º, seguir-se-á o procedimento do § 2º, caso contrário, o autor apresentá-las-á no prazo de 15 (quinze) dias, podendo o juiz determinar a realização de exame pericial, se necessário".

Ação de exoneração de alimentos Ação judicial posta à disposição do alimentante para pleitear a extinção de sua obrigação ou de seu dever de prestar alimentos, quando sobrevier mudança em sua situação financeira ou na de quem recebe os alimentos (art. 1.699, CC).

- Veja CC: "**Art. 1.699.** Se, fixados os alimentos, sobrevier mudança na situação financeira de quem os supre, ou na de quem os recebe, poderá o interessado reclamar ao juiz, conforme as circunstâncias, exoneração, redução ou majoração do encargo".

- Súmula n. 358, STJ: O cancelamento de pensão alimentícia de filho que atingiu a maioridade está sujeito à decisão judicial, mediante contraditório, ainda que nos próprios autos.

- Exoneração de alimentos. Maioridade. Ausência de demonstração da necessidade. Estando comprovado que a alimentada é pessoa maior (24 anos de vida) e saudável, que não mais estudou desde que concluiu o Ensino Médio e que possui condições para exercer atividade laboral, inexiste justificativa à manutenção da pensão alimentícia, com o que correta a solução sentencial exoneratória. Apelação desprovida. (TJRS, Ap. Cível n. 70048621494, 8ª Câm. Cível, rel. Ricardo Moreira Lins Pastl, j. 28.06.2012)

- Exoneração de alimentos. Filho maior de idade. Binômio: necessidade e possibilidades. Prova. Necessidade de contraditório. A maioridade do filho, credor da verba alimentar, por si só, não desobriga o alimentante da prestação de alimentos, nos termos do que dispõem os arts. 1.694 e 1.695 do CC. Para exoneração liminar, imprescindível a comprovação robusta da alteração do binômio necessidade e possibilidades, desde a fixação dos alimentos em revisão. Negaram provimento ao recurso. (TJRS, AI n. 70048626535, 8ª Câm. Cível, rel. Alzir Felippe Schmitz, j. 14.06.2012)

Ação de exoneração de fiança Ação de iniciativa do fiador contra o locador que tem por objetivo obter declaração de estar desobrigado de continuar prestando fiança a determinada pessoa. O fiador poderá exonerar-se da fiança que tiver assinado sem limitação de tempo, sempre que lhe convier, ficando obrigado por todos os efeitos da fiança, durante sessenta dias após a notificação do credor (art. 835, CC). Em se tratando de contrato de locação, o fiador poderá exonerar-se da fiança nos seguintes casos: a) separação de fato, separação judicial, divórcio ou dissolução de união estável, quando um dos cônjuges ou companheiros permanecer no imóvel; b) prorrogação da locação por prazo indeterminado, uma vez notificado o locador pelo fiador de sua intenção de desoneração (arts. 12 e 40, X, Lei n. 8.245/91). A cláusula na qual o fiador renuncia expressamente ao direito de exonerar-se da fiança tem sido considerada nula, sob a alegação de inexistir o direito de renúncia à época em que o fiador assinou o contrato. A justificativa é de que o art. 835, CC, com redação repetida pelo art. 40, X, da Lei n. 8.245/91, diz respeito tão somente à fiança sem limitação no tempo. Quanto à cláusula que determina a responsabilidade do fiador "até a entrega das chaves", o STJ, a partir de 2008, modificou entendimento anterior, decidindo que a responsabilidade dos fiadores perdura até a efetiva entrega das chaves.

- Veja CC: "**Art. 835.** O fiador poderá exonerar-se da fiança que tiver assinado sem limitação de tempo, sempre que lhe convier, ficando obrigado por todos os efeitos da fiança, durante sessenta dias após a notificação do credor. **Art. 836.** A obrigação do fiador passa aos herdeiros; mas a responsabilidade da fiança se limita ao tempo decorrido até a morte do fiador, e não pode ultrapassar as forças da herança".

- Súmula n. 214, STJ: O fiador na locação não responde por obrigações resultantes de aditamento ao qual não anuiu.

- Locação. Responsabilidade dos fiadores até a efetiva devolução das chaves. Agravo improvido. 1 – A Terceira Seção do Superior Tribunal de Justiça firmou a compreensão no sentido de que, "havendo cláusula expressa no contrato de locação, no sentido de que a responsabilidade dos fiadores perdura até a efetiva entrega das chaves, não há que se falar em exoneração da garantia, ainda que haja prorrogação por prazo indeterminado. (STJ, Emb. de Div. em REsp n. 612.752/RJ, rel. Min. Jane Silva, Des. Conv. do TJMG, *DJe* 26.05.2008)

- Exoneração de fiança. Prorrogação do contrato de fiança. Anuência expressa do fiador. Extingue-se a obrigação do fiador após findado o lapso original se não houver sua anuência expressa para a continuidade da condição de garante, afastando-se eventual cláusula que preveja a prorrogação automática da fiança para além do prazo original de vigência do contrato principal. Precedentes. Agravo não provido. (STJ, Ag. Reg. no REsp n. 1.225.198/MG, 3ª T., rel. Min. Nancy Andrighi, j. 16.08.2012, *DJe* 22.08.2012)

Ação de falência Ação promovida pelo credor contra comerciante que, sem relevante razão de direito, não paga no vencimento obrigação líquida constante de título que legitime a ação executiva (art. 94, Lei n. 11.101/2005).

- Veja Lei n. 11.101/2005: "**Art. 94.** Será decretada a falência do devedor que: I – sem relevante razão de direito, não paga, no vencimento, obrigação líquida materializada em título ou títulos executivos protestados cuja soma ultrapasse o equivalente a 40 (quarenta) salários mínimos na data do pedido de falência; II – executado por qualquer quantia líquida, não paga, não deposita e não nomeia à penhora bens suficientes dentro do prazo legal; III – pratica qualquer dos seguintes atos, exceto se fizer parte de plano de recuperação judicial: *a)* procede à liquidação precipitada de seus ativos ou lança mão de meio ruinoso ou fraudulento para realizar pagamentos; *b)* realiza ou, por atos inequívocos, tenta realizar, com o objetivo de retardar pagamentos ou fraudar credores, negócio simulado ou alienação de parte ou da totalidade de seu ativo a terceiro, credor ou não; *c)* transfere estabelecimento a terceiro, credor ou não, sem o consentimento de todos os credores e sem ficar com bens suficientes para solver seu passivo; *d)* simula a transferência de seu principal estabelecimento com o objetivo de burlar a legislação ou a fiscalização ou para prejudicar credor; *e)* dá ou reforça garantia a credor por dívida contraída anteriormente sem ficar com bens livres e desembaraçados suficientes para saldar seu passivo; *f)* ausenta-se sem deixar representante habilitado e com recursos suficientes para pagar os credores, abandona estabelecimento ou tenta ocultar-se de seu domicílio, do local de sua sede ou de seu principal estabelecimento; *g)* deixa de cumprir, no prazo estabelecido, obrigação assumida no plano de recuperação judicial. [...]".

- Falência. Sociedade civil. Pedido de falência. Carência da ação. Sendo a recorrida sociedade civil, com objeto social bem explícito e limitado, não há falar-se em requerimento de falência, como forma de cobrança de crédito, uma vez que sua atividade não envolve a prática do comércio, tampouco é definida por lei como comercial. (TJMG, Ap. Cível n. 125.775/7/ Belo Horizonte, rel. Des. Murilo Pereira, *DJ* 25.03.1999)

- Negócios jurídicos bancários. Embargos à execução. A decretação da falência ou o deferimento do processamento da recuperação judicial suspende o curso da prescrição e de todas as ações e execuções em face do devedor, inclusive aquelas dos credores particulares do sócio solidário. De outra banda, a execução contra os coobrigados deve prosseguir regularmente, inexistindo justificativa para a suspensão ou a extinção da execução. A possível ocorrência de novação não tem o condão de afastar a responsabilidade solidária contraída nas operações bancárias, por força do art. 49 da Lei n. 11.101/2005. Alegação de vício de consentimento rechaçada. Redução da verba honorária. Deram parcial provimento à apelação. Unânime. (TJRS, Ap. Cível n. 70049021199, 20ª Câm. Cível, rel. Walda Maria Melo Pierro, j. 29.08.2012)

Ação de fruição Cota ou capital; título de propriedade negociável, representativo de uma fração do capital de uma sociedade anônima. São as ações resultantes da amortização das ações ordinárias ou preferenciais, cuja operação só pode ser realizada com lucros ou reservas. Atribui-se às ações de fruição o direito de participar dos lucros, de fiscalizar a sociedade e de preferência na subscrição de novas ações.

Ação de imissão na posse Ação que cabe ao proprietário adquirente para pleitear posse direta sobre imóvel que ainda se encontra na posse de outrem e que voluntariamente não lhe é entregue. A ação de imissão de posse é assegurada àqueles que, amparados em documento hábil (escritura de compra e venda; carta de adjudicação), têm a pretensão material à posse. É proposta por quem tem o domínio mas não a posse, contra quem tem a posse mas não possui o domínio, como no caso daquele que adquire um imóvel ainda ocupado pelo locatário ou pelo antigo proprietário, e estes se recusam a desocupá-lo de forma voluntária.

▶ Veja CPC/73: "**Art. 461-A.** Na ação que tenha por objeto a entrega de coisa, o juiz, ao conceder a tutela específica, fixará o prazo para o cumprimento da obrigação. [...] § 2º Não cumprida a obrigação no prazo estabelecido, expedir-se-á em favor do credor mandado de busca e apreensão ou de imissão na posse, conforme se tratar de coisa móvel ou imóvel. [...] **Art. 621.** O devedor de obrigação de entrega de coisa certa, constante de título executivo extrajudicial, será citado para, dentro de 10 (dez) dias, satisfazer a obrigação ou, seguro o juízo (art. 737, II), apresentar embargos. Parágrafo único. O juiz, ao despachar a inicial, poderá fixar multa por dia de atraso no cumprimento da obrigação, ficando o respectivo valor sujeito a alteração, caso se revele insuficiente ou excessivo".

▶ Veja CPC/2015: "**Art. 538.** Não cumprida a obrigação de entregar coisa no prazo estabelecido na sentença, será expedido mandado de busca e apreensão ou de imissão na posse em favor do credor, conforme se tratar de coisa móvel ou imóvel. [...] **Art. 806.** O devedor de obrigação de entrega de coisa certa, constante de título executivo extrajudicial, será citado para, em 15 (quinze) dias, satisfazer a obrigação. § 1º Ao despachar a inicial, o juiz poderá fixar multa por dia de atraso no cumprimento da obrigação, ficando o respectivo valor sujeito a alteração, caso se revele insuficiente ou excessivo. § 2º Do mandado de citação constará ordem para imissão na posse ou busca e apreensão, conforme se tratar de bem imóvel ou móvel, cujo cumprimento se dará de imediato, se o executado não satisfizer a obrigação no prazo que lhe foi designado".

▶ Veja DL n. 1.075/70: "**Art. 1º** Na desapropriação por utilidade pública de prédio urbano residencial, o expropriante, alegando urgência, poderá imitir-se provisoriamente na posse do bem, mediante o depósito do preço oferecido, se este não for impugnado pelo expropriado em 5 (cinco) dias da intimação da oferta".

▪ Imissão de posse. Compromisso de compra e venda não registrado. Embora silente a respeito o CPC de 1973, subsiste a pretensão de direito material relativa a imitir-se na posse o adquirente, resultante da lei ou contrato, facultado o exercício através da ação de procedimento comum. Recurso especial conhecido e provido. (STJ, REsp n. 2.449/1990/MT, rel. Min. Barros Monteiro, j. 14.05.1990, *DJ* 11.06.1990)

Ação de indenização Ação que tem por finalidade assegurar a alguém o ressarcimento de prejuízos ou a reparação do dano causado por outrem em razão de ação ou omissão voluntária, negligência ou imprudência (arts. 92 e 186, CC). O mesmo que ação de reparação de danos. O termo *indenização* refere-se à compensação devida a alguém de maneira a anular ou reduzir um dano (tornar indene) de natureza moral ou material, que pode ser originado do incumprimento total, ou cumprimento deficiente de uma obrigação, ou da violação de um direito absoluto, por exemplo, a compensação devida pela denúncia de um contrato ou pela prática de um crime. Diz-se, também, da importância paga por uma seguradora ao segurado em caso de sinistro. Cumpre analisar a relação entre a culpa do agente e o dano causado, fato que poderá ensejar a culpa concorrente.

▶ Veja CC: "**Art. 186.** Aquele que, por ação ou omissão voluntária, negligência ou imprudência, violar direito e causar dano a outrem, ainda que exclusivamente moral, comete ato ilícito. [...] **Art. 927.** Aquele que, por ato ilícito (arts. 186 e 187), causar dano a outrem, fica obrigado a repará-lo. Parágrafo único. Haverá obrigação de reparar o dano, independentemente de culpa, nos casos especificados em lei, ou quando a atividade normalmente desenvolvida pelo autor do dano implicar, por sua natureza, risco para os direitos de outrem. [...] **Art. 944.** A indenização mede-se pela extensão do dano.

Parágrafo único. Se houver excessiva desproporção entre a gravidade da culpa e o dano, poderá o juiz reduzir, equitativamente, a indenização".

▪ Súmula n. 313, STJ: Em ação de indenização, procedente o pedido, é necessária a constituição de capital ou caução fidejussória para a garantia de pagamento da pensão, independentemente da situação financeira do demandado.

▪ Acidente de trânsito. Responsabilidade objetiva do município. Indenização por danos materiais e morais. Acidente. A questão acerca da responsabilidade em face do acidente é incontroversa, recaindo sobre o Ente Público. Danos materiais. Autores que são viajantes vendedores. Indeferimento do pleito indenizatório relativo às despesas atinentes à alimentação, diárias de hotel, abastecimento de combustível e outros meios de transporte, seja porque fariam, de qualquer modo, parte da rotina dos autores, seja porque em valores evidentemente indevidos. Lucros cessantes. Indeferimento. Caso em que os autores não deixaram de trabalhar. Atividade que pela sua natureza tem renda variável, cuja eventual redução não pode ser atribuída ao acidente. Notadamente porque o veículo ficou parado para conserto apenas 22 dias. Danos morais. Descabimento no caso concreto. Embora o transtorno e o aborrecimento experimentado, em razão da paralisação do veículo, o acidente não causou danos físicos, mas apenas materiais. Hipótese em que não se pode presumir o dano moral. Apelação desprovida. (TJRS, Ap. Cível n. 70049718422, 12ª Câm. Cível, rel. José Aquino Flôres de Camargo, j. 06.09.2012)

Ação de interdição Ação pela qual se pleiteia seja declarada a incapacidade de uma pessoa para reger seus atos na vida civil, para efeito de ser-lhe nomeado curador. A interdição abrange aqueles que, por enfermidade ou deficiência mental, não tiverem o necessário discernimento para os atos da vida civil, aqueles que, por outra causa duradoura, não puderem exprimir a sua vontade, os deficientes mentais, os ébrios habituais e os viciados em tóxicos, os excepcionais sem completo desenvolvimento mental e os pródigos (art. 1.767, CC). A ação de interdição consiste em um procedimento de jurisdição voluntária e nela deve intervir o órgão do MP. A ação pode ser promovida: pelo pai, mãe ou tutor; pelo cônjuge ou algum parente próximo; pelo órgão do MP (art. 1.177, CPC/73).

▶ Veja CC: "**Art. 1.767.** Estão sujeitos a curatela: I – aqueles que, por enfermidade ou deficiência mental, não tiverem o necessário discernimento para os atos da vida civil; II – aqueles que, por outra causa duradoura, não puderem exprimir a sua vontade; III – os deficientes mentais, os ébrios habituais e os viciados em tóxicos; IV – os excepcionais sem completo desenvolvimento mental; V – os pródigos. **Art. 1.768.** A interdição deve ser promovida: I – pelos pais ou tutores; II – pelo cônjuge, ou por qualquer parente; III – pelo Ministério Público. [*O art. 1.072 da Lei n. 13.105, de 16.03.2015 (CPC/2015 – DOU 17.03.2015), que entrará em vigor após decorrido um ano da data de sua publicação oficial, revogou o art. 1.768, CC.*]".

▸ Veja CPC/73: "**Art. 1.177.** A interdição pode ser promovida: I – pelo pai, mãe ou tutor; II – pelo cônjuge ou algum parente próximo; III – pelo órgão do Ministério Público. **Art. 1.178.** O órgão do Ministério Público só requererá a interdição: I – no caso de anomalia psíquica; II – se não existir ou não promover a interdição alguma das pessoas designadas no artigo antecedente, ns. I e II; III – se, existindo, forem menores ou incapazes. **Art. 1.179.** Quando a interdição for requerida pelo órgão do Ministério Público, o juiz nomeará ao interditando curador à lide (art. 9º). **Art. 1.180.** Na petição inicial, o interessado provará a sua legitimidade, especificará os fatos que revelam a anomalia psíquica e assinalará a incapacidade do interditando para reger a sua pessoa e administrar os seus bens".

▸ Veja CPC/2015: "**Art. 747.** A interdição pode ser promovida: I – pelo cônjuge ou companheiro; II – pelos parentes ou tutores; III – pelo representante da entidade em que se encontra abrigado o interditando; IV – pelo Ministério Público. Parágrafo único. A legitimidade deverá ser comprovada por documentação que acompanhe a petição inicial. **Art. 748.** O Ministério Público só promoverá interdição em caso de doença mental grave: I – se as pessoas designadas nos incisos I, II e III do art. 747 não existirem ou não promoverem a interdição; II – se, existindo, forem incapazes as pessoas mencionadas nos incisos I e II do art. 747. **Art. 749.** Incumbe ao autor, na petição inicial, especificar os fatos que demonstram a incapacidade do interditando para administrar seus bens e, se for o caso, para praticar atos da vida civil, bem como o momento em que a incapacidade se revelou. Parágrafo único. Justificada a urgência, o juiz pode nomear curador provisório ao interditando para a prática de determinados atos".

■ Interdição de idosa por incapacidade mental. Natureza jurídica da sentença de interdição e do exercício da curatela. Caráter constitutivo da sentença de interdição que constitui estado novo ao interdito e possui efeitos meramente prospectivos. Acerto da sentença que, prestigiando as provas colhidas e o melhor interesse da interdita, confere o exercício da curatela à filha que ostenta melhores condições para o exercício do encargo. (TJRJ, Ap. Cível n. 2008.001.61037, 5ª Câm. Cível, rel. Des. Antonio Saldanha Palheiro, j. 05.02.2009)

■ Interdição de menor. Pedido juridicamente impossível. É juridicamente impossível o pedido de interdição de menor, pois esta se destina aos maiores incapazes, não se aplicando aos menores, cuja representação cabe aos pais e, na falta destes, ao tutor, não havendo que se confundir tutela com curatela. (TJMG, Ap. Cível n. 102.998/2/1998/Belo Horizonte, rel. Des. Murilo Pereira, j. 23.10.1997, *DJ* 24.06.1998)

Ação de interdito proibitório

Ação preventiva que visa a impedir a concretização de uma ameaça à posse do possuidor por meio de ato de turbação ou esbulho (art. 932, CPC/73). "Diferentemente dos dois outros interditos possessórios [...], o presente não pressupõe ofensa à posse consumada, mas apenas o justo receio de turbação ou esbulho iminente que sinta o possuidor (*v.g.*, na hipótese de ameaça séria do vizinho de invadir o terreno, da real possibilidade de construir muro dentro dos seus limites, de desviar o curso de córrego para dentro do imóvel lindeiro, de permitir a penetração de gado na fazenda vizinha etc.)" (MACHADO, Antônio Cláudio da Costa. *Código de Processo Civil interpretado e anotado*. 2.ed. Barueri, Manole, 2008, p. 1.501).

▸ Veja CPC/73: "**Art. 932.** O possuidor direto ou indireto, que tenha justo receio de ser molestado na posse, poderá impetrar ao juiz que o segure da turbação ou esbulho iminente, mediante mandado proibitório, em que se comine ao réu determinada pena pecuniária, caso transgrida o preceito".

▸ Veja CPC/2015: "**Art. 567.** O possuidor direto ou indireto que tenha justo receio de ser molestado na posse poderá requerer ao juiz que o segure da turbação ou esbulho iminente, mediante mandado proibitório em que se comine ao réu determinada pena pecuniária caso transgrida o preceito".

■ Posse (bens imóveis). Interdito proibitório. Demonstração de ameaça grave. Manutenção da proteção possessória. I. Para fins de êxito em ação de interdito proibitório, é necessário que o autor comprove inequivocamente uma posse atual. Instituto jurídico de tutela preventiva, com previsão no art. 932 do Código de Processo Civil e raízes na Constituição Federal em seu art. 5º, XXXV. II. No caso concreto, comprovada a gravidade, seriedade, proximidade e motivação objetiva das ameaças contra a posse da autora sobre o apartamento por ela arrematado no âmbito da Justiça Federal, merece procedência o pedido de proteção possessória. (TJRS, Ap. Cível n. 70047864004, 17ª Câm. Cível, rel. Liege Puricelli Pires, j. 16.08.2012)

Ação de inventário Ação que visa à arrecadação, descrição e partilha de bens pertencentes a pessoa falecida, denominada *de cujus* (art. 1.796, CC). Inventário e partilha compõem o processo judicial pelo qual o cônjuge sobrevivente, ou qualquer outro herdeiro legalmente habilitado, requer ao juiz a abertura da sucessão dos bens deixados pelo falecido e a sua partilha entre os herdeiros. Podem requerer inventário: quem estiver na posse e administração do espólio; quem possuir legitimidade concorrente: o cônjuge ou companheiro supérstite; o herdeiro; o legatário; o testamenteiro; o cessionário do herdeiro ou do legatário; o credor do herdeiro, do legatário ou do autor da herança; o síndico da falência do herdeiro, do legatário, do autor da herança ou do cônjuge supérstite; o Ministério Público, havendo herdeiros incapazes; a Fazenda Pública, quando tiver interesse; o administrador judicial da falência do herdeiro, do legatário, do autor da herança ou do cônjuge ou companheiro supérstite (arts. 987 e 988, CPC/73).

▶ Veja CC: "**Art. 1.796.** No prazo de trinta dias, a contar da abertura da sucessão, instaurar-se-á inventário do patrimônio hereditário, perante o juízo competente no lugar da sucessão, para fins de liquidação e, quando for o caso, de partilha da herança".

▶ Veja CPC/73: "**Art. 982.** Havendo testamento ou interessado incapaz, proceder-se-á ao inventário judicial; se todos forem capazes e concordes, poderá fazer-se o inventário e a partilha por escritura pública, a qual constituirá título hábil para o registro imobiliário. § 1º O tabelião somente lavrará a escritura pública se todas as partes interessadas estiverem assistidas por advogado comum ou advogados de cada uma delas ou por defensor público, cuja qualificação e assinatura constarão do ato notarial. § 2º A escritura e demais atos notariais serão gratuitos àqueles que se declararem pobres sob as penas da lei. **Art. 983.** O processo de inventário e partilha deve ser aberto dentro de 60 (sessenta) dias a contar da abertura da sucessão, ultimando-se nos 12 (doze) meses subsequentes, podendo o juiz prorrogar tais prazos, de ofício ou a requerimento de parte. [...]".

▶ Veja CPC/2015: "**Art. 610.** Havendo testamento ou interessado incapaz, proceder-se-á ao inventário judicial. § 1º Se todos forem capazes e concordes, o inventário e a partilha poderão ser feitos por escritura pública, a qual constituirá documento hábil para qualquer ato de registro, bem como para levantamento de importância depositada em instituições financeiras. [...] **Art. 611.** O processo de inventário e de partilha deve ser instaurado dentro de 2 (dois) meses, a contar da abertura da sucessão, ultimando-se nos 12 (doze) meses subsequentes, podendo o juiz prorrogar esses prazos, de ofício ou a requerimento de parte".

■ Inventário. Abertura. Legitimidade da companheira. CPC, arts. 987 e 988. Descabe extinguir o processo de inventário, sem exame do mérito, por ilegitimidade ativa, quando o pedido de abertura foi feito pela companheira, que informou ter ajuizado a ação própria e está com a posse dos bens do espólio, não tendo sido sequer citados os herdeiros nominados. 2. A legitimidade para promover a abertura do inventário é tanto de quem estiver na posse e administração dos bens do espólio, como também das demais pessoas a quem o legislador conferiu legitimação concorrente. Inteligência dos arts. 987 e 988 do CPC. (TJRS, Ap. Cível n. 23.477.714/São Leopoldo, rel. Des. Sérgio Fernando de Vasconcellos Chaves, j. 30.07.2008, *DJ* 06.08.2008)

Ação de investigação de paternidade Ação que cabe à pessoa nascida fora da relação de casamento para obter o reconhecimento de sua filiação. O objetivo da ação é o reconhecimento forçado ou judicial da paternidade, uma vez que o seu ajuizamento se dá, em regra, na hipótese de negativa de reconhecimento voluntário da parte do suposto pai (Lei n. 8.560/92). O pedido de reconhecimento poderá ser cumulado com o de pedido de alimentos provisionais ou definitivos para o reconhecido que deles necessite. Na ação de investigação, todos os meios legais, bem como os moralmente legítimos, serão hábeis para provar a verdade dos fatos (art. 2º-A, Lei n. 8.560/92), ou sejam: documentos (escrito particular sem firma reconhecida, comprovante de residência conjunta, fotografias, bilhetes, cartas); testemunhas que possam comprovar a existência de um convívio de namoro ou de união estável, ou mesmo um relacionamento restrito à época da concepção do investigante; exame de DNA. "A recusa do réu em se submeter ao exame de código genético – DNA – gerará a presunção da paternidade, a ser apreciada em conjunto com o contexto probatório" (art. 2º-A, parágrafo único, Lei n. 8.560/92).

▸ Veja Lei n. 8.560/92: "**Art. 2º** Em registro de nascimento de menor apenas com a maternidade estabelecida, o oficial remeterá ao juiz certidão integral do registro e o nome e prenome, profissão, identidade e residência do suposto pai, a fim de ser averiguada oficiosamente a procedência da alegação. § 1º O juiz, sempre que possível, ouvirá a mãe sobre a paternidade alegada e mandará, em qualquer caso, notificar o suposto pai, independente de seu estado civil, para que se manifeste sobre a paternidade que lhe é atribuída. § 2º O juiz, quando entender necessário, determinará que a diligência seja realizada em segredo de justiça. § 3º No caso do suposto pai confirmar expressamente a paternidade, será lavrado termo de reconhecimento e remetida certidão ao oficial do registro, para a devida averbação. § 4º Se o suposto pai não atender no prazo de 30 (trinta) dias a notificação judicial, ou negar a alegada paternidade, o juiz remeterá os autos ao representante do Ministério Público para que intente, havendo elementos suficientes, a ação de investigação de paternidade. § 5º Nas hipóteses previstas no § 4º deste artigo, é dispensável o ajuizamento de ação de investigação de paternidade pelo Ministério Público se, após o não comparecimento ou a recusa do suposto pai em assumir a paternidade a ele atribuída, a criança for encaminhada para adoção. § 6º A iniciativa conferida ao Ministério Público não impede a quem tenha legítimo interesse de intentar investigação, visando a obter o pretendido reconhecimento da paternidade. **Art. 2º-A.** Na ação de investigação de paternidade, todos os meios legais, bem como os moralmente legítimos, serão hábeis para provar a verdade dos fatos".

▸ Veja ECA: "**Art. 27.** O reconhecimento do estado de filiação é direito personalíssimo, indisponível e imprescritível, podendo ser exercitado contra os pais ou seus herdeiros, sem qualquer restrição, observado o segredo de Justiça. [...] **Art. 48.** O adotado tem direito de conhecer sua origem biológica, bem como de obter acesso irrestrito ao processo no qual a medida foi aplicada e seus eventuais incidentes, após completar 18 (dezoito) anos. [...]".

▪ Súmula n. 1, STJ: O foro do domicílio ou da residência do alimentando é o competente para a ação de investigação de paternidade, quando cumulada com a de alimentos.

▪ Súmula n. 277, STJ: Julgada procedente a investigação de paternidade, os alimentos são devidos a partir da citação.

▪ Súmula n. 301, STJ: Em ação investigatória, a recusa do suposto pai a submeter-se ao exame de DNA induz presunção *juris tantum* de paternidade.

▪ Exame de DNA. Ausência injustificada do réu. Presunção de paternidade. Falta de provas indiciárias. O não comparecimento, injustificado, do réu para realizar o exame de DNA equipara-se à recusa. Apesar da Súmula n. 301/STJ ter feito referência à presunção *juris tantum* de paternidade na hipótese de recusa do investigado em se submeter ao exame de DNA, os precedentes jurisprudenciais que sustentaram o entendimento sumulado definem que esta circunstância não desonera o autor de comprovar, minimamente, por meio de provas indiciárias a existência de relacionamento íntimo entre a mãe e o suposto pai. (STJ, REsp n. 692.242/MG, 3ª T., rel. Min. Nancy Andrighi, *DJ* 12.09.2005)

Ação de mandado de segurança Ação que tem por objetivo a proteção de direito líquido e certo, não amparado por *habeas corpus* ou *habeas data*, quando o responsável pela ilegalidade ou pelo abuso de poder for autoridade, seja de que categoria for e sejam quais forem as funções que exerça (art. 5º, LXIX e LXX, CF e art. 1º, Lei n. 12.016/2009). A petição inicial, que deverá preencher os requisitos estabelecidos pela lei processual, será apresentada em 2 (duas) vias com os documentos que instruírem a primeira reproduzidos na segunda e indicará, além da autoridade coatora, a pessoa jurídica que esta integra, à qual se acha vinculada ou da qual exerce atribuições (art. 6º, Lei n. 12.016/2009). O direito de requerer mandado de segurança extinguir-se-á decorridos 120 (cento e vinte) dias, contados da ciência, pelo interessado, do ato impugnado. Em caso de concessão, deverá ser observado o duplo grau de jurisdição, independentemente do valor da causa.

▸ Veja CF: "**Art. 5º** Todos são iguais perante a lei, sem distinção de qualquer natureza, garantindo-se aos brasileiros e aos estrangeiros residentes no País a inviolabilidade do direito à vida, à liberdade, à igualdade, à segurança e à propriedade, nos termos seguintes: [...] LXIX – conceder-se-á mandado de segurança para proteger direito líquido e certo, não amparado por *habeas corpus* ou *habeas data*, quando o responsável pela ilegalidade ou abuso de poder for autoridade pública ou agente de pessoa jurídica no exercício de atribuições do Poder Público; LXX – o mandado de segurança coletivo pode ser impetrado por: *a)* partido político com representação no Congresso Nacional; *b)* organização sindical, entidade de classe ou associação legalmente constituída e em funcionamento há pelo menos um ano, em defesa dos interesses de seus membros ou associados; [...]".

▸ Veja Lei n. 12.016/2009: "**Art. 1º** Conceder-se-á mandado de segurança para proteger direito líquido e certo, não amparado por *habeas corpus* ou *habeas data*, sempre que, ilegalmente ou com abuso de poder, qualquer pessoa física ou jurídica sofrer violação ou houver justo receio de sofrê-la por parte de autoridade, seja de que categoria for e sejam quais forem as funções que exerça. [...] **Art. 23.** O direito de requerer mandado de segurança extinguir-se-á decorridos 120 (cento e vinte) dias, contados da ciência, pelo interessado, do ato impugnado".

▪ Súmula n. 105, STJ: Na ação de mandado de segurança não se admite condenação em honorários advocatícios.

▪ Súmula n. 169, STJ: São inadmissíveis embargos infringentes no processo de mandado de segurança.

▪ Súmula n. 213, STJ: O mandado de segurança constitui ação adequada para a declaração do direito à compensação tributária.

▪ Súmula n. 333, STJ: Cabe mandado de segurança contra ato praticado em licitação promovida por sociedade de economia mista ou empresa pública.

▪ Súmula n. 460, STJ: É incabível o mandado de segurança para convalidar a compensação tributária realizada pelo contribuinte.

▪ Mandado de segurança. Cumprimento de decisão proferida em outro mandado de segurança. Via eleita imprópria. Carência da ação. Reclamação. O mandado de segurança é via imprópria para cumprimento de decisão de outro mandado de segurança. A via processual adequada à pretensão de garantir a autoridade das decisões proferidas por esta Corte é a Reclamação, *ut* art. 105, I, *f*, da CF/88 e art. 187 do RISTJ. Carência da ação. (STJ, MS n. 4.591/97/DF, rel. Min. Fernando Gonçalves, j. 25.06.1997, *DJ* 04.08.1997)

▪ Mandado de segurança. Errônea indicação da autoridade coatora. Necessidade de intimação da parte para emenda da petição inicial. Aplicação do art. 284 do CPC ao procedimento do mandado de segurança. Precedentes do STJ. É firme a jurisprudência no sentido de que, no mandado de segurança, a errônea indicação da autoridade coatora, afetando uma das condições da ação (*legitimatio ad causam*), acarreta a extinção do processo, sem julgamento do mérito. O juiz, verificada a equívoca indicação, não pode substituir a vontade do sujeito passivo, afrontando o princípio dispositivo, pelo qual cabe ao autor escolher o réu que deseja demandar. (STJ, REsp n. 148.798/2001/SP, rel. Min. Milton Luiz Pereira, j. 15.02.2001, *DJ* 11.06.2001)

Ação de manutenção de posse   Ação que tem por objetivo manter o possuidor na posse quando vier a sofrer turbação (art. 1.196, CC). O possuidor tem direito a ser mantido na posse em caso de turbação (art. 1.210, CC). Entende-se por *turbação* todo e qualquer ato que venha a molestar ou perturbar o possuidor em sua posse. Os requisitos para a ação são: a) prova da posse do autor (escritura, contrato ou outro documento); b) prova de turbação praticada pelo réu (testemunhas, fotos); c) a continuação do autor na posse do imóvel (se não mais se encontrar na posse, a ação deverá ser a de reintegração de posse); d) prova da data da turbação, a qual deve ser inferior a um ano e dia, sob pena de passar a processar-se pelo procedimento ordinário (art. 927, CPC/73).

▸ Veja CC: "**Art. 1.196.** Considera-se possuidor todo aquele que tem de fato o exercício, pleno ou não, de algum dos poderes inerentes à propriedade. [...] **Art. 1.200.** É justa a posse que não for violenta, clandestina ou precária. **Art. 1.201.** É de boa-fé a posse, se o possuidor ignora o vício, ou o obstáculo que impede a aquisição da coisa. [...] **Art. 1.210.** O possuidor tem direito a ser mantido na posse em caso de turbação, restituído no de esbulho, e segurado de violência iminente, se tiver justo receio de ser molestado. § 1º O possuidor turbado, ou esbulhado, poderá manter-se ou restituir-se por sua própria força, contanto que o faça logo; os atos de defesa, ou de desforço, não podem ir além do indispensável à manutenção, ou restituição da posse. § 2º Não obsta à manutenção ou reintegração na posse a alegação de propriedade, ou de outro direito sobre a coisa".

▸ Veja CPC/73: "**Art. 926.** O possuidor tem direito a ser mantido na posse em caso de turbação e reintegrado no de esbulho. **Art. 927.** Incumbe ao autor provar: I – a sua posse; II – a turbação ou o esbulho praticado pelo réu; III – a data da turbação ou do esbulho; IV – a continuação da posse, embora turbada, na ação de manutenção; a perda da posse, na ação de reintegração".

▸ Veja CPC/2015: "**Art. 558.** Regem o procedimento de manutenção e de reintegração de posse as normas da Seção II deste Capítulo quando a ação for proposta dentro de ano e dia da turbação ou do esbulho afirmado na petição inicial. Parágrafo único. Passado o prazo referido no *caput*, será comum o procedimento, não perdendo, contudo, o caráter possessório. [...] **Art. 560.** O possuidor tem direito a ser mantido na posse em caso de turbação e reintegrado em caso de esbulho. **Art. 561.** Incumbe ao autor provar: I – a sua posse; II – a turbação ou o esbulho praticado pelo réu; III – a data da turbação ou do esbulho; IV – a continuação da posse, embora turbada, na ação de manutenção, ou a perda da posse, na ação de reintegração".

- Possessória. Turbação de posse. Ação de manutenção. Caráter pessoal. Tem caráter pessoal a ação de manutenção de posse, para obviar atos de sua turbação, consistentes na retirada de madeiras pelo turbador, a dispensar a citação do seu cônjuge à demanda. (STJ, REsp n. 34.756/0/1994/MG, rel. Min. Dias Trindade, j. 13.12.1993, *DJ* 21.03.1994)

- Ação possessória. Manutenção de posse. Servidão aparente de passagem. Entre as ações que amparam as servidões encontra-se a de manutenção de posse para repelir atos de turbação sobre servidão de passagem exercida de forma inconteste e contínua a ensejar aquisição de propriedade por usucapião (art. 1.379 do CCB). Direito que não se confunde com o direito de passagem forçada definido no art. 1.285 do CCB. Irrelevante a existência de outros acessos ao terreno. Atos de turbação configurados. Conflito entre possesseiros. Retirada de cerca e imposição de embaraços para o exercício da servidão visando mudança do acesso para o imóvel. Sentença mantida. Determinação para reconstrução de cerca e respeito ao exercício da posse. Apelação desprovida. (TJRJ, Ap. Cível n. 2008.001.25387, 18ª Câm. Cível, rel. Des. Cláudio Luís Braga dell'Orto, j. 10.06.2008)

Ação de notificação (*v. Notificação*).

Ação de nulidade
Ação pela qual se busca em juízo a decretação de nulidade ou ineficácia de ato jurídico nulo. Atos jurídicos nulos são aqueles expressamente previstos em lei. Assim revela o princípio de direito processual francês *pas de nullité sans texte* (não há nulidade sem previsão legal). Da mesma forma que "não há nulidade sem prejuízo" (*pas de nullité sans grief*). A nulidade de ato jurídico pode ser alegada por qualquer interessado ou pelo Ministério Público e deve ser pronunciada pelo juiz quando ele conhecer de seus efeitos e a encontrar provada (art. 168, CC), não sendo possível ser suprimida ou convalidada.

- Veja CC: "**Art. 166.** É nulo o negócio jurídico quando: I – celebrado por pessoa absolutamente incapaz; II – for ilícito, impossível ou indeterminável o seu objeto; III – o motivo determinante, comum a ambas as partes, for ilícito; IV – não revestir a forma prescrita em lei; V – for preterida alguma solenidade que a lei considere essencial para a sua validade; VI – tiver por objetivo fraudar lei imperativa; VII – a lei taxativamente o declarar nulo, ou proibir-lhe a prática, sem cominar sanção. [...] **Art. 168.** As nulidades dos artigos antecedentes podem ser alegadas por qualquer interessado, ou pelo Ministério Público, quando lhe couber intervir. Parágrafo único. As nulidades devem ser pronunciadas pelo juiz, quando conhecer do negócio jurídico ou dos seus efeitos e as encontrar provadas, não lhe sendo permitido supri-las, ainda que a requerimento das partes. **Art. 169.** O negócio jurídico nulo não é suscetível de confirmação, nem convalesce pelo decurso do tempo".

- Casamento. Nulidade declarada *incidenter tantum* em ação anulatória de partilha realizada em inventário. Inadmissibilidade, ainda, que se trate de nulidade absoluta. Ação própria. Ainda que diante de nulidade absoluta (CCB, art. 183, VI), a anulação depende de ação própria (CCB, art. 222), inclusive com citação do bígamo e da segunda mulher (com curador do vínculo), uma preferência legislativa que foi homenageada por Pontes de Miranda (*Tratado de direito de família*, v. 1/359, Editora Max Limonad, 1947). (TJSP, Ap. Cível n. 41.784-4/Novo Horizonte, rel. Des. Ênio Santarelli Zuliani, j. 11.08.1998)

- Desapropriação. Ação de nulidade de ato jurídico, cumulada com indenização. Restando demonstrado que, na desapropriação de terras rurais, para fins de ampliação de distrito industrial, ocorreu desvio de finalidade (houve permissão provisória para empresa adentrar em parcela da área, que, posteriormente, a "vendeu" a terceiro; não foram implantadas indústrias e, decorridos mais de 4 anos, o imóvel foi transformado em depósito de lixo), viável a ação direta para invalidar aquele ato administrativo. Nesse caso, sendo comprovada a existência do apontado vício, julga-se procedente a ação para decretar a nulidade do ato de desapropriação, reintegrar os autores na posse do imóvel e condenar o réu a indenizar lucros cessantes. (TJPR, Ap. Cível e Reexame Necessário n. 64.658/0/1998/Cascavel, rel. Des. Accacio Cambi, j. 24.06.1998, *DJ* 10.08.1998)

Ação de nunciação de obra nova
Ação cabível ao proprietário, ou possuidor a qualquer título (nunciante), para impedir que proprietário, possuidor do imóvel vizinho ou condômino (nunciado) prossiga na edificação de obra prejudicial a seu

prédio (art. 1.301, CC). Ao pedido de suspensão da obra podem ser cumulados outros. "Assim se podem especificar os mesmos [...]: a) embargo da obra, em caráter liminar; b) cominação de pena pecuniária, para o caso de o nunciado infringir a proibição contida no mandado liminar; c) demolição, reconstrução ou alteração daquilo que tenha sido construído, destruído ou modificado em prejuízo do prédio do nunciante; d) condenação do nunciado ao pagamento das perdas e danos que a obra tenha causado, direta ou indiretamente, ao nunciante; e) apreensão e depósito de materiais ou produtos, quando a obra embargada consista em demolição, colheita, corte de árvores, mineração e outras que importem em destacar da coisa ditos produtos e materiais" (FABRÍCIO, Adroaldo Furtado. In: *Comentários ao Código de Processo Civil*. Rio de Janeiro, Forense, 1980, v. VIII, t. III, p. 610-1).

- ▸ Veja CC: "**Art. 1.301.** É defeso abrir janelas, ou fazer eirado, terraço ou varanda, a menos de metro e meio do terreno vizinho. § 1º As janelas cuja visão não incida sobre a linha divisória, bem como as perpendiculares, não poderão ser abertas a menos de setenta e cinco centímetros. § 2º As disposições deste artigo não abrangem as aberturas para luz ou ventilação, não maiores de dez centímetros de largura sobre vinte de comprimento e construídas a mais de dois metros de altura de cada piso".

- ▪ Nunciação de obra nova. Obra estruturalmente concluída. Procedimento inadequado. Extinção do processo. Duplo grau de jurisdição. Remessa obrigatória. Uma vez estando estruturalmente terminada a obra, faltando apenas os complementos finais, não cabe o procedimento especial de nunciação de obra nova. Este só é cabível quando o obra foi iniciada e sua estrutura não está concluída, ou seja, não chegou à fase de acabamento. (TJSC, Ap. Cível n. 52.186/1996/Tubarão, rel. Des. Eder Graf, *DJ* 04.06.1996)

- ▪ Nunciação de obra nova. Pedidos de embargo da construção e indenizatório. Obra praticamente concluída. Carência da ação não reconhecida. Não se reconhece a carência de ação de nunciação de obra nova só e só porque a construção está "praticamente concluída" sobretudo quando, como na hipótese, o requerimento de embargo é cumulado com outros pedidos compatíveis, como o indenizatório. Entendimento que se ajusta à tendência das modernas legislações processuais que retratam o sistema de restringir os casos de impossibilidades jurídicas de pleitos judiciais, isso em face da expansão da jurisdição e da ampliação do acesso ao processo e à justiça. (STJ, REsp n. 64.323/1996/SC, rel. Min. Cesar Asfor Rocha, j. 03.09.1996, *DJ* 23.09.1996)

Ação de obrigação de entrega de coisa Ação de cumprimento de sentença, fundada em sentença condenatória, que condena o réu a entregar coisa, destinada a obter a satisfação do julgado sob pena da decretação de emissão de posse (bem imóvel) ou busca e apreensão (coisa móvel) (art. 621, CPC/73). Por meio da ação monitória também é possível se obter a entrega de coisa fungível ou de determinado bem móvel (art. 1.102-A, CPC/73).

- ▸ Veja CPC/73: "**Art. 621.** O devedor de obrigação de entrega de coisa certa, constante de título executivo extrajudicial, será citado para, dentro de 10 (dez) dias, satisfazer a obrigação ou, seguro o juízo (art. 737, II), apresentar embargos. Parágrafo único. O juiz, ao despachar a inicial, poderá fixar multa por dia de atraso no cumprimento da obrigação, ficando o respectivo valor sujeito a alteração, caso se revele insuficiente ou excessivo. [...] **Art. 1.102-A.** A ação monitória compete a quem pretender, com base em prova escrita sem eficácia de título executivo, pagamento de soma em dinheiro, entrega de coisa fungível ou de determinado bem móvel".

- ▸ Veja CPC/2015: "**Art. 538.** Não cumprida a obrigação de entregar coisa no prazo estabelecido na sentença, será expedido mandado de busca e apreensão ou de imissão na posse em favor do credor, conforme se tratar de coisa móvel ou imóvel. § 1º A existência de benfeitorias deve ser alegada na fase de conhecimento, em contestação, de forma discriminada e com atribuição, sempre que possível e justificadamente, do respectivo valor. § 2º O direito de retenção por benfeitorias deve ser exercido na contestação, na fase de conhecimento. § 3º Aplicam-se ao procedimento previsto neste artigo, no que couber, as disposições sobre o cumprimento de obrigação de fazer ou de não fazer".

- ▪ Responsabilidade civil. Dano moral. Ação de indenização. Entrega de coisa certa. Atraso injustificado. Verba fixada em R$ 5.000,00. CDC, arts. 2º e 3º. O atraso na entrega de bem adquirido por prazo considerável supera o mero aborrecimento, caracterizando o dano extrapatrimonial e o dever de indenizar por parte daquele que presta o serviço de forma insatisfatória. Não se aplica a Súmula n. 75/TJRJ. Proprietário de academia de ginástica que adquire equipamentos para o exercício da atividade de sua empresa. Atraso que repercuta na sua esfera social e no prestígio que goza no mercado. Dano moral caracterizado. Sentença que deve ser reformada para julgar procedente o pedido de dano moral, fixado em R$ 5.000,00 (cinco mil reais), de acordo com os princípios da razoabilidade e proporcionalidade. (TJRJ, Ap. Cível n. 14.220/2006, rel. Des. Teresa de Andrade Castro Neves, j. 31.03.2010)

Ação de obrigação de fazer

Ação de cumprimento de sentença, fundada em sentença condenatória, destinada a compelir o réu a satisfazer obrigação de fazer em certo prazo, sob pena de ser ela executada à custa do devedor ou convertida em indenização (arts. 632 e 633, CPC/73).

▶ Veja CPC/73: "**Art. 632.** Quando o objeto da execução for obrigação de fazer, o devedor será citado para satisfazê-la no prazo que o juiz lhe assinar, se outro não estiver determinado no título executivo. **Art. 633.** Se, no prazo fixado, o devedor não satisfizer a obrigação, é lícito ao credor, nos próprios autos do processo, requerer que ela seja executada à custa do devedor, ou haver perdas e danos; caso em que ela se converte em indenização. Parágrafo único. O valor das perdas e danos será apurado em liquidação, seguindo-se a execução para cobrança de quantia certa".

▶ Veja CPC/2015: "**Art. 536.** No cumprimento de sentença que reconheça a exigibilidade de obrigação de fazer ou de não fazer, o juiz poderá, de ofício ou a requerimento, para a efetivação da tutela específica ou a obtenção de tutela pelo resultado prático equivalente, determinar as medidas necessárias à satisfação do exequente. § 1º Para atender ao disposto no *caput*, o juiz poderá determinar, entre outras medidas, a imposição de multa, a busca e apreensão, a remoção de pessoas e coisas, o desfazimento de obras e o impedimento de atividade nociva, podendo, caso necessário, requisitar o auxílio de força policial. [...]".

■ Negócios jurídicos bancários. Impugnação ao cumprimento da sentença. Astreinte. Execução de multa fixada em decisão interlocutória. A decisão que impõe multa nas obrigações de fazer e de não fazer constitui título executivo judicial, razão pela qual resulta viável juridicamente a sua execução forçada. Astreinte. Multa exorbitante. O valor da multa não pode acarretar o enriquecimento sem causa da parte a quem favorece, devendo ser observados os princípios da proporcionalidade e da razoabilidade. Redução determinada. Agravo de instrumento parcialmente provido. (TJRS, AI n. 70028525848, 2ª Câm. Esp. Cível, rel. Marco Antonio Angelo, j. 26.05.2010)

■ Obrigação de fazer ou não fazer. Multa diária. Pessoa jurídica de direito público. Possibilidade. Precedentes do STJ. CPC, art. 644. A melhor exegese do art. 644 do CPC aponta no sentido de que a multa diária pode ser aplicada de ofício, inclusive pelo juízo da execução, e não exclui a possibilidade de sua utilização contra pessoas jurídicas de direito público. (STJ, REsp n. 439.701/RS, rel. Min. Paulo Gallotti, j. 27.08.2002, *DJ* 07.10.2002)

Ação de obrigação de não fazer

Ação de cumprimento de sentença, fundada em sentença condenatória, destinada a compelir o réu a abster-se de fazer alguma coisa (art. 642, CPC/73). A sentença relativa a obrigação de fazer ou não fazer cumpre-se de acordo com o art. 461 do CPC/73 (art. 644, CPC/73). Na própria sentença, o juiz poderá impor multa diária ao réu, independentemente de pedido do autor, se for suficiente ou compatível com a obrigação, fixando-lhe prazo razoável para o cumprimento do preceito (art. 641, § 4º, CPC/73). Na execução de obrigação de não fazer, fundada em título extrajudicial, o juiz, ao despachar a inicial, fixará multa por dia de atraso no cumprimento da obrigação e a data a partir da qual será devida (art. 645, CPC/73).

▶ Veja CPC/73: "**Art. 461.** Na ação que tenha por objeto o cumprimento de obrigação de fazer ou não fazer, o juiz concederá a tutela específica da obrigação ou, se procedente o pedido, determinará providências que assegurem o resultado prático equivalente ao do adimplemento. § 1º A obrigação somente se converterá em perdas e danos se o autor o requerer ou se impossível a tutela específica ou a obtenção do resultado prático correspondente. § 2º A indenização por perdas e danos dar-se-á sem prejuízo da multa (art. 287). § 3º Sendo relevante o fundamento da demanda e havendo justificado receio de ineficácia do provimento final, é lícito ao juiz conceder a tutela liminarmente ou mediante justificação prévia, citado o réu. A medida liminar poderá ser revogada ou modificada, a qualquer tempo, em decisão fundamentada. § 4º O juiz poderá, na hipótese do parágrafo anterior ou na sentença, impor multa diária ao réu, independentemente de pedido do autor, se for suficiente ou compatível com a obrigação, fixando-lhe prazo razoável para o cumprimento do preceito. [...] **Art. 642.** Se o devedor praticou o ato, a cuja abstenção estava obrigado pela lei ou pelo contrato, o credor requererá ao juiz que lhe assine prazo para desfazê-lo. **Art. 643.** Havendo recusa ou mora do devedor, o credor requererá ao juiz que mande desfazer o ato à sua custa, respondendo o devedor por perdas e danos. Parágrafo único. Não sendo possível desfazer-se o ato, a obrigação resolve-se em perdas e danos. **Art. 644.** A sentença relativa a obrigação de fazer ou não fazer cumpre-se de acordo com o art. 461, observando-se, subsidiariamente, o disposto neste Capítulo. **Art. 645.** Na execução de obrigação de fazer ou não fazer, fundada em título extrajudicial, o juiz, ao despachar a inicial, fixará multa por dia de atraso no cumprimento da obrigação e a data a partir da qual será devida. [...]".

▶ Veja CPC/2015: "**Art. 536.** No cumprimento de sentença que reconheça a exigibilidade de obrigação de fazer ou de não fazer, o juiz poderá, de ofício ou a requerimento, para a efetivação da tutela específica ou a obtenção de tutela pelo resultado prático equivalente, determinar as medidas necessárias à satisfação do exequente. § 1º Para atender ao disposto no *caput*, o juiz poderá determinar, entre outras medidas, a imposição de multa, a busca e apreensão, a remoção de pessoas e coisas, o desfazimento de obras e o impedimento de atividade nociva, podendo, caso necessário, requisitar o auxílio de força policial. [...]".

■ Multa cominatória. Astreinte. Valor insuficiente. Precedentes do STJ. CPC, art. 461, § 1º. [...] 2. Sendo o descaso do devedor o único obstáculo ao cumprimento da determinação judicial para o qual havia a incidência de multa diária e considerando-se que ainda persiste o descumprimento da ordem, justifica-se a majoração do valor das astreintes. 3. A astreinte deve, em consonância com as peculiaridades de cada caso, ser elevada o suficiente a inibir o devedor – que intenciona descumprir a obrigação – e sensibilizá-lo de que é muito mais vantajoso cumpri-la do que pagar a respectiva pena pecuniária. Por outro lado, não pode o valor da multa implicar enriquecimento injusto do devedor. Precedentes. 4. Na hipótese de se dirigir a devedor de grande capacidade econômica o valor da multa cominatória há de ser naturalmente elevado, para que se torne efetiva a coerção indireta ao cumprimento sem delongas da decisão judicial. Precedentes. 5. Recurso especial provido, para majorar a multa cominatória ao importe de R$ 7.000,00 (sete mil reais) por dia de descumprimento, sem prejuízo das atualizações legalmente permitidas, adotando como termo inicial, da mesma forma como fez o Tribunal de origem, a data da intimação pessoal do representante legal da recorrida, qual seja, 28 de julho de 2006, de modo que, até o presente momento, resultam aproximadamente 49 meses de descumprimento. (STJ, REsp n. 1.185.260/GO, rel. Min. Nancy Andrighi, j. 07.10.2010, *DJ* 11.11.2010)

Ação de petição de herança Ação própria para que o herdeiro possa haver a quota herdada ou que lhe coube por disposição testamentária, em posse da qual ainda não ingressou (art. 1.824, CC). O herdeiro excluído da sucessão pode demandar o reconhecimento do seu direito sucessório e obter em juízo a sua parte na herança. Pode ocorrer, por exemplo, com o herdeiro que tiver reconhecido o seu direito após ser reconhecido como filho do *de cujus*, por meio de ação própria.

▶ Veja CC: "**Art. 1.824.** O herdeiro pode, em ação de petição de herança, demandar o reconhecimento de seu direito sucessório, para obter a restituição da herança, ou de parte dela, contra quem, na qualidade de herdeiro, ou mesmo sem título, a possua. **Art. 1.825.** A ação de petição de herança, ainda que exercida por um só dos herdeiros, poderá compreender todos os bens hereditários. **Art. 1.826.** O possuidor da herança está obrigado à restituição dos bens do acervo, fixando-se-lhe a responsabilidade segundo a sua posse, observado o disposto nos arts. 1.214 a 1.222. Parágrafo único. A partir da citação, a responsabilidade do possuidor se há de aferir pelas regras concernentes à posse de má-fé e à mora. **Art. 1.827.** O herdeiro pode demandar os bens da herança, mesmo em poder de terceiros, sem prejuízo da responsabilidade do possuidor originário pelo valor dos bens alienados. Parágrafo único. São eficazes as alienações feitas, a título oneroso, pelo herdeiro aparente a terceiro de boa-fé. **Art. 1.828.** O herdeiro aparente, que de boa-fé houver pago um legado, não está obrigado a prestar o equivalente ao verdadeiro sucessor, ressalvado a este o direito de proceder contra quem o recebeu".

■ Inventário. Procedência da investigação de paternidade bem como da petição de herança. I. Apelo da parte ré. Cotas que foram transmitidas à cônjuge (sobrevivente) em data anterior à do falecimento. Casamento sob o regime da comunhão universal de bens. Ausência de má-fé dos herdeiros e do cônjuge em não trazer referidas cotas para o monte a ser inventariado. Necessidade de sobrepartilha com relação àquelas que foram cedidas, respeitada a meação da cônjuge supérstite. Bem imóvel que deve ser restituído também ao monte na proporção do que aos herdeiros caberia, ou seja, 50%, sem que seja aplicada a pena de sonegados, eis que ausente dolo ou má-fé dos mesmos. Verba honorária cujo percentual se mantém, diante do zelo do profissional que atuou no feito. Provimento parcial do recurso. (TJRJ, Ap. Cível n. 52.287/2008, rel. Des. Renato Simoni, j. 31.03.2009)

■ Filiação. Investigação de paternidade, cumulada com petição de herança. Legitimidade passiva. CCB, art. 363. Falecido o indigitado pai, a ação de investigação de paternidade deve ser ajuizada contra os herdeiros, e não contra o espólio do *de cujus*. Nulidade reconhecida nos termos do art. 363/CCB. Precedentes do STF e STJ. (STJ, REsp n. 120.622/1998/RS, rel. Min. Waldemar Zveiter, j. 24.11.1997, *DJ* 25.02.1998)

Ação de preferência Ação que cabe ao preterido em seu direito de ser preferido como comprador, a fim de haver para si a propriedade da coisa vendida. Ação de preempção. A preferência para adquirir a coisa pode decorrer de lei ou de cláusula de convenção, quando inserida em contrato de compra e venda (arts. 513 e segs., CC). A preferência legal é assegurada ao condômino em coisa indivisível (art. 504, CC), ao locatário na venda do imóvel locado (art. 27, Lei n. 8.245/91), ao arrendatário na venda do imóvel rural arrendado (art. 92, § 4º, Lei n. 4.504/64) e ao superficiário e ao proprietário, respectivamente, em caso de alienação do terreno, ou do direito de superfície (art. 22, Estatuto da Cidade) (*v. Preferência*).

▶ Veja CC: "**Art. 504.** Não pode um condômino em coisa indivisível vender a sua parte a estranhos, se outro consorte a quiser, tanto por tanto. O condômino, a quem não se der conhecimento da venda, poderá, depositando o preço, haver para si a parte vendida a estranhos, se o requerer no prazo de cento e oitenta dias, sob pena de decadência. [...] **Art. 513.** A preempção, ou preferência, impõe ao comprador a obrigação de oferecer ao vendedor a coisa que aquele vai vender, ou dar em pagamento, para que este use de seu direito de prelação na compra, tanto por tanto. Parágrafo único. O prazo para exercer o direito de preferência não poderá exceder a cento e oitenta dias se a coisa for móvel, ou a dois anos, se imóvel".

▶ Veja Lei n. 4.504/64 (Estatuto da Terra): "**Art. 92.** [...] § 4º O arrendatário a quem não se notificar a venda poderá, depositando o preço, haver para si o imóvel arrendado, se o requerer no prazo de seis meses, a contar da transcrição do ato de alienação no Registro de Imóveis. [...]".

▶ Veja Lei n. 8.245/91 (Lei do Inquilinato): "**Art. 27.** No caso de venda, promessa de venda, cessão ou promessa de cessão de direitos ou dação em pagamento, o locatário tem preferência para adquirir o imóvel locado, em igualdade de condições com terceiros, devendo o locador dar-lhe conhecimento do negócio mediante notificação judicial, extrajudicial ou outro meio de ciência inequívoca. Parágrafo único. A comunicação deverá conter todas as condições do negócio e, em especial, o preço, a forma de pagamento, a existência de ônus reais, bem como o local e horário em que pode ser examinada a documentação pertinente. **Art. 28.** O direito de preferência do locatário caducará se não manifestada, de maneira inequívoca, sua aceitação integral à proposta, no prazo de trinta dias".

▶ Veja Lei n. 10.257/2001 (Estatuto da Cidade): "**Art. 22.** Em caso de alienação do terreno, ou do direito de superfície, o superficiário e o proprietário, respectivamente, terão direito de preferência, em igualdade de condições à oferta de terceiros".

▪ Direito de preferência. Locação. Perdas e danos. O direito de o locatário preterido reclamar perdas e danos do locador independe do registro do contrato de locação. (STJ, REsp n. 68.686/1996/SP, rel. Min. Assis Toledo, j. 27.02.1996, *DJ* 01.04.1996)

▪ Direito de preferência. Condomínio. Ação de adjudicação. CCB de 1916, art. 1.139. O condômino pode alienar seu quinhão a terceiro, desde que, anteriormente, realize prévia comunicação aos demais condôminos, em homenagem ao direito de preferência. (STJ, Ag. Reg. no REsp n. 909.782/RS, rel. Min. Carlos Fernando Mathias, j. 20.11.2008, *DJ* 09.12.2008)

Ação de prestação de contas Ação pela qual o interessado pretende prestar contas a quem de direito, ou exige que alguém as preste, nos casos previstos em lei ou em razão de convenção entre as partes. No CPC/2015, a ação é denominada "ação de exigir contas" (art. 550).

▶ Veja CPC/73: "**Art. 914.** A ação de prestação de contas competirá a quem tiver: I – o direito de exigi-las; II – a obrigação de prestá-las. **Art. 915.** Aquele que pretender exigir a prestação de contas requererá a citação do réu para, no prazo de 5 (cinco) dias, as apresentar ou contestar a ação".

▶ Veja CPC/2015: "**Art. 550.** Aquele que afirmar ser titular do direito de exigir contas requererá a citação do réu para que as preste ou ofereça contestação no prazo de 15 (quinze) dias. § 1º Na petição inicial, o autor especificará, detalhadamente, as razões pelas quais exige as contas, instruindo-a com documentos comprobatórios dessa necessidade, se existirem. § 2º Prestadas as contas, o autor terá 15 (quinze) dias para se manifestar, prosseguindo-se o processo na forma do Capítulo X do Título I deste Livro. [...]".

▪ Súmula n. 259, STJ: A ação de prestação de contas pode ser proposta pelo titular de conta-corrente bancária.

▪ Prestação de contas. Inventário. [...] 6. Na condição de administrador dos bens deixados pelo falecido, incumbe ao inventariante administrar o espólio enquanto não se julga a partilha e são atribuídos os bens pertinentes aos herdeiros ou legatários, tendo por responsabilidade identificar, arrolar, avaliar, administrar e partilhar os bens da herança. Consequentemente, administrando em nome dos sucessores – tanto que os representa –, compete-lhe prestar contas, sempre que o Juiz exigir ou houver irresignação de parte dos herdeiros. (TJRJ, Ap. Cível n. 6.251, rel. Des. Guaraci de Campos Vianna, j. 09.11.2010)

- Prestação de contas. Ação. Natureza jurídica e fases. CPC, art. 914, e segs. 1. A ação de prestação de contas, regulamentada nos arts. 914 a 918 do CPC, tem por objetivo eliminar incerteza existente entre as partes, propiciando que haja uma confrontação de contas para o acertamento de determinada situação jurídica. Trata-se de procedimento especial que é dividido em duas fases bem nítidas. (TJRJ, Ap. Cível n. 6.251, rel. Des. Guaraci de Campos Vianna, j. 09.11.2010)

Ação de reintegração de posse Ação conferida ao possuidor para retomar a posse de um imóvel do qual foi despojado por ato de esbulho. O possuidor esbulhado tem direito a ser mantido na posse em caso de esbulho (art. 1.210, CC; art. 926, CPC/73). Entende-se por *esbulho* qualquer ato violento, clandestino ou precário. Os requisitos para a ação são: a) prova da posse do autor (escritura, contrato ou outro documento); b) prova do esbulho praticado pelo réu (testemunhas, fotos); c) perda da posse; d) a data do esbulho, a qual deve ser inferior a um ano e dia, sob pena de passar a processar-se pelo procedimento ordinário (art. 927, CPC).

▸ Veja CC: "**Art. 1.196.** Considera-se possuidor todo aquele que tem de fato o exercício, pleno ou não, de algum dos poderes inerentes à propriedade. [...] **Art. 1.200.** É justa a posse que não for violenta, clandestina ou precária. **Art. 1.201.** É de boa-fé a posse, se o possuidor ignora o vício, ou o obstáculo que impede a aquisição da coisa. [...] **Art. 1.210.** O possuidor tem direito a ser mantido na posse em caso de turbação, restituído no de esbulho, e segurado de violência iminente, se tiver justo receio de ser molestado. § 1º O possuidor turbado, ou esbulhado, poderá manter-se ou restituir-se por sua própria força, contanto que o faça logo; os atos de defesa, ou de desforço, não podem ir além do indispensável à manutenção, ou restituição da posse. § 2º Não obsta à manutenção ou reintegração na posse a alegação de propriedade, ou de outro direito sobre a coisa".

▸ Veja CPC/73: "**Art. 926.** O possuidor tem direito a ser mantido na posse em caso de turbação e reintegrado no de esbulho. **Art. 927.** Incumbe ao autor provar: I – a sua posse; II – a turbação ou o esbulho praticado pelo réu; III – a data da turbação ou do esbulho; IV – a continuação da posse, embora turbada, na ação de manutenção; a perda da posse, na ação de reintegração".

▸ Veja CPC/2015: "**Art. 558.** Regem o procedimento de manutenção e de reintegração de posse as normas da Seção II deste Capítulo quando a ação for proposta dentro de ano e dia da turbação ou do esbulho afirmado na petição inicial. Parágrafo único. Passado o prazo referido no *caput*, será comum o procedimento, não perdendo, contudo, o caráter possessório. [...] **Art. 560.** O possuidor tem direito a ser mantido na posse em caso de turbação e reintegrado em caso de esbulho. **Art. 561.** Incumbe ao autor provar: I – a sua posse; II – a turbação ou o esbulho praticado pelo réu; III – a data da turbação ou do esbulho; IV – a continuação da posse, embora turbada, na ação de manutenção, ou a perda da posse, na ação de reintegração".

- Reintegração de posse. Comodato. A só notificação do comodatário de que já não interessa ao comodante o empréstimo do imóvel é insuficiente para que o juiz determine a imediata reintegração de posse; ainda que deferida a medida liminar, deve ser assegurado o prazo necessário ao uso concedido sem perder de vista o interesse do comodante, para não desestimular a benemerência. (STJ, REsp n. 571.453/MG, rel. Min. Ari Pargendler, j. 06.04.2006, DJ 29.05.2006)

- Reintegração de posse. Alteração do posicionamento de cerca divisória. [...] É a ação possessória e não a demarcatória a cabível para dirimir divergências lindeiras quando os marcos e restos de cercas antigas e outros sinais propiciem a certeza dos confins, revelada pela prova pericial. Pois o que faz cessar a confusão de limites na espécie é a expansão de um dos vizinhos para terra de outro, nela apossando-se de porção circunscrita por dívidas determinadas como observa Francisco Morato (*Da prescrição das ações divisórias*, 2ª ed., § 19, p. 109), (Ap. Cível n. 34.845, rel. Des. Anselmo Cerello, DJ n. 9.185, de 01.03.1995, p. 04). (TJSC, Ap. Cível n. 72.177/2/1997/Pinhalzinho, rel. Des. Eládio Torret Rocha, DJ 13.10.1997)

Ação de reparação de danos Ação pela qual se visa a obter ressarcimento de danos ou prejuízos sofridos em razão de ato ilícito praticado por determinada pessoa (arts. 186 e 927, CC) (*v. Ação de indenização*).

▶ Veja CC: "**Art. 186.** Aquele que, por ação ou omissão voluntária, negligência ou imprudência, violar direito e causar dano a outrem, ainda que exclusivamente moral, comete ato ilícito. **Art. 187.** Também comete ato ilícito o titular de um direito que, ao exercê-lo, excede manifestamente os limites impostos pelo seu fim econômico ou social, pela boa-fé ou pelos bons costumes. [...] **Art. 927.** Aquele que, por ato ilícito (arts. 186 e 187), causar dano a outrem, fica obrigado a repará-lo. [...]".

■ Advogado. Ação ordinária de reparação de danos materiais e morais. [...] Da prova pericial extrai-se que a assinatura constante no recibo de fls. 40 não foi lançada pelo autor, restando configurado o ato ilícito praticado pelo réu, que se apropriou ilicitamente de valor que não lhe pertencia, acarretando o dever de restituição. Desprovimento do recurso, com remessa de peças ao Ministério Público. (TJRJ, Ap. Cível n. 58.609/2007, rel. Des. Jessé Torres, j. 31.10.2007)

Ação de reparação de danos causados em acidente de trânsito Ação facultada ao autor para requerer a indenização de danos causados a seu veículo em decorrência de acidente de trânsito provocado pelo réu. Aquele que causa prejuízo a outrem, por ação ou omissão voluntária, negligência, imperícia ou imprudência, pratica *ato ilícito*, ficando obrigado a indenizar (arts. 186 e 927, CC). A obrigação se configura na culpa *extracontratual* ou culpa *aquiliana*, porquanto não resulta de obrigação contratual preexistente. É permitida a cumulação de pedidos com o de danos materiais, danos morais (Súmula n. 37, STJ), dano estético e lucros cessantes. A legitimidade ativa para a ação é do proprietário do veículo. O foro competente para processar e julgar as ações será o do domicílio do autor ou do local do fato (art. 100, CPC/73). Caso do acidente advenham lesões corporais ou morte, o condutor que a ele der causa poderá também ser penalizado criminalmente, por ato culposo ou doloso.

▶ Veja CC: "**Art. 186.** Aquele que, por ação ou omissão voluntária, negligência ou imprudência, violar direito e causar dano a outrem, ainda que exclusivamente moral, comete ato ilícito. [...] **Art. 927.** Aquele que, por ato ilícito (arts. 186 e 187), causar dano a outrem, fica obrigado a repará-lo. Parágrafo único. Haverá obrigação de reparar o dano, independentemente de culpa, nos casos especificados em lei, ou quando a atividade normalmente desenvolvida pelo autor do dano implicar, por sua natureza, risco para os direitos de outrem".

▶ Veja CPC/73: "**Art. 100.** É competente o foro: [...] Parágrafo único. Nas ações de reparação do dano sofrido em razão de delito ou acidente de veículos, será competente o foro do domicílio do autor ou do local do fato".

▶ Veja CPC/2015: "**Art. 53.** É competente o foro: [...] V – de domicílio do autor ou do local do fato, para a ação de reparação de dano sofrido em razão de delito ou acidente de veículos, inclusive aeronaves".

■ Súmula n. 6, STJ: Compete à Justiça Comum Estadual processar e julgar delito decorrente de acidente de trânsito envolvendo viatura de Polícia Militar, salvo se autor e vítima forem policiais militares em situação de atividade.

■ Súmula n. 37, STJ: São cumuláveis as indenizações por dano material e dano moral oriundos do mesmo fato.

■ Súmula n. 132, STJ: A ausência de registro da transferência não implica a responsabilidade do antigo proprietário por dano resultante de acidente que envolva o veículo alienado.

■ Responsabilidade civil. Acidente de trânsito. Indenização. A indenização deve corresponder ao montante necessário para repor o veículo nas condições em que se encontrava antes do sinistro, ainda que superior ao valor de mercado, prevalece aí o interesse de quem foi lesado. (STJ, REsp n. 69.630/1998/SP, rel. Min. Ari Pargendler, j. 18.12.1997, *DJ* 16.02.1998)

■ Responsabilidade civil. Indenização. Acidente de trânsito. Albaroamento de veículo estacionado. Presunção de culpa de quem comete tal manobra, não derribada por prova em contrário. Procedência. (1º TACSP, Ap. Cível n. 666.784/5/1996/SP, rel. Juiz Campos Mello, j. 01.02.1996)

Ação de repetição de indébito Ação pela qual quem pagou quantia superior à que devia requer a restituição do valor excedente pago indevidamente. Todo aquele que recebeu o que lhe não era devido fica obrigado a restituir; obrigação que incumbe àquele que recebe dívida condicional antes de cumprida a condição (art. 876, CC).

▶ Veja CC: "**Art. 876.** Todo aquele que recebeu o que lhe não era devido fica obrigado a restituir; obrigação que incumbe àquele que recebe dívida condicional antes de cumprida a condição. **Art. 877.** Àquele que voluntariamente pagou o indevido incumbe a prova de tê-lo feito por erro. [...] **Art. 879.** Se aquele que indevidamente recebeu um imóvel o tiver alienado em boa-fé, por título oneroso, responde somente pela quantia recebida; mas, se agiu de má-fé, além do valor do imóvel, responde por perdas e danos. Parágrafo único. Se o imóvel foi alienado por título gratuito, ou se, alienado por título oneroso, o terceiro adquirente agiu de má-fé, cabe ao que pagou por erro o direito de reivindicação. [...] **Art. 882.** Não se pode repetir o que se pagou para solver dívida prescrita, ou cumprir obrigação judicialmente inexigível. **Art. 883.** Não terá direito à repetição aquele que deu alguma coisa para obter fim ilícito, imoral, ou proibido por lei. [...]".

▶ Veja CDC: "**Art. 42.** Na cobrança de débitos, o consumidor inadimplente não será exposto a ridículo, nem será submetido a qualquer tipo de constrangimento ou ameaça. Parágrafo único. O consumidor cobrado em quantia indevida tem direito à repetição do indébito, por valor igual ao dobro do que pagou em excesso, acrescido de correção monetária e juros legais, salvo hipótese de engano justificável".

■ Súmula n. 322, STJ: Para a repetição de indébito, nos contratos de abertura de crédito em conta-corrente, não se exige a prova do erro.

Ação de retrovenda Ação que cabe ao vendedor que, tendo firmado contrato de compra e venda com cláusula de retrovenda, pretende reaver o imóvel retrovendido se este tiver sido vendido pelo comprador a terceiro antes de vencido o prazo estipulado para o exercício de seu direito de recompra (art. 505, CC) (*v. Retrovenda*).

▶ Veja CC: "**Art. 505.** O vendedor de coisa imóvel pode reservar-se o direito de recobrá-la no prazo máximo de decadência de três anos, restituindo o preço recebido e reembolsando as despesas do comprador, inclusive as que, durante o período de resgate, se efetuaram com a sua autorização escrita, ou para a realização de benfeitorias necessárias. [...] **Art. 507.** O direito de retrato, que é cessível e transmissível a herdeiros e legatários, poderá ser exercido contra o terceiro adquirente".

■ Medida cautelar. Retrovenda. Simulação. É cabível o deferimento de medida liminar para suspender os efeitos de escritura de compra e venda de imóveis que teria sido lavrada com o propósito de encobrir negócio usurário. Fatos processuais que reforçam essa ideia. Conveniência, porém, de que seja prestada caução (art. 804 do CPC). Recurso conhecido em parte e nessa parte provido. (STJ, REsp n. 285.296/MG (2000/0068512-7), 4ª T., rel. Min. Ruy Rosado de Aguiar, j. 22.03.2001, *DJ* 07.05.2001)

Ação de revisão de cláusula contratual Ação por meio da qual se pleiteia a revisão de cláusulas de um contrato em vigor, quando a prestação se tornar excessivamente onerosa. As ações revisionais mais frequentes referem-se a contratos bancários (crédito pessoal, cheque especial, cartões de crédito e dívidas agrícolas), de financiamentos de veículos (consórcios, alienação fiduciária, arrendamento mercantil) e de imóveis. Em muitas dessas ações se busca a redução ou eliminação de saldo devedor, bem como alterações de valores de parcelas, prazos, inclusive recebimento de valores já pagos.

■ Ação de revisão de cláusula contratual. Contrato de alienação fiduciária. Contrato de adesão. Relação de consumo caracterizada. CDC, art. 3º, § 2º. Os bancos ou instituições financeiras, como prestadores de serviços especialmente contemplados no art. 3º, § 2º, estão submetidos às disposições do CDC. (STJ, Confl. de Comp. n. 29.088/2000/SP, rel. Min. Waldemar Zveiter, j. 27.09.2000, *DJ* 13.11.2000)

■ Compra e venda com reserva de domínio. Ação revisional. Incidência do CDC. O crédito fornecido ao consumidor pessoa física para utilização na aquisição de bens no mercado como destinatário final se caracteriza como produto, importando no reconhecimento da instituição bancária/financeira como fornecedora para fins de aplicação do CDC, nos termos do art. 3º, § 2º, da Lei n. 8.078/90. Entendimento referendado pela Súmula n. 297 do STJ, de 12 de maio de 2004. Direito do consumidor à revisão contratual. O art. 6º, V, da Lei n. 8.078/90 instituiu o princípio da função social dos contratos, relativizando o rigor do *pacta sunt servanda* e permitindo ao consumidor a revisão do contrato em duas hipóteses: *a)* por abuso contemporâneo à contratação ou *b)* por onerosidade excessiva derivada de fato superveniente (teoria da imprevisão). Na hipótese dos autos, sendo contrato de compra e venda com reserva de domínio, onde o fornecedor inseriu unilateralmente nas cláusulas gerais do contrato de adesão obrigações excessivas, plenamente evidenciado o desequilíbrio contratual. Taxa de juros remuneratórios e tarifas e taxas cobradas em face do financiamento. Inocorrência. No caso dos autos, plenamente constatada a inexistência de juros remuneratórios, notadamente porque o número de prestações contratadas, se multiplicadas, somados à entrada, totalizam o valor principal tomado pelo consumidor. Logo, não há falar em capitalização destes. Apelação improvida. (TJRS, Ap. Cível n. 70054822408, 13ª Câm. Cível, rel. Vanderlei Teresinha Tremeia Kubiak, j. 04.07.2013)

Ação de separação de corpos Tutela cautelar por meio da qual um dos cônjuges ou companheiro requer autorização judicial para afastar-se do lar, ou para que o cônjuge ou companheiro se afaste, em razão da inexistência de condições favoráveis ao convívio comum (art. 1.562, CC). Cautelar de natureza preventiva ou preparatória a uma futura ação de separação judicial, de divórcio, ação de nulidade ou ação de anulação de casamento.

- Veja CC: "**Art. 1.562.** Antes de mover a ação de nulidade do casamento, a de anulação, a de separação judicial, a de divórcio direto ou a de dissolução de união estável, poderá requerer a parte, comprovando sua necessidade, a separação de corpos, que será concedida pelo juiz com a possível brevidade".

- Veja CPC/73: "**Art. 806.** Cabe à parte propor a ação, no prazo de 30 (trinta) dias, contados da data da efetivação da medida cautelar, quando esta for concedida em procedimento preparatório. **Art. 807.** As medidas cautelares conservam a sua eficácia no prazo do artigo antecedente e na pendência do processo principal; mas podem, a qualquer tempo, ser revogadas ou modificadas. [...]".

- Veja CPC/2015: "**Art. 308.** Efetivada a tutela cautelar, o pedido principal terá de ser formulado pelo autor no prazo de 30 (trinta) dias, caso em que será apresentado nos mesmos autos em que deduzido o pedido de tutela cautelar, não dependendo do adiantamento de novas custas processuais. § 1º O pedido principal pode ser formulado conjuntamente com o pedido de tutela cautelar. [...] **Art. 309.** Cessa a eficácia da tutela concedida em caráter antecedente, se: I – o autor não deduzir o pedido principal no prazo legal; II – não for efetivada dentro de 30 (trinta) dias; III – o juiz julgar improcedente o pedido principal formulado pelo autor ou extinguir o processo sem resolução de mérito. Parágrafo único. Se por qualquer motivo cessar a eficácia da tutela cautelar, é vedado à parte renovar o pedido, salvo sob novo fundamento. **Art. 310.** O indeferimento da tutela cautelar não obsta a que a parte formule o pedido principal, nem influi no julgamento desse, salvo se o motivo do indeferimento for o reconhecimento de decadência ou de prescrição".

- Ação cautelar de separação de corpos. Afastamento do varão do lar conjugal. Embora medida sabidamente drástica, deve ser mantida a determinação de afastamento do varão do lar conjugal, tendo em vista o alto grau de beligerância havida entre o casal, o que impossibilita a coabitação e prejudica o saudável desenvolvimento psicológico do filho menor, dando origem, inclusive, à concessão de medidas protetivas na esfera criminal. (TJRS, AI n. 70049417975, 8ª Câm. Cível, rel. Ricardo Moreira Lins Pastl, j. 23.08.2012)

- Medida cautelar de separação de corpos. Prova. Na separação provisória de corpos como processo cautelar, a única prova a ser examinada é a da existência do casamento. A gravidade do fato que a legitima resulta, por presunção legal, do enunciado da própria ação de dissolução da sociedade conjugal que vai ser proposta. (TJSP, AI n. 266.191/1/1995/São Paulo, rel. Des. Orlando Pistoresi, j. 31.08.1995)

- Ação principal. Não proposta a ação de separação judicial no prazo do art. 806, do CPC, cessa a eficácia da medida cautelar de separação de corpos (CPC, art. 808, I). (TJPR, Ap. Cível n. 50.342/8/1996/Irati, rel. Des. Telmo Cherem, j. 16.10.1996)

Ação de separação judicial Procedimento judicial destinado a formalizar a dissolução da sociedade conjugal a requerimento de um ou de ambos os cônjuges. A separação pode ser consensual ou litigiosa. Consensual, amigável ou por mútuo consentimento, é a separação que nasce do consenso ou da livre disposição de ambos os cônjuges em darem por finda a união (art. 1.574, CC). Cumpre aos cônjuges, nessa modalidade de separação, acordarem sobre a partilha de bens, sobre a prestação de alimentos ao cônjuge que deles necessite e aos filhos, sobre a guarda dos filhos, sobre o regime de visitas do cônjuge que não detiver a guarda dos filhos e, ainda, sobre a manutenção ou não do sobrenome do marido pela mulher. A separação judicial litigiosa ou contenciosa se opera por iniciativa de um dos cônjuges, quando a situação de animosidade não permite que haja consenso.

- Veja CC: "**Art. 1.571.** A sociedade conjugal termina: I – pela morte de um dos cônjuges; II – pela nulidade ou anulação do casamento; III – pela separação judicial; IV – pelo divórcio. § 1º O casamento válido só se dissolve pela morte de um dos cônjuges ou pelo divórcio, aplicando-se a presunção estabelecida neste Código quanto ao ausente. § 2º Dissolvido o casamento pelo divórcio direto ou por conversão, o cônjuge poderá manter o nome de casado; salvo, no segundo caso, dispondo em contrário a sentença de separação judicial. [...] **Art. 1.574.** Dar-se-á a separação judicial por mútuo consentimento dos cônjuges se forem casados por mais de um ano e o manifestarem perante o juiz, sendo por ele devidamente homologada a convenção. Parágrafo único. O juiz pode recusar a homologação e não decretar a separação judicial se apurar que a convenção não preserva suficientemente os interesses dos filhos ou de um dos cônjuges. **Art. 1.575.** A sentença de separação judicial importa a separação de corpos e a partilha de bens. Parágrafo único. A partilha de bens poderá ser feita mediante proposta dos cônjuges e homologada pelo juiz ou por este decidida. **Art. 1.576.** A separação judicial põe termo aos deveres de coabitação e fidelidade recíproca e ao regime de bens. Parágrafo único. O procedimento judicial da separação caberá somente aos cônjuges, e, no caso de incapacidade, serão representados pelo curador, pelo ascendente ou pelo irmão. **Art. 1.577.** Seja qual for a causa da separação judicial e o modo como esta se faça, é lícito aos cônjuges restabelecer, a todo tempo, a sociedade conjugal, por ato regular em juízo. Parágrafo único. A reconciliação em nada prejudicará o direito de terceiros, adquirido antes e durante o estado de separado, seja qual for o regime de bens".

▸ Veja CPC/2015: "**Art. 731.** A homologação do divórcio ou da separação consensuais, observados os requisitos legais, poderá ser requerida em petição assinada por ambos os cônjuges, da qual constarão: I – as disposições relativas à descrição e à partilha dos bens comuns; II – as disposições relativas à pensão alimentícia entre os cônjuges; III – o acordo relativo à guarda dos filhos incapazes e ao regime de visitas; e IV – o valor da contribuição para criar e educar os filhos. Parágrafo único. Se os cônjuges não acordarem sobre a partilha dos bens, far-se-á esta depois de homologado o divórcio, na forma estabelecida nos arts. 647 a 658. **Art. 732.** As disposições relativas ao processo de homologação judicial de divórcio ou de separação consensuais aplicam-se, no que couber, ao processo de homologação da extinção consensual de união estável".

Ação de sonegados Ação que compete ao herdeiro ou a qualquer outra pessoa interessada na herança para que sejam trazidos à partilha bens que, em razão de ocultação, não foram inventariados (art. 1.992, CC; art. 994, CPC/73). *Sonegados* são os bens que não tiveram a sua existência declarada no inventário, em razão de evidente má-fé de quem tinha o dever de fazê-lo. São bens que foram dolosamente ocultados pelo inventariante, ou por qualquer herdeiro, em benefício próprio e em prejuízo dos demais herdeiros que deixaram de ser favorecidos com a sua partilha. A *ação ordinária de sonegados* é, pois, a providência judicial que visa a obter do sonegador a restituição dos bens sonegados. A ação pode ser movida por qualquer dos herdeiros ou credores da herança (art. 1.994, CC), mas somente após o encerramento da descrição dos bens pelo inventariante ou depois que o herdeiro beneficiado com doação declarar que não possui o bem doado a que está obrigado trazer à colação (art. 1.996, CC). Se procedente a ação de sonegados, o sonegador sujeitar-se-á às seguintes penas: se for um herdeiro, perderá o direito que tiver sobre o bem sonegado (art. 1.992, CC); se for o inventariante, será removido e perderá o direito que tiver sobre os bens sonegados (art. 1.993). Ademais, se os bens já não existirem, deverá o sonegador pagar o seu valor mais perdas e danos (art. 1.995, CC).

▸ Veja CC: "**Art. 1.992.** O herdeiro que sonegar bens da herança, não os descrevendo no inventário quando estejam em seu poder, ou, com o seu conhecimento, no de outrem, ou que os omitir na colação a que os deva levar, ou que deixar de restituí-los, perderá o direito que sobre eles lhe cabia".

▸ Veja CPC/73: "**Art. 994.** Só se pode arguir de sonegação ao inventariante depois de encerrada a descrição dos bens, com a declaração, por ele feita, de não existirem outros por inventariar. **Art. 995.** O inventariante será removido: [...] VI – se sonegar, ocultar ou desviar bens do espólio".

▸ Veja CPC/2015: "**Art. 621.** Só se pode arguir sonegação ao inventariante depois de encerrada a descrição dos bens, com a declaração, por ele feita, de não existirem outros por inventariar. [...] **Art. 669.** São sujeitos à sobrepartilha os bens: I – sonegados; II – da herança descobertos após a partilha; III – litigiosos, assim como os de liquidação difícil ou morosa; IV – situados em lugar remoto da sede do juízo onde se processa o inventário. [...]".

■ Ação ordinária de colação e sonegados. Depósito expressivo em caderneta de poupança conjunta do *de cujus* com herdeiros. Apropriação pelos herdeiros. 1. Devem ser relacionados no inventário valores vultosos de caderneta de poupança conjunta, mantida por herdeiros com o *de cujus*, ante a retirada deste da titularidade da conta, permanecendo o valor não trazido ao inventário, em poder dos herdeiros. 2. Válido o julgamento da matéria obrigacional, antecedente do direito à colação, de alta indagação e dependente de provas, por Juízo de Vara Cível, para o qual declinada, sem recurso, a competência, pelo Juízo do Inventário. Matéria, ademais, não cognoscível por esta Corte (Súmula n. 280/STF). 3. Ação de colação adequada, não se exigindo a propositura, em seu lugar, de ação de sobrepartilha, consequência do direito de colação de sonegados cujo reconhecimento é antecedente necessário da sobrepartilha. 4. O direito à colação de bens do *de cujus* em proveito de herdeiros necessários subsiste diante da partilha amigável no processo de inventário, em que omitida a declaração dos bens doados inoficiosamente e que, por isso, devem ser colacionados. 5. Recurso especial improvido. (STJ, REsp n. 1.343.263/CE, 3ª T., rel. Min. Sidnei Beneti, j. 04.04.2013, DJe 11.04.2013)

- A ação de sonegados deve ser intentada após as últimas declarações prestadas no inventário, no sentido de não haver mais bens a inventariar. Sem haver a declaração, no inventário, de não haver outros bens a inventariar, falta à ação de sonegados uma das condições, o interesse processual, em face da desnecessidade de utilização do procedimento. (STJ, REsp n. 265.859/SP, rel. Min. Sálvio de Figueiredo Teixeira, j. 20.03.2003, DJ 07.04.2003)

Ação de sustação de protesto

Providência judicial acautelatória que tem por fim evitar, provisoriamente, que um título seja protestado até que se prove, em ação própria, seu defeito ou ilegitimidade. No CPC/73, é considerada medida cautelar inominada.

▸ Veja CPC/73: "**Art. 796.** O procedimento cautelar pode ser instaurado antes ou no curso do processo principal e deste é sempre dependente. [...] **Art. 798.** Além dos procedimentos cautelares específicos, que este Código regula no Capítulo II deste Livro, poderá o juiz determinar as medidas provisórias que julgar adequadas, quando houver fundado receio de que uma parte, antes do julgamento da lide, cause ao direito da outra lesão grave e de difícil reparação".

▸ Veja CPC/2015: "**Art. 305.** A petição inicial da ação que visa à prestação de tutela cautelar em caráter antecedente indicará a lide e seu fundamento, a exposição sumária do direito que se objetiva assegurar e o perigo de dano ou o risco ao resultado útil do processo. Parágrafo único. Caso entenda que o pedido a que se refere o *caput* tem natureza antecipada, o juiz observará o disposto no art. 303".

- Tratando-se de medida cautelar inominada de sustação de protesto, com deferimento de liminar, esta só poderá ser julgada, quando procedente, com a ação principal ou após esta. (1º TASP, Ap. Cível n. 469.417/1991, rel. Juiz Antonio de Pádua Ferraz Nogueira, j. 01.10.1991)

- Constitui entendimento do STJ que a determinação de prestação de caução real ou fidejussória, para a concessão de liminar em sustação de protesto, não é exigível em todos os casos, podendo ser dispensada pelo Juiz. (STJ, REsp n.136.350/1999/RS, rel. Min. Eduardo Ribeiro, j. 19.11.1998, DJ 29.03.1999)

Ação de usucapião

Ação que cabe ao possuidor para obter o domínio de um imóvel sobre o qual tenha exercido, sem oposição, posse contínua durante certo tempo previsto em lei (arts. 1.238 a 1.244, CC; art. 9º, Estatuto da Cidade e Lei n. 6.969/81). Dependendo da situação fática podem ser propostas as seguintes modalidades de usucapião: usucapião ordinário, usucapião extraordinário, usucapião coletivo, usucapião urbano, usucapião especial e usucapião rural (*v. Usucapião*). Admite-se também usucapião de bens móveis, conforme consta do art. 1.260, CC. Os bens públicos não estão sujeitos a usucapião (art. 102, CC).

▸ Veja CC: "**Art. 102.** Os bens públicos não estão sujeitos a usucapião. [...] **Art. 1.238.** Aquele que, por quinze anos, sem interrupção, nem oposição, possuir como seu um imóvel, adquire-lhe a propriedade, independentemente de título e boa-fé; podendo requerer ao juiz que assim o declare por sentença, a qual servirá de título para o registro no Cartório de Registro de Imóveis. Parágrafo único. O prazo estabelecido neste artigo reduzir-se-á a dez anos se o possuidor houver estabelecido no imóvel a sua moradia habitual, ou nele realizado obras ou serviços de caráter produtivo. **Art. 1.239.** Aquele que, não sendo proprietário de imóvel rural ou urbano, possua como sua, por cinco anos ininterruptos, sem oposição, área de terra em zona rural não superior a cinquenta hectares, tornando-a produtiva por seu trabalho ou de sua família, tendo nela sua moradia, adquirir-lhe-á a propriedade. **Art. 1.240.** Aquele que possuir, como sua, área urbana de até duzentos e cinquenta metros quadrados, por cinco anos ininterruptamente e sem oposição, utilizando-a para sua moradia ou de sua família, adquirir-lhe-á o domínio, desde que não seja proprietário de outro imóvel urbano ou rural. [...] **Art. 1.260.** Aquele que possuir coisa móvel como sua, contínua e incontestadamente durante três anos, com justo título e boa-fé, adquirir-lhe-á a propriedade. **Art. 1.261.** Se a posse da coisa móvel se prolongar por cinco anos, produzirá usucapião, independentemente de título ou boa-fé. **Art. 1.262.** Aplica-se à usucapião das coisas móveis o disposto nos arts. 1.243 e 1.244".

▸ Veja Lei n. 6.969/81: "**Art. 1º** Todo aquele que, não sendo proprietário rural nem urbano, possuir como sua, por 5 (cinco) anos ininterruptos, sem oposição, área rural contínua, não excedente de 25 (vinte e cinco) hectares, e a houver tornado produtiva com seu trabalho e nela tiver sua morada, adquirir-lhe-á o domínio, independentemente de justo título e boa-fé, podendo requerer ao juiz que assim o declare por sentença, a qual servirá de título para transcrição no Registro de Imóveis. Parágrafo único. Prevalecerá a área do módulo rural aplicável à espécie, na forma da legislação específica, se aquele for superior a 25 (vinte e cinco) hectares. **Art. 2º** A usucapião especial, a que se refere esta Lei, abrange as terras particulares e as terras devolutas, em geral, sem prejuízo de outros direitos conferidos ao posseiro, pelo Estatuto da Terra ou pelas leis que dispõem sobre processo discriminatório de terras devolutas".

▸ Veja Lei n. 10.257/2001 (Estatuto da Cidade): "**Art. 9º** Aquele que possuir como sua área ou edificação urbana de até 250 m² (duzentos e cinquenta metros quadrados), por 5 (cinco) anos, ininterruptamente e sem oposição, utilizando-a para sua moradia ou de sua família, adquirir-lhe-á o domínio, desde que não seja proprietário de outro imóvel urbano ou rural. [...] **Art. 10.** As áreas urbanas com mais de duzentos e cinquenta metros quadrados, ocupadas por população de baixa renda para sua moradia, por 5 (cinco) anos, ininterruptamente e sem oposição, onde não for possível identificar os terrenos ocupados por cada possuidor, são susceptíveis de serem usucapidas coletivamente, desde que os possuidores não sejam proprietários de outro imóvel urbano ou rural. [...] **Art. 13.** A usucapião especial de imóvel urbano poderá ser invocada como matéria de defesa, valendo a sentença que a reconhecer como título para registro no cartório de registro de imóveis. **Art. 14.** Na ação judicial de usucapião especial de imóvel urbano, o rito processual a ser observado é o sumário".

▪ Comprovantes de compra de materiais de construção, pagamentos de contas de água, declarações unilaterais de terceiros e alegação de compromisso de compra e venda verbal, não formam, em seu conjunto, justo título para efeito de usucapião ordinário. (TJSP, Ap. Cível n. 202.409/1994/Promissão, rel. Des. Renan Lotufo, j. 08.03.1994)

▪ Não havendo dúvida de que os réus já tinham posse mansa, pacífica, sem interrupções, capaz de gerar usucapião; além do que posse exclusiva, fazendo cessar o estado de comunhão, o usucapião poderia ser meio de defesa na imissão na posse, embora não alegado em anterior ação divisória. (TJSP, Emb. Infring. n. 41.091/1984/Santa Bárbara D'Oeste, rel. Des. Gonçalves Santana, j. 08.11.1984)

Ação direta de inconstitucionalidade (ADIn)

Ação destinada a obter declaração de inconstitucionalidade de lei, decreto ou qualquer ato emanado de uma autoridade pública, em razão de afronta aos dispositivos constitucionais. Compete ao STF, como guarda da Constituição, processar e julgar, originariamente, a ação direta de inconstitucionalidade de lei ou ato normativo federal ou estadual (art. 102, I, *a*, CF). O processo e o julgamento da ação declaratória de constitucionalidade é regulamentado pela Lei n. 9.868/99.

▸ Veja CF: "**Art. 102.** Compete ao Supremo Tribunal Federal, precipuamente, a guarda da Constituição, cabendo-lhe: I – processar e julgar, originariamente: *a)* a ação direta de inconstitucionalidade de lei ou ato normativo federal ou estadual e a ação declaratória de constitucionalidade de lei ou ato normativo federal; [...] § 2º As decisões definitivas de mérito, proferidas pelo Supremo Tribunal Federal, nas ações diretas de inconstitucionalidade e nas ações declaratórias de constitucionalidade produzirão eficácia contra todos e efeito vinculante, relativamente aos demais órgãos do Poder Judiciário e à administração pública direta e indireta, nas esferas federal, estadual e municipal. [...] **Art. 103.** Podem propor a ação direta de inconstitucionalidade e a ação declaratória de constitucionalidade: I – o Presidente da República; II – a Mesa do Senado Federal; III – a Mesa da Câmara dos Deputados; IV – a Mesa de Assembleia Legislativa ou da Câmara Legislativa do Distrito Federal; V – o Governador de Estado ou do Distrito Federal; VI – o Procurador-Geral da República; VII – o Conselho Federal da Ordem dos Advogados do Brasil; VIII – partido político com representação no Congresso Nacional; IX – confederação sindical ou entidade de classe de âmbito nacional. [...]".

▸ Veja Lei n. 9.868/99: "**Art. 1º** Esta Lei dispõe sobre o processo e julgamento da ação direta de inconstitucionalidade e da ação declaratória de constitucionalidade perante o Supremo Tribunal Federal. **Art. 2º** Podem propor a ação direta de inconstitucionalidade: I – o Presidente da República; II – a Mesa do Senado Federal; III – a Mesa da Câmara dos Deputados; IV – a Mesa de Assembleia Legislativa ou a Mesa da Câmara Legislativa do Distrito Federal; V – o Governador de Estado ou o Governador do Distrito Federal; VI – o Procurador-Geral da República; VII – o Conselho Federal da Ordem dos Advogados do Brasil; VIII – partido político com representação no Congresso Nacional; IX – confederação sindical ou entidade de classe de âmbito nacional. [...]".

▪ Ação direta de inconstitucionalidade. Medida cautelar. [...] 4. Preliminar de não cabimento rejeitada: o STF deve exercer sua função precípua de fiscalização da constitucionalidade das leis e dos atos normativos quando houver um tema ou uma controvérsia constitucional suscitada em abstrato, independente do caráter geral ou específico, concreto ou abstrato de seu objeto. Possibilidade de submissão das normas de diretrizes orçamentárias ao controle abstrato de constitucionalidade. Precedentes. [...] 6. A expressão "legislação tributária", contida no § 2º do art. 165 da CF, tem sentido lato, abrangendo em seu conteúdo semântico não só a lei em sentido formal, mas qualquer ato normativo autorizado pelo princípio da legalidade a criar, majorar, alterar alíquota ou base de cálculo, extinguir tributo ou em relação a ele fixar isenções, anistia ou remissão. 7. A previsão das alterações na legislação tributária deve se basear nos projetos legislativos em tramitação no Congresso Nacional. [...] O princípio da universalidade em matéria orçamentária exige que todas as receitas sejam previstas na lei orçamentária, sem possibilidade de qualquer exclusão. 9. Medida cautelar indeferida. (STF, Medida Cautelar na ADIn n. 3.949/DF, Pleno, rel. Min. Gilmar Mendes, requerente: Democratas – DEM – requeridos: Presidente da República e Congresso Nacional, j. 14.08.2008)

Ação direta de inconstitucionalidade por omissão

A ação direta de inconstitucionalidade por omissão (ADIn por omissão ou ADIn supridora de omissão) é um mecanismo de controle de constitucionalidade concentrado que visa a combater a inércia do legislador que se tornou omisso por deixar de criar lei necessária à eficácia e à aplicabilidade das normas constitucionais, em especial quando a Constituição estabelece a criação de uma lei regulamentadora. Também pode ser utilizada quando da inércia do administrador público que não adotou as providências necessárias para efetivar o comando constitucional. A ADIn por omissão objetiva conferir plena eficácia às normas constitucionais pendentes de complementação infraconstitucional, o que justifica também o cabimento da ação, quando o poder público não cumpre um dever que lhe é imposto pela Lei Maior. Assim, de acordo com o § 2º do art. 103 da Constituição, uma vez declarada a inconstitucionalidade por omissão para tornar efetiva norma constitucional, será dado conhecimento ao poder público competente, para que providencie o que necessário for, em trinta dias.

▶ Veja CF: "**Art. 103.** Podem propor a ação direta de inconstitucionalidade e a ação declaratória de constitucionalidade: I – o Presidente da República; II – a Mesa do Senado Federal; III – a Mesa da Câmara dos Deputados; IV – a Mesa de Assembleia Legislativa ou da Câmara Legislativa do Distrito Federal; V – o Governador de Estado ou do Distrito Federal; VI – o Procurador-Geral da República; VII – o Conselho Federal da Ordem dos Advogados do Brasil; VIII – partido político com representação no Congresso Nacional; IX – confederação sindical ou entidade de classe de âmbito nacional. § 1º O Procurador-Geral da República deverá ser previamente ouvido nas ações de inconstitucionalidade e em todos os processos de competência do Supremo Tribunal Federal. § 2º Declarada a inconstitucionalidade por omissão de medida para tornar efetiva norma constitucional, será dada ciência ao Poder competente para a adoção das providências necessárias e, em se tratando de órgão administrativo, para fazê-lo em trinta dias. [...]".

▶ Veja Lei n. 9.868/99: "**Art. 12-A.** Podem propor a ação direta de inconstitucionalidade por omissão os legitimados à propositura da ação direta de inconstitucionalidade e da ação declaratória de constitucionalidade. **Art. 12-B.** A petição indicará: I – a omissão inconstitucional total ou parcial quanto ao cumprimento de dever constitucional de legislar ou quanto à adoção de providência de índole administrativa; II – o pedido, com suas especificações. Parágrafo único. A petição inicial, acompanhada de instrumento de procuração, se for o caso, será apresentada em 2 (duas) vias, devendo conter cópias dos documentos necessários para comprovar a alegação de omissão".

■ Ação direta de inconstitucionalidade por omissão. Descabimento de medida cautelar. A jurisprudência do STF firmou-se no sentido de proclamar incabível a medida liminar nos casos de ação direta de inconstitucionalidade por omissão, rel. Min. Marco Aurélio; ADIn n. 267/DF, rel. Min. Celso de Mello), uma vez que não se pode pretender que mero provimento cautelar antecipe efeitos positivos inalcançáveis pela própria decisão final emanada do STF. A procedência da ação direta de inconstitucionalidade por omissão, importando em reconhecimento judicial do estado de inércia do Poder Público, confere ao STF, unicamente, o poder de cientificar o legislador inadimplente, para que este adote as medidas necessárias à concretização do texto constitucional. (STF, ADIn n. 1.458/7/1996/DF, rel. Min. Celso de Mello, j. 23.05.1996, *DJ* 20.09.1996)

■ Ação direta de inconstitucionalidade por omissão. Falta de legitimidade ativa *ad causam*. Não é a Confederação Nacional de Transporte Alternativo confederação sindical nem entidade de classe, além de não ter âmbito nacional. (STF, ADIn n. 1.810/6/1999/DF, rel. Min. Moreira Alves, j. 08.06.1998, *DJ* 04.06.1999)

Ação discriminatória

Ação de exclusiva competência do poder público federal ou estadual destinada a promover a identificação e a separação das terras devolutas das terras de propriedade particular, já tituladas e estremadas do domínio público (Lei n. 6.383/76). O objetivo primordial da discriminatória é a separação, no conjunto discriminado, do que é devoluto daquilo que legitimamente tenha se incorporado ao domínio do particular. O processo discriminatório será administrativo ou judicial. É de caráter administrativo, por iniciativa do INCRA, quando sobre a área discriminada não incidirem documentos de propriedade de terceiros. Será judicial, pelo procedimento sumário do CPC, e também por iniciativa do INCRA: a) quando o processo administrativo for dispensado ou interrompido por absoluta ineficácia; b) contra aqueles que não atenderem ao edital de convocação ou notificação; c) quando ocorrer alteração de divisas, ou transferências de benfeitorias a qualquer título, sem assentimento da União (atentado). Compete à Justiça federal processar e julgar o processo discriminatório judicial.

▶ Veja Lei n. 6.383/76: "**Art. 1º** O processo discriminatório das terras devolutas da União será regulado por esta Lei. Parágrafo único. O processo discriminatório será administrativo ou judicial. **Art. 2º** O processo discriminatório administrativo será instaurado por Comissões Especiais constituídas de três membros, a saber: um bacharel em direito do Serviço Jurídico do Instituto Nacional de Colonização e Reforma Agrária – INCRA, que a presidirá; um engenheiro agrônomo e um outro funcionário que exercerá as funções de secretário. **Art. 18.** O Instituto Nacional de Colonização e Reforma Agrária – INCRA fica investido de poderes de representação da União, para promover a discriminação judicial das terras devolutas da União. **Art. 19.** O processo discriminatório judicial será promovido: I – quando o processo discriminatório administrativo for dispensado ou interrompido por presumida ineficácia; II – contra aqueles que não atenderem ao edital de convocação ou à notificação (artigos 4º e 10 da presente Lei); e III – quando configurada a hipótese do art. 25 desta Lei. Parágrafo único. Compete à Justiça Federal processar e julgar o processo discriminatório judicial regulado nesta Lei. **Art. 20.** No processo discriminatório judicial será observado o procedimento sumaríssimo de que trata o Código de Processo Civil".

▪ Desapropriação indireta. Domínio. Súmula n. 283/STF. Súmula n. 7/STJ. 1. Hipótese em que a empresa argumenta que é titular de imóveis apropriados pelo poder público, fazendo jus à indenização por desapropriação indireta. As instâncias de origem, entretanto, aferiram que a interessada não comprovou o domínio. Pelo contrário, os imóveis em discussão seriam englobados em terras consideradas devolutas na década de 1980, no bojo de Ação Discriminatória.

▪ 2. A ausência de impugnação a fundamento essencial do acórdão recorrido, relativa ao art. 265, IV, a, do CPC, prejudica o conhecimento do pleito (Súmula n. 283/STF). 3. Não há como o STJ reexaminar, em recurso especial, os elementos probatórios dos autos, atinentes ao domínio dos imóveis, nos termos da Súmula n. 7/STJ. 4. Agravo regimental não provido. (STJ, Ag. Reg. no Ag. n. 1.390.440/PA, 2ª T., rel. Min. Herman Benjamin, j. 27.09.2011, DJe 03.10.2011)

▪ Ação discriminatória. Proteção aos bens públicos de domínio incerto. Instrumento processual adequado. A ação discriminatória constitui-se no instrumento processual adequado à proteção dos bens públicos, cujo domínio se afigura ainda incerto, uma vez que não devidamente extremado do domínio popular. Assim, as terras que se encontrem nestas condições, isto é, que não estejam transcritas em nome de ninguém, só poderão passar ao patrimônio público se o Estado, julgando-se seu dono, conquistar a condição de proprietário através de sentença a ser proferida na ação discriminatória. (TJMG, Ap. Cível n. 69.095/8/1997/Grão Mogol, rel. Des. Abreu Leite, j. 06.05.1997, DJ 19.09.1997)

Ação executiva Ação fundada em título líquido, certo e exigível movida pelo credor contra o devedor inadimplente destinada a compelir o devedor a satisfazer a obrigação. O mesmo que ação de execução ou execução forçada (v. *Ação de execução*).

Ação *ex empto* Ação fundada na venda de imóvel em que se tiver estipulado preço por medida de extensão ou por área certa pela qual o comprador reivindica complementação da área que tiver encontrado a menor (art. 500, CC). O adquirente do imóvel, ao ajuizar a ação, pode valer-se de uma das seguintes alternativas: a) pode exigir a complementação do que falta; b) não sendo possível, a rescisão do contrato, se a falta é suficientemente grave para determinar a perda do seu interesse em manter o negócio; c) pedir o abatimento do preço, ou a restituição do seu equivalente, se já pago.

▶ Veja CC: "**Art. 500.** Se, na venda de um imóvel, se estipular o preço por medida de extensão, ou se determinar a respectiva área, e esta não corresponder, em qualquer dos casos, às dimensões dadas, o comprador terá o direito de exigir o complemento da área, e, não sendo isso possível, o de reclamar a resolução do contrato ou abatimento proporcional ao preço. § 1º Presume-se que a referência às dimensões foi simplesmente enunciativa, quando a diferença encontrada não exceder de um vigésimo da área total enunciada, ressalvado ao comprador o direito de provar que, em tais circunstâncias, não teria realizado o negócio. [...]".

- Compra e venda. Vício redibitório. Quantidade menor. Ação *ex empto*. Diferença da ação redibitória e da ação *quanti minoris*. Prazo prescricional. Quando a coisa vendida é entregue em sua integralidade, mas apresenta vício ou defeito ocultos, que a tornam imprópria ao uso a que é destinada, ou lhe diminuem o valor, o comprador pode: a) redibir o contrato enjeitando a coisa (CCB, art. 1.101) manter o contrato e reclamar o abatimento do preço (CCB, art. 1.105). A primeira é a ação redibitória; a segunda, a ação *quanti minoris*. Porém, quando a coisa é entregue em quantidade menor daquela declarada, o comprador pode acionar o vendedor pelo incumprimento do contrato, em razão da falta de parte do bem adquirido. Tratando-se de imóvel, incide a regra do art. 1.136 do CCB, e três são as alternativas a ele oferecidas, correspondentes à ação *ex empto* (*tenetur venditor ex empto atiam si aproverit minorem esse fundi modum*): a) pode exigir a complementação do que falta; b) não sendo possível, a rescisão do contrato, se a falta é suficientemente grave para determinar a perda do seu interesse em manter o negócio; c) pedir o abatimento do preço, ou a restituição do seu equivalente, se já pago. No caso dos autos, trata-se de venda de apartamento com área menor do que a declarada, sendo cabível a ação *ex empto*, onde o autor pediu a restituição de parte do preço pago, cuja prescrição vintenária está regulada no art. 177 do CCB. (STJ, REsp n. 52.663/9/1995/SP, rel. Min. Ruy Rosado de Aguiar, j. 02.05.1995, *DJ* 12.06.1995)

- Compra e venda. Ação *ex empto*. Compra e venda de imóvel rural. Venda *ad mensuram*. Diferença de metragem. CCB/2002, art. 500. CCB, art. 1.136. Perícia que comprova que a área comprada e entregue seria inferior à mencionada na Escritura de Compra e Venda. Pedido de complementação da área parcialmente cabível, porque o demandado não possui área integral correspondente à devida, devendo a diferença ser restituída em espécie. Indenizações por danos materiais, por despesas de levantamento da área e aquisição de mudas e danos morais indevidas. Sucumbência recíproca. Desprovimento da apelação interposta pelo autor e parcial provimento ao recurso do réu. (TJRJ, Ap. Cível n. 0006904-14.2001.8.19.0061, 1ª Câm. Cível, rel. Des. Camilo Ribeiro Rulière, j. 12.07.2011)

Ação imobiliária Toda ação que tem por objeto reivindicação ou defesa de um bem imóvel ou de direitos reais a ele concernentes. São assim consideradas as ações de imissão de posse, manutenção de posse, reintegração de posse, interdito proibitório e reivindicatória (*v. Ações possessórias*).

▸ Veja CPC/2015: "**Art. 47.** Para as ações fundadas em direito real sobre imóveis é competente o foro de situação da coisa. § 1º O autor pode optar pelo foro de domicílio do réu ou pelo foro de eleição se o litígio não recair sobre direito de propriedade, vizinhança, servidão, divisão e demarcação de terras e de nunciação de obra nova. § 2º A ação possessória imobiliária será proposta no foro de situação da coisa, cujo juízo tem competência absoluta. [...] **Art. 73.** O cônjuge necessitará do consentimento do outro para propor ação que verse sobre direito real imobiliário, salvo quando casados sob o regime de separação absoluta de bens. § 1º Ambos os cônjuges serão necessariamente citados para a ação: I – que verse sobre direito real imobiliário, salvo quando casados sob o regime de separação absoluta de bens; [...]".

Ação judicial Ato ou meio processual pelo qual o titular de um direito se dirige ao Poder Judiciário para formular uma demanda ou solicitar prestação jurisdicional. Processo; demanda; causa; lide; feito. Para propor ou contestar uma ação, é necessário ter interesse e legitimidade (art. 3º, CPC/73). Considera-se proposta a ação desde que a petição inicial seja protocolada, todavia só produz efeitos, quanto ao réu, depois que este for validamente citado (art. 263, CPC/73). A ação ou processo judicial se inicia por iniciativa da parte, mas se desenvolve por impulso oficial (art. 262, CPC/73). Difere a ação, ou processo judicial, do processo administrativo, eis que este é promovido perante os órgãos administrativos integrantes do Poder Executivo.

▸ Veja CPC/73: "**Art. 3º** Para propor ou contestar ação é necessário ter interesse e legitimidade. [...] **Art. 262.** O processo civil começa por iniciativa da parte, mas se desenvolve por impulso oficial. **Art. 263.** Considera-se proposta a ação, tanto que a petição inicial seja despachada pelo juiz, ou simplesmente distribuída, onde houver mais de uma vara. A propositura da ação, todavia, só produz, quanto ao réu, os efeitos mencionados no art. 219 depois que for validamente citado".

▸ Veja CPC/2015: "**Art. 2º** O processo começa por iniciativa da parte e se desenvolve por impulso oficial, salvo as exceções previstas em lei. **Art. 3º** Não se excluirá da apreciação jurisdicional ameaça ou lesão a direito. [...] **Art. 17.** Para postular em juízo é necessário ter interesse e legitimidade. **Art. 18.** Ninguém poderá pleitear direito alheio em nome próprio, salvo quando autorizado pelo ordenamento jurídico. Parágrafo único. Havendo substituição processual, o substituído poderá intervir como assistente litisconsorcial. **Art. 19.** O interesse do autor pode limitar-se à declaração: I – da existência, da inexistência ou do modo de ser de uma relação jurídica; II – da autenticidade ou da falsidade de documento. **Art. 20.** É admissível a ação meramente declaratória, ainda que tenha ocorrido a violação do direito. [...] **Art. 312.** Considera-se proposta a ação quando a petição inicial for protocolada, todavia, a propositura da ação só produz quanto ao réu os efeitos mencionados no art. 240 depois que for validamente citado".

Ação monitória Ação que compete a quem pretender, com base em prova escrita sem eficácia de título executivo, pagamento de soma em dinheiro, entrega de coisa fungível ou de determinado bem móvel (art. 1.102-A, CPC/73).

▶ Veja CPC/73: "**Art. 1.102-A.** A ação monitória compete a quem pretender, com base em prova escrita sem eficácia de título executivo, pagamento de soma em dinheiro, entrega de coisa fungível ou de determinado bem móvel. **Art. 1.102-B.** Estando a petição inicial devidamente instruída, o Juiz deferirá de plano a expedição do mandado de pagamento ou de entrega da coisa no prazo de quinze dias".

▶ Veja CPC/2015: "**Art. 700.** A ação monitória pode ser proposta por aquele que afirmar, com base em prova escrita sem eficácia de título executivo, ter direito de exigir do devedor capaz: I – o pagamento de quantia em dinheiro; II – a entrega de coisa fungível ou infungível ou de bem móvel ou imóvel; III – o adimplemento de obrigação de fazer ou de não fazer. § 1º A prova escrita pode consistir em prova oral documentada, produzida antecipadamente nos termos do art. 381. § 2º Na petição inicial, incumbe ao autor explicitar, conforme o caso: I – a importância devida, instruindo-a com memória de cálculo; II – o valor atual da coisa reclamada; III – o conteúdo patrimonial em discussão ou o proveito econômico perseguido. § 3º O valor da causa deverá corresponder à importância prevista no § 2º, incisos I a III. § 4º Além das hipóteses do art. 330, a petição inicial será indeferida quando não atendido o disposto no § 2º deste artigo. § 5º Havendo dúvida quanto à idoneidade da prova documental apresentada pelo autor, o juiz intima-lo-á para, querendo, emendar a petição inicial, adaptando-a ao procedimento comum. § 6º É admissível ação monitória em face da Fazenda Pública. § 7º Na ação monitória, admite-se citação por qualquer dos meios permitidos para o procedimento comum".

■ Ação monitória. Cheques prescritos. Falecimento do emissor. Responsabilidade do espólio. Prova da *causa debendi*. Dispensabilidade. O cheque prescrito, embora não possua mais as características de um título executivo, goza de presunção *iuris tantum* da existência do débito ali consignado, cabendo ao devedor provar a sua insubsistência, caso em que se instalará o contraditório. Não tendo o apelante comprovado terem os cheques sua origem em prática de agiotagem e, por outro lado, tendo a apelada, via prova testemunhal, comprovado a *causa debendi* afirmada na exordial, há que prevalecer a força *probandi* das cártulas. [...]. (TJDFT, Ap. Cível n. 20050710043086, rel. Natanael Caetano, 1ª T. Cível, j. 14.03.2007, *DJ* 03.04.2007, p. 147)

Ação nominativa (sociedade anônima) Título representativo da cota-unidade de capital da sociedade anônima que contém o nome de seu proprietário ou acionista originário. Também é chamada ação nominal. Tem por objetivo a identificação dos contribuintes operantes no mercado financeiro e de capitais (art. 31, Lei n. 6.404/76). Para a transferência de ação nominativa, basta que o alienante e o adquirente assinem um termo que promove a baixa, por um lado, e o seu lançamento, por outro. A forma de pagamento será por cheque em via postal ou por meio de crédito em conta-corrente. Importante relevar que as bonificações serão lançadas diretamente no livro de registros.

▶ Veja Lei n. 6.404/76: "**Art. 20.** As ações devem ser nominativas. Ações não integralizadas – **Art. 21.** Além dos casos regulados em lei especial, as ações terão obrigatoriamente forma nominativa ou endossável até o integral pagamento do preço de emissão. [...] **Art. 31.** A propriedade das ações nominativas presume-se pela inscrição do nome do acionista no livro de "Registro de Ações Nominativas" ou pelo extrato que seja fornecido pela instituição custodiante, na qualidade de proprietária fiduciária das ações. § 1º A transferência das ações nominativas opera-se por termo lavrado no livro de "Transferência de Ações Nominativas", datado e assinado pelo cedente e pelo cessionário, ou seus legítimos representantes. § 2º A transferência das ações nominativas em virtude de transmissão por sucessão universal ou legado, de arrematação, adjudicação ou outro ato judicial, ou por qualquer outro título, somente se fará mediante averbação no livro de "Registro de Ações Nominativas", à vista de documento hábil, que ficará em poder da companhia. § 3º Na transferência das ações nominativas adquiridas em Bolsa de Valores, o cessionário será representado, independentemente de instrumento de procuração, pela sociedade corretora, ou pela caixa de liquidação da Bolsa de Valores".

Ação ordinária (sociedade anônima) Cota ou capital; título de propriedade negociável, representativo de uma fração do capital de uma sociedade anônima (Lei n. 6.404/76). As ações ordinárias (ONs) conferem direito de voto a seu titular nas deliberações das assembleias de acionistas, além da participação nos lucros da sociedade. A legislação garante ao minoritário com ações ONs receber pelo menos 80% do valor pago pelo controlador em caso de venda de controle, o direito de *tag along*. Tendem a ter menor liquidez que as preferenciais; também recebem dividendos, embora a prioridade seja dos detentores de preferenciais (PNs).

▶ Veja Lei n. 6.404/76: "Ações ordinárias – **Art. 16.** As ações ordinárias de companhia fechada poderão ser de classes diversas, em função de: I – conversibilidade em ações preferenciais; II – exigência de nacionalidade brasileira do acionista; ou III – direito de voto em separado para o preenchimento de determinados cargos de órgãos administrativos. Parágrafo único. A alteração do estatuto na parte em que regula a diversidade de classes, se não for expressamente prevista e regulada, requererá a concordância de todos os titulares das ações atingidas".

Ação originária Ação que tem origem no próprio órgão judiciário em que deve ser julgada. Nesse caso, a ação não chega a determinado tribunal na condição de recurso interposto contra decisão proferida em grau inferior de jurisdição. São ações originárias no TST: mandados de segurança contra atos do presidente ou de qualquer membro do tribunal; embargos opostos a suas decisões; ações rescisórias; dissídios coletivos de categorias profissionais ou econômicas que tenham base nacional. São ações originárias no STF, entre outras: a) ação direta de inconstitucionalidade de lei ou ato normativo federal ou estadual; b) ação declaratória de constitucionalidade de lei ou ato normativo federal. São ações originárias no STJ, entre outras: a) crimes comuns praticados por governadores dos estados e do Distrito Federal; b) mandados de segurança e *habeas data* contra ato de ministro de Estado, dos comandantes da Marinha, do Exército e da Aeronáutica ou do próprio tribunal; c) os *habeas corpus*, quando o coator for tribunal sujeito à sua jurisdição, ministro de Estado ou comandante da Marinha, do Exército ou da Aeronáutica, ressalvada a competência da Justiça eleitoral.

▶ Veja CF: "**Art. 102.** Compete ao Supremo Tribunal Federal, precipuamente, a guarda da Constituição, cabendo-lhe: I – processar e julgar, originariamente: *a)* a ação direta de inconstitucionalidade de lei ou ato normativo federal ou estadual e a ação declaratória de constitucionalidade de lei ou ato normativo federal; *b)* nas infrações penais comuns, o Presidente da República, o Vice-Presidente, os membros do Congresso Nacional, seus próprios Ministros e o Procurador-Geral da República; *c)* nas infrações penais comuns e nos crimes de responsabilidade, os Ministros de Estado e os Comandantes da Marinha, do Exército e da Aeronáutica, ressalvado o disposto no art. 52, I, os membros dos Tribunais Superiores, os do Tribunal de Contas da União e os chefes de missão diplomática de caráter permanente; *d)* o *habeas corpus*, sendo paciente qualquer das pessoas referidas nas alíneas anteriores; o mandado de segurança e o *habeas data* contra atos do Presidente da República, das Mesas da Câmara dos Deputados e do Senado Federal, do Tribunal de Contas da União, do Procurador-Geral da República e do próprio Supremo Tribunal Federal; [...] **Art. 105.** Compete ao Superior Tribunal de Justiça: I – processar e julgar, originariamente: *a)* nos crimes comuns, os Governadores dos Estados e do Distrito Federal, e, nestes e nos de responsabilidade, os desembargadores dos Tribunais de Justiça dos Estados e do Distrito Federal, os membros dos Tribunais de Contas dos Estados e do Distrito Federal, os dos Tribunais Regionais Federais, dos Tribunais Regionais Eleitorais e do Trabalho, os membros dos Conselhos ou Tribunais de Contas dos Municípios e os do Ministério Público da União que oficiem perante tribunais; *b)* os mandados de segurança e os *habeas data* contra ato de Ministro de Estado, dos Comandantes da Marinha, do Exército e da Aeronáutica ou do próprio Tribunal; *c)* os *habeas corpus*, quando o coator ou paciente for qualquer das pessoas mencionadas na alínea *a*, ou quando o coator for tribunal sujeito à sua jurisdição, Ministro de Estado ou Comandante da Marinha, do Exército ou da Aeronáutica, ressalvada a competência da Justiça Eleitoral; *d)* os conflitos de competência entre quaisquer tribunais, ressalvado o disposto no art. 102, I, *o*, bem como entre tribunal e juízes a ele não vinculados e entre juízes vinculados a tribunais diversos; *e)* as revisões criminais e as ações rescisórias de seus julgados; [...]".

- Competência. Ação originária. Mandado de segurança. Impetração contra Tribunal de Justiça. O STF não dispõe de competência originária para processar e julgar mandado de segurança impetrado contra qualquer outro Tribunal judiciário do País, inclusive contra atos ou omissões imputados a Tribunal de Justiça, eis que o art. 21, VI, da LC n. 35/79 (LOMAN) foi integralmente recebido pela vigente Constituição da República. Precedentes do STF. A mera participação de mais da metade dos magistrados do Tribunal, na adoção de medida de caráter censório, imposta em sede materialmente administrativa, não se revela apta a induzir, só por si, a competência originária do STF, eis que a incidência da norma inscrita no art. 102, I, *n*, da CF/88 supõe a existência, no Tribunal de origem, de uma causa, vale dizer, de um procedimento revestido de natureza jurisdicional. (STF, Ag. Reg. na Ação Originária n. 333/2001/ES, rel. Min. Celso de Mello, j. 21.11.1995, *DJ* 14.05.2001)

- Dissídio coletivo. Sindicato. Ação anulatória. Cláusula coletiva. Competência originária. É da competência originária dos Tribunais Trabalhistas a ação mediante a qual se pretende providência declaratória de nulidade de cláusula coletiva. Todavia, em se tratando de matéria a respeito da qual esteja pacificada a jurisprudência da SDC, não há óbice a que se adentre, de pronto, o exame da pretensão, com a entrega imediata da prestação jurisdicional, a bem dos princípios de economia e celeridade, tendo em vista ser a ação coletiva dotada de procedimentos peculiares e tipicamente informal. (TST, RO n. 413.577/1998 – Ac. SDC TRT-11ª Região, rel. Min. Armando de Brito, *DJ* 17.04.1998)

Ação pauliana Ação que cabe ao credor para obter anulação de atos caracterizadores de fraude contra credores, praticados pelo devedor, consistentes em alienar ou onerar, de forma dolosa ou sob fraude, bens que poderiam ser usados para pagamento das dívidas (art. 158, CC). Ação de caráter pessoal também conhecida por ação revogatória ou revocatória (*v. Ação revogatória*).

- Ação pauliana. Decadência. Negativa de prestação jurisdicional. Inexistência. 1. Inocorrência de negativa de prestação jurisdicional quando o acórdão recorrido aprecia com clareza as questões essenciais ao julgamento da lide, com abordagem integral do tema e fundamentação compatível. Inexistência de violação ao art. 535, II, do CPC. 2. Ausência de violação ao art. 219, § 2º, do CPC, tendo o acórdão recorrido expressamente afastado sua aplicação ao caso. 3. A ação pauliana tem natureza pessoal, e não real, razão pela qual não é necessária a citação dos cônjuges do devedor-doador e dos donatários. 4. Necessidade, contudo, de citação do cônjuge do devedor que participou do contrato de doação por força do inciso II do art. 10 do CPC. 5. A citação extemporânea de litisconsorte necessário unitário, após decorrido o prazo de quatro anos para a propositura da ação que visa à desconstituição de negócio jurídico realizado com fraude a credores, não enseja a decadência do direito do credor. 6. O direito potestativo, por sua própria natureza, considera-se exercido no momento do ajuizamento da ação, quando então cessa o curso do prazo de decadência em relação a todos os partícipes do ato fraudulento. 7. Ausência de violação ao art. 178, § 9º, V, *b*, do CC de 1916. Recurso especial a que se nega provimento. (STJ, REsp n. 750.135/RS, 3ª T., rel. Min. Paulo de Tarso Sanseverino, j. 12.04.2011, *DJe* 28.04.2011)

Ação penal Ação de iniciativa do Estado destinada a examinar a ocorrência de crime ou contravenção praticados por qualquer cidadão. As *ações penais* são públicas ou privadas. As *públicas* podem ser condicionadas ou incondicionadas. As *ações condicionadas* são movidas pelo MP depois de manifestação de vontade do ofendido (representação) ou de requisição do Ministro da Justiça; as *incondicionadas* são promovidas pelo MP depois de apurados o crime e seu autor. As *ações penais privadas*, que têm por objeto os crimes contra a honra, ou seja, calúnia, injúria e difamação, dependem do oferecimento de queixa-crime pelo ofendido.

▶ Veja CPP: "**Art. 24.** Nos crimes de ação pública, esta será promovida por denúncia do Ministério Público, mas dependerá, quando a lei o exigir, de requisição do Ministro da Justiça, ou de representação do ofendido ou de quem tiver qualidade para representá-lo. § 1º No caso de morte do ofendido ou quando declarado ausente por decisão judicial, o direito de representação passará ao cônjuge, ascendente, descendente ou irmão. § 2º Seja qual for o crime, quando praticado em detrimento do patrimônio ou interesse da União, Estado e Município, a ação penal será pública. **Art. 25.** A representação será irretratável, depois de oferecida a denúncia. **Art. 26.** A ação penal, nas contravenções, será iniciada com o auto de prisão em flagrante ou por meio de portaria expedida pela autoridade judiciária ou policial".

Ação penal privada Ações que têm por objeto crimes contra a honra, ou seja, calúnia, injúria e difamação. Depende do oferecimento de queixa-crime pelo ofendido, sendo esta considerada a petição inicial da ação penal privada. São requisitos da queixa-crime: exposição do fato com todas as suas circunstâncias; qualificação do acusado ou esclarecimentos pelos quais seja possível identificá-lo; classificação do crime; rol de testemunhas quando necessário (art. 41, CPP).

> Veja CPP: "**Art. 29.** Será admitida ação privada nos crimes de ação pública, se esta não for intentada no prazo legal, cabendo ao Ministério Público aditar a queixa, repudiá-la e oferecer denúncia substitutiva, intervir em todos os termos do processo, fornecer elementos de prova, interpor recurso e, a todo tempo, no caso de negligência do querelante, retomar a ação como parte principal. **Art. 30.** Ao ofendido ou a quem tenha qualidade para representá-lo caberá intentar a ação privada. **Art. 31.** No caso de morte do ofendido ou quando declarado ausente por decisão judicial, o direito de oferecer queixa ou prosseguir na ação passará ao cônjuge, ascendente, descendente ou irmão. **Art. 32.** Nos crimes de ação privada, o juiz, a requerimento da parte que comprovar a sua pobreza, nomeará advogado para promover a ação penal. § 1º Considerar-se-á pobre a pessoa que não puder prover às despesas do processo, sem privar-se dos recursos indispensáveis ao próprio sustento ou da família. § 2º Será prova suficiente de pobreza o atestado da autoridade policial em cuja circunscrição residir o ofendido. [...] **Art. 39.** O direito de representação poderá ser exercido, pessoalmente ou por procurador com poderes especiais, mediante declaração, escrita ou oral, feita ao juiz, ao órgão do Ministério Público, ou à autoridade policial. § 1º A representação feita oralmente ou por escrito, sem assinatura devidamente autenticada do ofendido, de seu representante legal ou procurador, será reduzida a termo, perante o juiz ou autoridade policial, presente o órgão do Ministério Público, quando a este houver sido dirigida. [...] **Art. 44.** A queixa poderá ser dada por procurador com poderes especiais, devendo constar do instrumento do mandato o nome do querelante e a menção do fato criminoso, salvo quando tais esclarecimentos dependerem de diligências que devem ser previamente requeridas no juízo criminal. **Art. 45.** A queixa, ainda quando a ação penal for privativa do ofendido, poderá ser aditada pelo Ministério Público, a quem caberá intervir em todos os termos subsequentes do processo".

Ação penal pública condicionada Ação movida pelo MP depois de manifestação de vontade do ofendido ou de requisição do Ministro da Justiça. A manifestação de vontade do ofendido para que o Poder Judiciário se movimente em direção à condenação ou absolvição chama-se *representação*, considerada a petição inicial da ação. A representação é exigida pela lei em alguns casos específicos, como no crime de ameaça (art. 38, CPP).

> Veja CPP: "**Art. 38.** Salvo disposição em contrário, o ofendido, ou seu representante legal, decairá do direito de queixa ou de representação, se não o exercer dentro do prazo de 6 (seis) meses, contado do dia em que vier a saber quem é o autor do crime, ou, no caso do art. 29, do dia em que se esgotar o prazo para oferecimento da denúncia. Parágrafo único. Verificar-se-á a decadência do direito de queixa ou representação, dentro do mesmo prazo, nos casos dos arts. 24, parágrafo único, e 31. **Art. 39.** O direito de representação poderá ser exercido, pessoalmente ou por procurador com poderes especiais, mediante declaração, escrita ou oral, feita ao juiz, ao órgão do Ministério Público, ou à autoridade policial. § 1º A representação feita oralmente ou por escrito, sem assinatura devidamente autenticada do ofendido, de seu representante legal ou procurador, será reduzida a termo, perante o juiz ou autoridade policial, presente o órgão do Ministério Público, quando a este houver sido dirigida. § 2º A representação conterá todas as informações que possam servir à apuração do fato e da autoria. § 3º Oferecida ou reduzida a termo a representação, a autoridade policial procederá a inquérito, ou, não sendo competente, remetê-lo-á à autoridade que o for. § 4º A representação, quando feita ao juiz ou perante este reduzida a termo, será remetida à autoridade policial para que esta proceda a inquérito. § 5º O órgão do Ministério Público dispensará o inquérito, se com a representação forem oferecidos elementos que o habilitem a promover a ação penal, e, neste caso, oferecerá a denúncia no prazo de 15 (quinze) dias".

Ação penal pública incondicionada Ação promovida por meio de denúncia do MP, depois de apurados o crime e seu autor (art. 24, CPP). O prazo para a denúncia é de cinco dias, no caso de réu preso, ou de quinze, se for caso de réu solto. Não sendo o prazo cumprido, pode o ofendido promover a ação penal privada subsidiária da pública por meio de queixa-crime.

> Veja CPP: "**Art. 24.** Nos crimes de ação pública, esta será promovida por denúncia do Ministério Público, mas dependerá, quando a lei o exigir, de requisição do Ministro da Justiça, ou de representação do ofendido ou de quem tiver qualidade para representá-lo. § 1º No caso de morte do ofendido ou quando declarado ausente por decisão judicial, o direito de representação passará ao cônjuge, ascendente, descendente ou irmão. § 2º Seja qual for o crime, quando praticado em

detrimento do patrimônio ou interesse da União, Estado e Município, a ação penal será pública. **Art. 25.** A representação será irretratável, depois de oferecida a denúncia. **Art. 26.** A ação penal, nas contravenções, será iniciada com o auto de prisão em flagrante ou por meio de portaria expedida pela autoridade judiciária ou policial. **Art. 27.** Qualquer pessoa do povo poderá provocar a iniciativa do Ministério Público, nos casos em que caiba a ação pública, fornecendo-lhe, por escrito, informações sobre o fato e a autoria e indicando o tempo, o lugar e os elementos de convicção".

Ação penal subsidiária Ação privada admitida nos crimes de ação pública, caso esta não seja intentada no prazo legal. Cabe ao MP, nesse caso, aditar a queixa, repudiá-la e oferecer denúncia substitutiva, intervir em todos os termos do processo, fornecer elementos de prova, interpor recurso e, a todo tempo, no caso de negligência do querelante, retomar a ação como parte principal (art. 29, CPP).

▶ Veja CPP: "**Art. 29.** Será admitida ação privada nos crimes de ação pública, se esta não for intentada no prazo legal, cabendo ao Ministério Público aditar a queixa, repudiá-la e oferecer denúncia substitutiva, intervir em todos os termos do processo, fornecer elementos de prova, interpor recurso e, a todo tempo, no caso de negligência do querelante, retomar a ação como parte principal".

Ação pessoal Ação fundada em direito pessoal pela qual o autor requer o cumprimento de uma obrigação. As ações pessoais tendem à tutela de um direito pessoal ou, mais precisamente, o cumprimento de uma obrigação (art. 94, CPC/73). É considerada a ação que persegue uma coisa em decorrência de relação obrigacional não honrada pelo devedor. A característica mais marcante da ação é a relação de pessoa a pessoa, cujos elementos são: o sujeito ativo, o sujeito passivo e a prestação que ao primeiro deve o segundo. Maria Helena Diniz cita, como exemplo, a ação anulatória de compra e venda de um prédio, não cumulada com a reivindicatória do imóvel vendido ou com a ação que pretende compelir o réu a cumprir compromisso de compra e venda de imóvel por não poder reclamar a adjudicação compulsória. Para a autora, "essas ações pessoais são designadas 'reipersecutórias', porque, embora oriundas de relação de direito pessoal, têm por finalidade a aquisição de um direito real ou o esclarecimento de dúvidas sobre uma coisa" (*Sistemas de registro de imóveis*. São Paulo, Saraiva, 1992, p. 181).

▶ Veja CPC/73: "**Art. 94.** A ação fundada em direito pessoal e a ação fundada em direito real sobre bens móveis serão propostas, em regra, no foro do domicílio do réu. [...]".

▶ Veja CPC/2015: "**Art. 46.** A ação fundada em direito pessoal ou em direito real sobre bens móveis será proposta, em regra, no foro de domicílio do réu. § 1º Tendo mais de um domicílio, o réu será demandado no foro de qualquer deles. § 2º Sendo incerto ou desconhecido o domicílio do réu, ele poderá ser demandado onde for encontrado ou no foro do domicílio do autor. § 3º Quando o réu não tiver domicílio ou residência no Brasil, a ação será proposta no foro de domicílio do autor e, se este também residir fora do Brasil, a ação será proposta em qualquer foro. § 4º Havendo 2 (dois) ou mais réus com diferentes domicílios, serão demandados no foro de qualquer deles, à escolha do autor. [...]".

■ Embargos de terceiro. Execução oriunda de ação de nunciação de obra nova. Falta de citação do cônjuge. A ação de nunciação de obra nova, por não dizer com direito real, mas pessoal, prescinde da citação do cônjuge. A pretensão esposada na ação de nunciação de obra nova não tem o condão de conduzir a qualquer direito real ou de propriedade. Por certo, trata-se de pretensão que diz com o direito pessoal, não abrangida pela disposição constante no art. 10, § 1º, I, do CPC. Por maioria negaram provimento ao recurso. (TJRS, Ap. Cível n. 70015429665, 18ª Câm. Cível, rel. Nelson José Gonzaga, j. 04.12.2008)

■ Competência. Compra e venda. Nulidade. Ação pessoal. Foro competente. CPC, art. 94. É de direito pessoal a demanda na qual se pleiteia a nulidade de escritura pública de compra e venda, por nulidade antecedente, já declarada por sentença, na cadeia sucessória do imóvel. O objeto do pedido é a declaração de nulidade da compra e venda, formalizada em escritura pública. Por ser a ação de direito pessoal, deve acompanhar a regra do art. 94 do CPC, podendo haver, com o pedido primeiro, cumulação com requerimento de perdas e danos. (STJ, REsp n. 65.806/2000/SP, rel. Min. Eliana Calmon, j. 15.08.2000, *DJ* 20.11.2000)

Ação petitória Ação fundada no provado domínio que tem por fim obter a defesa do direito da propriedade ou de qualquer outro direito real (art. 1.228, CC). São consideradas petitórias as ações reivindicatórias e as de imissão de posse porque o requisito para sua propositura é a prova do domínio (*jus possidendi*).

▸ Veja CC: "**Art. 1.228.** O proprietário tem a faculdade de usar, gozar e dispor da coisa, e o direito de reavê-la do poder de quem quer que injustamente a possua ou detenha".

■ Ação reivindicatória rotulada de imissão de posse. Natureza petitória da ação. Dúvida não há sobre a natureza petitória da ação de imissão de posse, já não mais agasalhada na disciplina positiva brasileira. Todavia, se a sentença transitada em julgado determinou a entrega do bem em trinta dias, ao largo do art. 621 do CPC, sem que tenha havido êxito a impugnação tempestiva, não é mais possível a sua aplicação. (STJ, REsp n. 264.554/MG, rel. Min. Carlos Alberto Menezes Direito, j. 18.10.2001, *DJ* 04.02.2002)

■ Usucapião especial urbana. Ação petitória. A teor dos arts. 1.240 do CCB/2002 e 9º do Estatuto das Cidades, são requisitos para a aquisição da propriedade pela usucapião neles prevista que o usucapiente não seja dono de outro imóvel, urbano ou rural, possua como sua a área a ser usucapida, e que esta tenha até duzentos e cinquenta metros quadrados. O não preenchimento de qualquer deles impede o reconhecimento da usucapião especial urbana. Quem tem *animus domini* não ingressa em juízo para pedir indenização por benfeitorias, invocando direito de retenção. Ou seja, não admite não ser dono. A Caixa Econômica Federal é empresa pública que explora atividade econômica e que, portanto, tem personalidade jurídica de direito privado, nos termos do art. 173, II, da CF/88, condição que retira dos seus bens a qualidade de públicos e permite que sejam usucapidos. (TJRJ, Ap. Cível n. 22.909/2008, rel. Des. Fernando Foch, j. 05.08.2008)

Ação popular Ação que assiste a qualquer cidadão para pleitear, perante o Poder Judiciário, anulação de ato lesivo ao patrimônio público ou de entidade da qual o Estado participe, à moralidade administrativa, ao meio ambiente e ao patrimônio histórico e cultural (art. 5º, LXXIII, CF; Lei n. 4.717/65).

▸ Veja CF: "**Art. 5º** [...] LXXIII – qualquer cidadão é parte legítima para propor ação popular que vise a anular ato lesivo ao patrimônio público ou de entidade de que o Estado participe, à moralidade administrativa, ao meio ambiente e ao patrimônio histórico e cultural, ficando o autor, salvo comprovada má-fé, isento de custas judiciais e do ônus da sucumbência; [...]".

▸ Veja Lei n. 4.717/65: "**Art. 1º** Qualquer cidadão será parte legítima para pleitear a anulação ou a declaração de nulidade de atos lesivos ao patrimônio da União, do Distrito Federal, dos Estados e dos Municípios, de entidades autárquicas, de sociedades de economia mista (Constituição, art. 141, § 38), de sociedades mútuas de seguro nas quais a União represente os segurados ausentes, de empresas públicas, de serviços sociais autônomos, de instituições ou fundações para cuja criação ou custeio o tesouro público haja concorrido ou concorra com mais de 50% (cinquenta por cento) do patrimônio ou da receita anual de empresas incorporadas ao patrimônio da União, do Distrito Federal, dos Estados e dos Municípios e de quaisquer pessoas jurídicas ou entidades subvencionadas pelos cofres públicos. § 1º Consideram-se patrimônio público para os fins referidos neste artigo, os bens e direitos de valor econômico, artístico, estético, histórico ou turístico. [...]".

■ Prazo prescricional. Execução. Ação popular. Ação civil pública. Aplicação por analogia. Súmula n. 168/STJ. I. Esta Corte Superior consolidou entendimento no sentido de que o prazo prescricional das execuções individuais de sentença proferida em ação coletiva é quinquenal, por aplicação analógica do art. 21 da Lei n. 4.717/65. II. Incidência da Súmula n. 168/STJ, segundo a qual "não cabem embargos de divergência, quando a jurisprudência do Tribunal se firmou no mesmo sentido do acórdão embargado". III. Agravo regimental desprovido. (Ag. Reg. nos EAREsp n. 23.902/PR, Corte Especial, rel. Min. Gilson Dipp, j. 17.04.2013, *DJe* 25.04.2013)

■ Ação popular. Anulação de permuta de bem público. Perda do objeto. Desistência da ação. Ônus da sucumbência. 1. A ação popular é demanda de natureza e procedimento especial, regulado pela Lei n. 4.717/65, onde as regras do CPC se aplicam subsidiariamente, conforme o seu art. 22. 2. A demanda em comento tinha por objeto a permuta de imóvel realizada entre o Município de Porto Alegre e a Companhia [...]. No decorrer da instrução, sobreveio a informação por parte da [...], de que a permuta foi anulada através da AC n. 70021661087, fato que foi confirmado, dando azo à desistência da demanda por parte do autor. 3. O contexto dos autos demonstra que o autor não deu causa à extinção da ação popular, pois houve, na verdade, perda do objeto diante da solução do litígio existente entre a [...] e o Município. Por isso, o ônus da sucumbência corretamente foi carregado aos réus. 4. Precedentes desta Corte e do Superior Tribunal de Justiça conferidos. Apelações improvidas. (TJRS, Ap. Cível n. 70052715968, 3ª Câm. Cível, rel. Nelson Antônio Monteiro Pacheco, j. 20.06.2013)

Ação possessória (*v. Ações possessórias*).

Ação preferencial (idosos) Ação que tem prioridade de tramitação em todas as instâncias de procedimentos judiciais quando figurar como parte ou interessado pessoa com idade igual ou superior a 60 anos, ou portadora de doença grave (art. 1.211-A, CPC/73). Concedida a prioridade, esta não cessará com a morte do beneficiado, estendendo-se em favor do cônjuge supérstite, companheiro ou companheira, em união estável (art. 1.211-C, CPC/73).

▶ Veja CPC/73: "**Art. 1.211-A.** Os procedimentos judiciais em que figure como parte ou interessado pessoa com idade igual ou superior a 60 (sessenta) anos, ou portadora de doença grave, terão prioridade de tramitação em todas as instâncias. [...] **Art. 1.211-B.** A pessoa interessada na obtenção do benefício, juntando prova de sua condição, deverá requerê-lo à autoridade judiciária competente para decidir o feito, que determinará ao cartório do juízo as providências a serem cumpridas. [...] **Art. 1.211-C.** Concedida a prioridade, essa não cessará com a morte do beneficiado, estendendo-se em favor do cônjuge supérstite, companheiro ou companheira, em união estável".

▶ Veja CPC/2015: "**Art. 1.048.** Terão prioridade de tramitação, em qualquer juízo ou tribunal, os procedimentos judiciais: I – em que figure como parte ou interessado pessoa com idade igual ou superior a 60 (sessenta) anos ou portadora de doença grave, assim compreendida qualquer da enumeradas no art. 6º, inciso XIV, da Lei n. 7.713, de 22 de dezembro de 1988; II – regulados pela Lei n. 8.069, de 13 de julho de 1990 (Estatuto da Criança e do Adolescente). § 1º A pessoa interessada na obtenção do benefício, juntando prova de sua condição, deverá requerê-lo à autoridade judiciária competente para decidir o feito, que determinará ao cartório do juízo as providências a serem cumpridas. § 2º Deferida a prioridade, os autos receberão identificação própria que evidencie o regime de tramitação prioritária. § 3º Concedida a prioridade, essa não cessará com a morte do beneficiado, estendendo-se em favor do cônjuge supérstite ou do companheiro em união estável. [...]".

Ação preferencial (sociedade anônima) Cota ou capital; título de propriedade negociável, representativo de uma fração do capital de uma sociedade anônima (Lei n. 6.404/76). As ações preferenciais normalmente não dão direito a voto, característica das ações ordinárias reconhecida pelos diversos sistemas jurídicos. Entretanto, possuem vantagens e preferências em relação às ações ordinárias, protegendo seus titulares contra decisões tomadas nas assembleias de acionistas. Essas preferências consistem em prioridade na distribuição de dividendos, no reembolso de capital no caso de dissolução da empresa e na acumulação dessas vantagens. Tradicionalmente possui mais liquidez, pois o volume de negócios é maior, facilitando a venda do papel.

▶ Veja Lei n. 6.404/76: "**Art. 17.** As preferências ou vantagens das ações preferenciais podem consistir: I – em prioridade na distribuição de dividendo, fixo ou mínimo; II – em prioridade no reembolso do capital, com prêmio ou sem ele; ou III – na acumulação das preferências e vantagens de que tratam os incisos I e II. § 1º Independentemente do direito de receber ou não o valor de reembolso do capital com prêmio ou sem ele, as ações preferenciais sem direito de voto ou com restrição ao exercício deste direito, somente serão admitidas à negociação no mercado de valores mobiliários se a elas for atribuída pelo menos uma das seguintes preferências ou vantagens: I – direito de participar do dividendo a ser distribuído, correspondente a, pelo menos, 25% (vinte e cinco por cento) do lucro líquido do exercício, calculado na forma do art. 202, de acordo com o seguinte critério: *a)* prioridade no recebimento dos dividendos mencionados neste inciso correspondente a, no mínimo, 3% (três por cento) do valor do patrimônio líquido da ação; e *b)* direito de participar dos lucros distribuídos em igualdade de condições com as ordinárias, depois de a estas assegurado dividendo igual ao mínimo prioritário estabelecido em conformidade com a alínea *a*; ou II – direito ao recebimento de dividendo, por ação preferencial, pelo menos 10% (dez por cento) maior do que o atribuído a cada ação ordinária; ou III – direito de serem incluídas na oferta pública de alienação de controle, nas condições previstas no art. 254-A, assegurado o dividendo pelo menos igual ao das ações ordinárias. [...]".

Ação principal Ação que contém o objetivo ou o pedido principal da demanda e à qual se vinculam, em regra, as ações acessórias, entre elas a tutela antecipada de urgência e as medidas cautelares. Quando ajuizada e deferida a medida cautelar, a falta de ajuizamento da ação principal no prazo de trinta dias acarreta a perda da eficácia da liminar deferida e a extinção do processo cautelar (art. 806, CPC/73).

▶ Veja CPC/73: "**Art. 806.** Cabe à parte propor a ação, no prazo de 30 (trinta) dias, contados da data da efetivação da medida cautelar, quando esta for concedida em procedimento preparatório".

▸ Veja CPC/2015: "**Art. 61.** A ação acessória será proposta no juízo competente para a ação principal. [...] **Art. 308.** Efetivada a tutela cautelar, o pedido principal terá de ser formulado pelo autor no prazo de 30 (trinta) dias, caso em que será apresentado nos mesmos autos em que deduzido o pedido de tutela cautelar, não dependendo do adiantamento de novas custas processuais. [...] **Art. 309.** Cessa a eficácia da tutela concedida em caráter antecedente, se: I – o autor não deduzir o pedido principal no prazo legal; II – não for efetivada dentro de 30 (trinta) dias; [...]".

■ Súmula n. 482, STJ: A falta de ajuizamento da ação principal no prazo do art. 806 do CPC acarreta a perda da eficácia da liminar deferida e a extinção do processo cautelar.

■ Medida cautelar. Liminar. Ação principal. O processo cautelar não é um fim em si mesmo. Tem o objetivo de assegurar a eficácia do processo principal e da sentença a ser proferida nesse último. Daí a necessidade de a parte propor a ação principal, no prazo de 30 dias, contados da data da efetivação da medida cautelar, quando esta for concedida em procedimento preparatório (art. 806). Findo o prazo estipulado, sem que a parte intente a ação, cessa a eficácia da medida cautelar (art. 808, I). No entanto, apesar de haver, no caso, retirada da eficácia da medida cautelar, o processo não se extingue, devendo continuar seus trâmites legais, até sentença definitiva da cautelar. (TRF-1ª Região, Ap. Cível n. 8.190/7/1999/DF, rel. Juiz Eustáquio Silveira, j. 13.04.1999, *DJ* 30.06.1999)

■ Medida cautelar. Liminar. Estabelecimento de ensino. Matrícula. Ação principal. Caução. A medida cautelar, com pedido de liminar, contra indeferimento de matrícula em estabelecimento de ensino superior sob alegação de intempestividade, reveste-se de caráter satisfativo, dispensando, assim, a indicação da ação principal a ser ajuizada. O pedido de liminar em ação cautelar não exige prestação de caução, se do eventual deferimento inexistir possibilidade de dano a parte *ex adversa*. (TAMG, Ap. Cível n. 194.128/8/Teófilo Otoni, rel. Juiz Jarbas Ladeira, j. 17.05.1995)

Ação *quanti minoris* Ação que assiste ao comprador para haver do vendedor o abatimento do preço da coisa adquirida em virtude de defeito oculto e a consequente diminuição do seu valor. Nesse caso consideram-se defeitos ocultos aqueles não visíveis em inspeção normal, e passíveis de existência na coisa adquirida. São também denominados vícios redibitórios, que tornam o bem inútil ao fim a que se destina. A existência comprovada de defeito oculto assegura ao adquirente a possibilidade de rescindir o negócio ou de pedir o abatimento do preço (arts. 441 e 442, CC). Também chamada de *ação estimatória e redibitória*.

▸ Veja CC: "**Art. 441.** A coisa recebida em virtude de contrato comutativo pode ser enjeitada por vícios ou defeitos ocultos, que a tornem imprópria ao uso a que é destinada, ou lhe diminuam o valor. Parágrafo único. É aplicável a disposição deste artigo às doações onerosas. **Art. 442.** Em vez de rejeitar a coisa, redibindo o contrato (art. 441), pode o adquirente reclamar abatimento no preço. **Art. 443.** Se o alienante conhecia o vício ou defeito da coisa, restituirá o que recebeu com perdas e danos; se o não conhecia, tão somente restituirá o valor recebido, mais as despesas do contrato".

■ Agravo regimental. Decisão monocrática. Agravo em recurso especial desprovido. Apresentação de fundamentos sólidos. [...]. 1. Se o acórdão recorrido, com base na narrativa dos fatos, entendeu que a ação pertinente era a *ex empto* em vez da ação *quanti minoris* (ação edílica), não há inovação de tese quando é feita a distinção entre vício de qualidade e vício de quantidade. A propósito, a diferenciação que se faz entre as ações edílicas (redibitória e *quanti minoris*) e a ação *ex empto* decorre precisamente de que, naquelas, há vício de qualidade e, nesta, de quantidade. [...]. (STJ, Ag. Reg. no AREsp n. 33.444/RS, 3ª T., rel. Min. João Otávio de Noronha, j. 13.08.2013, *DJe* 22.08.2013)

■ Civil e processual civil. Ação *quanti minoris*. Vício oculto. I. Ação *quanti minoris* pressupõe a existência de vício oculto. Para que seja redibitório, não basta que o defeito da coisa esteja escondido. É necessário que ele seja desconhecido pelo comprador. Provado o anterior conhecimento do defeito redibitório, por testemunho do comprador, o pedido de abatimento é improcedente, porque o vício não era oculto. II. É lícito ao vendedor provar, mediante provas orais, que os vícios redibitórios já eram conhecidos pelo comprador na oportunidade em que o contrato foi celebrado. (STJ, REsp n. 299.661/RJ, 3ª T., rel. Min. Humberto Gomes de Barros, j. 02.09.2004, *DJ* 04.10.2004, p. 282)

Ação real Ação fundada em direito real destinada a defender ou assegurar a propriedade ou um direito que a garanta. Pode ser objeto da ação real tanto a propriedade de bem móvel como de bem imóvel. Assim, consideram-se ações reais: imissão de posse, reivindicatória, hipotecária, de servidão e de usufruto. "Caracteres fundamentais dos direitos reais: consoante ensinamento de Clóvis, tais caracteres são os seguintes: a) adere imediatamente à coisa, sujeitando-a diretamente ao titular; b) segue seu objeto onde quer que este se encontre. É o direito de sequela, que constitui o apanágio do direito real; c) é exclusivo, nesse sentido de que não é possível instalar-se direito real onde outro já exista; d) é provido de ação real, que prevalece contra qualquer detentor da coisa, razão pela qual preferem muitos denominá-lo absoluto; e) seu número é bastante limitado, mas além dos existentes, outros poderão ser criados. O número dos direitos pessoais, ao contrário, é infinito; f) finalmente, só os direitos reais são suscetíveis de posse, tese que, entretanto, comporta divergências doutrinárias" (MONTEIRO, Washington de Barros. *Curso de direito civil*: direito das coisas. 36.ed. São Paulo, Saraiva, v. 3, p. 13) (art. 95, CPC/73).

▶ Veja CPC/73: "**Art. 95.** Nas ações fundadas em direito real sobre imóveis é competente o foro da situação da coisa. Pode o autor, entretanto, optar pelo foro do domicílio ou de eleição, não recaindo o litígio sobre direito de propriedade, vizinhança, servidão, posse, divisão e demarcação de terras e nunciação de obra nova".

▶ Veja CPC/2015: "**Art. 46.** A ação fundada em direito pessoal ou em direito real sobre bens móveis será proposta, em regra, no foro de domicílio do réu. [...] **Art. 47.** Para as ações fundadas em direito real sobre imóveis é competente o foro de situação da coisa. § 1º O autor pode optar pelo foro de domicílio do réu ou pelo foro de eleição se o litígio não recair sobre direito de propriedade, vizinhança, servidão, divisão e demarcação de terras e de nunciação de obra nova. § 2º A ação possessória imobiliária será proposta no foro de situação da coisa, cujo juízo tem competência absoluta".

■ Ação real. Competência do foro da situação do bem. Precedente do STJ. Hipótese distinta é do compromisso de compra e venda onde se discute relação contratual (ação pessoal). CPC, art. 95. "[...] Tendo isso em vista, é imprescindível verificar, na hipótese dos autos, se a ação ora em julgamento se caracteriza como uma ação real ou como uma ação pessoal. Isso porque, se for de natureza real, incidirá automaticamente a regra do art. 95 do CPC e esta ação realmente não poderia ter sido julgada por outro foro que não o da situação do imóvel. Se pessoal a ação, assiste razão ao Tribunal *a quo* em não acolher o argumento de incompetência absoluta levantado pelo MP/GO. A ideia que está por trás de todos esses julgamentos é a de verificar, do ponto de vista substancial, qual o título que dá base à pretensão veiculada pelo autor em juízo. Se o título é o contrato, trata-se de ação pessoal. Se é com base na propriedade que se formula o pedido, trata-se de ação real. [...] A ação *sub judice* claramente é uma ação real. A legitimidade dos autores para formular o pedido de anulação está exatamente nos direitos de exclusividade e de sequela que, se procedentes suas alegações, caracterizam o direito real de que seriam titulares. No sentido de que é de natureza real ação que vise à anulação ou, de qualquer modo, à desconstituição de um registro público, confira-se o seguinte precedente, exarado pela 2ª Seção do STJ, no julgamento do CC n. 26.293/SC (*DJ* 11.03.2002), por mim relatado e cuja ementa ora se transcreve: No mesmo sentido é a opinião, entre outros, de Ovídio A. Batista da Silva (*Comentários ao CPC*, v. 1, *RT*, p. 422 e 433): "Nas ações fundadas em direito real sobre imóveis, diz o art. 95, é competente o foro da situação da coisa, qualquer que seja a natureza da respectiva ação: tanto a ação de reivindicação, quanto a simplesmente declaratória de domínio, ou as ações que tenham por fim anular ou, por outra razão qualquer, desconstituir algum registro imobiliário constitutivo de direito real sobre imóvel". Assiste, portanto, integral razão ao MP/GO. A pretensão veiculada na ação *sub judice* é fundamentada no direito de propriedade e, portanto, a competência para processá-la e julgá-la é do foro da situação do imóvel, e não do domicílio do réu, para onde os autos foram indevidamente encaminhados por ocasião do julgamento da exceção de incompetência. (STJ, REsp n. 251.437/GO, rel. Min. Nancy Andrighi, j. 20.04.2006, *DJ* 23.04.2007)

Ação redibitória Ação do adquirente contra o vendedor com o fim de responsabilizá-lo pelos vícios redibitórios encontrados na coisa vendida. Também conhecida por estimatória ou *quanti minoris*. São vícios redibitórios os defeitos ocultos que tornem a coisa imprópria ao uso a que é destinada ou lhe diminuam o valor (arts. 441, CC, e 18, CDC). O adquirente decai do direito de obter a redibição ou o abatimento no preço no prazo de trinta dias, se a coisa for móvel, e de um ano, se for imóvel, contado da entrega efetiva; se já estava na posse, o prazo conta-se da alienação, reduzido à metade (art. 445, CC). Na aplicação do CDC, o direito de reclamar pelos vícios aparentes ou de fácil constatação caduca em: I – trinta dias, tratando-se de fornecimento de serviço e de produtos não duráveis; II – noventa dias, tratando-se de fornecimento de serviço e de produtos duráveis (art. 26). Diante da duplicidade de normas (CC e CDC) dispondo a respeito do prazo para reclamar os defeitos ocultos, o entendimento que predomina na doutrina é o de que o contrato de compra e venda será regido pelo CC apenas na hipótese de relação entre consumidores (pessoa física x pessoa física), ou seja, quando o vendedor é um particular que não explore atividade econômica relacionada com o comércio de veículos. Por outro lado, aplicar-se-á o CDC quando o veículo for adquirido de uma concessionária ou de uma empresa de revenda de veículos.

▸ Veja CC: "**Art. 441.** A coisa recebida em virtude de contrato comutativo pode ser enjeitada por vícios ou defeitos ocultos, que a tornem imprópria ao uso a que é destinada, ou lhe diminuam o valor. Parágrafo único. É aplicável a disposição deste artigo às doações onerosas. **Art. 442.** Em vez de rejeitar a coisa, redibindo o contrato (art. 441), pode o adquirente reclamar abatimento no preço".

▸ Veja CDC: "**Art. 18.** Os fornecedores de produtos de consumo duráveis ou não duráveis respondem solidariamente pelos vícios de qualidade ou quantidade que os tornem impróprios ou inadequados ao consumo a que se destinam ou lhes diminuam o valor, assim como por aqueles decorrentes da disparidade, com as indicações constantes do recipiente, da embalagem, rotulagem ou mensagem publicitária, respeitadas as variações decorrentes de sua natureza, podendo o consumidor exigir a substituição das partes viciadas. § 1º Não sendo o vício sanado no prazo máximo de trinta dias, pode o consumidor exigir, alternativamente e à sua escolha: I – a substituição do produto por outro da mesma espécie, em perfeitas condições de uso; II – a restituição imediata da quantia paga, monetariamente atualizada, sem prejuízo de eventuais perdas e danos; III – o abatimento proporcional do preço. [...]".

■ [...] A propósito, a diferenciação que se faz entre as ações edílicias (redibitória e *quanti minoris*) e a ação *ex empto* decorre precisamente de que, naquelas, há vício de qualidade e, nesta, de quantidade. [...]. (STJ, Ag. Reg. no AREsp n. 33.444/RS, 3ª T., rel. Min. João Otávio de Noronha, j. 13.08.2013, *DJe* 22.08.2013)

■ Ação redibitória e perdas e danos. Compra e venda de veículo usado. Ilegitimidade passiva. Documentos indispensáveis. Agravo retido improvido. Os reparos no veículo já foram efetuados, não mais sendo razoável e útil eventual realização de prova pericial. Preliminar de ilegitimidade passiva rejeitada. Os documentos juntados com a inicial dão conta do negócio realizado entre as partes e do conserto realizado no veículo, suficientes para o ajuizamento da ação. Preliminar de extinção do feito rejeitada. Desgastes no veículo que se inserem no plano dos riscos inerentes à própria natureza do negócio realizado. Preliminares rejeitadas. Agravo retido improvido. Apelação improvida. (TJRS, Ap. Cível n. 70047773270, 11ª Câm. Cível, rel. Bayard Ney de Freitas Barcellos, j. 12.09.2012)

Ação regressiva Ação para haver de alguém o valor despendido para cumprir obrigação que a este competia. Funda-se essa ação no direito de regresso que a lei, em certos casos, assegura a quem cumpre obrigação alheia. Assim, entre outros, possuem direito regressivo: o adquirente que sofrer evicção contra o vendedor de imóvel; o endossante da letra de câmbio contra o sacador ou aceitante; o empregador que indenizou prejuízos causados pelo empregado, como em ação de acidente de trânsito; a seguradora que tenha ressarcido o segurado, contra o causador do dano; o proprietário do imóvel contra o construtor; o que pagou indevidamente contra o devedor verdadeiro e seu fiador; o incumbido de guardar a coisa que perecer contra o terceiro culpado; o comerciante contra o fabricante quando tiver de indenizar produto defeituoso (art. 13, CDC); as pessoas jurídicas de direito público interno contra agentes seus que hajam causado dano, se houver, por parte destes, culpa ou dolo (art. 43, CC); o transportador contra motorista seu que haja causado acidente com o passageiro (art. 735, CC). É admissível a denunciação da lide, promovida por qualquer das partes, daquele que estiver obrigado, por lei ou pelo contrato, a indenizar, em ação regressiva, o prejuízo do que perder a demanda (art. 70, III, CPC/73).

▸ Veja CC: "**Art. 43.** As pessoas jurídicas de direito público interno são civilmente responsáveis por atos dos seus agentes que nessa qualidade causem danos a terceiros, ressalvado direito regressivo contra os causadores do dano, se houver, por parte destes, culpa ou dolo. [...] **Art. 408.** Incorre de pleno direito o devedor na cláusula penal, desde que, culposamente, deixe de cumprir a obrigação ou se constitua em mora. [...] **Art. 414.** Sendo indivisível a obrigação, todos os devedores, caindo em falta um deles, incorrerão na pena; mas esta só se poderá demandar integralmente do culpado, respondendo cada um dos outros somente pela sua quota. Parágrafo único. Aos não culpados fica reservada a ação regressiva contra aquele que deu causa à aplicação da pena. [...] **Art. 680.** Se o mandato for outorgado por duas ou mais pessoas, e para negócio comum, cada uma ficará solidariamente responsável ao mandatário por todos os compromissos e efeitos do mandato, salvo direito regressivo, pelas quantias que pagar, contra os outros mandantes. [...] **Art. 735.** A responsabilidade contratual do transportador por acidente com o passageiro não é elidida por culpa de terceiro, contra o qual tem ação regressiva. [...] **Art. 880.** Fica isento de restituir pagamento indevido aquele que, recebendo-o como parte de dívida verdadeira, inutilizou o título, deixou prescrever a pretensão ou abriu mão das garantias que asseguravam seu direito; mas aquele que pagou dispõe de ação regressiva contra o verdadeiro devedor e seu fiador. [...] **Art. 930.** No caso do inciso II do art. 188, se o perigo ocorrer por culpa de terceiro, contra este terá o autor do dano ação regressiva para haver a importância que tiver ressarcido ao lesado. Parágrafo único. A mesma ação competirá contra aquele em defesa de quem se causou o dano (art. 188, inciso I). [...] **Art. 1.318.** As dívidas contraídas por um dos condôminos em proveito da comunhão, e durante ela, obrigam o contratante; mas terá este ação regressiva contra os demais. [...] **Art. 1.481.** Dentro em trinta dias, contados do registro do título aquisitivo, tem o adquirente do imóvel hipotecado o direito de remi-lo, citando os credores hipotecários e propondo importância não inferior ao preço por que o adquiriu. [...] § 4º Disporá de ação regressiva contra o vendedor o adquirente que ficar privado do imóvel em consequência de licitação ou penhora, o que pagar a hipoteca, o que, por causa de adjudicação ou licitação, desembolsar com o pagamento da hipoteca importância excedente à da compra e o que suportar custas e despesas judiciais. [...] **Art. 1.646.** No caso dos incisos III e IV do art. 1.642, o terceiro, prejudicado com a sentença favorável ao autor, terá direito regressivo contra o cônjuge, que realizou o negócio jurídico, ou seus herdeiros".

▸ Veja CPC/73: "**Art. 70.** A denunciação da lide é obrigatória: I – ao alienante, na ação em que terceiro reivindica a coisa, cujo domínio foi transferido à parte, a fim de que esta possa exercer o direito que da evicção lhe resulta; II – ao proprietário ou ao possuidor indireto quando, por força de obrigação ou direito, em casos como o do usufrutuário, do credor pignoratício, do locatário, o réu, citado em nome próprio, exerça a posse direta da coisa demandada; III – àquele que estiver obrigado, pela lei ou pelo contrato, a indenizar, em ação regressiva, o prejuízo do que perder a demanda".

▸ Veja CPC/2015: "**Art. 125.** É admissível a denunciação da lide, promovida por qualquer das partes: [...] II – àquele que estiver obrigado, por lei ou pelo contrato, a indenizar, em ação regressiva, o prejuízo de quem for vencido no processo. [...]".

▸ Veja CDC: "**Art. 13.** O comerciante é igualmente responsável, nos termos do artigo anterior, quando: I – o fabricante, o construtor, o produtor ou o importador não puderem ser identificados; II – o produto for fornecido sem identificação clara do seu fabricante, produtor, construtor ou importador; III – não conservar adequadamente os produtos perecíveis. Parágrafo único. Aquele que efetivar o pagamento ao prejudicado poderá exercer o direito de regresso contra os demais responsáveis, segundo sua participação na causação do evento danoso".

▪ Seguro terrestre. Ação regressiva. O segurador tem direito de regresso contra o causador do dano, ainda que se trate de seguro terrestre. (STJ, REsp n. 101.932/1996/RJ, rel. Min. Eduardo Ribeiro, j. 24.09.1996, *DJ* 29.10.1996)

▪ Denunciação da lide. Direito de regresso. Ação regressiva. CPC, art. 70, III. Na hipótese do art. 70, III, do CPC, a ação regressiva subsiste ainda que a denunciação da lide não tenha sido feita. (STJ, REsp n. 78.954/1997/PR, rel. Min. Ari Pargendler, j. 18.08.1997, *DJ* 15.09.1997)

▪ Ação regressiva. Seguradora. Teoria da aparência. Furto de veículo em estacionamento de centro de compras. Procedência mantida. Legitimidade passiva reconhecida. CCB/2002, art. 186. A demandada é parte legítima para figurar no polo passivo da demanda, uma vez que os consumidores ao estacionarem seus veículos na área em frente ao prédio presumiam ser o local integrante do centro comercial, bem como que estariam seguros. Aplicação da Teoria da Aparência e extensão do estabelecimento comercial. (TJRS, Ap. Cível n. 5.134.255/Farroupilha, rel. Des. Jorge Luiz Lopes do Canto, j. 27.08.2008)

Ação reipersecutória Ação em que o autor reclama o que se lhe deve ou lhe pertence e que se acha fora de seu patrimônio, inclusive interesses e penas convencionais. É toda ação em que se busca a entrega de alguma coisa, podendo o pedido se fundar em um direito real ou pessoal. Exemplo: ação de despejo, que é fundada em um direito pessoal e é reipersecutória.

- Ação reipersecutória. Imóvel em nome da concubina. Espólio. Ação ajuizada pela inventariante. Direito à meação. Procedência. O inventariante representa o espólio, ativa e passivamente, em juízo, sendo desnecessária a outorga de procuração por instrumento público. Comprovado que o imóvel foi adquirido no período da relação concubinária entre as partes e estando registrado em nome da companheira, com a morte do concubino, o herdeiro, no caso o inventariante, poderá propor ação pleiteando a meação do imóvel. (TJMG, n. 2.979.744/MG, 2.0000.00.297974-4/000(1), rel. Maciel Pereira, j. 17.02.2000)

- Agravo de instrumento. Propriedade e direitos reais sobre coisas alheias. Ação de natureza reipersecutória. Possibilidade de registro da citação no álbum imobiliário, nos termos do art. 167, I, n. 21, da Lei n. 6.015/73 (Lei de Registros Públicos). Possibilidade, no caso. 1. Nenhum impedimento processual há na realização de pedido incidental de registro no álbum imobiliário, da citação para ação de natureza reipersecutória, dando ciência a terceiros da tramitação da demanda (fls. 108/109), considerando que a tal encontra amparo no art. 798 do CPC, que autoriza o Juiz a determinar medidas provisórias reputadas necessárias a evitar, antes do julgamento definitivo da ação, lesão grave e de difícil reparação, por fundado receio, bem como amparo no art. 167, I, n. 21 da Lei de Registros Públicos. 2. E a configuração de tais circunstâncias, como já dito, fica evidente, porquanto havendo discussão judicial sobre o imóvel, nada mais justo que na matrícula de referido bem conste a existência do mencionado litígio, em especial, no caso, para resguardo de direito de terceiros. Agravo de instrumento desprovido. (TJRS, AI n. 70045549995, 19ª Câm. Cível, rel. Eugênio Facchini Neto, j. 13.03.2012)

Ação reivindicatória Ação movida pelo proprietário não possuidor contra o possuidor não proprietário para reaver a posse do imóvel (art. 1.228, CC). Trata-se de ação petitória, fundada no domínio, movida contra pessoa que não possuindo qualquer título, ou possuindo título de legitimidade discutível, exerce posse injusta sobre o imóvel. "Cumpre ao autor, na reivindicação do imóvel, descrever os limites externos, o perímetro da área reivindicada. E se quiser reivindicar apenas parte do imóvel, porque, vamos admitir em tese que apenas parte dele está sendo ocupada injustamente pelo réu, deve descrever a área reivindicada, além da área do imóvel. Essa é uma das questões mais polêmicas da ação reivindicatória. É nosso entendimento, consoante a jurisprudência dominante e a melhor doutrina, que se o autor não descrever os limites do imóvel a ação deve ser julgada improcedente. Aliás, deve o juiz, se verificar que a inicial não faz a descrição da área reivindicada, determinar que o autor a emende, pena de indeferimento" (HAENDCHEN, Paulo Tadeu; LETTERIELLO, Rêmolo. In: *Ação reivindicatória*. 4.ed. São Paulo, Saraiva, 1985, p. 25).

▶ Veja CC: "**Art. 1.228**. O proprietário tem a faculdade de usar, gozar e dispor da coisa, e o direito de reavê-la do poder de quem quer que injustamente a possua ou detenha".

- Agravo de instrumento. Ação de anulação de escritura pública de compra e venda. Pedido liminar de manutenção de posse. Trânsito em julgado de ação reivindicatória oposta, com expedição de mandado de imissão de posse. O acórdão, com a qualidade de coisa julgada, relativo à ação reivindicatória, determinou que a escritura pública desconstitui-se pela vontade das partes ou por anulação judicial, prevalecendo os direitos do proprietário, incluída a posse do bem. O julgado judicial transitado em julgado só pode ser desfeito por ação rescisória. Nestas circunstâncias se indefere a medida liminar de manutenção de posse, que vai de encontro ao julgado. (TJRS, AI n. 70050932656, 20ª Câm. Cível, rel. Carlos Cini Marchionatti, j. 12.09.2012)

- Apelação cível. Propriedade e direitos reais sobre coisas alheias. Ação reivindicatória. Exceção de usucapião. Sentença mantida. 1. Ilegitimidade ativa, para parte do pedido, mantida. Comprovado que o autor não é o proprietário da área que compõe o corredor, sequer se trata de ilegitimidade ativa para o pedido, mas sim improcedência deste, porque analisado o pleito com base em prova, além das meras alegações. 2. Mantida a improcedência da reivindicatória. Embora comprovado que o autor possui o título de proprietário, restou evidenciado que a ré usucapiu o bem, o que afasta a posse injusta. Assim, improcede a pretensão reivindicatória. Negaram provimento ao apelo. Unânime. (TJRS, Ap. Cível n. 70025818071, 18ª Câm. Cível, rel. Elaine Maria Canto da Fonseca, j. 06.09.2012)

Ação renovatória de locação Ação que assiste ao locatário de imóvel não residencial para obter a renovação do contrato de locação por igual prazo do contrato em vigor (arts. 51 e 71, Lei n. 8.245/91). Ação específica de que dispõe o locatário para obter a renovação do contrato de locação que tenha por objeto, exclusivamente, imóvel destinado ao comércio. Mediante a referida ação, pode o locatário obter a renovação do contrato, por igual prazo, desde que a locação preencha os seguintes requisitos: a) que o contrato a renovar tenha sido celebrado por escrito e com prazo determinado; b) que o prazo mínimo do contrato a renovar, ou a soma dos prazos ininterruptos dos contratos escritos seja de cinco anos; c) que o locatário esteja explorando seu comércio, no mesmo ramo, pelo prazo mínimo e ininterrupto de três anos. A ação deve ser proposta no prazo máximo de um ano e no mínimo de seis meses, anteriores à data da finalização do prazo do contrato em vigor, sob pena da decadência do direito do locatário (art. 51, § 5º, Lei n. 8.245/91).

- Veja Lei n. 8.245/91 (Lei do Inquilinato): "**Art. 71**. Além dos demais requisitos exigidos no art. 282 do Código de Processo Civil, a petição inicial da ação renovatória deverá ser instruída com: I – prova do preenchimento dos requisitos dos incisos I, II e III do art. 51; II – prova do exato cumprimento do contrato em curso; III – prova da quitação dos impostos e taxas que incidiram sobre o imóvel e cujo pagamento lhe incumbia; IV – indicação clara e precisa das condições oferecidas para a renovação da locação; V – indicação do fiador quando houver no contrato a renovar e, quando não for o mesmo, com indicação do nome ou denominação completa, número de sua inscrição no Ministério da Fazenda, endereço e, tratando-se de pessoa natural, a nacionalidade, o estado civil, a profissão e o número da carteira de identidade, comprovando, desde logo, mesmo que não haja alteração do fiador, a atual idoneidade financeira; VI – prova de que o fiador do contrato ou o que o substituir na renovação aceita os encargos da fiança, autorizado por seu cônjuge, se casado for; VII – prova, quando for o caso, de ser cessionário ou sucessor, em virtude de título oponível ao proprietário. Parágrafo único. Proposta a ação pelo sublocatário do imóvel ou de parte dele, serão citados o sublocador e o locador, como litisconsortes, salvo se, em virtude de locação originária ou renovada, o sublocador dispuser de prazo que admita renovar a sublocação; na primeira hipótese, procedente a ação, o proprietário ficará diretamente obrigado à renovação".

- Locação. Ação renovatória. Desistência. O pedido de desistência da ação renovatória, ofertado após o vencimento do contrato, não desonera o locador do pagamento do real valor do aluguel, apurado em perícia, até a efetiva desocupação do imóvel. (STJ, REsp n. 214.544/1999/CE, rel. Min. Félix Fischer, j. 05.08.1999, *DJ* 06.09.1999)

- Locação. Ação revisional e ação renovatória. Inexistência de continência (CPC, art. 104). Ocorrência de conexão (CPC, art. 103). Lei n. 8.245/91, arts. 68 e 71. Não se discute, na via processual da renovatória, apenas o *quantum*, como na revisional, mas sim o *iuris locato*. Desta forma, inaplicável, à espécie, a ocorrência de continência entre as Ações Renovatória e Revisional. Certo é que as partes são as mesmas e a causa de pedir remota, também (contrato de locação). Contudo, isto leva à hipótese de conexão e não continência. Isto porque, os objetos são distintos e não há elementos da causa menor que se fazem, da mesma forma, presentes na maior. Evidencia-se, claramente, uma diversidade no fim almejado no pedido (objeto) de cada ação. (STJ, REsp n. 305.835/RJ, rel. Min. Jorge Scartezzini, j. 03.10.2002, *DJ* 11.11.2002)

Ação rescisória Ação destinada a rescindir ou anular sentença de mérito transitada em julgado nos casos que a lei se refere. A ação tem por objetivo a anulação de uma decisão judicial passada em julgado, em razão de ter sido ela proferida contra expressa disposição de lei ou de ter violado direito expresso para efeito de restabelecer a verdade jurídica. A sentença de mérito, transitada em julgado, pode ser rescindida nas hipóteses elencadas no art. 485, CPC/73 (art. 966, CPC/2015).

- Veja CPC/73: "**Art. 485**. A sentença de mérito, transitada em julgado, pode ser rescindida quando: I – se verificar que foi dada por prevaricação, concussão ou corrupção do juiz; II – proferida por juiz impedido ou absolutamente incompetente; III – resultar de dolo da parte vencedora em detrimento da parte vencida, ou de colusão entre as partes, a fim de fraudar a lei; IV – ofender a coisa julgada; V – violar literal disposição de lei; VI – se fundar em prova, cuja falsidade tenha sido apurada em processo criminal ou seja provada na própria ação rescisória; VII – depois da sentença, o autor obtiver documento novo, cuja existência ignorava, ou de que não pôde fazer uso, capaz, por si só, de lhe assegurar pronunciamento favorável; VIII – houver fundamento para invalidar confissão, desistência ou transação, em que se baseou a sentença; IX – fundada em erro de fato, resultante de atos ou de documentos da causa. [...] **Art. 495**. O direito de propor ação rescisória se extingue em 2 (dois) anos, contados do trânsito em julgado da decisão".

- Veja CPC/2015: "**Art. 966**. A decisão de mérito, transitada em julgado, pode ser rescindida quando: I – se verificar que foi proferida por força de prevaricação, concussão ou corrupção do juiz; II – for proferida por juiz impedido ou por juízo absolutamente incompetente; III – resultar de dolo ou coação da parte vencedora em detrimento da parte vencida ou, ainda, de simulação ou colusão entre as partes, a fim de fraudar a lei; IV – ofender a coisa julgada; V – violar manifestamente norma jurídica; VI – for fundada em prova cuja falsidade tenha sido apurada em processo criminal, ou venha a ser demonstrada na própria ação rescisória; VII – obtiver o autor, posteriormente ao trânsito em julgado, prova nova cuja existência ignorava ou de que não pôde fazer uso, capaz, por si só, de lhe assegurar pronunciamento favorável; VIII – for fundada em erro de fato verificável do exame dos autos. [...] **Art. 967.** Têm legitimidade para propor a ação rescisória: I – quem foi parte no processo ou o seu sucessor a título universal ou singular; II – o terceiro juridicamente interessado; III – o Ministério Público: [...] **Art. 975.** O direito à rescisão se extingue em 2 (dois) anos contados do trânsito em julgado da última decisão proferida no processo. [...]".

- Súmula n. 401, STJ: O prazo decadencial da ação rescisória só se inicia quando não for cabível qualquer recurso do último pronunciamento judicial.

- Ação rescisória. Violação de lei. Indicação do dispositivo violado. Necessidade. Inaplicabilidade à ação rescisória o princípio do *iuria novit curia*. CPC, art. 485, V. A colenda SBDI-II, do TST, firmou a OJ n. 3/TST, segundo a qual "o atendimento ao disposto no art. 485, V, do CPC exige expresso apontamento de infringência do dispositivo legal e/ou constitucional na petição inicial da ação rescisória, não bastando a simples referência no corpo da fundamentação, por inaplicável o princípio *iura novit curia*". (TST, Rem. Nec. em Ação Rescisória n. 571.245, rel. Min. Francisco Fausto Paula de Medeiros, j. 27.06.2000, *DJ* 25.08.2000)

- Ação rescisória. Casamento. Sentença rescindenda homologatória de separação consensual. descabimento. inexistência de decisão de mérito. Propriedade da ação anulatória. Carência da rescisória. CPC, arts. 485 *caput* e 486 (com doutrina e jurisprudência). A sentença que homologa acordo na separação consensual, sem qualquer reparo, é rescindível através de ação anulatória, e não de rescisória. (TJSP, Ação Rescisória n. 27.739/1985, rel. Des. Rodrigues Porto, j. 13.08.1985)

Ação revisional de alimentos Ação que assiste ao alimentante ou ao alimentado requererem a exoneração, a redução ou o aumento, respectivamente, do valor dos alimentos em vigor, na hipótese da mudança na fortuna de quem os supre ou na de quem os recebe (art. 1.699, CC). Nesse contexto, resta pacífico que as sentenças que decidem sobre alimentos trazem ínsita a cláusula *rebus sic stantibus*, obstativa do trânsito em julgado do *quantum* na sentença estabelecido (art. 15, Lei n. 5.478/68 – Lei de Alimentos). "Para que seja acolhido o pedido de revisão, deve ser provada a modificação das condições econômicas dos interessados. Na revisão, subsiste o princípio da proporcionalidade do § 1º do art. 1.694 do CC, de tal modo que o alimentando deve provar não só a necessidade de ser a pensão aumentada, como também que o alimentante tem condições de suportar o seu aumento. As hipóteses previstas no art. 1.699 do CC são alternativas e não concomitantes, bastando a prova de uma delas para justificar o pedido de revisão. Assim, se após a sentença os recursos do alimentante aumentam criando-se desproporção considerável entre a pensão que ele presta ao cônjuge ou ao parente e a fortuna que frui, eleva-se a quantia anteriormente fixada, como se faria se ao alimentário somente agora se reclamassem alimentos" (CAHALI, Yussef Said. *Dos alimentos*. 6.ed. São Paulo, RT, 2009, p. 591).

▸ Veja CC: "**Art. 1.694.** Podem os parentes, os cônjuges ou companheiros pedir uns aos outros os alimentos de que necessitem para viver de modo compatível com a sua condição social, inclusive para atender às necessidades de sua educação. § 1º Os alimentos devem ser fixados na proporção das necessidades do reclamante e dos recursos da pessoa obrigada. § 2º Os alimentos serão apenas os indispensáveis à subsistência, quando a situação de necessidade resultar de culpa de quem os pleiteia. [...] **Art. 1.699.** Se, fixados os alimentos, sobrevier mudança na situação financeira de quem os supre, ou na de quem os recebe, poderá o interessado reclamar ao juiz, conforme as circunstâncias, exoneração, redução ou majoração do encargo".

- Ação revisional de alimentos. CC, arts. 400 e 401. Critérios. Matéria de fato. Súmula n. 7/STJ. Honorários. Sucumbência recíproca. Hipótese não configurada. CPC, art. 21. Inaplicabilidade. I. A controvérsia mantida nos autos sobre a possibilidade do alimentante e a necessidade da filha alimentanda recai no contexto probatório, de revisão impossível em sede especial, ao teor da Súmula n. 7/STJ. II. Considera-se a postulação inicial da verba alimentar meramente estimativa, dada a subjetividade na sua avaliação, de sorte que se fixada, ao final, pensão inferior à pretendida, porém com a procedência da ação revisional para elevar a prestação anterior, não se configura a hipótese de sucumbência recíproca prevista no art. 21 do CPC, cabendo ao réu-alimentante arcar, por inteiro, com tais ônus, os quais, em concreto, já ficam proporcionalizados, pela incidência do percentual sobre o montante menor em que resultou a condenação. III. Recurso especial não conhecido. (STJ, REsp n. 290.939/PB (2000/0127700-6), rel. Min. Aldir Passarinho Júnior, j. 18.04.2002)

- Ação revisional. Alteração liminar do valor dos alimentos. Possibilidade. Sendo legal (Lei n. 5.478, de 05.07.1968, art. 13, § 1º) a modificação, a qualquer tempo, dos alimentos provisórios para mantê-los compatíveis com as necessidades do alimentando e as possibilidades do alimentante, razão plausível não existe a desaconselhar semelhante entendimento relativamente à modificação do valor de pensão alimentícia já no início da ação revisional, havendo elementos de prova convincentes, ainda que circunstanciais. (TJPR, AI n. 50.237/2/1997/Curitiba, rel. Des. Jesus Sarrão, j. 25.03.1997)

Ação revisional de aluguéis Ação que tem por finalidade ajustar o valor do aluguel em curso aos preços compatíveis com o mercado quando estiver defasado e não houver possibilidade de acordo entre locador e locatário (arts. 19 e 68, Lei n. 8.245/91). A ação revisional pode ser ajuizada tanto pelo locador como pelo locatário e obedecerá o rito sumário. Na petição inicial, o requerente deverá indicar, desde logo, o valor do aluguel cuja fixação é pretendida. Ao designar a audiência de conciliação, o juiz, se houver pedido e com base nos elementos fornecidos tanto pelo locador como pelo locatário, ou nos que indicar, fixará aluguel provisório, que será devido desde a citação, nos seguintes moldes: a) em ação proposta pelo locador, o aluguel provisório não poderá ser excedente a 80% do pedido; b) em ação proposta pelo locatário, o aluguel provisório não poderá ser inferior a 80% do aluguel vigente. Sem prejuízo da contestação e até a audiência, o réu poderá requerer que seja revisto o aluguel provisório, fornecendo os elementos para tanto. O pedido de revisão interrompe o prazo para interposição de recurso contra a decisão que fixar o aluguel provisório. Na audiência de conciliação, apresentada a contestação, que deverá conter contraproposta, se houver discordância quanto ao valor pretendido o juiz tentará a conciliação e, não sendo esta possível, determinará a realização de perícia, se necessária, designando, desde logo, audiência de instrução e julgamento (art. 68, Lei n. 8.245/91).

▸ Veja Lei n. 8.245/91: "**Art. 19.** Não havendo acordo, o locador ou o locatário, após três anos de vigência do contrato ou do acordo anteriormente realizado, poderão pedir revisão judicial do aluguel, a fim de ajustá-lo ao preço de mercado. [...] **Art. 68.** Na ação revisional de aluguel, que terá o rito sumário, observar-se-á o seguinte: I – além dos requisitos exigidos pelos arts. 276 e 282 do Código de Processo Civil, a petição inicial deverá indicar o valor do aluguel cuja fixação é pretendida; II – ao designar a audiência de conciliação, o juiz, se houver pedido e com base nos elementos fornecidos tanto pelo locador como pelo locatário, ou nos que indicar, fixará aluguel provisório, que será devido desde a citação, nos seguintes moldes: a) em ação proposta pelo locador, o aluguel provisório não poderá ser excedente a 80% (oitenta por cento) do pedido; b) em ação proposta pelo locatário, o aluguel provisório não poderá ser inferior a 80% (oitenta por cento) do aluguel vigente; III – sem prejuízo da contestação e até a audiência, o réu poderá pedir seja revisto o aluguel provisório, fornecendo os elementos para tanto; IV – na audiência de conciliação, apresentada a contestação, que deverá conter contraproposta se houver discordância quanto ao valor pretendido, o juiz tentará a conciliação e, não sendo esta possível, determinará a realização de perícia, se necessária, designando, desde logo, audiência de instrução e julgamento; V – o pedido de revisão previsto no inciso III deste artigo interrompe o prazo para interposição de recurso contra a decisão que fixar o aluguel provisório. [...]".

- Ação revisional de aluguel. Agravo retido. Liminar. Indeferimento. Ausente comprovação de elementos mínimos quanto à alegada defasagem do valor do aluguel frente ao mercado imobiliário, circunstância até aqui inalterada. Preliminar. Ilegitimidade ativa. Os autores são legitimados para causa na condição de herdeiros testamentários de quem detinha a propriedade de 50% do imóvel locado à demandada. Aplicável a regra do art. 1.791 do CC. Preliminar. Inobservância da Lei n. 8.245/91. Reajuste previsto em cláusula contratual. Trata-se de inovação no feito, prática vedada pela legislação ordinária. Revisão aluguel. Não comprovado desequilíbrio contratual para viabilizar o reajuste do aluguel além dos legais previsto em aditivo contratual, merece ser mantida a improcedência da demanda. Desistência da prova pericial pela autora. [...] Unânime. (TJRS, Ap. Cível n. 70014784441, 16ª Câm. Cível, rel. Paulo Augusto Monte Lopes, j. 24.05.2006)

- Ação revisional de aluguel. Escritura de locação. Termo aditivo ao contrato de locação. [...] Os valores do novo aluguel são fixados de acordo com os critérios e o livre convencimento do juízo. Concedida com base no laudo pericial, satisfatoriamente elaborado e fundamentado com a utilização de critério técnico, comparativo, apropriado, que possui consistência e confiabilidade e que obedeceu a métodos científicos adequados para a sua conclusão. [...] A ação revisional de aluguel encerra provimento jurisdicional de natureza condenatória, aplicando-se, por conseguinte, as disposições do art. 20 do CPC. Incumbe ao litigante vencido na ação suportar os ônus da sucumbência, respondendo pelas despesas processuais, inclusive pelos honorários do Sr. Perito Judicial, e honorários advocatícios. Primeiro apelo desprovido e segundo apelo provido em parte. (TJRS, Ap. Cível n. 70009132937, 15ª Câm. Cível, rel. Vicente Barrôco de Vasconcellos, j. 27.10.2004)

Ação revogatória Ação que assiste aos credores para desconstituir os atos praticados pelo devedor consistente em alienar ou onerar, de forma dolosa ou sob fraude, bens que poderiam ser usados para o pagamento da dívida. No processo de falência e recuperação de empresas, são revogáveis os atos praticados com a intenção de prejudicar credores, provando-se o conluio fraudulento entre o devedor e o terceiro que com ele contratar e o efetivo prejuízo sofrido pela massa falida (art. 130, Lei n. 11.101/2005 – Lei de Falências). Também chamada de *ação revocatória* e *ação pauliana*.

▸ Veja Lei n. 11.101/2005 (Lei de Falências): "**Art. 130.** São revogáveis os atos praticados com a intenção de prejudicar credores, provando-se o conluio fraudulento entre o devedor e o terceiro que com ele contratar e o efetivo prejuízo sofrido pela massa falida. **Art. 131.** Nenhum dos atos referidos nos incisos I a III e VI do art. 129 desta Lei que tenham sido previstos e realizados na forma definida no plano de recuperação judicial será declarado ineficaz ou revogado. **Art. 132.** A ação revogatória, de que trata o art. 130 desta Lei, deverá ser proposta pelo administrador judicial, por qualquer credor ou pelo Ministério Público no prazo de 3 (três) anos contado da decretação da falência. **Art. 133.** A ação revogatória pode ser promovida: I – contra todos os que figuraram no ato ou que por efeito dele foram pagos, garantidos ou beneficiados; II – contra os terceiros adquirentes, se tiveram conhecimento, ao se criar o direito, da intenção do devedor de prejudicar os credores; III – contra os herdeiros ou legatários das pessoas indicadas nos incisos I e II do *caput* deste artigo. **Art. 134.** A ação revogatória correrá perante o juízo da falência e obedecerá ao procedimento ordinário previsto na Lei n. 5.869, de 11 de janeiro de 1973 – Código de Processo Civil".

▪ Falência. Ação revogatória. Ineficácia. Negócio jurídico efetuado no período de dois anos antes da decretação da quebra. Restituição do valor à massa. Possibilidade. 1. Os negócios jurídicos descritos na inicial, consubstanciados nos dois pagamentos indevidos realizados pela falida a título gratuito no período de dois anos antes da declaração da falência, a teor do que estabelece o art. 52, IV, do DL n. 7.661/45, reproduzido no art. 129, IV, da Lei n. 11.101/2005, como também o prejuízo à massa decorrente das referidas transferências restaram provados no curso da lide. [...] 3. Frise-se que este prejuízo é presumido, na medida em que há deficiência patrimonial decorrente do patrimônio líquido negativo da empresa falida, o que autoriza a declaração da ineficácia daquele ato frente à massa, diante da inexistência de ciência e muito menos a concordância de seus credores na época em que foi entabulado. [...] 5. É oportuno destacar que, em quaisquer das espécies de ação revocatória, ou seja, tanto na revocatória própria ou *stricto sensu*, quanto na revogatória, o plano que é atingido é o da eficácia, na primeira hipótese se trata da mera declaração desta, na segunda de nulidade relativa dos efeitos do negócio jurídico realizado e objeto da presente ação falencial, assim, o negócio inter partes existe e é válido apenas não surte efeitos frente à massa. 6. Assim, a prova dos autos é insofismável e aponta para existência de fraude, pois o negócio levado a efeito importa em transação simulada, ato a título gratuito que atenta contra o estatuto social e a prática usual de empresas comerciais, cuja inexistência de lançamento contábil em livro próprio importa em presumir a prática daquele ilícito, o que leva necessária a ineficácia do referido ato. [...] (TJRS, Ap. Cível n. 70043820133, 5ª Câm. Cível, rel. Jorge Luiz Lopes do Canto, j. 31.08.2011)

Ação sumaríssima Ação resumida, breve, concisa, sintética. A ação sumaríssima, ou a que obedece o rito sumaríssimo, tem por características a oralidade, a simplicidade, a informalidade, a economia processual e a celeridade. É adotada na Justiça comum (Juizados Especiais Cíveis e Criminais, regulados pela Lei n. 9.099/95), na Justiça federal (Juizados Especiais Cíveis e Criminais, regulados pela Lei n. 10.259/2001) e na Justiça do trabalho (arts. 852-A e segs., CLT) (*v. Procedimento sumaríssimo*).

Ação trabalhista Medida judicial pela qual pode o empregado reclamar do empregador à Justiça do trabalho o reconhecimento, a declaração, a atribuição ou efetivação de um direito decorrente da relação de trabalho. O mesmo que recla-

matéria trabalhista. Compete à Justiça do Trabalho processar e julgar as demandas decorrentes das relações de emprego e de trabalho. Anteriormente restrita às lides decorrentes da relação de emprego, a competência da Justiça trabalhista foi ampliada pela EC n. 45/2004, para também incluir as lides decorrentes da relação de trabalho, mediante a alteração da redação do art. 114, CF. As ações ajuizadas na Justiça do Trabalho tramitarão pelo rito ordinário ou sumaríssimo, conforme previsto na CLT, excepcionando apenas as que, por disciplina legal expressa, estiverem sujeitas a rito especial, tais como o mandado de segurança, *habeas corpus*, *habeas data*, ação rescisória, ação cautelar e ação de consignação em pagamento (IN n. 27/2005, TST). Para efeito de estabelecer a diferença entre relação de trabalho e relação de emprego, a doutrina considera relação de trabalho o vínculo contratual de prestação de serviços em que o prestador trabalha sem subordinação e por conta própria; e relação de emprego, a relação de natureza não eventual caracterizada pela subordinação do empregado ao empregador. Incluem-se no conceito de relação de trabalho os contratos de prestação de serviços, de empreitada e o trabalho autônomo. Dispõe ainda o inciso IX do art. 114 da CF que outras controvérsias decorrentes da relação de trabalho, na forma da lei, são de competência da Justiça do Trabalho. Por ora são contempladas as seguintes controvérsias: acidente do trabalho, dano moral, exercício do direito de greve, representação sindical e penalidade administrativa.

▶ Veja CF: "**Art. 114.** Compete à Justiça do Trabalho processar e julgar: I – as ações oriundas da relação de trabalho, abrangidos os entes de direito público externo e da administração pública direta e indireta da União, dos Estados, do Distrito Federal e dos Municípios; II – as ações que envolvam exercício do direito de greve; III – as ações sobre representação sindical, entre sindicatos, entre sindicatos e trabalhadores, e entre sindicatos e empregadores; IV – os mandados de segurança, *habeas corpus* e *habeas data*, quando o ato questionado envolver matéria sujeita à sua jurisdição; V – os conflitos de competência entre órgãos com jurisdição trabalhista, ressalvado o disposto no art. 102, I, *o*; VI – as ações de indenização por dano moral ou patrimonial, decorrentes da relação de trabalho; VII – as ações relativas às penalidades administrativas impostas aos empregadores pelos órgãos de fiscalização das relações de trabalho; VIII – a execução, de ofício, das contribuições sociais previstas no art. 195, I, *a*, e II, e seus acréscimos legais, decorrentes das sentenças que proferir; IX – outras controvérsias decorrentes da relação de trabalho, na forma da lei. [...]".

■ Competência. Justiça do Trabalho e Justiça estadual comum. Reclamatória trabalhista, fundada em vínculo trabalhista e deduzindo pedidos de natureza trabalhista. No caso dos autos, o autor ajuizou uma reclamatória trabalhista, tendo como causa de pedir a existência (expressamente afirmada na inicial) de um vínculo trabalhista, fazendo pedidos decorrentes desse vínculo. Nos termos como proposta, a causa é da competência da Justiça do Trabalho. Todavia, após processá-la regularmente, o juiz do trabalho, no momento de sentenciar, declinou da competência para a Justiça Estadual, por entender ausente o vínculo trabalhista. Ora, fixada a competência, ao juiz trabalhista cabia julgar a demanda, levando em consideração a causa de pedir e o pedido. Entendendo que não há o vínculo trabalhista afirmado na inicial, cumprir-lhe-ia julgar improcedente o pedido, e não, como fez, declinar da competência para a Justiça Estadual. Não se pode impor ao juiz do Estado julgar uma reclamatória trabalhista. (STJ, Ag. Reg. no Conflito de Competência n. 92.502/TO, rel. Min. Teori Albino Zavascki, j. 14.05.2008, *DJ* 02.06.2008)

■ Reclamação trabalhista. Discriminação em razão do ajuizamento de reclamatória trabalhista. Abuso de direito. Reintegração deferida. Demonstrado o caráter retaliatório da dispensa promovida pela Empresa, em face do ajuizamento de ação trabalhista por parte do Empregado, ao ameaçar demitir os empregados que não desistissem das reclamatórias ajuizadas, há agravamento da situação de fato no processo em curso, justificando o pleito de preservação do emprego. A dispensa, nessa hipótese, apresenta-se discriminatória e, se não reconhecido esse caráter à despedida, a Justiça do Trabalho passa a ser apenas a justiça dos desempregados, ante o temor de ingresso em juízo durante a relação empregatícia. Garantir ao trabalhador o acesso direto à Justiça, independentemente da atuação do Sindicato ou do Ministério Público, decorre do texto constitucional (CF/88, art. 5º, XXXV), e da Declaração Universal dos Direitos Humanos de 1948 (arts. VIII e X), sendo vedada a discriminação no emprego (Convenções ns. 111/OIT e 117/OIT) e assegurada ao trabalhador a indenidade frente a eventuais retaliações do empregador (cfr. Augusto César Leite de Carvalho, "Direito fundamental de ação trabalhista". In: *Revista Trabalhista: Direito e Processo*, Anamatra, Forense, ano 1, v. 1, 1 – jan/mar 2002 – Rio de

Janeiro). Diante de tal quadro, o pleito reintegratório merece agasalho. Recurso de embargos conhecido e provido. (TST, Emb. em Rec. de Rev. n. 7.633.000/2012, rel. Min. Ives Gandra Martins Filho, j. 29.03.2012, *DJ* 13.04.2012)

Acareação Ato pelo qual, por iniciativa do juiz ou a pedido das partes, duas ou mais testemunhas são colocadas frente a frente para dirimir declarações divergentes sobre fato que possa influir na decisão da causa (art. 418, II, CPC/73; art. 229, CPP).

▸ Veja CPC/73: "**Art. 418.** O juiz pode ordenar, de ofício ou a requerimento da parte: I – a inquirição de testemunhas referidas nas declarações da parte ou das testemunhas; II – a acareação de duas ou mais testemunhas ou de alguma delas com a parte, quando, sobre fato determinado, que possa influir na decisão da causa, divergirem as suas declarações".

▸ Veja CPC/2015: "**Art. 461.** O juiz pode ordenar, de ofício ou a requerimento da parte: I – a inquirição de testemunhas referidas nas declarações da parte ou das testemunhas; II – a acareação de 2 (duas) ou mais testemunhas ou de alguma delas com a parte, quando, sobre fato determinado que possa influir na decisão da causa, divergirem as suas declarações. § 1º Os acareados serão reperguntados para que expliquem os pontos de divergência, reduzindo-se a termo o ato de acareação. § 2º A acareação pode ser realizada por videoconferência ou por outro recurso tecnológico de transmissão de sons e imagens em tempo real".

▸ Veja CPP: "**Art. 229.** A acareação será admitida entre acusados, entre acusado e testemunha, entre testemunhas, entre acusado ou testemunha e a pessoa ofendida, e entre as pessoas ofendidas, sempre que divergirem, em suas declarações, sobre fatos ou circunstâncias relevantes. Parágrafo único. Os acareados serão reperguntados, para que expliquem os pontos de divergências, reduzindo-se a termo o ato de acareação. **Art. 230.** Se ausente alguma testemunha, cujas declarações divirjam das de outra, que esteja presente, a esta se darão a conhecer os pontos da divergência, consignando-se no auto o que explicar ou observar. Se subsistir a discordância, expedir-se-á precatória à autoridade do lugar onde resida a testemunha ausente, transcrevendo-se as declarações desta e as da testemunha presente, nos pontos em que divergirem, bem como o texto do referido auto, a fim de que se complete a diligência, ouvindo-se a testemunha ausente, pela mesma forma estabelecida para a testemunha presente. Esta diligência só se realizará quando não importe demora prejudicial ao processo e o juiz a entenda conveniente".

▪ Prova. Condenação. Delação de corréus. Invocação do art. 5º, LIV e LV, da CF/88. Afronta inocorrente. "É certo que a delação, de forma isolada, não respalda decreto condenatório. Sucede, todavia, que, no contexto, está consentânea com as demais provas coligidas. Mostra-se, portanto, fundamentado o provimento judicial quando há referência a outras provas que respaldam a condenação. Ademais, deixando a defesa de requerer o procedimento previsto no art. 229/CPP – a acareação – descabe, ante a preclusão, arguir a nulidade do feito. Em verdade, o recorrente, embora sustente a existência de uma questão de direito, consistente na suposta ofensa aos incisos LV e LVI do art. 5º da CF/88, busca, na verdade, o reexame da questão de fato, pretendendo que esta Corte reavalie a convicção da instância ordinária. (STF, RE n. 213.937/8/1999/PA, rel. Min. Ilmar Galvão, j. 26.03.1999, *DJ* 25.06.1999)

▪ *Habeas corpus*. Crimes dolosos e culposos contra a pessoa. Júri. Homicídio duplamente qualificado (art. 121, § 2º, III E IV, do CP). Sentença de pronúncia Paciente pronunciado em 07 out. 2010. A segregação do paciente decorre, agora, da pronúncia. Pretende o paciente a realização da reconstituição do crime, com base na divergência de depoimentos das testemunhas, vendo seu pleito indeferido pela decisão reproduzida à fl. 07. Dita decisão deu adequada solução ao caso posto sob o crivo judicial, pois havendo divergência entre declarações de testemunhas, cabe a acareação entre elas, prevista no art. 229, do CPP, e não a reconstituição do crime, sublinhando dita decisão que a defesa do paciente não requereu dita acareação. Assim, não resta outra alternativa a não ser a denegação da ordem, uma vez que o paciente não sofre constrangimento ilegal em sua liberdade de locomoção. [...] (TJRS, HC n. 70039738679, 2ª Câm. Criminal, rel. José Antônio Cidade Pitrez, j. 09.12.2010)

Accipiens Expressão que designa a pessoa a quem foi transferido o bem objeto do contrato. Opõe-se a *tradens*, que se refere à pessoa que transferiu o bem.

Aceitação Ato pelo qual uma pessoa manifesta sua concordância aos termos essenciais de uma proposta de contrato tornando-o perfeito, acabado. O mesmo que consentimento, anuência e aprovação. A renúncia ao direito de recorrer independe da aceitação da outra parte (art. 502, CPC/73).

▸ Veja CC: "**Art. 428.** Deixa de ser obrigatória a proposta: I – se, feita sem prazo a pessoa presente, não foi imediatamente aceita. Considera-se também presente a pessoa que contrata por telefone ou por meio de comunicação semelhante; II – se, feita sem prazo a pessoa ausente, tiver decorrido tempo suficiente para chegar a resposta ao conhecimento do proponente; III – se, feita a pessoa ausente, não tiver sido expedida a resposta dentro do prazo dado; IV – se, antes dela, ou simultaneamente, chegar ao conhecimento da outra parte a retratação do proponente. [...] **Art. 430.** Se a aceitação, por circunstância imprevista, chegar tarde ao conhecimento do proponente, este comunica-lo-á imediatamente ao aceitante, sob pena de responder por perdas e danos. **Art. 431.** A aceitação fora do prazo, com adições, restrições, ou modificações, importará nova proposta. **Art. 432.** Se o negócio for daqueles em que não seja costume a aceitação expressa, ou o proponente a tiver dispensado, reputar-se-á concluído o contrato, não chegando a tempo a recusa. **Art. 433.** Considera-se inexistente a aceitação, se antes dela ou com ela chegar ao proponente a retratação do aceitante. **Art. 434.** Os contratos entre ausentes tornam-se perfeitos desde que a aceitação é expedida, exceto: I – no caso do artigo antecedente; II – se o proponente se houver comprometido a esperar resposta; III – se ela não chegar no prazo convencionado. [...] **Art. 659.** A aceitação do mandato pode ser tácita, e resulta do começo de execução. [...] **Art. 1.805.** A aceitação da herança, quando expressa, faz-se por declaração escrita; quando tácita, há de resultar tão somente de atos próprios da qualidade de herdeiro. § 1º Não exprimem aceitação de herança os atos oficiosos, como o funeral do finado, os meramente conservatórios, ou os de administração e guarda provisória. § 2º Não importa igualmente aceitação a cessão gratuita, pura e simples, da herança, aos demais coerdeiros. [...] **Art. 1.812.** São irrevogáveis os atos de aceitação ou de renúncia da herança".

▸ Veja CPC/73: "**Art. 502.** A renúncia ao direito de recorrer independe da aceitação da outra parte. **Art. 503.** A parte, que aceitar expressa ou tacitamente a sentença ou a decisão, não poderá recorrer. Parágrafo único. Considera-se aceitação tácita a prática, sem reserva alguma, de um ato incompatível com a vontade de recorrer".

▸ Veja CPC/2015: "**Art. 999.** A renúncia ao direito de recorrer independe da aceitação da outra parte. **Art. 1.000.** A parte que aceitar expressa ou tacitamente a decisão não poderá recorrer. Parágrafo único. Considera-se aceitação tácita a prática, sem nenhuma reserva, de ato incompatível com a vontade de recorrer".

Aceitação expressa Aceitação decorrente de ato categórico, ou seja, a que se materializa por escrito ou declaração verbal (*expressis verbis*), como ocorre em relação à herança: a aceitação da herança, quando expressa, faz-se por declaração escrita; quando tácita, há de resultar tão somente de atos próprios da qualidade de herdeiro (art. 1.805, CC). A parte, que aceitar expressa ou tacitamente a sentença ou a decisão, não poderá recorrer (art. 503, CPC/73).

▸ Veja CC: "**Art. 1.805.** A aceitação da herança, quando expressa, faz-se por declaração escrita; quando tácita, há de resultar tão somente de atos próprios da qualidade de herdeiro. § 1º Não exprimem aceitação de herança os atos oficiosos, como o funeral do finado, os meramente conservatórios, ou os de administração e guarda provisória. § 2º Não importa igualmente aceitação a cessão gratuita, pura e simples, da herança, aos demais coerdeiros".

▸ Veja CPC/73: "**Art. 503.** A parte, que aceitar expressa ou tacitamente a sentença ou a decisão, não poderá recorrer. Parágrafo único. Considera-se aceitação tácita a prática, sem reserva alguma, de um ato incompatível com a vontade de recorrer".

▸ Veja CPC/2015: "**Art. 999.** A renúncia ao direito de recorrer independe da aceitação da outra parte".

Aceitação tácita Aceitação inferida de atos inequívocos ou circunstâncias que a presumam, embora inexistente por escrito. A aceitação do mandato pode ser tácita e resulta do começo de execução (art. 659, CC). Considera-se aceitação tácita a prática, sem reserva alguma, de um ato incompatível com a vontade de recorrer (art. 503, CPC/73).

▸ Veja CC: "**Art. 659.** A aceitação do mandato pode ser tácita, e resulta do começo de execução".

▸ Veja CPC/73: "**Art. 503.** [...] Parágrafo único. Considera-se aceitação tácita a prática, sem reserva alguma, de um ato incompatível com a vontade de recorrer".

▸ Veja CPC/2015: "**Art. 1.000.** [...] Parágrafo único. Considera-se aceitação tácita a prática, sem nenhuma reserva, de ato incompatível com a vontade de recorrer".

Aceite Expressão corrente no direito comercial que significa o ato pelo qual uma pessoa se vincula a uma obrigação cambial mediante assinatura no título (letra de câmbio; duplicata) convencionado a prazo (art. 12, Decreto n. 2.044/1908). Nesse caso, a data do vencimento será contada da data do aceite. O aceitante é o devedor principal do título; caso haja recusa ao aceite, ocorre o vencimento antecipado do título, podendo o beneficiário cobrar diretamente do sacador.

- Veja Decreto n. 2.044/1908: "**Art. 9º** A apresentação da letra ao aceite é facultativa quando certa a data do vencimento. A letra a tempo certo da vista deve ser apresentada ao aceite do sacado, dentro do prazo nela marcado; na falta de designação, dentro de 6 (seis) meses contados da data da emissão do título, sob pena de perder o portador o direito regressivo contra o sacador, endossadores e avalistas. Parágrafo único. O aceite da letra, a tempo certo da vista, deve ser datado, presumindo-se, na falta de data, o mandado ao portador para inseri-la. **Art. 10.** Sendo dois ou mais os sacados, o portador deve apresentar a letra ao primeiro nomeado; na falta ou recusa do aceite, ao segundo, se estiver domiciliado na mesma praça; assim, sucessivamente, sem embargo da forma da indicação na letra dos nomes dos sacados. **Art. 11.** Para a validade do aceite é suficiente a simples assinatura do próprio punho do sacado ou do mandatário especial, no anverso da letra. Vale, como aceite puro, a declaração que não traduzir inequivocamente a recusa, limitação ou modificação. Parágrafo único. Para os efeitos cambiais, a limitação ou modificação do aceite equivale à recusa, ficando, porém, o aceitante cambialmente vinculado, nos termos da limitação ou modificação. **Art. 12.** O aceite, uma vez firmado, não pode ser cancelado nem retirado. **Art. 13.** A falta ou recusa do aceite prova-se pelo protesto".

- Veja Lei n. 5.474/68: "**Art. 2º** [...] § 1º A duplicata conterá: [...] VIII – a declaração do reconhecimento de sua exatidão e da obrigação de pagá-la, a ser assinada pelo comprador, como aceite, cambial; IX – a assinatura do emitente. [...] **Art. 9º** É lícito ao comprador resgatar a duplicata antes de aceitá-la ou antes da data do vencimento. [...] **Art. 13.** A duplicata é protestável por falta de aceite de devolução ou pagamento. § 1º Por falta de aceite, de devolução ou de pagamento, o protesto será tirado, conforme o caso, mediante apresentação da duplicata, da triplicata, ou, ainda, por simples indicações do portador, na falta de devolução do título. § 2º O fato de não ter sido exercida a faculdade de protestar o título, por falta de aceite ou de devolução, não elide a possibilidade de protesto por falta de pagamento. § 3º O protesto será tirado na praça de pagamento constante do título. § 4º O portador que não tirar o protesto da duplicata, em forma regular e dentro do prazo da 30 (trinta) dias, contado da data de seu vencimento, perderá o direito de regresso contra os endossantes e respectivos avalistas. **Art. 14.** Nos casos de protesto, por falta de aceite, de devolução ou de pagamento, ou feitos por indicações do portador do instrumento de protesto deverá conter os requisitos enumerados no art. 29 do Decreto n. 2.044, de 31 de dezembro de 1908, exceto a transcrição mencionada no inciso II, que será substituída pela reprodução das indicações feitas pelo portador do título".

- Execução. Cambial. Duplicata sem aceite. A duplicata sem aceite, ainda que protestada, mas desacompanhada do comprovante de entrega e recebimento da mercadoria, não constitui título executivo extrajudicial. (TJMS, Ap. Cível n. 45.429/7/1996/Ivinhema, rel. Des. Josué de Oliveira, j. 27.02.1996, DJ 23.04.1996)

- Cambial. Duplicata sem aceite. Protesto. Direito de regresso do endossatário. A jurisprudência do STJ acolhe entendimento no sentido de que a duplicata sem aceite, posto que esvaziada de seu conteúdo causal, uma vez endossada, o endossatário, mesmo sem protesto, poderá exercer o direito de regresso, mormente quando, no título dado em garantia, firma-se também aval e avença-se cláusula, dispensando-se o protesto. Matéria de prova não se reexamina em Especial (Súmula n. 7/STJ). Recurso não conhecido. (STJ, REsp n. 57.249/5/1995/MG, rel. Min. Waldemar Zveiter, j. 17.04.1995, DJ 22.05.1995)

Acessão Modo de aquisição de coisa pertencente a outrem, por ser considerada acessória em relação à do adquirente, tida como a coisa principal (art. 1.248, CC). A acessão pode ser natural ou artificial. É natural, ou física, quando resulta de evento natural sem participação da vontade humana. É artificial se promovida em virtude de ato consciente e intencional do homem.

- Veja CC: "**Art. 1.248.** A acessão pode dar-se: I – por formação de ilhas; II – por aluvião; III – por avulsão; IV – por abandono de álveo; V – por plantações ou construções".

Acessória Aquilo que se junta ao objeto principal ou é dependente deste. Coisa cuja existência supõe a existência da principal. São consideradas acessórias, entre outras, a cláusula penal e as que podem ser inseridas em contrato de compra e venda: retrovenda; venda a contento; preferência; reserva de domínio (art. 505 a 528, CC). A ação acessória será proposta perante o juiz competente para a ação principal (art. 108, CPC/73).

- Veja CPC/73: "**Art. 108.** A ação acessória será proposta perante o juiz competente para a ação principal".

▶ Veja CPC/2015: "**Art. 61.** A ação acessória será proposta no juízo competente para a ação principal".

Acessório Possui o mesmo significado de acessória, sendo a expressão utilizada para indicar tudo o que se ligou ao principal ou faz parte dele (art. 92, CC).

▶ Veja CC: "**Art. 92.** Principal é o bem que existe sobre si, abstrata ou concretamente; acessório, aquele cuja existência supõe a do principal".

Acessorium sui principalis naturam sequitur Aforismo jurídico que tem por significado *o acessório sempre segue o principal*. Assim, tem-se que a nulidade da obrigação principal implica a das obrigações acessórias, mas a destas não induz a da obrigação principal (art. 184, CC).

Acidente Acontecimento imprevisto decorrente de ato involuntário do qual resulta dano causado à coisa (dano material) ou à pessoa (dano pessoal). É passível de indenização ou reparação o acidente decorrente da prática de ato ilícito, ou seja, quando o agente age com imperícia, imprudência ou negligência, circunstâncias que caracterizam a responsabilidade ou o crime culposo, se houver danos pessoais (arts. 186, 187 e 927, CC) (*v. Ação de reparação de danos causados em acidente de trânsito*).

▶ Veja CC: "**Art. 186.** Aquele que, por ação ou omissão voluntária, negligência ou imprudência, violar direito e causar dano a outrem, ainda que exclusivamente moral, comete ato ilícito. **Art. 187.** Também comete ato ilícito o titular de um direito que, ao exercê-lo, excede manifestamente os limites impostos pelo seu fim econômico ou social, pela boa-fé ou pelos bons costumes. [...] **Art. 927.** Aquele que, por ato ilícito (arts. 186 e 187), causar dano a outrem, fica obrigado a repará-lo. Parágrafo único. Haverá obrigação de reparar o dano, independentemente de culpa, nos casos especificados em lei, ou quando a atividade normalmente desenvolvida pelo autor do dano implicar, por sua natureza, risco para os direitos de outrem".

■ Seguro de vida em grupo. Acidente doméstico. Incapacidade. Dano moral. Existência. 1. A ocorrência de acidente doméstico considerado fator determinante de incapacidade abrange-se no conceito de acidente pessoal definido no contrato de seguro capaz de ensejar o pagamento da respectiva indenização. 2. Em determinadas circunstâncias, a recusa da seguradora de proceder ao pagamento do prêmio referente ao seguro contratado atenta contra a dignidade da parte e enseja indenização por dano moral. (TJRJ, Ap. Cível n. 0092903-42.2006.8.19.0001, 19ª Vara Cível da Comarca da Capital, 5ª Câm. Cível, rel. Des. Milton Fernandes de Souza, j. 09.02.2010)

Acidente aéreo Colisão de duas ou mais aeronaves, em voo ou em manobra na superfície, do qual resulte danos às pessoas ou coisas. A responsabilidade pela reparação dos danos resultantes do abalroamento cabe ao explorador ou proprietário da aeronave causadora, quer a utilize pessoalmente, quer por preposto. Havendo culpa concorrente, a responsabilidade dos exploradores é solidária, mas proporcional à gravidade da falta (CBA). Também constitui acidente aéreo a queda de qualquer tipo de aeronave, que cause danos pessoais ou materiais, este regido pelos arts. 186 e 927, CC (*v. Abalroamento de aeronaves*).

Acidente de navegação Acontecimento imprevisto, ocorrido com a participação de uma embarcação, decorrente de ato involuntário do qual resulta dano causado à coisa ou à pessoa. Consideram-se acidentes da navegação (art. 14, Lei n. 2.180/54): a) naufrágio, encalhe, colisão, abalroação, água aberta, explosão, incêndio, varação, arribada e alijamento; b) avaria ou defeito no navio nas suas instalações, que ponha em risco a embarcação, as vidas e fazendas de bordo. O Tribunal Marítimo é órgão judiciário competente para julgar os acidentes e fatos da navegação marítima, fluvial e lacustre e as questões relacionadas com tal atividade.

▶ Veja Lei n. 2.180/54: "**Art. 1º** O Tribunal Marítimo, com jurisdição em todo o território nacional, órgão, autônomo, auxiliar do Poder Judiciário, vinculado ao Ministério da Marinha no que se refere ao provimento de pessoal militar e de recursos orçamentários para pessoal e material destinados ao seu funcionamento, tem como atribuições julgar os acidentes e fatos da navegação marítima, fluvial e lacustre e as questões relacionadas com tal atividade, especificadas nesta Lei. [...] **Art. 14.** Consideram-se acidentes da navegação: *a)* naufrágio, encalhe, colisão, abalroação, água aberta, explosão, incêndio, varação, arribada e alijamento; *b)* avaria ou defeito no navio nas suas instalações, que ponha em risco a embarcação, as vidas e fazendas de bordo".

Acidente de trajeto Espécie de acidente de trabalho. Acidente de trajeto, de percurso ou *in itinere*, é aquele ocorrido fora do ambiente de trabalho, durante o deslocamento do segurado entre sua residência e local de trabalho e vice-versa e que, não obstante, é considerado acidente de trabalho. Equipara-se a acidente de trabalho o ocorrido no percurso da residência para o local de trabalho ou deste para aquela, qualquer que seja o meio de locomoção, inclusive veículo de propriedade do segurado (Lei n. 8.213/91).

▸ Veja Lei n. 8.213/91: "**Art. 21.** Equiparam-se também ao acidente do trabalho, para efeitos desta Lei: [...] IV – o acidente sofrido pelo segurado ainda que fora do local e horário de trabalho: *a)* na execução de ordem ou na realização de serviço sob a autoridade da empresa; *b)* na prestação espontânea de qualquer serviço à empresa para lhe evitar prejuízo ou proporcionar proveito; *c)* em viagem a serviço da empresa, inclusive para estudo quando financiada por esta dentro de seus planos para melhor capacitação da mão de obra, independentemente do meio de locomoção utilizado, inclusive veículo de propriedade do segurado; *d)* no percurso da residência para o local de trabalho ou deste para aquela, qualquer que seja o meio de locomoção, inclusive veículo de propriedade do segurado".

■ Acidente de trajeto. Não configuração. Não pode ser considerado acidente de trajeto, que é equiparado ao acidente do trabalho, nos termos do art. 21, IV, *d*, da Lei n. 8.213/91, o acidente de trânsito em que o trabalhador traça percurso diverso daquele que utiliza para o trajeto usual entre o local do trabalho e a sede da empresa (inocorrência do nexo cronológico e do nexo topográfico). (TRT-12ª Região, Processo n. 0003269-26.2010.5.12.0038)

■ Acidente de trajeto. Responsabilidade civil. Fato de terceiro. Embora o acidente de trajeto seja equiparado a acidente de trabalho para fins previdenciários, a distinção principiológica entre os critérios que norteiam o seguro social e aqueles que orientam as reparações dos prejuízos sob o enfoque do direito privado impõe a sujeição do pleito reparatório formulado em face do empregador aos requisitos da responsabilidade civil, quais sejam: o dano, o nexo causal e, a rigor, a culpa. Nessa perspectiva, comprovada nos autos a lesão física sofrida pelo obreiro, mas havendo elementos que traduzem ter o acidente de trânsito envolvendo o ônus contratado pela empresa para o transporte de seus empregados ocorrido por "fato de terceiro", configura-se excludente do liame etiológico entre o resultado danoso e a conduta patronal, cujo aspecto da culpabilidade resulta prejudicado por ausência de pressuposto prévio essencial ao dever de indenizar. (TRT-12ª Região, Processo n. 0000071-11.2011.5.12.0049, rel. Juíza Ligia M. Teixeira Gouvêa, *TRTSC/DOE* 25.01.2012)

Acidente de trânsito Acontecimento ocorrido com um ou mais veículos automotores em via pública do qual resultem danos materiais ou pessoais. Os acidentes de trânsito mais ocorrentes são atropelamento, colisão, capotamento, tombamento e queda. Acidentes decorrentes de atos nos quais o agente atua com imperícia, imprudência ou negligência, circunstâncias que ensejam a responsabilidade civil ou o crime culposo, se houver danos pessoais (arts. 186 e 927, CC) (*v. Ação de acidente de trânsito* e *Ação de reparação de danos causados em acidente de trânsito*).

▸ Veja CC: "**Art. 186.** Aquele que, por ação ou omissão voluntária, negligência ou imprudência, violar direito e causar dano a outrem, ainda que exclusivamente moral, comete ato ilícito. **Art. 187.** Também comete ato ilícito o titular de um direito que, ao exercê-lo, excede manifestamente os limites impostos pelo seu fim econômico ou social, pela boa-fé ou pelos bons costumes. [...] **Art. 927.** Aquele que, por ato ilícito (arts. 186 e 187), causar dano a outrem, fica obrigado a repará-lo. Parágrafo único. Haverá obrigação de reparar o dano, independentemente de culpa, nos casos especificados em lei, ou quando a atividade normalmente desenvolvida pelo autor do dano implicar, por sua natureza, risco para os direitos de outrem".

▸ Veja CTB: "**Art. 291.** Aos crimes cometidos na direção de veículos automotores, previstos neste Código, aplicam-se as normas gerais do Código Penal e do Código de Processo Penal, se este Capítulo não dispuser de modo diverso, bem como a Lei n. 9.099, de 26 de setembro de 1995, no que couber. § 1º Aplica-se aos crimes de trânsito de lesão corporal culposa o disposto nos arts. 74, 76 e 88 da Lei n. 9.099, de 26 de setembro de 1995, exceto se o agente estiver: I – sob a influência de álcool ou qualquer outra substância psicoativa que determine dependência; II – participando, em via pública, de corrida, disputa ou competição automobilística, de exibição ou demonstração de perícia em manobra de veículo automotor, não autorizada pela autoridade competente; III – transitando em velocidade superior à máxima permitida para a via em 50 km/h (cinquenta quilômetros por hora). § 2º Nas hipóteses previstas no § 1º deste artigo, deverá ser instaurado inquérito policial para a investigação da infração penal".

Acidente do trabalho Acidente que ocorre pelo exercício do trabalho a serviço da empresa provocando lesão corporal ou perturbação funcional que cause morte, perda ou redução, permanente ou temporária, da capacidade para o trabalho (art. 2º, Lei n. 6.367/76 e art. 19, Lei n. 8.213/91).

- Veja Lei n. 6.367/76: "**Art. 1º** O seguro obrigatório contra acidentes do trabalho dos empregados segurados do regime de previdência social da Lei n. 3.807, de 26 de agosto de 1960 (Lei Orgânica da Previdência Social), e legislação posterior, é realizado pelo Instituto Nacional de Previdência Social (INPS). **Art. 2º** Acidente do trabalho é aquele que ocorrer pelo exercício do trabalho a serviço da empresa, provocando lesão corporal ou perturbação funcional que cause a morte, ou perda, ou redução, permanente ou temporária, da capacidade para o trabalho. § 1º Equiparam-se ao acidente do trabalho, para os fins desta lei: I – a doença profissional ou do trabalho, assim entendida a inerente ou peculiar a determinado ramo de atividade e constante de relação organizada pelo Ministério da Previdência e Assistência Social (MPAS); II – o acidente que, ligado ao trabalho, embora não tenha sido a causa única, haja contribuído diretamente para a morte, ou a perda, ou redução da capacidade para o trabalho; III – o acidente sofrido pelo empregado no local e no horário do trabalho, em consequência de: *a)* ato de sabotagem ou de terrorismo praticado por terceiros, inclusive companheiro de trabalho; *b)* ofensa física intencional, inclusive de terceiro, por motivo de disputa relacionada com o trabalho; *c)* ato de imprudência, de negligência ou de imperícia de terceiro inclusive companheiro de trabalho; *d)* ato de pessoa privada do uso da razão; *e)* desabamento, inundação ou incêndio; *f)* outros casos fortuitos ou decorrentes de força maior. IV – a doença proveniente de contaminação acidental de *pe*ssoal de área médica, no exercício de sua atividade; V – o acidente sofrido pelo empregado ainda que fora do *lo*cal e horário de trabalho: *a)* na execução de ordem ou na realização de serviço sob a autoridade da empresa; *b)* na prestação espontânea de qualquer serviço à empresa para lhe evitar prejuízo ou *p*roporcionar proveito; *c)* em viagem a serviço da empresa, seja qual for o meio de locomoção utilizado, inclusive veículo de propriedade do empregado; *d)* no percurso da residência para o trabalho ou deste para aquela".

- Veja Lei n. 8.213/91: "**Art. 19.** Acidente do trabalho é o que ocorre pelo exercício do trabalho a serviço da empresa ou pelo exercício do trabalho dos segurados referidos no inciso VII do art. 11 desta Lei, provocando lesão corporal ou perturbação funcional que cause a morte ou a perda ou redução, permanente ou temporária, da capacidade para o trabalho.

[...] **Art. 20.** Consideram-se acidente do trabalho, nos termos do artigo anterior, as seguintes entidades mórbidas: I – doença profissional, assim entendida a produzida ou desencadeada pelo exercício do trabalho peculiar a determinada atividade e constante da respectiva relação elaborada pelo Ministério do Trabalho e da Previdência Social; II – doença do trabalho, assim entendida a adquirida ou desencadeada em função de condições especiais em que o trabalho é realizado e com ele se relacione diretamente, constante da relação mencionada no inciso I. [...] **Art. 21.** Equiparam-se também ao acidente do trabalho, para efeitos desta Lei: I – o acidente ligado ao trabalho que, embora não tenha sido a causa única, haja contribuído diretamente para a morte do segurado, para redução ou perda da sua capacidade para o trabalho, ou produzido lesão que exija atenção médica para a sua recuperação; II – o acidente sofrido pelo segurado no local e no horário do trabalho, em consequência de: *a)* ato de agressão, sabotagem ou terrorismo praticado por terceiro ou companheiro de trabalho; *b)* ofensa física intencional, inclusive de terceiro, por motivo de disputa relacionada ao trabalho; *c)* ato de imprudência, de negligência ou de imperícia de terceiro ou de companheiro de trabalho; *d)* ato de pessoa privada do uso da razão; *e)* desabamento, inundação, incêndio e outros casos fortuitos ou decorrentes de força maior; III – a doença proveniente de contaminação acidental do empregado no exercício de sua atividade; IV – o acidente sofrido pelo segurado ainda que fora do local e horário de trabalho: *a)* na execução de ordem ou na realização de serviço sob a autoridade da empresa; *b)* na prestação espontânea de qualquer serviço à empresa para lhe evitar prejuízo ou proporcionar proveito; *c)* em viagem a serviço da empresa, inclusive para estudo quando financiada por esta dentro de seus planos para melhor capacitação da mão de obra, independentemente do meio de locomoção utilizado, inclusive veículo de propriedade do segurado; *d)* no percurso da residência para o local de trabalho ou deste para aquela, qualquer que seja o meio de locomoção, inclusive veículo de propriedade do segurado. [...]".

- Súmula n. 89, STJ: A ação acidentária prescinde do exaurimento da via administrativa.

- Súmula n. 226, STJ: O Ministério Público tem legitimidade para recorrer na ação de acidente do trabalho, ainda que o segurado esteja assistido por advogado.

- Acidente de trabalho. Auxílio-acidente. Competência da Justiça estadual. Precedentes jurisprudenciais. Tratando-se de revisão e reajuste de benefício concedido em decorrência de acidente do trabalho, a competência é da Justiça comum, federal ou estadual, dependendo da existência ou não de Vara

Federal na Comarca de origem. (TJSC, Ap. Cível n. 4.946/6/98/ Tubarão, rel. Des. Nilton Macedo Machado, j. 12.06.1999)

- Acidente de trabalho. Aposentadoria por invalidez. Auxílio-acidente. Hermenêutica. Lei de infortunística. Em obediência ao princípio *tempus regit actum*, rege as indenizações acidentárias a lei vigente à época em que se verificou o fato gerador, ou seja, à época do surgimento da doença, comprovada pelo afastamento do trabalho. (TAMG, Ap. Cível n. 267.510/1/Belo Horizonte, rel. Juiz Paulo Cézar Dias, j. 06.05.1999, *DJ* 22.12.1999)

Acionar Propor ou ajuizar uma ação ou demanda contra uma pessoa, em defesa de um direito subjetivo. Demandar. Processar.

Acionista Pessoa proprietária de ações de uma sociedade anônima ou de uma sociedade em comandita por ações. Sócio (*v. Sociedade anônima*).

Ações conexas Característica de duas ou mais ações que possuem o mesmo objeto ou a mesma causa de pedir (art. 103, CPC/73). Havendo conexão ou continência, o juiz, de ofício ou a requerimento de qualquer das partes, pode ordenar a reunião de ações propostas em separado, a fim de que sejam decididas simultaneamente. Correndo em separado ações conexas perante juízes que têm a mesma competência territorial, considera-se prevento aquele que despachou em primeiro lugar (*v. Conexão*).

▶ Veja CPC/73: "**Art. 103**. Reputam-se conexas duas ou mais ações, quando lhes for comum o objeto ou a causa de pedir".

▶ Veja CPC/2015: "**Art. 54**. A competência relativa poderá modificar-se pela conexão ou pela continência, observado o disposto nesta Seção. **Art. 55**. Reputam-se conexas 2 (duas) ou mais ações quando lhes for comum o objeto ou a causa de pedir. § 1º Os processos de ações conexas serão reunidos para decisão conjunta, salvo se um deles já houver sido sentenciado. § 2º Aplica-se o disposto no *caput*: I – à execução de título extrajudicial e à ação de conhecimento relativa ao mesmo ato jurídico; II – às execuções fundadas no mesmo título executivo. [...]".

- Súmula n. 235, STJ: A conexão não determina a reunião dos processos, se um deles já foi julgado.

- Súmula n. 383, STJ: A competência para processar e julgar as ações conexas de interesse de menor é, em princípio, do foro do domicílio do detentor de sua guarda.

- Contradição, obscuridade ou omissão. Ações de indenização decorrente de reportagem jornalística, julgadas por juízos diversos. 1. A conexão ou a continência, por decorrência da identidade da causa de pedir ou pedido, torna conveniente o julgamento conjunto, não só por medida de economia processual, mas também para evitar a possibilidade de prolação de decisões contraditórias, que trariam desprestígio à Justiça. 2. É conveniente a reunião de feitos na mesma fase processual por efeito de conexão, não o sendo quando já foram julgador por Juízos de primeira instância distintos, pois orienta a Súmula n. 235/STJ que a conexão não determina a reunião dos processos, se um deles já foi julgado, não sendo também cabível se tiver o condão de ocasionar tumulto ao Juízo, caso venha a receber todas as demandas. Precedentes do STJ. 3. De qualquer modo, mesmo havendo afinidade jurídica entre as demandas e ponto fático em comum, a reunião de processos é faculdade do juiz, por isso só cabe ser efetivada se for oportuna e conveniente e, ainda assim, para julgamento conjunto das causas. 4. Recurso especial parcialmente provido para anular o acórdão recorrido para que outro seja prolatado, dando por superado o entendimento de haver prevenção de outro Órgão julgador. (STJ, REsp n. 1.001.820/RJ (2007/0256105-1), rel. Min. Luis Felipe Salomão, j. 15.05.2012)

- Conflito de competência. Conexão. Reunião de processos. Impossibilidade, no caso dos autos, na medida em que um deles já se encontra julgado. 1. Na forma dos precedentes deste STJ, "Se o conflito positivo de competência se estabelecer por força de uma regra de conexão, ele não poderá ser conhecido se uma das sentenças foi proferida, ainda que sem trânsito em julgado, por força da Súmula n. 235/STJ" (CC n. 108.717/SP, 2ª Seção, rel. Min. Nancy Andrighi, *DJe* 20.09.2010). 2. No mesmo sentido: "Existindo conexão entre duas ações que tramitam perante juízos diversos, configurada pela identidade do objeto ou da causa de pedir, impõe-se a reunião dos processos, a fim de evitar julgamentos incompatíveis entre si. Não se justifica, porém, a reunião quando um dos processos já se encontra sentenciado, pois neste esgotou-se a função jurisdicional do magistrado anteriormente prevento. Incidência da Súmula n. 235/STJ" (CC n. 47.611/SP, rel. Min. Teori Albino Zavascki, *DJ* 02.05.2005). 3. No caso dos autos, tendo em vista o fato de o Juízo da 14ª Vara Federal da Seção Judiciária do Estado da Bahia ter proferido sentença, a ele não se aplica a conexão, conforme teor da Súmula n. 235 desta Corte, segundo a qual "a conexão não determina a reunião dos processos, se um deles já foi julgado". [...] (STJ, Ag. Reg. no Conflito de Competência n. 111.426/BA (2010/0067711-4), rel. Min. Og Fernandes, j. 29.02.2012)

Ações de cognição Ações que tendem à determinação da norma a valer no caso concreto, amplamente examinada. A ação de cognição ou de conhecimento visa ao exame mais completo possível do litígio, com oportunidade ampla de defesa e coleta exaustiva de provas, para que o juiz chegue a uma decisão final de mérito, de preferência justa. A ação de cognição divide-se em ação condenatória, declaratória e constitutiva. A cognição pode ser *plena* ou *limitada* (ou parcial). Será *plena* quando todos os elementos do trinômio (questões processuais, condições da ação e mérito) que constituem o objeto da cognição estiverem submetidos à atividade cognitiva do juiz. Será *limitada* quando ocorrer alguma limitação ao espectro de abrangência da cognição, ou seja, quando algum dos elementos do trinômio for eliminado da atividade cognitiva do juiz.

▸ Veja CPC/2015: "**Art. 203.** Os pronunciamentos do juiz consistirão em sentenças, decisões interlocutórias e despachos. § 1º Ressalvadas as disposições expressas dos procedimentos especiais, sentença é o pronunciamento por meio do qual o juiz, com fundamento nos arts. 485 e 487, **põe fim à fase cognitiva** do procedimento comum, bem como extingue a execução. [...] **Art. 503.** [...] § 2º A hipótese do § 1º não se aplica se no processo houver restrições probatórias ou limitações à **cognição** que impeçam o aprofundamento da análise da questão prejudicial". [grifamos]

▪ Agravo de instrumento. Plano de saúde. Revisão de cláusula contratual. Reajuste das mensalidades. Faixa etária. Antecipação de tutela. 1. Em sede de cognição sumária, é possível concluir que o reajuste da mensalidade não observa o necessário equilíbrio contratual, podendo ocasionar, inclusive, a impossibilidade de a parte agravada dar continuidade ao cumprimento do pacto, expondo a proteção de sua saúde a risco desnecessário. Observância ao Estatuto do Idoso (Lei n. 10.741/2003), art. 15, § 3º. Requisitos autorizadores da antecipação de tutela. Art. 273 do CPC. 2. Com relação a eventual legalidade do aditivo contratual que prevê aumento em razão da sinistralidade, a questão não foi objeto de exame judicial, sendo vedado seu enfretamento nesse momento, pena de supressão de instância. [...]. (TJRS, AI n. 70050690270, 5ª Câm. Cível, rel. Isabel Dias Almeida, j. 29.08.2012)

▪ Ação rescisória. Recurso ordinário. Embargos de terceiro. Objeto da ação. Segmento da relação jurídica principal. Cognição limitada no plano horizontal e exauriente no plano vertical.

[...] 1.2. O objeto da ação sob foco envolve parte da relação jurídica principal (livramento de bem constrito), em face da qual o julgador não sofre limitação cognitiva. Tem-se, efetivamente, a manifestação da cognição parcial no plano horizontal e da exauriente no plano vertical. 1.3. A evidente preservação do direito de acionar o Poder Judiciário, por intermédio de ações possessórias e dominiais, especialmente a reivindicatória, não significa ausência de coisa julgada material na decisão de embargos de terceiro, mas, apenas, que as matérias relativas à posse e à propriedade estão dissociadas do objeto cognoscível da ação a que alude o art. 1.046 do CPC, o que as posiciona fora dos limites objetivos do julgado que se busca rescindir. 1.4. Portanto, delimitado o objeto dos embargos de terceiro, o qual abraça segmento da relação jurídica principal, não se cogita de limitação cognitiva em profundidade, remanescendo, no plano vertical, o mais amplo debate, hipótese que legitima a prolação de decisão de mérito compatível com a formação de coisa julgada material. (TST, RO n. 205.800/2012, rel. Min. Pedro Paulo Manus, j. 10.04.2012, *DJ* 27.04.2012 – Doc. *LEGJUR* 123.6873.8000.1000)

Ações de família Ações destinadas a solucionar pendências no âmbito familiar oriundas das relações matrimoniais, da união estável e do parentesco. Salvo as ações de alimentos, os processos contenciosos de divórcio, separação, reconhecimento e extinção de união estável, guarda, visitação e filiação são regidos pelo arts. 693 e segs. do CPC/2015.

▸ Veja CPC/2015: "**Art. 693.** As normas deste Capítulo aplicam-se aos processos contenciosos de divórcio, separação, reconhecimento e extinção de união estável, guarda, visitação e filiação. Parágrafo único. A ação de alimentos e a que versar sobre interesse de criança ou de adolescente observarão o procedimento previsto em legislação específica, aplicando-se, no que couber, as disposições deste Capítulo. **Art. 694.** Nas ações de família, todos os esforços serão empreendidos para a solução consensual da controvérsia, devendo o juiz dispor do auxílio de profissionais de outras áreas de conhecimento para a mediação e conciliação. Parágrafo único. A requerimento das partes, o juiz pode determinar a suspensão do processo enquanto os litigantes se submetem a mediação extrajudicial ou a atendimento multidisciplinar".

Ações inestimáveis Ações ou causas que não possuem conteúdo econômico imediato. Determinadas ações, de caráter personalíssimo, por não conterem ou não gerarem benefício patrimonial são tidas como ações de valor inestimável: investigação de paternidade, interdição, alteração de registro civil, dano estético, acidente de trabalho, anulação de casamento e as cautelares em geral.

▶ Veja CPC/2015: "**Art. 77.** [...] § 5º Quando o valor da causa for irrisório ou inestimável, a multa prevista no § 2º poderá ser fixada em até 10 (dez) vezes o valor do salário-mínimo. [...]".

■ Valor da causa. Separação judicial litigiosa. Conteúdo predominantemente moral. Causa de valor inestimável. [...] As ações de separação judicial litigiosa não versam, exatamente, sobre os bens do casal, objetivando, de forma precípua, a dissolução da sociedade conjugal, da qual a partilha do patrimônio comum é apenas uma consequência natural e lógica. Face o conteúdo predominantemente moral que têm ações tais, são elas tidas como de valor inestimável, com o que a fixação do respectivo valor fica ao livre arbítrio da parte autora. Contudo, ainda que se trate de causa de valor inestimável, mesmo que a sua valoração seja livre e arbitrária, ainda assim inexiste qualquer vedação legal a obstar considere essa estimação o valor do patrimônio a ser partilhado, impondo-se a manutenção daquele valor que, dentro dessa ótica, é atribuído pela separanda à ação, quando, em relação à totalidade dos bens do casal, apresenta-se ele moderado. (TJSC, AI n. 3.549/7/1997/Imbituba, rel. Des. Carlos Prudêncio, *DJ* 15.07.1997)

■ Ação declaratória de nulidade de sentença. Impugnação ao valor da causa. Critério legal. 1. As regras que delimitam o valor da causa são de ordem pública, sendo que toda causa deve ter um valor certo, ainda que sem conteúdo econômico imediato. 2. Apenas quando a causa é desprovida de qualquer conteúdo econômico, ou sendo ele inestimável, é que se atribui à causa um valor mínimo, fixado no regimento de custas, denominado "valor de alçada". 3. Tendo a causa conteúdo econômico imediato, o valor da causa deve corresponder a ele, aplicando-se as regras do art. 259 do CPC. 4. É evidente o caráter patrimonial da ação de nulidade de sentença, pois pretende anular a adjudicação dos bens, que foram expressamente arrolados e possuem conteúdo econômico imediato. Recurso desprovido. (TJRS, AI n. 70047332671, 7ª Câm. Cível, rel. Sérgio Fernando de Vasconcellos Chaves, j. 25.07.2012)

Ações possessórias   Ações asseguradas ao possuidor, proprietário ou não de imóvel, para efeito de ser mantido na posse em caso de turbação, restituído no de esbulho, e segurado de violência iminente, se tiver justo receio de ser molestado (art. 1.210, CC; art. 926, CPC/73). Faculta a lei que tanto o possuidor indireto (o proprietário) como o possuidor direto (comodatário, arrendatário, depositário, locatário, usufrutuário) podem utilizar-se das ações possessórias. Entretanto, não possuem capacidade para exercer tal direito o mandatário nem o empregado do proprietário, uma vez que estes conservam a posse em nome do proprietário ou em cumprimento de instruções dele recebidas (art. 1.198, CC). Tais ações, asseguradas pelo CPC, são a *manutenção de posse*, a *reintegração de posse* e o *interdito proibitório*. Ao possuidor é permitido utilizar o rito sumaríssimo dos Juizados Especiais Cíveis, desde que o valor do imóvel não exceda quarenta salários mínimos (art. 3º, IV, Lei n. 9.099/95). Em relação à exceção de domínio, ou seja, à arguição do domínio, ou da condição de proprietário do imóvel objeto da ação possessória, como defesa ou como fundamento para manter-se ou reintegrar-se na posse, a lei veda referida exceção. Excepcionalmente, a alegação de domínio pode ser recepcionada em duas situações: a) quando duvidosas ambas as posses alegadas; b) quando ambos os litigantes disputam a posse com fundamento na propriedade. (*v. Ação de manutenção de posse, Ação de reintegração de posse* e *Ação de interdito proibitório*).

▶ Veja CC: "**Art. 1.210.** O possuidor tem direito a ser mantido na posse em caso de turbação, restituído no de esbulho, e segurado de violência iminente, se tiver justo receio de ser molestado. § 1º O possuidor turbado, ou esbulhado, poderá manter-se ou restituir-se por sua própria força, contanto que o faça logo; os atos de defesa, ou de desforço, não podem ir além do indispensável à manutenção, ou restituição da posse. § 2º Não obsta à manutenção ou reintegração na posse a alegação de propriedade, ou de outro direito sobre a coisa".

▶ Veja CPC/73: "**Art. 926.** O possuidor tem direito a ser mantido na posse em caso de turbação e reintegrado no de esbulho".

▶ Veja CPC/2015: "**Art. 560.** O possuidor tem direito a ser mantido na posse em caso de turbação e reintegrado em caso de esbulho. **Art. 561.** Incumbe ao autor provar: I – a sua posse; II – a turbação ou o esbulho praticado pelo réu; III – a data da turbação ou do esbulho; IV – a continuação da posse, embora turbada, na ação de manutenção, ou a perda da posse, na ação de reintegração".

■ Reintegração de posse. Demanda possessória de força velha. A liminar de cunho satisfativo só pode ser concedida quando a demanda possessória for aforada no prazo de ano e dia, de acordo com o art. 924 do CPC, e mesmo assim se aquele que afirma ser possuidor conseguir demonstrar a atualidade da posse no momento do esbulho. No caso vertente, por se tratar de uma demanda possessória de força velha, não poderia o Juízo deferir uma liminar não prevista no rito pelo qual tramita o feito e sem a necessária prova de que a posse do Agravado estava de fato consolidada à época da alegada agressão material perpetrada pelo Agravante. Recurso provido, nos termos do voto do Desembargador Relator. (TJRJ, AI n. 26.830/2008, rel. Des. Ricardo Rodrigues Cardozo, j. 30.09.2008)

- Reintegração de posse. Alteração do posicionamento de cerca divisória efetuada unilateralmente pelos próprios autores da ação. Proteção possessória negada. Existindo marcos e sinais antigos divisórios, suscetíveis de estabelecer corretamente a divisa dos imóveis, procede a possessória se um dos confrontantes unilateralmente altera a divisa dos imóveis edificando nova cerca em desatendimento da antiga, apossando-se de parte do imóvel confrontante, concretizando, assim, esbulho possessório. É a ação possessória e não a demarcatória a cabível para dirimir divergências lindeiras quando os marcos e restos de cercas antigas e outros sinais propiciem a certeza dos confins, revelada pela prova pericial. Pois o que faz cessar a confusão de limites na espécie é a expansão de um dos vizinhos para terra de outro, nela apossando-se de porção circunscrita por dívidas determinadas como observa Francisco Morato (*Da prescrição das ações divisórias*. 2.ed. § 19, p. 109), (Ap. Cível n. 34.845, rel. Des. Anselmo Cerello, *DJ* 9.185, de 01.03.1995, p. 4). (TJSC, Ap. Cível n. 72.177/2/1997/Pinhalzinho, rel. Des. Eládio Torret Rocha, *DJ* 13.10.1997)

A contrario sensu Pela razão contrária; ao contrário. Brocardo latino usado para afirmar que as razões expendidas pela outra parte não possuem força de convicção suficiente para elidir ou refutar argumentos já apresentados.

Acórdão Julgamento proferido pelos tribunais (art. 163, CPC/73). Decisão proferida por colegiados ou órgãos fracionários, ou seja, grupos de juízes pertencentes aos tribunais estaduais, regionais e superiores, em razão de pedido de reexame de sentença de primeiro grau ou de outro acórdão de segundo grau, feito pela parte em grau de recurso. Proferidos os votos dos desembargadores ou ministros, o presidente da câmara ou da turma anunciará o resultado do julgamento, designando para redigir o acórdão o relator, ou, se este for vencido, o autor do primeiro voto vencedor (art. 556, CPC/73). O conjunto de acórdãos dos tribunais sobre um mesmo tema dá origem à jurisprudência.

- Veja CPC/73: "**Art. 163.** Recebe a denominação de acórdão o julgamento proferido pelos tribunais. [...] **Art. 556.** Proferidos os votos, o presidente anunciará o resultado do julgamento, designando para redigir o acórdão o relator, ou, se este for vencido, o autor do primeiro voto vencedor. [...]".

- Veja CPC/2015: "**Art. 204.** Acórdão é o julgamento colegiado proferido pelos tribunais. [...] **Art. 941.** Proferidos os votos, o presidente anunciará o resultado do julgamento, designando para redigir o acórdão o relator ou, se vencido este, o autor do primeiro voto vencedor. [...]".

Acordar Firmar um acordo, convencionar. Concordar com as condições de um ajuste, com as cláusulas de um contrato ou com o voto de um desembargador ou ministro no julgamento de um processo. Esse ato pode ser representado por uma expressão como: "Acordaram, por unanimidade, dar provimento ao recurso".

Acordo Convergência de duas ou mais vontades. Convenção, ajuste ou contrato entre duas ou mais pessoas nos quais se estabelecem condições que se obrigam reciprocamente a cumprir. A expressão também é usada no sentido de transação ou negociação.

Acordo coletivo de trabalho (ACT) Conjunto de cláusulas que regulamentam a relação de trabalho de uma categoria de empregados resultante de processo de negociação entre o sindicato da categoria e as empresas correspondentes, com validade para os doze meses subsequentes. Requer homologação na Delegacia Regional do Trabalho (DRT), após o que passa a ter caráter e força de lei entre as partes. Diferentemente da convenção coletiva de trabalho, que vale para toda a categoria representada, os efeitos do ACT se limitam às empresas acordantes e a seus respectivos empregados.

- Veja CLT: "**Art. 611.** Convenção Coletiva de Trabalho é o acordo de caráter normativo, pelo qual dois ou mais Sindicatos representativos de categorias econômicas e profissionais estipulam condições de trabalho aplicáveis, no âmbito das respectivas representações, às relações individuais do trabalho. § 1º É facultado aos Sindicatos representativos de categorias profissionais celebrar Acordos Coletivos com uma ou mais empresas da correspondente categoria econômica, que estipulem condições de trabalho, aplicáveis no âmbito da empresa ou das empresas acordantes às respectivas relações de trabalho. § 2º As Federações e, na falta destas, as Confederações representativas de categorias econômicas ou profissionais poderão celebrar convenções coletivas de trabalho para reger as relações das categorias a elas vinculadas, inorganizadas em Sindicatos, no âmbito de suas representações. [...] **Art. 613.** As Convenções e os Acordos deverão conter obrigatoriamente: I – designação dos Sindicatos convenentes ou dos Sindicatos e empresas acordantes; II – prazo de vigência; III – categorias ou classes de trabalhadores abrangidas pelos respectivos dispositivos; IV – condições ajustadas para reger as relações individuais de trabalho durante sua vigência; V – normas para a conciliação das divergências surgidas entre os convenentes por motivos da aplicação de seus dispositivos; VI – disposições sobre o processo de sua prorrogação e de revisão total ou parcial de seus dispositivos; VII – direitos e deveres dos empregados e empresas; VIII – penalidades para os Sindicatos convenentes, os empregados e as empresas em caso de violação de seus dispositivos. [...]".

- Convenção coletiva. Jornada de trabalho. Horas *in itinere*. Quitação. Ação anulatória. Acordo coletivo de trabalho. Cláusula de acordo coletivo de trabalho, em que se estabelece quitação geral e indiscriminada de horas *in itinere*, relativas a todo período anterior à sua vigência, sem qualquer contrapartida aos empregados. Invalidade, visto que: 1) o estipulado equivale à renúncia aos salários correspondentes às horas *in itinere*, direito legalmente previsto, em contraposição aos arts. 9º, 58, § 2º, e 444 da CLT; 2) a teor da jurisprudência desta Corte, são ineficazes normas coletivas que contenham cláusulas em que se transacionam direitos referentes a períodos anteriores à sua vigência, ante o disposto no art. 614, § 3º, da CLT e na Súmula n. 277/TST. Recurso ordinário a que se dá provimento. (TST, RO n. 22.700/2012, rel. Min. Fernando Eizo Ono, j. 15.05.2012, *DJ* 01.06.2012)

- Acordo coletivo de trabalho. Cláusula de termo aditivo por meio da qual se prorroga a validade do acordo por prazo indeterminado. Nos termos do art. 614, § 3º, da CLT, é de 2 anos o prazo máximo de vigência dos acordos e das convenções coletivas. Assim sendo, é inválida, naquilo que ultrapassa o prazo total de 2 anos, a cláusula de termo aditivo que prorroga a vigência do instrumento coletivo originário por prazo indeterminado. Esse é o teor da OJ n. 322/SDI-I, em consonância com o qual foi prolatado o acórdão ora embargado. O reconhecimento constitucional das normas coletivas como fonte de Direito material do Trabalho não exclui a obrigatoriedade da observância dos requisitos formais erigidos na legislação infraconstitucional para a sua validade. Violação de dispositivos de lei e da Constituição da República que não se reconhece. Recurso de embargos não conhecido. (TST, Embs. em Embs. de Declaração em RR n. 3375/1999-046-15-00.0, SDI-1, rel. Min. Lelio Bentes Corrêa, j. 13.08.2009, *DJ* 21.08.2009)

Acordo de leniência Acordo celebrado por autoridade máxima de órgão ou entidade pública com pessoas jurídicas responsáveis administrativa e civilmente pela prática de atos contra a administração pública, nacional ou estrangeira, mediante efetiva colaboração com as investigações e o processo administrativo. Em contrapartida, a pessoa jurídica será isentada das sanções previstas nos arts. 6º, II, e 19, IV, Lei n. 12.846/2013, e terá reduzida em até dois terços o valor da multa aplicável (art. 16, Lei n. 12.846/2013) (*v. Colaboração premiada* e *Delação premiada*).

Acordo extrajudicial Convenção que, quando não derivada de contrato, resulta de documento firmado pelas partes interessadas, com o intuito de resolver pendência e evitar uma demanda judicial. O acordo extrajudicial, de qualquer natureza, homologado judicialmente constitui título executivo judicial (art. 475-N, CPC/73).

- Veja CPC/73: "**Art. 475-N.** São títulos executivos judiciais: [...] V – o acordo extrajudicial, de qualquer natureza, homologado judicialmente; [...]".

- Veja CPC/2015: "**Art. 515.** São títulos executivos judiciais, cujo cumprimento dar-se-á de acordo com os artigos previstos neste Título: [...] III – a decisão homologatória de autocomposição extrajudicial de qualquer natureza; [...]".

Acordo judicial Acordo, transação, autocomposição ou conciliação, firmado pelas partes ou seus advogados, mediante concessões recíprocas, durante a tramitação de processo judicial, com a finalidade de dar por findo o processo antes que este seja submetido a julgamento. Pode ocorrer voluntariamente, por meio de petição firmada por ambas as partes, ou na audiência de conciliação, devendo ser homologado pelo juiz (p. ex.: acordo de alimentos; acordo sobre a guarda dos filhos). O termo de conciliação, assinado pelas partes e homologado pelo juiz, terá valor de sentença (arts. 448 e 449, CPC/73).

▸ Veja CPC/73: "**Art. 448.** Antes de iniciar a instrução, o juiz tentará conciliar as partes. Chegando a acordo, o juiz mandará tomá-lo por termo. **Art. 449.** O termo de conciliação, assinado pelas partes e homologado pelo juiz, terá valor de sentença".

▸ Veja CPC/2015: "**Art. 334.** [...] § 11 A autocomposição obtida será reduzida a termo e homologada por sentença. [...]".

■ Responsabilidade civil. Dano moral. Transação. Coisa julgada. Acordo judicial homologado com quitação plena do extinto contrato de trabalho. *In casu*, o Tribunal *a quo* afastou a coisa julgada, ao fundamento de que ausente a identidade de pedidos e de causa de pedir entre a primeira e a segunda reclamação trabalhista ajuizada pela reclamante, contrariando a OJ n. 132/TST-SDI-II, a qual prevê que o acordo homologado judicialmente, sem ressalvas, produz plena e ampla quitação, não só do que foi postulado na inicial, mas também de todas as parcelas que se refiram ao extinto contrato de trabalho. O entendimento desta Corte tem sido de que a parcela referente ao dano moral, de igual forma, está incluída entre as que foram objeto do acordo firmado e homologado judicialmente, exceto nos casos em que a homologação tenha sido anterior à EC n. 45/2004, que definiu a competência desta Justiça especializada para o julgamento das ações que envolvam danos morais e materiais decorrentes de acidente de trabalho. Assim, conforme precedentes desta Corte, o acordo judicial homologado na Justiça do Trabalho, sem ressalvas, após a EC n. 45/2004, implica plena e geral quitação do contrato de trabalho extinto, com efeitos de coisa julgada. Recurso de revista conhecido e provido. (TST, RR n. 153.600/2011, rel. Min. José Roberto Freire Pimenta, j. 16.11.2011, *DJ* 25.11.2011)

■ Acidente de trânsito. Transporte de passageiros. Transação. Acordo extrajudicial. Quitação. Validade. 1. Na hipótese específica dos autos, no ato da assinatura de acordo extrajudicial para indenização por acidente envolvendo veículo de propriedade da recorrente, a recorrida era representada por advogado, que também assinou o documento. 2. A quitação plena e geral, para nada mais reclamar a qualquer título, constante do acordo extrajudicial, é válida e eficaz, desautorizando investida judicial para ampliar a verba indenizatória aceita e recebida. Precedentes. 3. Não se pode falar na existência de erro apto a gerar a nulidade relativa do negócio jurídico se a declaração de vontade exarada pela parte não foi motivada por uma percepção equivocada da realidade e se não houve engano quanto a nenhum elemento essencial do negócio – natureza, objeto, substância ou pessoa. [...]. 5. Ainda que, nos termos do art. 1.027 do CC/1916, a transação deva ser interpretada restritivamente, não há como negar eficácia a um acordo que contenha outorga expressa de quitação, se o negócio foi celebrado sem qualquer vício capaz de macular a manifestação volitiva das partes. Sustentar o contrário implicaria ofensa ao princípio da segurança jurídica, que possui, entre seus elementos de efetividade, o respeito ao ato jurídico perfeito, indispensável à estabilidade das relações negociais. 6. Recurso especial parcialmente provido. (STJ, REsp n. 1.265.890/SC, rel. Min. Nancy Andrighi, j. 01.12.2011, *DJ* 09.12.2011)

Acostado Expressão usada no meio forense para indicar juntada ou anexação de documentos aos autos ou processo.

■ Prova pericial. Produção. Fotogramas acostados aos autos que são suficientes para a análise das características do local do fato. CPC, arts. 130 e 131. [...] Extrai-se do art. 130 do estatuto processual civil, que este possibilitou ao juiz, a quem a prova é dirigida, a discricionariedade para deferir ou afastar a produção da prova almejada pelas partes. Refira-se a letra da lei: "Caberá ao juiz, de ofício ou a requerimento da parte, determinar as provas necessárias à instrução do processo, indeferindo diligências inúteis ou meramente protelatórias". Não merece reparos, pois, a decisão de fls. 169, que considerou desnecessária a realização de inspeção pessoal e de prova pericial no local, até porque, os fotogramas de fls. 115/119, acostados aos autos pela própria ré, são suficientes para a análise das características do local onde ocorreram os fatos. (TJRJ, Ap. Cível n. 7.998, rel. Des. Cristina Tereza Gaulia, j. 23.11.2010)

■ Arma de fogo. Posse. Inaptidão produzir disparos. Crime impossível. Lei n. 10.826/2003, art. 14. CP, art. 17. [...] 2. Insta registrar que o laudo pericial da arma de fogo apreendida, acostados aos autos (Item 00002, doc. 66) atesta a incapacidade de produzir disparos (tiros), em virtude do mecanismo do disparo de percussão mola estar com defeito. Assim sendo, estamos diante de um fato atípico, ante a impropriedade absoluta do objeto. Na hipótese de o agente possuir ou portar ilegalmente uma arma de fogo totalmente inapta a efetuar disparos, porém devidamente municiada ou com acessórios destinados a aumentar-lhe a precisão, o problema se resolve pelo influxo do princípio da lesividade, segundo o qual não há crime quando for impossível o perigo ao bem jurídico tutelado. (TJRJ, Ap. Crim. n. 5.617, rel. Des. Sidney Rosa da Silva, j. 07.06.2011)

Actio libera in causa Teoria que sustenta que o agente que, conscientemente, se põe em estado de inimputabilidade, e nessa condição comete fato típico previsível ao tempo da imputabilidade, deve ser responsabilizado, seja porque quis o resultado, uma vez que o prevendo não o evitou, seja porque, não o prevendo, deveria tê-lo feito. Tem-se, no primeiro caso, que o agente agiu com culpa; no segundo, que praticou dolo eventual (art. 28, II, CP). De acordo com a doutrina, a *actio libera in causa* configura-se tanto na ação de quem usa deliberadamente um meio para se colocar em estado de incapacidade física ou mental, no momento da ocorrência do fato delituoso, como na ação daquele que, apesar de não ter a intenção de praticar o delito, podia prever que tal meio o levaria a cometê-lo. Em qualquer dos casos, não se pode alegar inconsciência do ilícito no momento da prática do delito, visto que a consciência do agente existia antes de se colocar em estado de inimputabilidade. Exemplo clássico é o ato em que o agente se coloca em estado de embriaguez voluntária, no qual a sua capacidade de autodeterminação é auferida antes do consumo da bebida, não comportando, portanto, absolvição.

▶ Veja CP: "Emoção e paixão – **Art. 28.** Não exclui a imputabilidade penal: I – a emoção ou a paixão; Embriaguez – II – a embriaguez, voluntária ou culposa, pelo álcool ou substância de efeitos análogos. § 1º É isento de pena o agente que, por embriaguez completa, proveniente de caso fortuito ou força maior, era, ao tempo da ação ou da omissão, inteiramente incapaz de entender o caráter ilícito do fato ou determinar-se de acordo com esse entendimento. § 2º A pena pode ser reduzida de um a dois terços, se o agente, por embriaguez, proveniente de caso fortuito ou força maior, não possuía, ao tempo da ação ou da omissão, a plena capacidade de entender o caráter ilícito do fato ou de determinar-se de acordo com esse entendimento".

■ Júri. Homicídio. Qualificadora. Motivo fútil. Embriaguez. Compatibilidade. Teoria da *actio libera in causa*. O fato de estar o agente embriagado ao praticar homicídio não afasta a futilidade de sua motivação, pois o princípio da *actio libera in causa*, que é adotado pelo CP quanto à responsabilidade, também é aceito quanto às circunstâncias qualificadoras e agravantes. (TJMG, Ap. Crim. n. 192.999/Belo Horizonte, rel. Des. Herculano Rodrigues, j. 14.09.2000, *DJ* 21.02.2001)

■ Trânsito. Direção de veículo. Embriaguez voluntária. Teoria da *actio libera in causa*. Dano potencial verificado. Absolvição. Descabimento. CTB, art. 306. CP, art. 28, II. O bem jurídico tutelado pelo tipo penal descrito no art. 306 da Lei n. 9.503/97 é a incolumidade pública, especialmente a coletividade envolvida na relação de trânsito, sendo classificado doutrinariamente, à época do fato, como de perigo, bastando à sua consumação, portanto, a exposição do referido bem à possibilidade de lesão. *In casu*, dirigindo sob a influência de álcool, o agente provocou dano potencial caracterizado pela ultrapassagem sobre barreira feita para proteger incêndio, ocasião em que passou por cima de mangueira ali existente e quase atropelou um bombeiro. Com efeito, o Código Penal adotou a teoria da *actio libera in causa*, pela qual a capacidade de autodeterminação do agente é auferida antes do consumo da bebida, tendo sido alcançado o estado de embriaguez, de modo voluntário, ainda que culposo, não comportando absolvição. (TJRJ, Ap. n. 1.988/2008, rel. Des. Katia Maria Amaral Jangutta, j. 11.09.2008)

Acumular ações Cumulação de ações. Ato de promover e processar, no mesmo pedido, duas ou mais ações conexas para economia processual. O mesmo que cumular ações. Exemplos: ação de rescisão de contrato cumulada com imissão de posse; ação de divisão e demarcação (*v. Cumulação de ações*).

Acumular pedidos Cumulação de pedidos. Faculdade que a lei oferece ao autor de formular mais de um pedido na petição inicial desde que sejam compatíveis entre si (art. 292, CPC/73) (*v. Cumulação de pedidos*).

▶ Veja CPC/73: "**Art. 292.** É permitida a cumulação, num único processo, contra o mesmo réu, de vários pedidos, ainda que entre eles não haja conexão. [...]".

▶ Veja CPC/2015: "**Art. 327.** É lícita a cumulação, em um único processo, contra o mesmo réu, de vários pedidos, ainda que entre eles não haja conexão. [...]".

Adágio Provérbio; máxima; aforismo; axioma; brocardo; parêmia. São sentenças geralmente formuladas em latim e compostas de poucas palavras que expressam princípios admitidos universalmente como justos e conformes à razão. Tais sentenças ou frases são usuais no meio jurídico, porquanto costumam fazer parte da linguagem dos juristas e dos escritos forenses (petições iniciais, contestações, recursos, sentenças, acórdãos). Mostram-se, também, de relevante importância na aprendizagem e na aplicação do direito positivo. Exemplos: *dura lex, sed lex* (a lei é dura, mas é a lei); *dormientibus non sucurrit jus* (a lei não socorre quem dorme); *inaudita altera pars* (sem ouvir a outra parte); *permittitur quod non prohibetur* (presume-se permitido tudo aquilo que a lei não proíbe).

Ad argumentandum tantum Admitamos. Somente para argumentar. Expressão utilizada em peças processuais, principalmente contestações arrazoados, para ressalvar que, embora se possa admitir certo fato, alegação ou decisão, ainda assim a posição ou alegação sustentada prevalece. Exemplo: "Ainda que, *ad argumentandum tantum*, se admita que houve pagamento por parte do réu, referido pagamento, à evidência, não corresponde ao pagamento total da dívida".

- Ensino particular. Ação de cobrança. Mensalidades atrasadas. Julgamento antecipado. Cerceamento de defesa inocorrente. [...] Destarte, tendo restado devidamente comprovada a existência de débito em nome da parte ré e, sobretudo, não tendo ela negado a existência da dívida, apenas afirmando que não sabia precisar o *quantum*, conclui-se que a parte autora comprovou de maneira efetiva os fatos constitutivos de seu direito, enquanto que a ré não logrou demonstrar fato impeditivo, modificativo ou extintivo. Inteligência do art. 333 do CPC. No que diz respeito à tentativa de acordo por parte da demandada, *ad argumentandum tantum*, mormente porque o recurso de apelação não apresentou pedido específico quanto ao ponto, mister sinalar que não pode o credor ser obrigado a receber os valores de forma diversa da contratada, a teor do que determina o art. 313 do CC: "O credor não é obrigado a receber prestação diversa da que lhe é devida, ainda que mais valiosa". Sendo assim, a demandante não pode se eximir do valor cobrado em razão da intenção da acordar, merecendo destaque, outrossim, o artigo subsequente (art. 314, CC), que dispõe: "Ainda que a obrigação tenha por objeto prestação divisível, não pode o credor ser obrigado a receber, nem o devedor a pagar, por partes, se assim não se ajustou". (TJRS, Ap. Cível n. 70043057751, 6ª Câm. Cível, rel. Niwton Carpes da Silva, j. 04.04.2013)

Ad cautelam Locução latina que significa cautela ou precaução.

- Ação revisional. Alienação fiduciária. Despacho que posterga a análise da liminar. Mero expediente. Inadmissibilidade. Não conhecido em decisão monocrática. É cabível o recurso agravo de instrumento contra decisão interlocutória (art. 162, § 2º, CPC), pois resolve questão incidental, de ofício, ou a requerimento do juiz de adiar, *ad cautelam*, a apreciação do pedido de antecipação da tutela para momento posterior à juntada, pela parte adversa, de documento essencial ao deferimento dos pleitos liminares, por se tratar de despacho de mero expediente (art. 162, § 3º, CPC) cujo objeto é o impulso processual. Ademais, é defeso ao Tribunal decidir nestas circunstâncias, sob pena, inclusive, de supressão de grau jurisdicional. Não conhecido em decisão monocrática. (TJRS, AI n. 70038439485, 14ª Câm. Cível, rel. Léo Romi Pilau Júnior, j. 27.08.2010)

- Fixação de alimentos provisórios. Resultado de exame de DNA sinalizando pela paternidade. Necessidade presumida. Tratando-se de menor, cuja necessidade é presumida, além de evidenciada a carência financeira nos autos, sinalizando o exame de DNA para a paternidade investigada, impõe-se a fixação de alimentos provisórios. Diante da falta de elementos seguros para estabelecer alimentos provisórios, *ad cautelam*, são fixados em valor correspondente a 50% (cinquenta por cento) de um salário mínimo. Agravo parcialmente provido. (TJRS, AI n. 70025801093, 8ª Câm. Cível, rel. Alzir Felippe Schmitz, j. 25.09.2008)

Ad corpus Locução latina empregada para indicar a venda de um imóvel feita por certo preço e como corpo certo, dentro de limites perfeitamente definidos (art. 500, § 3º, CC) (*v. Venda* ad corpus).

▶ Veja CC: "**Art. 500.** Se, na venda de um imóvel, se estipular o preço por medida de extensão, ou se determinar a respectiva área, e esta não corresponder, em qualquer dos casos, às dimensões dadas, o comprador terá o direito de exigir o complemento da área, e, não sendo isso possível, o de reclamar a resolução do contrato ou abatimento proporcional ao preço. [...] § 3º Não haverá complemento de área, nem devolução de excesso, se o imóvel for vendido como coisa certa e discriminada, tendo sido apenas enunciativa a referência às suas dimensões, ainda que não conste, de modo expresso, ter sido a venda ad corpus".

- Venda *ad corpus* e não *ad mensuram*. Improcedência da ação. Consequente rejeição dos embargos à execução. Pelos termos do art. 500 do CC, para que se caracterize a venda *ad mensuram* é necessário que se estipule o preço por medida de extensão, ou quando se vende uma área a ser desmembrada de um todo maior, não correspondendo o imóvel vendido às dimensões dadas. O simples fato de se mencionar a área do imóvel que se está vendendo não é suficiente para tal caracterização, pois normalmente a referência à área do imóvel é apenas enunciativa, sendo o imóvel vendido como coisa certa e discriminada. Sentença mantida. Recurso desprovido. (TJRS, Ap. Cível n. 70028860609, 19ª Câm. Cível, rel. Eugênio Facchini Neto, j. 28.06.2011)

Adendo Aquilo que se acrescenta a uma obra, contrato ou documento, com o fim de completá-los. Apêndice; suplemento; aditamento; aditivo. O adendo se mostra útil na medida em que evita que se elabore um novo contrato apenas para se acrescentar ou alterar uma cláusula, por exemplo, a da vigência contratual ou a do valor do contrato. O autor da ação pode aditar o pedido, desde que o faça antes da citação do réu, correndo à sua conta as custas acrescidas em razão dessa iniciativa (art. 304, II, Projeto de CPC) (*v. Aditamento*).

Adesão Ato de aderir ou concordar. Consentimento, aceitação, anuência. No referente a contratos, a adesão se caracteriza pelo fato de uma das partes estabelecer as cláusulas, unilateralmente, sem que a outra possa discutir ou modificar substancialmente seu conteúdo (art. 54, CDC) (*v. Contrato de adesão*).

▶ Veja CDC: "**Art. 54.** Contrato de adesão é aquele cujas cláusulas tenham sido aprovadas pela autoridade competente ou estabelecidas unilateralmente pelo fornecedor de produtos ou serviços, sem que o consumidor possa discutir ou modificar substancialmente seu conteúdo. § 1º A inserção de cláusula no formulário não desfigura a natureza de adesão do contrato. § 2º Nos contratos de adesão admite-se cláusula resolutória, desde que alternativa, cabendo a escolha ao consumidor, ressalvando-se o disposto no § 2º do artigo anterior. § 3º Os contratos de adesão escritos serão redigidos em termos claros e com caracteres ostensivos e legíveis, cujo tamanho da fonte não será inferior ao corpo doze, de modo a facilitar sua compreensão pelo consumidor. § 4º As cláusulas que implicarem limitação de direito do consumidor deverão ser redigidas com destaque, permitindo sua imediata e fácil compreensão".

■ Ação de revisão de cláusula contratual. Contrato de alienação fiduciária. Contrato de adesão. Relação de consumo caracterizada. CDC, art. 3º, § 2º. Os bancos ou instituições financeiras, como prestadores de serviços especialmente contemplados no art. 3º, § 2º, estão submetidos às disposições do CDC. (STJ, Confl. de Comp. n. 29.088/2000/SP, rel. Min. Waldemar Zveiter, j. 27.09.2000, *DJ* 13.11.2000)

■ Contrato de adesão. Seguro saúde. Assistência médico-hospitalar. Rescisão do contrato por parte da prestadora. Impossibilidade. Lei n. 8.078/90 (CDC), arts. 51, IV, e 54, § 2º. Na cláusula resolutória alternativa, permitida nos contratos de adesão, a escolha entre a resolução ou a manutenção cabe ao consumidor (Lei n. 8.078/90, art. 54, § 2º). Não é concebível possa uma prestadora de serviços médicos e hospitalares estando a outra parte pagando regularmente a remuneração devida, rescindir imotivadamente a avença, notadamente no caso do autor, que, infelizmente, está acometido de grave doença e passa por um momento de extrema necessidade em relação aos serviços que contratou. Essa estipulação é evidentemente abusiva e contraria a legislação vigente. (TJSP, Ap. Cível n. 265.020/2/São João da Boa Vista, rel. Des. Celso Bonilha, j. 17.08.1995)

Adesivo Diz-se do que adere ou se une a determinada coisa, como ocorre no contrato de adesão. No processo civil, o recurso adesivo consiste na faculdade do réu e do autor, quando ambos forem vencidos na ação, aderirem ao recurso que for interposto pelo outro (*v. Recurso adesivo*).

Ad hoc Locução latina "para o caso específico"; "para esta finalidade". O que é nomeado para tal fim processual ou legal. Indica o substituto ocasional para a prática de um ato em razão de ausência ou impedimento do titular do cargo: "curador *ad hoc*"; "juiz de paz *ad hoc*"; "advogado *ad hoc*"; "defensor *ad hoc*".

Adiamento Transferência para outro dia ou designação de outra data para efetivação de um ato, audiência ou diligência com data já marcada. A lei processual civil admite o adiamento da audiência por convenção das partes ou quando, por motivo justificado, não puderem comparecer o perito, as partes, as testemunhas ou os advogados (art. 453, CPC/73). Caso convenha, ambos os advogados poderão requerer, em petição conjunta, o adiamento da audiência.

▶ Veja CPC/73: "**Art. 453.** A audiência poderá ser adiada: I – por convenção das partes, caso em que só será admissível uma vez; II – se não puderem comparecer, por motivo justificado, o perito, as partes, as testemunhas ou os advogados. § 1º Incumbe ao advogado provar o impedimento até a abertura da audiência; não o fazendo, o juiz procederá à instrução. [...]".

▶ Veja CPC/2015: "**Art. 359.** A audiência poderá ser adiada: I – por convenção das partes; II – se não puder comparecer, por motivo justificado, qualquer pessoa que dela deva necessariamente participar; III – por atraso injustificado de seu início em tempo superior a 30 (trinta) minutos do horário marcado. § 1º O impedimento deverá ser comprovado até a abertura da audiência, e, não o sendo, o juiz procederá à instrução. [...]".

- Agravo de instrumento. Ação de divórcio direto litigioso. Idoso. Preferência da tramitação do feito. Não constitui pedido de reconsideração, mas sim reexame da antecipação de tutela diante de fato novo, o pleito que demonstra *periculum in mora* decorrente de adiamento audiência de instrução, circunstância alheia à vontade das partes e em prejuízo do autor, mormente em se tratando de idoso e invocando o benefício legal da prioridade. Lei n. 10.741/2003. Enquanto não levada a efeito a partilha dos bens tidos em comunhão, estes pertencem a ambos os cônjuges em estado de mancomunhão, não se mostrando cabível eventual fixação de indenização em favor da parte que deles não usufrui diretamente, embora a existência de compensação pela ausência de alimentos. Agravo de instrumento desprovido (segredo de Justiça). (TJRS, AI n. 70022912182, 7ª Câm. Cível, rel. André Luiz Planella Villarinho, j. 12.03.2008)

- Novo adiamento da audiência de instrução e julgamento. Ausência de localização do cliente. Motivo não justificado, no caso concreto. Já tendo havido adiamento da audiência de instrução e julgamento por duas vezes, sendo que, pelo menos uma vez se deu pela justificativa apresentada pelo procurador da parte, no sentido de não ter logrado êxito em localizar seu cliente, inviável o deferimento de novo adiamento sob o mesmo argumento. Agravo de instrumento a que se nega seguimento, pois manifestamente improcedente (art. 557, *caput*, do CPC). (TJRS, AI n. 70054741673, 19ª Câm. Cível, rel. Voltaire de Lima Moraes, j. 22.05.2013)

Adiantamento da legítima Trata-se de doação *inter vivos* na qual posse e domínio dos bens doados se transferem ao donatário quando ainda vivo o doador, a título de adiantamento ou avanço da herança. A doação dos pais aos filhos importa adiantamento da legítima (art. 544, CC). Recebendo doações em vida do doador, os descendentes são obrigados, para igualar as legítimas dos demais herdeiros, a conferir o valor das doações, sob pena de sonegação. Esse processo, que se denomina *colação*, tem por fim igualar as legítimas dos descendentes e do cônjuge sobrevivente, obrigando também os donatários que, ao tempo do falecimento do doador, já não possuírem os bens doados (arts. 2.002 e 2.003, CC).

▸ Veja CC: "**Art. 544.** A doação de ascendentes a descendentes, ou de um cônjuge a outro, importa adiantamento do que lhes cabe por herança. [...] **Art. 2.002.** Os descendentes que concorrerem à sucessão do ascendente comum são obrigados, para igualar as legítimas, a conferir o valor das doações que dele em vida receberam, sob pena de sonegação. Parágrafo único. Para cálculo da legítima, o valor dos bens conferidos será computado na parte indisponível, sem aumentar a disponível. **Art. 2.003.** A colação tem por fim igualar, na proporção estabelecida neste Código, as legítimas dos descendentes e do cônjuge sobrevivente, obrigando também os donatários que, ao tempo do falecimento do doador, já não possuírem os bens doados. Parágrafo único. Se, computados os valores das doações feitas em adiantamento de legítima, não houver no acervo bens suficientes para igualar as legítimas dos descendentes e do cônjuge, os bens assim doados serão conferidos em espécie, ou, quando deles já não disponha o donatário, pelo seu valor ao tempo da liberalidade. **Art. 2.004.** O valor de colação dos bens doados será aquele, certo ou estimativo, que lhes atribuir o ato de liberalidade. [...] **Art. 2.005.** São dispensadas da colação as doações que o doador determinar saiam da parte disponível, contanto que não a excedam, computado o seu valor ao tempo da doação. Parágrafo único. Presume-se imputada na parte disponível a liberalidade feita a descendente que, ao tempo do ato, não seria chamado à sucessão na qualidade de herdeiro necessário. **Art. 2.006.** A dispensa da colação pode ser outorgada pelo doador em testamento, ou no próprio título de liberalidade".

- Inventário. Partilha em vida. Natureza jurídica. Distinção da doação. Adiantamento da legítima. CCB, arts. 1.721 e 1.786. CPC, art. 1.014. [...] A doutrina se divide quanto à natureza jurídica da partilha em vida. Há quem entenda tratar-se de doação, denominando-a partilha-doação, e há quem entenda tratar-se de negócio *sui generis*. O STJ, no julgamento do REsp n. 6.528/RJ por esta 3ª T., de relatoria do Min. Nilson Naves, publicado no *DJ* 12.08.1991, já examinou a questão, diferenciando os institutos da partilha em vida e da doação, entendendo o seguinte: "5. Definido, pois, o negócio em questão como partilha em vida ('os disponentes não quiseram doar, mas sim distribuir, através de partilha em vida, todos os seus bens, obtendo – porque necessário à sua validade – o consentimento dos descendentes', do acórdão, fls. 518/9), não vejo como escapar da ponderação do Des. Fernando Whitaker, ao notar a inviabilidade do recurso pela alínea *a*, *verbis*: 'Não se constatam as negativas de vigência, cuidando-se, sim, de razoável interpretação dada às normas, haja vista ter o aresto examinado acuradamente a questão para concluir no sentido de que teria havido uma partilha antecipada, por terem sido distribuídos todos os bens, em um mesmo dia, no mesmo Cartório e mesmo livro, com o expresso consentimento dos descendentes, não a desvirtuando o fato de terem sido feitas através de cinco escrituras, e não de uma única, além de ter a menor sido assistida por sua genitora, considerando-se, ainda, ter a decisória buscado robustos subsídios doutrinários para excluir a colação e apontar outra via judicial, que não o inventário, para a apuração de eventuais prejuízos às legítimas, pelo que se tem como incidente a Súmula n. 400/STF'. 6. Vou além: na espécie em comento, irrepreensível, ao que suponho a conclusão das instâncias ordinárias. É que não se cuidando, como não se cuida de doação, não se tem como aplicar o citado art. 1.786, que limita, de modo expresso, a conferência às hipóteses de doação e de dote." Dessa forma, pela jurisprudência do STJ, o negócio jurídico da partilha em vida envolve cumprimento de formalidades, inclusive com aceitação expressa de todos os herdeiros que não se compatibiliza com o dever de colacionar. A partilha em vida é como um "inventário em vida", dispensando, até, o inventário *post mortem*. Nos dizeres de João Alberto Leivas Job, "a partilha procede como se, por suposição implícita, se considerasse, no instante em que é feita, a morte do ascendente, visto que se subordina a todas as cláusulas fundamentais da composição distributiva de uma partilha" (*Da nulidade da partilha*. São Paulo, Saraiva, 1980, p. 732). (STJ, REsp n. 730.483/MG, rel. Min. Nancy Andrighi, j. 03.05.2005, DJ 20.06.2005)

Adimplemento Pagamento de uma dívida ou cumprimento de uma obrigação. Contrário de inadimplemento, que significa ausência de pagamento.

▶ Veja CC: "**Art. 304.** Qualquer interessado na extinção da dívida pode pagá-la, usando, se o credor se opuser, dos meios conducentes à exoneração do devedor. Parágrafo único. Igual direito cabe ao terceiro não interessado, se o fizer em nome e à conta do devedor, salvo oposição deste. **Art. 305.** O terceiro não interessado, que paga a dívida em seu próprio nome, tem direito a reembolsar-se do que pagar; mas não se sub-roga nos direitos do credor. Parágrafo único. Se pagar antes de vencida a dívida, só terá direito ao reembolso no vencimento. **Art. 306.** O pagamento feito por terceiro, com desconhecimento ou oposição do devedor, não obriga a reembolsar aquele que pagou, se o devedor tinha meios para ilidir a ação. **Art. 307.** Só terá eficácia o pagamento que importar transmissão da propriedade, quando feito por quem possa alienar o objeto em que ele consistiu. Parágrafo único. Se se der em pagamento coisa fungível, não se poderá mais reclamar do credor que, de boa-fé, a recebeu e consumiu, ainda que o solvente não tivesse o direito de aliená-la".

■ Consórcio de crédito. Desistência. Adimplemento de poucas parcelas. Restituição imediata das parcelas pagas. Taxa de administração limitada em 10% do valor pago. Taxa de adesão descontada. 1. Tratando-se de plano de consórcio de longa duração, havendo desistência do consorciado que pagou poucas parcelas, cabível é a devolução imediata das quantias despendidas, consoante Súmula n. 15 das Turmas Recursais. 2. A Taxa de Administração deve ser limitada a 10% sobre o valor pago, a fim de não violar o Codecon. 3. Possibilidade, no entanto, de deduzir a taxa de adesão expressamente pactuada, nesse ponto não merecendo provimento o recurso. Recurso parcialmente provido. (TJRS, Rec. Cível n. 71001995091, 1ª T. Recursal Cível, T. Recursais, rel. Ricardo Torres Hermann, j. 25.06.2009)

Adimplente Aquele que cumpre a obrigação nos devidos tempo e lugar. O que realiza o adimplemento da dívida. Contrário de inadimplente.

Adimplir Cumprir uma obrigação ou saldar uma dívida.

Ad instar Locução latina que significa à semelhança de, à maneira de.

Aditamento Procedimento pelo qual se adita ou se adiciona alguma coisa com o objetivo de complementar ou completar outra que lhe guarda correspondência. Exemplos: "aditamento de um contrato"; "aditamento da inicial"; "termo aditivo".

Aditamento da denúncia Procedimento de competência de membro do MP com a finalidade de complementar fatos ou circunstâncias novas que não fazem parte da peça acusatória. O MP, verificando que houve omissão na denúncia, pode aditá-la, a todo tempo, antes da sentença final (art. 569, CPP). O mesmo ocorre em relação à queixa, ainda quando a ação penal for privativa do ofendido, cabendo ao MP intervir em todos os termos subsequentes do processo (art. 45, CPP). Nos casos de aditamento, haverá necessidade de manifestação do réu, em observância ao contraditório e à ampla defesa. Assim, haverá necessidade de interrogatório se o ato for destinado à inclusão de novos dados/fatos/circunstâncias inerentes ao delito ou à pessoa do réu.

▶ Veja CPP: "**Art. 45.** A queixa, ainda quando a ação penal for privativa do ofendido, poderá ser aditada pelo Ministério

Público, a quem caberá intervir em todos os termos subsequentes do processo. **Art. 46.** O prazo para oferecimento da denúncia, estando o réu preso, será de 5 (cinco) dias, contado da data em que o órgão do Ministério Público receber os autos do inquérito policial, e de 15 (quinze) dias, se o réu estiver solto ou afiançado. No último caso, se houver devolução do inquérito à autoridade policial (art. 16), contar-se-á o prazo da data em que o órgão do Ministério Público receber novamente os autos. § 1º Quando o Ministério Público dispensar o inquérito policial, o prazo para o oferecimento da denúncia contar-se-á da data em que tiver recebido as peças de informações ou a representação. § 2º O prazo para o aditamento da queixa será de 3 (três) dias, contado da data em que o órgão do Ministério Público receber os autos, e, se este não se pronunciar dentro do tríduo, entender-se-á que não tem o que aditar, prosseguindo-se nos demais termos do processo. [...] **Art. 569.** As omissões da denúncia ou da queixa, da representação, ou, nos processos das contravenções penais, da portaria ou do auto de prisão em flagrante, poderão ser supridas a todo o tempo, antes da sentença final".

- Aditamento à denúncia. Subscritor diverso do signatário da peça inaugural. Alegação de ofensa ao princípio do promotor natural. Inocorrência. [...] 2. Pode o MP aditar a denúncia, até a sentença, incluindo corréu no rol dos denunciados, à luz do art. 569 do CPP, desde que presentes os requisitos do art. 41 do diploma adjetivo penal. 3. Não há falar em ofensa ao princípio do promotor natural apenas pelo fato de ser o subscritor do aditamento à denúncia diverso do signatário da inicial acusatória, sendo necessária à demonstração inequívoca de "lesão ao exercício pleno e independente das atribuições do *parquet*" ou "possível manipulação casuística ou designação seletiva por parte do Procurador-Geral de Justiça a deixar entrever a figura do acusador de exceção", o que não se verifica *in casu* (HC n. 12.616/MG, rel. Min. Fernando Gonçalves, *DJ* 05.03.2001, p. 241). 5. Recurso a que se nega provimento. (STJ, RHC n. 17.231/PE, 5ª T., rel. Min. Arnaldo Esteves Lima, j. 06.09.2005, *DJU* 10.10.2005, p. 395)

- Apelação criminal. Crimes contra o patrimônio. Inépcia da denúncia. Atipicidade da conduta. Insuficiência probatória. Inépcia da denúncia. É inepta a inicial acusatória que não descreve o fato com todas as suas circunstâncias, consoante determina o art. 41 do CPP, deixando de narrar o dolo do agente na conduta imputada. Atipicidade da conduta. Sendo inepta a denúncia, por não descrever elementar essencial do tipo, absolve-se o denunciado pela atipicidade da conduta. Não é possível anular o processo, para que o MP ofereça aditamento à denúncia, pois constituiria *mutatio libelli* em segundo grau – inteligência do art. 569 do CPP e da Súmula n. 453 do STF. [...] (TJRS, Ap. Crime n. 70045689080, 5ª Câm. Criminal, rel. Diogenes Vicente Hassan Ribeiro, j. 06.06.2012)

Aditamento da petição inicial Faculdade que possui o autor da ação para aditar o pedido, desde que o faça antes da citação. Na denunciação da lide também se permite essa providência ao denunciado que comparecer ao processo, antes da citação do réu.

- Veja CPC/73: "**Art. 74.** Feita a denunciação pelo autor, o denunciado, comparecendo, assumirá a posição de litisconsorte do denunciante e poderá aditar a petição inicial, procedendo-se em seguida à citação do réu. [...] **Art. 294.** Antes da citação, o autor poderá aditar o pedido, correndo à sua conta as custas acrescidas em razão dessa iniciativa".

- Veja CPC/2015: "**Art. 127.** Feita a denunciação pelo autor, o denunciado poderá assumir a posição de litisconsorte do denunciante e acrescentar novos argumentos à petição inicial, procedendo-se em seguida à citação do réu. [...] **Art. 329.** O autor poderá: I – até a citação, aditar ou alterar o pedido ou a causa de pedir, independentemente de consentimento do réu; II – até o saneamento do processo, aditar ou alterar o pedido e a causa de pedir, com o consentimento do réu, assegurado o contraditório mediante a possibilidade de manifestação deste no prazo mínimo de 15 (quinze) dias, facultado o requerimento de prova suplementar. Parágrafo único. Aplica-se o disposto neste artigo à reconvenção e à respectiva causa de pedir".

- Petição inicial. Aditamento após a citação da parte contrária, quando esta manifesta expressa discordância. Impossibilidade. CPC, art. 264. Feita a citação, não é viável, sob pena de violação do art. 264 do CPC, o aditamento da inicial quando o réu manifesta expressamente sua discordância. A interposição de contraminuta ao agravo de instrumento de decisão que indeferiu o pedido de aditamento denota que houve manifesta oposição da parte contrária. Dessa forma não há que se retornar àquela fase processual para se proceder a intimação da parte ré, pois, ainda que praticado o ato de outro modo, restou preenchida a sua finalidade essencial. (STJ, Ag. Reg. na MC n. 10.728/SC, rel. Min. Teori Albino Zavascki, j. 06.12.2005, *DJ* 19.12.2005)

- Ação de dissolução de união de fato c/c guarda de menor e alimentos. Aditamento da inicial após a citação. Impossibilidade. O aditamento da inicial, sem o consentimento da parte ré, só é possível até a citação (art. 294 do CPC). Situação dos autos em que a demandada, expressamente, não concordou com a emenda da inicial para incluir no polo ativo da ação a avó paterna que objetiva compartilhar a guarda do filho menor das partes. Agravo de instrumento desprovido. (TJRS, AI n. 70048838320, 7ª Câm. Cível, rel. Jorge Luís Dall'Agnol, j. 29.08.2012)

Aditar Ato de realizar aditamento. Adicionar, complementar. Pode-se aditar um contrato por meio de um *termo aditivo*, no qual se acrescenta ou se modifica determinada cláusula, por exemplo, a data de vigência do contrato. O autor da ação pode aditar o pedido da inicial, desde que o faça antes da citação (*v. Aditamento*).

Adjudicação Ato judicial que tem por objetivo transferir a propriedade de uma coisa móvel ou imóvel do patrimônio de uma pessoa para o de outra nos casos em que a lei especifica. Modalidade de expropriação de bens do executado (art. 647, CPC/73). Têm direito a requerer a adjudicação do bem, entre outros: o condômino, em relação à coisa indivisível; o promitente comprador, havendo recusa na outorga da escritura definitiva; o credor hipotecário, no caso de falência do devedor; o exequente, em relação aos bens penhorados.

▶ Veja CC: "**Art. 1.322.** Quando a coisa for indivisível, e os consortes não quiserem adjudicá-la a um só, indenizando os outros, será vendida e repartido o apurado, preferindo-se, na venda, em condições iguais de oferta, o condômino ao estranho, e entre os condôminos aquele que tiver na coisa benfeitorias mais valiosas, e, não as havendo, o de quinhão maior. [...] **Art. 1.418.** O promitente comprador, titular de direito real, pode exigir do promitente vendedor, ou de terceiros, a quem os direitos deste forem cedidos, a outorga da escritura definitiva de compra e venda, conforme o disposto no instrumento preliminar; e, se houver recusa, requerer ao juiz a adjudicação do imóvel. [...] **Art. 1.483.** No caso de falência, ou insolvência, do devedor hipotecário, o direito de remição defere-se à massa, ou aos credores em concurso, não podendo o credor recusar o preço da avaliação do imóvel. Parágrafo único. Pode o credor hipotecário, para pagamento de seu crédito, requerer adjudicação do imóvel avaliado em quantia inferior àquele, desde que dê quitação pela sua totalidade. [O art. 1.072 da Lei n. 13.105, de 16.03.2015 (CPC/2015 – DOU 17.03.2015), que entrará em vigor após decorrido um ano da data de sua publicação oficial, revogou o art. 1.483, CC.] [...] **Art. 1.499.** A hipoteca extingue-se: I – pela extinção da obrigação principal; II – pelo perecimento da coisa; III – pela resolução da propriedade; IV – pela renúncia do credor; V – pela remição; VI – pela arrematação ou adjudicação. [...] **Art. 2.019.** Os bens insuscetíveis de divisão cômoda, que não couberem na meação do cônjuge sobrevivente ou no quinhão de um só herdeiro, serão vendidos judicialmente, partilhando-se o valor apurado, a não ser que haja acordo para serem adjudicados a todos. [...]".

▶ Veja CPC/73: "**Art. 647.** A expropriação consiste: I – na adjudicação em favor do exequente ou das pessoas indicadas no § 2º do art. 685-A desta Lei; [...]".

▶ Veja CPC/2015: "**Art. 824.** A execução por quantia certa realiza-se pela expropriação de bens do executado, ressalvadas as execuções especiais. **Art. 825.** A expropriação consiste em: I – adjudicação; II – alienação; III – apropriação de frutos e rendimentos de empresa ou estabelecimentos e de outros bens. **Art. 826.** Antes de adjudicados ou alienados os bens, o executado pode, a todo tempo, remir a execução, pagando ou consignando a importância atualizada da dívida, acrescida de juros, custas e honorários advocatícios".

■ Arrolamento de bens. Adjudicação da totalidade dos bens ao herdeiro. Inviabilidade, sob pena de mitigação dos direitos do cônjuge-meeiro. 1. O procedimento de arrolamento sumário pressupõe a partilha amigável dos bens, celebrada entre partes capaz, posteriormente homologada pelo juiz. 2. A renúncia do único herdeiro, maior e capaz, a favor do viúvo-meeiro, da totalidade dos bens, é admissível, todavia admite retratação, caso em que o monte deverá ser partilhado na proporção de cinquenta por cento para cada uma das partes. 3. A adjudicação de todos os bens ao herdeiro que se retratou importa violação de direito do cônjuge-meeiro, resultante da comunhão. Recurso provido. (TJDFT, Ap. Cível n. 3.520.895, 4ª T. Cível, rel. João Mariosa, j. 16.10.1995, *DJ* 22.11.1995, p. 17.527)

Adjudicação compulsória Medida judicial que visa a obter o suprimento judicial da vontade recusada pelo vendedor, ou seja, o suprimento da vontade de outorgar a escritura definitiva e a consequente transferência do domínio do imóvel compromissado. Adjudicação forçada ou obrigatória, como nos contratos que tenham por objeto a promessa de compra e venda de imóveis e DL n. 58/37. Julgada procedente a ação, a sentença terá o condão de adjudicar o imóvel ao compromissário, valendo ela como título para a transcrição ou transferência de domínio (art. 16, § 2º) (*v. Ação de adjudicação compulsória*).

- Veja CC: "**Art. 1.418.** O promitente comprador, titular de direito real, pode exigir do promitente vendedor, ou de terceiros, a quem os direitos deste forem cedidos, a outorga da escritura definitiva de compra e venda, conforme o disposto no instrumento preliminar; e, se houver recusa, requerer ao juiz a adjudicação do imóvel".

- Veja DL n. 58/37: "**Art. 15.** Os compromissários têm o direito de, antecipando ou ultimando o pagamento integral do preço, e estando quites com os impostos e taxas, exigir a outorga da escritura de compra e venda. **Art. 16.** Recusando-se os compromitentes a outorgar a escritura definitiva no caso do artigo 15, o compromissário poderá propor, para o cumprimento da obrigação, ação de adjudicação compulsória, que tomará o rito sumaríssimo. § 1º A ação não será acolhida se a parte, que a intentou, não cumprir a sua prestação nem a oferecer nos casos e formas legais. § 2º Julgada procedente a ação a sentença, uma vez transitada em julgado, adjudicará o imóvel ao compromissário, valendo como título para a transcrição. [...]".

■ Ação de adjudicação compulsória. Promessa de compra e venda. Cessão de direitos hereditários. Abertura de inventário. Impugnação por parte do registro imobiliário. A adjudicação compulsória é o remédio jurídico colocado à disposição de quem, munido de contrato de promessa de compra e venda, não logra êxito em obter a escritura definitiva do imóvel, pela recusa injustificada dos promitentes-vendedores em efetivá-la. Caso concreto em que não preenchidos os requisitos formais para a transferência da titularidade do imóvel. Impossibilidade jurídica do pedido de adjudicação compulsória. Extinção do processo sem o julgamento do mérito. CPC, art. 267, VI. Recurso desprovido. (TJRS, Ap. Cível n. 70025171315, 20ª Câm. Cível, rel. José Aquino Flores de Camargo, j. 29.10.2008)

■ Apelação cível. Adjudicação compulsória. Presença dos requisitos. Para a efetivação da adjudicação compulsória, mostra-se necessária a apresentação do compromisso de compra e venda, bem como do comprovante de quitação do imóvel. No caso, a procedência do pleito é medida que se impõe, visto que preenchidos os requisitos, não podendo ser ignorado o comprovante de quitação trazido junto ao apelo, pois possível a juntada posterior de documento quando ausente a má-fé e respeitado o contraditório. Precedentes deste Tribunal de Justiça. Deram provimento ao recurso. Unânime. (TJRS, Ap. Cível n. 70053087169, 20ª Câm. Cível, rel. Walda Maria Melo Pierro, j. 26.06.2013)

Adjudicar Ato de transferir, por decisão judicial, a propriedade de uma pessoa para a de outra, de bens que a esta pertence por imposição legal ou contratual (*v. Adjudicação*).

Ad judicia Locução latina derivada de *judicium* (juízo), que significa "para o juízo" e que, quando contida em um mandato ou procuração, indica a cláusula que confere ao mandatário poderes para representar o mandante em juízo. A cláusula *ad judicia* confere ao advogado poderes gerais para o foro (*v. Procuração e Mandato*).

- Veja CPC/73: "**Art. 38.** A procuração geral para o foro, conferida por instrumento público, ou particular assinado pela parte, habilita o advogado a praticar todos os atos do processo, salvo para receber citação inicial, confessar, reconhecer a procedência do pedido, transigir, desistir, renunciar ao direito sobre que se funda a ação, receber, dar quitação e firmar compromisso".

- Veja CPC/2015: "**Art. 105.** A procuração geral para o foro, outorgada por instrumento público ou particular assinado pela parte, habilita o advogado a praticar todos os atos do processo, exceto receber citação, confessar, reconhecer a procedência do pedido, transigir, desistir, renunciar ao direito sobre o qual se funda a ação, receber, dar quitação, firmar compromisso e assinar declaração de hipossuficiência econômica, que devem constar de cláusula específica".

Ad judicia et extra Locução latina empregada para indicar cláusula de instrumento de mandato ou procuração que atribui ao mandatário poderes para o foro em geral cumulados com poderes para praticar atos extrajudiciais, ou seja, poderes de representação e defesa perante repartições públicas e pessoas físicas e jurídicas.

Adjunto Expressão que indica a pessoa que atua como auxiliar ou substituto de outra no exercício de determinada função. Pessoa que não detém a titularidade do cargo (p. ex.: "secretário adjunto", "professor adjunto").

Ad litteram Locução latina que significa "ao pé da letra", "literalmente". É usada quando se pretende reproduzir um artigo ou um posicionamento doutrinário na íntegra.

Ad mensuram Locução latina empregada para indicar a venda de um imóvel quando feita mediante a especificação de suas medidas e do seu preço total ou preço por medida de extensão (art. 500, CC). A venda *ad mensuram* implica a determinação do preço por unidade ou por medida de extensão, constituindo-se a área como condição do preço. Por consequência, todo imóvel que for vendido pelo valor de "tanto por metro quadrado", por hectare ou por alqueire caracteriza a venda *ad mensuram*. Quando for constatado que a área adquirida é inferior à que consta da escritura de compra e venda, poderá o adquirente exigir o complemento da área por meio da ação ordinária *ex empto* ou *ex vendito*, e, não sendo a complementação possível, exigir abatimento proporcional do preço, por meio da ação ordinária *quanti minoris*. Poderá, também, requerer a rescisão do contrato, com a cominação de perdas e danos.

- ▶ Veja CC: "**Art. 500.** Se, na venda de um imóvel, se estipular o preço por medida de extensão, ou se determinar a respectiva área, e esta não corresponder, em qualquer dos casos, às dimensões dadas, o comprador terá o direito de exigir o complemento da área, e, não sendo isso possível, o de reclamar a resolução do contrato ou abatimento proporcional ao preço. [...]".

- ■ Compra e venda. Ação *ex empto*. Compra e venda de imóvel rural. Venda *ad mensuram*. Diferença de metragem. CCB/2002, art. 500. CCB, art. 1.136. Perícia que comprova que a área comprada e entregue seria inferior à mencionada na Escritura de Compra e Venda. Pedido de complementação da área parcialmente cabível, porque o demandado não possui área integral correspondente à devida, devendo a diferença ser restituída em espécie. Indenizações por danos materiais, por despesas de levantamento da área e aquisição de mudas, e danos morais, indevidas – sucumbência recíproca. Desprovimento da Apelação interposta pelo autor e parcial provimento ao recurso do réu. (TJRJ, Ap. Cível n. 0006904-14.2001.8.19.0061, 1ª Câm. Cível, rel. Des. Camilo Ribeiro Rulière, j. 12.07.2011)

- ■ Apelação cível. Divisão e demarcação de terras particulares. Havendo indicação nos autos de que a aquisição do autor ocorreu através da modalidade *ad mensuram*, o adquirente tem direito apenas àquela porção constante da escritura, conforme o disposto pelo art. 500 do CC, sendo inviável que sejam divididas eventuais sobras oriundas da área inicial. Ademais, no caso, além de inexistir certeza sobre a existência de sobras, o autor postulou apenas a demarcação da área que efetivamente adquiriu. Manutenção da sentença que se impõe. Negaram provimento ao recurso. Unânime. (TJRS, Ap. Cível n. 70048199624, 20ª Câm. Cível, rel. Walda Maria Melo Pierro, j. 02.05.2012)

Ad negotia Cláusula que, quando inserida em contrato de mandato, confere ao mandatário poderes para praticar atos extrajudiciais ou relativos aos negócios em geral do mandante.

Ad nutum Expressão que indica que um determinado ato pode ser revogado ou tornado sem efeito, a qualquer tempo, pela vontade de apenas uma das pessoas que dele participam. Assim ocorre com os cargos públicos, em comissão ou de confiança, e outros que não são garantidos por estabilidade, que são passíveis de destituição ou demissão *ad nutum*, decorrente do livre arbítrio do agente público ou empregador. Nesse sentido, o art. 37, II, CF, que consigna que os cargos em comissão são de livre nomeação e exoneração.

- ▶ Veja CF: "**Art. 37.** A administração pública direta e indireta de qualquer dos Poderes da União, dos Estados, do Distrito Federal e dos Municípios obedecerá aos princípios de legalidade, impessoalidade, moralidade, publicidade e eficiência e, também, ao seguinte: I – os cargos, empregos e funções públicas são acessíveis aos brasileiros que preencham os requisitos estabelecidos em lei, assim como aos estrangeiros, na forma da lei; II – a investidura em cargo ou emprego público depende de aprovação prévia em concurso público de provas ou de provas e títulos, de acordo com a natureza e a complexidade do cargo ou emprego, na forma prevista em lei, ressalvadas as nomeações para cargo em comissão declarado em lei de livre nomeação e exoneração; [...]".

- ■ Servidor público. Cargo em comissão. [...] 2. Natureza precária do provimento. Exoneração *ad nutum*. Possibilidade. O servidor público detentor de cargo em comissão, com vínculo baseado na confiança, não detém estabilidade, pois de livre nomeação e dispensa. Inteligência do art. 37, II, da CF/88. Portaria de exoneração que preenche os requisitos legais, ausente qualquer vício capaz de invalidá-la. Vínculo previdenciário com o INSS conferido e que causou a extinção do cargo em comissão extraordinário. Improcedência dos pedidos que se impunha. Precedentes catalogados. Apelação improvida. (TJRS, Ap. Cível n. 70028458545, 3ª Câm. Cível, rel. Nelson Antônio Monteiro Pacheco, j. 26.04.2012)

Adoção Ato pelo qual uma pessoa, maior de 18 anos, independentemente do estado civil ou de se encontrar em relação hétero ou homoafetiva, adota outra pessoa como filho. O adotante há de ser, pelo menos, dezesseis anos mais velho do que o adotando. A adoção, que depende de sentença judicial, dá origem ao parentesco civil entre o adotando e o adotado (art. 1.593, CC), atribuindo-se a condição de filho ao adotado, tendo ele os mesmos direitos e deveres, inclusive sucessórios, que os filhos legítimos, além de se desligar de qualquer vínculo com pais e parentes, salvo nos impedimentos matrimoniais (art. 41, ECA).

- Veja CC: "**Art. 1.618.** A adoção de crianças e adolescentes será deferida na forma prevista pela Lei n. 8.069, de 13 de julho de 1990 – Estatuto da Criança e do Adolescente".
- Veja ECA: "**Art. 39.** A adoção de criança e de adolescente reger-se-á segundo o disposto nesta Lei. § 1º A adoção é medida excepcional e irrevogável, à qual se deve recorrer apenas quando esgotados os recursos de manutenção da criança ou adolescente na família natural ou extensa, na forma do parágrafo único do art. 25 desta Lei. § 2º É vedada a adoção por procuração. **Art. 40.** O adotando deve contar com, no máximo, dezoito anos à data do pedido, salvo se já estiver sob a guarda ou tutela dos adotantes. [...] **Art. 42.** Podem adotar os maiores de 18 (dezoito) anos, independentemente do estado civil. § 1º Não podem adotar os ascendentes e os irmãos do adotando. § 2º Para adoção conjunta, é indispensável que os adotantes sejam casados civilmente ou mantenham união estável, comprovada a estabilidade da família. § 3º O adotante há de ser, pelo menos, dezesseis anos mais velho do que o adotando. § 4º Os divorciados, os judicialmente separados e os ex-companheiros podem adotar conjuntamente, contanto que acordem sobre a guarda e o regime de visitas e desde que o estágio de convivência tenha sido iniciado na constância do período de convivência e que seja comprovada a existência de vínculos de afinidade e afetividade com aquele não detentor da guarda, que justifiquem a excepcionalidade da concessão. § 5º Nos casos do § 4º deste artigo, desde que demonstrado efetivo benefício ao adotando, será assegurada a guarda compartilhada, conforme previsto no art. 1.584 da Lei n. 10.406, de 10 de janeiro de 2002 – Código Civil. § 6º A adoção poderá ser deferida ao adotante que, após inequívoca manifestação de vontade, vier a falecer no curso do procedimento, antes de prolatada a sentença. **Art. 43.** A adoção será deferida quando apresentar reais vantagens para o adotando e fundar-se em motivos legítimos".

■ Adoção póstuma. Validade. Adoção conjunta por dois irmãos. Pressupostos. Família anaparental. Possibilidade. I. [...] A redação do art. 42, § 5º, da Lei n. 8.069/90 – ECA –, renumerado como § 6º pela Lei n. 12.010/2009, que é um dos dispositivos de lei tidos como violados no recurso especial, alberga a possibilidade de se ocorrer a adoção póstuma na hipótese de óbito do adotante, no curso do procedimento de adoção, e a constatação de que este manifestou, em vida, de forma inequívoca, seu desejo de adotar. III. Para as adoções *post mortem*, vigem, como comprovação da inequívoca vontade do *de cujus* em adotar, as mesmas regras que comprovam a filiação socioafetiva: o tratamento do menor como se filho fosse e o conhecimento público dessa condição. [...] VIII. O fim expressamente assentado pelo texto legal – colocação do adotando em família estável – foi plenamente cumprido, pois os irmãos, que viveram sob o mesmo teto, até o óbito de um deles, agiam como família que eram, tanto entre si, como para o então infante, e naquele grupo familiar o adotado se deparou com relações de afeto, construiu – nos limites de suas possibilidades – seus valores sociais, teve amparo nas horas de necessidades físicas e emocionais, em suma, encontrou naqueles que o adotaram, a referência necessária para crescer, desenvolver-se e inserir-se no grupo social que hoje faz parte. IX. Nessa senda, a chamada família anaparental – sem a presença de um ascendente –, quando constatados os vínculos subjetivos que remetem à família, merece o reconhecimento e igual *status* daqueles grupos familiares descritos no art. 42, § 2º, do ECA. Recurso não provido. (STJ, REsp n. 1.217.415/RS (2010/0184476-0), rel. Min. Nancy Andrighi, 19.06.2012)

■ Destituição do poder familiar. Adoção. Inaptidão da genitora para o desempenho da função parental. Situação de risco. 1. Se a genitora não possui condições pessoais para cuidar do filho, entregando-o a pessoa desconhecida, jamais tendo exercido de forma adequada a maternidade, então torna-se imperiosa a destituição do poder familiar, a fim de que o infante, que já está inserido em família substituta, possa continuar a desfrutar de uma vida saudável e equilibrada. 2. Se o casal guardião já detém a guarda provisória e essa guarda já perdura há mais de quatro anos e o infante vem recebendo todos os cuidados e atenções, e se resta consolidada a condição fática de filiação, então a adoção se mostra rigorosamente vantajosa para o menor e deveria mesmo ter sido deferida. Recurso desprovido. (TJRS, Ap. Cível n. 70050260900, 7ª Câm. Cível, rel. Sérgio Fernando de Vasconcellos Chaves, j. 29.08.2012)

Adoção à brasileira Ato de alguém registrar, como seu, filho de outrem, mesmo tendo pleno conhecimento de que não é seu pai biológico. Geralmente ocorre quando uma criança é encontrada junto à porta da casa ou simplesmente abandonada na rua, em lixeiras ou outros recipientes. Também pode ocorrer nas hipóteses de entrega espontânea da mãe ou do pai, logo após o parto e antes que se proceda ao registro da criança. Aquele que eventualmente venha a reconhecer como filho nessas condições pode ser indiciado pelo crime previsto no art. 242, CP. Ressalve-se que, quando o crime é praticado por motivo de reconhecida nobreza, a pena pode ser reduzida ou o juiz pode deixar de aplicar a pena, como consta do parágrafo único.

▶ Veja CP: "Parto suposto. Supressão ou alteração de direito inerente ao estado civil de recém-nascido – **Art. 242.** Dar parto alheio como próprio; registrar como seu o filho de outrem; ocultar recém-nascido ou substituí-lo, suprimindo ou alterando direito inerente ao estado civil: Pena – reclusão, de 2 (dois) a 6 (seis) anos. Parágrafo único. Se o crime é praticado por motivo de reconhecida nobreza: Pena – detenção, de 1 (um) a 2 (dois) anos, podendo o juiz deixar de aplicar a pena".

■ Apelação crime. Demais infrações penais. Crimes contra a família. Parto suposto. Forma privilegiada da infração. Os elementos de convicção constantes dos autos revelam que a acusada, ao registrar filho alheio como próprio, agiu amparada por motivação nobre, considerando que pretendia dar uma vida melhor ao recém-nascido, em face da precária situação econômica que a família natural enfrentava e do contexto social no qual estava inserida. Assim, deve ser mantida a forma privilegiada prevista no parágrafo único do art. 242 do CP. Apelação desprovida. (TJRS, Ap. Crime n. 70042425280, 7ª Câm. Criminal, rel. Naele Ochoa Piazzetta, j. 09.06.2011)

■ Registrar como seu filho de outro (art. 242, *caput*, CP). Prova. Pena. 1. Não configura motivo de nobreza se o agente registra a filha em seu nome enquanto convivia com a mãe, ingressando com ação negatória de paternidade ao separar-se. 2. Sendo o *sursis* mais favorável, impõe-se, ante a redução da pena ao mínimo legal (TJRS, Ap. Cível n. 70006332209, Câm. Esp. Criminal, Des. Elba Aparecida Nicolli Bastos, j. 30.09.2004)

Adolescente Pessoa que vive a fase da adolescência, cuja idade, para o Direito brasileiro, se situa entre 12 e 18 anos. Adolescência é a fase do desenvolvimento humano que marca a transição entre a infância e a idade adulta e que se caracteriza por alterações em diversos níveis – físico, mental e social. Representa para o indivíduo um processo de distanciamento de formas de comportamento e privilégios típicos da infância e de aquisição de características e competências que o capacitem a assumir os deveres e papéis sociais do adulto. A Lei n. 8.069/90 (ECA) dispõe sobre a proteção integral à criança e ao adolescente, referindo que uma e outro gozam de todos os direitos fundamentais inerentes à pessoa humana, sem prejuízo da proteção integral de que trata a lei, assegurando-se-lhes, por lei ou por outros meios, todas as oportunidades e facilidades, a fim de lhes facultar o desenvolvimento físico, mental, moral, espiritual e social, em condições de liberdade e de dignidade.

▶ Veja ECA: "**Art. 1º** Esta Lei dispõe sobre a proteção integral à criança e ao adolescente. **Art. 2º** Considera-se criança, para os efeitos desta Lei, a pessoa até doze anos de idade incompletos, e adolescente aquela entre doze e dezoito anos de idade. Parágrafo único. Nos casos expressos em lei, aplica-se excepcionalmente este Estatuto às pessoas entre dezoito e vinte e um anos de idade. **Art. 3º** A criança e o adolescente gozam de todos os direitos fundamentais inerentes à pessoa humana, sem prejuízo da proteção integral de que trata esta Lei, assegurando-se-lhes, por lei ou por outros meios, todas as oportunidades e facilidades, a fim de lhes facultar o desenvolvimento físico, mental, moral, espiritual e social, em condições de liberdade e de dignidade. **Art. 4º** É dever da família, da comunidade, da sociedade em geral e do Poder Público assegurar, com absoluta prioridade, a efetivação dos direitos referentes à vida, à saúde, à alimentação, à educação, ao esporte, ao lazer, à profissionalização, à cultura, à dignidade, ao respeito, à liberdade e à convivência familiar e comunitária. [...]".

Ad perpetuam rei memoriam Locução latina utilizada para indicar vistoria, ou exame prévio, a ser realizada sobre coisa ou pessoa, com caráter de perpetuidade, quando se evidenciar receio de que as provas a serem obtidas possam desaparecer. A produção antecipada da prova pode consistir em interrogatório da parte, inquirição de testemunhas e exame pericial (art. 846, CPC/73) (*v. Antecipação de provas*).

▶ Veja CPC/73: "**Art. 846.** A produção antecipada da prova pode consistir em interrogatório da parte, inquirição de testemunhas e exame pericial. **Art. 847.** Far-se-á o interrogatório da parte ou a inquirição das testemunhas antes da propositura da ação, ou na pendência desta, mas antes da audiência de instrução: I – se tiver de ausentar-se; II – se, por motivo de idade ou de moléstia grave, houver justo receio de que ao tempo da prova já não exista, ou esteja impossibilitada de depor. **Art. 848.** O requerente justificará sumariamente a necessidade da antecipação e mencionará com precisão os fatos sobre que há de recair a prova. [...]".

▸ Veja CPC/2015: "**Art. 381.** A produção antecipada da prova será admitida nos casos em que: I – haja fundado receio de que venha a tornar-se impossível ou muito difícil a verificação de certos fatos na pendência da ação; II – a prova a ser produzida seja suscetível de viabilizar a autocomposição ou outro meio adequado de solução de conflito; III – o prévio conhecimento dos fatos possa justificar ou evitar o ajuizamento de ação. [...]".

Ad probationem Locução latina utilizada para indicar o ato que pode ser provado informalmente, ou seja, diferentemente da forma solene (*ad solemnitatem*), que a lei exige para certos casos. Desse modo, a validade das declarações de vontade não dependerá de forma especial, senão quando a lei expressamente a exigir.

▸ Veja CC: "**Art. 107.** A validade da declaração de vontade não dependerá de forma especial, senão quando a lei expressamente a exigir".

▸ Veja CPC/2015: "**Art. 406.** Quando a lei exigir instrumento público como da substância do ato, nenhuma outra prova, por mais especial que seja, pode suprir-lhe a falta".

Ad quem Expressão latina que possui duplo significado: pode ser usada como indicativo de juiz ou tribunal de segunda instância (tribunal *ad quem*), ao qual se remete, em grau de recurso, o processo decidido pelo juiz *a quo* (instância inferior); pode ser empregado para designar o termo final de um prazo ou o dia em que se esgota um prazo (*dies ad quem*).

Adquirente Diz-se da pessoa que, a qualquer título, adquire a propriedade de determinada coisa. A aquisição pode operar-se por ato *inter vivos* ou *causa mortis*. A primeira ocorre por meio de compra e venda, troca, doação, usucapião, arrematação e adjudicação; a segunda dá-se por meio de inventário ou testamento. Em se tratando de imóveis, a propriedade somente se transfere mediante o registro da escritura pública; se for bem móvel, mediante a tradição (art. 1.245, CC). Se um imóvel for adquirido durante a locação, o adquirente não ficará obrigado a respeitar o contrato, se nele não for consignada a cláusula da sua vigência no caso de alienação, e não constar de registro (art. 576, CC). Caso venha a sofrer os efeitos da evicção, o adquirente tem direito, além da restituição integral do preço ou das quantias que pagou: à indenização dos frutos que tiver sido obrigado a restituir; à indenização pelas despesas dos contratos e pelos prejuízos que diretamente resultarem da evicção; às custas judiciais e aos honorários do advogado por ele constituído.

▸ Veja CC: "**Art. 450.** Salvo estipulação em contrário, tem direito o evicto, além da restituição integral do preço ou das quantias que pagou: I – à indenização dos frutos que tiver sido obrigado a restituir; II – à indenização pelas despesas dos contratos e pelos prejuízos que diretamente resultarem da evicção; III – às custas judiciais e aos honorários do advogado por ele constituído. Parágrafo único. O preço, seja a evicção total ou parcial, será o do valor da coisa, na época em que se evenceu, e proporcional ao desfalque sofrido, no caso de evicção parcial. [...] **Art. 576.** Se a coisa for alienada durante a locação, o adquirente não ficará obrigado a respeitar o contrato, se nele não for consignada a cláusula da sua vigência no caso de alienação, e não constar de registro. § 1º O registro a que se refere este artigo será o de Títulos e Documentos do domicílio do locador, quando a coisa for móvel; e será o Registro de Imóveis da respectiva circunscrição, quando imóvel. § 2º Em se tratando de imóvel, e ainda no caso em que o locador não esteja obrigado a respeitar o contrato, não poderá ele despedir o locatário, senão observado o prazo de noventa dias após a notificação. [...] **Art. 1.245.** Transfere-se entre vivos a propriedade mediante o registro do título translativo no Registro de Imóveis. § 1º Enquanto não se registrar o título translativo, o alienante continua a ser havido como dono do imóvel. § 2º Enquanto não se promover, por meio de ação própria, a decretação de invalidade do registro, e o respectivo cancelamento, o adquirente continua a ser havido como dono do imóvel".

Ad referendum Locução empregada para indicar ato ou decisão provisória que, para terem plena validade, ainda dependem de aprovação ou *referendum* de órgão ou autoridade superior que possui competência para praticá-lo de forma legal.

Ad solemnitatem Expressão latina que indica o ato praticado de acordo com as formalidades indicadas em lei e que são necessárias para sua validade. Opõe-se a *ad probationem*, referente a atos que não exigem formalidade especial. Diz-se, então, que o ato de compra e venda de imóveis é *ad solemnitatem*, porque para sua realização a forma (escritura) é essencial (art. 108, CC).

▶ Veja CC: "**Art. 104.** A validade do negócio jurídico requer: I – agente capaz; II – objeto lícito, possível, determinado ou determinável; III – forma prescrita ou não defesa em lei. [...] **Art. 108.** Não dispondo a lei em contrário, a escritura pública é essencial à validade dos negócios jurídicos que visem à constituição, transferência, modificação ou renúncia de direitos reais sobre imóveis de valor superior a trinta vezes o maior salário mínimo vigente no País. [...] **Art. 166.** É nulo o negócio jurídico quando: I – celebrado por pessoa absolutamente incapaz; II – for ilícito, impossível ou indeterminável o seu objeto; III – o motivo determinante, comum a ambas as partes, for ilícito; IV – não revestir a forma prescrita em lei; V – for preterida alguma solenidade que a lei considere essencial para a sua validade; VI – tiver por objetivo fraudar lei imperativa; VII – a lei taxativamente o declarar nulo, ou proibir-lhe a prática, sem cominar sanção".

Ad usum Expressão latina cujo significado é "segundo o uso ou costume".

Ad valorem Expressão latina que se entende por "conforme o valor". Tem efeito na carga tributária feita de acordo com o valor da mercadoria importada ou vendida, e não por seu volume, peso ou quantidade.

Advocacia Exercício da profissão de advogado legalmente habilitado perante a OAB. O exercício da atividade de advocacia no território brasileiro e a denominação de advogado são privativos dos inscritos na OAB (art. 8º, EAOAB). Para a inscrição como advogado são necessários: capacidade civil; diploma ou certidão de graduação em direito, obtido em instituição de ensino oficialmente autorizada e credenciada; título de eleitor e quitação do serviço militar, se brasileiro; aprovação em Exame de Ordem; não exercer atividade incompatível com a advocacia; idoneidade moral; prestar compromisso perante o conselho.

▶ Veja EAOAB: "**Art. 1º** São atividades privativas de advocacia: I – a postulação a qualquer órgão do Poder Judiciário e aos juizados especiais; II – as atividades de consultoria, assessoria e direção jurídicas. § 1º Não se inclui na atividade privativa de advocacia e impetração de habeas corpus em qualquer instância ou tribunal. § 2º Os atos e contratos constitutivos de pessoas jurídicas, sob pena de nulidade, só podem ser admitidos a registro, nos órgãos competentes, quando visados por advogados. § 3º É vedada a divulgação de advocacia em conjunto com outra atividade. **Art. 2º** O advogado é indispensável à administração da justiça. § 1º No seu ministério privado, o advogado presta serviço público e exerce função social. § 2º No processo judicial, o advogado contribui, na postulação de decisão favorável ao seu constituinte, ao convencimento do julgador, e seus atos constituem múnus público. § 3º No exercício da profissão, o advogado é inviolável por seus atos e manifestações, nos limites desta Lei. **Art. 3º** O exercício da atividade de advocacia no território brasileiro e a denominação de advogado são privativos dos inscritos na Ordem dos Advogados do Brasil – OAB. [...] **Art. 8º** Para inscrição como advogado é necessário: I – capacidade civil; II – diploma ou certidão de graduação em direito, obtido em instituição de ensino oficialmente autorizada e credenciada; III – título de eleitor e quitação do serviço militar, se brasileiro; IV – aprovação em Exame de Ordem; V – não exercer atividade incompatível com a advocacia; VI – idoneidade moral; VII – prestar compromisso perante o Conselho. [...]".

Advocacia administrativa Ato praticado por funcionário público que consiste em patrocinar, direta ou indiretamente, interesse privado perante a Administração Pública, valendo-se da qualidade de funcionário (art. 321, CP).

▶ Veja CP: "Advocacia administrativa – **Art. 321.** Patrocinar, direta ou indiretamente, interesse privado perante a administração pública, valendo-se da qualidade de funcionário: Pena – detenção, de 1 (um) a 3 (três) meses, ou multa. Parágrafo único. Se o interesse é ilegítimo: Pena – detenção, de 3 (três) meses a 1 (um) ano, além da multa".

■ Servidor público. Administrativo. Demissão. Advocacia administrativa. Atipicidade. Princípio da proporcionalidade. Reintegração determinada. Lei n. 8.112/90, art. 117, XI. CP, art. 321. Ao servidor é proibido "atuar, como procurador ou intermediário, junto a repartições públicas, salvo quando se tratar de benefícios previdenciários ou assistenciais de parentes até o segundo grau, e de cônjuge ou companheiro". Para se configurar a infração administrativa mencionada no art. 117, XI, da Lei n. 8.112/90, a conduta deve ser análoga àquela prevista no âmbito penal (CP, art. 321). Isto é, não basta ao agente ser funcionário público, é indispensável tenha ele praticado a ação aproveitando-se das facilidades que essa condição lhe proporciona. Na espécie, o recebimento de benefício em nome de terceiros, tal como praticado pela impetrante, não configura a advocacia administrativa. Pelo que se tem dos autos, não exerceu ela influência sobre servidor para que atendido fosse qualquer pleito dos beneficiários. Quando do procedimento administrativo, não se chegou à conclusão de que tivesse ela usado do próprio cargo com o intuito de intermediar, na repartição pública, vantagens para outrem. Ainda que se considerasse típica a conduta da impetrante para os fins do disposto no art. 117, XI, da Lei n. 8.112/90, a pena que lhe foi aplicada fere o princípio da proporcionalidade. Na hipótese, a prova dos autos revela, de um lado, que a servidora jamais foi punida anteriormente; de outro, que o ato praticado não importou em lesão aos cofres públicos. Segurança concedida a fim de se determinar a reintegração da impetrante. (STJ, MS n. 7.261/DF, rel. Min. Nilson Naves, j. 28.10.2009, *DJ* 24.11.2009)

Advocacia de partido Diz-se dos serviços profissionais prestados pelo advogado a empresa ou pessoa jurídica de direito privado em horário integral ou parcial. Prestação de assessoria a pessoa jurídica, mediante recebimento de valor fixo mensal, englobando todas as áreas da empresa que necessitem de suporte e auxílio jurídico.

Advocacia em causa própria Diz-se dos atos de advocacia exercidos pelo advogado, em nome próprio, nas causas em que figure como autor ou réu (art. 36, CPC/73).

▶ Veja CPC/73: "**Art. 36.** A parte será representada em juízo por advogado legalmente habilitado. Ser-lhe-á lícito, no entanto, postular em causa própria, quando tiver habilitação legal ou, não tendo, no caso de falta de advogado no lugar ou recusa ou impedimento dos que houver".

▶ Veja CPC/2015: "**Art. 103.** A parte será representada em juízo por advogado regularmente inscrito na Ordem dos Advogados do Brasil. Parágrafo único. É lícito à parte postular em causa própria quando tiver habilitação legal".

Advocacia extrajudicial Atividade desempenhada pelo advogado que se resume a atos de administração ou representação dos clientes perante repartições públicas e pessoas físicas e jurídicas, em geral, fora dos tribunais. Também consiste em advocacia extrajudicial, atividades relacionadas à elaboração de contratos, aos encaminhamentos de escrituras públicas e à interposição de recursos de natureza administrativa.

Advocacia judicial Serviços prestados pelo advogado na representação do cliente em juízo, ajuizando ações em seu nome ou promovendo sua defesa nos processos em que for réu.

Advocacia pública Atividade exercida por advogados vinculados à administração pública direta e indireta com o objetivo de defender e promover os interesses públicos da União, dos estados, do Distrito Federal e dos municípios, por meio da representação judicial, em todos os âmbitos federativos, das pessoas jurídicas de direito público.

▶ Veja CPC/2015: "**Art. 182.** Incumbe à Advocacia Pública, na forma da lei, defender e promover os interesses públicos da União, dos Estados, do Distrito Federal e dos Municípios, por meio da representação judicial, em todos os âmbitos federativos, das pessoas jurídicas de direito público que integram a administração direta e indireta. [...] **Art. 184.** O membro da Advocacia Pública será civil e regressivamente responsável quando agir com dolo ou fraude no exercício de suas funções".

Advogado Profissional liberal com formação específica obtida em faculdade de Direito e devidamente inscrito nos quadros da OAB. Procurador; constituído; mandatário; patrono. O exercício da atividade de advocacia no território brasileiro e a denominação de advogado são privativos dos inscritos na OAB (art. 8º, EAOAB). Para a inscrição como advogado são necessários: capacidade civil; diploma ou certidão de graduação em Direito, obtido em instituição de ensino oficialmente autorizada e credenciada; título de eleitor e quitação do serviço militar, se brasileiro; aprovação em Exame de Ordem; não exercer atividade incompatível com a advocacia; idoneidade moral; prestar compromisso perante o conselho.

▶ Veja EAOAB: "**Art. 1º** São atividades privativas de advocacia: I – a postulação a qualquer órgão do Poder Judiciário e aos juizados especiais; II – as atividades de consultoria, assessoria e direção jurídicas. § 1º Não se inclui na atividade privativa de advocacia e impetração de habeas corpus em qualquer instância ou tribunal. § 2º Os atos e contratos constitutivos de pessoas jurídicas, sob pena de nulidade, só podem ser admitidos a registro, nos órgãos competentes, quando visados por advogados. § 3º É vedada a divulgação de advocacia em conjunto com outra atividade. **Art. 2º** O advogado é indispensável à administração da justiça. § 1º No seu ministério privado, o advogado presta serviço público e exerce função social. § 2º No processo judicial, o advogado contribui, na postulação de decisão favorável ao seu constituinte, ao convencimento do julgador, e seus atos constituem múnus público. § 3º No exercício da profissão, o advogado é inviolável por seus atos e manifestações, nos limites desta Lei. **Art. 3º** O exercício da atividade de advocacia no território brasileiro e a denominação de advogado são privativos dos inscritos na Ordem dos Advogados do Brasil – OAB. [...] **Art. 8º** Para inscrição como advogado é necessário: I – capacidade civil; II – diploma ou certidão de graduação em direito, obtido em instituição de ensino oficialmente autorizada e credenciada; III – título de eleitor e quitação do serviço militar, se brasileiro; IV – aprovação em Exame de Ordem; V – não exercer atividade incompatível com a advocacia; VI – idoneidade moral; VII – prestar compromisso perante o Conselho. [...]".

Advogado dativo Defensor dativo. Advogado nomeado pelo juiz para promover a defesa do réu em processo criminal quando este não tiver recursos para constituição de profissional que lhe promova a defesa. É também assim considerado o defensor público. O advogado, que também pode ser indicado pela OAB ou pelo serviço de assistência jurídica oferecido pelo Estado, não poderá escusar-se, salvo justo motivo, de patrocinar gratuitamente a causa do necessitado (art. 34, XII, EAOAB) (v. *Defensoria pública*).

▶ Veja CPP: "**Art. 362.** Verificando que o réu se oculta para não ser citado, o oficial de justiça certificará a ocorrência e procederá à citação com hora certa, na forma estabelecida nos arts. 227 a 229 da Lei n. 5.869, de 11 de janeiro de 1973 – Código de Processo Civil. Parágrafo único. Completada a citação com hora certa, se o acusado não comparecer, ser-lhe-á nomeado defensor dativo".

▶ Veja EAOAB: "**Art. 34.** Constitui infração disciplinar: [...] XII – recusar-se a prestar, sem justo motivo, assistência jurídica, quando nomeado em virtude de impossibilidade da Defensoria Pública; [...]".

▶ Veja Lei n. 8.112/90: "**Art. 164.** Considerar-se-á revel o indiciado que, regularmente citado, não apresentar defesa no prazo legal. § 1º A revelia será declarada, por termo, nos autos do processo e devolverá o prazo para a defesa. § 2º Para defender o indiciado revel, a autoridade instauradora do processo designará um servidor como defensor dativo, que deverá ser ocupante de cargo efetivo superior ou de mesmo nível, ou ter nível de escolaridade igual ou superior ao do indiciado".

Afastamento do lar Medida judicial concedida de ofício pelo juiz determinando o afastamento do lar do ofensor ou da ofendida, conforme as circunstâncias, em caso de violência doméstica praticada contra a mulher, sem prejuízo dos direitos da mulher aos bens, guarda dos filhos e alimentos (arts. 22 e 23, Lei n.11.340/2006). A providência também poderá ser determinada atrelada ao pedido de separação de corpos prevista no art. 1.562 do CC (v. *Separação de corpos*).

▶ Veja CC: "**Art. 1.562.** Antes de mover a ação de nulidade do casamento, a de anulação, a de separação judicial, a de divórcio direto ou a de dissolução de união estável, poderá requerer a parte, comprovando sua necessidade, a separação de corpos, que será concedida pelo juiz com a possível brevidade".

▶ Veja ECA: "**Art. 130.** Verificada a hipótese de maus-tratos, opressão ou abuso sexual impostos pelos pais ou responsável, a autoridade judiciária poderá determinar, como medida cautelar, o afastamento do agressor da moradia comum. Parágrafo único. Da medida cautelar constará, ainda, a fixação provisória dos alimentos de que necessitem a criança ou o adolescente dependentes do agressor".

▶ Veja Lei n. 11.340/2006: "**Art. 22.** Constatada a prática de violência doméstica e familiar contra a mulher, nos termos desta Lei, o juiz poderá aplicar, de imediato, ao agressor, em conjunto ou separadamente, as seguintes medidas protetivas de urgência, entre outras: [...] II – afastamento do lar, domicílio ou local de convivência com a ofendida; [...] **Art. 23.** Poderá o juiz, quando necessário, sem prejuízo de outras medidas: [...] III – determinar o afastamento da ofendida do lar, sem prejuízo dos direitos relativos a bens, guarda dos filhos e alimentos; IV – determinar a separação de corpos".

▶ Veja Lei n. 12.415/2011: "**Art. 1º** Esta Lei visa a compelir aquele que for afastado cautelarmente da moradia comum, na hipótese de maus-tratos, opressão ou abuso sexual contra criança ou adolescente, a prestar os alimentos de que eles necessitem".

■ Agravo de instrumento. Família e processual civil. Ação cautelar de separação de corpos e afastamento c/c guarda, visitas e alimentos. – Liminar indeferida na origem. (1) afastamento do lar. Animosidade. Agressões verbais e ameaças. Indícios. Precaução necessária. Pressupostos demonstrados. Constitui motivo suficiente ao deferimento da liminar, *inaudita altera parte*, na ação cautelar de separação de corpos/afastamento, a falência afetiva do casal em dividir o mesmo espaço, especialmente se há indícios de agressões verbais e ameaças à virago, expondo a risco o filho menor do casal (com

5 anos de idade), o que faz surgir o *fumus boni iuris* e o *periculum in mora* necessários ao deferimento da medida. [...] Decisão reformada. Recurso provido. (TJSC, AI n. 2014.016618-1/Criciúma, rel. Des. Henry Petry Junior, j. 21.08.2014)

Afiançado (civil) Pessoa que, na qualidade de devedor, figura como beneficiária da fiança prestada por outrem com o fim de garantir o pagamento de dívida perante o credor. Aquele que, tendo contraído dívida e não podendo adimpli-la, tem o pagamento desta garantido por terceiro, o fiador. O afiançado, no contrato de locação, é o locatário (Lei n. 8.245/91).

▸ Veja CC: "**Art. 818.** Pelo contrato de fiança, uma pessoa garante satisfazer ao credor uma obrigação assumida pelo devedor, caso este não a cumpra. **Art. 819.** A fiança dar-se-á por escrito, e não admite interpretação extensiva".

▪ Fiança. Morte do afiançado. Extinção da fiança. Contrato *intuitu personae*. Execução. Ilegitimidade passiva *ad causam* do fiador. O contrato de fiança, nos termos da jurisprudência da Corte, sendo *intuitu personae*, extingue-se com a morte do afiançado, razão pela qual andou bem o julgado atacado ao entender que, por este motivo, não pode o fiador, ante a sua ilegitimidade passiva *ad causam*, figurar em demanda executória. (STJ, REsp n. 147.813/1998/RJ, rel. Min. Fernando Gonçalves, j. 02.12.1997, *DJ* 30.03.1998)

▪ Locação. Fiança. Morte do afiançado. Extinção da fiança. Precedente do 2º TACSP. Havendo a morte do afiançado não subsiste a obrigação dos fiadores por débitos decorrentes de período posterior ao óbito. O contrato de fiança, acessório ao negócio locativo, possui natureza *intuitu personae*, justificada pelo vínculo de confiança estabelecido entre fiador e afiançado. Ocorrendo a morte do afiançado, encerra-se, por conseguinte, o elo que existia entre eles, restando extinta a fiança prestada. Os fiadores, portanto, não mais respondem por débitos que decorram de período posterior ao óbito do afiançado. Recurso improvido. (2º TACSP, Ap. c/ Rev. n. 610.239-00/4/ Sorocaba, 10ª Câm., rel. Juíza Rosa Maria de Andrade Nery, j. 12.09.2001)

Afiançado (penal) Réu ou indiciado em processo criminal beneficiado com liberdade provisória, mediante pagamento de certa soma em dinheiro, nos casos de infração cuja pena privativa de liberdade máxima não seja superior a quatro anos (art. 322, CPP). O pagamento da fiança permite ao indiciado responder ao processo em liberdade. A fiança tomada por termo obrigará o afiançado a comparecer perante a autoridade todas as vezes que for intimado para atos do inquérito e da instrução criminal e para o julgamento. Quando o réu não comparecer, a fiança será havida como quebrada (art. 327, CPP) (*v. Fiança penal*).

▸ Veja CPP: "**Art. 319.** São medidas cautelares diversas da prisão: [...] VIII – fiança, nas infrações que a admitem, para assegurar o comparecimento a atos do processo, evitar a obstrução do seu andamento ou em caso de resistência injustificada à ordem judicial; [...] **Art. 321.** Ausentes os requisitos que autorizam a decretação da prisão preventiva, o juiz deverá conceder liberdade provisória, impondo, se for o caso, as medidas cautelares previstas no art. 319 deste Código e observados os critérios constantes do art. 282 deste Código. [...] **Art. 322.** A autoridade policial somente poderá conceder fiança nos casos de infração cuja pena privativa de liberdade máxima não seja superior a 4 (quatro) anos. Parágrafo único. Nos demais casos, a fiança será requerida ao juiz, que decidirá em 48 (quarenta e oito) horas. **Art. 323.** Não será concedida fiança: I – nos crimes de racismo; II – nos crimes de tortura, tráfico ilícito de entorpecentes e drogas afins, terrorismo e nos definidos como crimes hediondos; III – nos crimes cometidos por grupos armados, civis ou militares, contra a ordem constitucional e o Estado Democrático; [...] **Art. 324.** Não será, igualmente, concedida fiança: I – aos que, no mesmo processo, tiverem quebrado fiança anteriormente concedida ou infringido, sem motivo justo, qualquer das obrigações a que se referem os arts. 327 e 328 deste Código; II – em caso de prisão civil ou militar; [...] IV – quando presentes os motivos que autorizam a decretação da prisão preventiva (art. 312). [...] **Art. 327.** A fiança tomada por termo obrigará o afiançado a comparecer perante a autoridade, todas as vezes que for intimado para atos do inquérito e da instrução criminal e para o julgamento. Quando o réu não comparecer, a fiança será havida como quebrada".

▪ Recurso em sentido estrito. Concessão. Fiança. Dispensa. Insuficiência patrimonial e econômica do acusado. I. Estabelecidos os parâmetros mínimo e máximo para a fixação da fiança, impõe-se o exame das condições legais do afiançado, para se aferir a sua condição econômica (arts. 325 e 326, CPP). II. Caso em que a decisão questionada, sem suficiente comprovação da impossibilidade de pagamento da fiança anteriormente arbitrada, dispensou o seu pagamento, concedendo liberdade provisória ao recorrido. III. A fiança importa na tomada de termo de compromisso, tendo como finalidade precípua evitar que o acusado prejudique o andamento dos procedimentos criminais por ausência. IV. Recurso criminal provido. (TRF-1ª Região, Rec. Crim. n. 2008.34.00.006149-8/DF, rel. Des. Federal Mário César Ribeiro, j. 06.10.2008)

Aforado Expressão forense utilizada para indicar a propositura ou o ajuizamento de uma ação. Também é empregada com o significado de imóvel submetido a contrato de enfiteuse, mediante o qual o proprietário cede o domínio útil de seu imóvel a outrem. Embora extinta pelo CC/2002, a enfiteuse permanece em uso para os terrenos da União, conforme dispõe a Lei n. 9.636, de 15.05.1998 (v. *Aforamento de imóveis da União*).

▶ Veja CC: "**Art. 2.038**. Fica proibida a constituição de enfiteuses e subenfiteuses, subordinando-se as existentes, até sua extinção, às disposições do Código Civil anterior, Lei n. 3.071, de 1º de janeiro de 1916, e leis posteriores. § 1º Nos aforamentos a que se refere este artigo é defeso: I – cobrar laudêmio ou prestação análoga nas transmissões de bem aforado, sobre o valor das construções ou plantações; II – constituir subenfiteuse. § 2º A enfiteuse dos terrenos de marinha e acrescidos regula-se por lei especial".

Aforamento Emprazamento. Indica o contrato de enfiteuse, pelo qual o proprietário cede a outrem o domínio útil de seu imóvel mediante pagamento de uma pensão ou foro anual. Em que pese extinta pelo CC/2002, a enfiteuse permanece em uso para os terrenos da União, conforme dispõe a Lei n. 9.636, de 15.05.1998 (v. *Aforamento de imóveis da União*).

▶ Veja CC: "**Art. 2.038**. Fica proibida a constituição de enfiteuses e subenfiteuses, subordinando-se as existentes, até sua extinção, às disposições do Código Civil anterior, Lei n. 3.071, de 1º de janeiro de 1916, e leis posteriores. § 1º Nos aforamentos a que se refere este artigo é defeso: I – cobrar laudêmio ou prestação análoga nas transmissões de bem aforado, sobre o valor das construções ou plantações; II – constituir subenfiteuse. § 2º A enfiteuse dos terrenos de marinha e acrescidos regula-se por lei especial".

Aforamento de imóveis da União Embora extinta pelo CC/2002, a enfiteuse permanece em uso para os terrenos da União, conforme dispõe a Lei n. 9.636, de 15.05.1998. Essa lei permite o aforamento de imóveis dominiais da União situados em zonas sujeitas ao regime enfitêutico. Referidos imóveis, desde que observadas as condições previstas no § 1º do art. 23 e resguardadas as situações previstas no inciso I do art. 5º, DL n. 2.398/87, poderão ser aforados mediante leilão ou concorrência pública, respeitado, como preço mínimo, o valor de mercado do respectivo domínio útil, estabelecido em avaliação de precisão realizada, especificamente para esse fim, pela SPU ou, sempre que necessário, pela Caixa Econômica Federal, com validade de seis meses, a contar da data de sua publicação (Lei n. 9.636/98). Por meio do regime de aforamento, o enfiteuta recebe o domínio útil do imóvel, podendo utilizá-lo mediante o pagamento de um foro anual, correspondente a 0,6% do valor do imóvel, sendo certo também que no caso de retomada do imóvel pela União o enfiteuta fará jus à indenização das benfeitorias por ele erigidas (casa, apartamento, plantações), bem como à parcela de solo sob o seu domínio útil.

▶ Veja DL n. 2.398/87: "Art. 1º A taxa de ocupação de terrenos da União, calculada sobre o valor do domínio pleno do terreno, anualmente atualizado pelo Serviço do Patrimônio da União (SPU), será, a partir do exercício de 1988, de: I – 2% (dois por cento) para as ocupações já inscritas e para aquelas cuja inscrição seja requerida, ao SPU, até 31 de março de 1988; e II – 5% (cinco por cento) para as ocupações cuja inscrição seja requerida ou promovida *ex officio*, a partir de 1º de abril de 1988. Art. 2º O Ministro da Fazenda, mediante portaria estabelecerá os prazos para o recolhimento de foros e taxas de ocupação relativos a terrenos da União, podendo autorizar o parcelamento em até oito cotas mensais".

▶ Veja Lei n. 9.636/98: "**Art. 12**. Observadas as condições previstas no § 1º do art. 23 e resguardadas as situações previstas no inciso I do art. 5º do Decreto-lei n. 2.398, de 1987, os imóveis dominiais da União, situados em zonas sujeitas ao regime enfitêutico, poderão ser aforados, mediante leilão ou concorrência pública, respeitado, como preço mínimo, o valor de mercado do respectivo domínio útil, estabelecido em avaliação de precisão, realizada, especificamente para esse fim, pela SPU ou, sempre que necessário, pela Caixa Econômica Federal, com validade de seis meses a contar da data de sua publicação. [...] **Art. 13**. Na concessão do aforamento será dada preferência a quem, comprovadamente, em 15 de fevereiro de 1997, já ocupava o imóvel há mais de 1 (um) ano e esteja, até a data da formalização do contrato de alienação do domínio útil, regularmente inscrito como ocupante e em dia com suas obrigações junto à SPU. [...]".

▶ Veja Decreto n. 3.725/2001: "**Art. 1º** A identificação, a demarcação, o cadastramento, a regularização e a fiscalização das áreas do patrimônio da União poderão ser realizadas mediante convênios ou contratos celebrados pela Secretaria do Patrimônio da União, que observem os seguintes limites para participação nas receitas de que trata o § 2º do art. 4º da Lei n. 9.636, de 15 de maio de 1998, a serem fixados, em cada caso, em ato do Ministro de Estado do Planejamento, Orçamento e Gestão: I – para Estados, Distrito Federal e Municípios, e respectivas autarquias e fundações, considerado o universo de atividades assumidas: de dez a cinquenta por cento; e II – para as demais entidades: de dez a trinta por cento. [...] **Art. 4º** Na concessão de aforamento, será dada preferência, com base no art. 13 da Lei n. 9.636, de 1998, a quem, comprovadamente, em 15 de fevereiro de 1997, já ocupava o imóvel há mais de um ano e esteja, até a data da formalização do contrato de alienação do domínio útil, regularmente inscrito como ocupante e em dia com suas obrigações junto à Secretaria do Patrimônio da União. [...]".

■ Enfiteuse. Pagamento de foro à União. Correção monetária. Percentual fixado por lei, sobre o valor do imóvel. Considerações da Min. Nancy Andrighi sobre o tema. Precedentes do STJ. DL n. 9.760/46, art. 101. CCB, art. 678. [...] Em todas as oportunidades, a solução tem sido a mesma: conquanto "na enfiteuse de bens da União, o pagamento do foro corresponda a percentual fixo sobre o valor do domínio pleno do imóvel, permitida a atualização anual", "não pode a União [...] modificar unilateralmente o valor do domínio pleno de imóvel aforado, devendo incidir somente correção monetária". Os principais fundamentos que dão amparo a essa tese podem ser resumidos às seguintes palavras, extraídas do voto do i. Min. Massami Uyeda no citado REsp n. 662.531/RJ: "Bem de ver, na espécie, não subsistir a tese de que à União, caberá, por meio de órgão próprio – SPU – Secretaria de Patrimônio da União, alterar anualmente, de acordo com as condições do mercado imobiliário, o valor do domínio pleno de imóvel aforado a particular pela União. Veja-se que, conforme pacífico entendimento desta a. Corte, a atualização anual do foro, prevista no art. 101 do DL n. 9.760/46, com redação conferida pelo art. 88 da Lei n. 7.450/85, é aplicável a todos os contratos de aforamento, inclusive, àqueles constituídos anteriormente à sua vigência [...], o que, contudo, não importa em aumento do valor do foro, uma vez que a base de cálculo remanesce invariável, pela própria natureza do instituto, expressamente delineada no art. 678 do CC/1916 [...]". A essas observações podem-se somar, ainda, a observação feita pelo i. Min. Hélio Quaglia Barbosa, no julgamento do mesmo recurso: "Por fim, [...] cumpre lembrar que, se descontente com a atual retribuição pelos imóveis aforados, a União pode optar pela extinção do aforamento, por acordo com o enfiteuta, ou por interesse público, mediante prévia indenização, nos termos do disposto no art. 103, II e V, do DL n. 9.760/46, com a redação conferida pela Lei n. 11.481/2007, caso em que poderá pleitear o pagamento da indenização de acordo com o valor do imóvel atribuído pelo recorrido para cálculo do foro anual". (STJ, REsp n. 987.739/BA, rel. Min. Nancy Andrighi, j. 17.12.2009, *DJ* 02.02.2010)

Aforismo Axioma ou sentença de conteúdo moral e reflexivo que estabelece regra ou princípio a ser seguido por todos; máxima; provérbio.

A fortiori Expressão latina que, partindo da referência expressa a uma razão menos evidente, é utilizada para argumentar de forma mais concludente ou com mais razão. Exemplo: "Se os tribunais aceitam pacificamente aquela tese, *a fortiori* (com muito mais razão) deverão aceitar esta".

Agência reguladora Pessoa jurídica de direito público interno, geralmente constituída sob a forma de autarquia especial ou outro ente da administração indireta, cuja finalidade é regular e/ou fiscalizar a atividade de determinado setor da economia de um país, como os setores de energia elétrica, telecomunicações, produção e comercialização de petróleo, recursos hídricos, entre outros. São exemplos de agências reguladoras no âmbito federal: a Agência Nacional de Energia Elétrica (Aneel); a Agência Nacional de Telecomunicações (Anatel); a Agência Nacional do Petróleo (ANP); a Agência Nacional de Vigilância Sanitária (Anvisa); a Agência Nacional de Saúde Suplementar (ANS); a Agência Nacional de Águas (ANA); a Agência Nacional de Transportes Terrestres (ANTT); a Agência Nacional de Transportes Aquaviários (Antaq); a Agência Nacional do Cinema (Ancine). Em sentido amplo, agência reguladora é "qualquer órgão da Administração Direta ou entidade da Administração Indireta com função de regular a matéria específica que lhe está afeta" (DI PIETRO, Maria Sylvia. *Direito administrativo*. 15.ed. São Paulo, Atlas, 2003, p. 402).

Ágio Diferença que o comprador paga a mais sobre o valor nominal de título ou mercadoria quando a oferta é menor do que a procura. Juro de dinheiro emprestado. Derivam de ágio as expressões "agiota" e "agiotagem" (*v. Usura*).

- Ação monitória. Cheques prescritos. Falecimento do emissor. Responsabilidade do espólio. Prova da *causa debendi*. Dispensabilidade. Valor do débito atualizado cobrado na inicial. Ausência da planilha de cálculo. Limitação da condenação ao montante da herança. I. O cheque prescrito, embora não possua mais as características de um título executivo, goza de presunção *iuris tantum* da existência do débito ali consignado, cabendo ao devedor provar a sua insubsistência, caso em que se instalará o contraditório. Não tendo o apelante comprovado terem os cheques sua origem em prática de agiotagem e, por outro lado, tendo a apelada, via prova testemunhal, comprovado a *causa debendi* afirmada na exordial, há que prevalecer a força *probandi* das cártulas. II. A falta de planilha de cálculo, com a discriminação dos índices utilizados pelo credor na atualização do débito, causa a invalidade do montante cobrado como devido na inicial, devendo o Juiz estabelecer na sentença a incidência da taxa de juros e correção monetária e o momento em que se tornaram devidos, tomando-se como base a soma dos valores apostos nos cheques. III. Dispõe, expressamente, o art. 1.792 do NCC não responder o herdeiro por encargos superiores às forças da herança, todavia a prova do excesso incumbe ao sucessor, salvo se houver inventário que a escuse. (TJDFT, Ap. Cível n. 20050710043086, rel. Natanael Caetano, 1ª T. Cível, j. 14.03.2007, *DJ* 03.04.2007, p. 147)

Agiota Aquele que pratica ato de agiotagem ou usura. Na prática, é a pessoa que empresta dinheiro mediante cobrança de juros exorbitantes, bem acima da taxa legal (juros onzenários) (*v. Usura*).

▶ Veja Decreto n. 22.626/33: "**Art. 1º** É vedado, e será punido nos termos desta lei, estipular em quaisquer contratos taxas de juros superiores ao dobro da taxa legal (Código Civil, art. 1.062). [...] **Art. 13.** É considerado delito de usura, toda a simulação ou prática tendente a ocultar a verdadeira taxa do juro ou a fraudar os dispositivos desta lei, para o fim de sujeitar o devedor a maiores prestações ou encargos, além dos estabelecidos no respectivo título ou instrumento".

Agravação Aumento ou majoração de encargo ou de penalidade imposta a uma pessoa em decorrência da peculiaridade ou circunstâncias que envolvem o ato praticado. Em direito penal ocorre agravação da pena quando o agente se omitiu na prática de um ato que lhe compelia praticar ou praticou um delito utilizando-se de métodos perversos que aumentem o sofrimento da vítima.

Agravado Assim considerada no processo judicial a parte adversa do recurso de agravo. Aquele que é ofendido em sua personalidade ou honra. Sendo caso de advogado comprovadamente ofendido em razão do exercício profissional ou de cargo ou função da OAB, tem ele direito ao desagravo público promovido pelo conselho competente, de ofício, a seu pedido ou de qualquer pessoa (art. 18, EAOAB).

Agravante Aquele que, sendo parte em processo judicial, não conformado com a decisão interlocutória proferida pelo juiz, interpõe recurso de agravo para o fim de reformá-la.

Agravantes Circunstâncias desabonatórias, relativas à conduta do acusado, previstas no CP para o agravamento ou aumento da pena. As circunstâncias agravantes, de aplicação obrigatória, estão previstas nos arts. 61 e 62, CP (*v. Circunstâncias agravantes*).

- Súmula n. 442, STJ: É inadmissível aplicar, no furto qualificado, pelo concurso de agentes, a majorante do roubo.
- Súmula n. 443, STJ: O aumento na terceira fase de aplicação da pena no crime de roubo circunstanciado exige fundamentação concreta, não sendo suficiente para a sua exasperação a mera indicação do número de majorantes.

Agravo de instrumento Diz-se do recurso interposto, mediante petição que contém as razões do agravante, contra decisão interlocutória proferida pelo juiz no processo, para que seja encaminhado ao tribunal competente para julgamento (*v. Recurso de agravo de instrumento*).

Agravo em recurso especial e em recurso extraordinário Recurso cabível contra a inadmissão de recurso extraordinário ou de recurso especial, mediante interposição perante o STF ou para o STJ, conforme o caso. A petição de agravo de admissão será dirigida à presidência do tribunal de origem, não dependendo do pagamento de custas e despesas postais (art. 1.042, CPC/2015).

Agravo interno Recurso processual interposto perante o órgão colegiado competente contra decisão proferida pelo relator, desembargador ou ministro, que não admitir o agravo de instrumento, negar-lhe provimento ou decidir, desde logo, o recurso não admitido na origem (*v. Recurso de agravo interno*).

Ajuizar Ato de o autor de uma ação propor ou encaminhar, ao setor competente do órgão judiciário, petição inicial contendo suas pretensões e o requerimento para que o juiz lhe conceda a prestação jurisdicional.

Ajustamento de conduta *V. Termo de Ajustamento de Conduta*.

Alçada Competência dos juízes decorrente de valor atribuído à causa no momento de sua propositura (competência *ratione valori*). Limite da jurisdição.

Alcoolemia Quantidade de álcool no sangue. A taxa de alcoolemia é a quantidade de álcool etílico existente no sangue de um indivíduo, em determinado momento, medido em gramas de álcool por litro de sangue (g/L). O medidor da alcoolemia é o etilômetro, popularmente conhecido por bafômetro. A partir da entrada em vigor do CTB (Lei n. 9.503/97), o ato de dirigir com teor alcoólico superior ao determinado em lei, ou seja, com concentração de álcool por litro de sangue igual ou superior a 6 (seis) decigramas, passou a ser considerado crime de trânsito (art. 306, CTB).

▶ Veja CTB: "**Art. 306.** Conduzir veículo automotor com capacidade psicomotora alterada em razão da influência de álcool ou de outra substância psicoativa que determine dependência: Penas – detenção, de seis meses a três anos, multa e suspensão ou proibição de se obter a permissão ou a habilitação para dirigir veículo automotor. § 1º As condutas previstas no *caput* serão constatadas por: I – concentração igual ou superior a 6 decigramas de álcool por litro de sangue ou igual ou superior a 0,3 miligrama de álcool por litro de ar alveolar; ou II – sinais que indiquem, na forma disciplinada pelo Contran, alteração da capacidade psicomotora. § 2º A verificação do disposto neste artigo poderá ser obtida mediante teste de alcoolemia, exame clínico, perícia, vídeo, prova testemunhal ou outros meios de prova em direito admitidos, observado o direito à contraprova. § 3º O Contran disporá sobre a equivalência entre os distintos testes de alcoolemia para efeito de caracterização do crime tipificado neste artigo".

■ Apelação. Embriaguez ao volante. Ausência de provas da alteração da capacidade psicomotora. Absolvição. Lei n. 12.760/2012. Retroatividade. Com a alteração do art. 306 da Lei n. 9.503/97 pela Lei n. 12.760/2012, foi inserida no tipo penal uma nova elementar normativa: a alteração da capacidade psicomotora. Conforme a atual redação do dispositivo penal constitui conduta típica a condução do veículo com a capacidade psicomotora alterada (*caput*) em razão da concentração de álcool por litro de sangue superior a 6 decigramas (§ 1º, I) ou em razão do consumo de substâncias psicoativas (§ 1º, II). Assim, a adequação típica da conduta, agora, depende não apenas da constatação da embriaguez (seis dg de álcool por litro de sangue), mas, também, da comprovação da alteração da capacidade psicomotora pelos meios de prova admitidos em direito. Aplicação retroativa da Lei n. 12.760/2012 ao caso concreto, pois mais benéfica ao acusado. Ausência de provas da alteração da capacidade psicomotora. Absolvição decretada. Recurso provido. (TJRS, Ap. Crime n. 70052159951, 3ª Câm. Criminal, rel. Nereu José Giacomolli, j. 04.07.2013)

■ Provas. Averiguação do índice de alcoolemia em condutores de veículos. Vedação à autoincriminação. 1. O entendimento adotado pelo Excelso Pretório, e encampado pela doutrina, reconhece que o indivíduo não pode ser compelido a colaborar com os referidos testes do "bafômetro" ou do exame de sangue, em respeito ao princípio segundo o qual ninguém é obrigado a se autoincriminar (*nemo tenetur se detegere*). Em todas essas situações prevaleceu, para o STF, o direito fundamental sobre a necessidade da persecução estatal. 2. Em nome de adequar-se a lei a outros fins ou propósitos não se pode cometer o equívoco de ferir os direitos fundamentais do cidadão, transformando-o em réu, em processo crime, impondo-lhe, desde logo, um constrangimento ilegal, em decorrência de uma inaceitável exigência não prevista em lei. 3. O tipo penal do art. 306 do CTB é formado, entre outros, por um elemento objetivo, de natureza exata, que não permite a aplicação de critérios subjetivos de interpretação, qual seja, o índice de 6 decigramas de álcool por litro de sangue. 4. O grau de embriaguez é elementar objetiva do tipo, não configurando a conduta típica o exercício da atividade em qualquer outra concentração inferior àquela determinada pela lei, emanada do Congresso Nacional. 5. O decreto regulamentador, podendo elencar quaisquer meios de prova que considerasse hábeis à tipicidade da conduta, tratou especificamente de 2 (dois) exames por métodos técnicos e científicos que poderiam ser realizados em aparelhos homologados pelo Contran, quais sejam, o exame de sangue e o etilômetro. [...] Interpretações elásticas do preceito legal incriminador, efetivadas pelos juízes, ampliando-lhes o alcance, induvidosamente, violam o princípio da reserva legal, inscrito no art. 5º, II, da Constituição de 1988: "ninguém será obrigado a fazer ou deixar de fazer alguma coisa senão em virtude de lei". 9. Recurso especial a que se nega provimento. (STJ, REsp n. 1.111.566/DF, rel. Min. Marco Aurélio Bellizze, rel. p/ acórdão Min. Adilson Vieira Macabu (Des. convocado do TJRJ), 3ª Seção, j. 28.03.2012, DJe 04.09.2012)

Álea Expressão que indica um fato ou resultado futuro e incerto, de modo a ensejar tanto a possibilidade de vantagem quanto a de prejuízo para as partes. Segundo consta, a expressão tem origem na célebre frase de Júlio César, pronunciada ao atravessar o rio Rubicon: *"Alea jacta est"* ("a sorte está lançada") (v. *Aleatório*).

Álea administrativa A álea, no sentido de risco, é usual nos contratos administrativos, principalmente nos de concessão. Nesse particular, costuma ser dividida em álea ordinária e álea extraordinária. A álea ordinária corresponde aos riscos normais de qualquer empreendimento e que devem ser suportados pelo concessionário; não ensejam qualquer cobertura por parte do poder concedente. A álea extraordinária divide-se em álea administrativa e álea econômica. A primeira corresponde aos atos da administração não como parte da relação contratual, mas sim como ente no exercício de seu poder; a segunda tem a ver com fatos globalmente considerados, conjunturais, naturais, tais como crises econômicas, desastres naturais e oscilações de câmbio. Nesse caso, aplica-se a teoria da imprevisão para que o equilíbrio econômico-financeiro possa ser mantido.

Aleatório Relativo à álea. Do latim *aleatorius*, ou seja, aquilo que depende do acaso ou da eventualidade de que algo venha a ocorrer. É o ato que depende da realização de um evento futuro e incerto denominado *álea* (v. *Contrato aleatório*).

▶ Veja CC: "**Art. 458.** Se o contrato for aleatório, por dizer respeito a coisas ou fatos futuros, cujo risco de não virem a existir um dos contratantes assuma, terá o outro direito de receber integralmente o que lhe foi prometido, desde que de sua parte não tenha havido dolo ou culpa, ainda que nada do avençado venha a existir. **Art. 459.** Se for aleatório, por serem objeto dele coisas futuras, tomando o adquirente a si o risco de virem a existir em qualquer quantidade, terá também direito o alienante a todo o preço, desde que de sua parte não tiver concorrido culpa, ainda que a coisa venha a existir em quantidade inferior à esperada. Parágrafo único. Mas, se da coisa nada vier a existir, alienação não haverá, e o alienante restituirá o preço recebido. **Art. 460.** Se for aleatório o contrato, por se referir a coisas existentes, mas expostas a risco, assumido pelo adquirente, terá igualmente direito o alienante a todo o preço, posto que a coisa já não existisse, em parte, ou de todo, no dia do contrato. **Art. 461.** A alienação aleatória a que se refere o artigo antecedente poderá ser anulada como dolosa pelo prejudicado, se provar que o outro contratante não ignorava a consumação do risco, a que no contrato se considerava exposta a coisa".

Alegações Afirmações, argumentos ou razões expendidas pelas partes no processo em que contendem, ou pelo juiz em suas decisões.

Alegações do autor Argumentos elaborados e apresentados pelo autor da ação, na petição inicial ou no transcorrer do processo, que visam a justificar a sua pretensão e convencer o juiz para que a sentença lhe seja favorável.

Alegações do réu Argumentos de defesa expendidos pelo réu da ação, na contestação, no pedido contraposto ou no transcorrer do processo, com o objetivo de defender-se e refutar a pretensão do autor (v. *Contestação*).

▶ Veja CPC/73: "**Art. 300.** Compete ao réu alegar, na contestação, toda a matéria de defesa, expondo as razões de fato e de direito, com que impugna o pedido do autor e especificando as provas que pretende produzir".

▶ Veja CPC/2015: "**Art. 336.** Incumbe ao réu alegar, na contestação, toda a matéria de defesa, expondo as razões de fato e de direito com que impugna o pedido do autor e especificando as provas que pretende produzir".

Alegações finais Ou razões finais, são argumentos apresentados pelos advogados das partes, durante o debate, depois de finda a instrução e antes de o juiz proferir a sentença. As alegações finais podem ser feitas oralmente, por escrito ou ser remissivas, isto é, quando o advogado da parte se satisfaz em aceitar, como se alegações finais fossem, os mesmos argumentos contidos na petição inicial ou na contestação.

▶ Veja CPC/73: "**Art. 454.** Finda a instrução, o juiz dará a palavra ao advogado do autor e ao do réu, bem como ao órgão do Ministério Público, sucessivamente, pelo prazo de 20 (vinte) minutos para cada um, prorrogável por 10 (dez), a critério do juiz. [...]".

- Veja CPC/2015: "**Art. 364.** Finda a instrução, o juiz dará a palavra ao advogado do autor e do réu, bem como ao membro do Ministério Público, se for o caso de sua intervenção, sucessivamente, pelo prazo de 20 (vinte) minutos para cada um, prorrogável por 10 (dez) minutos, a critério do juiz. § 1º Havendo litisconsorte ou terceiro interveniente, o prazo, que formará com o da prorrogação um só todo, dividir-se-á entre os do mesmo grupo, se não convencionarem de modo diverso. § 2º Quando a causa apresentar questões complexas de fato ou de direito, o debate oral poderá ser substituído por razões finais escritas, que serão apresentadas pelo autor e pelo réu, bem como pelo Ministério Público, se for o caso de sua intervenção, em prazos sucessivos de 15 (quinze) dias, assegurada vista dos autos".

- Veja CPP: "**Art. 403.** Não havendo requerimento de diligências, ou sendo indeferido, serão oferecidas alegações finais orais por 20 (vinte) minutos, respectivamente, pela acusação e pela defesa, prorrogáveis por mais 10 (dez), proferindo o juiz, a seguir, sentença. [...]".

- Veja CLT: "**Art. 850.** Terminada a instrução, poderão as partes aduzir razões finais, em prazo não excedente de 10 (dez) minutos para cada uma. Em seguida, o juiz ou presidente renovará a proposta de conciliação, e não se realizando esta, será proferida a decisão. [...]".

■ Alegações finais. Não apresentação. Inércia do defensor constituído devidamente intimado. Ausência de intimação do réu. Nulidade. Precedentes do STJ. CPP, art. 500. Em caso de inércia do defensor constituído, faz-se mister a intimação do réu, a fim de constituir novo advogado ou, na impossibilidade de tal providência, para que seja assistido por defensor público ou dativo. A apresentação das alegações finais pela defesa é imprescindível ao devido processo legal, motivo pelo qual a prolação da sentença sem que tenha sido suprida omissão ofende a ampla defesa e o contraditório. Recurso provido a fim de anular o processo para que sejam apresentadas as alegações finais. (STJ, REsp n. 457.401/RS, rel. Min. Arnaldo Esteves Lima, j. 17.08.2006, *DJ* 02.10.2006)

■ Porte ilegal de arma de fogo de uso permitido. Omissão de análise de tese defensiva. Nulidade da sentença declarada. Nos memoriais escritos apresentados em sede de alegações finais, alegou a defesa a inépcia da denúncia (fls. 146/149) e a decisão apelada, em nenhum momento, enfrentou tal alegação, sendo evidente o prejuízo da defesa. É nula a sentença que não analisa tese defensiva acerca do delito imputado, quando desta omissão decorre inegável prejuízo à parte. Doutrina e jurisprudência afirmam que a sentença, ainda que de modo sucinto, deve abordar e decidir acerca de todas as teses da acusação e defesa, sob pena de nulidade, e isso inocorreu aqui. Em face da omissão apontada, é nulo o ato judicial, porquanto infringidos os princípios da ampla defesa e da fundamentação dos atos judiciais (art. 5º, LV, e art. 93, IX, da CF). Registro, ainda, não ser possível a análise da preliminar defensiva nesta instância, no intuito de sanar a lacuna, pois representaria o suprimento de um grau de jurisdição, ou seja, nova violação a princípio constitucional. Apelo provido. (TJRS, Ap. Crime n. 70048180483, 4ª Câm. Criminal, rel. Marco Antônio Ribeiro de Oliveira, j. 19.07.2012)

Algemas Objetos de metal, na forma de pulseira, utilizados para manietar presos ou pessoas detidas pela polícia, a fim de dificultar sua fuga quando conduzidos fora do lugar de confinamento. Não se permite o uso de algemas no acusado durante o período em que permanecer no plenário do júri, salvo se absolutamente necessário à ordem dos trabalhos, à segurança das testemunhas ou à garantia da integridade física dos presentes (art. 474, § 3º, CPP). Os limites a respeito da utilização das algemas restaram pacificados pelo STF por meio da Súmula vinculante n. 11.

- Veja CPP: "**Art. 474.** A seguir será o acusado interrogado, se estiver presente, na forma estabelecida no Capítulo III do Título VII do Livro I deste Código, com as alterações introduzidas nesta Seção. § 1º O Ministério Público, o assistente, o querelante e o defensor, nessa ordem, poderão formular, diretamente, perguntas ao acusado. § 2º Os jurados formularão perguntas por intermédio do juiz presidente. § 3º Não se permitirá o uso de algemas no acusado durante o período em que permanecer no plenário do júri, salvo se absolutamente necessário à ordem dos trabalhos, à segurança das testemunhas ou à garantia da integridade física dos presentes".

■ Súmula vinculante n. 11, STF: Só é lícito o uso de algemas em casos de resistência e de fundado receio de fuga ou de perigo à integridade física própria ou alheia, por parte do preso ou de terceiros, justificada a excepcionalidade por escrito, sob pena de responsabilidade disciplinar, civil e penal do agente ou da autoridade e de nulidade da prisão ou do ato processual a que se refere, sem prejuízo da responsabilidade civil do Estado.

■ Algemas. Utilização. O uso de algemas surge excepcional somente restando justificado ante a periculosidade do agente ou risco concreto de fuga. Julgamento. Acusado algemado. Tribunal do Júri. Implica prejuízo à defesa a manutenção do réu algemado na sessão de julgamento do Tribunal do Júri, resultando o fato na insubsistência do veredicto condenatório. (STF, *HC* n. 91.952/SP, rel. Min. Marco Aurélio, j. 13.08.2008)

Alienação Ato de alienar, ou seja, de transferir a propriedade de uma para outra pessoa. Consistem em atos de alienação os relativos a compra e venda, troca e doação. A alienação pode ser onerosa ou gratuita. Dá-se a primeira quando há contraprestação pecuniária, como na compra e venda; verifica-se a segunda quando a transferência é feita por mera liberalidade do proprietário, como ocorre na doação. Para a validade da alienação, considerada ato jurídico, requerem-se: agente capaz; objeto lícito, possível, determinado ou determinável; forma prescrita ou não defesa em lei. A escritura pública é essencial à validade dos atos que visem à constituição, transferência, modificação ou renúncia de direitos reais sobre imóveis de valor superior a trinta vezes o maior salário mínimo vigente no país (art. 104, CC).

▸ Veja CC: "**Art. 447.** Nos contratos onerosos, o alienante responde pela evicção. Subsiste esta garantia ainda que a aquisição se tenha realizado em hasta pública. [...] **Art. 504.** Não pode um condômino em coisa indivisível vender a sua parte a estranhos, se outro consorte a quiser, tanto por tanto. O condômino, a quem não se der conhecimento da venda, poderá, depositando o preço, haver para si a parte vendida a estranhos, se o requerer no prazo de cento e oitenta dias, sob pena de decadência. [...] **Art. 513.** A preempção, ou preferência, impõe ao comprador a obrigação de oferecer ao vendedor a coisa que aquele vai vender, ou dar em pagamento, para que este use de seu direito de prelação na compra, tanto por tanto. Parágrafo único. O prazo para exercer o direito de preferência não poderá exceder a cento e oitenta dias se a coisa for móvel, ou a dois anos, se imóvel. [...] **Art. 538.** Considera-se doação o contrato em que uma pessoa, por liberalidade, transfere do seu patrimônio bens ou vantagens para o de outra. [...] **Art. 1.373.** Em caso de alienação do imóvel ou do direito de superfície, o superficiário ou o proprietário tem direito de preferência, em igualdade de condições. [...] **Art. 1.647.** Ressalvado o disposto no art. 1.648, nenhum dos cônjuges pode, sem autorização do outro, exceto no regime da separação absoluta: I – alienar ou gravar de ônus real os bens imóveis; [...]".

▸ Veja Lei n. 4.504/64 (Estatuto da Terra): "**Art. 92.** [...] § 3º No caso de alienação do imóvel arrendado, o arrendatário terá preferência para adquiri-lo em igualdade de condições, devendo o proprietário dar-lhe conhecimento da venda, a fim de que possa exercitar o direito de preempção dentro de trinta dias, a contar da notificação judicial ou comprovadamente efetuada, mediante recibo. § 4º O arrendatário a quem não se notificar a venda poderá, depositando o preço, haver para si o imóvel arrendado, se o requerer no prazo de seis meses, a contar da transcrição do ato de alienação no Registro de Imóveis".

▸ Veja Lei n. 8.245/91 (Lei do Inquilinato): "**Art. 27.** No caso de venda, promessa de venda, cessão ou promessa de cessão de direitos ou dação em pagamento, o locatário tem preferência para adquirir o imóvel locado, em igualdade de condições com terceiros, devendo o locador dar-lhe conhecimento do negócio mediante notificação judicial, extrajudicial ou outro meio de ciência inequívoca. [...]".

▪ A transmissão da propriedade de bem imóvel, na dicção do art. 1.245 do CC, opera-se com o registro do título translativo no Registro de Imóveis, sem o qual o alienante continua a ser havido como dono do imóvel. A Lei n. 6.015, a seu turno, prevê a compulsoriedade do registro e averbação dos títulos ou atos constitutivos, declaratórios, translativos e extintivos de direitos reais sobre imóveis reconhecidos em lei, *inter vivos* ou *mortis causa*, quer para sua constituição, transferência e extinção, quer para sua validade em relação a terceiros, quer para a sua disponibilidade. Deveras, à luz dos referidos diplomas legais, sobressai clara a exigência do registro dos títulos translativos da propriedade imóvel por ato *inter vivos*, onerosos ou gratuitos, porquanto os negócios jurídicos, em nosso ordenamento jurídico, não são hábeis a transferir o domínio do bem. Assim, titular do direito é aquele em cujo nome está transcrita a propriedade imobiliária. (STJ, REsp n. 848.070/GO, 1ª T., rel. Min. Luiz Fux, j. 03.03.2009)

▪ Medida cautelar. Protesto contra alienação de bens. CPC, art. 867. O protesto contra a alienação de bens visa resguardar direitos e prevenir responsabilidade, mas não impede a realização de negócios jurídicos. (STJ, RMS n. 24.066/BA, rel. Min. João Otávio de Noronha, j. 12.02.2008, *DJ* 25.02.2008)

▪ Alvará judicial. Alienação de bens pertencentes a menores. Produto da venda destinado ao pagamento de dívida, decorrente do inventário. O Juiz não poderá autorizar a alienação dos bens dos filhos menores, representados pelo pai, que exerce o pátrio poder sobre eles, se não estiver preenchido o requisito legal da necessidade ou evidente utilidade da prole (CCB, art. 386). Não sendo indispensável a alienação requerida, porque o valor da dívida, contraída por ocasião do inventário e partilha de bens deixados pelo falecimento da progenitora, é proporcionalmente bem menor que o valor dos bens a serem vendidos, e porque não se vislumbra qualquer benefício ou vantagem para o bem-estar dos menores, indefere-se o alvará requerido. (TJPR, Ap. Cível n. 65.853/9/1998, Umuarama, rel. Des. Accacio Cambi, j. 17.06.1998, *DJ* 10.08.1998)

Alienação de imóveis da União

A alienação de bens imóveis da União dependerá de autorização, mediante ato do presidente da República, e será sempre precedida de parecer da Secretaria do Patrimônio da União (SPU) quanto à sua oportunidade e conveniência. A alienação ocorrerá quando não houver interesse público, econômico ou social em manter o imóvel no domínio da União, nem inconveniência quanto à preservação ambiental e à defesa nacional, no desaparecimento do vínculo de propriedade. A competência para autorizar a alienação poderá ser delegada ao Ministro de Estado da Fazenda, permitida a subdelegação (Lei n. 9.636/88).

▶ Veja Lei n. 9.636/98: "**Art. 23.** A alienação de bens imóveis da União dependerá de autorização, mediante ato do Presidente da República, e será sempre precedida de parecer da SPU quanto à sua oportunidade e conveniência. § 1º A alienação ocorrerá quando não houver interesse público, econômico ou social em manter o imóvel no domínio da União, nem inconveniência quanto à preservação ambiental e à defesa nacional, no desaparecimento do vínculo de propriedade. § 2º A competência para autorizar a alienação poderá ser delegada ao Ministro de Estado da Fazenda, permitida a subdelegação".

▪ Registro público. Imóveis. Compra e venda. Escritura. Registro. Bem imóvel objeto de aforamento. Necessidade da apresentação de certidão da Secretaria de Patrimônio da União – SPU. Interpretação da Lei n. 9.636/98. Dúvida inversa procedente. A Lei n. 9.636/98 ao estabelecer a vigente redação do § 2º do art. 32 do DL n. 2.398/87, conferiu, à Secretaria de Patrimônio da União – SPU, a faculdade de vedar ou autorizar a "transferência" de qualquer imóvel aforado pela União Federal, conforme o interesse público, e só se pode aferir desta necessária autorização pela exibição de certidão. A necessidade de autorização alcança todas as formas de "transferência", isto é, todas as formas de alienação. (TJRJ, Ap. Cível n. 54.503-0/Praia Grande, rel. Des. Nigro Conceição, j. 12.02.1999)

Alienação fiduciária

Contrato pelo qual uma pessoa (credor fiduciário) empresta certo valor em dinheiro a outra (devedor, fiduciante ou alienante) para o fim de adquirir um certo bem móvel ou imóvel de terceiro mediante a condição de permanecer com o domínio e a posse indireta do bem enquanto não solvido o débito do devedor. Considera-se fiduciária a propriedade resolúvel de coisa móvel infungível que o devedor, com escopo de garantia, transfere ao credor. Constitui-se formalmente com o registro do contrato, celebrado por instrumento público ou particular, que lhe serve de título, no Registro de Títulos e Documentos do domicílio do devedor ou, em se tratando de veículos, na repartição competente para o licenciamento, fazendo-se a anotação no certificado de registro. No caso de veículo, a alienação fica registrada no documento de posse deste; no de imóvel, é comum que a propriedade definitiva, atestada pela escritura, só seja transmitida após a liquidação da dívida. Em ambos os casos, o comprador fica impedido de negociar o bem antes da quitação da dívida, mas pode usufruir dele. Com a constituição da propriedade fiduciária, dá-se o desdobramento da posse, tornando-se o devedor possuidor direto da coisa (art. 1.361, CC). São admitidas a alienação fiduciária de coisa fungível e a cessão fiduciária de direitos sobre coisas móveis, bem como de títulos de crédito, hipóteses em que, salvo disposição em contrário, a posse direta e indireta do bem objeto da propriedade fiduciária ou do título representativo do direito ou do crédito são atribuídas ao credor, que, em caso de inadimplemento ou mora da obrigação garantida, poderá vender a terceiros o bem objeto da propriedade fiduciária independentemente de leilão, hasta pública ou qualquer outra medida judicial ou extrajudicial, devendo aplicar o preço da venda no pagamento do seu crédito e das despesas decorrentes da realização da garantia, entregando ao devedor o saldo, se houver, acompanhado do demonstrativo da operação realizada (art. 66-B, § 3º, Lei n. 4.728/65).

▶ Veja CC: "**Art. 1.361.** Considera-se fiduciária a propriedade resolúvel de coisa móvel infungível que o devedor, com escopo de garantia, transfere ao credor. § 1º Constitui-se a propriedade fiduciária com o registro do contrato, celebrado por instrumento público ou particular, que lhe serve de título, no Registro de Títulos e Documentos do domicílio do devedor, ou, em se tratando de veículos, na repartição competente para o licenciamento, fazendo-se a anotação no certificado de registro. § 2º Com a constituição da propriedade fiduciária, dá-se o desdobramento da posse, tornando-se o devedor possuidor direto da coisa. § 3º A propriedade superveniente, adquirida pelo devedor, torna eficaz, desde o arquivamento, a transferência da propriedade fiduciária. **Art. 1.362.** O contrato, que serve de título à propriedade fiduciária, conterá: I – o total da dívida, ou sua estimativa; II – o prazo, ou a época do pagamento; III – a taxa de juros, se houver; IV – a descrição da coisa objeto da transferência, com os elementos indispensáveis à sua identificação".

▶ Veja Lei n. 4.728/65: "**Art. 66-B.** O contrato de alienação fiduciária celebrado no âmbito do mercado financeiro e de capitais, bem como em garantia de créditos fiscais e previdenciários, deverá conter, além dos requisitos definidos na Lei n. 10.406, de 10 de janeiro de 2002 – Código Civil, a taxa de juros, a cláusula penal, o índice de atualização monetária, se houver, e as demais comissões e encargos. § 1º Se a coisa objeto de propriedade fiduciária não se identifica por números, marcas e sinais no contrato de alienação fiduciária, cabe ao proprietário fiduciário o ônus da prova, contra terceiros, da identificação dos bens do seu domínio que se encontram em poder do devedor. § 2º O devedor que alienar, ou der em garantia a terceiros, coisa que já alienara fiduciariamente em garantia, ficará sujeito à pena prevista no art. 171, § 2º, I, do Código Penal. § 3º É admitida a alienação fiduciária de coisa fungível e a cessão fiduciária de direitos sobre coisas móveis, bem como de títulos de crédito, hipóteses em que, salvo disposição em contrário, a posse direta e indireta do bem objeto da propriedade fiduciária ou do título representativo do direito ou do crédito é atribuída ao credor, que, em caso de inadimplemento ou mora da obrigação garantida, poderá vender a terceiros o bem objeto da propriedade fiduciária independente de leilão, hasta pública ou qualquer outra medida judicial ou extrajudicial, devendo aplicar o preço da venda no pagamento do seu crédito e das despesas decorrentes da realização da garantia, entregando ao devedor o saldo, se houver, acompanhado do demonstrativo da operação realizada. § 4º No tocante à cessão fiduciária de direitos sobre coisas móveis ou sobre títulos de crédito aplica-se, também, o disposto nos arts. 18 a 20 da Lei n. 9.514, de 20 de novembro de 1997. § 5º Aplicam-se à alienação fiduciária e à cessão fiduciária de que trata esta Lei os arts. 1.421, 1.425, 1.426, 1.435 e 1.436 da Lei n. 10.406, de 10 de janeiro de 2002. § 6º Não se aplica à alienação fiduciária e à cessão fiduciária de que trata esta Lei o disposto no art. 644 da Lei n. 10.406, de 10 de janeiro de 2002".

- Súmula n. 28, STJ: O contrato de alienação fiduciária em garantia pode ter por objeto bem que já integrava o patrimônio do devedor.

- Súmula n. 72, STJ: A comprovação da mora é imprescindível à busca e apreensão do bem alienado fiduciariamente.

- Súmula n. 245, STJ: A notificação destinada a comprovar a mora nas dívidas garantidas por alienação fiduciária dispensa a indicação do valor do débito.

- Súmula n. 284, STJ: A purga da mora, nos contratos de alienação fiduciária, só é permitida quando já pagos pelo menos 40% (quarenta por cento) do valor financiado.

- Alienação de veículo sem registro no órgão de trânsito competente. Cobrança, pelo antigo dono, de multas e encargos fiscais posteriores à alienação. Legitimidade passiva *ad causam* da instituição financeira. 1. Havendo a concessão de financiamento com cláusula de alienação fiduciária em garantia para a aquisição de veículo, tem-se a existência de dois negócios jurídicos autônomos: (a) o de compra e venda, firmado entre o alienante e o adquirente e (b) o de mútuo com alienação fiduciária em garantia, celebrado entre o adquirente e a instituição financeira. 2. Ante a autonomia dos negócios, não há qualquer vínculo jurídico entre o alienante e a instituição financeira a autorizar a inclusão desta no polo passivo de demanda destinada a cobrar o pagamento das multas e tributos incidentes sobre o veículo posteriormente à alienação. 3. É desinfluente a ausência de registro, no Detran, da transferência do veículo ou da garantia fiduciária, pois esses atos jurídicos nasceram de relações jurídicas das quais jamais foram, concomitantemente, partes a instituição financeira e o alienante. 4. O banco que, com garantia de alienação fiduciária, financia a aquisição de um veículo sem o registro da transferência e da propriedade fiduciária no Detran não é parte legítima para ação movida pelo antigo proprietário, que busca o pagamento dos débitos fiscais e de multas contraídos após a venda. 5. Recurso especial provido. (STJ, REsp n. 1.025.928/RS (2007/0202012-8), 3ª T., rel. Min. Massami Uyeda, j. 26.05.2009, *DJ* 08.06.2009)

- Alienação fiduciária. Consumidor. Busca e apreensão. Constituição em mora. Contrato de financiamento de automóvel com garantia de alienação fiduciária. Arts. 8º e 9º. 1. A notificação extrajudicial realizada e entregue no endereço do devedor, por via postal e com aviso de recebimento, é válida quando realizada por Cartório de Títulos e Documentos de outra Comarca, mesmo que não seja aquele do domicílio do devedor. (REsp n. 1237699/SC, 4ª T., rel. Min. Luiz Felipe Salomão, j. 22.03.2011, DJe 18.05.2011). 2. Recurso especial conhecido em parte e, nesta parte, provido. (STJ, REsp n. 1.283.834/2012/BA, rel. Min. Maria Isabel Gallotti, j. 29.02.2012, DJ 09.03.2012)

Alienação fiduciária de aeronaves Ato jurídico pelo qual se transfere ao credor o domínio resolúvel e a posse indireta de aeronave ou de seus equipamentos, independentemente da respectiva tradição, tornando-se o devedor o possuidor direto e depositário com todas as responsabilidades e encargos que lhe incumbem, de acordo com as leis civil e penal (Lei n. 7.565/86).

▸ Veja CBA: "**Art. 148.** A alienação fiduciária em garantia transfere ao credor o domínio resolúvel e a posse indireta da aeronave ou de seus equipamentos, independentemente da respectiva tradição, tornando-se o devedor o possuidor direto e depositário com todas as responsabilidades e encargos que lhe incumbem de acordo com a lei civil e penal. **Art. 149.** A alienação fiduciária em garantia de aeronave ou de seus motores deve ser feita por instrumento público ou particular, que conterá: I – o valor da dívida, a taxa de juros, as comissões, cuja cobrança seja permitida, a cláusula penal e a estipulação da correção monetária, se houver, com a indicação exata dos índices aplicáveis; II – a data do vencimento e o local do pagamento; III – a descrição da aeronave ou de seus motores, com as indicações constantes do registro e dos respectivos certificados de matrícula e de aeronavegabilidade. [...] **Art. 150.** A alienação fiduciária só tem validade e eficácia após a inscrição no Registro Aeronáutico Brasileiro".

Alienação fiduciária de bem imóvel Negócio jurídico pelo qual o devedor, ou fiduciante, com o escopo de garantia, contrata a transferência ao credor, ou fiduciário, da propriedade resolúvel de coisa imóvel (art. 22, § 1º, Lei n. 9.514/97). A alienação fiduciária poderá ser contratada por pessoa física ou jurídica, não sendo privativa das entidades que operam no SFI, podendo ter como objeto, além da propriedade plena: bens enfitêuticos, hipótese em que será exigível o pagamento do laudêmio, se houver a consolidação do domínio útil no fiduciário; o direito de uso especial para fins de moradia; o direito real de uso, desde que suscetível de alienação; a propriedade superficiária.

▸ Veja Lei n. 9.514/97: "**Art. 22.** A alienação fiduciária regulada por esta Lei é o negócio jurídico pelo qual o devedor, ou fiduciante, com o escopo de garantia, contrata a transferência ao credor, ou fiduciário, da propriedade resolúvel de coisa imóvel. § 1º A alienação fiduciária poderá ser contratada por pessoa física ou jurídica, não sendo privativa das entidades que operam no SFI, podendo ter como objeto, além da propriedade plena: I – bens enfitêuticos, hipótese em que será exigível o pagamento do laudêmio, se houver a consolidação do domínio útil no fiduciário; II – o direito de uso especial para fins de moradia; III – o direito real de uso, desde que suscetível de alienação; IV – a propriedade superficiária. § 2º Os direitos de garantia instituídos nas hipóteses dos incisos III e IV do § 1º deste artigo ficam limitados à duração da concessão ou direito de superfície, caso tenham sido transferidos por período determinado. **Art. 23.** Constitui-se a propriedade fiduciária de coisa imóvel mediante registro, no competente Registro de Imóveis, do contrato que lhe serve de título. Parágrafo único. Com a constituição da propriedade fiduciária, dá-se o desdobramento da posse, tornando-se o fiduciante possuidor direto e o fiduciário possuidor indireto da coisa imóvel".

▪ Sistema Financeiro Imobiliário – SFI. Lei n. 9.514/97. Alienação fiduciária de bem imóvel. Inadimplemento do fiduciante. Consolidação do imóvel na propriedade do fiduciário. 1. Os dispositivos da Lei n. 9.514/97, notadamente seus arts. 26, 27, 30 e 37-A, comportam dupla interpretação: é possível dizer, por um lado, que o direito do credor fiduciário à reintegração da posse do imóvel alienado decorre automaticamente da consolidação de sua propriedade sobre o bem nas hipóteses de inadimplemento; ou é possível afirmar que referido direito possessório somente nasce a partir da realização dos leilões a que se refere o art. 27 da Lei n. 9.514/97. 2. A interpretação sistemática de uma Lei exige que se busque, não apenas em sua arquitetura interna, mas no sentido jurídico dos institutos que regula, o modelo adequado para sua aplicação. Se a posse do imóvel, pelo devedor fiduciário, é derivada de um contrato firmado com o credor fiduciante, a resolução do contrato no qual ela encontra fundamento torna-a ilegítima, sendo possível qualificar como esbulho sua permanência no imóvel. 3. A consolidação da propriedade do bem no nome do credor fiduciante confere-lhe o direito à posse do imóvel. Negá-lo implicaria autorizar que o devedor fiduciário permaneça em bem que não lhe pertence, sem pagamento de contraprestação, na medida em que a Lei n. 9.514/97 estabelece, em seu art. 37-A, o pagamento de taxa de ocupação apenas depois da realização dos leilões extrajudiciais. Se os leilões são suspensos, como ocorreu na hipótese dos autos, a lacuna legislativa não pode implicar a imposição, ao credor fiduciante, de um prejuízo a que não deu causa. 4. Recurso especial não provido. (STJ, REsp n. 1.155.716/DF (2009/0159820-5), 3ª T., rel. Min. Nancy Andrighi, j. 13.03.2012, *DJ* 22.03.2012)

Alienação fiduciária de bem móvel   A alienação fiduciária em garantia transfere ao credor o domínio resolúvel e a posse indireta da coisa móvel alienada, independentemente da tradição efetiva do bem, tornando-se o alienante ou devedor o possuidor direto e depositário com todas as responsabilidades e encargos que lhe incumbem, de acordo com as leis civil e penal. A alienação fiduciária somente se prova por escrito, e seu instrumento, público ou particular, qualquer que seja o seu valor, será obrigatoriamente arquivado, por cópia ou microfilme, no Registro de Títulos e Documentos do domicílio do credor, sob pena de não valer contra terceiros. Na alienação fiduciária, em que pese o devedor constituir-se depositário do bem alienado, não mais se permite requerer sua prisão civil na hipótese de ser declarado depositário infiel, conforme consta da Súmula vinculante n. 25 do STF.

▶ Veja CC: "**Art. 1.361.** Considera-se fiduciária a propriedade resolúvel de coisa móvel infungível que o devedor, com escopo de garantia, transfere ao credor. § 1º Constitui-se a propriedade fiduciária com o registro do contrato, celebrado por instrumento público ou particular, que lhe serve de título, no Registro de Títulos e Documentos do domicílio do devedor, ou, em se tratando de veículos, na repartição competente para o licenciamento, fazendo-se a anotação no certificado de registro. § 2º Com a constituição da propriedade fiduciária, dá-se o desdobramento da posse, tornando-se o devedor possuidor direto da coisa. § 3º A propriedade superveniente, adquirida pelo devedor, torna eficaz, desde o arquivamento, a transferência da propriedade fiduciária. **Art. 1.362.** O contrato, que serve de título à propriedade fiduciária, conterá: I – o total da dívida, ou sua estimativa; II – o prazo, ou a época do pagamento; III – a taxa de juros, se houver; IV – a descrição da coisa objeto da transferência, com os elementos indispensáveis à sua identificação".

▶ Veja Lei n. 4.728/65: "**Art. 66-B.** O contrato de alienação fiduciária celebrado no âmbito do mercado financeiro e de capitais, bem como em garantia de créditos fiscais e previdenciários, deverá conter, além dos requisitos definidos na Lei n. 10.406, de 10 de janeiro de 2002 – Código Civil, a taxa de juros, a cláusula penal, o índice de atualização monetária, se houver, e as demais comissões e encargos. § 1º Se a coisa objeto de propriedade fiduciária não se identifica por números, marcas e sinais no contrato de alienação fiduciária, cabe ao proprietário fiduciário o ônus da prova, contra terceiros, da identificação dos bens do seu domínio que se encontram em poder do devedor. § 2º O devedor que alienar, ou der em garantia a terceiros, coisa que já alienara fiduciariamente em garantia, ficará sujeito à pena prevista no art. 171, § 2º, I, do Código Penal. § 3º É admitida a alienação fiduciária de coisa fungível e a cessão fiduciária de direitos sobre coisas móveis, bem como de títulos de crédito, hipóteses em que, salvo disposição em contrário, a posse direta e indireta do bem objeto da propriedade fiduciária ou do título representativo do direito ou do crédito é atribuída ao credor, que, em caso de inadimplemento ou mora da obrigação garantida, poderá vender a terceiros o bem objeto da propriedade fiduciária independente de leilão, hasta pública ou qualquer outra medida judicial ou extrajudicial, devendo aplicar o preço da venda no pagamento do seu crédito e das despesas decorrentes da realização da garantia, entregando ao devedor o saldo, se houver, acompanhado do demonstrativo da operação realizada. § 4º No tocante à cessão fiduciária de direitos sobre coisas móveis ou sobre títulos de crédito aplica-se, também, o disposto nos arts. 18 a 20 da Lei n. 9.514, de 20 de novembro de 1997. [...]".

▪ Súmula n. 304, STJ: É ilegal a decretação da prisão civil daquele que não assume expressamente o encargo de depositário judicial.

▪ Súmula n. 305, STJ: É descabida a prisão civil do depositário quando, decretada a falência da empresa, sobrevém a arrecadação do bem pelo síndico.

▪ Súmula n. 319, STJ: O encargo de depositário de bens penhorados pode ser expressamente recusado.

▪ Súmula vinculante n. 25, STF: É ilícita a prisão civil de depositário infiel, qualquer que seja a modalidade do depósito.

▪ Usucapião. Bem móvel. Alienação fiduciária. Aquisição da posse por terceiro sem consentimento do credor. Impossibilidade. 1. A transferência a terceiro de veículo gravado como propriedade fiduciária, à revelia do proprietário (credor), constitui ato de clandestinidade, incapaz de induzir posse (art. 1.208 do CC/2002), sendo por isso mesmo impossível a aquisição do bem por usucapião. 2. De fato, em contratos com alienação fiduciária em garantia, sendo o desdobramento da posse e a possibilidade de busca e apreensão do bem inerentes ao próprio contrato, conclui-se que a transferência da posse direta a terceiros – porque modifica a essência do contrato, bem como a garantia do credor fiduciário – deve ser precedida de autorização. 3. Recurso especial conhecido e provido. (STJ, REsp n. 881.270/RS (2006/0187812-1), 4ª T., rel. Min. Luis Felipe Salomão, j. 02.03.2010)

■ Ação de busca e apreensão. Contrato de financiamento de automóvel com garantia de alienação fiduciária. Notificação extrajudicial realizada por cartório situado em comarca diversa. 1. "A notificação extrajudicial realizada e entregue no endereço do devedor, por via postal e com aviso de recebimento, é válida quando realizada por Cartório de Títulos e Documentos de outra Comarca, mesmo que não seja aquele do domicílio do devedor" (REsp n. 1.237.699/SC, 4ª T., rel. Min. Luiz Felipe Salomão, j. 22.03.2011, *DJe* 18.05.2011). 2. Recurso especial conhecido em parte e, nesta parte, provido. (STJ, REsp n. 1.283.834/BA (2011/0033243-5), 2ª Seção, rel. Min. Maria Isabel Gallotti, j. 29.02.2012, *DJ* 09.03.2012)

Alienação fraudulenta Alienação antecipada de bens com o objetivo de fraudar credor. Transferência gratuita ou onerosa de bens, que poderiam ser usados para saldar dívidas, com o intuito de fraudar ou prejudicar credores, feita por proprietário devedor a terceiros, caracterizando a fraude contra credor (art. 158, CC). Geralmente ocorre quando o devedor transfere bens de forma gratuita para o nome de parentes ou promove venda fictícia a pessoa de seu círculo de amizades. "Diferença marcante entre a fraude contra credores e fraude de execução situa-se na categoria do interesse violado com a prática do ato fraudulento. Com efeito, a primeira tem por violado interesse de natureza privada, qual seja o interesse privado do credor. De sua vez, na fraude de execução o interesse infringido é o da própria atividade jurisdicional, ou seja, macula-se o prestígio da própria jurisdição ou do Estado-Juiz" (STJ, REsp n. 799.440/DF, rel. Min. João Otávio de Noronha). Comprovada a alienação dolosa, os credores poderão ajuizar a ação pauliana ou revocatória com o fim de anular os atos praticados pelo devedor.

▶ Veja CC: "**Art. 158.** Os negócios de transmissão gratuita de bens ou remissão de dívida, se os praticar o devedor já insolvente, ou por eles reduzido à insolvência, ainda quando o ignore, poderão ser anulados pelos credores quirografários, como lesivos dos seus direitos. § 1º Igual direito assiste aos credores cuja garantia se tornar insuficiente. § 2º Só os credores que já o eram ao tempo daqueles atos podem pleitear a anulação deles. **Art. 159.** Serão igualmente anuláveis os contratos onerosos do devedor insolvente, quando a insolvência for notória, ou houver motivo para ser conhecida do outro contratante. **Art. 160.** Se o adquirente dos bens do devedor insolvente ainda não tiver pago o preço e este for, aproximadamente, o corrente, desobrigar-se-á depositando-o em juízo, com a citação de todos os interessados. Parágrafo único. Se inferior, o adquirente, para conservar os bens, poderá depositar o preço que lhes corresponda ao valor real. **Art. 161.** A ação, nos casos dos arts. 158 e 159, poderá ser intentada contra o devedor insolvente, a pessoa que com ele celebrou a estipulação considerada fraudulenta, ou terceiros adquirentes que hajam procedido de má-fé. **Art. 162.** O credor quirografário, que receber do devedor insolvente o pagamento da dívida ainda não vencida, ficará obrigado a repor, em proveito do acervo sobre que se tenha de efetuar o concurso de credores, aquilo que recebeu. **Art. 163.** Presumem-se fraudatórias dos direitos dos outros credores as garantias de dívidas que o devedor insolvente tiver dado a algum credor. **Art. 164.** Presumem-se, porém, de boa-fé e valem os negócios ordinários indispensáveis à manutenção de estabelecimento mercantil, rural, ou industrial, ou à subsistência do devedor e de sua família. **Art. 165.** Anulados os negócios fraudulentos, a vantagem resultante reverterá em proveito do acervo sobre que se tenha de efetuar o concurso de credores. Parágrafo único. Se esses negócios tinham por único objeto atribuir direitos preferenciais, mediante hipoteca, penhor ou anticrese, sua invalidade importará somente na anulação da preferência ajustada".

■ Fraude à execução. Configuração. Ausência de citação válida. Inexistência de intervenção do MP. 1. Diferença marcante entre a fraude contra credores e fraude de execução situa-se na categoria do interesse violado com a prática do ato fraudulento. Com efeito, a primeira tem por violado interesse de natureza privada, qual seja o interesse privado do credor. De sua vez, na fraude de execução o interesse infringido é o da própria atividade jurisdicional, ou seja, macula-se o prestígio da própria jurisdição ou do Estado-Juiz. 2. De regra, a caracterização da fraude de execução exige a ocorrência de litispendência, esta caracterizada pela citação válida do devedor no processo de conhecimento ou de execução. 3. *In casu*, há que se ater à peculiaridade levada em conta pela decisão recorrida, qual seja, quando da alienação do bem, portanto, no momento caracterizador da fraude, o devedor-executado tinha pleno conhecimento do ajuizamento da execução e, como forma de subtrair-se à responsabilidade executiva decorrente da atividade jurisdicional esquivou-se da citação de modo a impedir a caracterização da litispendência e nesse período adquiriu um bem imóvel em nome dos filhos. 4. Inegável, portanto, que no caso em questão o ato fraudulento do executado maltratou não apenas o interesse privado do credor, mas sim a eficácia e o próprio prestígio da atividade jurisdicional, razão por que o ato de alienação de bens praticado pelo executado, ainda que anteriormente à citação, ontologicamente analisado no acórdão recorrido, está mesmo a caracterizar fraude de execução, impondo, como consequência, a declaração de sua ineficácia perante o credor-exequente. 5. A intervenção do MP nas causas em que figurem interesses de menores torna-se prescindível nas hipóteses em que não restar demonstrada a ocorrência de prejuízo a estes. (STJ, REsp n. 799.440/DF, 4ª T., rel. Min. João Otávio de Noronha, j. 15.12.2009, DJe 02.02.2010)

- Fraude à execução de sentença. Alienação de imóveis no curso da execução. Na fraude à execução, o ato não é nulo, mas ineficaz em relação ao credor, que poderá promover a penhora de bem alienado fraudulentamente. A alienação, assim concretizada, é ineficaz em relação ao exequente, embora válida quanto aos demais e, por isso, não há necessidade de ser anulado o registro imobiliário, ainda que a ineficácia da alienação em fraude à execução estenda-se às que sucessivamente se fizerem, restando aos adquirentes ação de perdas e danos. (TJSC, AI n. 92.367/9/1996/Tubarão, rel. Des. Francisco Borges, DJ 22.05.1996)

Alienação judicial Alienação de bens, determinada pelo juiz da causa, feita por leiloeiro público credenciado, sempre que não houver acordo entre os interessados sobre o modo como se deve realizar a alienação dos bens. A alienação judicial far-se-á por leilão judicial eletrônico ou presencial (arts. 730 e 879, CPC/2015).

▶ Veja CPC/2015: "**Art. 730.** Nos casos expressos em lei, não havendo acordo entre os interessados sobre o modo como se deve realizar a alienação do bem, o juiz, de ofício ou a requerimento dos interessados ou do depositário, mandará aliená-lo em leilão, observando-se o disposto na Seção I deste Capítulo e, no que couber, o disposto nos arts. 879 a 903. [...] **Art. 879.** A alienação far-se-á: I – por iniciativa particular; II – em leilão judicial eletrônico ou presencial. **Art. 880.** Não efetivada a adjudicação, o exequente poderá requerer a alienação por sua própria iniciativa ou por intermédio de corretor ou leiloeiro público credenciado perante o órgão judiciário. § 1º O juiz fixará o prazo em que a alienação deve ser efetivada, a forma de publicidade, o preço mínimo, as condições de pagamento, as garantias e, se for o caso, a comissão de corretagem. § 2º A alienação será formalizada por termo nos autos, com a assinatura do juiz, do exequente, do adquirente e, se estiver presente, do executado, expedindo-se: I – a carta de alienação e o mandado de imissão na posse, quando se tratar de bem imóvel; II – a ordem de entrega ao adquirente, quando se tratar de bem móvel. [...] **Art. 881.** A alienação far-se-á em leilão judicial se não efetivada a adjudicação ou a alienação por iniciativa particular. § 1º O leilão do bem penhorado será realizado por leiloeiro público. § 2º Ressalvados os casos de alienação a cargo de corretores de bolsa de valores, todos os demais bens serão alienados em leilão público. **Art. 882.** Não sendo possível a sua realização por meio eletrônico, o leilão será presencial. § 1º A alienação judicial por meio eletrônico será realizada, observando-se as garantias processuais das partes, de acordo com regulamentação específica do Conselho Nacional de Justiça. § 2º A alienação judicial por meio eletrônico deverá atender aos requisitos de ampla publicidade, autenticidade e segurança, com observância das regras estabelecidas na legislação sobre certificação digital. § 3º O leilão presencial será realizado no local designado pelo juiz".

- Embargos de terceiro. Defesa da meação. Ação de alienação judicial para extinção de condomínio. Ilegitimidade ativa. Indeferimento da inicial. 1. Embargos de terceiro opostos pela recorrente para defesa de meação. Ilegitimidade ativa caracterizada. 2. Embargante que figurou como ré na ação de alienação judicial de imóvel para extinção de condomínio, inclusive tendo sido citada pessoalmente. Art. 1.046, caput, CPC. 3. Adjudicações efetuadas na esfera trabalhista sobre a parte ideal pertencente à embargante e seu ex-cônjuge. Eventuais irregularidades que deveriam ter sido discutidas perante o Juízo competente. Ausência de turbação. 4. Sentença mantida. 5. Apelação não provida. (TJSP, Ac. n. 006946, j. 09.02.2012)

- Jurisdição voluntária. Alienação judicial. Ausência de intimação do MP. Interpretação do art. 1.105 em consonância com o art. 82, ambos do CPC. Desnecessidade da intervenção. Despicienda é a intervenção do MP se não há nos autos direitos indisponíveis e de incapazes a tutelar. (TJPR, Ap. Cível n. 41.395/0/1996/Curitiba, rel. Des. Clotário Portugal Neto, j. 04.09.1996)

Alienação judicial de bens apreendidos Forma de alienação de bens normatizada pelo Sistema Nacional de Bens Apreendidos (SNBA), criado pelo CNJ. O SNBA consolida, em um único banco de dados, as informações sobre os bens apreendidos em procedimentos criminais em todo o território nacional (como valor de mercado, localização, depositário, data de apreensão, destinação), permitindo melhor controle pelos órgãos judiciais de tudo o que é apreendido no país. O CNJ elaborou o Manual de Bens Apreendidos, com o objetivo de facilitar a desburocratização na alienação dos referidos bens. De qualquer modo, sempre que estiverem sujeitos a qualquer grau de deterioração ou depreciação, ou quando houver dificuldade para manutenção dos bens, o juiz determinará a alienação antecipada, visando à preservação do seu valor (art. 144-A, CPP). Os bens deverão ser vendidos em leilão, preferencialmente por meio eletrônico, pelo valor fixado na avaliação judicial ou por valor maior.

▶ Veja CPP: "**Art. 144-A.** O juiz determinará a alienação antecipada para preservação do valor dos bens sempre que estiverem sujeitos a qualquer grau de deterioração ou depreciação, ou quando houver dificuldade para sua manutenção. § 1º O leilão far-se-á preferencialmente por meio eletrônico. § 2º Os bens deverão ser vendidos pelo valor fixado na avaliação judicial ou por valor maior. Não alcançado o valor estipulado pela administração judicial, será realizado novo leilão, em até 10 (dez) dias contados da realização do primeiro, podendo os bens ser alienados por valor não inferior a 80% (oitenta por cento) do estipulado na avaliação judicial. § 3º O produto da alienação ficará depositado em conta vinculada ao juízo até a decisão final do processo, procedendo-se à sua conversão em renda para a União, Estado ou Distrito Federal, no caso de condenação, ou, no caso de absolvição, à sua devolução ao acusado. § 4º Quando a indisponibilidade recair sobre dinheiro, inclusive moeda estrangeira, títulos, valores mobiliários ou cheques emitidos como ordem de pagamento, o juízo determinará a conversão do numerário apreendido em moeda nacional corrente e o depósito das correspondentes quantias em conta judicial. § 5º No caso da alienação de veículos, embarcações ou aeronaves, o juiz ordenará à autoridade de trânsito ou ao equivalente órgão de registro e controle a expedição de certificado de registro e licenciamento em favor do arrematante, ficando este livre do pagamento de multas, encargos e tributos anteriores, sem prejuízo de execução fiscal em relação ao antigo proprietário. § 6º O valor dos títulos da dívida pública, das ações das sociedades e dos títulos de crédito negociáveis em bolsa será o da cotação oficial do dia, provada por certidão ou publicação no órgão oficial".

Alienação parental Ato de interferência na formação psicológica da criança ou do adolescente promovido ou induzido por um dos genitores, pelos avós ou por aqueles que tenham a criança ou o adolescente sob a sua autoridade, guarda ou vigilância, para que repudiem genitor, causando prejuízo ao estabelecimento ou à manutenção de vínculos com este (art. 2º, Lei n. 12.318/2010). A alienação parental, ou síndrome de alienação parental (SAP), expressão proposta pelo psiquiatra americano Richard A. Gardner no ano de 1985, consiste em situações em que pai, mãe ou ambos orientam seus filhos para o rompimento de laços afetivos com o outro genitor, criando sentimentos intensos de ansiedade e temor em relação ao genitor infamado. São, na verdade, atos com forte tendência vingativa, de iniciativa de cônjuges que não aceitam a ruptura da vida em comum.

▶ Veja Lei n. 12.318/2010: "**Art. 2º** Considera-se ato de alienação parental a interferência na formação psicológica da criança ou do adolescente promovida ou induzida por um dos genitores, pelos avós ou pelos que tenham a criança ou adolescente sob a sua autoridade, guarda ou vigilância para que repudie genitor ou que cause prejuízo ao estabelecimento ou à manutenção de vínculos com este. Parágrafo único. São formas exemplificativas de alienação parental, além dos atos assim declarados pelo juiz ou constatados por perícia, praticados diretamente ou com auxílio de terceiros: I – realizar campanha de desqualificação da conduta do genitor no exercício da paternidade ou maternidade; II – dificultar o exercício da autoridade parental; III – dificultar contato de criança ou adolescente com genitor; IV – dificultar o exercício do direito regulamentado de convivência familiar; V – omitir deliberadamente a genitor informações pessoais relevantes sobre a criança ou adolescente, inclusive escolares, médicas e alterações de endereço; VI – apresentar falsa denúncia contra genitor, contra familiares deste ou contra avós, para obstar ou dificultar a convivência deles com a criança ou adolescente; VII – mudar o domicílio para local distante, sem justificativa, visando a dificultar a convivência da criança ou adolescente com o outro genitor, com familiares deste ou com avós".

■ Regulamentação de visitas. Genitor apto ao exercício de direito. Criança com mais de oito anos. Pernoite está em condições de prevalecer. Oportunidade para que pai e filho, em ambiente descontraído, possam ampliar a afetividade. Prevalência do interesse do menor. Obstáculo apresentado pela genitora é prejudicial à criança. Individualismo da mãe deve ser afastado de plano. Procedimento da apelante caracteriza alienação parental. Recorrente já propusera ação de destituição de pátrio poder em face do recorrido, porém, sem sucesso. Beligerância entre as partes não pode afetar o relacionamento com o filho. Apelo desprovido. (TJSP, Ap. n. 0005127-74.2004.8.26.0099, rel. Natan Zelinschi de Arruda, j. 11.11.2010)

- Ação cautelar. Pedido de suspensão de visitas. Suspeita de abuso sexual. Acusação de alienação parental. 1. Tendo sido apreciado com o necessário cuidado e lançada decisão com suficiente clareza, com criteriosa regulamentação de visitas, cabe à parte cumprir com a decisão judicial. 2. A relutância no cumprimento do que foi decidido deixa transparecer preocupante situação de alienação parental, dando corpo às acusações feitas pelo recorrido no seu contraponto às acusações de abuso sexual. 3. Descabe determinar que outras pessoas acompanhem a visitação, tendo sido estabelecido, com critério, o acompanhamento das visitas pela avó paterna. 4. A conduta da parte em resistir ao cumprimento do que já foi decidido, criando incidentes descabidos e tendo até recorrido ao plantão judicial na expectativa de obter vantagem, e reprisando pleitos que sabe serem inconsistentes, resistindo ao cumprimento da determinação judicial, com sucessivos recursos desprovidos de fundamento, configura, com todas as letras, a litigância de má-fé *ex vi* do art. 17, III, V e VI, do CPC. Recurso desprovido. (TJRS, AI n. 70050929967, 7ª Câm. Cível, rel. Sérgio Fernando de Vasconcellos Chaves, j. 11.09.2012)

Alienante Aquele que pratica ato relativo à transferência da propriedade de bens, como venda, troca ou doação. Para a validade da alienação de imóveis, exige-se que, além da capacidade, o objeto seja lícito e determinado e a forma seja prescrita em lei (art. 104, CC). Se o alienante for casado, exige-se, ainda, o consentimento do cônjuge, salvo se casado pelo regime de separação de bens (art. 1.647, CC) (*v. Alienação*).

▶ Veja CC: "**Art. 1.647.** Ressalvado o disposto no art. 1.648, nenhum dos cônjuges pode, sem autorização do outro, exceto no regime da separação absoluta: I – alienar ou gravar de ônus real os bens imóveis; [...]".

Alimentos Pensão ou quantia que uma pessoa está obrigada por lei a conceder a outra, a título de manutenção, para prover suas necessidades alimentícias e de habitação. Pensão alimentícia. Pagamento sucessivo e continuado de certa quantia em dinheiro que uma pessoa faz a outra em razão de parentesco ou de dever de assistência, destinado a prover sua subsistência. O direito à prestação de alimentos é recíproco entre pais e filhos (art. 1.696, CC), sendo fixado na proporção das necessidades do alimentando e dos recursos do alimentante (art. 1.694, § 1º, CC). Em regra, os alimentos são prestados por certa soma em dinheiro, mas, excepcionalmente, podem ser oferecidos *in natura*, isto é, pelo próprio fornecimento dos gêneros alimentícios e de outras utilidades indispensáveis ao alimentando, como hospedagem e sustento (art. 1.701, CC). A obrigação alimentar dos pais abrange: a) os filhos menores de 18 anos; b) os filhos maiores, enquanto estudantes universitários, até a idade de 24 anos; c) os filhos inválidos de qualquer idade. O direito a alimentos, dependendo da situação, pode decorrer: a) *da lei* (legítimos): são os devidos em razão do vínculo de parentesco ou do dever de mútua assistência (casamento; união estável); b) *da vontade*: alimentos convencionados em contrato ou testamento; c) *da prática de ato ilícito*: alimentos devidos como forma de indenizar a própria vítima (em caso de lesão) ou seus sucessores (por falecimento da vítima) (arts. 186, 927 e 948, II, CC).

▶ Veja CF: "**Art. 229.** Os pais têm o dever de assistir, criar e educar os filhos menores, e os filhos maiores têm o dever de ajudar e amparar os pais na velhice, carência ou enfermidade".

▶ Veja CC: "**Art. 1.694.** Podem os parentes, os cônjuges ou companheiros pedir uns aos outros os alimentos de que necessitem para viver de modo compatível com a sua condição social, inclusive para atender às necessidades de sua educação. § 1º Os alimentos devem ser fixados na proporção das necessidades do reclamante e dos recursos da pessoa obrigada. § 2º Os alimentos serão apenas os indispensáveis à subsistência, quando a situação de necessidade resultar de culpa de quem os pleiteia. **Art. 1.695.** São devidos os alimentos quando quem os pretende não tem bens suficientes, nem pode prover, pelo seu trabalho, à própria mantença, e aquele, de quem se reclamam, pode fornecê-los, sem desfalque do necessário ao seu sustento. **Art. 1.696.** O direito à prestação de alimentos é recíproco entre pais e filhos, e extensivo a todos os ascendentes, recaindo a obrigação nos mais próximos em grau, uns em falta de outros. **Art. 1.697.** Na falta dos ascendentes cabe a obrigação aos descendentes, guardada a ordem de sucessão e, faltando estes, aos irmãos, assim germanos como unilaterais".

▸ Veja Lei n. 12.415/2011: "**Art. 1º** Esta Lei visa a compelir aquele que for afastado cautelarmente da moradia comum, na hipótese de maus-tratos, opressão ou abuso sexual contra criança ou adolescente, a prestar os alimentos de que eles necessitem".

▪ Apelação cível. Separação judicial. Partilha. Imóvel alegadamente doado. Alimentos à filha menor. Majoração. Guarda compartilhada. 1. Guarda compartilhada. Mesmo considerados os vínculos do pai com a filha e sua participação nos seus cuidados, não é recomendável o acolhimento de seu pedido de guarda compartilhada – de dificílimo sucesso na sua aplicação prática e somente viável quando fruto do consenso, o qual inexiste no caso. 2. Alimentos. A pretensão de majoração da verba alimentar fixada para a filha de 13 anos em 50% do salário mínimo deve ser acolhida, em parte, porque o demandado não se desincumbiu do ônus de demonstrar sua impossibilidade de suportar o valor do encargo requerido (Conclusão n. 37 do CETJRS), sequer menciona quais seriam seus ganhos. 3. Partilha. Alegada doação não comprovada, pois o imóvel foi objeto de escritura de compra e venda. (TJRS, Ap. Cível n. 70044167039, 8ª Câm. Cível, rel. Luiz Felipe Brasil Santos, j. 22.09.2011)

▪ Ação de separação. Filhos menores. Fixação. Adequação do *quantum*. Pedido de guarda compartilhada. Descabimento. 1. Os alimentos devem ser fixados de forma a atender as necessidades do alimentando, assegurando-lhe condições de vida assemelhadas às do genitor, mas dentro da capacidade econômica deste e sem sobrecarregá-lo em demasia, o que constitui o binômio alimentar de que trata o art. 1.694, § 1º, do CC. 2. A alteração de guarda reclama a máxima cautela por ser fato em si mesmo traumático, somente se justificando quando provada situação de risco atual ou iminente, pois deve sempre prevalecer o interesse da infante acima dos interesses e conveniência dos genitores. 3. Descabe alterar a guarda das filhas, quando as filhas vêm recebendo os cuidados necessários e apresentam desenvolvimento saudável sob a guarda materna. [...] (TJRS, Ap. Cível n. 70045648789, 7ª Câm. Cível, rel. Sérgio Fernando de Vasconcellos Chaves, j. 23.11.2011)

Alimentos civis Alimentos destinados à manutenção da condição social da pessoa necessitada, suprindo, além das necessidades naturais, outras necessidades compreendidas como morais e intelectuais conforme a sua condição social. São os destinados a manter a qualidade de vida do credor, de acordo com a condição social dos envolvidos, mantendo, assim, o padrão de vida e o *status* social do alimentado, respeitada a capacidade econômica do obrigado.

Alimentos entre companheiros Como ocorre com os parentes e cônjuges, podem os companheiros, na união estável, pedir, uns aos outros, os alimentos de que necessitam para viver de modo compatível com a sua condição social (art. 1.694, CC). Para tanto, deverá o requerente demonstrar: a) a convivência com pessoa solteira, separada judicialmente ou de fato, divorciada ou viúva; b) que a convivência tenha sido duradoura, pública e contínua; c) a necessidade dos alimentos.

Alimentos entre cônjuges Pensão alimentícia que um cônjuge se obriga a prestar ao outro, na quantidade de que este necessita para viver de modo compatível com a sua condição social (art. 1.694, CC), em razão do dever de mútua assistência (art. 1.566, III, CC). Após a dissolução do casamento, a continuidade da prestação alimentar, caso não haja acordo a respeito, fica condicionada à prova da necessidade dos alimentos pelo cônjuge requerente (*v. também Ação de alimentos*).

▸ Veja CC: "**Art. 1.566.** São deveres de ambos os cônjuges: I – fidelidade recíproca; II – vida em comum, no domicílio conjugal; III – mútua assistência; IV – sustento, guarda e educação dos filhos; V – respeito e consideração mútuos. [...] **Art. 1.694.** Podem os parentes, os cônjuges ou companheiros pedir uns aos outros os alimentos de que necessitem para viver de modo compatível com a sua condição social, inclusive para atender às necessidades de sua educação. § 1º Os alimentos devem ser fixados na proporção das necessidades do reclamante e dos recursos da pessoa obrigada. § 2º Os alimentos serão apenas os indispensáveis à subsistência, quando a situação de necessidade resultar de culpa de quem os pleiteia. [...] **Art. 1.708.** Com o casamento, a união estável ou o concubinato do credor, cessa o dever de prestar alimentos. Parágrafo único. Com relação ao credor cessa, também, o direito a alimentos, se tiver procedimento indigno em relação ao devedor. **Art. 1.709.** O novo casamento do cônjuge devedor não extingue a obrigação constante da sentença de divórcio".

▪ Súmula n. 336, STJ: A mulher que renunciou aos alimentos na separação judicial tem direito à pensão previdenciária por morte do ex-marido, comprovada a necessidade econômica superveniente.

- Alimentos. Separação consensual. Divórcio. Cláusula de dispensa. Postulação posterior. Impossibilidade. Dissídio jurisprudencial. 1. Às questões federais não enfrentadas pelo Tribunal de origem se aplica o óbice das Súmulas ns. 282 e 356 do STF. 2. Para a configuração do dissídio jurisprudencial, faz-se necessária a indicação das circunstâncias que identifiquem as semelhanças entre o aresto recorrido e o paradigma, nos termos do parágrafo único, do art. 541, do CPC e dos parágrafos do art. 255 do RISTJ. 3. Consoante entendimento pacificado desta Corte, após a homologação do divórcio, não pode o ex-cônjuge pleitear alimentos se deles desistiu expressamente por ocasião do acordo de separação consensual. Precedentes da 2ª Seção. 4. Agravo regimental a que se nega provimento. (STJ, Ag. Reg. no Ag. n. 1.044.922/SP, 4ª T., rel. Min. Raul Araújo, j. 22.06.2010, *DJe* 02.08.2010)

- Exoneração de alimentos. Ex-esposa. Existência de necessidade. Possibilidade de redução. Agravo retido. 1. Não procede a inconformidade posta no agravo retido, pois correto o indeferimento da prova testemunhal quando o rol é apresentado de forma extemporânea, operando-se a preclusão. 2. A obrigação alimentar vincula-se à clausula *rebus sic stantibus*, podendo ser revisada sempre que ocorre substancial alteração no binômio possibilidade e necessidade, sendo possível o pleito de redução, majoração ou exoneração de alimentos. 3. Se a ex-mulher passou a receber pequena aposentadoria previdenciária, insuficiente para prover integralmente o seu sustento, então é cabível estabelecer a redução do encargo alimentar, pois o alimentante possui outras fontes de renda e tem condições de dar o amparo de que necessita a ex-esposa. Recursos desprovidos. (TJRS, Ap. Cível n. 70045977394, 7ª Câm. Cível, rel. Sérgio Fernando de Vasconcellos Chaves, j. 27.06.2012)

Alimentos gravídicos Alimentos que compreendem os valores suficientes para cobrir as despesas adicionais do período de gravidez e que sejam dela decorrentes, da concepção ao parto, inclusive as referentes a alimentação especial, assistência médica e psicológica, exames complementares, internações, parto, medicamentos e demais prescrições preventivas e terapêuticas indispensáveis, a juízo do médico, além de outras que o juiz considere pertinentes (Lei n. 11.804/2008). Convencido da existência de indícios da paternidade, o juiz fixará alimentos gravídicos, que perdurarão até o nascimento da criança, sopesando as necessidades da parte autora e as possibilidades da parte ré (art. 6º). Os alimentos gravídicos serão posteriormente convertidos em pensão alimentícia em favor do menor, caso haja nascimento com vida, até que uma das partes solicite revisão (art. 6º, parágrafo único). Em relação à defesa do réu, este será citado para apresentar resposta em cinco dias (art. 7º), ocasião na qual, não se considerando pai do nascituro, requererá que seja efetivado o exame de DNA.

▶ Veja Lei n. 11.804/2008: "**Art. 2º** Os alimentos de que trata esta Lei compreenderão os valores suficientes para cobrir as despesas adicionais do período de gravidez e que sejam dela decorrentes, da concepção ao parto, inclusive as referentes a alimentação especial, assistência médica e psicológica, exames complementares, internações, parto, medicamentos e demais prescrições preventivas e terapêuticas indispensáveis, a juízo do médico, além de outras que o juiz considere pertinentes. Parágrafo único. Os alimentos de que trata este artigo referem-se à parte das despesas que deverá ser custeada pelo futuro pai, considerando-se a contribuição que também deverá ser dada pela mulher grávida, na proporção dos recursos de ambos. [...] **Art. 6º** Convencido da existência de indícios da paternidade, o juiz fixará alimentos gravídicos que perdurarão até o nascimento da criança, sopesando as necessidades da parte autora e as possibilidades da parte ré. Parágrafo único. Após o nascimento com vida, os alimentos gravídicos ficam convertidos em pensão alimentícia em favor do menor até que uma das partes solicite a sua revisão".

- Agravo interno. Decisão monocrática. Agravo de instrumento. Alimentos gravídicos. Lei n. 11.804/2008. Direito do nascituro. Prova. Possibilidade. 1. Comporta decisão monocrática o recurso que versa sobre matéria já pacificada no Tribunal de Justiça. Inteligência do art. 557 do CPC. 2. Somente quando existem pelo menos indícios da paternidade apontada é que se mostra cabível a fixação de alimentos em favor do nascituro, destinados à mantença da gestante, até que seja possível a realização do exame de DNA. 3. Embora existam indicativos de que houve intimidade sexual entre a recorrente e o recorrido, os indicativos são de que esse relacionamento era aberto, o que evidencia uma conduta bastante liberal da recorrente, havendo dúvida também sobre a coincidência entre a data da concepção e o início do relacionamento com o recorrido, motivo pelo qual não é possível apontar o recorrido como sendo o pai e deferir liminarmente a fixação dos alimentos pretendidos. 4. Como se trata de uma decisão provisória, poderá ser revista a qualquer tempo, podendo ocorrer a fixação dos alimentos provisórios caso novos elementos de convicção venham aos autos. Recurso desprovido. (TJRS, Ag. n. 70050737048, 7ª Câm. Cível, rel. Sérgio Fernando de Vasconcellos Chaves, j. 26.09.2012)

Alimentos indenizatórios Indenizatórios ou compensatórios são os alimentos destinados a ressarcir vítimas ou familiares de vítimas de ato ilícito (arts. 186, 187 e 927, CC), resultando de sentença condenatória por responsabilidade civil (arts. 944 e segs., CC). Na hipótese de vítimas que venham a sofrer invalidez permanente ou homicídio, o ofensor poderá ser compelido a indenizar o ofendido ou seus sucessores mediante o pagamento de pelo menos um salário mínimo mensal até a data em que a vítima vier, se vivo estiver, a completar 65 anos de idade, conforme entendimento da iterativa jurisprudência (art. 948, II, CC).

▶ Veja CC: "**Art. 186.** Aquele que, por ação ou omissão voluntária, negligência ou imprudência, violar direito e causar dano a outrem, ainda que exclusivamente moral, comete ato ilícito. **Art. 187.** Também comete ato ilícito o titular de um direito que, ao exercê-lo, excede manifestamente os limites impostos pelo seu fim econômico ou social, pela boa-fé ou pelos bons costumes. [...] **Art. 927.** Aquele que, por ato ilícito (arts. 186 e 187), causar dano a outrem, fica obrigado a repará-lo. Parágrafo único. Haverá obrigação de reparar o dano, independentemente de culpa, nos casos especificados em lei, ou quando a atividade normalmente desenvolvida pelo autor do dano implicar, por sua natureza, risco para os direitos de outrem. [...] **Art. 944.** A indenização mede-se pela extensão do dano. Parágrafo único. Se houver excessiva desproporção entre a gravidade da culpa e o dano, poderá o juiz reduzir, equitativamente, a indenização. **Art. 945.** Se a vítima tiver concorrido culposamente para o evento danoso, a sua indenização será fixada tendo-se em conta a gravidade de sua culpa em confronto com a do autor do dano. **Art. 946.** Se a obrigação for indeterminada, e não houver na lei ou no contrato disposição fixando a indenização devida pelo inadimplente, apurar-se-á o valor das perdas e danos na forma que a lei processual determinar. **Art. 947.** Se o devedor não puder cumprir a prestação na espécie ajustada, substituir-se-á pelo seu valor, em moeda corrente. **Art. 948.** No caso de homicídio, a indenização consiste, sem excluir outras reparações: I – no pagamento das despesas com o tratamento da vítima, seu funeral e o luto da família; II – na prestação de alimentos às pessoas a quem o morto os devia, levando-se em conta a duração provável da vida da vítima. **Art. 949.** No caso de lesão ou outra ofensa à saúde, o ofensor indenizará o ofendido das despesas do tratamento e dos lucros cessantes até ao fim da convalescença, além de algum outro prejuízo que o ofendido prove haver sofrido. **Art. 950.** Se da ofensa resultar defeito pelo qual o ofendido não possa exercer o seu ofício ou profissão, ou se lhe diminua a capacidade de trabalho, a indenização, além das despesas do tratamento e lucros cessantes até ao fim da convalescença, incluirá pensão correspondente à importância do trabalho para que se inabilitou, ou da depreciação que ele sofreu. Parágrafo único. O prejudicado, se preferir, poderá exigir que a indenização seja arbitrada e paga de uma só vez. **Art. 951.** O disposto nos arts. 948, 949 e 950 aplica-se ainda no caso de indenização devida por aquele que, no exercício de atividade profissional, por negligência, imprudência ou imperícia, causar a morte do paciente, agravar-lhe o mal, causar-lhe lesão, ou inabilitá-lo para o trabalho".

▶ Veja CPC/73: "**Art. 475-Q.** Quando a indenização por ato ilícito incluir prestação de alimentos, o juiz, quanto a esta parte, poderá ordenar ao devedor constituição de capital, cuja renda assegure o pagamento do valor mensal da pensão. § 1º Este capital, representado por imóveis, títulos da dívida pública ou aplicações financeiras em banco oficial, será inalienável e impenhorável enquanto durar a obrigação do devedor. § 2º O juiz poderá substituir a constituição do capital pela inclusão do beneficiário da prestação em folha de pagamento de entidade de direito público ou de empresa de direito privado de notória capacidade econômica, ou, a requerimento do devedor, por fiança bancária ou garantia real, em valor a ser arbitrado de imediato pelo juiz. § 3º Se sobrevier modificação nas condições econômicas, poderá a parte requerer, conforme as circunstâncias, redução ou aumento da prestação. § 4º Os alimentos podem ser fixados tomando por base o salário mínimo. § 5º Cessada a obrigação de prestar alimentos, o juiz mandará liberar o capital, cessar o desconto em folha ou cancelar as garantias prestadas".

▶ Veja CPC/2015: "**Art. 533.** Quando a indenização por ato ilícito incluir prestação de alimentos, caberá ao executado, a requerimento do exequente, constituir capital cuja renda assegure o pagamento do valor mensal da pensão. § 1º O capital a que se refere o *caput*, representado por imóveis ou por direitos reais sobre imóveis suscetíveis de alienação, títulos da dívida pública ou aplicações financeiras em banco oficial, será inalienável e impenhorável enquanto durar a obrigação do executado, além de constituir-se em patrimônio de afetação. § 2º O juiz poderá substituir a constituição do capital pela inclusão do exequente em folha de pagamento de pessoa jurídica de notória capacidade econômica ou, a requerimento do executado, por fiança bancária ou garantia real, em valor a ser arbitrado de imediato pelo juiz. § 3º Se sobrevier modificação nas condições econômicas, poderá a parte requerer, conforme as circunstâncias, redução ou aumento da prestação. § 4º A prestação alimentícia poderá ser fixada tomando por base o salário mínimo. § 5º Finda a obrigação de prestar alimentos, o juiz mandará liberar o capital, cessar o desconto em folha ou cancelar as garantias prestadas".

- Súmula n. 490, STF: A pensão correspondente à indenização oriunda de responsabilidade civil deve ser calculada com base no salário mínimo vigente ao tempo da sentença e ajustar-se-á às variações ulteriores.

- Súmula n. 491, STF: É indenizável o acidente que cause a morte de filho menor, ainda que não exerça trabalho remunerado.

- Súmula n. 313, STJ: Em ação de indenização, procedente o pedido, é necessária a constituição de capital ou caução fidejussória para a garantia de pagamento da pensão, independentemente da situação financeira do demandado.

- Indenização. Danos materiais. Morte. Pensão. Fixação. Expectativa de vida da vítima. A indenização, em forma de pensão, em caso de dano material, perdura até a expectativa de vida da vítima, que deve ser fixada com base na média de vida do brasileiro. A expectativa de vida é um indicador demográfico em constante transformação, que reflete a realidade de um determinado local em um dado período de tempo, cujo cálculo está sujeito a diversas variáveis, tais como avanço da medicina, violência, mortalidade infantil, saneamento básico, grau de desenvolvimento econômico, entre tantos outros. Diante disso, a jurisprudência deve acompanhar constantemente a evolução desses indicadores, corrigindo eventuais defasagens e distorções, de modo a refletir a realidade existente em cada particular. Para tanto, convém aplicar a tabela de expectativa de vida no Brasil elaborada pela Previdência Social, a partir da qual é possível estimar a esperança média de vida no território nacional, de acordo com a idade presente. (STJ, REsp n. 885.126/RS, 3ª T., rel. Min. Nancy Andrighi, j. 21.02.2008, DJe 10.03.2008)

- Responsabilidade civil. Erro médico. Pensão vitalícia à vítima. Não limitação da pensão à data em que a vítima completar 65 anos. Precedentes. 1. No caso, em que não houve óbito da vítima, inexiste razão para limitar a pensão a ela devida à data em que completar 65 anos. "A estimativa de idade provável de vida para o recebimento da pensão é feita quando a indenização é pedida, por exemplo, pelos pais, em face da morte de algum filho, pois aí pode ser usada tabela do IBGE sobre qual seria a idade provável de vida da vítima. Situação diversa do presente caso, em que o agravado é a vítima e está vivo" (Ag. Reg. no Ag. n. 1.294.592/SP, 4ª T., rel. Min. Aldir Passarinho Junior, j. 23.11.2010, DJe 03.12.2010). 2. Agravo regimental a que se nega provimento, com aplicação de multa. (STJ, Ag. Reg. no AREsp n. 126.529/SP, 4ª T., rel. Min. Luis Felipe Salomão, j. 12.04.2012, DJe 18.04.2012)

Alimentos naturais
Alimentos indispensáveis para garantir a subsistência do beneficiário. Alimentos estritamente necessários à mantença de uma pessoa, compreendendo tão somente a alimentação, a educação, a cura, o vestuário, a habitação, nos limites das necessidades vitais.

Alimentos para os filhos
Alimentos que os pais são obrigados a prestar aos filhos menores, aos filhos maiores incapazes (art. 1.590, CC) e aos filhos maiores universitários, em decorrência do poder familiar. Para a manutenção dos filhos, os cônjuges divorciados contribuirão na proporção de seus recursos (art. 1.703, CC). Com a maioridade, extingue-se o poder familiar, mas não cessa desde logo o dever de prestar alimentos que, a partir de então, se funda no parentesco. É vedada a exoneração automática do alimentante que completar 18 anos, sem possibilitar ao alimentando a oportunidade de manifestar-se e comprovar, se for o caso, a impossibilidade de prover a própria subsistência (Súmula n. 358, STJ).

- Veja CF: "**Art. 229.** Os pais têm o dever de assistir, criar e educar os filhos menores, e os filhos maiores têm o dever de ajudar e amparar os pais na velhice, carência ou enfermidade".

- Veja CC: "**Art. 1.694.** Podem os parentes, os cônjuges ou companheiros pedir uns aos outros os alimentos de que necessitem para viver de modo compatível com a sua condição social, inclusive para atender às necessidades de sua educação. § 1º Os alimentos devem ser fixados na proporção das necessidades do reclamante e dos recursos da pessoa obrigada. § 2º Os alimentos serão apenas os indispensáveis à subsistência, quando a situação de necessidade resultar de culpa de quem os pleiteia. **Art. 1.695.** São devidos os alimentos quando quem os pretende não tem bens suficientes, nem pode prover, pelo seu trabalho, à própria mantença, e aquele, de quem se reclamam, pode fornecê-los, sem desfalque do necessário ao seu sustento. **Art. 1.696.** O direito à prestação de alimentos é recíproco entre pais e filhos, e extensivo a todos os ascendentes, recaindo a obrigação nos mais próximos em grau, uns em falta de outros. **Art. 1.697.** Na falta dos ascendentes cabe a obrigação aos descendentes, guardada a ordem de sucessão e, faltando estes, aos irmãos, assim germanos como unilaterais".

- Súmula n. 358, STJ: O cancelamento de pensão alimentícia de filho que atingiu a maioridade está sujeito à decisão judicial, mediante contraditório, ainda que nos próprios autos.

- Alimentos. Filho maior. Estudante universitário. Circunstância que por si só não justifica a concessão da verba. CCB, art. 397. O fato de se tratar de um estudante universitário não é, por si só, o suficiente para justificar o dever do pai de prestar-lhe alimentos. Necessidade do filho não demonstrada no caso. (STJ, REsp n. 149.362/RS, rel. Min. Barros Monteiro, j. 03.02.2004, DJ 12.04.2004)

- Ação de exoneração de alimentos. Tutela antecipada. Requisitos. Ônus da prova. Inteligência dos arts. 273 e 333 do CPC. Decisão por ato da relatora (art. 557, CPC). O direito à exoneração da obrigação alimentar, depois que o alimentando atinge a maioridade, ultrapassando até mesmo o limite de 24 (vinte e quatro) anos, deve ser presumido em favor do alimentante, invertendo-se o ônus da prova acerca de excepcional necessidade. Trata-se de circunstância que, inclusive, autoriza a suspensão da exigibilidade da obrigação alimentar em antecipação da tutela, de acordo com os requisitos exigidos no art. 273 do CPC. Agravo de instrumento provido. (TJRS, AI n. 70049596729, 7ª Câm. Cível, rel. Sandra Brisolara Medeiros, j. 21.06.2012)

Alimentos provisionais nas ações de investigação de paternidade Alimentos facultados ao sedizente filho, havido fora do casamento, requerer que lhe sejam concedidos na hipótese de sentença favorável, ainda que sobre esta penda recurso. O pedido somente pode ser admitido de forma incidental na ação principal, não podendo ser promovido como medida antecedente ou preparatória (art. 7º, Lei n. 8.560/92).

- Veja Lei n. 8.560/92: "**Art. 7º** Sempre que na sentença de primeiro grau se reconhecer a paternidade, nela se fixarão os alimentos provisionais ou definitivos do reconhecido que deles necessite".

- Filho reconhecido por sentença. Ação de execução de alimentos. Termo *a quo* da verba alimentar. Não se mostra inapta petição inicial que exibe pretensão de verba alimentar devida pelo período anterior a acordo celebrado, na ausência de fixação de alimentos provisionais. Os alimentos retroagem à data da citação, em caso de filho reconhecido por sentença. Aplicação da Súmula n. 277 do STJ. Apelação cível provida, de plano. (TJRS, Ap. Cível n. 70046176459, 7ª Câm. Cível, rel. Jorge Luís Dall'Agnol, j. 31.05.2012)

Alimentos provisórios Alimentos fixados liminarmente no despacho inicial proferido pelo juiz na ação de alimentos ajuizada pelo rito especial da Lei n. 5.478/68 (Lei da Ação de Alimentos). A ação de alimentos é de rito especial, e o credor já dispõe de prova pré-constituída da obrigação alimentar: parentesco, casamento ou união estável. Parte-se do pressuposto de que existe relação obrigacional, fato que dispensa discutir a existência ou não da dívida alimentar. Assim, esses alimentos não podem ser concedidos em ação de investigação de paternidade, por ausência da prova pré-constituída do parentesco. Nesse caso, o direito a alimentos somente se verifica após sentença que admitir e reconhecer o estado de filiação.

- Veja CPC/2015: "**Art. 531.** O disposto neste Capítulo aplica-se aos alimentos definitivos ou provisórios. § 1º A execução dos alimentos provisórios, bem como a dos alimentos fixados em sentença ainda não transitada em julgado, se processa em autos apartados. § 2º O cumprimento definitivo da obrigação de prestar alimentos será processado nos mesmos autos em que tenha sido proferida a sentença".

- Veja Lei n. 5.478/68: "**Art. 4º** Ao despachar o pedido, o juiz fixará desde logo alimentos provisórios a serem pagos pelo devedor, salvo se o credor expressamente declarar que deles não necessita. Parágrafo único. Se se tratar de alimentos provisórios pedidos pelo cônjuge, casado pelo regime da comunhão universal de bens, o juiz determinará igualmente que seja entregue ao credor, mensalmente, parte da renda líquida dos bens comuns, administrados pelo devedor. [...] **Art. 13.** O disposto nesta Lei aplica-se igualmente, no que couber, às ações ordinárias de desquite, nulidade e anulação de casamento, à revisão de sentenças proferidas em pedidos de alimentos e respectivas execuções. § 1º Os alimentos provisórios fixados na inicial poderão ser revistos a qualquer tempo, se houver modificação na situação financeira das partes, mas o pedido será sempre processado em apartado. § 2º Em qualquer caso, os alimentos fixados retroagem à data da citação. § 3º Os alimentos provisórios serão devidos até a decisão final, inclusive o julgamento do recurso extraordinário".

- Veja ECA: "**Art. 130.** Verificada a hipótese de maus-tratos, opressão ou abuso sexual impostos pelos pais ou responsável, a autoridade judiciária poderá determinar, como medida cautelar, o afastamento do agressor da moradia comum. Parágrafo único. Da medida cautelar constará, ainda, a fixação provisória dos alimentos de que necessitem a criança ou o adolescente dependentes do agressor".

- Veja Lei n. 12.415/2011: "**Art. 1º** Esta Lei visa a compelir aquele que for afastado cautelarmente da moradia comum, na hipótese de maus-tratos, opressão ou abuso sexual contra criança ou adolescente, a prestar os alimentos de que eles necessitem".

- Investigação de paternidade. Alimentos provisórios. Em razão da intimação pessoal do demandado e da ausência de manifestação quanto ao não comparecimento ao exame de DNA, caracterizada está a sua desídia, de forma a autorizar a fixação de alimentos provisórios. O fato de ter requerido, na contestação, a coleta de material para exame genético em Porto Alegre não o isenta de justificar o não comparecimento ao exame realizado em outra comarca. Alimentos provisórios fixados em valor exacerbado, considerando a prova até agora produzida quanto à capacidade financeira do agravante. Não obstante, deve ser considerado que o agravante compareceu em data anterior, de forma que mostrou interesse na busca da verdade real, devendo, por isto, excepcionalmente, ser oportunizada novamente a realização de exame genético, sem prejuízo dos alimentos provisórios fixados. [...] (TJRS, AI n. 70050082403, 8ª Câm. Cível, rel. Luiz Felipe Brasil Santos, j. 13.09.2012)

- Ação de divórcio. Alimentos provisórios. Fixação. Ex-esposa. Cabível a fixação de alimentos para a ex-esposa, em face do dever de mútua assistência, conforme os arts. 1.694, *caput*, e 1.566, III, ambos do CC. Situação que demonstra que os alimentos provisórios foram fixados de acordo com o binômio possibilidade-necessidade. Recurso desprovido. (TJRS, AI n. 70050457530, 7ª Câm. Cível, rel. Liselena Schifino Robles Ribeiro, j. 26.09.2012)

Alimentos transitórios Alimentos, de cunho resolúvel, prestados notadamente entre ex-cônjuges ou ex-companheiros, em que o credor, em regra pessoa com idade apta para o trabalho, necessita de alimentos temporários, ou seja, até que se projete determinada condição ou ao final de certo tempo, circunstância em que a obrigação extinguir-se-á automaticamente. Em regra, os alimentos transitórios são devidos até o momento em que o alimentando atinja sua autonomia financeira, o que costuma ocorrer com o exercício de uma atividade remunerada. Representa uma forma de superar os usuais percalços decorrentes da transição invariavelmente penosa da dissolução da união conjugal ou convivencial. "Sendo os alimentos oriundos do casamento e da convivência estável em decorrência da *affectio societatis*, dela provém um dever de ordem humanitária, restando evidente que aquele dotado de recursos haverá de prover ao ex-cônjuge ou ex-companheiro necessitado, ainda que este tenha condições para trabalhar; todavia, haverá de se estabelecer um dado lapso de tempo, determinado, um prazo certo para a vigência deste provisionamento, de modo que o alimentando, saudável e apto, ingresse no mercado de trabalho e obtenha seu próprio sustento" (BUZZI, Marco Aurélio. *Alimentos transitórios*: uma obrigação por tempo certo. Curitiba, Juruá, 2003. p. 147).

- Separação judicial litigiosa. Alimentos provisórios à ex-mulher. Prova da dependência econômica. Verba em caráter transitório e temporário. Ainda que a recorrente seja jovem e apta para o trabalho, impõe-se, de forma transitória e temporária, a fixação de alimentos provisionais em seu favor, uma vez que demonstrada sua dependência econômica ao agravado e considerando que não há prova nos autos de que aufira, hoje, rendimentos próprios. Agravo parcialmente provido. (TJRS, AI n. 70021989538, 8ª Câm. Cível, rel. José Ataídes Siqueira Trindade, j. 21.01.2008)

Alínea As alíneas ou letras constituem desdobramentos dos incisos e dos parágrafos de uma lei. A alínea é grafada com letra minúscula e seguida de parêntese: *a); b); c)* etc. O desdobramento das alíneas (item) faz-se com números cardinais, seguidos de ponto: 1.; 2. etc.

- Veja LC n. 95/98: "**Art. 10.** Os textos legais serão articulados com observância dos seguintes princípios: I – a unidade básica de articulação será o artigo, indicado pela abreviatura 'Art', seguida de numeração ordinal até o nono e cardinal a partir deste; II – os artigos desdobrar-se-ão em parágrafos ou em incisos; os parágrafos em incisos, os incisos em alíneas e as alíneas em itens; III – os parágrafos serão representados pelo sinal gráfico '§', seguido de numeração ordinal até o nono e cardinal a partir deste, utilizando-se, quando existente apenas um, a expressão 'parágrafo único' por extenso; IV – os incisos serão representados por algarismos romanos, as alíneas por letras minúsculas e os itens por algarismos arábicos; V – o agrupamento de artigos poderá constituir Subseções;

o de Subseções, a Seção; o de Seções, o Capítulo; o de Capítulos, o Título; o de Títulos, o Livro e o de Livros, a Parte; VI – os Capítulos, Títulos, Livros e Partes serão grafados em letras maiúsculas e identificados por algarismos romanos, podendo estas últimas desdobrar-se em Parte Geral e Parte Especial ou ser subdivididas em partes expressas em numeral ordinal, por extenso; VII – as Subseções e Seções serão identificadas em algarismos romanos, grafadas em letras minúsculas e postas em negrito ou caracteres que as coloquem em realce; VIII – a composição prevista no inciso V poderá também compreender agrupamentos em Disposições Preliminares, Gerais, Finais ou Transitórias, conforme necessário".

Alíquota Expressão utilizada no âmbito do direito tributário para designar o percentual ou valor fixo a ser aplicado sobre a base de cálculo para determinação do valor de um tributo. A alíquota será um percentual quando a base de cálculo for um valor econômico, e será um valor quando a base de cálculo for uma unidade não monetária. As alíquotas em percentual são mais utilizadas em impostos; as alíquotas em valor são mais usuais em tributos como empréstimo compulsório, taxas e contribuição de melhoria. De acordo com o princípio da progressividade, quanto maior a base de cálculo, maior é a alíquota. É o que ocorre, por exemplo, na tabela progressiva mensal do imposto de renda na fonte, incidente sobre rendimentos do trabalho e outros, na qual, quanto maior for o salário recebido pelo contribuinte, maior será a alíquota (percentual) de desconto na fonte.

- Súmula n. 668, STF: É inconstitucional a lei municipal que tenha estabelecido, antes da Emenda Constitucional n. 29/2000, alíquotas progressivas para o IPTU, salvo se destinada a assegurar o cumprimento da função social da propriedade urbana.
- Súmula n. 95, STJ: A redução da alíquota do Imposto sobre Produtos Industrializados ou do Imposto de Importação não implica redução do ICMS.
- Ao aplicar o Enunciado n. 668 da Súmula do Supremo ("É inconstitucional a lei municipal que tenha estabelecido, antes da Emenda Constitucional n. 29/2000, alíquotas progressivas para o IPTU, salvo se destinada a assegurar o cumprimento da função social da propriedade urbana"), o Plenário proveu recurso extraordinário, afetado pela 2ª Turma, para que subsista, no período de vigência da lei municipal objeto do recurso, a tributação em alíquota única e mínima. Na situação em comento, norma municipal anterior à EC n. 29/2000 concedera isenções parciais de IPTU inversamente proporcionais ao valor venal de imóveis. Reputou-se configurado o estabelecimento, por vias transversas, de alíquotas progressivas do referido tributo. Salientou-se que a progressividade reservar-se-ia aos tributos de cunho pessoal, nos quais se pode aferir subjetivamente a atual e efetiva capacidade contributiva do cidadão, na forma do art. 145, § 1º, da CF ("Art. 145. A União, os Estados, o Distrito Federal e os Municípios poderão instituir os seguintes tributos: [...] § 1º Sempre que possível, os impostos terão caráter pessoal e serão graduados segundo a capacidade econômica do contribuinte, facultado à administração tributária, especialmente para conferir efetividade a esses objetivos, identificar, respeitados os direitos individuais e nos termos da lei, o patrimônio, os rendimentos e as atividades econômicas do contribuinte"). Por fim, aduziu-se que a aplicação da progressividade à espécie somente fora autorizada após a EC n. 29/2000. (*Informativo STF* n. 634, 01/08 a 05/08)

Alternativo Doutrina progressista do Direito, fundada em uma visão global e antidogmática, pela qual alguns juristas propõem que os juízes, ao se depararem com uma lei omissa, lacunosa ou contraditória, ao aplicá-las, façam-no de maneira a favorecer os mais fracos e oprimidos tendo em vista a adoção de um conceito mais amplo de fins sociais e bem comum.

Aluguel Valor pago pelo locatário, ao locador, em retribuição ao uso da coisa decorrente do contrato de locação. Também é conhecido pelo termo *aluguer*.

Aluvial Terreno cuja formação se processou por força do aluvião, isto é, em virtude da acessão natural (art. 1.250, CC).

- Veja CC: "**Art. 1.250.** Os acréscimos formados, sucessiva e imperceptivelmente, por depósitos e aterros naturais ao longo das margens das correntes, ou pelo desvio das águas destas, pertencem aos donos dos terrenos marginais, sem indenização. Parágrafo único. O terreno aluvial, que se formar em frente de prédios de proprietários diferentes, dividir-se-á entre eles, na proporção da testada de cada um sobre a antiga margem".

Aluvião Acréscimos que, sucessiva e imperceptivelmente, formarem-se para a parte do mar e das correntes, aquém do ponto a que chega a preamar média, ou do ponto médio das enchentes ordinárias, bem como a parte do álveo que se descobrir pelo afastamento das águas (art. 1.250, CC).

▸ Veja CC: "**Art. 1.250.** Os acréscimos formados, sucessiva e imperceptivelmente, por depósitos e aterros naturais ao longo das margens das correntes, ou pelo desvio das águas destas, pertencem aos donos dos terrenos marginais, sem indenização. Parágrafo único. O terreno aluvial, que se formar em frente de prédios de proprietários diferentes, dividir-se-á entre eles, na proporção da testada de cada um sobre a antiga margem".

Alvará Documento expedido por uma autoridade judicial ou administrativa que contém ordem ou concede licença, ou autorização, para que alguém pratique determinado ato ou exercite um direito (alvará de soltura, alvará para construção, alvará para porte de arma etc.).

▸ Veja CPC/2015: "**Art. 666.** Independerá de inventário ou de arrolamento o pagamento dos valores previstos na Lei n. 6.858, de 24 de novembro de 1980".

▸ Veja Lei n. 6.858/80: "**Art. 1º** Os valores devidos pelos empregadores aos empregados e os montantes das contas individuais do Fundo de Garantia do Tempo de Serviço e do Fundo de Participação PIS-PASEP, não recebidos em vida pelos respectivos titulares, serão pagos, em quotas iguais, aos dependentes habilitados perante a Previdência Social ou na forma da legislação específica dos servidores civis e militares, e, na sua falta, aos sucessores previstos na lei civil, **indicados em alvará judicial**, independentemente de inventário ou arrolamento. [...] Art. 2º O disposto nesta Lei se aplica às restituições relativas ao Imposto de Renda e outros tributos, recolhidos por pessoa física, e, não existindo outros bens sujeitos a inventário, aos saldos bancários e de contas de cadernetas de poupança e fundos de investimento de valor até 500 (quinhentas) Obrigações do Tesouro Nacional. Parágrafo único. Na hipótese de inexistirem dependentes ou sucessores do titular, os valores referidos neste artigo reverterão em favor do Fundo de Previdência e Assistência Social". [grifamos]

■ Alvará judicial. Levantamento de valores. Existência de bens. Descabimento. Abertura de inventário. 1. O pedido autônomo de expedição de alvará é cabível quando inexistirem bens, havendo apenas valores que pertenciam ao *de cujus* e que não foram por ele utilizados 2. Na existência de bens, necessário o ajuizamento de inventário com arrolamento de bens, ocasião em que o pedido de alvará para levantamento dos valores poderá ser apreciado. Tratando-se de providência obrigatória, que pode ser tomada até de ofício pelo próprio julgador. Inteligência do art. 982 do CPC. 3. Assim, deve ser determinada, nestes autos, a abertura do inventário, e feita a nomeação do inventariante, e, após ouvido o órgão do MP, deve ser examinado o pedido de expedição de alvará judicial. Recurso provido parcialmente. (TJRS, Ap. Cível n. 70049106560, 7ª Câm. Cível, rel. Liselena Schifino Robles Ribeiro, j. 27.06.2012)

■ Apelação cível. Requerimento de alvará para levantamento de valores deixados pelo *de cujus*. Companheira. A Lei n. 6.858/90 autoriza o pagamento dos valores não recebidos em vida pelo falecido, referentes a salários, FGTS, PIS-PASEP etc., independentemente da abertura de inventário ou arrolamento, mesmo havendo outros bens a inventariar. Por outro lado, o Decreto n. 85.845/81 prevê o levantamento de valores que não foram pagos pela União aos dependentes habilitados perante o órgão responsável pelo processamento. De acordo com a declaração emitida pelo órgão pagador, a apelante encontra-se inscrita como pensionista vitalícia perante a imprensa nacional. Reforma da sentença para autorizar o levantamento de 50% do passivo administrativo existente em nome do instituidor da pensão, pela autora. Recurso conhecido e provido. (TJRJ, Ap. Cível n. 2009.001.20433, 19ª Câm. Cível, rel. Des. Ferdinaldo Nascimento, j. 02.06.2009)

Alvedrio Vontade própria; arbítrio da parte ou do juiz.

Álveo Superfície que as águas cobrem sem transbordar para o solo natural e ordinariamente enxuto (art. 1.252, CC).

▸ Veja CC: "**Art. 1.252.** O álveo abandonado de corrente pertence aos proprietários ribeirinhos das duas margens, sem que tenham indenização os donos dos terrenos por onde as águas abrirem novo curso, entendendo-se que os prédios marginais se estendem até o meio do álveo".

Amazônia legal Região assim declarada por lei, que compreende os Estados do Acre, Pará, Amazonas, Roraima, Rondônia, Amapá e Mato Grosso e as regiões situadas ao norte do paralelo 13° S, dos Estados de Tocantins e Goiás, e ao oeste do meridiano de 44° W, do Estado do Maranhão (art. 3°, I, Lei n. 12.651/2012).

Ambiguidade Diz-se do que é ambíguo, ou seja, do que não é suficientemente claro, ensejando equívoco ou dúvida em sua interpretação. Defeito linguístico que enseja dupla interpretação.

Expressão que indica a presença de um termo que tanto pode conter mais de um significado, como possuir pelo menos dois significados aos quais correspondem diferentes interpretações. A ambiguidade pode também indicar que a disposição tem significados distintos um do outro, ou que tem um significado amplo e outro restrito. Diz-se, portanto, que uma lei, um artigo de lei ou uma determinada expressão contida no corpo da lei são ambíguos quando, por defeito de clareza de sua redação (equívoca, duvidosa, variável, com dois sentidos), passam a suscitar dúvidas em relação a seu verdadeiro sentido ou ensejar diferentes interpretações.

- Pronúncia. Homicídio tentado. Desclassificação. Desistência voluntária. Dúvida. Competência do júri. Não sendo detectável, de plano, o suporte fático da desclassificação, na fase da pronúncia, a acusação deve ser admitida e remetida ao juízo natural da causa, no caso, o júri popular. Na fase da pronúncia, a dúvida ou ambiguidade faz incidir a regra do brocardo *in dubio pro societate*. Recurso ministerial provido. (TJDF, RSE n. 20040111161455, 1ª T. Crim., rel. Mario Machado, j. 29.11.2007, *DJ* 16.01.2008, p. 706)

Ameaça Demonstração ou sinal evidente de que um ato de violência contra uma coisa ou pessoa está na iminência de concretizar-se. A ameaça tanto pode ser relacionada a um direito, o de personalidade, por exemplo, como à liberdade pessoal e à integridade física de uma pessoa (art. 147, CP).

▶ Veja CC: "**Art. 12.** Pode-se exigir que cesse a ameaça, ou a lesão, a direito da personalidade, e reclamar perdas e danos, sem prejuízo de outras sanções previstas em lei. Parágrafo único. Em se tratando de morto, terá legitimação para requerer a medida prevista neste artigo o cônjuge sobrevivente, ou qualquer parente em linha reta, ou colateral até o quarto grau. [...] Art. 153. Não se considera coação a ameaça do exercício normal de um direito, nem o simples temor reverencial".

▶ Veja CPC/2015: "**Art. 3º** Não se excluirá da apreciação jurisdicional ameaça ou lesão a direito. [...] **Art. 674.** Quem, não sendo parte no processo, sofrer constrição ou ameaça de constrição sobre bens que possua ou sobre os quais tenha direito incompatível com o ato constritivo, poderá requerer seu desfazimento ou sua inibição por meio de embargos de terceiro. [...]".

▶ Veja CP: "Ameaça **Art. 147.** Ameaçar alguém, por palavra, escrito ou gesto, ou qualquer outro meio simbólico, de causar-lhe mal injusto e grave: Pena – detenção, de 1 (um) a 6 (seis) meses, ou multa. Parágrafo único. Somente se procede mediante representação".

- Apelação criminal. Violência doméstica. Art. 129, § 9º e art. 147 do CP. Provas da autoria e materialidade. Palavra do policial. Condenação mantida. 1. O réu foi condenado à pena de 10 meses de detenção pelo crime de lesão corporal em violência doméstica e 3 meses de detenção pelo crime de ameaça. Pelo concurso de crimes, restou condenado em 1 ano e 1 mês de detenção, no regime inicial semiaberto. Em recurso, pugna pela absolvição, sustentando a precariedade da prova, ou, alternativamente, a fixação da pena em seu mínimo legal, a substituição da privativa de liberdade em restritiva de diretos e o cumprimento da pena em regime inicial aberto. 2. As provas são suficientes a demonstrar que o réu agrediu a vítima, produzindo lesões, nos termos do art. 129, § 9º, e a ameaçou, incidindo no tipo do art. 147 do CP. Desarrazoada a alegação de que não foi possível comprovar a autoria e a materialidade dos delitos, tendo sido provada a existência das lesões a partir do atestado médico juntado, nos termos do art. 12, § 3º, da Lei 11.340/2006. 3. O réu é reincidente. Por conta disso, fica impossibilitada a definição do regime aberto e da substituição da pena privativa de liberdade por restritiva de direitos. Não há motivo para modificar a pena aplicada, quando as causas de aumento ou diminuição foram arrazoadas, proporcionais e não contrariaram disposição legal ou constitucional. No caso dos autos, os aumentos operados na pena-base e pelo reconhecimento da reincidência foram adequados às circunstâncias. Recurso não provido. (TJRS, Ap. Crim. n. 70.054.204.177, 1ª Câm. Criminal, rel. Julio Cesar Finger, j. 10.07.2013)

Amicus curiae "Amigo da Corte". Intervenção assistencial em processos por parte de pessoa natural ou jurídica, órgão ou entidade especializada, com representatividade adequada, que pode ser admitida por juiz ou relator, em consideração à relevância da matéria, à especificidade do tema objeto da demanda ou à repercussão social da controvérsia (art. 138, Projeto de CPC). Para o plural, usa-se *amici curiae* (amigos da Corte). Os *amici curiae* não são partes dos processos; atuam apenas como interessados na causa. No STF, é admitida a intervenção do *amicus curiae*, por força do § 2º do art. 7º da Lei n. 9.868/99. Referido instituto possibilita que as associações de magistrados, advogados, membros do Ministério Público, entidades do movimento social, comunidades étnicas e raciais, comunidades e entidades religiosas, ONGs, Ministério Público, federações de entidades de classe, órgãos e entidades governamentais ingressem nos processos em que se discute a constitucionalidade de leis e atos governamentais que ameacem ou violem os interesses e direitos coletivos dos grupos que representam, bem como os direitos difusos.

▸ Veja CPC/2015: "**Art. 138.** O juiz ou o relator, considerando a relevância da matéria, a especificidade do tema objeto da demanda ou a repercussão social da controvérsia, poderá, por decisão irrecorrível, de ofício ou a requerimento das partes ou de quem pretenda manifestar-se, solicitar ou admitir a participação de pessoa natural ou jurídica, órgão ou entidade especializada, com representatividade adequada, no prazo de 15 (quinze) dias de sua intimação. § 1º A intervenção de que trata o *caput* não implica alteração de competência nem autoriza a interposição de recursos, ressalvadas a oposição de embargos de declaração e a hipótese do § 3º. § 2º Caberá ao juiz ou ao relator, na decisão que solicitar ou admitir a intervenção, definir os poderes do *amicus curiae*. § 3º O *amicus curiae* pode recorrer da decisão que julgar o incidente de resolução de demandas repetitivas".

▸ Veja Lei n. 9.868/99: "**Art. 7º** Não se admitirá intervenção de terceiros no processo de ação direta de inconstitucionalidade. § 1º (Vetado.) § 2º O relator, considerando a relevância da matéria e a representatividade dos postulantes, poderá, por despacho irrecorrível, admitir, observado o prazo fixado no parágrafo anterior, a manifestação de outros órgãos ou entidades".

▪ Recurso extraordinário. Julgamento. Repercussão geral. Amigo da corte (*amicus curiae*). Precedentes do STF. CPC, art. 543-A, § 6º. RISTF, art. 323. Lei n. 9.868/99, art. 7º, § 2º. [...] A norma parece ter limitado a presença do *amicus curiae* apenas à fase de reconhecimento de existência ou inexistência da repercussão geral. Esse seria o raciocínio simplório a que chegaria o intérprete se este considerar apenas os dois dispositivos legais transcritos como base para a manifestação de terceiros. Os arts. 543-A, § 6º, do CPC, e 323, § 2º, do Regimento Interno do STF, têm por objetivo deixar claro que a presença do *amicus curiae* será admitida mesmo em se tratando de fase em que não se examinará o mérito submetido ao controle de constitucionalidade (momento em que a manifestação de terceiros é mais comum), mas apenas se avaliará a existência dos requisitos de relevância e transcendência que configuram a existência da repercussão geral. A presença do *amicus curiae* no momento em que se julgará a questão constitucional cuja repercussão geral fora reconhecida não só é possível como é desejável. [...] (STF, RE n. 565.714/SP, rel. Min. Cármen Lúcia, j. 30.04.2008)

▪ O *amicus curiae*, reiteradamente aceito nos feitos em que haja relevância da matéria, não possui legitimidade para recorrer da decisão de mérito e, tampouco, as informações por ele apresentadas, por óbvio, não vinculam o juízo, razão pela qual sua admissão não importa qualquer prejuízo às partes. Precedentes. (STJ, REsp n. 1.165.845/2011/RJ, rel. Min. Luis Felipe Salomão, j. 08.02.2011, *DJ* 23.02.2011)

Amigável Denominação atribuída ao ato de consenso das partes usado para evitar ou dar fim a uma pendência judicial ou extrajudicial. Acordo, transação ou composição amigável ou por mútuo consentimento. Na prática forense, a composição amigável, consensual ou por mútuo consentimento é o ato originado da vontade das partes que dá por encerrada a demanda judicial em andamento ou que proporciona um processo judicial sem litígio ou contestação (p. ex., divórcio consensual).

▪ Sociedade de fato. Concubinato. Dissolução amigável. Homologação. Efeitos. CCB, art. 1.030. CPC, arts. 486 e 267, V. Admitido que as partes anteriormente fizeram transação, e que o acordo judicialmente homologado, embora em procedimento de jurisdição voluntária, também dispusera acerca dos bens, não é lícito que se intente ação ordinária de dissolução de tal sociedade, à vista dos arts. 1.030 do CCB e 486 do CPC. Caso de extinção do processo, a teor do art. 267, V, do CPC. (STJ, REsp n. 84.806/1996/RS, rel. Min. Nilson Naves, j. 19.03.1996, *DJ* 06.05.1996)

▪ Apelação cível. Sucessões. Ação de sonegados. Partilha amigável de bens. Rebanho bovino que era do conhecimento da autora, vendido e partilhado extra-autos. Avença válida que exclui a alegação de sonegação de bens. 1. Não há qualquer mácula na sentença, que analisou detidamente a prova na qual fundamentou seu entendimento, amparado ainda em doutrina e jurisprudência aplicáveis ao caso. Reveste-se dos requisitos essenciais previstos no art. 458 do CPC e atende à exigência do art. 93, IX, da CF, razão pela qual foi afastada a preliminar de nulidade. 2. Os bens omitidos do inventário eram do conhecimento da autora na época do inventário no qual livremente celebrou partilha amigável, recebendo não só os valores oriundos da sua meação, mas numerários outros que lhe foram alcançados pela ré, dentro do que estabeleceram como as compensações devidas na avença. Negaram provimento. Unânime. (TJRS, Ap. Cível n. 70.048.595.573, 8ª Câm. Cível, rel. Luiz Felipe Brasil Santos, j. 09.08.2012)

Amortização   Extinção gradativa de uma dívida feita pelo pagamento em prestações. Abatimento ou pagamento antecipado de parcela de uma dívida.

Analogia   Derivação de análogo, aquilo que é semelhante, comparável ou afim. Consiste em atribuir a um caso não regulamentado a mesma disciplina aplicada em um caso regulamentado semelhante. Constitui uma das fontes do Direito das quais deve se socorrer o juiz para a aplicação da lei quando depare com lacunas ou omissões (art. 126, CPC/73). Para alguns autores, o uso da analogia corresponde à interpretação extensiva ou indutiva feita em razão da semelhança com outro artigo de lei. "Quando o texto contém uma enumeração de casos, cumpre distinguir: se ela é *taxativa*, não há lugar para processo analógico; se *exemplificativa* apenas, dá-se o contrário, não se presume restringida a faculdade do aplicador do Direito" (MAXIMILIANO, Carlos. *Hermenêutica e aplicação do Direito*. 13.ed. Rio de Janeiro, Forense, 1993, p. 213).

▶ Veja DL n. 4.657/92: "**Art. 4º** Quando a lei for omissa, o juiz decidirá o caso de acordo com a analogia, os costumes e os princípios gerais de direito".

▶ Veja CTN: "**Art. 108.** Na ausência de disposição expressa, a autoridade competente para aplicar a legislação tributária utilizará sucessivamente, na ordem indicada: I – a analogia; II – os princípios gerais de direito tributário; III – os princípios gerais de direito público; IV – a equidade. § 1º O emprego da analogia não poderá resultar na exigência de tributo não previsto em lei. § 2º O emprego da equidade não poderá resultar na dispensa do pagamento de tributo devido".

■ Tributário. Hermenêutica. Analogia. Conceito e aplicação. CTN, art. 108, I. É cediço em brilhante sede doutrinária que "Problema diferente é o da analogia, que muitos autores apresentam como processo de interpretação. Não parecem estar com a razão os que assim pensam. A analogia é meio de integração da ordem jurídica, através do qual, formulando raciocínios indutivos com base num dispositivo legal (analogia *legis*), ou em um conjunto de normas ou dispositivos legais combinados (analogia *juris*), se preenche a lacuna existente em determinada lei. Nesse caso, há criação de direito, ainda que o processo criador esteja vinculado à norma ou às normas preexistentes levadas em consideração. Já agora, em homenagem ao princípio da legalidade dos tributos, cabe excluir a aplicação analógica da lei, toda vez que dela resulte a criação de um débito tributário. A não ser nesse particular, o processo analógico é tão plausível em direito tributário quanto em qualquer outra disciplina, ressalvado, eventualmente, como em todos os demais ramos jurídicos, algum preceito de direito excepcional. [...] Na exegese da lei fiscal, o intérprete levará em conta não só o elemento léxico, como o lógico" (Amílcar Falcão. *Introdução ao direito tributário*. Rio de Janeiro, Forense, 1994, p. 65-71). (STJ, REsp n. 787.648/SC, rel. Min. Luiz Fux, j. 06.04.2006, *DJ* 28.04.2006)

Analogia em direito penal   A analogia não se aplica ao direito penal, porquanto nesta área específica do Direito cumpre haver estrita observância ao princípio da legalidade. Assim, se o legislador nada previu a respeito de uma dada conduta praticada pelo agente, tipificando-a como criminosa, é porque esta se mostra irrelevante na esfera penal, não podendo, portanto, ser objeto de interpretação ou aplicação analógica. "As condutas que o legislador deseja proibir ou impor, sob a ameaça de sanção, devem vir descritas de forma clara e precisa, de modo que o agente as conheça e as entenda sem maiores dificuldades. O campo de abrangência do Direito Penal, dado o seu caráter fragmentário, é muito limitado. Se não há previsão expressa da conduta que se quer atribuir ao agente, é sinal de que esta não merece a atenção do legislador, muito embora seja parecida com outra já prevista pela legislação penal. Quando se inicia o estudo da analogia em Direito Penal, devemos partir da seguinte premissa: é terminantemente proibido, em virtude do princípio da legalidade, o recurso à analogia quando esta for utilizada de modo a prejudicar o agente, seja ampliando o rol de circunstâncias agravantes, seja ampliando o conteúdo dos tipos penais incriminadores, a fim de abranger hipóteses não previstas expressamente pelo legislador etc." (GREGO, Rogério. *Curso de direito penal*: Parte Geral. 5.ed. Rio de Janeiro, Ímpetus, 2005, p. 46).

■ Violação ao art. 8º, I, da Lei n. 7.853/89. Ocorrência. Analogia. Impossibilidade no direito penal. Recusa, suspensão, procrastinação, cancelamento ou cessação da inscrição de pessoa portadora de deficiência em estabelecimento de ensino.

Inocorrência. 1. A analogia, a qual consiste em aplicar a uma hipótese não prevista em lei disposição legal relativa a um caso semelhante, é terminantemente proibida em direito penal, o qual deve estrita observância ao princípio da legalidade. Se o legislador não previu dada conduta como criminosa, é porque esta se mostra irrelevante na esfera penal, não podendo, portanto, ser abrangida por meio da analogia. 2. A conduta do professor que impede aluno portador de deficiência física de assistir aula na sala em que leciona não se subsume ao tipo penal do art. 8º, I, da Lei n. 7.853/89, que incrimina a conduta de "recusar, suspender, procrastinar, cancelar ou fazer cessar, sem justa causa, a inscrição de aluno em estabelecimento de ensino de qualquer curso ou grau, público ou privado, por motivos derivados da deficiência que porta". 3. Recurso especial a que se dá provimento, para restabelecer a decisão de 1º grau, que rejeitou a denúncia, ante o reconhecimento da atipicidade da conduta. (STJ, REsp n. 1.022.478/RN (2008/0.009.971-9), 6ª T., rel. Min. Maria Thereza de Assis Moura, j. 04.10.2011, DJe 09.11.2011)

Anatocismo O mesmo que capitalização de juros, ou seja, cobrança de juros sobre juros. O anatocismo é vedado por nosso Direito, mesmo que expressamente convencionado. A vedação advém do Decreto n. 22.626/33 e da Lei n. 1.521/51 (art. 4º), que trata dos crimes contra a economia popular. A proibição também inclui as operações realizadas por instituições financeiras, porquanto, segundo entendimento da doutrina e da jurisprudência, mesmo com a edição da Súmula n. 596 ("as disposições do Decreto 22.626 de 1933 não se aplicam às taxas de juros e aos outros encargos cobrados nas operações realizadas por instituições públicas ou privadas, que integram o sistema financeiro nacional") pelo mesmo STF, o enunciado da Súmula n. 121 não restou prejudicado.

▸ Veja Decreto n. 22.626/33: "**Art. 1º** É vedado, e será punido nos termos desta lei, estipular em quaisquer contratos taxas de juros superiores ao dobro da taxa legal (CC, art. 1.062). § 3º A taxa de juros deve ser estipulada em escritura pública ou escrito particular, e não o sendo, entender-se-á que as partes acordaram nos juros de 6% ao ano, a contar da data da propositura da respectiva ação ou do protesto cambial. **Art. 2º** É vedado, a pretexto de comissão; receber taxas maiores do que as permitidas por esta lei. **Art. 3º** As taxas de juros estabelecidas nesta lei entrarão em vigor com a sua publicação e a partir desta data serão aplicáveis aos contratos existentes ou já ajuizados. **Art. 4º** É proibido contar juros dos juros: esta proibição não compreende a acumulação de juros vencidos aos saldos líquidos em conta corrente de ano a ano".

▸ Veja Lei n. 1.521/51: "**Art. 4º** Constitui crime da mesma natureza a usura pecuniária ou real, assim se considerando: *a)* cobrar juros, comissões ou descontos percentuais, sobre dívidas em dinheiro superiores à taxa permitida por lei; cobrar ágio superior à taxa oficial de câmbio, sobre quantia permutada por moeda estrangeira; ou, ainda, emprestar sob penhor que seja privativo de instituição oficial de crédito; *b)* obter, ou estipular, em qualquer contrato, abusando da premente necessidade, inexperiência ou leviandade de outra parte, lucro patrimonial que exceda o quinto do valor corrente ou justo da prestação feita ou prometida".

▪ Súmula n. 121, STF: É vedada a capitalização de juros, ainda que expressamente convencionada.

▪ Súmula n. 596, STF: As disposições do Decreto n. 22.626/33 não se aplicam às taxas de juros e aos outros encargos cobrados nas operações realizadas por instituições públicas ou privadas que integram o sistema financeiro nacional.

▪ Juros. Anatocismo. Crédito rural. A capitalização de juros é admitida apenas nas hipóteses reguladas em leis especiais, que a preveem expressamente, tal sucede com as que cuidam das cédulas de crédito rural, comercial e industrial. A proibição constante do art. 4º do Dec. n. 22.626/33 aplica-se também aos mútuos contratados com as instituições financeiras, não afetado aquele dispositivo pela Lei n. 4.595/64. (STJ, REsp n. 49.493/1/1994/RS, rel. Min. Eduardo Ribeiro, j. 16.08.1994, DJ 12.09.1994 – Doc. LEGJUR 103.1.674.7067.1.900)

▪ Juros. Capitalização. Admissível somente em hipóteses legalmente autorizadas. Lei n. 4.595/64, art. 40. Decreto n. 22.626/33 (Usura). Somente nas hipóteses em que expressamente autorizada por lei específica, a capitalização de juros se mostra admissível. Nos demais casos é vedada, mesmo quando pactuada, não tendo sido revogado pela Lei n. 4.595/64 o art. 40 do Decreto n. 22.626/33. O anatocismo repudiado pelo verbete da Súmula n. 121/STF não guarda relação com a Súmula n. 596/STF. (TJRJ, Ap. Cível n. 9.273, rel. Des. Nagib Slaibi Filho, j. 07.06.2001, DJ 27.09.2001)

Aneel Agência Nacional de Energia Elétrica. Agência reguladora criada pela Lei n. 9.427, de 26.12.1996. Autarquia sob regime especial, vinculada ao Ministério das Minas e Energia, com sede e foro no Distrito Federal, cuja finalidade é regular e fiscalizar produção, transmissão e comercialização de energia elétrica, em conformidade com as políticas e diretrizes do governo federal. A agência é administrada por uma diretoria colegiada, formada pelo diretor geral e outros quatro diretores, entre eles o diretor ouvidor. As funções executivas da Aneel estão a cargo de vinte superintendentes. A maioria das superintendências se concentra em questões técnicas – regulação, fiscalização, mediação e concessão – e uma parte delas se dedica à relação da Aneel com seu público interno e a sociedade. Nas questões jurídicas, a Procuradoria Federal representa a agência.

Anencefalia Morte cerebral ou parada total e irreversível das funções encefálicas em consequência de processo irreversível e de causa conhecida, ainda que o tronco cerebral esteja temporariamente ativo. O diagnóstico de anencefalia é feito por exame ultrassonográfico realizado a partir da 12ª semana de gestação e deve conter: duas fotografias, identificadas e datadas, uma com a face do feto em posição sagital e a outra com a visualização do polo cefálico no corte transversal, demonstrando a ausência da calota craniana e de parênquima cerebral identificável; e laudo assinado por dois médicos capacitados para tal diagnóstico (art. 2º, Resolução n. 1.989/2012, CFM). Segundo o Conselho Federal de Medicina (CFM), os exames complementares a serem observados para constatação de morte encefálica deverão demonstrar de forma inequívoca: ausência de atividade elétrica cerebral ou ausência de atividade metabólica cerebral, ou ausência de perfusão sanguínea cerebral (Resolução n. 1.480, de 08.08.1997). Já em sua Resolução n. 1.752/2004, consta que os anencéfalos são natimortos cerebrais; e, por não possuírem o córtex, mas apenas o tronco encefálico, são inaplicáveis e desnecessários os critérios de morte encefálica. Sendo o anencéfalo o resultado de um processo irreversível, de causa conhecida e sem qualquer possibilidade de sobrevida, por não possuir a parte vital do cérebro, é considerado desde o útero um feto morto cerebral. Em relação à possibilidade de antecipação do parto em casos de gravidez de feto anencéfalo, o plenário do STF, julgando ação de arguição de descumprimento de preceito fundamental (ADPF n. 54), ajuizada pela Confederação Nacional dos Trabalhadores na Saúde (CNTS), na data de 12.04.2012, decidiu por maioria que não pratica o crime de aborto tipificado no Código Penal a mulher que decide pela antecipação do parto em casos de gravidez de feto anencéfalo. De acordo com a Lei n. 9.882/99, que regula as arguições de descumprimento de preceito fundamental (ADPFs), a decisão tomada pelo STF tem "eficácia contra todos e efeito vinculante relativamente aos demais órgãos do Poder Público". Diante disso, o CFM emitiu a Resolução n. 1.989/2012, na qual consta o procedimento que deve ser adotado pelos profissionais da Medicina para diagnosticar existência de feto anencefálico e interrupção da gravidez.

▶ Veja Res. CFM n. 1.989/2012: "**Art. 1º** Na ocorrência do diagnóstico inequívoco de anencefalia o médico pode, a pedido da gestante, independente de autorização do Estado, interromper a gravidez. **Art. 2º** O diagnóstico de anencefalia é feito por exame ultrassonográfico realizado a partir da 12ª (décima segunda) semana de gestação e deve conter: I – duas fotografias, identificadas e datadas: uma com a face do feto em posição sagital; a outra, com a visualização do polo cefálico no corte transversal, demonstrando a ausência da calota craniana e de parênquima cerebral identificável; II – laudo assinado por dois médicos, capacitados para tal diagnóstico. **Art. 3º** Concluído o diagnóstico de anencefalia, o médico deve prestar à gestante todos os esclarecimentos que lhe forem solicitados, garantindo a ela o direito de decidir livremente sobre a conduta a ser adotada, sem impor sua autoridade para induzi-la a tomar qualquer decisão ou para limitá-la naquilo que decidir: § 1º É direito da gestante solicitar a realização de junta médica ou buscar outra opinião sobre o diagnóstico. § 2º Ante o diagnóstico de anencefalia, a gestante tem o direito de: I – manter a gravidez; II – interromper imediatamente a gravidez, independente do tempo de gestação, ou adiar essa decisão para outro momento. § 3º Qualquer que seja a decisão da gestante, o médico deve informá-la das consequências, incluindo os riscos decorrentes ou associados de cada uma. § 4º Se a gestante optar pela manutenção da gravidez, ser-lhe-á assegurada assistência médica pré-natal compatível com o diagnóstico. § 5º Tanto a gestante que optar pela manutenção da gravidez quanto a que optar por sua interrupção receberão, se assim o desejarem, assistência de equipe multiprofissional nos locais onde houver disponibilidade. § 6º A antecipação terapêutica do parto pode ser realizada apenas em hospital que disponha de estrutura adequada ao tratamento de complicações eventuais, inerentes aos respectivos procedimentos. **Art. 4º** Será lavrada ata da antecipação terapêutica do parto, na qual deve constar o consentimento da gestante e/ou, se for o caso, de seu representante legal. Parágrafo único. A ata, as fotografias e o laudo do exame referido no artigo 2º desta resolução integrarão o prontuário da paciente. **Art. 5º** Realizada a antecipação terapêutica do parto, o médico deve informar à paciente os riscos de recorrência da anencefalia e referenciá-la para programas de planejamento familiar com assistência à contracepção, enquanto essa for necessária, e à preconcepção, quando for livremente desejada, garantindo-se, sempre, o direito de opção da mulher. Parágrafo único. A paciente deve ser informada expressamente que a assistência preconcepcional tem por objetivo reduzir a recorrência da anencefalia".

- *Habeas corpus.* Gravidez. Interrupção. Feto anencéfalo. Cabimento do *writ.* CPP, art. 647. CP, art. 128, I E II. [...] A CF proclama o direito à vida como garantia fundamental e inviolável, abarcando não somente a vida independente, mas também a vida em formação. Não há, assim, qualquer dúvida de que ela estende sua proteção à vida intrauterina, como bem lembrou a Autoridade Coatora ao invocar o Pacto Fundamental da República para indeferir a interrupção da gestação à paciente. Por outro lado, a Constituição protege, igualmente, a dignidade humana, a liberdade e a autonomia da vontade. Sempre que princípios constitucionais aparentam colidir, deve o intérprete procurar as recíprocas implicações existentes entre eles até chegar a uma inteligência harmoniosa, porquanto, em face do princípio da unidade constitucional, a Constituição não pode estar em conflito consigo mesma, não obstante a diversidade de normas e princípios que contém. Em seu voto, o Ministro Marco Aurélio revela que o correto resultado desta ponderação não é aquele vislumbrado pela digna Autoridade Coatora, e sim pela desembargadora Giselda Leitão Teixeira, que concedeu liminar em *habeas corpus* com idêntica finalidade, salientando: "A vida é um bem a ser preservado a qualquer custo, mas, quando a vida se torna inviável, não é justo condenar a mãe a meses de sofrimento, de angústia, de desespero". O verdadeiro objetivo do progresso científico é o benefício da humanidade. [...] "Para a Medicina, existem dois processos que evidenciam o momento morte: a morte cerebral e a morte clínica. A morte cerebral é a parada total e irreversível das funções encefálicas, em consequência de processo irreversível e de causa conhecida, mesmo que o tronco cerebral esteja temporariamente funcionante. A morte clínica (ou biológica) é a parada irreversível das funções cardiorrespiratórias, com parada cardíaca e consequente morte cerebral, por falta de irrigação sanguínea, levando a posterior necrose celular. Segundo o Conselho Federal de Medicina (CFM), os exames complementares a serem observados para constatação de morte encefálica deverão demonstrar de forma inequívoca: ausência de atividade elétrica cerebral ou ausência de atividade metabólica cerebral, ou ausência de perfusão sanguínea cerebral (Conselho Federal de Medicina, Resolução n. 1.480, de 08.08.1997). Segundo o CFM, em sua Resolução 1.752/2004, os anencéfalos são natimortos cerebrais, e por não possuírem o córtex, mas apenas o tronco encefálico, são inaplicáveis e desnecessários os critérios de morte encefálica. E sendo o anencéfalo o resultado de um processo irreversível, de causa conhecida e sem qualquer possibilidade de sobrevida, por não possuir a parte vital do cérebro, é considerado desde o útero um feto morto cerebral". À luz dos esclarecimentos trazidos pela culta Procuradora de Justiça Ana Maria Di Masi, observa-se que o aborto de feto anencéfalo, diante da carência total de vida humana, é atípico. Nessas condições, a interrupção da gestação não tipifica o crime de aborto, uma vez que a morte do feto é um processo irreversível que decorre de sua própria patologia. Assim, tendo em vista a ilegalidade da ameaça de constrição à liberdade ambulatorial da Paciente, concede-se a ordem. (TJRJ, *HC* n. 558.808, rel. Des. Suimei Meira Cavalieri, j. 18.11.2010)

Ânimo Do latim *animus*; ato de vontade ou intenção consciente e deliberada de praticar um ato. O *animus* pressupõe a vontade manifestada de forma livre e espontânea, portanto isenta de coação. O domicílio da pessoa natural é o lugar onde ela estabelece a sua residência com ânimo definitivo. Em relação à posse, de acordo com a teoria de Savigny, ela se caracteriza por um elemento material, o *corpus*, e um elemento psíquico, que é o *animus*. O *animus* (vontade) é a intenção de ter a coisa como sua. Ou seja, é a intenção de dono, independentemente da convicção do possuidor ser, na realidade, proprietário da coisa.

▸ Veja CC: "**Art. 70.** O domicílio da pessoa natural é o lugar onde ela estabelece a sua residência com ânimo definitivo. [...] **Art. 361.** Não havendo ânimo de novar, expresso ou tácito mas inequívoco, a segunda obrigação confirma simplesmente a primeira".

- Usucapião. Ânimo de dono. Tentativa de aquisição do imóvel. O fato de o possuidor reconhecer a existência de um titular da propriedade, junto ao qual pretendera regularizar o domínio, não significa que ele exerça a posse sem ânimo de dono. (STJ, REsp n. 24.238/5/1994/GO, rel. Min. Ruy Rosado de Aguiar, j. 17.05.1994, *DJ* 13.06.1994)

- Usucapião ordinário. Justo título. Compromisso de compra e venda. Caracterização. Compromissário comprador que exerce posse com ânimo de dono. Entendido o justo título como aquele que tem natureza extrínseca de trasladar direito real, só não o fazendo por ocorrência de falha ou defeito, assim deve ser considerado o compromisso de compra e venda, acrescentando-se que o compromissário comprador exerce posse com ânimo de dono. (TJSP, Ap. Cível n. 191.846/1993/ São Bernardo do Campo, rel. Des. Leite Cintra, j. 23.06.1993)

Anistia Relativamente à matéria fiscal ou de direito tributário, significa o perdão concedido pelo órgão arrecadador de tributos ao contribuinte por infrações por ele cometidas contra o Fisco. Na área político-criminal, a anistia corresponde ao perdão concedido a todos que, no período compreendido entre 2 de setembro de 1961 e 15 de agosto de 1979, cometeram crimes políticos ou conexos com estes, crimes eleitorais, aos que tiveram seus direitos políticos suspensos e aos servidores da Administração Direta e Indireta, de fundações vinculadas ao poder público, aos servidores dos Poderes Legislativo e Judiciário, aos militares e aos dirigentes e representantes sindicais, punidos com fundamento em atos institucionais e complementares (Lei n. 6.683/79).

- Veja CTN: "**Art. 175.** Excluem o crédito tributário: I – a isenção; II – a anistia. Parágrafo único. A exclusão do crédito tributário não dispensa o cumprimento das obrigações acessórias dependentes da obrigação principal cujo crédito seja excluído, ou dela consequente. [...] **Art. 180.** A anistia abrange exclusivamente as infrações cometidas anteriormente à vigência da lei que a concede, não se aplicando: I – aos atos qualificados em lei como crimes ou contravenções e aos que, mesmo sem essa qualificação, sejam praticados com dolo, fraude ou simulação pelo sujeito passivo ou por terceiro em benefício daquele; II – salvo disposição em contrário, às infrações resultantes de conluio entre duas ou mais pessoas naturais ou jurídicas. **Art. 181.** A anistia pode ser concedida: I – em caráter geral; II – limitadamente: *a)* às infrações da legislação relativa a determinado tributo; *b)* às infrações punidas com penalidades pecuniárias até determinado montante, conjugadas ou não com penalidades de outra natureza; *c)* a determinada região do território da entidade tributante, em função de condições a ela peculiares; *d)* sob condição do pagamento de tributo no prazo fixado pela lei que a conceder, ou cuja fixação seja atribuída pela mesma lei à autoridade administrativa. **Art. 182.** A anistia, quando não concedida em caráter geral, é efetivada, em cada caso, por despacho da autoridade administrativa, em requerimento com a qual o interessado faça prova do preenchimento das condições e do cumprimento dos requisitos previstos em lei para sua concessão. Parágrafo único. O despacho referido neste artigo não gera direito adquirido, aplicando-se, quando cabível, o disposto no artigo 155".

- Veja Lei n. 6.683/79: "**Art. 1º** É concedida anistia a todos quantos, no período compreendido entre 02 de setembro de 1961 e 15 de agosto de 1979, cometeram crimes políticos ou conexo com estes, crimes eleitorais, aos que tiveram seus direitos políticos suspensos e aos servidores da Administração Direta e Indireta, de fundações vinculadas ao poder público, aos Servidores dos Poderes Legislativo e Judiciário, aos Militares e aos dirigentes e representantes sindicais, punidos com fundamento em Atos Institucionais e Complementares *(vetado)*. § 1º Consideram-se conexos, para efeito deste artigo, os crimes de qualquer natureza relacionados com crimes políticos ou praticados por motivação política. § 2º Excetuam-se dos benefícios da anistia os que foram condenados pela prática de crimes de terrorismo, assalto, sequestro e atentado pessoal. § 3º Terá direito à reversão ao Serviço Público a esposa do militar demitido por Ato Institucional, que foi obrigada a pedir exoneração do respectivo cargo, para poder habilitar-se ao montepio militar, obedecidas as exigências do art. 3º".

A non domino Expressão latina que indica alienação de uma coisa feita por quem não é seu legítimo proprietário, ou seja, feita por quem não possui o domínio sobre a coisa. Venda *a non domino*. Assim, feita por quem não seja proprietário, a tradição não alheia a propriedade (art. 1.268, CC).

- Veja CC: "**Art. 1.268.** Feita por quem não seja proprietário, a tradição não aliena a propriedade, exceto se a coisa, oferecida ao público, em leilão ou estabelecimento comercial, for transferida em circunstâncias tais que, ao adquirente de boa-fé, como a qualquer pessoa, o alienante se afigurar dono. § 1º Se o adquirente estiver de boa-fé e o alienante adquirir depois a propriedade, considera-se realizada a transferência desde o momento em que ocorreu a tradição. § 2º Não transfere a propriedade a tradição, quando tiver por título um negócio jurídico nulo".

- Alienação *a non domino*. Posterior alienação dos imóveis a terceiros de boa-fé. Anulação. Distinção entre a situação jurídica dos envolvidos nos atos iniciais e a realidade que envolve os terceiros de boa-fé. Ocorrência de venda *a non domino* dos imóveis, uma vez que a vendedora somente era proprietária da metade dos bens. Declaração de nulidade da compra e venda realizada inicialmente. Anulação que não será registrada no fólio imobiliário para não prejudicar a subsequente cadeia dominial dos imóveis. Solução da questão na fase de execução da sentença, que se resolverá em perdas e danos. Teoria da aparência. A ordem jurídica confere relevância à aparência por reverência à tutela do tráfico jurídico. Ponderação de valores. Prevalência dos interesses de terceiros de boa-fé. (TJRJ, Ap. Cível n. 48.109/2008, rel. Des. Edson Vasconcelos, j. 10.12.2008)

- Anulação de contrato de compra e venda cumulado com imissão de posse. Venda *a non domino*. Sentença mantida. Caracterizada a chamada venda *a non domino* (venda de coisa alheia), pois demonstrado que a mãe da autora realizou venda de coisa que não lhe pertencia, mas sim à sua filha. Negócio existente, porém ineficaz em relação a quem não era parte no contrato, como Fernanda, autora que permaneceu proprietária. E como permanece proprietária do imóvel, cabe à autora, ora apelada, o direito de reaver o bem de quem quer que injustamente o possua ou o detenha, na forma do art. 1.228 do CC, pelo que a decisão que determinou fosse o bem devolvido à autora se mostra correta, adequada ao caso concreto. Apelo desprovido. (TJRS, Ap. Cível n. 70.041.629.684, 18ª Câm. Cível, rel. Elaine Maria Canto da Fonseca, j. 14.06.2012)

Antecipação da tutela   Medida judicial que tem por objetivo obter a antecipação dos efeitos da sentença que o demandante procura alcançar por meio da ação ajuizada, mediante prova inequívoca e verossimilhança (aparência de verdadeiro; *fumus boni iuris*) das alegações e fundado receio de dano irreparável ou de difícil reparação (*periculum in mora*) (art. 273, CPC/73).

- ▶ Veja CPC/73: "**Art. 273.** O juiz poderá, a requerimento da parte, antecipar, total ou parcialmente, os efeitos da tutela pretendida no pedido inicial, desde que, existindo prova inequívoca, se convença da verossimilhança da alegação e: I – haja fundado receio de dano irreparável ou de difícil reparação; ou II – fique caracterizado o abuso de direito de defesa ou o manifesto propósito protelatório do réu".

- ▶ Veja CPC/2015: "**Art. 294.** A tutela provisória pode fundamentar-se em urgência ou evidência. Parágrafo único. A tutela provisória de urgência, cautelar ou antecipada, pode ser concedida em caráter antecedente ou incidental. **Art. 295.** A tutela provisória requerida em caráter incidental independe do pagamento de custas. **Art. 296.** A tutela provisória conserva sua eficácia na pendência do processo, mas pode, a qualquer tempo, ser revogada ou modificada. Parágrafo único. Salvo decisão judicial em contrário, a tutela provisória conservará a eficácia durante o período de suspensão do processo".

- Tutela antecipada. Ação rescisória. Decadência. Agravo não provido. 1. Trata-se de Ação Rescisória, com pedido de liminar, proposta pelo INSS, em que visa rescindir, com fundamento no art. 485, V, do CPC, acórdão proferido pela 3ª Seção, rel. Min. Laurita Vaz, no julgamento do REsp n. 1.214.717/PR. 2. A antecipação de tutela em ação rescisória é medida excepcional e depende da presença de prova inequívoca da verossimilhança da alegação e do receio de dano irreparável ou de difícil reparação. 3. Nos termos do art. 489 do CPC, a concessão da medida liminar só poderá ser feita caso presentes os pressupostos legais (art. 273 do CPC) e, ainda, imprescindível a medida (Ag. Reg. na AR n. 3.715/PR, rel. Min. Luiz Fux, 1ª Seção, j. 27.06.2007, *DJ* 27.08.2007, p. 172). 4. Deve ser mantida a decisão que indeferiu o pedido de antecipação de tutela, porquanto, antes do contraditório, ausentes os requisitos para a sua concessão. 5. Agravo regimental não provido. (STJ, Ag. Reg. na AR n. 5.415/PR, 1ª S., rel. Min. Herman Benjamin, j. 27.08.2014, *DJe* 23.09.2014)

Antecipação de provas   Providência judicial destinada a antecipar a produção de provas correspondente à vistoria, ou exame prévio, a ser realizada sobre coisa ou pessoa, com caráter de perpetuidade, quando se evidenciar receio de que as provas a serem obtidas possam desaparecer. A produção antecipada da prova, também denominada vistoria *ad perpetuam rei memoriam*, pode consistir em interrogatório da parte, inquirição de testemunhas e exame pericial. No processo penal, se, mesmo após convocação por edital, o réu não comparecer nem constituir advogado, fica o juiz autorizado a determinar a produção antecipada das provas consideradas urgentes e, se necessário, decretar a prisão preventiva (art. 366, CPP) (*v. Prova antecipada*).

- ▶ Veja CPC/2015: "**Art. 381.** A produção antecipada da prova será admitida nos casos em que: I – haja fundado receio de que venha a tornar-se impossível ou muito difícil a verificação de certos fatos na pendência da ação; II – a prova a ser produzida seja suscetível de viabilizar a autocomposição ou outro meio adequado de solução de conflito; III – o prévio conhecimento dos fatos possa justificar ou evitar o ajuizamento de ação. § 1º O arrolamento de bens observará o disposto nesta Seção quando tiver por finalidade apenas a realização de documentação e não a prática de atos de apreensão. § 2º A produção antecipada da prova é da competência do juízo do foro onde esta deva ser produzida ou do foro de domicílio do réu. § 3º A produção antecipada da prova não previne a competência do juízo para a ação que venha a ser proposta. § 4º O juízo estadual tem competência para produção antecipada de prova requerida em face da União, de entidade autárquica ou de empresa pública federal se, na localidade, não houver vara federal. § 5º Aplica-se o disposto nesta Seção àquele que pretender justificar a existência de algum fato ou relação jurídica para simples documento e sem caráter contencioso, que exporá, em petição circunstanciada, a sua intenção. [...] **Art. 383.** Os autos permanecerão em cartório durante 1 (um) mês para extração de cópias e certidões pelos interessados. Parágrafo único. Findo o prazo, os autos serão entregues ao promovente da medida".

- Veja CPP: "**Art. 366.** Se o acusado, citado por edital, não comparecer, nem constituir advogado, ficarão suspensos o processo e o curso do prazo prescricional, podendo o juiz determinar a produção antecipada das provas consideradas urgentes e, se for o caso, decretar prisão preventiva, nos termos do disposto no art. 312".

- Súmula n. 306, STJ: Os honorários advocatícios devem ser compensados quando houver sucumbência recíproca, assegurado o direito autônomo do advogado à execução do saldo sem excluir a legitimidade da própria parte.

- Súmula n. 455, STJ: A decisão que determina a produção antecipada de provas com base no art. 366 do CPP deve ser concretamente fundamentada, não a justificando unicamente o mero decurso do tempo.

- Produção antecipada de prova. Perícia. *Vistoria ad perpetuam rei memoriam*. Cláusula de compromisso arbitral. Procedimento judicial. Embora possível a realização do exame pericial no momento oportuno, justifica-se a antecipação da prova também quando o interesse do requerente estiver ligado a uma *vistoria ad perpetuam rei memoriam*, de modo a comprovar, por exemplo, a causa e a extensão dos danos atribuídos a uma ação ou omissão do requerido, permitindo ao requerente que promova imediatamente os reparos que a coisa reclama, sem a necessidade de aguardo da instrução em eventual processo subsequente. A produção antecipada de provas não só é possível, como plenamente admitida na jurisdição arbitral, considerando que a Lei de Arbitragem é omissa, fazendo com que o intérprete utilize subsidiariamente as regras contidas nos arts. 846 e 849 do CPC. Entretanto, como a medida cautelar buscada foi requerida antes da instauração da arbitragem, só poderia ser pleiteada na jurisdição estatal, não sendo considerada como infração ou renúncia à convenção de arbitragem, nem é incompatível com ela. Quando da nomeação do perito, tiveram as partes oportunidade para impugnar a nomeação, e não o fizeram, não podendo, agora, insurgir-se quanto ao perito nomeado e suas qualificações. Agravo de Instrumento. Se o resultado do processo não atinge de maneira idêntica cada um dos contratados, e havendo possibilidade de a pretensão da contratante ser cingida, inexiste litisconsórcio passivo necessário-unitário. (TJRO, AI n. 100.009.2008.004302-1, 1ª Câm. Cível, rel. Des. Paulo Kiyochi Mori, j. 07.04.2009)

Antenupcial Antes dos nubentes contraírem núpcias; período que antecede ao casamento (*v. Pacto antenupcial*).

Anteprojeto Esboço ou proposta de lei que antecede o projeto de lei.

Anterioridade Precedência temporal de um fato em relação a outro. Princípio segundo o qual não se cobrará tributo novo no mesmo ano civil em que haja sido publicada a lei que o instituiu ou aumentou. É vedado à União, aos Estados, ao Distrito Federal e aos Municípios cobrar tributos no mesmo exercício financeiro em que haja sido publicada a lei que os instituiu ou aumentou (art. 150, III, CF). Constituem exceções à aplicação do princípio da anterioridade: imposto sobre importação (II), imposto sobre exportação (IE), imposto sobre produtos industrializados (IPI), imposto sobre operações financeiras (IOF) – estes impostos também podem ter alíquotas alteradas pelo presidente –, imposto extraordinário no caso de guerra externa ou sua iminência (art. 154, II, CF), empréstimos compulsórios para atender às despesas extraordinárias decorrentes de calamidade pública, guerra externa ou sua iminência (art. 148, I, CF) – diferentemente, o empréstimo compulsório para assuntos de interesse relevante precisa atender ao princípio da anterioridade (art. 148, II, CF) –, contribuições de intervenção no domínio econômico relativas a importação e comercialização de petróleo e seus derivados, gás natural e seus derivados e álcool combustível (art.

177, § 4º, I, *b*, CF); e ICMS sobre combustíveis e lubrificantes (art. 155, § 4º, IV, *c*, CF).

> Veja CF: "**Art. 150.** Sem prejuízo de outras garantias asseguradas ao contribuinte, é vedado à União, aos Estados, ao Distrito Federal e aos Municípios: I – exigir ou aumentar tributo sem lei que o estabeleça; II – instituir tratamento desigual entre contribuintes que se encontrem em situação equivalente, proibida qualquer distinção em razão de ocupação profissional ou função por eles exercida, independentemente da denominação jurídica dos rendimentos, títulos ou direitos; III – cobrar tributos: *a)* em relação a fatos geradores ocorridos antes do início da vigência da lei que os houver instituído ou aumentado; *b)* no mesmo exercício financeiro em que haja sido publicada a lei que os instituiu ou aumentou; [...]".

> Princípio da anterioridade. Direito adquirido inexistente. A MP n. 812, convertida na Lei n. 8.921/95, não contrariou o princípio constitucional da anterioridade. Na fixação da base de cálculo da contribuição social sobre o lucro, o lucro líquido ajustado poderá ser reduzido por compensação da base de cálculo negativa, apurada em períodos bases anteriores em, no máximo, 30%. A compensação da parcela dos prejuízos fiscais excedentes a 30% poderá ser efetuada, integralmente, nos anos calendários subsequentes. A vedação do direito à compensação de prejuízos fiscais pela Lei 8.981/95 não violou o direito adquirido, vez que o fato gerador do imposto de renda só ocorre após o transcurso do período de apuração que coincide com o término do exercício financeiro. (STJ, REsp n. 260.070/SC, rel. Min. Garcia Vieira, j. 17.08.2000, *DJ* 18.09.2000)

> Isenção. Revogação. Princípio da anterioridade. Revogada a isenção, o tributo torna-se imediatamente exigível. Em caso assim, não há que se observar o princípio da anterioridade, dado que o tributo já é existente. Precedentes do STF. (STF, RE n. 204.062/2/1996/ES, rel. Min. Carlos Velloso, j. 27.09.1996, *DJ* 19.12.1996)

Anticrese Direito real de garantia pelo qual o devedor, conservando ou não a posse do imóvel, concede ao credor, como garantia de pagamento da dívida, frutos e rendimentos produzidos pelo referido imóvel. É o contrato pelo qual o devedor, ou um terceiro, atribui a posse de um imóvel seu ao credor para que este perceba, em compensação da dívida, os respectivos frutos (art. 1.506, CC).

> Veja CC: "**Art. 1.419.** Nas dívidas garantidas por penhor, anticrese ou hipoteca, o bem dado em garantia fica sujeito, por vínculo real, ao cumprimento da obrigação. [...] **Art. 1.506.** Pode o devedor ou outrem por ele, com a entrega do imóvel ao credor, ceder-lhe o direito de perceber, em compensação da dívida, os frutos e rendimentos. § 1º É permitido estipular que os frutos e rendimentos do imóvel sejam percebidos pelo credor à conta de juros, mas se o seu valor ultrapassar a taxa máxima permitida em lei para as operações financeiras, o remanescente será imputado ao capital. § 2º Quando a anticrese recair sobre bem imóvel, este poderá ser hipotecado pelo devedor ao credor anticrético, ou a terceiros, assim como o imóvel hipotecado poderá ser dado em anticrese. **Art. 1.507.** O credor anticrético pode administrar os bens dados em anticrese e fruir seus frutos e utilidades, mas deverá apresentar anualmente balanço, exato e fiel, de sua administração. § 1º Se o devedor anticrético não concordar com o que se contém no balanço, por ser inexato, ou ruinosa a administração, poderá impugná-lo, e, se o quiser, requerer a transformação em arrendamento, fixando o juiz o valor mensal do aluguel, o qual poderá ser corrigido anualmente. § 2º O credor anticrético pode, salvo pacto em sentido contrário, arrendar os bens dados em anticrese a terceiro, mantendo, até ser pago, direito de retenção do imóvel, embora o aluguel desse arrendamento não seja vinculativo para o devedor".

> Contrato de anticrese. Constituição. [...] Feito por instrumento particular, é de validade nenhuma a declaração de vontade, por desatendida a forma especial que a lei expressamente exige (CC – art. 129). É nulo *pleno jure* contrato que, a pretexto de conferir direito real de garantia, foi celebrado ao efeito de garantir contrato civil de mútuo com estipulação onzenária (MP n. 1.914-8). Nulo o contrato de anticrese, razão porque não se operou a tradição do imóvel, não há falar em locação, carecendo da ação de despejo o sedizente anticresista. (TJRS, Ap. Cível n. 599.437.092, 1ª Câm. de Férias Cível, rel. Genaro José Baroni Borges, j. 14.12.1999)

Anticrético O que é relativo à anticrese. Denominação das partes na anticrese, da qual participam o credor anticrético e o devedor anticrético.

Antinomia Indica contradição ou conflito entre duas leis ou dois artigos de lei de maneira a ensejar dúvidas em sua interpretação. O termo indica também as contradições normativas ou disposições contraditórias, decorrentes da existência de dispositivos legais inconciliáveis ou incompatíveis entre si. Diz-se que há contradição quando se afirma e se nega, simultaneamente, algo sobre a mesma coisa. Antinomia jurídica é "a oposição que ocorre entre duas normas contraditórias (total ou parcialmente), emanadas de autoridades competentes num mesmo âmbito normativo que colocam o sujeito numa posição insustentável pela ausência ou inconsistência de critérios aptos a permitir-lhe uma saída nos quadros de um ordenamento dado" (FERRAZ, Tercio Sampaio. *Antinomia*. São Paulo, Enciclopédia Saraiva de Direito, p.14).

- Procedimento criminal (acusação anônima). Anonimato (vedação). Incompatibilidade de normas (antinomia). Foro privilegiado (prerrogativa de função). Denúncia apócrifa (investigação inconveniente). 1. Requer o ordenamento jurídico brasileiro – e é bom que assim requeira – que também o processo preliminar – preparatório da ação penal – inicie-se sem mácula. 2. Se as investigações preliminares foram iniciadas a partir de correspondência eletrônica anônima (e-mail), tiveram início, então, repletas de nódoas, tratando-se, pois, de natimorta notícia. 3. Em nosso conjunto de regras jurídicas, normas existem sobre sigilo, bem como sobre informação; enfim, normas sobre segurança e normas sobre liberdade. 4. Havendo normas de opostas inspirações ideológicas – antinomia de princípio –, a solução do conflito (aparente) há de privilegiar a liberdade, porque a liberdade anda à frente dos outros bens da vida, salvo à frente da própria vida. 5. Deve-se, todavia, distinguir cada caso, de tal sorte que, em determinadas hipóteses, esteja a autoridade policial, diante de notícia, autorizada a apurar eventual ocorrência de crime. 6. Tratando-se, como se trata, porém, de paciente que detém foro por prerrogativa de função, ao admitir-se investigação calcada em denúncia apócrifa, fragiliza-se não a pessoa, e sim a própria instituição à qual pertence e, em última razão, o Estado democrático de direito. 7. A Turma ratificou a liminar – de caráter unipessoal – e concedeu a ordem a fim de determinar o arquivamento do procedimento criminal. (STJ, *HC* n. 95.838/RJ (2007/0286484-0), 6ª T., rel. Min. Nilson Naves, j. 26.02.2008, *DJ* 10.03.2008)

Anuência Consentimento; aprovação; autorização; aceitação. O silêncio importa anuência quando as circunstâncias ou os usos o autorizarem e não for necessária a declaração de vontade expressa (art. 111, CC).

▸ Veja CC: "**Art. 111.** O silêncio importa anuência, quando as circunstâncias ou os usos o autorizarem, e não for necessária a declaração de vontade expressa. [...] **Art. 220.** A anuência ou a autorização de outrem, necessária à validade de um ato, provar-se-á do mesmo modo que este, e constará, sempre que se possa, do próprio instrumento. [...] **Art. 621.** Sem anuência de seu autor, não pode o proprietário da obra introduzir modificações no projeto por ele aprovado, ainda que a execução seja confiada a terceiros, a não ser que, por motivos supervenientes ou razões de ordem técnica, fique comprovada a inconveniência ou a excessiva onerosidade de execução do projeto em sua forma originária. Parágrafo único. A proibição deste artigo não abrange alterações de pouca monta, ressalvada sempre a unidade estética da obra projetada. [...] **Art. 787.** [...] § 2º É defeso ao segurado reconhecer sua responsabilidade ou confessar a ação, bem como transigir com o terceiro prejudicado, ou indenizá-lo diretamente, sem anuência expressa do segurador. § 3º Intentada a ação contra o segurado, dará este ciência da lide ao segurador. § 4º Subsistirá a responsabilidade do segurado perante o terceiro, se o segurador for insolvente. [...] **Art. 1.365.** É nula a cláusula que autoriza o proprietário fiduciário a ficar com a coisa alienada em garantia, se a dívida não for paga no vencimento. Parágrafo único. O devedor pode, com a anuência do credor, dar seu direito eventual à coisa em pagamento da dívida, após o vencimento desta. [...] **Art. 1.457.** O titular do crédito empenhado só pode receber o pagamento com a anuência, por escrito, do credor pignoratício, caso em que o penhor se extinguirá. [...] **Art. 1.663.** A administração do patrimônio comum compete a qualquer dos cônjuges. [...] § 2º A anuência de ambos os cônjuges é necessária para os atos, a título gratuito, que impliquem cessão do uso ou gozo dos bens comuns. § 3º Em caso de malversação dos bens, o juiz poderá atribuir a administração a apenas um dos cônjuges".

- Guarda fática exercida pela autora, com a concordância da genitora. Sentença de procedência. Genitor inconformado. Comprovado nos autos que a guarda fática da criança foi exercida pela vizinha desde tenra idade, com a anuência da genitora, e demonstrado que a menina está plenamente atendida, não há razão para estabelecer diversamente, muito menos impor a guarda compartilhada com o genitor, que pouco participa da vida da infante. Negaram provimento ao apelo. (TJRS, Ap. Cível n. 70.044.815.280, 8ª Câm. Cível, rel. Alzir Felippe Schmitz, j. 24.11.2011)

- Partilha amigável. Anuência de todos herdeiros. No arrolamento, a partilha amigável depende de expressa anuência de todos os herdeiros. (TJDFT, Ap. Cível n. 20.000.410.085.226, rel. Vera Andrighi, 4ª T. Cível, j. 29.04.2002, *DJ* 18.09.2002, p. 46)

Anulabilidade Qualidade do que pode ser anulado em razão de descumprimento às prescrições legais. A anulabilidade somente se aplica ao ato anulável, isto é, o ato cujo vício ou defeito pode ser suprido (ratificado, convalidado) antes da arguição de anulabilidade.

- Veja CC: "**Art. 138.** São anuláveis os negócios jurídicos, quando as declarações de vontade emanarem de erro substancial que poderia ser percebido por pessoa de diligência normal, em face das circunstâncias do negócio. **Art. 139.** O erro é substancial quando: I – interessa à natureza do negócio, ao objeto principal da declaração, ou a alguma das qualidades a ele essenciais; II – concerne à identidade ou à qualidade essencial da pessoa a quem se refira a declaração de vontade, desde que tenha influído nesta de modo relevante; III – sendo de direito e não implicando recusa à aplicação da lei, for o motivo único ou principal do negócio jurídico. [...] **Art. 158.** Os negócios de transmissão gratuita de bens ou remissão de dívida, se os praticar o devedor já insolvente, ou por eles reduzido à insolvência, ainda quando o ignore, poderão ser anulados pelos credores quirografários, como lesivos dos seus direitos. § 1º Igual direito assiste aos credores cuja garantia se tornar insuficiente. § 2º Só os credores que já o eram ao tempo daqueles atos podem pleitear a anulação deles. [...] **Art. 1.649.** A falta de autorização, não suprida pelo juiz, quando necessária (art. 1.647), tornará anulável o ato praticado, podendo o outro cônjuge pleitear-lhe a anulação, até dois anos depois de terminada a sociedade conjugal. Parágrafo único. A aprovação torna válido o ato, desde que feita por instrumento público, ou particular, autenticado. [...] **Art. 1.909.** São anuláveis as disposições testamentárias inquinadas de erro, dolo ou coação. Parágrafo único. Extingue-se em quatro anos o direito de anular a disposição, contados de quando o interessado tiver conhecimento do vício".

- Ação anulatória. Venda de ascendente a descendente sem anuência dos demais. Anulabilidade. [...] 1. Segundo entendimento doutrinário e jurisprudencial majoritário, a alienação feita por ascendente a descendente é, desde o regime originário do CC/1916 (art. 1.132), ato jurídico anulável. Tal orientação veio a se consolidar de modo expresso no novo Código Civil (CC/2002, art. 496). 2. Além da iniciativa da parte interessada, para a invalidação desse ato de alienação é necessário: a) fato da venda; b) relação de ascendência e descendência entre vendedor e comprador; c) falta de consentimento de outros descendentes (CC/1916, art. 1.132), d) a configuração de simulação, consistente em doação disfarçada (REsp n. 476.557/PR, rel. Min. Nancy Andrighi, 3ª T., *DJ* 22.03.2004) ou, alternativamente, e) a demonstração de prejuízo (EREsp n. 661.858/PR, 2ª Seção, rel. Min. Fernando Gonçalves, *DJe* 19.12.2008; REsp n. 752.149/AL, 4ª T., rel. Min. Raul Araújo,

02.10.2010). 3. No caso concreto estão presentes todos os requisitos para a anulação do ato. (STJ, REsp n. 953.461/SC, rel. Min. Sidnei Beneti, j. 14.06.2011, *DJ* 17.06.2011)

- Ação de anulabilidade de contrato de compra e venda cumulada com ação de indenização por ressarcimento de perdas e danos. Assinatura dos vendedores falsificadas com reconhecimento e autenticação pelo tabelião. A responsabilidade do tabelião é objetiva, dependendo sua configuração da demonstração do dano e do nexo de causalidade entre o ato e o dano. Hipótese que os autores sofreram prejuízos e constrangimentos, uma vez que o demandado reconheceu, por autenticidade, assinatura falsa em contrato particular de compra e venda de imóvel pertencente aos autores. Dever de indenizar por caracterizado o ilícito civil. *Quantum* indenizatório. Valor da condenação fixado de acordo com as peculiaridades do caso concreto, bem como observados os princípios da proporcionalidade e razoabilidade, além da natureza jurídica da indenização. (TJRS, Ap. Cível n. 70.034.916.619, 20ª Câm. Cível, rel. Rubem Duarte, j. 26.09.2012)

À ordem Cláusula inserida no texto de um título de crédito possibilitando que seu beneficiário transfira a terceiro o direito de receber a importância nele consignada por meio de endosso. Contêm a cláusula 'à ordem' a nota promissória, a duplicata, a letra de câmbio e o cheque.

- Veja Lei n. 7.357/85: "**Art. 8º** Pode-se estipular no cheque que seu pagamento seja feito: I – a pessoa nomeada, com ou sem cláusula expressa 'à ordem'; II – a pessoa nomeada, com a cláusula 'não à ordem', ou outra equivalente; III – ao portador. [...]".

Apelação civil Recurso cabível, no prazo de quinze dias, contra decisões definitivas de primeira instância, que extingue o processo com ou sem julgamento do mérito, a ser interposto perante tribunal de segunda instância pelas partes que integram a lide (*v. Recurso de apelação civil*).

- Veja CPC/2015: "**Art. 1.009.** Da sentença cabe apelação. § 1º As questões resolvidas na fase de conhecimento, se a decisão a seu respeito não comportar agravo de instrumento, não são cobertas pela preclusão e devem ser suscitadas em preliminar de apelação, eventualmente interposta contra a decisão final, ou nas contrarrazões. § 2º Se as questões referidas no § 1º forem suscitadas em contrarrazões, o recorrente será intimado para, em 15 (quinze) dias, manifestar-se a respeito delas. § 3º O disposto no *caput* deste artigo aplica-se mesmo quando as questões mencionadas no art. 1.015 integrarem capítulo da sentença".

Apelação penal Recurso cabível, no prazo de cinco dias, ao tribunal competente ou à turma de primeiro grau, contra sentenças definitivas do juízo criminal e decisões do Tribunal do Júri (art. 593, CPP) (*v. Recurso de apelação penal*).

Apensamento Ato pelo qual se apensa ou se anexa aos autos de um processo petições, documentos e outros incidentes que com ele tenham relação ou conexão. Assim, serão apensos aos autos principais, entre outros, as contas do inventariante e o incidente de remoção de inventariante.

- Veja CPC/2015: "**Art. 553.** As contas do inventariante, do tutor, do curador, do depositário e de qualquer outro administrador serão prestadas em apenso aos autos do processo em que tiver sido nomeado. Parágrafo único. Se qualquer dos referidos no *caput* for condenado a pagar o saldo e não o fizer no prazo legal, o juiz poderá destituí-lo, sequestrar os bens sob sua guarda, glosar o prêmio ou a gratificação a que teria direito e determinar as medidas executivas necessárias à recomposição do prejuízo. [...] **Art. 623.** Requerida a remoção com fundamento em qualquer dos incisos do art. 622, será intimado o inventariante para, no prazo de 15 (quinze) dias, defender-se e produzir provas. Parágrafo único. O incidente da remoção correrá em apenso aos autos do inventário".

- Continência. Conexão. Ação de cobrança e indenização por perdas e danos. Mesmas partes e mesmo contrato. Apensamento e julgamento simultâneo. Em curso, no mesmo juízo, ações de cobrança e de indenização por perdas e danos, tendo as mesmas partes e versando sobre os mesmos contratos, não há nulidade no fato de o magistrado, entendendo configurar o instituto da continência, determinar o apensamento para julgamento simultâneo, mormente considerando inocorrer prejuízo para as partes e, ainda que presente a conexão, também com fundamento no art. 105 do CPC, poderia a autoridade judiciária ordenar a junção. (STJ, Ag. Reg. no AI n. 317.952/TO, rel. Min. Castro Filho, j. 07.06.2001, *DJ* 20.08.2001)

Aplicação da lei Um dos deveres do juiz que consiste na solução do caso concreto, submetido a sua apreciação, em conformidade com a prescrição das normas legais. O juiz não se exime de sentenciar ou despachar alegando lacuna ou obscuridade da lei (art. 126, CPC/73). Quando a lei for omissa, o juiz decidirá o caso de acordo com a analogia, os costumes e os princípios gerais de Direito (art. 4º, LINDB).

- Veja CPC/73: "**Art. 126.** O juiz não se exime de sentenciar ou despachar alegando lacuna ou obscuridade da lei. No julgamento da lide caber-lhe-á aplicar as normas legais; não as havendo, recorrerá à analogia, aos costumes e aos princípios gerais de direito".

- Veja CPC/2015: "**Art. 140.** O juiz não se exime de decidir sob a alegação de lacuna ou obscuridade do ordenamento jurídico".

- Veja LINDB: "**Art. 4º** Quando a lei for omissa, o juiz decidirá o caso de acordo com a analogia, os costumes e os princípios gerais de direito".

Aplicação da pena Ato praticado pelo juiz criminal, que, avaliando culpabilidade, antecedentes, conduta social, personalidade do agente, motivos, circunstâncias e consequências do crime, bem como o comportamento da vítima, fixa a pena do condenado (art. 59, CPP) (*v. Dosimetria da pena*).

- Veja CP: "**Art. 59.** O juiz, atendendo à culpabilidade, aos antecedentes, à conduta social, à personalidade do agente, aos motivos, às circunstâncias e consequências do crime, bem como ao comportamento da vítima, estabelecerá, conforme seja necessário e suficiente para reprovação e prevenção do crime: I – as penas aplicáveis dentre as cominadas; II – a quantidade de pena aplicável, dentro dos limites previstos; III – o regime inicial de cumprimento da pena privativa de liberdade; IV – a substituição da pena privativa da liberdade aplicada, por outra espécie de pena, se cabível. [...] **Art. 68.** A pena-base será fixada atendendo-se ao critério do art. 59 deste Código; em seguida serão consideradas as circunstâncias atenuantes e agravantes; por último, as causas de diminuição e de aumento. Parágrafo único. No concurso de causas de aumento ou de diminuição previstas na parte especial, pode o juiz limitar-se a um só aumento ou a uma só diminuição, prevalecendo, todavia, a causa que mais aumente ou diminua".

- Reincidência. Pena restritiva de direitos. Critérios para aplicação. Aplicação da Lei n. 9.714/98. CP, arts. 44, II e § 3º. A condição de reincidente em crime doloso exclui a pena restritiva de direito (CP, art. 44, II), podendo, todavia, o juiz aplicar a substituição, desde que, em face da condenação anterior, a medida seja socialmente recomendável e a reincidência não se tenha operado em virtude da prática do mesmo crime (CP, art. 44, II, § 3º). (STJ, *HC* n. 11.834/SP, rel. Min. Hamilton Carvalhido, j. 14.11.2000, *DJ* 19.02.2001)

- Individualização da pena. Aplicação da pena no mínimo legal. Acréscimo de continuidade delitiva. CP, arts. 59 e 68. No processo de aplicação da sanção penal, deve o juiz observar os cânones inscritos nos arts. 59 e 68, do CP, fixando a pena-base dentro das balizas fixadas pelo legislador, fazendo incidir, depois, as circunstâncias atenuantes ou agravando e finalizando a operação com as causas especiais de aumento ou diminuição de pena. Não merece censura a sentença que, mesmo em concurso de agentes, aplicou a todos a pena mínima cominada aos delitos, apenas acrescida do aumento fracionário da continuidade delitiva. (STJ, RHC n. 5.193/1996/SP, rel. Min. Vicente Leal, j. 12.02.1996, *DJ* 25.03.1996)

Aplicação da pena nos crimes ambientais De acordo com a Lei n. 9.605/98, que dispõe sobre as sanções penais e administrativas derivadas de condutas e atividades lesivas ao meio ambiente, para imposição e gradação da penalidade, a autoridade competente observará: a gravidade do fato, tendo em vista os motivos da infração e suas consequências para a saúde pública e para o meio ambiente; os antecedentes do infrator quanto ao cumprimento da legislação de interesse ambiental; e a situação econômica do infrator, no caso de multa (art. 6º).

- ▶ Veja Lei n. 9.605/98: "**Art. 6º** Para imposição e gradação da penalidade, a autoridade competente observará: I – a gravidade do fato, tendo em vista os motivos da infração e suas consequências para a saúde pública e para o meio ambiente; II – os antecedentes do infrator quanto ao cumprimento da legislação de interesse ambiental; III – a situação econômica do infrator, no caso de multa. Art. 7º As penas restritivas de direitos são autônomas e substituem as privativas de liberdade quando: I – tratar-se de crime culposo ou for aplicada a pena privativa de liberdade inferior a 4 (quatro) anos; II – a culpabilidade, os antecedentes, a conduta social e a personalidade do condenado, bem como os motivos e as circunstâncias do crime indicarem que a substituição seja suficiente para efeitos de reprovação e prevenção do crime. Parágrafo único. As penas restritivas de direitos a que se refere este artigo terão a mesma duração da pena privativa de liberdade substituída. Art. 8º As penas restritivas de direito são: I – prestação de serviços à comunidade; II – interdição temporária de direitos; III – suspensão parcial ou total de atividades; IV – prestação pecuniária; V – recolhimento domiciliar".

- ▪ Crime ambiental. Poluição. Crime de natureza material. Exigência de produção de resultado. Denúncia. [...] O crime ambiental previsto no art. 54 da Lei n. 9.605/98 é de natureza material, exigindo a produção de resultado, sendo necessário, para que se aperfeiçoe, que a poluição resulte ou possa resultar em danos à saúde humana, ou provoque a mortandade de animais ou a destruição significativa da flora. Se esses elementos essenciais do tipo penal não são descritos na denúncia, não havendo nesta sequer menção a eles, é de ser rejeitada, com base no art. 43, I, do CPP. (TJMG, Proc.-Crim. de Comp. Orig. n. 278.616/Patrocínio, rel. Des. Kelsen Carneiro, j. 11.03.2003)

- ▪ Crime ambiental e loteamento sem autorização. Recurso defensivo. Absolvição pelo delito de crime ambiental por falta de prova. [...] I. Não há que se falar em absolvição. A autoria, a materialidade e a culpabilidade restaram comprovadas pelo relatório de vistoria da FEEMA (fl. 29); pela informação técnica do IBAMA (fl. 40); pelo pronunciamento do engenheiro florestal no MA/ETR 4 014/2004 (fls. 35/36), bem como pela prova testemunhal produzida, inclusive com a confissão parcial da acusada. Apesar de a apelante ter negado a prática de dano ambiental, admitindo somente ter feito a limpeza do caminho já existente no terreno, confessou a venda de parte do terreno a três pessoas diferentes, mesmo sem o desmembramento perante a Prefeitura. A tese defensiva de erro sobre a ilicitude do fato por desconhecimento da lei não é viável, pois a necessidade de obtenção de licenças para desmatamento ou loteamento do solo são fatos amplamente veiculados nos jornais e televisão, não podendo a apelante alegar desconhecimento. (TJRJ, Ap. Crim. n. 3.549/2007, rel. Des. Alexandre H. P. Varella, j. 19.12.2007)

Apócrifo Não autêntico; sem autoria. Documento sem assinatura do emitente. Diz-se, também, dos livros da Bíblia cuja autenticidade não foi suficientemente estabelecida e que são rejeitados pelas Igrejas cristãs. Também podem ser considerados apócrifos um e-mail no qual não consta o remetente e uma carta anônima. Petições iniciais ou de recursos apócrifas ou sem assinatura do advogado, para alguns tribunais, são consideradas inexistentes de modo a prejudicar a análise do mérito.

- ▪ Cópia do recurso especial em que não consta a assinatura do patrono. Recurso inexistente. 1. Recurso apócrifo dirigido ao STJ é considerado inexistente, não sendo passível de regularização, já que o disposto no art. 13 do CPC não é aplicável nas instâncias extraordinárias. 2. Agravo Regimental da Empresa [...] desprovido. (STJ, Ag. Reg. no REsp n. 61.054/RJ, 1ª T., rel. Min. Napoleão Nunes Maia Filho, j. 26.06.2012, *DJe* 03.08.2012)

- Procuração. Ausência de assinatura. Instância ordinária. Abertura de prazo para regularização. 1. Afasta-se a ofensa ao art. 535 do CPC, pois a Corte de origem dirimiu, fundamentadamente, as matérias que lhe foram submetidas, motivo pelo qual o acórdão recorrido não padece de omissão, contradição ou obscuridade. Ressalta-se que não se pode confundir julgamento desfavorável, como no caso, com negativa de prestação jurisdicional, ou ausência de fundamentação. 2. Nas instâncias ordinárias, a falta de assinatura do subscritor de petição constitui irregularidade sanável, devendo ser fixado prazo para que se supra o defeito, conforme dispõe o art. 13 do CPC. 3. A alegação de que a irregularidade não foi sanada no prazo concedido demandaria o reexame do conjunto fático-probatório dos autos, providência vedada na estreita via do recurso especial, a teor do disposto na Súmula n. 7/STJ. 4. Agravo regimental não provido. (STJ, Ag. Reg. no REsp n. 833.415/RS, 4ª T., rel. Min. Raul Araújo, j. 19.06.2012, *DJe* 29.06.2012)

- Petição sem assinatura. Hipótese em que não se coloca em dúvida que foi apresentada por advogado que figura como peticionário, sendo de admitir-se, ainda, que a assinatura nela constante haja sido lançada antes do julgamento, ainda que depois de protocolizada. Precedentes do STJ admitindo que, tendo em vista a instrumentalidade do processo, se deva ter como suprida a falta. (STJ, REsp n. 123.413/SP, 3ª T., rel. Min. Eduardo Ribeiro, j. 07.04.1998, *DOU* 15.06.1998)

Apólice Instrumento ou documento representativo do contrato de seguro, que consigna riscos assumidos, valor do objeto seguro, prêmio devido ou pago pelo segurado e que, após ser remetido ao segurado, aperfeiçoa o contrato firmado entre seguradora e segurado (arts. 758 e segs., CC).

▶ Veja CC: "**Art. 758**. O contrato de seguro prova-se com a exibição da apólice ou do bilhete do seguro, e, na falta deles, por documento comprobatório do pagamento do respectivo prêmio. **Art. 759**. A emissão da apólice deverá ser precedida de proposta escrita com a declaração dos elementos essenciais do interesse a ser garantido e do risco. **Art. 760**. A apólice ou o bilhete de seguro serão nominativos, à ordem ou ao portador, e mencionarão os riscos assumidos, o início e o fim de sua validade, o limite da garantia e o prêmio devido, e, quando for o caso, o nome do segurado e o do beneficiário. Parágrafo único. No seguro de pessoas, a apólice ou o bilhete não podem ser ao portador. **Art. 761**. Quando o risco for assumido em cosseguro, a apólice indicará o segurador que administrará o contrato e representará os demais, para todos os seus efeitos. **Art. 762**. Nulo será o contrato para garantia de risco proveniente de ato doloso do segurado, do beneficiário, ou de representante de um ou de outro. **Art. 763**. Não terá direito a indenização o segurado que estiver em mora no pagamento do prêmio, se ocorrer o sinistro antes de sua purgação. **Art. 764**. Salvo disposição especial, o fato de se não ter verificado o risco, em previsão do qual se faz o seguro, não exime o segurado de pagar o prêmio".

- Agravo de Instrumento. Medida cautelar de sequestro. Substituição de bens gravados por seguro-garantia. Possibilidade. Agravo provido. I. É possível a substituição de bens sequestrados por seguro-garantia na hipótese dos autos em que as apólices de Seguro apresentadas pelo agravante superam o montante determinado como garantia, ainda que sobre este valor recaia a devida atualização e a incidência do acréscimo de 30%, como exige o art. 656, § 2º, do CPC. II. Agravo de instrumento provido para deferir o pedido de substituição dos bens sequestrados por seguro-garantia nos autos de origem (Medida Cautelar de Sequestro n. 2003.35.00.010.358-1/GO). (TRF-1ª Região, AI n. 2.007.01.00.046.705-6/GO, rel. Des. Tourinho Neto, j. 16.06.2009)

- Seguro de automóvel. Negativa de cobertura do sinistro, sob o argumento de que o segurado não teria apresentado a documentação do veículo livre e desembaraçada de qualquer gravame. O fato de o veículo estar arrendado *leasing* não constituiu óbice para a contratação do seguro, também não poderia constituir para a cobertura do sinistro. Ressarcimento das despesas obtidas com o aluguel de carro para substituir o sinistrado descabido, porque não comprovadas. Contratação de seguro a valor determinado. Previsão expressa na apólice do abatimento de 20% sobre o valor da indenização em caso de perda total. Licitude da franquia, porque expressamente pactuada na apólice. Apelo provido em parte. (TJRS, Ap. Cível n. 70.005.384.839, 6ª Câm. Cível, rel. Ney Wiedemann Neto, j. 02.03.2005, *DJ* 14.03.2005)

Apologia Defesa, justificação ou incentivo à prática de um ato. Manifestação ou discurso feito para louvar, elogiar ou exaltar uma pessoa, um movimento social ou uma corrente filosófica. A apologia do crime feita publicamente é vedada pela lei penal (art. 287, CP). Em relação às denominadas "marchas da maconha", o Plenário do STF reconheceu sua constitucionalidade no julgamento da ADPF n. 187, realizado em 15.06.2011. Seguindo o voto do relator, Ministro Celso de Mello, a Corte deu interpretação conforme a Constituição ao dispositivo do CP, para afastar qualquer entendimento no sentido de que as marchas constituem apologia ao crime. Para os ministros presentes à sessão, prevalece nesses casos a liberdade de expressão e de reunião. Os ministros salientaram, contudo, que as manifestações devem ser lícitas, pacíficas, sem armas e com prévia notificação da autoridade competente.

- ▶ Veja CF: "**Art. 5º** Todos são iguais perante a lei, sem distinção de qualquer natureza, garantindo-se aos brasileiros e aos estrangeiros residentes no País a inviolabilidade do direito à vida, à liberdade, à igualdade, à segurança e à propriedade, nos termos seguintes: IV – é livre a manifestação do pensamento, sendo vedado o anonimato; IX – é livre a expressão da atividade intelectual, artística, científica e de comunicação, independentemente de censura ou licença; [...] **Art. 220.** A manifestação do pensamento, a criação, a expressão e a informação, sob qualquer forma, processo ou veículo não sofrerão qualquer restrição, observado o disposto nesta Constituição. [...]"

- ▶ Veja CP: "**Art. 287.** Fazer, publicamente, apologia de fato criminoso ou de autor de crime: Pena – detenção, de 3 (três) a 6 (seis) meses, ou multa".

- ■ Desacato, apologia de crime ou criminoso e incitação ao crime – delitos não caracterizados – trancamento da ação penal determinado. O art. 286, CP, incrimina a conduta de incitar, induzir, instigar, provocar, estimular à prática de qualquer crime, quer criando a ideia do ilícito, quer reforçando propósito já existente. Se não houve exortação à prática de delito, não se caracteriza a infração em questão. Apologia é manifestação do pensamento consistente no elogio de um fato criminoso ou do seu autor feita publicamente para aprovar, louvar ou exaltar o crime ou o seu praticante, ou ambos. Se não se faz referência elogiosa a nenhum tipo de infração penal e nem a qualquer criminoso, não há que se cogitar sequer, em tese, da existência da infração do art. 287, do Código Penal. Não se caracteriza a infração de desacato quando a autoridade que se diz desacatada não se encontrar presente, no momento em que foram proferidas as injúrias. (TJMG, HC n. 296.538-2/00, rel. Kelsen Carneiro, j. 24.09.2002, DJ 11.10.2002)

- ■ A instigação feita genericamente, de modo vago, não tem eficácia ou idoneidade, por isso que não configura o delito previsto no art. 286 do CP/40. (TACrimSP, AC, rel. Ralpho Waldo, RT 598/351)

- ■ Comete, em tese, o delito do art. 286 do CF aquele que incita, publicamente, a desobediência à ordem judicial. (TACrimSP, HC, rel. Geraldo Pinheiro, RT 495/319)

- ■ Incitação ao crime de dano. Consumação do dano e consequente absorção da incitação, como delito-meio. (TAMG, AC n. 13.879, rel. Joaquim Alves, RTJE 40/315)

Aposentadoria Afastamento voluntário ou compulsório do trabalho ou das funções exercidas, mediante recebimento por meio do órgão previdenciário de certa remuneração vitalícia nas hipóteses especificadas em lei. O mesmo que *reforma* para os militares. A aposentadoria pode se dar por invalidez, idade ou tempo de contribuição.

- ▶ Veja CF: "**Art. 201.** § 7º É assegurada aposentadoria no regime geral de previdência social, nos termos da lei, obedecidas as seguintes condições: I – trinta e cinco anos de contribuição, se homem, e trinta anos de contribuição, se mulher; II – sessenta e cinco anos de idade, se homem, e sessenta anos de idade, se mulher, reduzido em cinco anos o limite para os trabalhadores rurais de ambos os sexos e para os que exerçam suas atividades em regime de economia familiar, nestes incluídos o produtor rural, o garimpeiro e o pescador artesanal".

Aposentadoria complementar Benefício opcional disponibilizado ao trabalhador, que lhe proporciona um seguro previdenciário adicional de acordo com suas possibilidades e necessidades. Aposentadoria voluntária contratada para garantir uma renda extra ao trabalhador ou a seu beneficiário mediante o pagamento mensal de quantia fixada conforme sua disponibilidade. O valor do benefício é aplicado pela entidade gestora com base em cálculos atuariais. O saldo acumulado poderá ser resgatado integralmente ou recebido mensalmente, como uma pensão ou aposentadoria tradicional. Existem dois tipos de previdência complementar: a previdência aberta e a previdência fechada. As instituições que trabalham com planos de previdência aberta são fiscalizadas pela Superintendência de Seguros Privados (Susep) do Ministério da Fazenda. As Entidades Fechadas de Previdência Complementar (EFPC), conhecidas como fundos de pensão, são instituições sem fins lucrativos que mantêm planos de previdência coletivos. São permitidas exclusivamente aos empregados de uma empresa e aos servidores da União, dos Estados, do Distrito Federal e dos Municípios, entes denominados patrocinadores; e aos associados ou membros de pessoas jurídicas de caráter profissional, classista ou setorial, denominados instituidores.

A LC n. 109/2001 estendeu a previdência complementar fechada aos trabalhadores vinculados a alguma entidade representativa, como sindicatos, cooperativas, associações, órgãos de classe e outras entidades de caráter classista, profissional e setorial, na modalidade denominada previdência associativa. A fiscalização das EFPC é feita pela Superintendência Nacional de Previdência Complementar e regulada pela Secretaria de Políticas de Previdência Complementar (SPPC), do Ministério da Previdência Social. São exemplos de entidades fechadas a OAB-PREV, a BB-Previdência e a JUSPREV.

▸ Veja CF: "**Art. 202.** O regime de previdência privada, de caráter complementar e organizado de forma autônoma em relação ao regime geral de previdência social, será facultativo, baseado na constituição de reservas que garantam o benefício contratado, e regulado por lei complementar. § 1º A lei complementar de que trata este artigo assegurará ao participante de planos de benefícios de entidades de previdência privada o pleno acesso às informações relativas à gestão de seus respectivos planos. § 2º As contribuições do empregador, os benefícios e as condições contratuais previstas nos estatutos, regulamentos e planos de benefícios das entidades de previdência privada não integram o contrato de trabalho dos participantes, assim como, à exceção dos benefícios concedidos, não integram a remuneração dos participantes, nos termos da lei. [...]".

▸ Veja LC n. 109/2001: "**Art. 1º** O regime de previdência privada, de caráter complementar e organizado de forma autônoma em relação ao regime geral de previdência social, é facultativo, baseado na constituição de reservas que garantam o benefício, nos termos do *caput* do art. 202 da Constituição Federal, observado o disposto nesta Lei Complementar. Art. 2º O regime de previdência complementar é operado por entidades de previdência complementar que têm por objetivo principal instituir e executar planos de benefícios de caráter previdenciário, na forma desta Lei Complementar. [...] **Art. 6º** As entidades de previdência complementar somente poderão instituir e operar planos de benefícios para os quais tenham autorização específica, segundo as normas aprovadas pelo órgão regulador e fiscalizador, conforme disposto nesta Lei Complementar. [...] **Art. 31.** As entidades fechadas são aquelas acessíveis, na forma regulamentada pelo órgão regulador e fiscalizador, exclusivamente: I – aos empregados de uma empresa ou grupo de empresas e aos servidores da União, dos Estados, do Distrito Federal e dos Municípios, entes denominados patrocinadores; e II – aos associados ou membros de pessoas jurídicas de caráter profissional, classista ou setorial, denominadas instituidores. [...] **Art. 36.** As entidades abertas são constituídas unicamente sob a forma de sociedades anônimas e têm por objetivo instituir e operar planos de benefícios de caráter previdenciário concedidos em forma de renda continuada ou pagamento único, acessíveis a quaisquer pessoas físicas."

▪ Previdência privada. Complementação. Aposentadoria. Limite de idade. Decreto n. 81.240/78. Legalidade. Conforme entendimento do STJ, é legítimo o estabelecimento do limite de idade em 55 anos promovido pelo Decreto n. 81.240/78, sem extrapolar os parâmetros fixados na Lei n. 6.435/77, que não veda tal prática, além de ser imperativa a manutenção do equilíbrio atuarial da instituição de previdência complementar. Agravo nos embargos de declaração no recurso especial não provido. (STJ, Ag. Reg. nos EDcl no REsp n. 1.345.973/RS, 3ª T., rel. Min. Nancy Andrighi, j. 02.05.2013, *DJe* 07.05.2013)

▪ Previdência privada. Adesão facultativa. Pagamento de verba não prevista no regulamento do plano. [...] 1. As entidades de previdência privada administram os planos, mas não lhes pertence o patrimônio acumulado, que é constituído com o objetivo de assegurar o custeio das despesas comuns. Portanto, a concessão de verba não prevista no contrato de adesão, em prejuízo de terceiros, é providência vedada pelos arts. 3º, I, da Lei n. 6.435/77, e 3º, VI, da LC n. 109/2001, que impõem ao Estado proteger os interesses dos participantes e assistidos dos planos de benefícios. 2. De fato, em relação às verbas da denominada "gratificação de produtividade" recebidas pelos trabalhadores em atividade, incidia apenas contribuição para a previdência oficial, sendo certo que não há dependência da previdência privada, que constitui regime jurídico próprio, com regramento específico. Desse modo, como o sistema de capitalização constitui pilar do regime de previdência privada, evidentemente a eventual inobservância ao equilíbrio atuarial, em contrariedade ao pactuado, colocará em risco o interesse de terceiros. 3. A imposição, pelas instâncias ordinárias, da extensão da intitulada "gratificação de produtividade", sem que houvesse a sua previsão no contrato de adesão e, por conseguinte, fosse contemplada nos cálculos atuariais – efetuados por ocasião da instituição do plano de benefício –, resultou em violação aos arts. 3º, 40 e 43 da Lei n. 6.435/77. 4. Recurso especial provido. (STJ, REsp n. 1.006.153/SP, 4ª T., rel. Min. Luis Felipe Salomão, j. 02.04.2013, *DJe* 08.04.2013)

Aposentadoria compulsória Aposentadoria obrigatória a que estão sujeitos os segurados da Previdência Social e os servidores públicos que tenham completado setenta anos de idade, se do sexo masculino, ou sessenta e cinco anos de idade, se do sexo feminino, podendo ser requerida pelo próprio empregador (arts. 186, Lei n. 8.112/90, e 51, Lei n. 8.213/91).

- Veja CF: "**Art. 40.** Aos servidores titulares de cargos efetivos da União, dos Estados, do Distrito Federal e dos Municípios, incluídas suas autarquias e fundações, é assegurado regime de previdência de caráter contributivo e solidário, mediante contribuição do respectivo ente público, dos servidores ativos e inativos e dos pensionistas, observados critérios que preservem o equilíbrio financeiro e atuarial e o disposto neste artigo. § 1º Os servidores abrangidos pelo regime de previdência de que trata este artigo serão aposentados, calculados os seus proventos a partir dos valores fixados na forma dos §§ 3º e 17: I – por invalidez permanente, sendo os proventos proporcionais ao tempo de contribuição, exceto se decorrente de acidente em serviço, moléstia profissional ou doença grave, contagiosa ou incurável, na forma da lei; II – compulsoriamente, aos setenta anos de idade, com proventos proporcionais ao tempo de contribuição".

- Veja Lei n. 8.112/90: "**Art. 186.** O servidor será aposentado: [...] II – compulsoriamente, aos 70 (setenta) anos de idade, com proventos proporcionais ao tempo de serviço; [...] **Art. 187.** A aposentadoria compulsória será automática, e declarada por ato, com vigência a partir do dia imediato àquele em que o servidor atingir a idade-limite de permanência no serviço ativo.

- Veja Lei n. 8.213/91: "**Art. 51.** A aposentadoria por idade pode ser requerida pela empresa, desde que o segurado empregado tenha cumprido o período de carência e completado 70 (setenta) anos de idade, se do sexo masculino, ou 65 (sessenta e cinco) anos, se do sexo feminino, sendo compulsória, caso em que será garantida ao empregado a indenização prevista na legislação trabalhista, considerada como data da rescisão do contrato de trabalho a imediatamente anterior à do início da aposentadoria".

■ Servidor público. Empregado público. Aposentadoria compulsória. CF/88, art. 40, § 1º, II. O preceito constitucional contido no inciso II do art. 40 da CR aplica-se apenas aos servidores públicos estatutários, e não aos empregados públicos, que estão ligados ao Regime Geral da Previdência; e que, por óbvio, não terão os seus proventos de aposentadoria custeados pelo município réu. O ente público, quando contrata trabalhadores sob o regime da CLT, equipara-se ao empregador comum, devendo, pois, se sujeitar às normas da legislação trabalhista e previdenciária. Nestes casos, os proventos da aposentadoria serão suportados pelo INSS, enquanto que os vencimentos do empregado serão pagos pelo Município réu. (TRT-3ª Região, RO n. 1.082/2012, rel. Juiz José Marlon de Freitas, j. 02.02.2012, *DJ* 09.02.2012)

■ Atividade notarial e de registro. Aposentadoria compulsória. ADIn n. 2.602. Efeitos *ex nunc*. Atos anteriores à medida. I. O Colendo Supremo Tribunal Federal, no julgamento da Ação Direta de Inconstitucionalidade n. 2.602, afastou a interpretação que permite a aposentadoria compulsória dos titulares de serventias cartorárias. II. Entretanto, o Plenário do Pretório Excelso destacou que a decisão teria efeitos *ex nunc*, de modo que as situações anteriores não se encontram ao seu abrigo. III. Recurso Ordinário improvido. (TJMG, RMS n. 18.006/MG (2004/0.040.039-1), 1ª T., rel. Min. Francisco Falcão, j. 10.04.2007, *DJ* 30.04.2007)

Aposentadoria de policiais Aposentadoria especial concedida, de forma voluntária ou compulsória, ao servidor público policial que preenche os requisitos legais. Quando voluntária, o policial tem direito a proventos integrais após trinta anos de contribuição, desde que conte pelo menos vinte anos de exercício estritamente policial, se homem, ou após 25 anos de contribuição, desde que conte pelo menos quinze anos de exercício estritamente policial, se mulher. O policial também poderá ser aposentado compulsoriamente, com proventos proporcionais ao tempo de contribuição, aos 65 anos de idade, qualquer que seja a natureza dos serviços prestados (art. 1º, LC n. 51/85).

- Veja LC n. 51/85: "**Art. 1º** O servidor público policial será aposentado: I – compulsoriamente, com proventos proporcionais ao tempo de contribuição, aos 65 (sessenta e cinco) anos de idade, qualquer que seja a natureza dos serviços prestados; II – voluntariamente, com proventos integrais, independentemente da idade: a) após 30 (trinta) anos de contribuição, desde que conte, pelo menos, 20 (vinte) anos de exercício em cargo de natureza estritamente policial, se homem; b) após 25 (vinte e cinco) anos de contribuição, desde que conte, pelo menos, 15 (quinze) anos de exercício em cargo de natureza estritamente policial, se mulher".

Aposentadoria especial Modalidade de aposentadoria concedida pelo órgão previdenciário ao segurado que tiver trabalhado sujeito a condições especiais que prejudiquem a saúde ou a integridade física, durante 15, 20 ou 25 anos, conforme dispuser a lei. O valor da aposentadoria consistirá numa renda mensal equivalente a 100% do salário de benefício. A concessão da aposentadoria especial dependerá de comprovação pelo segurado, perante o INSS, do tempo de trabalho permanente, não ocasional nem intermitente, em condições especiais que prejudiquem a saúde ou a integridade física, durante o período mínimo fixado (art. 57, Lei n. 8.213/91).

▸ Veja Lei n. 8.213/91: "**Art. 57.** A aposentadoria especial será devida, uma vez cumprida a carência exigida nesta Lei, ao segurado que tiver trabalhado sujeito a condições especiais que prejudiquem a saúde ou a integridade física, durante 15 (quinze), 20 (vinte) ou 25 (vinte e cinco) anos, conforme dispuser a lei. § 1º A aposentadoria especial, observado o disposto no art. 33 desta Lei, consistirá numa renda mensal equivalente a 100% (cem por cento) do salário-de-benefício. [...]".

■ Aposentadoria especial. Conversão de tempo de serviço especial em comum. Exposição ao agente físico ruído. Limite mínimo 80 dB até 05.03.1997. O art. 292 do Decreto n. 611/92 classificou como especiais as atividades constantes dos anexos dos Decretos ns. 53.831/64 e 83.080/79. Havendo colisão entre preceitos constantes nos dois diplomas normativos, deve prevalecer aquele mais favorável ao trabalhador, em face do caráter social do direito previdenciário e da observância do princípio *in dubio pro misero*. Deve prevalecer, pois, o comando do Decreto n. 53.831/64, que fixou em 80 dB o limite mínimo de exposição ao ruído, para estabelecer o caráter nocivo da atividade exercida. Precedente da Terceira Seção. A própria Autarquia Previdenciária reconheceu o índice acima, em relação ao período anterior à edição do Dec. n. 2.172/97, consoante norma inserta no art. 173, I, da Instrução Normativa INSS/DC n. 57, de 10 de outubro de 2001 (*DOU* 11.10.2001). (STJ, Embs. de Div. em REsp n. 441.721/RS, rel. Min. Laurita Vaz, j. 14.12.2005, *DJ* 01.02.2006)

■ Aposentadoria especial. Contagem de tempo de serviço especial. Exercício em condições especiais. Frio. *In casu*, a atividade submetida ao frio era enquadrada nos anexos dos Decretos ns. 53.831/64 e 83.030/79. Existia a presunção absoluta de exposição aos agentes nocivos relacionados nos mencionados anexos. Contudo, tal presunção só perduraria até a edição da Lei n. 9.032/95, que passou a exigir a comprovação do exercício da atividade por meio dos formulários de informações sobre atividades com exposição a agentes nocivos ou outros meios de provas. Portanto, não merece reforma o acórdão recorrido, que entendeu estarem cumpridos os requisitos legais para o reconhecimento da atividade especial no período anterior a 28.04.1995, visto que é direito incorporado ao patrimônio do trabalhador, para ser exercido quando lhe convier, não podendo sofrer nenhuma restrição imposta pela legislação posterior. (STJ, REsp n. 464.596/SC, rel. Min. Arnaldo Esteves Lima, j. 20.09.2005, *DJ* 07.11.2005)

Aposentadoria híbrida Modalidade de aposentadoria na qual se agrega tempo rural e urbano para efeito de contagem do tempo de contribuição, nos termos da Lei n. 11.718/2008. Visa a legitimar as situações de alternância entre trabalho rural e urbano, em especial dos trabalhadores que dedicaram significativo tempo de sua vida nas lides do campo e que posteriormente, pela mudança de ofício, não poderiam aproveitar referido período para fins de carência.

▸ Veja Lei n. 11.718/2008: "**Art. 3º** Na concessão de aposentadoria por idade do empregado rural, em valor equivalente ao salário mínimo, serão contados para efeito de carência: I – até 31 de dezembro de 2010, a atividade comprovada na forma do art. 143 da Lei n. 8.213, de 24 de julho de 1991; II – de janeiro de 2011 a dezembro de 2015, cada mês comprovado de emprego, multiplicado por 3 (três), limitado a 12 (doze) meses, dentro do respectivo ano civil; e III – de janeiro de 2016 a dezembro de 2020, cada mês comprovado de emprego, multiplicado por 2 (dois), limitado a 12 (doze) meses dentro do respectivo ano civil. Parágrafo único. Aplica-se o disposto no *caput* deste artigo e respectivo inciso I ao trabalhador rural enquadrado na categoria de segurado contribuinte individual que comprovar a prestação de serviço de natureza rural, em caráter eventual, a 1 (uma) ou mais empresas, sem relação de emprego".

■ Aposentadoria por idade mista/híbrida. Art. 48, § 3º, da Lei n. 8.213/91. Benefício equiparado à aposentadoria por idade urbana. Carência e idade. Concomitância. Irrelevância. Perda da condição de segurado. Circunstância desconsiderada à luz do disposto no § 1º do art. 3º da Lei n. 10.666/2003. 1. Da leitura do art. 48, § 3º, da Lei n. 8.213/91, depreende-se que sua intenção foi a de possibilitar ao trabalhador rural que não se enquadra na previsão do § 2º do aludido artigo à aposentadoria por idade com o aproveitamento das contribuições sob outra(s) categoria(s), porém com a elevação da idade mínima para 60 (sessenta) anos para mulher e 65 (sessenta e cinco) anos para homem. 2. Em função das inovações trazidas pela Lei n. 11.718/2008, já não tão recentes, nem mais cabe indagar sobre a natureza jurídica da denominada aposentadoria mista ou híbrida, pois se pode afirmar que se trata de uma modalidade de aposentadoria urbana. 3. A reforçar sua natureza de benefício urbano, o § 4º, para efeitos do § 3º, do aludido artigo, dispõe que o cálculo da renda mensal do benefício será apurado em conformidade com o disposto no inciso II do art. 29 da mesma Lei. 4. Conferindo-se o mesmo tratamento atribuído à aposentadoria por idade urbana, não importa no preenchimento simultâneo da idade e carência. Vale dizer, caso ocorra a implementação da carência exigida antes mesmo do preenchimento do requisito etário, não constitui óbice para o seu deferimento a eventual perda da condição de segurado (§ 1º do art. 3º da Lei n. 10.666/2003). 5. Possuindo a parte autora tempo de contribuição equivalente à carência exigida na data do requerimento administrativo, faz jus à aposentadoria mista/híbrida. (TRF-4ª Região, Ap. Cível n. 0.008.113-13.2013.404.9.999/RS, 5ª T., rel. Des. Rogerio Favreto, *DJe* 05.07.2013)

Aposentadoria por idade Modalidade de aposentadoria concedida pelo órgão previdenciário ao segurado que, cumprida a carência exigida na lei, completar 65 anos de idade, se homem, ou 60, se mulher. Tais limites de idade são reduzidos para 60 e 55 anos, respectivamente, no caso de trabalhadores rurais. O valor da aposentadoria consistirá em uma renda mensal de 70% do salário de benefício, mais 1% deste por grupo de doze contribuições, não podendo ultrapassar 100% do salário de benefício. Dá-se a aposentadoria compulsória por idade aos servidores públicos e segurados empregados que tenham cumprido o período de carência e completado 70 anos de idade, se do sexo masculino, ou 65 anos, se do sexo feminino (art. 186, Lei n. 8.112/90; art. 51, Lei n. 8.213/91).

▶ Veja Lei n. 8.213/91: "**Art. 48.** A aposentadoria por idade será devida ao segurado que, cumprida a carência exigida nesta Lei, completar 65 (sessenta e cinco) anos de idade, se homem, e 60 (sessenta) se mulher. § 1º Os limites fixados no *caput* são reduzidos para sessenta e cinquenta e cinco anos no caso de trabalhadores rurais, respectivamente homens e mulheres, referidos na alínea *a* do inciso I, na alínea *g* do inciso V e nos incisos VI e VII do art. 11. [...]".

■ Aposentadoria por idade. Trabalhador rural. Carência. Comprovação. Prova testemunhal. Início razoável de prova. Lei n. 8.213/91, arts. 48 e 55, § 3º. Súmula n. 149/STJ. Uma vez reconhecida a condição de rurícola por parte do autor da demanda não é necessário que este faça prova do recolhimento das contribuições previdenciárias para obtenção de aposentadoria por idade. Conforme iterativa jurisprudência do STJ, é necessário início de prova razoável que corrobore os testemunhos realizados para fins de aposentadoria por idade, tal como ocorre no caso. (STJ, REsp n. 178.658/1998/SP, rel. Min. José Arnaldo, j. 05.11.1998, *DJ* 07.12.1998)

■ Aposentadoria por idade. Perda da qualidade de segurado. Prescindibilidade. Verificação dos requisitos necessários. Idade mínima e recolhimento das contribuições devidas. A perda da qualidade de segurado, após o atendimento aos requisitos da idade mínima e do recolhimento das contribuições previdenciárias devidas, não impede a concessão da aposentadoria por idade. Ademais, os requisitos exigidos pela legislação previdenciária não precisam ser preenchidos, simultaneamente, no caso de aposentadoria por idade. Sobre o tema, cumpre relembrar que o caráter social da norma previdenciária requer interpretação finalística, ou seja, em conformidade com os seus objetivos. (STJ, Ag. Reg. no REsp n. 541.611/RS, rel. Min. Gilson Dipp, j. 09.12.2003, *DJ* 02.02.2004)

Aposentadoria por invalidez Modalidade de aposentadoria concedida pelo órgão previdenciário ao segurado que, estando ou não em gozo de auxílio-doença, for considerado incapaz e insuscetível de reabilitação para o exercício de atividade que lhe garanta a subsistência. O benefício lhe será pago enquanto permanecer nessa condição. A concessão dependerá da verificação da condição de incapacidade, mediante exame médico-pericial a cargo da Previdência Social, podendo o segurado, às suas expensas, fazer-se acompanhar de médico de sua confiança. A aposentadoria por invalidez, inclusive a decorrente de acidente do trabalho, consistirá em uma renda mensal correspondente a 100% do salário de benefício, observado o disposto na Lei de Benefícios da Previdência Social (art. 42, Lei n. 8.213/91).

▶ Veja Lei n. 8.213/91: "**Art. 42.** A aposentadoria por invalidez, uma vez cumprida, quando for o caso, a carência exigida, será devida ao segurado que, estando ou não em gozo de auxílio-doença, for considerado incapaz e insusceptível de reabilitação para o exercício de atividade que lhe garanta a subsistência, e ser-lhe-á paga enquanto permanecer nesta condição. § 1º A concessão de aposentadoria por invalidez dependerá da verificação da condição de incapacidade mediante exame médico-pericial a cargo da Previdência Social, podendo o segurado, às suas expensas, fazer-se acompanhar de médico de sua confiança. § 2º A doença ou lesão de que o segurado já era portador ao filiar-se ao Regime Geral de Previdência Social não lhe conferirá direito à aposentadoria por invalidez, salvo quando a incapacidade sobrevier por motivo de progressão ou agravamento dessa doença ou lesão".

- Concessão de aposentadoria por invalidez. Recolhimento de contribuições previdenciárias. Inexigência. Comprovada a incapacidade total e permanente para o serviço, deve ser assegurado o benefício da aposentadoria por invalidez, *ex vi* do art. 42, Lei n. 8.213/91, não se podendo falar em comprovação de tempo de serviço, exigido tão somente para fins de concessão de aposentadoria por idade. O benefício da aposentadoria por invalidez deve ser concedido ao segurado, desde que comprovada a incapacidade total e permanente para o desempenho de suas atividades, não se lhe aplicando a exigência do período de carência de contribuições, *ex vi* do art. 26, II, da Lei n. 8.213/91. Recurso especial não conhecido. (STJ, REsp n. 286.476/SP (2000/0.115.817-1), 6ª T., rel. Min. Vicente Leal, j. 05.04.2002, *DJ* 06.05.2002)

- Trabalhador rural. Aposentadoria por tempo de serviço. Contagem do tempo de serviço anterior à edição da Lei n. 8.213/91. Recolhimento de contribuição. [...] Tempo de serviço rural anterior à edição da Lei n. 8.213/91. Exigência de recolhimento de contribuição como pressuposto para a concessão de aposentadoria. Impossibilidade. Norma destinada a fixar as condições de encargos e benefícios, que traz em seu bojo proibição absoluta de concessão de aposentadoria do trabalhador rural, quando não comprovado o recolhimento das contribuições anteriores. Vedação não constante da Constituição do Brasil. Precedente: ADIn n. 1.664, rel. Min. Octavio Gallotti, *DJ* 19.12.1997. (STF, Ag. Reg. no RE n. 339.351/PR, rel. Min. Eros Grau, j. 29.03.2005, *DJ* 15.04.2005)

Aposentadoria por tempo de contribuição

Modalidade de aposentadoria concedida pelo órgão previdenciário ao segurado que completar 35 anos de serviço ou de contribuição, se do sexo masculino, ou 30 anos, se do sexo feminino (art. 201, § 7º, CF). Também conhecida por aposentadoria por tempo de serviço. A aposentadoria por tempo de contribuição pode ser integral ou proporcional. Para ter direito à aposentadoria integral, o trabalhador (homem) deve comprovar pelo menos 35 anos de contribuição e a trabalhadora, 30 anos. Para requerer a aposentadoria proporcional, o trabalhador tem de combinar dois requisitos: tempo de contribuição e idade mínima. Os homens podem requerer aposentadoria proporcional aos 53 anos de idade e 30 anos de contribuição, mais um adicional de 40% sobre o tempo que faltava em 16 de dezembro de 1998 para completar trinta anos de contribuição. As mulheres têm direito à aposentadoria proporcional aos 48 anos de idade e 25 de contribuição, mais um adicional de 40% sobre o tempo que faltava em 16 de dezembro de 1998 para completar 25 anos de contribuição. A aposentadoria por tempo de serviço integral consistirá em uma renda mensal de: para a mulher, 70% do salário de benefício aos 25 anos de serviço, mais 6% deste para cada novo ano completo de atividade, até o máximo de 100% do salário de benefício aos 30 anos de serviço; para o homem, 70% do salário de benefício aos 30 anos de serviço, mais 6% deste para cada novo ano completo de atividade, até o máximo de 100% do salário de benefício aos 35 anos de serviço. O professor, após 30 anos, e a professora, após 25 anos de efetivo exercício em funções de magistério, poderão se aposentar por tempo de serviço com renda mensal correspondente a 100% do salário de benefício (art. 52, Lei n. 8.213/91).

▶ Veja CF: "**Art. 201.** [...] § 7º É assegurada aposentadoria no regime geral de previdência social, nos termos da lei, obedecidas as seguintes condições: I – 35 (trinta e cinco) anos de contribuição, se homem, e 30 (trinta) anos de contribuição, se mulher; Inciso acrescentado pela EC n. 20, de 15.12.1998. II – 65 (sessenta e cinco) anos de idade, se homem, e 60 (sessenta) anos de idade, se mulher, reduzido em 5 (cinco) anos o limite para os trabalhadores rurais de ambos os sexos e para os que exerçam suas atividades em regime de economia familiar, nestes incluídos o produtor rural, o garimpeiro e o pescador artesanal [...]".

▶ Veja Lei n. 8.213/91: "**Art. 52.** A aposentadoria por tempo de serviço será devida, cumprida a carência exigida nesta Lei, ao segurado que completar 25 (vinte e cinco) anos de serviço, se do sexo feminino, ou 30 (trinta) anos, se do sexo masculino. Art. 53. A aposentadoria por tempo de serviço, observado o disposto na Seção III deste Capítulo, especialmente no art. 33, consistirá numa renda mensal de: I – para a mulher: 70% (setenta por cento) do salário-de-benefício aos 25 (vinte e cinco) anos de serviço, mais 6% (seis por cento) deste, para cada novo ano completo de atividade, até o máximo de 100% (cem por cento) do salário-de-benefício aos 30 (trinta) anos de serviço; II – para o homem: 70% (setenta por cento) do salário-de-benefício aos 30 (trinta) anos de serviço, mais 6%

(seis por cento) deste, para cada novo ano completo de atividade, até o máximo de 100% (cem por cento) do salário-de-benefício aos 35 (trinta e cinco) anos de serviço".

- Trabalhador rural. Contagem do tempo de serviço. Período anterior à edição da Lei n. 8.213/91. Recolhimento de contribuição. Tempo de serviço rural anterior à edição da Lei n. 8.213/91. Exigência de recolhimento de contribuição como pressuposto para a concessão de aposentadoria. Impossibilidade. Norma destinada a fixar as condições de encargos e benefícios, que traz em seu bojo proibição absoluta de concessão de aposentadoria do trabalhador rural, quando não comprovado o recolhimento das contribuições anteriores. Vedação não constante da Constituição do Brasil. Precedente: ADIn n. 1.664, rel. Min. Octavio Gallotti, *DJ* 19.12.1997. (STF, Ag. Reg. no RE n. 339.351/PR, rel. Min. Eros Grau, j. 29.03.2005, *DJ* 15.04.2005)

- Conversão de tempo especial em comum. Tempo de serviço posterior à EC n. 20/98 para aposentadoria integral por tempo de serviço. Possibilidade. Regras de transição. Pedágio. [...] 2. A Emenda Const. 20/98 extinguiu a aposentadoria proporcional por tempo de serviço. Assim, para fazer jus a esse benefício, necessário o preenchimento dos requisitos anteriormente à data de sua edição (15.12.1998). 3. Com relação à aposentadoria integral, entretanto, na redação do Projeto de Emenda à Constituição, o inciso I do § 7º do art. 201 da CF/88 associava tempo mínimo de contribuição (35 anos para homem e 30 anos para mulher) à idade mínima de 60 anos e 55 anos, respectivamente. Como a exigência da idade mínima não foi aprovada pela Emenda n. 20/98, a regra de transição para a aposentadoria integral restou sem efeito, já que, no texto permanente (art. 201, § 7º, I), a aposentadoria integral será concedida levando-se em conta somente o tempo de serviço, sem exigência de idade ou *pedágio*. 4. Recurso especial conhecido e improvido. (STJ, REsp n. 797.209/MG, rel. Min. Arnaldo Esteves Lima, j. 16.04.2009, *DJ* 18.05.2009)

Aposentadoria por tempo de serviço (*v. Aposentadoria por tempo de contribuição*).

Aposentadoria proporcional Aposentadoria por tempo de contribuição que pode ser concedida pelo órgão previdenciário ao segurado, cujo valor é calculado de forma proporcional a esse tempo. Para requerer a aposentadoria proporcional, o trabalhador tem de combinar os requisitos de tempo e idade. Os homens podem requerer a aposentadoria proporcional aos 53 anos de idade e 30 anos de contribuição, e terão um adicional de 40% sobre o tempo que faltava em 16 de dezembro de 1998 para completar 30 anos de contribuição. As mulheres têm direito à aposentadoria proporcional aos 48 anos de idade e 25 de contribuição, mais um adicional de 40% sobre o tempo que faltava em 16 de dezembro de 1998 para completar 25 anos de contribuição (art. 9º, EC n. 20, de 16.12.1998).

- Veja Lei n. 8.213/91: "**Art. 52.** A aposentadoria por tempo de serviço será devida, cumprida a carência exigida nesta Lei, ao segurado que completar 25 (vinte e cinco) anos de serviço, se do sexo feminino, ou 30 (trinta) anos, se do sexo masculino. **Art. 53.** A aposentadoria por tempo de serviço, observado o disposto na Seção III deste Capítulo, especialmente no art. 33, consistirá numa renda mensal de: I – para a mulher: 70% (setenta por cento) do salário-de-benefício aos 25 (vinte e cinco) anos de serviço, mais 6% (seis por cento) deste, para cada novo ano completo de atividade, até o máximo de 100% (cem por cento) do salário-de-benefício aos 30 (trinta) anos de serviço; II – para o homem: 70% (setenta por cento) do salário-de-benefício aos 30 (trinta) anos de serviço, mais 6% (seis por cento) deste, para cada novo ano completo de atividade, até o máximo de 100% (cem por cento) do salário-de-benefício aos 35 (trinta e cinco) anos de serviço".

Aposentadoria rural Aposentadoria por idade concedida pelo órgão previdenciário ao trabalhador rural que completar 60 anos, se homem, ou 55 anos, se mulher (art. 48, Lei n. 8.213/91). Para solicitar o benefício, os trabalhadores rurais devem provar, com documentos, 180 meses de atividade rural. Em relação à aposentadoria por tempo de serviço, será a mesma concedida aos 35 anos para os homens e aos 30 anos para as mulheres. A comprovação do tempo de serviço, inclusive mediante justificação administrativa ou judicial, só produzirá efeito quando baseada em início de prova material, não sendo admitida prova exclusivamente testemunhal, salvo na ocorrência de motivo de força maior ou caso fortuito (arts. 55, § 3º, e 108, Lei n. 8.213/91). O início de prova material consiste em documentos que comprovem o exercício da atividade nos períodos a serem contados, devendo ser contemporâneos dos fatos a comprovar, indicando, ainda, o período e a função exercida pelo trabalhador. O STJ tem considerado início razoável de prova documental: a certidão de casamento, em que consta a profissão do marido da requerente como lavrador; as notas fiscais de comercialização de produtos agrícolas produzidos na propriedade rural; a ficha de alistamento militar, o Certificado de Dispensa de Incorporação, o Certificado de Reservista e o Título Eleitoral, nos quais consta a profissão de agricultor; e a declaração do sindicato de trabalhadores rurais. Referentemente à idade do trabalhador rural a ser considerada para início da contagem do tempo de atividade rural, expressiva jurisprudência tem entendido que a partir dos 12 anos de idade já é possível computar referido tempo (STJ, REsp n. 541.103/RS).

▸ Veja Lei n. 8.213/91: "**Art. 48.** A aposentadoria por idade será devida ao segurado que, cumprida a carência exigida nesta Lei, completar 65 (sessenta e cinco) anos de idade, se homem, e 60 (sessenta), se mulher. § 1º Os limites fixados no *caput* são reduzidos para sessenta e cinquenta e cinco anos no caso de trabalhadores rurais, respectivamente homens e mulheres, referidos na alínea *a* do inciso I, na alínea *g* do inciso V e nos incisos VI e VII do art. 11. § 2º Para os efeitos do disposto no § 1º deste artigo, o trabalhador rural deve comprovar o efetivo exercício de atividade rural, ainda que de forma descontínua, no período imediatamente anterior ao requerimento do benefício, por tempo igual ao número de meses de contribuição correspondente à carência do benefício pretendido, computado o período a que se referem os incisos III a VIII do § 9º do art. 11 desta Lei".

■ Súmula n. 149, STJ: É imprescritível a ação de investigação de paternidade, mas não o é a de petição de herança.

■ Súmula n. 272, STJ: Não se admite como ordinário recurso extraordinário de decisão denegatória de mandado de segurança.

■ Súmula n. 10, TNUJE: O tempo de serviço rural anterior à vigência da Lei n. 8.213/91 pode ser utilizado para fins de contagem recíproca, assim entendida aquela que soma tempo de atividade privada, rural ou urbana, ao de serviço público estatutário, desde que sejam recolhidas as respectivas contribuições previdenciárias.

■ Aposentadoria por tempo de serviço. Trabalhador rural. Menor de 14 anos. Regime de economia familiar. Divergência jurisprudencial demonstrada. Entendimento do art. 255 e parágrafos, do Regimento Interno desta Corte. A norma constitucional inculpida no art. 7º, XXXIII, da CF, tem caráter protecionista, visando coibir o trabalho infantil, não podendo servir, porém, de restrição aos direitos do trabalhador no que concerne à contagem de tempo de serviço para fins previdenciários. Tendo sido o trabalho realizado pelo menor a partir de 12 anos de idade, há que se reconhecer o período comprovado para fins de aposentadoria. É entendimento firmado neste Tribunal que as atividades desenvolvidas em regime de economia familiar podem ser comprovadas através de documentos em nome do pai de família, que conta com a colaboração efetiva da esposa e filhos no trabalho rural. Recurso do INSS conhecido, mas desprovido. (STJ, REsp n. 541.103/RS, 5ª T., rel. Min. Jorge Scartezzini, j. 28.04.2004, *DJ* 01.07.2004, p. 260)

■ Aposentadoria por tempo de serviço. Atividade rural exercida antes da Lei n. 8.213/1991. Contribuição. Desnecessidade. 1. O reconhecimento de tempo de serviço prestado na área rural até a edição da Lei n. 8.213/91, para efeito de concessão no Regime Geral da Previdência Social, não está condicionado ao recolhimento das contribuições previdenciárias correspondentes. 2. Contudo, a partir do advento da Lei n. 8.213/91, para ser adicionado ao tempo de serviço urbano, não pode ser dispensada a prova do recolhimento das contribuições previdenciárias referente ao período rural que se quer computar. 3. Embargos acolhidos, contudo, sem efeitos modificativos, tão somente para esclarecer que pode ser adicionado ao tempo de serviço, independente do recolhimento das contribuições previdenciárias, apenas o período de atividade rural laborado pelo autor até a edição da Lei n. 8.213/91. (STJ, Emb. Decl. no Ag. Reg. no REsp n. 1.137.060/SP, 6ª T., rel. Min. Haroldo Rodrigues (des. convocado do TJCE), j. 06.05.2010, *DJe* 09.03.2011)

Aposta Ajuste ou convenção pela qual duas ou mais pessoas se comprometem, reciprocamente, a pagar uma à outra certa quantia em dinheiro, desde que alguma delas acerte um palpite ou previsão em relação a um acontecimento futuro. Devido à sua ilicitude, as dívidas de jogo ou aposta não podem ser exigidas judicialmente. Havendo pagamento voluntário, o que caracteriza *obrigação natural*, aquele que pagou não pode recobrar a quantia paga, salvo se foi ganha por dolo, ou se o perdente é menor ou interdito (art. 814, CC).

■ Veja CC: "**Art. 814.** As dívidas de jogo ou de aposta não obrigam a pagamento; mas não se pode recobrar a quantia, que voluntariamente se pagou, salvo se foi ganha por dolo, ou se o perdente é menor ou interdito. [...]".

A posteriori Locução latina que, filosoficamente, indica conhecimento decorrente da experiência;

nos meios forenses, é empregada no sentido geral de *depois* ou *mais tarde*, em contraposição à expressão *a priori* (antes). Exemplos: "É vedada ao recorrente a alteração *a posteriori* de suas teses recursais, como meio de tentar afastar os fundamentos adotados na decisão atacada"; "Não tendo a parte se insurgido oportunamente contra o conhecimento de recurso sem assinatura, não pode, *a posteriori*, alegar a sua inexistência, em virtude da preclusão".

Apostila Aditamento a um ato administrativo anterior para fins de retificação ou atualização. O mesmo que anotar à margem, emendar, corrigir. É a complementação de um ato. Trata-se de ato aditivo, confirmatório de alterações de direitos, regalias ou vantagens, exarado em documento oficial com finalidade de atualizá-lo. A apostila tem por objeto a correção de dados constantes em atos administrativos anteriores ou o registro de alterações na vida funcional de um servidor, tais como promoções, lotação em outro setor, majoração de vencimentos, aposentadoria e reversão à atividade, entre outros. Geralmente, a apostila é feita no verso do documento a que se refere. Pode, no entanto, caso não haja mais espaço para o registro de novas alterações, ser feita em folha timbrada separada.

Aprazar Conceder prazo. Assinar prazo para alguma coisa ou para que alguém pratique determinado ato. Também possui o sentido de marcar ou designar (p. ex.: "A audiência foi aprazada para o dia 7").

Apreciação Submeter fato, pedido ou causa a exame, análise ou opinião do juiz.

Apreensão Ato pelo qual uma pessoa toma ou retoma de outrem coisa que lhe pertence e da qual foi despojada injustamente ou coisa que seja objeto de litígio. Também indica o recolhimento, feito por autoridade policial ou pelo Judiciário, de coisas ou objetos que foram utilizados na prática de um delito (*v. Busca e apreensão* e *Alienação judicial de bens apreendidos*).

Apreensão de produto e instrumento de infração ou crime ambiental A Lei n. 9.605/98, que dispõe sobre as sanções penais e administrativas derivadas de condutas e atividades lesivas ao meio ambiente, também estabelece as regras a respeito da apreensão de produto e instrumento de infração ou crime ambiental: verificada a infração, serão apreendidos seus produtos e instrumentos, lavrando-se os respectivos autos; os animais serão libertados em seu *habitat* ou entregues a jardins zoológicos, fundações ou entidades assemelhadas, desde que sob a responsabilidade de técnicos habilitados; produtos perecíveis ou madeiras serão avaliados e doados a instituições científicas, hospitalares, penais e outras com fins beneficentes; produtos e subprodutos da fauna não perecíveis serão destruídos ou doados a instituições científicas, culturais ou educacionais; os instrumentos utilizados na prática da infração serão vendidos, garantida sua descaracterização por meio da reciclagem.

▸ Veja Lei n. 9.605/98: "**Art. 25.** Verificada a infração, serão apreendidos seus produtos e instrumentos, lavrando-se os respectivos autos. § 1º Os animais serão libertados em seu habitat ou entregues a jardins zoológicos, fundações ou entidades assemelhadas, desde que fiquem sob a responsabilidade de técnicos habilitados. § 2º Tratando-se de produtos perecíveis ou madeiras, serão estes avaliados e doados a instituições científicas, hospitalares, penais e outras com fins beneficentes. § 3º Os produtos e subprodutos da fauna não perecíveis serão destruídos ou doados a instituições científicas, culturais ou educacionais.§ 4º Os instrumentos utilizados na prática da infração serão vendidos, garantida a sua descaracterização por meio da reciclagem".

▪ Meio ambiente. Medida cautelar. Busca e apreensão. Possível crime ambiental. Pedido de restituição de bens apreendidos (pássaros silvestres). Justiça federal. 1. Tratando-se de pedido de restituição de bens apreendidos, no caso concreto, pássaros silvestres, a competência para o pleito é do juízo federal que ordenou a busca e apreensão, máxime se a pessoa que se diz dona dos pássaros custodiados é mulher, em união estável com o investigado, vivendo com ele no mesmo endereço onde realizada a apreensão de outros animais, não só os que são objeto do pedido, havendo, por isso mesmo, sérias dúvidas se também não seriam produto de crimes. CPP, arts. 118 e 120, e §§. Inteligência. Precedente desta Corte. 2. Conflito de competência conhecido para declarar competente o Juízo Federal da 11ª Vara Criminal da Seção Judiciária de Goiás. (STJ, Confl. de Competência n. 115.000/2011/MS, rel. Min. Maria Thereza de Assis Moura, j. 27.04.2011, *DJ* 30.05.2011)

- Apreensão de mercadorias. Veículo transportador. Perda fiscal do veículo. Necessidade de haver proporção de valores. Em se tratando de pena de perdimento de veículo transportador, quando as mercadorias são apreendidas (não regularidade fiscal das mesmas), torna-se necessário perquirir acerca da proporcionalidade de valores entre ambos. Havendo flagrante discrepância, a jurisprudência entende ser inviável atitude fiscal de apreensão. (STJ, REsp n. 121.810/1997/RS, rel. Min. José Delgado, j. 23.05.1997, *DJ* 18.08.1997)

Apreensão de veículo Recolhimento ou retenção de veículo pertencente a motorista infrator pelo agente de trânsito nos casos previstos em lei. Entre eles: dirigir sem carteira de habilitação ou com a carteira cassada; quando flagrado em disputa de corrida; na prática de manobra perigosa; por falsificação ou adulteração de carteira de habilitação. A restituição dos veículos apreendidos só ocorrerá mediante o prévio pagamento das multas impostas, taxas e despesas com remoção e estada, além de outros encargos previstos na legislação específica (art. 262, CTB).

▸ Veja CTB: "**Art. 262.** O veículo apreendido em decorrência de penalidade aplicada será recolhido ao depósito e nele permanecerá sob custódia e responsabilidade do órgão ou entidade apreendedora, com ônus para o seu proprietário, pelo prazo de até trinta dias, conforme critério a ser estabelecido pelo CONTRAN. § 1º No caso de infração em que seja aplicável a penalidade de apreensão do veículo, o agente de trânsito deverá, desde logo, adotar a medida administrativa de recolhimento do Certificado de Licenciamento Anual. § 2º A restituição dos veículos apreendidos só ocorrerá mediante o prévio pagamento das multas impostas, taxas e despesas com remoção e estada, além de outros encargos previstos na legislação específica. § 3º A retirada dos veículos apreendidos é condicionada, ainda, ao reparo de qualquer componente ou equipamento obrigatório que não esteja em perfeito estado de funcionamento. § 4º Se o reparo referido no parágrafo anterior demandar providência que não possa ser tomada no depósito, a autoridade responsável pela apreensão liberará o veículo para reparo, mediante autorização, assinando prazo para a sua reapresentação e vistoria. § 5º O recolhimento ao depósito, bem como a sua manutenção, ocorrerá por serviço público executado diretamente ou contratado por licitação pública pelo critério de menor preço".

- Apreensão de veículo. Indenização. Reconhecimento da legitimidade ativa do possuidor do veículo. Ausência de transferência do veículo no prazo legal. Irrelevância. CF/88, art. 37, § 6º. Se o autor da ação de indenização por danos ocorridos em automóvel, durante a sua permanência em depósito do Estado, prova ser possuidor do referido bem, a ausência de transferência no prazo legal não lhe retira a condição de possuidor do automóvel, máxime quando o mesmo é apreendido em seu poder, no momento em que estava sendo conduzido, não havendo que se falar, portanto, em ilegitimidade ativa. (TJMG, Ap. Cível n. 181.908/Vespasiano, rel. Des. Abreu Leite, j. 28.08.2001, *DJ* 27.11.2001)

- Apreensão de veículo. Liberação. Pagamento de multas e diárias. Inadmissibilidade. Necessidade somente do pagamento da multa que deu origem à apreensão. CTB, art. 262, § 2º. Veículo apreendido por trafegar sem o certificado de licenciamento anual regularizado, condicionada a liberação do veículo mediante o pagamento das multas e diárias do depósito. Matéria pacificada nesta Corte pelo julgamento da Arguição de Inconstitucionalidade n. 39/2005 pelo E. Órgão Especial, que declarou inconstitucional o § 2º do art. 262 da Lei n. 9.503/97. É certo que o Apelado não pode reter o veículo por mais de 30 (trinta) dias, sendo, portanto, as diárias limitadas a esse prazo, além de que se o Apelado quitar a multa que deu origem à apreensão faz jus à liberação do veículo. (TJRJ, Ap. Cível n. 44.380/2007, rel. Des. Caetano E. da Fonseca Costa, j. 05.12.2007)

Apregoar Ato de chamar ou convocar as partes, seus procuradores e testemunhas para participarem da audiência. Realizar o pregão. O chamamento é feito em voz alta, por escrivão ou oficial de justiça, junto aos corredores ou à sala de espera do foro.

▸ Veja CPC/73: "**Art. 450.** No dia e hora designados, o juiz declarará aberta a audiência, mandando apregoar as partes e os seus respectivos advogados".

▸ Veja CPC/2015: "**Art. 358.** No dia e na hora designados, o juiz declarará aberta a audiência de instrução e julgamento e mandará apregoar as partes e os respectivos advogados, bem como outras pessoas que dela devam participar".

Aprendiz Designativo da pessoa que se encontra em processo de aprendizagem de uma certa arte ou ofício. O iniciante em uma profissão. Para efeitos legais e trabalhistas, aprendiz é o maior de 14 anos e menor de 24 anos que celebra contrato de aprendizagem, nos termos do art. 428 da CLT (art. 2º, Decreto n. 5.598/2005). O Serviço Nacional de Aprendizagem Industrial (SENAI) e o Serviço Nacional de Aprendizagem Comercial (SENAC) são instituições de ensino voltadas à formação de aprendizes.

▶ Veja CLT: "**Art. 428.** Contrato de aprendizagem é o contrato de trabalho especial, ajustado por escrito e por prazo determinado, em que o empregador se compromete a assegurar ao maior de 14 (quatorze) e menor de 24 (vinte e quatro) anos inscrito em programa de aprendizagem formação técnico-profissional metódica, compatível com o seu desenvolvimento físico, moral e psicológico, e o aprendiz, a executar com zelo e diligência as tarefas necessárias a essa formação. [...]".

▶ Veja Decreto n. 5.598/2005: "**Art. 2º** Aprendiz é o maior de quatorze anos e menor de vinte e quatro anos que celebra contrato de aprendizagem, nos termos do art. 428 da Consolidação das Leis do Trabalho – CLT".

A priori Expressão que, em filosofia, tem por significado conhecimento anterior à experiência; em Direito, indica o oposto à expressão *a posteriori*, ou seja, o "que vem antes" ou "o anterior". As expressões *a priori* e *a posteriori* são utilizadas pela filosofia, especialmente pela epistemologia, para designar dois tipos diferentes de conhecimento: *a priori* designa um conhecimento ou argumento anterior à experiência e *a posteriori*, um fato sobre a sua base. Os termos foram criados pelo filósofo alemão Immanuel Kant, para quem, mesmo considerando-se que todo conhecimento começa com a experiência, nem todo conhecimento tem necessariamente sua origem na experiência. Exemplos: *"A priori*, pode-se afirmar que o juiz acatará os argumentos do autor"; "Não há, *a priori*, violação do princípio da legalidade"; *"A priori*, não é ilegal o indeferimento do pedido de licença por autoridade que, dentro de sua esfera de atribuições, vale-se de juízo de conveniência e oportunidade e observa o interesse do serviço público".

Apropriação Ato pelo qual uma pessoa toma posse de alguma coisa que anteriormente se encontrava na posse de outra. Apossamento, ocupação ou apoderamento. A apropriação será ilícita ou indébita quando decorrer da falta de consentimento do proprietário da coisa, ou seja, quando for violenta, clandestina ou precária.

Apropriação de coisa achada Delito penal praticado por quem acha coisa alheia perdida e dela se apropria, total ou parcialmente, deixando de restituí-la ao dono ou legítimo possuidor ou de entregá-la à autoridade competente dentro do prazo de quinze dias (art. 169, II, CP).

▶ Veja CP: "**Art. 169.** [...] II – quem acha coisa alheia perdida e dela se apropria, total ou parcialmente, deixando de restituí-la ao dono ou legítimo possuidor ou de entregá-la à autoridade competente, dentro no prazo de 15 (quinze) dias".

■ Apropriação de coisa achada. Envelope com o emblema da empresa nacional de correios e telégrafos. Competência da Justiça estadual. Hipótese em que um dos denunciados apropriou-se de coisa achada – envelope com o Emblema da Empresa Nacional de Correios e Telégrafos –, cujo conteúdo consistia em quatro talões de cheques provenientes do Banco Itaú, de titularidade de uma correntista. Os referidos talões teriam sido distribuídos aos demais denunciados que, juntamente com o primeiro, fizeram uso fraudulento dos mesmos. A Empresa Brasileira de Correios e Telégrafos, ao transportar os talonários, através do serviço de Sedex, agiu na qualidade de simples detentora da coisa. Assim, o verdadeiro possuidor da coisa perdida era a instituição bancária de onde provinham os talões, até porque os cheques ainda não haviam entrado na esfera de disponibilidade da correntista. Não se evidencia lesão a serviços, bens ou interesses da União ou Entidades Federais. Conflito conhecido para declarar a competência do Juízo de Direito de Caçador/SC, o Suscitado. (STJ, Confl. de Competência n. 40.525/SC, 3ª S., rel. Min. Gilson Dipp, j. 10.03.2004, *DJ* 05.04.2004, p. 201)

Apropriação de coisa havida por erro, caso fortuito ou força maior Delito penal consistente em alguém apropriar-se de coisa alheia vinda a seu poder por erro, caso fortuito ou força da natureza (art. 169, CP).

▶ Veja CP: "Apropriação de coisa havida por erro, caso fortuito ou força da natureza – **Art. 169.** Apropriar-se alguém de coisa alheia vinda ao seu poder por erro, caso fortuito ou força da natureza: Pena – detenção, de 1 (um) mês a 1 (um) ano, ou multa. Parágrafo único. Na mesma pena incorre: Apropriação de tesouro I – quem acha tesouro em prédio alheio e se apropria, no todo ou em parte, da quota a que tem direito o proprietário do prédio; Apropriação de coisa achada II – quem acha coisa alheia perdida e dela se apropria, total ou parcialmente, deixando de restituí-la ao dono ou legítimo possuidor ou de entregá-la à autoridade competente, dentro no prazo de 15 (quinze) dias".

Apropriação de tesouro Delito penal praticado por quem acha tesouro em prédio alheio e se apropria, no todo ou em parte, da quota a que tem direito o proprietário do prédio (art. 170, I, CP).

▸ Veja CP: "**Art. 169.** [...] I – quem acha tesouro em prédio alheio e se apropria, no todo ou em parte, da quota a que tem direito o proprietário do prédio; [...]"

Apropriação indébita Delito penal consistente em apropriar-se de coisa alheia móvel de que tem a posse ou a detenção (art. 168, CP).

▸ Veja CP: "Apropriação indébita **Art. 168.** Apropriar-se de coisa alheia móvel, de que tem a posse ou a detenção: Pena – reclusão, de 1 (um) a 4 (quatro) anos, e multa. Aumento de pena § 1º A pena é aumentada de um terço, quando o agente recebeu a coisa: I – em depósito necessário; II – na qualidade de tutor, curador, síndico, liquidatário, inventariante, testamenteiro ou depositário judicial; III – em razão de ofício, emprego ou profissão".

▪ Apropriação indébita. Arrependimento posterior. A apropriação indébita, dizem os penalistas, se dá quando o agente inverte o título de posse, isto é, muda, sem justa causa, título, utilizando-o como se seu fosse. Vale dizer, incorpora-o ao seu patrimônio. O *animus* do agente é fundamental para configurar a natureza jurídica da impontualidade. O ressarcimento do prejuízo não exclui a tipicidade. Aliás, o CP, a propósito encerra instituto específico – Arrependimento Posterior – cujo efeito é causa especial de diminuição da pena. (STJ, REsp n. 105.296/1999/RS, rel. Min. Luiz Vicente Cernicchiaro, j. 09.03.1999, *DJ* 26.04.1999)

▪ *Habeas corpus*. Denúncia. Apropriação indébita. **Art. 168**, § 1º, III, do CP. Ação penal. Trancamento. Inviabilidade. Se o advogado não presta contas ao cliente de quantias recebidas dele, ou de terceiros por conta dele, sujeita-se a responder por crime de apropriação indébita. Para a propositura da correspondente ação penal, não se exige a prévia ação de prestação de contas, no juízo cível. A alegação de inépcia da denúncia não prospera, face ao preenchimento dos requisitos do art. 41 do CPP. Recurso improvido. (STJ, RHC n. 2.171/RS, 6ª T., rel. Min. Anselmo Santiago, j. 09.08.1993, *DJ* 25.10.1993, p. 22.510)

Apropriação indébita previdenciária Delito penal consistente em deixar de repassar à Previdência Social as contribuições recolhidas dos contribuintes no prazo e na forma legal ou convencional (art. 168-A, CP). O crime de apropriação indébita previdenciária tem sido entendido como crime omissivo próprio (ou omissivo puro), isto é, aquele em que não se exige necessariamente nenhum resultado naturalístico, esgotando-se o tipo subjetivo apenas na transgressão da norma incriminadora, no dolo genérico, sem necessidade de comprovação do fim especial de agir, ou dolo específico, consistente na vontade livre e consciente de ter a coisa para si (*animus rem sibi habendi*) (STJ, REsp n. 1.113.735/RS, 5ª T., rel. Min. Arnaldo Esteves Lima, j. 02.03.2010, *DJe* 29.03.2010).

▸ Veja CP: "Apropriação indébita previdenciária **Art. 168-A.** Deixar de repassar à previdência social as contribuições recolhidas dos contribuintes, no prazo e forma legal ou convencional: Pena – reclusão, de 2 (dois) a 5 (cinco) anos, e multa. § 1º Nas mesmas penas incorre quem deixar de: I – recolher, no prazo legal, contribuição ou outra importância destinada à previdência social que tenha sido descontada de pagamento efetuado a segurados, a terceiros ou arrecadada do público; II – recolher contribuições devidas à previdência social que tenham integrado despesas contábeis ou custos relativos à venda de produtos ou à prestação de serviços; III – pagar benefício devido a segurado, quando as respectivas cotas ou valores já tiverem sido reembolsados à empresa pela previdência social. § 2º É extinta a punibilidade se o agente, espontaneamente, declara, confessa e efetua o pagamento das contribuições, importâncias ou valores e presta as informações devidas à previdência social, na forma definida em lei ou regulamento, antes do início da ação fiscal. § 3º É facultado ao juiz deixar de aplicar a pena ou aplicar somente a de multa se o agente for primário e de bons antecedentes, desde que: I – tenha promovido, após o início da ação fiscal e antes de oferecida a denúncia, o pagamento da contribuição social previdenciária, inclusive acessórios; ou II – o valor das contribuições devidas, inclusive acessórios, seja igual ou inferior àquele estabelecido pela previdência social, administrativamente, como sendo o mínimo para o ajuizamento de suas execuções fiscais".

▪ Contribuições previdenciárias. Apropriação indébita. Denúncia. Alegação de inépcia. *Habeas corpus*. Recurso. 1. O não recolhimento das contribuições previdenciárias no prazo legal configura o crime em tese de apropriação indébita, não havendo, por isso falta de justa causa para se trancar ação penal. 2. Denúncia que descreve, ainda que sucintamente, os fatos típicos, noticiando materialidade e autoria, não inepta. 3. Recurso conhecido, mas improvido. (STJ, RHC n. 4.897/RJ, 5ª T., rel. Min. Edson Vidigal, j. 11.10.1995, *DJ* 13.11.1995, p. 38.685)

▪ Apropriação indébita previdenciária. Princípio da insignificância. Atipicidade da conduta. Precedentes. Agravo regimental não provido. 1. O princípio da insignificância, aplicável à conduta descrita no art. 334 do CP, demanda, conforme decidiu a Terceira Seção do STJ, seguindo orientação do STF, que o valor a ser utilizado como parâmetro para sua incidência é o previsto no art. 20 da Lei n. 10.522/2002, ou seja, tributo devido em quantia igual ou inferior a R$ 10.000,00 (dez mil reais). 2. A Lei n. 11.457/2007 que criou a Secretaria da Receita Federal do Brasil considerou como dívida ativa da União os débitos decorrentes das contribuições previdenciárias. Diante disso, entende-se viável, sempre que o valor do débito não for superior a R$ 10.000,00 (dez mil reais), a aplicação do princípio da insignificância também no crime de apropriação indébita previdenciária. 3. *In casu*, sendo R$ 9.334,76 o *quantum* não recolhido pelos recorridos, portanto, inferior a R$ 10.000,00, deve ser aplicado o princípio da insignificância, nos termos da jurisprudência deste Superior Tribunal de Justiça. 4. Agravo regimental não provido. (STJ, Ag. Reg. no REsp n. 1.300.666/RS, 5ª T., rel. Min. Jorge Mussi, j. 26.06.2012, *DJe* 01.08.2012)

Apud   Expressão latina que significa *à vista de, junto de*. É usada pelo autor de um texto quando deseja dar a conhecer que a citação que faz em sua obra pertence originariamente a outro autor, cujo nome é precedido por *apud*. Enquanto *apud* é empregado na citação de autores, *in* é usado para a citação de obras. "Inadmissibilidade de requerimento de prova. Precedentes do Pretório Excelso e desta Corte" (*apud* MIRABETE, Julio Fabbrini. *Código de Processo Penal interpretado*).

Apud acta   Expressão – *apud* (junto) e *acta* (ação, autos) – usada para designar a procuração lavrada junto aos autos judiciais, ou seja, lavrada em audiência, nos autos de um processo, pelo próprio escrivão, perante o juiz e assinada pelo outorgante (*v. Procuração apud acta*).

- Procuração *apud acta*. Hipótese que torna desnecessária a juntada de instrumento procuratório. [...] Não está o acórdão obrigado a enfrentar destacadamente todos os dispositivos legais vazados na lide, senão a resolver sua controvérsia típica, como procedido. E, na linha decisória do acórdão, não há falar em negativa de vigência a qualquer dispositivo legal. Apelação desprovida. (TJRS, Ap. Cível n. 70.035.054.584, 20ª Câm. Cível, rel. Glênio José Wasserstein Hekman, j. 27.06.2012)

- Assistente do Ministério Público. Vítima pessoa jurídica. Ausência de procuração com poderes expressos. Representante legal. Art. 44 do CPP. *In casu*, não restou comprovado a legitimidade do mandante para representar o ofendido no processo, pois caso fosse possível a procuração *apud acta*, a mesma só teria validade se o representante da pessoa jurídica, em pessoa e nessa qualidade, indicasse e constituísse verbalmente seus advogados. Nos termos do art. 44, do CPP, é necessário que a parte outorgue ao advogado, que irá intervir como assistente do Ministério Público, procuração com poderes especiais. Recurso conhecido, mas desprovido. (STJ, REsp n. 231.382/MS, 5ª T., rel. Min. José Arnaldo da Fonseca, j. 02.12.1999, *DJ* 21.02.2000, p. 166)

Aquestos   Diz-se dos bens adquiridos na constância do casamento. Porém, quando contraído mediante o regime de separação legal ou obrigatória, comunicam-se os adquiridos na constância do casamento (Súmula n. 377, STF). Para efeito dessa súmula, o STJ entende que a partilha dos bens adquiridos na constância da sociedade conjugal, erigida sob a forma de separação legal de bens, não exige comprovação ou demonstração de comunhão de esforços na formação desse patrimônio, a qual é presumida.

- Súmula n. 377, STF: No regime de separação legal de bens, comunicam-se os adquiridos na constância do casamento.

- Ação de inventário que visa à partilha de bens adquiridos na constância de sociedade conjugal formada sob o regime de separação legal de bens. Art. 258 do CC/1916. Esforço comum. Súmula n. 377/STF. 1. A partilha dos bens adquiridos na constância da sociedade conjugal, erigida sob a forma de separação legal de bens (art. 258, parágrafo único, I, do CC/1916), não exige a comprovação ou demonstração de comunhão de esforços na formação desse patrimônio, a qual é presumida, à luz do entendimento cristalizado na Súmula n. 377/STF. Precedentes do STJ. 2. A necessidade de preservação da dignidade da pessoa humana e de outras garantias constitucionais de igual relevância vem mitigando a importância da análise estritamente financeira da contribuição de cada um dos cônjuges em ações desse jaez, a qual cede espaço à demonstração da existência de vida em comum e comunhão de esforços para o êxito pessoal e profissional dos consortes, o que evidentemente terá reflexos na formação do patrimônio do casal. 3. No caso concreto, a recorrente, ora agravada, foi casada com o agravante por aproximadamente 22 (vinte e dois) anos pelo regime da separação legal de bens, por imposição do art. 258, parágrafo único, I, do CC/1916, portanto, perfeitamente aplicável o entendimento sedimentado na Súmula n. 377 do STF, segundo o qual os aquestos adquiridos na constância do casamento, pelo regime da separação legal, são comunicáveis, independentemente da comprovação do esforço comum para a sua aquisição, que, nessa hipótese, é presumido. 4. Agravo regimental desprovido. (STJ, Ag. Reg. no REsp n. 1.008.684/RJ, 4ª T., rel. Min. Antonio Carlos Ferreira, j. 24.04.2012, *DJe* 02.05.2012).

Aquiliana Expressão derivada da Lei de Aquília (*lex Aquilia de damno*), de autoria do tribuno romano Lúcio Aquílio, em 286 a.C., que tornava obrigatório o ressarcimento dos prejuízos por parte daquele que os tivesse causado, de qualquer forma, a outrem. Origina-se daí a expressão *culpa aquiliana*, que até hoje se emprega em nosso Direito para caracterizar a culpa extracontratual e a responsabilidade de indenizar, dela decorrente, pela prática de ato ilícito (arts. 186, 187 e 927, CC) (v. *Responsabilidade civil*).

▶ Veja CC: "**Art. 186.** Aquele que, por ação ou omissão voluntária, negligência ou imprudência, violar direito e causar dano a outrem, ainda que exclusivamente moral, comete ato ilícito. **Art. 187.** Também comete ato ilícito o titular de um direito que, ao exercê-lo, excede manifestamente os limites impostos pelo seu fim econômico ou social, pela boa-fé ou pelos bons costumes. [...] **Art. 927.** Aquele que, por ato ilícito (arts. 186 e 187), causar dano a outrem, fica obrigado a repará-lo. Parágrafo único. Haverá obrigação de reparar o dano, independentemente de culpa, nos casos especificados em lei, ou quando a atividade normalmente desenvolvida pelo autor do dano implicar, por sua natureza, risco para os direitos de outrem".

■ Responsabilidade civil aquiliana. Solidariedade entre as coautoras. [...] Comprovado nos autos que as demandadas agiram em conjunto para produção do dano, há responsabilidade solidária pela indenização. A culpa concorrente do autor não restou comprovada, ônus que pertencia às rés (art. 333, II, do CPC). (TJRS, Ap. Cível n. 70.032.342.545, 9ª Câm. Cível, rel. Mário Crespo Brum, j. 24.02.2010)

■ Responsabilidade civil. Responsabilidade aquiliana. Conceito. Culpa. Nexo de causalidade. CC/2002, art. 186 e 927. [...] A responsabilidade civil aquiliana, em regra, tem como elementos a ação ou omissão culposa, o dano e o nexo de causalidade entre a culpa e o dano, e está prevista nos arts. 186 e 927 do CC/2002, que estabelecem que aquele que por ação ou omissão voluntária, negligência ou imprudência, violar direito e causar dano a outrem, ainda que apenas moral, comete ato ilícito, obrigando-se a repará-lo. Segundo a lição de Carlos Roberto Gonçalves: "Os pressupostos da obrigação de indenizar são: ação ou omissão do agente, culpa, nexo causal e dano. O elemento culpa é dispensável em alguns casos. Os demais, entretanto, são imprescindíveis. Não se pode falar em responsabilidade civil ou em dever de indenizar se não houver dano" (*Responsabilidade civil*. Rio de Janeiro, Saraiva, 2003, p. 530.). (TJSP, Ap. com Rev. n. 994.03.048.114-0/SP, 3ª Câm. Dir. Privado, rel. Des. Jesus Lofrano, j. 11.05.2010)

Aquisição Expressão derivada de adquirir, que significa o ato pelo qual uma pessoa obtém de outra a propriedade ou o domínio de alguma coisa, seja por ato *inter vivos*, seja por ato *causa mortis*.

Aquisição a título gratuito É a que se dá sem que o alienante exija do adquirente qualquer contraprestação pecuniária, como ocorre na doação. É a que se opera em favor do adquirente por mera liberalidade do proprietário da coisa.

▶ Veja CC: "**Art. 538.** Considera-se doação o contrato em que uma pessoa, por liberalidade, transfere do seu patrimônio bens ou vantagens para o de outra".

Aquisição a título oneroso É a aquisição pela qual o adquirente se obriga a uma prestação equivalente ao valor do bem adquirido, ou seja, ao pagamento do preço estipulado pelo alienante, como se verifica na compra e venda.

▶ Veja CC: "**Art. 481.** Pelo contrato de compra e venda, um dos contratantes se obriga a transferir o domínio de certa coisa, e o outro, a pagar-lhe certo preço em dinheiro. **Art. 482.** A compra e venda, quando pura, considerar-se-á obrigatória e perfeita, desde que as partes acordarem no objeto e no preço. **Art. 483.** A compra e venda pode ter por objeto coisa atual ou futura. Neste caso, ficará sem efeito o contrato se esta não vier a existir, salvo se a intenção das partes era de concluir contrato aleatório".

Aquisição a título universal É a que se processa por sucessão hereditária, ou seja, por meio do inventário de uma pessoa falecida. O mesmo que aquisição *causa mortis*. Nesse caso, o formal de partilha, contendo o quinhão do herdeiro, devidamente registrado, constitui título aquisitivo de propriedade com efeito equivalente à escritura pública de compra e venda.

▶ Veja CC: "**Art. 1.026.** O credor particular de sócio pode, na insuficiência de outros bens do devedor, fazer recair a execução sobre o que a este couber nos lucros da sociedade, ou na parte que lhe tocar em liquidação. Parágrafo único. Se a sociedade não estiver dissolvida, pode o credor requerer a liquidação da quota do devedor, cujo valor, apurado na forma do art. 1.031, será depositado em dinheiro, no juízo da execução, até noventa dias após aquela liquidação. **Art. 1.027.** Os herdeiros do cônjuge de sócio, ou o cônjuge do que se separou judicialmente, não podem exigir desde logo a parte que lhes couber na quota social, mas concorrer à divisão periódica dos lucros, até que se liquide a sociedade".

Aquisição causa mortis Aquisição resultante do falecimento de uma pessoa, o *de cujus*, que deixa bens a serem inventariados e transmitidos aos sucessores. Decorre da sucessão hereditária, isto é, em consequência da morte do proprietário dos bens e da consequente abertura do inventário. Por ocasião do inventário, compete ao juiz, depois de ouvida a Fazenda Pública, proceder ao cálculo do imposto de transmissão *causa mortis* (Imposto sobre Transmissão *Causa Mortis* e Doação de Quaisquer Bens ou Direitos – ITCD).

▸ Veja CPC/2015: "**Art. 608.** Até a data da resolução, integram o valor devido ao ex-sócio, ao espólio ou aos sucessores a participação nos lucros ou os juros sobre o capital próprio declarados pela sociedade e, se for o caso, a remuneração como administrador. Parágrafo único. Após a data da resolução, o ex-sócio, o espólio ou os sucessores terão direito apenas à correção monetária dos valores apurados e aos juros contratuais ou legais. **Art. 609.** Uma vez apurados, os haveres do sócio retirante serão pagos conforme disciplinar o contrato social e, no silêncio deste, nos termos do § 2º do art. 1.031 da Lei n. 10.406, de 10 de janeiro de 2002 (Código Civil)".

▪ Tributário. ITCD. Fato gerador. Princípio da *saisine*. Súmula n. 112/STF. 1. Cinge-se a controvérsia em saber o fato gerador do ITCD – Imposto de Transmissão Causa Mortis. 2. Pelo princípio da *saisine*, a lei considera que no momento da morte o autor da herança transmite seu patrimônio, de forma íntegra, a seus herdeiros. Esse princípio confere à sentença de partilha no inventário caráter meramente declaratório, haja vista que a transmissão dos bens aos herdeiros e legatários ocorre no momento do óbito do autor da herança. 3. Forçoso concluir que as regras a serem observadas no cálculo do ITCD serão aquelas em vigor ao tempo do óbito do *de cujus*. 4. Incidência da Súmula n. 112/STF. Recurso especial provido. (STJ, REsp n. 1.142.872/RS, 2ª T., rel. Min. Humberto Martins, j. 20.10.2009, *DJe* 29.10.2009)

Aquisição da posse Adquire-se a posse desde o momento em que se torna possível o exercício, em nome próprio, de qualquer dos poderes inerentes à propriedade (art. 1.204, CC). A posse pode ser adquirida: pela própria pessoa que a pretende ou por seu representante; e por terceiro sem mandato, dependendo de ratificação. O possuidor tem direito a ser mantido na posse em caso de turbação, restituído no de esbulho, e segurado de violência iminente, se tiver justo receio de ser molestado (art. 1.210, CC). Não obsta a manutenção ou reintegração na posse a alegação de propriedade ou de outro direito sobre a coisa (§ 2º).

▸ Veja CC: "**Art. 1.204.** Adquire-se a posse desde o momento em que se torna possível o exercício, em nome próprio, de qualquer dos poderes inerentes à propriedade. **Art. 1.205.** A posse pode ser adquirida: I – pela própria pessoa que a pretende ou por seu representante; II – por terceiro sem mandato, dependendo de ratificação. **Art. 1.206.** A posse transmite-se aos herdeiros ou legatários do possuidor com os mesmos caracteres. **Art. 1.207.** O sucessor universal continua de direito a posse do seu antecessor; e ao sucessor singular é facultado unir sua posse à do antecessor, para os efeitos legais. **Art. 1.208.** Não induzem posse os atos de mera permissão ou tolerância assim como não autorizam a sua aquisição os atos violentos, ou clandestinos senão depois de cessar a violência ou a clandestinidade. **Art. 1.209.** A posse do imóvel faz presumir, até prova contrária, a das coisas móveis que nele estiverem".

Aquisição da propriedade imóvel Aquisição da propriedade que se dá pelo registro do título, por usucapião ou por acessão. Transfere-se entre vivos a propriedade mediante o registro do título translativo no Registro de Imóveis. Enquanto não se registrar o título translativo, o alienante continua a ser havido como dono do imóvel (art. 1.245, CC). A aquisição derivada se opera mediante a sucessão da propriedade, seja de forma singular, seja de forma universal; a originária, mediante usucapião (arts. 1.238 e segs., CC).

▸ Veja CC: "**Art. 1.238.** Aquele que, por quinze anos, sem interrupção, nem oposição, possuir como seu um imóvel, adquire-lhe a propriedade, independentemente de título e boa-fé; podendo requerer ao juiz que assim o declare por sentença, a qual servirá de título para o registro no Cartório de Registro de Imóveis. [...] **Art. 1.245.** Transfere-se entre vivos a propriedade mediante o registro do título translativo no Registro de Imóveis. § 1º Enquanto não se registrar o título translativo, o alienante continua a ser havido como dono do imóvel. [...] **Art. 1.248.** A acessão pode dar-se: I – por formação de ilhas; II – por aluvião;

III – por avulsão; IV – por abandono de álveo; V – por plantações ou construções".

- Ação de divórcio direto cumulada com partilha de bens e alimentos. Partilha de bens. Imóvel doado ao casal na constância do casamento. Usufruto. Partilha. A doação é meio de aquisição da propriedade. O usufruto não inviabiliza a partilha do bem, pois o que será dividido é a nua propriedade, e não o usufruto, que é inalienável, segundo o disposto no art. 1.393 do CC. Se efetuada a doação do imóvel para ambas as partes enquanto casadas, a cláusula de usufruto apenas impediria a tomada de posse do bem com exclusividade enquanto vigorasse o usufruto. Assim, se o usufruto não serve de impedimento à partilha do imóvel em discussão, mostra-se irrelevante, no caso, a desistência do usufruto (fls. 16-17) sobre tal bem. [...] (TJRS, Ap. Cível n. 70.021.790.902, 7ª Câm. Cível, rel. Ricardo Raupp Ruschel, j. 19.12.2007)

Aquisição da propriedade móvel As formas mais comuns de aquisição da propriedade móvel são por usucapião, ocupação ou tradição. Os bens móveis e imóveis estão sujeitos a modos diferentes de transmissão da propriedade, bastando a tradição para os primeiros e exigindo-se a transcrição no registro imobiliário para os segundos.

▸ Veja CC: "**Art. 1.260.** Aquele que possuir coisa móvel como sua, contínua e incontestadamente durante três anos, com justo título e boa-fé, adquirir-lhe-á a propriedade. **Art. 1.261.** Se a posse da coisa móvel se prolongar por cinco anos, produzirá usucapião, independentemente de título ou boa-fé. **Art. 1.262.** Aplica-se a usucapião das coisas móveis o disposto nos arts. 1.243 e 1.244. **Art. 1.263.** Quem se assenhorear de coisa sem dono para logo lhe adquire a propriedade, não sendo essa ocupação defesa por lei. [...] **Art. 1.267.** A propriedade das coisas não se transfere pelos negócios jurídicos antes da tradição. Parágrafo único. Subentende-se a tradição quando o transmitente continua a possuir pelo constituto possessório; quando cede ao adquirente o direito à restituição da coisa, que se encontra em poder de terceiro; ou quando o adquirente já está na posse da coisa, por ocasião do negócio jurídico".

Aquisição *inter vivos* Modo de aquisição da propriedade efetivada por meio de ato praticado, em vida, pelo próprio alienante. Assim ocorre nos contratos de compra e venda, troca e doação. A aquisição *inter vivos* importa no pagamento do Imposto sobre Transmissão de Bens Imóveis (ITBI), arrecadado pelo município onde se situar o imóvel.

▸ Veja CF: "**Art. 156.** Compete aos Municípios instituir impostos sobre: I – propriedade predial e territorial urbana; II – transmissão *inter vivos*, a qualquer título, por ato oneroso, de bens imóveis, por natureza ou acessão física, e de direitos reais sobre imóveis, exceto os de garantia, bem como cessão de direitos a sua aquisição; III – serviços de qualquer natureza, não compreendidos no art. 155, II, definidos em lei complementar".

Aquisição prescritiva Funda-se na prescrição aquisitiva, ou seja, na posse exercida pelo adquirente, por certo tempo, findo o qual se extingue ou prescreve o direito de ação do proprietário da coisa para reavê-la. O mesmo que aquisição por usucapião ou *ad usucapionem* (v. Prescrição aquisitiva).

A quo Expressão latina que designa juiz ou tribunal de instância inferior (primeira instância) de cuja sentença se recorre. A expressão também é utilizada para significar o dia a partir do qual principia a correr um prazo (*dies a quo*).

Arbitragem Processo extrajudicial utilizado para dar solução a pendência ou controvérsia havida entre duas ou mais pessoas. A arbitragem, ou convenção de arbitragem, decorre da formação do juízo arbitral, pelo qual, com fundamento em compromisso escrito, as partes submetem suas pendências judiciais ou extrajudiciais a um árbitro escolhido de comum acordo (Lei n. 9.307/96).

▸ Veja Lei n. 9.307/96: "**Art. 1º** As pessoas capazes de contratar poderão valer-se da arbitragem para dirimir litígios relativos a direitos patrimoniais disponíveis. **Art. 2º** A arbitragem poderá ser de direito ou de equidade, a critério das partes. § 1º Poderão as partes escolher, livremente, as regras de direito que serão aplicadas na arbitragem, desde que não haja violação aos bons costumes e à ordem pública. § 2º Poderão, também, as partes convencionar que a arbitragem se realize com base nos princípios gerais de direito, nos usos e costumes e nas regras internacionais de comércio".

- Súmula n. 485, STJ: A Lei de Arbitragem aplica-se aos contratos que contenham cláusula arbitral, ainda que celebrados antes da sua edição.

- Convenção de arbitragem. Cláusula compromissória. Contrato internacional inadimplido submetido ao juízo arbitral. Competência. Mérito da decisão arbitral. 1. Ao apreciar pedido de homologação de sentença estrangeira, não pode o STJ examinar questões relativas à eventual irregularidade no contrato a ela vinculado ou referentes à conduta das partes, porque ultrapassam os limites fixados pelo art. 9º, *caput*, da Resolução STJ n. 9 de 04.05.2005. 2. Se a convenção de arbitragem foi validamente instituída, se não feriu a lei à qual as partes a submeteram (art. 38, II, da Lei n. 9.307/96) e se foi aceita pelos contratantes mediante a assinatura do contrato, não se pode questionar, em sede de homologação do laudo arbitral resultante desse acordo, aspectos específicos da natureza contratual subjacente ao laudo homologando (Ag. Reg. na SEC n. 854/GB, Corte Especial, rel. Min. Nancy Andrighi, *DJe* 14.04.2011). 3. Considera-se atendido o requisito da citação quando há manifestação da parte nos autos, em clara demonstração de conhecimento da existência de ação em que figura como parte. 4. Sentença estrangeira que não viola a soberania nacional, os bons costumes e a ordem pública e que preenche as condições legais e regimentais deve ser homologada. 5. Sentença arbitral estrangeira homologada. (STJ, SEC n. 4.213/EX, Corte Especial, rel. Min. João Otávio de Noronha, j. 19.06.2013, *DJe* 26.06.2013)

Arbitramento   Procedimento judicial ou extrajudicial utilizado para estabelecer valor de determinada coisa ou serviço prestado quando inexistirem elementos expressos de valoração. O arbitramento tem lugar, entre outros, na fixação de honorários advocatícios, na liquidação de sentença e na correção do valor da causa.

▸ Veja CPC/73: "**Art. 20.** A sentença condenará o vencido a pagar ao vencedor as despesas que antecipou e os honorários advocatícios. Esta verba honorária será devida, também, nos casos em que o advogado funcionar em causa própria. [...] § 3º Os honorários serão fixados entre o mínimo de dez por cento (10%) e o máximo de vinte por cento (20%) sobre o valor da condenação, atendidos: *a)* o grau de zelo do profissional; *b)* o lugar de prestação do serviço; *c)* a natureza e importância da causa, o trabalho realizado pelo advogado e o tempo exigido para o seu serviço. [...] **Art. 475-C.** Far-se-á a liquidação por arbitramento quando: I – determinado pela sentença ou convencionado pelas partes; II – o exigir a natureza do objeto da liquidação".

▸ Veja CPC/2015: "**Art. 292.** [...] § 3º O juiz corrigirá, de ofício e por arbitramento, o valor da causa quando verificar que não corresponde ao conteúdo patrimonial em discussão ou ao proveito econômico perseguido pelo autor, caso em que se procederá ao recolhimento das custas correspondentes. [...] **Art. 509.** Quando a sentença condenar ao pagamento de quantia ilíquida, proceder-se-á à sua liquidação, a requerimento do credor ou do devedor: I – por arbitramento, quando determinado pela sentença, convencionado pelas partes ou exigido pela natureza do objeto da liquidação; [...] **Art. 510.** Na liquidação por arbitramento, o juiz intimará as partes para a apresentação de pareceres ou documentos elucidativos, no prazo que fixar, e, caso não possa decidir de plano, nomeará perito, observando-se, no que couber, o procedimento da prova pericial".

■ Honorários de advogado. Arbitramento judicial. Feito contencioso e expedição de alvará. Ônus de sucumbência. Incidência sobre o montante da condenação. Cumpre ao advogado tratar, de forma antecipada, conveniente e expressamente, os honorários que entende devidos pelo seu trabalho. Assim não procedendo, sujeita-se ao arbitramento judicial e aos critérios elencados no artigo 20, do Código de Processo Civil, dentre os quais a dificuldade da causa, praticamente inexistente quando se cuida de simples pedido de expedição de um alvará para levantamento de importância em processo de inventário. Na circunstância de restar vencido o réu, os honorários devem ser fixados, tanto quanto possível, levando-se em conta o montante da condenação e não o valor dado à causa, ainda que não impugnado. Desse modo, resta irrelevante o quanto foi postulado no petitório inicial, repercutindo apenas o direito efetivamente reconhecido. A insurreição contra a procedência ou improcedência do pedido inicial inclui, independente de menção específica, a inconformidade sobre o *quantum* estipulado a título de consectários da sucumbência. Quem se inconforma com o todo está, automaticamente, insatisfeito também contra as partes integrantes desse todo. Apelo provido parcialmente. Maioria. (TJDFT, Ap. Cível n. 3.957.296, 1ª T., rel. Valter Xavier, j. 20.05.1996, *DJ* 11.09.1996, p. 15.789)

Arbitrário   Ato ou deliberação fundada no arbítrio ou na vontade unilateral de alguém, contrariando lei ou regra existente. O ato arbitrário, quando praticado por autoridade ou funcionário público, é considerado abuso de poder. Arbitrariedade é, portanto, o conjunto de atos arbitrários praticados por pessoa ou autoridade que impliquem prejuízos ao direito ou à liberdade de pessoas. Contra ato arbitrário praticado pela autoridade constituída cabe *habeas corpus* ou mandado de segurança. Constitui delito penal o exercício arbitrário das próprias razões, que consiste em fazer justiça pelas próprias mãos, para satisfazer pretensão, embora legítima, e tirar, suprimir, destruir ou danificar coisa própria que se acha em poder de terceiro por determinação judicial ou convenção (arts. 345 e 346, CP).

- Veja CF: "**Art. 5º** [...] LXVIII – conceder-se-á *habeas corpus* sempre que alguém sofrer ou se achar ameaçado de sofrer violência ou coação em sua liberdade de locomoção, por ilegalidade ou abuso de poder; LXIX – conceder-se-á mandado de segurança para proteger direito líquido e certo, não amparado por *habeas corpus* ou *habeas data*, quando o responsável pela ilegalidade ou abuso de poder for autoridade pública ou agente de pessoa jurídica no exercício de atribuições do Poder Público; [...]".

- Veja CP: "**Art. 350.** Ordenar ou executar medida privativa de liberdade individual, sem as formalidades legais ou com abuso de poder: Pena – detenção, de 1 (um) mês a 1 (um) ano. Parágrafo único. Na mesma pena incorre o funcionário que: I – ilegalmente recebe e recolhe alguém a prisão, ou a estabelecimento destinado a execução de pena privativa de liberdade ou de medida de segurança; II – prolonga a execução de pena ou de medida de segurança, deixando de expedir em tempo oportuno ou de executar imediatamente a ordem de liberdade; III – submete pessoa que está sob sua guarda ou custódia a vexame ou a constrangimento não autorizado em lei; IV – efetua, com abuso de poder, qualquer diligência".

■ Gratificação de função. Reversão ao cargo efetivo. Supressão. O exercício de função de confiança por anos seguidos, não obstante a reversão ao cargo efetivo, na forma do parágrafo único do art. 468 da CLT, não autoriza a supressão do pagamento da gratificação de função percebida ao longo desses anos, salvo a hipótese de justo motivo para o descomissionamento. Não pode prevalecer o ato arbitrário do empregador, com evidente prejuízo salarial ao trabalhador, em detrimento do princípio da estabilidade econômica. (TRT-2ª Região, Proc. n. 20.010.156.563/RO, (20020037419), 5ª T., rel. Juiz Fernando Antonio Sampaio da Silva, j. 29.01.2002, *DOESP* 15.02.2002)

Arbítrio Poder ou faculdade que alguém possui de, segundo suas próprias razões e direito de escolha, realizar uma opção. Alvedrio; vontade própria. Difere o ato arbitrário do arbítrio porque, naquele, o ato praticado se encontra defeso em lei. Assim, o juiz possui livre arbítrio para apreciar os elementos de prova constante do processo a fim de firmar seu livre convencimento.

- Veja CPC/2015: "**Art. 371.** O juiz apreciará a prova constante dos autos, independentemente do sujeito que a tiver promovido, e indicará na decisão as razões da formação de seu convencimento".

■ *Habeas corpus* impetrado em substituição ao recurso previsto no ordenamento jurídico. [...] Constrangimento ilegal não evidenciado. 1. Ordem não conhecida. *Habeas corpus* concedido de ofício. [...] 2. A aplicação da pena é o momento em que o juiz realiza, no caso concreto, a força do Direito, impondo, após o édito condenatório, a sanção jurídica ao condenado. Trata-se de poder discricionário dado ao magistrado pela Constituição Federal e pela lei – Código Penal. Mas, muito embora discricionário, não é um poder arbitrário, na medida em que, ao juiz, cabe aplicar a pena justa à espécie, com a necessária motivação, à luz do método trifásico. [...] 5. Não há constrangimento ilegal, na fixação do regime inicial fechado, ao paciente condenado à pena privativa de liberdade inferior a 8 (oito) anos, que teve a pena-base fixada acima do mínimo legal porque possui circunstâncias judiciais negativas, a teor do que dispõe o art. 33, § 2º e § 3º, do Código Penal. [...] (STJ, *HC* n. 203.086/TO, 5ª T., rel. Min. Marco Aurélio Bellizze, j. 02.05.2013, *DJe* 08.05.2013)

Árbitro Juiz de fato e de direito, ao qual poderão louvar-se, mediante compromisso escrito, as pessoas capazes de contratar, para resolverem suas pendências judiciais ou extrajudiciais de qualquer valor concernentes a direitos patrimoniais sobre os quais a lei admite transação, conforme faculta a Lei de Arbitragem (Lei n. 9.307/96). Pessoa, ou pessoas, escolhida de comum acordo pelas partes para que lhes decida uma controvérsia que não pretendem levar ao Judiciário. Também se denomina árbitro a pessoa ou profissional responsável por dirigir e fazer cumprir as regras da modalidade do jogo ou do esporte ao qual estão submetidos intervindo sempre que uma regra é violada. Os árbitros esportivos são designados pelas organizações ou associações responsáveis pelas diferentes modalidades esportivas.

- Veja Lei n. 9.307/96: "**Art. 13.** Pode ser árbitro qualquer pessoa capaz e que tenha a confiança das partes. § 1º As partes nomearão um ou mais árbitros, sempre em número ímpar, podendo nomear, também, os respectivos suplentes. § 2º Quando as partes nomearem árbitros em número par, estes estão autorizados, desde logo, a nomear mais um árbitro. Não havendo acordo, requererão as partes ao órgão do Poder Judiciário a que tocaria, originariamente, o julgamento da causa a nomeação do árbitro, aplicável, no que couber, o procedimento previsto no art. 7º desta Lei. [...] **Art. 17.** Os árbitros, quando no exercício de suas funções ou em razão delas, ficam equiparados aos funcionários públicos, para os efeitos da legislação penal. **Art. 18.** O árbitro é juiz de fato e de direito, e a sentença que proferir não fica sujeita a recurso ou a homologação pelo Poder Judiciário".

Área de preservação permanente (APP)
Área protegida, coberta ou não por vegetação nativa, com a função ambiental de preservar os recursos hídricos, a paisagem, a estabilidade geológica e a biodiversidade, facilitar o fluxo gênico de fauna e flora, proteger o solo e assegurar o bem-estar das populações humanas (art. 3º, II, Lei n. 12.651/2012 – Código Florestal). As áreas de preservação permanente têm a função de preservar locais frágeis, como margens de rios, topos de morros e encostas, que não podem ser desmatados, pois o desmatamento pode causar erosões e deslizamentos, além de esses lugares protegerem nascentes, fauna, flora e biodiversidade, entre outros.

Área de reserva legal
Área localizada no interior de uma propriedade ou posse rural, delimitada nos termos do art. 12, Lei n. 12.651/2012, com a função de assegurar o uso econômico, de modo sustentável, dos recursos naturais do imóvel rural, auxiliar a conservação, a reabilitação dos processos ecológicos e promover a conservação da biodiversidade, bem como o abrigo e a proteção de fauna silvestre e da flora nativa (art. 3º, III, Lei n. 12.651/2012 – Código Florestal).

▸ Veja Lei n. 12.651/2012 (Código Florestal): "**Art. 12.** Todo imóvel rural deve manter área com cobertura de vegetação nativa, a título de Reserva Legal, sem prejuízo da aplicação das normas sobre as Áreas de Preservação Permanente, observados os seguintes percentuais mínimos em relação à área do imóvel, excetuados os casos previstos no art. 68 desta Lei: I – localizado na Amazônia Legal: *a)* 80% (oitenta por cento), no imóvel situado em área de florestas; *b)* 35% (trinta e cinco por cento), no imóvel situado em área de cerrado; *c)* 20% (vinte por cento), no imóvel situado em área de campos gerais; II – localizado nas demais regiões do País: 20% (vinte por cento).

Área *non aedificandi*
Área não sujeita à edificação por determinação legal. A regra geralmente contemplada nos planos diretores dos municípios e em legislações ambientais visa à proibição de construção em áreas de preservação permanente, áreas de risco, áreas contaminadas, áreas de mananciais e encostas de rios, entre outras. Nas rodovias federais, a figura da faixa *non aedificandi* tem por finalidade proibir a construção de qualquer natureza em zonas urbanas, suburbanas, de expansão urbana ou rural, em faixa de reserva de 15 metros, adjacente a cada lado da faixa de domínio da rodovia (Lei n. 6.766/79).

▸ Veja Lei n. 6.766/79: "**Art. 4º** Os loteamentos deverão atender, pelo menos, aos seguintes requisitos: I – as áreas destinadas a sistemas de circulação, a implantação de equipamento urbano e comunitário, bem como a espaços livres de uso público, serão proporcionais à densidade de ocupação prevista pelo plano diretor ou aprovada por lei municipal para a zona em que se situem; II – os lotes terão área mínima de 125 m² (cento e vinte e cinco metros quadrados) e frente mínima de 5 (cinco) metros, salvo quando a legislação estadual ou municipal determinar maiores exigências, ou quando o loteamento se destinar a urbanização específica ou edificação de conjuntos habitacionais de interesse social, previamente aprovados pelos órgãos públicos competentes; III – ao longo das águas correntes e dormentes e das faixas de domínio público das rodovias e ferrovias, será obrigatória a reserva de uma faixa não edificável de 15 (quinze) metros de cada lado, salvo maiores exigências da legislação específica; [...] § 3º Se necessária, a reserva de faixa não edificável vinculada a dutovias será exigida no âmbito do respectivo licenciamento ambiental, observados critérios e parâmetros que garantam a segurança da população e a proteção do meio ambiente, conforme estabelecido nas normas técnicas pertinentes. **Art. 5º** O Poder Público competente poderá complementarmente exigir, em cada loteamento, a reserva de faixa *non aedificandi* destinada a equipamentos urbanos. Parágrafo único. Consideram-se urbanos os equipamentos públicos de abastecimento de água, serviços de esgotos, energia elétrica, coletas de águas pluviais, rede telefônica e gás canalizado".

▪ Na espécie, a área sofreu limitação administrativa de proibição de edificar decorrente do Código de Urbanismo e Obras do Município de Salvador (Lei municipal n. 1.855/66), e três anos depois foi desapropriada pelo Estado da Bahia (Decreto n. 21.404/69). Assim, tanto a Prefeitura quanto o Estado respondem pelo valor da indenização, sendo que a primeira em relação ao valor corresponde à limitação *non aedificandi*, e o segundo, apenas quanto à área desapropriada com seu valor depreciado da referida limitação. Assim, prosseguindo o julgamento, após voto de desempate, a Turma, por maioria, manteve o acórdão impugnado. (STJ, REsp n. 68.537/BA, rel. Min. Eliana Calmon, j. 08.04.2003)

- Terreno confrontante com linhas férreas. Possibilidade. Área *non aedificandi*. Art. 4º, III, da Lei n. 6.766/79. Irrelevância. Simples limitação administrativa. I. A impossibilidade de se edificar na faixa de quinze metros do leito das ferrovias constitui limitação administrativa, não impedindo que a área total, que a engloba, seja objeto de usucapião. II. A instância especial é imprópria para o reexame de prova (Enunciado n. 07 da Súmula/STJ). III. Ausente debate da matéria impugnada no aresto recorrido, impossível se torna sua análise nesta instância, por falta de prequestionamento (Verbete n. 282 da Súmula/STF). IV. O dissídio jurisprudencial não se caracteriza se dessemelhantes são as situações fáticas existentes entre os acórdãos recorrido e paradigmas. (STJ, REsp n. 86.115/SP, 4ª T., rel. Min. Sálvio de Figueiredo Teixeira, j. 25.03.1998, *DJ* 08.06.1998, p. 112)

Aresto Decisão proferida por um tribunal de instância superior por meio de suas turmas ou colegiados. O mesmo que acórdão (*v. Acórdão*).

Arguição Ato de arguir, acusar, denunciar, apontar. Exemplos: "arguição de inconstitucionalidade"; "arguição de descumprimento de preceito fundamental", "arguição de suspeição".

▶ Veja CPC/2015: "**Art. 148.** Aplicam-se os motivos de impedimento e de suspeição: I – ao membro do Ministério Público; II – aos auxiliares da justiça; III – aos demais sujeitos imparciais do processo. § 1º A parte interessada deverá arguir o impedimento ou a suspeição, em petição fundamentada e devidamente instruída, na primeira oportunidade em que lhe couber falar nos autos. § 2º O juiz mandará processar o incidente em separado e sem suspensão do processo, ouvindo o arguido no prazo de 15 (quinze) dias e facultando a produção de prova, quando necessária. § 3º Nos tribunais, a arguição a que se refere o § 1º será disciplinada pelo regimento interno. § 4º O disposto nos §§ 1º e 2º não se aplica à arguição de impedimento ou de suspeição de testemunha".

Arguição de descumprimento de preceito fundamental (ADPF) Instrumento jurídico utilizado para evitar ou reparar lesão a preceito fundamental resultante de ato do poder público (União, estados, Distrito Federal e municípios), incluídos aí atos anteriores à promulgação da Constituição. A ADPF foi instituída em 1988, pelo § 1º do art. 102 da CF, posteriormente regulamentado pela Lei n. 9.882/99. Sua criação teve por objetivo suprir a lacuna deixada pela ação direta de inconstitucionalidade (ADIn), que não pode ser proposta contra lei ou atos normativos que entraram em vigor em data anterior à promulgação da Constituição de 1988. São legitimados ativos para propor a ADPF as mesmas pessoas e entidades que podem ajuizar a ADIn. A ADPF admite liminar, concedida pela maioria absoluta dos membros do STF, que pode consistir na determinação para que juízes e tribunais suspendam o andamento de processo ou de efeitos de decisões judiciais, ou de qualquer outra medida que apresente relação com a matéria objeto da ação. A decisão da ADPF produz efeito *erga omnes* (contra todos) e vinculantes em relação aos demais órgãos do poder público. Os efeitos no tempo serão *ex tunc* (retroativos), mas o STF poderá, em razão da segurança jurídica ou de excepcional interesse social, restringir os efeitos da decisão, decidir que essa somente produzirá efeitos a partir do trânsito em julgado ou de outro momento futuro que venha a ser fixado.

▶ Veja Lei n. 9.882/99: "**Art. 1º** A arguição prevista no § 1º do art. 102 da Constituição Federal será proposta perante o Supremo Tribunal Federal, e terá por objeto evitar ou reparar lesão a preceito fundamental, resultante de ato do Poder Pú-blico. Parágrafo único. Caberá também arguição de descumprimento de preceito fundamental: I – quando for relevante o fundamento da controvérsia constitucional sobre lei ou ato normativo federal, estadual ou municipal, incluídos os anteriores à Constituição; [...] **Art. 2º** Podem propor arguição de descumprimento de preceito fundamental: I – os legitimados para a ação direta de inconstitucionalidade; [...] § 1º Na hipótese do inciso II, faculta-se ao interessado, mediante representação, solicitar a propositura de arguição de descumprimento de preceito fundamental ao Procurador-Geral da República, que, examinando os fundamentos jurídicos do pedido, decidirá do cabimento do seu ingresso em juízo. [...]".

- Reconhecimento de união estável homoafetiva. Possibilidade. Posicionamento consagrado no julgamento da ADIn n. 4.277 e da ADPF n. 132. 1. Tendo em vista o julgamento da ADIn n. 4.277 e da ADPF n. 132, resta superada a compreensão de que se revela juridicamente impossível o reconhecimento de união estável, em se tratando de duas pessoas do mesmo sexo. 2. Na espécie, o conjunto probatório é robusto no sentido da caracterização do relacionamento estável, nos moldes do art. 1.723 do CC, razão por que deve ser emprestado à relação havida entre a recorrente e a companheira falecida tratamento equivalente ao que a lei confere à união estável havida entre homem e mulher, inclusive no que se refere aos direitos sucessórios sobre as duas casas construídas com esforço comum, o que foi reconhecido judicialmente, na forma do art. 1.790, III, do CC (pois concorre a insurgente com a genitora da falecida). 3. O magistrado não está obrigado a se manifestar sobre todos os dispositivos legais invocados pelas partes, necessitando, apenas, indicar o suporte jurídico no qual embasa seu juízo de valor, entendendo ter dado à matéria a correta interpretação jurídica. Apelo provido. (TJRS, Ap. Cível n. 70.045.194.677, 8ª Câm. Cível, rel. Ricardo Moreira Lins Pastl, j. 22.03.2012)

Arguir   Ato de alegar, ponderar ou apontar argumentos que convêm aos interesses da parte que o faz ou contrários ao interesse da outra parte com quem contende (*v. Arguição*).

Argumentum a contrario   Em sentido contrário. Ao reverso. Argumento pelo qual se procura não aplicar uma opinião ou disposição a outra espécie do mesmo gênero. Argumento de interpretação que considera válido ou permitido o contrário do que tiver sido proibido ou limitado. O caso analisado será resolvido de maneira oposta ao costumeiramente aceito. O mesmo que *argumentum a contrario sensu*. Por exemplo: se a carteira de habilitação para dirigir veículos está proibida a menores de 18 anos, aos maiores está permitida.

Argumentum a pari   O que se aplica a outros casos. Argumento pelo qual se procura aplicar uma opinião ou disposição a outra espécie do mesmo gênero: o Estatuto do Idoso se aplica às pessoas com mais de 60 anos de idade; logo, se aplica a Pedro, que tem 65 anos.

Arma   Instrumento usado para defender, atacar ou ameaçar um bem, um animal ou uma pessoa. Costuma ser usada tanto em ataque como na autodefesa. Pode, também, ser empregada em caça e pesca. Armas são, muitas vezes, causas de morte, pois servem de objeto para a prática de homicídios e suicídios. As armas são classificadas da seguinte forma: a) arma branca: serve para simples ataque, embora possa causar morte; não são capazes de disparar projéteis (bastões, facas, espadas, arco e flecha); b) arma de fogo: capaz de lançar projéteis a partir de explosão interna (revólveres, pistolas, espingardas, metralhadoras); c) arma não letal: capaz de ferir uma pessoa sem provocar morte (eletrochoque, pistola ou revólver com projéteis de borracha); d) arma de efeito moral: destinada a causar grande incômodo para uma pessoa dificultando sua reação (som alto ou luzes fortes); e) arma química: capaz de irritar ou danificar, por meio de gases e outros elementos, o organismo de uma pessoa (gás de pimenta, gás lacrimogêneo); f) arma biológica: libera doenças capazes de impor danos graves a um ser (vírus). A Lei n. 10.826, de 22 de dezembro de 2003, dispõe sobre registro, posse e comercialização de armas de fogo e munição, sobre o Sistema Nacional de Armas e define crimes.

▶ Veja Lei n. 10.826/2003: "**Art. 1º** O Sistema Nacional de Armas – Sinarm, instituído no Ministério da Justiça, no âmbito da Polícia Federal, tem circunscrição em todo o território nacional. Art. 2º Ao Sinarm compete: I – identificar as características e a propriedade de armas de fogo, mediante cadastro; II – cadastrar as armas de fogo produzidas, importadas e vendidas no País; III – cadastrar as autorizações de porte de arma de fogo e as renovações expedidas pela Polícia Federal; IV – cadastrar as transferências de propriedade, extravio, furto, roubo e outras ocorrências suscetíveis de alterar os dados cadastrais, inclusive as decorrentes de fechamento de empresas de segurança privada e de transporte de valores; V – identificar as modificações que alterem as características ou o funcionamento de arma de fogo; VI – integrar no cadastro os acervos policiais já existentes; VII – cadastrar as apreensões de armas de fogo, inclusive as vinculadas a procedimentos policiais e judiciais; VIII – cadastrar os armeiros em atividade no País, bem como conceder licença para exercer a atividade; IX – cadastrar mediante registro os produtores, atacadistas, varejistas, exportadores e importadores autorizados de armas de fogo, acessórios e munições; X – cadastrar a identificação do cano da arma, as características das impressões de raiamento e de microestriamento de projétil disparado, conforme marcação e testes obrigatoriamente realizados pelo fabricante; XI – informar às Secretarias de Segurança Pública dos Estados e do Distrito Federal os registros e autorizações de porte de armas de fogo nos respectivos territórios, bem como manter o cadastro atualizado para consulta. Parágrafo único. As disposições deste artigo não alcançam as armas de fogo das Forças Armadas e Auxiliares, bem como as demais que constem dos seus registros próprios. [...]".

- *Arma de fogo. Posse. Inaptidão produzir disparos. Crime impossível. Lei n. 10.826/2003, art. 14. CP, art. 17. [...]* 2. Insta registrar que o laudo pericial da arma de fogo apreendida acostado aos autos (Item 00.002, doc. 66) atesta a incapacidade de produzir disparos (tiros), em virtude do mecanismo do disparo de percussão mola estar com defeito. Assim sendo, estamos diante de um fato atípico, ante a impropriedade absoluta do objeto. Na hipótese de o agente possuir ou portar ilegalmente uma arma de fogo totalmente inapta a efetuar disparos, porém devidamente municiada ou com acessórios destinados a aumentar-lhe a precisão, o problema se resolve pelo influxo do princípio da lesividade, segundo o qual não há crime quando for impossível o perigo ao bem jurídico tutelado. (TJRJ, Ap. Crim. n. 5.617, rel. Des. Sidney Rosa da Silva, j. 07.06.2011)

A rogo Assinatura feita por terceiro a pedido de pessoa que não saiba ou não possa, momentaneamente, assinar um documento (art. 37, § 1º, LRP).

- ▶ Veja CC: "**Art. 215.** A escritura pública, lavrada em notas de tabelião, é documento dotado de fé pública, fazendo prova plena. § 1º Salvo quando exigidos por lei outros requisitos, a escritura pública deve conter: [...] VII – assinatura das partes e dos demais comparecentes, bem como a do tabelião ou seu substituto legal, encerrando o ato. § 2º Se algum comparecente não puder ou não souber escrever, outra pessoa capaz assinará por ele, a seu rogo. [...] **Art. 595.** No contrato de prestação de serviço, quando qualquer das partes não souber ler, nem escrever, o instrumento poderá ser assinado a rogo e subscrito por duas testemunhas. [...] **Art. 1.865.** Se o testador não souber, ou não puder assinar, o tabelião ou seu substituto legal assim o declarará, assinando, neste caso, pelo testador, e, a seu rogo, uma das testemunhas instrumentárias. [...] **Art. 1.868.** O testamento escrito pelo testador, ou por outra pessoa, a seu rogo, e por aquele assinado, será válido se aprovado pelo tabelião ou seu substituto legal [...]. [...] **Art. 1.871.** O testamento pode ser escrito em língua nacional ou estrangeira, pelo próprio testador, ou por outrem, a seu rogo".

- ▶ Veja Lei n. 6.015/73 (LRP): "**Art. 37.** As partes, ou seus procuradores, bem como as testemunhas, assinarão os assentos, inserindo-se neles as declarações feitas de acordo com a lei ou ordenadas por sentença. As procurações serão arquivadas, declarando-se no termo a data, o livro, a folha e o ofício em que foram lavradas, quando constarem de instrumento público. § 1º Se os declarantes, ou as testemunhas não puderem, por qualquer circunstância, assinar, far-se-á declaração no assento, assinando a rogo outra pessoa e tomando-se a impressão dactiloscópica da que não assinar, à margem do assento. § 2º As custas com o arquivamento das procurações ficarão a cargo dos interessados".

- *Habeas corpus. Petição sem assinatura do impetrante. Indeferimento da inicial. Não conhecimento do pedido.* Petição de *habeas corpus* sem assinatura do impetrante. Embora cediço que a petição inicial da presente ação constitucional prescinde de rigorismo formal, podendo, inclusive, ser impetrada pelo próprio paciente ou por alguém a seu rogo que não possua capacidade postulatória, é defeso o seu conhecimento quando apócrifa, por caracterizar ato inexistente. Precedentes do STJ e desta Corte. Indeferida a inicial e não conhecido o pedido. Art. 654, § 1º, *c*, do CPP c/c art. 169, X, do RITJRS. (TJRS, *HC* n. 70.055.105.829, 8ª Câm. Criminal, rel. Dálvio Leite Dias Teixeira, j. 14.06.2013)

Arquivamento de processo Ato judicial realizado pelo escrivão do cartório judicial, em relação aos processos findos nos casos determinados em lei. O procedimento de baixa e arquivamento do processo somente ocorrerá após a certificação de trânsito em julgado e depois de se verificar o cumprimento de todas as providências determinadas pela sentença. O arquivamento pode ser efetivado com ou sem baixa na distribuição. O arquivamento sem baixa estabelece tão somente a suspensão do processo, sem sua extinção, possibilitando sua reativação e prosseguimento posterior; o arquivamento com baixa conduz ao cancelamento da distribuição realizada, implicando ao autor a tarefa de ajuizar novo processo. As execuções fiscais relativas a débitos iguais ou inferiores a R$ 10.000,00 (dez mil reais) devem ter seus autos arquivados, sem baixa na distribuição (art. 20, Lei n. 10.522/2002).

- ▶ Veja Lei n. 10.522/2002: "**Art. 20.** Serão arquivados, sem baixa na distribuição, mediante requerimento do Procurador da Fazenda Nacional, os autos das execuções fiscais de débitos inscritos como Dívida Ativa da União pela Procuradoria-Geral da Fazenda Nacional ou por ela cobrados, de valor consolidado igual ou inferior a R$ 10.000,00 (dez mil reais). § 1º Os autos de execução a que se refere este artigo serão reativados quando os valores dos débitos ultrapassarem os limites indicados. § 2º Serão extintas, mediante requerimento do Procurador da Fazenda Nacional, as execuções que versem exclusivamente sobre honorários devidos à Fazenda Nacional de valor igual ou inferior a R$ 1.000,00 (mil reais). § 3º O disposto neste artigo não se aplica às execuções relativas à contribuição para o Fundo de Garantia do Tempo de Serviço. § 4º No caso de reunião de processos contra o mesmo devedor, na forma do art. 28 da Lei n. 6.830, de 22 de setembro de 1980, para os fins de que trata o limite indicado no *caput* deste artigo, será considerada a soma dos débitos consolidados das inscrições reunidas".

- Tributário. Execução fiscal. Arquivamento sem baixa na distribuição. Ofensa ao art. 20 da Lei n. 10.522/2002. 1. Nos termos do art. 20, *caput*, da Lei n. 10.522/2002, "serão arquivados, sem baixa na distribuição, os autos das execuções fiscais de débitos inscritos como Dívida Ativa da União pela Procuradoria-Geral da Fazenda Nacional ou por ela cobrados, de valor consolidado igual ou inferior a R$ 2.500,00 (dois mil e quinhentos reais)", podendo os autos de execução serem "reativados quando os valores dos débitos ultrapassarem os limites indicados", conforme dispõe o § 1º do artigo referido. Ressalte-se que o caráter irrisório da execução fiscal não é causa apta a ensejar sua extinção sem julgamento do mérito. Nesse sentido: STJ, EREsp n. 669.561/RS, 1ª Seção, rel. Min. Castro Meira, j. 11.05.2005, *DJ* 01.08.2005; STJ, EREsp n. 638.855/RS, 1ª Seção, rel. Min. João Otávio de Noronha, j. 23.08.2006, *DJ* 18.09.2006. 2. Recurso especial provido. (STJ, REsp n. 947.163/RS, 1ª T., rel. Min. Denise Arruda, j. 10.04.2007, *DJ* 30.04.2007)

- Execução fiscal. Valor ínfimo. Arquivamento do feito sem baixa na distribuição. [...] 1. A dicção do art. 20, § 1º, da Lei n. 10.522/2002 é no sentido do arquivamento do executivo fiscal sem baixa na distribuição. Arquiva-se, provisoriamente, a execução de pequeno valor e, acaso ultrapassado o limite mínimo indicado, os autos são reativados. 2. Havendo penhora, e arquivada a execução fiscal, nos termos do art. 20, § 1º, da Lei n. 10.522/2002, é iníquo manter o executado por tempo indefinido, com seu patrimônio constrito e, pior na condição de fiel depositário. 3. O art. 620 do CPC, aplicável subsidiariamente aos executivos fiscais, determina que a execução deve correr da forma menos gravosa para o devedor. Forçoso concluir, portanto, que a penhora e posterior expropriação exigem processo em trâmite efetivo, e não indefinidamente arquivado. (STJ, REsp n. 571.934/RS, 2ª T., rel. Min. Castro Meira, *DJ* 04.04.2005, p. 267)

Arras Quantia em dinheiro que um contratante entrega a outro com o fim de garantir o cumprimento de um contrato. Sinal ou princípio de pagamento. O sinal (ou arras) dado por um dos contraentes firma a presunção de acordo final e torna obrigatório o contrato (arts. 417 e segs., CC). As arras podem ser penitenciais ou confirmatórias.

- Veja CC: "**Art. 417.** Se, por ocasião da conclusão do contrato, uma parte der à outra, a título de arras, dinheiro ou outro bem móvel, deverão as arras, em caso de execução, ser restituídas ou computadas na prestação devida, se do mesmo gênero da principal. **Art. 418.** Se a parte que deu as arras não executar o contrato, poderá a outra tê-lo por desfeito, retendo-as; se a inexecução for de quem recebeu as arras, poderá quem as deu haver o contrato por desfeito, e exigir sua devolução mais o equivalente, com atualização monetária segundo índices oficiais regularmente estabelecidos, juros e honorários de advogado. **Art. 419.** A parte inocente pode pedir indenização suplementar, se provar maior prejuízo, valendo as arras como taxa mínima. Pode, também, a parte inocente, exigir a execução do contrato, com as perdas e danos, valendo as arras como o mínimo da indenização. **Art. 420.** Se no contrato for estipulado o direito de arrependimento para qualquer das partes, as arras ou sinal terão função unicamente indenizatória. Neste caso, quem as deu perdê-las-á em benefício da outra parte; e quem as recebeu devolvê-las-á, mais o equivalente. Em ambos os casos não haverá direito a indenização suplementar".

- Arras penitenciais. Súmula n. 412/STF. Precedentes da corte. Sucumbência. Tratando-se de arras penitenciais, prevista no contrato a cláusula de arrependimento, impõe-se a perda do valor a tal título pago, aplicando-se a Súmula n. 412/STF. Restabelecida a sentença, que determinou a perda integral das arras, não subsiste razão para a proporcionalidade dos ônus da sucumbência. (STJ, REsp n. 115.155/1998/RS, rel. Min. Carlos Alberto Menezes Direito, j. 04.12.1997, *DJ* 25.02.1980)

- Compromisso de compra e venda. Consumidor. Bem imóvel. Inadimplemento. Rescisão contratual. Cláusula abusiva. Nulidade. Arras de 30%. Valor excessivo. Descaracterização. CDC, art. 53. Deve ser declarada nula a cláusula que prevê a perda das arras dadas como sinal de pagamento se referida cláusula for excessivamente onerosa ao consumidor, sendo, na verdade, falsas as arras que equivalham a 30% do valor do imóvel. (TAMG, Ap. Cível n. 378.118/Belo Horizonte, rel. Juiz Pereira da Silva, j. 25.02.2003, *DJ* 21.08.2003)

Arras confirmatórias São confirmatórias as arras propriamente ditas na medida em que representam uma prestação efetiva, realizada em garantia da conclusão de um contrato. A entrega do sinal faz prova do acordo de vontades, de modo que, a partir de então, as partes não podem rescindi-lo unilateralmente, sob pena de responder por perdas e danos.

- Promessa de compra e venda. Resolução do contrato. Arras confirmatórias. Restituição simples. 1. A prova constante nos autos revela que os demandados não agiram com culpa (em qualquer uma de suas modalidades) ou dolo, porquanto também desconheciam a pretensão municipal de abertura de via pública no imóvel transacionado. Logo, é caso de desfazimento puro e simples do negócio, com o retorno das partes ao *status quo ante*, devendo as arras serem restituídas de forma simples, como determinado pelo Juiz singular. 2. Os valores despendidos com a preparação do terreno para construção devem ser ressarcidos, tendo em vista a concordância expressa dos demandados. Apelo parcialmente provido. (TJRS, Ap. Cível n. 70.045.870.995, 19ª Câm. Cível, rel. Eugênio Facchini Neto, j. 27.03.2012)

- Contrato de compra e venda de veículo. Resolução do ajuste. Retenção das arras confirmatórias. Redução. Ausente expressa previsão acerca do direito de arrependimento sobre a contratação principal, elemento ao qual as arras penitenciais se vinculam, assumem as mesmas a natureza ordinária, que é exclusivamente confirmatória e admite retenção em caso de inadimplemento da obrigação assumida. Assim, a indenização por elas representada, não obstante o caráter punitivo-pedagógico, não pode representar fonte de enriquecimento sem causa para um dos polos contratantes, considerada a expressa vedação trazida pelo Código Civil em tal sentido, bem como o equilíbrio contratual preconizado pelo referido Diploma, tornando impositiva a sua redução ao montante equivalente a 10% do valor total do negócio. Apelo parcialmente provido. (TJRS, Ap. Cível n. 70.021.185.376, 12ª Câm. Cível, rel. Cláudio Baldino Maciel, j. 11.10.2007)

Arras penitenciais São penitenciais as arras quando houver, no contrato, cláusula expressa no sentido de que arrependimento ou desistência de uma das partes implicará perda do sinal dado ou devolução em dobro. Nessa hipótese, se o arrependimento for do comprador, perderá para o vendedor o sinal dado; se o arrependimento for do vendedor, devolverá em dobro o sinal. Em ambos os casos, a penalidade imposta possui caráter de cláusula penal compensatória. "São muitas as semelhanças entre o sinal e a cláusula penal: ambas destinam-se a assegurar o cumprimento de uma obrigação" e "exercem função coercitiva, pois, em caso de inadimplemento, tanto a retenção da quantia adiantada como a devolução em dobro demonstram a feição sancionária do sinal" (ROSENVALD, Nelson. *Direito das obrigações*, Rio de Janeiro, Forense, 2004, p. 569).

- Compromisso de compra e venda. Arras penitenciais. Arrependimento do negócio pelo promitente vendedor. Obrigação de devolução em dobro dos valores recebidos. Inacumulatividade com perdas e danos. O arrependimento não é um vício, nem representa uma lesão. É o exercício de um direito da parte. Apenas que a parte arrependida deve responder pelas consequências do seu ato, no caso, a perda em dobro das arras recebidas. Mas o princípio da autonomia da vontade não pode estabelecer uma composição de perdas e danos que produza, em lugar de uma justa reparação, um enriquecimento (sem causa) ilícito. Se as arras passam a ter uma função *poenitentialis*, devem ser tratadas do mesmo modo que uma cláusula penal, suportando as limitações que a lei estabelece, como as do art. 920 do CC, não se permitindo uma satisfação do dano mais ampla que o próprio dano sofrido. As arras penitenciais funcionam como verdadeira prefixação das perdas e danos pelo arrependimento da promessa, a nada mais estando obrigado o penitente, máxime quando tal cumulação não está prevista no convencionado pelas partes. (TJPR, Ap. Cível n. 26.921-4/1997/Campo Largo, rel. Des. Ronald Accioly, *DJ* 03.02.1997)

- Promessa de compra e venda. Rescisão contratual. Restituição dos valores pagos. Arras penitenciais. Manutenção. Caracterizada, através da prova produzida na instrução, a culpa do autor pelo desfazimento do negócio, em decorrência do inadimplemento, a procedência do pedido inicial é de rigor. A desistência do negócio pelo comprador, após o pagamento das arras penitenciais, enseja a perda dos valores, conforme previsão contratual. Indenização pelo uso do imóvel. Mantida a condenação do requerido ao pagamento de indenização pelo período de fruição do bem, conforme determinado na decisão *a quo*. Inexistência de danos morais indenizáveis ao recorrente, sobretudo porque deu causa à resolução do contrato. Sentença confirmada. Negaram provimento ao recurso. Unânime. (TJRS, Ap. Cível n. 70.049.396.377, 18ª Câm. Cível, rel. Nelson José Gonzaga, j. 19.07.2012)

Arrazoado Diz-se do conjunto de ponderações, razões e contrarrazões oferecidas, respectivamente, pelo recorrente e pelo recorrido nos recursos promovidos perante os tribunais.

▶ Veja CPC/2015: "**Art. 1.016.** O agravo de instrumento será dirigido diretamente ao tribunal competente, por meio de petição com os seguintes requisitos: I – os nomes das partes; II – a exposição do fato e do direito; III – as razões do pedido de reforma ou de invalidação da decisão e o próprio pedido; IV – o nome e o endereço completo dos advogados constantes do processo".

Arrazoar Ato pelo qual a parte apresenta ou expõe alegações ou razões de ataque (razões) ou defesa (contrarrazões) em relação à decisão da causa e nos recursos judiciais.

Arrecadação de bens Arrecadação ou apreensão judicial de bens para que fiquem sob vigilância da autoridade judiciária nos casos em que a lei especifica, como nos casos de herança jacente e de declaração de ausência (art. 26, CC; arts. 753 a 760, Projeto de CPC; arts. 1.142 e 1.160, CPC/73). A arrecadação de bens também tem lugar em processo de falência. Nesse caso, após a arrecadação, os bens arrecadados ficarão sob a guarda do administrador judicial ou de pessoa por ele escolhida, sob responsabilidade daquele, podendo o falido ou qualquer de seus representantes ser nomeado depositário dos bens (art. 108, Lei n. 11.101/2005).

▶ Veja CC: "**Art. 26.** Decorrido um ano da arrecadação dos bens do ausente, ou, se ele deixou representante ou procurador, em se passando três anos, poderão os interessados requerer que se declare a ausência e se abra provisoriamente a sucessão".

▶ Veja CPC/73: "**Art. 1.142.** Nos casos em que a lei civil considere jacente a herança, o juiz, em cuja comarca tiver domicílio o falecido, procederá sem perda de tempo à arrecadação de todos os seus bens. [...] **Art. 1.160.** O juiz mandará arrecadar os bens do ausente e nomear-lhe-á curador na forma estabelecida no Capítulo antecedente".

▶ Veja CPC/2015: "**Art. 738.** Nos casos em que a lei considere jacente a herança, o juiz em cuja comarca tiver domicílio o falecido procederá imediatamente à arrecadação dos respectivos bens. [...] **Art. 740.** [...] § 6º Não se fará a arrecadação, ou essa será suspensa, quando, iniciada, apresentarem-se para reclamar os bens o cônjuge ou companheiro, o herdeiro ou o testamenteiro notoriamente reconhecido e não houver oposição motivada do curador, de qualquer interessado, do Ministério Público ou do representante da Fazenda Pública. [...] **Art. 741.** Ultimada a arrecadação, o juiz mandará expedir edital, que será publicado na rede mundial de computadores, no sítio do tribunal a que estiver vinculado o juízo e na plataforma de editais do Conselho Nacional de Justiça, onde permanecerá por 3 (três) meses, ou, não havendo sítio, no órgão oficial e na imprensa da comarca, por 3 (três) vezes com intervalos de 1 (um) mês, para que os sucessores do falecido venham a habilitar-se no prazo de 6 (seis) meses contado da primeira publicação. [...] **Art. 744.** Declarada a ausência nos casos previstos em lei, o juiz mandará arrecadar os bens do ausente e nomear-lhes-á curador na forma estabelecida na Seção VI, observando-se o disposto em lei. **Art. 745.** Feita a arrecadação, o juiz mandará publicar editais na rede mundial de computadores, no sítio do tribunal a que estiver vinculado e na plataforma de editais do Conselho Nacional de Justiça, onde permanecerá por 1 (um) ano, ou, não havendo sítio, no órgão oficial e na imprensa da comarca, durante 1 (um) ano, reproduzida de 2 (dois) em 2 (dois) meses, anunciando a arrecadação e chamando o ausente a entrar na posse de seus bens. [...]".

▶ Veja Lei n. 11.101/2005: "**Art. 108.** Ato contínuo à assinatura do termo de compromisso, o administrador judicial efetuará a arrecadação dos bens e documentos e a avaliação dos bens, separadamente ou em bloco, no local em que se encontrem, requerendo ao juiz, para esses fins, as medidas necessárias. § 1º Os bens arrecadados ficarão sob a guarda do administrador judicial ou de pessoa por ele escolhida, sob responsabilidade daquele, podendo o falido ou qualquer de seus representantes ser nomeado depositário dos bens. § 2º O falido poderá acompanhar a arrecadação e a avaliação. § 3º O produto dos bens penhorados ou por outra forma apreendidos entrará para a massa, cumprindo ao juiz deprecar, a requerimento do administrador judicial, às autoridades competentes, determinando sua entrega. § 4º Não serão arrecadados os bens absolutamente impenhoráveis. § 5º Ainda que haja avaliação em bloco, o bem objeto de garantia real será também avaliado separadamente, para os fins do § 1º do art. 83 desta Lei".

■ Agravo retido sem reiteração. Aplicação do art. 523, § 1º, do CPC. Não conhecimento. Arrecadação de bens pelo juízo falimentar. Legitimidade da constrição. Comprovado que a constrição recaiu sobre patrimônio adquirido com verbas desviadas da sociedade falida, carece de legitimidade aquele que se beneficiou com o ato, para opor-se pela via dos embargos de terceiro, porquanto os bens desta forma adquiridos encontram-se sujeitos à eficácia do ato judicial que se pretende embargar. Recurso desprovido. (TJSC, Ap. Cível n. 1997004.630-8/São José, 1ª Câm. de Dir. Comercial, rel. Des. Silveira Lenzi, j. 24.03.1999)

■ Embargos de terceiro. Arrecadação de bens de terceiro. Restituição deferida. Sendo arrecadados bens de terceiro por ocasião da lacração do estabelecimento falido, a restituição é medida que se impõe. Assim, deferida a restituição em sede de embargos de terceiro, deve o embargado arcar com as verbas da sucumbência, visto que os embargos de terceiro regem-se pela Lei Processual Civil, não havendo, na Lei Falimentar, alteração ao princípio da sucumbência. (TJSC, Ap. Cível n. 1988.067030-4/Capinzal, 1ª Câm. Cível Especial, rel. Des. Souza Varella, j. 18.10.1995)

Arrematação Aquisição feita por aquele que der maior lanço (arrematante), da coisa alienada judicialmente, em hasta pública, nos casos especificados em lei.

▶ Veja CC: "**Art. 1.482.** Realizada a praça, o executado poderá, até a assinatura do auto de arrematação ou até que seja publicada a sentença de adjudicação, remir o imóvel hipotecado, oferecendo preço igual ao da avaliação, se não tiver havido licitantes, ou ao do maior lance oferecido. Igual direito caberá ao cônjuge, aos descendentes ou ascendentes do executado. [*O art. 1.072 da Lei n. 13.105, de 16.03.2015 (CPC/2015 – DOU 17.03.2015), que entrará em vigor após decorrido um ano da data de sua publicação oficial, revogou o art. 1.482, CC*] [...] **Art. 1.489.** A lei confere hipoteca: [...] V – ao credor sobre o imóvel arrematado, para garantia do pagamento do restante do preço da arrematação. [...] **Art. 1.499.** A hipoteca extingue-se: [...] VI – pela arrematação ou adjudicação. [...] **Art. 1.502.** As hipotecas sobre as estradas de ferro serão registradas no Município da estação inicial da respectiva linha. [...] **Art. 1.505.** Na execução das hipotecas será intimado o representante da União ou do Estado, para, dentro em quinze dias, remir a estrada de ferro hipotecada, pagando o preço da arrematação ou da adjudicação".

▶ Veja CPC/2015: "**Art. 901.** A arrematação constará de auto que será lavrado de imediato e poderá abranger bens penhorados em mais de uma execução, nele mencionadas as condições nas quais foi alienado o bem. § 1º A ordem de entrega do bem móvel ou a carta de arrematação do bem imóvel, com o respectivo mandado de imissão na posse, será expedida depois de efetuado o depósito ou prestadas as garantias pelo arrematante, bem como realizado o pagamento da comissão do leiloeiro e das demais despesas da execução. § 2º A carta de arrematação conterá a descrição do imóvel, com remissão à sua matrícula ou individuação e aos seus registros, a cópia do auto de arrematação e a prova de pagamento do imposto de transmissão, além da indicação da existência de eventual ônus real ou gravame".

■ Arrematação. Preço vil. Auto de arrematação. Falta de assinatura. Anulação de ofício. Possibilidade. É possível declarar nulos, antes de ser assinado o auto de avaliação, atos preparatórios de arrematação em que o bem penhorado seria vendido por preço vil. É exatamente a falta de assinatura que facilita a declaração de ofício, eis que o ato ainda não está perfeito, acabado e irretratável. (STJ, REsp n. 250.433/AL, 1ª T., rel. Min. Humberto Gomes de Barros, j. 12.12.2000, *DJ* 26.03.2001)

■ Execução. Hasta pública. Hipoteca. Expedição de carta de arrematação na forma do art. 694 do CPC e de mandado de imissão de posse. De acordo com o *caput* e § 2º, do art. 694 do CPC, a pendência do trânsito em julgado de embargos não prejudica a eficácia da arrematação, quando esta já se encontra perfeita e acabada, bem como não constitui óbice à expedição da Carta de Arrematação e, por consequência, do mandado de imissão de posse. Decisão que se reforma. (TJRJ, AI n. 32.045/2008, rel. Des. Claudio de Mello Tavares, j. 19.11.2008)

Arrendamento de aeronave Contrato pelo qual uma das partes se obriga a ceder à outra, por tempo determinado, o uso e gozo de aeronave ou de seus motores, mediante certa retribuição. O contrato deverá ser feito, facultativamente, por instrumento público ou particular, com a assinatura de duas testemunhas, e inscrito no Registro Aeronáutico Brasileiro.

▶ Veja Lei n. 7.565/86: "**Art. 127.** Dá-se o arrendamento quando uma das partes se obriga a ceder à outra, por tempo determinado, o uso e gozo de aeronave ou de seus motores, mediante certa retribuição. **Art. 128.** O contrato deverá ser feito por instrumento público ou particular, com a assinatura de duas testemunhas, e inscrito no Registro Aeronáutico Brasileiro. **Art. 129.** O arrendador é obrigado: I – a entregar ao arrendatário a aeronave ou o motor, no tempo e lugar convencionados, com a documentação necessária para o vôo, em condições de servir ao uso a que um ou outro se destina, e a mantê-los nesse estado, pelo tempo do contrato, salvo cláusula expressa em contrário; II – a garantir, durante o tempo do contrato, o uso pacífico da aeronave ou do motor. Parágrafo único. Pode o arrendador obrigar-se, também, a entregar a aeronave equipada e tripulada, desde que a direção e condução técnica fiquem a cargo do arrendatário. **Art. 130.** O arrendatário é obrigado: I – a fazer uso da coisa arrendada para o destino convencionado e dela cuidar como se sua fosse; II – a pagar, pontualmente, o aluguel, nos prazos, lugar e condições acordadas; III – a restituir ao arrendador a coisa arrendada, no estado em que a recebeu, ressalvado o desgaste natural decorrente do uso regular. **Art. 131.** A cessão do arrendamento e o subarrendamento só poderão ser realizados por contrato escrito, com o consentimento expresso do arrendador e a inscrição no Registro Aeronáutico Brasileiro. **Art. 132.** A não inscrição do contrato de arrendamento ou de subarrendamento determina que o arrendador, o arrendatário e o subarrendatário, se houver, sejam responsáveis pelos danos e prejuízos causados pela aeronave".

Arrendamento mercantil Negócio jurídico realizado entre pessoa jurídica, na qualidade de arrendadora, e pessoa física ou jurídica, na qualidade de arrendatária, e que tenha por objeto o arrendamento de bens adquiridos pela arrendadora, segundo especificações da arrendatária e para uso próprio desta. O mesmo que *leasing*. Podem ser objeto de arrendamento mercantil bens imóveis e móveis, de produção nacional ou estrangeira, tais como veículos, máquinas, computadores e equipamentos, entre outros. Findo o contrato, pode a locatária optar entre devolução do bem, renovação da locação ou compra pelo preço residual fixado no momento da firmatura do contrato (Lei n. 6.099/74 e Resolução CMN/Bacen n. 2.309/96) (*v. Leasing*).

- Veja Lei n. 6.099/74: "**Art. 1º** O tratamento tributário das operações de arrendamento mercantil reger-se-á pelas disposições desta Lei. Parágrafo único. Considera-se arrendamento mercantil, para os efeitos desta Lei, o negócio jurídico realizado entre pessoa jurídica, na qualidade de arrendadora, e pessoa física ou jurídica, na qualidade de arrendatária, e que tenha por objeto o arrendamento de bens adquiridos pela arrendadora, segundo especificações da arrendatária e para uso próprio desta".

- Súmula n. 293, STJ: A cobrança antecipada do valor residual garantido (VRG) não descaracteriza o contrato de arrendamento mercantil.

- Súmula n. 369, STJ: No contrato de arrendamento mercantil *(leasing)*, ainda que haja cláusula resolutiva expressa, é necessária a notificação prévia do arrendatário para constituí-lo em mora.

- Arrendamento mercantil. Subarrendamento. Perecimento do objeto. CCB, arts. 79 e 80. O perecimento que faz acabar o direito é aquele que ocorre nas mãos e por culpa do próprio titular; do contrário incide a regra do art. 79, do Código Bevilácqua ("Se a coisa perecer por fato alheio à vontade do dono, terá este ação, pelos prejuízos contra o culpado"). Se o bem sublocado pelo arrendatário perecer em poder do sublocatário, aplica-se o art. 80; imputando-se a quem devia conservar a coisa o dever de indenizar. (STJ, REsp n. 345.641/RJ, rel. Min. Humberto Gomes de Barros, j. 08.03.2005, *DJ* 16.05.2005)

- Arrendamento mercantil. Inadimplência comprovada. Ocorrendo o inadimplemento contratual pelo arrendatário, mediante a não satisfação das prestações mensais, pode o arrendador dar como rescindido o contrato em havendo cláusula resolutiva expressa e promover ação de reintegração de posse do bem, posto que caracteriza esbulho a falta de devolução da coisa após a rescisão do contrato (*JB* 152/123). (TJSC, AI n. 587.3/1997/Tubarão, rel. Des. Anselmo Cerello, *DJ* 30.06.1997, Doc. *LEGJUR* 103.1.674.7.021.3.100)

Arrendamento rural Contrato agrário pelo qual uma pessoa se obriga a ceder à outra, por tempo determinado ou não, o uso e o gozo de imóvel rural, parte ou partes dele incluindo ou não outros bens, benfeitorias ou facilidades, com o objetivo de nele ser exercida atividade de exploração agrícola, pecuária, agroindustrial, extrativa ou mista, mediante certa retribuição ou aluguel, observados os limites percentuais da Lei (art. 3º, Decreto n. 59.566/66). Trata-se de locação de imóvel que obrigatoriamente deve ser rural, podendo a locação abranger todo o imóvel ou somente parte dele e incluir ou não benfeitorias (moradia, galpões, depósitos etc.). O contrato abrange os seguintes tipos de exploração: a) agrícola (produção vegetal); pecuária (cria, recria, invernagem ou engorda de animais); b) agroindustrial (transformação de produto agrícola, pecuário ou florestal); c) extrativa (extração de produto agrícola, animal ou florestal); d) mista (quando abranger mais de uma das modalidades anteriores). Os prazos mínimos de arrendamento são (art. 13, II, a): três anos, no caso de exploração de lavoura temporária (cana, milho, arroz, feijão, trigo, soja, hortaliças etc.) ou de pecuária de pequeno e médio porte (cunicultura, apicultura, suinocultura, ovinocultura etc.); cinco anos, quando se refira a exploração de lavoura permanente (viticultura, citricultura, pomicultura, cafeicultura, cacauicultura etc.); sete anos, para o caso de exploração florestal. Em caso de contrato de prazo indeterminado, prescreve o art. 21 do Decreto n. 59.566 que se presume o arrendamento contratado pelo prazo mínimo de três anos.

- Veja Decreto n. 59.566/66: "**Art. 1º** O arrendamento e a parceria são contratos agrários que a lei reconhece, para o fim de posse ou uso temporário da terra, entre o proprietário, quem detenha a posse ou tenha a livre administração de um imóvel rural, e aquele que nela exerça qualquer atividade agrícola, pecuária, agroindustrial, extrativa ou mista. [...] **Art. 3º** Arrendamento rural é o contrato agrário pelo qual uma pessoa se obriga a ceder à outra, por tempo determinado ou não, o uso e gozo de imóvel rural, parte ou partes do mesmo, incluindo, ou não, outros bens, benfeitorias e ou facilidades, com o objetivo de nele ser exercida atividade de exploração agrícola, pecuária, agroindustrial, extrativa ou mista, mediante certa retribuição ou aluguel, observados os limites percentuais da Lei. § 1º Subarrendamento é o contrato pelo qual o Arrendatário transfere a outrem, no todo ou em parte, os direitos e obrigações do seu contrato de arrendamento. § 2º Chama-se Arrendador o que cede o imóvel rural ou o aluga; e Arrendatário a pessoa ou conjunto familiar, representado pelo seu chefe que o recebe ou toma por aluguel. § 3º O Arrendatário outorgante de subarrendamento será, para todos os efeitos, classificado como arrendador".

- Arrendamento rural. Preço. Produtos. É inválida a cláusula que fixa o preço do arrendamento rural em produto ou seu equivalente, e não em quantia fixa de dinheiro (Decreto n. 59.566/66, art. 18 e seu parágrafo único). (STJ, REsp n. 128.542/1997/SP, rel. Min. Ruy Rosado Aguiar, j. 14.10.1997, DJ 09.12.1997)

- Arrendamento rural. Despejo por falta de pagamento e por adimplemento do prazo contratual. Antecipação de tutela. À concessão da tutela antecipada obrigatório apresente o postulante prova inequívoca da sua afirmação, pressuposto comum, somado a um dos requisitos específicos, tais sejam: fundado receio de dano irreparável ou de difícil reparação; ou o abuso de direito de defesa ou o manifesto propósito protelatório do réu. Na ausência de quaisquer destes, não é de se conceder a tutela antecipatória, sob pena de decisão *contra legem*. Caso em que foi indeferida a liminar para decretar o despejo de imóvel rural arrendado por conta de alegada dívida, e adimplemento do prazo contratual. Possibilidade de purga da mora e ausência de prova inequívoca das alegações da parte autora ao provimento antecipado. Agravo de Instrumento desprovido. Decisão monocrática. (TJRS, AI n. 70.050.833.201, 10ª Câm. Cível, rel. Jorge Alberto Schreiner Pestana, j. 04.09.2012)

Arrependimento Ato praticado por um contratante resultante da mudança de vontade que consiste em voltar atrás ou retirar seu consentimento a um negócio ou contrato ajustado. Se o arrependimento verificar-se antes de concluído o contrato e acarretar prejuízos à outra parte, esta tem direito a exigir perdas e danos, salvo disposição contrária (art. 420, CC).

- Veja CC: "**Art. 420.** Se no contrato for estipulado o direito de arrependimento para qualquer das partes, as arras ou sinal terão função unicamente indenizatória. Neste caso, quem as deu perdê-las-á em benefício da outra parte; e quem as recebeu devolvê-las-á, mais o equivalente. Em ambos os casos não haverá direito a indenização suplementar. [...] **Art. 463.** Concluído o contrato preliminar, com observância do disposto no artigo antecedente, e desde que dele não conste cláusula de arrependimento, qualquer das partes terá o direito de exigir a celebração do definitivo, assinando prazo à outra para que o efetive. Parágrafo único. O contrato preliminar deverá ser levado ao registro competente. [...] **Art. 725.** A remuneração é devida ao corretor uma vez que tenha conseguido o resultado previsto no contrato de mediação, ou ainda que este não se efetive em virtude de arrependimento das partes. [...] **Art. 1.417.** Mediante promessa de compra e venda, em que se não pactuou arrependimento, celebrada por instrumento público ou particular, e registrada no Cartório de Registro de Imóveis, adquire o promitente comprador direito real à aquisição do imóvel".

Arresto Medida judicial que tem por finalidade a apreensão dos bens do devedor como forma de garantir ao credor a cobrança de seu crédito, evitando que sejam alienados como fraude à futura execução (art. 813, CPC/73). Justifica a medida o fundado receio de que o devedor, antes do ajuizamento ou do julgamento da lide, cause ao direito do credor lesão grave e de difícil reparação.

- Veja CPC/73: "**Art. 813.** O arresto tem lugar: I – quando o devedor sem domicílio certo intenta ausentar-se ou alienar os bens que possui, ou deixa de pagar a obrigação no prazo estipulado; II – quando o devedor, que tem domicílio: *a)* se ausenta ou tenta ausentar-se furtivamente; *b)* caindo em insolvência, aliena ou tenta alienar bens que possui; contrai ou tenta contrair dívidas extraordinárias; põe ou tenta pôr os seus bens em nome de terceiros; ou comete outro qualquer artifício fraudulento, a fim de frustrar a execução ou lesar credores; III – quando o devedor, que possui bens de raiz, intenta aliená-los, hipotecá-los ou dá-los em anticrese, sem ficar com algum ou alguns, livres e desembargados, equivalentes às dívidas; IV – nos demais casos expressos em lei".

▶ Veja CPC/2015: "**Art. 301.** A tutela de urgência de natureza cautelar pode ser efetivada mediante arresto, sequestro, arrolamento de bens, registro de protesto contra alienação de bem e qualquer outra medida idônea para asseguração do direito. [...] **Art. 828.** O exequente poderá obter certidão de que a execução foi admitida pelo juiz, com identificação das partes e do valor da causa, para fins de averbação no registro de imóveis, de veículos ou de outros bens sujeitos a penhora, arresto ou indisponibilidade. [...] **Art. 830.** Se o oficial de justiça não encontrar o executado, arrestar-lhe-á tantos bens quantos bastem para garantir a execução. § 1º Nos 10 (dez) dias seguintes à efetivação do arresto, o oficial de justiça procurará o executado 2 (duas) vezes em dias distintos e, havendo suspeita de ocultação, realizará a citação com hora certa, certificando pormenorizadamente o ocorrido. § 2º Incumbe ao exequente requerer a citação por edital, uma vez frustradas a pessoal e a com hora certa. § 3º Aperfeiçoada a citação e transcorrido o prazo de pagamento, o arresto converter-se-á em penhora, independentemente de termo".

■ Fraude de execução. Citação. Arresto. Inexistência de registro. A fraude de execução (CPC, art. 593, II) somente se caracteriza se o ato de alienação ou oneração do bem é praticado pelo devedor depois de citado para a demanda capaz de reduzi-lo à insolvência. O arresto não registrado é inoponível ao terceiro adquirente de boa-fé. Inexistindo o registro, ao tempo da alienação, incumbia ao credor fazer a prova da má-fé do terceiro adquirente. (STJ, REsp n. 76.063/1996/RS, rel. Min. Ruy Rosado de Aguiar, j. 08.04.1996, DJ 24.06.1996)

■ Agravo de instrumento. Contratos agrários. Ação cautelar de arresto. Liminar deferida. Requisitos do art. 814 do CPC atendidos. Tratando-se de medida cautelar de arresto, devem ser observados os requisitos instituídos pelo art. 814 do CPC, quais sejam: prova literal da dívida líquida e certa; prova documental ou justificação de que o devedor é insolvente, ou procura ausentar-se ou alienar os bens que possui, deixando de pagar a dívida, conforme prescreve o art. 813 do Diploma Processual. Pedido de arresto de cabeças de gado e trator em garantia de dívida reconhecida em sentença proferida em ação de despejo rural, mantida em julgamento de apelação. Indícios suficientes da insolvência do devedor e de que estivesse desviando a soja colhida para o nome de terceiros. Caso dos autos em que não estão demonstrados os requisitos da medida cautelar. Decisão agravada mantida. Agravo de instrumento desprovido. (TJRS, AI n. 70.050.040.435, 9ª Câm. Cível, rel. Leonel Pires Ohlweiler, j. 26.09.2012)

Arribada forçada Entrada de um navio em um porto por circunstâncias alheias à vontade do capitão. Desta maneira, a arribada forçada ocorre quando um navio, por necessidade imperiosa, entra em algum porto ou lugar distinto daqueles determinados na viagem a que se propusera (art. 740, CCom).

▶ Veja CCom: "**Art. 510.** É proibido ao capitão entrar em porto estranho ao do seu destino; e, se ali for levado por força maior (art. n. 740), é obrigado a sair no primeiro tempo oportuno que se oferecer; pena de responder pelas perdas e danos que da demora resultarem ao navio ou à carga (art. n. 748) [...] **Art. 740.** Quando um navio entra por necessidade em algum porto ou lugar distinto dos determinados na viagem a que se propusera, diz-se que fez arribada forçada (art. n. 510). **Art. 741.** São causas justas para arribada forçada: 1 – falta de víveres ou aguada; 2 – qualquer acidente acontecido à equipagem, cargo ou navio, que impossibilite este de continuar a navegar; 3 – temor fundado de inimigo ou pirata. **Art. 742.** Todavia, não será justificada a arribada: l – se a falta de víveres ou de aguada proceder de não haver-se feito a provisão necessária segundo o costume e uso da navegação, ou de haver-se perdido e estragado por má arrumação ou descuido, ou porque o capitão vendesse alguma parte dos mesmos víveres ou aguada; 2 – nascendo a inavegabilidade do navio de mau conserto, de falta de apercebimento ou esquipação, ou de má arrumação da carga; 3 – se o temor de inimigo ou pirata não for fundado em fatos positivos que não deixem dúvida".

Arrimo (1) Expressão que designa a pessoa que tem sob sua responsabilidade o sustento de pessoas da família. Amparo; segurança; proteção. São dispensados de incorporação os brasileiros arrimos de família. A lei que dispõe sobre o serviço militar considera arrimo de família: 1) o filho único de mulher viúva ou solteira, da abandonada pelo marido ou da desquitada [separada judicialmente ou divorciada], à qual sirva de único arrimo ou o que ela escolher quando tiver mais de um, sem direito a outra opção; 2) o filho que sirva de único arrimo ao pai fisicamente incapaz para prover seu sustento; 3) o viúvo ou desquitado que tiver filho menor (legítimo ou legitimado) de que seja único arrimo; 4) o casado que sirva de único arrimo à esposa ou a esposa e filho menor (legítimo ou legitimado); 5) o solteiro que tiver filho menor (legalmente reconhecido) de que seja único arrimo; 6) o órfão de pai e mãe que sustente irmão menor, maior inválido ou interdito, ou ainda irmã solteira ou viúva que viva em sua companhia; e 7) o órfão de pai e mãe que sirva de único arrimo a uma de suas avós ou avô decrépito ou valetudinário, incapaz de prover os meios de subsistência.

▸ Veja Decreto n. 57.654/66: "**Art. 105.** São dispensados de incorporação os brasileiros da classe convocada: [...] 6) arrimos de família, enquanto durar essa situação. [...] § 8º Serão considerados arrimos de família para os efeitos deste artigo: 1) o filho único de mulher viúva ou solteira, da abandonada pelo marido ou da desquitada, à qual sirva de único arrimo ou o que ela escolher quando tiver mais de um, sem direito a outra opção; 2) o filho que sirva de único arrimo ao pai fisicamente incapaz para prover o seu sustento; 3) o viúvo ou desquitado que tiver filho menor (legítimo ou legitimado) de que seja único arrimo; 4) o casado que sirva de único arrimo à esposa ou à esposa e filho; menor (legítimo ou legitimado); 5) o solteiro que tiver filho menor (legalmente reconhecido) de que seja único arrimo; 6) o órfão de pai e mãe que sustente irmão menor, ou maior inválido ou interdito, ou ainda irmã solteira ou viúva que viva em sua companhia; ou 7) o órfão de pai e mãe, que sirva de único arrimo a uma de suas avós ou avô decrépito ou valetudinário, incapaz de prover os meios de subsistência. § 9º Para fins de dispensa de incorporação, só será considerada a situação de arrimo quando, comprovadamente: 1) o conscrito sustentar dependentes mencionados no parágrafo anterior e não dispuser de recursos para efetivar essa função, caso seja incorporado; e 2) o sustentado não dispuser de recursos financeiros ou econômicos para a própria subsistência. § 10. O conscrito que alegar ser arrimo deverá requerer, em tempo útil, a sua dispensa de incorporação aos Comandantes de RM, DN ou ZAé. Além do fixado em o parágrafo 1º do art. 43, deste Regulamento, as instruções complementares de Convocação determinarão as épocas de apresentação dos requerimentos, os órgãos de Serviço Militar onde devem ser entregues, assim como os documentos necessários à comprovação do alegado".

Arrimo (2) Expressão que designa muro ou estacas construídos para servir de apoio ou segurança a uma construção.

▸ Veja CC: "**Art. 1.313.** O proprietário ou ocupante do imóvel é obrigado a tolerar que o vizinho entre no prédio, mediante prévio aviso, para: I – dele temporariamente usar, quando indispensável à reparação, construção, reconstrução ou limpeza de sua casa ou do muro divisório; II – apoderar-se de coisas suas, inclusive animais que aí se encontrem casualmente. § 1º O disposto neste artigo aplica-se aos casos de limpeza ou reparação de esgotos, goteiras, aparelhos higiênicos, poços e nascentes e ao aparo de cerca viva. [...]".

■ Ação de prestação negativa cumulada com indenizatória por perdas e danos. Execução de obras. Muro de arrimo. Não há falar em cerceamento de defesa, pelo julgamento antecipado da lide, se o Magistrado colheu dos autos elementos suficientes para formar seu convencimento, porquanto cabe a ele analisar a viabilidade e conveniência do seu deferimento. Não é dado ao proprietário de terreno obstar o ingresso de vizinho em sua propriedade, conquanto verificado que tal ingresso destina-se apenas, e de forma temporária, a construir muro de contenção. (TJSC, Ap. Cível n. 2007.042.902-9, rel. Des. Fernando Carioni, j. 06.11.2007)

Arrogar Ato pelo qual alguém atribui para si direito sobre determinada coisa que não lhe pertence ou autoria de um determinado ato praticado por outrem. Exemplos: "A União arroga-se o direito de propriedade de bem usucapiendo"; "O Presidente do clube arrogou-se o direito de demitir o treinador e contratar outro em seu lugar".

Arrolamento Ato ou efeito de arrolar, ou seja, de incluir alguém ou alguma coisa em rol ou em lista. Fazer uma relação; relacionar; listar; inventariar.

Arrolamento de bens Medida que objetiva preservar a existência e a integridade dos bens quando houver fundado receio de seu extravio ou dissipação. A finalidade precípua do arrolamento é assegurar os bens que estão sendo (ou futuramente serão) objeto de uma ação de divórcio, anulação ou nulidade de casamento ou de inventário, entre outras (art. 855, CPC/73). O arrolamento de bens também tem lugar no direito fiscal no caso especificado na Lei n. 9.532/97.

▸ Veja CPC/73: "**Art. 855.** Procede-se ao arrolamento sempre que há fundado receio de extravio ou de dissipação de bens. **Art. 856.** Pode requerer o arrolamento todo aquele que tem interesse na conservação dos bens. § 1º O interesse do requerente pode resultar de direito já constituído ou que deva ser declarado em ação própria. § 2º Aos credores só é permitido requerer arrolamento nos casos em que tenha lugar a arrecadação de herança. **Art. 857.** Na petição inicial exporá o requerente: I – o seu direito aos bens; II – os fatos em que funda o receio de extravio ou de dissipação dos bens".

▶ Veja CPC/2015: "**Art. 301.** A tutela de urgência de natureza cautelar pode ser efetivada mediante arresto, sequestro, arrolamento de bens, registro de protesto contra alienação de bem e qualquer outra medida idônea para asseguração do direito".

▶ Veja Lei n. 9.532/97: "**Art. 64.** A autoridade fiscal competente procederá ao arrolamento de bens e direitos do sujeito passivo sempre que o valor dos créditos tributários de sua responsabilidade for superior a trinta por cento do seu patrimônio conhecido. [...] § 4º A alienação, oneração ou transferência, a qualquer título, dos bens e direitos arrolados, sem o cumprimento da formalidade prevista no parágrafo anterior, autoriza o requerimento de medida cautelar fiscal contra o sujeito passivo. [...]".

■ Medida cautelar. Arrolamento de bens. Inventário. Venda por um dos herdeiros dos bens móveis e semoventes. [...] Em que pese o entendimento do ilustre Juiz *a quo*, o recurso merece ser provido. O art. 855, do CPC estabelece: "Art. 855. Procede-se ao arrolamento sempre que há fundado receio de extravio ou de dissipação de bens". E, de acordo com o art. 798, do mesmo Diploma Legal, o juiz poderá determinar as medidas provisórias que julgar adequadas, quando houver fundado receio de que uma parte, antes do julgamento da lide, cause ao direito da outra lesão grave e de difícil reparação. Desta forma, a concessão da medida cautelar, na forma prevista no CPC, exige a demonstração do *fumus boni iuris* e do *periculum in mora*. O risco de dano irreparável ou de difícil reparação, descrito na norma, é aquele causado em razão da demora do processo e do julgamento da ação principal. No estrito âmbito da ação cautelar verificam-se presentes os requisitos legais, quais sejam o *fumus boni iuris* e o *periculum in mora*, no que respeita à medida de urgência a justificar a concessão da liminar. [...] E, por tratar-se de bens móveis e semoventes, impossível se torna verificar o alcance dos mesmos sem o devido arrolamento e nomeação de depositário. A concessão da liminar é medida de rigor, pois presentes os requisitos legais, sendo certo que, se não forem averiguados os bens efetivamente pertencentes ao casal, futuramente estará prejudicada a partilha dos mesmos, ante a facilidade de transação de bens móveis e semoventes, causando aos herdeiros dano irreparável, pois, neste momento, não se pode falar em perdas pecuniárias, já que não demonstrada a sua extensão. A liminar requerida visa resguardar o direito dos herdeiros, com a fixação da existência dos bens a serem partilhados futuramente, garantindo, ainda, que os mesmos não desapareçam. O arrolamento visa, pois, a preservação dos bens sobre os quais incide o interesse da parte, podendo o interesse resultar de direito já existente ou que deva ser constituído em ação própria. (TJSP, AI n. 147.135/Araçatuba, rel. Des. Erickson Gavazza Marques, j. 28.04.2010)

Arrolamento em inventário Modalidade de inventário sumário facultado aos herdeiros de pessoa falecida, que tenha deixado bens, quando o valor destes for igual ou inferior a 1.000 (mil) salários mínimos, desde que sejam todos maiores e capazes (arts. 660 e segs., CPC/2015) (*v. Inventário por arrolamento*).

Arrombamento Abertura forçada ou violenta de alguma coisa, feita em razão de ordem judicial, para possibilitar o cumprimento de uma diligência. No processo de execução, o juiz poderá expedir ordem de arrombamento quando o devedor fechar as portas da casa a fim de obstar a penhora de bens. Sendo deferido o pedido, dois oficiais de justiça serão autorizados a arrombar portas, móveis e gavetas, onde presumirem que se achem os bens (art. 660, CPC/73).

▶ Veja CPC/73: "**Art. 660.** Se o devedor fechar as portas da casa, a fim de obstar a penhora dos bens, o oficial de justiça comunicará o fato ao juiz, solicitando-lhe ordem de arrombamento".

▶ Veja CPC/2015: "**Art. 846.** Se o executado fechar as portas da casa a fim de obstar a penhora dos bens, o oficial de justiça comunicará o fato ao juiz, solicitando-lhe ordem de arrombamento. § 1º Deferido o pedido, 2 (dois) oficiais de justiça cumprirão o mandado, arrombando cômodos e móveis em que se presuma estarem os bens, e lavrarão de tudo auto circunstanciado, que será assinado por 2 (duas) testemunhas presentes à diligência. § 2º Sempre que necessário, o juiz requisitará força policial, a fim de auxiliar os oficiais de justiça na penhora dos bens. [...]".

■ Cumprimento de medida de busca e apreensão pela parte ré. Alegação de descumprimento de ordem judicial. 1. Hipótese em que não restou demonstrado pela parte autora (art. 333, I, do CPC) o abuso do direito de ação. A parte demandante não comprovou os alegados excessos no cumprimento do mandado de busca e apreensão. Caso em que, inclusive, foi proferida ordem de arrombamento e uso de força policial em razão da oposição de resistência do devedor ao cumprimento do comando de busca e apreensão. 2. A parte ré, com o ajuizamento da ação de busca e apreensão, tão somente exerceu o seu direito de ação estabelecido na Constituição Federal (art. 5º, incisos XXXIV e XXXV). Estando a conduta amparada pelo ordenamento jurídico vigente, por óbvio que não pode ser considerada ao mesmo tempo agir ilícito, pois o art. 188, I, do Código Civil estabelece que não se constituem atos ilícitos os praticados no exercício regular de um direito. (TJRS, Ap. Cível n. 70.046.304.432, 5ª Câm. Cível, rel. Isabel Dias Almeida, j. 14.12.2011)

- Tráfico de drogas. Exame de prova. Mandado de busca e apreensão. Condições pessoais favoráveis. Requisitos do art. 312 do CPP. 1. Não há nulidade no flagrante quando expresso no mandado de busca e apreensão a permissão de arrombamento caso não franqueada entrada na residência, em conformidade com o art. 5º, XI, CF. 2. Investigado o paciente pela prática de tráfico e apreendida em sua casa porção de maconha, necessária a prisão, sendo que sua liberdade seria um obstáculo às providências policiais para minimizar o tráfico que assola as comunidades. 3. Condições pessoais favoráveis, por si só, não autorizam responda o processo em liberdade. Ordem denegada. (TJRS, HC n. 70.028.099.679, 3ª Câm. Criminal, rel. Elba Aparecida Nicolli Bastos, j. 15.01.2009, DJ 17.02.2009)

Arrombamento (crime de furto) Forma qualificada do delito de furto, que consiste em destruição ou rompimento de obstáculo à subtração da coisa (art. 155, § 4º, I, CP).

▸ Veja CP: "**Art. 155.** Subtrair, para si ou para outrem, coisa alheia móvel: [...] § 4º A pena é de reclusão de 2 (dois) a 8 (oito) anos, e multa, se o crime é cometido: I – com destruição ou rompimento de obstáculo à subtração da coisa; II – com abuso de confiança, ou mediante fraude, escalada ou destreza; III – com emprego de chave falsa; IV – mediante concurso de duas ou mais pessoas".

- Furto. *Habeas corpus.* Arrombamento de automóvel para furtar objetos. Incidência da qualificadora do art. 155, § 4º, I, CP. 1. Consoante já decidiu esta Corte, a destruição ou avaria de automóvel para a subtração de objeto que se encontra em seu interior faz incidir a qualificadora prevista no inciso I do § 4º do art. 155 do Código Penal (STJ, HC n. 95.351/RS, 1ª T., rel. Min. Ricardo Lewandowski, DJe 07.11.2008, v.u.) [...] 2. Tendo o paciente usado de violência contra obstáculo que dificultava a subtração dos objetos, deve incidir a qualificadora do § 4º, I, do art. 155 do CP. 3. *Habeas corpus* denegado. (STF, HC n. 98.406/2009/RS, rel. Min. Ellen Gracie, j. 16.06.2009, DJ 01.07.2009)

Artifício Processo ardiloso ou fraudulento utilizado na prática de um ato com o fim deliberado de causar prejuízo a outrem ou induzir alguém a praticar um determinado ato. Assim, constitui artifício, simulação ou *frau legis* a atitude do devedor que põe ou tenta pôr seus bens em nome de terceiros a fim de frustrar execução ou lesar credores (art. 792, CPC/2015).

▸ Veja CPC/2015: "**Art. 792.** A alienação ou a oneração de bem é considerada fraude à execução: I – quando sobre o bem pender ação fundada em direito real ou com pretensão reipersecutória, desde que a pendência do processo tenha sido averbada no respectivo registro público, se houver; II – quando tiver sido averbada, no registro do bem, a pendência do processo de execução, na forma do art. 828; III – quando tiver sido averbado, no registro do bem, hipoteca judiciária ou outro ato de constrição judicial originário do processo onde foi arguida a fraude; IV – quando, ao tempo da alienação ou da oneração, tramitava contra o devedor ação capaz de reduzi-lo à insolvência; V – nos demais casos expressos em lei. [...]".

Artigo Cada uma das partes ou dos dispositivos numerados que contém uma lei ou um código. Os artigos são numerados em ordem crescente na forma ordinal do primeiro até o nono, e na forma cardinal a partir do décimo artigo. Os artigos serão designados pela abreviatura "Art." sem travessão/hífen antes do início do texto. Os artigos podem desdobrar-se em parágrafos e incisos, estes, em alíneas e estas, em itens. A LC n. 95, de 26 de fevereiro de 1998, contém regras específicas a respeito da sistematização de leis e seus artigos.

Ascendente Pessoa de quem se descende. Antepassado, ancestral, avós, pais. Ascendentes naturais provêm da igualdade de sangue (consanguinidade), enquanto os civis originam-se do instituto da doação.

▸ Veja CC: "**Art. 496.** É anulável a venda de ascendente a descendente, salvo se os outros descendentes e o cônjuge do alienante expressamente houverem consentido. Parágrafo único. Em ambos os casos, dispensa-se o consentimento do cônjuge se o regime de bens for o da separação obrigatória. [...] **Art. 1.594.** Contam-se, na linha reta, os graus de parentesco pelo número de gerações e, na colateral, também pelo número delas, subindo de um dos parentes até ao ascendente comum, e descendo até encontrar o outro parente".

Assédio moral Conduta abusiva praticada pelo empregador, ou pessoa a ele subordinada, contra empregados no ambiente de trabalho, de modo a sujeitá-los a situações humilhantes e constrangedoras. O mesmo que *mobbing,* espécie de *bullying* no local de trabalho, ou seja, situações de assédio moral, coação psicológica e violência emocional, uma severa forma de estresse psicológico resultante de comunicações hostis ou atos dirigidos de forma sistemática a um indivíduo com dificuldades em defender-se. Caracteriza-se pela degradação deliberada das condições de trabalho em que prevalecem atitudes e condutas negativas dos chefes em relação a seus subordinados, acarretando prejuízos práticos e emocionais para o trabalhador. Nesse contexto, um ou mais sujeitos assediadores criam um ambiente laboral hostil e intimidatório em relação a um ou mais assediados, de modo a afetar gravemente sua dignidade pessoal e causar danos à saúde dos afetados. Com semelhante conduta, praticada de forma prolongada e repetitiva, visam os assediadores, sobretudo, desestabilizar a vítima de modo a forçá-la a solicitar demissão do emprego. Os fatos mais comuns são as humilhações verbais, inclusive pela utilização de palavras de baixo calão, coações psicológicas com a finalidade de adesão do empregado a PDV ou à demissão, atribuição de tarefas estranhas ou incompatíveis com o cargo ou com o tempo em que são exigidas, exigências de cumprimento de metas ou produtividade além das possibilidades de serem efetivadas, divulgação de comentários maliciosos visando a subestimar esforços, com prejuízos à saúde mental do trabalhador. As reparações devidas para as vítimas de assédio moral são rescisão indireta, nos termos do art. 383 da CLT, e indenização por danos morais.

▶ Veja EC n. 45/2004: "**Art. 114.** Compete à Justiça do Trabalho processar e julgar: VI – as ações de indenização por dano moral ou patrimonial, decorrentes da relação de trabalho; [...]".

▶ Veja CLT: "**Art. 483.** O empregado poderá considerar rescindido o contrato e pleitear a devida indenização quando: *a)* forem exigidos serviços superiores às suas forças, defesos por lei, contrários aos bons costumes, ou alheios ao contrato; *b)* for tratado pelo empregador ou por seus superiores hierárquicos com rigor excessivo; *c)* correr perigo manifesto de mal considerável; *d)* não cumprir o empregador as obrigações do contrato; *e)* praticar o empregador ou seus prepostos, contra ele ou pessoas de sua família, ato lesivo da honra e boa fama; *f)* o empregador ou seus prepostos ofenderem-no fisicamente, salvo em caso de legítima defesa, própria ou de outrem; *g)* o empregador reduzir o seu trabalho, sendo este por peça ou tarefa, de forma a afetar sensivelmente a importância dos salários. § 1º O empregado poderá suspender a prestação dos serviços ou rescindir o contrato, quando tiver de desempenhar obrigações legais, incompatíveis com a continuação do serviço. § 2º No caso de morte do empregador constituído em empresa individual, é facultado ao empregado rescindir o contrato de trabalho. § 3º Nas hipóteses das letras d e g, poderá o empregado pleitear a rescisão de seu contrato de trabalho e o pagamento das respectivas indenizações, permanecendo ou não no serviço até final decisão do processo".

■ Súmula n. 736, STF: Compete à Justiça do Trabalho julgar as ações que tenham como causa de pedir o descumprimento de normas trabalhistas relativas à segurança, higiene e saúde dos trabalhadores.

■ Indenização por danos morais. Limitação do poder diretivo do empregador. O cerne da questão reside na aferição do prejuízo à honra e à dignidade da empregada nos procedimentos adotados pelo superior hierárquico. Nesse contexto, sabe-se que o dano moral constitui uma lesão a direitos da personalidade, que no caso dos autos são a honra e a intimidade da autora da reclamação. A sua configuração se efetiva com o abalo à dignidade da pessoa em sua consideração pessoal ou social. O fato denuncia excessivo abuso do poder diretivo do empregador, expondo o empregado à vexatória perante funcionários da empresa, em comprometimento da dignidade e intimidade do indivíduo, motivo pelo qual reputo o procedimento adotado como lesivo à honra, exigindo a reparação pretendida, em condições de afastar qualquer indício de afronta ao art. 159 do CC. Recurso não conhecido. (TST, RR n. 253/2003-003-03-00.7, 4ª T., rel. Min. Barros Levenhagen, *DJ* 22.04.2005)

■ Assédio moral. Caracterização. O assédio moral se caracteriza por ser uma conduta abusiva, de natureza psicológica, que atenta contra a dignidade psíquica, de forma repetitiva e prolongada e que expõe o trabalhador a situações humilhantes e constrangedoras, capazes de causar ofensa à personalidade, à dignidade ou à integridade psíquica, que tenha por efeito a ameaça do seu emprego e deteriorando o ambiente de trabalho. Para fazer jus à indenização por assédio moral, o autor deve fazer prova nos autos da sua existência. Dano moral. Configuração. Valor da indenização. A indenização por danos morais, embora seja arbitrada pelo juiz, deve levar em consideração alguns critérios, tais como: a posição social do ofendido, a situação econômica do ofensor, a culpa do ofensor na ocorrência do evento, iniciativas do ofensor em minimizar os efeitos do dano. Em suma, deve servir para punir o infrator e compensar a vítima. Deve ser um valor alto e suficiente para garantir a punição do infrator, com o fito de inibi-lo a praticar atos da mesma natureza, cujo caráter é educativo, mas não a tal ponto capaz de justificar enriquecimento sem causa do ofendido. (TRT, RO n. 00448.2005.022.23.00-8, rel. Des. Osmair Couto, *DJ* 19.12.2005, p. 17)

Assédio processual Espécie do gênero assédio moral que se caracteriza pela prática de atos que, afrontando a boa-fé e a lealdade processuais e no manifesto abuso de direito, visam retardar o cumprimento e a concretização da prestação jurisdicional, com o propósito de prejudicar a parte contrária. Caracteriza-se pelo abuso e excessivo emprego de instrumentos processuais, ainda que legalmente contemplados pelo ordenamento jurídico, com fins meramente procrastinatórios, atentando contra a celeridade processual. Para Mylene Pereira Ramos, juíza da 63ª Vara do Trabalho de São Paulo, assédio processual é "a procrastinação por uma das partes no andamento de processo, em qualquer uma de suas fases, negando-se a cumprir decisões judiciais, amparando-se ou não em norma processual, para interpor recursos, agravos, embargos, requerimentos de provas, petições despropositadas, procedendo de modo temerário e provocando incidentes manifestamente infundados, tudo objetivando obstacularizar a entrega da prestação jurisdicional à parte contrária" (Processo n. 02784200406302004).

- Assédio processual. Caracterização. O assédio processual é uma espécie do gênero assédio moral. Enquanto esse ocorre no âmbito do trabalho, aquele se situa no âmbito forense. Se caracteriza nos atos materializados e que vão de encontro à celeridade, retardando o cumprimento das obrigações e concretização da prestação jurisdicional, aviltando a boa-fé e lealdade processuais, no manifesto abuso de direito e propósito de prejudicar a parte contrária, quando não, de tentar obter vantagem ilícita, afrontando as decisões judiciais, a lei, a Constituição, e, com isso, o próprio interesse público e, em última instância, o Poder Judiciário e o Estado Democrático de Direito, muitas vezes convicto o assediador quanto à impunidade ou mesmo na insignificância das penalidades postas na legislação a lhe alcançar, por litigância de má-fé, insurgindo-se contra o próprio processo, conquanto instrumento ético, sendo certo que assim afronta, literalmente, a garantia constitucional de sua razoável duração (art. 5º, LXXVIII, CF/1988) [...]. (TRT-5ª Região, RO n. 01224-2008-016-05-00-2, 2ª T., rel. Juíza Margareth Rodrigues Costa)

- Assédio processual. Indenização. Retardamento do processo. Conduta reprovável. [...] Configurado está o assédio processual quando a parte, abusando do seu direito de defesa, interpõe repetidas vezes medidas processuais destituídas de fundamento com o objetivo de tornar a marcha processual mais morosa, causando prejuízo moral à parte que não consegue ter adimplido o seu direito constitucional de receber a tutela jurisdicional de forma célere e precisa. A exclusão da pena de litigância de má-fé em recursos relacionados à presente questão, anteriormente interpostos, em nada influencia a configuração do assédio processual *in casu*, posto que só a análise de todos os atos que formam a relação processual permite verificar a conduta da parte e o seu intento procrastinatório. (TRT-9ª Região, AC n. 33.280/2008, rel. Juiz Tobias de Macedo Filho, *DJPR* 16.09.2008)

Assédio sexual Constrangimento provocado na vítima, em busca de favor sexual, mediante a utilização de poderes concedidos por situação hierárquica superior. Conduta intimidatória do empregador que assedia sexualmente empregada sua, valendo-se de sua condição de provedor do vínculo empregatício. Pode ocorrer de forma intimidatória (ameaça de dispensa) ou por chantagem (promessa de promoção ou aumento de salário). A Lei n. 10.224, de 15.05.2001, introduziu no CP a tipificação do crime de assédio sexual: "Art. 216-A. Constranger alguém com o intuito de obter vantagem ou favorecimento sexual, prevalecendo-se o agente da sua condição de superior hierárquico ou ascendência inerentes ao exercício, emprego, cargo ou função". A pena prevista é de detenção de 1 a 2 anos.

▸ Veja CP: "**Art. 216-A.** Constranger alguém com o intuito de obter vantagem ou favorecimento sexual, prevalecendo-se o agente da sua condição de superior hierárquico ou ascendência inerentes ao exercício de emprego, cargo ou função: Pena – detenção, de 1 (um) a 2 (dois) anos. [...] § 2º A pena é aumentada em até um terço se a vítima é menor de 18 (dezoito) anos".

- Assédio sexual. Caracterização. Tipifica dano moral, passível de reparação, conduta intimidatória do empregador que assedia sexualmente empregada sua, valendo-se da sua condição de provedor do vínculo empregatício. A estima e o respeito que o ser humano usufrui no meio da coletividade estão íntima e diretamente vinculados aos seus mais elevados valores morais e espirituais, virtudes que justificam seu viver e caminhar neste mundo, de forma que a indenização por dano moral, que deverá corresponder à gravidade da lesão, e não ser equivalente, por impossível a equivalência, deve, de um lado, significar uma justa compensação ao ofendido e, de outro lado, uma severa e grave advertência ao ofensor, de forma a inibi-lo ou dissuadi-lo da prática de novo ilícito da mesma natureza. Esse é o sentido pedagógico e punitivo que a indenização representa para o ofensor, enquanto que, para o ofendido, significa a minimização da lesão sofrida em seu patrimônio moral. [...] (TST, AIRR n. 3652500-82.2002.5.03.0900, 4ª T., rel. Min. Milton de Moura França, j. 27.08.2003, *DJ* 12.09.2003)

▪ Dano moral. Assédio sexual. Conceito. Empregado. CC/2002, art. 186. CF/88, art. 5º, V e X. A doutrina destaca dois conceitos básicos do assédio sexual. O primeiro deles, chamado de assédio sexual por chantagem, ocorre quando o agressor vale-se da sua posição hierárquica superior e comete verdadeiro abuso de autoridade ao exigir favor sexual sob ameaça de perda de benefícios. Quando esse tipo de assédio é praticado na relação de emprego, a coação resulta da possibilidade da vítima perder o emprego. A segunda hipótese de assédio sexual, chamada assédio por intimidação, ocorre quando se verifica a prática de incitações sexuais inoportunas, solicitações sexuais ou qualquer manifestação dessa mesma índole, verbal ou física, cujo efeito é prejudicar a atuação da vítima, por criar uma situação que lhe é hostil. A casuística dessa modalidade de assédio sexual é ampla e abrange abuso verbal, comentários sexistas sobre a aparência física do empregado; frases ofensivas ou de duplo sentido; alusões grosseiras, humilhantes ou embaraçosas; perguntas indiscretas sobre a vida privada do trabalhador; além de insinuações sexuais inconvenientes e ofensivas. [...] (TRT-3ª Região, RO n. 1.161/2006, rel. Juíza Wilméia da Costa Benevides, j. 10.05.2007, *DJ* 17.05.2007, *LEGJUR* 103.1674.7557.1200)

Assembleia Reunião ou congregação de pessoas que integram uma determinada entidade (sociedade civil, sociedade anônima ou comercial, sindicato etc.), com o fim de deliberarem sobre certas questões de interesse comum. São denominadas ordinárias as assembleias anuais com datas previstas nos estatutos, geralmente destinadas à prestação de contas ou para eleição de nova diretoria; são extraordinárias quando convocadas para deliberação de questões imprevistas que requerem solução imediata ou urgente.

▸ Veja Lei n. 6.404/76: "**Art. 121.** A assembleia-geral, convocada e instalada de acordo com a lei e o estatuto, tem poderes para decidir todos os negócios relativos ao objeto da companhia e tomar as resoluções que julgar convenientes à sua defesa e desenvolvimento. Parágrafo único. Nas companhias abertas, o acionista poderá participar e votar a distância em assembleia geral, nos termos da regulamentação da Comissão de Valores Mobiliários. **Art. 122.** Compete privativamente à assembleia geral: I – reformar o estatuto social; II – eleger ou destituir, a qualquer tempo, os administradores e fiscais da companhia, ressalvado o disposto no inciso II do art. 142; III – tomar, anualmente, as contas dos administradores e deliberar sobre as demonstrações financeiras por eles apresentadas; IV – autorizar a emissão de debêntures, ressalvado o disposto nos §§ 1º, 2º e 4º do art. 59; V – suspender o exercício dos direitos do acionista (art. 120); VI – deliberar sobre a avaliação de bens com que o acionista concorrer para a formação do capital social; VII – autorizar a emissão de partes beneficiárias; VIII – deliberar sobre transformação, fusão, incorporação e cisão da companhia, sua dissolução e liquidação, eleger e destituir liquidantes e julgar-lhes as contas; e IX – autorizar os administradores a confessar falência e pedir concordata. [...]".

Assembleia constituinte Reunião de políticos (deputados e senadores) especialmente eleitos por sufrágio universal direto para o fim específico de elaborar a Constituição de um país. A Assembleia Nacional Constituinte destinada a elaborar a Constituição Federal brasileira de 1988 foi convocada pela EC n. 26/85. Os parlamentares que redigiram a atual Constituição foram eleitos em 1986. O trabalho, iniciado em fevereiro daquele ano, foi concluído após vinte meses de trabalhos e debates. Em outubro de 1988, a Constituição da República Federativa do Brasil foi promulgada pelo presidente da Assembleia Nacional Constituinte, o deputado Ulysses Guimarães.

▸ Veja EC n. 26/85: **Art. 1º** Os Membros da Câmara dos Deputados e do Senado Federal reunir-se-ão, unicameralmente, em Assembleia Nacional Constituinte, livre e soberana, no dia 1º de fevereiro de 1987, na sede do Congresso Nacional. **Art. 2º** O Presidente do Supremo Tribunal Federal instalará a Assembleia Nacional Constituinte e dirigirá a sessão de eleição do seu Presidente. **Art. 3º** A Constituição será promulgada depois da aprovação de seu texto, em dois turnos de discussão e votação, pela maioria absoluta dos Membros da Assembleia Nacional Constituinte. **Art. 4º** É concedida anistia a todos os servidores públicos civis da Administração direta e indireta e militares, punidos por atos de exceção, institucionais ou complementares. § 1º É concedida, igualmente, anistia aos autores de crimes políticos ou conexos, e aos dirigentes e representantes de organizações sindicais e estudantis, bem como aos servidores civis ou empregados que hajam sido demitidos ou dispensados por motivação exclusivamente política, com base em outros diplomas legais. [...]".

Assentada   Denominação que se atribui ao termo no qual se lavram os fatos ocorridos em audiência, bem como, por extenso, os despachos e a sentença, se esta for proferida no ato.

Assentamento   Providência que consiste em assentar, lançar ou registrar um ato jurídico ou fatos que ocorrem em uma audiência ou inquérito policial. A expressão é também usada para designar o ato de lançamento ou alteração de dados junto aos cartórios de registros públicos e para denominar o ato pelo qual os beneficiários da reforma agrária são imitidos na posse dos imóveis desapropriados para tal fim (art. 17, Lei n. 8.629/93).

Assentamento de agricultores   Expressão que designa o ato pelo qual os beneficiários da reforma agrária são imitidos na posse dos imóveis desapropriados para tal fim (art. 17, Lei n. 8.629/93). A Constituição Federal de 1988 estabelece que os beneficiários da distribuição de imóveis rurais pela reforma agrária receberão títulos de domínio ou de concessão de uso, instrumentos que asseguram o acesso à terra. O contrato de concessão de uso transfere o imóvel rural ao beneficiário da reforma agrária em caráter provisório e assegura aos assentados o acesso à terra, aos créditos disponibilizados pelo Incra e a outros programas do governo federal. O título de domínio é o instrumento que transfere o imóvel rural ao beneficiário da reforma agrária em caráter definitivo. É garantido pela Lei n. 8.629/93, quando verificado que foram cumpridas as cláusulas do contrato de concessão de uso e o assentado têm condições de cultivar a terra e de pagar o título de domínio em vinte parcelas anuais. Além da garantia de propriedade da terra para os trabalhadores rurais assentados, a titulação efetuada pelo Incra contém dispositivos norteadores dos direitos e deveres dos participantes do processo de reforma agrária, especialmente do poder público, representado pelo Incra, e dos beneficiários, caracterizado pelos assentados. Tendo em vista a importância da política de titulação dos assentamentos, que representa o coroamento do processo reformista, o Incra disponibiliza a relação dos beneficiários contemplados com os documentos de titulação a partir de 2001, em cada uma das superintendências regionais, conferindo publicidade ao processo de recebimento de títulos de domínio e de concessão de uso de imóveis objeto de reforma agrária.

▸ Veja Lei n. 8.629/93: "**Art. 17.** O assentamento de trabalhadores rurais deverá ser realizado em terras economicamente úteis, de preferência na região por eles habitada, observado o seguinte: I – a obtenção de terras rurais destinadas à implantação de projetos de assentamento integrantes do programa de reforma agrária será precedida de estudo sobre a viabilidade econômica e a potencialidade de uso dos recursos naturais; II – os beneficiários dos projetos de que trata o inciso I manifestarão sua concordância com as condições de obtenção das terras destinadas à implantação dos projetos de assentamento, inclusive quanto ao preço a ser pago pelo órgão federal executor do programa de reforma agrária e com relação aos recursos naturais; III – nos projetos criados será elaborado Plano de Desenvolvimento de Assentamento – PDA, que orientará a fixação de normas técnicas para a sua implantação e os respectivos investimentos; IV – integrarão a clientela de trabalhadores rurais para fins de assentamento em projetos de reforma agrária somente aqueles que satisfizerem os requisitos fixados para seleção e classificação, bem como as exigências contidas nos arts. 19, incisos I a V e seu parágrafo único, e 20 desta Lei; V – a consolidação dos projetos de assentamento integrantes dos programas de reforma agrária dar-se-á com a concessão de créditos de instalação e a conclusão dos investimentos, bem como com a outorga do instrumento definitivo de titulação. [...]".

▪ Ação indenizatória. Assentamento de colonos em área indígena. Retomada da posse. Dano moral afastado. 1. Versam os autos sobre ação de indenização por danos materiais e morais em decorrência do assentamento dos recorrentes, colonos, em área indígena que estava sob o domínio do Estado do Rio Grande do Sul, cujas terras foram posteriormente devolvidas aos indígenas. 2. Não ofende os arts. 165 e 458, incisos II e III, do CPC, o acórdão que fundamenta e decide a matéria de direito valendo-se dos elementos que julga aplicáveis e suficientes para a solução da lide. 3. Inexiste violação do art. 535 do CPC quando a prestação jurisdicional é dada na medida da pretensão deduzida, com enfrentamento e resolução das questões abordadas no recurso. 4. *In casu*, a Corte de origem entendeu que não ficou configurada a ocorrência de dano moral, a justificar a indenização postulada, a partir de argumentos de natureza eminentemente fática. 5. A pretensão de reenquadramento de fatos qualificados como meros aborrecimentos demanda o reexame de todo o contexto fático-probatório dos autos, o que é defeso a esta Corte em vista do óbice da Súmula n. 7/STJ. [...] (STJ, Ag. Reg. no REsp n. 1.046.395/SP, 3ª T., rel. Min. Sidnei Beneti, j. 16.06.2011, *DJe* 27.06.2011). Recurso especial parcialmente conhecido e improvido. (STJ, REsp n. 1.267.752/RS, 2ª T., rel. Min. Humberto Martins, j. 01.03.2012, *DJe* 07.03.2012)

Assentamento no registro civil Ato de assento ou lançamento e posteriores alterações de dados pessoais junto aos cartórios de registro civil concernentes a nascimento, nome, casamento e óbito do registrando (*v. Assento*).

Assentimento Consentimento; aceitação; anuência; concordância. A denegação do consentimento, quando injusta, pode ser suprida pelo juiz (art. 1.519, CC). Pode-se estipular a fiança, ainda que sem consentimento do devedor ou contra a sua vontade (art. 820, CC).

▶ Veja CC: "**Art. 299.** É facultado a terceiro assumir a obrigação do devedor, com o consentimento expresso do credor, ficando exonerado o devedor primitivo, salvo se aquele, ao tempo da assunção, era insolvente e o credor o ignorava. Parágrafo único. Qualquer das partes pode assinar prazo ao credor para que consinta na assunção da dívida, interpretando-se o seu silêncio como recusa. **Art. 300.** Salvo assentimento expresso do devedor primitivo, consideram-se extintas, a partir da assunção da dívida, as garantias especiais por ele originariamente dadas ao credor. **Art. 301.** Se a substituição do devedor vier a ser anulada, restaura-se o débito, com todas as suas garantias, salvo as garantias prestadas por terceiros, exceto se este conhecia o vício que inquinava a obrigação. **Art. 302.** O novo devedor não pode opor ao credor as exceções pessoais que competiam ao devedor primitivo. **Art. 303.** O adquirente de imóvel hipotecado pode tomar a seu cargo o pagamento do crédito garantido; se o credor, notificado, não impugnar em trinta dias a transferência do débito, entender-se-á dado o assentimento. [...] **Art. 820.** Pode-se estipular a fiança, ainda que sem consentimento do devedor ou contra a sua vontade. [...] **Art. 1.519.** A denegação do consentimento, quando injusta, pode ser suprida pelo juiz".

Assento Diz-se do termo pelo qual se promove o registro, ou lançamentos, de determinados atos perante o Registro Civil das Pessoas Naturais (Lei n. 6.015/73). Dessa forma, perante o referido registro, proceder-se-ão assentos e eventuais alterações do nascimento (art. 54), dos matrimônios (art. 70) e dos óbitos (art. 77).

▶ Veja Lei n. 6.015/73: "**Art. 30.** Não serão cobrados emolumentos pelo registro civil de nascimento e pelo assento de óbito, bem como pela primeira certidão respectiva. [...] **Art. 54.** O assento do nascimento deverá conter: 1º) o dia, mês, ano e lugar do nascimento e a hora certa, sendo possível determiná-la, ou aproximada; 2º) o sexo do registrando; 3º) o fato de ser gêmeo, quando assim tiver acontecido; 4º) o nome e o prenome, que forem postos à criança; 5º) a declaração de que nasceu morta, ou morreu no ato ou logo depois do parto; 6º) a ordem de filiação de outros irmãos do mesmo prenome que existirem ou tiverem existido; 7º) Os nomes e prenomes, a naturalidade, a profissão dos pais, o lugar e cartório onde se casaram, a idade da genitora, do registrando em anos completos, na ocasião do parto, e o domicílio ou a residência do casal. 8º) os nomes e prenomes dos avós paternos e maternos; 9º) os nomes e prenomes, a profissão e a residência das duas testemunhas do assento, quando se tratar de parto ocorrido sem assistência médica em residência ou fora de unidade hospitalar ou casa de saúde. 10) número de identificação da Declaração de Nascido Vivo – com controle do dígito verificador, ressalvado na hipótese de registro tardio previsto no art. 46 desta Lei".

▶ Retificação de assentamento no registro civil. Alteração do prenome. O princípio da imutabilidade do prenome, estabelecido no art. 58 da LRP, comporta exceções, que devem ser analisadas atentamente pelo julgador. O art. 57 da LRP admite a alteração de nome civil, por exceção e motivadamente, com a oitiva do Ministério Público e a devida apreciação judicial, sem descurar das peculiaridades da hipótese em julgamento. Precedentes. Se o Ministério Público impugna o pedido de retificação no registro civil, deve o juiz determinar a produção da prova, nos termos do art. 109, § 1º, da LRP, notadamente quando requerida na inicial. Recurso especial conhecido e provido. (STJ, REsp n. 729.429/MG, rel. Min. Nancy Andrighi, j. 10.11.2005, *DJ* 28.11.2005)

▶ Ação de investigação de paternidade. Anulação de registro civil de nascimento. 1) A insurgência não comporta conhecimento no ponto em que pede o reconhecimento da paternidade/maternidade socioafetiva, uma vez que nada a esse respeito foi requerido na peça portal da ação, configurando, portanto, inovação recursal. 2) Do contexto probatório não se extrai que a autora seria filha biológica dos falecidos e não da pessoa que constou como sua genitora no registro de nascimento. Manutenção da sentença de improcedência. (TJRS, Ap. Cível n. 70.049.518.152, 8ª Câm. Cível, rel. Ricardo Moreira Lins Pastl, j. 27.09.2012)

Assessor jurídico Advogado vinculado à administração pública ou a uma empresa que tem como função a prestação de serviços de aconselhamento ou consultoria, geralmente por meio de parecer. Salvo demonstração de culpa ou erro grosseiro, submetida às instâncias administrativo-disciplinares ou jurisdicionais próprias, não cabe a responsabilização do advogado público pelo conteúdo de seu parecer de natureza meramente opinativa.

- Responsabilidade de procurador de autarquia por emissão de parecer técnico-jurídico de natureza opinativa. Segurança deferida. I. Repercussões da natureza jurídico-administrativa do parecer jurídico: (i) quando a consulta é facultativa, a autoridade não se vincula ao parecer proferido, sendo que seu poder de decisão não se altera pela manifestação do órgão consultivo; (ii) quando a consulta é obrigatória, a autoridade administrativa se vincula a emitir o ato tal como submetido à consultoria, com parecer favorável ou contrário, e se pretender praticar ato de forma diversa da apresentada à consultoria, deverá submetê-lo a novo parecer; (iii) quando a lei estabelece a obrigação de decidir à luz de parecer vinculante, essa manifestação de teor jurídico deixa de ser meramente opinativa e o administrador não poderá decidir senão nos termos da conclusão do parecer ou, então, não decidir. II. No caso de que cuidam os autos, o parecer emitido pelo impetrante não tinha caráter vinculante. Sua aprovação pelo superior hierárquico não desvirtua sua natureza opinativa, nem o torna parte de ato administrativo posterior do qual possa eventualmente decorrer dano ao erário, mas apenas incorpora sua fundamentação ao ato. III. Controle externo: É lícito concluir que é abusiva a responsabilização do parecerista à luz de uma alargada relação de causalidade entre seu parecer e o ato administrativo do qual tenha resultado dano ao erário. Salvo demonstração de culpa ou erro grosseiro, submetida às instâncias administrativo-disciplinares ou jurisdicionais próprias, não cabe a responsabilização do advogado público pelo conteúdo de seu parecer de natureza meramente opinativa. Mandado de segurança deferido. (STF, MS n. 24.631/DF, Tribunal Pleno, rel. Min. Joaquim Barbosa, j. 09.08.2007, *DJe* 31.01.2008)

- Tribunal de contas. Tomada de contas. Advogado. Procurador. Parecer. I – Advogado de empresa estatal que, chamado a opinar, oferece parecer sugerindo contratação direta, sem licitação, mediante interpretação da lei das licitações. Pretensão do Tribunal de Contas da União em responsabilizar o advogado solidariamente com o administrador que decidiu pela contratação direta: impossibilidade, dado que o parecer não é ato administrativo, sendo, quando muito, ato de administração consultiva, que visa a informar, elucidar, sugerir providências administrativas a serem estabelecidas nos atos de administração ativa. O parecer emitido por procurador ou advogado de órgão da administração pública não é ato administrativo. Nada mais é do que a opinião emitida pelo operador do Direito, opinião técnico-jurídica, que orientará o administrador na tomada de decisão, na prática do ato administrativo, que se constitui na execução *ex officio* da lei. (STF, MS n. 24.073/DF, Tribunal Pleno, rel. Ministro Carlos Velloso, j. 06.11.2002, *DJ* 31.10.2003)

Assessoria jurídica Conjunto de pessoas ou empresas constituídas por advogados ou juristas, denominados assessores, cuja finalidade é a prestação de serviços de aconselhamento ou consultoria a outros órgãos ou empresas.

Assinação Concessão de prazo; aprazamento para alguém praticar um determinado ato ou manifestar-se. Designação de tempo e lugar para cumprimento de um ato.

Assinatura Ato pelo qual uma pessoa apõe seu nome por extenso, ou abreviado por caracteres próprios, em papel ou documento para obrigar-se ou manifestar sua anuência sobre os termos nele contidos. Assinatura também equivale à firma.

Assinatura a rogo Assinatura aposta por estranho em documento do qual não participa, a pedido de uma das partes que é analfabeta ou está fisicamente impossibilitada de assinar. Nos atos relativos ao Registro Civil, exige-se que, na assinatura a rogo de analfabeto, tome-se a impressão dactiloscópica deste (art. 37, § 1º, LRP). Também se exige a assinatura de duas testemunhas quando o assinante não for conhecido do tabelião ou não puder identificar-se por documento.

▶ Veja Lei n. 6.015/73: "**Art. 37.** As partes, ou seus procuradores, bem como as testemunhas, assinarão os assentos, inserindo-se neles as declarações feitas de acordo com a lei ou ordenadas por sentença. As procurações serão arquivadas, declarando-se no termo a data, o livro, a folha e o ofício em que foram lavradas, quando constarem de instrumento público. § 1º Se os declarantes, ou as testemunhas não puderem, por qualquer circunstâncias assinar, far-se-á declaração no assento, assinando a rogo outra pessoa e tomando-se a impressão dactiloscópica da que não assinar, à margem do assento. § 2º As custas com o arquivamento das procurações ficarão a cargo dos interessados. [...]".

▶ Veja CC: "**Art. 215.** A escritura pública, lavrada em notas de tabelião, é documento dotado de fé pública, fazendo prova plena. § 1º Salvo quando exigidos por lei outros requisitos, a escritura pública deve conter: [...] VII – assinatura das partes e dos demais comparecentes, bem como a do tabelião ou seu substituto legal, encerrando o ato. § 2º Se algum comparecente não puder ou não souber escrever, outra pessoa capaz assinará por ele, a seu rogo. [...] **Art. 595.** No contrato de prestação de serviço, quando qualquer das partes não souber ler, nem escrever, o instrumento poderá ser assinado a rogo e subscrito por duas testemunhas. [...] **Art. 1.865.** Se o testador não souber, ou não puder assinar, o tabelião ou seu substituto legal assim o declarará, assinando, neste caso, pelo testador, e, a seu rogo, uma das testemunhas instrumentárias. [...] **Art. 1.868.** O testamento escrito pelo testador, ou por outra pessoa, a seu rogo, e por aquele assinado, será válido se aprovado pelo tabelião ou seu substituto legal, observadas as seguintes formalidades: [...] **Art. 1.871.** O testamento pode ser escrito em língua nacional ou estrangeira, pelo próprio testador, ou por outrem, a seu rogo".

Assinatura digital (eletrônica) Modalidade de assinatura eletrônica, resultado de uma operação matemática que utiliza criptografia e permite aferir, com segurança, a origem e a integridade do documento. Ao teor da Lei n. 11.419/2006, constitui assinatura eletrônica as seguintes formas de identificação inequívoca do signatário: assinatura digital baseada em certificado digital emitido por autoridade certificadora credenciada, na forma de lei específica; e mediante cadastro de usuário no Poder Judiciário, conforme disciplinado pelos órgãos respectivos. A assinatura digital é semelhante à assinatura manuscrita e tem por função comprovar a autoria de determinado conjunto de dados que, no caso do processo eletrônico, são as peças e os documentos que o instruem. A assinatura digital não se confunde com a *digitalização de uma assinatura manuscrita*. Esta não tem nenhum significado como meio de comprovação de autoria de um documento porque, como se trata de mera imagem, pode ser facilmente copiada e colada em qualquer outro documento. Já a assinatura digital, como resultado de uma operação matemática que tem como uma das variáveis o resumo matemático do próprio documento assinado, não é passível de transferência para qualquer outro documento. Cada assinatura digital é única e exclusiva para aquele documento assinado. A assinatura eletrônica é importante, pois ela é necessária para o advogado enviar dados, mediante o credenciamento prévio no Poder Judiciário, conforme disciplinado pelos órgãos respectivos, e também que o documento seja enviado em formato PDF.

▶ Veja CPC/2015: "**Art. 105.** [...] § 1º A procuração pode ser assinada digitalmente, na forma da lei. [...]".

▶ Veja Lei n. 11.419/2006: "**Art. 1º** O uso de meio eletrônico na tramitação de processos judiciais, comunicação de atos e transmissão de peças processuais será admitido nos termos desta Lei. § 1º Aplica-se o disposto nesta Lei, indistintamente, aos processos civil, penal e trabalhista, bem como aos juizados especiais, em qualquer grau de jurisdição. § 2º Para o disposto nesta Lei, considera-se: I – meio eletrônico qualquer forma de armazenamento ou tráfego de documentos e arquivos digitais; II – transmissão eletrônica toda forma de comunicação a distância com a utilização de redes de comunicação, preferencialmente a rede mundial de computadores; III – assinatura eletrônica as seguintes formas de identificação inequívoca do signatário: *a)* assinatura digital baseada em certificado digital emitido por Autoridade Certificadora credenciada, na forma de lei específica; *b)* mediante cadastro de usuário no Poder Judiciário, conforme disciplinado pelos órgãos respectivos. Art. 2º O envio de petições, de recursos e a prática de atos processuais em geral por meio eletrônico serão admitidos mediante uso de assinatura eletrônica, na forma do art. 1º desta Lei, sendo obrigatório o credenciamento prévio no Poder Judiciário, conforme disciplinado pelos órgãos respectivos. [...]".

Assistência Ato pelo qual se presta auxílio ou se ampara alguém suprindo suas necessidades de manutenção ou subsistência. Compete ao marido, com a colaboração da mulher, prover a manutenção da família, entendida esta como dever de assistência, subministrando aos filhos os meios necessários para sua educação e subsistência. Compete também aos pais prestar assistência aos filhos maiores de 16 anos, no ato da vida civil em que forem partes, da mesma forma que isso cabe aos tutores em relação aos tutelados (art. 1.634, CC).

> Veja CC: "**Art. 1.634.** Compete aos pais, quanto à pessoa dos filhos menores: I – dirigir-lhes a criação e educação; II – tê-los em sua companhia e guarda; III – conceder-lhes ou negar-lhes consentimento para casarem; IV – nomear-lhes tutor por testamento ou documento autêntico, se o outro dos pais não lhe sobreviver, ou o sobrevivo não puder exercer o poder familiar; V – representá-los, até aos dezesseis anos, nos atos da vida civil, e assisti-los, após essa idade, nos atos em que forem partes, suprindo-lhes o consentimento; VI – reclamá-los de quem ilegalmente os detenha; VII – exigir que lhes prestem obediência, respeito e os serviços próprios de sua idade e condição".

- Menor. Pedido de demissão. Validade. Se somente ao representante legal do menor é dado afastá-lo de trabalho considerado por este como prejudicial, não há como se admitir que a rescisão contratual seja firmada validamente por outra pessoa que não o próprio reclamante, com a assistência daquele, nos exatos termos do art. 439 da CLT. (TRT/SP, RO n. 00.138.200.504.702.004, 2ª T., rel. Odette Silveira Moraes, *DJe* 28.07.2009)

Assistência judiciária gratuita Diz-se da assistência judiciária prestada gratuitamente a pessoa natural ou jurídica, brasileira ou estrangeira, com insuficiência de recursos para pagar as custas e despesas processuais e os honorários de advogado, quando tenham necessidade de pleitear ou defender-se em juízo. A alegação de insuficiência é presumida exclusivamente quando deduzida pela pessoa natural. A gratuidade da Justiça pode ser concedida ainda que o requerente seja assistido por advogado particular. A gratuidade da Justiça compreende: taxas ou custas judiciais; selos postais; despesas com publicações na Imprensa Oficial, dispensando-se a publicação em outros meios; indenização devida à testemunha que, quando empregada, receberá do empregador salário integral, como se em serviço estivesse; despesas com a realização do exame de código genético – DNA – e de outros exames considerados essenciais; honorários do advogado e do perito, e remuneração do intérprete ou tradutor nomeado pelo juízo para apresentação de versão em português de documento redigido em língua estrangeira; custo com a elaboração de memória de cálculo, quando exigida para a instauração da execução; depósitos previstos em lei para interposição de recurso, ajuizamento de ação e demais atos processuais inerentes ao exercício da ampla defesa e do contraditório; emolumentos devidos a notários ou registradores em decorrência da prática de registro, averbação ou qualquer outro ato notarial necessário à efetivação de decisão judicial ou à continuidade de processo judicial no qual o benefício tenha sido concedido (art. 98, Projeto de CPC).

> Veja CF: "**Art. 5º** Todos são iguais perante a lei, sem distinção de qualquer natureza, garantindo-se aos brasileiros e aos estrangeiros residentes no País a inviolabilidade do direito à vida, à liberdade, à igualdade, à segurança e à propriedade, nos termos seguintes: LXXIV – o Estado prestará assistência jurídica integral e gratuita aos que comprovarem insuficiência de recursos; [...]".

> Veja CPC/2015: "**Art. 98.** A pessoa natural ou jurídica, brasileira ou estrangeira, com insuficiência de recursos para pagar as custas, as despesas processuais e os honorários advocatícios tem direito à gratuidade da justiça, na forma da lei. § 1º A gratuidade da justiça compreende: I – as taxas ou as custas judiciais; II – os selos postais; III – as despesas com publicação na imprensa oficial, dispensando-se a publicação em outros meios; IV – a indenização devida à testemunha que, quando empregada, receberá do empregador salário integral, como se em serviço estivesse; V – as despesas com a realização de exame de código genético – DNA e de outros exames considerados essenciais; VI – os honorários do advogado e do perito e a remuneração do intérprete ou do tradutor nomeado para apresentação de versão em português de documento redigido em língua estrangeira; VII – o custo com a elaboração de memória de cálculo, quando exigida para instauração da execução; VIII – os depósitos previstos em lei para interposição de recurso, para propositura de ação e para a prática de outros atos processuais inerentes ao exercício da ampla defesa e do contraditório; IX – os emolumentos devidos a notários ou registradores em decorrência da prática de registro, averbação ou qualquer outro ato notarial necessário à efetivação de decisão judicial ou à continuidade

de processo judicial no qual o benefício tenha sido concedido. [...] **Art. 99.** O pedido de gratuidade da justiça pode ser formulado na petição inicial, na contestação, na petição para ingresso de terceiro no processo ou em recurso. § 1º Se superveniente à primeira manifestação da parte na instância, o pedido poderá ser formulado por petição simples, nos autos do próprio processo, e não suspenderá seu curso. § 2º O juiz somente poderá indeferir o pedido se houver nos autos elementos que evidenciem a falta dos pressupostos legais para a concessão de gratuidade, devendo, antes de indeferir o pedido, determinar à parte a comprovação do preenchimento dos referidos pressupostos. § 3º Presume-se verdadeira a alegação de insuficiência deduzida exclusivamente por pessoa natural. § 4º A assistência do requerente por advogado particular não impede a concessão de gratuidade da justiça. [...] **Art. 100.** Deferido o pedido, a parte contrária poderá oferecer impugnação na contestação, na réplica, nas contrarrazões de recurso ou, nos casos de pedido superveniente ou formulado por terceiro, por meio de petição simples, a ser apresentada no prazo de 15 (quinze) dias, nos autos do próprio processo, sem suspensão do seu curso. [...]".

- Assistência judiciária. Cumprimento de sentença. Suspensão. Impossibilidade. 1. A jurisprudência do STJ pacificou que a exigibilidade do pagamento de custas processuais e honorários de sucumbência pode ser suspensa por cinco anos para os beneficiários da assistência judiciária gratuita, nos termos do art. 12 da Lei n. 1.060/50. (STJ, REsp n. 1.110.476/SP, rel. Min. Herman Benjamin, *DJ* 31.08.2009)

- Despejo. Indeferimento de pedido de assistência judiciária gratuita. O simples pedido da gratuidade, mediante juntada de declaração de pobreza, em princípio, se mostra suficiente para o deferimento da benesse. *In casu*, porém, o agravante não trouxe cópia da declaração de insuficiência de recursos nem qualquer outro elemento demonstrativo de sua situação financeira, circunstância que inviabiliza a concessão do beneplácito requerido. Agravo de instrumento desprovido, em decisão monocrática. (TJRS, AI n. 70.034.894.139, 16ª Câm. Cível, rel. Marco Aurélio dos Santos Caminha, j. 01.03.2010)

- Locação. Assistência judiciária. Justiça gratuita. Gratuidade de Justiça. Pessoa jurídica. Associação beneficente. Cabimento. Lei n. 1.060/50, art. 1º. É cabível o deferimento da gratuidade de Justiça para as entidades beneficentes sem fins lucrativos e assemelhadas, uma vez que os princípios que norteiam o deferimento do benefício para as pessoas físicas também lhes é aplicado. (STJ, REsp n. 132.495/1998/SP, rel. Min. Edson Vidigal, j. 03.02.1998, *DJ* 25.02.1998)

Assistência jurídica (*v. Assistente jurídico*).

Assistência processual Possibilidade de um terceiro, com interesse jurídico em que a sentença seja favorável a uma das partes que contendem em juízo, intervir no processo para assisti-la na qualidade de assistente (art. 50, CPC/73). A assistência é simples quando o assistente atua como auxiliar da parte principal; é litisconsorcial quando o assistente é litisconsorte da parte principal e a sentença influir na relação jurídica entre ele e o adversário do assistido.

▶ Veja CPC/73: "**Art. 50.** Pendendo uma causa entre duas ou mais pessoas, o terceiro, que tiver interesse jurídico em que a sentença seja favorável a uma delas, poderá intervir no processo para assisti-la. Parágrafo único. A assistência tem lugar em qualquer dos tipos de procedimento e em todos os graus da jurisdição; mas o assistente recebe o processo no estado em que se encontra".

▶ Veja CPC/2015: "**Art. 119.** Pendendo causa entre 2 (duas) ou mais pessoas, o terceiro juridicamente interessado em que a sentença seja favorável a uma delas poderá intervir no processo para assisti-la. Parágrafo único. A assistência será admitida em qualquer procedimento e em todos os graus de jurisdição, recebendo o assistente o processo no estado em que se encontre. [...] **Art. 121.** O assistente simples atuará como auxiliar da parte principal, exercerá os mesmos poderes e sujeitar-se-á aos mesmos ônus processuais que o assistido. Parágrafo único. Sendo revel ou, de qualquer outro modo, omisso o assistido, o assistente será considerado seu substituto processual. [...] **Art. 124.** Considera-se litisconsorte da parte principal o assistente sempre que a sentença influir na relação jurídica entre ele e o adversário do assistido".

Assistência social A assistência social, direito do cidadão e dever do Estado, é política de seguridade social não contributiva que provê os mínimos sociais realizada por meio de um conjunto integrado de ações de iniciativa pública e da sociedade, para garantir o atendimento às necessidades básicas. A assistência social tem por objetivo a proteção social que visa à garantia da vida, redução de danos e prevenção da incidência de riscos, especialmente: a) a proteção à família, à maternidade, à infância, à adolescência e à velhice; b) o amparo a crianças e adolescentes carentes; c) a promoção da integração ao mercado de trabalho; d) a habilitação e reabilitação das pessoas com deficiência e a promoção de sua integração à vida comunitária; e e) a garantia de um salário-mínimo de benefício mensal à pessoa com deficiência e ao idoso que comprovem não possuir meios de prover a própria manutenção ou de tê-la provida por sua família. À assistência social também cabe a vigilância socioassistencial, que visa a analisar territorialmente a capacidade protetiva das famílias e nela a ocorrência de vulnerabilidades, ameaças, vitimizações e danos; e a defesa de direitos, que visa a garantir o pleno acesso aos direitos no conjunto das provisões socioassistenciais (Lei n. 8.742/93).

▶ Veja Lei n. 8.742/93: "**Art. 1º** A assistência social, direito do cidadão e dever do Estado, é Política de Seguridade Social não contributiva, que provê os mínimos sociais, realizada através de um conjunto integrado de ações de iniciativa pública e da sociedade, para garantir o atendimento às necessidades básicas. **Art. 2º** A assistência social tem por objetivos: I – a proteção social, que visa à garantia da vida, à redução de danos e à prevenção da incidência de riscos, especialmente: *a)* a proteção à família, à maternidade, à infância, à adolescência e à velhice; *b)* o amparo às crianças e aos adolescentes carentes; *c)* a promoção da integração ao mercado de trabalho; *d)* a habilitação e reabilitação das pessoas com deficiência e a promoção de sua integração à vida comunitária; e *e)* a garantia de 1 (um) salário-mínimo de benefício mensal à pessoa com deficiência e ao idoso que comprovem não possuir meios de prover a própria manutenção ou de tê-la provida por sua família; II – a vigilância socioassistencial, que visa a analisar territorialmente a capacidade protetiva das famílias e nela a ocorrência de vulnerabilidades, de ameaças, de vitimizações e danos; III – a defesa de direitos, que visa a garantir o pleno acesso aos direitos no conjunto das provisões socioassistenciais. Parágrafo único. Para o enfrentamento da pobreza, a assistência social realiza-se de forma integrada às políticas setoriais, garantindo mínimos sociais e provimento de condições para atender contingências sociais e promovendo a universalização dos direitos sociais".

Assistente Aquele que presta assistência. O que acompanha na prática de um ato jurídico. Ajudante, auxiliar, adjunto. Assistente jurídico; assistente processual. São assistentes, entre outros, pais e tutores em relação aos atos praticados por filhos ou tutelados incapazes (arts. 1.690 e 1.747, I, CC).

▶ Veja CC: "**Art. 1.690.** Compete aos pais, e na falta de um deles ao outro, com exclusividade, representar os filhos menores de dezesseis anos, bem como assisti-los até completarem a maioridade ou serem emancipados. Parágrafo único. Os pais devem decidir em comum as questões relativas aos filhos e a seus bens; havendo divergência, poderá qualquer deles recorrer ao juiz para a solução necessária. [...] **Art. 1.747.** Compete mais ao tutor: I – representar o menor, até os dezesseis anos, nos atos da vida civil, e assisti-lo, após essa idade, nos atos em que for parte; II – receber as rendas e pensões do menor, e as quantias a ele devidas; III – fazer-lhe as despesas de subsistência e educação, bem como as de administração, conservação e melhoramentos de seus bens; IV – alienar os bens do menor destinados a venda; V – promover-lhe, mediante preço conveniente, o arrendamento de bens de raiz.

▶ Veja CPC/2015: "**Art. 121.** O assistente simples atuará como auxiliar da parte principal, exercerá os mesmos poderes e sujeitar-se-á aos mesmos ônus processuais que o assistido. Parágrafo único. Sendo revel ou, de qualquer outro modo, omisso o assistido, o assistente será considerado seu substituto processual".

Assistente jurídico Advogado vinculado à administração pública ou a uma empresa que tem como função a prestação de serviços de aconselhamento ou consultoria, geralmente por meio de parecer. O mesmo que assessor jurídico (*v. Assessor jurídico*).

Assistente técnico Aquele que, no processo em que é requerida perícia, é indicado pela parte para representá-lo e para acompanhar os trabalhos do perito e manifestar-se a respeito do laudo pericial. No âmbito do processo civil, ao lado do perito, de nomeação do juiz, institui-se a figura do assistente técnico da parte. A distinção entre os dois deriva do sujeito processual que os nomeia: o primeiro é nomeado pelo juiz; o segundo é indicado pela parte. Por ser de confiança da parte, o assistente técnico não está sujeito a impedimento ou suspeição. O assistente técnico funciona como consultor da parte e seu parecer equivale ao de uma perícia extrajudicial (art. 421, CPC/73).

▶ Veja CPC/73: "**Art. 421.** O juiz nomeará o perito, fixando de imediato o prazo para a entrega do laudo. § 1º Incumbe às partes, dentro em 5 (cinco) dias, contados da intimação do despacho de nomeação do perito: I – indicar o assistente técnico; II – apresentar quesitos. [...]".

▶ Veja CPC/2015: "**Art. 465.** O juiz nomeará perito especializado no objeto da perícia e fixará de imediato o prazo para a entrega do laudo. § 1º Incumbe às partes, dentro de 15 (quinze) dias contados da intimação do despacho de nomeação do perito: I – arguir o impedimento ou a suspeição do perito, se for o caso; II – indicar assistente técnico; III – apresentar quesitos. [...] **Art. 473.** [...] § 3º Para o desempenho de sua função, o perito e os assistentes técnicos podem valer-se de todos os meios necessários, ouvindo testemunhas, obtendo informações, solicitando documentos que estejam em poder da parte, de terceiros ou em repartições públicas, bem como instruir o laudo com planilhas, mapas, plantas, desenhos, fotografias ou outros elementos necessários ao esclarecimento do objeto da perícia".

Associação Entidade ou agremiação destinada a reunir, aproximar ou congregar pessoas com objetivos comuns previamente determinados. Segundo a CF, é plena a liberdade de associação para fins lícitos, vedada a de caráter paramilitar (art. 5º, XVII).

Assunção Ato pelo qual uma pessoa assume um cargo ou uma obrigação; ato de assumir.

Astreinte Do latim *astringere*, de *ad* e *stringere*, apertar, compelir, pressionar. Expressão originária do Direito francês, é medida compulsória resultante de condenação judicial, compelindo uma pessoa ao pagamento de prestação periódica e, às vezes, progressiva, durante o período em que não cumprir a obrigação a que está sujeita. O mesmo que multa cominatória. Trata-se de multa diária imposta por condenação judicial. A finalidade da medida é constranger o vencido a cumprir a sentença ou decisão interlocutória de antecipação de tutela e evitar o retardamento em seu cumprimento (art. 287, CPC/73). A Lei n. 9.609/98, que dispõe sobre a proteção de propriedade intelectual de programa de computador, prevê expressamente a ação para o autor de programas de computador proibir ao infrator a prática do ato incriminado com a cominação de pena pecuniária para o caso de o réu não concretizar a pretensão do autor (art. 14) (*v. Ação cominatória*).

▶ Veja CPC/2015: "**Art. 536.** No cumprimento de sentença que reconheça a exigibilidade de obrigação de fazer ou de não fazer, o juiz poderá, de ofício ou a requerimento, para a efetivação da tutela específica ou a obtenção de tutela pelo resultado prático equivalente, determinar as medidas necessárias à satisfação do exequente. § 1º Para atender ao disposto no *caput*, o juiz poderá determinar, entre outras medidas, a imposição de multa, a busca e apreensão, a remoção de pessoas e coisas, o desfazimento de obras e o impedimento de atividade nociva, podendo, caso necessário, requisitar o auxílio de força policial. [...] **Art. 806.** O devedor de obrigação de entrega de coisa certa, constante de título executivo extrajudicial, será citado para, em 15 (quinze) dias, satisfazer a obrigação. § 1º Ao despachar a inicial, o juiz poderá fixar multa por dia de atraso no cumprimento da obrigação, ficando o respectivo valor sujeito a alteração, caso se revele insuficiente ou excessivo. [...]".

▶ Veja Lei n. 9.609/98: "**Art. 14.** Independentemente da ação penal, o prejudicado poderá intentar ação para proibir ao infrator a prática do ato incriminado, com cominação de pena pecuniária para o caso de transgressão do preceito".

▪ Súmula n. 372, STJ: Na ação de exibição de documentos, não cabe a aplicação de multa cominatória.

▪ Astreintes. Multa diária. Possibilidade. Lei n. 7.347/85, art. 11. É possível a fixação de multa diária caso descumprida a decisão judicial, forte no que dispõe o art. 11 da Lei n. 7.347/85, como forma de prevenção ao meio ambiente, uma vez que ação civil pública não pretende apenas condenar a apelante ao pagamento de indenização em dinheiro, mas também a abstenção de novas práticas lesivas, reduzindo-se o valor da multa anteriormente fixada. (TJRS, Ap. Cível n. 23.750.706/Camaquã, rel. Des. Carlos Eduardo Zietlow Duro, j. 29.05.2008)

▪ Astreintes. Compra e venda. Obrigação de fazer. Obtenção de habite-se. Multa. CPC, art. 461, § 6º. Ação de obrigação de fazer no intuito de a ré obter habite-se do imóvel que construiu e alienou ao autor. A ré se comprometeu no contrato de compra e venda celebrado com o autor em 2002 a regularizar o habite-se, e não cumpriu o dever, dessa forma correta a sentença que a condena na obrigação de fazer sob pena de coerção pecuniária. A intenção de imputar à prefeitura a culpa pela mora do adimplemento em razão de exigências não prospera, pois a ré está acostumada a lidar com o trâmite burocrático dessa natureza e por isso deve estar de posse da documentação necessária ao deferimento da medida. A possibilidade de modificar a periodicidade e o valor da multa na fase de execução da obrigação de fazer torna desnecessário rever a pena nesta oportunidade. Recurso desprovido. (TJRJ, Ap. Cível n. 91.024, rel. Des. Henrique Carlos de Andrade Figueira, j. 18.08.2010)

Ata Documento redigido em uma reunião, assembleia ou sessão, no qual se faz constar todos os atos e deliberações ali ocorridos. Utiliza-se a ata nas assembleias de condôminos, associações em geral, sociedades esportivas e recreativas, empresas de sociedade anônima e outras. A lavratura da ata é imprescindível para registro e conservação das deliberações tomadas nas reuniões, servindo como prova documental em qualquer processo judicial. Costuma ser lançada em livros próprios, devidamente autenticados, cujas páginas são numeradas e rubricadas por quem redigiu os termos de abertura e de encerramento. Na ata, escreve-se tudo de forma contínua para evitar que nos espaços em branco se façam acréscimos. Não se admitem rasuras. Para ressalvar erro na redação, usa-se a expressão "digo", depois da qual se redige o texto correto. Quando, por esquecimento, for omitido algum dado, usa-se ao final a expressão "em tempo", seguindo-se o acréscimo. Se finalizada na mesma reunião, assinam todos os presentes; se não finalizada, assinam o presidente e o secretário que lavrou a ata, colocando-se a ata em votação na assembleia seguinte.

Atentado Ato praticado por uma das partes, no curso do processo, que viole penhora, arresto, sequestro ou imissão na posse, prossegue em obra embargada ou que ocasione qualquer outra inovação ilegal no estado de fato.

▶ Veja CPC/2015: "**Art. 77.** Além de outros previstos neste Código, são deveres das partes, de seus procuradores e de todos aqueles que de qualquer forma participem do processo: [...] VI – não praticar inovação ilegal no estado de fato de bem ou direito litigioso. § 1º Nas hipóteses dos incisos IV e VI, o juiz advertirá qualquer das pessoas mencionadas no *caput* de que sua conduta poderá ser punida como ato atentatório à dignidade da justiça. § 2º A violação ao disposto nos incisos IV e VI constitui ato atentatório à dignidade da justiça, devendo o juiz, sem prejuízo das sanções criminais, civis e processuais cabíveis, aplicar ao responsável multa de até vinte por cento do valor da causa, de acordo com a gravidade da conduta.

▪ Apelação cível. Ação cautelar de atentado. Usucapião. A alteração da área litigiosa no curso da ação principal deve ser coibida com rigor, pena de dificultar a aferição da verdade real. No caso, a prova constante nos autos é suficiente para demonstrar que os apelantes procederam à queimada de parte da área em discussão, a fim de plantarem acácias, o que é suficiente para a procedência do pedido cautelar. Apelo desprovido. (TJRS, Ap. Cível n. 70.038.733.259, 19ª Câm. Cível, rel. Eugênio Facchini Neto, j. 01.11.2011)

▪ Agravo de instrumento. Propriedade e direitos reais sobre coisas alheias. Cautelar de atentado. Concessão da liminar. A ação cautelar de atentado pode ser ajuizada quando houver violação de penhora, arresto, sequestro ou imissão na posse, houver prosseguimento de obra embargada ou quando houver prática outra de qualquer inovação ilegal no estado de fato. Inteligência do art. 879 do CPC. A apelação interposta contra sentença da ação declaratória foi recebida no duplo efeito. Concessão da liminar. Manutenção. Em decisão monocrática, nego seguimento ao agravo de instrumento. (TJRS, AI n. 70.055.250.385, 20ª Câm. Cível, rel. Glênio José Wasserstein Hekman, j. 01.07.2013)

Atentado à dignidade da Justiça Ato ou conduta comissiva ou omissiva do executado que, durante o processo de execução: frauda a execução; se opõe maliciosamente à execução, empregando ardis e meios artificiosos; dificulta ou embaraça a realização da penhora; resiste injustificadamente às ordens judiciais; intimado, não indica ao juiz quais são e onde estão os bens sujeitos à penhora e seus respectivos valores, não exibe prova de sua propriedade e, se for o caso, certidão negativa de ônus.

▶ Veja CPC/2015: "**Art. 774.** Considera-se atentatória à dignidade da justiça a conduta comissiva ou omissiva do executado que: I – frauda a execução; II – se opõe maliciosamente à execução, empregando ardis e meios artificiosos; III – dificulta ou embaraça a realização da penhora; IV – resiste injustificadamente às ordens judiciais; V – intimado, não indica ao juiz quais são e onde estão os bens sujeitos à penhora e os respectivos valores, nem exibe prova de sua propriedade e, se for o caso, certidão negativa de ônus. Parágrafo único. Nos casos previstos neste artigo, o juiz fixará multa em montante não superior a vinte por cento do valor atualizado do débito em execução, a qual será revertida em proveito do exequente, exigível nos próprios autos do processo, sem prejuízo de outras sanções de natureza processual ou material".

Atentado violento ao pudor Prática de ato diverso da conjunção carnal como, por exemplo, acariciar as partes íntimas de uma pessoa após havê-la subjugado de alguma forma pelo emprego de arma ou outra violência. O crime de atentado violento ao pudor, descrito no art. 214 do CP, vigorou até o advento da Lei n. 12.015/2009, que o revogou e ampliou a abrangência do crime de estupro, de modo a abranger o antigo crime de atentado violento ao pudor. De qualquer modo, o atentado violento ao pudor não deixou de ser crime, apenas passou a ser tipificado como estupro em outro dispositivo legal (art. 213, CP).

▶ Veja CP: "**Art. 213.** Constranger alguém, mediante violência ou grave ameaça, a ter conjunção carnal ou a praticar ou permitir que com ele se pratique outro ato libidinoso: Pena – reclusão, de 6 (seis) a 10 (dez) anos. § 1º Se da conduta resulta lesão corporal de natureza grave ou se a vítima é menor de 18 (dezoito) ou maior de 14 (catorze) anos: Pena – reclusão, de 8 (oito) a 12 (doze) anos. § 2º Se da conduta resulta morte: Pena – reclusão, de 12 (doze) a 30 (trinta) anos".

■ Atentado violento ao pudor. Violência ficta. Prova suficiente para a condenação. Tentativa. Impossibilidade. Regime prisional. Se os atos praticados pelo acusado tiveram natureza libidinosa, sendo cometidos para satisfação de sua libido, tais atos, em face da presunção de violência estabelecida no art. 224, *a*, do Código Penal, são constitutivos do crime de atentado violento ao pudor, não podendo ser considerados como mera importunação ofensiva ao pudor, contravenção prevista no art. 61 da Lei das Contravenções Penais. Quando a vítima não é maior de 14 anos, em que a violência é presumida por lei, não há como se reconhecer a possibilidade de tentativa do crime de atentado violento ao pudor, se não houve emprego de violência real ou grave ameaça. Nessa hipótese, não se distinguem aqueles dois momentos. A execução e consumação do crime se confundem no tempo, verificando-se no mesmo instante, não havendo, portanto, possibilidade de tentativa. Em face da interpretação do art. 1º, incisos V e VI, da Lei n. 8.072/90, os crimes de estupro e de atentado violento ao pudor só devem ser considerados hediondos quando da violência neles empregada resulta lesão corporal de natureza grave ou morte, não se lhes aplicando os rigores da referida lei quando esses resultados não tiverem ocorrido, fixando-se, assim, o regime semiaberto para cumprimento da pena. (TJMG, Ap. crim. n. 221.352-8/00/Viçosa, rel. Des. Mercêdo Moreira, j. 19.06.2001)

■ Estupro. Atentado violento ao pudor. Concurso material. Embora do mesmo gênero, os crimes de estupro e atentado violento ao pudor (CP, arts. 213 e 214) não são da mesma espécie, o que afasta a continuidade e corporifica o concurso material. Precedentes da Corte. Recurso improvido. (STJ, REsp n. 65.452/1/SC, rel. Min. Edson Vidigal, j. 23.08.1995, *DJ* 18.12.1995)

Atenuantes Aquilo que atenua ou diminui a gravidade de uma falta ou um crime. Circunstâncias abonatórias, relativas à conduta do acusado, previstas no CP e que contribuem para a redução da pena. As circunstâncias atenuantes, de aplicação obrigatória, estão previstas no art. 65 do CP (*v. Circunstâncias atenuantes*).

Atestado Documento pelo qual alguém certifica algum fato; declaração escrita e assinada por quem de direito para firmar ou certificar a existência ou verdade de um fato, estado ou qualidade, pelo conhecimento pessoal ou em razão do cargo ou ofício que exerce. Tem-se, assim, atestado de boa conduta, atestado de bons antecedentes, atestado de residência, atestado de saúde, atestado médico, atestado de vacina, atestado de conclusão de curso e outros.

Atipicidade Relativo ao que é atípico. Inadequação do fato à norma. Diz-se dos fatos que não contêm os elementos constitutivos do delito, não interessando, portanto, ao direito penal. Diz-se, portanto, que o reconhecimento do princípio da insignificância afasta a tipicidade material do fato, impondo a absolvição do réu em razão da conduta atípica.

■ Queixa-crime. Inépcia. Fato atípico. Ação penal. Trancamento. É inepta a queixa-crime que, por meio de acusação genérica, imputa aos diretores de uma empresa um fato penalmente atípico, como tal um comunicado público no sentido de que outra empresa não é mais distribuidora dos seus produtos. (STJ, *HC* n. 7.562/1998/RJ, rel. Min. Fernando Gonçalves, j. 25.11.1998, *DJ* 18.12.1998)

■ Trancamento. Ação penal. Fato atípico. Provimento. CPP, art. 43. Lei n. 1.521/51, art. 4º, *a*. O fato não é típico. Não há previsão legal da figura do estelionato judiciário. A cobrança de juros, acima do permitido em lei, ou seja, exagerados, poderia constituir crime de usura. Entretanto, o paciente não foi denunciado por tal e nem narra a denúncia expressamente ato de usura. Refere-se tão somente que o título executivo fundamental de uma ação de execução originara-se de infração penal do art. 4º, *a*, da Lei n. 1.521, de 26.12.1951. Utilizar-se de ação de execução para cobrar do devedor débito representado por nota promissória (título extrajudicial) não é crime. Poderia haver crime na forma de se conseguir o título. Possível vantagem indevida poderia estar representada no título, mas não conseguida pela sua execução. A *causa debendi* de um título de crédito poderia decorrer de delito, mas não o configura o uso regular de um procedimento judicial. Atípica a conduta denunciada, deveria ter sido rejeitada a denúncia. (STJ, *HC* n. 2.889/0/1994/MG, rel. Min. Pedro Acioli, j. 13.12.1993, *DJ* 07.03.1994)

Ato abusivo (*v. Abuso de poder*).

Ato anulável Negócio passível de invalidade quando praticado por pessoa relativamente incapaz ou quando contém vício resultante de dolo, erro, coação, fraude ou simulação (arts. 119 e 171, CC). O negócio anulável pode ser confirmado pelas partes, salvo direito de terceiro (art. 172, CC).

▶ Veja CC: "**Art. 119**. É anulável o negócio concluído pelo representante em conflito de interesses com o representado, se tal fato era ou devia ser do conhecimento de quem com aquele tratou. Parágrafo único. É de cento e oitenta dias, a contar da conclusão do negócio ou da cessação da incapacidade, o prazo de decadência para pleitear-se a anulação prevista neste artigo. [...] **Art. 171**. Além dos casos expressamente declarados na lei, é anulável o negócio jurídico: I – por incapacidade relativa do agente; II – por vício resultante de erro, dolo, coação, estado de perigo, lesão ou fraude contra credores. **Art 172**. O negócio anulável pode ser confirmado pelas partes, salvo direito de terceiro. [...] **Art. 1.909**. São anuláveis as disposições testamentárias inquinadas de erro, dolo ou coação. Parágrafo único. Extingue-se em quatro anos o direito de anular a disposição, contados de quando o interessado tiver conhecimento do vício. [...] **Art. 2.027**. A partilha, uma vez feita e julgada, só é anulável pelos vícios e defeitos que invalidam, em geral, os negócios jurídicos. [*O art. 1.068 da Lei n. 13.105, de 16.03.2015 (CPC/2015 – DOU 17.03.2015), que entrará em vigor após decorrido um ano da data de sua publicação oficial, alterou a redação deste caput:* "**Art. 2.027**. A partilha é anulável pelos vícios e defeitos que invalidam, em geral, os negócios jurídicos".] Parágrafo único. Extingue-se em um ano o direito de anular a partilha".

■ Compra e venda. Ascendente a descendente. Ato anulável. Precedentes do STJ. A venda de ascendente a descendente, sem a anuência dos demais, segundo melhor doutrina, é anulável e depende da demonstração de prejuízo pela parte interessada. (STJ, Embs. de Div. em REsp n. 661.858/PR, rel. Min. Fernando Gonçalves, j. 26.11.2008, *DJ* 19.12.2008)

■ Ação de prestação de fato. Promessa de compra e venda. Negócio realizado por relativamente incapaz. O ato realizado por menor não é nulo e sim anulável, pois eivado de incapacidade relativa apenas. Sendo a incapacidade relativa, é passível de ser confirmado pelas partes o negócio anulável (art. 172 do CC e art. 148 do CCB/16). Inexistência de razões para que o negócio com aparente anulabilidade não fosse ratificado/confirmado, à luz dos limites da função social do contrato e nos princípios da probidade e boa-fé. Inexistência de prejuízo aos adquirentes e sequer do próprio Município demandado. Afastada a hipótese de ato nulo pela incapacidade absoluta, é de se apreciar ainda a incidência da prescrição prevista no art. 178, § 9º do CC de 1916, que previa quatro anos para os atos dos incapazes, contado o prazo do dia em que cessar a incapacidade (no caso a relativa). Sucumbência redimensionada. (TJRS, Ap. Cível n. 70.045.479.334, 20ª Câm. Cível, rel. Rubem Duarte, j. 27.06.2012)

Ato arbitrário (*v. Arbitrário*).

Ato bilateral Ato jurídico decorrente do acordo entre duas ou mais vontades e que pressupõe a existência de obrigações recíprocas (sinalagma), em oposição ao ato unilateral, pelo qual somente uma das partes fica obrigada. São considerados atos bilaterais, entre outros, os contratos de compra e venda, de troca, de locação e de arrendamento.

Ato *causa mortis* Ato que se forma e produz efeitos somente após o advento da morte de determinada pessoa (*v. Transmissão* causa mortis).

Ato consensual Ato decorrente do consenso ou consentimento manifesto expressa ou tacitamente pelas partes. Ato para o qual se exige o consentimento para sua celebração.

Ato constitutivo Diz-se do ato jurídico que constitui ou dá origem à formação da pessoa jurídica. O ato constitutivo da pessoa jurídica se formaliza por meio de estatuto ou contrato. A existência legal das pessoas jurídicas de direito privado começa com a inscrição do ato constitutivo no respectivo registro, precedida, quando necessário, de autorização ou aprovação do Poder Executivo, averbando-se no registro todas as alterações por que passar o ato constitutivo (art. 45, CC).

Ato discricionário Ato praticado pela autoridade administrativa fundado no livre arbítrio e nos critérios de oportunidade e conveniência. O ato discricionário, que se opera nos estritos limites da lei, não se confunde com o ato arbitrário, que se dá contra a lei e é suscetível de apreciação judicial.

Ato gratuito Diz-se do ato, característico dos contratos benéficos, pelo qual alguém, por liberalidade e sem exigir contraprestação, presta um serviço ou transfere a propriedade de um bem a outrem. Opera-se a gratuidade nos contratos de doação pura e simples e no contrato de comodato.

Ato ilícito Ação ou omissão, dolosa ou culposa, que viola direito alheio ou causa prejuízo a outrem, passível de indenização. Aquele que, por ação ou omissão voluntária, negligência ou imprudência, violar direito e causar dano a outrem, ainda que exclusivamente moral, comete ato ilícito. Em relação à ação ou omissão culposa, caracterizam atos ilícitos os praticados com negligência, imprudência ou imperícia, como ocorre nos acidentes de trânsito. Quem causar danos em decorrência da prática de ato ilícito ficará obrigado a repará-los (arts. 186, 187 e 927, CC). "O direito se constitui como um projeto de convivência, dentro de uma comunidade civilizada (o Estado), no qual se estabelecem os padrões de comportamento necessários. A ilicitude ocorre quando *in concreto* a pessoa se comporta fora desses padrões. Em sentido lato, sempre que alguém se afasta do programa de comportamento idealizado pelo direito positivo, seus atos voluntários correspondem, genericamente, a atos ilícitos (fatos do homem atritantes com a lei). Há, porém, uma ideia mais restrita de ato ilícito, que se prende, de um lado, ao comportamento injurídico do agente, e de outro, ao resultado danoso que dessa atitude decorre para outrem. Fala-se, então, de ato ilícito em sentido estrito, ou simplesmente ato ilícito, como se faz no art. 186 do atual Código Civil". (THEODORO JR., Humberto, *Comentários ao novo Código Civil*, vo-lume 3, t. 2: Dos efeitos do negócio jurídico, final do livro III. Rio de Janeiro: Forense, 2003). Quem causar danos decorrentes da prática de ato ilícito fica obrigado a repará-los (art. 927, CC).

▸ Veja CC: "**Art. 186.** Aquele que, por ação ou omissão voluntária, negligência ou imprudência, violar direito e causar dano a outrem, ainda que exclusivamente moral, comete ato ilícito. **Art. 187.** Também comete ato ilícito o titular de um direito que, ao exercê-lo, excede manifestamente os limites impostos pelo seu fim econômico ou social, pela boa-fé ou pelos bons costumes. [...] **Art. 927.** Aquele que, por ato ilícito (arts. 186 e 187), causar dano a outrem, fica obrigado a repará-lo. Parágrafo único. Haverá obrigação de reparar o dano, independentemente de culpa, nos casos especificados em lei, ou quando a atividade normalmente desenvolvida pelo autor do dano implicar, por sua natureza, risco para os direitos de outrem".

■ Súmula n. 43, STJ: Incide correção monetária sobre dívida por ato ilícito a partir da data do efetivo prejuízo.

■ Súmula n. 54, STJ: Os juros moratórios fluem a partir do evento danoso, em caso de responsabilidade extracontratual.

■ Súmula n. 186, STJ: Nas indenizações por ato ilícito, os juros compostos somente são devidos por aquele que praticou o crime.

■ Decisão mantida. Responsabilidade. Ato ilícito. Reexame fático-probatório. 1. O Tribunal de origem, com base nos fatos e provas dos autos, entendeu pela responsabilidade da empresa de telefonia pela indevida negativação do nome do autor. O acolhimento das razões de recurso, na forma pretendida, demandaria o reexame de matéria fática. Incidência do verbete 7 da Súmula desta Corte. 2. No caso de indenização por dano moral puro, decorrente de ato ilícito, os juros moratórios fluem a partir do evento danoso (verbete 54 da Súmula do STJ). Entendimento majoritário da Segunda Seção, sufragado no REsp n. 1.132.866/SP (julgado em 23.11.2011). 3. Agravo regimental a que se nega provimento. (STJ, Ag. Reg. no Ag. n. 1.348.066/MG, 4ª T., rel. Min. Maria Isabel Gallotti, j. 06.09.2012, *DJe* 13.09.2012)

■ Decisão monocrática. Responsabilidade civil. Ato ilícito caracterizado. Danos morais presumidos. A pessoa jurídica deve se responsabilizar pelos prejuízos causados a terceiros em razão da sua atividade: este é o risco do negócio. [...] Há muito que este Tribunal vem decidindo que não se faz necessária a análise expressa de todos os dispositivos e argumentos trazidos pelos recorrentes. Mister é que o acórdão traga, de forma fundamentada, a resposta à controvérsia típica da lide. (TJRS, Ap. Cível n. 70.051.219.582, 9ª Câm. Cível, rel. Marilene Bonzanini Bernardi, j. 01.10.2012)

Ato infracional Ato que corresponde à prática de uma conduta vedada por lei ou contrária à lei. Entre tantas outras, o ato infracional se revela nas seguintes condutas: dirigir embriagado; dirigir acima do limite de velocidade; dirigir sem habilitação; portar arma sem a devida licença; transportar mercadorias sem a nota fiscal; crime ou contravenção penal praticados por menores de 18 anos.

- Veja ECA: "**Art. 103.** Considera-se ato infracional a conduta descrita como crime ou contravenção penal. **Art. 104.** São penalmente inimputáveis os menores de dezoito anos, sujeitos às medidas previstas nesta Lei. Parágrafo único. Para os efeitos desta Lei, deve ser considerada a idade do adolescente à data do fato. **Art. 105.** Ao ato infracional praticado por criança corresponderão as medidas previstas no art. 101. [...] **Art. 112.** Verificada a prática de ato infracional, a autoridade competente poderá aplicar ao adolescente as seguintes medidas: I – advertência; II – obrigação de reparar o dano; III – prestação de serviços à comunidade; IV – liberdade assistida; V – inserção em regime de semiliberdade; VI – internação em estabelecimento educacional; VII – qualquer uma das previstas no art. 101, I a VI. § 1º A medida aplicada ao adolescente levará em conta a sua capacidade de cumpri-la, as circunstâncias e a gravidade da infração. § 2º Em hipótese alguma e sob pretexto algum, será admitida a prestação de trabalho forçado. § 3º Os adolescentes portadores de doença ou deficiência mental receberão tratamento individual e especializado, em local adequado às suas condições".

- Súmula n. 108, STJ: A aplicação de medidas socioeducativas ao adolescente, pela prática de ato infracional, é da competência exclusiva do juiz.

- Menor. Ato infracional. Imposição de medida socioeducativa. Reavaliação. Cometendo o adolescente ato infracional equiparado a roubo com emprego de arma e concurso de agentes, deve o mesmo ser internado em estabelecimento adequado, obedecidos os comandos legais – arts. 122 e segs. do ECA. Contudo, tal medida de internação haverá que ser reavaliada no máximo a cada seis meses, conforme comanda o art. 121, § 2º, do ECA, o que, não sendo feito, configura evidente constrangimento ilegal. Ordem concedida para que passe o paciente a cumprir a medida socioeducativa de semiliberdade. (TJRJ, *HC* n. 2.160/1999/Capital, rel. Des. Eduardo Mayr, j. 24.11.1998, *DJ* 31.03.1999)

- Menor. Ato infracional. Medida de internação. Lei n. 8.069/90 (ECA). O ECA considera ato infracional a conduta descrita como crime ou contravenção penal. As medidas socioeducativas (Título III, capítulo IV) são enumeradas conforme o critério *numerus clausus*. Aliás, somente podem decorrer observado "o devido processo legal" (art. 110, *in fine*). O ato infracional é pressuposto da sanção (consequência lógica). O art. 122 relaciona, como antecedente, os casos de medida de internação. Só podem ser aplicados nas hipóteses dos respectivos incisos. Ademais, com prazo determinado não superior a três meses (*idem*, § 1º). "Em nenhuma hipótese será aplicada a internação, havendo outra medida adequada" (idem, § 2º). A sanção, pois, é taxativa. (STJ, RHC n. 7.259/1998/SP, rel. Min. Luiz Vicente Cernicchiaro, j. 19.03.1998, *DJ* 20.04.1998)

Ato *inter vivos* Ato que é praticado e produz efeitos durante a vida de quem o pratica (*v. Transmissão* inter vivos).

Ato jurídico Ato lícito, praticado por quem possui capacidade, que tem por objetivo resguardar, adquirir, modificar, transferir ou extinguir direitos. "Se a ordem jurídica toma em consideração o comportamento do homem em si mesmo, e, ao atribuir-lhe efeitos jurídicos, valoriza a consciência que, habitualmente, o acompanha, e a vontade que normalmente o determina, o fato deverá qualificar-se como ato jurídico" (BETTI, Emilio. *Teoria geral do negócio jurídico*, p. 107).

Ato jurídico perfeito A Constituição Federal de 1988 reproduz, no art. 5º, XXXVI, fórmula já tradicional do direito constitucional brasileiro segundo a qual "a lei não prejudicará o direito adquirido, o ato jurídico perfeito e a coisa julgada". Trata-se de postulado fundamental de segurança jurídica do Estado de Direito. Essa fórmula impõe ao constituinte que o legislador não só respeite as situações jurídicas individuais consolidadas, mas que também preserve os efeitos que hão de se protrair. Da mesma forma, exige-se que a lei respeite a coisa julgada formal, que impede a discussão da questão decidida no mesmo processo, quanto à coisa julgada material, que obsta à discussão da questão decidida em outro processo.

- Veja CF: "**Art. 5º** Todos são iguais perante a lei, sem distinção de qualquer natureza, garantindo-se aos brasileiros e aos estrangeiros residentes no país a inviolabilidade do direito à vida, à liberdade, à igualdade, à segurança e à propriedade, nos termos seguintes: [...] XXXVI – a lei não prejudicará o direito adquirido, o ato jurídico perfeito e a coisa julgada; [...]".

- Súmula Vinculante n. 1, STF: Ofende a garantia constitucional do ato jurídico perfeito a decisão que, sem ponderar as circunstâncias do caso concreto, desconsidera a validez e a eficácia de acordo constante de termo de adesão instituído pela Lei Complementar n. 110/2001.

- Alegação de ofensa ao ato jurídico perfeito ou ao direito adquirido. CPC, art. 541. Consoante concluiu o Colendo STF, somente questões de direito intertemporal ensejam o processamento de recurso extraordinário com respaldo no princípio da intangibilidade do ato jurídico perfeito ou do direito adquirido. (Agravo de instrumento a que se nega provimento. TST, Rec. de Rev. n. 512.781/98, 1ª T., rel. Min. Juiz Convocado Vieira de Mello Filho, j. 01.03.2000) Penhora. Bem da família do fiador. Ação proposta na vigência da lei do inquilinato. Possibilidade. Ato jurídico perfeito. Direito adquirido. Sendo proposta a ação na vigência da Lei n. 8.245/91, válida é a penhora que obedece seus termos, excluindo o fiador em contrato locatício da impenhorabilidade do bem de família. Não há ofensa ao art. 6º do DL n. 4.657/42 (LINDB). (STJ, REsp n. 74.858/1997/SP, rel. Min. Félix Fischer, j. 11.03.1997, *DJ* 05.05.1997)

Ato nulo Ato que não tem efeito jurídico por estar viciado ou por ter nulidade absoluta prevista em lei (art. 16, CC). Atos jurídicos nulos são aqueles expressamente previstos em lei. Assim revela o princípio de direito processual francês *pas de nullité sans texte* ("não há nulidade sem previsão legal"). Da mesma forma, "não há nulidade sem prejuízo" (*pas de nullité sans grief*). A nulidade de ato jurídico pode ser alegada por qualquer interessado ou pelo Ministério Público e deve ser pronunciada pelo juiz quando ele conhecer de seus efeitos e as encontrar provadas (art. 168, CC). Em regra, a declaração de nulidade de um ato pela lei configura-se pelas seguintes expressões: "é nulo"; "sob pena de nulidade"; "não terá validade"; "será de nenhum efeito"; "não produzirá efeito algum"; "ter-se-á por não escrito"; "não pode"; "não é lícito"; "não é permitido"; "não poderá"; "é vedado"; "é proibido"; "é defeso" (SANTOS, Carvalho, apud AGUIAR, Joaquim. *Programa de direito civil*, p. 245).

▶ Veja CC: "**Art. 166.** É nulo o negócio jurídico quando: I – celebrado por pessoa absolutamente incapaz; II – for ilícito, impossível ou indeterminável o seu objeto; III – o motivo determinante, comum a ambas as partes, for ilícito; IV – não revestir a forma prescrita em lei; V – for preterida alguma solenidade que a lei considere essencial para a sua validade; VI – tiver por objetivo fraudar lei imperativa; VII – a lei taxativamente o declarar nulo, ou proibir-lhe a prática, sem cominar sanção. **Art. 167.** É nulo o negócio jurídico simulado, mas subsistirá o que se dissimulou, se válido for na substância e na forma. § 1º Haverá simulação nos negócios jurídicos quando: I – aparentarem conferir ou transmitir direitos a pessoas diversas daquelas às quais realmente se conferem, ou transmitem; II – contiverem declaração, confissão, condição ou cláusula não verdadeira; III – os instrumentos particulares forem antedatados, ou pós-datados. § 2º Ressalvam-se os direitos de terceiros de boa-fé em face dos contraentes do negócio jurídico simulado. **Art. 168.** As nulidades dos artigos antecedentes podem ser alegadas por qualquer interessado, ou pelo Ministério Público, quando lhe couber intervir. Parágrafo único. As nulidades devem ser pronunciadas pelo juiz, quando conhecer do negócio jurídico ou dos seus efeitos e as encontrar provadas, não lhe sendo permitido supri-las, ainda que a requerimento das partes. **Art. 169.** O negócio jurídico nulo não é suscetível de confirmação, nem convalesce pelo decurso do tempo".

- Nulidade de ato jurídico. Venda de ascendentes a descendente por interposta pessoa. Nulidade decorrente de fraude à lei. A *ratio legis* do art. 1.132, do CC, está no intento de conjurar a dissimulação de doações inoficiosas, em favor de um dos descendentes, ou em desfalque das legítimas dos demais descendentes. A venda em questão, quer direta, quer por interposta pessoa, pode, perfeitamente, encobrir doação, em detrimento dos demais herdeiros. O fundamento de ineficácia do contrato não é, no caso, a simulação, mas a ofensa da lei, que veda, sem exceções, a venda de ascendentes a descendentes, sem a anuência expressa dos demais, que constitui formalidade essencial à validade do ato. Se o contrato é celebrado com omissão desse consentimento, deixa de revestir a forma prescrita em lei (CCB, art. 145, III). (TJPR, Ap. Cível n. 37.649/4/1996/Guaratuba, rel. Juiz Munir Karam, j. 13.12.1995, *DJ* 05.02.1996)

- Seguro. Veículo. Consumidor. Cláusula contratual potestativa. Nulidade. Lei n. 8.078/90 (CDC). É nula, por força do disposto no art. 115, 2ª parte, do CCB, a cláusula potestativa que deixa ao arbítrio da companhia seguradora a avaliação do veículo segurado por um preço, para efeito de recebimento do prêmio, e por outro, para pagamento de indenização. (TAMG, Ap. Cível n. 239.052/3/1997/Belo Horizonte, rel. Juiz Fernando Bráulio, j. 21.08.1997, *DJ* 02.10.1997)

Ato obsceno Ato imoral e ofensivo ao decoro público praticado em lugar público. O delito de ato obsceno se tipifica quando o agente, em lugar público, ou aberto ou exposto ao público, exprime manifestação corpórea, de cunho sexual, que ofende o pudor público. De qualquer modo, é necessário que a conduta tenha cunho sexual, erótico, lascivo ou impudico. Pode revelar-se por gestos ou por palavras, como nos casos de simulação de masturbação ou de ato sexual e exibição de nádegas e órgão sexuais. O ato obsceno constitui crime previsto no art. 233 do CP.

▶ Veja CP: "**Art. 233.** Praticar ato obsceno em lugar público, ou aberto ou exposto ao público: Pena – detenção, de 3 (três) meses a 1 (um) ano, ou multa".

■ *Habeas corpus*. Ato obsceno (art. 233, CP). 2. Simulação de masturbação e exibição das nádegas, após o término de peça teatral, em reação a vaias do público. 3. Discussão sobre a caracterização da ofensa ao pudor público. Não se pode olvidar o contexto em que se verificou o ato incriminado. O exame objetivo do caso concreto demonstra que a discussão está integralmente inserida no contexto da liberdade de expressão, ainda que inadequada e deseducada. 4. A sociedade moderna dispõe de mecanismos próprios e adequados, como a própria crítica, para esse tipo de situação, dispensando-se o enquadramento penal. 5. Empate na decisão. Deferimento da ordem para trancar a ação penal. Ressalva dos votos dos Ministros Carlos Velloso e Ellen Gracie, que defendiam que a questão não pode ser resolvida na via estreita do *habeas corpus*. (STF, *HC* n. 83.996-7, 2ª T., rel. Min. Carlos Velloso, j. 17.08.2004)

■ Atentado violento ao pudor. Condenação: sustentada pela confissão da ofendida e pela prova testemunhal produzida em juízo. Tendo o réu, sem roupas, friccionado sua genitália nas pernas de criança de 4 anos, resta consumado o crime de atentado violento ao pudor, também não se tratando o evento de ato obsceno, já que houve contato corporal direto entre agressor e vítima, e não ato ultrajante praticado em público. Hediondez: afastada quando do crime sexual não resultaram lesões graves ou a morte da ofendida. Prisão domiciliar: concedida ante o caos do sistema penal, a primariedade do acusado e seu afastamento espontâneo da residência da vítima. Deram parcial provimento ao apelo defensivo. (TJRS, Ap. Crime n. 70.043.907.328, 5ª Câm. Criminal, rel. Amilton Bueno de Carvalho, j. 14.09.2011)

Ato oneroso Ato bilateral que gera vantagens para ambas as partes que dele participam, em razão de cada uma sofrer um sacrifício patrimonial equivalente ao proveito obtido. Opõem-se ao ato gratuito, pelo qual somente uma das partes se obriga e inexiste contraprestação.

Ato simulado Ato praticado para produzir efeito diverso do declarado, com o fim de prejudicar terceiro ou violar disposição de lei (*v. Simulação*).

Ato unilateral Ato que resulta da declaração de vontade ou decisão de uma só parte, como ocorre na doação sem encargo (arts. 538 e 1.857, CC). A unilateralidade também se manifesta nos contratos de adesão, como revela o art. 54 do CDC: "Contrato de adesão é aquele cujas cláusulas tenham sido aprovadas pela autoridade competente ou estabelecidas unilateralmente pelo fornecedor de produtos ou serviços, sem que o consumidor possa discutir ou modificar substancialmente seu conteúdo". Por outro lado, o mesmo CDC classifica como cláusulas abusivas as que permitam ao fornecedor, direta ou indiretamente, variação do preço de maneira unilateral; autorizem o fornecedor a cancelar o contrato unilateralmente, sem que igual direito seja conferido ao consumidor; autorizem o fornecedor a modificar unilateralmente o conteúdo ou a qualidade do contrato, após sua celebração.

▶ Veja CC: "**Art. 538.** Considera-se doação o contrato em que uma pessoa, por liberalidade, transfere do seu patrimônio bens ou vantagens para o de outra. [...] **Art. 1.857.** Toda pessoa capaz pode dispor, por testamento, da totalidade dos seus bens, ou de parte deles, para depois de sua morte. § 1º A legítima dos herdeiros necessários não poderá ser incluída no testamento. § 2º São válidas as disposições testamentárias de caráter não patrimonial, ainda que o testador somente a elas se tenha limitado".

▶ Veja CDC: "**Art. 51.** São nulas de pleno direito, entre outras, as cláusulas contratuais relativas ao fornecimento de produtos e serviços que: [...] X – permitam ao fornecedor, direta ou indiretamente, variação do preço de maneira unilateral; XI – autorizem o fornecedor a cancelar o contrato unilateralmente, sem que igual direito seja conferido ao consumidor; XII – obriguem o consumidor a ressarcir os custos de cobrança de sua obrigação, sem que igual direito lhe seja conferido contra o fornecedor; XIII – autorizem o fornecedor a modificar unilateralmente o conteúdo ou a qualidade do contrato, após sua celebração; [...] **Art. 54.** Contrato de adesão é aquele cujas cláusulas tenham sido aprovadas pela autoridade competente ou estabelecidas unilateralmente pelo fornecedor de produtos ou serviços, sem que o consumidor possa discutir ou modificar substancialmente seu conteúdo. [...]".

- Ação revisional de contrato de cédula de crédito comercial. Cláusula de alienação fiduciária. Incidência do CDC. O crédito fornecido ao consumidor/pessoa física para utilização na aquisição de bens no mercado como destinatário final se caracteriza como produto, importando no reconhecimento da instituição bancária/financeira como fornecedora para fins de aplicação do CDC, nos termos do art. 3º, § 2º, da Lei n. 8.078/90. Entendimento referendado pela Súmula n. 297 do STJ. Direito do consumidor à revisão contratual. O art. 6º, inciso V, da Lei n. 8.078/90 instituiu o princípio da função social dos contratos, relativizando o rigor do *pacta sunt servanda* e permitindo ao consumidor a revisão do contrato, especialmente, quando o fornecedor insere unilateralmente nas cláusulas gerais do contrato de adesão obrigações claramente excessivas, suportadas exclusivamente pelo consumidor, como no caso concreto. [...] (TJRS, Ap. Cível n. 70.050.796.721, 13ª Câm. Cível, rel. Vanderlei Teresinha Tremeia Kubiak, j. 04.10.2012)

Ato volitivo
Diz-se do ato de volição ou de vontade manifestado de forma voluntária ou espontânea.

Atos lesivos à administração pública
Constituem atos lesivos à administração pública, nacional ou estrangeira, todos aqueles praticados pelas sociedades empresárias e sociedades simples, personificadas ou não, independentemente da forma de organização ou modelo societário adotado, bem como a quaisquer fundações, associações de entidades ou pessoas, ou sociedades estrangeiras, que tenham sede, filial ou representação no território brasileiro, constituídas de fato ou de direito, ainda que temporariamente, que atentem contra o patrimônio público nacional ou estrangeiro, contra princípios da administração pública ou contra os compromissos internacionais assumidos pelo Brasil (arts. 1º, parágrafo único e 5º, Lei n. 12.846/2013). Entre esses atos incluem-se: prometer, oferecer ou dar, direta ou indiretamente, vantagem indevida a agente público, ou a terceira pessoa a ele relacionada; comprovadamente, financiar, custear, patrocinar ou de qualquer modo subvencionar a prática dos atos ilícitos previstos nesta Lei; comprovadamente, utilizar-se de interposta pessoa física ou jurídica para ocultar ou dissimular seus reais interesses ou a identidade dos beneficiários dos atos praticados.

- Veja Lei n. 12.846/2013: "**Art. 1º** Esta Lei dispõe sobre a responsabilização objetiva administrativa e civil de pessoas jurídicas pela prática de atos contra a administração pública, nacional ou estrangeira. Parágrafo único. Aplica-se o disposto nesta Lei às sociedades empresárias e às sociedades simples, personificadas ou não, independentemente da forma de organização ou modelo societário adotado, bem como a quaisquer fundações, associações de entidades ou pessoas, ou sociedades estrangeiras, que tenham sede, filial ou representação no território brasileiro, constituídas de fato ou de direito, ainda que temporariamente. [...] **Art. 5º** Constituem atos lesivos à administração pública, nacional ou estrangeira, para os fins desta Lei, todos aqueles praticados pelas pessoas jurídicas mencionadas no parágrafo único do art. 1º, que atentem contra o patrimônio público nacional ou estrangeiro, contra princípios da administração pública ou contra os compromissos internacionais assumidos pelo Brasil, assim definidos: I – prometer, oferecer ou dar, direta ou indiretamente, vantagem indevida a agente público, ou a terceira pessoa a ele relacionada; II – comprovadamente, financiar, custear, patrocinar ou de qualquer modo subvencionar a prática dos atos ilícitos previstos nesta Lei; III – comprovadamente, utilizar-se de interposta pessoa física ou jurídica para ocultar ou dissimular seus reais interesses ou a identidade dos beneficiários dos atos praticados; IV – no tocante a licitações e contratos: *a)* frustrar ou fraudar, mediante ajuste, combinação ou qualquer outro expediente, o caráter competitivo de procedimento licitatório público; *b)* impedir, perturbar ou fraudar a realização de qualquer ato de procedimento licitatório público; *c)* afastar ou procurar afastar licitante, por meio de fraude ou oferecimento de vantagem de qualquer tipo; *d)* fraudar licitação pública ou contrato dela decorrente; *e)* criar, de modo fraudulento ou irregular, pessoa jurídica para participar de licitação pública ou celebrar contrato administrativo; *f)* obter vantagem ou benefício indevido, de modo fraudulento, de modificações ou prorrogações de contratos celebrados com a administração pública, sem autorização em lei, no ato convocatório da licitação pública ou nos respectivos instrumentos contratuais; ou *g)* manipular ou fraudar o equilíbrio econômico-financeiro dos contratos celebrados com a administração pública; V – dificultar atividade de investigação ou fiscalização de órgãos, entidades ou agentes públicos, ou intervir em sua atuação, inclusive no âmbito das agências reguladoras e dos órgãos de fiscalização do sistema financeiro nacional. § 1º Considera-se administração pública estrangeira os órgãos e entidades estatais ou representações diplomáticas de país estrangeiro, de qualquer nível ou esfera de governo, bem como as pessoas jurídicas controladas, direta ou indiretamente, pelo poder público de país estrangeiro. § 2º Para os efeitos desta Lei, equiparam-se à administração pública estrangeira as organizações públicas internacionais. § 3º Considera-se agente público estrangeiro, para os fins desta Lei, quem, ainda que transitoriamente ou sem remuneração, exerça cargo, emprego ou função pública em órgãos, entidades estatais ou em representações diplomáticas de país estrangeiro, assim como em pessoas jurídicas controladas, direta ou indiretamente, pelo poder público de país estrangeiro ou em organizações públicas internacionais".

Atos normativos Atos normativos de competência privativa do Poder Executivo que variam de acordo com o nível da autoridade que os pratica. Assim, são de competência do governador os decretos; dos secretários de estado, as resoluções; de órgãos colegiados, as deliberações; de outras autoridades, incluindo-se os dirigentes de autarquias, as portarias.

Atos normativos primários Hipóteses constitucionalmente previstas em que o Poder Executivo produz atos normativos primários, normas que se subordinam diretamente à Constituição, e não à lei. Como exemplo de tais hipóteses, tem-se a competência do Presidente da República, do Governador ou do Prefeito Municipal para dispor, mediante decreto, sobre organização e funcionamento da administração federal, estadual ou municipal quando não implicar aumento de despesa nem criação ou extinção de órgãos públicos e extinguir, mediante decreto, funções ou cargos públicos, quando vagos.

Ausência Situação fática caracterizada pelo desaparecimento de uma pessoa do seu domicílio sem que dela se tenha notícia e que não tenha deixado procurador com poderes para administrar seus bens (art. 22, CC). A ausência, para fins de direitos, especialmente hereditários, pode ser declarada judicialmente a requerimento de qualquer interessado ou do Ministério Público. Para fins previdenciários, a morte presumida do segurado, declarada pela autoridade judicial competente depois de seis meses de ausência, possibilita a concessão de pensão provisória (art. 78, Lei n. 8.213/91).

▸ Veja CC: "**Art. 22.** Desaparecendo uma pessoa do seu domicílio sem dela haver notícia, se não houver deixado representante ou procurador a quem caiba administrar-lhe os bens, o juiz, a requerimento de qualquer interessado ou do Ministério Público, declarará a ausência, e nomear-lhe-á curador. **Art. 23.** Também se declarará a ausência, e se nomeará curador, quando o ausente deixar mandatário que não queira ou não possa exercer ou continuar o mandato, ou se os seus poderes forem insuficientes. **Art. 24.** O juiz, que nomear o curador, fixar-lhe-á os poderes e obrigações, conforme as circunstâncias, observando, no que for aplicável, o disposto a respeito dos tutores e curadores. **Art. 25.** O cônjuge do ausente, sempre que não esteja separado judicialmente, ou de fato por mais de dois anos antes da declaração da ausência, será o seu legítimo curador. § 1º Em falta do cônjuge, a curadoria dos bens do ausente incumbe aos pais ou aos descendentes, nesta ordem, não havendo impedimento que os iniba de exercer o cargo. § 2º Entre os descendentes, os mais próximos precedem os mais remotos. § 3º Na falta das pessoas mencionadas, compete ao juiz a escolha do curador".

▸ Veja Lei n. 8.213/91: "**Art. 78.** Por morte presumida do segurado, declarada pela autoridade judicial competente, depois de 6 (seis) meses de ausência, será concedida pensão provisória, na forma desta Subseção. § 1º Mediante prova do desaparecimento do segurado em consequência de acidente, desastre ou catástrofe, seus dependentes farão jus à pensão provisória independentemente da declaração e do prazo deste artigo. § 2º Verificado o reaparecimento do segurado, o pagamento da pensão cessará imediatamente, desobrigados os dependentes da reposição dos valores recebidos, salvo má-fé".

■ Abertura de sucessão definitiva. Prévia declaração de ausência. Desnecessidade. Exceção legal. Art. 38 do CC. Segundo o Código Civil, desaparecendo uma pessoa do seu domicílio sem que dela se tenha notícia e não tendo deixado procurador com poderes para administrar seus bens, o juiz, a requerimento de qualquer interessado ou do Ministério Público, declarará sua ausência e nomeará curador para gerir seus bens. Tal procedimento é dividido em três fases consecutivas: curadoria dos bens do ausente, anteriormente descrita e disciplinada pelos arts. 22 a 25 do CC; sucessão provisória, na qual se procederá ao inventário e partilha dos bens do ausente que passarão para a posse dos herdeiros provisoriamente e mediante caução, em alguns casos, nos termos dos arts. 26 a 36 do CC; por fim, a sucessão definitiva na qual os herdeiros tomarão posse dos bens do ausente de forma definitiva e levantarão as cauções eventualmente prestadas. Em regra, tal procedimento deverá ser integralmente obedecido para possibilitar a transferência definitiva dos bens aos herdeiros. Entretanto, excepciona-se tal regra nos casos em que o ausente conta com 80 anos de idade, não se tendo notícias destes a mais de cinco anos. O caso em análise enquadra-se na mencionada exceção, o que autoriza a abertura da sucessão definitiva de forma direta, sendo desnecessário o esgotamento das fases anteriormente mencionadas. Recurso provido. (TJRJ, Ap. Cível n. 2008.001.15.424, rel. Des. Mario Assis Gonçalves, j. 02.09.2008)

- Declaração de ausência com vistas exclusivamente à percepção de benefícios previdenciários. Julgamento pela Justiça Federal. CF/88, art. 109, I e § 3º. É da Justiça Federal a competência para apreciar pedido de declaração de ausência para o fim específico de obter benefício previdenciário junto à autarquia federal. Precedentes. Conflito conhecido, declarado competente o suscitante. [...] (STJ, Confl. de Comp. n. 20.093/1998/RJ, rel. Min. Barros Monteiro, j. 12.08.1998, *DJ* 05.10.1998)

Ausente Expressão designativa da pessoa que não está ou não comparece a um determinado local ou a determinado compromisso. Pessoa que desaparece de forma prolongada do seu domicílio, sem deixar endereço, sem mandar notícias e sem deixar representante.

▶ Veja CPC/2015: "**Art. 744.** Declarada a ausência nos casos previstos em lei, o juiz mandará arrecadar os bens do ausente e nomear-lhes-á curador na forma estabelecida na Seção VI, observando-se o disposto em lei. **Art. 745.** Feita a arrecadação, o juiz mandará publicar editais na rede mundial de computadores, no sítio do tribunal a que estiver vinculado e na plataforma de editais do Conselho Nacional de Justiça, onde permanecerá por 1 (um) ano, ou, não havendo sítio, no órgão oficial e na imprensa da comarca, durante 1 (um) ano, reproduzida de 2 (dois) em 2 (dois) meses, anunciando a arrecadação e chamando o ausente a entrar na posse de seus bens. § 1º Findo o prazo previsto no edital, poderão os interessados requerer a abertura da sucessão provisória, observando-se o disposto em lei. § 2º O interessado, ao requerer a abertura da sucessão provisória, pedirá a citação pessoal dos herdeiros presentes e do curador e, por editais, a dos ausentes para requererem habilitação, na forma dos arts. 689 a 692. [...]".

Autarquia Serviço autônomo criado por lei com personalidade jurídica, patrimônio e receita próprios para executar atividades típicas da administração pública, que requeiram, para seu melhor funcionamento, gestão administrativa e financeira descentralizada (art. 5º, DL n. 200/67). Pessoa jurídica de direito público, criada por lei, com capacidade de autoadministração para o desempenho de serviço público descentralizado, mediante controle administrativo exercido nos limites da lei (DI PIETRO, Maria Sylvia. *Direito administrativo*. 19.ed. São Paulo, Saraiva, p. 423). Por serem dotadas de personalidade pública, as autarquias estão imunes à tributação e desfrutam de prazos processuais especiais para contestar e recorrer, além de contar com foro judicial privilegiado. Os funcionários das autarquias não se confundem com os funcionários públicos, devendo ser denominados servidores autárquicos. Contudo, são equiparados a funcionários públicos para efeitos penais.

▶ Veja CF: "**Art. 37.** [...] XIX – somente por lei específica poderá ser criada autarquia e autorizada a instituição de empresa pública, de sociedade de economia mista e de fundação, cabendo à lei complementar, neste último caso, definir as áreas de sua atuação; [...]".

▶ Veja CC: "**Art. 40.** As pessoas jurídicas são de direito público, interno ou externo, e de direito privado. **Art. 41.** São pessoas jurídicas de direito público interno: I – a união; II – os estados, o distrito federal e os territórios; III – os municípios; IV – as autarquias, inclusive as associações públicas; V – as demais entidades de caráter público criadas por lei. Parágrafo único. Salvo disposição em contrário, as pessoas jurídicas de direito público, a que se tenha dado estrutura de direito privado, regem-se, no que couber, quanto ao seu funcionamento, pelas normas deste código".

▶ Veja DL n. 200/67: "**Art. 5º** Para os fins desta lei, considera-se: I – Autarquia – o serviço autônomo, criado por lei, com personalidade jurídica, patrimônio e receita próprios, para executar atividades típicas da Administração Pública, que requeiram, para seu melhor funcionamento, gestão administrativa e financeira descentralizada. [...]".

Autenticação de documento Ato que consiste em conferir e dar validade à cópia de um documento. A cópia de um documento, devidamente autenticada por tabelião, tem fé pública e possui a mesma força probante que o original. Não deve ser confundida com autenticação ou reconhecimento de firma. Portanto, no art. 411 do CPC/2015, onde se lê "Considera-se autêntico o documento: quando o tabelião reconhecer a firma do signatário", o correto é ler: "Considera-se autêntica a assinatura [...]".

- Veja CC: "**Art. 1.179.** O empresário e a sociedade empresária são obrigados a seguir um sistema de contabilidade, mecanizado ou não, com base na escrituração uniforme de seus livros, em correspondência com a documentação respectiva, e a levantar anualmente o balanço patrimonial e o de resultado econômico. [...] **Art. 1.181.** Salvo disposição especial de lei, os livros obrigatórios e, se for o caso, as fichas, antes de postos em uso, devem ser autenticados no Registro Público de Empresas Mercantis. Parágrafo único. A autenticação não se fará sem que esteja inscrito o empresário, ou a sociedade empresária, que poderá fazer autenticar livros não obrigatórios".

- Veja CPC/73: "**Art. 369.** Reputa-se autêntico o documento, quando o tabelião reconhecer a firma do signatário, declarando que foi aposta em sua presença".

- Veja CPC/2015: "**Art. 411.** Considera-se autêntico o documento quando: I – o tabelião reconhecer a firma do signatário; II – a autoria estiver identificada por qualquer outro meio legal de certificação, inclusive eletrônico, nos termos da lei; III – não houver impugnação da parte contra quem foi produzido o documento".

- Veja Lei n. 8.935/94: "**Art. 6º** Aos notários compete: I – formalizar juridicamente a vontade das partes; II – intervir nos atos e negócios jurídicos a que as partes devam ou queiram dar forma legal ou autenticidade, autorizando a redação ou redigindo os instrumentos adequados, conservando os originais e expedindo cópias fidedignas de seu conteúdo; III – autenticar fatos. **Art. 7º** Aos tabeliães de notas compete com exclusividade: I – lavrar escrituras e procurações, públicas; II – lavrar testamentos públicos e aprovar os cerrados; III – lavrar atas notariais; IV – reconhecer firmas; V – autenticar cópias. [...]".

Autenticação de peças processuais Ato praticado pelo advogado da parte que consiste em declarar a validade de cópias extraídas de peças processuais com o objetivo de instruir um recurso. Fazem a mesma prova que os originais as cópias reprográficas de peças do próprio processo judicial declaradas autênticas pelo próprio advogado sob sua responsabilidade, se não lhes for impugnada a autenticidade.

- Veja CPC/73: "**Art. 365.** Fazem a mesma prova que os originais: [...] IV – as cópias reprográficas de peças do próprio processo judicial declaradas autênticas pelo próprio advogado sob sua responsabilidade pessoal, se não lhes for impugnada a autenticidade; [...]".

- Veja CPC/2015: "**Art. 425.** Fazem a mesma prova que os originais: IV – as cópias reprográficas de peças do próprio processo judicial declaradas autênticas pelo advogado, sob sua responsabilidade pessoal, se não lhes for impugnada a autenticidade; [...]".

■ Agravo de instrumento. Advogado. Declaração de autenticidade das peças. CPC, art. 544, § 1º. Deveras, inspirado por esse princípio e influenciado pela práxis, o legislador empreendeu reforma no § 1º do art. 544 do CPC, permitindo ao advogado declarar autênticas as peças acostadas ao agravo. Em consequência, é lícito, antes do julgamento do recurso, já em vigor o novel diploma, instar-se o advogado a declarar a autenticidade das peças ao invés de não conhecer do recurso por formalidade hoje repudiada por norma legal expressa. Inaplicabilidade da regra *tempus regit actum*, tanto mais que a jurisprudência não é fonte formal do Direito, tornando-se insubsistente ao exsurgimento de novel legislação que infirme o seu conteúdo. Despacho que admitiu a declaração de autenticação das peças pelo advogado. (STJ, Ag. Reg. no AI n. 450.459/SP, rel. Min. Luiz Fux, j. 11.03.2003, *DJ* 31.03.2003)

■ Documentos. Fotocópia. Autenticação. Ausência. Irrelevância. Mera ausência de autenticação em documentos não os torna inválidos em Juízo, se a parte, fundamentadamente, não impugna sua autenticidade nem aponta possíveis fraudes nas fotocópias apresentadas. (TJMG, Ag. n. 133.203/Belo Horizonte, rel. Des. Schalcher Ventura, j. 11.02.1999, *DJ* 15.02.2000)

Autenticar Ato de declarar autêntica, ou seja, declarar que a cópia reprográfica de um documento confere com o original, conferindo-lhe a mesma validade. Somente podem declarar a autenticidade de um documento as pessoas dotadas de fé pública, como notários e escrivães dos cartórios judiciais. A exceção fica por conta dos advogados, aos quais é permitido declarar a validade de cópias extraídas de peças processuais com o objetivo de instruir um recurso. A lei, em geral, veda a autenticação de cópia de documento não original, ainda que autenticado.

Autêntico Qualidade ou condição daquilo ou de quem é original ou revestido das formalidades legais. Fidedigno. Sem adulteração. Documento autêntico, verdadeiro ou legítimo.

▶ Veja CPC/73: "**Art. 369.** Reputa-se autêntico o documento, quando o tabelião reconhecer a firma do signatário, declarando que foi aposta em sua presença".

▶ Veja CPC/2015: "**Art. 411.** Considera-se autêntico o documento quando: I – o tabelião reconhecer a firma do signatário; II – a autoria estiver identificada por qualquer outro meio legal de certificação, inclusive eletrônico, nos termos da lei; III – não houver impugnação da parte contra quem foi produzido o documento".

Auto Documento oficial, emitido por agente público, que contém anotação pormenorizada e autenticada de um fato, por meio de ato ou diligência, administrativa ou judiciária. Há vários tipos de autos, que variam de acordo com fatos ou ocorrências que neles se registram: auto de penhora, auto de infração, auto de flagrante etc. Os autos devem ser lavrados de acordo com as normas pertinentes para que se evitem questionamentos ulteriores.

Auto de infração Ato administrativo materializado por escrito pela autoridade competente para efeito de caracterizar a ocorrência de infração à legislação específica, no âmbito federal, estadual ou municipal. O auto de infração, no qual se expõem os fatos ilícitos atribuídos ao autuado e se indica a legislação infringida, serve como fundamento para a instauração do processo administrativo.

Auto de infração de trânsito Ato administrativo materializado por escrito pela autoridade de trânsito no caso de ocorrência de infração ao CTB (Lei n. 9.503/97). A infração deverá ser comprovada por declaração da autoridade ou do agente da autoridade de trânsito, por aparelho eletrônico ou por equipamento audiovisual, reações químicas ou qualquer outro meio tecnologicamente disponível, previamente regulamentado pelo Contran. O auto de infração será arquivado, e seu registro julgado insubsistente: I – se considerado inconsistente ou irregular; II – se, no prazo máximo de trinta dias, não for expedida a notificação da autuação (art. 281, CTB).

▶ Veja CTN: "**Art. 280.** Ocorrendo infração prevista na legislação de trânsito, lavrar-se-á auto de infração, do qual constará: I – tipificação da infração; II – local, data e hora do cometimento da infração; III – caracteres da placa de identificação do veículo, sua marca e espécie, e outros elementos julgados necessários à sua identificação; IV – o prontuário do condutor, sempre que possível; V – identificação do órgão ou entidade e da autoridade ou agente autuador ou equipamento que comprovar a infração; VI – assinatura do infrator, sempre que possível, valendo esta como notificação do cometimento da infração. § 1º *(Vetado.)* § 2º A infração deverá ser comprovada por declaração da autoridade ou do agente da autoridade de trânsito, por aparelho eletrônico ou por equipamento audiovisual, reações químicas ou qualquer outro meio tecnologicamente disponível, previamente regulamentado pelo CONTRAN. § 3º Não sendo possível a autuação em flagrante, o agente de trânsito relatará o fato à autoridade no próprio auto de infração, informando os dados a respeito do veículo, além dos constantes nos incisos I, II e III, para o procedimento previsto no artigo seguinte. § 4º O agente da autoridade de trânsito competente para lavrar o auto de infração poderá ser servidor civil, estatutário ou celetista ou, ainda, policial militar designado pela autoridade de trânsito com jurisdição sobre a via no âmbito de sua competência".

■ Multa. Infração de trânsito. Notificação do condutor. Auto de infração. Flagrante. Notificação tempestiva. 1. Dispõe o art. 281, parágrafo único, II, do CTB que é de trinta dias o prazo para notificação da existência de autuação de trânsito. Tendo a autuação sido lavrada em flagrante, a assinatura do condutor nos autos de infração é considerada como notificação válida. 2. A notificação da autuação do proprietário do veículo é dispensada quando identificado o condutor e lavrado o auto em flagrante. Aplicada a penalidade, contudo, é indispensável sua notificação da imposição da multa, porquanto responsável pelo pagamento, a teor do que dispõe expressamente o art. 282, § 3º, do CTB. 3. Recurso especial provido. (STJ, REsp n. 567.038/RS (2003/0129059-8), rel. Min. Teori Albino Zavascki, j. 17.06.2004, *DJ* 01.07.2004)

Auto de infração tributária Ato administrativo, materializado por escrito pelo agente do fisco federal, estadual ou municipal, no exercício de função fiscalizadora, no momento em que for verificada infração à legislação tributária. Com a lavratura do auto de infração, consuma-se o lançamento do crédito tributário (art. 242, CTN). No auto de infração, é consignada a infração – ou infrações –, que no entender do agente tenha sido praticada pelo sujeito passivo da obrigação tributária. O encaminhamento do auto para conhecimento da autoridade julgadora dá ensejo à instauração da instância contenciosa. São exemplos de infrações, entre outros, a falta de pagamento de imposto devido e o transporte de mercadorias sem nota fiscal. O processo administrativo fiscal inicia-se quando o contribuinte autuado decide exercer seu direito constitucional à ampla defesa, discutindo o mérito da exigência constante do auto de infração, em conformidade com o rito do contraditório administrativo previsto em lei.

▸ Veja CTN: "**Art. 142.** Compete privativamente à autoridade administrativa constituir o crédito tributário pelo lançamento, assim entendido o procedimento administrativo tendente a verificar a ocorrência do fato gerador da obrigação correspondente, determinar a matéria tributável, calcular o montante do tributo devido, identificar o sujeito passivo e, sendo caso, propor a aplicação da penalidade cabível. Parágrafo único. A atividade administrativa de lançamento é vinculada e obrigatória, sob pena de responsabilidade funcional".

▪ Tributário. Auto de infração. Presunção de legitimidade. Ônus da prova. CPC, art. 333. A atuação do Fisco tem presunção de legitimidade e instiga prova em contrário para a sua desconstituição. O auto de infração constitui um documento que declara a existência de uma dívida e, como é criado por uma autoridade fiscal competente para tal função, gera uma situação jurídica a que se subordina o contribuinte. Este, por sua vez, possui o direito de questionar o procedimento administrativo, mas incumbe-lhe, por consequência óbvia, o ônus de demonstrar a prova de suas assertivas. (STJ, REsp n. 465.399/MG, rel. Min. José Delgado, j. 18.03.2003, *DJ* 12.05.2003)

Auto de penhora   Ato processual, materializado por escrito por oficial de justiça e mediante mandado judicial, que tem por objeto descrição ou apreensão de bens do devedor, com o objetivo de garantir o pagamento da dívida ao credor no processo de execução. Efetuar-se-á a penhora onde quer que se encontrem os bens, ainda que sob posse, detenção ou guarda de terceiros, devendo a penhora incidir em tantos bens quantos bastem para o pagamento do principal atualizado, juros, custas e honorários advocatícios. O auto de penhora conterá: indicação do dia, mês, ano e lugar em que foi feita; nomes do credor e do devedor; descrição dos bens penhorados, com seus característicos; e nomeação do depositário dos bens (art. 665, CPC/73).

▸ Veja CPC/73: "**Art. 665.** O auto de penhora conterá: I – a indicação do dia, mês, ano e lugar em que foi feita; II – os nomes do credor e do devedor; III – a descrição dos bens penhorados, com os seus característicos; IV – a nomeação do depositário dos bens".

▸ Veja CPC/2015: "**Art. 831.** A penhora deverá recair sobre tantos bens quantos bastem para o pagamento do principal atualizado, dos juros, das custas e dos honorários advocatícios. [...] **Art. 838.** A penhora será realizada mediante auto ou termo, que conterá: I – a indicação do dia, do mês, do ano e do lugar em que foi feita; II – os nomes do exequente e do executado; III – a descrição dos bens penhorados, com as suas características; IV – a nomeação do depositário dos bens. **Art. 839**. Considerar-se-á feita a penhora mediante a apreensão e o depósito dos bens, lavrando-se um só auto se as diligências forem concluídas no mesmo dia. Parágrafo único. Havendo mais de uma penhora, serão lavrados autos individuais".

▪ Auto de penhora. Ausência de avaliação do bem. Simples irregularidade formal que pode ser saneada a qualquer tempo. Lei n. 6.830/80, art. 13. Conforme previsto no art. 16, III, da Lei n. 6.830/80, o prazo para interposição de embargos à execução fiscal é de trinta dias a contar da data em que o devedor é intimado da penhora. A ausência da avaliação do bem nomeado não acarreta, por si só, a nulidade do termo de penhora, posto que constitui simples irregularidade formal, podendo ser sanada a qualquer tempo. Recurso improvido. (STJ, REsp n. 337.004/RS (2001/0091572-1), 1ª T., rel. Min. Garcia Vieira, j. 06.11.2001, *DJ* 25.02.2002)

Autonomia   Diz-se da faculdade ou condição que uma pessoa, órgão ou instituição tem de reger-se por seus próprios meios ou por suas próprias leis. A autonomia é absoluta quando exercida sem qualquer restrição, como a que possui a União; é relativa, quando parcialmente exercida, em razão da dependência ou subordinação a um órgão superior.

Autonomia de vontade   Poder ou faculdade que têm os indivíduos para regular seus direitos e obrigações mediante o exercício do livre arbítrio. É representada em contratos que obrigam os indivíduos com força de lei, desde que a convenção não seja contrária à lei, à moral, à ordem pública e aos bons costumes.

Autópsia   Exame cadavérico. Exame pericial feito no cadáver para se descobrir a *causa mortis*. O mesmo que autópsia. Embora etimologicamente *necrópsia* signifique "exame de uma pessoa morta" e *autópsia* tenha o significado de "exame de si mesmo", os dois termos costumam ser usados como sinônimos indistintamente. O exame costuma ser feito por um perito, um médico especializado denominado *legista* (art. 162, CPP).

▶ Veja CPP: "**Art. 162.** A autópsia será feita pelo menos 6 (seis) horas depois do óbito, salvo se os peritos, pela evidência dos sinais de morte, julgarem que possa ser feita antes daquele prazo, o que declararão no auto. Parágrafo único. Nos casos de morte violenta, bastará o simples exame externo do cadáver, quando não houver infração penal que apurar, ou quando as lesões externas permitirem precisar a causa da morte e não houver necessidade de exame interno para a verificação de alguma circunstância relevante".

Autor Requerente. Demandante. Parte. Aquele que provoca a atividade judicial, iniciando a ação visando à satisfação de uma pretensão. O autor da ação há que se fazer representar por advogado legalmente habilitado perante a OAB salvo se atuar em causa própria (art. 3º, CPC/73).

▶ Veja CPC/73: "**Art. 3º** Para propor ou contestar ação é necessário ter interesse e legitimidade".

▶ Veja CPC/2015: "**Art. 17.** Para postular em juízo é necessário ter interesse e legitimidade. **Art. 18.** Ninguém poderá pleitear direito alheio em nome próprio, salvo quando autorizado pelo ordenamento jurídico. Parágrafo único. Havendo substituição processual, o substituído poderá intervir como assistente litisconsorcial. **Art. 19.** O interesse do autor pode limitar-se à declaração: I – da existência, da inexistência ou do modo de ser de uma relação jurídica; II – da autenticidade ou da falsidade de documento. [...] **Art. 103.** A parte será representada em juízo por advogado regularmente inscrito na Ordem dos Advogados do Brasil. Parágrafo único. É lícito à parte postular em causa própria quando tiver habilitação legal".

Autoridade Indivíduo a quem, em razão do cargo público ocupado, a lei confere competência para praticar atos que devem ser acatados pelas pessoas em geral. Nesse sentido, diz-se autoridade judiciária, para o juiz ou magistrado; autoridade policial, para o delegado de polícia; autoridade coatora, para o agente público que agiu com abuso de poder ou feriu direito líquido e certo.

Autorização Ato concessivo ou permissivo outorgado por pessoa ou órgão público a alguém para exercício de um direito. Outorga. Mandato. Procuração.

Autorização administrativa Ato administrativo discricionário e precário pelo qual a administração pública viabiliza ao particular a realização de certa atividade, serviço ou a utilização de determinados bens particulares ou públicos, de seu exclusivo ou predominante interesse, tal como ocorre com o uso especial de bem público. Ato administrativo primário, permissivo, "pelo qual um *órgão* da Administração permite a alguém o exercício de um direito ou de uma competência pré-existente" (Freitas do Amaral. *Curso de direito administrativo*. Lisboa, Almedina, v. II, 2001).

▪ Autorização e funcionamento de sociedade seguradora. Vinculação e discricionariedade da autoridade administrativa. A autorização para funcionamento de sociedade seguradora condiciona-se aos critérios da conveniência e oportunidade, consubstanciando a discricionariedade, cuja observância foi entregue à Administração Pública (art. 43, *a* e *b*, Decreto n. 60.459/67). O administrador é que deverá apreciar sobre os fatores de admissibilidade e funcionamento da seguradora, ficando o abuso, se demonstrado, sujeito ao crivo do Judiciário. A comprovação para expedição de Carta Patente (arts. 75 e 76, DL n. 73/66) refere-se ao cumprimento de formalidades legais ou exigências feitas no ato de autorização. A autorização não espanca o exame da conveniência e oportunidade do funcionamento da sociedade, conforme prudente análise do administrador, isento do timbre ou intuito de abuso. Recurso provido. (STJ, REsp n. 6.245/0/1994/DF, rel. Min. Milton Luiz Pereira, j. 20.04.1994, *DJ* 23.05.1994)

Autorização do cônjuge Vênia, outorga ou consentimento concedido por um cônjuge ao outro para a prática de ato expressamente previsto em lei.

▶ Veja CC: "**Art. 1.647.** Ressalvado o disposto no art. 1.648, nenhum dos cônjuges pode, sem autorização do outro, exceto no regime da separação absoluta: I – alienar ou gravar de ônus real os bens imóveis; II – pleitear, como autor ou réu, acerca desses bens ou direitos; III – prestar fiança ou aval; IV – fazer doação, não sendo remuneratória, de bens comuns, ou dos que possam integrar futura meação. Parágrafo único. São válidas as doações nupciais feitas aos filhos quando casarem ou estabelecerem economia separada. **Art. 1.648.** Cabe ao juiz, nos casos do artigo antecedente, suprir a outorga, quando um dos cônjuges a denegue sem motivo justo, ou lhe seja impossível concedê-la. **Art. 1.649.** A falta de autorização, não suprida pelo juiz, quando necessária (art. 1.647), tornará anulável o ato praticado, podendo o outro cônjuge pleitear-lhe a anulação, até dois anos depois de terminada a sociedade conjugal. Parágrafo único. A aprovação torna válido o ato, desde que feita por instrumento público, ou particular, autenticado. **Art. 1.650.** A decretação de invalidade dos atos praticados sem outorga, sem consentimento, ou sem suprimento do juiz, só poderá ser demandada pelo cônjuge a quem cabia concedê-la, ou por seus herdeiros".

▶ Veja CPC/73: "**Art. 10.** O cônjuge somente necessitará do consentimento do outro para propor ações que versem sobre direitos reais imobiliários. [...]".

▶ Veja CPC/2015: "**Art. 73.** O cônjuge necessitará do consentimento do outro para propor ação que verse sobre direito real imobiliário, salvo quando casados sob o regime de separação absoluta de bens. [...] **Art. 74.** O consentimento previsto no art. 73 pode ser suprido judicialmente quando for negado por um dos cônjuges sem justo motivo, ou quando lhe seja impossível concedê-lo. Parágrafo único. A falta de consentimento, quando necessário e não suprido pelo juiz, invalida o processo".

■ Ação anulatória de aval. Outorga conjugal para cônjuges casados sob o regime da separação obrigatória de bens. 1. É necessária a vênia conjugal para a prestação de aval por pessoa casada sob o regime da separação obrigatória de bens, à luz do art. 1.647, III, CC. 2. A exigência de outorga uxória ou marital para os negócios jurídicos de (presumidamente) maior expressão econômica previstos no art. 1.647 do CC (como a prestação de aval ou a alienação de imóveis) decorre da necessidade de garantir a ambos os cônjuges meio de controle da gestão patrimonial, tendo em vista que, em eventual dissolução do vínculo matrimonial, os consortes terão interesse na partilha dos bens adquiridos onerosamente na constância do casamento. 3. Nas hipóteses de casamento sob o regime da separação legal, os consortes, por força da Súmula n. 377/STF, possuem o interesse pelos bens adquiridos onerosamente ao longo do casamento, razão por que é de rigor garantir-lhes o mecanismo de controle de outorga uxória/marital para os negócios jurídicos previstos no art. 1.647 da Lei civil. 4. Recurso especial provido. (STJ, REsp n. 1.163.074/PB (2009/0210157-8), 3ª T., rel. Min. Massami Uyeda, j. 15.12.2009, DJ 04.02.2010)

■ Fiança. Outorga uxória. A ausência de consentimento da esposa em fiança prestada pelo marido invalida o ato por inteiro. Nula a garantia, portanto. Certo, ainda, que não se pode limitar o efeito dessa nulidade apenas à meação da mulher. (STJ, REsp n. 235.442/2000/SP, rel. Min. Félix Fischer, j. 07.12.1999, DJ 14.02.2000)

Autorização judicial Consentimento obrigatório, concedido por juiz de Direito, para a prática de determinados atos previstos em lei. Entre outros casos, exige-se autorização judicial para alienação de bens de menores, alienação de bens do tutelado, alienação de bens do inventário e alteração do regime de bens.

▶ Veja CC: "**Art. 1.639.** [...] § 2º É admissível alteração do regime de bens, mediante autorização judicial em pedido motivado de ambos os cônjuges, apurada a procedência das razões invocadas e ressalvados os direitos de terceiros. [...] **Art. 1.651.** Quando um dos cônjuges não puder exercer a administração dos bens que lhe incumbem, segundo o regime de bens, caberá ao outro: [...] III – alienar os imóveis comuns e os móveis ou imóveis do consorte, mediante autorização judicial. [...] **Art. 1.691.** Não podem os pais alienar, ou gravar de ônus real os imóveis dos filhos, nem contrair, em nome deles, obrigações que ultrapassem os limites da simples administração, salvo por necessidade ou evidente interesse da prole, mediante prévia autorização do juiz. Parágrafo único. Podem pleitear a declaração de nulidade dos atos previstos neste artigo: I – os filhos; II – os herdeiros; III – o representante legal. [...] **Art. 1.748.** Compete também ao tutor, com autorização do juiz: I – pagar as dívidas do menor; II – aceitar por ele heranças, legados ou doações, ainda que com encargos; III – transigir; IV – vender-lhe os bens móveis, cuja conservação não convier, e os imóveis nos casos em que for permitido; V – propor em juízo as ações, ou nelas assistir o menor, e promover todas as diligências a bem deste, assim como defendê-lo nos pleitos contra ele movidos. [...] **Art. 1.813.** Quando o herdeiro prejudicar os seus credores, renunciando à herança, poderão eles, com autorização do juiz, aceitá-la em nome do renunciante".

■ Participação de menores em programa televisivo sem prévia autorização judicial. Inadmissibilidade. Autorização dos pais que não a supre. ECA, arts. 149 e 258. A participação de menores em programas televisivos, verdadeiros espetáculos públicos, impõe prévia autorização judicial (ECA, art. 149, II, a), que não é suprida com a autorização dos pais ou responsáveis do menor. (STJ, REsp n. 482.045/SP, rel. Min. Franciulli Netto j. 13.05.2003, DJ 23.06.2003)

■ Menor. Pátrio poder. Administração pelos pais dos bens dos filhos. Ato de disposição. Impossibilidade. O CC outorga aos pais amplos poderes de administração sobre os bens dos filhos, mas estes não abrangem os atos que extrapolem a simples gerência e conservação do patrimônio do menor. Não podem, assim praticar atos de disposição, a não ser nos casos especiais mencionados no art. 386 do CCB, mediante as formalidades legais exigidas. (STJ, REsp n. 292.974/2001/SP, rel. Min. Nancy Andrighi, j. 29.05.2001, *DJ* 25.06.2001)

Autos Conjunto das peças que formam um processo, ou seja, petição inicial, contestação, procurações e documentos de cunho probatório do autor e do réu. Essas peças reunidas constituem os autos ou processo. O mesmo que processo.

▸ Veja CPC/73: "**Art. 40.** O advogado tem direito de: I – examinar, em cartório de justiça e secretaria de tribunal, autos de qualquer processo, salvo o disposto no art. 155; II – requerer, como procurador, vista dos autos de qualquer processo pelo prazo de 5 (cinco) dias; III – retirar os autos do cartório ou secretaria, pelo prazo legal, sempre que lhe competir falar neles por determinação do juiz, nos casos previstos em lei. [...]".

▸ Veja CPC/2015: "**Art. 107.** O advogado tem direito a: I – examinar, em cartório de fórum e secretaria de tribunal, mesmo sem procuração, autos de qualquer processo, independentemente da fase de tramitação, assegurados a obtenção de cópias e o registro de anotações, salvo na hipótese de segredo de justiça, nas quais apenas o advogado constituído terá acesso aos autos; II – requerer, como procurador, vista dos autos de qualquer processo, pelo prazo de 5 (cinco) dias; III – retirar os autos do cartório ou da secretaria, pelo prazo legal, sempre que neles lhe couber falar por determinação do juiz, nos casos previstos em lei. § 1º Ao receber os autos, o advogado assinará carga em livro ou documento próprio. [...]".

Autos conclusos Expressão usada para designar o ato pelo qual o escrivão judicial, depois da manifestação das partes ou cumprida uma diligência no processo, dá os autos por conclusos, ou seja, considera os autos ou processo em condições de serem remetidos ao juiz para que este decida a questão ou determine, por despacho, o próximo ato judicial que dará prosseguimento ao feito.

▸ Veja CPC/73: "**Art. 190.** Incumbirá ao serventuário remeter os autos conclusos no prazo de 24 (vinte e quatro) horas e executar os atos processuais no prazo de 48 (quarenta e oito) horas, contados: I – da data em que houver concluído o ato processual anterior, se lhe foi imposto pela lei; II – da data em que tiver ciência da ordem, quando determinada pelo juiz. [...]".

▸ Veja CPC/2015: "**Art. 228.** Incumbirá ao serventuário remeter os autos conclusos no prazo de 1 (um) dia e executar os atos processuais no prazo de 5 (cinco) dias, contado da data em que: I – houver concluído o ato processual anterior, se lhe foi imposto pela lei; II – tiver ciência da ordem, quando determinada pelo juiz. § 1º Ao receber os autos, o serventuário certificará o dia e a hora em que teve ciência da ordem referida no inciso II. [...] **Art. 931.** Distribuídos, os autos serão imediatamente conclusos ao relator, que, em 30 (trinta) dias, depois de elaborar o voto, restituí-los-á, com relatório, à secretaria".

Autos em carga Expressão forense que indica o ato pelo qual o advogado procede à retirada dos autos para exame ou para sobre eles se manifestar fora do cartório judicial. A restituição dos autos deverá ser feita: a) no prazo fixado pelo juiz; b) em cinco dias, para falar sobre documentos; c) em cinco dias, quando lhe for oferecido vista sem prazo fixado pelo juiz (*v. Carga de autos*).

▸ Veja CPC/73: "**Art. 40.** O advogado tem direito de: I – examinar, em cartório de justiça e secretaria de tribunal, autos de qualquer processo, salvo o disposto no art. 155; II – requerer, como procurador, vista dos autos de qualquer processo pelo prazo de 5 (cinco) dias; III – retirar os autos do cartório ou secretaria, pelo prazo legal, sempre que lhe competir falar neles por determinação do juiz, nos casos previstos em lei. § 1º Ao receber os autos, o advogado assinará carga no livro competente. § 2º Sendo comum às partes o prazo, só em conjunto ou mediante prévio ajuste por petição nos autos, poderão os seus procuradores retirar os autos, ressalvada a obtenção de cópias para a qual cada procurador poderá retirá-los pelo prazo de 1 (uma) hora independentemente de ajuste".

Autos suplementares São os autos que, por determinação legal, devem ser formados pelo escrivão, em duplicata, por meio da reprodução de todos os atos e termos do processo original (art. 159, CPC/73).

▸ Veja CPC/73: "**Art. 159.** Salvo no Distrito Federal e nas Capitais dos Estados, todas as petições e documentos que instruírem o processo, não constantes de registro público, serão sempre acompanhados de cópia, datada e assinada por quem os oferecer. § 1º Depois de conferir a cópia, o escrivão ou chefe da secretaria irá formando autos suplementares, dos quais constará a reprodução de todos os atos e termos do processo original. § 2º Os autos suplementares só sairão de cartório para conclusão ao juiz, na falta dos autos originais".

Autotutela Fiscalização exercida pela administração pública sobre seus bens e atos para bom uso deles.

Autuação Ato de escrivão de foro ou secretário de tribunal consistente na formação dos autos de um processo. Ao receber a petição inicial de qualquer processo, o escrivão a autuará, mencionando juízo, natureza do feito, número de seu registro, nomes das partes e data de seu início; e procederá do mesmo modo quanto aos volumes que se forem formando (art. 166, CPC/73). Juntamente com a petição inicial, serão autuados os documentos de cunho probatório que a acompanham e o instrumento de procuração. Essas peças reunidas (autuadas), às quais se sobrepõe uma capa de cartolina, nos processos físicos ou analógicos, constituem os autos ou processo.

▸ Veja CPC/73: "**Art. 166.** Ao receber a petição inicial de qualquer processo, o escrivão a autuará, mencionando o juízo, a natureza do feito, o número de seu registro, os nomes das partes e a data do seu início; e procederá do mesmo modo quanto aos volumes que se forem formando".

▸ Veja CPC/2015: "**Art. 206.** Ao receber a petição inicial de processo, o escrivão ou o chefe de secretaria a autuará, mencionando o juízo, a natureza do processo, o número de seu registro, os nomes das partes e a data de seu início, e procederá do mesmo modo em relação aos volumes em formação".

Autuação em apenso Procedimento relativo à formação dos autos de um processo acessório que correm apensos ou anexos ao processo principal.

▸ Veja CPC/73: "**Art. 261.** O réu poderá impugnar, no prazo da contestação, o valor atribuído à causa pelo autor. A impugnação será autuada em apenso, ouvindo-se o autor no prazo de 5 (cinco) dias. [...] **Art. 393.** Depois de encerrada a instrução, o incidente de falsidade correrá em apenso aos autos principais; no tribunal processar-se-á perante o relator, observando-se o disposto no artigo antecedente. [...] **Art. 739-B.** A cobrança de multa ou de indenizações decorrentes de litigância de má-fé (arts. 17 e 18) será promovida no próprio processo de execução, em autos apensos, operando-se por compensação ou por execução. [...] **Art. 996.** [...] Parágrafo único. O incidente da remoção correrá em apenso aos autos do inventário. [...] **Art. 1.017.** Antes da partilha, poderão os credores do espólio requerer ao juízo do inventário o pagamento das dívidas vencidas e exigíveis. § 1º A petição, acompanhada de prova literal da dívida, será distribuída por dependência e autuada em apenso aos autos do processo de inventário. [...]".

▸ Veja CPC/2015: "**Art. 623.** Requerida a remoção com fundamento em qualquer dos incisos do art. 622, será intimado o inventariante para, no prazo de 15 (quinze) dias, defender-se e produzir provas. Parágrafo único. O incidente da remoção correrá em apenso aos autos do inventário. [...] **Art. 642.** Antes da partilha, poderão os credores do espólio requerer ao juízo do inventário o pagamento das dívidas vencidas e exigíveis. § 1º A petição, acompanhada de prova literal da dívida, será distribuída por dependência e autuada em apenso aos autos do processo de inventário. [...]".

Auxiliar da Justiça Pessoa que exerce cargo ou função no Poder Judiciário, como o escrivão, o oficial de justiça, o perito, o depositário, o administrador, o tradutor e o intérprete judicial (art. 139, CPC/73).

▸ Veja CPC/73: "**Art. 139.** São auxiliares do juízo, além de outros, cujas atribuições são determinadas pelas normas de organização judiciária, o escrivão, o oficial de justiça, o perito, o depositário, o administrador e o intérprete".

▸ Veja CPC/2015: "**Art. 149.** São auxiliares da Justiça, além de outros cujas atribuições sejam determinadas pelas normas de organização judiciária, o escrivão, o chefe de secretaria, o oficial de justiça, perito, o depositário, o administrador, o intérprete, o tradutor, o mediador, o conciliador judicial, o partidor, o distribuidor, o contabilista e o regulador de avarias".

Auxílio-doença Benefício concedido ao segurado impedido de trabalhar por doença ou acidente por mais de quinze dias consecutivos. No caso dos trabalhadores com carteira assinada, os primeiros quinze dias são pagos pelo empregador, e a Previdência Social paga a partir do 16º dia de afastamento do trabalho. Para os demais segurados, inclusive o doméstico, a Previdência paga o auxílio desde o início da incapacidade e enquanto ela perdurar. Em ambos os casos, deverá ter ocorrido o requerimento do benefício. Tem direito ao benefício o trabalhador que tiver contribuído para a Previdência Social por, no mínimo, doze meses (carência). Esse prazo não será exigido em caso de acidente de qualquer natureza (por acidente de trabalho ou fora do trabalho) ou de doença profissional ou do trabalho (art. 59, Lei n. 8.213/91).

▶ Veja Lei n. 8.213/91: "**Art. 59.** O auxílio-doença será devido ao segurado que, havendo cumprido, quando for o caso, o período de carência exigido nesta Lei, ficar incapacitado para o seu trabalho ou para a sua atividade habitual por mais de 15 (quinze) dias consecutivos. Parágrafo único. Não será devido auxílio-doença ao segurado que se filiar ao Regime Geral de Previdência Social já portador da doença ou da lesão invocada como causa para o benefício, salvo quando a incapacidade sobrevier por motivo de progressão ou agravamento dessa doença ou lesão. **Art. 60.** O auxílio-doença será devido ao segurado empregado a contar do décimo sexto dia do afastamento da atividade, e, no caso dos demais segurados, a contar da data do início da incapacidade e enquanto ele permanecer incapaz. [...] § 3º Durante os primeiros quinze dias consecutivos ao do afastamento da atividade por motivo de doença, incumbirá à empresa pagar ao segurado empregado o seu salário integral. § 4º A empresa que dispuser de serviço médico, próprio ou em convênio, terá a seu cargo o exame médico e o abono das faltas correspondentes ao período referido no § 3º, somente devendo encaminhar o segurado à perícia médica da Previdência Social quando a incapacidade ultrapassar 15 (quinze) dias".

Auxílio-reclusão Benefício devido aos dependentes do segurado recolhido à prisão que não receber remuneração da empresa nem estiver em gozo de auxílio-doença, aposentadoria ou abono de permanência em serviço, durante o período em que estiver preso sob regime fechado ou semiaberto. Equipara-se à condição de recolhido à prisão a situação do segurado com idade entre 16 e 18 anos que tenha sido internado em estabelecimento educacional ou congênere, sob custódia do Juizado de Infância e da Juventude. Não cabe concessão de auxílio-reclusão aos dependentes do segurado que estiver em livramento condicional ou cumprindo pena em regime aberto (art. 80, Lei n. 8.213/91).

▶ Veja Lei n. 8.213/91: "**Art. 80.** O auxílio-reclusão será devido, nas mesmas condições da pensão por morte, aos dependentes do segurado recolhido à prisão, que não receber remuneração da empresa nem estiver em gozo de auxílio-doença, de aposentadoria ou de abono de permanência em serviço. Parágrafo único. O requerimento do auxílio-reclusão deverá ser instruído com certidão do efetivo recolhimento à prisão, sendo obrigatória, para a manutenção do benefício, a apresentação de declaração de permanência na condição de presidiário".

Aval Garantia de pagamento de valor constante em título de crédito feita por terceiro em favor do credor, mediante assinatura aposta no verso ou no anverso do próprio título. Termo que designa uma garantia dada por uma terceira pessoa ou entidade (o avalista) ao credor de um crédito concedido. Obrigação cambiária assumida por alguém no intuito de garantir o pagamento de um título de crédito nas mesmas condições de outro obrigado (art. 14, Decreto n. 2.044/1908; art. 897, CC). O aval tem natureza comercial e significa garantia dada por um terceiro, estranho ao título de crédito (letra de câmbio, nota promissória, duplicata, cheque), pela qual se prende à obrigação, isto é, fica vinculado solidariamente ao título avalizado, pelo compromisso que assume de pagar o valor, quando não satisfeito pelo devedor. O aval deve ser lançado no próprio título, não podendo ser formalizado em documento apartado. As modalidades conhecidas de aval são: aval em branco, é o aval frontal (assinatura simples na parte frontal do título); aval em preto, aval simultâneo, no qual duas ou mais pessoas garantem um mesmo avalizado; aval sucessivo, no qual o avalista é garantido por outro avalista. Salvo no caso de suprimento da outorga conjugal, nenhum dos cônjuges pode, sem autorização do outro, exceto no regime da separação absoluta, prestar fiança ou aval (art. 1.647, III, CC).

▶ Veja CC: "**Art. 1.647.** Ressalvado o disposto no art. 1.648, nenhum dos cônjuges pode, sem autorização do outro, exceto no regime da separação absoluta: I – alienar ou gravar de ônus real os bens imóveis; II – pleitear, como autor ou réu, acerca desses bens ou direitos; III – prestar fiança ou aval; IV – fazer doação, não sendo remuneratória, de bens comuns, ou dos que possam integrar futura meação. [...]".

▶ Veja Decreto n. 2.044/1908: "**Art. 14.** O pagamento de uma letra de câmbio, independente do aceite e do endosso, pode ser garantido por aval. Para a validade do aval, é suficiente a simples assinatura do próprio punho do avalista ou do mandatário especial, no verso ou no anverso da letra. **Art. 15.** O avalista é equiparado àquele cujo nome indicar; na falta de indicação, àquele abaixo de cuja assinatura lançar a sua; fora destes casos, ao aceitante e, não estando aceita a letra, ao sacador".

▸ Veja Lei n. 7.357/85: "**Art. 29.** O pagamento do cheque pode ser garantido, no todo ou em parte, por aval prestado por terceiro, exceto o sacado, ou mesmo por signatário do título. **Art. 30.** O aval é lançado no cheque ou na folha de alongamento. Exprime-se pelas palavras "por aval", ou fórmula equivalente, com a assinatura do avalista. Considera-se como resultante da simples assinatura do avalista, aposta no anverso do cheque, salvo quando se tratar da assinatura do emitente. Parágrafo único. O aval deve indicar o avalizado. Na falta de indicação, considera-se avalizado o emitente. **Art. 31.** O avalista se obriga da mesma maneira que o avalizado. Subsiste sua obrigação, ainda que nula a por ele garantida, salvo se a nulidade resultar de vício de forma. Parágrafo único. O avalista que paga o cheque adquire todos os direitos dele resultantes contra o avalizado e contra os obrigados para com este em virtude do cheque".

▪ Cheque. Endosso. Aval. Descaracterização. Assinatura no verso do título reconhecida como endosso e não aval. Pode a execução prosseguir contra endossante de cheque na qualidade de devedor de regresso, se a este foi reconhecida, na instância superior, apenas a qualidade de não avalista daquele documento. Trata-se de hipótese em que a turma julgadora somente examinou a questão do aval, ao dizer expressamente que, "para que se caracterize a assinatura aposta no verso do cheque como aval, mister que venha acompanhada da expressão 'como aval', segundo dicção do art. 30 da Lei n. 7.357/85", inclusive trazendo à colação jurisprudência do Superior Tribunal de Justiça, enfatizando que, descaracterizada como aval, a assinatura no verso do cheque se torna endosso. (TAMG, AI n. 310.104-2, 6ª Câm. Cível, rel. Juiz Belizário de Lacerda, j. 14.09.2000, DJ 10.03.2001)

▪ Fiança e aval. Distinção. O primeiro tem natureza cambial e o segundo de direito comum. I. O aval refere-se exclusivamente aos títulos de crédito e, portanto, só se presta em contrato cambiário, exigindo-se, por conseguinte, que o avalista pague somente pelo que avalizou, representando obrigação solidária. Por sua vez, a fiança constitui-se em uma garantia fidejussória ampla, passível de aplicação em qualquer espécie de obrigação e tem natureza subsidiária. [...] (STJ, REsp n. 1.138.993/SP, 3ª T., rel. Min. Massami Uyeda, j. 03.03.2011, DJe 16.03.2011)

Avaliação Ato ou efeito de avaliar, ou seja, de atribuir a uma determinada coisa um certo valor ou preço. A avaliação pode ser judicial, feita por avaliador nomeado pelo juiz, ou extrajudicial, quando feita por particular ou pela autoridade administrativa para efeito de cobrança de impostos e taxas.

Avalista Pessoa que presta aval para garantir o pagamento de dívida contraída por outro mediante título de crédito. A exigência quanto ao avalista, de parte do credor, geralmente é a de que ele demonstre idoneidade financeira para o caso de eventual execução judicial. O avalista equipara-se àquele cujo nome indicar; na falta de indicação, ao emitente ou devedor final. Pagando o título, tem o avalista ação de regresso contra seu avalizado e demais coobrigados anteriores (art. 899, CC). Salvo no caso de suprimento da outorga conjugal, nenhum dos cônjuges pode, sem autorização do outro, exceto no regime da separação absoluta, prestar fiança ou aval (art. 1.647, CC).

▸ Veja CC: "**Art. 1.647.** Ressalvado o disposto no art. 1.648, nenhum dos cônjuges pode, sem autorização do outro, exceto no regime da separação absoluta: I – alienar ou gravar de ônus real os bens imóveis; II – pleitear, como autor ou réu, acerca desses bens ou direitos; III – prestar fiança ou aval; IV – fazer doação, não sendo remuneratória, de bens comuns, ou dos que possam integrar futura meação. [...]".

▪ Súmula n. 26, STJ: O avalista do título de crédito vinculado a contrato de mútuo também responde pelas obrigações pactuadas, quando no contrato figurar como devedor solidário.

▪ Ação anulatória de aval. Outorga conjugal para cônjuges casados sob o regime da separação obrigatória de bens. Necessidade. Recurso provido. 1. É necessária a vênia conjugal para a prestação de aval por pessoa casada sob o regime da separação obrigatória de bens, à luz do art. 1.647, III, do CC. 2. A exigência de outorga uxória ou marital para os negócios jurídicos de (presumidamente) maior expressão econômica previstos no art. 1.647 do CC (como a prestação de aval ou a alienação de imóveis) decorre da necessidade de garantir a ambos os cônjuges meio de controle da gestão patrimonial, tendo em vista que, em eventual dissolução do vínculo matrimonial, os consortes terão interesse na partilha dos bens adquiridos onerosamente na constância do casamento. 3. Nas hipóteses de casamento sob o regime da separação legal, os consortes, por força da Súmula n. 377/STF, possuem o interesse pelos bens adquiridos onerosamente ao longo do casamento, razão por que é de rigor garantir-lhes o mecanismo de controle de outorga uxória/marital para os negócios jurídicos previstos no art. 1.647 da lei civil. 4. Recurso especial provido. (STJ, REsp n. 1.163.074/PB (2009/01057-8), 3ª T., rel. Min. Massami Uyeda, j. 15.12.2009, *DJ* 04.02.2010)

Avarias Despesas extraordinárias feitas a bem do navio ou da carga, conjunta ou separadamente, e todos os danos acontecidos àquele ou a esta, desde o embarque e partida até a sua volta e desembarque (art. 761, CCom).

> Veja CCom: "**Art. 761.** Todas as despesas extraordinárias feitas a bem do navio ou da carga, conjunta ou separadamente, e todos os danos acontecidos àquele ou a esta, desde o embarque e partida até a sua volta e desembarque, são reputadas avarias".

Averbação Providência adotada em órgãos públicos e cartórios extrajudiciais decorrente do ato de escrever, anotar ou declarar em nota, à margem de um título ou de um registro, eventual alteração do assento ou registro anterior. No Registro de Imóveis devem ser averbados, entre outros atos: as convenções antenupciais e do regime de bens diversos do legal; a extinção dos ônus e direitos reais; os contratos de promessa de compra e venda, das cessões e das promessas de cessão a que alude o DL n. 58, de 10.12.1937; a alteração do nome por casamento ou por divórcio; os atos pertinentes a unidades autônomas condominiais; as cláusulas de inalienabilidade, impenhorabilidade e incomunicabilidade impostas a imóveis, bem como da constituição de fideicomisso (art. 167, Lei n. 6.015/73).

> Veja Lei n. 6.015/73: "**Art. 29.** Serão registrados no registro civil de pessoas naturais: [...] § 1º Serão averbados: *a)* as sentenças que decidirem a nulidade ou anulação do casamento, o desquite e o restabelecimento da sociedade conjugal; *b)* as sentenças que julgarem ilegítimos os filhos concebidos na constância do casamento e as que declararem a filiação legítima; *c)* os casamentos de que resultar a legitimação de filhos havidos ou concebidos anteriormente; *d)* os atos judiciais ou extrajudiciais de reconhecimento de filhos ilegítimos; *e)* as escrituras de adoção e os atos que a dissolverem; *f)* as alterações ou abreviaturas de nomes. [...] **Art. 167.** No Registro de Imóveis, além da matrícula, serão feitos. [...] II – a averbação: 1) das convenções antenupciais e do regime de bens diversos do legal, nos registros referentes a imóveis ou a direitos reais pertencentes a qualquer dos cônjuges, inclusive os adquiridos posteriormente ao casamento; 2) por cancelamento, da extinção dos ônus e direitos reais; 3) dos contratos de promessa de compra e venda, das cessões e das promessas de cessão a que alude o Decreto-lei n. 58, de 10 de dezembro de 1937, quando o loteamento se tiver formalizado anteriormente à vigência desta Lei; 4) da mudança de denominação e de numeração dos prédios, da edificação, da reconstrução, da demolição, do desmembramento e do loteamento de imóveis; 5) da alteração do nome por casamento ou por desquite, ou, ainda, de outras circunstâncias que, de qualquer modo, tenham influência no registro ou nas pessoas nele interessadas; 6) dos atos pertinentes a unidades autônomas condominiais a que alude a Lei n. 4.591, de 16 de dezembro de 1964, quando a incorporação tiver sido formalizada anteriormente à vigência desta Lei; [...]".

Aviso administrativo Informação ou comunicado expedido por ministros ou secretários de Estado a outras autoridades da mesma hierarquia. Quando redigido em linguagem clara, favorece a eficácia da comunicação. Tanto o ofício como o aviso tem como finalidade o tratamento de assuntos oficiais pelos órgãos da administração pública entre si e, no caso do ofício, também com particulares.

Aviso-prévio Denominação dada à comunicação antecipada e obrigatória que o empregador deve fazer ao empregado quando, em uma relação de emprego sem prazo determinado, pretender rescindir sem justa causa o contrato de trabalho. O aviso deverá ser formulado com antecedência mínima de oito dias, se o pagamento for efetuado por semana ou tempo inferior; trinta dias aos que perceberem por quinzena ou mês, ou que tenham mais de doze meses de serviço na empresa (arts. 487 a 489, CLT). Para contratos que tenham completado um ano, serão acrescidos três dias ao período de comunicação obrigatória, sendo que a cada ano de vigência do mesmo contrato acrescentam-se mais três dias ao prazo mínimo exigido, até o máximo de sessenta dias, perfazendo um total de até noventa dias (Lei n. 12.506/2011).

> Veja CLT: "**Art. 487.** Não havendo prazo estipulado, a parte que, sem justo motivo, quiser rescindir o contrato deverá avisar a outra da sua resolução com a antecedência mínima de: I – 8 (oito) dias, se o pagamento for efetuado por semana ou tempo

inferior; II – 30 (trinta) dias aos que perceberem por quinzena ou mês, ou que tenham mais de 12 (doze) meses de serviço na empresa. § 1º A falta do aviso prévio por parte do empregador dá ao empregado o direito aos salários correspondentes ao prazo do aviso, garantida sempre a integração desse período no seu tempo de serviço. § 2º A falta de aviso prévio por parte do empregado dá ao empregador o direito de descontar os salários correspondentes ao prazo respectivo. § 3º Em se tratando de salário pago na base de tarefa, o cálculo, para os efeitos dos parágrafos anteriores, será feito de acordo com a média dos últimos 12 (doze) meses de serviço. § 4º É devido o aviso prévio na despedida indireta. [...]".

▶ Veja Lei n. 12.506/2011: "**Art. 1º** O aviso prévio, de que trata o Capítulo VI do Título IV da Consolidação das Leis do Trabalho – CLT, aprovada pelo Decreto-lei n. 5.452, de 1º de maio de 1943, será concedido na proporção de 30 (trinta) dias aos empregados que contem até 1 (um) ano de serviço na mesma empresa. Parágrafo único. Ao aviso prévio previsto neste artigo serão acrescidos 3 (três) dias por ano de serviço prestado na mesma empresa, até o máximo de 60 (sessenta) dias, perfazendo um total de até 90 (noventa) dias. [...]".

Avocar Chamar ou atrair para si. Arrogar-se. Ato emanado da autoridade judiciária de grau superior e que consiste no chamamento ou atração, para si, de autos processuais para, entre outros casos, deslinde de questões relacionadas a infrações administrativas cometidas por juízes ou funcionários da justiça de primeiro grau (art. 198, CPC/73; arts. 82 e 642, CPP).

▶ Veja CPC/73: "**Art. 198.** Qualquer das partes ou o órgão do Ministério Público poderá representar ao presidente do Tribunal de Justiça contra o juiz que excedeu os prazos previstos em lei. Distribuída a representação ao órgão competente, instaurar-se-á procedimento para apuração da responsabilidade. O relator, conforme as circunstâncias, poderá avocar os autos em que ocorreu excesso de prazo, designando outro juiz para decidir a causa".

▶ Veja CPC/2015: "**Art. 496.** Está sujeita ao duplo grau de jurisdição, não produzindo efeito senão depois de confirmada pelo tribunal, a sentença: [...] § 1º Nos casos previstos neste artigo, não interposta a apelação no prazo legal, o juiz orde-nará a remessa dos autos ao tribunal, e, se não o fizer, o presidente do respectivo tribunal avocá-los-á. § 2º Em qualquer dos casos referidos no § 1º, o tribunal julgará a remessa necessária. [...]".

▶ Veja CPP: "**Art. 82.** Se, não obstante a conexão ou continência, forem instaurados processos diferentes, a autoridade de jurisdição prevalente deverá avocar os processos que corram perante os outros juízes, salvo se já estiverem com sentença definitiva. Neste caso, a unidade dos processos só se dará, ulteriormente, para o efeito de soma ou de unificação das penas. [...] **Art. 642.** O escrivão, ou o secretário do tribunal, que se negar a dar o recibo, ou deixar de entregar, sob qualquer pretexto, o instrumento, será suspenso por 30 (trinta) dias. O juiz, ou o presidente do Tribunal de Apelação, em face de representação do testemunhante, imporá a pena e mandará que seja extraído o instrumento, sob a mesma sanção, pelo substituto do escrivão ou do secretário do tribunal. Se o testemunhante não for atendido, poderá reclamar ao presidente do tribunal *ad quem*, que avocará os autos, para o efeito do julgamento do recurso e imposição da pena".

Avulsão Aderência ou superposição natural de terra, areia ou plantas a um terreno, em decorrência das águas da chuva ou da correnteza de um rio (art. 1.251, CC).

▶ Veja CC: "**Art. 1.251.** Quando, por força natural violenta, uma porção de terra se destacar de um prédio e se juntar a outro, o dono deste adquirirá a propriedade do acréscimo, se indenizar o dono do primeiro ou, sem indenização, se, em um ano, ninguém houver reclamado. Parágrafo único. Recusando-se ao pagamento de indenização, o dono do prédio a que se juntou a porção de terra deverá aquiescer a que se remova a parte acrescida".

Axioma Frase ou sentença breve e doutrinária, escrita em latim, utilizada para expressar uma verdade resultante de muita experiência e reflexão. O mesmo que *máxima* ou *aforismo*. Exemplo: *Actori incumbit onus probandi*.

Azienda Expressão designativa do acervo ou patrimônio pertencente a uma pessoa ou a uma entidade, com o fim de desenvolver atividades comerciais ou industriais. Fundo de comércio.

B

Bacharel em Direito Aquele que concluiu o curso de Direito, porém ainda não está habilitado legalmente a exercer a advocacia, devendo prestar o exame da OAB (*v. Exame de Ordem*).

Baixa dos autos Expressão que significa a volta dos autos ao juízo originário após interposto o último recurso (art. 510, CPC/73; art. 637, CPP).

▸ Veja CPC/73: "**Art. 510.** Transitado em julgado o acórdão, o escrivão, ou secretário, independentemente de despacho, providenciará a baixa dos autos ao juízo de origem, no prazo de 5 (cinco) dias".

▸ Veja CPC/2015: "**Art. 1.006.** Certificado o trânsito em julgado, com menção expressa da data de sua ocorrência, o escrivão ou o chefe de secretaria, independentemente de despacho, providenciará a baixa dos autos ao juízo de origem, no prazo de 5 (cinco) dias".

▸ Veja CPP: "**Art. 637.** O recurso extraordinário não tem efeito suspensivo, e uma vez arrazoados pelo recorrido os autos do traslado, os originais baixarão à primeira instância, para a execução da sentença".

Baixa na distribuição Cancelamento do processo na distribuição (art. 257, CPC/73). O arquivamento com baixa conduz ao cancelamento da distribuição realizada, cabendo ao autor a tarefa de ajuizar novo processo. O procedimento de baixa e arquivamento do processo somente ocorrerá após a certificação de trânsito em julgado e depois de se verificar o cumprimento de todas as providências determinadas pela sentença.

▸ Veja CPC/73: "**Art. 257.** Será cancelada a distribuição do feito que, em 30 (trinta) dias, não for preparado no cartório em que deu entrada".

▸ Veja CPC/2015: "**Art. 290.** Será cancelada a distribuição do feito se a parte, intimada na pessoa de seu advogado, não realizar o pagamento das custas e despesas de ingresso em 15 (quinze) dias".

▪ Direito tributário. Execução fiscal. Parcelamento. Arquivamento com baixa do processo na origem. O parcelamento administrativo constitui causa de suspensão da exigibilidade do crédito tributário e, consequentemente, da execução fiscal durante o prazo concedido, na forma do art. 151, VI, do CTN e art. 792 do CPC. Possível a determinação de arquivamento administrativo do processo, com prévia suspensão, desde que não haja baixa na distribuição, permitida a reativação a qualquer momento, a requerimento das partes. Decisão monocrática. Agravo de instrumento provido. (TJRS, AI n. 70.055.096.333, 2ª Câm. Cível, rel. Almir Porto da Rocha Filho, j. 13.06.2013)

Banca Escritório de advocacia integrado por diversos profissionais ou advogados. Sociedade civil de prestação de serviço de advocacia.

Banimento Medida judicial que determina a perda de nacionalidade de um cidadão, com a obrigação de deixar o país e a proibição de retornar. A CF veda, de modo absoluto, a pena de banimento (art. 5º, XLVII, *d*).

▸ Veja CF: "**Art. 5º** Todos são iguais perante a lei, sem distinção de qualquer natureza, garantindo-se aos brasileiros e aos estrangeiros residentes no País a inviolabilidade do direito à vida, à liberdade, à igualdade, à segurança e à propriedade, nos termos seguintes: [...] XLVII – não haverá penas: [...] *d)* de banimento; [...]".

Bastonário Designação usada em Portugal para indicar o presidente de uma associação pública profissional, denominada "ordem", como ocorre com a Ordem dos Advogados.

Beca Vestimenta típica usada na colação de grau por formandos de cursos superiores; por advogados em ocasião de sustentação oral nos tribunais; por desembargadores; e por ministros dos tribunais superiores.

Bedel Antigo designativo dos oficiais de justiça, derivado do latim *bidellus* (vara utilizada por eles para conduzir a juízo aqueles que não compareciam voluntariamente). Deriva daí a expressão "condução debaixo de vara", ainda hoje empregada na linguagem forense para indicar a condução forçada da testemunha que desatende intimação para depor em juízo.

Bem Coisa ou direito, material ou imaterial, suscetível de valoração, pertencente a uma pessoa física ou jurídica. Consideram-se bens materiais os móveis, imóveis e semoventes; bens imateriais, aqueles que dizem respeito à vida, honra, à saúde, ao crédito, entre outros. Ao conjunto de bens se denomina patrimônio.

Bem acessório Bem ou coisa ligada a outro bem considerado principal ou que faz parte dele. Bem cuja existência supõe a do principal (art. 92, CC). Nos imóveis, o solo é o principal, sendo considerado acessório tudo o que nele se incorporar permanentemente, tais como construções, minerais e matas permanentes ou transitórias. Nos veículos automotores, são acessórios todos os bens que, quando não acompanhados de fábrica, lhes são acrescentados com a finalidade de assegurar conforto e segurança ao motorista. A fiança, garantia do contrato de locação, é contrato acessório deste último, considerado principal.

▸ Veja CC: "**Art. 92.** Principal é o bem que existe sobre si, abstrata ou concretamente; acessório, aquele cuja existência supõe a do principal".

▪ Agravo de instrumento. Promessa de compra e venda. Execução por quantia certa. Hipoteca cedular. Embargos de terceiro. Preliminar de não conhecimento do recurso, por ausência de cumprimento do disposto no art. 526 do CPC, rejeitada. É cediço que, existindo hipoteca sobre o imóvel em que realizadas as acessões em discussão, aquela abrange estas, nos termos do art. 1.474 do CC. Ocorre que, muito embora o acessório siga o principal e o contrato de compra e venda juntado aos autos seja posterior ao gravame que pende sobre o imóvel em discussão, não há como descurar que a parte agravada alega que a compra e venda ocorreu em data anterior à hipoteca e, apenas foi formalizada posteriormente. E nesta fase processual, de cognição sumária, o mais prudente é assegurar que os bens objeto deste litígio não sejam levados à praça pública, até que se apure, em cognição exauriente, se o terceiro, adquirente dos bens, estava de boa-fé ou não, a fim de se evitar prejuízo maior. Ademais, é de se salientar que a suspensão do curso da execução se refere apenas à loja e à sobreloja, construídas sobre o imóvel de matrícula n. 28.862, não se referindo, pois, aos dois apartamentos que também foram edificados sobre o referido imóvel, nem ao imóvel de matrícula n. 21.281. Preliminar rejeitada. Agravo de instrumento desprovido. Unânime. (TJRS, AI n. 70052498896, 18ª Câm. Cível, rel. Elaine Maria Canto da Fonseca, j. 23.05.2013)

Bem comum Conjunto de situações capazes de realizar e assegurar o bem-estar social (art. 5º, LINDB). A expressão indica também o bem ou a coisa da qual duas ou mais pessoas detêm a propriedade em condomínio, e bem público usado de forma coletiva pela sociedade em geral.

▸ Veja LINDB: "**Art. 5º** Na aplicação da lei, o juiz atenderá aos fins sociais a que ela se dirige e às exigências do bem comum".

▸ Veja CC: "**Art. 99.** São bens públicos: I – os de uso comum do povo, tais como rios, mares, estradas, ruas e praças; [...]".

▸ Veja CPC/2015: "**Art. 8º** Ao aplicar o ordenamento jurídico, o juiz atenderá aos fins sociais e às exigências do bem comum, resguardando e promovendo a dignidade da pessoa humana e observando a proporcionalidade, a razoabilidade, a legalidade, a publicidade e a eficiência".

▪ Administrativo. Recurso especial. Legitimidade ativa do Ministério Público. Ação civil pública. Pessoa determinada. Saúde. Direito indisponível. 1. A iterativa jurisprudência desta Corte é no sentido de que o Ministério Público detém legitimidade para defesa do direito à saúde, ainda que de pessoa determinada. 2. O direito à saúde, previsto constitucionalmente, é indisponível, em vista do bem comum maior protegido, decorrendo dessa premissa a legitimidade do Ministério Público para o ajuizamento de ação civil pública visando garantir a realização de exame a pessoa que dele necessite. 3. Recurso especial provido. (STJ, REsp n. 1.330.352/MG, 2ª T., rel. Min. Eliana Calmon, j. 21.05.2013, *DJe* 29.05.2013)

Bem de família Propriedade ou imóvel reservado pelos cônjuges, ou pela entidade familiar, em que se estabelece o domicílio, com a cláusula ou o benefício de ficar isento de qualquer execução por dívida posterior à sua instituição. Há duas modalidades de bem de família: a) bem de família legal, previsto na Lei n. 8.009/90; b) bem de família convencional, com previsão no art. 1.711, CC.

- ▶ Veja CC: "**Art. 1.711.** Podem os cônjuges, ou a entidade familiar, mediante escritura pública ou testamento, destinar parte de seu patrimônio para instituir bem de família, desde que não ultrapasse um terço do patrimônio líquido existente ao tempo da instituição, mantidas as regras sobre a impenhorabilidade do imóvel residencial estabelecida em lei especial. Parágrafo único. O terceiro poderá igualmente instituir bem de família por testamento ou doação, dependendo a eficácia do ato da aceitação expressa de ambos os cônjuges beneficiados ou da entidade familiar beneficiada".

- ▶ Veja Lei n. 8.009/90: "**Art. 1º** O imóvel residencial próprio do casal, ou da entidade familiar, é impenhorável e não responderá por qualquer tipo de dívida civil, comercial, fiscal, previdenciária ou de outra natureza, contraída pelos cônjuges ou pelos pais ou filhos que sejam seus proprietários e nele residam, salvo nas hipóteses previstas nesta lei. Parágrafo único. A impenhorabilidade compreende o imóvel sobre o qual se assentam a construção, as plantações, as benfeitorias de qualquer natureza e todos os equipamentos, inclusive os de uso profissional, ou móveis que guarnecem a casa, desde que quitados".

- ■ Súmula n. 364, STJ: O conceito de impenhorabilidade de bem de família abrange também o imóvel pertencente a pessoas solteiras, separadas e viúvas.

- ■ Súmula n. 449, STJ: A vaga de garagem que possui matrícula própria no registro de imóveis não constitui bem de família para efeito de penhora.

- ■ Fraude à execução. Impenhorabilidade de bem de família. Proteção à integralidade do bem. 1. Em se constatando que o imóvel no qual reside a recorrente é um bem de família, ainda que parte dele tenha sido adquirida em suposta fraude à execução, a impenhorabilidade da parte não eivada de vício (os 50% da recorrente) se estenderia à totalidade do bem, salvo se se tratar de imóvel suscetível de divisão. 2. Embargos de declaração recebidos como agravo regimental, a que se dá parcial provimento. (STJ, Emb. Decl. no REsp n. 1.084.059/SP, 4ª T., rel. Min. Maria Isabel Gallotti, j. 11.04.2013, DJe 23.04.2013)

- ■ Execução fiscal. Embargos de terceiro. Impenhorabilidade do bem de família. Ex-cônjuge. A ausência de intimação do cônjuge meeiro acerca da penhora é suprida mediante a oposição de embargos de terceiro, sanando a nulidade. Precedentes desta Corte. Impenhorabilidade do bem imóvel configurada, uma vez que a Lei n. 8.009/90 alberga não apenas o bem do casal, mas a entidade familiar. Impossibilidade de constrição, sob pena de esvaziar a proteção legal. Precedentes do STJ e desta Corte. Apelação desprovida. (TJRS, Ap. Cível n. 70.053.718.953, 2ª Câm. Cível, rel. Heleno Tregnago Saraiva, j. 12.06.2013)

Bem indivisível Bem que não pode ser dividido sem que se altere a sua substância ou aquele que, embora divisível, é considerado indivisível por disposição legal ou vontade das partes (arts. 87, 88 e 1.320, CC; art. 65, Lei n. 4.504/64). Os bens naturalmente divisíveis podem tornar-se indivisíveis por determinação da lei ou por vontade das partes (art. 88, CC).

- ▶ Veja CC: "**Art. 87.** Bens divisíveis são os que se podem fracionar sem alteração na sua substância, diminuição considerável de valor, ou prejuízo do uso a que se destinam. **Art. 88.** Os bens naturalmente divisíveis podem tornar-se indivisíveis por determinação da lei ou por vontade das partes. [...] **Art. 1.320.** A todo tempo será lícito ao condômino exigir a divisão da coisa comum, respondendo o quinhão de cada um pela sua parte nas despesas da divisão. [...]"

- ▶ Veja Lei n. 4.504/64: "**Art. 65.** O imóvel rural não é divisível em áreas de dimensão inferior à constitutiva do módulo de propriedade rural. § 1º Em caso de sucessão *causa mortis* e nas partilhas judiciais ou amigáveis, não se poderão dividir imóveis em áreas inferiores às da dimensão do módulo de propriedade rural. § 2º Os herdeiros ou os legatários, que adquirirem por sucessão o domínio de imóveis rurais, não poderão dividi-los em outros de dimensão inferior ao módulo de propriedade rural. § 3º No caso de um ou mais herdeiros ou legatários desejar explorar as terras assim havidas, o Instituto Brasileiro de Reforma Agrária poderá prover no sentido de o requerente ou requerentes obterem financiamentos que lhes facultem o numerário para indenizar os demais condôminos. § 4º O financiamento referido no parágrafo anterior só poderá ser concedido mediante prova de que o requerente não possui recursos para adquirir o respectivo lote. § 5º Não se aplica o disposto no *caput* deste artigo aos parcelamentos de imóveis rurais em dimensão inferior à do módulo, fixada pelo órgão fundiário federal, quando promovidos pelo Poder Público, em programas oficiais de apoio à atividade agrícola familiar, cujos beneficiários sejam agricultores que não possuam outro imóvel rural ou urbano. § 6º Nenhum imóvel rural adquirido na forma do § 5º deste artigo poderá ser desmembrado ou dividido".

- Ação de extinção de condomínio. Dissolução de sociedade de fato. Bem indivisível. Alienação judicial do bem imóvel. Não há nulidade por ausência de intervenção do Ministério Público, pois desnecessária sua participação no presente feito. Mérito. Há possibilidade de extinção de condomínio, em razão de acordo de dissolução de sociedade de fato, através da alienação judicial do bem imóvel, conforme o disposto nos arts. 1.113 e seguintes do CPC. Preliminar rejeitada. Apelo desprovido. (TJRS, Ap. cível n. 70.052.744.539, 17ª Câm. Cível, rel. Gelson Rolim Stocker, j. 06.06.2013)

- Prequestionamento. Ausência. Extinção da sociedade conjugal. Meação do cônjuge. Bem indivisível. Penhora. Possibilidade. 1. A exigência do prequestionamento está adstrita à própria existência do recurso especial, que tem por pressuposto constitucional tenha a questão veiculada no especial sido decidida em única ou última instância. 2. Dirimida a controvérsia de forma objetiva e fundamentada, não fica o órgão julgador obrigado a apreciar, um a um, os questionamentos suscitados pela parte, mormente se notório seu propósito de infringência do julgado. 3. O entendimento desta Corte é no sentido de ser possível que os bens indivisíveis sejam levados à hasta pública por inteiro, reservando-se ao cônjuge meeiro do executado a metade do preço obtido. 4. Agravo regimental improvido. (STJ, Ag. Reg. nos Emb. Decl. no AREsp n. 264.953/MS, 3ª T., rel. Min. Sidnei Beneti, j. 26.02.2013, *DJe* 20.03.2013)

Benefício Aquilo que beneficia ou favorece uma pessoa. Denominação dada à contribuição pecuniária prestada pela Previdência Social destinada a assegurar aos seus beneficiários meios indispensáveis de manutenção, por motivos de incapacidade, desemprego involuntário, idade avançada, tempo de serviço, encargos familiares e prisão ou morte daqueles de quem dependiam economicamente.

▸ Veja Lei n. 8.213/91: "**Art. 18.** O Regime Geral de Previdência Social compreende as seguintes prestações, devidas inclusive em razão de eventos decorrentes de acidente do trabalho, expressas em benefícios e serviços: I – quanto ao segurado: *a)* aposentadoria por invalidez; *b)* aposentadoria por idade; *c)* aposentadoria por tempo de contribuição; *d)* aposentadoria especial; *e)* auxílio-doença; *f)* salário-família; *g)* salário-maternidade; *h)* auxílio-acidente; II – quanto ao dependente: *a)* pensão por morte; *b)* auxílio-reclusão; III – quanto ao segurado e dependente: [...] *b)* serviço social; *c)* reabilitação profissional. [...]".

- Súmula n. 204, STJ: Os juros de mora nas ações relativas a benefícios previdenciários incidem a partir da citação válida.

- Súmula n. 456, STJ: É incabível a correção monetária dos salários de contribuição considerados no cálculo do salário de benefício de auxílio-doença, aposentadoria por invalidez, pensão ou auxílio-reclusão concedidos antes da vigência da CF/1988.

- Desaposentação. Renúncia à aposentadoria. Devolução de valores. Desnecessidade. Reconhecimento de repercussão geral pelo STF. Sobrestamento do feito. 1. O reconhecimento da repercussão geral pela Suprema Corte não enseja o sobrestamento do julgamento dos recursos especiais que tramitam neste Superior Tribunal de Justiça. Precedentes. 2. A renúncia à aposentadoria, para fins de concessão de novo benefício, seja no mesmo regime ou em regime diverso, não implica em devolução dos valores percebidos. 3. Não cabe ao Superior Tribunal de Justiça, em sede de recurso especial, o exame de eventual ofensa a dispositivo da Constituição Federal, ainda que para fim de prequestionamento, sob pena de usurpação da competência reservada ao Supremo Tribunal Federal. 4. Agravo regimental a que se nega provimento. (STJ, Ag. Reg. no REsp n. 1.270.928/PR, 6ª T., rel. Min. Vasco Della Giustina (Des. convocado do TJRS), j. 02.02.2012, *DJe* 22.02.2012)

Benefício da assistência judiciária gratuita Benefício prestado gratuitamente por órgãos públicos (defensoria pública), por advogados nomeados pela OAB ou pelo próprio juiz às pessoas comprovadamente necessitadas que tenham de pleitear ou defender-se em juízo (Lei n. 1.060/50) (*v. Assistência judiciária gratuita*).

▸ Veja CPC/2015: "**Art. 98.** A pessoa natural ou jurídica, brasileira ou estrangeira, com insuficiência de recursos para pagar as custas, as despesas processuais e os honorários advocatícios tem direito à gratuidade da justiça, na forma da lei".

▸ Veja Lei n. 1.060/50: "**Art. 1º** Os poderes públicos federal e estadual, independentemente da colaboração que possam receber dos municípios e da Ordem dos Advogados do Brasil, – OAB, concederão assistência judiciária aos necessitados, nos termos desta Lei *(vetado)*. **Art. 2º** Gozarão dos benefícios desta Lei os nacionais ou estrangeiros residentes no país, que necessitarem recorrer à Justiça penal, civil, militar ou do trabalho. Parágrafo único. Considera-se necessitado, para os fins legais, todo aquele cuja situação econômica não lhe permita pagar as custas do processo e os honorários de advogado, sem prejuízo do sustento próprio ou da família" [*O art. 1.072, Lei n. 13.105, de 16.03.2015 (CPC/2015 – DOU 17.03.2015), que entrará em vigor após decorrido um ano da data de sua publicação oficial, revogou o art. 2º, Lei n. 1.060/50.*].

- Súmula n. 481, STJ: Faz jus ao benefício da justiça gratuita a pessoa jurídica com ou sem fins lucrativos que demonstrar sua impossibilidade de arcar com os encargos processuais.

- Assistência judiciária gratuita. Requerimento formulado no próprio recurso especial. Impossibilidade. Precedentes. 1. A orientação jurisprudencial desta Corte é firme no sentido de que, não obstante o benefício da assistência judiciária gratuita possa ser requerido a qualquer tempo, quando for postulado no curso da ação, nos termos do art. 6º da Lei n. 1.060/50, a petição deve ser autuada em separado, não havendo suspensão do curso do processo, de modo que caracteriza erro grosseiro o pedido formulado na própria petição recursal. 2. Agravo regimental não provido. (STJ, Ag. Reg. no AREsp n. 282.276/DF, 3ª T., rel. Min. Ricardo Villas Bôas Cueva, j. 16.05.2013, *DJe* 24.05.2013)

- Fundamentos da decisão agravada. Impugnação. Ausência. Súmula n. 182/STJ. Agravo não conhecido. 1. É inviável o agravo previsto no art. 545 do CPC que deixa de atacar especificamente os fundamentos da decisão agravada (Súmula n. 182/STJ). 2. A presunção de hipossuficiência oriunda da declaração feita pelo requerente do benefício da justiça gratuita é relativa, sendo possível a exigência, pelo magistrado, da devida comprovação. 3. Agravo regimental não conhecido. (STJ, Ag. Reg. no AREsp n. 279.523/RS, 4ª T., rel. Min. Antonio Carlos Ferreira, j. 02.05.2013, *DJe* 14.05.2013)

Benefício da progressão de regime

Progressão do regime prisional do apenado para o regime menos rigoroso daquele a que foi condenado. A progressão para o regime menos rigoroso pressupõe o preenchimento simultâneo dos requisitos objetivo e subjetivo (art. 112, LEP). O primeiro consiste no resgate de certa quantidade de pena, prevista em lei, no regime anterior, que poderá ser de 1/6 para os crimes comuns e 2/5 (se o apenado for primário) ou 3/5 (se o apenado for reincidente), para os crimes hediondos ou equiparados, nos termos da Lei n. 11.464/2007; o segundo refere-se ao bom comportamento carcerário, atestado por certidão emitida pelo diretor da unidade prisional em que o apenado encontrar-se recolhido. O Plenário do STF confirmou por unanimidade, em 16.05.2013, que a exigência de cumprimento de um sexto da pena para a progressão de regime se aplica aos crimes hediondos praticados antes da vigência da Lei n. 11.464/2007 (RE n. 579.167, com repercussão geral).

▶ Veja Lei n. 7.210/84: "**Art. 112.** A pena privativa de liberdade será executada em forma progressiva com a transferência para regime menos rigoroso, a ser determinada pelo juiz, quando o preso tiver cumprido ao menos um sexto da pena no regime anterior e ostentar bom comportamento carcerário, comprovado pelo diretor do estabelecimento, respeitadas as normas que vedam a progressão. § 1º A decisão será sempre motivada e precedida de manifestação do Ministério Público e do defensor. § 2º Idêntico procedimento será adotado na concessão de livramento condicional, indulto e comutação de penas, respeitados os prazos previstos nas normas vigentes".

- Súmula vinculante n. 26, STF: Para efeito de progressão de regime no cumprimento de pena por crime hediondo, ou equiparado, o juízo da execução observará a inconstitucionalidade do art. 2º da Lei n. 8.072, de 25 de julho de 1990, sem prejuízo de avaliar se o condenado preenche, ou não, os requisitos objetivos e subjetivos do benefício, podendo determinar, para tal fim, de modo fundamentado, a realização de exame criminológico.

- Súmula n. 471, STJ: Os condenados por crimes hediondos ou assemelhados cometidos antes da vigência da Lei n. 11.464/2007 sujeitam-se ao disposto no art. 112 da Lei n. 7.210/1984 (Lei de Execução Penal) para a progressão de regime prisional.

- Súmula n. 491, STJ: É inadmissível a chamada progressão *per saltum* de regime prisional.

- Progressão de regime. Impossibilidade. Fuga. Ausência de preenchimento do requisito subjetivo. Inexistência de manifesto constrangimento ilegal. Inovação de fundamentação. Não ocorrência. 1. Deve ser mantida por seus próprios fundamentos a decisão que indeferiu liminarmente a petição inicial do *habeas corpus* por não vislumbrar ilegalidade patente que viesse a autorizar o processamento excepcional do *writ*, tendo em vista que as instâncias ordinárias indeferiram a progressão ao regime semiaberto em razão da ausência de bom comportamento carcerário, tendo em vista que o apenado praticou falta grave consistente em fuga, perpetrada no dia

29.07.2012. 2. Não se pode dizer que o Tribunal de Justiça estadual tenha incorrido na inadmissível inovação de fundamentação, quando verificado que manteve o indeferimento da progressão de regime prisional pelas mesmas razões que o fez o Juiz singular, a saber, ausência de cumprimento do requisito subjetivo em razão de fuga praticada pelo agravante. 3. Agravo regimental improvido. (STJ, Ag. Reg. no *HC* n. 268.990/MS, 6ª T., rel. Min. Sebastião Reis Júnior, j. 21.05.2013, *DJe* 07.06.2013)

- Progressão ao regime semiaberto. Exigência de exame criminológico pelo tribunal. Fundamentação idônea. Recurso não provido. Nos termos do enunciado da Súmula n. 439 do STJ, admite-se o exame criminológico pelas peculiaridades do caso, desde que em decisão motivada. Em observância ao princípio da individualização da pena, a gravidade do(s) delito(s) praticado(s) pelo apenado deve ser levada em consideração pelo juiz na análise do requisito subjetivo para fins de progressão de regime, constituindo motivação suficiente para a realização de exame criminológico. Precedentes. Agravo regimental não provido. (STJ, Ag. Reg. no *HC* n. 249.221/SP, 5ª T., rel. Min. Marilza Maynard (Des. convocada do TJSE), j. 04.06.2013, *DJe* 07.06.2013)

Benefício de ordem Direito assegurado por lei ao fiador de exigir que o locador acione primeiramente o devedor principal e que os bens deste sejam executados antes dos seus. O fiador demandado pelo pagamento da dívida tem direito a exigir, até a contestação da lide, que sejam primeiro executados os bens do devedor (art. 827, CC). No que concerne à pessoa jurídica, também há entendimento de que o benefício de ordem beneficia os sócios para efeito de primeiramente responderem os bens da empresa pela dívida, e, após, os dos sócios.

- ▶ Veja CC: "**Art. 827.** O fiador demandado pelo pagamento da dívida tem direito a exigir, até a contestação da lide, que sejam primeiro executados os bens do devedor. Parágrafo único. O fiador que alegar o benefício de ordem, a que se refere este artigo, deve nomear bens do devedor, sitos no mesmo município, livres e desembargados, quantos bastem para solver o débito. **Art. 828.** Não aproveita este benefício ao fiador: I – se ele o renunciou expressamente; II – se se obrigou como principal pagador, ou devedor solidário; III – se o devedor for insolvente, ou falido".

- ▶ Veja CPC/2015: "**Art. 794.** O fiador, quando executado, tem o direito de exigir que primeiro sejam executados os bens do devedor situados na mesma comarca, livres e desembargados, indicando-os pormenorizadamente à penhora. [...] § 3º O disposto no *caput* não se aplica se o fiador houver renunciado ao benefício de ordem".

- Apelação cível. Locação. Ação de cobrança. Ônus da prova. Preliminar de cerceamento de defesa. A não realização de audiência de conciliação e julgamento não implica em cerceamento de defesa, a menos que, no caso concreto, se apresente a necessidade de dilação probatória, conforme o art. 331, § 2º, do CPC. Fiadores. A responsabilidade dos fiadores permanece até a entrega das chaves ou até a imissão do locador na posse do imóvel. A responsabilidade do fiador pelo pagamento dos locativos permanece até a efetiva desocupação do imóvel, com a entrega das chaves pelo locatário. Benefício de ordem. Descabimento. Renúncia expressa. Multa moratória. Possibilidade de aplicação, conforme contratada. Rejeitada a preliminar, negaram provimento ao apelo. Unânime. (TJRS, Ap. Cível n. 70.052.873.254, 15ª Câm. Cível, rel. Otávio Augusto de Freitas Barcellos, j. 20.03.2013)

- Apelação cível. Ensino particular. Ação monitória. Crédito educativo. O contrato, objeto da demanda, possui regras próprias, visando à concessão de crédito a alunos carentes, de forma a oportunizar a frequência ao ensino superior. Com isso, os reajustes são vinculados ao custo do curso, de forma a permitir a concessão de novas bolsas. Nada havendo de abusivo na cláusula que prevê os encargos moratórios. Fiança. Renúncia ao benefício de ordem. Legalidade. Inteligência do art. 828, I e II, do CC. Apelo não provido. (TJRS, Ap. Cível n. 70.051.797.892, 6ª Câm. Cível, rel. Ney Wiedemann Neto, j. 13.12.2012)

Benefício de prestação continuada Benefício concedido pela Previdência Social que consiste na garantia de um salário mínimo mensal à pessoa com deficiência e ao idoso com 65 anos ou mais que comprovem não possuir meios de prover a própria manutenção nem de tê-la provida por sua família. Para efeito de recebimento do benefício, a família deve ser composta pelo requerente, pelo cônjuge ou companheiro, pelos pais e, na ausência de um deles, pela madrasta ou o padrasto, pelos irmãos solteiros, os filhos e enteados solteiros e pelos menores tutelados, desde que vivam sob o mesmo teto (art. 20, Lei n. 8.742/93).

- ▶ Veja Lei n. 8.742/93: "**Art. 20.** O benefício de prestação continuada é a garantia de um salário-mínimo mensal à pessoa com deficiência e ao idoso com 65 (sessenta e cinco) anos ou mais que comprovem não possuir meios de prover a própria manutenção nem de tê-la provida por sua família. § 1º Para os efeitos do disposto no *caput*, a família é composta pelo requerente, o cônjuge ou companheiro, os pais e, na ausência de um deles, a madrasta ou o padrasto, os irmãos solteiros, os filhos e enteados solteiros e os menores tutelados, desde que vivam sob o mesmo teto. § 2º Para efeito de concessão deste benefício, considera-se pessoa com deficiência aquela que tem impedimentos de longo prazo de natureza física, mental, intelectual ou sensorial, os quais, em interação com diversas barreiras, podem obstruir sua participação plena e efetiva na sociedade em igualdade de condições com as demais pessoas. § 3º Considera-se incapaz de prover a manutenção da pessoa com deficiência ou idosa a família cuja renda mensal *per capita* seja inferior a 1/4 (um quarto) do salário mínimo. § 4º O benefício de que trata este artigo não pode ser acumulado pelo beneficiário com qualquer outro no âmbito da seguridade social ou de outro regime, salvo os da assistência médica e da pensão especial de natureza indenizatória. [...]".

- Pensão por morte. 1. O benefício de prestação continuada previsto pela Lei n. 8.742/93 não enseja pensão por morte. 2. A análise de matéria relativa ao preenchimento dos requisitos necessários ao deferimento da pensão por morte demanda reexame do acervo fático-probatório, prática vedada na via do recurso especial em virtude da orientação fixada pela Súmula n. 7/STJ. 3. Agravo regimental a que se nega provimento. (STJ, Ag. Reg. no REsp n. 1.145.834/MS, 6ª T., rel. Min. Og Fernandes, j. 04.04.2013, *DJe* 16.04.2013)

- Benefício assistencial de prestação continuada. Reexame da prova. I. Reconhecido, pelo Tribunal de origem, que o recorrido faz jus ao benefício assistencial de prestação continuada, com preenchimento dos requisitos previstos no art. 20 da Lei n. 8.742/93, a mudança de entendimento acerca da questão demandaria incursão no conjunto fático-probatório dos autos, o que é vedado, pelo enunciado da Súmula n. 7 desta Corte. II. Conforme a jurisprudência do Superior Tribunal de Justiça, "Rever o posicionamento do Tribunal de origem, no ponto em que entendeu que a autora teria direito a benefício assistencial, demanda o reexame fático-probatório, o que é inadmissível nesta instância especial. Incidência do enunciado 7 da Súmula desta Corte. Agravo regimental improvido" (STJ, Ag. Reg. no AREsp n. 199.511/CE, 2ª T., rel. Min. Humberto Martins, *DJe* 25.09.2012). III. Agravo Regimental improvido. (STJ, Ag. Reg. no AREsp n. 17.285/PB, 6ª T., rel. Min. Assusete Magalhães, j. 21.02.2013, *DJe* 01.03.2013)

Benéfico Diz-se dos contratos firmados em benefício de um só dos contratantes, como ocorre com os contratos gratuitos ou unilaterais. São exemplos de contratos benéficos a doação sem encargo e o comodato.

Benfeitoria Obra realizada na estrutura de um bem com a finalidade de conservá-lo, melhorá-lo ou proporcionar prazer a seu proprietário, possuidor ou detentor.

▶ Veja CC: "**Art. 96.** As benfeitorias podem ser voluptuárias, úteis ou necessárias. § 1º São voluptuárias as de mero deleite ou recreio, que não aumentam o uso habitual do bem, ainda que o tornem mais agradável ou sejam de elevado valor. § 2º São úteis as que aumentam ou facilitam o uso do bem. § 3º São necessárias as que têm por fim conservar o bem ou evitar que se deteriore. [...]".

- Posse. Reintegração. Comodato. Usucapião. Benfeitorias. 1. Posse anterior e esbulho. Autora cedeu o bem, em comodato, à ré. Inexistência de compra e venda. Notificada a ré e não tendo esta desocupado o imóvel, configurado está o esbulho. E configuradas a posse anterior e o esbulho, a reintegração vai mantida. 2. Usucapião. Constatação, no sentido de que a posse da ré decorria de comodato, que afasta qualquer pretensão de usucapião, visto que ausente o *animus domini*. 3. Benfeitorias e indenização. O comodatário não pode recobrar do comodante as despesas feitas com o uso e gozo da coisa emprestada, exceto se extraordinárias e autorizadas pelo comodante, o que não é o caso dos autos. Improcedência da indenização por benfeitorias. Negaram provimento ao apelo. Unânime. (TJRS, Ap. Cível n. 70.044.073.161, 18ª Câm. Cível, rel. Elaine Maria Canto da Fonseca, j. 23.05.2013)

- Rescisão de compromisso de compra e venda c.c. reintegração de posse e perdas e danos. Parcial procedência decretada. Rescisão contratual por culpa da compradora que se tornou inadimplente. Devolução de 80% das quantias pagas, com retenção de 20%. Suficiência do percentual de retenção, vez que as partes devem ser restituídas à situação em que se encontravam antes da celebração do negócio. Direito de indenização da compradora pelas benfeitorias realizadas no terreno. Prova de que a ré estava de boa-fé ao edificá-las. Decisão mantida. Recurso improvido. (TJSP, Ap. n. 0002158-26.2009.8.26.0224, 7ª Câm. de Direito Privado, rel. Miguel Brandi, j. 12.06.2013)

Bens alodiais Bens imóveis que se encontram livres de foros ou encargos. A expressão também indica os imóveis que confinam com terrenos de marinha, mas que não estão sujeitos aos encargos da enfiteuse ou aforamento.

Bens apreendidos São aqueles retidos pelas autoridades policiais em razão da prática de delito ou por serem resultantes de busca e apreensão em processo judicial ou, ainda, os recolhidos pela fiscalização da Receita Federal em razão da prática de contrabando ou descaminho.

Bens clausulados Diz-se dos bens ou dos direitos que sofrem restrições negociais decorrentes de cláusula de inalienabilidade, de impenhorabilidade ou de incomunicabilidade imposta pelo proprietário alienante (v. *Cláusula de inalienabilidade*, *Cláusula de impenhorabilidade* e *Cláusula de incomunicabilidade*).

- Penhora no rosto dos autos de ação de inventário. Impenhorabilidade. Bens clausulados. A execução instaurada base título executivo judicial oriundo de ação monitória dispensa nova citação, sujeitando-se o executado ao comando de chamamento inicial proferido no processo injuncional. No máximo, resguarda-se ao executado o prazo de 24 horas para indicar bens à penhora, o que, no caso, foi observado. Se a penhora recaiu sobre os direitos sucessórios do executado, apenas se exclui de sua abrangência os bens clausulados, em sede de testamento, de inalienabilidade, incomunicabilidade e impenhorabilidade, permanecendo, porém, os demais submetidos à constrição. (TJRS, AI n. 70003481140, 17ª Câm. Cível, rel. Elaine Harzheim Macedo, j. 18.12.2001)

Bens comuns Bens de uso público destinados a uso da comunidade, não sendo passíveis de apropriação ou aquisição por particulares, como os monumentos, as praças, as ruas, os rios, os parques e os prédios destinados aos serviços públicos.

Bens consumíveis São consumíveis os bens móveis cujo uso importa destruição imediata da própria substância, sendo também considerados tais os destinados à alienação (art. 86, CC). São bens que se utilizam apenas uma vez e com essa utilização eles deixam de existir, pelo menos com a mesma natureza. Ou seja, o bem desaparece ou a sua natureza é totalmente alterada, como ocorre no caso do fermento que vai ser utilizado na fabricação de pão.

▸ Veja CC: "**Art. 86.** São consumíveis os bens móveis cujo uso importa destruição imediata da própria substância, sendo também considerados tais os destinados à alienação. [...]".

- Depositário judicial. Bens consumíveis. Penhora incidente sobre combustíveis e óleos lubrificantes. Cabimento da prisão, no caso de desvio dos bens. Depositário que há de manter, em estoque, a quantidade de bens atingida pela constrição judicial, não se podendo conceber que proceda alienação daquilo que deveria assegurar. Situação inconfundível com o depósito irregular negocial. (TJRS, AI n. 70.001.807.106, 20ª Câm. Cível, rel. Armínio José Abreu Lima da Rosa, j. 20.12.2000)

Bens divisíveis São os bens que se pode fracionar sem que haja alteração na sua substância, diminuição considerável de valor ou prejuízo do uso a que se destinam (art. 87, CC). "São os que se podem partir em porções reais e distintas, formando cada qual um todo perfeito", conforme o conceito extraído do art. 52, CC/1916, que ainda permanece atual. Os bens naturalmente divisíveis podem tornar-se indivisíveis por determinação da lei ou por vontade das partes (arts. 88 e 1.320, CC).

▸ Veja CC: "**Art. 87.** Bens divisíveis são os que se podem fracionar sem alteração na sua substância, diminuição considerável de valor, ou prejuízo do uso a que se destinam. **Art. 88.** Os bens naturalmente divisíveis podem tornar-se indivisíveis por determinação da lei ou por vontade das partes. [...] **Art. 1.320.** A todo tempo será lícito ao condômino exigir a divisão da coisa comum, respondendo o quinhão de cada um pela sua parte nas despesas da divisão. [...]".

- Ação de preferência movida por condômino. Natureza do bem. Indivisibilidade afastada. 1) Lotes definidos e identificados faticamente há longa data. Irrelevância da ausência de desmembramento jurídico do imóvel. Tratando-se de imóvel suscetível à divisão, não há falar em direito de preferência em favor de condômino. Bens divisíveis são os que se podem fracionar sem alteração na sua substância, diminuição considerável de valor, ou prejuízo do uso a que se destinam, justamente o que ocorre no caso em tela. Distinção entre módulo rural estabelecido pelo INCRA para efeitos fiscais e fração mínima de parcelamento do solo, que é de 4 hectares na região do Município de Caçapava do Sul. 2) Não se cogita de preferência na aquisição de fração de imóvel dividido de fato. 3) Sendo o bem divisível, descabe discutir se a condição de condômino teria privilégio em relação ao suposto arrendatário da área. Sentença mantida por seus próprios e jurídicos fundamentos. Apelo desprovido. (TJRS, Ap. Cível n. 70.025.119.512, 20ª Câm. Cível, rel. José Aquino Flôres de Camargo, j. 30.07.2008)

Bens fungíveis

Bens fungíveis São fungíveis os bens móveis que podem ser substituídos por outros da mesma espécie, qualidade e quantidade (art. 85, CC), ou por outros equivalentes. Se um bem é substituível, é tido como fungível; se é insubstituível, é infungível. São bens fungíveis, entre outros, o botijão de gás, um galão de gasolina, uma saca de cimento de determinada marca, uma saca de trigo, um garrafão de vinho de determinada categoria e marca. A fungibilidade também diz respeito ao mútuo, que, de acordo com o art. 586, CC, é o empréstimo de coisas fungíveis. Pelo contrato de mútuo, o mutuário é obrigado a restituir ao mutuante o que dele recebeu em coisa do mesmo gênero, qualidade e quantidade.

▶ Veja CC: "**Art. 85.** São fungíveis os móveis que podem substituir-se por outros da mesma espécie, qualidade e quantidade".

■ *Habeas corpus*. Execução fiscal. Depositário infiel. Decreto de prisão. Intimação irregular. Bens fungíveis. Não tendo sido pessoalmente intimado para entregar os bens, não pode haver decreto de prisão por depositário infiel. A intimação por telefone não é prevista em lei e configura irregularidade que não pode levar à prisão do depositário. Tratando-se de janelas de madeira, bens do giro negocial da empresa devedora, configurada está a situação de bens fungíveis, o que impede a prisão por depositário infiel. Bens fungíveis são aqueles que podem ser substituídos e não se confundem com bens consumíveis. Ordem de *habeas corpus* concedida. Unânime. (TJRS, HC n. 70.003.812.922, 1ª Câm. Especial Cível, rel. Adão Sérgio do Nascimento Cassiano, j. 29.01.2002)

Bens imóveis Diz-se do solo e tudo quanto a ele se pode incorporar artificialmente. Consideram-se imóveis para os efeitos legais: os direitos reais sobre imóveis e as ações que os asseguram e o direito à sucessão aberta.

▶ Veja CC: "**Art. 79.** São bens imóveis o solo e tudo quanto se lhe incorporar natural ou artificialmente. **Art. 80.** Consideram-se imóveis para os efeitos legais: I – os direitos reais sobre imóveis e as ações que os asseguram; II – o direito à sucessão aberta".

Bens impenhoráveis Bens patrimoniais que não podem ser objeto de penhora por credores em virtude de disposição legal, testamentária ou por convenção, como aqueles instituídos legal ou convencionalmente como bens de família (arts. 1.711 e 1.715, CC; arts. 648 e 649, CPC/73; Lei n. 8.009/90). O bem de família é isento de execução por dívidas posteriores à sua instituição, salvo as que provierem de tributos relativos ao prédio ou de despesas de condomínio (art. 1.715, CC).

▶ Veja CC: "**Art. 1.711.** Podem os cônjuges, ou a entidade familiar, mediante escritura pública ou testamento, destinar parte de seu patrimônio para instituir bem de família, desde que não ultrapasse um terço do patrimônio líquido existente ao tempo da instituição, mantidas as regras sobre a impenhorabilidade do imóvel residencial estabelecida em lei especial. Parágrafo único. O terceiro poderá igualmente instituir bem de família por testamento ou doação, dependendo a eficácia do ato da aceitação expressa de ambos os cônjuges beneficiados ou da entidade familiar beneficiada. [...] **Art. 1.715.** O bem de família é isento de execução por dívidas posteriores à sua instituição, salvo as que provierem de tributos relativos ao prédio, ou de despesas de condomínio. [...]".

▶ Veja CPC/73: "**Art. 648.** Não estão sujeitos à execução os bens que a lei considera impenhoráveis ou inalienáveis. **Art. 649.** São absolutamente impenhoráveis: I – os bens inalienáveis e os declarados, por ato voluntário, não sujeitos à execução; II – os móveis, pertences e utilidades domésticas que guarnecem a residência do executado, salvo os de elevado valor ou que ultrapassem as necessidades comuns correspondentes a um médio padrão de vida; III – os vestuários, bem como os pertences de uso pessoal do executado, salvo se de elevado valor; [...]".

▶ Veja CPC/2015: "**Art. 832.** Não estão sujeitos à execução os bens que a lei considera impenhoráveis ou inalienáveis. **Art. 833.** São impenhoráveis: I – os bens inalienáveis e os declarados, por ato voluntário, não sujeitos à execução; II – os móveis, os pertences e as utilidades domésticas que guarnecem a residência do executado, salvo os de elevado valor ou os que ultrapassem as necessidades comuns correspondentes a um médio padrão de vida; III – os vestuários, bem como os pertences de uso pessoal do executado, salvo se de elevado valor; [...]".

▶ Veja Lei n. 8.009/90: "**Art. 1º** O imóvel residencial próprio do casal, ou da entidade familiar, é impenhorável e não responderá por qualquer tipo de dívida civil, comercial, fiscal, previdenciária ou de outra natureza, contraída pelos cônjuges ou pelos pais ou filhos que sejam seus proprietários e nele residam, salvo nas hipóteses previstas nesta Lei. Parágrafo único. A impenhorabilidade compreende o imóvel sobre o qual se assentam a construção, as plantações, as benfeitorias de qualquer natureza e todos os equipamentos, inclusive os de uso profissional, ou móveis que guarnecem a casa, desde que quitados. [...]".

- Súmula n. 486, STJ: É impenhorável o único imóvel residencial do devedor que esteja locado a terceiros, desde que a renda obtida com a locação seja revertida para a subsistência ou a moradia da sua família.

- Recurso especial. Pequena propriedade rural trabalhada pela família. Impenhorabilidade. 1. Conforme orientação pacífica desta Corte, é impenhorável o imóvel que se enquadra como pequena propriedade rural, indispensável à sobrevivência do agricultor e de sua família (art. 4º, § 2º, Lei n. 8.009/90). 2. Agravo regimental improvido. (STJ, Ag. Reg. no REsp n. 1.357.278/AL, 3ª T., rel. Min. Sidnei Beneti, j. 23.04.2013, *DJe* 07.05.2013)

- Execução. Embargos de terceiros. Penhora incidente sobre imóvel no qual residem filhas do executado. Bem de família. 1. "A interpretação teleológica do art. 1º, da Lei n. 8.009/90, revela que a norma não se limita ao resguardo da família. Seu escopo definitivo é a proteção de um direito fundamental da pessoa humana: o direito à moradia" (EREsp n. 182.223/SP, Corte Especial, rel. Min. Humberto Gomes de Barros, *DJ* 06.02.2002). 2. A impenhorabilidade do bem de família visa resguardar não somente o casal, mas o sentido amplo de entidade familiar. Assim, no caso de separação dos membros da família, como na hipótese em comento, a entidade familiar, para efeitos de impenhorabilidade de bem, não se extingue, ao revés, surge em duplicidade: uma composta pelos cônjuges e outra composta pelas filhas de um dos cônjuges. Precedentes. 3. A finalidade da Lei n. 8.009/90 não é proteger o devedor contra suas dívidas, tornando seus bens impenhoráveis, mas, sim, reitera-se, a proteção da entidade familiar no seu conceito mais amplo. 4. Recurso especial provido para restabelecer a sentença. (STJ, REsp n. 1.126.173/MG, 3ª T., rel. Min. Ricardo Villas Bôas Cueva, j. 09.04.2013, *DJe* 12.04.2013)

Bens inalienáveis Bens que não podem ser objeto de qualquer das diferentes modalidades de alienação, como compra e venda, permuta, doação, cessão e adjudicação. A inalienabilidade pode decorrer de lei ou da vontade, como ocorre com a cláusula de inalienabilidade. Os bens públicos de uso comum do povo e os de uso especial são inalienáveis, enquanto conservarem a sua qualificação, na forma que a lei determinar (art. 100, CC).

- Veja CC: "**Art. 100.** Os bens públicos de uso comum do povo e os de uso especial são inalienáveis, enquanto conservarem a sua qualificação, na forma que a lei determinar. [...] **Art. 1.911.** A cláusula de inalienabilidade, imposta aos bens por ato de liberalidade, implica impenhorabilidade e incomunicabilidade. [...]".

Bens indivisíveis Bens que não podem ser divididos sem que se altere sua substância e os que, embora naturalmente divisíveis, se consideram indivisíveis por lei ou vontade das partes (art. 88, CC). Por determinação da lei, as servidões prediais são indivisíveis e subsistem, no caso de divisão dos imóveis, em benefício de cada uma das porções do prédio dominante. Também continuam a gravar cada uma das porções do prédio serviente, salvo se, por natureza ou destino, só se aplicarem a certa parte de um ou de outro (art. 1.386, CC). Não pode um condômino em coisa indivisível vender a sua parte a estranhos, se outro condômino quiser adquiri-la pelo mesmo preço (art. 504, CC).

- Veja CC: "**Art. 88.** Os bens naturalmente divisíveis podem tornar-se indivisíveis por determinação da lei ou por vontade das partes. [...] **Art. 504.** Não pode um condômino em coisa indivisível vender a sua parte a estranhos, se outro consorte a quiser, tanto por tanto. O condômino, a quem não se der conhecimento da venda, poderá, depositando o preço, haver para si a parte vendida a estranhos, se o requerer no prazo de cento e oitenta dias, sob pena de decadência. Parágrafo único. Sendo muitos os condôminos, preferirá o que tiver benfeitorias de maior valor e, na falta de benfeitorias, o de quinhão maior. Se as partes forem iguais, haverão a parte vendida os comproprietários, que a quiserem, depositando previamente o preço. [...] **Art. 1.386.** As servidões prediais são indivisíveis, e subsistem, no caso de divisão dos imóveis, em benefício de cada uma das porções do prédio dominante, e continuam a gravar cada uma das do prédio serviente, salvo se, por natureza, ou destino, só se aplicarem a certa parte de um ou de outro".

- Extinção da sociedade conjugal. Meação do cônjuge. Bem indivisível. Penhora. Possibilidade. 1. A exigência do prequestionamento está adstrita à própria existência do recurso especial, que tem por pressuposto constitucional tenha a questão veiculada no especial sido decidida em única ou última instância. 2. Dirimida a controvérsia de forma objetiva e fundamentada, não fica o órgão julgador obrigado a apreciar, um a um, os questionamentos suscitados pela parte, mormente se notório seu propósito de infringência do julgado. 3. O entendimento desta Corte é no sentido de ser possível que os bens indivisíveis sejam levados à hasta pública por inteiro, reservando-se ao cônjuge meeiro do executado a metade do preço obtido. 4. Agravo regimental improvido. (STJ, Ag. Reg. nos EDcl no AREsp n. 264.953/MS, 3ª T., rel. Min. Sidnei Beneti, j. 26.02.2013, DJe 20.03.2013)

- Ação de extinção de condomínio. Dissolução de sociedade de fato. Bem indivisível. Alienação judicial do bem imóvel. Não há nulidade por ausência de intervenção do Ministério Público, pois desnecessária sua participação no presente feito. Mérito. Há possibilidade de extinção de condomínio, em razão de acordo de dissolução de sociedade de fato, através de alienação judicial do bem imóvel, conforme o disposto nos arts. 1.113 e seguintes do CPC. Preliminar rejeitada. Apelo desprovido. (TJRS, Ap. Cível n. 70.052.744.539, 17ª Câm. Cível, rel. Gelson Rolim Stocker, j. 06.06.2013)

Bens infungíveis
São bens móveis que, ao contrário dos bens fungíveis, não podem ser substituídos por outros da mesma espécie, qualidade e quantidade (art. 85, CC). Considerando esse fato, é possível incluir no rol de bens infungíveis: um quadro de pintor famoso; determinado animal reprodutor; um automóvel antigo conservado como relíquia; uma moeda antiga pertencente a um colecionador. Todavia, um bem fungível pode tornar-se infungível por convenção, como ocorreria no caso de empréstimo de um exemplar de obra literária ou jurídica de valor inestimável, porquanto autografado especialmente pelo autor. Nesse caso, o mesmo exemplar da obra deve ser devolvido a quem o emprestou.

▶ Veja CC: "**Art. 85.** São fungíveis os móveis que podem substituir-se por outros da mesma espécie, qualidade e quantidade. **Art. 86.** São consumíveis os bens móveis cujo uso importa destruição imediata da própria substância, sendo também considerados tais os destinados à alienação".

Bens móveis
Bens suscetíveis de movimento próprio, ou de remoção por força alheia, sem alteração da sua substância ou da sua destinação econômico-social (art. 82, CC). Desse modo, são considerados móveis, por sua natureza, os animais (semoventes), os veículos automotores, em razão de possuírem movimento próprio, e as máquinas, os computadores, os telefones móveis, os *tablets*, os computadores, os móveis, os eletrodomésticos, os implementos agrícolas e outros objetos que podem ser transportados de um lugar para outro. Também se consideram móveis para os efeitos legais: as energias que tenham valor econômico; os direitos reais sobre objetos móveis e as ações correspondentes; os direitos pessoais de caráter patrimonial e respectivas ações (art. 83, CC).

▶ Veja CC: "**Art. 82.** São móveis os bens suscetíveis de movimento próprio, ou de remoção por força alheia, sem alteração da substância ou da destinação econômico-social. **Art. 83.** Consideram-se móveis para os efeitos legais: I – as energias que tenham valor econômico; II – os direitos reais sobre objetos móveis e as ações correspondentes; III – os direitos pessoais de caráter patrimonial e respectivas ações. **Art. 84.** Os materiais destinados a alguma construção, enquanto não forem empregados, conservam sua qualidade de móveis; readquirem essa qualidade os provenientes da demolição de algum prédio".

Bens onerados
Bens sobre os quais recai um ônus ou encargo impedindo a sua livre disposição por seu titular. Bens embaraçados ou gravados. Constituem ônus que restringem o direito de propriedade, a penhora, a hipoteca, a enfiteuse, a servidão, o usufruto, o uso, a habitação, o penhor e a anticrese.

Bens particulares
Bens próprios ou privativos da pessoa física ou jurídica de direito privado. São bens que compõem o patrimônio do indivíduo ou de uma sociedade, contrapondo-se aos bens públicos, estes integrados ao patrimônio das pessoas de direito público.

▶ Veja CC: "**Art. 98.** São públicos os bens do domínio nacional pertencentes às pessoas jurídicas de direito público interno; todos os outros são particulares, seja qual for a pessoa a que pertencerem".

Bens públicos
São públicos os bens de domínio nacional pertencentes a pessoas jurídicas de direito público interno (art. 98, CC), ou seja, a União, os estados, o Distrito Federal e os territórios, os municípios, as autarquias – inclusive as associações públicas –, as demais entidades de caráter público criadas por lei (art. 41, CC). O CC considera especificamente bens públicos os de uso comum do povo (art. 99, CC).

▸ Veja CC: "**Art. 99.** São bens públicos: I – os de uso comum do povo, tais como rios, mares, estradas, ruas e praças; II – os de uso especial, tais como edifícios ou terrenos destinados a serviço ou estabelecimento da administração federal, estadual, territorial ou municipal, inclusive os de suas autarquias; III – os dominicais, que constituem o patrimônio das pessoas jurídicas de direito público, como objeto de direito pessoal, ou real, de cada uma dessas entidades. Parágrafo único. Não dispondo a lei em contrário, consideram-se dominicais os bens pertencentes às pessoas jurídicas de direito público a que se tenha dado estrutura de direito privado".

▪ Usucapião. Modo de aquisição originária da propriedade. Terreno de marinha. Bem público. Impossibilidade de declaração da usucapião. 1. Embora seja dever de todo magistrado velar a Constituição Federal, para que se evite supressão de competência do egrégio STF, não se admite apreciação, em sede de recurso especial, de matéria constitucional, ainda que para viabilizar a interposição de recurso extraordinário. 2. A usucapião é modo de aquisição originária da propriedade, portanto é descabido cogitar em violação ao art. 237 da Lei n. 6.015/73, pois o dispositivo limita-se a prescrever que não se fará registro que dependa de apresentação de título anterior, a fim de que se preserve a continuidade do registro. Ademais, a sentença anota que o imóvel usucapiendo não tem matrícula no registro de imóveis. 3. Os terrenos de marinha, conforme disposto nos arts. 1º, *a*, do Decreto-lei n. 9.760/46 e 20, VII, da Constituição Federal, são bens imóveis da União, necessários à defesa e à segurança nacional, que se estendem à distância de 33 metros para a área terrestre, contados da linha do preamar médio de 1831. Sua origem remonta aos tempos coloniais, incluem-se entre os bens públicos dominicais de propriedade da União, tendo o Código Civil adotado presunção relativa no que se refere ao registro de propriedade imobiliária, por isso, em regra, o registro de propriedade não é oponível à União. 4. A Súmula n. 340/STF orienta que, desde a vigência do Código Civil de 1916, os bens dominicais, como os demais bens públicos, não podem ser adquiridos por usucapião, e a Súmula n. 496/STJ esclarece que "os registros de propriedade particular de imóveis situados em terrenos de marinha não são oponíveis à União". [...] 8. Recurso especial a que se nega provimento. (STJ, REsp n. 1.090.847/RS, 4ª T., rel. Min. Luis Felipe Salomão, j. 23.04.2013, *DJe* 10.05.2013)

Bens vacantes Expressão indicativa da herança deixada pelo *de cujus* que não possui herdeiros. Serão declarados vacantes os bens da herança jacente quando, após praticadas todas as exigências legais, não aparecerem herdeiros (arts. 1.819 e 1.820, CC) (*v. Herança vacante*).

▸ Veja CC: "**Art. 1.819.** Falecendo alguém sem deixar testamento nem herdeiro legítimo notoriamente conhecido, os bens da herança, depois de arrecadados, ficarão sob a guarda e administração de um curador, até a sua entrega ao sucessor devidamente habilitado ou à declaração de sua vacância. **Art. 1.820.** Praticadas as diligências de arrecadação e ultimado o inventário, serão expedidos editais na forma da lei processual, e, decorrido um ano de sua primeira publicação, sem que haja herdeiro habilitado, ou penda habilitação, será a herança declarada vacante".

Bicameral Sistema por meio do qual o Poder Legislativo é exercido por duas câmaras, como ocorre no Brasil, com a Câmara dos Deputados e o Senado Federal.

Bigamia Crime instantâneo contra a família que consiste em alguém, sendo casado, contrair novo casamento; estado da pessoa que se casa duas vezes sem que o primeiro matrimônio esteja desfeito legalmente (art. 235, CP).

▸ Veja CP: "**Art. 235.** Contrair alguém, sendo casado, novo casamento: Pena – reclusão, de 2 (dois) a 6 (seis) anos. § 1º Aquele que, não sendo casado, contrai casamento com pessoa casada, conhecendo essa circunstância, é punido com reclusão ou detenção, de 1 (um) a 3 (três) anos. § 2º Anulado por qualquer motivo o primeiro casamento, ou o outro por motivo que não a bigamia, considera-se inexistente o crime".

▪ União estável. Relacionamentos paralelos. Reconhecimento. Inadmissibilidade. A união estável está equiparada ao casamento, reconhecida como entidade familiar. Assim, vedada a bigamia aos casados, não pode ser admitida entre companheiros. A fidelidade é da essência do relacionamento estável, assim como o é o respeito mútuo, a publicidade e o ânimo de constituir família. Não demonstrados tais requisitos, a improcedência da demanda se impõe, devendo ser afastada a "união estável putativa" ante o conhecimento da relação paralela. Apelo desprovido, por maioria. (TJRS, Ap. Cível n. 70.004.778.114, 7ª Câm. Cível, rel. José Carlos Teixeira Giorgis, j. 11.09.2002)

▪ Ação de reconhecimento e dissolução de sociedade de fato. Autora já casada. Segundo casamento declarado nulo. I. Se a autora já era casada, não poderia ter contraído novas núpcias, pelo que, nulificado o segundo matrimônio, verifica-se também inviável o reconhecimento da existência de sociedade de fato geradora de direitos patrimoniais justamente em favor da ex-cônjuge virago, que cometeu patente ilegalidade. II. Recurso especial conhecido e provido. Ação improcedente. (REsp n. 513.895/RN, 4ª T., rel. Min. Cesar Asfor Rocha, rel. p/ Acórdão Min. Aldir Passarinho Junior, j. 10.06.2008, DJe 29.03.2010)

Bilateral Relativo a dois lados ou, juridicamente, à participação de duas pessoas em determinado ato negocial. O mesmo que sinalagmático. Contrapõe-se à unilateral. Diz-se do contrato que origina direitos e obrigações recíprocas aos contratantes. Assim, o contrato de compra e venda é bilateral ou sinalagmático, porque comprador e vendedor são, reciprocamente, credores e devedores um do outro: o comprador é devedor do preço acordado e obriga-se a pagá-lo, com direito ao recebimento da coisa; o vendedor é devedor da entrega da coisa, obrigando-se a entregá-la, com direito ao recebimento do preço.

Bill of Rights Declaração de direitos de 1689 (*Bill of Rights of* 1689), elaborada pelo Parlamento inglês, que determinou, entre outras coisas, o direito à liberdade, à vida e à propriedade privada. Determinou, ainda, que o rei ficaria impedido de suspender a aplicação de leis, de aumentar impostos e de recrutar ou manter exércitos em época de paz sem a autorização do Parlamento, que teve assegurado o seu poder na Inglaterra. Essa declaração de direitos foi anexada em Ato do Parlamento em 16 de dezembro de 1689, passando depois a ser conhecida como *Bill of Rights*.

Biodiversidade Biodiversidade, ou diversidade biológica, compreende a totalidade de formas de vida possíveis de ser encontradas na Terra. A biodiversidade possui três grandes níveis: 1) diversidade genética – os indivíduos de uma mesma espécie não são geneticamente idênticos entre si; 2) diversidade orgânica – os cientistas agrupam os indivíduos que possuem uma história evolutiva comum em espécies. Possuir a mesma história evolutiva faz cada espécie possuir características únicas que não são compartilhadas com outros seres vivos; 3) diversidade ecológica – as populações de uma mesma espécie e de espécies diferentes interagem entre si formando comunidades; essas comunidades interagem com o ambiente formando ecossistemas, que interagem entre si formando paisagens, que, por sua vez, formam os biomas, como desertos, florestas e oceanos (fonte: http://marte.museu-goeldi.br/marcioayres/index.php; acessado em 18.10.2012).

Bioética "Conjunto de conceitos, argumentos e normas que valorizam e justificam eticamente os atos humanos que podem ter efeitos irreversíveis sobre os fenômenos vitais" (KOTTOW, M. H. *Introducción a la bioética*. Chile, Editorial Universitaria, 1995, p. 53). Em termos gerais, expressa um conjunto de pesquisas, discursos e práticas, normalmente multidisciplinares, destinados a esclarecer e resolver questões éticas suscitadas em razão dos avanços da medicina e da biologia. A bioética, portanto, guarda estreita relação com a ética e a responsabilidade decorrentes das práticas e das pesquisas desenvolvidas pelos cientistas em relação ao aborto, à eutanásia, aos transgênicos, à fertilização *in vitro*, à clonagem e aos testes com animais.

Bis in idem Expressão que indica "duas vezes sobre a mesma coisa". Em direito tributário ocorre quando uma pessoa jurídica de direito público tributa mais de uma vez o mesmo sujeito passivo sobre o mesmo fato gerador. No direito penal, a proibição do *bis in idem* significa que ninguém pode ser processado ou punido duas vezes pelo mesmo fato.

- Cobrança de juros moratórios sobre o valor depositado. Impossibilidade. Responsabilidade da instituição financeira depositária. 1. O depósito judicial realizado para garantia do juízo e oferecimento de impugnação ao cumprimento de sentença ou oposição de embargos à execução possui remuneração específica prevista em lei e a cargo da instituição financeira depositária, portanto, incabível exigir-se do devedor o pagamento de juros moratórios e correção monetária sobre os valores depositados, sob pena de caracterização de *bis in idem*. 2. Agravo regimental desprovido. (STJ, Ag. Reg. no REsp n. 1.360.176/RS, 4ª T., rel. Min. Antonio Carlos Ferreira, j. 16.05.2013, DJe 29.05.2013)

- Homicídio simples. Evento de trânsito. Dolo eventual. *Bis in idem* configurado. O fato do réu dirigir sob a influência de bebida alcoólica, sem habilitação, dentre outros aspectos, constitui-se em elemento que, em última análise, definiram o dolo eventual. E, sendo analisados como circunstâncias desfavoráveis ao réu, na primeira fase de aplicação da pena, implicam o *bis in idem*. Portanto, imperativa a redução da pena-base.

Embargos infringentes acolhidos. Unânime. (TJRS, Embargos infringentes e de nulidade n. 70.049.517.618, 2º Grupo de Câm. Criminais, rel. Gaspar Marques Batista, j. 14.06.2013)

Bitributação   Ocorre quando duas pessoas jurídicas de direito público tributam, por meio de duas normas, uma de cada ente, o mesmo sujeito passivo sobre o mesmo fato gerador. Quando isso ocorre, a presunção é de que uma das pessoas jurídicas de direito público esteja invadindo a competência tributária da outra.

- Embargos à execução fiscal. IPTU. Imóvel rural. Incidência do ITR. Bitributação. I. O critério para a caracterização da natureza rural ou urbana do imóvel é o da sua destinação econômica, prevalecendo ao da localização do imóvel, segundo a regra do art. 32 do CTN, que deve ser interpretado com as alterações introduzidas pelo art. 15 do DL n. 57/66, cuja constitucionalidade foi afirmada pelo STF no julgamento do RE n. 140.773/SP. II. Caso dos autos em que há elementos suficientes a demonstrar que a área é destinada e utilizada para a agricultura, existindo, em reforço, comprovantes de pagamento do ITR, além de o município não lograr comprovar a alegação de que constitui o imóvel sítio de lazer (art. 333, II, CPC). Apelação desprovida. (TJRS, Ap. Cível n. 70.054.101.100, 1ª Câm. Cível, rel. Luiz Felipe Silveira Difini, j. 29.05.2013)

- Contribuição sindical rural. Exigibilidade da cobrança. Regime de competência estabelecido no art. 105, III, da Constituição Federal. 1. Tem-se que a Corte de origem examinou todas as questões de relevo pertinentes à lide, razão pela qual inexiste violação do art. 535, II, do Código de Processo Civil. 2. A pretensão autoral de compelir a parte contrária ao pagamento da contribuição sindical rural foi repelida pelo acórdão recorrido ao reconhecimento de que a cobrança da exação ofendeu a vedação constitucional da bitributação e o princípio da anualidade. 3. Devido o fundamento eminentemente constitucional do acórdão recorrido, torna-se inviável a sua revisão na via eleita que tem por única competência uniformizar a legislação infraconstitucional, *ex vi* do art. 105, III, da Carta Política de 1988. 4. De igual modo: REsp n. 757.341/SP, rel. Min. Luiz Fux, *DJ* 12.05.2009; REsp n. 1.098.047/SP, rel. Min. Mauro Campbell Marques, *DJ* 05.05.2011; Ag. Reg. no REsp n. 1.137.526/SP, rel. Min. Castro Meira, *DJ* 27.11.2009. 5. Agravo regimental não provido. (STJ, Ag. Reg. no REsp n. 1.274.644/SP, 1ª T., rel. Min. Benedito Gonçalves, j. 06.12.2011, *DJe* 13.12.2011)

Boa fama   Opinião comum a respeito da idoneidade de uma pessoa em sua profissão ou na vida privada. Reputação ou idoneidade que possui uma pessoa. Os prejuízos ou danos causados à boa fama incluem-se nos danos morais, sendo passíveis de ressarcimento pelo causador.

Boa-fé   Indica a conduta desprovida de dolo que motiva alguém à prática de um ato. Considerado princípio jurídico, é amplamente utilizado como fundamento para a manutenção de um ato viciado por alguma irregularidade. Para seu reconhecimento, cumpre examinar a intenção que moveu o agente a fazer ou deixar de fazer alguma coisa, o que somente se pode aferir após o exame das circunstâncias do caso concreto. O CC, no art. 422, consagra explicitamente o princípio da boa-fé objetiva ao dispor que "os contratantes são obrigados a guardar, assim na conclusão do contrato, como em sua execução, os princípios de probidade e boa-fé".

▸ Veja CPC/2015: "**Art. 5º** Aquele que de qualquer forma participa do processo deve comportar-se de acordo com a boa-fé. [...] **Art. 322.** O pedido deve ser certo. [...] § 2º A interpretação do pedido considerará o conjunto da postulação e observará o princípio da boa-fé."

- Súmula n. 92, STJ: A terceiro de boa-fé não é oponível a alienação fiduciária não anotada no Certificado de Registro do veículo automotor.

- Ação monitória. Art. 940 do CC. Súmula n. 159 do STF. Inaplicabilidade. Ausência de prova da má-fé. Manutenção da sentença. 1. O art. 940 do CC, c/c o enunciado 159 da Súmula do STF, estabelece que aquele que demandar por dívida paga, no todo ou em parte, ficará obrigado a pagar ao devedor o dobro do que houver cobrado, se agiu com má-fé. Precedentes do STF e deste Tribunal. 2. É princípio geral de direito que a boa-fé se presume, e a má-fé deve ser comprovada. Nesse passo, não cabia à embargada provar que agiu de boa-fé ou que não agiu de má-fé, porquanto, ao passo que aquela se presume, esta deve ser comprovada por quem a alega. E, militando a presunção de boa-fé em favor da embargada, caberia ao embargante/devedor, na forma, desfazê-la, produzindo prova em contrário. 4. Não preenchidos os requisitos jurisprudenciais para a aplicação do art. 940 do CC de 2002, não há falar em restituição em dobro. (TJRS, Ap. Cível n. 70.054.954.904, 9ª Câm. Cível, rel. Iris Helena Medeiros Nogueira, j. 10.07.2013)

Boa-fé objetiva   Sentimento de lealdade ou modelo de conduta ao qual tem o poder-dever de ajustar-se toda pessoa honesta, escorreita e leal. Considerada princípio jurídico consagrado explicitamente pelo CC, é amplamente utilizada como fundamento para a manutenção de um ato viciado por alguma irregularidade.

- Veja CC: "**Art. 422.** Os contratantes são obrigados a guardar, assim na conclusão do contrato, como em sua execução, os princípios de probidade e boa-fé".

- Infração ambiental. Armazenamento de madeira proveniente de vendaval ocorrido na região. Existência de TAC. Comprovada boa-fé. 1. A responsabilidade é objetiva; dispensa-se portanto a comprovação de culpa, entretanto há de constatar o nexo causal entre a ação ou omissão e o dano causado, para configurar a responsabilidade. 2. A Corte de origem, com espeque no contexto fático dos autos, afastou a multa administrativa. Incidência da Súmula n. 7/STJ. Agravo regimental improvido. (STJ, Ag. Reg. no REsp n. 1.277.638/SC, 2ª T., rel. Min. Humberto Martins, j. 07.05.2013, DJe 16.05.2013)

- Responsabilidade civil. Erro médico. Art. 14 do CDC. Cirurgia plástica. Obrigação de resultado. Caso fortuito. Excludente de responsabilidade. 1. Os procedimentos cirúrgicos de fins meramente estéticos caracterizam verdadeira obrigação de resultado, pois neles o cirurgião assume verdadeiro compromisso pelo efeito embelezador prometido. 2. Nas obrigações de resultado, a responsabilidade do profissional da medicina permanece subjetiva. Cumpre ao médico, contudo, demonstrar que os eventos danosos decorreram de fatores externos e alheios à sua atuação durante a cirurgia. 3. Apesar de não prevista expressamente no CDC, a eximente de caso fortuito possui força liberatória e exclui a responsabilidade do cirurgião plástico, pois rompe o nexo de causalidade entre o dano apontado pelo paciente e o serviço prestado pelo profissional. 4. Age com cautela e conforme os ditames da boa-fé objetiva o médico que colhe a assinatura do paciente em "termo de consentimento informado", de maneira a alertá-lo acerca de eventuais problemas que possam surgir durante o pós-operatório. Recurso especial a que se nega provimento. (REsp n. 1.180.815/MG, 3ª T., rel. Min. Nancy Andrighi, j. 19.08.2010, DJe 26.08.2010)

Boa-fé subjetiva Sentimento que se revela na pessoa que presume ser titular de um direito que, na verdade, só existe na aparência. Nessa condição, o indivíduo se mostra ignorante em relação à realidade dos fatos e de eventual lesão que possa ser causada a direito alheio, como ocorre no casamento putativo ou na posse de boa-fé.

- Execução fiscal. Cobrança de dívida administrativa de servidor público. Cabimento. Verificação da boa-fé subjetiva. 1. Segundo entendimento do STJ, ainda que o recebimento de determinado valor por servidor público não seja devido, se o servidor o recebeu de boa-fé e com base na teoria da aparência, não se pode exigir sua restituição. 2. O Tribunal de origem, como soberano das circunstâncias fáticas e probatórias da causa, afirmou com veemência a inexistência de boa-fé objetiva por parte da servidora. 3. Aferir a existência da boa-fé da servidora, para efeito de análise de eventual violação do art. 2º da Lei n. 9.784/99, tendo o Tribunal afirmado o contrário, demandaria o reexame de todo o contexto fático-probatório dos autos, o que é defeso a esta Corte em vista do óbice da Súmula n. 7/STJ. 4. É cabível a execução fiscal para cobrança de vencimento pago indevidamente a servidor. Agravo regimental improvido. (STJ, Ag. Reg. no REsp n. 981.484/RS, 2ª T., rel. Min. Humberto Martins, j. 07.02.2008, DJ 20.02.2008, p. 137)

- Reparação de danos materiais e morais. Alegação de omissão do poder público. Responsabilidade subjetiva do estado. Em caso de omissão que causa prejuízo ao administrado, a responsabilidade civil do Estado é subjetiva, devendo ser comprovada a culpa de seu agente, por qualquer das suas modalidades, para que surja a obrigação de indenizar. Assim é que o Estado se obriga a indenizar os prejuízos sofridos pelo proprietário de veículo cuja transferência para o comprador vem a ser obstada por estar adulterado o chassi, se essa circunstância não foi constatada por omissão dos agentes do Detran, nas vistorias que fizeram por ocasião dos licenciamentos anteriores. Ausentes, contudo, as provas de que o autor adquiriu de boa-fé o veículo, face ao conhecimento de que motor a ele não pertencia, à época da transferência, nada há que ser indenizado. (TJSC, Ap. Cível n. 2008.017419-6/Rio do Sul, rel. Des. Jaime Ramos, j. 08.07.2010)

Boletim de ocorrência Instrumento do qual a autoridade policial se utiliza para proceder ao registro de uma ocorrência policial, seja de ofício, seja a pedido da parte interessada. Emite-se o boletim de ocorrência (BO) para, entre outros casos, registrar um acidente de trânsito, uma tentativa de agressão, uma ameaça, um furto, o desaparecimento de uma pessoa etc.

- Decisão monocrática. Responsabilidade civil. Registro de boletim de ocorrência policial. Ato ilícito não demonstrado. Exercício regular de um direito. Noticiar, à autoridade policial, a ocorrência de um crime não se configura como ilícito civil, pois se enquadra como exercício regular de um direito. O dever de indenizar do informante somente surge na hipótese de a "denúncia" ser absolutamente infundada, leviana e irresponsável, com intuito único de prejudicar determinada pessoa, o que não ocorreu no caso dos autos. Apelações desprovidas. (TJRS, Ap. Cível n. 70.052.588.233, 9ª Câm. Cível, rel. Marilene Bonzanini Bernardi, j. 12.06.2013)

- Ação de indenização de acidente de trânsito. Sentença de parcial procedência. Veículo conduzido pelo réu que invade a mão de direção da autora e atinge o automóvel dirigido por seu marido. Conjunto probatório composto por boletim de ocorrência, croqui e depoimentos testemunhais indicando a culpa exclusiva do demandado. Presunção *juris tantum* do documento oficial não derruída. Danos materiais. Impugnação genérica desprovida de qualquer elemento apto a afastar a condenação. Pensão mensal vitalícia devida. Incapacidade parcial permanente atestada pela perícia. Alegação de julgamento *ultra petita*. Inocorrência. Valor arbitrado a título de compensação pela lesão anímica compatível com a condição socioeconômica do ofensor e do ofendido. Atendimento aos critérios da proporcionalidade e da razoabilidade. Recurso conhecido e desprovido. (TJSC, Ap. Cível n. 2011.017552-1/Taió, rel. Des. Ronei Danielli, j. 23.05.2013)

Bons costumes Conjunto de regras e de práticas de vida que, em dado meio e em certo momento histórico, as pessoas honestas, corretas e de boa-fé adotam como maneira de ser. Em consideração a esse fato, um ato ou o exercício de um direito apresentam-se contrários aos bons costumes quando envolverem conotações de imoralidade ou de violação das normas elementares normalmente aceitas e impostas pela sociedade como um todo (arts. 13 e 1.638, CC).

▶ Veja CC: "**Art. 13.** Salvo por exigência médica, é defeso o ato de disposição do próprio corpo, quando importar diminuição permanente da integridade física, ou contrariar os bons costumes. Parágrafo único. O ato previsto neste artigo será admitido para fins de transplante, na forma estabelecida em lei especial. [...] **Art. 1.638.** Perderá por ato judicial o poder familiar o pai ou a mãe que: I – castigar imoderadamente o filho; II – deixar o filho em abandono; III – praticar atos contrários à moral e aos bons costumes; IV – incidir, reiteradamente, nas faltas previstas no artigo antecedente".

▶ Veja CPP: "**Art. 781.** As sentenças estrangeiras não serão homologadas, nem as cartas rogatórias cumpridas, se contrárias à ordem pública e aos bons costumes".

- Direito cambiário. Ação declaratória de nulidade de título de crédito. Nota promissória. Assinatura escaneada. 1. A assinatura de próprio punho do emitente é requisito de existência e validade de nota promissória. 2. Possibilidade de criação, mediante lei, de outras formas de assinatura, conforme ressalva do Brasil à Lei Uniforme de Genebra. 3. Inexistência de lei dispondo sobre a validade da assinatura escaneada no Direito brasileiro. 4. Caso concreto, porém, em que a assinatura irregular escaneada foi aposta pelo próprio emitente. 5. Vício que não pode ser invocado por quem lhe deu causa. 6. Aplicação da "teoria dos atos próprios", como concreção do princípio da boa-fé objetiva, sintetizada nos brocardos latinos *tu quoque* e *venire contra factum proprium*, segundo a qual ninguém é lícito fazer valer um direito em contradição com a sua conduta anterior ou posterior interpretada objetivamente, segundo a lei, os bons costumes e a boa-fé. 7. Doutrina e jurisprudência acerca do tema. 8. Recurso especial desprovido. (STJ, REsp n. 1.192.678/PR, 3ª T., rel. Min. Paulo de Tarso Sanseverino, j. 13.11.2012, *DJe* 26.11.2012)

- Interrupção do prazo recursal. Reconhecimento do pedido. Impossibilidade de análise em sede de recurso especial. [...] 9. Ademais, o ordenamento jurídico é norteado pela liceidade das condições, sendo vedadas aquelas que contrariem a lei, a moral, a ordem pública e os bons costumes, bem como aquelas que se apresentem puramente potestativas, ou seja, que subordinem o negócio jurídico ao talante exclusivo de uma das partes, tal qual o desequilíbrio contratual imposto pelo estatuto da associação recorrente ao excluir, de forma absoluta, o direito de voto dos sócios efetivos, deixando-os à mercê do poder oligárquico dos sócios fundadores. (STJ, REsp n. 650.373/SP, 4ª T., rel. Min. João Otávio de Noronha, rel. p/ Acórdão Min. Luis Felipe Salomão, j. 27.03.2012, *DJe* 25.04.2012)

Brevi manu Tradição da coisa que se opera quando aquele que possuía em nome alheio passa a possuir em nome próprio (*v. Tradição* brevi manu).

Brocardo Princípio ou axioma jurídico, expresso em latim, que corresponde a um conceito ou regra de abrangência geral ou universal. Máxima; axioma; adágio. *Lex posterior derogat priori* (a lei posterior revoga a anterior); *dormientibus non succurrit jus* (o direito não socorre os que dormem); *dura lex, sed lex* (a lei é dura, mas é a lei).

Burocracia Forma de estruturação e organização administrativa, caracterizada pelo excessivo formalismo e pela lenta tramitação de processos administrativos por diferentes hierarquias, resultando na exagerada demora na prestação do serviço público.

Busca e apreensão Medida judicial destinada a obter a apreensão de determinada coisa ou pessoa do poder de quem a detenha ilegalmente, a fim de que ela seja guardada ou depositada até que o juiz decida a quem deve ser entregue em definitivo. Como processo autônomo, a busca e apreensão encontra previsão no DL n. 911/69, que regula os contratos de alienação fiduciária.

▶ Veja CPC/73: "**Art. 839.** O juiz pode decretar a busca e apreensão de pessoas ou de coisas. **Art. 840.** Na petição inicial exporá o requerente as razões justificativas da medida e da ciência de estar a pessoa ou a coisa no lugar designado. **Art. 841.** A justificação prévia far-se-á em segredo de justiça, se for indispensável. Provado quanto baste o alegado, expedir-se-á o mandado que conterá: I – a indicação da casa ou do lugar em que deve efetuar-se a diligência; II – a descrição da pessoa ou da coisa procurada e o destino a lhe dar; III – a assinatura do juiz, de quem emanar a ordem".

▶ Veja CPC/2015: "**Art. 536.** No cumprimento de sentença que reconheça a exigibilidade de obrigação de fazer ou de não fazer, o juiz poderá, de ofício ou a requerimento, para a efetivação da tutela específica ou a obtenção de tutela pelo resultado prático equivalente, determinar as medidas necessárias à satisfação do exequente. § 1º Para atender ao disposto no *caput*, o juiz poderá determinar, entre outras medidas, a imposição de multa, a busca e apreensão, a remoção de pessoas e coisas, o desfazimento de obras e o impedimento de atividade nociva, podendo, caso necessário, requisitar o auxílio de força policial. § 2º O mandado de busca e apreensão de pessoas e coisas será cumprido por 2 (dois) oficiais de justiça, observando-se o disposto no art. 846, §§ 1º a 4º, se houver necessidade de arrombamento. [...] **Art. 538.** Não cumprida a obrigação de entregar coisa no prazo estabelecido na sentença, será expedido mandado de busca e apreensão ou de imissão na posse em favor do credor, conforme se tratar de coisa móvel ou imóvel. [...] **Art. 625.** O inventariante removido entregará imediatamente ao substituto os bens do espólio e, caso deixe de fazê-lo, será compelido mediante mandado de busca e apreensão ou de imissão na posse, conforme se tratar de bem móvel ou imóvel, sem prejuízo da multa a ser fixada pelo juiz em montante não superior a três por cento do valor dos bens inventariados. [...] **Art. 806.** O devedor de obrigação de entrega de coisa certa, constante de título executivo extrajudicial, será citado para, em 15 (quinze) dias, satisfazer a obrigação. [...] § 2º Do mandado de citação constará ordem para imissão na posse ou busca e apreensão, conforme se tratar de bem imóvel ou móvel, cujo cumprimento se dará de imediato, se o executado não satisfizer a obrigação no prazo que lhe foi designado".

▶ Veja DL n. 911/69: "**Art. 3º** O proprietário fiduciário ou credor poderá, desde que comprovada a mora, na forma estabelecida pelo § 2º do art. 2º, ou o inadimplemento, requerer contra o devedor ou terceiro a busca e apreensão do bem alienado fiduciariamente, a qual será concedida liminarmente, podendo ser apreciada em plantão judiciário. [...] § 6º Na sentença que decretar a improcedência da ação de busca e apreensão, o juiz condenará o credor fiduciário ao pagamento de multa, em favor do devedor fiduciante, equivalente a cinquenta por cento do valor originalmente financiado, devidamente atualizado, caso o bem já tenha sido alienado. § 7º A multa mencionada no § 6º não exclui a responsabilidade do credor fiduciário por perdas e danos. § 8º A busca e apreensão prevista no presente artigo constitui processo autônomo e independente de qualquer procedimento posterior. [...] **Art. 4º** Se o bem alienado fiduciariamente não for encontrado ou não se achar na posse do devedor, fica facultado ao credor requerer, nos mesmos autos, a conversão do pedido de busca e apreensão em ação executiva, na forma prevista no Capítulo II do Livro II da Lei n. 5.869, de 11 de janeiro de 1973 – Código de Processo Civil. **Art. 5º** Se o credor preferir recorrer à ação executiva, direta ou a convertida na forma do art. 4º, ou, se for o caso ao executivo fiscal, serão penhorados, a critério do autor da ação, bens do devedor quantos bastem para assegurar a execução".

C

Cadeia Estabelecimento penal. Prisão. Local em que são confinadas preventivamente as pessoas indiciadas na prática de um delito ou no qual permanecem para cumprir pena os indivíduos definitivamente condenados pela Justiça (*v. Prisão*).

Cadeia dominial Histórico da propriedade imóvel obtido junto ao Cartório de Registro de Imóveis, que consiste em apontar a sequência cronológica em que se operaram os registros e a legitimidade de todas as transmissões de determinada propriedade imóvel, desde o primeiro até o último registro.

- Registros públicos (Lei n. 6.015/73). Relevância da análise da questão da cisão frente ao princípio da continuidade dos registros públicos. Cadeia dominial e registro de contrato de arrendamento comercial. 1. No julgamento da apelação e dos subsequentes embargos de declaração, não obstante provocada pelos ora recorrentes desde a impugnação ao procedimento de suscitação de dúvida, a C. Corte Estadual deixou de examinar tese relevante ao deslinde da controvérsia, relativamente à possibilidade de registro, sem quebra do princípio da continuidade registral, do contrato de arrendamento comercial firmado anteriormente à cisão da arrendante. Resta caracterizada, assim, ofensa ao art. 535 do CPC. 2. Parece influente na solução do caso analisar-se o aspecto da cisão, realizada e registrada no registro imobiliário posteriormente à celebração do contrato de arrendamento de salão comercial em shopping center, ainda vigente, para efeito de eventual prevalência do contrato perante as atuais proprietárias, sociedades empresárias resultantes da cisão. Merece exame a questão do disposto nos arts. 229, 233 e 234 da Lei de Sociedades Anônimas (Lei n. 6.404/76) a eventualmente afastar prejuízo ao princípio da continuidade dos registros públicos e, assim, possibilitar ainda o registro do contrato de arrendamento celebrado entre a cindida e as ora recorrentes. [...] (STJ, REsp n. 731.762/RS, 4ª T., rel. Min. Luis Felipe Salomão, rel. p/ Acórdão Min. Raul Araújo, j. 28.06.2011, *DJe* 25.11.2011)

Caducar Juridicamente significa acabar, extinguir, perder o efeito de um direito ou de uma pretensão. A caducidade, em regra, origina-se do não exercício de um direito no prazo em que deveria (prescrição, decadência), seja por disposição de lei, seja por convenção entre as partes. "A prescrição faz caducar a ação; a decadência faz caducar o direito" (SILVA, De Plácido e. *Vocabulário jurídico*, p. 348).

Caducidade Perda de um direito pelo decurso de prazo legal exigido para que fosse exercido. Geralmente ocorre em razão da inércia ou da renúncia ao exercício do direito por seu titular. Manifesta-se por prescrição, decadência ou preclusão.

- Recurso especial. Julgamento definitivo, pelo presidente do INPI, de recurso que indefere o registro de marca. Acolhimento de superveniente pedido de declaração de caducidade do registro. 1. Com o julgamento, pela Segunda Seção, dos EREsp n. 964.780, relatados pela Min. Nancy Andrighi, ficou pacificado que a declaração de caducidade do registro de marca tem efeitos jurídicos a partir de sua declaração (*ex nunc*), em vez de efeitos retroativos (*ex tunc*). 2. Por expressa disposição do art. 212, § 3º, da Lei da Propriedade Industrial, julgados definitivamente os recursos administrativos, pelo presidente do INPI, encerra-se a instância administrativa. Com efeito, tendo sido só posteriormente suscitada e obtida a declaração de caducidade do registro, pelo não uso da marca, é descabido falar em ilegalidade ou irregularidade do ato praticado pela autarquia, a ensejar, por esse fato novo, a anulação do ato administrativo pelo Poder Judiciário. [...] (STJ, REsp n. 1.080.074/RS, 4ª T., rel. Min. Luis Felipe Salomão, j. 26.02.2013, *DJe* 13.03.2013)

Calúnia Crime contra a honra que consiste em imputar falsamente a alguém fato definido como crime. A doação pode ser revogada por ingratidão do donatário quando este profere calúnia contra o doador (art. 557, III, CC; arts. 138, 144 e 145, CP; arts. 513 e 518, CPP).

▸ Veja CC: "**Art. 557.** Podem ser revogadas por ingratidão as doações: I – se o donatário atentou contra a vida do doador ou cometeu crime de homicídio doloso contra ele; II – se cometeu contra ele ofensa física; III – se o injuriou gravemente ou o caluniou; IV – se, podendo ministrá-los, recusou ao doador os alimentos de que este necessitava".

▸ Veja CP: "**Art. 138.** Caluniar alguém, imputando-lhe falsamente fato definido como crime: Pena – detenção, de 6 (seis) meses a 2 (dois) anos, e multa. § 1º Na mesma pena incorre quem, sabendo falsa a imputação, a propala ou divulga. § 2º É punível a calúnia contra os mortos. [...] **Art. 143.** O querelado que, antes da sentença, se retrata cabalmente da calúnia ou da difamação, fica isento de pena. **Art. 144.** Se, de referências, alusões ou frases, se infere calúnia, difamação ou injúria, quem se julga ofendido pode pedir explicações em juízo. Aquele que se recusa a dá-las ou, a critério do juiz, não as dá satisfatórias, responde pela ofensa. **Art. 145.** Nos crimes previstos neste Capítulo somente se procede mediante queixa, salvo quando, no caso do art. 140, § 2º, da violência resulta lesão corporal".

▸ Veja CPP: "**Art. 519.** No processo por crime de calúnia ou injúria, para o qual não haja outra forma estabelecida em lei especial, observar-se-á o disposto nos Capítulos I e III, Título I, deste Livro, com as modificações constantes dos artigos seguintes. **Art. 520.** Antes de receber a queixa, o juiz oferecerá às partes oportunidade para se reconciliarem, fazendo-as comparecer em juízo e ouvindo-as, separadamente, sem a presença dos seus advogados, não se lavrando termo. **Art. 521.** Se depois de ouvir o querelante e o querelado, o juiz achar provável a reconciliação, promoverá entendimento entre eles, na sua presença".

▪ Penal. Crime de calúnia. Texto ofensivo veiculado pela internet. Ação penal que, inicialmente da competência originária do STJ por força da prerrogativa de função, foi deslocada para o 1º grau de jurisdição em razão da aposentadoria do denunciado. Sentença de absolvição naquela instância, seguida da superveniente anulação da aludida aposentadoria, com o consequente restabelecimento da competência do STJ, desta feita para julgar os recursos de apelação nos termos de precedente do STF. A regra básica da perícia criminal é a de que seu objeto seja preservado. Espécie em que os peritos, flagrando no computador apreendido um vírus conhecido como cavalo de troia, excluíram-no do material a ser periciado, gerando incerteza acerca de sua potencialidade para invadir o equipamento e transmitir mensagens à revelia do usuário. Apelações desprovidas. (STJ, Ap. Cível n. 684/DF, Corte Especial, rel. Min. Ari Pargendler, j. 03.04.2013, DJe 09.04.2013)

Câmara Recinto no qual se reúnem os membros de uma determinada instituição ou corporação para debater e deliberar a respeito de temas pertinentes às suas finalidades. Expressão aplicável às Câmaras de Vereadores, Câmaras de Indústria e Comércio, Câmara do Livro, Câmara de Comércio Exterior e Câmara de Deputados, Câmara Cível, entre outras.

Câmara dos Deputados Câmara legislativa ou local onde se reúnem e atuam os deputados federais para discutir, elaborar e aprovar as leis de sua competência. Juntamente com o Senado Federal, compõe o Congresso Federal.

Câmara judiciária Denominação atribuída às seções ou grupos nos quais se dividem os desembargadores de um Tribunal de Justiça, com a finalidade de julgarem os recursos que lhes são submetidos. As câmaras, de acordo com a especialidade da matéria em julgamento, estabelecida no Regimento Interno de cada tribunal, podem ser cíveis ou criminais. Denomina-se Câmaras Reunidas a reunião de todas as Câmaras de uma mesma especialidade. Exemplos: Câmaras Cíveis Reunidas; Câmaras Criminais Reunidas. Cada câmara é composta de 3 a 4 desembargadores, dependendo do que dispõe o regimento interno, sendo presidida pelo desembargador mais antigo.

Cancelamento de protesto Ato de cancelar o protesto pelo devedor mediante pagamento do título e posterior entrega e requerimento ao oficial do cartório. Com o cancelamento, as certidões expedidas contra o devedor são inutilizadas (Lei n. 6.690/79).

▸ Veja Lei n. 6.690/79: "**Art 1º** O cancelamento de protesto de títulos cambiais disciplinar-se-á por esta Lei, conforme os preceitos estabelecidos nos artigos seguintes. **Art. 2º** Será cancelado o protesto de títulos cambiais posteriormente pagos mediante a exibição e a entrega, pelo devedor ou procurador com poderes especiais, dos títulos protestados, devidamente quitados, que serão arquivados em cartório. § 1º Para os fins previstos no *caput* deste artigo, não serão aceitas cópias ou reproduções de qualquer espécie, ainda que autenticados. § 2º Na impossibilidade de exibir o título protestado, o devedor, para obter o cancelamento do protesto, deverá apresentar declaração de anuência de todos que figurem no registro de protesto, com qualificação completa e firmas reconhecidas, devendo ser arquivada em cartório a referida declaração. **Art. 3º** Na hipótese de cancelamento de protesto não fundado no pagamento posterior do título, será bastante a apresentação, pelo interessado, de declaração nos termos do § 2º do art. 2º desta Lei".

- Ementa. Processo civil. Direito do consumidor. Recurso especial. Cancelamento do protesto. Ônus do devedor. Ressalva do relator. 1. "Legitimamente protestado o título de crédito, cabe ao devedor que paga posteriormente a dívida o ônus de providenciar a baixa do protesto em cartório (Lei n. 9.294/97, art. 26), sendo irrelevante se a relação era de consumo, pelo que não se há falar em dano moral pela manutenção do apontamento" (REsp n. 1.195.668/RS, 4ª T., rel. Min. Luis Felipe Salomão, rel. p/ Acórdão Min. Maria Isabel Gallotti, j. 11.09.2012, DJe 17.10.2012). Ressalva do relator. 2. Recurso especial provido. (STJ, REsp n. 959.114/MS, 4ª T., rel. Min. Luis Felipe Salomão, j. 18.12.2012, DJe 13.02.2013)

Capacidade de fato Condição que permite o exercício de direitos pelo próprio titular. Atributo ou aptidão de personalidade moral que se confunde com o autodiscernimento ou a consciência dos próprios atos.

Capacidade jurídica Condição que possibilita a uma pessoa adquirir e exercer direitos, além de contrair obrigações (art. 5º, CC).

- Veja CC: "**Art. 5º** A menoridade cessa aos dezoito anos completos, quando a pessoa fica habilitada à prática de todos os atos da vida civil. Parágrafo único. Cessará, para os menores, a incapacidade: I – pela concessão dos pais, ou de um deles na falta do outro, mediante instrumento público, independentemente de homologação judicial, ou por sentença do juiz, ouvido o tutor, se o menor tiver dezesseis anos completos; II – pelo casamento; III – pelo exercício de emprego público efetivo; IV – pela colação de grau em curso de ensino superior; V – pelo estabelecimento civil ou comercial, ou pela existência de relação de emprego, desde que, em função deles, o menor com dezesseis anos completos tenha economia própria".

- Defesa judicial de órgão sem personalidade jurídica – personalidade judiciária da Câmara de Vereadores. 1. A regra geral é a de que só os entes personalizados, com capacidade jurídica, têm capacidade de estar em juízo, na defesa dos seus direitos. 2. Criação doutrinária acolhida pela jurisprudência no sentido de admitir que órgãos sem personalidade jurídica possam em juízo defender interesses e direitos próprios, excepcionalmente, para manutenção, preservação, autonomia e independência das atividades do órgão em face de outro Poder. 3. Hipótese em que a Câmara de Vereadores pretende não recolher contribuição previdenciária dos salários pagos aos vereadores, por entender inconstitucional a cobrança. 4. Impertinência da situação excepcional, porque não configurada a hipótese de defesa de interesses e prerrogativas funcionais. 5. Recurso especial improvido. (STJ, REsp n. 649.824/RN, 2ª T., rel. Min. Eliana Calmon, j. 28.03.2006, DJ 30.05.2006, p. 136)

Capacidade plena Condição atribuída às pessoas aptas a exercer direitos, isto é, as que completam a maioridade civil, desde que não incorram em nenhuma outra modalidade de incapacidade (arts. 3º e 5º, CC).

Capacidade processual Condição que habilita a pessoa a ingressar em juízo, como autor ou réu, em defesa de seus interesses. Capacidade *ad processum* (art. 3º, CPC/73).

- Veja CPC/73: "**Art. 3º** Para propor ou contestar ação é necessário ter interesse e legitimidade".

- Veja CPC/2015: "**Art. 17.** Para postular em juízo é necessário ter interesse e legitimidade".

- Agravo regimental em recurso especial. Cartório de protesto de títulos de Campina Grande. Ação de indenização. Ilegitimidade passiva. Recurso improvido. 1. Consoante entendimento desta Corte, ainda que não dotados de personalidade jurídica, possuem os Cartórios capacidade processual e, portanto, legitimidade para responder por danos causados em decorrência de suas atividades, bem como por falhas na prestação de seus serviços. 2. Agravo regimental improvido. (STJ, Ag. Reg. no REsp n. 1.249.451/PB, 3ª T., rel. Min. Sidnei Beneti, j. 25.10.2011, DJe 08.11.2011)

Capacidade relativa Condição atribuída aos relativamente incapazes, habilitando-os à prática de certos atos ou à maneira de exercê-los. Consideram-se relativamente incapazes os maiores de 16 e menores de 18 anos; os ébrios habituais ou viciados em tóxicos; os que, por deficiência mental, tenham o discernimento reduzido; pelos excepcionais sem desenvolvimento mental completo; e pelos pródigos (art. 4º, CC).

▶ Veja CC: "**Art. 4º** São incapazes, relativamente a certos atos, ou à maneira de os exercer: I – os maiores de dezesseis e menores de dezoito anos; II – os ébrios habituais, os viciados em tóxicos, e os que, por deficiência mental, tenham o discernimento reduzido; III – os excepcionais, sem desenvolvimento mental completo; IV – os pródigos. Parágrafo único. A capacidade dos índios será regulada por legislação especial".

Capitalização de juros Incorporação periódica de juros devidos e já vencidos ao capital (principal) representativo da dívida para constituírem um novo valor. Cobrança de juros sobre juros. A capitalização de juros, também denominada *anatocismo*, é vedada por lei (*v. Anatocismo*).

Captação de causas Diz-se do ato, praticado por profissional liberal, entre eles o advogado, que, utilizando meios artificiosos, procura atrair causas ou clientes para a prestação de serviços. Angariar ou captar causas pelo advogado constitui infração disciplinar penalizada pelo EAOAB.

▶ Veja EAOAB: "**Art. 34.** Constitui infração disciplinar: [...] IV – angariar ou captar causas, com ou sem a intervenção de terceiros; [...]".

Caput Diz-se da cabeça ou da parte principal de um artigo de lei.

Carência de ação Situação que se caracteriza pelo não preenchimento de alguma das condições da ação, ou seja, legitimidade das partes ou interesse processual (art. 267, VI, CPC/73).

▶ Veja CPC/73: "**Art. 267.** Extingue-se o processo, sem resolução de mérito: [...] VI – quando não concorrer qualquer das condições da ação, como a possibilidade jurídica, a legitimidade das partes e o interesse processual; [...]".

▶ Veja CPC/2015: "**Art. 485.** O juiz não resolverá o mérito quando: [...] VI – verificar ausência de legitimidade ou de interesse processual".

■ Direito civil e processual civil. Sucessão. Inventário negativo. Percepção de valores. Lei n. 6.858/80. Desnecessidade da tutela jurisdicional. Carência de ação por falta de interesse de agir. Sentença mantida. 1. Tendo em vista que o direito à percepção de valores devidos pelos empregadores não recebidos em vida pelo empregado independerá de ação de inventário ou de arrolamento de bens, nos termos do art. 1º da Lei n. 6.858/80, resta caracterizada a carência de ação por falta de interesse processual, mostrando-se incensurável o decreto monocrático que indeferiu a petição inicial, com fundamento no art. 295, III, do CPC. 2. Recurso conhecido e não provido. (TJDFT, Ap. Cível n. 20.070.310.228.985, 3ª T., rel. Nídia Corrêa Lima, j. 28.05.2008, *DJ* 05.06.2008, p. 47)

Carga de autos Ato de competência do escrivão do cartório judicial que consiste na entrega dos autos ao advogado da parte que o solicitar, mediante registro em livro próprio e assinatura do solicitante. Ao advogado é assegurado o direito de retirar os autos do cartório ou da secretaria, pelo prazo legal, sempre que lhe competir falar neles por determinação do juiz nos casos previstos em lei (art. 40, CPC/73).

▶ Veja CPC/73: "**Art. 40.** O advogado tem direito de: [...] III – retirar os autos do cartório ou secretaria, pelo prazo legal, sempre que lhe competir falar neles por determinação do juiz, nos casos previstos em lei. [...]".

▶ Veja CPC/2015: "**Art. 107.** O advogado tem direito a: I – examinar, em cartório de fórum e secretaria de tribunal, mesmo sem procuração, autos de qualquer processo, independentemente da fase de tramitação, assegurados a obtenção de cópias e o registro de anotações, salvo na hipótese de segredo de justiça, nas quais apenas o advogado constituído terá acesso aos autos; II – requerer, como procurador, vista dos autos de qualquer processo, pelo prazo de cinco dias; III – retirar os autos do cartório ou secretaria, pelo prazo legal, sempre que neles lhe couber falar por determinação do juiz, nos casos previstos em lei. § 1º Ao receber os autos, o advogado assinará carga no livro ou em documento próprio. § 2º Sendo o prazo comum às partes, os procuradores poderão retirar os autos somente em conjunto ou mediante prévio ajuste, por petição nos autos. § 3º Na hipótese do § 2º, é lícito ao procurador retirar os autos para obtenção de cópias, pelo prazo de duas a seis horas, independentemente de ajuste e sem prejuízo da continuidade do prazo. § 4º O procurador perderá no mesmo processo o direito a que se refere o § 3º se não devolver os autos tempestivamente, salvo se o prazo for prorrogado pelo juiz".

■ Advogado com poderes tão somente para obtenção de carga dos autos. Intimação para devolução dos autos. Imposição de penalidade apenas após o decurso do prazo sem o retorno dos autos. 1. É direito do procurador retirar os autos do cartório mediante assinatura no livro de carga (art. 40, III, do CPC c/c art. 7º, XV, da Lei n. 8.906/94), cabendo-lhe, em contrapartida, devolvê-los no prazo legal, sob pena de perda do direito à vista fora do cartório e de imposição de multa (art. 196 do CPC c/c art. 7º, § 1º, 3, da Lei n. 8.906/94), se não o fizer no prazo de 24 horas após sua intimação pessoal. Além disso, é possível o desentranhamento das alegações e documentos que houver apresentado (art. 195 do mesmo Codex) e comunicação à Ordem dos Advogados para eventual procedimento disciplinar (art. 196, parágrafo único). 2. A intimação deve ser efetuada por mandado, na pessoa do advogado que retirou os autos e cujo nome consta do livro de carga, somente podendo ser aplicadas as referidas penalidades após ultrapassado o prazo legal, sem a devida restituição. 3. No caso concreto, o processo foi retirado por advogada a quem conferiu-se substabelecimento com poderes restritos, sendo certa sua restituição no prazo de 24 horas (fl. 157). Não obstante, foi aplicada sanção de vedação a futuras cargas, bem como foi estendida a penalidade a todos os advogados e estagiários representantes da parte (fl. 141), ainda que não intimados, denotando a irregularidade da sanção imposta. 4. Recurso especial provido. (STJ, REsp n. 1.089.181/DF, 4ª T., rel. Min. Luis Felipe Salomão, j. 04.06.2013, DJe 17.06.2013)

Cargo de confiança Função de confiança. Designativo do cargo público exercido temporariamente e de forma exclusiva por servidores ocupantes de cargo efetivo por designação do administrador público. O cargo de confiança é exclusivo para as atribuições de direção, chefia e assessoramento. É também denominado função gratificada, em razão de originar um acréscimo nos vencimentos do ocupante do cargo.

Cargo em comissão Cargo comissionado. Função comissionada. Designativo do cargo público exercido temporariamente e de forma precária por pessoa não concursada e de confiança do administrador público. Como ocorre com as funções de confiança, o cargo em comissão é exclusivo para as funções de direção, chefia e assessoramento. As nomeações para cargo em comissão são de livre nomeação e exoneração, permitida, pois, a exoneração *ad nutum* (art. 37, II, CF). Em regra, qualquer pessoa, mesmo não servidor público efetivo, pode ser nomeada para ocupar um cargo em comissão.

▶ Veja CF: "**Art. 37.** A administração pública direta e indireta de qualquer dos Poderes da União, dos Estados, do Distrito Federal e dos Municípios obedecerá aos princípios de legalidade, impessoalidade, moralidade, publicidade e eficiência e, também, ao seguinte: [...] II – a investidura em cargo ou emprego público depende de aprovação prévia em concurso público de provas ou de provas e títulos, de acordo com a natureza e a complexidade do cargo ou emprego, na forma prevista em lei, ressalvadas as nomeações para cargo em comissão declarado em lei de livre nomeação e exoneração; [...] V – as funções de confiança, exercidas exclusivamente por servidores ocupantes de cargo efetivo, e os cargos em comissão, a serem preenchidos por servidores de carreira nos casos, condições e percentuais mínimos previstos em lei, destinam-se apenas às atribuições de direção, chefia e assessoramento; [...]".

▶ Veja Lei n. 8.911/94: "**Art. 1º** A remuneração dos cargos em comissão e das funções de direção, chefia e assessoramento, nos órgãos e entidades da Administração Federal direta, autárquica e fundacional do Poder Executivo, para fins do disposto no parágrafo único do art. 62 da Lei n. 8.112, de 11 de dezembro de 1990, é a constante do Anexo desta Lei, observados os reajustes gerais e antecipações concedidos ao servidor público federal. [...] **Art. 2º** É facultado ao servidor investido em cargo em comissão ou função de direção, chefia e assessoramento, previstos nesta Lei, optar pela remuneração correspondente ao vencimento de seu cargo efetivo, acrescido de cinquenta e cinco por cento do vencimento fixado para o cargo em comissão, ou das funções de direção, chefia e assessoramento e da gratificação de atividade pelo desempenho de função, e mais a representação mensal. Parágrafo único. O servidor investido em função gratificada (FG) ou de representação (GR), ou assemelhadas, constantes do Anexo desta Lei, perceberá o valor do vencimento do cargo efetivo, acrescido da remuneração da função para a qual foi designado".

Carta arbitral Documento expedido pelo cartório judicial, mediante despacho autorizativo do juiz, determinando que órgão jurisdicional nacional pratique ou determine o cumprimento, na área de sua competência territorial, de ato solicitado por árbitro. A carta arbitral atenderá, no que couber, aos requisitos da citação por mandado e será instituída com a convenção de arbitragem, a prova da nomeação do árbitro e a prova da aceitação da função pelo árbitro (arts. 67 e 260, IV, CPC/2015).

▶ Veja CPC/2015: "**Art. 67.** Aos órgãos do Poder Judiciário, estadual ou federal, especializado ou comum, em todas as instâncias e graus de jurisdição, inclusive aos tribunais superiores, incumbe o dever de recíproca cooperação, por meio de seus magistrados e servidores. [...] **Art. 260.** São requisitos das cartas de ordem, precatória e rogatória: [...] IV – o encerramento com a assinatura do juiz. [...]".

Carta de adjudicação Documento expedido pelo cartório judicial, mediante despacho autorizativo do juiz, destinado a formalizar a transferência de um bem imóvel objeto de execução ao adjudicante. A carta de adjudicação conterá a descrição do imóvel, com remissão à sua matrícula e aos registros, a cópia do auto de adjudicação e a prova de quitação do imposto de transmissão (art. 685-B, CPC/73).

▸ Veja CPC/73: "**Art. 685-B.** A adjudicação considera-se perfeita e acabada com a lavratura e assinatura do auto pelo juiz, pelo adjudicante, pelo escrivão e, se for presente, pelo executado, expedindo-se a respectiva carta, se bem imóvel, ou mandado de entrega ao adjudicante, se bem móvel. Parágrafo único. A carta de adjudicação conterá a descrição do imóvel, com remissão a sua matrícula e registros, a cópia do auto de adjudicação e a prova de quitação do imposto de transmissão".

▸ Veja CPC/2015: "**Art. 877.** Transcorrido o prazo de 5 (cinco) dias, contado da última intimação, e decididas eventuais questões, o juiz ordenará a lavratura do auto de adjudicação. [...] § 2º A carta de adjudicação conterá a descrição do imóvel, com remissão à sua matrícula e aos seus registros, a cópia do auto de adjudicação e a prova de quitação do imposto de transmissão. [...]".

■ Recurso especial inadmitido. Violação do Decreto-lei n. 70/66 e ao art. 462 do CPC. Agravo regimental desprovido. 1. A Carta de Adjudicação procedida na execução extrajudicial não se equipara ao Auto de Adjudicação previsto no art. 715 do CPC, por conseguinte, não afasta a possibilidade de sofrer o crivo do Poder Judiciário, o qual pode apreciar, inclusive, se o valor adjudicatório foi superior ao devido. 2. Não há violação da coisa julgada, eis que se busca, na ação declaratória em exame, verificar se houve excesso na execução extrajudicial, observados os parâmetros estabelecidos no mandado de segurança anteriormente impetrado. 3. Agravo regimental desprovido. (STJ, Ag. Reg. no Ag. n. 190.445/PE, rel. Min. Eliana Calmon, 2ª T., j. 19.10.1999, *DJ* 06.12.1999, p. 78)

Carta de arrematação Documento expedido pelo cartório judicial, mediante chancela do juiz, pelo qual um terceiro ou o próprio credor adquire o bem penhorado objeto de execução e de posterior leilão. A carta de arrematação conterá: a descrição do imóvel, com remissão à sua matrícula e registros; a cópia do auto de arrematação; e a prova de quitação do imposto de transmissão (art. 703, CPC/73).

▸ Veja CPC/73: "**Art. 703.** A carta de arrematação conterá: I – a descrição do imóvel, com remissão à sua matrícula e registros; II – a cópia do auto de arrematação; e III – a prova de quitação do imposto de transmissão".

▸ Veja CPC/2015: "**Art. 901.** A arrematação constará de auto que será lavrado de imediato e poderá abranger bens penhorados em mais de uma execução, nele mencionadas as condições nas quais foi alienado o bem. § 1º A ordem de entrega do bem móvel ou a carta de arrematação do bem imóvel, com o respectivo mandado de imissão na posse, será expedida depois de efetuado o depósito ou prestadas as garantias pelo arrematante, bem como realizado o pagamento da comissão do leiloeiro e das demais despesas da execução. § 2º A carta de arrematação conterá a descrição do imóvel, com remissão à sua matrícula ou individuação e aos seus registros, a cópia do auto de arrematação e a prova de pagamento do imposto de transmissão, além da indicação da existência de eventual ônus real ou gravame".

■ Pré-questionamento. Ausência. Execução de sentença. Imissão na posse. Carta de arrematação. Registro. Necessidade. 1. A ausência de decisão acerca dos dispositivos legais indicados como violados impede o conhecimento do recurso especial. 2. O dissídio jurisprudencial deve ser comprovado mediante o cotejo analítico entre acórdãos que versem sobre situações fáticas idênticas. 3. A pretensão de quem objetiva a imissão na posse fundamenta-se no direito de propriedade. Visa à satisfação daquele que, sem nunca ter exercido a posse, espera obtê-la judicialmente. 4. Logo, na medida em que a transferência da propriedade imobiliária ocorre com o registro do título aquisitivo – no particular, a carta de arrematação – perante o Registro de Imóveis, somente depois da prática desse ato é que o arrematante estará capacitado a exigir sua imissão na posse do bem. 5. Recurso especial não provido. (STJ, REsp n. 1.238.502/MG, 3ª T., rel. Min. Nancy Andrighi, j. 28.05.2013, *DJe* 13.06.2013)

Carta de ordem Documento redigido pelo escrivão e assinado pelo presidente do tribunal endereçado a juiz de instância inferior para que este pratique determinado ato ou diligência de origem. São requisitos essenciais da carta de ordem: a indicação dos juízes de origem e de cumprimento do ato; o inteiro teor da petição, do despacho judicial e do instrumento do mandato conferido ao advogado; a menção do ato processual que lhe constitui o objeto; e o encerramento com a assinatura do juiz (arts. 200 a 202, CPC/73).

▸ Veja CPC/73: "**Art. 200.** Os atos processuais serão cumpridos por ordem judicial ou requisitados por carta, conforme hajam de realizar-se dentro ou fora dos limites territoriais da comarca. **Art. 201.** Expedir-se-á carta de ordem se o juiz for subordinado ao tribunal de que ela emanar; carta rogatória, quando dirigida à autoridade judiciária estrangeira; e carta precatória nos demais casos. **Art. 202.** São requisitos essenciais da carta de ordem, da carta precatória e da carta rogatória: I – a indicação dos juízes de origem e de cumprimento do ato; II – o inteiro teor da petição, do despacho judicial e do instrumento do mandato conferido ao advogado; III – a menção do ato processual, que lhe constitui o objeto; IV – o encerramento com a assinatura do juiz. [...]".

▸ Veja CPC/2015: "**Art. 260.** São requisitos das cartas de ordem, precatória e rogatória: I – a indicação dos juízes de origem e de cumprimento do ato; II – o inteiro teor da petição, do despacho judicial e do instrumento do mandato conferido ao advogado; III – a menção do ato processual que lhe constitui o objeto; IV – o encerramento com a assinatura do juiz. § 1º O juiz mandará trasladar para a carta quaisquer outras peças, bem como instruí-la com mapa, desenho ou gráfico, sempre que esses documentos devam ser examinados, na diligência, pelas partes, pelos peritos ou pelas testemunhas. § 2º Quando o objeto da carta for exame pericial sobre documento, este será remetido em original, ficando nos autos reprodução fotográfica. § 3º A carta arbitral atenderá, no que couber, aos requisitos a que se refere o *caput* e será instruída com a convenção de arbitragem e com as provas da nomeação do árbitro e de sua aceitação da função. [...] **Art. 264.** A carta de ordem e a carta precatória por meio eletrônico, por telefone ou por telegrama conterão, em resumo substancial, os requisitos mencionados no art. 250, especialmente no que se refere à aferição da autenticidade".

■ Homologação. Divórcio. Carta de ordem. Citação pessoal não efetuada. Não localização da ré. Citação por edital. Ausência de nulidade. Retornando a carta de ordem sem a efetiva citação pessoal do requerido, tendo em vista a não localização da parte pelo Oficial de Justiça no endereço indicado pela ora requerente, tem-se como válida a citação por edital, ausente qualquer razão nos presentes autos para crer que o endereço atual da requerida seja conhecido pelo requerente. No caso, a sentença de divórcio foi proferida em 1999, o ora requerido foi intimado pessoalmente e compareceu à audiência perante a Justiça norte-americana, renunciando ao direito de contestar a pretensão de divórcio da autora, ora requerente. Sentença estrangeira homologada. (STJ, SEC n. 5.010/EX, Corte Especial, rel. Min. Cesar Asfor Rocha, j. 12.05.2011, DJe 22.06.2011)

Carta Magna Expressão sinônima de Constituição tanto no nível federal como no estadual. Origina-se da expressão Magna Carta, que em latim significa "Grande Carta". Seu nome completo é "Grande carta das liberdades ou concórdia entre o rei João e os barões para a outorga das liberdades da Igreja e do Reino inglês". Foi assinada pelo rei João Sem-Terra, da Inglaterra, em 15 de junho de 1215, sendo considerada o primeiro documento a colocar por escrito alguns direitos do povo inglês. Entre outros direitos, a Magna Carta estabeleceu que o rei devia seguir a lei e não podia mais reinar por sua própria conta e vontade. É considerada uma espécie de constituição, por ter sido um dos primeiros documentos a conceder direitos aos cidadãos.

Carta precatória Documento redigido pelo escrivão e assinado pelo juiz a ser endereçado a juiz de outra comarca, requisitando a realização de um ato processual que interessa à solução do processo que corre no juízo de origem. São requisitos essenciais da carta precatória: a indicação dos juízes de origem e de cumprimento do ato; o inteiro teor da petição, do despacho judicial e do instrumento do mandato conferido ao advogado; a menção do ato processual que lhe constitui o objeto; e o encerramento com a assinatura do juiz (arts. 200 a 202, CPC/73).

▸ Veja legislação do verbete *Carta de ordem*.

▸ Veja CPP: "**Art. 353.** Quando o réu estiver fora do território da jurisdição do juiz processante, será citado mediante precatória. **Art. 354.** A precatória indicará: I – o juiz deprecado e o juiz deprecante; II – a sede da jurisdição de um e de outro; III – o fim para que é feita a citação, com todas as especificações; IV – o juízo do lugar, o dia e a hora em que o réu deverá comparecer".

■ Súmula n. 273, STJ: Intimada a defesa da expedição da carta precatória, torna-se desnecessária intimação da data da audiência no juízo deprecado.

- Agravo de instrumento. Alimentos provisórios. Redução. Tempestividade do recurso. Preliminar de intempestividade. Tendo em conta a data da juntada da carta precatória de citação, de rigor afastar a alegação de intempestividade do recurso. Mérito. Caso em que o agravante não recebe um alto salário e há ainda indícios de que reside em casa modesta, bem como possui uma série de despesas decorrentes de empréstimos bancários. Diante desses elementos – principalmente em razão de o agravante não ser gerente de banco como afirmado na petição inicial –, adequada a redução do valor de alimentos provisórios até que o desenrolar do processo elucide as variáveis do binômio alimentar. Rejeitaram a preliminar e deram provimento. (TJRS, AI n. 70.054.421.250, 8ª Câm. Cível, rel. Rui Portanova, j. 27.06.2013)

Carta rogatória Pedido da autoridade judiciária brasileira à autoridade de outro país para que sejam cumpridas determinadas providências processuais fora de sua jurisdição (art. 368, CPP). São requisitos essenciais da carta rogatória: a indicação dos juízes de origem e de cumprimento do ato; o inteiro teor da petição, do despacho judicial e do instrumento do mandato conferido ao advogado; a menção do ato processual que lhe constitui o objeto; e o encerramento com a assinatura do juiz (arts. 200 a 202, CPC/73).

▶ Veja legislação do verbete *Carta de ordem*.

▶ Veja CPP: "**Art. 368.** Estando o acusado no estrangeiro, em lugar sabido, será citado mediante carta rogatória, suspendendo-se o curso do prazo de prescrição até o seu cumprimento. **Art. 369.** As citações que houverem de ser feitas em legações estrangeiras serão efetuadas mediante carta rogatória. [...] **Art. 783.** As cartas rogatórias serão, pelo respectivo juiz, remetidas ao Ministro da Justiça, a fim de ser pedido o seu cumprimento, por via diplomática, às autoridades estrangeiras competentes. **Art. 784.** As cartas rogatórias emanadas de autoridades estrangeiras competentes não dependem de homologação e serão atendidas se encaminhadas por via diplomática e desde que o crime, segundo a lei brasileira, não exclua a extradição".

- Agravo regimental na carta rogatória. *Exequatur*. Ausência de ofensa à soberania nacional ou à ordem pública. Observância dos requisitos da Resolução n. 9/2005/STJ. I. Não sendo hipótese de ofensa à soberania nacional, à ordem pública ou de inobservância dos requisitos da Resolução n. 9/2005/STJ, cabe apenas a este E. Superior Tribunal de Justiça emitir juízo meramente delibatório acerca da concessão do *exequatur* nas cartas rogatórias, sendo competência da Justiça rogante a análise de eventuais alegações relacionadas ao mérito da causa. II. A exigência de dupla incriminação não incide sobre as diligências de simples trâmite ou de mera instrução processual. (Precedentes) III. *In casu*, a comissão objetiva a notificação da interessada, ato meramente procedimental que permite o exercício do direito de defesa e não viola a soberania nacional ou a ordem pública. Agravo regimental desprovido. (STJ, Ag. Reg. na CR n. 7.029/EX, Corte Especial, rel. Min. Felix Fischer, j. 15.05.2013, *DJe* 22.05.2013)

Carta testemunhável Modalidade de recurso criminal requerida ao escrivão ou secretário do tribunal nas 48 horas posteriores ao despacho que denegar o recurso, com a indicação das peças do processo penal a serem trasladadas, contra decisão que denegar recurso ou decisão que, embora o admita, obstar à sua expedição e ao seguimento para o juízo *ad quem* (arts. 639 a 646, CPP).

▶ Veja CPP: "**Art. 639.** Dar-se-á carta testemunhável: I – da decisão que denegar o recurso; II – da que, admitindo embora o recurso, obstar à sua expedição e seguimento para o juízo *ad quem*. **Art. 640.** A carta testemunhável será requerida ao escrivão, ou ao secretário do tribunal, conforme o caso, nas 48 (quarenta e oito) horas seguintes ao despacho que denegar o recurso, indicando o requerente as peças do processo que deverão ser trasladadas. **Art. 641.** O escrivão, ou o secretário do tribunal, dará recibo da petição à parte e, no prazo máximo de 5 (cinco) dias, no caso de recurso no sentido estrito, ou de 60 (sessenta) dias, no caso de recurso extraordinário, fará entrega da carta, devidamente conferida e concertada. **Art. 642.** O escrivão, ou o secretário do tribunal, que se negar a dar o recibo, ou deixar de entregar, sob qualquer pretexto, o instrumento, será suspenso por 30 (trinta) dias. O juiz, ou o presidente do Tribunal de Apelação, em face de representação do testemunhante, imporá a pena e mandará que seja extraído o instrumento, sob a mesma sanção, pelo substituto do escrivão ou do secretário do tribunal. Se o testemunhante não for atendido, poderá reclamar ao presidente do tribunal *ad quem*, que avocará os autos, para o efeito do julgamento do recurso e imposição da pena. **Art. 643.** Extraído e autuado o instrumento, observar-se-á o disposto nos arts. 588 a 592, no caso de recurso em sentido estrito, ou o processo estabelecido para o recurso extraordinário, se deste se tratar. **Art. 644.** O tribunal, câmara ou turma a que competir o julgamento da carta, se desta tomar conhecimento, mandará processar o recurso, ou, se estiver suficientemente instruída, decidirá logo, *de meritis*. **Art. 645.** O processo da carta testemunhável na instância superior seguirá o processo do recurso denegado. **Art. 646.** A carta testemunhável não terá efeito suspensivo".

- *Habeas corpus.* Sequestro e extorsão majorada. (1) Alegação de diversas nulidades. Supressão de instância. Cognição. Impossibilidade. (2) Não conhecimento. Ajuizamento de carta testemunhável. Não conhecimento. 1. Não é viável o conhecimento da ordem de *habeas corpus* quando o tribunal local não enfrenta, efetivamente, os termos da insurgência a esta Corte trazida a debate, sob pena de indevida supressão de instância. 2. A carta testemunhável é instrumento processual de nítido caráter subsidiário, destinado a corrigir o equívoco decorrente da denegação de recurso ou de negativa de seu seguimento. Havendo, contudo, meios de impugnação do entrave à insurgência, não deve ser conhecida a carta. *In casu*, inadmitidos embargos de declaração opostos contra a sentença condenatória, seria possível arrostar a omissão, obscuridade, contradição ou ambiguidade por meio da apelação. 3. Ordem não conhecida. (STJ, *HC* n. 138.427/BA, 6ª T., rel. Min. Maria Thereza de Assis Moura, j. 23.10.2012, *DJe* 29.10.2012)

Cartel Expressão de origem francesa que indica o acordo explícito ou implícito entre empresas concorrentes para, especialmente, fixação de preços ou quotas de produção, divisão de clientes e de mercados de atuação. O objetivo do cartel é, mediante ação coordenada entre concorrentes, eliminar a concorrência e aumentar os preços, com o consequente prejuízo aos consumidores. Cartel, além de ser um ilícito administrativo, é crime punível com pena de 2 a 5 anos de reclusão ou multa, nos termos da Lei n. 8.137/90. No âmbito administrativo, a empresa condenada pelo Cade por prática de cartel poderá pagar multa de 1 a 30% de seu faturamento bruto no ano anterior ao início do processo administrativo que apurou a prática. Por sua vez, os administradores da empresa direta ou indiretamente envolvidos com o ilícito podem ser condenados a pagar uma multa entre 10 a 50% daquela aplicada à empresa. Outras penas acessórias podem ser impostas, por exemplo, a proibição de contratar com instituições financeiras oficiais e de parcelar débitos fiscais, bem como de participar de licitações promovidas pela administração pública federal, estadual e municipal por prazo não inferior a cinco anos.

▸ Veja Lei n. 8.137/90: "**Art. 4º** Constitui crime contra a ordem econômica: I – abusar do poder econômico, dominando o mercado ou eliminando, total ou parcialmente, a concorrência mediante qualquer forma de ajuste ou acordo de empresas; [...] II – formar acordo, convênio, ajuste ou aliança entre ofertantes, visando: *a)* à fixação artificial de preços ou quantidades vendidas ou produzidas; *b)* ao controle regionalizado do mercado por empresa ou grupo de empresas; *c)* ao controle, em detrimento da concorrência, de rede de distribuição ou de fornecedores. Pena – reclusão, de 2 (dois) a 5 (cinco) anos e multa. [...]".

Cártula Expressão latina indicativa de "pequeno papel" e utilizada em Direito como expressão sinônima de título de crédito.

Casamento anulável Aquele que é contraído por determinadas pessoas ou em determinadas situações, como falta de idade mínima para casar; falta de autorização do representante legal; vício da vontade, nos termos dos arts. 1.556 a 1.558 do CC; incapacidade de consentir ou de manifestar, de modo inequívoco, o consentimento; o que é realizado pelo mandatário sem que este ou o outro contraente soubessem da revogação do mandato, não sobrevindo coabitação entre os cônjuges; incompetência da autoridade celebrante (art. 1.550, CC); erro essencial quanto à pessoa de um dos cônjuges (art. 1.556, CC). Embora anulável ou mesmo nulo, se contraído de boa-fé por ambos os cônjuges, o casamento, em relação a estes e aos filhos, produz todos os efeitos até o dia da sentença anulatória (art. 1.561, CC).

▸ Veja CC: "**Art. 1.550.** É anulável o casamento: I – de quem não completou a idade mínima para casar; II – do menor em idade núbil, quando não autorizado por seu representante legal; III – por vício da vontade, nos termos dos arts. 1.556 a 1.558; IV – do incapaz de consentir ou manifestar, de modo inequívoco, o consentimento; V – realizado pelo mandatário, sem que ele ou o outro contraente soubesse da revogação do mandato, e não sobrevindo coabitação entre os cônjuges; VI – por incompetência da autoridade celebrante. [...] **Art. 1.561.** Embora anulável ou mesmo nulo, se contraído de boa-fé por ambos os cônjuges, o casamento, em relação a estes como aos filhos, produz todos os efeitos até o dia da sentença anulatória. § 1º Se um dos cônjuges estava de boa-fé ao celebrar o casamento, os seus efeitos civis só a ele e aos filhos aproveitarão. § 2º Se ambos os cônjuges estavam de má-fé ao celebrar o casamento, os seus efeitos civis só aos filhos aproveitarão. **Art. 1.562.** Antes de mover a ação de nulidade do casamento, a de anulação, a de separação judicial, a de divórcio direto ou a de dissolução de união estável, poderá requerer a parte, comprovando sua necessidade, a separação de corpos, que será concedida pelo juiz com a possível brevidade. **Art. 1.563.** A sentença que decretar a nulidade do casamento retroagirá à data da sua celebração, sem prejudicar a aquisição de direitos, a título oneroso, por terceiros de boa-fé, nem a resultante de sentença transitada em julgado".

Casamento civil Ato formal e solene que une homem e mulher, estabelecendo comunhão plena de vida, com base na igualdade de direitos e deveres. O casamento se realiza no momento em que o homem e a mulher manifestam, perante o juiz, sua vontade de estabelecer vínculo conjugal, e o juiz os declara casados (arts. 1.511 e 1.514, CC). Em que pese o fato de o CC referir-se expressamente ao casamento de homem e mulher, o STJ, por maioria, reconheceu a possibilidade de habilitação de pessoas do mesmo sexo para o casamento civil (STJ, REsp n. 1.183.378, em 25.10.2011).

▶ Veja CC: "**Art. 1.511.** O casamento estabelece comunhão plena de vida, com base na igualdade de direitos e deveres dos cônjuges. **Art. 1.512.** O casamento é civil e gratuita a sua celebração. Parágrafo único. A habilitação para o casamento, o registro e a primeira certidão serão isentos de selos, emolumentos e custas, para as pessoas cuja pobreza for declarada, sob as penas da lei. **Art. 1.513.** É defeso a qualquer pessoa, de direito público ou privado, interferir na comunhão de vida instituída pela família. **Art. 1.514.** O casamento se realiza no momento em que o homem e a mulher manifestam, perante o juiz, a sua vontade de estabelecer vínculo conjugal, e o juiz os declara casados".

Casamento inexistente Casamento contraído entre pessoas do mesmo sexo, realizado sem o consentimento de um ou de ambos os cônjuges ou celebrado por autoridade incompetente em razão da matéria. A primeira hipótese restou parcialmente prejudicada em razão de o STJ ter proferido entendimento segundo o qual é possível o casamento civil de pessoas de mesmo sexo.

■ Direito de família. Casamento civil entre pessoas do mesmo sexo (homoafetivo). [...] 9. Não obstante a omissão legislativa sobre o tema, a maioria, mediante seus representantes eleitos, não poderia mesmo "democraticamente" decretar a perda de direitos civis da minoria pela qual eventualmente nutre alguma aversão. Nesse cenário, em regra é o Poder Judiciário – e não o Legislativo – que exerce um papel contramajoritário e protetivo de especialíssima importância, exatamente por não ser compromissado com as maiorias votantes, mas apenas com a lei e com a Constituição, sempre em vista a proteção dos direitos humanos fundamentais, sejam eles das minorias, sejam das maiorias. Dessa forma, ao contrário do que pensam os críticos, a democracia se fortalece, porquanto esta se reafirma como forma de governo, não das maiorias ocasionais, mas de todos. 10. Enquanto o Congresso Nacional, no caso brasileiro, não assume, explicitamente, sua coparticipação nesse processo constitucional de defesa e proteção dos socialmente vulneráveis, não pode o Poder Judiciário demitir-se desse mister, sob pena de aceitação tácita de um Estado que somente é "democrático" formalmente, sem que tal predicativo resista a uma mínima investigação acerca da universalização dos direitos civis. 11. Recurso especial provido. (STJ, REsp n. 1.183.378/RS, 4ª T., rel. Min. Luis Felipe Salomão, j. 25.10.2011, *DJe* 01.02.2012)

Casamento nulo Aquele que é realizado pelo enfermo mental, sem o necessário discernimento para os atos da vida civil, ou o contraído por pessoas que não observarem qualquer um dos impedimentos arrolados pelo art. 1.521 do Código Civil (arts. 1.548 e 1.550, CC). Embora anulável ou mesmo nulo, se contraído de boa-fé por ambos os cônjuges, o casamento, em relação a estes e aos filhos, produz todos os efeitos até o dia da sentença anulatória (art. 1.561, CC) (*v. Impedimentos matrimoniais*).

▶ Veja CC: "**Art. 1.548.** É nulo o casamento contraído: I – pelo enfermo mental sem o necessário discernimento para os atos da vida civil; II – por infringência de impedimento. **Art. 1.549.** A decretação de nulidade de casamento, pelos motivos previstos no artigo antecedente, pode ser promovida mediante ação direta, por qualquer interessado, ou pelo Ministério Público".

■ Casamento nulo. Retorno dos cônjuges ao *status quo ante*. Proclamada a nulidade do casamento e reconhecida a má-fé de ambos os cônjuges, cada qual se retira com os bens com que entrara para o casal. Agravo regimental improvido. (STJ, Ag. Reg. no Ag. n. 11.208/BA, 4ª T., rel. Min. Barros Monteiro, j. 09.10.1991, *DJ* 25.11.1991, p. 17.080)

Casamento putativo Casamento nulo ou anulável contraído de boa-fé por um ou por ambos os cônjuges (art. 1.561, CC). Dá-se, por exemplo, quando um dos cônjuges desconhece que o outro já era casado. Trata-se, nesse caso, de boa-fé subjetiva, que se revela no cônjuge que presume ser titular de um direito que, na verdade, só existe na aparência. A tese putativa não se aplica à união estável, conforme jurisprudência do Superior Tribunal de Justiça.

> Veja CC: "**Art. 1.561.** Embora anulável ou mesmo nulo, se contraído de boa-fé por ambos os cônjuges, o casamento, em relação a estes como aos filhos, produz todos os efeitos até o dia da sentença anulatória. § 1º Se um dos cônjuges estava de boa-fé ao celebrar o casamento, os seus efeitos civis só a ele e aos filhos aproveitarão. § 2º Se ambos os cônjuges estavam de má-fé ao celebrar o casamento, os seus efeitos civis só aos filhos aproveitarão".

■ União estável. Reconhecimento de duas uniões concomitantes. Equiparação ao casamento putativo. Lei n. 9.728/96. 1. Mantendo o autor da herança união estável com uma mulher, o posterior relacionamento com outra, sem que se haja desvinculado da primeira, com quem continuou a viver como se fossem marido e mulher, não há como configurar união estável concomitante, incabível a equiparação ao casamento putativo. 2. Recurso especial conhecido e provido. (STJ, REsp n. 789.293/RJ, 3ª T., rel. Min. Carlos Alberto Menezes Direito, j. 16.02.2006, *DJ* 20.03.2006, p. 271)

Casamento religioso
O mesmo que casamento eclesiástico. O que é celebrado por ministro ou autoridade religiosa. O casamento religioso, à semelhança do casamento civil, exige a instrução de processo de habilitação matrimonial destinado a comprovar que nada se opõe ao matrimônio e que existe o consentimento dos nubentes. A celebração do casamento obedece a exigências específicas de cada religião. O casamento religioso, quando atender às exigências da lei para a validade do casamento civil, equipara-se a este (art. 1.515, CC).

> Veja CC: "**Art. 1.515.** O casamento religioso, que atender às exigências da lei para a validade do casamento civil, equipara-se a este, desde que registrado no registro próprio, produzindo efeitos a partir da data de sua celebração".

Caso de força maior
Indica o fato necessário cujo resultado não pode ser evitado pela vontade do homem. Em que pese o CC não estabelecer diferença entre o caso fortuito e o de força maior, é de consenso que a força maior guarda relação com os fenômenos da natureza, tais como tempestade, terremoto, vendaval, inundação, incêndio e raio, ao passo que o caso fortuito representa o fato estranho à vontade das partes, embora decorrente de ato ou de omissão praticado pela vontade humana de terceiro, como a guerra, a greve, os protestos populares. O devedor não responde pelos prejuízos resultantes de caso de força maior se expressamente não se houver por eles responsabilizado (art. 393, CC) (*v. Caso fortuito*).

> Veja CC: "**Art. 393.** O devedor não responde pelos prejuízos resultantes de caso fortuito ou força maior, se expressamente não se houver por eles responsabilizado. Parágrafo único. O caso fortuito ou de força maior verifica-se no fato necessário, cujos efeitos não era possível evitar ou impedir".

Caso fortuito
Fato ou acontecimento imprevisto que se constitui em impeditivo para a realização de um ato capaz de gerar efeitos jurídicos. Verifica-se no fato necessário cujos efeitos não poderiam ser evitados ou impedidos. O caso fortuito representa o fato estranho à vontade das partes, embora decorrente de ato de ação ou de omissão praticado pela vontade humana de terceiro, como a guerra, a greve, os protestos populares. O devedor não responde pelos prejuízos resultantes de caso fortuito se expressamente não se houver por eles responsabilizado (art. 393, CC) (*v. Caso de força maior*).

> Veja CC: "**Art. 393.** O devedor não responde pelos prejuízos resultantes de caso fortuito ou força maior, se expressamente não se houver por eles responsabilizado. Parágrafo único. O caso fortuito ou de força maior verifica-se no fato necessário, cujos efeitos não era possível evitar ou impedir".

■ Ação de indenização por danos materiais e morais. Assalto dentro de ônibus. Caso fortuito ou de força maior. Responsabilidade da empresa transportadora. Inexistência. 1. Assalto dentro de ônibus coletivo é considerado caso fortuito ou de força maior que afasta a responsabilidade da empresa transportadora por danos eventualmente causados a passageiro. Jurisprudência consolidada do STJ. 2. Cabível, de plano, o julgamento de reclamação em que o julgado do Juizado Especial não está de acordo com decisão proferida em reclamação anterior de conteúdo equivalente. Art. 1º, § 2º, da Res. n. 12/2009 do STJ. 3. Agravo regimental desprovido. (STJ, Ag.

Reg. na Recl. n. 12.695/RJ, 2ª Seção, rel. Min. João Otávio de Noronha, j. 12.06.2013, *DJe* 17.06.2013)

Catedrático Designação do professor de notório saber que leciona em caráter efetivo ou como titular de uma cátedra ou cadeira em uma universidade.

Caução Do latim *cautio*; ato de se acautelar; precaução. Cautela que alguém tem ou toma como garantia de indenização de algum dano possível ou por eventual falta de cumprimento de alguma obrigação. Indica as várias formas de garantia usadas para a concretização de um ato, de maneira voluntária ou por determinação judicial ou legal. A caução pode ser real, quando prestada por hipoteca ou penhor, ou fidejussória, se a garantia dada for pessoal, mediante fiança de terceiro. A caução poderá ser prestada pelo interessado ou por terceiro. Quando a lei não determinar a espécie de caução, esta poderá ser prestada em dinheiro, papéis de crédito, títulos da União ou dos estados, pedras e metais preciosos, hipoteca, penhor e fiança. O juiz poderá determinar a prestação de caução ou outra garantia menos gravosa para o requerido quando houver fundado receio de que uma parte, antes do julgamento da lide, cause ao direito da outra lesão grave e de difícil reparação (arts. 798 e 799, CPC/73).

▶ Veja CC: "**Art. 1.280.** O proprietário ou o possuidor tem direito a exigir do dono do prédio vizinho a demolição, ou a reparação deste, quando ameace ruína, bem como que lhe preste caução pelo dano iminente. [...] **Art. 1.400.** O usufrutuário, antes de assumir o usufruto, inventariará, à sua custa, os bens que receber, determinando o estado em que se acham, e dará caução, fidejussória ou real, se lha exigir o dono, de velar-lhes pela conservação, e entregá-los findo o usufruto. Parágrafo único. Não é obrigado à caução o doador que se reservar o usufruto da coisa doada. **Art. 1.401.** O usufrutuário que não quiser ou não puder dar caução suficiente perderá o direito de administrar o usufruto; e, neste caso, os bens serão administrados pelo proprietário, que ficará obrigado, mediante caução, a entregar ao usufrutuário o rendimento deles, deduzidas as despesas de administração, entre as quais se incluirá a quantia fixada pelo juiz como remuneração do administrador".

▶ Veja CPC/73: "**Art. 798.** Além dos procedimentos cautelares específicos, que este Código regula no Capítulo II deste Livro, poderá o juiz determinar as medidas provisórias que julgar adequadas, quando houver fundado receio de que uma parte, antes do julgamento da lide, cause ao direito da outra lesão grave e de difícil reparação. **Art. 799.** No caso do artigo anterior, poderá o juiz, para evitar o dano, autorizar ou vedar a prática de determinados atos, ordenar a guarda judicial de pessoas e depósito de bens e impor a prestação de caução".

▶ Veja CPC/2015: "**Art. 300.** A tutela de urgência será concedida quando houver elementos que evidenciem a probabilidade do direito e o perigo de dano ou o risco ao resultado útil do processo. § 1º Para a concessão da tutela de urgência, o juiz pode, conforme o caso, exigir caução real ou fidejussória idônea para ressarcir os danos que a outra parte possa vir a sofrer, podendo a caução ser dispensada se a parte economicamente hipossuficiente não puder oferecê-la. § 2º A tutela de urgência pode ser concedida liminarmente ou após justificação prévia. § 3º A tutela de urgência de natureza antecipada não será concedida quando houver perigo de irreversibilidade dos efeitos da decisão. **Art. 301.** A tutela de urgência de natureza cautelar pode ser efetivada mediante arresto, sequestro, arrolamento de bens, registro de protesto contra alienação de bem e qualquer outra medida idônea para asseguração do direito".

▶ Súmula n. 313, STJ: Em ação de indenização, procedente o pedido, é necessária a constituição de capital ou caução fidejussória para a garantia de pagamento da pensão, independentemente da situação financeira do demandado.

▶ Ação revisional de contrato de locação cumulada com indenização por danos morais. Irresignação do réu em face da desconsideração da cláusula referente à retenção de mercadorias da autora. [...] Não se pode confundir apreensão abusiva de bens para garantia do adimplemento de aluguel com a figura da caução (art. 37, I, da Lei n. 8.245/91) ou do penhor legal (art. 1.469 do CC), que somente se perfazem legítimos quando exercidos nos moldes previstos em lei. Na caução, há necessidade de prévio estabelecimento dos bens pelo caucionante e o esgotamento da garantia dá-se mediante intervenção judicial, no âmbito da ação desalijatória ou execução do contrato, sob pena de afronta ao disposto no art. 1.428 do Código Civil. O penhor legal, por sua vez, impõe a imprescindível entrega de recibo atinente ao patrimônio retido em favor do locatário e imediato pedido de homologação judicial. Apossamento desvestido de tais formalidades é nitidamente abusivo, incidindo na previsão timbrada no art. 187 da Lei Substantiva. Recurso parcialmente conhecido e desprovido. (TJSC, Ap. Cível n. 2.011.045.278-4/Itapema, rel. Des. Jorge Luis Costa Beber, j. 20.06.2013)

Caução de dano infecto *Cautio damni infecti.* Caução que o proprietário de um prédio é obrigado a prestar para assegurar eventuais prejuízos ao prédio vizinho em razão de obras que pretende realizar (*v. Ação de dano infecto*).

> Veja CC: "**Art. 1.281.** O proprietário ou o possuidor de um prédio, em que alguém tenha direito de fazer obras, pode, no caso de dano iminente, exigir do autor delas as necessárias garantias contra o prejuízo eventual".

Caução de rato Expressão que designa o fato de alguém que, no intuito de defender os interesses de determinada pessoa, pratica ato de reputada urgência em seu favor, assumindo a responsabilidade do seu ato e o compromisso de exibir a competente procuração no prazo legal ou que lhe for assinado. Trata-se de ato praticado por procurador *ad referendum* daquele que por ele foi beneficiado. Exemplo disso consta do art. 37 do CPC/73, que faculta ao advogado, em nome da parte, intentar ação, a fim de evitar decadência ou prescrição, bem como intervir, no processo, para praticar atos reputados urgentes.

> Veja CPC/73: "**Art. 37.** Sem instrumento de mandato, o advogado não será admitido a procurar em juízo. Poderá, todavia, em nome da parte, intentar ação, a fim de evitar decadência ou prescrição, bem como intervir, no processo, para praticar atos reputados urgentes. Nestes casos, o advogado se obrigará, independentemente de caução, a exibir o instrumento de mandato no prazo de 15 (quinze) dias, prorrogável até outros 15 (quinze), por despacho do juiz. Parágrafo único. Os atos, não ratificados no prazo, serão havidos por inexistentes, respondendo o advogado por despesas e perdas e danos".

Caução fidejussória Diz-se da garantia pessoal prestada por terceiro, que assume a dívida do devedor perante o credor. É representada pela fiança, utilizada para garantir o cumprimento de contratos, sobretudo o de locação (*v. Fiança*).

Caução locatícia Modalidade de garantia do contrato de locação que o locador pode exigir do locatário, entre outras. A caução poderá ser em bens móveis ou imóveis. Quando representada por bens móveis, deverá ser registrada em cartório de títulos e documentos; quando por bens imóveis, deverá ser averbada à margem da respectiva matrícula. A caução em dinheiro, que não poderá exceder o equivalente a três meses de aluguel, será depositada em caderneta de poupança, autorizada pelo poder público e por ele regulamentada, revertendo em benefício do locatário todas as vantagens dela decorrentes por ocasião do levantamento da soma respectiva (art. 37, Lei n. 8.245/91).

> Veja Lei n. 8.245/91: "**Art. 37.** No contrato de locação, pode o locador exigir do locatário as seguintes modalidades de garantia: I – caução; II – fiança; III – seguro de fiança locatícia; IV – cessão fiduciária de quotas de fundo de investimento. Parágrafo único. É vedada, sob pena de nulidade, mais de uma das modalidades de garantia num mesmo contrato de locação. **Art. 38.** A caução poderá ser em bens móveis ou imóveis. § 1º A caução em bens móveis deverá ser registrada em Cartório de Títulos e Documentos; a em bens imóveis deverá ser averbada à margem da respectiva matrícula. § 2º A caução em dinheiro, que não poderá exceder o equivalente a três meses de aluguel, será depositada em caderneta de poupança, autorizada pelo Poder Público e por ele regulamentada, revertendo em benefício do locatário todas as vantagens dela decorrentes por ocasião do levantamento da soma respectiva. § 3º A caução em títulos e ações deverá ser substituída, no prazo de trinta dias, em caso de concordata, falência ou liquidação das sociedades emissoras".

Caução na ação de despejo Caução (real ou fidejussória) não inferior a seis meses nem superior a doze meses do aluguel, atualizado até a data da prestação da caução (art. 64, Lei n. 8.245/91), que é efetivada nos autos da execução provisória de despejo, desde que não fundada no art. 9º, Lei n. 8.245/91. Ocorrendo a reforma da sentença ou da decisão que concedeu liminarmente o despejo, o valor da caução reverterá em favor do réu, como indenização mínima de perdas e danos, podendo este reclamar, em ação própria, a diferença pelo que a exceder.

> Veja Lei n. 8.245/91: "**Art. 64.** Salvo nas hipóteses das ações fundadas no art. 9º, a execução provisória do despejo dependerá de caução não inferior a 6 (seis) meses nem superior a 12 (doze) meses do aluguel, atualizado até a data da prestação da caução. § 1º A caução poderá ser real ou fidejussória e será prestada nos autos da execução provisória. § 2º Ocorrendo a reforma da sentença ou da decisão que concedeu liminarmente o despejo, o valor da caução reverterá em favor do réu, como indenização mínima das perdas e danos, poden-

do este reclamar, em ação própria, a diferença pelo que a exceder".

Caução real   Garantia prestada pelo devedor ao credor representada, entre outras, por hipoteca, penhor e anticrese.

- Ação cautelar. Oferecimento de caução real para fins de obtenção de certidão positiva com efeitos de negativa. Possibilidade. 1. É cediço que a caução real não suspende a exigibilidade do crédito tributário por não estar prevista nas hipóteses do art. 151 do CTN. Contudo, é possível ao devedor, em autos de ação cautelar, oferecer caução real antes do ajuizamento do executivo fiscal, antecipando, assim, os efeitos da penhora, com o fim de obter certidão positiva com efeitos de negativa nos termos do art. 206 do CTN. [...] (STJ, Ag. Reg. no REsp n. 642.248/RS, 2ª T., rel. Min. Mauro Campbell Marques, j. 19.02.2009, *DJe* 25.03.2009)

Causa   Meio ou instrumento processual que a lei assegura à parte para que ela possa requerer, em juízo, o reconhecimento do direito que alega ter; meio processual pelo qual se pode reclamar à Justiça reconhecimento, declaração, atribuição ou efetivação de um direito. Processo; lide; demanda (art. 3º, CPC/73).

▸ Veja CPC/73: "**Art. 3º** Para propor ou contestar ação é necessário ter interesse e legitimidade".

▸ Veja CPC/2015: "**Art. 17**. Para postular em juízo é necessário ter interesse e legitimidade".

Causa de menor complexidade   São as causas de competência dos juizados especiais cíveis comuns e federais. Nos juizados da Justiça Comum, são as causas assim consideradas: as causas cujo valor não exceda a quarenta vezes o salário mínimo; as enumeradas no art. 275, II, CPC/73; a ação de despejo para uso próprio; as ações possessórias sobre bens imóveis de valor não excedente a quarenta vezes o salário mínimo (art. 3º, Lei n. 9.099/95).

▸ Veja Lei n. 9.099/95: "**Art. 3º** O Juizado Especial Cível tem competência para conciliação, processo e julgamento das causas cíveis de menor complexidade, assim consideradas: I – as causas cujo valor não exceda a 40 (quarenta) vezes o salário mínimo; II – as enumeradas no art. 275, inciso II, do Código de Processo Civil; III – a ação de despejo para uso próprio; IV – as ações possessórias sobre bens imóveis de valor não excedente ao fixado no inciso I deste artigo. § 1º Compete ao Juizado Especial promover a execução: I – dos seus julgados; II – dos títulos executivos extrajudiciais, no valor de até 40 (quarenta) vezes o salário mínimo, observado o disposto no § 1º do art. 8º desta Lei. § 2º Ficam excluídas da competência do Juizado Especial as causas de natureza alimentar, falimentar, fiscal e de interesse da Fazenda Pública, e também as relativas a acidentes de trabalho, a resíduos e ao estado e capacidade das pessoas, ainda que de cunho patrimonial. § 3º A opção pelo procedimento previsto nesta Lei importará em renúncia ao crédito excedente ao limite estabelecido neste artigo, excetuada a hipótese de conciliação".

Causa de pedir   Requisito indispensável à propositura de uma ação, constituído pelos fatos e fundamentos jurídicos do pedido a serem formulados pelo autor na petição inicial. Diz respeito à indicação do que pretende o autor e à justificativa da sua pretensão.

- Inépcia da inicial. Afastamento. 1. Não há falar em inépcia da inicial quando a referida peça fornece os elementos imprescindíveis à formação da lide e descreve os fatos de modo a viabilizar a compreensão da causa de pedir, do pedido e do respectivo fundamento jurídico. [...] (STJ, REsp n. 1.465.271/SP, 2ª T., rel. Min. Humberto Martins, j. 16.10.2014, *DJe* 28.10.2014)

- Servidor público. Julgamento *extra petita*. Não ocorrência. 1. Entende-se por decisão *extra petita* aquela em que o julgador, ao apreciar o pedido ou a causa de pedir, decide de forma diferente do proposto pelo autor na peça inicial. 2. O pedido da ação não é apenas o que foi requerido em um capítulo específico ao final da petição inicial, mas, sim, o que se pretende com a instauração da demanda. A pretensão deve ser extraída da interpretação lógico-sistemática da inicial como um todo. 3. Aplicável ao caso o princípio do *jura novit curia*, segundo o qual, dados os fatos da causa, cabe ao juiz dizer o direito. Não ocorre julgamento *extra petita* quando o juiz aplica o direito ao caso com fundamentos diversos aos apresentados pela parte. [...] (STJ, Ag. Reg. no REsp n. 1.470.591/SC, 2ª T., rel. Min. Humberto Martins, j. 06.11.2014, *DJe* 17.11.2014)

Causalidade adequada   (*v. Teoria da causalidade adequada*).

Causa madura   Causa que, por tratar de matéria exclusivamente de Direito e não necessitar de produção de provas em audiência, permite ao juiz o julgamento imediato e antecipado da lide (art. 330, CPC/73).

> Veja CPC/73: "**Art. 330.** O juiz conhecerá diretamente do pedido, proferindo sentença: I – quando a questão de mérito for unicamente de direito, ou, sendo de direito e de fato, não houver necessidade de produzir prova em audiência; II – quando ocorrer a revelia (art. 319)".

> Veja CPC/2015: "**Art. 355.** O juiz julgará antecipadamente o pedido, proferindo sentença com resolução de mérito, quando: I – não houver necessidade de produção de outras provas; II – o réu for revel, ocorrer o efeito previsto no art. 344 e não houver requerimento de prova, na forma do art. 349".

■ Indenização. Danos materiais. Sentença de mérito decotada. Causa madura. Aplicação do art. 515, § 3º, do CPC. Possibilidade. Precedentes. 1. A despeito de ter havido decisão de mérito na sentença, sendo esta decotada na parte *extra petita*, a interpretação extensiva do § 3º do art. 515 do Código de Processo Civil autoriza o Tribunal local adentrar na análise do mérito da apelação, mormente quando se tratar de matéria exclusivamente de Direito, ou seja, quando o quadro fático-probatório estiver devidamente delineando, prescindindo de complementação, tal como ocorreu na espécie. Precedentes. 2. Agravo regimental não provido. (STJ, Ag. Reg. no REsp n. 1.194.018/SP, 3ª T., rel. Min. Ricardo Villas Bôas Cueva, j. 07.05.2013, *DJe* 14.05.2013)

Causa mortis   Por causa da morte. Um dos efeitos *causa mortis* é o pagamento do imposto de transmissão decorrente da transferência de bens deixados pelo *de cujus* aos herdeiros na sucessão hereditária. Também se opera o seu efeito nos atos de disposição de última vontade, como no testamento (*v. Transmissão* causa mortis).

Causa petendi   Causa de pedir. Fundamento da pretensão encaminhada a juízo. A lei processual considera inepta a petição inicial quando lhe faltar pedido ou causa de pedir (art. 295, parágrafo único, I, CPC/73).

Causa própria   Diz-se dos atos de advocacia exercidos pelo advogado, em nome próprio, nas causas em que figure como autor ou réu. A lei faculta ao advogado postular em causa própria quando ele tiver habilitação legal ou, não a tendo, no caso de falta de advogado no lugar, ou recusa ou impedimento dos que houver (art. 36, CPC/73).

> Veja CPC/73: "**Art. 36.** A parte será representada em juízo por advogado legalmente habilitado. Ser-lhe-á lícito, no entanto, postular em causa própria, quando tiver habilitação legal ou, não a tendo, no caso de falta de advogado no lugar ou recusa ou impedimento dos que houver".

> Veja CPC/2015: "**Art. 103.** A parte será representada em juízo por advogado regularmente inscrito na Ordem dos Advogados do Brasil. Parágrafo único. É lícito à parte postular em causa própria quando tiver habilitação legal".

■ Agravo regimental no agravo em recurso especial. Processual civil. Intempestividade. 1. É intempestivo o agravo em recurso especial interposto fora do prazo legal de dez dias previsto no art. 544 do Código de Processo Civil. 2. A ninguém é admitido valer-se da própria torpeza, não havendo falar em suspensão do prazo recursal em decorrência de extravio dos autos provocado pela parte recorrente que advoga em causa própria. 3. Agravo regimental não provido. (STJ, Ag. Reg. no REsp n. 221.321/SP, 3ª T., rel. Min. Ricardo Villas Bôas Cueva, j. 05.02.2013, *DJe* 15.02.2013)

Causídico   Advogado ou procurador que tem sob sua responsabilidade a propositura, a defesa ou o acompanhamento de uma causa.

Cautelar   Medida judicial de urgência requerida antes ou no curso do processo principal com a finalidade de evitar dano grave e de difícil reparação (art. 796, CPC/73) (*v. Medida cautelar*).

> Veja CPC/73: "**Art. 796.** O procedimento cautelar pode ser instaurado antes ou no curso do processo principal e deste é sempre dependente".

> Veja CPC/2015: "**Art. 307.** A petição inicial da ação que visa à prestação de tutela cautelar em caráter antecedente indicará a lide e seu fundamento, a exposição sumária do direito que se objetiva assegurar e o perigo de dano ou o risco ao resultado útil do processo. Parágrafo único. Caso entenda que o pedido a que se refere o *caput* tem natureza antecipada, o juiz observará o disposto no art. 303".

Cédula de crédito imobiliário   Título executivo extrajudicial, representativo de créditos imobiliários, emitido pelo credor do crédito imobiliário com ou sem garantia, real ou fidejussória, sob a forma escritural ou cartular. A CCI poderá ser integral, quando representar a totalidade do crédito; ou fracionária, quando representar parte dele, não podendo a soma das CCIs fracionárias emitidas em relação a cada crédito exceder o valor total do crédito que elas representam. A CCI deverá conter: a denominação *Cédula de Crédito Imobiliário*, quando emitida cartularmente; o nome, a qualificação e o endereço do credor e do devedor e, no caso de emissão escritural, também o do custodiante; a identificação do imóvel objeto do crédito imobiliário, com a indicação da respectiva matrícula no Registro de Imóveis competente e do registro da constituição da garantia, se for o caso; a modalidade da garantia, se for o caso; o número e a série da cédula; o valor do crédito que representa; a condição de integral ou fracionária e, nessa última hipótese, também a indicação da fração que representa; o prazo, a data de vencimento, o valor da prestação total, nela incluídas as parcelas de amortização e juros, as taxas, seguros e demais encargos contratuais de responsabilidade do devedor, a forma de reajuste e o valor das multas previstas contratualmente, com a indicação do local de pagamento; o local e a data da emissão; a assinatura do credor, quando emitida cartularmente; a autenticação pelo oficial do Registro de Imóveis competente, no caso de contar com garantia real; cláusula à ordem, se endossável (arts. 18 e 19, Lei n. 10.931/2004).

Cédula de crédito rural Promessa de pagamento em dinheiro, com ou sem garantia real cedularmente constituída, sob as seguintes denominações e modalidades: Cédula Rural Pignoratícia; Cédula Rural Hipotecária; Cédula Rural Pignoratícia e Hipotecária; Nota de Crédito Rural. A cédula de crédito rural é título civil, líquido e certo, exigível pela soma dela constante ou do endosso, além dos juros, da comissão de fiscalização, se houver, e demais despesas que o credor fizer para segurança, regularidade e realização de seu direito creditório (arts. 9º e 10, Decreto n. 167/67).

▸ Veja DL n. 167/67: "**Art. 9º** A cédula de crédito rural é promessa de pagamento em dinheiro, sem ou com garantia real cedularmente constituída, sob as seguintes denominações e modalidades: I – Cédula Rural Pignoratícia; II – Cédula Rural Hipotecária; III – Cédula Rural Pignoratícia e Hipotecária; IV – Nota de Crédito Rural. **Art. 10.** A cédula de crédito rural é título civil, líquido e certo, exigível pela soma dela constante ou do endosso, além dos juros, da comissão de fiscalização, se houver, e demais despesas que o credor fizer para segurança, regularidade e realização de seu direito creditório. § 1º Se o emitente houver deixado de levantar qualquer parcela do crédito deferido ou tiver feito pagamentos parciais, o credor descenta-los-á da soma declarada na cédula, tornando-se exigível apenas o saldo. § 2º Não constando do endosso o valor pelo qual se transfere a cédula, prevalecerá o da soma declarada no título acrescido dos acessórios, na forma deste artigo, deduzido o valor das quitações parciais passadas no próprio título. **Art. 11.** Importa vencimento de cédula de crédito rural independentemente de aviso ou interpelação judicial ou extrajudicial, a inadimplência de qualquer obrigação convencional ou legal do emitente do título ou, sendo o caso, do terceiro prestante da garantia real. Parágrafo único. Verificado o inadimplemento, poderá ainda o credor considerar vencidos antecipadamente todos os financiamentos rurais concedidos ao emitente e dos quais seja credor".

▪ Súmula n. 93, STJ: A legislação sobre cédulas de crédito rural, comercial e industrial admite o pacto de capitalização de juros.

▪ Cédula de crédito rural emitida por pessoa física. Aval. Garantia prestada por terceiro. Nulidade. Exegese do art. 60, § 3º, do DL n. 167/67. 1. É nulo o aval prestado por terceiro, pessoa física, em Cédula de Crédito Rural emitida também por pessoa física, nos termos do disposto no art. 60, § 3º, do DL n. 167/67. Precedente da Terceira Turma. 2. Recurso Especial improvido. (STJ, REsp n. 1.353.244/MS, 3ª T., rel. Min. Sidnei Beneti, j. 28.05.2013, *DJe* 10.06.2013)

▪ Cédula rural. Mora. Encargos. Provimento. 1. No caso de inadimplemento decorrente de cédula de crédito rural, admite-se unicamente a elevação em 1% aos juros contratados, multa e correção monetária. Precedentes. 2. "Nas Cédulas de Crédito Rural, Industrial ou Comercial, conforme entendimento pacífico desta Corte, a instituição financeira está autorizada a cobrar, após a inadimplência, apenas a taxa de juros remuneratórios pactuada, elevada de 1% ao ano, a título de juros de mora, além de multa e correção monetária" (STJ, Ag. Reg. nos Emb. de Decl. no REsp n. 1.292.235/RS, 3ª T., rel. Min. Sidnei Beneti, j. 22.05.2012, *DJe* 04.06.2012). 3. Agravo regimental provido. (STJ, Ag. Reg. no Ag. n. 1.318.221/SP, 4ª T., rel. Min. Maria Isabel Gallotti, j. 16.05.2013, *DJe* 31.05.2013)

Cédula rural hipotecária Modalidade de cédula de crédito rural representativa de promessa de pagamento em dinheiro garantida por hipoteca constituída sobre imóvel do devedor. Para validade deverá conter os seguintes requisitos: denominação "Cédula Rural Hipotecária"; data e condições de pagamento; nome do credor e a cláusula à ordem; valor do crédito deferido, lançado em algarismos e por extenso, com indicação da finalidade ruralista a que se destina o financiamento concedido e a forma de sua utilização; descrição do imóvel hipotecado com indicação do nome, se houver, dimensões, confrontações, benfeitorias, título e data de aquisição e anotações (número, livro e folha) do registro imobiliário; taxa dos juros a pagar e a da comissão de fiscalização, se houver, e tempo de seu pagamento; praça do pagamento; data e lugar da emissão; assinatura do próprio punho do emitente ou de representante com poderes especiais (art. 20, Decreto n. 167/67).

▶ Veja DL n. 167/67: "**Art 20.** A cédula rural hipotecária conterá os seguintes requisitos, lançados no contexto: I – Denominação "Cédula Rural Hipotecária". II – Data e condições de pagamento; havendo prestações periódicas ou prorrogações de vencimento, acrescentar: "nos termos da cláusula Forma de Pagamento abaixa" ou "nos termos da cláusula Ajuste de Prorrogação abaixo". III – Nome do credor e a cláusula à ordem. IV – Valor do crédito deferido, lançado em algarismos e por extenso, com indicação da finalidade ruralista a que se destina o financiamento concedido e a forma de sua utilização. V – Descrição do imóvel hipotecado com indicação do nome, se houver, dimensões, confrontações, benfeitorias, título e data de aquisição e anotações (número, livro e folha) do registro imobiliário. VI – Taxa dos juros a pagar e a da comissão de fiscalização, se houver, e tempo de seu pagamento. VII – Praça do pagamento. VIII – Data e lugar da emissão. IX – Assinatura do próprio punho do emitente ou de representante com poderes especiais. § 1º – Aplicam-se a este artigo as disposições dos §§ 1º e 2º do art. 14 deste Decreto-lei. § 2º – Se a descrição do imóvel hipotecado se processar em documento à parte, deverão constar também da cédula todas as indicações mencionadas no item V deste artigo, exceto confrontações e benfeitorias. § 3º A especificação dos imóveis hipotecados, pela descrição pormenorizada, poderá ser substituída pela anexação à cédula de seus respectivos títulos de propriedade. § 4º Nos casos do parágrafo anterior, deverão constar da cédula, além das indicações referidas no § 2º deste artigo, menção expressa à anexação dos títulos de propriedade e a declaração de que eles farão parte integrante da cédula até sua final liquidação".

Cédula rural pignoratícia Modalidade de cédula de crédito rural representativa de promessa de pagamento em dinheiro garantida por bens dados em penhor pelo devedor. Para que tenha validade, deverá conter os seguintes requisitos: denominação *Cédula Rural Pignoratícia*; data e condições de pagamento; havendo prestações periódicas ou prorrogações de vencimento, acrescentar: "nos termos da cláusula Forma de Pagamento abaixo" ou "nos termos da cláusula Ajuste de Prorrogação abaixo"; nome do credor e a cláusula à ordem; valor do crédito deferido, lançado em algarismos e por extenso, com indicação da finalidade ruralista a que se destina o financiamento concedido e a forma de sua utilização; descrição dos bens vinculados em penhor, que se indicarão por espécie, qualidade, quantidade, marca ou período de produção, se for o caso, além do local ou depósito em que os mesmos bens se encontrarem; taxa dos juros a pagar, e da comissão de fiscalização, se houver, e o tempo de seu pagamento; praça do pagamento; data e lugar da emissão; assinatura do próprio punho do emitente ou de representante com poderes especiais (art. 14, Decreto n. 167/67).

▶ Veja DL n. 167/67: "**Art 14.** A cédula rural pignoratícia conterá os seguintes requisitos, lançados no contexto: I – Denominação 'Cédula Rural Pignoratícia'; II – Data e condições de pagamento; havendo prestações periódicas ou prorrogações de vencimento, acrescentar: 'nos termos da cláusula Forma de Pagamento abaixo' ou 'nos termos da cláusula Ajuste de Prorrogação abaixo'; III – Nome do credor e a cláusula à ordem; IV – Valor do crédito deferido, lançado em algarismos e por extenso, com indicação da finalidade ruralista a que se destina o financiamento concedido e a forma de sua utilização; V – Descrição dos bens vinculados em penhor, que se indicarão pela espécie, qualidade, quantidade, marca ou período de produção, se for o caso, além do local ou depósito em que os mesmos bens se encontrarem; VI – Taxa dos juros a pagar, e da comissão de fiscalização, se houver, e o tempo de seu pagamento; VII – Praça do pagamento; VIII – Data e lugar da emissão; IX – Assinatura do próprio punho do emitente ou de representante com poderes especiais. § 1º – As cláusulas 'Forma de Pagamento' ou 'Ajuste de Prorrogação', quando cabíveis, serão incluídas logo após a descrição da garantia, estabelecendo-se, na primeira, os valores e datas das prestações e na segunda, as prorrogações previstas e as condições a que está sujeita sua efetivação. § 2º A descrição dos bens vinculados à garantia poderá ser feita em documento à parte, em duas vias, assinadas pelo emitente e autenticadas pelo credor, fazendo-se, na cédula, menção a essa circunstância, logo após a indicação do grau do penhor e de seu valor global. [...] **Art. 25.** A cédula rural pignoratícia e hipotecária conterá os seguintes requisitos, lançados no contexto: I – Denominação 'Cédula Rural Pignoratícia e Hipotecária'; II – Data e condições de pagamento havendo prestações periódicas ou prorrogações de vencimento, acrescentar: 'nos termos da cláusula Forma de Pagamento abaixo' ou 'nos termos da cláusula Ajuste de Prorrogação abaixo'; Ill – Nome do credor e a cláusula à ordem; IV – Valor do crédito deferido, lançado em algarismos e por extenso, com indicação da finalidade ruralista a que se destina o financiamento concedido e a forma de sua utilização; V – Descrição dos bens vinculados em penhor, os quais se indicarão pela espécie, qualidade, quantidade, marca ou período de produção se for o caso, além do local ou depósito dos mesmos bens; VI – Descrição do imóvel hipotecado com indicação do nome, se houver, dimensões, confrontações, benfeitorias, título e data de aquisição e anotações (número, livro e folha) do registro imobiliário; VII – Taxa dos juros a pagar e da comissão de fiscalização, se houver, e tempo de seu pagamento; VIII – Praça do pagamento; IX – Data e lugar da emissão; X – Assinatura do próprio punho do emitente ou de representante com poderes especiais".

- Cédula de crédito rural pignoratícia. Validade da garantia prestada por avalista. Natureza jurídica. Direito cambial. Art. 60, Decreto-lei n. 167/67. 1. Consoante o teor do art. 60, do Decreto-lei n. 167/67, a cédula de crédito rural sujeita-se ao regramento do direito cambial, aplicando-se-lhe, inclusive, o instituto do aval. Precedentes. 2. Agravo regimental improvido. (STJ, Ag. Reg. nos Emb. Decl. no REsp n. 1.238.045/SC, 3ª T., rel. Min. Sidnei Beneti, j. 18.06.2013, *DJe* 01.07.2013)

Celetista Empregado cujas condições de trabalho são regidas pela CLT. O regime de trabalho celetista diferencia-se do regime estatutário, de exclusividade dos servidores públicos.

- Veja CLT: "**Art. 1º** Esta Consolidação estatui as normas que regulam as relações individuais e coletivas de trabalho, nela previstas. [...] **Art. 3º** Considera-se empregado toda pessoa física que prestar ser-viços de natureza não eventual a empregador, sob a dependência deste e mediante salário. Parágrafo único. Não haverá distinções relativas à espécie de emprego e à condição de trabalhador, nem entre o trabalho intelectual, técnico e manual".

Cerceamento de defesa Negativa ou obstáculo oposto, de forma ilegal, ao defensor, que dificulta ou interfere na qualidade ou eficiência da defesa dos interesses do seu cliente. Segundo emana da CF, aos litigantes, em processo judicial ou administrativo, e aos acusados em geral são assegurados o contraditório e a ampla defesa, com os meios e recursos a ela inerentes (art. 5º, LV).

Certidão Documento fornecido a pedido da parte interessada, por notário, oficial de registros públicos, escrivão ou serventuário da Justiça, no qual se declaram ou se confirmam a prática de um ato ou a existência de conteúdo em livro, processo ou documento. Farão a mesma prova que os originais as certidões textuais de qualquer peça judicial, do protocolo das audiências ou de qualquer outro livro a cargo do escrivão, sendo extraídas por ele, ou sob sua vigilância, e por ele subscritas, assim como os traslados de autos, quando por outro escrivão consertados (art. 216, CC). Terão a mesma força probante os traslados e as certidões, extraídos por tabelião ou oficial de registro, de instrumentos ou documentos lançados em suas notas (art. 217, CC). É assegurada a todos, independentemente do pagamento de taxas, a obtenção de certidões em repartições públicas, para a defesa de direitos e o esclarecimento de situações de interesse pessoal (art. 5º, XXXIV, *b*, CF).

- Veja CC: "**Art. 216.** Farão a mesma prova que os originais as certidões textuais de qualquer peça judicial, do protocolo das audiências, ou de outro qualquer livro a cargo do escrivão, sendo extraídas por ele, ou sob a sua vigilância, e por ele subscritas, assim como os traslados de autos, quando por outro escrivão consertados. **Art. 217.** Terão a mesma força probante os traslados e as certidões, extraídos por tabelião ou oficial de registro, de instrumentos ou documentos lançados em suas notas. **Art. 218.** Os traslados e as certidões considerar-se-ão instrumentos públicos, se os originais se houverem produzido em juízo como prova de algum ato".

Certificação digital Processo eletrônico utilizado para garantir o sigilo de documentos e a privacidade na comunicação de pessoas e instituições públicas e privadas. A certificação digital impede a adulteração dos documentos nos meios eletrônicos, entre eles a internet, e assegura-lhes curso legal. É considerada o equivalente eletrônico das carteiras de identidade, dos passaportes e cartões de associados, que identificam de maneira segura tanto pessoas físicas como jurídicas.

Certificado Documento ou instrumento escrito, em regra de caráter público, pelo qual se afirma a existência de um fato que é de conhecimento daquele que o subscreve. Embora a certidão também seja utilizada para certificar, o certificado dela difere por não se constituir cópia de um ato escrito já existente, como ocorre com a certidão. Entre outros casos, o certificado é utilizado para comprovar a conclusão de um curso, a prestação do serviço militar e a regularidade perante um órgão público.

Certificado digital Processo digital decorrente da certificação, que utiliza um algoritmo criptográfico, denominado chave, para transformar, validar, autenticar, cifrar e decifrar dados. Combina uma chave pública e outra privada. Quando há coincidência entre as duas chaves, pode-se confirmar que a informação enviada é íntegra e que a identidade de quem a transmitiu é autêntica. O certificado digital, na prática, equivale a uma carteira de identidade virtual. Ele contém, como outros documentos, dados de seu titular, tais como nome, identidade civil e e-mail, além do nome e do e-mail da autoridade certificadora que o emitiu. É por meio dele que as assinaturas digitais são certificadas.

Cessão Expressão designativa do ato pelo qual uma pessoa – o cedente – transfere a outra – o cessionário – bens ou direitos a ela pertencentes, sub-rogando-se o cessionário em todos os direitos do cedente. A cessão ou transferência pode ser gratuita, como ocorre com a doação, ou onerosa, como na cessão de crédito. Outros exemplos de cessão são: cessão de contrato; cessão de direitos autorais; cessão de direitos hereditários; cessão de uso.

Cessão de crédito Cedência ou transferência do seu crédito, que faz o credor a terceiro. "A cessão de crédito é o negócio jurídico, em geral de caráter oneroso, através do qual o sujeito ativo de uma obrigação a transfere a terceiro, estranho ao negócio original, independentemente da anuência do devedor. O alienante toma o nome de cedente, o adquirente o de cessionário, e o devedor, sujeito passivo da obrigação, o de cedido" (RODRIGUES, Silvio. *Direito civil*. 27.ed. São Paulo, Saraiva, 1999, p. 291). Ao credor é lícito ceder o seu crédito se a isso não se opuser a natureza da obrigação, a lei ou convenção (arts. 286 e segs., CC).

▶ Veja CC: "**Art. 286.** O credor pode ceder o seu crédito, se a isso não se opuser a natureza da obrigação, a lei, ou a convenção com o devedor; a cláusula proibitiva da cessão não poderá ser oposta ao cessionário de boa-fé, se não constar do instrumento da obrigação. **Art. 287.** Salvo disposição em contrário, na cessão de um crédito abrangem-se todos os seus acessórios".

■ Cessão de crédito referente a honorários advocatícios. Habilitação do cessionário. Possibilidade. Preenchimento dos requisitos. Análise pelo tribunal de origem. Embargos rejeitados. 1. É possível a cessão de créditos de honorários advocatícios sucumbenciais a terceiros, desde que comprovada a validade do ato, realizado por escritura pública, além de estar discriminado no precatório o valor devido a título da respectiva verba, cabendo ao juízo da execução verificar o preenchimento dos requisitos necessários para a habilitação dos cessionários. [...] (STJ, Emb. Decl. no Ag. Reg. no REsp n. 1.103.950/RS, 5ª T., rel. Min. Jorge Mussi, j. 09.09.2014, *DJe* 16.09.2014)

Cessão de direitos Contrato a título gratuito ou oneroso pelo qual a pessoa titular de direitos (cedente) os transfere a outra (cessionária). A cessionária torna-se sub-rogada em todos os direitos da cedente. A cessão de direitos configura sub-rogação convencional, que ocorre quando o credor recebe o pagamento de terceiro e expressamente lhe transfere todos os direitos, ações, privilégios e garantias do primitivo, em relação à dívida, contra o devedor principal e os fiadores (arts. 347 e 349, CC). Podem ser objeto de cessão direitos como o de posse, de crédito e os hereditários.

▶ Veja CC: "**Art. 347.** A sub-rogação é convencional: I – quando o credor recebe o pagamento de terceiro e expressamente lhe transfere todos os seus direitos; II – quando terceira pessoa empresta ao devedor a quantia precisa para solver a dívida, sob a condição expressa de ficar o mutuante sub-rogado nos direitos do credor satisfeito. [...] **Art. 349.** A sub-rogação transfere ao novo credor todos os direitos, ações, privilégios e garantias do primitivo, em relação à dívida, contra o devedor principal e os fiadores".

- Embargos infringentes. Termo aditivo a contrato de incorporação imobiliária. Contrato de prestação de serviços de advocacia. Cessão de direitos contratuais. Falência da cedente. Contrato de prestação de serviços advocatícios firmado com data anterior ao do reconhecimento das firmas nele apostas. Falência da cedente. Cessão operada quando sequer havia sido concluída a prestação dos serviços contratados. Crédito que, se existente, aperfeiçoou-se após a decretação da falência, embora tenha sido antecipadamente negociado. Questão relativa a direitos decorrentes da negociação, deve ser resolvida no juízo universal da falência, em que o crédito se submeterá ao concurso de credores. Embargos infringentes desacolhidos. Unânime. (TJRS, Embargos infringentes n. 70.019.836.634, 10º Grupo de Câmaras Cíveis, rel. José Francisco Pellegrini, j. 26.10.2007)

Cessão de direitos autorais Cessão de direitos sobre obra literária, técnica, artística ou científica que ao autor se permite fazer à própria editora ou a terceiro. Os direitos de autor poderão ser total ou parcialmente transferidos a terceiros, por ele ou por seus sucessores, a título universal ou singular, pessoalmente ou por meio de representantes com poderes especiais, por meio de licenciamento, concessão, cessão ou por outros meios admitidos em Direito. A cessão, que presume-se onerosa, se fará sempre por escrito (arts. 49 e 50, Lei n. 9.610/98).

▶ Veja Lei n. 9.610/98: "**Art. 49.** Os direitos de autor poderão ser total ou parcialmente transferidos a terceiros, por ele ou por seus sucessores, a título universal ou singular, pessoalmente ou por meio de representantes com poderes especiais, por meio de licenciamento, concessão, cessão ou por outros meios admitidos em Direito, obedecidas as seguintes limitações: I – a transmissão total compreende todos os direitos de autor, salvo os de natureza moral e os expressamente excluídos por lei; II – somente se admitirá transmissão total e definitiva dos direitos mediante estipulação contratual escrita; III – na hipótese de não haver estipulação contratual escrita, o prazo máximo será de cinco anos; IV – a cessão será válida unicamente para o país em que se firmou o contrato, salvo estipulação em contrário; V – a cessão só se operará para modalidades de utilização já existentes à data do contrato; VI – não havendo especificações quanto à modalidade de utilização, o contrato será interpretado restritivamente, entendendo-se como limitada apenas a uma que seja aquela indispensável ao cumprimento da finalidade do contrato. **Art. 50.** A cessão total ou parcial dos direitos de autor, que se fará sempre por escrito, presume-se onerosa".

Cessão de direitos hereditários Cessão por escritura pública que se permite ao herdeiro fazer do quinhão que lhe cabe na herança, após a abertura da sucessão (art. 1.793, CC). "Cessão de herança é a alienação gratuita ou onerosa da herança a terceiro, estranho ou não ao inventário. A cessão pode ser total ou parcial, quando envolver todo o quinhão do cedente ou parte dele" (FIÚZA, César. *Direito civil*: curso completo de acordo com o Código Civil de 2002. Belo Horizonte, Del Rey, 2003, p. 856). Permite-se a cessão apenas da cota, e não de qualquer bem da herança considerado individualmente, salvo acordo expresso entre todos os herdeiros. A cota não poderá ser cedida a terceiro antes de ser dada preferência a coerdeiro (art. 1.794, CC). A cessão somente pode ser feita por escritura pública e após a abertura da sucessão, ou seja, após a morte do autor da herança, posto que a herança de pessoa viva não pode ser objeto de contrato.

▶ Veja CC: "**Art. 1.793.** O direito à sucessão aberta, bem como o quinhão de que disponha o coerdeiro, pode ser objeto de cessão por escritura pública. § 1º Os direitos, conferidos ao herdeiro em consequência de substituição ou de direito de acrescer, presumem-se não abrangidos pela cessão feita anteriormente. § 2º É ineficaz a cessão, pelo coerdeiro, de seu direito hereditário sobre qualquer bem da herança considerado singularmente. § 3º Ineficaz é a disposição, sem prévia autorização do juiz da sucessão, por qualquer herdeiro, de bem componente do acervo hereditário, pendente a indivisibilidade. **Art. 1.794.** O coerdeiro não poderá ceder a sua quota hereditária a pessoa estranha à sucessão, se outro coerdeiro a quiser, tanto por tanto. **Art. 1.795.** O coerdeiro, a quem não se der conhecimento da cessão, poderá depositado o preço, haver para si a quota cedida a estranho, se o requerer até cento e oitenta dias após a transmissão. Parágrafo único. Sendo vários os coerdeiros a exercer a preferência, entre eles se distribuirá o quinhão cedido, na proporção das respectivas quotas hereditárias".

- Agravo regimental no agravo em recurso especial. Cessão de direitos hereditários. Nulidade. Art. 156 do CC/2002. [...] No caso concreto, a anulação da escritura de cessão onerosa de direitos hereditários, diante da constatação de vício no negócio jurídico decorrente do estado de perigo (art. 156 do CC/2002) foi analisada pelo tribunal local à luz do contexto fático-probatório dos autos, especialmente no que se refere à onerosidade excessiva do negócio celebrado pelas partes e à situação de hipossuficiência do cedente por ocasião da avença. 4. A violação dos arts. 165, 458, II, e 535, II, do CPC não resulta configurada na hipótese em que o tribunal de origem, ainda que sucintamente, pronuncia-se sobre a questão controvertida nos autos, não incorrendo em omissão, contradição ou obscuridade. Ademais, não há nulidade no acórdão recorrido, o qual possui fundamentação suficiente à exata compreensão das questões apreciadas. 5. Agravo regimental desprovido. (STJ, Ag. Reg. no AREsp n. 203.749/RS, 4ª T., rel. Min. Antonio Carlos Ferreira, j. 21.02.2013, *DJe* 06.03.2013)

Chamamento ao processo Medida processual facultada ao fiador e ao devedor solidário para chamar a juízo a fim de integrarem o processo o devedor, os demais fiadores ou os demais devedores solidários, para que também respondam pelo débito comum (art. 77, CPC/73).

▸ Veja CPC/73: "**Art. 77**. É admissível o chamamento ao processo: I – do devedor, na ação em que o fiador for réu; II – dos outros fiadores, quando para a ação for citado apenas um deles; III – de todos os devedores solidários, quando o credor exigir de um ou de alguns deles, parcial ou totalmente, a dívida comum".

▸ Veja CPC/2015: "**Art. 130**. É admissível o chamamento ao processo, requerido pelo réu: I – do afiançado, na ação em que o fiador for réu; II – dos demais fiadores, na ação proposta contra um ou alguns deles; III – dos demais devedores solidários, quando o credor exigir de um ou de alguns o pagamento da dívida comum".

■ Agravo de instrumento. Responsabilidade civil. Ação de indenização por danos morais e materiais. Intervenção de terceiros. Possibilidade. Chamamento ao processo. No caso, embora não seja possível admitir a denunciação da lide pretendida, por força do disposto no art. 88 do CDC, cabe permitir o chamamento ao processo da seguradora com quem a ré possui relação securitária devidamente comprovada, forte na permissão expressa do art. 101, II, do mesmo Diploma Legal. Agravo de instrumento parcialmente provido, de plano. (TJRS, AI n. 70.053.602.751, 9ª Câm. Cível, rel. Eugênio Facchini Neto, j. 09.07.2013)

Cheque Título de crédito que representa uma ordem de pagamento de quantia certa à vista feito pelo emitente em favor do beneficiário e contra o sacado (banco). O cheque pode ser nominal, nominal não à ordem e ao portador (Lei n. 7.357/85 – Lei do Cheque).

▸ Veja Lei n. 7.357/85: "**Art. 1º** O cheque contém: I – a denominação "cheque" inscrita no contexto do título e expressa na língua em que este é redigido; II – a ordem incondicional de pagar quantia determinada; III – o nome do banco ou da instituição financeira que deve pagar (sacado); IV – a indicação do lugar de pagamento; V – a indicação da data e do lugar de emissão; VI – a assinatura do emitente (sacador), ou de seu mandatário com poderes especiais".

■ Súmula n. 48, STJ: Compete ao juízo do local da obtenção da vantagem ilícita processar e julgar crime de estelionato cometido mediante falsificação de cheque.

■ Súmula n. 244, STJ: Compete ao foro do local da recusa processar e julgar o crime de estelionato mediante cheque sem provisão de fundos.

■ Súmula n. 299, STJ: É admissível a ação monitória fundada em cheque prescrito.

■ Súmula n. 370, STJ: Caracteriza dano moral a apresentação antecipada de cheque pré-datado.

■ Súmula n. 388, STJ: A simples devolução indevida de cheque caracteriza dano moral.

■ Apelação cível. Ação de cobrança. Cheque. Prescrição não verificada. Discussão *causa debendi*. Prazo decenal. A ação de cobrança fundada em cheque prescrito está subordinada ao prazo prescricional de cinco anos de que trata o art. 206, § 5º, I, do CC. Todavia, a presente ação é fundada em direito pessoal, porquanto o cheque juntado ao feito serviu apenas como princípio de prova escrita quanto à dívida em discussão. Logo, é aplicável ao caso o que dispõe o art. 205, do CC, ou seja, o prazo prescricional é de dez anos. Decisão que julgou extinto o feito desconstituída. Apelo provido. Deram provimento ao apelo, a fim de desconstituir a decisão. (TJRS, Ap. Cível n. 70.055.321.889, 19ª Câm. Cível, rel. Eduardo João Lima Costa, j. 23.07.2013)

Cheque administrativo É o cheque emitido pelo próprio banco, por solicitação do cliente, em nome da pessoa que o cliente pretende beneficiar com o pagamento. Esse cheque pode ser comprado pelo interessado em qualquer agência bancária.

Cheque ao portador Cheque que não contém expressamente o nome do beneficiário, sendo pago a quem o apresentar (art. 17, Lei n. 7.357/85).

▶ Veja Lei n. 7.357/85: "**Art. 17.** O cheque pagável a pessoa nomeada, com ou sem cláusula expressa 'à ordem', é transmissível por via de endosso. § 1º O cheque pagável a pessoa nomeada, com a cláusula 'não à ordem', ou outra equivalente, só é transmissível pela forma e com os efeitos de cessão. § 2º O endosso pode ser feito ao emitente, ou a outro obrigado, que podem novamente endossar o cheque".

Cheque cruzado   Aquele no qual são apostos dois traços paralelos, em sentido diagonal, na frente do documento, e que não pode ser sacado, somente depositado em estabelecimento bancário.

▶ Veja Lei n. 7.357/85: "**Art. 44.** O emitente ou o portador podem cruzar o cheque, mediante a aposição de dois traços paralelos no anverso do título. § 1º O cruzamento é geral se entre os dois traços não houver nenhuma indicação ou existir apenas a indicação "banco", ou outra equivalente. O cruzamento é especial se entre os dois traços existir a indicação do nome do banco. § 2º O cruzamento geral pode ser convertido em especial, mas este não pode converter-se naquele. § 3º A inutilização do cruzamento ou a do nome do banco é reputada como não existente".

Cheque especial   Modalidade de cheque decorrente de relação contratual pela qual o banco concede ao correntista uma linha especial de crédito destinada a cobrir valores que ultrapassem o valor existente na conta, mediante a cobrança de juros.

Cheque nominativo   Cheque nominal. Aquele que deve ser pago a pessoa determinada, cujo nome consta do título (art. 8º, Lei n. 7.357/85).

▶ Veja Lei n. 7.357/85: "**Art. 8º** Pode-se estipular no cheque que seu pagamento seja feito: I – a pessoa nomeada, com ou sem cláusula expressa 'à ordem'; II – a pessoa nomeada, com a cláusula 'não à ordem', ou outra equivalente; III – ao portador. Parágrafo único. Vale como cheque ao portador o que não contém indicação do beneficiário e o emitido em favor de pessoa nomeada com a cláusula 'ou ao portador', ou expressão equivalente".

Cheque pós-datado   Cheque emitido com data futura, popularmente conhecido como "pré-datado". A data nele aposta fica sem efeito, visto que o cheque é uma ordem de pagamento à vista (art. 32, Lei n. 7.357/85). Assim, se for apresentado para pagamento antes da data prevista, o banco terá de pagá-lo ou devolvê-lo se não houver fundos.

▶ Veja Lei n. 7.357/85: "**Art. 32.** O cheque é pagável à vista. Considera-se não escrita qualquer menção em contrário. Parágrafo único. O cheque apresentado para pagamento antes do dia indicado como data de emissão é pagável no dia da apresentação".

■ Direito cambiário e responsabilidade civil. Cheque pós-datado. Pactuação extracartular. Costume *contra legem*. Beneficiário do cheque que o faz circular antes da data. 1. O cheque é ordem de pagamento à vista e submete-se aos princípios, caros ao direito cambiário, da literalidade, abstração, autonomia das obrigações cambiais e inoponibilidade das exceções pessoais a terceiros de boa-fé. 2. Com a decisão contida no REsp n. 1.068.513/DF, relatado pela Ministra Nancy Andrighi, ficou pacificado na jurisprudência desta Corte a ineficácia, no que tange ao direito cambiário, da pactuação extracartular da pós-datação do cheque, pois descaracteriza referido título de crédito como ordem de pagamento à vista e viola os princípios cambiários da abstração e da literalidade. 3. O contrato confere validade à obrigação entre as partes da relação jurídica original, não vinculando ou criando obrigações para terceiros estranhos ao pacto. Por isso, a avença da pós-datação extracartular, embora não tenha eficácia, traz consequências jurídicas apenas para os contraentes. 4. Com efeito, em não havendo ilicitude no ato do réu, e não constando na data de emissão do cheque a pactuação, tendo em vista o princípio da relatividade dos efeitos contratuais e os princípios inerentes aos títulos de crédito, não devem os danos ocasionados em decorrência da apresentação antecipada do cheque ser compensados pelo réu, que não tem legitimidade passiva por ser terceiro de boa-fé, mas sim pelo contraente que não observou a alegada data convencionada para apresentação da cártula. 5. Recurso especial provido. (STJ, REsp n. 884.346/SC, 4ª T., rel. Min. Luis Felipe Salomão, j. 06.10.2011, *DJe* 04.11.2011)

Cheque visado   Aquele que tem o visto do sacado, garantindo ter o emitente fundos suficientes para o pagamento do título (art. 7º, Lei n. 7.357/85).

▶ Veja Lei n. 7.357/85: "**Art. 7º** Pode o sacado, a pedido do emitente ou do portador legitimado, lançar e assinar, no verso do cheque não ao portador e ainda não endossado, visto, certificação ou outra declaração equivalente, datada e por quantia igual à indicada no título. § 1º A aposição de visto, certificação ou outra declaração equivalente obriga o sacado a debitar à conta do emitente a quantia indicada no cheque e a reservá-la em benefício do portador legitimado, durante o prazo de apresentação, sem que fiquem exonerados o emitente, endossantes e demais coobrigados. § 2º O sacado creditará à conta do emitente a quantia reservada, uma vez vencido o prazo de apresentação; e, antes disso, se o cheque lhe for entregue para inutilização".

CIPA Comissão Interna de Prevenção de Acidentes, de obrigatória constituição nos estabelecimentos ou locais de obra especificados em lei, que tem por finalidade incentivar a participação dos empregados na política de segurança do trabalho das empresas, de forma a prevenir e diminuir os riscos de acidente e doenças profissionais no ambiente laboral. A Cipa é composta de empregados eleitos por seus pares e de empregados indicados pelo empregador (Norma Regulamentadora n. 5, Portaria n. 3.214/78, do Ministério do Trabalho e Emprego). O empregado integrante da Cipa goza de estabilidade no emprego, desde o registro da candidatura até um ano após o final de seu mandato, conforme art. 10, II, *a*, ADCT.

Circular Correspondência interna emitida pela gerência ou chefia de departamento de empresa privada ou de órgão público, endereçada aos empregados ou funcionários, que tem o objetivo de transmitir normas, ordens, avisos, pedidos, visando a atualizar ou uniformizar procedimentos.

Circunscrição Divisão territorial definida por lei que delimita o espaço destinado à atuação de um órgão público ou de um órgão judiciário. "Nas eleições presidenciais, a circunscrição será o país; nas eleições federais e estaduais, o estado; e nas municipais, o respectivo município" (art. 86, Código Eleitoral). A Justiça Federal é dividida em circunscrições judiciárias, que são afetas aos respectivos tribunais regionais federais.

Circunstâncias agravantes Circunstâncias desabonatórias relativas à conduta do acusado que são utilizadas pelo juiz para agravamento ou aumento da pena. As circunstâncias agravantes, de aplicação obrigatória, estão previstas nos arts. 61 e 62 do CP. Em relação aos crimes ambientais, *vide* art. 15, Lei n. 9.605/98.

▶ Veja CP: "**Art. 61.** São circunstâncias que sempre agravam a pena, quando não constituem ou qualificam o crime: I – a reincidência; II – ter o agente cometido o crime: *a)* por motivo fútil ou torpe; *b)* para facilitar ou assegurar a execução, a ocultação, a impunidade ou vantagem de outro crime; *c)* à traição, de emboscada, ou mediante dissimulação, ou outro recurso que dificultou ou tornou impossível a defesa do ofendido; *d)* com emprego de veneno, fogo, explosivo, tortura ou outro meio insidioso ou cruel, ou de que podia resultar perigo comum; *e)* contra ascendente, descendente, irmão ou cônjuge; *f)* com abuso de autoridade ou prevalecendo-se de relações domésticas, de coabitação ou de hospitalidade, ou com violência contra a mulher na forma da lei específica; *g)* com abuso de poder ou violação de dever inerente a cargo, ofício, ministério ou profissão; *h)* contra criança, maior de 60 (sessenta) anos, enfermo ou mulher grávida; *i)* quando o ofendido estava sob a imediata proteção da autoridade; *j)* em ocasião de incêndio, naufrágio, inundação ou qualquer calamidade pública, ou de desgraça particular do ofendido; *l)* em estado de embriaguez preordenada. Agravantes no caso de concurso de pessoas. **Art. 62.** A pena será ainda agravada em relação ao agente que: I – promove, ou organiza a cooperação no crime ou dirige a atividade dos demais agentes; II – coage ou induz outrem à execução material do crime; III – instiga ou determina a cometer o crime alguém sujeito à sua autoridade ou não punível em virtude de condição ou qualidade pessoal; IV – executa o crime, ou nele participa, mediante paga ou promessa de recompensa".

▶ Veja Lei n. 9.605/98: "**Art. 15.** São circunstâncias que agravam a pena, quando não constituem ou qualificam o crime: I – reincidência nos crimes de natureza ambiental; II – ter o agente cometido a infração: *a)* para obter vantagem pecuniária; *b)* coagindo outrem para a execução material da infração; *c)* afetando ou expondo a perigo, de maneira grave, a saúde pública ou o meio ambiente; *d)* concorrendo para danos à propriedade alheia; *e)* atingindo áreas de unidades de conservação ou áreas sujeitas, por ato do Poder Público, a regime especial de uso; *f)* atingindo áreas urbanas ou quaisquer assentamentos humanos; *g)* em período de defeso à fauna; [...]".

■ Maus antecedentes. Adequação. (4) Reincidência. Agravante. *Quantum* de aumento. Não especificação no CP. Discricionariedade vinculada do juiz. Aumento exacerbado. [...] 3. A dosimetria é uma operação lógica, formalmente estruturada, de acordo com o princípio da individualização da pena. Tal procedimento envolve profundo exame das condicionantes fáticas, sendo, em regra, vedado revê-lo em sede de *habeas corpus* (STF, *HC* n. 97.677/PR, 1ª T., rel. Min. Cármen Lúcia, 29.09.2009). [...] 4. O Código Penal não estabelece limites mínimo e máximo de aumento de pena a serem aplicados em razão de circunstâncias agravantes, cabendo à prudência do magistrado fixar o patamar necessário, dentro de parâmetros razoáveis e proporcionais, com a devida fundamentação.

No caso, o acréscimo da pena no tocante ao crime de furto se deu em 1/3 (um terço), sendo que o magistrado promoveu a referida exasperação apenas pela presença da reincidência, sem apresentar justificativa para respaldar o incremento. (STJ, HC n. 162.672/MG, 6ª T., rel. Min. Maria Thereza de Assis Moura, j. 28.05.2013, DJe 06.06.2013)

Circunstâncias atenuantes
Aquilo que atenua ou que diminui a gravidade de uma falta ou de um crime. Circunstâncias abonatórias relativas à conduta do acusado, previstas no art. 65 do Código Penal, que contribuem para a redução da pena. As circunstâncias atenuantes são de aplicação obrigatória. Em relação aos crimes ambientais, *vide* art. 14, Lei n. 9.605/98.

▸ Veja CP: "**Art. 65.** São circunstâncias que sempre atenuam a pena: I – ser o agente menor de vinte e um, na data do fato, ou maior de setenta anos, na data da sentença; II – o desconhecimento da lei; III – ter o agente: *a)* cometido o crime por motivo de relevante valor social ou moral; *b)* procurado, por sua espontânea vontade e com eficiência, logo após o crime, evitar-lhe ou minorar-lhe as consequências, ou ter, antes do julgamento, reparado o dano; *c)* cometido o crime sob coação a que podia resistir, ou em cumprimento de ordem de autoridade superior, ou sob a influência de violenta emoção, provocada por ato injusto da vítima; *d)* confessado espontaneamente, perante a autoridade, a autoria do crime; *e)* cometido o crime sob a influência de multidão em tumulto, se não o provocou".

▸ Veja Lei n. 9.605/98: "**Art. 14.** São circunstâncias que atenuam a pena: I – baixo grau de instrução ou escolaridade do agente; II – arrependimento do infrator, manifestado pela espontânea reparação do dano, ou limitação significativa da degradação ambiental causada; II – comunicação prévia pelo agente do perigo iminente de degradação ambiental; IV – colaboração com os agentes encarregados da vigilância e do controle ambiental".

▪ Habeas corpus. Homicídio qualificado tentado. Tribunal do júri. Julgamento ocorrido após a edição da Lei n. 11.689/2008. Atenuante da confissão espontânea. 1. A partir do advento da Lei n. 11.689/2008, não há mais a exigência de submeter ao Conselho de Sentença quesitos sobre a existência de circunstâncias atenuantes ou agravantes, cabendo ao magistrado togado, no momento de proferir a sentença, decidir pela aplicação, ou não, das circunstâncias atenuantes e agravantes, desde que alegadas pelas partes e debatidas em Plenário. 2. Na espécie, não ficou comprovado ter sido a atenuante da confissão espontânea alegada nos debates. 3. Ordem de *habeas corpus* não conhecida. (STJ, HC n. 243.571/MG, 5ª T., rel. Min. Laurita Vaz, j. 11.04.2013, DJe 17.04.2013)

Citação
É o ato pelo qual se chama a juízo o réu ou o interessado a fim de que integre a relação processual e se defenda (art. 213, CPC/73). Ato processual pelo qual o escrivão judicial, por ordem da autoridade judiciária competente, dá conhecimento ao réu da existência de ação sobre a qual ele deve se manifestar.

▸ Veja CPC/73: "**Art. 213.** Citação é o ato pelo qual se chama a juízo o réu ou o interessado a fim de se defender. **Art. 214.** Para a validade do processo é indispensável a citação inicial do réu. [...]".

▸ Veja CPC/2015: "**Art. 238.** Citação é o ato pelo qual são convocados o réu, o executado ou o interessado para integrar a relação processual. **Art. 239.** Para a validade do processo é indispensável a citação do réu ou do executado, ressalvadas as hipóteses de indeferimento da petição inicial ou de improcedência liminar do pedido. [...]".

▪ Ação de busca e apreensão. Extinção do processo por abandono. Intimação pessoal do autor. Art. 267, III, § 1º, do CPC. Súmula n. 240/STJ. Inaplicabilidade. Não provimento. 1. Verificando que o autor abandonou a causa por mais de trinta dias, permanecendo inerte após ter sido devidamente intimado, o juiz ordenará o arquivamento dos autos, declarando a extinção do processo, nos termos do art. 267, III, § 1º, do CPC. 2. É inaplicável, na hipótese dos autos, o teor da Súmula n. 240 desta Corte, uma vez que não foi instaurada a relação processual, diante da ausência de citação do réu. 3. Agravo regimental a que se nega provimento. (STJ, Ag. Reg. no AREsp n. 309.971/ES, 4ª T., rel. Min. Maria Isabel Gallotti, j. 18.06.2013, DJe 01.07.2013)

▪ Agravo de instrumento. Exceção de pré-executividade desacolhida. Citação por edital. Validade. Prescrição. Reconhecimento em relação a um dos exercícios. Processual civil. Demora na citação por motivos inerentes aos mecanismos da Justiça. Prescrição não configurada. Aplicação da Súmula n. 106 do STJ. Esgotados os meios possíveis para a localização da agravante, a fim de que citada por Oficial de Justiça, fica o credor autorizado a utilizar-se da citação por edital, conforme dispõe o art. 8º, III, da Lei de Execuções Fiscais (REsp n. 806.645/SP, rel. Min. Teori Albino Zavascki). Válida, pois, a citação. Quando proposta a execução no prazo para seu exercício, não ocorrendo a citação por percalços inerentes ao mecanismo da Justiça, não há justificativa para o acolhimento da prescrição. Agravo desprovido. Unânime. (TJRS, AI n. 70.054.861.992, 21ª Câm. Cível, rel. Genaro José Baroni Borges, j. 24.07.2013)

Citação circunduta Diz-se da citação anulável por algum ato ou fato previsto em lei. A ausência ou deficiência da citação determina sua nulidade absoluta, não podendo, assim, ser convalidada.

Citação com hora certa Citação com hora marcada, mediante prévio aviso aos familiares ou vizinhos, feita por oficial de justiça, quando houver presunção de que o réu está se ocultando para não ser citado (arts. 227 e 228, *caput*, CPC/73).

▶ Veja CPC/73: "**Art. 227.** Quando, por três vezes, o oficial de justiça houver procurado o réu em seu domicílio ou residência, sem o encontrar, deverá, havendo suspeita de ocultação, intimar a qualquer pessoa da família, ou em sua falta a qualquer vizinho, que, no dia imediato, voltará, a fim de efetuar a citação, na hora que designar. **Art. 228.** No dia e hora designados, o oficial de justiça, independentemente de novo despacho, comparecerá ao domicílio ou residência do citando, a fim de realizar a diligência".

▪ Veja CPC/2015: "**Art. 252.** Quando, por 2 (duas) vezes, o oficial de justiça houver procurado o citando em seu domicílio ou residência sem o encontrar, deverá, havendo suspeita de ocultação, intimar qualquer pessoa da família ou, em sua falta, qualquer vizinho de que, no dia útil imediato, voltará a fim de efetuar a citação, na hora que designar. Parágrafo único. Nos condomínios edilícios ou nos loteamentos com controle de acesso, será válida a intimação a que se refere o *caput* feita a funcionário da portaria responsável pelo recebimento de correspondência. **Art. 253.** No dia e na hora designados, o oficial de justiça, independentemente de novo despacho, comparecerá ao domicílio ou à residência do citando a fim de realizar a diligência. § 1º Se o citando não estiver presente, o oficial de justiça procurará informar-se das razões da ausência, dando por feita a citação, ainda que o citando se tenha ocultado em outra comarca, seção ou subseção judiciárias. [...]".

▪ Agravo de instrumento. Ensino. Execução. Citação por hora certa. Viabilidade. Requisitos legais. Citação por hora certa. Viabilidade. Caso em que o Oficial de Justiça diligenciou diversas vezes no sentido de proceder à citação dos réus, sem lograr êxito em seu intento. Suspeita de ocultação da parte demandada que justifica a citação por hora certa. Precedentes. Agravo de instrumento provido, em decisão monocrática. (TJRS, AI n. 70055667190, 5ª Câm. Cível, rel. Isabel Dias Almeida, j. 24.07.2013)

Citação pessoal Forma de citação feita por Oficial de Justiça na qual o réu é citado pessoalmente ou na pessoa de seu representante legal (art. 221, CPC/73).

▶ Veja CPC/73: "**Art. 221.** A citação far-se-á: I – pelo correio; II – por oficial de justiça; III – por edital; IV – por meio eletrônico, conforme regulado em lei própria".

▶ Veja CPC/2015: "**Art. 249.** A citação será feita por meio de oficial de justiça nas hipóteses previstas neste Código ou em lei, ou quando frustrada a citação pelo correio. [...] **Art. 251.** Incumbe ao oficial de justiça procurar o citando e, onde o encontrar, citá-lo: I – lendo-lhe o mandado e entregando-lhe a contrafé; II – portando por fé se recebeu ou recusou a contrafé; III – obtendo a nota de ciente ou certificando que o citando não a apôs no mandado".

Citação por precatória Citação realizada por meio de carta precatória enviada pelo juízo da comarca do domicílio do autor para o juízo de outra comarca onde resida o réu (arts. 200 e 201, CPC/73).

▶ Veja CPC/73: "**Art. 200.** Os atos processuais serão cumpridos por ordem judicial ou requisitados por carta, conforme hajam de realizar-se dentro ou fora dos limites territoriais da comarca. **Art. 201.** Expedir-se-á carta de ordem se o juiz for subordinado ao tribunal de que ela emanar; carta rogatória, quando dirigida à autoridade judiciária estrangeira; e carta precatória nos demais casos".

▶ Veja CPC/2015: "**Art. 232.** Nos atos de comunicação por carta precatória, rogatória ou de ordem, a realização da citação ou da intimação será imediatamente informada, por meio eletrônico, pelo juiz deprecado ao juiz deprecante".

Citação postal Forma de citação feita pelos Correios, por meio de carta registrada e aviso de recebimento (AR), remetida pelo escrivão ao réu, em que se anexa a petição inicial com o despacho do juiz (arts. 221 e 222, CPC/73).

▶ Veja CPC/73: "**Art. 221.** A citação far-se-á: I – pelo correio; [...] **Art. 222.** A citação será feita pelo correio, para qualquer comarca do País, exceto: *a)* nas ações de estado; *b)* quando for ré pessoa incapaz; *c)* quando for ré pessoa de direito público; *d)* nos processos de execução; *e)* quando o réu residir em local não atendido pela entrega domiciliar de correspondência; *f)* quando o autor a requerer de outra forma".

▶ Veja CPC/2015: "**Art. 246.** A citação será feita: I – pelo correio; [...] **Art. 247.** A citação será feita pelo correio para qualquer comarca do país, exceto: I – nas ações de estado, observado o disposto no art. 695, § 3º; II – quando o citando for incapaz; III – quando o citando for pessoa de direito público; IV – quando o citando residir em local não atendido pela entrega domiciliar de correspondência; V – quando o autor, justificadamente, a requerer de outra forma".

- Súmula n. 414, STJ: A citação por edital na execução fiscal é cabível quando frustradas as demais modalidades.
- Súmula n. 429, STJ: A citação postal, quando autorizada por lei, exige o aviso de recebimento.

Citra petita Expressão latina que tem por significado "aquém do pedido". O mesmo que *infra petita*. Diz-se da sentença de procedência que concedeu ao autor menos do que foi pedido.

- Apelação cível. Locação. Sentença *citra petita*. Desconstituição de ofício. I. O julgador deve analisar todos os pedidos formulados pela parte autora, decidindo a ação nos exatos limites em que foi proposta, sendo vedado julgar além do pedido (*ultra petita*), nem aquém (*citra petita*) ou fora daquilo que foi objeto da inicial (*extra petita*), sob pena de nulidade do ato decisório. II. No caso dos autos, tendo em vista que a sentença deixou de analisar a integralidade dos pedidos formulados na inicial, sendo, portanto, *citra petita*, imperativa a sua desconstituição, para que outra seja proferida. (TJRS, Ap. Cível n. 70054789227, 16ª Câm. Cível, rel. Ergio Roque Menine, j. 20.11.2014)
- Decisão monocrática. Agravo de instrumento. Decisão *citra petita*. Nulidade da decisão. Caracteriza-se como *citra petita* a decisão que se omite na apreciação de um ou de mais dos pedidos formulados pela parte. Decisão desconstituída. Recurso prejudicado. (TJRS, AI n. 70060950599, 25ª Câm. Cível, rel. Leila Vani Pandolfo Machado, j. 20.11.2014)

Cível Termo usado para denominar, de forma genérica, a área do Direito em que predominam o direito civil ou o direito privado. Referente ao direito civil. Nesse sentido, diz-se juízo cível aquele que engloba as causas cíveis de toda natureza, de forma a distingui-lo de outros juízos, como o juízo criminal.

Civil Relativo ao ramo do direito civil ou direito privado, representado pelo CC e por outras leis extravagantes que dizem respeito às relações negociais entre particulares. Refere-se também ao cidadão e à Polícia Civil, para distingui-la da Polícia Militar.

Civilista Diz-se do especialista ou tratadista no ramo do direito civil. Doutrinador e estudioso da matéria cível.

Clandestino Designativo do ato jurídico praticado na clandestinidade, ou seja, às ocultas, com a intenção dolosa de descumprir a lei ou de fraudar um negócio jurídico ou prejudicar determinada pessoa.

- Posse (bens imóveis). Ação de manutenção de posse. Liminar revogada. Decisão mantida. Em que pesem as alegações da parte agravante, deve ser mantida a decisão que revogou a medida liminar de manutenção de posse anteriormente deferida, pois da argumentação alinhavada pelo réu, ora agravado, se percebe que a posse exercida é flagrantemente clandestina e viciada, sem justo título a legitimá-la e sem qualquer direito aparente que a sustente. [...] (TJRS, AI n. 70061972469, 17ª Câm. Cível, rel. Giovanni Conti, j. 13.11.2014)
- Apelação cível. Direito público não especificado. Energia elétrica. Irregularidade na unidade consumidora. Desvio de energia. Os documentos trazidos aos autos são contundentes e suficientes para a comprovação da existência de ligação clandestina na residência. É a proprietária responsável pelo pagamento do consumo não registrado, pois dele se beneficiou. Dever de zelar pelo equipamento. Excluído da cobrança período em relação ao qual não há documentação hábil nos autos. Cálculo de recuperação do consumo. Evidenciada ligação clandestina, com consumo não registrado, aplicáveis os critérios previstos na Resolução n. 456/2000 da ANEEL para a apuração do débito. [...] (TJRS, Emb. Decl. n. 70061928537, 21ª Câm. Cível, rel. Almir Porto da Rocha Filho, j. 15.10.2014)

Cláusula Cada uma das disposições de um contrato, tratado, testamento ou qualquer outro documento análogo, público ou privado.

Cláusula acessória A que complementa o contrato. Embora ela não seja da substância do contrato, faculta-se às partes inseri-la em seu contexto. É também denominada cláusula especial, como ocorre com a cláusula penal, a de preferência e a de retrovenda.

- Compra e venda de safra futura a preço certo. Alteração do valor do produto no mercado. Circunstância previsível. Onerosidade excessiva. Inexistência. Cláusulas acessórias abusivas. Irrelevância. [...] Nos termos do art. 184, segunda parte, do CC/2002, "a invalidade da obrigação principal implica a das obrigações acessórias, mas a destas não induz a da obrigação principal". Portanto, eventual abusividade de determinadas cláusulas acessórias do contrato não tem relevância para o deslinde desta ação. Ainda que, em tese, transgridam os princípios da boa-fé objetiva, da probidade e da função social do contrato ou imponham ônus excessivo ao recorrido, tais abusos não teriam o condão de contaminar de maneira irremediável o contrato, de sorte a resolvê-lo. Recurso especial conhecido e provido. (STJ, REsp n. 783.404/GO, 3ª T., rel. Min. Nancy Andrighi, j. 28.06.2007, *DJ* 13.08.2007, p. 364)

Cláusula *ad judicia* Cláusula constante de instrumento de mandato pela qual o mandatário concede ao advogado plenos poderes para o foro em geral (art. 38, CPC/73; art. 105, CPC/2015). A cláusula não inclui poderes como receber a citação inicial, confessar, reconhecer a procedência do pedido, transigir, desistir, renunciar ao direito sobre o qual se funda a ação, receber, dar quitação e firmar compromisso, os quais deverão constar expressamente da procuração para que o advogado constituído possa legalmente exercê-los.

▸ Veja CPC/2015: "**Art. 105.** A procuração geral para o foro, outorgada por instrumento público ou particular assinado pela parte, habilita o advogado a praticar todos os atos do processo, exceto receber citação, confessar, reconhecer a procedência do pedido, transigir, desistir, renunciar ao direito sobre o qual se funda a ação, receber, dar quitação, firmar compromisso e assinar declaração de hipossuficiência econômica, que devem constar de cláusula específica. § 1º A procuração pode ser assinada digitalmente, na forma da lei. [...]".

Cláusula à ordem Cláusula existente em títulos de crédito, como a nota promissória, a duplicata, a letra de câmbio e o cheque, que possibilita que sejam endossados ou transferidos a terceiro (art. 17, Lei n. 7.357/85 – Lei do Cheque).

▸ Veja Lei n. 7.357/85: "**Art. 17.** O cheque pagável a pessoa nomeada, com ou sem cláusula expressa 'à ordem', é transmissível por via de endosso. § 1º O cheque pagável a pessoa nomeada, com a cláusula 'não à ordem', ou outra equivalente, só é transmissível pela forma e com os efeitos de cessão. § 2º O endosso pode ser feito ao emitente, ou a outro obrigado, que podem novamente endossar o cheque. [...]".

Cláusula compromissória Convenção por meio da qual as partes em um contrato se comprometem a submeter à arbitragem os litígios que possam surgir relativamente a tal contrato (art. 4º, Lei n. 9.307/96). A cláusula compromissória deve ser estipulada por escrito, podendo estar inserta no próprio contrato ou em documento apartado que a ele se refira. Nos contratos de adesão, a cláusula compromissória só terá eficácia se o aderente tomar a iniciativa de instituir a arbitragem ou concordar, expressamente, com sua instituição, desde que por escrito em documento anexo ou em negrito, com a assinatura ou visto especialmente para essa cláusula.

▸ Veja Lei n. 9.307/96: "**Art. 4º** A cláusula compromissória é a convenção através da qual as partes em um contrato comprometem-se a submeter à arbitragem os litígios que possam vir a surgir, relativamente a tal contrato. § 1º A cláusula compromissória deve ser estipulada por escrito, podendo estar inserta no próprio contrato ou em documento apartado que a ele se refira. § 2º Nos contratos de adesão, a cláusula compromissória só terá eficácia se o aderente tomar a iniciativa de instituir a arbitragem ou concordar, expressamente, com a sua instituição, desde que por escrito em documento anexo ou em negrito, com a assinatura ou visto especialmente para essa cláusula".

■ Homologação de sentença estrangeira arbitral. Contestação. Preenchimento dos requisitos. Homologação deferida. 1. No caso, foram juntados os contratos, devidamente firmados pelas partes, contendo cláusula compromissória de arbitragem e elegendo o Tribunal Arbitral específico. 2. A sentença arbitral produz entre as partes e seus sucessores os mesmos efeitos da sentença judicial, constituindo, inclusive, título executivo judicial quando ostentar natureza condenatória. 3. No procedimento arbitral a citação não ocorre por Carta Rogatória, pois as cortes arbitrais são órgãos eminentemente privados. Exige-se, no entanto, para a validade do ato realizado via postal, que haja prova inequívoca de recebimento da correspondência respectiva, o que verificado nos autos. 4. Observados os pressupostos indispensáveis ao deferimento do pleito previsto nos arts. 5º e 6º da Resolução n. 9/05 do STJ, é defeso no âmbito do procedimento homologatório discutir o próprio mérito do título judicial estrangeiro e supervenientes alterações de estado de fato. 5. Homologação de sentença estrangeira deferida. (STJ, SEC n. 6.760/EX, Corte Especial, rel. Min. Sidnei Beneti, j. 25.04.2013, *DJe* 22.05.2013)

Cláusula com reserva de domínio Cláusula do contrato de compra e venda de coisa móvel pela qual o vendedor reserva para si a propriedade, até que o preço esteja integralmente pago (art. 521, CC) (*v. Reserva de domínio*).

Cláusula *constituti* Convenção expressa ou tácita pela qual se entende efetivada a tradição da coisa alienada, ainda que ela continue em poder do alienante ou de terceiro, a título de detenção. O mesmo que *constituto possessório*. É *expressa* quando resulta de cláusula contratual; é *tácita* quando inferida das cláusulas contratuais incompatíveis com a transferência material do imóvel para o comprador (*v. Constituto possessório*).

▪ Ação de reintegração de posse. Aquisição de bem. Cláusula *constituti*. Existência. Reintegração. Requisitos legais. Presença. Precedentes. 1. A cláusula *constituti* revela-se como uma das formas de aquisição de posse, ainda que indireta. Cabível, portanto, a ação de reintegração de posse para a discussão de esbulho. Precedentes. 2. Ao repisar os fundamentos do recurso especial, a parte agravante não trouxe, nas razões do agravo regimental, argumentos aptos a modificar a decisão agravada, que deve ser mantida por seus próprios e jurídicos fundamentos. 3. Agravo regimental não provido. (STJ, Ag. Reg. no AREsp n. 10.216/PE, rel. Min. Luis Felipe Salomão, 4ª T., j. 05.03.2013, *DJe* 11.03.2013)

Cláusula de eleição Cláusula mediante a qual as partes modificam a competência em razão do valor e do território, elegendo foro onde serão propostas as ações oriundas de direitos e obrigações. A escolha ou eleição do foro deve constar de instrumento escrito e aludir expressamente a determinado negócio jurídico (art. 63, CPC/2015).

▸ Veja CPC/2015: "**Art. 25.** Não compete à autoridade judiciária brasileira o processamento e o julgamento da ação quando houver cláusula de eleição de foro exclusivo estrangeiro em contrato internacional, arguida pelo réu na contestação. [...] **Art. 63.** As partes podem modificar a competência em razão do valor e do território, elegendo foro onde será proposta ação oriunda de direitos e obrigações. § 1º A eleição de foro só produz efeito quando constar de instrumento escrito e aludir expressamente a determinado negócio jurídico. § 2º O foro contratual obriga os herdeiros e sucessores das partes. § 3º Antes da citação, a cláusula de eleição de foro, se abusiva, pode ser reputada ineficaz de ofício pelo juiz, que determinará a remessa dos autos ao juízo do foro de domicílio do réu".

Cláusula de impenhorabilidade Cláusula pela qual alguém, em contrato a título gratuito e por ato de vontade ou de disposição de última vontade, determina que a coisa alienada não pode ser penhorada pelos credores do beneficiado. A impenhorabilidade pode ser absoluta ou relativa, vitalícia ou temporária. A cláusula de impenhorabilidade está implícita na cláusula que determina a inalienabilidade de bens (art. 1.911, CC). Em relação ao testamento, não pode o testador estabelecer cláusula de impenhorabilidade sobre os bens da legítima, salvo se houver justa causa (art. 1.848, CC). Nada impede, pois, que se a estabeleça em relação aos bens disponíveis.

▸ Veja CC: "**Art. 1.848.** Salvo se houver justa causa, declarada no testamento, não pode o testador estabelecer cláusula de inalienabilidade, impenhorabilidade, e de incomunicabilidade, sobre os bens da legítima. [...] **Art. 1.911.** A cláusula de inalienabilidade, imposta aos bens por ato de liberalidade, implica impenhorabilidade e incomunicabilidade. [...]".

Cláusula de inalienabilidade Cláusula pela qual alguém, em contrato a título gratuito e por ato de vontade ou de disposição de última vontade, determina que a coisa alienada não pode ser transmitida a terceiro pelo adquirente. A cláusula de inalienabilidade, que pode ser temporária ou vitalícia, quando imposta aos bens por ato de liberalidade, implica impenhorabilidade e incomunicabilidade (art. 1.911, CC). Em relação ao testamento, não pode o testador estabelecer cláusula de inalienabilidade sobre os bens da legítima, salvo se houver justa causa (art. 1.848, CC). Tal regra não se aplica, pois, aos bens disponíveis, os quais podem ser clausulados.

▸ Veja legislação do verbete *Cláusula de impenhorabilidade*.

▪ Sucessões. Pedido de registro e cumprimento de testamento público. Levantamento de cláusulas de inalienabilidade, impenhorabilidade e incomunicabilidade instituídas pelo testador. 1. Em sede de registro de testamento, a cognição se limita à análise de requisitos extrínsecos de validade, uma vez que, na dicção do art. 1.126 do CPC, não avançando à análise de seu conteúdo. 2. Na espécie, a apelante requer a desconstituição das cláusulas de inalienabilidade, impenhorabilidade e incomunicabilidade instituídas em relação aos bens que lhe tocarão pela parte legítima da herança, sob o argumento da inexistência de justa causa. Todavia, considerando que a pretensão diz respeito ao conteúdo do testamento, deverá ser arguida em ação própria, tendo em vista que a temática exige ampla cognição, notadamente porque o testador declinou razões para gravar os bens das mencionadas cláusulas, de modo que a questão não comporta discussão no bojo do presente pedido de registro de testamento. Negaram provimento. Unânime. (TJRS, Ap. Cível n. 70056794100, 8ª Câm. Cível, rel. Luiz Felipe Brasil Santos, j. 12.12.2013)

Cláusula de incomunicabilidade Cláusula pela qual o doador ou testador condiciona que os bens doados ou da herança não se comuniquem ao beneficiário em razão do casamento. A cláusula justifica-se quando o doador tiver fundadas suspeitas de um casamento por interesses ou de que o beneficiário pretende se casar com pessoa inidônea. Nesse caso, o cônjuge favorecido permanece com a propriedade exclusiva da coisa, mesmo que o casamento se realize mediante a adoção do regime de comunhão universal de bens. A cláusula de incomunicabilidade está implícita na cláusula que determina a inalienabilidade de bens (art. 1.911, CC). Em relação ao testamento, não pode o testador estabelecer cláusula de incomunicabilidade sobre os bens da legítima, salvo se houver justa causa (art. 1.848, CC), não impedindo, pois, que se aplique aos bens disponíveis.

▸ Veja legislação do verbete *Cláusula de impenhorabilidade*.

■ Cláusula de incomunicabilidade. Sub-rogação em imóvel já pertencente aos cônjuges, casados sob regime de comunhão de bens. A imposição das cláusulas de inalienabilidade, impenhorabilidade e incomunicabilidade, com sub-rogação em imóvel já de propriedade do casal casado com comunhão de bens, não importa em privar o marido do domínio sobre sua metade ideal no mesmo imóvel. Tal metade ideal pode, assim, após partilha decorrente de desquite, ser objeto de legado testamentário. Recurso especial conhecido e provido. (STJ, REsp n. 8.786/SP, 4ª T., rel. Ministro Athos Carneiro, j. 08.06.1993, DJ 30.08.1993, p. 17.293)

Cláusula de indivisão Cláusula decorrente de acordo entre condôminos, pela qual se estabelece que a coisa deverá permanecer indivisa por certo tempo. Idêntica cláusula também poderá ser imposta pelo doador ou pelo testador, em relação a um imóvel doado ou legado. Em qualquer dos casos, o prazo de indivisão não poderá exceder a cinco anos, salvo prorrogação por acordo das partes quando se origine de ato *inter vivos* (art. 1.320, CC).

▸ Veja CC: "**Art. 1.320**. A todo tempo será lícito ao condômino exigir a divisão da coisa comum, respondendo o quinhão de cada um pela sua parte nas despesas da divisão. § 1º Podem os condôminos acordar que fique indivisa a coisa comum por prazo não maior de cinco anos, suscetível de prorrogação ulterior. § 2º Não poderá exceder de cinco anos a indivisão estabelecida pelo doador ou pelo testador. § 3º A requerimento de qualquer interessado e se graves razões o aconselharem, pode o juiz determinar a divisão da coisa comum antes do prazo".

Cláusula de retrovenda Cláusula pela qual o vendedor de coisa imóvel reserva-se o direito de recobrá-la no prazo máximo de decadência de três anos, restituindo o preço recebido e reembolsando as despesas do comprador, inclusive as que, durante o período de resgate, se efetuaram com sua autorização escrita ou para a realização de benfeitorias necessárias (art. 505, CC).

▸ Veja CC: "**Art. 505**. O vendedor de coisa imóvel pode reservar-se o direito de recobrá-la no prazo máximo de decadência de três anos, restituindo o preço recebido e reembolsando as despesas do comprador, inclusive as que, durante o período de resgate, se efetuaram com a sua autorização escrita, ou para a realização de benfeitorias necessárias".

Clausulado Diz-se do bem ou do direito gravado ou atrelado a uma cláusula restritiva de inalienabilidade, impenhorabilidade ou incomunicabilidade.

■ Penhora no rosto dos autos de ação de inventário. Impenhorabilidade. Bens clausulados. A execução instaurada com base em título executivo judicial oriundo de ação monitória dispensa nova citação, sujeitando-se o executado ao comando de chamamento inicial proferido no processo injuncional. No máximo, resguarda-se ao executado o prazo de 24 horas para indicar bens à penhora, o que, no caso, foi observado. Se a penhora recaiu sobre os direitos sucessórios do executado, apenas se exclui de sua abrangência os bens clausulados, em sede de testamento, de inalienabilidade, incomunicabilidade e impenhorabilidade, permanecendo, porém, os demais submetidos à constrição. (TJRS, AI n. 70003481140, 17ª Câm. Cível, rel. Elaine Harzheim Macedo, j. 18.12.2001)

Cláusula írrita Cláusula contratual sem efeito em razão de afrontar a lei ou o próprio contrato.

Cláusula leonina Cláusula contratual que atribui a um dos contratantes mais direitos ou vantagens do que ao outro. É leonina a cláusula que exclua qualquer sócio de participar dos lucros e das perdas (art. 1.008, CC).

▸ Veja CC: "**Art. 1.008.** É nula a estipulação contratual que exclua qualquer sócio de participar dos lucros e das perdas".

Cláusula penal Cláusula acessória facultativa em que se estipula pena ou multa para o contratante que culposamente descumprir a obrigação principal ou incidir em mora (art. 408, CC). "A cláusula penal é um pacto acessório ao contrato ou a outro ato jurídico, efetuado na mesma declaração ou em declaração à parte, por meio do qual se estipula uma pena, em dinheiro ou outra utilidade, a ser cumprida pelo devedor ou por terceiro, cuja finalidade precípua é garantir, alternativa ou cumulativamente, conforme o caso, em benefício do credor ou de outrem, o fiel cumprimento da obrigação principal, bem assim, ordinariamente, constituir-se na pré-avaliação das perdas e danos e em punição do devedor inadimplente" (FRANÇA, Rubens Limongi. *Teoria e prática da cláusula penal*. São Paulo, Saraiva, 1988, p. 6).

▸ Veja CC: "**Art. 408.** Incorre de pleno direito o devedor na cláusula penal, desde que, culposamente, deixe de cumprir a obrigação ou se constitua em mora".

■ Promessa de compra e venda de imóvel em construção. Inadimplemento parcial. Atraso na entrega do imóvel. Mora. Cláusula penal. Perdas e danos. Cumulação. Possibilidade. 1- A obrigação de indenizar é corolário natural daquele que pratica ato lesivo ao interesse ou direito de outrem. Se a cláusula penal compensatória funciona como prefixação das perdas e danos, o mesmo não ocorre com a cláusula penal moratória, que não compensa nem substitui o inadimplemento, apenas pune a mora. 2- Assim, a cominação contratual de uma multa para o caso de mora não interfere na responsabilidade civil decorrente do retardo no cumprimento da obrigação que já deflui naturalmente do próprio sistema. 3- O promitente comprador, em caso de atraso na entrega do imóvel adquirido pode pleitear, por isso, além da multa moratória expressamente estabelecida no contrato, também o cumprimento, mesmo que tardio, da obrigação e ainda a indenização correspondente aos lucros cessantes pela não fruição do imóvel durante o período da mora da promitente vendedora. 4- Recurso especial a que se nega provimento. (STJ, REsp n. 1.355.554/RJ, 3ª T., rel. Min. Sidnei Beneti, j. 06.12.2012, *DJe* 04.02.2013)

Cláusula pétrea Norma constitucional que impede, de forma absoluta, revogação ou modificação de determinados artigos da CF. Determinação constitucional rígida e permanente, insuscetível de ser objeto de qualquer deliberação ou proposta de modificação, ainda que por emenda à Constituição. As principais cláusulas pétreas estão previstas no art. 60, § 4º, da CF: "Não será objeto de deliberação a proposta de emenda tendente a abolir: a forma federativa de Estado; o voto direto, secreto, universal e periódico; a separação dos Poderes; os direitos e garantias individuais". Discute-se, no meio jurídico, sobre a consideração de outros dispositivos constitucionais como cláusulas pétreas, especialmente os direitos sociais (art. 6º) e outros direitos individuais dispersos pelo texto constitucional.

Cláusula *rebus sic stantibus* Cláusula que, no direito privado, serve de fundamento para a resolução do contrato de execução continuada ou diferida caso a prestação de uma das partes se torne excessivamente onerosa, com extrema vantagem para a outra, em virtude de acontecimentos extraordinários e imprevisíveis (art. 478, CC) (*v. Teoria da imprevisão*).

■ Compra de safra futura de soja. Elevação do preço do produto. Teoria da imprevisão. Inaplicabilidade. Onerosidade excessiva. Inocorrência. 1. A cláusula *rebus sic stantibus* permite a inexecução de contrato comutativo – de trato sucessivo ou de execução diferida – se as bases fáticas sobre as quais se ergueu a avença alterarem-se, posteriormente, em razão de acontecimentos extraordinários, desconexos com os riscos ínsitos à prestação subjacente. 2. Nesse passo, em regra, é inaplicável a contrato de compra futura de soja a teoria da imprevisão, porquanto o produto vendido, cuja entrega foi diferida a um curto espaço de tempo, possui cotação em bolsa de valores e a flutuação diária do preço é inerente ao negócio entabulado. 3. A variação do preço da saca da soja ocorrida após a celebração do contrato não se consubstancia acontecimento extraordinário e imprevisível, inapto, portanto, à revisão da obrigação com fundamento em alteração das bases contratuais. 4. Ademais, a venda antecipada da soja garante a aferição de lucros razoáveis, previamente identificáveis, tornando o contrato infenso a quedas abruptas no preço do produto. Em realidade, não se pode falar em onerosidade excessiva, tampouco em prejuízo para o vendedor, mas tão somente em percepção de um lucro aquém daquele que teria, caso a venda se aperfeiçoasse em momento futuro. 5. Recurso especial conhecido e provido. (STJ, REsp n. 849.228/GO, 4ª T., rel. Min. Luis Felipe Salomão, j. 03.08.2010, *DJe* 12.08.2010)

Cláusula resolutiva Também conhecida como cláusula resolutória, é a condição constante de contrato que autoriza uma das partes a rescindir a convenção em razão do não cumprimento da obrigação pela outra parte. A parte prejudicada pelo inadimplemento do contrato pode requerer a resolução ou exigir-lhe o cumprimento, com indenização de perdas e danos (art. 475, CC). A cláusula resolutiva expressa opera de pleno direito; a tácita depende de interpelação judicial (art. 474, CC).

▸ Veja CC: "**Art. 474.** A cláusula resolutiva expressa opera de pleno direito; a tácita depende de interpelação judicial. **Art. 475.** A parte lesada pelo inadimplemento pode pedir a resolução do contrato, se não preferir exigir-lhe o cumprimento, cabendo, em qualquer dos casos, indenização por perdas e danos".

■ Súmula n. 369, STJ: No contrato de arrendamento mercantil (*leasing*), ainda que haja cláusula resolutiva expressa, é necessária a notificação prévia do arrendatário para constituí-lo em mora.

■ Reintegração de posse. Contrato de promessa de compra e venda. Cláusula resolutória expressa. Necessidade de ação de rescisão contratual. 1. É firme a jurisprudência do STJ no sentido de ser "imprescindível a prévia manifestação judicial na hipótese de rescisão de compromisso de compra e venda de imóvel para que seja consumada a resolução do contrato, ainda que existente cláusula resolutória expressa, diante da necessidade de observância do princípio da boa-fé objetiva a nortear os contratos. 3. Por conseguinte, não há falar-se em antecipação de tutela reintegratória de posse antes de resolvido o contrato de compromisso de compra e venda, pois somente após a resolução é que poderá haver posse injusta e será avaliado o alegado esbulho possessório". (REsp n. 620.787/SP, 4ª T., j. 28.04.2009, *DJe* 27.04.2009, *REPDJe* 11.05.2009, *REPDJe* 15.06.2009). [...] 5. Agravo regimental não provido. (STJ, Ag. Reg. no REsp n. 1.337.902/BA, 4ª T., rel. Min. Luis Felipe Salomão, j. 07.03.2013, *DJe* 14.03.2013)

Cláusula testamentária Cláusula inserta em testamento pela qual o testador, em ato de última vontade, dispõe a respeito de seus bens. Havendo herdeiros necessários, o testador só poderá dispor da metade da herança (parte disponível) (art. 1.789, CC). As disposições que excederem a parte disponível reduzir-se-ão aos limites dela (art. 1.967, CC). Quando o testador só em parte dispuser da cota hereditária disponível, o remanescente pertencerá aos herdeiros legítimos (art. 1.966, CC). Quando a cláusula testamentária for suscetível de interpretações diferentes, prevalecerá a que melhor assegurar a observância da vontade do testador (art. 1.899, CC).

▸ Veja CC: "**Art. 1.789.** Havendo herdeiros necessários, o testador só poderá dispor da metade da herança. [...] **Art. 1.899.** Quando a cláusula testamentária for suscetível de interpretações diferentes, prevalecerá a que melhor assegure a observância da vontade do testador. [...] **Art. 1.966.** O remanescente pertencerá aos herdeiros legítimos, quando o testador só em parte dispuser da quota hereditária disponível. **Art. 1.967.** As disposições que excederem a parte disponível reduzir-se-ão aos limites dela, de conformidade com o disposto nos parágrafos seguintes. [...]".

■ Civil. Direito das sucessões. Inexistência de omissão, contradição ou obscuridade no julgado testamento. Substituição fideicomissária. Condições. Conservação do bem e restituição. Reexame de cláusulas testamentárias. Óbice da Súmula n. 5. 1. Prevê o art. 535 do CPC a possibilidade de manejo dos embargos de declaração para apontar omissão, contradição ou obscuridade na sentença ou acórdão, não se prestando este recurso, portanto, para rediscutir a matéria apreciada. 2. Para caracterização do instituto da substituição fideicomissária é preciso a identificação dos seguintes requisitos, a saber: a) caráter eventual; b) que os bens sejam sucessivos; c) capacidade passiva do fiduciário e do fideicomissário; d) obrigação de conservar a coisa fideicomissada para, posteriormente, restituí-la ao fideicomissário. 3. Na via especial, é vedada a alteração das premissas fático-probatórias estabelecidas pelo acórdão recorrido. 4. Recurso especial não conhecido. (STJ, REsp n. 757.708, 4ª T., rel. Min. Carlos Fernando Mathias, juiz federal convocado do TRF-1ª Região, j. 10.02.2009, *DJe* 26.02.2009)

■ Nulidade não configurada. Inventário. Testamento. Quinhão de filha gravado com cláusula restritiva de incomunicabilidade. Prevalência da disposição testamentária. CC, arts. 1.676 e 1.666. I. A interpretação da cláusula testamentária deve, o quanto possível, harmonizar-se com a real vontade do testador, em consonância com o art. 1.666 do CC anterior. II. Estabelecida, pelo testador, cláusula restritiva sobre o quinhão da herdeira, de incomunicabilidade, inalienabilidade e impenhorabilidade, o falecimento dela não afasta a eficácia da disposição testamentária, de sorte que procede o pedido de habilitação, no inventário em questão, dos sobrinhos da *de cujus*. III. Recurso especial conhecido e provido. (STJ, REsp n. 246.693/SP, 4ª T., rel. Min. Ruy Rosado de Aguiar, j. 04.12.2001, *DJ* 17.05.2004, p. 228)

Coabitação Convivência legítima sob o mesmo teto; diz-se da vida em comum de casais, nela se inserindo o relacionamento sexual.

Coação Pressão ou ameaça exercida sobre alguém para que faça ou deixe de fazer algo. Vício de consentimento que macula a manifestação da vontade, podendo dar causa à invalidade ou até mesmo à nulidade do negócio jurídico (art. 171, II, CC). É legal quando exercida pelo próprio poder público ou com sua autorização; é ilegal quando vedada por lei. Há duas espécies de coação: a vis absoluta, que é a violência física exercida contra alguém para que pratique um ato contra sua vontade; e a vis compulsiva, considerada a violência moral, a ameaça que causa temor no coagido, impelindo-o à prática do ato contra sua vontade.

▶ Veja CC: "**Art. 171.** Além dos casos expressamente declarados na lei, é anulável o negócio jurídico: I – por incapacidade relativa do agente; II – por vício resultante de erro, dolo, coação, estado de perigo, lesão ou fraude contra credores".

■ *Habeas corpus*. Coação ilegal configurada. Extinção da punibilidade. Indulto. A decisão que analisa o benefício do indulto tem natureza eminentemente declaratória e deve ter por base fático-jurídica a situação do apenado na data da publicação do decreto concessivo. Assim, eventual falta grave pendente de apreciação naquela oportunidade ou, ainda, eventual falta cometida em ano anterior e homologada no ano do decreto, não impede a concessão da benesse. Ordem concedida. (TJRS, *HC* n. 70.054.760.954, 7ª Câm. Criminal, rel. Carlos Alberto Etcheverry, j. 18.07.2013)

Coação irresistível Delito penal que consiste em constranger alguém, mediante violência ou grave ameaça, ou depois de lhe haver reduzido, por qualquer outro meio, a capacidade de resistência, a não fazer o que a lei permite, ou a fazer o que ela não manda (art. 146, CP).

▶ Veja CP: "**Art. 146.** Constranger alguém, mediante violência ou grave ameaça, ou depois de lhe haver reduzido, por qualquer outro meio, a capacidade de resistência, a não fazer o que a lei permite, ou a fazer o que ela não manda: Pena – detenção, de três meses a um ano, ou multa".

■ Penal. Coação irresistível. Exigência para sua configuração. 1. Para ocorrência de coação irresistível é indispensável o concurso de três pessoas: coator, coagido e vítima. A coação irresistível não pode provir da vítima; deve partir de outrem que aniquila a vontade do agente para obrigá-lo a fazer, ou a deixar de fazer o que desejava, aquilo que livremente o faria. "A vítima jamais poderá ser tida como coatora" (Julio F. Mirabete). Precedentes jurisdicionais e doutrinários. 2. Recurso conhecido e improvido. (STJ, REsp n. 25.121/PR, 6ª T., rel. Min. Anselmo Santiago, j. 28.06.1993, *DJ* 06.09.1993, p. 18.048)

Coautoria Também denominada codelinquência ou coparticipação, configura a participação de mais de um agente na prática do delito, cada qual chamado *coautor*. No meio literário, dá-se a coautoria quando vários autores contribuem para a elaboração de uma mesma obra.

■ *Habeas corpus*. Penal. Porte ilegal de arma de fogo com numeração suprimida. Coautoria. Possibilidade. Tese de atipicidade da conduta. 1. Conforme consignou o Tribunal de origem, as circunstâncias em que a prisão dos acusados foi efetuada evidenciam que o porte ilegal da arma de fogo apreendida era compartilhado. Assim, presente a unidade de desígnios para o cometimento do delito, descabe falar-se em atipicidade da conduta. Precedentes. 2. Ordem de *habeas corpus* denegada. (STJ, *HC* n. 158.931/RJ, 5ª T., rel. Min. Laurita Vaz, j. 28.08.2012, *DJe* 05.09.2012)

Codicilo Escrito de última vontade, feito por instrumento particular, datado e assinado pela própria pessoa, pelo qual o testador pode dispor sobre seu enterro, sobre esmolas de pouca monta a certas e determinadas pessoas ou, indeterminadamente, aos pobres de certo lugar, assim como legar móveis, roupas ou joias, não muito valiosas, de seu uso pessoal (art. 1.881, CC).

▶ Veja CC: "**Art. 1.881.** Toda pessoa capaz de testar poderá, mediante escrito particular seu, datado e assinado, fazer disposições especiais sobre o seu enterro, sobre esmolas de pouca monta a certas e determinadas pessoas, ou, indeterminadamente, aos pobres de certo lugar, assim como legar móveis, roupas ou joias, de pouco valor, de seu uso pessoal".

Código Brasileiro de Aeronáutica (CBA) Conjunto sistematizado de normas instituído pela Lei n.

7.565/86 que, juntamente com Tratados, Convenções e Atos Internacionais de que o Brasil seja parte, regula o Direito aeronáutico.

Código Civil (CC) Conjunto ordenado e sistematizado de princípios e normas de Direito privado que regula as relações civis das pessoas físicas e jurídicas. O *Codex Maximilianeus Bavaricus Civilis* de 1756 foi o primeiro corpo de leis a usar a denominação *código civil*. No entanto, o primeiro código civil, considerado o que mais guarda semelhança com os códigos modernos, foi o Code Civil des Français (Código Civil dos Franceses) promulgado por Napoleão Bonaparte em 1804. O primeiro Código Civil Brasileiro – Lei n. 3.071, de 1º de janeiro de 1916 –, entrou em vigor em 1917, após quinze anos de discussão no Congresso brasileiro. Foi substituído pelo atual Código Civil, instituído pela Lei n. 10.406, de 10 de janeiro de 2002.

Código Comercial (CCom) Conjunto ordenado e sistematizado de normas de Direito privado que regula as relações comerciais. O atual Código Comercial Brasileiro foi instituído pela Lei n. 556, de 25 de junho de 1850.

Código de Defesa do Consumidor (CDC) Conjunto ordenado e sistematizado de normas de Direito público destinadas à proteção dos direitos do consumidor e a disciplinar relações e responsabilidades entre o fornecedor e o consumidor final. O CDC foi instituído pela Lei n. 8.078, de 11 de setembro de 1990.

Código de ética Conjunto de normas de cunho corporativo que estabelece as regras básicas de conduta a serem observadas pelos membros de uma determinada entidade no exercício da profissão. Inúmeras entidades profissionais possuem código de ética, tais como Código de Ética e Disciplina da OAB, Código de Ética Médica, Código de Ética Odontológica, Código de Ética de Enfermagem. As infrações ao código de ética costumam ser julgadas pelos Tribunais de Ética ou pelos Conselhos de Ética de cada entidade.

Código de Processo Civil (CPC) Conjunto ordenado e sistematizado de normas de Direito público que dispõe sobre procedimentos, forma e sequência nos quais os atos processuais devem ser praticados em Juízo para impulsionar o processo até a concretização da prestação jurisdicional. Conjunto de normas de Direito adjetivo ou formal que representa o direito processual e regula o processo judicial e a organização judiciária. O atual CPC foi instituído pela Lei n. 5.869, de 11.01.1973. A Lei n. 13.105, de 16.03.2015, institui o novo CPC, que entrará em vigor após decorrido um ano da data de sua publicação oficial (*DOU* 17.03.2015).

Código de Processo Penal (CPP) Conjunto ordenado e sistematizado de normas de Direito público que dispõe sobre os procedimentos a serem adotados na condução e prática dos atos processuais necessários para impulsionar a ação ou processo penal até o julgamento final. O atual CPP foi instituído pelo DL n. 3.689, de 03.10.1941.

Código de Trânsito Brasileiro (CTB) Conjunto de normas instituído pela Lei n. 9.503/97, destinado a regular o trânsito de qualquer natureza nas vias terrestres do território nacional abertas à circulação, que é aplicável a qualquer veículo, bem como aos proprietários e condutores dos veículos nacionais ou estrangeiros e às pessoas nele expressamente mencionadas.

Código disciplinar Conjunto de normas expedido por uma determinada instituição destinado a especificar os atos cometidos por seus integrantes que constituem infrações disciplinares e as penas aplicáveis, bem como as regras a serem observadas no processo disciplinar. Em regra, possuem código disciplinar as entidades de classe, os conselhos profissionais e as corporações militares. São exemplos: Código Disciplinar da FIFA; Código Disciplinar da Polícia Militar; Código de Ética e Disciplina da OAB; Código Brasileiro Disciplinar de Futebol.

Código Florestal Conjunto de normas destinado à proteção da vegetação, das áreas de preservação permanente e áreas de reserva legal; exploração florestal, suprimento de matéria-prima florestal, controle da origem dos produtos florestais e controle e prevenção dos incêndios florestais e que prevê instrumentos econômicos e financeiros para o alcance de seus objetivos (art. 1º-A, Lei n. 12.651/2012). O Código Florestal brasileiro institui as regras gerais sobre onde e de que forma o território brasileiro pode ser explorado ao determinar as áreas de vegetação nativa que devem ser preservadas e quais regiões são legalmente autorizadas a receber os diferentes tipos de produção rural. O Código utiliza dois tipos de áreas de preservação: a reserva legal e a área de preservação permanente (APP). A reserva legal é a porcentagem de cada propriedade ou posse rural que deve ser preservada, variando de acordo com a região e o bioma. Segundo o Código, os tamanhos das reservas correspondem a 80% em áreas de florestas da Amazônia Legal, 35% no cerrado, 20% em campos gerais e 20% em todos os biomas das demais regiões do país. As APPs têm a função de preservar locais frágeis, como beiras de rios, topos de morros e encostas, que não podem ser desmatados para não causar erosões e deslizamentos, além de proteger nascentes, fauna, flora e biodiversidade, entre outros.

▶ Veja Código Florestal (Lei n. 12.651/2012): "**Art. 1º-A.** Esta Lei estabelece normas gerais sobre a proteção da vegetação, áreas de Preservação Permanente e as áreas de Reserva Legal; a exploração florestal, o suprimento de matéria-prima florestal, o controle da origem dos produtos florestais e o controle e prevenção dos incêndios florestais, e prevê instrumentos econômicos e financeiros para o alcance de seus objetivos. [...] **Art. 3º** Para os efeitos desta Lei, entende-se por: I – Amazônia Legal: os Estados do Acre, Pará, Amazonas, Roraima, Rondônia, Amapá e Mato Grosso e as regiões situadas ao norte do paralelo 13º S, dos Estados de Tocantins e Goiás, e ao oeste do meridiano de 44º W, do Estado do Maranhão; II – Área de Preservação Permanente – APP: área protegida, coberta ou não por vegetação nativa, com a função ambiental de preservar os recursos hídricos, a paisagem, a estabilidade geológica e a biodiversidade, facilitar o fluxo gênico de fauna e flora, proteger o solo e assegurar o bem-estar das populações humanas; III – Reserva Legal: área localizada no interior de uma propriedade ou posse rural, delimitada nos termos do art. 12, com a função de assegurar o uso econômico de modo sustentável dos recursos naturais do imóvel rural, auxiliar a conservação e a reabilitação dos processos ecológicos e promover a conservação da biodiversidade, bem como o abrigo e a proteção de fauna silvestre e da flora nativa; [...]".

Código Penal (CP) Conjunto ordenado e sistematizado de normas de direito público que, objetivando especialmente a proteção do patrimônio, da vida, da honra e da integridade das pessoas, define as condutas criminosas e comina as respectivas sanções. O CP vigente foi instituído pelo DL n. 2.848/40.

Código Penal Militar (CPM) Conjunto de princípios e normas, instituído pelo DL n. 1.001, de 21.10.1969, que dispõe sobre os crimes militares e as penas aplicáveis aos que neles incorrerem. O estatuto penal militar alcança os integrantes das Forças Armadas, Polícias Militares e Corpos de Bombeiros Militares, que devem obedecer e respeitar as regras militares.

Código Tributário Nacional (CTN) Conjunto de princípios e normas de direito público que dispõe sobre a aplicabilidade dos tributos, sua extensão, alcance, limites e sobre direitos e deveres dos contribuintes, atuação dos agentes fiscalizadores e demais disposições (Lei n. 5.172/66).

Coerção Violência física, emprego da força. É legítima quando exercida pelo próprio Estado, como ocorre na condução coercitiva de testemunha à audiência ou empregada por particular na defesa da posse em caso de esbulho. É ilegítima quando não permitida por lei.

Cognição Ato ou processo de conhecer. Abrange a atenção, a percepção, a memória, o raciocínio, o juízo, a imaginação e o pensamento. No direito processual civil, "é prevalentemente um ato de inteligência, consistente em considerar, analisar e valorar as alegações e as provas produzidas pelas partes, vale dizer as questões de fato e as de direito que são deduzidas no processo e cujo resultado é o alicerce, o fundamento do *judicium* do julgamento do objeto litigioso do processo" (WATANABE, Kazuo. *Da cognição no processo civil*. São Paulo, Revista dos Tribunais, 1987, p. 41). A cognição pode ser plena ou limitada (parcial), segundo a extensão permitida.

Cognição exauriente Exauriente ou completa é a cognição que permite ao juiz emitir seu provimento baseado em um juízo de certeza decorrente de aprofundado exame das alegações e das provas, como ocorre no processo de conhecimento.

Cognição limitada Limitação relativa ao aspecto de abrangência da cognição, ou seja, quando algum dos elementos do trinômio pressupostos processuais-condições da ação-mérito não fizer parte da atividade cognitiva do juiz.

Cognição plena Cognição caracterizada quando todos os elementos do trinômio que constitui o objeto da cognição (pressupostos processuais, condições da ação e mérito) estiverem submetidos à atividade cognitiva do juiz, como se dá no processo de conhecimento, no qual a sentença examinará a questão da forma mais completa possível.

Cognição sumária Configura-se quando o provimento jurisdicional é concedido com base em um juízo de probabilidade, assim como ocorre ao se examinar um pedido de antecipação de tutela ou uma medida cautelar.

- Administrativo. Agravo de instrumento. Decisão cautelar. Cobrança de valores por recebimento de malotes destinados à CEF. Inexistência de base legal ou contratual. Plausibilidade do Direito. Interrupção do serviço. Risco de dano. Medida cautelar concedida. I. Em exame de cognição sumária verifica-se estarem presentes os requisitos legais para concessão de medida cautelar liminar que suspende a exigência, de empresa responsável pela guarda em tesouraria de valores e documentos da CEF, de pagamento de valor para recebimento de malotes de operações em casas lotéricas, cujo transporte é realizado por outra empresa de transporte de valores, em virtude de ausência de base legal ou contratual e do risco de dano a consumidores pela interrupção do serviço de transporte de valores. II. Agravo de instrumento a que se nega provimento. (TRF, AI n. 2.009.01.00.003.944-5/GO, rel. Des. Maria Isabel Gallotti Rodrigues, j. 29.06.2009)

Coisa abandonada Coisa que o dono abandona com a intenção de renunciar a posse sobre ela, sujeitando-a à apropriação (art. 1.275, III, CC). Abandonada, a coisa se torna *res nullius*, coisa de ninguém, sendo suscetível de ocupação.

- Veja CC: "**Art. 1.275.** Além das causas consideradas neste Código, perde-se a propriedade: I – por alienação; II – pela renúncia; III – por abandono; IV – por perecimento da coisa; V – por desapropriação [...]".

Coisa acessória Coisa que, para existir, depende da coisa principal (art. 92, CC). Aquela cuja existência supõe a da principal. São consideradas acessórias, entre outras, a cláusula penal e as que podem ser inseridas em contrato de compra e venda: retrovenda; venda a contento; preferência; reserva de domínio (arts. 505 a 528, CC).

- Veja CC: "**Art. 92.** Principal é o bem que existe sobre si, abstrata ou concretamente; acessório, aquele cuja existência supõe a do principal".

Coisa consumível Bem móvel cujo uso importa a destruição imediata da própria substância (art. 86, CC) (*v. Bens consumíveis*).

- Veja CC: "**Art. 86.** São consumíveis os bens móveis cujo uso importa destruição imediata da própria substância, sendo também considerados tais os destinados à alienação".

Coisa divisível A que pode ser dividida em porções diversas, formando cada qual um todo perfeito (art. 87, CC) (*v. Bens divisíveis*).

- Veja CC: "**Art. 87.** Bens divisíveis são os que se podem fracionar sem alteração na sua substância, diminuição considerável de valor, ou prejuízo do uso a que se destinam".

Coisa fungível Coisa móvel que pode ser substituída por outra de mesma espécie, quantidade e qualidade (art. 85, CC) (*v. Bens fungíveis*).

- Veja CC: "**Art. 85.** São fungíveis os móveis que podem substituir-se por outros da mesma espécie, qualidade e quantidade".

Coisa julgada Relação jurídica já apreciada e decidida judicialmente. Sentença transitada em julgado da qual não cabe mais recurso (art. 467, CPC/73). *Res judicata*. De acordo com a CF, "a lei não prejudicará o direito adquirido, o ato jurídico perfeito e a coisa julgada" (art. 5º, XXXVI).

- Veja CPC/73: "**Art. 467.** Denomina-se coisa julgada material a eficácia, que torna imutável e indiscutível a sentença, não mais sujeita a recurso ordinário ou extraordinário".

- Veja CPC/2015: "**Art. 502.** Denomina-se coisa julgada material a autoridade que torna imutável e indiscutível a decisão de mérito não mais sujeita a recurso".

- Súmula n. 344, STJ: A liquidação por forma diversa da estabelecida na sentença não ofende a coisa julgada.

- Tributário. Agravo regimental no recurso especial. Efeitos da sentença penal absolutória no campo tributário. Agravo não provido. 1. O Superior Tribunal de Justiça já decidiu que "a sentença penal absolutória faz coisa julgada no juízo cível, nos casos em que o juízo criminal afirma a inexistência material do fato típico ou exclui sua autoria, tornando preclusa a responsabilização civil, bem como na hipótese de reconhecida ocorrência de alguma das causas excludentes de antijuridicidade. Interpretação dos arts. 65, 66 e 67, do Código de Processo Penal" (REsp n. 645.496/RS, 1ª T., rel. Min. Luiz Fux, *DJ* 14.11.2005). 2. Agravo regimental não provido. (STJ, Ag. Reg. no REsp n. 1.130.746/RS, 1ª T., rel. Min. Arnaldo Esteves Lima, j. 06.06.2013, *DJe* 01.07.2013)

Coisa julgada formal Imutabilidade da sentença dentro no mesmo processo em razão do esgotamento de todos os meios de impugnação possíveis.

Coisa julgada material Eficácia que torna imutável e indiscutível a sentença não mais sujeita a recurso (art. 467, CPC/73). É a imutabilidade dos efeitos que se projetam fora do processo impedindo que nova demanda seja proposta sobre a mesma lide.

▶ Veja legislação do verbete *Coisa julgada*.

Colaboração premiada Diz-se da colaboração ou denúncia voluntária feita pelo indiciado em crime praticado em concurso, com a finalidade de colaborar com a investigação e o processo criminal e de obtenção de benefício penal. Nesse caso, o juiz poderá conceder o perdão judicial, reduzir em até 2/3 a pena privativa de liberdade ou substituí-la por restritiva de direitos. A colaboração consiste em: identificação dos demais coautores e partícipes da organização criminosa e das infrações penais por eles praticadas; revelação da estrutura hierárquica e da divisão de tarefas da organização criminosa; prevenção de infrações penais decorrentes das atividades da organização criminosa; recuperação total ou parcial do produto ou do proveito das infrações penais praticadas pela organização criminosa; localização de eventual vítima com sua integridade física preservada (Lei n. 12.850/2013) (*v. Delação premiada*).

▶ Veja Lei n. 12.850/2013: "**Art. 4º** O juiz poderá, a requerimento das partes, conceder o perdão judicial, reduzir em até 2/3 (dois terços) a pena privativa de liberdade ou substituí-la por restritiva de direitos daquele que tenha colaborado efetiva e voluntariamente com a investigação e com o processo criminal, desde que dessa colaboração advenha um ou mais dos seguintes resultados: I – a identificação dos demais coautores e partícipes da organização criminosa e das infrações penais por eles praticadas; II – a revelação da estrutura hierárquica e da divisão de tarefas da organização criminosa; III – a prevenção de infrações penais decorrentes das atividades da organização criminosa; IV – a recuperação total ou parcial do produto ou do proveito das infrações penais praticadas pela organização criminosa; V – a localização de eventual vítima com a sua integridade física preservada. [...]".

Colação Devolução ao *monte-mor* (espólio) de bens ou valores recebidos pelos herdeiros do *de cujus*, antes de este falecer, com a finalidade de igualar as legítimas dos descendentes (art. 2.003, CC). Toda e qualquer doação feita pelos pais aos filhos importa adiantamento de legítima (art. 544, CC). Assim, quando os pais falecem, todas as doações eventualmente feitas por eles a filhos deverão ser restituídas ao inventário, com o fim de igualar a quota de cada herdeiro.

▶ Veja CC: "**Art. 544**. A doação de ascendentes a descendentes, ou de um cônjuge a outro, importa adiantamento do que lhes cabe por herança. [...] **Art. 2.003**. A colação tem por fim igualar, na proporção estabelecida neste Código, as legítimas dos descendentes e do cônjuge sobrevivente, obrigando também os donatários que, ao tempo do falecimento do doador, já não possuírem os bens doados. Parágrafo único. Se, computados os valores das doações feitas em adiantamento de legítima, não houver no acervo bens suficientes para igualar as legítimas dos descendentes e do cônjuge, os bens assim doados serão conferidos em espécie, ou, quando deles já não disponha o donatário, pelo seu valor ao tempo da liberalidade".

Colateral Grau de parentesco considerado na linha transversal, como os primos. São parentes em linha colateral ou transversal, até o quarto grau, as pessoas provenientes de um só tronco, sem descenderem uma da outra (art. 1.592, CC).

▶ Veja CC: "**Art. 1.592**. São parentes em linha colateral ou transversal, até o quarto grau, as pessoas provenientes de um só tronco, sem descenderem uma da outra".

Colegiado Grupo de pessoas ou profissionais de uma determinada área de atividade que se reúnem periodicamente para deliberar a respeito de questões que lhes são pertinentes. Também conhecidos por órgãos colegiados, conselhos, comitês, juntas, câmaras, turmas, colégios, comissões, equipes, grupos de trabalho. As câmaras dos tribunais inferiores e as turmas dos tribunais superiores constituem colegiados integrados por desembargadores e ministros, respectivamente.

Colendo   Forma de tratamento solene normalmente utilizada na redação de recursos dirigidos às câmaras ou turmas de um tribunal.

Colisão   Choque de dois corpos; batida; trombada. Evento de trânsito decorrente do choque entre dois veículos automotores. Contraposição de opiniões, interesses ou pensamentos. Afronta direta à lei. Sempre que, no exercício do poder familiar, colidir o interesse dos pais com o do filho, a requerimento deste ou do Ministério Público, o juiz lhe dará curador especial (art. 1.692, CC).

- Homicídio culposo cometido no exercício de atividade de transporte de passageiros. Ausência de passageiros no interior do veículo. Irrelevância. Recurso especial provido. 1. A majorante do art. 302, parágrafo único, IV, do CTB, exige que se trate de motorista profissional, que esteja no exercício de seu mister e conduzindo veículo de transporte de passageiros, mas não refere à necessidade de estar transportando clientes no momento da colisão e não distingue entre veículos de grande ou pequeno porte. 2. Recurso especial provido. (STJ, REsp n. 1.358.214/RS, 5ª T., rel. Min. Campos Marques, j. 09.04.2013, DJe 15.04.2013)

Comandita   Forma de sociedade da qual participam sócios comanditados, pessoas físicas responsáveis solidária e ilimitadamente pelas obrigações sociais, e sócios comanditários, obrigados somente pelo valor de sua cota (art. 1.045, CC).

▶ Veja CC: "**Art. 1.045.** Na sociedade em comandita simples tomam parte sócios de duas categorias: os comanditados, pessoas físicas, responsáveis solidária e ilimitadamente pelas obrigações sociais; e os comanditários, obrigados somente pelo valor de sua quota. Parágrafo único. O contrato deve discriminar os comanditados e os comanditários".

Comarca   Circunscrição territorial que abrange um ou mais municípios, onde o Poder Judiciário desenvolve suas funções. Território que delimita o âmbito de atuação dos magistrados.

Cominação   Sanção ou penalidade civil imposta por conduta ilícita ou por inadimplemento de obrigação assumida. Pena pecuniária imposta a quem transgredir um preceito (art. 932, CPC/73). O valor da cominação imposta na cláusula penal não pode exceder o da obrigação principal (art. 412, CC) (v. *Cláusula penal*).

▶ Veja CC: "**Art. 412.** O valor da cominação imposta na cláusula penal não pode exceder o da obrigação principal".

▶ Veja CPC/73: "**Art. 932.** O possuidor direto ou indireto, que tenha justo receio de ser molestado na posse, poderá impetrar ao juiz que o segure da turbação ou esbulho iminente, mediante mandado proibitório, em que se comine ao réu determinada pena pecuniária, caso transgrida o preceito".

▶ Veja CPC/2015: "**Art. 567.** O possuidor direto ou indireto que tenha justo receio de ser molestado na posse poderá requerer ao juiz que o segure da turbação ou esbulho iminente, mediante mandado proibitório, em que se comine ao réu determinada pena pecuniária, caso transgrida o preceito".

- Busca e apreensão. Revogação da liminar. Determinação de restituição do bem por parte da instituição financeira. Cominação de *astreintes*. Execução. Natureza. 1. Inexistência de violação ao art. 535 do CPC. 2. Antes do trânsito em julgado, as *astreintes* somente podem ser executadas mediante execução provisória, nos termos do art. 475-O do CPC, tendo em vista a natureza provisória do correspondente título judicial. 3. Divergência doutrinária e jurisprudencial, inclusive entre as turmas integrantes da Primeira e da Segunda Seção deste STJ. 4. Recurso especial não provido. (STJ, REsp n. 1.366.950/RS, 3ª T., rel. Min. Paulo de Tarso Sanseverino, j. 20.06.2013, DJe 28.06.2013)

Comodato   Empréstimo gratuito de coisa não fungível. Contrato pelo qual o proprietário de uma determinada coisa, móvel ou imóvel – o comodante –, empresta-a a determinada pessoa – o comodatário –, sem exigência de pagamento (art. 579, CC).

▶ Veja CC: "**Art. 579.** O comodato é o empréstimo gratuito de coisas não fungíveis. Perfaz-se com a tradição do objeto. **Art. 580.** Os tutores, curadores e em geral todos os administradores de bens alheios não poderão dar em comodato, sem autorização especial, os bens confiados à sua guarda. **Art. 581.** Se o comodato não tiver prazo convencional, presumir-se-lhe-á o necessário para o uso concedido; não podendo o comodante, salvo necessidade imprevista e urgente, reconhecida pelo juiz, suspender o uso e gozo da coisa emprestada, antes de findo o prazo".

- Reintegração de posse. Ilegitimidade ativa comprovada. Comodatário em mora. Dever de pagar aluguéis. [...] 2. O Tribunal de origem, com base nos elementos de prova dos autos, concluiu pela legitimidade ativa dos agravados e pela existência de relação jurídica de comodato entre as partes. Rever tais conclusões implicaria o reexame dos fatos e provas dos autos, o que é vedado no âmbito do recurso especial, em razão do óbice da referida Súmula. 3. Cessado o comodato e notificado o comodatário para a restituição do imóvel, negando-se este a desocupar o bem, fica obrigado ao pagamento de aluguel. [...] (STJ, Ag. Reg. no AREsp n. 281.064/DF, 4ª T., rel. Min. Antonio Carlos Ferreira, j. 16.05.2013, *DJe* 31.05.2013)

- Apelação cível. Usucapião (bens imóveis). Ação de usucapião extraordinária. Requisitos ausentes. Posse precária. Comodato verbal. Os atos de mera tolerância ou permissão não induzem posse. Exegese do art. 497 do Código Civil de 1916, cujo teor vem reproduzido no art. 1.208, do atual Código, o qual consagra o entendimento de que "não induzem posse os atos de mera permissão ou tolerância assim como não autorizam a sua aquisição os atos violentos, ou clandestinos, senão depois de cessar a violência ou a clandestinidade. A presença de obstáculo objetivo na *causae possessionis*, consubstanciado na existência de contrato de comodato, contraindica o ânimo de dono, afastando o reconhecimento de posse qualificada". Recurso de apelação ao qual se nega provimento. Unânime. (TJRS, Ap. Cível n. 70.023.501.273, 18ª Câm. Cível, rel. Pedro Celso Dal Pra, j. 29.05.2008)

Comoriência Diz-se da morte simultânea de duas ou mais pessoas. Para efeito de sucessão, a comoriência é presumida sempre que não se possa determinar com exatidão a ordem em que as mortes ocorreram (art. 8º, CC).

- Veja CC: "**Art. 8º** Se dois ou mais indivíduos falecerem na mesma ocasião, não se podendo averiguar se algum dos comorientes precedeu aos outros, presumir-se-ão simultaneamente mortos".

Companheira(o) Pessoa livre que vive exclusivamente, como se casada fosse, com outra pessoa solteira, viúva, separada ou divorciada, sob o mesmo teto e, eventualmente, sob sua dependência econômica. A convivência pública, contínua, duradoura e estabelecida com o objetivo de constituição de família enseja o reconhecimento da união estável (art. 1.723, CC).

- Veja CC: "**Art. 1.723.** É reconhecida como entidade familiar a união estável entre o homem e a mulher, configurada na convivência pública, contínua e duradoura e estabelecida com o objetivo de constituição de família. § 1º A união estável não se constituirá se ocorrerem os impedimentos do art. 1.521; não se aplicando a incidência do inciso VI no caso de a pessoa casada se achar separada de fato ou judicialmente. § 2º As causas suspensivas do art. 1.523 não impedirão a caracterização da união estável".

- Previdenciário. Pensão por morte de servidor civil. Companheira. Comprovação de dependência econômica. Desnecessidade. A teor do art. 217, I, *c*, da Lei n. 8.112, de 1990, são beneficiários das pensões "o companheiro ou companheira designado que comprove união estável como entidade familiar". A norma não exige a prova de dependência econômica em relação ao *de cujus*. Recurso especial conhecido e provido. (STJ, REsp n. 1.376.978/RJ, 1ª T., rel. Min. Ari Pargendler, j. 21.05.2013, *DJe* 04.06.2013)

Competência Atribuição conferida por lei ou regulamento a uma pessoa para, no exercício da função ou profissão, desempenhar certos atos. Juridicamente, representa atribuições ou poderes concedidos por lei a um juiz para processar e julgar certos feitos ou questões. Resulta da divisão ou especialização das atividades judiciárias. A competência ou o juízo competente são determinados em razão da matéria (*ratione materiae*), compreendendo principalmente a área cível e a penal, e em razão do território (*ratione loci*).

- Veja CPC/2015: "**Art. 42.** As causas cíveis serão processadas e decididas pelo juiz nos limites de sua competência, ressalvado às partes o direito de instituir juízo arbitral, na forma da lei. **Art. 43.** Determina-se a competência no momento do registro ou da distribuição da petição inicial, sendo irrelevantes as modificações do estado de fato ou de direito ocorridas posteriormente, salvo quando suprimirem órgão judiciário ou alterarem a competência absoluta".

- Tributário. Processual civil. Agravo regimental no agravo em recurso especial. Execução fiscal. Art. 578 do CPC. Foro competente. Agravo não provido. 1. Segundo entendimento do Superior Tribunal de Justiça, a execução fiscal, em regra, deve ser proposta no foro do domicílio do executado, que, no caso das pessoas jurídicas, é a sua sede, o que não impede, todavia, que seja observado o foro em que se encontre sua filial, conforme interpretação conferida ao art. 578 do CPC. 2. "Proposta a execução fiscal, a posterior mudança de domicílio do executado não desloca a competência já fixada" (Súmula n. 58/STJ). 3. Agravo regimental não provido. (STJ, Ag. Reg. no

AREsp n. 31.813/PR, 1ª T., rel. Min. Arnaldo Esteves Lima, j. 06.06.2013, *DJe* 01.07.2013)

Competência absoluta Competência atribuída ao juiz para atuar em determinado processo. Ela é determinada em razão da matéria e da hierarquia, sendo inderrogável por convenção das partes. Nesse caso, as partes não podem, mesmo de comum acordo, alterar ou modificar a competência que tiver sido determinada pela matéria do litígio ou pela hierarquia dos juízes. Essa alteração somente poderá ocorrer em se tratando da competência relativa (art. 113, CPC/73). A incompetência absoluta poderá ser proposta como preliminar, no prazo da contestação.

- Veja CPC/73: "**Art. 113.** A incompetência absoluta deve ser declarada de ofício e pode ser alegada, em qualquer tempo e grau de jurisdição, independentemente de exceção. § 1º Não sendo, porém, deduzida no prazo da contestação, ou na primeira oportunidade em que lhe couber falar nos autos, a parte responderá integralmente pelas custas. § 2º Declarada a incompetência absoluta, somente os atos decisórios serão nulos, remetendo-se os autos ao juiz competente".

- Veja CPC/2015: "**Art. 64.** A incompetência, absoluta ou relativa, será alegada como questão preliminar de contestação. § 1º A incompetência absoluta pode ser alegada em qualquer tempo e grau de jurisdição e deve ser declarada de ofício. § 2º Após manifestação da parte contrária, o juiz decidirá imediatamente a alegação de incompetência. § 3º Caso a alegação de incompetência seja acolhida, os autos serão remetidos ao juízo competente. § 4º Salvo decisão judicial em sentido contrário, conservar-se-ão os efeitos de decisão proferida pelo juízo incompetente até que outra seja proferida, se for o caso, pelo juízo competente".

- Conflito negativo de competência. Direito do consumidor. Relação de consumo. Ação revisional de contrato de financiamento automotivo. Competência absoluta. Domicílio do consumidor. Em se tratando de relação de consumo, a competência é absoluta, razão pela qual pode ser conhecida até mesmo de ofício e deve ser fixada no domicílio do consumidor. Agravo não provido. (STJ, Ag. Reg. no CC n. 127.626/DF, 2ª Seção, rel. Min. Nancy Andrighi, j. 12.06.2013, *DJe* 17.06.2013)

- Mandado de segurança. Inscrição de menores em exame supletivo. Art. 148 c/c 209 do ECA. Competência absoluta da Vara da Infância e da Juventude 1. Compete à Vara da Infância e da Juventude processar e julgar mandado de segurança impetrado por menor com o objetivo de assegurar a matrícula em exame supletivo. Precedentes do STJ. 2. Aplicabilidade do art. 148, IV, c/c 209 da Lei n. 8.069/90. 3. Recurso especial provido. (STJ, REsp n. 1.231.489/SE, 2ª T., rel. Min. Eliana Calmon, j. 11.06.2013, *DJe* 19.06.2013)

Competência em razão da matéria Competência atribuída ao juiz para processar e julgar causas adstritas a uma vara especializada em determinada área do Direito. Competência *ratione materiae*. A competência em razão da matéria e da hierarquia é inderrogável por convenção das partes (art. 111, CPC/73). As comarcas de maior porte são constituídas por varas cíveis e penais comuns e por varas especializadas por competência em razão da matéria, como a Vara de Família, a Vara da Infância e da Juventude, a Vara dos Registros Públicos, a Vara das Falências e Concordatas, os Juizados Especiais Cíveis e outros.

- Veja CPC/73: "**Art. 111.** A competência em razão da matéria e da hierarquia é inderrogável por convenção das partes; mas estas podem modificar a competência em razão do valor e do território, elegendo foro onde serão propostas as ações oriundas de direitos e obrigações. [...]".

- Veja CPC/2015: "**Art. 62.** A competência determinada em razão da matéria, da pessoa ou da função é inderrogável por convenção das partes".

- Recurso em *habeas corpus*. Competência. Tortura. Conexão com crimes de homicídio e associação para o tráfico de drogas. Tribunal do Júri Federal. Conexão e continência. Ilegalidade. Ausência. 1. Por mais que o desaparecimento do fator de atração da Justiça Federal conduza ao redirecionamento da ação penal à Justiça Estadual, diante da competência *ratione materiae*, prevista no art. 109, V, da Constituição Federal, na espécie, não há falar em incompetência. Ocorre que, apesar da redução do objeto da ação penal, decorrente de litispendência, afastando-se a imputação de associação internacional para o tráfico de drogas em relação ao paciente, ainda respondem por tal delito outros corréus, que, em razão de desmembramento, encontram-se figurando no polo passivo de outras ações penais – o que, aliás, não faz desnaturar a relação de conexidade entre os feitos. 2. Recurso a que se nega provimento. (STJ, *HC* n. 29.030/AM, 6ª T., rel. Min. Maria Thereza de Assis Moura, j. 05.03.2013, *DJe* 13.03.2013)

Competência em razão do território Competência atribuída ao juiz para processar e julgar causas em determinada extensão territorial, denominada foro ou comarca, para a qual se encontra designado com o fim de exercer as funções. O foro de competência pode ser determinado pelo domicílio do réu, em razão da situação da coisa, em razão da pessoa ou em razão dos fatos (arts. 102 e 111, CPC/73).

- ▸ Veja CPC/73: "**Art. 102.** A competência, em razão do valor e do território, poderá modificar-se pela conexão ou continência, observado o disposto nos artigos seguintes. [...] **Art. 111.** A competência em razão da matéria e da hierarquia é inderrogável por convenção das partes; mas estas podem modificar a competência em razão do valor e do território, elegendo foro onde serão propostas as ações oriundas de direitos e obrigações".

- ▸ Veja CPC/2015: "**Art. 63.** As partes podem modificar a competência em razão do valor e do território, elegendo foro onde será proposta ação oriunda de direitos e obrigações. § 1º A eleição de foro só produz efeito quando constar de instrumento escrito e aludir expressamente a determinado negócio jurídico. § 2º O foro contratual obriga os herdeiros e sucessores das partes. § 3º Antes da citação, a cláusula de eleição de foro, se abusiva, pode ser reputada ineficaz de ofício pelo juiz, que determinará a remessa dos autos ao juízo do foro de domicílio do réu. § 4º Citado, incumbe ao réu alegar a abusividade da cláusula de eleição de foro na contestação, sob pena de preclusão".

- ■ Conflito de competência. Ação executiva fiscal. Competência territorial relativa. Declinação *ex officio*. Impossibilidade. Arts. 109, I, c/c seu § 3º, da CF/88, e 87 do CPC. Súmula n. 33 do STJ. Precedentes. 1. A competência territorial, espécie da relativa, não macula o processo se não for levantada, em momento oportuno, por meio de exceção de incompetência, no prazo de quinze dias, pela parte ré. Destarte, a competência em razão do território é prorrogável ao juízo distribuído, se desta forma houve a conivência ou a aquiescência do réu no referido feito. 2. As execuções fiscais movidas pela União, suas autarquias e empresas públicas são processadas e julgadas pela Justiça Federal, salvo onde não exista tal Vara (CF/88, art. 109, I, c/c seu § 3º). 3. Por tais regramentos, não pode o juiz, para o qual foi distribuída a ação, declinar, *ex officio*, da sua competência para apreciar o feito posto à sua razão de julgar. 4. "Determina-se a competência no momento em que a ação é proposta. São irrelevantes as modificações do estado de fato ou de direito ocorridas posteriormente, salvo quando suprimirem o órgão judiciário ou alterarem a competência em razão da matéria ou da hierarquia" (art. 87 do CPC). 5. Ocorrência da regra da *perpetuatio jurisdictionis*, com a finalidade de proteger as partes, autora ou ré, no sentido de evitar a mudança do lugar do processo toda vez que houver modificações supervenientes. 6. Inteligência da Súmula n. 33/STJ. Precedentes jurisprudenciais. 7. Competência do Juízo Federal da 1ª Vara da Seção Judiciária do Estado do Acre, o suscitado. (STJ, CC n. 46.049/SC, 1ª Seção, rel. Min. José Delgado, j. 10.11.2004, *DJ* 17.12.2004, p. 394)

Competência em razão do valor Competência atribuída ao juiz ou juízo para processar e julgar causas limitadas a determinado valor, como ocorre nos processos de rito sumário do CPC e nos Juizados Especiais. Nos Juizados Especiais Cíveis da Justiça Comum, a competência dos juízes é limitada ao valor de quarenta salários mínimos; nos Juizados Especiais Cíveis da Justiça Federal, a sessenta salários mínimos.

- ▸ Veja CPC/73: "**Art. 102.** A competência, em razão do valor e do território, poderá modificar-se pela conexão ou continência, observado o disposto nos artigos seguintes. [...] **Art. 111.** A competência em razão da matéria e da hierarquia é inderrogável por convenção das partes; mas estas podem modificar a competência em razão do valor e do território, elegendo foro onde serão propostas as ações oriundas de direitos e obrigações. [...] **Art. 275.** Observar-se-á o procedimento sumário: I – nas causas cujo valor não exceda a 60 (sessenta) vezes o valor do salário mínimo; [...]".

- ▸ Veja CPC/2015: "**Art. 63.** As partes podem modificar a competência em razão do valor e do território, elegendo foro onde será proposta ação oriunda de direitos e obrigações. § 1º A eleição de foro só produz efeito quando constar de instrumento escrito e aludir expressamente a determinado negócio jurídico. § 2º O foro contratual obriga os herdeiros e sucessores das partes. § 3º Antes da citação, a cláusula de eleição de foro, se abusiva, pode ser reputada ineficaz de ofício pelo juiz, que determinará a remessa dos autos ao juízo do foro de domicílio do réu. § 4º Citado, incumbe ao réu alegar a abusividade da cláusula de eleição de foro na contestação, sob pena de preclusão".

- ▸ Veja Lei n. 9.099/95: "**Art. 3º** O Juizado Especial Cível tem competência para conciliação, processo e julgamento das causas cíveis de menor complexidade, assim consideradas: I – as causas cujo valor não exceda a 40 (quarenta) vezes o salário mínimo; [...]".

- ▸ Veja Lei n. 10.259/2001: **Art. 3º** Compete ao Juizado Especial Federal Cível processar, conciliar e julgar causas de competência da Justiça Federal até o valor de 60 (sessenta) salários mínimos, bem como executar as suas sentenças. [...]".

Competência funcional Competência determinada pela função que o órgão jurisdicional deve exercer no processo. Diz respeito à distribuição das atividades jurisdicionais entre os diversos órgãos que podem atuar no processo. Chiovenda salienta que a competência funcional pode se verificar em duas hipóteses: "a. Quando as diversas funções necessárias num mesmo processo ou coordenadas à atuação da mesma vontade da lei são atribuídas a juízes diversos ou a órgãos jurisdicionais diversos (competência por graus; cognição e execução; medidas provisórias e definitivas e outras); b. Quando uma causa é confiada ao juiz de determinado território pelo fato de ser mais fácil ou mais eficaz a sua função (execução no lugar dos bens; processo de falência na sede do estabelecimento comercial principal, etc.)". (CHIOVENDA, Giuseppe. *Instituições de direito processual civil*, 2. ed. São Paulo: Bookseller, 2000, v. II).

Competência originária Atribuição conferida por lei ao órgão judiciário de instância superior para que julgue, de forma originária ou inicial, determinadas ações (*v. Ação originária*).

Competência privativa Poder que têm os entes políticos para instituir privativa ou exclusivamente os impostos expressamente definidos na Constituição Federal (arts. 153, 155 e 156, CF).

Competência relativa É a competência determinada em razão do território (*ratione loci*) ou do valor da causa (*ratione valori*). Nesses casos, a competência poderá ser alterada pela vontade das partes (foro de eleição), pela conexão ou pela continência de causas (art. 102, CPC/73). A incompetência relativa poderá ser arguida por meio de exceção (arts. 112 e 304, CPC/73).

▸ Veja CPC/73: "**Art. 102.** A competência, em razão do valor e do território, poderá modificar-se pela conexão ou continência, observado o disposto nos artigos seguintes. [...] **Art. 112.** Argúi-se, por meio de exceção, a incompetência relativa. [...] **Art. 304.** É lícito a qualquer das partes arguir, por meio de exceção, a incompetência (art. 112), o impedimento (art. 134) ou a suspeição (art. 135)".

▸ Veja CPC/2015: "**Art. 54.** A competência relativa poderá modificar-se pela conexão ou pela continência, observado o disposto nesta Seção. [...] **Art. 64.** A incompetência, absoluta ou relativa, será alegada como questão preliminar de contestação. [...] **Art. 65.** Prorrogar-se-á a competência relativa se o réu não alegar a incompetência em preliminar de contestação. Parágrafo único. A incompetência relativa pode ser alegada pelo Ministério Público nas causas em que atuar".

▪ Conflito negativo de competência. Ação de reconhecimento e dissolução de união estável c/c guarda de filho. Melhor interesse do menor. Princípio do juízo imediato. Competência do juízo suscitante. 1. Debate relativo à possibilidade de deslocamento da competência em face da alteração no domicílio do menor, objeto da disputa judicial. 2. Em se tratando de hipótese de competência relativa, o art. 87 do CPC institui, com a finalidade de proteger a parte, a regra da estabilização da competência (*perpetuatio jurisdictionis*), evitando-se, assim, a alteração do lugar do processo, toda vez que houver modificações supervenientes do estado de fato ou de direito. 3. Nos processos que envolvem menores, as medidas devem ser tomadas no interesse desses, o qual deve prevalecer diante de quaisquer outras questões. 4. Não havendo, na espécie, nada que indique objetivos escusos por qualquer uma das partes, mas apenas alterações de domicílios dos responsáveis pelo menor, deve a regra da *perpetuatio jurisdictionis* ceder lugar à solução que se afigure mais condizente com os interesses do infante e facilite o seu pleno acesso à Justiça. Precedentes. 5. Conflito conhecido para o fim de declarar a competência do Juízo de Direito de Carazinho/RS (juízo suscitante), foro do domicílio do menor. (STJ, CC n. 114.782/RS, 2ª Seção, rel. Min. Nancy Andrighi, j. 12.12.2012, *DJe* 19.12.2012)

Competência residual Poder que tem a União de, mediante lei complementar, instituir novos impostos, diferentes de todos aqueles previstos na Constituição, com fato gerador e base de cálculo novos, respeitando o princípio da não cumulatividade (arts. 154, I, e 195, § 4º, CF).

▪ Embargos de divergência em recurso especial. Divergência entre turmas de seções diversas. Servidor público. Matéria cuja competência foi transferida da Terceira para a Primeira Seção, mantida, naquela, a competência residual. Aplicação, por analogia, da Súmula n. 158/STJ. 1. A partir da Emenda Regimental n. 11/2010, foi transferida para a Primeira Seção a competência para os feitos relativos a servidores públicos civis e militares, ficando mantida, todavia, na Terceira Seção, a mesma competência em relação aos feitos a ela anteriormente distribuídos. 2. Assim, relativamente aos acórdãos sobre a matéria proferidos pela Primeira Seção, é de se aplicar, por analogia, a Súmula n. 158/STJ, não sendo admissível que contra eles se invoque, como paradigma, para efeito de embargos de divergência, acórdãos da Terceira Seção ou de suas Turmas, cuja competência é meramente residual. A invocação desses paradigmas somente será cabível em embargos de divergência contra acórdão proferido no âmbito da própria Terceira Seção, para dirimir eventuais dissídios internos de sua jurisprudência. 3. Recurso não conhecido. (STJ, EREsp n. 1.187.203/DF, Corte Especial, rel. Min. Teori Albino Zavascki, j. 21.03.2012, *DJe* 03.04.2012)

Competência tributária É o poder concedido ao ente tributante para instituir e exigir o tributo, bem como regular seu valor, época e modalidade de pagamento e definir as atribuições dos órgãos lançadores, arrecadadores e fiscalizadores.

- Conflito negativo de competência. Competência tributária do Distrito Federal. Ausência das hipóteses do art. 109, IV, da Constituição da República. Competência do juízo suscitado. 1. O suposto crime tributário – consistente em sonegação de Imposto Sobre Serviço de Qualquer Natureza (ISSQN) – cometido, em tese, por fundação privada em detrimento do Distrito Federal não atrai a competência da Justiça Federal, porquanto ausente qualquer violação a bem, serviço ou interesse da União, de suas autarquias ou empresas públicas. 2. Conflito conhecido para declarar a competência do Juízo da 1ª Vara Criminal da Circunscrição Especial Judiciária de Brasília, o suscitado. (STJ, CC n. 114.274/DF, 3ª Seção, rel. Min. Marco Aurélio Bellizze, j. 12.06.2013, *DJe* 25.06.2013)

Composse Caracteriza-se pela existência de um só imóvel, porém, com mais de um sujeito titular de direitos possessórios. Também conhecida pela sinonímia *condomínio* ou *copropriedade*, a composse é entendida como uma coisa pertencente a vários proprietários (art. 1.199, CC). Na composse, cada compossuidor é proprietário de apenas uma parte ideal de um todo. Ocorre composse: a) entre cônjuges casados sob o regime da comunhão universal de bens; b) entre herdeiros antes da partilha dos imóveis; c) entre diversas pessoas que, mesmo não vinculadas por parentesco, possuem um imóvel em conjunto.

- Intervenção do Estado na propriedade. Reintegração de posse. Composse. Ausência de citação da companheira. Necessidade. Inteligência do art. 10, § 2º, do CPC. 1. A falta de prequestionamento dos arts. 46, 243 e 245 do CPC impede o conhecimento do recurso especial nos termos da Súmula n. 282/STF. 2. Em ação de reintegração de posse, existindo a composse, é imprescindível a participação do cônjuge para o processamento válido (art. 10, § 2º, do CPC). Precedente: REsp n. 76.721/PR, rel. Min. Sálvio de Figueiredo Teixeira, *DJU* de 30.03.1998 3. Impõe-se a anulação do processo *ab initio* ante a ausência de citação do cônjuge litisconsorte passivo necessário. 4. Rever os fundamentos do acórdão recorrido para acatar a alegação de inexistência de cônjuge, ou o fato de o réu ser o causador da falta de citação, seria necessária a incursão no campo fático-probatório. Óbice da Súmula n. 7/STJ. 5. Recurso especial conhecido em parte e não provido. (STJ, REsp n. 553.914/PE, 2ª T., rel. Min. Castro Meira, j. 18.03.2008, *DJe* 01.04.2008)

Compromisso arbitral Convenção por meio da qual as partes submetem um litígio à arbitragem de uma ou mais pessoas, podendo ser judicial ou extrajudicial. O compromisso arbitral extrajudicial será celebrado por escrito particular, assinado por duas testemunhas, ou por instrumento público (art. 9º, Lei n. 9.307/96).

▸ Veja Lei n. 9.307/96: "**Art. 9º** O compromisso arbitral é a convenção através da qual as partes submetem um litígio à arbitragem de uma ou mais pessoas, podendo ser judicial ou extrajudicial. § 1º O compromisso arbitral judicial celebrar-se-á por termo nos autos, perante o juízo ou tribunal, onde tem curso a demanda. § 2º O compromisso arbitral extrajudicial será celebrado por escrito particular, assinado por duas testemunhas, ou por instrumento público".

- Aditamento de recurso especial. Impossibilidade. Direito civil. Arbitragem. Pretensão de invalidação do compromisso arbitral. Inadmissibilidade de judicialização prematura do tema. 1- Nos termos da Súmula n. 418/STJ, é inadmissível o recurso especial interposto antes da publicação do acórdão dos embargos de declaração, sem posterior ratificação. 2- Inadmissível a uma das partes a ratificação das razões de recurso especial apresentadas por outra. 3- Não se admite, em sede de recurso especial, a alegação de ofensa a dispositivo da Constituição Federal. 4- Nos termos do art. 8º, parágrafo único, da Lei de Arbitragem, a alegação de nulidade da cláusula arbitral, bem como do contrato que a contém, deve ser submetida, em primeiro lugar, à decisão arbitral, sendo inviável a pretensão da parte de ver declarada a nulidade da convenção de arbitragem antes de sua instituição, vindo ao Poder Judicial sustentar defeitos de cláusula livremente pactuada pela qual se comprometeu a aceitar a via arbitral, de modo que inadmissível a prematura judicialização estatal da questão. 5- Recursos especiais improvidos. (STJ, REsp n. 1.355.831/SP, 3ª T., rel. Min. Sidnei Beneti, j. 19.03.2013, *DJe* 22.04.2013)

Compromisso de ajustamento de conduta Também conhecido como Termo de Ajustamento de Conduta (TAC), é o instrumento jurídico pelo qual o causador de um dano a criança, adolescente ou consumidor coletivamente considerados, assume o compromisso de adequar sua conduta às exigências legais, sob pena de sanções fixadas no próprio termo de ajustamento de conduta. É considerado título executivo extrajudicial de obrigação de fazer, não fazer ou indenizar. (v. Termo de ajustamento de conduta).

- Crime ambiental. Ação penal. Rejeição da denúncia. Assinatura de termo de ajustamento de conduta. Ausência de justa causa não configurada. Ilicitude da conduta apontada como delituosa não afastada. 1. A assinatura do termo de ajustamento de conduta, firmado na esfera administrativa, entre o Ministério Público e o estadual e o suposto autor de crime ambiental, não impede a instauração da ação penal, diante da independência das instâncias, devendo ser considerado seu eventual cumprimento, quando muito, para fins de redução do *quantum* das penas a serem impostas. 2. A assinatura do termo de ajustamento, *in casu*, não revela ausência de justa causa para a ação penal e, por ausência de previsão legal nesse sentido, não constitui causa de extinção da ilicitude da conduta potencialmente configuradora de crime ambiental. 3. O trancamento da ação penal por falta de justa causa constitui medida de exceção, somente cabível quando, pela mera exposição dos fatos, verifique-se, de plano, a atipicidade da conduta, a inexistência de prova da materialidade do delito ou ausência de uma das condições de procedibilidade do feito. 4. Recurso especial provido. (STJ, REsp n. 1.294.980/MG, 6ª T., rel. Min. Alderita Ramos de Oliveira (Des. convocada do TJPE), j. 11.12.2012, DJe 18.12.2012)

Comunhão parcial de bens Regime de bens imposto por lei aos cônjuges que não convencionarem outro regime. Por meio dele se estabelece que os bens adquiridos após o casamento passam a integrar a comunhão de bens (arts. 1.658 e 1.660, CC), com exceção dos bens enumerados no art. 1.659 (art. 1.658, CC).

- Veja CC: "**Art. 1.658.** No regime de comunhão parcial, comunicam-se os bens que sobrevierem ao casal, na constância do casamento, com as exceções dos artigos seguintes. **Art. 1.659.** Excluem-se da comunhão: I – os bens que cada cônjuge possuir ao casar, e os que lhe sobrevierem, na constância do casamento, por doação ou sucessão, e os sub-rogados em seu lugar; II – os bens adquiridos com valores exclusivamente pertencentes a um dos cônjuges em sub-rogação dos bens particulares; III – as obrigações anteriores ao casamento; IV – as obrigações provenientes de atos ilícitos, salvo reversão em proveito do casal; V – os bens de uso pessoal, os livros e instrumentos de profissão; VI – os proventos do trabalho pessoal de cada cônjuge; VII – as pensões, meios-soldos, montepios e outras rendas semelhantes. **Art. 1.660.** Entram na comunhão: I – os bens adquiridos na constância do casamento por título oneroso, ainda que só em nome de um dos cônjuges; II – os bens adquiridos por fato eventual, com ou sem o concurso de trabalho ou despesa anterior; III – os bens adquiridos por doação, herança ou legado, em favor de ambos os cônjuges; IV – as benfeitorias em bens particulares de cada cônjuge; V – os frutos dos bens comuns, ou dos particulares de cada cônjuge, percebidos na constância do casamento, ou pendentes ao tempo de cessar a comunhão".

Comunhão universal de bens Regime de bens resultante de pacto antenupcial entre os cônjuges no qual há comunicação de todos os bens presentes e futuros de cada cônjuge, assim como suas dívidas passivas, com as exceções do art. 1.668 do CC (art. 1.667, CC).

- Veja CC: "**Art. 1.667.** O regime de comunhão universal importa a comunicação de todos os bens presentes e futuros dos cônjuges e suas dívidas passivas, com as exceções do artigo seguinte. **Art. 1.668.** São excluídos da comunhão: I – os bens doados ou herdados com a cláusula de incomunicabilidade e os sub-rogados em seu lugar; II – os bens gravados de fideicomisso e o direito do herdeiro fideicomissário, antes de realizada a condição suspensiva; III – as dívidas anteriores ao casamento, salvo se provierem de despesas com seus aprestos, ou reverterem em proveito comum; IV – as doações antenupciais feitas por um dos cônjuges ao outro com a cláusula de incomunicabilidade; V – os bens referidos nos incisos V a VII do art. 1.659".

Comutação da pena Substituição da pena mais grave imposta ao réu por outra mais branda ou menos gravosa. É também considerada um indulto parcial (arts. 738 e 739, CPP, e Decreto n. 5.295/2004).

- Veja CPP: "**Art. 738.** Concedida a graça e junta aos autos cópia do decreto, o juiz declarará extinta a pena ou penas, ou ajustará a execução aos termos do decreto, no caso de redução ou comutação de pena. **Art. 739.** O condenado poderá recusar a comutação da pena".

- *Habeas corpus*. Execução penal. Pedido de comutação de penas. Exigência de exame criminológico. Ausência de previsão legal. Ordem de *habeas corpus* concedida. 1. A prática de falta grave durante o período estabelecido nos Decretos Presidenciais ns. 5.295/2004, 5.993/2006, 6.706/2008 – isto é, nos últimos doze meses de cumprimento de pena, contados retroativamente à data de publicação das referidas normas – obsta a concessão da comutação da pena. Contudo, o cometimento de infração dessa natureza fora do aludido período não tem o condão de interromper o prazo para o indulto parcial, por ausência de previsão legal. Precedentes. 2. Hipótese em que o paciente preenche os requisitos necessários à comutação da pena, pois cumpriu mais de um terço da pena antes da data de publicação dos Decretos ns. 5.295/2004, 5.993/2006, 6.706/2008 e não cometeu falta grave nos últimos doze meses anteriores à edição das supramencionadas normas. 3. O Judiciário não pode interpretar extensivamente a norma, exigindo que o apenado seja submetido a exame criminológico, pois estaria criando novo requisito para a concessão da comutação de penas, além daqueles previstos no decreto presidencial. [...] (STJ, *HC* n. 267.220/SP, 5ª T., rel. Min. Laurita Vaz, j. 28.05.2013, *DJe* 06.06.2013)

Concessão administrativa Outorga que faz o poder público a um particular ou a uma empresa privada do direito de executar, em seu nome e mediante certos encargos e obrigações, uma obra ou explorar serviço público ou de certos bens por tempo determinado. Exemplo: concessão de emissoras de rádio e televisão (art. 175, CF).

▶ Veja CF: "**Art. 175.** Incumbe ao Poder Público, na forma da lei, diretamente ou sob regime de concessão ou permissão, sempre através de licitação, a prestação de serviços públicos. Parágrafo único. A lei disporá sobre: I – o regime das empresas concessionárias e permissionárias de serviços públicos, o caráter especial de seu contrato e de sua prorrogação, bem como as condições de caducidade, fiscalização e rescisão da concessão ou permissão; II – os direitos dos usuários; III – política tarifária; IV – a obrigação de manter serviço adequado".

- Ação civil pública. Improbidade administrativa. Ação declaratória de inconstitucionalidade de lei municipal. Prejudicialidade externa. Inexistência de vinculação dos efeitos. 1. Tem-se, originariamente, ação civil pública ajuizada pelo Ministério Público de São Paulo objetivando: a) a anulação da Lei Municipal n. 2.567/97 que teria, indevidamente, privatizado bens públicos de uso comum, impedindo o acesso do povo a determinados loteamentos litorâneos; b) a anulação de eventual termo de outorga de concessão administrativa desses bens públicos em favor das respectivas associações de moradores; c) a responsabilização de Maurici Mariano e outros por ato de improbidade administrativa, já que teriam participado da elaboração do mencionado Diploma Legal. [...] (STJ, REsp n. 947.596/SP, 2ª T., rel. Min. Eliana Calmon, j. 25.08.2009, *DJe* 14.09.2009)

Concessão de uso especial para fins de moradia Concessão aplicada às áreas de propriedade da União, inclusive aos terrenos de marinha e acrescidos, que é conferida aos possuidores ou ocupantes que preencham os requisitos legais estabelecidos na MP n. 2.220, de 04.09.2001 (art. 22-A, Lei n. 9.636/98). Referido direito não se aplica a imóveis funcionais.

Conciliação Meio pelo qual as partes, mediante concessões mútuas, chegam a um acordo, pondo fim a uma demanda judicial. Diferencia-se da transação, que, embora também seja um acordo, é realizada mediante ato extrajudicial (petição específica), a ser homologado posteriormente pelo juiz da causa. O art. 334 contempla a obrigatoriedade da designação de audiência de conciliação ou de mediação no prazo de trinta dias. A autocomposição obtida na audiência será reduzida a termo e homologada por sentença. O Código de Ética e Disciplina da OAB, art. 2º, parágrafo único, VI, consigna como um dos deveres do advogado "estimular a conciliação entre os litigantes, prevenindo, sempre que possível, a instauração de litígios".

▶ Veja CPC/73: "**Art. 277.** O juiz designará a audiência de conciliação a ser realizada no prazo de 30 (trinta) dias, citando-se o réu com a antecedência mínima de 10 (dez) dias e sob a advertência prevista no § 2º deste artigo, determinando o comparecimento das partes. Sendo ré a Fazenda Pública, os prazos contar-se-ão em dobro. [...] **Art. 447.** Quando o litígio versar sobre direitos patrimoniais de caráter privado, o juiz, de ofício, determinará o comparecimento das partes ao início da audiência de instrução e julgamento. Parágrafo único. Em causas relativas à família, terá lugar igualmente a conciliação, nos casos e para os fins em que a lei consente a transação. **Art. 448.** Antes de iniciar a instrução, o juiz tentará conciliar as partes. Chegando a acordo, o juiz mandará tomá-lo por termo. **Art. 449.** O termo de conciliação, assinado pelas partes e homologado pelo juiz, terá valor de sentença".

▸ Veja CPC/2015: "**Art. 334.** Se a petição inicial preencher os requisitos essenciais e não for o caso de improcedência liminar do pedido, o juiz designará audiência de conciliação ou de mediação com antecedência mínima de 30 (trinta) dias, devendo ser citado o réu com pelo menos 20 (vinte) dias de antecedência. [...] § 11. A autocomposição obtida será reduzida a termo e homologada por sentença. [...]".

▪ Agravo regimental no recurso especial. Ação de cobrança. Sentença proferida em audiência de conciliação e julgamento. Ausência da parte na audiência. Necessidade de nova intimação. Princípio da publicidade dos atos processuais. 1. O prazo para interposição de recurso de decisão ou sentença publicada na audiência conta-se a partir desse ato processual, de acordo com o disposto no art. 242, § 1º, do CPC. 2. Na audiência de conciliação, a presença da parte não é obrigatória, pois demonstra apenas desinteresse na realização de acordo. Ademais, é faculdade do Juízo proferir sentença, desde que não haja necessidade de produzir provas em audiência, por força do disposto no art. 330, I, do CPC. 3. Assim, se as partes não estão presentes na audiência de conciliação, e nela é proferida sentença, a intimação se faz necessária por força do princípio da publicidade dos atos processuais. 4. Agravo regimental desprovido. (STJ, Ag. Reg. no REsp n. 1.228.884/PR, 4ª T., rel. Min. Antonio Carlos Ferreira, j. 22.05.2012, *DJe* 25.05.2012)

Conciliação prévia Ajuste promovido por comissão de conciliação prévia instituída por empresas e sindicatos, de composição paritária, com representantes de empregados e empregadores, que tem a atribuição de tentar conciliar os conflitos individuais do trabalho e evitar que o empregado ingresse com uma ação trabalhista perante a Justiça do Trabalho (arts. 625-A e 625-B, CLT).

▸ Veja CLT: "**Art. 625-A.** As empresas e os sindicatos podem instituir Comissões de Conciliação Prévia, de composição paritária, com representantes dos empregados e dos empregadores, com a atribuição de tentar conciliar os conflitos individuais do trabalho. Parágrafo único. As Comissões referidas no *caput* deste artigo poderão ser constituídas por grupos de empresas ou ter caráter intersindical. **Art. 625-B.** A Comissão instituída no âmbito da empresa será composta de, no mínimo, 2 (dois) e, no máximo, 10 (dez) membros, e observará as seguintes normas: I – a metade de seus membros será indicada pelo empregador e a outra metade eleita pelos empregados, em escrutínio secreto, fiscalizado pelo sindicato da categoria profissional; II – haverá na Comissão tantos suplentes quantos forem os representantes titulares; III – o mandato dos seus membros, titulares e suplentes, é de um ano, permitida uma recondução. § 1º É vedada a dispensa dos representantes dos empregados membros da Comissão de Conciliação Prévia, titulares e suplentes, até 1 (um) ano após o final do mandato, salvo se cometerem falta grave, nos termos da lei. § 2º O representante dos empregados desenvolverá seu trabalho normal na empresa, afastando-se de suas atividades apenas quando convocado para atuar como conciliador, sendo computado como tempo de trabalho efetivo o despendido nessa atividade".

▪ Extinção do processo sem julgamento do mérito por não exaurida a via administrativa. Art. 625-D da CLT. Comissões de conciliação prévia. Óbice processual afastado. Provimento do recurso do autor. A propositura da ação perante o Judiciário já demonstra rejeição das partes à submissão a estas Comissões, ou, por outra, que existia motivo relevante para não submeter a solução da demanda a estes interlocutores. Entre o direito constitucional de ação e a regra prevista no art. 625-D da CLT, não deve ter dúvida o operador do Direito: não se pode compelir as partes à autocomposição, já que este mecanismo de solução é etiologicamente situado no campo da autonomia privada dos interesses. O direito de ação, ao seu turno, é público por excelência, constitui garantia fundamental das liberdades do cidadão e, certamente, uma das maiores conquistas do Estado Democrático de Direito. Não comporta minimizações. Uma vez exercido o direito de ação, pressupõe-se a existência de litigiosidade impassível de ser solucionada no âmbito da esfera privada, competindo ao Estado-Juiz a entrega da prestação jurisdicional, que não comporta delegação e da qual não pode se eximir. No mais, se constitui poder-dever do Juiz promover a conciliação entre as partes, não há razão plausível para que, comparecendo autor e réu perante o órgão Judiciário e, uma vez frustrada esta tentativa de conciliação, se determine que a autocomposição seja tentada em outra esfera. (TRTRO, 25.942/2001, rel. Juíza Maria de Fátima Vianna Coelho, *DOESP* 28.01.2002)

Conciliador Profissional, considerado auxiliar da Justiça, recrutado entre os bacharéis em Direito. Bacharel que tem por função a condução da audiência de conciliação e de mediação sob a supervisão do juiz leigo ou do juiz togado.

▸ Vide CPC/2015: "**Art. 165.** [...] § 2º O conciliador, que atuará preferencialmente nos casos em que não houver vínculo anterior entre as partes, poderá sugerir soluções para o litígio, sendo vedada a utilização de qualquer tipo de constrangimento ou intimidação para que as partes conciliem. § 3º O mediador, que atuará preferencialmente nos casos em que houver vínculo anterior entre as partes, auxiliará aos interessados a compreender as questões e os interesses em conflito, de modo que eles possam, pelo restabelecimento da comunicação, identificar, por si próprios, soluções consensuais que gerem benefícios mútuos. **Art. 166**. A conciliação e a mediação são informadas pelos princípios da independência, da imparcialidade, da autonomia da vontade, da confidencialidade, da oralidade, da informalidade e da decisão informada. [...] § 4º A mediação e a conciliação serão regidas conforme a livre autonomia dos interessados, inclusive no que diz respeito à definição das regras procedimentais. **Art. 167.** [...] § 5º Os conciliadores e mediadores judiciais cadastrados na forma do *caput*, se advogados, estarão impedidos de exercer a advocacia nos juízos em que desempenhem suas funções. § 6º O tribunal poderá optar pela criação de quadro próprio de conciliadores e mediadores, a ser preenchido por concurso público de provas e títulos, observadas as disposições deste Capítulo".

▶ Veja Lei n. 9.099/95: "**Art. 7º** Os conciliadores e Juízes leigos são auxiliares da Justiça, recrutados, os primeiros, preferentemente, entre os bacharéis em Direito, e os segundos, entre advogados com mais de cinco anos de experiência. Parágrafo único. Os Juízes leigos ficarão impedidos de exercer a advocacia perante os Juizados Especiais, enquanto no desempenho de suas funções. [...] **Art. 22**. A conciliação será conduzida pelo Juiz togado ou leigo ou por conciliador sob sua orientação".

Concilium fraudis Conluio entre dois ou mais indivíduos com a finalidade de lesar ou fraudar outrem. Má-fé ou intuito malicioso de prejudicar alguém, como ocorre na fraude à execução.

Conclusos Expressão usada no meio forense para indicar que os autos (processo) estão prontos e em condições de ser remetidos ao juiz para que este profira decisão.

▶ Veja CPC/2015: "**Art. 228**. Incumbirá ao serventuário remeter os autos conclusos no prazo de 1 (um) dia e executar os atos processuais no prazo de 5 (cinco) dias, contado da data em que: I – houver concluído o ato processual anterior, se lhe foi imposto pela lei; II – tiver ciência da ordem, quando determinada pelo juiz. § 1º Ao receber os autos, o serventuário certificará o dia e a hora em que teve ciência da ordem referida no inciso II. § 2º Nos processos em autos eletrônicos, a juntada de petições ou de manifestações em geral ocorrerá de forma automática, independentemente de ato de serventuário da justiça".

Concubinato União de homem e mulher não desimpedidos para a vida em comum. Relação adulterina entre um homem e uma mulher sendo um deles casado e não separado ou não divorciado de fato ou de direito (art. 1.727, CC).

▶ Veja CC: "**Art. 1.727**. As relações não eventuais entre o homem e a mulher, impedidos de casar, constituem concubinato".

■ Reconhecimento de relação concubinária entre a autora e o falecido. Partilha de bens. Não comprovação de esforço comum para a aquisição do patrimônio. Indenização. Serviços prestados. Descabimento. [...] 2. O Tribunal de origem erigiu seu entendimento totalmente calcado nas provas dos autos, valendo-se delas para afastar a existência de união estável, bem como a ausência de contribuição direta da agravante, com o objetivo de meação dos bens. Rever os fundamentos que ensejaram esse entendimento exigiria reapreciação do conjunto probatório, o que é vedado em recurso especial. Incidência do enunciado da Súmula n. 7/STJ. 3. Inviável a concessão de indenização à concubina, que mantivera relacionamento com homem casado, uma vez que tal providência eleva o concubinato a nível de proteção mais sofisticado que o existente no casamento e na união estável, tendo em vista que nessas uniões não se há falar em indenização por serviços domésticos prestados, porque, verdadeiramente, de serviços domésticos não se cogita, senão de uma contribuição mútua para o bom funcionamento do lar, cujos benefícios ambos experimentam ainda na constância da união. 4. Agravo regimental a que se nega provimento com aplicação de multa. (STJ, Ag. Reg. no AREsp n. 249.761/RS, 4ª T., rel. Min. Luis Felipe Salomão, j. 28.05.2013, *DJe* 03.06.2013)

Concurso Modalidade de licitação entre quaisquer interessados para escolha de trabalho técnico, científico ou artístico, mediante a instituição de prêmios ou remuneração aos vencedores, conforme critérios constantes de edital publicado na imprensa oficial com antecedência mínima de 45 dias (art. 22, § 4º, Lei n. 8.666/93).

▶ Veja Lei n. 8.666/93: "**Art. 22**. São modalidades de licitação: [...] § 4º Concurso é a modalidade de licitação entre quaisquer interessados para escolha de trabalho técnico, científico ou artístico, mediante a instituição de prêmios ou remuneração aos vencedores, conforme critérios constantes de edital publicado na imprensa oficial com antecedência mínima de 45 (quarenta e cinco) dias. [...]".

Concurso de agentes Participação de mais de uma pessoa na prática de um delito (art. 29, CP). De acordo com a doutrina, a configuração do concurso de agentes exige: a) pluralidade de agentes e condutas; b) relevância causal de cada conduta; c) liame subjetivo ou normativo entre as pessoas; d) identidade de infração penal.

- Veja CP: "**Art. 29.** Quem, de qualquer modo, concorre para o crime incide nas penas a este cominadas, na medida de sua culpabilidade. § 1º Se a participação for de menor importância, a pena pode ser diminuída de um sexto a um terço. § 2º Se algum dos concorrentes quis participar de crime menos grave, ser-lhe-á aplicada a pena deste; essa pena será aumentada até metade, na hipótese de ter sido previsível o resultado mais grave".

- Furto qualificado. Concurso de agentes. Maior reprovabilidade. Princípio da insignificância. Não aplicação. Acórdão *a quo* em consonância com a jurisprudência deste tribunal. Súmula n. 83/STJ. 1. A ideia de insignificância do delito só será aplicada nos casos em que forem cumpridos os seguintes requisitos: a) mínima ofensividade da conduta do agente, b) nenhuma periculosidade social da ação, c) reduzidíssimo grau de reprovabilidade do comportamento e d) inexpressividade da lesão jurídica provocada. 2. A jurisprudência deste Tribunal considera que furtos qualificados assumem maior reprovabilidade. No caso, o furto foi praticado em concurso de três agentes consoante o inciso IV do § 4º do art. 155 do CP, a obstar a aplicação do princípio bagatelar. 3. Não atendido o requisito relativo ao reduzido grau de reprovabilidade do comportamento, indevido o reconhecimento da atipicidade material da conduta pela aplicação do princípio da insignificância. 4. A tese esposada pelo Tribunal local consolidou-se em reiterados julgados da Sexta e da Quinta Turmas deste Tribunal – Súmula n. 83/STJ. 5. O agravo regimental não merece prosperar, porquanto as razões reunidas na insurgência são incapazes de infirmar o entendimento assentado na decisão agravada. 6. Agravo regimental improvido. (STJ, Ag. Reg. no REsp n. 1.363.998/MG, rel. Min. Sebastião Reis Júnior, j. 21.05.2013, *DJ* 07.06.2013)

Concurso de crimes
Prática de mais de uma ação ou omissão delituosa por um único agente. Verifica-se o concurso material se o agente, mediante duas ou mais ações ou omissões, comete dois ou mais crimes idênticos ou não (art. 69, CP); dá-se o concurso formal quando o agente, mediante uma só ação ou omissão, comete dois ou mais crimes idênticos ou não (art. 70, CP).

- *Habeas corpus.* Estelionato. Dosimetria. Concurso de crimes. Seis delitos. Continuidade delitiva. Aumento da reprimenda de metade. Proporcionalidade. Número de infrações praticadas. 1. Segundo a orientação jurisprudencial desta Corte Superior de Justiça, o aumento da pena pela continuidade delitiva se faz tão somente em razão do número de infrações praticadas (critério objetivo). 2. Verificada a prática de seis delitos de estelionato, correto o aumento de metade procedido por força do crime continuado. Precedentes. 3. Ordem denegada. (STJ, *HC* n. 149.897/DF, 5ª T., rel. Min. Jorge Mussi, j. 12.04.2011, *DJe* 03.05.2011)

Concurso formal de crimes
Prática de dois ou mais crimes, idênticos ou não, mediante uma única ação ou omissão, por uma só pessoa (art. 70, CP).

- Veja CP: "**Art. 70.** Quando o agente, mediante uma só ação ou omissão, pratica dois ou mais crimes, idênticos ou não, aplica-se-lhe a mais grave das penas cabíveis ou, se iguais, somente uma delas, mas aumentada, em qualquer caso, de um sexto até metade. As penas aplicam-se, entretanto, cumulativamente, se a ação ou omissão é dolosa e os crimes concorrentes resultam de desígnios autônomos, consoante o disposto no artigo anterior. Parágrafo único. Não poderá a pena exceder a que seria cabível pela regra do art. 69 deste Código".

- Lei de imprensa. Inaplicabilidade. Obrigatoriedade de publicação em jornal. Ordem denegada. *Habeas corpus.* Crimes de calúnia e difamação em concurso formal. Código Penal. Denúncia recebida. Pedido de trancamento da ação penal. Alegação de que os fatos constituem, em tese, crime de imprensa, cujo rito processual deve ser adotado, de incompetência do juízo em razão do lugar onde o jornal ou periódico é impresso, da denúncia ser inepta e da ilegitimidade passiva *ad causam.* Notícias ofensivas feitas em folhetim. Se os delitos contra a honra não são cometidos através de meios de informação e divulgação não é aplicável a Lei n. 5.250/67. Crimes descritos no Código Penal. Denúncia que atende aos requisitos do art. 41 do Código de Processo Penal. Narração clara dos fatos criminosos e condutas individualizadas. Inocorrência de constrangimento ilegal. Ordem denegada. (TJRJ, *HC* n. 2.007.059.07.611, 4ª Câm. Criminal, rel. Des. Fatima Clemente, j. 11.12.2007, v.u.)

Concurso material de crimes
Prática de dois ou mais crimes, idênticos ou não, mediante mais de uma ação ou omissão, por uma só pessoa (art. 69, CP).

- Veja CP: "**Art. 69.** Quando o agente, mediante mais de uma ação ou omissão, pratica dois ou mais crimes, idênticos ou não, aplicam-se cumulativamente as penas privativas de liberdade em que haja incorrido. No caso de aplicação cumulativa de penas de reclusão e de detenção, executa-se primeiro aquela. § 1º Na hipótese deste artigo, quando ao agente tiver sido aplicada pena privativa de liberdade, não suspensa, por um dos crimes, para os demais será incabível a substituição de que trata o art. 44 deste Código. § 2º Quando forem aplicadas penas restritivas de direitos, o condenado cumprirá simultaneamente as que forem compatíveis entre si e sucessivamente as demais".

- Substituição da pena privativa por restritiva. Reparação de danos. Inexigibilidade. Natureza cível. Crimes de estelionato em concurso material. Prisão em flagrante. Condenação de um dos réus e absolvição do outro. Pena privativa de liberdade substituída. Recurso interposto pelo assistente de acusação visando à condenação de ambos os denunciados e à reparação dos danos como condição para a substituição operada. Prova insuficiente da coautoria. Absolvição que se mantém. Reparação dos danos. Tendo havido dano à vítima, a quantia apurada será a ela destinada e somente em sua falta ou de dependentes será a pena substitutiva de prestação pecuniária entregue à entidade pública ou privada. Mas não havendo apuração do *quantum* do prejuízo da vítima, a prestação pecuniária será destinada à entidade pública; devendo o lesado procurar ressarcimento na esfera civil. Inexistência na lei de exigência de reparação dos danos para haver substituição da pena privativa de liberdade. Substituição que se mantém. Desprovimento do recurso. (TJRJ, Ap. Cível n. 2.007.050.01.178, 4ª Câm. Criminal, rel. Des. Fátima Clemente, j. 18.09.2007, v.u.)

Concussão Crime contra a administração pública que consiste em exigir, para si ou para outrem, vantagem indevida fora de sua função ou antes de assumi-la (art. 316, CP).

▸ Veja CP: "**Art. 316.** Exigir, para si ou para outrem, direta ou indiretamente, ainda que fora da função ou antes de assumi-la, mas em razão dela, vantagem indevida: Pena – reclusão, de dois a oito anos, e multa. § 1º Se o funcionário exige tributo ou contribuição social que sabe ou deveria saber indevido, ou, quando devido, emprega na cobrança meio vexatório ou gravoso, que a lei não autoriza: Pena – reclusão, de 3 (três) a 8 (oito) anos, e multa. § 2º Se o funcionário desvia, em proveito próprio ou de outrem, o que recebeu indevidamente para recolher aos cofres públicos: Pena – reclusão, de 2 (dois) a 12 (doze) anos, e multa".

- Concussão. Inspetor de polícia. Polícia civil. Perda do cargo público. Apelação. Concussão. Agente, inspetor da polícia civil, que, no exercício da função pública, exige dinheiro de indiciado por crime de corrupção de menores para encerrar com a investigação. Notificação para resposta prévia à denúncia, art. 514 do CPP. Desnecessidade quando a denúncia vem instruída com o inquérito policial. A falta da notificação quando necessária, no caso da denúncia vir instruída apenas com documentos ou justificação, constitui nulidade relativa. Preliminar rejeitada. Materialidade e autoria provadas. Depoimento da vítima e dos policiais da Corregedoria de Polícia. Prisão em flagrante delito no local combinado para a entrega do dinheiro. Conjunto probatório induvidoso. Crime de concussão caracterizado pela presença de ameaça implícita. Pena aplicada no mínimo legal, dois anos de reclusão, regime aberto e *sursis* adequados. Crime cometido com violação do dever de honestidade e probidade para com a administração pública. Perda do cargo como efeito da condenação. Art. 92, I, do CP. Recurso do réu desprovido e do MP provido parcialmente. (TJRJ, Ap. Cível n. 2.005.050.05.643, 1ª Câm. Criminal, rel. Des. Roberto Rocha Ferreira, j. 28.11.2006, v.u.)

Condição Cláusula que, derivando exclusivamente da vontade das partes, subordina o efeito do negócio jurídico a evento futuro e incerto (art. 121, CC). São lícitas, em geral, todas as condições não contrárias à lei, à ordem pública ou aos bons costumes; entre as condições defesas se incluem as que privarem de todo efeito o negócio jurídico ou o sujeitarem ao puro arbítrio de uma das partes (art. 122, CC).

▸ Veja CC: "**Art. 121.** Considera-se condição a cláusula que, derivando exclusivamente da vontade das partes, subordina o efeito do negócio jurídico a evento futuro e incerto. **Art. 122.** São lícitas, em geral, todas as condições não contrárias à lei, à ordem pública ou aos bons costumes; entre as condições defesas se incluem as que privarem de todo efeito o negócio jurídico, ou sujeitarem ao puro arbítrio de uma das partes".

Condição potestativa Aquela em que seu implemento depende da exclusiva e arbitrária vontade de uma das partes. "Segundo o magistério de Caio Mário, 'dizem-se [...] *potestativas*, quando a eventualidade decorre da vontade humana, que tem a faculdade de orientar-se em um ou outro sentido; a maior ou menor participação da vontade obriga distinguir a condição *simplesmente potestativa* daquela outra que se diz *potestativa pura*, que põe inteiramente ao arbítrio de uma das partes o próprio negócio jurídico'. [...]

'É preciso não confundir: a 'potestativa pura' anula o ato, porque o deixa ao arbítrio exclusivo de uma das partes. O mesmo não ocorre com a condição 'simplesmente potestativa'" (STJ, REsp n. 258.103/MG, rel. Min. Sálvio de Figueiredo Teixeira, j. 20.03.2003, *DJ* 07.04.2003). Em outras palavras: uma das partes se sujeita ao domínio da vontade da outra e se torna mero expectador, em permanente expectativa, enquanto a outra parte se reveste de irrestritos poderes para decidir como bem lhe aprouver (STJ, REsp n. 291.631/SP, 3ª T., rel. Min. Castro Filho, j. 04.10.2001, *DJ* 15.04.2002).

▸ Veja CC: "**Art. 489.** Nulo é o contrato de compra e venda, quando se deixa ao arbítrio exclusivo de uma das partes a fixação do preço".

▪ Súmula n. 294, STJ: Não é potestativa a cláusula contratual que prevê a comissão de permanência, calculada pela taxa média de mercado apurada pelo Banco Central do Brasil, limitada a taxa do contrato.

▪ Monitória. Exigibilidade da dívida. Requisito necessário. Vencimento estabelecido mediante condição puramente potestativa. Invalidade. Dívida à vista. Notificação. Constituição em mora. Regularidade do procedimento. 1. A exigibilidade da dívida é requisito indispensável para a propositura de qualquer ação que objetive o respectivo pagamento. 2. O estabelecimento, em confissão de dívida, de cláusula que determina que o vencimento da obrigação se dará por acordo entre as partes deve ser reputada sem efeito, porquanto consubstancia condição puramente potestativa. 3. Reputada inexistente a disposição que regula o vencimento, a dívida deve ser considerada, nos termos do art. 331 do CC/2002, passível de ser exigida à vista. 4. Para cobrança de dívidas à vista, basta ao credor que notifique o devedor para constituí-lo em mora, nos expressos termos do art. 397, parágrafo único, do CC/2002. 5. Tomadas todas essas providências pelo credor, a cobrança do crédito pela via da ação monitória é regular. 6. Recurso especial não provido. (STJ, REsp n. 1.284.179/RJ, 3ª T., rel. Min. Nancy Andrighi, j. 04.10.2011, *DJe* 17.10.2011)

▪ Comissão de permanência. Admissibilidade, desde que não cumulada com outros encargos. Taxa média de mercado e limitada à do contrato. Súmulas ns. 83 e 294/STJ. Não provimento. 1. "Não é potestativa a cláusula contratual que prevê a comissão de permanência, calculada pela taxa média de mercado apurada pelo Banco Central do Brasil, limitada à taxa do contrato", Súmula n. 294 do STJ. 2. "Não se conhece do recurso especial pela divergência, quando a orientação do Tribunal se firmou no mesmo sentido da decisão recorrida", Súmula n. 83 do STJ. 3. Agravo regimental a que se nega provimento. (STJ, Ag. Reg. no Ag. n. 913.784/SP, 4ª T., rel. Min. Maria Isabel Gallotti, j. 27.09.2011, *DJe* 06.10.2011)

Condição resolutiva Condição que, quando inserida em cláusula contratual, extingue o contrato ou o direito a que ela se propõe. Se for resolutiva a condição, enquanto esta não se realizar, vigorará o negócio jurídico, podendo exercer-se desde a conclusão deste o direito por ele estabelecido (art. 127, CC). Sobrevindo a condição resolutiva, extingue-se, para todos os efeitos, o direito a que ela se opõe (art. 128, CC). A cláusula resolutiva expressa opera de pleno direito; a tácita depende de interpelação judicial (art. 474, CC).

▸ Veja CC: "**Art. 127.** Se for resolutiva a condição, enquanto esta se não realizar, vigorará o negócio jurídico, podendo exercer-se desde a conclusão deste o direito por ele estabelecido. [...] **Art. 474.** A cláusula resolutiva expressa opera de pleno direito; a tácita depende de interpelação judicial. [...]".

▪ Obrigação de fazer. Inadimplemento contratual. Venda de terreno para construção de hotel em determinado tempo. Condição resolutiva. A *obligatio faciendi* consiste na prestação de uma atividade do devedor em benefício do credor, mediante justa contraprestação, já que a onerosidade é a regra em matéria obrigacional. Assim, se aquele que se alega credor não empreitou nenhuma obra ao indigitado devedor, nem por ela nada pagou não há que se falar em obrigação de fazer. Pela mesma razão, ninguém pode ser compelido, a título de obrigação de fazer, a construir em seu próprio terreno para que outrem obtenha eventual valorização do seu empreendimento. Embora admitida pelo atual direito processual a execução específica na obrigação de fazer, não pode por ela optar o credor se as partes preestabeleceram no contrato outra forma de composição do eventual inadimplemento. O dever de prestar não pode ser exigido além de um limite razoável, devendo ser admitida como impossível a prestação cujo cumprimento exija do devedor um esforço excedente dos limites razoáveis. O compromisso firmado pelo adquirente de terreno no sentido de nele construir, dentro de determinado prazo, empreendimento hoteleiro previsto em projeto, caracteriza uma compra e venda sob condição resolutiva, cujo implemento enseja ao vendedor a opção de recomprar o imóvel, mas não lhe confere o poder de exigir a construção. (TJRJ, Emb. Infring. na Ap. Cível n. 181/1997, rel. Des. Arruda França, j. 13.03.1997, *DJ* 11.09.1997)

Condição suspensiva A que suspende os efeitos do ato jurídico durante o período em que determinado evento não ocorre. Subordinando-se a eficácia do negócio jurídico à condição suspensiva, enquanto esta não se verificar, não se terá adquirido o direito a que ele visa (art. 125, CC). A venda feita a contento do comprador é tida como realizada sob condição suspensiva, ainda que a coisa lhe tenha sido entregue; e não se reputará perfeita enquanto o adquirente não manifestar seu agrado (art. 509, CC).

▸ Veja CC: "**Art. 125.** Subordinando-se a eficácia do negócio jurídico à condição suspensiva, enquanto esta se não verificar, não se terá adquirido o direito, a que ele visa. **Art. 509.** A venda feita a contento do comprador entende-se realizada sob condição suspensiva, ainda que a coisa lhe tenha sido entregue; e não se reputará perfeita, enquanto o adquirente não manifestar seu agrado".

■ Ônus da prova. Condição suspensiva prevista em contrato. Ocorrência cuja prova compete a quem dela se beneficia. Impossibilidade técnica da instalação de telefone. CPC, art. 332, I. A obrigação de provar atribuída a quem alega só se impõe quando o direito não foi previsto no contrato, pois este já constitui seu fato gerador. É por isso que dispõe o art. 332, I do CPC: "O ônus da prova incumbe: I – ao autor, quanto ao fato constitutivo do seu direito". Assim, se ele já está constituído no contrato, caberá ao réu a incumbência de provar fato impeditivo, modificativo ou extintivo do direito do autor – cf. art. 332, II. Todavia, se o direito do autor não foi constituído no contrato, porque depende do implemento de uma condição, caberá então ao mesmo autor provar o que alega, ou seja, que aquela condição negativa se verificou. (TJSP, Emb. Infring. n. 200.134/2/1993/SP, rel. Des. Bueno Magano, j. 17.08.1993)

Condições da ação Condições ou requisitos processuais exigidos por lei para admissibilidade e processamento de uma ação cível. São condições da ação a possibilidade jurídica, a legitimidade das partes e o interesse processual (art. 267, VI, CPC/73). A inexistência de qualquer dessas condições acarreta a carência de ação, tendo como consequência a extinção do processo sem a resolução do mérito.

▸ Veja CPC/73: "**Art. 267.** Extingue-se o processo, sem resolução de mérito: [...] VI – quando não concorrer qualquer das condições da ação, como a possibilidade jurídica, a legitimidade das partes e o interesse processual; [...]".

▸ Veja CPC/2015: "**Art. 485.** O juiz não resolverá o mérito quando do: [...] VI – verificar ausência de legitimidade ou de interesse processual".

■ Condições da ação. Ilegitimidade passiva *ad causam* rejeitada em primeiro grau. Nos termos do art. 267, VI, do CPC, a ausência de qualquer das condições da ação, como possibilidade jurídica do pedido, legitimidade para agir ou interesse processual, impõe a extinção do processo sem resolução do mérito. A legitimidade *ad causam* decorre da indicação levada a efeito pelo Autor na peça preambular dos sujeitos da relação jurídica em discussão e deve ser apurada em abstrato, por aplicação da teoria da asserção. O Autor deve ser o titular da situação jurídica vindicada em Juízo e, quanto ao Réu, deve existir uma relação de sujeição em relação à pretensão do Autor. Dessa forma, apenas no âmbito do exame do mérito da demanda é que cabe analisar as delimitações em relação à efetiva responsabilidade de cada uma das partes. Nega-se provimento neste tópico. [...] (TRT-23ª Região, RO n. 00.698.2011.003.23.00-8, 2ª T., rel. Des. Maria Berenice, j. 06.12.2012)

Condomínio Direito de propriedade exercido ao mesmo tempo por diversas pessoas sobre um mesmo objeto, incidindo referido direito em um quinhão ideal (art. 1.314, CC; Lei n. 4.591/64). O condomínio pode ser convencional, quando resultar de acordo de vontade; eventual, como ocorre na doação em comum a duas ou mais pessoas; obrigatório ou legal, quando derivar de imposição de lei, em razão do estado de indivisão da coisa. Em relação à forma, o condomínio é classificado em *pro diviso*, quando cada condômino possui uma parte certa e determinada, e *pro indiviso*, quando a posse dos condôminos é exercida sobre uma parte ideal.

▸ Veja CC: "**Art. 1.314.** Cada condômino pode usar da coisa conforme sua destinação, sobre ela exercer todos os direitos compatíveis com a indivisão, reivindicá-la de terceiro, defender a sua posse e alhear a respectiva parte ideal, ou gravá-la. Parágrafo único. Nenhum dos condôminos pode alterar a destinação da coisa comum, nem dar posse, uso ou gozo dela a estranhos, sem o consenso dos outros".

▸ Veja Lei n. 4.591/64: "**Art. 1º** As edificações ou conjuntos de edificações, de um ou mais pavimentos, construídos sob a forma de unidades isoladas entre si, destinadas a fins residenciais ou não residenciais, poderão ser alienados, no todo ou em parte, objetivamente considerados, e constituirá, cada unidade, propriedade autônoma sujeita às limitações desta Lei. § 1º Cada unidade será assinalada por designação especial, numérica ou alfabética, para efeitos de identificação e discriminação. § 2º A cada unidade caberá, como parte inseparável, uma fração ideal do terreno e coisas comuns, expressa sob forma decimal ou ordinária. **Art. 2º** Cada unidade com saída para a via pública, diretamente ou por processo de passagem comum, será sempre tratada como objeto de propriedade exclusiva, qualquer que seja o número de suas peças e sua destinação, inclusive (VETADO) edifício-garagem, com ressalva das restrições que se lhe imponham. § 1º O direito à guarda de veículos nas garagens ou locais a isso destinados nas edificações ou conjuntos de edificações será tratado como objeto de propriedade exclusiva, com ressalva das restrições que ao mesmo sejam impostas por instrumentos contratuais adequados, e será vinculada à unidade habitacional a que corresponder, no caso de não lhe ser atribuída fração ideal específica de terreno. § 2º O direito de que trata o § 1º deste artigo poderá ser transferido a outro condômino, independentemente da alienação da unidade a que corresponder, vedada sua transferência a pessoas estranhas ao condomínio. § 3º Nos edifícios-garagens, às vagas serão atribuídas frações ideais de terreno específicas".

- Despejo. Condomínio de que trata o art. 623 do CCB. Legitimidade de qualquer condômino. Ilegitimidade do condomínio para ser parte. CPC, art. 12, IX. Aplicabilidade ao condomínio em edificação de que trata a Lei n. 4.591/64 e inaplicável ao condomínio o art. 623 do CCB. Doutrina. O condomínio a que se refere o art. 12, IX, do CPC, é aquele verificado em unidades autônomas, disciplinado pela Lei n. 4.591/64. Já o condomínio do CCB, art. 623 "funciona em bases simples, geralmente não tem administrador, e este não tem o nome de síndico. A defesa dos condôminos tem meios próprios, exercendo-se, em geral, contra os que detêm a coisa comum. Para isto, qualquer condômino é legitimado, na firma ao art. 623, item II, do CCB, o que facilita sobremaneira a defesa" (Celso Agrícola Barbi). (STJ, REsp n. 20.343/2001/SP, rel. Min. Félix Fischer, j. 01.03.2001, *DJ* 19.03.2001)

Conexão Característica de duas ou mais ações que possuem o mesmo objeto ou a mesma causa de pedir (art. 103, CPC/73). O réu pode reconvir ao autor no mesmo processo toda vez que a reconvenção seja conexa com a ação principal ou com o fundamento da defesa (art. 315, CPC/73) (*v. Ações conexas*).

- Veja CPC/73: "**Art. 103.** Reputam-se conexas duas ou mais ações, quando lhes for comum o objeto ou a causa de pedir.

[...] **Art. 315.** O réu pode reconvir ao autor no mesmo processo, toda vez que a reconvenção seja conexa com a ação principal ou com o fundamento da defesa. [...]".

- Veja CPC/2015: "**Art. 55.** Reputam-se conexas 2 (duas) ou mais ações quando lhes for comum o pedido ou a causa de pedir. § 1º Os processos de ações conexas serão reunidos para decisão conjunta, salvo se um deles já houver sido sentenciado. § 2º Aplica-se o disposto no *caput*: I – à execução de título extrajudicial e à ação de conhecimento relativa ao mesmo ato jurídico; III – às execuções fundadas no mesmo título executivo. § 3º Serão reunidos para julgamento conjunto os processos que possam gerar risco de prolação de decisões conflitantes ou contraditórias caso decididos separadamente, mesmo sem conexão entre eles [...] **Art. 343.** Na contestação, é lícito ao réu propor reconvenção para manifestar pretensão própria, conexa com a ação principal ou com o fundamento da defesa. § 1º Proposta a reconvenção, o autor será intimado, na pessoa de seu advogado, para apresentar resposta no prazo de 15 (quinze) dias. § 2º A desistência da ação ou a ocorrência de causa extintiva que impeça o exame de seu mérito não obsta ao prosseguimento do processo quanto à reconvenção. § 3º A reconvenção pode ser proposta contra o autor e terceiro. § 4º A reconvenção pode ser proposta pelo réu em litisconsórcio com terceiro. § 5º Se o autor for substituto processual, o reconvinte deverá afirmar ser titular de direito em face do substituído, e a reconvenção deverá ser proposta em face do autor, também na qualidade de substituto processual. § 6º O réu pode propor reconvenção independentemente de oferecer contestação".

- Ação reivindicatória. Competência. Conexão com ação de usucapião sobre o mesmo imóvel, anteriormente ajuizada em vara diversa. Necessidade de tramitação conjunta. Conexão. Ações reivindicatória e de usucapião sobre o mesmo bem guardam, entre si, evidente vínculo de conexão, daí que devem tramitar pelo mesmo Juízo onde a primeira delas tenha sido ajuizada. (TJSP, CC n. 9.070/1989, rel. Des. Aniceto Aliende, j. 23.02.1989)

Confisco Transferência para o Estado de todos ou de parte dos bens de um particular em consequência de crime, contravenção ou prevaricação; apreensão, pela alfândega, de mercadorias introduzidas por descaminho ou contrabando; apreensão de bens de um funcionário prevaricador. A lei também prevê o confisco de todo e qualquer bem de valor econômico apreendido em decorrência do tráfico de entorpecentes e drogas afins (art. 243, parágrafo único, CF). É vedado à União, aos estados, ao Distrito Federal e aos municípios utilizar tributo com efeito de confisco (art. 150, IV, CF).

- Veja CF: "**Art. 150.** Sem prejuízo de outras garantias asseguradas ao contribuinte, é vedado à União, aos Estados, ao Distrito Federal e aos Municípios: [...] IV – utilizar tributo com efeito de confisco; [...] **Art. 243.** As glebas de qualquer região do País onde forem localizadas culturas ilegais de plantas psicotrópicas serão imediatamente expropriadas e especificamente destinadas ao assentamento de colonos, para o cultivo de produtos alimentícios e medicamentosos, sem qualquer indenização ao proprietário e sem prejuízo de outras sanções previstas em lei. Parágrafo único. Todo e qualquer bem de valor econômico apreendido em decorrência do tráfico ilícito de entorpecentes e drogas afins será confiscado e reverterá em benefício de instituições e pessoal especializados no tratamento e recuperação de viciados e no aparelhamento e custeio de atividades de fiscalização, controle, prevenção e repressão do crime de tráfico dessas substâncias".

- Embargos de declaração em recurso extraordinário. 2. Direito constitucional. Anistia. Art. 8º do ADCT. Extensão. Promoções e indenizações pertinentes a carreiras de servidores públicos e empregados. Precedentes. 3. Confisco decorrente de sanção pela prática de enriquecimento ilícito. Pedido de restituição de bens confiscados. Impossibilidade. Inaplicabilidade do art. 8º do ADCT. 4. Ausência de contradição, obscuridade ou omissão da decisão recorrida. Tese que objetiva a concessão de efeitos infringentes aos embargos declaratórios. Mero inconformismo. Precedentes. Embargos protelatórios. Imposição de multa. 5. Embargos de declaração rejeitados. (STF, Emb. Decl. em RE n. 368.090, 2ª T., rel. Min. Gilmar Mendes, j. 19.02.2013, *DJe* 22.04.2013)

- Administrativo e processual civil. Trânsito. Veículo. Retenção. Medida administrativa distinta da pena de apreensão. Taxas. Estada. Limite. Trinta dias. Princípio do não confisco. A retenção de veículo (medida distinta da pena de apreensão decorrente de infração de trânsito) pode prolongar-se indefinidamente enquanto não sanada a irregularidade que a motivara, mas, em homenagem ao princípio do não confisco (art. 150, IV, da CF/88), "o Estado apenas poderá cobrar as taxas de estada até os primeiros trinta dias". Precedente estabelecido na forma e para os fins do art. 543-C do CPC. [...] (TJRS, Ap. Cível n. 70.048.719.371, 22ª Câm. Cível, rel. Mara Larsen Chechi, j. 08.07.2012)

Confissão Meio de prova, judicial ou extrajudicial, pelo qual a parte admite a verdade de um fato, contrário a seu interesse e favorável ao adversário (art. 348, CPC/73). A confissão judicial pode ser espontânea ou provocada. A confissão espontânea pode ser feita pela própria parte ou por mandatário com poderes especiais e, quando requerida pela parte, será lavrado o respectivo termo nos autos. A confissão provocada constará do depoimento pessoal prestado pela parte (art. 349, CPC/73). "Na confissão ocorre apenas a admissão de um fato (ou de certos fatos) como verdadeiro. Daí não se conclui, inexoravelmente, que o direito objeto do litígio deva atribuir-se à parte contrária. A pretensão e a resistência (ao menos em tese) permanecem, e deve o juiz sobre elas manifestar-se. Evidentemente, quando a confissão incidir sobre o fato principal da causa (o fato constitutivo do direito do autor), considerado em sua integralidade, e desde que ausente, na defesa do réu, alguma exceção substancial indireta (afirmação de fato impeditivo, modificativo ou extintivo do direito do autor), poder-se-ia até mesmo concluir que, na prática, a confissão equivaleria a verdadeiro reconhecimento do pedido. Uma vez reconhecida a existência do fato jurídico que serve de fundamento exclusivo para a demanda, e não havendo fato outro principal a ser analisado, não se cogitará mais de questões fundamentais no processo, ambas se equiparando, em termos gerais, no plano concreto, e surtindo efeitos práticos. Ao revés, se a confissão recai sobre mero elemento acidental ou secundário da demanda, então, pouca relevância terá na decisão da causa (no julgamento de procedência ou improcedência da demanda). Apenas algum elemento acessório é que se tornará incontroverso, daí não advindo nenhum reflexo para a questão principal da causa" (MARINONE, Luiz Guilherme. *Manual de processo de conhecimento*. 4.ed. São Paulo, Revista dos Tribunais, 2005, p. 319).

- Veja CPC/73: "**Art. 348.** Há confissão, quando a parte admite a verdade de um fato, contrário ao seu interesse e favorável ao adversário. A confissão é judicial ou extrajudicial. **Art. 349.** A confissão judicial pode ser espontânea ou provocada. Da confissão espontânea, tanto que requerida pela parte, se lavrará o respectivo termo nos autos; a confissão provocada constará do depoimento pessoal prestado pela parte. Parágrafo único. A confissão espontânea pode ser feita pela própria parte, ou por mandatário com poderes especiais".

- Veja CPC/2015: "**Art. 389.** Há confissão, judicial ou extrajudicial, quando a parte admite a verdade de fato contrário ao seu interesse e favorável ao do adversário. **Art. 390.** A confissão judicial pode ser espontânea ou provocada. § 1º A confissão espontânea pode ser feita pela própria parte ou por representante com poder especial. § 2º A confissão provocada constará do termo de depoimento pessoal".

■ Confissão. Conceito. Considerações do Ministro Hélio Quaglia Barbosa sobre o tema. CPC, art. 348. "Vale destacar que a confissão é alegação que se faz sobre a ocorrência de um fato e, mesmo que esta se torne verdade entre as partes, que não poderão produzir provas sobre o fato confessado, ao juiz cabe a análise das demais provas, não estando a ela vinculado. [...] *In casu*, o tribunal, ao analisar a questão constatou que, embora houvesse a confissão da parte acerca da apropriação de alguns cheques, tantas eram outras provas que indicavam a improcedência da ação, como, por exemplo, a transferência desses alunos para outra unidade, ou teriam sido depositados na conta corrente da própria autora." (STJ, Ag. Reg. no REsp n. 970.853/2008/DF, rel. Min. Hélio Quaglia Barbosa, j. 18.12.2007, *DJ* 11.02.2008)

■ Confissão. Pena. Especificação no mandado. A pena de confissão só pode ser aplicada quando constar do mandado de intimação a menção expressa de que a parte deve comparecer à audiência, sob pena de se presumirem verdadeiros os fatos sobre os quais deveria depor. (TAMG, Ap. Cível n. 273.698/7/1999/BH, rel. Juiz Manuel Saramago, j. 23.03.1999, *DJ* 09.10.1999)

Confissão presumida Confissão não expressa, ou tácita, que ocorre quando o juiz se convence dos fatos alegados pelo silêncio da parte ou pela dedução (arts. 285 e 343, CPC/73).

- Veja CPC/73: "**Art. 285.** Estando em termos a petição inicial, o juiz a despachará, ordenando a citação do réu, para responder; do mandado constará que, não sendo contestada a ação, se presumirão aceitos pelo réu, como verdadeiros, os fatos articulados pelo autor. [...] **Art. 343.** [...] § 1º A parte será intimada pessoalmente, constando do mandado que se presumirão confessados os fatos contra ela alegados, caso não compareça ou, comparecendo, se recuse a depor. [...]".

- Veja CPC/2015: "**Art. 307.** Não sendo contestado o pedido, os fatos alegados pelo autor presumir-se-ão aceitos pelo réu como ocorridos, caso em que o juiz decidirá dentro de 5 (cinco) dias. [...] **Art. 341.** Incumbe também ao réu manifestar-se precisamente sobre as alegações de fato constantes da petição inicial, presumindo-se verdadeiras as não impugnadas, salvo se: I – não for admissível, a seu respeito, a confissão; II – a petição inicial não estiver acompanhada de instrumento que a lei considerar da substância do ato; III – estiverem em contradição com a defesa, considerada em seu conjunto. [...]".

Confissão tácita O mesmo que confissão presumida. Dá-se também o nome *confissão ficta*.

■ Confissão ficta. Fatos narrados em contradição com a defesa. CPC, art. 302. Não se aplica a confissão ficta do art. 302 do CPC, quando os fatos narrados estão em contradição com a defesa, considerada em seu conjunto. (TJSP, Ap. Cível n. 7.100.786/Santos, rel. Des. Alcides Leopoldo e Silva Júnior, j. 21.08.2009)

Conflito de competência Conflito que ocorre quando dois ou mais juízes se declaram competentes (conflito positivo) ou incompetentes (conflito negativo) para decidir a lide (art. 115, CPC/73).

- Veja CPC/73: "**Art. 115.** Há conflito de competência: I – quando dois ou mais juízes se declaram competentes; II – quando dois ou mais juízes se consideram incompetentes; III – quando entre dois ou mais juízes surge controvérsia acerca da reunião ou separação de processos".

- Veja CPC/2015: "**Art. 66.** Há conflito de competência quando: I – 2 (dois) ou mais juízes se declaram competentes; II – 2 (dois) ou mais juízes se consideram incompetentes, atribuindo um ao outro a competência; III – entre 2 (dois) ou mais juízes surge controvérsia acerca da reunião ou separação de processos. Parágrafo único. O juiz que não acolher a competência declinada deverá suscitar o conflito, salvo se a atribuir a outro juízo".

■ Conflito negativo de competência. Processo penal. Carta precatória. Inexistência de Justiça Federal na comarca. 1. O cumprimento de cartas precatórias expedidas pela Justiça Federal poderá ser realizado perante a Justiça Estadual quando a comarca não for sede de Vara Federal, como forma de garantir a celeridade à instrução criminal e reduzir despesas e ônus às partes. 2. De acordo com o art. 209 do Código de Processo Civil, a providência somente poderá ser recusada nas hipóteses em que a carta precatória não estiver revestida dos requisitos legais; quando o Juízo deprecado entenda carecer de competência em razão da matéria ou da hierarquia e quando tiver dúvida acerca da autenticidade do documento, o que não é o caso dos autos. 3. Conflito conhecido para declarar competente o Juízo de Dois Vizinhos – PR. (STJ, CC

n. 120.573/PR, 3ª Seção, rel. Min. Alderita Ramos de Oliveira (Des. convocada do TJPE), j. 12.09.2012, *DJe* 18.09.2012)

- Conflito positivo de competência. Juízo do trabalho e juízo da recuperação judicial. Adjudicação promovida na Justiça Trabalhista. Competência do Juízo do Trabalho. 1. A jurisprudência desta Corte firmou-se no sentido de que o Juízo trabalhista é competente para ultimar os atos referentes à adjudicação ocorrida nos autos de processo executivo que lá tramita, desde que essa seja levada a efeito antes do deferimento do pedido de recuperação judicial. 2. O conflito de competência não constitui a via adequada para deliberação acerca de matéria que extrapole pretensão cujo objetivo seja a definição do Juízo competente para processamento e julgamento de determinada ação. 3. Conflito de competência conhecido para declarar a competência do Juízo da 14ª Vara do Trabalho de São Paulo – SP. (STJ, CC n. 125.465/DF, 2ª Seção, rel. Min. Nancy Andrighi, j. 12.06.2013, *DJe* 19.06.2013)

Conflito de leis Concorrência de duas leis sobre o mesmo fato. O conflito pode ocorrer no tempo ou no espaço. Quando se dá no tempo, cumpre examinar a questão da retroatividade ou irretroatividade da lei; quando ocorre em relação ao espaço, requer a resolução do problema da territorialidade ou extraterritorialidade da lei.

- Civil. Recurso especial. Ação de cobrança. Conflito de leis no tempo. Taxas condominiais. Juros moratórios acima de 1% ao mês. Previsão na convenção do condomínio. Possibilidade. 1. Em face do conflito de leis no tempo e, conforme prevê o art. 2º, § 1º, da LICC, os encargos de inadimplência referentes às despesas condominiais devem ser regulados pela Lei n. 4.591/64 até 10 de janeiro de 2003 e, a partir dessa data, pelo Código Civil/2002. 2. Após o advento do Código Civil de 2002, é possível fixar na convenção do condomínio juros moratórios acima de 1% (um por cento) ao mês em caso de inadimplemento das taxas condominiais. 3. Recurso especial provido. (STJ, REsp n. 1.002.525/DF, 3ª T., rel. Min. Nancy Andrighi, j. 16.09.2010, *DJe* 22.09.2010)

Confusão Circunstância extintiva da obrigação pela qual recaem sobre a mesma pessoa as qualidades de credor e devedor (art. 381, CC).

▸ Veja CC: "**Art. 381.** Extingue-se a obrigação, desde que na mesma pessoa se confundam as qualidades de credor e devedor".

- Demanda contra Estado e Município. Defensor público. Honorários. Possibilidade de recolhimento contra ente público de personalidade jurídica diversa. 1. A ação ordinária foi ajuizada pelo agravado contra o Município de Caxias do Sul. A confusão entre credor e devedor não se configura se o ente público contra o qual a Defensoria atua tiver personalidade jurídica diversa. 2. Orientação reafirmada pela Segunda Turma, no julgamento do REsp n. 1.108.013/RJ, submetido ao rito do art. 543-C do CPC. 3. Agravo regimental não provido. (STJ, Ag. Reg. no REsp n. 1.360.230/RS, 2ª T., rel. Min. Herman Benjamin, j. 16.04.2013, *DJe* 08.05.2013)

- Honorários advocatícios. Confusão entre credor e devedor. Instituto afastado pela ocorrência da coisa julgada. Fundamento que também constitui óbice à interposição pela alínea *c* do permissivo constitucional. 1. O Tribunal de origem não se manifestou a respeito do art. 381 do CPC, supostamente violado, e respectiva fundamentação, no sentido de que não há que se falar em condenação de honorários advocatícios quando credor e devedor se materializam na mesma pessoa, carecendo o ponto, portanto, do necessário prequestionamento. 2. O reconhecimento da existência de coisa julgada sobre a matéria discutida é suficiente para ensejar o desprovimento do recurso também pela alínea *c* do permissivo constitucional. 3. Agravo regimental não provido. (STJ, Ag. Reg. no REsp n. 145.579/SP, 2ª T., rel. Min. Eliana Calmon, j. 23.04.2013, *DJe* 07.05.2013)

Conivência Ação praticada com o intuito de ajudar ou contribuir, de algum modo, para a realização de um ato ilícito (art. 29, CP).

▸ Veja CP: "**Art. 29.** Quem, de qualquer modo, concorre para o crime incide nas penas a este cominadas, na medida de sua culpabilidade. § 1º Se a participação for de menor importância, a pena pode ser diminuída de um sexto a um terço. § 2º Se algum dos concorrentes quis participar de crime menos grave, ser-lhe-á aplicada a pena deste; essa pena será aumentada até metade, na hipótese de ter sido previsível o resultado mais grave".

Cônjuges Denominação conferida às pessoas unidas pelo casamento civil.

▸ Veja CC: "**Art. 1.566.** São deveres de ambos os cônjuges: I – fidelidade recíproca; II – vida em comum, no domicílio conjugal; III – mútua assistência; IV – sustento, guarda e educação dos filhos; V – respeito e consideração mútuos".

Cônjuge varão Cônjuge do sexo masculino.

Cônjuge virago Diz-se do cônjuge do sexo feminino. Embora vastamente utilizada no meio jurídico, a expressão *virago* é contestada pelos eruditos, para quem o correto é *cônjuge varoa*.

Consanguinidade Ligação de pessoas por laços de sangue, originando o parentesco por consanguinidade.

▸ Veja CC: "**Art. 1.593.** O parentesco é natural ou civil, conforme resulte de consanguinidade ou outra origem".

Conselho Grupo de pessoas ou profissionais, pertencentes ou não a uma mesma área de atividade, constituído para deliberar a respeito de questões que lhes são pertinentes. São exemplos: Conselho Nacional da Previdência Social; Conselho Nacional das Cidades; Conselho Nacional de Biossegurança; Conselho Nacional de Defesa Ambiental; Conselho Nacional de Educação; Conselho Nacional de Justiça; Conselho Tutelar.

Conselho Nacional de Justiça (CNJ) Instituição pública que visa a aperfeiçoar o trabalho do sistema judiciário brasileiro, principalmente no que diz respeito a controle e transparência administrativos e processuais, de forma a contribuir para que a prestação jurisdicional seja realizada com moralidade, eficiência e efetividade em benefício da sociedade. O CNJ é composto de quinze conselheiros, sendo nove magistrados, dois membros do Ministério Público, dois advogados e dois cidadãos de notável saber jurídico e reputação ilibada, com mandato de dois anos.

Conselho Nacional do MP (CNMP) Criado pela EC n. 45, em 08.12.2004, com sede em Brasília (DF), é a instituição pública que atua em prol do cidadão para coibir qualquer tipo de abuso do Ministério Público (MP) e de seus membros, respeitando a autonomia da instituição. Presidido pelo Procurador-geral da República, o Conselho é formado por catorze membros, sendo quatro integrantes do MPU, três do MPE, dois juízes, um indicado pelo STF e outro pelo Superior Tribunal de Justiça, dois advogados, indicados pelo Conselho Federal da Ordem dos Advogados do Brasil, e dois cidadãos de notável saber jurídico e reputação ilibada, um indicado pela Câmara dos Deputados e outro pelo Senado Federal.

Consentimento Ato de consentir. Acordo, por manifestação livre da vontade, com outras pessoas, para que se forme ato jurídico. Pode ser expresso se é verbal, por escrito ou por meio de sinais inequívocos; e tácito se resulta de ato que revela a intenção do agente de consentir.

▸ Veja CC: "**Art. 1.449.** O devedor não pode, sem o consentimento por escrito do credor, alterar as coisas empenhadas ou mudar-lhes a situação, nem delas dispor. O devedor que, anuindo o credor, alienar as coisas empenhadas, deverá repor outros bens da mesma natureza, que ficarão sub-rogados no penhor. [...] **Art. 1.519.** A denegação do consentimento, quando injusta, pode ser suprida pelo juiz. [...] **Art. 1.558.** É anulável o casamento em virtude de coação, quando o consentimento de um ou de ambos os cônjuges houver sido captado mediante fundado temor de mal considerável e iminente para a vida, a saúde e a honra, sua ou de seus familiares. [...] **Art. 1.611.** O filho havido fora do casamento, reconhecido por um dos cônjuges, não poderá residir no lar conjugal sem o consentimento do outro. [...] **Art. 1.650.** A decretação de invalidade dos atos praticados sem outorga, sem consentimento, ou sem suprimento do juiz, só poderá ser demandada pelo cônjuge a quem cabia concedê-la, ou por seus herdeiros. [...] **Art. 1.972.** O testamento cerrado que o testador abrir ou dilacerar, ou for aberto ou dilacerado com seu consentimento, haver-se-á como revogado".

▪ Família. Criança e adolescente. Ação de anulação de registro de nascimento. Interesse maior da criança. Ausência de vício de consentimento. Improcedência do pedido. 1. A prevalência dos interesses da criança é o sentimento que deve nortear a condução do processo em que se discute de um lado o direito do pai de negar a paternidade em razão do estabelecimento da verdade biológica e, de outro, o direito da criança de ter preservado seu estado de filiação. 2. O reconhecimento espontâneo da paternidade somente pode ser desfeito quando demonstrado vício de consentimento; não há como desfazer um ato levado a efeito com perfeita demonstração da vontade, em que o próprio pai manifestou que sabia perfeitamente não haver vínculo biológico entre ele e o menor e, mesmo assim, reconheceu-o como seu filho. 3. As alegações do recorrido de que foi convencido pela mãe do menino a registrá-lo como se seu filho fosse e de que o fez por apreço a ela não configuram erro ou qualquer outro vício do consentimento, e, portanto, não são, por si sós, motivos hábeis a justificar a anulação do assento de nascimento, levado a efeito por ele, quatro anos antes, quando, em juízo, voluntariamente reconheceu ser o pai da criança, embora sabendo não sê-lo. 4. Recurso especial conhecido e provido. (STJ, REsp n. 1.229.044/SC, 3ª T., rel. Min. Nancy Andrighi, j. 04.06.2013, *DJe* 13.06.2013)

Consentimento do cônjuge O consentimento dado por um cônjuge ao outro para a prática de um ato jurídico denomina-se outorga: outorga marital, quando do marido; outorga uxória, quando da mulher. Nos atos da vida civil, exceto no regime da separação absoluta de bens, um cônjuge não pode sem a autorização ou consentimento do outro: alienar ou gravar de ônus real os bens imóveis; pleitear, como autor ou réu, acerca desses bens ou direitos; prestar fiança ou aval; fazer doação, não sendo remuneratória, de bens comuns, ou dos que possam integrar futura meação (art. 1.647 do CC). No entanto, pode o empresário casado, sem necessidade de outorga conjugal, qualquer que seja o regime de bens, alienar os imóveis que integrem o patrimônio da empresa ou gravá-los de ônus real (art. 978 do CC). No âmbito processual, o cônjuge somente necessitará do consentimento do outro para propor ações que versem sobre direitos reais imobiliários (art. 73, CPC/2015).

▸ Veja CC: "**Art. 1.647.** Ressalvado o disposto no art. 1.648, nenhum dos cônjuges pode, sem autorização do outro, exceto no regime da separação absoluta: I – alienar ou gravar de ônus real os bens imóveis; II – pleitear, como autor ou réu, acerca desses bens ou direitos; III – prestar fiança ou aval; IV – fazer doação, não sendo remuneratória, de bens comuns, ou dos que possam integrar futura meação. Parágrafo único. São válidas as doações nupciais feitas aos filhos quando casarem ou estabelecerem economia separada. **Art. 1.648.** Cabe ao juiz, nos casos do artigo antecedente, suprir a outorga, quando um dos cônjuges a denegue sem motivo justo, ou lhe seja impossível concedê-la. **Art. 1.649.** A falta de autorização, não suprida pelo juiz, quando necessária (art. 1.647), tornará anulável o ato praticado, podendo o outro cônjuge pleitear-lhe a anulação, até dois anos depois de terminada a sociedade conjugal. Parágrafo único. A aprovação torna válido o ato, desde que feita por instrumento público, ou particular, autenticado. **Art. 1.650.** A decretação de invalidade dos atos praticados sem outorga, sem consentimento, ou sem suprimento do juiz, só poderá ser demandada pelo cônjuge a quem cabia concedê-la, ou por seus herdeiros".

▸ Veja CPC/2015: "**Art. 73.** O cônjuge necessitará do consentimento do outro para propor ação que verse sobre direito real imobiliário, salvo quando casados sob o regime de separação absoluta de bens. [...]".

■ Doação de bens adquiridos na constância do casamento em regime da separação obrigatória. Outorga uxória. Necessidade. Finalidade. Resguardo do direito à possível meação. Formação do patrimônio comum. Contribuição indireta. Súmula n. 7 do STJ. Recurso improvido. 1. Negativa de prestação jurisdicional. Inexistência. 2. Controvérsia sobre a aplicação da Súmula n. 377 do STF. 3. Casamento regido pela separação obrigatória. Aquisição de bens durante a constância do casamento. Esforço comum. Contribuição indireta. Súmula n. 7 do STJ. 4. Necessidade do consentimento do cônjuge. Finalidade. Resguardo da possível meação. Plausibilidade da tese jurídica invocada pela Corte originária. 5. Interpretação do art. 1.647 do Código Civil. 6. Precedente da 3ª Turma deste Sodalício: "A exigência de outorga uxória ou marital para os negócios jurídicos de (presumidamente) maior expressão econômica previstos no art. 1.647 do Código Civil (como a prestação de aval ou a alienação de imóveis) decorre da necessidade de garantir a ambos os cônjuges meio de controle da gestão patrimonial, tendo em vista que, em eventual dissolução do vínculo matrimonial, os consortes terão interesse na partilha dos bens adquiridos onerosamente na constância do casamento. Nas hipóteses de casamento sob o regime da separação legal, os consortes, por força da Súmula n. 377/STF, possuem o interesse pelos bens adquiridos onerosamente ao longo do casamento, razão por que é de rigor garantir-lhes o mecanismo de controle de outorga uxória/marital para os negócios jurídicos previstos no art. 1.647 da Lei Civil" (REsp n. 1.163.074/PB, rel. Min. Massami Uyeda, j. 15.12.2009, *DJe* 04.02.2010). 6. Recurso especial improvido. (STJ, REsp n. 1.199.790/MG, 3ª T., rel. Min. Vasco Della Giustina (Des. convocado do TJRS), j. 14.12.2010, *DJe* 02.02.2011)

Consentimento para o casamento Assentimento ou manifestação voluntária de concordância com o casamento exigido por lei aos nubentes (art. 1.535, CC) e aos pais dos nubentes quando estes forem menores de 18 anos (art. 1.517, CC).

▸ Veja CC: "**Art. 1.517.** O homem e a mulher com dezesseis anos podem casar, exigindo-se autorização de ambos os pais, ou de seus representantes legais, enquanto não atingida a maioridade civil. Parágrafo único. Se houver divergência entre os pais, aplica-se o disposto no parágrafo único do art. 1.631. [...] **Art. 1.535.** Presentes os contraentes, em pessoa ou por procurador especial, juntamente com as testemunhas e o oficial do registro, o presidente do ato, ouvida aos nubentes a afirmação de que pretendem casar por livre e espontânea vontade, declarará efetuado o casamento, nestes termos: "De acordo com a vontade que ambos acabais de afirmar perante mim, de vos receberdes por marido e mulher, eu, em nome da lei, vos declaro casados".

Consignação Também chamada *estimatório*, é o contrato pelo qual o consignante entrega bens móveis ao consignatário, que fica autorizado a vendê-los pagando àquele o preço ajustado, salvo se preferir, no prazo estabelecido, restituir-lhe a coisa consignada (art. 534, CC).

> Veja CC: "**Art. 534.** Pelo contrato estimatório, o consignante entrega bens móveis ao consignatário, que fica autorizado a vendê-los, pagando àquele o preço ajustado, salvo se preferir, no prazo estabelecido, restituir-lhe a coisa consignada".

Consignação em pagamento Depósito judicial ou em estabelecimento bancário da coisa devida destinado a extinguir a obrigação nos casos e formas legais (art. 335, CC). A consignação tem lugar: se o credor não puder, ou, sem justa causa, recusar receber o pagamento, ou dar quitação na devida forma; se o credor não for, nem mandar receber a coisa em lugar, tempo e condição devidos; se o credor for incapaz de receber, for desconhecido, declarado ausente, ou residir em lugar incerto ou de acesso perigoso ou difícil; se ocorrer dúvida sobre quem deva legitimamente receber o objeto do pagamento; se pender litígio sobre o objeto do pagamento.

> Veja CC: "**Art. 335.** A consignação tem lugar: I – se o credor não puder, ou, sem justa causa, recusar receber o pagamento, ou dar quitação na devida forma; II – se o credor não for, nem mandar receber a coisa no lugar, tempo e condição devidos; III – se o credor for incapaz de receber, for desconhecido, declarado ausente, ou residir em lugar incerto ou de acesso perigoso ou difícil; IV – se ocorrer dúvida sobre quem deva legitimamente receber o objeto do pagamento; V – se pender litígio sobre o objeto do pagamento".

▪ Processual civil. Agravo regimental. Recurso especial. Ação de busca e apreensão. Revisional de contrato c/c consignação em pagamento. Mora não afastada. Decisão mantida. 1. O simples ajuizamento de ação revisional, com a alegação da abusividade das cláusulas contratadas, não importa no reconhecimento do direito do contratante à antecipação da tutela, sendo necessário o preenchimento dos requisitos do art. 273 do Código de Processo Civil. 2. Para que seja deferido o pedido de manutenção do devedor na posse do bem, é indispensável que este demonstre a verossimilhança das alegações de abusividade das cláusulas contratuais e dos encargos financeiros capazes de elidir a mora, bem como deposite o valor incontroverso da dívida ou preste caução idônea. 3. Se não foi reconhecida, na ação revisional em curso, a abusividade dos encargos pactuados para o período da normalidade, é de se entender que os valores depositados pelo recorrente não são suficientes. Impossível, dessa forma, ter por afastada a mora. 4. O agravo não trouxe nenhum argumento capaz de modificar a conclusão do julgado, a qual se mantém por seus próprios fundamentos. 5. Agravo regimental improvido. (STJ, Ag. Reg. no REsp n. 1.373.600/MS, 3ª T., rel. Min. Sidnei Beneti, j. 14.05.2013, *DJe* 05.06.2013)

Consignação judicial Consignação em juízo ou em estabelecimento bancário da coisa devida, destinada a extinguir a obrigação em casos e formas legais (art. 334, CC; art. 890, CPC/73).

> Veja CC: "**Art. 334.** Considera-se pagamento, e extingue a obrigação, o depósito judicial ou em estabelecimento bancário da coisa devida, nos casos e forma legais".

> Veja CPC/73: "**Art. 890.** Nos casos previstos em lei, poderá o devedor ou terceiro requerer, com efeito de pagamento, a consignação da quantia ou da coisa devida".

> Veja CPC/2015: "**Art. 539.** Nos casos previstos em lei, poderá o devedor ou terceiro requerer, com efeito de pagamento, a consignação da quantia ou da coisa devida. § 1º Tratando-se de obrigação em dinheiro, poderá o valor ser depositado em estabelecimento bancário, oficial onde houver, situado no lugar do pagamento, cientificando-se o credor por carta com aviso de recebimento, assinado o prazo de 10 (dez) dias para a manifestação de recusa. [...]".

Consolidação Fusão ou reunião de todas as leis esparsas que versem sobre uma mesma matéria originando um único diploma jurídico. Difere da codificação por não ser considerada uma nova lei. Exemplo: a CLT.

Consolidação das Leis do Trabalho (CLT) Conjunto de normas destinado a regular as relações individuais e coletivas de trabalho nela previstas representado pelo DL n. 5.452, de 01.05.1943.

Consórcio Reunião de pessoas naturais e jurídicas em grupo, com prazo de duração e número de cotas previamente determinados, promovida por uma administradora, com a finalidade de propiciar a seus integrantes, de forma isonômica, a aquisição de bens ou serviços por meio de autofinanciamento (Lei n. 11.795/2008, art. 2º).

▶ Veja Lei n. 11.795/2008: "**Art. 2º** Consórcio é a reunião de pessoas naturais e jurídicas em grupo, com prazo de duração e número de cotas previamente determinados, promovida por administradora de consórcio, com a finalidade de propiciar a seus integrantes, de forma isonômica, a aquisição de bens ou serviços, por meio de autofinanciamento. **Art. 3º** Grupo de consórcio é uma sociedade não personificada constituída por consorciados para os fins estabelecidos no art. 2º [...]".

■ Súmula n. 35, STJ: Incide correção monetária sobre as prestações pagas, quando de sua restituição, em virtude da retirada ou exclusão do participante de plano de consórcio.

■ Consórcio. Desistência. Omissão. Ofensa ao art. 535 do CPC. Inexistência. Devolução das parcelas pagas. Prazo. Trinta dias após o encerramento do grupo. Taxa de administração. [...] Inexiste afronta ao art. 535 do CPC quando o acórdão recorrido analisou todas as questões pertinentes para a solução da lide, pronunciando-se, de forma clara e suficiente, sobre a questão discutida nos autos. 2. "É devida a restituição de valores vertidos por consorciado desistente ao grupo de consórcio, mas não de imediato, e sim em até trinta dias a contar do prazo previsto contratualmente para o encerramento do plano" (REsp n. 1.119.300/RS, 2ª Seção, rel. Min. Luis Felipe Salomão, j. 14.04.2010, DJe 27.08.2010). 3. Conforme entendimento firmado pela 2ª Seção desta Corte Superior, as administradoras de consórcio possuem liberdade para fixar a respectiva taxa de administração, nos termos do art. 33 da Lei n. 8.177/91 e da Circular n. 2.766/97 do Bacen. 4. No caso concreto, o Tribunal de origem, com base na análise dos termos contratuais e das provas dos autos, concluiu pela não abusividade da taxa de administração. Não há como alterar esse entendimento no âmbito do recurso especial, a teor do que dispõem as Súmulas ns. 5 e 7 do STJ. 5. Agravo regimental a que se nega provimento. (STJ, Ag. Reg. no Ag. Reg. no REsp n. 100.871/SP, 4ª T., rel. Min. Antonio Carlos Ferreira, j. 05.03.2013, DJe 12.03.2013)

Consórcio de empresas
Associação de companhias ou empresas, sob o mesmo controle ou não, que manterão sua personalidade jurídica, para obter finalidade comum ou determinado empreendimento, geralmente de grande vulto ou de custo muito elevado, exigindo para sua execução conhecimento técnico especializado e instrumental técnico de alto padrão. De maneira geral, os consórcios são constituídos para: a) execução de grandes obras de engenharia; b) atuação no mercado de capitais; c) acordos exploratórios de serviços de transporte; d) exploração de atividades minerais e correlatas; e) atividades de pesquisa ou uso comum de tecnologia; f) licitações públicas.

Constituto possessório
Constitutum possessorium. Convenção expressa ou tácita pela qual se entende efetivada a tradição da coisa alienada, ainda que ela continue em poder do alienante ou de terceiro, a título de detenção (art. 1.267, parágrafo único, CC). O mesmo que cláusula *constituti*. É expresso quando resulta de cláusula contratual; é tácito quando inferido das cláusulas contratuais incompatíveis com a transferência material do imóvel para o comprador.

▶ Veja CC: "**Art. 1.267.** A propriedade das coisas não se transfere pelos negócios jurídicos antes da tradição. Parágrafo único. Subentende-se a tradição quando o transmitente continua a possuir pelo constituto possessório; quando cede ao adquirente o direito à restituição da coisa, que se encontra em poder de terceiro; ou quando o adquirente já está na posse da coisa, por ocasião do negócio jurídico".

■ Posse (CC, art. 494, IV). Reintegração de posse. Cabimento. Comodato verbal. Notificação. Escoamento do prazo. Esbulho. Aluguel, taxas e impostos sobre o imóvel devidos. I – A aquisição da posse se dá também pela cláusula *constituti* inserida em escritura pública de compra e venda de imóvel, o que autoriza o manejo dos interditos possessórios pelo adquirente, mesmo que nunca tenha exercido atos de posse direta sobre o bem. II – O esbulho se caracteriza a partir do momento em que o ocupante do imóvel se nega a atender ao chamado da denúncia do contrato de comodato, permanecendo no imóvel após notificado. III – Ao ocupante do imóvel, que se nega a desocupá-lo após a denúncia do comodato, pode ser exigido, a título de indenização, o pagamento de aluguéis relativos ao período, bem como de encargos que recaiam sobre o mesmo, sem prejuízo de outras verbas a que fizer jus. (STJ, REsp n. 143.707/RJ, 4ª T., rel. Min. Sálvio de Figueiredo Teixeira, j. 25.11.1997, DJ 02.03.1998, p. 102)

■ Aquisição da posse. Contrato. Constituto possessório. A posse pode ser transmitida por via contratual antes da alienação do domínio e, depois desta, pelo constituto possessório, que se tem por expresso na respectiva escritura em que a mesma é transmitida ao adquirente da propriedade imóvel, de modo a legitimar, de logo, para o uso dos interditos possessórios, o novo titular do domínio, até mesmo em face do alienante que continua a deter o imóvel, mas em nome de quem o adquiriu. (STJ, REsp n. 21.125/MS, 3ª T., rel. Min. Dias Trindade, j. 11.05.1992, *DJ* 15.06.1992, p. 9.267)

Constrangimento ilegal Crime contra a liberdade individual que consiste em constranger alguém, mediante violência ou grave ameaça, ou depois de lhe haver reduzido, por qualquer outro meio, a capacidade de resistência, a não fazer o que a lei permite ou a fazer o que ela não manda (art. 146, CP).

▶ Veja CP: "**Art. 146.** Constranger alguém, mediante violência ou grave ameaça, ou depois de lhe haver reduzido, por qualquer outro meio, a capacidade de resistência, a não fazer o que a lei permite, ou a fazer o que ela não manda: Pena – detenção, de 3 (três) meses a 1 (um) ano, ou multa. § 1º As penas aplicam-se cumulativamente e em dobro, quando, para a execução do crime, se reúnem mais de três pessoas, ou há emprego de armas. § 2º Além das penas cominadas, aplicam-se as correspondentes à violência. § 3º Não se compreendem na disposição deste artigo: I – a intervenção médica ou cirúrgica, sem o consentimento do paciente ou de seu representante legal, se justificada por iminente perigo de vida; II – a coação exercida para impedir suicídio".

■ Súmula n. 21, STJ: Pronunciado o réu, fica superada a alegação do constrangimento ilegal da prisão por excesso de prazo na instrução.

■ Súmula n. 64, STJ: Não constitui constrangimento ilegal o excesso de prazo na instrução, provocado pela defesa.

■ *Habeas corpus.* Roubo circunstanciado. Direito de recorrer em liberdade concedido pelo juízo sentenciante. Expedição de mandado de prisão pela Corte de Justiça. Ausência de motivação idônea. Constrangimento ilegal evidenciado. Ordem de *habeas corpus* concedida. 1. Toda custódia cautelar, inclusive a proferida por ocasião da prolação da sentença condenatória sem trânsito em julgado, somente poderá ser implementada com os devidos fundamentos, nos termos dos arts. 312 e 387, parágrafo único, do Código de Processo Penal, incluído pela Lei n. 11.719/2008. Precedentes. 2. Na hipótese, embora o Juízo Sentenciante tenha concedido o direito de recorrer em liberdade, o Tribunal de origem determinou a segregação cautelar do acusado, sem apresentar elementos concretos que justificassem a necessidade da prisão, amparando-se, tão somente, na necessidade de se assegurar a execução da pena imposta. 3. Ordem de *habeas corpus* concedida para assegurar ao paciente o direito de aguardar em liberdade o trânsito em julgado da condenação, se por outro motivo não estiver preso. (STJ, *HC* n. 252.220/SP, 5ª T., rel. Min. Laurita Vaz, j. 18.06.2013, *DJe* 01.07.2013)

Consuetudinário Referente ao costume. Costumeiro. Diz-se Direito consuetudinário o Direito adotado na Inglaterra também conhecido por *common law*.

Consumidor Toda pessoa física ou jurídica que adquire ou utiliza produto ou serviço como destinatário final. Equipara-se ao consumidor a coletividade de pessoas, ainda que indetermináveis, que haja intervindo nas relações de consumo (art. 2º, Lei n. 8.078/90, CDC).

▶ Veja Lei n. 8.078/90: "**Art. 2º** Consumidor é toda pessoa física ou jurídica que adquire ou utiliza produto ou serviço como destinatário final. Parágrafo único. Equipara-se a consumidor a coletividade de pessoas, ainda que indetermináveis, que haja intervindo nas relações de consumo. **Art. 3º** Fornecedor é toda pessoa física ou jurídica, pública ou privada, nacional ou estrangeira, bem como os entes despersonalizados, que desenvolvem atividade de produção, montagem, criação, construção, transformação, importação, exportação, distribuição ou comercialização de produtos ou prestação de serviços. [...]".

■ Agravo regimental no agravo em recurso especial. Ação cautelar de exibição de documentos. Inversão do ônus da prova. Interesse de agir. 1. "É cabível a inversão do ônus da prova em favor do consumidor para o fim de determinar às instituições financeiras a exibição de extratos bancários, enquanto não estiver prescrita a eventual ação sobre eles, tratando-se de obrigação decorrente de lei e de integração contratual compulsória, não sujeita a recusa ou condicionantes, tais como o adiantamento dos custos da operação pelo correntista e a prévia recusa administrativa da instituição financeira em exibir os documentos" (Recurso Especial repetitivo n. 1.133.872/PB). 2. O titular de conta-corrente possui interesse de agir na propositura de ação de exibição de documentos contra instituição financeira, quando objetiva, na respectiva ação principal, discutir a relação jurídica entre eles estabelecida, independentemente de prévia remessa de extratos bancários ou solicitação dos documentos na esfera administrativa. 3. Agravo regimental desprovido. (STJ, Ag. Reg. no AREsp n. 291.188/SP, 3ª T., rel. Min. João Otávio de Noronha, j. 25.06.2013, *DJe* 01.07.2013)

Contestação Uma das formas de resposta do réu na qual este impugna o pedido do autor formulado na petição inicial (arts. 297 e 300, CPC/73). A falta de contestação resulta em revelia do réu (art. 319, CPC/73).

▸ Veja CPC/73: "**Art. 297.** O réu poderá oferecer, no prazo de 15 (quinze) dias, em petição escrita, dirigida ao juiz da causa, contestação, exceção e reconvenção. [...] **Art. 300.** Compete ao réu alegar, na contestação, toda a matéria de defesa, expondo as razões de fato e de direito, com que impugna o pedido do autor e especificando as provas que pretende produzir".

▸ Veja CPC/2015: "**Art. 335.** O réu poderá oferecer contestação, por petição, no prazo de 15 (quinze) dias, cujo termo inicial será a data: I – da audiência de conciliação ou de mediação, ou da última sessão de conciliação, quando qualquer parte não comparecer ou, comparecendo, não houver autocomposição; II – do protocolo do pedido de cancelamento da audiência de conciliação ou de mediação apresentado pelo réu, quando ocorrer a hipótese do art. 334, § 4º, inciso I; III – prevista no art. 231, de acordo com o modo como foi feita a citação, nos demais casos. [...] **Art. 336.** Incumbe ao réu alegar, na contestação, toda a matéria de defesa, expondo as razões de fato e de direito com que impugna o pedido do autor e especificando as provas que pretende produzir. [...] **Art. 343.** Na contestação, é lícito ao réu propor reconvenção para manifestar pretensão própria, conexa com a ação principal ou com o fundamento da defesa. [...]".

■ Direito processual civil. Agravo de instrumento. Ação de divórcio direto litigioso. Competência territorial. Domicílio da ré. Arguição de incompetência em contestação. Mera irregularidade. Princípio da instrumentalidade do processo. 1. A arguição de incompetência relativa em preliminar de contestação, e não por meio de exceção, gera apenas mera irregularidade, em homenagem ao princípio da instrumentalidade do processo. 2. Nos termos do art. 100, I, do CPC, é competente o foro da residência da mulher para a ação de separação dos cônjuges e a conversão desta em divórcio, e para a anulação de casamento. 3. Agravo de instrumento conhecido e não provido. (TJDFT, AI n. 20.050.020.102.613, 3ª T., rel. Nídia Corrêa Lima, j. 24.05.2006, *DJ* 29.06.2006, p. 38)

Continência de causas Fato processual que ocorre quando entre duas ou mais ações houver identidade das partes e da causa de pedir, porém, o objeto de uma, por ser mais amplo, abrange o das outras (arts. 104 a 106, CPC/73).

▸ Veja CPC/73: "**Art. 104.** Dá-se a continência entre duas ou mais ações sempre que há identidade quanto às partes e à causa de pedir, mas o objeto de uma, por ser mais amplo, abrange o das outras. **Art. 105.** Havendo conexão ou continência, o juiz, de ofício ou a requerimento de qualquer das partes, pode ordenar a reunião de ações propostas em separado, a fim de que sejam decididas simultaneamente. **Art. 106.** Correndo em separado ações conexas perante juízes que têm a mesma competência territorial, considera-se prevento aquele que despachou em primeiro lugar".

▸ Veja CPC/2015: "**Art. 56.** Dá-se a continência entre 2 (duas) ou mais ações quando houver identidade quanto às partes e à causa de pedir, mas o pedido de uma, por ser mais amplo, abrange o das demais. **Art. 57.** Quando houver continência e a ação continente tiver sido proposta anteriormente, no processo relativo à ação contida será proferida sentença sem resolução de mérito, caso contrário, as ações serão necessariamente reunidas. **Art. 58.** A reunião das ações propostas em separado far-se-á no juízo prevento, onde serão decididas simultaneamente".

■ Súmula n. 489, STJ: Reconhecida a continência, devem ser reunidas na Justiça Federal as ações civis públicas propostas nesta e na Justiça estadual.

■ Ação anteriormente proposta. Pedido menos abrangente. Litispendência não configurada. Continência. Prejudicialidade. Suspensão. Possibilidade. 1. Nos termos da jurisprudência do STJ, quando há identidade apenas parcial dos pedidos, porquanto um deles é mais abrangente que o outro, configura-se a continência, e não a litispendência. Esta, como na conexão, importa a reunião dos processos, e não a sua extinção, que visa evitar o risco de decisões inconciliáveis. Precedentes. 2. Havendo continência e prejudicialidade entre as ações, e não reunidos os feitos oportunamente para julgamento conjunto, cabível é a suspensão de um deles, conforme os termos do art. 265, IV, *a*, do CPC. Agravo regimental improvido. (STJ, Ag. Reg. no AREsp n. 301.377/ES, 2ª T., rel. Min. Humberto Martins, j. 16.04.2013, *DJe* 25.04.2013)

Contrabando Delito penal que consiste em importar ou exportar mercadoria proibida ou praticar fato assimilado, em lei especial, a contrabando (art. 334-A, CP).

▸ Veja CP: "**Art. 334-A.** Importar ou exportar mercadoria proibida: Pena – reclusão, de 2 (dois) a 5 (cinco) anos. § 1º Incorre na mesma pena quem: I – pratica fato assimilado, em lei especial, a contrabando; II – importa ou exporta clandestinamente mercadoria que dependa de registro, análise ou autorização de órgão público competente; III – reinsere no território nacional mercadoria brasileira destinada à exportação; IV – vende, expõe à venda, mantém em depósito ou, de qualquer forma, utiliza em proveito próprio ou alheio, no exercício de atividade comercial ou industrial, mercadoria proibida pela lei brasileira; V – adquire, recebe ou oculta, em proveito próprio ou alheio, no exercício de atividade comercial ou industrial, mercadoria proibida pela lei brasileira. [...]".

Contradita Direito que tem a parte de refutar em juízo o que foi dito pela parte adversária ou por testemunha (art. 414, § 1º, CPC/73; art. 214, CPP).

▶ Veja CPC/73: "**Art. 414.** Antes de depor, a testemunha será qualificada, declarando o nome por inteiro, a profissão, a residência e o estado civil, bem como se tem relações de parentesco com a parte, ou interesse no objeto do processo. § 1º É lícito à parte contraditar a testemunha, arguindo-lhe a incapacidade, o impedimento ou a suspeição. Se a testemunha negar os fatos que lhe são imputados, a parte poderá provar a contradita com documentos ou com testemunhas, até três, apresentadas no ato e inquiridas em separado. Sendo provados ou confessados os fatos, o juiz dispensará a testemunha, ou lhe tomará o depoimento, observando o disposto no art. 405, § 4º".

▶ Veja CPC/2015: "**Art. 457.** [...] § 1º É lícito à parte contraditar a testemunha, arguindo-lhe a incapacidade, o impedimento ou a suspeição, bem como, caso a testemunha negue os fatos que lhe são imputados, provar a contradita com documentos ou com testemunhas, até 3 (três), apresentadas no ato e inquiridas em separado. § 2º Sendo provados ou confessados os fatos a que se refere o § 1º, o juiz dispensará a testemunha ou lhe tomará o depoimento como informante. [...]".

▶ Veja CPP: "**Art. 214.** Antes de iniciado o depoimento, as partes poderão contraditar a testemunha ou arguir circunstâncias ou defeitos, que a tornem suspeita de parcialidade, ou indigna de fé. O juiz fará consignar a contradita ou arguição e a resposta da testemunha, mas só excluirá a testemunha ou não lhe deferirá compromisso nos casos previstos nos arts. 207 e 208".

■ Recurso especial. Processual civil. Qualificação de testemunha. Aditamento da inicial. Inexistência de prejuízo. Contradita. Súmula n. 283/STF. Responsabilidade civil. Matéria veiculada na internet. Indenização. Súmula n. 7/STJ. 1. Pacífico o entendimento nesta Corte Superior de que a decretação de nulidade de atos processuais depende da necessidade de efetiva demonstração de prejuízo da parte interessada por prevalência do princípio *pas de nullité sans grief*. 2. A ausência de impugnação do fundamento do acórdão recorrido, mormente quanto ao não acolhimento da contradita por ausência de prova de fato impeditivo à oitiva da testemunha, enseja o não conhecimento do recurso, incidindo o enunciado da Súmula n. 283 do Supremo Tribunal Federal. 3. Em se tratando de matéria veiculada pela internet, a responsabilidade civil por danos morais exsurge quando a matéria for divulgada com a intenção de injuriar, difamar ou caluniar terceiro. [...] (STJ, REsp n. 1.330.028/DF, 3ª T., rel. Min. Ricardo Villas Bôas Cueva, j. 06.11.2012, *DJe* 17.12.2012)

Contraditório Princípio que assegura a igualdade das partes perante o Judiciário, permitindo ao acusado o direito à ampla defesa (art. 5º, LV, CF). A CF estendeu a garantia do contraditório e da ampla defesa a todos os litigantes e acusados, em qualquer processo judicial ou administrativo. Desse modo, em qualquer processo judicial, ainda que a relação material verse sobre interesses disponíveis, deve o magistrado garantir, no plano processual, o contraditório e a ampla defesa, inclusive nomeando defensor dativo ao réu revel, citado pessoalmente (*v. Direito de defesa*).

▶ Veja CF: "**Art. 5º** [...] LV – Aos litigantes, em processo judicial ou administrativo, e aos acusados em geral são assegurados o contraditório e ampla defesa, com os meios e recursos a ela inerentes".

▶ Veja CPC/2015: "**Art. 335.** O réu poderá oferecer contestação, por petição, no prazo de 15 (quinze) dias, cujo termo inicial será a data: I – da audiência de conciliação ou de mediação, ou da última sessão de conciliação, quando qualquer parte não comparecer ou, comparecendo, não houver autocomposição; II – do protocolo do pedido de cancelamento da audiência de conciliação ou de mediação apresentado pelo réu, quando ocorrer a hipótese do art. 334, § 4º, inciso I; III – prevista no art. 231, de acordo com o modo como foi feita a citação, nos demais casos. [...]".

■ Súmula n. 358, STJ: O cancelamento de pensão alimentícia de filho que atingiu a maioridade está sujeito à decisão judicial, mediante contraditório, ainda que nos próprios autos.

■ Ação indenizatória. Acidente de trânsito. Procedimento. Matéria de ordem pública. Indisponibilidade relativa. Adoção do rito ordinário ao invés do sumário. Violação ao contraditório e ampla defesa. [...] 3. A jurisprudência pacífica do Superior Tribunal de Justiça reconhece que, inexistindo prejuízo para a parte adversa, admissível é a conversão do rito sumário pelo ordinário, notadamente por ser o segundo mais amplo, propiciando maior dilação probatória. 4. Na hipótese, houve dúvida séria e razoável se o prazo para a defesa foi o de quinze dias contados da juntada do mandado citatório ou aquele previsto no rito sumário – em que a resposta é apresentada na audiência preliminar, em caso de negativa da autocomposição. Isso porque: i) o procedimento legal, em razão da matéria objeto da lide, é o sumário (art. 275, II, *d*, do CPC); ii) o autor expressamente optou por esse rito mais célere (conforme indicação à fl. 6); iii) consta do mandado de citação os dizeres "reparação de danos (sumária)"; iv) o réu, de forma diligente, alertou o magistrado e claramente externou o posicionamento de que preferia a adoção do rito tipificado em lei, opondo-se ao ordinário. 5. Dessarte, a inadequação procedimental foi apta a trazer prejuízos ao réu, haja vista que o julgador, deixando de aclarar a dúvida existente no feito, decretou a revelia, sem antes conceder o direito ao contraditório e à ampla defesa, sentenciando em seu desfavor, presumindo como verdadeiras as alegações da parte autora. 6. Recurso especial provido. (STJ, REsp n. 1.117.312/PR, 4ª T., rel. Min. Luis Felipe Salomão, j. 04.06.2013, *DJe* 01.07.2013)

Contrafação Crime que consiste na imitação de assinatura, produto ou registro público de valor. Toda espécie de falsificação (art. 297, CP).

- ▶ Veja CP: "Falsificação de documento público. **Art. 297.** Falsificar, no todo ou em parte, documento público, ou alterar documento público verdadeiro: Pena – reclusão, de 2 (dois) a 6 (seis) anos, e multa. § 1º Se o agente é funcionário público, e comete o crime prevalecendo-se do cargo, aumenta-se a pena de sexta parte. § 2º Para os efeitos penais, equiparam-se a documento público o emanado de entidade paraestatal, o título ao portador ou transmissível por endosso, as ações de sociedade comercial, os livros mercantis e o testamento particular".

- ▪ Direito autoral e processual civil. Programa de computador (*software*). Contrafação. Fiscalização. Meio. Defesa do usuário. Limites. Medida cautelar de vistoria. Repetição. Condições. 1. Para que seja razoável o deferimento do pedido de repetição da prova pericial realizada no âmbito de medida cautelar de vistoria que aponta para a existência de contrafação, cabe ao usuário trazer indícios físicos de compra dos programas, ou seja, prova documental de que os *softwares* foram regularmente adquiridos, como contratos de licença ou notas fiscais. 2. Ausente qualquer indício de irregularidade na vistoria realizada na medida cautelar de vistoria – que apontou para a existência de contrafação – e não tendo a parte trazido nenhuma evidência documental de suas alegações quanto à licitude dos programas instalados em seus computadores, correta a decisão que indeferiu a repetição dessa prova. O indeferimento situou-se na esfera de discricionariedade e convencimento do julgador enquanto destinatário da prova, não podendo ser reputado de cerceamento de defesa, nem de violação do contraditório ou da ampla defesa. [...] (STJ, REsp n. 1.278.940/MG, 3ª T., rel. Min. Nancy Andrighi, j. 04.09.2012, *DJe* 13.09.2012)

Contrafé Cópia da petição inicial que o Oficial de Justiça deverá entregar ao réu no momento da citação para oferecer resposta (art. 226, CPC/73; art. 357, CPP).

- ▶ Veja CPC/73: "**Art. 226.** Incumbe ao oficial de justiça procurar o réu e, onde o encontrar, citá-lo: I – lendo-lhe o mandado e entregando-lhe a contrafé; [...]".

- ▶ Veja CPC/2015: "**Art. 251.** Incumbe ao oficial de justiça procurar o citando e, onde o encontrar, citá-lo: I – lendo-lhe o mandado e entregando-lhe a contrafé; II – portando por fé se recebeu ou recusou a contrafé; III – obtendo a nota de ciente ou certificando que o citando não a pôs no mandado".

- ▶ Veja CPP: "**Art. 357.** São requisitos da citação por mandado: I – leitura do mandado ao citando pelo oficial e entrega da contrafé, na qual se mencionarão dia e hora da citação; II – declaração do oficial, na certidão, da entrega da contrafé, e sua aceitação ou recusa".

- ▪ Citação. Gerente da agência local. Banco em regime de liquidação extrajudicial, mas que mantém em funcionamento todo o sistema bancário. Arguição de nulidade repelida. A citação do Banco pode operar-se na pessoa do gerente, quando o litígio se referir a contrato firmado na agência por ele dirigida. Hipótese, ademais, em que o gerente ostentou poderes de representação, recebendo a contrafé e apondo a nota de *ciente*. Situação peculiar da espécie em que a instituição financeira, a despeito de encontrar-se em regime de liquidação extrajudicial, mantém em atividade todo o sistema bancário. Recurso especial não conhecido. (STJ, REsp n. 316.254/SP, 4ª T., rel. Min. Barros Monteiro, j. 21.10.2004, *DJ* 17.12.2004, p. 548)

Contraminuta Alegações escritas por meio das quais a parte recorrida refuta, total ou parcialmente, os fundamentos ou a procedência de uma ação ou recurso contra ele interposto.

- ▪ Embargos de declaração. Provimento do agravo regimental no colegiado. Ofensa ao contraditório. Não ocorrência. Omissão. Incabimento. 1. Não há obrigação legal ou regimental de abertura de vista para a parte adversa oferecer contraminuta ao agravo interno, tampouco óbice à reforma da decisão agravada no colegiado. Inteligência dos arts. 545, 2ª parte, 557, § 1º, do CPC, 258 e seguintes do RISTJ. 2. A pretexto de omissão, o que pretende a embargante é rediscutir o resultado do julgamento, providência incabível nos aclaratórios. 3. Embargos de declaração rejeitados. (STJ, Emb. Decl. no Ag. Reg. no REsp n. 1.281.725/AM, 2ª T., rel. Min. Castro Meira, j. 02.04.2013, *DJe* 09.04.2013)

Contraprestação Obrigação que cada uma das partes tem de, reciprocamente, satisfazer ou cumprir sua parte nos contratos bilaterais (art. 615, IV, CPC/73).

▶ Veja CPC/73: "**Art. 615.** Cumpre ainda ao credor: [...] IV – provar que adimpliu a contraprestação, que lhe corresponde, ou que lhe assegura o cumprimento, se o executado não for obrigado a satisfazer a sua prestação senão mediante a contraprestação do credor".

▶ Veja CPC/2015: "**Art. 787.** Se o devedor não for obrigado a satisfazer sua prestação senão mediante a contraprestação do credor, este deverá provar que a adimpliu ao requerer a execução, sob pena de extinção do processo. Parágrafo único. O executado poderá eximir-se da obrigação, depositando em juízo a prestação ou a coisa, caso em que o juiz não permitirá que o credor a receba sem cumprir a contraprestação que lhe tocar".

▪ Processual civil e administrativo. Alegação de afronta a dispositivo de lei federal. Prequestionamento. Ausência. Fornecimento de serviço de água e esgoto. Tarifa. 1. Acerca da alegada negativa de vigência aos arts. 131 do CPC, 39, X, do CDC, 9º, 77, 78 e 79 do CTN e 11 da Lei n. 2.312/94, não houve o prequestionamento da questão, o que atrai o Enunciado n. 211 desta Corte. 2. O STJ já pontuou que a natureza da contraprestação pelo serviço de fornecimento de água prestado por concessionária é de tarifa. 3. Agravo regimental não provido. (STJ, Ag. Reg. no REsp n. 1.366.682/SP, 2ª T., rel. Min. Mauro Campbell Marques, j. 21.03.2013, *DJe* 01.04.2013)

Contrario sensu O mesmo que ao reverso, ou de forma diferente. Pela razão contrária; em sentido contrário. Argumento utilizado para interpretar dispositivos legais quando afirmações em sentido inverso são invocadas em favor da tese que se pretende comprovar.

Contrato Convenção ou acordo de vontades que tem por fim criar, modificar ou extinguir direitos e obrigações. Quanto ao regime jurídico, os contratos celebrados podem ser: de Direito privado, como compra e venda, doação e locação, regidos pelo Código Civil; administrativos, entre os quais se incluem: os tipicamente administrativos, sem paralelo no Direito privado e inteiramente regidos pelo Direito público, como concessão de serviços, de obras e de uso de bem público; os que têm paralelo no Direito privado, mas também são regidos pelo Direito público, como mandato, empréstimo, depósito e empreitada.

▶ Veja CC: "**Art. 421.** A liberdade de contratar será exercida em razão e nos limites da função social do contrato".

Contrato acessório Aquele que pressupõe a existência de outro principal, do qual depende e para o qual, normalmente, serve de garantia (por exemplo, fiança); *pacto adjeto*.

Contrato administrativo Aquele que a administração pública firma com o particular, ou com outra entidade administrativa, para realização de serviço, execução de obra ou obtenção de qualquer outra prestação de interesse público nas condições estabelecidas pela própria administração. Instrumento que cria ou estabelece vínculo jurídico entre a administração pública e um particular visando à realização de determinada prestação. A formalização do contrato administrativo exige prévio processo de licitação.

▪ Contrato administrativo. Equilíbrio econômico-financeiro. Pretensão de reexame de provas. Impossibilidade na via recursal especial. Incidência da Súmula n. 7/STJ. Análise de cláusulas contratuais. Incidência da Súmula n. 5/STJ. Observa-se que a modificação da conclusão a que chegou a Corte de origem, referente à observância do equilíbrio econômico-financeiro inerente a contrato administrativo, de modo a acolher as razões do especial e reconhecer a violação aos artigos de lei federal apontados, implicaria necessariamente o revolvimento do arcabouço probatório dos autos, inviável em recurso especial, nos termos da Súmula n. 7 do STJ, bem como a interpretação de cláusulas contratuais, impossível ante o óbice da Súmula n. 5/STJ. Agravo regimental improvido. (STJ, Ag. Reg. no AREsp n. 316.321/SP, 2ª T., rel. Min. Humberto Martins, j. 14.05.2013, *DJe* 24.05.2013)

Contrato aleatório Aquele no qual o cumprimento da obrigação é incerto por depender de evento futuro e também incerto chamado *álea*. A denominação vem do latim *alea*, sorte, destino, podendo ensejar tanto a vantagem como o prejuízo para as partes (arts. 458 a 461, CC).

- Veja CC: "**Art. 458.** Se o contrato for aleatório, por dizer respeito a coisas ou fatos futuros, cujo risco de não virem a existir um dos contratantes assuma, terá o outro direito de receber integralmente o que lhe foi prometido, desde que de sua parte não tenha havido dolo ou culpa, ainda que nada do avençado venha a existir. **Art. 459.** Se for aleatório, por serem objeto dele coisas futuras, tomando o adquirente a si o risco de virem a existir em qualquer quantidade, terá também direito o alienante a todo o preço, desde que de sua parte não tiver concorrido culpa, ainda que a coisa venha a existir em quantidade inferior à esperada. Parágrafo único. Mas, se da coisa nada vier a existir, alienação não haverá, e o alienante restituirá o preço recebido. **Art. 460.** Se for aleatório o contrato, por se referir a coisas existentes, mas expostas a risco, assumido pelo adquirente, terá igualmente direito o alienante a todo o preço, posto que a coisa já não existisse, em parte, ou de todo, no dia do contrato. **Art. 461.** A alienação aleatória a que se refere o artigo antecedente poderá ser anulada como dolosa pelo prejudicado, se provar que o outro contratante não ignorava a consumação do risco, a que no contrato se considerava exposta a coisa".

- Embargos de declaração. Efeito modificativo. Agravo regimental. Pecúlio e renda mensal. Morte, invalidez e velhice. Restituição. Restituição de contribuições. Súmulas ns. 5, 7, 83 e 211 do STJ. 1. Embargos de declaração recebidos como agravo regimental, recurso cabível para modificar a decisão singular que negou seguimento ao recurso especial. 2. Segundo a apreciação da prova e interpretação do contrato estabelecida pelas instâncias ordinárias, o contrato aleatório celebrado entre as partes tem natureza de seguro e não de previdência privada, não prevendo a restituição das contribuições vertidas para a constituição de pecúlio por invalidez ou morte e renda por velhice, eventos que estiveram garantidos no curso do contrato. Precedentes da 2ª Seção. [...] (STJ, Emb. Decl. no REsp n. 1.172.607/PR, 4ª T., rel. Min. Maria Isabel Gallotti, j. 21.05.2013, DJe 29.05.2013)

Contrato anulável Aquele que, viciado por incapacidade da parte, erro, dolo, coação, estado de perigo, lesão ou fraude contra credores, tem eficácia até o momento de sua anulação ou convalidação (arts. 138 e segs. e 171, CC). O contrato anulável pode ser convalidado ou confirmado pelas partes, salvo direito de terceiro (art. 172, CC).

- Veja CC: "**Art. 138.** São anuláveis os negócios jurídicos, quando as declarações de vontade emanarem de erro substancial que poderia ser percebido por pessoa de diligência normal, em face das circunstâncias do negócio. [...] **Art. 171.** Além dos casos expressamente declarados na lei, é anulável o negócio jurídico: I – por incapacidade relativa do agente; II – por vício resultante de erro, dolo, coação, estado de perigo, lesão ou fraude contra credores. **Art. 172.** O negócio anulável pode ser confirmado pelas partes, salvo direito de terceiro".

Contrato atípico É o contrato que não encontra regulamentação no ordenamento jurídico. Um exemplo é o de cessão de crédito que, apesar de ser nominado, não tem causa peculiar, podendo configurar tanto como alienação onerosa como uma dação em pagamento. Também se incluem na categoria de contratos atípicos os contratos mistos, formados por mais de uma modalidade contratual típica nominada, por exemplo: o do Sistema Financeiro da Habitação (mútuo, seguro, hipoteca, promessa de compra e venda); o de fornecimento de combustíveis (compra e venda e comodato); o de aluguel de garagem (locação e depósito) (SANCHES, Sydney. *Os contratos atípicos no direito privado e seu tratamento judicial e extrajudicial*. Revista Ajuris, v. 17, n. 48, p. 170-8, mar. 1990).

- Veja CC: "**Art. 425.** É lícito às partes estipular contratos atípicos, observadas as normas gerais fixadas neste Código".

Contrato benéfico Aquele em que apenas uma das partes se compromete a transferir direitos a outra sem que esta assuma alguma obrigação. Também denominado *contrato a título gratuito*, encontra exemplos marcantes na doação, no usufruto e na fiança.

Contrato complexo Contrato inominado e atípico que se caracteriza pela coexistência de obrigações pertinentes a tipos diferentes de contratos. Também denominado *contrato misto* e *híbrido*. No contrato complexo, cada contrato se rege pelas normas do seu tipo, porém, tais normas deixam de ser incidentes quando se chocarem com o resultado que elas visam assegurar. Diz-se que o contrato de franquia é contrato complexo por integrar regras sobre locação, financiamento e compra e venda e que, em razão disso, não pode ser subordinado a nenhuma outra figura contratual.

- Imposto sobre serviços. Arrendamento mercantil (*leasing*). Precedente do Supremo Tribunal Federal. Competência do Município onde a prestação do serviço é perfectibilizada para a exigência do tributo. Contrato complexo. Após a Lei n. 116/2003: lugar da prestação do serviço. *Leasing*. Contrato complexo. A concessão do financiamento é o núcleo do serviço na operação de *leasing* financeiro, à luz do entendimento do STF. O serviço ocorre no local onde se toma a decisão acerca da aprovação do financiamento, onde se concentra o poder decisório, onde se situa a direção geral da instituição. O fato gerador não se confunde com a venda do bem objeto do *leasing* financeiro, já que o núcleo do serviço prestado é o financiamento. Irrelevante o local da celebração do contrato, da entrega do bem ou de outras atividades preparatórias e auxiliares à perfectibilização da relação jurídica, a qual só ocorre efetivamente com a aprovação da proposta pela instituição financeira. (STJ, REsp n. 1.060.210/SC, 1ª Seção, rel. Min. Napoleão Nunes Maia Filho, j. 28.11.2012, *DJe* 05.03.2013)

- Franquia. *Franchising*. Contrato. Natureza jurídica. Lei n. 8.955/94, art. 2º. O contrato de franquia não se confunde com nenhum outro contrato, porquanto possui delineamentos próprios que lhe concederam autonomia. Ainda que híbrido, não pode ser configurado como a fusão de vários contratos específicos (voto-vista proferido por este signatário no julgamento do REsp n. 189.225/RJ, *DJ* de 03.06.2002). Dessa forma, o contrato de franquia não pode ser qualificado como uma espécie de contrato de locação de bem móveis, consoante entendeu a Corte de origem, pois que configura um contrato complexo, autônomo e não subordinado a nenhuma outra figura contratual. (STJ, REsp n. 403.799/MG, rel. Min. Franciulli Netto, j. 19.02.2004, *DJ* 26.04.2004)

Contrato comutativo Aquele de natureza bilateral e onerosa cujas obrigações são perfeitamente equivalentes. Exemplo típico é o de compra e venda, pelo qual uma das partes transfere a coisa vendida mediante recebimento de um preço equivalente ao valor da coisa.

- Compra de safra futura de soja. Elevação do preço do produto. Teoria da imprevisão. Inaplicabilidade. Onerosidade excessiva. Inocorrência. 1. A cláusula *rebus sic stantibus* permite a inexecução de contrato comutativo – de trato sucessivo ou de execução diferida – se as bases fáticas sobre as quais se ergueu a avença alterarem-se, posteriormente, em razão de acontecimentos extraordinários, desconexos com os riscos ínsitos à prestação subjacente. 2. Nesse passo, em regra, é inaplicável a contrato de compra futura de soja a teoria da imprevisão, porquanto o produto vendido, cuja entrega foi diferida a um curto espaço de tempo, possui cotação em bolsa de valores e a flutuação diária do preço é inerente ao negócio entabulado. [...] 5. Recurso especial conhecido e provido. (STJ, REsp n. 849.228/GO, 4ª T., rel. Min. Luis Felipe Salomão, j. 03.08.2010, *DJe* 12.08.2010)

Contrato consigo mesmo Também denominado autocontrato ou procuração em causa própria, é aquele que se efetiva pela participação de uma só pessoa, que representa as duas partes, exprimindo em nome de ambas a vontade de contratar. Nesse caso, embora fisicamente haja uma única pessoa, são duas as manifestações de vontade: uma como representante; outra como parte do negócio jurídico celebrado. Exemplo: "A" outorga procuração a "B" para que este realize a venda de um veículo. Ocorre que "B" se interessa pelo veículo e decide ele mesmo adquiri-lo. Nesse caso, a celebração do contrato de compra e venda envolverá apenas uma pessoa: "B", que, de um lado, estará representando "A" e, de outro, seus próprios interesses (art. 117, CC).

▸ Veja CC: "**Art. 117.** Salvo se o permitir a lei ou o representado, é anulável o negócio jurídico que o representante, no seu interesse ou por conta de outrem, celebrar consigo mesmo. Parágrafo único. Para esse efeito, tem-se como celebrado pelo representante o negócio realizado por aquele em quem os poderes houverem sido substabelecidos".

- Cambial. Contrato consigo mesmo. Invalidade. Súmula n. 60/STJ. Consolidou-se a orientação deste Tribunal de que considera-se nula a cláusula contratual de outorga de mandato, por mutuário, à pessoa jurídica integrante do grupo econômico do mutuante, para emissão de título cambial em favor do mutuante, eis que presente a incompatibilidade entre os interesses do mandante e do mandatário, que pertence ao mesmo grupo financeiro do credor, sujeitando desta feita o devedor ao arbítrio daquele, condição defesa pela legislação pátria. (STJ, REsp n. 39.698.0/1994/SP, rel. Min. Cláudio Santos, j. 30.05.1994)

Contrato de adesão Contrato cujas cláusulas tenham sido aprovadas pela autoridade competente ou estabelecidas unilateralmente pelo fornecedor de produtos ou serviços, sem que o consumidor possa discutir ou modificar substancialmente seu conteúdo (art. 54, CDC).

▸ Veja CDC: "**Art. 54.** Contrato de adesão é aquele cujas cláusulas tenham sido aprovadas pela autoridade competente ou estabelecidas unilateralmente pelo fornecedor de produtos ou serviços, sem que o consumidor possa discutir ou modificar substancialmente seu conteúdo. [...]".

- Recurso especial. Cláusula de eleição de foro. Validade. Contrato de prestação de serviços advocatícios. 1. A mera desigualdade de porte econômico entre as partes – o advogado e seu ex-constituinte, réu em ação de cobrança de honorários advocatícios – não caracteriza hipossuficiência econômica ensejadora do afastamento do dispositivo contratual de eleição de foro. 2. Não se tratando de contrato de adesão e nem de contrato regido pelo Código de Defesa do Consumidor, não havendo circunstância alguma de fato da qual se pudesse inferir a hipossuficiência intelectual ou econômica das recorridas, deve ser observado o foro de eleição estabelecido no contrato, na forma do art. 111 do CPC e da Súmula n. 335 do STF ("É válida a cláusula de eleição do foro para os processos oriundos de contrato"). 3. Recurso especial provido. (STJ, REsp n. 1.263.387/PR, 4ª T., rel. Min. Maria Isabel Gallotti, j. 04.06.2013, *DJe* 18.06.2013)

Contrato de aprendizagem
Contrato de trabalho especial, ajustado por escrito e por prazo determinado, em que o empregador se compromete a assegurar ao maior de 14 e menor de 24 anos, inscrito em programa de aprendizagem e formação técnico-profissional metódica, compatível com o seu desenvolvimento físico, moral e psicológico, e o aprendiz, a executar com zelo e diligência as tarefas necessárias a essa formação (art. 428, CLT).

▸ Veja CLT: "**Art. 428.** Contrato de aprendizagem é o contrato de trabalho especial, ajustado por escrito e por prazo determinado, em que o empregador se compromete a assegurar ao maior de 14 (quatorze) e menor de 24 (vinte e quatro) anos inscrito em programa de aprendizagem formação técnico-profissional metódica, compatível com o seu desenvolvimento físico, moral e psicológico, e o aprendiz, a executar com zelo e diligência as tarefas necessárias a essa formação. [...]".

Contrato de arrendamento mercantil
Contrato firmado entre pessoa jurídica, na qualidade de arrendadora, e pessoa física ou jurídica, na qualidade de arrendatária, que tem por objeto o arrendamento de bens adquiridos pela arrendadora, segundo especificações da arrendatária e para uso próprio desta. O mesmo que *leasing*. Podem ser objeto do contrato bens imóveis e móveis, de produção nacional ou estrangeira, tais como veículos, máquinas, computadores e equipamentos, entre outros. Findo o contrato, pode a locatária optar entre devolução do bem, renovação da locação ou compra pelo preço residual fixado no momento da firmatura do contrato (Lei n. 6.099/74 e Resolução n. 980/84).

- Súmula n. 369, STJ: No contrato de arrendamento mercantil (*leasing*), ainda que haja cláusula resolutiva expressa, é necessária a notificação prévia do arrendatário para constituí-lo em mora.

- Súmula n. 293, STJ: A cobrança antecipada do valor residual garantido (VRG) não descaracteriza o contrato de arrendamento mercantil.

- Agravo regimental no agravo em recurso especial. Arrendamento mercantil. Reintegração de posse. Notificação prévia do devedor. Necessidade. Súmula n. 83/STJ. Necessidade de reexame de provas. Súmula n. 7/STJ. 1. A jurisprudência desta Corte firmou-se no sentido de que, nos contratos de arrendamento mercantil, para que ocorra a reintegração da posse do bem imóvel, é necessária a prévia notificação do devedor arrendatário para constituí-lo em mora. 2. O Tribunal de origem, apreciando a prova dos autos, concluiu que não foi comprovada a notificação da devedora. Alterar esse entendimento demandaria a análise do acervo fático-probatório dos autos, o que é vedado pela Súmula n. 7/STJ. 3. Agravo regimental a que se nega provimento. (STJ, Ag. Reg. no AREsp n. 232.329/PR, 4ª T., rel. Min. Antonio Carlos Ferreira, j. 11.04.2013, *DJe* 18.04.2013)

Contrato de arrendamento rural
Contrato agrário pelo qual uma pessoa se obriga a ceder a outra, por tempo determinado ou não, uso e gozo do imóvel rural, parte ou partes dele, incluindo ou não outros bens, benfeitorias ou facilidades, com o objetivo de nele ser exercida atividade de exploração agrícola, pecuária, agroindustrial, extrativa ou mista, mediante certa retribuição ou aluguel, observados os limites percentuais da Lei (art. 3º, Decreto n. 59.566/66).

- Direito agrário. Direito de preempção na aquisição do imóvel rural (art. 92, § 3º, do Estatuto da Terra). Exclusividade do arrendatário. Requisitos do contrato de arrendamento rural. [...] 3. O direito de preferência previsto no Estatuto da Terra beneficia tão somente o arrendatário, como garantia do uso econômico da terra explorada por ele, sendo direito exclusivo do preferente. 4. Como instrumento típico de direito agrário, o contrato de arrendamento rural também é regido por normas de caráter público e social, de observação obrigatória e, por isso, irrenunciáveis, tendo como finalidade precípua a proteção daqueles que, pelo seu trabalho, tornam a terra produtiva e dela extraem riquezas, dando efetividade à função social da terra. 5. O prazo mínimo do contrato de arrendamento é um direito irrenunciável que não pode ser afastado pela vontade das partes sob pena de nulidade. 6. Consoante o pacificado entendimento desta Corte, não se faz necessário o registro do contrato de arrendamento na matrícula do imóvel arrendado para o exercício do direito de preferência. Precedentes. 7. Na trilha dos fatos articulados, afasta-se a natureza do contrato de arrendamento para configurá-lo como locação de pastagem, uma vez que não houve o exercício da posse direta pelo tomador da pastagem, descaracterizando-se o arrendamento rural. Chegar à conclusão diversa demandaria o reexame do contexto fático-probatório dos autos, o que encontra óbice na Súmula n. 7 do STJ. [...] 10. Recurso especial a que se nega provimento. (STJ, REsp n. 1.339.432/MS, 4ª T., rel. Min. Luis Felipe Salomão, j. 16.04.2013, *DJe* 23.04.2013)

Contrato de comissão   Contrato pelo qual alguém, denominado comissário, adquire ou aliena bens, em seu próprio nome, mas no interesse de outrem, o comitente (art. 693, CC).

▶ Veja CC: "**Art. 693.** O contrato de comissão tem por objeto a aquisição ou a venda de bens pelo comissário, em seu próprio nome, à conta do comitente. **Art. 694.** O comissário fica diretamente obrigado para com as pessoas com quem contratar, sem que estas tenham ação contra o comitente, nem este contra elas, salvo se o comissário ceder seus direitos a qualquer das partes. **Art. 695.** O comissário é obrigado a agir de conformidade com as ordens e instruções do comitente, devendo, na falta destas, não podendo pedi-las a tempo, proceder segundo os usos em casos semelhantes. [...]".

▪ Apelação cível. Ação de cobrança. Contrato de comissão. Quitação. Diferenças de comissões. Ausência de vício de consentimento. Havendo declaração das partes, nas quais foi dada total e geral quitação dos valores devidos, configura-se verdadeira transação, na forma do art. 840 do Novo Código Civil. A transação produz entre as partes o efeito da coisa julgada e só se rescinde por dolo, violência, ou erro essencial quanto à pessoa ou coisa controversa (art. 849, *caput*, do atual Código Civil), o que no caso não se demonstrou. Evidenciando-se excesso na fixação da verba honorária, merece redução o valor arbitrado, de molde a atentar os ditames dos §§ 3º e 4º, do art. 20, do CPC. Apelo provido, em parte. (TJRS, Ap. Cível n. 70.040.664.856, 16ª Câm. Cível, rel. Marco Aurélio dos Santos Caminha, j. 27.10.2011)

Contrato de comodato   Contrato de empréstimo gratuito de coisa não fungível (art. 579, CC). Contrato pelo qual o proprietário de uma determinada coisa móvel ou imóvel, o comodante, empresta-a a determinada pessoa, o comodatário, sem exigência de pagamento.

▶ Veja CC: "**Art. 579.** O comodato é o empréstimo gratuito de coisas não fungíveis. Perfaz-se com a tradição do objeto. **Art. 580.** Os tutores, curadores e em geral todos os administradores de bens alheios não poderão dar em comodato, sem autorização especial, os bens confiados à sua guarda. **Art. 581.** Se o comodato não tiver prazo convencional, presumir-se-lhe-á o necessário para o uso concedido; não podendo o comodante, salvo necessidade imprevista e urgente, reconhecida pelo juiz, suspender o uso e gozo da coisa emprestada, antes de findo o prazo convencional, ou o que se determine pelo uso outorgado".

▪ Reintegração de posse. Ilegitimidade ativa comprovada. Comodatário em mora. Dever de pagar aluguéis. [...] 2. O Tribunal de origem, com base nos elementos de prova dos autos, concluiu pela legitimidade ativa dos agravados e pela existência de relação jurídica de comodato entre as partes. Rever tais conclusões implicaria o reexame dos fatos e provas dos autos, o que é vedado no âmbito do recurso especial, em razão do óbice da referida Súmula. 3. Cessado o comodato e notificado o comodatário para a restituição do imóvel, negando-se este a desocupar o bem, fica obrigado ao pagamento de aluguel. [...] (STJ, Ag. Reg. no AREsp n. 281.064/DF, 4ª T., rel. Min. Antonio Carlos Ferreira, j. 16.05.2013, *DJe* 31.05.2013)

▪ Apelação cível. Usucapião (bens imóveis). Ação de usucapião extraordinária. Requisitos ausentes. Posse precária. Comodato verbal. Os atos de mera tolerância ou permissão não induzem posse. Exegese do art. 497 do Código Civil de 1916, cujo teor vem reproduzido no art. 1.208 do atual Código, o qual consagra o entendimento de que "Não induzem posse os atos de mera permissão ou tolerância assim como não autorizam a sua aquisição os atos violentos, ou clandestinos, senão depois de cessar a violência ou a clandestinidade". A presença de obstáculo objetivo na *causae possessionis*, consubstanciado na existência de contrato de comodato, contraindica o ânimo de dono, afastando o reconhecimento de posse qualificada. Recurso de apelação ao qual se nega provimento. Unânime. (TJRS, Ap. Cível n. 70.023.501.273, 18ª Câm. Cível, rel. Pedro Celso Dal Pra, j. 29.05.2008)

Contrato de corretagem Contrato pelo qual uma pessoa, não ligada a outra em virtude de mandato, prestação de serviços ou por qualquer relação de dependência, obriga-se a obter para a segunda um ou mais negócios conforme as instruções recebidas (art. 722, CC).

- Veja CC: "**Art. 722.** Pelo contrato de corretagem, uma pessoa, não ligada a outra em virtude de mandato, de prestação de serviços ou por qualquer relação de dependência, obriga-se a obter para a segunda um ou mais negócios, conforme as instruções recebidas. **Art. 723.** O corretor é obrigado a executar a mediação com diligência e prudência, e a prestar ao cliente, espontaneamente, todas as informações sobre o andamento do negócio. Parágrafo único. Sob pena de responder por perdas e danos, o corretor prestará ao cliente todos os esclarecimentos acerca da segurança ou do risco do negócio, das alterações de valores e de outros fatores que possam influir nos resultados da incumbência. **Art. 724.** A remuneração do corretor, se não estiver fixada em lei, nem ajustada entre as partes, será arbitrada segundo a natureza do negócio e os usos locais".

- Corretagem. Comissão. Compra e venda de imóvel. Desistência do comprador após assinatura de promessa de compra e venda e pagamento de sinal. Comissão devida. 1. Discute-se se é devida a comissão de corretagem quando, após a assinatura da promessa de compra e venda e o pagamento de sinal, o negócio não se concretiza em razão do inadimplemento do comprador. 2. No regime anterior ao do CC/2002, a jurisprudência do STJ se consolidou em reputar de resultado a obrigação assumida pelos corretores, de modo que a não concretização do negócio jurídico iniciado com sua participação não lhe dá direito a remuneração. 3. Após o CC/2002, a disposição contida em seu art. 725, segunda parte, dá novos contornos à discussão, visto que, nas hipóteses de arrependimento das partes, a comissão por corretagem permanece devida. 4. Pelo novo regime, deve-se refletir sobre o que pode ser considerado resultado útil, a partir do trabalho de mediação do corretor. 5. A assinatura da promessa de compra e venda e o pagamento do sinal demonstram que o resultado útil foi alcançado e, por conseguinte, apesar de ter o comprador desistido do negócio posteriormente, é devida a comissão por corretagem. 6. Recurso especial não provido. (STJ, REsp n. 1.339.642/RJ, 3ª T., rel. Min. Nancy Andrighi, j. 12.03.2013, *DJe* 18.03.2013)

- **Contrato de depósito** Contrato pelo qual um dos contraentes (o depositário) recebe de outro (o depositante) coisa móvel para guardar até que o depositante a reclame (art. 627, CC).

São situações que caracterizam o depósito: guarda de bagagem nos guarda-malas de estações rodoviárias; colocação de veículos em estacionamento ou garagens; entrega de veículos para conserto a oficinas mecânicas; entrega de produtos agrícolas para armazenamento temporário em silos e armazéns. Veja CC: "**Art. 627.** Pelo contrato de depósito recebe o depositário um objeto móvel, para guardar, até que o depositante o reclame. **Art. 628.** O contrato de depósito é gratuito, exceto se houver convenção em contrário, se resultante de atividade negocial ou se o depositário o praticar por profissão. Parágrafo único. Se o depósito for oneroso e a retribuição do depositário não constar de lei, nem resultar de ajuste, será determinada pelos usos do lugar, e, na falta destes, por arbitramento".

- Contrato com operação de AGF (Aquisição do Governo Federal). Depósito de bens fungíveis. Ação de depósito. Incabível. Natureza jurídica de mútuo. Consonância do acórdão com o entendimento desta corte. Análise obstada pela Súmula n. 83/STJ. Agravo não provido com aplicação de multa. 1. Conforme a jurisprudência desta Corte, o contrato de depósito de bens fungíveis e consumíveis (grãos), vinculado à operação de EGF (Empréstimo do Governo Federal) e AGF, não autoriza o manejo da ação de depósito para o recebimento de produto que foi entregue, tampouco a prisão civil do responsável, tendo em vista que se aplicam a esta avença as regras do mútuo. Precedentes. 2. Agravo regimental não provido, com aplicação de multa. (STJ, Ag. Reg. no AREsp n. 264.894/TO, 4ª T., rel. Min. Luis Felipe Salomão, j. 18.06.2013, *DJe* 27.06.2013)

Contrato de doação Contrato pelo qual uma pessoa, por liberalidade, transfere de seu patrimônio bens ou vantagens para o de outra (art. 538, CC). O contrato pode ser formalizado por escritura pública ou instrumento particular (art. 541, CC); e, quando feita por ascendente a descendente, importa adiantamento da legítima (art. 544, CC).

- Veja CC: "**Art. 538.** Considera-se doação o contrato em que uma pessoa, por liberalidade, transfere do seu patrimônio bens ou vantagens para o de outra. **Art. 539.** O doador pode fixar prazo ao donatário, para declarar se aceita ou não a liberalidade. Desde que o donatário, ciente do prazo, não faça, dentro dele, a declaração, entender-se-á que aceitou, se a doação não for sujeita a encargo. **Art. 540.** A doação feita em contemplação do merecimento do donatário não perde o caráter de liberalidade, como não o perde a doação remuneratória, ou a gravada, no excedente ao valor dos serviços remunerados ou ao encargo imposto. **Art. 541.** A doação far-se-á por escritura pública ou instrumento particular. Parágrafo único. A doação verbal será válida, se, versando sobre bens móveis e de pequeno valor, se lhe seguir incontinenti a tradição. **Art. 542.** A doação feita ao nascituro valerá, sendo aceita pelo seu representante legal. **Art. 543.** Se o donatário for absolutamente incapaz, dispensa-se a aceitação, desde que se trate de doação pura. **Art. 544.** A doação de ascendentes a descendentes, ou de um cônjuge a outro, importa adiantamento do que lhes cabe por herança. **Art. 545.** A doação em forma de subvenção periódica ao beneficiado extingue-se morrendo o doador, salvo se este outra coisa dispuser, mas não poderá ultrapassar a vida do donatário. **Art. 546.** A doação feita em contemplação de casamento futuro com certa e determinada pessoa, quer pelos nubentes entre si, quer por terceiro a um deles, a ambos, ou aos filhos que, de futuro, houverem um do outro, não pode ser impugnada por falta de aceitação, e só ficará sem efeito se o casamento não se realizar".

- Doação de imóvel aos filhos menores do casal. Ausência de demonstração de vício de vontade. Audiência de ratificação. Não obrigatoriedade. 1. Não tendo o apelante logrado êxito em demonstrar a ocorrência de vício de vontade na doação de imóvel aos filhos menores do casal, o pedido de anulação de partilha não merece acolhida. 2. Podem as partes transigir sobre direitos, e não somente acerca de propriedade, de tal sorte que restou afastada a alegação de objeto ilícito. 3. Mostra-se dispensável a realização de audiência de ratificação em separação judicial consensual quando o magistrado encontra-se convencido da real vontade das partes. 4. A doação feita a menores faz-se perfeita e acabada se devidamente representados. 5. Recurso conhecido e não provido. (TJDFT, Ap. Cível n. 20.040.710.027.618, 3ª T., rel. Nídia Corrêa Lima, j. 03.05.2006, *DJ* 20.06.2006, p. 107)

- Inventário. Doação. Parte disponível. Cláusula expressa. Colação. Desnecessidade. A doação de ascendente a descendente, em regra, importa adiantamento do que lhe cabe por herança, face ao princípio da proteção da legítima e da igualdade entre os herdeiros. Todavia, a espécie sob comento não se amolda a essa regra geral, mas à sua exceção, porquanto a doação saiu da metade disponível do doador, mediante cláusula expressa nesse sentido, não se sujeitando, pois, à colação. (TJDFT, Ap. Cível n. 0.030.110.036.300, 1ª T., rel. Natanael Caetano, j. 09.01.2008, *DJ* 15.01.2008 p. 732)

Contrato de empreitada Contrato pelo qual uma das partes (empreiteiro) se obriga perante a outra (dono da obra) a realizar determinada obra ou serviço, mediante o recebimento de certo preço, sem guardar qualquer relação de dependência. O empreiteiro pode contribuir para ela só com seu trabalho ou com ele e os materiais. Caso contribua somente com o trabalho, tem-se caracterizada a empreitada de lavor (arts. 610 e segs., CC).

- Veja CC: "**Art. 610.** O empreiteiro de uma obra pode contribuir para ela só com seu trabalho ou com ele e os materiais. § 1º A obrigação de fornecer os materiais não se presume; resulta da lei ou da vontade das partes. § 2º O contrato para elaboração de um projeto não implica a obrigação de executá-lo, ou de fiscalizar-lhe a execução. **Art. 611.** Quando o empreiteiro fornece os materiais, correm por sua conta os riscos até o momento da entrega da obra, a contento de quem a encomendou, se este não estiver em mora de receber. Mas se estiver, por sua conta correrão os riscos. **Art. 612.** Se o empreiteiro só forneceu mão de obra, todos os riscos em que não tiver culpa correrão por conta do dono. **Art. 613.** Sendo a empreitada unicamente de lavor (art. 610), se a coisa perecer antes de entregue, sem mora do dono nem culpa do empreiteiro, este perderá a retribuição, se não provar que a perda resultou de defeito dos materiais e que em tempo reclamara contra a sua quantidade ou qualidade".

- Responsabilidade civil. Danos materiais. Contrato de empreitada. Execução da obra que não seguiu o projeto original, por vontade exclusiva do proprietário do imóvel. Ausência de nexo causal. 1. Inaplicável, à espécie, o Código de Defesa do Consumidor à hipótese em exame, porquanto a relação mantida entre as partes é de empreitada de lavor, na medida em que o demandado foi contratado para a elaboração de projeto arquitetônico e acompanhamento da construção da casa do autor, sendo que o fornecimento dos materiais ficou a cargo do proprietário da obra. Incidem, pois, as regras previstas no Código Civil, as quais regem o contrato de empreitada. 2. Da análise dos autos, conclui-se que a execução da obra não observou o projeto original. Contudo, isso ocorreu por exclusiva vontade do autor e da sua esposa, muito embora tenham sido alertados, reiteradamente, pelo réu, acerca dos possíveis problemas daí advindos. De sorte que, não estando demonstrada a relação de causalidade entre o dano material sofrido autor e a conduta do réu, inexiste o dever de indenizar. Apelação desprovida. (TJRS, Ap. Cível n. 70.032.990.814, 10ª Câm. Cível, rel. Paulo Antônio Kretzmann, j. 25.03.2010)

Contrato de execução diferida Também conhecido por contrato de execução retardada. É aquele cuja execução fica subordinada a um termo futuro. Exemplo: as partes convencionam a venda de um bem que somente será entregue pelo vendedor e pago pelo comprador em determinada data.

- Direito civil e comercial. Compra de safra futura de soja. Elevação do preço do produto. Teoria da imprevisão. Inaplicabilidade. Onerosidade excessiva. Inocorrência. 1. A cláusula *rebus sic stantibus* permite a inexecução de contrato comutativo – de trato sucessivo ou de execução diferida – se as bases fáticas sobre as quais se ergueu a avença alterarem-se, posteriormente, em razão de acontecimentos extraordinários, desconexos com os riscos ínsitos à prestação subjacente. 2. Nesse passo, em regra, é inaplicável a contrato de compra futura de soja a teoria da imprevisão, porquanto o produto vendido, cuja entrega foi diferida a um curto espaço de tempo, possui cotação em bolsa de valores e a flutuação diária do preço é inerente ao negócio entabulado. 3. A variação do preço da saca da soja ocorrida após a celebração do contrato não se consubstancia acontecimento extraordinário e imprevisível, inapto, portanto, à revisão da obrigação com fundamento em alteração das bases contratuais. 4. Ademais, a venda antecipada da soja garante a aferição de lucros razoáveis, previamente identificáveis, tornando o contrato infenso a quedas abruptas no preço do produto. Em realidade, não se pode falar em onerosidade excessiva, tampouco em prejuízo para o vendedor, mas tão somente em percepção de um lucro aquém daquele que teria, caso a venda se aperfeiçoasse em momento futuro. 5. Recurso especial conhecido e provido. (STJ, REsp n. 849.228/GO, 4ª T., rel. Min. Luis Felipe Salomão, j. 03.08.2010, *DJe* 12.08.2010)

Contrato de fiança Contrato pelo qual uma ou mais pessoas (fiador ou fiadores) comprometem-se, perante o credor, a satisfazer a obrigação do devedor (afiançado) se este não a cumprir. Assim, aquele que assumir, perante o credor, a obrigação de saldar uma dívida, se esta não for paga pelo devedor, estará firmando um contrato de fiança (art. 818, CC).

- Veja CC: "**Art. 818.** Pelo contrato de fiança, uma pessoa garante satisfazer ao credor uma obrigação assumida pelo devedor, caso este não a cumpra. **Art. 819.** A fiança dar-se-á por escrito, e não admite interpretação extensiva. [...] **Art. 820.** Pode-se estipular a fiança, ainda que sem consentimento do devedor ou contra a sua vontade".

- Exceção de pré-executividade. Transação entre credor e devedor sem anuência dos fiadores. Parcelamento da dívida. Extinção do contrato de fiança. Exoneração dos fiadores. 1. A transação e a moratória, conquanto sejam institutos jurídicos diversos, têm um efeito em comum quanto à exoneração do fiador que não anuiu com o acordo firmado entre o credor e o devedor (arts. 1.031, § 1º, e 1.503, I, do CC de 1916). Assim, mesmo existindo cláusula prevendo a permanência da garantia fidejussória, esta é considerada extinta, porquanto o contrato de fiança deve ser interpretado restritivamente, nos termos do art. 1.483 do CC de 1916, ou seja, a responsabilidade dos fiadores restringe-se aos termos do pactuado na avença original, com a qual expressamente consentiram. Inteligência da Súmula n. 214 do STJ. 2. No caso concreto, o Tribunal *a quo* consignou a realização de transação entre credor e devedor, sem anuência do fiador, com dilação de prazo para pagamento da dívida. Extinguiu-se, portanto, a obrigação do garante pela ocorrência simultânea da transação e da moratória. 3. Recurso especial provido. (STJ, REsp n. 1.013.436/RS, 4ª T., rel. Min. Luis Felipe Salomão, j. 11.09.2012, *DJe* 28.09.2012)

Contrato de locação Contrato pelo qual uma das partes (locador) se obriga a ceder a outra, por tempo determinado ou não, uso e gozo de coisa não fungível mediante certa retribuição (art. 565, CC). Em que pese o CC delimitar-se a normatizar a locação de coisas, pois a locação de prédio urbano está sujeita à lei especial (art. 2.036, CC), o conceito do contrato se aplica a ambas as hipóteses. "Destarte, o Código Civil regula a locação de apart-hotéis, hotéis-residência ou equiparados (além de aplicação de normas do CDC); e formas de locação que não tenham sido objeto de regulamentação própria" (ROSENVALD, Nelson. *Código Civil comentado*. 5.ed. São Paulo, Manole, 2011, p. 565).

- Veja CC: "**Art. 565.** Na locação de coisas, uma das partes se obriga a ceder à outra, por tempo determinado ou não, o uso e gozo de coisa não fungível, mediante certa retribuição. [...] **Art. 2.036.** A locação de prédio urbano, que esteja sujeita à lei especial, por esta continua a ser regida".

- Súmula n. 335, STJ: Nos contratos de locação, é válida a cláusula de renúncia à indenização das benfeitorias e ao direito de retenção.

- Apelação cível. Embargos do devedor. Fiadores. Locações. Preliminares. I. As nulidades sobre o laudo pericial devem ser arguidas na primeira oportunidade de manifestação dos autos. Alegação em sede recursal. Preclusão. Preliminares de nulidade do laudo rejeitadas. II. Os contratos de locação assinados pelos fiadores e duas testemunhas são títulos executivos extrajudiciais aptos a embasar a ação de execução contra os fiadores. Notificação prévia. Desnecessidade. Figurando os embargantes/fiadores como devedores solidários e principais pagadores dos encargos oriundos dos contratos de locação, são responsáveis pelos locativos impagos. Desnecessidade de notificação prévia dos fiadores para o ajuizamento da ação de execução contra si, por ausência de previsão legal. Multa moratória. Correção monetária. Havendo previsão no contrato de locação, a multa moratória em 10% sobre o débito é devida, no caso de inadimplemento dos locativos e encargos, não se mostrando abusiva. Precedentes. Atualização do débito, pela correção monetária, utilizando-se o índice do IGP-DI, conforme avençado no contrato. Preliminares rejeitadas. Apelação desprovida. (TJRS, Ap. Cível n. 70.052.422.870, 16ª Câm. Cível, rel. Catarina Rita Krieger Martins, j. 25.07.2013)

Contrato de mandato Contrato pelo qual alguém recebe de outrem poderes para, em seu nome, praticar atos ou administrar interesses (art. 653, CC). Não obstante a lei conceituar expressamente o mandato, este pode também ser entendido como o instrumento pelo qual uma pessoa – o *mandante* –, autoriza a outra – o *mandatário* – a praticar um ou mais atos em seu nome. Assim, a procuração, instrumento do mandato, é também entendida como delegação, autorização ou confiança.

▸ Veja CC: "**Art. 653.** Opera-se o mandato quando alguém recebe de outrem poderes para, em seu nome, praticar atos ou administrar interesses. A procuração é o instrumento do mandato. **Art. 654.** Todas as pessoas capazes são aptas para dar procuração mediante instrumento particular, que valerá desde que tenha a assinatura do outorgante. [...]".

▪ Ação de prestação de contas. Morte do mandatário. Transmissão da obrigação ao espólio. Inviabilidade. I. O mandato é contrato personalíssimo por excelência, tendo como uma das causas extintivas, nos termos do art. 682, II, do Código Civil de 2002, a morte do mandatário; II. Sendo o dever de prestar contas uma das obrigações do mandatário perante o mandante e tendo em vista a natureza personalíssima do contrato de mandato, por consectário lógico, a obrigação de prestar contas também tem natureza personalíssima; III. Desse modo, somente é legitimada passiva na ação de prestação de contas a pessoa a quem incumbia tal encargo, por lei ou contrato, sendo tal obrigação intransmissível ao espólio do mandatário, que constitui, na verdade, uma ficção jurídica; [...] V. Recurso especial improvido. (STJ, REsp n. 1.055.819/SP, 3ª T., rel. Min. Massami Uyeda, j. 16.03.2010, *DJe* 07.04.2010)

Contrato de mútuo Contrato de empréstimo de coisas fungíveis. Diz-se, pois, que o mútuo é o empréstimo de consumo, ao contrário do comodato, tido como empréstimo de uso. Isto porque, no mútuo, a não ser que haja convenção em contrário, a coisa a ser devolvida pelo mutuário não será a mesma que foi tomada por empréstimo, uma vez que o bem emprestado será substituído por outro, de igual espécie, gênero, qualidade e quantidade. Por extensão, também incluem-se em objeto do mútuo as coisas consumíveis, preconizadas no art. 86 do Código Civil. São exemplos desta última categoria: sementes, produtos agrícolas em geral e bebidas em geral.

▸ Veja CC: "**Art. 85.** São fungíveis os móveis que podem substituir-se por outros da mesma espécie, qualidade e quantidade. **Art. 86.** São consumíveis os bens móveis cujo uso importa destruição imediata da própria substância, sendo também considerados tais os destinados à alienação. [...] **Art. 586.** O mútuo é o empréstimo de coisas fungíveis. O mutuário é obrigado a restituir ao mutuante o que dele recebeu em coisa do mesmo gênero, qualidade e quantidade. **Art. 587.** Este empréstimo transfere o domínio da coisa emprestada ao mutuário, por cuja conta correm todos os riscos dela desde a tradição".

▸ Veja Súmula n. 26, STJ: O avalista do título de crédito vinculado a contrato de mútuo também responde pelas obrigações pactuadas, quando no contrato figurar como devedor solidário.

▪ Ação revisional de contrato de mútuo. Decisão monocrática que deu parcial provimento ao recurso especial. Inconformismo da casa bancária. 1. O Código de Defesa do Consumidor tem incidência nos contratos de mútuo celebrados perante instituição financeira (Súmula n. 297 do STJ), o que permite a revisão das cláusulas abusivas neles inseridas, a teor do que preconiza o art. 51, IV, do mencionado Diploma Legal, entendimento devidamente sufragado na Súmula n. 286 deste STJ. 2. A capitalização de juros, independentemente do regime legal aplicável (anterior ou posterior à MP n. 1.963/2000), somente pode ser admitida quando haja expressa pactuação entre as partes. [...] 3. Nos termos do entendimento proclamado no REsp n. 1.058.114/RS, julgado como recurso repetitivo, admite-se a cobrança da comissão de permanência durante o período de inadimplemento contratual, desde que expressamente pactuada e não cumulada com os encargos moratórios. 4. Verificada, na hipótese, a existência de encargo abusivo no período da normalidade do contrato, resta descaracterizada a mora do devedor. 5. A compensação de valores e a repetição de indébito são cabíveis sempre que verificado o pagamento indevido, em repúdio ao enriquecimento ilícito de quem o receber, independentemente da comprovação do erro, nos termos da Súmula n. 322 do STJ. 6. Agravo regimental desprovido. (STJ, Ag. Reg. no REsp n. 1.329.528/RS, 4ª T., rel. Min. Marco Buzzi, j. 04.06.2013, *DJe* 20.06.2013)

Contrato de parceria rural Contrato agrário pelo qual uma pessoa – parceiro ou outorgante – se obriga a ceder à outra – parceiro ou outorgado –, por tempo determinado ou não, o uso específico de imóvel rural, de parte ou partes dele, incluindo ou não benfeitorias, outros bens ou facilidades, industrial, extrativa vegetal ou mista; ou lhe entrega animais para cria, recria, invernagem, engorda ou extração de matérias primas de origem animal, mediante partilha de riscos de caso fortuito e de força maior do empreendimento rural e dos frutos, produtos ou lucros havidos nas proporções que estipularem, observados os limites percentuais da Lei (art. 4º, Decreto n. 59.566/66).

▶ Veja Decreto n. 59.566/66: "**Art. 4º** Parceria rural é o contrato agrário pelo qual uma pessoa se obriga a ceder à outra, por tempo determinado ou não, o uso específico de imóvel rural, de parte ou partes do mesmo, incluindo, ou não, benfeitorias, outros bens e ou facilidades, com o objetivo de nele ser exercida atividade de exploração agrícola, pecuária, agroindustrial, extrativa vegetal ou mista; e ou lhe entrega animais para cria, recria, invernagem, engorda ou extração de matérias primas de origem animal, mediante partilha de riscos do caso fortuito e da força maior do empreendimento rural, e dos frutos, produtos ou lucros havidos nas proporções que estipularem, observados os limites percentuais da lei (art. 96, VI, Estatuto da Terra). Parágrafo único. para os fins deste Regulamento denomina-se parceiro outorgante, o cedente, proprietário ou não, que entrega os bens; e parceiro-outorgado, a pessoa ou o conjunto familiar, representado pelo seu chefe, que os recebe para os fins próprios das modalidades de parcerias definidas no art. 5º".

▪ Antigo rito sumaríssimo. Parceria rural. Possibilidade. Outorga uxória. Fundamento suficiente. Ausência de combate. Súmula n. 283/STF. O antigo art. 275, II, *b*, do CPC, também se aplica às parcerias rurais porque as razões que justificam o rito sumaríssimo para a parceria agrícola também servem à parceria rural. A legitimidade para nulificar fiança a que falta outorga uxória reserva-se ao cônjuge não outorgante. A hipótese é de nulidade relativa. É inadmissível recurso especial quando a decisão recorrida assenta em mais de um fundamento suficiente e o recurso não abrange todos eles. Inteligência da Súmula n. 283/STF. (STJ, REsp n. 235.356/MT, 3ª T., rel. Min. Humberto Gomes de Barros, j. 19.05.2005, *DJ* 20.06.2005, p. 263)

Contrato de risco Aquele em que um dos contratantes se declara isento de qualquer responsabilidade pelo eventual insucesso do negócio objeto do contrato. Nos contratos agrícolas de venda para entrega futura, o risco é inerente ao negócio, não se podendo cogitar em ocorrência de imprevisão. Ocorre contrato de risco quando for avençado que o advogado somente receberá honorários se for vitorioso no processo. Também são considerados contratos de risco aqueles firmados pela Petrobras com empresas que se dedicam à exploração de petróleo.

▪ Ação popular. Contrato de risco firmado entre Petróleo Brasileiro S.A. – Petrobras – e Paulipetro – Consórcio CESP/IPT. Nulidade. I. É nulo de pleno direito o contrato supracitado, porquanto o negócio premeditado, engendrado e, afinal, realizado pelo estado de São Paulo visando a exploração de petróleo na bacia do Paraná, e que lhe deu colossal prejuízo sobre ter sido efetivado com evidente atentado à "moralidade administrativa", decorre de ato administrativo, em que faltam, um a um, todos os elementos para a sua caracterização, já que praticado a) com "desvio de finalidade"; b) adotando "forma imprópria", pois não prevista em lei; c) praticado por "agente incapaz"; d) "sem competência"; e) faltando ainda o "consentimento" do Estado visto só ser tido como tal quando manifestado nos limites estabelecidos pela lei. Ação popular. Procedência. (STJ, REsp n. 14.868/RJ, 2ª T., rel. Min. Antônio de Pádua Ribeiro, j. 09.10.1997, *DJ* 09.12.1997, p. 64.654)

Contrato de seguro Contrato pelo qual o segurador se obriga, mediante o pagamento do prêmio, a garantir interesse legítimo do segurado, relativo a pessoa ou coisa, contra riscos predeterminados (art. 757, CC).

▶ Veja CC: "**Art. 757.** Pelo contrato de seguro, o segurador se obriga, mediante o pagamento do prêmio, a garantir interesse legítimo do segurado, relativo a pessoa ou a coisa, contra riscos predeterminados. Parágrafo único. Somente pode ser parte, no contrato de seguro, como segurador, entidade para tal fim legalmente autorizada".

- Contratos de seguro de vida. Aplicação do CDC. Súmula n. 83 do STJ. Alcance objetivo e subjetivo dos efeitos da sentença coletiva. Limitação territorial. 1. Aplicabilidade do CDC a contrato de seguro de saúde em grupo. Incidência da Súmula n. 83 do STJ: "Não se conhece do recurso especial pela divergência quando a orientação do Tribunal se firmou no mesmo sentido da decisão recorrida". 2. A sentença proferida em ação civil pública versando direitos individuais homogêneos em relação consumerista faz coisa julgada *erga omnes*, beneficiando todas as vítimas e seus sucessores, uma vez que "os efeitos e a eficácia da sentença não estão circunscritos a lindes geográficos, mas aos limites objetivos e subjetivos do que foi decidido, levando-se em conta, para tanto, sempre a extensão do dano e a qualidade dos interesses metaindividuais postos em juízo (arts. 468, 472 e 474, CPC; e 93 e 103, CDC)" (REsp n. 1.243.887/PR, rel. Min. Luis Felipe Salomão, Corte Especial, julgado sob a sistemática prevista no art. 543-C do CPC, em 19.10.2011, *DJe* 12.12.2011). 3. Agravos regimentais não providos. (STJ, Ag. Reg. no REsp n. 1.094.116/DF, 4ª T., rel. Min. Luis Felipe Salomão, j. 21.05.2013, *DJe* 27.05.2013)

Contrato de sociedade Contrato celebrado por duas ou mais pessoas que reciprocamente se obrigam a contribuir com bens ou serviços para o exercício de atividade econômica e a partilha, entre si, dos resultados (art. 981, CC) (*v.* também *Sociedade simples*).

▶ Veja CC: "**Art. 981.** Celebram contrato de sociedade as pessoas que reciprocamente se obrigam a contribuir, com bens ou serviços, para o exercício de atividade econômica e a partilha, entre si, dos resultados. Parágrafo único. A atividade pode restringir-se à realização de um ou mais negócios determinados".

Contrato de sociedade cooperativa Contrato celebrado por pessoas que reciprocamente se obrigam a contribuir com bens ou serviços para o exercício de uma atividade econômica, de proveito comum, sem objetivo de lucro (art. 3º, Lei n. 5.764/71).

▶ Veja Lei n. 5.764/71: "**Art. 3º** Celebram contrato de sociedade cooperativa as pessoas que reciprocamente se obrigam a contribuir com bens ou serviços para o exercício de uma atividade econômica, de proveito comum, sem objetivo de lucro. **Art. 4º** As cooperativas são sociedades de pessoas, com forma e natureza jurídica próprias, de natureza civil, não sujeitas a falência, constituídas para prestar serviços aos associados, distinguindo-se das demais sociedades pelas seguintes características: [...]".

- Súmula n. 262, STJ: Incide o imposto de renda sobre o resultado das aplicações financeiras realizadas pelas cooperativas.

- Direito tributário. Agravo regimental. Cooperativa de trabalho. Unimed. Serviços prestados a terceiros. Atos não cooperativos. Incidência do IRPJ e da CSLL sobre os atos negociais. 1. Ato cooperativo é aquele que a cooperativa realiza com os seus cooperados ou com outras cooperativas, sendo esse o conceito que se extrai da interpretação do art. 79 da Lei n. 5.764/71, dispositivo que institui o regime jurídico das sociedades cooperativas. 2. Na hipótese dos autos, a contratação, pela Cooperativa, de serviços laboratoriais, hospitalares e de clínicas especializadas, atos objeto da controvérsia interpretativa, não se amoldam ao conceito de atos cooperativos, caracterizando-se como atos prestados a terceiros. [...] (STJ, REsp n. 58.265/SP, 1ª Seção, rel. Min. Luiz Fux, j. 09.12.2009). (STJ, Ag. Reg. no Ag. n. 1.221.603/SP, 2ª T., rel. Min. Mauro Campbell Marques, j. 06.06.2013, *DJe* 11.06.2013)

Contrato de trabalho Acordo de vontades por meio do qual uma pessoa física (empregado) se compromete a prestar pessoalmente serviços não eventuais a outra (empregador) mediante subordinação e recebimento de salário.

- Agravo de instrumento. Recurso de revista. Vínculo empregatício. Reconhecimento. Reexame de fatos e provas. Impossibilidade. O Tribunal Regional, a partir da valoração das provas oral e documental produzidas e em sintonia com o art. 131 do CPC, firmou convicção no sentido de que restaram configurados os requisitos da relação de natureza empregatícia, dispostos no art. 3º da CLT. Dessarte, o processamento do apelo revela-se inviável; pois, para se concluir de forma diversa, seria imprescindível a reapreciação da prova coligida nos autos, procedimento vedado, nesta fase recursal de natureza extraordinária, nos termos da Súmula n. 126 do TST. Agravo de instrumento a que se nega provimento. (TST, AIRR n. 12.340-38.2.004.5.17.0.001, 1ª T., rel. Min. Walmir Oliveira da Costa, j. 28.04.2010, *DJ* 07.05.2010)

Contrato de transporte aéreo Contrato pelo qual a companhia aérea se obriga a transportar passageiro, bagagem, carga, encomenda ou mala postal por meio de aeronave mediante pagamento (art. 222, Lei n. 7.565/86).

▶ Veja Lei n. 7.565/86: "**Art. 222.** Pelo contrato de transporte aéreo, obriga-se o empresário a transportar passageiro, bagagem, carga, encomenda ou mala postal, por meio de aeronave, mediante pagamento. Parágrafo único. O empresário, como transportador, pode ser pessoa física ou jurídica, proprietário ou explorador da aeronave. **Art. 223.** Considera-se que existe um só contrato de transporte, quando ajustado num único ato jurídico, por meio de um ou mais bilhetes de passagem, ainda que executado, sucessivamente, por mais de um transportador".

- Responsabilidade civil. Contrato de transporte aéreo. Mercadoria extraviada. Decadência. Inocorrência. Responsabilidade solidária do transportador contratual e da transportadora de fato. Tarifação da indenização. I. Não se aplica o prazo decadencial previsto no art. 26 da Convenção de Varsóvia na hipótese de extravio de carga, uma vez que o referido dispositivo trata da necessidade de protesto e do respectivo prazo apenas nos casos de avaria ou atraso no recebimento da mercadoria. II. Se o transporte da carga é efetivamente feito por um único transportador, como no caso dos autos, esse transportador (transportador de fato) e a empresa contratada para promover o transporte internacional da mercadoria, que subcontratou a empresa aérea, (transportador contratual) são solidariamente responsáveis pelo extravio da mercadoria ocorrido durante o transporte. III. É inadmissível o recurso especial quanto à questão que não foi apreciada pelo Tribunal de origem. IV. Recurso especial improvido. (STJ, REsp n. 900.250/SP, 3ª T., rel. Min. Sidnei Beneti, j. 02.09.2010, DJe 02.12.2010)

Contrato inominado É o contrato que não possui uma denominação específica, em regra previsto em lei especial, como o de alienação fiduciária, o de *leasing*, o de *franchising* e outros contratos mistos.

- Conflito de competência. Ação de cobrança cumulada com pleito indenizatório decorrente de inadimplemento de contrato inominado. Negócio jurídico sem especificação na Resolução n. 01/98. Matéria que se enquadra na subclasse *responsabilidade civil*. Tratando-se de demanda cujo objeto é o pagamento de valores devidos pelo parcial cumprimento do contrato inominado de administração e fiscalização de obras e reformas de prédios e construção de complexo hospitalar, antes da rescisão, cumulada com pleito de indenização por danos morais e materiais, enquadra-se o feito na subclasse *responsabilidade civil*, conforme jurisprudência pacífica do Órgão Especial. Conflito de competência improcedente. (TJRS, CC n. 70.028.283.166, Tribunal Pleno, rel. Des. Roque Miguel Fank, j. 09.11.2009, DJ 20.04.2010)

Contrato *intuitu personae* Aquele cujo objeto está essencialmente ligado a uma pessoa específica. É firmado em consideração a determinada pessoa. Por ser considerado personalíssimo, é intransmissível, ou seja, não pode ser executado por outra pessoa. São exemplos: contrato administrativo, contrato de sociedade, contrato de fiança, contrato de trabalho, contratação de determinado cantor para um show.

- Locação. Fiança. Contrato *intuitu personae*. Morte do locatário. Extinção da garantia. 1. O contrato de fiança, de natureza personalíssima, extingue-se com a morte do afiançado, não podendo o fiador ser responsabilizado por obrigações surgidas após o óbito daquele. 2. Precedentes. 3. Recurso conhecido e provido. (STJ, REsp n. 173.026/MG, 6ª T., rel. Min. Hamilton Carvalhido, j. 10.08.1999, DJ 20.09.1999, p. 90)

- Ação de despejo c/c cobrança. Alegação de comodato verbal com antiga proprietária. Cerceamento de defesa. Julgamento antecipado da lide. Inocorrente cerceamento de defesa, pois a apelante não demonstrou interesse na produção de prova testemunhal. Eventual prova da existência do comodato com a antiga proprietária do imóvel não alteraria o decidido, pois a celebração posterior da cessão dos direitos sobre o imóvel e celebração do contrato escrito de locação extingue a relação havida anteriormente, tendo em vista o caráter *intuitu personae* do contrato de comodato. Apelação desprovida. Unânime. (TJRS, Ap. Cível n. 70.020.699.716, 16ª Câm. Cível, rel. Paulo Augusto Monte Lopes, j. 05.09.2007)

Contrato leonino Aquele que é redigido de forma a favorecer uma das partes em evidente prejuízo da outra, como ocorre nos contratos por adesão.

Contrato misto (*v. Contrato complexo*).

Contrato nominado É o contrato que possui um *nomen iuris* previsto na lei. São assim considerados os contratos previstos no CC, como a compra e venda, a empreitada, o depósito e a doação e outros previstos em lei especial, como o de locação de imóveis, o de arrendamento e o de parceria rural.

Contrato nulo Contrato celebrado sem a observância das formalidades legais, tais como celebração por pessoa absolutamente incapaz; objeto ilícito, impossível ou indeterminável; não utilização de forma prescrita em lei; houver sido preterida alguma solenidade que a lei considere essencial para sua validade (art. 166, CC). As nulidades podem ser alegadas por qualquer interessado, ou pelo Ministério Público, quando lhe couber intervir, e devem ser pronunciadas pelo juiz, quando conhecer do negócio jurídico ou dos seus efeitos e as encontrar provadas, não lhe sendo permitido supri-las, ainda que a requerimento das partes (art. 168, CC). O negócio jurídico nulo não é suscetível de confirmação, nem convalesce pelo decurso do tempo (art. 169, CC).

▶ Veja CC: "**Art. 166.** É nulo o negócio jurídico quando: I – celebrado por pessoa absolutamente incapaz; II – for ilícito, impossível ou indeterminável o seu objeto; III – o motivo determinante, comum a ambas as partes, for ilícito; IV – não revestir a forma prescrita em lei; V – for preterida alguma solenidade que a lei considere essencial para a sua validade; VI – tiver por objetivo fraudar lei imperativa; VII – a lei taxativamente o declarar nulo, ou proibir-lhe a prática, sem cominar sanção".

■ É nulo o contrato havido entre o trabalhador e o Município sem a realização de concurso público. Configura-se nítida lesão ao preceito da lei maior do ordenamento jurídico, expressa no inciso I do art. 37 da CF/88, que exige que a investidura em cargo de emprego público decorra de aprovação prévia em concurso público, salvo as nomeações para cargo em comissão, declarado em lei de livre nomeação e exoneração. (TRT-6ª Região, Rem. *Ex Officio* n. 416/1994, rel. Juíza Eneida Melo Correia de Araújo, j. 13.04.1994)

Contrato sinalagmático Aquele em que ocorre a presença do sinalagma, ou seja, um vínculo de reciprocidade entre os contratantes. O mesmo que contrato bilateral. Nesse contrato, uma obrigação é causa e pressuposto da outra, uma vez que atribui, reciprocamente, direitos e obrigações para cada um dos contratantes.

Contrato solene Aquele que exige o cumprimento de requisitos ou de formalidades essenciais para sua validade. Cita-se, como exemplo, o contrato de compra e venda de imóvel, para o qual se exige que seja formalizado por escritura pública (arts. 107 a 109, CC).

▶ Veja CC: "**Art. 107.** A validade da declaração de vontade não dependerá de forma especial, senão quando a lei expressamente a exigir. **Art. 108.** Não dispondo a lei em contrário, a escritura pública é essencial à validade dos negócios jurídicos que visem à constituição, transferência, modificação ou renúncia de direitos reais sobre imóveis de valor superior a trinta vezes o maior salário mínimo vigente no País. **Art. 109.** No negócio jurídico celebrado com a cláusula de não valer sem instrumento público, este é da substância do ato".

Contrato típico É o contrato regulamentado por lei, como todos os descritos no CC, o de promessa de compra e venda, o de *leasing* e o de alienação fiduciária, entre outros.

Contravenção penal Infração tipificada em lei e que, por ser menos grave do que o crime, é penalizada com pena mais branda. Infração de menor potencial ofensivo punida com prisão simples, multa ou ambas cumulativamente (DL n. 3.688/41). São contravenções penais, entre outras: omissão de cautela na guarda ou condução de animais; deixar cair objetos de janelas de prédios; provocação de tumulto ou conduta inconveniente; provocar falso alarma; perturbação do trabalho ou do sossego alheio; recusa de moeda de curso legal; jogo de azar; jogo do bicho; mendicância; importunação ofensiva ao pudor; embriaguez; servir bebidas alcoólicas a menores; crueldade contra animais; exercício ilegal de profissão. Por serem tais infrações consideradas de menor potencial ofensivo, a competência para julgá-las é do Juizado Especial Criminal.

▶ Veja DL n. 3.688/41: "**Art. 1º** Aplicam-se às contravenções as regras gerais do Código Penal, sempre que a presente Lei não disponha de modo diverso. **Art. 2º** A lei brasileira só é aplicável à contravenção praticada no território nacional. **Art. 3º** Para a existência da contravenção, basta a ação ou omissão voluntária. Deve-se, todavia, ter em conta o dolo ou a culpa, se a lei faz depender, de um ou de outra, qualquer efeito jurídico. **Art. 4º** Não é punível a tentativa de contravenção. **Art. 5º** As penas principais são: I – prisão simples. II – multa. **Art. 6º** A pena de prisão simples deve ser cumprida, sem rigor penitenciário, em estabelecimento especial ou seção especial de prisão comum, em regime semiaberto ou aberto. § 1º O condenado à pena de prisão simples fica sempre separado dos condenados à pena de reclusão ou de detenção. § 2º O trabalho é facultativo, se a pena aplicada não excede a quinze dias".

- Apelação criminal. Contravenção penal. Vias de fato. Materialidade e autoria comprovadas. Prescrição. Ocorrência. Extinção da punibilidade declarada. Situação em que não subsiste qualquer dúvida acerca da existência do fato e de seu autor, uma vez que a vítima relatou detalhadamente em juízo as agressões sofridas, o que foi confirmado pelas declarações de sua genitora. Considerando que a pena aplicada em sentença foi de um mês de prisão simples, tendo em vista que esta transitou em julgado para a acusação ante a ausência de recurso, transcorrido lapso temporal superior a dois anos entre a publicação da sentença e a presente data, resta concretizada a prescrição. Apelação desprovida. Decretada, de ofício, a extinção da punibilidade do réu em razão da prescrição. (TJRS, Ap. Crim. n. 70.054.333.539, 7ª Câm. Criminal, rel. José Conrado Kurtz de Souza, j. 18.07.2013)

Contribuição de melhoria Modalidade de tributo instituído e cobrado pela União, pelos estados, pelo Distrito Federal ou pelos municípios, no âmbito de suas respectivas atribuições, para fazer face ao custo de obras públicas de que decorra valorização imobiliária, tendo como limite total a despesa realizada e como limite individual o acréscimo de valor que da obra resultar para cada imóvel beneficiado (arts. 81 e 82, CTN). Será devida a Contribuição de Melhoria, no caso de valorização de imóveis de propriedade privada, em virtude de qualquer das seguintes obras públicas: abertura, alargamento, pavimentação, iluminação, arborização, esgotos pluviais e outros melhoramentos de praças e vias públicas; construção e ampliação de parques, campos de desportos, pontes, túneis e viadutos; construção ou ampliação de sistemas de trânsito rápido, inclusive todas as obras e edificações necessárias ao funcionamento do sistema; serviços e obras de abastecimento de água potável, esgotos, instalações de redes elétricas, telefônicas, transportes e comunicações em geral ou de suprimento de gás, funiculares, ascensores e instalações de comodidade pública; proteção contra secas, inundações, erosão, ressacas, e de saneamento de drenagem em geral, diques, cais, desobstrução de barras, portos e canais, retificação e regularização de cursos d'água e irrigação; construção de estradas de ferro e construção, pavimentação e melhoramento de estradas de rodagem; construção de aeródromos e aeroportos e seus acessos; aterros e realizações de embelezamento em geral, inclusive desapropriações em desenvolvimento de plano de aspecto paisagístico (arts. 1º e 2º, DL n. 195/67).

▶ Veja CTN: "**Art. 81.** A contribuição de melhoria cobrada pela União, pelos Estados, pelo Distrito Federal ou pelos Municípios, no âmbito de suas respectivas atribuições, é instituída para fazer face ao custo de obras públicas de que decorra valorização imobiliária, tendo como limite total a despesa realizada e como limite individual o acréscimo de valor que da obra resultar para cada imóvel beneficiado".

▶ Veja DL n. 195/67: "**Art. 1º** A Contribuição de Melhoria, prevista na Constituição Federal tem como fato gerador o acréscimo do valor do imóvel localizado nas áreas beneficiadas direta ou indiretamente por obras públicas. **Art. 2º** Será devida a Contribuição de Melhoria, no caso de valorização de imóveis de propriedade privada, em virtude de qualquer das seguintes obras públicas: I – abertura, alargamento, pavimentação, iluminação, arborização, esgotos pluviais e outros melhoramentos de praças e vias públicas; II – construção e ampliação de parques, campos de desportos, pontes, túneis e viadutos; III – construção ou ampliação de sistemas de trânsito rápido inclusive tôdas as obras e edificações necessárias ao funcionamento do sistema; IV – serviços e obras de abastecimento de água potável, esgotos, instalações de redes elétricas, telefônicas, transportes e comunicações em geral ou de suprimento de gás, funiculares, ascensores e instalações de comodidade pública; V – proteção contra sêcas, inundações, erosão, ressacas, e de saneamento de drenagem em geral, diques, cais, desobstrução de barras, portos e canais, retificação e regularização de cursos d'água e irrigação; VI – construção de estradas de ferro e construção, pavimentação e melhoramento de estradas de rodagem; VII – construção de aeródromos e aeroportos e seus acessos; VIII – aterros e realizações de embelezamento em geral, inclusive desapropriações em desenvolvimento de plano de aspecto paisagístico".

- Apelação cível. Direito tributário. Contribuição de melhoria. Exigência do tributo em desatendimento à regra do art. 82 do CTN. I. A contribuição de melhoria tem como fato gerador o acréscimo do valor do imóvel nas áreas beneficiadas, direta ou indiretamente, por obras públicas (art. 1º do Decreto-lei n. 195/67), tendo como limite total a despesa realizada e, individual, o acréscimo do valor que da obra resultar para cada imóvel beneficiado (art. 81 do CTN). II. Caso dos autos em que a cobrança da contribuição de melhoria, instituída em decorrência de pavimentação, levou em conta tão somente o valor total da obra, calculado à proporção da área beneficiada, sem atentar para a valorização imobiliária, que, conforme assentado pela Primeira Turma deste Tribunal, no julgamento do Incidente de Uniformização de Jurisprudência n. 70.017.418.146, não se presume. Invalidade do lançamento. III. Verba honorária mantida. IV. Custas processuais. Condenação do Município ao pagamento das custas pela metade, em face do julgamento do incidente de inconstitucionalidade de n. 70.041.334.053. Apelo provido parcialmente. (TJRS, Ap. e Reexame Necessário n. 70.052.922.002, 1ª Câm. Cível, rel. Luiz Felipe Silveira Difini, j. 26.06.2013)

Contumácia Ausência da parte (autor ou réu) em juízo sem justificativa, deixando o processo correr à revelia. Expressiva doutrina considera a contumácia um simples efeito da revelia. Contumácia também significa teimosia, obstinação, insistência, repetição ou reiteração de um ato. Com esse sentido, o STF decidiu que no caso de contumácia delitiva não cabe aplicação do princípio da insignificância.

- Execução. Quantia certa. Embargos do devedor. Impugnação intempestiva do credor. Revelia configurada. Efeitos. Cobrança maior que a devida. Devolução do equivalente ao devedor. Extinção da execução por iliquidez. CCB, art. 1.531. CPC, arts. 319 e 740, *caput*. Faltando impugnação, isto é, contestação aos embargos, ocorre revelia, entendida esta, precisamente, como contumácia do réu decorrente, em regra, da ausência de contestação, tendo lugar igualmente o efeito da revelia previsto no art. 319 do CPC, em função do qual se presumem verdadeiros os fatos narrados na inicial dos embargos. (2º TACSP, Ap. Cível n. 400.026/Campinas, rel. Juiz Milton Sanseverino, j. 30.08.1994)

Convenção O mesmo que acordo. Também costuma ser usado como sinônimo de tratado.

Convenção coletiva do trabalho Conjunto de cláusulas resultante de processo de negociação entre o sindicato da categoria profissional e as empresas correspondentes que regulamenta a relação de trabalho de uma categoria de empregados. Tem validade para os doze meses subsequentes e requer homologação na Delegacia Regional do Trabalho (DRT), passando a ter caráter e força de lei entre as partes.

- Convenção coletiva. Negociação coletiva. Prevalência da norma inserida em convenção ou acordo coletivos. CF/88, art. 7º, XXVI. Sendo um instrumento do qual as partes podem se valer para regulamentar as relações de trabalho, a norma inserida em convenção ou acordo coletivos de trabalho há de prevalecer, com respaldo no princípio da autonomia da vontade coletiva e na *mens legis* introduzida pelo art. 7º, XXVI, da CF/88. (TRT-12ª Região, RO n. 955/2003/Videira, rel. Juíza Lília Leonor Abreu, j. 14.07.2003, *DJ* 28.07.2003)

Convenção de arbitragem Meio de solução de litígios submetido ao juízo arbitral mediante utilização da cláusula compromissória ou do compromisso arbitral (art. 3º, Lei n. 9.307/96). As causas cíveis serão processadas e decididas pelo juiz nos limites de sua competência, ressalvado às partes o direito de instituir juízo arbitral, na forma da lei (art. 42, CPC/2015). Cabe ao réu, ao promover a defesa, alegar a existência da convenção, sob pena de a omissão implicar aceitação da jurisdição estatal e renúncia ao juízo arbitral (art. 337, § 6º, CPC/2015).

▸ Veja CPC/2015: "**Art. 42.** As causas cíveis serão processadas e decididas pelo juiz nos limites de sua competência, ressalvado às partes o direito de instituir juízo arbitral, na forma da lei. [...] **Art. 337.** Incumbe ao réu, antes de discutir o mérito, alegar: [...] X – convenção de arbitragem; [...] § 6º A ausência de alegação da existência de convenção de arbitragem, na forma prevista neste Capítulo, implica aceitação da jurisdição estatal e renúncia ao juízo arbitral".

▸ Veja Lei n. 9.307/96: "**Art. 3º** As partes interessadas podem submeter a solução de seus litígios ao juízo arbitral mediante convenção de arbitragem, assim entendida a cláusula compromissória e o compromisso arbitral. **Art. 4º** A cláusula compromissória é a convenção através da qual as partes em um contrato comprometem-se a submeter à arbitragem os litígios que possam vir a surgir, relativamente a tal contrato. § 1º A cláusula compromissória deve ser estipulada por escrito, podendo estar inserta no próprio contrato ou em documento apartado que a ele se refira. § 2º Nos contratos de adesão, a cláusula compromissória só terá eficácia se o aderente tomar a iniciativa de instituir a arbitragem ou concordar, expressamente, com a sua instituição, desde que por escrito em documento anexo ou em negrito, com a assinatura ou visto especialmente para essa cláusula. **Art. 5º** Reportando-se as partes, na cláusula compromissória, às regras de algum órgão arbitral institucional ou entidade especializada, a arbitragem será instituída e processada de acordo com tais regras, podendo, igualmente, as partes estabelecer na própria cláusula, ou em outro documento, a forma convencionada para a instituição da arbitragem".

Convenção de condomínio Acordo por escrito elaborado e aprovado pelos condôminos de unidade residencial, mediante a assinatura de titulares de direitos que representem, no mínimo, 2/3 das frações ideais que compõem o condomínio, que estabelece as normas de convivência, administração e deliberação a ser adotadas pelos condôminos (art. 9º, Lei n. 4.591/64).

- ▶ Veja Lei n. 4.591/64: "**Art. 9º** Os proprietários, promitentes compradores, cessionários ou promitentes cessionários dos direitos pertinentes à aquisição de unidades autônomas, em edificações a serem construídas, em construção ou já construídas, elaborarão, por escrito, a Convenção de Condomínio, e deverão, também, por contrato ou por deliberação, em assembleia, aprovar o Regimento Interno da edificação ou conjunto de edificações. § 1º Far-se-á o registro da Convenção no Registro de Imóveis bem como a averbação das suas eventuais alterações. § 2º Considera-se aprovada, e obrigatória para os proprietários de unidades, promitentes compradores, cessionários e promitentes cessionários, atuais e futuros, como para qualquer ocupante, a Convenção que reúna as assinaturas de titulares de direitos que representem, no mínimo, dois terços das frações ideais que compõem o condomínio. [...]".

- ■ Condomínio em edificação. Convenção aprovada e não registrada. Obrigatoriedade para as partes signatárias. Legitimidade ativa do condomínio. A convenção de condomínio registrada, como anota a boa doutrina, tem validade *erga omnes*, em face da publicidade alcançada. Não registrada, mas aprovada, faz ela "lei entre os condôminos, passando a disciplinar as relações internas do condomínio". (STJ, REsp n. 164.661/SP, rel. Min. Sálvio de F. Teixeira, j. 03.12.1998, *DJ* 16.08.1999)

Convenção de Genebra Conjunto de tratados internacionais, assinados entre 1864 e 1949, que tem a finalidade de reduzir os efeitos das guerras sobre a população civil, além de oferecer regras de proteção para militares capturados ou feridos em guerra. Coube ao suíço Henri Dunant, fundador da Cruz Vermelha, a iniciativa de organizar o acordo em uma convenção que ocorreu na cidade de Genebra, Suíça, em 1864, da qual participaram as principais potências europeias. Posteriormente, várias outras convenções foram realizadas para ampliar e detalhar uma espécie de regulamento visando a regrar a conduta a ser adotada em relação aos prisioneiros de guerra.

Convênio Acordo firmado por entidades públicas de qualquer espécie, ou entre estas e organizações particulares, para realização de objetivos de interesse comum dos partícipes. Embora seja um acordo, o convênio não é contrato; pois, no contrato, as partes têm interesses diversos e opostos, ao passo que, no convênio, as partes têm interesses comuns e coincidentes. A organização dos convênios não exige formalidade, porém exige autorização legislativa e recursos financeiros para atendimento dos encargos assumidos no termo de cooperação. A execução dos convênios fica, comumente, a cargo de uma das entidades participantes ou de comissão diretora. O texto do convênio deve conter prazo de duração, podendo ser prorrogado quantas vezes for necessário. O convênio pode ser extinto a qualquer momento pela vontade dos partícipes. Decidida a extinção, lavra-se o termo de extinção ou rescisão. Aplica-se a Lei n. 8.666/93 aos convênios, acordos, ajustes e outros instrumentos congêneres celebrados por órgãos e entidades da Administração Pública. A celebração de convênio, acordo ou ajuste pelos órgãos ou entidades da Administração Pública depende de prévia aprovação de competente Plano de Trabalho, também chamado Plano de Aplicação, proposto pela organização interessada.

- ▶ Veja Lei n. 8.666/93: "**Art. 38.** O procedimento da licitação será iniciado com a abertura de processo administrativo, devidamente autuado, protocolado e numerado, contendo a autorização respectiva, a indicação sucinta de seu objeto e do recurso próprio para a despesa, e ao qual serão juntados oportunamente: [...] Parágrafo único. As minutas de editais de licitação, bem como as dos contratos, acordos, convênios ou ajustes devem ser previamente examinadas e aprovadas por assessoria jurídica da Administração".

Convite Modalidade de licitação utilizada para contratações de menor vulto, ou seja, para aquisição de materiais e serviços até o limite de R$ 80.000,00 e para execução de obras e serviços de engenharia até o valor de R$ 150.000,00. A licitação se dá entre interessados do ramo pertinente a seu objeto, cadastrados ou não, escolhidos e convidados em número mínimo de três pela unidade administrativa, que afixará, em local apropriado, cópia do instrumento convocatório e o estenderá aos demais cadastrados na correspondente especialidade que manifestarem seu interesse com antecedência de até 24 horas da apresentação das propostas (art. 22, § 3º, Lei n. 8.666/93).

- Veja Lei n. 8.666/93: "**Art. 22.** São modalidades de licitação: [...] § 3º Convite é a modalidade de licitação entre interessados do ramo pertinente ao seu objeto, cadastrados ou não, escolhidos e convidados em número mínimo de 3 (três) pela unidade administrativa, a qual afixará, em local apropriado, cópia do instrumento convocatório e o estenderá aos demais cadastrados na correspondente especialidade que manifestarem seu interesse com antecedência de até 24 (vinte e quatro) horas da apresentação das propostas".

- Administração. Licitação. Carta-convite. Fornecimento de água para consumo. Ausência de similaridade entre os produtos. Não ocorrência. Mantença do caráter competitivo do certame. Lei n. 8.666/93, arts. 3º, *caput* e § 1º, I, e 7º, § 5º. Por falta de similaridade entre os produtos, não há ilegalidade no procedimento licitatório, na modalidade carta-convite, cujo objeto era a contratação de empresa especializada em fornecimento de água mineral ou água potável de mesa. A circunstância de apenas uma das empresas participantes do certame fornecer água potável de mesa não constitui condição ou cláusula que frustre o caráter competitivo do procedimento licitatório ou mesmo estabeleça preferência ou distinção entre os licitantes. (STJ, REsp n. 184.650/2005/MG, rel. Min. João Otávio de Noronha, j. 08.03.2005, *DJ* 02.05.2005)

Cooperação internacional Cooperação na área jurídica, realizada pelo Brasil com outros países, formalizada por tratado ou com base em reciprocidade, observados os seguintes critérios: respeito às garantias do devido processo legal no Estado requerente; igualdade de tratamento entre nacionais e estrangeiros, residentes ou não no Brasil, em relação ao acesso à Justiça e à tramitação dos processos, assegurando-se assistência judiciária aos necessitados; publicidade processual, exceto nas hipóteses de sigilo previstas na legislação brasileira ou na do Estado requerente; existência de autoridade central para recepção e transmissão dos pedidos de cooperação; espontaneidade na transmissão de informações a autoridades estrangeiras (art. 26, CPC/2015).

- Veja CPC/2015: "**Art. 26.** A cooperação jurídica internacional será regida por tratado de que o Brasil faz parte e observará: I – o respeito às garantias do devido processo legal no Estado requerente; II – a igualdade de tratamento entre nacionais e estrangeiros, residentes ou não no Brasil, em relação ao acesso à justiça e à tramitação dos processos, assegurando-se assistência judiciária aos necessitados; III – a publicidade processual, exceto nas hipóteses de sigilo previstas na legislação brasileira ou na do Estado requerente; IV – a existência de autoridade central para recepção e transmissão dos pedidos de cooperação; V – a espontaneidade na transmissão de informações a autoridades estrangeiras. § 1º Na ausência de tratado, a cooperação jurídica internacional poderá realizar-se com base em reciprocidade, manifestada por via diplomática. § 2º Não se exigirá a reciprocidade referida no § 1º para homologação de sentença estrangeira. § 3º Na cooperação jurídica internacional não será admitida a prática de atos que contrariem ou que produzam resultados incompatíveis com as normas fundamentais que regem o Estado brasileiro. § 4º O Ministério da Justiça exercerá as funções de autoridade central na ausência de designação específica. **Art. 27.** A cooperação jurídica internacional terá por objeto: I – citação, intimação e notificação judicial e extrajudicial; II – colheita de provas e obtenção de informações; III – homologação e cumprimento de decisão; IV – concessão de medida judicial de urgência; V – assistência jurídica internacional; VI – qualquer outra medida judicial ou extrajudicial não proibida pela lei brasileira".

Cooperação nacional Cooperação judiciária realizada entre os órgãos do Poder Judiciário, estadual ou federal, especializado ou comum, em todas as instâncias e graus de jurisdição, inclusive nos tribunais superiores, mediante recíproca cooperação entre os magistrados e servidores (art. 67, CPC/2015).

- Veja CPC/2015: "**Art. 67.** Aos órgãos do Poder Judiciário, estadual ou federal, especializado ou comum, em todas as instâncias e graus de jurisdição, inclusive aos tribunais superiores, incumbe o dever de recíproca cooperação, por meio de seus magistrados e servidores. **Art. 68.** Os juízos poderão formular entre si pedido de cooperação para prática de qualquer ato processual. **Art. 69.** O pedido de cooperação jurisdicional deve ser prontamente atendido, prescinde de forma específica e pode ser executado como: I – auxílio direto; II – reunião ou apensamento de processos; III – prestação de informações; IV – atos concertados entre os juízes cooperantes. [...]".

Cooperativa Sociedade integrada por pessoas que reciprocamente se obrigam a contribuir com bens ou serviços para exercício de uma atividade econômica, de proveito comum, sem objetivo de lucro. Sociedade de pessoas com forma e natureza jurídica próprias, de caráter civil e não sujeita à falência, constituída para prestar serviços aos associados. Distingue-se das demais sociedades por possuir, entre outras, as seguintes características: adesão voluntária, com número ilimitado de associados, salvo impossibilidade técnica de prestação de serviços; variabilidade do capital social representado por quotas-partes; limitação do número de quotas-partes do capital para cada associado, facultado, porém, o estabelecimento de critérios de proporcionalidade, se assim for mais adequado para o cumprimento dos objetivos sociais; incessibilidade das quotas-partes do capital a terceiros estranhos à sociedade; singularidade de voto, podendo as cooperativas centrais, federações e confederações de cooperativas, com exceção das que exerçam atividade de crédito, optar pelo critério da proporcionalidade (Lei n. 5.764/71).

▸ Veja Lei n. 5.764/71: "**Art. 3º** Celebram contrato de sociedade cooperativa as pessoas que reciprocamente se obrigam a contribuir com bens ou serviços para o exercício de uma atividade econômica, de proveito comum, sem objetivo de lucro. **Art. 4º** As cooperativas são sociedades de pessoas, com forma e natureza jurídica próprias, de natureza civil, não sujeitas a falência, constituídas para prestar serviços aos associados, distinguindo-se das demais sociedades pelas seguintes características: I – adesão voluntária, com número ilimitado de associados, salvo impossibilidade técnica de prestação de serviços; II – variabilidade do capital social representado por quotas-partes; III – limitação do número de quotas-partes do capital para cada associado, facultado, porém, o estabelecimento de critérios de proporcionalidade, se assim for mais adequado para o cumprimento dos objetivos sociais; [...]".

▪ Cooperativa. Assistência jurídica aos cooperados. Disponibilização pela cooperativa. Possibilidade. Sociedade cooperativa. Natureza jurídica. Lei n. 5.764/71, art. 4º, IV. CCB/2002, arts. 982, 1.093 e 1.095. 2. O art. 4º, X, da Lei n. 5.764/71 dispõe que as cooperativas são sociedades de pessoas, tendo por característica a prestação de assistência aos associados. Nessa linha, é possível que a cooperativa propicie a prestação de assistência jurídica aos seus cooperados, providência que em nada extrapola os objetivos das sociedades cooperativas. (STJ, REsp n. 901.782/2011/RS, rel. Min. Luis Felipe Salomão, j. 14.06.2011, *DJ* 01.07.2011)

Cooperativa de trabalho Sociedade constituída por trabalhadores para o exercício de suas atividades laborativas ou profissionais com proveito comum, autonomia e autogestão para obterem melhor qualificação, renda, situação socioeconômica e condições gerais de trabalho (art. 2º, Lei n. 12.690/2012).

▸ Veja Lei n. 12.690/2012: "**Art. 1º** A Cooperativa de Trabalho é regulada por esta Lei e, no que com ela não colidir, pelas Leis ns. 5.764, de 16 de dezembro de 1971, e 10.406, de 10 de janeiro de 2002 – Código Civil. [...] **Art. 2º** Considera-se Cooperativa de Trabalho a sociedade constituída por trabalhadores para o exercício de suas atividades laborativas ou profissionais com proveito comum, autonomia e autogestão para obterem melhor qualificação, renda, situação socioeconômica e condições gerais de trabalho. [...] **Art. 4º** A Cooperativa de Trabalho pode ser: I – de produção, quando constituída por sócios que contribuem com trabalho para a produção em comum de bens e a cooperativa detém, a qualquer título, os meios de produção; e II – de serviço, quando constituída por sócios para a prestação de serviços especializados a terceiros, sem a presença dos pressupostos da relação de emprego".

Corregedor Aquele que corrige. No meio jurídico tem por significado a pessoa designada para atuar em uma corregedoria, órgão de fiscalização disciplinar, controle e orientação de uma determinada classe de servidores públicos ligados à administração da Justiça.

Corregedor-geral Corregedor eleito pelo Tribunal Pleno dos Tribunais de Justiça, composto por todos os desembargadores, que tem por funções fiscalização disciplinar, controle e orientação dos serviços forenses perante órgãos e servidores de primeiro grau do Poder Judiciário, bem como servidores pertencentes ao quadro da Corregedoria.

Corregedor-geral do Ministério Público Procurador de Justiça eleito pelo Colégio de Procuradores de Justiça de cada estado para mandato de dois anos, podendo ser reconduzido ao cargo por mais dois anos, que tem por funções orientação, fiscalização e acompanhamento das atividades funcionais de promotores e procuradores de Justiça. Também possui a atribuição de instaurar processo administrativo disciplinar contra membros do Ministério Público, punindo aqueles que cometam faltas funcionais ou tenham conduta incompatível com o cargo.

Corregedoria Órgão de fiscalização, controle e orientação de uma determinada classe de servidores públicos ligados à administração pública ou à administração da Justiça federal e estadual. Algumas corregedorias conhecidas são: Corregedoria-geral da União; Corregedoria-geral da Justiça; Corregedoria-geral do Ministério Público; Corregedoria-geral da Polícia Civil; Corregedoria-geral da Polícia Militar; Corregedoria-geral da Polícia Federal; Corregedoria-geral da Justiça Federal; Corregedoria-geral da Justiça do Trabalho; Corregedoria-geral do Ministério Público Federal; Corregedoria-geral do INSS; Corregedoria Nacional de Justiça.

Corregedoria-geral da União Órgão federal, chefiado pelo corregedor-geral da União, que atua no combate à impunidade na Administração Pública Federal, promovendo, coordenando e acompanhando a execução de ações disciplinares que visem à apuração de responsabilidade administrativa de servidores públicos. Atua também capacitando servidores para composição de comissões disciplinares, realizando seminários com objetivo de discutir e disseminar as melhores práticas relativas do exercício do direito disciplinar e fortalecendo as unidades componentes do Sistema de Correição do Poder Executivo Federal, exercendo as atividades de órgão central deste sistema.

Corregedoria-geral de Justiça Órgão vinculado ao Tribunal de Justiça, que tem por funções fiscalização disciplinar, controle e orientação dos serviços forenses, com jurisdição em cada estado, exercido por um desembargador, denominado corregedor-geral da Justiça, com a cooperação de juízes-corregedores.

Corregedoria-geral do Ministério Público Órgão vinculado ao Ministério Público cujas funções são orientar, fiscalizar e acompanhar as atividades funcionais de promotores e procuradores de Justiça, mediante a realização de correições periódicas. A corregedoria-geral também é responsável pela elaboração de relatórios sobre as atividades das promotorias e das procuradorias de Justiça, com a finalidade de avaliar o desempenho global e a demanda de serviços.

Correio eletrônico *E-mail*. Modalidade de transmissão ou recebimento de informações e documentos que se realiza pela internet, a rede mundial de computadores (*Web*). Nos termos da legislação em vigor, para que a mensagem de correio eletrônico tenha valor documental e para que possa ser aceita como documento original, é necessário existir a certificação digital, que atesta a identidade do remetente na forma estabelecida em lei.

Corretagem Contrato pelo qual uma pessoa, não ligada a outra em virtude de mandato, prestação de serviços ou por qualquer relação de dependência, obriga-se a obter para a segunda um ou mais negócios, conforme as instruções recebidas (art. 722, CC).

▶ Veja CC: "**Art. 722.** Pelo contrato de corretagem, uma pessoa, não ligada a outra em virtude de mandato, de prestação de serviços ou por qualquer relação de dependência, obriga-se a obter para a segunda um ou mais negócios, conforme as instruções recebidas".

▪ Corretagem. Comissão. Repetição de indébito. Compra e venda de imóvel. Cobrança de comissão de corretagem e taxa de decoração. Nenhuma ilegalidade há em se imputar ao adquirente o dever de pagar comissão de corretagem, desde que isso fique claramente ajustado no contrato. CCB/2002, art. 722. No caso concreto, essa obrigação está expressamente prevista no pacto de promessa de compra e venda do imóvel, mais especificamente na cláusula 18ª, alínea *f*. Circunstância diversa é aquela relativa à taxa de decoração. Primeiro, porque não há nenhuma previsão contratual para a cobrança dessa verba. Além disso, o próprio objeto da cobrança é obscuro e descalçado de qualquer conteúdo concreto. [...] Provimento do primeiro recurso e parcial provimento do segundo apelo. (TJRJ, Ap. Cível n. 19.291/2012, rel. Des. Celso Ferreira Filho, j. 29.05.2012)

Corretor Pessoa que, não ligada a outra em virtude de mandato, prestação de serviços ou por qualquer relação de dependência, obriga-se a obter para a segunda um ou mais negócios, conforme as instruções recebidas (art. 722, CC). Aquele que, mediante remuneração, agencia ou intermedia, aproximando duas pessoas para a efetivação de um negócio. A remuneração é devida ao corretor uma vez que tenha conseguido o resultado previsto no contrato de mediação ou ainda que este não se efetive em virtude de arrependimento das partes (art. 725, CC).

- ▶ Veja CC: "**Art. 722.** Pelo contrato de corretagem, uma pessoa, não ligada a outra em virtude de mandato, de prestação de serviços ou por qualquer relação de dependência, obriga-se a obter para a segunda um ou mais negócios, conforme as instruções recebidas. **Art. 723.** O corretor é obrigado a executar a mediação com diligência e prudência, e a prestar ao cliente, espontaneamente, todas as informações sobre o andamento do negócio. Parágrafo único. Sob pena de responder por perdas e danos, o corretor prestará ao cliente todos os esclarecimentos acerca da segurança ou do risco do negócio, das alterações de valores e de outros fatores que possam influir nos resultados da incumbência. **Art. 724.** A remuneração do corretor, se não estiver fixada em lei, nem ajustada entre as partes, será arbitrada segundo a natureza do negócio e os usos locais. **Art. 725.** A remuneração é devida ao corretor uma vez que tenha conseguido o resultado previsto no contrato de mediação, ou ainda que este não se efetive em virtude de arrependimento das partes".

- ■ Comissão de corretagem. Cobrança pretendida por imobiliária autorizada. Venda efetivada por outro corretor também autorizado. Descabimento da verba pleiteada. Sentença mantida. Predomina na jurisprudência o entendimento de que ao corretor somente assiste direito a tal recebimento quando o negócio se realiza, ou seja, quando seu trabalho alcançou resultado útil. Nesse sentido, firmou-se também entendimento no STF, como o evidencia aresto que se tornou clássico, relatado pelo Min. Thompson Flores. Ali se invocou a conhecida lição de Bolafio, segundo a qual o mediador vende o resultado útil do trabalho. A comissão decorre, pois, do lucro ou vantagem que o negócio proporcionou. (TJSC, Ap. Cível n. 50.623/Chapecó, rel. Des. Orli Rodrigues, j. 17.10.1995)

Corréu Copartícipe. Corresponsável. Aquele que, juntamente com outro agente, como parte passiva responde ao mesmo processo civil ou criminal. No crime, o corréu participa de alguma forma para a prática do delito. No cível, o fato de ser corréu pode resultar da responsabilidade solidária.

Corte Tribunal de Justiça. Órgão recursal de instância superior. O Supremo Tribunal Federal, por ser considerado a mais alta instância do Poder Judiciário brasileiro.

Costume Fonte primária e formal de Direito que se distingue das demais por ser, em sua origem, direito não escrito. Supõe sempre a repetição de uma conduta em determinado meio social durante certo lapso de tempo. "Em nosso sistema legal, onde prevalece o Direito codificado, o costume constitui mera fonte subsidiária de Direito, servindo apenas como elemento de interpretação ou para suprir a lacuna da lei – costume *secundum legem* ou *praeter legem* (art. 4º, LINDB)". (Euclides Alcides Rocha, TRT-9ª Região, Ver. LTR, vol. 54, n. 5, p. 608).

Cota O mesmo que quota. Designação da parte proporcional com que cada um de vários indivíduos contribui para determinado fim. Quantia com que cada pessoa contribui para o pagamento de uma despesa comum, como ocorre com a cota condominial (art. 1.334, CC). Parte igual ou desigual em que se divide o capital social da sociedade limitada, cabível uma ou diversas a cada sócio (art. 1.055, CC). Parte na herança que cabe a cada um dos herdeiros no inventário. No direito processual, significa o lançamento feito nos autos pelo advogado, vedado em lei (art. 169, CPC/73; art. 202, CPC/2015).

- ▶ Veja CC: "**Art. 1.055.** O capital social divide-se em quotas, iguais ou desiguais, cabendo uma ou diversas a cada sócio. [...] **Art. 1.334.** Além das cláusulas referidas no art. 1.332 e das que os interessados houverem por bem estipular, a convenção determinará: I – a quota proporcional e o modo de pagamento das contribuições dos condôminos para atender às despesas ordinárias e extraordinárias do condomínio; II – sua forma de administração; III – a competência das assembleias, forma de sua convocação e *quorum* exigido para as deliberações; IV – as sanções a que estão sujeitos os condôminos, ou possuidores; V – o regimento interno."

- ▶ Veja CPC/2015: "**Art. 202.** É vedado lançar nos autos cotas marginais ou interlineares, as quais o juiz mandará riscar, impondo a quem as escrever multa correspondente à metade do salário mínimo."

- ■ Condomínio em edificação. Cobrança de cota condominial. Legitimidade passiva. Legitimado passivamente para a ação proposta pelo condomínio para cobrança de despesa condominial é o proprietário. O acordo que este tenha feito com a ex-mulher, em decorrência do qual a ela incumbe o pagamento da despesa em questão é inoponível a terceiro, no caso o condomínio. Recurso improvido. (TARJ, Ap. Cível n. 11.652/1992/RJ, rel. Juiz Carlos Ferrari, j. 08.04.1992)

- Processual. Cota. Manifestação do advogado por cota nos autos sem o termo de *vista*. Validade. CPC, art. 161. A cota vedada pelo art. 161 do CPC é a inserida no processo quando estranha à matéria debatida ou interlíneas, alterando a realidade dos atos judiciais e não a lançada em resposta a determinação judicial. Não se deve confundir manifestação sem a precedência do termo de *vista*, como proibida, pois a formalidade não é da essência do ato judicial, incumbindo à serventia apenas adotar providências para colher oportuna fala do advogado, representando ao magistrado condutor do processo, quando aquela for inoportuna ou intempestiva. (2º TACSP, AI n. 417.573/Santos, rel. Juiz Demóstenes Braga, j. 18.10.1994)

Crédito tributário Quantia devida pelo contribuinte a título de tributo ou imposto. É o objeto da obrigação jurídica tributária. Prestação pecuniária que o sujeito ativo da obrigação tributária (União, estados, Distrito Federal e municípios) tem o direito de exigir do sujeito passivo direto ou indireto (contribuinte, responsável ou terceiro). O crédito decorre da obrigação principal e tem a mesma natureza desta (art. 139, CTN). Com o lançamento, a obrigação jurídica tributária passa a ser líquida, certa e exigível em data e prazo predeterminados.

- Veja CTN: "**Art. 139.** O crédito tributário decorre da obrigação principal e tem a mesma natureza desta. [...] **Art. 142.** Compete privativamente à autoridade administrativa constituir o crédito tributário pelo lançamento, assim entendido o procedimento administrativo tendente a verificar a ocorrência do fato gerador da obrigação correspondente, determinar a matéria tributável, calcular o montante do tributo devido, identificar o sujeito passivo e, sendo caso, propor a aplicação da penalidade cabível".

- Súmula n. 436, STJ: A entrega de declaração pelo contribuinte reconhecendo débito fiscal constitui o crédito tributário, dispensada qualquer outra providência por parte do Fisco.

- Súmula n. 437, STJ: A suspensão da exigibilidade do crédito tributário superior a quinhentos mil reais para opção pelo Refis pressupõe a homologação expressa do comitê gestor e a constituição de garantia por meio do arrolamento de bens.

- Tributário. Possibilidade de suspender a exigibilidade de crédito tributário por medida cautelar inominada. Enumeração exemplificativa e não taxativa do CTN, art. 151. [Cita doutrina.] As causas de suspensão de exigibilidade de crédito tributário, elencadas no art. 151 do CTN, são meramente enunciativas e não taxativas, podendo ser utilizada a medida cautelar inominada para este fim. (1º TASP, Ap. Cível n. 387.073/1988, rel. Juiz Antonio de Pádua Ferraz Nogueira, j. 23.05.1988)

- Tributário. Depósito judicial. Natureza jurídica. Lei n. 8.541/92, arts. 7º e 8º. CTN, art. 43. Aquele que efetua depósito judicial para suspender a exigibilidade do crédito tributário dá aos valores entregues para disposição judicial destinação jurídica (CTN, art. 43). Legalidade da Lei n. 8.541/92, que proibiu expressamente a dedução dos depósitos do lucro real, sem violação ao art. 43 do CTN. (STJ, REsp n. 121.314/SC, rel. Min. Eliana Calmon, j. 21.11.2000, *DJ* 05.02.2001)

Credor Sujeito ativo de determinada obrigação; o titular de um crédito, com direito a exigir a prestação; o portador de título de crédito; pessoa a favor de quem a dívida foi constituída (credor de alimentos, credor hipotecário, credor fiduciário, credor anticrético, credor quirografário). Havendo credores solidários, cada um deles tem direito a exigir do devedor o cumprimento da prestação por inteiro (art. 267, CC).

- Veja CC: "**Art. 267.** Cada um dos credores solidários tem direito a exigir do devedor o cumprimento da prestação por inteiro. **Art. 268.** Enquanto alguns dos credores solidários não demandarem o devedor comum, a qualquer daqueles poderá este pagar. **Art. 269.** O pagamento feito a um dos credores solidários extingue a dívida até o montante do que foi pago".

Credor anticrético Credor que tem seu direito ou crédito garantido pelo devedor mediante convenção de anticrese. O credor anticrético tem direito a reter em seu poder o bem enquanto a dívida não for paga. Extingue-se esse direito decorridos quinze anos da data de sua constituição (art. 1.423, CC).

- Veja CC: "**Art. 1.423.** O credor anticrético tem direito a reter em seu poder o bem, enquanto a dívida não for paga; extingue-se esse direito decorridos quinze anos da data de sua constituição. [...] **Art. 1.428.** É nula a cláusula que autoriza o credor pignoratício, anticrético ou hipotecário a ficar com o objeto da garantia, se a dívida não for paga no vencimento. Parágrafo único. Após o vencimento, poderá o devedor dar a coisa em pagamento da dívida".

Credor hipotecário   Credor que tem seu direito ou crédito garantido pelo devedor mediante instituição de hipoteca. O credor hipotecário tem o direito de excutir a coisa hipotecada ou empenhada, e preferir a outros credores no pagamento, observada, quanto à hipoteca, a prioridade no registro (art. 1.422, CC).

▸ Veja CC: "**Art. 1.422.** O credor hipotecário e o pignoratício têm o direito de excutir a coisa hipotecada ou empenhada, e preferir, no pagamento, a outros credores, observada, quanto à hipoteca, a prioridade no registro. Parágrafo único. Excetuam-se da regra estabelecida neste artigo as dívidas que, em virtude de outras leis, devam ser pagas precipuamente a quaisquer outros créditos. [...] **Art. 1.428.** É nula a cláusula que autoriza o credor pignoratício, anticrético ou hipotecário a ficar com o objeto da garantia, se a dívida não for paga no vencimento. Parágrafo único. Após o vencimento, poderá o devedor dar a coisa em pagamento da dívida".

▪ Agravo de instrumento. Direito privado não especificado. Ação de execução. Preliminar. Penhora de bens hipotecados. Cabimento. Intimação do credor hipotecário. O fato de recair hipoteca no imóvel inventariado não representa óbice à penhora do bem gravado. Conforme decorre do disposto no art. 649 do Código de Processo Civil, que relaciona os bens impenhoráveis, dentre eles não figura bem dado em hipoteca. Assim, plenamente viável a penhora do item, já que faz parte do âmbito patrimonial disponível do executado. Em situações como essa, é necessário, isto sim, a cautela que deve observar o exequente de proceder à intimação do credor hipotecário, consoante disposto no art. 615, II, do Código de Processo Civil. Agravo de instrumento provido. Unânime. (TJRS, AI n. 70.054.161.757, 20ª Câm. Cível, rel. Rubem Duarte, j. 26.06.2013)

Credor pignoratício   Credor que tem seu direito ou crédito garantido pelo devedor mediante objeto dado em penhor. O credor pignoratício tem o direito de excutir a coisa hipotecada ou empenhada, e preferir a outros credores no pagamento, observada, quanto à hipoteca, a prioridade no registro (art. 1.422, CC).

▸ Veja CC: "**Art. 1.422.** O credor hipotecário e o pignoratício têm o direito de excutir a coisa hipotecada ou empenhada, e preferir, no pagamento, a outros credores, observada, quanto à hipoteca, a prioridade no registro. Parágrafo único. Excetuam-se da regra estabelecida neste artigo as dívidas que, em virtude de outras leis, devam ser pagas precipuamente a quaisquer outros créditos. [...] **Art. 1.428.** É nula a cláusula que autoriza o credor pignoratício, anticrético ou hipotecário a ficar com o objeto da garantia, se a dívida não for paga no vencimento. Parágrafo único. Após o vencimento, poderá o devedor dar a coisa em pagamento da dívida".

▪ Penhor. Extravio da garantia. Cláusula limitativa da responsabilidade do credor pignoratício inoperante após a extinção do contrato principal de mútuo. Indenização regida pelo art. 774, IV, do CCB. Caixa Econômica Federal – CEF. O contrato de penhor, acessório ao contrato de mútuo, extinguiu-se na espécie pelo implemento da prestação do mutuário, não subsistindo a cláusula limitativa da responsabilidade do credor, de sorte que o extravio do bem empenhado, no período em que o credor pignoratício detinha o bem na qualidade de simples depositário, impõe a indenização ampla determinada pelo art. 774, IV, do CCB. A regra geral da convivência humana, à qual o direito deve proteção, é que a indenização pela reparação deve ser a mais completa possível, a fazer justiça no caso concreto. Somente nos casos ressalvados ou autorizados por lei se mostra admissível a limitação da responsabilidade. (STJ, REsp n. 83.717/1996/MG, rel. Min. Sálvio de Figueiredo Teixeira, j. 12.11.1996, *DJ* 09.12.1996)

▪ Penhor mercantil. Mercadoria entregue a terceiro. Responsabilidade do credor pignoratício pela perda da mercadoria, não relevando ter havido aquiescência do devedor na entrega do bem a terceiro para guarda. Subsiste responsável o credor, equiparado ao depositário. (STJ, REsp n. 86.334/1998/SP, rel. Min. Eduardo Ribeiro, j. 19.03.1998, *DJ* 25.05.1998)

Crime   Toda ação ou omissão ilícita, culpável ou dolosa, tipificada em lei, que ofenda valores sociais básicos de dado momento histórico em determinada sociedade (art. 1º, CP). O art. 1º da Lei de Introdução ao Código Penal considera crime a infração penal a que a lei comina pena de reclusão ou de detenção isoladamente, alternativamente ou cumulativamente com a pena de multa; contravenção é a infração penal a que a lei comina, isoladamente, pena de prisão simples ou de multa, ou ambas, alternativa ou cumulativamente.

▸ Veja CP: "**Art. 1º** Não há crime sem lei anterior que o defina. Não há pena sem prévia cominação legal. **Art. 2º** Ninguém pode ser punido por fato que lei posterior deixa de considerar crime, cessando em virtude dela a execução e os efeitos penais da sentença condenatória. Parágrafo único. A lei posterior, que de qualquer modo favorecer o agente, aplica-se aos fatos anteriores, ainda que decididos por sentença condenatória transitada em julgado".

Crime continuado Espécie de concurso de crimes que ocorre quando o agente, mediante mais de uma ação ou omissão, pratica dois ou mais crimes da mesma natureza, e, pelas condições de tempo, lugar, maneira de execução e outras semelhantes, devem os subsequentes ser havidos como continuação do primeiro (art. 71, CP).

▶ Veja CP: "**Art. 71.** Quando o agente, mediante mais de uma ação ou omissão, pratica dois ou mais crimes da mesma espécie e, pelas condições de tempo, lugar, maneira de execução e outras semelhantes, devem os subsequentes ser havidos como continuação do primeiro, aplica-se-lhe a pena de um só dos crimes, se idênticas, ou a mais grave, se diversas, aumentada, em qualquer caso, de um sexto a dois terços. Parágrafo único. Nos crimes dolosos, contra vítimas diferentes, cometidos com violência ou grave ameaça à pessoa, poderá o juiz, considerando a culpabilidade, os antecedentes, a conduta social e a personalidade do agente, bem como os motivos e as circunstâncias, aumentar a pena de um só dos crimes, se idênticas, ou a mais grave, se diversas, até o triplo, observadas as regras do parágrafo único do art. 70 e do art. 75 deste Código".

▪ *Habeas corpus* substitutivo de recurso especial. Inadmissibilidade. Execução penal. Unificação das penas. Furtos simples e qualificados. Continuidade delitiva. Não ocorrência. O Superior Tribunal de Justiça, seguindo o entendimento da Primeira Turma do Supremo Tribunal Federal, passou a inadmitir *habeas corpus* substitutivo de recurso próprio, ressalvando, porém, a possibilidade de concessão da ordem de ofício nos casos de flagrante constrangimento ilegal. Nos termos do art. 71 do Código Penal, o delito continuado evidencia-se quando o agente, mediante mais de uma ação ou omissão, comete mais de um crime da mesma espécie. Necessário também que os delitos guardem liame no que diz respeito ao tempo, ao lugar, à maneira de execução e a outras características que façam presumir a continuidade delitiva. A unificação de penas pelo reconhecimento de continuidade criminosa somente se admite quando, caracterizados os requisitos objetivos e subjetivos da ficção jurídica – afastados no caso concreto pelo magistrado, uma vez que o modo de execução foi totalmente diverso –, ficando evidenciada a ausência de unidade de desígnios. [...] (STJ, *HC* n. 263.247/2013, rel. Min. Marilza Maynard, j. 28.05.2013, *DJ* 03.06.2013)

Crime culposo Delito penal praticado sem intenção ou dolo de quem o cometeu. Considera-se, neste caso, que o agente procedeu com negligência, imperícia ou imprudência (arts. 186, 187 e 927, CC; e art. 18, II, CP). São considerados crimes culposos os decorrentes de acidentes de trânsito com vítima.

▶ Veja CC: "**Art. 186.** Aquele que, por ação ou omissão voluntária, negligência ou imprudência, violar direito e causar dano a outrem, ainda que exclusivamente moral, comete ato ilícito".

▶ Veja CP: "**Art. 18.** Diz-se o crime: [...] Crime culposo II – culposo, quando o agente deu causa ao resultado por imprudência, negligência ou imperícia. Parágrafo único. Salvo os casos expressos em lei, ninguém pode ser punido por fato previsto como crime, senão quando o pratica dolosamente".

▪ Apelação criminal. Art. 302, *caput*, da Lei n. 9.503/97. Homicídio culposo no trânsito. Condenação. Insurgência defensiva. Materialidade e autoria comprovadas. Absolvição. Impossibilidade. Bem demonstradas a materialidade e a autoria delitivas, descabe falar em absolvição do réu, diante da prova coligida. Agravante genérica prevista no art. 61, II, *h*, do Código Penal. Inaplicabilidade. Afasta-se a agravante em comento por se tratar de crime culposo. Suspensão da habilitação. Prazo. Redimensionamento. Redimensionado o *quantum* fixado para a suspensão da habilitação, pois o mesmo deve guardar proporcionalidade com a pena privativa de liberdade aplicada ao réu, em consonância com os vetores do art. 59 do Código Penal. Apelação defensiva parcialmente provida. (TJRS, Ap. Crim. n. 70.040.336.851, 2ª Câm. Criminal, rel. Rosane Ramos de Oliveira Michels, j. 28.03.2013)

Crime de poluição Ato de causar poluição de qualquer natureza em níveis tais que resultem ou possam resultar em danos à saúde humana, que provoquem a mortandade de animais ou a destruição significativa da flora (art. 54, Lei n. 9.605/98).

▶ Veja Lei n. 9.605/98: "**Art. 54.** Causar poluição de qualquer natureza em níveis tais que resultem ou possam resultar em danos à saúde humana, ou que provoquem a mortandade de animais ou a destruição significativa da flora: Pena – reclusão, de um a quatro anos, e multa. § 1º Se o crime é culposo: Pena – detenção, de seis meses a um ano, e multa".

Crime de racha Delito que consiste em participar, na direção de veículo automotor, em via pública, de corrida, disputa ou competição automobilística não autorizada pela autoridade competente, desde que resulte em dano potencial à incolumidade pública ou privada. O racha é reprimido pelo CTB em seu art. 308, que o tipifica como crime punível com "detenção, de seis meses a dois anos, multa e suspensão ou proibição de se obter a permissão ou a habilitação para dirigir veículo automotor".

▸ Veja Lei n. 9.503/97: "**Art. 308.** Participar, na direção de veículo automotor, em via pública, de corrida, disputa ou competição automobilística não autorizada pela autoridade competente, desde que resulte dano potencial à incolumidade pública ou privada: Penas – detenção, de 6 (seis) meses a 2 (dois) anos, multa e suspensão ou proibição de se obter a permissão ou a habilitação para dirigir veículo automotor".

▪ Responsabilidade civil. Acidente de trânsito. Choque entre veículos que disputam corrida (racha). Fato suficientemente comprovado. Invasão por ambos de pista contrária. Culpa concorrente reconhecida. Motoristas que, em disputa de corrida (racha) na via pública, vêm a provocar acidente com terceiro veículo que nela trafegue, são corresponsáveis solidários pela reparação do dano que vierem a causar, ainda que apenas um deles seja o causador direto. Pode o lesado, consequentemente, exigir de qualquer deles, indistintamente, a reparação, sendo assegurado, em tal hipótese, ao acionado, a litisdenunciação (CPC, art. 70, III) ao outro disputante, para dele haver a metade do valor que desembolsar, por estar o seu direito de regresso amparado por disposição de lei (CCB, art. 913). (TJSC, Ap. Cível n. 87.861/6/1997, rel. Des. Gaspar Rubik, *DJ* 09.06.1997)

Crime do colarinho-branco Delitos contra o sistema financeiro previstos na Lei n. 7.429/86. Ato delituoso cometido por pessoa de elevada respeitabilidade e posição socioeconômica, muitas vezes mediante abuso de confiança e uso de informações privilegiadas. Os autores se utilizam de métodos sofisticados e transações complexas com o objetivo de obter considerável ganho financeiro. Essa modalidade delituosa foi definida inicialmente pelo criminalista norte-americano Edwin Sutherland como *white collar crime*, que é, em sua concepção, "um crime cometido por uma pessoa respeitável, e de alta posição social, no exercício de suas ocupações" (SUTHERLAND, Edwin Hardin. *White collar crime*, New York: Dryden, 1949) (*v. Crimes contra o sistema financeiro*).

▸ Veja Lei n. 7.492/86: "**Art. 1º** Considera-se instituição financeira, para efeito desta lei, a pessoa jurídica de direito público ou privado, que tenha como atividade principal ou acessória, cumulativamente ou não, a captação, intermediação ou aplicação de recursos financeiros (Vetado) de terceiros, em moeda nacional ou estrangeira, ou a custódia, emissão, distribuição, negociação, intermediação ou administração de valores mobiliários. Parágrafo único. Equipara-se à instituição financeira: I – a pessoa jurídica que capte ou administre seguros, câmbio, consórcio, capitalização ou qualquer tipo de poupança, ou recursos de terceiros; II – a pessoa natural que exerça quaisquer das atividades referidas neste artigo, ainda que de forma eventual. Dos Crimes Contra O Sistema Financeiro Nacional **Art. 2º** Imprimir, reproduzir ou, de qualquer modo, fabricar ou pôr em circulação, sem autorização escrita da sociedade emissora, certificado, cautela ou outro documento representativo de título ou valor mobiliário: Pena – Reclusão, de 2 (dois) a 8 (oito) anos, e multa. Parágrafo único. Incorre na mesma pena quem imprime, fabrica, divulga, distribui ou faz distribuir prospecto ou material de propaganda relativo aos papéis referidos neste artigo. **Art. 3º** Divulgar informação falsa ou prejudicialmente incompleta sobre instituição financeira: Pena – Reclusão, de 2 (dois) a 6 (seis) anos, e multa. **Art. 4º** Gerir fraudulentamente instituição financeira: [...]".

Crime doloso Delito penal praticado por livre e consciente vontade do agente de produzir o resultado (art. 18, CP). É também denominado crime ou dano comissivo ou intencional. O agente prevê o resultado lesivo de sua conduta e, mesmo assim, leva-a adiante, produzindo o resultado.

▸ Veja CP: "**Art. 18.** Diz-se o crime: Crime doloso I – doloso, quando o agente quis o resultado ou assumiu o risco de produzi-lo".

▪ Recurso em sentido estrito. Tribunal do Júri. Pronúncia. Tentativa de homicídio. Indícios suficientes de autoria e da materialidade da imputação. Pronúncia mantida. 1. Recurso em que a defesa postula a reforma da decisão que pronunciou o réu como incurso nas sanções do art. 121, *caput*, c/c o art. 14, II, ambos do CP. Pede a impronúncia, alegando ausência de indícios suficientes de autoria. 2. Existindo prova da materialidade e indícios suficientes de autoria que apontem para a possível ocorrência de crime doloso contra vida, impõe-se a pronúncia do réu para julgamento pelo Tribunal do Júri, órgão constitucionalmente competente para analisar os elementos probatórios e proferir o veredicto. 3. Negaram provimento ao recurso. (TJRS, Recurso em Sentido Estrito n. 70.054.044.185, 1ª Câm. Criminal, rel. Julio Cesar Finger, j. 17.07.2013)

Crime hediondo Delito considerado de maior gravidade pela lei, pois, quando praticado, costuma causar a repulsa da sociedade. São considerados hediondos os seguintes crimes, consumados ou tentados: homicídio, quando praticado em atividade típica de grupo de extermínio, ainda que cometido por um só agente; homicídio qualificado; latrocínio; extorsão qualificada pela morte; extorsão mediante sequestro e na forma qualificada; estupro; atentado violento ao pudor; epidemia com resultado de morte; falsificação, corrupção, adulteração ou alteração de produto destinado a fins terapêuticos ou medicinais; genocídio (Lei n. 8.072/90); favorecimento da prostituição ou de outra forma de exploração sexual de criança ou adolescente ou de vulnerável (art. 1º, VIII, Lei n. 8.072/90). Segundo a Constituição Federal, os crimes hediondos são inafiançáveis e insuscetíveis de graça ou anistia, assim como prática da tortura, tráfico de entorpecentes e drogas afins, e terrorismo, por eles respondendo mandantes, executores e os que, podendo evitá-los, se omitirem.

▶ Veja Lei n. 8.072/90: "**Art. 1º** São considerados hediondos os seguintes crimes, todos tipificados no Decreto-lei n. 2.848, de 07 de dezembro de 1940 – Código Penal, consumados ou tentados: I – homicídio (art. 121), quando praticado em atividade típica de grupo de extermínio, ainda que cometido por um só agente, e homicídio qualificado (art. 121, § 2º, I, II, III, IV e V); II – latrocínio (art. 157, § 3º, *in fine*); III – extorsão qualificada pela morte (art. 158, § 2º); IV – extorsão mediante sequestro e na forma qualificada (art. 159, *caput*, e §§ 1º, 2º e 3º); V – estupro (art. 213, *caput* e §§ 1º e 2º); VI – estupro de vulnerável (art. 217-A, *caput* e §§ 1º, 2º, 3º e 4º); VII – epidemia com resultado morte (art. 267, § 1º); VII-A – (VETADO); VII-B – falsificação, corrupção, adulteração ou alteração de produto destinado a fins terapêuticos ou medicinais (art. 273, *caput* e § 1º, § 1º-A e § 1º-B, com a redação dada pela Lei n. 9.677, de 2 de julho de 1998). Parágrafo único. Considera-se também hediondo o crime de genocídio previsto nos arts. 1º, 2º e 3º da Lei n. 2.889, de 1º de outubro de 1956, tentado ou consumado".

■ Execução penal. Agravo. Progressão de regime. Crime hediondo cometido antes da Lei n. 11.464/2007. Não aplicação das exigências desse Diploma. Nos termos da maciça jurisprudência do Superior Tribunal de Justiça e desta Corte, tratando-se de crime hediondo cometido antes da vigência da Lei n. 11.464/2007, não têm aplicação as exigências desse Diploma Legal e, portanto, basta o cumprimento de 1/6 da pena para que a condenada obtenha progressão de regime, desde que, obviamente, satisfeitos os requisitos subjetivos. No caso, a apenada satisfaz o requisito objetivo, no entanto não foi analisado pelo juízo da execução o requisito subjetivo. Agravo parcialmente provido. (TJRS, Ag. n. 70.023.889.884, 1ª Câm. Criminal, rel. Manuel José Martinez Lucas, j. 04.06.2008)

Crime putativo É um ato praticado por agente que acredita ou pressupõe que tal ato constitui crime (art. 20, § 1º, CP).

▶ Veja CP: "**Art. 20.** § 1º É isento de pena quem, por erro plenamente justificado pelas circunstâncias, supõe situação de fato que, se existisse, tornaria a ação legítima. Não há isenção de pena quando o erro deriva de culpa e o fato é punível como crime culposo".

Crimes contra a administração ambiental (*v. Crimes contra o meio ambiente*).

Crimes contra a fauna ambiental (*v. Crimes contra o meio ambiente*).

Crimes contra a honra Crimes de calúnia, difamação e injúria, conforme disposto no Capítulo V, Título I, Parte Especial do CP (arts. 138 a 140, CP). São crimes classificados como de mera conduta, sendo objeto da proteção jurídico-penal o bem imaterial honra, que, na definição de Magalhães Noronha, pode ser considerado "o complexo ou conjunto de predicados ou condições da pessoa que lhe conferem consideração social e estima própria" (NORONHA, Edgard Magalhães. *Curso de direito processual penal*, 21.ed. São Paulo: Saraiva, 1992).

▶ Veja CP: "Calúnia – **Art. 138.** Caluniar alguém, imputando-lhe falsamente fato definido como crime: Pena – detenção, de 6 (seis) meses a 2 (dois) anos, e multa. § 1º Na mesma pena incorre quem, sabendo falsa a imputação, a propala ou divulga. § 2º É punível a calúnia contra os mortos. [...] Difamação – **Art. 139.** Difamar alguém, imputando-lhe fato ofensivo à sua reputação: Pena – detenção, de 3 (três) meses a 1 (um) ano, e multa. [...] Injúria **Art. 140.** Injuriar alguém, ofendendo-lhe a dignidade ou o decoro: Pena – detenção, de 1 (um) a 6 (seis) meses, ou multa. [...]".

■ Delegado de polícia. Calúnia. Difamação. Calúnia e difamação contra delegado de polícia. Provas. Alegação de atipicidade da conduta. O apelante, que teve seu filho assassinado, não concordando com a forma como foram conduzidas as investigações pelo Delegado, manifestou sua irresignação de diversas formas, dentre elas através de uma petição à Corregedoria de Polícia Civil, de maneira ofensiva a sua honra. A má condução das investigações não autorizam o réu, mesmo abalado pela morte do filho, a macular a honra do responsável pelas investigações policiais, até porque não restaram comprovadas suas alegações. Delitos caracterizados com as ofensas à honra da citada autoridade policial. Correta a dosimetria da pena fixada no mínimo e substituída a privativa de liberdade por multa. Desprovimento do recurso. (TJRJ, Ap. Criminal n. 2.007.050.01.756, 7ª Câm. Criminal, rel. Des. Alexandre H. Varella, j. 26.06.2007, v.u.)

Crimes contra a ordem econômica Constitui crime contra a ordem econômica: abusar do poder econômico, dominando o mercado ou eliminando, total ou parcialmente, a concorrência mediante qualquer forma de ajuste ou acordo de empresas; firmar acordo, convênio, ajuste ou aliança entre ofertantes, visando: a) à fixação artificial de preços ou quantidades vendidas ou produzidas; b) ao controle regionalizado do mercado por empresa ou grupo de empresas; c) ao controle, em detrimento da concorrência, de rede de distribuição ou de fornecedores (art. 4º, Lei n. 8.137/90).

▶ Veja Lei n. 8.137/90: "**Art. 4º** Constitui crime contra a ordem econômica: I – abusar do poder econômico, dominando o mercado ou eliminando, total ou parcialmente, a concorrência mediante qualquer forma de ajuste ou acordo de empresas; II – formar acordo, convênio, ajuste ou aliança entre ofertantes, visando: *a)* à fixação artificial de preços ou quantidades vendidas ou produzidas; *b)* ao controle regionalizado do mercado por empresa ou grupo de empresas; *c)* ao controle, em detrimento da concorrência, de rede de distribuição ou de fornecedores. Pena – reclusão, de 2 (dois) a 5 (cinco) anos e multa. [...]".

■ Crime contra a ordem econômica. Estelionato. Advocacia administrativa. Corrupção passiva. Denúncia rejeitada por ausência de justa causa. Pretendido recebimento. Reexame de matéria fático-probatória. Impossibilidade. 1. A denúncia foi rejeitada, fundamentalmente, em razão da ausência de justa causa, embasada na análise das particularidades inerentes ao caso. Assim, para desconstituir a conclusão a que chegaram as instâncias ordinárias, na forma pretendida pelo recorrente, seria imprescindível reexaminar o contexto fático-probatório dos autos, o que é vedado em sede de recurso especial (Súmula n. 7/STJ). Precedentes. 2. A alegada inobservância do princípio constitucional do contraditório não foi suscitada oportunamente no recurso especial, tornando-se, portanto, preclusa, uma vez que não se admite inovação argumentativa em sede de agravo regimental. Precedentes. [...] 4. Agravo regimental improvido. (STJ, Ag. Reg. no REsp n. 1.078.641/SE, 6ª T., rel. Min. Sebastião Reis Júnior, j. 05.02.2013, *DJe* 18.02.2013)

Crimes contra a ordem tributária Suprimir ou reduzir tributo ou contribuição social e qualquer acessório mediante as seguintes condutas: omitir informação ou prestar declaração falsa às autoridades fazendárias; fraudar a fiscalização tributária, inserindo elementos inexatos ou omitindo operação de qualquer natureza, em documento ou livro exigido pela lei fiscal; falsificar ou alterar nota fiscal, fatura, duplicata, nota de venda, ou qualquer outro documento relativo à operação tributável; elaborar, distribuir, fornecer, emitir ou utilizar documento que saiba ou deva saber falso ou inexato; negar ou deixar de fornecer, quando obrigatório, nota fiscal ou documento equivalente, relativo a venda de mercadoria ou prestação de serviço, efetivamente realizada, ou fornecê-la em desacordo com a legislação. Constitui crime da mesma natureza: fazer declaração falsa ou omitir declaração sobre rendas, bens ou fatos, ou empregar outra fraude, para eximir-se, total ou parcialmente, de pagamento de tributo; deixar de recolher, no prazo legal, valor de tributo ou de contribuição social, descontado ou cobrado, na qualidade de sujeito passivo de obrigação e que deveria recolher aos cofres públicos; exigir, pagar ou receber, para si ou para o contribuinte beneficiário, qualquer percentagem sobre a parcela dedutível ou deduzida de imposto ou de contribuição como incentivo fiscal; deixar de aplicar, ou aplicar em desacordo com o estatuído, incentivo fiscal ou parcelas de imposto liberadas por órgão ou entidade de desenvolvimento; utilizar ou divulgar programa de processamento de dados que permita ao sujeito passivo da obrigação tributária possuir informação contábil diversa daquela que é, por lei, fornecida à Fazenda Pública (arts. 1º e 2º, Lei n. 8.137/90).

▸ Veja Lei n. 8.137/90: "**Art. 1º** Constitui crime contra a ordem tributária suprimir ou reduzir tributo, ou contribuição social e qualquer acessório, mediante as seguintes condutas: I – omitir informação, ou prestar declaração falsa às autoridades fazendárias; II – fraudar a fiscalização tributária, inserindo elementos inexatos, ou omitindo operação de qualquer natureza, em documento ou livro exigido pela lei fiscal; III – falsificar ou alterar nota fiscal, fatura, duplicata, nota de venda, ou qualquer outro documento relativo à operação tributável; [...] **Art. 2º** Constitui crime da mesma natureza: I – fazer declaração falsa ou omitir declaração sobre rendas, bens ou fatos, ou empregar outra fraude, para eximir-se, total ou parcialmente, de pagamento de tributo; II – deixar de recolher, no prazo legal, valor de tributo ou de contribuição social, descontado ou cobrado, na qualidade de sujeito passivo de obrigação e que deveria recolher aos cofres públicos; III – exigir, pagar ou receber, para si ou para o contribuinte beneficiário, qualquer percentagem sobre a parcela dedutível ou deduzida de imposto ou de contribuição como incentivo fiscal; [...]".

■ Recurso ordinário em *habeas corpus*. Crime contra a ordem tributária. Art. 2º, II, da Lei n. 8.137/90. Pedido de trancamento da ação penal. Alegada atipicidade da conduta por ausência de dolo específico. Revolvimento de fatos e provas. Impossibilidade. Recurso ordinário desprovido. [...] 2. O crime contra a ordem tributária previsto no art. 2º, II, da Lei n. 8.137/90 prescinde de dolo específico, sendo suficiente, para a sua caracterização, a presença do dolo genérico, consistente na omissão voluntária do recolhimento, no prazo legal, do valor devido aos cofres públicos. Precedentes desta Corte e do Supremo Tribunal Federal. 3. A alegação de inexistência de dolo esbarra na impossibilidade de revolvimento do conjunto fático probatório na via estreita do *writ*, motivo pelo qual é vedada, por intermédio do remédio constitucional eleito, a análise pretendida. Precedentes. 4. Recurso ordinário desprovido. (STJ, *HC* n. 29.662/SC, 5ª T., rel. Min. Laurita Vaz, j. 18.06.2013, *DJe* 01.07.2013)

Crimes contra a vida Crimes descritos no Título I – Dos Crimes contra a Pessoa –, Capítulo I, da Parte Especial do Código Penal. São crimes contra a vida: homicídio; induzimento, instigação ou auxílio do suicídio; infanticídio; aborto (arts. 121 a 128, CP).

Crimes contra crianças e adolescentes Delitos praticados por ação ou omissão contra a criança e o adolescente previstos na Lei n. 8.069/90 (ECA). São considerados crimes praticados contra crianças e adolescentes, entre outros: privar criança ou adolescente de sua liberdade, procedendo a sua apreensão sem estar em flagrante de ato infracional ou inexistindo ordem escrita da autoridade judiciária competente; deixar a autoridade policial responsável pela apreensão de criança ou adolescente de fazer imediata comunicação à autoridade judiciária competente e à família do apreendido ou à pessoa por ele indicada; submeter criança ou adolescente sob sua autoridade, guarda ou vigilância a vexame ou constrangimento; deixar a autoridade competente, sem justa causa, de ordenar a imediata liberação de criança ou adolescente tão logo tenha conhecimento da ilegalidade da apreensão; subtrair criança ou adolescente ao poder de quem os tem sob sua guarda em virtude de lei ou ordem judicial com o fim de colocação em lar substituto (arts. 228 a 244, ECA).

▸ Veja Lei n. 8.069/90: "**Art. 228.** Deixar o encarregado de serviço ou o dirigente de estabelecimento de atenção à saúde de gestante de manter registro das atividades desenvolvidas, na forma e prazo referidos no art. 10 desta Lei, bem como de fornecer à parturiente ou a seu responsável, por ocasião da alta médica, declaração de nascimento, onde constem as intercorrências do parto e do desenvolvimento do neonato: [...] **Art. 229.** Deixar o médico, enfermeiro ou dirigente de estabelecimento de atenção à saúde de gestante de identificar corretamente o neonato e a parturiente, por ocasião do parto, bem como deixar de proceder aos exames referidos no art. 10 desta Lei: [...] **Art. 230.** Privar a criança ou o adolescente de sua liberdade, procedendo à sua apreensão sem estar em flagrante de ato infracional ou inexistindo ordem escrita da autoridade judiciária competente: [...] **Art. 231.** Deixar a autoridade policial responsável pela apreensão de criança ou adolescente de fazer imediata comunicação à autoridade judiciária competente e à família do apreendido ou à pessoa por ele indicada: [...] **Art. 232.** Submeter criança ou adolescente sob sua autoridade, guarda ou vigilância a vexame ou a constrangimento: [...] **Art. 234.** Deixar a autoridade competente, sem justa causa, de ordenar a imediata liberação de criança ou adolescente, tão logo tenha conhecimento da ilegalidade da apreensão: [...] **Art. 235.** Descumprir, injustificadamente, prazo fixado nesta Lei em benefício de adolescente privado de liberdade: [...] **Art. 236.** Impedir ou embaraçar a ação de autoridade judiciária, membro do Conselho Tutelar ou representante do Ministério Público no exercício de função prevista nesta Lei: [...] **Art. 237.** Subtrair criança ou adolescente ao poder de quem o tem sob sua guarda em virtude de lei ou ordem judicial, com o fim de colocação em lar substituto: [...] **Art. 238.** Prometer ou efetivar a entrega de filho ou pupilo a terceiro, mediante paga ou recompensa: [...]".

Crimes contra o meio ambiente Crimes praticados contra a fauna e a flora, conforme dispõe a Lei Ambiental (Lei n. 9.605/98). Incidem nos primeiros delitos: matar, perseguir, caçar, apanhar ou utilizar espécimes da fauna silvestre, nativos ou em rota migratória, sem a devida permissão, licença ou autorização da autoridade competente, ou em desacordo com a obtida. Pratica crimes contra a flora aquele que destruir ou danificar floresta considerada de preservação permanente, mesmo que em formação, ou utilizá-la com infringência das normas de proteção.

▶ Veja Lei n. 9.605/98: "**Art. 2º** Quem, de qualquer forma, concorre para a prática dos crimes previstos nesta Lei, incide nas penas a estes cominadas, na medida da sua culpabilidade, bem como o diretor, o administrador, o membro de conselho e de órgão técnico, o auditor, o gerente, o preposto ou mandatário de pessoa jurídica, que, sabendo da conduta criminosa de outrem, deixar de impedir a sua prática, quando podia agir para evitá-la. **Art. 3º** As pessoas jurídicas serão responsabilizadas administrativa, civil e penalmente conforme o disposto nesta Lei, nos casos em que a infração seja cometida por decisão de seu representante legal ou contratual, ou de seu órgão colegiado, no interesse ou benefício da sua entidade. Parágrafo único. A responsabilidade das pessoas jurídicas não exclui a das pessoas físicas, autoras, coautoras ou partícipes do mesmo fato. **Art. 4º** Poderá ser desconsiderada a pessoa jurídica sempre que sua personalidade for obstáculo ao ressarcimento de prejuízos causados à qualidade do meio ambiente".

■ Possibilidade de utilização da ação popular para proteção do meio ambiente. 1. A "Lei n. 4.717/65 deve ser interpretada de forma a possibilitar, por meio de Ação Popular, a mais ampla proteção aos bens e direitos associados ao patrimônio público, em suas várias dimensões (cofres públicos, meio ambiente, moralidade administrativa, patrimônio artístico, estético, histórico e turístico)" (STJ, REsp. n. 453.136/PR, 2ª T., rel. Min. Herman Benjamin, DJe 14.12.2009). Outro precedente: STJ, REsp. n. 849.297/DF, 2ª T., rel. Min. Mauro Campbell Marques, DJe 08.10.2012. 2. O fato de a Lei Municipal n. 4.437/96, logo após a sua edição, ter sido revogada pela Lei Municipal n. 4.466/96 não ostenta a propriedade de exaurir o objeto da ação popular. Deveras, o autor popular pretende a recomposição do dano ambiental e o embargo definitivo da obra de terraplanagem, além da invalidação da Lei Municipal posteriormente revogada. Logo, o processamento da ação popular é medida que se impõe. 3. Agravo regimental não provido. (STJ, Ag. Reg. no REsp n. 1.151.540/SP, 1ª T., rel. Min. Benedito Gonçalves, j. 20.06.2013, DJe 26.06.2013)

Crimes contra o ordenamento urbano e o patrimônio cultural ambiental (v. *Crimes contra o meio ambiente*).

Crimes contra o patrimônio Crimes previstos no Título II da Parte Especial do CP. São crimes contra o patrimônio: furto, roubo, extorsão, usurpação, dano, apropriação indébita, estelionato e receptação (arts. 155 a 180, CP).

Crimes contra os idosos Delitos praticados por ação ou omissão contra os idosos previstos no Estatuto do Idoso (arts. 95 a 108, Lei n. 10.741/2003). São considerados crimes praticados contra idosos, entre outros: discriminar pessoa idosa, impedindo ou dificultando seu acesso a operações bancárias, aos meios de transporte, ao direito de contratar ou por qualquer outro meio ou instrumento necessário ao exercício da cidadania, por motivo de idade; deixar de prestar assistência ao idoso, quando possível fazê-lo sem risco pessoal, em situação de iminente perigo, ou recusar, retardar ou dificultar sua assistência à saúde, sem justa causa, ou não pedir, nesses casos, o socorro de autoridade pública; abandonar o idoso em hospitais, casas de saúde, entidades de longa permanência ou congêneres, ou não prover suas necessidades básicas, quando obrigado por lei ou mandado.

▶ Veja Lei n. 10.741/2003: "**Art. 95.** Os crimes definidos nesta Lei são de ação penal pública incondicionada, não se lhes aplicando os arts. 181 e 182 do Código Penal. **Art. 96.** Discriminar pessoa idosa, impedindo ou dificultando seu acesso a operações bancárias, aos meios de transporte, ao direito de contratar ou por qualquer outro meio ou instrumento necessário ao exercício da cidadania, por motivo de idade: [...] **Art. 97.** Deixar de prestar assistência ao idoso, quando possível fazê-lo sem risco pessoal, em situação de iminente perigo, ou recusar, retardar ou dificultar sua assistência à saúde, sem justa causa, ou não pedir, nesses casos, o socorro de autoridade pública: [...] **Art. 98.** Abandonar o idoso em hospitais, casas de saúde, entidades de longa permanência, ou congêneres, ou não prover suas necessidades básicas, quando obrigado por lei ou mandado: [...] **Art. 99.** Expor a perigo a integridade e a saúde, física ou psíquica, do idoso, submetendo-o a condições desumanas ou degradantes ou privando-o de alimentos e cuidados indispensáveis, quando obrigado a fazê-lo, ou sujeitando-o a trabalho excessivo ou inadequado: [...]".

Crimes contra o sistema financeiro Crimes contra o conjunto de instituições monetárias, ou seja, instituições bancárias, sociedades por ações, mercado financeiro de capitais e valores mobiliários. Equipara-se à instituição financeira: a pessoa jurídica que capte ou administre seguros, câmbio, consórcio, capitalização ou qualquer tipo de poupança, ou recursos de terceiros; a pessoa natural que exerça quaisquer das atividades referidas neste artigo, ainda que de forma eventual. São considerados crimes contra o sistema financeiro: impressão ou publicação não autorizada; divulgação falsa ou incompleta de informação; gestão fraudulenta ou temerária; apropriação indébita e desvio de recursos; sonegação de informação; emissão, oferecimento ou negociação irregular de títulos ou valores mobiliários; exigência de remuneração acima da legalmente permitida; fraude à fiscalização ou ao investidor; documentos contábeis falsos ou incompletos; contabilidade paralela; omissão de informações; desvio de bem indisponível; apresentação de declaração ou reclamação falsa; manifestação falsa; operação desautorizada de instituição financeira; empréstimo a administradores ou parentes e distribuição disfarçada de lucros; violação de sigilo bancário; obtenção fraudulenta de financiamento; aplicação irregular de financiamento; falsa identidade; evasão de divisas; prevaricação financeira (Lei n. 7.492/86). A Lei n. 7.429/86 é também conhecida como Lei dos Crimes de Colarinho-Branco.

▸ Veja Lei n. 7.429/86: "**Art. 1º** Considera-se instituição financeira, para efeito desta Lei, a pessoa jurídica de direito público ou privado, que tenha como atividade principal ou acessória, cumulativamente ou não, a captação, intermediação ou aplicação de recursos financeiros (*Vetado*) de terceiros, em moeda nacional ou estrangeira, ou a custódia, emissão, distribuição, negociação, intermediação ou administração de valores mobiliários. Parágrafo único. Equipara-se à instituição financeira: I – a pessoa jurídica que capte ou administre seguros, câmbio, consórcio, capitalização ou qualquer tipo de poupança, ou recursos de terceiros; II – a pessoa natural que exerça quaisquer das atividades referidas neste artigo, ainda que de forma eventual. **Art. 2º** Imprimir, reproduzir ou, de qualquer modo, fabricar ou pôr em circulação, sem autorização escrita da sociedade emissora, certificado, cautela ou outro documento representativo de título ou valor mobiliário: [...] **Art. 3º** Divulgar informação falsa ou prejudicialmente incompleta sobre instituição financeira: [...] **Art. 4º** Gerir fraudulentamente instituição financeira: [...] **Art. 5º** Apropriar-se, quaisquer das pessoas mencionadas no art. 25 desta Lei, de dinheiro, título, valor ou qualquer outro bem móvel de que tem a posse, ou desviá-lo em proveito próprio ou alheio: [...]".

■ Crimes contra o sistema financeiro nacional. Processual penal. Conexão. Alegação de ilegalidade na separação dos processos. Inexistência. Faculdade do Juízo. Precedentes do Superior Tribunal de Justiça. 1. A conexão e a continência têm como finalidade garantir a união dos processos de forma a propiciar ao julgador uma melhor visão do quadro probatório, permitindo-lhe entregar a melhor prestação jurisdicional e evitando-se, com isso, a existência de decisões conflituosas. Ocorre que essa junção nem sempre pode ser conveniente, tornando até mesmo mais difícil a fase probatória, como o fato de envolver muitos réus ou por razões outras que somente o caso concreto pode determinar. 2. O art. 80 do Código de Processo Penal trata de hipóteses em que "será facultativa a separação dos processos quando as infrações tiverem sido praticadas em circunstâncias de tempo ou de lugar diferentes, ou, quando pelo excessivo número de acusados e para não lhes prolongar a prisão provisória, ou por outro motivo relevante, o juiz reputar conveniente a separação". 3. O MM Juiz Federal, ainda na fase inquisitorial, de modo escorreito, reputou conveniente o desmembramento do feito, pelo excessivo número de investigados, que praticaram as infrações em lugares diferentes. 4. Precedentes desta Corte. 5. Recurso desprovido. (STJ, *HC* n. 31.648/MG, 5ª T., rel. Min. Laurita Vaz, j. 18.06.2013, *DJe* 01.07.2013)

Crimes de trânsito Delitos penais praticados por condutores de veículos automotores em vias públicas, entre eles: homicídio culposo; lesão corporal culposa; omissão de socorro a acidentado (arts. 302 a 312, CTB).

▸ Veja Lei n. 9.503/97: "**Art. 302.** Praticar homicídio culposo na direção de veículo automotor: Penas – detenção, de dois a quatro anos, e suspensão ou proibição de se obter a permissão ou a habilitação para dirigir veículo automotor. Parágrafo único. No homicídio culposo cometido na direção de veículo automotor, a pena é aumentada de um terço à metade, se o agente: I – não possuir Permissão para Dirigir ou Carteira de Habilitação; II – praticá-lo em faixa de pedestres ou na calçada; III – deixar de prestar socorro, quando possível fazê-lo sem risco pessoal, à vítima do acidente; IV – no exercício de sua profissão ou atividade, estiver conduzindo veículo de transporte de passageiros. **Art. 303.** Praticar lesão corporal culposa na direção de veículo automotor: [...] **Art. 304.** Deixar o condutor do veículo, na ocasião do acidente, de prestar imediato socorro à vítima, ou, não podendo fazê-lo diretamente, por justa causa, deixar de solicitar auxílio da autoridade pública: [...] **Art. 305.** Afastar-se o condutor do veículo do local do acidente, para fugir à responsabilidade penal ou civil que lhe possa ser atribuída: [...]".

- Homicídio culposo na direção de veículo automotor. Prescrição da pretensão punitiva. Extinção da punibilidade. A prescrição é matéria de ordem pública, que pode e deve ser reconhecida de ofício, a qualquer tempo e grau de jurisdição, nos termos do art. 61 do Código de Processo Penal. Considerando que a pena aplicada ao agravante não excede a 2 anos e que o paciente é primário, o prazo prescricional é de 4 anos, nos termos do art. 109, V, do CP. Transcorrido o lapso de mais de 4 anos desde a publicação da sentença condenatória (15.04.2009), último marco interruptivo da prescrição, constata-se a ocorrência da prescrição da pretensão punitiva do Estado, segundo o disposto no art. 107, IV, do CP. Extinção, de ofício, da punibilidade pela superveniência da prescrição da pretensão punitiva estatal, nos termos do art. 61 do CPP. Prejudicado o exame dos embargos de declaração. (STJ, Emb. Decl. no Ag. Reg. nos Emb. Decl. no Ag. n. 1.429.560/CE, 5ª T., rel. Min. Marilza Maynard (Des. convocada do TJSE), j. 18.06.2013, *DJe* 24.06.2013)

Criminalística Conjunto de conhecimentos técnico-científicos que tem por finalidade a apreciação, interpretação e descrição dos elementos de ordem material encontrados no local do fato criminoso, bem como dos instrumentos utilizados para a realização do crime, com o objetivo de identificar as circunstâncias do crime e a sua autoria. "Conjunto de conhecimentos que, reunindo as contribuições das várias ciências, indica os meios para descobrir crimes, identificar os seus autores e encontrá-los, utilizando-se de subsídios da química, da antropologia, da psicologia, da medicina legal, da psiquiatria, da datiloscopia, etc., que são considerados ciências auxiliares do direito penal" (*Enciclopédia Saraiva de Direito*, v. 21, 1997:486).

Criminologia Estudo do crime. Expressão originada do latim *crimino* (crime) e do grego *logos* (estudo). "Ciência empírica (baseada na observação e na experiência) e interdisciplinar que tem por objeto de análise do crime, a personalidade do autor do comportamento delitivo, da vítima e o controle social das condutas criminosas" (PENTEADO FILHO, Nestor Sampaio. *Manual esquemático de criminologia*. 3.ed. São Paulo, Saraiva, 2013, p. 21).

Culpa Elemento subjetivo do crime (art. 18, II, CP) ou do ato ilícito que consiste em negligência, imperícia e imprudência (arts. 186, 187 e 927, CC). Característica e fundamento do crime culposo, ou seja, aquele praticado sem dolo ou intenção do agente.

- Veja CC: "**Art. 186.** Aquele que, por ação ou omissão voluntária, negligência ou imprudência, violar direito e causar dano a outrem, ainda que exclusivamente moral, comete ato ilícito".

- Veja CP: "**Art. 18.** Diz-se o crime: [...] Crime culposo II – culposo, quando o agente deu causa ao resultado por imprudência, negligência ou imperícia. Parágrafo único. Salvo os casos expressos em lei, ninguém pode ser punido por fato previsto como crime, senão quando o pratica dolosamente. [...]".

Culpa aquiliana Culpa extracontratual, assim denominada em razão de não decorrer de obrigação preexistente em contrato, caracterizadora do ato ilícito (art. 186, CC). Expressão derivada da Lei de Aquília (*Lex Aquilia de damno*), de autoria do tribuno romano Lúcio Aquílio, em 286 a.C., que tornava obrigatório o ressarcimento dos prejuízos por parte daquele que, de qualquer forma, tivesse causado danos a outrem. A culpa aquiliana foi recepcionada em nosso ordenamento jurídico, nos arts. 186, 187 e 927 do CC, que determina àquele que praticar ato ilícito a responsabilidade de indenizar.

- Veja CC: "**Art. 186.** Aquele que, por ação ou omissão voluntária, negligência ou imprudência, violar direito e causar dano a outrem, ainda que exclusivamente moral, comete ato ilícito. [...]".

Culpa concorrente Culpa recíproca imputada em maior ou menor grau ao lesante e ao lesado pela prática do evento danoso. Verifica-se quando a vítima tiver concorrido culposamente para o evento danoso. Nesse caso, sua indenização será fixada tendo-se em conta a gravidade de sua culpa em confronto com a do autor do dano (art. 945, CC).

- Veja CC: "**Art. 945.** Se a vítima tiver concorrido culposamente para o evento danoso, a sua indenização será fixada tendo-se em conta a gravidade de sua culpa em confronto com a do autor do dano".

- Apelação cível. Responsabilidade civil em acidente de trânsito. Ação ordinária, denunciação da lide e reconvenção. Colisão entre caminhões. 1. Os elementos de prova juntados aos autos indicam a culpa concorrente, em idêntica proporção, dos condutores de cada um dos caminhões pelo acidente de trânsito, visto não terem observado a norma inscrita no art. 29, II, do CTB. 2. Em consequência, deve ser confirmada a condenação de cada um dos litigantes ao ressarcimento de metade dos prejuízos sofridos pela parte adversa. 3. Não há falar em compensação das indenizações, pois não restou caracterizada a hipótese de incidência da norma inscrita no art. 368 do Código Civil. 4. Os juros moratórios incidentes sobre a verba indenizatória devida ao autor vão reduzidos para 6% ao ano até a vigência do Código Civil de 2002 quanto à cobertura a ser realizada. 5. A verba indenizatória deve ser enquadrada, para fins de cobertura securitária, na rubrica RCF Danos Materiais. 6. Incidem juros moratórios de 1% sobre os valores inscritos na apólice a partir da data do trânsito em julgado da sentença. [...] Primeira apelação (do autor) desprovida. Segunda apelação (da seguradora) parcialmente provida. (TJRS, Ap. Cível n. 70.054.960.794, 12ª Câm. Cível, rel. Mário Crespo Brum, j. 18.07.2013)

Culpa consciente Culpa que se manifesta no momento em que "o autor da ação, embora prevendo as consequências ou o resultado da mesma, acredita, de modo sincero, na possibilidade de contornar situações e evitar o evento lesivo ao direito" (LEIRIA, Antônio Fabrício. *Delitos de trânsito*, Porto Alegre, Síntese, 1976, p. 23).

Culpa *in eligendo* Resulta da escolha malfeita e ocorre em relação às seguintes pessoas: o patrão por seus empregados; serviçais e prepostos, no exercício do trabalho que lhes competir, ou por ocasião dele; os donos de hotéis, hospedarias, casas ou estabelecimentos, em que se albergue por dinheiro, mesmo para fins de educação, por seus hóspedes, moradores e educandos (art. 932, CC).

- Veja CC: "**Art. 932.** São também responsáveis pela reparação civil: I – os pais, pelos filhos menores que estiverem sob sua autoridade e em sua companhia; II – o tutor e o curador, pelos pupilos e curatelados, que se acharem nas mesmas condições; III – o empregador ou comitente, por seus empregados, serviçais e prepostos, no exercício do trabalho que lhes competir, ou em razão dele; IV – os donos de hotéis, hospedarias, casas ou estabelecimentos onde se albergue por dinheiro, mesmo para fins de educação, pelos seus hóspedes, moradores e educandos; V – os que gratuitamente houverem participado nos produtos do crime, até a concorrente quantia".

- Responsabilidade civil. Acidente de trânsito. "Cavalo mecânico" e reboque. Proprietários distintos. Contrato de locação. Solidariedade. Preposição. 1. Responde civilmente por *culpa in eligendo* a transportadora, dona de reboque, que contrata transporte de cargas por "cavalo mecânico" inadequadamente conservado e conduzido pelo seu preposto para circular em rodovias movimentadas. [...] 5. Não há similitude fática, para efeito de caracterização do dissídio jurisprudencial, entre o caso concreto e os paradigmas apontados, nos quais inexiste vínculo de preposição entre a proprietária do reboque e o motorista, ou entre a transportadora e o dono do "cavalo mecânico". 6. O conjunto fático-probatório dos autos é claro quanto à presença de vínculos contratuais estreitos entre a transportadora e o dono do "cavalo mecânico", reconhecendo-se, por várias circunstâncias, a preposição do dono do "cavalo mecânico" em relação à transportadora, cuja revisão é inviável no recurso especial (Súmulas ns. 5 e 7/STJ). 7. "É presumida a culpa do patrão ou comitente pelo ato culposo do empregado ou preposto" (Súmula n. 341/STF). 8. Recursos especiais desprovidos. (STJ, REsp n. 453.882/MG, 3ª T., rel. Min. Ricardo Villas Bôas Cueva, j. 18.09.2012, *DJe* 25.09.2012)

Culpa *in vigilando* Decorre da falta de vigilância ou atenção a que estão obrigadas certas pessoas em relação a outras, como os pais em relação aos filhos que estiverem sob seu poder e em sua companhia; o tutor e o curador pelos pupilos e curatelados que se acharem nas mesmas condições (art. 932, CC).

- Veja CC: "**Art. 932.** São também responsáveis pela reparação civil: I – os pais, pelos filhos menores que estiverem sob sua autoridade e em sua companhia; II – o tutor e o curador, pelos pupilos e curatelados, que se acharem nas mesmas condições; III – o empregador ou comitente, por seus empregados, serviçais e prepostos, no exercício do trabalho que lhes competir, ou em razão dele; IV – os donos de hotéis, hospedarias, casas ou estabelecimentos onde se albergue por dinheiro, mesmo para fins de educação, pelos seus hóspedes, moradores e educandos; V – os que gratuitamente houverem participado nos produtos do crime, até a concorrente quantia".

- Acidente. *Culpa in vigilando*. Reexame fático-probatório. Enunciado n. 7 da Súmula do STJ. Indenização. Cabível. Verbete 83 da Súmula do STJ. Valor. Revisão. Não cabimento. 1. O acórdão recorrido analisou todas as questões necessárias ao deslinde da controvérsia, não se configurando omissão alguma ou negativa de prestação jurisdicional. 2. O Tribunal de origem, com base nos fatos e provas dos autos, concluiu pela responsabilidade da empresa pelo acidente, em decorrência da *culpa in vigilando*. Inviável o reexame de matéria fática. Incidência do verbete 7 da Súmula desta Corte. 3. Constatada a ocorrência da culpa *in vigilando*, cabível a indenização pelos danos morais ao trabalhador. O Tribunal de origem julgou nos moldes da jurisprudência pacífica desta Corte. Incidente o Enunciado 83 da Súmula do STJ. [...] 5. Agravo regimental a que se nega provimento. (STJ, Ag. Reg. no AREsp n. 293.490/MG, 4ª T., rel. Min. Maria Isabel Gallotti, j. 16.05.2013, DJe 31.05.2013)

Cumprimento de sentença Procedimento judicial destinado a obter o pagamento de valores fixados em sentença condenatória originada de processo de conhecimento. O cumprimento de sentença, previsto no art. 475-J, CPC/73, exige simples petição na qual o credor requer a intimação do devedor para que efetue o pagamento no prazo de quinze dias, sob pena de acréscimo de 10% de multa e de expedição de mandado de penhora e avaliação.

- Veja CPC/73: "**Art. 475-I.** O cumprimento da sentença far-se-á conforme os arts. 461 e 461-A desta Lei ou, tratando-se de obrigação por quantia certa, por execução, nos termos dos demais artigos deste Capítulo. [...] **Art. 475-J.** Caso o devedor, condenado ao pagamento de quantia certa ou já fixada em liquidação, não o efetue no prazo de quinze dias, o montante da condenação será acrescido de multa no percentual de dez por cento e, a requerimento do credor e observado o disposto no art. 614, inciso II, desta Lei, expedir-se-á mandado de penhora e avaliação. [...]".

- Veja CPC/2015: "**Art. 513.** O cumprimento da sentença será feito segundo as regras deste Título, observando-se, no que couber e conforme a natureza da obrigação, o disposto no Livro II da Parte Especial deste Código. § 1º O cumprimento da sentença que reconhece o dever de pagar quantia, provisório ou definitivo, far-se-á a requerimento do exequente. § 2º O devedor será intimado para cumprir a sentença: I – pelo Diário da Justiça, na pessoa do seu advogado constituído nos autos; II – por carta com aviso de recebimento, quando representado pela Defensoria Pública ou quando não tiver procurador constituído nos autos, ressalvada a hipótese do inciso IV; III – por meio eletrônico, quando, no caso do § 1º do art. 246, não tiver procurador constituído nos autos; IV – por edital, quando, citado na forma do art. 256, tiver sido revel na fase de conhecimento. [...] **Art. 515.** São títulos executivos judiciais, cujo cumprimento dar-se-á de acordo com os artigos previstos neste Título: I – as decisões proferidas no processo civil que reconheçam a exigibilidade de obrigação de pagar quantia, de fazer, de não fazer ou de entregar coisa; II – a decisão homologatória de autocomposição judicial; III – a decisão homologatória de autocomposição extrajudicial de qualquer natureza; IV – o formal e a certidão de partilha, exclusivamente em relação ao inventariante, aos herdeiros e aos sucessores a título singular ou universal; V – o crédito de auxiliar da justiça, quando as custas, emolumentos ou honorários tiverem sido aprovados por decisão judicial; VI – a sentença penal condenatória transitada em julgado; VII – a sentença arbitral; VIII – a sentença estrangeira homologada pelo Superior Tribunal de Justiça; IX – a decisão interlocutória estrangeira, após a concessão do *exequatur* à carta rogatória pelo Superior Tribunal de Justiça. [...] § 1º Nos casos dos incisos VI a IX, o devedor será citado no juízo cível para o cumprimento da sentença ou para a liquidação no prazo de 15 (quinze) dias. [...]".

- Súmula n. 517, STJ: São devidos honorários advocatícios no cumprimento de sentença, haja ou não impugnação, depois de escoado o prazo para pagamento voluntário, que se inicia após a intimação do advogado da parte executada.

Cumprimento de sentença condenatória de pagamento de prestação alimentícia Procedimento judicial destinado a compelir o devedor ao pagamento de valores fixados em sentença condenatória em alimentos ou de decisão interlocutória que fixa alimentos originada de processo de conhecimento. O cumprimento de sentença exige simples petição na qual o credor requer a intimação do devedor para que efetue o pagamento no prazo de três dias sob pena de prisão de um a três meses. Requerida a prisão do alimentante em face do inadimplemento, o débito alimentar que autoriza sua prisão civil é o que compreende as três prestações anteriores ao ajuizamento da execução e as que vencerem no curso do processo (art. 528, CPC/2015). O exequente pode optar por promover o cumprimento da sentença ou decisão desde logo, caso em que não será admissível a prisão do executado e, recaindo a penhora em dinheiro, a concessão de efeito suspensivo à impugnação não obsta a que o exequente levante mensalmente a importância da prestação (art. 528, § 7º, CPC/2015).

▸ Veja CPC/2015: "**Art. 528.** No cumprimento de sentença que condene ao pagamento de prestação alimentícia ou de decisão interlocutória que fixe alimentos, o juiz, a requerimento do exequente, mandará intimar o executado pessoalmente para, em 3 (três) dias, pagar o débito, provar que o fez ou justificar a impossibilidade de efetuá-lo. § 1º Caso o executado, no prazo referido no *caput*, não efetue o pagamento, não prove que o efetuou ou não apresente justificativa da impossibilidade de efetuá-lo, o juiz mandará protestar o pronunciamento judicial, aplicando-se, no que couber, o disposto no art. 517. § 2º Somente a comprovação de fato que gere a impossibilidade absoluta de pagar justificará o inadimplemento. § 3º Se o executado não pagar ou se a justificativa apresentada não for aceita, o juiz, além de mandar protestar o pronunciamento judicial na forma do § 1º, decretar-lhe-á a prisão pelo prazo de 1 (um) a 3 (três) meses. § 4º A prisão será cumprida em regime fechado, devendo o preso ficar separado dos presos comuns. § 5º O cumprimento da pena não exime o executado do pagamento das prestações vencidas e vincendas. § 6º Paga a prestação alimentícia, o juiz suspenderá o cumprimento da ordem de prisão. § 7º O débito alimentar que autoriza a prisão civil do alimentante é o que compreende até as 3 (três) prestações anteriores ao ajuizamento da execução e as que se vencerem no curso do processo. § 8º O exequente pode optar por promover o cumprimento da sentença ou decisão desde logo, nos termos do disposto neste Livro, Título II, Capítulo III, caso em que não será admissível a prisão do executado, e, recaindo a penhora em dinheiro, a concessão de efeito suspensivo à impugnação não obsta a que o exequente levante mensalmente a importância da prestação. § 9º Além das opções previstas no art. 516, parágrafo único, o exequente pode promover o cumprimento da sentença ou decisão que condena ao pagamento de prestação alimentícia no juízo de seu domicílio".

Cumprimento de sentença condenatória em quantia certa Procedimento judicial destinado a obter o pagamento de valores fixados em sentença condenatória originada de processo de conhecimento. O cumprimento de sentença exige simples petição na qual o credor requer a intimação do devedor para que efetue o pagamento no prazo de quinze dias sob pena de acréscimo de 10% de multa e expedição de mandado de penhora e avaliação (art. 523, CPC/2015).

▸ Veja CPC/2015: "**Art. 523.** No caso de condenação em quantia certa, ou já fixada em liquidação, e no caso de decisão sobre parcela incontroversa, o cumprimento definitivo da sentença far-se-á a requerimento do exequente, sendo o executado intimado para pagar o débito, no prazo de 15 (quinze) dias, acrescido de custas, se houver. § 1º Não ocorrendo pagamento voluntário no prazo do *caput*, o débito será acrescido de multa de dez por cento e, também, de honorários de advogado de dez por cento. [...]".

▪ Impugnação ao cumprimento de sentença no tocante a saldo remanescente. Cabimento. Garantia do Juízo como condição necessária à impugnação. Violação do art. 535 do CPC não configurada. Intempestividade da impugnação. Súmula n. 284 do STF. [...] 3. A impugnação à execução – ainda que de saldo remanescente – é decorrência natural do direito de ação, porquanto a ordem jurídica, ao instituir mecanismos para o executado reagir contra a execução que se desenvolva injusta ou ilegalmente, quer que o executado não se encontre desamparado, a despeito do seu estado de sujeição à eficácia do título executivo. Isso porque sempre haverá situações em que a atividade executiva, desviando-se da legalidade estrita, pode atingir injustamente uma parte ou a integralidade do patrimônio do executado. 4. No caso concreto, trata-se de novo procedimento executivo versando sobre valores não abrangidos pela execução anterior, razão pela qual é direito do devedor que lhe seja franqueada a possibilidade de nova defesa, não havendo cogitar em preclusão. 5. A exegese decorrente do disposto no art. 475-J, § 1º, do CPC acena inequivocamente para a imprescindibilidade da prévia lavratura do auto de penhora e avaliação – garantia do juízo – para que, aí sim, seja aberta a oportunidade para o oferecimento de impugnação. A mesma lógica é extraída do teor do art. 475-L do CPC, que admite, como uma das matérias a serem alegadas por meio da impugnação, a penhora incorreta ou a avaliação errônea. Precedentes. [...] (STJ, REsp n. 1.265.894/RS, 4ª T., rel. Min. Luis Felipe Salomão, j. 11.06.2013, *DJe* 26.06.2013)

Cumprimento de sentença condenatória em quantia certa pela Fazenda Pública Procedimento judicial destinado a obter da Fazenda Pública o pagamento de quantia certa fixada em sentença condenatória, originada de processo de conhecimento. O cumprimento de sentença exige simples petição na qual o credor requer a intimação do devedor para que efetue o pagamento no prazo de trinta dias, não se lhe aplicando a multa de 10% (art. 534, CPC/2015).

▶ Veja CPC/2015: "**Art. 534.** No cumprimento de sentença que impuser à Fazenda Pública o dever de pagar quantia certa, o exequente apresentará demonstrativo discriminado e atualizado do crédito contendo: I – o nome completo e o número de inscrição no Cadastro de Pessoas Físicas ou no Cadastro Nacional da Pessoa Jurídica do exequente; II – o índice de correção monetária adotado; III – os juros aplicados e as respectivas taxas; IV – o termo inicial e o termo final dos juros e da correção monetária utilizados; V – a periodicidade da capitalização dos juros, se for o caso; VI – a especificação dos eventuais descontos obrigatórios realizados. § 1º Havendo pluralidade de exequentes, cada um deverá apresentar o seu próprio demonstrativo, aplicando-se à hipótese, se for o caso, o disposto nos §§ 1º e 2º do art. 113. § 2º A multa prevista no § 1º do art. 523 não se aplica à Fazenda Pública".

Cumprimento provisório de sentença condenatória em quantia certa Procedimento judicial destinado ao cumprimento provisório de sentença condenatória em quantia certa na hipótese de impugnação feita pelo devedor mediante recurso desprovido de efeito suspensivo. A multa de 10% também é devida no cumprimento provisório de sentença condenatória ao pagamento de quantia certa. O cumprimento provisório da sentença será requerido por petição acompanhada de cópias das seguintes peças do processo, cuja autenticidade poderá ser certificada pelo próprio advogado, sob sua responsabilidade pessoal: sentença ou acórdão exequendo; certidão de interposição do recurso não dotado de efeito suspensivo; procurações outorgadas pelas partes; decisão de habilitação, se for o caso; facultativamente, outras peças processuais consideradas necessárias para demonstrar a existência do crédito (art. 520, CPC/2015).

▶ Veja CPC/2015: "**Art. 520.** O cumprimento provisório da sentença impugnada por recurso desprovido de efeito suspensivo será realizado da mesma forma que o cumprimento definitivo, sujeitando-se ao seguinte regime: I – corre por iniciativa e responsabilidade do exequente, que se obriga, se a sentença for reformada, a reparar os danos que o executado haja sofrido; II – fica sem efeito, sobrevindo decisão que modifique ou anule a sentença objeto da execução, restituindo-se as partes ao estado anterior e liquidando-se eventuais prejuízos nos mesmos autos; III – se a sentença objeto de cumprimento provisório for modificada ou anulada apenas em parte, somente nesta ficará sem efeito a execução; IV – o levantamento de depósito em dinheiro e a prática de atos que importem transferência de posse ou alienação de propriedade ou de outro direito real, ou dos quais possa resultar grave dano ao executado, dependem de caução suficiente e idônea, arbitrada de plano pelo juiz e prestada nos próprios autos. § 1º No cumprimento provisório da sentença, o executado poderá apresentar impugnação, se quiser, nos termos do art. 525. § 2º A multa e os honorários a que se refere o § 1º do art. 523 são devidos no cumprimento provisório de sentença condenatória ao pagamento de quantia certa. § 3º Se o executado comparecer tempestivamente e depositar o valor, com a finalidade de isentar-se da multa, o ato não será havido como incompatível com o recurso por ele interposto. [...] **Art. 522.** O cumprimento provisório da sentença será requerido por petição dirigida ao juízo competente. Parágrafo único. Não sendo eletrônicos os autos, a petição será acompanhada de cópias das seguintes peças do processo, cuja autenticidade poderá ser certificada pelo próprio advogado, sob sua responsabilidade pessoal: I – decisão exequenda; II – certidão de interposição do recurso não dotado de efeito suspensivo; III – procurações outorgadas pelas partes; IV – decisão de habilitação, se for o caso; V – facultativamente, outras peças processuais consideradas necessárias para demonstrar a existência do crédito".

Cumulação de ações Faculdade que a lei oferece ao autor de, em determinados casos, ajuizar simultaneamente mais de uma ação, desde que os objetos de ambas sejam compatíveis. São exemplos: ação de divisão e demarcação (arts. 946 e 947, CPC/73); e inventários de pessoas diversas (art. 1.043, CPC/73).

▶ Veja CPC/73: "**Art. 946.** Cabe: I – a ação de demarcação ao proprietário para obrigar o seu confinante a estremar os respectivos prédios, fixando-se novos limites entre eles ou aviventando-se os já apagados; II – a ação de divisão, ao condômino para obrigar os demais consortes, a partilhar a coisa comum. **Art. 947.** É lícita a cumulação destas ações; caso em que deverá processar-se primeiramente a demarcação total ou parcial da coisa comum, citando-se os confinantes e condôminos. [...] **Art. 1.043.** Falecendo o cônjuge meeiro supérstite antes da partilha dos bens do pré-morto, as duas heranças serão cumulativamente inventariadas e partilhadas, se os herdeiros de ambos forem os mesmos. [...]".

▶ Veja CPC/2015: "**Art. 569.** Cabe: I – ao proprietário ação de demarcação, para obrigar o seu confinante a estremar os respectivos prédios, fixando-se novos limites entre eles ou aviventando-se os já apagados; II – ao condômino a ação de divisão, para obrigar os demais consortes a estremar os quinhões. **Art. 570.** É lícita a cumulação dessas ações, caso em que deverá processar-se primeiramente a demarcação total ou parcial da coisa comum, citando-se os confinantes e os condôminos. [...] **Art. 672.** É lícita a cumulação de inventários para a partilha de heranças de pessoas diversas quando houver: I – identidade de pessoas entre as quais devam ser repartidos os bens; II – heranças deixadas pelos dois cônjuges ou companheiros; III – dependência de uma das partilhas em relação à outra. [...]".

Cumulação de pedidos Faculdade que a lei oferece ao autor de formular mais de um pedido na petição inicial desde que sejam compatíveis entre si (art. 292, CPC/73). Exemplo: manutenção de posse com pedidos de perdas e danos e cominação de pena para caso de nova turbação (art. 921, CPC/73). A petição inicial que contiver pedidos incompatíveis poderá ser indeferida pelo juiz (art. 295, CPC/73).

- Veja CPC/73: "**Art. 292.** É permitida a cumulação, num único processo, contra o mesmo réu, de vários pedidos, ainda que entre eles não haja conexão. § 1º São requisitos de admissibilidade da cumulação: I – que os pedidos sejam compatíveis entre si; II – que seja competente para conhecer deles o mesmo juízo; III – que seja adequado para todos os pedidos o tipo de procedimento. [...] **Art. 921.** É lícito ao autor cumular ao pedido possessório o de: I – condenação em perdas e danos; II – cominação de pena para caso de nova turbação ou esbulho; [...]".

- Veja CPC/2015: "**Art. 326.** É lícito formular mais de um pedido em ordem subsidiária, a fim de que o juiz conheça do posterior, quando não acolher o anterior. Parágrafo único. É lícito formular mais de um pedido, alternativamente, para que o juiz acolha um deles. [...] **Art. 330.** A petição inicial será indeferida quando: [...] § 1º [...] V – contiver pedidos incompatíveis entre si. [...] **Art. 555.** É lícito ao autor cumular ao pedido possessório o de: I – condenação em perdas e danos; II – indenização dos frutos. Parágrafo único. Pode o autor requerer, ainda, imposição de medida necessária e adequada para: I – evitar nova turbação ou esbulho; II – cumprir-se a tutela provisória ou final".

- Súmula n. 387, STJ: É lícita a cumulação das indenizações de dano estético e dano moral.

- Negócios jurídicos bancários. Ação revisional. Contratos de empréstimo. A inépcia da petição inicial está relacionada ao pedido e à causa de pedir. Em havendo clara descrição dos fatos, coerente fundamentação jurídica e pedidos expressos e específicos, não há falar em inépcia da inicial. De igual forma, não há óbice à cumulação de pedidos referentes à declaração de nulidade de cláusula e condenação da instituição à devolução de eventual valor a maior. Preliminares rejeitadas. Revisão de toda a contratação: de acordo com orientação consolidada do egrégio STJ (Súmula n. 286), a sucessão negocial não impede a revisão de toda a contratualidade havida entre as partes. Código de defesa do consumidor: aplica-se o CDC aos negócios jurídicos firmados entre os agentes econômicos, as instituições financeiras e os usuários de seus produtos e serviços (Súmula n. 297 do STJ). [...] (TJRS, Ap. Cível n. 70.053.803.854, 23ª Câm. Cível, rel. Clademir José Ceolin Missaggia, j. 05.06.2013)

Curador Pessoa idônea a quem se atribui a função de exercer a curatela, destinada a reger a pessoa e os bens de indivíduo maior, porém incapacitado para fazê-lo. Quando o interdito for pessoa casada ou em união estável, o cônjuge ou companheiro, não separado judicialmente ou de fato, é, de fato, seu curador (art. 1.775, CC) (*v. Curatela*).

- Veja CPC/2015: "**Art. 759.** O tutor ou o curador será intimado a prestar compromisso no prazo de 5 (cinco) dias contado da: I – nomeação feita em conformidade com a lei; II – intimação do despacho que mandar cumprir o testamento ou o instrumento público que o houver instituído. § 1º O tutor ou o curador prestará o compromisso por termo em livro rubricado pelo juiz. § 2º Prestado o compromisso, o tutor ou o curador assume a administração dos bens do tutelado ou do interditado. **Art. 760.** O tutor ou o curador poderá eximir-se do encargo apresentando escusa ao juiz no prazo de 5 (cinco) dias contado: I – antes de aceitar o encargo, da intimação para prestar compromisso; II – depois de entrar em exercício, do dia em que sobrevier o motivo da escusa. [...]".

- Conflito. Curatela de incapaz. Fins previdenciários. É da Justiça comum estadual a competência para o processo no qual se pretende a nomeação de curador de incapaz para os fins de direito, ainda que dentro desses esteja o de pleitear aposentadoria junto ao INSS. Competência do juízo suscitado. (STJ, Conflito de Comp. n. 30.715/MA, 2ª Seção, rel. Min. Cesar Asfor Rocha, j. 22.02.2001, *DJ* 09.04.2001, p. 328)

Curador à lide Ou curador especial. Pessoa nomeada pelo juiz, incumbida de zelar pelos interesses do incapaz, se este não tiver representante legal ou se os interesses deste colidirem com os daquele, enquanto durar a incapacidade, e do réu preso revel, bem como do réu revel citado por edital ou com hora certa, enquanto não for constituído advogado (art. 72, CPC/2015). Também aplica-se ao ausente, se o não tiver, e ao incapaz, se concorrer na partilha com seu representante, desde que exista colisão de interesses (art. 686, CPC/2015).

▶ Veja CPC/73: "**Art. 9º** O juiz dará curador especial: I – ao incapaz, se não tiver representante legal, ou se os interesses deste colidirem com os daquele; II – ao réu preso, bem como ao revel citado por edital ou com hora certa. Parágrafo único. Nas comarcas onde houver representante judicial de incapazes ou de ausentes, a este competirá a função de curador especial".

▶ Veja CPC/2015: "**Art. 72.** O juiz nomeará curador especial ao: I – incapaz, se não tiver representante legal ou se os interesses deste colidirem com os daquele, enquanto durar a incapacidade; II – réu preso revel, bem como ao réu revel citado por edital ou com hora certa, enquanto não for constituído advogado. Parágrafo único. A curatela especial será exercida pela Defensoria Pública, nos termos da lei. [...] **Art. 686.** O juiz dará curador especial: I – ao ausente, se o não tiver; II – ao incapaz, se concorrer na partilha com o seu representante, desde que exista colisão de interesses".

Curadoria especial Diz-se das curadorias instituídas temporariamente para a prática de determinados atos de forma que, depois de concluídos estes, esgota-se automaticamente a função de curador. Em regra, essas curadorias são exercidas pelos membros do Ministério Público, defensores públicos ou advogados nomeados pelo juiz da causa, dando origem à expressão "curador *ad hoc*". A curadoria especial se aplica: ao incapaz, se não tiver representante legal ou se os interesses deste colidirem com os daquele, enquanto durar a incapacidade; ao réu preso revel, bem como ao réu revel citado por edital ou com hora certa, enquanto não for constituído advogado; ao ausente, se o não tiver, e ao incapaz, se concorrer na partilha com o seu representante, desde que exista colisão de interesses (arts. 72 e 686, CPC/2015) (*v. Curador à lide*).

Curatela Incumbência conferida pelo juiz, em processo de interdição, a alguém para cuidar dos interesses de outrem que não pode fazê-lo pessoalmente. Estão sujeitos à curatela: aqueles que, por enfermidade ou deficiência mental, não tiverem o necessário discernimento para os atos da vida civil; aqueles que, por outra causa duradoura, não puderem exprimir sua vontade; deficientes mentais, ébrios habituais e viciados em tóxicos; excepcionais sem completo desenvolvimento mental; e pródigos (art. 1.767, CC).

▶ Veja CC: "**Art. 1.767.** Estão sujeitos a curatela: I – aqueles que, por enfermidade ou deficiência mental, não tiverem o necessário discernimento para os atos da vida civil; II – aqueles que, por outra causa duradoura, não puderem exprimir a sua vontade; III – os deficientes mentais, os ébrios habituais e os viciados em tóxicos; IV – os excepcionais sem completo desenvolvimento mental; V – os pródigos. [...]".

■ Família. Interdição e curatela. Ação de prestação de contas. Caso de extrema gravidade. Suspensão do exercício da função de curador. Possibilidade. Curador substituto. Ordem de preferência legal. Peculiaridades. Prudente arbítrio do juiz. 1. A cessação do exercício da curatela, por meio da remoção do curador, exige procedimento próprio, com observância da forma legal disposta nos arts. 1.194 a 1.198 do CPC. 2. A suspensão da curatela, prevista no art. 1.197 do CPC, pode ser determinada no bojo de outra ação, desde que esteja configurado caso de extrema gravidade que atinja a pessoa ou os bens do curatelado. 3. Admitida a existência de fatos sérios passíveis de causar dano ao patrimônio da curatelada, deve ser mantida a decisão que determinou a suspensão do exercício da função de curador regularmente nomeado nos autos de interdição, para, somente após a apuração dos fatos, mediante o devido processo legal e ampla defesa, decidir-se pela remoção definitiva ou retorno do curador à sua função [...] 5. Nos processos de curatela, as medidas devem ser tomadas no interesse da pessoa interditada, o qual deve prevalecer diante de quaisquer outras questões. 6. Agregue-se à especial relevância dos direitos e interesses do interditado a tutela conferida às pessoas com 60 anos ou mais, que devem ter respeitada sua peculiar condição de idade. [...] 8. Recurso especial não provido. (STJ, REsp n. 1.137.787/MG, 3ª T., rel. Min. Nancy Andrighi, j. 09.11.2010, *DJe* 24.11.2010)

Curatela do nascituro Curatela concedida ao nascituro na hipótese de a mulher grávida enviuvar e não estiver exercendo o poder familiar (art. 1.779, CC). A nomeação de curador somente se justifica quando demonstrada a necessidade de preservar direitos do nascituro, por exemplo, o de receber herança, legado ou doação, consolidados após o nascimento com vida.

▸ Veja CC: "**Art. 1.779.** Dar-se-á curador ao nascituro, se o pai falecer estando grávida a mulher, e não tendo o poder familiar. Parágrafo único. Se a mulher estiver interdita, seu curador será o do nascituro".

Curatela própria É a curatela requerida pelo próprio interessado, enfermo ou portador de deficiência física, com a finalidade de nomeação de curador que possa cuidar de todos ou de alguns de seus bens ou negócios (art. 1.780, CC).

▸ Veja CC: "**Art. 1.780.** A requerimento do enfermo ou portador de deficiência física, ou, na impossibilidade de fazê-lo, de qualquer das pessoas a que se refere o art. 1.768, dar-se-lhe-á curador para cuidar de todos ou alguns de seus negócios ou bens".

Custas Despesas, encargos, gastos acarretados com promoção ou realização de atos processuais ou registros públicos que devem ser ressarcidos pela parte requerente ou pela parte vencida em processo judicial. Salvo as disposições concernentes à justiça gratuita, cabe às partes prover as despesas dos atos que realizam ou requerem no processo, antecipando-lhes o pagamento desde o início até a sentença final; e, ainda, na execução até a plena satisfação do direito declarado no título (art. 19, CPC/73). Não se sujeitam ao pagamento de custas judiciais: a) ações de competência dos Juizados Especiais estaduais e federais, salvo os casos previstos em lei e recursos para as turmas recursais; b) beneficiários da assistência judiciária gratuita (Lei n. 1.060/50); c) União, o estado de Minas Gerais e seus municípios e as respectivas autarquias e fundações; d) autor nas ações populares, nas ações civis públicas e nas ações coletivas de que trata a Lei Federal n. 8.078, de 11.09.1990, que dispõe sobre o CDC, ressalvada a hipótese de litigância de má-fé; e) autor da ação relativa aos benefícios da Previdência Social, até o valor previsto no art. 128 da Lei Federal n. 8.213, de 24.07.1991, considerado o valor em relação a cada autor, quando houver litisconsórcio ativo; f) réu que cumprir mandado de pagamento ou de entrega da coisa na ação monitória; g) Ministério Público; h) Defensoria Pública; i) Fazenda Pública, nos processos de execução fiscal, quando desistir da cobrança ou promover o arquivamento dos autos.

▸ Veja CPC/73: "**Art. 19.** Salvo as disposições concernentes à justiça gratuita, cabe às partes prover as despesas dos atos que realizam ou requerem no processo, antecipando-lhes o pagamento desde o início até sentença final; e bem ainda, na execução, até a plena satisfação do direito declarado pela sentença. § 1º O pagamento de que trata este artigo será feito por ocasião de cada ato processual. § 2º Compete ao autor adiantar as despesas relativas a atos, cuja realização o juiz determinar de ofício ou a requerimento do Ministério Público. **Art. 20.** A sentença condenará o vencido a pagar ao vencedor as despesas que antecipou e os honorários advocatícios. Essa verba honorária será devida, também, nos casos em que o advogado funcionar em causa própria. [...] § 2º As despesas abrangem não só as custas dos atos do processo, como também a indenização de viagem, diária de testemunha e remuneração do assistente técnico. [...]".

▸ Veja CPC/2015: "**Art. 82.** Salvo as disposições concernentes à gratuidade da justiça, incumbe às partes prover as despesas dos atos que realizarem ou requererem no processo, antecipando-lhes o pagamento, desde o início até sentença final ou, na execução, até a plena satisfação do direito reconhecido no título. § 1º Incumbe ao autor adiantar as despesas relativas a ato cuja realização o juiz determinar de ofício ou a requerimento do Ministério Público, quando sua intervenção ocorrer como fiscal da ordem jurídica. § 2º A sentença condenará o vencido a pagar ao vencedor as despesas que antecipou. [...] **Art. 84.** As despesas abrangem as custas dos atos do processo, a indenização de viagem, a remuneração do assistente técnico e a diária de testemunha".

▪ Súmula n. 178, STJ: O INSS não goza de isenção do pagamento de custas e emolumentos, nas ações acidentárias e de benefícios propostas na Justiça Estadual.

▪ Súmula n. 462, STJ: Nas ações em que representa o FGTS, a CEF, quando sucumbente, não está isenta de reembolsar as custas antecipadas pela parte vencedora.

▪ Embargos declaratórios no recurso especial. Omissão. Acolhimento. Sucumbência mínima. Custas. 1. Os embargos de declaração são cabíveis quando o provimento jurisdicional padece de omissão, contradição ou obscuridade, bem como quando há erro material a ser sanado. 2. Verificada a sucumbência mínima, caberá à outra parte, por inteiro, responder pelas custas e honorários advocatícios. 3. Aplica-se o óbice previsto na Súmula n. 282/STF quando a questão infraconstitucional suscitada no recurso especial não foi discutida no acórdão recorrido nem foram opostos embargos de declaração para provocar a manifestação do Tribunal de origem. 4. Embargos de declaração acolhidos. (STJ, Emb. Decl. no REsp n. 1.129.881/RJ, 3ª T., rel. Min. João Otávio de Noronha, j. 25.06.2013, *DJe* 28.06.2013)

■ Princípio da fungibilidade recursal. Comprovantes de pagamento do preparo. Peças essenciais. Ônus do agravante. 1. Possibilidade de recebimento dos embargos de declaração como agravo regimental em razão do caráter manifestamente infringente do pedido, com base no princípio da fungibilidade recursal. 2. As cópias dos comprovantes de pagamento das custas judiciais e do porte de remessa e retorno do recurso especial fornecidos pela instituição bancária são consideradas pela jurisprudência desta Corte como essenciais à formação do instrumento, porquanto possibilitam a verificação da regularidade do preparo recursal. 3. É ônus do agravante zelar pela correta instrução do agravo, sendo de sua responsabilidade a juntada, no ato de interposição do recurso, de peça obrigatória ou essencial à comprovação da controvérsia, não se mostrando possível, em sede de agravo regimental, sanar equívoco na formação do instrumento. [...] (STJ, Emb. Decl. no Ag. n. 1.251.193/MG, 1ª T., rel. Min. Sérgio Kukina, j. 18.06.2013, *DJe* 26.06.2013)

Custas finais São as custas apuradas antes do arquivamento do feito, referentes aos atos praticados durante o processo, e não recolhidas prévia ou intermediariamente.

Custas iniciais Iniciais ou prévias são as custas a serem pagas pela parte autora da ação no início do processo por meio de formulário ou guia próprios. A guia é emitida em três vias (a primeira via é anexada aos autos do processo; a segunda, entregue à parte que ajuíza a ação; e a terceira, com o distribuidor-contador), contendo nome das partes, natureza da ação, valor da causa, data de ingresso da ação e número do processo, além da discriminação de todas as despesas relativas à ação, tais como custas ao escrivão, custas ao oficial de justiça para promover citações, notificações ou intimações e custas ao distribuidor-contador.

▶ Veja CPC/2015: "**Art. 290.** Será cancelada a distribuição do feito se a parte, intimada na pessoa de seu advogado, não realizar o pagamento das custas e despesas de ingresso em 15 (quinze) dias".

Custas intermediárias São as custas originadas e devidas durante a tramitação do processo judicial não incluídas nas custas prévias, ou, ainda, quando: a) houver impugnação ao valor da causa, e o juiz decidir pela alteração, devendo a parte ser intimada a pagar a diferença; b) o contador apurar diferença entre o valor devido e as custas prévias recolhidas, em razão de interpretação errônea da natureza da ação ou inclusão na faixa de valor diverso.

▶ Veja CPC/2015: "**Art. 293.** O réu poderá impugnar, em preliminar da contestação, o valor atribuído à causa pelo autor, sob pena de preclusão, e o juiz decidirá a respeito, impondo, se for o caso, a complementação das custas".

D

Dação em pagamento Acordo realizado com o objetivo de extinguir uma obrigação pelo qual o credor recebe coisa que não seja dinheiro em substituição da prestação que lhe era devida (arts. 356 a 359, CC).

▶ Veja CC: "**Art. 356.** O credor pode consentir em receber prestação diversa da que lhe é devida. **Art. 357.** Determinado o preço da coisa dada em pagamento, as relações entre as partes regular-se-ão pelas normas do contrato de compra e venda. **Art. 358.** Se for título de crédito a coisa dada em pagamento, a transferência importará em cessão. **Art. 359.** Se o credor for evicto da coisa recebida em pagamento, restabelecer-se-á a obrigação primitiva, ficando sem efeito a quitação dada, ressalvados os direitos de terceiros".

■ Dação em pagamento. Origem. Recebimento de coisa distinta da anteriormente avençada. Acordo entre credor e devedor. [...] II. A origem do instituto da dação em pagamento (*datio in solutum* ou *pro soluto*) traduz a ideia de acordo, realizado entre o credor e o devedor, cujo caráter é liberar a obrigação, em que o credor consente na entrega de coisa diversa da avençada, nos termos do que dispõe o art. 356, do CC; III. Para configuração da dação em pagamento, exige-se uma obrigação previamente criada; um acordo posterior, em que o credor concorda em aceitar coisa diversa daquela anteriormente contratada e, por fim, a entrega da coisa distinta com a finalidade de extinguir a obrigação; IV. A exigência de anuência expressa do credor, para fins de dação em pagamento, traduz, *ultima ratio*, garantia de segurança jurídica para os envolvidos no negócio jurídico, porque, de um lado, dá ao credor a possibilidade de avaliar a conveniência, ou não, de receber bem diverso do que originalmente contratado. E, por outro lado, assegura ao devedor, mediante recibo, nos termos do que dispõe o art. 320 do CC, a quitação da dívida; [...] VI. Recurso especial improvido. (STJ, REsp n. 1.138.993/SP, 3ª T., rel. Min. Massami Uyeda, j. 03.03.2011, *DJe* 16.03.2011)

Dano Prejuízo ou perda de um bem juridicamente protegido. Pode ser real ou material, quando atingir um bem cujo valor possa ser apurado; ou moral, quando ofender um direito personalíssimo ou extrapatrimonial. Aquele que sofrer dano causado por ato ilícito decorrente de ação ou omissão voluntária, negligência ou imprudência tem direito a ser indenizado, por meio da competente ação de reparação de danos (arts. 186, 177 e 927, CC). "A indenização mede-se pela extensão do dano" (art. 944, CC).

▶ Veja CC: "**Art. 186.** Aquele que, por ação ou omissão voluntária, negligência ou imprudência, violar direito e causar dano a outrem, ainda que exclusivamente moral, comete ato ilícito. [...] **Art. 927.** Aquele que, por ato ilícito (arts. 186 e 187), causar dano a outrem, fica obrigado a repará-lo. Parágrafo único. Haverá obrigação de reparar o dano, independentemente de culpa, nos casos especificados em lei, ou quando a atividade normalmente desenvolvida pelo autor do dano implicar, por sua natureza, risco para os direitos de outrem. [...] **Art. 944.** A indenização mede-se pela extensão do dano. Parágrafo único. Se houver excessiva desproporção entre a gravidade da culpa e o dano, poderá o juiz reduzir, equitativamente, a indenização. **Art. 945.** Se a vítima tiver concorrido culposamente para o evento danoso, a sua indenização será fixada tendo-se em conta a gravidade de sua culpa em confronto com a do autor do dano. [...] **Art. 948.** No caso de homicídio, a indenização consiste, sem excluir outras reparações: I – no pagamento das despesas com o tratamento da vítima, seu funeral e o luto da família; II – na prestação de alimentos às pessoas a quem o morto os devia, levando-se em conta a duração provável da vida da vítima. **Art. 949.** No caso de lesão ou outra ofensa à saúde, o ofensor indenizará o ofendido das despesas do tratamento e dos lucros cessantes até ao fim da convalescença, além de algum outro prejuízo que o ofendido prove haver sofrido. [...] **Art. 953.** A indenização por injúria, difamação ou calúnia consistirá na reparação do dano que delas resulte ao ofendido. Parágrafo único. Se o ofendido não puder provar prejuízo material, caberá ao juiz fixar, equitativamente, o valor da indenização, na conformidade das circunstâncias do caso. **Art. 954.** A indenização por ofensa à liberdade pessoal consistirá no pagamento das perdas e danos que sobrevierem ao ofendido, e se este não puder provar prejuízo, tem aplicação o disposto no parágrafo único do artigo antecedente. Parágrafo único. Consideram-se ofensivos da liberdade pessoal: I – o cárcere privado; II – a prisão por queixa ou denúncia falsa e de má-fé; III – a prisão ilegal".

Dano culposo Aquele provocado por imperícia, negligência ou imprudência do autor. Havendo culpa concorrente, ou seja, caso a vítima tiver concorrido culposamente para o evento danoso, sua indenização será fixada tendo-se em conta a gravidade de sua culpa em confronto com a do autor do dano (art. 945, CC). Se houver excessiva desproporção entre a gravidade da culpa e o dano, poderá o juiz reduzir, equitativamente, a indenização (art. 944, CC).

▸ Veja CC: "**Art. 186.** Aquele que, por ação ou omissão voluntária, negligência ou imprudência, violar direito e causar dano a outrem, ainda que exclusivamente moral, comete ato ilícito. [...] **Art. 927.** Aquele que, por ato ilícito (arts. 186 e 187), causar dano a outrem, fica obrigado a repará-lo. Parágrafo único. Haverá obrigação de reparar o dano, independentemente de culpa, nos casos especificados em lei, ou quando a atividade normalmente desenvolvida pelo autor do dano implicar, por sua natureza, risco para os direitos de outrem. [...] **Art. 944.** A indenização mede-se pela extensão do dano. Parágrafo único. Se houver excessiva desproporção entre a gravidade da culpa e o dano, poderá o juiz reduzir, equitativamente, a indenização. **Art. 945.** Se a vítima tiver concorrido culposamente para o evento danoso, a sua indenização será fixada tendo-se em conta a gravidade de sua culpa em confronto com a do autor do dano".

▪ Súmula n. 145, STJ: No transporte desinteressado, de simples cortesia, o transportador só será civilmente responsável por danos causados ao transportado quando incorrer em dolo ou culpa grave.

▪ Infração ambiental. Armazenamento de madeira proveniente de vendaval ocorrido na região. Existência de TAC. Comprovada boa-fé. 1. A responsabilidade é objetiva; dispensa-se, portanto, a comprovação de culpa, entretanto há de constatar o nexo causal entre a ação ou omissão e o dano causado, para configurar a responsabilidade. 2. A Corte de origem, com espeque no contexto fático dos autos, afastou a multa administrativa. Incidência da Súmula 7/STJ. Agravo regimental improvido. (STJ, Ag. Reg. no REsp n. 1.277.638/SC, 2ª T., rel. Min. Humberto Martins, j. 07.05.2013, *DJe* 16.05.2013)

Dano emergente Dano que realmente ocorreu e provocou a real diminuição do patrimônio de outrem. Dano indenizável quando decorrente de ato ilícito praticado mediante ação ou omissão voluntária, negligência ou imprudência (arts. 186 e 927, CC).

▸ Veja CC: "**Art. 186.** Aquele que, por ação ou omissão voluntária, negligência ou imprudência, violar direito e causar dano a outrem, ainda que exclusivamente moral, comete ato ilícito. [...] **Art. 927.** Aquele que, por ato ilícito (arts. 186 e 187), causar dano a outrem, fica obrigado a repará-lo. Parágrafo único. Haverá obrigação de reparar o dano, independentemente de culpa, nos casos especificados em lei, ou quando a atividade normalmente desenvolvida pelo autor do dano implicar, por sua natureza, risco para os direitos de outrem".

▪ Imposto de renda. Pagamento de indenização por rompimento do contrato de trabalho no período de estabilidade provisória. 1. O imposto sobre renda e proventos de qualquer natureza tem como fato gerador, nos termos do art. 43 e seus parágrafos do CTN, os "acréscimos patrimoniais", assim entendidos os acréscimos ao patrimônio material do contribuinte. 2. O pagamento de indenização pode ou não acarretar acréscimo patrimonial, dependendo da natureza do bem jurídico a que se refere. Quando se indeniza dano efetivamente verificado no patrimônio material (= dano emergente), o pagamento em dinheiro simplesmente reconstitui a perda patrimonial ocorrida em virtude da lesão, e, portanto, não acarreta qualquer aumento no patrimônio. Todavia, ocorre acréscimo patrimonial quando a indenização (a) ultrapassar o valor do dano material verificado (= dano emergente), ou (b) se destinar a compensar o ganho que deixou de ser auferido (= lucro cessante), ou (c) se referir a dano causado a bem do patrimônio imaterial (= dano que não importou redução do patrimônio material). [...] Precedente da 1ª Turma: Emb. Decl. no Ag. n. 861.889/SP. 4. Recurso especial a que se nega provimento. (STJ, REsp n. 886.563/SP, 1ª T., rel. Min. Teori Albino Zavascki, j. 20.05.2008, *DJe* 02.06.2008)

Dano estético Dano físico permanente que uma pessoa sofre em relação à sua imagem ou aparência, em decorrência da prática de ato ilícito de outrem. Em muitos casos representa uma alteração de caráter pejorativo nas feições do indivíduo, reduzindo sua capacidade de atração em relação aos demais. Os atos lesivos estéticos são geralmente causados por acidentes de trânsito e erros médicos, como os resultantes de cirurgias plásticas malsucedidas. A indenização por lesão estética é uma forma de compensar os danos que o defeito ou aleijão causará na autoestima da vítima e em sua aceitação perante a sociedade. O dano estético pode ocorrer conjunta ou isoladamente ao dano moral, ou seja, do mesmo fato lesivo podem concorrer danos morais e estéticos, ou apenas um ou outro. O STJ firmou posição no sentido de que é permitida a acumulação dos danos material, estético e moral, ainda que decorrentes de um mesmo acidente, quando for possível distinguir com precisão as condições que justifiquem cada um deles. Também não há empecilho em deferir o dano estético dentro da parcela do dano moral, desde que expressamente considerada aquela lesão na fixação do valor da indenização quando for o caso.

- Súmula n. 387, STJ: É lícita a cumulação das indenizações de dano estético e dano moral.

- Responsabilidade civil. Dano moral. Distinção. Cumulação com o estético. CF/88, art. 5º, v e x. "Os danos estético e moral não se confundem nem integram a mesma categoria, porque se originam de causas diversas; o segundo atinge a consciência e a mente, enquanto o primeiro é marca física que se reflete no exterior, ou seja, na reação dos demais membros da sociedade." (TARJ, Ap. Cível n. 3.587/RJ, rel. Juiz Jorge de Miranda Magalhães, j. 17.10.1995)

- Acidente de trânsito. Atropelamento. Dano moral ou estético. Amputação de perna. *Quantum*. Controle pela instância especial. Valor razoável. Caso concreto. Salário mínimo. Correção monetária. Incidência. *Bis in idem*. O valor da indenização por dano moral ou estético sujeita-se ao controle do STJ, sendo certo que, na fixação da indenização a esses títulos, recomendável que o arbitramento seja feito com moderação, proporcionalmente ao grau de culpa, ao nível socioeconômico do autor e, ainda, ao porte econômico do réu, orientando-se o Juiz pelos critérios sugeridos pela doutrina e pela jurisprudência, com razoabilidade, valendo-se de sua experiência e do bom senso, atento à realidade da vida e às peculiaridades de cada caso. Na espécie dos autos, o valor fixado a título de danos estéticos não se mostrou exagerado. Fixada a condenação em salários mínimos, descabida a incidência da correção monetária, para evitar-se correção sobre correção. (STJ, REsp n. 254.928/RJ, rel. Min. Sálvio de Figueiredo Teixeira, j. 29.06.2000, *DJ* 28.08.2000)

- Civil e processual civil. Ação de indenização. Atropelamento. Danos material, moral e estético. Cumulação. Possibilidade, na hipótese. Honorários. Constituição do capital. CPC, art. 20, § 5º. I. Permitida a cumulação dos danos material, estético e moral, ainda que decorrentes de um mesmo sinistro, se possível a identificação das condições justificadoras de cada espécie. II. Firmou a Corte Especial do STJ entendimento no sentido de que não é computável, para efeito de cálculo dos honorários advocatícios de sucumbência, a verba necessária à constituição de capital para assegurar o pagamento de prestações futuras de pensão. III. Recurso especial conhecido e parcialmente provido. (STJ, REsp n. 249.728/RN, 4ª T., rel. Min. Aldir Passarinho Jr., j. 06.12.2001)

Dano material Dano que atinge diretamente o patrimônio das pessoas físicas ou jurídicas. Pode ser representado por qualquer despesa gerada em razão de uma ação ou omissão indevida de terceiros ou, ainda, pelo que se deixou de auferir em razão de tal conduta, caracterizando a necessidade de reparação material dos chamados lucros cessantes. Dano indenizável quando decorrente de ato ilícito praticado mediante ação ou omissão voluntária, negligência ou imprudência (arts. 186 e 927, CC).

▶ Veja CC: "**Art. 186.** Aquele que, por ação ou omissão voluntária, negligência ou imprudência, violar direito e causar dano a outrem, ainda que exclusivamente moral, comete ato ilícito. [...] **Art. 927.** Aquele que, por ato ilícito (arts. 186 e 187), causar dano a outrem, fica obrigado a repará-lo. Parágrafo único. Haverá obrigação de reparar o dano, independentemente de culpa, nos casos especificados em lei, ou quando a atividade normalmente desenvolvida pelo autor do dano implicar, por sua natureza, risco para os direitos de outrem".

- Transporte aéreo internacional. Reparação por danos materiais e morais. Extravio temporário de bagagem. *Quantum* indenizatório. Apelação cível. 1. Dano material: a documentação acostada aos autos comprova o prejuízo material sofrido pela passageira, traduzido na aquisição de vestuário, tudo em razão do extravio de sua bagagem, em solo internacional. 2. Revés moral: as evidências fáticas declinadas nos autos comprovam o revés moral experimentado pela passageira, porquanto esta enfrentou situação desalentadora e embaraçosa com o extravio de suas bagagens, em virtude da imprevidência e falta de zelo da empresa aérea. 3. *Quantum* indenizatório: majoração do valor indenizatório para o patamar de R$ 8.000,00 (oito mil reais), montante que se mostra compatível com o cenário fático-jurídico desenhado nos autos e com a equação função pedagógica x enriquecimento injustificado, confiada à condenação por revés moral. 4. Juros de mora: incidem, em 1% ao mês, os juros moratórios, porquanto se trata de relação contratual. Apelo desprovido e recurso adesivo provido, em parte. (TJRS, Ap. Cível n. 70.044.679.363, 12ª Câm. Cível, rel. Umberto Guaspari Sudbrack, j. 14.06.2012)

Dano moral Ofensa a direito personalíssimo, ou seja, a direito extrapatrimonial. O dano moral é aquele que afeta a personalidade e, de alguma forma, ofende a moral e a dignidade da pessoa. Doutrinadores têm defendido a tese de que o prejuízo moral que alguém diz ter sofrido é provado *in re ipsa* (pela força dos próprios fatos). Pela dimensão do fato, é impossível deixar de imaginar, em determinados casos, que houve prejuízo – por exemplo, quando se perde um filho em um acidente de trânsito. Outras situações passíveis de ensejar indenização por dano moral são o atraso em voo, causado por companhia aérea, a inserção indevida de nome em cadastro de inadimplentes (SPC, Serasa) e a negativa de plano de saúde em realizar exames médicos ou cirurgia ao beneficiário que tem direito (arts. 186 e 927, CC). A respeito da avaliação dos danos morais; em regra, os tribunais adotam a teoria compensatória, bem como do desestímulo, no qual o montante da indenização deve ser razoavelmente expressivo, não meramente simbólico, pesando no patrimônio do ofensor como forma de não incentivar a reincidência do ato lesivo.

▶ Veja CC: "**Art. 186.** Aquele que, por ação ou omissão voluntária, negligência ou imprudência, violar direito e causar dano a outrem, ainda que exclusivamente moral, comete ato ilícito. [...] **Art. 927.** Aquele que, por ato ilícito (arts. 186 e 187), causar dano a outrem, fica obrigado a repará-lo. Parágrafo único. Haverá obrigação de reparar o dano, independentemente de culpa, nos casos especificados em lei, ou quando a atividade normalmente desenvolvida pelo autor do dano implicar, por sua natureza, risco para os direitos de outrem. [...] **Art. 944.** A indenização mede-se pela extensão do dano. Parágrafo único. Se houver excessiva desproporção entre a gravidade da culpa e o dano, poderá o juiz reduzir, equitativamente, a indenização. **Art. 945.** Se a vítima tiver concorrido culposamente para o evento danoso, a sua indenização será fixada tendo-se em conta a gravidade de sua culpa em confronto com a do autor do dano".

- Súmula n. 37, STJ: São cumuláveis as indenizações por dano material e dano moral oriundos do mesmo fato.
- Súmula n. 227, STJ: A pessoa jurídica pode sofrer dano moral.
- Súmula n. 281, STJ: A indenização por dano moral não está sujeita à tarifação prevista na Lei de Imprensa.
- Súmula n. 326, STJ: Na ação de indenização por dano moral, a condenação em montante inferior ao postulado na inicial não implica sucumbência recíproca.
- Súmula n. 362, STJ: A correção monetária do valor da indenização do dano moral incide desde a data do arbitramento.
- Súmula n. 370, STJ: Caracteriza dano moral a apresentação antecipada de cheque pré-datado.
- Súmula n. 380, STJ: A simples propositura da ação de revisão de contrato não inibe a caracterização da mora do autor.
- Súmula n. 385, STJ: Da anotação irregular em cadastro de proteção ao crédito, não cabe indenização por dano moral, quando preexistente legítima inscrição, ressalvado o direito ao cancelamento.
- Súmula n. 387, STJ: É lícita a cumulação das indenizações de dano estético e dano moral.
- Súmula n. 388, STJ: A simples devolução indevida de cheque caracteriza dano moral.
- Súmula n. 402, STJ: O contrato de seguro por danos pessoais compreende os danos morais, salvo cláusula expressa de exclusão.
- Súmula n. 420, STJ: Incabível, em embargos de divergência, discutir o valor de indenização por danos morais.
- Súmula n. 498, STJ: Não incide imposto de renda sobre a indenização por danos morais.
- Plano de saúde. Cobertura. Exames clínicos. Recusa injustificada. Dano moral. 1. A recusa, pela operadora de plano de saúde, em autorizar tratamento a que esteja legal ou contratualmente obrigada, implica dano moral ao conveniado, na medida em que agrava a situação de aflição psicológica e de angústia no espírito daquele que necessita dos cuidados médicos. Precedentes. 2. Essa modalidade de dano moral subsiste mesmo nos casos em que a recusa envolve apenas a realização de exames de rotina, na medida em que procura

por serviços médicos – aí compreendidos exames clínicos –, ainda que desprovida de urgência, está sempre cercada de alguma apreensão. Mesmo consultas de rotina causam aflição, fragilizando o estado de espírito do paciente, ansioso por saber da sua saúde. 3. Recurso especial provido. (STJ, REsp n. 1.201.736/SC, 3ª T., rel. Min. Nancy Andrighi, j. 02.08.2012, *DJe* 10.08.2012)

Dano moral no divórcio Indenização por dano moral decorrente de comportamento injurioso de um dos cônjuges reconhecido pelos tribunais.

- Separação judicial. Proteção da pessoa dos filhos (guarda e interesse). Danos morais (reparação). Cabimento. 1. O cônjuge responsável pela separação pode ficar com a guarda do filho menor, em se tratando de solução que melhor atenda ao interesse da criança. Há permissão legal para que se regule por maneira diferente a situação do menor com os pais. Em casos tais, justifica-se e se recomenda que prevaleça o interesse do menor. 2. O sistema jurídico brasileiro admite, na separação e no divórcio, a indenização por dano moral. Juridicamente, portanto, tal pedido é possível: responde pela indenização o cônjuge responsável exclusivo pela separação. 3. Caso em que, diante do comportamento injurioso do cônjuge varão, a Turma conheceu do especial e deu provimento ao recurso, por ofensa ao art. 159 do CC, para admitir a obrigação de se ressarcirem danos morais. (STJ, REsp n. 37.051/SP, 3ª T., rel. Min. Nilson Naves, j. 17.04.2001; *DJ* 25.06.2001, p. 167)

Dar provimento Ato pelo qual as câmaras ou turmas dos tribunais deferem ou acatam o pedido do recorrente formulado em recurso.

Data venia Expressão latina, que significa *com a devida permissão*, empregada pelo advogado no meio forense, por deferência, em situações de contraposição à opinião de um magistrado ou de seu ex-adverso, dando a entender que ele respeita a opinião, porém dela discorda. O mesmo que *permissa venia* ou *concessa venia*.

Debate oral Arguição verbal dos advogados das partes, feita em juízo, como objetivo de demonstrar seus direitos (art. 454, CPC/73).

▶ Veja CPC/73: "**Art. 454.** Finda a instrução, o juiz dará a palavra ao advogado do autor e ao do réu, bem como ao órgão do Ministério Público, sucessivamente, pelo prazo de 20 (vinte) minutos para cada um, prorrogável por 10 (dez), a critério do juiz. § 1º Havendo litisconsorte ou terceiro, o prazo, que formará com o da prorrogação um só todo, dividir-se-á entre os do mesmo grupo, se não convencionarem de modo diverso. § 2º No caso previsto no art. 56, o oponente sustentará as suas razões em primeiro lugar, seguindo-se-lhe os opostos, cada qual pelo prazo de 20 (vinte) minutos. § 3º Quando a causa apresentar questões complexas de fato ou de direito, o debate oral poderá ser substituído por memoriais, caso em que o juiz designará dia e hora para o seu oferecimento".

▶ Veja CPC/2015: "**Art. 364.** Finda a instrução, o juiz dará a palavra ao advogado do autor e do réu, bem como ao membro do Ministério Público, se for o caso de sua intervenção, sucessivamente, pelo prazo de 20 (vinte) minutos para cada um, prorrogável por 10 (dez) minutos, a critério do juiz. § 1º Havendo litisconsorte ou terceiro interveniente, o prazo, que formará com o da prorrogação um só todo, dividir-se-á entre os do mesmo grupo, se não convencionarem de modo diverso. § 2º Quando a causa apresentar questões complexas de fato ou de direito, o debate oral poderá ser substituído por razões finais escritas, que serão apresentadas pelo autor e pelo réu, bem como pelo Ministério Público, se for caso de sua intervenção, em prazos sucessivos de 15 (quinze) dias, assegurada vista dos autos".

Decadência Perda de um direito pelo fato de seu titular não exercê-lo no prazo legal. Perecimento do direito em razão do decurso do prazo prefixado para seu exercício. A decadência extingue o próprio direito em sua substância, nada mais restando dele. Resulta na extinção de um direito assegurado em lei, em face da existência de impedimento para exercê-lo. Pode ser alegada pela parte ou pelo juiz *ex officio*. Exemplo: o art. 26 do CDC, que prevê os prazos em que decai o direito de reclamar pelos vícios aparentes ou de fácil constatação (art. 207, CC).

▶ Veja CC: "**Art. 207.** Salvo disposição legal em contrário, não se aplicam à decadência as normas que impedem, suspendem ou interrompem a prescrição".

- Súmula n. 106, STJ: Proposta a ação no prazo fixado para o seu exercício, a demora na citação, por motivos inerentes ao mecanismo da Justiça, não justifica o acolhimento da arguição de prescrição ou decadência.

- Súmula n. 477, STJ: A decadência do art. 26 do CDC não é aplicável à prestação de contas para obter esclarecimentos sobre cobrança de taxas, tarifas e encargos bancários.

- Mandado de segurança. Anistia. Retorno. Regime jurídico celetista. Modificação para o regime jurídico único. Art. 2º da Lei

n. 8.878/94. Decadência configurada. 1. Mandado de segurança impetrado por servidora celetista, anistiada pela Lei n. 8.878/94, pleiteando retornar ao serviço para compor quadro especial, em extinção, do Ministério de Minas e Energia. 2. Decadência, nos termos do art. 23 da Lei n. 12.016/2009, datando o ato impugnado de 18.11.2008. Portaria n. 390, publicada no *DOU* de 19.11.2008, sendo a impetrante intimada pessoalmente em 06.01.2009, mas só ajuizada a ação de segurança em 28.10.2010. 3. Segurança denegada. (STJ, MS n. 16.888/DF, 1ª Seção, rel. Min. Eliana Calmon, j. 12.06.2013, *DJe* 21.06.2013)

Decisão interlocutória   Ato pelo qual o juiz, no curso do processo, resolve questão incidente (art. 162, § 2º, CPC/73). Despacho proferido pelo juiz entre o início e o fim do processo antes de proferir a sentença definitiva. Contra decisão interlocutória, cabe recurso de agravo no prazo de quinze dias (art. 522, CPC/73).

▸ Veja CPC/73: "**Art. 162.** Os atos do juiz consistirão em sentenças, decisões interlocutórias e despachos. [...] § 2º Decisão interlocutória é o ato pelo qual o juiz, no curso do processo, resolve questão incidente. [...] **Art. 522.** Das decisões interlocutórias caberá agravo, no prazo de 10 (dez) dias, na forma retida, salvo quando se tratar de decisão suscetível de causar à parte lesão grave e de difícil reparação, bem como nos casos de inadmissão da apelação e nos relativos aos efeitos em que a apelação é recebida, quando será admitida a sua interposição por instrumento".

▸ Veja CPC/2015: "**Art. 203.** Os pronunciamentos do juiz consistirão em sentenças, decisões interlocutórias e despachos. [...] § 2º Decisão interlocutória é todo pronunciamento judicial de natureza decisória que não se enquadre no § 1º".

▪ Fungibilidade. Agravo regimental. Execução. Extinção parcial. Recurso cabível. Agravo. Fungibilidade. Erro grosseiro. 1. O ato judicial que exclui um dos litisconsortes passivos do feito, prosseguindo a execução em relação aos demais, tem natureza de decisão interlocutória e, portanto, deve ser impugnado por meio de agravo de instrumento, constituindo-se erro grosseiro a interposição de apelação, circunstância que impede a aplicação do princípio da fungibilidade recursal 2. Não configura negativa de prestação jurisdicional ou afronta aos princípios constitucionais da ampla defesa e do contraditório o julgamento em desacordo com as pretensões da parte. 3. Embargos de declaração recebidos como agravo regimental, a que se nega provimento. (STJ, Emb. Decl. no AREsp n. 304.741/MG, 4ª T., rel. Min. Maria Isabel Gallotti, j. 07.05.2013, *DJe* 16.05.2013)

Decisão monocrática   Juízo monocrático. Decisão final proferida isoladamente por um juiz singular, pelo desembargador relator ou pelo ministro relator em um processo antes que seja incluído na pauta de julgamento. Trata-se de medida judicial adotada nos tribunais que tem por objetivo impedir ou negar o seguimento de recurso manifestamente inadmissível, improcedente, prejudicado ou em confronto com súmula ou com jurisprudência dominante do respectivo tribunal ou Tribunal Superior (art. 557, CPC/73).

▸ Veja CPC/73: "**Art. 557.** O relator negará seguimento a recurso manifestamente inadmissível, improcedente, prejudicado ou em confronto com súmula ou com jurisprudência dominante do respectivo tribunal, do Supremo Tribunal Federal, ou de Tribunal Superior. § 1º-A. Se a decisão recorrida estiver em manifesto confronto com súmula ou com jurisprudência dominante do Supremo Tribunal Federal, ou de Tribunal Superior, o relator poderá dar provimento ao recurso. § 1º Da decisão caberá agravo, no prazo de 5 (cinco) dias, ao órgão competente para o julgamento do recurso, e, se não houver retratação, o relator apresentará o processo em mesa, proferindo voto; provido o agravo, o recurso terá seguimento. § 2º Quando manifestamente inadmissível ou infundado o agravo, o tribunal condenará o agravante a pagar ao agravado multa entre 1% (um por cento) e 10% (dez por cento) do valor corrigido da causa, ficando a interposição de qualquer outro recurso condicionada ao depósito do respectivo valor".

▸ Veja CPC/2015: "**Art. 932.** Incumbe ao relator: I – dirigir e ordenar o processo no tribunal, inclusive em relação à produção de prova, bem como, quando for o caso, homologar autocomposição das partes; II – apreciar o pedido de tutela provisória nos recursos e nos processos de competência originária do tribunal; III – não conhecer de recurso inadmissível, prejudicado ou que não tenha impugnado especificamente os fundamentos da decisão recorrida; IV – negar provimento a recurso que for contrário a: *a)* súmula do Supremo Tribunal Federal, do Superior Tribunal de Justiça ou do próprio tribunal; *b)* acórdão proferido pelo Supremo Tribunal Federal ou pelo Superior Tribunal de Justiça em julgamento de recursos repetitivos; *c)* entendimento firmado em incidente de resolução de demandas repetitivas ou de assunção de competência; V – depois de facultada a apresentação de contrarrazões, dar provimento ao recurso se a decisão recorrida for contrária a: *a)* súmula do Supremo Tribunal Federal, do Superior Tribunal de Justiça ou do próprio tribunal; *b)* acórdão proferido pelo Supremo Tribunal Federal ou pelo Superior Tribunal de Justiça em julgamento de recursos repetitivos; *c)* entendimento firmado em incidente de resolução de demandas repetitivas ou de assunção de competência; [...]".

- Agravo de instrumento não conhecido em face da aplicação da Súmula n. 182/STJ. Incidência da orientação contida na Súmula n. 315/STJ. 1. Nos termos da Súmula n. 315 deste STJ, "não cabem embargos de divergência no âmbito do agravo de instrumento que não admite recurso especial". 2. No caso dos autos, a 4ª Turma do STJ, ao negar provimento ao agravo regimental, manteve a decisão monocrática que não conhecera do agravo de instrumento interposto, tendo em vista a aplicação analógica da Súmula n. 182/STJ. Assim, não tendo sido admitido o recurso especial interposto pelo embargante, os embargos de divergência são manifestamente inadmissíveis. 3. Agravo regimental a que se nega provimento. (STJ, Ag. Reg. nos Emb. de Diverg. em Ag. n. 1.254.950/MG, 2ª Seção, rel. Min. Paulo de Tarso Sanseverino, j. 12.06.2013, *DJe* 17.06.2013)

Declaração Afirmação escrita ou verbal da existência de um fato; existência ou não de um direito. Segundo as circunstâncias e a finalidade, a declaração pode receber diversas denominações, como declaração de direito, de vontade, de ausência, de crédito, de guerra, de falência, de interdição, de nascimento, de óbito, de morte presumida, de renda, de princípios etc. A validade da declaração de vontade não dependerá de forma especial, senão quando a lei expressamente a exigir (art. 107, CC).

- Veja CC: "**Art. 107.** A validade da declaração de vontade não dependerá de forma especial, senão quando a lei expressamente a exigir. **Art. 108.** Não dispondo a lei em contrário, a escritura pública é essencial à validade dos negócios jurídicos que visem à constituição, transferência, modificação ou renúncia de direitos reais sobre imóveis de valor superior a trinta vezes o maior salário mínimo vigente no País. **Art. 109.** No negócio jurídico celebrado com a cláusula de não valer sem instrumento público, este é da substância do ato. **Art. 110.** A manifestação de vontade subsiste ainda que o seu autor haja feito a reserva mental de não querer o que manifestou, salvo se dela o destinatário tinha conhecimento. **Art. 111.** O silêncio importa anuência, quando as circunstâncias ou os usos o autorizarem, e não for necessária a declaração de vontade expressa. **Art. 112.** Nas declarações de vontade se atenderá mais à intenção nelas consubstanciada do que ao sentido literal da linguagem. **Art. 113.** Os negócios jurídicos devem ser interpretados conforme a boa-fé e os usos do lugar de sua celebração. **Art. 114.** Os negócios jurídicos benéficos e a renúncia interpretam-se estritamente".

Declaração da vontade Meio, expresso ou tácito, pelo qual alguém manifesta sua vontade com objetivo de produzir efeitos jurídicos (art. 112, CC).

- Veja CC: "**Art. 112.** Nas declarações de vontade se atenderá mais à intenção nelas consubstanciada do que ao sentido literal da linguagem. [...] **Art. 138.** São anuláveis os negócios jurídicos, quando as declarações de vontade emanarem de erro substancial que poderia ser percebido por pessoa de diligência normal, em face das circunstâncias do negócio. [...] **Art. 140.** O falso motivo só vicia a declaração de vontade quando expresso como razão determinante. **Art. 141.** A transmissão errônea da vontade por meios interpostos é anulável nos mesmos casos em que o é a declaração direta. **Art. 142.** O erro de indicação da pessoa ou da coisa, a que se referir a declaração de vontade, não viciará o negócio quando, por seu contexto e pelas circunstâncias, se puder identificar a coisa ou pessoa cogitada".

- Promessa de doação pura. Morte do doador antes da lavratura da escritura pública. Outorga de escritura definitiva. 1. "É inadmissível o recurso extraordinário, quando a deficiência na sua fundamentação não permitir a exata compreensão da controvérsia." 2. O recurso especial não comporta o exame de questões que demandem o revolvimento de cláusulas contratuais e do contexto fático-probatório dos autos, em razão da incidência das Súmulas ns. 5 e 7 do STJ. 3. No caso concreto, a análise da pretensão recursal demandaria a incursão nos aspectos fático-probatórios, especialmente no que se refere à existência de inequívoca declaração de vontade da pessoa falecida de transmitir a propriedade do bem ao donatário, procedimento inviável em sede de recurso especial. 4. Agravo regimental desprovido. (STJ, Ag. Reg. nos Emb. Decl. no REsp n. 963.655/RJ, 4ª T., rel. Min. Antonio Carlos Ferreira, j. 12.03.2013, *DJe* 21.03.2013)

Declaração de nascido vivo Declaração emitida por profissional de saúde responsável pelo acompanhamento da gestação, do parto ou do recém-nascido, inscrito no Cadastro Nacional de Estabelecimentos de Saúde (CNES) ou no respectivo conselho profissional, para todos os nascimentos com vida ocorridos no país. Ela é destinada à elaboração de políticas públicas e à lavratura do assento de nascimento (Lei n. 12.662/2012).

▶ Veja Lei n. 12.662/2012: "**Art. 1º** Esta Lei regula a expedição e a validade nacional da Declaração de Nascido Vivo. **Art. 2º** A Declaração de Nascido Vivo tem validade em todo o território nacional até que seja lavrado o assento do registro do nascimento. **Art. 3º** A Declaração de Nascido Vivo será emitida para todos os nascimentos com vida ocorridos no País e será válida exclusivamente para fins de elaboração de políticas públicas e lavratura do assento de nascimento. § 1º A Declaração de Nascido Vivo deverá ser emitida por profissional de saúde responsável pelo acompanhamento da gestação, do parto ou do recém-nascido, inscrito no Cadastro Nacional de Estabelecimentos de Saúde – CNES ou no respectivo Conselho profissional. § 2º A Declaração de Nascido Vivo não substitui ou dispensa, em qualquer hipótese, o registro civil de nascimento, obrigatório e gratuito, nos termos da Lei. **Art. 4º** A Declaração de Nascido Vivo deverá conter número de identificação nacionalmente unificado, a ser gerado exclusivamente pelo Ministério da Saúde, além dos seguintes dados: I – nome e prenome do indivíduo; II – dia, mês, ano, hora e Município de nascimento; III – sexo do indivíduo; IV – informação sobre gestação múltipla, quando for o caso; V – nome e prenome, naturalidade, profissão, endereço de residência da mãe e sua idade na ocasião do parto; VI – nome e prenome do pai; e VII – outros dados a serem definidos em regulamento. [...]".

Decreto Ato da competência exclusiva do chefe do Poder Executivo destinado a prover de legislação situações gerais ou individuais abstratamente previstas, de modo expresso, explícito ou implícito. Os decretos executivos são considerados atos meramente administrativos utilizados pelo chefe do Poder Executivo para fazer nomeações e regulamentações de leis, entre outras providências. Os decretos executivos têm por objeto: a) pôr em execução uma disposição legal; b) estabelecer medidas gerais para cumprimento da lei; c) providenciar sobre matéria de ordem funcional; d) resolver sobre interesse da administração; e) decidir sobre algum interesse de ordem privada que se prenda ao da administração; f) criar, modificar, limitar ou ampliar uma situação jurídica; e g) organizar, reformar ou extinguir serviços públicos.

Decretos individuais e coletivos São os que dispõem sobre situações funcionais, podendo abranger um (decreto individual) ou mais (decreto coletivo) servidores. Esses decretos não costumam ser numerados.

Decretos regulamentares São os que visam a detalhar uma lei para facilitar sua execução. Neles são dispostos normas e procedimentos com o objetivo único de explicar a lei e orientar seu correto cumprimento. Têm previsão no art. 84, IV, da CF: "Compete privativamente ao Presidente da República: [...] IV – sancionar, promulgar e fazer publicar as leis, bem como expedir decretos e regulamentos para sua fiel execução".

De fato O oposto ao que é de direito, porque não se refere à lei e sim a uma simples circunstância factual ou material. Exemplos: a separação de fato do casal que ainda não requereu o divórcio; e os jurados escolhidos para compor o conselho de sentença nos julgamentos do Tribunal do Júri, que são considerados juízes de fato ou não togados.

- Sucessão. Comunhão universal de bens. Sucessão aberta quando havia separação de fato. Impossibilidade de comunicação dos bens adquiridos após a ruptura da vida conjugal. 1. O cônjuge que se encontra separado de fato não faz jus ao recebimento de quaisquer bens havidos pelo outro por herança transmitida após decisão liminar de separação de corpos. 2. Na data em que se concede a separação de corpos, desfazem-se os deveres conjugais, bem como o regime matrimonial de bens; e a essa data retroagem os efeitos da sentença de separação judicial ou divórcio. 3. Recurso especial não conhecido. (STJ, REsp n. 1.065.209/SP, 4ª T., rel. Min. João Otávio de Noronha, j. 08.06.2010, DJe 16.06.2010)

Defensor Aquele que defende ou protege. Advogado constituído pela parte ou nomeado pelo juiz com atribuição de defender o réu em processo de qualquer natureza. Nenhum acusado, ainda que ausente ou foragido, será processado ou julgado sem defensor. Se o acusado não o tiver, ser-lhe-á nomeado defensor pelo juiz, ressalvado seu direito de, a todo tempo, nomear outro de sua confiança ou a si mesmo defender-se, caso tenha habilitação (arts. 261 e 263, CPP).

▶ Veja CPP: "**Art. 261.** Nenhum acusado, ainda que ausente ou foragido, será processado ou julgado sem defensor. Parágrafo único. A defesa técnica, quando realizada por defensor público ou dativo, será sempre exercida através de manifestação fundamentada. **Art. 262.** Ao acusado menor dar-se-á curador. **Art. 263.** Se o acusado não o tiver, ser-lhe-á nomeado defensor pelo juiz, ressalvado o seu direito de, a todo tempo, nomear outro de sua confiança, ou a si mesmo defender-se, caso tenha habilitação. Parágrafo único. O acusado, que não for pobre, será obrigado a pagar os honorários do defensor dativo, arbitrados pelo juiz. **Art. 264.** Salvo motivo relevante, os advogados e solicitadores serão obrigados, sob pena de multa de cem a quinhentos mil-réis, a prestar seu patrocínio aos acusados, quando nomeados pelo Juiz. **Art. 265.** O defensor não poderá abandonar o processo senão por motivo imperioso, comunicado previamente o juiz, sob pena de multa de 10 (dez) a 100 (cem) salários-mínimos, sem prejuízo das demais sanções cabíveis. § 1º A audiência poderá ser adiada se, por motivo justificado, o defensor não puder comparecer. § 2º Incumbe ao defensor provar o impedimento até a abertura da audiência. Não o fazendo, o juiz não determinará o adiamento de ato algum do processo, devendo nomear defensor substituto, ainda que provisoriamente ou só para o efeito do ato. **Art. 266.** A constituição de defensor independerá de instrumento de mandato, se o acusado o indicar por ocasião do interrogatório. **Art. 267.** Nos termos do art. 252, não funcionarão como defensores os parentes do juiz".

Defensor dativo Advogado nomeado pelo juiz ao réu para defendê-lo por este não possuir condições econômicas para contratar um defensor (art. 263, CPP).

- Veja CPP: "**Art. 362.** Verificando que o réu se oculta para não ser citado, o oficial de justiça certificará a ocorrência e procederá à citação com hora certa, na forma estabelecida nos arts. 227 a 229 da Lei n. 5.869, de 11 de janeiro de 1973 – Código de Processo Civil. Parágrafo único. Completada a citação com hora certa, se o acusado não comparecer, ser-lhe-á nomeado defensor dativo".

- Veja Lei n. 8.112/90: "**Art. 164.** Considerar-se-á revel o indiciado que, regularmente citado, não apresentar defesa no prazo legal. § 1º A revelia será declarada, por termo, nos autos do processo e devolverá o prazo para a defesa. § 2º Para defender o indiciado revel, a autoridade instauradora do processo designará um servidor como defensor dativo, que deverá ser ocupante de cargo efetivo superior ou de mesmo nível, ou ter nível de escolaridade igual ou superior ao do indiciado".

▪ Defensor dativo. Honorários fixados em sentença-crime. Título executivo judicial líquido, certo e exigível. Impossibilidade de revisão em embargos à execução. 1. O advogado dativo, nomeado por inexistência ou desaparelhamento da Defensoria Pública no local da prestação do serviço, faz jus aos honorários fixados pelo juiz, a serem pagos pelo Estado, segundo os valores fixados na tabela da OAB. 2. Transitada em julgado, a sentença proferida em processo-crime que fixa honorários advocatícios em favor de defensor dativo constitui título executivo líquido, certo e exigível, na forma dos arts. 24 do Estatuto da Advocacia e 585, V, do CPC. 3. Na ação penal, sendo o Estado detentor do poder-dever de punir (*jus puniendi*), bem como responsável por garantir os princípios constitucionais da ampla defesa e do contraditório ao réu, não há falar em ofensa ao art. 472 do CPC. 4. Em obediência à coisa julgada, é inviável revisar, em embargos à execução, o valor da verba honorária fixada em sentença com trânsito em julgado. Agravo regimental improvido. (STJ, Ag. Reg. no REsp n. 1.370.209/ES, 2ª T., rel. Min. Humberto Martins, j. 06.06.2013, *DJe* 14.06.2013)

Defensoria Pública Órgão estatal a que estão vinculados os defensores públicos e para o qual prestam serviços. À Defensoria Pública incumbe, em regra, prestar assistência jurídica integral e gratuita às pessoas carentes ou hipossuficientes, que não têm condições de contratar os serviços de um advogado (art. 134, CF). A Defensoria Pública exercerá a orientação jurídica, a promoção dos direitos humanos e a defesa dos direitos individuais e coletivos dos necessitados, em todos os graus, de forma integral e gratuita (art. 185, CPC/2015). Ela atua no âmbito da União e dos estados e tem, em cada situação, atribuições específicas. Também atua na defesa dos acusados que não constituíram advogado para a apresentação de defesa e nos casos da curatela especial, conhecida como curadoria à lide, quando, por um dos motivos descritos nos arts. 9º e 218 do CPC/73, se presume prejudicado o direito de ação do autor (art. 9º, I, CPC/73) ou do requerido (arts. 9º, II, e 218, CPC/73), em que pese o fato de esta ser considerada função atípica, pois independe da condição econômica do interessado.

- Veja CF: "**Art. 134.** A Defensoria Pública é instituição essencial à função jurisdicional do Estado, incumbindo-lhe a orientação jurídica e a defesa, em todos os graus, dos necessitados, na forma do art. 5º, LXXIV. § 1º Lei Complementar organizará a Defensoria Pública da União e do Distrito Federal e dos Territórios e prescreverá normas gerais para sua organização nos Estados, em cargos de carreira, providos, na classe inicial, mediante concurso público de provas e títulos, assegurada a seus integrantes a garantia da inamovibilidade e vedado o exercício da advocacia fora das atribuições institucionais. § 2º Às Defensorias Públicas Estaduais são asseguradas autonomia funcional e administrativa e a iniciativa de sua proposta orçamentária dentro dos limites estabelecidos na lei de diretrizes orçamentárias e subordinação ao disposto no art. 99, § 2º. § 3º Aplica-se o disposto no § 2º às Defensorias Públicas da União e do Distrito Federal".

▶ Veja CPC/2015: "**Art. 185.** A Defensoria Pública exercerá a orientação jurídica, a promoção dos direitos humanos e a defesa dos direitos individuais e coletivos dos necessitados, em todos os graus, de forma integral e gratuita. **Art. 186.** A Defensoria Pública gozará de prazo em dobro para todas as suas manifestações processuais. § 1º O prazo tem início com a intimação pessoal do defensor público, nos termos do art. 183, § 1º. § 2º A requerimento da Defensoria Pública, o juiz determinará a intimação pessoal da parte patrocinada quando o ato processual depender de providência ou informação que somente por ela possa ser realizada ou prestada. § 3º O disposto no *caput* aplica-se aos escritórios de prática jurídica das faculdades de Direito reconhecidas na forma da lei e às entidades que prestam assistência jurídica gratuita em razão de convênios firmados com a Defensoria Pública. [...] **Art. 187.** O membro da Defensoria Pública será civil e regressivamente responsável quando agir com dolo ou fraude no exercício de suas funções".

Defensor público Advogado que exerce a função pública, em âmbito federal ou estadual, de prestar assistência jurídica integral às pessoas carentes que, por essa razão, não têm condições de pagar pelos serviços de um advogado (art. 134, CF). O defensor público é aprovado em concurso e conta com pelo menos dois anos de experiência jurídica. Ele é independente para atuar na defesa dos interesses do cidadão, podendo, inclusive, agir contra o Estado, com total isenção. Também representa o cidadão contra as autarquias da União, suas fundações e órgãos públicos federais, como o INSS e o Exército.

▶ Veja CF: "**Art. 133.** O advogado é indispensável à administração da justiça, sendo inviolável por seus atos e manifestações no exercício da profissão, nos limites da lei. **Art. 134.** A Defensoria Pública é instituição essencial à função jurisdicional do Estado, incumbindo-lhe a orientação jurídica e a defesa, em todos os graus, dos necessitados, na forma do art. 5º, LXXIV. § 1º Lei Complementar organizará a Defensoria Pública da União e do Distrito Federal e dos Territórios e prescreverá normas gerais para sua organização nos Estados, em cargos de carreira, providos, na classe inicial, mediante concurso público de provas e títulos, assegurada a seus integrantes a garantia da inamovibilidade e vedado o exercício da advocacia fora das atribuições institucionais. § 2º Às Defensorias Públicas Estaduais são asseguradas autonomia funcional e administrativa e a iniciativa de sua proposta orçamentária dentro dos limites estabelecidos na lei de diretrizes orçamentárias e subordinação ao disposto no art. 99, § 2º. § 3º Aplica-se o disposto no § 2º às Defensorias Públicas da União e do Distrito Federal".

▶ Veja CPP: "**Art. 261.** Nenhum acusado, ainda que ausente ou foragido, será processado ou julgado sem defensor. Parágrafo único. A defesa técnica, quando realizada por defensor público ou dativo, será sempre exercida através de manifestação fundamentada".

▶ *Habeas corpus.* Julgamento do recurso de apelação. Intimação pessoal do defensor público. Nulidade. Inexistência. Precedentes. 1. Na esteira dos recentes precedentes do Supremo Tribunal Federal e desta Corte Superior de Justiça, é incabível a utilização do *habeas corpus* em substituição ao recurso adequado. Precedentes. 2. A inadequação da via eleita, contudo, não desobriga este Tribunal Superior de, *ex officio*, fazer cessar manifesta ilegalidade que importe no cerceamento do direito de ir e vir do paciente. 3. A ausência de intimação pessoal do defensor público ou dativo é causa de nulidade absoluta por cerceamento de defesa. Mas não é necessário que a intimação do defensor público seja feita por mandado na pessoa do mesmo membro oficiante na causa. Precedentes. 4. Comprovada a regular intimação da Defensoria Pública, por um de seus membros, não há que se falar em nulidade, pois assegurada a prerrogativa institucional prevista nos arts. 5º, § 5º, da Lei n. 1.060/50, 370, § 4º, do CPP e 128, I, da LC n. 80/94. 5. *Habeas corpus* não conhecido. (STJ, *HC* n. 262.058/ MT, 6ª T., rel. Min. Alderita Ramos de Oliveira, j. 21.05.2013, *DJe* 31.05.2013)

Deferir Aceitar. Decidir favoravelmente a um pedido ou requerimento. Exemplos: "Defiro o pedido da parte para determinar que...'; "Defiro o pedido de assistência judiciária gratuita formulado pelo autor". "Ante o exposto, defiro o pedido liminar para determinar".

▶ Veja CPC/2015: "**Art. 98.** [...] § 4º A concessão da gratuidade não afasta o dever de o beneficiário pagar, ao final, as multas processuais que lhe sejam impostas. § 5º A gratuidade poderá ser concedida em relação a algum ou a todos os atos processuais, ou consistir na redução percentual de despesas processuais que o beneficiário tiver de adiantar no curso do procedimento. [...] **Art. 99.** O pedido de gratuidade da justiça pode ser formulado na petição inicial, na contestação, na petição de ingresso do terceiro no processo ou em recurso. § 1º Se superveniente à primeira manifestação da parte na instância, o pedido poderá ser formulado por petição simples, nos autos do próprio processo, e não suspenderá seu curso. [...]".

Defesa prévia Alegações apresentadas pelo réu no prazo de dez dias após o oferecimento da denúncia pelo juiz. Na defesa prévia, podem-se arrolar testemunhas (art. 396, CPP).

- Veja CPP: "**Art. 396.** Nos procedimentos ordinário e sumário, oferecida a denúncia ou queixa, o juiz, se não a rejeitar liminarmente, recebê-la-á e ordenará a citação do acusado para responder à acusação, por escrito, no prazo de 10 (dez) dias. Parágrafo único. No caso de citação por edital, o prazo para a defesa começará a fluir a partir do comparecimento pessoal do acusado ou do defensor constituído. **Art. 396-A.** Na resposta, o acusado poderá arguir preliminares e alegar tudo o que interesse à sua defesa, oferecer documentos e justificações, especificar as provas pretendidas e arrolar testemunhas, qualificando-as e requerendo sua intimação, quando necessário. § 1º A exceção será processada em apartado, nos termos dos arts. 95 a 112 deste Código. § 2º Não apresentada a resposta no prazo legal, ou se o acusado, citado, não constituir defensor, o juiz nomeará defensor para oferecê-la, concedendo-lhe vista dos autos por 10 (dez) dias".

- Veja Lei n. 11.343/2006 (Lei Antidrogas): "**Art. 55.** Oferecida a denúncia, o juiz ordenará a notificação do acusado para oferecer defesa prévia, por escrito, no prazo de 10 (dez) dias. § 1º Na resposta, consistente em defesa preliminar e exceções, o acusado poderá arguir preliminares e invocar todas as razões de defesa, oferecer documentos e justificações, especificar as provas que pretende produzir e, até o número de 5 (cinco), arrolar testemunhas. [...]".

- *Habeas corpus*. Recebimento da denúncia. Ato despido de conteúdo imprescindibilidade de manifestação do juiz acerca de seu conteúdo. [...] 2. A reforma legislativa introduzida pela Lei n. 11.719/2008 trouxe como consequência profunda alteração no que antes se definia como defesa prévia, consistente em manifestação de conteúdo limitado e reduzido, circunscrita basicamente à apresentação do rol de testemunhas do acusado. 3. A partir da nova sistemática, tem-se a previsão de uma defesa robusta, ainda que realizada em sede preliminar, na qual o acusado poderá "arguir preliminares e alegar tudo o que interesse à sua defesa, oferecer documentos e justificações, especificar as provas pretendidas e arrolar testemunhas, qualificando-as e requerendo sua intimação, quando necessário". 4. Não haveria razão de ser na inovação legislativa se não se esperasse do magistrado a apreciação, ainda que sucinta e superficial, das questões suscitadas pela defesa na resposta à acusação. 5. No caso, o magistrado de piso, após recebida a resposta à acusação, em que se debatiam diversas questões, preliminares e de mérito, apenas proferiu despacho determinando a designação de audiência, concluindo, assim, pelo prosseguimento do feito, sem que se manifestasse minimamente sobre as teses defensivas, o que enseja inarredável nulidade. [...] (STJ, *HC* n. 232.842/RJ, rel. Min. Og Fernandes, 6ª T., j. 11.09.2012, *DJe* 30.10.2012)

Defeso (1) Expressão que indica aquilo que é proibido ou vedado por lei ou decisão judicial. Impedimento para realizar algum ato ou alguma coisa. O mesmo que vedado (art. 15, CPC/73).

- Veja CPC/73: "**Art. 15.** É defeso às partes e seus advogados empregar expressões injuriosas nos escritos apresentados no processo, cabendo ao juiz, de ofício ou a requerimento do ofendido, mandar riscá-las. [...] **Art. 161.** É defeso lançar, nos autos, cotas marginais ou interlineares; o juiz mandará riscá-las, impondo a quem as escrever multa correspondente à metade do salário mínimo vigente na sede do juízo".

- Veja CPC/2015: "**Art. 78.** É vedado às partes, a seus procuradores, aos juízes, aos membros do Ministério Público e da Defensoria Pública e a qualquer pessoa que participe do processo empregar expressões ofensivas nos escritos apresentados. [...] **Art. 202.** É vedado lançar nos autos cotas marginais ou interlineares, as quais o juiz mandará riscar, impondo a quem as escrever multa correspondente à metade do salário mínimo. [...] **Art. 492.** É vedado ao juiz proferir decisão de natureza diversa da pedida, bem como condenar a parte em quantidade superior ou em objeto diverso do que lhe foi demandado. Parágrafo único. A decisão deve ser certa, ainda que resolva relação jurídica condicional".

- Súmula n. 45, STJ: No reexame necessário, é defeso, ao Tribunal, agravar a condenação imposta à Fazenda Pública.

- Súmula n. 160, STJ: É defeso, ao Município, atualizar o IPTU, mediante decreto, em percentual superior ao índice oficial de correção monetária.

- Súmula n. 171, STJ: Cominadas cumulativamente, em lei especial, penas privativas de liberdade e pecuniária, é defeso a substituição da prisão por multa.

■ Falência. Habilitação de crédito. Valor arbitrado a título de honorários advocatícios. Reexame de fatos e provas. Multa do art. 538 do CPC. Manutenção. A modificação das conclusões do Tribunal de origem acerca da extensão da sucumbência de cada parte e do valor arbitrado a título de honorários advocatícios exige o reexame de fatos e provas, o que é defeso em recurso especial. Incidência da Súmula n. 7/STJ. Precedentes. Manutenção da multa aplicada no julgamento dos segundos embargos declaratórios. A Súmula n. 98/STJ não se aplica às hipóteses de reiteração da medida integrativa, pois o prévio debate da matéria poderia ser alcançado com os primeiros aclaratórios. Agravo não provido. (STJ, Ag. Reg. no AREsp n. 321.732/RS, 3ª T., rel. Min. Nancy Andrighi, j. 11.06.2013, *DJe* 19.06.2013)

Defeso (2) Período estabelecido pelo IBAMA que corresponde à época em que crustáceos e peixes se reproduzem na natureza, no qual as atividades de caça, coleta e pesca esportivas e comerciais são suspensas ou controladas. Visa, acima de tudo, a preservação das espécies e fruição sustentável dos recursos naturais. Os pescadores artesanais recebem do governo proventos em dinheiro durante a época em que não podem obter renda da pesca por impedimento legal.

Delação premiada Mesmo que colaboração premiada. Denúncia voluntária feita ao juiz pelo indiciado em crime praticado em concurso com a finalidade de colaborar com a investigação e o processo criminal. Ocorre quando o indiciado imputa a autoria do crime a um terceiro, coautor ou partícipe; ou fornece às autoridades informações a respeito das práticas delituosas promovidas pelo grupo criminoso, auxiliando a localização de uma vítima ou a recuperação do produto do crime (arts. 159, CP; e 13, Lei n. 9.807/99). A delação premiada guarda semelhança com a colaboração premiada, instituída com os mesmos propósitos pela Lei n. 12.850/2013, e o acordo de leniência constante da Lei n. 12.846/2013, que dispõe sobre a responsabilização objetiva administrativa e civil de pessoas jurídicas pela prática de atos contra a administração pública, nacional ou estrangeira (*v. Colaboração premiada* e *Acordo de leniência*).

▶ Veja CP: "**Art. 159.** Sequestrar pessoa com o fim de obter, para si ou para outrem, qualquer vantagem, como condição ou preço do resgate: [...] § 4º Se o crime é cometido em concurso, o concorrente que o denunciar à autoridade, facilitando a libertação do sequestrado, terá sua pena reduzida de um a dois terços".

▶ Veja Lei n. 9.807/99: "**Art. 13.** Poderá o juiz, de ofício ou a requerimento das partes, conceder o perdão judicial e a consequente extinção da punibilidade ao acusado que, sendo primário, tenha colaborado efetiva e voluntariamente com a investigação e o processo criminal, desde que dessa colaboração tenha resultado: I – a identificação dos demais coautores ou partícipes da ação criminosa; II – a localização da vítima com a sua integridade física preservada; III – a recuperação total ou parcial do produto do crime. Parágrafo único. A concessão do perdão judicial levará em conta a personalidade do beneficiado e a natureza, circunstâncias, gravidade e repercussão social do fato criminoso".

▶ Veja Lei n. 12.850/2013: "**Art. 3º** Em qualquer fase da persecução penal, serão permitidos, sem prejuízo de outros já previstos em lei, os seguintes meios de obtenção da prova: I – colaboração premiada; [...] **Art. 4º** O juiz poderá, a requerimento das partes, conceder o perdão judicial, reduzir em até 2/3 (dois terços) a pena privativa de liberdade ou substituí-la por restritiva de direitos daquele que tenha colaborado efetiva e voluntariamente com a investigação e com o processo criminal, desde que dessa colaboração advenha um ou mais dos seguintes resultados: I – a identificação dos demais coautores e partícipes da organização criminosa e das infrações penais por eles praticadas; II – a revelação da estrutura hierárquica e da divisão de tarefas da organização criminosa; III – a prevenção de infrações penais decorrentes das atividades da organização criminosa; IV – a recuperação total ou parcial do produto ou do proveito das infrações penais praticadas pela organização criminosa; V – a localização de eventual vítima com a sua integridade física preservada".

■ Apelação criminal. Roubo majorado. Excludente de culpabilidade. Uso de drogas. Delação premiada. Pena-base. 1. Não tendo a defesa acostado qualquer prova a fundamentar a alegação de que os réus eram inimputáveis (ou semi-inimputáveis) – tampouco solicitado a instauração de incidente de insanidade mental –, ônus que lhe incumbia (art. 156 do CPP), não vinga a suscitada excludente de culpabilidade pelo uso de drogas. 2. A delação premiada tem como objetivo premiar o agente que fornece ao Estado informações que auxiliem a persecução penal, possibilitando o fim das atividades criminosas. Para que se configure tal instituto, devem ocorrer, a um só tempo, (pelo menos) a confissão do réu e a incriminação de um coautor/partícipe, o que inocorreu no caso dos autos. 3. O peso da atenuante da confissão pode ser de (até) 1/6 sobre a pena-base – considerando o limite imposto pela Súmula n. 231 do STJ – a pena provisória deve ser reduzida ao mínimo legal. Apelo defensivo parcialmente provido. (TJRS, Ap. Crime n. 70.052.788.650, 5ª Câm. Criminal, rel. Francesco Conti, j. 27.03.2013)

Deliberação Resolução ou ato emanado de órgão colegiado de autarquias ou de grupos representativos; expedem-na, entre outros, os conselhos administrativos ou deliberativos, os institutos de previdência e assistência social, e as assembleias legislativas.

Demanda Ato de demandar ou ajuizar uma ação. Lide, avença, disputa ou litígio judicial.

Demanda repetitiva (*v. Incidente de resolução de demandas repetitivas*).

Denegar Ato de negar alguma coisa. Também tem por significado recusar ou indeferir um pedido. Pode ser representado da seguinte maneira: "O juiz denegou o pedido de liminar".

Densidade da norma Conteúdo pleno de um dispositivo. Refere-se a normas dotadas de maior concreção, maior densidade semântica, maior precisão conceitual e detalhamento; ou àquelas dotadas de suficiente normatividade que se encontram aptas a, diretamente e sem a intervenção do legislador ordinário, gerar seus efeitos essenciais. "Densificar uma norma significa preencher, complementar e precisar o espaço normativo de um preceito, especialmente carecido de concretização, a fim de tornar possível a solução, por esse preceito, dos problemas concretos" (CANOTILHO, J. J. Gomes. *Direito constitucional*. 6.ed. Coimbra, Almedina, 1993, p. 202-3).

Denúncia Ato pelo qual alguém comunica a uma autoridade pública, órgão policial ou judiciário a prática de um delito de que tenha conhecimento. A Controladoria-Geral da União (CGU) recebe denúncias relativas à defesa do patrimônio público, ao controle sobre a aplicação dos recursos públicos federais, à correição, à prevenção e ao combate da corrupção, às atividades de ouvidoria e ao incremento da transparência da gestão no âmbito da administração pública federal. No direito civil, corresponde ao ato em que se dá ciência a alguém, através de notificação, de que não há mais interesse em continuar a relação contratual, concedendo prazo determinado em lei para o término da relação. Em direito penal, é o ato pelo qual o representante do Ministério Público (promotor público ou procurador) apresenta sua acusação perante a autoridade judicial competente para julgar o crime ou a contravenção descrita na peça acusatória. A denúncia é a peça inicial dos processos criminais que envolvam crimes de ação pública, ou seja, aqueles em que a iniciativa do processo judicial é do Ministério Público (art. 41, CPP).

▶ Veja CPP: "**Art. 41.** A denúncia ou queixa conterá a exposição do fato criminoso, com todas as suas circunstâncias, a qualificação do acusado ou esclarecimentos pelos quais se possa identificá-lo, a classificação do crime e, quando necessário, o rol das testemunhas".

■ Súmula n. 234, STJ: A participação de membro do Ministério Público na fase investigatória criminal não acarreta seu impedimento ou suspeição para o oferecimento da denúncia.

■ Súmula n. 360, STJ: O benefício da denúncia espontânea não se aplica aos tributos sujeitos a lançamento por homologação regularmente declarados, mas pagos a destempo.

■ Inépcia da denúncia. Mera condição de responsável legal de sociedade empresária. Ausência de descrição do nexo causal. Ampla defesa prejudicada. Ordem concedida de ofício. 1. A hipótese em apreço cuida de denúncia que narra supostos delitos praticados por intermédio de pessoa jurídica, a qual, por se tratar de sujeito de direitos e obrigações, e por não deter vontade própria, atua sempre por representação de uma ou mais pessoas naturais. 2. A tal peculiaridade deve estar atento o órgão acusatório, pois embora existam precedentes desta própria Corte Superior de Justiça admitindo a chamada denúncia genérica nos delitos de autoria coletiva e nos crimes societários, não lhe é dado eximir-se da responsabilidade de descrever, com um mínimo de concretude, como os imputados teriam agido, ou de que forma teriam contribuído para a prática da conduta narrada na peça acusatória. [...] Ordem concedida de ofício apenas para declarar a inépcia da denúncia ofertada contra a paciente, estendendo-se os efeitos desta decisão ao corréu. (STJ, *HC* n. 206.376/CE, rel. Min. Jorge Mussi, 5ª T., j. 28.05.2013, *DJe* 11.06.2013)

Denunciação da lide Ato pelo qual o autor da ação chama um terceiro para intervir na demanda a fim de defendê-lo e garantir o direito à evicção (arts. 70 a 76, CPC/73).

- Veja CPC/73: "**Art. 70.** A denunciação da lide é obrigatória: I – ao alienante, na ação em que terceiro reivindica a coisa, cujo domínio foi transferido à parte, a fim de que esta possa exercer o direito que da evicção lhe resulta; II – ao proprietário ou ao possuidor indireto quando, por força de obrigação ou direito, em casos como o do usufrutuário, do credor pignoratício, do locatário, o réu, citado em nome próprio, exerça a posse direta da coisa demandada; III – àquele que estiver obrigado, pela lei ou pelo contrato, a indenizar, em ação regressiva, o prejuízo do que perder a demanda. **Art. 71.** A citação do denunciado será requerida, juntamente com a do réu, se o denunciante for o autor; e, no prazo para contestar, se o denunciante for o réu".

- Veja CPC/2015: "**Art. 125.** É admissível a denunciação da lide, promovida por qualquer das partes: I – ao alienante imediato, no processo relativo à coisa cujo domínio foi transferido ao denunciante, a fim de que possa exercer os direitos que da evicção lhe resultam; II – àquele que estiver obrigado, por lei ou pelo contrato, a indenizar, em ação regressiva, o prejuízo de quem for vencido no processo. [...]".

- Agravo regimental no agravo em recurso especial. Denunciação à lide. Art. 70, III, do CPC. Não obrigatoriedade. [...] 3. "A jurisprudência da Corte está assentada na direção de não ser obrigatória a denunciação da lide com base no art. 70, III, do Código de Processo Civil, não cabendo quando o denunciante pretende transferir, por inteiro, a responsabilidade que lhe é imputada, ainda mais quando a pretensa denunciada já integra o polo passivo da relação processual. Assim, afastado está o dissídio com apoio na Súmula n. 83". (REsp n. 528.551/SP, 3ª T., rel. Min. Carlos Alberto Menezes Direito, j. 09.12.2003, *DJ* 29.03.2004, p. 235). (STJ, Ag. Reg. no AREsp n. 55.131/GO, 4ª T., rel. Min. Luis Felipe Salomão, j. 21.05.2013, *DJe* 27.05.2013)

Denúncia cheia Notificação obrigatoriamente motivada do locatário, pelo locador, para retomada do imóvel. Se a locação do móvel foi prorrogada automaticamente, findo o prazo estabelecido, ele só pode ser retomado se for pedido para uso próprio, uso residencial de ascendente ou descendente que não disponha, assim como cônjuge ou companheiro, de imóvel residencial próprio, e outras hipóteses que a lei determina (art. 47, Lei n. 8.245/91).

- Veja Lei n. 8.245/91 (Lei de Locações): "**Art. 47.** Quando ajustada verbalmente ou por escrito e com prazo inferior a trinta meses, findo o prazo estabelecido, a locação prorroga-se automaticamente, por prazo indeterminado, somente podendo ser retomado o imóvel: I – nos casos do art. 9º; II – em decorrência de extinção do contrato de trabalho, se a ocupação do imóvel pelo locatário estiver relacionada com o seu emprego; III – se for pedido para uso próprio, de seu cônjuge ou companheiro, ou para uso residencial de ascendente ou descendente que não disponha, assim como seu cônjuge ou companheiro, de imóvel residencial próprio; IV – se for pedido para demolição e edificação licenciada ou para a realização de obras aprovadas pelo Poder Público, que aumentem a área construída em, no mínimo, vinte por cento ou, se o imóvel for destinado a exploração de hotel ou pensão, em cinquenta por cento; V – se a vigência ininterrupta da locação ultrapassar cinco anos".

- Locação. Celebração na vigência da Lei n. 6.649/79. Contrato por prazo indeterminado. Denúncia cheia. Desnecessidade de notificação. Art. 43, III, da Lei n. 8.245/91. 1. O contrato de locação celebrado na vigência da Lei n. 6.649/79, e que foi prorrogado indeterminadamente, pode ser denunciado pelo locador. Sendo a denúncia imotivada, necessária é a notificação de que trata o art. 78 da Lei n. 8.245/91. Entretanto, se a denúncia for motivada, não se faz obrigatório que o locatário seja notificado, nem que se conceda prazo de doze meses para desocupação. 2. Recurso conhecido e provido. (STJ, REsp n. 129.408/BA, 5ª T., rel. Min. Edson Vidigal, j. 16.12.1997, *DJ* 02.03.1998, p. 132)

Denúncia da locação Ato pelo qual o locatário, na locação por prazo indeterminado, comunica (notifica) por escrito ao locador, com antecedência mínima de trinta dias, que não tem mais interesse na continuidade da locação. Notificação premonitória (art. 6º, Lei n. 8.245/91).

- Veja Lei n. 8.245/91 (Lei de Locações): "**Art. 6º** O locatário poderá denunciar a locação por prazo indeterminado mediante aviso por escrito ao locador, com antecedência mínima de trinta dias. Parágrafo único. Na ausência do aviso, o locador poderá exigir quantia correspondente a um mês de aluguel e encargos, vigentes quando da resilição".

- Locação. Consignação em pagamento. Denúncia da locação pelo locatário. Multa. O locatário pode denunciar a locação antes do término do prazo do contrato, conforme exegese do art. 4º da Lei do Inquilinato. O locador não pode, sob nenhum pretexto, recusar o recebimento das chaves do imóvel. Entendendo devida multa e alugueres em atraso, deverá o locador deduzir sua pretensão na via adequada da ação de cobrança em processo de conhecimento ou de execução. Apelação provida para exonerar a autora locatária da obrigação de devolver as chaves do imóvel desocupado, em face do depósito das chaves em juízo. (TJRS, Ap. Cível n. 70.008.847.808, 15ª Câm. Cível, rel. Victor Luiz Barcellos Lima, j. 25.08.2004)

Denúncia do comodato
Ato pelo qual o comodante, no comodato por prazo indeterminado, comunica (notifica) por escrito ao comodatário que não tem mais interesse na continuidade do empréstimo do imóvel, concedendo prazo para sua desocupação (art. 581, CC).

- Veja CC: "**Art. 581.** Se o comodato não tiver prazo convencional, presumir-se-lhe-á o necessário para o uso concedido; não podendo o comodante, salvo necessidade imprevista e urgente, reconhecida pelo juiz, suspender o uso e gozo da coisa emprestada, antes de findo o prazo convencional, ou o que se determine pelo uso outorgado".

- Ação de reintegração de posse. Esbulho possessório. Embargos de declaração. Ausência de omissão, contradição ou obscuridade. Ausência de prequestionamento. [...] O esbulho se caracteriza a partir do momento em que o ocupante do imóvel se nega a atender ao chamado da denúncia do contrato de comodato, permanecendo no imóvel após notificado. Precedentes. Agravo não provido. (STJ, Ag. Reg. no Ag. n. 598.544/SP, 3ª T., rel. Min. Nancy Andrighi, j. 03.08.2004, *DJ* 23.08.2004, p. 235)

Denúncia vazia
O mesmo que denúncia imotivada, ou seja, o ato do locador promover a devolução do imóvel sem que seja necessário indicar qualquer motivo justo para tanto. Nas locações de prazo determinado, ajustadas por escrito por prazo igual ou superior a trinta meses, que passarem a vigorar por prazo indeterminado após o transcurso do primeiro prazo, poderá o locador, a qualquer tempo, depois de denunciado o contrato, concedendo o prazo de trinta dias para a desocupação, promover o despejo (art. 46, Lei n. 8.245/91). As outras hipóteses de denúncia da locação são: a) a ocupação, por cinco anos ininterruptos, do imóvel pelo locatário (art. 47, V); b) a prevista no art. 7º e que diz respeito aos casos de extinção de usufruto ou de fideicomisso, podendo ser exercitado no prazo de até noventa dias de qualquer desses eventos; c) a denúncia pelo adquirente do imóvel, no prazo de noventa dias a contar do registro da venda, se a aquisição se verificar durante o prazo da locação, salvo se esta for feita por prazo determinado e o contrato que contiver cláusula de vigência em caso de alienação estiver averbado no Registro de Imóveis (art. 8º).

- Veja Lei n. 8.245/91 (Lei de Locações): "**Art. 46.** Nas locações ajustadas por escrito e por prazo igual ou superior a trinta meses, a resolução do contrato ocorrerá findo o prazo estipulado, independentemente de notificação ou aviso. § 1º Findo o prazo ajustado, se o locatário continuar na posse do imóvel alugado por mais de trinta dias sem oposição do locador, presumir-se-á prorrogada a locação por prazo indeterminado, mantidas as demais cláusulas e condições do contrato. § 2º Ocorrendo a prorrogação, o locador poderá denunciar o contrato a qualquer tempo, concedido o prazo de trinta dias para desocupação".

- Ação de despejo por denúncia vazia. Existência de proposta de venda do imóvel locado. Discussão em torno das questões relacionadas à desistência do negócio pelo locador. 1. A partir do momento em que o locatário manifesta, dentro do prazo legal, a sua aceitação à proposta, a confiança gerada acerca da celebração do contrato pode ser ofendida pelo locador de duas formas: (I) o locador pode desistir de vender o seu imóvel, aplicando-se o disposto no art. 29 da Lei n. 8.245/91; (II) o locador pode preterir o locatário e realizar o negócio com terceiro, hipótese em que incide a regra do art. 33 da Lei n. 8.245/91, que confere ao locatário, cumpridas as exigências legais, a faculdade de adjudicar a coisa vendida. 2. Aceita a proposta pelo inquilino, o locador não está obrigado a vender a coisa ao locatário, mas a desistência do negócio o sujeita a reparar os danos sofridos, consoante a diretriz do art. 29 da Lei n. 8.245/91. 3. A discussão acerca da má-fé do locador – que desistiu de celebrar o negócio – não inviabiliza a tutela do direito buscado pelo locador por meio da ação de despejo, porque n. Lei 8.245/91 não conferiu ao locatário o poder de compelir o locador a realizar a venda do imóvel, cabendo-lhe somente o ressarcimento das perdas e danos resultantes da conduta do locador. 4. Recurso especial provido. (STJ, REsp n. 1.193.992/MG, 3ª T., rel. Min. Nancy Andrighi, j. 02.06.2011, *DJe* 13.06.2011)

De ofício
Realização de um ato processual pela iniciativa do juiz sem requerimento das partes. O mesmo que *ex officio* (v. *Ex officio*).

Deontologia
Deontologia, derivado do grego *deon, deontos/logos*, significa estudo dos deveres. O surgimento da palavra deu-se em 1834, quan-

do Benthan atribuiu à sua *Science of Morality* o título *Deontology*. Com o tempo, passou-se a utilizar o termo como oposição a *ontologia,* ou seja, como antítese entre o *ser* e o *dever-ser*. No caso específico dos profissionais da advocacia, indica o conjunto de regras ético-jurídicas nas quais o advogado deve pautar seu comportamento profissional. Para os advogados brasileiros, as regras deontológicas, às quais devem submeter-se, encontram-se elencadas no Código de Ética e Disciplina da OAB.

De pleno direito Em virtude de lei. Diz-se nulo de pleno direito o ato jurídico ou contrato que não cumprir os requisitos legais. O ato nulo de pleno direito pode ter a nulidade pronunciada de ofício.

▶ Veja CDC: "**Art. 51.** São nulas de pleno direito, entre outras, as cláusulas contratuais relativas ao fornecimento de produtos e serviços que: I – impossibilitem, exonerem ou atenuem a responsabilidade do fornecedor por vícios de qualquer natureza dos produtos e serviços ou impliquem renúncia ou disposição de direitos. Nas relações de consumo entre o fornecedor e o consumidor-pessoa jurídica, a indenização poderá ser limitada, em situações justificáveis; II – subtraiam ao consumidor a opção de reembolso da quantia já paga, nos casos previstos neste Código; III – transfiram responsabilidades a terceiros; [...]".

▶ Veja LC n. 101/2000: "**Art. 21.** É nulo de pleno direito o ato que provoque aumento da despesa com pessoal e não atenda: I – as exigências dos arts. 16 e 17 desta Lei Complementar, e o disposto no inciso XIII do art. 37 e no § 1º do art. 169 da Constituição; II – o limite legal de comprometimento aplicado às despesas com pessoal inativo. [...]".

■ Outorga de escritura pública. Promessa de compra e venda firmada em garantia a contrato de *factoring*. Caracterização de pacto comissório vedado pelo ordenamento jurídico. [...] Assentado no acórdão recorrido e incontroverso nos autos que a execução de obrigação de fazer lastra-se em contratos de compromisso de compra e venda, dados como garantia para o caso de inadimplência em contrato de *factoring*, pode o Superior Tribunal de Justiça, sem incorrer em superação das Súmulas ns. 5 e 7, estabelecer fundamento jurídico diverso daquele fixado pela Corte local para proclamar a nulidade absoluta dos ajustes *sub judice*. 3. No caso, resta perfeitamente configurada a figura do pacto comissório, pois, simulando a celebração de contratos de compromisso de compra e venda, foram instituídas verdadeiras garantias reais aos ajustes de *factoring*, permitindo que, em caso de inadimplência, fossem os bens transmitidos diretamente ao credor. Avença nula de pleno direito, consoante o disposto no art. 765 do CC/1916, atual art. 1.428 do CC/2002. Precedentes da Corte. 4. Recurso especial desprovido. (STJ, REsp n. 954.903/RS, 4ª T., rel. Min. Marco Buzzi, j. 11.12.2012, *DJe* 01.02.2013)

Depoente Pessoa que vem a juízo para depor ou ser interrogada como testemunha. A própria parte quando intimada a prestar depoimento pessoal ou a vítima em processo criminal (art. 343, CPC/73).

Depoimento Declaração ou manifestação de quem é convocado a comparecer em juízo para prestar informações a respeito de fatos relacionados ao processo. Depoimento testemunhal. Depoimento pessoal.

■ Depoimento de policiais. Prova considerada insuficiente e contraditória. Absolvição pela origem. Decisão mantida por seus próprios fundamentos. 1. O agravante não apresentou argumentos novos capazes de infirmar os fundamentos que alicerçaram a decisão agravada, razão que enseja a negativa de provimento ao agravo regimental. 2. O Tribunal de origem, ao promover percuciente exame do arcabouço de fatos e provas, absolveu os agravados, pois concluiu que, no caso, os depoimentos dos policiais eram insuficientes e contraditórios com os demais elementos de prova colacionados ao processo. 3. Resultando a absolvição dos agravados do exame e ponderação das provas carreadas aos autos, não pode esta Corte Superior proceder à alteração da conclusão firmada na instância ordinária sem revolver o acervo fático-probatório. Enunciado n. 7/STJ. 4. Agravo regimental a que se nega provimento. (STJ, Ag. Reg. no AREsp n. 262.229/GO, 5ª T., rel. Min. Marco Aurélio Bellizze, j. 28.05.2013, *DJe* 10.06.2013)

Depoimento pessoal Meio de prova que consiste no depoimento prestado pelo autor ou réu, quando expressamente requerido pela parte. Compete a cada parte requerer o depoimento pessoal da outra, a fim de que seja interrogada na audiência de instrução e julgamento (art. 343, CPC/73).

▶ Veja CPC/73: "**Art. 342.** O juiz pode, de ofício, em qualquer estado do processo, determinar o comparecimento pessoal das partes, a fim de interrogá-las sobre os fatos da causa. **Art. 343.** Quando o juiz não o determinar de ofício, compete a cada parte requerer o depoimento pessoal da outra, a fim de interrogá-la na audiência de instrução e julgamento. § 1º A parte será intimada pessoalmente, constando do mandado que se presumirão confessados os fatos contra ela alegados, caso não compareça ou, comparecendo, se recuse a depor. § 2º Se a parte intimada não comparecer, ou comparecendo, se recusar a depor, o juiz lhe aplicará a pena de confissão".

▶ Veja CPC/2015: "**Art. 385.** Cabe à parte requerer o depoimento pessoal da outra parte, a fim de que esta seja interrogada na audiência de instrução e julgamento, sem prejuízo do poder do juiz de ordená-lo de ofício".

▪ Ação de indenização por dano moral. Protesto de título. Prova testemunhal e depoimento pessoal do autor. Indeferimento. Julgamento antecipado da lide. Alegação de cerceamento de defesa. 1. Não configura o cerceamento de defesa o julgamento da causa sem a produção de prova testemunhal e depoimento pessoal do autor. Hão de ser levados em consideração o princípio da livre admissibilidade da prova e do livre convencimento do juiz, que, nos termos do art. 130 do Código de Processo Civil, permitem ao julgador determinar as provas que entende necessárias à instrução do processo, bem como o indeferimento daquelas que considerar inúteis ou protelatórias. Revisão vedada pela Súmula n. 7 do STJ. 2. Agravo regimental não provido. (STJ, Ag. Reg. no AREsp n. 136.341/SP, rel. Min. Luis Felipe Salomão, 4ª T., j. 04.12.2012, DJe 13.12.2012)

Depositário Pessoa a quem se entrega ou a quem se confia alguma coisa em depósito em virtude de contrato. Pelo contrato de depósito, recebe o depositário um objeto móvel para guardar até que o depositante o reclame (art. 627, CC; e art. 159, CPC/2015).

▶ Veja CC: "**Art. 627.** Pelo contrato de depósito recebe o depositário um objeto móvel, para guardar, até que o depositante o reclame".

▶ Veja CPC/2015: "**Art. 159.** A guarda e a conservação de bens penhorados, arrestados, sequestrados ou arrecadados serão confiadas a depositário ou a administrador, não dispondo a lei de outro modo".

Depositário infiel Aquele que se recusa a devolver a coisa que lhe foi confiada em depósito ou está impossibilitado de fazê-lo. Os hospedeiros responderão como depositários, assim como por furtos e roubos que perpetrarem as pessoas empregadas ou admitidas em seus estabelecimentos (art. 649, parágrafo único, CC). Com a edição da Súmula vinculante n. 25 do STF, o depositário infiel não está mais sujeito à prisão civil: "É ilícita a prisão civil de depositário infiel, qualquer que seja a modalidade do depósito".

▶ Veja CC: "**Art. 649.** Aos depósitos previstos no artigo antecedente é equiparado o das bagagens dos viajantes ou hóspedes nas hospedarias onde estiverem. Parágrafo único. Os hospedeiros responderão como depositários, assim como pelos furtos e roubos que perpetrarem as pessoas empregadas ou admitidas nos seus estabelecimentos".

▶ Veja CPC/2015: "**Art. 161.** [...] Parágrafo único. O depositário infiel responde civilmente pelos prejuízos causados, sem prejuízo de sua responsabilidade penal e da imposição de sanção por ato atentatório à dignidade da justiça".

▪ Súmula vinculante n. 25, STF: É ilícita a prisão civil de depositário infiel, qualquer que seja a modalidade do depósito.

▪ Súmula n. 304, STJ: É ilegal a decretação da prisão civil daquele que não assume expressamente o encargo de depositário judicial.

▪ Súmula n. 305, STJ: É descabida a prisão civil do depositário quando, decretada a falência da empresa, sobrevém a arrecadação do bem pelo síndico.

▪ Súmula n. 319, STJ: O encargo de depositário de bens penhorados pode ser expressamente recusado.

▪ Súmula n. 419, STJ: Descabe a prisão civil do depositário judicial infiel.

▪ Depositário dos bens. Ausência de localização após inúmeras diligências. Reconhecimento da condição de depositário infiel. Responsabilização patrimonial. Possibilidade. Bloqueio de valores. Caso em que, após incessantes tentativas de localização do depositário nomeado, para fins de apresentação dos bens, até a presente data não se sabe do seu paradeiro. O dever de guarda incumbido ao depositário pressupõe que ele informe ao juízo qualquer alteração de endereço que venha a ocorrer, para possibilitar a apresentação dos bens pelos quais ficou responsável, sob pena de presunção de descumprimento do encargo de guarda e conservação dos bens penhorados, como previsto no art. 148 do CPC. Ainda que não seja lícita a prisão civil de depositário infiel, à luz da redação da Súmula n. 25 do STF, não há óbice de que ele seja responsabilizado patrimonialmente pelo descumprimento do encargo que lhe coube, como pretende o Estado do Rio Grande do Sul. Determinado, portanto, o bloqueio de valores que, porventura sejam localizados em contas-correntes do depositário, via BACEN-Jud, até o limite do valor em que foram avaliados os bens depositados, na forma do art. 655-A do CPC. Agravo provido. Unânime. (TJRS, AI n. 70.050.936.780, 21ª Câm. Cível, rel. Francisco José Moesch, j. 15.05.2013)

Depositário judicial Pessoa designada pelo juiz que fica encarregada da custódia de valores ou coisas consignadas ou depositadas em juízo. A guarda e a conservação de bens penhorados, arrestados, sequestrados ou arrecadados serão confiadas a depositário ou administrador, não dispondo a lei de outro modo (art. 148, CPC/73).

▶ Veja CPC/73: "**Art. 148.** A guarda e conservação de bens penhorados, arrestados, sequestrados ou arrecadados serão confiadas a depositário ou a administrador, não dispondo a lei de outro modo. **Art. 149.** O depositário ou administrador perceberá, por seu trabalho, remuneração que o juiz fixará, atendendo à situação dos bens, ao tempo do serviço e às dificuldades de sua execução. Parágrafo único. O juiz poderá nomear, por indicação do depositário ou do administrador, um ou mais prepostos".

▶ Veja CPC/2015: "**Art. 159.** A guarda e a conservação de bens penhorados, arrestados, sequestrados ou arrecadados serão confiadas a depositário ou a administrador, não dispondo a lei de outro modo. **Art. 160.** Por seu trabalho o depositário ou o administrador perceberá remuneração que o juiz fixará levando em conta a situação dos bens, ao tempo do serviço e às dificuldades de sua execução. Parágrafo único. O juiz poderá nomear um ou mais prepostos por indicação do depositário ou do administrador".

■ Súmula n. 304, STJ: É ilegal a decretação da prisão civil daquele que não assume expressamente o encargo de depositário judicial.

■ Penhora *on line* para garantia da execução. Incidência de juros de mora. Impossibilidade. 1. Hipótese em que a instância ordinária entendeu não se mostrar razoável exigir juros de mora depois de efetivados a penhora e o depósito do valor, haja vista os valores levantados pelo exequente estarem acrescidos de juros e correção monetária pagos pela instituição bancária em que se efetivou o depósito. 2. "Havendo penhora de dinheiro, o banco no qual foi depositada a respectiva quantia assume o encargo de depositário judicial, nos termos dos arts. 666, I, e 1.219, ambos do CPC." (REsp n. 783.596/RJ, rel. Min. Nancy Andrighi, *DJU* 18.12.2006). Incidência da Súmula n. 83/STJ. 3. Agravo regimental não provido. (STJ, Ag. Reg. no AREsp n. 108.873/MG, 2ª T., rel. Min. Herman Benjamin, j. 24.04.2012, *DJe* 22.05.2012)

Depósito Contrato pelo qual o depositário recebe um objeto móvel para guardar até que o depositante o reclame (art. 627, CC).

▶ Veja CC: "**Art. 627.** Pelo contrato de depósito recebe o depositário um objeto móvel, para guardar, até que o depositante o reclame. **Art. 628.** O contrato de depósito é gratuito, exceto se houver convenção em contrário, se resultante de atividade negocial ou se o depositário o praticar por profissão. [...]".

Depósito necessário É aquele que se faz em desempenho de obrigação legal ou que se efetua por ocasião de alguma calamidade, como incêndio, inundação, naufrágio ou saque (art. 647, CC).

Depósito voluntário Contrato pelo qual o depositário recebe um objeto móvel para guardar até que o depositante o reclame (art. 627, CC). O contrato de depósito é gratuito, exceto se houver convenção em contrário, se for resultante de atividade negocial ou se o depositário o praticar por profissão (art. 628, CC). O depósito voluntário provar-se-á por escrito (art. 646, CC).

Deprecado Juiz ou juízo para o qual foi endereçada carta precatória e onde deve ser ela cumprida.

▶ Veja CPC/2015: "**Art. 914.** [...] § 2º Na execução por carta, os embargos serão oferecidos no juízo deprecante ou no juízo deprecado, mas a competência para julgá-los é do juízo deprecante, salvo se versarem unicamente sobre vícios ou defeitos da penhora, da avaliação ou da alienação dos bens efetuadas no juízo deprecado".

Deprecante Autoridade judiciária que expede a carta precatória ao juiz deprecado.

Derrogação Revogação parcial de uma lei (art. 2º, LINDB). Revogação de um artigo de lei ou de jurisdição: "a regra geral, que obriga a observância da arbitragem quando pactuada pelas partes, promove a derrogação da jurisdição estatal" (STJ, REsp n. 1.169.841/RJ, 3ª T., rel. Min. Nancy Andrighi, j. 06.11.2012, v. u.).

▶ Veja LINDB: "**Art. 2º** [...] § 1º A lei posterior revoga a anterior quando expressamente o declare, quando seja com ela incompatível ou quando regule inteiramente a matéria de que tratava a lei anterior".

■ Suspensão condicional do processo. Crime. Duplicata simulada. Pena mínima. Maior de um ano. Requisito do art. 89 da Lei

n. 9.099/95. Não satisfação. 1. Devidamente expressos os motivos que levaram o Tribunal de origem a negar a suspensão condicional do processo, pretendida pela defesa, não há falar em nulidade por ausência de fundamentação. 2. A Lei n. 10.259/2001 apenas alterou o conceito de crime de menor potencial ofensivo, autorizando a transação penal para os delitos cuja pena máxima cominada seja de dois anos. Não houve derrogação da Lei n. 9.099/95 no tocante ao seu art. 89, que continua vigente, condicionando o benefício da suspensão condicional do processo somente aos delitos cuja pena mínima não seja superior a um ano. Hipótese que não se enquadra na disposição legal, pois a paciente foi condenada pelo delito do art. 172 do Código Penal, que tem como sanção mínima a pena de dois anos. 3. Ordem denegada. (STJ, HC 153.580/SP, 6ª T., rel. Min. Maria Thereza de Assis Moura, j. 09.08.2012, DJe 20.08.2012)

Desagravo Retratação de ofensa ou dano moral causados injustamente a advogado. Cabe ao conselho ou à seccional da OAB promover o desagravo público do ofendido sem prejuízo da responsabilidade criminal em que incorrer o infrator (art. 7º, § 5º, EAOAB).

▶ Veja Lei n. 8.906/94: "**Art. 7º** São direitos do advogado: [...] XVII – ser publicamente desagravado, quando ofendido no exercício da profissão ou em razão dela; [...]".

Desaposentação Renúncia de aposentadoria anterior para efeito de obter nova aposentação contando o tempo de trabalho posteriormente prestado. Instituto que se mostra de interesse daqueles que se aposentam proporcionalmente, mas continuam a trabalhar e a contribuir. Ao completar o tempo integral, desfazem a aposentadoria proporcional e se reaposentam com o valor integral.

■ Previdenciário. Desaposentação. Repercussão geral no STF. Art. 543-B. Renúncia à aposentadoria e devolução das parcelas pretéritas. Prescindibilidade. [...] 3. É assente neste sodalício o entendimento no sentido da possibilidade de desaposentação, sendo prescindível a devolução de valores pretéritos. 4. Tendo o julgado objurgado decidido as questões postas na lide, com base em fundamentos infraconstitucionais, sem necessidade de declaração incidental de inconstitucionalidade, não há falar em malferimento do art. 97 da CF/88 ou da Súmula vinculante n. 10/STF. 5. Agravo regimental ao qual se nega provimento. (STJ, Ag. Reg. no REsp n. 1.247.632/PR, 6ª T., rel. Min. Alderita Ramos de Oliveira, j. 11.06.2013, DJe 18.06.2013)

Desapropriação Transferência compulsória de um bem particular para o domínio do Estado, por necessidade, utilidade pública ou interesse social, mediante prévia e justa indenização (art. 184, CF; e Lei n. 8.629/93) (*v. Ação de desapropriação*).

▶ Veja CF: "**Art. 184.** Compete à União desapropriar por interesse social, para fins de reforma agrária, o imóvel rural que não esteja cumprindo sua função social, mediante prévia e justa indenização em títulos da dívida agrária, com cláusula de preservação do valor real, resgatáveis no prazo de até vinte anos, a partir do segundo ano de sua emissão, e cuja utilização será definida em lei. § 1º As benfeitorias úteis e necessárias serão indenizadas em dinheiro. § 2º O decreto que declarar o imóvel como de interesse social, para fins de reforma agrária, autoriza a União a propor a ação de desapropriação. § 3º Cabe à lei complementar estabelecer procedimento contraditório especial, de rito sumário, para o processo judicial de desapropriação. [...]".

▶ Veja Lei n. 8.629/93: "**Art. 2º** A propriedade rural que não cumprir a função social prevista no art. 9º é passível de desapropriação, nos termos desta lei, respeitados os dispositivos constitucionais. § 1º Compete à União desapropriar por interesse social, para fins de reforma agrária, o imóvel rural que não esteja cumprindo sua função social. § 2º Para os fins deste artigo, fica a União, através do órgão federal competente, autorizada a ingressar no imóvel de propriedade particular para levantamento de dados e informações, mediante prévia comunicação escrita ao proprietário, preposto ou seu representante. § 3º Na ausência do proprietário, do preposto ou do representante, a comunicação será feita mediante edital, a ser publicado, por três vezes consecutivas, em jornal de grande circulação na capital do Estado de localização do imóvel. [...] **Art. 4º** Para os efeitos desta lei, conceituam-se: I – Imóvel Rural – o prédio rústico de área contínua, qualquer que seja a sua localização, que se destine ou possa se destinar à exploração agrícola, pecuária, extrativa vegetal, florestal ou agroindustrial; [...] **Art. 9º** A função social é cumprida quando a propriedade rural atende, simultaneamente, segundo graus e critérios estabelecidos nesta lei, os seguintes requisitos: I – aproveitamento racional e adequado; II – utilização adequada dos recursos naturais disponíveis e preservação do meio ambiente; III – observância das disposições que regulam as relações de trabalho; IV – exploração que favoreça o bem-estar dos proprietários e dos trabalhadores. [...]".

■ Juros compensatórios. Imóvel improdutivo. Incidência. Percentual dos juros compensatórios. Súmula n. 408/STJ. Incidência sobre a complementação devida em títulos da dívida agrária. Correção monetária. 1. São cabíveis juros compensatórios em desapropriações por reforma agrária, pois se destinam a restituir o que o expropriado tenha deixado de ganhar com a perda antecipada, levando-se em consideração a possibilidade de o imóvel ser aproveitado a qualquer momento ou mesmo ser alienado com o recebimento do seu valor à vista. Orientação referendada pela Primeira Seção, no julgamento do REsp n. 1.116.364/PI, minha relatoria, submetido ao regime do art. 543-C do CPC. 2. "Nas ações de desapropriação, os juros compensatórios incidentes após a Medida Provisória n. 1.577, de 11.06.1997, devem ser fixados em 6% ao ano até 13/09/2001 e, a partir de então, em 12% ao ano, na forma da Súmula n. 618 do Supremo Tribunal Federal" (Súmula n. 408/STJ). Hipótese em que a imissão provisória na posse ocorreu no dia 06.05.2005, devendo prevalecer o percentual definido na Súmula n. 618/STF. 3. É devida a correção monetária dos Títulos da Dívida Agrária – TDAs, como garantia da justa indenização, ainda que possuam cláusulas que permitam a preservação de seu valor real. Precedentes. 4. Agravo regimental não provido. (STJ, Ag. Reg. no AREsp n. 141.349/PE, 2ª T., rel. Min. Castro Meira, j. 11.06.2013, *DJe* 18.06.2013)

Desapropriação indireta Apossamento de imóvel de particular pelo poder público sem a devida observância dos requisitos de declaração e indenização prévia. Procedimento pelo qual o órgão do poder executivo, embora propriamente não desaproprie o bem, restringe o proprietário de seu direito de propriedade. Nesse caso, a ocupação do imóvel pela administração pública dá-se sem existência do ato declaratório de utilidade pública e, principalmente, sem o pagamento da justa e prévia indenização, sendo este o fator diferencial entre a desapropriação direta e a indireta. Embora não esteja regulada por lei, a desapropriação indireta está amparada por inúmeras decisões das diversas instâncias, inclusive do STF.

- Desapropriação indireta. Prazo prescricional. Ação de natureza real. Usucapião extraordinária. 1. A ação de desapropriação indireta possui natureza real e, enquanto não transcorrido o prazo para aquisição da propriedade por usucapião, ante a impossibilidade de reivindicar a coisa, subsiste a pretensão indenizatória em relação ao preço correspondente ao bem objeto do apossamento administrativo. 2. Com fundamento no art. 550 do Código Civil de 1916, o STJ firmou a orientação de que "a ação de desapropriação indireta prescreve em vinte anos" (Súmula n. 119/STJ). 3. O CC de 2002 reduziu o prazo da usucapião extraordinária para dez anos (art. 1.238, parágrafo único), na hipótese de realização de obras ou serviços de caráter produtivo no imóvel, devendo-se, a partir de então, observadas as regras de transição previstas no *Codex* (art. 2.028), adotá-lo nas expropriatórias indiretas. [...] (STJ, REsp n. 1.300.442/SC, 2ª T., rel. Min. Herman Benjamin, j. 18.06.2013, *DJe* 26.06.2013)

Descaminho Delito penal que consiste em ilidir, no todo ou em parte, o pagamento de direito ou imposto devido por entrada, saída ou consumo da mercadoria (art. 334, CP). A 6ª Turma do STJ, revertendo decisões de instâncias inferiores e afastando a aplicação do princípio da insignificância, para reconhecer a ocorrência do crime de descaminho quando o imposto sonegado passa de R$ 10 mil – valor mínimo das execuções previsto na Lei n. 10.552/2002 e que era adotado antes da Portaria n. 75/2012 da Receita Federal –, concluiu que o valor de R$ 20 mil, estabelecido pela referida Portaria como limite mínimo para a execução de débitos contra a União, não pode ser considerado para efeitos penais. (REsp n. 1.334.500/PR, 6ª T., rel. Min. Maria Thereza de Assis Moura, j. 26.11.2013, *DJe* 01.07.2014)

▶ Veja CP: "**Art. 334.** Iludir, no todo ou em parte, o pagamento de direito ou imposto devido pela entrada, pela saída ou pelo consumo de mercadoria: Pena – reclusão, de 1 (um) a 4 (quatro) anos. § 1º Incorre na mesma pena quem: I – pratica navegação de cabotagem, fora dos casos permitidos em lei; II – pratica fato assimilado, em lei especial, a descaminho; III – vende, expõe à venda, mantém em depósito ou, de qualquer forma, utiliza em proveito próprio ou alheio, no exercício de atividade comercial ou industrial, mercadoria de procedência estrangeira que introduziu clandestinamente no País ou importou fraudulentamente ou que sabe ser produto de introdução clandestina no território nacional ou de importação fraudulenta por parte de outrem; IV – adquire, recebe ou oculta, em proveito próprio ou alheio, no exercício de atividade comercial ou industrial, mercadoria de procedência estrangeira, desacompanhada de documentação legal ou acompanhada de documentos que sabe serem falsos [...]".

- Descaminho. Princípio da insignificância. Absolvição. Art. 386, III, do CPP. Novo entendimento do STF. I. Na hipótese, foram encontradas com o apelado mercadorias estrangeiras avaliadas pela Receita Federal em R$ 8.700,00 (oito mil e setecentos reais), sem a devida documentação fiscal. II. Não merece censura a sentença que absolveu o acusado nos termos do art. 386, III, do CPP, visto que esta Turma vem entendendo que não se deve falar em crime de descaminho, em se tratando de posse de pequena quantidade de mercadorias estrangeiras, de reduzido valor, que por si só já indica inexistir lesão ao Fisco, de modo que autorize a movimentação do aparelho estatal encarregado da repressão. Precedentes. [...] (TRF-1ª Região, Ap. Crim. n. 2.006.38.03.000.824-8/MG, rel. Des. Assusete Magalhães)

- Descaminho, art. 334, § 1º, *d*, do CP. Violação de direito autoral, art. 184, § 2º, do CP. Materialidade. Insuficiência de provas. I. A inexistência de laudo merceológico que comprove a origem das mercadorias apreendidas, bem como o valor destas, a fim de possibilitar a verificação do *quantum* porventura excedido da quota permitida para importação, ocasiona a absolvição do réu por insuficiência de provas. II. Dar provimento à apelação, para absolver o réu por insuficiência de provas quanto ao crime de descaminho (art. 386, VI, CPP). III. Anular a sentença referente ao crime de violação de direitos autorais, determinando a remessa dos autos à Justiça do Estado de Roraima. (TRF-1ª Região, Ap. Crim. n. 2.006.42.00.001.172-2/RR, rel. Des. Federal Tourinho Neto, j. 18.08.2009)

Descendente Aquele que descende de pessoa à qual é ligado por vínculo consanguíneo (filho, neto ou bisneto).

Descobrimento Achado de coisa alheia perdida pelo dono ou possuidor, obrigando o descobridor a restituí-la (art. 1.233, CC).

- ▶ Veja CC: "**Art. 1.233.** Quem quer que ache coisa alheia perdida há de restituí-la ao dono ou legítimo possuidor. Parágrafo único. Não o conhecendo, o descobridor fará por encontrá-lo e, se não o encontrar, entregará a coisa achada à autoridade competente".

- ▶ Veja CPC/2015: "**Art. 746.** Recebendo do descobridor coisa alheia perdida, o juiz mandará lavrar o respectivo auto, do qual constará a descrição do bem e as declarações do descobridor. § 1º Recebida a coisa por autoridade policial, esta a remeterá em seguida ao juízo competente. § 2º Depositada a coisa, o juiz mandará publicar edital na rede mundial de computadores, no sítio do tribunal a que estiver vinculado e na plataforma de editais do Conselho Nacional de Justiça ou, não havendo sítio, no órgão oficial e na imprensa da comarca, para que o dono ou o legítimo possuidor a reclame, salvo se se tratar de coisa de pequeno valor e não for possível a publicação no sítio do tribunal, caso em que o edital será apenas afixado no átrio do edifício do fórum. [...]".

Desconsideração da personalidade jurídica Teoria jurídica surgida na Inglaterra, com a denominação *disregard doctrine* ou *disregard of legalentity*, pela qual uma pessoa jurídica, quando descumpre sua finalidade, deve ser considerada ente abstrato, meramente racional, possibilitando a imputação de responsabilidade pessoal aos sócios. Essa doutrina foi recepcionada por nosso ordenamento jurídico no CDC, no CC e nas leis de Infrações à Ordem Econômica (Lei n. 8.884/94) e do Meio Ambiente (Lei n. 9.605/98) (*v. Incidente de desconsideração da personalidade jurídica*).

Desconstituição da paternidade Ato jurídico que permite ao filho, quando reconhecido na menoridade, impugnar o reconhecimento até quatro anos após atingir a maioridade ou emancipação (art. 1.614, CC). Trata-se de regra somente aplicável ao filho natural que pretenda afastar a paternidade por mero ato de vontade, com o único objetivo de desconstituir o reconhecimento da filiação, sem buscar constituir nova relação de paternidade.

- ▶ Veja CC: "**Art. 1.604.** Ninguém pode vindicar estado contrário ao que resulta do registro de nascimento, salvo provando-se erro ou falsidade do registro. [...] **Art. 1.614.** O filho maior não pode ser reconhecido sem o seu consentimento, e o menor pode impugnar o reconhecimento, nos quatro anos que se seguirem à maioridade, ou à emancipação".

- ■ [...] O filho havido na constância do casamento tem legitimidade para propor ação de investigação de paternidade contra quem entende ser seu verdadeiro pai, nada obstando que se prove a falsidade do registro no âmbito da ação investigatória, a teor da parte final do art. 1.604 do Código Civil. O cancelamento do registro, em tais circunstâncias, será consectário lógico e jurídico da eventual procedência do pedido de investigação, não se fazendo mister, pois, cumulação expressa (STJ, REsp n. 119.866, rel. Min. Waldemar Zveiter, *DJ* 30.11.1998)

- ■ [...] A ação de investigação de paternidade independe do prévio ajuizamento da ação de anulação de registro, cujo pedido é, como afirmado no julgado anteriormente mencionado, apenas consequência lógica da procedência da demanda investigatória. Concluiu, ainda, que, em demanda objetivando a declaração de paternidade e anulação de registro, o suposto pai biológico e aquele que figura como pai na certidão de nascimento devem ocupar, em litisconsórcio unitário, o polo passivo (STJ, REsp n. 507.626/SP, 3ª T., rel. Min. Nancy Andrighi, j. 05.10.2004)

Desentranhamento Ato que consiste em retirar ou subtrair algum documento do corpo dos autos findos, mediante petição específica endereçada ao juiz da causa por determinação do próprio juiz (arts. 51, 195 e 1.233, CPC/73).

- Veja CPC/73: "**Art. 51.** Não havendo impugnação dentro de 5 (cinco) dias, o pedido do assistente será deferido. Se qualquer das partes alegar, no entanto, que falece ao assistente interesse jurídico para intervir a bem do assistido, o juiz: I – determinará, sem suspensão do processo, o desentranhamento da petição e da impugnação, a fim de serem autuadas em apenso; [...] **Art. 195.** O advogado deve restituir os autos no prazo legal. Não o fazendo, mandará o juiz, de ofício, riscar o que neles houver escrito e desentranhar as alegações e documentos que apresentar. [...] **Art. 1.215.** Os autos poderão ser eliminados por incineração, destruição mecânica ou por outro meio adequado, findo o prazo de 5 (cinco) anos, contado da data do arquivamento, publicando-se previamente no órgão oficial e em jornal local, onde houver, aviso aos interessados, com o prazo de 30 (trinta) dias. § 1º É lícito, porém, às partes e interessados requerer, às suas expensas, o desentranhamento dos documentos que juntaram aos autos, ou a microfilmagem total ou parcial do feito. [...]".

- Advogado com poderes para obtenção de carga dos autos. Intimação para devolução dos autos realizada em nome do patrono que os retirou. Art. 196, do CPC. 1. É direito do procurador retirar os autos do cartório mediante assinatura no livro de carga (art. 40, III, do CPC c/c art. 7º, XV, da Lei n. 8.906/94), cabendo-lhe, em contrapartida, devolvê-los no prazo legal, sob pena de perda do direito à vista fora do cartório e de imposição de multa (art. 196 do CPC c/c art. 7º, § 1º, 3, da Lei n. 8.906/94), se não o fizer no prazo de 24 horas após sua intimação pessoal. Além disso, é possível o desentranhamento das alegações e documentos que houver apresentado (art. 195 do mesmo *Codex*) e comunicação à Ordem dos Advogados para eventual procedimento disciplinar (art. 196, parágrafo único). 2. A intimação deve ser efetuada por mandado, na pessoa do advogado que retirou os autos e cujo nome consta do livro de carga, somente podendo ser aplicadas as referidas penalidades após ultrapassado o prazo legal, sem a devida restituição. [...] 4. Recurso especial provido. (STJ, REsp n. 1.089.181/DF, rel. Min. Luis Felipe Salomão, 4ª T., j. 04.06.2013, *DJe* 17.06.2013)

- Ação de indenização por danos materiais e morais. Revelia. Contestação intempestiva. Desentranhamento. Possibilidade. 1. A alegação de que a recorrente não seria revel, no caso, só poderia ter sua procedência verificada mediante o reexame do acervo fático-probatório da causa, o que não se admite em âmbito de Recurso Especial, a teor do Enunciado n. 7 da Súmula desta Corte. 2. A contestação juntada posteriormente ao decurso do prazo legal pode ser desentranhada dos autos. Precedentes. 3. Agravo regimental improvido. (STJ, Ag. Reg. no AREsp n. 233.238/SE, 3ª T., rel. Min. Sidnei Beneti, j. 23.10.2012, *DJe* 06.11.2012)

Deserção Falta de preparo ou pagamento de despesas e custas judiciais necessárias à interposição de um recurso (art. 511, CPC/73). Entretanto, excetua a lei quanto à exigência de preparo, dispensando de tal formalidade os recursos interpostos pelo Ministério Público, pela União, pelos estados e municípios e respectivas autarquias, e pelos que gozam de isenção legal (art. 511, § 1º, CPC/73). Refere-se também ao abandono de qualquer uma das partes da causa ou ao não comparecimento do advogado à audiência de instrução e julgamento.

- Veja CPC/73: "**Art. 511.** No ato de interposição do recurso, o recorrente comprovará, quando exigido pela legislação pertinente, o respectivo preparo, inclusive porte de remessa e de retorno, sob pena de deserção. § 1º São dispensados de preparo os recursos interpostos pelo Ministério Público, pela União, pelos Estados e Municípios e respectivas autarquias, e pelos que gozam de isenção legal. § 2º A insuficiência no valor do preparo implicará deserção, se o recorrente, intimado, não vier a supri-lo no prazo de 5 (cinco) dias".

- Veja CPC/2015: "**Art. 1.007.** No ato de interposição do recurso, o recorrente comprovará, quando exigido pela legislação pertinente, o respectivo preparo, inclusive porte de remessa e de retorno, sob pena de deserção. § 1º São dispensados de preparo, inclusive porte de remessa e de retorno, os recursos interpostos pelo Ministério Público, pela União, pelo Distrito Federal, pelos Estados, pelos Municípios, e respectivas autarquias, e pelos que gozam de isenção legal. § 2º A insuficiência no valor do preparo, inclusive porte de remessa e de retorno, implicará deserção se o recorrente, intimado na pessoa de seu advogado, não vier a supri-lo no prazo de 5 (cinco) dias. § 3º É dispensado o recolhimento do porte de remessa e retorno no processo em autos eletrônicos. [...] § 6º Provando o recorrente justo impedimento, o relator relevará a pena de deserção, por decisão irrecorrível, fixando-lhe prazo de 5 (cinco) dias para efetuar o preparo. [...]".

- Ausência de comprovação do preparo. Deserção. Súmula n. 187/STJ. Assistência judiciária gratuita postulada no curso do processo. Petição avulsa. Necessidade. 1. "É deserto o recurso interposto para o Superior Tribunal de Justiça, quando o recorrente não recolhe, na origem, a importância das despesas de remessa e retorno dos autos" (Súmula n. 187/STJ). 2. "Embora o pedido de gratuidade de Justiça possa ser feito a qualquer tempo, quando a ação está em curso, deve ele ser formulado em petição avulsa, a qual será processada em apenso aos autos principais, constituindo erro grosseiro a não observância dessa formalidade, nos termos do art. 6º da Lei n. 1.060/50" (Ag. Reg. no REsp n. 1.173.343/DF, 1ª T., rel. Min. Arnaldo Esteves Lima, *DJe* 21.03.2011). 3. Agravo regimental não provido. (STJ, Ag. Reg. no AREsp n. 259.569/MG, 1ª T., rel. Min. Benedito Gonçalves, j. 11.06.2013, *DJe* 17.06.2013)

Deserdação Exclusão da sucessão de algum herdeiro necessário nos casos previstos em lei (arts. 1.814 e 1.962, CC).

▶ Veja CC: "**Art. 1.814.** São excluídos da sucessão os herdeiros ou legatários: I – que houverem sido autores, coautores ou partícipes de homicídio doloso, ou tentativa deste, contra a pessoa de cuja sucessão se tratar, seu cônjuge, companheiro, ascendente ou descendente; II – que houverem acusado caluniosamente em juízo o autor da herança ou incorrerem em crime contra a sua honra, ou de seu cônjuge ou companheiro; III – que, por violência ou meios fraudulentos, inibirem ou obstarem o autor da herança de dispor livremente de seus bens por ato de última vontade. [...] **Art. 1.961.** Os herdeiros necessários podem ser privados de sua legítima, ou deserdados, em todos os casos em que podem ser excluídos da sucessão. **Art. 1.962.** Além das causas mencionadas no art. 1.814, autorizam a deserdação dos descendentes por seus ascendentes: I – ofensa física; II – injúria grave; III – relações ilícitas com a madrasta ou com o padrasto; IV – desamparo do ascendente em alienação mental ou grave enfermidade. **Art. 1.963.** Além das causas enumeradas no art. 1.814, autorizam a deserdação dos ascendentes pelos descendentes: I – ofensa física; II – injúria grave; III – relações ilícitas com a mulher ou companheira do filho ou a do neto, ou com o marido ou companheiro da filha ou o da neta; IV – desamparo do filho ou neto com deficiência mental ou grave enfermidade".

■ Ação de deserdação ajuizada por pessoa viva que quer deserdar um herdeiro necessário seu. Impossibilidade jurídica do pedido. Defensor público que atuou como curador especial de réu revel. Honorários de sucumbência. Fixação. Descabimento. Caso em que a sentença que extinguiu a demanda sem apreciação de mérito deve ser mantida, mas não pelo abandono da causa reconhecido pelo digno juízo *a quo* (que efetivamente não ocorreu), e sim por outro fundamento. A deserdação só pode ser declarada em testamento com expressa referência à causa. A ação de deserdação cabe ao beneficiado pela deserdação e deve ser ajuizada depois de aberta a sucessão (ou seja, depois da morte do testador), para que fique provada a causa utilizada como razão para deserdar. Inteligência dos artigos 1.964 e 1.965, ambos do CCB. Precedentes doutrinários. Nesse contexto, é juridicamente impossível a ação de deserdação ajuizada pela própria pessoa que deseja deserdar um herdeiro necessário seu. Tal pretensão só pode ser objeto de cláusula testamentária. Não cabe fixação de verba honorária de sucumbência em prol de Defensor Público que atua como curador especial de réu revel. Precedentes jurisprudenciais. Negaram provimento a ambos os apelos. (TJRS, Ap. Cível n. 70.034.811.208, 8ª Câm. Cível, rel. Rui Portanova, j. 13.05.2010)

Deserdação de ascendente Exclusão da sucessão de ascendente, declarada por sentença, em virtude de ato de indignidade praticado contra o autor da herança (art. 1.814, CC – *v.* art. 1.961, CC). Também autoriza a deserdação dos ascendentes pelos descendentes o que consta no art. 1.963, CC.

▶ Veja CC: "**Art. 1.814.** São excluídos da sucessão os herdeiros ou legatários: I – que houverem sido autores, coautores ou partícipes de homicídio doloso, ou tentativa deste, contra a pessoa de cuja sucessão se tratar, seu cônjuge, companheiro, ascendente ou descendente; II – que houverem acusado caluniosamente em juízo o autor da herança ou incorrerem em crime contra a sua honra, ou de seu cônjuge ou companheiro; III – que, por violência ou meios fraudulentos, inibirem ou obstarem o autor da herança de dispor livremente de seus bens por ato de última vontade. [...] **Art. 1.961.** Os herdeiros necessários podem ser privados de sua legítima, ou deserdados, em todos os casos em que podem ser excluídos da sucessão. [...] **Art. 1.963.** Além das causas enumeradas no art. 1.814, autorizam a deserdação dos ascendentes pelos descendentes: I – ofensa física; II – injúria grave; III – relações ilícitas com a mulher ou companheira do filho ou a do neto, ou com o marido ou companheiro da filha ou o da neta; IV – desamparo do filho ou neto com deficiência mental ou grave enfermidade. **Art. 1.964.** Somente com expressa declaração de causa pode a deserdação ser ordenada em testamento".

Deserdação de descendente Exclusão da sucessão de descendente, declarada por sentença, em virtude de ato de indignidade praticado contra o autor da herança (arts. 1.814 e 1.962, CC – v. art. 1.961, CC).

▶ Veja CC: "**Art. 1.814.** São excluídos da sucessão os herdeiros ou legatários: I – que houverem sido autores, coautores ou partícipes de homicídio doloso, ou tentativa deste, contra a pessoa de cuja sucessão se tratar, seu cônjuge, companheiro, ascendente ou descendente; II – que houverem acusado caluniosamente em juízo o autor da herança ou incorrerem em crime contra a sua honra, ou de seu cônjuge ou companheiro; III – que, por violência ou meios fraudulentos, inibirem ou obstarem o autor da herança de dispor livremente de seus bens por ato de última vontade. [...] **Art. 1.962.** Além das causas mencionadas no art. 1.814, autorizam a deserdação dos descendentes por seus ascendentes: I – ofensa física; II – injúria grave; III – relações ilícitas com a madrasta ou com o padrasto; IV – desamparo do ascendente em alienação mental ou grave enfermidade".

Desídia Desleixo com que o empregado realiza seus serviços. Constitui justa causa para demissão do empregado pelo empregador (art. 482, *e*, CLT).

▶ Veja CLT: "**Art. 482.** Constituem justa causa para rescisão do contrato de trabalho pelo empregador: *a)* ato de improbidade; *b)* incontinência de conduta ou mau procedimento; *c)* negociação habitual por conta própria ou alheia sem permissão do empregador, e quando constituir ato de concorrência à empresa para a qual trabalha o empregado, ou for prejudicial ao serviço; *d)* condenação criminal do empregado, passada em julgado, caso não tenha havido suspensão da execução da pena; *e)* desídia no desempenho das respectivas funções; [...]".

■ Justa causa. Desídia. Reiteração de atos faltosos. Caracterização. Abuso de direito. Nada obstante o reclamante tenha se valido de um direito para faltar ao serviço, o fato é que tal condição revelou-se abusiva, não podendo ser ratificada pelo Judiciário, nos termos do art. 187 do CCB, ao estabelecer que também comete ato ilícito o titular de um direito que, ao exercê-lo, excede manifestamente os limites impostos pelo seu fim econômico ou social, pela boa-fé ou pelos bons costumes. (TRT/SP, Ac. n. 20090139008, 2ª T., rel. Odette Silveira Moraes, *DOE* 24.03.2009)

■ Justa causa. Desídia. A desídia caracteriza-se pelo atraso do empregado ao serviço, pelas constantes ausências e/ou produção imperfeita. A falta reiterada ao serviço, por si só, é considerada falta grave, pois o empregador não pode contar com os serviços do empregado ausente. Resta evidente quando, após ter sido advertido, o empregado não se corrige. Recurso da reclamante a que se nega provimento. (TRT/SP, Ac. n. 20090256462, 10ª T., rel. Rilma Aparecida Hemetério, *DOE* 28.04.2009)

Desoneração Liberação ou desobrigação de ônus ou obrigação.

Despacho administrativo Decisão proferida pela autoridade administrativa no curso ou ao final de um processo administrativo a respeito do caso submetido a sua apreciação, que pode ser favorável (deferimento) ou desfavorável (indeferimento) à pretensão solicitada pelo administrado, funcionário ou não. Os despachos podem constituir-se das seguintes expressões: *De acordo*, *Aprovo*, *Autorizo*, *Indefiro*, *Defiro* etc.

Despacho judicial Ato do juiz praticado no processo, de ofício ou a requerimento da parte, a cujo respeito a lei não estabelece outra forma. Ato do juiz destinado a impulsionar ou dar andamento ao processo, como o que determina a citação do réu e a intimação de testemunhas, e o de deferimento ou indeferimento da petição inicial (art. 162, § 3º, CPC/73).

▶ Veja CPC/73: "**Art. 162.** Os atos do juiz consistirão em sentenças, decisões interlocutórias e despachos. [...] § 3º São despachos todos os demais atos do juiz praticados no processo, de ofício ou a requerimento da parte, a cujo respeito a lei não estabelece outra forma. § 4º Os atos meramente ordinatórios, como a juntada e a vista obrigatória, independem de despacho, devendo ser praticados de ofício pelo servidor e revistos pelo juiz quando necessários".

▶ Veja CPC/2015: "**Art. 203.** Os pronunciamentos do juiz consistirão em sentenças, decisões interlocutórias e despachos. [...] § 3º São despachos todos os demais pronunciamentos do juiz praticados no processo, de ofício ou a requerimento da parte. § 4º Os atos meramente ordinatórios, como a juntada e a vista obrigatória, independem de despacho, devendo ser praticados de ofício pelo servidor e revistos pelo juiz quando necessário. [...] **Art. 205.** Os despachos, as decisões, as sentenças e os acórdãos serão redigidos, datados e assinados pelos juízes. [...] § 3º Os despachos, as decisões interlocutórias, o dispositivo das sentenças e a ementa dos acórdãos serão publicados no Diário de Justiça Eletrônico".

Despejo de imóvel Retirada compulsória de inquilino ocupante do prédio locado quando se recusa a restituí-lo ao proprietário (arts. 9º, 47 e 59, Lei n. 8.245/91).

- Veja Lei n. 8.245/91 (Lei de Locações): "**Art. 9º** A locação também poderá ser desfeita: I – por mútuo acordo; II – em decorrência da prática de infração legal ou contratual; III – em decorrência da falta de pagamento do aluguel e demais encargos; IV – para a realização de reparações urgentes determinadas pelo Poder Público, que não possam ser normalmente executadas com a permanência do locatário no imóvel ou, podendo, ele se recuse a consenti-las. [...] **Art. 47.** Quando ajustada verbalmente ou por escrito e com prazo inferior a trinta meses, findo o prazo estabelecido, a locação prorroga-se automaticamente, por prazo indeterminado, somente podendo ser retomado o imóvel: I – nos casos do art. 9º; II – em decorrência de extinção do contrato de trabalho, se a ocupação do imóvel pelo locatário estiver relacionada com o seu emprego; III – se for pedido para uso próprio, de seu cônjuge ou companheiro, ou para uso residencial de ascendente ou descendente que não disponha, assim como seu cônjuge ou companheiro, de imóvel residencial próprio; IV – se for pedido para demolição e edificação licenciada ou para a realização de obras aprovadas pelo Poder Público, que aumentem a área construída em, no mínimo, vinte por cento ou, se o imóvel for destinado a exploração de hotel ou pensão, em cinquenta por cento; V – se a vigência ininterrupta da locação ultrapassar cinco anos. [...]".

- Ação de despejo. Denúncia vazia. Compra e venda. Manutenção contrato de locação. Ausência de averbação na matrícula do imóvel. [...] 3. Na hipótese, trata-se de ação de despejo proposta por comprador de imóvel em face de locatário. Discute-se a possibilidade do comprador de imóvel locado proceder à denúncia do contrato de locação ainda vigente, com fundamento na inexistência de averbação da referida avença na matrícula do respectivo imóvel. 4. O Tribunal de origem, após analisar a documentação apresentada pelas partes, que retratava toda a negociação de compra e venda do bem, até a lavratura da respectiva escritura, entendeu que, não obstante ausente a averbação do contrato na matrícula do imóvel, o adquirente tinha a obrigação de respeitar a locação até o seu termo final. 5. Afastada a possibilidade da recorrente denunciar o contrato de locação com base na ausência da sua averbação na matrícula do imóvel porque ela tinha inequívoco conhecimento da locação e concordara em respeitar seus termos em instrumentos firmados com o locador e proprietário anterior. 6. Ausência de interesse recursal no que tange à alegação de violação dos arts. 259, V, e 261 do CPC; e do art. 58, III, da Lei n. 8.245/91 porque o valor atribuído à causa, pela sentença, na ação declaratória, foi de doze locativos mensais. [...] 8. Negado provimento ao recurso especial. (STJ, REsp n. 1.269.476/SP, 3ª T., rel. Min. Nancy Andrighi, j. 05.02.2013, *DJe* 19.02.2013)

Despesas judiciais Despesas destinadas a promover o andamento de um processo, cujo pagamento incumbe às partes. Salvo as disposições concernentes à justiça gratuita, cabe às partes prover as despesas dos atos que realizam ou requerem no processo, antecipando-lhes o pagamento desde o início até a sentença final; e, bem ainda, na execução, até a plena satisfação do direito declarado pela sentença. Abrangem, além de custas processuais, o pagamento de peritos, comissões, taxas, conduções e remuneração do assistente técnico (art. 19, CPC/73).

- Veja CPC/73: "**Art. 19.** Salvo as disposições concernentes à justiça gratuita, cabe às partes prover as despesas dos atos que realizam ou requerem no processo, antecipando-lhes o pagamento desde o início até sentença final; e bem ainda, na execução, até a plena satisfação do direito declarado pela sentença. § 1º O pagamento de que trata este artigo será feito por ocasião de cada ato processual. § 2º Compete ao autor adiantar as despesas relativas a atos, cuja realização o juiz determinar de ofício ou a requerimento do Ministério Público".

- Veja CPC/2015: "**Art. 82.** Salvo as disposições concernentes à gratuidade da justiça, incumbe às partes prover as despesas dos atos que realizarem ou requererem no processo, antecipando-lhes o pagamento, desde o início até a sentença final ou, na execução, até a plena satisfação do direito reconhecido no título. § 1º Incumbe ao autor adiantar as despesas relativas a ato cuja realização o juiz determinar de ofício ou a requerimento do Ministério Público, quando sua intervenção ocorrer como fiscal da ordem jurídica. § 2º A sentença condenará o vencido a pagar ao vencedor as despesas que antecipou".

Destituição do poder familiar Medida judicial pela qual o juiz determina a perda do poder familiar exercido sobre os filhos do pai ou da mãe que: castigar imoderadamente o filho; deixar o filho em abandono; praticar atos contrários à moral e aos bons costumes; incidir, reiteradamente, nas faltas (art. 1.638, CC).

- Veja CC: "**Art. 1.638.** Perderá por ato judicial o poder familiar o pai ou a mãe que: I – castigar imoderadamente o filho; II – deixar o filho em abandono; III – praticar atos contrários à moral e aos bons costumes; IV – incidir, reiteradamente, nas faltas previstas no artigo antecedente".

- Ação de destituição de poder familiar. Conjunto probatório que conclui pela necessidade da medida. Descumprimento dos deveres inerentes do poder familiar. Dos relatórios de estudos sociais, verifica-se que os réus não apresentam qualquer condição de criar os filhos em ambiente saudável e seguro, em afronta ao art. 229 da CRFB/88. Descumprimento dos deveres inerentes ao poder familiar, eis que as quatro crianças foram entregues com poucos anos de vida ao abrigo. Abandono material, moral e afetivo que se configura, apresentando-se a destituição do poder familiar como a medida que melhor se coaduna com o interesse dos menores. Precedentes do TJRJ. Aplicação do art. 557, *caput*, do CPC. (TJRJ, Ap. Cível n. 0076740-47.2007.8.19.0002 (2009.001.63902), 18ª Câm. Cível, rel. Des. Celia Meliga Pessoa, j. 14.01.2010)

Desvio de função Situação em que o empregado passa a exercer, com habitualidade, atividades diferentes daquelas para as quais foi contratado pela empresa. No serviço público, o desvio de função ocorre quando o servidor exerce funções diferentes das previstas para o cargo para o qual ele foi aprovado em concurso.

- Súmula n. 378, STJ: Reconhecido o desvio de função, o servidor faz jus às diferenças salariais decorrentes.

- Servidor público. Indenização por desvio de função. Prescrição. Prazo quinquenal. Relação de trato sucessivo. Súmula n. 85/STJ. Juros moratórios. Lei n. 11.960/2009. Aplicação aos processos em curso. 1. É pacífico o entendimento dessa Corte no sentido de que, reconhecido o desvio de função, conquanto não tenha o servidor direito a ser promovido ou reenquadrado no cargo ocupado, tem ele direito às diferenças vencimentais devidas em decorrência do desempenho de cargo diverso daquele para o qual foi nomeado. [...] 2. A Primeira Seção dessa Corte, no julgamento do REsp n. 1.251.993/PR, submetido ao rito do art. 543-C do CPC, pacificou o entendimento de que é quinquenal o prazo prescricional para propositura da ação de qualquer natureza contra a Fazenda Pública, a teor do art. 1º do Decreto n. 20.910/32, afastada a aplicação do CC. [...] (STJ, Ag. Reg. no AREsp n. 29.928/RS, 1ª T., rel. Min. Benedito Gonçalves, j. 26.02.2013, *DJe* 14.05.2013)

Devido processo legal Princípio constitucional, também conhecido por *due process of law*, que consiste na garantia outorgada ao cidadão de que ninguém será privado da liberdade ou de seus bens sem assegurar aos litigantes, em processo judicial ou administrativo, nem aos acusados em geral o contraditório e a ampla defesa, com os meios a ela inerentes (art. 5º, LIV e LV, CF).

▸ Veja CF: "**Art. 5º** Todos são iguais perante a lei, sem distinção de qualquer natureza, garantindo-se aos brasileiros e aos estrangeiros residentes no País a inviolabilidade do direito à vida, à liberdade, à igualdade, à segurança e à propriedade, nos termos seguintes: [...] LIV – ninguém será privado da liberdade ou de seus bens sem o devido processo legal; LV – aos litigantes, em processo judicial ou administrativo, e aos acusados em geral são assegurados o contraditório e ampla defesa, com os meios e recursos a ela inerentes; [...]".

▸ Prova. Admissão de laudo de assistente. Imprescindibilidade do contraditório. Devido processo legal. Erro na indicação da norma. Irrelevância. Ofende o devido processo legal a decisão que, após prover agravo retido para admitir laudo de assistente-técnico, não enseja a parte contrária oportunidade para debatê-lo e impugná-lo. O princípio do contraditório, com assento constitucional, vincula-se diretamente ao princípio maior da igualdade substancial sendo certo que essa igualdade, tão essencial ao processo dialético, não ocorre quando uma das partes se vê cerceada em seu direito de produzir prova ou debater a que se produziu. O simples equívoco na indicação da norma legal vulnerada não deve servir de obstáculo à apreciação do recurso especial quando nítido o teor da impugnação, mesmo porque ele se destina a preservar a autoridade e unidade do direito federal e não apenas da lei federal. (STJ, REsp n. 998/PA, 4ª T., rel. Min. Salvio de Figueiredo Teixeira, j. 24.10.1989, *DJ* 20.11.1989, p. 17.297)

Devolutivo Efeito do recurso, principalmente da apelação, que devolve à instância superior o exame da matéria decidida pelo juízo recorrido (art. 515, CPC/73).

▸ Veja CPC/73: "**Art. 515.** A apelação devolverá ao tribunal o conhecimento da matéria impugnada. § 1º Serão, porém, objeto de apreciação e julgamento pelo tribunal todas as questões suscitadas e discutidas no processo, ainda que a sentença não as tenha julgado por inteiro. § 2º Quando o pedido ou a defesa tiver mais de um fundamento e o juiz acolher apenas um deles, a apelação devolverá ao tribunal o conhecimento dos demais. [...]".

▸ Veja CPC/2015: "**Art. 1.013.** A apelação devolverá ao tribunal o conhecimento da matéria impugnada. § 1º Serão, porém, objeto de apreciação e julgamento pelo tribunal todas as questões suscitadas e discutidas no processo, ainda que não tenham sido solucionadas, desde que relativas ao capítulo impugnado. § 2º Quando o pedido ou a defesa tiver mais de um fundamento e o juiz acolher apenas um deles, a apelação devolverá ao tribunal o conhecimento dos demais. [...]".

▶ Veja ECA: "**Art. 199-A.** A sentença que deferir a adoção produz efeito desde logo, embora sujeita a apelação, que será recebida exclusivamente no efeito devolutivo, salvo se se tratar de adoção internacional ou se houver perigo de dano irreparável ou de difícil reparação ao adotando. **Art. 199-B.** A sentença que destituir ambos ou qualquer dos genitores do poder familiar fica sujeita a apelação, que deverá ser recebida apenas no efeito devolutivo".

■ Súmula n. 331, STJ: A apelação interposta contra sentença que julga embargos à arrematação tem efeito meramente devolutivo.

■ Indenização. Danos morais. Violação do art. 515, § 3º, do CPC. Não ocorrência. Julgamento de mérito. Apelação. Efeito devolutivo das questões impugnadas. 1. O art. 515 do CPC consagra o princípio *tantum devolutum quantum appellatum* ao dispor que "a apelação devolverá ao tribunal o conhecimento da matéria impugnada". 2. No caso dos autos, não houve a alegada aplicação indevida do § 3º do art. 515 do CPC, pois a decisão de primeira instância julgou extinto o feito com exame do mérito, com fundamento no art. 269 do CPC, devolvendo ao Tribunal as questões impugnadas nas razões da apelação. Agravo regimental improvido. (STJ, Ag. Reg. no REsp n. 1.357.743/MG, 2ª T., rel. Min. Humberto Martins, j. 11.06.2013, *DJe* 19.06.2013)

■ Ação renovatória de locação. Apelação. Efeito suspensivo. Excepcionalidade. Reexame do conjunto fático-probatório dos autos. 1. A lei de locação estabelece como regra o recebimento apenas no efeito devolutivo da apelação interposta contra sentença que julgar a ação renovatória (arts. 58, V, e 74 da Lei n. 8.245/91). 2. É admissível, em casos excepcionais, a suspensão dos efeitos da decisão, com amparo no art. 558, parágrafo único, do CPC, quando relevantes os fundamentos invocados pela parte recorrente, a fim de se evitar lesão grave e de difícil reparação. Precedentes. 3. Tendo em vista o óbice da Súmula n. 7/STJ, é inviável dissentir das conclusões do acórdão que, com base nos elementos de prova, considerou relevantes os fundamentos invocados pela agravada e reconheceu o risco de dano no cumprimento do despejo antes do julgamento da apelação. 4. Agravo regimental a que se nega provimento. (STJ, Ag. Reg. no REsp n. 1.373.885/BA, 4ª T., rel. Min. Antonio Carlos Ferreira, j. 06.06.2013, *DJe* 19.06.2013)

Difamação Crime consistente em imputar a alguém fato ofensivo a sua reputação (art. 139, CP).

▶ Veja CP: "Difamação – **Art. 139.** Difamar alguém, imputando-lhe fato ofensivo à sua reputação: Pena – detenção, de 3 (três) meses a 1 (um) ano, e multa".

■ Súmula n. 393, STJ: A exceção de pré-executividade é admissível na execução fiscal relativamente às matérias conhecíveis de ofício que não demandem dilação probatória.

■ Não há forma rígida para a representação, bastando a manifestação de vontade do ofendido para que fosse apurada a responsabilidade do paciente em crime contra a honra, devendo ser considerada válida, para tanto, a "queixa não recebida", oferecida no prazo de lei. (STJ, *HC* n. 89.72/ES, 5ª T., rel. Min. Gilson Dipp, *DJ* 28.02.2000)

■ Crime contra a honra. Queixa-crime oferecida por juíza contra desembargador. Delito de difamação. Art. 139 c/c art. 141, II, do CP. Ausência do elemento subjetivo do tipo. 1. Queixa-crime oferecida por juíza contra desembargador que, durante processo de promoção por merecimento de magistrado, proferiu voto com expressões tidas por difamatórias pela querelante. 2. O querelado, em sessão pública, proferiu seu voto, consoante previsto na Resolução n. 106/2010 do CNJ, não se extraindo da sua manifestação conduta que se amolde na figura típica do art. 139 do Código Penal. Ausência de *animus diffamandi*. 3. O querelado agiu no estrito cumprimento do dever legal de fundamentação do voto, restando afastada a tipicidade conglobante do crime de difamação, nos termos do art. 142, III, do CP e do art. 41 da LC n. 35/79 (Loman). 4. Queixa-crime rejeitada. (STJ, Ap. n. 683/AP, Corte Especial, rel. Min. Eliana Calmon, j. 21.11.2012, *DJe* 04.12.2012)

Diferir Ato de postergar ou adiar a prática de um ato para outra data ou outro momento. Procrastinar. *Efeito diferido* significa, assim, o fato pelo qual uma decisão, para ser proferida, depende de recurso posterior a ser interposto contra outra decisão (*v. Efeito diferido*).

Dilação Efeito de conceder ou aumentar prazo para a prática de um ato. A expressão *dilação probatória* tem relação com a possibilidade de produzir diversas provas no andamento do processo; portanto, é incabível no mandado de segurança, pois este exige prova pré-constituída como condição essencial à verificação do direito líquido e certo.

▶ Veja CPC/2015: "**Art. 139.** O juiz dirigirá o processo conforme as disposições deste Código, incumbindo-lhe: [...] VI – dilatar os prazos processuais e alterar a ordem de produção dos meios de prova, adequando-os às necessidades do conflito de modo a conferir maior efetividade à tutela do direito; [...] Parágrafo único. A dilação de prazos prevista no inciso VI somente pode ser determinada antes de encerrado o prazo regular".

■ Produção de provas. Indeferimento. Cerceamento de defesa caracterizado. 1. No presente caso restou caracterizado o cerceamento de defesa pela ausência da produção da prova oral e documental, uma vez que o juiz *a quo* conclui que não era caso de dilação probatória, julgando a ação improcedente, concluindo pela impossibilidade de produção de outras provas em sentido contrário. 2. Esta Corte já firmou posicionamento no sentido de que configura o cerceamento de defesa a decisão que, a um só tempo, deixa de reconhecer alegação por falta de prova e julga antecipadamente a lide. 3. Agravo regimental não provido. (STJ, Ag. Reg. no REsp n. 1.354.814/SP, 2ª T., rel. Min. Mauro Campbell Marques, j. 04.06.2013, DJe 10.06.2013)

Direito absoluto Direito *erga omnes*, isto é, aquele que se opõe a todos. São direitos absolutos os personalíssimos, os reais e os de família.

Direito adjetivo Conjunto de leis que determinam a forma pela qual se devem exercitar os direitos; conjunto de leis reguladoras dos atos judiciários; direito processual, direito judiciário e direito formal.

Direito adquirido Direito validamente constituído e consolidado ao amparo de determinada legislação. Consideram-se adquiridos assim os direitos que seu titular, ou alguém por ele, possa exercer, como aqueles cujo começo do exercício tenha termo prefixo, ou condição preestabelecida inalterável, a arbítrio de outrem. Trata-se de direito fundamental, previsto constitucionalmente, ao lado do ato jurídico perfeito e da coisa julgada (art. 5º, XXXVI, CF).

▶ Veja CF: "**Art. 5º** [...] XXXVI – a lei não prejudicará o direito adquirido, o ato jurídico perfeito e a coisa julgada; [...]".

▶ Veja LINDB: "**Art. 6º** A Lei em vigor terá efeito imediato e geral, respeitados o ato jurídico perfeito, o direito adquirido e a coisa julgada. § 2º Consideram-se adquiridos assim os direitos que seu titular, ou alguém que por ele, possa exercer, como aqueles cujo começo do exercício tenha termo prefixo, ou condição preestabelecida inalterável, a arbítrio de outrem".

■ Ação rescisória. Aposentadoria por tempo de serviço. Conversão de tempo de serviço especial em comum. Direito adquirido à conversão. 1. O erro de fato a autorizar a procedência da ação, com fundamento no art. 485, IX, do CPC e orientando-se pela solução *pro misero*, consiste no reconhecimento da desconsideração de prova constante dos autos (AR n. 2.544/MS, 3ª Seção, rel. Min. Maria Thereza de Assis Moura, rev. Min. Napoleão Nunes Maia Filho, DJe 20.11.2009). 2. Deve-se reconhecer, como especial, até 05.03.1997, o tempo de serviço exercido com exposição a nível de ruído superior a 80 decibéis. 3. Na linha da firme jurisprudência desta Corte, há direito adquirido ao cômputo diferenciado do tempo de serviço prestado em condições especiais, sendo possível a conversão, para comum, do tempo especial. [...] (STJ, AR n. 3.412/MG, 3ª Seção, rel. Min. Sebastião Reis Júnior, j. 22.05.2013, DJe 05.06.2013)

Direito aeronáutico Ramo do Direito que trata das atividades aeronáuticas relacionadas ou não ao transporte de passageiros. O direito aeronáutico é regulado por tratados, convenções e atos internacionais de que o Brasil seja parte, pelo Código Aeronáutico e pela legislação complementar (art. 1º, Lei n. 7.565/86, CBA).

▶ Veja CBA: "**Art. 1º** O Direito Aeronáutico é regulado pelos Tratados, Convenções e Atos Internacionais de que o Brasil seja parte, por este Código e pela legislação complementar. § 1º Os Tratados, Convenções e Atos Internacionais, celebrados por delegação do Poder Executivo e aprovados pelo Congresso Nacional, vigoram a partir da data neles prevista para esse efeito, após o depósito ou troca das respectivas ratificações, podendo, mediante cláusula expressa, autorizar a aplicação provisória de suas disposições pelas autoridades aeronáuticas, nos limites de suas atribuições, a partir da assinatura (artigos 14, 204 a 214). § 2º Este Código se aplica a nacionais e estrangeiros, em todo o Território Nacional, assim como, no exterior, até onde for admitida a sua extraterritorialidade. § 3º A legislação complementar é formada pela regulamentação prevista neste Código, pelas leis especiais, decretos e normas sobre matéria aeronáutica (artigo 12). **Art. 2º** Para os efeitos deste Código consideram-se autoridades aeronáuticas competentes as do Ministério da Aeronáutica, conforme as atribuições definidas nos respectivos regulamentos".

Direito alternativo Doutrina progressista referente à interpretação do Direito fundada em uma visão global e antidogmática, pela qual alguns juristas propõem que os juízes, ao se depararem com uma lei omissa, lacunosa ou contraditória, ao aplicá-las, façam-no de maneira a favorecer os mais fracos e oprimidos, tendo em vista a adoção de um conceito mais amplo de fins sociais e bem comum.

Direito bancário Ramo do Direito privado constituído por um conjunto de princípios e normas jurídicas que regula a atividade bancária, a constituição e o funcionamento das instituições financeiras. Trata da responsabilidade civil dos bancos, abordando questões relacionadas à falência, ao sigilo bancário e à aplicabilidade do Código de Defesa do Consumidor às relações bancárias.

Direito de ação Aquele pelo qual o titular de um direito pode recorrer ao Poder Judiciário para assegurá-lo, defendê-lo contra terceiros e pedir sua declaração ou seu restabelecimento quando violado (art. 5º, XXXV, CF).

▶ Veja CF: "**Art. 5º** [...] XXXV – a lei não excluirá da apreciação do Poder Judiciário lesão ou ameaça a direito; [...]".

Direito de defesa Direito que o réu (ou demandado) possui, por meio de defesa criminal, contestação ou reconvenção, de produzir provas, fazer alegações em seu favor e utilizar todos os recursos e meios para defender-se dos fatos a ele imputados (art. 300, CPC/73). O mesmo que direito ao contraditório e à ampla defesa no devido processo legal (art. 5º, LIV e LV, CF). Nas palavras de Eduardo Couture, "a diferença fundamental que existe entre ação e exceção, entre ataque e defesa, é que o autor cria o processo porque o deseja, enquanto que o demandado enfrenta o litígio, mesmo que não o queira. O autor tem a iniciativa do litígio, o réu não a tem, mas deve suportar os resultados da iniciativa do demandante. O direito de defesa em juízo aparece-nos, então, como um direito paralelo à ação judicial, ou se se quiser, como a ação do réu. O autor pede justiça reclamando algo contra o réu e este pede justiça solicitando a rejeição da demanda". (COUTURE, Eduardo. *Introdução ao estudo do processo civil*. 3.ed. Trad. Mozart Victor Russomano. Rio de Janeiro, José Konfino, 1951, p. 42) (*v. Contestação*).

▶ Veja CF: "**Art. 5º** [...] LIV – ninguém será privado da liberdade ou de seus bens sem o devido processo legal; LV – aos litigantes, em processo judicial ou administrativo, e aos acusados em geral são assegurados o contraditório e ampla defesa, com os meios e recursos a ela inerentes; [...]".

▶ Veja CPC/73: "**Art. 300.** Compete ao réu alegar, na contestação, toda a matéria de defesa, expondo as razões de fato e de direito, com que impugna o pedido do autor e especificando as provas que pretende produzir".

▶ Veja CPC/2015: "**Art. 336.** Incumbe ao réu alegar, na contestação, toda a matéria de defesa, expondo as razões de fato e de direito com que impugna o pedido do autor e especificando as provas que pretende produzir".

Direito de energia elétrica Ramo do Direito privado constituído por um conjunto de normas que regula os regimes de produção e o funcionamento do setor elétrico brasileiro, bem como as atividades de geração, transmissão, distribuição e comercialização de energia elétrica, obtidas a partir das mais diversas matrizes energéticas.

Direito de preempção Direito conferido ao poder público municipal de preferência para a aquisição de imóvel urbano objeto de alienação onerosa entre particulares que será exercido sempre que o poder público necessitar de áreas para: regularização fundiária; execução de programas e projetos habitacionais de interesse social; constituição de reserva fundiária; ordenamento e direcionamento da expansão urbana; implantação de equipamentos urbanos e comunitários; criação de espaços públicos de lazer e áreas verdes; criação de unidades de conservação ou proteção de outras áreas de interesse ambiental; proteção de áreas de interesse histórico, cultural ou paisagístico (art. 26, Lei n. 10.257/2001, Estatuto da Cidade).

▶ Veja Lei n. 10.257/2001 (Estatuto da Cidade): "**Art. 25.** O direito de preempção confere ao Poder Público municipal preferência para aquisição de imóvel urbano objeto de alienação onerosa entre particulares. § 1º Lei municipal, baseada no plano diretor, delimitará as áreas em que incidirá o direito de preempção e fixará prazo de vigência, não superior a 5 (cinco) anos, renovável a partir de 1 ano após o decurso do prazo inicial de vigência. § 2º O direito de preempção fica assegurado durante o prazo de vigência fixado na forma do § 1º, independentemente do número de alienações referentes ao mesmo imóvel".

- Direito de preempção na aquisição do imóvel rural (art. 92, § 3º, do Estatuto da Terra). Exclusividade do arrendatário. Requisitos do contrato de arrendamento rural. [...] 3. O direito de preferência previsto no Estatuto da Terra beneficia tão somente o arrendatário, como garantia do uso econômico da terra explorada por ele, sendo direito exclusivo do preferente. 4. Como instrumento típico de direito agrário, o contrato de arrendamento rural também é regido por normas de caráter público e social, de observação obrigatória e, por isso, irrenunciáveis, tendo como finalidade precípua a proteção daqueles que, pelo seu trabalho, tornam a terra produtiva e dela extraem riquezas, dando efetividade à função social da terra. 5. O prazo mínimo do contrato de arrendamento é um direito irrenunciável que não pode ser afastado pela vontade das partes sob pena de nulidade. 6. Consoante o pacificado entendimento desta Corte, não se faz necessário o registro do contrato de arrendamento na matrícula do imóvel arrendado para o exercício do direito de preferência. Precedentes. [...] (STJ, REsp n. 1.339.432/MS, 4ª T., rel. Min. Luis Felipe Salomão, j. 16.04.2013, *DJe* 23.04.2013)

Direito de preferência
Direito previsto em cláusula de compra e venda de ser preferido na aquisição da coisa. O mesmo que direito de preempção. A preempção, ou preferência, impõe ao comprador a obrigação de oferecer ao vendedor a coisa que aquele vai vender, ou dar em pagamento, para que este use de seu direito de prelação na compra, tanto por tanto. O prazo para exercer o direito de preferência não poderá exceder 180 dias, se a coisa for móvel, ou dois anos, se imóvel (art. 513, CC) (*v. Preferência* e *Preempção*).

▶ Veja CC: "**Art. 513.** A preempção, ou preferência, impõe ao comprador a obrigação de oferecer ao vendedor a coisa que aquele vai vender, ou dar em pagamento, para que este use de seu direito de prelação na compra, tanto por tanto. Parágrafo único. O prazo para exercer o direito de preferência não poderá exceder a cento e oitenta dias se a coisa for móvel, ou a dois anos, se imóvel. **Art. 514.** O vendedor pode também exercer o seu direito de prelação, intimando o comprador, quando lhe constar que este vai vender a coisa. **Art. 515.** Aquele que exerce a preferência está, sob pena de a perder, obrigado a pagar, em condições iguais, o preço encontrado, ou o ajustado".

Direito de representação
Direito que se configura quando a lei chama certos parentes do falecido a sucedê-lo em todos os direitos em que ele sucederia se vivo estivesse. O direito de representação dá-se na linha reta descendente, nunca na ascendente (arts. 1.851 e 1.852, CC).

Direito de superfície
Direito que o proprietário de terreno urbano possui de conceder a outrem (superficiário), por tempo determinado ou indeterminado, a utilização do solo, do subsolo ou do espaço aéreo relativo ao terreno, mediante escritura pública registrada no cartório de registro de imóveis. A concessão do direito de superfície poderá ser gratuita ou onerosa (art. 21, Lei n. 10.257/2001, Estatuto da Cidade).

▶ Veja Lei n. 10.257/2001 (Estatuto da Cidade): "**Art. 21.** O proprietário urbano poderá conceder a outrem o direito de superfície do seu terreno, por tempo determinado ou indeterminado, mediante escritura pública registrada no cartório de registro de imóveis. § 1º O direito de superfície abrange o direito de utilizar o solo, o subsolo ou o espaço aéreo relativo ao terreno, na forma estabelecida no contrato respectivo, atendida a legislação urbanística. § 2º A concessão do direito de superfície poderá ser gratuita ou onerosa. [...]".

Direito de vizinhança
Conjunto de regras impostas pela lei aos proprietários de imóveis que têm o objetivo de regular as relações decorrentes da utilização de prédios vizinhos. O proprietário ou o possuidor de um prédio tem o direito de fazer cessar as interferências prejudiciais à segurança, ao sossego e à saúde dos que o habitam provocadas pela utilização de propriedade vizinha (art. 1.277, CC).

▶ Veja CC: "**Art. 1.277.** O proprietário ou o possuidor de um prédio tem o direito de fazer cessar as interferências prejudiciais à segurança, ao sossego e à saúde dos que o habitam, provocadas pela utilização de propriedade vizinha".

- Direitos de vizinhança. Ação de ressarcimento de danos. Infiltrações. Responsabilidade do vizinho de apartamento superior. I. Havendo prova cabal do nexo de causalidade entre a conduta omissiva do proprietário de apartamento vizinho e as infiltrações na unidade inferior, é de ser mantido julgado condenatório que ordenou reparos da unidade condominial pertencente ao proprietário relapso, independentemente da revelia e defesa por curador especial. II. O fato de estar sendo defendido pela Defensoria Pública no *munus* de curador especial não acarreta presunção de necessitado para fins de gozar da assistência judiciária gratuita, máxime quando os indícios existentes estão justamente na contramão, já que detém a propriedade do imóvel responsável pelos danos. Apelo desprovido. Unânime. (TJRS, Ap. Cível n. 70.054.868.070, 17ª Câm. Cível, rel. Liege Puricelli Pires, j. 20.06.2013)

Direito disponível Espécie de direito subjetivo que pode ser abdicado pelo respectivo titular e contrapõe-se ao direito indisponível, que é insuscetível de disposição por parte de seu titular. Direito patrimonial disponível é aquele que pode ser livremente exercido pelo seu titular. Assim, são disponíveis os bens que podem ser livremente alienados ou negociados, desde que livres e desembaraçados. As pessoas capazes de contratar poderão valer-se da arbitragem para dirimir litígios relativos a direitos patrimoniais disponíveis (art. 1º, Lei n. 9.307/96).

- Desaposentação e reaposentação. Vício inexistente. Análise de matéria constitucional. Inviabilidade. 1. Trata-se de segundos embargos de declaração contra decisão proferida em recurso especial submetido ao regime do art. 543-C do CPC e da Resolução STJ n. 8/2008, que estabeleceu que "os benefícios previdenciários são direitos patrimoniais disponíveis e, portanto, suscetíveis de desistência pelos seus titulares, prescindindo-se da devolução dos valores recebidos da aposentadoria a que o segurado deseja preterir para a concessão de novo e posterior jubilamento", ocasião em que o Relator, Min. Herman Benjamin, ressalvou seu entendimento pessoal. [...] 5. Embargos de declaração rejeitados. (STJ, Emb. Decl. nos Emb. Decl. no REsp n. 1.334.488/SC, 1ª Seção, rel. Min. Herman Benjamin, j. 13.11.2013, *DJe* 05.12.2013)

Direito indisponível Direito que o respectivo titular não pode dispor por ato de vontade ou em razão de disposição de lei. São indisponíveis os direitos familiares pessoais, os direitos de personalidade e o direito de alimentos. "Porque pertence de modo indissolúvel a essência mesma do homem, sem que possa dele separar-se, não podem ser transferidos a outrem, a qualquer título, diferentemente do que acontece com os direitos que podem ser objeto de transação jurídica, são inalienáveis" (OLIVEIRA, Almir. *Curso de direitos humanos*. Rio de Janeiro, Forense, 2000, p. 11-4).

- Fornecimento de medicamentos. Legitimidade do Ministério Público. Direitos indisponíveis. Precedentes. 1. Não ocorre ofensa ao art. 535 do CPC se o Tribunal de origem decide, fundamentadamente, as questões essenciais ao julgamento da lide. 2. É pacífica a jurisprudência desta Corte no sentido de que o Ministério Público possui legitimidade para a defesa dos direitos individuais indisponíveis, como é o caso dos autos, em que se busca o direito ao fornecimento de medicamento a pessoa que não dispõe de recursos financeiros para tratamento da saúde. 3. Recurso especial conhecido em parte e, nessa parte, provido. (STJ, REsp n. 1.410.520/MG, 2ª T., rel. Min. Eliana Calmon, j. 03.12.2013, *DJe* 10.12.2013)

- Ação civil pública. Direitos individuais indisponíveis. Legitimidade ativa do Ministério Público. O Ministério Público é parte legítima para propor ação civil pública em defesa da vida e da saúde, direitos individuais indisponíveis, tendo por objeto o fornecimento de cesta de alimentos sem glúten a portadores de doença celíaca, como medida de proteção e defesa da saúde. Agravo regimental improvido. (STJ, Ag. Reg. no AREsp n. 91.114/MG, 2ª T., rel. Min. Humberto Martins, j. 07.02.2013, *DJe* 19.02.2013)

Direito infortunístico Conjunto de normas de Direito público e Direito privado referentes aos acidentes em geral e às doenças profissionais, suas consequências e modo de reparação.

Direito líquido e certo Direito evidente, claro; aquele contra o qual não se podem opor controvérsias. O direito líquido e certo independe de prova, sua existência se verifica de plano (art. 5º, LXIX, CF). O direito líquido e certo é tutelado pelo mandado sempre que, ilegalmente ou com abuso de poder, qualquer pessoa física ou jurídica tiver seu direito violado ou houver justo receio de tê-lo por parte de autoridade, seja de que categoria for e sejam quais forem as funções que exerça (art. 1º, *d*, Lei n. 12.016/2009).

▸ Veja CF: "**Art. 5º** [...] LXIX – conceder-se-á mandado de segurança para proteger direito líquido e certo, não amparado por *habeas corpus* ou *habeas data*, quando o responsável pela ilegalidade ou abuso de poder for autoridade pública ou agente de pessoa jurídica no exercício de atribuições do Poder Público; [...]".

▸ Veja Lei n. 12.016/2009: "**Art. 1º** Conceder-se-á mandado de segurança para proteger direito líquido e certo, não amparado por *habeas corpus* ou *habeas data*, sempre que, ilegalmente ou com abuso de poder, qualquer pessoa física ou jurídica sofrer violação ou houver justo receio de sofrê-la por parte de autoridade, seja de que categoria for e sejam quais forem as funções que exerça. [...]".

- Mandado de segurança. Concurso público. Agente penitenciário de saúde. Prova pré-constituída. O mandado de segurança é a via pela qual se busca resguardar direito líquido e certo, cuja pretensão deduzida se embasa em prova pré-constituída. Desse modo, tendo em vista que os documentos necessários para averiguar o direito perseguido não acompanharam a inicial, notadamente em relação à homologação do resultado final do certame e a prova de que a contratação temporária das agravantes se deu para as mesmas vagas que haviam sido aprovadas no concurso público, não merece reparo a decisão que indeferiu a liminar. Recurso desprovido. (TJRS, AI n. 70.053.298.022, 3ª Câm. Cível, rel. Rogerio Gesta Leal, j. 20.06.2013)

Direito natural Jusnaturalismo. Conjunto de normas de convivência criadas pela própria natureza, precedendo, portanto, a lei escrita ou o Direito positivo. O Direito natural situa-se acima da lei positiva. Traduz-se na existência de um Direito fundado na natureza das coisas e, em último tempo, na vontade divina, no Direito justo, denominando-se concepção jusnaturalista (do jusnaturalismo). Tem origem no pensamento grego, entendido como um Direito ideal, suprapositivo, integrado por princípios ou regras que cuidam essencialmente do justo, permitindo aferir a legitimidade do próprio Direito positivo.

Direito objetivo Conjunto de normas jurídicas, de cumprimento obrigatório, em vigor em determinado momento e em determinado ordenamento jurídico. São normas de Direito objetivo a CF, o CC, os contratos e os atos administrativos.

Direito personalíssimo Direito individual, inato, que não pode ser transferido nem alienado, por exemplo, a personalidade, a honra, a boa fama, a saúde, a imagem, a liberdade individual e o direito de investigar a paternidade. Com exceção dos casos previstos em lei, os direitos da personalidade são intransmissíveis e irrenunciáveis, não podendo seu exercício sofrer limitação voluntária (art. 11, CC) (*v. Direitos da personalidade*).

▶ Veja CC: "**Art. 11.** Com exceção dos casos previstos em lei, os direitos da personalidade são intransmissíveis e irrenunciáveis, não podendo o seu exercício sofrer limitação voluntária. **Art. 12.** Pode-se exigir que cesse a ameaça, ou a lesão, a direito da personalidade, e reclamar perdas e danos, sem prejuízo de outras sanções previstas em lei. Parágrafo único. Em se tratando de morto, terá legitimação para requerer a medida prevista neste artigo o cônjuge sobrevivente, ou qualquer parente em linha reta, ou colateral até o quarto grau. [...] **Art. 1.601.** Cabe ao marido o direito de contestar a paternidade dos filhos nascidos de sua mulher, sendo tal ação imprescritível. [...]".

- Contratos de cartão de crédito. Direito do consumidor. Dano moral. Caracterização. Cartão fraudado. O reconhecimento à compensação por dano moral exige a prova de ato ilícito, a demonstração do nexo causal e o dano indenizável que se caracteriza por gravame ao direito personalíssimo, situação vexatória ou abalo psíquico duradouro que não se justifica diante de meros transtornos ou dissabores na relação social, civil ou comercial. A falta de mecanismos de segurança ou de controle na entrega de cartões ou mesmo de adequada identificação do usuário de cartão motivando inscrição em registros negativos por dívida não contraída pelo consumidor ocasiona dano moral *in re ipsa*. Dano moral. Valor indenizatório. O valor da condenação por dano moral deve observar como balizador o caráter reparatório e punitivo da condenação. Não há que se incorrer em quantificação que leve ao enriquecimento sem causa nem em valor que descure do caráter pedagógico-punitivo da medida. Recurso desprovido. (TJRS, Ap. Cível n. 70.054.460.886, 23ª Câm. Cível, rel. João Moreno Pomar, j. 19.06.2013)

Direito positivo Conjunto de regras de Direito escrito representado por códigos, decretos, regulamentos e leis em geral. Direito de caráter obrigatório, podendo o Estado, para seu cumprimento, inclusive, utilizar-se de coerção. Opõe-se ao Direito natural.

Direito processual Conjunto de normas que trata dos procedimentos, da forma e da sequência que os atos processuais devem ser praticados em juízo para impulsionar o processo até a concretização da prestação jurisdicional.

Direito real Direito que uma pessoa exerce sobre coisa determinada. Classifica-se em propriedade, superfície, servidão, usufruto, uso, habitação, direito do promitente comprador de imóvel, penhor, hipoteca e concessão de uso especial para fins de moradia, anticrese, concessão de direito real de uso (arts. 1.225 a 1.227, CC).

▶ Veja CC: "**Art. 1.225.** São direitos reais: I – a propriedade; II – a superfície; III – as servidões; IV – o usufruto; V – o uso; VI – a habitação; VII – o direito do promitente comprador do imóvel;

VIII – o penhor; IX – a hipoteca; X – a anticrese; XI – a concessão de uso especial para fins de moradia; XII – a concessão de direito real de uso. **Art. 1.226.** Os direitos reais sobre coisas móveis, quando constituídos, ou transmitidos por atos entre vivos, só se adquirem com a tradição. **Art. 1.227.** Os direitos reais sobre imóveis constituídos, ou transmitidos por atos entre vivos, só se adquirem com o registro no Cartório de Registro de Imóveis dos referidos títulos (arts. 1.245 a 1.247), salvo os casos expressos neste Código".

Direito regressivo Direito que tem o pagador de cobrar dos demais coobrigados parte da importância que pagou ao credor; direito das pessoas jurídicas de direito público interno de reaver do agente causador do dano a terceiro a importância que despendeu no ressarcimento do prejuízo (arts. 43, 934 e 935, CC; art. 70, CPC/73).

▶ Veja CC: "**Art. 43.** As pessoas jurídicas de direito público interno são civilmente responsáveis por atos dos seus agentes que nessa qualidade causem danos a terceiros, ressalvado direito regressivo contra os causadores do dano, se houver, por parte destes, culpa ou dolo. [...] **Art. 934.** Aquele que ressarcir o dano causado por outrem pode reaver o que houver pago daquele por quem pagou, salvo se o causador do dano for descendente seu, absoluta ou relativamente incapaz. **Art. 935.** A responsabilidade civil é independente da criminal, não se podendo questionar mais sobre a existência do fato, ou sobre quem seja o seu autor, quando estas questões se acharem decididas no juízo criminal".

▶ Veja CPC/73: "**Art. 70.** A denunciação da lide é obrigatória: [...] III – àquele que estiver obrigado, pela lei ou pelo contrato, a indenizar, em ação regressiva, o prejuízo do que perder a demanda".

▶ Veja CPC/2015: "**Art. 125.** É admissível a denunciação da lide, promovida por qualquer das partes: I – ao alienante imediato, no processo relativo à coisa cujo domínio foi transferido ao denunciante, a fim de que possa exercer os direitos que da evicção lhe resultam; II – àquele que estiver obrigado, por lei ou pelo contrato, a indenizar, em ação regressiva, o prejuízo de quem for vencido no processo. § 1º O direito regressivo será exercido por ação autônoma quando a denunciação da lide for indeferida, deixar de ser promovida ou não for permitida. [...]".

■ Responsabilidade civil em acidente de trânsito. Ação regressiva. Demanda ajuizada pela seguradora para se ressarcir dos valores despendidos para conserto do veículo da segurada em razão de acidente causado pela ré. O valor da indenização, em casos de ação regressiva, em que se sub-rogou a seguradora quanto aos prejuízos experimentados pelo segurado, deve corresponder à quantia paga a esse. Necessidade de observância do Princípio da Reparação Integral do Dano (art. 944, CC/2002). Ausência de prova que possa descaracterizar a idoneidade do orçamento colacionado aos autos. Ação procedente. Atualização monetária pelo IGP-M, índice que melhor reflete a realidade inflacionária, consoante temos decidido. Apelação da ré improvida. Apelação da autora provida. (TJRS, Ap. Cível n. 70.052.705.936, 11ª Câm. Cível, rel. Luiz Roberto Imperatore de Assis Brasil, j. 29.05.2013)

Direitos da personalidade Direitos inerentes à personalidade da pessoa, representados por um conjunto de atributos pessoais os quais não se podem transmitir ou serem renunciados (art. 11, CC). Direitos individuais, ou direitos personalíssimos, como a honra, a boa fama, a imagem e a liberdade individual (*v. Direito personalíssimo*).

▶ Veja CC: "**Art. 11.** Com exceção dos casos previstos em lei, os direitos da personalidade são intransmissíveis e irrenunciáveis, não podendo o seu exercício sofrer limitação voluntária. **Art. 12.** Pode-se exigir que cesse a ameaça, ou a lesão, a direito da personalidade, e reclamar perdas e danos, sem prejuízo de outras sanções previstas em lei. Parágrafo único. Em se tratando de morto, terá legitimação para requerer a medida prevista neste artigo o cônjuge sobrevivente, ou qualquer parente em linha reta, ou colateral até o quarto grau".

Direitos fundamentais Diz-se dos direitos do ser humano que são reconhecidos e positivados na esfera do direito constitucional de um determinado Estado. Diferem dos *direitos humanos*, na medida em que estes aspiram à validade universal, ou seja, são inerentes a todo ser humano como tal e a todos os povos em todos os tempos, sendo reconhecidos pelo direito internacional por meio de tratados e tendo, portanto, validade independentemente de sua positivação em uma determinada ordem constitucional (caráter supranacional) (SARLET, Ingo Wolfgang. *A eficácia dos direitos fundamentais*. 6.ed. Porto Alegre, Livraria do Advogado, 2006, p. 35-6). Os direitos fundamentais se encontram elencados no art. 5º da CF, que cita, entre outros, a inviolabilidade do direito à vida, à liberdade, à igualdade, à segurança e à propriedade.

▸ Veja CF: "**Art. 5º** Todos são iguais perante a lei, sem distinção de qualquer natureza, garantindo-se aos brasileiros e aos estrangeiros residentes no País a inviolabilidade do direito à vida, à liberdade, à igualdade, à segurança e à propriedade, nos termos seguintes: I – homens e mulheres são iguais em direitos e obrigações, nos termos desta Constituição; II – ninguém será obrigado a fazer ou deixar de fazer alguma coisa senão em virtude de lei; III – ninguém será submetido a tortura nem a tratamento desumano ou degradante; IV – é livre a manifestação do pensamento, sendo vedado o anonimato; [...]".

Direitos humanos Direitos inerentes a todo ser humano em todas as nações e positivados nas constituições, nas leis e nos tratados internacionais. A principal fonte dos direitos humanos é a Declaração Universal dos Direitos Humanos, proclamada pela ONU em 10 de dezembro de 1948. A referida declaração tem "como ideal comum atingir por todos os povos e todas as nações, a fim de que todos os indivíduos e todos os órgãos da sociedade, tendo-a constantemente no espírito, se esforcem, pelo ensino e pela educação, por desenvolver o respeito desses direitos e liberdades e por promover, por medidas progressivas de ordem nacional e internacional, o seu reconhecimento e a sua aplicação universais e efetivos tanto entre as populações dos próprios Estados-membros como entre as dos territórios colocados sob a sua jurisdição".

Direito subjetivo Faculdade conferida pelo Estado ao cidadão para, consubstanciado na lei e provando legítimo interesse, exercer sua pretensão em juízo. Permissão dada pela norma jurídica para o exercício de uma pretensão; direito de ação assegurado pela ordem pública. Capacidade que o homem tem de agir em defesa de seus interesses, invocando o cumprimento de normas jurídicas existentes sempre que, de alguma forma, essas regras jurídicas estiverem em conformidade com sua pretensão.

Direito substantivo O próprio Direito material ou complexo de normas que regem as relações jurídicas, definindo sua matéria. Por exemplo, direito civil, direito penal, direito comercial etc. Contrapõe-se ao Direito adjetivo ou formal, que representa o direito processual.

Dissídio Conflito de interesses entre empregado e empregador (dissídio individual) ou entre uma categoria de empregados e uma categoria de empresas (dissídio coletivo), submetido à apreciação da Justiça do Trabalho. Em sentido amplo, significa dissensão ou oposição de ideias ou pensamentos a respeito de uma determinada questão, como ocorre no dissídio jurisprudencial, representado por posições diferentes adotadas por duas ou mais turmas ou câmaras de um tribunal sobre a mesma questão jurídica posta em julgamento.

▸ Veja CLT: "**Art. 40.** As Carteiras de Trabalho e Previdência Social regularmente emitidas e anotadas servirão de prova nos atos em que sejam exigidas carteiras de identidade e especialmente: I – nos casos de dissídio na Justiça do Trabalho entre a empresa e o empregado por motivo de salário, férias, ou tempo de serviço; [...]".

■ Decreto de nulidade em dissídio individual. Inviabilidade. Incompetência do juízo de primeiro grau. A anulação ou mesmo a nulidade de cláusula de acordo ou convenção coletiva de trabalho é de competência originária do E. TRT, mediante ação própria, por se tratar de questão de direito coletivo do trabalho. Em sede de dissídio individual, a competência do juiz do trabalho é restrita ao controle de legalidade ou constitucionalidade das cláusulas normativas, o que lhe permite, se configurada a ilegalidade ou a inconstitucionalidade, recusar a sua aplicação, jamais decretar a nulidade. (TRT-15ª Região, Proc. 31.175/00, (11.657/02), 5ª T., rel. Juiz José Antônio Pancotti, *DOESP* 18.03.2002, p. 83)

■ Competência da Justiça do Trabalho. A Justiça de Trabalho é competente para conciliar e julgar dissídios individuais entre empregados e empregadores, mesmo os decorrentes de dano extrapatrimonial, desde que o pedido assente na relação de emprego, inserindo-se no contrato de trabalho. Regulamento interno. Pagamento de seguro. Constando do regulamento interno da empresa o compromisso de assegurar previdência e seguro a seus empregados, mediante pagamento do valor do seguro, em valores indexados ao piso salarial da própria reclamada, responde a empregadora diretamente pelo pagamento aos obreiros, ainda que tenha contratado seguro junto a terceiro para desincumbir-se do encargo assumido. (TRT-17ª Região, RO 1.945/2001, (1.623/2002), red. p/o Ac. Juíza Maria Francisca dos Santos Lacerda, *DOESP* 26.02.2002)

Dissídio coletivo Ação proposta perante a Justiça do Trabalho por pessoas jurídicas (sindicatos, federações ou confederações de trabalhadores ou empregadores) para decidir sobre questões que não puderam ser solucionadas pela negociação direta entre trabalhadores e empregadores por meio de acordo coletivo. "Processo através do qual se discutem interesses abstratos e gerais, de pessoas indeterminadas (categoria profissional ou econômica), com o fim de criar ou modificar condições gerais de trabalho, de acordo com o princípio da discricionariedade, atendendo-se aos ditames da conveniência e da oportunidade e respeitando-se os limites máximos previstos em lei" (MELO, Raimundo Simão de. *Dissídio coletivo de trabalho*. São Paulo, LTr, 2002). O processo é instaurado junto ao TRT, órgão que vai analisar e julgar as cláusulas celebradas na convenção coletiva depois do esgotamento da negociação coletiva.

▶ Veja CLT: "**Art. 616.** Os Sindicatos representativos de categorias econômicas ou profissionais e as empresas, inclusive as que não tenham representação sindical, quando provocados, não podem recusar-se à negociação coletiva. § 1º Verificando-se recusa à negociação coletiva, cabe aos Sindicatos ou empresas interessadas dar ciência do fato, conforme o caso, ao Departamento Nacional do Trabalho ou aos órgãos regionais do Ministério do Trabalho e Previdência Social para convocação compulsória dos Sindicatos ou empresas recalcitrantes. § 2º No caso de persistir a recusa à negociação coletiva, pelo desatendimento às convocações feitas pelo Departamento Nacional do Trabalho ou órgãos regionais do Ministério do Trabalho e Previdência Social ou se malograr a negociação entabulada é facultada aos Sindicatos ou empresas interessadas a instauração de dissídio coletivo. § 3º Havendo convenção, acordo ou sentença normativa em vigor, o dissídio coletivo deverá ser instaurado dentro dos 60 (sessenta) dias anteriores ao respectivo termo final, para que o novo instrumento possa ter vigência no dia imediato a esse termo. § 4º Nenhum processo de dissídio coletivo de natureza econômica será admitido sem antes se esgotarem as medidas relativas à formalização da Convenção ou Acordo correspondente".

■ Acordo coletivo. Obrigação de fazer. Caso no qual deve ser instaurado dissídio coletivo e não uma ação de obrigação de fazer, pois aquele somente pode ser instaurado de comum acordo, não podendo obrigar o sindicato a implantar o sistema de banco de horas sem receber benefício em troca, considerando que a lei exige que as partes acordem a respeito.

Recurso das reclamantes desprovido. (TRT-4ª Região, Processo n. 0.000.434-89.2.011.5.04.0.802/RO, 5ª T., rel. Juiz João Batista de Matos Danda, publ. 02.12.2011)

■ Dissídio coletivo. Comum acordo estabelecido no art. 114, § 2º, da CF. O texto constitucional quando estabelece a faculdade das partes em comum acordo ajuizar dissídio coletivo não quis impor qualquer restrição ao direito de ação constitucionalmente assegurado, mas tão somente obstar o ajuizamento de dissídios coletivos de natureza econômica sem a tentativa de negociação amigável para a solução do conflito, exprimindo, portanto, a expressão *comum acordo* a ideia de que as partes concordam quanto à impossibilidade de chegarem a um consenso sobre os pontos controvertidos, não restando outra alternativa para a composição do dissídio senão pela tutela normativa desta Justiça do Trabalho. Portanto, não há se falar em necessidade de ambas as partes subscreverem a petição de Dissídio Coletivo em conjunto. (TRT-23ª Região, DC n. 00068.2008.000.23.00-9, Tribunal Pleno, rel. Des. Leila Calvo, publ. 25.04.2008)

Dissolução Desfazimento de contrato, acordo ou relação em virtude de lei ou de cláusula contratual. Pode ocorrer dissolução de sociedade conjugal, de parceria, de sociedade mercantil ou civil, de contrato de locação, de contrato de compra e venda etc.

Distrato Acordo feito entre as partes contratantes com a finalidade de extinguir o vínculo estabelecido pelo contrato. Desfazimento de um contrato pela vontade das partes. O distrato é feito pela mesma forma exigida para o contrato (art. 472, CC).

▶ Veja CC: "**Art. 472.** O distrato faz-se pela mesma forma exigida para o contrato".

■ Ação de cobrança. Verbas indenizatórias. Contrato de representação comercial. Conhecimento do recurso. Apresentados os motivos de inconformidade contra a sentença. Atendida norma do art. 514, II, do CPC. Distrato. Partes celebraram termo de distrato, pondo fim na relação jurídica de representação comercial. Termo de distrato foi firmado entre pessoas jurídicas, sem que viesse aos autos nenhuma prova acerca da existência de dolo, fraude, coação ou de qualquer outro vício que pudesse levar à anulação do pacto celebrado. Ônus que incumbia à autora, a teor do disposto no art. 333, I, do CPC. Contratos de representação comercial possuem regramento próprio da Lei n. 4.886/65. Indenizações postuladas na inicial são devidas em razão do encerramento imotivado do contrato, fora das hipóteses de justa causa previstas no art. 35 da referida Lei. Precedentes jurisprudenciais. Litigância de má-fé. Inocorrência de quaisquer das hipóteses do art. 17 do CPC. Conheceram do recurso, negando-lhe provimento. Unânime. (TJRS, Ap. Cível n. 70.023.436.173, 16ª Câm. Cível, rel. Ergio Roque Menine, j. 14.05.2008)

Divergência Contrariedade; discordância; desacordo. Diferença de opinião ou de pensamento. Ausência de unanimidade. Opiniões divergentes: "Os ministros do STJ divergiram quanto ao...". Discrepância de voto em julgamento. Cabe recurso de embargos de divergência quando o acórdão de turma em recurso extraordinário ou em recurso especial divergir do julgamento de qualquer outro órgão do mesmo tribunal, sendo os acórdãos, embargado e paradigma, de mérito (art. 546, CPC/73) (*v. Recurso de embargos de divergência*).

Divisa Todo marco que estabelece os limites de uma propriedade imóvel ou de um dado território, como ocorre com a área territorial de um determinado município.

- Agravo de instrumento. Ação de reintegração de posse. Competência interna. Trata-se de ação de reintegração de posse, onde se discute a ocorrência ou não de esbulho por parte de vizinho na construção de muro de divisa da propriedade. Matéria que não se enquadra na subclasse "direito privado não especificado", mas sim está relacionada à posse. Competência para o julgamento das Câmaras Cíveis pertencentes aos 9º e 10º Grupos Cíveis, nos termos do art. 11, IX, *d*, da Resolução n. 01/98 do Regimento Interno deste Tribunal. Competência declinada. (TJRS, AI n. 70.055.594.048, 16ª Câm. Cível, rel. Catarina Rita Krieger Martins, j. 17.07.2013)

Divórcio Modo de extinção da sociedade conjugal que libera os cônjuges para contrair novas núpcias. É decretado ou homologado por sentença judicial ou por escritura pública (art. 226, § 6º, CF) (*v. Ação de divórcio*).

- ▶ Veja CF: "**Art. 226.** [...] § 6º O casamento civil pode ser dissolvido pelo divórcio".

- [...] Com a promulgação da EC n. 66/2010, e a nova redação do § 6º do art. 226 da CF, o instituto da separação judicial não foi recepcionado, mesmo porque não há direito adquirido a instituto jurídico. A referida norma é de aplicabilidade imediata e não impõe condições ao reconhecimento do pedido de divórcio, sejam de natureza subjetiva – relegadas para eventual fase posterior a discussão sobre culpa – ou objetivas – transcurso do tempo. [...] Nesse sentido, com base no art. 515, § 3º, do CPC, incontroverso que as partes são casadas, de rigor a imediata procedência do pedido de divórcio, de acordo com o art. 226, § 6º, da CF, determinando-se o regular andamento do feito em relação aos outros capítulos. Isto porque a extinção do vínculo matrimonial e a cessação da sociedade conjugal não dependem da resolução das outras questões do processo. Incabível a recusa pelo cônjuge ou companheiro, o divórcio tem sua decretação imediata, bastante a vontade de um deles, uma vez que não mais poderá discutir a culpa. [...] Portanto, nas ações de divórcio, a partir da EC n. 66/2010, não há mais espaço para discussão, devendo haver decretação do divórcio imediatamente e, se possível, por sentença parcial. Por derradeiro e diante de todos os benefícios trazidos pela EC n. 66/2010, entendemos que o fim da separação judicial, adotado pela corrente majoritária, é o mais correto, pois não há mais qualquer motivo para mantê-la no sistema. Sempre lembrando que a EC n. 66/2010 proporcionou para todos, sem a exigência de qualquer requisito, o direito de ser feliz, de continuar a vida sem estar atrelado, por qualquer motivo, ao casamento anterior, podendo dele se desvincular a qualquer tempo. Importante lembrar que, para grande parte da doutrina, não há sequer espaço, na ação de divórcio, para discussão da culpa, ou, conforme julgado supra, fica relegada para discussão posterior. [...] (TJSP, AI n. 990.10.357.301-3, 8ª Câm. de Direito Privado, rel. Des. Caetano Lagrasta, j. 10.11.2010)

Divórcio extrajudicial (por escritura pública) Procedimento extrajudicial que permite o divórcio consensual por escritura pública, desde que preenchidos os seguintes requisitos: a) inexistência de filhos menores ou incapazes; b) consenso das partes; c) assistência por advogado (art. 1.124-A, CPC/73).

- ▶ Veja CPC/73: "**Art. 1.124-A.** A separação consensual e o divórcio consensual, não havendo filhos menores ou incapazes do casal e observados os requisitos legais quanto aos prazos, poderão ser realizados por escritura pública, da qual constarão as disposições relativas à descrição e à partilha dos bens comuns e à pensão alimentícia e, ainda, ao acordo quanto à retomada pelo cônjuge de seu nome de solteiro ou à manutenção do nome adotado quando se deu o casamento. [...]".

- ▶ Veja CPC/2015: "**Art. 733.** O divórcio consensual, a separação consensual e a extinção consensual de união estável, não havendo nascituro ou filhos incapazes e observados os requisitos legais, poderão ser realizados por escritura pública, da qual constarão as disposições de que trata o art. 731. [...]".

- Separação judicial. Pedido consensual. Ação extinta. Carência de ação inocorrente. Art. 1.124-A do CPC. Faculdade, e não obrigatoriedade, de uso da escritura pública. Manifesta procedência. Art. 557 do CPC. 1. Dispõe o art. 1.124-A do CPC, com a redação que lhe deu a Lei n. 11.441/2007, que a separação consensual e o divórcio consensual, não havendo filhos menores ou incapazes do casal e observados os requisitos legais quanto aos prazos, poderão ser realizados por escritura pública. 2. É verdade que a alteração racionaliza a congestionada atividade jurisdicional e reduz a intervenção do Poder Judiciário em relações jurídicas de conteúdo patrimonial entre pessoas maiores e capazes, todavia a formalização das separações e divórcios pela via extrajudicial é mera faculdade dos cônjuges, bastando que se atente à redação da norma. Logo, não há falar em carência de ação. Apelação provida em julgamento monocrático. (Segredo de Justiça). Decisão monocrática. (TJRS, Ap. Cível n. 70.020.508.289, 7ª Câm. Cível, rel. Luiz Felipe Brasil Santos, j. 22.08.2007)

Doação Contrato pelo qual, por liberalidade, uma pessoa transfere a outra parte de seu patrimônio (art. 538, CC) (*v. Contrato de doação*).

Doação com cláusula de reversão Doação na qual o doador estipula que, caso sobreviva ao donatário, os bens doados revertam a seu patrimônio. É considerada doação sob propriedade resolúvel, porquanto, em que pese o donatário adquirir a propriedade do bem doado, fica esta subordinada à condição resolutiva de o donatário falecer antes do doador (art. 547, CC).

- Veja CC: "**Art. 547.** O doador pode estipular que os bens doados voltem ao seu patrimônio, se sobreviver ao donatário. Parágrafo único. Não prevalece cláusula de reversão em favor de terceiro".

- Reintegração de posse. Doação. Reversão. Liminar. Requisitos. Deferimento. Decisão adequada ao caso concreto. Possessória decorrente de esbulho praticado pelo município, na retomada da posse de imóvel doado com cláusula de reversão. Ausência de notificação ou ação judicial visando desconstituir a doação. Retomada da posse. Esbulho caracterizado. Posse de boa-fé. Requisitos do art. 927, CPC, presentes. Liminar concedida. Decisão monocrática – que deu provimento ao recurso – cujos motivos conduzem exatamente ao resultado posto. Jurisprudência dominante no mesmo sentido. Negaram provimento. (TJRS, Ag. Reg. n. 70.036.586.683, 19ª Câm. Cível, rel. Carlos Rafael dos Santos Júnior, j. 21.09.2010)

Doação com reserva de usufruto Doação mediante a qual o doador transfere ao donatário a propriedade da coisa, reservando para si o direito de usufruir da coisa ou dela perceber os frutos. Exemplo: doação de uma casa ou um apartamento, mediante cláusula que permita ao doador continuar residindo ou usufruindo do imóvel (reserva para si o usufruto) até que ocorra seu falecimento. Nessa modalidade de doação, o proprietário do imóvel, que passa a denominar-se *usufrutuário*, a partir da concretização da doação não mais detém o direito pleno de propriedade assegurado pelo art. 1.228 do CC, mas tão somente os direitos decorrentes do uso, da posse, da administração e da percepção dos frutos (art. 1.394, CC), poderes estes que podem ser traduzidos pela prerrogativa de explorar pessoalmente o imóvel (exploração agrícola, pecuária, comercial etc.) ou de obter rendas decorrentes de locação ou arrendamento do imóvel a terceiro. Quanto ao donatário, que passa a denominar-se *nu-proprietário*, com a doação adquire apenas a nua propriedade, que se constitui no direito de alienar ou dispor do imóvel. A instituição do usufruto deve ser feita por instrumento público devidamente registrado no Registro de Imóveis competente. O cancelamento do registro do usufruto deve ser feito no Cartório de Registro e Imóveis: pela renúncia ou morte do usufrutuário; pelo termo de sua duração; pela extinção da pessoa jurídica, em favor de quem o usufruto foi constituído, ou, se ela perdurar, pelo decurso de trinta anos da data em que se começou a exercer; pela cessação do motivo de que se origina; pela destruição da coisa, guardadas as disposições dos arts. 1.407, 1.408, 2ª parte, e 1.409, CC; pela consolidação; por culpa do usufrutuário, quando aliena, deteriora, ou deixa arruinar os bens, não lhes acudindo com os reparos de conservação, ou quando, no usufruto de títulos de crédito, não dá às importâncias recebidas a aplicação prevista no parágrafo único do art. 1.395; pelo não uso, ou não fruição, da coisa em que o usufruto recai (arts. 1.390, 1.399 e 1.410, CC).

- Veja CC: "**Art. 1.394.** O usufrutuário tem direito à posse, uso, administração e percepção dos frutos. [...] **Art. 1.410.** O usufruto extingue-se, cancelando-se o registro no Cartório de Registro de Imóveis: I – pela renúncia ou morte do usufrutuário; II – pelo termo de sua duração; III – pela extinção da pessoa jurídica, em favor de quem o usufruto foi constituído, ou, se ela perdurar, pelo decurso de trinta anos da data em que se começou a exercer; IV – pela cessação do motivo de que se origina; V – pela destruição da coisa, guardadas as disposições dos arts. 1.407, 1.408, 2ª parte, e 1.409; VI – pela consolidação; VII – por culpa do usufrutuário, quando aliena, deteriora, ou deixa arruinar os bens, não lhes acudindo com os reparos de conservação, ou quando, no usufruto de títulos de crédito, não dá às importâncias recebidas a aplicação prevista no parágrafo único do art. 1.395; VIII – pelo não uso, ou não fruição, da coisa em que o usufruto recai (arts. 1.390 e 1.399)".

- Escritura pública de doação com reserva de usufruto. Separação judicial litigiosa dos demandantes realizada antes da doação. 1. A pretensão da apelante de cobrança de fração ideal de bem vendido a terceiros não tem respaldo legal, na medida em que a mesma separou-se do apelado em data anterior à doação, esta realizada por escritura pública pelo progenitor do apelado, conforme se depreende da escritura pública de doação com reserva de usufruto e a averbação na certidão de casamento das partes. Nesses moldes, não passou de mero equívoco a inserção do nome da apelante como possuidora legítima do imóvel doado e posteriormente vendido a terceiros. 2. Sendo a apelante parte vencida na demanda, impõe-se a manutenção da verba honorária arbitrada na sentença. 3. Apelação cível conhecida e não provida. (TJPR, Ap. Cível n. 0.424.513-2/Maringá, 7ª Câm. Cível, rel. Des. Ruy Francisco Thomaz, j. 14.08.2007, v.u.)

- Anulação de doação com reserva de usufruto temporário. Reserva de patrimônio para subsistência do doador. É válida a doação feita aos filhos com reserva de usufruto do pai até a maioridade dos donatários, se, à época do negócio, o doador afirmou possuir outros imóveis, bem como condições para sua subsistência. (TJDFT, Ap. Cível n. 20070510056666, 4ª T., rel. Sérgio Bittencourt, j. 01.10.2008, *DJ* 15.10.2008, p. 71)

Doação de imóveis da União Doação, mediante ato do Poder Executivo, de bens imóveis de domínio da União, quando não houver interesse público, econômico ou social em manter o imóvel, nem inconveniência quanto à preservação ambiental e à defesa nacional no desaparecimento do vínculo de propriedade. A alienação de bens imóveis da União dependerá de autorização, mediante ato do Presidente da República, e será sempre precedida de parecer da SPU quanto à sua oportunidade e conveniência (Lei n. 9.636/98).

- Veja Lei n. 9.636/98: "**Art. 31.** Mediante ato do Poder Executivo e a seu critério, poderá ser autorizada a doação de bens imóveis de domínio da União, observado o disposto no art. 23 desta Lei, a: I – Estados, Distrito Federal, Municípios, fundações públicas e autarquias públicas federais, estaduais e municipais; II – empresas públicas federais, estaduais e municipais; III – fundos públicos e fundos privados dos quais a União seja cotista, nas transferências destinadas à realização de programas de provisão habitacional ou de regularização fundiária de interesse social; IV – sociedades de economia mista voltadas à execução de programas de provisão habitacional ou de regularização fundiária de interesse social; ou V – beneficiários, pessoas físicas ou jurídicas, de programas de provisão habitacional ou de regularização fundiária de interesse social desenvolvidos por órgãos ou entidades da administração pública, para cuja execução seja efetivada a doação. § 1º No ato autorizativo e no respectivo termo constarão a finalidade da doação e o prazo para seu cumprimento. § 2º O encargo de que trata o parágrafo anterior será permanente e resolutivo, revertendo automaticamente o imóvel à propriedade da União, independentemente de qualquer indenização por benfeitorias realizadas, se: I – não for cumprida, dentro do prazo, a finalidade da doação; II – cessarem as razões que justificaram a doação; ou III – ao imóvel, no todo ou em parte, vier a ser dada aplicação diversa da prevista. [...]".

Doação entre cônjuges A doação de um cônjuge a outro importa, a princípio, em adiantamento de legítima (art. 544, CC). Isso porque a norma somente se aplica "no que se disser respeito aos bens particulares de cada cônjuge, pois nos bens comuns os cônjuges não são herdeiros reciprocamente. Assim, no regime de separação absoluta, todos os bens são particulares e qualquer liberalidade será colacionada. Já nos demais regimes, será necessário aferir a divisão entre bens comuns e particulares" (ROSENVALD, Nelson. *Código Civil comentado*. 5.ed. São Paulo, Manole, 2011, p. 594). De qualquer modo, o Superior Tribunal de Justiça considera válidas as doações promovidas, na constância do casamento, por cônjuges que contraíram matrimônio pelo regime da separação legal de bens (REsp n. 471.958/RS).

▸ Veja CC: "**Art. 544.** A doação de ascendentes a descendentes, ou de um cônjuge a outro, importa adiantamento do que lhes cabe por herança. [...] **Art. 1.829.** A sucessão legítima defere-se na ordem seguinte: I – aos descendentes, em concorrência com o cônjuge sobrevivente, salvo se casado este com o falecido no regime da comunhão universal, ou no da separação obrigatória de bens (art. 1.640, parágrafo único); ou se, no regime da comunhão parcial, o autor da herança não houver deixado bens particulares; II – aos ascendentes, em concorrência com o cônjuge; III – ao cônjuge sobrevivente; IV – aos colaterais. [...] **Art. 1.832.** Em concorrência com os descendentes (art. 1.829, I) caberá ao cônjuge quinhão igual ao dos que sucederem por cabeça, não podendo a sua quota ser inferior à quarta parte da herança, se for ascendente dos herdeiros com que concorrer".

■ Doação realizada por cônjuge na constância do casamento. Vigência do Código Civil de 1916. Separação legal de bens. Doador com idade superior a 60 anos. 1. São válidas as doações promovidas, na constância do casamento, por cônjuges que contraíram matrimônio pelo regime da separação legal de bens, por três motivos: "(i) o CC/16 não as veda, fazendo-no apenas com relação às doações antenupciais; (ii) o fundamento que justifica a restrição aos atos praticados por homens maiores de 60 anos ou mulheres maiores de 50, presente à época em que promulgado o CC/16, não mais se justifica nos dias de hoje, de modo que a manutenção de tais restrições representa ofensa ao princípio da dignidade da pessoa humana; (iii) nenhuma restrição seria imposta pela Lei às referidas doações caso o doador não tivesse se casado com a donatária, de modo que o Código Civil, sob o pretexto de proteger o patrimônio dos cônjuges, acaba fomentando a união estável em detrimento do casamento, em ofensa ao art. 226, § 3º, da Constituição Federal". (STJ, REsp n. 4.719.58/RS, 3ª T., rel. Min. Nancy Andrighi, j. 18.12.2008, *DJe* 18.02.2009)

Doação inoficiosa Aquela que excede a legítima e mais a metade disponível. Estão sujeitas à redução as doações em que se apurar excesso quanto ao que o doador poderia dispor no momento da liberalidade (art. 2.007, CC).

▸ Veja CC: "**Art. 2.007.** São sujeitas à redução as doações em que se apurar excesso quanto ao que o doador poderia dispor, no momento da liberalidade. § 1º O excesso será apurado com base no valor que os bens doados tinham, no momento da liberalidade. § 2º A redução da liberalidade far-se-á pela restituição ao monte do excesso assim apurado; a restituição será em espécie, ou, se não mais existir o bem em poder do donatário, em dinheiro, segundo o seu valor ao tempo da abertura da sucessão, observadas, no que forem aplicáveis, as regras deste Código sobre a redução das disposições testamentárias. § 3º Sujeita-se a redução, nos termos do parágrafo antecedente, a parte da doação feita a herdeiros necessários que exceder a legítima e mais a quota disponível. § 4º Sendo várias as doações a herdeiros necessários, feitas em diferentes datas, serão elas reduzidas a partir da última, até a eliminação do excesso".

■ Separação consensual. Reconhecimento de doação inoficiosa. Partilha que deve ser anulada. I. Se foi reconhecido que a partilha, em separação consensual, foi feita em desobediência à Lei, caracterizando verdadeira doação inoficiosa em favor da esposa, a única conclusão lógica é de que ela deve ser refeita, para preservar os interesses das partes envolvidas. Devem ser trazidos à colação todos os bens que integravam o patrimônio do cônjuge falecido, antes da separação, para efeito do cálculo do que fica como liberalidade e do que vai para o acervo partilhável (para a herdeira necessária). II. Ausente qualquer omissão no aresto recorrido capaz de fulminar-lhe de nulidade. Todas as questões importantes ao deslinde da controvérsia foram devidamente apreciadas e bem aplicado o direito à espécie. III. Recurso não conhecido. (STJ, REsp n. 154.948/RJ, 3ª T., rel. Min. Waldemar Zveiter, j. 19.02.2001, *DJ* 04.06.2001, p. 168)

Documento Em sentido lato, é todo registro escrito que representa uma declaração de vontade. Em sentido *stricto*, quaisquer escritos, instrumentos ou papéis públicos ou particulares (art. 232, CPP).

▸ Veja CPP: "**Art. 232.** Consideram-se documentos quaisquer escritos, instrumentos ou papéis, públicos ou particulares. Parágrafo único. À fotografia do documento, devidamente autenticada, se dará o mesmo valor do original".

Documento eletrônico Todo registro que tem como meio físico um suporte eletrônico. Documento obtido mediante digitalização em meio eletrônico de forma a manter integridade, autenticidade e, se necessário, confidencialidade do documento digital, com o emprego de certificado digital emitido no âmbito da Infraestrutura de Chaves Públicas Brasileira (ICP) (art. 3º, Lei n. 12.682/2012).

▸ Veja Lei n. 12.682/2012: "**Art. 1º** A digitalização, o armazenamento em meio eletrônico, óptico ou equivalente e a reprodução de documentos públicos e privados serão regulados pelo disposto nesta Lei. Parágrafo único. Entende-se por digitalização a conversão da fiel imagem de um documento para código digital. [...] **Art. 3º** O processo de digitalização deverá ser realizado de forma a manter a integridade, a autenticidade e, se necessário, a confidencialidade do documento digital, com o emprego de certificado digital emitido no âmbito da Infraestrutura de Chaves Públicas Brasileira – ICP – Brasil. Parágrafo único. Os meios de armazenamento dos documentos digitais deverão protegê-los de acesso, uso, alteração, reprodução e destruição não autorizados. **Art. 4º** As empresas privadas ou os órgãos da Administração Pública direta ou indireta que utilizarem procedimentos de armazenamento de documentos em meio eletrônico, óptico ou equivalente deverão adotar sistema de indexação que possibilite a sua precisa localização, permitindo a posterior conferência da regularidade das etapas do processo adotado. [...] **Art. 6º** Os registros públicos originais, ainda que digitalizados, deverão ser preservados de acordo com o disposto na legislação pertinente".

Documento particular Documento produzido por iniciativa particular sem a intervenção de oficial público (art. 212, II, CC).

- ▶ Veja CC: "**Art. 212.** Salvo o negócio a que se impõe forma especial, o fato jurídico pode ser provado mediante: I – confissão; II – documento; III – testemunha; IV – presunção; V – perícia".

Documento público Documento redigido por tabelião, notário ou escrivão de cartório judicial dotado de fé pública (art. 215, CC) ou representado por escritura pública (*v. Escritura pública*).

- ▶ Veja CC: "**Art. 215.** A escritura pública, lavrada em notas de tabelião, é documento dotado de fé pública, fazendo prova plena".
- ▶ Veja CPC/2015: "**Art. 405.** O documento público faz prova não só da sua formação, mas também dos fatos que o escrivão, o chefe de secretaria, o tabelião ou o servidor declarar que ocorreram em sua presença. **Art. 406.** Quando a lei exigir instrumento público como da substância do ato, nenhuma outra prova, por mais especial que seja, pode suprir-lhe a falta".

Dogma Proposição que se aceita como firme e certa e como princípio inegável de uma ciência.

Dogmático Relativo a dogma ou a quem defende o dogmatismo. Refere-se ao método expositivo pelo qual autores se atêm a princípios doutrinários e não a ordem e estruturas dos códigos.

Dogmatismo Conjunto de preposições que se tem como princípios inegáveis em uma determinada ciência.

Dolo civil Ato voluntário ou intencional, astucioso, praticado para enganar alguém ou induzi-lo a uma ação prejudicial a ele e que, no entanto, mostra-se benéfica ao autor do dolo (arts. 145 a 150, CC). Todo e qualquer meio utilizado intencionalmente para induzir alguém a erro na prática de um ato jurídico. É acidental o dolo quando, a seu despeito, o negócio seria realizado, embora por outro modo. Nesse caso, o dolo só obriga à satisfação de perdas e danos (art. 146, CC). Como todos os demais vícios de consentimento, o dolo produz como efeito a nulidade relativa do contrato (art. 145, CC).

- ▶ Veja CC: "**Art. 145.** São os negócios jurídicos anuláveis por dolo, quando este for a sua causa. **Art. 146.** O dolo acidental só obriga à satisfação das perdas e danos, e é acidental quando, a seu despeito, o negócio seria realizado, embora por outro modo. **Art. 147.** Nos negócios jurídicos bilaterais, o silêncio intencional de uma das partes a respeito de fato ou qualidade que a outra parte haja ignorado, constitui omissão dolosa, provando-se que sem ela o negócio não se teria celebrado. **Art. 148.** Pode também ser anulado o negócio jurídico por dolo de terceiro, se a parte a quem aproveite dele tivesse ou devesse ter conhecimento; em caso contrário, ainda que subsista o negócio jurídico, o terceiro responderá por todas as perdas e danos da parte a quem ludibriou. **Art. 149.** O dolo do representante legal de uma das partes só obriga o representado a responder civilmente até a importância do proveito que teve; se, porém, o dolo for do representante convencional, o representado responderá solidariamente com ele por perdas e danos. **Art. 150.** Se ambas as partes procederem com dolo, nenhuma pode alegá-lo para anular o negócio, ou reclamar indenização".

- ■ Ação negatória de paternidade. Ausência de prova da ocorrência de vício de consentimento. Parentalidade socioafetiva. Apelação cível. O reconhecimento dos filhos havidos fora do casamento, no registro de nascimento, é irrevogável. Inteligência do art. 1.609 do CC e art. 1º da Lei n. 8.560/92. A anulação do ato somente é admitida quando demonstrada a existência de coação, erro, dolo, simulação ou fraude, o que não se verifica na espécie. Embora constatada a inexistência de filiação biológica, pelo exame de DNA, inviável anular o registro civil das apeladas, realizado por livre vontade do apelante, quando se verifica que houve paternidade socioafetiva. Apelação desprovida. (TJRS, Ap. Cível n. 70.038.070.843, 7ª Câm. Cível, rel. Roberto Carvalho Fraga, j. 19.10.2011)

Dolo direto Aquele que o agente do crime quis o resultado intencionalmente (art. 18, I, CP). O dolo direto, no grau mais alto da culpabilidade, surge no momento em que autor alia sua vontade ao resultado ilícito. Em outras palavras, ocorre quando o sujeito realmente tem a intenção de ferir ou matar alguém. O dolo direto, em acidente de trânsito, é muito difícil de ser provado em juízo, salvo quando se possa comprovar a existência de anterior animosidade entre a vítima e o autor do acidente.

Dolo eventual Aquele que o agente, não querendo o resultado, assume o risco de produzi-lo. Dolo caracterizado pela indiferença do autor da ação em relação ao resultado que pode advir de seu ato, o qual assume com inteira responsabilidade. Aquele em que o agente, mesmo não querendo o resultado, assume o risco de produzi-lo. O dolo eventual é característica preponderante dos crimes de trânsito.

- Dolo eventual. Prescrição afastada. Suficiência de provas. 1. Não transcorrido lapso temporal superior a dois anos entre a data do fato e o recebimento da denúncia, nem entre este e a publicação da sentença penal condenatória, não há prescrição. 2. Há prova suficiente da materialidade, emergindo dos autos de forma clara a autoria do delito imputado ao apelante, presente ainda o dolo eventual, pois assumiu o apelante o risco do resultado, mesmo alertado pelo veterinário, impondo-se a confirmação da sentença condenatória. Apelação improvida. (TJRS, Rec. Crime n. 71.001.610.930, T. Recursal Criminal, rel. Angela Maria Silveira, j. 02.06.2008)

- Habeas corpus. Júri. Alegação de ausência de dolo. Necessidade de exame aprofundado do contexto fático-probatório. Inadmissibilidade. I. Excepcionalmente, é possível acolher alegação de ausência de dolo em sede de *habeas corpus*, desde que o simples cotejo entre a narração da peça acusatória com a imputação legal extraída do contexto fático se mostre suficiente para evidenciar o equívoco na tipificação adotada na denúncia. II. Havendo indícios mínimos a amparar a tese acusatória de que os pacientes teriam agido com dolo eventual, o reconhecimento da incompetência do Tribunal do Júri não se apresenta juridicamente possível, uma vez que demanda o exame aprofundado do conjunto fático-probatório da ação penal, o que não se admite na estreita via do *habeas corpus*. III. Ordem denegada. (TRF-1ª Região, *HC* n. 2007.01.00.028.800-3/MG, rel. Juiz Federal César Jatahy Fonseca, j. 16.03.2009)

Dolo penal Manifesta intenção que alguém tem de, por ação ou omissão, praticar um delito. Revela-se quando o agente quer o resultado ou assumiu o risco de produzi-lo (art. 18, I, CP).

▶ Veja CP: "**Art. 18.** Diz-se o crime: Crime doloso – I – doloso, quando o agente quis o resultado ou assumiu o risco de produzi-lo; [...]".

- Coação no curso do processo. Desclassificação do crime. Ameaça. Remessa dos autos. Juízo de origem. Lei n. 9.099 de 1995. Coação no curso do processo. Tipicidade. Especial fim de agir. Prova. Desclassificação. Incidência de medidas despenalizadoras. O crime do art. 344 do CP exige dolo específico, ou seja, o especial fim de agir consistente em favorecer interesse próprio ou alheio, objetivando algum favor no curso de um processo. No caso, não há qualquer referência ao interesse do réu de ser de algum modo favorecido no processo que respondia por ter agredido a vítima anteriormente, seja no depoimento desta, seja em qualquer outro elemento de prova. Desse modo, o tipo a ser identificado na hipótese é o definido no art. 147 do CP; já que, inegavelmente, a paz de espírito e a tranquilidade da vítima foram afetadas. Operada a desclassificação, sendo cabível a incidência de medidas, é dever do juiz suscitar a manifestação do Ministério Público, não o podendo fazer o Tribunal, sob pena de suprimir-se uma instância. Precedentes do STF e do STJ. (TJRJ, Ap. Cível n. 2007.050.01946, 3ª Câm. Criminal, rel. Des. Ricardo Bustamante, j. 24.07.2007, v.u.)

Dolo processual O dolo processual se caracteriza pelas ações praticadas pelas partes que contrariem a boa-fé, ou seja, afirmando coisas falsas, provocando incidentes manifestamente infundados, portando-se de modo temerário, com o objetivo de protelar o julgamento do feito. Responde por perdas e danos aquele que pleitear de má-fé como autor, réu ou interveniente (art. 16, CPC/73). Reputa-se litigante de má-fé aquele que: deduzir pretensão ou defesa contra texto expresso de lei ou fato incontroverso; alterar a verdade dos fatos; usar do processo para conseguir objetivo ilegal; opuser resistência injustificada ao andamento do processo; proceder de modo temerário em qualquer incidente ou ato do processo; provocar incidentes manifestamente infundados; interpuser recurso com intuito manifestamente protelatório (art. 17, CPC/73).

▶ Veja CPC/73: "**Art. 16.** Responde por perdas e danos aquele que pleitear de má-fé como autor, réu ou interveniente. **Art. 17.** Reputa-se litigante de má-fé aquele que: I – deduzir pretensão ou defesa contra texto expresso de lei ou fato incontroverso; II – alterar a verdade dos fatos; III – usar do processo para conseguir objetivo ilegal; IV – opuser resistência injustificada ao andamento do processo; V – proceder de modo temerário em qualquer incidente ou ato do processo; VI – provocar incidentes manifestamente infundados; VII – interpuser recurso com intuito manifestamente protelatório".

▶ Veja CPC/2015: "**Art. 79.** Responde por perdas e danos aquele que litigar de má-fé como autor, réu ou interveniente. **Art. 80.** Considera-se litigante de má-fé aquele que: I – deduzir pretensão ou defesa contra texto expresso de lei ou fato incontroverso; II – alterar a verdade dos fatos; III – usar do processo para conseguir objetivo ilegal; IV – opuser resistência injustificada ao andamento do processo; V – proceder de modo temerário em qualquer incidente ou ato do processo; VI – provocar incidente manifestamente infundado; VII – interpuser recurso com intuito manifestamente protelatório".

- Processual. Não configuração. Observância do devido processo legal. 1. É pressuposto do dolo processual, a ensejar o ajuizamento da ação rescisória com base no inciso III do art. 485 do CPC, a demonstração da má-fé na conduta da parte vencedora, tal como previsto no art. 17 do Diploma Processual, ou seja, deveria o Autor comprovar a utilização de expedientes e artifícios maliciosos capazes de influenciar o juízo dos magistrados, o que não ocorreu na hipótese. 2. É pacífico na jurisprudência e na doutrina que a ofensa a dispositivo de lei capaz de ensejar o ajuizamento da ação rescisória é aquela evidente, direta, aberrante, observada *primo oculi*, não a configurando aquela que demandaria, inclusive, o reexame das provas da ação originária. 3. O erro de fato, capaz de justificar o ajuizamento da ação rescisória, nos termos dos §§ 1º e 2º do inciso IX do art. 485 do CPC, somente se configura quando o *decisum* rescindendo tenha admitido como fundamento um fato inexistente, ou tenha considerado inexistente um fato efetivamente ocorrido; sendo indispensável que, em qualquer hipótese, não tenha havido pronunciamento judicial sobre o fato. [...] (STJ, REsp n. 653.613/DF, 5ª T., rel. Min. Laurita Vaz, j. 26.05.2009, *DJe* 15.06.2009)

Domicílio Local onde a pessoa fixa sua residência com ânimo definitivo (art. 70, CC).

▶ Veja CC: "**Art. 70.** O domicílio da pessoa natural é o lugar onde ela estabelece a sua residência com ânimo definitivo".

Domicílio da pessoa jurídica O domicílio da pessoa jurídica varia conforme o ente seja de direito público ou privado. Em relação à primeira, o domicílio é: da União, o Distrito Federal; dos Estados e Territórios, as respectivas capitais; do Município, o lugar onde funcione a administração municipal. Em relação à segunda, o domicílio é o lugar onde funcionarem as respectivas diretorias e administrações, ou onde elegerem domicílio especial em seu estatuto ou atos constitutivos (art. 75, CC).

▶ Veja CC: "**Art. 75.** Quanto às pessoas jurídicas, o domicílio é: I – da União, o Distrito Federal; II – dos Estados e Territórios, as respectivas capitais; III – do Município, o lugar onde funcione a administração municipal; IV – das demais pessoas jurídicas, o lugar onde funcionarem as respectivas diretorias e administrações, ou onde elegerem domicílio especial no seu estatuto ou atos constitutivos. § 1º Tendo a pessoa jurídica diversos estabelecimentos em lugares diferentes, cada um deles será considerado domicílio para os atos nele praticados. § 2º Se a administração, ou diretoria, tiver a sede no estrangeiro, haver-se-á por domicílio da pessoa jurídica, no tocante às obrigações contraídas por cada uma das suas agências, o lugar do estabelecimento, sito no Brasil, a que ela corresponder".

Domicílio da pessoa natural Local onde a pessoa fixa sua residência com ânimo definitivo (art. 70, CC). Havendo diversas residências, onde viva de forma alternada, qualquer delas poderá ser considerada seu domicílio. Nas relações concernentes à profissão, é também domicílio o lugar onde a profissão é exercida (arts. 70 a 72, CC). Nos contratos escritos, poderão os contratantes especificar o domicílio onde se exercitem e cumpram os direitos e obrigações deles resultantes (art. 78, CC).

▶ Veja CC: "**Art. 70.** O domicílio da pessoa natural é o lugar onde ela estabelece a sua residência com ânimo definitivo. **Art. 71.** Se, porém, a pessoa natural tiver diversas residências, onde, alternadamente, viva, considerar-se-á domicílio seu qualquer delas. **Art. 72.** É também domicílio da pessoa natural, quanto às relações concernentes à profissão, o lugar onde esta é exercida. Parágrafo único. Se a pessoa exercitar profissão em lugares diversos, cada um deles constituirá domicílio para as relações que lhe corresponderem. **Art. 73.** Ter-se-á por domicílio da pessoa natural, que não tenha residência habitual, o lugar onde for encontrada. **Art. 74.** Muda-se o domicílio, transferindo a residência, com a intenção manifesta de o mudar. Parágrafo único. A prova da intenção resultará do que declarar a pessoa às municipalidades dos lugares, que deixa, e para onde vai, ou, se tais declarações não fizer, da própria mudança, com as circunstâncias que a acompanharem".

- Processual civil. Agravo de instrumento. Inventário. Competência. 1. A teor do art. 96 do CPC, o foro competente para apreciar questões referentes a inventário, partilha, arrecadação e cumprimento de disposições de última vontade é o do domicílio do autor da herança. Na ausência de domicílio certo, o foro da situação dos bens é o do lugar onde ocorreu o óbito, na existência de bens em lugares diferentes. 2. Recurso conhecido e não provido. Decisão unânime. (TJDFT, AI n. 20070020018158, 5ª T., rel. Haydevalda Sampaio, j. 15.08.2007, *DJ* 13.09.2007, p. 115)

Domicílio eleitoral Local onde o cidadão deve votar nas eleições. É o lugar de residência ou moradia do requerente na inscrição eleitoral. Quando se verifica ter o alistando mais de uma, considerar-se-á domicílio qualquer uma delas. O conceito de domicílio eleitoral não se confunde, necessariamente, com o de domicílio civil, identificando-se com o lugar onde o interessado possui vínculos políticos, familiares, sociais, patrimoniais, afetivos ou comunitários (Acórdãos do TSE ns. 16.397/2000 e 18.124/2000).

Domicílio necessário Têm domicílio necessário o incapaz, o servidor público, o militar, o marítimo e o preso. O domicílio do incapaz é o de seu representante ou assistente; o do servidor público, o lugar em que exercer permanentemente suas funções; o do militar, onde servir, e, sendo da Marinha ou da Aeronáutica, a sede do comando a que se encontrar imediatamente subordinado; o do marítimo, onde o navio estiver matriculado; e o do preso, o lugar em que cumprir a sentença (art. 76, CC).

- Veja CC: "**Art. 76.** Têm domicílio necessário o incapaz, o servidor público, o militar, o marítimo e o preso. Parágrafo único. O domicílio do incapaz é o do seu representante ou assistente; o do servidor público, o lugar em que exercer permanentemente suas funções; o do militar, onde servir, e, sendo da Marinha ou da Aeronáutica, a sede do comando a que se encontrar imediatamente subordinado; o do marítimo, onde o navio estiver matriculado; e o do preso, o lugar em que cumprir a sentença. **Art. 77.** O agente diplomático do Brasil, que, citado no estrangeiro, alegar extraterritorialidade sem designar onde tem, no país, o seu domicílio, poderá ser demandado no Distrito Federal ou no último ponto do território brasileiro onde o teve".

Domínio Poder que alguém tem de usar e dispor do que é seu. É a relação direta que o indivíduo exerce sobre a coisa. Integram o domínio o *jus utendi*, *fruendi* e *disponendi*, independentemente da propriedade. No caso do proprietário que apenas detém a titularidade do bem, falta-lhe o domínio, ou seja, o direito de gozar, dispor, usar e reaver o bem, porquanto não mantém relação com a *coisa* por não exercer mais o poder que lhe é inerente. A prova do domínio é feita com o título registrado, do qual decorre, quer entre as partes contratantes, quer perante terceiros de boa ou má-fé, uma presunção relativa de domínio, que prevalecerá até prova em contrário. A possibilidade de arguir a exceção de domínio como defesa ou como fundamento para manter-se ou reintegrar-se na posse é vedada por lei: "Na pendência do processo possessório é defeso, assim ao autor como ao réu, intentar ação de reconhecimento de domínio" (art. 923, CPC/73). No mesmo sentido está o CC: "Não obsta à manutenção ou reintegração na posse a alegação de propriedade, ou de outro direito sobre a coisa" (art. 1.210, § 2º).

- Veja CC: "**Art. 481.** Pelo contrato de compra e venda, um dos contratantes se obriga a transferir o domínio de certa coisa, e o outro, a pagar-lhe certo preço em dinheiro. [...] **Art. 522.** A cláusula de reserva de domínio será estipulada por escrito e depende de registro no domicílio do comprador para valer contra terceiros. **Art. 523.** Não pode ser objeto de venda com reserva de domínio a coisa insuscetível de caracterização perfeita, para estremá-la de outras congêneres. Na dúvida, decide-se a favor do terceiro adquirente de boa-fé. [...] **Art. 525.** O vendedor somente poderá executar a cláusula de reserva de domínio após constituir o comprador em mora, mediante protesto do título ou interpelação judicial. [...] **Art. 1.240.** Aquele que possuir, como sua, área urbana de até duzentos e cinquenta metros quadrados, por cinco anos ininterruptamente e sem oposição, utilizando-a para sua moradia ou de sua família, adquirir-lhe-á o domínio, desde que não seja proprietário de outro imóvel urbano ou rural. [...] **Art. 1.240-A.** Aquele que exercer, por 2 (dois) anos ininterruptamente e sem oposição, posse direta, com exclusividade, sobre imóvel urbano de até 250 m² (duzentos e cinquenta metros quadrados) cuja propriedade divida com ex-cônjuge ou ex-companheiro que abandonou o lar, utilizando-o para sua moradia ou de sua família, adquirir-lhe-á o domínio integral, desde que não seja proprietário de outro imóvel urbano ou rural. [...]".

▶ Veja CPC/73: "**Art. 923.** Na pendência do processo possessório, é defeso, assim ao autor como ao réu, intentar a ação de reconhecimento do domínio".

▶ Veja CPC/2015: "**Art. 125.** É admissível a denunciação da lide, promovida por qualquer das partes: I – ao alienante imediato, no processo relativo à coisa cujo domínio foi transferido ao denunciante, a fim de que possa exercer os direitos que da evicção lhe resultam; [...] **Art. 557.** Na pendência de ação possessória é vedado, tanto ao autor quanto ao réu, propor ação de reconhecimento do domínio, exceto se a pretensão for deduzida em face de terceira pessoa. [...]".

- Reintegratória e ação de usucapião. Demanda petitória não se sobrepõe à ação possessória. Exegese do art. 923 do CPC. Precedentes. A regra do art. 923 do CPC é clara ao impossibilitar o ajuizamento de ação de reconhecimento de domínio quando na pendência de ação possessória, não merecendo guarida o pedido de suspensão daquela. Agravo monocraticamente improvido. (TJRS, AI n. 70.044.618.486, 19ª Câm. Cível, rel. Guinther Spode, j. 09.09.2011)

- Ocupação de imóvel localizado em terreno de marinha. Incidência do laudêmio. 1. A jurisprudência do STJ é no sentido de que, consoante previsão do art. 3º do DL n. 2.398/87, é legítima a cobrança não apenas de laudêmio sobre a transferência onerosa do domínio útil, mas também de qualquer direito sobre benfeitorias construídas em imóvel da União, bem como a cessão de direitos a ele relativos. 2. Orientação reafirmada pela Primeira Seção, no julgamento do REsp n. 1.214.683/SC. 3. Agravo regimental não provido. (STJ, Ag. Reg. nos Emb. Decl. no REsp n. 1.222.795/SC, 2ª T., rel. Min. Herman Benjamin, j. 26.06.2012)

Domínio pleno Aquele que reúne a totalidade das faculdades que as leis reconhecem ao proprietário de uma coisa, ou seja, uso, gozo e disposição (art. 1.228, CC). Diz respeito ao direito de dispor de um imóvel. O domínio pleno do imóvel de terrenos de marinha é da União. Sobre o domínio pleno do imóvel, o beneficiário contrai a obrigação de pagar o foro, que é um valor anual em dinheiro, à União. O foro é o que o foreiro ou enfiteuta paga à União pelo domínio útil, pois o domínio pleno é da União.

▶ Veja CC: "**Art. 1.228.** O proprietário tem a faculdade de usar, gozar e dispor da coisa, e o direito de reavê-la do poder de quem quer que injustamente a possua ou detenha".

Domínio público (1) Expressão utilizada para designar obras literárias, artísticas e científicas que deixam de ser propriedade exclusiva de um único titular, podendo ser editadas ou utilizadas livremente. As obras entram em domínio público após o término do período de proteção legal que lhes é concedido, ou seja, após setenta anos, contados a partir de janeiro do ano subsequente ao falecimento do autor (art. 41, Lei n. 9.610/98). Além das obras em relação às quais decorreu o prazo de proteção aos direitos patrimoniais, pertencem ao domínio público: as de autores falecidos que não tenham deixado sucessores; as de autor desconhecido, ressalvada a proteção legal aos conhecimentos étnicos e tradicionais (art. 45, Lei n. 9.610/98).

▶ Veja Lei n. 9.610/98: "**Art. 45.** Além das obras em relação às quais decorreu o prazo de proteção aos direitos patrimoniais, pertencem ao domínio público: I – as de autores falecidos que não tenham deixado sucessores; II – as de autor desconhecido, ressalvada a proteção legal aos conhecimentos étnicos e tradicionais".

Domínio público (2) Direito de propriedade exercido pelo Estado sobre bens que integram seu patrimônio e são dispostos ao uso público. "Poder de dominação ou de regulamentação que o Estado exerce sobre os bens do seu patrimônio (bens públicos), ou sobre os bens do patrimônio privado – bens particulares de interesse público – ou sobre as coisas inapropriáveis individualmente, mas de fruição geral da coletividade – *res nullius*. Neste sentido amplo e genérico o domínio público abrange não só os bens das pessoas jurídicas de Direito Público interno como as demais coisas que, por sua utilidade coletiva, merecem a proteção do Poder Público, tais como as águas, as jazidas, as florestas, a fauna, o espaço aéreo e as que interessam ao patrimônio histórico e artístico nacional" (MEIRELLES, Hely Lopes. *Di-*

reito administrativo brasileiro. 33.ed. São Paulo, Malheiros, 2007, p. 517).

- Ação de reintegração de posse c/c cominatória. Imóvel público. Boa-fé do possuidor afastada. Esbulho caracterizado. Pretensão reintegratória referente à faixa de domínio da Rodovia RS-569, prevista no Decreto estadual n. 23.103/74, que apenas declara a área de utilidade pública, não evidenciada desapropriação. Em se tratando de imóvel público, a posse é inerente ao domínio, de modo que sua comprovação pelo ente público se faz dispensável. Quanto ao esbulho, este restou plenamente configurado diante da recusa dos réus de desocuparem a área invadida, após devidamente notificados, somada à ausência de título que dê amparo à posse exercida pelos demandados sobre o bem de domínio público. Dessa feita, estão preenchidos os requisitos do art. 927 do CPC, pelo que cabível a reintegração do autor na posse do bem, descrito na exordial, bem como o desfazimento da construção existente sobre a faixa de domínio. Concessão de prazo para o cumprimento da obrigação de fazer. Apelação parcialmente provida. Maioria. (TJRS, Ap. Cível n. 70.030.271.837, 18ª Câm. Cível, rel. Elaine Maria Canto da Fonseca, j. 20.06.2013)

Domínio público (3) O que é de conhecimento ou posto à disposição da sociedade ou do público em geral. A informação, o conhecimento ou a notícia de domínio público guarda semelhança com o fato notório.

- Cancelamento de registros negativos em órgãos de proteção ao crédito. Cadastros inerentes a pendências financeiras e protesto de título. Código de defesa do consumidor. A abertura de registro negativo em nome do consumidor, em órgãos de proteção ao crédito, exige o envio prévio de notificação, conforme disposição contida no § 2º do art. 43 do Código de Defesa do Consumidor. Súmula n. 359 do STJ. Desnecessária, contudo, prova do recebimento pelo consumidor, mediante comprovante ou aviso de recebimento (AR). Súmula n. 404 do STJ. Comprovada, pelo arquivista, a remessa de notificação prévia da abertura de todas as inscrições discutidas nos autos (exceto aquelas atinentes aos protestos), ao endereço do consumidor existente nos cadastros dos credores, não prospera a pretensão de cancelamento dos registros. Cuidando-se, contudo, de registro atinente aos protestos de títulos, desnecessária a remessa de notificação prévia dirigida ao endereço do consumidor, posto que, conforme entendimento sedimentado no Superior Tribunal de Justiça, trata-se, na espécie, de informação de domínio público. Negaram provimento ao apelo do autor e deram provimento ao apelo da ré. (TJRS, Ap.

Cível n. 70.054.864.079, 18ª Câm. Cível, rel. Pedro Celso Dal Pra, j. 20.06.2013)

Domínio útil Direito que alguém tem de utilizar ou usufruir diretamente um imóvel. Pelo regime de aforamento, o enfiteuta recebe o domínio útil do imóvel, podendo utilizá-lo mediante o pagamento de um foro anual, correspondente a 0,6% do valor do imóvel; sendo certo também que, no caso de retomada do imóvel pela União, o enfiteuta fará jus à indenização das benfeitorias por ele erigidas (casa, apartamento, plantações), bem como à parcela de solo sob seu domínio útil. Laudêmio é o valor que se paga à União pela transferência onerosa do domínio útil em terrenos aforados ou ocupados. O imposto sobre a propriedade territorial rural (ITR) tem como fato gerador a propriedade, o domínio útil ou a posse de imóvel por natureza, como definido na Lei Civil, localizado fora da zona urbana do município; o imposto sobre a propriedade predial e territorial urbana (IPTU), de competência dos municípios, tem como fato gerador a propriedade, o domínio útil ou a posse de bem imóvel por natureza ou por acessão física, como definido na Lei Civil, localizado na zona urbana do município (arts. 29 e 32, CTN). O contribuinte dos referidos impostos é o proprietário do imóvel, o titular de seu domínio útil, ou o seu possuidor a qualquer título (arts. 31 e 34, CTN).

▶ Veja CTN: "**Art. 29.** O imposto, de competência da União, sobre a propriedade territorial rural tem como fato gerador a propriedade, o domínio útil ou a posse de imóvel por natureza, como definido na lei civil, localizado fora da zona urbana do Município. **Art. 30.** A base do cálculo do imposto é o valor fundiário. **Art. 31.** Contribuinte do imposto é o proprietário do imóvel, o titular de seu domínio útil, ou o seu possuidor a qualquer título. **Art. 32.** O imposto, de competência dos Municípios, sobre a propriedade predial e territorial urbana tem como fato gerador a propriedade, o domínio útil ou a posse de bem imóvel por natureza ou por acessão física, como definido na lei civil, localizado na zona urbana do Município. [...] **Art. 34.** Contribuinte do imposto é o proprietário do imóvel, o titular do seu domínio útil, ou o seu possuidor a qualquer título".

- IPTU. Tributação sobre novas unidades autônomas construídas em edifício residencial. [...] 2. O art. 32 do CTN estabelece que o fato gerador do IPTU é a propriedade, o domínio útil ou a posse. O art. 34 do referido Diploma preconiza que o "Contribuinte do imposto é o proprietário do imóvel, o titular do seu domínio útil, ou o seu possuidor a qualquer título". 3. É absolutamente dispensável qualquer exigência de prévio registro imobiliário das novas unidades para que se proceda ao lançamento do IPTU individualizado, uma vez que basta a configuração da posse de bem imóvel para dar ensejo à exação. Vários são os precedentes do STJ nesse sentido, dentre eles: REsp n. 735.300/SP, rel. Min. Denise Arruda, 1ª T., *DJe* 03.12.2008. [...] (STJ, REsp n. 1.347.693/RS, 1ª T., rel. Min. Benedito Gonçalves, j. 11.04.2013, *DJe* 17.04.2013)

Dosimetria da pena Fixação da pena pelo juiz atendendo à culpabilidade, aos antecedentes, à conduta social, à personalidade do agente, aos motivos, às circunstâncias e consequências do crime, bem como ao comportamento da vítima. Nessa função, estabelecerá, conforme seja necessário e suficiente para a reprovação e a prevenção do crime: as penas aplicáveis entre as cominadas; a quantidade de pena aplicável dentro dos limites previstos; o regime inicial de cumprimento da pena privativa de liberdade; a substituição da pena privativa da liberdade aplicada por outra espécie de pena se cabível. No aspecto quantitativo, relativo à dosimetria da pena, há que serem observadas três fases: fixação da pena-base; análise das circunstâncias atenuantes e agravantes; análise das causas de diminuição e aumento. Na fixação da pena-base, cumpre observar e valorar as circunstâncias judiciais constantes no art. 59 do CP (art. 68, CP): culpabilidade (valoração de culpa ou dolo do agente); antecedentes criminais (análise da vida pregressa do indivíduo); conduta social (relacionamento do indivíduo com família, trabalho e sociedade); personalidade do agente; motivos; circunstâncias do crime; consequências do crime; e comportamento da vítima se for o caso. Na segunda fase, fixa-se a pena provisória, analisando-se as circunstâncias agravantes (arts. 61 e 62, CP) e atenuantes (arts. 65 e 66, CP). A terceira fase consiste na análise das causas especiais de diminuição ou aumento de pena, aplicadas sobre o resultado a que se chegou na segunda fase, fixando-se a pena final.

▶ Veja CP: "Fixação da pena – **Art. 59**. O juiz, atendendo à culpabilidade, aos antecedentes, à conduta social, à personalidade do agente, aos motivos, às circunstâncias e consequências do crime, bem como ao comportamento da vítima, estabelecerá, conforme seja necessário e suficiente para reprovação e prevenção do crime: I – as penas aplicáveis dentre as cominadas; II – a quantidade de pena aplicável, dentro dos limites previstos; III – o regime inicial de cumprimento da pena privativa de liberdade; IV – a substituição da pena privativa da liberdade aplicada, por outra espécie de pena, se cabível. [...] Cálculo da pena – Art. 68. A pena-base será fixada atendendo-se ao critério do art. 59 deste Código; em seguida serão consideradas as circunstâncias atenuantes e agravantes; por último, as causas de diminuição e de aumento. Parágrafo único. No concurso de causas de aumento ou de diminuição previstas na parte especial, pode o juiz limitar-se a um só aumento ou a uma só diminuição, prevalecendo, todavia, a causa que mais aumente ou diminua".

■ Dosimetria da pena. Momento consumativo do delito. Causa especial de aumento de pena. Roubo duplamente majorado pelo emprego de arma e concurso de agentes em sua forma tentada. Prova plena de autoria. Dosimetria revista. Apelos ministerial e defensivo parcialmente providos, com revisão dos percentuais quanto às majorantes e tentativa. O Direito pretoriano adotou critério prático e objetivo que, de regra, tem sido aceito pelos magistrados e doutrinadores, sem maiores polêmicas: a diminuição haverá que ser feita à razão inversa do *iter criminis* percorrido, excluídas quaisquer circunstâncias de ordem subjetiva, a serem sopesadas em momentos anteriores. Assim, o *quantum* da diminuição será estabelecido segundo o maior ou menor desenvolvimento em relação ao momento consumativo, graduando-se o percentual, portanto, em face da maior ou menor aproximação da *meta optata*. Se duas são as causas especiais de aumento de pena, o incremento de 3/8 à pena-base afigura-se o adequado. Quanto ao regime prisional, a gravidade abstrata do delito não pode, por si só, justificar a exasperação imotivadamente. Provimento parcial dos apelos ministerial e defensivo, com adequação das penas impostas. (TJRJ, Ap. Crim. n. 2007.050.03394, 7ª Câm. Criminal, rel. Des. Eduardo Mayr, j. 06.09.2007, v.u.)

Due process of law Devido processo legal. Derivado direto do *law of the land* do ordenamento inglês, e a ele comparável, o *due process of law* foi definido, em 1855, pela Suprema Corte dos Estados Unidos. Segundo referido Tribunal, trata-se de assegurar o respeito aos direitos fundamentais garantidos na constituição americana e prover todas as outras garantias repassadas ao

Direito americano pela adoção do *common law*. No Brasil, o *due process of law* é uma garantia constitucional outorgada ao cidadão segundo a qual ninguém será privado da liberdade ou de seus bens sem o devido processo legal (art. 5º, LIV, CF).

▶ Veja CF: "**Art. 5º** Todos são iguais perante a lei, sem distinção de qualquer natureza, garantindo-se aos brasileiros e aos estrangeiros residentes no País a inviolabilidade do direito à vida, à liberdade, à igualdade, à segurança e à propriedade, nos termos seguintes: [...] LIV – ninguém será privado da liberdade ou de seus bens sem o devido processo legal; [...]".

Dumping Expressão inglesa utilizada nos meios comerciais, sobretudo no comércio internacional, para designar a prática de colocar no mercado produtos abaixo do custo com o intuito de eliminar a concorrência e aumentar as quotas de mercado. É frequentemente praticado em operações de empresas que, para conquistar novos mercados internacionais, inicialmente vendem seus produtos no mercado externo a um preço extremamente baixo, muitas vezes inferior ao custo de produção. Trata-se de expediente temporário, pois, depois de conquistado o mercado, a empresa passa a praticar preços mais altos, o que permite compensar a perda inicial. O *dumping* é considerado uma prática desleal e proibida por lei. Entre as regras *antidumping* aplicadas com o objetivo de evitar que os produtores nacionais sejam prejudicados, inclui-se a aplicação de uma alíquota específica para importação.

▶ Veja Decreto n. 8.058/2013: "**Art. 1º** Poderão ser aplicadas medidas *antidumping* quando a importação de produtos objeto de *dumping* causar dano à indústria doméstica. § 1º Medidas *antidumping* serão aplicadas de acordo com as investigações iniciadas e conduzidas em conformidade com o disposto neste Decreto. § 2º Nenhum produto importado poderá estar sujeito simultaneamente a medida *antidumping* e a medida compensatória para neutralizar a mesma situação de *dumping* ou de subsídio à exportação. **Art. 2º** Compete ao Conselho de Ministros da Câmara de Comércio Exterior – CAMEX, com base nas recomendações contidas em parecer do Departamento de Defesa Comercial da Secretaria de Comércio Exterior do Ministério do Desenvolvimento, Indústria e Comércio Exterior – DECOM, a decisão de: I – aplicar ou prorrogar direitos *antidumping* provisórios ou definitivos; II – homologar ou prorrogar compromissos de preços; III – determinar a cobrança retroativa de direitos *antidumping* definitivos; IV – determinar a extensão de direitos *antidumping* definitivos; V – estabelecer a forma de aplicação de direitos *antidumping*, e de sua eventual alteração; VI – suspender a investigação para produtores ou exportadores para os quais tenha sido homologado compromisso de preços, nos termos do art. 67; VII – suspender a exigibilidade de direito *antidumping* definitivo aplicado, mediante a exigência de depósito em dinheiro ou fiança bancária na hipótese da Subseção I da Seção III do Capítulo VIII, assim como determinar a retomada da cobrança do direito e a conversão das garantias prestadas; e VIII – suspender a aplicação do direito *antidumping* na hipótese do art. 109".

■ *HC.* Formação de cartel. Elevação arbitrária de preços. Anulação da ação penal. Inépcia da denúncia. Inexistência de individualização das condutas. Necessidade de descrição mínima da relação do paciente com o fato delituoso. Ofensa ao princípio da ampla defesa. Ordem concedida. Hipótese na qual o paciente, processado pela suposta prática de crimes de formação de cartel e elevação arbitrária de preços, alega inépcia da denúncia, por não ter sido individualizada sua conduta, requerendo o trancamento do feito. A jurisprudência desta Corte – no sentido de que, nos crimes societários, em que a autoria nem sempre se mostra claramente comprovada, a fumaça do bom direito deve ser abrandada, não se exigindo a descrição pormenorizada da conduta de cada agente – não denota que o órgão acusatório possa deixar de estabelecer qualquer vínculo entre o denunciado e a empreitada criminosa a ele imputada. Entendimento que deve ser estendido ao presente caso, no qual a denúncia não descreveu qualquer fato apto a demonstrar a ligação do acusado com os fatos. O simples fato de o réu ser proprietário de posto de gasolina não autoriza a instauração de processo criminal por crimes supostamente praticados no âmbito da sociedade, se não restar comprovado, ainda que com elementos a serem aprofundados no decorrer da ação penal, a mínima relação de causa e efeito entre as imputações e a condição de dirigente da empresa, sob pena de se reconhecer a responsabilidade penal objetiva. A inexistência absoluta de elementos hábeis a descrever a relação entre os fatos delituosos e a autoria ofende o princípio constitucional da ampla defesa, tornando inepta a denúncia. Precedentes. Deve ser declarada a nulidade da denúncia oferecida contra o paciente, por ser inepta, determinando-se a anulação da ação penal. Ordem concedida, nos termos do voto do Relator. (STJ, RHC n. 19.734/RO, 5ª T., rel. Min. Gilson Dipp, j. 26.09.2006, *DJ* 23.10.2006, p. 328)

Dumping social Prática atribuída a certas empresas, pela qual estas procuram obter aumentos dos lucros mediante a sua transferência de um local para outro onde os salários são mais reduzidos ou os direitos dos trabalhadores são mais precários. Com essa forma de agir, ou seja, com mão de obra mais barata, as empresas conseguem colocar seus produtos no mercado internacional com preços mais competitivos. A inobservância de direitos mínimos dos trabalhadores é, muitas vezes, o principal motivo da redução nos salários. O *dumping* social se contrapõe ao preconizado pela doutrina do *fair trade*, também conhecida como "comércio justo", segundo a qual o mercado internacional não deve consumir produtos de países que descumprem a legislação trabalhista e exploram os seus trabalhadores.

- Ação civil pública. *Dumping* social. Dano à sociedade. Indenização suplementar. As agressões reincidentes e inescusáveis aos direitos trabalhistas geram um dano à sociedade, pois com tal prática desconsidera-se, propositalmente, a estrutura do Estado social e do próprio modelo capitalista com a obtenção de vantagem indevida perante a concorrência. A prática, portanto, reflete o conhecido *dumping* social, motivando a necessária reação do Judiciário Trabalhista para corrigi-la. O dano à sociedade configura ato ilícito, por exercício abusivo do direito, já que extrapola limites econômicos e sociais, nos exatos termos dos arts. 186, 187 e 927 do CC. Encontra-se no art. 404, parágrafo único, do CC, o fundamento de ordem positiva para impingir ao agressor contumaz uma indenização suplementar, como, aliás, já previam os arts. 652, *d*, e 832, § 1º, da CLT – 1ª Jornada de Direito Material do Trabalho – Enunciado n. 04. (TRT-1, RO n. 00001458820135010053/RJ, publ. 13.01.2014)

Duplicata Título formal fundado na emissão de uma fatura e circulante por endosso como efeito comercial. Constitui um saque fundado em crédito proveniente do contrato de compra e venda mercantil. Título causal porque sempre decorre de obrigação anterior sintetizada na fatura, como nota de compra e venda mercantil ou contrato de prestação de serviços (art. 2º, Lei n. 5.474/68).

▸ Veja Lei n. 5.474/68: "**Art. 2º** No ato da emissão da fatura, dela poderá ser extraída uma duplicata para circulação como efeito comercial, não sendo admitida qualquer outra espécie de título de crédito para documentar o saque do vendedor pela importância faturada ao comprador. [...]".

- Protesto de duplicata sem lastro mercantil. Responsabilidade solidária da endossante e da endossatária. Dano moral configurado. A empresa de *factoring*, que detém a posse de duplicata por meio de cessão de crédito, apresentando-a para protesto, é parte passiva legítima para figurar na ação declaratória de nulidade do título. As empresas que operam no sistema de fomento mercantil, recebendo créditos através de endosso ou cessão de crédito, assumem a responsabilidade de averiguar a regularidade e validade do título que lhes foi repassado, não se aplicando a teoria da inoponibilidade das exceções pessoais. A jurisprudência pátria é assente no sentido de que o protesto indevido, por si só, gera danos morais. (TJMT, Recurso cível inominado n. 3.277/2008, 2ª T. Recursal, j. 10.03.2009)

Duplo grau de jurisdição Princípio processual entendido como a possibilidade de reexame ou de reapreciação de uma sentença proferida por um órgão jurisdicional inferior por outro órgão de jurisdição de hierarquia superior. Não existe a obrigatoriedade de os litigantes usufruírem o direito ao duplo grau de jurisdição, ou seja, de apelarem de uma sentença proferida no juízo de primeiro grau. Está sujeita, no entanto, ao duplo grau de jurisdição, não produzindo efeito senão depois de confirmada pelo tribunal, a sentença (art. 475, CPC/73). Nesses casos, o juiz ordenará a remessa dos autos ao tribunal, haja ou não apelação; não o fazendo, deverá o presidente do tribunal avocá-los.

▸ Veja CPC/73: "**Art. 475.** Está sujeita ao duplo grau de jurisdição, não produzindo efeito senão depois de confirmada pelo tribunal, a sentença: I – proferida contra a União, o Estado, o Distrito Federal, o Município, e as respectivas autarquias e fundações de direito público; II – que julgar procedentes, no todo ou em parte, os embargos à execução de dívida ativa da Fazenda Pública (art. 585, VI). [...]".

▸ Veja CPC/2015: "**Art. 496.** Está sujeita ao duplo grau de jurisdição, não produzindo efeito senão depois de confirmada pelo tribunal, a sentença: I – proferida contra a União, os Estados, o Distrito Federal, os Municípios e suas respectivas autarquias e fundações de direito público; II – que julgar procedentes, no todo ou em parte, os embargos à execução fiscal. [...]".

▸ Veja Lei n. 4.717/65 (Ação Popular): "**Art. 19.** A sentença que concluir pela carência ou pela improcedência da ação está sujeita ao duplo grau de jurisdição, não produzindo efeito senão depois de confirmada pelo tribunal; da que julgar a ação procedente, caberá apelação, com efeito suspensivo. [...]".

- Inventário e partilha. Sentença homologatória. Omissão de um bem do espólio não objeto de partilha. Hipótese de sobrepartilha. A omissão de bem do espólio que insta integrar a partilha autoriza o procedimento da sobrepartilha, ensejando possam os herdeiros, de forma integral, dispor dos bens deixados pelo *de cujus* na forma da lei civil. O depósito do *quantum* de interesse dos menores deve importar em reversão em benefício destes, sujeitando a genitora, inclusive, à prestação de contas. Ao herdeiro maior de 18 anos não se lhe pode negar a faculdade de gerenciar o seu próprio dinheiro. Precedentes pretorianos. Não havendo o total deslinde da controvérsia no Juízo de 1º grau, implica na devolução dos autos para que outra decisão complementar seja prolatada, visando a sua integração, com observância ao princípio do duplo grau de jurisdição. (TJDFT, Ap. Cível n. 4.573.797, 5ª T., rel. Dácio Vieira, j. 24.11.1997, *DJ* 25.03.1998, p. 108)

Dura lex, sed lex "A lei é dura, mas é a lei." Princípio usado para indicar a obrigatoriedade da lei, pressupondo que ela deva ser aplicada ainda que, em certas situações, pareça imoral ou injusta.

Dúvida Procedimento de iniciativa do oficial de registro, a pedido do apresentante de um título, promovido perante o juízo competente para que este se manifeste sobre a legalidade de determinada exigência feita em relação ao registro pretendido, à prática de um ato ou à concessão de documento (art. 198, Lei n. 6.015/73).

- Dúvida do oficial. Extinção de usufruto. Imposto sobre a transmissão de bens (*causa mortis*). Fato gerador do imposto. Não caracterização. Apelação cível. Dúvida suscitada pelo Oficial do Registro de Imóveis do 5º Ofício do Rio de Janeiro quanto à incidência de imposto de transmissão *causa mortis* em razão da extinção de usufruto instituído sobre imóvel de titularidade do primeiro Apelante. Sentença que concluiu pela procedência da dúvida, determinando o cancelamento da prenotação. Apelações do interessado e do Ministério Público. Primeiro Apelante que adquiriu bem imóvel em escritura pública lavrada em 1999, reservando-se o usufruto vitalício em favor da vendedora. Morte da usufrutuária em 2004. Inexistência de qualquer evidência de que o titular da nua-propriedade seja herdeiro ou legatário do bem, não estando caracterizado o fato gerador do imposto de transmissão *causa mortis*. Improcedência da dúvida. Provimento de ambas as apelações. (TJRJ, Ap. Cível n. 2007.001.02262, 8ª Câm. Cível, rel. Des. Ana Maria Oliveira, j. 25.09.2007, v.u.)

Dúvida inversa Procedimento pelo qual o apresentante ou interessado, não se conformando com as exigências que negam o registro que pretende, requer diretamente ao juiz diretor do foro ou da vara de registros públicos que se manifeste a respeito. Nesse caso, o juiz competente encaminhará o expediente ao oficial de registro de imóveis para que protocole o título e, no prazo de quinze dias, apresente as razões para o indeferimento do registro (art. 198, Lei n. 6.015/73).

▸ Veja Lei n. 6.015/73: "**Art. 198.** Havendo exigência a ser satisfeita, o oficial indica-la-á por escrito. Não se conformando o apresentante com a exigência do oficial, ou não a podendo satisfazer, será o título, a seu requerimento e com a declaração de dúvida, remetido ao juízo competente para dirimi-la, obedecendo-se ao seguinte: I – no Protocolo, anotará o oficial, à margem da prenotação, a ocorrência da dúvida; II – após certificar, no título, a prenotação e a suscitação da dúvida, rubricará o oficial todas as suas folhas; III – em seguida, o oficial dará ciência dos termos da dúvida ao apresentante, fornecendo-lhe cópia da suscitação e notificando-o para impugná-la, perante o juízo competente, no prazo de 15 (quinze) dias; IV – certificado o cumprimento do disposto no item anterior, remeter-se-ão ao juízo competente, mediante carga, as razões da dúvida, acompanhadas do título".

- Cancelamento de averbação de contrato de parceria agrícola. Recebimento como dúvida inversa. Determinado o registro da sentença que declarou a usucapião. Postulado em juízo o cancelamento do contrato de parceria agrícola firmado em 1974 com prazo de vinte anos que pesa sobre o imóvel que foi usucapido pela parte autora. As partes contratantes da parceria agrícola não foram localizadas, uma vez que a empresa encerrou suas atividades há bastante tempo e a pessoa física veio a falecer. Interesse de agir demonstrado. Necessidade da parte se socorrer do Poder Judiciário para obtenção do resultado pretendido, diante da resistência do oficial do álbum imobiliário em registrar a sentença de declaração de propriedade, pela existência da averbação do contrato de parceria agrícola referido. Sentença desconstituída. Julgamento do mérito nos termos do art. 515, § 3º, do CPC. A rigor, a parte deveria ter suscitado dúvida inversa. Acolhido o parecer ministerial. Obediência aos princípios da instrumentalidade e economia processual. Processo recebido como dúvida inversa e determinado o registro da sentença que declarou a usucapião independente de cancelamento de ônus pendentes sobre o imóvel. Salienta-se que o contrato de parceria agrícola com prazo determinado já se extinguiu pelo decurso do tempo. Ausência de prejuízo a terceiros. Deram provimento ao recurso para desconstituir a sentença e, com base no art. 515, § 3º, julgaram procedente o pleito inaugural. Unânime. (TJRS, Ap. Cível n. 70.047.688.015, 18ª Câm. Cível, rel. Nelson José Gonzaga, j. 20.06.2013)

Dúvida objetiva Um dos requisitos para a admissibilidade do princípio da fungibilidade, que consiste na ocorrência de dúvida sobre qual o recurso a ser interposto. Existirá dúvida objetiva quando a doutrina ou a jurisprudência divergirem no tocante ao recurso cabível contra determinada espécie de ato judicial.

Dúvida *pro reu* Na dúvida, absolve-se o réu. Princípio *in dubio pro reo*. Princípio segundo o qual, no processo criminal, quando houver dúvida a respeito da autoria ou materialidade da infração penal, o juiz deverá absolver o réu. Trata-se, como se vê, de matéria própria do direito processual penal. Não se aplica em direito penal; todavia, quando a interpretação da norma jurídica comportar dois entendimentos razoáveis, deve, na aplicação, ser preferida a menos severa ao agente.

- Apelação criminal. Arts. 14 e 16, parágrafo único, IV, ambos da Lei n. 10.826/2003. Falta de provas do dolo da acusada. *In dubio pro reo*. Absolvição. 1. A ré foi condenada pela prática dos crimes do art. 14 e 16, parágrafo único, IV, ambos da Lei n. 10.826/2003, tendo sido aplicada pena de 4 anos, 6 meses e 20 dias de reclusão, em regime aberto, mais pena pecuniária fixada em 30 dias-multa à razão de 1/30 do salário mínimo. Em recurso, a defesa da acusada alega que a apelante deve ser absolvida ou com fulcro no art. 386, III, do CPP, em razão da *abolitio criminis* temporária, ou que seja absolvida por falta de provas da autoria ou da existência do dolo em sua conduta. Alternativamente, postula que não seja aplicado o concurso formal de crimes e que seja reconhecida a atenuante da confissão espontânea. 2. Não houve dúvida, nos autos, que o armamento e a munição foram encontrados na residência da acusada, que referiu não ter conhecimento da sua existência. 3. As provas colhidas nos autos não são suficientes para comprovar que a ré efetivamente tinha conhecimento que os armamentos estavam em sua residência. A versão apresentada em seu interrogatório é verossímil e encontra guarida nos demais elementos juntados. As circunstâncias demonstram que era possível que a acusada não tivesse conhecimento da existência das armas na residência, não estando caracterizado o dolo das condutas do art. 14 e art. 16, parágrafo único, IV, da Lei n. 10.826/2003. Na dúvida, deve ser aplicado o disposto no art. 386, VII, do CPP. Apelação provida. (TJRS, Ap. Crim. n. 70.053.432.712, 1ª Câm. Criminal, rel. Julio Cesar Finger, j. 26.06.2013)

Edital Ato escrito oficial contendo aviso, determinação, notificação, citação ou intimação que se manda publicar por autoridade competente, no órgão oficial ou em outros órgãos de imprensa, ou ainda que é afixado em lugares públicos, onde seja de fácil acesso e leitura. Podem ser objeto de edital concorrências públicas, leilões judiciais, hasta pública, abertura de concursos públicos, intimações, notificações, convocações e demais avisos que, por sua natureza, devem ter ampla divulgação.

Edital de proclamas Edital emitido pelo Cartório de Registro Civil pelo qual se dá ciência a todos de que determinadas pessoas pretendem se casar, oportunizando a denúncia de eventuais impedimentos ao casamento. Estando em ordem a documentação referente ao pedido de habilitação para o casamento, o oficial extrairá o edital, que será afixado durante quinze dias nas circunscrições do Registro Civil de ambos os nubentes e, obrigatoriamente, será publicado na imprensa local, se houver (art. 1.257, CC).

▶ Veja CC: "**Art. 1.527.** Estando em ordem a documentação, o oficial extrairá o edital, que se afixará durante quinze dias nas circunscrições do Registro Civil de ambos os nubentes, e, obrigatoriamente, se publicará na imprensa local, se houver. Parágrafo único. A autoridade competente, havendo urgência, poderá dispensar a publicação".

Edital de hasta pública Edital destinado a tornar pública a alienação de bens pertencentes ao devedor, no processo de execução, por meio de praça ou de leilão. O primeiro termo refere-se à alienação de bens imóveis; o segundo, de bens móveis. No processo de execução, não requerida a adjudicação e não realizada a alienação particular do bem penhorado, será expedido o edital de hasta pública. O edital será publicado somente uma vez, no jornal de maior circulação da cidade, fazendo-se referência às datas do primeiro e do segundo leilão, ou da primeira e da segunda praça, que terão um intervalo de 10 a 20 dias entre si (art. 686, CPC/73).

Editalício Referente a edital. "Citação editalícia". "Instrumento editalício".

▪ Processual penal. Citação. Edital. Nulidade. Carta rogatória. Arts. 361, 362 e 363, CPP. I. A citação editalícia é feita em casos excepcionais, devendo ocorrer, somente, quando não for possível localizar o acusado para ser chamado a se defender na relação processual. II. Conforme o CPP, a citação editalícia é cabível quando presente uma das seguintes hipóteses: a) se o réu não for encontrado (art. 361); b) se o réu se oculta para não ser citado (art. 362); c) se o lugar em que se encontra o réu estiver inacessível, em virtude de epidemia, guerra ou por outro motivo de força maior; e d) for incerta a pessoa a ser citada (art. 363). III. Estando o réu no estrangeiro, em local certo, deverá ser citado por carta rogatória, suspendendo-se o curso do prazo prescricional, até o seu efetivo cumprimento (art. 368, CPP). IV. Apelação provida. (TRF-1ª Região, Ag. em Execução Penal n. 2008.38.00.022735-8/MG, rel. Des. Federal Tourinho Neto, j. 08.06.2009)

▪ *Habeas corpus*. Citação editalícia. Validade. Se foram efetuadas todas as diligências possíveis, válida é a citação por edital, visto que esgotados todos os meios para a localização do paciente. Ausência de constrangimento ilegal. Prescrição. Não decorrido o prazo prescricional entre nenhum dos marcos interruptivos, não se pode falar em extinção da punibilidade pela prescrição. Ordem denegada. (TJRS, *HC* n. 70024225161, 4ª Câm. Criminal, rel. Constantino Lisbôa de Azevedo, j. 05.06.2008)

Efeito da sentença criminal no juízo cível Efeito pelo qual a sentença criminal, quando favorável ao réu, impede que o mesmo seja responsabilizado civilmente pela prática do mesmo ato. Assim, vindo a Justiça criminal a reconhecer que não existiu o fato imputado ao réu e que este não é o autor, incidirá a parte final do art. 935, CC, ficando prejudicada a ação de indenização por ato ilícito. Fora dessa hipótese, ainda que absolvido o réu, o juízo cível pode examinar a culpa para efeito de ressarcimento do dano, porque a responsabilidade civil independe da criminal.

- Veja CC: "**Art. 935.** A responsabilidade civil é independente da criminal, não se podendo questionar mais sobre a existência do fato, ou sobre quem seja o seu autor, quando estas questões se acharem decididas no juízo criminal".

- Veja CPP: "**Art. 63.** Transitada em julgado a sentença condenatória, poderão promover-lhe a execução, no juízo cível, para o efeito da reparação do dano, o ofendido, seu representante legal ou seus herdeiros. Parágrafo único. Transitada em julgado a sentença condenatória, a execução poderá ser efetuada pelo valor fixado nos termos do inciso IV do *caput* do art. 387 deste Código sem prejuízo da liquidação para a apuração do dano efetivamente sofrido. **Art. 64.** Sem prejuízo do disposto no artigo anterior, a ação para ressarcimento do dano poderá ser proposta no juízo cível, contra o autor do crime e, se for caso, contra o responsável civil. Parágrafo único. Intentada a ação penal, o juiz da ação civil poderá suspender o curso desta, até o julgamento definitivo daquela. **Art. 65.** Faz coisa julgada no cível a sentença penal que reconhecer ter sido o ato praticado em estado de necessidade, em legítima defesa, em estrito cumprimento de dever legal ou no exercício regular de direito. **Art. 66.** Não obstante a sentença absolutória no juízo criminal, a ação civil poderá ser proposta quando não tiver sido, categoricamente, reconhecida a inexistência material do fato. **Art. 67.** Não impedirão igualmente a propositura da ação civil: I – o despacho de arquivamento do inquérito ou das peças de informação; II – a decisão que julgar extinta a punibilidade; III – a sentença absolutória que decidir que o fato imputado não constitui crime".

- Tributário. Agravo regimental no recurso especial. Efeitos da sentença penal absolutória no campo tributário. Agravo não provido. 1. O STJ já decidiu que "a sentença penal absolutória faz coisa julgada no juízo cível, nos casos em que o juízo criminal afirma a inexistência material do fato típico ou exclui sua autoria, tornando preclusa a responsabilização civil, bem como na hipótese de reconhecida ocorrência de alguma das causas excludentes de antijuridicidade. Interpretação dos arts. 65, 66 e 67, do CPP" (REsp n. 645.496/RS, 1ª T., rel. Min. Luiz Fux, *DJ* 14.11.2005). 2. Agravo regimental não provido. (STJ, Ag. Reg. no REsp n. 1.130.746/RS, 1ª T., rel. Min. Arnaldo Esteves Lima, j. 06.06.2013, *DJe* 01.07.2013)

Efeito devolutivo Efeito pelo qual o recurso devolve (encaminha) à instância superior o conhecimento integral das questões levantadas e discutidas no processo. Transferência do julgamento ao órgão *ad quem,* assim considerado o órgão hierarquicamente superior. Os recursos, em geral, possuem efeito devolutivo, o que não ocorre com o efeito suspensivo. A apelação devolverá ao tribunal o conhecimento da matéria impugnada (arts. 515 e 520, CPC/73).

- Veja CPC/73: "**Art. 515.** A apelação devolverá ao tribunal o conhecimento da matéria impugnada. [...] **Art. 520.** A apelação será recebida em seu efeito devolutivo e suspensivo. Será, no entanto, recebida só no efeito devolutivo, quando interposta de sentença que: I – homologar a divisão ou a demarcação; II – condenar à prestação de alimentos; [...] IV – decidir o processo cautelar; V – rejeitar liminarmente embargos à execução ou julgá-los improcedentes; VI – julgar procedente o pedido de instituição de arbitragem; VII – confirmar a antecipação dos efeitos da tutela".

- Veja CPC/2015: "**Art. 1.013.** A apelação devolverá ao tribunal o conhecimento da matéria impugnada. § 1º Serão, porém, objeto de apreciação e julgamento pelo tribunal todas as questões suscitadas e discutidas no processo, ainda que não tenham sido solucionadas, desde que relativas ao capítulo impugnado. § 2º Quando o pedido ou a defesa tiver mais de um fundamento e o juiz acolher apenas um deles, a apelação devolverá ao tribunal o conhecimento dos demais. [...]".

- Veja ECA: "**Art. 199-A.** A sentença que deferir a adoção produz efeito desde logo, embora sujeita a apelação, que será recebida exclusivamente no efeito devolutivo, salvo se se tratar de adoção internacional ou se houver perigo de dano irreparável ou de difícil reparação ao adotando. **Art. 199-B.** A sentença que destituir ambos ou qualquer dos genitores do poder familiar fica sujeita a apelação, que deverá ser recebida apenas no efeito devolutivo".

- Mandado de segurança. Decisão que denega seguimento aos embargos à execução e defere liberação de valores. A jurisprudência desta egrégia SBDI-2, consubstanciada na OJ n. 92, segue no sentido de que "não cabe mandado de segurança contra decisão judicial passível de reforma mediante recurso próprio, ainda que com efeito diferido". Idêntica interpretação também se verifica na Súmula n. 267 do STF. No caso em exame, o ato apontado como coator consiste em decisão que denegou seguimento aos embargos à execução opostos pelo impetrante e deferiu a liberação dos valores depositados a tal título, ato impugnável pela via de agravo de petição, nos termos do art. 897, a e § 1º, CLT, com possibilidade de concessão de efeito suspensivo ao apelo por ação cautelar. Incidência da OJ n. 92 da SBDI-2/TST. Processo extinto, sem resolução de mérito. (TST, RO n. 1299700/54.2009.5.02.0000, j. 21.05.2013)

Efeito diferido Efeito, em matéria recursal, que incide sempre que o conhecimento de um recurso depende da admissibilidade de outro. Ocorre, na prática, nas hipóteses do recurso adesivo, que depende do conhecimento do recurso principal, e do recurso de agravo retido, que sempre dependerá do recurso de apelação (arts. 500 e 523, CPC/73).

Efeito *erga omnes* Efeito ou eficácia conferidos a um documento ou decisão oponíveis contra todos. Diferencia-se do efeito *inter partes*, ou seja, daquele que produz efeito somente entre as partes. A escritura pública devidamente registrada, em face de sua publicidade, produz efeitos não só entre as partes contratantes, mas também perante terceiros. Possuem eficácia *erga omnes*, igualmente, as decisões proferidas pelo STF em sede de controle de constitucionalidade e as sentenças proferidas em sede de ação popular (art. 18, Lei n. 4.717/65) e de ação cível pública (art. 16, Lei n. 7.347/85).

▶ Veja Lei n. 4.717/65 (Ação Popular): "**Art. 18.** A sentença terá eficácia de coisa julgada oponível *erga omnes*, exceto no caso de haver sido a ação julgada improcedente por deficiência de prova; neste caso, qualquer cidadão poderá intentar outra ação com idêntico fundamento, valendo-se de nova prova".

▶ Veja Lei n. 7.347/85 (Ação Civil Pública): "**Art. 16.** A sentença civil fará coisa julgada *erga omnes*, nos limites da competência territorial do órgão prolator, exceto se o pedido for julgado improcedente por insuficiência de provas, hipótese em que qualquer legitimado poderá intentar outra ação com idêntico fundamento, valendo-se de nova prova".

■ Agravo regimental. Contratos de seguro de vida. Aplicação do CDC. Súmula n. 83 do STJ. Alcance objetivo e subjetivo dos efeitos da sentença coletiva. Limitação territorial. Impropriedade. Matéria pacificada em sede de recurso. 1. Aplicabilidade do CDC a contrato de seguro de saúde em grupo. Incidência da Súmula n. 83 do STJ: "Não se conhece do recurso especial pela divergência quando a orientação do Tribunal se firmou no mesmo sentido da decisão recorrida". 2. A sentença proferida em ação civil pública versando direitos individuais homogêneos em relação consumerista faz coisa julgada *erga omnes*, beneficiando todas as vítimas e seus sucessores, uma vez que "os efeitos e a eficácia da sentença não estão circunscritos a lindes geográficos, mas aos limites objetivos e subjetivos do que foi decidido, levando-se em conta, para tanto, sempre a extensão do dano e a qualidade dos interesses metaindividuais postos em juízo (arts. 468, 472 e 474, CPC e 93 e 103, CDC)" (REsp n. 1.243.887/PR, Corte Especial, rel. Min. Luis Felipe Salomão, julgado sob a sistemática prevista no art. 543-C do CPC, em 19.10.2011, *DJe* 12.12.2011) 3. Agravos regimentais não providos. (Ag. Reg. no REsp n. 1.094.116/DF, 4ª T., rel. Min. Luis Felipe Salomão, j. 21.05.2013, *DJe* 27.05.2013)

Efeito *ex nunc* Efeito produzido a partir de agora. Efeito da lei ou da sentença que somente se produz em relação a fatos futuros, não retroagindo a fatos ou atos passados.

■ Concurso público. Posse em cargo diverso daquele em que o candidato foi aprovado. Decreto autorizador declarado inconstitucional com efeito *ex nunc*. Preservadas situações constituídas. 1. A declaração de inconstitucionalidade do Decreto n. 21.688/2000, por meio da ADI distrital n. 2007.00.2.066740, que autorizou o ato de posse do agravado em cargo diverso daquele para o qual foi aprovado, possui efeitos *ex nunc*, ou seja, com vigência a partir do trânsito em julgado da referida ADI, preservadas as situações constituídas. 2. "Colhe-se dos autos que a ADI distrital 20070020067407, que declarou inconstitucional o art. 6º do Decreto distrital n. 21.688/2000, com a redação dada pelo Decreto n. 24.109/2003, teve seus efeitos modulados para viger a partir da data de sua publicação, que ocorreu em 15.05.2009. Assim, perfeitamente aplicável ao caso o referido dispositivo legal". (Ag. Reg. no REsp n. 1.357.434/DF, 2ª T., rel. Min. Herman Benjamin, j. 21.02.2013, *DJe* 07.03.2013). Agravo regimental improvido. (Ag. Reg. no REsp n. 1.376.655/DF, 2ª T., rel. Min. Humberto Martins, j. 11.06.2013, *DJe* 19.06.2013)

Efeito expansivo Efeito que se verifica em situações nas quais o julgamento do recurso dá ensejo a "decisão mais abrangente do que o reexame da matéria impugnada, que é o mérito do recurso". (NERY JÚNIOR, Nelson. *Princípios fundamentais*: teoria geral dos recursos, p. 230-4).

- *Habeas corpus* impetrado em substituição ao recurso previsto no ordenamento jurídico. [...] Efeito expansivo dos recursos. Art. 580 do CPP. [...] 2. O efeito expansivo subjetivo dos recursos, disciplinado no art. 580 do CPP, não enseja a atribuição da condição de recorrente ao corréu que não consta do recurso. Ademais, não tem incidência quando a parte interpôs seu próprio recurso nem quando a matéria analisada tem índole eminentemente pessoal. Assim, o efeito expansivo visa principalmente beneficiar o corréu, caracterizando-se patente *error in judicando* a extensão dos efeitos em prejuízo do paciente, que alcançou resultado mais favorável no julgamento de sua apelação individual. [...] (*HC* n. 163.480/SP, 5ª T., rel. Min. Marco Aurélio Bellizze, j. 19.03.2013, *DJe* 25.03.2013)

- Apelação cível. Direito privado não especificado. Contrato de participação financeira. Efeito expansivo. Pelo efeito expansivo, os atos processuais realizados depois da interposição do agravo de instrumento e incompatíveis com o resultado deste recurso devem ser considerados sem efeito. A eficácia da sentença fica condicionada ao julgamento do agravo de instrumento. No caso concreto, resultou sem efeito a sentença que extinguiu o processo sob o fundamento de irregularidade de representação processual do autor, tendo em vista que o julgamento posterior do agravo de instrumento entendeu regular a representação. Sentença desconstituída. Apelação prejudicada. (TJRS, Ap. Cível n. 70051791325, 24ª Câm. Cível, rel. Marco Antonio Angelo, j. 30.01.2013)

- Ação rescisória. Prazo. Embargos declaratórios opostos contra sentença rescindenda. Efeito obstativo da fluência do prazo para a rescisória. Ocorrência. 1. Constitui pressuposto genérico para o ajuizamento de ação rescisória a existência de sentença de mérito transitada em julgado (arts. 485 e 495, CPC), entendida como tal aquela "não mais sujeita a recurso ordinário ou extraordinário" (art. 467, CPC). 2. A oposição de embargos de declaração, mesmo que considerados pelo juízo como protelatórios (art. 538, parágrafo único, CPC), é meio apto para obstar o trânsito em julgado da sentença e postergar o início do prazo para o ajuizamento de ação rescisória. 3. É o próprio art. 538, parágrafo único, do CPC, que prevê a possibilidade de novos recursos interpostos depois do reconhecimento da litigância de má-fé, o que não faria sentido se, desde logo, em razão da rejeição dos primeiros embargos declaratórios, a decisão embargada houvesse transitado em julgado. 4. Recurso especial provido. (STJ, REsp n. 1.171.682/GO, 4ª T., rel. Min. Luis Felipe Salomão, j. 06.09.2011, *DJe* 07.10.2011)

Efeito *ex tunc* Efeito a partir de então. Efeito da lei ou da sentença que se produz retroativamente, ou seja, alcançando fatos ou atos praticados no passado.

- Concurso público de remoção para notários e registradores. Declaração de inconstitucionalidade com efeitos *ex tunc*. Ausência de direito líquido e certo. Violação ao princípio da segurança jurídica. Não ocorrência. 1. A regra referente à decisão proferida em sede de controle concentrado é de que possua efeitos *ex tunc*, retirando o ato normativo do ordenamento jurídico desde o seu nascimento. 2. O art. 27 da Lei n. 9.868/99 permite ao STF modular efeitos das decisões proferidas nos processos objetivos de controle de constitucionalidade, *in verbis*: "Art. 27. Ao declarar a inconstitucionalidade de lei ou ato normativo, e tendo em vista razões de segurança jurídica ou de excepcional interesse social, poderá o STF, por maioria de dois terços de seus membros, restringir os efeitos daquela declaração ou decidir que ela só tenha eficácia a partir de seu trânsito em julgado ou de outro momento que venha a ser fixado". 3. No presente caso, não houve a modulação dos efeitos da decisão proferida na ADI n. 3.522/RS, que declarou a inconstitucionalidade com efeitos *ex tunc* dos incisos I, II, III e X do art. 16 e do inciso I do parágrafo único do art. 22, todos da Lei estadual n. 11.183/98, que trata da prova de títulos dos concursos públicos de ingresso e remoção nos serviços notariais e registrais, não havendo falar, por conseguinte, em afronta a direito líquido e certo da impetrante e ao princípio da segurança jurídica. 4. Agravo regimental não provido. (STJ, Ag. Reg. no RMS n. 35.158/RS, 2ª T., rel. Min. Mauro Campbell Marques, j. 06.06.2013, *DJe* 11.06.2013)

Efeito imediato da lei Aquele que permite que a lei seja aplicada a fatos ainda não consumados.

Efeito *inter partes* Efeito que um documento ou uma sentença produzem entre as partes. Contrapõe-se ao efeito *erga omnes*, o qual produz efeito contra todos. O contrato particular de compra e venda produz efeito somente entre as partes contratantes.

- Servidor público. Incorporação de quintos. Concessão de liminar. Efeitos *erga omnes*. Inexistência. 1. Segundo as regras constitucionais que disciplinam a reclamação, a causa de pedir desse instrumento processual está eminentemente associada à preservação da competência do STF e do STJ, assim como a garantia da autoridade de suas decisões. 2. A reclamação não integra o rol das ações constitucionais destinadas a realizar o controle concentrado e abstrato de constitucionalidade das leis e atos normativos. É medida processual que somente opera efeitos inter partes, não ostentando efeito geral vinculante. [...] 4. Agravo regimental não provido. (STJ, Ag. Reg. no AREsp n. 16.397/RJ, 2ª T., rel. Min. Castro Meira, j. 19.03.2013, *DJe* 25.03.2013)

Efeito obstativo   Efeito inerente a todo recurso que adia ou impede a formação da coisa julgada. Assim, entende-se que, como mera decorrência do efeito devolutivo, enquanto não houver julgamento do recurso, não haveria como incidir o efeito da coisa julgada.

- Rescisória. Decadência. Realização de citações fora do biênio por razões imputáveis ao autor. 1. O direito de propor rescisória se extingue em dois anos (CPC, art. 488). A propositura da rescisória no biênio obsta o implemento da decadência, mas a citação do réu deverá se realizar nos prazos do art. 219 do CPC, para o efeito obstativo retroagir a data da propositura (CPC, art. 219, § 1º, c/c art. 220). Caso em que o retardamento se deveu a incúria do autor. Decadência verificada. 2. Ação rescisória julgada improcedente. (TJRS, Ação Rescisória n. 590.071.627, 2º Grupo de Câm. Cíveis, rel. Araken de Assis, j. 12.11.1999)

Efeito repristinatório da lei   É o efeito que permite a restauração de um dispositivo legal anteriormente revogado, quando a norma que o revogou for declarada inconstitucional.

- Falta de prequestionamento. Súmulas n. 282 e 356 do STF. Funrural. Declaração de inconstitucionalidade acarreta a repristinação da norma revogada pela lei viciada. Cálculo da exação nos moldes da lei revogada. Efeito lógico decorrente da repristinação. [...] 3. Aplica-se o princípio da vedação da repristinação, disposto no art. 2º, § 3º, da Lei de Introdução ao CC, aos casos de revogação de leis, e não aos casos em que ocorre a declaração de inconstitucionalidade, pois uma lei inconstitucional é uma lei inexistente, não tendo o poder de revogar lei anterior. 4. A repristinação da lei anterior impõe o cálculo da exação nos moldes da lei revogada, sendo devida a restituição tão somente da diferença existente entre a sistemática instituída pela lei inconstitucional e a prevista na lei repristinada, caso haja. Exegese que se infere do entendimento firmado no REsp n. 1.136.210/PR, da relatoria do Min. Luiz Fux, submetido ao regime dos recursos repetitivos (art. 543-C, CPC). Incidência da Súmula 83/STJ. Agravo regimental improvido. (STJ, Ag. Reg. no REsp n. 1.344.881/RS, 2ª T., rel. Min. Humberto Martins, j. 18.12.2012, *DJe* 08.02.2013)

Efeito suspensivo   Efeito que suspende a execução da sentença apelada até que haja um pronunciamento da instância superior (art. 520, CPC/73). O que adia a produção de efeitos da decisão ou impede que os efeitos da sentença impugnada se produzam desde logo. Dessa forma, a sentença somente poderá ser executada depois de transitar em julgado a decisão da instância superior que confirmar a primeira. Caso a sentença seja reformada, a decisão que a reformou vai substituí-la para todos os efeitos. Não possuem efeito suspensivo o recurso extraordinário nem, em regra, o agravo de instrumento. Nos embargos do devedor, o juiz poderá, a requerimento do embargante, atribuir efeito suspensivo quando verificados os requisitos para a concessão da tutela antecipada e desde que a execução já esteja garantida por penhora, depósito ou caução suficientes.

▸ Veja CPC/73: "**Art. 520.** A apelação será recebida em seu efeito devolutivo e suspensivo. Será, no entanto, recebida só no efeito devolutivo, quando interposta de sentença que: I – homologar a divisão ou a demarcação; II – condenar à prestação de alimentos; [...] IV – decidir o processo cautelar; V – rejeitar liminarmente embargos à execução ou julgá-los improcedentes; VI – julgar procedente o pedido de instituição de arbitragem; VII – confirmar a antecipação dos efeitos da tutela".

▸ Veja CPC/2015: "**Art. 919.** Os embargos à execução não terão efeito suspensivo. § 1º O juiz poderá, a requerimento do embargante, atribuir efeito suspensivo aos embargos quando verificados os requisitos para a concessão da tutela provisória e desde que a execução já esteja garantida por penhora, depósito ou caução suficientes. [...] **Art. 1.012.** A apelação terá efeito suspensivo. § 1º Além de outras hipóteses previstas em lei, começa a produzir efeitos imediatamente após a sua publicação a sentença que: I – homologa divisão ou demarcação de terras; II – condena a pagar alimentos; III – extingue sem resolução do mérito ou julga improcedentes os embargos do executado; IV – julga procedente o pedido de instituição de arbitragem; V – confirma, concede ou revoga tutela provisória; VI – decreta a interdição. [...]".

- Processual civil. Medida cautelar para atribuição de efeito suspensivo a recurso especial. Requisitos. 1. A concessão de efeito suspensivo a Recurso Especial reclama necessária a demonstração do *periculum in mora*, que se traduz na urgência da prestação jurisdicional, bem como, a caracterização do *fumus boni juris* consistente na plausibilidade do direito alegado. Sob esse ângulo, exige-se que o requerente demonstre a verossimilhança do que alega e do possível acolhimento do recurso especial. 2. *In casu*, não restou demonstrado o preenchimento dos requisitos autorizadores do deferimento da medida cautelar. [...] (STJ, Med. Caut. n. 9.331/PR, 1ª T., rel. Min. Luiz Fux, j. 02.06.2005, *DJ* 27.06.2005)

Efeito translativo   Efeito resultante da apreciação *ex officio*, pelo tribunal, de questões consideradas de ordem pública, não suscitadas no recurso pelo recorrente. O efeito translativo independe da manifestação da parte, por ser a matéria tratada de ordem pública.

- Execução fiscal. Contribuição social. Prescrição afastada pelo tribunal *a quo* com base em processo administrativo juntado em grau de apelação. Matéria de ordem pública e efeito translativo do recurso. O art. 517 do CPC dispõe que as questões de fato, não propostas no Juízo inferior, poderão ser suscitadas na apelação, se a parte provar que deixou de fazê-lo por motivo de força maior. 2. A regra proibitiva do art. 517 do CPC, no entanto, não atinge situações que envolvam matéria de ordem pública, já transferidas ao exame do Tribunal pelo efeito translativo do recurso, bem como aquelas sobre as quais há autorização legal expressa no sentido de que possam ser arguidas a qualquer tempo e grau de jurisdição (Nelson Nery Júnior e Rosa Maria de Andrade Nery, *Código de Processo Civil Comentado e Legislação Extravagante*, São Paulo, Revista dos Tribunais, 2010, p. 898). 3. Agravo Regimental do contribuinte desprovido. (STJ, Ag. Reg. no REsp n. 1.276.818/RS, 1ª T., rel. Min. Napoleão Nunes Maia Filho, j. 19.02.2013, *DJe* 28.02.2013)

Egrégio(a)   Expressão de tratamento usada para designar os tribunais superiores, como instituição, incluindo suas câmaras e turmas.

Elisão fiscal   Ato legítimo praticado pelo contribuinte com o fim de reduzir o pagamento ou evitar a incidência de imposto. Também denominada planejamento tributário. Diferentemente da sonegação fiscal, na elisão fiscal o contribuinte recorre a artifícios legais ou falhas legislativas para configurar seus negócios, de tal forma que se harmonizem com a redução das despesas tributárias.

- Fraude e evasão – caracteres distintivos. Não se confundem a evasão fiscal e a fraude fiscal. Se os atos praticados pelo contribuinte, para evitar, retardar ou reduzir o pagamento de um tributo, foram praticados antes da ocorrência do respectivo fato gerador, trata-se de evasão; se praticados depois, ocorre fraude fiscal. E isto porque, se o contribuinte agiu antes de ocorrer o fato gerador, a obrigação tributária específica ainda não tinha surgido, e, por conseguinte, o fisco nada poderá objetar se um determinado contribuinte consegue, por meios lícitos, evitar a ocorrência de fato gerador. Ao contrário, se o contribuinte agiu depois da ocorrência do fato gerador, já tendo, portanto, surgido a obrigação tributária específica, qualquer atividade que desenvolva ainda que por meios lícitos só poderá visar à modificação ou ocultação de uma situação jurídica já concretizada a favor do fisco, que poderá então legitimamente objetar contra essa violação de seu direito adquirido, mesmo que a obrigação ainda não esteja individualizada contra o contribuinte pelo lançamento, de vez que este é meramente declaratório (TFR, Ap. Cível n. 32.774/SP, 2ª T., rel. Des. Min. Jarbas Nobre, j. 19.12.1973)

Emancipação   Instituto destinado a antecipar a capacidade para a prática de todos os atos da vida civil de filhos, tutelados ou curatelados, por meio de ato voluntário dos pais ou responsáveis, após os 16 anos de idade e nos demais casos especificados em lei (art. 5º, CC). Observe-se que, a teor da lei, pela emancipação o menor não atinge a maioridade, o que somente ocorre ao completar 18 anos (*v.* art. 5º, *caput*).

▶ Veja CC: "**Art. 5º** A menoridade cessa aos dezoito anos completos, quando a pessoa fica habilitada à prática de todos os atos da vida civil. Parágrafo único. Cessará, para os menores, a incapacidade: I – pela concessão dos pais, ou de um deles na falta do outro, mediante instrumento público, independentemente de homologação judicial, ou por sentença do juiz, ouvido o tutor, se o menor tiver dezesseis anos completos; II – pelo casamento; III – pelo exercício de emprego público efetivo; IV – pela colação de grau em curso de ensino superior; V – pelo estabelecimento civil ou comercial, ou pela existência de relação de emprego, desde que, em função deles, o menor com dezesseis anos completos tenha economia própria".

Embargos à arrematação   Providência judicial facultada ao executado e ao arrematante do bem executado, fundada em nulidade da execução ou em causa extintiva da obrigação, desde que superveniente à penhora (arts. 694 e 746, CPC/73).

▶ Veja CPC/73: "**Art. 694.** Assinado o auto pelo juiz, pelo arrematante e pelo serventuário da justiça ou leiloeiro, a arrematação considerar-se-á perfeita, acabada e irretratável, ainda que venham a ser julgados procedentes os embargos do executado. § 1º A arrematação poderá, no entanto, ser tornada sem efeito: [...] IV – a requerimento do arrematante, na hipótese de embargos à arrematação (art. 746, §§ 1º e 2º); [...] **Art. 746.** É lícito ao executado, no prazo de 5 (cinco) dias, contados da adjudicação, alienação ou arrematação, oferecer embargos fundados em nulidade da execução, ou em causa extintiva da obrigação, desde que superveniente à penhora, aplicando-se, no que couber, o disposto neste Capítulo. § 1º Oferecidos embargos, poderá o adquirente desistir da aquisição. § 2º No caso do § 1º deste artigo, o juiz deferirá de plano o requerimento, com a imediata liberação do depósito feito pelo adquirente (art. 694, § 1º, inciso IV). § 3º Caso os embargos sejam declarados manifestamente protelatórios, o juiz imporá multa ao embargante, não superior a 20% (vinte por cento) do valor da execução, em favor de quem desistiu da aquisição".

■ **Embargos à arrematação de terceiro. Ofensa ao art. 535 do CPC. Inexistência. Prazo inicial para apresentação dos embargos à arrematação por terceiro interessado que não fora intimado da praça.** 1. A jurisprudência desta Casa é pacífica ao proclamar que, se os fundamentos adotados bastam para justificar o concluído na decisão, o julgador não está obrigado a rebater, um a um, os argumentos utilizados pela parte. 2. Na linha dos precedentes desta Corte Superior, o prazo para a apresentação de embargos à arrematação por terceiro interessado e mesmo pelo devedor que não tenha sido intimado da praça, se inicia, apenas, com a imissão do arrematante na posse do bem. 3. Quanto à alegada má-fé do ora recorrido, o acolhimento da pretensão não prescindiria de incursão no acervo fático-probatório da causa, sendo que tal providência não se mostra consentânea com a natureza excepcional da via eleita, ante o óbice da Súmula n. 7 deste Tribunal, que veda o reexame de prova. 4. O agravo não trouxe nenhum argumento capaz de modificar a conclusão do julgado, a qual se mantém por seus próprios fundamentos. 5. Agravo regimental improvido. (STJ, Ag. Reg. no AREsp n. 264.140/RS, 3ª T., rel. Min. Sidnei Beneti, j. 18.06.2013, *DJe* 01.07.2013)

Embargos à execução Defesa facultada ao executado, no processo de execução, a fim de elidir a pretensão do exequente. O mesmo que embargos do devedor. O executado, independentemente de penhora, depósito ou caução, poderá opor-se à execução por meio de embargos com fundamento nos seguintes fatos: inexequibilidade do título ou inexigibilidade da obrigação; penhora incorreta ou avaliação errônea; excesso de execução ou cumulação indevida de execuções; retenção por benfeitorias necessárias ou úteis, nos casos de execução para entrega de coisa certa; incompetência absoluta ou relativa do juízo da execução; qualquer matéria que lhe seria lícito deduzir como defesa em processo de conhecimento (arts. 736 e 738, CPC/73). Os embargos serão oferecidos no prazo de quinze dias, contados da data da juntada aos autos do mandado de citação (art. 738, CPC/73).

▶ Veja CPC/73: "**Art. 736.** O executado, independentemente de penhora, depósito ou caução, poderá opor-se à execução por meio de embargos. Parágrafo único. Os embargos à execução serão distribuídos por dependência, autuados em apartado e instruídos com cópias das peças processuais relevantes, que poderão ser declaradas autênticas pelo advogado, sob sua responsabilidade pessoal. [...] **Art. 738.** Os embargos serão oferecidos no prazo de 15 (quinze) dias, contados da data da juntada aos autos do mandado de citação. [...] **Art. 745.** Nos embargos, poderá o executado alegar: I – nulidade da execução, por não ser executivo o título apresentado; II – penhora incorreta ou avaliação errônea; III – excesso de execução, ou cumulação indevida de execuções; IV – retenção por benfeitorias necessárias ou úteis, nos casos de título para entrega de coisa certa (art. 621); V – qualquer matéria que lhe seria lícito deduzir como defesa em processo de conhecimento. [...]".

▶ Veja CPC/2015: "**Art. 914.** O executado, independentemente de penhora, depósito ou caução, poderá se opor à execução por meio de embargos. § 1º Os embargos à execução serão distribuídos por dependência, autuados em apartado e instruídos com cópias das peças processuais relevantes, que poderão ser declaradas autênticas pelo próprio advogado, sob sua responsabilidade pessoal. § 2º Na execução por carta, os embargos serão oferecidos no juízo deprecante ou no juízo deprecado, mas a competência para julgá-los é do juízo deprecante, salvo se versarem unicamente sobre vícios ou defeitos da penhora, da avaliação ou da alienação dos bens efetuadas no juízo deprecado. **Art. 915.** Os embargos serão oferecidos no prazo de 15 (quinze) dias, contado, conforme o caso, na forma do art. 231. [...] **Art. 917.** Nos embargos à execução, o executado poderá alegar: I – inexequibilidade do título ou inexigibilidade da obrigação; II – penhora incorreta ou avaliação errônea; III – excesso de execução ou cumulação indevida de execuções; IV – retenção por benfeitorias necessárias ou úteis, nos casos de execução para entrega de coisa certa; V – incompetência absoluta ou relativa do juízo da execução; VI – qualquer matéria que lhe seria lícito deduzir como defesa em processo de conhecimento. [...]".

- Súmula n. 394, STJ: É admissível, em embargos à execução, compensar os valores de imposto de renda retidos indevidamente na fonte com os valores restituídos apurados na declaração anual.

- Embargos à execução. Título extrajudicial. Confissão de dívida. Prescrição. Não ocorrência. [...] Fundamenta-se a execução em título executivo extrajudicial, baseado em Escritura de Confissão de Dívida, firmada em 25.03.2009. Prescrição não considerada, observado o prazo quinquenal aplicável na espécie, nos termos do art. 206, § 5º, I, do CCB. Efeito suspensivo: O art. 739-A do CPC, em seu § 1º, elenca as condições necessárias à concessão do efeito suspensivo aos Embargos à Execução, quais sejam (a) requerimento expresso da parte, (b) relevância dos fundamentos dos embargos, (c) possibilidade de causar grave dano de difícil ou incerta reparação e (d) garantia do juízo. Somente atendidos todos os requisitos acima é que se torna viável ao julgador a concessão do efeito suspensivo, pelo que a ausência de um deles torna inviável a pretensão. [...] (TJRS, Ap. Cível n. 70050220490, 19ª Câm. Cível, rel. Eduardo João Lima Costa, j. 11.09.2012)

Embargos de declaração Recurso processual endereçado ao juiz ou relator do processo quando houver, na sentença ou no acórdão, obscuridade ou contradição ou quando for omitido ponto sobre o qual devia pronunciar-se o juiz ou o tribunal (art. 535, CPC/73). Os embargos serão opostos, no prazo de cinco dias, em petição dirigida ao juiz ou relator com a indicação do ponto obscuro, contraditório ou omisso, não estando sujeitos a preparo (art. 536, CPC/73).

▸ Veja CPC: "**Art. 535.** Cabem embargos de declaração quando: I – houver, na sentença ou no acórdão, obscuridade ou contradição; II – for omitido ponto sobre o qual devia pronunciar-se o juiz ou tribunal. **Art. 536.** Os embargos serão opostos, no prazo de 5 (cinco) dias, em petição dirigida ao juiz ou relator, com indicação do ponto obscuro, contraditório ou omisso, não estando sujeitos a preparo".

▸ Veja CPC/2015: "**Art. 1.022.** Cabem embargos de declaração contra qualquer decisão judicial para: I – esclarecer obscuridade ou eliminar contradição; II – suprir omissão de ponto ou questão sobre o qual devia se pronunciar o juiz de ofício ou a requerimento; III – corrigir erro material. Parágrafo único. Considera-se omissa a decisão que: I – deixe de se manifestar sobre tese firmada em julgamento de casos repetitivos ou em incidente de assunção de competência aplicável ao caso sob julgamento; II – incorra em qualquer das condutas descritas no art. 489, § 1º. **Art. 1.023.** Os embargos serão opostos, no prazo de 5 (cinco) dias, em petição dirigida ao juiz, com indicação do erro, obscuridade, contradição ou omissão, e não se sujeitam a preparo. [...]".

- Ação de execução. Depósito judicial. Embargos de declaração. Ofensa ao art. 535 do CPC configurada. Retorno dos autos ao tribunal de origem para sanar a omissão apontada. Recurso especial provido. 1. Mesmo após a oposição de embargos declaratórios, não havendo manifestação quanto à forma de atualização dos valores depositados em conta judicial, resta configurada a ofensa ao art. 535 do CPC, razão pela qual os autos devem retornar ao Tribunal de origem para que seja sanada a omissão apontada. 2. Recurso Especial provido, anulando-se o julgamento dos embargos de declaração, para novo julgamento. (STJ, REsp n. 1.385.965/MS, 3ª T., rel. Min. Sidnei Beneti, j. 25.06.2013, *DJe* 01.07.2013)

Embargos de divergência Recurso cabível em segunda instância quando o acórdão de turma em recurso extraordinário ou em recurso especial divergir do julgamento de qualquer outro órgão do mesmo tribunal, sendo os acórdãos, embargado e paradigma, de mérito (art. 546, CPC/73) (*v. Recurso de embargos de divergência*).

Embargos de terceiro Medida processual facultada a quem, não sendo parte no processo, sofrer turbação ou esbulho na posse de seus bens por ato de apreensão judicial, em casos como penhora, depósito, arresto, sequestro, alienação judicial, arrecadação, arrolamento, inventário, partilha, para efeito de que lhe sejam manutenidos ou restituídos (arts. 1.046 e 1.047, CPC/73).

▸ Veja CPC/73: "**Art. 1.046.** Quem, não sendo parte no processo, sofrer turbação ou esbulho na posse de seus bens por ato de apreensão judicial, em casos como o de penhora, depósito, arresto, sequestro, alienação judicial, arrecadação, arrolamento, inventário, partilha, poderá requerer lhe sejam manutenidos ou restituídos por meio de embargos. § 1º Os embargos podem ser de terceiro senhor e possuidor, ou apenas possuidor. § 2º Equipara-se a terceiro a parte que, posto figure no processo, defende bens que, pelo título de sua aquisição ou pela qualidade em que os possuir, não podem ser atingidos pela apreensão judicial. § 3º Considera-se também terceiro o cônjuge quando defende a posse de bens dotais, próprios, reservados ou de sua meação. **Art. 1.047.** Admitem-se ainda embargos de terceiro: I – para a defesa da posse, quando, nas ações de divisão ou de demarcação, for o imóvel sujeito a atos materiais, preparatórios ou definitivos, da partilha ou da fixação de rumos; II – para o credor com garantia real obstar alienação judicial do objeto da hipoteca, penhor ou anticrese".

- Veja CPC/2015: "**Art. 674.** Quem, não sendo parte no processo, sofrer constrição ou ameaça de constrição sobre bens que possua ou sobre os quais tenha direito incompatível com o ato constritivo, poderá requerer seu desfazimento ou sua inibição por meio de embargos de terceiro. [...] **Art. 675.** Os embargos podem ser opostos a qualquer tempo no processo de conhecimento enquanto não transitada em julgado a sentença e, no cumprimento de sentença ou no processo de execução, até 5 (cinco) dias depois da adjudicação, da alienação por iniciativa particular ou da arrematação, mas sempre antes da assinatura da respectiva carta. [...]".

- Súmula n. 84, STJ: É admissível a oposição de embargos de terceiro fundados em alegação de posse advinda do compromisso de compra e venda de imóvel, ainda que desprovido do registro.

- Execução trabalhista. Impenhorabilidade. Embargos de terceiro. Cônjuge. Legitimidade ativa. Bem de família. Parte ideal. Bem indivisível. Tem legitimidade o cônjuge embargante que alega residir no local para defender sua posse que, em razão da comunhão de bens, recai sobre todo o imóvel, sendo certo que o art. 1.046 do CPC legitima como autor dos embargos de terceiro não o proprietário do bem, mas, sim, quem não sendo parte no processo, sofrer turbação ou esbulho na posse de seus bens, esclarecendo no § 1º, que os embargos podem ser de terceiro senhor e possuidor, ou apenas possuidor. Penhora que recai sobre a parte ideal de propriedade de sócia, não atinge a parte de meação do esposo, restando ser nula, porquanto o imóvel não é passível de fracionamento, porque é indivisível, e, não comportando divisão cômoda, torna-se impossível a penhora de apenas uma fração. (TRT-2ª Região, Ag. de Pet. em Emb. de Terc. n. 60.450, rel. Juíza Rita Maria Silvestre, j. 27.02.2007, DJ 20.03.2007)

Embargos do devedor Defesa facultada ao executado no processo de execução. O mesmo que embargos à execução (*v. Embargos à execução*).

Embargos do executado Defesa facultada ao devedor, na execução fiscal, no prazo de trinta dias a contar: do depósito; da juntada da prova da fiança bancária; da intimação da penhora (art. 16, Lei n. 6.830/80) (*v. Embargos à execução*).

- Veja Lei n. 6.830/80: "**Art. 16.** O executado oferecerá embargos, no prazo de 30 (trinta) dias, contados: I – do depósito; II – da juntada da prova da fiança bancária; III – da intimação da penhora. § 1º Não são admissíveis embargos do executado antes de garantida a execução. § 2º No prazo dos embargos, o executado deverá alegar toda matéria útil à defesa, requerer provas e juntar aos autos os documentos e rol de testemunhas, até três, ou, a critério do juiz, até o dobro desse limite. § 3º Não será admitida reconvenção, nem compensação, e as exceções, salvo as de suspeição, incompetência e impedimentos, serão arguidas como matéria preliminar e serão processadas e julgadas com os embargos".

- Recurso especial. Suposta ofensa ao art. 535 do CPC. Inexistência de vício no acórdão recorrido. Execução fiscal. Penhora sobre o faturamento. Prazo para os embargos. Termo inicial. Intimação da penhora. 1. Não havendo no acórdão recorrido omissão, obscuridade ou contradição, não fica caracterizada ofensa ao art. 535 do CPC. 2. A orientação desta Corte é pacífica no sentido de que, em se tratando de penhora sobre o faturamento, o prazo de trinta dias para o oferecimento dos embargos é contado da intimação da penhora (art. 16, III, da Lei n. 6.830). A vedação contida no art. 16, § 1º, da Lei n. 6.830/80 "não são admissíveis embargos do executado antes de garantida a execução" não tem o condão de alterar o termo inicial do prazo para os embargos (para que seja contado da data em que houve o primeiro "depósito" mensal). 3. Agravo regimental não provido. (STJ, Ag. Reg. no AREsp n. 161.371/RJ, 2ª T., rel. Min. Mauro Campbell Marques, j. 19.06.2012, *DJe* 27.06.2012)

Emenda constitucional Procedimento legislativo promulgado pelo Congresso Nacional destinado a promover alterações na CF mediante proposta, conforme o art. 60, CF.

- Veja CF: "**Art. 60.** A Constituição poderá ser emendada mediante proposta: I – de um terço, no mínimo, dos membros da Câmara dos Deputados ou do Senado Federal; II – do Presidente da República; III – de mais da metade das Assembleias Legislativas das unidades da Federação, manifestando-se, cada uma delas, pela maioria relativa de seus membros. § 1º A Constituição não poderá ser emendada na vigência de intervenção federal, de estado de defesa ou de estado de sítio. § 2º A proposta será discutida e votada em cada Casa do Congresso Nacional, em dois turnos, considerando-se aprovada se obtiver, em ambos, três quintos dos votos dos respectivos membros. § 3º A emenda à Constituição será promulgada pelas Mesas da Câmara dos Deputados e do Senado Federal, com o respectivo número de ordem. § 4º Não será objeto de deliberação a proposta de emenda tendente a abolir: I – a forma federativa de Estado; II – o voto direto, secreto, universal e periódico; III – a separação dos Poderes; IV – os direitos e garantias individuais. § 5º A matéria constante de proposta de emenda rejeitada ou havida por prejudicada não pode ser objeto de nova proposta na mesma sessão legislativa".

Emenda da mora Faculdade conferida ao locatário para, no âmbito da ação de despejo por falta de pagamento, evitar o despejo mediante pagamento do débito atualizado, independentemente de cálculo e mediante depósito judicial (art. 62, II, Lei n. 8.245/91). A expressão substitui a "purga da mora", prevista na lei anterior, porém repetida pelo CC/2002 com o mesmo título, "purga da mora" (art. 401, CC).

▶ Veja CC: "**Art. 401.** Purga-se a mora: I – por parte do devedor, oferecendo este a prestação mais a importância dos prejuízos decorrentes do dia da oferta; II – por parte do credor, oferecendo-se este a receber o pagamento e sujeitando-se aos efeitos da mora até a mesma data".

▶ Veja Lei n. 8.245/91 (Lei de Locações): "**Art. 62.** Nas ações de despejo fundadas na falta de pagamento de aluguel e acessórios da locação, de aluguel provisório, de diferenças de aluguéis, ou somente de quaisquer dos acessórios da locação, observar-se-á o seguinte: [...] II – o locatário e o fiador poderão evitar a rescisão da locação efetuando, no prazo de 15 (quinze) dias, contado da citação, o pagamento do débito atualizado, independentemente de cálculo e mediante depósito judicial, incluídos: a) os aluguéis e acessórios da locação que vencerem até a sua efetivação; b) as multas ou penalidades contratuais, quando exigíveis; c) os juros de mora; d) as custas e os honorários do advogado do locador, fixados em dez por cento sobre o montante devido, se do contrato não constar disposição diversa; [...]".

■ Locação. Despejo por falta de pagamento. Pedido para a emenda da mora. Ausência de intimação pessoal do despacho que autoriza. Nulidade do processo. 1. Anula a sentença que decreta o despejo do locatário que, no prazo legal, requer que se lhe defira a emenda da mora, se o juiz não lhe oportuniza a providência, na forma do disposto no inciso III, do art. 62, da Lei n. 8.245/91. 2. Inverte a ordem legal a decisão que, ao admitir o pedido inicial, autoriza, desde logo, a emenda da mora, independentemente do requerimento do locatário, deixando, no entanto, de intimá-lo, pessoalmente, para efetuar o depósito. 3. A citação do réu para contestar o pedido inicial ou emendar sua mora, não supre a intimação para o depósito da quantia devida. 4. Recurso ao qual se dá provimento, para anular a sentença e o processo, este a partir de fls. 15, determinando-se que se proceda à intimação pessoal do locatário, para que efetue o depósito no prazo legal. (TJRJ, Processo n. 2001.001.12257, 2ª Câm. Cível, j. 30.10.2001)

Ementa Breve referência que se faz a respeito do conteúdo de uma lei inserida imediatamente após o número e a data em que foi sancionada. Diz-se, também, do resumo do conteúdo de um acórdão proferido pelos tribunais.

Empreitada Contrato de locação de serviços firmado entre o dono da obra e o empreiteiro pelo qual este, mediante retribuição, se compromete a contribuir para a obra só com seu trabalho ou com ele e os materiais (art. 610, CC).

▶ Veja CC: "**Art. 610.** O empreiteiro de uma obra pode contribuir para ela só com seu trabalho ou com ele e os materiais. § 1º A obrigação de fornecer os materiais não se presume; resulta da lei ou da vontade das partes. § 2º O contrato para elaboração de um projeto não implica a obrigação de executá-lo, ou de fiscalizar-lhe a execução".

■ Súmula n. 167, STJ: O fornecimento de concreto, por empreitada, para construção civil, preparado no trajeto até a obra em betoneiras acopladas a caminhões, é prestação de serviço, sujeitando-se apenas à incidência do ISS.

■ Empreitada de lavor. Responsabilidade do engenheiro. Desabamento de prédio em construção. Embora somente concorrendo com o serviço, e recebendo do dono da obra os materiais a serem empregados, o engenheiro contratado para elaborar o projeto e fiscalizar a construção e civilmente responsável pelo evento danoso, pois era de seu dever examinar os materiais empregados, tais como os tijolos, e recusá-los se frágeis ou defeituosos. Arts. 159 do CC, invocado na inicial, e 1.245 do mesmo código. A ocorrência de chuvas excessivas, máxime na região da serra do mar, não constitui fato da natureza imprevisível aos construtores de edifícios. (STJ, REsp n. 8.410/SP, 4ª T., rel. Min. Athos Carneiro, j. 23.10.1991, *DJ* 09.12.1991, p. 18.036)

Empresa pública Entidade dotada de personalidade jurídica de direito privado, com patrimônio próprio e, se federal, capital exclusivo da União, que é criada para a exploração de atividade econômica que o governo seja levado a exercer por força de contingência ou conveniência administrativa (art. 5º, II, DL n. 200/67). Desde que a maioria do capital votante permaneça sob propriedade da União, será admitida, no capital da empresa pública, a participação de outras pessoas jurídicas de direito público interno, bem como de entidades da administração indireta da União, dos estados, do Distrito Federal e dos municípios (art. 5º, DL n. 900/69).

Encargo Cláusula acessória na doação ou no testamento mediante a qual o doador ou testador impõe ao beneficiário determinado ônus ou obrigação como condição de pleno exercício do seu direito (art. 533, CC) (*v. Doação*).

- Veja CC: "**Art. 136.** O encargo não suspende a aquisição nem o exercício do direito, salvo quando expressamente imposto no negócio jurídico, pelo disponente, como condição suspensiva. **Art. 137.** Considera-se não escrito o encargo ilícito ou impossível, salvo se constituir o motivo determinante da liberalidade, caso em que se invalida o negócio jurídico. [...] **Art. 553.** O donatário é obrigado a cumprir os encargos da doação, caso forem a benefício do doador, de terceiro, ou do interesse geral. Parágrafo único. Se desta última espécie for o encargo, o Ministério Público poderá exigir sua execução, depois da morte do doador, se este não tiver feito".

- Civil. Doação com encargo. Revogação. Prescrição. Princípio da *actio nata*. Não havendo prazo para a execução do encargo, é de recorrer-se ao princípio reitor do nosso sistema em tema de prescrição (*actio nata*). A prescrição só correrá a partir da constituição em mora caso não haja fato anterior que configure lesão ao direito do doador. Questão envolvendo o art. 172, IV, do CC não ventilada no acórdão, patenteando-se, a propósito, a falta de prequestionamento. Recurso não conhecido. (REsp n. 33.409/SP, 3ª T., rel. Min. Claudio Santos, rel. p/ Acórdão Min. Costa Leite, j. 19.03.1996, *DJ* 19.10.1998, p. 86)

Endosso Assinatura que o endossante apõe no verso em branco de um título de crédito que tem por fim transferir a propriedade deste, remanescendo o endossante como um coobrigado solidário no cumprimento da obrigação (art. 910, CC).

- Veja CC: "**Art. 910.** O endosso deve ser lançado pelo endossante no verso ou anverso do próprio título. § 1º Pode o endossante designar o endossatário, e para validade do endosso, dado no verso do título, é suficiente a simples assinatura do endossante. § 2º A transferência por endosso completa-se com a tradição do título. § 3º Considera-se não escrito o endosso cancelado, total ou parcialmente. **Art. 911.** Considera-se legítimo possuidor o portador do título à ordem com série regular e ininterrupta de endossos, ainda que o último seja em branco. Parágrafo único. Aquele que paga o título está obrigado a verificar a regularidade da série de endossos, mas não a autenticidade das assinaturas. **Art. 912.** Considera-se não escrita no endosso qualquer condição a que o subordine o endossante. Parágrafo único. É nulo o endosso parcial. [...] **Art. 917.** A cláusula constitutiva de mandato, lançada no endosso, confere ao endossatário o exercício dos direitos inerentes ao título, salvo restrição expressamente estatuída. § 1º O endossatário de endosso-mandato só pode endossar novamente o título na qualidade de procurador, com os mesmos poderes que recebeu. § 2º Com a morte ou a superveniente incapacidade do endossante, não perde eficácia o endosso-mandato. § 3º Pode o devedor opor ao endossatário de endosso-mandato somente as exceções que tiver contra o endossante. **Art. 918.** A cláusula constitutiva de penhor, lançada no endosso, confere ao endossatário o exercício dos direitos inerentes ao título. § 1º O endossatário de endosso-penhor só pode endossar novamente o título na qualidade de procurador. § 2º Não pode o devedor opor ao endossatário de endosso-penhor as exceções que tinha contra o endossante, salvo se aquele tiver agido de má-fé. **Art. 919.** A aquisição de título à ordem, por meio diverso do endosso, tem efeito de cessão civil. **Art. 920.** O endosso posterior ao vencimento produz os mesmos efeitos do anterior".

- Súmula n. 475, STJ: Responde pelos danos decorrentes de protesto indevido o endossatário que recebe por endosso translativo título de crédito contendo vício formal extrínseco ou intrínseco, ficando ressalvado seu direito de regresso contra os endossantes e avalistas.

- Ilegitimidade passiva *ad causam* do banco endossatário. Inovação recursal. Dano moral. Indenização. Desconto de duplicata. Endosso translativo. Protesto indevido de título. 1. É vedado à parte inovar nas razões do agravo regimental, tendo em vista a ocorrência da preclusão como consequência de a questão não ter sido tratada oportunamente em sede de recurso especial. 2. "O endossatário que recebe, por endosso translativo, título de crédito contendo vício formal, sendo inexistente a causa para conferir lastro a emissão de duplicata, responde pelos danos causados diante de protesto indevido, ressalvado seu direito de regresso contra os endossantes e avalistas" (REsp n. 1.213.256/RS, rel. Min. Luis Felipe Salomão, DJe 14.11.2011) 3. Agravo regimental a que se nega provimento. (Ag. Reg. no Ag. Reg. no REsp n. 1046382/SC, 4ª T., rel. Min. Raul Araújo, j. 28.05.2013, DJe 25.06.2013)

Enfiteuse   Contrato pelo qual o proprietário cede a outrem o domínio útil de seu imóvel mediante pagamento de uma pensão ou foro anual. Em que pese o fato de ter sido extinta pelo CC/2002, a enfiteuse permanece em uso para os terrenos da União, conforme dispõe a Lei n. 9.636, de 15.05.1998. Por meio do regime de aforamento, o enfiteuta recebe o domínio útil do imóvel, podendo utilizá-lo mediante o pagamento de um foro anual, correspondente a 0,6% do valor do imóvel, sendo certo também que no caso de retomada do imóvel pela União o enfiteuta fará jus à indenização das benfeitorias por ele erigidas (casa, apartamento, plantações), bem como à parcela de solo sob o seu domínio útil.

▶ Veja CC: "**Art. 2.038.** Fica proibida a constituição de enfiteuses e subenfiteuses, subordinando-se as existentes, até sua extinção, às disposições do Código Civil anterior, Lei n. 3.071, de 1º de janeiro de 1916, e leis posteriores. § 1º Nos aforamentos a que se refere este artigo é defeso: I – cobrar laudêmio ou prestação análoga nas transmissões de bem aforado, sobre o valor das construções ou plantações; II – constituir subenfiteuse. § 2º A enfiteuse dos terrenos de marinha e acrescidos regula-se por lei especial".

▶ Veja Lei n. 9.636/98: "**Art. 12.** Observadas as condições previstas no § 1º do art. 23 e resguardadas as situações previstas no inciso I do art. 5º do Decreto-lei n. 2.398, de 1987, os imóveis dominiais da União, situados em zonas sujeitas ao regime enfitêutico, poderão ser aforados, mediante leilão ou concorrência pública, respeitado, como preço mínimo, o valor de mercado do respectivo domínio útil, estabelecido em avaliação de precisão, realizada, especificamente para esse fim, pela SPU ou, sempre que necessário, pela Caixa Econômica Federal, com validade de seis meses a contar da data de sua publicação".

▪ Enfiteuse. Extinção. Ação de comisso. Alegação de ausência de pagamento de foros por mais de trinta anos. Sentença que reconheceu a prescrição alegada pelo réu. CCB, art. 692, II. Recurso de Apelação alegando que ainda que se admita a exclusão de eventuais foros em decorrência da prescrição, impõe-se a procedência do pedido, com força no art. 692, II, do CCB/16. Mesmo considerando que houve duas interrupções do prazo prescricional, ainda não foi implementado o prazo de três anos consecutivos sem pagamento de pensão anual para a aplicação da pena de comisso. (TJRJ, Ap. Cível n. 11.607, rel. Des. Leila Albuquerque, j. 14.09.2010)

▪ Enfiteuse. Terrenos de marinha. Taxa de ocupação. Cálculos de atualização. Valor do domínio pleno. 1. A atualização da taxa de ocupação dos terrenos de marinha dar-se-á com base no valor do domínio pleno do terreno, anualmente atualizado pelo Serviço do Patrimônio da União (SPU), a teor do que dispõe o art. 1º do DL n. 2.398/87. Precedentes do STJ, REsp n. 1.161.439/SC, rel. Min. Humberto Martins, DJ 15.12.2009; REsp n. 1.160.920/SC, rel. Min. Humberto Martins, DJ 15.12.2009; REsp n. 1.132.403/SC, 2ª T., rel. Min. Mauro Campbell Marques, j. 27.10.2009, DJe 11.11.2009. [...] (STJ, REsp n. 1.146.556/SC, rel. Min. Luiz Fux, j. 09.02.2010, DJ 01.03.2010)

Engavetamento   Expressão utilizada para designar o acidente de trânsito do qual participam diversos veículos que colidem em sequência, um na traseira do outro, em regra devido à parada brusca do veículo que transita à frente dos demais. Também podem ser causas de engavetamento a neblina intensa, a velocidade inadequada e a não observância da distância de segurança de um veículo em relação ao outro.

▪ Acidente de trânsito. Engavetamento. Culpa exclusiva do condutor do veículo que colidiu em primeiro lugar, dando causa às demais colisões. Indenização por danos morais. Descabimento. Mero aborrecimento. 1. Acidente. Caso em que 4 (quatro) veículos se envolveram em engavetamento. Condutor da carreta que colidiu na traseira do automóvel do autor, causando o engavetamento. Falta de atenção e inobservância da distância mínima de segurança do veículo que se desloca a sua frente. 2. Danos morais. A par do transtorno causado pelo sinistro, o autor não sofreu qualquer espécie de lesão corporal. O propalado dano moral, no caso, não pode ser presumido. Cuida-se de inevitável aborrecimento a que estão diariamente expostos os condutores de veículos em vias públicas. Ação julgada parcialmente procedente. Apelação provida em parte. (TJRS, Ap. Cível n. 70051743243, 12ª Câm. Cível, rel. José Aquino Flôres de Camargo, j. 28.02.2013)

Enriquecimento sem causa   Proveito ou vantagem patrimonial obtido por aquele que, sem justa causa, enriquecer à custa de outrem. Mesmo que enriquecimento ilícito ou locupletamento ilícito. Aquele que incidir no ilícito será obrigado a restituir o indevidamente auferido, feita a atualização dos valores monetários (art. 884, CC).

▸ Veja CC: "**Art. 884.** Aquele que, sem justa causa, se enriquecer à custa de outrem, será obrigado a restituir o indevidamente auferido, feita a atualização dos valores monetários. Parágrafo único. Se o enriquecimento tiver por objeto coisa determinada, quem a recebeu é obrigado a restituí-la, e, se a coisa não mais subsistir, a restituição se fará pelo valor do bem na época em que foi exigido. **Art. 885.** A restituição é devida, não só quando não tenha havido causa que justifique o enriquecimento, mas também se esta deixou de existir. **Art. 886.** Não caberá a restituição por enriquecimento, se a lei conferir ao lesado outros meios para se ressarcir do prejuízo sofrido".

■ Enriquecimento ilícito (ou sem causa). Prescrição. Correção monetária. I. Não se há negar que o enriquecimento sem causa é fonte de obrigações, embora não venha expresso no CC, o fato é que o simples deslocamento de parcela patrimonial de um acervo que se empobrece para outro que se enriquece é o bastante para criar efeitos obrigacionais. II. Norma que estabelece o elenco de causas interruptivas da prescrição inclui também como tal qualquer ato inequívoco, ainda que extrajudicial, que importe em reconhecimento do direito pelo devedor. Inteligência do art. 172 do CC. (STJ, REsp n. 11.025/SP, 3ª T., rel. Min. Waldemar Zveiter, *DJU* 24.02.1992)

Entidade Aberta de Previdência Complementar (EAPC)
Operadora de planos de benefícios de caráter previdenciário, constituída unicamente sob a forma de sociedade anônima que tem por objetivo instituir e operar planos de benefícios de caráter previdenciário concedidos em forma de renda continuada ou pagamento único, acessíveis a qualquer pessoa física (art. 36, LC n. 109/2001) (*v. Previdência complementar*).

▸ Veja LC n. 109/2001: "**Art. 1º** O regime de previdência privada, de caráter complementar e organizado de forma autônoma em relação ao regime geral de previdência social, é facultativo, baseado na constituição de reservas que garantam o benefício, nos termos do *caput* do art. 202 da Constituição Federal, observado o disposto nesta Lei Complementar. **Art. 2º** O regime de previdência complementar é operado por entidades de previdência complementar que têm por objetivo principal instituir e executar planos de benefícios de caráter previdenciário, na forma desta Lei Complementar. [...] **Art. 36.** As entidades abertas são constituídas unicamente sob a forma de sociedades anônimas e têm por objetivo instituir e operar planos de benefícios de caráter previdenciário concedidos em forma de renda continuada ou pagamento único, acessíveis a quaisquer pessoas físicas. Parágrafo único. As sociedades seguradoras autorizadas a operar exclusivamente no ramo vida poderão ser autorizadas a operar os planos de benefícios a que se refere o *caput*, a elas se aplicando as disposições desta Lei Complementar".

Entidade Fechada de Previdência Complementar (EFPC)
Operadora de planos de benefício de caráter previdenciário constituída na forma de sociedade civil ou fundação, sem fins lucrativos, e estruturada na forma do art. 31, LC n. 109/2001. A criação de uma EFPC depende de ato de vontade do patrocinador ou instituidor em oferecer aos seus empregados ou associados planos de benefício de natureza previdenciária, razão pela qual são acessíveis, exclusivamente aos servidores ou aos empregados dos patrocinadores e aos associados ou membros dos instituidores. As EFPCs podem ser qualificadas da seguinte forma: I) De acordo com os planos de benefícios que administram: a) de plano comum, quando administram plano ou conjunto de planos acessíveis ao universo de participantes; e b) de multiplano, quando administram plano ou conjunto de planos para diversos grupos de participantes, com independência patrimonial. II) De acordo com seus patrocinadores ou instituidores: a) singulares, quando estiverem vinculadas a apenas um patrocinador ou instituidor; e b) multipatrocinadas, quando congregarem mais de um patrocinador ou instituidor (*v. Previdência complementar*).

▸ Veja LC n. 109/2001: "**Art. 1º** O regime de previdência privada, de caráter complementar e organizado de forma autônoma em relação ao regime geral de previdência social, é facultativo, baseado na constituição de reservas que garantam o benefício, nos termos do *caput* do art. 202 da Constituição Federal, observado o disposto nesta Lei Complementar. **Art. 2º** O regime de previdência complementar é operado por entidades de previdência complementar que têm por objetivo principal instituir e executar planos de benefícios de caráter previdenciário, na forma desta Lei Complementar. [...] **Art. 31.** As entidades fechadas são aquelas acessíveis, na forma regulamentada pelo órgão regulador e fiscalizador, exclusivamente: I – aos empregados de uma empresa ou grupo de empresas e aos servidores da União, dos Estados, do Distrito Federal e dos Municípios, entes denominados patrocinadores; e II – aos associados ou membros de pessoas jurídicas de caráter profissional, classista ou setorial, denominadas instituidores. § 1º As entidades fechadas organizar-se-ão sob a forma de fundação ou sociedade civil, sem fins lucrativos. [...]".

Entrância Designação da posição ou ordem na jurisdição que ocupa um juiz no exercício de suas funções. Para esse efeito, um juiz em início de carreira é considerado juiz de primeira entrância ou entrância inicial, exercendo suas atividades em uma comarca de menor demanda judicial. Depois de certo tempo de atividade, passará a galgar outras entrâncias, até ser guindado à entrância final ou ser nomeado desembargador.

Entrega de bens de uso pessoal Medida cautelar facultada a qualquer dos cônjuges destinada a obter a entrega de pertences de uso pessoal que ainda se encontrem na residência do casal, quando houver separação de fato ou afastamento do lar mediante pedido de separação de corpos ou de afastamento temporário (art. 888, II, CPC/73). São excluídos da comunhão os bens de uso pessoal, os livros e os instrumentos de profissão (arts. 1.569, V, e 1.568, V, CC). São esses, portanto, os *bens de uso pessoal* do cônjuge e, por extensão, também os dos filhos, que podem ser requeridos: a) pelo cônjuge em benefício de ambos, se os filhos forem incapazes; b) pelo cônjuge em benefício próprio; c) pelos filhos maiores e capazes, em benefício próprio (art. 888, II, CPC/73).

Entre vivos (*inter vivos*) Diz-se do ato jurídico que se processa entre pessoas vivas. O testamento, por exemplo, é ato de disposição de última vontade de pessoa viva que, não obstante, somente tem validade após a morte do testador.

Enunciado Designação do texto, resumido ou síntese, contido em súmulas dos tribunais, principalmente as editadas pelo TST.

Equidade Aplicação ideal da norma ao caso concreto; a justiça aplicada ao caso particular. É o justo, superior ao erro decorrente do caráter absoluto da disposição legal. "O equitativo é o justo, superior a uma espécie de justiça – não à Justiça absoluta, senão ao erro proveniente do caráter absoluto da disposição legal. E é esta a natureza do equitativo, uma correção da lei quando esta se mostra deficiente em razão da sua universalidade" (ARISTÓTELES. *Ética a nicômano*. In: *Os pensadores*. São Paulo, 1983, p. 34-335).

■ Honorários advocatícios. Art. 20, §§ 3º e 4º, do CPC. Critério de equidade. Renúncia de aposentadoria. Devolução dos valores recebidos. Desnecessidade. Matéria julgada em recurso repetitivo. 1. Vencida a Fazenda Pública, a fixação dos honorários não está adstrita aos limites percentuais de 10% e 20%, podendo ser adotado como base de cálculo o valor dado à causa ou à condenação, nos termos do art. 20, § 4º, do CPC, ou mesmo um valor fixo, segundo o critério de equidade. 2. A renúncia à aposentadoria, para fins de aproveitamento do tempo de contribuição e concessão de novo benefício, independentemente do regime previdenciário que se encontra o segurado, não importa em devolução dos valores percebidos. Precedentes. 3. Orientação referendada pela Primeira Seção, no julgamento do REsp n. 1.334.488/SC, rel. Min. Herman Benjamin, submetido ao regime do art. 543-C do CPC. 4. Agravos regimentais não providos. (Ag. Reg. no REsp n. 1.319.972/RS, 2ª T., rel. Min. Castro Meira, j. 04.06.2013, *DJe* 13.06.2013)

Erga omnes (*v. Efeito* erga omnes).

Erro Falsa concepção a respeito de um fato, coisa ou pessoa. O erro é considerado um dos vícios do consentimento dos negócios jurídicos, podendo causar a sua anulação. Subdivide-se em erro substancial ou essencial e erro acidental. O erro substancial invalida o ato jurídico. O erro acidental é aquele que pode ser resolvido facilmente, não invalidando o ato jurídico (arts. 138 a 144, CC).

▶ Veja CC: "**Art. 138.** São anuláveis os negócios jurídicos, quando as declarações de vontade emanarem de erro substancial que poderia ser percebido por pessoa de diligência normal, em face das circunstâncias do negócio. **Art. 139.** O erro é substancial quando: I – interessa à natureza do negócio, ao objeto principal da declaração, ou a alguma das qualidades a ele essenciais; II – concerne à identidade ou à qualidade essencial da pessoa a quem se refira a declaração de vontade, desde que tenha influído nesta de modo relevante; III – sendo de direito e não implicando recusa à aplicação da lei, for o motivo único ou principal do negócio jurídico. **Art. 140.** O falso motivo só vicia a declaração de vontade quando expresso como razão determinante. **Art. 141.** A transmissão errônea da vontade por meios interpostos é anulável nos mesmos casos em que o é a declaração direta. **Art. 142.** O erro de indicação da pessoa ou da coisa, a que se referir a declaração de vontade, não viciará o negócio quando, por seu contexto e pelas circunstâncias, se puder identificar a coisa ou pessoa cogitada. **Art. 143.** O erro de cálculo apenas autoriza a retificação da declaração de vontade. **Art. 144.** O erro não prejudica a validade do negócio jurídico quando a pessoa, a quem a manifestação de vontade se dirige, se oferecer para executá-la na conformidade da vontade real do manifestante".

- Recurso especial. Habilitação de crédito em inventário. Sentença. Interposição de agravo de instrumento. Erro grosseiro. 1. A ausência de decisão sobre os dispositivos legais supostamente violados, não obstante a interposição de embargos de declaração, impede o conhecimento do recurso especial. Incidência da Súmula n. 211/STJ. 2. Ocorre erro grosseiro na interposição de recurso quando (i) a lei é expressa ou suficientemente clara quanto ao cabimento de determinado recurso e (ii) inexistem dúvidas ou posições divergentes na doutrina e na jurisprudência sobre qual o recurso cabível para atacar determinada decisão. 3. Para que se admita o princípio da fungibilidade, portanto, deve haver uma dúvida fundada em divergência doutrinária e/ou jurisprudencial – uma dúvida objetiva, que também deve ser atual. 4. Os recorridos cometeram um erro grosseiro ao interpor recurso de agravo contra a decisão da habilitação de crédito porque não há dúvidas de que se trata de uma sentença e, portanto, sujeita à apelação. 5. Inaplicabilidade do princípio da fungibilidade recursal diante do erro grosseiro. 6. Recurso especial provido. (STJ, REsp n. 1.133.447/SP, 3ª T., rel. Min. Nancy Andrighi, j. 11.12.2012, DJe 19.12.2012)

Erro na execução Ou *aberratio ictus*. Erro que se verifica quando o agente pretende atingir determinada pessoa a qual visualiza, erra o golpe ou o disparo, vindo ofender outra. Nesse caso o agente não se engana quanto à vítima, mas, por erro, atinge outra pessoa (art. 73, CP).

- Veja CP: "Erro na execução – **Art. 73.** Quando, por acidente ou erro no uso dos meios de execução, o agente, ao invés de atingir a pessoa que pretendia ofender, atinge pessoa diversa, responde como se tivesse praticado o crime contra aquela, atendendo-se ao disposto no § 3º do art. 20 deste Código. No caso de ser também atingida a pessoa que o agente pretendia ofender, aplica-se a regra do art. 70 deste Código".

- *Aberratio ictus*. Concurso formal de delitos. Pena. "Hipótese em que se atingiu não só a pessoa visada como também terceiro, por erro de execução. Regência da espécie pela disciplina do concurso formal" (Precedente do STF, HC n. 62.655/BA, DJ 07.07.1985, rel. Min. Francisco Rezek). "Se por erro de execução, o agente atingiu não só a pessoa visada, mas também terceira pessoa, aplica-se o concurso formal" (STF, RT 598/420). Recurso conhecido e provido (STJ, REsp n. 439.058/DF, 5ª T., rel. Min. José Arnaldo da Fonseca, j. 13.05.2003, DJ 09.06.2003, p. 288)

Error in judicando Erro no julgar. Expressão que designa o erro ou equívoco cometido pelo juiz no julgamento do processo. Um exemplo desse erro consiste no equívoco na valoração da prova. O *error in judicando* pode ser atacado por recurso, que objetiva a reforma da decisão e a prolação de nova decisão sobre a mesma questão decidida pelo provimento impugnado, devendo esse novo pronunciamento substituir o provimento recorrido.

- Responsabilidade civil. Preliminar de nulidade por cerceamento de defesa. Rejeição. Preliminar de ilegitimidade passiva. 1. Se o Magistrado incorreu em *error in judicando* ao prolatar sentença extintiva em desacordo com o teor dos autos, a discussão ultrapassa a barreira do *error in procedendo*, não havendo de se cogitar de nulidade. 2. Nos termos da teoria da asserção, a aferição das condições da ação ocorre no plano abstrato, de acordo com o teor da petição inicial. Caso em que o teor da petição inicial permite reconhecer, no plano abstrato, a legitimidade passiva do requerido. Sentença reformada. 3. Princípio da causa madura. Retorno dos autos à origem para o regular processamento, em aplicação do disposto no artigo 515, § 3º, do CPC. (TJRS, Ap. Cível n. 70051360345, 9ª Câm. Cível, rel. Iris Helena Medeiros Nogueira, j. 14.11.2012)

- Apelação cível. Responsabilidade civil. Nulidade da sentença. Não ocorrência. A questão relativa à regularidade da inscrição da autora no cadastro da Secretaria da Receita Federal não foi dirimida por ocasião da instrução processual, tratando-se, pois, de matéria preclusa, nos termos do art. 183 do CPC. Não bastasse isso, eventual inconformidade com desfecho da demanda importa em *error in judicando*, e não *error in procedendo*, cabendo a reforma da sentença, se for o caso, mas não sua desconstituição. Preliminar rejeitada. [...] (TJRS, Ap. Cível n. 70051116630, 9ª Câm. Cível, rel. Tasso Caubi Soares Delabary, j. 24.10.2012)

Error in persona Erro sobre a pessoa. Crime no qual o agente, de forma dolosa, atinge pessoa diferente daquela que pretendia atingir (art. 20, § 3º, CP).

▸ Veja CP: "Erro sobre elementos do tipo – **Art. 20.** O erro sobre elemento constitutivo do tipo legal de crime exclui o dolo, mas permite a punição por crime culposo, se previsto em lei. Descriminantes putativas – § 1º É isento de pena quem, por erro plenamente justificado pelas circunstâncias, supõe situação de fato que, se existisse, tornaria a ação legítima. Não há isenção de pena quando o erro deriva de culpa e o fato é punível como crime culposo. Erro determinado por terceiro – § 2º Responde pelo crime o terceiro que determina o erro. Erro sobre a pessoa – § 3º O erro quanto à pessoa contra a qual o crime é praticado não isenta de pena. Não se consideram, neste caso, as condições ou qualidades da vítima, senão as da pessoa contra quem o agente queria praticar o crime".

Error in procedendo Erro no proceder praticado pelo juiz. Erro cometido pelo juiz no exercício da atividade jurisdicional, seja no curso procedimental, seja na prolação da sentença, violando norma processual expressa. Exemplos: rejeição pelo juiz de todas as provas obtidas com a fiscalização do contraditório elegendo outra prova sumária e unilateral, violando o princípio da fundamentação; decisão em recurso de apelação, sem a análise do recurso adesivo pelo tribunal.

- Apelação-crime. Delito de violação de direito autoral. Arquivamento de termo circunstanciado *ex officio*. Descabimento. Inobstante a atipicidade da conduta perpetrada pelo indiciado, equivocou-se a Magistrada ao determinar o arquivamento do inquérito sem provocação do agente ministerial. É cediço que, sendo o Ministério Público o titular da ação penal pública (art. 129, I, da CF), cabe a ele requerer o arquivamento do inquérito policial ou apresentar a denúncia (art. 28, CPP). Evidente o error *in procedendo* em que incorreu a Magistrada. Princípio da fungibilidade. Recurso conhecido como correição parcial. Decisão desconstituída. Correição concedida. Unânime. (TJRS, Ap. Crime n. 70053687109, 4ª Câm. Criminal, rel. Aristides Pedroso de Albuquerque Neto, j. 06.06.2013)

- Julgamento antecipado da lide. Indeferimento de postulação por produção de provas. Sentença fundamentada na falta de comprovação dos fatos alegados. *Error in procedendo*. 1. Quando a questão de mérito for unicamente de direito, ou, sendo de direito e de fato, não houver necessidade de produzir prova em audiência, o art. 330, I, do CPC prevê o julgamento antecipado da lide, no qual a sentença é proferida, dispensando-se a inauguração da chamada fase instrutória. [...] 3. *In casu*, embora a recorrida tenha postulado pela produção de prova pericial e testemunhal, o magistrado promoveu julgamento antecipado da lide (art. 330, I, do CPC) e concluiu pela improcedência do pedido, sob o fundamento de que "a empresa demandante não trouxe aos autos elementos de prova suficientes e capazes de comprovar o alegado na inicial" (fl. 166). 4. Não há, pois, como deixar de reconhecer o *error in procedendo* do juízo de primeiro grau. 5. Recurso Especial não provido. (STJ, REsp n. 1.293.370/RN, 2ª T., rel. Min. Herman Benjamin, j. 20.06.2013, *DJe* 01.08.2013)

Erro substancial Aquele que pode ser percebido por pessoa de diligência normal, em face das circunstâncias do negócio, sendo passível de anulação (art. 138, CC). O erro é substancial ou essencial quando: interessa à natureza do negócio, ao objeto principal da declaração ou a alguma das qualidades a ele essenciais; concerne à identidade ou à qualidade essencial da pessoa a quem se refira a declaração de vontade, desde que tenha influído nesta de modo relevante; sendo de direito e não implicando recusa à aplicação da lei, for o motivo único ou principal do negócio jurídico (art. 139, CC).

▸ Veja CC: "**Art. 139.** O erro é substancial quando: I – interessa à natureza do negócio, ao objeto principal da declaração, ou a alguma das qualidades a ele essenciais; II – concerne à identidade ou à qualidade essencial da pessoa a quem se refira a declaração de vontade, desde que tenha influído nesta de modo relevante; III – sendo de direito e não implicando recusa à aplicação da lei, for o motivo único ou principal do negócio jurídico".

Esbulho possessório Retirada violenta de uma coisa ou bem que se encontra sob a posse do seu legítimo possuidor. O possuidor tem direito a ser mantido na posse em caso de turbação e restituído no caso de esbulho (art. 1.210, CC; art. 926, CPC/73).

▸ Veja CC: "**Art. 1.210.** O possuidor tem direito a ser mantido na posse em caso de turbação, restituído no de esbulho, e segurado de violência iminente, se tiver justo receio de ser molestado".

▸ Veja CPC/73: "**Art. 926.** O possuidor tem direito a ser mantido na posse em caso de turbação e reintegrado no de esbulho".

▸ Veja CPC/2015: "**Art. 560.** O possuidor tem direito a ser mantido na posse em caso de turbação e reintegrado em caso de esbulho. **Art. 561.** Incumbe ao autor provar: I – a sua posse; II – a turbação ou o esbulho praticado pelo réu; III – a data da turbação ou do esbulho; IV – a continuação da posse, embora turbada, na ação de manutenção, ou a perda da posse, na ação de reintegração".

- Posse. Ação de reintegração de posse cumulada com indenização por perdas e danos. 1. Preliminar suscitada em contrarrazões de não conhecimento da apelação afastada. 2. Provado mediante notificação judicial o comodato verbal e o esbulho possessório. 3. O réu não provou que teria participado financeiramente da construção do galpão de alvenaria ou que teria vendido tão somente as suas cotas sociais quando se retirou da empresa, ônus que lhe incumbia (art. 333, II, CPC). Preliminar de não conhecimento da apelação afastada e apelo desprovido. (TJRS, Ap. Cível n. 70052854981, 19ª Câm. Cível, rel. Voltaire de Lima Moraes, j. 23.04.2013)

Escola dos glosadores
Escola integrada por juristas que, a partir dos textos de Justiniano, desenvolveram um método de interpretação e explicação desses textos por meio de notas explicativas e anotações marginais no texto principal, denominadas glosas.

Escritura pública
Documento escrito, lavrado por tabelião, que formaliza a celebração de um contrato por instrumento público. A escritura pública é um documento dotado de fé pública e faz prova plena. Não dispondo a lei em contrário, a escritura pública é essencial à validade dos negócios jurídicos que visem à constituição, transferência, modificação ou renúncia de direitos reais sobre imóveis de valor superior a trinta vezes o maior salário mínimo vigente no país. Exigem escritura, entre outros, os seguintes atos: criar uma fundação; doação; constituição de renda; transação; pacto antenupcial; cessão de direitos hereditários; instituir bem de família; inventário, se todos os herdeiros forem capazes; separação consensual e divórcio consensual, não havendo filhos menores ou incapazes. Salvo cláusula em contrário, ficarão as despesas de escritura e registro a cargo do comprador, e a cargo do vendedor as da tradição (arts. 108, 215 e 490, CC; art. 585, II, CPC/73).

- Veja CC: "**Art. 108.** Não dispondo a lei em contrário, a escritura pública é essencial à validade dos negócios jurídicos que visem à constituição, transferência, modificação ou renúncia de direitos reais sobre imóveis de valor superior a trinta vezes o maior salário mínimo vigente no País. [...] **Art. 215.** A escritura pública, lavrada em notas de tabelião, é documento dotado de fé pública, fazendo prova plena. [...] **Art. 490.** Salvo cláusula em contrário, ficarão as despesas de escritura e registro a cargo do comprador, e a cargo do vendedor as da tradição".

- Veja CPC/73: "**Art. 585.** São títulos executivos extrajudiciais: [...] II – a escritura pública ou outro documento público assinado pelo devedor; o documento particular assinado pelo devedor e por duas testemunhas; o instrumento de transação referendado pelo Ministério Público, pela Defensoria Pública ou pelos advogados dos transatores; [...]".

- Veja CPC/2015: "**Art. 784.** São títulos executivos extrajudiciais: [...] II – a escritura pública ou outro documento público assinado pelo devedor; [...]".

Estabilidade da gestante
Garantia de permanecer no emprego concedida à empregada gestante a partir da confirmação da gravidez até cinco meses após o parto (art. 10, II, *b*, ADCT). A Lei n. 11.770/2008, que instituiu o Programa Empresa Cidadã, estabelece que esse prazo poderá ser prorrogado por mais sessenta dias quando a empregada assim o requerer ou ainda quando a própria empresa aderir voluntariamente ao programa.

- Veja ADCT: "**Art. 10.** Até que seja promulgada a Lei Complementar a que se refere o art. 7º, I, da Constituição: [...] II – fica vedada a dispensa arbitrária ou sem justa causa: [...] *b)* da empregada gestante, desde a confirmação da gravidez até cinco meses após o parto".

- Súmula n. 244, TST: Gestante. Estabilidade provisória (incorporadas as OJs ns. 88 e 196 da SDI-1) I – O desconhecimento do estado gravídico pelo empregador não afasta o direito ao pagamento da indenização decorrente da estabilidade (art. 10, II, *b*, do ADCT). (ex-OJ n. 88 da SDI-1) II – A garantia de emprego à gestante só autoriza a reintegração se esta se der durante o período de estabilidade. Do contrário, a garantia restringe-se aos salários e demais direitos correspondentes ao período de estabilidade. (ex-Súmula n. 244 – alterada pela Res. n. 121/2003) III – A empregada gestante tem direito à estabilidade provisória prevista no art. 10, II, *b*, do Ato das Disposições Constitucionais Transitórias, mesmo na hipótese de admissão mediante contrato por tempo determinado.

- Servidora pública gestante ocupante de cargo em comissão. Estabilidade provisória (ADCT/88, art. 10, II, *b*). Proteção à maternidade e ao nascituro. Desnecessidade de prévia comunicação do estado de gravidez. O acesso da servidora pública e da trabalhadora gestantes à estabilidade provisória, que se qualifica como inderrogável garantia social de índole constitucional, supõe a mera confirmação objetiva do estado fisiológico de gravidez, independentemente, quanto a este, de sua prévia comunicação ao órgão estatal competente ou, quando for o caso, ao empregador. Doutrina. Precedentes. As gestantes – quer se trate de servidoras públicas, quer se cuide de trabalhadoras, qualquer que seja o regime jurídico a elas aplicável, não importando se de caráter administrativo ou de natureza contratual (CLT), mesmo aquelas ocupantes de cargo em comissão ou exercentes de função de confiança ou, ainda, as contratadas por prazo determinado, inclusive na hipótese prevista no inciso IX do art. 37 da Constituição, ou admitidas a título precário – têm direito público subjetivo à estabilidade provisória, desde a confirmação do estado fisiológico de gravidez até cinco (5) meses após o parto (ADCT, art. 10, II, b), e, também, à licença-maternidade de 120 dias (CF, art. 7º, XVIII, c/c o art. 39, § 3º), sendo-lhes preservada, em consequência, nesse período, a integridade do vínculo jurídico que as une à Administração Pública ou ao empregador, sem prejuízo da integral percepção do estipêndio funcional ou da remuneração laboral. Doutrina. Precedentes. Convenção OIT n. 103/52. Se sobrevier, no entanto, em referido período, dispensa arbitrária ou sem justa causa de que resulte a extinção do vínculo jurídico-administrativo ou da relação contratual da gestante (servidora pública ou trabalhadora), assistir-lhe-á o direito a uma indenização correspondente aos valores que receberia até cinco (5) meses após o parto, caso inocorresse tal dispensa. Precedentes. (STF, Ag. Reg. no RE n. 634.093, 2ª T., rel. Min. Celso Mello, j. 22.11.2011, DJe 232 de 07.12.2011)

Estabilidade de membro da Cipa Garantia de permanência no emprego conferida ao empregado integrante da comissão interna de prevenção de acidentes (Cipa), desde o registro da candidatura até um ano após o final de seu mandato (art. 10, II, *a*, ADCT).

▸ Veja ADCT: "**Art. 10.** [...] II – fica vedada a dispensa arbitrária ou sem justa causa: *a)* do empregado eleito para o cargo de direção de comissões internas de prevenção de acidentes, desde o registro da candidatura até um ano após o final de seu mandato".

■ Contrato de experiência. Estabilidade. Membro da Cipa. O contrato de experiência não se transmuda em contrato indeterminado pelo fato do trabalhador ter adquirido estabilidade por ser membro da Cipa durante seu período de vigência. Recurso a que se nega provimento. (TRT-21ª Região, RO n. 03-0579-01 (43.842), rel. Des. Maria de Lourdes Alves Leite, *DJRN* 21.02.2003)

■ Estabilidade. Membro da Cipa. Designado pelo empregador. Os membros da Cipa, indicados pelo empregador, não têm garantia contra a dispensa arbitrária prevista nos arts. 10, II, *a*, do ADCT, e 165 da CLT. O intuito de tais dispositivos é resguardar o empregado eleito para representar os empregados, mediante uma eleição, o direito de exercer livremente as suas funções nas comissões internas de prevenção de acidentes (Cipas), com a segurança de não poder ser demitido arbitrariamente. (TST, RR n. 375.687, 4ª T., rel. Min. Conv. Aloysio Corrêa da Veiga, *DJU* 28.06.2002)

Estabilidade do funcionário público Garantia constitucional de permanência no serviço público outorgada ao servidor que, nomeado por concurso público em caráter efetivo, tenha transposto o estágio probatório de três anos (art. 41, CF/88; EC n. 19/98). A Terceira Seção do STJ definiu que a partir da EC n. 19/98, o prazo do estágio probatório dos servidores públicos é de três anos, ao entender que a mudança no texto do artigo 41 da Constituição Federal instituiu o prazo de três anos para o alcance da estabilidade, fato que não pode ser dissociado do período de estágio probatório.

▸ Veja CF: "**Art. 41.** São estáveis após 3 (três) anos de efetivo exercício os servidores nomeados para cargo de provimento efetivo em virtude de concurso público. § 1º O servidor público estável só perderá o cargo: I – em virtude de sentença judicial transitada em julgado; II – mediante processo administrativo em que lhe seja assegurada ampla defesa; III – mediante procedimento de avaliação periódica de desempenho, na forma de lei complementar, assegurada ampla defesa. [...]".

▸ Veja EC n. 19/98: "**Art. 28.** É assegurado o prazo de dois anos de efetivo exercício para a aquisição da estabilidade aos atuais servidores em estágio probatório, sem prejuízo da avaliação a que se refere o art. 41 da Constituição Federal".

■ Embargos de declaração em agravo regimental em agravo de instrumento. 2. Vinculação entre o instituto da estabilidade, definida no art. 41 da CF, e o do estágio probatório. 3. Aplicação de prazo comum de três anos a ambos os institutos. 4. Precedentes. 5. Embargos de declaração acolhidos com efeitos infringentes (STF, AI n. 754.802, Ag. Reg. em Emb.

Decl./DF – Emb. Decl. no Ag. Reg. no AI, 2ª T., rel. Min. Gilmar Mendes, j. 07.06.2011)

Estabilidade no emprego Direito de permanecer no emprego e de somente ser demitido por motivo de falta grave ou circunstância de força maior, devidamente comprovadas, assegurado ao empregado que contar com mais de dez anos de serviço na mesma empresa (art. 492, CLT).

- Veja CLT: "**Art. 492.** O empregado que contar mais de 10 (dez) anos de serviço na mesma empresa não poderá ser despedido senão por motivo de falta grave ou circunstância de força maior, devidamente comprovadas. Parágrafo único. Considera-se como de serviço todo o tempo em que o empregado esteja à disposição do empregador. [...] **Art. 500.** O pedido de demissão do empregado estável só será válido quando feito com a assistência do respectivo Sindicato e, se não o houver, perante autoridade local competente do Ministério do Trabalho e Previdência Social ou da Justiça do Trabalho".

Estágio probatório Avaliação em relação a condutas como assiduidade, pontualidade, responsabilidade e iniciativa para exercer as atribuições do cargo a que o servidor público de cargo efetivo se submete, após três anos de atividade, para o poder público verificar se ele possui méritos para se estabilizar no serviço público.

- Veja legislação do verbete *Estabilidade do funcionário público*.
- Embargos de declaração em agravo regimental em agravo de instrumento. 2. Vinculação entre o instituto da estabilidade, definida no art. 41 da CF, e o do estágio probatório. 3. Aplicação de prazo comum de três anos a ambos os institutos. 4. Precedentes. 5. Embargos de declaração acolhidos com efeitos infringentes (STF, AI n. 754.802 Ag. Reg. em Emb. Decl./DF – Emb. Decl. no Ag. Reg. no AI, 2ª T., rel. Min. Gilmar Mendes, j. 07.06.2011)

Estatuto Texto por meio do qual se estabelecem as regras que disciplinam as relações entre pessoas participantes de uma mesma entidade, pública ou privada. Pacto coletivo entre pessoas que buscam alcançar um objetivo comum. São exemplos os estatutos sociais de um clube e os de uma entidade de classe, como a OAB. No direito administrativo, refere-se às regras que regulam as atividades dos funcionários públicos civis ou militares.

Estatuto da Cidade (*v.* Lei n. 10.257, de 10.07.2001).

Estatuto da Criança e do Adolescente (*v.* Lei n. 8.069, de 13.07.1990).

Estatuto da Igualdade Racial (*v.* Lei n. 12.288, de 20.07.2010).

Estatuto da Juventude Estatuto instituído pela Lei n. 12.852, de 05.08.2013, que dispõe sobre os direitos dos jovens, os princípios e diretrizes das políticas públicas de juventude e o Sistema Nacional de Juventude (SINAJUVE). Para os efeitos dessa Lei, são consideradas jovens as pessoas com idade entre 15 e 29 anos.

Estatuto da Magistratura Lei Orgânica da Magistratura Nacional (*v.* LC n. 35, de 14.03.1979).

Estatuto da OAB Estatuto da Advocacia e a Ordem dos Advogados do Brasil (EAOAB) (*v.* Lei n. 8.906, de 04.07.1994).

Estatuto da Terra Denominação conferida às normas que integram o direito agrário destinadas a regular o regime jurídico de uso e exploração da propriedade agrária, com vista à execução da Reforma Agrária e à promoção da Política Agrícola (Lei n. 4.504/64).

- Veja Lei n. 4.504/64: "**Art. 1º** Esta Lei regula os direitos e obrigações concernentes aos bens imóveis rurais, para os fins de execução da Reforma Agrária e promoção da Política Agrícola. § 1º Considera-se Reforma Agrária o conjunto de medidas que visem a promover melhor distribuição da terra, mediante modificações no regime de sua posse e uso, a fim de atender aos princípios de justiça social e ao aumento de produtividade. § 2º Entende-se por Política Agrícola o conjunto de providências de amparo à propriedade da terra, que se destinem a orientar, no interesse da economia rural, as atividades agropecuárias, seja no sentido de garantir-lhes o pleno emprego, seja no de harmonizá-las com o processo de industrialização do país".

Estatuto de Defesa do Torcedor (*v.* Lei n. 10.671, de 15.05.2003).

Estatuto do Desarmamento (*v.* Lei n. 10.826, de 22.12.2003).

Estatuto do Estrangeiro (*v.* Lei n. 6.815, de 19.08.1980).

Estatuto do Idoso (*v.* Lei n. 10.741, de 01.10.2003).

Estatuto do Índio (v. Lei n. 6.001, de 19.12.1973).

Estatuto do Ministério Público (v. LC n. 75, de 20.05.1993).

Estatuto dos Militares (v. Lei n. 6.880, de 09.12.1980).

Estatuto dos Museus (v. Lei n. 11.904, de 14.01.2009).

Estatuto dos Refugiados (v. Lei n. 9.474, de 22.07.1997).

Estatuto dos Servidores Públicos (v. Lei n. 8.112, de 11.12.1990).

Estatuto legislativo Conjunto de princípios e normas de direito público emanado do Estado destinado a tutelar os interesses de determinado grupo social ou regular as atividades de uma categoria profissional. Pertencem a essa categoria o Estatuto do Idoso, o Estatuto da Criança e do Adolescente, o Estatuto da Cidade e o Estatuto dos Servidores Públicos, entre outros.

Estatuto Nacional da Microempresa e da Empresa de Pequeno Porte (v. LC n. 123, de 14.12.2006).

Estelionatário Aquele ou quem pratica crime de estelionato.

Estelionato Crime praticado por alguém que visa obter, para si ou para outrem, vantagem ilícita em prejuízo alheio, induzindo alguém a erro, ou mantendo-o assim, mediante artifício, ardil ou qualquer outro meio fraudulento (art. 171, CP).

▶ Veja CP: "Estelionato – **Art. 171**. Obter, para si ou para outrem, vantagem ilícita, em prejuízo alheio, induzindo ou mantendo alguém em erro, mediante artifício, ardil, ou qualquer outro meio fraudulento: Pena – reclusão, de 1 (um) a 5 (cinco) anos, e multa. [...]".

- Conflito negativo de competência. Estelionato. Fraude no pagamento por meio de cheque sem provisão de fundos. Competência do foro do local onde se deu a recusa pelo sacado. Súmula n. 244/STJ e Súmula n. 521/STF. Competência do juízo suscitado. 1. O foro competente para processar e julgar o crime de estelionato cometido sob a modalidade de fraude no pagamento por meio de cheque sem provisão de fundos (art. 171, § 2º, VI, do CP) é o do local da recusa do pagamento pelo sacado (Súmula n. 244/STJ e Súmula n. 521/STF). 2. Conflito conhecido para reconhecer a competência do Juízo de Direito da 2ª Vara Criminal de Ourinhos/SP, o suscitado. (STJ, CC n. 116.295/PR, 3ª Seção, rel. Min. Marco Aurélio Bellizze, j. 12.06.2013, DJe 25.06.2013)

Estelionato previdenciário Crime de estelionato praticado contra o INSS, hipótese cuja pena será aumentada de um terço por se tratar de delito praticado em detrimento de entidade de direito público (art. 171, § 3º, CP). A Terceira Seção do STJ decidiu em 27.06.2012, no REsp n. 1.206.105/RJ, por maioria, que o prazo prescricional do crime de estelionato, cometido contra o INSS pelo beneficiário das parcelas, somente passa a correr a partir da cessação do recebimento das prestações indevidas.

▶ Veja CP: "Estelionato – **Art. 171**. Obter, para si ou para outrem, vantagem ilícita, em prejuízo alheio, induzindo ou mantendo alguém em erro, mediante artifício, ardil, ou qualquer outro meio fraudulento: Pena – reclusão, de 1 (um) a 5 (cinco) anos, e multa. [...] § 3º A pena aumenta-se de um terço, se o crime é cometido em detrimento de entidade de direito público ou de instituto de economia popular, assistência social ou beneficência".

- Estelionato previdenciário praticado pelo beneficiário. Crime permanente. Suspensão administrativa do benefício. Prescrição. Termo *a quo*. 1. Nos crimes permanentes, o termo *a quo* da prescrição é o dia em que findou a permanência, na hipótese, a data em que houve a cessação do recebimento do benefício indevido. 2. Com a suspensão administrativa do benefício não se pode mais falar em recebimento indevido, pois a autarquia previdenciária deixa de agir em erro, possuindo conhecimento acerca de eventual fraude cometida, cessando-se a permanência do delito, sendo irrelevante a reativação posterior do benefício por força de decisão judicial. 3. Denunciada a agravada por infração ao art. 171, § 3º, do CP, que prevê a pena máxima em abstrato de 6 anos e 8 meses de reclusão, observo que já transcorreu o lapso de 12 anos, desde a suspensão do benefício ocorrido em 03.09.1998. 4. Agravo regimental a que se nega provimento. (STJ, Ag. Reg. no REsp n. 1.366.191/RJ, 6ª T., rel. Min. Og Fernandes, j. 11.06.2013, DJe 21.06.2013)

- Estelionato contra o INSS. Crime permanente. Termo inicial para a contagem do lapso prescricional. Cessação do recebimento das prestações indevidas. Prescrição incorretamente decretada em primeiro grau. Recurso desprovido. Sendo o objetivo do estelionato a obtenção de vantagem ilícita em prejuízo alheio, nos casos de prática contra a Previdência

Social, a ofensa ao bem jurídico tutelado pela norma é reiterada, mês a mês, enquanto não há a descoberta da aplicação do ardil, artifício ou meio fraudulento. Tratando-se, portanto, de crime permanente, inicia-se a contagem para o prazo prescricional com a supressão do recebimento do benefício indevido, e não do recebimento da primeira parcela da prestação previdenciária, como entendeu a decisão que rejeitou a denúncia. Recurso conhecido e desprovido, nos termos do voto do relator. (STJ, REsp n. 1.206.105/RJ, 3ª Seção, rel. Min. Gilson Dipp, j. 27.06.2012, *DJe* 22.08.2012)

Estupro Crime que consiste em constranger alguém, mediante violência ou grave ameaça, a ter conjunção carnal ou a praticar ou permitir que com ele se pratique outro ato libidinoso (art. 213, CP).

▸ Veja CP: "Estupro – **Art. 213.** Constranger alguém, mediante violência ou grave ameaça, a ter conjunção carnal ou a praticar ou permitir que com ele se pratique outro ato libidinoso: Pena – reclusão, de 6 (seis) a 10 (dez) anos. § 1º Se da conduta resulta lesão corporal de natureza grave ou se a vítima é menor de 18 (dezoito) ou maior de 14 (catorze) anos: Pena – reclusão, de 8 (oito) a 12 (doze) anos. § 2º Se da conduta resulta morte: Pena – reclusão, de 12 (doze) a 30 (trinta) anos".

■ Estupro e atentado violento ao pudor. Continuidade delitiva. Art. 71 do CP. Vítimas distintas. Possibilidade. Agravo regimental improvido. 1. Nos termos do parágrafo único do art. 71 do CP, desde que praticados dentro do mesmo contexto fático, devem ser entendidos como crime único a prática da conjunção carnal e de ato libidinoso diverso da cópula, ainda que perpetrados contra vítimas distintas. 2. Agravo regimental improvido. (STJ, Ag. Reg. no REsp n. 1.314.682/MG, 5ª T., rel. Min. Campos Marques (Des. convocado do TJPR), j. 25.06.2013, *DJe* 01.07.2013)

Estupro de vulnerável Crime cometido por quem pratica conjunção carnal ou outro ato libidinoso com menor de 14 anos ou com alguém que, por enfermidade ou deficiência mental, não tenha o necessário discernimento para a prática do ato, ou que, por qualquer outra causa, não pode oferecer resistência (art. 217-A, CP).

▸ Veja CP: "Estupro de vulnerável – **Art. 217-A.** Ter conjunção carnal ou praticar outro ato libidinoso com menor de 14 (catorze) anos: Pena – reclusão, de 8 (oito) a 15 (quinze) anos. § 1º Incorre na mesma pena quem pratica as ações descritas no *caput* com alguém que, por enfermidade ou deficiência mental, não tem o necessário discernimento para a prática do ato, ou que, por qualquer outra causa, não pode oferecer resistência. [...] § 3º Se da conduta resulta lesão corporal de natureza grave: Pena – reclusão, de 10 (dez) a 20 (vinte) anos. § 4º Se da conduta resulta morte: Pena – reclusão, de 12 (doze) a 30 (trinta) anos".

■ Estupro de vulnerável. Prévio *mandamus* denegado. Presente *writ* substitutivo de recurso ordinário elementos concretos a justificar a medida. *Habeas corpus* não conhecido. 1. É imperiosa a necessidade de racionalização do emprego do *habeas corpus*, em prestígio ao âmbito de cognição da garantia constitucional e em louvor à lógica do sistema recursal. *In casu*, foi impetrada indevidamente a ordem como substitutiva de recurso ordinário. 2. Não é ilegal o encarceramento provisório que se funda em dados concretos a indicar a necessidade da medida cautelar, especialmente em elemento extraído da conduta perpetrada pelo acusado, qual seja, o *modus operandi* do crime, demonstrando a necessidade da prisão para a garantia da ordem pública. 3. *Habeas corpus* não conhecido. (STJ, HC n. 190.616/SP, 6ª T., rel. Min. Maria Thereza De Assis Moura, j. 20.06.2013, *DJe* 01.07.2013)

Ética Parte da filosofia dedicada ao estudo dos valores morais e princípios ideais do comportamento humano. Definido por alguns como a "ciência da conduta", a ética, em sentido mais abrangente, é hoje entendida como valor ou norma de conduta a ser observada por todos nas relações pessoais, negociais ou profissionais. Os códigos de ética profissional são, assim, a soma de valores ou deveres que devem pautar o profissional nas relações com os clientes, com seus pares e, no caso do advogado, com o juiz, o Ministério Público e os serventuários da Justiça. O Código de Ética e Disciplina da OAB é o que rege a conduta profissional dos advogados no Brasil. Entre outras regras, o referido Código, no parágrafo único do art. 2º, prescreve que são *deveres* do advogado: preservar, em sua conduta, a honra, a nobreza e a dignidade da profissão, zelando pelo seu caráter de essencialidade e indispensabilidade; atuar com destemor, independência, honestidade, decoro, veracidade, lealdade, dignidade e boa-fé; velar por sua reputação pessoal e profissional; empenhar-se, permanentemente, em seu aperfeiçoamento pessoal e profissional; contribuir para o aprimoramento das instituições, do Direito e das leis; estimular a conciliação entre os litigantes, prevenindo, sempre que possível, a instauração de litígios; aconselhar o cliente e não ingressar em aventura judicial; abster-se de: a) utilizar de influência indevida, em seu benefício ou do cliente; b) patrocinar interesses ligados a outras atividades estranhas à advocacia, em que também atue; c) vincular o seu nome a empreendimentos de cunho manifestamente duvidoso; d) emprestar concurso aos que atentem contra a ética, a moral, a honestidade e a dignidade da pessoa humana; e) entender-se diretamente com a parte adversa que tenha patrono constituído, sem o assentimento deste; pugnar pela solução dos problemas da cidadania e pela efetivação dos seus direitos individuais, coletivos e difusos, no âmbito da comunidade.

Eutanásia Etimologicamente, a expressão origina-se do grego *eu*, que significa "bom", e *thanatos*, que significa "morte". Seria, assim, uma boa morte, morte aprazível, sem sofrimento. Ato de provocar a morte de alguém com o objetivo de eliminar seu sofrimento, por não haver chance de sobrevivência. No Brasil, a eutanásia é considerada crime de homicídio.

Eutanásia em animais Indução da morte de animal por meio de método tecnicamente aceitável e cientificamente comprovado, observando os princípios éticos definidos na Resolução n. 1.000/2012 e em outros atos do Conselho Federal de Medicina Veterinária (art. 2º, Res. n. 1.000/2012, CFMV).

▶ Veja Res. n. 1.000, CFMV: "**Art. 1º** Instituir normas reguladoras de procedimentos relativos à eutanásia em animais. **Art. 2º** Para os fins desta Resolução, eutanásia é a indução da cessação da vida animal, por meio de método tecnicamente aceitável e cientificamente comprovado, observando os princípios éticos aqui definidos e em outros atos do CFMV. **Art. 3º** A eutanásia pode ser indicada nas situações em que: I – o bem-estar do animal estiver comprometido de forma irreversível, sendo um meio de eliminar a dor ou o sofrimento dos animais, os quais não podem ser controlados por meio de analgésicos, de sedativos ou de outros tratamentos; II – o animal constituir ameaça à saúde pública; III – o animal constituir risco à fauna nativa ou ao meio ambiente; IV – o animal for objeto de atividades científicas, devidamente aprovadas por uma Comissão de Ética para o Uso de Animais – CEUA; V – o tratamento representar custos incompatíveis com a atividade produtiva a que o animal se destina ou com os recursos financeiros do proprietário".

Evicção Perda total ou parcial da coisa pelo adquirente em consequência de reivindicação judicial promovida pelo verdadeiro dono ou possuidor (art. 447, CC; art. 70, I, CPC/73).

▶ Veja CC: "**Art. 447.** Nos contratos onerosos, o alienante responde pela evicção. Subsiste esta garantia ainda que a aquisição se tenha realizado em hasta pública".

▶ Veja CPC/73: "**Art. 70.** A denunciação da lide é obrigatória: I – ao alienante, na ação em que terceiro reivindica a coisa, cujo domínio foi transferido à parte, a fim de que esta possa exercer o direito que da evicção lhe resulta; [...]".

▶ Veja CPC/2015: "**Art. 125.** É admissível a denunciação da lide, promovida por qualquer das partes: I – ao alienante imediato, no processo relativo à coisa cujo domínio foi transferido ao denunciante, a fim de que possa exercer os direitos que da evicção lhe resultam; [...]".

■ Apelação civil. Responsabilidade civil. Ação indenizatória. Simulação de negócio. Evicção. Danos materiais. Comprovação. Verificado nos autos a simulação praticada pelos requeridos, na medida que a ré Lúcia alienou imóvel para Italvino que, por sua vez, vendeu parte para Lorene e outra para o autor, sendo que este adimpliu valores sem ter ficado com a propriedade do bem, resta patente o dever solidário das rés de indenizar o suplicante. Evicção sofrida pelo autor que adquiriu a área de boa-fé, devendo ser ressarcido pelos prejuízos suportados. Dano material comprovado nos autos. Condenação mantida. Honorários advocatícios. Manutenção. É cediço que, no arbitramento da verba honorária, deve o juiz considerar o local de prestação do serviço, a natureza da causa, o trabalho realizado pelo causídico e o tempo de trâmite da ação, nos termos do art. 20, §§ 3º e 4º do CPC. Verba honorária arbitrada em 15% sobre o valor da condenação que se mostra adequada à espécie e que se mantém. Sentença mantida. Apelação desprovida. (TJRS, Ap. Cível n. 70054539184, 10ª Câm. Cível, rel. Paulo Roberto Lessa Franz, j. 27.06.2013)

Ex adverso Diz-se do advogado da parte contrária.

Exame de Ordem Exame exigido e aplicado pela Ordem dos Advogados do Brasil aos bacharéis em Direito que pretendam exercer a profissão de advogado (art. 8º, EAOAB, Lei n. 8.906/94). O Provimento n. 144/2011, editado pelo Conselho Federal da OAB, contém as normas que disciplinam a realização do Exame de Ordem.

> Veja EAOAB: "**Art. 8º** Para inscrição como advogado é necessário: I – capacidade civil; II – diploma ou certidão de graduação em direito, obtido em instituição de ensino oficialmente autorizada e credenciada; III – título de eleitor e quitação do serviço militar, se brasileiro; IV – aprovação em Exame de Ordem; V – não exercer atividade incompatível com a advocacia; VI – idoneidade moral; VII – prestar compromisso perante o Con-selho. § 1º O Exame de Ordem é regulamentado em provimento do Conselho Federal da OAB. [...]".

Exarar Ato de consignar ou registrar por escrito. Ato de o juiz proferir uma sentença. O mesmo que prolatar.

Exceção da verdade Possibilidade que o autor da calúnia tem de provar que aquilo que foi afirmado por ele é realmente verdade. A exceção da verdade somente se admite se o ofendido é funcionário público e a ofensa é relativa ao exercício de suas funções (art. 139, parágrafo único, CP).

> Veja CP: "Difamação – **Art. 139.** Difamar alguém, imputando-lhe fato ofensivo à sua reputação: Pena – detenção, de 3 (três) meses a 1 (um) ano, e multa. Exceção da verdade – Parágrafo único. A exceção da verdade somente se admite se o ofendido é funcionário público e a ofensa é relativa ao exercício de suas funções".

> ■ Reclamação. Exceção da verdade. Autoridade com prerrogativa de foro no STJ. Competência. Admissibilidade. Processamento e instrução da *exceptio veritatis*: juízo da ação criminal de origem. 1. O juízo de admissibilidade, o processamento e a instrução da exceção da verdade oposta em face de autoridades públicas com prerrogativa de foro devem ser feitos pelo próprio juízo da ação penal originária que, após a instrução dos autos, admitida a *exceptio veritatis*, deve remetê-los à Instância Superior para julgamento do mérito. 2. Com o julgamento, nesta mesma assentada, da Reclamação n. 7391/MT, cujo objeto é mais amplo, resta prejudicado o presente feito. 3. Reclamação julgada prejudicada. (STJ, Recl. n. 6.595/MT, Corte Especial, rel. Min. Laurita Vaz, j. 19.06.2013, *DJe* 01.07.2013)

Exceção de domínio Arguição do domínio ou da condição de proprietário do imóvel objeto da ação possessória como defesa ou como fundamento para manter-se ou reintegrar-se na posse. Referida arguição é vedada pelo ordenamento jurídico, ou seja, na pendência do processo possessório é defeso, tanto ao autor como ao réu, intentar ação de reconhecimento de domínio (art. 923, CPC/73). Não obsta à manutenção ou reintegração na posse a alegação de propriedade, ou de outro direito sobre a coisa (art. 1.210, § 2º, CC).

> Veja CC: "**Art. 1.210.** O possuidor tem direito a ser mantido na posse em caso de turbação, restituído no de esbulho, e segurado de violência iminente, se tiver justo receio de ser molestado. § 1º O possuidor turbado, ou esbulhado, poderá manter-se ou restituir-se por sua própria força, contanto que o faça logo; os atos de defesa, ou de desforço, não podem ir além do indispensável à manutenção, ou restituição da posse. § 2º Não obsta à manutenção ou reintegração na posse a alegação de propriedade, ou de outro direito sobre a coisa".

> Veja CPC/73: "**Art. 923.** Na pendência do processo possessório, é defeso, assim ao autor como ao réu, intentar ação de reconhecimento do domínio".

> Veja CPC/2015: "**Art. 557.** Na pendência de ação possessória é vedado, tanto ao autor quanto ao réu, propor ação de reconhecimento do domínio, exceto se a pretensão for deduzida em face de terceira pessoa. Parágrafo único. Não obsta à manutenção ou à reintegração de posse a alegação de propriedade ou de outro direito sobre a coisa".

> ■ Proteção possessória. Matéria de fato. Interpretação do art. 505 do CC, segunda parte. Aplicação da Súmula n. 07-STJ. Precedentes da Corte. 1. Na linha de precedentes da Corte, e mesmo sem desafiar a vigência da segunda parte do art. 505 do CC, "a proteção possessória independe da alegação de domínio", sendo certo que não cabe, "a discussão sobre o domínio, salvo se ambos os litigantes disputam a posse alegando propriedade ou quando duvidosas ambas as posses alegadas". 2. Examinando o acórdão recorrido a prova produzida, incluída a pericial realizada no patamar recursal, o especial encontra a barreira da Súmula n. 07 da Corte. 3. Recurso especial não conhecido. (STJ, REsp n. 81.688/RJ, 3ª T., rel. Min. Carlos Alberto Menezes Direito, j. 26.06.1997, *DJ* 20.10.1997, p. 53.052)

Exceção do contrato não cumprido *Exceptio non adimpleti contractus*. Exceção fundada na premissa de que, nos contratos bilaterais, nenhum dos contratantes, antes de cumprida a sua obrigação, pode exigir o implemento da do outro (art. 476, CC).

▸ Veja CC: "**Art. 476.** Nos contratos bilaterais, nenhum dos contratantes, antes de cumprida a sua obrigação, pode exigir o implemento da do outro. **Art. 477.** Se, depois de concluído o contrato, sobrevier a uma das partes contratantes diminuição em seu patrimônio capaz de comprometer ou tornar duvidosa a prestação pela qual se obrigou, pode a outra recusar-se à prestação que lhe incumbe, até que aquela satisfaça a que lhe compete ou dê garantia bastante de satisfazê-la".

▪ Contrato de venda e compra de imóvel. OTN como indexador. Ausência de estipulação contratual quanto ao número de parcelas a serem adimplidas. Exceção do contrato não cumprido. 1. Demanda entre promitente vendedor e promitente comprador que se comprometeu a pagar o valor do imóvel em parcelas indexadas pela já extinta OTN. [...] 2. O Tribunal de origem sopesou o equilíbrio entre o direito do adquirente de ter o bem adjudicado, após pagamento de valor expressivo, e o direito do vendedor de cobrar eventuais resíduos. Nesse diapasão, não há que se falar em violação do dispositivo mencionado referente à equidade. [...] 3. Aparente a incompatibilidade entre dois institutos, a exceção do contrato não cumprido e o adimplemento substancial, pois na verdade, tais institutos coexistem perfeitamente podendo ser identificados e incidirem conjuntamente sem ofensa à segurança jurídica oriunda da autonomia privada 4. No adimplemento substancial tem-se a evolução gradativa da noção de tipo de dever contratual descumprido, para a verificação efetiva da gravidade do descumprimento, consideradas as consequências que, da violação do ajuste, decorre para a finalidade do contrato. Nessa linha de pensamento, devem-se observar dois critérios que embasam o acolhimento do adimplemento substancial: a seriedade das consequências que de fato resultaram do descumprimento, e a importância que as partes aparentaram dar à cláusula pretensamente infringida. 5. Recurso especial improvido. (REsp n. 1215289/SP, 3ª T., rel. Min. Sidnei Beneti, j. 05.02.2013, *DJe* 21.02.2013)

Excesso de execução Circunstância configurada pela pretensão do exequente em pleitear do executado importância que extrapola o valor correto da dívida. Mediante o ajuizamento de embargos à execução, o executado poderá alegar que: o exequente pleiteia quantia superior à do título; que a execução recai sobre coisa diversa daquela declarada no título; a execução se processa de modo diferente do que foi determinado no título; o exequente, sem cumprir a prestação que lhe corresponde, exige o adimplemento da prestação do executado; o exequente não provou que a condição se realizou (art. 743, CPC/73).

▸ Veja CPC/73: "**Art. 743.** Há excesso de execução: I – quando o credor pleiteia quantia superior à do título; II – quando recai sobre coisa diversa daquela declarada no título; III – quando se processa de modo diferente do que foi determinado na sentença; IV – quando o credor, sem cumprir a prestação que lhe corresponde, exige o adimplemento da do devedor (art. 582); V – se o credor não provar que a condição se realizou".

▸ Veja CPC/2015: "**Art. 917.** Nos embargos à execução, o executado poderá alegar: [...] III – excesso de execução ou cumulação indevida de execuções; [...] § 2º Há excesso de execução quando: I – o exequente pleiteia quantia superior à do título; II – ela recai sobre coisa diversa daquela declarada no título; III – ela se processa de modo diferente do que foi determinado no título; IV – o exequente, sem cumprir a prestação que lhe corresponde, exige o adimplemento da prestação do executado; V – o exequente não prova que a condição se realizou. § 3º Quando alegar que o exequente, em excesso de execução, pleiteia quantia superior à do título, o embargante declarará na petição inicial o valor que entende correto, apresentando demonstrativo discriminado e atualizado de seu cálculo. § 4º Não apontado o valor correto ou não apresentado o demonstrativo, os embargos à execução: I – serão liminarmente rejeitados, sem resolução de mérito, se o excesso de execução for o seu único fundamento; II – serão processados, se houver outro fundamento, mas o juiz não examinará a alegação de excesso de execução. [...]".

Excussão Ato de excutir, que significa executar judicialmente os bens do devedor principal. O mesmo que benefício de ordem. Execução da obrigação em que há garantia real, ou seja, em que há entrega da coisa, dada especialmente para a segurança do crédito, principalmente nos contratos de penhor e de hipoteca (art. 1.422, CC). O benefício de excussão é previsto na fiança, na qual o fiador demandado pelo pagamento da dívida, até a contestação da lide, pode exigir que sejam primeiro excutidos os bens do devedor. O fiador que alegar o benefício de ordem poderá nomear bens do devedor, livres e desembargados, quantos bastem para solver o débito (art. 839, CC).

▸ Veja CC: "**Art. 837.** O fiador pode opor ao credor as exceções que lhe forem pessoais, e as extintivas da obrigação que competem ao devedor principal, se não provierem simplesmente de incapacidade pessoal, salvo o caso do mútuo feito a pessoa menor. **Art. 838.** O fiador, ainda que solidário, ficará desobrigado: I – se, sem consentimento seu, o credor conceder moratória ao devedor; II – se, por fato do credor, for impossível a sub-rogação nos seus direitos e preferências; III – se o credor, em pagamento da dívida, aceitar amigavelmente do devedor objeto diverso do que este era obrigado a lhe dar, ainda que depois venha a perdê-lo por evicção. **Art. 839.** Se for invocado o benefício da excussão e o devedor, retardando-se a execução, cair em insolvência, ficará exonerado o fiador que o invocou, se provar que os bens por ele indicados eram, ao tempo da penhora, suficientes para a solução da dívida afiançada. [...] **Art. 1.422.** O credor hipotecário e o pignoratício têm o direito de excutir a coisa hipotecada ou empenhada, e preferir, no pagamento, a outros credores, observada, quanto à hipoteca, a prioridade no registro. [...]".

▸ Veja CPC/2015: "**Art. 793.** O exequente que estiver, por direito de retenção, na posse de coisa pertencente ao devedor não poderá promover a execução sobre outros bens senão depois de excutida a coisa que se achar em seu poder. **Art. 794.** O fiador, quando executado, tem o direito de exigir que primeiro sejam executados os bens do devedor situados na mesma comarca, livres e desembargados, indicando-os pormenorizadamente à penhora. § 1º Os bens do fiador ficarão sujeitos à execução se os do devedor, situados na mesma comarca que os seus, forem insuficientes à satisfação do direito do credor. [...] **Art. 795.** Os bens particulares dos sócios não respondem pelas dívidas da sociedade, senão nos casos previstos em lei. § 1º O sócio réu, quando responsável pelo pagamento da dívida da sociedade, tem o direito de exigir que primeiro sejam excutidos os bens da sociedade. [...]".

■ Agravo de instrumento. Execução fiscal. Sociedade. Dissolução irregular. Fato superveniente. Redirecionamento contra o socioadministrador. Prescrição. Não ocorrência. 1. É preciso compreender a prescrição contra os responsáveis tributários do seguinte modo: (a) quando antecedente à execução e já conhecido pelo credor o fato autorizador do redirecionamento, ela começa a partir da citação do devedor; e (b) quando não conhecido ou superveniente à execução o fato autorizador, ela começa a partir de quando o credor tem conhecimento. Considerando o princípio do benefício de ordem ou de excussão, tal é a compreensão que se deve ter da orientação do STJ pelo sistema de repercussão geral (REsp n. 1.101.808/SP, 1ª Seção, *DJe* 23.09.2009), sob pena de contar-se prazo prescricional antes do fato gerador da ação (princípio da *actio nata*) e de seu conhecimento pelo credor. 2. Recurso provido. (TJRS, AI n. 70052637527, 1ª Câm. Cível, rel. Irineu Mariani, j. 26.06.2013)

Excutir Ato de executar os bens do devedor principal. Alienação forçada do bem sobre o qual recaiu a penhora.

Execução Processo judicial, embasado em título extrajudicial, destinado a compelir o executado a solver a obrigação. O processo de execução é restrito aos títulos executivos extrajudiciais, uma vez que para os títulos executivos judiciais (sentenças condenatórias) utiliza-se o processo de cumprimento de sentença (arts. 475-B e 475-I, CPC/73). Há diversas modalidades de execução: execução fiscal; execução de alimentos; execução de contrato (*v. Ação de execução*).

▸ Veja CPC/73: "**Art. 475-B.** Quando a determinação do valor da condenação depender apenas de cálculo aritmético, o credor requererá o cumprimento da sentença, na forma do art. 475-J desta Lei, instruindo o pedido com a memória discriminada e atualizada do cálculo. [...] **Art. 475-I.** O cumprimento da sentença far-se-á conforme os arts. 461 e 461-A desta Lei ou, tratando-se de obrigação por quantia certa, por execução, nos termos dos demais artigos deste Capítulo. [...]".

Execução de alimentos (*v. Ação de execução de alimentos*).

Execução do contrato Cumprimento pelas partes das obrigações assumidas por meio de cláusulas contratuais às quais aderiram. Satisfação da prestação objeto da obrigação. Nos contratos bilaterais, nenhum dos contratantes, antes de cumprida a sua obrigação, pode exigir o implemento da do outro (art. 476, CC) (*v. Exceção do contrato não cumprido*).

Execução fiscal Procedimento de execução judicial especial pelo qual a Fazenda Pública requer de contribuintes inadimplentes o crédito que lhe é devido e não foi cumprido voluntariamente (Lei n. 6.830/80). Funda-se na existência de um título executivo extrajudicial, denominado de certidão de dívida ativa (CDA), que servirá de fundamento para a cobrança da dívida que nela está representada, pois tal título goza de presunção de certeza e liquidez. Em regra, após noventa dias do prazo de cobrança, se o débito for superior a R$ 10.000,00 (dez mil reais), é gerada uma petição inicial pela Procuradoria da Fazenda Nacional, a qual é encaminhada para o judiciário. O juiz determinará a citação do devedor, o qual terá um prazo de cinco dias para pagar o débito ou nomear bens para garanti-lo, sob pena de penhora. Passada essa fase, os bens serão avaliados, em regra por um Oficial de Justiça, e conferidos a um depositário, que terá o dever legal de guardar os bens. Não indicados bens, podem ocorrer penhoras de créditos *on-line*, penhora de faturamento da empresa, penhora de ações, de imóveis, de veículos etc. Caso pretenda contestar o débito, o contribuinte pode oferecer embargos do executado, desde que antes tenha havido penhora suficiente para garantir o valor do crédito que está sendo cobrado e discutido (art. 16, Lei n. 6.830/80).

▶ Veja Lei n. 6.830/80: "**Art. 1º** A execução judicial para cobrança da Dívida Ativa da União, dos Estados, do Distrito Federal, dos Municípios e respectivas autarquias será regida por esta Lei e, subsidiariamente, pelo Código de Processo Civil. **Art. 2º** Constitui Dívida Ativa da Fazenda Pública aquela definida como tributária ou não tributária na Lei n. 4.320, de 17 de março de 1964, com as alterações posteriores, que estatui normas gerais de direito financeiro para elaboração e controle dos orçamentos e balanços da União, dos Estados, dos Municípios e do Distrito Federal. § 1º Qualquer valor, cuja cobrança seja atribuída por lei às entidades de que trata o art. 1º, será considerado Dívida Ativa da Fazenda Pública. § 2º A Dívida Ativa da Fazenda Pública, compreendendo a tributária e a não tributária, abrange atualização monetária, juros e multa de mora e demais encargos previstos em lei ou contrato. [...] **Art. 4º** A execução fiscal poderá ser promovida contra: I – o devedor; II – o fiador; III – o espólio; IV – a massa; V – o responsável, nos termos da lei, por dívidas, tributárias ou não, de pessoas físicas ou pessoas jurídicas de direito privado; e VI – os sucessores a qualquer título. [...] **Art. 16.** O executado oferecerá embargos, no prazo de 30 (trinta) dias, contados: I – do depósito; II – da juntada da prova da fiança bancária; III – da intimação da penhora. § 1º Não são admissíveis embargos do executado antes de garantida a execução. § 2º No prazo dos embargos, o executado deverá alegar toda matéria útil à defesa, requerer provas e juntar aos autos os documentos e rol de testemunhas, até três, ou, a critério do juiz, até o dobro desse limite. § 3º Não será admitida reconvenção, nem compensação, e as exceções, salvo as de suspeição, incompetência e impedimentos, serão arguidas como matéria preliminar e serão processadas e julgadas com os embargos".

▪ Tributário. Processual civil. Agravo regimental no agravo em recurso especial. Execução fiscal. Art. 578 do CPC. Foro competente. Agravo não provido. 1. Segundo entendimento do STJ, a execução fiscal, em regra, deve ser proposta no foro do domicílio do executado, que, no caso das pessoas jurídicas, é a sua sede, o que não impede, todavia, que seja observado o foro em que se encontre sua filial, conforme interpretação conferida ao art. 578 do CPC. 2. "Proposta a execução fiscal, a posterior mudança de domicílio do executado não desloca a competência já fixada" (Súmula n. 58/STJ). 3. Agravo regimental não provido. (STJ, Ag. Reg. no AREsp n. 31.813/PR, 1ª T., rel. Min. Arnaldo Esteves Lima, j. 06.06.2013, *DJe* 01.07.2013)

Execução penal Execução que tem por objetivo efetivar as disposições de sentença ou decisão criminal e proporcionar condições para a harmônica integração social do condenado e do internado (art. 1º, Lei n. 7.210/84).

▶ Veja Lei n. 7.210/84 (LEP): "**Art. 1º** A execução penal tem por objetivo efetivar as disposições de sentença ou decisão criminal e proporcionar condições para a harmônica integração social do condenado e do internado. **Art. 2º** A jurisdição penal dos juízes ou tribunais da justiça ordinária, em todo o território nacional, será exercida, no processo de execução, na conformidade desta Lei e do Código de Processo Penal. Parágrafo único. Esta Lei aplicar-se-á igualmente ao preso provisório e ao condenado pela Justiça Eleitoral ou Militar, quando recolhido a estabelecimento sujeito à jurisdição ordinária. **Art. 3º** Ao condenado e ao internado serão assegurados todos os direitos não atingidos pela sentença ou pela lei. Parágrafo único. Não haverá qualquer distinção de natureza racial, social, religiosa ou política. **Art. 4º** O Estado deverá recorrer à cooperação da comunidade nas atividades de execução da pena e da medida de segurança".

▪ Execução penal. Falta grave reconhecida. Fuga. Regressão de regime e alteração de data base possíveis. Ausência de dias remidos. Regressão de regime. Cabível e adequada a regressão para regime de cumprimento de pena mais gravoso, por força do art. 118, inciso I, da Lei n. 7.210/84. Alteração de data-base. A falta de natureza grave tem o condão de reiniciar o cômputo para aferição do benefício de progressão de regime, constando como marco inicial o dia do cometimento da transgressão disciplinar. No caso de fuga, em se tratando de infração permanente, o marco referencial deve ser a data em que cessou a aludida permanência, ou seja, a data da recaptura. Não faz sentido possibilitar que o apenado se valha do período em que se encontrar foragido, motivo pelo qual se entende que o *dies a quo* passa a ser o da sua recaptura. Alteração da data-base que, por ausência de previsão legal, não atinge as benesses de livramento condicional, indulto, saída temporária ou comutação. Súmula n. 441 do STJ. Perda dos dias remidos. É incabível a imposição de sanção condicionada a evento futuro e incerto – perda dos dias eventualmente laborados pelo apenado, devendo ser desconstituída a decisão no ponto em que decretou a perda dos dias ainda não remidos. Embargos infringentes parcialmente providos. Por maioria. (TJRS, Embargos infringentes e de nulidade n. 70054898762, 3º Grupo de Câm. Criminais, rel. Ícaro Carvalho de Bem Osório, j. 19.07.2013)

Execução por quantia certa Execução judicial, fundada em título extrajudicial, movida contra devedor solvente que tem por objeto expropriar bens do devedor, a fim de satisfazer o direito do credor. Entre os títulos extrajudiciais que mais se prestam à execução por quantia certa se situam a letra de câmbio, a nota promissória, a duplicata e o cheque. A expropriação consiste em: adjudicação; alienação; apropriação de frutos e rendimentos de empresa ou estabelecimentos e de outros bens (arts. 591, 646 e 647, CPC/73).

▶ Veja CPC/73: "**Art. 591.** O devedor responde, para o cumprimento de suas obrigações, com todos os seus bens presentes e futuros, salvo as restrições estabelecidas em lei. [...] **Art. 646.** A execução por quantia certa tem por objeto expropriar bens do devedor, a fim de satisfazer o direito do credor (art. 591). **Art. 647.** A expropriação consiste: I – na adjudicação em favor do exequente ou das pessoas indicadas no § 2º do art. 685-A desta Lei; II – na alienação por iniciativa particular; III – na alienação em hasta pública; IV – no usufruto de bem móvel ou imóvel".

▶ Veja CPC/2015: "**Art. 824.** A execução por quantia certa realiza-se pela expropriação de bens do executado, ressalvadas execuções especiais. Art. 825. A expropriação consiste em: I – adjudicação; II – alienação; III – apropriação de frutos e rendimentos de empresa ou de estabelecimentos e de outros bens. **Art. 826.** Antes de adjudicados ou alienados os bens, o executado pode, a todo tempo, remir a execução, pagando ou consignando a importância atualizada da dívida, acrescida de juros, custas e honorários advocatícios. [...] **Art. 832.** Não estão sujeitos à execução os bens que a lei considera impenhoráveis ou inalienáveis".

Exegese Análise e interpretação de um texto, de uma lei ou de um artigo de lei que fazem o intérprete ou exegeta. "Prática da hermenêutica religiosa concentrada na leitura interpretativa dos textos do Antigo e do Novo Testamento, a partir do conhecimento autêntico das línguas originais (hebraico, aramaico e grego) e da comparação entre os textos literários mais antigos. Atualmente, a exegese pode ser entendida como qualquer forma de interpretação textual, sobretudo de textos canônicos e jurídicos. Na Roma antiga, os exegetas eram os indivíduos especialistas na interpretação de sonhos, oráculos e outras leis divinas. O objetivo da exegese é o de esclarecer os passos de maior dificuldade de interpretação e proporcionar uma explicação canônica para os textos considerados sagrados numa determinada tradição e que devem ser interpretados de uma só maneira e com um único sentido" (CEIA, Carlos. *E-dicionário de termos literários*, disponível em: www.edtl.com.pt/index. php?option=com_mtree&task=viewlink&link_id=1051&Itemid=2; acessado em 06.04.2015).

Exegeta Intérprete. Pessoa que se dedica à exegese ou interpretação de textos de qualquer natureza.

Exequatur Execute-se; cumpra-se. Expressão que indica a autorização concedida pelo STJ para que se cumpra a carta rogatória. A competência para se conceder o *exequatur* às cartas rogatórias é do STJ, de acordo com o art. 105, I, *i*, CF. O art. 109, X, CF determina que compete ao juiz federal a execução de carta rogatória, após o *exequatur*.

▶ Veja CF: "**Art. 109.** Aos juízes federais compete processar e julgar: [...] X – os crimes de ingresso ou permanência irregular de estrangeiro, a execução de carta rogatória, após o *exequatur*, e de sentença estrangeira, após a homologação, as causas referentes à nacionalidade, inclusive a respectiva opção, e à naturalização; [...]".

Exercício arbitrário das próprias razões Delito praticado por quem, visando satisfazer pretensão pessoal e sem amparo legal, faz justiça pelas próprias mãos. Também comete o delito quem tira, suprime, destrói ou danifica coisa própria que se acha em poder de terceiro por determinação judicial ou convenção (arts. 345 e 346, CP).

▶ Veja CP: "Exercício arbitrário das próprias razões – **Art. 345.** Fazer justiça pelas próprias mãos, para satisfazer pretensão, embora legítima, salvo quando a lei o permite: Pena – detenção, de 15 (quinze) dias a 1 (um) mês, ou multa, além da pena correspondente à violência. Parágrafo único. Se não há emprego de violência, somente se procede mediante queixa. **Art. 346.** Tirar, suprimir, destruir ou danificar coisa própria, que se acha em poder de terceiro por determinação judicial ou convenção: Pena – detenção, de 6 (seis) meses a 2 (dois) anos, e multa".

■ Crime de roubo circunstanciado pelo emprego de arma e concurso de agentes. Equívoco na capitulação. Exercício arbitrário das próprias razões. Crime de ação penal privada. Ilegitimidade ativa do MP. Decadência do direito de queixa pelo ofendido. Recurso provido. 1. Tendo o MP narrado em sua peça de acusação que os recorrentes agiram com o especial fim de serem ressarcidos de suposto prejuízo que entendiam ter sofrido, caracteriza-se o tipo penal previsto no artigo 345 do CP. 2. O crime de exercício arbitrário das próprias razões praticado sem violência somente se procede mediante queixa. 3. O não exercício do direito de queixa no prazo de seis meses, a contar do conhecimento da autoria pelo ofendido, enseja a extinção da punibilidade. 4. Recurso provido para atribuir nova classificação à conduta dos recorrentes para o crime de exercício arbitrário das próprias razões, previsto no artigo 345 do CP, anulando-se a Ação Penal n. 0118935-81.2011.8.20.0001, juízo da 6ª Vara Criminal da Comarca de Natal/RN, em razão da ilegitimidade ativa do MP e declarar a extinção da punibilidade dos recorrentes pela decadência do direito de exercício da ação penal privada pelo ofendido, nos termos dos artigos 103 e 107, inciso IV, do CP. (STJ, RHC n. 33.166/RN, 5ª T., rel. Min. Jorge Mussi, j. 28.08.2012, *DJe* 05.09.2012)

Exibição de documento ou coisa Incidente processual ordenado pelo juiz, a pedido da parte, para que a outra parte exiba documento ou coisa que se ache em seu poder (art. 355, CPC/73). O pedido formulado pela parte deverá conter: a individuação, tão completa quanto possível, do documento ou da coisa; a finalidade da prova, indicando os fatos que se relacionam com o documento ou a coisa; as circunstâncias em que se funda o requerente para afirmar que o documento ou a coisa existe e se acha em poder da parte contrária.

▶ Veja CPC/73: "**Art. 355.** O juiz pode ordenar que a parte exiba documento ou coisa, que se ache em seu poder".

▶ Veja CPC/2015: "**Art. 396.** O juiz pode ordenar que a parte exiba documento ou coisa que se encontre em seu poder. **Art. 397.** O pedido formulado pela parte conterá: I – a individuação, tão completa quanto possível, do documento ou da coisa; II – a finalidade da prova, indicando os fatos que se relacionam com o documento ou com a coisa; III – as circunstâncias em que se funda o requerente para afirmar que o documento ou a coisa existe e se acha em poder da parte contrária".

■ Exibição incidental de documento. Presunção de veracidade dos fatos. Cabimento. Prequestionamento. Ausência. Decisão agravada mantida. Improvimento. 1. A jurisprudência desta Corte é firme no sentido de que a não exibição do documento requerido pelo autor na via judicial implica a admissão da presunção da verdade dos fatos que se pretendem comprovar por meio daquela prova sonegada pela parte *ex adversa*, restando este fato a única sanção processual cabível (EDcl no REsp n. 845.860/SP, rel. Min. Luiz Fux, *DJe* 14.09.2009). 2. Quanto ao cabimento da busca e apreensão de documentos, tal questão não foi objeto de debate no V. Acórdão recorrido, carecendo, pois, do necessário prequestionamento viabilizador do recurso especial. Incidem, na espécie, as Súmulas n. 282 e 356 do STF. [...] (STJ, Ag. Reg. no AREsp n. 280.683/MG, 3ª T., rel. Min. Sidnei Beneti, j. 23.04.2013, *DJe* 06.05.2013)

Ex nunc V. *Efeito* ex nunc.

Ex officio De ofício. Por lei; oficialmente; em virtude do cargo ocupado; por iniciativa própria. Expressão usada no Direito e na administração pública para indicar que o ato de um administrador público ou de um juiz é executado em razão das prerrogativas do cargo ocupado, sem a intervenção ou iniciativa de terceiro. Manifestação de uma autoridade sem a provocação ou iniciativa do interessado. "O juiz declarou a prescrição *ex officio*". "Transferência *ex officio*". A transferência *ex officio* alcança servidores federais civis, militares e estudantes, bem como seus dependentes estudantes, conforme legislação vigente (Lei n. 9.536/97). A transferência ou remoção de ofício, a interesse da administração pública, acarreta a mudança de domicílio para o município onde se situe a instituição receptora ou para a localidade mais próxima dessa instituição de ensino superior.

▶ Veja Lei n. 9.536/97: "**Art. 1º** A transferência *ex officio* a que se refere o parágrafo único do art. 49 da Lei n, 9.394, de 20 de dezembro de 1996, será efetivada, entre instituições vinculadas a qualquer sistema de ensino, em qualquer época do ano e independente da existência de vaga, quando se tratar de servidor público federal civil ou militar estudante, ou seu dependente estudante, se requerida em razão de comprovada remoção ou transferência de ofício, que acarrete mudança de domicílio para o município onde se situe a instituição recebedora, ou para localidade mais próxima desta. Parágrafo único. A regra do *caput* não se aplica quando o interessado na transferência se deslocar para assumir cargo efetivo em razão de concurso público, cargo comissionado ou função de confiança".

▶ Veja CPC/73: "**Art. 15.** É defeso às partes e seus advogados empregar expressões injuriosas nos escritos apresentados no processo, cabendo ao juiz, de ofício ou a requerimento do ofendido, mandar riscá-las. [...] **Art. 18.** O juiz ou tribunal, de ofício ou a requerimento, condenará o litigante de má-fé a pagar multa não excedente a 1% (um por cento) sobre o valor da causa e a indenizar a parte contrária dos prejuízos que esta sofreu, mais os honorários advocatícios e todas as despesas que efetuou. [...] **Art. 105.** Havendo conexão ou continência, o juiz, de ofício ou a requerimento de qualquer das partes, pode ordenar a reunião de ações propostas em separado, a fim de que sejam decididas simultaneamente. [...] **Art. 112.** Argúi-se, por meio de exceção, a incompetência relativa. Parágrafo único. A nulidade da cláusula de eleição de foro, em contrato de adesão, pode ser declarada de ofício pelo juiz, que declinará de competência para o juízo de domicílio do réu. **Art. 113.** A incompetência absoluta deve ser declarada de ofício e pode ser alegada, em qualquer tempo e grau de jurisdição, independentemente de exceção. [...] **Art. 130.** Caberá ao juiz, de ofício ou a requerimento da parte, determinar as provas necessárias à instrução do processo, indeferindo as diligências inúteis ou meramente protelatórias".

■ Súmula n. 33, STJ: A incompetência relativa não pode ser declarada de ofício.

■ Súmula n. 381, STJ: Nos contratos bancários, é vedado ao julgador conhecer, de ofício, da abusividade das cláusulas.

■ Súmula n. 393, STJ: A exceção de pré-executividade é admissível na execução fiscal relativamente às matérias conhecíveis de ofício que não demandem dilação probatória.

■ Súmula n. 409, STJ: Em execução fiscal, a prescrição ocorrida antes da propositura da ação pode ser decretada de ofício (art. 219, § 5º, do CPC).

■ Súmula n. 452, STJ: A extinção das ações de pequeno valor é faculdade da Administração Federal, vedada a atuação judicial de ofício.

■ Agravo regimental no recurso especial. Prescrição. Ausência de prequestionamento. Súmulas ns. 282 e 356/STF. Interpretação de cláusula contratual. 1. É inviável a análise do recurso especial quanto à alegação de suposta ofensa à norma não tratada no acórdão recorrido, diante da ausência de prequestionamento. (Súmulas ns. 282 e 356 do STF). 2. É vedado o exame *ex officio* de questão não debatida na origem, ainda que se trate de matéria de ordem pública, como a prescrição. 3. "A simples interpretação de cláusula contratual não enseja recurso especial" (Súmula n. 5/STJ). 4. Agravo regimental a que se nega provimento. (STJ, Ag. Reg. no Ag. Reg. no AREsp n. 232.600/SP, 4ª T., rel. Min. Maria Isabel Gallotti, j. 20.06.2013, *DJe* 01.08.2013)

Exoneração Afastamento definitivo de funcionário da função pública, por iniciativa do órgão público (*ex officio*) ou a pedido. A exoneração *ex officio* poderá ocorrer nas seguintes hipóteses: quando se tratar de cargo em comissão, salvo se a pedido; quando não satisfeitas as condições para a aprovação no estágio probatório; quando houver ilicitude de acumulação de cargos.

■ Agravo regimental. Intimação. Servidor público: exoneração a pedido. Ato nulo. Prescrição quinquenal. Submissão. Art. 1º do decreto 20.910/1932. Reconhecimento. 1. Inexiste previsão regimental ou legal de intimação para apresentação de contraminuta em agravo regimental ou interno (RISTJ, art. 258 e CPC, art. 557). 2. Os direitos à ampla defesa e ao contraditório são atendidos com a intimação para apresentação de contrarrazões ao recurso especial. 3. A jurisprudência desta Corte é pacífica no sentido de que as ações de reintegração de servidor público exonerado obedece à prescrição quinquenal (art. 1º do Decreto n. 20.910/32), cujo termo inicial é a data do ato de exclusão. 4. A regra prescricional não se altera se o ato de exclusão for considerado nulo. 5. Agravo regimental não provido. (STJ, Ag. Reg. no Ag. Reg. no REsp n. 1.296.584/RJ, 2ª T., rel. Min. Eliana Calmon, j. 20.06.2013, *DJe* 01.07.2013)

Exoneração de alimentos Medida judicial facultada àquele que está obrigado a prestar alimentos para desobrigar-se do encargo, quando restar provado que o alimentando não mais deles necessita em razão de maioridade, conclusão do curso superior ou, no caso de ex-cônjuge ou ex-companheira, de contrair novo casamento ou união estável (art. 1.699, CC).

▶ Veja CC: "**Art. 1.699.** Se, fixados os alimentos, sobrevier mudança na situação financeira de quem os supre, ou na de quem os recebe, poderá o interessado reclamar ao juiz, conforme as circunstâncias, exoneração, redução ou majoração do encargo. [...] **Art. 1.708.** Com o casamento, a união estável ou o concubinato do credor, cessa o dever de prestar alimentos. Parágrafo único. Com relação ao credor cessa, também, o direito a alimentos, se tiver procedimento indigno em relação ao devedor".

■ Alimentos. Pedido de exoneração. Ex-esposa. Binômio possibilidade e necessidade. Prova. Cerceamento de defesa. Inocorrência. 1. Não se verifica cerceamento de defesa quando a parte teve oportunidade processual de produzir sua prova e o julgador decidiu a causa com base nos elementos de convicção postos nos autos. 2. A obrigação alimentar vincula-se à clausula *rebus sic stantibus*, podendo ser revisada sempre que ocorrer substancial alteração no binômio possibilidade e necessidade, sendo possíveis os pleitos de redução, majoração ou exoneração de alimentos. 3. Havendo prova cabal de que a credora de alimentos não depende da pensão alimentícia do ex-marido para manter o próprio sustento, não se justifica a manutenção do encargo alimentar em seu favor. Recurso desprovido. (TJRS, Ap. Cível n. 70055133524, 7ª Câm. Cível, rel. Sérgio Fernando de Vasconcellos Chaves, j. 23.07.2013)

Exoneração de fiança   Faculdade conferida ao fiador, por meio de ação específica, quando pretenda se desobrigar do encargo. O fiador poderá exonerar-se da fiança que tiver assinado sem limitação de tempo, sempre que lhe convier, ficando obrigado por todos os efeitos da fiança, durante sessenta dias após a notificação do credor (art. 835, CC). Em se tratando de contrato de locação, o fiador poderá exonerar-se da fiança nos seguintes casos: a) separação de fato, separação judicial, divórcio ou dissolução de união estável, quando um dos cônjuges ou companheiros permanecer no imóvel; b) prorrogação da locação por prazo indeterminado, uma vez notificado o locador pelo fiador de sua intenção de desoneração (arts. 12 e 40, X, Lei n. 8.245/91).

▶ Veja CC: "**Art. 835.** O fiador poderá exonerar-se da fiança que tiver assinado sem limitação de tempo, sempre que lhe convier, ficando obrigado por todos os efeitos da fiança, durante sessenta dias após a notificação do credor".

▶ Veja Lei n. 8.245/91 (Lei de Locações): "**Art. 12.** Em casos de separação de fato, separação judicial, divórcio ou dissolução da união estável, a locação residencial prosseguirá automaticamente com o cônjuge ou companheiro que permanecer no imóvel. [...] § 2º O fiador poderá exonerar-se das suas responsabilidades no prazo de 30 (trinta) dias contado do recebimento da comunicação oferecida pelo sub-rogado, ficando responsável pelos efeitos da fiança durante 120 (cento e vinte) dias após a notificação ao locador. [...] **Art. 40.** O locador poderá exigir novo fiador ou a substituição da modalidade de garantia, nos seguintes casos: [...] IV – exoneração do fiador; [...]".

■ Locação. Fiança. Exoneração. Prorrogação contratual. Súmula n. 214/STJ. Responsabilidade do fiador até a entrega das chaves. 1. A jurisprudência do STJ é firme no sentido de que, havendo cláusula contratual expressa, a responsabilidade do fiador, pelas obrigações contratuais decorrentes da prorrogação do contrato de locação, deve perdurar até a efetiva entrega das chaves do imóvel. 2. Rever as conclusões do acórdão recorrido demandaria o reexame de matéria fático-probatória e de cláusulas contratuais, o que é inviável em sede de recurso especial, nos termos dos enunciados n. 5 e 7 da Súmula do STJ. 3. A divergência jurisprudencial com fundamento na alínea *c* do permissivo constitucional, nos termos do art. 541, parágrafo único, do CPC e do art. 255, § 1º, do Regimento Interno do STJ, requisita comprovação e demonstração, esta, em qualquer caso, com a transcrição dos trechos dos acórdãos que configurem o dissídio, a evidenciar a similitude fática entre os casos apontados e a divergência de interpretações. 4. Agravo regimental não provido. (STJ, Ag. Reg. no AREsp n. 234.428/SP, 3ª T., rel. Min. Ricardo Villas Bôas Cueva, j. 11.06.2013, *DJe* 20.06.2013)

Expectativa de direito   Situação fática na qual um direito subjetivo ainda não se perfez pela não concretização de um requisito essencial, como ocorre com o direito à herança.

Exposição de motivos   Denominação que se dá ao preâmbulo ou aos considerandos que antecedem os textos de um projeto de lei, de uma portaria ou de um provimento, com o objetivo de justificar sua aprovação.

Expropriação   Ação ou efeito de expropriar ou retirar bens da propriedade de um particular nos casos especificados em lei. Um dos casos de expropriação previsto em lei é o das glebas de terra onde forem localizadas culturas ilegais de plantas psicotrópicas, as quais serão imediatamente expropriadas e especificamente destinadas ao assentamento de colonos, para o cultivo de produtos alimentícios e medicamentosos, sem nenhuma indenização ao proprietário e sem prejuízo de outras sanções previstas em lei, conforme o art. 243, CF (art. 1º, Lei n. 8.257/91). Também configura a expropriação o ato praticado pelo juiz com a finalidade de transferir bens do devedor a outra pessoa, a fim de satisfazer o direito do credor. Esses atos expropriatórios consistem em: adjudicação; alienação; apropriação de frutos e rendimentos de empresa ou estabelecimentos e de outros bens (art. 647, CPC/73).

▶ Veja CPC/73: "**Art. 647.** A expropriação consiste: I – na adjudicação em favor do exequente ou das pessoas indicadas no § 2º do art. 685-A desta Lei; II – na alienação por iniciativa particular; III – na alienação em hasta pública; IV – no usufruto de bem móvel ou imóvel".

▶ Veja CPC/2015: "**Art. 825.** A expropriação consiste em: I – adjudicação; II – alienação; III – apropriação de frutos e rendimentos de empresa ou de estabelecimentos e de outros bens".

▶ Veja Lei n. 8.257/91: "**Art. 1º** As glebas de qualquer região do país onde forem localizadas culturas ilegais de plantas psicotrópicas serão imediatamente expropriadas e especificamente destinadas ao assentamento de colonos, para o cultivo de produtos alimentícios e medicamentosos, sem qualquer indenização ao proprietário e sem prejuízo de outras sanções previstas em lei, conforme o art. 243 da Constituição Federal. Parágrafo único. Todo e qualquer bem de valor econômico apreendido em decorrência do tráfico ilícito de entorpecentes e drogas afins será confiscado e reverterá em benefício de instituições e pessoal especializado no tratamento e recuperação de viciados e no aparelhamento e custeio de atividades de fiscalização, controle, prevenção e repressão do crime de tráfico dessas substâncias. **Art. 2º** Para efeito desta lei, plantas psicotrópicas são aquelas que permitem a obtenção de substância entorpecente proscrita, plantas estas elencadas no rol emitido pelo órgão sanitário competente do Ministério da Saúde. Parágrafo único. A autorização para a cultura de plantas psicotrópicas será concedida pelo órgão competente do Ministério da Saúde, atendendo exclusivamente a finalidades terapêuticas e científicas. **Art. 3º** A cultura das plantas psicotrópicas caracteriza-se pelo preparo da terra destinada a semeadura, ou plantio, ou colheita. **Art. 4º** As glebas referidas nesta lei, sujeitas à expropriação, são aquelas possuídas a qualquer título".

▪ Execução. Bem imóvel. Praça negativa. Adjudicação ao credor. Desnecessidade. Intimação regular da praça. Ato de expropriação consumado. 1. Há de ser afastada a alegada ofensa ao artigo 715, § 1º, do CPC, porquanto ausente o necessário prequestionamento. 2. Precedente há, desta Corte Superior, pela desnecessidade de intimação dos devedores, quanto à arrematação do bem, uma vez inexistente dispositivo legal que assim o exija. 3. Ainda que se tenha situação fática distinta – adjudicação do bem –, não se poderia conferir solução diversa à questão, face à também inexistência de dispositivo legal a exigir a intimação dos executados; ademais, o pedido de expedição de guia para pagamento de débito só ocorreu após a expedição e assinatura do auto de adjudicação, portanto, quando já se encontrava consumado o ato de expropriação. 4. Recurso não conhecido. (STJ, REsp n. 662.848/DF, 4ª T., rel. Min. Hélio Quaglia Barbosa, j. 23.10.2007)

Extensiva Método de interpretação que consiste em aplicar determinada regra a outras hipóteses, embora não seja taxativamente prevista na lei. Extensão de uma norma a casos não previstos por ela. Não se aplica a dispositivo que deve ser interpretado restritivamente, em razão de ser considerado *numerus clausus*.

Extensivo O que se pode estender, extensível. O que é aplicável a mais de um caso. Exemplo: "O regime desta lei será extensivo àqueles que, sob forma autônoma, trabalhem agrupados, por intermédio de sindicato, caixa portuária ou entidade congênere" (art. 3º, Lei n. 605/49).

Extinção da incapacidade Cessação da incapacidade decorrente da idade em razão de emancipação pelos pais ou responsáveis para o casamento, exercício de emprego público, colação de grau em curso superior ou estabelecimento civil ou comercial (art. 5º, CC).

▶ Veja CC: "**Art. 5º** [...] Parágrafo único. Cessará, para os menores, a incapacidade: I – pela concessão dos pais, ou de um deles na falta do outro, mediante instrumento público, independentemente de homologação judicial, ou por sentença do juiz, ouvido o tutor, se o menor tiver dezesseis anos completos; II – pelo casamento; III – pelo exercício de emprego público efetivo; IV – pela colação de grau em curso de ensino superior; V – pelo estabelecimento civil ou comercial, ou pela existência de relação de emprego, desde que, em função deles, o menor com dezesseis anos completos tenha economia própria".

Extinção da menoridade Cessação da menoridade que ocorre após se atingir 18 anos, habilitando o menor à prática de todos os atos da vida civil (art. 5º, CC). Observe-se que, a teor da lei, pela emancipação, o menor não atinge a maioridade, pois ela apenas faz cessar a incapacidade (*v.* inciso I, art. 5º).

▶ Veja CC: "**Art. 5º** A menoridade cessa aos dezoito anos completos, quando a pessoa fica habilitada à prática de todos os atos da vida civil. [...]".

Extinção da punibilidade Forma de exclusão da aplicação ou da continuidade da pena imposta ao autor de um delito, nos casos previstos em lei. Extingue-se a punibilidade: pela morte do agente; por anistia, graça ou indulto; pela retroatividade de lei que não mais considera o fato como criminoso; pela prescrição, decadência ou perempção; pela renúncia do direito de queixa ou pelo perdão aceito, nos crimes de ação privada; pela retratação do agente, nos casos em que a lei a admite; pelo perdão judicial (art. 107, CP). Também extingue a punibilidade dos crimes definidos na Lei n. 8.137/90, e na Lei n. 4.729/65, quando o agente promover o pagamento do tributo ou contribuição social, inclusive acessórios, antes do recebimento da denúncia (art. 34, Lei n. 9.245/95).

▶ Veja CP: "Extinção da punibilidade – **Art. 107.** Extingue-se a punibilidade: I – pela morte do agente; II – pela anistia, graça ou indulto; III – pela retroatividade de lei que não mais considera o fato como criminoso; IV – pela prescrição, decadência ou perempção; V – pela renúncia do direito de queixa ou pelo perdão aceito, nos crimes de ação privada; VI – pela retratação do agente, nos casos em que a lei a admite; [...] IX – pelo perdão judicial, nos casos previstos em lei. **Art. 108.** A extinção da punibilidade de crime que é pressuposto, elemento constitutivo ou circunstância agravante de outro não se estende a este. Nos crimes conexos, a extinção da punibilidade de um deles não impede, quanto aos outros, a agravação da pena resultante da conexão".

▶ Veja Lei n. 9.245/95: "**Art. 34.** Extingue-se a punibilidade dos crimes definidos na Lei n. 8.137, de 27 de dezembro de 1990, e na Lei n. 4.729, de 14 de julho de 1965, quando o agente promover o pagamento do tributo ou contribuição social, inclusive acessórios, antes do recebimento da denúncia".

■ Súmula n. 18, STJ: A sentença concessiva do perdão judicial é declaratória da extinção da punibilidade, não subsistindo qualquer efeito condenatório.

■ Súmula n. 438, STJ: É inadmissível a extinção da punibilidade pela prescrição da pretensão punitiva com fundamento em pena hipotética, independentemente da existência ou sorte do processo penal.

■ Crime de estupro. Violência presumida. União estável da vítima com terceiro. Extinção da punibilidade. Possibilidade. Recurso desprovido. I. Não obstante o CP prever como forma de extinção da punibilidade, nos crimes contra os costumes, o casamento civil da vítima com terceiro, deve-se admitir, para o mesmo efeito, a figura jurídica da união estável (Precedentes do STF e desta Corte). II. Hipótese em que a vítima do crime de estupro, cometido mediante violência presumida, casou-se com o réu somente no âmbito religioso, restando configurada a união estável e, portanto, extinta a punibilidade. III. Recurso desprovido. (STJ, REsp n. 493.149/AC, 5ª T., rel. Min. Gilson Dipp, j. 19.08.2003, *DJ* 22.09.2003, p. 356)

Extinção da tutela Término da relação tutelar existente entre tutor e tutelado. Para o tutelado, a tutela cessa com a maioridade ou a emancipação e com o reconhecimento ou adoção por terceiro (art. 1.763, CC); para o tutor, ao expirar o termo, em que era obrigado a servir, ao sobrevir escusa legítima ou ao ser removido (art. 1.764, CC).

▶ Veja CC: "**Art. 1.763.** Cessa a condição de tutelado: I – com a maioridade ou a emancipação do menor; II – ao cair o menor sob o poder familiar, no caso de reconhecimento ou adoção. **Art. 1.764.** Cessam as funções do tutor: I – ao expirar o termo, em que era obrigado a servir; II – ao sobrevir escusa legítima; III – ao ser removido".

Extinção do direito de superfície Extinção do direito contratualmente constituído sobre determinado imóvel em razão do advento do tempo ou do descumprimento das obrigações contratuais assumidas pelo superficiário (art. 23, Lei n. 10.257/2001, Estatuto da Cidade).

▶ Veja Lei n. 10.257/2001 (Estatuto da Cidade): "**Art. 23.** Extingue-se o direito de superfície: I – pelo advento do termo; II – pelo descumprimento das obrigações contratuais assumidas pelo superficiário. **Art. 24.** Extinto o direito de superfície, o proprietário recuperará o pleno domínio do terreno, bem como das acessões e benfeitorias introduzidas no imóvel, independentemente de indenização, se as partes não houverem estipulado o contrário no respectivo contrato. § 1º Antes do termo final do contrato, extinguir-se-á o direito de superfície se o superficiário der ao terreno destinação diversa daquela para a qual for concedida. § 2º A extinção do direito de superfície será averbada no cartório de registro de imóveis".

Extinção do usufruto Cessação do usufruto formalmente constituído mediante o cancelamento do registro no Cartório de Registro de Imóveis nos seguintes casos: renúncia ou morte do usufrutuário; advento do termo de sua duração; extinção da pessoa jurídica, em favor da qual o usufruto foi constituído ou, se ela perdurar, pelo decurso de trinta anos da data em que se começou a exercer; cessação do motivo de que se origina; destruição da coisa, guardadas as disposições dos arts. 1.407, 1.408, 2ª parte, e 1.409; consolidação; culpa do usufrutuário, quando aliena, deteriora, ou deixa arruinar os bens, não lhes acudindo com os reparos de conservação, ou quando, no usufruto de títulos de crédito, não dá às importâncias recebidas a aplicação prevista no parágrafo único do art. 1.395; não uso, ou não fruição, da coisa em que o usufruto recai (arts. 1.390, 1.399 e 1.410, CC).

▶ Veja CC: "**Art. 1.410.** O usufruto extingue-se, cancelando-se o registro no Cartório de Registro de Imóveis: I – pela renúncia ou morte do usufrutuário; II – pelo termo de sua duração; III – pela extinção da pessoa jurídica, em favor de quem o usufruto foi constituído, ou, se ela perdurar, pelo decurso de trinta anos da data em que se começou a exercer; IV – pela cessação do motivo de que se origina; V – pela destruição da coisa, guardadas as disposições dos arts. 1.407, 1.408, 2ª parte, e 1.409; VI – pela consolidação; VII – por culpa do usufrutuário, quando aliena, deteriora, ou deixa arruinar os bens, não lhes acudindo com os reparos de conservação, ou quando, no usufruto de títulos de crédito, não dá às importâncias recebidas a aplicação prevista no parágrafo único do art. 1.395; VIII – pelo não uso, ou não fruição, da coisa em que o usufruto recai (arts. 1.390 e 1.399)".

■ Apelação cível. Ação reivindicatória de restituição de imóvel por extinção do usufruto. Doação de imóvel com constituição de usufruto à doadora. Falecimento da doadora. Ocupação pelo companheiro supérstite. Indenização de benfeitorias. A pretensão reivindicatória da donatária do imóvel procede, porque faleceu a doadora em favor de quem o usufruto foi constituído. O ex-companheiro que permaneceu no imóvel, a partir do falecimento da usufrutuária e da notificação para desocupar, ocupa-o de forma indevida. A indenização das benfeitorias ao demandado, no âmbito da ação possessória, deve ser deferida quando estas estão devidamente especificadas, descritas e avaliadas, procedimento não adotado por parte do demandado no presente processo, justificando-se a rejeição do pedido subsidiário. (TJRS, Ap. Cível n. 70052488517, 20ª Câm. Cível, rel. Carlos Cini Marchionatti, j. 30.01.2013)

Extradição Ato de cooperação internacional que consiste na entrega de uma pessoa acusada ou condenada por um ou mais crimes em determinado país, a outro país que a reclama para cumprimento da pena. Há a extradição ativa, que ocorre quando o governo brasileiro requer a extradição de um foragido da Justiça brasileira a outro país, e a extradição passiva, que se verifica quando outro país solicita a extradição de um indivíduo foragido que se encontra em território brasileiro. O pedido de extradição não se limita aos países com os quais o Brasil possui Tratado. Ele poderá ser requerido por qualquer país e para qualquer país. Quando não houver Tratado, o pedido será instruído com os documentos previstos na Lei n. 6.815, de 19.08.1980 (Estatuto do Estrangeiro) e deverá ser solicitada com base na promessa de reciprocidade de tratamento para casos análogos. Atualmente, o Brasil possui Tratados de Extradição em vigor celebrados com 21 países, além do Acordo celebrado entre os Estados Parte do Mercosul.

Extrajudicial Atos que se praticam ou são processados fora do juízo, porém, com capacidade de produzir efeitos jurídicos. São atos constituídos por instrumento particular ou por escritura pública formalizada em cartórios extrajudiciais.

Extra petita Extra ou fora do pedido. É vedado o julgamento *extra petita*, isto é, o juiz conceder coisa ou prestação diversa da que foi pedida pelo autor na petição inicial (art. 460, CPC/73). Por exemplo, não pode o juiz conceder a condenação do réu na indenização de danos morais e danos estéticos se o pedido do autor limitou-se aos danos morais.

▶ Veja CPC/73: "**Art. 460.** É defeso ao juiz proferir sentença, a favor do autor, de natureza diversa da pedida, bem como condenar o réu em quantidade superior ou em objeto diverso do que lhe foi demandado. Parágrafo único. A sentença deve ser certa, ainda quando decida relação jurídica condicional".

- Julgamento *extra petita*. Fundamento novo. Modificação da *causa petendi*. Cláusula *rebus sic stantibus*. Superveniência de inflação. Aproveitamento dos atos válidos. Princípio da economia processual. É vedado ao juiz analisar o caso dos autos sob prisma diverso dos que lhe foram traçados na inicial, devendo ater-se aos limites impostos pelos arts. 128 e 460 do CPC, sob pena de padecer de nulidade a decisão por introduzir uma *causa petendi* de que a inicial não cogitou, caracterizando a ocorrência de julgamento *extra petita*. Não havendo, na sentença apelada, nenhum vazio quanto aos fundamentos do pedido, nem omissão quanto ao exame dos mesmos, mas apenas a introdução na temática em discussão de um fundamento novo, cumpre aproveitar dela os atos decisórios válidos e não contaminados pelo julgamento, não deixando que a nulidade de uma parte prejudique as outras que dela sejam independentes, tendo em vista o princípio da economia processual. Só se pode cogitar da aplicação da teoria da imprevisão em situação concreta, quando estiverem presentes no quadro fático de que ela resulta os pressupostos que a legitimam, não sendo lícito ao juiz agregar à sua decisão cláusula *rebus sic standibus* pela superveniência de inflação com previsibilidade para introduzir, em contrato, a correção monetária, caracterizando uma modificação da *causa petendi*. É inaceitável a inflação como causa imprevisível e suficiente para a rescisão de contrato, uma vez que, no estado de economia inflacionária em que vivemos, a previsibilidade da sua existência é inevitável, excluindo, portanto, a cláusula da imprevisão. (TJMG, Ap. Cível n. 80.553/1/Juiz de Fora, rel. Des. Paulo Tinôco, j. 26.02.1991)

Ex tunc V. *Efeito* ex tunc.

F

Factoring Contrato que consiste na cessão de crédito, a título oneroso, feita pelo faturizado em favor do faturizador, responsabilizando-se aquele pela existência do crédito. É a prestação contínua e cumulativa de assessoria mercadológica e creditícia, de seleção de riscos, de gestão de crédito, de acompanhamento de contas a receber e de outros serviços, conjugada com a aquisição de créditos de empresas resultantes de suas vendas mercantis ou de prestação de serviços, realizadas a prazo (conceito aprovado na Convenção Diplomática de Ottawa, de maio de 1988, da qual o Brasil foi signatário). Consiste na prestação de serviços, os mais variados e abrangentes, de apoio às pequenas e médias empresas, conjugada com a compra de direitos creditórios originados de vendas mercantis realizadas por sua clientela.

- Exercício profissional. Empresa de *factoring*. Inscrição no conselho regional de administração. Obrigatoriedade. 1. O Tribunal de origem dissentiu da jurisprudência pacífica da Segunda Turma desta Corte, que possui entendimento no sentido de que as empresas que têm como objeto a exploração do *factoring* estão sujeitas à inscrição no respectivo Conselho Regional de Administração, tendo em vista que, invariavelmente, as empresas que trabalham com essa atividade – espécie de mecanismo de fomento mercantil que possibilita a venda de créditos gerados por vendas a prazo –, desenvolvem atividades que demandam conhecimento técnico específico da área da Administração. (Precedente: REsp n. 1.013.310/RJ, 2ª T., rel. Min. Herman Benjamin, j. 10.03.2009, *DJe* 24.03.2009). [...] (STJ, Ag. Reg. nos Emb. Decl. no REsp n. 1.325.537/ES, 2ª T., rel. Min. Humberto Martins, j. 02.10.2012, *DJe* 10.10.2012)

- Contrato de *factoring*. Caracterização do escritório de *factoring* como instituição financeira. 1. As empresas de *factoring* não são instituições financeiras, visto que suas atividades regulares de fomento mercantil não se amoldam ao conceito legal, tampouco efetuam operação de mútuo ou captação de recursos de terceiros. Precedentes. 2. "A relação de consumo existe apenas no caso em que uma das partes pode ser considerada destinatária final do produto ou serviço. Na hipótese em que produto ou serviço são utilizados na cadeia produtiva, e não há considerável desproporção entre o porte econômico das partes contratantes, o adquirente não pode ser considerado consumidor e não se aplica o CDC, devendo eventuais conflitos serem resolvidos com outras regras do Direito das Obrigações". (REsp n. 836.823/PR, 3ª T., rel. Min. Sidnei Beneti, *DJ* 23.08.2010). [...] 4. Recurso especial não provido. (STJ, REsp n. 938.979/DF, 4ª T., rel. Min. Luis Felipe Salomão, j. 19.06.2012, *DJe* 29.06.2012)

Falência Situação de insolvência atribuída à empresa ou ao empresário em que o passivo supera o ativo, ensejando a impossibilidade de pagamento ou adimplemento de suas obrigações. A decretação judicial da falência ou do estado de insolvência jurídica exige pelo menos uma das seguintes hipóteses: impontualidade injustificada no cumprimento de obrigação, tríplice omissão ou ocorrência de atos de falência (art. 94, Lei n. 11.101/2005). Podem requerer a falência do devedor: o próprio devedor, na forma do disposto nos arts. 105 a 107 desta Lei; o cônjuge sobrevivente, qualquer herdeiro do devedor ou o inventariante; o cotista ou o acionista do devedor na forma da lei ou do ato constitutivo da sociedade; qualquer credor (art. 97).

▶ Veja Lei n. 11.101/2005: "**Art. 1º** Esta Lei disciplina a recuperação judicial, a recuperação extrajudicial e a falência do empresário e da sociedade empresária, doravante referidos simplesmente como devedor. [...] **Art. 94.** Será decretada a falência do devedor que: I – sem relevante razão de direito, não paga, no vencimento, obrigação líquida materializada em título ou títulos executivos protestados cuja soma ultrapasse o equivalente a 40 (quarenta) salários mínimos na data do pedido de falência; II – executado por qualquer quantia líquida, não paga, não deposita e não nomeia à penhora bens suficientes dentro do prazo legal; III – pratica qualquer dos seguintes atos, exceto se fizer parte de plano de recuperação judicial: *a)* procede à liquidação precipitada de seus ativos ou lança mão de meio ruinoso ou fraudulento para realizar pagamentos; *b)* realiza ou, por atos inequívocos, tenta realizar, com o objetivo de retardar pagamentos ou fraudar credores, negócio simulado ou alienação de parte ou da totalidade de seu ativo a terceiro, credor ou não; *c)* transfere estabelecimento a terceiro, credor ou não, sem o consentimento de todos os credores e sem ficar com bens suficientes para solver seu passivo; *d)* simula a transferência de seu principal estabelecimento com o objetivo de burlar a legislação ou a fiscalização ou para prejudicar credor; *e)* dá ou reforça garantia a credor por dívida contraída anteriormente sem ficar com bens livres e desembaraçados suficientes para saldar seu passivo; *f)* ausenta-se sem deixar representante habilitado e com recursos suficientes para pagar os credores, abandona estabelecimento ou tenta ocultar-se de seu domicílio, do local de sua sede ou de seu principal estabelecimento; *g)* deixa de cumprir, no prazo estabelecido, obrigação assumida no plano de recuperação judicial. [...] **Art. 97.** Podem requerer a falência do devedor: I – o próprio devedor, na forma do disposto nos arts. 105 a 107 desta Lei; II – o cônjuge sobrevivente, qualquer herdeiro do devedor ou o inventariante; III – o cotista ou o acionista do devedor na forma da lei ou do ato constitutivo da sociedade; IV – qualquer credor. [...]".

- Súmula n. 25, STJ: Nas ações da Lei de Falências, o prazo para a interposição de recurso conta-se da intimação da parte.

- Súmula n. 29, STJ: No pagamento em juízo para elidir falência, são devidos correção monetária, juros e honorários de advogado.

- Súmula n. 36, STJ: A correção monetária integra o valor da restituição, em caso de adiantamento de câmbio, requerida em concordata ou falência.

- Súmula n. 219, STJ: Os créditos decorrentes de serviços prestados à massa falida, inclusive a remuneração do síndico, gozam dos privilégios próprios dos trabalhistas.

- Súmula n. 248, STJ: Comprovada a prestação dos serviços, a duplicata não aceita, mas protestada, é título hábil para instruir pedido de falência.

- Súmula n. 264, STJ: É irrecorrível o ato judicial que apenas manda processar a concordata preventiva.

- Súmula n. 305, STJ: É descabida a prisão civil do depositário quando, decretada a falência da empresa, sobrevém a arrecadação do bem pelo síndico.

- Súmula n. 307, STJ: A restituição de adiantamento de contrato de câmbio, na falência, deve ser atendida antes de qualquer crédito.

- Súmula n. 361, STJ: A notificação do protesto, para requerimento de falência da empresa devedora, exige a identificação da pessoa que a recebeu.

- Execução fiscal. Falência. Indicação do devedor sem a menção "massa falida". Vício sanável. Substituição da CDA. Desnecessidade. 1. A massa falida nada mais é do que o conjunto de bens, direitos e obrigações da pessoa jurídica que teve contra si decretada a falência, uma universalidade de bens, a que se atribui capacidade processual exclusivamente, mas que não detém personalidade jurídica própria nos mesmos moldes da pessoa natural ou da pessoa jurídica. Todo esse acervo patrimonial não personificado nasce com o decreto de falência e sobre ele recai a responsabilidade patrimonial imputada, ou imputável, à empresa falida, apenas isso, mas não configura uma pessoa distinta. 2. Não incide, portanto, a Súmula n. 392/STJ ("A Fazenda Pública pode substituir a certidão de dívida ativa (CDA) até a prolação da sentença de embargos, quando se tratar de correção de erro material ou formal, vedada a modificação do sujeito passivo da execução"), pois o decreto de falência não gera "modificação do sujeito passivo da execução", sendo desnecessária, até mesmo, a substituição da CDA. 3. "A pessoa jurídica já dissolvida pela decretação da falência subsiste durante seu processo de liquidação, sendo extinta, apenas, depois de promovido o cancelamento de sua inscrição perante o ofício competente. Inteligência do art. 51 do Código Civil" (REsp n. 1.359.273/SE, 1ª T., rel. Min. Napoleão Nunes Maia Filho, rel. p/ Acórdão Min. Benedito Gonçalves, *DJe* 14.05.2013) 4. O simples fato de não ter sido incluído ao lado do nome da empresa executada o complemento "massa falida" não gera nulidade nem impõe a extinção do feito por ilegitimidade passiva *ad causam*. A massa falida não é pessoa diversa da empresa contra a qual foi decretada a falência. Não há que se falar em redirecionamento nem mesmo em substituição da CDA. Trata-se de mera irregularidade formal, passível de saneamento até mesmo de ofício pelo juízo da execução. [...] 6. Recurso especial provido. (STJ, REsp n. 1.359.041/SE, 2ª T., rel. Min. Castro Meira, j. 18.06.2013, *DJe* 28.06.2013)

Falsidade ideológica Delito que consiste em omitir, em documento público ou particular, declaração que dele devia constar, ou nele inserir ou fazer inserir declaração falsa ou diversa da que devia ser escrita, com o fim de prejudicar direito, criar obrigação ou alterar a verdade sobre fato juridicamente relevante (art. 299, CP).

▶ Veja CP: "Falsidade ideológica – **Art. 299.** Omitir, em documento público ou particular, declaração que dele devia constar, ou nele inserir ou fazer inserir declaração falsa ou diversa da que devia ser escrita, com o fim de prejudicar direito, criar obrigação ou alterar a verdade sobre fato juridicamente relevante: Pena – reclusão, de 1 (um) a 5 (cinco) anos, e multa, se o documento é público, e reclusão de 1 (um) a 3 (três) anos, e multa, se o documento é particular. Parágrafo único. Se o agente é funcionário público, e comete o crime prevalecendo-se do cargo, ou se a falsificação ou alteração é de assentamento de registro civil, aumenta-se a pena de sexta parte".

■ Crime contra a organização do trabalho. Falsidade ideológica. Frustração fraudulenta de direito trabalhista. Delitos dos arts. 203 e 299, CP. Caracterização. O empregador que, fraudulentamente, viola direito trabalhista de determinado empregado, consignando na sua Carteira de Trabalho e Previdência Social (documento público) apenas parte do salário recebido, fazendo declaração falsa, com a intenção de frustrar a incidência de encargos sociais, impostos e direitos trabalhistas, comete os delitos previstos no art. 203, CP (crime contra a organização do trabalho) e no art. 299, CP (falsidade ideológica), em concurso formal. (TJMG, Ap. Crim. n. 180.698/2000/Belo Horizonte, rel. Des. Luiz Carlos Biasutti, j. 13.06.2000, *DJ* 28.09.2000)

Falso testemunho Delito penal em que incide quem faz afirmação falsa, nega ou cala a verdade como testemunha, perito, contador, tradutor ou intérprete em processo judicial ou administrativo, inquérito policial ou em juízo arbitral (art. 342, CP).

▶ Veja CP: "Falso testemunho ou falsa perícia – **Art. 342.** Fazer afirmação falsa, ou negar ou calar a verdade, como testemunha, perito, contador, tradutor ou intérprete em processo judicial, ou administrativo, inquérito policial, ou em juízo arbitral: Pena – reclusão, de 2 (dois) a 4 (quatro) anos, e multa. § 1º As penas aumentam-se de um sexto a um terço, se o crime é praticado mediante suborno ou se cometido com o fim de obter prova destinada a produzir efeito em processo penal, ou em processo civil em que for parte entidade da administração pública direta ou indireta. § 2º O fato deixa de ser punível se, antes da sentença no processo em que ocorreu o ilícito, o agente se retrata ou declara a verdade".

■ Súmula n. 165, STJ: Compete à Justiça Federal processar e julgar crime de falso testemunho cometido no processo trabalhista.

■ Apelação crime. Falso testemunho. Alterações do art. 212, CPP. Tese de nulidade afastada. Autoria e materialidade demonstradas. Condenação mantida. Improvimento. a) O sentido da moderna disposição processual, que modificou o art. 212, CPP, objetiva apenas a agilização do procedimento, não querendo significar que o velho sistema de inquirição de testemunhas causasse ofensa ao princípio da ampla defesa. b) Devidamente demonstrado nos autos, que o réu falseou a verdade, em juízo, sobre fato juridicamente relevante, impositiva a manutenção do decreto condenatório por incurso nas sanções do art. 342, *caput*, CP. Apelo improvido. (TJRS, Ap. Crime n. 70053748570, 4ª Câm. Criminal, rel. Gaspar Marques Batista, j. 22.08.2013)

■ Apelação crime. Falso testemunho majorado. Condenação. Apelo defensivo. Absolvição. Impossibilidade. O recorrente, compromissado como testemunha em outro processo, afirmou que a vítima teria cometido um roubo contra um taxista, o que reiterou nestes autos. No entanto, além da negativa da vítima, a qual narrou que, na verdade, pegou o veículo para fugir de um linchamento promovido contra si por taxistas, que vingavam um colega que teria tido o táxi danificado pelo ofendido após este atacar o veículo em função de quase ter sido atropelado, há os depoimentos judiciais de três testemunhas corroborando sua versão, em contraposição às declarações do denunciado, que foram confortadas apenas por outro taxista denunciado em outro feito pelo delito de denunciação caluniosa por ter acusado falsamente o ofendido, restando, ainda, algumas incoerências do confronto de ambos. Exclusão da pena de multa. Impossibilidade. A multa, incluída no preceito secundário do tipo, nada mais é do que decorrência legal da condenação, descabendo ao magistrado excluí-la. Saliente-se, ainda, que sua aplicação não implica, de *per si*, infringência ao princípio da intranscendência, segundo o qual a pena imposta ao acusado não passará da sua pessoa. Apelo improvido. (TJRS, Ap. Crime n. 70050895754, 4ª Câm. Criminal, rel. Marco Antônio Ribeiro de Oliveira, j. 08.11.2012)

Fato da administração Ação ou omissão do órgão administrativo contratante que, ao incidir diretamente sobre o contrato administrativo, retarda ou inviabiliza a sua execução pelo contratado, tornando-o excessivamente oneroso. Trata-se de infração contratual, cometida pela autoridade contratante, em prejuízo do contratado como, por exemplo, a não liberação, por parte da administração, de área, local ou objeto para execução de obra, serviço ou fornecimento, nos prazos contratuais, bem como das fontes de materiais naturais especificadas no projeto (art. 78, XVI, Lei n. 8.666/93).

Fato do príncipe *Factum principis*. Medida de ordem geral e unilateral, emanada da autoridade administrativa que, embora não tenha relação direta com o contrato em vigor, nele repercute, provocando desequilíbrio econômico-financeiro em desfavor do contratado. Exemplo: medida adotada pelo Governo Federal, por ato do Presidente da República ou outra autoridade por ele delegada, que impede ou dificulta a importação de matéria-prima indispensável à execução de uma determinada tarefa ou prestação de um determinado serviço. Sua incidência também pode se dar no âmbito trabalhista, quando o ato administrativo ou legislativo impossibilita a continuidade da atividade da empresa, em caráter temporário ou definitivo. Ocorrendo essa situação, o empregado terá direito a receber indenização pelo fim do contrato, a qual será de responsabilidade da autoridade responsável pela prática do ato (art. 486, CLT).

▶ Veja CLT: "**Art. 486.** No caso de paralisação temporária ou definitiva do trabalho, motivada por ato de autoridade municipal, estadual ou federal, ou pela promulgação de lei ou resolução que impossibilite a continuação da atividade, prevalecerá o pagamento da indenização, que ficará a cargo do governo responsável. § 1º Sempre que o empregador invocar em sua defesa o preceito do presente artigo, o tribunal do trabalho competente notificará a pessoa de direito público apontada como responsável pela paralisação do trabalho, para que, no prazo de 30 (trinta) dias, alegue o que entender devido, passando a figurar no processo como chamada à autoria. § 2º Sempre que a parte interessada, firmada em documento hábil, invocar defesa baseada na disposição deste artigo e indicar qual o juiz competente, será ouvida a parte contrária, para, dentro de 3 (três) dias, falar sobre essa alegação. § 3º Verificada qual a autoridade responsável, a Junta de Conciliação ou Juiz dar-se-á por incompetente, remetendo os autos ao Juiz Privativo da Fazenda, perante o qual correrá o feito nos termos previstos no processo comum".

Fato notório Fato que é de conhecimento geral, certo e inegável, e que independe de prova (art. 334, I, CPC/73).

▶ Veja CPC/73: "**Art. 334.** Não dependem de prova os fatos: I – notórios; [...]".

▶ Veja CPC/2015: "**Art. 374.** Não dependem de prova os fatos: I – notórios; II – afirmados por uma parte e confessados pela parte contrária; III – admitidos no processo como incontroversos; IV – em cujo favor milita presunção legal de existência ou de veracidade".

■ Indenização. Despesas de funeral e sepultamento. Prova. Desnecessidade, desde que limitada ao piso previsto na legislação previdenciária. 1. Desde que limitada ao mínimo previsto na legislação previdenciária, não se exige, para fins de indenização, a comprovação das despesas havidas com funeral e sepultamento, por se tratar de fato notório que deve ser presumido, pela insignificância do valor no contexto da ação, bem como pela natureza social da verba, de proteção e respeito à dignidade da pessoa humana. Precedentes. 2. A aparente divergência jurisprudencial no âmbito do STJ, pela necessidade de comprovação das despesas de funeral, é antiga e se encontra superada. 3. Recurso especial provido. (STJ, REsp n. 1128637/RJ, 3ª T., rel. Min. Nancy Andrighi, j. 03.05.2012, *DJe* 10.05.2012)

Fatura Documento expedido pelo vendedor que relaciona as compras a prazo efetuadas em determinado espaço de tempo e que servirá de base à extração de duplicata. É utilizada nas transações comerciais de venda de produtos, mercadorias e na prestação de serviços. O prazo de vencimento da operação, que não deve ser inferior a trinta dias, deve estar destacado, incluindo a praça de pagamento. Por ser uma nota fiscal-fatura, o título-fatura é o título utilizado para a cobrança, com todas as características legais de aceite por parte do cliente (Lei n. 5.474/68).

▶ Veja Lei n. 5.474/68: "**Art. 1º** Em todo o contrato de compra e venda mercantil entre partes domiciliadas no território brasileiro, com prazo não inferior a 30 (trinta) dias, contado da data da entrega ou despacho das mercadorias, o vendedor extrairá a respectiva fatura para apresentação ao comprador. § 1º A fatura discriminará as mercadorias vendidas ou, quando convier ao vendedor, indicará somente os números e valores das notas parciais expedidas por ocasião das vendas, despachos ou entregas das mercadorias. [...] **Art. 2º** No ato da emissão da fatura, dela poderá ser extraída uma duplicata para circulação como efeito comercial, não sendo admitida qualquer outra espécie de título de crédito para documentar o saque do vendedor pela importância faturada ao comprador".

- Administrativo. Processual civil. Agravo regimental no agravo em recurso especial. Juros. Fatura. Inadimplemento contratual. Honorários. 1. Em relação à incidência dos juros, há considerar que "A fixação do termo inicial dos juros depende da liquidez da obrigação. Se a obrigação for líquida, os juros serão contados a partir do vencimento da obrigação; se for ilíquida, os moratórios terão como *dies a quo* a citação válida. Em face da iliquidez da obrigação, a incidência dos juros moratórios é a citação, e não o vencimento de cada fatura" (REsp n. 402.423/RO, 2ª T., rel. Min. Castro Meira, *DJ* 20.02.2006). Logo, a incidência dos juros será devida a partir da data em que for configurado o inadimplemento contratual. [...] 3. Agravo regimental não provido. (STJ, Ag. Reg. no AREsp n. 190.344/MS, 1ª T., rel. Min. Arnaldo Esteves Lima, j. 19.03.2013, *DJe* 25.03.2013)

Fax (fac-símile) Modalidade de comunicação ou transmissão de mensagens ou documentos urgentes, mediante a utilização de aparelho específico interligado a um aparelho telefônico. A lei faculta às partes a utilização do sistema de transmissão de dados e imagens via fac-símile, ou outro similar, para a prática de atos processuais que dependam de petição escrita, sem prejuízo do cumprimento dos prazos, devendo os originais serem entregues em juízo, necessariamente, até cinco dias da data de seu término (arts. 1º e 2º, Lei n. 9.800/99).

▶ Veja Lei n. 9.800/99: "**Art. 1º** É permitida às partes a utilização de sistema de transmissão de dados e imagens tipo fac-símile ou outro similar, para a prática de atos processuais que dependam de petição escrita. **Art. 2º** A utilização de sistema de transmissão de dados e imagens não prejudica o cumprimento dos prazos, devendo os originais ser entregues em juízo, necessariamente, até cinco dias da data de seu término. Parágrafo único. Nos atos não sujeitos a prazo, os originais deverão ser entregues, necessariamente, até cinco dias da data da recepção do material. **Art. 3º** Os juízes poderão praticar atos de sua competência à vista de transmissões efetuadas na forma desta Lei, sem prejuízo do disposto no artigo anterior. **Art. 4º** Quem fizer uso de sistema de transmissão torna-se responsável pela qualidade e fidelidade do material transmitido, e por sua entrega ao órgão judiciário. Parágrafo único. Sem prejuízo de outras sanções, o usuário do sistema será considerado litigante de má-fé se não houver perfeita concordância entre o original remetido pelo fac-símile e o original entregue em juízo. **Art. 5º** O disposto nesta Lei não obriga a que os órgãos judiciários disponham de equipamentos para recepção".

- Intempestividade. Data do protocolo no tribunal de origem e não na agência dos correios. Petição enviada via fax. Ônus da parte recorrente. Extrato de conta telefônica. Prova. Inadmissibilidade. 1. "A tempestividade de recurso interposto no Superior Tribunal de Justiça é aferida pelo registro no protocolo da secretaria e não pela data da entrega na agência do correio" (Súmula n. 216/STJ). 2. O extrato de conta telefônica não é prova hábil para atestar a tempestividade do recurso. 3. Agravo regimental desprovido. (STJ, Ag. Reg. no AREsp n. 126.524/RS, 3ª T., rel. Min. João Otávio de Noronha, j. 20.06.2013, *DJe* 28.06.2013)

Fecundação artificial Método de reprodução ou inseminação artificial, processado mediante fertilização *in vitro*, destinado a gerar o nascimento de uma criança quando homem ou mulher manifestarem dificuldades de fertilização. A fecundação artificial pode ser homóloga ou heteróloga. É *homóloga* quando a mulher utiliza material genético do próprio marido; é *heteróloga*, quando promovida mediante o emprego de material genético de terceiro. Nessa última modalidade, inexistindo prévia autorização do marido, é facultado a este negar o reconhecimento, uma vez que não se configura a presunção de paternidade. Já havendo autorização, relativamente ao pai (ou à mãe) que não contribuiu com seu material fecundante, configura-se modalidade de parentesco civil enquadrada na expressão "outra origem" constante do art. 1.593, CC (art. 1.597, III e V, CC). Inclui-se ainda no conceito de fecundação homóloga a hipótese de fecundação *in vitro*, do óvulo da mulher com esperma do marido, mas em que a gestação vai se operar implantando o óvulo fecundado no útero de outra mulher, que apenas providencia o componente "gestação", originando as expressões "mãe hospedeira", "mãe substituta" e, em determinados casos, "barriga de aluguel". Presumem-se concebidos na constância do casamento os filhos: havidos por fecundação artificial homóloga, mesmo que falecido o marido; havidos, a qualquer tempo, quando se tratar de embriões excedentários, decorrentes de concepção artificial homóloga; havidos por inseminação artificial heteróloga, desde que tenha prévia autorização do marido (art. 1.597, CC) (*v. Fertilização* in vitro).

▶ Veja CC: "**Art. 1.596.** Os filhos, havidos ou não da relação de casamento, ou por adoção, terão os mesmos direitos e qualificações, proibidas quaisquer designações discriminatórias relativas à filiação. **Art. 1.597.** Presumem-se concebidos na constância do casamento os filhos: I – nascidos cento e oitenta dias, pelo menos, depois de estabelecida a convivência conjugal; II – nascidos nos trezentos dias subsequentes à dissolução da sociedade conjugal, por morte, separação judicial, nulidade e anulação do casamento; III – havidos por fecundação artificial homóloga, mesmo que falecido o marido; IV – havidos, a qualquer tempo, quando se tratar de embriões excedentários, decorrentes de concepção artificial homóloga; V – havidos por inseminação artificial heteróloga, desde que tenha prévia autorização do marido".

Federação Forma de organização do Estado composta de diversas entidades territoriais autônomas dotadas de governo próprio, também denominadas estados federados independentes. O Brasil é uma república federativa formada pela união indissolúvel dos estados e municípios e do Distrito Federal; constitui-se em Estado Democrático de Direito e tem como fundamentos: a soberania; a cidadania; a dignidade da pessoa humana; os valores sociais do trabalho e da livre-iniciativa; o pluralismo político (art. 1º, CF). Também se denomina federação o órgão que congrega, no âmbito nacional ou estadual, entidades representativas de uma mesma categoria profissional, como a Federação das Indústrias, a Federação de Sindicatos, a Federação dos Metalúrgicos, a Federação dos Municípios, a Federação Paulista de Futebol, entre outras.

Feito O mesmo que processo, causa, demanda, lide, avença.

Fé pública Credibilidade ou legalidade conferida pela expressão *dou fé*, aposta aos documentos públicos redigidos ou reconhecidos por serventuários públicos dos cartórios judiciais e extrajudiciais.

■ Comprovante de pagamento das custas processuais. Documento extraído da internet. Ausência de fé pública. Deserção. Precedentes. 1. A jurisprudência desta Corte é firme no entendimento de que os comprovantes bancários emitidos pela internet somente possuem veracidade entre a agência bancária e o correntista, não possuindo fé pública e, tampouco, aptidão para comprovar o recolhimento do preparo recursal. 2. O agravo não trouxe nenhum argumento novo capaz de modificar a conclusão alvitrada, a qual se mantém por seus próprios fundamentos. 3. Agravo regimental não provido. (STJ, Ag. Reg. no AREsp n. 155.918/DF, 3ª T., rel. Min. Ricardo Villas Bôas Cueva, j. 21.03.2013, *DJe* 26.03.2013)

■ Princípios da lealdade processual e da confiança. Presunção de veracidade dos atos praticados pelos serventuários da Justiça. [...] 1. Os atos praticados pelos serventuários da Justiça gozam de fé pública e presunção de veracidade, devendo permanecer válidos enquanto não houver declaração de nulidade, a qual não prejudicará a parte de boa-fé. 2. Os princípios da lealdade processual e da confiança se aplicam a todos os sujeitos do processo. 3. No caso, o advogado havia se dado por intimado da sentença mediante cota nos autos. Ato contínuo, foi lançada certidão com a expressão "sem efeito" sobre a referida cota. Não há certidão de retirada dos autos em carga. 4. O advogado tinha legítima expectativa de que o ato do serventuário ocorreu de forma válida, devendo o prazo da apelação ser contado a partir da publicação na imprensa oficial. [...] (STJ, Ag. Reg. no AREsp n. 91.311/DF, 4ª T., rel. Min. Antonio Carlos Ferreira, j. 06.12.2012, *DJe* 01.08.2013)

Férias Período de descanso concedido pelo empregador ao empregado após cada período de 12 meses de vigência do contrato de trabalho. O benefício deve ser concedido na seguinte proporção: 30 dias corridos, quando não houver faltado ao serviço mais de 5 vezes; 24 dias corridos, quando houver tido de 6 a 14 faltas; 18 dias corridos, quando houver tido de 15 a 23; 12 dias corridos, quando houver tido de 24 a 32 faltas (arts. 129 e 130, CLT).

▶ Veja CLT: "**Art. 129.** Todo empregado terá direito anualmente ao gozo de um período de férias, sem prejuízo da remuneração. **Art. 130.** Após cada período de 12 (doze) meses de vigência do contrato de trabalho, o empregado terá direito a férias, na seguinte proporção: I – 30 (trinta) dias corridos, quando não houver faltado ao serviço mais de 5 (cinco) vezes; II – 24 (vinte e quatro) dias corridos, quando houver tido de 6 (seis) a 14 (quatorze) faltas; III – 18 (dezoito) dias corridos, quando houver tido de 15 (quinze) a 23 (vinte e três) faltas; IV – 12 (doze) dias corridos, quando houver tido de 24 (vinte e quatro) a 32 (trinta e duas) faltas. § 1º É vedado descontar, do período de férias, as faltas do empregado ao serviço. § 2º O período das férias será computado, para todos os efeitos, como tempo de serviço. **Art. 130-A.** Na modalidade do regime de tempo parcial, após cada período de 12 (doze) meses de vigência do contrato de trabalho, o empregado terá direito a férias, na seguinte proporção: I – 18 (dezoito) dias, para a duração do trabalho semanal superior a 22 (vinte e duas) horas, até 25 (vinte e cinco) horas; II – 16 (dezesseis) dias, para a duração do trabalho semanal superior a 20 (vinte) horas, até 22 (vinte e duas) horas; III – 14 (quatorze) dias, para a duração do trabalho semanal superior a 15 (quinze) horas, até 20 (vinte) horas; IV – 12 (doze) dias, para a duração do trabalho semanal superior a 10 (dez) horas, até 15 (quinze) horas; V – 10 (dez) dias, para a duração do trabalho semanal superior a 5 (cinco) horas, até 10 (dez) horas; VI – 8 (oito) dias, para a duração do trabalho semanal igual ou inferior a 5 (cinco) horas. Parágrafo único. O empregado contratado sob o regime de tempo parcial que tiver mais de 7 (sete) faltas injustificadas ao longo do período aquisitivo terá o seu período de férias reduzido à metade".

Férias forenses Período no qual as atividades do foro são suspensas, sem prejuízo do período de férias dos magistrados, com as exceções que a lei permite. A figura das férias forenses foi extinta por força da reforma do Judiciário (EC n. 45/2004) (v. *Recesso*).

- Embargos de declaração recebidos como agravo regimental no agravo em recurso especial. Princípio da fungibilidade. Intempestividade. EC n. 45/2004. Extinção do período de férias forenses. 1. Com a edição da Emenda Constitucional 45, de 31 de dezembro de 2004, extinguiu-se o período de férias forenses nos Tribunais locais e a atividade jurisdicional passou a ser ininterrupta. 2. A suspensão dos prazos por ato do Tribunal de origem deve ser demonstrada por meio de documento oficial no ato da interposição do recurso, sob pena de não conhecimento. 3. Por outro lado, o juízo de admissibilidade é bifásico, e o controle realizado no Tribunal de origem não vincula o STJ. 4. Impossibilidade de regularização posterior, por força da preclusão consumativa. 5. Embargos de declaração recebidos como agravo regimental ao qual se nega provimento, com aplicação de multa. (STJ, Emb. Decl. no AREsp n. 34.626/RJ, 4ª T., rel. Min. Luis Felipe Salomão, j. 07.02.2012, DJe 13.02.2012)

Fertilização *in vitro* Técnica de reprodução assistida. Método de fecundação do óvulo pelo espermatozoide que ocorre fora do corpo, em laboratório, ou seja, em um tubo de ensaio. A fertilização *in vitro*, também chamada de FIV ou de "bebê de proveta", é uma das grandes conquistas no tratamento da infertilidade. A primeira criança gerada por esse processo foi Louise, filha de Lesley John Brown, no ano de 1978, em Londres, por obra do Dr. Patrick Steptoe e do Dr. Robert Edwards. Tem por objetivo solucionar o problema de infertilidade da mulher, que tanto pode resultar da incapacidade de ovular, natural ou decorrente dos efeitos da radio ou quimioterapia, como da ruptura ou extirpação do útero, com a ressalva de que mesmo na última hipótese a mulher pode continuar a produzir óvulos aptos à fecundação. Informações científicas demonstram que a mulher, com o passar dos anos, vai reduzindo a sua capacidade ovulatória, tanto que o recomendável é a gravidez até, no máximo, os 32 anos (o ideal é aos 28 anos). Após essa idade, mais precisamente após os 35 anos, as dificuldades para engravidar passam a ser maiores. Já no caso da infertilidade masculina, as grandes causas da impotência reprodutora são a *aspermia* (o indivíduo não produz espermatozoides) e a *oligospermia* (a produção de esperma é insuficiente). Na fecundação *in vitro* denominada *homóloga*, utiliza-se o óvulo e o esperma provenientes do próprio casal de quem o embrião vai ser filho; na do tipo *heteróloga*, pelo menos um dos gametas utilizados na criação do embrião provém de um doador externo ao casal. Presumem-se concebidos na constância do casamento os filhos: havidos por fecundação artificial homóloga, mesmo que falecido o marido; havidos, a qualquer tempo, quando se tratar de embriões excedentários, decorrentes de concepção artificial homóloga; havidos por inseminação artificial heteróloga, desde que tenha prévia autorização do marido (art. 1.597, CC) (v. *Fecundação artificial* e *Reprodução assistida*).

- Responsabilidade civil. Erro médico. Clínica médica. Negligência. Indenização. Cabimento. Fecundação *in vitro*. Recurso especial. 1. Na hipótese de condenação baseada em negligência no atendimento do médico que deixa de prestar assistência pós-cirúrgica sob alegação de que o estado decadente de saúde do paciente não decorre de ato cirúrgico, mas de causas que não lhe dizem respeito, deve-se responder pelo dano ocasionado. Essa prestação de assistência pós-cirúrgica não depende, necessariamente, de prova pericial, podendo o julgador fundar suas conclusões em outros meios, por exemplo, na prova testemunhal. 2. Em se tratando de danos morais, é incabível a análise do recurso com base na divergência jurisprudencial, pois, ainda que haja grande semelhança nas características externas e objetivas, no aspecto subjetivo, os acórdãos são sempre distintos. 3. Recurso especial conhecido em parte e desprovido. (STJ, REsp n. 914.329/RJ, 4ª T., rel. Min. João Otávio de Noronha, j. 04.08.2011, DJe 30.03.2012)

Fiador Pessoa que, em contrato de fiança, garante satisfazer ao credor uma obrigação assumida pelo devedor, caso este não a cumpra (art. 818, CC). O fiador poderá exonerar-se da fiança que tiver assinado sem limitação de tempo, sempre que lhe convier, ficando obrigado por todos os efeitos da fiança, durante sessenta dias após a notificação do credor (art. 835, CC). Sendo hipótese de contrato de locação, a exoneração pode se efetivar nos seguintes casos: a) separação de fato, separação judicial, divórcio ou dissolução de união estável, quando um dos cônjuges ou companheiros permanecer no imóvel; b) prorrogação da locação por prazo indeterminado, uma vez notificado o locador pelo fiador de sua intenção de desoneração (arts. 12 e 40, X, Lei n. 8.245/91).

- Veja CC: "**Art. 818.** Pelo contrato de fiança, uma pessoa garante satisfazer ao credor uma obrigação assumida pelo devedor, caso este não a cumpra. **Art. 819.** A fiança dar-se-á por escrito, e não admite interpretação extensiva. [...] **Art. 835.** O fiador poderá exonerar-se da fiança que tiver assinado sem limitação de tempo, sempre que lhe convier, ficando obrigado por todos os efeitos da fiança, durante sessenta dias após a notificação do credor. **Art. 836.** A obrigação do fiador passa aos herdeiros; mas a responsabilidade da fiança se limita ao tempo decorrido até a morte do fiador, e não pode ultrapassar as forças da herança".

- Súmula n. 214, STJ: O fiador na locação não responde por obrigações resultantes de aditamento ao qual não anuiu.

- Súmula n. 268, STJ: O fiador que não integrou a relação processual na ação de despejo não responde pela execução do julgado.

- Fiança. Exoneração. Prorrogação contratual. Súmula n. 214/STJ. Responsabilidade do fiador até a entrega das chaves. Cláusula expressa. Súmula n. 83/STJ. 1. A jurisprudência do STJ é firme no sentido de que, havendo cláusula contratual expressa, a responsabilidade do fiador, pelas obrigações contratuais decorrentes da prorrogação do contrato de locação, deve perdurar até a efetiva entrega das chaves do imóvel. 2. Rever as conclusões do acórdão recorrido demandaria o reexame de matéria fático-probatória e de cláusulas contratuais, o que é inviável em sede de recurso especial, nos termos dos enunciados ns. 5 e 7 da Súmula do STJ. [...] (STJ, Ag. Reg. no AREsp n. 234.428/SP, 3ª T., rel. Min. Ricardo Villas Bôas Cueva, j. 11.06.2013, DJe 20.06.2013)

Fiança Contrato acessório pelo qual uma pessoa – o fiador – garante satisfazer ao credor uma obrigação assumida pelo devedor, caso este não a cumpra (arts. 818 a 839, CC). Modalidade de garantia fidejussória. Ainda que a fiança tenha maior aplicação aos contratos de locação (art. 37, Lei n. 8.245/91), ela pode servir de garantia a qualquer outra modalidade contratual, como o de mútuo, o de compra e venda, o de arrendamento e o de alienação fiduciária. Salvo suprimento judicial, nenhum dos cônjuges pode, sem autorização do outro, exceto no regime da separação absoluta, prestar fiança (art. 1.647, CC).

- Veja CC: "**Art. 818.** Pelo contrato de fiança, uma pessoa garante satisfazer ao credor uma obrigação assumida pelo devedor, caso este não a cumpra. **Art. 819.** A fiança dar-se-á por escrito, e não admite interpretação extensiva. [...] **Art. 820.** Pode-se estipular a fiança, ainda que sem consentimento do devedor ou contra a sua vontade. **Art. 821.** As dívidas futuras podem ser objeto de fiança; mas o fiador, neste caso, não será demandado senão depois que se fizer certa e líquida a obrigação do principal devedor. **Art. 822.** Não sendo limitada, a fiança compreenderá todos os acessórios da dívida principal, inclusive as despesas judiciais, desde a citação do fiador. **Art. 823.** A fiança pode ser de valor inferior ao da obrigação principal e contraída em condições menos onerosas, e, quando exceder o valor da dívida, ou for mais onerosa que ela, não valerá senão até ao limite da obrigação afiançada. **Art. 824.** As obrigações nulas não são suscetíveis de fiança, exceto se a nulidade resultar apenas de incapacidade pessoal do devedor. [...] **Art. 1.647.** Ressalvado o disposto no art. 1.648, nenhum dos cônjuges pode, sem autorização do outro, exceto no regime da separação absoluta: [...] III – prestar fiança ou aval; [...]".

- Veja Lei n. 8.245/91: "**Art. 37.** No contrato de locação, pode o locador exigir do locatário as seguintes modalidades de garantia: I – caução; II – fiança; III – seguro de fiança locatícia. [...]".

- Súmula n. 81, STJ: Não se concede fiança quando, em concurso material, a soma das penas mínimas cominadas for superior a dois anos de reclusão.

- Súmula n. 332, STJ: A fiança prestada sem autorização de um dos cônjuges implica a ineficácia total da garantia.
- Fiança sem autorização marital. Prestação pela mulher declarando estado de solteira. Boa-fé objetiva em prol do credor. Improvimento. 1. Alegada violação do art. 535 do CPC inexistente. 2. A regra de nulidade integral da fiança prestada pelo cônjuge sem outorga do outro cônjuge não incide no caso de informação inverídica por este de estado de solteira, assinando, no caso, a fiadora, mulher casada, com omissão do nome do marido. 3. A boa-fé objetiva que preside os negócios jurídicos (CC/2002, art. 113) e a vedação de interpretação que prestigie a malícia nas declarações de vontade na prática de atos jurídicos (CC/2002, art. 180) vem em detrimento de quem preste fiança com inserção de dados inverídicos no documento. 4. Quadro fático fixado pelo Tribunal de origem e inalterável no âmbito da competência desta Corte, que vem em prol do reconhecimento da inveracidade e da malícia na prestação da fiança (Súmula n. 7/STJ). 5. Inocorrência de ofensa à Súmula n. 332/STJ, validade da fiança, no tocante à fiadora, a comprometer-lhe a meação, sem atingir, contudo, a meação do marido. 6. Recurso especial improvido. (STJ, REsp n. 1.328.235/RJ, 3ª T., rel. Min. Sidnei Beneti, j. 04.06.2013, *DJe* 28.06.2013)

Fiança civil Contrato acessório pelo qual uma pessoa – o fiador – garante satisfazer ao credor uma obrigação assumida pelo devedor, caso este não a cumpra (arts. 818 a 839, CC, e 37, Lei n. 8.245/91).

- ▶ Veja CC: "**Art. 818.** Pelo contrato de fiança, uma pessoa garante satisfazer ao credor uma obrigação assumida pelo devedor, caso este não a cumpra. **Art. 819.** A fiança dar-se-á por escrito, e não admite interpretação extensiva. [...] **Art. 820.** Pode-se estipular a fiança, ainda que sem consentimento do devedor ou contra a sua vontade".
- ▶ Veja Lei n. 8.245/91 (Lei de Locações): "**Art. 37.** No contrato de locação, pode o locador exigir do locatário as seguintes modalidades de garantia: I – caução; II – fiança; III – seguro de fiança locatícia; IV – cessão fiduciária de quotas de fundo de investimento. Parágrafo único. É vedada, sob pena de nulidade, mais de uma das modalidades de garantia num mesmo contrato de locação".
- Súmula n. 81, STJ: Não se concede fiança quando, em concurso material, a soma das penas mínimas cominadas for superior a dois anos de reclusão.
- Súmula n. 332, STJ: A fiança prestada sem autorização de um dos cônjuges implica a ineficácia total da garantia.
- Fiança sem autorização marital. Prestação pela mulher declarando estado de solteira. Boa-fé objetiva em prol do credor. Improvimento. 1. Alegada violação do art. 535 do Cód. de Proc. Civil inexistente. 2. A regra de nulidade integral da fiança prestada pelo cônjuge sem outorga do outro cônjuge não incide no caso de informação inverídica por este de estado de solteira, assinando, no caso, a fiadora, mulher casada, com omissão do nome do marido. 3. A boa-fé objetiva que preside os negócios jurídicos (CC/2002, art. 113) e a vedação de interpretação que prestigie a malícia nas declarações de vontade na prática de atos jurídicos (CC/2002, art.180) vem em detrimento de quem preste fiança com inserção de dados inverídicos no documento. 4. Quadro fático fixado pelo Tribunal de origem e inalterável no âmbito da competência desta Corte, que vem em prol do reconhecimento da inveracidade e da malícia na prestação da fiança (Súmula n. 7/STJ). 5. Inocorrência de ofensa à Súmula n. 332/STJ, validade da fiança, no tocante à fiadora, a comprometer-lhe a meação, sem atingir, contudo, a meação do marido. 6. Recurso Especial improvido. (REsp n. 1.328.235/RJ, 3ª T., rel. Min. Sidnei Beneti, j. 04.06.2013, *DJe* 28.06.2013)

Fiança penal Importância arbitrada pelo juiz e paga pelo indiciado que estiver preso, ou por terceiro em seu favor, para que lhe seja concedido alvará de soltura e possa responder ao processo em liberdade, nos casos especificados em lei (art. 319 e segs., CPP).

- ▶ Veja CPP: "**Art. 319.** São medidas cautelares diversas da prisão: [...] VIII – fiança, nas infrações que a admitem, para assegurar o comparecimento a atos do processo, evitar a obstrução do seu andamento ou em caso de resistência injustificada à ordem judicial; [...] **Art. 322.** A autoridade policial somente poderá conceder fiança nos casos de infração cuja pena privativa de liberdade máxima não seja superior a 4 (quatro) anos. Parágrafo único. Nos demais casos, a fiança será requerida ao juiz, que decidirá em 48 (quarenta e oito) horas. **Art. 323.** Não será concedida fiança: I – nos crimes de racismo; II – nos crimes de tortura, tráfico ilícito de entorpecentes e drogas afins, terrorismo e nos definidos como crimes hediondos; III – nos crimes cometidos por grupos armados, civis ou militares, contra a ordem constitucional e o Estado Democrático; [...] **Art. 324.** Não será, igualmente, concedida fiança: I – aos que, no mesmo processo, tiverem quebrado fiança anteriormente concedida ou infringido, sem motivo justo, qualquer das obrigações a que se referem os arts. 327 e 328 deste Código; II – em caso de prisão civil ou militar; [...] IV – quando presentes os motivos que autorizam a decretação da prisão preventiva (art. 312). **Art. 325.** O valor da fiança será fixado pela autoridade que a conceder nos seguintes limites: [...] I – de 1 (um) a 100 (cem) salários mínimos, quando se tratar de infração cuja pena privativa de liberdade, no grau máximo, não for superior a 4 (quatro) anos; II – de 10 (dez) a 200 (duzentos) salários mínimos, quando o máximo da pena privativa de liberdade cominada for superior a 4 (quatro) anos. § 1º Se assim recomendar a situação econômica do preso, a fiança poderá ser: I – dispensada, na forma do art. 350 deste Código; II – reduzida até o máximo de 2/3 (dois terços); ou III – aumentada em até 1.000 (mil) vezes. **Art. 326.** Para determinar o valor da fiança, a autoridade terá em consideração a natureza da infração, as condições pessoais de fortuna e vida pregressa do acusado, as circunstâncias indicativas de sua periculosidade, bem como a importância provável das custas do processo, até final julgamento".

- *Habeas corpus*. Quebra de fiança. Prática, em tese, de novo delito. Pronúncia confirmada pelo tribunal local. Restabelecimento da prisão cautelar. 1. O simples cometimento de delito – agora doloso, conforme a Lei n. 12.403/2011 – praticado na vigência da fiança autoriza o quebramento do benefício, e tal não precisará se evidenciar pela sentença, muito menos pelo trânsito em julgado da condenação. 2. A liberdade mediante fiança significa dizer que, naquele momento, não há razões suficientes para a custódia do acusado. No entanto, ocorrendo no curso do processo fatos que desabonem essa situação, torna-se legítima a prisão preventiva, sem que com isso haja qualquer antecipação do cumprimento da pena a que está sujeito o réu em tese (*HC* n. 82.215/RJ – STF, Min. Maurício Corrêa, 2ª T., *DJ* 01.08.2003). 3. No caso, a confirmação pelo Tribunal da pronúncia do paciente pelo cometimento de tripla tentativa de homicídios triplamente qualificados e por formação de quadrilha revela a presença de indícios de autoria e materialidade bastantes para legitimar a quebra da fiança. 4. Ordem denegada, liminar cassada. (STJ, *HC* n. 129.438/RJ, 6ª T., rel. Min. Sebastião Reis Júnior, j. 16.05.2013, *DJe* 31.05.2013)

Fideicomissário Diz-se do segundo beneficiário pelo recebimento de herança ou legado do fiduciário por meio da instituição de fideicomisso pelo testador.

Fideicomisso Instituto do direito sucessório pelo qual o testador ou fideicomitente transmite ao herdeiro ou legatário temporário, o fiduciário ou gravado, certos bens, impondo a obrigação de, por sua morte, após certo tempo ou sob condição, transmiti-los ao segundo beneficiário, seu substituto, o fideicomissário (art. 1.951, CC).

- Veja CC: "**Art. 1.951.** Pode o testador instituir herdeiros ou legatários, estabelecendo que, por ocasião de sua morte, a herança ou o legado se transmita ao fiduciário, resolvendo-se o direito deste, por sua morte, a certo tempo ou sob certa condição, em favor de outrem, que se qualifica de fideicomissário".

- Direito das sucessões. Substituição Fideicomissária. Condições. Conservação do bem e restituição. Reexame de cláusulas testamentárias. [...] 2. Para caracterização do instituto da substituição fideicomissária é preciso a identificação dos seguintes requisitos, a saber: a) caráter eventual; b) que os bens sejam sucessivos; c) capacidade passiva do fiduciário e do fideicomissário; d) obrigação de conservar a coisa fideicomissada para, posteriormente, restituí-la ao fideicomissário. 3. Na via especial, é vedada a alteração das premissas fático-probatórias estabelecidas pelo acórdão recorrido. 4. Recurso especial não conhecido. (REsp n. 757.708/MG, 4ª T., rel. Min. Carlos Fernando Mathias (juiz federal convocado do TRF-1ª Região), j. 10.02.2009, *DJe* 26.02.2009)

Fideicomitente O testador ou aquele que transmite ao herdeiro ou legatário temporário, o fiduciário ou gravado, certos bens, impondo a obrigação de, por sua morte, após certo tempo ou sob condição, transmiti-los ao segundo beneficiário, seu substituto, o fideicomissário (art. 1.951, CC).

Fiduciário Legatário ou herdeiro instituído em primeiro grau, que fica com a propriedade restrita e resolúvel do bem recebido em fideicomisso para transmiti-lo ao fideicomissário após certo tempo ou em certa condição (art. 1.953, CC). Diz-se, também, do credor e do devedor fiduciários, participantes do contrato de alienação fiduciária. Propriedade fiduciária.

- Veja CC: "**Art. 1.953.** O fiduciário tem a propriedade da herança ou legado, mas restrita e resolúvel. Parágrafo único. O fiduciário é obrigado a proceder ao inventário dos bens gravados, e a prestar caução de restituí-los se o exigir o fideicomissário".

- Alienação fiduciária em garantia celebrada entre pessoa jurídica e pessoa natural. Regime jurídico do Código Civil. Busca e apreensão de bem móvel. 1. Há regime jurídico dúplice a disciplinar a propriedade fiduciária de bens móveis: (i) o preconizado pelo Código Civil (arts. 1.361 a 1.368), que se refere a bens móveis infungíveis, quando o credor fiduciário for pessoa natural ou jurídica; e (ii) o estabelecido no art. 66-B da Lei n. 4.728/65 (acrescentado pela Lei n. 10.931/2004) e no Decreto-lei n. 911/69, relativo a bens móveis fungíveis e infungíveis, quando o credor fiduciário for instituição financeira. 2. A medida de busca e apreensão prevista no Decreto-lei n. 911/69 consubstancia processo autônomo, de caráter satisfativo e de cognição sumária, que ostenta rito célere e específico com vistas à concessão de maiores garantias aos credores, estimulando, assim, o crédito e o fortalecimento do mercado produtivo. [...] Em outras palavras, é vedada a utilização do rito processual da busca e apreensão, tal qual disciplinado pelo Decreto-lei n. 911/69, ao credor fiduciário que não revista a condição de instituição financeira *lato sensu* ou de pessoa jurídica de direito público titular de créditos fiscais e previdenciários. [...] 5. Recurso especial não provido. (REsp n. 1101375/RS, 4ª T., rel. Min. Luis Felipe Salomão, j. 04.06.2013, DJe 01.07.2013)

Filho adotivo Filho instituído por meio de processo de adoção, originando o parentesco civil entre adotado e adotante e entre todos os parentes do adotante, que se equipara ao filho legítimo ou natural para todos os efeitos (arts. 41, ECA, e 1.596, CC) (*v. Adoção*).

▸ Veja ECA: "**Art. 41.** A adoção atribui a condição de filho ao adotado, com os mesmos direitos e deveres, inclusive sucessórios, desligando-o de qualquer vínculo com pais e parentes, salvo os impedimentos matrimoniais. § 1º Se um dos cônjuges ou concubinos adota o filho do outro, mantêm-se os vínculos de filiação entre o adotado e o cônjuge ou concubino do adotante e os respectivos parentes. § 2º É recíproco o direito sucessório entre o adotado, seus descendentes, o adotante, seus ascendentes, descendentes e colaterais até o 4º grau, observada a ordem de vocação hereditária".

▸ Veja CC: "**Art. 1.596.** Os filhos, havidos ou não da relação de casamento, ou por adoção, terão os mesmos direitos e qualificações, proibidas quaisquer designações discriminatórias relativas à filiação".

Filho afetivo Pessoa que, embora não seja adotada ou não guarde vínculo biológico, é criada como se fosse filho, configurando a posse de estado de filho (*v. Filho de criação* e *Adoção à brasileira*), ou aquela que provém de inseminação artificial heteróloga.

Filho biológico Também chamado de filho natural, é o que se origina de ato de procriação, ou seja, do *jus sanguinis* existente entre pais e filhos. Resulta de relação sexual ou inseminação artificial entre homem e mulher, diferentemente da filiação decorrente de outra origem, como adoção e filiação socioafetiva.

Filho de criação Pessoa que é acolhida por uma família em uma espécie de adoção de fato ou adoção informal, na qual a certidão de nascimento não é alterada, mantendo-se no registro o nome dos pais biológicos. Sua situação pode ensejar a configuração de filho socioafetivo.

Filiação Relação de parentesco que se origina do processo de procriação natural, de fecundação artificial, de adoção ou de outra origem. Os filhos, havidos ou não da relação de casamento, ou por adoção, terão os mesmos direitos e qualificações, proibidas quaisquer designações discriminatórias relativas à filiação (art. 1.596, CC).

▸ Veja CC: "**Art. 1.596.** Os filhos, havidos ou não da relação de casamento, ou por adoção, terão os mesmos direitos e qualificações, proibidas quaisquer designações discriminatórias relativas à filiação. **Art. 1.597.** Presumem-se concebidos na constância do casamento os filhos: I – nascidos cento e oitenta dias, pelo menos, depois de estabelecida a convivência conjugal; II – nascidos nos trezentos dias subsequentes à dissolução da sociedade conjugal, por morte, separação judicial, nulidade e anulação do casamento; III – havidos por fecundação artificial homóloga, mesmo que falecido o marido; IV – havidos, a qualquer tempo, quando se tratar de embriões excedentários, decorrentes de concepção artificial homóloga; V – havidos por inseminação artificial heteróloga, desde que tenha prévia autorização do marido. [...] **Art. 1.603.** A filiação prova-se pela certidão do termo de nascimento registrada no Registro Civil. [...] **Art. 1.605.** Na falta, ou defeito, do termo de nascimento, poderá provar-se a filiação por qualquer modo admissível em direito: I – quando houver começo de prova por escrito, proveniente dos pais, conjunta ou separadamente; II – quando existirem veementes presunções resultantes de fatos já certos. **Art. 1.606.** A ação de prova de filiação compete ao filho, enquanto viver, passando aos herdeiros, se ele morrer menor ou incapaz. Parágrafo único. Se iniciada a ação pelo filho, os herdeiros poderão continuá-la, salvo se julgado extinto o processo".

Filiação adotiva Filiação que decorre do processo de adoção, ou seja, do ato no qual alguém aceita um estranho como filho e com este passa a manter parentesco civil. A filiação adotiva confere ao adotado os mesmos direitos assegurados aos filhos biológicos (arts. 41 e segs., ECA; art. 1.596, CC) (*v. Adoção*).

Filiação natural Conhecida também como filiação biológica, é a que decorre de ato de procriação, ou seja, do *jus sanguinis* existente entre pais e filhos. Resulta de relação sexual ou inseminação artificial entre homem e mulher, diferentemente da filiação decorrente de outra origem, como adoção e filiação socioafetiva.

Filiação socioafetiva O mesmo que filiação sociológica, que é a que decorre da posse de estado de filho ou de inseminação artificial heteróloga. Para efeito de configurar a modalidade de filiação socioafetiva, entende-se que se faz necessário exteriorizar os seguintes elementos: a) utilização pelo suposto filho do nome do presumido pai (*nomen*); b) o tratamento de filho pelo presumido pai (*tratactus*); c) a reputação ou notoriedade da filiação perante a sociedade (*fama*). Porém, para alguns autores, mostra-se perfeitamente dispensável o requisito de o suposto filho ostentar o nome do presumido pai, como ocorre na hipótese de filho de criação (*v. Filho de criação* e *Adoção à brasileira*).

- Reconhecimento de paternidade via escritura pública. Intenção livre e consciente. Assento de nascimento de filho não biológico. Ausência de vícios de consentimento. Vínculo socioafetivo. 1. Estabelecendo o art. 1.604, CC, que "ninguém pode vindicar estado contrário ao que resulta do registro de nascimento, salvo provando-se erro ou falsidade de registro", a tipificação das exceções previstas no citado dispositivo verificar-se-ia somente se perfeitamente demonstrado qualquer dos vícios de consentimento, que, porventura, teria incorrido a pessoa na declaração do assento de nascimento, em especial quando induzido a engano ao proceder o registro da criança. 2. Não há que se falar em erro ou falsidade se o registro de nascimento de filho não biológico efetivou-se em decorrência do reconhecimento de paternidade, via escritura pública, de forma espontânea, quando inteirado o pretenso pai de que o menor não era seu filho; porém, materializa-se sua vontade, em condições normais de discernimento, movido pelo vínculo socioafetivo e sentimento de nobreza. 3. "O reconhecimento de paternidade é válido se reflete a existência duradoura do vínculo socioafetivo entre pais e filhos. A ausência de vínculo biológico é fato que por si só não revela a falsidade da declaração de vontade consubstanciada no ato do reconhecimento. A relação socioafetiva é fato que não pode ser, e não é, desconhecido pelo Direito. Inexistência de nulidade do assento lançado em registro civil" (REsp n. 878.941/DF, 3ª T., rel. Min. Nancy Andrighi, *DJ* 17.09.2007). 4. O termo de nascimento fundado numa paternidade socioafetiva, sob autêntica posse de estado de filho, com proteção em recentes reformas do direito contemporâneo, por denotar uma verdadeira filiação registral – portanto, jurídica –, conquanto respaldada pela livre e consciente intenção do reconhecimento voluntário, não se mostra capaz de afetar o ato de registro da filiação, dar ensejo a sua revogação, por força do que dispõem os arts. 1.609 e 1.610 do CC. 5. Recurso especial provido. (STJ, REsp n. 709.608/MS, 4ª T., rel. Min. João Otávio de Noronha, j. 05.11.2009, *DJe* 23.11.2009)

Firma No sentido técnico, significa um nome comercial, pessoa jurídica, que não se confunde com sociedade nem casa de comércio ou empresa. Também indica a assinatura da pessoa; assinatura completa ou abreviada. O ato de *reconhecer a firma* significa declarar que a assinatura aposta a um documento pertence realmente à pessoa que afirma tê-lo assinado.

- Reconhecimento de firma em procuração com poderes especiais – precedente da corte especial do STJ. 1. Não se conhece do recurso especial quanto às alegações cujo exame demandaria o revolvimento de matéria fático-probatória. Incidência da Súmula n. 7/STJ. 2. A atual redação do art. 38 do CPC, com a redação dada pela Lei n. 8.952/94, passou a dispensar o reconhecimento de firma para as procurações *ad judicia et extra*, o que vale dizer que mesmo os instrumentos com poderes especiais estão acobertados pela dispensa legal. Revisão da jurisprudência da Segunda Turma a partir do precedente da Corte Especial (REsp n. 256.098, rel. Min. Sálvio de Figueiredo Teixeira, *DJ* 07.12.2001). 3. Recurso especial parcialmente conhecido e, nessa parte, improvido. (STJ, REsp n. 716.824/AL, 2ª T., rel. Min. Eliana Calmon, j. 11.04.2006, *DJ* 22.05.2006, p. 185)

Força maior Fato ou acontecimento imprevisto, decorrente de uma conduta humana ou fenômeno da natureza, que se torna impeditivo para a realização de um ato capaz de gerar efeitos jurídicos. Embora o CC não estabeleça diferença entre o caso fortuito e o de força maior, na visão de Sergio Cavalieri Filho "o caso fortuito pode ser caracterizado quando se tratar de evento imprevisível e, por isso, inevitável. Se tratar-se de evento inevitável, ainda que previsível, por se tratar de fato superior às forças do agente, como normalmente são os fatos da natureza – como as tempestades, enchentes etc. – configurar-se-á a força maior (ou *act of God*, como definem os ingleses); em relação a tal evento nada pode fazer o agente para evitá-lo, ainda que o possa prever" (CAVALIERI FILHO, Sergio. *Programa de responsabilidade civil*. 4.ed. rev. ampl. e atual. São Paulo, Malheiros, 2003, p. 85). A força maior relaciona-se com a inevitabilidade, ao passo que o caso fortuito guarda relação com a imprevisibilidade. No direito do trabalho, entende-se como força maior todo acontecimento inevitável, em relação à vontade do empregador, e para a realização do qual este não concorreu, direta ou indiretamente (art. 501, CLT). O devedor não responde pelos prejuízos resultantes de caso fortuito ou de força maior, se expressamente não se houver por eles responsabilizado (art. 393, CC).

▸ Veja CC: "**Art. 393.** O devedor não responde pelos prejuízos resultantes de caso fortuito ou força maior, se expressamente não se houver por eles responsabilizado. Parágrafo único. O caso fortuito ou de força maior verifica-se no fato necessário, cujos efeitos não era possível evitar ou impedir".

▸ Veja CLT: "**Art. 501.** Entende-se como força maior todo acontecimento inevitável, em relação à vontade do empregador, e para a realização do qual este não concorreu, direta ou indiretamente. § 1º A imprevidência do empregador exclui a razão de força maior. § 2º À ocorrência do motivo de força maior que não afetar substancialmente, nem for suscetível de afetar, em tais condições, a situação econômica e financeira da empresa, não se aplicam as restrições desta Lei referentes ao disposto neste Capítulo. **Art. 502.** Ocorrendo motivo de força maior que determine a extinção da empresa, ou de um dos estabelecimentos em que trabalhe o empregado, é assegurada a este, quando despedido, uma indenização na forma seguinte: I – sendo estável, nos termos dos arts. 477 e 478; II – não tendo direito à estabilidade, metade da que seria devida em caso de rescisão sem justa causa; III – havendo contrato por prazo determinado, aquela a que se refere o art. 479 desta Lei, reduzida igualmente à metade. **Art. 503.** É lícita, em caso de força maior ou prejuízos devidamente comprovados, a redução geral dos salários dos empregados da empresa, proporcionalmente aos salários de cada um, não podendo, entretanto, ser superior a 25% (vinte e cinco por cento), respeitado, em qualquer caso, o salário mínimo da região. Parágrafo único. Cessados os efeitos decorrentes do motivo de força maior, é garantido o restabelecimento dos salários reduzidos. **Art. 504.** Comprovada a falsa alegação do motivo de força maior, é garantida a reintegração aos empregados estáveis, e aos não estáveis o complemento da indenização já percebida, assegurado a ambos o pagamento da remuneração atrasada".

▪ Ação de indenização por danos materiais e morais. Assalto dentro de ônibus. Caso fortuito ou de força maior. Responsabilidade da empresa transportadora. Inexistência. 1. Assalto dentro de ônibus coletivo é considerado caso fortuito ou de força maior que afasta a responsabilidade da empresa transportadora por danos eventualmente causados a passageiro. Jurisprudência consolidada do STJ. 2. Cabível, de plano, o julgamento de reclamação em que o julgado do Juizado Especial não está de acordo com decisão proferida em reclamação anterior de conteúdo equivalente. Art. 1º, § 2º, da Resolução n. 12/2009 do STJ. 3. Agravo regimental desprovido. (STJ, Ag. Reg. na Rcl. n. 12.695/RJ, 2ª Seção, rel. Min. João Otávio de Noronha, j. 12.06.2013, *DJe* 17.06.2013)

Forense Relativo ao foro judicial e às atividades nele desenvolvidas, seja por juízes e serventuários da Justiça, seja pelo Ministério Público e por advogados.

Foro Delimitação da atividade jurisdicional do juiz em razão da matéria e do território (arts. 95, 96, 100, 111 e 478, CPC/73). Local onde se ajuízam, se processam e se julgam os processos judiciais.

▸ Veja CPC/73: "**Art. 95.** Nas ações fundadas em direito real sobre imóveis é competente o foro da situação da coisa. Pode o autor, entretanto, optar pelo foro do domicílio ou de eleição, não recaindo o litígio sobre direito de propriedade, vizinhança, servidão, posse, divisão e demarcação de terras e nunciação de obra nova. **Art. 96.** O foro do domicílio do autor da herança, no Brasil, é o competente para o inventário, a partilha, a arrecadação, o cumprimento de disposições de última vontade e todas as ações em que o espólio for réu, ainda que o óbito tenha ocorrido no estrangeiro. Parágrafo único. É, porém, competente o foro: I – da situação dos bens, se o autor da herança não possuía domicílio certo; II – do lugar em que ocorreu o óbito se o autor da herança não tinha domicílio certo e possuía bens em lugares diferentes. [...] **Art. 100.** É competente o foro: I – da residência da mulher, para a ação de separação dos cônjuges e a conversão desta em divórcio, e para a anulação de casamento; II – do domicílio ou da residência do alimentando, para a ação em que se pedem alimentos; III – do domicílio do devedor, para a ação de anulação de títulos extraviados ou destruídos; IV – do lugar: *a)* onde está a sede, para a ação em que for ré a pessoa jurídica; *b)* onde se acha a agência ou sucursal, quanto às obrigações que ela contraiu; *c)* onde exerce a sua atividade principal, para a ação em que for ré a sociedade, que carece de personalidade jurídica; *d)* onde a obrigação deve ser satisfeita, para a ação em que se lhe exigir o cumprimento; V – do lugar do ato ou fato: *a)* para a ação de reparação do dano; *b)* para a ação em que for réu o administrador ou gestor de negócios alheios. Parágrafo único. Nas ações de reparação do dano sofrido em razão de delito ou acidente de veículos, será competente o foro do domicílio do autor ou do local do fato. [...] **Art. 111.** A competência em razão da matéria e da hierarquia é inderrogável por convenção das partes; mas estas podem modificar a competência em razão do valor e do território, elegendo foro onde serão propostas as ações oriundas de direitos e obrigações. § 1º O acordo, porém, só produz efeito, quando constar de contrato escrito e aludir expressamente a determinado negócio jurídico. § 2º O foro contratual obriga os herdeiros e sucessores das partes. [...] **Art. 478.** O tribunal, reconhecendo a divergência, dará a interpretação a ser observada, cabendo a cada juiz emitir o seu voto em exposição fundamentada. Parágrafo único. Em qualquer caso, será ouvido o chefe do Ministério Público que funciona perante o tribunal".

- Veja CPC/2015: "**Art. 46.** A ação fundada em direito pessoal ou em direito real sobre bens móveis será proposta, em regra, no foro de domicílio do réu. § 1º Tendo mais de um domicílio, o réu será demandado no foro de qualquer deles. § 2º Sendo incerto ou desconhecido o domicílio do réu, ele poderá ser demandado onde for encontrado ou no foro de domicílio do autor. [...] **Art. 47.** Para as ações fundadas em direito real sobre imóveis é competente o foro de situação da coisa. [...]".

Franquia Conhecida também como *franchising*, é a modalidade negocial pela qual um franqueador cede ao franqueado o direito de uso de marca ou patente, associado ao direito de distribuição exclusiva ou semiexclusiva de produtos ou serviços e, eventualmente, também ao direito de uso de tecnologia de implantação e administração de negócio ou sistema operacional desenvolvidos ou detidos pelo franqueador, mediante remuneração direta ou indireta, sem que, no entanto, fique caracterizado vínculo empregatício (art. 2º, Lei n. 8.955/94). Também recebe a denominação de franquia o valor constante de um seguro que representa a quantia não coberta pelo seguro e que deverá ser assumida pelo contratante do seguro em caso de acidente envolvendo o veículo segurado. Nesse caso, a seguradora somente se responsabiliza pelo ressarcimento do dano quando o valor dos prejuízos ultrapassarem o valor franqueado.

- Veja Lei n. 8.955/94: "**Art. 1º** Os contratos de franquia empresarial são disciplinados por esta lei. **Art. 2º** Franquia empresarial é o sistema pelo qual um franqueador cede ao franqueado o direito de uso de marca ou patente, associado ao direito de distribuição exclusiva ou semiexclusiva de produtos ou serviços e, eventualmente, também ao direito de uso de tecnologia de implantação e administração de negócio ou sistema operacional desenvolvidos ou detidos pelo franqueador, mediante remuneração direta ou indireta, sem que, no entanto, fique caracterizado vínculo empregatício".

- Contrato de franquia. Ausência de relação consumerista. Foro de eleição. Possibilidade. [...] 2. "O contrato de franquia, por sua natureza, não está sujeito ao âmbito de incidência da Lei n. 8.078/1990, eis que o franqueado não é consumidor de produtos ou serviços da franqueadora, mas aquele que os comercializa junto a terceiros, estes sim, os destinatários finais" (REsp n. 632.958/AL, 4ª T., rel. Min. Aldir Passarinho Junior, j. 04.03.2010, DJe 29.03.2010). 3. Ademais, "a só e só condição de a eleição do foro ter se dado em contrato não acarreta a nulidade dessa cláusula, sendo imprescindível a constatação de cerceamento de defesa e de hipossuficiência do aderente para sua inaplicação" (REsp n. 545.575/RJ, 4ª T., rel. Min. Cesar Asfor Rocha, j. 09.09.2003, DJ 28.10.2003, p. 295) [...] 5. Agravo regimental a que se nega provimento. (STJ, Ag. Reg. no REsp n. 1336491/SP, 4ª T., rel. Min. Marco Buzzi, j. 27.11.2012, DJe 13.12.2012)

- Apelação cível. Responsabilidade civil em acidente de trânsito. Invasão de preferencial. A Comunicação de Danos Materiais lavrada a partir das declarações dos condutores ostenta presunção de veracidade dos fatos nela descritos, cabendo à parte contra a qual o documento faz prova elidi-la. Ônus que, no caso, competia à parte ré e do qual não se desincumbiu. É presumida a culpa do motorista que invade a via preferencial, sem a cautela devida, e intercepta a trajetória de veículo que transita normalmente e com preferência de passagem. É devida indenização pelo dano material decorrente do pagamento pelo segurado da franquia à seguradora. Ação procedente. Ônus da sucumbência readequados. Apelação provida. (TJRS, Ap. Cível n. 70052992997, 11ª Câm. Cível, rel. Luiz Roberto Imperatore de Assis Brasil, j. 26.06.2013)

Fraude Má-fé, artifício malicioso usado por alguém para prejudicar dolosamente direito ou interesses de terceiro (art. 158, CC).

- Veja CC: "**Art. 158.** Os negócios de transmissão gratuita de bens ou remissão de dívida, se os praticar o devedor já insolvente, ou por eles reduzido à insolvência, ainda quando o ignore, poderão ser anulados pelos credores quirografários, como lesivos dos seus direitos. § 1º Igual direito assiste aos credores cuja garantia se tornar insuficiente. § 2º Só os credores que já o eram ao tempo daqueles atos podem pleitear a anulação deles".

Fraude à execução A fraude que se configura quando o executado, após a citação, se desfaz de seus bens, impossibilitando a penhora e a satisfação do crédito do exequente. Considera-se em fraude de execução a alienação ou oneração de bens: quando sobre eles pender ação fundada em direito real; quando, ao tempo da alienação ou oneração, corria contra o devedor demanda capaz de reduzi-lo à insolvência; nos demais casos expressos em lei (art. 593, CPC/73).

- Veja CPC/73: "**Art. 593.** Considera-se em fraude de execução a alienação ou oneração de bens: I – quando sobre eles pender ação fundada em direito real; II – quando, ao tempo da alienação ou oneração, corria contra o devedor demanda capaz de reduzi-lo à insolvência; III – nos demais casos expressos em lei".

- Veja CPC/2015: "**Art. 792.** A alienação ou a oneração de bem é considerada fraude à execução: I – quando sobre o bem pender ação fundada em direito real ou com pretensão reipersecutória, desde que a pendência do processo tenha sido averbada no respectivo registro público, se houver; II – quando tiver sido averbada, no registro do bem, a pendência do processo de execução, na forma do art. 828; III – quando tiver sido averbado, no registro do bem, hipoteca judiciária ou outro ato de constrição judicial originário do processo onde foi arguida a fraude; IV – quando, ao tempo da alienação ou da oneração, tramitava contra o devedor ação capaz de reduzi-lo à insolvência; V – nos demais casos expressos em lei. [...]".

- Súmula n. 375, STJ: O reconhecimento da fraude à execução depende do registro da penhora do bem alienado ou da prova de má-fé do terceiro adquirente.

- Fraude à execução. Art. 593, II, do CPC. Alienação de bem no curso da execução capaz de reduzir o devedor à insolvência. Aferição. É firme o entendimento do Superior Tribunal de Justiça no sentido de que a alienação ou oneração do bem, para que seja considerada fraude à execução, deverá ocorrer após a citação válida do devedor, seja no curso da ação de execução, seja durante o processo de conhecimento, e, ainda, ser exigida a comprovação do estado de insolvência a que, em virtude da alienação ou oneração, teria sido conduzido o devedor. Recurso especial não conhecido. (STJ, REsp n. 679.380/SP, 5ª T., rel. Min. Arnaldo Esteves Lima, *DJU* 23.10.2006)

- Embargos de terceiro. Penhora de bem alienado a terceiro de boa-fé. Ausência de transcrição do título no registro de imóveis. 1. Alienação de bem imóvel pendente execução fiscal. A novel exigência do registro da penhora, muito embora não produza efeitos infirmadores da regra *prior in tempore prior in jure*, exsurgiu com o escopo de conferir à mesma efeitos *erga omnes* para o fim de caracterizar a fraude à execução. 2. Deveras, à luz do art. 530 do CC sobressai claro que a lei reclama o registro dos títulos translativos da propriedade imóvel por ato inter vivos, onerosos ou gratuitos, posto que os negócios jurídicos em nosso ordenamento jurídico, não são hábeis a transferir o domínio do bem. Assim, titular do direito é aquele em cujo nome está transcrita a propriedade imobiliária. [...] 4. A preexistência de dívida inscrita ou de execução, por si, não constitui ônus *erga omnes*, efeito decorrente da publicidade do registro público. Para a demonstração do *consilium fraudis* não basta o ajuizamento da ação. A demonstração de má-fé, pressupõe ato de efetiva citação ou de constrição judicial ou de atos repersecutórios vinculados a imóvel, para que as modificações na ordem patrimonial configurem a fraude. Validade da alienação a terceiro que adquiriu o bem sem conhecimento de constrição já que nenhum ônus foi dado à publicidade. Os precedentes desta Corte não consideram fraude de execução a alienação ocorrida antes da citação do executado alienante (EREsp n. 31321/SP, rel. Min. Milton Luiz Pereira, *DJ* 16.11.1999). [...] Entretanto, a moderna exigência do registro altera a tradicional concepção da fraude de execução; razão pela qual, somente a alienação posterior ao registro é que caracteriza a figura em exame. Trata-se de uma execução criada pela própria lei, sem que se possa argumentar que a execução em si seja uma demanda capaz de reduzir o devedor à insolvência e, por isso, a hipótese estaria enquadrada no inciso II do art. 593 do CPC (*Curso de direito processual civil*, Luiz Fux, 2.ed. p. 1.298-9). (STJ, REsp n. 739.388/MG, 1ª T., rel. Min. Luiz Fux, j. 28.03.2006, *DJ* 10.04.2006, p. 144)

Fraude contra credores Alienação antecipada de bens com o objetivo de fraudar o credor. Transferência gratuita ou onerosa de bens que poderiam ser usados para saldar dívidas, com o intuito de fraudar ou prejudicar credores, feita por proprietário devedor a terceiros, caracterizando a fraude (art. 158, CC). Geralmente ocorre quando o devedor transfere bens de forma gratuita para o nome de parentes ou promove venda fictícia a pessoa de seu círculo de amizades. Cabe ao credor ação pauliana, revogatória ou revocatória, para obter a anulação de atos caracterizadores de fraude contra credores.

- ▶ Veja CC: "**Art. 158.** Os negócios de transmissão gratuita de bens ou remissão de dívida, se os praticar o devedor já insolvente, ou por eles reduzido à insolvência, ainda quando o ignore, poderão ser anulados pelos credores quirografários, como lesivos dos seus direitos. § 1º Igual direito assiste aos credores cuja garantia se tornar insuficiente. § 2º Só os credores que já o eram ao tempo daqueles atos podem pleitear a anulação deles. **Art. 159.** Serão igualmente anuláveis os contratos onerosos do devedor insolvente, quando a insolvência for notória, ou houver motivo para ser conhecida do outro contratante. **Art. 160.** Se o adquirente dos bens do devedor insolvente ainda não tiver pago o preço e este for, aproximadamente, o corrente, desobrigar-se-á depositando-o em juízo, com a citação de todos os interessados. Parágrafo único. Se inferior, o adquirente, para conservar os bens, poderá depositar o preço que lhes corresponda ao valor real. **Art. 161.** A ação, nos casos dos arts. 158 e 159, poderá ser intentada contra o devedor insolvente, a pessoa que com ele celebrou a estipulação considerada fraudulenta, ou terceiros adquirentes que hajam procedido de má-fé. **Art. 162.** O credor quirografário, que receber do devedor insolvente o pagamento da dívida ainda não vencida, ficará obrigado a repor, em proveito do acervo sobre que se tenha de efetuar o concurso de credores, aquilo que recebeu. **Art. 163.** Presumem-se fraudatórias dos direitos dos outros credores as garantias de dívidas que o devedor insolvente tiver dado a algum credor. **Art. 164.** Presumem-se, porém, de boa-fé e valem os negócios ordinários indispensáveis à manutenção de estabelecimento mercantil, rural, ou industrial, ou à subsistência do devedor e de sua família. **Art. 165.** Anulados os negócios fraudulentos, a vantagem resultante reverterá em proveito do acervo sobre que se tenha de efetuar o concurso de credores. Parágrafo único. Se esses negócios tinham por único objeto atribuir direitos preferenciais, mediante hipoteca, penhor ou anticrese, sua invalidade importará somente na anulação da preferência ajustada".
- ■ Súmula n. 195, STJ: Em embargos de terceiro não se anula ato jurídico, por fraude contra credores.
- ■ Fraude preordenada para prejudicar futuros credores. Anterioridade do crédito. Art. 106, parágrafo único, CC/1916 (art. 158, § 2º, CC/2002). 1. Da literalidade do art. 106, parágrafo único, do CC/1916 extrai-se que a afirmação da ocorrência de fraude contra credores depende, para além da prova de *consilium fraudis* e de *eventus damni*, da anterioridade do crédito em relação ao ato impugnado. 2. Contudo, a interpretação literal do referido dispositivo de lei não se mostra suficiente à frustração da fraude à execução. [...] O intelecto ardiloso, buscando adequar-se a uma sociedade em ebulição, também intenta – criativo como é – inovar nas práticas ilegais e manobras utilizados com o intuito de escusar-se do pagamento ao credor. Um desses expedientes é o desfazimento antecipado de bens, já antevendo, num futuro próximo, o surgimento de dívidas, com vistas a afastar o requisito da anterioridade do crédito, como condição da ação pauliana. 3. Nesse contexto, deve-se aplicar com temperamento a regra do art. 106, parágrafo único, do CC/16. Embora a anterioridade do crédito seja, via de regra, pressuposto de procedência da ação pauliana, ela pode ser excepcionada quando for verificada a fraude predeterminada em detrimento de credores futuros. 4. Dessa forma, tendo restado caracterizado nas instâncias ordinárias o conluio fraudatório e o prejuízo com a prática do ato – ao contrário do que querem fazer crer os recorrentes – e mais, tendo sido comprovado que os atos fraudulentos foram predeterminados para lesarem futuros credores, tenho que se deve reconhecer a fraude contra credores e declarar a ineficácia dos negócios jurídicos (transferências de bens imóveis para as empresas Vespa e Avejota). 5. Recurso especial não provido. (STJ, REsp n. 1.092.134/SP, 3ª T., rel. Min. Nancy Andrighi, j. 05.08.2010, *DJe* 18.11.2010)

Fundação Pessoa jurídica de direito privado constituída por escritura pública ou testamento e dotação especial de bens livres, para fins religiosos, morais, culturais ou de assistência (arts. 44 e 62, CC).

- ▶ Veja CC: "**Art. 44.** São pessoas jurídicas de direito privado: I – as associações; II – as sociedades; III – as fundações; IV – as organizações religiosas; V – os partidos políticos; VI – as empresas individuais de responsabilidade limitada. [...] **Art. 62.** Para criar uma fundação, o seu instituidor fará, por escritura pública ou testamento, dotação especial de bens livres, especificando o fim a que se destina, e declarando, se quiser, a maneira de administrá-la. Parágrafo único. A fundação somente poderá constituir-se para fins religiosos, morais, culturais ou de assistência".
- ■ Mandado de segurança. Fundação pública. Penhora. Fundação criada por lei, embora pessoa jurídica de direito público, tem caráter público. Assim, seu patrimônio é público e seus bens

não podem ser penhorados. Violação de direito líquido e certo configurada. Recurso ordinário em mandado de segurança provido. (TST, MS n. 24.723/1994, rel. Min. Afonso Celso, *DJ* 17.06.1994, Doc. *LEGJUR* n. 103.1674.7065.6300)

- Ação direta de inconstitucionalidade. Administrativo. Servidor público. Equiparação entre servidores de fundações instituídas ou mantidas pelo estado e servidores das fundações públicas. A distinção entre fundações públicas e privadas decorre da forma como foram criadas, da opção legal pelo regime jurídico a que se submetem, da titularidade de poderes e também da natureza dos serviços por elas prestados. A norma questionada aponta para a possibilidade de serem equiparados os servidores de toda e qualquer fundação privada, instituída ou mantida pelo Estado, aos das fundações públicas. Sendo diversos os regimes jurídicos, diferentes são os direitos e os deveres que se combinam e formam os fundamentos da relação empregatícia firmada. A equiparação de regime, inclusive o remuneratório, que se aperfeiçoa pela equiparação de vencimentos, é prática vedada pelo art. 37, XIII, da CF/88 e contrária à Súmula n. 339/STF. Ação Direta de Inconstitucionalidade julgada procedente. (STF, ADIn n. 191/2008/RS, rel. Min. Carmen Lúcia, j. em 29.11.2007, *DJ* 07.03.2008, Doc. *LEGJUR* n. 103.1674.7514.3700)

Fundamento jurídico do pedido

Fatos narrados na petição inicial que são tidos como causa de pedir, aos quais o autor atribui efeitos jurídicos à sua pretensão. São as razões que justificam a existência da ação, fundadas na lei ou nos princípios de ordem jurídica (art. 282, III, CPC/73).

- ▸ Veja CPC/73: "**Art. 282.** A petição inicial indicará: [...] III – o fato e os fundamentos jurídicos do pedido; [...]".

- ▸ Veja CPC/2015: "**Art. 319.** A petição inicial indicará: I – o juízo a que é dirigida; II – os nomes, os prenomes, o estado civil, a existência de união estável, a profissão, o número de inscrição no Cadastro de Pessoas Físicas ou no Cadastro Nacional da Pessoa Jurídica, o endereço eletrônico, o domicílio e a residência do autor e do réu; III – o fato e os fundamentos jurídicos do pedido; IV – o pedido com as suas especificações; V – o valor da causa; VI – as provas com que o autor pretende demonstrar a verdade dos fatos alegados; VII – a opção do autor pela realização ou não de audiência de conciliação ou de mediação. [...]".

- Omissão. Inexistência. Assistência à saúde prestada por empresa, beneficiando seus empregados, aposentados e respectivos dependentes, conforme previsto em convenção coletiva de trabalho. Aposentado e ex-empregador. Competência em razão da matéria da justiça do trabalho. [...] 2. A doutrina distingue entre causa de pedir remota e próxima. Esta, imediata, é a alegada violação do direito que se busca proteger em juízo. Aquela (causa de pedir remota), mediata, é a fundamentação jurídica fática e que autoriza o pleito do autor. Desse modo, "os fundamentos jurídicos do pedido" a que faz referência o art. 282 do CPC são os fundamentos de fato, ou os fatos constitutivos do direito do autor – aos quais corresponde a causa de pedir remota –, e os fundamentos de direito – aos quais correspondem a causa de pedir próxima. 3. Com efeito, por ser dissídio oriundo de discussão acerca do cumprimento de convenção coletiva de trabalho, trata-se de competência absoluta da Justiça laboral para o julgamento da demanda, em razão da matéria controvertida, nos moldes do disposto nos arts. 1º da Lei n. 8.984/95, 625 da CLT e 114, I e IX, da CF. Precedentes da Segunda Seção e do STF. 4. Recurso especial provido. (STJ, REsp n. 1.322.198/RJ, 4ª T., rel. Min. Luis Felipe Salomão, j. 04.06.2013, *DJe* 18.06.2013)

Fundos de pensão

Denominação conferida às entidades fechadas de previdência complementar, organizadas por empresas ou grupos de empresas, com o objetivo de realizar investimentos destinados a garantir a complementação da aposentadoria aos empregados que aderirem ao plano de previdência coletivo. São permitidos exclusivamente aos empregados de uma empresa e aos servidores da União, dos estados, do Distrito Federal e dos municípios, entes denominados patrocinadores, e aos associados ou membros de pessoas jurídicas de caráter profissional, classista ou setorial, denominados instituidores (LC n. 109/2001) (*v. Aposentadoria complementar*).

- ▸ Veja LC n. 109/2001: "**Art. 31.** As entidades fechadas são aquelas acessíveis, na forma regulamentada pelo órgão regulador e fiscalizador, exclusivamente: I – aos empregados de uma empresa ou grupo de empresas e aos servidores da União, dos Estados, do Distrito Federal e dos Municípios, entes denominados patrocinadores; e II – aos associados ou membros de pessoas jurídicas de caráter profissional, classista ou setorial, denominadas instituidores. § 1º As entidades fechadas organizar-se-ão sob a forma de fundação ou sociedade civil, sem fins lucrativos. § 2º As entidades fechadas constituídas por instituidores referidos no inciso II do *caput* deste artigo deverão, cumulativamente: I – terceirizar a gestão dos recursos garantidores das reservas técnicas e provisões mediante a contratação de instituição especializada autorizada a funcionar pelo Banco Central do Brasil ou outro órgão competente; II – ofertar exclusivamente planos de benefícios na modalidade contribuição definida, na forma do parágrafo único do art. 7º desta Lei Complementar".

Fungibilidade Característica do que é fungível, dos bens que podem substituir-se por outros da mesma espécie, qualidade e quantidade, como ocorre com o mútuo (art. 85, CC). Princípio que admite um recurso ser recebido por outro, mediante certas condições, como ausência de má-fé, não existência de erro grosseiro e observância do prazo (*v. Princípio da fungibilidade*).

▶ Veja CC: "**Art. 85.** São fungíveis os móveis que podem substituir-se por outros da mesma espécie, qualidade e quantidade. **Art. 86.** São consumíveis os bens móveis cujo uso importa destruição imediata da própria substância, sendo também considerados tais os destinados à alienação".

■ Fungibilidade. Agravo regimental. Execução. Extinção parcial. Recurso cabível. Agravo. Fungibilidade. Erro grosseiro. 1. O ato judicial que exclui um dos litisconsortes passivos do feito, prosseguindo a execução em relação aos demais, tem natureza de decisão interlocutória e, portanto, deve ser impugnado por meio de agravo de instrumento, constituindo-se erro grosseiro a interposição de apelação, circunstância que impede a aplicação do princípio da fungibilidade recursal. 2. Não configura negativa de prestação jurisdicional ou afronta aos princípios constitucionais da ampla defesa e do contraditório o julgamento em desacordo com as pretensões da parte. 3. Embargos de declaração recebidos como agravo regimental, a que se nega provimento. (STJ, Emb. Decl. no AREsp n. 304.741/MG, 4ª T., rel. Min. Maria Isabel Gallotti, j. 07.05.2013, *DJe* 16.05.2013)

Fungível Bens móveis que podem substituir-se por outros da mesma espécie, qualidade e quantidade (art. 85, CC). São bens que podem ser substituídos por outros equivalentes. São bens fungíveis, entre outros, um botijão de gás, um galão de gasolina, uma saca de cimento de determinada marca, uma saca de trigo, um garrafão de vinho de uma determinada categoria e marca. A fungibilidade também diz respeito ao mútuo, o qual, de acordo com o art. 586, CC, é o empréstimo de coisas fungíveis. Pelo contrato de mútuo, o mutuário é obrigado a restituir ao mutuante o que dele recebeu em coisa do mesmo gênero, qualidade e quantidade (*v. Bens fungíveis*).

▶ Veja CC: "**Art. 85.** São fungíveis os móveis que podem substituir-se por outros da mesma espécie, qualidade e quantidade. [...] **Art. 586.** O mútuo é o empréstimo de coisas fungíveis.

O mutuário é obrigado a restituir ao mutuante o que dele recebeu em coisa do mesmo gênero, qualidade e quantidade".

Furto Crime contra o patrimônio que consiste em subtrair, para si ou para outrem, coisa alheia móvel (art. 155, CP).

▶ Veja CP: "Furto – **Art. 155.** Subtrair, para si ou para outrem, coisa alheia móvel: Pena – reclusão, de 1 (um) a 4 (quatro) anos, e multa. § 1º A pena aumenta-se de um terço, se o crime é praticado durante o repouso noturno. § 2º Se o criminoso é primário, e é de pequeno valor a coisa furtada, o juiz pode substituir a pena de reclusão pela de detenção, diminuí-la de um a dois terços, ou aplicar somente a pena de multa. § 3º Equipara-se à coisa móvel a energia elétrica ou qualquer outra que tenha valor econômico. [...]".

■ Súmula n. 130, STJ: A empresa responde, perante o cliente, pela reparação de dano ou furto de veículo ocorridos em seu estacionamento.

■ Súmula n. 442, STJ: É inadmissível aplicar, no furto qualificado, pelo concurso de agentes, a majorante do roubo.

■ *Habeas corpus*. Remédio constitucional substitutivo de recurso próprio. Furto. Inexpressiva lesão ao bem jurídico tutelado. Aplicação do princípio da insignificância. 1. À luz do disposto no art. 105, I, II e III, da CF, esta Corte de Justiça e o Supremo Tribunal Federal não vêm mais admitindo a utilização do *habeas corpus* como substituto de recurso ordinário, tampouco de recurso especial, nem como sucedâneo da revisão criminal, sob pena de se frustrar a celeridade e desvirtuar a essência desse instrumento constitucional. 2. Entretanto, esse entendimento deve ser mitigado, em situações excepcionais, nas hipóteses em que se detectar flagrante ilegalidade, nulidade absoluta ou teratologia a ser eliminada, situação ocorrente na espécie. 3. Para a incidência do princípio da insignificância são necessários a mínima ofensividade da conduta do agente, nenhuma periculosidade social da ação, o reduzido grau de reprovabilidade do comportamento e a inexpressividade da lesão jurídica provocada. [...] 5. Ressalte-se, ainda, que, segundo a jurisprudência consolidada nesta Corte e também no Supremo Tribunal Federal, a existência de condições pessoais desfavoráveis, tais como maus antecedentes, reincidência ou ações penais em curso, não impedem a aplicação do princípio da insignificância. 6. *Habeas corpus* não conhecido, concedida a ordem de ofício a fim de, aplicando o princípio da insignificância, obstar a persecução penal contra a paciente. (*HC* n. 250.122/MG, 6ª T., rel. Min. Og Fernandes, j. 02.04.2013, *DJe* 01.08.2013)

G

Garantia Segurança prestada pelo devedor ao credor mediante a indicação de um bem ou de terceiro que garanta o pagamento da dívida ou o cumprimento da obrigação na hipótese de o primeiro não cumpri-la, como nos casos de hipoteca, penhor, caução, aval e fiança. Pelo contrato de fiança, uma pessoa garante satisfazer ao credor uma obrigação assumida pelo devedor, caso este não a cumpra (art. 818, CC) (*v. Hipoteca*; *Penhor*; *Caução*; *Ação*; *Aval*; *Fiança*).

▶ Veja CC: "**Art. 1.419.** Nas dívidas garantidas por penhor, anticrese ou hipoteca, o bem dado em garantia fica sujeito, por vínculo real, ao cumprimento da obrigação. **Art. 1.420.** Só aquele que pode alienar poderá empenhar, hipotecar ou dar em anticrese; só os bens que se podem alienar poderão ser dados em penhor, anticrese ou hipoteca. § 1º A propriedade superveniente torna eficaz, desde o registro, as garantias reais estabelecidas por quem não era dono. § 2º A coisa comum a dois ou mais proprietários não pode ser dada em garantia real, na sua totalidade, sem o consentimento de todos; mas cada um pode individualmente dar em garantia real a parte que tiver. **Art. 1.421.** O pagamento de uma ou mais prestações da dívida não importa exoneração correspondente da garantia, ainda que esta compreenda vários bens, salvo disposição expressa no título ou na quitação".

■ Processual civil. Execução de título extrajudicial. Penhor cedular. Penhora. Bem dado em garantia. Precedentes. [...] III – As garantias reais geram o que se pode denominar, em Direito Processual, de penhora natural. Assim, na ação de execução fundada em título extrajudicial garantido por penhor cedular, inexistindo acordo em sentido contrário, a penhora deve recair necessariamente sobre o bem objeto da garantia, independentemente de nomeação. Por conseguinte, não há falar-se em aceitação tácita do credor ao oferecimento de outros bens à penhora pelo devedor, eis que tal nomeação é ineficaz. Recurso especial não conhecido. (STJ, REsp n. 142.522/DF, 3ª T., rel. Min. Castro Filho, j. 22.05.2003, *DJ* 16.06.2003, p. 332)

Genocídio Extermínio em massa de pessoas por motivo étnico, racial ou religioso. O termo foi criado em 1944 por Raphael Lemkin, advogado judeu polonês, que combinou a palavra grega *geno*, que significa "raça" ou "tribo", com a palavra latina *cídio*, que significa "matar". Lemkin definiu o genocídio como "um plano coordenado, com ações de vários tipos, que objetiva a destruição dos alicerces fundamentais da vida de grupos nacionais com o intuito de aniquilá-los".

▶ Veja Decreto n. 30.822/52: "**ARTIGO I** – As Partes Contratantes confirmam que o genocídio quer cometido em tempo de paz ou em tempo de guerra, é um crime contra o Direito Internacional, que elas se comprometem a prevenir e a punir. **ARTIGO II** – Na presente Convenção entende-se por genocídio qualquer dos seguintes atos, cometidos com a intenção de destruir no todo ou em parte, um grupo nacional, étnico, racial ou religioso, como tal: *a)* matar membros do grupo; *b)* causar lesão grave à integridade física ou mental de membros do grupo; *c)* submeter intencionalmente o grupo a condição de existência capazes de ocasionar-lhe a destruição física total ou parcial; *d)* adotar medidas destinadas a impedir os nascimentos no seio de grupo; *e)* efetuar a transferência forçada de crianças do grupo para outro grupo. **ARTIGO III** – Serão punidos os seguintes atos: *a)* o genocídio; *b)* a associação de pessoas para cometer o genocídio; *c)* a incitação direta e pública a cometer o genocídio; *d)* a tentativa de genocídio; *e)* a coautoria no genocídio".

▶ Veja Lei n. 2.889/56: "**Art. 1º** Quem, com a intenção de destruir, no todo ou em parte, grupo nacional, étnico, racial ou religioso, como tal: *a)* matar membros do grupo; *b)* causar lesão grave à integridade física ou mental de membros do grupo; *c)* submeter intencionalmente o grupo a condições de existência capazes de ocasionar-lhe a destruição física total ou parcial; *d)* adotar medidas destinadas a impedir os nascimentos no seio do grupo; *e)* efetuar a transferência forçada de crianças do grupo para outro grupo; Será punido: Com as penas do art. 121, § 2º, do Código Penal, no caso da letra *a*; Com as penas do art. 129, § 2º, no caso da letra *b*; Com as penas do art. 270, no caso da letra *c*; Com as penas do art. 125, no caso da letra *d*; Com as penas do art. 148, no caso da letra *e*;".

- Crime de genocídio conexo com outros delitos. Competência. Justiça Federal. Juiz singular. Etnia. Índios Yanomami. [...] 5. Pratica genocídio quem, intencionalmente, pretende destruir, no todo ou em parte, um grupo nacional, étnico, racial ou religioso, cometendo, para tanto, atos como o assassinato de membros do grupo, dano grave à sua integridade física ou mental, submissão intencional destes ou, ainda, tome medidas a impedir os nascimentos no seio do grupo, bem como promova a transferência forçada de menores do grupo para outro. Inteligência dos arts. 2º da Convenção Contra o Genocídio, ratificada pelo Decreto n. 30.822/52, c/c 1º, alínea *a*, da Lei n. 2.889/56. 6. Neste diapasão, no caso *sub judice*, o bem jurídico tutelado não é a vida do indivíduo considerado em si mesmo, mas sim a vida em comum do grupo de homens ou parte deste, ou seja, da comunidade de povos, mais precisamente, da etnia dos silvícolas integrantes da tribo Haximú, dos Yanomami, localizada em terras férteis para a lavra garimpeira. 7. O crime de genocídio tem objetividade jurídica, tipos objetivos e subjetivos, bem como sujeito passivo, inteiramente distintos daqueles arrolados como crimes contra a vida. Assim, a ideia de submeter tal crime ao Tribunal do Júri encontra óbice no próprio ordenamento processual penal, porquanto não há em seu bojo previsão para este delito, sendo possível apenas e somente a condenação dos crimes especificamente nele previstos, não se podendo neles incluir, desta forma, qualquer crime que haja morte da vítima, ainda que causada dolosamente. Aplicação dos arts. 5º, XXXVIII, da Constituição Federal c/c 74, § 1º, do CPP. [...] (STJ, REsp n. 222.653/RR, 5ª T., rel. Min. Jorge Scartezzini, j. 12.09.2000, *DJ* 30.10.2000, p. 174)

Gestão de negócios Ato de alguém gerir negócio de terceiro, espontaneamente, sem que para isso tenha recebido autorização expressa. Aquele que, sem a autorização do interessado, intervir na gestão de negócio alheio, dirigi-lo-á segundo o interesse e a vontade presumíveis de seu dono, respondendo a este e às pessoas com que tratar (art. 861, CC).

- Veja CC: "**Art. 861.** Aquele que, sem autorização do interessado, intervém na gestão de negócio alheio, dirigi-lo-á segundo o interesse e a vontade presumível de seu dono, ficando responsável a este e às pessoas com que tratar. **Art. 862.** Se a gestão foi iniciada contra a vontade manifesta ou presumível do interessado, responderá o gestor até pelos casos fortuitos, não provando que teriam sobrevindo, ainda quando se houvesse abatido. **Art. 863.** No caso do artigo antecedente, se os prejuízos da gestão excederem o seu proveito, poderá o dono do negócio exigir que o gestor restitua as coisas ao estado anterior, ou o indenize da diferença. **Art. 864.** Tanto que se possa, comunicará o gestor ao dono do negócio a gestão que assumiu, aguardando-lhe a resposta, se da espera não resultar perigo. **Art. 865.** Enquanto o dono não providenciar, velará o gestor pelo negócio, até o levar a cabo, esperando, se aquele falecer durante a gestão, as instruções dos herdeiros, sem se descuidar, entretanto, das medidas que o caso reclame. **Art. 866.** O gestor envidará toda sua diligência habitual na administração do negócio, ressarcindo ao dono o prejuízo resultante de qualquer culpa na gestão".

- TRT 2ª Região. Responsabilidade solidária. SPTrans. Empresas gestoras do serviço de transporte coletivo público municipal. Consequências da intervenção e gestão de negócios em empresa particular. Solidariedade caracterizada. CCB/2002, art. 861, e ss. Súmula n. 331/TST, IV. CLT, art. 2º, § 2º. Ao fazer uso do seu poder de intervir e gerir os negócios das empresas privadas responsáveis pelo transporte coletivo, a empresa municipal interventora responde solidariamente pelas dívidas trabalhistas, por força dos arts. 861 e ss. do CCB/2002. [...] O caso dos autos não envolve grupo de empresa na forma do art. 2º, § 2º, da CLT, nem contrato de prestação de serviços na forma da Súmula n. 331/TST, IV. A reclamada SPTrans, porém, não pode ficar isenta de responsabilidades, pois teve participação direta na rescisão do contrato ao intervir no poder de comando da empresa empregadora e assumir a gestão do negócio. Ao fazer uso do seu poder de intervir e gerir os negócios das empresas privadas responsáveis pelo transporte coletivo, a empresa municipal interventora responde solidariamente pelas dívidas trabalhistas, por força dos arts. 861 e ss. do CC. Declaro, pois, as reclamadas responsáveis solidárias. (TRT-2ª Região, RO n. 40.520/2006/SP, rel. Juiz Luiz Edgar Ferraz de Oliveira, j. 12.12.2005, *DJ* 06.02.2006)

Gratuidade da justiça Benefício legal conferido a todo aquele cuja situação econômica não lhe permita pagar as custas do processo e os honorários de advogado sem prejuízo do sustento próprio ou de sua família (Lei n. 1.060/50) (*v. Assistência judiciária*).

▶ Veja CPC/2015: "**Art. 98.** A pessoa natural ou jurídica, brasileira ou estrangeira, com insuficiência de recursos para pagar as custas, as despesas processuais e os honorários advocatícios tem direito à gratuidade da justiça, na forma da lei. [...]".

Grau de jurisdição   Hierarquia da prestação jurisdicional estabelecida entre juízes e tribunais. A jurisdição se divide em Justiça de primeiro grau, representada pelos juízes monocráticos, Justiça de segundo grau, exercida pelos tribunais estaduais e tribunais regionais federais, e Justiça dos tribunais superiores (STF, STJ, TST).

Grau de parentesco   Relação existente entre as pessoas unidas por parentesco natural ou civil. É a distância que se mede entre uma geração e outra, tendo como ponto de partida um tronco em comum. Os graus de parentesco natural ou sanguíneo são estabelecidos em *linha reta* e em *linha colateral*. Contam-se, na linha reta, os graus de parentesco pelo número de gerações e, na linha colateral, também pelo número delas, subindo de um dos parentes até o ascendente comum, e descendo até encontrar o outro parente (art. 1.594, CC). Assim são parentes em primeiro grau pais e filhos; em segundo grau, os irmãos; em terceiro grau, sobrinhos e tios.

▶ Veja CC: "**Art. 1.591.** São parentes em linha reta as pessoas que estão umas para com as outras na relação de ascendentes e descendentes. **Art. 1.592.** São parentes em linha colateral ou transversal, até o quarto grau, as pessoas provenientes de um só tronco, sem descenderem uma da outra. **Art. 1.593.** O parentesco é natural ou civil, conforme resulte de consanguinidade ou outra origem. **Art. 1.594.** Contam-se, na linha reta, os graus de parentesco pelo número de gerações, e, na colateral, também pelo número delas, subindo de um dos parentes até ao ascendente comum, e descendo até encontrar o outro parente. **Art. 1.595.** Cada cônjuge ou companheiro é aliado aos parentes do outro pelo vínculo da afinidade. § 1º O parentesco por afinidade limita-se aos ascendentes, aos descendentes e aos irmãos do cônjuge ou companheiro. § 2º Na linha reta, a afinidade não se extingue com a dissolução do casamento ou da união estável".

■ Agravo regimental. Recurso especial. Embargos declaratórios. Pretensão de efeitos infringentes. Violação do art. 535, I e II, do CPC. Não ocorrência. Fundamentação deficiente. Súmula n. 284/STF. 1. Na classe colateral, apenas os sobrinhos herdam por representação, sendo que, nas demais situações, aqueles que se encontrarem em grau de parentesco mais próximo herdarão, excluindo o direito de representação dos mais distantes. 2. Os parentes colaterais de 4º grau só são chamados a suceder por direito próprio, mas não por representação, ou seja, só herdam se o falecido não tiver deixado nenhum colateral de 3º grau. 3. Agravo regimental provido para dar parcial provimento ao recurso especial. (STJ, Ag. Reg. no REsp n. 950.301/SP, 4ª T., rel. Min. João Otávio de Noronha, j. 22.06.2010, *DJe* 01.07.2010)

Gravame   Tributo, ônus. Encargo que recai sobre uma coisa, como penhor, penhora, hipoteca, anticrese, alienação fiduciária, *leasing*, cláusula de inalienabilidade. Direito real sobre coisa alheia. Trata-se de uma restrição que impede a transferência da propriedade da coisa. Um veículo adquirido mediante contrato de *leasing* ou alienação fiduciária, por exemplo, enquanto não quitado o contrato, não poderá obter baixa no gravame junto ao Detran, o que impede o comprador de vender o veículo ou realizar qualquer outra forma de alienação.

▶ Veja CC: "**Art. 1.225.** São direitos reais: I – a propriedade; II – a superfície; III – as servidões; IV – o usufruto; V – o uso; VI – a habitação; VII – o direito do promitente comprador do imóvel; VIII – o penhor; IX – a hipoteca; X – a anticrese; XI – a concessão de uso especial para fins de moradia; XII – a concessão de direito real de uso. [...] **Art. 1.227.** Os direitos reais sobre imóveis constituídos, ou transmitidos por atos entre vivos, só se adquirem com o registro no Cartório de Registro de Imóveis dos referidos títulos (arts. 1.245 a 1.247), salvo os casos expressos neste Código".

■ STJ. Administrativo. Contran. Vistoria. Competência. Limitações. Resoluções n. 806/95 e 05/98 do Contran. Exclusão do conceito de lei federal. Detran. Órgão de execução. 1. O recorrente pretende estabelecer limitações ao poder regulamentar do Contran para vistoria de veículos. A referida atribuição está contida nas Resoluções n. 806/95 e 05/98 do Contran. A pretensão não é passível de análise em sede de recurso especial, uma vez que os referidos diplomas normativos não se encontram inseridos no conceito de lei federal, nos termos do art. 105, III, da Carta Magna. 2. O Superior Tribunal de Justiça já decidiu que não há previsão legal autorizando os Detrans, órgão de execução, a produzirem normas que regulamentem os procedimentos relativos ao registro de gravames e de licenciamento de veículo. Agravo regimental improvido. (STJ, Ag. Reg. no AREsp n. 317.326/SC, 2ª T., rel. Min. Humberto Martins, j. 04.06.2013, *DJe* 10.06.2013)

Guarda   Obrigação imposta por lei a certas pessoas de manterem sob sua vigilância, seus cuidados ou sua conservação pessoa ou coisa. No caso de filhos, a guarda será unilateral ou compartilhada (art. 1.583, CC). Se o juiz verificar que eles não devem permanecer sob a guarda do pai ou da mãe, deferirá a guarda à pessoa que revele compatibilidade com a natureza da medida, considerados, de preferência, o grau de parentesco e as relações de afinidade e afetividade (art. 1.584, § 5º, CC).

▸ Veja CC: "**Art. 1.583.** A guarda será unilateral ou compartilhada. § 1º Compreende-se por guarda unilateral a atribuída a um só dos genitores ou a alguém que o substitua e, por guarda compartilhada a responsabilização conjunta e o exercício de direitos e deveres do pai e da mãe que não vivam sob o mesmo teto, concernentes ao poder familiar dos filhos comuns. [...]".

▸ Veja ECA: "**Art. 22.** Aos pais incumbe o dever de sustento, guarda e educação dos filhos menores, cabendo-lhes ainda, no interesse destes, a obrigação de cumprir e fazer cumprir as determinações judiciais. [...] **Art. 33.** A guarda obriga à prestação de assistência material, moral e educacional à criança ou adolescente, conferindo a seu detentor o direito de opor-se a terceiros, inclusive aos pais. § 1º A guarda destina-se a regularizar a posse de fato, podendo ser deferida, liminar ou incidentalmente, nos procedimentos de tutela e adoção, exceto no de adoção por estrangeiros. § 2º Excepcionalmente, deferir-se-á a guarda, fora dos casos de tutela e adoção, para atender a situações peculiares ou suprir a falta eventual dos pais ou responsável, podendo ser deferido o direito de representação para a prática de atos determinados. § 3º A guarda confere à criança ou adolescente a condição de dependente, para todos os fins e efeitos de direito, inclusive previdenciários. [...]".

Guarda alternada   Guarda na qual os filhos dividem a residência dos pais, permanecendo com um e com outro por igual período, por exemplo, uma semana na casa da mãe e outra semana na casa do pai. Esse modelo de guarda tem se mostrado pouco receptivo pelos tribunais, uma vez que a duplicidade de residências pode provocar instabilidade emocional e psíquica no menor.

■ Família. Menor. Guarda compartilhada. Consenso. Necessidade. Alternância de residência do menor. Possibilidade. Considerações da Min. Nancy Andrighi sobre a alternância do menor entre as residências dos pais. CCB/2002, arts. 1.583 e 1.584. [...] 4. Da alternância do menor entre as residências dos pais. [...] De se ressaltar, ainda, que a custódia física conjunta, preconizada na guarda compartilhada, em muito se diferencia da guarda alternada. Na guarda alternada, a criança fica em um período de tempo – semana, mês, semestre ou ano – sob a guarda de um dos pais que detém e exerce, durante o respectivo período, o poder familiar de forma exclusiva. A fórmula é repudiada tanto pela doutrina quanto pela jurisprudência, pois representa verdadeiro retrocesso, mesmo em relação à guarda unilateral, tanto por gerar alto grau de instabilidade nos filhos – ao fixar as referências de autoridade e regras de conduta em lapsos temporais estanques – como também por privar o genitor que não detém a guarda de qualquer controle sobre o processo de criação de seu filho. A guarda compartilhada, com o exercício conjunto da custódia física, ao revés, é processo integrativo, que dá à criança a possibilidade de conviver com ambos os pais, ao mesmo tempo em que preconiza a interação deles no processo de criação. (STJ, REsp n. 1.251.000/2011, rel. Min. Nancy Andrighi, j. 23.08.2011, *DJ* 31.08.2011)

Guarda compartilhada   Aquela pela qual se determinam a responsabilização conjunta e o exercício de direitos e deveres do pai e da mãe que não vivam sob o mesmo teto concernentes ao poder familiar dos filhos comuns (arts. 1.583 e segs., CC). Quando não houver acordo entre a mãe e o pai quanto à guarda do filho, encontrando-se ambos os genitores aptos a exercer o poder familiar, será aplicada a guarda compartilhada (art. 1.584, § 2º, CC) (*v. Guarda; Guarda alternada*).

▸ Veja CC: "**Art. 1.583.** A guarda será unilateral ou compartilhada. [...] § 2º Na guarda compartilhada, o tempo de convívio com os filhos deve ser dividido de forma equilibrada com a mãe e com o pai, sempre tendo em vista as condições fáticas e os interesses dos filhos. § 3º Na guarda compartilhada, a cidade considerada base de moradia dos filhos será aquela que melhor atender aos interesses dos filhos. § 4º A alteração não autorizada ou o descumprimento imotivado de cláusula de guarda unilateral ou compartilhada poderá implicar a redução de prerrogativas atribuídas ao seu detentor. [...] **Art. 1.584.** A guarda, unilateral ou compartilhada, poderá ser: I – requerida, por consenso, pelo pai e pela mãe, ou por qualquer deles, em ação autônoma de separação, de divórcio, de dissolução de união estável ou em medida cautelar; II – decretada pelo juiz, em atenção a necessidades específicas do filho, ou em razão da distribuição de tempo necessário ao convívio deste com o pai e com a mãe. § 1º Na audiência de conciliação, o juiz informará ao pai e à mãe o significado da guarda compartilhada, a sua importância, a similitude de deveres e direitos atribuídos aos genitores e as sanções pelo descumprimento de suas cláusulas. § 2º Quando não houver acordo entre a mãe e o pai quanto à guarda do filho, encontrando-se ambos os genitores aptos a exercer o poder familiar, será aplicada a guarda compartilhada, salvo se um dos genitores declarar ao magistrado que não deseja a guarda do menor. § 3º Para estabelecer as atribuições do pai e da mãe e os períodos de convivência sob guarda compartilhada, o juiz, de ofício ou a requerimento do Ministério Público, poderá basear-se em orientação técnico-profissional ou de equipe interdisciplinar, que deverá visar à divisão equilibrada do tempo com o pai e com a mãe. § 4º A alteração não autorizada ou o descumprimento imotivado de cláusula de guarda unilateral ou compartilhada poderá implicar a redução de prerrogativas atribuídas ao seu detentor. [...]".

- Família. Guarda compartilhada. Consenso. Necessidade. Alternância de residência do menor. Possibilidade. [...] 2. A guarda compartilhada busca a plena proteção do melhor interesse dos filhos, pois reflete, com muito mais acuidade, a realidade da organização social atual que caminha para o fim das rígidas divisões de papéis sociais definidas pelo gênero dos pais. 3. A guarda compartilhada é o ideal a ser buscado no exercício do poder familiar entre pais separados, mesmo que demandem deles reestruturações, concessões e adequações diversas, para que seus filhos possam usufruir, durante sua formação, do ideal psicológico de duplo referencial. [...] 5. A inviabilidade da guarda compartilhada, por ausência de consenso, faria prevalecer o exercício de uma potestade inexistente por um dos pais. E diz-se inexistente, porque contrária ao escopo do poder familiar que existe para a proteção da prole. 6. A imposição judicial das atribuições de cada um dos pais, e o período de convivência da criança sob guarda compartilhada, quando não houver consenso, é medida extrema, porém necessária à implementação dessa nova visão, para que não se faça do texto legal, letra morta. 7. A custódia física conjunta é o ideal a ser buscado na fixação da guarda compartilhada, porque sua implementação quebra a monoparentalidade na criação dos filhos, fato corriqueiro na guarda unilateral, que é substituída pela implementação de condições propícias à continuidade da existência de fontes bifrontais de exercício do poder familiar. [...] 9. O estabelecimento da custódia física conjunta, sujeita-se, contudo, à possibilidade prática de sua implementação, devendo ser observada as peculiaridades fáticas que envolvem pais e filho, como a localização das residências, capacidade financeira das partes, disponibilidade de tempo e rotinas do menor, além de outras circunstâncias que devem ser observadas. 10. A guarda compartilhada deve ser tida como regra, e a custódia física conjunta – sempre que possível – como sua efetiva expressão. 11. Recurso especial não provido. (STJ, REsp n. 1.251.000/MG, 3ª T., rel. Min. Nancy Andrighi, j. 23.08.2011, *DJe* 31.08.2011)

Guarda unilateral Guarda dos filhos atribuída a um só dos genitores ou a alguém que os substitua (arts. 1.583, § 1º, e 1.584, CC). A guarda unilateral será atribuída ao genitor que revele melhores condições para exercê-la e, objetivamente, mais aptidão para propiciar aos filhos os seguintes fatores: afeto nas relações com o genitor e com o grupo familiar; saúde e segurança; educação (*v. Guarda; Guarda compartilhada*).

▶ Veja CC: "**Art. 1.583.** [...] 1º Compreende-se por guarda unilateral a atribuída a um só dos genitores ou a alguém que o substitua e, por guarda compartilhada a responsabilização conjunta e o exercício de direitos e deveres do pai e da mãe que não vivam sob o mesmo teto, concernentes ao poder familiar dos filhos comuns. [...] § 5º A guarda unilateral obriga o pai ou a mãe que não a detenha a supervisionar os interesses dos filhos, e, para possibilitar tal supervisão, qualquer dos genitores sempre será parte legítima para solicitar informações e/ou prestação de contas, objetivas ou subjetivas, em assuntos ou situações que direta ou indiretamente afetem a saúde física e psicológica e a educação de seus filhos. **Art. 1.584.** A guarda, unilateral ou compartilhada, poderá ser: I – requerida, por consenso, pelo pai e pela mãe, ou por qualquer deles, em ação autônoma de separação, de divórcio, de dissolução de união estável ou em medida cautelar; II – decretada pelo juiz, em atenção a necessidades específicas do filho, ou em razão da distribuição de tempo necessário ao convívio deste com o pai e com a mãe. [...] § 4º A alteração não autorizada ou o descumprimento imotivado de cláusula de guarda unilateral ou compartilhada poderá implicar a redução de prerrogativas atribuídas ao seu detentor. § 5º Se o juiz verificar que o filho não deve permanecer sob a guarda do pai ou da mãe, deferirá a guarda a pessoa que revele compatibilidade com a natureza da medida, considerados, de preferência, o grau de parentesco e as relações de afinidade e afetividade. [...]".

- Ação de dissolução de união estável. Termo inicial da relação. Controvérsia. Ponderação do conjunto probatório. Guarda compartilhada não aconselhável na hipótese. Melhor interesse dos menores garantido na instituição de guarda unilateral, em favor da genitora, assegurando-se o exercício do direito de visitas ao pai. Alimentos em favor dos dois filhos. Trinta por cento dos rendimentos do alimentante. [...] Sucumbência recíproca. Divisão na forma *pro rata*. Recurso conhecido e parcialmente provido. (TJSC, Ap. Cível n. 2009.065082-6, rel. Des. Stanley da Silva Braga, j. 04.04.2013)

H

Habeas corpus Medida judicial assegurada a todo aquele que sofrer ou se achar ameaçado de sofrer violência ou coação em sua liberdade de locomoção, por ilegalidade ou abuso de poder (art. 5º, LXVIII, CF). Pode ser preventivo, quando o paciente se encontra na iminência de sofrer a coação, ou liberativo, quando o paciente já sofreu a coação.

▶ Veja CF: "**Art. 5º** Todos são iguais perante a lei, sem distinção de qualquer natureza, garantindo-se aos brasileiros e aos estrangeiros residentes no País a inviolabilidade do direito à vida, à liberdade, à igualdade, à segurança e à propriedade, nos termos seguintes: [...] LXVIII – conceder-se-á *habeas corpus* sempre que alguém sofrer ou se achar ameaçado de sofrer violência ou coação em sua liberdade de locomoção, por ilegalidade ou abuso de poder; [...]".

▶ Veja CPP: "**Art. 647.** Dar-se-á *habeas corpus* sempre que alguém sofrer ou se achar na iminência de sofrer violência ou coação ilegal na sua liberdade de ir e vir, salvo nos casos de punição disciplinar. **Art. 648.** A coação considerar-se-á ilegal: I – quando não houver justa causa; II – quando alguém estiver preso por mais tempo do que determina a lei; III – quando quem ordenar a coação não tiver competência para fazê-lo; IV – quando houver cessado o motivo que autorizou a coação; V – quando não for alguém admitido a prestar fiança, nos casos em que a lei a autoriza; VI – quando o processo for manifestamente nulo; VII – quando extinta a punibilidade".

- Súmula n. 208, STF: O assistente do Ministério Público não pode recorrer, extraordinariamente, de decisão concessiva de *habeas corpus*.

- Súmula n. 344, STF: Sentença de primeira instância, concessiva de *habeas corpus*, em caso de crime praticado em detrimento de bens, serviços ou interesse da União, está sujeita a recurso *ex officio*.

- Súmula n. 395, STF: Não se conhece do recurso de *habeas corpus* cujo objeto seja resolver sobre o ônus das custas, por não estar mais em causa a liberdade de locomoção.

- Súmula n. 431, STF: É nulo o julgamento de recurso criminal, na segunda instância, sem prévia intimação ou publicação da pauta, salvo em *habeas corpus*.

- Súmula n. 606, STF: Não cabe *habeas corpus* originário para o tribunal pleno de decisão de turma, ou do plenário, proferida em *habeas corpus* ou no respectivo recurso.

- Súmula n. 690, STF: Compete ao Supremo Tribunal Federal o julgamento de *habeas corpus* contra decisão de turma recursal de juizados especiais criminais.

- Súmula n. 691, STF: Não compete ao Supremo Tribunal Federal conhecer de *habeas corpus* impetrado contra decisão do Relator que, em *habeas corpus* requerido a tribunal superior, indefere a liminar.

- Súmula n. 692, STF: Não se conhece de *habeas corpus* contra omissão de relator de extradição, se fundado em fato ou direito estrangeiro cuja prova não constava dos autos, nem foi ele provocado a respeito.

- Súmula n. 693, STF: Não cabe *habeas corpus* contra decisão condenatória a pena de multa, ou relativo a processo em curso por infração penal a que a pena pecuniária seja a única cominada.

- Súmula n. 694, STF: Não cabe *habeas corpus* contra a imposição da pena de exclusão de militar ou de perda de patente ou de função pública.

- Súmula n. 695, STF: Não cabe *habeas corpus* quando já extinta a pena privativa de liberdade.

- STF. Recurso extraordinário – Repercussão geral configurada ante as razões veiculadas. O trancamento da ação penal pressupõe situação enquadrável em uma das hipóteses contempladas em lei, surgindo, ante visão diversa, a repercussão geral própria ao extraordinário no que se obstaculizou a atuação do Ministério Público em favor da sociedade e o crivo do juízo mediante a sentença de pronúncia, ou não, a ser prolatada. (STF, RE n. 593.443/SP, rel. Min. Marco Aurélio, j. 19.03.2009, *DJe* 075 23.04.2009)

- Estatuto da criança e do adolescente. Ato infracional equiparado ao crime de tráfico de entorpecentes e posse de munição. 2. Medida socioeducativa de internação. 1. "O ato infracional análogo ao tráfico de drogas, por si só, não conduz obrigatoriamente à imposição de medida socioeducativa de internação do adolescente" (Súmula n. 492/STJ). 2. Recurso provido, para anular a sentença proferida pelo juízo monocrático na parte referente à medida socioeducativa, a fim de que seja imposta ao recorrente medida diversa da internação, devendo permanecer, nesse ínterim, na medida socioeducativa de semiliberdade. (STJ, RHC n. 36.768/SP, 5ª T., rel. Min. Marco Aurélio Bellizze, j. 16.05.2013, *DJe* 23.05.2013)

Habeas data Garantia constitucional destinada a assegurar o conhecimento de informações relativas à pessoa do impetrante constantes de registros ou banco de dados de entidades governamentais ou de caráter público, ou para a retificação de dados, quando não se prefira fazê-lo por processo sigiloso, judicial ou administrativo (art. 5º, LXXII, CF).

▶ Veja CF: "**Art. 5º** Todos são iguais perante a lei, sem distinção de qualquer natureza, garantindo-se aos brasileiros e aos estrangeiros residentes no País a inviolabilidade do direito à vida, à liberdade, à igualdade, à segurança e à propriedade, nos termos seguintes: [...] LXXII – conceder-se-á *habeas data*: *a*) para assegurar o conhecimento de informações relativas à pessoa do impetrante, constantes de registros ou bancos de dados de entidades governamentais ou de caráter público; *b*) para a retificação de dados, quando não se prefira fazê-lo por processo sigiloso, judicial ou administrativo; [...]".

▶ Veja Lei n. 9.507/97: "**Art. 7º** Conceder-se-á *habeas data*: I – para assegurar o conhecimento de informações relativas à pessoa do impetrante, constantes de registro ou banco de dados de entidades governamentais ou de caráter público; II – para a retificação de dados, quando não se prefira fazê-lo por processo sigiloso, judicial ou administrativo; III – para a anotação nos assentamentos do interessado, de contestação ou explicação sobre dado verdadeiro mas justificável e que esteja sob pendência judicial ou amigável".

- Súmula n. 2, STJ: Não cabe o *habeas data* (CF, art. 5º, LXXII, *a*) se não houve recusa de informações por parte da autoridade administrativa.

- STF. Agravo regimental. *Habeas data*. Art. 5º, LXXII, da CF. Art. 7º, III, da lei n. 9.507/97. Pedido de vista de processo administrativo. Inidoneidade do meio. Recurso improvido. 1. O *habeas data*, previsto no art. 5º, LXXII, da Constituição Federal, tem como finalidade assegurar o conhecimento de informações constantes de registros ou banco de dados e ensejar sua retificação, ou de possibilitar a anotação de explicações nos assentamentos do interessado (art. 7º, III, da Lei n. 9.507/97). 2. A ação de *habeas data* visa à proteção da privacidade do indivíduo contra abuso no registro e/ou revelação de dados pessoais falsos ou equivocados. 3. O *habeas data* não se revela meio idôneo para se obter vista de processo administrativo. 4. Recurso improvido. (STF, *HD* n. 90 Ag. Reg., Tribunal Pleno, rel. Min. Ellen Gracie, j. 18.02.2010, *DJe* 050, 18.03.2010).

Habilitação de credores Comparecimento ou participação de credor no processo para, mediante prova do seu crédito, concorrer com os demais credores para o devido recebimento. A habilitação tem lugar no processo de falência (Lei n. 11.101/2005) e no inventário. Concordando as partes com o pedido, o juiz, ao julgar habilitado o crédito, mandará que se faça separação de bens para o futuro pagamento (art. 1.019, CPC/73).

▶ Veja CC: "**Art. 1.813.** Quando o herdeiro prejudicar os seus credores, renunciando à herança, poderão eles, com autorização do juiz, aceitá-la em nome do renunciante. § 1º A habilitação dos credores se fará no prazo de trinta dias seguintes ao conhecimento do fato. § 2º Pagas as dívidas do renunciante, prevalece a renúncia quanto ao remanescente, que será devolvido aos demais herdeiros".

▶ Veja CPC/73: "**Art. 1.019.** O credor de dívida líquida e certa, ainda não vencida, pode requerer habilitação no inventário. Concordando as partes com o pedido, o juiz, ao julgar habilitado o crédito, mandará que se faça separação de bens para o futuro pagamento".

▶ Veja Lei n. 11.101/2005: "**Art. 7º** A verificação dos créditos será realizada pelo administrador judicial, com base nos livros contábeis e documentos comerciais e fiscais do devedor e nos documentos que lhe forem apresentados pelos credores, podendo contar com o auxílio de profissionais ou empresas especializadas. § 1º Publicado o edital previsto no art. 52, § 1º, ou no parágrafo único do art. 99 desta Lei, os credores terão o prazo de 15 (quinze) dias para apresentar ao administrador judicial suas habilitações ou suas divergências quanto aos créditos relacionados. § 2º O administrador judicial, com base nas informações e documentos colhidos na forma do *caput* e do § 1º deste artigo, fará publicar edital contendo a relação de credores no prazo de 45 (quarenta e cinco) dias, contado do fim do prazo do § 1º deste artigo, devendo indicar o local, o horário e o prazo comum em que as pessoas indicadas no art. 8º desta Lei terão acesso aos documentos que fundamentaram a elaboração dessa relação".

- Direito falimentar. Recuperação judicial. Habilitação de credores. Requisitos formais. Memorial de cálculo. Aprovação do plano de recuperação judicial. 1. A lei de falências exige que a habilitação de crédito se faça acompanhar da prova da dívida (*an e quantum debeatur*), bem como da origem e classificação dessa mesma dívida. Se as instâncias de origem, soberanas na apreciação da prova, concluíram pelo atendimento dessas exigências legais não há como barrar o processamento do pedido de recuperação judicial por ausência de memorial descritivo da dívida. 2. O crédito trabalhista só estará sujeito à novação imposta pelo plano de recuperação judicial se se tratar de crédito já consolidado ao tempo da propositura do pedido de recuperação judicial. 3. Alegação de negativa de prestação jurisdicional preliminarmente rejeitada. Se os fundamentos adotados bastam para justificar o concluído na decisão, o julgador não está obrigado a rebater, um a um, os argumentos utilizados pela parte. 4. Recurso especial a que se nega provimento. (STJ, REsp n. 1.321.288/MT, 3ª T., rel. Min. Sidnei Beneti, j. 27.11.2012, *DJe* 18.12.2012)

Habilitação de herdeiro Comparecimento ou participação do herdeiro no inventário para ver reconhecido o seu direito sucessório e obter a quota que lhe cabe na herança.

- Veja CC: "**Art. 1.819.** Falecendo alguém sem deixar testamento nem herdeiro legítimo notoriamente conhecido, os bens da herança, depois de arrecadados, ficarão sob a guarda e administração de um curador, até a sua entrega ao sucessor devidamente habilitado ou à declaração de sua vacância. **Art. 1.820.** Praticadas as diligências de arrecadação e ultimado o inventário, serão expedidos editais na forma da lei processual, e, decorrido um ano de sua primeira publicação, sem que haja herdeiro habilitado, ou penda habilitação, será a herança declarada vacante. **Art. 1.821.** É assegurado aos credores o direito de pedir o pagamento das dívidas reconhecidas, nos limites das forças da herança. **Art. 1.822.** A declaração de vacância da herança não prejudicará os herdeiros que legalmente se habilitarem; mas, decorridos cinco anos da abertura da sucessão, os bens arrecadados passarão ao domínio do Município ou do Distrito Federal, se localizados nas respectivas circunscrições, incorporando-se ao domínio da União quando situados em território federal. Parágrafo único. Não se habilitando até a declaração de vacância, os colaterais ficarão excluídos da sucessão".

- Habilitação de herdeira colateral. Possibilidade. Inexistência de herdeiros necessários. Recurso a que se nega provimento. 1. É possível a habilitação de herdeira colateral, nos termos do art. 1060, inciso I, do Código de Processo Civil, de modo a possibilitar o prosseguimento da execução quando comprovada a inexistência de herdeiros necessários, não havendo que se falar em prejuízo a eventuais herdeiros que não constem do processo na medida em que o precatório só pode ser expedido com a apresentação da certidão de inventariança ou do formal e da certidão de partilha. 2. Agravo regimental a que se nega provimento. (STJ, Ag. Reg. nos Emb. de Ex. no MS n. 11.849/DF, 3ª Seção, rel. Min. Maria Thereza de Assis Moura, j. 13.03.2013, *DJe* 20.03.2013)

Habilitação no processo Medida tomada no curso do processo que capacita uma pessoa a substituir uma das partes em caso de falecimento, podendo ser requerida: pela parte, em relação aos sucessores do falecido; pelos sucessores do falecido, em relação à parte (arts. 1.055 e 1.056, CPC/73).

- Veja CPC/73: "**Art. 1.055.** A habilitação tem lugar quando, por falecimento de qualquer das partes, os interessados houverem de suceder-lhe no processo. **Art. 1.056.** A habilitação pode ser requerida: I – pela parte, em relação aos sucessores do falecido; II – pelos sucessores do falecido, em relação à parte".

- Veja CPC/2015: "**Art. 644.** O credor de dívida líquida e certa, ainda não vencida, pode requerer habilitação no inventário. Parágrafo único. Concordando as partes com o pedido referido no *caput*, o juiz, ao julgar habilitado o crédito, mandará que se faça separação de bens para o futuro pagamento. [...] **Art. 687.** A habilitação ocorre quando, por falecimento de qualquer das partes, os interessados houverem de suceder-lhe no processo. **Art. 688.** A habilitação pode ser requerida: I – pela parte, em relação aos sucessores do falecido; II – pelos sucessores do falecido, em relação à parte. **Art. 689.** Proceder-se-á à habilitação nos autos do processo principal, na instância em que estiver, suspendendo-se, a partir de então, o processo".

Habilitação para o casamento Formalidades exigidas por lei aos nubentes que devem ser apresentadas ao oficial do Registro Civil do domicílio dos noivos, com o fim de comprovar a inexistência de impedimento e demonstrar plenas condições dos nubentes para contraírem núpcias (art. 1.525, CC).

▸ Veja CC: "**Art. 1.525**. O requerimento de habilitação para o casamento será firmado por ambos os nubentes, de próprio punho, ou, a seu pedido, por procurador, e deve ser instruído com os seguintes documentos: I – certidão de nascimento ou documento equivalente; II – autorização por escrito das pessoas sob cuja dependência legal estiverem, ou ato judicial que a supra; III – declaração de duas testemunhas maiores, parentes ou não, que atestem conhecê-los e afirmem não existir impedimento que os iniba de casar; IV – declaração do estado civil, do domicílio e da residência atual dos contraentes e de seus pais, se forem conhecidos; V – certidão de óbito do cônjuge falecido, de sentença declaratória de nulidade ou de anulação de casamento, transitada em julgado, ou do registro da sentença de divórcio. **Art. 1.526**. A habilitação será feita pessoalmente perante o oficial do Registro Civil, com a audiência do Ministério Público. Parágrafo único. Caso haja impugnação do oficial, do Ministério Público ou de terceiro, a habilitação será submetida ao juiz. [...] **Art. 1.531**. Cumpridas as formalidades dos arts. 1.526 e 1.527 e verificada a inexistência de fato obstativo, o oficial do registro extrairá o certificado de habilitação. **Art. 1.532**. A eficácia da habilitação será de noventa dias, a contar da data em que foi extraído o certificado".

▪ Família. Homossexual. Homossexualidade. União homoafetiva. Casamento civil entre pessoas do mesmo sexo (homoafetivo). Habilitação. Interpretação dos arts. 1.514, 1.521, 1.523, 1.535 e 1.565 do CCB/2002. Inexistência de vedação expressa a que se habilitem para o casamento pessoas do mesmo sexo. Vedação implícita constitucionalmente inaceitável. Orientação principiológica conferida pelo STF no julgamento da ADPF n. 132/RJ e da ADI n. 4.277/DF. CF/88, arts. 1º, III e V, 3º, IV, 5º, XLI e 226, § 3º e § 7º. [...] 11. Recurso especial provido. (TJRS, REsp n. 1.183.378/2012, rel. Min. Luis Felipe Salomão, j. 25.10.2011, DJ 01.02.2012)

Hasta pública Venda judicial pela qual são alienados bens do devedor para que, com o valor apurado, possam ser pagos o credor, as custas e as despesas do processo de execução. Leilão judicial.

▸ Veja CPC/2015: "**Art. 879**. A alienação far-se-á: I – por iniciativa particular; II – em leilão judicial eletrônico ou presencial. **Art. 880**. Não efetivada a adjudicação, o exequente poderá requerer a alienação por sua própria iniciativa ou por intermédio de corretor ou leiloeiro público credenciado perante o órgão judiciário. [...] **Art. 881**. A alienação far-se-á em leilão judicial se não efetivada a adjudicação ou a alienação por iniciativa particular. [...]".

Herança Conjunto de bens deixados pelo *de cujus*, incluindo o patrimônio ativo e o passivo, para ser partilhado entre os herdeiros. A herança defere-se como um todo unitário, ainda que vários sejam os herdeiros (art. 1.791, CC).

▸ Veja CC: "**Art. 1.784**. Aberta a sucessão, a herança transmite-se, desde logo, aos herdeiros legítimos e testamentários. **Art. 1.785**. A sucessão abre-se no lugar do último domicílio do falecido. **Art. 1.786**. A sucessão dá-se por lei ou por disposição de última vontade. **Art. 1.787**. Regula a sucessão e a legitimação para suceder a lei vigente ao tempo da abertura daquela. **Art. 1.788**. Morrendo a pessoa sem testamento, transmite a herança aos herdeiros legítimos; o mesmo ocorrerá quanto aos bens que não forem compreendidos no testamento; e subsiste a sucessão legítima se o testamento caducar, ou for julgado nulo. [...] **Art. 1.791**. A herança defere-se como um todo unitário, ainda que vários sejam os herdeiros. Parágrafo único. Até a partilha, o direito dos coerdeiros, quanto à propriedade e posse da herança, será indivisível, e regular-se-á pelas normas relativas ao condomínio".

Herança jacente *Jacente* é a herança cujos beneficiários ainda não são conhecidos. Configura-se quando o falecido não deixa testamento nem herdeiro legítimo notoriamente conhecido (art. 1.819, CC). Aplica-se também à hipótese em que houver testamento, mas a pessoa contemplada não mais existir. A existência da herança jacente se dá a conhecer quando: a abertura do inventário for requerida pelo credor ou pela Fazenda Pública; o juiz for comunicado pelo oficial do Registro Civil de que a pessoa faleceu deixando bens, porém, não possui herdeiros nem testamento; todos os que forem chamados a suceder renunciarem à herança (art. 1.823, CC). A herança jacente tem caráter provisório, uma vez que ela pode ou não vir a se tornar herança vacante (*v. Herança vacante*).

▸ Veja CC: "**Art. 1.819**. Falecendo alguém sem deixar testamento nem herdeiro legítimo notoriamente conhecido, os bens da herança, depois de arrecadados, ficarão sob a guarda e administração de um curador, até a sua entrega ao sucessor devidamente habilitado ou à declaração de sua vacância. **Art. 1.820.** Praticadas as diligências de arrecadação e ultimado o inventário, serão expedidos editais na forma da lei processual, e, decorrido um ano de sua primeira publicação, sem que haja herdeiro habilitado, ou penda habilitação, será a herança declarada vacante. **Art. 1.821.** É assegurado aos credores o direito de pedir o pagamento das dívidas reconhecidas, nos limites das forças da herança. **Art. 1.822.** A declaração de vacância da herança não prejudicará os herdeiros que legalmente se habilitarem; mas, decorridos cinco anos da abertura da sucessão, os bens arrecadados passarão ao domínio do Município ou do Distrito Federal, se localizados nas respectivas circunscrições, incorporando-se ao domínio da União quando situados em território federal. Parágrafo único. Não se habilitando até a declaração de vacância, os colaterais ficarão excluídos da sucessão".

Herança vacante Herança instituída por declaração do juiz no caso de, sendo devidamente intimados, não aparecerem herdeiros interessados na herança jacente. Não aparecendo ou não se habilitando herdeiro, cônjuge ou credor da herança no período de até um ano após a primeira publicação do edital que intimar eventuais herdeiros para se habilitarem no prazo de seis meses, será a herança declarada *vacante* (arts. 1.820, CC). Nesse período, será lícito aos credores do falecido se habilitarem para o fim de recebimento de valores relativos a dívidas reconhecidas, nos limites da herança (art. 1.821, CC). Depois de transitada em julgado a sentença que declarou a vacância, os interessados na sucessão somente poderão reclamar seu direito por meio de ação direta. Decorridos cinco anos da abertura da sucessão sem ter havido habilitação de quem quer que seja, os bens arrecadados passarão ao domínio do município ou do Distrito Federal, se localizados nas respectivas sedes, ou ao domínio da União, quando situados em território federal (art. 1.822, CC) (*v. Herança jacente*).

▶ Veja CC: "**Art. 1.823.** Quando todos os chamados a suceder renunciarem à herança, será esta desde logo declarada vacante".

■ Sucessão. Ausência de herdeiros. Domínio dos bens. Momento da declaração de vacância. Precedentes. Decisão agravada mantida. I. É entendimento consolidado neste Superior Tribunal de Justiça que os bens jacentes são transferidos ao ente público no momento da declaração da vacância, não se aplicando, desta forma, o princípio da *saisine*. II. A agravante não trouxe qualquer argumento capaz de modificar a conclusão alvitrada, a qual se mantém por seus próprios fundamentos. Agravo improvido. (STJ, Ag. Reg. no Ag. n. 851.228/RJ, 3ª T., rel. Min. Sidnei Beneti, j. 23.09.2008, *DJe* 13.10.2008)

Herdeiro Pessoa ligada por laços de sangue ao *de cujus*, ou beneficiária de testamento, com direito a recebimento da herança. O herdeiro pode ser legítimo ou testamentário (*v. Grau de parentesco; Herdeiro concorrente*).

▶ Veja CC: "**Art. 1.798.** Legitimam-se a suceder as pessoas nascidas ou já concebidas no momento da abertura da sucessão. **Art. 1.799.** Na sucessão testamentária podem ainda ser chamados a suceder: I – os filhos, ainda não concebidos, de pessoas indicadas pelo testador, desde que vivas estas ao abrir-se a sucessão; II – as pessoas jurídicas; III – as pessoas jurídicas, cuja organização for determinada pelo testador sob a forma de fundação. **Art. 1.800.** No caso do inciso I do artigo antecedente, os bens da herança serão confiados, após a liquidação ou partilha, a curador nomeado pelo juiz. [...] § 3º Nascendo com vida o herdeiro esperado, ser-lhe-á deferida a sucessão, com os frutos e rendimentos relativos à deixa, a partir da morte do testador. § 4º Se, decorridos dois anos após a abertura da sucessão, não for concebido o herdeiro esperado, os bens reservados, salvo disposição em contrário do testador, caberão aos herdeiros legítimos. **Art. 1.801.** Não podem ser nomeados herdeiros nem legatários: I – a pessoa que, a rogo, escreveu o testamento, nem o seu cônjuge ou companheiro, ou os seus ascendentes e irmãos; II – as testemunhas do testamento; III – o concubino do testador casado, salvo se este, sem culpa sua, estiver separado de fato do cônjuge há mais de cinco anos; IV – o tabelião, civil ou militar, ou o comandante ou escrivão, perante quem se fizer, assim como o que fizer ou aprovar o testamento. [...] **Art. 1.829.** A sucessão legítima defere-se na ordem seguinte: I – aos descendentes, em concorrência com o cônjuge sobrevivente, salvo se casado este com o falecido no regime da comunhão universal, ou no da separação obrigatória de bens (art. 1.640, parágrafo único); ou se, no regime da comunhão parcial, o autor da herança não houver deixado bens particulares; II – aos ascendentes, em concorrência com o cônjuge; III – ao cônjuge sobrevivente; IV – aos colaterais. [...] **Art. 1.845.** São herdeiros necessários os descendentes, os ascendentes e o cônjuge. **Art. 1.846.** Pertence aos herdeiros necessários, de pleno direito, a metade dos bens da herança, constituindo a legítima. [...]".

Herdeiro concorrente Concorrente ou facultativo é o herdeiro chamado à sucessão na falta ou inexistência de herdeiros necessários, como os colaterais, o município, o Distrito Federal e a União (art. 1.844, CC). Para excluir da sucessão os herdeiros colaterais, basta que o testador disponha de seu patrimônio sem os contemplar (art. 1.850, CC).

▸ Veja CC: "**Art. 1.844.** Não sobrevivendo cônjuge, ou companheiro, nem parente algum sucessível, ou tendo eles renunciado a herança, esta se devolve ao Município ou ao Distrito Federal, se localizada nas respectivas circunscrições, ou à União, quando situada em território federal. [...] **Art. 1.850.** Para excluir da sucessão os herdeiros colaterais, basta que o testador disponha de seu patrimônio sem os contemplar".

Herdeiro legítimo É o herdeiro instituído por lei ou integrante do rol da ordem da vocação hereditária (art. 1.829, CC). Os herdeiros legítimos compreendem duas classes: os *necessários* e os *concorrentes* ou *facultativos*.

▸ Veja CC: "**Art. 1.829.** A sucessão legítima defere-se na ordem seguinte: I – aos descendentes, em concorrência com o cônjuge sobrevivente, salvo se casado este com o falecido no regime da comunhão universal, ou no da separação obrigatória de bens (art. 1.640, parágrafo único); ou se, no regime da comunhão parcial, o autor da herança não houver deixado bens particulares; II – aos ascendentes, em concorrência com o cônjuge; III – ao cônjuge sobrevivente; IV – aos colaterais".

Herdeiro necessário É o descendente, ascendente ou cônjuge do autor da herança. Pertence aos herdeiros necessários, de pleno direito, a metade dos bens da herança, constituindo a legítima (arts. 1.845 e 1.846, CC).

▸ Veja CC: "**Art. 1.845.** São herdeiros necessários os descendentes, os ascendentes e o cônjuge. **Art. 1.846.** Pertence aos herdeiros necessários, de pleno direito, a metade dos bens da herança, constituindo a legítima".

Herdeiro testamentário É o herdeiro, necessário ou não, instituído por disposição de última vontade ou testamento (art. 1.799, CC). O herdeiro necessário, a quem o testador deixar a sua parte disponível, ou algum legado, não perderá o direito à legítima (art. 1.849, CC).

▸ Veja CC: "**Art. 1.799.** Na sucessão testamentária podem ainda ser chamados a suceder: I – os filhos, ainda não concebidos, de pessoas indicadas pelo testador, desde que vivas estas ao abrir-se a sucessão; II – as pessoas jurídicas; III – as pessoas jurídicas, cuja organização for determinada pelo testador sob a forma de fundação. [...] **Art. 1.849.** O herdeiro necessário, a quem o testador deixar a sua parte disponível, ou algum legado, não perderá o direito à legítima. [...] **Art. 1.857.** Toda pessoa capaz pode dispor, por testamento, da totalidade dos seus bens, ou de parte deles, para depois de sua morte. § 1º A legítima dos herdeiros necessários não poderá ser incluída no testamento. § 2º São válidas as disposições testamentárias de caráter não patrimonial, ainda que o testador somente a elas se tenha limitado. **Art. 1.858.** O testamento é ato personalíssimo, podendo ser mudado a qualquer tempo. **Art. 1.859.** Extingue-se em cinco anos o direito de impugnar a validade do testamento, contado o prazo da data do seu registro. [...] **Art. 1.897.** A nomeação de herdeiro, ou legatário, pode fazer-se pura e simplesmente, sob condição, para certo fim ou modo, ou por certo motivo".

Hereditário Aquilo que é transmitido pelos ascendentes aos descendentes. Sucessão hereditária; direito hereditário.

Hermeneuta Aquele que é versado em hermenêutica ou a ela se dedica. Intérprete da lei, jurista.

Hermenêutica jurídica Ciência da interpretação de textos da lei. Tem por objetivo o estudo e a sistematização dos processos ou métodos a serem aplicados para fixar o real sentido e o alcance das normas jurídicas, de modo que mais se aproximem do pensamento e da mensagem do legislador.

Hipossuficiente Pessoa necessitada, de baixo poder aquisitivo ou econômico, beneficiada pelo Estado com a concessão da assistência judiciária gratuita ou de benefício previdenciário de natureza assistencial (Lei n. 1.060/50).

▸ Veja CPC/2015: "**Art. 98.** A pessoa natural ou jurídica, brasileira ou estrangeira, com insuficiência de recursos para pagar as custas, as despesas processuais e os honorários advocatícios tem direito à gratuidade da justiça, na forma da lei".

Hipoteca Direito real de garantia sobre imóvel que permanece na posse de seu proprietário (art. 1.473, CC).

▸ Veja CC: "**Art. 1.473.** Podem ser objeto de hipoteca: I – os imóveis e os acessórios dos imóveis conjuntamente com eles; II – o domínio direto; III – o domínio útil; IV – as estradas de ferro; V – os recursos naturais a que se refere o art. 1.230, independentemente do solo onde se acham; VI – os navios; VII – as aeronaves; VIII – o direito de uso especial para fins de moradia; IX – o direito real de uso; X – a propriedade superficiária. § 1º A hipoteca dos navios e das aeronaves reger-se-á pelo disposto em lei especial. [...]".

■ STJ. Execução. Penhora. Bem de família. Impenhorabilidade do bem de família. Hipoteca. Dívida de terceiro. Imóvel dado em hipoteca para garantir dívida de terceiro. Não aplicação da exceção prevista no art. 3º, V, da Lei n. 8.009/1990. Considerações do Min. Luis Felipe Salomão sobre o tema. [...] 4. Porém, quanto à alegação de impenhorabilidade do imóvel de família, assiste razão em parte aos recorrentes. O art. 3º, V, da Lei n. 8.009/90 excepciona a regra da impenhorabilidade nos seguintes termos: Art. 3º. A impenhorabilidade é oponível em qualquer processo de execução civil, fiscal, previdenciária, trabalhista ou de outra natureza, salvo se movido: [...] V. para execução de hipoteca sobre o imóvel oferecido como garantia real pelo casal ou pela entidade familiar; a controvérsia cinge-se a saber se a exceção prevista no inciso V do art. 3º abarca somente a hipoteca constituída como garantia de dívida própria do casal ou da família, ou se alcança também a hipoteca constituída em garantia de dívida de terceiro. [...] A jurisprudência da Casa tem afirmado, com frequência, que a exceção à impenhorabilidade do imóvel de família somente ocorre quando a dívida garantida por hipoteca converte-se em benefício da própria família, não sendo extensível a hipotecas garantidoras de dívidas de terceiros. [...] Não obstante, mostra-se prematuro afirmar, desde já, que o imóvel objeto da penhora é um bem de família, razão pela qual o recurso deve ser provido parcialmente para que, afastando o óbice indicado pelo acórdão, examine o juízo de origem se estão presentes as demais características e requisitos identificadores do bem de família, nos termos da Lei n. 8.009/90. (STJ, REsp n. 997.261/2012/SC, rel. Min. Luis Felipe Salomão, j. 15.03.2012, *DJ* 26.04.2012)

Hipoteca judiciária Efeito secundário ou anexo da sentença ou do acórdão que condenam a parte ao pagamento de uma prestação em dinheiro ou em coisa. A sentença que condenar o réu ao pagamento de uma prestação, em dinheiro ou em coisa, valerá como título constitutivo de hipoteca judiciária, cuja inscrição será ordenada pelo juiz na forma prescrita na Lei de Registros Públicos (art. 466, CPC/73). Nesse caso, considera-se a decisão título suficiente para que o vencedor da demanda venha a ter contra o vencido, e sobre seus bens imóveis e móveis, direito real de garantia, desde que realizada a inscrição da hipoteca judiciária no cartório de registro de imóveis, decorrente de expedição de mandado judicial, em atenção a requerimento de especialização dos bens feito pela parte interessada.

▶ Veja CPC/2015: "**Art. 495.** A decisão que condenar o réu ao pagamento de prestação consistente em dinheiro e a que determinar a conversão de prestação de fazer, de não fazer ou de dar coisa em prestação pecuniária valerão como título constitutivo de hipoteca judiciária: § 1º A decisão produz a hipoteca judiciária: I – embora a condenação seja genérica; II – ainda que o credor possa promover o cumprimento provisório da sentença ou esteja pendente arresto sobre bem do devedor; III – mesmo que impugnada por recurso dotado de efeito suspensivo. [...]".

▶ Veja Lei n. 6.015/73: "**Art. 167.** No Registro de Imóveis, além da matrícula, serão feitos: I – o registro: [...] 2) das hipotecas legais, judiciais e convencionais; [...]".

■ Hipoteca judiciária. Hipoteca legal. Distinção. Registro e especialização. Considerações do Des. Rodrigues de Carvalho sobre o tema. CPC, arts. 466 e 1.205. CCB/2002, art. 1.497, §§ 1º e 2º. CCB, art. 824. [...] Não se deve perder de vista que a hipoteca judiciária é uma espécie anômala de hipoteca legal, e dela diferente. É hipoteca de regime jurídico processual. Imanente de ato jurídico processual. E não é de *mister* demonstre o credor a real necessidade de implementação da hipoteca judicial. Exatamente por tratar-se de um *tertius genus*, posto que engendrada como hipoteca legal, *ex vi* do art. 466 do CPC, que derrogou a norma heterotópica contida no art. 824 do CCB, não se faz de rigor a especialização dessa hipoteca nos termos do art. 1.205 e seguintes do CPC. Nem se argumente com o art. 1.497, do atual Código Civil, seja porque o caso em questão ocorreu na *vacatio legis*, seja porque os §§ 1º e 2º do mencionado artigo, determinam que o registro e a especialização da hipoteca incumbem a quem é obrigado a prestar a garantia aos agravantes, seja, ainda, porque o art. 466, como norma especial, não foi explicitamente derrogado, estando, consequentemente, em plena vigência. De qualquer forma, preservados os doutos entendimentos em contrário, necessário não se faz, para legalização da hipoteca judiciária, seguir-se as normas dos arts. 1.205 e seguintes do Código de Processo Civil. Isso porque, de acordo com o art. 466, parágrafo único, I, de nosso CPC, a condenação genérica produz a hipoteca judiciária. Portanto, condenação ilíquida. E, como sói acontecer, a lei não possui palavras inúteis. De outra parte, não pode haver antinomia, exigindo-se, pois, do intérprete buscar, amalgamado na *praxis* social, a harmonia, alcançando pragmaticamente o sentido teleológico da norma. [...] (TJSP, Ag. Reg. n. 264.523/2003/São Paulo, rel. Des. Rodrigues de Carvalho, j. 08.05.2003)

Homestead Instituto originado em lei de iniciativa do presidente americano Abraham Lincoln no ano de 1862 cuja finalidade era atrair imigrantes para povoar e colonizar as terras do oeste. Concedia-se a posse de uma propriedade com 160 hectares a quem a cultivasse por cinco anos. Essa porção de terra recebia o nome de *homestead* federal e, durante os cinco anos de exploração, era inalienável e impenhorável. O bem de família constante do nosso ordenamento jurídico tem origem no *homestead* (v. *Bem de família*).

Homicida Aquele que praticou homicídio. O que matou alguém independentemente de culpa ou dolo (v. *Homicídio*).

Homicídio Ato de matar alguém. Ação delituosa pela qual uma pessoa destrói, ilicitamente, a vida de outra (art. 121, CP).

▶ Veja CP: "Homicídio simples – **Art. 121.** Matar alguém: Pena – reclusão, de 6 (seis) a 20 (vinte) anos. [...] Homicídio culposo – § 3º Se o homicídio é culposo: Pena – detenção, de 1 (um) a 3 (três) anos. [...]".

▪ TJSP. Homicídio. Desclassificação para lesão corporal seguida de morte. Único soco desferido em homem de 30 anos e compleição robusta. Queda e explosão do lobo temporal esquerdo. Desclassificação deferida. CP, art. 129, § 3º. "Em preciosa monografia, observa Marcello Finzi que se o emprego de 'meio letal faz surgir, até prova em contrário, presunção de intenção homicida, nos casos em que, ao invés, se fez uso exclusivamente das armas naturais, fornecidas pela mãe natureza (mãos, pés...), surge, espontânea, conjectura oposta, isto é, a presunção (sempre, repito, até prova em contrário!) de que o resultado letal não foi querido' ('La Intenzione Di Uccidere – considerata in relazione ai vari modi coi quali pu commetersi un omicidio', p. 114, ed. Giuffré, 1954). Na hipótese, o meio empregado depõe contra o 'animus necandi' e também o afastam os demais critérios propostos pela genialidade de Carrara para distinguir-se o homicídio doloso do preterintencional: precedentes manifestações de ânimo; causa do crime; número e direção dos golpes ('Programma Del Corso Di Diritto Criminale', § 1.104). De efeito, réu e vítima eram amigos e companheiros de libações alcoólicas; a causa do crime foi desinteligência sem maior profundidade; inexistiram atritos ou ameaças anteriores; o réu vibrou soco único no queixo de homem jovem e robusto. Inexistindo suspeita fundada do dolo direto ou eventual, impõe-se a desclassificação postulada." (TJSP, Rec. em Sent. Estr. n. 135.469/3/1994/Limeira, rel. Des. Dante Busana, j. 24.03.1994)

Homicídio culposo É aquele causado sem dolo, ou sem a intenção da matar, decorrente de ato de imperícia, negligência ou imprudência (art. 18, CP).

▶ Veja CP: "Homicídio simples – **Art. 121.** Matar alguém: Pena – reclusão, de 6 (seis) a 20 (vinte) anos. [...] Homicídio culposo – § 3º Se o homicídio é culposo: Pena – detenção, de 1 (um) a 3 (três) anos. [...]".

▪ Processo penal. Recurso em sentido estrito (CPP, art. 581, I). Crime contra a vida. Homicídio culposo. Omissão do dever legal de evitar o resultado (CP, art. 121, § 3º, c/c art. 13, § 2º, "A"). O proprietário de *camping*, que explora atividade econômica e disponibiliza área de lazer com opção aquática, tem o dever legal de cuidado, proteção e vigilância, por força da instrução normativa 033/DAT/CBMSC e art. 1º da Lei Estadual n. 11.339/2000. O fato da vítima encontrar-se embriagada ao entrar na lagoa, nadar para local com aproximadamente 03 (três) metros de profundidade e se afogar, vindo a óbito por asfixia aguda, não afasta a justa causa para a ação penal e, por consequência, a persecução penal do proprietário do *camping*. Parecer da PGJ pelo conhecimento e desprovimento do recurso. Recurso conhecido e provido. (TJSC, Rec. Crim. n. 2013.001377-7/Chapecó, rel. Des. Carlos Alberto Civinski, j. 04.06.2013)

Homicídio doloso O que é decorrente de ato do agente que quis o resultado ou assumiu o risco de produzi-lo (art. 18, CP).

▶ Veja CP: "**Art. 18.** Diz-se o crime: Crime doloso – I – doloso, quando o agente quis o resultado ou assumiu o risco de produzi-lo; [...]".

▪ Tribunal do júri. Dolo eventual. Homicídio simples. Sentença de pronúncia. Elementos indiciários suficientes de que o condutor do veículo automotor tenha assumido o risco de produzir o resultado morte. Velocidade excessiva em via movimentada e comprovada embriaguez. Sentença mantida. Não há dúvida: "[...] sendo os crimes de trânsito em regra culposos, impõe-se a indicação de elementos concretos dos autos que indiquem o oposto, demonstrando que o agente tenha assumido o risco do advento do dano, em flagrante indiferença ao bem jurídico tutelado". (STJ, *HC* n. 58.826/RS, rel. Min. Maria Thereza de Assis Moura, *DJe* 08.09.2009). Logo, no contexto, empreendendo o condutor velocidade excessiva, em rodovia curvilínea, aliado à comprovada embriaguez, parece adequada, num primeiro momento, a acusação formulada pelo crime contra a vida, na modalidade dolosa (dolo eventual) ou seja, a mistura do álcool com a velocidade revela que o apelante assumiu o risco de produzir o resultado. (TJSC, Rec. Crim. n. 2013.010460-7/Rio do Sul, rel. Des. Ricardo Roesler, j. 30.07.2013)

Homicídio qualificado   Homicídio doloso cometido: mediante paga ou promessa de recompensa, ou por outro motivo torpe; por motivo fútil; com emprego de veneno, fogo, explosivo, asfixia, tortura ou outro meio insidioso ou cruel, ou que possa resultar perigo comum; à traição, por emboscada, ou mediante dissimulação ou outro recurso que dificulte ou torne impossível a defesa do ofendido; para assegurar a execução, a ocultação, a impunidade ou vantagem de outro crime (art. 121, § 2º, CP).

▶ Veja CP: "Homicídio simples – **Art. 121**. Matar alguém: Pena – reclusão, de 6 (seis) a 20 (vinte) anos. [...] Homicídio qualificado – § 2º Se o homicídio é cometido: I – mediante paga ou promessa de recompensa, ou por outro motivo torpe; II – por motivo fútil; III – com emprego de veneno, fogo, explosivo, asfixia, tortura ou outro meio insidioso ou cruel, ou de que possa resultar perigo comum; IV – à traição, de emboscada, ou mediante dissimulação ou outro recurso que dificulte ou torne impossível a defesa do ofendido; V – para assegurar a execução, a ocultação, a impunidade ou vantagem de outro crime: Pena – reclusão, de 12 (doze) a 30 (trinta) anos. [...]".

■ Homicídio triplamente qualificado. Dosimetria. Pluralidade de qualificadoras. Utilização de uma para qualificar o crime e das outras para exasperar a reprimenda base. Possibilidade. Pena-base fixada acima do mínimo legal. 1. Esta Corte Superior de Justiça tem reiteradamente decidido no sentido de ser possível, existindo pluralidade de qualificadoras, a consideração de uma para justificar o tipo penal qualificado e das demais como circunstâncias judiciais ou agravantes da segunda fase da dosimetria da pena. 2. Inexiste constrangimento ilegal na fixação da pena-base quando são levados em consideração elementos concretos dos autos, aptos a justificar a exasperação da reprimenda-base a título de personalidade, motivos, circunstâncias e consequências do crime. [...] 4. Ordem denegada. (STJ, *HC* n. 173.608/RJ, 6ª T., rel. Min. Sebastião Reis Júnior, j. 04.09.2012, *DJe* 17.09.2012)

Homicídio simples   Aquele que é praticado sem que ocorra nenhum dos agravantes que o classifique como crime qualificado ou privilegiado. É o praticado por motivo de relevante valor social ou moral, ou sob o domínio de violenta emoção, logo em seguida a injusta provocação da vítima, com possibilidade de redução da pena de um sexto a um terço (art. 121, § 1º).

▶ Veja CP: "Homicídio simples – **Art. 121**. Matar alguém: Pena – reclusão, de 6 (seis) a 20 (vinte) anos. Caso de diminuição de pena – § 1º Se o agente comete o crime impelido por motivo de relevante valor social ou moral, ou sob o domínio de violenta emoção, logo em seguida a injusta provocação da vítima, o juiz pode reduzir a pena de um sexto a um terço. [...]".

Homologação   Ato pelo qual o juiz aprova, confirma ou ratifica uma medida processual, conferindo-lhe validade jurídica. Homologação de divórcio; homologação de sentença estrangeira; homologação de penhor legal; homologação de acordo; homologação de partilha.

Homologação de penhor legal   Medida judicial concedida a requerimento do credor pignoratício depois da efetivação de penhor nas hipóteses previstas em lei, como forma de caracterizar a dívida do devedor (art. 1.467, CC; art. 874, CPC/73).

▶ Veja CC: "**Art. 1.467.** São credores pignoratícios, independentemente de convenção: I – os hospedeiros, ou fornecedores de pousada ou alimento, sobre as bagagens, móveis, joias ou dinheiro que os seus consumidores ou fregueses tiverem consigo nas respectivas casas ou estabelecimentos, pelas despesas ou consumo que aí tiverem feito; II – o dono do prédio rústico ou urbano, sobre os bens móveis que o rendeiro ou inquilino tiver guarnecendo o mesmo prédio, pelos aluguéis ou rendas".

▶ Veja CPC/73: "**Art. 874.** Tomado o penhor legal nos casos previstos em lei, requererá o credor, ato contínuo, a homologação. Na petição inicial, instruída com a conta pormenorizada das despesas, a tabela dos preços e a relação dos objetos retidos, pedirá a citação do devedor para, em 24 (vinte e quatro) horas, pagar ou alegar defesa. Parágrafo único. Estando suficientemente provado o pedido nos termos deste artigo, o juiz poderá homologar de plano o penhor legal".

▶ Veja CPC/2015: "**Art. 703.** Tomado o penhor legal nos casos previstos em lei, requererá o credor, ato contínuo, a homologação. **§ 1º** Na petição inicial, instruída com o contrato de locação ou a conta pormenorizada das despesas, a tabela dos preços e a relação dos objetos retidos, o credor pedirá a citação do devedor para pagar ou contestar na audiência preliminar que for designada. [...] **Art. 704.** A defesa só pode consistir em: I – nulidade do processo; II – extinção da obrigação; III – não estar a dívida compreendida entre as previstas em lei ou não estarem os bens sujeitos a penhor legal; IV – alegação de haver sido ofertada caução idônea, rejeitada pelo credor. **Art. 705.** A partir da audiência preliminar, observar-se-á o procedimento comum. **Art. 706.** Homologado judicialmente o penhor legal, consolidar-se-á a posse do autor sobre o objeto. **§ 1º** Negada a homologação, o objeto será entregue ao réu, ressalvado ao autor o direito de cobrar a dívida pelo procedimento comum, salvo se acolhida a alegação de extinção da obrigação. [...]".

Honorários Remuneração paga ou devida aos profissionais liberais pela prestação de serviços.

Honorários de advogado Remuneração a que faz jus o advogado, devida pela parte por ele representada extra ou judicialmente. A prestação de serviço profissional assegura aos inscritos na OAB o direito aos honorários convencionados, aos fixados por arbitramento judicial e aos de sucumbência. Salvo estipulação em contrário, um terço dos honorários é devido no início do serviço, outro terço até a decisão de primeira instância e o restante no final. Na falta de estipulação ou de acordo, os honorários são fixados por arbitramento judicial, em remuneração compatível com o trabalho e com o valor econômico da questão, não podendo ser inferiores aos estabelecidos na tabela organizada pelo conselho seccional da OAB. Quando indicado para patrocinar causa de pessoa juridicamente necessitada, no caso de impossibilidade da Defensoria Pública no local da prestação de serviço, o advogado tem direito aos honorários fixados pelo juiz, segundo tabela organizada pelo conselho seccional da OAB, e pagos pelo Estado (art. 22, EAOAB). Os honorários são de, no mínimo, 10% e, no máximo, 20% sobre o valor em que for condenado o vencido (art. 20, CPC/73).

▸ Veja CPC/73: "**Art. 20.** A sentença condenará o vencido a pagar ao vencedor as despesas que antecipou e os honorários advocatícios. Essa verba honorária será devida, também, nos casos em que o advogado funcionar em causa própria. [...] **§ 3º** Os honorários serão fixados entre o mínimo de 10% (dez por cento) e o máximo de 20% (vinte por cento) sobre o valor da condenação, atendidos: *a)* o grau de zelo do profissional; *b)* o lugar de prestação do serviço; *c)* a natureza e importância da causa, o trabalho realizado pelo advogado e o tempo exigido para o seu serviço. [...]".

▸ Veja CPC/2015: "**Art. 85.** A sentença condenará o vencido a pagar honorários ao advogado do vencedor. **§ 1º** São devidos honorários advocatícios na reconvenção, no cumprimento de sentença, provisório ou definitivo, na execução, resistida ou não, e nos recursos interpostos, cumulativamente. **§ 2º** Os honorários serão fixados entre o mínimo de dez e o máximo de vinte por cento sobre o valor da condenação, do proveito econômico obtido ou, não sendo possível mensurá-lo, sobre o valor atualizado da causa, atendidos: I – o grau de zelo do profissional; II – o lugar de prestação do serviço; III – a natureza e a importância da causa; IV – o trabalho realizado pelo advogado e o tempo exigido para o seu serviço. [...]".

▸ Veja EAOAB: "**Art. 22.** A prestação de serviço profissional assegura aos inscritos na OAB o direito aos honorários convencionados, aos fixados por arbitramento judicial e aos de sucumbência. **§ 1º** O advogado, quando indicado para patrocinar causa de juridicamente necessitado, no caso de impossibilidade da Defensoria Pública no local da prestação de serviço, tem direito aos honorários fixados pelo Juiz, segundo tabela organizada pelo Conselho Seccional da OAB, e pagos pelo Estado. **§ 2º** Na falta de estipulação ou de acordo, os honorários são fixados por arbitramento judicial, em remuneração compatível com o trabalho e o valor econômico da questão, não podendo ser inferiores aos estabelecidos na tabela organizada pelo Conselho Seccional da OAB. **§ 3º** Salvo estipulação em contrário, 1/3 (um terço) dos honorários é devido no início do serviço, outro terço até a decisão de primeira instância e o restante no final. **§ 4º** Se o advogado fizer juntar aos autos o seu contrato de honorários antes de expedir-se o mandado de levantamento ou precatório, o Juiz deve determinar que lhe sejam pagos diretamente, por dedução da quantia a ser recebida pelo constituinte, salvo se este provar que já os pagou. **§ 5º** O disposto neste artigo não se aplica quando se tratar de mandato outorgado por advogado para defesa em processo oriundo de ato ou omissão praticada no exercício da profissão. **Art. 23.** Os honorários incluídos na condenação, por arbitramento ou sucumbência, pertencem ao advogado, tendo este direito autônomo para executar a sentença nesta parte, podendo requerer que o precatório, quando necessário, seja expedido em seu favor. **Art. 24.** A decisão judicial que fixar ou arbitrar honorários e o contrato escrito que os estipular são títulos executivos e constituem crédito privilegiado na falência, concordata, concurso de credores, insolvência civil e liquidação extrajudicial. § 1º A execução dos honorários pode ser promovida nos mesmos autos da ação em que tenha atuado o advogado, se assim lhe convier. § 2º Na hipótese de falecimento ou incapacidade civil do advogado, os honorários de sucumbência, proporcionais ao trabalho realizado, são recebidos por seus sucessores ou representantes legais. § 3º É nula qualquer disposição, cláusula, regulamento ou convenção individual ou coletiva que retire do advogado o direito ao recebimento dos honorários de sucumbência. § 4º O acordo feito pelo cliente do advogado e a parte contrária, salvo aquiescência do profissional, não lhe prejudica os honorários, quer os convencionados, quer os concedidos por sentença".

Honorários de sucumbência Remuneração devida ao advogado pela parte vencida na ação. A sentença condenará o vencido a pagar ao vencedor as despesas que antecipou e os honorários advocatícios. Essa verba honorária será devida, também, nos casos em que o advogado funcionar em causa própria.

▶ Veja EAOAB: "**Art. 21.** Nas causas em que for parte o empregador, ou pessoa por este representada, os honorários de sucumbência são devidos aos advogados empregados. Parágrafo único. Os honorários de sucumbência, percebidos por advogado empregado de sociedade de advogados são partilhados entre ele e a empregadora, na forma estabelecida em acordo. **Art. 22.** A prestação de serviço profissional assegura aos inscritos na OAB o direito aos honorários convencionados, aos fixados por arbitramento judicial e aos de sucumbência. [...] **Art. 23.** Os honorários incluídos na condenação, por arbitramento ou sucumbência, pertencem ao advogado, tendo este direito autônomo para executar a sentença nesta parte, podendo requerer que o precatório, quando necessário, seja expedido em seu favor".

■ Súmula n. 306, STJ: Os honorários advocatícios devem ser compensados quando houver sucumbência recíproca, assegurado o direito autônomo do advogado à execução do saldo sem excluir a legitimidade da própria parte.

■ Processo civil. Embargos à execução fiscal. Honorários. Fixação. Renúncia. Lei n. 11.941/2009. Majoração. Impossibilidade. Ausência de afronta ao princípio da proporcionalidade. 1. Os honorários advocatícios são fixados a partir de pressupostos de fato da norma, exigindo, portanto, análise de aspectos que normalmente fogem dos limites do recurso especial, nos termos da Súmula n. 7/STJ. 2. Em casos extremos em que a fixação seja aviltante à dignidade do trabalho profissional ou exagerada, permite-se a abertura da via excepcional para controle da proporcionalidade, o que não ocorre na espécie. 3. Honorários fixados em R$ 15.000,00 (quinze mil reais), considerando a renúncia sobre o direito sobre o qual se funda a ação, a duração do processo – extinto logo após a sentença de primeiro grau –, a "pouca complexidade da demanda, envolvendo questões eminentemente de direito" (*e-STJ* fl. 313) e o pequeno trabalho desenvolvido pela recorrente. 4. Agravo regimental não provido. (STJ, Ag. Reg. no REsp n. 1.336.198/SC, 2ª T., rel. Min. Castro Meira, j. 21.03.2013, *DJe* 02.04.2013)

Honoris causa "Por causa de honra". Por motivo honorífico, para render homenagem. Título honorífico geralmente concedido por uma universidade a uma personalidade nacional ou estrangeira em razão de seus méritos. Doutor *honoris causa* é o título atribuído à personalidade que se tenha distinguido pelo saber ou pela atuação em prol das artes, das ciências, da filosofia, das letras ou do melhor entendimento entre os povos.

Idoso Pessoa com idade igual ou superior a 60 anos, cujos direitos são assegurados pela Lei n. 10.741/2003, o Estatuto do Idoso. O idoso goza de todos os direitos fundamentais inerentes à pessoa humana, sem prejuízo da proteção integral de que trata essa Lei, que lhe assegura todas as oportunidades e facilidades para a preservação de sua saúde física e mental e seu aperfeiçoamento moral, intelectual, espiritual e social em condições de liberdade.

▶ Veja Lei n. 10.741/2003: "**Art. 1º** É instituído o Estatuto do Idoso, destinado a regular os direitos assegurados às pessoas com idade igual ou superior a 60 (sessenta) anos. **Art. 2º** O idoso goza de todos os direitos fundamentais inerentes à pessoa humana, sem prejuízo da proteção integral de que trata esta Lei, assegurando-se-lhe, por lei ou por outros meios, todas as oportunidades e facilidades, para preservação de sua saúde física e mental e seu aperfeiçoamento moral, intelectual, espiritual e social, em condições de liberdade e dignidade. **Art. 3º** É obrigação da família, da comunidade, da sociedade e do Poder Público assegurar ao idoso, com absoluta prioridade, a efetivação do direito à vida, à saúde, à alimentação, à educação, à cultura, ao esporte, ao lazer, ao trabalho, à cidadania, à liberdade, à dignidade, ao respeito e à convivência familiar e comunitária".

Ignorância Ausência completa de conhecimento. Não deve ser confundida com o erro, considerado conhecimento falso ou inexato. De qualquer modo, tanto um como o outro, quando provados na declaração de vontade, conduzem à anulação do negócio jurídico (art. 138, CC).

▶ Veja CC: "**Art. 138.** São anuláveis os negócios jurídicos, quando as declarações de vontade emanarem de erro substancial que poderia ser percebido por pessoa de diligência normal, em face das circunstâncias do negócio. **Art. 139.** O erro é substancial quando: I – interessa à natureza do negócio, ao objeto principal da declaração, ou a alguma das qualidades a ele essenciais; II – concerne à identidade ou à qualidade essencial da pessoa a quem se refira a declaração de vontade, desde que tenha influído nesta de modo relevante; III – sendo de direito e não implicando recusa à aplicação da lei, for o motivo único ou principal do negócio jurídico".

Ilegitimidade Característica do que é ilegítimo. Ausência de legitimidade, qualidades ou condições para a prática de determinado ato ou para exercer determinado direito.

Ilegitimidade para a causa Ilegitimidade *ad causam*. Diz-se da ilegitimidade para ser autor (ilegitimidade ativa) ou réu (ilegitimidade passiva), para ser demandante ou demandado, em uma ação judicial. Para propor ou contestar ação, é necessário ter interesse e legitimidade (art. 3º, CPC/73).

▶ Veja CPC/2015: "**Art. 17.** Para postular em juízo é necessário ter interesse e legitimidade".

■ Sindicato. Ilegitimidade para figurar no polo passivo da ação rescisória. O sindicato, agindo como substituto processual, não pode figurar no polo passivo de ação rescisória, haja vista que o direito alcançado pelo réu na qualidade de substituto processual não lhe pertence, pois passa a integrar o patrimônio dos seus substituídos. Assim, o fato de o Sindicato substituto exercer a representação não o qualifica para que seja legitimado para estar no polo passivo da presente demanda, pois efetivamente não é o titular do direito. (TRT-2ª Região, Ação Resc. n. 007.76/1999-2/SP, Seção Especializada, rel. Juíza Vania Paranhos, j. 17.04.2000, m.v., *BAASP* 2.204/1.766-j 26.03.2001.

Ilegítimo Aquilo que está em desconformidade com a lei ou com as condições exigidas por lei para a prática de um ato ou para reivindicar um direito.

Ilícito O que é proibido por lei, o que contraria o Direito e é passível de penalidade civil ou criminal. Comete ato ilícito aquele que, por ação ou omissão voluntária, negligência ou imprudência, violar direito e causar dano a outrem, ainda que exclusivamente moral (art. 186, CC).

▶ Veja CC: "**Art. 186.** Aquele que, por ação ou omissão voluntária, negligência ou imprudência, violar direito e causar dano a outrem, ainda que exclusivamente moral, comete ato ilícito".

Imissão de posse Direito que cabe ao proprietário adquirente de pleitear a posse direta sobre imóvel que ainda se encontra na posse de outrem. O direito é assegurado àquele que, amparado em documento hábil, tem a pretensão material da posse (*v. Ação de imissão na posse*).

Imóvel Considera-se bem imóvel o solo e tudo quanto se lhe incorporar natural ou artificialmente (art. 79, CC). Para esse efeito, são imóveis terrenos e casas ou prédios que sobre ele venham a ser construídos. Dependendo de sua localização ou destinação, o imóvel está sujeito à incidência do Imposto Sobre a Propriedade Territorial Urbana (IPTU) ou do Imposto Territorial Rural (ITR).

▶ Veja CC: "**Art. 79.** São bens imóveis o solo e tudo quanto se lhe incorporar natural ou artificialmente".

Imóvel comercial Imóvel situado em zona urbana ou rural explorado por pessoa jurídica, com finalidade comercial, ocupado por seus titulares, diretores, sócios, gerentes, executivos ou empregados (art. 55, Lei n. 8.245/91).

Imóvel residencial Imóvel localizado em zona urbana ou rural destinado a moradia ou residência. O imóvel residencial próprio do casal, ou da entidade familiar, é impenhorável e não responderá por qualquer tipo de dívida civil, comercial, fiscal, previdenciária ou de outra natureza, contraída pelos cônjuges ou por pais ou filhos que sejam seus proprietários e nele residam. Para os efeitos de impenhorabilidade, considera-se residência um único imóvel utilizado pelo casal ou pela entidade familiar para moradia permanente (Lei n. 8.009/90).

Imóvel rural Prédio rústico de área contínua, qualquer que seja sua localização, que se destine ou possa se destinar à exploração agrícola, pecuária, extrativa vegetal, florestal ou agroindustrial (art. 4º, Lei n. 8.629/93).

Imóvel urbano Imóvel localizado em zona urbana, assim definida em lei municipal, observando o requisito mínimo da existência de melhoramentos indicados em pelo menos dois dos requisitos seguintes, construídos ou mantidos pelo Poder Público: meio-fio ou calçamento, com canalização de águas pluviais; abastecimento de água; sistema de esgotos sanitários; rede de iluminação pública, com ou sem posteamento para distribuição domiciliar; escola primária ou posto de saúde a uma distância máxima de três quilômetros do imóvel considerado. A lei municipal pode considerar urbanas as áreas urbanizáveis, ou de expansão urbana, constantes de loteamentos aprovados pelos órgãos competentes, destinados a habitação, indústria ou comércio (art. 32, § 1º, CTN).

Impedimento Obstáculo legal que impede alguém de praticar um ato ou de exercer um cargo ou função (art. 134, CPC/73). Advogados, magistrados, representantes do Ministério Público e servidores públicos possuem impedimentos legais para o exercício de determinadas funções ou profissões.

Impedimento para o exercício da advocacia Proibição total para o exercício da advocacia decorrente da situação funcional de determinadas pessoas. São impedidos de exercer a advocacia: servidores da administração direta, indireta e fundacional, contra a Fazenda Pública que os remunere ou contra a qual seja vinculada a entidade empregadora; e membros do Poder Legislativo, em seus diferentes níveis, contra ou a favor das pessoas jurídicas de direito público, empresas públicas, sociedades de economia mista, fundações públicas, entidades paraestatais ou empresas concessionárias ou permissionárias de serviço público (art. 30, EAOAB).

▶ Veja EAOAB: "**Art. 30.** São impedidos de exercer a advocacia: I – os servidores da administração direta, indireta e fundacional, contra a Fazenda Pública que os remunere ou à qual seja vinculada a entidade empregadora; II – os membros do Poder Legislativo, em seus diferentes níveis, contra ou a favor das pessoas jurídicas de direito público, empresas públicas, sociedades de economia mista, fundações públicas, entidades paraestatais ou empresas concessionárias ou permissionárias de serviço público. Parágrafo único. Não se incluem nas hipóteses do inciso I os docentes dos cursos jurídicos".

Impedimento processual Circunstância de ordem pessoal ou decorrente de parentesco com o advogado ou qualquer das partes que veda a participação do juiz no processo. Assim, entre outras hipóteses, é defeso ao juiz exercer suas funções no processo: em que interveio como mandatário da parte, oficiou como perito, funcionou como membro do Ministério Público ou prestou depoimento como testemunha; ou de que conheceu em primeiro grau de jurisdição, tendo-lhe proferido sentença ou decisão (art. 134, CPC/73).

▶ Veja CPC/73: "**Art. 134.** É defeso ao juiz exercer as suas funções no processo contencioso ou voluntário: I – de que for parte; II – em que interveio como mandatário da parte, oficiou como perito, funcionou como órgão do Ministério Público, ou prestou depoimento como testemunha; III – que conheceu em primeiro grau de jurisdição, tendo-lhe proferido sentença ou decisão; IV – quando nele estiver postulando, como advogado da parte, o seu cônjuge ou qualquer parente seu, consanguíneo ou afim, em linha reta; ou na linha colateral até o segundo grau; V – quando cônjuge, parente, consanguíneo ou afim, de alguma das partes, em linha reta ou, na colateral, até o terceiro grau; VI – quando for órgão de direção ou de administração de pessoa jurídica, parte na causa. Parágrafo único. No caso do n. IV, o impedimento só se verifica quando o advogado já estava exercendo o patrocínio da causa; é, porém, vedado ao advogado pleitear no processo, a fim de criar o impedimento do juiz".

▶ Veja CPC/2015: "**Art. 144.** Há impedimento do juiz, sendo-lhe vedado exercer suas funções no processo: I – em que interveio como mandatário da parte, oficiou como perito, funcionou como membro do Ministério Público ou prestou depoimento como testemunha; II – de que conheceu em outro grau de jurisdição, tendo proferido decisão; III – quando nele estiver postulando, como defensor público, advogado ou membro do Ministério Público, seu cônjuge ou companheiro, ou qualquer parente, consanguíneo ou afim, em linha reta ou colateral, até o terceiro grau, inclusive; IV – quando for parte no processo ele próprio, seu cônjuge ou companheiro, ou parente, consanguíneo ou afim, em linha reta ou colateral, até o terceiro grau, inclusive; V – quando for sócio ou membro de direção ou de administração de pessoa jurídica parte no processo; VI – quando for herdeiro presuntivo, donatário ou empregador de qualquer das partes; VII – em que figure como parte instituição de ensino com a qual tenha relação de emprego ou decorrente de contrato de prestação de serviços; VIII – em que figure como parte cliente do escritório de advocacia de seu cônjuge, companheiro ou parente, consanguíneo ou afim, em linha reta ou colateral, até o terceiro grau, inclusive, mesmo que patrocinado por advogado de outro escritório; IX – quando promover ação contra a parte ou seu advogado. [...]".

Impedimentos matrimoniais Circunstâncias de ordem legal que impossibilitam a celebração do matrimônio entre determinadas pessoas. Os impedimentos decorrem de fatos ou situações jurídicas preexistentes que afetam a um ou ambos os contraentes, coibindo-os de contrair casamento, como o fato de um dos nubentes já ser casado ou existir parentesco por afinidade em linha reta (art. 1.521, CC).

▶ Veja CC: "**Art. 1.521.** Não podem casar: I – os ascendentes com os descendentes, seja o parentesco natural ou civil; II – os afins em linha reta; III – o adotante com quem foi cônjuge do adotado e o adotado com quem o foi do adotante; IV – os irmãos, unilaterais ou bilaterais, e demais colaterais, até o terceiro grau inclusive; V – o adotado com o filho do adotante; VI – as pessoas casadas; VII – o cônjuge sobrevivente com o condenado por homicídio ou tentativa de homicídio contra o seu consorte. **Art. 1.522.** Os impedimentos podem ser opostos, até o momento da celebração do casamento, por qualquer pessoa capaz. Parágrafo único. Se o juiz, ou o oficial de registro, tiver conhecimento da existência de algum impedimento, será obrigado a declará-lo".

Impenhorabilidade Garantia especial concedida a determinados bens que não podem ser objeto de penhora por credores em virtude de disposição legal ou convenção, como ocorre com o bem de família (art. 1.711, CC; Lei n. 8.009/90).

▶ Veja CC: "**Art. 1.711.** Podem os cônjuges, ou a entidade familiar, mediante escritura pública ou testamento, destinar parte de seu patrimônio para instituir bem de família, desde que não ultrapasse um terço do patrimônio líquido existente ao tempo da instituição, mantidas as regras sobre a impenhorabilidade do imóvel residencial estabelecida em lei especial. Parágrafo único. O terceiro poderá igualmente instituir bem de família por testamento ou doação, dependendo a eficácia do ato da aceitação expressa de ambos os cônjuges beneficiados ou da entidade familiar beneficiada".

▶ Veja CPC/2015: "**Art. 634.** Se os herdeiros concordarem com o valor dos bens declarados pela Fazenda Pública, a avaliação cingir-se-á aos demais".

Imperícia Falta de habilidade ou perícia. Ausência de preparo ou técnica adequada para realização de uma atividade. A imperícia, tal como a negligência e a imprudência, pode caracterizar a prática de ato ilícito (art. 186, CC).

▶ Veja CC: "**Art. 186.** Aquele que, por ação ou omissão voluntária, negligência ou imprudência, violar direito e causar dano a outrem, ainda que exclusivamente moral, comete ato ilícito. [...] **Art. 951.** O disposto nos arts. 948, 949 e 950 aplica-se ainda no caso de indenização devida por aquele que, no exercício de atividade profissional, por negligência, imprudência ou imperícia, causar a morte do paciente, agravar-lhe o mal, causar-lhe lesão, ou inabilitá-lo para o trabalho".

Impetrante Aquele que interpõe ou impetra medida jurídica para salvaguardar direitos, como no mandado de segurança. Autor ou requerente do mandado de segurança.

Impetrar Pedir algo com veemência; implorar. Em que pese juridicamente o fato de o termo possuir significado que se aproxima de interpor; na prática, emprega-se *impetrar* para o mandado de segurança e *interpor* para recursos.

Impossibilidade jurídica do pedido Relativo a não receptividade da pretensão em juízo em virtude da inexistência de norma ou ação que a assegure. Considera-se, nesse caso, que, por não haver ação que possa acolher sua pretensão, o autor será considerado carecedor de ação. O entendimento da expressão *impossibilidade jurídica* foi extremamente mitigado pelos tribunais nos últimos anos, e o STJ passou a admitir que, embora não conste expressamente da lei, o pedido de união estável entre pessoas de mesmo sexo é juridicamente possível, uma vez que "a possibilidade jurídica do pedido, uma das condições da ação, está vinculada à inexistência de vedação explícita pelo ordenamento jurídico do pleito contido da demanda. Não havendo vedação expressa no ordenamento jurídico quanto ao pedido de declaração de união estável de pessoas do mesmo sexo, embora a união homoafetiva não configure união estável nos termos da lei de regência, devem ser aplicadas as regras deste instituto atendendo-se aos preceitos contidos nos arts. 4º da LICC e 126 do CPC" (*v.* REsp ns. 805.475 e 820.475). Ou seja, o STJ, ao assim decidir, passou a admitir, de forma expressa, a máxima "tudo o que não é proibido é permitido".

■ Sentença. Indeferimento liminar da inicial. Coisa julgada material. Inexistência. 1. Não produz coisa julgada material sentença que indefere liminarmente a petição inicial, por impossibilidade jurídica do pedido, ainda que fundamentada em suposta inexistência do direito material. 2. A coisa julgada formal não impede novo ajuizamento da ação, exceto no caso do art. 267, V, do CPC (art. 268, *caput*, CPC). (STJ, REsp n. 1.006.091/SP, 3ª T., rel. Min. Humberto Gomes de Barros, j. 17.03.2008, *DJe* 13.05.2008)

Imposto Modalidade de tributo instituída pelo Estado e cobrada coercitivamente do cidadão e das empresas sobre bens, rendas ou serviços destinada a custear gastos e investimentos públicos.

Imposto de transmissão Imposto de competência estadual devido por toda pessoa física ou jurídica em caso de transmissão de bens ou direitos como herança, diferença de partilha ou doação. É também denominado imposto de transmissão *causa mortis* e doação, conhecido no Estado de São Paulo pela sigla ITCMD; no Rio de Janeiro, denomina-se imposto sobre a transmissão *causa mortis* e por doação de quaisquer bens e direitos (ITD).

Impostos estaduais Impostos instituídos e cobrados em âmbito estadual e no Distrito Federal. Compete aos estados e ao Distrito Federal instituir impostos sobre: transmissão *causa mortis* e doação, de quaisquer bens ou direitos; operações relativas à circulação de mercadorias e sobre prestações de serviços de transporte interestadual e intermunicipal e de comunicação, ainda que as operações e as prestações se iniciem no exterior; propriedade de veículos automotores (art. 155, CF).

▶ Veja CF: "**Art. 155.** Compete aos Estados e ao Distrito Federal instituir impostos sobre: I – transmissão *causa mortis* e doação, de quaisquer bens ou direitos; II – operações relativas à circulação de mercadorias e sobre prestações de serviços de transporte interestadual e intermunicipal e de comunicação, ainda que as operações e as prestações se iniciem no exterior; III – propriedade de veículos automotores; [...]".

Impostos federais Impostos instituídos e cobrados em âmbito nacional pela União.

▶ Veja CF: "**Art. 153.** Compete à União instituir impostos sobre: I – importação de produtos estrangeiros; II – exportação, para o exterior, de produtos nacionais ou nacionalizados; III – renda e proventos de qualquer natureza; IV – produtos industrializados; V – operações de crédito, câmbio e seguro, ou relativas a títulos ou valores mobiliários; VI – propriedade territorial rural; VII – grandes fortunas, nos termos de lei complementar. § 1º É facultado ao Poder Executivo, atendidas as condições e os limites estabelecidos em lei, alterar as alíquotas dos impostos enumerados nos incisos I, II, IV e V. § 2º O imposto previsto no inciso III: I – será informado pelos critérios da generalidade, da universalidade e da progressividade, na forma da lei; II – *(Revogado)* § 3º O imposto previsto no inciso IV: I – será seletivo, em função da essencialidade do produto; II – será não cumulativo, compensando-se o que for devido em cada operação com o montante cobrado nas anteriores; III – não incidirá sobre produtos industrializados destinados ao exterior; IV – terá reduzido seu impacto sobre a aquisição de bens de capital pelo contribuinte do imposto, na forma da lei. § 4º O imposto previsto no inciso VI do *caput*: I – será progressivo e terá suas alíquotas fixadas de forma a desestimular a manutenção de propriedades improdutivas; II – não incidirá sobre pequenas glebas rurais, definidas em lei, quando as explore o proprietário que não possua outro imóvel; III – será fiscalizado e cobrado pelos Municípios que assim optarem, na forma da lei, desde que não implique redução do imposto ou qualquer outra forma de renúncia fiscal. § 5º O ouro, quando definido em lei como ativo financeiro ou instrumento cambial, sujeita-se exclusivamente à incidência do imposto de que trata o inciso V do *caput* deste artigo, devido na operação de origem; a alíquota mínima será de um por cento, assegurada a transferência do montante da arrecadação nos seguintes termos: I – trinta por cento para o Estado, o Distrito Federal ou o Território, conforme a origem; II – setenta por cento para o Município de origem".

Impostos municipais Impostos instituídos e cobrados pelas prefeituras municipais em âmbito municipal.

▶ Veja CF: "**Art. 156.** Compete aos Municípios instituir impostos sobre: I – propriedade predial e territorial urbana; II – transmissão *inter vivos*, a qualquer título, por ato oneroso, de bens imóveis, por natureza ou acessão física, e de direitos reais sobre imóveis, exceto os de garantia, bem como cessão de direitos a sua aquisição; III – serviços de qualquer natureza, não compreendidos no art. 155, II, definidos em lei complementar. IV – *(Revogado)* § 1º Sem prejuízo da progressividade no tempo a que se refere o art. 182, § 4º, II, o imposto previsto no inciso I poderá: I – ser progressivo em razão do valor do imóvel; e II – ter alíquotas diferentes de acordo com a localização e o uso do imóvel. § 2º O imposto previsto no inciso II: I – não incide sobre a transmissão de bens ou direitos incorporados ao patrimônio de pessoa jurídica em realização de capital, nem sobre a transmissão de bens ou direitos decorrentes de fusão, incorporação, cisão ou extinção de pessoa jurídica, salvo se, nesses casos, a atividade preponderante do adquirente for a compra e venda desses bens ou direitos, locação de bens imóveis ou arrendamento mercantil; II – compete ao Município da situação do bem. § 3º Em relação ao imposto previsto no inciso III do *caput* deste artigo, cabe à lei complementar: I – fixar as suas alíquotas máximas e mínimas; II – excluir da sua incidência exportações de serviços para o exterior; III – regular a forma e as condições como isenções, incentivos e benefícios fiscais serão concedidos e revogados. [...]".

Imprescritibilidade Qualidade daquilo que não sofre os efeitos da prescrição. Caráter do direito ou da ação que não estão sujeitos à prescrição, sendo, portanto, imprescritíveis. São imprescritíveis, por exemplo, o direito do marido contestar a paternidade dos filhos nascidos de sua mulher (art. 1.601, CC) e as ações de ressarcimento do erário por danos decorrentes de atos de improbidade administrativa (REsp n. 1.069.779, STJ). Na área criminal, são imprescritíveis os crimes de racismo, bem como a ação de grupos armados, civis ou militares, contra a ordem constitucional e o Estado Democrático de Direito (art. 5º, XLII e XLIV, CF).

▶ Veja CC: "**Art. 1.601.** Cabe ao marido o direito de contestar a paternidade dos filhos nascidos de sua mulher, sendo tal ação imprescritível. Parágrafo único. Contestada a filiação, os herdeiros do impugnante têm direito de prosseguir na ação".

■ Ação de ressarcimento de dano ao erário. Prescrição. Não ocorrência. Inépcia da inicial não configurada. 1. A empresa recorrente busca, com base no art. 17, § 8º, da Lei n. 8.429/92, a suspensão do prosseguimento de ação ordinária, na qual se apuram irregularidades na celebração e na execução do contrato para construção de unidades habitacionais. 2. O art. 23 da Lei n. 8.429/92, que prevê o prazo prescricional de cinco anos para a aplicação das sanções, disciplina apenas a primeira parte do § 5º do art. 37 da Constituição Federal, já que *in fine* esse mesmo dispositivo teve o cuidado de deixar "ressalvadas as respectivas ações de ressarcimento", o que é o mesmo que declarar a sua imprescritibilidade. 3. A pretensão de ressarcimento pelo prejuízo causado ao erário é imprescritível. [...] 14. Recurso especial não provido. (STJ, REsp n. 1.069.779/SP, 2ª T, rel. Min Herman Benjamin, j. 18.09.2008, DJe 13.11.2009)

Imprevisão (*v. Teoria da imprevisão*).

Improbidade
Aquilo que não é probo ou se refere à conduta que se revela inadequada sob o ponto de vista de índole, idoneidade ou honestidade. Nas relações de trabalho, a improbidade é fundamento para a despedida por justa causa (art. 482, I, CLT). Age com improbidade o empregado que, por exemplo, comete furto ou roubo de materiais da empresa, falsifica documentos para a obtenção de horas extras não prestadas, apropria-se indevidamente de importância da empresa ou justifica suas faltas com atestados falsos etc.

▶ Veja CLT: "**Art. 482.** Constituem justa causa para rescisão do contrato de trabalho pelo empregador: *a)* ato de improbidade; [...]".

Improbidade administrativa
Ato de improbidade praticado por qualquer agente público, servidor ou não, contra a administração direta, indireta ou fundacional de qualquer dos Poderes da União, dos estados, do Distrito Federal, dos municípios, de território, de empresa incorporada ao patrimônio público ou de entidade para cuja criação ou custeio o erário haja concorrido ou concorra com mais de 50% do patrimônio ou da receita anual (Lei n. 8.429/92). As ações de ressarcimento do erário por danos decorrentes de atos de improbidade administrativa são imprescritíveis, conforme conclusão da 2ª Turma do STJ tomada durante o julgamento de recurso especial, seguindo, por unanimidade, o entendimento do Ministro Herman Benjamin, relator do recurso (REsp n. 1.069.779).

▶ Veja Lei n. 8.429/92: "**Art. 1º** Os atos de improbidade praticados por qualquer agente público, servidor ou não, contra a administração direta, indireta ou fundacional de qualquer dos Poderes da União, dos Estados, do Distrito Federal, dos Municípios, de Território, de empresa incorporada ao patrimônio público ou de entidade para cuja criação ou custeio o erário haja concorrido ou concorra com mais de 50% (cinquenta por cento) do patrimônio ou da receita anual, serão punidos na forma desta Lei. Parágrafo único. Estão também sujeitos às penalidades desta Lei os atos de improbidade praticados contra o patrimônio de entidade que receba subvenção, benefício ou incentivo, fiscal ou creditício, de órgão público bem como daquelas para cuja criação ou custeio o erário haja concorrido ou concorra com menos de 50% (cinquenta por cento) do patrimônio ou da receita anual, limitando-se, nestes casos, a sanção patrimonial à repercussão do ilícito sobre a contribuição dos cofres públicos. **Art. 2º** Reputa-se agente público, para os efeitos desta Lei, todo aquele que exerce, ainda que transitoriamente ou sem remuneração, por eleição, nomeação, designação, contratação ou qualquer outra forma de investidura ou vínculo, mandato, cargo, emprego ou função nas entidades mencionadas no artigo anterior. **Art. 3º** As disposições desta Lei são aplicáveis, no que couber, àquele que, mesmo não sendo agente público, induza ou concorra para a prática do ato de improbidade ou dele se beneficie sob qualquer forma direta ou indireta. **Art. 4º** Os agentes públicos de qualquer nível ou hierarquia são obrigados a velar pela estrita observância dos princípios de legalidade, impessoalidade, moralidade e publicidade no trato dos assuntos que lhe são afetos. **Art. 5º** Ocorrendo lesão ao patrimônio público por ação ou omissão, dolosa ou culposa, do agente ou de terceiro, dar-se-á o integral ressarcimento do dano. **Art. 6º** No caso de enriquecimento ilícito, perderá o agente público ou terceiro beneficiário os bens ou valores acrescidos ao seu patrimônio. **Art. 7º** Quando o ato de improbidade causar lesão ao patrimônio público ou ensejar enriquecimento ilícito, caberá à autoridade administrativa responsável pelo inquérito representar ao Ministério Público, para a indisponibilidade dos bens do indiciado. Parágrafo único. A indisponibilidade a que se refere o *caput* deste artigo recairá sobre bens que assegurem o integral ressarcimento do dano, ou sobre o acréscimo patrimonial resultante do enriquecimento ilícito.

■ Ação de ressarcimento de dano ao erário. Prescrição. Não ocorrência. Inépcia da inicial não configurada. 1. A empresa recorrente busca, com base no art. 17, § 8º, da Lei n. 8.429/92, a suspensão do prosseguimento de ação ordinária, na qual se apuram irregularidades na celebração e na execução do contrato para construção de unidades habitacionais. 2. O art. 23 da Lei n. 8.429/92, que prevê o prazo prescricional de cinco anos para a aplicação das sanções, disciplina apenas a primeira parte do § 5º do art. 37 da CF, já que *in fine* esse mesmo dispositivo teve o cuidado de deixar "ressalvadas as respectivas ações de ressarcimento", o que é o mesmo que declarar a sua imprescritibilidade. 3. A pretensão de ressarcimento pelo prejuízo causado ao erário é imprescritível. [...] 14. Recurso especial não provido. (STJ, REsp n. 1.069.779/SP, 2ª T., rel. Min. Herman Benjamin, j. 18.09.2008, DJe 13.11.2009)

Improcedência da ação Declaração do juiz, na sentença, de que não procedem ou não restaram demonstradas as alegações ou pretensões do autor formuladas na petição inicial. A improcedência pode ser parcial, quando atende em parte o pedido do autor, ou total, quando indefere integralmente o pedido do autor.

▶ Veja CPC/2015: "**Art. 332.** Nas causas que dispensem a fase instrutória, o juiz, independentemente da citação do réu, julgará liminarmente improcedente o pedido que contrariar: I – enunciado de súmula do Supremo Tribunal Federal ou do Superior Tribunal de Justiça; II – acórdão proferido pelo Supremo Tribunal Federal ou pelo Superior Tribunal de Justiça em julgamento de recursos repetitivos; III – entendimento firmado em incidente de resolução de demandas repetitivas ou de assunção de competência; IV – enunciado de súmula de tribunal de justiça sobre direito local. [...]".

Impugnação Oposição, contestação, repulsa. Ato pelo qual autor ou réu rejeita ou declara infundados alegações, documentos ou testemunhas apresentados por um ou outro no transcorrer do processo. O réu poderá impugnar o valor atribuído à causa pelo autor (art. 261, CPC/73); autor e réu poderão impugnar o pedido de assistência judiciária gratuita (art. 4º, § 2º, Lei n. 1.060/50).

▶ Veja CPC/73: "**Art. 261.** O réu poderá impugnar, no prazo da contestação, o valor atribuído à causa pelo autor. A impugnação será autuada em apenso, ouvindo-se o autor no prazo de 5 (cinco) dias. Em seguida o juiz, sem suspender o processo, servindo-se, quando necessário, do auxílio de perito, determinará, no prazo de 10 (dez) dias, o valor da causa. Parágrafo único. Não havendo impugnação, presume-se aceito o valor atribuído à causa na petição inicial".

▶ Veja CPC/2015: "**Art. 293.** O réu poderá impugnar, em preliminar da contestação, o valor atribuído à causa pelo autor, sob pena de preclusão, e o juiz decidirá a respeito, impondo, se for o caso, a complementação das custas".

▶ Veja Lei n. 1.060/50: "**Art. 4º** A parte gozará dos benefícios da assistência judiciária, mediante simples afirmação, na própria petição inicial, de que não está em condições de pagar as custas do processo e os honorários de advogado, sem prejuízo próprio ou de sua família. [...] § 2º A impugnação do direito à assistência judiciária não suspende o curso de processo e será feita em autos apartados" [*O art. 1.072, Lei n. 13.105, de 16.03.2015 (CPC/2015 – DOU 17.03.2015), que entrará em vigor após decorrido um ano da data de sua publicação oficial, revogou o art. 4º, Lei n. 1.060/50.*].

Imputabilidade Qualidade do que é imputável, passível de imputação. Circunstância derivada do ato de imputar ou atribuir a alguém o ônus ou a responsabilidade por um ato ou uma obrigação para que os assuma ou responda por eles. Contrário de inimputabilidade.

Imputação de pagamento Forma pela qual o devedor que estiver obrigado por dois ou mais débitos da mesma natureza a um só credor indica a qual deles oferece pagamento se todos forem líquidos e vencidos (art. 352, CC).

▶ Veja CC: "**Art. 352.** A pessoa obrigada, por dois ou mais débitos da mesma natureza, a um só credor, tem o direito de indicar a qual deles oferece pagamento, se todos forem líquidos e vencidos. **Art. 353.** Não tendo o devedor declarado em qual das dívidas líquidas e vencidas quer imputar o pagamento, se aceitar a quitação de uma delas, não terá direito a reclamar contra a imputação feita pelo credor, salvo provando haver ele cometido violência ou dolo. **Art. 354.** Havendo capital e juros, o pagamento imputar-se-á primeiro nos juros vencidos, e depois no capital, salvo estipulação em contrário, ou se o credor passar a quitação por conta do capital. **Art. 355.** Se o devedor não fizer a indicação do art. 352, e a quitação for omissa quanto à imputação, esta se fará nas dívidas líquidas e vencidas em primeiro lugar. Se as dívidas forem todas líquidas e vencidas ao mesmo tempo, a imputação far-se-á na mais onerosa".

Imputação objetiva Teoria desenvolvida e aperfeiçoada na década de 1970 por Claus Roxin, que considera a atribuição de um resultado a uma pessoa que praticou determinado ato não ser estabelecida pela relação de causalidade, mas sim pela realização de um risco proibido pela norma. Assim, não se mostra suficiente o fato de o resultado ter sido praticado pelo agente para que se possa afirmar sua relação de causalidade. Faz-se necessário também que ele lhe possa ser imputado juridicamente.

- Homicídio culposo. Vítima. Mergulhador profissional contratado para vistoriar acidente marítimo. Trancamento de ação penal. Ausência de justa causa. [...] 4. Da análise singela dos autos, sem que haja a necessidade de se incursionar na seara fático-probatória, verifico que a ausência do nexo causal se confirma nas narrativas constantes na própria denúncia. 5. Diante do quadro delineado, não há falar em negligência na conduta do paciente (engenheiro naval), dado que prestou as informações que entendia pertinentes ao êxito do trabalho do profissional qualificado, alertando-o sobre a sua exposição à substância tóxica, confiando que o contratado executaria a operação de mergulho dentro das regras de segurança exigíveis ao desempenho de sua atividade, que mesmo em situações normais já é extremamente perigosa. 6. Ainda que se admita a existência de relação de causalidade entre a conduta do acusado e a morte do mergulhador, à luz da teoria da imputação objetiva, seria necessária a demonstração da criação pelo paciente de uma situação de risco não permitido, não ocorrente, na hipótese. 7. Com efeito, não há como asseverar, de forma efetiva, que o engenheiro tenha contribuído de alguma forma para aumentar o risco já existente (permitido) ou estabelecido situação que ultrapasse os limites para os quais tal risco seria juridicamente tolerado. 8. *Habeas corpus* concedido para trancar a ação penal, por atipicidade da conduta. (STJ, HC n. 200.602.337.481, 6ª T., Maria Thereza de Assis Moura, j. 05.10.2009)

Imunidade fiscal Proibição constitucional da imposição de tributos sobre certas coisas, negócios, entidades ou pessoas. O mesmo que imunidade tributária.

- Veja CF: "**Art. 150.** Sem prejuízo de outras garantias asseguradas ao contribuinte, é vedado à União, aos Estados, ao Distrito Federal e aos Municípios: I – exigir ou aumentar tributo sem lei que o estabeleça; II – instituir tratamento desigual entre contribuintes que se encontrem em situação equivalente, proibida qualquer distinção em razão de ocupação profissional ou função por eles exercida, independentemente da denominação jurídica dos rendimentos, títulos ou direitos; III – cobrar tributos: *a)* em relação a fatos geradores ocorridos antes do início da vigência da lei que os houver instituído ou aumentado; *b)* no mesmo exercício financeiro em que haja sido publicada a lei que os instituiu ou aumentou; *c)* antes de decorridos noventa dias da data em que haja sido publicada a lei que os instituiu ou aumentou, observado o disposto na alínea *b*; IV – utilizar tributo com efeito de confisco; V – estabelecer limitações ao tráfego de pessoas ou bens, por meio de tributos interestaduais ou intermunicipais, ressalvada a cobrança de pedágio pela utilização de vias conservadas pelo Poder Público; VI – instituir impostos sobre: *a)* patrimônio, renda ou serviços, uns dos outros; *b)* templos de qualquer culto; *c)* patrimônio, renda ou serviços dos partidos políticos, inclusive suas fundações, das entidades sindicais dos trabalhadores, das instituições de educação e de assistência social, sem fins lucrativos, atendidos os requisitos da lei; *d)* livros, jornais, periódicos e o papel destinado a sua impressão; [...]".

- Imunidade tributária. Serviços de distribuição de livros, jornais e periódicos. Abrangência. Impossibilidade. Precedentes. Revogação de lei municipal por decreto. 1. O Supremo Tribunal Federal possui jurisprudência firmada de que os serviços de distribuição de livros, jornais e periódicos não são abrangidos pela imunidade tributária estabelecida pelo art. 150, VI, *d*, da Constituição Federal (Ag. Reg. n. 630.462, 2ª T., rel. Min. Ayres Britto, *DJe* 07.03.2012; Ag. Reg. n. 530.121, rel. Min. Ricardo Lewandowski, *DJe* 29.03.2011). 2. Agravo regimental a que se nega provimento. (STF, Ag. Reg. n. 568.454, 2ª T., rel. Min. Teori Zavascki, j. 11.06.2013, *DJe* 01.08.2013)

Imunidade parlamentar Prerrogativa assegurada aos membros do Poder Legislativo de exercerem livremente suas funções e de não serem indiciados em processos por atos praticados no exercício do mandato. Classifica-se em duas espécies: *imunidade material*, que assegura que os parlamentares são invioláveis, civil e penalmente, por quaisquer de suas opiniões, palavras e votos; *imunidade formal*, referente ao fato de os membros do Congresso Nacional não poderem ser presos, salvo em flagrante de crime inafiançável, a partir da expedição do diploma.

- Veja CF: "**Art. 53.** Os Deputados e Senadores são invioláveis, civil e penalmente, por quaisquer de suas opiniões, palavras e votos. § 1º Os Deputados e Senadores, desde a expedição do diploma, serão submetidos a julgamento perante o Supremo Tribunal Federal. § 2º Desde a expedição do diploma, os membros do Congresso Nacional não poderão ser presos, salvo em flagrante de crime inafiançável. Nesse caso, os autos serão remetidos dentro de vinte e quatro horas à Casa respectiva, para que, pelo voto da maioria de seus membros, resolva sobre a prisão; [...] § 8º As imunidades de Deputados ou Senadores subsistirão durante o estado de sítio, só podendo ser suspensas mediante o voto de dois terços dos membros da Casa respectiva, nos casos de atos praticados fora do recinto do Congresso Nacional, que sejam incompatíveis com a execução da medida".

- Ação penal privada. Queixa-crime contra deputado federal. Pretensas ofensas praticadas pelo querelado: crimes contra a honra. Imunidade parlamentar. 1. Afirmações proferidas, pelo querelado, tidas como ofensivas foram feitas, ainda que fora do âmbito parlamentar, em razão do exercício do mandato parlamentar. Querelado acobertado pela imunidade parlamentar. Precedentes. 3. O Relator da causa pode, na hipótese de reconhecimento na espécie da imunidade parlamentar em sentido material, decidir monocraticamente. Precedentes. 4. Agravo regimental ao qual se nega provimento. (STF, Ag. Reg. n. 2.840, Tribunal Pleno, rel. Min. Cármen Lúcia, j. 09.05.2013, *DJe* 17.06.2013)

Inadimplemento Atraso no pagamento de prestação vencida ou de cumprimento de cláusula contratual. Descumprimento de obrigação assumida. Não cumprida a obrigação, responde o devedor por perdas e danos, mais juros e atualização monetária segundo índices oficiais regularmente estabelecidos e honorários de advogado (art. 389, CC). O inadimplente somente não responde pelos prejuízos quando resultantes de caso fortuito ou força maior, que se verifica no fato necessário, cujos efeitos não poderiam ser evitados ou impedidos (art. 393, CC).

▶ Veja CC: "**Art. 389.** Não cumprida a obrigação, responde o devedor por perdas e danos, mais juros e atualização monetária segundo índices oficiais regularmente estabelecidos, e honorários de advogado. **Art. 390.** Nas obrigações negativas o devedor é havido por inadimplente desde o dia em que executou o ato de que se devia abster. **Art. 391.** Pelo inadimplemento das obrigações respondem todos os bens do devedor. **Art. 392.** Nos contratos benéficos, responde por simples culpa o contratante, a quem o contrato aproveite, e por dolo aquele a quem não favoreça. Nos contratos onerosos, responde cada uma das partes por culpa, salvo as exceções previstas em lei. **Art. 393.** O devedor não responde pelos prejuízos resultantes de caso fortuito ou força maior, se expressamente não se houver por eles responsabilizado. Parágrafo único. O caso fortuito ou de força maior verifica-se no fato necessário, cujos efeitos não era possível evitar ou impedir".

Inadimplente Aquele que se encontra em estado de inadimplência ou de inadimplemento de obrigação.

Inalienabilidade Qualidade ou condição daquilo que não pode ser alienado em virtude de lei ou ato de liberalidade. A cláusula de inalienabilidade, temporária ou vitalícia, quando imposta aos bens por ato de liberalidade, implica impenhorabilidade e incomunicabilidade (art. 1.911, CC).

▶ Veja CC: "**Art. 979.** Além de no Registro Civil, serão arquivados e averbados, no Registro Público de Empresas Mercantis, os pactos e declarações antenupciais do empresário, o título de doação, herança, ou legado, de bens clausulados de incomunicabilidade ou inalienabilidade. [...] **Art. 1.848.** Salvo se houver justa causa, declarada no testamento, não pode o testador estabelecer cláusula de inalienabilidade, impenhorabilidade, e de incomunicabilidade, sobre os bens da legítima. § 1º Não é permitido ao testador estabelecer a conversão dos bens da legítima em outros de espécie diversa. § 2º Mediante autorização judicial e havendo justa causa, podem ser alienados os bens gravados, convertendo-se o produto em outros bens, que ficarão sub-rogados nos ônus dos primeiros. [...] **Art. 1.911.** A cláusula de inalienabilidade, imposta aos bens por ato de liberalidade, implica impenhorabilidade e incomunicabilidade. Parágrafo único. No caso de desapropriação de bens clausulados, ou de sua alienação, por conveniência econômica do donatário ou do herdeiro, mediante autorização judicial, o produto da venda converter-se-á em outros bens, sobre os quais incidirão as restrições apostas aos primeiros".

Inamovibilidade Garantia assegurada aos magistrados de permanecerem na comarca em que atuam e de somente poderem ser removidos a pedido, por promoção ou por interesse público, na forma do art. 93, VIII, da CF (art. 95, II, CF).

▶ Veja CF: "**Art. 93.** [...] VIII – o ato de remoção, disponibilidade e aposentadoria do magistrado, por interesse público, fundar-se-á em decisão por voto da maioria absoluta do respectivo tribunal ou do Conselho Nacional de Justiça, assegurada ampla defesa; [...] **Art. 95.** Os juízes gozam das seguintes garantias: I – vitaliciedade, que, no primeiro grau, só será adquirida após dois anos de exercício, dependendo a perda do cargo, nesse período, de deliberação do tribunal a que o juiz estiver vinculado, e, nos demais casos, de sentença judicial transitada em julgado; II – inamovibilidade, salvo por motivo de interesse público, na forma do art. 93, VIII; III – irredutibilidade de subsídio, ressalvado o disposto nos arts. 37, X e XI, 39, § 4º, 150, II, 153, III, e 153, § 2º, I. Parágrafo único. Aos juízes é vedado: I – exercer, ainda que em disponibilidade, outro cargo ou função, salvo uma de magistério; II – receber, a qualquer título ou pretexto, custas ou participação em processo; III – dedicar-se à atividade político-partidária; IV – receber, a qualquer título ou pretexto, auxílios ou contribuições de pessoas físicas, entidades públicas ou privadas, ressalvadas as exceções previstas em lei; V – exercer a advocacia no juízo ou tribunal do qual se afastou, antes de decorridos três anos do afastamento do cargo por aposentadoria ou exoneração".

Incapacidade jurídica Ausência de capacidade para participar de ato jurídico ou reivindicar pessoalmente algum direito. A incapacidade jurídica confunde-se com a incapacidade de exercer pessoalmente os atos da vida civil. Para esse efeito, são absolutamente incapazes: os menores de 16 anos; os que, por enfermidade ou deficiência mental, não tiverem o necessário discernimento para a prática desses atos; os que, mesmo por causa transitória, não puderem exprimir sua vontade. São relativamente incapazes: os maiores de 16 e menores de 18 anos; os ébrios habituais, os viciados em tóxicos e os que, por deficiência mental, tenham o discernimento reduzido; os excepcionais, sem desenvolvimento mental completo; os pródigos (arts. 3º e 4º, CC).

▸ Veja CC: "**Art. 3º** São absolutamente incapazes de exercer pessoalmente os atos da vida civil: I – os menores de dezesseis anos; II – os que, por enfermidade ou deficiência mental, não tiverem o necessário discernimento para a prática desses atos; III – os que, mesmo por causa transitória, não puderem exprimir sua vontade. **Art. 4º** São incapazes, relativamente a certos atos, ou à maneira de os exercer: I – os maiores de dezesseis e menores de dezoito anos; II – os ébrios habituais, os viciados em tóxicos, e os que, por deficiência mental, tenham o discernimento reduzido; III – os excepcionais, sem desenvolvimento mental completo; IV – os pródigos. Parágrafo único. A capacidade dos índios será regulada por legislação especial".

Incapacidade processual Falta de capacidade para ingressar ou defender-se em juízo decorrente da incapacidade absoluta ou relativa para a prática de atos da vida civil. Nesse caso, os absolutamente incapazes serão representados e os relativamente incapazes serão assistidos pelos pais ou responsáveis (art. 1.634, V, CC; art. 13, CPC/73).

▸ Veja CC: "**Art. 1.634.** Compete aos pais, quanto à pessoa dos filhos menores: [...] V – representá-los, até aos dezesseis anos, nos atos da vida civil, e assisti-los, após essa idade, nos atos em que forem partes, suprindo-lhes o consentimento; [...]".

▸ Veja CPC/2015: "**Art. 76.** Verificada a incapacidade processual ou a irregularidade da representação da parte, o juiz suspenderá o processo e designará prazo razoável para que seja sanado o vício. § 1º Descumprida a determinação, caso o processo esteja na instância originária: I – o processo será extinto, se a providência couber ao autor; II – o réu será considerado revel, se a providência lhe couber; III – o terceiro será considerado revel ou excluído do processo, dependendo do polo em que se encontre. § 2º Descumprida a determinação em fase recursal perante tribunal de justiça, tribunal regional federal ou tribunal superior, o relator: I – não conhecerá do recurso, se a providência couber ao recorrente; II – determinará o desentranhamento das contrarrazões, se a providência couber ao recorrido".

Incapaz Pessoa considerada absoluta ou relativamente incapacitada para exercer pessoalmente os atos da vida civil. Para esse efeito, são absolutamente incapazes: os menores de 16 anos; os que, por enfermidade ou deficiência mental, não tiverem o necessário discernimento para a prática desses atos; os que, mesmo por causa transitória, não puderem exprimir sua vontade. São relativamente incapazes: os maiores de 16 e menores de 18 anos; os ébrios habituais, os viciados em tóxicos e os que, por deficiência mental, tenham o discernimento reduzido; os excepcionais, sem desenvolvimento mental completo; os pródigos (arts. 3º e 4º, CC). Nesse caso, os absolutamente incapazes serão representados e os relativamente incapazes serão assistidos pelos pais ou responsáveis (art. 1.634, V, CC).

▸ Veja CC: "**Art. 3º** São absolutamente incapazes de exercer pessoalmente os atos da vida civil: I – os menores de dezesseis anos; II – os que, por enfermidade ou deficiência mental, não tiverem o necessário discernimento para a prática desses atos; III – os que, mesmo por causa transitória, não puderem exprimir sua vontade. **Art. 4º** São incapazes, relativamente a certos atos, ou à maneira de os exercer: I – os maiores de dezesseis e menores de dezoito anos; II – os ébrios habituais, os viciados em tóxicos, e os que, por deficiência mental, tenham o discernimento reduzido; III – os excepcionais, sem desenvolvimento mental completo; IV – os pródigos. Parágrafo único. A capacidade dos índios será regulada por legislação especial. [...] **Art. 972.** Podem exercer a atividade de empresário os que estiverem em pleno gozo da capacidade civil e não forem legalmente impedidos. **Art. 973.** A pessoa legalmente impedida de exercer atividade própria de empresário, se a exercer, responderá pelas obrigações contraídas. **Art. 974.** Poderá o incapaz, por meio de representante ou devidamente assistido, continuar a empresa antes exercida por ele enquanto capaz, por seus pais ou pelo autor de herança. § 3º O Registro Público de Empresas Mercantis a cargo das Juntas Comerciais deverá registrar contratos ou alterações contratuais de sociedade que envolva sócio incapaz, desde que atendidos, de forma conjunta, os seguintes pressupostos: I – o sócio incapaz não pode exercer a administração da sociedade; II – o capital social deve ser totalmente integralizado; III – o sócio relativamente incapaz deve ser assistido e o absolutamente incapaz deve ser representado por seus representantes legais. **Art. 1.634.** Compete aos pais, quanto à pessoa dos filhos menores: [...] V – representá-los, até aos dezesseis anos, nos atos da vida civil, e assisti-los, após essa idade, nos atos em que forem partes, suprindo-lhes o consentimento; [...]"

Incesto Relações sexuais entre pessoas ligadas por parentesco por consanguinidade em grau vedado ao casamento. Embora possa repugnar à sociedade, o incesto, sob o ponto de vista jurídico, não constitui crime em nosso país caso os envolvidos sejam maiores de idade ou capazes.

Incidente de arguição de inconstitucionalidade Incidente processual destinado a questionar, em controle difuso, a constitucionalidade de lei ou de ato normativo do poder público submetido a julgamento no tribunal. No tribunal, o relator, após ouvir o Ministério Público e as partes, submeterá a questão à turma ou à câmara à qual competir o conhecimento do processo (art. 948, CPC/2015).

▶ Veja CPC/2015: "**Art. 948.** Arguida, em controle difuso, a inconstitucionalidade de lei ou de ato normativo do poder público, o relator, após ouvir o Ministério Público e as partes, submeterá a questão à turma ou à câmara à qual competir o conhecimento do processo. **Art. 949.** Se a arguição for: I – rejeitada, prosseguirá o julgamento; II – acolhida, a questão será submetida ao plenário do tribunal ou ao seu órgão especial, onde houver. Parágrafo único. Os órgãos fracionários dos tribunais não submeterão ao plenário ou ao órgão especial a arguição de inconstitucionalidade quando já houver pronunciamento destes ou do plenário do Supremo Tribunal Federal sobre a questão. **Art. 950.** Remetida cópia do acórdão a todos os juízes, o presidente do tribunal designará a sessão de julgamento. § 1º As pessoas jurídicas de direito público responsáveis pela edição do ato questionado poderão manifestar-se no incidente de inconstitucionalidade se assim o requererem, observados os prazos e as condições previstos no regimento interno do tribunal. § 2º A parte legitimada à propositura das ações previstas no art. 103 da Constituição Federal poderá manifestar-se, por escrito, sobre a questão constitucional objeto de apreciação, no prazo previsto pelo regimento interno, sendo-lhe assegurado o direito de apresentar memoriais ou de requerer a juntada de documentos. § 3º Considerando a relevância da matéria e a representatividade dos postulantes, o relator poderá admitir, por despacho irrecorrível, a manifestação de outros órgãos ou entidades".

Incidente de assunção de competência Incidente processual admitido quando o julgamento de recurso de remessa necessária ou de processo de competência originária envolver relevante questão de direito, com grande repercussão social, sem repetição em múltiplos processos (art. 947, CPC/2015).

▶ Veja CPC/2015: "**Art. 947.** É admissível a assunção de competência quando o julgamento de recurso, de remessa necessária ou de processo de competência originária envolver relevante questão de direito, com grande repercussão social, sem repetição em múltiplos processos. § 1º Ocorrendo a hipótese de assunção de competência, o relator proporá, de ofício ou a requerimento da parte, do Ministério Público ou da Defensoria Pública, que seja o recurso, a remessa necessária ou o processo de competência originária julgado pelo órgão colegiado que o regimento indicar. § 2º O órgão colegiado julgará o recurso, a remessa necessária ou o processo de competência originária se reconhecer interesse público na assunção de competência. § 3º O acórdão proferido em assunção de competência vinculará todos os juízes e órgãos fracionários, exceto se houver revisão de tese. § 4º Aplica-se o disposto neste artigo quando ocorrer relevante questão de direito a respeito da qual seja conveniente a prevenção ou a composição de divergência entre câmaras ou turmas do tribunal".

Incidente de desconsideração da personalidade jurídica Incidente processual destinado a desconsiderar a natureza jurídica da pessoa jurídica de direito privado de modo a equipará-la à pessoa física para efeito de imputação de responsabilidade a seus sócios. O incidente, quando não requerido na petição inicial, pode ser instaurado em qualquer fase do processo a pedido da parte ou do Ministério Público, quando lhe couber intervir no processo. É cabível em todas as fases do processo de conhecimento, no cumprimento de sentença e na execução fundada em título executivo extrajudicial (arts. 133 e 134, CPC/2015).

- Veja CC: "**Art. 50.** Em caso de abuso da personalidade jurídica, caracterizado pelo desvio de finalidade, ou pela confusão patrimonial, pode o juiz decidir, a requerimento da parte, ou do Ministério Público quando lhe couber intervir no processo, que os efeitos de certas e determinadas relações de obrigações sejam estendidos aos bens particulares dos administradores ou sócios da pessoa jurídica.

- Veja CPC/2015: "**Art 133.** O incidente de desconsideração da personalidade jurídica será instaurado a pedido da parte ou do Ministério Público, quando lhe couber intervir no processo. § 1º O pedido de desconsideração da personalidade jurídica observará os pressupostos previstos em lei. § 2º Aplica-se o disposto neste Capítulo à hipótese de desconsideração inversa da personalidade jurídica. **Art. 134.** O incidente de desconsideração é cabível em todas as fases do processo de conhecimento, no cumprimento de sentença e na execução fundada em título executivo extrajudicial. § 1º A instauração do incidente será imediatamente comunicada ao distribuidor para as anotações devidas. § 2º Dispensa-se a instauração do incidente se a desconsideração da personalidade jurídica for requerida na petição inicial, hipótese em que será citado o sócio ou a pessoa jurídica. § 3º A instauração do incidente suspenderá o processo, salvo na hipótese do § 2º. § 4º O requerimento deve demonstrar o preenchimento dos pressupostos legais específicos para desconsideração da personalidade jurídica. **Art. 135.** Instaurado o incidente, o sócio ou a pessoa jurídica será citado para manifestar-se e requerer as provas cabíveis no prazo de 15 (quinze) dias".

- Veja Lei n. 8.078/90: "**Art. 28.** O juiz poderá desconsiderar a personalidade jurídica da sociedade quando, em detrimento do consumidor, houver abuso de direito, excesso de poder, infração da lei, fato ou ato ilícito ou violação dos estatutos ou contrato social. A desconsideração também será efetivada quando houver falência, estado de insolvência, encerramento ou inatividade da pessoa jurídica provocados por má administração. [...] § 5º Também poderá ser desconsiderada a pessoa jurídica sempre que sua personalidade for, de alguma forma, obstáculo ao ressarcimento de prejuízos causados aos consumidores".

- Veja Lei n. 9.605/98: "**Art. 2º** Quem, de qualquer forma, concorre para a prática dos crimes previstos nesta Lei, incide nas penas a estes cominadas, na medida da sua culpabilidade, bem como o diretor, o administrador, o membro de conselho e de órgão técnico, o auditor, o gerente, o preposto ou mandatário de pessoa jurídica, que, sabendo da conduta criminosa de outrem, deixar de impedir a sua prática, quando podia agir para evitá-la. **Art. 3º** As pessoas jurídicas serão responsabilizadas administrativa, civil e penalmente conforme o disposto nesta Lei, nos casos em que a infração seja cometida por decisão de seu representante legal ou contratual, ou de seu órgão colegiado, no interesse ou benefício da sua entidade. Parágrafo único. A responsabilidade das pessoas jurídicas não exclui a das pessoas físicas, autoras, coautoras ou partícipes do mesmo fato. **Art. 4º** Poderá ser desconsiderada a pessoa jurídica sempre que sua personalidade for obstáculo ao ressarcimento de prejuízos causados à qualidade do meio ambiente. [...]"

- Veja Lei n. 12.529/2011: "**Art. 34.** A personalidade jurídica do responsável por infração da ordem econômica poderá ser desconsiderada quando houver da parte deste abuso de direito, excesso de poder, infração da lei, fato ou ato ilícito ou violação dos estatutos ou contrato social. Parágrafo único. A desconsideração também será efetivada quando houver falência, estado de insolvência, encerramento ou inatividade da pessoa jurídica provocados por má administração".

- Desconsideração da personalidade jurídica. Decisão que atinge a esfera jurídica dos sócios. Interesse e legitimidade recursais da pessoa jurídica. Ausência. [...] 2. As razões recursais sugerem equivocada compreensão da teoria da desconsideração da personalidade jurídica por parte da recorrente. Essa formulação teórica tem a função de resguardar os contornos do instituto da autonomia patrimonial, coibindo seu desvirtuamento em prejuízo de terceiros. 3. Em regra, a desconsideração da personalidade jurídica é motivada pelo uso fraudulento ou abusivo da autonomia patrimonial da pessoa jurídica. E essa manipulação indevida é realizada por pessoas físicas, a quem é imputado o ilícito. Por meio desse mecanismo de criação doutrinária, o juiz, no caso concreto, pode desconsiderar a autonomia patrimonial e estender os efeitos de determinadas obrigações aos responsáveis pelo uso abusivo da sociedade empresária. 4. A desconsideração da personalidade jurídica da sociedade opera no plano da eficácia, permitindo que se levante o manto protetivo da autonomia patrimonial para que os bens dos sócios e/ou administradores sejam alcançados. [...] 5. A decisão jurisdicional que aplica a aludida teoria importa prejuízo às pessoas físicas afetadas pelos efeitos das obrigações contraídas pela pessoa jurídica. A rigor, ela resguarda interesses de credores e da própria sociedade empresária indevidamente manipulada. Por isso, o Enunciado n. 285 da IV Jornada de Direito Civil descreve que "A teoria da desconsideração, prevista no art. 50 do Código Civil, pode ser invocada pela pessoa jurídica em seu favor". [...] 9. Agravo regimental não provido. (STJ, Ag. Reg. no REsp n. 1.307.639/RJ, 2ª T., rel. Min. Herman Benjamin, j. 17.05.2012, *DJe* 23.05.2012)

Incidente de resolução de demandas repetitivas Incidente processual cabível quando, estando presente o risco de ofensa à isonomia e à segurança jurídica, houver efetiva ou potencial repetição de processos que contenham controvérsia sobre a mesma questão de direito material ou processual. O incidente pode ser suscitado perante Tribunal de Justiça ou TRF somente na pendência de causa de competência do tribunal.

▶ Veja CPC/2015: "**Art. 976.** É cabível a instauração do incidente de resolução de demandas repetitivas quando houver, simultaneamente: I - efetiva repetição de processos que contenham controvérsia sobre a mesma questão unicamente de direito; II – risco de ofensa à isonomia e à segurança jurídica. § 1º A desistência ou o abandono do processo não impede o exame do mérito do incidente. § 2º Se não for o requerente, o Ministério Público intervirá obrigatoriamente no incidente e deverá assumir sua titularidade em caso de desistência ou de abandono. § 3º A inadmissão do incidente de resolução de demandas repetitivas por ausência de qualquer de seus pressupostos de admissibilidade não impede que, uma vez satisfeito o requisito, seja o incidente novamente suscitado. § 4º É incabível o incidente de resolução de demandas repetitivas quando um dos tribunais superiores, no âmbito de sua respectiva competência, já tiver afetado recurso para definição de tese sobre questão de direito material ou processual repetitiva. § 5º Não serão exigidas custas processuais no incidente de resolução de demandas repetitivas".

Inciso Designação dada ao desdobramento de artigos ou parágrafos de uma lei ou ato normativo representado por algarismo romano.

Incompatibilidade Condição do que se demonstra incompatível ou em desacordo com alguma outra coisa ou pensamento.

■ Processo administrativo disciplinar (PAD). Policial militar. Expulsão da corporação. Incompatibilidade entre o pedido e a causa de pedir. Inépcia da petição inicial. 1. Há inépcia da petição inicial se ocorrer dissociação entre o pedido e a causa de pedir; é dizer se da narração dos fatos não decorrer logicamente a conclusão (art. 295, parágrafo único, II, do CPC). 2. A jurisprudência deste Tribunal Superior é no sentido de que as instâncias administrativa e penal são independentes entre si, de modo que a influência de uma sobre a outra somente ocorre quando houver a inexistência do fato ou a negativa de autoria reconhecidas na esfera criminal. 3. Agravo regimental a que se nega provimento. (STJ, Ag. Reg. no RMS n. 29.088/SP, 5ª T., rel. Min. Marco Aurélio Bellizze, j. 25.06.2013, DJe 01.07.2013)

Incompatibilidade para o exercício da advocacia Vedação legal para o exercício da profissão de advogado que atinge certas pessoas em razão do desempenho de determinados cargos ou funções. A advocacia é incompatível, mesmo em causa própria, com as seguintes atividades: chefe do Poder Executivo e membros da Mesa do Poder Legislativo e seus substitutos legais; membros de órgãos do Poder Judiciário, do Ministério Público, dos tribunais e conselhos de contas, dos juizados especiais, da justiça de paz, juízes classistas, bem como de todos os que exerçam função de julgamento em órgãos de deliberação coletiva da administração pública direta e indireta; ocupantes de cargos ou funções de direção em órgãos da administração pública direta ou indireta, em suas fundações e em suas empresas controladas ou concessionárias de serviço público; ocupantes de cargos ou funções vinculados direta ou indiretamente a qualquer órgão do Poder Judiciário e os que exerçam serviços notariais e de registro; ocupantes de cargos ou funções vinculados direta ou indiretamente a atividade policial de qualquer natureza; militares de qualquer natureza, na ativa; ocupantes de cargos ou funções que tenham competência de lançamento, arrecadação ou fiscalização de tributos e contribuições parafiscais; ocupantes de funções de direção e gerência em instituições financeiras, inclusive privadas (art. 28, EAOAB).

▶ Veja EAOAB: "**Art. 27.** A incompatibilidade determina a proibição total, e o impedimento, a proibição parcial do exercício da advocacia. **Art. 28.** A advocacia é incompatível, mesmo em causa própria, com as seguintes atividades: I – chefe do Poder Executivo e membros da mesa do Poder Legislativo e seus substitutos legais; II – membros de órgãos do Poder Judiciário, do Ministério Público, dos tribunais e conselhos de contas, dos juizados especiais, da justiça de paz, juízes classistas, bem como de todos os que exerçam função de julgamento em órgãos de deliberação coletiva da administração pública direta ou indireta; III – ocupantes de cargos ou funções de direção em órgãos da Administração Pública direta ou indireta, em suas fundações e em suas empresas controladas ou concessionárias de serviço público; IV – ocupantes de cargos ou funções vinculados direta ou indiretamente a qualquer órgão do Poder Judiciário e os que exercem serviços notariais e de registro; V – ocupantes de cargos ou funções vinculados direta ou indiretamente a atividade policial de qualquer natureza; VI – militares de qualquer natureza, na ativa; VII – ocupantes de cargos ou funções que tenham competência de lançamento, arrecadação ou fiscalização de tributos e contribuições parafiscais; VIII – ocupantes de funções de direção e gerência em instituições financeiras, inclusive privadas. § 1º A incompatibilidade permanece mesmo que o ocupante do cargo ou função deixe de exercê-lo temporariamente. § 2º Não se incluem nas hipóteses do inciso III os que não detenham poder de decisão relevante sobre interesses de terceiro, a juízo do Conselho competente da OAB, bem como a administração acadêmica diretamente relacionada ao magistério jurídico. **Art. 29.** Os Procuradores Gerais, Advogados Gerais, Defensores Gerais e dirigentes de órgãos jurídicos da Administração Pública direta, indireta e fundacional são exclusivamente legitimados para o exercício da advocacia vinculada à função que exerçam, durante o período da investidura".

Incompatível Aquilo que não se harmoniza ou se mostra em desacordo com alguma outra coisa, mecanismo, pensamento ou regra geral. Pedidos incompatíveis acarretam a inépcia de petição inicial (art. 295, CPC/73).

▸ Veja CPC/2015: "**Art. 330.** [...] § 1º Considera-se inepta a petição inicial quando: I – lhe faltar pedido ou causa de pedir; II – o pedido for indeterminado, ressalvadas as hipóteses legais em que se permite o pedido genérico; III – da narração dos fatos não decorrer logicamente a conclusão; IV – contiver pedidos incompatíveis entre si. [...]".

■ Ação ordinária. Fundação Pena Branca. Conexão dos processos. Impossibilidade. Ação extinta. Inépcia da inicial. Trata-se de ação ordinária, relativamente à complementação de aposentadoria e resgate da reserva de poupança, julgada extinta na origem, em face do reconhecimento da inépcia da inicial. A pretensão do autor de conexão dos processos não merece prosperar, tendo em vista que a conexão deve ser postulada antes do julgamento dos respectivos processos. Inteligência da Súmula n. 235 do e. STJ. *In casu*, a petição inicial é inepta, tendo em vista as diversas contradições nos fatos e fundamentos, sendo que os fatos narrados não decorrem logicamente uma conclusão, sendo que ao final há pedidos incompatíveis entre si, sendo cabível a aplicação do disposto no art. 295 do CPC. Precedentes. Dessa feita, não resta alternativa decisória senão a manutenção da r. decisão recorrida. Apelação desprovida. (TJRS, Ap. Cível n. 70.029.044.328, 6ª Câm. Cível, rel. Niwton Carpes da Silva, j. 13.06.2013)

Incompetência Ausência de competência, habilidade ou autorização legal para praticar determinado ato ou exercer determinada função. Juridicamente, significa a falta de poder de um juiz ou tribunal para processar e julgar uma lide. A incompetência do juiz pode resultar do local onde exerce as funções, da matéria objeto da controvérsia ou do valor atribuído à causa (*v. Competência*).

■ Processual penal. Agravo regimental no *habeas corpus*. Negativa de seguimento. Ato coator praticado por juiz de primeiro grau. Incompetência do Superior Tribunal de Justiça. 1. De acordo com a Constituição Federal, não compete ao Superior Tribunal de Justiça processar e julgar *habeas corpus*, quando o ato contra o qual se insurge a defesa foi praticado por juiz de primeiro grau. 2. Agravo regimental a que se nega provimento. (STJ, Ag. Reg. no *HC* n. 268.759/PA, 5ª T., rel. Min. Campos Marques, j. 18.06.2013)

Incompetência absoluta Impossibilidade jurídica do juiz para atuar em determinado processo decorrente da contrariedade dos critérios relativos à matéria e à hierarquia (art. 111, CPC/73). A competência absoluta é inderrogável por convenção das partes. Assim, mesmo de comum acordo, não podem as partes alterar ou modificar a competência que tiver sido determinada pela matéria do litígio ou pela hierarquia dos juízes. Essa alteração somente poderá ocorrer em se tratando da competência relativa. A incompetência absoluta poderá ser alegada pelo réu como *preliminar* da contestação (arts. 111 e 113, CPC/73) (*v. Competência absoluta*).

▸ Veja CPC/2015: "**Art. 64.** A incompetência, absoluta ou relativa, será alegada como questão preliminar de contestação. § 1º A incompetência absoluta pode ser alegada em qualquer tempo e grau de jurisdição e deve ser declarada de ofício. § 2º Após manifestação da parte contrária, o órgão jurisdicional decidirá imediatamente a alegação de incompetência. § 3º Caso a alegação de incompetência seja acolhida, os autos serão remetidos ao juízo competente. § 4º Salvo decisão judicial em sentido contrário, conservar-se-ão os efeitos de decisão proferida pelo juízo incompetente até que outra seja proferida, se for o caso, pelo juízo competente. **Art. 65.** Prorrogar-se-á a competência relativa se o réu não alegar a incompetência em preliminar de contestação. Parágrafo único. A incompetência relativa pode ser alegada pelo Ministério Público nas causas em que atuar. [...] **Art. 337.** Incumbe ao réu, antes de discutir o mérito, alegar: I – inexistência ou nulidade da citação; II – incompetência absoluta e relativa; [...]".

- Pedido de falência. Competência. Absoluta. Manejo de exceção de incompetência. Impossibilidade. Suspensão do processo principal. Competência. Justiça estadual. 1. Nos termos dos arts. 113 e 301, II, do CPC, a irresignação concernente à suposta incompetência absoluta do juízo deve ser veiculada nos próprios autos da ação principal, de preferência em preliminar de contestação, e não via exceção de incompetência, instrumento adequado somente para os casos de incompetência relativa. 2. Incabível a exceção de incompetência, não há falar em suspensão do processo principal. Ausência de nulidade. [...] 6. Recurso especial desprovido. (STJ, REsp n. 1.162.469/PR, 3ª T., rel. Min. Paulo de Tarso Sanseverino, j. 12.04.2012, *DJe* 09.05.2012)

- Ação de indenização por danos materiais. Ressarcimento de gastos tidos com o ajuizamento de reclamatória trabalhista. Competência. Justiça do trabalho. Com efeito, em situações como a dos autos, esta Corte Superior de Justiça tem decidido que a demanda deve ser apreciada pela Justiça do Trabalho, porquanto se subsume ao que dispõe o art. 114, VI, CF/88: "Compete à Justiça do Trabalho processar e julgar: [...] as ações de indenização por dano moral ou patrimonial, decorrentes da relação de trabalho". Agravo conhecido e provido para reconhecer a incompetência absoluta da Justiça Comum para julgar a causa e declarar a nulidade de todos os atos decisórios praticados no processo (art. 113, § 2º, CPC), determinando a remessa dos autos a uma das Varas do Trabalho da comarca de Belo Horizonte. (STJ, Ag. Reg. nos Emb. Decl. no REsp n. 288.245/MG, 3ª T., rel. Min. Nancy Andrighi, j. 16.05.2013, *DJe* 24.05.2013)

Incompetência em razão da hierarquia   A incompetência em razão da hierarquia ou da função dos juízes e tribunais decorre da violação dos graus de jurisdição em que atuam os magistrados. A hierarquia dos juízes diz respeito à divisão de sua competência funcional em órgãos judiciais de primeira instância, segunda instância ou terceira instância (o último grau de jurisdição ou recurso). São órgãos de primeira instância ou primeiro grau de jurisdição aqueles que abrigam os juízes singulares; de segunda instância ou segundo grau de jurisdição os tribunais de justiça e os regionais federais; de último grau de jurisdição o STJ e o STF. Assim, ocorre incompetência em razão da hierarquia ou em razão do grau de juízo sempre que uma ação que deveria ser proposta no juízo de primeira instância for proposta diretamente no TRF.

Incompetência em razão da matéria   Diz-se também incompetência *ratione materiae*. Falta de competência ou atribuição legal do juiz ou do tribunal para processar e julgar causas cuja matéria ou objeto não estão legalmente previstos para seu julgamento (art. 111, CPC/73) (*v. Competência em razão da matéria*).

▶ Veja CPC/73: "**Art. 111.** A competência em razão da matéria e da hierarquia é inderrogável por convenção das partes; mas estas podem modificar a competência em razão do valor e do território, elegendo foro onde serão propostas as ações oriundas de direitos e obrigações".

▶ Veja CPC/2015: "**Art. 62.** A competência determinada em razão da matéria, da pessoa ou da função é inderrogável por convenção das partes".

Incompetência em razão do valor   O valor da causa também pode servir de elemento para determinar a incompetência do juiz ou juízo, como ocorre com os Juizados Especiais Cíveis da Justiça Comum (limitados a causas cujo valor é de até quarenta salários mínimos) e da Justiça Federal (de até sessenta salários mínimos). Também os juízes togados com investidura limitada no tempo, como os pretores no Estado do Rio Grande do Sul, têm competência para julgamento de causas de pequeno valor. Nos casos de competência em razão do valor e do território, as partes podem eleger o foro (foro de eleição) onde serão propostas as ações oriundas de direitos e obrigações (art. 111, CPC/73).

▶ Veja CPC/73: "**Art. 111.** A competência em razão da matéria e da hierarquia é inderrogável por convenção das partes; mas estas podem modificar a competência em razão do valor e do território, elegendo foro onde serão propostas as ações oriundas de direitos e obrigações".

▶ Veja CPC/2015: "**Art. 63.** As partes podem modificar a competência em razão do valor e do território, elegendo foro onde será proposta ação oriunda de direitos e obrigações. [...]".

Incompetência originária   Falta de competência ou atribuição legal do órgão judiciário de instância superior para julgar, de forma originária ou inicial, determinadas ações previstas em lei (*v. Competência originária*).

Incompetência relativa Falta de competência ou atribuição legal do juiz para processar e julgar causas que não correspondam à competência que lhe é atribuída em razão do território (*ratione loci*) ou do valor da causa (*ratione valore*). A incompetência relativa deverá ser arguida por meio de exceção (art. 112, CPC/73), não podendo ser declarada de ofício, consoante diretriz da Súmula n. 33, STJ (*v. Competência relativa*).

- Veja CPC/73: "**Art. 112.** Argúi-se, por meio de exceção, a incompetência relativa. [...]".

- Veja CPC/2015: "**Art. 54.** A competência relativa poderá modificar-se pela conexão ou pela continência, observado o disposto nesta Seção. [...] **Art. 65.** Prorrogar-se-á a competência relativa se o réu não alegar a incompetência em preliminar de contestação. Parágrafo único. A incompetência relativa pode ser alegada pelo Ministério Público nas causas em que atuar".

- Súmula n. 33, STJ: A incompetência relativa não pode ser declarada de ofício.

- Servidor público. Competência territorial. Declaração de ofício. Impossibilidade. Súmula n. 33/STJ. Agravo não provido. 1. O Juízo da Comarca de Lajeado/RS, de ofício, declinou da competência para julgar ação de cobrança ajuizada por servidor público contra o Estado do Rio Grande do Sul, em favor do Juízo da Comarca de Tramandaí/RS. 2. "Por se tratar de competência relativa, a competência territorial não pode ser declarada *ex officio* pelo Juízo. Esse entendimento se consolidou com a Súmula n. 33 do STJ, *in verbis*: 'A incompetência relativa não pode ser declarada de ofício'" (CC n. 101.222/PR, rel. Min. Benedito Gonçalves, 1ª Seção, *DJe* 23.03.2009). 3. Manutenção da decisão agravada, que conheceu do agravo para dar provimento ao recurso especial do autor/agravado, a fim de anular a decisão proferida pelo Juízo de Lajeado/RS. 4. Agravo regimental não provido. (STJ, Ag. Reg. no Ag. n. 1.415.896/RS, 1ª T., rel. Min. Arnaldo Esteves Lima, j. 17.05.2012, *DJe* 23.05.2012)

Incompetência territorial Diz-se também incompetência *ratione loci*. Falta de competência ou atribuição legal do juiz para processar e julgar causas que não correspondam à área territorial, denominada foro ou comarca, à qual se encontra designado para exercer as funções. Ocorre incompetência em razão do território quando o foro ou a comarca em que a ação foi proposta não forem considerados competentes para processá-la e julgá-la. O foro de competência pode ser determinado pelo domicílio do réu em razão da situação da coisa, em razão da pessoa ou em razão dos fatos (arts. 94 e segs., CPC/73) (*v. Competência em razão do território*).

- Veja CPC/2015: "**Art. 63.** As partes podem modificar a competência em razão do valor e do território, elegendo foro onde será proposta ação oriunda de direitos e obrigações. [...]".

- Crimes contra sistema financeiro nacional e de lavagem de dinheiro. Alegação de incompetência territorial do juízo. Preclusão. [...] 3. "A jurisprudência desta Suprema Corte é firme no sentido de que a competência *ratione loci* é relativa e prorrogável", logo, "não tendo a defesa alegado o vício no momento oportuno, nem oposto exceção de incompetência, ocorre a preclusão da matéria, fixando-se a competência no juízo perante em que tramita a ação penal." (*HC* n. 100.969, 1ª T., rel. Min. Ricardo Lewandowski, *DJe* 14.05.2010.) 4. *Habeas corpus* não conhecido. (STJ, *HC* n. 164.717/PR, 5ª T., rel. Min. Laurita Vaz, j. 17.05.2012, *DJe* 28.05.2012)

- Embargos de declaração no recurso especial. Omissão e contradição. Ocorrência. Incompetência relativa. Não nulidade dos atos decisórios. 1. Em se tratando de incompetência territorial, como é o caso examinado, de natureza relativa, não há falar em anulação dos atos processuais decisórios e não decisórios. O juízo declarado competente receberá os autos para prosseguir com os demais atos processuais, reconhecendo-se válidos todos os anteriores praticados pelo juiz reconhecido como relativamente incompetente. 2. Embargos de declaração acolhidos para afirmar a competência do juízo de Brasília para funcionar no feito e considerar válidos todos os atos decisórios e não decisórios já praticados, cabendo-lhe, apenas, prosseguir com o processo. (STJ, Emb. Decl. no REsp n. 355.099/PR, 1ª T., rel. Min. Denise Arruda, rel. p/ Acórdão Min. José Delgado, j. 06.05.2008, *DJe* 18.08.2008)

Incomunicabilidade Relativo ao bem que não pode ser comunicado ou coparticipado com outra pessoa. Pela cláusula de incomunicabilidade, o doador e o testador impedem que os bens doados, herdados ou legados com essa cláusula se comuniquem em razão de casamento, impedindo, assim, que integrem a meação dos cônjuges na eventualidade de separação ou divórcio. Nesse caso, o cônjuge favorecido permanece com a propriedade exclusiva da coisa, mesmo que o casamento se realize mediante a adoção do regime de comunhão universal de bens. Justifica-se a medida quando o doador tiver fundadas suspeitas de um casamento por interesses ou de que o beneficiário pretende se casar com pessoa inidônea. Na cláusula de incomunicabilidade, está implícita a cláusula que determina a inalienabilidade de bens (art. 1.911, CC). Nos regimes matrimoniais de bens, há regras específicas a respeito dos bens comunicáveis e incomunicáveis; ou seja, no regime de comunhão parcial, são incomunicáveis os bens descritos no art. 1.659 do CC; no regime de comunhão universal, os bens arrolados no art. 1.668.

▶ Veja CC: "**Art. 1.658.** No regime de comunhão parcial, comunicam-se os bens que sobrevierem ao casal, na constância do casamento, com as exceções dos artigos seguintes. **Art. 1.659.** Excluem-se da comunhão: I – os bens que cada cônjuge possuir ao casar, e os que lhe sobrevierem, na constância do casamento, por doação ou sucessão, e os sub-rogados em seu lugar; II – os bens adquiridos com valores exclusivamente pertencentes a um dos cônjuges em sub-rogação dos bens particulares; III – as obrigações anteriores ao casamento; IV – as obrigações provenientes de atos ilícitos, salvo reversão em proveito do casal; V – os bens de uso pessoal, os livros e instrumentos de profissão; VI – os proventos do trabalho pessoal de cada cônjuge; VII – as pensões, meios-soldos, montepios e outras rendas semelhantes. [...] **Art. 1.661.** São incomunicáveis os bens cuja aquisição tiver por título uma causa anterior ao casamento. [...] **Art. 1.667.** O regime de comunhão universal importa a comunicação de todos os bens presentes e futuros dos cônjuges e suas dívidas passivas, com as exceções do artigo seguinte. **Art. 1.668.** São excluídos da comunhão: I – os bens doados ou herdados com a cláusula de incomunicabilidade e os sub-rogados em seu lugar; II – os bens gravados de fideicomisso e o direito do herdeiro fideicomissário, antes de realizada a condição suspensiva; III – as dívidas anteriores ao casamento, salvo se provierem de despesas com seus aprestos, ou reverterem em proveito comum; IV – as doações antenupciais feitas por um dos cônjuges ao outro com a cláusula de incomunicabilidade; V – os bens referidos nos incisos V a VII do art. 1.659. **Art. 1.669.** A incomunicabilidade dos bens enumerados no artigo antecedente não se estende aos frutos, quando se percebam ou vençam durante o casamento. [...] **Art. 1.848.** Salvo se houver justa causa, declarada no testamento, não pode o testador estabelecer cláusula de inalienabilidade, impenhorabilidade, e de incomunicabilidade, sobre os bens da legítima. [...] **Art. 1.911.** A cláusula de inalienabilidade, imposta aos bens por ato de liberalidade, implica impenhorabilidade e incomunicabilidade".

■ Fungibilidade recursal. Fideicomisso. Cláusula testamentária. Incidência sobre a legítima. Incomunicabilidade de bens entre cônjuges reconhecida em julgamento de recurso especial anterior. I. Admissível a fungibilidade recursal quando existente razoável dúvida, à época, sobre qual a via processual para impugnar decisão que admite incidência de fideicomisso. II. Reconhecida, em julgamento anterior, a total incomunicabilidade de bens entre a filha falecida do testador e seu esposo, em respeito à vontade do testador de manter o patrimônio no seio familiar, a situação reflete sobre o fideicomisso, afastando-se a pretensão do cônjuge supérstite em vê-lo nulificado sobre a parte legítima, posto que sobre ela não teria direitos. III. Recurso especial conhecido em parte e provido. (STJ, REsp n. 345.668/SP, 4ª T., rel. Min. Aldir Passarinho Junior, j. 07.12.2006, DJ 26.03.2007, p. 243)

Inconstitucionalidade Qualidade de ato ou lei infraconstitucional que contraria a Constituição Federal. A constitucionalidade de uma lei ou decreto poderá ser questionada perante o Supremo Tribunal Federal por meio da ação direta de inconstitucionalidade (ADIn) e da ação direta de inconstitucionalidade por omissão. A inconstitucionalidade de uma lei pode ser material ou formal. Diz-se que é material quando o conteúdo da legislação afronta a constituição. Será, todavia, formal quando o processo legislativo contém algum vício; por exemplo, vício de iniciativa, na competência ou no *quorum* de aprovação.

Incontinência Imoderação, abuso, excesso, falta de continência.

Incontinência de conduta Ato do empregado que constitui justa causa para a resolução do contrato de trabalho pelo empregador que se revela pelos excessos ou imoderações, entendendo-se por isso a inconveniência de hábitos e costumes e a imoderação de linguagem ou gestos. Configura-se quando o empregado comete ofensa ao pudor, pornografia ou obscenidade, ou desrespeito aos colegas de trabalho e à empresa (art. 482, CLT).

▶ Veja CLT: "**Art. 482.** Constituem justa causa para rescisão do contrato de trabalho pelo empregador: *a)* ato de improbidade; *b)* incontinência de conduta ou mau procedimento; *c)* negociação habitual por conta própria ou alheia sem permissão do empregador, e quando constituir ato de concorrência à empresa para a qual trabalha o empregado, ou for prejudicial ao serviço; *d)* condenação criminal do empregado, passada em julgado, caso não tenha havido suspensão da execução da pena; *e)* desídia no desempenho das respectivas funções; *f)* embriaguez habitual ou em serviço; *g)* violação de segredo da empresa; *h)* ato de indisciplina ou de insubordinação; *i)* abandono de emprego; *j)* ato lesivo da honra ou da boa fama praticado no serviço contra qualquer pessoa, ou ofensas físicas, nas mesmas condições, salvo em caso de legítima defesa, própria ou de outrem; *k)* ato lesivo da honra ou da boa fama ou ofensas físicas praticadas contra o empregador e superiores hierárquicos, salvo em caso de legítima defesa, própria ou de outrem; *l)* prática constante de jogos de azar. Parágrafo único. Constitui igualmente justa causa para dispensa de empregado a prática, devidamente comprovada em inquérito administrativo, de atos atentatórios contra a segurança nacional".

- Justa causa. Ilícito penal. Imputação de furto sem provas. Princípio da dignidade humana. Atentado à dignidade do trabalhador. Indenização devida. CLT, art. 482, *b*. CCB/2002, art. 186. CF/88, arts. 1º, III, e 5º, V e X. A alegação de incontinência de conduta ou mau procedimento, consubstanciada no alegado envolvimento do autor em furto, por si só trata-se de acusação grave, que fere a reputação do empregado, provocando-lhe dificuldades de reinserção no mercado de trabalho, além de marcar de forma indelével sua vida pessoal e social. Tão graves fatos, imputados sem maiores cuidados e desacompanhados da indispensável prova cabal do ocorrido, agridem a dignidade e personalidade do trabalhador, ocasionando-lhe irremediável dano moral a merecer o devido reparo pelo empregador. Recurso da reclamada a que se nega provimento. (TRT, RO n. 24.440/2006/Santos, rel. Juiz Ricardo Artur Costa e Trigueiros, j. 21.03.2006, *DJ* 31.03.2006)

Incorporação imobiliária Atividade imobiliária exercida com o objetivo de promover e realizar a construção, para alienação total ou parcial, de edificações ou conjunto de edificações compostas de unidades autônomas (art. 28, Lei n. 4.591/64).

▶ Veja Lei n. 4.591/64: "**Art. 28.** As incorporações imobiliárias, em todo o território nacional, reger-se-ão pela presente Lei. Parágrafo único. Para efeito desta Lei, considera-se incorporação imobiliária a atividade exercida com o intuito de promover e realizar a construção, para alienação total ou parcial, de edificações, ou conjunto de edificações compostas de unidades autônomas (*vetado*)".

- Incorporação imobiliária. Inexecução contratual. Ausência de responsabilidade solidária do proprietário do terreno. Inaplicabilidade do direito do consumidor. Violação do art. 535 do CPC não configurada. [...] 2. A Lei de Incorporações (Lei n. 4.591/64) equipara o proprietário do terreno ao incorporador, desde que aquele pratique alguma atividade condizente com a relação jurídica incorporativa, atribuindo-lhe, nessa hipótese, responsabilidade solidária pelo empreendimento imobiliário. 3. No caso concreto, a caracterização dos promitentes vendedores como incorporadores adveio principalmente da imputação que lhes foi feita, pelo Tribunal *a quo*, dos deveres ínsitos à figura do incorporador (art. 32 da Lei n. 4.591/64), denotando que, em momento algum, sua convicção teve como fundamento a legislação regente da matéria, que exige, como causa da equiparação, a prática de alguma atividade condizente com a relação jurídica incorporativa, ou seja, da promoção da construção da edificação condominial (arts. 29 e 30 da Lei n. 4.591/64). 4. A impossibilidade de equiparação dos recorrentes, promitentes vendedores, à figura do incorporador demonstra a inexistência de relação jurídica consumerista entre esses e os compradores das unidades do empreendimento malogrado. 5. Recurso especial provido. (STJ, REsp n. 1.065.132/RS, 4ª T., rel. Min. Luis Felipe Salomão, j. 06.06.2013, *DJe* 01.07.2013)

Incorporador Pessoa física ou jurídica, comerciante ou não, que embora não efetuando a construção, compromisse ou efetive a venda de frações ideais de terreno objetivando a vinculação de tais frações a unidades autônomas em edificações a ser construídas ou em construção sob regime condominial, ou que meramente aceite propostas para a efetivação de tais transações, coordenando e levando a termo a incorporação e responsabilizando-se, conforme o caso, pela entrega, a certos prazos, preço e condições, das obras concluídas (art. 29, Lei n. 4.591/64).

▶ Veja Lei n. 4.591/64: "**Art. 29.** Considera-se incorporador a pessoa física ou jurídica, comerciante ou não, que, embora não efetuando a construção, compromisse ou efetive a venda de frações ideais de terreno objetivando a vinculação de tais frações a unidades autônomas (*vetado*), em edificações a serem construídas ou em construção sob regime condominial, ou que meramente aceita propostas para efetivação de tais transações, coordenando e levando a termo a incorporação e responsabilizando-se, conforme o caso, pela entrega, a certo prazo, preço e determinadas condições, das obras concluídas. Parágrafo único. Presume-se a vinculação entre a alienação das frações do terreno e o negócio de construção, se, ao ser contratada a venda, ou promessa de venda ou de cessão das

Incurso Aquele que incorreu ou incidiu em infração ou ato ilícito previsto em lei; o que se tornou passível de sanção punitiva.

Indiciado Designação daquele de quem se apura, mediante indícios, a prática de uma infração penal e que responde a inquérito policial.

Indício Toda circunstância conhecida e provada que, tendo relação com o fato, autorize, por indução, concluir a existência de outra circunstância.

- Crime societário. Trancamento da ação penal. Inépcia da denúncia. Alegação de falta de individualização da conduta dos pacientes. Não ocorrência. Constrangimento ilegal não evidenciado. O trancamento de ação penal é medida excepcional que se mostra possível apenas nos casos em que se puder verificar, de plano, a total ausência de provas sobre autoria e materialidade, a atipicidade da conduta ou a ocorrência de uma causa de extinção da punibilidade, o que não ocorre no presente caso. No caso, a exordial acusatória mostra-se apta a permitir o exercício do direito de defesa, tendo descrito toda a prática dos crimes imputados aos acusados, bem como os indícios suficientes de autoria dos mesmos, exatamente nos termos do disposto no art. 41 do CPP. As circunstâncias do fato criminoso estão expostas de maneira clara e objetiva, viabilizando perfeitamente o direito de ampla defesa dos recorrentes. [...] Recurso ordinário em *habeas corpus* desprovido. (STJ, RHC n. 33.143/SC, 5ª T., rel. Min. Marilza Maynard, j. 25.06.2013, *DJe* 01.08.2013)

Indução Induzimento, instigação. Ato de persuadir ou influenciar alguém a incorrer em erro e, em razão deste, praticar ato ilegal ou indevido. Também é usado no sentido de consequência (a invalidade do instrumento não induz a do negócio jurídico sempre que este puder ser provado por outro meio) ou raciocínio pelo qual se infere uma coisa de outra.

- Procuradoria do estado. Prerrogativa de intimação pessoal. Inexistência. Indução a erro pelo juiz. Prejuízo ao jurisdicionado. 1. A Corte de origem dirimiu a controvérsia de forma clara e fundamentada, embora de maneira desfavorável à pretensão do recorrente. Não é possível se falar, assim, em maltrato ao art. 535 do Código de Processo Civil. 2. A prerrogativa da intimação pessoal só é conferida aos Procuradores Federais, Advogados da União, Procuradores da Fazenda Nacional, Defensores Públicos e membros do Ministério Público, não se aplicando aos Procuradores Estaduais, do Distrito Federal e dos Municípios. 3. Hipótese em que a nota de expediente publicada no Diário de Justiça Eletrônico fazia referência apenas à intimação da parte embargada. Verificado o equívoco, determinou o Juízo a intimação da Procuradoria do Estado mediante vista dos autos no dia 28.01.2011, data a ser considerada, na espécie, para fins de contagem do prazo recursal. 4. Tem entendido esta Corte que não pode o jurisdicionado responder por erro induzido pelo magistrado. Precedentes. 5. Recurso especial provido. (STJ, REsp n. 1.349.832/RS, 2ª T., rel. Min. Eliana Calmon, j. 16.05.2013, *DJe* 24.05.2013)

Indulto Ato do Poder Executivo concedido de forma coletiva que extingue a punibilidade de detentos que cumprirem os requisitos previstos no decreto concessivo (art. 84, XII, CF). Embora o indulto extinga a punibilidade (art. 107, II, CP), seu beneficiário não retorna à condição de primário.

▶ Veja CF: "**Art. 84.** Compete privativamente ao Presidente da República: [...] XII – conceder indulto e comutar penas, com audiência, se necessário, dos órgãos instituídos em lei; [...]".

▶ Veja CP: "**Art. 107.** Extingue-se a punibilidade: I – pela morte do agente; II – pela anistia, graça ou indulto; [...]".

- *Habeas corpus*. Coação ilegal configurada. Extinção da punibilidade. Indulto. A decisão que analisa o benefício do indulto tem natureza eminentemente declaratória e deve ter por base fático-jurídica a situação do apenado na data da publicação do decreto concessivo. Assim, eventual falta grave pendente de apreciação naquela oportunidade ou, ainda, eventual falta cometida em ano anterior e homologada no ano do decreto não impede a concessão da benesse. Ordem concedida. (TJRS, *HC* n. 70.054.760.954, 7ª Câm. Criminal, rel. Carlos Alberto Etcheverry, j. 18.07.2013)

Ineficácia Carência de efeitos de um negócio jurídico, no todo ou em parte, em razão da não observância de um elemento essencial, de não cumprir um requisito legal, de padecer de um vício na manifestação de vontade, na forma ou no conteúdo do negócio, de provocar danos etc.

Inépcia da petição inicial Ausência de aptidão que motiva ser a petição inicial considerada inepta e passível de indeferimento pelo juiz (art. 295, I, CPC/73).

- Veja CPC/73: "**Art. 295.** A petição inicial será indeferida: I – quando for inepta; [...] Parágrafo único. Considera-se inepta a petição inicial quando: I – lhe faltar pedido ou causa de pedir; II – da narração dos fatos não decorrer logicamente a conclusão; III – o pedido for juridicamente impossível; IV – contiver pedidos incompatíveis entre si".

- Veja CPC/2015: "**Art. 330.** A petição inicial será indeferida quando: I – for inepta; [...] § 1º Considera-se inepta a petição inicial quando: [...] IV – contiver pedidos incompatíveis entre si. § 2º Nas ações que tenham por objeto a revisão de obrigação decorrente de empréstimo, de financiamento ou de alienação de bens, o autor terá de, sob pena de inépcia, discriminar na petição inicial, dentre as obrigações contratuais, aquelas que pretende controverter, além de quantificar o valor incontroverso do débito. § 3º Na hipótese do § 2º, o valor incontroverso deverá continuar a ser pago no tempo e modo contratados".

Inepta Diz-se da petição considerada não apta, inábil ou imprópria. A expressão tem origem na palavra latina *inaptus*, composta do prefixo *in* (não) e da palavra *aptus* (apto). Considera-se inepta a petição inicial quando: faltar-lhe pedido ou causa de pedir; da narração dos fatos não decorrer logicamente a conclusão; o pedido for juridicamente impossível; contiver pedidos incompatíveis entre si (art. 295, parágrafo único, CPC/73).

- Veja CPC/2015: "**Art. 330.** A petição inicial será indeferida quando: I – for inepta; [...] § 1º Considera-se inepta a petição inicial quando: [...] V – contiver pedidos incompatíveis entre si. [...]".

- Processo administrativo disciplinar (PAD). Policial militar. Expulsão da corporação. Incompatibilidade entre o pedido e a causa de pedir. Inépcia da petição inicial. 1. Há inépcia da petição inicial se ocorrer dissociação entre o pedido e a causa de pedir; é dizer, se da narração dos fatos não decorrer logicamente a conclusão (art. 295, parágrafo único, II, do Código de Processo Civil). 2. A jurisprudência deste Tribunal Superior é no sentido de que as instâncias administrativa e penal são independentes entre si, de modo que a influência de uma sobre a outra somente ocorre quando houver a inexistência do fato ou a negativa de autoria reconhecidas na esfera criminal. 3. Agravo regimental a que se nega provimento. (STJ, Ag. Reg. no RMS n. 29.088/SP, 5ª T., rel. Min. Marco Aurélio Bellizze, j. 25.06.2013, *DJe* 01.07.2013)

Inexistente Qualidade de algo cuja existência não se pode conceber por lhe faltar um requisito essencial. Relativamente ao ato jurídico, Caio Mário da Silva Pereira acentua que "é possível diferenciar, positivamente, sua nulidade e sua inexistência. Se o ato é nulo, a ineficácia deve ser apurada; quanto ao ato inexistente, ele não pode produzir nenhum efeito, independentemente de um pronunciamento de inexistência. Um contrato de compra e venda de um imóvel cuja taxa seja superior à taxa legal é nulo, se não se revestir da forma pública, mas o juiz deverá proferir um decreto de nulidade. Faltando, porém, a própria realização do contrato, o juiz poderá, pura e simplesmente, isentar o pseudocomprador de uma prestação" (Pereira, Caio Mário da Silva, *Instituições de direito civil*, v. 1, 5.ed. Rio de Janeiro: Forense, 1980, p. 560). Ademais, a doutrina majoritária considera hipóteses de casamento inexistente: o casamento realizado sem o consentimento de um ou ambos os nubentes; o casamento celebrado por autoridade incompetente em razão da matéria. Até pouco tempo, o casamento realizado entre duas pessoas de mesmo sexo também era considerado ato inexistente. São considerados inexistentes o recurso interposto por advogado sem procuração nos autos (Súmula n. 115, STJ) e o recurso sem assinatura do advogado.

- Veja CPC/2015: "**Art. 966.** A decisão de mérito, transitada em julgado, pode ser rescindida quando: [...] VIII – for fundada em erro de fato verificável do exame dos autos. § 1º Há erro de fato quando a decisão rescindenda admitir fato inexistente ou quando considerar inexistente um fato efetivamente ocorrido, sendo indispensável, em ambos os casos, que o fato não represente ponto controvertido sobre o qual o juiz deveria ter se pronunciado. [...]".

- Súmula n. 115, STJ: Na instância especial é inexistente recurso interposto por advogado sem procuração nos autos.

- Fac-símile. Original. Ausência de assinatura. Ato inexistente. 1. Nos termos de jurisprudência pacífica, na instância especial é considerado inexistente o recurso desprovido de assinatura. 2. Hipótese em que, embora assinado o fac-símile, a via original não foi subscrita por advogado, caracterizando, também, a falta de correspondência entre ambas. 3. Agravo interno não conhecido. (STJ, Ag. Reg. no REsp n. 890.324/SP, 5ª T., rel. Min. Jane Silva, j. 29.11.2007, *DJ* 17.12.2007, p. 308)

- Acórdão que julgou matéria distinta daquela posta em debate no recurso especial. Incompatibilidade entre o pedido e o conteúdo da decisão. Acórdão inexistente. Inexistência de coisa julgada. 1. O acórdão que julga recurso especial, contendo matéria absolutamente distinta daquela constante do recurso, deve ser considerado inexistente. 2. Sentença inexistente é aquela que existe apenas fisicamente, mas não existe do ponto de vista jurídico, pois não está apta a produzir nenhum tipo de efeito. 3. A sentença juridicamente inexistente não é apta à formação da coisa julgada e, portanto, não fica acobertada por tal autoridade. 4. Desse modo não sendo acobertada pela coisa julgada e tampouco produzindo qualquer efeito, não pode ser considerado aquele acórdão, razão pela qual outro deve ser proferido, anulando-se aquela assentada e concluindo-se a prestação jurisdicional lançada a esta Corte, através do recurso especial interposto. [...] (STJ, REsp n. 156.483/AL, 6ª T., rel. Min. Maria Thereza de Assis Moura, j. 18.12.2006, *DJ* 12.02.2007, p. 302)

Infanticídio Crime contra a vida que consiste em matar, sob influência do estado puerperal, o próprio filho durante ou logo após o parto (art. 123, CP).

▶ Veja CP: "**Art. 123.** Matar, sob a influência do estado puerperal, o próprio filho, durante o parto ou logo após: Pena – detenção, de 2 (dois) a 6 (seis) anos".

Infortunística Parte da medicina forense que trata da incidência de acidentes de trabalho, moléstias profissionais, suas causas e efeitos e dos meios adotados para preveni-las ou remediá-las (*v. Direito infortunístico*).

Infração Toda e qualquer violação à norma, seja ela penal, civil, administrativa, de trânsito ou uma cláusula contratual. Delito, contravenção, transgressão.

Infração administrativa Ato voluntário violador de norma de conduta de interesse da sociedade que enseja sanções administrativas restritivas de direitos, tais como advertência, multa, demolição, apreensão e interdição de estabelecimento. Entre outras, constituem infrações administrativas: causar dano ambiental, dirigir sem habilitação, infringir normas de proteção ao idoso, às crianças e aos adolescentes, e construir obra sem a devida licença da autoridade competente. O auto de infração é o instrumento utilizado pela autoridade administrativa para caracterizar a infração.

▶ Veja Lei n. 8.069/90: "**Art. 194.** O procedimento para imposição de penalidade administrativa por infração às normas de proteção à criança e ao adolescente terá início por representação do Ministério Público, ou do Conselho Tutelar, ou auto de infração elaborado por servidor efetivo ou voluntário credenciado, e assinado por duas testemunhas, se possível. § 1º No procedimento iniciado com o auto de infração, poderão ser usadas fórmulas impressas, especificando-se a natureza e as circunstâncias da infração. § 2º Sempre que possível, à verificação da infração seguir-se-á a lavratura do auto, certificando-se, em caso contrário, dos motivos do retardamento".

▶ Veja Lei n. 10.741/2003: "**Art. 60.** O procedimento para a imposição de penalidade administrativa por infração às normas de proteção ao idoso terá início com requisição do Ministério Público ou auto de infração elaborado por servidor efetivo e assinado, se possível, por duas testemunhas. § 1º No procedimento iniciado com o auto de infração poderão ser usadas fórmulas impressas, especificando-se a natureza e as circunstâncias da infração. § 2º Sempre que possível, à verificação da infração seguir-se-á a lavratura do auto, ou este será lavrado dentro de 24 (vinte e quatro) horas, por motivo justificado".

Infração ambiental Toda conduta ou atividade considerada lesiva ao meio ambiente praticada por pessoa física ou jurídica. Estará sujeita a sanções penais e administrativas independentemente da obrigação de reparar os danos causados.

▶ Veja CF: "**Art. 225.** Todos têm direito ao meio ambiente ecologicamente equilibrado, bem de uso comum do povo e essencial à sadia qualidade de vida, impondo-se ao Poder Público e à coletividade o dever de defendê-lo e preservá-lo para as presentes e futuras gerações. § 3º As condutas e atividades consideradas lesivas ao meio ambiente sujeitarão os infratores, pessoas físicas ou jurídicas, a sanções penais e administrativas, independentemente da obrigação de reparar os danos causados".

- Súmula n. 467, STJ: Prescreve em cinco anos, contados do término do processo administrativo, a pretensão da Administração Pública de promover a execução da multa por infração ambiental.

- Direito ambiental. Administrativo. Nulidade de auto de infração ambiental. Ministério Público. Manifestação. Imprescindibilidade no caso concreto. LC n. 75/93, art. 5º, III, *d*. CF/88, art. 127. CPC, art. 82. [...] 6. O Ministério Público Federal deve manifestar-se em causa na qual se discute nulidade de auto de infração ambiental porque, no mais das vezes, o interesse envolvido transcende o interesse meramente patrimonial no crédito gerado, abarcando discussões de cunho substancial que dizem respeito ao meio ambiente em si (como ocorre no caso concreto – v. fls. 519/520, e-STJ), conforme dispõe, entre outros, o art. 5º, III, *d*, da LC n. 75/93. (STJ, REsp n. 1.264.302/2011/SC, rel. Min. Mauro Campbell Marques, j. 08.11.2011, *DJ* 17.11.2011)

Infração contratual Descumprimento ou não observância de cláusula contratual por qualquer uma das partes contratantes. Exemplo: o contrato de locação poderá ser desfeito em decorrência da prática de infração legal ou contratual (art. 9º, Lei n. 8.245/91).

▶ Veja Lei n. 8.245/91: "**Art. 9º** A locação também poderá ser desfeita: I – por mútuo acordo; II – em decorrência da prática de infração legal ou contratual; III – em decorrência da falta de pagamento do aluguel e demais encargos; IV – para a realização de reparações urgentes determinadas pelo Poder Público, que não possam ser normalmente executadas com a permanência do locatário no imóvel ou, podendo, ele se recuse a consenti-las".

Infração de trânsito Inobservância pelo condutor de veículo automotor de qualquer preceito do CTB, da legislação complementar ou das resoluções do Contran, o que é passível de penalidades e medidas administrativas. A infração deve ser comprovada por declaração da autoridade ou do agente de trânsito, por aparelho eletrônico ou por equipamento audiovisual, pelas reações químicas ou por qualquer outro meio tecnologicamente disponível previamente regulamentado pelo Contran. Constituem infrações de trânsito, entre outras, dirigir sem carteira de habilitação, entregar a direção do veículo a pessoa não habilitada, dirigir sob a influência de álcool ou de qualquer outra substância psicoativa que determine dependência (art. 162 e segs., CTB). O auto de infração é o instrumento utilizado pela autoridade de trânsito para caracterizar a infração.

▶ Veja Lei n. 9.503/97: "**Art. 161.** Constitui infração de trânsito a inobservância de qualquer preceito deste Código, da legislação complementar ou das resoluções do CONTRAN, sendo o infrator sujeito às penalidades e medidas administrativas indicadas em cada artigo, além das punições previstas no Capítulo XIX. Parágrafo único. As infrações cometidas em relação às resoluções do CONTRAN terão suas penalidades e medidas administrativas definidas nas próprias resoluções. **Art. 162.** Dirigir veículo: I – sem possuir Carteira Nacional de Habilitação ou Permissão para Dirigir: Infração – gravíssima; Penalidade – multa (três vezes) e apreensão do veículo; II – com Carteira Nacional de Habilitação ou Permissão para Dirigir cassada ou com suspensão do direito de dirigir: Infração – gravíssima; Penalidade – multa (cinco vezes) e apreensão do veículo; III – com Carteira Nacional de Habilitação ou Permissão para Dirigir de categoria diferente da do veículo que esteja conduzindo: Infração – gravíssima; Penalidade – multa (três vezes) e apreensão do veículo; Medida administrativa – recolhimento do documento de habilitação; V – com validade da Carteira Nacional de Habilitação vencida há mais de trinta dias: Infração – gravíssima; Penalidade – multa; Medida administrativa – recolhimento da Carteira Nacional de Habilitação e retenção do veículo até a apresentação de condutor habilitado; [...]".

Infração fiscal Descumprimento ou não observância pelo contribuinte de norma de direito tributário instituída por lei federal, estadual ou municipal, como não pagamento do IPTU ou IPVA, a falta de recolhimento do ICMS, transporte de mercadorias sem a nota fiscal, sonegação de impostos em geral e fraude na declaração de rendimentos do imposto de renda. O auto de infração é o instrumento utilizado pelo Fisco para caracterizar a infração à legislação tributária.

▪ Tributário. Lançamento fiscal. Requisitos do auto de infração e ônus da prova. O lançamento fiscal, espécie de ato administrativo, goza da presunção de legitimidade; essa circunstância, todavia, não dispensa a Fazenda Pública de demonstrar, no correspondente auto de infração, a metodologia seguida para o arbitramento do imposto – exigência que nada tem a ver com a inversão do ônus da prova, resultando da natureza do lançamento fiscal, que deve ser motivado. (STJ, REsp n. 48.516/1997/SP, rel. Min. Ari Pargendler, j. 23.09.1997, *DJ* 13.10.1997)

Infração penal Prática de conduta descrita em lei que seja ofensiva a um bem jurídico pessoal ou patrimonial de outra pessoa. Constituem infração penal determinados comportamentos humanos proibidos por lei, cujos agentes se sujeitam à penalização prevista no ordenamento jurídico. Crime ou contravenção penal (art. 1º, DL n. 3.914/41).

▸ Veja DL n. 3.914/41: "**Art 1º** Considera-se crime a infração penal que a lei comina pena de reclusão ou de detenção, quer isoladamente, quer alternativa ou cumulativamente com a pena de multa; contravenção, a infração penal a que a lei comina, isoladamente, pena de prisão simples ou de multa, ou ambas. alternativa ou cumulativamente".

▪ Conceito. Infração penal. Crime. Contravenção penal. Elementos da tipicidade penal. [...] 2. No sistema penal brasileiro, tanto a conduta criminosa assim como a contravencional são espécies do mesmo gênero, infração penal, no ponto. Como tal, devem ser diferenciadas apenas quando referentes às condutas típicas; porquanto, se o legislador elementarizou o tipo penal com a expressão *crime*, não se pode ampliar *in malam partem* o tipo penal para abranger também contravenções. Isso não ocorre, porém, quando a hipótese é de norma processual, definidora de competência, pela qual o objetivo da lei deve ser interpretado, principalmente, de acordo com a tutela jurídica que se quer proteger. (TJRJ, Conflito de Jurisdição n. 23.675/2010, rel. Des. José Muiños Piñeiro Filho, j. 05.10.2010)

Inicial   Petição inicial. Diz-se do requerimento endereçado a um juiz ou ao tribunal no qual a parte, denominada autor ou demandante, expondo os fundamentos de fato e de direito, requer o reconhecimento de sua pretensão, o que dá início a um processo. Exordial; peça preambular (*v. Petição inicial*).

Inimputabilidade   O que caracteriza a pessoa inimputável, não sujeita a responsabilidade criminal. Caráter ou qualidade de inimputável.

Inimputável   Qualidade daquele a quem não se permite imputar ou responsabilizar criminalmente. É isento de pena o agente que, por doença mental ou desenvolvimento mental incompleto ou retardado era, ao tempo da ação ou omissão, inteiramente incapaz de entender o caráter ilícito do fato ou determinar-se de acordo com esse entendimento (art. 26, CP). Também são inimputáveis os menores de 18 anos, sujeitos às normas estabelecidas na legislação especial, e o agente que, por embriaguez completa, proveniente de caso fortuito ou força maior, era, ao tempo da ação ou omissão, inteiramente incapaz de entender o caráter ilícito do fato ou determinar-se de acordo com esse entendimento (art. 27, CP).

▸ Veja CP: "**Art. 26.** É isento de pena o agente que, por doença mental ou desenvolvimento mental incompleto ou retardado, era, ao tempo da ação ou da omissão, inteiramente incapaz de entender o caráter ilícito do fato ou de determinar-se de acordo com esse entendimento. [...] **Art. 27.** Os menores de 18 (dezoito) anos são penalmente inimputáveis, ficando sujeitos às normas estabelecidas na legislação especial. **Art. 28.** Não excluem a imputabilidade penal: I – a emoção ou a paixão; II – a embriaguez, voluntária ou culposa, pelo álcool ou substância de efeitos análogos. § 1º É isento de pena o agente que, por embriaguez completa, proveniente de caso fortuito ou força maior, era, ao tempo da ação ou da omissão, inteiramente incapaz de entender o caráter ilícito do fato ou de determinar-se de acordo com esse entendimento. [...]"

▪ Pena. Execução. Lei. Inimputável. Medida de segurança. Internação em hospital de custódia e tratamento psiquiátrico. Tratamento ambulatorial. O inimputável não sofre pena, todavia fica sujeito à medida de segurança. Em se tratando de crime punível com reclusão, impõe-se a internação em hospital ou outro estabelecimento adequado. Dada a profunda distância entre o normativo e a realidade fática, o juiz precisa auscultar a teleologia da norma a fim de alcançar o melhor resultado. Em verdade, os hospitais de custódia e tratamento psiquiátrico formam uma ala no estabelecimento prisional de segurança máxima. Preferível suspender condicionalmente a internação pelo tratamento ambulatorial (CP, art. 96, II). Não se trata de mera liberalidade. O recorrente livre deverá apresentar-se mensalmente ao juízo de execução penal a fim de prestar contas do tratamento. Caso não o faça, ou não as dê convincentemente, exigir-se-á a internação. Com isso, ajusta-se a norma ao fato. (STJ, REsp n. 111.167/1997/DF, rel. Min. Luiz Vicente Cernicchiaro, j. 15.04.1997, *DJ* 25.08.1997)

Injúria   Crime contra a honra que consiste em injuriar alguém, ofendendo-lhe a dignidade ou o decoro (art. 140, CP).

▸ Veja CP: "**Art. 140.** Injuriar alguém, ofendendo-lhe a dignidade ou o decoro: Pena – detenção, de 1 (um) a 6 (seis) meses, ou multa. § 1º O juiz pode deixar de aplicar a pena: I – quando o ofendido, de forma reprovável, provocou diretamente a injúria; II – no caso de retorsão imediata, que consista em outra injúria. § 2º Se a injúria consiste em violência ou vias de fato, que, por sua natureza ou pelo meio empregado, se considerem aviltantes: Pena – detenção, de 3 (três) meses a 1 (um) ano, e multa, além da pena correspondente à violência. § 3º Se a injúria consiste na utilização de elementos referentes a raça, cor, etnia, religião, origem ou a condição de pessoa idosa ou portadora de deficiência: Pena – reclusão de 1 (um) a 3 (três) anos e multa".

- Responsabilidade civil. Condomínio em edificação. Assembleia geral. Injúria. Honra pessoal. Dano moral devido na hipótese. Valor não informado. CC/2002, art. 186. CF/88, art. 5º, v e x. Insinuação ofensiva de recebimento de propina levada a efeito em assembleia de condomínio. A indagação feita a síndico de condomínio sobre quanto ele teria recebido para a renovação de seguro obrigatório do prédio, se não comprovada, constitui ofensa pessoal que obriga ao atendimento de pedido de indenização por dano moral. Cuidando-se de decisão tomada por assembleia condominial, mais caracterizada se torna a obrigação individual de indenizar, visto ser característica essencial de tais assembleias a soberania nas decisões adotadas por sua maioria. (TJRJ, Emb. Infring. na Ap. Cível n. 62/1997, rel. Des. Ruy Monteiro de Carvalho, j. 19.06.1997, *DJ* 18.09.1997)

Inoficioso Não oficioso, indevido ou que se dá em prejuízo de alguém. O que excede ou extrapola o exercício de um direito. Na doação inoficiosa, por exemplo, o doador, no momento da liberalidade, abre mão de bens ou valores que excedem a metade disponível, ou seja, valores superiores aos que legalmente poderia doar. A lei veda esse tipo de liberalidade para assegurar que seja respeitada a legítima dos herdeiros (art. 549, CC).

▸ Veja CC: "**Art. 549.** Nula é também a doação quanto à parte que exceder à de que o doador, no momento da liberalidade, poderia dispor em testamento".

▸ Veja CPC/2015: "**Art. 611.** O processo de inventário e de partilha deve ser instaurado dentro de 2 (dois) meses, a contar da abertura da sucessão, ultimando-se nos 12 (doze) meses subsequentes, podendo o juiz prorrogar esses prazos, de ofício ou a requerimento de parte".

- Doação inoficiosa. Pais aos filhos. CCB, arts. 1.171 e 1.176. A doação de pais aos filhos não segue a regra geral da inoficiosidade uma vez que o referido ato, na forma do art. 1.171 do CCB/1916, implica adiantamento de legítima. [...] que determina a nulidade do ato, deve ser solucionada pelo instituto da colação; e, ainda que assim não fosse, "a sanção legal não será a ineficácia total do ato, porém a redução da liberalidade ao limite marcado. Daí dizer-se (art. 1.176) que é nula na parte inoficiosa, isto é, quanto àquela que exceder da meação disponível" (SOUZA, Milton Fernandes de. *Instituições de direito civil*, v. III. 10. ed. Rio de Janeiro: Forense, p.

164). (TJRJ, AI n. 29.830/2008, rel. Des. Milton Fernandes de Souza, j. 18.12.2008)

- Inventário. Doação inoficiosa. Pais aos filhos. CCB, art. 1.792. CCB/2002, arts. 496 e 533, II, e 2.004. Os donatários estão obrigados a conferir no inventário do doador, por meio de colação, os bens recebidos, pelo valor que lhes atribuir o ato de liberalidade ou a estimativa feita naquela época, para que sejam igualados os quinhões dos herdeiros necessários, conforme art. 1.792, § 1º, do CCB/1916. [...] Ademais, o Desembargador do Tribunal de Justiça de São Paulo, Carlos Roberto Gonçalves (*Direito das obrigações* – sinopse jurídica, 9.ed. Rio de Janeiro: Saraiva, p. 105), discorrendo sobre o dever de colação, assevera que "A obrigatoriedade da colação, na doação dos pais a determinado filho, dispensa, salvo a ressalva feita, a anuência dos outros filhos, somente exigível na venda (CC/2002, art. 496) ou permuta de bens de valores desiguais (CC/2002, art. 533, II)". [...] (TJRJ, AI n. 29.830/2008, rel. Des. Milton Fernandes de Souza, j. 18.12.2008)

In pari causa Locução latina que exprime *em caso semelhante* ou *sob idênticas condições*. Também exprime *em causas iguais*, regra que indica que, quando duas pessoas têm direitos iguais em relação a uma coisa particular, aquele que a detém em seu poder é considerado como tendo melhor direito.

Inquérito administrativo Procedimento instaurado por autoridade administrativa destinado a apurar irregularidades praticadas por servidor no exercício de suas funções. O inquérito administrativo obedecerá ao princípio do contraditório, sendo assegurada ao acusado ampla defesa com a utilização dos meios e recursos admitidos em Direito (art. 153, Lei n. 8.112/90).

▸ Veja Lei n. 8.112/90: "**Art. 153.** O inquérito administrativo obedecerá ao princípio do contraditório, assegurada ao acusado ampla defesa, com a utilização dos meios e recursos admitidos em direito. **Art. 154.** Os autos da sindicância integrarão o processo disciplinar, como peça informativa da instrução. Parágrafo único. Na hipótese de o relatório da sindicância concluir que a infração está capitulada como ilícito penal, a autoridade competente encaminhará cópia dos autos ao Ministério Público, independentemente da imediata instauração do processo disciplinar. **Art. 155.** Na fase do inquérito, a comissão promoverá a tomada de depoimentos, acareações, investigações e diligências cabíveis, objetivando a coleta de prova, recorrendo, quando necessário, a técnicos e peritos, de modo a permitir a completa elucidação dos fatos".

Inquérito policial Conjunto de diligências preparado pela polícia judiciária que se destina a coletar e analisar provas com vista à elucidação da autoria de uma infração penal e suas circunstâncias (art. 4º, CPP).

▶ Veja CPP: "**Art. 4º** A polícia judiciária será exercida pelas autoridades policiais no território de suas respectivas circunscrições e terá por fim a apuração das infrações penais e da sua autoria. Parágrafo único. A competência definida neste artigo não excluirá a de autoridades administrativas, a quem por lei seja cometida a mesma função. **Art. 5º** Nos crimes de ação pública o inquérito policial será iniciado: I – de ofício; II – mediante requisição da autoridade judiciária ou do Ministério Público, ou a requerimento do ofendido ou de quem tiver qualidade para representá-lo".

Inquérito trabalhista Procedimento instaurado pelo empregador por meio de reclamação por escrito à vara do trabalho ou juízo de direito para a apuração de falta grave contra empregado garantido com estabilidade. A reclamação deverá ser apresentada dentro de trinta dias contados da data da suspensão do empregado (art. 853, CLT).

▶ Veja CLT: "**Art. 853.** Para a instauração do inquérito para apuração de falta grave contra empregado garantido com estabilidade, o empregador apresentará reclamação por escrito à Junta ou Juízo de Direito, dentro de 30 (trinta) dias, contados da data da suspensão do empregado. **Art. 854.** O processo do inquérito perante a Junta ou Juízo obedecerá às normas estabelecidas no presente Capítulo, observadas as disposições desta Seção. **Art. 855.** Se tiver havido prévio reconhecimento da estabilidade do empregado, o julgamento do inquérito pela Junta ou Juízo não prejudicará a execução para pagamento dos salários devidos ao empregado, até a data da instauração do mesmo inquérito".

Inquilinato Termo que se refere a inquilino ou locatário. A Lei n. 8.245/91, que regula as relações entre locador e locatário, é denominada Lei do Inquilinato.

Inquilino Pessoa que reside em imóvel cedido pelo proprietário mediante contrato de locação; locatário.

Inquirição Questionamento ou indagação feitos às testemunhas integrantes de um processo judicial ou inquérito policial pela autoridade policial ou judiciária sobre fatos relacionados a causa ou delito de que tenham conhecimento (art. 413, CPC/73).

▶ Veja CPP: "**Art. 400.** Na audiência de instrução e julgamento, a ser realizada no prazo máximo de 60 (sessenta) dias, proceder-se-á à tomada de declarações do ofendido, à inquirição das testemunhas arroladas pela acusação e pela defesa, nesta ordem, ressalvado o disposto no art. 222 deste Código, bem como aos esclarecimentos dos peritos, às acareações e ao reconhecimento de pessoas e coisas, interrogando-se, em seguida, o acusado. § 1º As provas serão produzidas numa só audiência, podendo o juiz indeferir as consideradas irrelevantes, impertinentes ou protelatórias. § 2º Os esclarecimentos dos peritos dependerão de prévio requerimento das partes".

▶ Veja CPC/73: "**Art. 413.** O juiz inquirirá as testemunhas separada e sucessivamente; primeiro as do autor e depois as do réu, providenciando de modo que uma não ouça o depoimento das outras. **Art. 414.** Antes de depor, a testemunha será qualificada, declarando o nome por inteiro, a profissão, a residência e o estado civil, bem como se tem relações de parentesco com a parte, ou interesse no objeto do processo. § 1º É lícito à parte contraditar a testemunha, arguindo-lhe a incapacidade, o impedimento ou a suspeição. Se a testemunha negar os fatos que lhe são imputados, a parte poderá provar a contradita com documentos ou com testemunhas, até três, apresentadas no ato e inquiridas em separado. Sendo provados ou confessados os fatos, o juiz dispensará a testemunha, ou lhe tomará o depoimento, observando o disposto no art. 405, § 4º. § 2º A testemunha pode requerer ao juiz que a escuse de depor, alegando os motivos de que trata o art. 406; ouvidas as partes, o juiz decidirá de plano".

▶ Veja CPC/2015: "**Art. 456.** O juiz inquirirá as testemunhas separada e sucessivamente, primeiro as do autor e depois as do réu, e providenciará para que uma não ouça o depoimento das outras. Parágrafo único. O juiz poderá alterar a ordem estabelecida no *caput* se as partes concordarem. **Art. 457.** Antes de depor, a testemunha será qualificada, declarará ou confirmará seus dados e informará se tem relações de parentesco com a parte ou interesse no objeto do processo. § 1º É lícito à parte contraditar a testemunha, arguindo-lhe a incapacidade, o impedimento ou a suspeição, bem como, caso a testemunha negue os fatos que lhe são imputados, provar a contradita com documentos ou com testemunhas, até 3 (três), apresentadas no ato e inquiridas em separado. § 2º Sendo provados ou confessados os fatos a que se refere o § 1º, o juiz dispensará a testemunha ou lhe tomará o depoimento como informante. § 3º A testemunha pode requerer ao juiz que a escuse de depor, alegando os motivos previstos neste Código, decidindo o juiz de plano após ouvidas as partes".

Insanável Defeito do ato jurídico que não pode ser sanado, confirmado ou convalidado. O negócio jurídico nulo não é suscetível de confirmação, nem convalesce pelo decurso do tempo (art. 169, CC). Já o negócio anulável pode ser confirmado pelas partes, salvo direito de terceiro (art. 172, CC).

▶ Veja CC: "**Art. 169.** O negócio jurídico nulo não é suscetível de confirmação, nem convalesce pelo decurso do tempo. [...] **Art. 172.** O negócio anulável pode ser confirmado pelas partes, salvo direito de terceiro".

Insanidade mental Loucura, demência, falta de integridade mental. No direito penal, a insanidade mental constitui causa de inimputabilidade do agente.

Insolvabilidade Situação ou condição de quem se mostra insolvente, isto é, daquele que não apresenta condições de solver ou adimplir as dívidas contraídas.

Insolvência Estado do devedor cujas dívidas excedem a importância dos bens ou do patrimônio que possui. Dá-se a insolvência toda vez que as dívidas excederem o valor dos bens do devedor.

▶ Veja CC: "**Art. 158.** Os negócios de transmissão gratuita de bens ou remissão de dívida, se os praticar o devedor já insolvente, ou por eles reduzido à insolvência, ainda quando o ignore, poderão ser anulados pelos credores quirografários, como lesivos dos seus direitos. § 1º Igual direito assiste aos credores cuja garantia se tornar insuficiente. § 2º Só os credores que já o eram ao tempo daqueles atos podem pleitear a anulação deles. [...] **Art. 955.** Procede-se à declaração de insolvência toda vez que as dívidas excedam à importância dos bens do devedor".

■ Insolvência civil. Embargos do devedor insolvente. Rejeição. Apelação recebida apenas no efeito devolutivo. Aplicação analógica do art. 520, V, do CPC. Juridicidade. 1. A insolvência civil é ação de cunho declaratório/constitutivo tendente a aferir, na via cognitiva, a insolvabilidade do devedor, condição esta que, uma vez declarada judicialmente, terá o efeito de estabelecer nova disciplina nas relações entre o insolvente e seus eventuais credores. Tal premissa não há de ter, entretanto, o efeito de convolar em contestação os embargos disciplinados nos arts. 755 e segs. do CPC. 2. Mostra-se de todo apropriado o entendimento jurisdicional que equipara os embargos à insolvência aos embargos à execução opostos por devedor solvente, para fins de aplicação da regra ínsita no art. 520, V, do Código de Processo Civil, que determina o recebimento da apelação apenas no seu efeito devolutivo. 3. Recurso especial não conhecido. (STJ, REsp n. 621.492/SP, 4ª T., rel. Min. João Otávio de Noronha, j. 15.10.2009, *DJe* 26.10.2009)

Insolvente Devedor ou pessoa que não se mostra em condições de solver ou adimplir as dívidas contraídas em razão de estas excederem o valor de seu patrimônio.

Inspeção judicial Observação ou exame direto e pessoal de pessoas ou coisas que sejam objeto da lide, feitos pelo juiz, de ofício ou a requerimento da parte, em qualquer fase do processo, a fim de esclarecer fato que interesse à decisão da causa. A inspeção judicial é considerada um dos meios de prova admitidos pelo CPC (art. 440, CPC/73).

▶ Veja CPC/2015: "**Art. 481.** O juiz, de ofício ou a requerimento da parte, pode, em qualquer fase do processo, inspecionar pessoas ou coisas, a fim de se esclarecer sobre fato que interesse à decisão da causa. **Art. 482.** Ao realizar a inspeção, o juiz poderá ser assistido por um ou mais peritos. **Art. 483.** O juiz irá ao local onde se encontre a pessoa ou a coisa quando: I – julgar necessário para a melhor verificação ou interpretação dos fatos que deva observar; II – a coisa não puder ser apresentada em juízo sem consideráveis despesas ou graves dificuldades; III – determinar a reconstituição dos fatos. Parágrafo único. As partes têm sempre direito a assistir à inspeção, prestando esclarecimentos e fazendo observações que considerem de interesse para a causa. **Art. 484.** Concluída a diligência, o juiz mandará lavrar auto circunstanciado, mencionando nele tudo quanto for útil ao julgamento da causa. Parágrafo único. O auto poderá ser instruído com desenho, gráfico ou fotografia".

■ Apelação cível. Tributário. Execução fiscal. Embargos. Definição sobre a incidência de IPTU ou ITR. Critério da destinação do imóvel. 1. Num primeiro momento, a distinção entre imóvel urbano ou rural é feita a partir da localização (critério topográfico). Todavia, sobre tal critério prevalece o da destinação econômica, consoante se infere do art. 32 do CTN e do art. 15

do Decreto n. 57/66. Precedentes. Hipótese em que a prova coligida aos autos, inclusive a inspeção judicial, evidencia que o imóvel não tem destinação rural, sendo que o embargante limitou-se a arguir a destinação rural do imóvel, deixando de produzir qualquer prova a respeito. 2. Não elidida, assim, a presunção de liquidez e certeza que emana da CDA. Apelação desprovida. (TJRS, Ap. Cível n. 70.039.507.165, 2ª Câm. Cível, rel. Ricardo Torres Hermann, j. 10.07.2013)

Instância Grau de jurisdição decorrente da hierarquia entre juízes existente no Poder Judiciário. A hierarquia dos juízes diz respeito à divisão de sua competência funcional em órgãos judiciais de primeira, segunda ou terceira instância (o último grau de jurisdição ou recurso). São órgãos de primeira instância ou primeiro grau de jurisdição aqueles que abrigam os juízes singulares; de segunda instância ou segundo grau de jurisdição os tribunais de justiça e os regionais federais; de último grau de jurisdição o STJ e o STF.

Instaurar Dar início ou tomar a iniciativa de requerer ou promover determinada providência ou medida judicial ou extrajudicial. Instauram-se um inquérito, um procedimento administrativo, um dissídio coletivo, uma CPI, uma auditoria etc.

Instrução Expressão que indica a soma de atos e diligências que podem ou devem ser praticados no processo, de modo que se esclareçam fatos ou questões objeto da demanda ou do litígio. Representa, assim, a reunião de provas que determinam a procedência ou não dos fatos alegados. Portanto, instrução equivale a elucidação, esclarecimento. A instrução costuma ser realizada antes da audiência de instrução e julgamento mediante saneamento e organização do processo (art. 450, CPC/73).

▶ Veja CPC/2015: "**Art. 357.** Não ocorrendo nenhuma das hipóteses deste Capítulo, deverá o juiz, em decisão de saneamento e de organização do processo: [...] V – designar, se necessário, audiência de instrução e julgamento. [...] **Art. 358.** No dia e na hora designados, o juiz declarará aberta a audiência de instrução e julgamento e mandará apregoar as partes e os respectivos advogados, bem como outras pessoas que dela devam participar. **Art. 359.** Instalada a audiência, o juiz tentará conciliar as partes, independentemente do emprego anterior de outros métodos de solução consensual de conflitos, como a medição e a arbitragem".

▪ Intimação pessoal. Advogado. Audiência de instrução e julgamento. CPC, art. 236. [...] 2. Inocorrendo a hipótese de obrigatoriedade de intimação pessoal dos réus e de seus advogados para comparecerem à audiência de instrução e julgamento e tendo sido estes intimados por meio de publicação no Diário Oficial, observado o disposto no art. 236 do CPC, não há qualquer vício a gerar nulidade processual. (TJRJ, Ap. Cível n. 14.603/2011, rel. Des. Antônio Iloízio Barros Bastos, j. 19.04.2011)

▪ Prova testemunhal. Rol de testemunhas. Apresentação. Audiência de instrução e julgamento. Prazo. Extemporâneo. Pretensão anulatória afastada. CPC, art. 407. É extemporânea a apresentação de rol de testemunhas, com determinação de novos endereços, em prazo inferior ao descrito no art. 407 do CPC, de sorte que improcede a pretensão da ré de ver anulado o processo por cerceamento de defesa. (STJ, REsp n. 808.455/2007/ES, rel. Min. Aldir Passarinho Júnior, j. 15.03.2007, DJ 14.05.2007)

Instrução normativa Ato administrativo expresso emanado de uma autoridade administrativa e endereçado aos subordinados que dispõe sobre critérios e procedimentos a serem adotados para funcionamento do serviço público ou para interpretação ou aplicação de determinada norma, lei ou regulamento.

Instruções Ordem emanada de uma autoridade ou pessoa de maior nível hierárquico pela qual se fixam regras de procedimento para a execução de outros atos ou se disciplina a execução de serviços. As instruções podem surgir como avisos, circulares, ementas, portarias ou provisões. Também se denominam instruções explicações ou esclarecimentos dados para uso especial, como instalação de um aparelho, inscrição em um concurso, preenchimento de um formulário ou cartão de respostas de uma prova de concurso.

Intempestividade Efeito ou situação do que é intempestivo, ou seja, daquilo que se encontra ou foi realizado fora do tempo ou prazo. Mostra-se intempestivo, por exemplo, o recurso de apelação interposto após o prazo de quinze dias previsto em lei. A intempestividade é causa de preclusão.

▶ Veja CPC/2015: "**Art. 507.** É vedado à parte discutir no curso do processo as questões já decididas a cujo respeito se operou a preclusão".

Interdição Medida judicial destinada a declarar que uma pessoa, sujeita à curatela, não possui condições de gerir seus bens nem sua própria pessoa. Estão sujeitos à curatela e, por consequência, a interdição e nomeação de curador aqueles que, por enfermidade ou deficiência mental, não tiverem o necessário discernimento para os atos da vida civil; aqueles que, por outra causa duradoura, não puderem exprimir sua vontade; os deficientes mentais, os ébrios habituais e os viciados em tóxicos; os excepcionais sem completo desenvolvimento mental; os pródigos (art. 1.767, CC). A interdição do pródigo só o privará de, sem curador, dar quitação, alienar, hipotecar, demandar ou ser demandado e praticar, em geral, atos que não sejam de mera administração (art. 1.782, CC). A interdição pode ser promovida pelo cônjuge ou companheiro, pelos parentes ou tutores, pelo representante da entidade em que se encontra abrigado o interditando e pelo Ministério Público (art. 747, CPC/2015).

- Veja CC: "**Art. 1.767.** Estão sujeitos a curatela: I – aqueles que, por enfermidade ou deficiência mental, não tiverem o necessário discernimento para os atos da vida civil; II – aqueles que, por outra causa duradoura, não puderem exprimir a sua vontade; III – os deficientes mentais, os ébrios habituais e os viciados em tóxicos; IV – os excepcionais sem completo desenvolvimento mental; V – os pródigos".

- Veja CPC/2015: "**Art. 747.** A interdição pode ser promovida: I – pelo cônjuge ou companheiro; II – pelos parentes ou tutores; III – pelo representante da entidade em que se encontra abrigado o interditando; IV – pelo Ministério Público. Parágrafo único. A legitimidade deverá ser comprovada por documentação que acompanhe a petição inicial. **Art. 748.** O Ministério Público só promoverá interdição em caso de doença mental grave: I – se as pessoas designadas nos incisos I, II e III do art. 747 não existirem ou não promoverem a interdição; II – se, existindo, forem incapazes as pessoas mencionadas nos incisos I e II do art. 747. **Art. 749.** Incumbe ao autor, na petição inicial, especificar os fatos que demonstram a incapacidade do interditando para administrar seus bens e, se for o caso, para praticar atos da vida civil, bem como o momento em que a incapacidade se revelou. Parágrafo único. Justificada a urgência, o juiz pode nomear curador provisório ao interditando para a prática de determinados atos. [...] **Art. 755.** Na sentença que decretar a interdição, o juiz: I – nomeará curador, que poderá ser o requerente da interdição, e fixará os limites da curatela, segundo o estado e o desenvolvimento mental do interdito; II – considerará as características pessoais do interdito, observando suas potencialidades, habilidades, vontades e preferências. [...]".

- Interdição. Publicação da sentença. CPC, art. 1.184. Para que haja eficácia *erga omnes*, a sentença que decreta a interdição deve ser publicada por uma vez na imprensa local e por três vezes na imprensa oficial. (TJSP, Ap. Cível n. 219.737/1/1995/Amparo, rel. Des. Orlando Pistoresi, j. 23.03.1995)

- Interdição. Prodigalidade. Motivação. CPC, arts. 438, 131 e 1.180. O juiz não está adstrito ao laudo pericial, podendo formar a sua convicção com outros elementos ou fatos provados nos autos (art. 438, CPC). Assim é que, indicados os motivos que formaram o convencimento a respeito da prodigalidade determinante da interdição, não há cogitar de negativa de vigência ao art. 131 do CPC. Perfeitamente dispensável, no caso, referir a anomalia psíquica, mostrando-se suficiente a indicação dos fatos que revelam o comprometimento da capacidade de administrar o patrimônio. A prodigalidade é uma situação que tem mais a ver com a objetividade de um comportamento na administração do patrimônio do que com o subjetivismo da insanidade mental invalidante da capacidade para os atos da vida civil. Negativa de vigência ao art. 1.180 do CPC não configurada. Recurso especial não conhecido. (STJ, REsp n. 36.208/3/1994/RS, rel. Min. Costa Leite, j. 14.11.1994, *DJ* 19.12.1994)

Interdito possessório Medida judicial destinada a garantir proteção e defesa da posse contra atos de turbação e esbulho. O possuidor tem direito a ser mantido na posse em caso de turbação, restituído em caso de esbulho e segurado de violência iminente se tiver justo receio de ser molestado (art. 1.210, CC). Os interditos possessórios disponíveis na legislação são a ação de manutenção de posse, ação de reintegração de posse e interdito proibitório.

- Veja CC: "**Art. 1.210.** O possuidor tem direito a ser mantido na posse em caso de turbação, restituído no de esbulho, e segurado de violência iminente, se tiver justo receio de ser molestado. § 1º O possuidor turbado, ou esbulhado, poderá manter-se ou restituir-se por sua própria força, contanto que o faça logo; os atos de defesa, ou de desforço, não podem ir além do indispensável à manutenção, ou restituição da posse. § 2º Não obsta à manutenção ou reintegração na posse a alegação de propriedade, ou de outro direito sobre a coisa".

Interdito proibitório Medida possessória preventiva que tem por objetivo impedir que uma ameaça à posse do possuidor venha a concretizar-se, seja por turbação, seja por esbulho (art. 932, CPC/73). São requisitos do interdito proibitório a prova da posse do autor (escritura, contrato etc.) e a de ameaça à posse do autor (testemunhas).

- Veja CPC/2015: "**Art. 567**. O possuidor direto ou indireto que tenha justo receio de ser molestado na posse poderá requerer ao juiz que o segure da turbação ou esbulho iminente, mediante mandado proibitório em que se comine ao réu determinada pena pecuniária caso transgrida o preceito".

- Súmula n. 228, STJ: É inadmissível o interdito proibitório para proteção do direito autoral.

- Agravo de instrumento. Decisão monocrática. Interdito proibitório. Liminar. Art. 932 do CPC. I. É de ser mantida a medida liminar, em face da demonstração de turbação da posse e do receio de ação injusta da agravante. II. Aplicável ao caso o princípio da imediatidade da prova, o qual privilegia o juízo de valor formulado pelo julgador que preside o feito, frente à sua proximidade com as partes e com o processo na origem, o que lhe permite dispor de elementos para formação de sua convicção. III. Decisão agravada mantida. Agravo de instrumento a que se nega seguimento. (TJRS, AI n. 70.055.694.327, 17ª Câm. Cível, rel. Gelson Rolim Stocker, j. 24.07.2013)

- Interdito proibitório. Passagem forçada. Servidão de passagem. Distinções e semelhanças. Não caracterização no caso. 1. Apesar de apresentarem naturezas jurídicas distintas, tanto a passagem forçada, regulada pelos direitos de vizinhança, quanto a servidão de passagem, direito real, originam-se em razão da necessidade/utilidade de trânsito, de acesso. 2. Não identificada, no caso dos autos, hipótese de passagem forçada ou servidão de passagem, inviável a proteção possessória pleiteada com base no alegado direito. 3. A servidão, por constituir forma de limitação do direito de propriedade, não se presume, devendo ser interpretada restritivamente. 4. Recurso especial provido. (STJ, REsp n. 316.045/SP, 3ª T., rel. Min. Ricardo Villas Bôas Cueva, j. 23.10.2012, *DJe* 29.10.2012)

Interesse de agir Também chamado interesse processual, diz respeito à necessidade-utilidade de obter, por meio do processo, a proteção ao direito do autor. O interesse de agir depende da necessidade de obter a tutela jurisdicional contra a violação do direito do autor, seja ele moral ou econômico. Na ação reivindicatória, por exemplo, o interesse de agir manifesta-se na necessidade de a parte recorrer ao Judiciário para fazer valer seu direito de propriedade, tutelado pelo art. 1.228 do CC, diante da resistência dos possuidores, sem justo título, em entregar o imóvel reivindicado.

- Veja CPC/73: "**Art. 3º** Para propor ou contestar ação é necessário ter interesse e legitimidade".

Interesse homogêneo Na visão do Supremo Tribunal Federal, os interesses homogêneos são espécie de interesses coletivos. "Direitos ou interesses homogêneos são os que têm a mesma origem comum (art. 81, III, Lei n. 8.078/90), constituindo-se em subespécie de direitos coletivos. [...] Quer se afirme interesses coletivos ou particularmente interesses homogêneos, *stricto sensu*, ambos estão cingidos a uma mesma base jurídica, sendo coletivos, explicitamente dizendo, porque são relativos a grupos, categorias ou classes de pessoas, que, conquanto digam respeito às pessoas isoladamente, não se classificam como direitos individuais para o fim de ser vedada a sua defesa em ação civil pública, porque sua concepção finalística destina-se à proteção desses grupos, categorias ou classe de pessoas" (STF, REsp n. 163.231/SP, Pleno, rel. Min. Maurício Corrêa, *DJ* 29.06.2001).

Interesse processual Também chamado interesse de agir, diz respeito à necessidade-utilidade de obter, por meio do processo, a proteção ao direito do autor. O interesse de agir depende da necessidade de obter a tutela jurisdicional contra a violação do direito do autor, seja ele moral ou econômico.

- Veja CPC/73: "**Art. 3º** Para propor ou contestar ação é necessário ter interesse e legitimidade".

- Veja CPC/2015: "**Art. 17**. Para postular em juízo é necessário ter interesse e legitimidade. [...] **Art. 19**. O interesse do autor pode limitar-se à declaração: I – da existência, da inexistência ou do modo de ser de uma relação jurídica; II – da autenticidade ou da falsidade de documento".

- Ação cautelar de exibição de documentos. Inversão do ônus da prova. Interesse de agir. [...] 2. O titular de conta-corrente possui interesse de agir na propositura de ação de exibição de documentos contra instituição financeira quando objetiva, na respectiva ação principal, discutir a relação jurídica entre eles estabelecida, independentemente de prévia remessa de extratos bancários ou solicitação dos documentos na esfera administrativa. 3. Agravo regimental desprovido. (STJ, Ag. Reg. no REsp n. 291.188/SP, 3ª T., rel. Min. João Otávio de Noronha, j. 25.06.2013, *DJe* 01.07.2013)

- Medida cautelar. Relação jurídica ausente entre as partes. Interesse de agir. Ausência de legítimo interesse. Petição inicial. Indeferimento. Extinção do processo sem resolução do mérito. Carência da ação. Medida cautelar de protesto ajuizada para interromper prazo prescricional referente a contrato de financiamento habitacional. Deve ser indeferido por falta de legítimo interesse o protesto formulado por quem não demonstra vínculo com a relação jurídica invocada. Negado provimento ao recurso especial. (STJ, REsp n. 1.200.075/RJ, rel. Min. Nancy Andrighi, j. 23.10.2012, *DJ* 13.11.2012)

Interlocutória Ato pelo qual o juiz, no curso do processo, resolve questão incidente (art. 162, § 2º, CPC/73). Diz-se das decisões não definitivas ou não terminativas proferidas pelo juiz no processo.

▸ Veja CPC/2015: "**Art. 203.** Os pronunciamentos do juiz consistirão em sentenças, decisões interlocutórias e despachos. § 1º Ressalvadas as disposições expressas dos procedimentos especiais, sentença é o pronunciamento por meio do qual o juiz, com fundamento nos arts. 485 e 487, põe fim à fase cognitiva do procedimento comum, bem como extingue a execução. § 2º Decisão interlocutória é todo pronunciamento judicial de natureza decisória que não se enquadre no § 1º. [...]".

- Agravo interno. Decisão monocrática que negou seguimento ao agravo de instrumento. Não desmerecida pelas razões deduzidas no agravo interno, subsiste a decisão que negou seguimento ao agravo de instrumento em conformidade com o art. 557, *caput*, do Código de Processo Civil. Agravo de instrumento. Decisão monocrática. Responsabilidade civil. Cumprimento de sentença. Intimação para pagamento. Ausência de decisão interlocutória. O ato judicial contra o qual foi interposto o agravo de instrumento não constitui decisão interlocutória, mas mero despacho, sendo irrecorrível. Art. 504 do Código de Processo Civil. Precedentes jurisprudenciais. Agravo interno desprovido. (TJRS, Ag. n. 70.055.354.542, 10ª Câm. Cível, rel. Paulo Roberto Lessa Franz, j. 01.08.2013)

- Agravo de instrumento. Ensino particular. Decisão que determina arquivamento administrativo e faculta reativação. Recurso cabível. Agravo de instrumento. Princípios da taxatividade e da unirrecorribilidade. 1. A decisão que determina o arquivamento administrativo do feito, facultando a sua reativação, cuida-se de interlocutória, nos termos do art. 162, § 2º, do CPC, não se tratando de sentença, pois não se enquadra em quaisquer das situações previstas nos arts. 267 e 269 do Diploma Processual Civil. 2. Inexistência de dúvida objetiva e ocorrência de erro inexcusável, ao não ser observado o recurso taxativamente previsto em lei para a hipótese, o que afasta a aplicação do princípio da fungibilidade recursal. Negado seguimento ao agravo de instrumento. (TJRS, AI n. 70.055.773.253, 5ª Câm. Cível, rel. Jorge Luiz Lopes do Canto, j. 01.08.2013)

Interna corporis Diz-se dos atos praticados com fundamento nas regras constantes do regimento interno de uma instituição, de aplicação restrita ao âmbito de sua competência, não sujeitas a apreciação judicial, salvo em hipóteses restritas, como ilegalidade e abuso de poder (*v. Regimento interno*).

- Agravo regimental. Suspensão de segurança. Aprovação de projetos de lei. Regramento das sessões legislativas. Regimento interno da câmara legislativa. Ato *interna corporis*. Os temas jurídicos vinculados à interpretação e à aplicação das normas contidas no Regimento Interno da Câmara Municipal têm natureza infraconstitucional, sendo competente para processar e julgar a suspensão de liminar ou de segurança o STJ. A adoção da jurisprudência do STF pela decisão ora impugnada não descaracteriza a competência desta Corte. O ato *interna corporis* da Assembleia Legislativa, relativo ao processo legislativo, não pode ser objeto de controle jurisdicional, sob pena de causar grave lesão à ordem pública. Precedentes do STF. Agravo regimental improvido. (STJ, Ag. Reg. na Suspensão de Segurança n. 1.943/SC, 2009/0018806-6)

Interpelação Medida judicial ou extrajudicial requerida por quem tem interesse em prevenir responsabilidade e ressalvar direitos de modo formal. A interpelação é, em regra, utilizada constituir o devedor em mora quando não haja termo expresso de vencimento da obrigação (art. 397, parágrafo único, CC). Um dos casos em que a lei exige expressamente a prévia interpelação judicial ou extrajudicial é o do art. 1º do DL n. 745/69, para efeito de constituir em mora o compromissário comprador do imóvel.

▸ Veja CC: "**Art. 397.** O inadimplemento da obrigação, positiva e líquida, no seu termo, constitui de pleno direito em mora o devedor. Parágrafo único. Não havendo termo, a mora se constitui mediante interpelação judicial ou extrajudicial".

▶ Veja CPC/2015: "**Art. 726.** Quem tiver interesse em manifestar formalmente sua vontade a outrem sobre assunto juridicamente relevante poderá notificar pessoas participantes da mesma relação jurídica para dar-lhes ciência de seu propósito. § 1º Se a pretensão for a de dar conhecimento geral ao público, mediante edital, o juiz só a deferirá se a tiver por fundada e necessária ao resguardo de direito. § 2º Aplica-se o disposto nesta Seção, no que couber, ao protesto judicial. **Art. 727.** Também poderá o interessado interpelar o requerido, no caso do art. 726, para que faça ou deixe de fazer o que o requerente entenda ser de seu direito. **Art. 728.** O requerido será previamente ouvido antes do deferimento da notificação ou do respectivo edital: I – se houver suspeita de que o requerente, por meio da notificação ou do edital, pretende alcançar fim ilícito; II – se tiver sido requerida a averbação da notificação em registro público. **Art. 729.** Deferida e realizada a notificação ou interpelação, os autos serão entregues ao requerente".

▶ Veja DL n. 745/69: "**Art. 1º** Nos contratos a que se refere o art. 22 do Decreto-Lei n. 58, de 10 de dezembro de 1937, ainda que não tenham sido registrados junto ao Cartório de Registro de Imóveis competente, o inadimplemento absoluto do promissário comprador só se caracterizará se, interpelado por via judicial ou por intermédio de cartório de Registro de Títulos e Documentos, deixar de purgar a mora, no prazo de 15 (quinze) dias contados do recebimento da interpelação".

■ Súmula n. 76, STJ: A falta de registro do compromisso de compra e venda de imóvel não dispensa a prévia interpelação para constituir em mora o devedor.

■ Agravo regimental no agravo em recurso especial. Seguro de vida. Indenização. Recusa. Falta de pagamento. Impossibilidade de cancelamento unilateral da avença pela seguradora. Interpelação. Segurado. Necessidade. Precedentes. Agravo improvido. 1. De acordo com a jurisprudência iterativa do STJ, "O mero atraso no pagamento de prestação do prêmio do seguro não importa em desfazimento automático do contrato, para o que se exige, ao menos, a prévia constituição em mora do contratante pela seguradora, mediante interpelação" (REsp n. 316.552/SP, rel. Min. Aldir Passarinho Júnior, *DJ* 12.04.2004). 2. Agravo regimental a que se nega provimento. (STJ, Ag. Reg. no AREsp n. 539.124/SP, 3ª T., rel. Min. Marco Aurélio Bellizze, j. 06.11.2014, *DJe* 14.11.2014)

Interpelação judicial Medida judicial requerida pelo interessado para que o requerido faça ou deixe de fazer aquilo que o requerente entenda do seu direito (arts. 867 a 873, CPC/73).

▶ Veja CPC/73: "**Art. 867.** Todo aquele que desejar prevenir responsabilidade, prover a conservação e ressalva de seus direitos ou manifestar qualquer intenção de modo formal, poderá fazer por escrito o seu protesto, em petição dirigida ao juiz, e requerer que do mesmo se intime a quem de direito".

▶ Veja CPC/2015: "**Art. 726.** Quem tiver interesse em manifestar formalmente sua vontade a outrem sobre assunto juridicamente relevante poderá notificar pessoas participantes da mesma relação jurídica para dar-lhes ciência de seu propósito. § 1º Se a pretensão for a de dar conhecimento geral ao público, mediante edital, o juiz só a deferirá se a tiver por fundada e necessária ao resguardo de direito. § 2º Aplica-se o disposto nesta Seção, no que couber, ao protesto judicial. **Art. 727.** Também poderá o interessado interpelar o requerido, no caso do art. 726, para que faça ou deixe de fazer o que o requerente entenda ser de seu direito. **Art. 728.** O requerido será previamente ouvido antes do deferimento da notificação ou do respectivo edital: I – se houver suspeita de que o requerente, por meio da notificação ou do edital, pretende alcançar fim ilícito; II – se tiver sido requerida a averbação da notificação em registro público. **Art. 729.** Deferida e realizada a notificação ou interpelação, os autos serão entregues ao requerente".

Interpor Ato da parte que integra a lide que consiste em ingressar ou ajuizar um recurso ou ação rescisória. O recurso pode ser interposto perante o próprio juiz que proferiu a decisão, como no caso de agravo em decisão interlocutória, ou perante um tribunal, como no caso da apelação. O recurso pode ser interposto pela parte vencida, pelo terceiro prejudicado e pelo Ministério Público (art. 499, CPC/73).

▶ Veja CPC/73: "**Art. 499.** O recurso pode ser interposto pela parte vencida, pelo terceiro prejudicado e pelo Ministério Público. [...]".

▶ Veja CPC/2015: "**Art. 996.** O recurso pode ser interposto pela parte vencida, pelo terceiro prejudicado e pelo Ministério Público, como parte ou como fiscal da ordem jurídica. [...] **Art. 1.005.** O recurso interposto por um dos litisconsortes a todos aproveita, salvo se distintos ou opostos os seus interesses. Parágrafo único. Havendo solidariedade passiva, o recurso interposto por um devedor aproveitará aos outros quando as defesas opostas ao credor lhes forem comuns".

Interposta pessoa Diz-se da utilização por alguém de intermediário ou terceiro para realização de um negócio jurídico. É o que ocorre, por exemplo, na representação por mandato ou procuração. Também se considera a presença de interposta pessoa na terceirização de serviços, na qual o tomador de serviços contrata empresa ou pessoa física para intermediar a prestação laboral, estando os trabalhadores a ela vinculados. Todavia, pode a interposição também se efetivar de forma fraudulenta ou dissimulada de modo a ocultar a pessoa do verdadeiro interessado, como se verifica na venda de ascendente a descendente, mediante a participação de um terceiro adquirente que, após a compra, transfere o bem ao descendente como forma de burlar a exigência de consentimento dos demais descendentes (art. 496, CC).

▸ Veja CC: "**Art. 496.** É anulável a venda de ascendente a descendente, salvo se os outros descendentes e o cônjuge do alienante expressamente houverem consentido. Parágrafo único. Em ambos os casos, dispensa-se o consentimento do cônjuge se o regime de bens for o da separação obrigatória. [...] **Art. 1.802.** São nulas as disposições testamentárias em favor de pessoas não legitimadas a suceder, ainda quando simuladas sob a forma de contrato oneroso, ou feitas mediante interposta pessoa. Parágrafo único. Presumem-se pessoas interpostas os ascendentes, os descendentes, os irmãos e o cônjuge ou companheiro do não legitimado a suceder".

▸ Veja CP: "**Art. 177.** Promover a fundação de sociedade por ações, fazendo, em prospecto ou em comunicação ao público ou à assembleia, afirmação falsa sobre a constituição da sociedade, ou ocultando fraudulentamente fato a ela relativo: Pena – reclusão, de 1 (um) a 4 (quatro) anos, e multa, se o fato não constitui crime contra a economia popular. § 1º Incorrem na mesma pena, se o fato não constitui crime contra a economia popular: [...] VII – o diretor, o gerente ou o fiscal que, por interposta pessoa, ou conluiado com acionista, consegue a aprovação de conta ou parecer; [...]".

■ Venda de ascendente a descendente por interposta pessoa. Caso de simulação. Prazo quadrienal (art. 178, § 9º, V, b, CC/1916). Termo inicial. Abertura da sucessão do último ascendente. 1. Na vigência do CC/1916, a venda de ascendente a descendente, por interposta pessoa e sem consentimento dos demais descendentes, distancia-se da situação descrita pela Súmula n. 494/STF. Trata-se de situação que configura simulação, com prazo prescricional quadrienal (178, § 9º, V, b, do CC/1916), mas o termo inicial é a data da abertura da sucessão do alienante. 2. Entender de forma diversa significaria exigir que descendentes litigassem contra ascendentes, ainda em vida, causando um desajuste nas relações intrafamiliares. Ademais, exigir-se-ia que os descendentes fiscalizassem – além dos negócios jurídicos do seu ascendente – as transações realizadas por estranhos, ou seja, pelo terceiro interposto, o que não se mostra razoável nem consentâneo com o ordenamento jurídico que protege a intimidade e a vida privada. Precedentes do STF. [...] (STJ, REsp n. 999.921/PR, 4ª T., rel. Min. Luis Felipe Salomão, j. 14.06.2011, *DJe* 01.08.2011)

■ Embargos de terceiro. Comprovação da má-fé do adquirente, familiar dos executados. Súmula n. 375 do STJ. Caracteriza-se a fraude à execução, independentemente do registro da penhora, por meio da prova de que os executados transferem o imóvel permutado, por interposta pessoa, sem ter cumprido a sua parte no contrato de permuta, a seu familiar, o embargante, como se extrai da prova testemunhal, em situação que a relação de parentesco havida entre as partes demonstra o conhecimento da execução, e a transferência, concomitante à execução, que se destina a fraudá-la. (TJRS, Ap. Cível n. 70.054.176.748, 20ª Câm. Cível, rel. Carlos Cini Marchionatti, j. 08.05.2013)

Interpretação Ato de interpretar ou determinar o sentido verdadeiro de expressão, frase, sentença, contrato ou norma, declarando tudo o que nela contém. Individualização e concretização de uma norma geral e abstrata. Com o mesmo sentido de interpretação, costuma-se também utilizar a expressão *exegese*. Interpretar implica a aplicação, na prática, dos preceitos da hermenêutica (*v. Exegese*).

■ Súmula n. 5, STJ: A simples interpretação contratual não enseja recurso especial.

■ Súmula n. 181, STJ: É admissível ação declaratória, visando a obter certeza quanto à exata interpretação de cláusula contratual.

■ Plano de saúde. Implantação de prótese. Cobertura. Tratamento essencial. Recusa. Aplicação do Código do Consumidor. Interpretação de cláusulas mais favoráveis ao consumidor. Agravo improvido. [...] 2. O Tribunal *a quo* negou provimento ao apelo interposto pelo ora agravante, sob o fundamento de que, nas relações de consumo, as cláusulas limitativas de direito serão sempre interpretadas a favor do consumidor, desse modo, ao assim decidir, adotou posicionamento consentâneo com a jurisprudência desta egrégia Corte, que se orienta no sentido de considerar que, em se tratando de contrato de adesão submetido às regras do CDC, a interpretação de suas cláusulas deve ser feita da maneira mais favorável ao consumidor, bem como devem ser consideradas abusivas as cláusulas que visam a restringir procedimentos médicos. [...] (STJ, Ag. Reg. no AI n. 1.139.871/SC, rel. Min. João Otávio de Noronha, DJe 10.05.2010) 4. Agravo interno a que se nega provimento. (STJ, Ag. Reg. no AREsp n. 295.133/SP, 4ª T., rel. Min. Raul Araújo, j. 06.06.2013, DJe 28.06.2013)

Interpretação ab-rogante Método de interpretação pelo qual o intérprete, em que pese presumir que o legislador consagrou a solução mais acertada e se manifestou corretamente, conclui que a norma não tem qualquer efeito útil por ser incompatível e irreconciliável com norma jurídica existente.

Interpretação autêntica Interpretação promovida pelo próprio órgão que criou a norma e que deve assumir a mesma forma de ato que a utilizada na produção da norma interpretada.

Interpretação doutrinal Interpretação feita por juristas, magistrados e tribunais fazendo uso da doutrina e da ciência jurídicas.

Interpretação enunciativa Interpretação pela qual, por meio de um processo dedutivo, retira-se da norma todas suas consequências.

Interpretação extensiva Modo de interpretação que amplia o sentido da norma para além do contido em sua letra. Extensão de uma norma a casos não previstos por ela. É o método por meio do qual se faz uma interpretação de modo a corrigir a não conformidade da letra da norma com o pensamento do legislador, no entendimento de que este expressou na lei menos do que queria, não abarcando todas as situações que caberiam razoavelmente em seu pensamento. Assim, o intérprete alarga o alcance da norma de modo a abranger essas situações, adequando-se, dessa forma, a letra da norma ao pensamento do legislador (PRAIA, Bartolomeu Varela, *Manual de introdução ao direito*, 2.ed. 2011, p. 71. Disponível em: http://unicv.academia.edu/BartolomeuVarela).

- Indenização. Danos materiais. Sentença de mérito decotada. Causa madura. Aplicação do art. 515, § 3º, do CPC. Possibilidade. Precedentes. 1. A despeito de ter havido decisão de mérito na sentença, sendo esta decotada na parte *extra petita*, a interpretação extensiva do § 3º do art. 515 do CPC autoriza o Tribunal local adentrar na análise do mérito da apelação, mormente quando se tratar de matéria exclusivamente de Direito, ou seja, quando o quadro fático-probatório estiver devidamente delineado, prescindindo de complementação, tal como ocorreu na espécie. Precedentes. 2. Agravo regimental não provido. (STJ, Ag. Reg. no REsp n. 1.194.018/SP, 3ª T., rel. Min. Ricardo Villas Bôas Cueva, j. 07.05.2013, DJe 14.05.2013)

- Recurso em sentido estrito. Rol taxativo. Aplicação extensiva. Admissão. Analogia. Inviabilidade. Produção de prova. Indeferimento. Decisão de primeiro grau. Interposição. Descabimento. 1. As hipóteses de cabimento de recurso em sentido estrito, trazidas no art. 581 do Código de Processo Penal e em legislação especial, são exaustivas, admitindo a interpretação extensiva, mas não a analógica. 2. Por não estar elencada entre as situações que admitem o recurso em sentido estrito nem com elas possuindo relação que admita interpretação extensiva, é descabido o manejo deste recurso contra a decisão do Juízo de primeiro grau que indeferiu a produção de prova requerida pelo *parquet*, no caso, a realização de exame de DNA. 3. O recorrente não indicou, dentre as hipóteses previstas no art. 581 do CPP ou em leis especiais, qual aquela que, a seu entender, abrangeria, por interpretação, o caso concreto. Ausente, nesse aspecto, a delimitação da controvérsia, incide à Súmula n. 284/STF. 4. Recurso especial não conhecido. (STJ, REsp n. 1.078.175/RO, 6ª T., rel. Min. Sebastião Reis Júnior, j. 16.04.2013, DJe 26.04.2013)

Interpretação histórica Método de interpretação em que se busca alcançar o sentido que a norma possuía no momento de sua aprovação e entrada em vigor.

Interpretação progressiva Método de interpretação da lei que procura adaptar o conteúdo da norma às transformações sociais, científicas e morais ocorrentes na sociedade.

Interpretação restritiva Método por meio do qual se faz uma interpretação de modo a corrigir a desconformidade existente entre a letra da norma e o pensamento do legislador, no pressuposto de que este expressou na lei mais do que pretendia, que foi além da realidade que pretendia abarcar. Aquela que procura restringir o texto da lei que foge aos limites desejados pelo legislador. Nesse caso, o intérprete restringe ou reduz o alcance da norma de modo a abranger somente as situações que razoavelmente estariam inseridas no pensamento do legislador.

- União estável. Comunhão parcial. Bens adquiridos onerosamente na constância da união. Presunção absoluta de contribuição de ambos os conviventes. Patrimônio particular. Frutos civis do trabalho. Interpretação restritiva. Incomunicabilidade apenas do direito e não dos proventos [...] 2. Na união estável, vigente o regime da comunhão parcial, há presunção absoluta de que os bens adquiridos onerosamente na constância da união são resultado do esforço comum dos conviventes. 3. Desnecessidade de comprovação da participação financeira de ambos os conviventes na aquisição de bens, considerando que o suporte emocional e o apoio afetivo também configuram elemento imprescindível para a construção do patrimônio comum. 4. Os bens adquiridos onerosamente apenas não se comunicam quando configuram bens de uso pessoal ou instrumentos da profissão ou ainda quando há sub-rogação de bens particulares, o que deve ser provado em cada caso. 5. Os frutos civis do trabalho são comunicáveis quando percebidos, sendo que a incomunicabilidade apenas atinge o direito ao seu recebimento. 6. Interpretação restritiva do art. 1.659, VI, do Código Civil, sob pena de se malferir a própria natureza do regime da comunhão parcial. [...] 9. Recurso especial parcialmente provido. (STJ, REsp n. 1.295.991/MG, 3ª T., rel. Min. Paulo de Tarso Sanseverino, j. 11.04.2013, DJe 17.04.2013)

Interpretação sistemática Método de interpretação que consiste em comparar o dispositivo sujeito à interpretação com outros do mesmo ordenamento ou de leis diversas que tenham relação com o mesmo objeto. Nessa técnica, leva-se em consideração que os dispositivos legais se interdependem e se inter-relacionam, devendo ser analisados em conexão e não isoladamente.

- *Habeas corpus.* 1. Impetração substitutiva de recurso especial. Impropriedade da via eleita. 2. Entrega de bebida a menor. Tipificação. Contravenção penal ou art. 242 do ECA. Interpretação sistemática dos arts. 243 e 81 do ECA. [...] 3. A entrega a consumo de bebida alcoólica a menores é comportamento deveras reprovável. No entanto, é imperioso, para o escorreito enquadramento típico, que se respeite a pedra angular do direito penal, o princípio da legalidade. Nesse cenário, em prestígio à interpretação sistemática, levando em conta os arts. 243 e 81 do ECA, e o art. 63 da Lei de Contravenções Penais, de rigor é o reconhecimento de que neste último comando enquadra-se o comportamento em foco. [...] (STJ, *HC* n. 167.659/MS, 6ª T., rel. Min. Maria Thereza de Assis Moura, j. 07.02.2013, *DJe* 20.02.2013)

Interpretação teleológica É a interpretação pela qual o intérprete busca adaptar o sentido e o alcance da norma às normas sociais do momento. Por meio deste método, o intérprete deve levar em consideração valores de interesse da sociedade, como a exigência do bem comum e o ideal de justiça.

Intervenção de terceiros Interferência de um terceiro, como parte, em causa pendente entre outras partes. A intervenção de terceiro se dá pelos seguintes instrumentos processuais: assistência, denunciação da lide, chamamento ao processo e *amicus curiae* (arts. 56 a 80, CPC/73).

▶ Veja CPC/2015: "**Art. 119.** Pendendo causa entre 2 (duas) ou mais pessoas, o terceiro juridicamente interessado em que a sentença seja favorável a uma delas poderá intervir no processo para assisti-la. [...] **Art. 125.** É admissível a denunciação da lide, promovida por qualquer das partes: I – ao alienante imediato, no processo relativo à coisa cujo domínio foi transferido ao denunciante, a fim de que possa exercer os direitos que da evicção lhe resultam; II – àquele que estiver obrigado, por lei ou pelo contrato, a indenizar, em ação regressiva, o prejuízo de quem for vencido no processo. [...] **Art. 130.** É admissível o chamamento ao processo, requerido pelo réu: I – do afiançado, na ação em que o fiador for réu; II – dos demais fiadores, na ação proposta contra um ou alguns deles; III – dos demais devedores solidários, quando o credor exigir de um ou de alguns o pagamento da dívida comum. [...] **Art. 138.** O juiz ou o relator, considerando a relevância da matéria, a especificidade do tema objeto da demanda ou a repercussão social da controvérsia, poderá, por decisão irrecorrível, de ofício ou a requerimento das partes ou de quem pretenda manifestar-se, solicitar ou admitir a participação de pessoa natural ou jurídica, órgão ou entidade especializada, com representatividade adequada, no prazo de 15 (quinze) dias de sua intimação. [...]".

- Intervenção de terceiros. Assistência simples. Ausência de interesse jurídico. Mero interesse econômico. 1. Nos termos do art. 50 do CPC, "pendendo uma causa entre duas ou mais pessoas, o terceiro, que tiver interesse jurídico em que a sentença seja favorável a uma delas, poderá intervir no processo para assisti-la". 2. A intervenção de terceiros na modalidade assistência simples só será permitida se comprovado o seu interesse jurídico na demanda, o que não se confunde com o seu interesse econômico. 3. Hipótese em que há mero interesse econômico da agravante, que poderá arcar futuramente com valores mais elevados em decorrência do repasse financeiro referente ao valor dos impostos devidos. Agravo regimental improvido. (STJ, Ag. Reg. no REsp n. 1.241.523/PR, 2ª T., rel. Min. Humberto Martins, j. 05.05.2011, DJe 12.05.2011)

Intestato Que não fez testamento, que faleceu sem deixar testamento. O mesmo que *ab intestato*.

- Alvará judicial. Saldo de vantagem previdenciária. Irmã do falecido. Cabimento. Tratando-se de pedido de alvará judicial formulado pela irmã do *de cujus*, que faleceu *ab intestato*, sem filhos e órfão de pai e mãe, cabível a liberação pretendida, cujo montante é pouco superior ao valor do salário mínimo e inferior aos gastos que teve com os funerais. Recurso desprovido. (TJRS, Ap. Cível n. 70.004.378.600, 7ª Câm. Cível, rel. Sérgio Fernando de Vasconcellos Chaves, j. 19.06.2002)

Intimação Ação pela qual se dá ciência a alguém de atos e termos do processo para que faça ou deixe de fazer alguma coisa (art. 234, CC). Forma de comunicação dos atos processuais feita a partes, advogados, Ministério Público e perito. Não dispondo a lei de outro modo, as intimações serão feitas às partes, a seus representantes legais e advogados pelo correio ou, se presentes em cartório, diretamente pelo escrivão ou chefe de secretaria (art. 234 e segs., CPC/73).

- Veja CPC/73: "**Art. 234.** Intimação é o ato pelo qual se dá ciência a alguém dos atos e termos do processo, para que faça ou deixe de fazer alguma coisa. **Art. 235.** As intimações efetuam-se de ofício, em processos pendentes, salvo disposição em contrário".

- Veja CPC/2015: "**Art. 269.** Intimação é o ato pelo qual se dá ciência a alguém dos atos e dos termos do processo. § 1º É facultado aos advogados promover a intimação do advogado da outra parte por meio do correio, juntando aos autos, a seguir, cópia do ofício de intimação e do aviso de recebimento. § 2º O ofício de intimação deverá ser instruído com cópia do despacho, da decisão ou da sentença. § 3º A intimação da União, dos Estados, do Distrito Federal, dos Municípios e de suas respectivas autarquias e fundações de direito público será realizada perante o órgão de Advocacia Pública responsável por sua representação judicial. **Art. 270.** As intimações realizam-se, sempre que possível, por meio eletrônico, na forma da lei. Parágrafo único. Aplica-se ao Ministério Público, à Defensoria Pública e à Advocacia Pública o disposto no § 1º do art. 246. **Art. 271.** O juiz determinará de ofício as intimações em processos pendentes, salvo disposição em contrário. **Art. 272.** Quando não realizadas por meio eletrônico, consideram-se feitas as intimações pela publicação dos atos no órgão oficial. [...] § 5º Constando dos autos pedido expresso para que as comunicações dos atos processuais sejam feitas em nome dos advogados indicados, o seu desatendimento implicará nulidade. [...] **Art. 274.** Não dispondo a lei de outro modo, as intimações serão feitas às partes, aos seus representantes legais, aos advogados e aos demais sujeitos do processo pelo correio ou, se presentes em cartório, diretamente pelo escrivão ou chefe de secretaria. [...] **Art. 275.** A intimação será feita por oficial de justiça quando frustrada a realização por meio eletrônico ou pelo correio. [...]".

Intransmissível Diz-se da coisa que, por lei ou vontade das partes, não pode ser transmitida ou alienada. São considerados legalmente intransmissíveis os direitos de personalidade (art. 11, CC). A cláusula de inalienabilidade, imposta aos bens por ato de liberalidade, implica impenhorabilidade e incomunicabilidade (art. 1.911, CC).

- Veja CC: "**Art. 11.** Com exceção dos casos previstos em lei, os direitos da personalidade são intransmissíveis e irrenunciáveis, não podendo o seu exercício sofrer limitação voluntária. [...] **Art. 56.** A qualidade de associado é intransmissível, se o estatuto não dispuser o contrário. [...] **Art. 1.848.** Salvo se houver justa causa, declarada no testamento, não pode o testador estabelecer cláusula de inalienabilidade, impenhorabilidade, e de incomunicabilidade, sobre os bens da legítima. § 1º Não é permitido ao testador estabelecer a conversão dos bens da legítima em outros de espécie diversa. § 2º Mediante autorização judicial e havendo justa causa, podem ser alienados os bens gravados, convertendo-se o produto em outros bens, que ficarão sub-rogados nos ônus dos primeiros. [...] **Art. 1.911.** A cláusula de inalienabilidade, imposta aos bens por ato de liberalidade, implica impenhorabilidade e incomunicabilidade. Parágrafo único. No caso de desapropriação de bens clausulados, ou de sua alienação, por conveniência econômica do donatário ou do herdeiro, mediante autorização judicial, o produto da venda converter-se-á em outros bens, sobre os quais incidirão as restrições apostas aos primeiros".

- Direito civil. Família. Ação de declaração de relação avoenga. Busca da ancestralidade. Direito personalíssimo dos netos. Dignidade da pessoa humana. Legitimidade ativa e possibilidade jurídica do pedido. Peculiaridade. Mãe dos pretensos netos que também postula seu direito de meação dos bens que supostamente seriam herdados pelo marido falecido, porquanto pré-morto ao avô. Os direitos da personalidade, entre eles o direito ao nome e ao conhecimento da origem genética, são inalienáveis, vitalícios, intransmissíveis, extrapatrimoniais, irrenunciáveis, imprescritíveis e oponíveis *erga omnes*. [...] Recurso especial provido. (STJ, REsp n. 807.849/RJ, 2ª Seção, rel. Min. Nancy Andrighi, j. 24.03.2010, *DJe* 06.08.2010)

- Direito civil. Ação de alimentos. Espólio. Transmissão do dever jurídico de alimentar. Impossibilidade. 1. Inexistindo condenação prévia do autor da herança, não há por que falar em transmissão do dever jurídico de prestar alimentos, em razão do seu caráter personalíssimo e, portanto, intransmissível. 2. Recurso especial provido. (STJ, REsp n. 775.180/MT, 4ª T., rel. Min. João Otávio de Noronha, j. 15.12.2009, *DJe* 02.02.2010)

Intuitu personae Em consideração à pessoa. Motivo que determina vontade ou consentimento de certa pessoa para com outra, a quem quer favorecer ou com quem contrata, pelo apreço que ela merece em razão de suas características particulares, como habilidade, idoneidade e conhecimento técnico. É considerado *intuitu personae*, entre outros casos, o contrato de sociedade.

- Locação. Agravo regimental no agravo de instrumento. Morte do locatário. Extinção da fiança. Ocorrência. Precedentes. Agravo regimental improvido. 1. É firme a jurisprudência do Superior Tribunal de Justiça no sentido de que, por ser contrato de natureza *intuitu personae*, porque importa a confiança que inspire o fiador ao credor, a morte do locatário importa em extinção da fiança e exoneração da obrigação do fiador. Precedentes. 2. Agravo regimental improvido. (STJ, Ag. Reg. no AI n. 803.977/SP, 5ª T., rel. Min. Arnaldo Esteves Lima, j. 01.03.2007, *DJ* 19.03.2007, p. 388)

- Processual. Penhorabilidade de quotas sociais. Matéria de fato. I – Doutrina e jurisprudência dominante são acordes em que a penhora de quotas sociais não atenta, necessariamente, contra o princípio da *affectio societatis* ou contra o da *intuitu personae* da empresa, eis que a sociedade de responsabilidade limitada dispõe de mecanismo de autodefesa. II – Matéria de prova ou de interpretação de contrato não se reexaminam em especial (Súmulas ns. 5 e 7 do STJ). III – Recurso não conhecido. (STJ, REsp n. 16.540/PR, 3ª T., rel. Min. Waldemar Zveiter, j. 15.12.1992, *DJ* 08.03.1993, p. 3.113)

Invalidade O que se refere à invalidez, ou seja, à qualidade de um negócio jurídico no qual faltam ou são irregulares elementos internos essenciais, tornando o negócio insuscetível de produzir os efeitos jurídicos que se pretendia. Quando presente alguma das causas de ineficácia ou invalidez, o negócio jurídico pode ser inexistente, nulo, anulável ou rescindível.

- Apelação cível. Negócios jurídicos bancários. Ação revisional. Sentença *extra petita*. Ocorrência. Sentença que revisa contratos não objeto da demanda, deixando de revisar os contratos indicados pelo autor configura-se julgamento fora do pedido, impondo sua invalidade. Apelação provida. Agravo retido prejudicado. (TJRS, Ap. Cível n. 70.055.155.857, 24ª Câm. Cível, rel. Fernando Flores Cabral Junior, j. 31.07.2013)

- Cambial. Contrato consigo mesmo. Invalidade. Súmula n. 60/STJ. Consolidou-se a orientação deste Tribunal de que considera-se nula a cláusula contratual de outorga de mandato, por mutuário, a pessoa jurídica integrante do grupo econômico do mutuante, para emissão de título cambial em favor do mutuante, eis que presente a incompatibilidade entre os interesses do mandante e do mandatário, que pertence ao mesmo grupo financeiro do credor, sujeitando desta feita o devedor ao arbítrio daquele, condição defesa pela legislação pátria. (STJ, REsp n. 39.698/0/1994/SP, rel. Min. Cláudio Santos, j. 30.05.1994)

Inventário Procedimento judicial especial de natureza civil destinado a relacionar, avaliar e partilhar os bens do *de cujus* entre seus herdeiros ou legatários (art. 1.796, CC; art. 982, CPC/73).

▶ Veja CC: "**Art. 1.796.** No prazo de trinta dias, a contar da abertura da sucessão, instaurar-se-á inventário do patrimônio hereditário, perante o juízo competente no lugar da sucessão, para fins de liquidação e, quando for o caso, de partilha da herança".

▶ Veja CPC/73: "**Art. 982.** Havendo testamento ou interessado incapaz, proceder-se-á ao inventário judicial; se todos forem capazes e concordes, poderá fazer-se o inventário e a partilha por escritura pública, a qual constituirá título hábil para o registro imobiliário. [...] **Art. 983.** O processo de inventário e partilha deve ser aberto dentro de 60 (sessenta) dias a contar da abertura da sucessão, ultimando-se nos 12 (doze) meses subsequentes, podendo o juiz prorrogar tais prazos, de ofício ou a requerimento de parte. [...]".

▶ Veja CPC/2015: "**Art. 610.** Havendo testamento ou interessado incapaz, proceder-se-á ao inventário judicial. § 1º Se todos forem capazes e concordes, o inventário e a partilha poderão ser feitos por escritura pública, a qual constituirá documento hábil para qualquer ato de registro, bem como para levantamento de importância depositada em instituições financeiras. § 2º O tabelião somente lavrará a escritura pública se todas as partes interessadas estiverem assistidas por advogado ou por defensor público, cuja qualificação e assinatura constarão do ato notarial. **Art. 611.** O processo de inventário e de partilha deve ser instaurado dentro de 2 (dois) meses, a contar da abertura da sucessão, ultimando-se nos 12 (doze) meses subsequentes, podendo o juiz prorrogar esses prazos, de ofício ou a requerimento de parte".

■ Ação ordinária de colação e sonegados. Depósito expressivo em caderneta de poupança conjunta do *de cujus* com herdeiros. Apropriação pelos herdeiros. 1. Devem ser relacionados no inventário valores vultosos de caderneta de poupança conjunta, mantida por herdeiros com o *de cujus*, ante a retirada deste da titularidade da conta, permanecendo o valor, não trazido ao inventário, em poder dos herdeiros. 2. Válido o julgamento da matéria obrigacional, antecedente do direito à colação, de alta indagação e dependente de provas, por Juízo de Vara Cível, para o qual declinada, sem recurso, a competência, pelo Juízo do Inventário. Matéria, ademais, não cognoscível por esta Corte (Súmula n. 280/STF). 3. Ação de colação adequada, não se exigindo a propositura, em seu lugar, de ação de sobrepartilha, consequência do direito de colação de sonegados cujo reconhecimento é antecedente necessário da sobrepartilha. 4. O Direito à colação de bens do *de cujus* em proveito de herdeiros necessários subsiste diante da partilha amigável no processo de inventário, em que omitida a declaração dos bens doados inoficiosamente e que, por isso, devem ser colacionados. 5. Recurso especial improvido. (STJ, REsp n. 1.343.263/CE, 3ª T., rel. Min. Sidnei Beneti, j. 04.04.2013, *DJe* 11.04.2013)

Irrenunciabilidade   Refere-se ao que é irrenunciável. De acordo com a lei, são irrenunciáveis os direitos de personalidade, os direitos morais do autor, o direito à meação e o direito a alimentos (arts. 11, 1.682 e 1.707, CC).

▶ Veja CC: "**Art. 11.** Com exceção dos casos previstos em lei, os direitos da personalidade são intransmissíveis e irrenunciáveis, não podendo o seu exercício sofrer limitação voluntária. [...] **Art. 556.** Não se pode renunciar antecipadamente o direito de revogar a liberalidade por ingratidão do donatário. [...] **Art. 1.682.** O direito à meação não é renunciável, cessível ou penhorável na vigência do regime matrimonial. [...] **Art. 1.707.** Pode o credor não exercer, porém lhe é vedado renunciar o direito a alimentos, sendo o respectivo crédito insuscetível de cessão, compensação ou penhora. [...] **Art. 1.808.** Não se pode aceitar ou renunciar a herança em parte, sob condição ou a termo. § 1º O herdeiro, a quem se testarem legados, pode aceitá-los, renunciando a herança; ou, aceitando-a, repudiá-los. § 2º O herdeiro, chamado, na mesma sucessão, a mais de um quinhão hereditário, sob títulos sucessórios diversos, pode livremente deliberar quanto aos quinhões que aceita e aos que renuncia".

▶ Veja Lei n. 9.610/98: "**Art. 27.** Os direitos morais do autor são inalienáveis e irrenunciáveis".

■ Direitos autorais. Obra musical. Letra alterada. Utilização em propaganda veiculada na televisão. 1. O autor da obra detém direitos de natureza pessoal e patrimonial. Os primeiros são direitos personalíssimos, por isso inalienáveis e irrenunciáveis, além de imprescritíveis, estando previstos no art. 24 da Lei n. 9.610/98. Os segundos, regulados pelo art. 28 da referida Lei, são passíveis de alienação. 2. Nesse contexto, nada há a reparar na decisão guerreada quando afirma ser o segundo recorrido ainda titular de direitos morais que podem ser vindicados em juízo, tendo direito à reparação por danos morais em face das modificações perpetradas em sua obra sem autorização, pois apenas alienou seus direitos autorais de ordem patrimonial. [...] 4. Recurso especial conhecido e desprovido. (STJ, REsp n. 1.131.498/RJ, 4ª T., rel. Min. Raul Araújo, j. 17.05.2011, *DJe* 08.06.2011)

Irretroatividade da lei   Princípio que determina que a lei só deve dispor para o futuro, não podendo, em matéria penal, retroagir, salvo para beneficiar o réu (art. 5º, XL, CF; art. 2º, parágrafo único, CP). Ou seja, uma lei nova não poderá agravar a situação de um indiciado em face de um ilícito já cometido. Pode, contudo, ser aplicada para beneficiá-lo.

▶ Veja CF: "**Art. 5º** [...] XL – a lei penal não retroagirá, salvo para beneficiar o réu; [...]".

▶ Veja CP: "**Art. 2º** Ninguém pode ser punido por fato que lei posterior deixa de considerar crime, cessando em virtude dela a execução e os efeitos penais da sentença condenatória. Parágrafo único. A lei posterior, que de qualquer modo favorecer o agente, aplica-se aos fatos anteriores, ainda que decididos por sentença condenatória transitada em julgado".

■ Administrativo. Servidor público. Indenização de transporte. Limitação temporal. Cumulação com diária. 1. O princípio da irretroatividade da lei, no escólio de José Afonso da Silva, decorre do princípio de que as leis são feitas para vigorar e incidir para o futuro: "a lei nova não se aplica a situação objetiva constituída sob o império da lei anterior". 2. A indenização de transporte, regida pelo art. 60 da Lei n. 8.112/90, é norma de eficácia limitada, exigindo regulamentação para se tornar aplicável. 3. O órgão fracionário da Corte *a quo*, ao afastar a aplicação do Decreto n. 2.703/98, em situação consolidada durante a sua vigência, para aplicar o Decreto n. 3.184/99, violou o princípio da irretroatividade da lei e infringiu a cláusula de reserva de plenário (art. 97 da Constituição Federal), pois declarou, ainda que implicitamente, a inconstitucionalidade de norma sem o pronunciamento do órgão competente. 4. O mesmo raciocínio é aplicável ao pagamento integral da diária, vez que a regra aplicável à espécie, ao tempo dos fatos, é o parágrafo único do Decreto n. 2.704 de 1998, o qual dispunha que, na hipótese de cumulação da indenização de transportes com a diária, esta seria devida pela metade. 5. Recurso especial provido. (STJ, REsp n. 415.435/SC, 6ª T., rel. Min. Alderita Ramos de Oliveira, j. 04.04.2013, *DJe* 18.04.2013)

Isonomia jurídica Princípio constitucional que determina a igualdade de todos perante a lei (art. 5º, CF).

▶ Veja CF: "**Art. 5º** Todos são iguais perante a lei, sem distinção de qualquer natureza, garantindo-se aos brasileiros e aos estrangeiros residentes no País a inviolabilidade do direito à vida, à liberdade, à igualdade, à segurança e à propriedade, nos termos seguintes: [...]".

■ Estelionato. Ônus da prova. No estelionato, mesmo que básico, o pagamento do dano, antes do oferecimento da denúncia, inibe a ação penal. O órgão acusador deve tomar todas as providências possíveis para espancar as dúvidas que explodam no debate judicial, pena de não vingar condenação (Magistério de Afrânio Silva Jardim). Lição de Lênio Luiz Streck: os benefícios concedidos pela Lei Penal aos delinquentes tributários (Lei n. 9.249/95, art. 34) alcançam os delitos patrimoniais em que não ocorra prejuízo nem violência, tudo em atenção ao princípio da isonomia. Recurso provido para absolver o apelante. (TARS, Ap. Crim. n. 297.019.937, 2ª Câm. Criminal, rel. Amilton Bueno de Carvalho, j. 25.09.1997)

■ Administrativo. Delegado. Equiparação. Procurador de estado. Isonomia. Impossibilidade. [...] 2. O art. 241 da CF de 1988, mesmo em sua redação anterior à EC n. 19 de 1998, não garantia a isonomia de vencimentos entre as carreiras de Delegado de Polícia e de Procurador do Estado, assegurando apenas isonomia salarial entre integrantes da mesma carreira e não entre carreiras distintas. 3. A previsão constante do art. 140, § 2º, da Constituição do Estado de São Paulo (que estabelece que "aos integrantes da carreira de delegado de polícia fica assegurada, nos termos do disposto no art. 241 da CF, isonomia de vencimento) não caracteriza "lei específica", exigível para que se equipare a remuneração dos delegados de polícia com qualquer outra carreira típica de estado. [...] 3. Agravo regimental ao qual se nega provimento. (STJ, Ag. Reg. no RMS n. 18.724/SP, 6ª T., rel. Min. Alderita Ramos de Oliveira, j. 18.06.2013, *DJe* 01.07.2013)

Iura novit curia O juiz conhece o direito. Expressão que indica o dever que o juiz tem de conhecer a norma jurídica e aplicá-la por sua própria autoridade, independentemente de a parte citar o dispositivo legal. Assim, a jurisprudência majoritária dos tribunais é no sentido de que a inexistência ou mesmo a indicação errônea do dispositivo legal não tornam inepta a inicial, inclusive por ser dispensável essa referência. Esse brocardo é complementado por outro: *da mihi factum, dabo tibi ius* (exponha o fato, direi o direito).

■ Ação rescisória. Violação de lei. Indicação do dispositivo violado. Necessidade. Inaplicabilidade à ação rescisória o princípio do *iuria novit curia*. CPC, art. 485, V. A colenda SBDI-II, do TST, firmou a Orientação Jurisprudencial n. 3/TST, segundo a qual "o atendimento ao disposto no art. 485, V, do CPC exige expresso apontamento de infringência do dispositivo legal e/ou constitucional na petição inicial da ação rescisória, não bastando a simples referência no corpo da fundamentação, por inaplicável o princípio *iura novit curia*". (TST, Rem. Nec. em Ação Res. n. 571.245, rel. Min. Francisco Fausto Paula de Medeiros, j. 27.06.2000, *DJ* 25.08.2000)

■ "A natureza da ação é determinada pelo conteúdo do pedido formulado, sendo irrelevante o *nomen iuris* que lhe tenha atribuído o autor, principalmente em face dos princípios *da mihi factum, dabo tibi ius* e *iura novit curia*." (STJ, REsp n. 100.766/SP, 4ª T., rel. Ministro Sálvio de Figueiredo Teixeira, j. 15.06.1999, *DJ* 16.08.1999, p. 72)

J

Jacente Diz-se da herança cujos herdeiros não são conhecidos ou a ela renunciaram. Nesse caso, os bens da herança, depois de arrecadados, ficarão sob guarda e administração de um curador até sua entrega ao sucessor devidamente habilitado ou até declaração de sua vacância (art. 1.819, CC) (*v. Herança vacante*).

▶ Veja CC: "**Art. 1.819.** Falecendo alguém sem deixar testamento nem herdeiro legítimo notoriamente conhecido, os bens da herança, depois de arrecadados, ficarão sob a guarda e administração de um curador, até a sua entrega ao sucessor devidamente habilitado ou à declaração de sua vacância".

Juizados especiais Órgãos da Justiça ordinária e federal destinados a processar e julgar causas cíveis de menor complexidade e de reduzido valor econômico, não excedentes a quarenta ou sessenta salários mínimos, respectivamente, e infrações penais de menor potencial ofensivo, respeitadas as regras de conexão e continência, e que não excedam sessenta salários mínimos (Leis ns. 9.099/95 e 10.259/2001).

▶ Veja Lei n. 9.099/95: "**Art. 1º** Os Juizados Especiais Cíveis e Criminais, órgãos da Justiça Ordinária, serão criados pela União, no Distrito Federal e nos Territórios, e pelos Estados, para conciliação, processo, julgamento e execução, nas causas de sua competência. **Art. 2º** O processo orientar-se-á pelos critérios da oralidade, simplicidade, informalidade, economia processual e celeridade, buscando, sempre que possível, a conciliação ou a transação. **Art. 3º** O Juizado Especial Cível tem competência para conciliação, processo e julgamento das causas cíveis de menor complexidade, assim consideradas: I – as causas cujo valor não exceda a 40 (quarenta) vezes o salário mínimo; II – as enumeradas no art. 275, inciso II, do Código de Processo Civil; III – a ação de despejo para uso próprio; IV – as ações possessórias sobre bens imóveis de valor não excedente ao fixado no inciso I deste artigo. § 1º Compete ao Juizado Especial promover a execução: I – dos seus julgados; II – dos títulos executivos extrajudiciais, no valor de até 40 (quarenta) vezes o salário mínimo, observado o disposto no § 1º do art. 8º desta Lei. [...] **Art. 60.** O Juizado Especial Criminal, provido por juízes togados ou togados e leigos, tem competência para a conciliação, o julgamento e a execução das infrações penais de menor potencial ofensivo, respeitadas as regras de conexão e continência. Parágrafo único. Na reunião de processos, perante o juízo comum ou o tribunal do júri, decorrentes da aplicação das regras de conexão e continência, observar-se-ão os institutos da transação penal e da composição dos danos civis. **Art. 61.** Consideram-se infrações penais de menor potencial ofensivo, para os efeitos desta Lei, as contravenções penais e os crimes a que a lei comine pena máxima não superior a 2 (dois) anos, cumulada ou não com multa. **Art. 62.** O processo perante o Juizado Especial orientar-se-á pelos critérios da oralidade, informalidade, economia processual e celeridade, objetivando, sempre que possível, a reparação dos danos sofridos pela vítima e a aplicação de pena não privativa de liberdade".

▶ Veja Lei n. 10.259/2001: "**Art. 1º** São instituídos os Juizados Especiais Cíveis e Criminais da Justiça Federal, aos quais se aplica, no que não conflitar com esta Lei, o disposto na Lei n. 9.099, de 26 de setembro de 1995. **Art. 2º** Compete ao Juizado Especial Federal Criminal processar e julgar os feitos de competência da Justiça Federal relativos às infrações de menor potencial ofensivo, respeitadas as regras de conexão e continência. Parágrafo único. Na reunião de processos, perante o juízo comum ou o tribunal do júri, decorrente da aplicação das regras de conexão e continência, observar-se-ão os institutos da transação penal e da composição dos danos civis. **Art. 3º** Compete ao Juizado Especial Federal Cível processar, conciliar e julgar causas de competência da Justiça Federal até o valor de 60 (sessenta) salários mínimos, bem como executar as suas sentenças. [...]".

Juizados especiais da Fazenda Pública Juizados especiais da Fazenda Pública no âmbito dos estados, do Distrito Federal, dos territórios e dos municípios com competência para processar, conciliar e julgar causas cíveis de interesse dos estados, do Distrito Federal, dos territórios e dos municípios, até o valor de 60 salários mínimos.

▸ Veja Lei n. 12.153/2009: "**Art. 1º** Os Juizados Especiais da Fazenda Pública, órgãos da justiça comum e integrantes do Sistema dos Juizados Especiais, serão criados pela União, no Distrito Federal e nos Territórios, e pelos Estados, para conciliação, processo, julgamento e execução, nas causas de sua competência. Parágrafo único. O sistema dos Juizados Especiais dos Estados e do Distrito Federal é formado pelos Juizados Especiais Cíveis, Juizados Especiais Criminais e Juizados Especiais da Fazenda Pública. **Art. 2º** É de competência dos Juizados Especiais da Fazenda Pública processar, conciliar e julgar causas cíveis de interesse dos Estados, do Distrito Federal, dos Territórios e dos Municípios, até o valor de 60 (sessenta) salários mínimos. § 1º Não se incluem na competência do Juizado Especial da Fazenda Pública: I – as ações de mandado de segurança, de desapropriação, de divisão e demarcação, populares, por improbidade administrativa, execuções fiscais e as demandas sobre direitos ou interesses difusos e coletivos; II – as causas sobre bens imóveis dos Estados, Distrito Federal, Territórios e Municípios, autarquias e fundações públicas a eles vinculadas; III – as causas que tenham como objeto a impugnação da pena de demissão imposta a servidores públicos civis ou sanções disciplinares aplicadas a militares. § 2º Quando a pretensão versar sobre obrigações vincendas, para fins de competência do Juizado Especial, a soma de 12 (doze) parcelas vincendas e de eventuais parcelas vencidas não poderá exceder o valor referido no *caput* deste artigo. [...] § 4º No foro onde estiver instalado Juizado Especial da Fazenda Pública, a sua competência é absoluta. **Art. 3º** O juiz poderá, de ofício ou a requerimento das partes, deferir quaisquer providências cautelares e antecipatórias no curso do processo, para evitar dano de difícil ou de incerta reparação. **Art. 4º** Exceto nos casos do art. 3º, somente será admitido recurso contra a sentença. **Art. 5º** Podem ser partes no Juizado Especial da Fazenda Pública: I – como autores, as pessoas físicas e as microempresas e empresas de pequeno porte, assim definidas na Lei Complementar n. 123, de 14 de dezembro de 2006; II – como réus, os Estados, o Distrito Federal, os Territórios e os Municípios, bem como autarquias, fundações e empresas públicas a eles vinculadas".

Juiz de Direito Magistrado que tem por função administrar a Justiça; o que exerce atividade jurisdicional como membro do Poder Judiciário. O exercício do cargo de juiz depende de colação de grau no curso de Direito e de posterior aprovação em concurso público de provas e títulos (art. 93, I, CF). A função do juiz é exercida de entrância em entrância, por meio de promoção, de forma alternada, por antiguidade e merecimento.

▸ Veja CF: "**Art. 93.** Lei complementar, de iniciativa do Supremo Tribunal Federal, disporá sobre o Estatuto da Magistratura, observados os seguintes princípios: I – ingresso na carreira, cujo cargo inicial será o de juiz substituto, mediante concurso público de provas e títulos, com a participação da Ordem dos Advogados do Brasil em todas as fases, exigindo-se do bacharel em direito, no mínimo, três anos de atividade jurídica e obedecendo-se, nas nomeações, à ordem de classificação; II – promoção de entrância para entrância, alternadamente, por antiguidade e merecimento, atendidas as seguintes normas: *a)* é obrigatória a promoção do juiz que figure por três vezes consecutivas ou cinco alternadas em lista de merecimento; *b)* a promoção por merecimento pressupõe dois anos de exercício na respectiva entrância e integrar o juiz a primeira quinta parte da lista de antiguidade desta, salvo se não houver com tais requisitos quem aceite o lugar vago; *c)* aferição do merecimento conforme o desempenho e pelos critérios objetivos de produtividade e presteza no exercício da jurisdição e pela frequência e aproveitamento em cursos oficiais ou reconhecidos de aperfeiçoamento; *d)* na apuração de antiguidade, o tribunal somente poderá recusar o juiz mais antigo pelo voto fundamentado de dois terços de seus membros, conforme procedimento próprio, e assegurada ampla defesa, repetindo-se a votação até fixar-se a indicação; *e)* não será promovido o juiz que, injustificadamente, retiver autos em seu poder além do prazo legal, não podendo devolvê-los ao cartório sem o devido despacho ou decisão; III – o acesso aos tribunais de segundo grau far-se-á por antiguidade e merecimento, alternadamente, apurados na última ou única entrância; IV – previsão de cursos oficiais de preparação, aperfeiçoamento e promoção de magistrados, constituindo etapa obrigatória do processo de vitaliciamento a participação em curso oficial ou reconhecido por escola nacional de formação e aperfeiçoamento de magistrados; [...]".

Juiz de paz Juiz leigo, eleito pelo voto direto, universal e secreto, com mandato de quatro anos e competência para, na forma da lei, celebrar casamentos, verificar, de ofício ou em face de impugnação apresentada, o processo de habilitação para as núpcias e exercer atribuições conciliatórias, sem caráter jurisdicional, além de outras funções previstas na legislação.

▶ Veja CF: "**Art. 98.** A União, no Distrito Federal e nos Territórios, e os Estados criarão: [...] II – justiça de paz, remunerada, composta de cidadãos eleitos pelo voto direto, universal e secreto, com mandato de quatro anos e competência para, na forma da lei, celebrar casamentos, verificar, de ofício ou em face de impugnação apresentada, o processo de habilitação e exercer atribuições conciliatórias, sem caráter jurisdicional, além de outras previstas na legislação. [...]".

Juiz leigo Profissional, considerado auxiliar da Justiça, recrutado entre advogados com mais de cinco anos de experiência, que tem por função a condução da audiência de conciliação e de mediação ou a audiência de instrução sob a supervisão do juiz togado. Caso dirija a instrução o juiz leigo, poderá proferir sua decisão e imediatamente a submeter ao juiz togado, que poderá homologá-la, proferir outra em substituição ou, antes de se manifestar, determinar a realização de atos probatórios indispensáveis (art. 40, Lei n. 9.099/95).

▶ Veja Lei n. 9.099/95: "**Art. 7º** Os conciliadores e Juízes leigos são auxiliares da Justiça, recrutados, os primeiros, preferentemente, entre os bacharéis em Direito, e os segundos, entre advogados com mais de cinco anos de experiência. Parágrafo único. Os Juízes leigos ficarão impedidos de exercer a advocacia perante os Juizados Especiais, enquanto no desempenho de suas funções. [...] **Art. 21.** Aberta a sessão, o Juiz togado ou leigo esclarecerá as partes presentes sobre as vantagens da conciliação, mostrando-lhes os riscos e as consequências do litígio, especialmente quanto ao disposto no § 3º do art. 3º desta Lei. **Art. 22.** A conciliação será conduzida pelo Juiz togado ou leigo ou por conciliador sob sua orientação. Parágrafo único. Obtida a conciliação, esta será reduzida a escrito e homologada pelo Juiz togado, mediante sentença com eficácia de título executivo. [...] **Art. 37.** A instrução poderá ser dirigida por Juiz leigo, sob a supervisão de Juiz togado. [...] **Art. 40.** O Juiz leigo que tiver dirigido a instrução proferirá sua decisão e imediatamente a submeterá ao Juiz togado, que poderá homologá-la, proferir outra em substituição ou, antes de se manifestar, determinar a realização de atos probatórios indispensáveis".

▶ Veja Lei n. 12.153/2009: "**Art. 15.** Serão designados, na forma da legislação dos Estados e do Distrito Federal, conciliadores e juízes leigos dos Juizados Especiais da Fazenda Pública, observadas as atribuições previstas nos arts. 22, 37 e 40 da Lei n. 9.099, de 26 de setembro de 1995. § 1º Os conciliadores e juízes leigos são auxiliares da Justiça, recrutados, os primeiros, preferentemente, entre os bacharéis em Direito, e os segundos, entre advogados com mais de 2 (dois) anos de experiência. § 2º Os juízes leigos ficarão impedidos de exercer a advocacia perante todos os Juizados Especiais da Fazenda Pública instalados em território nacional, enquanto no desempenho de suas funções. **Art. 16.** Cabe ao conciliador, sob a supervisão do juiz, conduzir a audiência de conciliação. § 1º Poderá o conciliador, para fins de encaminhamento da composição amigável, ouvir as partes e testemunhas sobre os contornos fáticos da controvérsia. § 2º Não obtida a conciliação, caberá ao juiz presidir a instrução do processo, podendo dispensar novos depoimentos, se entender suficientes para o julgamento da causa os esclarecimentos já constantes dos autos, e não houver impugnação das partes".

▶ Veja Resolução n.174/2013 (CNJ): "**Art. 1º** Os juízes leigos são auxiliares da Justiça recrutados entre advogados com mais de 2 (dois) anos de experiência. **Art. 2º** Os juízes leigos, quando remunerados ou indenizados a qualquer título, serão recrutados por prazo determinado, permitida uma recondução, por meio de processo seletivo público de provas e títulos, ainda que simplificado, conduzido por critérios objetivos. Parágrafo único. O processo seletivo será realizado conforme os critérios estabelecidos pelas respectivas coordenações estaduais do sistema dos Juizados Especiais. **Art. 3º** O exercício das funções de juiz leigo, considerado de relevante caráter público, sem vínculo empregatício ou estatutário, é temporário e pressupõe capacitação anterior ao início das atividades. [...] **Art. 6º** O juiz leigo não poderá exercer a advocacia no Sistema dos Juizados Especiais da respectiva Comarca, enquanto no desempenho das respectivas funções. Parágrafo único. Na forma do que dispõe o § 2º do art. 15 da Lei n. 12.153 de 22 de dezembro de 2009, os juízes leigos atuantes em juizados especiais da fazenda pública ficarão impedidos de advogar em todo o sistema nacional de juizados especiais da fazenda pública. [...] **Art. 8º** A remuneração dos juízes leigos, quando houver, será estabelecida por ato homologado, isto é, projeto de sentença ou acordo celebrado entre as partes, observado o disposto no art. 12. § 1º A remuneração, em qualquer caso, não poderá ultrapassar o maior cargo cartorário de terceiro grau de escolaridade do primeiro grau de jurisdição do Tribunal de Justiça, vedada qualquer outra equiparação. [...]".

Juiz natural (*v. Princípio do juiz natural*).

Juízo Expressão que tanto pode indicar foro, vara, câmara e turma nos quais atuam juiz, desembargador ou ministro quanto o próprio tribunal. Exemplo: "Juízo da 3ª Vara Cível".

Juízo arbitral Órgão julgador extrajudicial, de livre instituição, ao qual as partes interessadas, mediante convenção de arbitragem, assim entendidos a cláusula compromissória e o compromisso arbitral, podem submeter a solução de seus litígios (arts. 3º e 9º, Lei n. 9.307/96).

▸ Veja CPC/2015: "**Art. 42.** As causas cíveis serão processadas e decididas pelo juiz nos limites de sua competência, ressalvado às partes o direito de instituir juízo arbitral, na forma da lei".

▸ Veja Lei n. 9.307/96: "**Art. 3º** As partes interessadas podem submeter a solução de seus litígios ao juízo arbitral mediante convenção de arbitragem, assim entendida a cláusula compromissória e o compromisso arbitral. **Art. 4º** A cláusula compromissória é a convenção através da qual as partes em um contrato comprometem-se a submeter à arbitragem os litígios que possam vir a surgir, relativamente a tal contrato. § 1º A cláusula compromissória deve ser estipulada por escrito, podendo estar inserta no próprio contrato ou em documento apartado que a ele se refira. [...] **Art. 9º** O compromisso arbitral é a convenção através da qual as partes submetem um litígio à arbitragem de uma ou mais pessoas, podendo ser judicial ou extrajudicial. § 1º O compromisso arbitral judicial celebrar-se-á por termo nos autos, perante o juízo ou tribunal, onde tem curso a demanda. § 2º O compromisso arbitral extrajudicial será celebrado por escrito particular, assinado por duas testemunhas, ou por instrumento público".

▪ Direito civil e processual civil. Arbitragem. Acordo optando pela arbitragem homologado em juízo. Pretensão anulatória. Competência do juízo arbitral. Inadmissibilidade da judicialização prematura. 1. Nos termos do art. 8º, parágrafo único, da Lei de Arbitragem, a alegação de nulidade da cláusula arbitral instituída em Acordo Judicial homologado e, bem assim, do contrato que a contém, deve ser submetida, em primeiro lugar, à decisão do próprio árbitro, inadmissível a judicialização prematura pela via oblíqua do retorno ao Juízo. 2. Mesmo no caso de o acordo de vontades no qual estabelecida a cláusula arbitral no caso de haver sido homologado judicialmente, não se admite prematura ação anulatória diretamente perante o Poder Judiciário, devendo ser preservada a solução arbitral, sob pena de se abrir caminho para a frustração do instrumento alternativo de solução da controvérsia. 4. Recurso especial a que se nega provimento. (STJ, REsp n. 1.288.251/MG, 3ª T., rel. Min. Sidnei Beneti, j. 09.10.2012, *DJe* 16.10.2012)

Juízo de exceção Juízo criado contingencial e excepcionalmente que representa grave risco para as liberdades individuais.

▪ Ação discriminatória. Designação de magistrado para atuar nos feitos em que não havia juiz certo (art. 132 do CPC). Violação do princípio do juiz natural. Não ocorrência. Recurso desprovido. 1. No caso em análise, a sentença foi proferida por magistrado investido de função jurisdicional em conformidade com as normas constitucionais, e designado para atuar no feito com base na legislação de organização judiciária, não havendo falar em existência de juízo de exceção. 2. A Carta Magna, em seu art. 125, determina que "os Estados organizarão sua Justiça, observados os princípios estabelecidos nesta Constituição". A Lei Estadual n. 3.947/83, por sua vez, estabeleceu que "os juízes a que se refere o art. 26 da LC n. 225, de 13 de novembro de 1979, quando auxiliarem no serviço correicional a cargo da Corregedoria Geral da Justiça, poderão exercer a competência pertinente a processos acumulados ou em atraso, em que não haja juiz certo (art. 132, do CPC)". Desse modo, mostra-se desarrazoada a afirmação de que a designação de juiz de direito pelo Exmo. Sr. Corregedor-Geral de Justiça para apreciar a ação de discriminação de terras devolutas relativa à recorrente acarretaria violação dos princípios do juiz natural e da vedação de juízo de exceção, haja vista existir previsão legal para tanto em lei estadual devidamente autorizada pela Constituição Federal. [...] 6. Recurso ordinário desprovido. (STJ, MS n. 20.102/SP, 1ª T., rel. Min. Denise Arruda, j. 14.08.2007, *DJ* 13.09.2007, p. 153)

Juiz togado Diz-se do juiz ou magistrado, formado em Direito e admitido no Poder Judiciário mediante concurso de provas e títulos. Juiz de carreira. A expressão "togado" refere-se à "toga", vestimenta que costumeiramente usa durante as audiências e para diferenciá-lo do juiz leigo.

Julgado Decisão judicial ou acórdão proferido por câmara ou turma de um tribunal. Diz-se que "transitou em julgado" uma decisão da qual não mais cabe recorrer.

Julgamento Fase final de um processo judicial na qual juiz, turma, câmara ou jurados, após instrução do processo e análise das provas, proferem a decisão final encerrando um processo.

Julgamento antecipado do mérito
Decisão ou sentença antecipada proferida pelo juiz da causa quando não houver necessidade de produção de outras provas ou se verificar a revelia (art. 330, CPC/73). O julgamento imediato da lide é também conhecido como teoria da causa madura (*v. Causa madura* e *Teoria da causa madura*).

- ▸ Veja CPC/2015: "**Art. 355.** O juiz julgará antecipadamente o pedido, proferindo sentença com resolução de mérito, quando: I – não houver necessidade de produção de outras provas; II – o réu for revel, ocorrer o efeito previsto no art. 344 e não houver requerimento de prova, na forma do art. 349. [...] **Art. 486.** O pronunciamento judicial que não resolve o mérito não obsta a que a parte proponha de novo a ação. [...]".

- ■ Recurso especial. Cerceamento de defesa. Não ocorrência. Julgamento antecipado da lide. Princípio do livre convencimento do juiz. Recurso desprovido. 1. De acordo com o princípio do livre convencimento, não há cerceamento de defesa quando o magistrado, com base em suficientes elementos de prova e objetiva fundamentação, julga antecipadamente a lide. 2. Agravo regimental desprovido. (STJ, Ag. Reg. no REsp n. 1.206.422/TO, 3ª T., rel. Min. João Otávio de Noronha, j. 25.06.2013, *DJe* 01.07.2013)

- ■ Julgamento antecipado da lide. Indeferimento de postulação por produção de provas. Sentença fundamentada na falta de comprovação dos fatos alegados. *Error in procedendo*. 1. Quando a questão de mérito for unicamente de direito, ou, sendo de direito e de fato, não houver necessidade de produzir prova em audiência, o art. 330, I, do CPC prevê o julgamento antecipado da lide, no qual a sentença é proferida, dispensando-se a inauguração da chamada fase instrutória. [...] 3. *In casu*, embora a recorrida tenha postulado pela produção de prova pericial e testemunhal, o magistrado promoveu julgamento antecipado da lide (art. 330, I, do CPC) e concluiu pela improcedência do pedido, sob o fundamento de que "a empresa demandante não trouxe aos autos elementos de prova suficientes e capazes de comprovar o alegado na inicial" (fl. 166). 4. Não há, pois, como deixar de reconhecer o *error in procedendo* do juízo de primeiro grau. 5. Recurso especial não provido. (STJ, REsp n. 1.293.370/RN, 2ª T., rel. Min. Herman Benjamin, j. 20.06.2013, *DJe* 01.08.2013)

Julgamento antecipado parcial do mérito
Decisão ou sentença antecipada proferida pelo juiz da causa quando um ou mais dos pedidos formulados ou parcela deles mostrarem-se incontroversos e estiverem em condições de imediato julgamento.

- ▸ Veja CPC/2015: "**Art. 356.** O juiz decidirá parcialmente o mérito quando um ou mais dos pedidos formulados ou parcela deles: I – mostrar-se incontroverso; II – estiver em condições de imediato julgamento, nos termos do art. 355. [...]".

Julgamento *citra petita*
Sentença na qual o juiz, declarando procedente a ação, concede ao autor menos do que foi requerido na petição inicial.

- ■ Processual civil. Causa de pedir. Não analisada. Sentença *citra petita*. Possibilidade de anulação pelo tribunal *a quo*. 1. O juízo de origem examinou apenas uma das duas causas de pedir aduzidas na inicial, o que representaria ofensa aos arts. 128 e 460 ambos do CPC, conforme concluiu o colegiado de origem. 2. A decisão recorrida está harmoniosa com o entendimento desta Corte, segundo o qual, em caso de sentença *citra petita*, o Tribunal deve anulá-la, determinando que uma outra seja proferida. Precedentes. 3. Agravo regimental não provido. (STJ, Ag. Reg. no REsp n. 166.848/PB, 2ª T., rel. Min. Castro Meira, j. 26.02.2013, *DJe* 05.03.2013)

Julgamento conforme o estado do processo
Decisão ou sentença antecipada proferida pelo juiz da causa nos casos de extinção do processo sem resolução do mérito e quando houver resolução do mérito nos casos especificados em lei.

- ▸ Veja CPC/2015: "**Art. 354.** Ocorrendo qualquer das hipóteses previstas nos arts. 485 e 487, incisos II e III, o juiz proferirá sentença. Parágrafo único. A decisão a que se refere o *caput* pode dizer respeito a apenas parcela do processo, caso em que será impugnável por agravo de instrumento".

- ■ Processual civil. Execução. Embargos. Defesa. Ausência da dívida. Julgamento. Cerceamento de defesa. Inexistência. 1. Não há cerceamento de defesa, em virtude do julgamento da lide conforme o estado do processo, se, apesar de deferida a produção de prova testemunhal, documental e pericial, em audiência, por outro magistrado que não o sentenciante, deixa o devedor de efetuar o depósito do perito e de impulsionar o processo por mais de um ano, sem requerer, sequer, a juntada de um único documento. 2. Matéria, de outra parte, que depende de revolvimento probatório, vedado pela Súmula n. 7/STJ. 3. Recurso especial não conhecido. (STJ, REsp n. 557.068/SC, 4ª T., rel. Min. Fernando Gonçalves, j. 02.10.2007, *DJ* 22.10.2007, p. 278)

Julgamento *extra petita* Sentença na qual o juiz, declarando procedente a ação, decide de forma diferente da que foi pedida pelo autor na petição inicial.

- Processo civil. Julgamento *extra petita*. Inexistência. Súmula n. 7/STJ. Inaplicabilidade. 1. Configura-se o julgamento *extra petita* quando o juiz concede prestação jurisdicional diferente da que lhe foi postulada ou quando defere a prestação requerida, porém com base em fundamento não invocado como causa do pedido. 2. O deferimento de parte do que foi pleiteado não implica julgamento *extra petita*. 3. Não ofende a Súmula n. 7/STJ decisão acerca de matéria jurídica que se assenta nas bases fáticas delineadas no acórdão recorrido. 4. Afasta-se a alegada violação do art. 535 do CPC quando o acórdão recorrido, integrado pelo julgado proferido nos embargos de declaração, dirime, de forma expressa, congruente e motivada, as questões suscitadas nas razões recursais. 5. Agravo regimental desprovido. (STJ, Ag. Reg. no REsp n. 1.199.712/RJ, 3ª T., rel. Min. João Otávio de Noronha, j. 18.06.2013, *DJe* 28.06.2013)

- Embargos de declaração. Apelação cível. Responsabilidade civil. Dano moral. Acórdão *extra petita*. Excesso extirpado. É cediço que, em atenção ao princípio da adstrição, preconizado nos arts. 128 e 460 do CPC, há limitação imposta à prestação jurisdicional, devendo o magistrado, ao proferir a sentença, ater-se aos estritos termos em que deduzidos a causa de pedir e o pedido. Viável a extirpação do excesso cometido pelo decisor, ao analisar pedido indenizatório inexistente, não havendo falar em desconstituição *in totum* da decisão. Equívoco sanado. Redistribuídos os ônus de sucumbência. [...] (TJRS, Emb. Decl. n. 70.055.564.678, 10ª Câm. Cível, rel. Paulo Roberto Lessa Franz, j. 01.08.2013)

Julgamento sem resolução do mérito Decisão ou sentença antecipada facultada ao juiz proferir quando: indeferir a petição inicial; o processo ficar parado durante mais de um ano por negligência das partes; por não promover os atos e as diligências que lhe incumbir, o autor abandonar a causa por mais de trinta dias; verificar ausência de pressupostos de constituição e desenvolvimento válido e regular do processo; reconhecer existência de perempção, litispendência ou coisa julgada; verificar ausência de legitimidade ou interesse processual; acolher alegação de existência de convenção de arbitragem; o autor desistir da ação; em caso de morte da parte, a ação for considerada intransmissível por disposição legal; nos demais casos prescritos no CPC.

▶ Veja CPC/2015: "**Art. 485.** O juiz não resolverá o mérito quando: I – indeferir a petição inicial; II – o processo ficar parado durante mais de 1 (um) ano por negligência das partes; III – por não promover os atos e as diligências que lhe incumbir, o autor abandonar a causa por mais de 30 (trinta) dias; IV – verificar a ausência de pressupostos de constituição e de desenvolvimento válido e regular do processo; V – reconhecer a existência de perempção, de litispendência ou de coisa julgada; VI – verificar ausência de legitimidade ou de interesse processual; VII – acolher a alegação de existência de convenção de arbitragem ou quando o juízo arbitral reconhecer sua competência; VIII – homologar a desistência da ação; IX – em caso de morte da parte, a ação for considerada intransmissível por disposição legal; e X – nos demais casos prescritos neste Código. [...]".

Julgamento *ultra petita* Sentença pela qual o juiz, declarando procedente a ação, concede ao autor mais do que por ele foi pedido na petição inicial.

- Militar. Reintegração. Condenação da união ao pagamento de verbas pretéritas. Decisão *ultra petita*. 1. Se o autor pediu na inicial apenas a sua reforma por invalidez, bem assim a reparação por danos morais, configura decisão *ultra petita* a condenação da União ao pagamento dos soldos vencidos desde o licenciamento considerado ilegal. 2. Agravo regimental não provido. (STJ, Ag. Reg. no REsp n. 1.334.333/PR, 2ª T., rel. Min. Mauro Campbell Marques, j. 18.06.2013, *DJe* 24.06.2013)

- Aquisição de unidade imobiliária em construção. Descumprimento do contrato pelo construtor. Danos materiais e morais. 1. Configura-se julgamento *ultra petita* quando o julgador decide a demanda além dos limites do pedido formulado na petição inicial. 2. Verificando-se a ocorrência de julgamento *ultra petita*, admite-se o decotamento do provimento judicial concedido em maior extensão do que o pedido formulado. 3. Recurso especial provido em parte para decote de condenação a fato não constante do pedido, bem como para decotar assim a condenação por danos morais. (STJ, REsp n. 1.352.962/PB, 3ª T., rel. Min. Sidnei Beneti, j. 07.05.2013, *DJe* 20.05.2013)

Juntada Ato de juntar ou anexar petição, arrazoado ou qualquer outro documento aos autos ou processo praticado pelo escrivão no cartório judicial. É lícito às partes, em qualquer tempo, juntar aos autos documentos novos quando destinados a fazer prova de fatos ocorridos depois dos articulados ou para contrapô-los aos que foram produzidos nos autos.

▶ Veja CPC/2015: "**Art. 208.** Os termos de juntada, vista, conclusão e outros semelhantes constarão de notas datadas e rubricadas pelo escrivão ou pelo chefe de secretaria. [...] **Art. 435.** É lícito às partes, em qualquer tempo, juntar aos autos documentos novos, quando destinados a fazer prova de fatos ocorridos depois dos articulados ou para contrapô-los aos que foram produzidos nos autos. Parágrafo único. Admite-se também a juntada posterior de documentos formados após a petição inicial ou a contestação, bem como dos que se tornaram conhecidos, acessíveis ou disponíveis após esses atos, cabendo à parte que os produzir comprovar o motivo que a impediu de juntá-los anteriormente e incumbindo ao juiz, em qualquer caso, avaliar a conduta da parte de acordo com o art. 5º".

Jurado Cidadão comum, de bons antecedentes, escolhido na comunidade pelo juiz para compor o Tribunal do Júri nos julgamentos dolosos contra a vida. Nas cidades com até 100 mil habitantes, a lista de jurados disponíveis deve ter entre 80 e 400 indivíduos; em cidades com mais de 100 mil habitantes, de 300 a 700 jurados. A lista geral é publicada até o dia 10 de outubro de cada ano na imprensa local ou em editais afixados nos fóruns. A lista definitiva é publicada no dia 10 de novembro, valendo para os julgamentos do ano seguinte. Para cada julgamento, o juiz sorteia 25 pessoas da lista e as convoca. O juiz presidente requisitará a autoridades locais, associações de classe e de bairro, entidades associativas e culturais, instituições de ensino em geral, universidades, sindicatos, repartições públicas e outros núcleos comunitários a indicação de pessoas que reúnam as condições para exercer a função de jurado (art. 425, § 2º, CPP).

▶ Veja CPP: "**Art. 425.** Anualmente, serão alistados pelo presidente do Tribunal do Júri de 800 (oitocentos) a 1.500 (um mil e quinhentos) jurados nas comarcas de mais de 1.000.000 (um milhão) de habitantes, de 300 (trezentos) a 700 (setecentos) nas comarcas de mais de 100.000 (cem mil) habitantes e de 80 (oitenta) a 400 (quatrocentos) nas comarcas de menor população. § 1º Nas comarcas onde for necessário, poderá ser aumentado o número de jurados e, ainda, organizada lista de suplentes, depositadas as cédulas em urna especial, com as cautelas mencionadas na parte final do § 3º do art. 426 deste Código. § 2º O juiz presidente requisitará às autoridades locais, associações de classe e de bairro, entidades associativas e culturais, instituições de ensino em geral, universidades, sindicatos, repartições públicas e outros núcleos comunitários a indicação de pessoas que reúnam as condições para exercer a função de jurado. **Art. 426.** A lista geral dos jurados, com indicação das respectivas profissões, será publicada pela imprensa até o dia 10 de outubro de cada ano e divulgada em editais afixados à porta do Tribunal do Júri. § 1º A lista poderá ser alterada, de ofício ou mediante reclamação de qualquer do povo ao juiz presidente até o dia 10 de novembro, data de sua publicação definitiva. § 2º Juntamente com a lista, serão transcritos os arts. 436 a 446 deste Código. § 3º Os nomes e endereços dos alistados, em cartões iguais, após serem verificados na presença do Ministério Público, de advogado indicado pela Seção local da Ordem dos Advogados do Brasil e de defensor indicado pelas Defensorias Públicas competentes, permanecerão guardados em urna fechada a chave, sob a responsabilidade do juiz presidente. § 4º O jurado que tiver integrado o Conselho de Sentença nos 12 (doze) meses que antecederem à publicação da lista geral fica dela excluído. § 5º Anualmente, a lista geral de jurados será, obrigatoriamente, completada".

Júri Corpo de jurados. Denominação conferida ao tribunal formado pelos jurados, cidadãos escolhidos pelo juiz presidente para que, sob juramento, decidam, de fato, sobre a condenação ou não do acusado que está sendo julgado.

Jurisdição Poder/dever exercido pelos magistrados de aplicar o Direito resolvendo as pendências que lhes são encaminhadas. Hierarquicamente, a classificação é feita em jurisdição de primeiro grau, representada pelos juízes singulares; de segundo grau, representada pelos tribunais de justiça e tribunais regionais federais e do trabalho; e de terceiro grau, representada pelos tribunais superiores. A expressão indica também a área territorial de atuação da Justiça e de outros órgãos públicos: jurisdição territorial da Justiça do Trabalho; jurisdição territorial da Justiça Federal; jurisdição fiscal das Unidades Descentralizadas da Secretaria da Receita Federal do Brasil. Diz-se que há conflito de jurisdição quando mais de uma autoridade se considerar competente ou quando nenhuma delas se considerar competente.

▶ Veja CPC/2015: "**Art. 13.** A jurisdição civil será regida pelas normas processuais brasileiras, ressalvadas as disposições específicas previstas em tratados, convenções ou acordos internacionais de que o Brasil seja parte. [...] **Art. 16.** A jurisdição civil é exercida pelos juízes e pelos tribunais em todo o território nacional, conforme as disposições deste Código. [...] **Art. 496.** Está sujeita ao duplo grau de jurisdição, não produzindo efeito senão depois de confirmada pelo tribunal, a sentença: I – proferida contra a União, os Estados, o Distrito Federal, os Municípios e suas respectivas autarquias e fundações de direito público; II – que julgar procedentes, no todo ou em parte, os embargos à execução fiscal. § 1º Nos casos previstos neste artigo, não interposta a apelação no prazo legal, o juiz ordenará a remessa dos autos ao tribunal, e, se não o fizer, o presidente do respectivo tribunal avocá-los-á. § 2º Em qualquer dos casos referidos no § 1º, o tribunal julgará a remessa necessária. § 3º Não se aplica o disposto neste artigo quando a condenação ou o proveito econômico obtido na causa for de valor certo e líquido inferior a: I – 1.000 (mil) salários-mínimos para a União e as respectivas autarquias e fundações de direito público; II – 500 (quinhentos) salários-mínimos para os Estados, o Distrito Federal, as respectivas autarquias e fundações de direito público e os Municípios que constituam capitais dos Estados; III – 100 (cem) salários-mínimos para todos os demais Municípios e respectivas autarquias e fundações de direito público. § 4º Também não se aplica o disposto neste artigo quando a sentença estiver fundada em: I – súmula de tribunal superior; [...]".

Jurisdição contenciosa Jurisdição litigiosa. Aquela que se caracteriza pela existência de lide, partes e contraditório, produzindo coisa julgada. Difere da jurisdição voluntária, na qual não há lide ou litígio.

■ Processo civil. Retificação de registro de óbito. Jurisdição administrativa. Instauração do contraditório e da ampla defesa. Peculiaridades da jurisdição contenciosa. I – A retificação de registro de óbito, prevista no art. 109 da Lei de Registros Públicos (n. 6.015/73), inclui-se nos procedimentos de jurisdição voluntária. Todavia, se supervenientemente se instaurou o contraditório e houve produção de provas documentais e testemunhais, o procedimento tomou o caráter contencioso, com a presença do conflito de interesses. II – A "jurisdição voluntária" distingue-se da contenciosa por algumas características, a saber: na voluntária não há ação, mas pedido; não há processo, mas apenas procedimento; não há partes, mas interessados; não produz coisa julgada, nem há lide. [...] (STJ, REsp n. 238.573/SE, 4ª T., rel. Min. Sálvio de Figueiredo Teixeira, j. 29.08.2000, *DJ* 09.10.2000, p. 153)

Jurisdição voluntária Jurisdição ou procedimento caracterizado pela ausência de litígio, também chamada de jurisdição graciosa. Para muitos autores, é considerada uma atividade de índole meramente administrativa, invocada tão somente para reconhecimento ou homologação de pretensões que resultam da vontade e do consenso dos interessados. Destina-se esse procedimento a processar e julgar, entre outros, os pedidos de: emancipação; sub-rogação; expedição de alvará judicial; homologação de autocomposição extrajudicial, de qualquer natureza ou valor.

▶ Veja CPC/2015: "**Art. 719.** Quando este Código não estabelecer procedimento especial, regem os procedimentos de jurisdição voluntária as disposições constantes desta Seção. **Art. 720.** O procedimento terá início por provocação do interessado, do Ministério Público ou da Defensoria Pública, cabendo-lhes formular o pedido devidamente instruído com os documentos necessários e com a indicação da providência judicial. **Art. 721.** Serão citados todos os interessados, bem como intimado o Ministério Público, nos casos do art. 178, para que se manifestem, querendo, no prazo de 15 (quinze) dias. **Art. 722.** A Fazenda Pública será sempre ouvida nos casos em que tiver interesse. **Art. 723.** O juiz decidirá o pedido no prazo de 10 (dez) dias. Parágrafo único. O juiz não é obrigado a observar critério de legalidade estrita, podendo adotar em cada caso a solução que considerar mais conveniente ou oportuna. **Art. 724.** Da sentença caberá apelação. **Art. 725.** Processar-se-á na forma estabelecida nesta Seção o pedido de: I – emancipação; II – sub-rogação; III – alienação, arrendamento ou oneração de bens de crianças ou adolescentes, de órfãos e de interditos; IV – alienação, locação e administração da coisa comum; V – alienação de quinhão em coisa comum; VI – extinção de usufruto, quando não decorrer da morte do usufrutuário, do termo da sua duração ou da consolidação, e de fideicomisso, quando decorrer de renúncia ou quando ocorrer antes do evento que caracterizar a condição resolutória; VII – expedição de alvará judicial; VIII – homologação de autocomposição extrajudicial, de qualquer natureza ou valor".

Jurisdicionado Aquele que é sujeito da jurisdição. Pessoa a quem o Judiciário presta a jurisdição. Todas as pessoas que se situam em determinado território jurisdicional, como em uma comarca.

Jurisprudência Conjunto de decisões constantes e uniformes proferidas pelos tribunais sobre determinada questão que passa a constituir fonte secundária do Direito.

Juros Remuneração do capital. Remuneração paga pelo tomador de um empréstimo ao detentor do capital emprestado – banco, instituição financeira ou particular.

Juros compensatórios Juros concedidos na desapropriação de imóvel que correspondem à compensação dos frutos de que o proprietário fica privado pelo desapossamento antecipado do imóvel (art. 15-A, DL n. 3.365/41). Na lição de Álvaro Villaça Azevedo, "Os juros compensatórios são previstos no contrato. As partes os fixam, estabelecendo os limites de seu proveito, enquanto durar essa convenção. Se os não fixarem, sua taxa será a que consta da lei, se convencionados. Assim, temos certo que os juros compensatórios resultam de uma utilização consentida do capital alheio. As partes, aqui, combinam os juros pelo prazo do contrato. Podem, por outro lado, os juros moratórios ser convencionados pelas partes, que preveem, na avença, sua taxa, em caso de inadimplemento obrigacional, situação em que se denominam moratórios convencionais, por nascerem do contrato da convenção. Se, ainda, moratórios forem, e devidos, sem que suas taxas tenham sido fixadas pelos interessados, está será referida na lei, pelo que serão chamados de juros moratórios legais. Nas duas hipóteses, os juros moratórios resultam de uma utilização não consentida do capital alheio". (AZEVEDO, Álvaro Villaça. *Curso de direito civil*: Teoria Geral das Obrigações, Responsabilidade Civil, 10.ed. Rio de Janeiro, Atlas, 2004, p. 235). Incidem juros compensatórios nas desapropriações por interesse social, para efeito de reforma agrária, mesmo quando o imóvel for improdutivo. Esse entendimento foi pacificado pela 1ª Seção do STJ no julgamento de um recurso especial impetrado pelo Instituto Nacional de Colonização e Reforma Agrária. O processo foi apreciado em sede de recurso repetitivo (REsp n. 1.116.364).

▶ Veja DL n. 3.365/41: "**Art. 15-A.** No caso de imissão prévia na posse, na desapropriação por necessidade ou utilidade pública e interesse social, inclusive para fins de reforma agrária, havendo divergência entre o preço ofertado em juízo e o valor do bem, fixado na sentença, expressos em termos reais, incidirão juros compensatórios de até seis por cento ao ano sobre o valor da diferença eventualmente apurada, a contar da imissão na posse, vedado o cálculo de juros compostos. § 1º Os juros compensatórios destinam-se, apenas, a compensar a perda de renda comprovadamente sofrida pelo proprietário. § 2º Não serão devidos juros compensatórios quando o imóvel possuir graus de utilização da terra e de eficiência na exploração iguais a zero. § 3º O disposto no *caput* deste artigo aplica-se também às ações ordinárias de indenização por apossamento administrativo ou desapropriação indireta, bem assim às ações que visem a indenização por restrições decorrentes de atos do Poder Público, em especial aqueles destinados à proteção ambiental, incidindo os juros sobre o valor fixado na sentença. § 4º Nas ações referidas no § 3º, não será o Poder Público onerado por juros compensatórios relativos a período anterior à aquisição da propriedade ou posse titulada pelo autor da ação. **Art. 15-B.** Nas ações a que se refere o art. 15-A, os juros moratórios destinam-se a recompor a perda decorrente do atraso no efetivo pagamento da indenização fixada na decisão final de mérito, e somente serão devidos à razão de até seis por cento ao ano, a partir de 1º de janeiro do exercício seguinte àquele em que o pagamento deveria ser feito, nos termos do art. 100 da Constituição".

- Súmula n. 12, STJ: Em desapropriação, são cumuláveis juros compensatórios e moratórios.

- Súmula n. 56, STJ: Na desapropriação para instituir servidão administrativa são devidos os juros compensatórios pela limitação de uso da propriedade.

- Súmula n. 69, STJ: Na desapropriação direta, os juros compensatórios são devidos desde a antecipada imissão na posse e, na desapropriação indireta, a partir da efetiva ocupação do imóvel.

- Súmula n. 113, STJ: Os juros compensatórios, na desapropriação direta, incidem a partir da imissão na posse, calculados sobre o valor da indenização, corrigido monetariamente.

- Súmula n. 114, STJ: Os juros compensatórios, na desapropriação indireta, incidem a partir da ocupação, calculados sobre o valor da indenização, corrigido monetariamente.

- Súmula n. 131, STJ: Nas ações de desapropriação incluem-se no cálculo da verba advocatícia as parcelas relativas aos juros compensatórios e moratórios, devidamente corrigidas.

- Súmula n. 408, STJ: Nas ações de desapropriação, os juros compensatórios incidentes após a Medida Provisória n. 1.577, de 11.06.1997, devem ser fixados em 6% ao ano até 13.09.2001 e, a partir de então, em 12% ao ano, na forma da Súmula n. 618 do Supremo Tribunal Federal.

- Desapropriação para fins de reforma agrária. Juros compensatórios. Imóvel improdutivo. Incidência. Base de cálculo dos juros moratórios. Ausência de interesse recursal. [...] 3. "A eventual improdutividade do imóvel não afasta o direito aos juros compensatórios, pois esses restituem não só o que o expropriado deixou de ganhar com a perda antecipada, mas também a expectativa de renda, considerando a possibilidade do imóvel 'ser aproveitado a qualquer momento de forma racional e adequada, ou até ser vendido com o recebimento do seu valor à vista'" (REsp n. 1.116.364/PI, 1ª Seção, rel. Min. Castro Meira, j. 26.05.2010, DJe de 10.09.2010). 4. Inexiste óbice à incidência dos juros compensatórios e correção monetária sobre a complementação a ser paga em Títulos da Dívida Agrária. Precedentes. [...] Recurso especial parcialmente conhecido e, nessa parte, não provido. (STJ, REsp n. 1.328.954/PE, 2ª T., rel. Min. Eliana Calmon, j. 20.06.2013, DJe 01.07.2013)

- Desapropriação para fins de reforma agrária. Recurso especial. Fator ancianidade. Depreciação do valor. Juros compensatórios. Improdutividade do imóvel. Irrelevância. [...] 6. Os juros compensatórios destinam-se a compensar o que o desapropriado deixou de ganhar com a perda antecipada do imóvel, ressarcir o impedimento do uso e gozo econômico do bem, ou o que deixou de lucrar, motivo pelo qual incidem a partir da imissão na posse do imóvel expropriado, consoante o disposto no Verbete Sumular n. 69 desta Corte: Na desapropriação direta, os juros compensatórios são devidos desde a antecipada imissão na posse e, na desapropriação indireta, a partir da efetiva ocupação do imóvel. 7. Os juros compensatórios são devidos mesmo quando o imóvel desapropriado for improdutivo, justificando-se a imposição pela frustração da expectativa de renda, considerando a possibilidade do imóvel "ser aproveitado a qualquer momento de forma racional e adequada, ou até ser vendido com o recebimento do seu valor à vista" (REsp n. 453.823/MA, rel. Min. Castro Meira, DJ 17.05.2004). 8. Os juros compensatórios fundam-se no fato do desapossamento do imóvel e não na sua produtividade, consoante o teor das Súmulas ns. 12, 69, 113, 114 do STJ, e 164 e 345 do STF. Precedentes: REsp n. 519.365/SP, DJ 27.11.2006; REsp n. 453.823/MA, DJ 17.05.2004; REsp n. 692.773/MG, desta relatoria, DJ 29.08.2005. [...] (STJ, Ag. Reg. no REsp n. 974.150/RO, 1ª T., rel. Min. Luiz Fux, j. 15.12.2009, DJe 10.02.2010)

Juros legais Legais ou remuneratórios são os juros não convencionados. Quando os juros não forem convencionados, ou o forem sem taxa estipulada, ou provierem de determinação da lei, serão fixados segundo a taxa que estiver em vigor para a mora do pagamento de impostos devidos à Fazenda (art. 406, CC). Depois de muita polêmica sobre o tema, foi consolidado, tanto pela doutrina como pela jurisprudência, que a taxa de juros de mora prevista no art. 406 do CC, é de 1% ao mês, tendo por referência o art. 161, § 1º, do CTN.

▶ Veja CC: "**Art. 406.** Quando os juros moratórios não forem convencionados, ou o forem sem taxa estipulada, ou quando provierem de determinação da lei, serão fixados segundo a taxa que estiver em vigor para a mora do pagamento de impostos devidos à Fazenda Nacional".

Juros moratórios Juros devidos quando caracterizada a mora do devedor. Podem ser convencionais ou legais. Representam uma pena imposta ao devedor pelo atraso no cumprimento da obrigação ou pelo retardamento na devolução do capital alheio. Funciona como uma espécie de indenização pela demora no adimplemento de débito ou obrigação. Nas ações que tiverem por objeto o pagamento de valores, principalmente nas de execução de quantia certa, não só é lícito como também indispensável o pedido de pagamento do principal acrescido de juros e correção monetária, cuja data de incidência varia de acordo com as seguintes hipóteses: a) dívidas líquidas e certas: a partir do vencimento; b) dívidas sem força executiva: a partir do ajuizamento da demanda; c) quando não for convencionado: a partir da citação.

▶ Veja CC: "**Art. 405.** Contam-se os juros de mora desde a citação inicial. **Art. 406.** Quando os juros moratórios não forem convencionados, ou o forem sem taxa estipulada, ou quando provierem de determinação da lei, serão fixados segundo a taxa que estiver em vigor para a mora do pagamento de impostos devidos à Fazenda Nacional. **Art. 407.** Ainda que se não alegue prejuízo, é obrigado o devedor aos juros da mora que se contarão assim às dívidas em dinheiro, como às prestações de outra natureza, uma vez que lhes esteja fixado o valor pecuniário por sentença judicial, arbitramento, ou acordo entre as partes".

Juros sobre juros O mesmo que capitalização de juros. A prática, conhecida como *anatocismo*, é vedada por nosso Direito, mesmo que expressamente convencionada. A vedação advém do Decreto n. 22.626/33, que estabelece: "É proibido contar juros dos juros; esta proibição não compreende a acumulação de juros vencidos aos saldos líquidos em conta corrente de ano a ano". Idêntica vedação se extrai do art. 4º da Lei n. 1.521/51, que trata dos crimes contra a economia popular. A exceção fica por conta da parte final do art. 591 do CC, que trata do mútuo destinado a fins econômicos.

- Veja CC: "**Art. 591.** Destinando-se o mútuo a fins econômicos, presumem-se devidos juros, os quais, sob pena de redução, não poderão exceder a taxa a que se refere o art. 406, permitida a capitalização anual".

- Veja Decreto n. 22.626/33: "**Art. 4º** É proibido contar juros dos juros: esta proibição não compreende a acumulação de juros vencidos aos saldos líquidos em conta corrente de ano a ano. [...] **Art. 13.** É considerado delito de usura, toda a simulação ou prática tendente a ocultar a verdadeira taxa do juro ou a fraudar os dispositivos desta lei, para o fim de sujeitar o devedor a maiores prestações ou encargos, além dos estabelecidos no respectivo título ou instrumento".

- Veja Lei n. 1.521/51: "**Art. 4º** Constitui crime da mesma natureza a usura pecuniária ou real, assim se considerando: *a)* cobrar juros, comissões ou descontos percentuais, sobre dívidas em dinheiro superiores à taxa permitida por lei; cobrar ágio superior à taxa oficial de câmbio, sobre quantia permutada por moeda estrangeira; ou, ainda, emprestar sob penhor que seja privativo de instituição oficial de crédito; *b)* obter, ou estipular, em qualquer contrato, abusando da premente necessidade, inexperiência ou leviandade de outra parte, lucro patrimonial que exceda o quinto do valor corrente ou justo da prestação feita ou prometida".

▪ Administrativo. Execução. Precatório. Atualização. Inclusão de juros moratórios. Descabimento. Inexistência de mora. Incidência de juros sobre juros. Impossibilidade. CF/88, art. 100, §§ 1º e 2º. O pagamento através de precatório decorre da CF/88, que o disciplina, com exclusividade, de sorte que a única alteração possível no valor da dívida é a que se refere à atualização monetária prevista no § 2º, do art. 100, da CF/88. A mora se configura pelo retardo no adimplemento obrigacional causado pelo devedor, o que não se confunde com o lapso de tempo derivado da tramitação do precatório, que constitui norma constitucional imperativa, que não gera direito a juros, sob pena de se entender que a própria CF/88, fonte de todos os direitos e deveres, causa prejuízo aos cidadãos, o que se afigura impossível. Ademais, a incidência contínua de juros moratórios em sucessivos precatórios acarreta duas consequências impróprias: a perpetuação da dívida, que jamais será quitada, ainda que alcançada a estabilidade da moeda, tornando-se espécie de investimento de capitalização a longo prazo, com rendimento de 6% ao ano; e o descabido cômputo de juros sobre juros, porque se no primeiro precatório os juros já foram calculados, a mera atualização monetária de seu montante quando do precatório subsequente remuneraria aquela demora, esta sim, concreta, entre o cálculo do montante devido e o pagamento inicial. Todavia, se a conta, como no caso dos autos, destaca para o segundo precatório uma nova parcela de juros, separadamente do valor global, resulta que não são juros originais, apenas que corrigidos, mas novos juros sobre aquele total primitivo. Juros sobre juros. (TRF-1ª Região, AI n. 31.709/7/1996/DF, rel. Juiz Aldir Passarinho Junior, j. 13.08.1996, *DJ* 02.09.1996)

Jus postulandi Direito de postular ou pleitear em juízo. Para exercício do *jus postulandi*, exige-se que o advogado esteja devidamente autorizado pelo instrumento de procuração. Pode também o advogado, sempre que lhe convier, litigar em causa própria, exercer o *jus postulandi*. Diz-se, nesse caso, que o autor da ação, por ser advogado (e não simples bacharel em Direito), fica dispensado de ser representado ou outorgar procuração para outro advogado. A postulação em causa própria é permitida pelo art. 36 do CPC/73. Na Justiça do Trabalho, o exercício do *jus postulandi* possui previsão no art. 791 da CLT, possibilitando ao trabalhador que for parte em processo perante a Justiça do Trabalho atuar em causa própria. No entanto, referido direito limita-se às Varas do Trabalho e aos TRTs, não alcançando ação rescisória, ação cautelar, mandado de segurança e recursos de competência do TST (Súmula n. 425, TST).

- Veja CPC/2015: "**Art. 103.** A parte será representada em juízo por advogado regularmente inscrito na Ordem dos Advogados do Brasil. Parágrafo único. É lícito à parte postular em causa própria quando tiver habilitação legal".

▪ Súmula n. 425, TST: *Jus postulandi* na Justiça do Trabalho. Alcance o *jus postulandi* das partes, estabelecido no art. 791 da CLT, limita-se às Varas do Trabalho e aos Tribunais Regionais do Trabalho, não alcançando a ação rescisória, a ação cautelar, o mandado de segurança e os recursos de competência do Tribunal Superior do Trabalho.

- Processual civil. Recurso especial. Advogado. Representação processual. Irregularidade. CPC, art. 13. A outorga de procuração para o exercício do *jus postulandi*, nos termos do art. 38, do CPC, é ato personalíssimo, conferindo ao advogado poderes para praticar os atos do processo, sendo defeituoso o instrumento outorgado por terceiro. Recurso especial não conhecido. (STJ, REsp n. 440.991/RJ, 6ª T., rel. Min. Vicente Leal, j. 01.10.2002, *DJ* 21.10.2002, p. 435)

- Ausência do instrumento procuratório. Efeito suspensivo do recurso. Liminar (cautelar). Revogação. I – A jurisprudência do STJ cristalizou entendimento no sentido de que tem-se como inexistente o especial quando, na interposição deste, o exercício do *jus postulandi* se faz por advogado sem o instrumento procuratório outorgado pelo recorrente ou a juntada de prova de que constituído, anteriormente, para funcionamento da relação processual com tal construção pretoriana também se reconhece ser direito da parte adversa a não admissão do apelo por ausência dessa representação postulatória. [...] III – Recurso, por maioria, não conhecido. (STJ, REsp n. 12.336/SP, 3ª T., rel. Min. Waldemar Zveiter, j. 30.06.1992, *DJ* 17.08.1992, p. 12.501)

Justa indenização Exigência constitucional destinada a determinar o valor a ser pago pelo ente desapropriante ao proprietário expropriado, que reflita o preço atual de mercado do imóvel em sua totalidade, aí incluídas terras e acessões naturais, matas e florestas e benfeitorias indenizáveis (art. 12, Lei n. 8.629/93). "Indenização que seja igual ao valor que tenha o bem expropriado no mercado, pois este é o único critério real para a apreciação do valor de um bem" (FERREIRA FILHO, Manoel Gonçalves. *Comentários à Constituição brasileira*. São Paulo, Saraiva, 2000, p. 469).

▶ Veja Lei n. 8.629/93: "**Art. 12.** Considera-se justa a indenização que reflita o preço atual de mercado do imóvel em sua totalidade, aí incluídas as terras e acessões naturais, matas e florestas e as benfeitorias indenizáveis, observados os seguintes aspectos: I – localização do imóvel; II – aptidão agrícola; III – dimensão do imóvel; IV – área ocupada e ancianidade das posses; V – funcionalidade, tempo de uso e estado de conservação das benfeitorias. [...]".

- Administrativo. Desapropriação. Justa indenização. Indenização da cobertura vegetal. Instituição de reserva florestal. Lei n. 8.629/93, art. 12. Exegese. Lei n. 4.771/65, art. 19. "É assente no Pretório Excelso que: [...] o poder público ficará sujeito a indenizar o proprietário do bem atingido pela instituição da reserva florestal, se, em decorrência de sua ação administrativa, o *dominus* viera a sofrer prejuízos de ordem patrimonial. A instituição de reserva florestal – com as consequentes limitações de ordem administrativa dela decorrentes e desde que as restrições estatais se revelem prejudiciais ao imóvel abrangido pela área de proteção ambiental – não pode justificar a recusa do Estado ao pagamento de justa compensação patrimonial pelos danos resultantes do esvaziamento econômico ou da depreciação do valor econômico do bem. [...]" (RE n. 134.297/SP, rel. Min. Celso de Mello). (STJ, REsp n. 670.255/2006/RN, rel. Min. Luiz Fux, j. 28.03.2006, *DJ* 10.04.2006)

Justiça comum Modalidade de Justiça que tem por competência, fixada pelo critério de exclusão, processar e julgar as ações que a Constituição Federal não determina que sejam julgadas pelas Justiças especiais, ou seja, a Justiça Militar, a Justiça Eleitoral e a Justiça do Trabalho. A Justiça Comum, ou Ordinária, pode ser Federal ou Estadual.

Justiça desportiva Modalidade de Justiça, composta pelo Superior Tribunal de Justiça Desportiva, funcionando junto às entidades nacionais de administração do desporto, pelos Tribunais de Justiça Desportiva, funcionando junto às entidades regionais da administração do desporto, e pelas Comissões Disciplinares, com competência para processar e julgar as questões previstas nos Códigos de Justiça Desportiva.

▶ Veja Lei n. 9.615/98: "**Art. 49.** A Justiça Desportiva a que se referem os §§ 1º e 2º do art. 217 da Constituição Federal e o art. 33 da Lei n. 8.028, de 12 de abril de 1990, regula-se pelas disposições deste Capítulo. **Art. 50.** A organização, o funcionamento e as atribuições da Justiça Desportiva, limitadas ao processo e julgamento das infrações disciplinares e às competições desportivas, serão definidos nos Códigos de Justiça Desportiva, facultando-se às ligas constituir seus próprios órgãos judicantes desportivos, com atuação restrita às suas competições. [...] **Art. 52.** Os órgãos integrantes da Justiça Desportiva são autônomos e independentes das entidades de administração do desporto de cada sistema, compondo-se do Superior Tribunal de Justiça Desportiva, funcionando junto às entidades nacionais de administração do desporto; dos Tribunais de Justiça Desportiva, funcionando junto às entidades regionais da administração do desporto, e das Comissões Disciplinares, com competência para processar e julgar as questões previstas nos Códigos de Justiça Desportiva, sempre assegurados a ampla defesa e o contraditório".

Justiça do Trabalho Ramo da Justiça especializada com competência para processar e julgar as demandas decorrentes das relações de emprego e trabalho. Anteriormente restrita às lides decorrentes da relação de emprego, a competência da Justiça do Trabalho foi ampliada pela EC n. 45/2004 para também incluir as lides decorrentes da relação de trabalho mediante a alteração da redação do art. 114 da CF. Inclui, portanto, autarquias e fundações públicas dos referidos entes da federação. Em primeira instância, as varas do trabalho julgam apenas dissídios individuais, que são controvérsias surgidas nas relações de trabalho entre o empregador (pessoa física ou jurídica) e o empregado (este sempre como indivíduo, pessoa física). Esse conflito chega à vara do trabalho na forma de reclamação trabalhista. A jurisdição é local, abrangendo geralmente um ou alguns municípios. Sua competência é determinada pela localidade onde o empregado, reclamante ou reclamado, presta serviços ao empregador, ainda que tenha sido contratado em outro local ou no estrangeiro. A vara compõe-se de um juiz do trabalho titular e um juiz do trabalho substituto. Em comarcas onde não existe vara do trabalho, a lei pode atribuir a jurisdição trabalhista ao juiz de Direito.

▶ Veja CF: "**Art. 114.** Compete à Justiça do Trabalho processar e julgar: I – as ações oriundas da relação de trabalho, abrangidos os entes de direito público externo e da administração pública direta e indireta da União, dos Estados, do Distrito Federal e dos Municípios; II – as ações que envolvam exercício do direito de greve; III – as ações sobre representação sindical, entre sindicatos, entre sindicatos e trabalhadores, e entre sindicatos e empregadores; IV – os mandados de segurança, *habeas corpus* e *habeas data*, quando o ato questionado envolver matéria sujeita à sua jurisdição; V – os conflitos de competência entre órgãos com jurisdição trabalhista, ressalvado o disposto no art. 102, I, *o*; VI – as ações de indenização por dano moral ou patrimonial, decorrentes da relação de trabalho; VII – as ações relativas às penalidades administrativas impostas aos empregadores pelos órgãos de fiscalização das relações de trabalho; VIII – a execução, de ofício, das contribuições sociais previstas no art. 195, I, *a*, e II, e seus acréscimos legais, decorrentes das sentenças que proferir; IX – outras controvérsias decorrentes da relação de trabalho, na forma da lei. [...]".

Justiça Eleitoral Ramo da Justiça especializada que tem por objetivo disciplinar os atos referentes aos direitos políticos e ao processo eleitoral em todas as fases: alistamento do eleitor, filiação partidária, registro de candidaturas, propaganda eleitoral, recepção e apuração dos votos, expedição do resultado final do pleito, reconhecimento e diplomação dos candidatos eleitos. A jurisdição de cada uma das zonas eleitorais cabe a um juiz de direito em efetivo exercício e, na falta deste, a seu substituto legal que goze das prerrogativas da magistratura. A Justiça Eleitoral não possui quadro próprio de juízes, por esse motivo, os magistrados da Justiça Comum exercem, cumulativamente, as funções de Juiz Eleitoral. Compete ao juiz eleitoral, entre outros atos: a) cumprir e fazer cumprir as decisões e determinações do Tribunal Superior e do Regional; b) processar e julgar os crimes eleitorais e os comuns que lhe forem conexos, ressalvada a competência originária do Tribunal Superior e dos Tribunais Regionais; c) decidir *habeas corpus* e mandado de segurança em matéria eleitoral, desde que essa competência não esteja atribuída privativamente à instância superior; d) fazer as diligências que julgar necessárias a ordem e presteza do serviço eleitoral; e) tomar conhecimento das reclamações que lhe forem feitas verbalmente ou por escrito, reduzindo-as a termo, e determinando as providências que cada caso exigir; f) dirigir os processos eleitorais e determinar a inscrição e a exclusão de eleitores; g) expedir títulos eleitorais e conceder transferência de eleitor; h) dividir a zona em seções eleitorais; i) ordenar registro e cassação do registro dos candidatos aos cargos eletivos municipais e comunicá-los ao tribunal regional; j) designar, até sessenta dias antes das eleições, os locais das seções.

Justiça estadual É a modalidade de Justiça Comum criada e organizada em cada estado da federação por meio do Código de Organização Judiciária (COJE). Justiça estadual possui competência residual, o que implica que toda e qualquer matéria que não for de competência da Justiça Federal especializada ou Justiça Federal Comum será de competência da Justiça Comum estadual. Está dividida em territórios delimitados, denominados *comarca* ou *foro*, e estes, em varas especializadas, nas quais se promove a Justiça de 1ª instância. As comarcas são também divididas em *entrâncias* (1ª, 2ª, 3ª e 4ª entrâncias ou entrância inicial, entrância intermediária e entrância final), de acordo com extensão territorial, população, número de eleitores, receita tributária e demanda dos serviços forenses. Os juízes de carreira, após serem submetidos e aprovados em concurso público de provas e títulos, iniciam suas atividades em uma comarca de 1ª entrância (a de menor expressão) para depois galgarem as demais entrâncias, até serem transferidos, por antiguidade ou merecimento, à comarca de 4ª entrância, que se constitui na capital do estado (ou entrância inicial, intermediária, final e especial, em alguns estados).

Justiça Federal Modalidade da Justiça comum integrada pelos juízes federais de 1ª instância, que atuam nas capitais dos estados e em algumas cidades do interior, e pelos TRFs, que funcionam como órgãos de 2ª instância, instalados em algumas capitais de estados (São Paulo, Rio de Janeiro, Brasília, Recife e Porto Alegre), alguns deles com jurisdição sobre diversos estados. O TRF da 4ª Região, por exemplo, possui jurisdição sobre a SJRS (Rio Grande do Sul), SJSC (Santa Catarina) e SJPR (Paraná). Os Tribunais Regionais são divididos em turmas; as seções judiciárias, em varas, algumas especializadas. Compete aos juízes federais de 1ª instância o julgamento das seguintes causas (art. 109, CF): causas em que União, entidade autárquica ou empresa pública federal forem interessadas na condição de autoras, rés, assistentes ou oponentes, exceto as de falência, as de acidentes de trabalho e as sujeitas à Justiça Eleitoral e à Justiça do Trabalho; causas entre Estado estrangeiro ou organismo internacional e município ou pessoa domiciliada ou residente no país; causas fundadas em tratado ou contrato da União com Estado estrangeiro ou organismo internacional; crimes políticos e infrações penais praticadas em detrimento de bens, serviços ou interesse da União ou de suas entidades autárquicas ou empresas públicas, excluídas as contravenções e ressalvada a competência da Justiça Militar e da Justiça Eleitoral; crimes previstos em tratado ou convenção internacional, quando, iniciada a execução no país, o resultado tenha ou devesse ter ocorrido no estrangeiro, ou reciprocamente; causas relativas a direitos humanos a que se refere o § 5º deste artigo; crimes contra a organização do trabalho e, nos casos determinados por lei, contra o sistema financeiro e a ordem econômico-financeira; *habeas corpus*, em matéria criminal de sua competência ou quando o constrangimento provier de autoridade cujos atos não estejam diretamente sujeitos a outra jurisdição; mandados de segurança e *habeas data* contra ato de autoridade federal, excetuados os casos de competência dos tribunais federais; crimes cometidos a bordo de navios ou aeronaves, ressalvada a competência da Justiça Militar; crimes de ingresso ou permanência irregular de estrangeiro, execução de carta rogatória, após o *exequatur*, e de sentença estrangeira, após a homologação, causas referentes à nacionalidade, inclusive a respectiva opção, e à naturalização; disputa sobre direitos indígenas.

Justiça Militar Órgão do Poder Judiciário constituído pelo STM e pelos tribunais e juízes militares instituídos por lei, com competência para processar e julgar, singularmente, os crimes militares cometidos contra civis e as ações judiciais contra atos disciplinares militares, cabendo ao Conselho de Justiça, sob a presidência de juiz de direito, processar e julgar os demais crimes militares. A Justiça Militar estadual é constituída, em primeiro grau, pelos juízes de direito e pelos conselhos de Justiça e, em segundo grau, pelo próprio Tribunal de Justiça ou por Tribunal de Justiça Militar nos estados em que o efetivo militar seja superior a 20 mil integrantes. Compete à Justiça Militar estadual processar e julgar os militares dos estados, nos crimes militares definidos em lei, e as ações judiciais contra atos disciplinares militares, ressalvada a competência do júri quando a vítima for civil, cabendo ao tribunal competente decidir sobre a perda do posto e da patente dos oficiais e da graduação das praças. Aos juízes de direito do juízo militar compete processar e julgar, singularmente, crimes militares cometidos contra civis e ações judiciais contra atos disciplinares militares, cabendo ao conselho de justiça, sob a presidência de juiz de direito, processar e julgar os demais crimes militares (art. 125, CF).

Justificação administrativa

Procedimento administrativo perante o INSS cuja finalidade é suprir falta ou insuficiência de documento ou produzir prova de fato ou circunstância de interesse dos beneficiários perante a Previdência Social (art. 142, Decreto n. 3.048/99). A justificação administrativa ou judicial, no caso de prova exigida pelo art. 62, dependência econômica, identidade e relação de parentesco, somente produzirá efeito quando baseada em início de prova material, não sendo admitida prova exclusivamente testemunhal (art. 143, Decreto n. 3.048/99).

- Veja Lei n. 8.213/91: "**Art. 55.** [...] § 3º A comprovação do tempo de serviço para os efeitos desta Lei, inclusive mediante justificação administrativa ou judicial, conforme o disposto no art. 108, só produzirá efeito quando baseada em início de prova material, não sendo admitida prova exclusivamente testemunhal, salvo na ocorrência de motivo de força maior ou caso fortuito, conforme disposto no Regulamento. [...] **Art. 108.** Mediante justificação processada perante a Previdência Social, observado o disposto no § 3º do art. 55 e na forma estabelecida no Regulamento, poderá ser suprida a falta de documento ou provado ato do interesse de beneficiário ou empresa, salvo no que se refere a registro público".

- Decreto n. 3.048/99: "**Art. 62.** A prova de tempo de serviço, considerado tempo de contribuição na forma do art. 60, observado o disposto no art. 19 e, no que couber, as peculiaridades do segurado de que tratam as alíneas *j* e *l* do inciso V do *caput* do art. 9º e do art. 11, é feita mediante documentos que comprovem o exercício de atividade nos períodos a serem contados, devendo esses documentos ser contemporâneos dos fatos a comprovar e mencionar as datas de início e término e, quando se tratar de trabalhador avulso, a duração do trabalho e a condição em que foi prestado. [...] **Art. 142.** A justificação administrativa constitui recurso utilizado para suprir a falta ou insuficiência de documento ou produzir prova de fato ou circunstância de interesse dos beneficiários, perante a previdência social. § 1º Não será admitida a justificação administrativa quando o fato a comprovar exigir registro público de casamento, de idade ou de óbito, ou de qualquer ato jurídico para o qual a lei prescreva forma especial. § 2º O processo de justificação administrativa é parte de processo antecedente, vedada sua tramitação na condição de processo autônomo. **Art. 143.** A justificação administrativa ou judicial, no caso de prova exigida pelo art. 62, dependência econômica, identidade e de relação de parentesco, somente produzirá efeito quando baseada em início de prova material, não sendo admitida prova exclusivamente testemunhal".

- Previdenciário. Aposentadoria rural por idade. Valoração de prova. Início de prova material. Desnecessidade a que se refira ao período de carência se existente prova testemunhal relativamente ao período. 1. "A comprovação do tempo de serviço para os efeitos desta Lei, inclusive mediante justificação administrativa ou judicial, conforme o disposto no art. 108, só produzirá efeito quando baseada em início de prova material, não sendo admitida prova exclusivamente testemunhal, salvo na ocorrência de motivo de força maior ou caso fortuito, conforme disposto no Regulamento" (art. 55, § 3º, da Lei n. 8.213/91). 2. O início de prova material, de acordo com a interpretação sistemática da lei, é aquele feito mediante documentos que comprovem o exercício da atividade nos períodos a serem contados, devendo ser contemporâneos dos fatos a comprovar, indicando, ainda, o período e a função exercida pelo trabalhador. 3. O título de eleitor, a declaração do sindicato de trabalhadores rurais e o certificado de reservista, onde consta a profissão do autor como lavrador, constituem-se em início razoável de prova documental. Precedentes. (STJ, Ag. Reg. no REsp n. 945.696/SP, 6ª T., rel. Min. Hamilton Carvalhido, j. 11.09.2007, *DJe* 07.04.2008)

Justificação judicial

Medida judicial destinada a comprovar a existência de fato ou relação jurídica, seja para simples documento e sem caráter contencioso, seja para servir de prova em processo regular (arts. 861 a 866, CPC/73). Presta-se a justificação para, entre outros casos, comprovar tempo de serviço urbano ou rural perante o INSS. Compete à Justiça Federal processar justificações judiciais destinadas a instruir pedidos perante entidades que nela têm exclusividade de foro, como, por exemplo, o INSS. Inexistindo vara federal no foro do domicílio do segurado, a ação poderá ser ajuizada na Justiça comum (art. 15, II, Lei n. 5.010/66). Com a mesma finalidade da justificação, a justiça também tem acolhido a ação declaratória: "A ação declaratória, segundo o comando expresso no art. 4º do CPC é instrumento processual adequado para resolver incerteza sobre a existência de uma relação jurídica, sendo patente o interesse de agir do segurado da Previdência Social que postula, por essa via processual, o reconhecimento de tempo de serviço para efeito de percepção de benefício" (STJ, REsp n. 186.114).

▸ Veja CPC/2015: "**Art. 381.** A produção antecipada da prova será admitida nos casos em que: [...] § 5º Aplica-se o disposto nesta Seção àquele que pretender justificar a existência de algum fato ou relação jurídica para simples documento e sem caráter contencioso, que exporá, em petição circunstanciada, a sua intenção".

▸ Veja Lei n. 5.010/66: "**Art. 15.** Nas Comarcas do interior onde não funcionar Vara da Justiça Federal (artigo 12), os Juízes Estaduais são competentes para processar e julgar: I – os executivos fiscais da União e de suas autarquias, ajuizados contra devedores domiciliados nas respectivas Comarcas; II – as vistorias e justificações destinadas a fazer prova perante a administração federal, centralizada ou autárquica, quando o requerente for domiciliado na Comarca; [...]".

■ Apelação cível. Ação de justificação de união estável. Descabimento. A ação de justificação, por ser procedimento de jurisdição voluntária, que não admite contencioso, é via inadequada para a pretensão, onde figura terceiro no polo passivo a exigir a produção de prova. O objetivo da ação de tal natureza é a justificação de fato ou relação jurídica ou elaboração de prova para futuro processo (art. 861 do CPC). Recurso provido. (TJRS, Ap. Cível n. 70.018.317.057, 7ª Câm. Cível, rel. Ricardo Raupp Ruschel, j. 27.06.2007)

■ Recurso especial. Previdenciário. Processual civil. Aposentadoria rural. Comprovação. Ação declaratória. Justificação. Instrumento idôneo. A ação declaratória, segundo o comando expresso no art. 4º do CPC é instrumento processual adequado para resolver incerteza sobre a existência de uma relação jurídica, sendo patente o interesse de agir do segurado da Previdência Social que postula, por essa via processual, o reconhecimento de tempo de serviço para efeito de percepção de benefício. Atualmente, está consolidado o entendimento de que não se pode negar a concessão do benefício da aposentadoria rural por idade aos idosos que, reitero, não é superior a um salário mínimo, desde que estes comprovem, mesmo com simples declarações de sindicatos ou de certidões de casamento, o efetivo trabalho no campo. Relembrando que esse tempo não poderá ser computado reciprocamente para qualquer outro tipo de benefício previdenciário, sem que haja o recolhimento das contribuições devidas. Recurso provido. (STJ, REsp n. 186.114/SP, 5ª T., rel. Min. José Arnaldo da Fonseca, j. 21.06.2001, *DJ* 03.09.2001, p. 235)

Justificação prévia Providência judicial determinada pelo juiz ao requerente de pedido liminar para que este comprove a aparência do bom direito ou o perigo da demora, a fim de que o juiz se convença da urgência em conceder o provimento judicial (arts. 804 e 841, CPC/73). Produzidas as provas em justificação prévia, o juiz, convencendo-se de que o interesse do requerente corre sério risco, deferirá a medida liminar.

▸ Veja CPC/2015: "**Art. 562.** Estando a petição inicial devidamente instruída, o juiz deferirá, sem ouvir o réu, a expedição do mandado liminar de manutenção ou de reintegração, caso contrário, determinará que o autor justifique previamente o alegado, citando-se o réu para comparecer à audiência que for designada. Parágrafo único. Contra as pessoas jurídicas de direito público não será deferida a manutenção ou a reintegração liminar sem prévia audiência dos respectivos representantes judiciais".

■ Ação de reintegração de posse. Mandado liminar. Audiência de justificação prévia. Necessidade de realização. [...] 3. Se a petição inicial não traz provas suficientes para justificar a expedição de mandado liminar de posse, deve o juiz cumprir o que dispõe a segunda parte do art. 928 do CPC e determinar a realização de audiência de justificação prévia com o fim de permitir ao autor a oportunidade de comprovar suas alegações. 4. Recurso especial conhecido em parte e provido. (STJ, REsp n. 900.534/RS, 4ª T., rel. Min. João Otávio de Noronha, j. 01.12.2009, *DJe* 14.12.2009)

■ Ação possessória. Reintegração de posse. Liminar. Prova. Justificação prévia. Ausência de nulidade. Nas demandas possessórias, não constitui causa de nulidade ou irregularidade procedimental a falta de audiência prevista no art. 928 do CPC, visto que não se trata de ato essencial ao deferimento da liminar, sendo necessário tão somente que haja elementos probatórios suficientes a satisfazer as exigências contidas nos incisos I a IV do art. 927 do CPC. [...] (TAMG, AI n. 272.939/9/1999, rel. Juíza Jurema Brasil Marins, j. 07.04.1999, *DJ* 15.05.1999)

Justo título Um dos elementos de prova exigidos por lei para a comprovação da posse para efeito de reconhecimento do domínio por usucapião ordinário. "Instrumento que conduz um possuidor a iludir-se, por acreditar que lhe outorga a condição de proprietário. Trata-se de um título que, em tese, apresenta-se como instrumento formalmente idôneo a transferir a propriedade, malgrado apresente algum defeito que impeça a sua aquisição. Em outras palavras, é o ato translativo inapto a transferir a propriedade" (FARIAS, Cristiano Chaves de; ROSENVALD, Nelson. *Direito civil*: direitos reais. 4.ed. Rio de Janeiro, Lumen Juris, 2007, p. 277). Consideram-se justo título: formal de partilha; escritura não registrada por conter alguma irregularidade; compromisso de compra e venda não registrado; cessão de direitos hereditários por instrumento particular; recibo de venda; procuração em causa própria (art. 1.242, CC).

▶ Veja CC: "**Art. 1.242.** Adquire também a propriedade do imóvel aquele que, contínua e incontestadamente, com justo título e boa-fé, o possuir por dez anos. Parágrafo único. Será de cinco anos o prazo previsto neste artigo se o imóvel houver sido adquirido, onerosamente, com base no registro constante do respectivo cartório, cancelada posteriormente, desde que os possuidores nele tiverem estabelecido a sua moradia, ou realizado investimentos de interesse social e econômico".

■ Usucapião. Imóvel objeto de promessa de compra e venda. Instrumento que atende ao requisito de justo título e induz a boa-fé do adquirente. 1. O instrumento de promessa de compra e venda insere-se na categoria de justo título apto a ensejar a declaração de usucapião ordinária. Tal entendimento agarra-se no valor que o próprio Tribunal – e, de resto, a legislação civil – está conferindo a promessa de compra e venda. Se a jurisprudência tem conferido ao promitente comprador o direito à adjudicação compulsória do imóvel independentemente de registro (Súmula n. 239) e, quando registrado, o compromisso de compra e venda foi erigido à seleta categoria de direito real pelo CC de 2002 (art. 1.225, VII), nada mais lógico do que considerá-lo também como "justo título" apto a ensejar a aquisição da propriedade por usucapião. 2. A própria lei presume a boa-fé, em sendo reconhecido o justo título do possuidor, nos termos do que dispõe o art. 1.201, parágrafo único, do CC de 2002: "O possuidor com justo título tem por si a presunção de boa-fé, salvo prova em contrário, ou quando a lei expressamente não admite esta presunção". [...] 8. Recurso especial conhecido e provido. (STJ, REsp n. 941.464/SC, 4ª T., rel. Min. Luis Felipe Salomão, j. 24.04.2012, *DJe* 29.06.2012)

L

Lacunas da lei Falta de norma ou disposição legal aplicável ao caso concreto. Ausência de disposição que regule especialmente certa matéria ou caso, inexistência de disposição para um caso-fim ou omissão completa a respeito da disciplina jurídica e de um instituto. A constatação da existência de lacunas no Direito decorre do pressuposto amplamente conhecido de que a lei, pelo menos de modo direto, não é capaz de prevenir nem disciplinar todas as hipóteses, e não responde a todas as questões possíveis.

Latrocínio Crime hediondo que consiste em roubo com o emprego de violência, resultando em morte ou lesão corporal grave (art. 157, § 3º, CP).

▶ Veja CP: "Roubo – **Art. 157.** Subtrair coisa móvel alheia, para si ou para outrem, mediante grave ameaça ou violência a pessoa, ou depois de havê-la, por qualquer meio, reduzido à impossibilidade de resistência: Pena – reclusão, de 4 (quatro) a 10 (dez) anos, e multa. [...] § 3º Se da violência resulta lesão corporal grave, a pena é de reclusão, de 7 (sete) a 15 (quinze) anos, além de multa; se resulta morte, a reclusão é de 20 (vinte) a 30 (trinta) anos, sem prejuízo da multa".

▪ *Habeas corpus*. Estatuto da criança e do adolescente. Ato infracional equiparado aos crimes de roubo circunstanciado e de latrocínio. Medida socioeducativa de internação. Constrangimento ilegal não evidenciado. Ordem de *habeas corpus* denegada. 1. A aplicação de medida socioeducativa de internação, desde que demonstrada a sua real necessidade, como na hipótese, encontra amparo legal quando o ato infracional é cometido mediante violência e grave ameaça à pessoa, a teor do disposto no art. 122, I, do Estatuto da Criança e do Adolescente. 2. Ressaltaram as instâncias ordinárias a necessidade da medida em razão da periculosidade dos menores, concretamente evidenciada a partir das circunstâncias que cercaram a prática do ato infracional, assim como pelo fato de a folha de antecedentes revelar que o episódio não é isolado na vida de nenhum dos três, pois já lhes foram aplicadas outras medidas socioeducativas. 3. Ordem de *habeas corpus* denegada. (STJ, *HC* n. 267.623/MG, 5ª T., rel. Min. Laurita Vaz, j. 13.08.2013, *DJe* 23.08.2013)

Laudo Exposição feita por escrito pelo perito das conclusões obtidas em relação ao objeto da perícia para a qual tenha sido nomeado. Embora a perícia constitua importante meio de prova, o juiz não está adstrito ao laudo pericial, podendo formar sua convicção com outros elementos ou fatos provados nos autos (art. 436, CPC/73). Dependendo do conhecimento técnico ou científico do perito, podem ser expedidos laudos como o de necrópsia; cadavérico; de um acidente; de incapacidade para o trabalho; de um incêndio; de avaliação etc.

▶ Veja CPC/73: "**Art. 421.** O juiz nomeará o perito, fixando de imediato o prazo para a entrega do laudo. [...] **Art. 432.** Se o perito, por motivo justificado, não puder apresentar o laudo dentro do prazo, o juiz conceder-lhe-á, por uma vez, prorrogação, segundo o seu prudente arbítrio. [...] **Art. 433.** O perito apresentará o laudo em cartório, no prazo fixado pelo juiz, pelo menos 20 (vinte) dias antes da audiência de instrução e julgamento. [...] **Art. 436.** O juiz não está adstrito ao laudo pericial, podendo formar a sua convicção com outros elementos ou fatos provados nos autos".

▶ Veja CPC/2015: "**Art. 465.** O juiz nomeará perito especializado no objeto da perícia e fixará de imediato o prazo para a entrega do laudo. [...] **Art. 473.** O laudo pericial deverá conter: I – a exposição do objeto da perícia; II – a análise técnica ou científica realizada pelo perito; III – a indicação do método utilizado, esclarecendo-o e demonstrando ser predominantemente aceito pelos especialistas da área do conhecimento da qual se originou; IV – resposta conclusiva a todos os quesitos apresentados pelo juiz, pelas partes e pelo órgão do Ministério Público. § 1º No laudo, o perito deve apresentar sua fundamentação em linguagem simples e com coerência lógica, indicando como alcançou suas conclusões. § 2º É vedado ao perito ultrapassar os limites de sua designação, bem como emitir opiniões pessoais que excedam o exame técnico ou científico do objeto da perícia. [...]".

Leading case Caso guia; caso líder; caso paradigmático. Refere-se a uma questão jurídica complexa e inédita, a qual, depois de julgada, passa a servir de precedente ou como paradigma para o julgamento de questões futuras semelhantes.

- Falência. Depósito bancário. Restituição. Ausência. Impugnação. Fundamentos. Decisão. Súmula n. 182/STJ. Falta. Publicação. *Leading case*. Inexistência. Nulidade. Embargos de declaração. Impossibilidade. Efeitos infringentes. Desnecessidade. Exame. Diversidade. [...] 2. É possível ao Relator, nos termos do art. 557, § 1º-A, do CPC julgar monocraticamente o recurso mesmo antes de publicado o acórdão que decidiu o *leading case*. Precedentes do STF. 3. A provável oposição de embargos de declaração não enseja o reexame de questão jurídica já decidida fundamentadamente, salvo se existente equívoco manifesto, sendo, portanto, totalmente descabida a pretensão de afetação do presente recurso especial à Segunda Seção desta Corte. 4. Inviável a apreciação do caso em tela quanto à procedência do pedido de ação revocatória pelo Juízo da 1ª Vara de Falências de Belo Horizonte/MG – entendendo anulável o pagamento efetivado pelo Banco Central à Caixa Econômica Federal, relativo ao débito do Banco do Progresso S.A., que conferia ao primeiro legitimidade para a interposição do recurso especial na qualidade de credor, por abordar tema alheio aos presentes autos, a par da ausência de trânsito em julgado da r. sentença. [...] (STJ, Ag. Reg. no REsp n. 508.075/MG, 4ª T., rel. Min. Fernando Gonçalves, j. 25.05.2004, *DJ* 14.06.2004, p. 227)

Leasing Arrendamento mercantil. Negócio jurídico realizado entre pessoa jurídica, na qualidade de arrendadora, e pessoa física ou jurídica, na qualidade de arrendatária, que tenha por objeto o arrendamento de bens adquiridos pela arrendadora, segundo especificações da arrendatária e para uso próprio desta. Podem ser objeto de arrendamento mercantil bens imóveis e móveis, de produção nacional ou estrangeira, tais como veículos, máquinas, computadores e equipamentos, entre outros (Lei n. 6.099/74; Resolução CMN/Bacen n. 2.309/96).

- Veja Lei n. 6.099/74: "**Art. 1º** O tratamento tributário das operações de arrendamento mercantil reger-se-á pelas disposições desta Lei. Parágrafo único. Considera-se arrendamento mercantil, para os efeitos desta Lei, o negócio jurídico realizado entre pessoa jurídica, na qualidade de arrendadora, e pessoa física ou jurídica, na qualidade de arrendatária, e que tenha por objeto o arrendamento de bens adquiridos pela arrendadora, segundo especificações da arrendatária e para uso próprio desta. [...] **Art. 5º** Os contratos de arrendamento mercantil conterão as seguintes disposições: *a)* prazo do contrato; *b)* valor de cada contraprestação por períodos determinados, não superiores a um semestre; *c)* opção de compra ou renovação de contrato, como faculdade do arrendatário; *d)* preço para opção de compra ou critério para sua fixação, quando for estipulada esta cláusula. [...]".

- Súmula n. 138, STJ: O ISS incide na operação de arrendamento mercantil de coisas móveis.

- Súmula n. 293, STJ: A cobrança antecipada do valor residual garantido (VRG) não descaracteriza o contrato de arrendamento mercantil.

- Súmula n. 369, STJ: No contrato de arrendamento mercantil (*leasing*), ainda que haja cláusula resolutiva expressa, é necessária a notificação prévia do arrendatário para constituí-lo em mora.

- Arrendamento mercantil. Antecipação do VRG. Súmula n. 293/STJ. Agravo regimental desprovido. 1. A antecipação do VRG não desnatura o contrato de arrendamento mercantil. Súmula n. 293/STJ. 2. A decisão ora agravada foi proferida de acordo com os fundamentos e o pedido contidos no recurso especial, dando-lhe provimento para afastar do acórdão recorrido o entendimento de que a inclusão do valor residual de garantia nas prestações mensais descaracteriza o *leasing*, reduzindo-o à compra e venda à prestação. Suprimida essa fundamentação do acórdão, os autos devem retornar ao Tribunal *a quo* para que prossiga no julgamento da apelação, com o exame das questões remanescentes. 3. Agravo regimental não provido. (STJ, Ag. Reg. nos Emb. Decl. no REsp n. 675.184/MG, 4ª T., rel. Min. Raul Araújo, j. 06.08.2013, *DJe* 23.08.2013)

Legado Bens ou parte da herança deixada por ato de última vontade e a título gratuito pelo testador a uma pessoa, o legatário, seja ela herdeira ou não (art. 1.912, CC). O herdeiro necessário a quem o testador deixar sua parte disponível, ou algum legado, não perderá o direito à legítima (art. 1.849, CC).

▸ Veja CC: "**Art. 1.849.** O herdeiro necessário, a quem o testador deixar a sua parte disponível, ou algum legado, não perderá o direito à legítima. [...] **Art. 1.912.** É ineficaz o legado de coisa certa que não pertença ao testador no momento da abertura da sucessão".

▪ Usucapião. Bem com cláusula de inalienabilidade. Testamento. Art. 1.676 do CC. O bem objeto de legado com cláusula de inalienabilidade pode ser usucapido. Peculiaridade do caso. Recurso não conhecido. (STJ, REsp n. 418.945/SP, 4ª T., rel. Min. Ruy Rosado de Aguiar, j. 15.08.2002, *DJ* 30.09.2002, p. 268)

▪ Dívidas da herança e encargos do legado. Fideicomisso. Caução em locação. Arts. 928 e 1.737, CC. A caução em dinheiro, dada pelo locatário a locador posteriormente falecido, com a extinção da locação passa a ser dívida da herança, incumbindo a esta o ônus de sua devolução, e não ao legatário, que adquiriu a propriedade do imóvel locado sem o encargo expresso da restituição. (STJ, REsp n. 26.871/RJ, 4ª T., rel. Min. Sálvio de Figueiredo Teixeira, j. 17.11.1992, *DJ* 14.12.1992, p. 23.927)

Legítima Parte da herança do testador reservada por lei aos herdeiros em linha reta, também denominados herdeiros necessários, que não pode ser objeto de doação ou legado (arts. 549 e 1.846, CC). O herdeiro necessário a quem o testador deixar sua parte disponível, ou algum legado, não perderá o direito à legítima (art. 1.849, CC).

▸ Veja CC: "**Art. 549.** Nula é também a doação quanto à parte que exceder à de que o doador, no momento da liberalidade, poderia dispor em testamento. [...] **Art. 1.846.** Pertence aos herdeiros necessários, de pleno direito, a metade dos bens da herança, constituindo a legítima".

▪ Ação de sonegados. Bem doado a herdeiro necessário. Ausência de colação. Finalidade do instituto. Igualação das legítimas. [...] 2. A finalidade da colação é a de igualar as legítimas, sendo obrigatório para os descendentes sucessivos (herdeiros necessários) trazer à conferência bem objeto de doação ou de dote que receberam em vida do ascendente comum, porquanto, nessas hipóteses, há a presunção de adiantamento da herança (arts. 1.785 e 1.786 do CC/1916; arts. 2.002 e 2.003 do CC/2002). 3. O instituto da colação diz respeito, tão somente, à sucessão legítima; assim, os bens eventualmente conferidos não aumentam a metade disponível do autor da herança, de sorte que benefício algum traz ao herdeiro testamentário a reivindicação de bem não colacionado no inventário. 4. Destarte, o herdeiro testamentário não tem legitimidade ativa para exigir à colação de bem sonegado por herdeiro necessário (descendente sucessivo) em processo de inventário e partilha. 5. Recurso especial parcialmente provido. (STJ, REsp n. 400.948/SE, 3ª T., rel. Min. Vasco Della Giustina, j. 23.03.2010, *DJe* 09.04.2010)

Legitimidade para o processo Autorização legal para demandar sobre o objeto da ação. Diz-se da *legitimatio ad causam* (legitimação para a causa ou para ser parte no processo) que a parte deve possuir para ingressar em juízo (parte ativa ou legitimidade ativa), ou que deve ter para que se ingresse em juízo contra ela (parte passiva ou legitimidade passiva). Entende-se como legitimidade o fato de que somente o titular do direito pode pleiteá-lo em juízo. Ainda que esse titular seja menor ou incapaz, ele poderá ingressar em juízo, desde que representado ou assistido por seu responsável.

▸ Veja CPC/73: "**Art. 3º** Para propor ou contestar ação é necessário ter interesse e legitimidade".

▸ Veja CPC/2015: "**Art. 17.** Para postular em juízo é necessário ter interesse e legitimidade".

Lei Em sentido amplo, é a norma escrita, elaborada pelo Poder Legislativo e de cumprimento obrigatório por todos os cidadãos, destinada a regular atos e fatos que interessem à ordem social.

Leilão Alienação pública de bens. Venda em hasta pública. No processo de execução, a alienação judicial em leilão somente será feita caso não efetivada a adjudicação ou a alienação por iniciativa particular. Também se denomina leilão a modalidade de licitação entre quaisquer interessados para a venda de bens móveis inservíveis para a administração ou de produtos legalmente apreendidos ou penhorados, ou para a alienação de bens imóveis, a quem oferecer o maior lance, igual ou superior ao valor da avaliação (art. 22, § 5º, Lei n. 8.666/93).

▸ Veja CPC/2015: "**Art. 881.** A alienação far-se-á em leilão judicial se não efetivada a adjudicação ou a alienação por iniciativa particular. § 1º O leilão do bem penhorado será realizado por leiloeiro público. § 2º Ressalvados os casos de alienação a cargo de corretores de bolsa de valores, todos os demais bens serão alienados em leilão público. **Art. 882.** Não sendo possível a sua realização por meio eletrônico, o leilão será presencial. § 1º A alienação judicial por meio eletrônico será realizada, observando-se as garantias processuais das partes, de acordo com regulamentação específica do Conselho Nacional de Justiça. § 2º A alienação judicial por meio eletrônico deverá atender aos requisitos de ampla publicidade, autenticidade e segurança, com observância das regras estabelecidas na legislação sobre certificação digital. [...]".

▶ Veja Lei n. 8.666/93: "**Art. 22.** São modalidades de licitação: I – concorrência; II – tomada de preços; III – convite; IV – concurso; V – leilão. [...] § 5º Leilão é a modalidade de licitação entre quaisquer interessados para a venda de bens móveis inservíveis para a Administração ou de produtos legalmente apreendidos ou penhorados, ou para a alienação de bens imóveis prevista no art. 19, a quem oferecer o maior lance, igual ou superior ao valor da avaliação. [...]".

Leis cogentes Aquelas que impõem ação ou omissão, diferentemente das leis dispositivas, que são optativas.

Leis de ordem pública São as leis que derrogam convenções entre particulares, sobrepondo o interesse social à vontade de contratar.

Lesão corporal Crime contra a pessoa que consiste em ofender a integridade física ou a saúde de outrem (art. 129, CP).

▶ Veja CP: "Lesão corporal – **Art. 129.** Ofender a integridade corporal ou a saúde de outrem: Pena – detenção, de 3 (três) meses a 1 (um) ano. Lesão corporal de natureza grave – § 1º Se resulta: I – incapacidade para as ocupações habituais, por mais de 30 (trinta) dias; II – perigo de vida; III – debilidade permanente de membro, sentido ou função; IV – aceleração de parto: Pena – reclusão, de 1 (um) a 5 (cinco) anos. § 2º Se resulta: I – incapacidade permanente para o trabalho; II – enfermidade incurável; III – perda ou inutilização de membro, sentido ou função; IV – deformidade permanente; V – aborto: Pena – reclusão, de 2 (dois) a 8 (oito) anos. Lesão corporal seguida de morte – § 3º Se resulta morte e as circunstâncias evidenciam que o agente não quis o resultado, nem assumiu o risco de produzi-lo: Pena – reclusão, de 4 (quatro) a 12 (doze) anos. [...]".

■ Lesão corporal grave. Âmbito das relações domésticas. Sequestro e cárcere privado. Ameaças. Revogação da liberdade provisória. 1. Não é ilegal o encarceramento provisório mantido pela sentença com fundamento em dados concretos a indicar a necessidade da medida, especialmente porque o recorrente teria, após a obtenção da liberdade provisória, ainda inconformado com o término do relacionamento amoroso, voltado a ameaçar a vítima de morte, por meio de telefonemas, até mesmo chegando a importuná-la no trabalho, o que a levou a mudar de endereço. Ademais, seu paradeiro é, até o momento, desconhecido. 2. Recurso a que se nega provimento. (STJ, *HC* n. 29.711/SP, 6ª T., rel. Min. Maria Thereza de Assis Moura, j. 13.08.2013, *DJe* 23.08.2013)

Letra de câmbio Título de crédito que contém uma ordem de pagamento à vista, em dia certo, em tempo certo da data ou no tempo certo da vista. Para sua validade, deve conter os seguintes requisitos: a denominação *letra de câmbio* ou a denominação equivalente na língua em que for emitida; a soma de dinheiro a pagar e a espécie de moeda; o nome da pessoa que deve pagá-la; o nome da pessoa a quem deve ser paga; a assinatura do próprio punho do sacador ou do mandatário especial (Decreto n. 2.044/1908).

▶ Veja Decreto n. 2.044/1908: "**Art. 1º** A letra de câmbio é uma ordem de pagamento e deve conter requisitos, lançados, por extenso, no contexto: I. A denominação 'letra de câmbio' ou a denominação equivalente na língua em que for emitida. II. A soma de dinheiro a pagar e a espécie de moeda. III. O nome da pessoa que deve pagá-la. Esta indicação pode ser inserida abaixo do contexto. IV. O nome da pessoa a quem deve ser paga. A letra pode ser ao portador e também pode ser emitida por ordem e conta de terceiro. O sacador pode designar-se como tomador. V. A assinatura do próprio punho do sacador ou do mandatário especial. A assinatura deve ser firmada abaixo do contexto. [...] **Art. 6º** A letra pode ser passada: I. À vista. II. A dia certo. III. A tempo certo da data. IV. A tempo certo da vista. **Art. 7º A** época do pagamento deve ser precisa, uma e única para a totalidade da soma cambial".

Letra de crédito imobiliário Título de crédito imobiliário de renda fixa lastreada por créditos imobiliários garantidos por hipoteca ou alienação fiduciária de coisa imóvel, conferindo a seus tomadores direito de crédito pelo valor nominal, juros e, se for o caso, atualização monetária nela estipulados. Estão autorizados a emitir letras de crédito imobiliários os bancos comerciais, bancos múltiplos com carteira de crédito imobiliário, Caixa Econômica Federal, sociedades de crédito imobiliário, associações de poupança e empréstimo, companhias hipotecárias e demais espécies de instituições que, para as operações a que se refere este artigo, venham a ser expressamente autorizadas pelo Banco Central do Brasil (art. 12, Lei n. 10.931/2004).

- Veja Lei n. 10.931/2004: "**Art. 12.** Os bancos comerciais, os bancos múltiplos com carteira de crédito imobiliário, a Caixa Econômica Federal, as sociedades de crédito imobiliário, as associações de poupança e empréstimo, as companhias hipotecárias e demais espécies de instituições que, para as operações a que se refere este artigo, venham a ser expressamente autorizadas pelo Banco Central do Brasil, poderão emitir, independentemente de tradição efetiva, Letra de Crédito Imobiliário – LCI, lastreada por créditos imobiliários garantidos por hipoteca ou por alienação fiduciária de coisa imóvel, conferindo aos seus tomadores direito de crédito pelo valor nominal, juros e, se for o caso, atualização monetária nelas estipulados. § 1º A LCI será emitida sob a forma nominativa, podendo ser transferível mediante endosso em preto, e conterá: I – O nome da instituição emitente e as assinaturas de seus representantes; II – o número de ordem, o local e a data de emissão; III – a denominação 'Letra de Crédito Imobiliário'; IV – o valor nominal e a data de vencimento; V – a forma, a periodicidade e o local de pagamento do principal, dos juros e, se for o caso, da atualização monetária; VI – os juros, fixos ou flutuantes, que poderão ser renegociáveis, a critério das partes; VII – a identificação dos créditos caucionados e seu valor; VIII – o nome do titular; e IX – cláusula à ordem, se endossável. [...]".

Libelo Manifestação escrita e articulada do fato criminoso e de suas circunstâncias, elementares e agravantes, por meio da qual o Ministério Público conclui pela declaração da pena a que na forma da lei deve o réu ser condenado. Diz-se também libelo acusatório.

- Processo penal. Júri. Nulidade. Arguição intempestiva. Preclusão. Inexistência. Quesito. Formulação genérica. Possibilidade. 1. As nulidades eventualmente ocorridas durante o julgamento em plenário devem ser arguidas logo depois de ocorrerem (art. 571, VIII, CPP), sob pena de preclusão. 2. Se a denúncia, a sentença de pronúncia e o libelo-crime acusatório não descrevem a exata participação do corréu, não é causa de nulidade a formulação genérica do quesito correspondente. Precedentes. 3. Ordem denegada, ressalvado o entendimento pessoal do relator. (STJ, *HC* n. 121.280/ES, 6ª T., rel. Min. Celso Limongi, j. 19.10.2010, *DJe* 16.11.2010)

Liberdade provisória Liberdade concedida pelo juiz ao indivíduo para que este possa defender-se solto, com ou sem pagamento de fiança (art. 321, CPP).

- Veja CPP: "**Art. 321.** Ausentes os requisitos que autorizam a decretação da prisão preventiva, o juiz deverá conceder liberdade provisória, impondo, se for o caso, as medidas cautelares previstas no art. 319 deste Código e observados os critérios constantes do art. 282 deste Código. [...] **Art. 322.** A autoridade policial somente poderá conceder fiança nos casos de infração cuja pena privativa de liberdade máxima não seja superior a 4 (quatro) anos. Parágrafo único. Nos demais casos, a fiança será requerida ao juiz, que decidirá em 48 (quarenta e oito) horas. **Art. 323.** Não será concedida fiança: I – nos crimes de racismo; II – nos crimes de tortura, tráfico ilícito de entorpecentes e drogas afins, terrorismo e nos definidos como crimes hediondos; III – nos crimes cometidos por grupos armados, civis ou militares, contra a ordem constitucional e o Estado Democrático; [...] **Art. 324.** Não será, igualmente, concedida fiança: [...] II – em caso de prisão civil ou militar; [...] IV – quando presentes os motivos que autorizam a decretação da prisão preventiva (art. 312)".

- Recurso ordinário em *habeas corpus*. Lesão corporal grave. Ameaças. Revogação da liberdade provisória. Prisão cautelar mantida pela sentença. Elementos concretos a justificar a medida. 1. Não é ilegal o encarceramento provisório mantido pela sentença com fundamento em dados concretos a indicar a necessidade da medida, especialmente porque o recorrente teria, após a obtenção da liberdade provisória, ainda inconformado com o término do relacionamento amoroso, voltado a ameaçar a vítima de morte, por meio de telefonemas, até mesmo chegando a importuná-la no trabalho, o que a levou a mudar de endereço. Ademais, seu paradeiro é, até o momento, desconhecido. 2. Recurso a que se nega provimento. (STJ, *HC* n. 29.711/SP, 6ª T., rel. Min. Maria Thereza de Assis Moura, j. 13.08.2013, *DJe* 23.08.2013)

Licença-maternidade Benefício de caráter previdenciário, também conhecido por licença-gestante, que consiste em conceder, à mulher que deu à luz, licença remunerada de 120 dias. O mesmo benefício é concedido à empregada que adotar ou obtiver guarda judicial para fins de adoção (art. 392-A, CLT). O benefício pode ser ampliado para 180 dias caso a empresa ou órgão público adote a licença-maternidade prorrogada prevista na Lei n. 11.770/2008), extensível à empregada que adotar ou obtiver guarda judicial para fins de adoção de criança. No âmbito das Forças Armadas, a licença será concedida para as militares, inclusive as temporárias, que ficarem grávidas durante a prestação do serviço militar (Lei n. 13.109/2015).

▸ Veja CLT: "**Art. 392.** A empregada gestante tem direito à licença-maternidade de 120 (cento e vinte) dias, sem prejuízo do emprego e do salário. § 1º A empregada deve, mediante atestado médico, notificar o seu empregador da data do início do afastamento do emprego, que poderá ocorrer entre o 28º (vigésimo oitavo) dia antes do parto e ocorrência deste. § 2º Os períodos de repouso, antes e depois do parto, poderão ser aumentados de 2 (duas) semanas cada um, mediante atestado médico. § 3º Em caso de parto antecipado, a mulher terá direito aos 120 (cento e vinte) dias previstos neste artigo. § 4º É garantido à empregada, durante a gravidez, sem prejuízo do salário e demais direitos: I – transferência de função, quando as condições de saúde o exigirem, assegurada a retomada da função anteriormente exercida, logo após o retorno ao trabalho; II – dispensa do horário de trabalho pelo tempo necessário para a realização de, no mínimo, seis consultas médicas e demais exames complementares. [...] **Art. 392-A.** À empregada que adotar ou obtiver guarda judicial para fins de adoção de criança será concedida licença-maternidade nos termos do art. 392. [...] § 4º A licença-maternidade só será concedida mediante apresentação do termo judicial de guarda à adotante ou guardiã. § 5º A adoção ou guarda judicial conjunta ensejará a concessão de licença-maternidade a apenas um dos adotantes ou guardiães empregado ou empregada. **Art. 392-B.** Em caso de morte da genitora, é assegurado ao cônjuge ou companheiro empregado o gozo de licença por todo o período da licença-maternidade ou pelo tempo restante a que teria direito a mãe, exceto no caso de falecimento do filho ou de seu abandono. **Art. 392-C.** Aplica-se, no que couber, o disposto no art. 392-A e 392-B ao empregado que adotar ou obtiver guarda judicial para fins de adoção. **Art. 393.** Durante o período a que se refere o art. 392, a mulher terá direito ao salário integral e, quando variável, calculado de acordo com a média dos 6 (seis) últimos meses de trabalho, bem como os direitos e vantagens adquiridos, sendo-lhe ainda facultado reverter à função que anteriormente ocupava".

▸ Veja Lei n. 11.770/2008: "**Art. 1º** É instituído o Programa Empresa Cidadã, destinado a prorrogar por 60 (sessenta) dias a duração da licença-maternidade prevista no inciso XVIII do *caput* do art. 7º da Constituição Federal. § 1º A prorrogação será garantida à empregada da pessoa jurídica que aderir ao Programa, desde que a empregada a requeira até o final do primeiro mês após o parto, e concedida imediatamente após a fruição da licença-maternidade de que trata o inciso XVIII do *caput* do art. 7º da Constituição Federal. § 2º A prorrogação será garantida, na mesma proporção, também à empregada que adotar ou obtiver guarda judicial para fins de adoção de criança. **Art. 2º** É a administração pública, direta, indireta e fundacional, autorizada a instituir programa que garanta prorrogação da licença-maternidade para suas servidoras, nos termos do que prevê o art. 1º desta Lei. **Art. 3º** Durante o período de prorrogação da licença-maternidade, a empregada terá direito à sua remuneração integral, nos mesmos moldes devidos no período de percepção do salário-maternidade pago pelo regime geral de previdência social. **Art. 4º** No período de prorrogação da licença-maternidade de que trata esta Lei, a empregada não poderá exercer qualquer atividade remunerada e a criança não poderá ser mantida em creche ou organização similar. Parágrafo único. Em caso de descumprimento do disposto no *caput* deste artigo, a empregada perderá o direito à prorrogação. **Art. 5º** A pessoa jurídica tributada com base no lucro real poderá deduzir do imposto devido, em cada período de apuração, o total da remuneração integral da empregada pago nos 60 (sessenta) dias de prorrogação de sua licença-maternidade, vedada a dedução como despesa operacional".

▸ Veja Lei n. 13.109/2015: "**Art. 1º** Será concedida licença à gestante, no âmbito das Forças Armadas, conforme o previsto no inciso XVIII do art. 7º da Constituição Federal, para as militares, inclusive as temporárias, que ficarem grávidas durante a prestação do Serviço Militar. § 1º A licença será de 120 (cento e vinte) dias e terá início *ex officio* na data do parto ou durante o 9º (nono) mês de gestação, mediante requerimento da interessada, salvo em casos de antecipação por prescrição médica. § 2º A licença à gestante poderá ser prorrogada por 60 (sessenta) dias, nos termos de programa instituído pelo Poder Executivo federal. § 3º No caso de nascimento prematuro, a licença terá início a partir do parto. [...] **Art. 3º** À militar que adotar ou obtiver a guarda judicial de criança de até 1 (um) ano de idade serão concedidos 90 (noventa) dias de licença remunerada. § 1º No caso de adoção ou guarda judicial de criança com mais de 1 (um) ano de idade, o prazo de que trata o *caput* deste artigo será de 30 (trinta) dias. § 2º Poderá ser concedida prorrogação de 45 (quarenta e cinco) dias à militar de que trata o *caput* e de 15 (quinze) dias à militar de que trata o § 1º deste artigo, nos termos de programa instituído pelo Poder Executivo federal que garanta a prorrogação. [...]".

Licença-paternidade Benefício de caráter previdenciário concedido pelo prazo de cinco dias ao pai cuja mulher deu à luz um filho seu.

- Veja CF: "**Art. 7º** São direitos dos trabalhadores urbanos e rurais, além de outros que visem à melhoria de sua condição social: [...] XIX – licença-paternidade, nos termos fixados em lei; [...]".

- Veja ADCT: "**Art. 10.** [...] § 1º Até que a lei venha a disciplinar o disposto no art. 7º, XIX, da Constituição, o prazo da licença-paternidade a que se refere o inciso é de cinco dias. [...]".

Licitação Procedimento, de iniciativa da administração pública, destinado a convocar, selecionar e contratar terceiros interessados em realizar obras e prestar serviços, inclusive de publicidade, compras, alienações e locações no âmbito dos Poderes da União, dos estados, do Distrito Federal e dos municípios (Lei n. 8.666/93). Além dos órgãos da administração direta, subordinam-se ao regime desta Lei os fundos especiais, as autarquias, as fundações públicas, as empresas públicas, as sociedades de economia mista e demais entidades controladas direta ou indiretamente pela União, estados, Distrito Federal e municípios. São modalidades de licitação: concorrência, tomada de preços, convite, concurso e leilão.

- Veja Lei n. 8.666/93: "**Art. 1º** Esta Lei estabelece normas gerais sobre licitações e contratos administrativos pertinentes a obras, serviços, inclusive de publicidade, compras, alienações e locações no âmbito dos Poderes da União, dos Estados, do Distrito Federal e dos Municípios. Parágrafo único. Subordinam-se ao regime desta Lei, além dos órgãos da administração direta, os fundos especiais, as autarquias, as fundações públicas, as empresas públicas, as sociedades de economia mista e demais entidades controladas direta ou indiretamente pela União, Estados, Distrito Federal e Municípios. [...] **Art. 22.** São modalidades de licitação: I – concorrência; II – tomada de preços; III – convite; IV – concurso; V – leilão. [...]".

Lide Demanda; litígio; feito; pleito judicial. Conflito de interesse ou de jurisdição contenciosa suscitado em juízo.

Lide temerária Lide incabível, absurda, destinada apenas a causar incômodo ou prejuízo a terceiro, sujeitando seu autor à penalidade por litigância de má-fé (art. 17, V, CPC/73). Em caso de lide temerária, o advogado será solidariamente responsável com seu cliente, desde que coligado com este para lesar a parte contrária, o que será apurado em ação própria (art. 32, EAOAB).

- Veja CPC/73: "**Art. 17.** Reputa-se litigante de má-fé aquele que: [...] V – proceder de modo temerário em qualquer incidente ou ato do processo; [...]".

- Veja CPC/2015: "**Art. 80.** Considera-se litigante de má-fé aquele que: [...] V – proceder de modo temerário em qualquer incidente ou ato do processo; [...]".

Liminar Medida judicial de urgência, concedida antes da apreciação do feito pelo juiz, em caso de comprovado risco de dano grave ou difícil reparação, diante do receio de ineficácia do provimento final. Pode ser concedida nos casos de pedido de antecipação da tutela, medidas cautelares e ações possessórias.

- Veja CPC/2015: "**Art. 562.** Estando a petição inicial devidamente instruída, o juiz deferirá, sem ouvir o réu, a expedição do mandado liminar de manutenção ou de reintegração, caso contrário, determinará que o autor justifique previamente o alegado, citando-se o réu para comparecer à audiência que for designada. Parágrafo único. Contra as pessoas jurídicas de direito público não será deferida a manutenção ou a reintegração liminar sem prévia audiência dos respectivos representantes judiciais. [...] **Art. 564.** Concedido ou não o mandado liminar de manutenção ou de reintegração, o autor promoverá, nos 5 (cinco) dias subsequentes, a citação do réu para, querendo, contestar a ação no prazo de 15 (quinze) dias. Parágrafo único. Quando for ordenada a justificação prévia, o prazo para contestar será contado da intimação da decisão que deferir ou não a medida liminar".

Litigante Aquele que litiga, que é parte, ativa ou passiva, de um processo no juízo contencioso.

Litigante de má-fé Aquele que, na condição de autor, réu ou interveniente, age com o intuito de lesar interesse alheio. No âmbito do Judiciário, o litigante de má-fé responde por perdas e danos (arts. 16 e 17, CPC/73).

- Veja CPC/73: "**Art. 16.** Responde por perdas e danos aquele que pleitear de má-fé como autor, réu ou interveniente. **Art. 17.** Reputa-se litigante de má-fé aquele que: I – deduzir pretensão ou defesa contra texto expresso de lei ou fato incontroverso; II – alterar a verdade dos fatos; III – usar do processo para conseguir objetivo ilegal; IV – opuser resistência injustificada ao andamento do processo; V – proceder de modo temerário em qualquer incidente ou ato do processo; VI – provocar incidentes manifestamente infundados; VII – interpuser recurso com intuito manifestamente protelatório".

▶ Veja CPC/2015: "**Art. 79.** Responde por perdas e danos aquele que litigar de má-fé como autor, réu ou interveniente. **Art. 80.** Considera-se litigante de má-fé aquele que: I – deduzir pretensão ou defesa contra texto expresso de lei ou fato incontroverso; II – alterar a verdade dos fatos; III – usar do processo para conseguir objetivo ilegal; IV – opuser resistência injustificada ao andamento do processo; V – proceder de modo temerário em qualquer incidente ou ato do processo; VI – provocar incidente manifestamente infundado; VII – interpuser recurso com intuito manifestamente protelatório".

Litígio Pendência, demanda ou lide posta em juízo para ser processada e julgada. Ato contencioso. O litígio ou a litigiosidade propriamente dita tem início quando a parte adversa for validamente citada (art. 263, CPC/73).

▶ Veja CPC/73: "**Art. 263.** Considera-se proposta a ação, tanto que a petição inicial seja despachada pelo juiz, ou simplesmente distribuída, onde houver mais de uma vara. A propositura da ação, todavia, só produz, quanto ao réu, os efeitos mencionados no art. 219 depois que for validamente citado".

▶ Veja CPC/2015: "**Art. 312.** Considera-se proposta a ação quando a petição inicial for protocolada, todavia, a propositura da ação só produz quanto ao réu os efeitos mencionados no art. 240 depois que for validamente citado".

Litisconsórcio Participação em um mesmo processo de vários autores ou vários réus que guardam relação com o mesmo objeto da ação (arts. 46 a 49, CPC/73). O litisconsórcio pode ser facultativo ou necessário, ocorrendo este último quando, por disposição de lei ou pela natureza da relação jurídica, o juiz tiver de decidir a lide de modo uniforme para todas as partes.

▶ Veja CPC/73: "**Art. 46.** Duas ou mais pessoas podem litigar, no mesmo processo, em conjunto, ativa ou passivamente, quando: I – entre elas houver comunhão de direitos ou de obrigações relativamente à lide; II – os direitos ou as obrigações derivarem do mesmo fundamento de fato ou de direito; III – entre as causas houver conexão pelo objeto ou pela causa de pedir; IV – ocorrer afinidade de questões por um ponto comum de fato ou de direito. [...]".

▶ Veja CPC/2015: "**Art. 113.** Duas ou mais pessoas podem litigar, no mesmo processo, em conjunto, ativa ou passivamente, quando: I – entre elas houver comunhão de direitos ou de obrigações relativamente à lide; II – entre as causas houver conexão pelo pedido ou pela causa de pedir; III – ocorrer afinidade de questões por ponto comum de fato ou de direito. [...]".

Litispendência Repetição de ação que está em curso. Ocorre quando é proposta ação semelhante a outra que está pendente, isto é, que ainda não foi julgada. Identidade de causas (art. 301, § 3º, CPC/73).

▶ Veja CPC/73: "**Art. 301.** Compete-lhe, porém, antes de discutir o mérito, alegar: [...] § 3º Há litispendência, quando se repete ação, que está em curso; há coisa julgada, quando se repete ação que já foi decidida por sentença, de que não caiba recurso. [...]".

▶ Veja CPC/215: "**Art. 337.** [...] § 1º Verifica-se a litispendência ou a coisa julgada quando se reproduz ação anteriormente ajuizada. § 2º Uma ação é idêntica a outra quando possui as mesmas partes, a mesma causa de pedir e o mesmo pedido. § 3º Há litispendência quando se repete ação que está em curso. § 4º Há coisa julgada quando se repete ação que já foi decidida por decisão transitada em julgado. § 5º Excetuadas a convenção de arbitragem e a incompetência relativa, o juiz conhecerá de ofício das matérias enumeradas neste artigo. § 6º A ausência de alegação da existência de convenção de arbitragem, na forma prevista neste Capítulo, implica aceitação da jurisdição estatal e renúncia ao juízo arbitral".

Livramento condicional Concessão de liberdade ao condenado à pena privativa de liberdade igual ou superior a dois anos que já cumpriu determinado período de pena e preencheu os requisitos legais (art. 83, CP). É considerado o último degrau do sistema progressivo brasileiro de cumprimento de pena privativa de liberdade. Iniciado o cumprimento das penas de reclusão e detenção no regime fechado, semiaberto ou aberto, o condenado poderá, depois de certo tempo e satisfazendo alguns requisitos de natureza subjetiva, obter o livramento condicional, por meio do qual será beneficiado com a liberdade.

▶ Veja CP: "**Art. 83.** O juiz poderá conceder livramento condicional ao condenado a pena privativa de liberdade igual ou superior a 2 (dois) anos, desde que: I – cumprida mais de um terço da pena se o condenado não for reincidente em crime doloso e tiver bons antecedentes; II – cumprida mais da metade se o condenado for reincidente em crime doloso; III – comprovado comportamento satisfatório durante a execução da pena, bom desempenho no trabalho que lhe foi atribuído e aptidão para prover à própria subsistência mediante trabalho honesto; IV – tenha reparado, salvo efetiva impossibilidade de fazê-lo, o dano causado pela infração; V – cumprido mais de dois terços da pena, nos casos de condenação por crime hediondo, prática da tortura, tráfico ilícito de entorpecentes e drogas afins, e terrorismo, se o apenado não for reincidente específico em crimes dessa natureza. Parágrafo único. Para o condenado por crime doloso, cometido com violência ou grave ameaça à pessoa, a concessão do livramento ficará também subordinada à constatação de condições pessoais que façam presumir que o liberado não voltará a delinquir".

- Súmula n. 441, STJ: A falta grave não interrompe o prazo para obtenção de livramento condicional.

- Livramento condicional. Ausência de requisito subjetivo. Acórdão fundamentado. Cometimento pelo apenado de falta disciplinar de natureza grave. Fuga. Ilegalidade manifesta não configurada. [...] 3. A teor do art. 112, § 2º, da Lei de Execução Penal, para fazer jus à concessão do livramento condicional, deve o apenado satisfazer requisitos de índole objetiva e subjetiva. Entre os últimos, consoante o disposto no art. 83 do Código Penal, está o relativo ao comprovado comportamento satisfatório durante a execução da pena. 4. A prática de faltas graves durante a execução da pena, embora não interrompa o prazo para a obtenção do benefício do livramento condicional (requisito objetivo), afasta o preenchimento do requisito subjetivo, obstando a concessão da benesse, tal qual o acertadamente decidido, *in casu*, pela Corte de origem. 5. *Writ* não conhecido. (STJ, *HC* n. 266.868/SP, 6ª T., rel. Min. Alderita Ramos de Oliveira, j. 04.06.2013, *DJe* 12.06.2013)

Locação Contrato pelo qual uma das partes se obriga a ceder à outra, por tempo determinado ou não, o uso e gozo de coisa não fungível mediante certa retribuição (art. 565, CC).

- Veja CC: "**Art. 565.** Na locação de coisas, uma das partes se obriga a ceder à outra, por tempo determinado ou não, o uso e gozo de coisa não fungível, mediante certa retribuição".

Locador Proprietário, ou quem detém poderes para firmar contrato de locação, que cede à pessoa, por tempo determinado ou não, o uso e gozo de coisa não fungível mediante certa retribuição. O locador é obrigado a entregar ao locatário a coisa alugada, com suas pertenças, em estado de servir ao uso a que se destina, e a mantê-la nesse estado, pelo tempo do contrato, salvo cláusula expressa em contrário; e a garantir-lhe, durante o tempo do contrato, o uso pacífico da coisa (art. 566, CC).

- Veja CC: "**Art. 566.** O locador é obrigado: I – a entregar ao locatário a coisa alugada, com suas pertenças, em estado de servir ao uso a que se destina, e a mantê-la nesse estado, pelo tempo do contrato, salvo cláusula expressa em contrário; II – a garantir-lhe, durante o tempo do contrato, o uso pacífico da coisa. **Art. 567.** Se, durante a locação, se deteriorar a coisa alugada, sem culpa do locatário, a este caberá pedir redução proporcional do aluguel, ou resolver o contrato, caso já não sirva a coisa para o fim a que se destinava. **Art. 568.** O locador resguardará o locatário dos embaraços e turbações de terceiros, que tenham ou pretendam ter direitos sobre a coisa alugada, e responderá pelos seus vícios, ou defeitos, anteriores à locação".

Locatário Ocupante de imóvel ou de coisa cedida pelo locador mediante contrato de locação. O mesmo que inquilino. O locatário é obrigado: a servir-se da coisa alugada para os usos convencionados ou presumidos, conforme a natureza dela e as circunstâncias, bem como tratá-la com o mesmo cuidado como se sua fosse; a pagar pontualmente o aluguel nos prazos ajustados, e, em falta de ajuste, segundo o costume do lugar; a levar ao conhecimento do locador as turbações de terceiros que se pretendam fundadas em direito; a restituir a coisa, finda a locação, no estado em que a recebeu, salvas as deteriorações naturais ao uso regular (art. 569, CC). O locatário tem preferência para adquirir o imóvel locado, em igualdade de condições com terceiros, no caso de venda, promessa de venda, cessão ou promessa de cessão de direitos ou dação em pagamento, devendo o locador dar-lhe conhecimento do negócio mediante notificação judicial, extrajudicial ou outro meio de ciência inequívoca (art. 27, Lei n. 8.245/91).

- Veja CC: "**Art. 569.** O locatário é obrigado: I – a servir-se da coisa alugada para os usos convencionados ou presumidos, conforme a natureza dela e as circunstâncias, bem como tratá-la com o mesmo cuidado como se sua fosse; II – a pagar pontualmente o aluguel nos prazos ajustados, e, em falta de ajuste, segundo o costume do lugar; III – a levar ao conhecimento do locador as turbações de terceiros, que se pretendam fundadas em direito; IV – a restituir a coisa, finda a locação, no estado em que a recebeu, salvas as deteriorações naturais ao uso regular".

Locupletamento   Enriquecimento ou aumento de patrimônio. É considerado ilícito o locupletamento indevido e injustificado mediante usurpação do patrimônio alheio ou proveito pessoal decorrente de situação de cargo ou confiança (art. 884, CC).

Locupletamento ilícito   Locupletamento ou enriquecimento indevido decorrente de atos fraudulentos ou de improbidade praticados em proveito pessoal e em prejuízo de pessoas ou entidades públicas. O mesmo que enriquecimento ilícito ou enriquecimento sem causa (art. 884, CC).

▶ Veja CC: "**Art. 884.** Aquele que, sem justa causa, se enriquecer à custa de outrem, será obrigado a restituir o indevidamente auferido, feita a atualização dos valores monetários. Parágrafo único. Se o enriquecimento tiver por objeto coisa determinada, quem a recebeu é obrigado a restituí-la, e, se a coisa não mais subsistir, a restituição se fará pelo valor do bem na época em que foi exigido".

▪ Agravo regimental no recurso especial. Administrativo e processual civil. Execução de honorários sucumbenciais. Juros de mora. Incidência. Decisão monocrática mantida. Recurso improvido. 1. A falta do pagamento espontâneo da dívida e, consequentemente, o atraso no adimplemento da obrigação importam em aplicação de juros de mora na execução forçada, sob pena de enriquecimento sem causa daquele que demora na quitação do débito. 2. É devida a aplicação de juros de mora na execução forçada dos honorários sucumbenciais. 3. Agravo regimental a que se nega provimento. (STJ, Ag. Reg. no REsp n. 1.137.416/RS, 5ª T., rel. Min. Jorge Mussi, j. 25.06.2013, DJe 01.08.2013)

Longa manu   Expressão que designa o prolongamento ou a extensão do poder concedido por alguém, por uma entidade ou por uma autoridade para que outro pratique determinado ato em seu nome. Espécie *sui generis* de representação. É uma forma abrangente de exercício de atribuição do designante, o que, juridicamente, equivale à atuação do primeiro, sendo irrelevante se direta ou indiretamente. A atuação do oficial de justiça, por exemplo, é concebida como a exteriorização do cumprimento das ordens emanadas pelo Poder Judiciário. O leiloeiro atua como *longa manu* do Poder Judiciário; a Caixa Econômica Federal, ante a legitimação que lhe é atribuída para a execução das contribuições devidas ao FGTS, atua como *longa manu* da Fazenda Pública. Também se denomina *traditio longa manu* a tradição simbólica de uma coisa, sem contato direto com ela, quando não ocorre sua entrega imediata ao adquirente, por exemplo, na entrega das chaves de um imóvel.

▪ Responsabilidade civil. Utilização indevida do CNPJ de farmácia para aquisição de mercadorias. Confissão. Lançamento no cadastro de maus pagadores. Ato ilícito configurado. [...]. III. A utilização do CNPJ de empresa sem autorização para o fim de obter vantagem na aquisição de mercadoria é ato ilícito passível de reparação, haja vista tratar-se de atitude lesiva ao desenvolvimento da atividade empresarial. IV. O lançamento irregular do nome da empresa prejudicada no rol de maus pagadores gera danos à imagem e ao crédito da pessoa jurídica, respondendo os ofensores pelo dano moral sofrido, o qual, no caso, tem natureza *in re ipsa*. V. *Quantum* indenizatório deve ser fixado de forma a suprir os prejuízos suportados e inibir novas práticas pelos ofensores. A majoração é medida que se impõe em decorrência da gravidade do ato praticado, bem como pelo número de rés envolvidas, de forma a atender o caráter punitivo/pedagógico da sanção e parâmetros comumente adotado pela Câmara em casos análogos. [...] Apelo do autor provido, preliminar afastada e apelo da ré desprovido (TJRS, Ap. Cível n. 70.029.082.880, 6ª Câm. Cível, rel. Liege Puricelli Pires, j. 06.05.2010)

Lucro cessante   Ganho ou rendimento que alguém deixou de obter sobre seu trabalho ou sobre coisa a que tinha direito por culpa ou inexecução de obrigação de outrem. Privação de ganho previsto decorrente da impossibilidade do uso da coisa ou do exercício da profissão em razão da prática de ato ilícito (arts. 403 e 949, CC).

▶ Veja CC: "**Art. 403.** Ainda que a inexecução resulte de dolo do devedor, as perdas e danos só incluem os prejuízos efetivos e os lucros cessantes por efeito dela direto e imediato, sem prejuízo do disposto na lei processual. [...] **Art. 949.** No caso de lesão ou outra ofensa à saúde, o ofensor indenizará o ofendido das despesas do tratamento e dos lucros cessantes até ao fim da convalescença, além de algum outro prejuízo que o ofendido prove haver sofrido".

- Desapropriação. Lucros cessantes. Na desapropriação de imóvel, a indenização abrange o respectivo valor e, quando há imissão antecipada da posse, os lucros cessantes, neste caso representados pelos juros compensatórios de 1% (um por cento) ao mês (STJ, REsp n. 105.209/1999/PR, rel. Min. Adhemar Maciel, j. 15.10.1998, *DJ* 26.04.1999)

- Responsabilidade civil. Dano causado por animal. Lucros cessantes. Cabimento. Doutrina. A expressão *o que razoavelmente deixou de lucrar*, constante do art. 1.059/CCB, deve ser interpretada no sentido de que, até prova em contrário, se admite que o credor haveria de lucrar aquilo que o bom senso diz que lucraria, existindo a presunção de que os fatos se desenrolariam dentro do seu curso normal, tendo em vista os antecedentes (STJ, REsp n. 121.176/1999/BA, rel. Min. Sálvio de F. Teixeira, j. 01.12.1998, *DJ* 15.03.1999)

Lustro Cada período de cinco anos.

Mãe social Para efeito da lei, trata-se da pessoa que, dedicando-se à assistência ao menor abandonado, exerce o encargo em nível social dentro do sistema de casas-lares. Entende-se por casa-lar a unidade residencial sob responsabilidade de mãe social que abrigue até dez menores. A figura jurídica da mãe social é disciplinada pela Lei n. 7.644/87 e tem por objetivo o atendimento de crianças da comunidade por meio de um contrato de trabalho especial. A empregada assume uma casa-lar, na qual deverá residir, e cuida de um número máximo de dez crianças.

- ▶ Veja Lei n. 7.644/87: "**Art. 1º** As instituições sem finalidade lucrativa, ou de utilidade pública de assistência ao menor abandonado, e que funcionem pelo sistema de casas-lares, utilizarão mães sociais visando a propiciar ao menor as condições familiares ideais ao seu desenvolvimento e reintegração social. **Art. 2º** Considera-se mãe social, para efeito desta Lei, aquela que, dedicando-se à assistência ao menor abandonado, exerça o encargo em nível social, dentro do sistema de casas-lares. **Art. 3º** Entende-se como casa-lar a unidade residencial sob responsabilidade de mãe social, que abrigue até 10 (dez) menores. [...] **Art. 4º** São atribuições da mãe social: I – propiciar o surgimento de condições próprias de uma família, orientando e assistindo os menores colocados sob seus cuidados; II – administrar o lar, realizando e organizando as tarefas a ele pertinentes; III – dedicar-se, com exclusividade, aos menores e à casa-lar que lhes forem confiados. [...]".

- ■ A figura jurídica da mãe social é disciplinada pela Lei n. 7.644 de 1987 e tem por objetivo atender crianças da comunidade, por meio de um contrato de trabalho especial. A empregada assume uma casa-lar, onde deverá residir e cuidar de um número máximo de 10 crianças. Assim explicou o Desembargador Anemar Pereira Amaral, ao analisar na 6ª Turma do TRT-MG o caso de uma trabalhadora que, embora contratada como mãe social, realizava outras funções. Entendendo que o contrato de trabalho especial foi descaracterizado, a Turma de julgadores negou provimento ao recurso apresentado por uma associação de Ribeirão das Neves e confirmou a condenação ao pagamento de horas extras à trabalhadora. Analisando a Lei n. 7.644/87, o relator destacou que a mãe social não tem direito a horas extras, sendo-lhe garantido apenas o repouso semanal remunerado de 24 horas consecutivas. Contudo, a restrição de direitos prevista na lei em questão só se aplica aos casos em que os requisitos do contrato especial de trabalho são observados. No caso do processo, isso não ocorreu. É que as testemunhas revelaram que a reclamante chegou a cuidar de 45 menores, superando em muito o limite legal de 10 crianças para cada mãe social. Além disso, a trabalhadora não se dedicava exclusivamente à casa-lar, sendo obrigada a trabalhar também em outros setores da associação reclamada, como, por exemplo, o de cesta básica. Por fim, a jornada era contínua e superior à legal, com pequenas interrupções para alimentação. O relator registrou que a intermitência prevista no artigo 6º da Lei n. 7.644/87 não se fazia presente. "Restou, portanto, plenamente descaracterizado o contrato especial de trabalho, suscitado pela recorrente como óbice para a condenação", concluiu o magistrado, decidindo manter a condenação imposta em 1º grau. O relator considerou razoável a jornada de trabalho reconhecida na sentença, qual seja, de 5h40min a 19h, de segunda à quinta-feira, e de 5h40min a 20h30min nas sextas feiras, sempre com 30 minutos de intervalo para café e 30 minutos de intervalo para o almoço, além de quatro sábados por ano, de 8h a 13h. A Turma de julgadores acompanhou o entendimento. (TRT-MG, RO n. 0002123-91.2011.5.03.0093)

- ■ "Mãe social" (ou mãe-crecheira). Lei n. 7.644/87. Febem. Vínculo de emprego. A prestação de serviços pela mãe social, com fulcro na Lei n. 7.644/87, caracteriza contrato de trabalho, na medida em que presentes a pessoalidade, a onerosidade e a subordinação. Esse contrato reveste-se, no entanto, de natureza especial, em razão de os arts. 5º e 19 da referida Lei disporem, de forma expressa e exaustiva, sobre os direitos assegurados, entre os quais se incluem férias remuneradas, gratificação de Natal, anotação da CTPS, benefícios previdenciários, repouso semanal remunerado e indenização ou levantamento do FGTS, no caso de dispensa sem justa causa. Recurso de embargos não provido. (TST, Emb. em RR n. 592198-22.1999.5.04.5555, rel. Milton de Moura França, j. 15.05.2006, DJ 09.06.2006)

Má-fé Atitude consciente de obter vantagem indevida ou de lesar interesse alheio. A má-fé está associada à ideia de fraude ou intenção dolosa e é revelada pela certeza do mal, do engano ou do vício contido na coisa que se pretende demonstrar como perfeita. Entre outros casos previstos no CC, a má-fé pode se manifestar na fraude contra credores (art. 161), na contratação de seguro (art. 769), na posse de imóvel (art. 1.216) e nos efeitos da anulação do casamento (art. 1.561, § 2º). No âmbito do Judiciário, responde por perdas e danos aquele que pleitear de má-fé como autor, réu ou interveniente (arts. 16 e 17, CPC/73).

▸ Veja CC: "**Art. 158.** Os negócios de transmissão gratuita de bens ou remissão de dívida, se os praticar o devedor já insolvente, ou por eles reduzido à insolvência, ainda quando o ignore, poderão ser anulados pelos credores quirografários, como lesivos dos seus direitos. [...] **Art. 159.** Serão igualmente anuláveis os contratos onerosos do devedor insolvente, quando a insolvência for notória, ou houver motivo para ser conhecida do outro contratante. [...] **Art. 161.** A ação, nos casos dos arts. 158 e 159, poderá ser intentada contra o devedor insolvente, a pessoa que com ele celebrou a estipulação considerada fraudulenta, ou terceiros adquirentes que hajam procedido de má-fé. [...] **Art. 769.** O segurado é obrigado a comunicar ao segurador, logo que saiba, todo incidente suscetível de agravar consideravelmente o risco coberto, sob pena de perder o direito à garantia, se provar que silenciou de má-fé. [...] **Art. 1.216.** O possuidor de má-fé responde por todos os frutos colhidos e percebidos, bem como pelos que, por culpa sua, deixou de perceber, desde o momento em que se constituiu de má-fé; tem direito às despesas da produção e custeio. [...] **Art. 1.561.** Embora anulável ou mesmo nulo, se contraído de boa-fé por ambos os cônjuges, o casamento, em relação a estes como aos filhos, produz todos os efeitos até o dia da sentença anulatória. § 1º Se um dos cônjuges estava de boa-fé ao celebrar o casamento, os seus efeitos civis só a ele e aos filhos aproveitarão. § 2º Se ambos os cônjuges estavam de má-fé ao celebrar o casamento, os seus efeitos civis só aos filhos aproveitarão".

▸ Veja CPC/73: "**Art. 16.** Responde por perdas e danos aquele que pleitear de má-fé como autor, réu ou interveniente. **Art. 17.** Reputa-se litigante de má-fé aquele que: I – deduzir pretensão ou defesa contra texto expresso de lei ou fato incontroverso; II – alterar a verdade dos fatos; III – usar do processo para conseguir objetivo ilegal; IV – opuser resistência injustificada ao andamento do processo; V – proceder de modo temerário em qualquer incidente ou ato do processo; VI – provocar incidentes manifestamente infundados; VII – interpuser recurso com intuito manifestamente protelatório".

▸ Veja CPC/2015: "**Art. 79.** Responde por perdas e danos aquele que litigar de má-fé como autor, réu ou interveniente. **Art. 80.** Considera-se litigante de má-fé aquele que: I – deduzir pretensão ou defesa contra texto expresso de lei ou fato incontroverso; II – alterar a verdade dos fatos; III – usar do processo para conseguir objetivo ilegal; IV – opuser resistência injustificada ao andamento do processo; V – proceder de modo temerário em qualquer incidente ou ato do processo; VI – provocar incidente manifestamente infundado; VII – interpuser recurso com intuito manifestamente protelatório".

■ Litiga em má-fé quem, mesmo em face de evidências documentais de falsidade, ajuíza execução com base em nota promissória. Caso, ademais, em que, ainda assim, responde e manifesta-se em embargos defendendo o contrário, mesmo após prova técnica. Conduta que desborda do âmbito de simples exercício de direito constitucional de ação ou de defesa. Caso de dedução de pretensão e defesa contra fato incontroverso, o da falsidade, e de utilização do processo da execução para conseguir objetivo ilegal, a responsabilização de quem não constituiu validamente a dívida, cristalizando, ainda, conduta exacerbadamente temerária. Aplicação de penas. Inteligência do disposto nos arts. 16, 17, I, III e V, e 18 do CPC. [...] (TJSP, Ap. n. 0110009-93.2009.8.26.0008/SP, 14ª Câm. de Direito Privado, rel. José Tarciso Beraldo, j. 27.04.2011, DJ 11.05.2011)

■ Recurso manifestamente infundado e eivado de má-fé. Tentativa ardilosa de modificação dos fatos. Nítida intenção de induzir o Juízo em erro. Aplicação da multa prevista no § 2º, do art. 557, do CPC. Curial recordar que o processo judicial é o campo, por excelência, em que deve grassar a ética, merecendo a mais firme repulsa toda a conduta que, por meio de ardis e distorções da verdade, busque desviar a correta aplicação do Direito. A parte que deliberadamente tenta induzir em erro o julgador, ao distorcer a verdade dos fatos, deve incorrer na pena de multa do art. 557, § 2º, do CPC. (TJSC, Ag. (§ 1º art. 557 do CPC) em AI n. 2011.002.624-2/Xanxerê, rel. Des. Gerson Cherem II)

Magistrado   No sentido estrito, é o juiz de direito, aquele que tem poderes para julgar. Aquele que exerce a jurisdição e é responsável pela prestação jurisdicional. Membro do Poder Judiciário; juiz togado ou de carreira (v. *Juiz de direito*).

- *Habeas corpus.* Pretensão de reconhecimento de suspeição de magistrado. Revolvimento do conjunto fático-probatório. Impossibilidade. 1. Revela-se manifestamente incabível o *habeas corpus* que pretende desconstituir decisão que julgou improcedente exceção de suspeição ofertada pelo paciente, visando o reconhecimento da ausência de imparcialidade de magistrado para atuar em processos em que o paciente figura como réu, porquanto a matéria demanda revolvimento do contexto fático-probatório amealhado ao feito, o que é inviável em sede de *habeas corpus*, tendo em vista os estreitos lindes deste átrio processual. 2. É imperiosa a necessidade de racionalização do *habeas corpus*, a bem de se prestigiar a lógica do sistema recursal. Para o enfrentamento de teses jurídicas na via restrita, imprescindível que haja ilegalidade manifesta, relativa à matéria de direito, que tenha sido analisada nas instâncias ordinárias, e cuja constatação seja evidente e independa de qualquer análise probatória, o que não ocorre na espécie. 4. Agravo regimental desprovido. (STJ, Ag. Reg. no *HC* n. 245.492/RR, 6ª T., rel. Min. Maria Thereza de Assis Moura, j. 07.08.2012, *DJe* 20.08.2012)

Magistratura   Classe dos juízes ou magistrados, representativa do Poder Judiciário, encarregada de exercer a jurisdição e a prestação jurisdicional. Carreira ou função de magistrado.

- Embargos de declaração no recurso ordinário em mandado de segurança. Concurso público. Magistratura do Estado da Bahia. Comprovação do exercício de atividade jurídica por três anos. 1. O recurso integrativo previsto em nosso ordenamento está destinado a sanar os vícios relacionados no art. 535 do CPC quando omisso, contraditório ou obscuro o julgado. 2. Embargos opostos pelo Estado da Bahia que pretendem, na via estreita dos declaratórios, o rejulgamento da causa. 3. Em decorrência da concessão da ordem do *mandamus*, deve ser reconhecido ao impetrante todos os direitos do cargo, inclusive os financeiros e funcionais, desde a data da impetração, consoante dispõe o art. 14, § 4º, da Lei n. 12.016/2009. 4. Embargos de declaração opostos pelo Estado da Bahia rejeitados. Embargos de declaração opostos por Celso Antunes da Silveira Filho acolhidos para, sanando a omissão apontada, esclarecer que são devidos aos embargantes todos os direitos do cargo, inclusive os funcionais, a partir da data da impetração. (STJ, Emb. Decl. no MS n. 23.362/BA, 5ª T., rel. Min. Jorge Mussi, j. 15.05.2012, *DJe* 23.05.2012)

Maioridade   Condição jurídica alcançada por aqueles que completarem 18 anos ou forem emancipados pelos pais em razão do casamento, do exercício de emprego público efetivo, da colação de grau em curso de ensino superior, do estabelecimento civil ou comercial ou da existência de relação de emprego, desde que, em função deles, o menor com 16 anos completos tenha economia própria (art. 5º, CC). A maioridade habilita a pessoa à prática de todos os atos da vida civil, desde que não seja portadora de alguma outra incapacidade, e é causa de extinção do poder familiar (art. 1.635, CC) e da tutela (art. 1.763, CC).

- Veja CC: "**Art. 5º** A menoridade cessa aos dezoito anos completos, quando a pessoa fica habilitada à prática de todos os atos da vida civil. Parágrafo único. Cessará, para os menores, a incapacidade: I – pela concessão dos pais, ou de um deles na falta do outro, mediante instrumento público, independentemente de homologação judicial, ou por sentença do juiz, ouvido o tutor, se o menor tiver dezesseis anos completos; II – pelo casamento; III – pelo exercício de emprego público efetivo; IV – pela colação de grau em curso de ensino superior; V – pelo estabelecimento civil ou comercial, ou pela existência de relação de emprego, desde que, em função deles, o menor com dezesseis anos completos tenha economia própria. [...] **Art. 1.635.** Extingue-se o poder familiar: I – pela morte dos pais ou do filho; II – pela emancipação, nos termos do art. 5º, parágrafo único; III – pela maioridade; [...] **Art. 1.763.** Cessa a condição de tutelado: I – com a maioridade ou a emancipação do menor; II – ao cair o menor sob o poder familiar, no caso de reconhecimento ou adoção".

- Ação de exoneração de alimentos proposta pelo genitor. Filho que, após atingir a maioridade civil, manifestou interesse em dar continuidade aos estudos. Obrigação alimentar voluntariamente assumida pelo prestador, através de acordo extrajudicial homologado por sentença – definição do valor, data de início e término do encargo – ressalva de que o abandono da instrução, pelo beneficiário, resultaria na imediata cessação do auxílio material – alimentando que, já no segundo semestre letivo, procede a rematrícula em apenas 1 (uma) única matéria, indo de encontro à grade curricular que elencava 4 (quatro) disciplinas obrigatórias - circunstância que, além de evidenciar o desinteresse do recorrente pela obtenção da qualificação profissional, demonstra o mero intuito de obter vantagem pecuniária – manifesta afronta à essência do compromisso jurídico. Ausência de elementos capazes de indicar que o afastamento do dever alimentar possa resultar em prejuízo ao apelante, que conta já 22 (vinte e dois) anos de idade, estuda em instituição de ensino superior gratuito, e não comprovou a existência de despesas extraordinárias – substrato probatório, ademais, que não revela qualquer indício de incapacidade do apelante para o labor. Exoneração mantida. Reclamo conhecido e desprovido. (TJSC, Ap. Cível n. 2011.075.264-6, 4ª Câm. de Direito Civil, rel. Luiz Fernando Boller, j. 16.08.2012)

- Exoneração de alimentos. Filha maior. Ausente comprovação de estudo ou enfermidade que justifique a manutenção da pensão alimentícia. A alimentada atingiu a maioridade, não mais necessitando dos alimentos, possuindo meios de subsistência. Recurso provido liminarmente. (TJRS, AI n. 70.050.620.194, 7ª Câm. Cível, rel. Liselena Schifino Robles Ribeiro, j. 22.08.2012)

Majoração da pena Aumento pelo tribunal da pena imposta no juízo do 1º grau. O ordenamento jurídico, quer na área cível, quer na área penal, não admite a *reformatio in pejus,* isto é, o agravamento da situação do réu, seja do ponto de vista quantitativo (pena maior), seja do qualitativo (regime prisional). Em outras palavras, é vedado ao tribunal *ad quem* proferir decisão mais desfavorável do que a proferida pelo órgão *a quo*. A única exceção a essa regra é no tocante ao recurso do Ministério Público, para efeito de aumento da pena do réu, quando dissentir da pena imposta pelo juízo de primeiro grau.

- Atentado ao pudor. Nulidade. Há nulidade absoluta da sentença, por quebra do princípio da congruência, quando o juiz condena o réu por um crime e silencia quanto aos outros que integram a série continuada de três atentados ao pudor, mencionada, sucintamente, na inicial. Declarabilidade. Não é possível a declaração de ofício da nulidade, pela câmara, primeiro porque o Ministério Público apelou só para aumento da pena, e, depois, porque, desse modo, haveria inequívoca *reformatio in pejus* indireta, vedada pelo Enunciado n. 160 da Súmula do STF. Regime. E o inicialmente fechado, quando não advém, do crime hediondo, resultado qualificador (lesão corporal grave ou morte), segundo entendimento tranquilo da câmara. Negaram provimento. (TJRS, Ap. Crime n. 699.204.178, 7ª Câm. Criminal, rel. José Antônio Paganella Boschi, j. 20.05.1999)

Mandado Documento emitido por autoridade pública competente, judicial ou administrativa, que determina a prática de ato ou diligência. São exemplos os mandados de segurança, injunção, prisão, citação, busca e apreensão e averbação, entre outros.

▶ Veja CPC/2015: "**Art. 152.** Incumbe ao escrivão ou ao chefe de secretaria: I – redigir, na forma legal, os ofícios, os mandados, as cartas precatórias e os demais atos que pertençam ao seu ofício; [...] **Art. 154.** Incumbe ao oficial de justiça: I – fazer pessoalmente citações, prisões, penhoras, arrestos e demais diligências próprias do seu ofício, sempre que possível na presença de 2 (duas) testemunhas, certificando no mandado o ocorrido, com menção ao lugar, ao dia e à hora; [...] **Art. 250.** O mandado que o oficial de justiça tiver de cumprir conterá: I – os nomes do autor e do citando e seus respectivos domicílios ou residências; II – a finalidade da citação, com todas as especificações constantes da petição inicial, bem como a menção do prazo para contestar, sob pena de revelia, ou para embargar a execução; III – a aplicação de sanção para o caso de descumprimento da ordem, se houver; IV – se for o caso, a intimação do citando para comparecer, acompanhado de advogado ou de defensor público, à audiência de conciliação ou de mediação, com a menção do dia, da hora e do lugar do comparecimento; V – a cópia da petição inicial, do despacho ou da decisão que deferir tutela provisória; VI – a assinatura do escrivão ou do chefe de secretaria e a declaração de que o subscreve por ordem do juiz".

- Agravo de instrumento. Busca e apreensão. Deferimento da medida liminar. Não cumprimento do mandado. Recurso prejudicado. Prejudicado o presente agravo de instrumento ante o deferimento da medida liminar, ainda que descumprida por não ter a Oficial de Justiça encontrado a criança. Ocorre que houve o esgotamento do objeto deste recurso, que se limitava a assegurar a visitação paterna no Dia dos Pais já transcorrido. Julgado prejudicado, em decisão monocrática. (TJRS, AI n. 70.050.445.501, 8ª Câm. Cível, rel. Luiz Felipe Brasil Santos, j. 14.08.2012)

Mandado de injunção Processo em que se requer a regulamentação de uma norma da Constituição, quando os poderes competentes não o fizeram, para garantir o direito de quem estiver sendo prejudicado pela omissão (arts. 5º, LXXI, e 102, I, *q*, CF). Garantia constitucional concedida sempre que a falta de norma regulamentadora tornar inviável o exercício dos direitos e liberdades constitucionais e das prerrogativas inerentes à nacionalidade, à soberania e à cidadania.

▶ Veja CF: "**Art. 5º** [...] LXXI – conceder-se-á mandado de injunção sempre que a falta de norma regulamentadora torne inviável o exercício dos direitos e liberdades constitucionais e das prerrogativas inerentes à nacionalidade, à soberania e à cidadania; [...]".

■ Mandado de injunção. Governador de Estado. Legitimidade. Matéria local. Exame. Impossibilidade. Lei federal. Aplicação analógica a servidores estaduais. Eventual incompatibilidade. 1. Tendo o Tribunal de origem se pronunciado de forma clara e precisa no acórdão recorrido (fls. 98/103e) sobre as questões postas nos autos, assentando-se em fundamentos suficientes para embasar a decisão, não há falar em afronta ao art. 535 do CPC, não se devendo confundir "fundamentação sucinta com ausência de fundamentação" (REsp n. 763.983/RJ, 3ª T., rel. Min. Nancy Andrighi, *DJ* 28.11.2005). 2. Para se aferir a suposta ilegitimidade *passiva ad causam* do Governador do Estado, faz-se necessário o exame das normas das Constituições estadual e federal que tratam das competências legislativas da referida autoridade, uma vez que estas não se encontram disciplinadas nos arts. 3º e 267, VI, do CPC, de sorte que a eventual violação a estes dispositivos seria reflexa. Incidência da Súmula n. 280/STF. 3. Considerando-se que o Tribunal de origem determinou a aplicação da Lei federal n. 8.213/91 ao caso concreto como forma de colmatar uma omissão legislativa, ou, em outros termos, aplicou-a por analogia, o exame da eventual incompatibilidade da referida norma federal não se subsume apenas a sua própria interpretação, porquanto também demandaria, obrigatoriamente, o exame das regras previstas nas Constituições estadual e federal supostamente descumpridas pelo legislador ordinário. Incidência da Súmula n. 280/STF. 4. Agravo regimental não provido. (STJ, Ag. Reg. no REsp n. 24.938/SE, Ag. Reg. no Ag. em REsp n. 2011/0161521-4, 1ª T., rel. Min. Arnaldo Esteves Lima, j. 07.08.2012, *DJe* 20.08.2012)

Mandado de segurança Garantia constitucional para a proteção de um direito líquido e certo não amparado por *habeas corpus* ou *habeas data*, quando o responsável pela ilegalidade ou pelo abuso de poder for autoridade, seja de que categoria for, e sejam quais forem as funções que exerça (art. 5º, LXIX e LXX, CF; art. 1º, Lei n. 12.016/2009).

▶ Veja CF: "**Art. 5º** Todos são iguais perante a lei, sem distinção de qualquer natureza, garantindo-se aos brasileiros e aos estrangeiros residentes no País a inviolabilidade do direito à vida, à liberdade, à igualdade, à segurança e à propriedade, nos termos seguintes: [...] LXIX – conceder-se-á mandado de segurança para proteger direito líquido e certo, não amparado por *habeas corpus* ou *habeas data*, quando o responsável pela ilegalidade ou abuso de poder for autoridade pública ou agente de pessoa jurídica no exercício de atribuições do Poder Público; LXX – o mandado de segurança coletivo pode ser impetrado por: *a)* partido político com representação no Congresso Nacional; *b)* organização sindical, entidade de classe ou associação legalmente constituída e em funcionamento há pelo menos um ano, em defesa dos interesses de seus membros ou associados; [...]".

▶ Veja Lei n. 12.016/2009: "**Art. 1º** Conceder-se-á mandado de segurança para proteger direito líquido e certo, não amparado por *habeas corpus* ou *habeas data*, sempre que, ilegalmente ou com abuso de poder, qualquer pessoa física ou jurídica sofrer violação ou houver justo receio de sofrê-la por parte de autoridade, seja de que categoria for e sejam quais forem as funções que exerça. § 1º Equiparam-se às autoridades, para os efeitos desta Lei, os representantes ou órgãos de partidos políticos e os administradores de entidades autárquicas, bem como os dirigentes de pessoas jurídicas ou as pessoas naturais no exercício de atribuições do poder público, somente no que disser respeito a essas atribuições. [...]".

■ Mandado de segurança. Concurso público para o cargo de Procurador do Banco Central do Brasil. Direito líquido e certo à nomeação. [...] 3. Tem-se por ilegal o ato omissivo da Administração que não assegura a nomeação de candidato aprovado e classificado até o limite de vagas previstas no edital, por se tratar de ato vinculado. 4. *In casu*, os impetrantes foram classificados nas 59ª e 60ª posições para o cargo de Procurador do Banco Central do Brasil, cujo edital previu originária e expressamente a existência de vinte vagas, além das que surgirem e vierem a ser criadas durante o prazo de validade do concurso (23.04.2012); tendo sido criadas mais cem vagas para o referido cargo pela Lei n. 12.253/2010, impõe-se reconhecer o direito líquido e certo dos impetrantes a nomeação e posse no cargo para o qual foram devidamente habilitados dentro do número de vagas oferecidas pela Administração. 5. Ordem concedida para determinar a investidura dos impetrantes no cargo de Procurador do Banco Central para o qual foram aprovados, observada rigorosamente a ordem de classificação. (STJ, MS n. 18.570/DF, rel. Min. Napoleão Nunes Maia Filho, j. 08.08.2012)

- Mandado de segurança coletivo. Servidores da Justiça. Leis estaduais ns. 13.181 e 13.182/2009. 1. A elevação de entrância de algumas Comarcas do Estado, por leis estaduais, não representou transformação ou reclassificação genérica dos cargos judiciários, com o que não há o direito à extensão do aumento remuneratório apenas conferido aos servidores lotados naquelas Comarcas e em atividade aos anteriormente inativados ou seus pensionistas. 2. Direito à paridade remuneratória entre ativos e inativos que não se reconhece na hipótese. Segurança denegada. Unânime. (TJRS, MS n. 70.046.719.001, Tribunal Pleno, rel. Eduardo Uhlein, j. 13.08.2012)

Mandante Aquele que, mediante contrato de mandato, confere poderes ao mandatário para que este pratique atos em seu nome. O mandante é obrigado a satisfazer todas as obrigações contraídas com o mandatário, na conformidade do mandato conferido, e adiantar a importância das despesas necessárias à execução dele quando o mandatário lho pedir (art. 675, CC).

- Veja CC: "**Art. 675.** O mandante é obrigado a satisfazer todas as obrigações contraídas pelo mandatário, na conformidade do mandato conferido, e adiantar a importância das despesas necessárias à execução dele, quando o mandatário lho pedir. **Art. 676.** É obrigado o mandante a pagar ao mandatário a remuneração ajustada e as despesas da execução do mandato, ainda que o negócio não surta o esperado efeito, salvo tendo o mandatário culpa. **Art. 677.** As somas adiantadas pelo mandatário, para a execução do mandato, vencem juros desde a data do desembolso. **Art. 678.** É igualmente obrigado o mandante a ressarcir ao mandatário as perdas que este sofrer com a execução do mandato, sempre que não resultem de culpa sua ou de excesso de poderes. **Art. 679.** Ainda que o mandatário contrarie as instruções do mandante, se não exceder os limites do mandato, ficará o mandante obrigado para com aqueles com quem o seu procurador contratou; mas terá contra este ação pelas perdas e danos resultantes da inobservância das instruções".

Mandatário Aquele que, mediante contrato de mandato, recebe poderes do mandante para, em seu nome, praticar atos expressamente convencionados. Procurador. O mandatário é obrigado a aplicar toda sua diligência habitual na execução do mandato e a indenizar qualquer prejuízo causado por culpa sua ou daquele a quem substabelecer, sem autorização, poderes que deveria exercer pessoalmente (art. 667, CC).

- Veja CC: "**Art. 667.** O mandatário é obrigado a aplicar toda sua diligência habitual na execução do mandato, e a indenizar qualquer prejuízo causado por culpa sua ou daquele a quem substabelecer, sem autorização, poderes que devia exercer pessoalmente. § 1º Se, não obstante proibição do mandante, o mandatário se fizer substituir na execução do mandato, responderá ao seu constituinte pelos prejuízos ocorridos sob a gerência do substituto, embora provenientes de caso fortuito, salvo provando que o caso teria sobrevindo, ainda que não tivesse havido substabelecimento. § 2º Havendo poderes de substabelecer, só serão imputáveis ao mandatário os danos causados pelo substabelecido, se tiver agido com culpa na escolha deste ou nas instruções dadas a ele. § 3º Se a proibição de substabelecer constar da procuração, os atos praticados pelo substabelecido não obrigam o mandante, salvo ratificação expressa, que retroagirá à data do ato. § 4º Sendo omissa a procuração quanto ao substabelecimento, o procurador será responsável se o substabelecido proceder culposamente. **Art. 668.** O mandatário é obrigado a dar contas de sua gerência ao mandante, transferindo-lhe as vantagens provenientes do mandato, por qualquer título que seja. **Art. 669.** O mandatário não pode compensar os prejuízos a que deu causa com os proveitos que, por outro lado, tenha granjeado ao seu constituinte".

Mandato Contrato ou instrumento mediante o qual o mandante autoriza o mandatário a praticar atos expressamente convencionados em seu nome. O mesmo que procuração (art. 653, CC). Também se denomina mandato o período em que alguém exerce cargo eletivo público ou privado, tais como os cargos de presidente de uma associação, Presidente da República, governador, deputado e prefeito.

- Veja CF: "**Art. 27.** [...] § 1º Será de quatro anos o mandato dos Deputados Estaduais, aplicando-se-lhes as regras desta Constituição sobre sistema eleitoral, inviolabilidade, imunidades, remuneração, perda de mandato, licença, impedimentos e incorporação às Forças Armadas. [...] **Art. 28.** A eleição do Governador e do Vice-Governador de Estado, para mandato de 4 (quatro) anos, realizar-se-á no primeiro domingo de outubro, em primeiro turno, e no último domingo de outubro, em segundo turno, se houver, do ano anterior ao do término do mandato de seus antecessores, e a posse ocorrerá em primeiro de janeiro do ano subsequente, observado, quanto ao mais, o disposto no art. 77. § 1º Perderá o mandato o Governador que assumir outro cargo ou função na administração pública direta ou indireta, ressalvada a posse em virtude de concurso público e observado o disposto no art. 38, I, IV e V. [...] **Art. 29.** O Município reger-se-á por lei orgânica, votada em dois turnos, com o interstício mínimo de dez dias, e aprovada por dois terços dos membros da Câmara Municipal, que a promulgará, atendidos os princípios estabelecidos nesta Constituição, na Constituição do respectivo Estado e os seguintes preceitos: I – eleição do Prefeito, do Vice-Prefeito e dos Vereadores, para mandato de quatro anos, mediante pleito direto e simultâneo realizado em todo o País; II – eleição do Prefeito e do Vice-Prefeito realizada no primeiro domingo de outubro do ano anterior ao término do mandato dos que devam suceder, aplicadas as regras do art. 77 no caso de Municípios com mais de duzentos mil eleitores; [...] **Art. 82.** O mandato do Presidente da República é de 4 (quatro) anos e terá início em primeiro de janeiro do ano seguinte ao da sua eleição".

▶ Veja CC: "**Art. 653.** Opera-se o mandato quando alguém recebe de outrem poderes para, em seu nome, praticar atos ou administrar interesses. A procuração é o instrumento do mandato. **Art. 654.** Todas as pessoas capazes são aptas para dar procuração mediante instrumento particular, que valerá desde que tenha a assinatura do outorgante. § 1º O instrumento particular deve conter a indicação do lugar onde foi passado, a qualificação do outorgante e do outorgado, a data e o objetivo da outorga com a designação e a extensão dos poderes conferidos. § 2º O terceiro com quem o mandatário tratar poderá exigir que a procuração traga a firma reconhecida. **Art. 655.** Ainda quando se outorgue mandato por instrumento público, pode substabelecer-se mediante instrumento particular. **Art. 656.** O mandato pode ser expresso ou tácito, verbal ou escrito".

■ Apelação interposta por advogado que não mais detinha capacidade postulatória, tendo em vista que renunciou ao mandato e o ato se deu posteriormente ao decurso do prazo de dez dias previsto pelo art. 45 do CPC. Apelo não conhecido. (TJRS, Ap. Cível n. 70.049.163.785, 17ª Câm. Cível, rel. Elaine Harzheim Macedo, j. 16.08.2012)

■ Ação de prestação de contas. Contrato de mandato. Morte do mandante. Legitimidade dos herdeiros. 1. Esta Corte já decidiu que o dever de prestar contas não se transmite aos herdeiros do mandatário, devido ao caráter personalíssimo do contrato de mandato (cf. REsp n. 1.055.819/SP, 3ª T., rel. Min. Massami Uyeda, *DJe* 07.04.2010). 2. Essa orientação, porém, não pode ser estendida à hipótese de morte do mandante, porque as circunstâncias que impedem a transmissibilidade do dever de prestar contas aos herdeiros do mandatário não se verificam na hipótese inversa, relativa ao direito de os herdeiros do mandante exigirem a prestação de contas do mandatário. 3. Legitimidade dos herdeiros do mandante para ajuizarem ação de prestação de contas em desfavor do mandatário do *de cujus*. Doutrina sobre o tema. 4. Recurso especial provido. (STJ, REsp n. 1.122.589/MG, rel. Min. Paulo de Tarso Sanseverino, j. 10.04.2012, *DJe* 19.04.2012)

Mandato judicial Instrumento mediante o qual alguém autoriza e concede poderes a advogado legalmente habilitado para que este o represente em juízo. Mandato ou procuração *ad juditia* (art. 692, CC; art. 38, CPC/73). A procuração geral para o foro, outorgada por instrumento público ou particular assinado pela parte, habilita o advogado a praticar todos os atos do processo exceto receber citação, confessar, reconhecer a procedência do pedido, transigir, desistir, renunciar ao direito sobre o qual se funda a ação, receber, dar quitação, firmar compromisso e assinar declaração de hipossuficiência econômica, que devem constar de cláusula específica (art. 105, CPC).

▶ Veja CC: "**Art. 692.** O mandato judicial fica subordinado às normas que lhe dizem respeito, constantes da legislação processual, e, supletivamente, às estabelecidas neste Código".

▶ Veja CPC/73: "**Art. 38.** A procuração geral para o foro, conferida por instrumento público, ou particular assinado pela parte, habilita o advogado a praticar todos os atos do processo, salvo para receber citação inicial, confessar, reconhecer a procedência do pedido, transigir, desistir, renunciar ao direito sobre que se funda a ação, receber, dar quitação e firmar compromisso. Parágrafo único. A procuração pode ser assinada digitalmente com base em certificado emitido por Autoridade Certificadora credenciada, na forma da lei específica".

▶ Veja CPC/2015: "**Art. 103.** A parte será representada em juízo por advogado regularmente inscrito na Ordem dos Advogados do Brasil. Parágrafo único. É lícito à parte postular em causa própria quando tiver habilitação legal. **Art. 104.** O advogado não será admitido a postular em juízo sem procuração, salvo para evitar preclusão, decadência ou prescrição, ou para praticar ato considerado urgente. § 1º Nas hipóteses previstas no *caput*, o advogado deverá, independentemente de caução, exibir a procuração no prazo de 15 (quinze) dias, prorrogável por igual período por despacho do juiz. § 2º O ato não ratificado será considerado ineficaz relativamente àquele em cujo nome foi praticado, respondendo o advogado pelas despesas e por perdas e danos. **Art. 105.** A procuração geral para o foro, outorgada por instrumento público ou particular assinado pela parte, habilita o advogado a praticar todos os atos do processo, exceto receber citação, confessar, reconhecer a procedência do pedido, transigir, desistir, renunciar ao direito sobre o qual se funda a ação, receber, dar quitação, firmar compromisso e assinar declaração de hipossuficiência econômica, que devem constar de cláusula específica. [...]".

Mandato parlamentar Poder de representação ou exercício de mandato político conferido a detentor de cargo público eleito pelo voto popular. Mandato político. Mandato legislativo.

▸ Veja CF: "**Art. 27.** O número de Deputados à Assembleia Legislativa corresponderá ao triplo da representação do Estado na Câmara dos Deputados e, atingido o número de trinta e seis, será acrescido de tantos quantos forem os Deputados Federais acima de doze. § 1º Será de quatro anos o mandato dos Deputados Estaduais, aplicando-se-lhes as regras desta Constituição sobre sistema eleitoral, inviolabilidade, imunidades, remuneração, perda de mandato, licença, impedimentos e incorporação às Forças Armadas. [...]".

Manutenção de posse Providência judicial que visa a assegurar ao possuidor, proprietário ou não, o direito de ser mantido na posse no caso de turbação (art. 1.210, CC). Nesse caso, incumbe ao autor provar: a sua posse; a turbação praticada pelo réu; a data da turbação; a continuação da posse (art. 927, CPC/73; art. 560, CPC/2015).

▸ Veja CC: "**Art. 1.210.** O possuidor tem direito a ser mantido na posse em caso de turbação, restituído no de esbulho, e segurado de violência iminente, se tiver justo receio de ser molestado. § 1º O possuidor turbado, ou esbulhado, poderá manter-se ou restituir-se por sua própria força, contanto que o faça logo; os atos de defesa, ou de desforço, não podem ir além do indispensável à manutenção, ou restituição da posse. § 2º Não obsta à manutenção ou reintegração na posse a alegação de propriedade, ou de outro direito sobre a coisa".

▸ Veja CPC/73: "**Art. 926.** O possuidor tem direito a ser mantido na posse em caso de turbação e reintegrado no de esbulho. **Art. 927.** Incumbe ao autor provar: I – a sua posse; II – a turbação ou esbulho praticado pelo réu; III – a data da turbação ou do esbulho; IV – a continuação da posse, embora turbada, na ação de manutenção; a perda da posse, na ação de reintegração".

▸ Veja CPC/2015: "**Art. 560.** O possuidor tem direito a ser mantido na posse em caso de turbação e reintegrado em caso de esbulho. **Art. 561.** Incumbe ao autor provar: I – a sua posse;

II – a turbação ou o esbulho praticado pelo réu; III – a data da turbação ou do esbulho; IV – a continuação da posse, embora turbada, na ação de manutenção, ou a perda da posse, na ação de reintegração. **Art. 562.** Estando a petição inicial devidamente instruída, o juiz deferirá, sem ouvir o réu, a expedição do mandado liminar de manutenção ou de reintegração, caso contrário, determinará que o autor justifique previamente o alegado, citando-se o réu para comparecer à audiência que for designada. Parágrafo único. Contra as pessoas jurídicas de direito público não será deferida a manutenção ou a reintegração liminar sem prévia audiência dos respectivos representantes judiciais. **Art. 563.** Considerada suficiente a justificação, o juiz fará logo expedir mandado de manutenção ou de reintegração. **Art. 564.** Concedido ou não o mandado liminar de manutenção ou de reintegração, o autor promoverá, nos 5 (cinco) dias subsequentes, a citação do réu para, querendo, contestar a ação no prazo de 15 (quinze) dias. [...]".

Marca Sinal característico de um produto ou serviço utilizado para distingui-lo de outros e como meio de divulgação e propaganda. Para a utilização de uma marca com exclusividade, há necessidade de registro perante o Instituto Nacional de Propriedade Industrial – INPI (*v. Registro de marca*).

Marco Civil da Internet Denominação atribuída ao conjunto de normas que regulam o uso da internet no Brasil, por meio da previsão de princípios, garantias, direitos e deveres para quem usa a rede, bem como da determinação de diretrizes para a atuação do Estado (Lei n. 12.965/2014).

▸ Veja Lei n. 12.965/2014: "**Art. 1º** Esta Lei estabelece princípios, garantias, direitos e deveres para o uso da internet no Brasil e determina as diretrizes para atuação da União, dos Estados, do Distrito Federal e dos Municípios em relação à matéria. **Art. 2º** A disciplina do uso da internet no Brasil tem como fundamento o respeito à liberdade de expressão, bem como: I – o reconhecimento da escala mundial da rede; II – os direitos humanos, o desenvolvimento da personalidade e o exercício da cidadania em meios digitais; III – a pluralidade e a diversidade; IV – a abertura e a colaboração; V – a livre-iniciativa, a livre concorrência e a defesa do consumidor; e VI – a finalidade social da rede".

Matricida Aquele que mata a própria mãe; o que comete matricídio.

Matricídio Crime que consiste em alguém matar a própria mãe (arts. 61 e 121, CP).

▶ Veja CP: "Circunstâncias agravantes – **Art. 61.** São circunstâncias que sempre agravam a pena, quando não constituem ou qualificam o crime: [...] II – ter o agente cometido o crime: [...] *e)* contra ascendente, descendente, irmão ou cônjuge; [...] Homicídio simples – **Art. 121.** Matar alguém: Pena – reclusão, de 6 (seis) a 20 (vinte) anos. [...] Homicídio qualificado – § 2º Se o homicídio é cometido: [...] II – por motivo fútil; [...]".

■ Embargos de declaração. Decisão do tribunal do júri, condenatória por matricídio qualificado pelo motivo fútil, mantida em segundo grau, porém sem pronunciamento explícito acerca da qualificadora, contestada no recurso defensivo como sendo totalmente contrária à prova dos autos. Omissão caracterizada e suprida. Crime motivado por uso de drogas. Equivalência entre futilidade ou aparente ausência de motivo. Embargos procedentes, porém sem efeito infringencial. (TJSC, Emb. Decl. em Ap. Criminal (Réu Preso) n. 2004.022.288-2/Porto Belo, rel. Des. José Gaspar Rubick)

■ Recurso em sentido estrito. Medida de segurança. Internação prazo mínimo. Critérios de avaliação. Imposta medida de segurança a réu inimputável que cometeu matricídio, sopesados a gravidade do delito e as condições apontadas no laudo psiquiátrico, bem andou o Magistrado que, interpretando o laudo, fixou a medida em *quantum* mínimo de três anos de internação, atendendo ao critério de necessidade. Recurso improvido. (TJRS, Recurso Oficioso em Sentido Estrito n. 70.010.931.632, 3ª Câm. Criminal, rel. Elba Aparecida Nicolli Bastos, j. 02.06.2005)

Meação Direito que uma pessoa tem, em relação a outra, à metade dos bens em comunhão. Metade do patrimônio do casal a que cada cônjuge casado pelo regime da comunhão universal de bens tem direito no caso de dissolução do casamento. O mesmo se aplica à união estável na hipótese de não haver convenção sobre separação total ou comunhão parcial de bens. "O direito à meação não é renunciável, cessível ou penhorável na vigência do regime matrimonial" (art. 1.682, CC).

▶ Veja CC: "**Art. 1.327.** O condomínio por meação de paredes, cercas, muros e valas regula-se pelo disposto neste Código (arts. 1.297 e 1.298; 1.304 a 1.307). **Art. 1.328.** O proprietário que tiver direito a estremar um imóvel com paredes, cercas, muros, valas ou valados, tê-lo-á igualmente a adquirir meação na parede, muro, valado ou cerca do vizinho, embolsando-lhe metade do que atualmente valer a obra e o terreno por ela ocupado (art. 1.297). [...] **Art. 1.682.** O direito à meação não é renunciável, cessível ou penhorável na vigência do regime matrimonial. [...] **Art. 1.685.** Na dissolução da sociedade conjugal por morte, verificar-se-á a meação do cônjuge sobrevivente de conformidade com os artigos antecedentes, deferindo-se a herança aos herdeiros na forma estabelecida neste Código. **Art. 1.686.** As dívidas de um dos cônjuges, quando superiores à sua meação, não obrigam ao outro, ou a seus herdeiros. [...] **Art. 2.019.** Os bens insuscetíveis de divisão cômoda, que não couberem na meação do cônjuge sobrevivente ou no quinhão de um só herdeiro, serão vendidos judicialmente, partilhando-se o valor apurado, a não ser que haja acordo para serem adjudicados a todos. [...]".

■ Meação. Dívida contraída pelo cônjuge varão. Benefício da família. Ônus da prova. Não provimento. 1. "A mulher casada responde com sua meação, pela dívida contraída exclusivamente pelo marido, desde que em benefício da família. Compete ao cônjuge do executado, para excluir da penhora a meação, provar que a dívida não foi contraída em benefício da família." (Ag. Reg. no Ag. Reg. no Ag. n. 594.642/MG, rel. Min. Humberto Gomes de Barros, *DJU* 08.05.2006). 2. Se o Tribunal estadual concluiu que os agravantes, sucessores do devedor principal e de seu cônjuge, ambos falecidos, não se desincumbiram do ônus de provar que a dívida contraída por um dos cônjuges não beneficiou a entidade familiar, ao reexame da questão incide a Súmula n. 7/STJ. 3. Agravo regimental a que se nega provimento. (STJ, Ag. Reg. no Ag. 1.322.189/SP, 4ª T., rel. Min. Maria Isabel Gallotti, j. 17.11.2011, *DJe* 24.11.2011)

■ Execução. Penhora. Meação da mulher. Dívida contraída pelo marido. Benefício da família. Ônus da prova. A mulher casada responde com sua meação, pela dívida contraída exclusivamente pelo marido, desde que em benefício da família. Compete ao cônjuge do executado, para excluir da penhora a meação, provar que a dívida não foi contraída em benefício da família. (STJ, Ag. Reg. no Ag. Reg. no Ag. n. 594.642/MG, 3ª T., rel. Min. Humberto Gomes de Barros, j. 21.02.2006, *DJ* 08.05.2006, p. 197)

Mediação Ato pelo qual as partes interessadas submetem a solução de seus litígios a um juízo arbitral mediante convenção de arbitragem, assim entendidos a cláusula compromissória e o compromisso arbitral (art. 3º, Lei n. 9.307/96). A mediação também é prevista no contrato de corretagem e no CPC.

▶ Veja CPC/2015: "**Art. 165.** [...] § 3º O mediador, que atuará preferencialmente nos casos em que houver vínculo anterior entre as partes, auxiliará aos interessados a compreender as questões e os interesses em conflito, de modo que eles possam, pelo restabelecimento da comunicação, identificar, por si próprios, soluções consensuais que gerem benefícios mútuos. **Art. 166.** A conciliação e a mediação são informadas pelos princípios da independência, da imparcialidade, da autonomia da vontade, da confidencialidade, da oralidade, da informalidade e da decisão informada. [...] § 4º A mediação e a conciliação serão regidas conforme a livre autonomia dos interessados, inclusive no que diz respeito à definição das regras procedimentais. **Art. 167.** [...] § 5º Os conciliadores e mediadores judiciais cadastrados na forma do *caput*, se advogados, estarão impedidos de exercer a advocacia nos juízos em que desempenhem suas funções. § 6º O tribunal poderá optar pela criação de quadro próprio de conciliadores e mediadores, a ser preenchido por concurso público de provas e títulos, observadas as disposições deste Capítulo".

▶ Veja Lei n. 9.307/96: "**Art. 1º** As pessoas capazes de contratar poderão valer-se da arbitragem para dirimir litígios relativos a direitos patrimoniais disponíveis. **Art. 2º** A arbitragem poderá ser de direito ou de equidade, a critério das partes. § 1º Poderão as partes escolher, livremente, as regras de direito que serão aplicadas na arbitragem, desde que não haja violação aos bons costumes e à ordem pública. § 2º Poderão, também, as partes convencionar que a arbitragem se realize com base nos princípios gerais de direito, nos usos e costumes e nas regras internacionais de comércio".

■ Contrato de locação comercial. Convenção de arbitragem. Procedimento iniciado no juízo arbitral. Partes vinculadas ao tribunal de mediação e arbitragem que impõe a extinção do feito, sem julgamento do mérito. A eleição da cláusula compromissória é causa de extinção do processo sem julgamento do mérito, nos termos do art. 267, VII, do CPC. (TJSC, Ap. Cível n. 2011.022961-1/São José, rel. Des. Saul Steil)

■ Mediação. Cobrança comissão indevida. Sentença mantida. Recurso improvido. Compete ao corretor que pretende receber comissão de mediação o ônus de provar a contratação, a aproximação das partes interessadas e que o negócio se concretizou com a sua intervenção. Recurso não provido. (TJSP, Ap. n. 32.924.420.088.260.347/SP, 35ª Câm. de Direito Privado, rel. Clóvis Castelo, j. 13.02.2012, *DJ* 15.02.2012)

Medida cautelar (*v. Tutela cautelar*).

Medida cautelar em ação direta de constitucionalidade
No âmbito da ação direta de constitucionalidade, a medida poderá ser concedida por decisão da maioria absoluta dos membros do STF e consiste na determinação de que os juízes e os tribunais suspendam o julgamento dos processos que envolvam a aplicação da lei ou do ato normativo objeto da ação até seu julgamento definitivo (art. 21, Lei n. 9.868/99).

▶ Veja Lei n. 9.868/99: "**Art. 21.** O Supremo Tribunal Federal, por decisão da maioria absoluta de seus membros, poderá deferir pedido de medida cautelar na ação declaratória de constitucionalidade, consistente na determinação de que os juízes e os Tribunais suspendam o julgamento dos processos que envolvam a aplicação da lei ou do ato normativo objeto da ação até seu julgamento definitivo. Parágrafo único. Concedida a medida cautelar, o Supremo Tribunal Federal fará publicar em seção especial do *Diário Oficial da União* a parte dispositiva da decisão, no prazo de 10 (dez) dias, devendo o Tribunal proceder ao julgamento da ação no prazo de 180 (cento e oitenta) dias, sob pena de perda de sua eficácia".

Medida cautelar em ação direta de inconstitucionalidade
No âmbito da ação direta de inconstitucionalidade, poderá ser concedida por decisão da maioria absoluta dos membros do STF após a audiência dos órgãos ou autoridades dos quais emanou a lei ou o ato normativo impugnado, que deverão pronunciar-se no prazo de cinco dias (art. 10, Lei n. 9.868/99).

▶ Veja Lei n. 9.868/99: "**Art. 10.** Salvo no período de recesso, a medida cautelar na ação direta será concedida por decisão da maioria absoluta dos membros do Tribunal, observado o disposto no art. 22, após a audiência dos órgãos ou autoridades dos quais emanou a lei ou ato normativo impugnado, que deverão pronunciar-se no prazo de 5 (cinco) dias. § 1º O relator, julgando indispensável, ouvirá o Advogado-Geral da União e o Procurador-Geral da República, no prazo de 3 (três) dias. § 2º No julgamento do pedido de medida cautelar, será facultada sustentação oral aos representantes judiciais do requerente e das autoridades ou órgãos responsáveis pela expedição do ato, na forma estabelecida no Regimento do Tribunal. § 3º Em caso de excepcional urgência, o Tribunal poderá deferir a medida cautelar sem a audiência dos órgãos ou das autoridades das quais emanou a lei ou o ato normativo impugnado. **Art. 11.** Concedida a medida cautelar, o Supremo Tribunal Federal fará publicar em seção especial do *Diário Oficial da União* e do *Diário da Justiça da União* a parte dispositiva da decisão, no prazo de 10 (dez) dias, devendo solicitar as informações à autoridade da qual tiver emanado o ato, observando-se, no que couber, o procedimento estabelecido na Seção I deste Capítulo. § 1º A medida cautelar, dotada de eficácia contra todos, será concedida com efeito *ex nunc*, salvo se o Tribunal entender que deva conceder-lhe eficácia retroativa. § 2º A concessão da medida cautelar torna aplicável a legislação anterior acaso existente, salvo expressa manifestação em sentido contrário".

- Medida cautelar em ação direta de inconstitucionalidade. Competência. Órgão especial. Caso de excepcional urgência. Art. 10, § 3º, da Lei estadual 12.096/2001. Decreto legislativo n. 003/2011 do Município de Xanxerê. *Fumus boni iuris* e *periculum in mora*. Risco à eficácia plena e à perfeita atuação do provimento final. Postulação cautelar deferida. A Constituição da República e a Constituição do Estado de Santa Catarina dispõem ser a Lei Orgânica a carta normativa de regência do município. Dispõem, ainda, dever ela atender aos princípios constitucionais e aos preceitos arrolados nos incisos de seus respectivos arts. 29 e 111, dentre os quais constam as regras para a composição da Câmara Municipal. "O TSE já decidiu que a fixação do número de vereadores é da competência da Lei Orgânica de cada Município, devendo essa providência ocorrer até o termo final do período das convenções partidárias" (Ag. Reg. no AI n. 11.685, rel. Min. Arnaldo Versiani, j. 17.05.2011). (TJSC, ADIn n. 2012.039.099-9 Xanxerê, rel. Des. Jaime Luiz Vicari).

- Medida cautelar preparatória de ação declaratória de inconstitucionalidade. Sindicatos. Greve de servidores da Justiça Estadual. Desconto em folha. Opção pela reposição dos dias parados. Incompetência do STJ. O STJ não é competente para processar e julgar medida cautelar preparatória ou a ação principal nas quais se discute a possibilidade, ou não, de descontos nas folhas de pagamento de servidores em greve, do Poder Judiciário Estadual. Eventual impedimento do Tribunal de Justiça Estadual não amplia a competência do STJ. Agravo regimental improvido. (STJ, Ag. Reg. na MC n. 18.197/PE, 1ª Seção, rel. Min. Cesar Asfor Rocha, j. 14.09.2011, *DJe* 23.09.2011)

Medida cautelar em ação direta de inconstitucionalidade por omissão No âmbito da ação direta de inconstitucionalidade por omissão, a cautelar poderá ser concedida pelo STF, por decisão da maioria absoluta de seus membros, após audiência dos órgãos ou autoridades responsáveis pela omissão inconstitucional, que deverão pronunciar-se no prazo de cinco dias, em caso de excepcional urgência e relevância da matéria. A medida cautelar poderá consistir na suspensão da aplicação da lei ou do ato normativo questionado, no caso de omissão parcial, bem como na suspensão de processos judiciais ou de procedimentos administrativos, ou, ainda, em outra providência a ser fixada pelo tribunal (art. 12-F, Lei n. 9.868/99).

▶ Veja Lei n. 9.868/99: "**Art. 12-F.** Em caso de excepcional urgência e relevância da matéria, o Tribunal, por decisão da maioria absoluta de seus membros, observado o disposto no art. 22, poderá conceder medida cautelar, após a audiência dos órgãos ou autoridades responsáveis pela omissão inconstitucional, que deverão pronunciar-se no prazo de 5 (cinco) dias. § 1º A medida cautelar poderá consistir na suspensão da aplicação da lei ou do ato normativo questionado, no caso de omissão parcial, bem como na suspensão de processos judiciais ou de procedimentos administrativos, ou ainda em outra providência a ser fixada pelo Tribunal. § 2º O relator, julgando indispensável, ouvirá o Procurador-Geral da República, no prazo de 3 (três) dias. § 3º No julgamento do pedido de medida cautelar, será facultada sustentação oral aos representantes judiciais do requerente e das autoridades ou órgãos responsáveis pela omissão inconstitucional, na forma estabelecida no Regimento do Tribunal".

Medida de segurança (penal) Medida judicial aplicada pelo juiz da condenação àqueles que praticam crimes e que, por serem portadores de doenças mentais, não são considerados responsáveis por seus atos. A medida de segurança não é considerada pena, e sim uma forma de tratamento a que deve ser submetido o autor de crime com o fim de curá-lo ou, no caso de tratar-se de portador de doença mental incurável, torná-lo apto a conviver em sociedade. As medidas de segurança consistem em internação em hospital de custódia e tratamento psiquiátrico ou, à falta, em outro estabelecimento adequado; e sujeição a tratamento ambulatorial. Se o agente for inimputável, o juiz determinará sua internação (art. 26). Se, todavia, o fato previsto como crime for punível com detenção, poderá o juiz submetê-lo a tratamento ambulatorial (arts. 96 e 97, CP).

▶ Veja CP: "Espécies de medidas de segurança – **Art. 96.** As medidas de segurança são: I – internação em hospital de custódia e tratamento psiquiátrico ou, à falta, em outro estabelecimento adequado; II – sujeição a tratamento ambulatorial. Parágrafo único. Extinta a punibilidade, não se impõe medida de segurança nem subsiste a que tenha sido imposta. Imposição da medida de segurança para inimputável – **Art. 97.** Se o agente for inimputável, o juiz determinará sua internação (art. 26). Se, todavia, o fato previsto como crime for punível com detenção, poderá o juiz submetê-lo a tratamento ambulatorial. [...]".

- Veja CPP: "**Art. 378.** A aplicação provisória de medida de segurança obedecerá ao disposto nos artigos anteriores, com as modificações seguintes: I – o juiz poderá aplicar, provisoriamente, a medida de segurança, de ofício, ou a requerimento do Ministério Público; II – a aplicação poderá ser determinada ainda no curso do inquérito, mediante representação da autoridade policial; III – a aplicação provisória de medida de segurança, a substituição ou a revogação da anteriormente aplicada poderão ser determinadas, também, na sentença absolutória; IV – decretada a medida, atender-se-á ao disposto no Título V do Livro IV, no que for aplicável".

- *Habeas corpus.* Sentença condenatória. Execução. Superveniência de doença mental. Conversão de pena privativa de liberdade em medida de segurança. Ordem concedida. 1. Em se tratando de medida de segurança aplicada em substituição à pena corporal, prevista no art. 183 da Lei de Execução Penal, sua duração está adstrita ao tempo que resta para o cumprimento da pena privativa de liberdade estabelecida na sentença condenatória, sob pena de ofensa à coisa julgada. Precedentes desta Corte. 2. Ordem concedida. (STJ, *HC* n. 130.162/SP, 6ª T., rel. Min. Maria Thereza de Assis Moura, j. 02.08.2012, *DJe* 15.08.2012)

Medidas administrativas Medidas ou penas aplicadas pela administração pública ou por órgão estatal fiscalizador em desfavor de pessoas que praticarem atos considerados infrações administrativas. Medidas administrativas costumam ser aplicadas em infrações como dano ambiental, violação das leis de trânsito, desrespeito às normas de proteção a idoso, crianças e adolescentes, e construção de obra sem a devida licença da autoridade competente. O auto de infração é o instrumento utilizado pela autoridade administrativa para caracterizar a infração.

- Veja CTB: "**Art. 269.** A autoridade de trânsito ou seus agentes, na esfera das competências estabelecidas neste Código e dentro de sua circunscrição, deverá adotar as seguintes medidas administrativas: I – retenção do veículo; II – remoção do veículo; III – recolhimento da Carteira Nacional de Habilitação; IV – recolhimento da Permissão para Dirigir; V – recolhimento do Certificado de Registro; VI – recolhimento do Certificado de Licenciamento Anual; VII – (*vetado*) VIII – transbordo do excesso de carga; IX – realização de teste de dosagem de alcoolemia ou perícia de substância entorpecente ou que determine dependência física ou psíquica; X – recolhimento de animais que se encontrem soltos nas vias e na faixa de domínio das vias de circulação, restituindo-os aos seus proprietários, após o pagamento de multas e encargos devidos. XI – realização de exames de aptidão física, mental, de legislação, de prática de primeiros socorros e de direção veicular. [...]".

- Trânsito. Infração por excesso de peso. Infrator. Embarcador/transportador. Identificação. Ausência. Responsabilidade do proprietário. 1. A responsabilidade pela infração de trânsito relacionada ao transporte de carga com excesso de peso é atribuída ao embarcador, transportador e, caso não identificados os infratores principais no prazo legal, ao proprietário do veículo, nos termos do art. 257 do CTB. 2. A responsabilidade do condutor está prevista para as infrações relacionadas com a direção do veículo, nos termos do § 3º do art. 257 do CTB. 3. Para se eximir da responsabilidade, o proprietário do veículo deveria ter informado, no prazo de 15 (quinze) dias da notificação, a identificação dos infratores, no caso, embarcador ou transportador da carga transportada. 4. Recurso especial provido. (STJ, REsp n. 1.101.578/RS, 2ª T., rel. Min. Castro Meira, j. 09.06.2009, *DJe* 23.06.2009)

Medidas cautelares penais Medidas judiciais de caráter cautelar ou preventivo, decretadas pelo juiz ao indiciado, com fundamento na necessidade da aplicação da lei penal, da investigação ou da instrução criminal ou para evitar a prática de infrações penais ou adequar a medida à gravidade do crime, circunstâncias do fato e condições pessoais do indiciado ou acusado (art. 282, CPP). Algumas medidas cautelares são diversas da pena de prisão, como as arrolada no art. 319 do CPP.

- Veja CPP: "**Art. 282.** As medidas cautelares previstas neste Título deverão ser aplicadas observando-se a: I – necessidade para aplicação da lei penal, para a investigação ou a instrução criminal e, nos casos expressamente previstos, para evitar a prática de infrações penais; II – adequação da medida à gravidade do crime, circunstâncias do fato e condições pessoais do indiciado ou acusado. § 1º As medidas cautelares poderão ser aplicadas isolada ou cumulativamente. [...] **Art. 319.** São medidas cautelares diversas da prisão: I – comparecimento periódico em juízo, no prazo e nas condições fixadas pelo juiz, para informar e justificar atividades; II – proibição de acesso ou frequência a determinados lugares quando, por circunstâncias relacionadas ao fato, deva o indiciado ou acusado permanecer distante desses locais para evitar o risco de novas infrações; III – proibição de manter contato com pessoa determinada quando, por circunstâncias relacionadas ao fato, deva o indiciado ou acusado dela permanecer distante; IV – proibição de ausentar-se da Comarca quando a permanência seja conveniente ou necessária para a investigação ou instrução; V – recolhimento domiciliar no período noturno e nos dias de folga quando o investigado ou acusado tenha residência e trabalho fixos; VI – suspensão do exercício de função pública ou de atividade de natureza econômica ou financeira quando houver justo receio de sua utilização para a prática de infrações penais; VII – internação provisória do acusado nas hipóteses de crimes praticados com violência ou grave ameaça, quando os peritos concluírem ser inimputável ou semi-imputável (art. 26 do Código Penal) e houver risco de reiteração; VIII – fiança, nas infrações que a admitem, para assegurar o comparecimento a atos do processo, evitar a obstrução do seu andamento ou em caso de resistência injustificada à ordem judicial; IX – monitoração eletrônica. [...]".

Meeiro Aquele que possui ou tem direito à metade de uma coisa ou patrimônio (meação), como ocorre com cada cônjuge em relação ao patrimônio comum do casal sob regime de comunhão universal de bens (*v. Meação*).

- Inventário. Sentença homologatória do plano de partilha. Insurgência do meeiro. Agravo retido conhecido e não provido. O meeiro que foi nomeado inventariante na abertura do inventário e descumpriu com suas obrigações, dando azo à remoção do encargo e que, além de opor resistência injustificada ao feito, pretende impor ao espólio pagamento de dívida que sabe não ter sido contraída pela *de cujus*, dá ensejo à condenação por litigância de má-fé. Ademais, o recurso interposto que pleiteia: a) a modificação do destino dos rendimentos dos bens; b) o valor de avaliação dos imóveis; c) obstar a hasta pública; e d) que o espólio seja condenado a arcar com dívida que não lhe pertence, não merece provimento, precipuamente quando as questões restaram esclarecidas e muito bem decididas na decisão objurgada. Recurso conhecido e não provido. (TJSC, Ap. Cível n. 2010.072004-8/São João Batista, rel. Des. Gilberto Gomes de Oliveira)

- Execução contra cônjuge meeiro. Penhora sobre bem indivisível do casal. Ausência de intimação do cônjuge. Finalidade do ato atingida pela oposição de embargos de terceiros. 1. O enunciado de súmula de jurisprudência não se inclui no conceito de legislação federal, sendo imprópria a arguição de ofensa às Súmulas ns. 251/STF e 303/STJ. Recurso não conhecido quanto ao aludido argumento. 2. A necessidade de intimação do cônjuge do devedor prevista no revogado parágrafo único do art. 669 do CPC deve ser afastada quando for atingida a finalidade do ato por meio da oposição de embargos de terceiros pelo cônjuge meeiro. Precedentes. 3. Recurso especial conhecido em parte e não provido. (STJ, REsp n. 1.136.706/SC, 2ª T., rel. Min. Castro Meira, j. 05.11.2009, *DJe* 17.11.2009)

Memorando Modalidade de comunicação interna entre unidades administrativas de um mesmo órgão, que podem estar hierarquicamente no mesmo nível ou em níveis diferentes. Pode ter caráter meramente administrativo ou ser empregado para a exposição de projetos, ideias e diretrizes a serem adotados por determinado setor do serviço público.

Memoriais Peças escritas nas quais as partes, após a instrução do processo, oferecem suas razões, em substituição aos debates orais, quando a causa apresentar questões complexas de fato ou de direito. O mesmo que razões finais (art. 454, § 3º, CPC/73) (*v. Razões finais*).

▶ Veja CPC/73: "**Art. 454.** [...] § 3º Quando a causa apresentar questões complexas de fato ou de direito, o debate oral poderá ser substituído por memoriais, caso em que o juiz designará dia e hora para o seu oferecimento. [...] **Art. 456.** Encerrado o debate ou oferecidos os memoriais, o juiz proferirá a sentença desde logo ou no prazo de 10 (dez) dias".

- Agravo regimental em agravo de instrumento. Ação indenizatória. Dano moral. Agressões físicas e ameaças com arma de fogo. Abertura de prazo comum para apresentação de memoriais, por si só, não gera nulidade da sentença. Ausência de prejuízo. Resultado da demanda não é prova de prejuízo. Princípio da instrumentalidade das formas. Modificação do *quantum* indenizatório na instância especial. Arbitramento em valor razoável. Súmula n. 07. Os reiterados recursos interpostos pelo agravante apenas geram o aumento do valor da indenização a que fora condenado, ante a incidência contínua de juros legais moratórios. Agravo regimental desprovido. (STJ, Ag. Reg. no AI n. 1.383.508/MS, 3ª T., rel. Min. Paulo de Tarso Sanseverino, j. 08.11.2011, *DJe* 18.11.2011)

- *Habeas corpus*. Prisão em flagrante. Excesso de prazo na formação da culpa. Ocorrência. Superação da Súmula n. 52 do STJ. Memoriais apresentados há quase oito meses. Sentença não prolatada. Feito que aguarda a regularização da defesa de um corréu. Necessidade de desmembramento. Ordem concedida, com recomendação. 1. É evidente o constrangimento ilegal a que se encontra submetida a paciente se sua custódia cautelar perdura por quase 1 ano e 9 meses e ela já apresentou memoriais há quase 8 meses, sem que fosse proferida a sentença. Se a demora decorre da necessidade de regularizar a defesa de um corréu, o feito deveria ter sido desmembrado. 2. Não se pode admitir que a paciente permaneça custodiada por quase oito meses, após a apresentação de memoriais, sem a prática de qualquer ato processual, vale dizer, com o feito totalmente paralisado com relação a ela. A flagrante ilegalidade autoriza a superação do óbice previsto no Enunciado n. 52 da Súmula desta Corte. 3. Fere o princípio da razoabilidade adiar a prestação jurisdicional de todos os coautores, preservando suas custódias provisórias, em razão da demora ocasionada pela defesa de apenas um deles. Recomendação de ofício no tocante aos corréus que já apresentaram memoriais. 4. *Habeas corpus* concedido para que a paciente seja colocada em liberdade, devendo assinar termo de compromisso de comparecimento a todos os atos do processo, sob pena de revogação, com a recomendação de que o processo seja desmembrado quanto aos réus que já apresentaram memoriais. (STJ, *HC* n. 179.955/SP, rel. Min. Haroldo Rodrigues, j. 04.11.2010, *DJe* 17.12.2010)

Menor Pessoa que ainda não atingiu a maioridade civil, seja pela idade (18 anos), seja pela emancipação e, em virtude disso, ainda não alcançou a capacidade jurídica plena. Para a prática dos atos da vida civil, os menores de 16 anos deverão ser representados pelos pais ou responsáveis; os maiores de 16 anos deverão ser assistidos.

▸ Veja CF: "**Art. 7º** São direitos dos trabalhadores urbanos e rurais, além de outros que visem à melhoria de sua condição social: [...] XXXIII – proibição de trabalho noturno, perigoso ou insalubre a menores de 18 (dezoito) e de qualquer trabalho a menores de 16 (dezesseis) anos, salvo na condição de aprendiz, a partir de 14 (quatorze) anos; [...] **Art. 228.** São penalmente inimputáveis os menores de dezoito anos, sujeitos às normas da legislação especial. **Art. 229.** Os pais têm o dever de assistir, criar e educar os filhos menores, e os filhos maiores têm o dever de ajudar e amparar os pais na velhice, carência ou enfermidade".

▸ Veja CP: "Menores de dezoito anos – **Art. 27.** Os menores de 18 (dezoito) anos são penalmente inimputáveis, ficando sujeitos às normas estabelecidas na legislação especial".

▸ Veja ECA: "**Art. 22.** Aos pais incumbe o dever de sustento, guarda e educação dos filhos menores, cabendo-lhes ainda, no interesse destes, a obrigação de cumprir e fazer cumprir as determinações judiciais. [...] **Art. 60.** É proibido qualquer trabalho a menores de quatorze anos de idade, salvo na condição de aprendiz. [...] **Art. 75.** Toda criança ou adolescente terá acesso às diversões e espetáculos públicos classificados como adequados à sua faixa etária. Parágrafo único. As crianças menores de dez anos somente poderão ingressar e permanecer nos locais de apresentação ou exibição quando acompanhadas dos pais ou responsável. [...] **Art. 142.** Os menores de dezesseis anos serão representados e os maiores de dezesseis e menores de vinte e um anos assistidos por seus pais, tutores ou curadores, na forma da legislação civil ou processual. Parágrafo único. A autoridade judiciária dará curador especial à criança ou adolescente, sempre que os interesses destes colidirem com os de seus pais ou responsável, ou quando carecer de representação ou assistência legal ainda que eventual".

Menoridade Período de vida em que a pessoa, em razão da idade, não tem capacidade jurídica plena. A incapacidade do menor é absoluta quando tem menos de 16 anos e relativa se maior de 16 e menor de 18 anos. A incapacidade decorrente da idade pode cessar pela emancipação (art. 5º, CC).

▸ Veja CC: "**Art. 5º** A menoridade cessa aos dezoito anos completos, quando a pessoa fica habilitada à prática de todos os atos da vida civil. Parágrafo único. Cessará, para os menores, a incapacidade: I – pela concessão dos pais, ou de um deles na falta do outro, mediante instrumento público, independentemente de homologação judicial, ou por sentença do juiz, ouvido o tutor, se o menor tiver dezesseis anos completos; II – pelo casamento; III – pelo exercício de emprego público efetivo; IV – pela colação de grau em curso de ensino superior; V – pelo estabelecimento civil ou comercial, ou pela existência de relação de emprego, desde que, em função deles, o menor com dezesseis anos completos tenha economia própria".

▪ Ação revisional de alimentos. Observância do binômio necessidade e possibilidade. Inteligência do art. 1.694, § 1º, do Código Civil. Alteração na capacidade financeira do agravado. Majoração devida. Diante da alteração da situação econômica do alimentante para melhor e devidamente demonstradas as necessidades da alimentada, é permitida a majoração do valor da prestação alimentar. [...] O dever de sustento da prole durante a menoridade é inerente ao poder familiar e compete a ambos os genitores, inclusive àquele que não detém a guarda, cada qual na proporção de seus recursos, razão pela qual nem mesmo a penúria econômica de um dos pais é escusa voltada a afastar o dever de manutenção dos filhos [...] (TJSC, Ap. Cível n. 2011.090.098-6, rel. Des. Fernando Carioni, j. 06.03.2012). (AI n. 2011.067.012-4/Indaial, rel. Des. Stanley da Silva Braga)

Mensagem Instrumento de comunicação oficial entre os chefes dos poderes enviado pelo chefe do Poder Executivo ao do Poder Legislativo para informar sobre atos da administração pública. Por meio desse instrumento, o Poder Executivo propõe medidas sobre a administração, expõe os planos de governo na abertura da sessão legislativa, submete à Câmara matérias que dependem da deliberação de suas Casas, apresenta vetos, faz e agradece as comunicações de tudo quanto seja de interesse dos poderes públicos. A CF, a Constituição dos estados e a Lei Orgânica dos municípios preveem diversos casos em que caberá ao chefe do Poder Executivo dirigir-se ao Poder Legislativo através de mensagem. A mensagem e a minuta da lei devem ser encaminhadas pelo órgão responsável à assessoria técnica legislativa, a quem caberá a redação final.

Meritíssimo De grande mérito. Expressão de tratamento dispensada aos juízes de Direito de primeira instância por meio da forma abreviada MM. Já nos arrazoados aos tribunais, costumam ser usadas as expressões *egrégia câmara, egrégia turma* ou *colendo tribunal*.

Ministério Público Instituição permanente, essencial à função jurisdicional do Estado, à qual incumbe a defesa da ordem jurídica, do regime democrático e dos interesses sociais e individuais indisponíveis (art. 127, CF). O ingresso na carreira do Ministério Público far-se-á mediante concurso público de provas e títulos, sendo assegurada a participação da OAB em sua realização, e exigindo-se do bacharel em Direito, no mínimo, três anos de atividade jurídica, além de ser observada, nas nomeações, a ordem de classificação (art. 129, § 3º, CF). O Ministério Público abrange o Ministério Público da União – que compreende o Ministério Público Federal, o Ministério Público do Trabalho, o Ministério Público Militar, e o Ministério Público do Distrito Federal e Territórios e os Ministérios Públicos dos estados (art. 128, CF).

▶ Veja CF: "**Art. 127.** O Ministério Público é instituição permanente, essencial à função jurisdicional do Estado, incumbindo-lhe a defesa da ordem jurídica, do regime democrático e dos interesses sociais e individuais indisponíveis. § 1º São princípios institucionais do Ministério Público a unidade, a indivisibilidade e a independência funcional. § 2º Ao Ministério Público é assegurada autonomia funcional e administrativa, podendo, observado o disposto no art. 169, propor ao Poder Legislativo a criação e extinção de seus cargos e serviços auxiliares, provendo-os por concurso público de provas ou de provas e títulos, a política remuneratória e os planos de carreira; a lei disporá sobre sua organização e funcionamento. [...] **Art. 128.** O Ministério Público abrange: I – o Ministério Público da União, que compreende: *a)* o Ministério Público Federal; *b)* o Ministério Público do Trabalho; *c)* o Ministério Público Militar; *d)* o Ministério Público do Distrito Federal e Territórios; II – os Ministérios Públicos dos Estados. § 1º O Ministério Público da União tem por chefe o Procurador-Geral da República, nomeado pelo Presidente da República dentre integrantes da carreira, maiores de trinta e cinco anos, após a aprovação de seu nome pela maioria absoluta dos membros do Senado Federal, para mandato de dois anos, permitida a recondução. [...] **Art. 129.** São funções institucionais do Ministério Público: I – promover, privativamente, a ação penal pública, na forma da lei; II – zelar pelo efetivo respeito dos Poderes Públicos e dos serviços de relevância pública aos direitos assegurados nesta Constituição, promovendo as medidas necessárias a sua garantia; III – promover o inquérito civil e a ação civil pública, para a proteção do patrimônio público e social, do meio ambiente e de outros interesses difusos e coletivos; IV – promover a ação de inconstitucionalidade ou representação para fins de intervenção da União e dos Estados, nos casos previstos nesta Constituição; V – defender judicialmente os direitos e interesses das populações indígenas; VI – expedir notificações nos procedimentos administrativos de sua competência, requisitando informações e documentos para instruí-los, na forma da lei complementar respectiva; VII – exercer o controle externo da atividade policial, na forma da lei complementar mencionada no artigo anterior; VIII – requisitar diligências investigatórias e a instauração de inquérito policial, indicados os fundamentos jurídicos de suas manifestações processuais; IX – exercer outras funções que lhe forem conferidas, desde que compatíveis com sua finalidade, sendo-lhe vedada a representação judicial e a consultoria jurídica de entidades públicas. § 1º A legitimação do Ministério Público para as ações civis previstas neste artigo não impede a de terceiros, nas mesmas hipóteses, segundo o disposto nesta Constituição e na lei. § 2º As funções do Ministério Público só podem ser exercidas por integrantes da carreira, que deverão residir na comarca da respectiva lotação, salvo autorização do chefe da instituição. § 3º O ingresso na carreira do Ministério Público far-se-á mediante concurso público de provas e títulos, assegurada a participação da Ordem dos Advogados do Brasil em sua realização, exigindo-se do bacharel em direito, no mínimo, três anos de atividade jurídica e observando-se, nas nomeações, a ordem de classificação. [...]".

Moção Proposta de apoio ou repulsa em relação a uma ideia ou questão decidida ou em debate, de iniciativa de uma assembleia, entidade ou grupo de pessoas. A moção pode ser de aplauso, pesar, simpatia, desagrado, apelo, repúdio.

Mora Impontualidade no cumprimento de uma dívida ou obrigação por parte do devedor ou do credor. Consideram-se em mora o devedor que não efetuar o pagamento e o credor que não quiser recebê-lo no tempo, no lugar e na forma que a lei ou a convenção estabelecer (art. 394, CC). Ao primeiro caso, dá-se o nome de mora *debendi*; ao segundo, de mora *accipiendi* ou *credendi*. Nas obrigações provenientes de ato ilícito, considera-se o devedor em mora desde o momento em que o praticou (art. 398, CC). O CC admite a purga ou o afastamento da mora: por parte do devedor, quando este oferece a prestação mais a importância dos prejuízos decorrentes do dia da oferta; por parte do credor, oferecendo-se este a receber o pagamento e sujeitando-se aos efeitos da mora até a mesma data (art. 401). Ao locatário em mora, também é permitido, nas ações de despejo, purgar a mora, ou seja, evitar a rescisão da locação, mediante o pagamento do débito atualizado, independentemente de cálculo e por meio de depósito judicial, incluídos: a) aluguéis e acessórios da locação que vencerem até sua efetivação; b) multas ou penalidades contratuais quando exigíveis; c) juros de mora; d) custas e honorários do advogado do locador, fixados em 10% do montante devido, se do contrato não constar disposição diversa (art. 62, Lei n. 8.245/91).

▶ Veja CC: "**Art. 394.** Considera-se em mora o devedor que não efetuar o pagamento e o credor que não quiser recebê-lo no tempo, lugar e forma que a lei ou a convenção estabelecer. **Art. 395.** Responde o devedor pelos prejuízos a que sua mora der causa, mais juros, atualização dos valores monetários segundo índices oficiais regularmente estabelecidos, e honorários de advogado. Parágrafo único. Se a prestação, devido à mora, se tornar inútil ao credor, este poderá enjeitá-la, e exigir a satisfação das perdas e danos. **Art. 396.** Não havendo fato ou omissão imputável ao devedor, não incorre este em mora. **Art. 397.** O inadimplemento da obrigação, positiva e líquida, no seu termo, constitui de pleno direito em mora o devedor. Parágrafo único. Não havendo termo, a mora se constitui mediante interpelação judicial ou extrajudicial. **Art. 398.** Nas obrigações provenientes de ato ilícito, considera-se o devedor em mora, desde que o praticou. [...] **Art. 401.** Purga-se a mora: I – por parte do devedor, oferecendo este a prestação mais a importância dos prejuízos decorrentes do dia da oferta; II – por parte do credor, oferecendo-se este a receber o pagamento e sujeitando-se aos efeitos da mora até a mesma data".

■ Ação de busca e apreensão. Entrega da notificação extrajudicial com aviso de recebimento. Comprovação da mora. Possibilidade. Decisão agravada mantida. 1. O Tribunal de origem decidiu que foi observada condição de procedibilidade da ação de busca e apreensão. 2. A comprovação da mora se dá por meio do protesto do título, se houver, ou pela notificação feita extrajudicialmente, mediante envio de carta registrada expedida por intermédio do Cartório de Títulos e Documentos, não se exigindo que a assinatura constante do referido aviso seja a do próprio destinatário. 3. O entendimento do Tribunal de origem, quanto à regularidade da constituição em mora, uma vez que a notificação extrajudicial foi encaminhada ao domicílio do devedor, mediante carta registrada, e ali foi recebida, embora não por ele, coaduna-se com o firmado nesta Corte. Aplicável, portanto, o Enunciado n. 83 da Súmula desta Corte. 4. O agravado não trouxe qualquer argumento capaz de infirmar a decisão agravada, que se mantém por seus próprios fundamentos. 5. Agravo regimental improvido. (STJ, Ag. Reg. no REsp n. 133.642/SP, 3ª T., rel. Min. Sidnei Beneti, j. 19.06.2012, *DJe* 26.06.2012)

Mora accipiendi ou *credendi* Diz-se da mora do credor que não quiser receber seu crédito no tempo, no lugar e na forma que a lei ou a convenção estabelecer.

Mora *debendi* Refere-se à mora do devedor que não efetuar o pagamento no tempo, no lugar e na forma que a lei ou a convenção estabelecer.

Morte Acontecimento natural e inevitável que extingue a vida. Término da existência da pessoa natural (art. 6º, CC). A morte é natural ou presumida; presume-se esta, quanto aos ausentes, nos casos em que a lei autoriza a abertura de sucessão definitiva. Entre outros efeitos, a morte da pessoa natural acarreta a extinção da sociedade conjugal, a abertura da sucessão hereditária ou testamentária, a quitação da dívida de financiamento habitacional, a cessação do mandato, o pagamento do seguro de vida e a extinção do usufruto.

▶ Veja CC: "**Art. 6º** A existência da pessoa natural termina com a morte; presume-se esta, quanto aos ausentes, nos casos em que a lei autoriza a abertura de sucessão definitiva. **Art. 7º** Pode ser declarada a morte presumida, sem decretação de ausência: I – se for extremamente provável a morte de quem estava em perigo de vida; II – se alguém, desaparecido em campanha ou feito prisioneiro, não for encontrado até dois anos após o término da guerra. Parágrafo único. A declaração da morte presumida, nesses casos, somente poderá ser requerida depois de esgotadas as buscas e averiguações, devendo a sentença fixar a data provável do falecimento".

Motorista profissional Categoria de profissionais integrada por motoristas de veículos automotores cuja condução exija formação profissional e que exerçam a profissão nas atividades de transporte rodoviário de passageiros e de transporte rodoviário de cargas (art. 1º, Lei n. 13.103/2015).

▶ Veja Lei n. 13.103/2015: "**Art. 1º** É livre o exercício da profissão de motorista profissional, atendidas as condições e qualificações profissionais estabelecidas nesta Lei. Parágrafo único. Integram a categoria profissional de que trata esta Lei os motoristas de veículos automotores cuja condução exija formação profissional e que exerçam a profissão nas seguintes atividades ou categorias econômicas: I – de transporte rodoviário de passageiros; II – de transporte rodoviário de cargas".

Mulher casada Estado civil da mulher que contraiu núpcias de acordo com as leis civis ou normas religiosas. Cônjuge ou esposa. A lei civil não exige que, a par do casamento civil, realize-se o religioso, que é submetido às normas específicas de cada religião. O casamento estabelece comunhão plena de vida com base na igualdade de direitos e deveres dos cônjuges (art. 1.511, CC).

Multa Penalidade civil decorrente de convenção ou infração penal, fiscal ou de trânsito aplicável no caso de inadimplemento de uma das partes ou de infração a determinada norma.

▶ Veja CC: "**Art. 571.** Havendo prazo estipulado à duração do contrato, antes do vencimento não poderá o locador reaver a coisa alugada, senão ressarcindo ao locatário as perdas e danos resultantes, nem o locatário devolvê-la ao locador, senão pagando, proporcionalmente, a multa prevista no contrato. [...]".

▶ Veja CPC/2015: "**Art. 81.** De ofício ou a requerimento, o juiz condenará o litigante de má-fé a pagar multa, que deverá ser superior a um por cento e inferior a dez por cento do valor corrigido da causa, a indenizar a parte contrária pelos prejuízos que esta sofreu e a arcar com os honorários advocatícios e com todas as despesas que efetuou. [...]. **Art. 777.** A cobrança de multas ou de indenizações decorrentes de litigância de má-fé ou de prática de ato atentatório à dignidade da justiça será promovida nos próprios autos do processo de execução".

■ Agravo regimental no agravo em recurso especial. Cumulação de cobrança de comissão de permanência com juros de mora e multa contratual. Impossibilidade. 1. É admissível a cobrança de comissão de permanência – tão somente no período de inadimplência – calculada pela taxa média de mercado apurada pelo Banco Central do Brasil, limitada, contudo, à taxa do contrato, sendo vedada, entretanto, a sua cumulação com juros remuneratórios, correção monetária, juros moratórios ou multa contratual. 2. A interposição, nesta Corte, de agravo regimental manifestamente infundado torna forçosa a aplicação da multa prevista no art. 557, § 2º, do CPC. 3. Agravo regimental não provido, com aplicação de multa. (STJ, Ag. Reg. no REsp n. 53.863/MG, 4ª T., rel. Min. Luis Felipe Salomão, j. 01.03.2012, *DJe* 06.03.2012)

■ Conclusão de ausência de fraude e multa por litigância de má-fé. 1. Os arts. 2º e 3º, I, IV e XIX da Lei n. 9.427/96; 1º e 3º da Lei n. 8.987/95 e 334, IV, do CPC não foram prequestionados, o que atrai a aplicação da Súmula n. 211 desta Corte. 2. O Tribunal *a quo*, ao analisar os fatos e provas dos autos, decidiu pela ausência de elementos suficientes à comprovação da fraude, bem como de sua autoria. Alterar tal conclusão implicaria em adentrar a seara dos fatos, o que esbarra na Súmula n. 7/STJ. 3. É pacífica a orientação do STJ no sentido de que o fornecimento não pode ser suspenso se o débito refere-se à dívida relativa à recuperação de consumo não faturado em razão de fraude no medidor, como no caso dos autos em análise. Precedentes. 4. Os critérios orientadores de fixação da multa por litigância de má-fé implicam necessariamente na análise do conteúdo fático-probatório dos autos, impossível, portanto, sua revisão em sede de especial. Precedentes. 5. Não é possível conhecer do recurso com fundamento na alínea *c* do permissivo constitucional, pois há ausência de similitude fática entre o julgado atacado e os acórdãos apontados como paradigmas. 6. Recurso especial parcialmente conhecido e, nesta parte, não provido. (STJ, REsp n.

1.323.793/SP, 2ª T., rel. Min. Mauro Campbell Marques, j. 21.08.2012, *DJe* 28.08.2012)

Multa *astreinte* (*v.* Multa *periódica*).

Multa compensatória Aquela que é prevista em contrato e tem por escopo a fixação de eventuais perdas e danos para o caso de descumprimento do que foi estipulado. A multa compensatória não é considerada título executivo extrajudicial. A jurisprudência do STJ firmou-se no sentido de que a cumulação da multa moratória com a multa compensatória pressupõe a existência de fatos geradores diversos.

▶ Veja CC: "**Art. 740.** O passageiro tem direito a rescindir o contrato de transporte antes de iniciada a viagem, sendo-lhe devida a restituição do valor da passagem, desde que feita a comunicação ao transportador em tempo de ser renegociada. § 1º Ao passageiro é facultado desistir do transporte, mesmo depois de iniciada a viagem, sendo-lhe devida a restituição do valor correspondente ao trecho não utilizado, desde que provado que outra pessoa haja sido transportada em seu lugar. § 2º Não terá direito ao reembolso do valor da passagem o usuário que deixar de embarcar, salvo se provado que outra pessoa foi transportada em seu lugar, caso em que lhe será restituído o valor do bilhete não utilizado. § 3º Nas hipóteses previstas neste artigo, o transportador terá direito de reter até cinco por cento da importância a ser restituída ao passageiro, a título de multa compensatória".

Multa nas infrações de trânsito Pena pecuniária aplicada pelo órgão de trânsito ao motorista que infringe suas regras. Estão sujeitas a multa, entre outras, as seguintes infrações: dirigir sem carteira de habilitação ou com ela vencida; dirigir embriagado; estacionar em local proibido; retornar em local proibido; participar de rachas.

▶ Veja CTB: "**Art. 12.** Compete ao CONTRAN: [...] VIII – estabelecer e normatizar os procedimentos para a imposição, a arrecadação e a compensação das multas por infrações cometidas em unidade da Federação diferente da do licenciamento do veículo; [...]".

Multa no cumprimento da sentença Multa de 10% do valor da condenação aplicada, a requerimento do credor, ao devedor condenado ao pagamento de quantia certa fixada em sentença condenatória, caso não o efetue no prazo de quinze dias (art. 475-J, CPC/73).

▶ Veja CPC/73: "**Art. 475-J.** Caso o devedor, condenado ao pagamento de quantia certa ou já fixada em liquidação, não o efetue no prazo de quinze dias, o montante da condenação será acrescido de multa no percentual de dez por cento e, a requerimento do credor e observado o disposto no art. 614, inciso II, desta Lei, expedir-se-á mandado de penhora e avaliação. [...]".

▶ Veja CPC/2015: "**Art. 523.** No caso de condenação em quantia certa, ou já fixada em liquidação, e no caso de decisão sobre parcela incontroversa, o cumprimento definitivo da sentença far-se-á a requerimento do exequente, sendo o executado intimado para pagar o débito, no prazo de 15 (quinze) dias, acrescido de custas, se houver. § 1º Não ocorrendo pagamento voluntário no prazo do *caput*, o débito será acrescido de multa de dez por cento e, também, de honorários de advogado de dez por cento. [...]".

■ Processo de execução. Cumprimento de sentença. Multa. Art. 475-J do CPC. Intimação do devedor. Necessidade. Precedentes específicos desta corte. 1. A multa prevista no art. 475-J do CPC não recai de forma automática, sendo necessária a intimação do devedor na pessoa do seu advogado para que incida a sanção processual. 2. Agravo desprovido. (STJ, Ag. Reg. no REsp n. 1.225.425/MS, 3ª T., rel. Min. Paulo de Tarso Sanseverino, j. 14.08.2012, *DJe* 21.08.2012)

Multa penal Pena pecuniária aplicada ao condenado por sentença que consiste no pagamento ao fundo penitenciário da quantia fixada na sentença e calculada em dias-multa (art. 49, CP).

▶ Veja CP: "Multa – **Art. 49.** A pena de multa consiste no pagamento ao fundo penitenciário da quantia fixada na sentença e calculada em dias-multa. Será, no mínimo, de 10 (dez) e, no máximo, de 360 (trezentos e sessenta) dias-multa. § 1º O valor do dia-multa será fixado pelo juiz não podendo ser inferior a um trigésimo do maior salário mínimo mensal vigente ao tempo do fato, nem superior a 5 (cinco) vezes esse salário. § 2º O valor da multa será atualizado, quando da execução, pelos índices de correção monetária. Pagamento da multa – **Art. 50.** A multa deve ser paga dentro de 10 (dez) dias depois de transitada em julgado a sentença. A requerimento do condenado e conforme as circunstâncias, o juiz pode permitir que o pagamento se realize em parcelas mensais. § 1º A cobrança da multa pode efetuar-se mediante desconto no vencimento ou salário do condenado quando: *a)* aplicada isoladamente; *b)* aplicada cumulativamente com pena restritiva de direitos; *c)* concedida a suspensão condicional da pena. § 2º O desconto não deve incidir sobre os recursos indispensáveis ao sustento do condenado e de sua família.

Conversão da multa e revogação – **Art. 51.** Transitada em julgado a sentença condenatória, a multa será considerada dívida de valor, aplicando-se-lhe as normas da legislação relativa à dívida ativa da Fazenda Pública, inclusive no que concerne às causas interruptivas e suspensivas da prescrição. [...] **Art. 52.** É suspensa a execução da pena de multa, se sobrevém ao condenado doença mental".

Multa periódica Medida compulsória resultante de decisão judicial que compele alguém ao pagamento de prestação periódica e, às vezes, progressiva, durante o período em que não cumprir a obrigação a que está sujeito. O mesmo que multa *astreinte* ou cominatória. A finalidade da medida é constranger o devedor a cumprir sentença que reconheça a exigibilidade de obrigação de fazer ou de não fazer.

▶ Veja CPC/2015: "**Art. 536.** No cumprimento de sentença que reconheça a exigibilidade de obrigação de fazer ou de não fazer, o juiz poderá, de ofício ou a requerimento, para a efetivação da tutela específica ou a obtenção de tutela pelo resultado prático equivalente, determinar as medidas necessárias à satisfação do exequente. § 1º Para atender ao disposto no *caput*, o juiz poderá determinar, entre outras medidas, a imposição de multa, a busca e apreensão, a remoção de pessoas e coisas, o desfazimento de obras e o impedimento de atividade nociva, podendo, caso necessário, requisitar o auxílio de força policial. [...] **Art. 537.** A multa independe de requerimento da parte e poderá ser aplicada na fase de conhecimento, em tutela provisória ou na sentença, ou na fase de execução, desde que seja suficiente e compatível com a obrigação e que se determine prazo razoável para cumprimento do preceito. § 1º O juiz poderá, de ofício ou a requerimento, modificar o valor ou a periodicidade da multa vincenda ou excluí-la, caso verifique que: I – se tornou insuficiente ou excessiva; II – o obrigado demonstrou cumprimento parcial superveniente da obrigação ou justa causa para o descumprimento. § 2º O valor da multa será devido ao exequente. § 3º A decisão que fixa a multa é passível de cumprimento provisório, devendo ser depositada em juízo, permitido o levantamento do valor após o trânsito em julgado da sentença favorável à parte ou na pendência do agravo fundado nos incisos II ou III do art. 1.042. § 4º A multa será devida desde o dia em que se configurar o descumprimento da decisão e incidirá enquanto não for cumprida a decisão que a tiver cominado. § 5º O disposto neste artigo aplica-se, no que couber, ao cumprimento de sentença que reconheça deveres de fazer e de não fazer de natureza não obrigacional".

■ Mandado de segurança. Liminar deferida. Descumprimento de decisão. Multa diária. Exigibilidade. Trânsito em julgado da sentença que julgar procedente a demanda. Precedentes do STJ. Súmula n. 83/STJ. Agravo não provido. 1. Nos termos da reiterada jurisprudência do Superior Tribunal de Justiça, a multa diária somente é exigível com o trânsito em julgado da decisão que, confirmando a tutela antecipada no âmbito da qual foi aplicada, julgar procedente a demanda. 2. Conforme salientado na decisão agravada, o Tribunal de origem julgou extinto o processo sem exame do mérito, o que tornou insubsistente a liminar anteriormente deferida, que dava suporte jurídico para a exigibilidade da multa imposta. 3. Não havendo julgamento definitivo de procedência do pedido inicial, confirmando a medida liminar anteriormente deferida e solucionando o litígio, apresentando a parte a prestação jurisdicional tutelada, tornam-se inexigíveis as astreintes. 4. Agravo regimental não provido. (STJ, Ag. Reg. no REsp n. 50.196/SP, 1ª T., rel. Min. Arnaldo Esteves Lima, j. 21.08.2012, *DJe* 27.08.2012)

Múltipla colisão Também denominada colisão em cadeia ou engavetamento. Ocorre quando diversos veículos se encontram parados na mesma mão de direção, aguardando o sinal verde do semáforo, por exemplo, e outro veículo, em desabalada carreira, abalroa a traseira do último que se encontra parado de forma a impulsioná-lo sobre o veículo que o precede e assim sucessivamente.

■ Ação regressiva. Acidente de trânsito. Fato de terceiro. Colisão múltipla. Réu que alega inexistência de culpa. Ausência de prova. Culpa do réu demonstrada. Na responsabilidade civil, domina o princípio da obrigatoriedade do causador direto pela reparação em acidente de trânsito. A circunstância de afigurar-se, no desencadeamento dos fatos, culpa de terceiro, não libera o autor direto do dano do dever jurídico de indenizar. Na sistemática do Direito brasileiro, arts. 928 e 930 do CC/2002 (arts. 1.519 e 1.520, CC/1916), concede-se a ação regressiva, em favor do autor do prejuízo, contra o terceiro que criou a situação de perigo para haver a importância despendida no ressarcimento ao dano da coisa. Quem põe um veículo automotor em circulação assume a responsabilidade pelos danos emergentes pelo uso do carro. Assim vem equacionada a questão na jurisprudência: "Os acidentes, inclusive determinados pela imprudência de outros motoristas, ou por defeitos da própria máquina, são fato previsíveis e representam um risco que o condutor de automóveis assume pela só utilização da coisa, não podendo servir de pretexto, nem de fundamento jurídico, para eximir o autor do dano de indenizar". Em suma, o autor direto assume a reparação, podendo buscar a reposição da soma gasta junto ao culpado que, com seu procedimento, originou uma manobra determinante do evento lesivo (RIZZARDO, Arnaldo. *A reparação nos acidentes de trânsito*. 11.ed. São Paulo, Revista dos Tribunais, 2010, p. 325). (TJSC, Ap. Cível n. 2009.000.517-9/São José, rel. Des. Stanley da Silva Braga)

- Ação regressiva. Acidente de trânsito. Colisão na traseira. Engavetamento. Fato de terceiro não comprovado. Conjunto probatório que aponta a culpa do apelante. I- Em colisão múltipla, uma vez comprovado que o veículo conduzido pelo réu abalroou o veículo da frente (segurado pela autora), independentemente de fato de terceiro, demonstrada estará a sua culpa para a ocorrência de evento danoso. Destarte, para não ser responsabilizado, o motorista que colide com a traseira do veículo que seguia a sua frente, em engavetamento, tem o ônus de demonstrar de maneira cabal a ocorrência de uma das excludentes do dever de indenizar. II- Assim, aquele que não guarda distância segura do veículo que trafega em sua frente que o permita frear e evitar o acidente contribui de forma decisiva para o evento danoso, desrespeitando norma elementar de trânsito. (TJSC, Ap. Cível n. 2007.041.676-1/Itajaí, rel. Des. Joel Figueira Júnior)

Mutuante Aquele que, no contrato de mútuo, empresta coisa fungível ao mutuário.

Mutuário Pessoa participante de contrato de mútuo que recebe do mutuante coisa fungível por empréstimo, obrigando-se a restituir outra de mesmo gênero, qualidade e quantidade. Pessoa que contrai empréstimo de dinheiro a juros; prestamista de casa própria financiada pela Caixa Econômica Federal (art. 586, CC).

- Processo civil. Recurso especial. Agravo. Sistema financeiro da habitação. Saldo residual. Ausência de cobertura pelo FCVS. Responsabilidade do mutuário. No que tange ao saldo residual, o entendimento desta Corte Superior é no sentido de que, não havendo previsão de cobertura pelo Fundo de Compensação de Variações Salariais, como na presente hipótese, os mutuários finais responderão pelos resíduos dos saldos devedores existentes, até sua final liquidação, na forma que for pactuada, conforme o disposto no art. 2º do Decreto-lei n. 2.349/87. Agravo regimental conhecido e não provido. (STJ, Ag. Reg. no REsp n. 60.972/AL, 3ª T., rel. Min. Nancy Andrighi, j. 22.05.2012, *DJe* 28.05.2012)

- Processual civil. Execução hipotecária. Pressuposto de constituição e desenvolvimento regular do processo. Avisos de cobrança remetidos ao endereço do mutuário devedor com indicação do valor da dívida. Anotação das prestações em atraso. Validade. 1. A exigência contida no art. 2º, IV, da Lei n. 5.741/71 de que sejam remetidos avisos de cobrança ao endereço do mutuário devedor com indicação do valor do débito restará satisfeita quando constar, nesses documentos, referência às prestações em atraso, sendo desnecessário que contenham o detalhamento da dívida. 2. Recurso especial provido. (STJ, REsp n. 1.295.464/SC, 3ª T., rel. Min. Sidnei Beneti, j. 15.05.2012, *DJe* 30.05.2012)

Mútuo Empréstimo de coisas fungíveis pelo qual o mutuário se obriga a restituir ao mutuante o que dele recebeu em coisa de mesmo gênero, qualidade e quantidade (art. 586, CC). Exemplos: dinheiro, combustível, produtos agrícolas.

▶ Veja CC: "**Art. 586.** O mútuo é o empréstimo de coisas fungíveis. O mutuário é obrigado a restituir ao mutuante o que dele recebeu em coisa do mesmo gênero, qualidade e quantidade".

Mútuo feneratício Empréstimo de dinheiro mediante o pagamento de juros legais. Mútuo oneroso (art. 591, CC).

▶ Veja CC: "**Art. 591.** Destinando-se o mútuo a fins econômicos, presumem-se devidos juros, os quais, sob pena de redução, não poderão exceder a taxa a que se refere o art. 406, permitida a capitalização anual".

- Princípio da conservação dos atos jurídicos. Usura. Redução parcial do negócio jurídico. Direito processual civil. Recurso especial. Prequestionamento. 1. No contrato particular de mútuo feneratício, constatada prática de usura ou agiotagem, de rigor a redução dos juros estipulados em excesso, conservando-se, contudo, o negócio jurídico (REsp n. 1.106.625/PR, 3ª T., rel. Min. Sidnei Beneti, *DJe* 09.09.2011). 2. O prequestionamento, entendido como a necessidade de o tema objeto do recurso haver sido examinado pela decisão atacada, constitui exigência inafastável da própria previsão constitucional, ao tratar do recurso especial, impondo-se como um dos principais requisitos ao seu conhecimento. Nos termos das Súmulas ns. 211/STJ, e 282 e 356/STF, não se admite o recurso especial que suscita tema não prequestionado pelo Tribunal de origem. 3. Agravo regimental a que se nega provimento. (STJ, Ag. Reg. no REsp n. 116.476/SP, 3ª T., rel. Min. Sidnei Beneti, j. 24.04.2012, *DJe* 08.05.2012)

Nascituro Denominação dada ao ser humano já concebido que se encontra em estado fetal dentro do ventre materno. O direito à vida do nascituro é tutelado pela lei penal que pune o aborto. Os direitos do nascituro são resguardados por lei desde sua concepção (art. 2º, CC). Dar-se-á curador ao nascituro se o pai falecer estando grávida a mulher e não tendo o poder familiar (art. 1.779, CC).

▶ Veja CC: "**Art. 2º** A personalidade civil da pessoa começa do nascimento com vida; mas a lei põe a salvo, desde a concepção, os direitos do nascituro. [...] **Art. 1.779.** Dar-se-á curador ao nascituro, se o pai falecer estando grávida a mulher, e não tendo o poder familiar. Parágrafo único. Se a mulher estiver interdita, seu curador será o do nascituro".

■ Responsabilidade civil. Acidente do trabalho. Morte. Indenização por dano moral. Filho nascituro. Fixação do *quantum* indenizatório. *Dies a quo*. Correção monetária. Impossível admitir-se a redução do valor fixado a título de compensação por danos morais em relação ao nascituro, em comparação com outros filhos do *de cujus*, já nascidos na ocasião do evento morte, porquanto o fundamento da compensação é a existência de um sofrimento impossível de ser quantificado com precisão. Embora sejam muitos os fatores a considerar para a fixação da satisfação compensatória por danos morais, é principalmente com base na gravidade da lesão que o juiz fixa o valor da reparação. É devida correção monetária sobre o valor da indenização por dano moral fixado a partir da data do arbitramento. Precedentes. Os juros moratórios, em se tratando de acidente de trabalho, estão sujeitos ao regime da responsabilidade extracontratual, aplicando-se, portanto, a Súmula n. 54 da Corte, contabilizando-os a partir da data do evento danoso. Precedentes. [...] (STJ, REsp n. 931.556/RS, 3ª T., rel. Min. Nancy Andrighi, j. 17.06.2008, *DJe* 05.08.2008)

Necrópsia Exame pericial feito no cadáver para se descobrir a *causa mortis*. Exame cadavérico. O mesmo que autópsia. Embora etimologicamente *necrópsia* signifique "exame de uma pessoa morta" e *autópsia* tenha o significado de "exame de si mesmo", os dois termos costumam ser usados como sinônimos, indistintamente. O exame costuma ser feito por um perito, um médico especializado denominado *legista*.

■ *Habeas corpus* liberatório. Paciente pronunciado por homicídio qualificado. [...] 2. A materialidade delitiva está suficientemente comprovada através dos laudos de necropsia acostados ao feito; quanto à autoria dos delitos, apesar da negativa do paciente, presente se encontra a prova indiciária que a lei reclama para esta fase processual, onde qualquer dúvida se resolve em benefício da sociedade, não do réu. 3. Conforme anotou o aresto combatido, ainda que a defesa afirme que uma das testemunhas arroladas tinha interesse em prejudicar o réu, tal assertiva não restou comprovada. 4. Parecer do MPF pela denegação da ordem. 5. Ordem denegada. (STJ, *HC* n. 121.419/MG, 5ª T., rel. Min. Napoleão Nunes Maia Filho, j. 17.03.2009, *DJe* 27.04.2009)

Negligência Descuido ou falta de cuidado empregado por alguém na realização de um ato. Um dos componentes da culpa aquiliana, caracterizador do ato ilícito, indenizável por lei (art. 186, CC; art. 267, CPC/73) e de crime culposo (art. 18, CP).

▶ Veja CC: "**Art. 186.** Aquele que, por ação ou omissão voluntária, negligência ou imprudência, violar direito e causar dano a outrem, ainda que exclusivamente moral, comete ato ilícito".

▶ Veja CPC/73: "**Art. 267.** Extingue-se o processo, sem resolução de mérito: [...] II – quando ficar parado durante mais de 1 (um) ano por negligência das partes; [...]".

▸ Veja CPC/2015: "**Art. 485.** O juiz não resolverá o mérito quando: I – indeferir a petição inicial; II – o processo ficar parado durante mais de 1 (um) ano por negligência das partes; [...]".

▸ Veja CP: "**Art. 18.** Diz-se o crime: [...] Crime culposo – II – culposo, quando o agente deu causa ao resultado por imprudência, negligência ou imperícia. [...]".

■ Indenização. Vícios construtivos. Responsabilidade do engenheiro. Negligência técnica. Culpa caracterizada. Danos materiais e morais. Verbete n. 7/STJ. 1. A desconstituição das premissas fáticas lançadas pelo Tribunal de origem, na forma pretendida, demandaria a incursão no acervo fático, procedimento que encontra óbice no Verbete n. 7/STJ. 2. Embargos de declaração recebidos como agravo regimental a que se nega provimento. (STJ, Emb. Decl. no Ag. n. 1.407.703/SC, 4ª T., rel. Min. Maria Isabel Gallotti, j. 05.06.2012, *DJe* 13.06.2012)

■ *Habeas corpus*. Homicídio culposo. Negligência médica. Trancamento da ação penal. Alegação de ausência de nexo causal entre a conduta supostamente negligente e o resultado morte da vítima. 1. Se, na denúncia oferecida pelo *parquet*, há narrativa crível de que a conduta negligente do profissional de saúde – que não teria receitado o tratamento correto no caso – deu azo ao resultado morte da ofendida, não ocorre a ausência de justa causa. Tal fato, por isso, deve ser devidamente avaliado pelas instâncias ordinárias, respeitados o contraditório e a ampla defesa. 2. Apurar o nexo de causalidade entre a conduta negligente e o resultado morte imprescinde de exame fático probatório, o que não se mostra possível na via estreita eleita. 3. *Habeas corpus* denegado. (STJ, HC n. 161.679/MS, 5ª T., rel. Min. Laurita Vaz, j. 15.05.2012, *DJe* 23.05.2012)

Negócio jurídico Ato de vontade, manifestado por pessoa capaz e de acordo com as formalidades legais, que tem por objetivo produzir efeitos jurídicos. A validade do negócio jurídico requer: agente capaz; objeto lícito, possível, determinado ou determinável; forma prescrita ou não defesa em lei (art. 104, CC).

▸ Veja CC: "**Art. 104.** A validade do negócio jurídico requer: I – agente capaz; II – objeto lícito, possível, determinado ou determinável; III – forma prescrita ou não defesa em lei. **Art. 105.** A incapacidade relativa de uma das partes não pode ser invocada pela outra em benefício próprio, nem aproveita aos cointeressados capazes, salvo se, neste caso, for indivisível o objeto do direito ou da obrigação comum. **Art. 106.** A impossibilidade inicial do objeto não invalida o negócio jurídico se for relativa, ou se cessar antes de realizada a condição a que ele estiver subordinado. **Art. 107.** A validade da declaração de vontade não dependerá de forma especial, senão quando a lei expressamente a exigir. **Art. 108.** Não dispondo a lei em contrário, a escritura pública é essencial à validade dos negócios jurídicos que visem à constituição, transferência, modificação ou renúncia de direitos reais sobre imóveis de valor superior a trinta vezes o maior salário mínimo vigente no País".

Nepotismo Expressão utilizada para designar o favorecimento de parentes, em detrimento de pessoas mais qualificadas ou concursadas, no que diz respeito à nomeação ou concessão de cargos públicos. Denomina-se nepotismo cruzado o ajuste pelo qual dois agentes públicos empregam familiares um do outro como troca de favor. O Decreto n. 7.203/2010 dispõe sobre a vedação do nepotismo no âmbito da administração pública federal.

▸ Veja Decreto n. 7.203/2010: "**Art. 1º** A vedação do nepotismo no âmbito dos órgãos e entidades da administração pública federal direta e indireta observará o disposto neste Decreto. **Art. 2º** Para os fins deste Decreto considera-se: I – órgão: *a)* a Presidência da República, compreendendo a Vice-Presidência, a Casa Civil, o Gabinete Pessoal e a Assessoria Especial; *b)* os órgãos da Presidência da República comandados por Ministro de Estado ou autoridade equiparada; e *c)* os Ministérios; II – entidade: autarquia, fundação, empresa pública e sociedade de economia mista; e III – familiar: o cônjuge, o companheiro ou o parente em linha reta ou colateral, por consanguinidade ou afinidade, até o terceiro grau. Parágrafo único. Para fins das vedações previstas neste Decreto, serão consideradas como incluídas no âmbito de cada órgão as autarquias e fundações a ele vinculadas. **Art. 3º** No âmbito de cada órgão e de cada entidade, são vedadas as nomeações, contratações ou designações de familiar de Ministro de Estado, familiar da máxima autoridade administrativa correspondente ou, ainda, familiar de ocupante de cargo em comissão ou função de confiança de direção, chefia ou assessoramento, para: I – cargo em comissão ou função de confiança; II – atendimento a necessidade temporária de excepcional interesse público, salvo quando a contratação tiver sido precedida de regular processo seletivo; e III – estágio, salvo se a contratação for precedida de processo seletivo que assegure o princípio da isonomia entre os concorrentes. § 1º Aplicam-se as vedações deste Decreto também quando existirem circunstâncias caracterizadoras de ajuste para burlar as restrições ao nepotismo, especialmente mediante nomeações ou designações recíprocas, envolvendo órgão ou entidade da administração pública federal. § 2º As vedações deste artigo estendem-se aos familiares do Presidente e do Vice-Presidente da República e, nesta hipótese, abrangem todo o Poder Executivo Federal. § 3º É vedada também a contratação direta, sem licitação, por órgão ou entidade da administração pública federal de pessoa jurídica na qual haja administrador ou sócio com poder de direção, familiar de detentor de cargo em comissão ou função de confiança que atue na área responsável pela demanda ou contratação ou de autoridade a ele hierarquicamente superior no âmbito de cada órgão e de cada entidade".

- Súmula vinculante n. 13, STF: A nomeação de cônjuge, companheiro ou parente em linha reta, colateral ou por afinidade, até o terceiro grau, inclusive, da autoridade nomeante ou de servidor da mesma pessoa jurídica investido em cargo de direção, chefia ou assessoramento, para o exercício de cargo em comissão ou de confiança ou, ainda, de função gratificada na administração pública direta e indireta em qualquer dos Poderes da União, dos Estados, do Distrito Federal e dos Municípios, compreendido o ajuste mediante designações recíprocas, viola a Constituição Federal.

Nexo causal
Ou relação de causalidade. É o vínculo, a ligação ou relação de causa e efeito entre conduta e resultado. Relação entre causa e consequência de uma conduta criminosa tipificada pela norma jurídica.

- Auxílio-acidente. Ausência de nexo causal. Revisão. Impossibilidade. Súmula 7/STJ. 1. A Corte de origem indeferiu a concessão do auxílio-acidente porque o laudo médico foi categórico ao afirmar que o início da perda auditiva de que o segurado é portador só ocorreu muitos anos após a sua aposentadoria, o que afasta o nexo causal exigido pelo § 4º do art. 86 da Lei n. 8.213/91 (redação da Lei n. 9.528/97). Confira-se: "O relatório médico de fls. 11, assinado em agosto de 1.997, refere perda auditiva há 10 anos, ou seja, a disacusia de que o autor é portador teve início em 1987, quando ele já estava aposentado. Assim, estando o autor afastado do trabalho por mais de 27 anos, não há como atribuir o déficit auditivo ao ruído ocupacional". [...] (STJ, Ag. Reg. no REsp n. 153.458/SP, 1ª T., rel. Min. Benedito Gonçalves, j. 16.08.2012, DJe 22.08.2012)

- Pedido de concessão de auxílio-acidente julgado improcedente pelas instâncias de origem por ausência de nexo causal e de incapacidade laboral. 1. Constata-se que não se configura a ofensa ao art. 535 do CPC, uma vez que o Tribunal de origem julgou integralmente a lide e solucionou a controvérsia, tal como lhe foi apresentada. Não é o órgão julgador obrigado a rebater, um a um, todos os argumentos trazidos pelas partes em defesa da tese que apresentaram. Deve apenas enfrentar a demanda, observando as questões relevantes e imprescindíveis à sua resolução. 2. Modificar o acórdão recorrido, como pretende a agravante, no sentido de reconhecer a moléstia incapacitante e o nexo causal com a atividade laboral, demanda reexame de todo o contexto fático-probatório dos autos, o que é defeso ao STJ em vista do óbice da Súmula n. 7/STJ. 3. Agravo regimental não provido. (STJ, Ag. Reg. no REsp n. 192.846/MS, 2ª T., rel. Min. Herman Benjamin, j. 16.08.2012, DJe 24.08.2012)

Non aedificandi
Expressão que indica a impossibilidade de se construir em determinada área ou terreno. Área não sujeita à edificação por determinação legal. A regra, geralmente contemplada nos planos diretores dos municípios e em legislações ambientais, visa à proibição de construção em áreas de preservação permanente, de risco, contaminadas, de mananciais e encostas de rios, entre outras. Nas rodovias federais, a figura da faixa *non aedificandi* tem por finalidade proibir a construção de qualquer natureza em zonas urbanas, suburbanas, de expansão urbana ou rural, em faixa de reserva de quinze metros, adjacente a cada lado da faixa de domínio da rodovia.

- Veja Lei n. 6.766/79: "**Art. 4º** Os loteamentos deverão atender, pelo menos, aos seguintes requisitos: I – as áreas destinadas a sistemas de circulação, a implantação de equipamento urbano e comunitário, bem como a espaços livres de uso público, serão proporcionais à densidade de ocupação prevista pelo plano diretor ou aprovada por lei municipal para a zona em que se situem; II – os lotes terão área mínima de 125 m² (cento e vinte e cinco metros quadrados) e frente mínima de 5 (cinco) metros, salvo quando a legislação estadual ou municipal determinar maiores exigências, ou quando o loteamento se destinar a urbanização específica ou edificação de conjuntos habitacionais de interesse social, previamente aprovados pelos órgãos públicos competentes; III – ao longo das águas correntes e dormentes e das faixas de domínio público das rodovias e ferrovias, será obrigatória a reserva de uma faixa não edificável de 15 (quinze) metros de cada lado, salvo maiores exigências da legislação específica; [...]".

- Desapropriação indireta. Duplicação de rodovia. Avanço no domínio das propriedades dos autores. Extensão *non aedificandi*. Lei n. 6.766/79. Área não indenizável. As áreas *non aedificandi* às margens de estrada de rodagem subsumem-se às restrições administrativas, exonerando o Estado do dever de indenização. "Permanecendo a área *non aedificandi* à margem das estradas rurais no domínio do expropriado, não se tratando, deste modo, de zona urbana, ficando sujeita apenas a restrições de ordem administrativa, não cabe indenização" (STF, RE 99.545/SP, rel. Min. Aldir Passarinho, 2ª Turma, *DJ* 06.05.1983). A regra é que a área *non aedificandi*, situada às margens das rodovias públicas, não é indenizável, porquanto decorre de limitação administrativa ao direito de propriedade, estabelecida por lei ou regulamento administrativo (CCB, art. 572). Esse entendimento tem sido adotado especialmente em se tratando de área rural. No caso de área urbana, é necessário verificar-se a restrição administrativa já existia antes da inclusão da área no perímetro urbano e se implica interdição do uso do imóvel. Em caso afirmativo, a indenização é devida (STJ, REsp n. 38.861/SP, 2ª T., rel. Min. Antônio de Pádua Ribeiro, *DJ* 18.11.1996). (STJ, REsp n. 760.498/SC, rel. Min. Luiz Fux, j. 05.12.2006, *DJ* 12.02.2007)

Non liquet Do latim *non liquet*: não está claro. Expressão aplicada aos casos em que o juiz não encontra no ordenamento jurídico uma norma específica para proceder ao julgamento da causa e, por essa razão, considera-se desobrigado de julgar. O *non liquet* é vedado em nosso Direito, porquanto o juiz não se exime de sentenciar ou despachar alegando lacuna ou obscuridade da lei. No julgamento da lide, caber-lhe-á aplicar as normas legais; não as havendo, recorrerá à analogia, aos costumes e aos princípios gerais de Direito (art. 126, CPC/73).

▶ Veja CPC/2015: "**Art. 140.** O juiz não se exime de decidir sob a alegação de lacuna ou obscuridade do ordenamento jurídico. [...]".

■ Furto qualificado. (1) Ré presa. Requisição da acusada para audiência. Não apresentação. Direito à presença. Violação. Tema não enfrentado na origem. Cognição. Impossibilidade. (2) Preliminar de apelação. Acórdão silente. 1. Tema agitado em preliminar de apelação que não é tratado pelo Tribunal local não pode ser conhecido, diretamente, por esta Corte, sob pena de supressão de instância. 2. É nulo o acórdão da apelação que, simplesmente, deixa de enfrentar tema suscitado em tópico alentado das razões recursais, revelando verdadeiro *non liquet*. 3. Ordem não conhecida; *habeas corpus* expedido de ofício para anular o aresto guerreado, a fim de se refazer o julgamento da apelação, enfrentando-se todos os temas suscitados nas razões recursais. (STJ, *HC* n. 146.613/ SP, 6ª T., rel. Min. Maria Thereza de Assis Moura, j. 18.06.2012, *DJe* 29.06.2012)

Norma Em sentido amplo, é a regra estabelecida em lei ou regulamento disciplinando procedimentos ou modo de agir de um determinado setor ou uma coletividade. Norma reguladora; norma regulamentadora; norma de conduta.

Norma jurídica Preceito ou regra de Direito, de aplicação obrigatória, passível de ser exigida por meio de força física ou coerção.

Norma penal em branco A que necessita de outra norma para completá-la. Nesse caso, há necessidade de complementação para que se possa compreender o âmbito da aplicação de seu preceito primário.

■ Criminal. *Habeas corpus*. Crime ambiental. Art. 34, parágrafo único, III, da Lei n. 9.605/98. Norma penal em branco. Denúncia oferecida sem exposição da norma integrativa. Inépcia. Ordem concedida. I. Denúncia oferecida pelo delito de comercialização de pescados proibidos ou em lugares interditados por órgão competente. II. Tratando-se de norma penal em branco, é imprescindível a complementação para conceituar a elementar do tipo "espécimes provenientes da coleta, apanha e pesca proibidas". III. O oferecimento de denúncia por delito tipificado em norma penal em branco sem a respectiva indicação da norma complementar constitui evidente inépcia, uma vez que impossibilita a defesa adequada do acusado. Precedentes. IV. Ordem concedida. (STJ, *HC* n. 174.165/ RJ, 5ª T., rel. Min. Gilson Dipp, j. 01.03.2012, *DJe* 08.03.2012)

Nota Declaração escrita e oficial do governo ou de qualquer instituição pública ou privada distribuída à imprensa. Destina-se a prestar esclarecimentos ao público, firmando a posição da instituição acerca de determinado fato. A expressão pode designar: a) comunicação oficial de ministros de Estado de um país para o outro (nota diplomática); b) comunicação de caráter oficial feita por altas autoridades ou provinda de entidades de classe ou agremiações (nota oficial); c) registro ou serviço de notariado.

Nota promissória Título de crédito consistente na promessa de pagamento, feita pelo emitente ao credor, de certa importância em dinheiro, na data avençada. Requer, para validade, os seguintes requisitos: a denominação *nota promissória* ou termo correspondente, na língua em que for emitida; a soma de dinheiro a pagar; o nome da pessoa a quem deve ser paga; a assinatura do próprio punho do emitente ou mandatário especial (art. 54, Decreto n. 2.044/1908).

- Veja CPC/2015: "**Art. 784.** São títulos executivos extrajudiciais: I – a letra de câmbio, a nota promissória, a duplicata, a debênture e o cheque; [...]".

- Veja Decreto n. 2.044/1908: "**Art. 54.** A nota promissória é uma promessa de pagamento e deve conter estes requisitos essenciais, lançados, por extenso, no contexto: I – a denominação de "nota promissória" ou termo correspondente, na língua em que for emitida; II – a soma de dinheiro a pagar; III – o nome da pessoa a quem deve ser paga; IV – a assinatura do próprio punho do emitente ou do mandatário especial. § 1º Presume-se ter o portador o mandato para inserir a data e lugar da emissão da nota promissória, que não contiver estes requisitos. § 2º Será pagável à vista a nota promissória que não indicar a época do vencimento. Será pagável no domicílio do emitente a nota promissória que não indicar o lugar do pagamento. [...]".

- Súmula n. 258, STJ: A nota promissória vinculada a contrato de abertura de crédito não goza de autonomia em razão da iliquidez do título que a originou.

- Nota promissória. Certeza, liquidez e exigibilidade reconhecidas no acórdão a partir das circunstâncias fáticas dos autos e por ausência de prova do embargante. 1. Não é viável o recurso especial se ausente o prequestionamento dos artigos de lei federal ditos infringidos. 2. Se acórdão afirmou a certeza e liquidez do título executivo por reconhecer, expressamente, o preenchimento de seus requisitos, inclusive a promessa de pagamento em dinheiro (R$ 27.017,00), e que ao agravante caberia produzir prova constitutiva do seu direito mediante a juntada do contrato de compra e venda ou outra capaz de elidir a presunção de certeza e liquidez da nota promissória, rever esse entendimento em sede de recurso especial encontra óbice no Enunciado n. 7 da Súmula do STJ. 3. Agravo regimental não provido com aplicação de multa. (STJ, Ag. Reg. no REsp n. 22.545/GO, 4ª T., rel. Min. Luis Felipe Salomão, j. 14.08.2012, *DJe* 22.08.2012)

Notificação Medida judicial ou extrajudicial requerida por quem tem interesse em ressalvar direitos e manifestar qualquer intenção de modo formal. "Pela notificação, ao contrário do protesto, transmite-se ao notificado não tanto a afirmação de algum direito do notificante quanto a comunicação de algo que se leva ao conhecimento do destinatário; já a *interpelação*, ao contrário das duas primeiras medidas, é uma exteriorização de vontade que não tem consequências jurídicas em si mesmas, ficando sua eficácia dependente de ato ou omissão do interpelado" (BRUM, Jander Maurício. Protestos, notificações e interpelações. Teoria, prática e jurisprudência. Rio de Janeiro, AIDE, 2000, p. 25). A notificação extrajudicial, via Cartório de Registro de Títulos e Documentos, é permitida quando a lei não exija expressamente a judicial. Entre outras hipóteses cabe a notificação: a) para denunciar contrato de comodato de prazo indeterminado (art. 397, parágrafo único, CC); b) para conceder ao vendedor a preferência na reaquisição do imóvel vendido (preferência convencional, art. 516, CC); c) para conceder ao arrendatário a preferência na aquisição do imóvel arrendado (preferência legal, art. 45, Decreto n. 59.566/66); d) para conceder ao condômino a preferência na aquisição de fração do imóvel indivisível (preferência legal, art. 1.322, CC); e) para conceder ao locatário a preferência na aquisição do imóvel locado (preferência legal, art. 27, Lei n. 8.245/91).

- Veja CC: "**Art. 835.** O fiador poderá exonerar-se da fiança que tiver assinado sem limitação de tempo, sempre que lhe convier, ficando obrigado por todos os efeitos da fiança, durante sessenta dias após a notificação do credor. [...] **Art. 1.004.** Os sócios são obrigados, na forma e prazo previstos, às contribuições estabelecidas no contrato social, e aquele que deixar de fazê-lo, nos trinta dias seguintes ao da notificação pela sociedade, responderá perante esta pelo dano emergente da mora. [...] **Art. 1.029.** Além dos casos previstos na lei ou no contrato, qualquer sócio pode retirar-se da sociedade; se de prazo indeterminado, mediante notificação aos demais sócios, com antecedência mínima de sessenta dias; se de prazo determinado, provando judicialmente justa causa. Parágrafo único. Nos trinta dias subsequentes à notificação, podem os demais sócios optar pela dissolução da sociedade".

- Veja CPC/2015: "**Art. 726.** Quem tiver interesse em manifestar formalmente sua vontade a outrem sobre assunto juridicamente relevante poderá notificar pessoas participantes da mesma relação jurídica para dar-lhes ciência de seu propósito. § 1º Se a pretensão for a de dar conhecimento geral ao público, mediante edital, o juiz só a deferirá se a tiver por fundada e necessária ao resguardo de direito. § 2º Aplica-se o disposto nesta Seção, no que couber, ao protesto judicial. **Art. 727.** Também poderá o interessado interpelar o requerido, no caso do art. 726, para que faça ou deixe de fazer o que o requerente entenda ser de seu direito. **Art. 728.** O requerido será previamente ouvido antes do deferimento da notificação ou do respectivo edital: I – se houver suspeita de que o requerente, por meio da notificação ou do edital, pretende alcançar fim ilícito; II – se tiver sido requerida a averbação da notificação em registro público. **Art. 729.** Deferida e realizada a notificação ou interpelação, os autos serão entregues ao requerente".

- Súmula n. 245, STJ: A notificação destinada a mora nas dívidas garantidas por alienação fiduciária dispensa a indicação do valor do débito.
- Súmula n. 355, STJ: É válida a notificação do ato de exclusão do programa de recuperação fiscal do Refis pelo *Diário Oficial* ou pela Internet.
- Súmula n. 359, STJ: Cabe ao órgão mantenedor do Cadastro de Proteção ao Crédito a notificação do devedor antes de proceder à inscrição.
- Súmula n. 361, STJ: A notificação do protesto, para requerimento de falência da empresa devedora, exige a identificação da pessoa que a recebeu.
- Súmula n. 369, STJ: No contrato de arrendamento mercantil *(leasing)*, ainda que haja cláusula resolutiva expressa, é necessária a notificação prévia do arrendatário para constituí-lo em mora.
- Inscrição em cadastro de inadimplentes. Ausência de notificação do devedor. Dano moral configurado. Ilegitimidade passiva do credor. Responsabilidade do mantenedor do cadastro. Súmula n. 359/STJ. 1. "Cabe ao órgão mantenedor do Cadastro de Proteção ao Crédito a notificação do devedor antes de proceder à inscrição" (Súmula n. 359/STJ). 2. Jurisprudência consolidada no sentido da ilegitimidade passiva da empresa credora para responder pela falta de notificação de responsabilidade do órgão mantenedor do cadastro. 3. Agravo regimental desprovido. (STJ, Ag. Reg. no REsp n. 1.141.864/RS, 3ª T., rel. Min. Paulo de Tarso Sanseverino, j. 07.08.2012, *DJe* 13.08.2012)

Notitia criminis Comunicação feita a uma autoridade da prática de um crime de maneira informal.

- *Habeas corpus.* Lei Maria da Penha. Crime de lesão corporal leve. Alegação de ausência de representação. Tese de falta de condição de procedibilidade. Não ocorrência. Inequívoca manifestação de vontade da vítima. Oferecimento de *notitia criminis* perante a autoridade policial. 1. A representação, condição de procedibilidade exigida nos crimes de ação penal pública condicionada, prescinde de rigores formais, bastando a inequívoca manifestação de vontade da vítima ou de seu representante legal no sentido de que se promova a responsabilidade penal do agente, como evidenciado, *in casu*, com a *notitia criminis* levada à autoridade policial, materializada no boletim de ocorrência. 2. Por força do disposto no art. 41 da Lei n. 11.340/2006, resta inaplicável, em toda sua extensão, a Lei n. 9.099/95. 3. Ordem denegada. (STJ, HC n. 130.000/SP, 5ª T., rel. Min. Laurita Vaz, j. 13.08.2009, *DJe* 08.09.2009)

Novação Substituição de uma dívida por outra, tornando extinta a primeira. É modo de extinção de obrigação pela criação de uma obrigação nova com a manifesta intenção de extinguir a antiga.

▶ Veja CC: "**Art. 360.** Dá-se a novação: I – quando o devedor contrai com o credor nova dívida para extinguir e substituir a anterior; II – quando novo devedor sucede ao antigo, ficando este quite com o credor; III – quando, em virtude de obrigação nova, outro credor é substituído ao antigo, ficando o devedor quite com este".

- Novação. Execução de título extrajudicial. Novação no curso da demanda. Confissão de dívida. Novação subjetiva. CCB, art. 999. A presença do *animus novandi* não depende de palavras expressas, podendo ser deduzido dos termos do contrato. Na novação subjetiva ou pessoal, com mudança da pessoa do devedor, opera-se a extinção da obrigação primitiva. No lugar dessa, surge uma nova obrigação, restando inviável a discussão do negócio originário. Constituída nova obrigação, pela novação, tem-se que os juros e a correção monetária devem incidir da data em que se verificou o inadimplemento da nova obrigação, não da data em que foi ajuizada a ação de execução, dado que, operada a novação, tem-se por extinta a dívida originária (CCB, art. 999). (TJPR, AI n. 123.195/4/Maringá, rel. Juiz Sergio Rodrigues, j. 21.10.1998, *DJ* 27.11.1998)

Nulidade Defeito de ato jurídico quando praticado sem a observância dos requisitos legais, impedindo-o de produzir efeito. A nulidade pode ser relativa ou absoluta. É relativa quando o ato é anulável e pode ser convalidado; é absoluta quando o ato é considerado nulo por lei e não pode ser ratificado pela vontade das partes.

Nulidade absoluta Penalidade que, diante da gravidade do atentado à ordem jurídica, priva de eficácia jurídica ato ou negócio jurídico praticado desde sua origem. É inerente ou resulta do ato nulo de pleno direito nos casos expressamente indicados na lei. O ato praticado, nesse caso, é considerado como se nunca tivesse existido desde sua formação, pois a declaração de sua invalidade produz efeito retroativo ou *ex tunc*. O negócio jurídico nulo não é suscetível de confirmação ou convalidação, nem convalesce pelo decurso do tempo (art. 169, CC). Entre outros casos, a lei considera nulo o negócio jurídico celebrado por pessoa absolutamente incapaz e quando for ilícito seu objeto (art. 166, CC).

▶ Veja CC: "**Art. 166.** É nulo o negócio jurídico quando: I – celebrado por pessoa absolutamente incapaz; II – for ilícito, impossível ou indeterminável o seu objeto; III – o motivo determinante, comum a ambas as partes, for ilícito; IV – não revestir a forma prescrita em lei; V – for preterida alguma solenidade que a lei considere essencial para a sua validade; VI – tiver por objetivo fraudar lei imperativa; VII – a lei taxativamente o declarar nulo, ou proibir-lhe a prática, sem cominar sanção. [...] **Art. 169.** O negócio jurídico nulo não é suscetível de confirmação, nem convalesce pelo decurso do tempo. **Art. 170.** Se, porém, o negócio jurídico nulo contiver os requisitos de outro, subsistirá este quando o fim a que visavam as partes permitir supor que o teriam querido, se houvessem previsto a nulidade".

▶ Veja CPC/2015: "**Art. 278.** A nulidade dos atos deve ser alegada na primeira oportunidade em que couber à parte falar nos autos, sob pena de preclusão. Parágrafo único. Não se aplica o disposto no *caput* às nulidades que o juiz deva decretar de ofício, nem prevalece a preclusão provando a parte legítimo impedimento. **Art. 279.** É nulo o processo quando o membro do Ministério Público não for intimado a acompanhar o feito em que deva intervir. [...]".

■ Súmula n. 117, STJ: A inobservância do prazo de 48 (quarenta e oito) horas, entre a publicação de pauta e o julgamento sem a presença das partes, acarreta nulidade.

■ Recurso em *habeas corpus*. Tráfico de drogas e respectiva associação. (1) nulidade de rito. Debate na anterior instância. 1. Não se conhece de tema sobre o qual não se debruçou o Tribunal local, sob pena de indevida supressão de instância, como, *in casu*, ocorreu, no atinente à suposta nulidade de rito. 2. Não se declara nulidade, ausente o prejuízo. Na espécie, o prejuízo apontado seria a utilização, para a condenação, de delação colhida na fase policial, na presença de advogado, que veio, em nome de todos os réus, a oferecer defesa preliminar. A anulação do processo não faria desaparecer a delação. Daí, mostrar-se-ia inútil a nulificação pretendida. 3. Recurso conhecido em parte e, em tal extensão, improvido. (STJ, *HC* n. 26.460/CE, 6ª T., rel. Min. Maria Thereza de Assis Moura, j. 21.08.2012, *DJe* 29.08.2012)

Nulidade da sentença Condição de invalidade da sentença que não observar os seguintes requisitos: o relatório, que conterá os nomes das partes, a suma do pedido e da resposta do réu, bem como o registro das principais ocorrências havidas no andamento do processo; os fundamentos, em que o juiz analisará as questões de fato e de direito; o dispositivo, em que o juiz resolverá as questões que as partes lhe submeterem (art. 458, CPC/73). Também se considera nula a sentença quando o juiz cometer *error in procedendo* e quando não fundamenta o indeferimento de pedidos da inicial e deixa de manifestar-se acerca de perícia incontroversa presente nos autos.

▶ Veja CF: "**Art. 93.** Lei complementar, de iniciativa do Supremo Tribunal Federal, disporá sobre o Estatuto da Magistratura, observados os seguintes princípios: [...] IX – todos os julgamentos dos órgãos do Poder Judiciário serão públicos, e fundamentadas todas as decisões, sob pena de nulidade, podendo a lei limitar a presença, em determinados atos, às próprias partes e a seus advogados, ou somente a estes, em casos nos quais a preservação do direito à intimidade do interessado no sigilo não prejudique o interesse público à informação; [...]".

▶ Veja CPC/2015: "**Art. 489.** São elementos essenciais da sentença: I – o relatório, que conterá os nomes das partes, a identificação do caso, com a suma do pedido e da contestação, e o registro das principais ocorrências havidas no andamento do processo; II – os fundamentos, em que o juiz analisará as questões de fato e de direito; III – o dispositivo, em que o juiz resolverá as questões principais que as partes lhe submeterem. [...] **Art. 1.013.** A apelação devolverá ao tribunal o conhecimento da matéria impugnada. [...] § 3º Se o processo estiver em condições de imediato julgamento, o tribunal deve decidir desde logo o mérito quando: [...] IV – decretar a nulidade de sentença por falta de fundamentação. [...]".

■ Sentença declarada nula em decorrência de *error in procedendo*. Retorno dos autos ao primeiro grau de jurisdição.

Julgamento, desde logo, pelo tribunal. Impossibilidade. 1. O *error in procedendo* ocorre quando há vício na atividade judicante e desrespeito às regras processuais, devendo o julgado ser anulado a fim de que outro seja proferido na instância de origem. 2. É nula a sentença que não fundamenta o indeferimento de pedidos da inicial e deixa de manifestar-se acerca de perícia incontroversa presente nos autos. 3. Para que o tribunal possa julgar desde logo o mérito da causa na apelação, é necessário que a sentença não apresente vício que lhe comprometa a validade. Havendo o vício, o órgão superior deverá anular a sentença e restituir os autos à instância inferior para que ali outra seja proferida. 4. Recurso especial desprovido. (STJ, REsp n. 1.236.732/PR, 4ª T., rel. Min. João Otávio de Noronha, j. 16.06.2011, *DJe* 24.06.2011)

Nulidade da sentença arbitral É nula a sentença arbitral proferida no processo arbitral se: for nulo o compromisso; emanar de quem não podia ser árbitro; não contiver os requisitos do art. 26 da Lei n. 9.307/96; for proferida fora dos limites da convenção de arbitragem; não decidir todo o litígio submetido à arbitragem; for comprovado que foi proferida por prevaricação, concussão ou corrupção passiva; for proferida fora do prazo; forem desrespeitados os princípios de que trata o art. 21, § 2º, da Lei n. 9.307/96.

▶ Veja Lei n. 9.307/96: "**Art. 32.** É nula a sentença arbitral se: I – for nulo o compromisso; II – emanou de quem não podia ser árbitro; III – não contiver os requisitos do art. 26 des-ta Lei; IV – for proferida fora dos limites da convenção de arbitragem; V – não decidir todo o litígio submetido à arbitragem; VI – comprovado que foi proferida por prevaricação, concussão ou corrupção passiva; VII – proferida fora do prazo, respeitado o disposto no art. 12, III, desta Lei; e VIII – forem desrespeitados os princípios de que trata o art. 21, § 2º, desta Lei. **Art. 33.** A parte interessada poderá pleitear ao órgão do Poder Judiciário competente a decretação da nulidade da sentença arbitral, nos casos previstos nesta Lei. [...]".

■ Cancelamento de protesto. Protesto de pretensão à decretação da anulação de sentença arbitral ante suposta nulidade do termo substitutivo do compromisso arbitral. A parte interessada em arguir a nulidade da sentença arbitral deverá fazê-lo no prazo de noventa dias, contados da intimação, prazo este decadencial, pois importa no direito de agir e sujeitar a outra parte a seu direito, ou seja, trata-se de um direito potestativo sujeito a prazo, que se não for cumprido ocasiona a perda do direito em razão da inércia (Pinto, Michele Brandão de Souza. *Procedimento arbitral*, Rio de Janeiro, R. SJRJ, 2007, p. 179). (TJSC, Ap. Cível n. 2011.093.686-4/Brusque, rel. Des. Jairo Fernandes Gonçalves)

Nulidade relativa A nulidade relativa ou anulabilidade refere-se a negócios que se acham inquinados de vício capaz de lhes determinar a ineficácia, mas que poderá ser eliminado, restabelecendo-se sua normalidade, de modo que o negócio produz efeitos até a declaração de invalidade. Refere-se aos atos anuláveis, os quais se permitem serem sanados ou convalidados pela vontade das partes. A declaração de invalidade do ato anulável produz efeito *ex nunc*, ou seja, somente produz efeitos a partir da decisão que o invalidou. A anulabilidade não tem efeito antes de julgada por sentença, nem se pronuncia de ofício; só os interessados a podem alegar, e aproveita exclusivamente aos que a alegarem, salvo o caso de solidariedade ou indivisibilidade (art. 177, CC). São anuláveis, por exemplo, o casamento de quem não completou a idade mínima para casar (art. 1.550, CC) e a venda de ascendente a descendente, salvo se os outros descendentes e o cônjuge do alienante expressamente houverem consentido (art. 496, CC).

▶ Veja CC: "**Art. 119.** É anulável o negócio concluído pelo representante em conflito de interesses com o representado, se tal fato era ou devia ser do conhecimento de quem com aquele tratou. [...] **Art. 138.** São anuláveis os negócios jurídicos, quando as declarações de vontade emanarem de erro substancial que poderia ser percebido por pessoa de diligência normal, em face das circunstâncias do negócio. [...] **Art. 171.** Além dos casos expressamente declarados na lei, é anulável o negócio jurídico: I – por incapacidade relativa do agente; II – por vício resultante de erro, dolo, coação, estado de perigo, lesão ou fraude contra credores. **Art. 172.** O negócio anulável pode ser confirmado pelas partes, salvo direito de terceiro. [...] **Art. 177.** A anulabilidade não tem efeito antes de julgada por sentença, nem se pronuncia de ofício; só os interessados a podem alegar, e aproveita exclusivamente aos que a alegarem, salvo o caso de solidariedade ou indivisibilidade".

Nu-proprietário Diz-se daquele que, no usufruto, tem o domínio direto da coisa de que outrem tem o domínio útil. No usufruto, a propriedade se desmembra entre o nu-proprietário e o usufrutuário. Para o primeiro, a propriedade é considerada nua, visto que conserva apenas o *jus disponendi* e a expectativa de reaver o bem, momento em que a propriedade se consolida. O segundo detém o domínio útil da coisa, exercendo os direitos de uso e gozo, não podendo, porém, dela dispor (art. 1.390, CC).

- Embargos de terceiro. Litisconsórcio passivo necessário do nu-proprietário afastado. Cobrança de taxas condominiais que pode ser promovida tanto contra o nu-proprietário quanto contra o usufrutuário. O condomínio, credor das taxas condominiais, tem a faculdade de promover a cobrança tanto do nu-proprietário quanto do usufrutuário do imóvel, não havendo falar, portanto, em litisconsórcio passivo necessário, mas tão só facultativo. Ajuizada a ação de cobrança de taxas de condomínio e respectiva execução somente contra o usufrutuário, civilmente capaz, é de ser afastada a tese de nulidade sob o argumento de litisconsórcio passivo necessário, de necessidade de intervenção do Ministério Público e ainda de participação deste no acordo na qualidade de assistente da menor apelante. Em se tratando de execução de taxas condominiais, perfeitamente cabível que a penhora recaia sobre os frutos decorrente do direito de usufruto do imóvel. (STJ, Ap. Cível n. 2010.073.529-0/Capital, rel. Des. Saul Steil, j. 15.09.2011)

- Reivindicatória. Usufruto vitalício. Alienação do direito por nu-proprietário. Impossibilidade de retomada da posse contra usufrutuário. Posse justa. Direito real. Proposta ação reivindicatória, na qual ficou evidenciada a ocorrência de usufruto sobre o terreno vindicado por nu-proprietário contra usufrutuário, não está caracterizada a posse injusta deste, porquanto a lei lhe garante o direito de usar e gozar (posse direta ou imediata) sobre o imóvel até a extinção do seu direito real, o que leva à improcedência do pedido reivindicatório. (TJSC, Emb. Infring. n. 1998.016.913-5/São Francisco do Sul, rel. Des. Carlos Prudêncio)

Obrigação Relação jurídica pela qual alguém se compromete a dar, fazer ou não fazer alguma coisa de valor economicamente apurável. As obrigações provêm dos contratos, das declarações unilaterais de vontade e dos atos ilícitos.

▸ Veja CC: "**Art. 180.** O menor, entre dezesseis e dezoito anos, não pode, para eximir-se de uma obrigação, invocar a sua idade se dolosamente a ocultou quando inquirido pela outra parte, ou se, no ato de obrigar-se, declarou-se maior. [...] **Art. 184.** Respeitada a intenção das partes, a invalidade parcial de um negócio jurídico não o prejudicará na parte válida, se esta for separável; a invalidade da obrigação principal implica a das obrigações acessórias, mas a destas não induz a da obrigação principal. [...] **Art. 201.** Suspensa a prescrição em favor de um dos credores solidários, só aproveitam os outros se a obrigação for indivisível".

Obrigação alternativa Obrigação pela qual se estipula ao devedor o cumprimento de uma entre diversas e diferentes prestações. Nesse caso, cabe ao devedor a escolha da prestação que deverá cumprir se não houver estipulação em contrário (art. 252, CC). Ocorre obrigação alternativa quando, por exemplo, o devedor se obriga a pagar entregando um número determinado de sacas de um produto agrícola ou seu equivalente em dinheiro.

▸ Veja CC: "**Art. 252.** Nas obrigações alternativas, a escolha cabe ao devedor, se outra coisa não se estipulou. § 1º Não pode o devedor obrigar o credor a receber parte em uma prestação e parte em outra. § 2º Quando a obrigação for de prestações periódicas, a faculdade de opção poderá ser exercida em cada período. § 3º No caso de pluralidade de optantes, não havendo acordo unânime entre eles, decidirá o juiz, findo o prazo por este assinado para a deliberação. § 4º Se o título deferir a opção a terceiro, e este não quiser, ou não puder exercê-la, caberá ao juiz a escolha se não houver acordo entre as partes".

Obrigação de dar coisa certa Obrigação que uma das partes assume de entregar ou transferir uma determinada coisa a outrem. O objeto da obrigação não pode ser substituído por outro.

▸ Veja CC: "**Art. 233.** A obrigação de dar coisa certa abrange os acessórios dela embora não mencionados, salvo se o contrário resultar do título ou das circunstâncias do caso. **Art. 234.** Se, no caso do artigo antecedente, a coisa se perder, sem culpa do devedor, antes da tradição, ou pendente a condição suspensiva, fica resolvida a obrigação para ambas as partes; se a perda resultar de culpa do devedor, responderá este pelo equivalente e mais perdas e danos. **Art. 235.** Deteriorada a coisa, não sendo o devedor culpado, poderá o credor resolver a obrigação, ou aceitar a coisa, abatido de seu preço o valor que perdeu".

Obrigação de dar coisa incerta Obrigação que uma das partes assume de entregar ou transferir uma coisa de certo gênero (espécie) e em certa quantidade, ou seja, coisa fungível. Confunde-se com o mútuo em razão da fungibilidade do objeto. Caso não haja cláusula em contrário, a escolha da coisa pertence ao devedor (art. 244, CC).

▸ Veja CC: "**Art. 243.** A coisa incerta será indicada, ao menos, pelo gênero e pela quantidade. **Art. 244.** Nas coisas determinadas pelo gênero e pela quantidade, a escolha pertence ao devedor, se o contrário não resultar do título da obrigação; mas não poderá dar a coisa pior, nem será obrigado a prestar a melhor. **Art. 245.** Cientificado da escolha o credor, vigorará o disposto na Seção antecedente. **Art. 246.** Antes da escolha, não poderá o devedor alegar perda ou deterioração da coisa, ainda que por força maior ou caso fortuito".

Obrigação de fazer Obrigação que uma das partes assume de fazer ou executar pessoalmente um determinado trabalho ou serviço (art. 247, CC). Trata-se de contrato *intuitu personae* porque somente ao devedor da obrigação cumpre executá-lo, por exemplo, no caso de um pintor que é contratado para pintar uma tela específica.

▶ Veja CC: "**Art. 247.** Incorre na obrigação de indenizar perdas e danos o devedor que recusar a prestação a ele só imposta, ou só por ele exequível. **Art. 248.** Se a prestação do fato tornar-se impossível sem culpa do devedor, resolver-se-á a obrigação; se por culpa dele, responderá por perdas e danos. **Art. 249.** Se o fato puder ser executado por terceiro, será livre ao credor mandá-lo executar à custa do devedor, havendo recusa ou mora deste, sem prejuízo da indenização cabível. Parágrafo único. Em caso de urgência, pode o credor, independentemente de autorização judicial, executar ou mandar executar o fato, sendo depois ressarcido. [...] **Art. 461.** A alienação aleatória a que se refere o artigo antecedente poderá ser anulada como dolosa pelo prejudicado, se provar que o outro contratante não ignorava a consumação do risco, a que no contrato se considerava exposta a coisa".

Obrigação de não fazer Obrigação imposta a alguém para que se abstenha de fazer ou executar alguma coisa. Caracteriza-se por uma prestação negativa ou omissiva de parte do devedor. Confunde-se com o interdito proibitório, medida possessória preventiva que tem por objetivo impedir que uma ameaça à posse do possuidor venha a concretizar-se, seja por turbação, seja por esbulho (art. 932, CPC/73) e com a ação cominatória, pela qual o titular de um direito requer ao juiz que alguém cumpra uma obrigação, preste ou se abstenha de praticar algum ato que lhe traga prejuízo, sob pena de sanção ou pagamento de multa (art. 287, CPC/73) (*v. Astreinte*).

▶ Veja CC: "**Art. 250.** Extingue-se a obrigação de não fazer, desde que, sem culpa do devedor, se lhe torne impossível abster-se do ato, que se obrigou a não praticar. **Art. 251.** Praticado pelo devedor o ato, a cuja abstenção se obrigara, o credor pode exigir dele que o desfaça, sob pena de se desfazer à sua custa, ressarcindo o culpado perdas e danos. Parágrafo único. Em caso de urgência, poderá o credor desfazer ou mandar desfazer, independentemente de autorização judicial, sem prejuízo do ressarcimento devido. [...]".

▶ Veja CPC/73: "**Art. 461.** Na ação que tenha por objeto o cumprimento de obrigação de fazer ou não fazer, o juiz concederá a tutela específica da obrigação ou, se procedente o pedido, determinará providências que assegurem o resultado prático equivalente ao do adimplemento".

▶ Veja CPC/2015: "**Art. 814.** Na execução de obrigação de fazer ou não fazer fundada em título extrajudicial, ao despachar a inicial, o juiz fixará multa por período de atraso no cumprimento da obrigação e a data a partir da qual será devida. Parágrafo único. Se o valor da multa estiver previsto no título e for excessivo, o juiz poderá reduzi-lo".

Obrigação divisível Aquela em que a prestação pode ser cumprida em partes ou parcelas pelo devedor. Havendo mais de um devedor ou mais de um credor em obrigação divisível, esta presume-se dividida em tantas obrigações, iguais e distintas, quantos forem os credores ou devedores (art. 257, CC).

▶ Veja CC: "**Art. 257.** Havendo mais de um devedor ou mais de um credor em obrigação divisível, esta presume-se dividida em tantas obrigações, iguais e distintas, quantos os credores ou devedores. **Art. 258.** A obrigação é indivisível quando a prestação tem por objeto uma coisa ou um fato não suscetíveis de divisão, por sua natureza, por motivo de ordem econômica, ou dada a razão determinante do negócio jurídico".

Obrigação indivisível A obrigação é indivisível quando a prestação tem por objeto uma coisa ou um fato não suscetíveis de divisão, por sua natureza, por motivo de ordem econômica, ou dada a razão determinante do negócio jurídico (art. 258, CC).

Obrigação natural Diz-se da obrigação resultante exclusivamente da vontade de uma das partes. Não resulta de lei ou contrato, sendo considerado, acima de tudo, mero dever moral ou assistencial que, ao arbítrio do devedor, pode cessar a qualquer tempo. Por exemplo, ninguém está obrigado por lei a pagar dívida de jogo, porém, se o devedor decidir pagar, estará prestando uma obrigação natural.

Obrigação *propter rem* Obrigação que recai sobre uma pessoa em razão da sua qualidade de proprietário ou de titular de um direito real sobre um bem. De acordo com Arnoldo Wald, as obrigações *propter rem* "derivam da vinculação de alguém a certos bens, sobre os quais incidem deveres decorrentes da necessidade de manter-se a coisa" (WALD, Arnoldo. *Curso de direito civil brasileiro*: obrigações e contratos. 12.ed. Revista dos Tribunais, São Paulo, 1998). A obrigação *propter rem* segue o bem (a coisa), passando do antigo proprietário ao novo, que adquire junto com o bem o dever de satisfazer a obrigação. É transmitida juntamente com a propriedade, e seu cumprimento é da responsabilidade do titular, independentemente de ter origem anterior à transmissão do domínio. Nessa modalidade de obrigação, o titular responde com todos os seus bens, inclusive com o bem de que decorreu a obrigação.

- Administrativo. Agravo regimental em recurso especial. Serviço de fornecimento de água e coleta de esgoto. Ação de cobrança. Débito de terceiro. Obrigação de natureza pessoal. Responsabilidade do consumidor que efetivamente se utilizou do serviço. 1. De acordo com a jurisprudência desta Corte, a obrigação de pagar o débito referente ao serviço de fornecimento de água e coleta de esgoto se reveste de natureza pessoal e não *propter rem*, não se vinculando, portanto, à titularidade do imóvel. Assim, o atual usuário do serviço ou o proprietário do imóvel não podem ser responsabilizados por débitos de terceiro que efetivamente tenha-se utilizado do serviço. 2. Agravo regimental a que se nega provimento. (STJ, Ag. Reg. no REsp n. 1.444.530/SP, 1ª T., rel. Min. Sérgio Kukina, j. 08.05.2014, *DJe* 16.05.2014)

- Processo civil e civil. Condomínio. Débito. Natureza. Legitimidade passiva. Execução. Penhora do imóvel. [...] 3. A dívida condominial constitui uma obrigação *propter rem*, cuja prestação não deriva da vontade do devedor, mas de sua condição de titular do direito real. Aquele que possui a unidade e que, efetivamente, exerce os direitos e obrigações de condômino, responde pela contribuição de pagar as cotas condominiais, na proporção de sua fração ideal. 4. O adquirente de imóvel em condomínio responde pelas cotas condominiais em atraso, ainda que anteriores à aquisição, ressalvado o seu direito de regresso contra o antigo proprietário. Entendimento que se aplica à União na hipótese de ingresso de imóveis em seu patrimônio em decorrência de pena de perdimento aplicada em processo criminal. [...] (STJ, REsp n. 1.366.894/RS, 3ª T., rel. Min. Nancy Andrighi, j. 22.04.2014, *DJe* 02.06.2014)

Obrigação solidária É a que se verifica quando, na mesma obrigação, concorre mais de um credor, ou mais de um devedor, cada um com direito, ou obrigado, à dívida toda. A solidariedade não se presume; resulta da lei ou da vontade das partes (arts. 264 e 265, CC).

▶ Veja CC: "**Art. 264.** Há solidariedade, quando na mesma obrigação concorre mais de um credor, ou mais de um devedor, cada um com direito, ou obrigado, à dívida toda. **Art. 265.** A solidariedade não se presume; resulta da lei ou da vontade das partes. **Art. 266.** A obrigação solidária pode ser pura e simples para um dos cocredores ou codevedores, e condicional, ou a prazo, ou pagável em lugar diferente, para o outro".

Ofendículos Instrumentos instalados junto a prédios ou residências com o objetivo de reforçar a segurança e garantir a inviolabilidade de domicílio. Constituem ofendículos a instalação de arame farpado, cercas elétricas, cacos de garrafas em muro e cercas de ferro pontiagudas. "São aparelhos predispostos para a defesa da propriedade (arame farpado, cacos de vidro em muros, etc.) visíveis e a que estão equiparados os 'meios mecânicos' ocultos (eletrificação de fios, de maçanetas de portas, a instalação de armas prontas para disparar à entrada de intrusos, etc." (MIRABETE, Júlio Fabbrini. *Manual de direito penal*: Parte Geral, 8.ed. Rio de Janeiro, Forense, 1999, p. 190).

- Apelação cível. Ação de indenização por dano moral c/c alimentos. Responsabilidade civil por ato ilícito. Ofendículo. Homem que tocou cerca eletrificada pelo proprietário (apelante) do terreno. Ativação por rede externa de energia. Ato abusivo na defesa do direito de propriedade. Dever de reparar o dano. Danos morais devidos à companheira e ao filho menor. Alimentos fixados. Preliminar de ausência de nexo de causalidade afastada. Sentença mantida incólume. Recurso desprovido. (TJSC, Ap. Cível n. 2002.018.412-3/Chapecó, rel. Des. José Volpato de Souza)

Ofício Meio de comunicação dos órgãos da administração pública, tratando de assuntos de sua competência, expedido para outros órgãos públicos ou qualquer cidadão.

Onerosidade excessiva (*v. Teoria da imprevisão*).

Oneroso Característica do instrumento jurídico pelo qual se estabelece prestações recíprocas entre o que adquire e o que transmite o direito.

ONG Organização não governamental representada por um grupo social organizado, sem fins lucrativos, constituído formal e autonomamente, que atua no terceiro setor da sociedade civil desenvolvendo atividades em diversas áreas, tais como meio ambiente, combate à pobreza, assistência social, saúde, educação, reciclagem, desenvolvimento sustentável, entre outras. É caracterizada por ações de solidariedade no campo das políticas públicas e pelo legítimo exercício de pressões políticas em proveito de populações excluídas das condições de cidadania. As organizações são mantidas com recursos através de financiamento dos governos, empresas privadas, venda de produtos e doações da população em geral. A maior parte da mão de obra que atua nas ONGs é formada por voluntários.

Opoente Aquele que se opõe a uma pretensão que autor e réu controvertem em juízo (art. 56, CPC/73).

Oposição Modalidade de intervenção que pode ser utilizada por terceiro (opoente) para intervir no processo, quando se julgar com direito, no todo ou em parte, ao objeto da causa. Quem pretender, no todo ou em parte, a coisa ou o direito sobre os quais controvertem autor e réu, poderá, até ser proferida a sentença, oferecer oposição contra ambos (art. 56, CPC/73). O opoente deverá deduzir o pedido observando os mesmos requisitos exigidos para a propositura de qualquer outra ação (arts. 282 e 283, CPC/73). A oposição será distribuída por dependência ao processo principal, após o que serão os opostos (autor e réu) citados na pessoa de seus respectivos advogados para contestar o pedido no prazo comum de quinze dias.

▶ Veja CPC/73: "**Art. 56.** Quem pretender, no todo ou em parte, a coisa ou o direito sobre que controvertem autor e réu, poderá, até ser proferida a sentença, oferecer oposição contra ambos. **Art. 57.** O opoente deduzirá o seu pedido, observando os requisitos exigidos para a propositura da ação (arts. 282 e 283). Distribuída a oposição por dependência, serão os opostos citados, na pessoa dos seus respectivos advogados, para contestar o pedido no prazo comum de 15 (quinze) dias. [...]".

▶ Veja CPC/2015: "**Art. 682.** Quem pretender, no todo ou em parte, a coisa ou o direito sobre que controvertem autor e réu poderá, até ser proferida a sentença, oferecer oposição contra ambos. **Art. 683.** O opoente deduzirá o pedido em observação aos requisitos exigidos para propositura da ação. Parágrafo único. Distribuída a oposição por dependência, serão os opostos citados, na pessoa de seus respectivos advogados, para contestar o pedido no prazo comum de 15 (quinze) dias".

■ Recurso especial. Administrativo. Desapropriação. 1. Oposição apresentada pelos recorridos que foi reconhecida no julgado com trânsito em julgado. 2. Opoentes que comprovaram aquisição legítima das terras rurais apossadas administrativamente pelo Incra. 3. Valor da indenização fixada de acordo com a proposta do Incra, sem ostentar descompasso com a realidade do mercado. 4. Alegação em recurso especial de afetação do imóvel por ação discriminatória e existência de ação de nulidade de título de domínio apresentado pelos opoentes. Matérias jurídicas não discutidas no acórdão recorrido. Ausência de prequestionamento. 5. Ação discriminatória que na ação de nulidade foi considerada como não tendo atingido as terras de propriedade do recorrido. 6. Ação de nulidade do negócio jurídico, em sede de recurso especial não conhecido, considera-se improcedente. Confirmação da sentença e do acórdão do tribunal *a quo*, no mesmo sentido. 7. Recurso do Incra não conhecido. (STJ, REsp n. 851.854/RR, 1ª T., rel. Min. José Delgado, j. 18.03.2008, DJe 18.08.2008)

Ordem de serviço Ato pelo qual se estabelecem normas administrativas no âmbito de setores subordinados. Instrução dada a um servidor ou órgão administrativo autorizando a realização de tarefa ou serviço. Contém orientações a serem seguidas por quem detém cargo de chefia para execução de serviços ou desempenho de encargos.

Ordem dos Advogados do Brasil (OAB) Instituição que congrega e representa a advocacia e os advogados brasileiros. É representada, em nível nacional, pelo Conselho Federal da Ordem dos Advogados do Brasil. A OAB, criada pelo art. 17 do Decreto n. 19.408/30, tem natureza jurídica especial e única, *sui generis*, sendo considerada pessoa jurídica de direito público interno, que executa serviço público federal, porém não equiparável à autarquia nem à entidade paraestatal. A Lei n. 8.906, de 04.07.1994, instituiu o atual EAOAB, sendo regulamentada pelo Regulamento Geral do EAOAB, elaborado pelo Conselho Federal da OAB. Posteriormente, foi instituído o Código de Ética e Disciplina, aprovado em 13.02.1995. A OAB compreende 27 Seções, sendo uma no Distrito Federal e uma em cada estado da Federação.

Organização criminosa Associação de quatro ou mais pessoas estruturalmente ordenada e caracterizada pela divisão de tarefas, ainda que informalmente, com objetivo de obter, direta ou indiretamente, vantagem de qualquer natureza mediante a prática de infrações penais cujas penas máximas sejam superiores a quatro anos ou que sejam de caráter transnacional (art. 1º, § 1º, Lei n. 12.850/2013).

- Veja Lei n. 12.850/2013: "**Art. 1º** Esta Lei define organização criminosa e dispõe sobre a investigação criminal, os meios de obtenção da prova, infrações penais correlatas e o procedimento criminal a ser aplicado. § 1º Considera-se organização criminosa a associação de 4 (quatro) ou mais pessoas estruturalmente ordenada e caracterizada pela divisão de tarefas, ainda que informalmente, com objetivo de obter, direta ou indiretamente, vantagem de qualquer natureza, mediante a prática de infrações penais cujas penas máximas sejam superiores a 4 (quatro) anos, ou que sejam de caráter transnacional. [...]".

Organização judiciária Conjunto de normas editado pelos tribunais que determinam a composição e a competência de tribunais, juízes e auxiliares da Justiça. Estruturação dos órgãos principais e auxiliares do Poder Judiciário, no tocante a sua constituição, composição e atribuições. A Constituição Federal também contém normas referentes à competência para legislar sobre organização judiciária, permitindo que cada estado possa organizar sua Justiça por meio de códigos de organização judiciária e de regimentos internos dos tribunais de justiça estaduais próprios.

- Veja CF: "**Art. 22.** Compete privativamente à União legislar sobre: [...] XVII – organização judiciária, do Ministério Público do Distrito Federal e dos Territórios e da Defensoria Pública dos Territórios, bem como organização administrativa destes; [...] **Art. 48.** Cabe ao Congresso Nacional, com a sanção do Presidente da República, não exigida esta para o especificado nos arts. 49, 51 e 52, dispor sobre todas as matérias de competência da União, especialmente sobre: [...] IX – organização administrativa, judiciária, do Ministério Público e da Defensoria Pública da União e dos Territórios e organização judiciária e do Ministério Público do Distrito Federal; [...] **Art. 125.** Os Estados organizarão sua Justiça, observados os princípios estabelecidos nesta Constituição. § 1º A competência dos tribunais será definida na Constituição do Estado, sendo a lei de organização judiciária de iniciativa do Tribunal de Justiça. [...]".

- Lei de organização judiciária do distrito federal. Análise. Impossibilidade. Súmula n. 280 do Pretório Excelso. 1. A análise da ofensa à Lei de Organização Judiciária do Distrito Federal não pode ser feita na via estreita do recurso especial, por se tratar de lei local, a despeito de ter sido editada pelo Congresso Nacional. Incidência, destarte, da inteligência do Enunciado n. 280 da Súmula do C. Supremo Tribunal Federal, segundo o qual: "Por ofensa a direito local não cabe recurso extraordinário". 2. Agravo regimental a que se nega provimento. (STJ, Ag. Reg. no REsp n. 60.308/DF, 4ª T., rel. Min. Raul Araújo, j. 13.12.2011, *DJe* 01.02.2012)

Órgãos fracionários São frações de um tribunal ou formas de o tribunal atuar mais eficientemente através da divisão do trabalho entre seus membros que atuam colegiadamente. Constituem subdivisões dos tribunais (turmas, câmaras, seções) que funcionam como frações deles objetivando maior celeridade no julgamento.

- Súmula vinculante n. 10, STF: Viola a cláusula de reserva de plenário (CF, art. 97) a decisão de órgão fracionário de tribunal que, embora não declare expressamente a inconstitucionalidade de lei ou ato normativo do Poder Público, afasta a sua incidência no todo ou em parte.

Outorga conjugal Autorização a que está obrigado cada um dos cônjuges em relação ao outro para a prática de determinados atos previstos em lei. Diz-se *outorga uxória* em relação à autorização prestada pela mulher e *outorga marital* em relação à prestada pelo marido. Ressalvado o suprimento da outorga pelo juiz (art. 1.648, CC), nenhum dos cônjuges pode, sem autorização do outro, exceto no regime da separação absoluta de bens: alienar ou gravar de ônus real os bens imóveis; pleitear, como autor ou réu, acerca desses bens ou direitos; prestar fiança ou aval; fazer doação, não sendo remuneratória, de bens comuns ou dos que possam integrar futura meação (art. 1.647, CC). A falta de autorização, não suprida pelo juiz, tornará anulável o ato praticado, podendo o outro cônjuge pleitear-lhe a anulação até dois anos depois de terminada a sociedade conjugal (art. 1.649, CC). A anulação dos atos só poderá ser demandada pelo cônjuge a quem cabia concedê-la ou por seus herdeiros (art. 1.650, CC). No processo civil, o cônjuge somente necessitará do consentimento do outro para propor ações que versem sobre direitos reais imobiliários, salvo quando casados sob o regime da separação absoluta de bens (art. 10, CPC/73).

- Veja CC: "**Art. 1.647.** Ressalvado o disposto no art. 1.648, nenhum dos cônjuges pode, sem autorização do outro, exceto no regime da separação absoluta: I – alienar ou gravar de ônus real os bens imóveis; II – pleitear, como autor ou réu, acerca desses bens ou direitos; III – prestar fiança ou aval; IV – fazer doação, não sendo remuneratória, de bens comuns, ou dos que possam integrar futura meação. Parágrafo único. São válidas as doações nupciais feitas aos filhos quando casarem ou estabelecerem economia separada. **Art. 1.648.** Cabe ao juiz, nos casos do artigo antecedente, suprir a outorga, quando um dos cônjuges a denegue sem motivo justo, ou lhe seja impossível concedê-la. **Art. 1.649.** A falta de autorização, não suprida pelo juiz, quando necessária (art. 1.647), tornará anulável o ato praticado, podendo o outro cônjuge pleitear-lhe a anulação, até dois anos depois de terminada a sociedade conjugal. Parágrafo único. A aprovação torna válido o ato, desde que feita por instrumento público, ou particular, autenticado. **Art. 1.650.** A decretação de invalidade dos atos praticados sem outorga, sem consentimento, ou sem suprimento do juiz, só poderá ser demandada pelo cônjuge a quem cabia concedê-la, ou por seus herdeiros".

- Veja CPC/73: "**Art. 10.** O cônjuge somente necessitará do consentimento do outro para propor ações que versem sobre direitos reais imobiliários. [...] **Art. 11.** A autorização do marido e a outorga da mulher podem suprir-se judicialmente, quando um cônjuge a recuse ao outro sem justo motivo, ou lhe seja impossível dá-la. Parágrafo único. A falta, não suprida pelo juiz, da autorização ou da outorga, quando necessária, invalida o processo".

- Veja CPC/2015: "**Art. 73.** O cônjuge necessitará do consentimento do outro para propor ação que verse sobre direito real imobiliário, salvo quando casados sob o regime de separação absoluta de bens. [...] **Art. 74.** O consentimento previsto no art. 73 pode ser suprido judicialmente quando for negado por um dos cônjuges sem justo motivo, ou quando lhe seja impossível concedê-lo. Parágrafo único. A falta de consentimento quando necessário e não suprido pelo juiz, invalida o processo".

- Súmula n. 332, STJ: A fiança prestada sem autorização de um dos cônjuges implica a ineficácia total da garantia.

- Locação. Fiança. Outorga marital. Ausência. Arguição. Legitimidade. Recurso especial. Reexame de matéria fático-probatória. Impossibilidade (Súmula n. 7/STJ). 1. Exige-se, nos termos do CC em vigor, para validade da fiança, anuência do outro cônjuge. 2. "A decretação de invalidade dos atos praticados sem outorga, sem consentimento, ou sem suprimento do juiz, só poderá ser demandada pelo cônjuge a quem cabia concedê-la, ou por seus herdeiros" (art. 1.650/CC/2002). 3. O exame das questões trazidas pela recorrente implicaria revolvimento de matéria fático-probatória, procedimento inadmissível em âmbito de recurso especial, nos termos da Súmula n. 7 deste STJ. 4. Agravo interno ao qual se nega provimento. (STJ, Ag. Reg. no REsp n. 1.060.779/RJ, 6ª T., rel. Min. Celso Limongi, j. 30.06.2010, *DJe* 02.08.2010)

- Direito civil. Locação. Fiança. Outorga marital. Ausência. Nulidade. 1. A fiança prestada sem outorga marital é nula de pleno direito, alcançando todo o ato, inclusive a meação da mulher. Precedentes da Corte. 2. Recurso especial conhecido e provido. (STJ, REsp n. 453.490/DF, 6ª T., rel. Min. Fernando Gonçalves, j. 22.10.2002, *DJ* 11.11.2002, p. 315)

Outorga uxória (*v. Outorga conjugal*).

P

Pacto adjeto Contrato acessório (fiança) ou cláusula acessória de contrato (preferência, retrovenda, penhor, hipoteca).

Pacto antenupcial Acordo feito por escritura pública antes das núpcias pelos contraentes que dispõe sobre o regime de bens que vigorará durante o casamento. Não havendo convenção, ou sendo ela nula ou ineficaz, vigorará, em relação aos bens entre os cônjuges, o regime da comunhão parcial (art. 1.640, CC). É nulo o pacto antenupcial que não for feito por escritura pública, e será ineficaz se a ele não seguir o casamento (art. 1.653, CC).

▸ Veja CC: "**Art. 1.640.** Não havendo convenção, ou sendo ela nula ou ineficaz, vigorará, quanto aos bens entre os cônjuges, o regime da comunhão parcial. Parágrafo único. Poderão os nubentes, no processo de habilitação, optar por qualquer dos regimes que este Código regula. Quanto à forma, reduzir-se-á a termo a opção pela comunhão parcial, fazendo-se o pacto antenupcial por escritura pública, nas demais escolhas. [...] **Art. 1.653.** É nulo o pacto antenupcial se não for feito por escritura pública, e ineficaz se não lhe seguir o casamento. **Art. 1.654.** A eficácia do pacto antenupcial, realizado por menor, fica condicionada à aprovação de seu representante legal, salvo as hipóteses de regime obrigatório de separação de bens. **Art. 1.655.** É nula a convenção ou cláusula dela que contravenha disposição absoluta de lei. **Art. 1.656.** No pacto antenupcial, que adotar o regime de participação final nos aquestos, poder-se-á convencionar a livre disposição dos bens imóveis, desde que particulares. **Art. 1.657.** As convenções antenupciais não terão efeito perante terceiros senão depois de registradas, em livro especial, pelo oficial do Registro de Imóveis do domicílio dos cônjuges".

■ Casamento. Pacto antenupcial. Separação de bens. Sociedade de fato. Reconhecimento. Impossibilidade. Divisão dos aquestos. A cláusula do pacto antenupcial que exclui a comunicação dos aquestos impede o reconhecimento de uma sociedade de fato entre marido e mulher para o efeito de dividir os bens adquiridos depois do casamento. Precedentes. (STJ, REsp n. 404.088/RS, 3ª T., rel. Min. Castro Filho, rel. p/ Acórdão Min. Humberto Gomes de Barros, j. 17.04.2007, *DJ* 28.05.2007, p. 320)

Pacto comissório Cláusula inserida nos contratos de alienação imobiliária sob pagamento em prestações em que se estabelecia que, caso deixasse de honrar alguma das parcelas, o devedor perderia automaticamente o bem adquirido em favor do alienante sem direito a devolução do que foi pago. O pacto comissório é vedado pelo atual ordenamento jurídico em face do art. 1.428 do CC.

■ Promessa de compra e venda firmada em garantia a contrato de *factoring* sob a égide do CC de 1916. Caracterização de pacto comissório vedado pelo ordenamento jurídico. [...] 2. Assentado no acórdão recorrido e incontroverso nos autos que a execução de obrigação de fazer lastra-se em contratos de compromisso de compra e venda, dados como garantia para o caso de inadimplência em contrato de *factoring*, pode o STJ, sem incorrer em superação das Súmulas ns. 5 e 7, estabelecer fundamento jurídico diverso daquele fixado pela Corte local para proclamar a nulidade absoluta dos ajustes *sub judice*. 3. No caso, resta perfeitamente configurada a figura do pacto comissório, pois, simulando a celebração de contratos de compromisso de compra e venda, foram instituídas verdadeiras garantias reais aos ajustes de *factoring*, permitindo que, em caso de inadimplência, fossem os bens transmitidos diretamente ao credor. Avença nula de pleno direito, consoante o disposto no art. 765 do CC/1916, atual art. 1.428 do CC/2002. Precedentes da Corte. 4. Recurso especial desprovido. (STJ, REsp n. 954.903/RS, 4ª T., rel. Min. Marco Buzzi, j. 11.12.2012, *DJe* 01.02.2013)

Pacto de reserva de domínio (*v. Reserva de domínio*).

Paradigma Alguma coisa, doutrina ou pessoa que serve de modelo ou parâmetro para outra. Em direito do trabalho, é a designação que se dá à situação funcional e ao salário de empregado utilizados como referência para equiparar a situação e o salário de outro empregado que exerce a mesma função na empresa. Sendo idêntica a função, todo trabalho de igual valor, prestado ao mesmo empregador, na mesma localidade, corresponderá a igual salário, sem distinção de sexo, nacionalidade ou idade (art. 461, CLT).

> ▶ Veja CLT: "**Art. 461.** Sendo idêntica a função, a todo trabalho de igual valor, prestado ao mesmo empregador, na mesma localidade, corresponderá igual salário, sem distinção de sexo, nacionalidade ou idade. § 1º Trabalho de igual valor, para os fins deste Capítulo, será o que for feito com igual produtividade e com a mesma perfeição técnica, entre pessoas cuja diferença de tempo de serviço não for superior a 2 (dois) anos. § 2º Os dispositivos deste artigo não prevalecerão quando o empregador tiver pessoal organizado em quadro de carreira, hipótese em que as promoções deverão obedecer aos critérios de antiguidade e merecimento. § 3º No caso do parágrafo anterior, as promoções deverão ser feitas alternadamente por merecimento e por antiguidade, dentro de cada categoria profissional. § 4º O trabalhador readaptado em nova função por motivo de deficiência física ou mental atestada pelo órgão competente da Previdência Social não servirá de paradigma para fins de equiparação salarial".

- Equiparação salarial. Princípio da isonomia. Paradigma subordinado ao reclamante. Equiparação devida. CLT, arts. 5º e 461. CF/88, art. 7º, XXX e XXXI. Contraria qualquer senso de justiça e constitui manifesta afronta ao princípio de isonomia, legal e constitucionalmente assegurado, que o reclamante, exercendo funções equivalentes, receba salário inferior ao do paradigma, mormente sendo este seu subordinado. Inteligência dos arts. 5º e 461, da CLT e 7º, XXX e XXXI, da CF/88. (TRT-2ª Região, RO n. 862/SP, rel. Juiz Ricardo Artur Costa e Trigueiros, j. 30.11.2004, *DJ* 10.12.2004)

- Equiparação salarial. Saída do paradigma do exercício da função. O pagamento da diferença decorrente da equiparação salarial não está atrelado à permanência do paradigma na função. O que existe é a situação de fato: duas pessoas exercem a mesma função, no mesmo local, com a mesma perfeição, e recebem salários diferentes. Isso significa que aquela função tem o valor do maior salário. Se o paradigma vem a sair da empresa ou passa a exercer outra função em outro setor, como é o caso dos autos, o valor da função permanece, e aquele que trabalha naquela função deve permanecer com sua remuneração equiparada. (TST, RR n. 591.763/2000, 2ª T., rel. Min. Vantuil Abdala, *DJ* 19.05.2000)

Parágrafo (§) Constitui, na técnica legislativa, a imediata divisão de um artigo. É representado pelo sinal gráfico "§". No parágrafo, consagrou-se a prática da numeração ordinal até o nono (§ 9º) e cardinal a partir do parágrafo dez (§ 10). Quando houver apenas um parágrafo, adota-se a grafia *parágrafo único* (e não "§ único"). Os textos dos parágrafos serão iniciados com letra maiúscula e encerrados com ponto-final.

Parecer Opinião fundamentada a respeito de lei, artigo de lei ou questão de Direito ou fato emitida por jurista, Ministério Público, assistente jurídico ou operador do Direito quando aqueles lhes forem submetidos. O parecer jurídico elaborado por jurista ou advogado de notória especialização não encontra previsão legal em nosso ordenamento jurídico, mas pode ser admitido como mais uma prova documental. Assim, no âmbito do Judiciário, os juízes não estão obrigados a aceitar, como forma de decidir, os pareceres emitidos por juristas ou pelos membros do Ministério Público sobre os processos submetidos à sua apreciação (*v. Parecerista*). Já no Direito português, no art. 525 do Código de Processo Civil, há previsão expressa do parecer jurídico. Consta do referido artigo que "os pareceres de advogados, professores ou técnicos podem ser juntos, nos tribunais de primeira instância, em qualquer fase do processo".

Parecer administrativo Aquele elaborado por assistente jurídico com base em dispositivos legais, jurisprudência e informações e pelo qual, justificadamente, o assistente se manifesta favorável ou contrariamente sobre a questão a ele submetida. O parecer indica e fundamenta a solução que deve ser aplicada ao caso proposto. O parecer administrativo possui caráter meramente opinativo, não se vinculando à administração ou aos particulares, salvo se aprovado por ato subsequente. Trata-se de opinião emitida pelo operador do Direito, opinião técnico-jurídica, que orientará o administrador na tomada de decisão ou na prática do ato administrativo que constitui a execução *ex officio* da lei.

- Controle externo. Auditoria pelo TCU. Responsabilidade de procurador de autarquia por emissão de parecer técnico-jurídico de natureza opinativa. [...] II. No caso de que cuidam os autos, o parecer emitido pelo impetrante não tinha caráter vinculante. Sua aprovação pelo superior hierárquico não desvirtua sua natureza opinativa, nem o torna parte de ato administrativo posterior do qual possa eventualmente decorrer dano ao erário, mas apenas incorpora sua fundamentação ao ato. III. Controle externo: É lícito concluir que é abusiva a responsabilização do parecerista à luz de uma alargada relação de causalidade entre seu parecer e o ato administrativo do qual tenha resultado dano ao erário. Salvo demonstração de culpa ou erro grosseiro, submetida às instâncias administrativo-disciplinares ou jurisdicionais próprias, não cabe a responsabilização do advogado público pelo conteúdo de seu parecer de natureza meramente opinativa. Mandado de segurança deferido. (STF, MS n. 24.631/DF, rel. Min. Joaquim Barbosa, j. 09.08.2007)

- Constitucional. Administrativo. Tribunal de contas. Tomada de contas. Advogado. Procurador. Parecer. CF, art. 70, parágrafo único, art. 71, II, art. 133. Lei n. 8.906, de 1994, art. 2º, § 3º, art. 7º, art. 32, art. 34, IX. I – Advogado de empresa estatal que, chamado a opinar, oferece parecer sugerindo contratação direta, sem licitação, mediante interpretação da lei das licitações. Pretensão do TCU em responsabilizar o advogado solidariamente com o administrador que decidiu pela contratação direta: impossibilidade, dado que o parecer não é ato administrativo, sendo, quando muito, ato de administração consultiva, que visa a informar, elucidar, sugerir providências administrativas a serem estabelecidas nos atos de administração ativa. O parecer emitido por procurador ou advogado de órgão da administração pública não é ato administrativo. Nada mais é do que a opinião emitida pelo operador do Direito, opinião técnico-jurídica, que orientará o administrador na tomada de decisão, na prática do ato administrativo, que se constitui na execução *ex officio* da lei. (STF, MS n. 24.073, rel. Min. Carlos Velloso)

Parecerista Operador jurídico que emite parecer ou opinião fundamentada a respeito de questão de fato ou de Direito que é submetida à sua apreciação. São considerados pareceristas os assistentes jurídicos que, vinculados à administração pública, se manifestam justificadamente sobre ato jurídico a ser praticado pelo poder público, bem como juristas e advogados de notória especialização que, mediante pagamento pela(s) parte(s), emitem pareceres para ser anexados a processos judiciais, os quais estão sujeitos à livre apreciação pelo juiz.

Parentes (*v. Parentesco*).

Parentesco Vínculo jurídico e pessoal decorrente da relação de consanguinidade, adoção, afinidade, reprodução assistida heteróloga ou socioafetividade (art. 1.593, CC).

Parentesco civil Aquele decorrente de outra origem que não seja a consanguinidade (art. 1.593, CC), como adoção, vínculo parental proveniente das técnicas de reprodução assistida heteróloga relativamente ao pai (ou à mãe) que não contribuiu com seu material fecundante, e paternidade socioafetiva, fundada na posse do estado de filho.

▶ Veja CC: "**Art. 1.593.** O parentesco é natural ou civil, conforme resulte de consanguinidade ou outra origem".

Parentesco natural Também chamado parentesco consanguíneo ou biológico (art. 1.593, CC), é o que se origina entre pessoas que descendem de um tronco comum (art. 1.593, CC). O parentesco natural se efetiva tanto pelo lado masculino (parentesco por *agnação*) quanto pelo lado feminino (parentesco por *cognação*). Os graus de parentesco sanguíneo são estabelecidos em *linha reta* e em *linha colateral*.

▶ Veja CC: "**Art. 1.593.** O parentesco é natural ou civil, conforme resulte de consanguinidade ou outra origem".

Parentesco natural na linha colateral São parentes na linha colateral, ou transversal, até o 4º grau, as pessoas que, conquanto provenham de um tronco comum, não descendem umas das outras (art. 1.592, CC). Na linha colateral, a contagem do número de gerações (graus) é feita partindo-se de um dos parentes, subindo até o tronco comum (ascendente comum) e descendo até chegar ao parente pretendido (art. 1.594, CC): irmãos e avós (em segundo grau); tios, sobrinhos e bisavós (em terceiro grau); primos e trisavós (em quarto grau).

▶ Veja CC: "**Art. 1.592.** São parentes em linha colateral ou transversal, até o quarto grau, as pessoas provenientes de um só tronco, sem descenderem uma da outra".

Parentesco natural na linha reta   Este parentesco se verifica entre pessoas que estão umas para com as outras na relação de ascendentes e descendentes (art. 1.591, CC). Por outras palavras, é o parentesco existente entre pessoas que, além de descenderem de um tronco comum, descendem umas das outras, como filho e pai, e filho e mãe (em primeiro grau).

▶ Veja CC: "**Art. 1.591.** São parentes em linha reta as pessoas que estão umas para com as outras na relação de ascendentes e descendentes. **Art. 1.592.** São parentes em linha colateral ou transversal, até o quarto grau, as pessoas provenientes de um só tronco, sem descenderem uma da outra. [...] **Art. 1.594.** Contam-se, na linha reta, os graus de parentesco pelo número de gerações, e, na colateral, também pelo número delas, subindo de um dos parentes até ao ascendente comum, e descendo até encontrar o outro parente".

Parentesco por afinidade   Vínculo que se estabelece entre um cônjuge e os parentes do outro cônjuge (art. 1.595, CC). Como ocorre com o parentesco natural, também no parentesco por afinidade se contam os graus na linha reta e na linha colateral. Linha reta: genro/nora e sogro/sogra (1º grau), enteado/enteada e padrasto/madrasta (primeiro grau); linha colateral: genro/nora e cunhado/cunhada (segundo grau). A afinidade, na linha reta, não se extingue com a dissolução do casamento que a originou (art. 1.595, § 2º, CC).

▶ Veja CC: "**Art. 1.595.** Cada cônjuge ou companheiro é aliado aos parentes do outro pelo vínculo da afinidade. § 1º O parentesco por afinidade limita-se aos ascendentes, aos descendentes e aos irmãos do cônjuge ou companheiro. § 2º Na linha reta, a afinidade não se extingue com a dissolução do casamento ou da união estável".

■ Família. Alimentos. Nora. Parentesco por afinidade. Pedido formulado em face dos sogros. Impossibilidade. Ilegitimidade passiva *ad causam* reconhecida. Não há extensão legal à obrigação de alimentos à nora pelo sogro ou sogra, ou ambos. Nora está no campo do parentesco por afinidade estabelecida pelo casamento. Embora a afinidade não se dissolva pela morte do cônjuge, ela não municia, no ordenamento legislativo atual e específico, direito à pretensão de alimentos aos sogros, pelo que há de se reconhecer a ilegitimidade passiva *ad causam* destes, na ação de alimentos proposta pela nora. (TJMG, Ag. n. 230.211/Alfenas, rel. Des. Isalino Lisbôa, j. 18.10.2001, *DJ* 19.03.2002)

Parquet   Membro ou representante do Ministério Público. A designação tem origem na França antiga, onde os procuradores do rei ocupavam um espaço de pé sobre o assoalho (*parquet*) da sala de audiências, e não sobre o estrado ao lado do juiz como acontece nos dias atuais.

Parte disponível   Parte ou fração do patrimônio do doador ou do testamenteiro passível de transferência por doação ou testamento. Quota disponível. A limitação da liberalidade à metade do valor dos bens deve-se à necessidade da preservação da legítima dos herdeiros necessários (art. 1.846, CC). São sujeitas à redução as doações em que se apurar excesso quanto ao que o doador poderia dispor no momento da liberalidade (art. 2.007, CC).

▶ Veja CC: "**Art. 549.** Nula é também a doação quanto à parte que exceder à de que o doador, no momento da liberalidade, poderia dispor em testamento. [...] **Art. 1.846.** Pertence aos herdeiros necessários, de pleno direito, a metade dos bens da herança, constituindo a legítima. [...] **Art. 1.849.** O herdeiro necessário, a quem o testador deixar a sua parte disponível, ou algum legado, não perderá o direito à legítima. [...] **Art. 1.967.** As disposições que excederem a parte disponível reduzir-se-ão aos limites dela, de conformidade com o disposto nos parágrafos seguintes. § 1º Em se verificando excederem as disposições testamentárias a porção disponível, serão proporcionalmente reduzidas as quotas do herdeiro ou herdeiros instituídos, até onde baste, e, não bastando, também os legados, na proporção do seu valor. [...] **Art. 2.005.** São dispensadas da colação as doações que o doador determinar saiam da parte disponível, contanto que não a excedam, computado o seu valor ao tempo da doação. Parágrafo único. Presume-se imputada na parte disponível a liberalidade feita a descendente que, ao tempo do ato, não seria chamado à sucessão na qualidade de herdeiro necessário. **Art. 2.006.** A dispensa da colação pode ser outorgada pelo doador em testamento, ou no próprio título de liberalidade. **Art. 2.007.** São sujeitas à redução as doações em que se apurar excesso quanto ao que o doador poderia dispor, no momento da liberalidade. § 1º O excesso será apurado com base no valor que os bens doados tinham, no momento da liberalidade. [...]".

- Testamento público. Parte disponível. Ação anulatória. Notícia de ação de investigação de paternidade posterior à morte do testador. CCB/2002, arts. 1.864 e 1.975. Sentença que reconheceu a nulidade do mesmo, determinando que a sucessão obedeça à lei ordinária. Irresignação do herdeiro necessário, beneficiário do testamento. Provas nos autos de que o finado sabia da existência da apelada, apenas não a tendo reconhecido, formalmente. Testamento que não se rompe, considerando que a disposição testamentaria se deu apenas sobre a parte disponível. Dá-se provimento ao recurso para determinar o registro e cumprimento do testamento. (TJRJ, Ap. Cível n. 2.644, rel. Des. Benedicto Abicair, j. 15.06.2011)

- Inventário e partilha. Doação de bens com dispensa expressa de colação. Fato que não impede a conferência do valor dos mesmos, no inventário, para determinar se saíram da parte disponível do patrimônio da doadora. (Indica precedente). (TJMG, AI n. 18.660/Bom Sucesso, rel. Des. Fernandes Filho. j. 25.02.1986)

- União estável. Concubinato. Companheiro com filhos. Usufruto em benefício da companheira sobre a totalidade dos bens. Inadmissibilidade. Possibilidade sobre a parte disponível. CCB, art. 1.576. O companheiro que tem filhos não pode instituir em favor da companheira usufruto sobre a totalidade do seu patrimônio, mas apenas sobre a parte disponível. CCB, art. 1.576. (STJ, REsp n. 175.862/ES, rel. Min. Ruy Rosado de Aguiar, j. 16.08.2001, *DJ* 24.09.2001)

Partilha de bens Forma de divisão de bens em porções ou quinhões entre pessoas que a eles fazem jus em razão de casamento, união estável, sociedade ou direitos hereditários.

- Veja CC: "**Art. 2.013.** O herdeiro pode sempre requerer a partilha, ainda que o testador o proíba, cabendo igual faculdade aos seus cessionários e credores. **Art. 2.014.** Pode o testador indicar os bens e valores que devem compor os quinhões hereditários, deliberando ele próprio a partilha, que prevalecerá, salvo se o valor dos bens não corresponder às quotas estabelecidas. **Art. 2.015.** Se os herdeiros forem capazes, poderão fazer partilha amigável, por escritura pública, termo nos autos do inventário, ou escrito particular, homologado pelo juiz. **Art. 2.016.** Será sempre judicial a partilha, se os herdeiros divergirem, assim como se algum deles for incapaz. **Art. 2.017.** No partilhar os bens, observar-se-á, quanto ao seu valor, natureza e qualidade, a maior igualdade possível. **Art. 2.018.** É válida a partilha feita por ascendente, por ato entre vivos ou de última vontade, contanto que não prejudique a legítima dos herdeiros necessários".

- Veja CPC/2015: "**Art. 647.** Cumprido o disposto no art. 642, § 3º, o juiz facultará às partes que, no prazo comum de 15 (quinze) dias, formulem o pedido de quinhão e, em seguida, proferirá a decisão de deliberação da partilha, resolvendo os pedidos das partes e designando os bens que devam constituir quinhão de cada herdeiro e legatário. Parágrafo único. O juiz poderá, em decisão fundamentada, deferir antecipadamente a qualquer dos herdeiros o exercício dos direitos de usar e de fruir de determinado bem, com a condição de que, ao término do inventário, tal bem integre a cota desse herdeiro, cabendo a este, desde o deferimento, todos os ônus e bônus decorrentes do exercício daqueles direitos. **Art. 648.** Na partilha, serão observadas as seguintes regras: I – a máxima igualdade possível quanto ao valor, à natureza e à qualidade dos bens; II – a prevenção de litígios futuros; III – a máxima comodidade dos coerdeiros, do cônjuge ou do companheiro, se for o caso".

Partilha de bens na união estável Divisão de bens entre os companheiros na dissolução da união estável que pode ocorrer em duas situações: ausência de convenção sobre o regime de bens, presumindo-se a comunhão parcial; convenção que estipula o regime de comunhão universal de bens (art. 1.725, CC). No primeiro caso, excluem-se da partilha os bens que qualquer um dos conviventes houver adquirido antes da união, os que houverem adquirido após a união com o produto da alienação desses bens e os que houverem recebido a título de herança ou doação, estes por ser considerados adquiridos por título gratuito ou não oneroso.

- Veja CC: "**Art. 1.725.** Na união estável, salvo contrato escrito entre os companheiros, aplica-se às relações patrimoniais, no que couber, o regime da comunhão parcial de bens".

- Concubinato. Dissolução de união estável. Partilha. Inclusão de bens na partilha. Imóveis, cotas societárias e móveis e utensílios. Prova. [...] Somente podem ser incluídos na partilha os bens adquiridos ao tempo da união estável havida entre a autora e o falecido, nos termos do acórdão, não comportando partição aqueles adquiridos após o término da convivência e sem haver sub-rogação. 3. Ficam excluídos também os bens móveis e utensílios indicados pela virago 18 anos após a dissolução da união, pois não ficou comprovada a sua existência nem a época da aquisição. 4. Compõem a partilha os imóveis adquiridos de forma parcelada, ainda que registrados após a ruptura da relação. (TJRS, Ap. Cível n. 23.192.735/Santa Cruz do Sul, rel. Des. Sérgio Fernando de Vasconcellos Chaves, j. 16.07.2008, *DJ* 24.07.2008)

Partilha de bens no divórcio Divisão de bens entre os cônjuges na dissolução do casamento pelo divórcio, desde que casados pelo regime da comunhão universal ou parcial de bens. O divórcio pode ser concedido sem que haja prévia partilha de bens (art. 1.581, CC). Nesse caso, faculta-se que a partilha seja feita posteriormente, perante o juízo sucessivo, na forma estabelecida nos arts. 1.121 e 982 e seguintes do CPC/73. Não obstante, decidindo-se pela partilha dos bens, no divórcio consensual será observado o que os cônjuges convencionarem, inclusive não havendo obrigatoriedade da divisão dos bens por igual quando haja direito à meação nos regimes de comunhão universal e de comunhão parcial de bens. Já no divórcio litigioso, o juiz observará o direito de meação no que couber.

- Veja CC: "**Art. 1.581.** O divórcio pode ser concedido sem que haja prévia partilha de bens".

- Veja CPC/73: "**Art. 1.121.** [...] § 1º Se os cônjuges não acordarem sobre a partilha dos bens, far-se-á esta, depois de homologada a separação consensual, na forma estabelecida neste Livro, Título I, Capítulo IX. [...]".

- Veja CPC/2015: "**Art. 731.** [...] Parágrafo único. Se os cônjuges não acordarem sobre a partilha dos bens, far-se-á esta depois de homologado o divórcio, na forma estabelecida nos arts. 647 a 658".

■ Casamento. Divórcio. Inventário. Partilha. Casamento pelo regime de comunhão universal. Exclusão da partilha de bens herdados após separação do casal. Inadmissibilidade. Expectativa de direito à herança anterior à separação de fato do casal. Recurso não provido. (TJSP, Ap. Cível n. 225.837/1/São Vicente, rel. Des. Alvaro Lazzarini, j. 27.06.1995)

■ Família. Casamento. Divórcio direto. Partilha posterior. Admissibilidade. Lei n. 6.515/77, arts. 31 e 43. Segundo o sistema jurídico vigente, é dispensável a prévia partilha dos bens do casal em se tratando de divórcio direto. A indispensabilidade, por lei (Lei n. 6.515/77, arts. 31 e 43), restringe-se ao divórcio indireto (por conversão). (STJ, REsp n. 56.219/8/SP, rel. Min. Sálvio de Figueiredo, j. 14.02.1995, *DJ* 13.03.1995)

Partilha de bens no inventário Fase do processo de inventário na qual o acervo hereditário do *de cujus*, denominado *espólio*, é dividido em porções ou quinhões entre o cônjuge ou companheiro sobrevivente e os herdeiros. Se os herdeiros forem capazes, poderão fazer partilha amigável, por escritura pública, termo nos autos do inventário, ou escrito particular homologado pelo juiz. Será sempre judicial a partilha se os herdeiros divergirem, assim como se algum deles for incapaz (arts. 2.015 e 2.016, CC).

- Veja CC: "**Art. 2.015.** Se os herdeiros forem capazes, poderão fazer partilha amigável, por escritura pública, termo nos autos do inventário, ou escrito particular, homologado pelo juiz. Art. 2.016. Será sempre judicial a partilha, se os herdeiros divergirem, assim como se algum deles for incapaz".

- Veja CPC/2015: "**Art. 647.** Cumprido o disposto no art. 642, § 3º, o juiz facultará às partes que, no prazo comum de 15 (quinze) dias, formulem o pedido de quinhão e, em seguida, proferirá a decisão de deliberação da partilha, resolvendo os pedidos das partes e designando os bens que devam constituir quinhão de cada herdeiro e legatário. Parágrafo único. O juiz poderá, em decisão fundamentada, deferir antecipadamente a qualquer dos herdeiros o exercício dos direitos de usar e de fruir de determinado bem, com a condição de que, ao término do inventário, tal bem integre a cota desse herdeiro, cabendo a este, desde o deferimento, todos os ônus e bônus decorrentes do exercício daqueles direitos. **Art. 648.** Na partilha, serão observadas as seguintes regras: I – a máxima igualdade possível quanto ao valor, à natureza e à qualidade dos bens; II – a prevenção de litígios futuros; III – a máxima comodidade dos coerdeiros, do cônjuge ou do companheiro, se for o caso".

■ Inventário e partilha. Princípio da igualdade na partilha. Caráter relativo quando se trata de acordo amigável entre herdeiros capazes. CCB, art. 1.775. [Cita doutrina] Nada impede o abrandamento do princípio da igualdade nas partilhas, quando convergem os interesses dos herdeiros, na formulação de plano amigável de divisão. (TJSP, Ap. Cível n. 90.737/1987/SP, rel. Des. Márcio Bonilha, j. 22.10.1987)

Partilha em vida Divisão de bens feita por ascendente aos descendentes por ato entre vivos ou de última vontade (testamento). O mesmo que adiantamento da legítima. É válida a partilha contanto que não prejudique a legítima dos herdeiros necessários (art. 2.018, CC).

- Veja CC: "**Art. 2.018.** É válida a partilha feita por ascendente, por ato entre vivos ou de última vontade, contanto que não prejudique a legítima dos herdeiros necessários".

■ Sucessão. Inventário. Partilha em vida. Natureza jurídica. Distinção da doação. Adiantamento da legítima. CCB, arts. 1.721

e 1.786. CPC, art. 1.014. [...] A doutrina se divide quanto à natureza jurídica da partilha em vida. Há quem entenda tratar-se de doação, denominando-a partilha-doação, e há quem entenda tratar-se de negócio *sui generis*. O STJ, no julgamento do REsp n. 6.528/RJ por esta 3ª Turma, de relatoria do Min. Nilson Naves, publicado no *DJ* de 12.08.1991, já examinou a questão, diferenciando os institutos da partilha em vida e da doação, entendendo o seguinte: "5. Definido, pois, o negócio em questão como partilha em vida ('os disponentes não quiseram doar, mas sim distribuir, através de partilha em vida, todos os seus bens, obtendo – porque necessário à sua validade – o consentimento dos descendentes', do acórdão, fls. 518/9), não vejo como escapar da ponderação do Desembargador Fernando Whitaker, ao notar a inviabilidade do recurso pela alínea *a*, *verbis*: 'Não se constatam as negativas de vigência, cuidando-se, sim, de razoável interpretação dada às normas, haja vista ter o aresto examinado acuradamente a questão para concluir no sentido de que teria havido uma partilha antecipada, por terem sido distribuídos todos os bens, em um mesmo dia, no mesmo Cartório e mesmo livro, com o expresso consentimento dos descendentes, não a desvirtuando o fato de terem sido feitas através de cinco escrituras, e não de uma única, além de ter a menor sido assistida por sua genitora, considerando-se, ainda, ter o decisório buscado robustos subsídios doutrinários para excluir a colação e apontar outra via judicial, que não o inventário, para a apuração de eventuais prejuízos às legítimas, pelo que se tem como incidente a Súmula n. 400/STF'. 6. Vou além: na espécie em comento, irrepreensível, ao que suponho a conclusão das instâncias ordinárias. É que não se cuidando, como não se cuida, de doação, não se tem como aplicar o citado art. 1.786, que limita, de modo expresso, a conferência às hipóteses de doação e de dote". Dessa forma, pela jurisprudência do STJ, o negócio jurídico da partilha em vida envolve cumprimento de formalidades, inclusive com aceitação expressa de todos os herdeiros que não se compatibiliza com o dever de colacionar. A partilha em vida é como um "inventário em vida", dispensando, até, o inventário *post mortem*. Nos dizeres de João Alberto Leivas Job, "a partilha procede como se, por suposição implícita, se considerasse, no instante em que é feita, a morte do ascendente, visto que se subordina a todas as cláusulas fundamentais da composição distributiva de uma partilha" (*Da nulidade da partilha*, São Paulo, Saraiva, 1980, p. 732). (STJ, REsp n. 730.483/MG, rel. Min. Nancy Andrighi, j. 03.05.2005, *DJ* 20.06.2005)

Parto anônimo Uma das formas de coibir a prática da exposição ou abandono de recém-nascido. Adotada em alguns países da Europa, prevê a possibilidade de a genitora, logo após dar à luz uma criança, entregar o bebê aos cuidados de um hospital, maternidade ou posto de saúde, que encontrarão meios de disponibilizar o recém-nascido para adoção. A medida é vista *como uma solução ao abandono trágico de recém-nascidos, afastando a clandestinidade desse ato. O parto anônimo é permitido nos seguintes países:* Áustria, França, Itália, Luxemburgo, Bélgica e Estados Unidos (em 28 dos 50 estados).

Pas de nullité sans grief Não há nulidade sem prejuízo. Aplica-se o provérbio quando se quer dar a entender que não se declarará nulo nenhum ato processual quando este não causar prejuízo, nem houver influído na decisão da causa ou na apuração da verdade real (arts. 563 e 566, CPP). "Em matéria de nulidade, e para simplificar o rigorismo formal, foi adotado o princípio do *pas de nullité sans grief*. Não há nulidade sem prejuízo. Para que o ato seja declarado nulo, é preciso que haja, entre a sua imperfeição ou atipicidade e o prejuízo às partes, um nexo efetivo e concreto. Se, a despeito de imperfeito, o ato atingiu o seu fim, sem acarretar-lhes prejuízo, não há cuidar-se de nulidade" (TOURINHO FILHO, Fernando da Costa. *Processo penal*. 17.ed. São Paulo, Saraiva, v. 3, p. 115).

▸ Veja CPC/2015: "**Art. 283.** O erro de forma do processo acarreta unicamente a anulação dos atos que não possam ser aproveitados, devendo ser praticados os que forem necessários a fim de se observarem as prescrições legais. Parágrafo único. Dar-se-á o aproveitamento dos atos praticados desde que não resulte prejuízo à defesa de qualquer parte".

▸ Veja CPP: "**Art. 563.** Nenhum ato será declarado nulo, se da nulidade não resultar prejuízo para a acusação ou para a defesa. [...] **Art. 566.** Não será declarada a nulidade de ato processual que não houver influído na apuração da verdade substancial ou na decisão da causa".

▪ Safra de algodão. Classificação do produto feita de forma fraudulenta. Ação de indenização. Desnecessidade de intervenção do Ministério Público. Interesse público primário. Inexistência. 1. O STJ é firme no entendimento de que o interesse público a justificar a obrigatoriedade da participação do Ministério Público não se confunde com o mero interesse patrimonial-econômico da Fazenda Pública. Precedentes. 2. Em tema de nulidades processuais, o CPC acolheu o princípio *pas de nullité sans grief*, do qual se dessume que somente há de se declarar a nulidade do feito quando, além de alegada *opportuno tempore*, reste comprovado o efetivo prejuízo dela decorrente. 3. Agravo regimental improvido. (STJ, Ag. Reg. no REsp n. 1.147.550/GO, 1ª T., rel. Min. Hamilton Carvalhido, j. 02.09.2010, *DJe* 19.10.2010)

- Manifestação do Ministério Público. Fundação privada. Desnecessidade. Ausência de prejuízo. Ação de prestação de contas. Informações prestadas extrajudicialmente. Insuficiência. Interesse de agir configurado. 1. Em respeito ao princípio da instrumentalidade das formas, não se deve declarar nulidade sem que haja prejuízo (*pas de nullité sans grief*). Na hipótese, a decisão agravada foi favorável aos interesses da parte agravada, de modo que a ausência de manifestação do *parquet* não lhe prejudicou. 2. "É perfeitamente admissível o manejo da ação de prestação de contas para os casos de insuficiência das informações prestadas extrajudicialmente, situação fática retratada na espécie" (REsp n. 957.363/RS, 3ª T., rel. Min. Massami Uyeda, *DJe* 28.04.2010). 3. Agravo regimental não provido. (STJ, Ag. Reg. no REsp n. 5.496/MG, 4ª T., rel. Min. Raul Araújo, j. 12.03.2013, *DJe* 24.04.2013)

Patente Título de propriedade industrial temporária sobre invenção ou modelo de utilidade conferido pelo Estado, mediante registro, aos inventores ou autores detentores de direitos sobre a criação. A patente poderá ser requerida em nome próprio, pelos herdeiros ou sucessores do autor, pelo cessionário ou por aquele a quem a lei ou o contrato de trabalho ou de prestação de serviços determinar que pertença a titularidade. O órgão responsável pelo registro de propriedade industrial é o Instituto Nacional de Propriedade Industrial (INPI). A propriedade industrial em geral é disciplinada pela Lei n. 9.279/96.

▸ Veja Lei n. 9.279/96: "**Art. 6º** Ao autor de invenção ou modelo de utilidade será assegurado o direito de obter a patente que lhe garanta a propriedade, nas condições estabelecidas nesta Lei. § 1º Salvo prova em contrário, presume-se o requerente legitimado a obter a patente. § 2º A patente poderá ser requerida em nome próprio, pelos herdeiros ou sucessores do autor, pelo cessionário ou por aquele a quem a lei ou o contrato de trabalho ou de prestação de serviços determinar que pertença a titularidade. § 3º Quando se tratar de invenção ou de modelo de utilidade realizado conjuntamente por duas ou mais pessoas, a patente poderá ser requerida por todas ou qualquer delas, mediante nomeação e qualificação das demais, para ressalva dos respectivos direitos. § 4º O inventor será nomeado e qualificado, podendo requerer a não divulgação de sua nomeação. **Art. 7º** Se dois ou mais autores tiverem realizado a mesma invenção ou modelo de utilidade, de forma independente, o direito de obter patente será assegurado àquele que provar o depósito mais antigo, independentemente das datas de invenção ou criação. Parágrafo único. A retirada de depósito anterior sem produção de qualquer efeito dará prioridade ao depósito imediatamente posterior".

- Marca e patente. Modelo industrial não patenteado. Concorrência desleal. O criador de modelo industrial, não protegido por patente, não pode opor-se a seu uso por terceiro. A concorrência desleal supõe o objetivo e a potencialidade de criar-se confusão quanto à origem do produto, desviando-se clientela. (STJ, REsp n. 70.015/SP, rel. Min. Eduardo Ribeiro, j. 03.06.1997, *DJ* 18.08.1997)

- Propriedade industrial. Patente de invenção. Nulidade não decretada. Efeitos. Lei n. 5.772/71, art. 5º. O art. 5º da Lei n. 5.772/71 confere ao autor de invenção o direito a obter patente que lhe garanta a propriedade e o uso exclusivo. Dessa forma, enquanto não anulada a patente de invenção, o seu autor gozará de todos os direitos legalmente garantidos. (STJ, REsp n. 57.556/RS, rel. Min. Carlos Alberto Menezes Direito, j. 10.12.1996, *DJ* 20.04.1997)

Paternidade Laço de parentesco que vincula o pai ao filho concebido biologicamente, ao filho adotado ou ao filho socioafetivo.

Paternidade biológica Qualidade de pai que ostenta aquele que contribui com material genético para que uma mulher gere uma criança de forma natural ou por meio de fecundação artificial.

Paternidade socioafetiva Paternidade resultante de origem diversa da paternidade biológica, como adoção, posse de estado de filho (filho de criação e adoção à brasileira) e paternidade resultante da inseminação artificial heteróloga. De acordo com a jurisprudência do STJ, a paternidade socioafetiva prevalece sobre a biológica quando analisada no contexto de ação negatória de paternidade ajuizada pelo pai registral.

- Registro civil inverídico. Anulação. Possibilidade. Paternidade socioafetiva. Preponderância. 1. Ação negatória de paternidade decorrente de dúvida manifestada pelo pai registral, quanto à existência de vínculo biológico com a menor que reconheceu voluntariamente como filha. 2. Hipótese em que as dúvidas do pai registral, quanto à existência de vínculo biológico, já existiam à época do reconhecimento da paternidade, porém não serviram como elemento dissuasório do intuito de registrar a infante como se filha fosse. 3. Em processos que lidam com o direito de filiação, as diretrizes determinantes da validade de uma declaração de reconhecimento de paternidade devem ser fixadas com extremo zelo e cuidado, para que não haja possibilidade de uma criança ser prejudicada por um capricho de pessoa adulta que, conscientemente, reconhece paternidade da qual duvidava, e que posteriormente se rebela contra a declaração autoproduzida, colocando a menor em limbo jurídico e psicológico. 4. Mesmo na ausência de ascendência genética, o registro da recorrida como filha, realizado de forma consciente, consolidou a filiação socioafetiva – relação de fato que deve ser reconhecida e amparada juridicamente. Isso porque a parentalidade que nasce de uma decisão espontânea deve ter guarida no Direito de Família. 5. Recurso especial provido. (STJ, REsp n. 1.244.957/SC, 3ª T., rel. Min. Nancy Andrighi, j. 07.08.2012, *DJe* 27.09.2012)

- Ação investigatória de paternidade e maternidade ajuizada pela filha. Ocorrência da chamada "adoção à brasileira". Rompimento dos vínculos civis decorrentes da filiação biológica. Não ocorrência. Paternidade e maternidade reconhecidos. 1. A tese segundo a qual a paternidade socioafetiva sempre prevalece sobre a biológica deve ser analisada com bastante ponderação, e depende sempre do exame do caso concreto. É que, em diversos precedentes desta Corte, a prevalência da paternidade socioafetiva sobre a biológica foi proclamada em um contexto de ação negatória de paternidade ajuizada pelo pai registral (ou por terceiros), situação bem diversa da que ocorre quando o filho registral é quem busca sua paternidade biológica, sobretudo no cenário da chamada "adoção à brasileira". 2. De fato, é de prevalecer a paternidade socioafetiva sobre a biológica para garantir direitos aos filhos, na esteira do princípio do melhor interesse da prole, sem que, necessariamente, a assertiva seja verdadeira quando é o filho que busca a paternidade biológica em detrimento da socioafetiva. No caso de ser o filho – o maior interessado na manutenção do vínculo civil resultante do liame socioafetivo – quem vindica estado contrário ao que consta no registro civil, socorre-lhe a existência de "erro ou falsidade" (art. 1.604 do CC/2002) para os quais não contribuiu. Afastar a possibilidade de o filho pleitear o reconhecimento da paternidade biológica, no caso de "adoção à brasileira", significa impor-lhe que se conforme com essa situação criada à sua revelia e à margem da lei. 3. A paternidade biológica gera, necessariamente, uma responsabilidade não evanescente e que não se desfaz com a prática ilícita da chamada "adoção à brasileira", independentemente da nobreza dos desígnios que a motivaram. E, do mesmo modo, a filiação socioafetiva desenvolvida com os pais registrais não afasta os direitos da filha resultantes da filiação biológica, não podendo, no caso, haver equiparação entre a adoção regular e a chamada "adoção à brasileira". 4. Recurso especial provido para julgar procedente o pedido deduzido pela autora relativamente ao reconhecimento da paternidade e maternidade, com todos os consectários legais, determinando-se também a anulação do registro de nascimento para que figurem os réus como pais da requerente. (STJ, REsp n. 1.167.993/RS, 4ª T., rel. Min. Luis Felipe Salomão, j. 18.12.2012, *DJe* 15.03.2013)

Patrimônio Complexo de bens, materiais ou não, direitos, ações e outros bens de valor econômico apreciável dos quais uma pessoa é detentora.

Patrimônio de afetação Massa patrimonial diferenciada do restante do patrimônio do titular por permanecer imune às instabilidades que o patrimônio não afetado possa vir a sofrer. Pelo regime da afetação, terreno e acessões objeto de incorporação imobiliária, bem como demais bens e direitos a ela vinculados, manter-se-ão apartados do patrimônio do incorporador e constituirão patrimônio de afetação destinado à consecução da incorporação correspondente e à entrega das unidades imobiliárias aos respectivos adquirentes. Considera-se constituído o patrimônio de afetação mediante averbação, a qualquer tempo, no Registro de Imóveis, de termo firmado pelo incorporador e, quando for o caso, também pelos titulares de direitos reais de aquisição sobre o terreno (arts. 31-A e 31-B, Lei n. 10.931/2004).

▶ Veja Lei n. 4.591/64: "**Art. 31-A.** A critério do incorporador, a incorporação poderá ser submetida ao regime da afetação, pelo qual o terreno e as acessões objeto de incorporação imobiliária, bem como os demais bens e direitos a ela vinculados, manter-se-ão apartados do patrimônio do incorporador e constituirão patrimônio de afetação, destinado à consecução da incorporação correspondente e à entrega das unidades imobiliárias aos respectivos adquirentes. § 1º O patrimônio de afetação não se comunica com os demais bens, direitos e obrigações do patrimônio geral do incorporador ou de outros patrimônios de afetação por ele constituídos e só responde por dívidas e obrigações vinculadas à incorporação respectiva. § 2º O incorporador responde pelos prejuízos que causar ao patrimônio de afetação. § 3º Os bens e direitos integrantes do patrimônio de afetação somente poderão ser objeto de garantia real em operação de crédito cujo produto seja integralmente destinado à consecução da edificação correspondente e à entrega das unidades imobiliárias aos respectivos adquirentes. [...]".

Peculato Crime contra a administração pública cometido pelo servidor público que consiste na apropriação indevida de dinheiro, valor ou qualquer bem imóvel, público ou particular, dos quais tenha a posse em razão de cargo, ou em seu desvio em proveito próprio ou alheio (art. 312, CP).

▶ Veja CP: "Peculato – **Art. 312.** Apropriar-se o funcionário público de dinheiro, valor ou qualquer outro bem móvel, público ou particular, de que tem a posse em razão do cargo, ou desviá-lo, em proveito próprio ou alheio: Pena – reclusão, de 2 (dois) a 12 (doze) anos, e multa. § 1º Aplica-se a mesma pena, se o funcionário público, embora não tendo a posse do dinheiro, valor ou bem, o subtrai, ou concorre para que seja subtraído, em proveito próprio ou alheio, valendo-se de facilidade que lhe proporciona a qualidade de funcionário. Peculato culposo – § 2º Se o funcionário concorre culposamente para o crime de outrem: Pena – detenção, de 3 (três) meses a 1 (um) ano. § 3º No caso do parágrafo anterior, a reparação do dano, se precede à sentença irrecorrível, extingue a punibilidade; se lhe é posterior, reduz de metade a pena imposta. Peculato mediante erro de outrem – **Art. 313.** Apropriar-se de dinheiro ou qualquer utilidade que, no exercício do cargo, recebeu por erro de outrem: Pena – reclusão, de 1 (um) a 4 (quatro) anos, e multa".

■ Peculato. Insignificância penal. Atipicidade. Não configura peculato a doação de bens de valores "insignificantes" e "inservíveis", sem qualquer proveito próprio ou alheio. O peculato do art. 312 do CP "não pode estar dirigido para ninharias" (Min. Francisco de Assis Toledo). Denúncia rejeitada. (TRF-1ª Região, Inquérito n. 24.214/1/MA, rel. Juiz Mário César Ribeiro, j. 26.08.1996, DJ 21.11.1996)

■ Peculato. Pena. Arrependimento posterior. CP, art. 16. Redução. Se o acusado é primário, tem bons antecedentes, trabalha, agiu por amor filial, se as consequências do crime não foram graves, se ressarciu a vítima, não pode a pena ser fixada acima do mínimo legal. Maior deve ser o limite redutivo quando o ressarcimento se der mais próximo do fato criminoso. Quanto mais rápido for feito o ressarcimento, maior deve ser a redução prevista no art. 16 do CP. (TRF 1ª Região, Ap. Crim. n. 25.983/8/DF, rel. Juiz Tourinho Neto, j. 05.02.1996, DJ 26.02.1996)

■ Peculato. Continuidade delitiva. Configuração. Dano. Ressarcimento. Redução de pena. Impossibilidade. Comete o crime de peculato em continuidade delitiva o serventuário da Justiça que, em substituição ao tesoureiro judicial, se apropria de custas processuais de dois processos ou mais, ainda que venha a restituí-las posteriormente. Por ser o peculato infração praticada contra o bom nome da Administração Pública e não crime contra o patrimônio, o arrependimento posterior não pode ser a ele aplicável. O ressarcimento do dano ou a restituição da coisa, por ato voluntário do agente, até o recebimento da denúncia, não elide o delito de peculato nem importa em redução de pena. (TJMG, Ap. Crim. n. 47.572/3/Nanuque, rel. Des. Gudesteu Biber, j. 06.02.1996, DJ 19.06.1996)

Pedido Solicitação ou requerimento que o demandante na lide formula ao juiz, na petição inicial, referente ao que pretende obter do demandado mediante a prestação jurisdicional. Postulação. O pedido deve ser certo ou determinado, sendo, porém, lícito formular pedido genérico nos casos especificados em lei (art. 286, CPC/73).

▶ Veja CPC/73: "**Art. 286.** O pedido deve ser certo ou determinado. É lícito, porém, formular pedido genérico: I – nas ações universais, se não puder o autor individuar na petição os bens demandados; II – quando não for possível determinar, de modo definitivo, as consequências do ato ou do fato ilícito; III – quando a determinação do valor da condenação depender de ato que deva ser praticado pelo réu".

▶ Veja CPC/2015: "**Art. 324.** O pedido deve ser determinado. § 1º É lícito, porém, formular pedido genérico: I – nas ações universais, se o autor não puder individuar os bens demandados; II – quando não for possível determinar, desde logo, as consequências do ato ou do fato; III – quando a determinação do objeto ou do valor da condenação depender de ato que deva ser praticado pelo réu. § 2º O disposto neste artigo aplica-se à reconvenção. [...] **Art. 326.** É lícito formular mais de um pedido em ordem subsidiária, a fim de que o juiz conheça do posterior, quando não acolher o anterior. Parágrafo único. É lícito formular mais de um pedido, alternativamente, para que o juiz acolha um deles".

Pedido alternativo Solicitação ou requerimento que o demandante formula ao juiz para efeito de obter do demandado uma coisa ou, não sendo essa possível, outra. O pedido será alternativo quando, pela natureza da obrigação, o devedor puder cumprir a prestação de mais de um modo (art. 288, CPC/73). "Segundo o art. 288 do CPC, o pedido será alternativo, quando, pela natureza da obrigação, o devedor puder cumprir a prestação de mais de um modo. No pedido alternativo, pede-se mais de uma coisa, para que se conceda uma ou outra em amparo ao direito do autor. O Código Civil em seus arts. 884 e 888 trata das obrigações alternativas. A ação monitória admitirá o pedido alternativo, cabendo à parte, na hipótese de reivindicação da entrega de coisa móvel, pedir como pedido alternativo a devolução da importância paga pelo mesmo e consubstanciada em prova escrita da obrigação, facultando-se, assim, ao réu, pagar ou entregar a coisa reivindicada" (PARIZATTO, João Roberto. *Ação monitória*. 5.ed. 2001, p. 129-30).

- Veja CPC/73: "**Art. 288.** O pedido será alternativo, quando, pela natureza da obrigação, o devedor puder cumprir a prestação de mais de um modo. Parágrafo único. Quando, pela lei ou pelo contrato, a escolha couber ao devedor, o juiz lhe assegurará o direito de cumprir a prestação de um ou de outro modo, ainda que o autor não tenha formulado pedido alternativo".

- Veja CPC/2015: "**Art. 325.** O pedido será alternativo quando, pela natureza da obrigação, o devedor puder cumprir a prestação de mais de um modo. Parágrafo único. Quando, pela lei ou pelo contrato, a escolha couber ao devedor, o juiz lhe assegurará o direito de cumprir a prestação de um ou de outro modo, ainda que o autor não tenha formulado pedido alternativo. **Art. 326.** É lícito formular mais de um pedido em ordem subsidiária, a fim de que o juiz conheça do posterior, quando não acolher o anterior. Parágrafo único. É lícito formular mais de um pedido, alternativamente, para que o juiz acolha um deles".

■ Honorários advocatícios. Pedido alternativo. Carência em relação a um deles. Sucumbência recíproca. Inexistência. CPC, art. 20. Se o autor formula, na peça de ingresso, pedidos alternativos, o fato de ser julgado carecedor da ação em um deles não autoriza o reconhecimento da sucumbência recíproca, máxime se alcançou a prestação jurisdicional pretendida com o provimento do outro. (TAMG, Ap. Cível n. 357.117/2002, rel. Juiz Domingos Coelho, j. 11.04.2002, *DJ* 04.10.2002)

■ Pedido alternativo. Necessidade de exame surgido somente no 2º grau. Exame pelo tribunal do 2º grau que se determina. CPC, art. 288. Com o provimento da apelação dos réus, surgiu a necessidade de ser examinado o pedido alternativo da autora (CPC, art. 288), ainda que esta não tenha oferecido embargos da sentença ou dela apelado, pois para isso não tinha interesse, que somente surgiu com o julgamento em 2º grau. Recurso especial provido parcialmente, por ofensa ao art. 288 do CPC, para cassar o acórdão proferido nos declaratórios e assim permitir que a eg. Câmara aprecie o pedido alternativo. (STJ, REsp. n. 263.225/SP, rel. Min. Ruy Rosado de Aguiar, j. 24.10.2000, *DJ* 19.02.2001)

Pedido cumulado É o que se verifica quando, em um único processo contra o mesmo réu, vários pedidos são formulados pelo autor ainda que entre eles não haja conexão (art. 292, CPC/73).

- Veja CPC/73: "**Art. 292.** É permitida a cumulação, num único processo, contra o mesmo réu, de vários pedidos, ainda que entre eles não haja conexão. § 1º São requisitos de admissibilidade da cumulação: I – que os pedidos sejam compatíveis entre si; II – que seja competente para conhecer deles o mesmo juízo; III – que seja adequado para todos os pedidos o tipo de procedimento. § 2º Quando, para cada pedido, corresponder tipo diverso de procedimento, admitir-se-á a cumulação, se o autor empregar o procedimento ordinário".

- Veja CPC/2015: "**Art. 327.** É lícita a cumulação, em um único processo, contra o mesmo réu, de vários pedidos, ainda que entre eles não haja conexão. § 1º São requisitos de admissibilidade da cumulação que: I – os pedidos sejam compatíveis entre si; II – seja competente para conhecer deles o mesmo juízo; III – seja adequado para todos os pedidos o tipo de procedimento. § 2º Quando, para cada pedido, corresponder tipo diverso de procedimento, será admitida a cumulação se o autor empregar o procedimento comum, sem prejuízo do emprego das técnicas processuais diferenciadas previstas nos procedimentos especiais a que se sujeitam um ou mais pedidos cumulados, que não forem incompatíveis com as disposições sobre o procedimento comum. [...]".

■ Pedido. Cumulação imprópria subsidiária de pedidos (cumulação eventual). Acolhimento do pedido subsidiário e rejeição do principal. Sucumbência recíproca. Cumulação alternativa e cumulação subsidiária. Conceito. [...] 2. Na cumulação alternativa não há hierarquia entre os pedidos, que são excludentes entre si. O acolhimento de qualquer um deles satisfaz por completo a pretensão do autor, que não terá interesse em recorrer da decisão que escolheu uma dentre outras alternativas igualmente possíveis e satisfativas. Se não há interesse recursal, conclui-se que os ônus da sucumbência devem ser integralmente suportados pelo réu. 3. Já na cumulação subsidiária, como é o caso dos autos, os pedidos são formulados em grau de hierarquia, denotando a existência de um pedido principal e outro (ou outros) subsidiário(s). Assim, se o pedido principal foi rejeitado, embora acolhido outro de menor importância, surge para o autor o interesse em recorrer da decisão. Se há a possibilidade de recurso, é evidente que o autor sucumbiu de parte de sua pretensão, devendo os ônus sucumbenciais serem suportados por ambas as partes, na proporção do sucumbimento de cada um. 4. Casos há em que existe um grande distanciamento entre os pedidos cumulados, de modo que a aplicação da tese do aresto paradigma imporia flagrante infringência ao princípio da equidade que deve nortear a fixação de honorários advocatícios. [...] 7. Embargos de divergência providos. (STJ, Emb. de Div. no REsp n. 616.918/MG, rel. Min. Castro Meira, j. 02.08.2010, *DJ* 23.08.2010)

Pedido genérico Pedido formulado quando houver impossibilidade de lhe atribuir certeza e determinação, ou quando não se puder, desde logo, mensurar seu valor. O pedido genérico é permitido: nas ações universais, se não puder o autor individuar na petição os bens demandados; quando não for possível determinar, de modo definitivo, as consequências do ato ou do fato ilícito; quando a determinação do valor da condenação depender de ato que deva ser praticado pelo réu (art. 286, CPC/73).

- Veja CPC/73: "**Art. 286.** O pedido deve ser certo ou determinado. É lícito, porém, formular pedido genérico: I – nas ações universais, se não puder o autor individuar na petição os bens demandados; II – quando não for possível determinar, de modo definitivo, as consequências do ato ou do fato ilícito; III – quando a determinação do valor da condenação depender de ato que deva ser praticado pelo réu".
- Veja CPC/2015: "**Art. 324.** O pedido deve ser determinado. § 1º É lícito, porém, formular pedido genérico: I – nas ações universais, se o autor não puder individuar os bens demandados; II – quando não for possível determinar, desde logo, as consequências do ato ou do fato; III – quando a determinação do objeto ou do valor da condenação depender de ato que deva ser praticado pelo réu. [...]".
- Repetição de indébito. Pedido genérico. Complexidade dos cálculos para apuração do *quantum debeatur*. [...] 2. A formulação de pedido genérico é admitida, na impossibilidade de imediata mensuração do *quantum debeatur*, como soem ser aqueles decorrentes de complexos cálculos contábeis, hipó-

tese em que o valor da causa pode ser estimado pelo autor, em quantia simbólica e provisória, passível de posterior adequação ao valor apurado pela sentença ou no procedimento de liquidação. [...] Pedido genérico. A lei tolera, entretanto, o chamado pedido relativamente indeterminado, que o Código chama de genérico. Essa relativa indeterminação é restrita ao aspecto quantitativo do pedido (*quantum debeatur*), inaceitável qualquer determinação no tocante ao ser do pedido (*an debeatur*). O que é devido não pode ser indeterminado – estaríamos diante de pedido incerto; mas, quanto é devido pode não ser de logo determinado, contanto que seja determinável – é o pedido chamado de genérico, pelo Código. [...] 128. Hipótese do art. 268, III. A última espécie de pedido genérico ocorre quando a determinação do valor da condenação depende de ato que deva ser praticado pelo réu. Como exemplo típico aponta-se o pedido formulado em prestação de contas, por quem tenha direito de exigi-la, para que o obrigado pague o saldo que se apurar. Considera-se genérico este pedido, esclarece José Alberto dos Reis, porque vai implícita, nele, a pretensão de o réu pagar a quantia que se liquidar como saldo favorável ao autor. Este pode expressamente formular o pedido genérico e ilíquido: "Seja o réu condenado no saldo que contra ele se apurar. Mas, ainda que não formule, o pedido está virtualmente contido na exigência da prestação de contas". Entre nós, a solução é idêntica, em face do que dispõem os arts. 915, § 3º, 916, § 1º, e 918 (José Joaquim Calmon de Passos, in: *Comentários ao Código de Processo Civil*, 8.ed. São Paulo, Forense, 2001, v. III, p. 172-6) 6. Agravo regimental desprovido. (STJ, Ag. Reg. no REsp n. 906.713/SP, 1ª T., rel. Min. Luiz Fux, j. 23.06.2009, *DJe* 06.08.2009)

Pedido principal É o pedido que serve como fundamento principal da demanda, ao qual podem se vincular outros pedidos de natureza acessória. Por exemplo, na execução de nota promissória, o pedido principal é representado pela exigência de pagamento do valor que ela representa; já os pedidos de correção monetária e juros seriam pedidos acessórios. No âmbito da tutela cautelar ou da tutela antecipada, o pedido de vedação de cadastro restritivo de crédito é acessório para o pedido principal da ação revisional de contrato.

- Veja CPC/73: "**Art. 806.** Cabe à parte propor a ação, no prazo de 30 (trinta) dias, contados da data da efetivação da medida cautelar, quando esta for concedida em procedimento preparatório".

- Veja CPC/2015: "**Art. 308.** Efetivada a tutela cautelar, o pedido principal terá de ser formulado pelo autor no prazo de 30 (trinta) dias, caso em que será apresentado nos mesmos autos em que deduzido o pedido de tutela cautelar, não dependendo do adiantamento de novas custas processuais. § 1º O pedido principal pode ser formulado conjuntamente com o pedido de tutela cautelar. § 2º A causa de pedir poderá ser aditada no momento de formulação do pedido principal. § 3º Apresentado o pedido principal, as partes serão intimadas para a audiência de conciliação ou de mediação, na forma do art. 334, por seus advogados ou pessoalmente, sem necessidade de nova citação do réu. [...]".

- Arrendamento mercantil. *Leasing.* Pedidos sucessivos. Pedido principal de rescisão contratual e pedido subsidiário de reintegração de posse. Possibilidade. Inteligência do art. 289 do CPC. Possibilidade. Sentença de indeferimento da petição inicial afastada. Baseada em contrato de arrendamento mercantil inadimplido, é viável a formulação na inicial de pedidos sucessivos, à luz do art. 289 do CPC: pode o autor formular como pedido principal a rescisão contratual e, na hipótese de não ser acolhido, delinear como pedido subsidiário o de reintegração de posse. Assim, de rigor o afastamento da r. sentença, que equivocadamente indeferiu a inicial sob o fundamento de se tratar de pedido alternativo, devendo ela ser reapreciada, prosseguindo-se até final julgamento. (2º TACivSP, Ap. sem Rev. n. 791.896/São Paulo, rel. Juiz Luiz de Lorenzi, j. 11.06.2003)

Pena Punição imposta por lei ao causador de uma infração penal, civil, administrativa ou fiscal com o objetivo de reparação de dano ou de reprimir o infrator. No direito civil, é considerada pena a decretação da prisão civil do devedor de pensão alimentícia. No direito penal, as penas são classificadas em privativas de liberdade (reclusão e detenção), restritivas de direito e multa e restritivas de direito; prestação pecuniária; perda de bens e valores; prestação de serviços à comunidade ou a entidades públicas; interdição temporária de direitos; limitação de fim de semana.

Pena-base Uma das fases que compõem o processo para a determinação da pena do réu. A fixação da pena-base comporta: análise das circunstâncias atenuantes e agravantes, e análise das causas de diminuição e aumento. Cumpre ainda observar e valorar as circunstâncias judiciais constantes no art. 59 do CP (art. 68, CP): culpabilidade (valoração de culpa ou dolo do agente); antecedentes criminais (análise da vida pregressa do indivíduo); conduta social (relacionamento do indivíduo com família, trabalho e sociedade); personalidade do agente; motivos; circunstâncias do crime; consequências do crime; e comportamento da vítima, se for o caso. É vedado que inquéritos policiais e ações penais ainda em andamento sejam usados para aumentar a pena do acusado acima do mínimo legal, conforme a Súmula n. 444 do STJ.

- Súmula n. 444, STJ: É vedada a utilização de inquéritos policiais e ações penais em curso para agravar a pena-base.

- *Habeas corpus.* Pretensão de substituição da pena privativa de liberdade por restritiva de direitos. Ordem parcialmente concedida, para reduzir a pena do paciente para 1 ano e 6 meses de reclusão, a ser cumprida em regime aberto. 1. O pedido de substituição da pena privativa de liberdade por restritiva de direitos não foi submetido à apreciação do Tribunal de origem, daí porque sua análise, neste Superior Tribunal, consubstanciaria inadmissível supressão de instância. 2. Conforme orientação há muito firmada nesta Corte de Justiça, inquéritos policiais, ou mesmo ações penais em curso, não podem ser considerados como maus antecedentes ou má conduta social para exacerbar a pena-base ou fixar regime mais gravoso. 3. Parecer do MPF pelo não cabimento do *writ*. 4. *Habeas corpus* parcialmente conhecido, todavia, e, na extensão, ordem parcialmente concedida, para reduzir a pena do paciente para 1 ano e 6 meses de reclusão, a ser cumprida em regime aberto. (STJ, *HC* n. 106.089/MS, 5ª T., rel. Min. Napoleão Nunes Maia Filho, j. 03.11.2009, *DJe* 30.11.2009)

Pena de perdimento Pena administrativa imposta pela Receita Federal em operações de comércio exterior que consiste na perda do produto importado nos casos de irregularidade documental ou procedimental. Sujeitam-se a perdimento, entre outros casos, mercadorias importadas ao desamparo de guia de importação ou documento de efeito equivalente; as importadas e que forem consideradas abandonadas pelo decurso do prazo de permanência em recintos alfandegados; aquelas trazidas do exterior como bagagem, acompanhadas ou desacompanhadas, e que permanecerem nos recintos alfandegados por prazo superior a 45 dias sem que o passageiro inicie a promoção de seu desembaraço (DL n. 37/66 e Lei n. 10.833/2003). Em direito penal, a perda de bens e valores pode ser imposta como pena restritiva de direitos (art. 43, CP).

▶ Veja DL n. 37/66: "**Art. 105.** Aplica-se a pena de perda da mercadoria: I – em operação de carga já carregada, em qualquer veículo ou dele descarregada ou em descarga, sem ordem, despacho ou licença, por escrito da autoridade aduaneira ou não cumprimento de outra formalidade especial estabelecida em texto normativo; II – incluída em listas de sobressalentes e previsões de bordo quando em desacordo, quantitativo ou qualificativo, com as necessidades do serviço e do custeio do veículo e da manutenção de sua tripulação e passageiros; III – oculta, a bordo do veículo ou na zona primária, qualquer que seja o processo utilizado; IV – existente a bordo do veículo, sem registro um manifesto, em documento de efeito equivalente ou em outras declarações; V – nacional ou nacionalizada em grande quantidade ou de vultoso valor, encontrada na zona de vigilância aduaneira, em circunstâncias que tornem evidente destinar-se a exportação clandestina; VI – estrangeira ou nacional, na importação ou na exportação, se qualquer documento necessário ao seu embarque ou desembaraço tiver sido falsificado ou adulterado; VII – nas condições do inciso anterior possuída a qualquer título ou para qualquer fim; VIII – estrangeira que apresente característica essencial falsificada ou adulterada, que impeça ou dificulte sua identificação, ainda que a falsificação ou a adulteração não influa no seu tratamento tributário ou cambial; IX – estrangeira, encontrada ao abandono, desacompanhada de prova de pagamento dos tributos aduaneiros, salvo as do art. 58; X – estrangeira, exposta à venda, depositada ou em circulação comercial no país, se não for feita prova de sua importação regular; XI – estrangeira, já desembaraçada e cujos tributos aduaneiros tenham sido pagos apenas em parte, mediante artifício doloso; XII – estrangeira, chegada ao país com falsa declaração de conteúdo; XIII – transferida a terceiro, sem o pagamento dos tributos aduaneiros e outros gravames, quando desembaraçada nos termos do inciso III do art. 13; XIV – encontrada em poder de pessoa natural ou jurídica não habilitada, tratando-se de papel com linha ou marca d'água, inclusive aparas; XV – constante de remessa postal internacional com falsa declaração de conteúdo; XVI – fracionada em duas ou mais remessas postais ou encomendas aéreas internacionais visando a elidir, no todo ou em parte, o pagamento dos tributos aduaneiros ou quaisquer normas estabelecidas para o controle das importações ou, ainda, a beneficiar-se de regime de tributação simplificada; XVII – estrangeira, em trânsito no território aduaneiro, quando o veículo terrestre que a conduzir, desviar-se de sua rota legal, sem motivo justificado; XVIII – estrangeira, acondicionada sob fundo falso, ou de qualquer modo oculta; XIX – estrangeira, atentatória à moral, aos bons costumes, à saúde ou ordem públicas".

▶ Veja DL n. 1.455/76: "**Art. 23.** Consideram-se dano ao Erário as infrações relativas às mercadorias: I – importadas, ao desamparo de guia de importação ou documento de efeito equivalente, quando a sua emissão estiver vedada ou suspensa na forma da legislação específica em vigor; II – importadas e que forem consideradas abandonadas pelo decurso do prazo de permanência em recintos alfandegados nas seguintes condições: [...] § 1º O dano ao erário decorrente das infrações previstas no *caput* deste artigo será punido com a pena de perdimento das mercadorias. [...]".

▶ Veja Lei n. 10.833/2003: "**Art. 73.** Verificada a impossibilidade de apreensão da mercadoria sujeita a pena de perdimento, em razão de sua não localização ou consumo, extinguir-se-á o processo administrativo instaurado para apuração da infração capitulada como dano ao Erário. [...]".

■ Mandado de segurança. Pena administrativa de perdimento de bem. Segurança concedida, cassando a decisão. Necessidade de ação própria. Mandado de segurança. Desconstituição de pena de perdimento de bens. Deferimento. Execução. Agravo regimental. A providência específica assegurada em mandado de segurança é insuscetível de substituição pela reparação pecuniária. Danos patrimoniais a serem pleiteados em ação própria. Agravo Regimental improvido. (STJ, Ag. Reg. no MS n. 102.713/DF, rel. Min. Torreão Braz, j. 12.10.1989, *DJ* 06.11.1989)

■ Processual civil. Recurso especial. Pena de perdimento. Decisão reformada. Ação monitória. União. Ilegitimidade ativa. Súmula n. 83/STJ. 1. A União não possui legitimidade ativa para promover a cobrança dos créditos sujeitos à pena de perdimento de bens, nos casos em que a sentença penal é reformada em apelação, ou pendente do respectivo trânsito em julgado. Precedentes. 2. Recurso especial não provido. (STJ, REsp n. 1.178.812/MT, rel. Min. Eliana Calmon, j. 20.08.2013, *DJ* 28.08.2013)

Pena disciplinar Sanção imposta pelas autoridades públicas aos servidores que praticarem atos de infração às normas de conduta exigidas para o exercício da função pública. São penalidades disciplinares: advertência, suspensão e demissão (art. 127, Lei n. 8.112/90).

▶ Veja Lei n. 8.112/90: "**Art. 127.** São penalidades disciplinares: I – advertência; II – suspensão; III – demissão; [...] **Art. 128.**

Na aplicação das penalidades serão consideradas a natureza e a gravidade da infração cometida, os danos que dela provierem para o serviço público, as circunstâncias agravantes ou atenuantes e os antecedentes funcionais. [...]".

- Administrativo. Servidor público. Processo administrativo disciplinar. Emissão irregular de porte de arma. Pena. Aplicação do princípio da proporcionalidade. Na imposição de pena disciplinar, deve a autoridade observar o princípio da proporcionalidade, pondo em confronto a gravidade da falta, o dano causado ao serviço público, o grau de responsabilidade de servidor e os seus antecedentes funcionais de modo a demonstrar a justeza da sanção. (STJ, MS n. 8.106/DF, rel. Min. Vicente Leal, j. 09.10.2002, *DJ* 28.10.2002)

- Processo administrativo disciplinar. Demissão decorrente de ato de improbidade administrativa não expressamente tipificado na Lei n. 8.492/92. Processo judicial prévio para aplicação da pena de demissão. 4. A pena disciplinar aplicada à ex-servidora não está calcada tão somente no conteúdo das degravações das "interceptações telefônicas" impugnadas, mas também em farto material probante produzido durante o curso do Processo Administrativo Disciplinar. [...] 6. Os comportamentos imputados à Impetrante são aptos a alicerçar a decisão de demissão, porquanto passíveis de subsunção aos tipos previstos nos arts. 117, IX, e 132, IV, IX e XIII, da Lei n. 8.112/90 e, portanto, mostra-se perfeitamente razoável e proporcional a pena aplicada à ex-servidora. 7. O processo administrativo disciplinar em questão teve regular processamento, com a estrita observância aos princípios do devido processo legal, do contraditório e da ampla defesa, sem qualquer evidência de efetivo prejuízo à defesa da ex-servidora. Assim, aplicável à espécie o princípio do *pas de nullité sans grief*. 8. Não foram trazidas aos autos provas hábeis a descaracterizar as conclusões do Processo Administrativo Disciplinar, as quais firmaram-se no sentido de que as condutas reprováveis da ex-servidora eram aptas a fundamentar a pena de demissão que lhe foi aplicada. Portanto, *in casu*, verificar, se não existiram as condutas imputadas, dependeria do reexame do material fático colhido no bojo do Processo Administrativo Disciplinar, o que é matéria carecedora de dilação probatória impossível de ser realizada na via estreita do *mandamus*. 9. Segurança denegada. (STJ, MS n. 14.140/DF, rel. Min. Laurita Vaz, j. 26.09.2012, *DJ* 08.11.2012)

Penas alternativas As substitutivas às penas privativas de liberdade (prisão, reclusão), representadas pelas penas restritivas de direito (*v. Penas restritivas de direito*).

Penas restritivas de direito As que substituem as penas privativas de liberdade nos casos especificados em lei (art. 44, CP). Também conhecidas como penas e medidas alternativas, são destinadas a infratores de baixo potencial ofensivo com base no grau de culpabilidade, nos antecedentes, na conduta social e na personalidade. São consideradas medidas punitivas de caráter educativo e social em razão de não afastarem o indivíduo da sociedade e do convívio social e familiar, além de contribuírem para a redução do índice carcerário. As penas restritivas de direitos são: prestação pecuniária; perda de bens e valores; prestação de serviço à comunidade ou a entidades públicas; interdição temporária de direitos; limitação de fim de semana (art. 43, CP). Em relação aos crimes ambientais, as penas restritivas de direito se aplicam quando: tratar-se de crime culposo ou for aplicada a pena privativa de liberdade inferior a quatro anos; culpabilidade, antecedentes, conduta social e personalidade do condenado, bem como motivos e circunstâncias do crime, indicarem que a substituição será suficiente para efeito de reprovação e prevenção do crime. Para essas modalidades de crime, as penas restritivas de direito são: prestação de serviços à comunidade, interdição temporária de direitos, suspensão parcial ou total de atividades, prestação pecuniária, recolhimento domiciliar (arts. 7º e 8º, Lei n. 9.605/98).

▸ Veja CP: "Penas restritivas de direitos – **Art. 43.** As penas restritivas de direitos são: I – prestação pecuniária; II – perda de bens e valores; [...] IV – prestação de serviço à comunidade ou a entidades públicas; V – interdição temporária de direitos; VI – limitação de fim de semana. **Art. 44.** As penas restritivas de direitos são autônomas e substituem as privativas de liberdade, quando: I – aplicada pena privativa de liberdade não superior a 4 (quatro) anos e o crime não for cometido com violência ou grave ameaça à pessoa ou, qualquer que seja a pena aplicada, se o crime for culposo; II – o réu não for reincidente em crime doloso; III – a culpabilidade, os antecedentes, a conduta social e a personalidade do condenado, bem como os motivos e as circunstâncias indicarem que essa substituição seja suficiente. [...]".

▸ Veja Lei n. 9.605/98: "**Art. 7º** As penas restritivas de direitos são autônomas e substituem as privativas de liberdade quando: I – tratar-se de crime culposo ou for aplicada a pena privativa de liberdade inferior a 4 (quatro) anos; II – a culpabilidade, os antecedentes, a conduta social e a personalidade do condenado, bem como os motivos e as circunstâncias do crime indicarem que a substituição seja suficiente para efeitos de reprovação e prevenção do crime. Parágrafo único. As penas restritivas de direitos a que se refere este artigo terão a mesma duração da pena privativa de liberdade substituída. **Art. 8º** As penas restritivas de direito são: I – prestação de serviços à comunidade; II – interdição temporária de direitos; III – suspensão parcial ou total de atividades; IV – prestação pecuniária; V – recolhimento domiciliar".

- *Habeas corpus.* Crime de tráfico ilícito de drogas cometido sob a égide da Lei n. 6.368/76. Minorante prevista no art. 33, § 4º, da nova lei de tóxicos. Causa especial de diminuição de pena afastada pelo tribunal *a quo*. Possibilidade. Ordem de *habeas corpus* parcialmente concedida. 1. Diante de conflito aparente de normas, não é dado ao juiz aplicar os aspectos benéficos de uma e outra lei, sob pena de transmudar-se em legislador ordinário, criando lei nova. Assim, não prospera o pleito de aplicação da minorante prevista no § 4º do art. 33 da Lei n. 11.343/2006 sobre a pena-base prevista no art. 12 da Lei n. 6.368/76. 2. Os requisitos legais para a aplicação da minorante inserta no § 4º do art. 33 da Lei n. 11.343/2006 não se encontram devidamente preenchidos na espécie, já que o acórdão impugnado, de acordo com o conjunto probatório dos autos, reconheceu tratar-se de Réu com dedicação habitual à atividade do narcotráfico. 3. O Plenário do Supremo Tribunal Federal, ao julgar o *HC* n. 111.840/ES, afastou a obrigatoriedade do regime inicial fechado para os condenados por crimes hediondos e equiparados, devendo-se observar, para a fixação do regime inicial de cumprimento de pena, o disposto no art. 33 c/c o art. 59, ambos do Código Penal. 4. Na espécie, o regime inicial fechado foi fixado unicamente com base na vedação legal. 5. Inexiste, outrossim, qualquer empecilho à substituição da pena privativa de liberdade pela restritiva de direitos, bastando que o acusado atenda os requisitos previstos no art. 44 do Código Penal. 6. Ordem de *habeas corpus* parcialmente concedida para, mantida a condenação, determinar que o Tribunal de Justiça do Estado de São Paulo proceda ao exame do preenchimento ou não dos requisitos necessários à concessão do benefício da substituição da pena privativa de liberdade pela restritiva de direitos e do regime adequado de cumprimento de pena. (STJ, *HC* n. 256.661/SP, rel. Min. Laurita Vaz, j. 28.05.2013, *DJ* 06.06.2013)

Penhor Direito real sobre bens móveis entregues pelo devedor para garantir o cumprimento de uma obrigação de forma privilegiada entre os credores. Constitui-se o penhor pela transferência efetiva da posse que, em garantia do débito ao credor ou a quem o represente, faz o devedor, ou alguém por ele, de uma coisa móvel suscetível de alienação (art. 1.431, CC).

- Veja CC: "**Art. 1.419.** Nas dívidas garantidas por penhor, anticrese ou hipoteca, o bem dado em garantia fica sujeito, por vínculo real, ao cumprimento da obrigação. **Art. 1.420.** Só aquele que pode alienar poderá empenhar, hipotecar ou dar em anticrese; só os bens que se podem alienar poderão ser dados em penhor, anticrese ou hipoteca. [...] **Art. 1.424.** Os contratos de penhor, anticrese e hipoteca declararão, sob pena de não terem eficácia: I – o valor do crédito, sua estimação, ou valor máximo; II – o prazo fixado para pagamento; III – a taxa dos juros, se houver; IV – o bem dado em garantia com as suas especificações. [...] **Art. 1.431.** Constitui-se o penhor pela transferência efetiva da posse que, em garantia do débito ao credor ou a quem o represente, faz o devedor, ou alguém por ele, de uma coisa móvel, suscetível de alienação. [...]".

- Ilegitimidade *ad causam*. Pessoa jurídica. Ação de cobrança. Direito das obrigações. Agência e distribuição. Rescisão contratual por inadimplemento e fraude no contrato de compra e venda. Alegação de ilegitimidade passiva por alguns dos réus por não terem assinado instrumento particular de constituição de penhor mercantil. Descabimento. Documento que constitui pacto acessório de garantia e não novação da dívida. Alegação de novação improcedente. Preliminar rejeitada. (TJSP, Ap. n. 4.185.876/SP, rel. Des. Adilson de Araujo, j. 19.02.2013)

Penhora de aeronaves Penhora de aeronave ou de seus motores com fundamento no Código de Aeronáutica (Lei n. 7.565/86). Em caso de penhora ou apreensão judicial ou administrativa de aeronaves, ou motores, destinados ao serviço público de transporte aéreo regular, a autoridade judicial ou administrativa determinará a medida sem que se interrompa o serviço (art. 155, Lei n. 7.565/86).

- Veja CBA: "**Art. 155.** Toda vez que, sobre aeronave ou seus motores, recair penhora ou apreensão, esta deverá ser averbada no Registro Aeronáutico Brasileiro. § 1º Em caso de penhora ou apreensão judicial ou administrativa de aeronaves, ou seus motores, destinados ao serviço público de transporte aéreo regular, a autoridade judicial ou administrativa determinará a medida, sem que se interrompa o serviço. § 2º A guarda ou depósito de aeronave penhorada ou de qualquer modo apreendida judicialmente far-se-á de conformidade com o disposto nos artigos 312 a 315 deste Código".

Penhora de bens   Apreensão e depósito judicial feitos no processo executivo dos bens do devedor para garantir o pagamento da dívida. A penhora deverá incidir em tantos bens quantos bastem para o pagamento do principal atualizado, dos juros, das custas e dos honorários advocatícios. O executado será citado para, no prazo de três dias, efetuar o pagamento da dívida, podendo o credor, na própria petição inicial, indicar bens a ser penhorados, obedecendo à ordem prevista no art. 655, CPC/73). Se, após a citação, não for efetuado o pagamento, o oficial de justiça, munido da segunda via do mandado, procederá de imediato à penhora de tantos bens quantos bastem para o pagamento do principal atualizado, juros, custas e honorários advocatícios e a sua avaliação, lavrando-se o respectivo auto e de tais atos intimando, na mesma oportunidade, o executado (art. 652, CPC/73). São absolutamente impenhoráveis os bens mencionados no art. 649 do CPC/73, bem como o bem de família, conforme disposição expressa do art. 1.711 do CC e na Lei n. 8.009/90. Pode, ainda, o exequente, para se precaver em relação a terceiros, proceder à averbação em registro público do ato de propositura da execução e dos atos de constrição realizados, para conhecimento de todos (art. 815, VI) (v. Bens impenhoráveis e Penhora on-line).

▸ Veja CPC/73: "**Art. 652.** O executado será citado para, no prazo de 3 (três) dias, efetuar o pagamento da dívida. § 1º Não efetuado o pagamento, munido da segunda via do mandado, o oficial de justiça procederá de imediato à penhora de bens e a sua avaliação, lavrando-se o respectivo auto e de tais atos intimando, na mesma oportunidade, o executado. § 2º O credor poderá, na inicial da execução, indicar bens a serem penhorados (art. 655). § 3º O juiz poderá, de ofício ou a requerimento do exequente, determinar, a qualquer tempo, a intimação do executado para indicar bens passíveis de penhora. § 4º A intimação do executado far-se-á na pessoa de seu advogado; não o tendo, será intimado pessoalmente. § 5º Se não localizar o executado para intimá-lo da penhora, o oficial certificará detalhadamente as diligências realizadas, caso em que o juiz poderá dispensar a intimação ou determinará novas diligências".

▸ Veja CPC/2015: "**Art. 799.** Incumbe ainda ao exequente: [...] IX – proceder à averbação em registro público do ato de propositura da execução e dos atos de constrição realizados, para conhecimento de terceiros. [...] **Art. 829.** O executado será citado para pagar a dívida no prazo de 3 (três) dias, contado da citação. § 1º Do mandado de citação constarão, também, a ordem de penhora e a avaliação a serem cumpridas pelo oficial de justiça tão logo verificado o não pagamento no prazo assinalado, de tudo lavrando-se auto, com intimação do executado. [...] **Art. 838.** A penhora será realizada mediante auto ou termo, que conterá: I – a indicação do dia, do mês, do ano e do lugar em que foi feita; II – os nomes do exequente e do executado; III – a descrição dos bens penhorados, com as suas características; IV – a nomeação do depositário dos bens. **Art. 839.** Considerar-se-á feita a penhora mediante a apreensão e o depósito dos bens, lavrando-se um só auto se as diligências forem concluídas no mesmo dia. Parágrafo único. Havendo mais de uma penhora, serão lavrados autos individuais. [...] **Art. 845.** Efetuar-se-á a penhora onde se encontrem os bens, ainda que sob a posse, a detenção ou a guarda de terceiros. [...] **Art. 854.** Para possibilitar a penhora de dinheiro em depósito ou em aplicação financeira, o juiz, a requerimento do exequente, sem dar ciência prévia do ato ao executado, determinará às instituições financeiras, por meio de sistema eletrônico gerido pela autoridade supervisora do sistema financeiro nacional, que torne indisponíveis ativos financeiros existentes em nome do executado, limitando-se a indisponibilidade ao valor indicado na execução. [...]".

■ Execução de título extrajudicial. Penhor cedular. Penhora. Bem dado em garantia. Precedentes. [...] III – As garantias reais geram o que se pode denominar, em direito processual, de penhora natural. Assim, na ação de execução fundada em título extrajudicial garantido por penhor cedular, inexistindo acordo em sentido contrário, a penhora deve recair necessariamente sobre o bem objeto da garantia, independentemente de nomeação. Por conseguinte, não há falar-se em aceitação tácita do credor ao oferecimento de outros bens à penhora pelo devedor, eis que tal nomeação é ineficaz. Recurso especial não conhecido. (STJ, REsp n. 142.522/DF, 3ª T., rel. Min. Castro Filho, j. 22.05.2003, *DJ* 16.06.2003, p. 332)

■ Penhora de bem alienado a terceiro de boa-fé. Ausência de transcrição do título no registro de imóveis. Presunção de ausência de fraude. 1. A exigência do registro da penhora, muito embora não produza efeitos infirmadores da regra *prior in tempore prior in jure*, exsurgiu com o escopo de conferir à mesma efeitos *erga omnes* para o fim de caracterizar a fraude à execução na alienação de bem imóvel pendente de execução fiscal. 2. À luz do art. 530 do CC, sobressai claro que a lei reclama o registro dos títulos translativos da propriedade imóvel por ato *inter vivos*, onerosos ou gratuitos, posto que os negócios jurídicos em nosso ordenamento jurídico não são hábeis a transferir o domínio do bem. Assim, titular do direito é aquele em cujo nome está transcrita a propriedade imobiliária. 3. A jurisprudência do STJ, sobrepujando a questão de fundo sobre a questão da forma, como técnica de realização da justiça, vem conferindo interpretação finalística à Lei de Registros Públicos. Assim é que foi editada a Súmula n. 84, com a seguinte redação: "É admissível a oposição de embargos de terceiro fundados em alegação de posse advinda de compromisso de compra e venda de imóvel, ainda que desprovido do registro". 4. Consoante cediço no Eg. STJ: "O CTN nem o CPC, em face da execução, não estabelecem a indisponibilidade de bem alforriado de constrição judicial. A pré-existência de dívida inscrita ou de execução, por si, não constitui ônus *erga omnes*, efeito decorrente da publicidade do registro público. Para a demonstração do *consilium fraudis* não basta o ajuizamento da ação. A demonstração de má-fé pressupõe ato de efetiva citação ou de constrição judicial ou de atos reipersecutórios vinculados a imóvel, para que as modificações na ordem patrimonial configurem a fraude. Validade da alienação a terceiro que adquiriu o bem sem conhecimento de constrição já que nenhum ônus foi dado à publicidade. Os precedentes desta Corte não consideram fraude de execução a alienação ocorrida antes da citação do executado alienante" (EREsp. 31.321/SP, rel. Min. Milton Luiz Pereira, *DJU* 16.11.1999). 5. À fraude *in re ipsa* fica sujeito aquele que adquire do penhorado, salvo se houver o conhecimento *erga omnes* produzido pelo registro da penhora. A doutrina do tema assenta que: "Hodiernamente, a lei exige o registro da penhora, quando imóvel o bem transcrito. A novel exigência visa à proteção do terceiro de boa-fé, e não é ato essencial à formalização da constrição judicial; por isso o registro não cria prioridade na fase de pagamento. Entretanto, a moderna exigência do registro altera a tradicional concepção da fraude de execução; razão pela qual somente a alienação posterior ao registro é que caracteriza a figura em exame". [...] (STJ, REsp n. 858.999/MS, 1ª T., rel. Min. Luiz Fux, j. 19.03.2009, *DJe* 27.04.2009)

Penhora eletrônica (*v. Penhora* on-line).

Penhor agrícola Modalidade de penhor que tem como objeto de garantia produtos agrícolas ou vegetais. Podem ser objeto de penhor agrícola: máquinas e instrumentos de agricultura, colheitas pendentes ou em vias de formação, frutos acondicionados ou armazenados, lenha cortada e carvão vegetal, animais do serviço ordinário de estabelecimento agrícola (art. 1.442, CC).

▸ Veja CC: "**Art. 1.431.** Constitui-se o penhor pela transferência efetiva da posse que, em garantia do débito ao credor ou a quem o represente, faz o devedor, ou alguém por ele, de uma coisa móvel, suscetível de alienação. Parágrafo único. No penhor rural, industrial, mercantil e de veículos, as coisas empenhadas continuam em poder do devedor, que as deve guardar e conservar. [...] **Art. 1.442.** Podem ser objeto de penhor: I – máquinas e instrumentos de agricultura; II – colheitas pendentes, ou em via de formação; III – frutos acondicionados ou armazenados; IV – lenha cortada e carvão vegetal; V – animais do serviço ordinário de estabelecimento agrícola. **Art. 1.443.** O penhor agrícola que recai sobre colheita pendente, ou em via de formação, abrange a imediatamente seguinte, no caso de frustrar-se ou ser insuficiente a que se deu em garantia. [...]".

▪ Cédula rural. Penhor agrícola. Substituição da garantia. DL n. 167/64. Seria contra a natureza das coisas impedir a substituição da garantia de cédula rural diante da constatação efetiva do risco de perecimento da safra, constatada nas instâncias ordinárias, ausente qualquer vedação legal específica no DL n. 167/64. (STJ, REsp n. 662.712/RS, rel. Min. Carlos Alberto Menezes Direito, j. 20.03.2007, *DJ* 11.06.2007)

▪ Penhor agrícola. Cana-de-açúcar. Execução. Penhora sobre o álcool, como subproduto da safra. Pretensão a que a penhora seja levantada. Transferência do penhor a safras futuras. Impossibilidade. 1. Qualquer penhora de bens, em princípio, pode mostrar-se onerosa ao devedor, mas essa é uma decorrência natural da existência de uma dívida não paga. O princípio da vedação à onerosidade excessiva não pode ser convertido em uma panaceia, que leve a uma ideia de proteção absoluta do inadimplente em face de seu credor. Alguma onerosidade é natural ao procedimento de garantia de uma dívida, e o art. 620 do CPC destina-se apenas a decotar exageros evidentes, perpetrados em situações nas quais uma alternativa mais viável mostre-se clara. 2. Se o próprio contrato de penhor agrícola prevê a transferência do encargo ao subproduto da safra, não se pode argumentar com a impossibilidade dessa transferência. Se há onerosidade excessiva nessa operação, o devedor deve se valer dos mecanismos previstos em Lei para substituição da garantia. 3. Transferir o penhor sobre uma safra para safras futuras pode se revelar providência inócua, gerando um efeito cascata, notadamente se tais safras futuras forem objeto de garantias autônomas, advindas de outras dívidas: a safra que garante uma dívida, nessa hipótese, poderia ser vendida livremente pelo devedor (como se sobre ela não pesasse qualquer ônus), fazendo com que a safra futura garanta duas dívidas, e assim sucessivamente, esvaziando as garantias. 4. Recurso especial conhecido e improvido. (STJ, REsp n. 1.278.247/SP, 3ª T., rel. Min. Nancy Andrighi, j. 20.09.2012, *DJe* 12.11.2012)

Penhora no rosto dos autos Penhora efetivada dentro dos autos da ação que está sendo promovida por terceiro contra o devedor a fim de garantir o pagamento de dívida contraída perante o credor. Quando o direito estiver sendo pleiteado em juízo, será averbada nos autos, com destaque, a penhora que recair nele e na ação que lhe corresponder, a fim de se efetivar nos bens que forem adjudicados ou vierem a caber ao executado.

▶ Veja CPC/2015: "**Art. 860.** Quando o direito estiver sendo pleiteado em juízo, a penhora que recair sobre ele será averbada, com destaque, nos autos pertinentes ao direito e na ação correspondente à penhora, a fim de que esta seja efetivada nos bens que forem adjudicados ou que vierem a caber ao executado".

■ Embargos de terceiro preventivo. Inventário. Penhora no rosto dos autos. Impenhorabilidade. Bem de família. Prequestionamento. Ausência. Universalidade da herança. Meação resguardada. Interesse de agir da viúva meeira configurado. Lei n. 8.009/90, art. 5º. CPC, arts. 3º, 267, VI, 674 e 1.046. 1. A ausência de decisão acerca do art. 5º da Lei n. 8.009/90, não obstante a interposição de embargos de declaração, impede o conhecimento do recurso especial. 2. A penhora no rosto dos autos, prevista no art. 674 do CPC, é causa de ameaça de turbação da propriedade, acarretando à parte os mesmos ônus de uma efetiva penhora direta sobre seu patrimônio e legitimando a utilização das defesas processuais disponíveis. 3. O fato da constrição ter recaído sobre a totalidade da herança não impede a proteção de um bem específico, parte do todo. 4. Há interesse de agir na oposição de embargos de terceiro pela viúva meeira, ainda que sua meação esteja resguardada. 5. Recurso especial conhecido e provido. (STJ, REsp n. 1.092.798/DF, rel. Min. Nancy Andrighi, j. 28.09.2010)

■ Execução. Penhora. Da competência para dirimir controvérsias sobre penhoras no rosto dos autos. CPC, arts. 709, 710 e 711. Em se tratando de penhora no rosto dos autos, a competência será do próprio juízo onde efetuada tal penhora, pois é nele que se concentram todos os pedidos de constrição. Ademais, a relação jurídica processual estabelecida na ação em que houve as referidas penhoras somente estará definitivamente encerrada após a satisfação do autor daquele processo. Outro ponto que favorece a competência do juízo onde realizada a penhora no rosto dos autos é sua imparcialidade, na medida em que nele não tramita nenhuma das execuções, de modo que ficará assegurada a total isenção no processamento do concurso especial. (STJ, REsp n. 976.522/SP, rel. Min. Nancy Andrighi, j. 02.02.2010, *DJ* 25.02.2010)

Penhora *on-line* Penhora *on-line* ou penhora eletrônica é o sistema Bacen-Jud criado pelo Banco Central, no ano de 2001, cujo objetivo inicial foi reduzir o processamento manual de ofícios enviados ao órgão pela Justiça com a finalidade de localizar ou bloquear depósitos de pessoas ou empresas executadas judicialmente. O sistema possibilita aos juízes previamente habilitados encaminhar determinações judiciais de bloqueio e desbloqueio de contas e ativos financeiros, comunicar decretação e extinção de falências, solicitar informações sobre existência de contas-correntes e aplicações financeiras, determinar transferências e consultar saldos de depósitos em instituições financeiras com agilidade e segurança. Visa, acima de tudo, a substituir a antiga ordem judicial emitida por ofício, considerada pouco prática e pouco eficiente, pois esta levava várias semanas para ser cumprida, tempo suficiente para que o devedor sacasse o saldo depositado. De posse de uma senha previamente cadastrada, o juiz de Direito preenche um formulário na internet solicitando as informações necessárias ao processo. O Bacen-Jud, então, repassa automaticamente as ordens judiciais aos bancos, agilizando a tramitação. Para possibilitar a penhora de dinheiro em depósito ou aplicação financeira, o juiz, a requerimento do exequente, requisitará à autoridade supervisora do sistema bancário, preferencialmente por meio eletrônico, informações sobre a existência de ativos em nome do executado, podendo, no mesmo ato, determinar sua indisponibilidade até o valor indicado na execução. A ordem de bloqueio, contudo, só pode ser usada em último caso, quando o devedor não oferece nenhum bem em pagamento ou oferece bem considerado sem valor.

▶ Veja CPC/2015: "**Art. 854.** Para possibilitar a penhora de dinheiro em depósito ou em aplicação financeira, o juiz, a requerimento do exequente, sem dar ciência prévia do ato ao executado, determinará às instituições financeiras, por meio de sistema eletrônico gerido pela autoridade supervisora do sistema financeiro nacional, que torne indisponíveis ativos financeiros existentes em nome do executado, limitando-se a indisponibilidade ao valor indicado na execução. [...]".

- Representativo da controvérsia. Execução civil. Sistema Bacen-Jud. Advento da Lei n. 11.382/2006. Desnecessidade de comprovação do esgotamento de vias extrajudiciais de busca de bens a serem penhorados para a realização da penhora *on-line*. Precedentes do STJ. CPC, arts. 655, I, e 655-A. I – Julgamento das questões idênticas que caracterizam a multiplicidade. Orientação. Penhora *on-line*. a) A penhora *on-line*, antes da entrada em vigor da Lei n. 11.382/2006, configura-se como medida excepcional, cuja efetivação está condicionada à comprovação de que o credor tenha tomado todas as diligências no sentido de localizar bens livres e desembaraçados de titularidade do devedor. b) Após o advento da Lei n. 11.382/2006, o Juiz, ao decidir acerca da realização da penhora *on-line*, não pode mais exigir a prova, por parte do credor, de exaurimento de vias extrajudiciais na busca de bens a serem penhorados. II – Julgamento do recurso representativo [...] O Juiz de Direito da 6ª Vara Federal de São Luiz indeferiu o pedido de penhora *on-line*, decisão que foi mantida pelo TJ/MA ao julgar o agravo regimental em agravo de instrumento, sob o fundamento de que, para a efetivação da penhora eletrônica, deve o credor comprovar que esgotou as tentativas para localização de outros bens do devedor. Na espécie, a decisão interlocutória de primeira instância que indeferiu a medida constritiva pelo sistema Bacen-Jud deu-se em 29.05.2007 (fl. 57), ou seja, depois do advento da Lei n. 11.382/2006, de 06.12.2006, que alterou o CPC quando incluiu os depósitos e aplicações em instituições financeiras como bens preferenciais na ordem da penhora como se fossem dinheiro em espécie (art. 655, I) e admitiu que a constrição se realizasse preferencialmente por meio eletrônico (art. 655-A). Recurso especial provido. (STJ, REsp n. 1.112.943/MA, rel. Min. Nancy Andrighi, j. 15.09.2010, DJ 23.11.2010)

Penhor de direitos e títulos de crédito Modalidade de penhor que tem por objeto direitos suscetíveis de cessão sobre coisas móveis (art. 1.451, CC). Constitui-se o penhor de direitos mediante instrumento público ou particular registrado no Registro de Títulos e Documentos. O penhor sobre título de crédito constitui-se mediante instrumento público ou particular ou endosso pignoratício, com a tradição do título ao credor (art. 1.458, CC).

▶ Veja CC: "**Art. 1.451.** Podem ser objeto de penhor direitos, suscetíveis de cessão, sobre coisas móveis. [...] **Art. 1.452.** Constitui-se o penhor de direito mediante instrumento público ou particular, registrado no Registro de Títulos e Documentos. Parágrafo único. O titular de direito empenhado deverá entregar ao credor pignoratício os documentos comprobatórios desse direito, salvo se tiver interesse legítimo em conservá-los. **Art. 1.453.** O penhor de crédito não tem eficácia senão quando notificado ao devedor; por notificado tem-se o devedor que, em instrumento público ou particular, declarar-se ciente da existência do penhor".

Penhor de veículos Modalidade de penhor que tem por objeto veículos empregados em qualquer espécie de transporte ou condução. Constitui-se mediante instrumento público ou particular, registrado no Cartório de Títulos e Documentos do domicílio do devedor e anotado no certificado de propriedade (arts. 1.461 e 1.462, CC).

▶ Veja CC: "**Art. 1.461.** Podem ser objeto de penhor os veículos empregados em qualquer espécie de transporte ou condução. **Art. 1.462.** Constitui-se o penhor, a que se refere o artigo antecedente, mediante instrumento público ou particular, registrado no Cartório de Títulos e Documentos do domicílio do devedor, e anotado no certificado de propriedade. Parágrafo único. Prometendo pagar em dinheiro a dívida garantida com o penhor, poderá o devedor emitir cédula de crédito, na forma e para os fins que a lei especial determinar. **Art. 1.463.** Não se fará o penhor de veículos sem que estejam previamente segurados contra furto, avaria, perecimento e danos causados a terceiros. **Art. 1.464.** Tem o credor direito a verificar o estado do veículo empenhado, inspecionando-o onde se achar, por si ou por pessoa que credenciar. **Art. 1.465.** A alienação, ou a mudança, do veículo empenhado sem prévia comunicação ao credor importa no vencimento antecipado do crédito pignoratício. **Art. 1.466.** O penhor de veículos só se pode convencionar pelo prazo máximo de dois anos, prorrogável até o limite de igual tempo, averbada a prorrogação à margem do registro respectivo".

Penhor industrial Modalidade de penhor que tem por objeto máquinas, aparelhos, materiais e instrumentos instalados e em funcionamento, com os acessórios ou sem eles; animais, utilizados na indústria; sal e bens destinados à exploração das salinas; produtos de suinocultura, animais destinados à industrialização de carnes e derivados; matérias-primas e produtos industrializados (art. 1.447, CC). Constitui-se o penhor industrial, ou o mercantil, mediante instrumento público ou particular registrado no Cartório de Registro de Imóveis da circunscrição onde estiverem situadas as coisas empenhadas (art. 1.448, CC).

▶ Veja CC: "**Art. 1.447.** Podem ser objeto de penhor máquinas, aparelhos, materiais, instrumentos, instalados e em funcionamento, com os acessórios ou sem eles; animais, utilizados na indústria; sal e bens destinados à exploração das salinas; produtos de suinocultura, animais destinados à industrialização de carnes e derivados; matérias-primas e produtos industrializados. Parágrafo único. Regula-se pelas disposições relativas aos armazéns gerais o penhor das mercadorias neles depositadas. **Art. 1.448.** Constitui-se o penhor industrial, ou o mercantil, mediante instrumento público ou particular, registrado no Cartório de Registro de Imóveis da circunscrição onde estiverem situadas as coisas empenhadas. Parágrafo único. Prometendo pagar em dinheiro a dívida, que garante com penhor industrial ou mercantil, o devedor poderá emitir, em favor do credor, cédula do respectivo crédito, na forma e para os fins que a lei especial determinar. **Art. 1.449.** O devedor não pode, sem o consentimento por escrito do credor, alterar as coisas empenhadas ou mudar-lhes a situação, nem delas dispor. O devedor que, anuindo o credor, alienar as coisas empenhadas, deverá repor outros bens da mesma natureza, que ficarão sub-rogados no penhor. **Art. 1.450.** Tem o credor direito a verificar o estado das coisas empenhadas, inspecionando-as onde se acharem, por si ou por pessoa que credenciar".

■ Penhor mercantil. Tradição simbólica. Admissibilidade. CCOM, art. 274. Vigência. Ação de depósito. Boa-fé. Em se tratando de penhor mercantil, admissível é a entrega simbólica dos objetos, estando em vigor a norma do art. 274 do CCom. A aceitação do encargo pelo depositário, no penhor mercantil, faz presumir a tradição dos bens dados em garantia, caracterizando infidelidade do depósito a falta de entrega dos objetos. A realidade das relações de comércio dos tempos atuais repudia os formalismos injustificáveis, instalando-se na boa-fé a "consagração do dever moral de não enganar a outrem". (STJ, REsp n. 123.278/SP, rel. Min. Waldemar Zveiter, j. 03.03.1998, *DJ* 04.05.1998)

Penhor legal Garantia concedida por lei a determinados credores sobre bens móveis pertencentes aos devedores. São credores pignoratícios, independentemente de convenção, hospedeiros, ou fornecedores de pousada ou alimento, sobre bagagens, móveis, joias ou dinheiro que seus consumidores ou fregueses tiverem consigo nas respectivas casas ou estabelecimentos, pelas despesas ou consumo que aí tiverem feito; dono de prédio rústico ou urbano sobre bens móveis que rendeiro ou inquilino tiver guarnecendo o mesmo prédio, pelos aluguéis ou rendas (art. 1.467, CC). A concretização do penhor exige a homologação de penhor legal a requerimento do credor pignoratício depois da efetivação do penhor (art. 1.467, CC; art. 874, CPC/73).

▶ Veja CC: "**Art. 1.467.** São credores pignoratícios, independentemente de convenção: I – os hospedeiros, ou fornecedores de pousada ou alimento, sobre as bagagens, móveis, joias ou dinheiro que os seus consumidores ou fregueses tiverem consigo nas respectivas casas ou estabelecimentos, pelas despesas ou consumo que aí tiverem feito; II – o dono do prédio rústico ou urbano, sobre os bens móveis que o rendeiro ou inquilino tiver guarnecendo o mesmo prédio, pelos aluguéis ou rendas. **Art. 1.468.** A conta das dívidas enumeradas no inciso I do artigo antecedente será extraída conforme a tabela impressa, prévia e ostensivamente exposta na casa, dos preços de hospedagem, da pensão ou dos gêneros fornecidos, sob pena de nulidade do penhor. **Art. 1.469.** Em cada um dos casos do art. 1.467, o credor poderá tomar em garantia um ou mais objetos até o valor da dívida. **Art. 1.470.** Os credores, compreendidos no art. 1.467, podem fazer efetivo o penhor, antes de recorrerem à autoridade judiciária, sempre que haja perigo na demora, dando aos devedores comprovante dos bens de que se apossarem. **Art. 1.471.** Tomado o penhor, requererá o credor, ato contínuo, a sua homologação judicial".

▶ Veja CPC/2015: "**Art. 703.** Tomado o penhor legal nos casos previstos em lei, requererá o credor, ato contínuo, a homologação. § 1º Na petição inicial, instruída com o contrato de locação ou a conta pormenorizada das despesas, a tabela dos preços e a relação dos objetos retidos, o credor pedirá a citação do devedor para pagar ou contestar na audiência preliminar que for designada. [...] **Art. 704.** A defesa só pode consistir em: I – nulidade do processo; II – extinção da obrigação; III – não estar a dívida compreendida entre as previstas em lei ou não estarem os bens sujeitos a penhor legal; IV – alegação de haver sido ofertada caução idônea, rejeitada pelo credor".

■ Locação. Penhora legal. CCB, art. 776, II. O penhor legal pode recair somente sobre alguns bens que o rendeiro ou inquilino tenha guarnecido o prédio. De acordo com o CCB, art. 776, II, o dono do prédio rústico ou urbano é credor pignoratício sobre os bens móveis que o rendeiro ou inquilino estiver guarnecendo o mesmo prédio, pelos alugueres ou rendas. Desse dispositivo se depreende que o referido direito real não deve recair necessariamente sobre todos os bens. É razoável que ele incida apenas sobre alguns bens cujo valor seja suficiente para garantir o pagamento da dívida como ocorreu no caso vertente, possibilitando que a execução se realize da maneira menos gravosa para o devedor. (2º TACSP, Ap. Cível n. 555.632/SP, rel. Juiz Gomes Varjão, j. 10.11.1999)

- Locação de imóvel. Ação de reintegração de posse c/c indenização por dano morais. Acordo em audiência de conciliação quanto à reintegração de posse. Retenção de bens do locatário inadimplente. Dano moral não caracterizado. Incontroverso o inadimplemento do autor, o que deu causa à atitude da locadora em reter os bens para pagamento dos encargos da locação em atraso, todavia, no curso do processo, estes foram devolvidos à posse do locatário. A situação evidencia que a ré fez valer o direito de retenção dos bens móveis que guarnecem o prédio locado a título de penhor legal, nos termos do art. 1.467, II, do CCB, tanto mais considerando que o autor não notificou a ré da desocupação do imóvel, ônus que era seu, a teor do art. 6º da Lei n. 8.245/91. Apelação desprovida. (TJRS, Ap. Cível n. 70.040.329.047, 15ª Câm. Cível, rel. Ana Beatriz Iser, j. 26.10.2011)

Penhor mercantil (*v. Penhor industrial*).

Penhor pecuário Modalidade de penhor que tem como objeto de garantia animais que integram as atividades pastoril, agrícola ou de lacticínios (art. 1.444, CC).

▶ Veja CC: "**Art. 1.444.** Podem ser objeto de penhor os animais que integram a atividade pastoril, agrícola ou de lacticínios. **Art. 1.445.** O devedor não poderá alienar os animais empenhados sem prévio consentimento, por escrito, do credor. Parágrafo único. Quando o devedor pretende alienar o gado empenhado ou, por negligência, ameace prejudicar o credor, poderá este requerer se depositem os animais sob a guarda de terceiro, ou exigir que se lhe pague a dívida de imediato. **Art. 1.446.** Os animais da mesma espécie, comprados para substituir os mortos, ficam sub-rogados no penhor. [...]".

Penhor rural Modalidade de penhor que abrange o penhor agrícola e o penhor pecuário. Deve ser constituído mediante instrumento público ou particular registrado no Cartório de Registro de Imóveis da circunscrição em que estiverem situadas as coisas empenhadas (arts. 1.438 e 1.439, CC).

▶ Veja CC: "**Art. 1.438.** Constitui-se o penhor rural mediante instrumento público ou particular, registrado no Cartório de Registro de Imóveis da circunscrição em que estiverem situadas as coisas empenhadas. Parágrafo único. Prometendo pagar em dinheiro a dívida, que garante com penhor rural, o devedor poderá emitir, em favor do credor, cédula rural pignoratícia, na forma determinada em lei especial. **Art. 1.439.** O penhor agrícola e o penhor pecuário não podem ser convencionados por prazos superiores aos das obrigações garantidas. [...]".

- Penhora. Execução. Penhor rural. Garantia pignoratícia. A penhora, em execução de crédito pignoratício, recai sobre o bem dado em garantia (CPC, art. 655, § 2º). Tratando-se de bem fungível, a garantia se aperfeiçoa independentemente da tradição dos bens, continuando os devedores em poder dos mesmos, devendo dar a destinação mais viável à safra agrícola, contudo, apresentando-a no momento oportuno ou quando lhes for exigido. (STJ, Ag. Reg. no AI n. 181.838/SP, rel. Min. Carlos Alberto M. Direito, j. 06.10.1998, *DJ* 23.11.1998)

Pensão Pagamento ou contribuição sucessiva e continuada feitos por alguém ou por uma instituição a uma pessoa em razão de lei, obrigação ou encargo.

Pensão alimentícia Pagamento, ou contribuição sucessiva e continuada, de certa quantia em dinheiro que uma pessoa, por decisão judicial, faz a outra em razão de parentesco ou dever de assistência, destinado a prover sua subsistência. Podem parentes, cônjuges ou companheiros pedir uns aos outros os alimentos de que necessitem para viver de modo compatível com sua condição social, inclusive para atender às necessidades de sua educação (art. 1.694, CC).

▶ Veja CC: "**Art. 1.694.** Podem os parentes, os cônjuges ou companheiros pedir uns aos outros os alimentos de que necessitem para viver de modo compatível com a sua condição social, inclusive para atender às necessidades de sua educação. § 1º Os alimentos devem ser fixados na proporção das necessidades do reclamante e dos recursos da pessoa obrigada. § 2º Os alimentos serão apenas os indispensáveis à subsistência, quando a situação de necessidade resultar de culpa de quem os pleiteia. **Art. 1.695.** São devidos os alimentos quando quem os pretende não tem bens suficientes, nem pode prover, pelo seu trabalho, à própria mantença, e aquele, de quem se reclamam, pode fornecê-los, sem desfalque do necessário ao seu sustento. **Art. 1.696.** O direito à prestação de alimentos é recíproco entre pais e filhos, e extensivo a todos os ascendentes, recaindo a obrigação nos mais próximos em grau, uns em falta de outros. **Art. 1.697.** Na falta dos ascendentes cabe a obrigação aos descendentes, guardada a ordem de sucessão e, faltando estes, aos irmãos, assim germanos como unilaterais".

- Pensão alimentícia. Percentual. Participação nos lucros. Súmula de jurisprudência predominante. Direito de família. O recurso interposto contra sentença que modifica alimentos é recebido, em regra, sem efeito suspensivo. O percentual correspondente à pensão alimentícia deve incidir sobre a verba denominada *participação nos lucros e resultados* percebida pelo alimentante. Enunciados aprovados na última reunião dos desembargadores de câmaras cíveis deste Tribunal de Justiça, que representam, majoritariamente, o entendimento desta Corte a respeito dos temas neles versados. Aprovação e inclusão no índice das súmulas da jurisprudência dominante deste Tribunal. (TJRJ, Proc. Adm. n. 32.042/2011, rel. Des. Mauricio Caldas Lopes, j. 12.09.2011, *DJ* 28.09.2011)

- Exoneração da pensão alimentícia. Ex-cônjuges. Inexistência de alteração no binômio necessidade/possibilidade. CCB/2002, arts. 1.694, 1.695 e 1.699. 1. Os alimentos devidos entre ex-cônjuges serão fixados com termo certo, a depender das circunstâncias fáticas próprias da hipótese sob discussão, assegurando-se, ao alimentado, tempo hábil para sua inserção, recolocação ou progressão no mercado de trabalho que lhe possibilite manter pelas próprias forças, *status* social similar ao período do relacionamento. 2. Serão, no entanto, perenes, nas excepcionais circunstâncias de incapacidade laboral permanente ou, ainda, quando se constatar a impossibilidade prática de inserção no mercado de trabalho. 3. Em qualquer uma das hipóteses, sujeitam-se os alimentos à cláusula *rebus sic stantibus*, podendo os valores serem alterados quando houver variação no binômio necessidade/possibilidade. 4. Se os alimentos devidos a ex-cônjuge não forem fixados por termo certo, o pedido de desoneração total, ou parcial, poderá dispensar a existência de variação no binômio necessidade/possibilidade, quando demonstrado o pagamento de pensão por lapso temporal suficiente para que o alimentado reverteste a condição desfavorável que detinha, no momento da fixação desses alimentos. 5. Recurso especial provido. (STJ, REsp n. 1.205.408/RJ, rel. Min. Nancy Andrighi, j. 21.06.2011, *DJ* 29.06.2011)

Pensão previdenciária Benefício de prestação sucessiva e continuada de certa quantia em dinheiro que a entidade previdenciária deve pagar ao conjunto dos dependentes do segurado que falecer, aposentado ou não. O valor mensal da pensão por morte será de 100% do valor da aposentadoria que o segurado recebia ou daquela a que teria direito se estivesse aposentado por invalidez na data de seu falecimento (arts. 74 e 75, Lei n. 8.213/91).

- Veja Lei n. 8.213/91: "**Art. 74.** A pensão por morte será devida ao conjunto dos dependentes do segurado que falecer, aposentado ou não, a contar da data: I – do óbito, quando requerida até trinta dias depois deste; II – do requerimento, quando requerida após o prazo previsto no inciso anterior; III – da decisão judicial, no caso de morte presumida. **Art. 75.** O valor mensal da pensão por morte será de cem por cento do valor da aposentadoria que o segurado recebia ou daquela a que teria direito se estivesse aposentado por invalidez na data de seu falecimento, observado o disposto no art. 33 desta lei. [...] **Art. 77.** A pensão por morte, havendo mais de um pensionista, será rateada entre todos em parte iguais. § 1º Reverterá em favor dos demais a parte daquele cujo direito à pensão cessar. [...]".

- Responsabilidade civil. Indenização por ato ilícito e pensão previdenciária. Possibilidade de cumulação. É irrelevante, para fins de condenação ao pagamento de pensão mensal por responsabilidade civil, o fato de a beneficiária tornar-se, com a morte do marido, pensionista do IPSEMG, visto que a pensão previdenciária e aquela decorrente do ato ilícito são cumuláveis. (TAMG, Ap. Cível n. 357.801/Belo Horizonte, rel. Juiz Batista Franco, j. 08.05.2002)

- Alimentos. Concubinato. Pensão previdenciária. Falecimento do alimentante. Recebimento da pensão. Direito da mulher divorciada. Concorrência com a companheira. Possibilidade. O direito à pensão alimentícia emanado de acordo judicial homologado por sentença transitada em julgado, concedido à mulher divorciada, não desaparece com o falecimento do ex-marido, tendo a mesma direito de participar da pensão previdenciária, concorrendo com a ex-companheira do falecido, conservando, todavia, o mesmo valor fixado por ocasião do divórcio. (TJMG, Ap. Cível n. 141.829/2/Uberaba, rel. Des. Garcia Leão, j. 14.09.1999, *DJ* 25.11.1999)

Perda de aeronave Perda da aeronave decorrente da alienação, renúncia, abandono, perecimento, desapropriação e pelas causas de extinção previstas em lei (art. 120, Lei n. 7.565/86 – CBA).

- Veja CBA: "**Art. 120.** Perde-se a propriedade da aeronave pela alienação, renúncia, abandono, perecimento, desapropriação e pelas causas de extinção previstas em lei. § 1º Ocorre o abandono da aeronave ou de parte dela quando não for possível determinar sua legítima origem ou quando manifestar-se o proprietário, de modo expresso, no sentido de abandoná-la.

§ 2º Considera-se perecida a aeronave quando verificada a impossibilidade de sua recuperação ou após o transcurso de mais de 180 (cento e oitenta) dias a contar da data em que dela se teve a última notícia oficial. § 3º Verificado, em inquérito administrativo, o abandono ou perecimento da aeronave, será cancelada ex officio a respectiva matrícula".

Perda dos direitos políticos Privação dos direitos políticos que ocorre nos casos de cancelamento da naturalização e de perda da nacionalidade brasileira (art. 15, CF).

▶ Veja CF: "**Art. 15.** É vedada a cassação de direitos políticos, cuja perda ou suspensão só se dará nos casos de: I – cancelamento da naturalização por sentença transitada em julgado; II – incapacidade civil absoluta; III – condenação criminal transitada em julgado, enquanto durarem seus efeitos; IV – recusa de cumprir obrigação a todos imposta ou prestação alternativa, nos termos do art. 5º, VIII; V – improbidade administrativa, nos termos do art. 37, § 4º".

Perdão judicial Medida facultada ao juiz criminal conceder ao réu, não lhe aplicando a pena, quando do delito lhe resultarem consequências tão graves que torne a pena desnecessária (arts. 120 e 121, § 5º, CP). Ocorre, na prática, quando por culpa (imprudência, negligência ou imperícia) o réu vem a ocasionar acidente no qual perece cônjuge ou descendente. O perdão judicial também pode ser concedido para quem colaborar efetiva e voluntariamente com a investigação e o processo criminal nos termos da Lei n. 12.850/2013.

▶ Veja CP: "Perdão judicial – **Art. 120.** A sentença que conceder perdão judicial não será considerada para efeitos de reincidência. Homicídio simples – **Art. 121.** [...] § 5º Na hipótese de homicídio culposo, o juiz poderá deixar de aplicar a pena, se as consequências da infração atingirem o próprio agente de forma tão grave que a sanção penal se torne desnecessária. [...]".

▶ Veja Lei n. 12.850/2013: "**Art. 4º** O juiz poderá, a requerimento das partes, conceder o perdão judicial, reduzir em até 2/3 (dois terços) a pena privativa de liberdade ou substituí-la por restritiva de direitos daquele que tenha colaborado efetiva e voluntariamente com a investigação e com o processo criminal, desde que dessa colaboração advenha um ou mais dos seguintes resultados: I – a identificação dos demais coautores e partícipes da organização criminosa e das infrações penais por eles praticadas; II – a revelação da estrutura hierárquica e da divisão de tarefas da organização criminosa; III – a prevenção de infrações penais decorrentes das atividades da organização criminosa; IV – a recuperação total ou parcial do produto ou do proveito das infrações penais praticadas pela organização criminosa; V – a localização de eventual vítima com a sua integridade física preservada. [...]".

■ Acidente de trânsito. Homicídio culposo. Transporte de passageiros em veículo de carga. Culpa. Descendente. Perdão judicial. CP, art. 121, § 5º. Em acidente de trânsito decorrente de transporte de passageiros em veículo de carga, com vítimas fatais, não obstante provada a culpa grave do motorista, há que se conceder o perdão judicial, previsto no art. 121, § 5º, do CP, se o evento resultou em perda de descendentes, atingindo, assim, o próprio agente de forma tão grave que se torna desnecessária a sanção penal. (TAMG, Ap. Crim. n. 256.846/9/Itaúna, rel. Juiz Sérgio Braga, j. 17.06.1998)

■ Homicídio culposo. Morte de filho. Perdão judicial concedido e mantido. Como destacou o Julgador, concedendo ao recorrido o perdão judicial pela morte involuntária do filho: "O réu foi indiscutivelmente abalado pela morte do filho. Tanto por referir isso quanto pelas reações tresloucadas que teve, ainda sob o impacto da morte, logo após o fato. A punição já foi suficiente e não seria equiparada por nenhuma pena aplicável neste feito – mormente considerando que o réu é merecedor de penas restritivas de direitos por ser primário. Isso basta para a concessão ao réu do favor legal". Recurso ministerial desprovido. Unânime. (TJRS, Recurso em Sentido Estrito n. 70.054.640.156, 1ª Câm. Criminal, rel. Sylvio Baptista Neto, j. 31.07.2013)

Perdas e danos Prejuízo patrimonial efetivo, por perda certa ou por aquilo que se deixou de ganhar, por culpa de outra pessoa que não cumpriu a obrigação. Não cumprida a obrigação, responde o devedor por perdas e danos, mais juros e atualização monetária, segundo índices oficiais regularmente estabelecidos, e honorários de advogado (art. 389, CC). Também incide em perdas e danos, pela prática de ilícito processual, o autor, réu ou interveniente que pleitear de má-fé (art. 16, CPC/73).

▶ Veja CC: "**Art. 389.** Não cumprida a obrigação, responde o devedor por perdas e danos, mais juros e atualização monetária segundo índices oficiais regularmente estabelecidos, e honorários de advogado. [...] **Art. 404.** As perdas e danos, nas obrigações de pagamento em dinheiro, serão pagas com atualização monetária segundo índices oficiais regularmente estabelecidos, abrangendo juros, custas e honorários de advogado, sem prejuízo da pena convencional. Parágrafo único. Provado que os juros da mora não cobrem o prejuízo, e não havendo pena convencional, pode o juiz conceder ao credor indenização suplementar".

- Veja CPC/73: "**Art. 16.** Responde por perdas e danos aquele que pleitear de má-fé como autor, réu ou interveniente".

- Veja CPC/2015: "**Art. 79.** Responde por perdas e danos aquele que litigar de má-fé como autor, réu ou interveniente".

▪ Compra e venda. Ativo social de companhia, feita a preço irrisório. Abuso de poder do sócio majoritário. Ato de liberalidade parcial, consistente na venda a preço muitas vezes menor do que o do ativo alienado. Responsabilidade solidária do sócio controlador e de todos os partícipes do ato fraudulento, pelas perdas e danos sofridos pelo minoritário. Apuração do *quantum debeatur* em liquidação de sentença. Doutrina e jurisprudência em apoio à tese esposada. Apelação provida. (TJSP, Ap. n. 5.041.214/Guarulhos, rel. Des. Cesar Ciampolini Neto, j. 05.02.2013)

▪ Compromisso de compra e venda. Promessa de compra e venda de imóvel em construção. Inadimplemento parcial. Atraso na entrega do imóvel. Mora. Cláusula penal. Perdas e danos. Cumulação. Possibilidade. Precedentes do STJ. CCB/2002, arts. 402, 410, 411, 416 e 421. (STJ, REsp n. 1.355.554/RJ, rel. Min. Sidnei Beneti, j. 06.12.2012, *DJ* 04.02.2013)

Perdimento Pena administrativa imposta pela Receita Federal, em operações de comércio exterior, que consiste na perda do produto importado nos casos de irregularidade documental ou procedimental. Também se aplica à perda de bens e valores como pena restritiva de direitos (art. 43, CP) (*v. Pena de perdimento*).

Perecimento Deterioração, destruição ou extinção da coisa ou do direito. A expressão também é usada no sentido de morte ou falecimento. Uma das hipóteses de perda de aeronave (art. 120, § 2º, Lei n. 7.565/86 – CBA).

- Veja CBA: "**Art. 120.** Perde-se a propriedade da aeronave pela alienação, renúncia, abandono, perecimento, desapropriação e pelas causas de extinção previstas em lei. [...] § 2º Considera-se perecida a aeronave quando verificada a impossibilidade de sua recuperação ou após o transcurso de mais de 180 (cento e oitenta) dias a contar da data em que dela se teve a última notícia oficial. § 3º Verificado, em inquérito administrativo, o abandono ou perecimento da aeronave, será cancelada *ex officio* a respectiva matrícula".

▪ Agravo de instrumento. Direito privado não especificado. Compra e venda de veículo (ônibus). Inadimplemento contratual. Tutela antecipada. Busca e apreensão. Demonstrada a inadimplência contratual e existindo cláusula expressa estabelecendo a faculdade de o credor rescindir o contrato, presente o risco de perecimento do bem, deve ser concedida a tutela antecipada para deferir a busca e apreensão do ônibus. Presença na espécie dos requisitos do art. 273 do CPC. Agravo provido. (TJRS, AI n. 70.054.417.548, 12ª Câm. Cível, rel. José Aquino Flôres de Camargo, j. 10.10.2013)

▪ Apelação cível. Direito privado não especificado. Ação anulatória de contrato de compra e venda de estabelecimento comercial. Restituição dos valores relativos aos mobiliários. Ressarcimento dos pagamentos realizados. 1. A requerida, como depositária dos bens, deveria ter zelado pela preservação desses, de forma que arcará com a indenização a eles atinentes, em decorrência de seu perecimento. A autora requereu a devolução dos bens, no que não foi atendida, sendo, por isso, a requerida responsável por indenizar o valor a eles relativos, não havendo falar em encargo pelo depósito. 2. Os valores alcançados pela requerida/reconvinte a título de amortização das parcelas do contrato de compra e venda devem ser restituídos à autora, porquanto, com a desconstituição do negócio, a situação retornará ao *status quo ante*. Apelos desprovidos. (TJRS, Ap. Cível n. 70.038.510.004, 12ª Câm. Cível, rel. Umberto Guaspari Sudbrack, j. 15.08.2013)

Perempção Extinção de relação processual pela perda de um prazo definido e definitivo. Decorre da inércia da parte em praticar determinado ato no prazo assinalado na lei ou pelo juiz. É o resultado da não manifestação da parte no processo no prazo que lhe é concedido. A arguição pode ser feita pela parte ou pelo juiz.

- Veja CPC/73: "**Art. 301.** Compete-lhe, porém, antes de discutir o mérito, alegar: IV – perempção; [...]".

- Veja CPC/2015: "**Art. 337.** Incumbe ao réu, antes de discutir o mérito, alegar: [...] V – perempção; [...] **Art. 485.** O juiz não resolverá o mérito quando: [...] V – reconhecer a existência de perempção, de litispendência ou de coisa julgada; [...]".

▪ Princípio devolutivo. Extensão e profundidade. Matéria nova suscitada na apelação. Questão apreciável de ofício (condições da ação, pressupostos processuais, perempção, litispendência e coisa julgada – CPC, arts. 267, § 3º, e 301, § 4º). Impossibilidade de o tribunal silenciar-se. Brocardo *tantum devolutum quantum appellatum*. CPC, art. 515. A extensão do pedido devolutivo se mede pela impugnação feita pela parte nas razões do recurso, consoante enuncia o brocardo latino *tantum devolutum quantum appellatum*. A apelação transfere ao conhecimento do tribunal a matéria impugnada, nos limites dessa impugnação. Em se tratando de matérias apreciáveis de ofício pelo juiz (condições da ação, pressupostos processuais, peremção, litispendência e coisa julgada – arts. 267, § 3º, e 301, § 4º, do CPC), mesmo que a parte não tenha provocado sua discussão na petição inicial ou na contestação, conforme se trate de autor ou de réu, podem elas ser apreciadas na segunda instância. (STJ, REsp n. 131.371/MG, rel. Min. Sálvio de Figueiredo Teixeira, j. 23.09.1998)

- Pressuposto processual. Inexistência de preclusão. CPC, art. 267, § 3º. Consolidou-se na jurisprudência dos Tribunais o entendimento de que, no CPC, a matéria relativa a pressupostos processuais, peremção, litispendência, coisa julgada e condições de admissibilidade de ação, pode ser apreciada, de ofício, em qualquer tempo e grau de jurisdição ordinária, enquanto não proferida a sentença de mérito (CPC, art. 267, § 3º). (STJ, RMS n. 6.618/RS, rel. Min. Waldemar Zveiter, j. 27.05.1996)

Perícia Meio de prova que consiste no parecer técnico de pessoa habilitada, denominada perito judicial, devidamente nomeada pelo juiz da causa. A prova pericial consiste em exame, vistoria ou avaliação (art. 420, CPC/73). O exame se faz pela inspeção de coisas, móveis e semoventes, para a verificação de fatos ou circunstâncias que interessam à causa; a vistoria é realizada em caso de inspeção de imóveis; a avaliação é utilizada para determinar o valor, em moeda, de coisas, direitos ou obrigações, como ocorre em inventários e partilhas e nas execuções (*v. Prova pericial*).

▶ Veja CPC/73: "**Art. 420.** A prova pericial consiste em exame, vistoria ou avaliação. Parágrafo único. O juiz indeferirá a perícia quando: I – a prova do fato não depender do conhecimento especial de técnico; II – for desnecessária em vista de outras provas produzidas; III – a verificação for impraticável. [...] **Art. 421.** O juiz nomeará o perito, fixando de imediato o prazo para a entrega do laudo. [...]".

▶ Veja CPC/2015: "**Art. 156.** O juiz será assistido por perito quando a prova do fato depender de conhecimento técnico ou científico. § 1º Os peritos serão nomeados entre os profissionais legalmente habilitados e os órgãos técnicos ou científicos devidamente inscritos em cadastro mantido pelo tribunal ao qual o juiz está vinculado. [...] **Art. 464.** A prova pericial consiste em exame, vistoria ou avaliação. § 1º O juiz indeferirá a perícia quando: I – a prova do fato não depender de conhecimento especial de técnico; II – for desnecessária em vista de outras provas produzidas; III – a verificação for impraticável. [...] **Art. 465.** O juiz nomeará perito especializado no objeto da perícia e fixará de imediato o prazo para a entrega do laudo. § 1º Incumbe às partes, dentro de 15 (quinze) dias contados da intimação do despacho de nomeação do perito: I – arguir o impedimento ou a suspeição do perito, se for o caso; II – indicar assistente técnico; III – apresentar quesitos. [...] **Art. 473.** O laudo pericial deverá conter: I – a exposição do objeto da perícia; II – a análise técnica ou científica realizada pelo perito; III – a indicação do método utilizado, esclarecendo-o e demonstrando ser predominantemente aceito pelos especialistas da área do conhecimento da qual se originou; IV – resposta conclusiva a todos os quesitos apresentados pelo juiz, pelas partes e pelo órgão do Ministério Público. [...]".

Periculum in mora Perigo na demora. Receio de que a demora da decisão judicial cause um dano grave ou de difícil reparação ao bem tutelado. A demonstração do *periculum in mora*, juntamente com o *fumus boni iuris*, é requisito necessário à concessão de qualquer medida cautelar.

▶ Veja CPC/2015: "**Art. 300.** A tutela de urgência será concedida quando houver elementos que evidenciem a probabilidade do direito e o perigo de dano ou o risco ao resultado útil do processo. [...] § 3º A tutela de urgência de natureza antecipada não será concedida quando houver perigo de irreversibilidade dos efeitos da decisão. [...] **Art. 303.** Nos casos em que a urgência for contemporânea à propositura da ação, a petição inicial pode limitar-se ao requerimento da tutela antecipada e à indicação do pedido de tutela final, com a exposição da lide, do direito que se busca realizar e do perigo de dano ou do risco ao resultado útil do processo. [...] **Art. 305.** A petição inicial da ação que visa à prestação de tutela cautelar em caráter antecedente indicará a lide e seu fundamento, a exposição sumária do direito que se objetiva assegurar e o perigo de dano ou o risco ao resultado útil do processo. [...] **Art. 311.** A tutela da evidência será concedida, independentemente da demonstração de perigo de dano ou de risco ao resultado útil do processo, quando: [...]".

- Tutela antecipatória. Concessão. *Periculum in mora* e *fumus boni iuris*. CPC, art. 273. A antecipação de tutela, providência cautelar introduzida por força da nova redação conferida ao art. 273/CPC, exige prova inequívoca da verossimilhança, equivalente ao *fumus boni iuris* e ao *periculum in mora*, somado ao receio de dano irreparável, ou ao abuso de direito de defesa manifestado pelo réu em caráter protelatório. (STJ, REsp n. 177.124/RS, rel. Min. Vicente Leal, j. 13.10.1998, *DJ* 16.11.1998)

- Anistia de militar. Anulação. Manutenção da liminar concedida, em razão da presença do *fumus boni iuris* e *periculum in mora*. 1. Trata-se de agravo regimental interposto contra decisão que concedeu liminar para suspender os efeitos da Portaria que anulou anistia de militar. 2. O argumento de que o poder de autotutela da Administração Pública foi inibido pelo ato judicial é genérico e improcedente, pois, como se sabe, todo e qualquer ato administrativo está sujeito a controle de legalidade no âmbito do Poder Judiciário. 3. A tese da configuração ou não da decadência diz respeito ao mérito, e será analisada no momento adequado. 4. No juízo provisório que caracteriza a decisão liminar, a parte impetrante demonstrou o preenchimento de seus requisitos (*fumus boni iuris* e *periculum in mora*), tendo em vista a presunção de boa-fé e os prejuízos que serão por ela suportados na hipótese da imediata supressão do pagamento de benefício mensal. 5. Agravo regimental não provido. (STJ, Ag. Reg. no MS n. 19.174/DF, rel. Min. Herman Benjamin, j. 22.05.2013)

Perito Do latim *peritus*, significa experimentar, saber por experiência. É o profissional dotado de conhecimentos específicos que supre as insuficiências do juiz no referente à verificação ou apreciação de fatos da causa que exijam conhecimentos especiais ou técnicos. O perito é nomeado pelo juiz, cabendo às partes apenas indicar o assistente técnico (art. 421, CPC/73). Os peritos são considerados auxiliares da Justiça e, além de capacidade jurídica, deverão possuir capacidade técnica, isto é, conhecimentos específicos suficientes para exercer com competência a função que lhe é cometida. Em atenção a esses requisitos, são nomeados entre os profissionais e os órgãos técnicos ou científicos devidamente inscritos em cadastro mantido pelo tribunal ao qual o juiz está vinculado.

- Veja CPC/73: "**Art. 145.** Quando a prova do fato depender de conhecimento técnico ou científico, o juiz será assistido por perito, segundo o disposto no art. 421. [...] **Art. 421.** O juiz nomeará o perito, fixando de imediato o prazo para a entrega do laudo. [...]".

- Veja CPC/2015: "**Art. 149.** São auxiliares da Justiça, além de outros cujas atribuições sejam determinadas pelas normas de organização judiciária, o escrivão, o chefe de secretaria, o oficial de justiça, o perito, o depositário, o administrador, o intérprete, o tradutor, o mediador, o conciliador judicial, o partidor, o distribuidor, o contabilista e o regulador de avarias. [...] **Art. 156.** O juiz será assistido por perito quando a prova do fato depender de conhecimento técnico ou científico. § 1º Os peritos serão nomeados entre os profissionais legalmente habilitados e os órgãos técnicos ou científicos devidamente inscritos em cadastro mantido pelo tribunal ao qual o juiz está vinculado. [...] **Art. 157.** O perito tem o dever de cumprir o ofício no prazo que lhe designar o juiz, empregando toda sua diligência, podendo escusar-se do encargo alegando motivo legítimo. [...]".

Permissão para dirigir Documento provisório, com validade de um ano, concedido pelo Detran para condutores de veículos automotores das categorias A, B, ou A e B. Ao final de doze meses, se não tiver cometido infrações graves ou gravíssimas ou não for reincidente em infrações médias, o condutor poderá solicitar a Carteira Nacional de Habilitação (CNH) definitiva, desde que tenha cumprido o disposto no § 3º do art. 148 do CTB. Caso contrário, a pessoa terá de se submeter a um novo processo de primeira habilitação.

- Veja CTB: "**Art. 148.** Os exames de habilitação, exceto os de direção veicular, poderão ser aplicados por entidades públicas ou privadas credenciadas pelo órgão executivo de trânsito dos Estados e do Distrito Federal, de acordo com as normas estabelecidas pelo CONTRAN. § 1º A formação de condutores deverá incluir, obrigatoriamente, curso de direção defensiva e de conceitos básicos de proteção ao meio ambiente relacionados com o trânsito. § 2º Ao candidato aprovado será conferida Permissão para Dirigir, com validade de um ano. § 3º A Carteira Nacional de Habilitação será conferida ao condutor no término de um ano, desde que o mesmo não tenha cometido nenhuma infração de natureza grave ou gravíssima ou seja reincidente em infração média. [...]".

Permuta O mesmo que troca (*v. Troca*).

Permuta de imóveis da União A permuta de imóveis de qualquer natureza de propriedade da União por imóveis edificados ou não, ou por edificações a construir, poderá ser autorizada na forma do art. 23 da Lei n. 9.636/98. Os imóveis permutados não poderão ser utilizados para fins residenciais funcionais, exceto nos casos de residência de caráter obrigatório de que tratam os arts. 80 a 85 do DL n. 9.760/46.

▶ Veja Lei n. 9.636/98: "**Art. 23.** A alienação de bens imóveis da União dependerá de autorização, mediante ato do Presidente da República, e será sempre precedida de parecer da SPU quanto à sua oportunidade e conveniência. § 1º A alienação ocorrerá quando não houver interesse público, econômico ou social em manter o imóvel no domínio da União, nem inconveniência quanto à preservação ambiental e à defesa nacional, no desaparecimento do vínculo de propriedade. § 2º A competência para autorizar a alienação poderá ser delegada ao Ministro de Estado da Fazenda, permitida a subdelegação. [...] **Art. 30.** Poderá ser autorizada, na forma do art. 23, a permuta de imóveis de qualquer natureza, de propriedade da União, por imóveis edificados ou não, ou por edificações a construir. § 1º Os imóveis permutados com base neste artigo não poderão ser utilizados para fins residenciais funcionais, exceto nos casos de residências de caráter obrigatório, de que tratam os arts. 80 a 85 do Decreto-Lei n. 9.760, de 1946. § 2º Na permuta, sempre que houver condições de competitividade, deverão ser observados os procedimentos licitatórios previstos em lei".

Personalidade civil Qualidade jurídica que se traduz na capacidade de uma pessoa exercer direitos e contrair obrigações. A personalidade civil da pessoa começa com o nascimento com vida, mas a lei põe a salvo, desde a concepção, os direitos do nascituro (art. 2º, CC). Além da aptidão para ser sujeito de direito, Tepedino aponta outro sentido técnico para o conceito de personalidade: "o conjunto de características e atributos da pessoa humana, considerada objeto de proteção privilegiada por parte do ordenamento, bem jurídico representado pela afirmação da dignidade humana, sendo peculiar, portanto, à pessoa natural" (TEPEDINO, Gustavo. *Código Civil interpretado*. Rio de Janeiro, Renovar, 2004, v. 1, p. 4).

▶ Veja CC: "**Art. 1º** Toda pessoa é capaz de direitos e deveres na ordem civil. **Art. 2º** A personalidade civil da pessoa começa do nascimento com vida; mas a lei põe a salvo, desde a concepção, os direitos do nascituro. [...] **Art. 11.** Com exceção dos casos previstos em lei, os direitos da personalidade são intransmissíveis e irrenunciáveis, não podendo o seu exercício sofrer limitação voluntária. **Art. 12.** Pode-se exigir que cesse a ameaça, ou a lesão, a direito da personalidade, e reclamar perdas e danos, sem prejuízo de outras sanções previstas em lei. [...]".

■ Responsabilidade civil. Dano moral. Pessoa falecida. Negativação indevida *post mortem*. Tutela da honra do falecido por seus herdeiros. 1. A discussão que se coloca nestes autos versa sobre a possibilidade de tutela da honra de pessoa falecida por seus herdeiros, por lesão ocorrida após a sua morte, decorrente de negativação indevida de seu nome, efetuada após o falecimento. 2. Como de sabença, nos termos dos arts. 2º e 6º do CCB/2002, a personalidade civil da pessoa inicia com o nascimento com vida e termina com a morte. 3. Os chamados direitos personalíssimos extrapatrimoniais ligados à personalidade do indivíduo, como, por exemplo, a honra, a imagem, a intimidade, o recato, a integridade física, entre outros, conhecidos também como direitos subjetivos absolutos, cessam com a morte e não se transferem aos sucessores do falecido. 4. Embora a morte do titular implique a extinção dos direitos da personalidade, alguns dos interesses resguardados permanecem sob tutela, como ocorre, p. ex., com a imagem, o nome, a autoria, a sepultura e o cadáver do falecido. 5. Tanto é assim que o parágrafo único do art. 12 do CCB/2002 confere legitimidade ao cônjuge e aos parentes, que seriam os efetivamente afetados pela lesão de tais interesses após a morte do titular, para que possam impedir a lesão ou demandar reparação por seus efeitos. [...] 6. Evidenciada a negativação indevida do nome da falecida, nos cadastros desabonadores, por dívida inexistente, cabível a tutela da honra da falecida pelos seus herdeiros, nos exatos termos da lei civil. [...] (TJRJ, Ap. Cível n. 139.559, rel. Des. Letícia Sardas, j. 28.03.2012, *DJ* 16.04.2012)

Personalidade jurídica Qualidade jurídica que a lei confere às sociedades que tenham seus atos constitutivos devidamente inscritos no registro próprio e na forma da lei (art. 985, CC). Dotada de personalidade jurídica, a sociedade torna-se sujeita de direitos e obrigações. As pessoas jurídicas de direito público têm sua constituição por força de lei ou ato administrativo, não sendo regidas pelo CC.

▶ Veja CC: "**Art. 45.** Começa a existência legal das pessoas jurídicas de direito privado com a inscrição do ato constitutivo no respectivo registro, precedida, quando necessário, de autorização ou aprovação do Poder Executivo, averbando-se no registro todas as alterações por que passar o ato constitutivo. [...] **Art. 52.** Aplica-se às pessoas jurídicas, no que couber, a proteção dos direitos da personalidade. [...] **Art. 985.** A sociedade adquire personalidade jurídica com a inscrição, no registro próprio e na forma da lei, dos seus atos constitutivos (arts. 45 e 1.150)".

■ Sindicato. Personalidade jurídica. Registro. Cartório. Necessidade. Base territorial. Trabalhadores. Não há no acórdão embargado nenhuma obscuridade, contradição ou omissão. Adquire o sindicato sua personalidade jurídica com o registro em cartório de registro de títulos e documentos e registro civil das pessoas jurídicas, não conferindo o simples arquivo no Ministério do Trabalho e da Previdência Social, às entidades sindicais, nenhum efeito constitutivo. É dos trabalhadores ou empregadores o direito de definir a base territorial. (STJ, Emb. Decl. no REsp n. 70.738/SP, rel. Min. Garcia Vieira, j. 07.11.1997, *DJ* 19.12.1997)

Pertenças
Bens que, não constituindo partes integrantes, se destinam, de modo duradouro, a uso, serviço ou aformoseamento de outro (art. 93, CC).

▶ Veja CC: "**Art. 92.** Principal é o bem que existe sobre si, abstrata ou concretamente; acessório, aquele cuja existência supõe a do principal. **Art. 93.** São pertenças os bens que, não constituindo partes integrantes, se destinam, de modo duradouro, ao uso, ao serviço ou ao aformoseamento de outro".

Pessoa física
Pessoa natural. Ser humano ou indivíduo, singularmente considerado, sujeito de direitos e obrigações.

Pessoa jurídica
Entidade jurídica, diferente da pessoa natural, à qual a lei confere personalidade jurídica. É representada por uma pluralidade de pessoas ou complexo de bens, com personalidade jurídica própria e constituída especialmente para a realização de determinados fins. As pessoas jurídicas são de direito público, interno ou externo, e de direito privado (art. 40, CC).

▶ Veja CC: "**Art. 40.** As pessoas jurídicas são de direito público, interno ou externo, e de direito privado".

Pessoas jurídicas de direito privado
São pessoas jurídicas criadas pela vontade das partes, sujeitas a legislação específica. São pessoas jurídicas de direito privado: associações; sociedades; fundações; organizações religiosas; partidos políticos; e empresas individuais de responsabilidade limitada (art. 44, CC).

▶ Veja CC: "**Art. 44.** São pessoas jurídicas de direito privado: I – as associações; II – as sociedades; III – as fundações; IV – as organizações religiosas; V – os partidos políticos; VI – as empresas individuais de responsabilidade limitada. [...]".

Pessoas jurídicas de direito público externo
São pessoas jurídicas de direito público externo os Estados estrangeiros e todas as pessoas que forem regidas pelo direito internacional público (art. 42, CC).

▶ Veja CC: "**Art. 42.** São pessoas jurídicas de direito público externo os Estados estrangeiros e todas as pessoas que forem regidas pelo direito internacional público".

Pessoas jurídicas de direito público interno
São os entes estatais inerentes à existência do próprio Estado ou por ele criados para o exercício de funções públicas. São pessoas jurídicas de direito público interno a União; os estados, o Distrito Federal e os territórios; os municípios; as autarquias, inclusive as associações públicas; e as demais entidades de caráter público criadas por lei (art. 41, CC).

▶ Veja CC: "**Art. 41.** São pessoas jurídicas de direito público interno: I – a União; II – os Estados, o Distrito Federal e os Territórios; III – os Municípios; IV – as autarquias, inclusive as associações públicas; V – as demais entidades de caráter público criadas por lei. Parágrafo único. Salvo disposição em contrário, as pessoas jurídicas de direito público, a que se tenha dado estrutura de direito privado, regem-se, no que couber, quanto ao seu funcionamento, pelas normas deste Código. [...] **Art. 43.** As pessoas jurídicas de direito público interno são civilmente responsáveis por atos dos seus agentes que nessa qualidade causem danos a terceiros, ressalvado direito regressivo contra os causadores do dano, se houver, por parte destes, culpa ou dolo".

Petição
O mesmo que requerimento, solicitação ou pedido que se faz a uma autoridade administrativa ou órgão do serviço público. Postulação feita em juízo.

Petição inicial
Peça escrita endereçada ao juiz da causa na qual o autor, expondo os fundamentos de fato e de direito, formula pedido contra o réu, dando início ao processo. Exordial. Peça preambular. Além de preencher os requisitos exigidos pelo CPC, a petição inicial será instruída com os documentos indispensáveis à propositura da ação.

▶ Veja CPC/2015: "**Art. 319.** A petição inicial indicará: I – o juízo a que é dirigida; II – os nomes, os prenomes, o estado civil, a existência de união estável, a profissão, o número de inscrição no Cadastro de Pessoas Físicas ou no Cadastro Nacional da Pessoa Jurídica, o endereço eletrônico, o domicílio e a residência do autor e do réu; III – o fato e os fundamentos jurídicos do pedido; IV – o pedido com as suas especificações; V – o valor da causa; VI – as provas com que o autor pretende demonstrar a verdade dos fatos alegados; VII – a opção do autor pela realização ou não de audiência de conciliação ou de mediação. [...] **Art. 320.** A petição inicial será instruída com os documentos indispensáveis à propositura da ação".

■ Recurso especial repetitivo. Petição inicial. Emenda. Determinações judiciais de emenda à petição inicial. Descumprimento reiterado pelas recorrentes. Desídia configurada, *in casu*, indeferimento da petição inicial. CPC, arts. 181 e 543-C. [...] II – Para fins do disposto no art. 543-C, o prazo do art. 284 do CPC não é peremptório, mas dilatório, ou seja, pode ser reduzido ou ampliado por convenção das partes ou por determinação do juiz, nos termos do art. 181 do CPC. III – *In casu*, contudo, independentemente da natureza jurídica do prazo prescrito no art. 284 do CPC, tendo em conta as duas anteriores concessões de prazo para a regularização da inicial, ambas não atendidas, e a ausência de justificativa plausível para o pedido de nova dilação do prazo, restou configurada a conduta desidiosa e omissiva das recorrentes, estando correta a sentença de indeferimento da inicial e de extinção do processo sem o julgamento do mérito. (STJ, REsp n. 1.133.689/PE, rel. Min. Massami Uyeda, j. 28.03.2012, *DJ* 18.05.2012)

Peticionamento eletrônico Recurso tecnológico do primeiro momento do processo eletrônico, que possibilita o envio de petições iniciais ou incidentais eletronicamente, por meio do portal do tribunal, sem a intervenção da secretaria judiciária e sem a presença física do advogado. O peticionamento eletrônico é regulamentado pela Lei n. 11.419/2006, que também alterou dispositivos do CPC para adaptá-lo às novas regras. Para que o advogado possa enviar os dados, é necessário possuir assinatura eletrônica mediante o credenciamento prévio no Poder Judiciário, conforme disciplinado pelos órgãos respectivos, e também formatar o documento em PDF. Além disso, alguns tribunais passaram a exigir que a assinatura eletrônica seja feita por meio do certificado digital.

▶ Veja CPC/2015: "**Art. 193.** Os atos processuais podem ser total ou parcialmente digitais, de forma a permitir que sejam produzidos, comunicados, armazenados e validados por meio eletrônico, na forma da lei. Parágrafo único. O disposto nesta Seção aplica-se, no que for cabível, à prática de atos notariais e de registro. **Art. 194.** Os sistemas de automação processual respeitarão a publicidade dos atos, o acesso e a participação das partes e de seus procuradores, inclusive nas audiências e sessões de julgamento, observadas as garantias da disponibilidade, independência da plataforma computacional, acessibilidade e interoperabilidade dos sistemas, serviços, dados e informações que o Poder Judiciário administre no exercício de suas funções. **Art. 195.** O registro de ato processual eletrônico deverá ser feito em padrões abertos, que atenderão aos requisitos de autenticidade, integridade, temporalidade, não repúdio, conservação e, nos casos que tramitem em segredo de justiça, confidencialidade, observada a infraestrutura de chaves públicas unificada nacionalmente, nos termos da lei. **Art. 196.** Compete ao Conselho Nacional de Justiça e, supletivamente, aos tribunais, regulamentar a prática e a comunicação oficial de atos processuais por meio eletrônico e velar pela compatibilidade dos sistemas, disciplinando a incorporação progressiva de novos avanços tecnológicos e editando, para esse fim, os atos que forem necessários, respeitadas as normas fundamentais deste Código".

▶ Veja Lei n. 11.419/2006: "**Art. 1º** O uso de meio eletrônico na tramitação de processos judiciais, comunicação de atos e transmissão de peças processuais será admitido nos termos desta Lei. § 1º Aplica-se o disposto nesta Lei, indistintamente, aos processos civil, penal e trabalhista, bem como aos juizados especiais, em qualquer grau de jurisdição. § 2º Para o disposto nesta Lei, considera-se: I – meio eletrônico qualquer forma de armazenamento ou tráfego de documentos e arquivos digitais; II – transmissão eletrônica toda forma de comunicação a distância com a utilização de redes de comunicação, preferencialmente a rede mundial de computadores; III – assinatura eletrônica as seguintes formas de identificação inequívoca do signatário: a) assinatura digital baseada em certificado digital emitido por Autoridade Certificadora credenciada, na forma de lei específica; b) mediante cadastro de usuário no Poder Judiciário, conforme disciplinado pelos órgãos respectivos. **Art. 2º** O envio de petições, de recursos e a prática de atos processuais em geral por meio eletrônico serão admitidos mediante uso de assinatura eletrônica, na forma do art. 1º desta Lei, sendo obrigatório o credenciamento prévio no Poder Judiciário, conforme disciplinado pelos órgãos respectivos. § 1º O credenciamento no Poder Judiciário será realizado mediante procedimento no qual esteja assegurada a adequada identificação presencial do interessado. § 2º Ao credenciado será atribuído registro e meio de acesso ao sistema, de modo a preservar o sigilo, a identificação e a autenticidade de suas comunicações. § 3º Os órgãos do Poder Judiciário poderão criar um cadastro único para o credenciamento previsto neste artigo. **Art. 3º**

Consideram-se realizados os atos processuais por meio eletrônico no dia e hora do seu envio ao sistema do Poder Judiciário, do que deverá ser fornecido protocolo eletrônico. Parágrafo único. Quando a petição eletrônica for enviada para atender prazo processual, serão consideradas tempestivas as transmitidas até as 24 (vinte e quatro) horas do seu último dia".

Pignoratício Aquilo que diz respeito ao penhor; credor garantido com penhor.

▶ Veja CC: "**Art. 1.433.** O credor pignoratício tem direito: I – à posse da coisa empenhada; II – à retenção dela, até que o indenizem das despesas devidamente justificadas, que tiver feito, não sendo ocasionadas por culpa sua; III – ao ressarcimento do prejuízo que houver sofrido por vício da coisa empenhada; IV – a promover a execução judicial, ou a venda amigável, se lhe permitir expressamente o contrato, ou lhe autorizar o devedor mediante procuração; V – a apropriar-se dos frutos da coisa empenhada que se encontra em seu poder; VI – a promover a venda antecipada, mediante prévia autorização judicial, sempre que haja receio fundado de que a coisa empenhada se perca ou deteriore, devendo o preço ser depositado. O dono da coisa empenhada pode impedir a venda antecipada, substituindo-a, ou oferecendo outra garantia real idônea".

■ Penhor. Extravio da garantia. Cláusula limitativa da responsabilidade do credor pignoratício inoperante após a extinção do contrato principal de mútuo. Indenização regida pelo art. 774, IV, do CCB. Caixa Econômica Federal – CEF. O contrato de penhor, acessório ao contrato de mútuo, extinguiu-se na espécie pelo implemento da prestação do mutuário, não subsistindo a cláusula limitativa da responsabilidade do credor, de sorte que o extravio do bem empenhado, no período em que o credor pignoratício detinha o bem na qualidade de simples depositário, impõe a indenização ampla determinada pelo art. 774, IV, do CCB. A regra geral da convivência humana, à qual o Direito deve proteção, é que a indenização pela reparação deve ser a mais completa possível, a fazer justiça no caso concreto. Somente nos casos ressalvados ou autorizados por lei se mostra admissível a limitação da responsabilidade. (STJ, REsp n. 83.717/MG, rel. Min. Sálvio de Figueiredo Teixeira, j. 12.11.1996, *DJ* 09.12.1996)

Plano diretor Instrumento básico da política de desenvolvimento dos municípios, criado por lei municipal e elaborado pela prefeitura com a participação da Câmara Municipal e da sociedade civil, que visa a estabelecer e organizar o crescimento, o funcionamento e o planejamento territorial da cidade, além de orientar as prioridades de investimentos. Segundo o Estatuto da Cidade, é o instrumento básico da política de desenvolvimento e expansão urbana. Sua principal finalidade é orientar a atuação do poder público e da iniciativa privada na construção dos espaços urbano e rural na oferta dos serviços públicos essenciais, visando assegurar melhores condições de vida para a população. Tem como funções: 1. Garantir o atendimento das necessidades da cidade; 2. Garantir uma melhor qualidade de vida na cidade; 3. Preservar e restaurar os sistemas ambientais; 4. Promover a regularização fundiária; 5. Consolidar os princípios da reforma urbana. O plano diretor é obrigatório para cidades: com mais de vinte mil habitantes; integrantes de regiões metropolitanas e aglomerações urbanas; onde o Poder Público municipal pretenda utilizar os instrumentos previstos no § 4º do art. 182 da CF; integrantes de áreas de especial interesse turístico; inseridas na área de influência de empreendimentos ou atividades com significativo impacto ambiental de âmbito regional ou nacional (art. 41, Lei n. 10.257/2001).

▶ Veja CF: "**Art. 182.** A política de desenvolvimento urbano, executada pelo Poder Público municipal, conforme diretrizes gerais fixadas em lei, tem por objetivo ordenar o pleno desenvolvimento das funções sociais da cidade e garantir o bem-estar de seus habitantes. § 1º O plano diretor, aprovado pela Câmara Municipal, obrigatório para cidades com mais de vinte mil habitantes, é o instrumento básico da política de desenvolvimento e de expansão urbana. § 2º A propriedade urbana cumpre sua função social quando atende às exigências fundamentais de ordenação da cidade expressas no plano diretor. § 3º As desapropriações de imóveis urbanos serão feitas com prévia e justa indenização em dinheiro. § 4º É facultado ao Poder Público municipal, mediante lei específica para área incluída no plano diretor, exigir, nos termos da lei federal, do proprietário do solo urbano não edificado, subutilizado ou não utilizado, que promova seu adequado aproveitamento, sob pena, sucessivamente, de: I – parcelamento ou edificação compulsórios; II – imposto sobre a propriedade predial e territorial urbana progressivo no tempo; III – desapropriação com pagamento mediante títulos da dívida pública de emissão previamente aprovada pelo Senado Federal, com prazo de resgate de até dez anos, em parcelas anuais, iguais e sucessivas, assegurados o valor real da indenização e os juros legais".

▶ Veja Lei n. 10.257/2001: "**Art. 41.** O plano diretor é obrigatório para cidades: I – com mais de vinte mil habitantes; II – integrantes de regiões metropolitanas e aglomerações urbanas; III – onde o Poder Público municipal pretenda utilizar os instrumentos previstos no § 4º do art. 182 da Constituição Federal; IV – integrantes de áreas de especial interesse turístico; V – inseridas na área de influência de empreendimentos ou atividades com significativo impacto ambiental de âmbito regional ou nacional; VI – incluídas no cadastro nacional de Municípios com áreas suscetíveis à ocorrência de deslizamentos de grande impacto, inundações bruscas ou processos geológicos ou hidrológicos correlatos. [...] **Art. 42.** O plano diretor deverá conter no mínimo: I – a delimitação das áreas urbanas onde poderá ser aplicado o parcelamento, edificação ou utilização compulsórios, considerando a existência de infraestrutura e de demanda para utilização, na forma do art. 5º desta Lei; II – disposições requeridas pelos arts. 25, 28, 29, 32 e 35 desta Lei; III – sistema de acompanhamento e controle".

Plataforma continental Área marítima que compreende o leito e o subsolo das áreas submarinas que se estendem além de seu mar territorial, em toda a extensão do prolongamento natural de seu território terrestre, até o bordo exterior da margem continental, ou até uma distância de 200 milhas marítimas das linhas de base, a partir das quais se mede a largura do mar territorial, nos casos em que o bordo exterior da margem continental não atinja essa distância. O limite exterior da plataforma continental será fixado de conformidade com os critérios estabelecidos no art. 76 da Convenção das Nações Unidas sobre o Direito do Mar, celebrada em Montego Bay, em 10.12.1982. O Brasil exerce direitos de soberania sobre a plataforma continental para efeitos de exploração dos recursos naturais (arts. 11 e 12, Lei n. 8.617/93).

▶ Veja Lei n. 8.617/93: "**Art. 11.** A plataforma continental do Brasil compreende o leito e o subsolo das áreas submarinas que se estendem além do seu mar territorial, em toda a extensão do prolongamento natural de seu território terrestre, até o bordo exterior da margem continental, ou até uma distância de duzentas milhas marítimas das linhas de base, a partir das quais se mede a largura do mar territorial, nos casos em que o bordo exterior da margem continental não atinja essa distância. Parágrafo único. O limite exterior da plataforma continental será fixado de conformidade com os critérios estabelecidos no art. 76 da Convenção das Nações Unidas sobre o Direito do Mar, celebrada em Montego Bay, em 10 de dezembro de 1982. **Art. 12.** O Brasil exerce direitos de soberania sobre a plataforma continental, para efeitos de exploração dos recursos naturais. Parágrafo único. Os recursos naturais a que se refere o *caput* são os recursos minerais e outros não vivos do leito do mar e subsolo, bem como os organismos vivos pertencentes a espécies sedentárias, isto é, àquelas que no período de captura estão imóveis no leito do mar ou no seu subsolo, ou que só podem mover-se em constante contato físico com esse leito ou subsolo. **Art. 13.** Na plataforma continental, o Brasil, no exercício de sua jurisdição, tem o direito exclusivo de regulamentar a investigação científica marinha, a proteção e preservação do meio marinho, bem como a construção, operação e o uso de todos os tipos de ilhas artificiais, instalações e estruturas. § 1º A investigação científica marinha, na plataforma continental, só poderá ser conduzida por outros Estados com o consentimento prévio do Governo brasileiro, nos termos da legislação em vigor que regula a matéria. [...]".

Pleno direito Em razão ou decorrência da lei. Exemplo: "Ato nulo de pleno direito". *Pleno iuri*.

▶ Veja CC: "**Art. 346.** A sub-rogação opera-se, de pleno direito, em favor: I – do credor que paga a dívida do devedor comum; II – do adquirente do imóvel hipotecado, que paga a credor hipotecário, bem como do terceiro que efetiva o pagamento para não ser privado de direito sobre imóvel; III – do terceiro interessado, que paga a dívida pela qual era ou podia ser obrigado, no todo ou em parte. [...] **Art. 397.** O inadimplemento da obrigação, positiva e líquida, no seu termo, constitui de pleno direito em mora o devedor. [...] **Art. 408.** Incorre de pleno direito o devedor na cláusula penal, desde que, culposamente, deixe de cumprir a obrigação ou se constitua em mora. [...] **Art. 474.** A cláusula resolutiva expressa opera de pleno direito; a tácita depende de interpelação judicial. [...] **Art. 573.** A locação por tempo determinado cessa de pleno direito findo o prazo estipulado, independentemente de notificação ou aviso. [...] **Art. 1.044.** A sociedade se dissolve de pleno direito por qualquer das causas enumeradas no art. 1.033 e, se empresária, também pela declaração da falência".

■ Ação monitória. Embargos. Ausência. Título executivo judicial de pleno direito. Sentença. Desnecessidade. [...] Inicialmente, há de se prestar um esclarecimento. No procedimento monitório, não tendo sido oferecidos embargos ao mandado, não há que se proferir sentença ou qualquer outro pronunciamento judicial. É expressa a lei processual em dizer que, não sendo oferecidos os embargos no prazo legal, constitui-se o título executivo judicial de pleno direito. Significa isto, como notório, que tal constituição se dá independentemente de pronunciamento judicial. A esse respeito, já teve este relator oportunidade de pronunciar-se em sede doutrinária (Alexandre Freitas Câmara, *Lições de direito processual civil*, v. III. Rio de Janeiro: Lumen Juris, 15.ed. 2009, p. 469), no sentido de que, no procedimento monitório, não sendo oferecidos tempestivamente os embargos, não se profere sentença, nem mesmo para declarar constituído o título executivo. No procedimento monitório só se profere sentença quando há embargos ao mandado, o que não ocorreu no caso concreto. Não obstante isso, e apesar de ter sido proferida uma sentença que é, a rigor, contrária ao ordenamento processual, importa que tal ato foi praticado no processo, o que legitima, inclusive, a interposição dos recursos que agora são apreciados. [...] (Des. Alexandre Freitas Câmara). (TJRJ, Ap. Cível n. 66.035, rel. Des. Alexandre Freitas Câmara, j. 25.11.2009)

- Família. União estável. Concubinato. Alimentos provisionais. Concessão a ex-companheira. Casamento desta. Extinção de pleno direito sem efeito retroativo. Lei n. 5.478/68, art. 13, § 3º. Uma vez deferidos os alimentos provisionais para o sustento da autora durante a ação, a sua extinção de pleno direito em razão do seu casamento deve se dar sem efeito retroativo, sob pena de ofensa ao princípio da irrepetibilidade de que informa os alimentos. Recurso conhecido em parte e, nessa parte, provimento para determinar que a exoneração do pagamento de alimentos pelo ex-companheiro à recorrente se dê a partir da data do casamento desta, sem efeito retroativo. (STJ, REsp n. 763.780/RS, rel. Min. Jorge Scartezzini, j. 07.11.2006, *DJ* 11.12.2006)

Pleno iure Pleno direito. Por determinação legal. Efeito *ex vi legis*.

Plenos poderes Cláusula de poderes ilimitados que, em uma procuração, o mandante concede ao mandatário para que aja em seu nome e por sua conta.

Pluralismo jurídico Teoria jurídica que admite a coexistência de práticas jurídicas distintas em um mesmo espaço, ou seja, a coexistência de manifestações jurídicas estatais ou não, de *Direito oficial* e *Direito não oficial*, negando que o Estado seja a fonte única e exclusiva de todo o Direito. Tal concepção minimiza ou nega o monopólio de criação das normas jurídicas por parte do Estado, priorizando a produção de outras formas de regulamentação, geradas por instâncias, corpos intermediários ou organizações sociais providas de certo grau de autonomia e identidade própria. Os pluralistas tendem a relativizar a onipotência do centralismo formalista moderno segundo a qual o único Direito, com grau de obrigatoriedade e com reconhecimento oficial, é aquele emanado do poder do Estado, expresso sob a forma escrita e publicizada da lei (WOLKMER, Antônio Carlos. *Pluralismo jurídico*: fundamentos de uma nova cultura do direito. 2.ed. São Paulo, Alfa-Omega, 1997, p. 637-8).

Poder constituinte Poder, derivado da soberania popular, que tem por objetivo a produção das normas constitucionais, por meio do processo de elaboração e/ou reforma da Constituição. O poder constituinte é exercido pelas Assembleias Constituintes por delegação popular. O titular do Poder Constituinte, segundo o abade Emmanuel Sieyès, um dos precursores dessa doutrina, é a nação, pois a titularidade do Poder liga-se à ideia de soberania do Estado, uma vez que, mediante o exercício do poder constituinte originário, se estabelecerá sua organização fundamental pela Constituição, que é sempre superior aos poderes constituídos, de maneira que toda manifestação dos poderes constituídos somente alcança plena validade se se sujeitar à Carta Magna.

Poder de polícia Poder atribuído ao Estado para adotar as medidas necessárias à manutenção e garantia da ordem social e jurídica. Costuma ser exercido de modo a preservar os interesses do Estado em detrimento da liberdade e dos interesses individuais. Considera-se poder de polícia atividade da administração pública que, limitando ou disciplinando direito, interesse ou liberdade, regula a prática de ato ou abstenção de fato, em razão de interesse público concernente à segurança, higiene, ordem, costumes, disciplina da produção e do mercado, ao exercício de atividades econômicas dependentes de concessão ou autorização do Poder Público, à tranquilidade pública ou ao respeito à propriedade e aos direitos individuais ou coletivos (art. 78, CTN).

▶ Veja CTN: "**Art. 78.** Considera-se poder de polícia atividade da administração pública que, limitando ou disciplinando direito, interesse ou liberdade, regula a prática de ato ou abstenção de fato, em razão de interesse público concernente à segurança, à higiene, à ordem, aos costumes, à disciplina da produção e do mercado, ao exercício de atividades econômicas dependentes de concessão ou autorização do Poder Público, à tranquilidade pública ou ao respeito à propriedade e aos direitos individuais ou coletivos. Parágrafo único. Considera-se regular o exercício do poder de polícia quando desempenhado pelo órgão competente nos limites da lei aplicável, com observância do processo legal e, tratando-se de atividade que a lei tenha como discricionária, sem abuso ou desvio de poder".

- Mandado de segurança. Realização de bailes. Inexistência de direito líquido e certo. Necessária obtenção de licenças. Submissão ao poder de polícia. Prevalência do interesse da coletividade em detrimento do interesse particular. O exercício do poder de polícia exterioriza-se como a prerrogativa do poder público em que à Administração é permitido condicionar a liberdade e a propriedade individuais em benefício do interesse da coletividade. Ao coibir práticas discriminatórias contra o movimento funk, reconhecendo-o como manifestação cultural e musical de caráter popular, não foi conferida qualquer isenção ou privilégio àqueles que promovem a difusão do movimento, mas mera equiparação às mesmas limitações sofridas pelas demais atividades sociais e recreativas. Irresignação do particular que não visa a afastar arbitrariedades, mas a furtar-se do próprio poder de polícia. Conhecimento e desprovimento do recurso. (TJRJ, Ap. Cível n. 311.233, rel. Des. Rogerio de Oliveira Souza, j. 13.09.2011, *DJ* 16.09.2011)

- Mandado de segurança. Município do Rio de Janeiro. Tráfego de veículos pesados na Linha Amarela. Congestionamento. Limitação de horário. Poder de polícia da municipalidade. Possibilidade. A polícia administrativa manifesta-se tanto através de atos normativos, de alcance geral, ou por meio de atos concretos e específicos. Regulamentos ou portarias, bem como normas administrativas que disciplinem horários e condições de tráfego nas vias municipais são disposições genéricas, próprias da atividade de polícia administrativa. (TJRJ, Ap. Cível n. 18.496, rel. Des. Maldonado de Carvalho, j. 09.06.2009)

Poder discricionário Poder que a lei confere ao agente da administração pública para que, nos limites por ela impostos e examinando a conveniência e a oportunidade, adote, no caso que lhe é submetido, a solução mais adequada com vistas à satisfação do interesse público.

- Concurso público. Policial militar. Acessibilidade. Avaliação do candidato. Apuração acerca da conduta social. Considerações. Poder discricionário da administração. Cabimento. Ilegitimidade, todavia, de que o procedimento administrativo avaliatório seja baseado em critérios subjetivos, sem um mínimo de objetividade, ou em critérios não revelados, de modo a impossibilitar o acesso ao Poder Judiciário para verificação de eventual lesão de direito individual. Observância aos princípios constitucionais do art. 37 da CF. Necessidade. Recurso desprovido. (TJSP, Ap./Reexame Necessário n. 2.366.685/SP, rel. Des. Raymundo Amorim Cantuária, j. 19.03.2013)

- Atleta profissional. Garantia do direito ao livre exercício da profissão e à liberdade de trabalho. Tutela antecipatória. Indeferimento de pedido liminar em autos de mandado de segurança. Poder discricionário. Limitação. O art. 273 do CPC autoriza a antecipação da tutela sempre que a parte for colocada em situação de prejuízo iminente. Não há autorização legal para, no exercício do poder discricionário, o juiz, relator do mandado de segurança, invocando a figura do cerceamento do direito de defesa, deixar de deferir o pedido de imediata liberação do vínculo esportivo. O direito constitucional do livre exercício da profissão e a norma jurídica universal da liberdade do trabalho sobrepõem-se a qualquer princípio de natureza legal que obstaculize a sua eficácia na ordem jurídica. (TST, Ag. Reg. em Recl. Correicional n. 717.805, rel. Juiz Francisco Fausto Paula de Medeiros, j. 06.06.2002, *DJ* 02.08.2002)

Poder Executivo Um dos três poderes da União, de estados e municípios chefiados, respectivamente, por presidente da República, governador do estado e prefeito municipal. É formado por órgãos de administração direta, como os ministérios e secretarias, e indireta, como as empresas públicas e demais autarquias, encarregados de implementar os programas de governo e da prestação de serviço público.

Poder familiar Direitos e deveres que têm os pais no interesse dos filhos menores, consanguíneos ou adotivos (arts. 1.630 e 1.634, CC). Descumprindo os pais os deveres inerentes ao poder familiar, estarão sujeitos à perda ou destituição do poder familiar, o que ocorrerá nos seguintes casos: castigo imoderado; abandono; e prática de atos contrários à moral e aos bons costumes (art. 1.638, CC). A extinção do poder familiar se dá pela morte dos pais ou do filho; pela emancipação; pela maioridade; pela adoção; ou por decisão judicial (art. 1.635, CC).

▶ Veja CC: "**Art. 1.630.** Os filhos estão sujeitos ao poder familiar, enquanto menores. [...] **Art. 1.634.** Compete aos pais, quanto à pessoa dos filhos menores: I – dirigir-lhes a criação e educação; II – tê-los em sua companhia e guarda; III – conceder-lhes ou negar-lhes consentimento para casarem; IV – nomear-lhes tutor por testamento ou documento autêntico, se o outro dos pais não lhe sobreviver, ou o sobrevivo não puder exercer o poder familiar; V – representá-los, até aos dezesseis anos, nos atos da vida civil, e assisti-los, após essa idade, nos atos em que forem partes, suprindo-lhes o consentimento; VI – reclamá-los de quem ilegalmente os detenha; VII – exigir que lhes prestem obediência, respeito e os serviços próprios de sua idade e condição. **Art. 1.635.** Extingue-se o poder familiar: I – pela morte dos pais ou do filho; II – pela emancipação, nos termos do art. 5º, parágrafo único; III – pela maioridade; IV – pela adoção; V – por decisão judicial, na forma do art. 1.638. [...] **Art. 1.638.** Perderá por ato judicial o poder familiar o pai ou a mãe que: I – castigar imoderadamente o filho; II – deixar o filho em abandono; III – praticar atos contrários à moral e aos bons costumes; IV – incidir, reiteradamente, nas faltas previstas no artigo antecedente".

■ Ação de alimentos. Estudante. Curso superior concluído. Necessidade. Realização de pós-graduação. Da possibilidade. Maioridade. Alimentos devidos em razão do parentesco e não do poder familiar. Necessidade dos alimentos que requer prova. 1. O advento da maioridade não extingue, de forma automática, o direito à percepção de alimentos, mas esses deixam de ser devidos em face do Poder Familiar e passam a ter fundamento nas relações de parentesco, em que se exige a prova da necessidade do alimentado. 2. É presumível, no entanto – presunção *iuris tantum* –, a necessidade dos filhos de continuarem a receber alimentos após a maioridade, quando frequentam curso universitário ou técnico, por força do entendimento de que a obrigação parental de cuidar dos filhos inclui a outorga de adequada formação profissional. [...] (STJ, REsp n. 1.218.510/SP, rel. Min. Nancy Andrighi, j. 27.09.2011, *DJ* 03.10.2011)

■ Menor. Indenização. Levantamento de verba indenizatória. Prova da utilidade e necessidade. Imposição. CCB/2002, art. 1.689. O ordenamento positivo, com o intuito de proteger o patrimônio do menor, estabelece que os pais, enquanto no exercício do poder familiar, são usufrutuários e têm a administração dos bens dos filhos. Nesse aspecto, em harmonia com essa norma e no intuito de proteção ao seu patrimônio, o levantamento de verba não alimentar atribuída ao menor subordina-se à prova da sua necessidade, cuja demonstração enseja o acolhimento do pedido. (TJRJ, AI n. 18.681/Capital, rel. Des. Milton Fernandes de Souza, j. 11.09.2007)

Poder Judiciário Um dos poderes da República, previsto e disciplinado pela Constituição Federal, cuja finalidade é a prestação jurisdicional. De acordo com a CF, existem duas espécies de Justiça: a Justiça Federal especializada (Justiça do Trabalho, Justiça Eleitoral e Justiça Penal Militar da União) e a Justiça Comum (Justiça Federal Comum e Justiça Estadual). Na Justiça Federal especializada, as demandas que versarem sobre direitos trabalhistas serão submetidas à Justiça do Trabalho, as que versarem sobre direitos eleitorais, à Justiça Eleitoral, e as penais militares, à Justiça Penal Militar. À Justiça Comum, estadual ou federal, competem todas as causas que não atribuídas de forma específica aos órgãos da Justiça Federal especializada (arts. 92 a 126, CF).

Poder Legislativo Um dos poderes da República, previsto e disciplinado pela Constituição Federal, cuja finalidade é a elaboração e aprovação das leis. É composto da Câmara dos Deputados e do Senado, integrados por deputados e senadores eleitos através de voto popular.

Poder regulamentar Poder atribuído aos detentores de cargos de chefia no Poder Executivo para, por meio de regulamentos, explicar e detalhar uma lei visando à sua correta aplicação, ou para expedir decretos autônomos sobre matéria de sua competência ainda não disciplinada por lei.

Poder vinculado Poder que impõe ao administrador o dever de submeter-se ao enunciado da lei que estabelece previamente um único comportamento possível a ser adotado em situações concretas, não existindo espaço para juízo de conveniência nem oportunidade, como no caso do poder discricionário. Assim, se determinada pessoa atinge a idade legal para aposentar-se, o órgão previdenciário é obrigado a cumprir o que a lei determina, providenciando a referida aposentadoria.

Política Nacional do Idoso Conjunto de regras que tem por objetivo assegurar os direitos sociais do idoso, criando condições para que sejam promovidas sua autonomia, integração e participação efetiva na sociedade (art. 1º, Lei n. 8.842/94).

▶ Veja Lei n. 8.842/94: "**Art. 1º** A política nacional do idoso tem por objetivo assegurar os direitos sociais do idoso, criando condições para promover sua autonomia, integração e participação efetiva na sociedade. **Art. 2º** Considera-se idoso, para os efeitos desta lei, a pessoa maior de sessenta anos de idade".

Portaria Ato normativo emanado de autoridade pública que contém instruções acerca da aplicação de leis ou regulamentos, recomendações de caráter geral, normas de execução de serviço, nomeações, demissões, punições e outras orientações de sua competência.

▶ Veja Portaria CGU n. 133, de 18.01.2013: "Aprova Norma de Execução destinada a orientar tecnicamente os órgãos e entidades sujeitos ao Controle Interno do Poder Executivo Federal, sobre o acompanhamento do Plano de Providências Permanente, a elaboração do Relatório de Gestão, os procedimentos da auditoria anual de contas realizada pelo órgão de controle interno e a organização e formalização das peças que constituirão os processos de contas da administração pública federal a serem apresentadas ao Tribunal de Contas da União, na forma prevista na Instrução Normativa TCU n. 63, de 01.09.2010 ou norma que a substitua".

Porte de arma Ato de alguém portar ou trazer consigo uma arma. Salvo para os casos previstos em legislação, é proibido o porte de arma de fogo em todo o território nacional, sob pena de 2 a 4 anos de reclusão. Incorre na mesma penalidade quem detiver, adquirir, fornecer, receber, tiver em depósito, transportar, ceder, ainda que gratuitamente, emprestar, remeter, empregar, mantiver sob guarda ou ocultar arma de fogo, acessório ou munição, de uso permitido, sem autorização e em desacordo com determinação legal ou regulamentar (art. 14, Lei n. 10.826/2003).

▶ Veja Lei n. 10.826/2003: "**Art. 6º** É proibido o porte de arma de fogo em todo o território nacional, salvo para os casos previstos em legislação própria e para: I – os integrantes das Forças Armadas; II – os integrantes de órgãos referidos nos incisos do *caput* do art. 144 da Constituição Federal; III – os integrantes das guardas municipais das capitais dos Estados e dos Municípios com mais de 500.000 (quinhentos mil) habitantes, nas condições estabelecidas no regulamento desta Lei; IV – os integrantes das guardas municipais dos Municípios com mais de 50.000 (cinquenta mil) e menos de 500.000 (quinhentos mil) habitantes, quando em serviço; V – os agentes operacionais da Agência Brasileira de Inteligência e os agentes do Departamento de Segurança do Gabinete de Segurança Institucional da Presidência da República; VI – os integrantes dos órgãos policiais referidos no art. 51, IV, e no art. 52, XIII, da Constituição Federal; VII – os integrantes do quadro efetivo dos agentes e guardas prisionais, os integrantes das escoltas de presos e as guardas portuárias; VIII – as empresas de segurança privada e de transporte de valores constituídas, nos termos desta Lei; IX – para os integrantes das entidades de desporto legalmente constituídas, cujas atividades esportivas demandem o uso de armas de fogo, na forma do regulamento desta Lei, observando-se, no que couber, a legislação ambiental; X – integrantes das Carreiras de Auditoria da Receita Federal do Brasil e de Auditoria Fiscal do Trabalho, cargos de Auditor Fiscal e Analista Tributário; XI – os tribunais do Poder Judiciário descritos no art. 92 da Constituição Federal e os Ministérios Públicos da União e dos Estados, para uso exclusivo de servidores de seus quadros pessoais que efetivamente estejam no exercício de funções de segurança, na forma de regulamento a ser emitido pelo Conselho Nacional de Justiça – CNJ e pelo Conselho Nacional do Ministério Público – CNMP. [...] Porte ilegal de arma de fogo de uso permitido – **Art. 14.** Portar, deter, adquirir, fornecer, receber, ter em depósito, transportar, ceder, ainda que gratuitamente, emprestar, remeter, empregar, manter sob guarda ou ocultar arma de fogo, acessório ou munição, de uso permitido, sem autorização e em desacordo com determinação legal ou regulamentar: Pena – reclusão, de 2 (dois) a 4 (quatro) anos, e multa. Parágrafo único. O crime previsto neste artigo é inafiançável, salvo quando a arma de fogo estiver registrada em nome do agente".

■ Porte ilegal de arma de fogo de uso restrito. Arma encontrada no interior do veículo do acusado. *Abolitio criminis* temporária. Não abrangência. Agravo regimental improvido. I. A jurisprudência do STJ firmou entendimento no sentido de que o transporte do artefato de uso restrito em veículo caracteriza o crime de porte ilegal de arma de fogo, e, portanto, não abrangido pela *abolitio criminis* temporária, decorrente da Lei n. 10.826/2003 e suas prorrogações. Precedentes. II. Consoante a jurisprudência do STJ, "a *abolitio criminis* temporária, prevista nos arts. 5º, § 3º, e 30 da Lei 10.826/2003 e nos diplomas legais que prorrogaram os prazos previstos nesses dispositivos, abrangeu apenas a posse ilegal de arma de fogo, mas não o seu porte. Precedentes desta Corte e do STF. Segundo entendimento desta Corte, o transporte em veículo caracteriza o porte, e não a posse de arma de fogo" (STJ, *HC* n. 148.338/MS, 6ª T., rel. Min. Sebastião Reis Júnior, *DJe* 22.08.2011). III. O fato de se apreender a arma de fogo de uso restrito na alegada e suposta extensão do local de trabalho do acusado não seria suficiente para caracterizar o crime de posse ilegal de arma de fogo, se o artefato, de uso restrito, foi utilizado para ameaçar pessoas, em momento anterior e em local diverso. Em tal sentido: "Embora o paciente estivesse dentro de sua fazenda, revelando os autos que a arma de fogo se encontrava no interior do seu veículo, que tinha os vidros abertos e havia sido utilizado, horas antes, para conduzi-lo até uma chácara e ameaçar o proprietário a empunhando, não é de se falar em posse irregular, mas de porte ilegal, crime esse não abrangido pela descriminalização temporária" (STJ, *HC* n. 46.782/DF, 6ª T., rel. Min. Paulo Gallotti, *DJ* 10.09.2007). [...] (STJ, Ag. Reg. no Ag. em REsp n. 288.695, rel. Min. Assusete Magalhães, j. 21.05.2013, *DJ* 04.06.2013)

Posse (1) Exercício pleno ou não de alguns dos poderes inerentes ao domínio ou à propriedade. Caracteriza-se pelo poder físico e pela intenção de permanecer com a coisa. Considera-se possuidor tanto o proprietário como aquele que, a qualquer título, detém a coisa transferida voluntariamente pelo proprietário. A pessoa que detém a coisa, denominada *detentor*, possui a posse direta, enquanto o proprietário possui apenas a posse indireta.

- Veja CC: "**Art. 1.196.** Considera-se possuidor todo aquele que tem de fato o exercício, pleno ou não, de algum dos poderes inerentes à propriedade. **Art. 1.197.** A posse direta, de pessoa que tem a coisa em seu poder, temporariamente, em virtude de direito pessoal, ou real, não anula a indireta, de quem aquela foi havida, podendo o possuidor direto defender a sua posse contra o indireto. **Art. 1.198.** Considera-se detentor aquele que, achando-se em relação de dependência para com outro, conserva a posse em nome deste e em cumprimento de ordens ou instruções suas. [...]".

- Veja CPC/2015: "**Art. 560.** O possuidor tem direito a ser mantido na posse em caso de turbação e reintegrado em caso de esbulho. **Art. 561.** Incumbe ao autor provar: I – a sua posse; II – a turbação ou o esbulho praticado pelo réu; III – a data da turbação ou do esbulho; IV – a continuação da posse, embora turbada, na ação de manutenção, ou a perda da posse, na ação de reintegração".

- Intervenção do Estado na propriedade. Desapropriação da posse. Levantamento do preço. Desnecessidade de comprovação da propriedade. Precedentes. 1. É firme a jurisprudência desta Corte quanto à possibilidade de o expropriado que detém apenas a posse do imóvel receber a correspondente indenização, não sendo o caso de aplicação do art. 34 do DL n. 3.365/41. 2. Agravo regimental não provido. (STJ, Ag. Reg. no Ag. em REsp n. 19.966/SP, rel. Min. Eliana Calmon, j. 11.06.2013)

- Reintegração de posse. Cônjuge sobrevivente. Direito real de habitação. Configuração. Posse justa. Reexame do conjunto fático-probatório. Impossibilidade. 1. A convicção a que chegou o Acórdão recorrido quanto à legitimidade da posse da ré sobre o imóvel discutido nos autos decorreu da análise do conjunto fático probatório, e o acolhimento da pretensão recursal demandaria o reexame do mencionado suporte, obstando a admissibilidade do especial à luz da Súmula n. 7 desta Corte. 2. O recurso não trouxe nenhum argumento capaz de modificar a conclusão do julgado, a qual se mantém por seus próprios fundamentos. 3. Agravo regimental improvido. (STJ, Ag. Reg. no Ag. em REsp n. 303.828/SP, rel. Min. Sidnei Beneti, j. 28.05.2013, *DJ* 18.06.2013)

Posse (2) No direito administrativo, significa o ato pelo qual o servidor público assume o exercício das funções para as quais foi nomeado. A posse dar-se-á pela assinatura do respectivo termo, no qual deverão constar atribuições, deveres, responsabilidades e direitos inerentes ao cargo ocupado, que não poderão ser alterados unilateralmente, por nenhuma das partes, ressalvados os atos de ofício previstos em lei (art. 13, Lei n. 8.112/90).

- Veja Lei n. 8.112/90: "**Art. 7º** A investidura em cargo público ocorrerá com a posse. [...] **Art. 13.** A posse dar-se-á pela assinatura do respectivo termo, no qual deverão constar as atribuições, os deveres, as responsabilidades e os direitos inerentes ao cargo ocupado, que não poderão ser alterados unilateralmente, por qualquer das partes, ressalvados os atos de ofício previstos em lei. § 1º A posse ocorrerá no prazo de trinta dias contados da publicação do ato de provimento. § 2º Em se tratando de servidor, que esteja na data de publicação do ato de provimento, em licença prevista nos incisos I, III e V do art. 81, ou afastado nas hipóteses dos incisos I, IV, VI, VIII, alíneas *a*, *b*, *d*, *e* e *f*, IX e X do art. 102, o prazo será contado do término do impedimento. § 3º A posse poderá dar-se mediante procuração específica. § 4º Só haverá posse nos casos de provimento de cargo por nomeação. § 5º No ato da posse, o servidor apresentará declaração de bens e valores que constituem seu patrimônio e declaração quanto ao exercício ou não de outro cargo, emprego ou função pública. § 6º Será tornado sem efeito o ato de provimento se a posse não ocorrer no prazo previsto no § 1º deste artigo. **Art. 14.** A posse em cargo público dependerá de prévia inspeção médica oficial. Parágrafo único. Só poderá ser empossado aquele que for julgado apto física e mentalmente para o exercício do cargo".

- Mandado de segurança. Servidor público. Concurso público: continuidade no certame por força de liminar. Aprovação, posse e exercício desde 1996. Anulação do ato de nomeação. Precedentes da primeira seção. Situação jurídica consolidada. Reconhecimento excepcional. Segurança concedida. 1. Candidato a concurso público, aprovado, nomeado e empossado por força de liminar em mandado de segurança. 2. Com a segurança denegada por sentença transitada em julgado, catorze anos depois da posse e quatro anos do trânsito em julgado, foi tornada sem efeito a nomeação sem processo, defesa ou contraditório. 3. A Primeira Seção, por ocasião do julgamento do Mandado de Segurança n. 15.470/DF (1ª Seção, rel. Min. Luiz Fux, rel. p/ Acórdão Min. Arnaldo Esteves Lima, j. 14.03.2011, *DJe* 24.05.2011), em situação análoga, entendeu ser necessário para tornar sem efeito a nomeação procedimento administrativo assegurando-se ampla defesa e contraditório. Afastada a Teoria do Fato Consumado. Precedentes. 4. Avanço maior da jurisprudência para contemplar, em definitivo, mas de forma excepcionalíssima, a situação fática consolidada. 5. Segurança concedida para anular o ato administrativo. (STJ, MS n. 15.471/DF, rel. Min. Eliana Calmon, j. 26.06.2013, *DJ* 02.08.2013)

Posse de estado de filho Circunstância fática que decorre da relação entre pai e filho socioafetivos, fundada no tratamento como filho e na reputação de tal relação perante a sociedade. Dito de outro modo, verifica-se a posse de estado de filho quando este, mesmo não sendo filho biológico, é tratado pelos pais como filho e a própria comunidade o reconhece com essa condição.

- Ação anulatória de reconhecimento de paternidade. Alegação de indução em erro ao declarar-se pai. Inocorrência. Reconhecimento voluntário de paternidade e isento de qualquer vício. Irrevogabilidade. Inteligência do art. 1.609 do CCB. Posse de estado de filiação ostentada por mais de 10 anos. 1. O reconhecimento voluntário de paternidade é ato irrevogável, nos termos do art. 1.609 do CCB, somente podendo ser desconstituído mediante comprovação de vício (erro, dolo ou coação) na sua origem. Nesse contexto, evidenciado que o reconhecimento operado pelo autor decorreu de ato unilateral de vontade praticado de forma livre e consciente, não cabe sua anulação. 2. Outrossim, indubitavelmente consolidou-se vínculo parental socioafetivo entre os agora litigantes, pela posse de estado de filiação – caracterizada pela ostentação dos elementos nome, tratamento e fama –, por ao menos 10 anos, devendo ser prestigiado tal vínculo em detrimento da verdade biológica. 3. À míngua de prova de qualquer vício de consentimento que viesse a macular o reconhecimento voluntário de paternidade operado, bem como diante da evidente posse de estado de filiação consolidada, não merece reparos a sentença de improcedência. Negaram provimento. Unânime. (TJRS, Ap. Cível n. 70.053.663.449, 8ª Câm. Cível, rel. Luiz Felipe Brasil Santos, j. 02.05.2013)

Posse em nome do nascituro Aquela que se destina a salvaguardar direitos da pessoa que, embora ainda não nascida, é considerada por lei titular de direitos (art. 2º, CC). Medida na qual se manifesta o interesse da mãe em assegurar direitos de filho ainda não nascido em relação a bens que lhe cabem em decorrência de herança, legado ou doação.

▶ Veja CC: "**Art. 2º** A personalidade civil da pessoa começa do nascimento com vida; mas a lei põe a salvo, desde a concepção, os direitos do nascituro".

▶ Veja CPC/2015: "**Art. 650**. Se um dos interessados for nascituro, o quinhão que lhe caberá será reservado em poder do inventariante até o seu nascimento".

Possibilidade jurídica do pedido Diz respeito ao enquadramento do fato ou do direito pleiteado à norma jurídica. Verifica-se a possibilidade jurídica quando aquele que deseja pleitear um direito em juízo estiver embasado na lei e houver uma ação que o assegure.

Possuidor Aquele que tem de fato o exercício, pleno ou não, de algum dos poderes inerentes à propriedade (art. 1.196, CC). O possuidor tem direito a ser mantido na posse em caso de turbação e reintegrado no caso de esbulho (art. 926, CPC/73).

▶ Veja CC: "**Art. 1.196.** Considera-se possuidor todo aquele que tem de fato o exercício, pleno ou não, de algum dos poderes inerentes à propriedade".

▶ Veja CPC/2015: "**Art. 560**. O possuidor tem direito a ser mantido na posse em caso de turbação e reintegrado em caso de esbulho".

- Posse. Bens móveis. Ação de reintegração de posse. Prova do exercício possessório da autora. Possuidor. Conceito. Conduta de dono. Efetivo exercício de algum dos poderes inerentes à propriedade. CPC, art. 926. CCB/2002, arts. 1.196 e 1.210. Possuidor, na acepção concebida pela Teoria Objetiva, perfilhada pelo atual CC, é todo aquele que exerce, de forma plena ou não, algum dos poderes inerentes à propriedade. Diante disso, tem posse aquele que congrega os elementos "apreensão física da coisa" (que pode ser apenas potencial) e "conduta de dono". A conduta de dono desvela-se pelo exercício de alguns dos poderes inerentes à propriedade, que, à luz da norma substantiva civil em vigor, são o uso, o gozo e disposição da coisa. Hipótese dos autos em que a autora, ao ceder em comodato o bem (tanque para transporte de leite), exteriorizou conduta de dono, dispondo da coisa. Ato externo que denunciou poder de fato sobre o bem, agindo a demandante com a aparência de dono. E, demonstrada a posse anterior pela autora, impõe-se o reconhecimento do seu direito à reintegração. (TJRS, Ap. Cível n. 4.650.277/Três Passos, rel. Des. Pedro Celso Dal Prá, j. 07.08.2008, *DJ* 14.08.2008)

- Compromissário comprador de unidade residencial. Execução hipotecária contra a construtora. Embargos de terceiro possuidor. Admissibilidade. O terceiro possuidor de unidade residencial, adquirida por meio de compromisso de compra e venda não registrado pode opor embargos de terceiro, para defender a sua posse. A execução hipotecária proposta pela instituição financeira contra a construtora do imóvel deve ser suspensa, consoante a sistemática do Código de Processo Civil, no que concerne à unidade prometida a venda ao embargante. (STJ, REsp n. 479.939/PR, rel. Min. Castro Filho, j. 06.04.2004, *DJ* 26.04.2004)

Postulação Pedido, petição, reivindicação, requerimento. Exposição do fato e alegação do direito que a parte apresenta a juízo fundamentando uma pretensão ou contestando a de outrem.

Postulante Pessoa que postula, pede ou requer alguma coisa em juízo. Autor, demandante.

Pragmático Adepto do pragmatismo. Aquele que possui e adota o sentido prático como forma de pensar e agir.

Pragmatismo Doutrina filosófica fundamentada na prática ou práxis, adotando o valor prático como critério da verdade. A que adota o valor prático como único critério para interpretar, decidir ou fazer alguma coisa.

Prazo Espaço de tempo concedido por lei ou por contrato para cumprimento de uma obrigação ou para prática de um ato judicial. Prazo de pagamento; prazo do contrato; prazo para a entrega da coisa; prazo para contestar; prazo para recorrer etc. Os atos processuais realizar-se-ão nos prazos prescritos em lei (art. 177, CPC/73). Há pouco tempo, os tribunais não admitiam o recurso prematuro, isto é, o recurso que fosse protocolizado antes da intimação de sentença ou acórdão. Na prática, mesmo não sendo interposto com atraso, se interposto antes do prazo, o recurso era considerado intempestivo. Entretanto, em 14.08.2012, o STF, tendo como relator o Ministro Luiz Fux, passou a admitir tais recursos. No acórdão, o ministro discorre sobre "a preclusão que não pode prejudicar a parte que contribui para a celeridade do processo". O julgado também trata do "formalismo desmesurado que ignora a boa-fé processual que se exige de todos os sujeitos do processo, inclusive, e com maior razão, do Estado-Juiz, bem como se afasta da visão neoconstitucionalista do Direito" (*HC* n. 101.132). Essa tese foi recepcionada pelo CPC/2015 (art. 218, § 4º).

▶ Veja CPC/73: "**Art. 177.** Os atos processuais realizar-se-ão nos prazos prescritos em lei. Quando esta for omissa, o juiz determinará os prazos, tendo em conta a complexidade da causa. **Art. 178.** O prazo, estabelecido pela lei ou pelo juiz, é contínuo, não se interrompendo nos feriados. **Art. 179.** A superveniência de férias suspenderá o curso do prazo; o que lhe sobejar recomeçará a correr do primeiro dia útil seguinte ao termo das férias. **Art. 180.** Suspende-se também o curso do prazo por obstáculo criado pela parte ou ocorrendo qualquer das hipóteses do art. 265, I e III; casos em que o prazo será restituído por tempo igual ao que faltava para a sua complementação. **Art. 181.** Podem as partes, de comum acordo, reduzir ou prorrogar o prazo dilatório; a convenção, porém, só tem eficácia se, requerida antes do vencimento do prazo, se fundar em motivo legítimo".

▶ Veja CPC/2015: "**Art. 218.** Os atos processuais serão realizados nos prazos prescritos em lei. § 1º Quando a lei for omissa, o juiz determinará os prazos em consideração à complexidade do ato. § 2º Quando a lei ou o juiz não determinar prazo, as intimações somente obrigarão a comparecimento após decorridas 48 (quarenta e oito) horas. § 3º Inexistindo preceito legal ou prazo determinado pelo juiz, será de 5 (cinco) dias o prazo para a prática de ato processual a cargo da parte. § 4º Será considerado tempestivo o ato praticado antes do termo inicial do prazo. **Art. 219.** Na contagem de prazo em dias, estabelecido por lei ou pelo juiz, computar-se-ão somente os dias úteis. Parágrafo único. O disposto neste artigo aplica-se somente aos prazos processuais. [...] **Art. 1.003.**

[...] § 5º Excetuados os embargos de declaração, o prazo para interpor os recursos e para responder-lhes é de 15 (quinze) dias. [...]".

Precatória (v. Carta precatória).

Precatório Espécie de requisição de pagamento de determinada quantia, que se faz à Fazenda Pública, em decorrência da condenação da União, do estado ou do município em processo judicial, para valores totais acima de sessenta salários mínimos por beneficiário. O pagamento é efetivado na ordem cronológica de apresentação dos precatórios no tribunal, respeitada a preferência daqueles com natureza alimentar sobre os de natureza comum, e se dá pela abertura de uma conta de depósito judicial em instituição financeira oficial.

▶ Veja CF: "**Art. 100.** Os pagamentos devidos pelas Fazendas Públicas Federal, Estaduais, Distrital e Municipais, em virtude de sentença judiciária, far-se-ão exclusivamente na ordem cronológica de apresentação dos precatórios e à conta dos créditos respectivos, proibida a designação de casos ou de pessoas nas dotações orçamentárias e nos créditos adicionais abertos para este fim. § 1º Os débitos de natureza alimentícia compreendem aqueles decorrentes de salários, vencimentos, proventos, pensões e suas complementações, benefícios previdenciários e indenizações por morte ou por invalidez, fundadas em responsabilidade civil, em virtude de sentença judicial transitada em julgado, e serão pagos com preferência sobre todos os demais débitos, exceto sobre aqueles referidos no § 2º deste artigo. § 2º Os débitos de natureza alimentícia cujos titulares tenham 60 (sessenta) anos de idade ou mais na data de expedição do precatório, ou sejam portadores de doença grave, definidos na forma da lei, serão pagos com preferência sobre todos os demais débitos, até o valor equivalente ao triplo do fixado em lei para os fins do disposto no § 3º deste artigo, admitido o fracionamento para essa finalidade, sendo que o restante será pago na ordem cronológica de apresentação do precatório. § 3º O disposto no *caput* deste artigo relativamente à expedição de precatórios não se aplica aos pagamentos de obrigações definidas em leis como de pequeno valor que as Fazendas referidas devam fazer em virtude de sentença judicial transitada em julgado. § 4º Para os fins do disposto no § 3º, poderão ser fixados, por leis próprias, valores distintos às entidades de direito público, segundo as diferentes capacidades econômicas, sendo o mínimo igual ao valor do maior benefício do regime geral de previdência social. § 5º É obrigatória a inclusão, no orçamento das entidades de direito público, de verba necessária ao pagamento de seus débitos, oriundos de sentenças transitadas em julgado, constantes de precatórios judiciários apresentados até 1º de julho, fazendo-se o pagamento até o final do exercício seguinte, quando terão seus valores atualizados monetariamente. § 6º As dotações orçamentárias e os créditos abertos serão consignados diretamente ao Poder Judiciário, cabendo ao Presidente do Tribunal que proferir a decisão exequenda determinar o pagamento integral e autorizar, a requerimento do credor e exclusivamente para os casos de preterimento de seu direito de precedência ou de não alocação orçamentária do valor necessário à satisfação do seu débito, o sequestro da quantia respectiva. § 7º O Presidente do Tribunal competente que, por ato comissivo ou omissivo, retardar ou tentar frustrar a liquidação regular de precatórios incorrerá em crime de responsabilidade e responderá, também, perante o Conselho Nacional de Justiça. § 8º É vedada a expedição de precatórios complementares ou suplementares de valor pago, bem como o fracionamento, repartição ou quebra do valor da execução para fins de enquadramento de parcela do total ao que dispõe o § 3º deste artigo. § 9º No momento da expedição dos precatórios, independentemente de regulamentação, deles deverá ser abatido, a título de compensação, valor correspondente aos débitos líquidos e certos, inscritos ou não em dívida ativa e constituídos contra o credor original pela Fazenda Pública devedora, incluídas parcelas vincendas de parcelamentos, ressalvados aqueles cuja execução esteja suspensa em virtude de contestação administrativa ou judicial. § 10. Antes da expedição dos precatórios, o Tribunal solicitará à Fazenda Pública devedora, para resposta em até 30 (trinta) dias, sob pena de perda do direito de abatimento, informação sobre os débitos que preencham as condições estabelecidas no § 9º, para os fins nele previstos. § 11. É facultada ao credor, conforme estabelecido em lei da entidade federativa devedora, a entrega de créditos em precatórios para compra de imóveis públicos do respectivo ente federado. § 12. A partir da promulgação desta Emenda Constitucional, a atualização de valores de requisitórios, após sua expedição, até o efetivo pagamento, independentemente de sua natureza, será feita pelo índice oficial de remuneração básica da caderneta de poupança, e, para fins de compensação da mora, incidirão juros simples no mesmo percentual de juros incidentes sobre a caderneta de poupança, ficando excluída a incidência de juros compensatórios. § 13. O credor poderá ceder, total ou parcialmente, seus créditos em precatórios a terceiros, independentemente da concordância do devedor, não se aplicando ao cessionário o disposto nos §§ 2º e 3º. § 14. A cessão de precatórios somente produzirá efeitos após comunicação, por meio de petição protocolizada, ao tribunal de origem e à entidade devedora. § 15. Sem prejuízo do disposto neste artigo, lei complementar a esta Constituição Federal poderá estabelecer regime especial para pagamento de crédito de precatórios de Estados, Distrito Federal e Municípios, dispondo sobre vinculações à receita corrente líquida e forma e prazo de liquidação. § 16. A seu critério exclusivo e na forma de lei, a União poderá assumir débitos, oriundos de precatórios, de Estados, Distrito Federal e Municípios, refinanciando-os diretamente".

▶ Veja ADCT: "**Art. 86.** Serão pagos conforme disposto no art. 100 da Constituição Federal, não se lhes aplicando a regra de parcelamento estabelecida no *caput* do art. 78 deste Ato das Disposições Constitucionais Transitórias, os débitos da Fazenda Federal, Estadual, Distrital ou Municipal oriundos de sentenças transitadas em julgado, que preencham, cumulativamente, as seguintes condições: I – ter sido objeto de emissão de precatórios judiciários; II – ter sido definidos como de pequeno valor pela lei de que trata o § 3º do art. 100 da Constituição Federal ou pelo art. 87 deste Ato das Disposições Constitucionais Transitórias; III – estar, total ou parcialmente, pendentes de pagamento na data da publicação desta Emenda Constitucional. § 1º Os débitos a que se refere o *caput* deste artigo, ou os respectivos saldos, serão pagos na ordem cronológica de apresentação dos respectivos precatórios, com precedência sobre os de maior valor. § 2º Os débitos a que se refere o *caput* deste artigo, se ainda não tiverem sido objeto de pagamento parcial, nos termos do art. 78 deste Ato das Disposições Constitucionais Transitórias, poderão ser pagos em duas parcelas anuais, se assim dispuser a lei. § 3º Observada a ordem cronológica de sua apresentação, os débitos de natureza alimentícia previstos neste artigo terão precedência para pagamento sobre todos os demais. **Art. 87.** Para efeito do que dispõem o § 3º do art. 100 da Constituição Federal e o art. 78 deste Ato das Disposições Constitucionais Transitórias serão considerados de pequeno valor, até que se dê a publicação oficial das respectivas leis definidoras pelos entes da Federação, observado o disposto no § 4º do art. 100 da Constituição Federal, os débitos ou obrigações consignados em precatório judiciário, que tenham valor igual ou inferior a: I – 40 (quarenta) salários mínimos, perante a Fazenda dos Estados e do Distrito Federal; II – 30 (trinta) salários mínimos, perante a Fazenda dos Municípios. Parágrafo único. Se o valor da execução ultrapassar o estabelecido neste artigo, o pagamento far-se-á, sempre, por meio de precatório, sendo facultada à parte exequente a renúncia ao crédito do valor excedente, para que possa optar pelo pagamento do saldo sem o precatório, da forma prevista no § 3º do art. 100".

▶ Veja CPC/2015: "**Art. 535.** A Fazenda Pública será intimada na pessoa de seu representante judicial, por carga, remessa ou meio eletrônico, para, querendo, no prazo de 30 (trinta) dias e nos próprios autos, impugnar a execução, podendo arguir: [...] § 3º Não impugnada a execução ou rejeitadas as arguições da executada: I – expedir-se-á, por intermédio do presidente do tribunal competente, precatório em favor do exequente, observando-se o disposto na Constituição Federal; II – por ordem do juiz, dirigida à autoridade na pessoa de quem o ente público foi citado para o processo, o pagamento de obrigação de pequeno valor será realizado no prazo de 2 (dois) meses contado da entrega da requisição, mediante depósito na agência de banco oficial mais próxima da residência do exequente. [...] **Art. 910.** Na execução fundada em título extrajudicial, a Fazenda Pública será citada para opor embargos em 30 (trinta) dias. § 1º Não opostos embargos ou transitada em julgado a decisão que os rejeitar, expedir-se-á precatório ou requisição de pequeno valor em favor do exequente, observando-se o disposto no art. 100 da Constituição Federal. [...]".

▶ Veja Res. N. 115/2010/CNJ (alterada pelas Res. ns. 123/2010 e 145/2012-CNJ); IN n. 32/2007/TRT.

■ Súmula n. 144, STJ: Os créditos de natureza alimentícia gozam de preferência, desvinculados os precatórios da ordem cronológica dos créditos de natureza diversa.

■ Súmula n. 311, STJ: Os atos do presidente do tribunal que disponham sobre processamento e pagamento de precatório não têm caráter jurisdicional.

■ Súmula n. 406, STJ: A Fazenda Pública pode recusar a substituição do bem penhorado por precatório.

■ Súmula n. 461, STJ: O contribuinte pode optar por receber, por meio de precatório ou por compensação, o indébito tributário certificado por sentença declaratória transitada em julgado.

■ Precatórios judiciais. Compensação. Pessoa jurídica diversa. Impossibilidade. Precedentes. Súmula n. 83/STJ. Precatório e dinheiro. Equivalência inexistente. Precedentes. 1. A jurisprudência do Superior Tribunal de Justiça é firme no sentido de considerar inviável a compensação de débitos tributários com precatórios devidos por pessoa jurídica de direito público de natureza distinta da titularizada na relação jurídico-tributária, porquanto inexistente a identidade entre credores e devedores. Súmula n. 83/STJ. 2. "A penhora de precatório equivale à penhora de crédito, e não de dinheiro" (REsp n. 1.090.898/SP, 1ª Seção, rel. Min. Castro Meira, j. 12.08.2009, *DJe* 31.08.2009). Agravo regimental improvido. (STJ, Ag. Reg. no REsp n. 380.797/

RS, 2ª T., rel. Min. Humberto Martins, j. 15.10.2013, *DJe* 25.10.2013)

- Recurso ordinário em mandado de segurança. Sequestro de verba pública para pagamento de precatório. Superveniência da EC n. 62/2009. Art. 97 do ADCT. Declaração de inconstitucionalidade pelo STF. 1. Declarada pelo STF a inconstitucionalidade do art. 97 do ADCT, incluído pela EC n. 62/2009 (ADIn ns. 4.357/DF e 4.425/DF), é impossível acolher a pretensão de se obstar o sequestro de verba pública para pagamento de precatório com fundamento no referido preceito constitucional. 2. Ademais, a jurisprudência das duas Turmas de direito público do STJ é uníssona em consignar que o levantamento dos valores induz à perda de objeto do *writ* que postula a ilegalidade do sequestro de verbas para satisfação de precatório. 3. Recurso ordinário em mandado de segurança não provido. (STJ, RMS n. 41.691/SP, 2ª T., rel. Min. Eliana Calmon, j. 17.10.2013, *DJe* 24.10.2013)

Precedente Aquilo que antecede ou vem antes de alguma coisa. Juridicamente significa decisão judicial anterior sobre determinada questão, posta em juízo, que poderá ser aplicada a um caso atual semelhante. O desenvolvimento do princípio jurídico concernente à força obrigatória do precedente judiciário, conhecido como *stare decisis*, deve-se ao Direito anglo-saxão, fundado no Direito costumeiro (*common law*). O precedente pode dar origem à súmula de jurisprudência com efeito vinculante, aprovada pelo STF, de ofício ou por provocação, aplicável aos demais órgãos do Poder Judiciário e à administração pública direta e indireta, nas esferas federal, estadual e municipal (*v. Súmula vinculante*).

▶ Veja CPC/2015: "**Art. 489**. São elementos essenciais da sentença: [...] § 1º Não se considera fundamentada qualquer decisão judicial, seja ela interlocutória, sentença ou acórdão, que: [...] V – se limitar a invocar precedente ou enunciado de súmula, sem identificar seus fundamentos determinantes nem demonstrar que o caso sob julgamento se ajusta àqueles fundamentos; VI – deixar de seguir enunciado de súmula, jurisprudência ou precedente invocado pela parte, sem demonstrar a existência de distinção no caso em julgamento ou a superação do entendimento. [...] **Art. 926**. Os tribunais devem uniformizar sua jurisprudência e mantê-la estável, íntegra e coerente. § 1º Na forma estabelecida e segundo os pressupostos fixados no regimento interno, os tribunais editarão enunciados de súmula correspondentes a sua jurisprudência dominante. § 2º Ao editar enunciados de súmula, os tribunais devem ater-se às circunstâncias fáticas dos precedentes que motivaram sua criação. **Art. 927**. Os juízes e os tribunais observarão: [...] § 5º Os tribunais darão publicidade a seus precedentes, organizando-os por questão jurídica decidida e divulgando-os, preferencialmente, na rede mundial de computadores". [grifamos]

- Agravo regimental. Relator. CPC, art. 557. Aplicação. Nulidade. Inocorrência. Precedente da 2ª Seção tomado em recurso especial repetitivo. Recurso especial representativo da controvérsia. CPC, art. 543-C. 1. A decisão agravada, ancorada em precedente da 2ª Seção processado sob o rito dos recursos representativos da controvérsia (CPC, art. 543-C), adotou orientação que reflete a jurisprudência dominante do Superior Tribunal de Justiça, não havendo falar em inobservância da regra prevista no art. 557, § 1º, do CPC. (STJ, Ag. Reg. no Ag. em REsp. n. 13.324/SE, rel. Min. Raul Araújo, j. 20.11.2012, *DJ* 01.02.2013)

- Embargos de declaração. Inexistência de omissão, contradição ou obscuridade. Matéria de ordem pública. Prequestionamento. Necessidade. Precedente da corte especial. 1. Não havendo no acórdão omissão, contradição ou obscuridade capaz de ensejar o acolhimento da medida integrativa, tal não é servil para forçar a correção do julgado. 2. Na realidade, não se conforma a embargante com a tese adotada no acórdão, no sentido de incidir à espécie a Súmula n. 211/STJ. Todavia, os embargos de declaração não se prestam a tal fim. 3. Segundo a firme jurisprudência do STJ, na instância extraordinária, as questões de ordem pública apenas podem ser conhecidas caso atendido o requisito do prequestionamento (Ag. Reg. no REsp. n. 999.342/SP, Corte Especial, rel. Min. Castro Meira, *DJe* 01.02.2012). 4. Embargos de declaração rejeitados. (STJ, Emb. Decl. no Ag. Reg. no REsp. n. 1.377.179/SP, rel. Min. Mauro Campbell Marques, j. 13.08.2013, *DJ* 20.08.2013)

Preclusão Perda de determinada faculdade processual em face da ausência de exercício no momento apropriado. A preclusão obsta o deferimento de um pedido promovido pela parte porque feito a destempo (art. 473, CPC/73). Impugnação, discordância ou mesmo nulidade de um ato ou documento devem ser alegadas na primeira oportunidade em que couber à parte falar nos autos, sob pena de preclusão (art. 245, CPC/73). A preclusão poderá ser arguida pelo juiz ou pela parte.

▶ Veja CPC/73: "**Art. 245**. A nulidade dos atos deve ser alegada na primeira oportunidade em que couber à parte falar nos autos, sob pena de preclusão. Parágrafo único. Não se aplica esta disposição às nulidades que o juiz deva decretar de ofício, nem prevalece a preclusão, provando a parte legítimo impedimento. [...] **Art. 473.** É defeso à parte discutir, no curso do processo, as questões já decididas, a cujo respeito se operou a preclusão".

▸ Veja CPC/2015: "**Art. 223.** Decorrido o prazo, extingue-se o direito de praticar ou de emendar o ato processual, independentemente de declaração judicial, ficando assegurado, porém, à parte provar que não o realizou por justa causa. § 1º Considera-se justa causa o evento alheio à vontade da parte e que a impediu de praticar o ato por si ou por mandatário. § 2º Verificada a justa causa, o juiz permitirá à parte a prática do ato no prazo que lhe assinar. [...] **Art. 278.** A nulidade dos atos deve ser alegada na primeira oportunidade em que couber à parte falar nos autos, sob pena de preclusão. Parágrafo único. Não se aplica o disposto no *caput* às nulidades que o juiz deva decretar de ofício, nem prevalece a preclusão provando a parte legítimo impedimento".

■ Pedido de prova pericial na fase de diligências (antigo art. 499 do CPP). Preclusão reconhecida pelo tribunal regional. Matéria não impugnada no recurso, assim como o fundamento manifestado em acréscimo. Súmula 283/STF. Incidência. Matéria não conhecida. A falta de combate a fundamentos apresentados no acórdão, no sentido da ocorrência da preclusão do pedido e da desnecessidade da prova pericial reclamada, atrai a incidência da Súmula n. 283/STF. (STJ, REsp n. 1.315.619/RJ, rel. Min. Campos Marques, j. 15.08.2013, *DJ* 30.08.2013)

Preclusão consumativa É a que ocorre quando a faculdade processual já foi exercida validamente, tendo o caráter de fato extintivo. Verifica-se sempre que for realizado ou consumado o ato processual, sendo impedimento para o interessado realizá-lo novamente.

■ Agravo regimental contra acórdão. Não cabimento. Embargos de declaração. Segundo recurso contra a mesma decisão. Preclusão consumativa. 1. Incabível a interposição de agravo regimental contra acórdão prolatado por Turma do STJ. Precedentes. 2. Nos casos em que a mesma parte interpõe dois recursos contra a mesma decisão, não se conhece do segundo em virtude da preclusão consumativa. Precedentes. 3. Agravo regimental e embargos de declaração não conhecidos. (STJ, Emb. Decl. no Ag. Reg. no Ag. em REsp n. 281.949/RJ, rel. Min. Castro Meira, j. 20.08.2013, *DJ* 30.08.2013)

■ Segundo agravo regimental. Preclusão. Princípio da unirrecorribilidade das decisões. Não conhecimento. 1. A interposição de dois recursos pela mesma parte e contra a mesma decisão impede o conhecimento do segundo recurso, haja vista a preclusão consumativa e o princípio da unirrecorribilidade das decisões. 2. Agravo regimental não conhecido. (STJ, Ag. Reg. no Ag. em REsp n. 332.109/SP, rel. Min. Sidnei Beneti, j. 06.08.2013, *DJ* 29.08.2013)

Precluso Resultante do efeito da preclusão. Diz-se de ato ou direito que não foi praticado pela parte no prazo assinalado pelo juiz ou pela lei.

Preempção Cláusula especial do contrato de compra e venda que estipula o direito de preferência do vendedor de um bem em adquiri-lo novamente caso o comprador deseje vendê-lo. O mesmo que preferência. O prazo para exercer o direito de preferência não poderá exceder a 180 dias, se a coisa for móvel, ou a dois anos, se imóvel (art. 513, CC).

▸ Veja CC: "**Art. 513.** A preempção, ou preferência, impõe ao comprador a obrigação de oferecer ao vendedor a coisa que aquele vai vender, ou dar em pagamento, para que este use de seu direito de prelação na compra, tanto por tanto. Parágrafo único. O prazo para exercer o direito de preferência não poderá exceder a cento e oitenta dias se a coisa for móvel, ou a dois anos, se imóvel".

▸ Veja Lei n. 10.257/2001: "**Art. 25.** O direito de preempção confere ao Poder Público municipal preferência para aquisição de imóvel urbano objeto de alienação onerosa entre particulares. § 1º Lei municipal, baseada no plano diretor, delimitará as áreas em que incidirá o direito de preempção e fixará prazo de vigência, não superior a 5 (cinco) anos, renovável a partir de 1 ano após o decurso do prazo inicial de vigência. § 2º O direito de preempção fica assegurado durante o prazo de vigência fixado na forma do § 1º, independentemente do número de alienações referentes ao mesmo imóvel. **Art. 26.** O direito de preempção será exercido sempre que o Poder Público necessitar de áreas para: I – regularização fundiária; II – execução de programas e projetos habitacionais de interesse social; III – constituição de reserva fundiária; IV – ordenamento e direcionamento da expansão urbana; V – implantação de equipamentos urbanos e comunitários; VI – criação de espaços públicos de lazer e áreas verdes; VII – criação de unidades de conservação ou proteção de outras áreas de interesse ambiental; VIII – proteção de áreas de interesse histórico, cultural ou paisagístico; [...]".

- Promessa de venda unilateral. Direito de preferência. Alienação de bem a terceiro. Indenização. CCB, art. 1.156. Não incidência. 2. O direito de preempção, nos termos em que descrito no Código de 1916, cabe, exclusivamente, ao ex-proprietário (vendedor), o qual, nas situações descritas nos arts. 1.149 e 1.150, tem direito de preferência caso o atual proprietário (comprador) pretenda aliená-lo. Trata-se de direito do vendedor em face do comprador. Ao vendedor assiste o direito de readquirir a propriedade, se foi convencionada esta cláusula no contrato de compra e venda (CCB, art. 1.149) ou se a propriedade fora perdida por desapropriação, não tendo sido dado ao imóvel o destino para que se desapropriou (CCB, art. 1.156). (STJ, REsp n. 1.125.618/RJ, rel. Min. Maria Isabel Gallotti, j. 24.04.2012, *DJ* 08.08.2012)

Preferência Direito de alguém de ser preferido em igualdade de condições com terceiro na aquisição de uma coisa. O mesmo que preempção. A preferência para adquirir a coisa pode decorrer de lei (art. 504, CC; art. 27, Lei n. 8.245/91; art. 92, § 4º, Lei n. 4.504/64; arts. 22 e 25, Estatuto da Cidade) ou de convenção (art. 513, CC) (*v. Preferência legal*).

Preferência convencional Cláusula inserida em contrato de compra e venda que impõe ao comprador a obrigação de oferecer ao vendedor a coisa que aquele vai vender, ou dar em pagamento, para que este use seu direito de prelação na compra, tanto por tanto. O prazo para exercer o direito de preferência não poderá exceder 180 dias, se a coisa for móvel, ou dois anos, se imóvel (art. 513, CC).

▶ Veja CC: "**Art. 513.** A preempção, ou preferência, impõe ao comprador a obrigação de oferecer ao vendedor a coisa que aquele vai vender, ou dar em pagamento, para que este use de seu direito de prelação na compra, tanto por tanto. Parágrafo único. O prazo para exercer o direito de preferência não poderá exceder a cento e oitenta dias se a coisa for móvel, ou a dois anos, se imóvel".

Preferência de crédito Preferência de recebimento de valores que possuem certos credores decorrente de falência, acidente de trabalho e ações trabalhistas. A preferência de crédito também beneficia os representantes comerciais nos termos do art. 44 da Lei n. 4.886/65.

▶ Veja CLT: "**Art. 449.** Os direitos oriundos da existência do contrato de trabalho subsistirão em caso de falência, concordata ou dissolução da empresa. § 1º Na falência, constituirão créditos privilegiados a totalidade dos salários devidos ao empregado e a totalidade das indenizações a que tiver direito. § 2º Havendo concordata na falência, será facultado aos contratantes tornar sem efeito a rescisão do contrato de trabalho e consequente indenização, desde que o empregador pague, no mínimo, a metade dos salários que seriam devidos ao empregado durante o interregno".

▶ Veja Lei n. 4.886/65: "**Art. 44.** No caso de falência do representado as importâncias por ele devidas ao representante comercial, relacionadas com a representação, inclusive comissões vencidas e vincendas, indenização e aviso-prévio, serão considerados créditos da mesma natureza dos créditos trabalhistas. Parágrafo único. Prescreve em 5 (cinco) anos a ação do representante comercial para pleitear a retribuição que lhe é devida e os demais direitos que lhe são garantidos por esta Lei".

▶ Veja Lei n. 11.101/2005: "**Art. 83.** A classificação dos créditos na falência obedece à seguinte ordem: I – os créditos derivados da legislação do trabalho, limitados a 150 (cento e cinquenta) salários mínimos por credor, e os decorrentes de acidentes de trabalho; II – créditos com garantia real até o limite do valor do bem gravado; III – créditos tributários, independentemente da sua natureza e tempo de constituição, excetuadas as multas tributárias; IV – créditos com privilégio especial, a saber: [...] c) aqueles a cujos titulares a lei confira o direito de retenção sobre a coisa dada em garantia; [...]".

Preferência do crédito tributário Direito de preferência para recebimento de crédito conferido por lei à Fazenda Pública, seja qual for sua natureza ou tempo de sua constituição, ressalvados os créditos decorrentes da legislação do trabalho ou de acidente de trabalho (art. 186, CTN).

▶ Veja CTN: "**Art. 186.** O crédito tributário prefere a qualquer outro, seja qual for sua natureza ou o tempo da sua constituição, ressalvados os créditos decorrentes da legislação do trabalho ou do acidente de trabalho".

Preferência legal Preferência atribuída por lei a condômino, locatário, arrendatário e superficiário na aquisição do imóvel que for posto à venda pelo condomínio, locador, arrendador e proprietário do imóvel, respectivamente (art. 504, CC; art. 27, Lei n. 8.245/91; art. 92, § 3º, Lei n. 4.504/64; art. 22, Estatuto da Cidade).

▶ Veja CC: "**Art. 504.** Não pode um condômino em coisa indivisível vender a sua parte a estranhos, se outro consorte a quiser, tanto por tanto. O condômino, a quem não se der conhecimento da venda, poderá, depositando o preço, haver para si a parte vendida a estranhos, se o requerer no prazo de cento e oitenta dias, sob pena de decadência. Parágrafo único. Sendo muitos os condôminos, preferirá o que tiver benfeitorias de maior valor e, na falta de benfeitorias, o de quinhão maior. Se as partes forem iguais, haverão a parte vendida os comproprietários, que a quiserem, depositando previamente o preço. [...] **Art. 513.** A preempção, ou preferência, impõe ao comprador a obrigação de oferecer ao vendedor a coisa que aquele vai vender, ou dar em pagamento, para que este use de seu direito de prelação na compra, tanto por tanto. Parágrafo único. O prazo para exercer o direito de preferência não poderá exceder a cento e oitenta dias se a coisa for móvel, ou a dois anos, se imóvel".

- Veja Lei n. 4.504/64: "**Art. 92.** [...] § 3º No caso de alienação do imóvel arrendado, o arrendatário terá preferência para adquiri-lo em igualdade de condições, devendo o proprietário dar-lhe conhecimento da venda, a fim de que possa exercitar o direito de perempção dentro de trinta dias, a contar da notificação judicial ou comprovadamente efetuada, mediante recibo. § 4º O arrendatário a quem não se notificar a venda poderá, depositando o preço, haver para si o imóvel arrendado, se o requerer no prazo de seis meses, a contar da transcrição do ato de alienação no Registro de Imóveis. [...]".

- Veja Lei n. 8.245/91: "**Art. 27.** No caso de venda, promessa de venda, cessão ou promessa de cessão de direitos ou dação em pagamento, o locatário tem preferência para adquirir o imóvel locado, em igualdade de condições com terceiros, devendo o locador dar-lhe conhecimento do negócio mediante notificação judicial, extrajudicial ou outro meio de ciência inequívoca. Parágrafo único. A comunicação deverá conter todas as condições do negócio e, em especial, o preço, a forma de pagamento, a existência de ônus reais, bem como o local e horário em que pode ser examinada a documentação pertinente".

- Veja Lei n. 10.257/2001: "**Art. 22.** Em caso de alienação do terreno, ou do direito de superfície, o superficiário e o proprietário, respectivamente, terão direito de preferência, em igualdade de condições à oferta de terceiros. [...] **Art. 25.** O direito de preempção confere ao Poder Público municipal preferência para aquisição de imóvel urbano objeto de alienação onerosa entre particulares. § 1º Lei municipal, baseada no plano diretor, delimitará as áreas em que incidirá o direito de preempção e fixará prazo de vigência, não superior a 5 (cinco) anos, renovável a partir de 1 ano após o decurso do prazo inicial de vigência. § 2º O direito de preempção fica assegurado durante o prazo de vigência fixado na forma do § 1º, independentemente do número de alienações referentes ao mesmo imóvel".

- Ação de despejo. Direito de preferência. Existência de proposta de venda do imóvel locado. Aceitação do locatário. Discussão em torno das questões relacionadas à desistência do negócio pelo locador. Impossibilidade. Lei n. 8.245/91, arts. 29 e 33. 1. A partir do momento em que o locatário manifesta, dentro do prazo legal, a sua aceitação à proposta, a confiança gerada acerca da celebração do contrato pode ser ofendida pelo locador de duas formas: (i) o locador pode desistir de vender o seu imóvel, aplicando-se o disposto no art. 29 da Lei n. 8.245/91; (ii) o locador pode preterir o locatário e realizar o negócio com terceiro, hipótese em que incide a regra do art. 33 da Lei n. 8.245/91 – que confere ao locatário, cumprida as exigências legais, a faculdade de adjudicar a coisa vendida. 2. Aceita a proposta pelo inquilino, o locador não está obrigado a vender a coisa ao locatário, mas a desistência do negócio o sujeita a reparar os danos sofridos, consoante a diretriz do art. 29 da Lei n. 8.245/91. 3. A discussão acerca da má-fé do locador – que desistiu de celebrar o negócio – não inviabiliza a tutela do direito buscado pelo locador por meio da ação de despejo, porque a Lei n. 8.245/91 não conferiu ao locatário o poder de compelir o locador a realizar a venda do imóvel, cabendo-lhe somente o ressarcimento das perdas e danos resultantes da conduta do locador. 4. Recurso especial provido. (STJ, REsp n. 1.193.992/MG, rel. Min. Nancy Andrighi, j. 02.06.2011, *DJ* 13.06.2011)

Preferência de aquisição de imóvel da União Direito de preferência para compra de imóveis da União assegurado aos ocupantes de boa-fé de áreas da União para fins de moradia não abrangidos pelo disposto no art. 18, § 6º, I, da Lei n. 9.636/98, nas mesmas condições oferecidas pelo vencedor da licitação, observadas a legislação urbanística local e outras disposições legais pertinentes.

- Veja Lei n. 9.636/98: "**Art. 29.** As condições de que tratam os arts. 12 a 16 e 17, § 3º, poderão, a critério da Administração, ser aplicadas, no que couber, na venda do domínio pleno de imóveis de propriedade da União situados em zonas não submetidas ao regime enfitêutico. § 1º Sem prejuízo do disposto no *caput* deste artigo, no caso de venda do domínio pleno de imóveis, os ocupantes de boa-fé de áreas da União para fins de moradia não abrangidos pelo disposto no inciso I do § 6º do art. 18 desta Lei poderão ter preferência na aquisição dos imóveis por eles ocupados, nas mesmas condições oferecidas pelo vencedor da licitação, observada a legislação urbanística local e outras disposições legais pertinentes. § 2º A preferência de que trata o § 1º deste artigo aplica-se aos imóveis ocupados até 27 de abril de 2006, exigindo-se que o ocupante: I – esteja regularmente inscrito e em dia com suas obrigações para com a Secretaria do Patrimônio da União; II – ocupe continuamente o imóvel até a data da publicação do edital de licitação".

Preferência processual Prioridade de tramitação, em todas as instâncias, dos procedimentos judiciais em que figure como parte ou interessado pessoa com idade igual ou superior a 60 anos, ou portadora de doença grave (art. 1.211, CPC/73).

▶ Veja CPC/73: "**Art. 1.211-A.** Os procedimentos judiciais em que figure como parte ou interessado pessoa com idade igual ou superior a 60 (sessenta) anos, ou portadora de doença grave, terão prioridade de tramitação em todas as instâncias. [...] **Art. 1.211-B.** A pessoa interessada na obtenção do benefício, juntando prova de sua condição, deverá requerê-lo à autoridade judiciária competente para decidir o feito, que determinará ao cartório do juízo as providências a serem cumpridas. § 1º Deferida a prioridade, os autos receberão identificação própria que evidencie o regime de tramitação prioritária. [...]".

▶ Veja CPC/2015: "**Art. 1.048.** Terão prioridade de tramitação, em qualquer juízo ou tribunal, os procedimentos judiciais: I – em que figure como parte ou interessado pessoa com idade igual ou superior a 60 (sessenta) anos ou portadora de doença grave, assim compreendida qualquer das enumeradas no art. 6º, inciso XIV, da Lei n. 7.713, de 22 de dezembro de 1988; II – regulados pela Lei n. 8.069, de 13 de julho de 1990 (Estatuto da Criança e do Adolescente). § 1º A pessoa interessada na obtenção do benefício, juntando prova de sua condição, deverá requerê-lo à autoridade judiciária competente para decidir o feito, que determinará ao cartório do juízo as providências a serem cumpridas. [...]".

Pregão Anúncio em voz alta feito por leiloeiro ou porteiro dos auditórios de coisa levada a leilão e dos lances que os licitantes fizerem. Comunicação pública; proclamação. Modo de chamada de partes e testemunhas feito pelo escrivão ou escrevente judicial para adentrarem à sala de audiência (art. 450, CPC/73). As testemunhas somente serão apregoadas quando, frustrada a tentativa de conciliação, chegar o momento de ser ouvida cada uma delas.

▶ Veja CPC/73: "**Art. 450.** No dia e hora designados, o juiz declarará aberta a audiência, mandando apregoar as partes e os seus respectivos advogados".

▶ Veja CPC/2015: "**Art. 358.** No dia e na hora designados, o juiz declarará aberta a audiência de instrução e julgamento e mandará apregoar as partes e os respectivos advogados, bem como outras pessoas que dela devam participar".

Pregão eletrônico Modalidade de licitação do tipo menor preço prevista por lei quando a disputa pelo fornecimento de bens ou serviços comuns for feita à distância em sessão pública, por meio de sistema que promova a comunicação pela internet (Decreto n. 5.450/2005). Nessa modalidade, os participantes não precisam estar presentes, pois o processamento do pregão ocorre mediante a utilização da tecnologia da informação, pela qual os licitantes encaminham suas propostas e participam do processo via internet.

▶ Veja Decreto n. 5.450/2005: "**Art. 1º** A modalidade de licitação pregão, na forma eletrônica, de acordo com o disposto no § 1º do art. 2º da Lei n. 10.520, de 17 de julho de 2002, destina-se à aquisição de bens e serviços comuns, no âmbito da União, e submete-se ao regulamento estabelecido neste Decreto. Parágrafo único. Subordinam-se ao disposto neste Decreto, além dos órgãos da administração pública federal direta, os fundos especiais, as autarquias, as fundações públicas, as empresas públicas, as sociedades de economia mista e as demais entidades controladas direta ou indiretamente pela União. **Art. 2º** O pregão, na forma eletrônica, como modalidade de licitação do tipo menor preço, realizar-se-á quando a disputa pelo fornecimento de bens ou serviços comuns for feita à distância em sessão pública, por meio de sistema que promova a comunicação pela internet. § 1º Consideram-se bens e serviços comuns, aqueles cujos padrões de desempenho e qualidade possam ser objetivamente definidos pelo edital, por meio de especificações usuais do mercado. [...]".

Pregão licitatório Modalidade de licitação, na forma presencial ou eletrônica, que a lei permite ser utilizada para aquisição de bens e serviços comuns no âmbito da União, estados, municípios e Distrito Federal. O pregão é composto por duas fases: a fase interna ou preparatória e a fase externa (*v. Pregão licitatório* e *Pregão eletrônico*).

Pregão presencial Modalidade de licitação prevista por lei para a aquisição de bens e serviços comuns em que a disputa pelo fornecimento é feita em sessão pública, por meio de propostas e lances, para classificação e habilitação do licitante com a oferta de menor preço. Bens e serviços comuns são aqueles cujos padrões de desempenho e qualidade possam ser objetivamente definidos no edital por meio de especificações usuais praticadas no mercado (Lei n. 10.520/2002).

▸ Veja Lei n. 10.520/2002: "**Art. 1º** Para aquisição de bens e serviços comuns, poderá ser adotada a licitação na modalidade de pregão, que será regida por esta Lei. Parágrafo único. Consideram-se bens e serviços comuns, para os fins e efeitos deste artigo, aqueles cujos padrões de desempenho e qualidade possam ser objetivamente definidos pelo edital, por meio de especificações usuais no mercado. **Art. 2º** [...] § 1º Poderá ser realizado o pregão por meio da utilização de recursos de tecnologia da informação, nos termos de regulamentação específica. [...]".

Pregoeiro Aquele que realiza o pregão ou apregoa partes e testemunhas para comparecerem à audiência. Em relação ao processo licitatório, é o profissional credenciado pela administração pública que se encarrega da condução dos pregões e do julgamento do vencedor da licitação. Deve ser funcionário efetivo do órgão promotor da licitação e ter sido submetido à capacitação específica para exercer a atribuição (Decreto n. 5.450/2005).

▸ Veja Decreto n. 5.450/2005: "**Art. 10.** As designações do pregoeiro e da equipe de apoio devem recair nos servidores do órgão ou entidade promotora da licitação, ou de órgão ou entidade integrante do SISG. § 1º A equipe de apoio deverá ser integrada, em sua maioria, por servidores ocupantes de cargo efetivo ou emprego da administração pública, pertencentes, preferencialmente, ao quadro permanente do órgão ou entidade promotora da licitação. § 2º No âmbito do Ministério da Defesa, as funções de pregoeiro e de membro da equipe de apoio poderão ser desempenhadas por militares. § 3º A designação do pregoeiro, a critério da autoridade competente, poderá ocorrer para período de um ano, admitindo-se reconduções, ou para licitação específica. § 4º Somente poderá exercer a função de pregoeiro o servidor ou o militar que reúna qualificação profissional e perfil adequados, aferidos pela autoridade competente. **Art. 11.** Caberá ao pregoeiro, em especial: I – coordenar o processo licitatório; II – receber, examinar e decidir as impugnações e consultas ao edital, apoiado pelo setor responsável pela sua elaboração; III – conduzir a sessão pública na internet; IV – verificar a conformidade da proposta com os requisitos estabelecidos no instrumento convocatório; V – dirigir a etapa de lances; VI – verificar e julgar as condições de habilitação; VII – receber, examinar e decidir os recursos, encaminhando à autoridade competente quando mantiver sua decisão; VIII – indicar o vencedor do certame; IX – adjudicar o objeto, quando não houver recurso; X – conduzir os trabalhos da equipe de apoio; e XI – encaminhar o processo devidamente instruído à autoridade superior e propor a homologação".

Preliminar Aquilo que antecede o principal. Argumentos que visam a apontar vícios processuais ou fatos impeditivos do regular andamento da ação. Faculta-se ao réu oferecê-la no corpo da contestação, antes de adentrar no mérito da causa. As preliminares arroladas pelo CPC são: inexistência ou nulidade da citação; incompetência absoluta; inépcia da petição inicial; perempção; litispendência; coisa julgada; conexão; incapacidade da parte, defeito de representação ou falta de autorização; convenção de arbitragem; carência de ação; falta de caução ou de outra prestação, que a lei exige como preliminar (art. 301, CPC/73).

▸ Veja CPC/2015: "**Art. 337.** Incumbe ao réu, antes de discutir o mérito, alegar: I – inexistência ou nulidade da citação; II – incompetência absoluta e relativa; III – incorreção do valor da causa; IV – inépcia da petição inicial; V – perempção; VI – litispendência; VII – coisa julgada; VIII – conexão; IX – incapacidade da parte, defeito de representação ou falta de autorização; X – convenção de arbitragem; XI – ausência de legitimidade ou de interesse processual; XII – falta de caução ou de outra prestação que a lei exige como preliminar; XIII – indevida concessão do benefício da gratuidade de justiça".

Preparo Ato de recolhimento ou pagamento das custas judiciais por quem é parte no processo. É indispensável para a prática de determinado ato judicial e para prosseguimento do feito. A ausência de preparo implica deserção. Aplica-se no caso de interposição de recurso, ocasião na qual o recorrente é obrigado a depositar em cartório ou na contadoria o valor estabelecido para o preparo, sob pena de seu recurso ser considerado deserto e não ser remetido à instância superior (art. 511, CPC/73). São dispensados da efetivação do preparo os recursos interpostos pelo Ministério Público, pela União, pelos estados e municípios e respectivas autarquias, e pelos que gozam de isenção legal (*v. Deserção*).

▸ Veja CPC/73: "**Art. 511.** No ato de interposição do recurso, o recorrente comprovará, quando exigido pela legislação pertinente, o respectivo preparo, inclusive porte de remessa e de retorno, sob pena de deserção. § 1º São dispensados de preparo os recursos interpostos pelo Ministério Público, pela União, pelos Estados e Municípios e respectivas autarquias, e pelos que gozam de isenção legal. § 2º A insuficiência no valor do preparo implicará deserção, se o recorrente, intimado, não vier a supri-lo no prazo de 5 (cinco) dias".

- Veja CPC/2015: "**Art. 1.007.** No ato de interposição do recurso, o recorrente comprovará, quando exigido pela legislação pertinente, o respectivo preparo, inclusive porte de remessa e de retorno, sob pena de deserção. § 1º São dispensados de preparo, inclusive porte de remessa e de retorno, os recursos interpostos pelo Ministério Público, pela União, pelo Distrito Federal, pelos Estados, pelos Municípios, e respectivas autarquias, e pelos que gozam de isenção legal. § 2º A insuficiência no valor do preparo, inclusive porte de remessa e de retorno, implicará deserção se o recorrente, intimado na pessoa de seu advogado, não vier a supri-lo no prazo de 5 (cinco) dias. § 3º É dispensado o recolhimento do porte de remessa e de retorno no processo em autos eletrônicos. § 4º O recorrente que não comprovar, no ato de interposição do recurso, o recolhimento do preparo, inclusive porte de remessa e de retorno, será intimado, na pessoa de seu advogado, para realizar o recolhimento em dobro, sob pena de deserção. § 5º É vedada a complementação se houver insuficiência parcial do preparo, inclusive porte de remessa e de retorno, no recolhimento realizado na forma do § 4º. § 6º Provando o recorrente justo impedimento, o relator relevará a pena de deserção, por decisão irrecorrível, fixando-lhe prazo de 5 (cinco) dias para efetuar o preparo. § 7º O equívoco no preenchimento da guia de custas não implicará a aplicação da pena de deserção, cabendo ao relator, na hipótese de dúvida quanto ao recolhimento, intimar o recorrente para sanar o vício no prazo de 5 (cinco) dias".

- Preparo do recurso especial. Ausência. Deserção. Conselho de fiscalização profissional. Obrigatoriedade do recolhimento do porte de remessa e retorno. REsp n. 1.338.247/RS, rel. Min. Herman Benjamin, 1ª Seção. Matéria julgada no rito dos processos repetitivos. Art. 543-C do CPC. 1. A 1ª Seção desta Corte, na assentada de 10.10.2012, julgou o REsp n. 1.338.247/RS, de relatoria do Min. Herman Benjamin, submetido ao Colegiado pelo regime da Lei n. 11.672/2008 (Lei dos Recursos Repetitivos), que introduziu o art. 543-C ao CPC, firmou entendimento no sentido de que "o benefício da isenção do preparo, conferido aos entes públicos previstos no art. 4º, *caput*, da Lei n. 9.289/96, é inaplicável aos Conselhos de Fiscalização Profissional". 2. O agravo regimental interposto contra decisão que teve por base questão já decidida sob o rito do art. 543-C do CPC é manifestamente inadmissível, justificando a aplicação da multa prevista no art. 557, § 2º, do CPC. Agravo regimental improvido, com aplicação de multa. (STJ, Ag. Reg. no Ag. em REsp n. 305.111/RJ, rel. Min. Humberto Martins, j. 20.08.2013, *DJ* 30.08.2013)

- Ausência da guia de recolhimento do preparo ao tempo da interposição. Juntada posterior com o agravo interno. Impossibilidade de diligência na fase extraordinária. Deserção. 1. De acordo com a jurisprudência pacífica desta Corte, a guia de pagamento do preparo deve vir junto com a interposição do recurso, sob pena de deserção, não sendo possível conferir à parte, nesta instância excepcional, realizar a complementação do instrumento, ainda mais, como no caso em exame, em sede de agravo interno e após realizado o exame de inadmissibilidade em que apontada a irregularidade processual. 2. Agravo desprovido. (STJ, Ag. Reg. no AI n. 1.427.849/DF, rel. Min. Maria Thereza de Assis Moura, j. 05.06.2013, *DJ* 26.08.2013)

Preposto Denominação dada à pessoa que realiza negócio ou operação em nome de outrem, geralmente empregado ou funcionário público; representante do empregador na audiência trabalhista. Quando pessoa jurídica, o reclamado pode se fazer representar pelo gerente ou qualquer outro funcionário denominado *preposto* (art. 843, § 1º, CLT).

- Veja CC: "**Art. 932.** São também responsáveis pela reparação civil: [...] III – o empregador ou comitente, por seus empregados, serviçais e prepostos, no exercício do trabalho que lhes competir, ou em razão dele; [...] **Art. 1.169.** O preposto não pode, sem autorização escrita, fazer-se substituir no desempenho da preposição, sob pena de responder pessoalmente pelos atos do substituto e pelas obrigações por ele contraídas. **Art. 1.170.** O preposto, salvo autorização expressa, não pode negociar por conta própria ou de terceiro, nem participar, embora indiretamente, de operação do mesmo gênero da que lhe foi cometida, sob pena de responder por perdas e danos e de serem retidos pelo preponente os lucros da operação. **Art. 1.171.** Considera-se perfeita a entrega de papéis, bens ou valores ao preposto, encarregado pelo preponente, se os recebeu sem protesto, salvo nos casos em que haja prazo para reclamação".

- Veja CLT: "**Art. 843.** Na audiência de julgamento deverão estar presentes o reclamante e o reclamado, independentemente do comparecimento de seus representantes, salvo nos casos de Reclamatórias Plúrimas ou Ações de Cumprimento, quando os empregados poderão fazer-se representar pelo Sindicato de sua categoria. § 1º É facultado ao empregador fazer-se substituir pelo gerente, ou qualquer outro preposto que tenha conhecimento do fato, e cujas declarações obrigarão o proponente. [...]".

- Preposto. Grupo econômico. Cerceamento do direito de defesa. Preposto empregado. Grupo econômico. Sendo fato público e notório (art. 334, I, do CPC) que as empresas pertencem ao mesmo grupo econômico, é válida a representação por preposto empregado de empresa diversa da reclamada, desde que constituam empregador único (art. 2º, § 2º, da CLT). (TRT-3ª Região, RO n. 363/2013, rel. Juiz Conv. Luiz Antônio de Paula Iennaco, *DJ* 07.03.2013)

- Preposto. Empregador. Empregador pessoa física. Preposto não empregado. De acordo com o entendimento contido na Súmula n. 377 do TST: "Exceto quanto à reclamação do empregado doméstico, ou contra micro ou pequeno empresário, o preposto deve ser necessariamente empregado do reclamado. Inteligência do art. 843, § 1º, da CLT e do art. 54 da LC n. 123, de 14 de dezembro de 2006". Este entendimento incide no caso do reclamado, pessoa física, que mantém escritório de advocacia e dirige pessoalmente a prestação de serviços, inexistindo nos autos elemento capaz de comprovar a presença de outros empregados aptos a representar o demandado em juízo. Assim, admite-se a representação em juízo por preposto não empregado, desde que o mesmo tenha conhecimento dos fatos discutidos na demanda, tal como ocorria no caso em apreço. (TRT-3ª Região, RO n. 454/2012, rel. Juiz Conv. Antonio G. de Vasconcelos, *DJ* 20.11.2012)

Prequestionamento Designação que corresponde ao fato de a questão federal, objeto da lide, já ter sido devidamente questionada ou discutida e, inclusive, que a matéria tenha sido explicitamente decidida no aresto recorrido. Assim, ocorre prequestionamento quando a questão que constitui objeto do recurso extraordinário ou especial já foi devidamente suscitada e defendida nas instâncias ordinárias. É necessário que a questão controvertida perante o juízo de origem tenha sido previamente levantada, mesmo por meio de embargos declaratórios, quando omissa a decisão *a quo*. Constitui requisito indispensável a admissibilidade do recurso extraordinário e do recurso especial. "É inadmissível o recurso extraordinário, quando não ventilada na decisão recorrida a questão federal suscitada" (Súmula n. 282, STF).

- Veja CPC/2015: "**Art. 941.** Proferidos os votos, o presidente anunciará o resultado do julgamento, designando para redigir o acórdão o relator ou, se vencido este, o autor do primeiro voto vencedor. [...] § 3º O voto vencido será necessariamente declarado e considerado parte integrante do acórdão para todos os fins legais, inclusive de prequestionamento. [...] **Art. 1.025.** Consideram-se incluídos no acórdão os elementos que o embargante suscitou, para fins de prequestionamento, ainda que os embargos de declaração sejam inadmitidos ou rejeitados, caso o tribunal superior considere existentes erro, omissão, contradição ou obscuridade".

- Matéria de cunho constitucional examinada no tribunal *a quo*. Ausência de prequestionamento. Omissão na corte *a quo* não sanada por embargos de declaração. 1. Recurso especial voltado contra acórdão que reconheceu a constitucionalidade da declaração do art. 22, I, da Lei n. 8.212/91 de que a contribuição previdenciária sobre a folha de salários, prevista no art. 195, I, da CF de 1988, a cargo da empresa, deve incidir sobre "o total das remunerações pagas ou creditadas, a qualquer título, no decorrer do mês, aos segurados empregados, empresários, trabalhadores avulsos e autônomos que lhe prestem serviço". 2. Não se conhece de recurso especial quando a decisão atacada basilou-se, como fundamento central, em matéria de cunho eminentemente constitucional. 3. Ainda que ultrapassado o óbice do fundamento constitucional firmado pelo acórdão objurgado, verifica-se a ausência do necessário prequestionamento da matéria infraconstitucional. Dispositivo legal indicado como afrontado não abordado no âmbito do aresto hostilizado. 3. Não basta apenas que o acórdão dos aclaratórios afirme que, para não causar eventuais prejuízos na oposição de recursos às instâncias *ad quem*, tenham-se por prequestionados artigos legais e/ou constitucionais, sem que, de fato, tal ocorra por meio do exame da matéria jurídica correlata de tais normas na motivação do *decisum*. Incidência da Súmula n. 211/STJ. 5. Agravo regimental improvido. (STJ, Ag. Reg. no REsp. 716.148/RS, 1ª T., rel. Min. José Delgado, j. 19.05.2005, *DJ* 27.06.2005, p. 275)

Prescrição Perda de um direito em razão da inércia de seu titular e do decurso de tempo (art. 189, CC). Perecimento da ação, atribuída a um direito, pela falta de uso dela em determinado prazo. Consiste na perda da possibilidade de agir (*facultas agendi*) para defender o direito. A prescrição elimina a exigibilidade via judicial que ao titular do direito era lícito exercer se a prescrição não houvesse. Prescrição extintiva. "A prescrição pressupõe um direito já adquirido e que se perde com o não exercício; a decadência pressupõe um direito que se pode adquirir, agindo em certo tempo, que, transcorrido inteiramente, impede a aquisição do direito" (VENZI *apud* MIRANDA VALVERDE. *Comentários à Lei de Falências*, vol. I, p. 306).

- Veja CC: "**Art. 189.** Violado o direito, nasce para o titular a pretensão, a qual se extingue, pela prescrição, nos prazos a que aludem os arts. 205 e 206".

- Veja CPC/2015: "**Art. 104.** O advogado não será admitido a postular em juízo sem procuração, salvo para evitar preclusão, decadência ou prescrição, ou para praticar ato considerado urgente. **Art. 302.** Independentemente da reparação por dano processual, a parte responde pelo prejuízo que a efetivação da tutela de urgência causar à parte adversa, se: [...] IV – o juiz acolher a alegação de decadência ou prescrição da pretensão do autor. [...] **Art. 332.** [...] § 1º O juiz também poderá julgar liminarmente improcedente o pedido se verificar, desde logo, a ocorrência de decadência ou de prescrição. [...] **Art. 487.** Haverá resolução de mérito quando o juiz: [...] II – decidir, de ofício ou a requerimento, sobre a ocorrência de decadência ou prescrição; [...] Parágrafo único. Ressalvada a hipótese do § 1º do art. 332, a prescrição e a decadência não serão reconhecidas sem que antes seja dada às partes oportunidade de manifestar-se. [...] **Art. 1.013.** A apelação devolverá ao tribunal o conhecimento da matéria impugnada. [...] § 4º Quando reformar sentença que reconheça a decadência ou a prescrição, o tribunal, se possível, julgará o mérito, examinando as demais questões, sem determinar o retorno do processo ao juízo de primeiro grau. [...]".

- Ação coletiva. Termo inicial da prescrição da pretensão executória. Trânsito em julgado da decisão proferida no processo de conhecimento. Prazo. Súmula n. 150/STF. Interrupção. Metade. Súmula n. 383/STF. 1. Caso em que se discute o prazo prescricional, bem como seu termo inicial, para promover a execução de sentença condenatória referente às diferenças de 28,86% deferidas a servidores públicos civis. 2. A jurisprudência desta Corte possui entendimento consagrado no sentido de que é de cinco anos, contados a partir do trânsito em julgado da sentença condenatória, o prazo prescricional para a propositura da ação executiva contra a Fazenda Pública, em conformidade com o entendimento sufragado na Súmula n. 150/STF. 3. O lapso prescricional somente poderá ser interrompido uma única vez, recomeçando a correr pela metade, resguardado o prazo mínimo de cinco anos. Inteligência da Súmula n. 383/STF. 4. Agravo regimental não provido. (STJ, Ag. Reg. no Ag. em REsp n. 301.495/RN, rel. Min. Benedito Gonçalves, j. 13.08.2013, *DJ* 23.08.2013)

- Agravo em recurso especial. Sociedade de economia mista concessionária de serviço público. Ação de cumprimento contratual. Prescrição decenal. Art. 205 do CC. Recurso desprovido. 1. O prazo prescricional relativo à ação de cumprimento contratual ajuizada contra sociedade de economia mista concessionária de serviço pública é de dez anos (art. 205 do CC). 2. Precedentes do STJ. 3. Agravo regimental desprovido. (STJ, Ag. Reg. no Ag. em REsp n. 138.704/SP, rel. Min. João Otávio de Noronha, j. 06.08.2013, *DJ* 22.08.2013)

Prescrição aquisitiva Modalidade de aquisição da propriedade móvel ou imóvel pelo decurso de prazo. Funda-se na posse mansa e pacífica, sem oposição, exercida pelo possuidor, por determinado tempo, findo o qual prescreve o direito do proprietário de reivindicar a coisa. A aquisição da propriedade por esse modo se processa e se aperfeiçoa através da ação de usucapião (arts. 1.238 e segs., CC).

- Veja CC: "**Art. 1.238.** Aquele que, por quinze anos, sem interrupção, nem oposição, possuir como seu um imóvel, adquire-lhe a propriedade, independentemente de título e boa-fé; podendo requerer ao juiz que assim o declare por sentença, a qual servirá de título para o registro no Cartório de Registro de Imóveis. Parágrafo único. O prazo estabelecido neste artigo reduzir-se-á a dez anos se o possuidor houver estabelecido no imóvel a sua moradia habitual, ou nele realizado obras ou serviços de caráter produtivo. **Art. 1.239.** Aquele que, não sendo proprietário de imóvel rural ou urbano, possua como sua, por cinco anos ininterruptos, sem oposição, área de terra em zona rural não superior a cinquenta hectares, tornando-a produtiva por seu trabalho ou de sua família, tendo nela sua moradia, adquirir-lhe-á a propriedade. **Art. 1.240.** Aquele que possuir, como sua, área urbana de até duzentos e cinquenta metros quadrados, por cinco anos ininterruptamente e sem oposição, utilizando-a para sua moradia ou de sua família, adquirir-lhe-á o domínio, desde que não seja proprietário de outro imóvel urbano ou rural. [...] **Art. 1.240-A.** Aquele que exercer, por 2 (dois) anos ininterruptamente e sem oposição, posse direta, com exclusividade, sobre imóvel urbano de até 250 m² (duzentos e cinquenta metros quadrados) cuja propriedade divida com ex-cônjuge ou ex-companheiro que abandonou o lar, utilizando-o para sua moradia ou de sua família, adquirir-lhe-á o domínio integral, desde que não seja proprietário de outro imóvel urbano ou rural. [...] **Art. 1.242.** Adquire também a propriedade do imóvel aquele que, contínua e incontestadamente, com justo título e boa-fé, o possuir por dez anos. Parágrafo único. Será de cinco anos o prazo previsto neste artigo se o imóvel houver sido adquirido, onerosamente, com base no registro constante do respectivo cartório, cancelada posteriormente, desde que os possuidores nele tiverem estabelecido a sua moradia, ou realizado investimentos de interesse social e econômico. [...] **Art. 1.260.** Aquele que possuir coisa móvel como sua, contínua e incontestadamente durante três anos, com justo título e boa-fé, adquirir-lhe-á a propriedade. **Art. 1.261.** Se a posse da coisa móvel se prolongar por cinco anos, produzirá usucapião, independentemente de título ou boa-fé. **Art. 1.262.** Aplica-se à usucapião das coisas móveis o disposto nos arts. 1.243 e 1.244".

- Ação reivindicatória. Usucapião suscitada em defesa. Ação possessória julgada improcedente. Prescrição aquisitiva. Efeito interruptivo. Ausência. Precedentes de ambas as turmas integrantes da segunda seção. 1. Segundo a jurisprudência dominante desta Corte, a citação promovida em ação possessória julgada improcedente não interrompe o prazo para a aquisição da propriedade pela usucapião. 2. Agravo regimental não provido. (STJ, Ag. Reg. no REsp n. 944.661/MG, rel. Min. Ricardo Villas Bôas Cueva, j. 13.08.2013, DJ 20.08.2013)

- Usucapião. Prescrição aquisitiva. Configuração. Requisitos preenchidos. Registro público. 1. A usucapião, forma de aquisição originária da propriedade, caracterizada, entre outros requisitos, pelo exercício inconteste e ininterrupto da posse, prevalece sobre o registro imobiliário, não obstante os atributos de obrigatoriedade e perpetuidade deste, em razão da inércia prolongada do proprietário em exercer os poderes decorrentes do domínio. 2. A determinação do art. 942 do CPC diz respeito à citação daquele em cujo nome estiver registrado o imóvel usucapiendo, bem como dos confinantes, não se exigindo a juntada de certidão do Cartório de Registros de Imóveis relativamente a cada um dos confrontantes, até porque as confrontações, como parte da descrição do bem, incluem-se no registro do imóvel usucapiendo. [...] 4. Recurso especial provido, com anulação do acórdão e determinação de novo julgamento. (STJ, REsp n. 952.125/MG, rel. Min. Sidnei Beneti, j. 07.06.2011, DJ 14.06.2011)

Prescrição da pretensão punitiva Modo de extinção da punibilidade pelo decurso do tempo. A prescrição, antes de transitar em julgado a sentença final, salvo o disposto nos §§ 1º e 2º do art. 110 do CP, regula-se pelo máximo da pena privativa de liberdade cominada ao crime. Depois de transitar em julgado a sentença condenatória, a prescrição regula-se pela pena aplicada e verifica-se nos prazos fixados no art. 109 do CP, os quais se aumentam de 1/3 se o condenado é reincidente (arts. 109 e 110, CP).

- Veja CP: "Prescrição antes de transitar em julgado a sentença – **Art. 109.** A prescrição, antes de transitar em julgado a sentença final, salvo o disposto no § 1º do art. 110 deste Código, regula-se pelo máximo da pena privativa de liberdade cominada ao crime, verificando-se: I – em 20 (vinte) anos, se o máximo da pena é superior a 12 (doze); II – em 16 (dezesseis) anos, se o máximo da pena é superior a 8 (oito) anos e não excede a 12 (doze); III – em 12 (doze) anos, se o máximo da pena é superior a 4 (quatro) anos e não excede a 8 (oito); IV – em 8 (oito) anos, se o máximo da pena é superior a 2 (dois) anos e não excede a 4 (quatro); V – em 4 (quatro) anos, se o máximo da pena é igual a 1 (um) ano ou, sendo superior, não excede a 2 (dois); VI – em 3 (três) anos, se o máximo da pena é inferior a 1 (um) ano. Prescrição das penas restritivas de direito – Parágrafo único. Aplicam-se às penas restritivas de direito os mesmos prazos previstos para as privativas de liberdade. Prescrição depois de transitar em julgado sentença final condenatória – **Art. 110.** A prescrição depois de transitar em julgado a sentença condenatória regula-se pela pena aplicada e verifica-se nos prazos fixados no artigo anterior, os quais se aumentam de um terço, se o condenado é reincidente. § 1º A prescrição, depois da sentença condenatória com trânsito em julgado para a acusação ou depois de improvido seu recurso, regula-se pela pena aplicada, não podendo, em nenhuma hipótese, ter por termo inicial data anterior à da denúncia ou queixa. [...]".

- Súmula n. 438, STJ: É inadmissível a extinção da punibilidade pela prescrição da pretensão punitiva com fundamento em pena hipotética, independentemente da existência ou sorte do processo penal.

- Extinção da punibilidade declarada, pelo juízo monocrático, com base em pena antecipada. Impropriedade. Porte ilegal de entorpecente. Aplicação do princípio da insignificância. Impossibilidade. Extinção da punibilidade declarada de ofício. Recurso parcialmente provido. I. De acordo com o Código Penal, tem-se que a prescrição somente se regula pela pena concretamente aplicada ou, ainda, pelo máximo de sanção, abstratamente previsto. II. É imprópria a decisão que extingue a punibilidade pela prescrição com base em pena em perspectiva. Precedentes. III. Deve ser cassado o acórdão recorrido para afastar a denominada prescrição em perspectiva, determinando-se o retorno dos autos ao juízo de origem para o julgamento do recurso de apelação interposto. IV. É entendimento da jurisprudência que o princípio da insignificância não se aplica ao delito de porte de entorpecentes. V. Nos termos da Lei n. 11.343/2006, a prescrição da imposição e a execução das penas estabelecidas ao delito de porte ilegal de entorpecentes ocorre em 02 (dois) anos, respeitados os marcos de interrupção e suspensão relacionados no Código Penal. VI. Reconhecimento, de ofício, da extinção da punibilidade do recorrido, pela prescrição, no tocante ao delito de porte de substância entorpecente. VII. Recurso parcialmente prejudicado e parcialmente provido, nos termos do voto do relator. (STJ, REsp n. 880.774/RS, 5ª T., rel. Min. Gilson Dipp, j. 10.05.2007, *DJ* 29.06.2007, p. 707)

Prescrição intercorrente Diz-se da prescrição, no âmbito do processo de execução, que se verifica quando, após a suspensão por um ano da execução por ausência de bens penhoráveis, não ocorrer manifestação do exequente a respeito. A prescrição intercorrente opera-se no curso do processo de execução, em face do decurso do prazo prescricional da decisão que ordena o arquivamento dos autos, após o decurso do prazo máximo de um ano de suspensão do processo, podendo o juiz decretá-la de ofício. Essa modalidade de prescrição também alcança a execução fiscal, conforme estatui o art. 40, § 4º, da Lei n. 6.830/80. O prazo da prescrição intercorrente se inicia após um ano da suspensão da execução fiscal quando não localizados bens penhoráveis do devedor (Súmula n. 314, STJ).

▶ Veja Lei n. 6.830/80: "**Art. 40.** O Juiz suspenderá o curso da execução, enquanto não for localizado o devedor ou encontrados bens sobre os quais possa recair a penhora, e, nesses casos, não correrá o prazo de prescrição. § 1º Suspenso o curso da execução, será aberta vista dos autos ao representante judicial da Fazenda Pública. § 2º Decorrido o prazo máximo de 1 (um) ano, sem que seja localizado o devedor ou encontrados bens penhoráveis, o Juiz ordenará o arquivamento dos autos. § 3º Encontrados que sejam, a qualquer tempo, o devedor ou os bens, serão desarquivados os autos para prosseguimento da execução. § 4º Se da decisão que ordenar o arquivamento tiver decorrido o prazo prescricional, o juiz, depois de ouvida a Fazenda Pública, poderá, de ofício, reconhecer a prescrição intercorrente e decretá-la de imediato.

▶ Veja CPC/2015: "**Art. 921.** Suspende-se a execução: I – nas hipóteses dos arts. 313 e 315, no que couber; II – no todo ou em parte, quando recebidos com efeito suspensivo os embargos à execução; III – quando o executado não possuir bens penhoráveis; IV – se a alienação dos bens penhorados não se realizar por falta de licitantes e o exequente, em 15 (quinze) dias, não requerer a adjudicação nem indicar outros bens penhoráveis; V – quando concedido o parcelamento de que trata o art. 916. § 1º Na hipótese do inciso III, o juiz suspenderá a execução pelo prazo de 1 (um) ano, durante o qual se suspenderá a prescrição. § 2º Decorrido o prazo máximo de 1 (um) ano sem que seja localizado o executado ou que sejam encontrados bens penhoráveis, o juiz ordenará o arquivamento dos autos. § 3º Os autos serão desarquivados para prosseguimento da execução se a qualquer tempo forem encontrados bens penhoráveis. § 4º Decorrido o prazo de que trata o § 1º sem manifestação do exequente, começa a correr o prazo de prescrição intercorrente. § 5º O juiz, depois de ouvidas as partes, no prazo de 15 (quinze) dias, poderá, de ofício, reconhecer a prescrição de que trata o § 4º e extinguir o processo".

▶ Veja Lei n. 6.830/80: "**Art. 40.** O juiz suspenderá o curso da execução, enquanto não for localizado o devedor ou encontrados bens sobre os quais possa recair a penhora, e, nesses casos, não correrá o prazo de prescrição. § 1º Suspenso o curso da execução, será aberta vista dos autos ao representante judicial da Fazenda Pública. § 2º Decorrido o prazo máximo de 1 (um) ano, sem que seja localizado o devedor ou encontrados bens penhoráveis, o juiz ordenará o arquivamento dos autos. § 3º Encontrados que sejam, a qualquer tempo, o devedor ou os bens, serão desarquivados os autos para prosseguimento da execução. § 4º Se da decisão que ordenar o arquivamento tiver decorrido o prazo prescricional, o juiz, depois de ouvida a Fazenda Pública, poderá, de ofício, reconhecer a prescrição intercorrente e decretá-la de imediato. § 5º A manifestação prévia da Fazenda Pública prevista no § 4º deste artigo será dispensada no caso de cobranças judiciais cujo valor seja inferior ao mínimo fixado por ato do Ministro de Estado da Fazenda".

■ Súmula n. 314, STJ: Em execução fiscal, não localizados bens penhoráveis, suspende-se o processo por um ano, findo o qual inicia-se o prazo da prescrição quinquenal intercorrente.

■ Execução fiscal. Prescrição intercorrente. Inércia. Extinção. 1. A ação de cobrança do crédito tributário prescreve em cinco anos contados da data da sua constituição definitiva. Art. 174 do CTN. Ajuizada a execução depois de consumada a prescrição dos exercícios de 1988 a 1994, impõe-se a sua extinção. 2. Em caso de paralisação do processo por desídia do credor, consuma-se a prescrição intercorrente. É de ser extinta, sob pena de prosseguir indefinidamente, o que é incompatível com o instituto da prescrição. Jurisprudência do STJ. Hipótese em que a execução ficou paralisada por mais de cinco anos, em razão de sucessivos pedidos de suspensão, sem a promoção de impulsos úteis do credor tendentes à localização de bens penhoráveis. Negado seguimento ao recurso. (TJRS, Ap. Cível n. 70.056.466.493, 22ª Câm. Cível, rel. Maria Isabel de Azevedo Souza, j. 17.09.2013)

- Apelação cível. Tributário. Execução fiscal. Prescrição intercorrente. Processo paralisado por mais de cinco anos. Ocorre a prescrição intercorrente quando mantida a execução fiscal totalmente inerte, sem qualquer manifestação do credor por mais de cinco anos. Precedentes desta corte e do STJ. A prescrição no direito tributário pode ser decretada de ofício, porquanto extingue o próprio crédito (art. 156, V, do CTN), fulminando, assim, uma das condições da ação (art. 267, VI, do CPC), sendo, consequentemente, causa de extinção do processo que compete ao julgador conhecer de ofício (art. 267, § 3º, do CPC). Negado seguimento. (TJRS, Ap. Cível n. 70.056.326.317, 1ª Câm. Cível, rel. Carlos Roberto Lofego Canibal, j. 11.09.2013)

Prestação de serviço Toda espécie de serviço ou trabalho lícito, material ou imaterial, que pode ser contratada mediante retribuição (arts. 593 a 599, CC).

- ▶ Veja CC: "**Art. 593.** A prestação de serviço, que não estiver sujeita às leis trabalhistas ou a lei especial, reger-se-á pelas disposições deste Capítulo. **Art. 594.** Toda a espécie de serviço ou trabalho lícito, material ou imaterial, pode ser contratada mediante retribuição. **Art. 595.** No contrato de prestação de serviço, quando qualquer das partes não souber ler, nem escrever, o instrumento poderá ser assinado a rogo e subscrito por duas testemunhas. **Art. 596.** Não se tendo estipulado, nem chegado a acordo as partes, fixar-se-á por arbitramento a retribuição, segundo o costume do lugar, o tempo de serviço e sua qualidade. **Art. 597.** A retribuição pagar-se-á depois de prestado o serviço, se, por convenção, ou costume, não houver de ser adiantada, ou paga em prestações. **Art. 598.** A prestação de serviço não se poderá convencionar por mais de quatro anos, embora o contrato tenha por causa o pagamento de dívida de quem o presta, ou se destine à execução de certa e determinada obra. Neste caso, decorridos quatro anos, dar-se-á por findo o contrato, ainda que não concluída a obra. **Art. 599.** Não havendo prazo estipulado, nem se podendo inferir da natureza do contrato, ou do costume do lugar, qualquer das partes, a seu arbítrio, mediante prévio aviso, pode resolver o contrato. [...]".

- Contrato. Prestação de serviços. Serviços de pintura em condomínio. Imobilização injustificada da obra, com o posterior protesto das duplicatas relativas às prestações subsequentes. Apelante que nega a existência de relação jurídica entre as partes. Impossibilidade. Contrato assinado por pessoa de sobrenome idêntico à razão social da empresa, que também assinou as cártulas e os orçamentos, apresentando-se como diretor. Notificação recebida por ele, no endereço da empresa. Aplicação da teoria da aparência. Recurso improvido. (TJSP, Ap. 5.812.871/SP, rel. Des. Luiz Augusto Gomes Varjão, j. 25.03.2013)

- Contrato. Prestação de serviços. Troca de telhado e colocação de calhas. Serviço incompleto e mal executado, obrigando o contratante a se socorrer de outro profissional, para concluir a reforma e corrigir os defeitos. Redução proporcional do preço estabelecida na sentença. Cabimento. Recurso não provido. (TJSP, Ap. 1.169.122/SP, rel. Des. Cesar Lacerda, j. 15.03.2013)

Prestação de serviços à comunidade Modalidade de pena restritiva de direitos substitutiva da pena privativa de liberdade a ser prestada à comunidade ou a órgão público (art. 44, CP). Em relação à conduta lesiva ao meio ambiente, consiste na atribuição ao condenado de tarefas gratuitas junto a parques e jardins públicos e unidades de conservação; e, no caso de dano de coisa particular, pública ou tombada, na restauração desta, se possível (art. 9º, Lei n. 9.605/98).

- ▶ Veja Lei n. 9.605/98: "**Art. 9º** A prestação de serviços à comunidade consiste na atribuição ao condenado de tarefas gratuitas junto a parques e jardins públicos e unidades de conservação, e, no caso de dano da coisa particular, pública ou tombada, na restauração desta, se possível".

- Regime aberto. Condições especiais. Art. 115 da LEP. Prestação de serviços à comunidade. *Bis in idem*. I. A respeito da fixação da prestação de serviços à comunidade, como condição especial de cumprimento da pena em regime aberto, foi a matéria, em sede de Recurso Especial representativo de controvérsia (art. 543-C do CPC), apreciada pela Terceira Seção do STJ (REsp n. 1.107.314/PR, 3ª Seção, rel. p/ acórdão Min. Napoleão Nunes Maia Filho, *DJe* 04.10.2011), oportunidade em que restou firmado o entendimento no sentido de que, embora seja possível a fixação de condições especiais para o regime aberto, não pode o magistrado adotar quaisquer das penas substitutivas, previstas no art. 44 do CP, sob pena de *bis in idem*. II. Mantida a decisão agravada, que negou seguimento ao Recurso Especial do Ministério Público do Estado do Paraná, com fundamento no art. 557, *caput*, do CPC c/c art. 3º do CPP. III. Agravo regimental desprovido. (STJ, Ag. Reg. no REsp n. 1.230.220/PR, rel. Min. Assusete Magalhães, j. 18.06.2013, *DJ* 08.08.2013)

- Menor. Ato infracional. Tentativa de furto. Bons antecedentes. Pena a ser imposta. Não havendo prova conclusiva de ter praticado o menor tentativa de roubo, mas apenas de furto e apresentando bons antecedentes e estar trabalhando, substitui-se a medida de prestação de serviços à comunidade pela de advertência. (TJRS, Ap. Cível n. 23.960/1996, rel. Des. Paulo Heerdt, j. 03.04.1996, *DJ* 28.05.1996)

Prestação pecuniária

Modalidade de pena restritiva de direitos substitutiva da pena privativa de liberdade a ser prestada à comunidade ou a órgão público (art. 44, CP). Em relação à conduta lesiva ao meio ambiente, consiste na atribuição ao condenado de tarefas gratuitas junto a parques e jardins públicos e unidades de conservação, e, no caso de dano de coisa particular, pública ou tombada, na restauração desta, se possível (art. 9º, Lei n. 9.605/98).

▶ Veja Lei n. 9.605/98: "**Art. 12.** A prestação pecuniária consiste no pagamento em dinheiro à vítima ou à entidade pública ou privada com fim social, de importância, fixada pelo juiz, não inferior a 1 (um) salário mínimo nem superior a 360 (trezentos e sessenta) salários mínimos. O valor pago será deduzido do montante de eventual reparação civil a que for condenado o infrator".

Presunção

Suposição. Termo que deriva de presumir; indica que se supõe uma coisa certa sem que esteja devidamente provada. Juridicamente, as presunções são consideradas legais e judiciais. São legais as previstas em lei, como ocorre com a presunção dos filhos havidos na constância do casamento; são judiciais as concebidas como consequência daquilo que o magistrado retira de um fato conhecido para chegar ao descobrimento de outro desconhecido. A presunção é uma modalidade de prova admitida pelo Direito (art. 212, CC).

▶ Veja CC: "**Art. 6º** A existência da pessoa natural termina com a morte; presume-se esta, quanto aos ausentes, nos casos em que a lei autoriza a abertura de sucessão definitiva. **Art. 7º** Pode ser declarada a morte presumida, sem decretação de ausência: I – se for extremamente provável a morte de quem estava em perigo de vida; II – se alguém, desaparecido em campanha ou feito prisioneiro, não for encontrado até dois anos após o término da guerra. Parágrafo único. A declaração da morte presumida, nesses casos, somente poderá ser requerida depois de esgotadas as buscas e averiguações, devendo a sentença fixar a data provável do falecimento. [...] **Art. 133.** Nos testamentos, presume-se o prazo em favor do herdeiro, e, nos contratos, em proveito do devedor, salvo, quanto a esses, se do teor do instrumento, ou das circunstâncias, resultar que se estabeleceu a benefício do credor, ou de ambos os contratantes. [...] **Art. 163.** Presumem-se fraudatórias dos direitos dos outros credores as garantias de dívidas que o devedor insolvente tiver dado a algum credor. **Art. 164.** Presumem-se, porém, de boa-fé e valem os negócios ordinários indispensáveis à manutenção de estabelecimento mercantil, rural, ou industrial, ou à subsistência do devedor e de sua família. [...] **Art. 212.** Salvo o negócio a que se impõe forma especial, o fato jurídico pode ser provado mediante: [...] IV – presunção; [...] **Art. 219.** As declarações constantes de documentos assinados presumem-se verdadeiras em relação aos signatários. [...] **Art. 1.597.** Presumem-se concebidos na constância do casamento os filhos: I – nascidos cento e oitenta dias, pelo menos, depois de estabelecida a convivência conjugal; II – nascidos nos trezentos dias subsequentes à dissolução da sociedade conjugal, por morte, separação judicial, nulidade e anulação do casamento; III – havidos por fecundação artificial homóloga, mesmo que falecido o marido; IV – havidos, a qualquer tempo, quando se tratar de embriões excedentários, decorrentes de concepção artificial homóloga; V – havidos por inseminação artificial heteróloga, desde que tenha prévia autorização do marido".

- Medida cautelar. Recurso especial repetitivo. Exibição de documentos. Presunção de veracidade do CPC, art. 359. Inaplicabilidade. Precedentes do STJ. CPC, arts. 543-C, 844, II, e 845. A presunção de veracidade contida no art. 359 do CPC não se aplica às ações cautelares de exibição de documentos. Na ação cautelar de exibição, não cabe aplicar a cominação prevista no art. 359 do CPC, respeitante à confissão ficta quanto aos fatos afirmados, uma vez que ainda não há ação principal em curso e não se revela admissível, nesta hipótese, vincular o respectivo órgão judiciário, a quem compete a avaliação da prova, com o presumido teor do documento. Julgamento afetado à 2ª Seção com base no Procedimento da Lei n. 11.672/2008 e Resolução/STJ n. 8/2008 (Lei de

Recursos Repetitivos). (STJ, REsp n. 1.094.846/MS, rel. Min. Carlos Fernando Mathias, j. 11.03.2009, *DJ* 03.06.2009)

Presunção absoluta Presunção que não admite prova em contrário (*v. Presunção* iuris et de iure).

- Vítima menor de 14 anos. Presunção absoluta de violência. Agravo regimental improvido. 1. Presentes os requisitos para a aplicação do princípio da fungibilidade, devem ser recebidos como agravo regimental os embargos declaratórios opostos em face de decisão monocrática e que tenham nítido intuito infringencial. 2. Destaca-se que a decisão embargada, não foi omissa, e, fundamentadamente, seguindo entendimento firmado pela 3ª Seção do STJ, no julgamento do EREsp n. 762.044/SP, relator para acórdão Min. Felix Fischer, em 14.12.2009, *DJe* de 14.04.2010, decidiu que presunção de violência prevista no art. 224, *a*, do CP é absoluta, sendo irrelevante, penalmente, o consentimento da vítima ou sua experiência em relação ao sexo. 3. Embargos declaratórios recebidos como agravo regimental, e, nestes termos, improvido. (STJ, Ag. Reg. no REsp n. 1.317.246/AM, rel. Min. Campos Marques, j. 18.06.2013, *DJ* 24.06.2013)

Presunção de dependência Dependência presumida em relação ao segurado da Previdência Social de cônjuge, companheira, companheiro e filho não emancipado, de qualquer condição, menor de 21 anos ou inválido ou que tenha deficiência intelectual ou mental que o torne absoluta ou relativamente incapaz, assim declarado judicialmente (art. 16, Lei n. 8.213/91).

- Veja Lei n. 8.213/91: "**Art. 16.** São beneficiários do Regime Geral de Previdência Social, na condição de dependentes do segurado: I – o cônjuge, a companheira, o companheiro e o filho não emancipado, de qualquer condição, menor de 21 (vinte e um) anos ou inválido ou que tenha deficiência intelectual ou mental que o torne absoluta ou relativamente incapaz, assim declarado judicialmente; [...] § 4º A dependência econômica das pessoas indicadas no inciso I é presumida e a das demais deve ser comprovada".

Presunção de inocência Garantia constitucional de que ninguém deve ser considerado culpado ou condenado pela prática de uma infração penal até que a sentença penal condenatória transite em julgado (art. 5º, LVII, CF). A presunção de inocência está prevista no art. 6º, § 2º, da Convenção Europeia de Direitos Humanos. Prevê o dispositivo que todo mundo é presumidamente inocente até que sua culpa seja legalmente provada. No entanto, a Corte Europeia de Direitos Humanos, em julgamento ocorrido em 12.07.2013, mitigou esse princípio ao estabelecer que, se a condenação é anulada e não é feito novo julgamento, o réu não pode ser considerado um inocente erroneamente condenado. Não é vítima de erro judicial. Tecnicamente, ele é um inocente aos olhos da Justiça, mas que já passou anos atrás das grades e não vai receber nenhuma compensação por isso (disponível em: www.osconstitucionalistas.com.br/europa-mitiga-presuncao-de-inocencia; acessado em 11.08.2013).

- Veja CF: "**Art. 5º** [...] LVII – ninguém será considerado culpado até o trânsito em julgado de sentença penal condenatória; [...]".

- Servidor público. Agente de polícia. Homicídio. Ato demissório alicerçado exclusivamente em tipo penal. Demissão antes de resposta, em definitivo, da instância penal. Infringência ao princípio da presunção de inocência. Decisão absolutória no juízo criminal. [...] 2. Inobstante a independência das instâncias penal e administrativa, estando o ato demissório alicerçado exclusivamente em tipo penal, imprescindível é que haja provimento condenatório com trânsito em julgado para que a demissão seja efetivada, sob pena de patente infringência ao princípio da presunção de inocência, segundo o qual "ninguém será considerado culpado até o trânsito em julgado de sentença penal condenatória" (art. 5º, LVII, da CF). 3. O recorrente foi absolvido na esfera penal, perante o 1º Tribunal do Júri da Comarca de Recife, do crime de homicídio que lhe foi imputado, por estar amparado pela excludente da legítima defesa (art. 23, II, CP), hipótese na qual não há crime. Nesta hipótese, não havendo o recorrente incidido da prática de qualquer infração penal, forçoso que se reconheça a não incidência do mesmo na transgressão disciplinar prevista no art. 31, XLVIII, da Lei n. 6.425/72, vez que esta requer, para sua materialização, a efetiva prática de uma infração penal. 4. Inocentado do ilícito penal que lhe foi imputado, não há que se falar na existência da chamada "falta residual" a que se refere a Súmula n. 18/STF. Não havendo – como não há – falta residual, a absolvição na esfera criminal repercute na órbita administrativa, conforme inteligência *a contrario sensu* da Súmula n. 18 do STF. 5. Recurso conhecido e provido. (STJ, RMS n. 14.405/PE, rel. Min. Alderita Ramos de Oliveira, j. 18.06.2013, *DJ* 01.07.2013)

- Posse ou porte ilegal de arma de fogo de uso restrito. Pena. Fixação. Aumento da pena base. Trânsito em julgado. Condenação não transitada em julgado. Impossibilidade. Princípio da presunção de inocência. Segundo a melhor jurisprudência, não se deve de maneira apriorística considerar – ou, ao contrário, desconsiderar – anotações sem trânsito em julgado como caracterizadoras de maus antecedentes ou, por via oblíqua, buscar superar a garantia constitucional da presunção de inocência a pretexto de uma personalidade inadequada, conduta distorcida, ou quejandos. Precedentes do STJ. O mesmo raciocínio deve ser empregado em relação aos requisitos do art. 44 do CP, pois, devendo-se ter como favoráveis as circunstâncias judiciais do art. 59 desse Diploma para fins de fixação da pena-base, também o serão para o propósito de reconhecimento do direito do apelante à substituição da pena privativa de liberdade por sanções restritivas de direitos. [...] (TJRJ, Ap. Crim. n. 272.032/Capital, rel. Des. Suimei Meira Cavalieri, j. 30.11.2010)

Presunção de legitimidade Presunção de que os atos administrativos, ante o princípio da legalidade, devem ser praticados de acordo com a lei. Diz-se, nesse caso, que o ato goza de presunção relativa ou de fato (*iuris tantum*), admitindo prova em contrário.

Presunção *iuris et de iure* Aquela contra a qual não se admite prova em contrário. Presunção absoluta.

- Administrativo. Terreno de marinha. Taxa de ocupação. Titularidade. DL n. 9.760/46, art. 198. [...] O acórdão recorrido deixou claro que "o registro não possui presunção *iuris et de iure*, e sim *iuris tantum*, o que permite a elisão de sua eficácia se comprovada a ausência de legitimidade", bem como ser "inoponível à União os títulos de propriedade do impetrante, referente a imóveis que sempre estiveram sob o domínio daquela" e, ainda, que esse "título, em verdade, sequer poderia ter sido emitido, na medida em que pretendeu constituir direito de propriedade sobre imóvel à revelia do verdadeiro detentor de seu domínio". Os terrenos de marinha são bens públicos dominiais. Desse modo, as pretensões dos particulares sobre eles não podem ser acolhidas, nos termos do art. 198 do DL n. 9.760/46. É notório que, após a demarcação da linha de preamar e a fixação dos terrenos de marinha, a propriedade passa ao domínio público e os antigos proprietários passam à condição de ocupantes, sendo provocados a regularizar a situação mediante pagamento de foro anual pela utilização do bem. [...] (STJ, REsp n. 693.032/RJ, rel. Min. Castro Meira, j. 25.03.2008, *DJ* 07.04.2008)

- Embargos de terceiro. Execução. Penhora. Prova da propriedade do bem imóvel na qualidade de meação por sociedade conjugal de fato. Inexistência na hipótese. CPC, art. 1.046. Para oposição contra a penhora de bem imóvel por motivo de meação, é necessária a prova inequívoca da propriedade acostada na peça preambular, mediante inscrição em registro imobiliário público, em face do princípio da continuidade inerente ao direito de propriedade. A declaração do juízo da família de vínculo em união consensual, *per se*, não gera presunção *iuris et de iure* de copropriedade, restando necessária a prova da partilha, que deveria ter sido exercida pela embargante, como já fora frisado por aquele juízo quando da prolação da sentença, em face do complexo probatório que envolve a matéria, situação omissa nos autos. (TRT-2ª Região, Ag. de Petição em Emb. de Terceiro n. 30.710/São Paulo, rel. Juiz Paulo Sérgio Spósito, j. 15.04.2004)

Presunção *iuris tantum* Presunção estabelecida por lei e que admite prova em contrário. Presunção relativa. A presunção de legalidade e veracidade dos atos administrativos é *iuris tantum*.

- Desapropriação. Reforma agrária. Condomínio. Registro público. Ausência de registro imobiliário de partes certas. Unidade de exploração econômica do imóvel rural. O registro público prevalece nos estritos termos de seu conteúdo, revestido de presunção *iuris tantum*. Não se pode tomar cada parte ideal do condomínio, averbada no registro imobiliário de forma abstrata, como propriedade distinta, para fins de reforma agrária. Precedentes (MS n. 22.591, rel. Min. Moreira Alves, *DJ* 14.11.2003 e MS n. 21.919, rel. Min. Celso de Mello, *DJ* 06.06.1997). (STF, MS n. 24.573/DF, rel. Min. Eros Grau, j. 12.06.2006, *DJ* 15.12.2006)

- Ação de alimentos. Estudante. Curso superior concluído. Necessidade. Realização de pós-graduação. Da possibilidade. Maioridade. Alimentos devidos em razão do parentesco e não do poder familiar. 1. O advento da maioridade não extingue, de forma automática, o direito à percepção de alimentos, mas esses deixam de ser devidos em face do Poder Familiar e passam a ter fundamento nas relações de parentesco, em que se exige a prova da necessidade do alimentado. 2. É presumível, no entanto – presunção *iuris tantum* –, a necessidade dos filhos de continuarem a receber alimentos após a maioridade, quando frequentam curso universitário ou técnico, por força do entendimento de que a obrigação parental de cuidar dos filhos inclui a outorga de adequada formação profissional. [...] 5. Persistem, a partir de então, as relações de parentesco, que ainda possibilitam a percepção de alimentos, tanto de descendentes quanto de ascendentes, porém desde que haja prova de efetiva necessidade do alimentado. 6. Recurso especial provido. (STJ, REsp n. 1.218.510/SP, rel. Min. Nancy Andrighi, j. 27.09.2011, *DJ* 03.10.2011)

Presunção legal Toda presunção decorrente de disposição de lei e que, em geral, exige comprovação de quem por ela é beneficiado ou prejudicado. Presunção *iuris tantum*.

Presunção relativa Presunção legal que admite prova em contrário. São consideradas relativas a presunção de certeza e liquidez da Dívida Ativa e a legalidade e veracidade dos atos administrativos (*v. Presunção* iuris tantum).

▸ Veja Lei n. 6.830/80: "**Art. 3º** A Dívida Ativa regularmente inscrita goza da presunção de certeza e liquidez. Parágrafo único. A presunção a que se refere este artigo é relativa e pode ser ilidida por prova inequívoca, a cargo do executado ou de terceiro, a quem aproveite".

▪ Agravo regimental. Fundamentos da decisão agravada. Impugnação específica. Ausência. Súmula n. 182/STJ. Suspensão do processo. Revisão dos alimentos. Revelia. Presunção relativa. 1. Embargos de declaração recebidos como agravo regimental, recurso cabível para modificar a decisão singular que negou seguimento ao recurso especial. 2. A ausência de impugnação específica aos fundamentos da decisão agravada enseja a incidência da Súmula n. 182/STJ. 3. O acórdão recorrido afastou a suspensão do processo a partir dos elementos fático-probatórios dos autos, insusceptíveis de serem revistos no âmbito do recurso especial (Súmula n. 7/STJ), mesmo óbice que incide em relação ao pedido de revisão dos alimentos, porque pressupõe necessariamente a análise dos requisitos relativos à necessidade do alimentando e possibilidade do alimentante. 4. A revelia enseja a presunção relativa da veracidade dos fatos narrados pelo autor da ação, podendo ser infirmada pelas demais provas dos autos, motivo pelo qual não determina a imediata procedência do pedido. 5. Encontrando-se o acórdão impugnado no recurso especial em consonância com o entendimento deste Tribunal, incide o enunciado da Súmula n. 83/STJ. 6. Embargos de declaração recebidos como agravo regimental ao qual se nega provimento. (STJ, Emb. Decl. no AI n. 1.344.460/DF, rel. Min. Maria Isabel Gallotti, j. 13.08.2013, *DJ* 21.08.2013)

Prevaricação Crime cometido pelo servidor público que consiste em retardar ou realizar, indevidamente, ato de ofício, ou praticá-lo contra disposição expressa de lei para satisfazer interesse ou sentimento pessoal (art. 319, CP).

▸ Veja CP: "Prevaricação – **Art. 319.** Retardar ou deixar de praticar, indevidamente, ato de ofício, ou praticá-lo contra disposição expressa de lei, para satisfazer interesse ou sentimento pessoal: Pena – detenção, de 3 (três) meses a 1 (um) ano, e multa. **Art. 319-A.** Deixar o Diretor de Penitenciária e/ou agente público, de cumprir seu dever de vedar ao preso o acesso a aparelho telefônico, de rádio ou similar, que permita a comunicação com outros presos ou com o ambiente externo: Pena – detenção, de 3 (três) meses a 1 (um) ano".

▪ Prevaricação. Alegação de recusa ou retardo no atendimento de decisão judicial. Obtenção de remédios e outras providências na área de saúde. Constrangimento ilegal reconhecido. Ordem concedida. CP, art. 319. CPP, arts. 313, II, III e IV, e 647. Lei n. 9.099/95, art. 69. Conforme lição dos tratadistas, dentre os quais Mirabete, o crime de prevaricação definido no art. 319 do CP se consuma "com o retardamento, a omissão ou a prática do ato" (*Código Penal interpretado*, Atlas, 199, p. 1.732), de modo que, se qualquer dessas condutas já ocorreu, tem-se que o crime se consumou, daí que inviável a prisão em flagrante. Por outro lado, salvo nos casos descritos nos incs. II, III e IV do art. 313 do CPP, este crime não comporta prisão preventiva. Desse modo, a expedição de decreto de prisão para fins de condução do agente público para lavratura de termo circunstanciado em razão de alegada recusa ou demora em atender determinação judicial constitui flagrante ilegalidade, já que, nos termos do art. 69 da Lei n. 9.099/95, a lavratura desse termo pressupõe uma prisão em flagrante cujo auto não será lavrado, nem se exigirá fiança, se o autor do fato assumir o compromisso de comparecer ao juizado competente. Vale dizer, se o autor do fato não se encontrar em estado de flagrância, não há porque lavrar o termo circunstanciado. (TJRJ, *HC* n. 6.916/2008, rel. Des. Ricardo Bustamante, j. 15.10.2008)

▪ Prevaricação. Juiz. Magistrado. Dificuldades burocráticas. Crime não caracterizado. CP, art. 319. O retardo na prestação jurisprudencial advindo de dificuldades burocráticas não caracteriza o crime de prevaricação. (STJ, Notícia Crime n. 333/PB, rel. Min. Francisco Peçanha Martins, j. 02.08.2004, *DJ* 06.09.2004)

Prevenção Ato de conhecer ou receber o processo em primeiro lugar. Diz-se *prevento* o juiz ou juízo que, diante de uma ação a ele submetida, observa que a citação se processou validamente. A citação válida torna prevento o juízo (art. 219, CPC/73).

▸ Veja CPC/73: "**Art. 106.** Correndo em separado ações conexas perante juízes que têm a mesma competência territorial, considera-se prevento aquele que despachou em primeiro lugar. [...] **Art. 219.** A citação válida torna prevento o juízo, induz litispendência e faz litigiosa a coisa; e, ainda quando ordenada por juiz incompetente, constitui em mora o devedor e interrompe a prescrição. [...]".

▶ Veja CPC/2015: "**Art. 59.** O registro ou a distribuição da petição inicial torna prevento o juízo".

■ Competência. Conexão. Ação revisional e ação de busca e apreensão que possuem a mesma causa de pedir remota, qual seja, o contrato de alienação fiduciária. Recurso parcialmente provido para reconhecer a existência de conexão, determinando-se a remessa dos autos da ação de busca e apreensão ao Juízo prevento, a fim de que haja a reunião dos processos para julgamento simultâneo. (TJSP, AI n. 2.274.017/Jacareí, rel. Des. Cesar Lacerda, j. 01.02.2013)

■ Inventário. Prevenção. Duplicidade. Decisão do juízo da 1ª Vara Cível da Regional de Jacarepaguá declarando-se prevento. CPC, art. 982. Em se tratando de inventário, o despacho liminar de conteúdo positivo é aquele que nomeia o inventariante, e não o que determina a citação dos herdeiros que só ocorrerá após terem sido prestadas as primeiras declarações. Correta a decisão do juízo, pois foi quem primeiro nomeou inventariante, ainda que a tenha reconsiderado, fato que não importa em sua inexistência capaz de ensejar o retorno do processo ao estado anterior. (TJRJ, AI n. 25.870/2007, rel. Des. Antônio Saldanha Palheiro, j. 18.09.2007)

Prévia indenização Indenização antecipada ou feita desde logo, antes de o poder público se imitir na posse do imóvel objeto de desapropriação por necessidade, utilidade pública ou por interesse social (arts. 5º, XXIV, e 184, CF).

▶ Veja CF: "**Art. 5º** [...] XXIV – a lei estabelecerá o procedimento para desapropriação por necessidade ou utilidade pública, ou por interesse social, mediante justa e prévia indenização em dinheiro, ressalvados os casos previstos nesta Constituição; [...] **Art. 184.** Compete à União desapropriar por interesse social, para fins de reforma agrária, o imóvel rural que não esteja cumprindo sua função social, mediante prévia e justa indenização em títulos da dívida agrária, com cláusula de preservação do valor real, resgatáveis no prazo de até vinte anos, a partir do segundo ano de sua emissão, e cuja utilização será definida em lei. [...]".

■ Desapropriação. Administrativo. Imissão na posse sem a realização de depósito prévio. Determinação para o depósito sob pena de arresto. Justa e prévia indenização. Pretensão de pagamento pela via dos precatórios judiciais. Matéria preclusa diante da existência de decisão anterior sobre a questão impugnada. Inteligência do art. 473 do CPC. Impossibilidade de rediscutir a matéria. Garantia Constitucional de razoável duração do processo. Inteligência do art. 5º, LXXVIII da CF/88. Violação do princípio da justa e prévia indenização. Inteligência do art. 5º, XXIV, da CF/88. Possibilidade de sequestro de verba pública em caso de inviabilidade de cumprimento da ordem judicial. (TJRJ, AI n. 474.883.420.098.190.000, rel. Des. Pedro Raguenet, j. 25.05.2010)

■ Desapropriação. Indenização. Valor irrisório. Imissão de posse provisória. Não pode o juiz deferir a imissão de posse provisória se a oferta é de valor irrisório e meramente simbólico pelo princípio constitucional da justa e prévia indenização. (STJ, Emb. Decl. no REsp n. 152.141/SE, rel. Min. Garcia Vieira, j. 06.08.1998, *DJ* 14.09.1998)

Previdência complementar Regime de previdência privada, facultativo, de caráter complementar e organizado de forma autônoma em relação ao regime geral de previdência social, baseado na constituição de reservas que garantam o benefício (LC n. 109/2001). Visa a garantir uma complementação da aposentadoria aos empregados que aderirem ao plano (*v. Aposentadoria complementar*).

Princípio Disposição ou regra geral que exprime um valor e serve de fundamento e referência para conferir racionalidade a um sistema normativo. "Princípio é, por definição, mandamento nuclear de um sistema, verdadeiro alicerce dele, disposição fundamental que se irradia sobre diferentes normas, compondo-lhes o espírito e servindo de critério para a sua exata compreensão e inteligência, exatamente por definir a lógica e a racionalidade do sistema normativo, no que lhe confere a tônica e lhe dá sentido harmônico. É o conhecimento dos princípios que preside a intelecção das diferentes partes componentes do todo unitário que há por nome sistema jurídico positivo" (BANDEIRA DE MELLO, Celso Antônio. *Elementos de direito administrativo*. São Paulo, RT, p. 230). "A generalidade dos princípios permite, pois, que, sendo a sociedade plural e criativa, tenha seu sistema de Direito sempre atual, sem se perder ou mascarar modelos contrários aos que na Lei Magna se contêm como opção constituinte da sociedade política" (*apud* ESPÍNDOLA, Ruy Samuel. *Conceito de princípios constitucionais*. São Paulo, RT, 1999, p. 77).

Princípio da adequação social Princípio concebido por Hans Welzel que preconiza não se poder reputar como criminosa uma conduta socialmente aceita, ainda que se enquadre em uma descrição típica. Trata-se, aqui, de condutas que, embora formalmente típicas, porquanto subsumidas em um tipo penal, são materialmente atípicas, porque socialmente adequadas, isto é, estão em consonância com a ordem social. São exemplos a circuncisão e a tatuagem.

Princípio da boa-fé objetiva Um dos princípios fundamentais do direito privado cuja função é estabelecer um padrão ético de conduta para as partes nas relações obrigacionais, exigindo que atuem com honestidade, lealdade e probidade. A partir do CDC, a boa-fé foi consagrada no sistema de direito privado brasileiro como um dos princípios fundamentais das relações de consumo e como cláusula geral para controle das cláusulas abusivas. A boa-fé objetiva tem previsão expressa no art. 422 do CC.

▸ Veja CC: "**Art. 422.** Os contratantes são obrigados a guardar, assim na conclusão do contrato, como em sua execução, os princípios de probidade e boa-fé".

▪ Ação declaratória de nulidade de título de crédito. Nota promissória. Assinatura escaneada. Descabimento. Invocação do vício por quem o deu causa. Ofensa ao princípio da boa--fé objetiva. Aplicação da teoria dos atos próprios sintetizada nos brocardos latinos *tu quoque* e *venire contra factum proprium*. 1. A assinatura de próprio punho do emitente é requisito de existência e validade de nota promissória. 2. Possibilidade de criação, mediante lei, de outras formas de assinatura, conforme ressalva do Brasil à Lei Uniforme de Genebra. 3. Inexistência de lei dispondo sobre a validade da assinatura escaneada no Direito brasileiro. 4. Caso concreto, porém, em que a assinatura irregular escaneada foi aposta pelo próprio emitente. 5. Vício que não pode ser invocado por quem lhe deu causa. 6. Aplicação da teoria dos atos próprios, como concreção do princípio da boa-fé objetiva, sintetizada nos brocardos latinos *tu quoque* e *venire contra factum proprium*, segundo a qual a ninguém é lícito fazer valer um direito em contradição com a sua conduta anterior ou posterior interpretada objetivamente, segundo a lei, os bons costumes e a boa-fé. 7. Doutrina e jurisprudência acerca do tema. 8. Recurso especial desprovido. (STJ, REsp n. 1.192.678/PR, 3ª T., rel. Min. Paulo de Tarso Sanseverino, j. 13.11.2012, *DJe* 26.11.2012)

▪ Direito do consumidor. Contrato de seguro de vida, renovado ininterruptamente por diversos anos. Constatação de prejuízos pela seguradora, mediante a elaboração de novo cálculo atuarial. 1. No moderno direito contratual reconhece-se, para além da existência dos contratos descontínuos, a existência de contratos relacionais, nos quais as cláusulas estabelecidas no instrumento não esgotam a gama de direitos e deveres das partes. 2. Se o consumidor contratou, ainda jovem, o seguro de vida oferecido pela recorrida e se esse vínculo vem se renovando desde então, ano a ano, por mais de trinta anos, a pretensão da seguradora de modificar abruptamente as condições do seguro, não renovando o ajuste anterior, ofende os princípios da boa-fé objetiva, da cooperação, da confiança e da lealdade que deve orientar a interpretação dos contratos que regulam relações de consumo. [...] 5. Recurso especial conhecido e provido. (STJ, REsp n. 1.073.595/MG, 2ª Seção, rel. Min. Nancy Andrighi, j. 23.03.2011, *DJe* 29.04.2011)

Princípio da congruência É também conhecido como princípio da adstrição. Refere-se à necessidade de o magistrado decidir a lide dentro dos limites objetivados pelas partes, não podendo proferir sentença de forma *extra*, *ultra* ou *infra petita*. Funda-se nos arts. 128 e 460 do CPC/73, que determinam ao juiz ficar adstrito ao pedido do autor, de forma a decidir a lide nos limites em que foi proposta, não podendo pronunciar-se sobre questões não suscitadas.

▸ Veja CPC/73: "**Art. 128.** O juiz decidirá a lide nos limites em que foi proposta, sendo-lhe defeso conhecer de questões, não suscitadas, a cujo respeito a lei exige a iniciativa da parte. [...] **Art. 460.** É defeso ao juiz proferir sentença, a favor do autor, de natureza diversa da pedida, bem como condenar o réu em quantidade superior ou em objeto diverso do que lhe foi demandado. [...]".

▸ Veja CPC/2015: "**Art. 141.** O juiz decidirá o mérito nos limites propostos pelas partes, sendo-lhe vedado conhecer de questões não suscitadas a cujo respeito a lei exige iniciativa da parte. [...] **Art. 492.** É vedado ao juiz proferir decisão de natureza diversa da pedida, bem como condenar a parte em quantidade superior ou em objeto diverso do que lhe foi demandado. Parágrafo único. A decisão deve ser certa, ainda que resolva relação jurídica condicional".

Princípio da eficiência É aquele por meio do qual se exige da administração pública que suas atividades sejam exercidas com presteza e perfeição.

Princípio da fungibilidade Aquele que admite que um recurso seja recebido por outro, mediante certas condições, como ausência de má-fé e não existência de erro grosseiro. Assim, desde que a parte não incorra em má-fé ou erro grosseiro, é admitida a conversão de um recurso em outro, por exemplo, o agravo de instrumento em apelação, ou vice-versa, com fundamento no art. 250 do CPC/73. Outra exigência para aplicar o princípio da fungibilidade é que o recurso interposto, tendo um prazo eventualmente maior do que o que poderia ter sido usado, se efetive no prazo menor.

▶ Veja CPC/73: "**Art. 250.** O erro de forma do processo acarreta unicamente a anulação dos atos que não possam ser aproveitados, devendo praticar-se os que forem necessários, a fim de se observarem, quanto possível, as prescrições legais. Parágrafo único. Dar-se-á o aproveitamento dos atos praticados, desde que não resulte prejuízo à defesa".

▶ Veja CPC/2015: "**Art. 283.** O erro de forma do processo acarreta unicamente a anulação dos atos que não possam ser aproveitados, devendo ser praticados os que forem necessários a fim de se observarem as prescrições legais. Parágrafo único. Dar-se-á o aproveitamento dos atos praticados desde que não resulte prejuízo à defesa de qualquer parte".

■ Agravo em recurso especial. Fungibilidade. Agravo regimental. Execução. Extinção parcial. Recurso cabível. Agravo. Fungibilidade. Erro grosseiro. 1. O ato judicial que exclui um dos litisconsortes passivos do feito, prosseguindo a execução em relação aos demais, tem natureza de decisão interlocutória e, portanto, deve ser impugnado por meio de agravo de instrumento, constituindo-se erro grosseiro a interposição de apelação, circunstância que impede a aplicação do princípio da fungibilidade recursal. 2. Não configura negativa de prestação jurisdicional ou afronta aos princípios constitucionais da ampla defesa e do contraditório o julgamento em desacordo com as pretensões da parte. 3. Embargos de declaração recebidos como agravo regimental, a que se nega provimento. (STJ, Emb. Decl. no AREsp n. 304.741/MG, 4ª T., rel. Min. Maria Isabel Gallotti, j. 07.05.2013, *DJe* 16.05.2013)

Princípio da hierarquia Decorre da estruturação dos órgãos administrativos tendo como fundamento a relação de coordenação e subordinação existente entre eles.

Princípio da impessoalidade Princípio pelo qual a administração se obriga a tratar todos os administrados sem discriminação. Visa afastar discriminação de qualquer natureza na realização do ato administrativo, uma vez que se trata de atingir uma finalidade pública e coletiva sem beneficiar alguém em particular. Traduz-se pela necessidade de realização de concursos públicos e de processo licitatório quando o objetivo da administração é preencher os quadros de funcionários e contratar pessoas ou empresas para que lhes prestem serviços.

Princípio da insignificância Chamado também de princípio da bagatela, é o que tem como fundamento a mínima ofensividade da conduta, nenhuma periculosidade social da ação, reduzido grau de reprovabilidade do comportamento e inexpressividade da lesão jurídica provocada. De acordo com esse princípio, a lei penal não deve ser invocada para atuar em hipóteses desprovidas de significação social, razão pela qual os princípios da insignificância e da intervenção mínima surgem para evitar situações dessa natureza, atuando como instrumentos de interpretação restrita do tipo penal. Um exemplo de aplicação do princípio é o da apropriação indébita de objeto de valor insignificante.

■ A Lei penal não deve ser invocada para atuar em hipóteses desprovidas de significação social, razão pela qual os princípios da insignificância e da intervenção mínima surgem para evitar situações dessa natureza. Apropriação indébita (pequeno valor). Princípio da insignificância (adoção). Crime (não constituição). 1. A melhor das compreensões penais recomenda não seja mesmo o ordenamento jurídico penal destinado a questões pequenas – coisas quase sem préstimo ou valor. Já foi escrito: "Onde bastem os meios do direito civil ou do direito público, o direito penal deve retirar-se". 2. É insignificante, dúvida não há, a apropriação indébita de um aparelho celular usado, nem sequer mais existente no mercado, avaliado em duzentos reais. 3. A insignificância, é claro, mexe com a tipicidade, donde a conclusão de que fatos dessa natureza evidentemente não constituem crime. 4. Recurso especial ao qual se negou provimento. (STJ, REsp n. 922.475/RS, 6ª T., rel. Min. Nilson Naves, j. 13.08.2009, *DJe* 16.11.2009)

- Apropriação indébita. Alegação de constrangimento ilegal. Princípio da insignificância. Impossibilidade. Conduta de efetiva ofensividade para o direito penal. Precedentes. 1. A jurisprudência do STF orienta-se no sentido de que o princípio da insignificância tem como vetores a mínima ofensividade da conduta, nenhuma periculosidade social da ação, reduzido grau de reprovabilidade do comportamento e inexpressividade da lesão jurídica provocada. 2. Este Sodalício, na mesma vertente da orientação da Excelsa Corte, reconhece a aplicação do princípio da insignificância como causa de atipicidade da conduta desde que presentes, na hipótese, os requisitos supramencionados, condicionando, no entanto, o aludido reconhecimento à análise do comportamento do réu, mormente se já responde a outras ações penais ou tenha praticado o delito em concurso de agentes. 3. No caso em concreto, não se observa a irrelevância da conduta, tendo em vista o *modus operandi* do agente, situação que demonstra a sua efetiva periculosidade social, exigindo a atuação por parte do Estado. 4. Ordem denegada. (STJ, *HC* n. 230.924/MS, 5ª T., rel. Min. Adilson Vieira Macabu, j. 17.05.2012, *DJe* 25.06.2012)

Princípio da irretroatividade da lei

É aquele que determina que a lei só deve dispor para o futuro, não podendo, em matéria penal, retroagir, salvo para beneficiar o réu (art. 5º, XL, CF; art. 2º, parágrafo único, CP).

- ▶ Veja CF: "**Art. 5º** [...] XL – a lei penal não retroagirá, salvo para beneficiar o réu; [...]".

- ▶ Veja CP: "Lei penal no tempo – **Art. 2º** Ninguém pode ser punido por fato que lei posterior deixa de considerar crime, cessando em virtude dela a execução e os efeitos penais da sentença condenatória. Parágrafo único. A lei posterior, que de qualquer modo favorecer o agente, aplica-se aos fatos anteriores, ainda que decididos por sentença condenatória transitada em julgado".

- Recurso especial. Alegada ofensa ao art. 6º, § 1º, da LINDB (antiga LICC). Ato jurídico perfeito e irretroatividade das leis. Princípios constitucionais. Análise vedada no âmbito do STJ. 1. É pacífica a orientação do STJ no sentido de que os princípios contidos na Lei de Introdução ao Código Civil (LICC), direito adquirido, ato jurídico perfeito e coisa julgada, apesar de previstos em norma infraconstitucional, não podem ser analisados em recurso especial, pois são institutos de natureza eminentemente constitucional. 2. Agravo regimental não provido. (STJ, Ag. Reg. no Ag. em REsp n. 320.751/DF, rel. Min. Herman Benjamin, j. 11.06.2013, *DJ* 25.06.2013)

- Contribuição previdenciária. Fato gerador. Lei n. 11.941/2009. Princípio da irretroatividade da lei. Nos termos da legislação específica, o fato gerador da contribuição previdenciária nasce no momento em que o crédito é ofertado ao trabalhador. Em consequência, somente a partir do efetivo pagamento, e respeitado o prazo legal, poderá haver mora, não se podendo cogitar de juros ou multa desde a prestação de serviços. Aplicação do disposto no art. 276, *caput*, do Decreto n. 3.048/99. Entretanto, com o advento da Lei n. 11.941/2009, o fato gerador passou a ser a data da prestação do serviço, mas a aplicação do disposto no § 2º do art. 43 da Lei n. 8.212/91, com a redação dada pela nova legislação, está atada ao princípio da irretroatividade da lei. Assim, as novas regras introduzidas só poderão incidir considerando a data da prestação de serviços no curso do contrato do trabalho, quando o labor ocorrer em data posterior à publicação da referida norma legal. (TRT 3ª Região, Ag. de Petição n. 907/2013, rel. Des. João Bosco Pinto Lara, *DJ* 08.05.2013)

Princípio da isonomia

É o preceito que determina a igualdade de todos perante a lei (art. 5º, CF). No direito administrativo, a Constituição Federal veda o estabelecimento de condições que impliquem preferência de determinados licitantes em detrimento dos demais (art. 37, XXI).

- ▶ Veja CF: "**Art. 5º** Todos são iguais perante a lei, sem distinção de qualquer natureza, garantindo-se aos brasileiros e aos estrangeiros residentes no País a inviolabilidade do direito à vida, à liberdade, à igualdade, à segurança e à propriedade, nos termos seguintes: [...] **Art. 37.** A administração pública direta e indireta de qualquer dos Poderes da União, dos Estados, do Distrito Federal e dos Municípios obedecerá aos princípios de legalidade, impessoalidade, moralidade, publicidade e eficiência e, também, ao seguinte: [...] XXI – ressalvados os casos especificados na legislação, as obras, serviços, compras e alienações serão contratados mediante processo de licitação pública que assegure igualdade de condições a todos os concorrentes, com cláusulas que estabeleçam obrigações de pagamento, mantidas as condições efetivas da proposta, nos termos da lei, o qual somente permitirá as exigências de qualificação técnica e econômica indispensáveis à garantia do cumprimento das obrigações; [...]".

- ▶ Veja Lei 8.666/93: "**Art. 3º** A licitação destina-se a garantir a observância do princípio constitucional da isonomia, a seleção da proposta mais vantajosa para a administração e a promoção do desenvolvimento nacional sustentável e será processada e julgada em estrita conformidade com os princípios básicos da legalidade, da impessoalidade, da moralidade, da igualdade, da publicidade, da probidade administrativa, da vinculação ao instrumento convocatório, do julgamento objetivo e dos que lhes são correlatos. [...]".

- Isonomia. Identidade entre as funções. Segurança de transporte metroviário x serviço de vigilância. Provimento. A constatação de que o autor exerce tarefas equivalentes àquelas pelos empregados vigilantes da CBTU dá ensejo ao reconhecimento do seu direito às diferenças pleiteadas, em face da aplicação do princípio da isonomia salarial. Inteligência da OJ n. 383 da Col. SBDI-1 do TST. Recurso de revista conhecido e provido (TST, RR n. 1957-05.2011.5.03.0111, j. 18.10.2013)

- Incidente de inconstitucionalidade. Decreto estadual n. 45.490/2000, art. 19, anexo I. Isenção de ICMS restrita a deficientes físicos motoristas. Inadmissibilidade. Afronta aos princípios da igualdade, da isonomia tributária e da dignidade da pessoa humana. Benefício da isenção estendido a deficientes físicos, independentemente de serem motoristas ou usuários do veículo. Inconstitucionalidade parcial decretada. Arguição acolhida. (TJSP, Arguição de inconstitucionalidade n. 131.408/Presidente Prudente, rel. Des. Roberto Nussinkis Mac Cracken, j. 30.01.2013)

Princípio da legalidade Diz-se, também, princípio da probidade administrativa, que consiste na obrigação da administração pública atuar segundo padrões éticos de probidade, decoro e boa-fé. Princípio segundo o qual à administração pública só é permitido agir ou praticar atos que estejam em conformidade com a lei. Segundo esse princípio, a administração só pode fazer o que a lei e o Direito permitem, ao contrário do que se dá nas relações entre particulares, nas quais é permitido fazer tudo o que a lei não proíbe (art. 5º, II, CF; Lei n. 9.784/99).

▶ Veja CF: "**Art. 5º** Todos são iguais perante a lei, sem distinção de qualquer natureza, garantindo-se aos brasileiros e aos estrangeiros residentes no País a inviolabilidade do direito à vida, à liberdade, à igualdade, à segurança e à propriedade, nos termos seguintes: [...] II – ninguém será obrigado a fazer ou deixar de fazer alguma coisa senão em virtude de lei; [...]".

▶ Veja Lei n. 9.784/99: "**Art. 2º** A Administração Pública obedecerá, dentre outros, aos princípios da legalidade, finalidade, motivação, razoabilidade, proporcionalidade, moralidade, ampla defesa, contraditório, segurança jurídica, interesse público e eficiência. [...]".

Princípio da menor onerosidade Princípio que considera que, havendo mais de uma medida que possa ser imposta ao devedor, se determine que a ele seja aplicada a medida menos gravosa ou menos onerosa (art. 620, CPC/73). A fim de que o princípio da menor onerosidade tenha aplicação, é necessário que o juízo tenha alternativas diante de si, de modo que possa eleger uma medida que seja capaz de resguardar os interesses da parte exequente sem onerar desnecessariamente a parte executada (REsp n. 1.384.883).

▶ Veja CPC/73: "**Art. 620.** Quando por vários meios o credor puder promover a execução, o juiz mandará que se faça pelo modo menos gravoso para o devedor".

▶ Veja CPC/2015: "**Art. 803.** Quando por vários meios o exequente puder promover a execução, o juiz mandará que se faça pelo modo menos gravoso para o executado. Parágrafo único. Ao executado que alegar ser a medida executiva mais gravosa incumbe indicar outros meios mais eficazes e menos onerosos, sob pena de manutenção dos atos executivos já determinados".

- Processual civil. Execução fiscal. Princípio da menor onerosidade. Art. 620 do CPC. Súmula n. 7 do STJ. 1. A fim de que o princípio da menor onerosidade tenha aplicação, é necessário que o juízo tenha alternativas diante de si, de modo que possa eleger uma medida que seja capaz de resguardar os interesses da parte exequente sem onerar desnecessariamente a parte executada. 2. Sopesar a onerosidade alegadamente excessiva, bem como a viabilidade de outro procedimento, dependeria necessariamente da apreciação de circunstância fáticas da causa, cujo exame é inviável no âmbito do recurso especial, a teor do entendimento firmado na Súmula n. 7 do STJ: "A pretensão de simples reexame de prova não enseja recurso especial". 3. Recurso especial não conhecido. (STJ, REsp n. 1.384.883/PR, 2ª T., rel. Min. Eliana Calmon, j. 17.09.2013, DJe 24.09.2013)

- Penhora de dinheiro. Possibilidade. Princípio da menor onerosidade. Ofensa não caracterizada. [...] 3. O Tribunal de origem, com base nos fatos e provas dos autos, entendeu que não houve o alegado excesso de execução. O acolhimento das razões de recurso, na forma pretendida, demandaria o reexame de matéria fática. Incidência do Verbete n. 7 da Súmula desta Corte. 4. Possível a penhora de dinheiro em espécie ou em depósito e aplicação financeira mantida em instituição bancária, sem que isso implique qualquer violação ao princípio da menor onerosidade (art. 620 do CPC). [...] 6. Agravo regimental a que se nega provimento. (STJ, Ag. Reg. no Ag. 1.325.638/MG, 4ª T., rel. Min. Maria Isabel Gallotti, j. 08.05.2012, *DJe* 18.05.2012)

Princípio da moralidade Diz-se também princípio da probidade administrativa, que consiste na obrigação da administração pública de atuar segundo padrões éticos de probidade, decoro e boa-fé.

Princípio da persuasão racional Princípio adotado pelo juiz quando decide com base nos elementos existentes nos autos, embora sua apreciação não dependa de critérios legais preestabelecidos. Livre convencimento. A avaliação do juiz ocorre segundo parâmetros críticos e racionais, o que não se confunde com arbitrariedade, pois seu convencimento deve ser motivado (art. 131, CPC/73; art. 155, CP).

▶ Veja CPC/73: "**Art. 131.** O juiz apreciará livremente a prova, atendendo aos fatos e circunstâncias constantes dos autos, ainda que não alegados pelas partes; mas deverá indicar, na sentença, os motivos que lhe formaram o convencimento".

▶ Veja CPC/2015: "**Art. 371.** O juiz apreciará a prova constante dos autos, independentemente do sujeito que a tiver promovido, e indicará na decisão as razões da formação de seu convencimento".

▶ Veja CPP: "**Art. 155.** O juiz formará sua convicção pela livre apreciação da prova produzida em contraditório judicial, não podendo fundamentar sua decisão exclusivamente nos elementos informativos colhidos na investigação, ressalvadas as provas cautelares, não repetíveis e antecipadas. [...]".

▪ Prova. Produção. Juiz. Princípio da persuasão racional, ou livre convencimento motivado. Considerações do Min. Luis Felipe Salomão sobre o tema. Precedentes do STJ. CPC, art. 131. [...]. "Cumpre destacar, ainda, que, no sistema de persuasão racional, ou livre convencimento motivado, adotado pelo Código de Processo Civil, não cabe compelir o magistrado a exigir ou autorizar a produção desta ou daquela prova, se por outros meios estiver convencido da verdade dos fatos, e tampouco impedir a produção daquelas provas que entender necessárias à resolução da controvérsia. Isso decorre da circunstância de ser o juiz o destinatário final da prova, a quem cabe a análise da conveniência e necessidade da sua produção. Nesse sentido, é a jurisprudência da Casa: "REsp n. 967.644/MA, 4ª T., rel. Min. João Otávio de Noronha, j. 15.04.2008, *DJe* 05.05.2008; REsp n. 844.778/SP, 3ª T., rel. Min. Nancy Andrighi, j. 08.03.2007, *DJ* 26.03.2007, p. 240" [...]. (STJ, REsp n. 1.188.683/TO, rel. Min. Luis Felipe Salomão, j. 15.03.2011, *DJ* 22.03.2011)

▪ Prova pericial. Desapropriação. Adoção pelo magistrado do laudo pericial para firmar seu convencimento. Inexistência de violação do CPC, art. 436. Princípio da persuasão racional. CPC, art. 131. O malferimento do art. 436, do CPC, não se verifica se o magistrado, à luz do art. 131, elege essa prova (laudo pericial) para firmar o seu convencimento. Isto porque, a interpretação do art. 436, do CPC, no sentido de que o juiz não está vinculado ao laudo pericial, porquanto *super peritorum*, não significa que, ao adotá-lo, o magistrado viole essa norma *in procedendo*, tanto mais que, na aplicação da lei processual, vigora o princípio da persuasão racional, através do qual o juiz aprecia livremente a prova, atendendo aos fatos e circunstâncias constantes dos autos, ainda que não alegados pelas partes, indicando, na sentença, os motivos que lhe formaram o convencimento (CPC, art. 131). (STJ, REsp n. 675.049/RN, rel. Min. Luiz Fux, j. 16.02.2006, *DJ* 20.03.2006)

Princípio da presunção de legitimidade Presunção de que os atos administrativos, ante o princípio da legalidade, devem ser praticados de acordo com a lei. Diz-se, então, que o ato goza de presunção relativa ou de fato (*iuris tantum*), admitindo prova em contrário.

Princípio da proporcionalidade Também reconhecido como princípio da razoabilidade, corresponde à necessidade de o julgador sopesar os valores que informam o ordenamento jurídico, com vistas a obter equilíbrio, moderação e harmonia nas suas decisões judiciais. Visa, sobretudo, a exercer o controle da discricionariedade nos âmbitos administrativo e legislativo (*v. Princípio da razoabilidade*).

▪ Constitucional. Hermenêutica. Sigilo bancário. Direito individual de privacidade *versus* interesse público. Solução através do princípio da proporcionalidade. CF/88, art. 5º, X e XII. [...] Ao direito de privacidade, eleito como princípio democrático, contrapõe-se um outro, o princípio de que nenhum direito à liberdade privada pode ser absoluto. Ora, do confronto entre o princípio de um direito individual e um interesse público, não se pode privilegiar nenhum deles. Soluciona-se pela adoção do princípio da proporcionalidade – princípio da reserva legal no princípio da reserva legal proporcional –, no dizer do Dr. Gilmar Parreira Mendes (*Hermenêutica constitucional de direitos fundamentais*). Em linguagem simplificada, o princípio da proporcionalidade tem por escopo fazer a adequação da quebra de um princípio à necessidade pública, prevalecendo no contexto, por razões de Estado, a supremacia do bem público. A necessidade é o juízo que tem preponderância sobre a adequação. No Brasil, a Corte Suprema deixou claro, em diversos precedentes, que o sigilo bancário é direito individual não absoluto, podendo ser rompido em casos especiais. [...] (STJ, RO em MS n. 9.887/PR, rel. Min. Eliana Calmon, j. 14.08.2001, *DJ* 01.10.2001)

Princípio da publicidade Regra que torna obrigatória a divulgação oficial dos atos praticados pela administração pública, para conhecimento de todos os interessados, para seu controle e para início de seus efeitos. Aplica-se, particularmente, na abertura de concurso público e nas licitações.

Princípio da razoabilidade Também reconhecido como princípio da proporcionalidade, indica o meio através do qual o operador do Direito pondera os valores que informam o ordenamento jurídico, buscando equilíbrio, moderação e harmonia das decisões judiciais. A expressão tem origem no Direito norte-americano, sendo o instituto também referenciado como "princípio da proporcionalidade" e "princípio da proibição de excesso". O princípio é considerado um mecanismo de controle da discricionariedade administrativa e legislativa, permitindo ao Judiciário, pelo senso da proporção, invalidar ações abusivas de administradores e legisladores. A adoção do princípio visa à perfeita adequação, idoneidade, lógica, prudência e moderação no ato de interpretar as normas, com vista a eliminar distorções decorrentes do arbítrio e do abuso de poder.

▶ Veja CPC/2015: "**Art. 8º** Ao aplicar o ordenamento jurídico, o juiz atenderá aos fins sociais e às exigências do bem comum, resguardando e promovendo a dignidade da pessoa humana e observando a proporcionalidade, a razoabilidade, a legalidade, a publicidade e a eficiência".

▪ [...] Restrições estatais, que, fundadas em exigências que transgridem os postulados da razoabilidade e da proporcionalidade em sentido estrito, culminam por inviabilizar, sem justo fundamento, o exercício, pelo sujeito passivo da obrigação tributária, de atividade econômica ou profissional lícita. Limitações arbitrárias que não podem ser impostas pelo estado ao contribuinte em débito, sob pena de ofensa ao *substantive due process of law*. Impossibilidade constitucional de o estado legislar de modo abusivo ou imoderado (*RTJ* 160/140-1, *RTJ* 173/807-8, *RTJ* 178/22-4). O poder de tributar – que encontra limitações essenciais no próprio texto constitucional, instituídas em favor do contribuinte – "não pode chegar à desmedida do poder de destruir" (Min. Orozimbo Nonato, *RDA* 34/132). A prerrogativa estatal de tributar traduz poder cujo exercício não pode comprometer a liberdade de trabalho, de comércio e de indústria do contribuinte. A significação tutelar, em nosso sistema jurídico, do "Estatuto Constitucional do Contribuinte". (STF, RE n. 37.4981/RS, rel. Min. Celso de Mello, j. 28.03.2005)

▪ Processual penal. *Habeas corpus*. Excesso de prazo no julgamento da apelação. Princípio da razoabilidade. Ausência de constrangimento ilegal. Ordem denegada. A Constituição Federal assegura, em seu art. 5º, LXXVII, como direito fundamental, a razoável duração do processo. Contudo, a alegação de excesso de prazo não pode basear-se em simples critério aritmético, devendo a demora ser analisada em cotejo com as particularidades e complexidades de cada caso concreto, pautando-se sempre pelo critério da razoabilidade. Sob tal contexto, por ora, considero razoável a espera do paciente, por pouco mais de oito meses, para o recebimento da prestação jurisdicional no julgamento da apelação defensiva. *Habeas corpus* denegado. (STJ, HC n. 263.148/SP, rel. Min. Marilza Maynard, j. 04.06.2013, *DJ* 07.06.2013)

Princípio da reserva legal É o preceito que indica que a administração pública está submetida, entre outros princípios, ao da legalidade, que abrange postulados de supremacia da lei. A supremacia da lei expressa a vinculação da administração ao Direito e o conceito de que o ato administrativo que contraria a norma legal é inválido (art. 37, CF; art. 2º, Lei n. 9.784/99).

▶ Veja CF: "**Art. 37.** A administração pública direta e indireta de qualquer dos Poderes da União, dos Estados, do Distrito Federal e dos Municípios obedecerá aos princípios de legalidade, impessoalidade, moralidade, publicidade e eficiência e, também, ao seguinte: [...]".

▶ Veja Lei n. 9.784/99: "**Art. 2º** A Administração Pública obedecerá, dentre outros, aos princípios da legalidade, finalidade, motivação, razoabilidade, proporcionalidade, moralidade, ampla defesa, contraditório, segurança jurídica, interesse público e eficiência".

▪ Administrativo. Ibama. Auto de infração. Medida fundamentada na Portaria n. 267/88-IBDF. Infringência ao princípio da reserva legal. Auto de infração fundamentado na Portaria n.

267/88-IBDF, contrária ao princípio da reserva legal, pois apenas a lei, em sentido formal, se presta para estabelecer deveres e obrigações aos particulares. Precedente da Eg. 3ª Turma: Ap. Cível n. 54.951/CE, j. 10.11.1994. Remessa oficial. Med. Prov. n. 1.561/96, convertida na Lei n. 9.469/97, art. 10. (TRF-5ª Região, Ap. Cível n. 116.261/AL, rel. Juiz Ridalvo Costa, j. 28.08.1997)

- *Habeas corpus*. Execução da penal. Anotação de falta disciplinar de natureza média. Conduta prevista apenas em manual de procedimentos de secretaria estadual. Ilegalidade. Princípio da reserva legal. Ordem concedida. 1. Para imputação do cometimento de faltas disciplinares de natureza média ou leve, *ex vi* do art. 49 da Lei de Execuções Penais, é necessária previsão legal estadual. 2. Nesse contexto, se o preso foi surpreendido com suposta bebida alcoólica dentro da cela e essa conduta não está prevista como falta disciplinar de natureza média ou leve pela legislação estadual, conduta descrita como infração disciplinar apenas em regimento interno de secretaria estadual, não há como ser reconhecida a falta. 3. Ordem concedida para tornar sem efeito a decisão do Juízo das Execuções que imputou à Paciente a prática de falta média, referente ao PAD n. 121/09. (STJ, *HC* n. 176.036/SP, 6ª T., rel. Min. Maria Thereza de Assis Moura, j. 02.08.2012, *DJe* 13.08.2012)

Princípio da segurança jurídica Conceito fundado na exigência de que, ao serem julgados, os casos iguais devem ser tratados de forma igual e os casos futuros devem ser analisados de forma semelhante. Pressupõe a possibilidade de cada um saber, com antecedência, qual será a decisão do juiz na aplicação do Direito (*v. Segurança jurídica*).

- Concurso público. Previsão de vagas em edital. Direito à nomeação dos candidatos aprovados. Administração pública. Princípio da segurança jurídica. Boa-fé. Proteção à confiança. O dever de boa-fé da administração pública exige o respeito incondicional às regras do edital, inclusive quanto à previsão das vagas do concurso público. Isso igualmente decorre de um necessário e incondicional respeito à segurança jurídica como princípio do Estado de Direito. Tem-se, aqui, o princípio da segurança jurídica como princípio de proteção à confiança. Quando a Administração torna público um edital de concurso, convocando todos os cidadãos a participarem de seleção para o preenchimento de determinadas vagas no serviço público, ela impreterivelmente gera uma expectativa quanto ao seu comportamento segundo as regras previstas nesse edital. Aqueles cidadãos que decidem se inscrever e participar do certame público depositam sua confiança no Estado administrador, que deve atuar de forma responsável quanto às normas do edital e observar o princípio da segurança jurídica como guia de comportamento. Isso quer dizer, em outros termos, que o comportamento da Administração Pública no decorrer do concurso público deve se pautar pela boa-fé, tanto no sentido objetivo quanto no aspecto subjetivo de respeito à confiança nela depositada por todos os cidadãos. (STF, RE n. 598.099/MS, rel. Min. Gilmar Mendes, j. 10.08.2011, *DJ* 03.10.2011)

Princípio da singularidade (*v. Princípio da unirrecorribilidade*).

Princípio da supremacia do interesse público Todo ato administrativo deve ser praticado em favor do interesse público, que deve predominar sobre o particular. Também chamado princípio da finalidade, é de natureza indisponível, sob pena de anulação por desvio de finalidade ou abuso de poder (Lei n. 9.784/99).

▶ Veja Lei n. 9.784/99: "**Art. 2º** A Administração Pública obedecerá, dentre outros, aos princípios da legalidade, finalidade, motivação, razoabilidade, proporcionalidade, moralidade, ampla defesa, contraditório, segurança jurídica, interesse público e eficiência".

- Responsabilidade civil do Estado. Administrativo. Transporte público coletivo. Tarifa deficitária. Permissão. Falta de licitação. Supremacia do interesse público. Precedentes do STJ. CF/88, art. 37, § 6º. Não é devida indenização a permissionários de serviço público de transporte coletivo de passageiros por prejuízos decorrentes de tarifas deficitárias, tendo em vista a inexistência de licitação e o atendimento ao princípio da supremacia do interesse público. (STJ, REsp n. 795.613/MG, rel. Min. Denise Arruda, j. 03.05.2007, *DJ* 28.05.2007)

- Mandado de segurança. Poder de polícia do Estado. Princípio da supremacia do interesse público. Apreensão de máquinas eletrônicas. Não se revela ilegal ou abusivo o exercício da atividade fiscalizatória de maquinário eletrônico sobre o qual recai a suspeita de serem jogos de azar, em face do comando normativo que proíbe a referida prática em nosso país. Supremacia do interesse público. A apreensão dessas máquinas de diversão eletrônica para perícia unitária, quando as suas características e as de jogos nela inseridos insinuam provável nocividade ao interesse público, configura ato administrativo de polícia válido e eficaz, porque realizado com intuito de assegurar a proteção aos seus usuários e, como consequência, de preservar a ordem pública e o interesse coletivo, em harmonia com a função social da propriedade, do trabalho e da livre-iniciativa. (STJ, RO em MS n. 14.454/RJ, rel. Min. Luiz Fux, j. 06.08.2002, *DJ* 23.09.2002)

Princípio da unirrecorribilidade Princípio ínsito na regra de que contra uma decisão judicial somente se pode interpor um único recurso. Assim, no momento em que a parte faz uso de determinado recurso, tem-se como operada a preclusão consumativa, desaparecendo a possibilidade de outras impugnações contra aquela mesma decisão, ainda que haja a desistência do recurso anteriormente interposto. É também conhecido como princípio da singularidade.

- Processo civil. Recurso especial. Exceção de pré-executividade. Interposição de um único recurso para atacar duas decisões distintas. Possibilidade. 1. A ausência de decisão sobre os dispositivos legais supostamente violados, não obstante a interposição de embargos de declaração, impede o conhecimento do recurso especial. Incidência da Súmula n. 211/STJ. 2. O princípio da singularidade, também denominado de unicidade do recurso ou unirrecorribilidade, consagra a premissa de que, para cada decisão a ser atacada, há um único recurso próprio e adequado previsto no ordenamento jurídico. 3. O recorrente utilizou-se do recurso correto (respeito à forma) para impugnar as decisões interlocutórias, qual seja o agravo de instrumento. 4. O princípio da unirrecorribilidade não veda a interposição de um único recurso para impugnar mais de uma decisão. E não há, na legislação processual, qualquer impedimento a essa prática, não obstante seja incomum. 5. Recurso especial provido. (STJ, REsp n. 1.112.599/TO, 3ª T., rel. Min. Nancy Andrighi, j. 28.08.2012, *DJe* 05.09.2012)

Princípio dispositivo Princípio segundo o qual o juiz deve julgar a causa com base nos fatos alegados e provados pelas partes, sendo-lhe vedada a busca de fatos não alegados, cuja prova não tenha sido postulada pelas partes. Também conhecido como princípio da inércia da jurisdição, preconiza que o juiz não pode conhecer de matéria a respeito da qual a lei exige a iniciativa da parte. As partes determinam e fixam o objeto do processo, não podendo o juiz decidir fora, além ou aquém do que foi pedido (art. 128, CPC/73).

- ▶ Veja CPC/73: "**Art. 128.** O juiz decidirá a lide nos limites em que foi proposta, sendo-lhe defeso conhecer de questões, não suscitadas, a cujo respeito a lei exige a iniciativa da parte".
- ▶ Veja CPC/2015: "**Art. 141.** O juiz decidirá o mérito nos limites propostos pelas partes, sendo-lhe vedado conhecer de questões não suscitadas a cujo respeito a lei exige iniciativa da parte".

- Mandado de segurança. Errônea indicação da autoridade coatora. Necessidade de intimação da parte para emenda da petição inicial. Aplicação do art. 284 do CPC ao procedimento do mandado de segurança. Precedentes do STJ. É firme a jurisprudência no sentido de que, no mandado de segurança, a errônea indicação da autoridade coatora, afetando uma das condições da ação (*legitimatio ad causam*), acarreta a extinção do processo, sem julgamento do mérito. O juiz, verificada a equívoca indicação, não pode substituir a vontade do sujeito passivo, afrontando o princípio dispositivo, pelo qual cabe ao autor escolher o réu que deseja demandar. (STJ, REsp n. 148.798/SP, rel. Min. Milton Luiz Pereira, j. 15.02.2001, *DJ* 11.06.2001)

- Inadimplemento contratual. Conversão do julgamento em diligência para oitiva de testemunhas arroladas pelo autor e de cuja oitiva ele prescindira. Circunstâncias justificadoras. Ausência de ofensa ao princípio dispositivo ou igualitário. CPC, arts. 125, I, e 130. O Código de 1973 acolheu o princípio dispositivo, de acordo com o qual o juiz deve julgar segundo o alegado pelas partes (*iudex secundum allegata et probata partium iudicare debet*). Mas o abrandou, tendo em vista as cada vez mais acentuadas publicização do processo e socialização do Direito, que recomendam, como imperativo de justiça, a busca da verdade real. O juiz, portanto, não é mero assistente inerte da batalha judicial, ocupando posição ativa, que lhe permite, dentre outras prerrogativas, determinar a produção de provas, desde que o faça com imparcialidade, sem ensejar injustificado favorecimento a litigante que haja descurado ou negligenciado em diligenciar as providências probatórias de seu interesse. CPC, arts. 125, I, e 130. (STJ, REsp n. 17.591/0/SP, rel. Min. Sálvio de Figueiredo, j. 07.06.1994, *DJ* 27.06.1994)

Princípio do contraditório É aquele que assegura a igualdade das partes perante o Judiciário, permitindo ao acusado o direito ao contraditório e à ampla defesa (art. 5º, LV, CF) (*v. Princípio do devido processo legal*).

Princípio do devido processo legal Princípio constitucional, também conhecido por *due process of law*, que consagra a garantia de que ninguém será condenado sem que lhe seja assegurada a mais ampla defesa. Trata-se de uma garantia constitucional outorgada ao cidadão segundo a qual ninguém será privado da liberdade ou de seus bens sem o devido processo legal (art. 5º, LIV, CF). Pressupõe que sejam assegurados aos litigantes, em processo judicial ou administrativo, e aos acusados em geral, o contraditório e a ampla defesa com os meios a eles inerentes (art. 5º, LV, CF).

Princípio do juiz natural Princípio que assegura ao indivíduo seu julgamento por autoridade judiciária com competência previamente definida no ordenamento jurídico e que veda a instituição de tribunais de exceção. "O juiz natural é somente aquele integrado no Poder Judiciário, com todas as garantias institucionais e pessoais previstas na Constituição Federal." Assim, "somente os juízes, tribunais e órgãos jurisdicionais previstos na Constituição se identificam ao juiz natural, princípio que se estende ao poder de julgar também previsto em outros órgãos, como o Senado, nos casos de impedimento de agentes do Poder Executivo" (MELLO FILHO, José Celso. *A tutela judicial da liberdade*. RT 526/291).

- Órgão colegiado composto majoritariamente por juízes federais convocados. Violação ao princípio do juiz natural. Não ocorrência. Convocação autorizada por lei federal e por resolução do conselho da Justiça Federal. 1. O princípio do juiz natural foi encampado pelo ordenamento jurídico nas suas duas vertentes, uma proibindo a instituição de tribunais de exceção, e outra garantindo ao indivíduo o seu julgamento por autoridade judiciária com competência definida previamente no ordenamento jurídico. 2. Esta Corte já firmou o entendimento no sentido de que a convocação de juízes do primeiro grau de jurisdição para atuarem nos Tribunais não ofende o princípio do juiz natural, caso precedida de autorização legal. 3. No âmbito da Justiça Federal, a possibilidade de convocação, de forma excepcional, de juízes federais para auxílio nos trabalhos do segundo grau de jurisdição é prevista em lei federal, que foi regulamentada por resolução do Conselho da Justiça Federal. [...] 5. Recurso improvido. (STJ, *HC* n. 29.078/GO, 5ª T., rel. Min. Jorge Mussi, j. 25.06.2013, *DJe* 01.08.2013)

- Câmara formada por juízes de 1º grau convocados. Violação ao princípio do juiz natural. Inocorrência. 1. Os julgamentos de recursos proferidos por Câmara composta por juízes de 1º grau não são nulos, eis que não violam o princípio do juiz natural. Ressalva do entendimento da relatora. 2. É imperiosa a necessidade de racionalização do *habeas corpus*, a bem de se prestigiar a lógica do sistema recursal. As hipóteses de cabimento do *writ* são restritas, não se admitindo que o remédio constitucional seja utilizado em substituição a recursos ordinários (apelação, agravo em execução, recurso especial), tampouco como sucedâneo de revisão criminal. Não é possível a impetração de *habeas corpus* substitutivo de revisão criminal. Para o enfrentamento de teses jurídicas na via restrita, imprescindível que haja ilegalidade manifesta, relativa a matéria de Direito, cuja constatação seja evidente e independa de qualquer análise probatória. O *writ* não foi criado para a finalidade aqui empregada, de questionar a condenação do ora Paciente, porque ter-se-ia que reexaminar questões relacionadas à prova. A prevalecer tal postura, a revisão criminal tornar-se-á totalmente inócua. *In casu*, não há manifesta ilegalidade a ser reconhecida. 3. Ordem denegada. (STJ, *HC* n. 139.724/SP, 6ª T., rel. Min. Maria Thereza de Assis Moura, j. 27.03.2012, *DJe* 11.04.2012)

Princípio do livre convencimento Aquele pelo qual o juiz, ao decidir, formará sua convicção com base na livre apreciação da prova, atendendo aos fatos e circunstâncias constantes dos autos. O livre convencimento não o exime, no entanto, de indicar na sentença os motivos que a formaram. É também conhecido por princípio da persuasão racional (art. 131, CPC/73; art. 155, CP).

▸ Veja CPC/73: "**Art. 131.** O juiz apreciará livremente a prova, atendendo aos fatos e circunstâncias constantes dos autos, ainda que não alegados pelas partes; mas deverá indicar, na sentença, os motivos que lhe formaram o convencimento".

▸ Veja CPC/2015: "**Art. 298.** Na decisão que conceder, negar, modificar ou revogar a tutela provisória, o juiz motivará seu convencimento de modo claro e preciso. [...] **Art. 371.** O juiz apreciará a prova constante dos autos, independentemente do sujeito que a tiver promovido, e indicará na decisão as razões da formação de seu convencimento".

▸ Veja CPP: "**Art. 155.** O juiz formará sua convicção pela livre apreciação da prova produzida em contraditório judicial, não podendo fundamentar sua decisão exclusivamente nos elementos informativos colhidos na investigação, ressalvadas as provas cautelares, não repetíveis e antecipadas. [...]".

Princípios da administração pública São aqueles que, por disposição legal, norteiam a prática dos atos administrativos em geral. A administração pública obedecerá, entre outros, aos princípios de legalidade, finalidade, motivação, razoabilidade, proporcionalidade, moralidade, ampla defesa, contraditório, segurança jurídica, interesse público e eficiência (art. 37, CF; art. 2º, Lei n. 9.784/99).

▶ Veja CF: "**Art. 37.** A administração pública direta e indireta de qualquer dos Poderes da União, dos Estados, do Distrito Federal e dos Municípios obedecerá aos princípios de legalidade, impessoalidade, moralidade, publicidade e eficiência e, também, ao seguinte: [...]".

▶ Veja Lei n. 9.784/99: "**Art. 2º** A Administração Pública obedecerá, dentre outros, aos princípios da legalidade, finalidade, motivação, razoabilidade, proporcionalidade, moralidade, ampla defesa, contraditório, segurança jurídica, interesse público e eficiência".

Princípios gerais do Direito Preceitos gerais e abstratos de Direito que decorrem do próprio fundamento da legislação positiva e constituem os pressupostos lógicos necessários das normas legislativas. O juiz não pode se escusar de sentenciar ou despachar sob a alegação de lacuna ou obscuridade na lei. Assim, ao julgar a lide, não havendo normas legais específicas, recorrerá à analogia, aos costumes e aos princípios gerais de Direito (art. 4º, LINDB).

▶ Veja LINDB: "**Art. 4º** Quando a lei for omissa, o juiz decidirá o caso de acordo com a analogia, os costumes e os princípios gerais de direito".

▶ Veja CPC/2015: "**Art. 140.** O juiz não se exime de decidir sob a alegação de lacuna ou obscuridade do ordenamento jurídico. [...]".

Prioridade Diz-se de um ato ou algo que deve ser feito ou praticado antes de outro em consideração a seu grau de importância. Precedência ou preferência. Direito de alguém, em razão de deficiência física ou idade avançada, de ser preferido em relação a outro por disposição legal.

Prioridade no processo administrativo Prioridade na tramitação, em qualquer órgão ou instância, dos procedimentos em que figurem como parte ou interessado: pessoa com idade igual ou superior a 60 anos; pessoa portadora de deficiência, física ou mental; pessoa portadora de tuberculose ativa, esclerose múltipla, neoplasia maligna, hanseníase, paralisia irreversível e incapacitante, cardiopatia grave, doença de Parkinson, espondiloartrose anquilosante, nefropatia grave, hepatopatia grave, estados avançados da doença de Paget (osteíte deformante), contaminação por radiação, síndrome de imunodeficiência adquirida, ou outra doença grave, com base em conclusão da medicina especializada, mesmo que a doença tenha sido contraída após o início do processo (art. 69-A, Lei n. 9.784/99).

▶ Veja Lei n. 9.784/99: "**Art. 69-A.** Terão prioridade na tramitação, em qualquer órgão ou instância, os procedimentos administrativos em que figure como parte ou interessado: I – pessoa com idade igual ou superior a 60 (sessenta) anos; II – pessoa portadora de deficiência, física ou mental; [...] IV – pessoa portadora de tuberculose ativa, esclerose múltipla, neoplasia maligna, hanseníase, paralisia irreversível e incapacitante, cardiopatia grave, doença de Parkinson, espondiloartrose anquilosante, nefropatia grave, hepatopatia grave, estados avançados da doença de Paget (osteíte deformante), contaminação por radiação, síndrome de imunodeficiência adquirida, ou outra doença grave, com base em conclusão da medicina especializada, mesmo que a doença tenha sido contraída após o início do processo. § 1º A pessoa interessada na obtenção do benefício, juntando prova de sua condição, deverá requerê-lo à autoridade administrativa competente, que determinará as providências a serem cumpridas. § 2º Deferida a prioridade, os autos receberão identificação própria que evidencie o regime de tramitação prioritária. [...]".

Prioridade no processo civil Prioridade de tramitação, em todas as instâncias, dos procedimentos judiciais em que figure como parte ou interessado pessoa com idade igual ou superior a 60 anos, ou portadora de doença grave (art. 1.211-A, CPC/73).

▶ Veja CPC/73: "**Art. 1.211-A.** Os procedimentos judiciais em que figure como parte ou interessado pessoa com idade igual ou superior a 60 (sessenta) anos, ou portadora de doença grave, terão prioridade de tramitação em todas as instâncias. [...] **Art. 1.211-B.** A pessoa interessada na obtenção do benefício, juntando prova de sua condição, deverá requerê-lo à autoridade judiciária competente para decidir o feito, que determinará ao cartório do juízo as providências a serem cumpridas. § 1º Deferida a prioridade, os autos receberão identificação própria que evidencie o regime de tramitação prioritária. [...]".

▶ Veja CPC/2015: "**Art. 1.048.** Terão prioridade de tramitação, em qualquer juízo ou tribunal, os procedimentos judiciais: I – em que figure como parte ou interessado pessoa com idade igual ou superior a 60 (sessenta) anos ou portadora de doença grave, assim compreendida qualquer das enumeradas no art. 6º, inciso XIV, da Lei n. 7.713, de 22 de dezembro de 1988; II – regulados pela Lei n. 8.069, de 13 de julho de 1990 (Estatuto da Criança e do Adolescente). § 1º A pessoa interessada na obtenção do benefício, juntando prova de sua condição, deverá requerê-lo à autoridade judiciária competente para decidir o feito, que determinará ao cartório do juízo as providências a serem cumpridas. § 2º Deferida a prioridade, os autos receberão identificação própria que evidencie o regime de tramitação prioritária. § 3º Concedida a prioridade, essa não cessará com a morte do beneficiado, estendendo-se em favor do cônjuge supérstite ou do companheiro em união estável. § 4º A tramitação prioritária independe de deferimento pelo órgão jurisdicional e deverá ser imediatamente concedida diante da prova da condição de beneficiário".

Prisão Ato de prender alguém privando-o da liberdade. Em outro sentido, significa estabelecimento penal, penitenciária ou presídio, local onde são recolhidas as pessoas condenadas criminalmente à pena restritiva da liberdade. Ninguém poderá ser preso senão em flagrante delito ou por ordem escrita e fundamentada da autoridade judiciária competente, em decorrência de sentença condenatória transitada em julgado ou, no curso da investigação ou do processo, em virtude de prisão temporária ou prisão preventiva (art. 283, CPP). A prisão de qualquer pessoa e o local onde se encontre serão comunicados imediatamente ao juiz competente, ao Ministério Público e à família do preso ou à pessoa por ele indicada (art. 306, CPP).

▶ Veja CPP: "**Art. 283.** Ninguém poderá ser preso senão em flagrante delito ou por ordem escrita e fundamentada da autoridade judiciária competente, em decorrência de sentença condenatória transitada em julgado ou, no curso da investigação ou do processo, em virtude de prisão temporária ou prisão preventiva. [...] **Art. 306.** A prisão de qualquer pessoa e o local onde se encontre serão comunicados imediatamente ao juiz competente, ao Ministério Público e à família do preso ou à pessoa por ele indicada. [...]".

Prisão cautelar Toda prisão efetuada para a garantia da ordem pública, da aplicação da lei penal ou por conveniência da instrução criminal, entre elas a prisão preventiva.

■ *Habeas corpus.* A medida cautelar da prisão preventiva ocupa o último patamar das cautelares, somente decretável quando não forem suficientes e adequadas as cautelares diversas. 1. Com o advento da Lei n. 12.403/2011, a prisão preventiva é a última cautelar a ser aplicada. Antes dela, devem ser verificadas a necessidade e a adequação das medidas alternativas à prisão preventiva. Portanto, a prisão preventiva ocupa o último patamar da cautelaridade, na perspectiva de sua excepcionalidade, cabível quando não incidirem outras medidas cautelares (art. 319 do CPP). O art. 282, § 6º, é claro: a prisão preventiva será aplicada quando não for cabível a sua substituição por outra medida cautelar. Não se decreta a prisão preventiva para depois buscar alternativas. Após, verificado que não é o caso de manter o sujeito em liberdade sem nenhuma restrição (primeira opção), há que ser averiguada a adequação e necessidade das medidas cautelares alternativas ao recolhimento ao cárcere (segunda opção). Somente quando nenhuma dessas for viável ao caso concreto é que resta a possibilidade de decretação da prisão processual (terceira opção). 2. No caso concreto, o paciente é primário, possui bons antecedentes e comprovou residência. Suficientes as cautelares alternativas ao recolhimento ao cárcere, mediante o comparecimento mensal e periódico em juízo e proibição de ausentar-se da Comarca sem autorização do juízo, nos termos do art. 319, I e IV, do CPP. Liminar confirmada. Ordem concedida em parte. (TJRS, HC n. 70.052.719.317, 3ª Câm. Criminal, rel. Nereu José Giacomolli, j. 14.03.2013)

Prisão civil Prisão ou restrição à liberdade imposta a uma pessoa em razão de cometimento de ilícito civil. Segundo a CF, não haverá prisão civil por dívida, salvo a do responsável pelo inadimplemento voluntário e inescusável de obrigação alimentícia e a do depositário infiel (art. 5º, LXVII, CF). No entanto, a única modalidade de prisão civil atualmente admitida na Justiça brasileira é a do alimentante em razão de dívida alimentar, isso porque o STF reconheceu a ilegalidade da prisão civil do depositário infiel.

▶ Veja CF: "**Art. 5º** [...] LXVII – não haverá prisão civil por dívida, salvo a do responsável pelo inadimplemento voluntário e inescusável de obrigação alimentícia e a do depositário infiel; [...]".

▶ Veja CPC/2015: "**Art. 528.** No cumprimento de sentença que condene ao pagamento de prestação alimentícia ou de decisão interlocutória que fixe alimentos, o juiz, a requerimento do exequente, mandará intimar o executado pessoalmente para, em 3 (três) dias, pagar o débito, provar que o fez ou justificar a impossibilidade de efetuá-lo. § 1º Caso o executado, no prazo referido no *caput*, não efetue o pagamento, não prove que o efetuou ou não apresente justificativa da impossibilidade de efetuá-lo, o juiz mandará protestar o pronunciamento judicial, aplicando-se, no que couber, o disposto no art. 517. § 2º Somente a comprovação de fato que gere a impossibilidade absoluta de pagar justificará o inadimplemento. § 3º Se o executado não pagar ou se a justificativa apresentada não for aceita, o juiz, além de mandar protestar o pronunciamento judicial na forma do § 1º, decretar-lhe-á a prisão pelo prazo de 1 (um) a 3 (três) meses. § 4º A prisão será cumprida em regime fechado, devendo o preso ficar separado dos presos comuns. § 5º O cumprimento da pena não exime o executado do pagamento das prestações vencidas e vincendas. § 6º Paga a prestação alimentícia, o juiz suspenderá o cumprimento da ordem de prisão. § 7º O débito alimentar que autoriza a prisão civil do alimentante é o que compreende até as 3 (três) prestações anteriores ao ajuizamento da execução e as que se vencerem no curso do processo. [...]".

- Súmula vinculante n. 25, STF: É ilícita a prisão civil de depositário infiel, qualquer que seja a modalidade do depósito.

- Prisão civil. Devedor de alimentos à cônjuge virago e ao filho. Art. 733/CPC. Na execução prevista pelo art. 733/CPC, a legitimidade da prisão civil para coagir o devedor de alimentos ao adimplemento de sua obrigação está vinculada às três últimas prestações vencidas antes da citação. Todavia, permanecendo a inadimplência do executado no curso da execução proposta nos termos do art. 733/CPC, o aprisionamento pode também a elas se estender não sendo o caso de execução do saldo na forma do art. 732/CPC. (STJ, RO em *HC* n. 8.602/SC, rel. Min. César A. Rocha, j. 08.06.1999, *DJ* 23.08.1999)

Prisão domiciliar Recolhimento do indiciado ou acusado em sua residência, que só poderá dela ausentar-se com autorização judicial. Poderá o juiz substituir a prisão preventiva pela domiciliar quando o agente for: maior de 80 anos; extremamente debilitado por motivo de doença grave; imprescindível aos cuidados especiais de pessoa menor de 6 anos de idade ou com deficiência; gestante a partir do sétimo mês de gravidez ou sendo esta de alto risco (arts. 317 e 318, CPP).

▶ Veja CPP: "**Art. 317.** A prisão domiciliar consiste no recolhimento do indiciado ou acusado em sua residência, só podendo dela ausentar-se com autorização judicial. **Art. 318.** Poderá o juiz substituir a prisão preventiva pela domiciliar quando o agente for: I – maior de 80 (oitenta) anos; II – extremamente debilitado por motivo de doença grave; III – imprescindível aos cuidados especiais de pessoa menor de 6 (seis) anos de idade ou com deficiência; IV – gestante a partir do 7º (sétimo) mês de gravidez ou sendo esta de alto risco. Parágrafo único. Para a substituição, o juiz exigirá prova idônea dos requisitos estabelecidos neste artigo".

Prisão em flagrante É a prisão de alguém flagrado cometendo um delito, ou logo após cometê-lo. Diz-se também daquela que ocorre quando alguém é perseguido após cometer o crime ou é encontrado logo depois com instrumentos, armas, objetos ou papéis que façam presumir ser ele o autor da infração.

▶ Veja CPP: "**Art. 301.** Qualquer do povo poderá e as autoridades policiais e seus agentes deverão prender quem quer que seja encontrado em flagrante delito. **Art. 302.** Considera-se em flagrante delito quem: I – está cometendo a infração penal; II – acaba de cometê-la; III – é perseguido, logo após, pela autoridade, pelo ofendido ou por qualquer pessoa, em situação que faça presumir ser autor da infração; IV – é encontrado, logo depois, com instrumentos, armas, objetos ou papéis que façam presumir ser ele autor da infração".

Prisão especial Modalidade de prisão concedida a determinadas pessoas em razão do cargo que ocupam ou do grau de escolaridade que ostentam, como políticos, magistrados e profissionais com curso superior. Tal privilégio leva em conta, além do cargo exercido e do grau de estudo, os serviços prestados à coletividade, como é o caso dos jurados (art. 295, CPP). O privilégio de prisão especial nada mais é o que o direito a cela separada com banheiro ou detenção fora de presídio comum, como em quartéis ou salas do Estado-Maior do Exército. No entanto, ela só é concedida no caso das prisões provisórias, como a temporária e a preventiva, não se estendendo para os casos de prisões definitivas, que ocorrem quando há o trânsito em julgado da sentença penal condenatória. Transitada em julgado a sentença, o recolhimento será feito junto aos presos comuns. O direito de advogados serem presos em sala de Estado-Maior antes de condenação penal definitiva é previsto no art. 7º, V, da Lei n. 8.906/94, Estatuto da Advocacia. Pela referida norma, é direito do advogado "não ser recolhido preso, antes de sentença transitada em julgado, senão em sala de Estado-Maior, com instalações e comodidades condignas, e, na sua falta, em prisão domiciliar". A prerrogativa prevista no Estatuto da Advocacia foi julgada constitucional pelo Supremo Tribunal Federal em maio de 2006. Na ocasião, os ministros apenas derrubaram exigência legal de que a OAB inspecionasse e desse o aval à sala onde o advogado seria recolhido. Mas manteve a regra que prevê prisão em sala de Estado-Maior. A OAB entrou com reclamação porque o advogado Ruy Ferreira Borba Filho foi preso preventivamente em abril, no presídio Bangu 8, acusado de denunciação caluniosa contra juízes. As Forças Armadas no Rio de Janeiro e a Corregedoria da Polícia Militar informaram não ter sala de Estado-Maior em seus quartéis. Por isso, a Justiça do Rio de Janeiro decidiu recolher o advogado em cela individual. Segundo a decisão, a cela tem condições dignas que seriam suficientes para cumprir a determinação do Estatuto da Advocacia. Ainda de acordo com informações do Judiciário, na unidade onde está Borba Filho só há advogados e militares. Na reclamação, contudo, a OAB sustentou que "nem mesmo a hipótese de cela isolada contempla a previsão legal" que determina que o advogado tenha de ser recolhido em sala de Estado-Maior. Os argumentos foram acolhidos pelo Ministro Ricardo Lewandowski. Na decisão, o ministro cita precedentes do STF em que se decidiu que sala de Estado-Maior é diferente de celas "análogas a salas de Estado-Maior", ainda que individuais, pois a primeira não prevê sequer grades.

▶ Veja CPP: "**Art. 295.** Serão recolhidos a quartéis ou a prisão especial, à disposição da autoridade competente, quando sujeitos a prisão antes de condenação definitiva: I – os ministros de Estado; II – os governadores ou interventores de Estados ou Territórios, o prefeito do Distrito Federal, seus respectivos secretários, os prefeitos municipais, os vereadores e os chefes de Polícia; III – os membros do Parlamento Nacional, do Conselho de Economia Nacional e das Assembleias Legislativas dos Estados; IV – os cidadãos inscritos no 'Livro de Mérito'; V – os oficiais das Forças Armadas e os militares dos Estados, do Distrito Federal e dos Territórios; VI – os magistrados; VII – os diplomados por qualquer das faculdades superiores da República; VIII – os ministros de confissão religiosa; IX – os ministros do Tribunal de Contas; X – os cidadãos que já tiverem exercido efetivamente a função de jurado, salvo quando excluídos da lista por motivo de incapacidade para o exercício daquela função; XI – os delegados de polícia e os guardas-civis dos Estados e Territórios, ativos e inativos. § 1º A prisão especial, prevista neste Código ou em outras leis, consiste exclusivamente no recolhimento em local distinto da prisão comum. § 2º Não havendo estabelecimento específico para o preso especial, este será recolhido em cela distinta do mesmo estabelecimento. § 3º A cela especial poderá consistir em alojamento coletivo, atendidos os requisitos de salubridade do ambiente, pela concorrência dos fatores de aeração, insolação e condicionamento térmico adequados à existência humana. § 4º O preso especial não será transportado juntamente com o preso comum. § 5º Os demais direitos e deveres do preso especial serão os mesmos do preso comum".

Prisão preventiva Prisão decretada como garantia de ordem pública ou ordem econômica, por conveniência da instrução criminal ou para assegurar a aplicação da lei penal, quando houver prova da existência do crime e indício suficiente de autoria, em qualquer fase da investigação policial ou do processo penal (arts. 311 e 312, CPP). A prisão preventiva será determinada quando não for cabível sua substituição por outra medida cautelar (art. 282, § 6º, CPP). Assim, não se decreta a prisão preventiva para depois buscar alternativas. Após, verificado não ser o caso de manter o sujeito em liberdade sem nenhuma restrição (primeira opção), há que ser averiguadas adequação e necessidade das medidas cautelares alternativas ao recolhimento ao cárcere (segunda opção). Somente quando nenhuma dessas for viável ao caso concreto é que resta a possibilidade de decretação da prisão processual (terceira opção) (TJRS, *HC* n. 70.056.474.182).

▶ Veja CPP: "**Art. 282.** [...] § 6º A prisão preventiva será determinada quando não for cabível a sua substituição por outra medida cautelar (art. 319). [...] **Art. 311.** Em qualquer fase da investigação policial ou do processo penal, caberá a prisão preventiva decretada pelo juiz, de ofício, se no curso da ação penal, ou a requerimento do Ministério Público, do querelante ou do assistente, ou por representação da autoridade policial. **Art. 312.** A prisão preventiva poderá ser decretada como garantia da ordem pública, da ordem econômica, por conveniência da instrução criminal, ou para assegurar a aplicação da lei penal, quando houver prova da existência do crime e indício suficiente de autoria. Parágrafo único. A prisão preventiva também poderá ser decretada em caso de descumprimento de qualquer das obrigações impostas por força de outras medidas cautelares (art. 282, § 4º). **Art. 313.** Nos termos do art. 312 deste Código, será admitida a decretação da prisão preventiva: I – nos crimes dolosos punidos com pena privativa de liberdade máxima superior a 4 (quatro) anos; II – se tiver sido condenado por outro crime doloso, em sentença transitada em julgado, ressalvado o disposto no inciso I do *caput* do art. 64 do Decreto-lei n. 2.848, de 7 de dezembro de 1940 – Código Penal; III – se o crime envolver violência doméstica e familiar contra a mulher, criança, adolescente, idoso, enfermo ou pessoa com deficiência, para garantir a execução das medidas protetivas de urgência; [...] Parágrafo único. Também será admitida a prisão preventiva quando houver dúvida sobre a identidade civil da pessoa ou quando esta não fornecer elementos suficientes para esclarecê-la, devendo o preso ser colocado imediatamente em liberdade após a identificação, salvo se outra hipótese recomendar a manutenção da medida".

- Recurso em *habeas corpus*. Tortura. Alegação de constrangimento ilegal. Pleito pela revogação da prisão preventiva. Circunstâncias autorizadoras presentes. 1. A necessidade da segregação cautelar do recorrente se encontra fundamentada na fuga do distrito da culpa, em cuja circunstância permanece desde a época da ordem segregativa, concretizando um dos requisitos do permissivo legal, ou seja, para assegurar a aplicação da lei penal. 2. A ordem de prisão preventiva contra o recorrente está lastreada, também, na garantia da ordem pública em razão da sua periculosidade, caracterizada pelo *modus operandi*, ante a gravidade inusitada do delito, pois utilizando objeto contundente, durante aproximadamente quinze minutos, bateu em seu filho, que na época tinha doze anos de idade, causando-lhe lesões graves. 3. O Tribunal *a quo* ao analisar o alegado excesso de prazo sem o encerramento da instrução criminal, não reconheceu a superação do prazo razoável, por ausência de desídia judicial, o que guarda consonância com o entendimento deste Sodalício. 4. Recurso em *habeas corpus* a que se nega provimento. (STJ, *HC* n. 40.893/RJ, 5ª T., rel. Min. Moura Ribeiro, j. 08.10.2013, *DJe* 14.10.2013)

- *Habeas corpus*. A medida cautelar da prisão preventiva ocupa o último patamar das cautelares, somente decretável quando não forem suficientes e adequadas as cautelares diversas. Aplicados os arts. 282, I e II, e 319, I e IV, do CPP. 1. Com o advento da Lei n. 12.403/2011, a prisão preventiva é a última cautelar a ser aplicada. Antes dela, devem ser verificadas a necessidade e a adequação das medidas alternativas à prisão preventiva. Portanto, a prisão preventiva ocupa o último patamar da cautelaridade, na perspectiva de sua excepcionalidade, cabível quando não incidirem outras medidas cautelares (art. 319 do CPP). O art. 282, § 6º, é claro: a prisão preventiva será aplicada quando não for cabível a sua substituição por outra medida cautelar. Não se decreta a prisão preventiva para depois buscar alternativas. Após, verificado que não é o caso de manter o sujeito em liberdade sem nenhuma restrição (primeira opção), há que ser averiguada a adequação e necessidade das medidas cautelares alternativas ao recolhimento ao cárcere (segunda opção). Somente quando nenhuma dessas for viável ao caso concreto é que resta a possibilidade de decretação da prisão processual (terceira opção). 2. Suficientes, no caso concreto, as cautelares alternativas ao recolhimento ao cárcere, mediante o comparecimento mensal e periódico em juízo e proibição de ausentar-se da Comarca sem autorização do juízo, nos termos do art. 319, I e IV, do CPP. Ordem concedida em parte. (TJRS, *HC* n. 70.056.474.182, 3ª Câm. Criminal, rel. Nereu José Giacomolli, j. 17.10.2013)

Prisão preventiva para fins de extradição Medida que garante a prisão preventiva do réu em processo de extradição para assegurar a efetividade do processo extradicional. É condição para iniciar o processo de extradição. Esta será requerida depois da prisão preventiva por via diplomática ou, na falta de agente diplomático do Estado que a requerer, diretamente de governo a governo. O Ministério das Relações Exteriores remeterá o pedido ao Ministério da Justiça, que o encaminhará ao STF, cabendo ao ministro relator ordenar a prisão do extraditando, para que seja posto à disposição do STF.

Prisão provisória Prisão não definitiva decretada judicialmente antes do trânsito em julgado da sentença condenatória. As prisões provisórias existentes no ordenamento jurídico brasileiro dividem-se, basicamente, em prisão em flagrante, prisão temporária e prisão preventiva.

Prisão temporária Modalidade de prisão efetivada de modo temporário para que a polícia ou o Ministério Público possa coletar as provas necessárias para embasar o pedido de prisão preventiva. A prisão temporária tem lugar quando: for imprescindível para as investigações do inquérito policial; o indiciado não tiver residência fixa ou não fornecer elementos necessários ao esclarecimento de sua identidade; houver fundadas razões, de acordo com qualquer prova admitida na legislação penal, de autoria ou participação do indiciado em determinados crimes (art. 1º, Lei n. 7.960/89).

▶ Veja Lei n. 7.960/89: "**Art. 1º** Caberá prisão temporária: I – quando imprescindível para as investigações do inquérito policial; II – quando o indiciado não tiver residência fixa ou não fornecer elementos necessários ao esclarecimento de sua identidade; III – quando houver fundadas razões, de acordo com qualquer prova admitida na legislação penal, de autoria ou participação do indiciado nos seguintes crimes: *a)* homicídio doloso (art. 121, *caput*, e seu § 2º); *b)* sequestro ou cárcere privado (art. 148, *caput*, e seus §§ 1º e 2º); *c)* roubo (art. 157, *caput*, e seus §§ 1º, 2º e 3º); *d)* extorsão (art. 158, *caput*, e seus §§ 1º e 2º); *e)* extorsão mediante sequestro (art. 159, *caput*, e seus §§ 1º, 2º e 3º); *f)* estupro (art. 213, *caput*, e sua combinação com o art. 223, *caput*, e parágrafo único); *g)* atentado violento ao pudor (art. 214, *caput*, e sua combinação com o art. 223, *caput*, e parágrafo único); *h)* rapto violento (art. 219, e sua combinação com o art. 223, *caput*, e parágrafo único); *i)* epidemia com resultado de morte (art. 267, § 1º); *j)* envenenamento de água potável ou substância alimentícia ou medicinal qualificado pela morte (art. 270, *caput*, combinado com o art. 285); *l)* quadrilha ou bando (art. 288), todos do Código Penal; *m)* genocídio (arts. 1º, 2º e 3º da Lei n. 2.889, de 01.10.1956), em qualquer de suas formas típicas; *n)* tráfico de drogas (art. 12 da Lei n. 6.368, de 21.10.1976); *o)* crimes contra o sistema financeiro (Lei n. 7.492, de 16.06.1986). **Art. 2º** A prisão temporária será decretada pelo Juiz, em face da representação da autoridade policial ou de requerimento do Ministério Público, e terá o prazo de 5 (cinco) dias, prorrogável por igual período em caso de extrema e comprovada necessidade. § 1º Na hipótese de representação da autoridade policial, o Juiz, antes de decidir, ouvirá o Ministério Público. § 2º O despacho que decretar a prisão temporária deverá ser fundamentado e prolatado dentro do prazo de 24 (vinte e quatro) horas, contadas a partir do recebimento da representação ou do requerimento. § 3º O Juiz poderá, de ofício, ou a requerimento do Ministério Público e do Advogado, determinar que o preso lhe seja apresentado, solicitar informações e esclarecimentos da autoridade policial e submetê-lo a exame de corpo de delito. § 4º Decretada a prisão temporária, expedir-se-á mandado de prisão, em duas vias, uma das quais será entregue ao indiciado e servirá como nota de culpa. § 5º A prisão somente poderá ser executada depois da expedição de mandado judicial. § 6º Efetuada a prisão, a autoridade policial informará o preso dos direitos previstos no art. 5º da Constituição Federal. § 7º Decorrido o prazo de 5 (cinco) dias de detenção, o preso deverá ser posto imediatamente em liberdade, salvo se já tiver sido decretada sua prisão preventiva. **Art. 3º** Os presos temporários deverão permanecer, obrigatoriamente, separados dos demais detentos".

Privilégio de crédito Preferência que determinados credores possuem em receber do devedor certos créditos previstos em lei. Os privilégios creditícios são classificados em reais, especiais e gerais (arts. 955 a 965, CC).

▶ Veja CC: "**Art. 955.** Procede-se à declaração de insolvência toda vez que as dívidas excedam à importância dos bens do devedor. **Art. 956.** A discussão entre os credores pode versar quer sobre a preferência entre eles disputada, quer sobre a nulidade, simulação, fraude, ou falsidade das dívidas e contratos. **Art. 957.** Não havendo título legal à preferência, terão os credores igual direito sobre os bens do devedor comum. **Art. 958.** Os títulos legais de preferência são os privilégios e os direitos reais. **Art. 959.** Conservam seus respectivos direitos os credores, hipotecários ou privilegiados: I – sobre o preço do seguro da coisa gravada com hipoteca ou privilégio, ou sobre a indenização devida, havendo responsável pela perda ou danificação da coisa; II – sobre o valor da indenização, se a coisa obrigada a hipoteca ou privilégio for desapropriada. **Art. 960.** Nos casos a que se refere o artigo antecedente, o devedor do seguro, ou da indenização, exonera-se pagando sem oposição dos credores hipotecários ou privilegiados. **Art. 961.** O crédito real prefere ao pessoal de qualquer espécie; o crédito pessoal privilegiado, ao simples; e o privilégio especial, ao geral. **Art. 962.** Quando concorrerem aos mesmos bens, e por título igual, dois ou mais credores da mesma classe especialmente privilegiados, haverá entre eles rateio proporcional ao valor dos respectivos créditos, se o produto não bastar para o pagamento integral de todos. **Art. 963.** O privilégio especial só compreende os bens sujeitos, por expressa disposição de lei, ao pagamento do crédito que ele favorece; e o geral, todos os bens não sujeitos a crédito real nem a privilégio especial. **Art. 964.** Têm privilégio especial: I – sobre a coisa arrecadada e liquidada, o credor de custas e despesas judiciais feitas com a arrecadação e liquidação; II – sobre a coisa salvada, o credor por despesas de salvamento; III – sobre a coisa beneficiada, o credor por benfeitorias necessárias ou úteis; IV – sobre os prédios rústicos ou urbanos, fábricas, oficinas, ou quaisquer outras construções, o credor de materiais, dinheiro, ou serviços para a sua edificação, reconstrução, ou melhoramento; V – sobre os frutos agrícolas, o credor por sementes, instrumentos e serviços à cultura, ou à colheita; VI – sobre as alfaias e utensílios de uso doméstico, nos prédios rústicos ou urbanos, o credor de aluguéis, quanto às prestações do ano corrente e do anterior; VII – sobre os exemplares da obra existente na massa do editor, o autor dela, ou seus legítimos representantes, pelo crédito fundado contra aquele no contrato da edição; VIII – sobre o produto da colheita, para a qual houver concorrido com o seu trabalho, e precipuamente a quaisquer outros créditos, ainda que reais, o trabalhador agrícola, quanto à dívida dos seus salários. **Art. 965.** Goza de privilégio geral, na ordem seguinte, sobre os bens do devedor: I – o crédito por despesa de seu funeral, feito segundo a condição do morto e o costume do lugar; II – o crédito por custas judiciais, ou por despesas com a arrecadação e liquidação da massa; III – o crédito por despesas com o luto do cônjuge sobrevivo e dos filhos do devedor falecido, se foram moderadas; IV – o crédito por despesas com a doença de que faleceu o devedor, no semestre anterior à sua morte; V – o crédito pelos gastos necessários à mantença do devedor falecido e sua família, no trimestre anterior ao falecimento; VI – o crédito pelos impostos devidos à Fazenda Pública, no ano corrente e no anterior; VII – o crédito pelos salários dos empregados do serviço doméstico do devedor, nos seus derradeiros seis meses de vida; VIII – os demais créditos de privilégio geral".

Privilégio de foro Direito que algumas autoridades possuem de, em razão do cargo que ocupam, ser julgadas em foro especial, assim considerados os tribunais estaduais e superiores. Foro por prerrogativa da função. Apenas os crimes de responsabilidade e os comuns de natureza penal são submetidos a essa regra. Os demais ilícitos, entre os quais está o de improbidade administrativa, submetem-se ao foro comum, sob juízes de Direito e juízes federais, de acordo com o caso. São beneficiados pelo foro privilegiado, entre outros, o presidente e o vice-presidente da República; deputados federais; senadores e ministros de Estado (art. 102, I, *b*, CF).

▶ Veja CF: "**Art. 102.** Compete ao Supremo Tribunal Federal, precipuamente, a guarda da Constituição, cabendo-lhe: I – processar e julgar, originariamente: *a)* a ação direta de inconstitucionalidade de lei ou ato normativo federal ou estadual e a ação declaratória de constitucionalidade de lei ou ato normativo federal; *b)* nas infrações penais comuns, o Presidente da República, o Vice-Presidente, os membros do Congresso Nacional, seus próprios Ministros e o Procurador-Geral da República; *c)* nas infrações penais comuns e nos crimes de responsabilidade, os Ministros de Estado e os Comandantes da Marinha, do Exército e da Aeronáutica, ressalvado o disposto no art. 52, I, os membros dos Tribunais Superiores, os do Tribunal de Contas da União e os chefes de missão diplomática de caráter permanente; [...]".

Procedência Conformidade com a razão ou com o Direito. Aquilo que atende aos requisitos da ação ou do pedido; acolhimento; deferimento do pedido do autor. Procedência da ação; procedência do pedido. Sentença de procedência. A procedência da ação ou do pedido pode ser total, quando a sentença reconhece e atende ao pedido integral do autor; ou parcial, quando o reconhecimento for de apenas parte do pedido.

Procedente Aquilo que foi julgado de conformidade com o Direito e com o pedido formulado pelo autor da ação; deferimento, pelo juiz, do pedido do autor. Sentença procedente ou de procedência.

▶ Veja CPC/73: "**Art. 76.** A sentença, que julgar procedente a ação, declarará, conforme o caso, o direito do evicto, ou a responsabilidade por perdas e danos, valendo como título executivo. [...] **Art. 80.** A sentença, que julgar procedente a ação, condenando os devedores, valerá como título executivo, em favor do que satisfizer a dívida, para exigi-la, por inteiro, do devedor principal, ou de cada um dos codevedores a sua quota, na proporção que lhes tocar. [...] **Art. 310.** O juiz indeferirá a petição inicial da exceção, quando manifestamente improcedente. **Art. 311.** Julgada procedente a exceção, os autos serão remetidos ao juiz competente. [...] **Art. 461.** Na ação que tenha por objeto o cumprimento de obrigação de fazer ou não fazer, o juiz concederá a tutela específica da obrigação ou, se procedente o pedido, determinará providências que assegurem o resultado prático equivalente ao do adimplemento".

▶ Veja CPC/2015: "**Art. 497.** Na ação que tenha por objeto a prestação de fazer ou de não fazer, o juiz, se procedente o pedido, concederá a tutela específica ou determinará providências que assegurem a obtenção de tutela pelo resultado prático equivalente. [...] **Art. 546.** Julgado procedente o pedido, o juiz declarará extinta a obrigação e condenará o réu ao pagamento de custas e honorários advocatícios. Parágrafo único. Proceder-se-á do mesmo modo se o credor receber e der quitação. [...] **Art. 581.** A sentença que julgar procedente o pedido determinará o traçado da linha demarcanda".

Procedimento Forma pela qual o processo se desenvolve em qualquer uma de suas espécies. "É a marcha dos atos processuais, coordenados sob formas e ritos, para que o processo alcance o seu escopo e objetivo" (MARQUES, José Frederico. *Manual de direito processual civil*, p. 9). O CPC estabelece, para o processo de conhecimento, duas espécies de procedimento: o comum, o de exceção e os especiais subdivididos em jurisdição contenciosa e jurisdição voluntária. Cada espécie de procedimento rege-se pelas disposições que lhe são próprias. Procedimento de execução; procedimento monitório; procedimento de jurisdição voluntária; procedimento administrativo. Assim, a regra geral é de que o procedimento é comum, ressalvada a existência dos procedimentos especiais e o de execução.

▶ Veja CPC/73: "**Art. 272.** O procedimento comum é ordinário ou sumário. Parágrafo único. O procedimento especial e o procedimento sumário regem-se pelas disposições que lhes são próprias, aplicando-se-lhes, subsidiariamente, as disposições gerais do procedimento ordinário".

▶ Veja CPC/2015: "**Art. 318.** Aplica-se a todas as causas o procedimento comum, salvo disposição em contrário deste Código ou de lei. Parágrafo único. O procedimento comum aplica-se subsidiariamente aos demais procedimentos especiais e ao processo de execução".

Procedimento administrativo Diz-se da sucessão ordenada de atos e formalidades necessários à formação e manifestação da vontade da administração pública ou à execução de suas atividades. "O procedimento é o conjunto de formalidades que devem ser observados para a prática de certos atos administrativos; equivale a rito, a forma de proceder; o procedimento se desenvolve dentro de um processo administrativo" (PIETRO, Maria Sylvia Zanella di. *Direito administrativo*. 23.ed. São Paulo, Atlas, 2010, p. 623).

Procedimento arbitral Aquele que é estabelecido pelas partes na convenção de arbitragem, que poderá reportar-se às regras de um órgão arbitral institucional ou entidade especializada, facultando-se, ainda, às partes delegar ao próprio árbitro, ou ao tribunal arbitral, regular o procedimento. Não havendo estipulação acerca do procedimento, caberá ao árbitro ou ao tribunal arbitral discipliná-lo. Serão sempre respeitados os princípios do contraditório, da igualdade das partes, da imparcialidade do árbitro e de seu livre convencimento. No início do procedimento, competirá ao árbitro ou ao tribunal arbitral tentar a conciliação das partes, aplicando-se, no que couber, o art. 28 da Lei n. 9.307/96.

▶ Veja Lei n. 9.307/96: "**Art. 19.** Considera-se instituída a arbitragem quando aceita a nomeação pelo árbitro, se for único, ou por todos, se forem vários. Parágrafo único. Instituída a arbitragem e entendendo o árbitro ou o tribunal arbitral que há necessidade de explicitar alguma questão disposta na convenção de arbitragem, será elaborado, juntamente com as partes, um adendo, firmado por todos, que passará a fazer parte integrante da convenção de arbitragem. [...] **Art. 21.** A arbitragem obedecerá ao procedimento estabelecido pelas partes na convenção de arbitragem, que poderá reportar-se às regras de um órgão arbitral institucional ou entidade especializada, facultando-se, ainda, às partes delegar ao próprio árbitro, ou ao tribunal arbitral, regular o procedimento. § 1º Não havendo estipulação acerca do procedimento, caberá ao árbitro ou ao tribunal arbitral discipliná-lo. § 2º Serão, sempre, respeitados no procedimento arbitral os princípios do contraditório, da igualdade das partes, da imparcialidade do árbitro e de seu livre convencimento. § 3º As partes poderão postular por intermédio de advogado, respeitada, sempre, a faculdade de designar quem as represente ou assista no procedimento arbitral. § 4º Competirá ao árbitro ou ao tribunal arbitral, no início do procedimento, tentar a conciliação das partes, aplicando-se, no que couber, o art. 28 desta Lei".

Procedimento comum Procedimento adotado para o processamento e julgamento das causas não submetidas a procedimento especial. Sempre que a lei remeter a procedimento previsto na lei processual sem especificá-lo, será observado o procedimento comum. Também se aplica o procedimento comum aos procedimentos especiais e ao processo de execução, naquilo que não se ache diversamente regulado, e ao procedimento sumário, com as modificações previstas na própria lei especial, se houver.

▶ Veja CPC/2015: "**Art. 318.** Aplica-se a todas as causas o procedimento comum, salvo disposição em contrário deste Código ou de lei. Parágrafo único. O procedimento comum aplica-se subsidiariamente aos demais procedimentos especiais e ao processo de execução".

Procedimento sumaríssimo Procedimento criado por leis especiais com a finalidade de conferir objetividade e celeridade processual ao julgamento de causas de menor complexidade e reduzido valor econômico. Assim é que, consoante dispõe a lei, o referido procedimento será orientado pelos critérios da oralidade, simplicidade, informalidade, economia processual e celeridade. O procedimento sumaríssimo é de exclusiva aplicação aos feitos submetidos ao processo e julgamento dos Juizados Especiais Cíveis e Criminais, instituídos pelas Leis n. 9.099/95 (Justiça comum) e n. 10.259/2001 (Justiça Federal) e art. 852-A, CLT (Justiça do Trabalho).

Procedimento sumaríssimo na Justiça comum O procedimento sumaríssimo na Justiça comum é, hoje, de exclusiva aplicação aos feitos submetidos ao processo e julgamento dos Juizados Especiais Cíveis e Criminais, instituídos pela Lei n. 9.099/95. Destina-se o Juizado Especial Cível, desde que não obtida a conciliação, a processar e julgar, pelo procedimento sumaríssimo, as causas cíveis de menor complexidade, assim entendidas: causas cujo valor não exceda quarenta vezes o salário mínimo; causas enumeradas no art. 275, II, do CPC/73; ação de despejo para uso próprio; ações possessórias sobre bens imóveis de valor não excedente a quarenta vezes o salário mínimo; execução de seus próprios julgados ou dos títulos executivos extrajudiciais no valor de até quarenta vezes o salário mínimo (art. 3º, Lei n. 9.099/95).

▶ Veja Lei n. 9.099/95: "**Art. 3º** O Juizado Especial Cível tem competência para conciliação, processo e julgamento das causas cíveis de menor complexidade, assim consideradas: I – as causas cujo valor não exceda a 40 (quarenta) vezes o salário mínimo; II – as enumeradas no art. 275, inciso II, do Código de Processo Civil; III – a ação de despejo para uso próprio; IV – as ações possessórias sobre bens imóveis de valor não excedente ao fixado no inciso I deste artigo. § 1º Compete ao Juizado Especial promover a execução: I – dos seus julgados; II – dos títulos executivos extrajudiciais, no valor de até 40 (quarenta) vezes o salário mínimo, observado o disposto no § 1º do art. 8º desta Lei. [...] **Art. 60.** O Juizado Especial Criminal, provido por juízes togados ou togados e leigos, tem competência para a conciliação, o julgamento e a execução das infrações penais de menor potencial ofensivo, respeitadas as regras de conexão e continência. Parágrafo único. Na reunião de processos, perante o juízo comum ou o tribunal do júri, decorrentes da aplicação das regras de conexão e continência, observar-se-ão os institutos da transação penal e da composição dos danos civis. **Art. 61.** Consideram-se infrações penais de menor potencial ofensivo, para os efeitos desta Lei, as contravenções penais e os crimes a que a lei comine pena máxima não superior a 2 (dois) anos, cumulada ou não com multa. **Art. 62.** O processo perante o Juizado Especial orientar-se-á pelos critérios da oralidade, informalidade, economia processual e celeridade, objetivando, sempre que possível, a reparação dos danos sofridos pela vítima e a aplicação de pena não privativa de liberdade".

Procedimento sumaríssimo na Justiça do Trabalho Procedimento implantado na Justiça do Trabalho, através da Lei n. 9.957/2000, que acrescentou novos dispositivos ao art. 852-A da CLT, destinado a processar e julgar os dissídios individuais cujo valor não exceda a quarenta vezes o salário mínimo vigente na data do ajuizamento da reclamação (art. 852-A, CLT).

▶ Veja CLT: "**Art. 852-A.** Os dissídios individuais cujo valor não exceda a 40 (quarenta) vezes o salário mínimo vigente na data do ajuizamento da reclamação ficam submetidos ao procedimento sumaríssimo. Parágrafo único. Estão excluídas do procedimento sumaríssimo as demandas em que é parte a Administração Pública direta, autárquica e fundacional. **Art. 852-B.** Nas reclamações enquadradas no procedimento sumaríssimo: I – o pedido deverá ser certo ou determinado e indicará o valor correspondente; II – não se fará citação por edital, incumbindo ao autor a correta indicação do nome e endereço do reclamado; III – a apreciação da reclamação deverá ocorrer no prazo máximo de 15 (quinze) dias do seu ajuizamento, podendo constar de pauta especial, se necessário, de acordo com o movimento judiciário da Junta de Conciliação e Julgamento. [...] **Art. 852-C.** As demandas sujeitas a rito sumaríssimo serão instruídas e julgadas em audiência única, sob a direção de juiz presidente ou substituto, que poderá ser convocado para atuar simultaneamente com o titular. **Art. 852-D.** O juiz dirigirá o processo com liberdade para determinar as provas a serem produzidas, considerado o ônus probatório de cada litigante, podendo limitar ou excluir as que considerar excessivas, impertinentes ou protelatórias, bem como para apreciá-las e dar especial valor às regras de experiência comum ou técnica. **Art. 852-E.** Aberta a sessão, o juiz esclarecerá as partes presentes sobre as vantagens da conciliação e usará os meios adequados de persuasão para a solução conciliatória do litígio, em qualquer fase da audiência. [...] **Art. 852-G.** Serão decididos, de plano, todos os incidentes e exceções que possam interferir no prosseguimento da audiência e do processo. As demais questões serão decididas na sentença. **Art. 852-H.** Todas as provas serão produzidas na audiência de instrução e julgamento, ainda que não requeridas previamente. [...] § 2º As testemunhas, até o máximo de duas para cada parte, comparecerão à audiência de instrução e julgamento independentemente de intimação. [...]".

Procedimento sumaríssimo na Justiça Federal Procedimento instituído pela Lei n. 10.259/2001 ao criar os Juizados Especiais no âmbito da Justiça Federal, destinados a processar e julgar feitos criminais de sua competência relativos às infrações de menor potencial ofensivo, respeitadas as regras de conexão e continência e causas cíveis de sua competência até o valor de sessenta salários mínimos, bem como executar suas sentenças (arts. 2º e 3º, Lei n. 10.259/2001).

▶ Veja Lei n. 10.259/2001: "**Art. 1º** São instituídos os Juizados Especiais Cíveis e Criminais da Justiça Federal, aos quais se aplica, no que não conflitar com esta Lei, o disposto na Lei n. 9.099, de 26 de setembro de 1995. **Art. 2º** Compete ao Juizado Especial Federal Criminal processar e julgar os feitos de competência da Justiça Federal relativos às infrações de menor potencial ofensivo, respeitadas as regras de conexão e continência. Parágrafo único. Na reunião de processos, perante o juízo comum ou o tribunal do júri, decorrente da aplicação das regras de conexão e continência, observar-se-ão os institutos da transação penal e da composição dos danos civis. **Art. 3º** Compete ao Juizado Especial Federal Cível processar, conciliar e julgar causas de competência da Justiça Federal até o valor de 60 (sessenta) salários mínimos, bem como executar as suas sentenças. [...]".

Procedimento sumaríssimo penal O que é adotado no processo penal para as infrações penais de menor potencial ofensivo, na forma da lei (art. 394, § 1º, III), ou seja, na forma dos Juizados Especiais Criminais estaduais e Juizados Especiais Criminais da Justiça Federal.

▶ Veja CPP: "**Art. 394.** O procedimento será comum ou especial. § 1º O procedimento comum será ordinário, sumário ou sumaríssimo: [...] III – sumaríssimo, para as infrações penais de menor potencial ofensivo, na forma da lei. [...]".

Processo Juridicamente, indica a série ordenada e sucessiva de atos praticados pelas partes e pelo juiz, que tem início com a propositura da ação e culmina com a sentença transitada em julgado.

Processo administrativo Conjunto de atos praticados de forma sequencial pela autoridade administrativa destinado a examinar uma pretensão que lhe é submetida e dar-lhe uma resposta. "Não se confunde processo com procedimento. O primeiro existe sempre como instrumento indispensável para o exercício de função administrativa; tudo o que a Administração Pública faz, operações materiais ou atos jurídicos, fica documentado em um processo" (PIETRO, Maria Sylvia Zanella di. *Direito administrativo*. 23.ed. São Paulo, Atlas, 2010, p. 623). O processo administrativo pode ser instaurado mediante provocação do interessado ou por iniciativa da própria administração pública que atua de acordo com o interesse público e para atender aos fins que lhes são específicos. Nos processos administrativos no âmbito da administração pública federal, serão observados, entre outros, os critérios de: atuação conforme a lei e o Direito; atendimento a fins de interesse geral, vedada a renúncia total ou parcial de poderes ou competências, salvo autorização em lei; objetividade no atendimento do interesse público, vedada a promoção pessoal de agentes ou autoridades; e atuação segundo padrões éticos de probidade, decoro e boa-fé (art. 2º, parágrafo único, Lei n. 9.784/99). "A resistência ao uso do vocábulo *processo* no campo da administração pública, explicada pelo receio de confusão com o processo jurisdicional, deixa de ter consistência no momento em que se acolhe a processualidade ampla, isto é, a processualidade associada ao exercício de qualquer poder estatal. Em decorrência, há processo jurisdicional, processo legislativo, processo administrativo; ou seja, o processo recebe a adjetivação provinda do poder ou função de que é instrumento. A adjetivação, dessa forma, permite especificar a que âmbito de atividade se refere determinado processo" (MEDAUAR, Odete. *A processualidade no direito administrativo*. São Paulo, RT, 1993, p. 29-42). O processo administrativo no âmbito da administração pública federal é regulado pela Lei n. 9.784/99.

> Veja Lei n. 9.784/99: "**Art. 1º** Esta Lei estabelece normas básicas sobre o processo administrativo no âmbito da Administração Federal direta e indireta, visando, em especial, à proteção dos direitos dos administrados e ao melhor cumprimento dos fins da Administração. § 1º Os preceitos desta Lei também se aplicam aos órgãos dos Poderes Legislativo e Judiciário da União, quando no desempenho de função administrativa. [...] **Art. 5º** O processo administrativo pode iniciar-se de ofício ou a pedido de interessado. **Art. 6º** O requerimento inicial do interessado, salvo casos em que for admitida solicitação oral, deve ser formulado por escrito e conter os seguintes dados: I – órgão ou autoridade administrativa a que se dirige; II – identificação do interessado ou de quem o represente; III – domicílio do requerente ou local para recebimento de comunicações; IV – formulação do pedido, com exposição dos fatos e de seus fundamentos; V – data e assinatura do requerente ou de seu representante. Parágrafo único. É vedada à Administração a recusa imotivada de recebimento de documentos, devendo o servidor orientar o interessado quanto ao suprimento de eventuais falhas. [...] **Art. 9º** São legitimados como interessados no processo administrativo: I – pessoas físicas ou jurídicas que o iniciem como titulares de direitos ou interesses individuais ou no exercício do direito de representação; II – aqueles que, sem terem iniciado o processo, têm direitos ou interesses que possam ser afetados pela decisão a ser adotada; III – as organizações e associações representativas, no tocante a direitos e interesses coletivos; IV – as pessoas ou as associações legalmente constituídas quanto a direitos ou interesses difusos. **Art. 10.** São capazes, para fins de processo administrativo, os maiores de dezoito anos, ressalvada previsão especial em ato normativo próprio".

Processo administrativo disciplinar Processo adotado no âmbito da administração pública por iniciativa obrigatória da autoridade que tiver ciência de qualquer irregularidade cometida no serviço público, devendo ser assegurada ao acusado ampla defesa (art. 143, Lei n. 8.112/90). O processo disciplinar se desenvolve nas seguintes fases: instauração, com a publicação do ato que constituir a comissão; inquérito administrativo, que compreende instrução, defesa e relatório; e julgamento (art. 151).

> Veja Lei n. 8.112/90: "**Art. 143.** A autoridade que tiver ciência de irregularidade no serviço público é obrigada a promover a sua apuração imediata, mediante sindicância ou processo administrativo disciplinar, assegurada ao acusado ampla defesa. [...] § 3º A apuração de que trata o *caput*, por solicitação da autoridade a que se refere, poderá ser promovida por autoridade de órgão ou entidade diverso daquele em que tenha ocorrido a irregularidade, mediante competência específica para tal finalidade, delegada em caráter permanente ou temporário pelo Presidente da República, pelos presidentes das Casas do Poder Legislativo e dos Tribunais Federais e pelo Procurador-Geral da República, no âmbito do respectivo Poder, órgão ou entidade, preservadas as competências para o julgamento que se seguir à apuração. **Art. 144.** As denúncias sobre irregularidades serão objeto de apuração, desde que contenham a identificação e o endereço do denunciante e sejam formuladas por escrito, confirmada a autenticidade. Parágrafo único. Quando o fato narrado não configurar evidente infração disciplinar ou ilícito penal, a denúncia será arquivada, por falta de objeto. **Art. 145.** Da sindicância poderá resultar: I – arquivamento do processo; II – aplicação de penalidade de advertência ou suspensão de até 30 (trinta) dias; III – instauração de processo disciplinar. Parágrafo único. O prazo para conclusão da sindicância não excederá 30 (trinta) dias, podendo ser prorrogado por igual período, a critério da autoridade superior. **Art. 146.** Sempre que o ilícito praticado pelo servidor ensejar a imposição de penalidade de suspensão por mais de 30 (trinta) dias, de demissão, cassação de aposentadoria ou disponibilidade, ou destituição de cargo em comissão, será obrigatória a instauração de processo disciplinar. [...] **Art. 148.** O processo disciplinar é o instrumento destinado a apurar responsabilidade de servidor por infração praticada no exercício de suas atribuições, ou que tenha relação com as atribuições do cargo em que se encontre investido. **Art. 149.** O processo disciplinar será conduzido por comissão composta de três servidores estáveis designados pela autoridade competente, observado o disposto no § 3º do art. 143, que indicará, dentre eles, o seu presidente, que deverá ser ocupante de cargo efetivo superior ou de mesmo nível, ou ter nível de escolaridade igual ou superior ao do indiciado. [...] **Art. 151.** O processo disciplinar se desenvolve nas seguintes fases: I – instauração, com a publicação do ato que constituir a comissão; II – inquérito administrativo, que compreende instrução, defesa e relatório; III – julgamento. **Art. 152.** O prazo para a conclusão do processo disciplinar não excederá 60 (sessenta) dias, contados da data de publicação do ato que constituir a comissão, admitida a sua prorrogação por igual prazo, quando as circunstâncias o exigirem. [...]".

Processo cautelar Processo acessório cuja finalidade é a promoção de medidas de urgência que se mostrem necessárias ao bom desenvolvimento de outro processo, chamado principal. É o instrumento empregado para garantir eficácia e utilidade do processo principal. O processo cautelar instrumentaliza-se através da tutela antecipada (*v. Tutela cautelar*).

Processo civil O processo civil, ou direito processual civil, é um ramo do direito público representado por um conjunto de normas destinadas ao regulamento da jurisdição, da ação e do processo que envolve questões de ordem privada. As regras de direito processual regulam os processos judiciais, bem como o modo de estes se iniciarem, se desenvolverem e terminarem. O processo civil divide-se em processo de conhecimento, processo de execução e processo cautelar.

Processo de conhecimento Processo de cognição plena mediante o qual o autor pleiteia o reconhecimento de um direito. O CPC estabelece, para o processo de conhecimento, duas espécies de procedimentos: o comum, o de execução e os especiais, subdivididos em jurisdição contenciosa e jurisdição voluntária.

Processo de execução Processo de rito especial instaurado pelo credor contra o devedor que não satisfizer obrigação certa, líquida e exigível, consubstanciada em título executivo extrajudicial. Execução forçada (art. 566, CPC/73).

▸ Veja CPC/73: "**Art. 566.** Podem promover a execução forçada: I – o credor a quem a lei confere título executivo; II – o Ministério Público, nos casos prescritos em lei. **Art. 567.** Podem também promover a execução, ou nela prosseguir: I – o espólio, os herdeiros ou os sucessores do credor, sempre que, por morte deste, lhes for transmitido o direito resultante do título executivo; II – o cessionário, quando o direito resultante do título executivo lhe foi transferido por ato entre vivos; III – o sub-rogado, nos casos de sub-rogação legal ou convencional".

▸ Veja CPC/2015: "**Art. 771.** Este Livro regula o procedimento da execução fundada em título extrajudicial, e suas disposições aplicam-se, também, no que couber, aos procedimentos especiais de execução, aos atos executivos realizados no procedimento de cumprimento de sentença, bem como aos efeitos de atos ou fatos processuais a que a lei atribuir força executiva. Parágrafo único. Aplicam-se subsidiariamente à execução as disposições do Livro I da Parte Especial. [...] **Art. 778.** Pode promover a execução forçada o credor a quem a lei confere título executivo. § 1º Podem promover a execução forçada ou nela prosseguir, em sucessão ao exequente originário: I – o Ministério Público, nos casos previstos em lei; II – o espólio, os herdeiros ou os sucessores do credor, sempre que, por morte deste, lhes for transmitido o direito resultante do título executivo; III – o cessionário, quando o direito resultante do título executivo lhe for transferido por ato entre vivos; IV – o sub-rogado, nos casos de sub-rogação legal ou convencional. [...]".

Processo do trabalho Conjunto de atos praticados sequencialmente pelas partes e pelo juiz, destinado ao exame e julgamento de reclamatória ou dissídio trabalhista proposto perante a Justiça do Trabalho (arts. 763 e segs., CLT).

▸ Veja CLT: "**Art. 763.** O processo da Justiça do Trabalho, no que concerne aos dissídios individuais e coletivos e à aplicação de penalidades, reger-se-á, em todo o território nacional, pelas normas estabelecidas neste Título. **Art. 764.** Os dissídios individuais ou coletivos submetidos à apreciação da Justiça do Trabalho serão sempre sujeitos à conciliação. § 1º Para os efeitos deste artigo, os juízes e Tribunais do Trabalho empregarão sempre os seus bons ofícios e persuasão no sentido de uma solução conciliatória dos conflitos. § 2º Não havendo acordo, o juízo conciliatório converter-se-á obrigatoriamente em arbitral, proferindo decisão na forma prescrita neste Título. § 3º É lícito às partes celebrar acordo que ponha termo ao processo, ainda mesmo depois de encerrado o juízo conciliatório. [...] **Art. 769.** Nos casos omissos, o direito processual comum será fonte subsidiária do direito processual do trabalho, exceto naquilo em que for incompatível com as normas deste Título".

Processo eletrônico Processo judicial promovido mediante o emprego de recursos tecnológicos, que possibilita o envio de petições iniciais ou incidentais eletronicamente por meio do portal do tribunal, sem a intervenção da secretaria judiciária e sem a presença física do advogado. O peticionamento eletrônico é regulamentado pela Lei n. 11.419/2006, que também alterou dispositivos do CPC com vista a adaptá-lo às novas regras. Para que o advogado possa enviar os dados, é necessário possuir assinatura eletrônica, mediante o credenciamento prévio no Poder Judiciário, conforme disciplinado pelos órgãos respectivos, e também formatar o documento em PDF.

▸ Veja CPC/2015: "**Art. 193.** Os atos processuais podem ser total ou parcialmente digitais, de forma a permitir que sejam produzidos, comunicados, armazenados e validados por meio eletrônico, na forma da lei. Parágrafo único. O disposto nesta Seção aplica-se, no que for cabível, à prática de atos notariais e de registro. **Art. 194.** Os sistemas de automação processual respeitarão a publicidade dos atos, o acesso e a participação das partes e de seus procuradores, inclusive nas audiências e sessões de julgamento, observadas as garantias da disponibilidade, independência da plataforma computacional, acessibilidade e interoperabilidade dos sistemas, serviços, dados e informações que o Poder Judiciário administre no exercício de suas funções. **Art. 195.** O registro de ato processual eletrônico deverá ser feito em padrões abertos, que atenderão aos requisitos de autenticidade, integridade, temporalidade, não repúdio, conservação e, nos casos que tramitem em segredo de justiça, confidencialidade, observada a infraestrutura de chaves públicas unificada nacionalmente, nos termos da lei. **Art. 196.** Compete ao Conselho Nacional de Justiça e, supletivamente, aos tribunais, regulamentar a prática e a comunicação oficial de atos processuais por meio eletrônico e velar pela compatibilidade dos sistemas, disciplinando a incorporação progressiva de novos avanços tecnológicos e editando, para esse fim, os atos que forem necessários, respeitadas as normas fundamentais deste Código".

▸ Veja Lei n. 11.419/2006: "**Art. 1º** O uso de meio eletrônico na tramitação de processos judiciais, comunicação de atos e transmissão de peças processuais será admitido nos termos desta Lei. § 1º Aplica-se o disposto nesta Lei, indistintamente, aos processos civil, penal e trabalhista, bem como aos juizados especiais, em qualquer grau de jurisdição. § 2º Para o disposto nesta Lei, considera-se: I – meio eletrônico qualquer forma de armazenamento ou tráfego de documentos e arquivos digitais; II – transmissão eletrônica toda forma de comunicação a distância com a utilização de redes de comunicação, preferencialmente a rede mundial de computadores; III – assinatura eletrônica as seguintes formas de identificação inequívoca do signatário: a) assinatura digital baseada em certificado digital emitido por Autoridade Certificadora credenciada, na forma de lei específica; b) mediante cadastro de usuário no Poder Judiciário, conforme disciplinado pelos órgãos respectivos. **Art. 2º** O envio de petições, de recursos e a prática de atos processuais em geral por meio eletrônico serão admitidos mediante uso de assinatura eletrônica, na forma do art. 1º desta Lei, sendo obrigatório o credenciamento prévio no Poder Judiciário, conforme disciplinado pelos órgãos respectivos. [...]".

Processo legislativo Conjunto de regras que disciplinam o procedimento a ser observado pelos membros do Poder Legislativo na elaboração das espécies normativas (art. 59, CF).

▸ Veja CF: "**Art. 59.** O processo legislativo compreende a elaboração de: I – emendas à Constituição; II – leis complementares; III – leis ordinárias; IV – leis delegadas; V – medidas provisórias; VI – decretos legislativos; VII – resoluções. Parágrafo único. Lei complementar disporá sobre a elaboração, redação, alteração e consolidação das leis".

Processo penal O processo penal, ou direito processual penal, é o ramo do direito público que contém normas que disciplinam a função do Estado de julgar infrações penais e aplicar penas. É regrado pelo CPP (DL n. 3.689/41). O processo penal ou criminal, diferentemente do processo civil, cujo objeto são questões relacionadas aos direitos patrimoniais privados, tem por escopo a acusação da pessoa à qual se imputa a prática de algum delito previsto no CP ou em outra lei penal extravagante. Trata-se de ação do Estado contra o cidadão, razão pela qual, a princípio, inexiste petição inicial nos moldes do processo civil.

▸ Veja CPP: "**Art. 1º** O processo penal reger-se-á, em todo o território brasileiro, por este Código, ressalvados: I – os tratados, as convenções e regras de direito internacional; II – as prerrogativas constitucionais do Presidente da República, dos ministros de Estado, nos crimes conexos com os do Presidente da República, e dos ministros do Supremo Tribunal Federal, nos crimes de responsabilidade (Constituição, arts. 86, 89, § 2º, e 100); III – os processos da competência da Justiça Militar; IV – os processos da competência do tribunal especial (Constituição, art. 122, n. 17); V – os processos por crimes de imprensa. Parágrafo único. Aplicar-se-á, entretanto, este Código aos processos referidos nos ns. IV e V, quando as leis especiais que os regulam não dispuserem de modo diverso. **Art. 2º** A lei processual penal aplicar-se-á desde logo, sem prejuízo da validade dos atos realizados sob a vigência da lei anterior. **Art. 3º** A lei processual penal admitirá interpretação extensiva e aplicação analógica, bem como o suplemento dos princípios gerais de direito".

Procrastinar Ato praticado por aquele que incorre em procrastinação, ou seja, ato de protelar ou adiar sistematicamente a realização de uma atividade. Implica deixar que tarefas de menor prioridade antecipem as de maior prioridade. Juridicamente, significa a prática, por qualquer uma das partes do processo, de atos com objetivos meramente protelatórios com a finalidade de retardar o cumprimento das decisões judiciais. A procrastinação processual é considerada ato atentatório à dignidade da Justiça e assédio processual, com fundamento no arts. 599 e 600, II, do CPC/73.

> Veja CPC/73: "**Art. 599.** O juiz pode, em qualquer momento do processo: I – ordenar o comparecimento das partes; II – advertir ao devedor que o seu procedimento constitui ato atentatório à dignidade da justiça. **Art. 600.** Considera-se atentatório à dignidade da Justiça o ato do executado que: I – frauda a execução; II – se opõe maliciosamente à execução, empregando ardis e meios artificiosos; III – resiste injustificadamente às ordens judiciais; IV – intimado, não indica ao juiz, em 5 (cinco) dias, quais são e onde se encontram os bens sujeitos à penhora e seus respectivos valores".

> Veja CPC: "**Art. 772.** O juiz pode, em qualquer momento do processo: I – ordenar o comparecimento das partes; II – advertir o executado de que seu procedimento constitui ato atentatório à dignidade da justiça; III – determinar que sujeitos indicados pelo exequente forneçam informações em geral relacionadas ao objeto da execução, tais como documentos e dados que tenham em seu poder, assinando-lhes prazo razoável. [...] **Art. 774.** Considera-se atentatória à dignidade da justiça a conduta comissiva ou omissiva do executado que: I – frauda a execução; II – se opõe maliciosamente à execução, empregando ardis e meios artificiosos; III – dificulta ou embaraça a realização da penhora; IV – resiste injustificadamente às ordens judiciais; V – intimado, não indica ao juiz quais são e onde estão os bens sujeitos à penhora e os respectivos valores, não exibe prova de sua propriedade e, se for o caso, certidão negativa de ônus. [...]".

Procuração Instrumento do mandato mediante o qual alguém recebe de outrem poderes para, em seu nome, praticar atos ou administrar interesses. O mesmo que mandato (art. 653, CC). Sem instrumento de mandato, o advogado não será admitido a procurar em juízo (art. 37, CPC/73).

> Veja CC: "**Art. 653.** Opera-se o mandato quando alguém recebe de outrem poderes para, em seu nome, praticar atos ou administrar interesses. A procuração é o instrumento do mandato. **Art. 654.** Todas as pessoas capazes são aptas para dar procuração mediante instrumento particular, que valerá desde que tenha a assinatura do outorgante. § 1º O instrumento particular deve conter a indicação do lugar onde foi passado, a qualificação do outorgante e do outorgado, a data e o objetivo da outorga com a designação e a extensão dos poderes conferidos. § 2º O terceiro com quem o mandatário tratar poderá exigir que a procuração traga a firma reconhecida".

> Veja CPC/73: "**Art. 37.** Sem instrumento de mandato, o advogado não será admitido a procurar em juízo. Poderá, todavia, em nome da parte, intentar ação, a fim de evitar decadência ou prescrição, bem como intervir, no processo, para praticar atos reputados urgentes. Nestes casos, o advogado se obrigará, independentemente de caução, a exibir o instrumento de mandato no prazo de 15 (quinze) dias, prorrogável até outros 15 (quinze), por despacho do juiz. [...]".

> Veja CPC/2015: "**Art. 104.** O advogado não será admitido a postular em juízo sem procuração, salvo para evitar preclusão, decadência ou prescrição, ou para praticar ato considerado urgente. [...]".

Procuração *ad judicia* Procuração outorgada a advogado para que este represente o outorgante em atos judiciais, concedendo-lhe plenos poderes para o foro em geral. É também denominada procuração com cláusula *ad judicia*. Pode também ser concedida a interposta pessoa não habilitada a exercer os poderes de representação em juízo, para que esta substabeleça a advogado. Observe-se, contudo, que a procuração com a cláusula *ad judicia*, assinada pela parte, somente habilita o advogado para o foro em geral, ou seja, para praticar todos os atos do processo, não incluindo poderes como receber a citação inicial, confessar, reconhecer a procedência do pedido, transigir, desistir, renunciar ao direito sobre o qual se funda a ação, receber, dar quitação, firmar compromisso e assinar declaração de hipossuficiência econômica, considerados poderes especiais que devem constar em cláusula específica (art. 105, CPC/2015). Até pouco tempo se entendia que a assinatura na procuração que contivesse poderes especiais deveria ser reconhecida em cartório, todavia, recentemente, o STJ passou a entender que o art. 38 do CPC/73 (art. 105, CPC/2015) dispensa o reconhecimento de firma nas procurações *ad judicia* utilizadas em processo judicial, ainda que contenham poderes especiais (*v.* a seguir). O advogado não deve aceitar procuração de quem já tenha patrono constituído sem o prévio conhecimento deste, salvo por motivo justo ou para a adoção de medidas judiciais urgentes e inadiáveis, conforme recomendação do Código de Ética da OAB (art. 11).

▸ Veja CPC/73: "**Art. 38.** A procuração geral para o foro, conferida por instrumento público, ou particular assinado pela parte, habilita o advogado a praticar todos os atos do processo, salvo para receber citação inicial, confessar, reconhecer a procedência do pedido, transigir, desistir, renunciar ao direito sobre que se funda a ação, receber, dar quitação e firmar compromisso. [...]".

▸ Veja CPC/2015: "**Art. 105.** A procuração geral para o foro, outorgada por instrumento público ou particular assinado pela parte, habilita o advogado a praticar todos os atos do processo, exceto receber citação, confessar, reconhecer a procedência do pedido, transigir, desistir, renunciar ao direito sobre o qual se funda a ação, receber, dar quitação, firmar compromisso e assinar declaração de hipossuficiência econômica, que devem constar de cláusula específica. § 1º A procuração pode ser assinada digitalmente, na forma da lei. § 2º A procuração deverá conter o nome do advogado, seu número de inscrição na Ordem dos Advogados do Brasil e endereço completo. § 3º Se o outorgado integrar sociedade de advogados, a procuração também deverá conter o nome desta, seu número de registro na Ordem dos Advogados do Brasil e endereço completo. [...]".

■ Agravo regimental no recurso especial. Processual civil. Procuração. Reconhecimento de firma. Poderes especiais. Desnecessidade. [...] 2. Firmou-se o entendimento nesta Corte Superior no sentido de que o art. 38 do CPC, com a redação dada pela Lei n. 8.952/94, dispensa o reconhecimento de firma nas procurações *ad judicia* utilizadas em processo judicial, ainda que contenham poderes especiais. Precedentes do STJ. 2. Agravo regimental desprovido. (STJ, Ag. Reg. no REsp n. 1.259.489/PR, 3ª T., rel. Min. Paulo de Tarso Sanseverino, j. 24.09.2013, *DJe* 30.09.2013)

Procuração ad judicia et extra Instrumento de procuração que, além de conferir os poderes contidos na procuração *ad judicia*, habilita o advogado a praticar os atos extrajudiciais de representação e defesa perante: quaisquer pessoas jurídicas de direito público, seus órgãos, ministérios, desdobramentos e repartições de qualquer natureza, inclusive autarquias e entidades paraestatais; e quaisquer pessoas jurídicas de direito privado, sociedades de economia mista ou pessoa física em geral.

Procuração *apud acta* Procuração para o ato ou junto aos autos. Procuração judicial, outorgada oralmente, perante o juiz e consignada em ata de audiência. Tem lugar nas audiências criminais e trabalhistas (art. 266, CPP; art. 791, § 3º, CLT).

▸ Veja CPP: "**Art. 266.** A constituição de defensor independerá de instrumento de mandato, se o acusado o indicar por ocasião do interrogatório".

▸ Veja CLT: "**Art. 791.** [...] § 3º A constituição de procurador com poderes para o foro em geral poderá ser efetivada, mediante simples registro em ata de audiência, a requerimento verbal do advogado interessado, com anuência da parte representada".

■ Apelação cível. Embargos à execução. Ausência de procuração. Procuração *apud acta*. Hipótese que torna desnecessária a juntada de instrumento procuratório para validade dos atos praticados em juízo pelo profissional. Prescrição. Inocorrente. Impugnação ao laudo pericial. Preclusão. Prequestionamento. Não está o acórdão obrigado a enfrentar destacadamente todos os dispositivos legais vazados na lide, senão a resolver sua controvérsia típica, como procedido. E, na linha decisória do acórdão, não há falar em negativa de vigência a qualquer dispositivo legal. Apelação desprovida. (TJRS, Ap. Cível n. 70.035.054.584, 20ª Câm. Cível, rel. Glênio José Wasserstein Hekman, j. 27.06.2012)

■ Habilitação por requerimento oral na audiência. Recurso. Falta de capacidade postulatória. Ausência de procuração com poderes expressos. Representante legal. Art. 44 do CPP. *In casu*, não restou comprovada a legitimidade do mandante para representar o ofendido no processo, pois caso fosse possível a procuração *apud acta*, a mesma só teria validade se o representante da pessoa jurídica, em pessoa e nessa qualidade, indicasse e constituísse verbalmente seus advogados. Nos termos do art. 44 do CPP, é necessário que a parte outorgue ao advogado, que irá intervir como assistente do Ministério Público, procuração com poderes especiais. Recurso conhecido, mas desprovido. (STJ, REsp n. 231.382/MS, 5ª T., rel. Min. José Arnaldo da Fonseca, j. 02.12.1999, *DJ* 21.02.2000, p. 166)

Procurador Pessoa que recebe poderes para atuar em nome de outrem por meio de procuração ou mandato (art. 653, CC). O advogado que representa o cliente em juízo. Aquele que representa o Estado ou o Município junto ao Poder Judiciário. Mandatário; representante.

▶ Veja CC: "**Art. 653.** Opera-se o mandato quando alguém recebe de outrem poderes para, em seu nome, praticar atos ou administrar interesses. A procuração é o instrumento do mandato. **Art. 654.** Todas as pessoas capazes são aptas para dar procuração mediante instrumento particular, que valerá desde que tenha a assinatura do outorgante. § 1º O instrumento particular deve conter a indicação do lugar onde foi passado, a qualificação do outorgante e do outorgado, a data e o objetivo da outorga com a designação e a extensão dos poderes conferidos. § 2º O terceiro com quem o mandatário tratar poderá exigir que a procuração traga a firma reconhecida".

Procurador de Justiça Membro do Ministério Público com atuação perante a Justiça de 2º grau. Trata-se de Promotor de Justiça guindado ao órgão de 2ª instância por antiguidade ou merecimento (*v. Ministério Público*).

Procuradores do Estado Profissionais formados em Direito organizados em carreira, na qual o ingresso dependerá de concurso público de provas e títulos, com a participação da Ordem dos Advogados do Brasil em todas as suas fases, que exercem a representação judicial e a consultoria jurídica das respectivas unidades federadas, assim consideradas os estados e o Distrito Federal. O Procurador do Estado exerce função essencial à justiça e ao regime da legalidade dos atos da administração pública estadual, gozando, no desempenho do cargo, das prerrogativas inerentes à atividade da advocacia, sendo inviolável por seus atos e manifestações oficiais nos termos da lei.

▶ Veja CF: "**Art. 132.** Os Procuradores dos Estados e do Distrito Federal, organizados em carreira, na qual o ingresso dependerá de concurso público de provas e títulos, com a participação da Ordem dos Advogados do Brasil em todas as suas fases, exercerão a representação judicial e a consultoria jurídica das respectivas unidades federadas. Parágrafo único. Aos procuradores referidos neste artigo é assegurada estabilidade após 3 (três) anos de efetivo exercício, mediante avaliação de desempenho perante os órgãos próprios, após relatório circunstanciado das corregedorias".

Procurador-geral da República Membro do Ministério Público nomeado pelo Presidente da República entre integrantes da carreira do Ministério Público, maiores de trinta e cinco anos, após a aprovação de seu nome pela maioria absoluta dos membros do Senado Federal, para mandato de dois anos, permitida a recondução, encarregado da chefia do Ministério Público da União. Também há procuradores-gerais no âmbito dos estados, do Distrito Federal e dos municípios.

▶ Veja CF: "**Art. 128.** O Ministério Público abrange: I – o Ministério Público da União, que compreende: *a)* o Ministério Público Federal; *b)* o Ministério Público do Trabalho; *c)* o Ministério Público Militar; *d)* o Ministério Público do Distrito Federal e Territórios; II – os Ministérios Públicos dos Estados. § 1º O Ministério Público da União tem por chefe o Procurador-Geral da República, nomeado pelo Presidente da República dentre integrantes da carreira, maiores de trinta e cinco anos, após a aprovação de seu nome pela maioria absoluta dos membros do Senado Federal, para mandato de dois anos, permitida a recondução. § 2º A destituição do Procurador-Geral da República, por iniciativa do Presidente da República, deverá ser precedida de autorização da maioria absoluta do Senado Federal. § 3º Os Ministérios Públicos dos Estados e o do Distrito Federal e Territórios formarão lista tríplice dentre integrantes da carreira, na forma da lei respectiva, para escolha de seu Procurador-Geral, que será nomeado pelo Chefe do Poder Executivo, para mandato de dois anos, permitida uma recondução. § 4º Os Procuradores-Gerais nos Estados e no Distrito Federal e Territórios poderão ser destituídos por deliberação da maioria absoluta do Poder Legislativo, na forma da lei complementar respectiva".

Pródigo Aquele que gasta ou dissipa seu patrimônio de maneira imoderada. Quem faz, habitualmente, gastos injustificáveis, imoderados, sem proveito, com risco de perda do patrimônio. O pródigo sujeita-se à curatela que, no entanto, só o privará de, sem curador, emprestar, transigir, dar quitação, alienar, hipotecar, demandar ou ser demandado, e praticar, em geral, os atos que não sejam de mera administração (arts. 1.767 e 1.782, CC).

▶ Veja CC: "**Art. 1.767.** Estão sujeitos a curatela: I – aqueles que, por enfermidade ou deficiência mental, não tiverem o necessário discernimento para os atos da vida civil; II – aqueles que, por outra causa duradoura, não puderem exprimir a sua vontade; III – os deficientes mentais, os ébrios habituais e os viciados em tóxicos; IV – os excepcionais sem completo desenvolvimento mental; V – os pródigos. [...] **Art. 1.782.** A interdição do pródigo só o privará de, sem curador, emprestar, transigir, dar quitação, alienar, hipotecar, demandar ou ser demandado, e praticar, em geral, os atos que não sejam de mera administração".

Pro diviso Diz-se da propriedade comum já partilhada e que, porém, os condôminos continuam usufruindo em comum. Se verifica quando "a comunhão existe de direito, mas não de fato, uma vez que cada condômino já se localiza numa parte certa e determinada da coisa. Exemplo típico de partes pro diviso é o do prédio cujos andares pertencem a proprietários diversos [...]" (MONTEIRO, Washington de Barros. *Curso de direito civil*: direito das coisas. São Paulo, Saraiva, 2010, p. 246).

- Condomínio. Espécie. *Pro diviso* e *pro indiviso*. Comunhão. Improcedência da ação. Apelação. Sentença anulada. Recurso provido. Embargos infringentes recebidos. 1. O condomínio pode ser *pro indiviso* e *pro diviso*. No condomínio *pro indiviso* os condôminos estão de fato e de direito na indivisão ao passo que no *pro diviso* existe uma divisão provisória, ou seja, extrajudicial. 2. Vê, pois, que o caso concreto diz respeito a uma comunhão, não havendo a possibilidade de administração da coisa comum, eis que cada um exerce sua atividade econômica individualmente e em acordo com a anuência tácita do outro, daí não se tratar de caso de prestação de contas. (TJPR, Emb. Infring. Cível n. 98.397/PR, j. 17.08.1995)

Produção antecipada de provas (*v. Prova antecipada*).

Progenitor Aquele que vem antes do pai ou genitor. Avô ou ascendente. Usa-se, com mais acerto, a palavra *genitor* quando se refere ao pai.

Progressão de regime Progressão do regime prisional do apenado para o regime menos rigoroso do que aquele a que foi condenado. A progressão para o regime menos rigoroso pressupõe o preenchimento, simultâneo, dos requisitos objetivo e subjetivo (art. 112, LEP). O primeiro consiste no resgate de certa quantidade de pena, prevista em lei, no regime anterior, que poderá ser de 1/6 para os crimes comuns; e 2/5 (se o apenado for primário) ou 3/5 (se o apenado for reincidente) para os crimes hediondos ou equiparados nos termos da Lei n. 11.464/2007; o segundo consiste no bom comportamento carcerário, atestado por certidão emitida pelo diretor da unidade prisional em que o apenado encontrar-se recolhido. O Plenário do Supremo Tribunal Federal confirmou por unanimidade, em 16.05.2013, que a exigência de cumprimento de 1/6 da pena para a progressão de regime se aplica aos crimes hediondos praticados antes da vigência da Lei n. 11.464/2007 (RE n. 579.167, com repercussão geral).

- Veja Lei n. 7.210/84: "**Art. 112.** A pena privativa de liberdade será executada em forma progressiva com a transferência para regime menos rigoroso, a ser determinada pelo juiz, quando o preso tiver cumprido ao menos um sexto da pena no regime anterior e ostentar bom comportamento carcerário, comprovado pelo diretor do estabelecimento, respeitadas as normas que vedam a progressão. § 1º A decisão será sempre motivada e precedida de manifestação do Ministério Público e do defensor. § 2º Idêntico procedimento será adotado na concessão de livramento condicional, indulto e comutação de penas, respeitados os prazos previstos nas normas vigentes".

Pro indiviso Condomínio ou propriedade pertencente a várias pessoas, enquanto não dividida entre os condôminos (*v. julgado do verbete Pro diviso*).

Pro labore Pelo trabalho. Remuneração que o sócio de uma empresa tem direito a receber mensalmente.

Prolatar Ato de o juiz proferir ou redigir uma sentença. Pode ser representado por uma expressão como: "O juiz prolatou sentença condenando o réu".

Promissário Promitente comprador. Aquele a quem é prometida a venda da coisa pelo promitente vendedor. O promissário pode exigir do promitente vendedor, ou de terceiros a quem os direitos forem cedidos, a outorga da escritura definitiva de compra e venda, conforme o disposto no instrumento preliminar e, havendo recusa, requerer ao juiz a adjudicação do imóvel (arts. 1.417 e 1.418, CC).

- Veja CC: "**Art. 1.417.** Mediante promessa de compra e venda, em que se não pactuou arrependimento, celebrada por instrumento público ou particular, e registrada no Cartório de Registro de Imóveis, adquire o promitente comprador direito real à aquisição do imóvel. **Art. 1.418.** O promitente comprador, titular de direito real, pode exigir do promitente vendedor, ou de terceiros, a quem os direitos deste forem cedidos, a outorga da escritura definitiva de compra e venda, conforme o disposto no instrumento preliminar; e, se houver recusa, requerer ao juiz a adjudicação do imóvel".

Promitente Promitente vendedor. Aquele que promete ou assume obrigação de fazer ou não fazer; aquele que se obriga com o estipulante a realizar certa prestação em benefício de terceiro. Também se diz compromitente. Na promessa de compra e venda participam o promitente vendedor e o promitente comprador.

▶ Veja CC: "**Art. 854.** Aquele que, por anúncios públicos, se comprometer a recompensar, ou gratificar, a quem preencha certa condição, ou desempenhe certo serviço, contrai obrigação de cumprir o prometido. **Art. 855.** Quem quer que, nos termos do artigo antecedente, fizer o serviço, ou satisfizer a condição, ainda que não pelo interesse da promessa, poderá exigir a recompensa estipulada. **Art. 856.** Antes de prestado o serviço ou preenchida a condição, pode o promitente revogar a promessa, contanto que o faça com a mesma publicidade; se houver assinado prazo à execução da tarefa, entender-se-á que renuncia o arbítrio de retirar, durante ele, a oferta. Parágrafo único. O candidato de boa-fé, que houver feito despesas, terá direito a reembolso".

Promoção Vantagem assegurada aos servidores públicos que preencherem certos requisitos previstos em lei. A promoção dos juízes será realizada de entrância para entrância, alternadamente, por critérios de antiguidade e merecimento, atendidas as seguintes regras: a) é obrigatória a promoção do juiz que figure por três vezes consecutivas ou cinco alternadas em lista de merecimento; b) a promoção por merecimento pressupõe dois anos de exercício na respectiva entrância e que o juiz integre a primeira quinta parte da lista de antiguidade desta, salvo se não houver com tais requisitos quem aceite o lugar vago; c) aferição do merecimento conforme o desempenho pelos critérios objetivos de produtividade e presteza no exercício da jurisdição e pela frequência e aproveitamento em cursos oficiais ou reconhecidos de aperfeiçoamento; d) na apuração de antiguidade, o tribunal somente poderá recusar o juiz mais antigo pelo voto fundamentado de 2/3 de seus membros, conforme procedimento próprio, sendo-lhe assegurada ampla defesa e repetindo-se a votação até se fixar a indicação; e) não será promovido o juiz que, injustificadamente, retiver autos em seu poder além do prazo legal, não podendo devolvê-los ao cartório sem o devido despacho ou decisão (art. 93, CF).

▶ Veja CF: "**Art. 93.** Lei complementar, de iniciativa do Supremo Tribunal Federal, disporá sobre o Estatuto da Magistratura, observados os seguintes princípios: I – ingresso na carreira, cujo cargo inicial será o de juiz substituto, mediante concurso público de provas e títulos, com a participação da Ordem dos Advogados do Brasil em todas as fases, exigindo-se do bacharel em direito, no mínimo, três anos de atividade jurídica e obedecendo-se, nas nomeações, à ordem de classificação; II – promoção de entrância para entrância, alternadamente, por antiguidade e merecimento, atendidas as seguintes normas: a) é obrigatória a promoção do juiz que figure por três vezes consecutivas ou cinco alternadas em lista de merecimento; b) a promoção por merecimento pressupõe dois anos de exercício na respectiva entrância e integrar o juiz a primeira quinta parte da lista de antiguidade desta, salvo se não houver com tais requisitos quem aceite o lugar vago; c) aferição do merecimento conforme o desempenho e pelos critérios objetivos de produtividade e presteza no exercício da jurisdição e pela frequência e aproveitamento em cursos oficiais ou reconhecidos de aperfeiçoamento; d) na apuração de antiguidade, o tribunal somente poderá recusar o juiz mais antigo pelo voto fundamentado de dois terços de seus membros, conforme procedimento próprio, e assegurada ampla defesa, repetindo-se a votação até fixar-se a indicação; e) não será promovido o juiz que, injustificadamente, retiver autos em seu poder além do prazo legal, não podendo devolvê-los ao cartório sem o devido despacho ou decisão; [...]".

Promotor de Justiça Membro do Ministério Público com atuação perante a Justiça de 2º grau. Promotor de Justiça guindado ao órgão de 2ª instância em razão de promoção por antiguidade ou merecimento. O ingresso na carreira do Ministério Público far-se-á mediante concurso público de provas e títulos, sendo assegurada a participação da OAB em sua realização e exigindo-se do bacharel em Direito, no mínimo, três anos de atividade jurídica, além de ser observada, nas nomeações, a ordem de classificação (art. 129, § 3º, CF).

▶ Veja CF: "**Art. 129.** [...] § 3º O ingresso na carreira do Ministério Público far-se-á mediante concurso público de provas e títulos, assegurada a participação da Ordem dos Advogados do Brasil em sua realização, exigindo-se do bacharel em direito, no mínimo, três anos de atividade jurídica e observando-se, nas nomeações, a ordem de classificação. [...]".

Pronúncia Sentença declaratória judicial que acolhe denúncia do Ministério Público ou queixa na qual se determina o dispositivo legal em que o réu está incurso, determinando que se submeta a julgamento. Juízo de admissibilidade que visa a submeter o acusado ao julgamento popular. O juiz, fundamentadamente, pronunciará o acusado se convencido da materialidade do fato e da existência de indícios suficientes de autoria ou participação (art. 413, CPP).

▶ Veja CPP: "**Art. 413.** O juiz, fundamentadamente, pronunciará o acusado, se convencido da materialidade do fato e da existência de indícios suficientes de autoria ou de participação. § 1º A fundamentação da pronúncia limitar-se-á à indicação da materialidade do fato e da existência de indícios suficientes de autoria ou de participação, devendo o juiz declarar o dispositivo legal em que julgar incurso o acusado e especificar as circunstâncias qualificadoras e as causas de aumento de pena. § 2º Se o crime for afiançável, o juiz arbitrará o valor da fiança para a concessão ou manutenção da liberdade provisória. § 3º O juiz decidirá, motivadamente, no caso de manutenção, revogação ou substituição da prisão ou medida restritiva de liberdade anteriormente decretada e, tratando-se de acusado solto, sobre a necessidade da decretação da prisão ou imposição de quaisquer das medidas previstas no Título IX do Livro I deste Código. **Art. 414.** Não se convencendo da materialidade do fato ou da existência de indícios suficientes de autoria ou de participação, o juiz, fundamentadamente, impronunciará o acusado. Parágrafo único. Enquanto não ocorrer a extinção da punibilidade, poderá ser formulada nova denúncia ou queixa se houver prova nova".

Propriedade Aquilo que é próprio ou pertence a alguém. Direito real que expressa a existência do domínio e da posse exercido por alguém sobre determinada coisa. Adquire-se a propriedade pela usucapião (art. 1.238, CC), pelo registro do título (escritura pública) (art. 1.245, CC) e pela acessão (art. 1.248, CC). O direito de propriedade deve ser exercido em consonância com suas finalidades econômicas e sociais e de modo que sejam preservados, de conformidade com o estabelecido em lei especial, a flora, a fauna, as belezas naturais, o equilíbrio ecológico e o patrimônio histórico e artístico, bem como evitada a poluição do ar e das águas (art. 1.228, CC). Constitui a propriedade o mais amplo dos direitos reais, compreendendo não só o domínio como a posse *jus possidendi*. Assim, o domínio sem a posse não constitui o direito de propriedade propriamente dito, mas apenas o direito real de domínio, que é menos amplo. Contudo, presume-se pertencer a posse a quem tem o domínio e daí a razão por que, muitas vezes, empregamos esses vocábulos – domínio e propriedade – como sinônimos. O titular do direito de propriedade tem, necessariamente, não só o domínio como a posse, e assim, pode exercer todos os direitos que daí decorrem: disposição, uso, fruição e garantia. O titular do direito de domínio sem posse, antes de vindicá-la, não pode constituir sobre o imóvel certos direitos reais de uso, gozo e garantia, por exemplo, habitação e anticrese; nem exercitar outros direitos como os de partilhar, dividir e demarcar, uma vez que esses direitos pressupõem também a posse, ou melhor, o direito de plena propriedade – domínio e posse (VALLIM, João Rabello de Aguiar. *Direito imobiliário brasileiro*: doutrina e prática. São Paulo: Revista dos Tribunais, 1980, p. 24).

▶ Veja CC: "**Art. 1.228.** O proprietário tem a faculdade de usar, gozar e dispor da coisa, e o direito de reavê-la do poder de quem quer que injustamente a possua ou detenha. § 1º O direito de propriedade deve ser exercido em consonância com as suas finalidades econômicas e sociais e de modo que sejam preservados, de conformidade com o estabelecido em lei especial, a flora, a fauna, as belezas naturais, o equilíbrio ecológico e o patrimônio histórico e artístico, bem como evitada a poluição do ar e das águas. § 2º São defesos os atos que não trazem ao proprietário qualquer comodidade, ou utilidade, e sejam animados pela intenção de prejudicar outrem. § 3º O proprietário pode ser privado da coisa, nos casos de desapropriação, por necessidade ou utilidade pública ou interesse social, bem como no de requisição, em caso de perigo público iminente. § 4º O proprietário também pode ser privado da coisa se o imóvel reivindicado consistir em extensa área, na posse ininterrupta e de boa-fé, por mais de cinco anos, de considerável número de pessoas, e estas nela houverem realizado, em conjunto ou separadamente, obras e serviços considerados pelo juiz de interesse social e econômico relevante. § 5º No caso do parágrafo antecedente, o juiz fixará a justa indenização devida ao proprietário; pago o preço, valerá a sentença como título para o registro do imóvel em nome dos possuidores. **Art. 1.229.** A propriedade do solo abrange a do espaço aéreo e subsolo correspondentes, em altura e profundidade úteis ao seu exercício, não podendo o proprietário opor-se a atividades que sejam realizadas, por terceiros, a uma altura ou profundidade tais, que não tenha ele interesse legítimo em impedi-las. **Art. 1.230.** A propriedade do solo não abrange as jazidas, minas e demais recursos minerais, os potenciais de energia hidráulica, os monumentos arqueológicos e outros bens referidos por leis especiais. Parágrafo único. O proprietário do solo tem o direito de explorar os recursos minerais de emprego imediato na construção civil, desde que não submetidos a transformação industrial, obedecido o disposto em lei especial. **Art. 1.231.** A propriedade presume-se plena e exclusiva, até prova em contrário".

Propriedade fiduciária Propriedade resolúvel de coisa móvel infungível que o devedor, com escopo de garantia, transfere ao credor. Direito real de garantia, fundado na alienação fiduciária de imóvel, utilizado para assegurar um financiamento efetuado pelo devedor alienante junto ao credor adquirente da propriedade fiduciária. Nessa modalidade de propriedade, participam duas partes: o credor fiduciário (sujeito ativo) e o devedor fiduciante (sujeito passivo). Configurada a propriedade fiduciária, dá-se o desmembramento da posse e, consequentemente, o devedor fiduciante permanece na posse direta do bem, ao passo que ao credor fiduciário é assegurada a posse indireta. O credor adquire, também, a propriedade resolúvel do bem alienado fiduciariamente, a qual se resolverá se o devedor adimplir a obrigação contraída, hipótese em que a propriedade do bem e sua posse plena retornarão ao então devedor (FARIAS, Cristiano Chaves de; ROSENVALD, Nelson. *Direitos reais*. 3.ed. Rio de Janeiro, Lumen Iuris, 2006). A propriedade fiduciária é constituída mediante registro do contrato, celebrado por instrumento público ou particular, que lhe serve de título, no Registro de Títulos e Documentos do domicílio do devedor, ou, em se tratando de veículos, na repartição competente para o licenciamento, fazendo-se a anotação no certificado de registro (art. 1.361, CC).

▶ Veja CC: "**Art. 1.361.** Considera-se fiduciária a propriedade resolúvel de coisa móvel infungível que o devedor, com escopo de garantia, transfere ao credor. § 1º Constitui-se a propriedade fiduciária com o registro do contrato, celebrado por instrumento público ou particular, que lhe serve de título, no Registro de Títulos e Documentos do domicílio do devedor, ou, em se tratando de veículos, na repartição competente para o licenciamento, fazendo-se a anotação no certificado de registro. § 2º Com a constituição da propriedade fiduciária, dá-se o desdobramento da posse, tornando-se o devedor possuidor direto da coisa. § 3º A propriedade superveniente, adquirida pelo devedor, torna eficaz, desde o arquivamento, a transferência da propriedade fiduciária. **Art. 1.362.** O contrato, que serve de título à propriedade fiduciária, conterá: I – o total da dívida, ou sua estimativa; II – o prazo, ou a época do pagamento; III – a taxa de juros, se houver; IV – a descrição da coisa objeto da transferência, com os elementos indispensáveis à sua identificação".

Propriedade industrial Direito decorrente da produção intelectual direcionada à criação de produtos ou mecanismos que sejam de interesse social e visem o desenvolvimento tecnológico e econômico do País. Compreende as patentes de invenção, os modelos de utilidade, o desenho ou modelo industrial, as marcas de fábrica ou comércio, as marcas de serviço, o nome comercial e as indicações de proveniência ou denominações de origem, bem como a repressão da concorrência desleal. No Brasil, o órgão responsável pelo registro de propriedade industrial é o Instituto Nacional de Propriedade Industrial – INPI. A propriedade industrial é disciplinada pela Lei n. 9.279/96.

▶ Veja Lei n. 9.279/96: "**Art. 1º** Esta Lei regula direitos e obrigações relativos à propriedade industrial. **Art. 2º** A proteção dos direitos relativos à propriedade industrial, considerado o seu interesse social e o desenvolvimento tecnológico e econômico do País, efetua-se mediante: I – concessão de patentes de invenção e de modelo de utilidade; II – concessão de registro de desenho industrial; III – concessão de registro de marca; IV – repressão às falsas indicações geográficas; e V – repressão à concorrência desleal. **Art. 3º** Aplica-se também o disposto nesta Lei: I – ao pedido de patente ou de registro proveniente do exterior e depositado no País por quem tenha proteção assegurada por tratado ou convenção em vigor no Brasil; e II – aos nacionais ou pessoas domiciliadas em país que assegure aos brasileiros ou pessoas domiciliadas no Brasil a reciprocidade de direitos iguais ou equivalentes. **Art. 4º** As disposições dos tratados em vigor no Brasil são aplicáveis, em igualdade de condições, às pessoas físicas e jurídicas nacionais ou domiciliadas no País. **Art. 5º** Consideram-se bens móveis, para os efeitos legais, os direitos de propriedade industrial".

Propriedade intelectual Direito decorrente da produção ou do produto do pensamento humano exteriorizado na realização de obras literárias, artísticas e científicas. Propriedade imaterial. São obras intelectuais protegidas as criações do espírito expressas por qualquer meio ou fixadas em qualquer suporte, tangível ou intangível, conhecido ou que se invente no futuro (art. 7º, Lei n. 9.610/98).

▶ Veja Lei n. 9.610/98: "**Art. 7º** São obras intelectuais protegidas as criações do espírito, expressas por qualquer meio ou fixadas em qualquer suporte, tangível ou intangível, conhecido ou que se invente no futuro, tais como: I – os textos de obras literárias, artísticas ou científicas; II – as conferências, alocuções, sermões e outras obras da mesma natureza; III – as obras dramáticas e dramático-musicais; IV – as obras coreográficas e pantomímicas, cuja execução cênica se fixe por escrito ou por outra qualquer forma; V – as composições musicais, tenham ou não letra; VI – as obras audiovisuais, sonorizadas ou não, inclusive as cinematográficas; VII – as obras fotográficas e as produzidas por qualquer processo análogo ao da fotografia; VIII – as obras de desenho, pintura, gravura, escultura, litografia e arte cinética; IX – as ilustrações, cartas geográficas e outras obras da mesma natureza; X – os projetos, esboços e obras plásticas concernentes à geografia, engenharia, topografia, arquitetura, paisagismo, cenografia e ciência; XI – as adaptações, traduções e outras transformações de obras originais, apresentadas como criação intelectual nova; XII – os programas de computador; XIII – as coletâneas ou compilações, antologias, enciclopédias, dicionários, bases de dados e outras obras, que, por sua seleção, organização ou disposição de seu conteúdo, constituam uma criação intelectual. § 1º Os programas de computador são objeto de legislação específica, observadas as disposições desta Lei que lhes sejam aplicáveis. [...] **Art. 10.** A proteção à obra intelectual abrange o seu título, se original e inconfundível com o de obra do mesmo gênero, divulgada anteriormente por outro autor. Parágrafo único. O título de publicações periódicas, inclusive jornais, é protegido até um ano após a saída do seu último número, salvo se forem anuais, caso em que esse prazo se elevará a dois anos".

Propriedade resolúvel Propriedade sujeita à extinção em razão do implemento de condição, advento do termo ou de outra causa superveniente. Propriedade transferida sob condição ou termo. Resolvida a propriedade, entendem-se também resolvidos os direitos reais concedidos em sua pendência, e o proprietário, em cujo favor se opera a resolução, pode reivindicar a coisa do poder de quem a possua ou detenha (art. 1.359, CC). Considera-se fiduciária a propriedade resolúvel de coisa móvel infungível que o devedor, com escopo de garantia, transfere ao credor (art. 1.361, CC).

▶ Veja CC: "**Art. 1.359.** Resolvida a propriedade pelo implemento da condição ou pelo advento do termo, entendem-se também resolvidos os direitos reais concedidos na sua pendência, e o proprietário, em cujo favor se opera a resolução, pode reivindicar a coisa do poder de quem a possua ou detenha. **Art. 1.360.** Se a propriedade se resolver por outra causa superveniente, o possuidor, que a tiver adquirido por título anterior à sua resolução, será considerado proprietário perfeito, restando à pessoa, em cujo benefício houve a resolução, ação contra aquele cuja propriedade se resolveu para haver a própria coisa ou o seu valor. **Art. 1.361.** Considera-se fiduciária a propriedade resolúvel de coisa móvel infungível que o devedor, com escopo de garantia, transfere ao credor. § 1º Constitui-se a propriedade fiduciária com o registro do contrato, celebrado por instrumento público ou particular, que lhe serve de título, no Registro de Títulos e Documentos do domicílio do devedor, ou, em se tratando de veículos, na repartição competente para o licenciamento, fazendo-se a anotação no certificado de registro. § 2º Com a constituição da propriedade fiduciária, dá-se o desdobramento da posse, tornando-se o devedor possuidor direto da coisa. § 3º A propriedade superveniente, adquirida pelo devedor, torna eficaz, desde o arquivamento, a transferência da propriedade fiduciária".

Proprietário Aquele que detém todos os poderes inerentes à propriedade, ou seja, possui o direito de usar, gozar e dispor da coisa, e o direito de reavê-la do poder de quem quer que injustamente a possua ou detenha. O proprietário pode ser privado da coisa, nos casos de desapropriação, por necessidade ou utilidade pública ou interesse social, bem como no de requisição, em caso de perigo público iminente, e no de reivindicação por usucapião (art. 1.228, CC).

▶ Veja CC: "**Art. 1.228.** O proprietário tem a faculdade de usar, gozar e dispor da coisa, e o direito de reavê-la do poder de quem quer que injustamente a possua ou detenha. § 1º O direito de propriedade deve ser exercido em consonância com as suas finalidades econômicas e sociais e de modo que sejam preservados, de conformidade com o estabelecido em lei especial, a flora, a fauna, as belezas naturais, o equilíbrio ecológico e o patrimônio histórico e artístico, bem como evitada a poluição do ar e das águas. § 2º São defesos os atos que não trazem ao proprietário qualquer comodidade, ou utilidade, e sejam animados pela intenção de prejudicar outrem. § 3º O proprietário pode ser privado da coisa, nos casos de desapropriação, por necessidade ou utilidade pública ou interesse social, bem como no de requisição, em caso de perigo público iminente. § 4º O proprietário também pode ser privado da coisa se o imóvel reivindicado consistir em extensa área, na posse ininterrupta e de boa-fé, por mais de cinco anos, de considerável número de pessoas, e estas nela houverem realizado, em conjunto ou separadamente, obras e serviços considerados pelo juiz de interesse social e econômico relevante. § 5º No caso do parágrafo antecedente, o juiz fixará a justa indenização devida ao proprietário; pago o preço, valerá a sentença como título para o registro do imóvel em nome dos possuidores. **Art. 1.229.** A propriedade do solo abrange a do espaço aéreo e subsolo correspondentes, em altura e profundidade úteis ao seu exercício, não podendo o proprietário opor-se a atividades que sejam realizadas, por terceiros, a uma altura ou profundidade tais, que não tenha ele interesse legítimo em impedi-las. **Art. 1.230.** A propriedade do solo não abrange as jazidas, minas e demais recursos minerais, os potenciais de energia hidráulica, os monumentos arqueológicos e outros bens referidos por leis especiais. Parágrafo único. O proprietário do solo tem o direito de explorar os recursos minerais de emprego imediato na construção civil, desde que não submetidos a transformação industrial, obedecido o disposto em lei especial. **Art. 1.231.** A propriedade presume-se plena e exclusiva, até prova em contrário. **Art. 1.232.** Os frutos e mais produtos da coisa pertencem, ainda quando separados, ao seu proprietário, salvo se, por preceito jurídico especial, couberem a outrem".

Propter rem Por causa ou em razão da coisa. Relativo à obrigação que recai sobre uma pessoa em razão da sua qualidade de proprietário ou titular de um direito real sobre um determinado bem. Vinculação de uma pessoa a certo bem com todos os deveres a ele inerentes.

- Ilegitimidade *ad causam*. Ação de cobrança de despesas condominiais. Natureza *propter rem* da obrigação. Quem deve é a coisa, metáfora para dizer que quem deve é o dono, cujo nome importa pouco. Prevalência do interesse da coletividade. Legitimidade passiva da companhia habitacional, a despeito da promessa de venda da unidade e sem prejuízo do direito de regresso. Cobrança procedente, afastada a alegação de ilegitimidade de parte. Recurso improvido. (TJSP, Ap. n. 2.662.172/Mogi das Cruzes, rel. Des. Celso José Pimentel, j. 20.02.2013)

- Ilegitimidade *ad causam*. Condomínio. Despesas condominiais. Cobrança. Preliminar rejeitada pela sentença. Reiteração em sede recursal. Impropriedade. A contribuição para as despesas do condomínio edilício constitui obrigação de natureza *propter rem*, onde a situação jurídica do obrigado representa uma amálgama de direito pessoal e real, não tendo preponderância, para efeito de legitimação passiva ordinária, a condição de possuidor ou proprietário da unidade autônoma sobre a qual recai a obrigação, pois prevalece, em contrapartida, o interesse da coletividade dos condôminos na obtenção de recursos para manutenção da propriedade coletiva comum, podendo o condomínio credor eleger devedor aquele que possui uma relação jurídica vinculada à unidade autônoma, a exemplo do réu na qualidade de titular da unidade autônoma perante o registro imobiliário. Preliminar rejeitada. (TJSP, Ap. n. 4.622.666/Osasco, rel. Des. Júlio dos Santos Vidal Júnior, j. 30.01.2013)

Pro rata Divisão na proporção das partes. Na razão do que deve caber, proporcionalmente, a cada uma das partes.

Protesto cambiário Aquele que é promovido pelo credor perante o Cartório de Protestos de Títulos, motivado por falta de aceite ou falta de pagamento de título cambiário (nota promissória, letra de câmbio, cheque e duplicata).

▶ Veja Lei n. 9.492/97: "**Art. 1º** Protesto é o ato formal e solene pelo qual se prova a inadimplência e o descumprimento de obrigação originada em títulos e outros documentos de dívida. Parágrafo único. Incluem-se entre os títulos sujeitos a protesto as certidões de dívida ativa da União, dos Estados, do Distrito Federal, dos Municípios e das respectivas autarquias e fundações públicas. **Art. 2º** Os serviços concernentes ao protesto, garantidores da autenticidade, publicidade, segurança e eficácia dos atos jurídicos, ficam sujeitos ao regime estabelecido nesta Lei. **Art. 3º** Compete privativamente ao Tabelião de Protesto de Títulos, na tutela dos interesses públicos e privados, a protocolização, a intimação, o acolhimento da devolução ou do aceite, o recebimento do pagamento, do título e de outros documentos de dívida, bem como lavrar e registrar o protesto ou acatar a desistência do credor em relação ao mesmo, proceder às averbações, prestar informações e fornecer certidões relativas a todos os atos praticados, na forma desta Lei".

- Cambial. Duplicata mercantil. Ação declaratória de inexigibilidade de título. Título emitido com base em compra e venda de materiais para construção. Ação julgada improcedente.

Alegação da autora de que a ré não emitiu o título para pagamento, porém apontou indevidamente a duplicata a protesto em data e com valor diverso daqueles constantes no acordo verbal firmado entre as partes. Descabimento. Existência de prova da relação jurídica subjacente que deu causa ao saque da duplicata é incontroversa. Autora não se desincumbiu do ônus da prova do fato constitutivo de seu direito (art. 333, I, do CPC). Apontamento a protesto legítimo, em razão do inadimplemento da obrigação assumida pela recorrente. Observância dos requisitos previstos na Lei Federal n. 5.474/68. Sentença mantida. Recurso improvido. (TJSP, Ap. n. 7.400.452/Franca, rel. Des. Francisco Giaquinto, j. 25.03.2013)

- Dano moral. Protesto indevido. Inocorrência. Mora e inadimplência incontroversa. Exercício regular de direito do credor. Dívida quitada. Pretensão de realização da baixa do protesto pelo banco credor. Insubsistência. Competência do devedor, de posse do título quitado ou da carta de anuência, em comparecer ao respectivo tabelionato e providenciar o cancelamento do protesto. Entendimento jurisprudencial pacificado neste Tribunal de Justiça e no STJ. Ausência de ato ilícito a ensejar o direito à reparação. Sentença de improcedência mantida. Recurso improvido. (TJSP, Ap. n. 1.578.503/Limeira, rel. Des. Sérgio Seiji Shimura, j. 06.03.2013)

Protesto de decisão judicial É o protesto da decisão transitada em julgado efetivado depois de transcorrido o prazo de quinze dias para pagamento voluntário pelo devedor. Para efetivar o protesto, incumbe ao exequente requerer a emissão de certidão do teor da decisão.

▶ Veja CPC/2015: "**Art. 517.** A decisão judicial transitada em julgado poderá ser levada a protesto, nos termos da lei, depois de transcorrido o prazo para pagamento voluntário previsto no art. 523. § 1º Para efetivar o protesto, incumbe ao exequente apresentar certidão de teor da decisão. § 2º A certidão de teor da decisão deverá ser fornecida no prazo de 3 (três) dias e indicará o nome e a qualificação do exequente e do executado, o número do processo, o valor da dívida e a data de decurso do prazo para pagamento voluntário. [...]".

Protesto judicial Medida judicial requerida por quem tem interesse em prevenir responsabilidade, prover a conservação e ressalva de seus direitos ou manifestar qualquer intenção de modo formal. Mediante o protesto "o protestante exterioriza manifestação de vontade, declarando algum direito ou pretensão que afirma serem seus, ou manifestando vontade de exercê-los"

(BAPTISTA DA SILVA, Ovídio A. *Do processo cautelar*. 2.ed. Rio de Janeiro, Forense, 1999, p. 455). Humberto Theodoro Júnior cita os seguintes exemplos de casos que comportam o pedido de protesto judicial: *"Prevenir responsabilidade,* como, por exemplo, o caso do engenheiro que elaborou o projeto e nota que o construtor não está seguindo se plano técnico; *prover a conservação de seu direito,* como no caso do protesto interruptivo de prescrição; *prover a ressalva de seus direitos,* como no caso de protesto contra alienação de bem que possa reduzir o alienante à insolvência e deixar o credor sem meios de executar seu crédito"* (THEODORO JÚNIOR, Humberto. *Curso de direito processual civil.* 35.ed. Rio de Janeiro, Forense, 2003, p. 482).

▶ Veja CPC/2015: "**Art. 301.** A tutela de urgência de natureza cautelar pode ser efetivada mediante arresto, sequestro, arrolamento de bens, registro de protesto contra alienação de bem e qualquer outra medida idônea para asseguração do direito. [...] **Art. 726.** Quem tiver interesse em manifestar formalmente sua vontade a outrem sobre assunto juridicamente relevante poderá notificar pessoas participantes da mesma relação jurídica para dar-lhes ciência de seu propósito. § 1º Se a pretensão for a de dar conhecimento geral ao público, mediante edital, o juiz só a deferirá se a tiver por fundada e necessária ao resguardo de direito. § 2º Aplica-se o disposto nesta Seção, no que couber, ao protesto judicial. **Art. 727.** Também poderá o interessado interpelar o requerido, no caso do art. 726, para que faça ou deixe de fazer o que o requerente entenda ser de seu direito. **Art. 728.** O requerido será previamente ouvido antes do deferimento da notificação ou do respectivo edital: I – se houver suspeita de que o requerente, por meio da notificação ou do edital, pretende alcançar fim ilícito; II – se tiver sido requerida a averbação da notificação em registro público. **Art. 729.** Deferida e realizada a notificação ou interpelação, os autos serão entregues ao requerente".

- Protesto contra alienação de bens. Fundamentação concisa. Nulidade. Ausência. Averbação no registro imobiliário. Poder geral de cautela. 1. A jurisprudência desta Corte há muito se encontra pacificada no sentido de que inexiste nulidade do julgamento se a fundamentação, embora concisa, for suficiente para a solução da demanda. 2. O acórdão recorrido está em harmonia com a orientação desta Corte no sentido de que a averbação do protesto contra alienação de bens está inserida no poder geral de cautela do juiz, insculpido no art. 798

do CPC, que dá liberdade ao magistrado para determinar quaisquer medidas que julgar adequadas a fim de evitar lesão às partes envolvidas. 3. Agravos regimentais não providos. (STJ, Ag. Reg. no RMS n. 33.772/MS, 3ª T., rel. Min. Ricardo Villas Bôas Cueva, j. 20.05.2014, *DJe* 30.05.2014)

Prova Instrumento utilizado pelas partes em juízo para demonstrar ou refutar a existência ou veracidade de um fato ou ato jurídico. É todo meio legal usado no processo capaz de demonstrar a verdade dos fatos alegados em juízo. Salvo o negócio a que se impõe forma especial, o fato jurídico pode ser provado mediante: confissão, documento, testemunha, presunção e perícia (art. 212, CC). Todos os meios legais, bem como os moralmente legítimos, ainda que não especificados no CPC, são hábeis para provar a verdade dos fatos em que se funda o pedido ou a defesa (art. 332, CPC/73). Não dependem de prova os fatos: notórios; afirmados por uma parte e confessados pela parte contrária; admitidos no processo como incontroversos; em cujo favor milita presunção legal de existência ou veracidade.

▶ Veja CC: "**Art. 212.** Salvo o negócio a que se impõe forma especial, o fato jurídico pode ser provado mediante: I – confissão; II – documento; III – testemunha; IV – presunção; V – perícia. [...] **Art. 227.** [...] Parágrafo único. Qualquer que seja o valor do negócio jurídico, a prova testemunhal é admissível como subsidiária ou complementar da prova por escrito".

▶ Veja CPC/73: "**Art. 332.** Todos os meios legais, bem como os moralmente legítimos, ainda que não especificados neste Código, são hábeis para provar a verdade dos fatos, em que se funda a ação ou a defesa. **Art. 333.** O ônus da prova incumbe: I – ao autor, quanto ao fato constitutivo do seu direito; II – ao réu, quanto à existência de fato impeditivo, modificativo ou extintivo do direito do autor. [...] **Art. 334.** Não dependem de prova os fatos: I – notórios; II – afirmados por uma parte e confessados pela parte contrária; III – admitidos, no processo, como incontroversos; IV – em cujo favor milita presunção legal de existência ou de veracidade".

▶ Veja CPC/2015: "**Art. 369.** As partes têm direito de empregar todos os meios legais, bem como os moralmente legítimos, ainda que não especificados neste Código, para provar a verdade dos fatos em que se funda o pedido ou a defesa e influir eficazmente na convicção do juiz. **Art. 370.** Caberá ao juiz, de ofício ou a requerimento da parte, determinar as provas necessárias ao julgamento do mérito. Parágrafo único. O juiz indeferirá, em decisão fundamentada, as diligências inúteis ou meramente protelatórias. **Art. 371.** O juiz apreciará a prova constante dos autos, independentemente do sujeito que a tiver promovido, e indicará na decisão as razões da formação de seu convencimento. **Art. 372.** O juiz poderá admitir a utilização de prova produzida em outro processo, atribuindo-lhe o valor que considerar adequado, observado o contraditório. **Art. 373.** O ônus da prova incumbe: I – ao autor, quanto ao fato constitutivo de seu direito; II – ao réu, quanto à existência de fato impeditivo, modificativo ou extintivo do direito do autor. [...]".

Prova antecipada Medida judicial destinada a promover a oitiva de pessoa ou o exame de uma coisa, de forma antecipada, diante do justo receio de que tais provas corram o risco de desaparecer e não possam ser produzidas posteriormente. A medida visa a produzir prova que normalmente seria produzida em juízo, durante o desenvolvimento regular do processo, para que o requerente possa utilizá-la em uma ação que eventualmente venha a promover no futuro. A produção antecipada da prova, denominada vistoria *ad perpetuam rei memoriam*, quando se tratar de exame pericial, pode consistir em interrogatório da parte, inquirição de testemunhas e exame pericial (art. 846, CPC/73) (*v. Antecipação de provas*).

▶ Veja CPC/73: "**Art. 846.** A produção antecipada da prova pode consistir em interrogatório da parte, inquirição de testemunhas e exame pericial".

▶ Veja CPC/2015: "**Art. 381.** A produção antecipada da prova será admitida nos casos em que: I – haja fundado receio de que venha a tornar-se impossível ou muito difícil a verificação de certos fatos na pendência da ação; II – a prova a ser produzida seja suscetível de viabilizar a autocomposição ou outro meio adequado de solução de conflito; III – o prévio conhecimento dos fatos possa justificar ou evitar o ajuizamento de ação. [...]".

■ Medida cautelar. Produção antecipada de provas. Perícia. Necessidade diante da presença do receio de perecimento da prova. Decisão agravada que deferiu a realização de perícia com fundamento no caráter autônomo da medida de produção antecipada de provas, desvinculando-a do requisito da urgência. Posicionamento doutrinário inovador. Manutenção da decisão agravada, no caso concreto, em razão do atendimento aos princípios processuais da economia e celeridade e da ausência de prejuízo à agravante. Decisão mantida. Recurso desprovido. (TJSP, AI n. 2.027.602/SP, rel. Des. Milton Paulo de Carvalho Filho, j. 31.01.2013)

- **Medida cautelar. Produção antecipada de prova. Do prazo para propositura da ação principal. Considerações do Min. Luiz Fux sobre o tema. CPC, arts. 806 e 846.** "Ao interpretar o art. 806, do CPC, a doutrina e a jurisprudência pátrias têm se posicionado no sentido de que este prazo extintivo não seria aplicável à ação cautelar de produção antecipada de provas, tendo em vista a sua finalidade apenas de produção e resguardo da prova, não gerando, em tese, quaisquer restrições aos direitos da parte contrária. Confira-se, nesse sentido, o entendimento de Humberto Theodoro Júnior e Vicente Greco Filho: 'O prazo extintivo de eficácia refere-se naturalmente àquelas medidas de caráter restritivo de direitos ou de constrição de bens, pois nos provimentos meramente conservativos (justificações, protestos, interpelações e notificações) e nos de antecipação de provas (vistoria e inquirições *ad perpetuam rei memoriam*) não tem, como é óbvio, nenhuma influência o prazo do art. 806. Em tais casos, o fato provado ou a pretensão resguardada ou conservada não desaparecem nem se tornam inócuos pelo simples fato de não ser a ação proposta nos trinta dias seguintes à realização da medida preventiva. Por isso, 'essas medidas preventivas, mesmo preparatórias e necessárias, estão isentas de prazo' (THEODORO JÚNIOR, Humberto. *Curso de direito processual civil.* v. II. Rio de Janeiro, Forense, 2003, p. 403). 'A produção antecipada de prova, como não é medida constritiva de direitos, não está sujeita ao prazo de caducidade do art. 806, não perdendo, pois, sua validade, ainda que a ação principal não seja proposta em trinta dias.' (GRECO FILHO, Vicente. *Direito processual civil brasileiro.* v. 3. São Paulo, Saraiva, 1999, p. 182)." Ainda nesse mesmo sentido, o seguinte precedente da Corte: [...] (STJ, REsp n. 641.665/DF, rel. Min. Luiz Fux, j. 08.03.2005, *DJ* 04.04.2005)

Prova documental Aquela fundada em documento, ou seja, no que está materializado por escrito – impresso, digitalizado ou manuscrito. Em sentido *lato*, é todo registro escrito que representa uma declaração de vontade; em sentido *stricto*, quaisquer escritos, instrumentos ou papéis públicos ou particulares (art. 232, CPP). A escritura pública, lavrada em notas de tabelião, é documento dotado de fé pública, fazendo prova plena (art. 215, CC). As declarações constantes do documento particular, escrito e assinado, ou somente assinado, presumem-se verdadeiras em relação ao signatário (art. 358, CPC/73). Reputa-se autêntico o documento quando o tabelião reconhecer a firma do signatário, declarando que foi aposta em sua presença (art. 369, CPC/73).

▶ Veja CPC/73: "**Art. 366.** Quando a lei exigir, como da substância do ato, o instrumento público, nenhuma outra prova, por mais especial que seja, pode suprir-lhe a falta. **Art. 367.** O documento, feito por oficial público incompetente, ou sem a observância das formalidades legais, sendo subscrito pelas partes, tem a mesma eficácia probatória do documento particular. **Art. 368.** As declarações constantes do documento particular, escrito e assinado, ou somente assinado, presumem-se verdadeiras em relação ao signatário. Parágrafo único. Quando, todavia, contiver declaração de ciência, relativa a determinado fato, o documento particular prova a declaração, mas não o fato declarado, competindo ao interessado em sua veracidade o ônus de provar o fato. **Art. 369.** Reputa-se autêntico o documento, quando o tabelião reconhecer a firma do signatário, declarando que foi aposta em sua presença".

▶ Veja CPC/2015: "**Art. 405.** O documento público faz prova não só da sua formação, mas também dos fatos que o escrivão, o chefe de secretaria, o tabelião ou o servidor declarar que ocorreram em sua presença. **Art. 406.** Quando a lei exigir instrumento público como da substância do ato, nenhuma outra prova, por mais especial que seja, pode suprir-lhe a falta. **Art. 407.** O documento feito por oficial público incompetente ou sem a observância das formalidades legais, sendo subscrito pelas partes, tem a mesma eficácia probatória do documento particular. **Art. 408.** As declarações constantes do documento particular escrito e assinado ou somente assinado presumem-se verdadeiras em relação ao signatário. [...] **Art. 411.** Considera-se autêntico o documento quando: I – o tabelião reconhecer a firma do signatário; II – a autoria estiver identificada por qualquer outro meio legal de certificação, inclusive eletrônico, nos termos da lei; III – não houver impugnação da parte contra quem foi produzido o documento. **Art. 434.** Incumbe à parte instruir a petição inicial ou a contestação com os documentos destinados a provar suas alegações. [...]".

Prova pericial Exame, vistoria ou avaliação, realizada por perito nomeado pelo juiz. O exame se dá por meio de inspeção de coisas, móveis e semoventes, para a verificação de fatos ou circunstâncias que interessam à causa. A vistoria é realizada em caso de inspeção de imóveis; a avaliação é utilizada para determinar o valor, em moeda, de coisas, direitos ou obrigações, como ocorre em inventários e partilhas e nas execuções.

O juiz não está adstrito ao laudo pericial, podendo formar sua convicção com outros elementos ou fatos provados nos autos (art. 436, CPC/73) (v. *Perícia*).

▸ Veja CPC/73: "**Art. 436.** O juiz não está adstrito ao laudo pericial, podendo formar a sua convicção com outros elementos ou fatos provados nos autos".

▸ Veja CPC/2015: "**Art. 479.** O juiz apreciará a prova pericial de acordo com o disposto no art. 371, indicando na sentença os motivos que o levaram a considerar ou a deixar de considerar as conclusões do laudo, levando em conta o método utilizado pelo perito".

Provas ilícitas Provas não admitidas pelo ordenamento jurídico, nos processos criminais, assim entendidas as obtidas em violação a normas constitucionais ou legais. São também inadmissíveis as provas derivadas das ilícitas, salvo quando não evidenciado o nexo de causalidade entre umas e outras, ou quando as derivadas puderem ser obtidas por uma fonte independente das primeiras (art. 157, CPP). "A prova ilícita, em sentido estrito, pode ser definida como a 'prova colhida infringindo-se normas ou princípios colocados pela CF e pelas leis, frequentemente para a proteção das liberdades públicas e dos direitos da personalidade e daquela sua manifestação que é o direito à intimidade'" (AVOLIO, Luiz Francisco Torquato. *Provas ilícitas*: interceptações telefônicas e gravações clandestinas. 2.ed. São Paulo, RT, 1999, p. 43).

▸ Veja CPP: "**Art. 157.** São inadmissíveis, devendo ser desentranhadas do processo, as provas ilícitas, assim entendidas as obtidas em violação a normas constitucionais ou legais. § 1º São também inadmissíveis as provas derivadas das ilícitas, salvo quando não evidenciado o nexo de causalidade entre umas e outras, ou quando as derivadas puderem ser obtidas por uma fonte independente das primeiras. § 2º Considera-se fonte independente aquela que por si só, seguindo os trâmites típicos e de praxe, próprios da investigação ou instrução criminal, seria capaz de conduzir ao fato objeto da prova. § 3º Preclusa a decisão de desentranhamento da prova declarada inadmissível, esta será inutilizada por decisão judicial, facultado às partes acompanhar o incidente. [...]".

▪ *Habeas corpus*. 1. Ação penal instauração. Base em documentação apreendida em diligência considerada ilegal pelo STF e STJ. Ações penais distintas. Irrelevância. Princípios da isonomia e segurança jurídica. 2. Ilicitude da prova derivada. Teoria da árvore dos frutos envenenados. Denúncia oferecida com base em prova derivada da prova ilícita. Impossibilidade. Trancamento. 3. Ordem concedida. 1. Tendo o STF declarado a ilicitude de diligência de busca e apreensão que deu origem a diversas ações penais, impõe-se a extensão desta decisão a todas as ações dela derivadas, em atendimento aos princípios da isonomia e da segurança jurídica. 2. Se todas as provas que embasaram a denúncia derivaram da documentação apreendida em diligência considerada ilegal, é de se reconhecer a imprestabilidade também destas, de acordo com a teoria dos frutos da árvore envenenada, trancando-se a ação penal assim instaurada. 3. Ordem concedida para trancar a ação penal em questão, estendendo, assim, os efeitos da presente ordem também ao corréu na mesma ação [...]. (STJ, *HC* n. 100.879/RJ, 6ª T., rel. Min. Maria Thereza de Assis Moura, j. 19.08.2008, *DJe* 08.09.2008)

Prova testemunhal Diz-se da prova produzida por meio de declaração ou inquirição de pessoas que supostamente tenham conhecimento de fatos que interessam à elucidação da causa. Compete às partes a produção da prova testemunhal arrolando, com antecedência, seu nome, profissão, estado civil, idade, número do cadastro de pessoa física e do registro de identidade e o endereço completo da residência e do local de trabalho (art. 407, CPC/73).

▸ Veja CPC/73: "**Art. 407.** Incumbe às partes, no prazo que o juiz fixará ao designar a data da audiência, depositar em cartório o rol de testemunhas, precisando-lhes o nome, profissão, residência e o local de trabalho; omitindo-se o juiz, o rol será apresentado até 10 (dez) dias antes da audiência. Parágrafo único. É lícito a cada parte oferecer, no máximo, dez testemunhas; quando qualquer das partes oferecer mais de três testemunhas para a prova de cada fato, o juiz poderá dispensar as restantes".

▸ Veja CPC/2015: "**Art. 442.** A prova testemunhal é sempre admissível, não dispondo a lei de modo diverso. [...] **Art. 446.** É lícito à parte provar com testemunhas: I – nos contratos simulados, a divergência entre a vontade real e a vontade declarada; II – nos contratos em geral, os vícios de consentimento. **Art. 447.** Podem depor como testemunhas todas as pessoas, exceto as incapazes, impedidas ou suspeitas. [...] **Art. 450.** O rol de testemunhas conterá, sempre que possível, o nome, a profissão, o estado civil, a idade, o número de inscrição no Cadastro de Pessoas Físicas, o número de registro de identidade e o endereço completo da residência e do local de trabalho".

Provérbio Sentenças ou citações redigidas de maneira sucinta que expressam pensamentos ou princípios jurídicos admitidos universalmente como justos ou conforme a razão predominante. São costumeiramente expressos em latim: *in dubio pro reo*; *dormientibus non succurrit jus*; *nulla poena sine lege*; *allegatio et non probatio, quasi non allegatio*.

Punibilidade Refere-se à punição ou aplicação de pena aos que praticam infrações delituosas decorrente de processos criminais. A punibilidade é passível de extinção: pela morte do agente; por anistia, graça ou indulto; pela retroatividade de lei que não mais considera o fato criminoso; pela prescrição, decadência ou perempção; pela renúncia do direito de queixa ou pelo perdão aceito, nos crimes de ação privada; pela retratação do agente, nos casos em que a lei a admite; pelo casamento do agente com a vítima, nos crimes contra os costumes; pelo casamento da vítima com terceiro, se os crimes foram cometidos sem violência real ou grave ameaça e desde que a ofendida não requeira o prosseguimento do inquérito policial ou da ação penal no prazo de sessenta dias a contar da celebração; pelo perdão judicial, nos casos previstos em lei (art. 107, CP).

▶ Veja CP: "Extinção da punibilidade – **Art. 107.** Extingue-se a punibilidade: I – pela morte do agente; II – pela anistia, graça ou indulto; III – pela retroatividade de lei que não mais considera o fato como criminoso; IV – pela prescrição, decadência ou perempção; V – pela renúncia do direito de queixa ou pelo perdão aceito, nos crimes de ação privada; VI – pela retratação do agente, nos casos em que a lei a admite; [...] IX – pelo perdão judicial, nos casos previstos em lei".

■ Súmula n. 438, STJ: É inadmissível a extinção da punibilidade pela prescrição da pretensão punitiva com fundamento em pena hipotética, independentemente da existência ou sorte do processo penal.

■ Extinção da punibilidade declarada, pelo juízo monocrático, com base em pena antecipada. Impropriedade. Porte ilegal de entorpecente. Aplicação do princípio da insignificância. Impossibilidade. Extinção da punibilidade declarada de ofício. Recurso parcialmente provido. I. De acordo com o CP, tem-se que a prescrição somente se regula pela pena concretamente aplicada ou, ainda, pelo máximo de sanção, abstratamente previsto. II. É imprópria a decisão que extingue a punibilidade pela prescrição com base em pena em perspectiva. Precedentes. III. Deve ser cassado o acórdão recorrido para afastar a denominada prescrição em perspectiva, determinando-se o retorno dos autos ao juízo de origem para o julgamento do recurso de apelação interposto. IV. É entendimento da jurisprudência que o princípio da insignificância não se aplica ao delito de porte de entorpecentes. V. Nos termos da Lei n. 11.343/2006, a prescrição da imposição e a execução das penas estabelecidas ao delito de porte ilegal de entorpecentes ocorre em dois anos, respeitados os marcos de interrupção e suspensão relacionados no CP. VI. Reconhecimento, de ofício, da extinção da punibilidade do recorrido, pela prescrição, no tocante ao delito de porte de substância entorpecente. VII. Recurso parcialmente prejudicado e parcialmente provido, nos termos do voto do relator. (STJ, REsp n. 880.774/RS, 5ª T., rel. Min. Gilson Dipp, j. 10.05.2007, *DJ* 29.06.2007, p. 707)

Pupilo Menor, órfão de pai e mãe, submetido a tutela enquanto não atingir a maioridade, não for emancipado ou não for reconhecido ou adotado. O mesmo que tutelado. O pupilo fica subordinado ao tutor, que é a pessoa incumbida de zelar por ele, para dirigir-lhe a educação, defendê-lo e prestar-lhe alimentos, conforme seus haveres e condição, além de adimplir-lhe os demais deveres que normalmente cabem aos pais, ouvida a opinião do menor, se este já contar 12 anos de idade (art. 1.728, CC) (*v. Tutelado*).

▶ Veja CC: "**Art. 1.728.** Os filhos menores são postos em tutela: I – com o falecimento dos pais, ou sendo estes julgados ausentes; II – em caso de os pais decaírem do poder familiar. **Art. 1.729.** O direito de nomear tutor compete aos pais, em conjunto. Parágrafo único. A nomeação deve constar de testamento ou de qualquer outro documento autêntico. **Art. 1.730.** É nula a nomeação de tutor pelo pai ou pela mãe que, ao tempo de sua morte, não tinha o poder familiar. **Art. 1.731.** Em falta de tutor nomeado pelos pais incumbe a tutela aos parentes consanguíneos do menor, por esta ordem: I – aos ascendentes, preferindo o de grau mais próximo ao mais remoto; II – aos colaterais até o terceiro grau, preferindo os mais próximos aos mais remotos, e, no mesmo grau, os mais velhos aos mais moços; em qualquer dos casos, o juiz escolherá entre eles o mais apto a exercer a tutela em benefício do menor".

Purgação da mora Ato ou efeito de reparar ou extinguir a mora decorrente do não adimplemento pelo devedor da dívida no prazo avençado. Purga-se a mora: por parte do devedor, oferecendo este a prestação mais a importância dos prejuízos decorrentes do dia da oferta; por parte do credor, oferecendo-se este a receber o pagamento e sujeitando-se aos efeitos da mora até a mesma data (art. 401, CC). No âmbito da ação de despejo, a purga da mora recebe a denominação de *emenda da mora*, possibilitando ao locatário que estiver em atraso no pagamento dos aluguéis e com o fim de evitar o despejo pagar o débito atualizado independentemente de cálculo e mediante depósito judicial (art. 62, II, Lei n. 8.245/91).

▶ Veja Lei n. 8.245/91: "**Art. 62.** Nas ações de despejo fundadas na falta de pagamento de aluguel e acessórios da locação, de aluguel provisório, de diferenças de aluguéis, ou somente de quaisquer dos acessórios da locação, observar-se-á o seguinte: [...] II – o locatário e o fiador poderão evitar a rescisão da locação efetuando, no prazo de 15 (quinze) dias, contado da citação, o pagamento do débito atualizado, independentemente de cálculo e mediante depósito judicial, incluídos: a) os aluguéis e acessórios da locação que vencerem até a sua efetivação; b) as multas ou penalidades contratuais, quando exigíveis; c) os juros de mora; d) as custas e os honorários do advogado do locador, fixados em dez por cento sobre o montante devido, se do contrato não constar disposição diversa; [...]".

■ Locação. Despejo por falta de pagamento. Pedido para a emenda da mora. Ausência de intimação pessoal do despacho que autoriza. Nulidade do processo. 1. É nula a sentença que decreta o despejo do locatário que, no prazo legal, requer que se lhe defira a emenda da mora, se o juiz não lhe oportuniza a providência, na forma do disposto no art. 62, III, da Lei n. 8.245/91. 2. Inverte a ordem legal a decisão que, ao admitir o pedido inicial, autoriza, desde logo, a emenda da mora, independentemente do requerimento do locatário, deixando, no entanto, de intimá-lo, pessoalmente, para efetuar o depósito. 3. A citação do réu para contestar o pedido inicial ou emendar sua mora não supre a intimação para o depósito da quantia devida. 4. Recurso ao qual se dá provimento, para anular a sentença e o processo, este a partir de fls. 15, determinando-se que se proceda à intimação pessoal do locatário, para que efetue o depósito no prazo legal. (TJRJ, Processo n. 2001.001.12.257, 2ª Câm. Cível, j. 30.10.2001)

Putativo Aquilo que, no entendimento equivocado de uma pessoa, se demonstra como real e legal. Resulta do pensar, crer ou imaginar a licitude de um ato ou fato declaradamente ilegal, como ocorre no casamento putativo e na legítima defesa putativa. Naquele, um dos nubentes se casa com quem é casado, supondo ser ele solteiro; nesta, o agente, para defender sua casa, faz disparo contra pessoa que supõe ser o ladrão.

■ Júri. Homicídio. Quesito principal da excludente de ilicitude da legítima defesa putativa afirmado pelos jurados. Negativa dos demais. Erro derivado de culpa. Não indagação. Tese defendida em plenário. Protesto defensivo feito oportunamente e consignado em ata. A tese sobre o erro derivado de culpa, expressamente defendida em plenário, deve ser quesitada aos jurados, uma vez acolhido o quesito principal da legítima defesa putativa e negados os subsequentes. Restando afirmado pelo júri que o agente atuou por erro justificado pelas circunstâncias, supondo uma situação de fato inexistente, obrigatoriamente deve ser indagado se o erro derivou ou não de culpa. (TJMG, Ap. Crim. n. 233.572/BH, rel. Des. Zulman Galdino, j. 12.03.2002)

■ Júri. Legítima defesa putativa. Quesitos. Irregularidades. Omissão. Inocorrência. A jurisprudência dominante é no sentido de que na legítima defesa putativa a atualidade é incompatível com a eximente, de forma que apenas o quesito relativo à iminência deve ser formulado. A ausência de quesito referente ao erro derivado de culpa na legítima defesa putativa não gera nulidade quando não trouxer qualquer prejuízo às partes. Na legítima defesa putativa, respondidos afirmativamente todos os quesitos, inclusive os referentes ao uso dos meios necessários e à moderação no uso desses meios, a tese da defesa se completa, restando prejudicado o quesito do excesso culposo. Todavia, se os jurados aceitam o uso dos meios necessários, mas negam seu uso moderado, há necessidade de serem eles indagados sobre o excesso culposo. (TJMG, Ap. Crim. n. 170.708/Bocaiúva, rel. Des. Gomes Lima, j. 05.09.2000, *DJ* 22.06.2001)

Quanti minoris Expressão latina que designa preço menor, utilizada na ação *quanti minoris*, cujo objetivo é obter uma redução do preço da coisa adquirida proporcional aos defeitos nela encontrados, como no caso de imóvel com área menor que a prevista em contrato (art. 500, CC) (*v. Ação quanti minoris*).

Quarentena Expressão usada no âmbito do Poder Judiciário para indicar o período no qual é vedado aos juízes o exercício da advocacia no tribunal no qual se aposentaram ou do qual pediram exoneração. A denominada quarentena de saída foi instituída pela EC n. 45/2004, que acrescentou o inciso V ao art. 95 da CF. A finalidade da medida é impedir eventual tráfico de influência ou exploração de prestígio, em detrimento das normas de moralidade administrativa. "Tem-se aqui a aplicação da chamada 'quarentena' no âmbito do Poder Judiciário, com o objetivo de evitar situações geradoras de um estado de suspeição quanto ao bom funcionamento do Judiciário. Embora a matéria tenha suscitado alguma polêmica, tendo em vista a restrição que se impõe sobre direitos individuais, a decisão afigura-se plenamente respaldada na ideia de reforço da independência e da imparcialidade dos órgãos judiciais" (MENDES, Gilmar Ferreira. *Curso de direito constitucional*. 2.ed. São Paulo, Saraiva, 2008, p. 936).

▶ Veja CF: "**Art. 95.** [...] Parágrafo único. Aos juízes é vedado: [...] V – exercer a advocacia no juízo ou tribunal do qual se afastou, antes de decorridos três anos do afastamento do cargo por aposentadoria ou exoneração".

Queixa-crime Instrumento jurídico utilizado pelo interessado (querelante) para promover a denúncia de um fato criminoso junto à autoridade. Depende do oferecimento de queixa-crime pelo ofendido a instauração das *ações penais privadas*, que têm por objeto os crimes contra a honra, ou seja, calúnia, injúria e difamação. São requisitos da queixa-crime: exposição do fato com todas suas circunstâncias; qualificação do acusado ou esclarecimentos pelos quais seja possível identificá-lo; classificação do crime; e rol de testemunhas quando necessário (art. 41, CPP).

▶ Veja CPP: "**Art. 41.** A denúncia ou queixa conterá a exposição do fato criminoso, com todas as suas circunstâncias, a qualificação do acusado ou esclarecimentos pelos quais se possa identificá-lo, a classificação do crime e, quando necessário, o rol das testemunhas. **Art. 42.** O Ministério Público não poderá desistir da ação penal. [...] **Art. 44.** A queixa poderá ser dada por procurador com poderes especiais, devendo constar do instrumento do mandato o nome do querelante e a menção do fato criminoso, salvo quando tais esclarecimentos dependerem de diligências que devem ser previamente requeridas no juízo criminal. **Art. 45.** A queixa, ainda quando a ação penal for privativa do ofendido, poderá ser aditada pelo Ministério Público, a quem caberá intervir em todos os termos subsequentes do processo. **Art. 46.** O prazo para oferecimento da denúncia, estando o réu preso, será de 5 (cinco) dias, contado da data em que o órgão do Ministério Público receber os autos do inquérito policial, e de 15 (quinze) dias, se o réu estiver solto ou afiançado. No último caso, se houver devolução do inquérito à autoridade policial (art. 16), contar-se-á o prazo da data em que o órgão do Ministério Público receber novamente os autos. § 1º Quando o Ministério Público dispensar o inquérito policial, o prazo para o oferecimento da denúncia contar-se-á da data em que tiver recebido as peças de informações ou a representação. § 2º O prazo para o aditamento da queixa será de 3 (três) dias, contado da data em que o órgão do Ministério Público receber os autos, e, se este não se pronunciar dentro do tríduo, entender-se-á que não tem o que aditar, prosseguindo-se nos demais termos do processo. **Art. 47.** Se o Ministério Público julgar necessários maiores esclarecimentos e documentos complementares ou novos elementos de convicção, deverá requisitá-los, diretamente, de quaisquer autoridades ou funcionários que devam ou possam fornecê-los. **Art. 48.** A queixa contra qualquer dos autores do crime obrigará ao processo de todos, e o Ministério Público velará pela sua indivisibilidade. **Art. 49.** A renúncia ao exercício do direito de queixa, em relação a um dos autores do crime, a todos se estenderá. **Art. 50.** A renúncia expressa constará de declaração assinada pelo ofendido, por seu representante legal ou procurador com poderes especiais. Parágrafo único. A renúncia do representante legal do menor que houver completado 18 (dezoito) anos não privará este do direito de queixa, nem a renúncia do último excluirá o direito do primeiro".

- A queixa-crime deve descrever os fatos de maneira precisa e completa, para propiciar ao querelado o exercício da ampla defesa, direito de índole fundamental. Ainda que a tipificação possa estar incorreta, pois indica a regra *mihi factum dabo tibi jus*, é imprescindível que os fatos sejam narrados com todas as suas circunstâncias, até para permitir exato enquadramento do pretenso delito. Quando o Estado conferiu ao particular o direito de acionar diretamente o infrator do crime contra a honra, também transmitiu o encargo de elaborar peça técnica, tanto que indispensável o profissional dotado de capacidade postulatória. Queixa-crime com inexata descrição e desacompanhada de elementos de plausibilidade da imputação lançada sobre o querelado merece rejeição. (*RJDTACrim* 31/361)

Querela   Queixa ou acusação.

Querelado   Denunciado ou pessoa contra quem se oferece queixa ou denúncia.

Querelante   Denunciante ou pessoa que oferece queixa-crime nas ações penais privadas.

Querela nullitatis   Denominação conferida à providência judicial destinada a atacar sentença em que haja vício insanável no ato citatório. A citação válida, conforme as regras processuais, é condição de eficácia do processo em relação ao réu e à validade dos atos processuais subsequentes. Em consideração a esse fato, se houver decisão transitada em julgado sem que se observem os requisitos para a citação não atingirá aquele réu que não integrou o polo passivo da ação. Assim, a nulidade por falta de citação poderá ser suscitada por meio de ação declaratória de inexistência de citação, denominada *querela nullitatis*, no mesmo juízo que proferiu a decisão.

Quesitos   Questões feitas sobre o fato criminoso que vão auxiliar os jurados na decisão da causa (arts. 482 e 483, CPP). No processo civil, constituem questionamentos que deverão ser formulados pelas partes ao perito e que servirão de base para a elaboração do laudo pericial (art. 421, § 1º, CPC/73).

- Veja CPC/73: "**Art. 421.** O juiz nomeará o perito, fixando de imediato o prazo para a entrega do laudo. § 1º Incumbe às partes, dentro em 5 (cinco) dias, contados da intimação do despacho de nomeação do perito: I – indicar o assistente técnico; II – apresentar quesitos. [...]".

- Veja CPC/2015: "**Art. 465.** O juiz nomeará perito especializado no objeto da perícia e fixará de imediato o prazo para a entrega do laudo. § 1º Incumbe às partes, dentro de 15 (quinze) dias contados da intimação do despacho de nomeação do perito: I – arguir o impedimento ou a suspeição do perito, se for o caso; II – indicar assistente técnico; III – apresentar quesitos. [...]".

- Veja CPP: "**Art. 482.** O Conselho de Sentença será questionado sobre matéria de fato e se o acusado deve ser absolvido. Parágrafo único. Os quesitos serão redigidos em proposições afirmativas, simples e distintas, de modo que cada um deles possa ser respondido com suficiente clareza e necessária precisão. Na sua elaboração, o presidente levará em conta os termos da pronúncia ou das decisões posteriores que julgaram admissível a acusação, do interrogatório e das alegações das partes. **Art. 483.** Os quesitos serão formulados na seguinte ordem, indagando sobre: I – a materialidade do fato; II – a autoria ou participação; III – se o acusado deve ser absolvido; IV – se existe causa de diminuição de pena alegada pela defesa; V – se existe circunstância qualificadora ou causa de aumento de pena reconhecidas na pronúncia ou em decisões posteriores que julgaram admissível a acusação. [...]".

Questão prejudicial   Pressuposto para o julgamento da questão principal que deve ser arguido e decidido em primeiro lugar a fim de não prejudicar o julgamento do mérito. A questão prejudicial deve ser decidida antes de qualquer outra, pois dela depende a própria questão principal. Um exemplo é a ação de reconhecimento da união estável, que se mostra indispensável para a companheira participar do inventário do companheiro falecido. Como o reconhecimento da união constitui matéria estranha ao inventário, obstativa de ser apreciada de forma incidental, é mister que a companheira supérstite obtenha o reconhecimento judicial da união estável por meio de ação de justificação ou ação declaratória de reconhecimento de união estável antes de pleitear direito sucessório.

▶ Veja CPC/73: "**Art. 468.** A sentença, que julgar total ou parcialmente a lide, tem força de lei nos limites da lide e das questões decididas. **Art. 469.** Não fazem coisa julgada: [...] III – a apreciação da questão prejudicial, decidida incidentemente no processo".

▶ Veja CPC/2015: "**Art. 503.** A decisão que julgar total ou parcialmente o mérito tem força de lei nos limites da questão principal expressamente decidida. § 1º O disposto no *caput* aplica-se à resolução de questão prejudicial, decidida expressa e incidentemente no processo, se: I – dessa resolução depender o julgamento do mérito; II – a seu respeito tiver havido contraditório prévio e efetivo, não se aplicando no caso de revelia; III – o juízo tiver competência em razão da matéria e da pessoa para resolvê-la como questão principal. [...]".

■ Inventário ajuizado por sedizente companheira do *de cujus*. Questão prejudicial. Colaterais ainda não citados. Necessário o reconhecimento, por primeiro, da existência de união estável. Exige-se, antes do pronunciamento por este Tribunal de Justiça sobre a questão relativa à constitucionalidade ou não do art. 1.790 do CC/2002, que se determine se a agravante foi ou não companheira do falecido. Ou seja, primeiro se deverá determinar a vinculação existente entre o falecido e a agravante, para depois se enfrentar a alegação da recorrente de que seria herdeira exclusiva do falecido, pois questão prejudicial. Ademais, existentes parentes colaterais, que, enquanto não solvida a questão da existência ou não da união, devem ser citados. Agravo desprovido. (TJRS, AI n. 70.021.945.092, 8ª Câm. Cível, rel. José Ataídes Siqueira Trindade, j. 05.12.2007)

Quid iuris? Qual o direito? Indagação que se faz a respeito da solução jurídica que deve ser encontrada para o deslinde de uma questão ou controvérsia.

Quinhão Parte que cabe a cada um dos condôminos na divisão de coisa comum; cota-parte a que cada herdeiro tem direito na partilha dos bens inventariados.

▶ Veja CC: "**Art. 1.320.** A todo tempo será lícito ao condômino exigir a divisão da coisa comum, respondendo o quinhão de cada um pela sua parte nas despesas da divisão. [...] **Art. 2.019.** Os bens insuscetíveis de divisão cômoda, que não couberem na meação do cônjuge sobrevivente ou no quinhão de um só herdeiro, serão vendidos judicialmente, partilhando-se o valor apurado, a não ser que haja acordo para serem adjudicados a todos. § 1º Não se fará a venda judicial se o cônjuge sobrevivente ou um ou mais herdeiros requererem lhes seja adjudicado o bem, repondo aos outros, em dinheiro, a diferença, após avaliação atualizada. § 2º Se a adjudicação for requerida por mais de um herdeiro, observar-se-á o processo da licitação".

▶ Veja CPC/73: "**Art. 1.027.** Passada em julgado a sentença mencionada no artigo antecedente, receberá o herdeiro os bens que lhe tocarem e um formal de partilha, do qual constarão as seguintes peças: I – termo de inventariante e título de herdeiros; II – avaliação dos bens que constituíram o quinhão do herdeiro; III – pagamento do quinhão hereditário; [...]".

▶ Veja CPC/2015: "**Art. 649.** Os bens insuscetíveis de divisão cômoda que não couberem na parte do cônjuge ou companheiro supérstite ou no quinhão de um só herdeiro serão licitados entre os interessados ou vendidos judicialmente, partilhando-se o valor apurado, salvo se houver acordo para que sejam adjudicados a todos. **Art. 650.** Se um dos interessados for nascituro, o quinhão que lhe caberá será reservado em poder do inventariante até o seu nascimento".

■ Inventário. Adiantamento de quinhão. Excepcionalidade. Concordância dos interessados. Dívidas e despesas de caráter educacional. Liberação na hipótese. A herança é um todo indivisível, que se regula supletivamente pelas normas gerais aplicáveis aos condomínios. Inteligência do art. 1.791, parágrafo único, do CCB/2002. O adiantamento de quinhões aos respectivos herdeiros deve ser precedido de concordância de todos os interessados, incluindo-se a Fazenda Pública e o Ministério Público, sendo certo que tal providência, por sua excepcionalidade, somente possui cabimento mediante prova de fato grave e urgente que justifique a liberação antecipada, como ocorreu nos autos principais em favor da herdeira menor, o que se viu muito bem lançado no parecer da douta Procuradoria de Justiça, sendo inaplicável a extensão de tal benefício, por isonomia, aos demais herdeiros, que deverão aguardar a fase própria do procedimento judicial do inventário, não podendo os mesmos serem beneficiados pela situação de urgência que apenas afligiu a menor, ora agravada. Improvimento do agravo. (TJRJ, AI n. 27.258/2009, rel. Des. Celso Luiz de Matos Peres, j. 09.12.2009)

- Condomínio. Alienação de quinhão pelo condômino de imóvel indiviso. Direito de preferência. CCB, art. 1.139. Inexigência da concessão de prazo para o exercício da preferência a tanto por tanto. Recurso desacolhido. O art. 1.139 do CCB incumbe o condômino que deseja alhear seu quinhão do imóvel indiviso de promover a comunicação prévia aos demais, sem determinar o prazo que lhes deve ser concedido para o exercício da preferência. Assentado nas instâncias ordinárias ter havido essa comunicação, e nem afirmada má-fé da alienante pelas instâncias ordinárias, não há que se invocar violação do art. 1.139/CCB. (STJ, REsp n. 88.408/SP, rel. Min. Sálvio de Figueiredo Teixeira, j. 23.09.1998, *DJ* 18.12.1998)

Quinto constitucional Regra constitucional que prevê que 1/5 dos membros de determinados tribunais brasileiros – STJ, Tribunais de Justiça estaduais, do Distrito Federal, dos territórios, TRF, TST e TRT – seja composto de advogados e membros do Ministério Público. Exige-se, para tanto, que os candidatos contem pelo menos dez anos de exercício profissional e tenham reputação ilibada, além de notório saber jurídico (art. 94, CF). A escolha é feita inicialmente pelas entidades da categoria (OAB ou Ministério Público), que elaboram uma lista sêxtupla que será enviada ao tribunal onde ocorreu a vaga de ministro ou desembargador. Dessa lista, o próprio tribunal, após votação interna, constitui uma lista tríplice que é remetida ao chefe do Poder Executivo – governador, no caso de vagas da Justiça Estadual, e Presidente da República, no caso de vagas no STJ ou na Justiça Federal –, que nomeará um dos indicados, independentemente da ordem em que os nomes aparecem na lista tríplice. Diz-se que a finalidade do quinto constitucional é, além de arejar o Poder Judiciário com a visão de profissionais não vinculados originariamente à magistratura, a democratização do Poder Judiciário.

- Veja CF: "**Art. 94.** Um quinto dos lugares dos Tribunais Regionais Federais, dos Tribunais dos Estados, e do Distrito Federal e Territórios será composto de membros, do Ministério Público, com mais de dez anos de carreira, e de advogados de notório saber jurídico e de reputação ilibada, com mais de dez anos de efetiva atividade profissional, indicados em lista sêxtupla pelos órgãos de representação das respectivas classes. Parágrafo único. Recebidas as indicações, o tribunal formará lista tríplice, enviando-a ao Poder Executivo, que, nos vinte dias subsequentes, escolherá um de seus integrantes para nomeação".

- [...] II – Um quinto da composição dos TRFs será de juízes oriundos da advocacia e do Ministério Público Federal. Esta é uma norma constitucional expressa, que há de prevalecer sobre a norma implícita, que decorre da norma expressa, no sentido de que, se 1/5 é dos advogados e de membros do Ministério Público Federal, 4/5 serão de juízes de carreira. Observada a regra de hermenêutica – a norma expressa prevalece sobre a norma implícita –, força é convir que, se o número total da composição não for múltiplo de cinco, arredonda-se a fração – superior ou inferior a meio – para cima, obtendo-se, então, o número inteiro seguinte. E que, se assim não foi feito, o Tribunal não terá na sua composição, 1/5 de juízes oriundos da advocacia e do Ministério Público Federal com descumprimento da norma constitucional (CF, art. 94 e art. 107, I). (STJ, MS n. 10.594, 1ª T., rel. Min. José Delgado)

Quirografário Credor que, não possuindo título legal de preferência, tem o mesmo direito que os outros credores, e nas mesmas condições, sobre os bens do devedor comum. Esse direito será pago em rateio do saldo que houver. Credor sem garantia real para o recebimento de seu crédito.

Quitação Ato escrito do credor que certifica que recebeu a prestação do devedor, liberando-o da obrigação. A quitação, que sempre poderá ser dada por instrumento particular, designará valor e espécie da dívida quitada, nome do devedor ou de quem por este pagou, tempo e lugar do pagamento com assinatura do credor ou de seu representante (art. 320, CC).

- Veja CC: "**Art. 320.** A quitação, que sempre poderá ser dada por instrumento particular, designará o valor e a espécie da dívida quitada, o nome do devedor, ou quem por este pagou, o tempo e o lugar do pagamento, com a assinatura do credor, ou do seu representante. [...]".

Quorum Número mínimo de membros que legal ou estatutariamente devem se fazer presentes para que um tribunal ou assembleia funcione e deliberem regularmente. No Legislativo, presença de um mínimo regimental de deputados e senadores indispensável em certas votações.

Quota Porção ou fração proporcional do capital social que cabe a cada sócio na constituição de uma sociedade. Em se tratando de uma sociedade limitada, o capital social divide-se em quotas, iguais ou desiguais, cabendo uma ou diversas a cada sócio, cuja responsabilidade fica restrita ao valor de suas quotas (arts. 1.052 e 1.055, CC).

▸ Veja CC: "**Art. 1.052.** Na sociedade limitada, a responsabilidade de cada sócio é restrita ao valor de suas quotas, mas todos respondem solidariamente pela integralização do capital social. **Art. 1.053.** A sociedade limitada rege-se, nas omissões deste Capítulo, pelas normas da sociedade simples. Parágrafo único. O contrato social poderá prever a regência supletiva da sociedade limitada pelas normas da sociedade anônima. **Art. 1.054.** O contrato mencionará, no que couber, as indicações do art. 997, e, se for o caso, a firma social. **Art. 1.055.** O capital social divide-se em quotas, iguais ou desiguais, cabendo uma ou diversas a cada sócio. § 1º Pela exata estimação de bens conferidos ao capital social respondem solidariamente todos os sócios, até o prazo de cinco anos da data do registro da sociedade. § 2º É vedada contribuição que consista em prestação de serviços. **Art. 1.056.** A quota é indivisível em relação à sociedade, salvo para efeito de transferência, caso em que se observará o disposto no artigo seguinte. § 1º No caso de condomínio de quota, os direitos a ela inerentes somente podem ser exercidos pelo condômino representante, ou pelo inventariante do espólio de sócio falecido. § 2º Sem prejuízo do disposto no art. 1.052, os condôminos de quota indivisa respondem solidariamente pelas prestações necessárias à sua integralização. **Art. 1.057.** Na omissão do contrato, o sócio pode ceder sua quota, total ou parcialmente, a quem seja sócio, independentemente de audiência dos outros, ou a estranho, se não houver oposição de titulares de mais de um quarto do capital social. Parágrafo único. A cessão terá eficácia quanto à sociedade e terceiros, inclusive para os fins do parágrafo único do art. 1.003, a partir da averbação do respectivo instrumento, subscrito pelos sócios anuentes. **Art. 1.058.** Não integralizada a quota de sócio remisso, os outros sócios podem, sem prejuízo do disposto no art. 1.004 e seu parágrafo único, tomá-la para si ou transferi-la a terceiros, excluindo o primitivo titular e devolvendo-lhe o que houver pago, deduzidos os juros da mora, as prestações estabelecidas no contrato mais as despesas".

▪ Sociedade por quotas (Ltda.). Dissolução. Quebra da *affectio societatis*. Fundamento suficiente para a dissolução parcial. Sociedade limitada disfarçada de sociedade anônima. Inteligência ao princípio da dissolução parcial, próprio das sociedades por quota de responsabilidade limitada. Precedentes do STJ. Apuração de haveres relegada à fase de liquidação. Sentença mantida. Recurso não provido. (TJSP, Ap. n. 8.636.519/2013/São Sebastião, rel. Des. Luiz Antonio Ambra, j. 13.03.2013)

▪ Sociedade. Marido, mulher e cunhado. Apuração de haveres. Separação judicial. Cláusula que imputou ao marido a quota da mulher. Inoponibilidade desta ao cunhado que tem direito aos haveres. Sociedade de fato entre marido, mulher e o irmão desta. Subsequente separação consensual do casal, uma de cujas cláusulas imputou ao marido a quota da mulher na sociedade de fato. Inoponibilidade do ajuste em relação ao cunhado, que tem direito à apuração dos seus haveres. (STJ, REsp n. 180.695/2002/RN, rel. Min. Ari Pargendler, j. 17.09.2002, DJ 02.12.2002)

Quota disponível (*v. Parte disponível*).

Quota litis Cláusula estabelecida em contrato de honorários em virtude da qual o advogado passa a ter direito a determinada parte do resultado da causa. Quando adotada, deve ser necessariamente representada por pecúnia (art. 38, Código de Ética e Disciplina da OAB).

▸ Veja Código de Ética e Disciplina da OAB: "**Art. 38.** Na hipótese da adoção de cláusula *quota litis*, os honorários devem ser necessariamente representados por pecúnia e, quando acrescidos dos de honorários da sucumbência, não podem ser superiores às vantagens advindas em favor do constituinte ou do cliente. Parágrafo único. A participação do advogado em bens particulares de cliente, comprovadamente sem condições pecuniárias, só é tolerada em caráter excepcional, e desde que contratada por escrito".

▪ Advogado. Honorários advocatícios. Contrato de honorários *quota litis*. Remuneração *ad exitum* fixada em 50% sobre o benefício econômico. Lesão caracterizada na hipótese. Redução do percentual para 30%. [...] 5. Ocorre lesão na hipótese em que um advogado, valendo-se de situação de desespero da parte, firma contrato *quota litis* no qual fixa sua remuneração *ad exitum* em 50% do benefício econômico gerado pela causa. 6. Recurso especial conhecido e provido, revisando-se a cláusula contratual que fixou os honorários advocatícios para o fim de reduzi-los ao patamar de 30% da condenação obtida. (STJ, REsp n. 1.155.200/2011/DF, rel. Min. Nancy Andrighi, j. 22.02.2011, *DJ* 02.03.2011)

- Ação de alimentos. Pacto de *quota litis*. Inadmissibilidade. Resultado da causa que visa garantir o sustento do alimentando. Parte, ademais, beneficiária da justiça gratuita. Na ação de alimentos, incabível o pacto de *quota litis*, pois não se concebe a participação nos resultados da causa; cuida-se de suprir as necessidades de sustento e sobrevivência do alimentando, não havendo proveito ou vantagem de que possa o advogado participar, como se dele fosse sócio. (1º TACSP, Ap. Cível n. 384.071/1988/Campinas, rel. Juiz Alexandre Germano, j. 03.02.1988)

Rábula Expressão usada para designar a antiga figura daquele que, não sendo advogado, obtinha autorização do órgão competente do Poder Judiciário (no período imperial) ou da entidade de classe (inicialmente do Instituto dos Advogados; a partir dos anos 1930, da OAB) para exercer, em primeira instância, a defesa de um acusado em juízo. O mais famoso rábula foi o carioca Evaristo de Moraes, pai de Antônio Evaristo de Moraes Filho, que também viria a brilhar na mesma especialidade na segunda metade do século passado. Mais tarde, Evaristo de Moraes veio a se formar em Direito, o que ocorreu quando já tinha 45 anos de idade.

Ratificar Confirmar, aprovar, convalidar. Ato pelo qual se convalida um procedimento anterior, pendente de confirmação por outra pessoa, autoridade ou órgão superior. O mesmo que *ad referendum*. "O Brasil ratificou a Convenção de Viena de 1969 pelo Decreto n. 7.030, de 14 de dezembro de 2009." Os atos praticados por quem não tenha mandato, ou o tenha sem poderes suficientes, são ineficazes em relação àquele em cujo nome foram praticados, salvo se este os ratificar. Nesse caso, a ratificação há de ser expressa, ou resultar de ato inequívoco, e retroagirá à data do ato (art. 662, CC). O ato anulável é suscetível de ratificação; o ato nulo não (arts. 169 e 172, CC).

▶ Veja CF: "**Art. 231.** [...] § 5º É vedada a remoção dos grupos indígenas de suas terras, salvo, *ad referendum* do Congresso Nacional, em caso de catástrofe ou epidemia que ponha em risco sua população, ou no interesse da soberania do País, após deliberação do Congresso Nacional, garantido, em qualquer hipótese, o retorno imediato logo que cesse o risco. [...]".

▶ Veja CC: "**Art. 169.** O negócio jurídico nulo não é suscetível de confirmação, nem convalesce pelo decurso do tempo. [...] **Art. 172.** O negócio anulável pode ser confirmado pelas partes, salvo direito de terceiro. **Art. 173.** O ato de confirmação deve conter a substância do negócio celebrado e a vontade expressa de mantê-lo. **Art. 174.** É escusada a confirmação expressa, quando o negócio já foi cumprido em parte pelo devedor, ciente do vício que o inquinava. **Art. 175.** A confirmação expressa, ou a execução voluntária de negócio anulável, nos termos dos arts. 172 a 174, importa a extinção de todas as ações, ou exceções, de que contra ele dispusesse o devedor. **Art. 176.** Quando a anulabilidade do ato resultar da falta de autorização de terceiro, será validado se este a der posteriormente. [...] **Art. 662.** Os atos praticados por quem não tenha mandato, ou o tenha sem poderes suficientes, são ineficazes em relação àquele em cujo nome foram praticados, salvo se este os ratificar. Parágrafo único. A ratificação há de ser expressa, ou resultar de ato inequívoco, e retroagirá à data do ato. [...] **Art. 665.** O mandatário que exceder os poderes do mandato, ou proceder contra eles, será considerado mero gestor de negócios, enquanto o mandante lhe não ratificar os atos".

▶ Veja CLT: "**Art. 526.** Os empregados do Sindicato serão nomeados pela diretoria respectiva *ad referendum*, da Assembleia Geral, não podendo recair tal nomeação nos que estiverem nas condições previstas nos itens II, IV, V, VI, VII e VIII do art. 530 e, na hipótese de o nomeado haver sido dirigente sindical, também nas do item I do mesmo artigo. [...]".

Ratio agendi Interesse de agir, que fundamenta o direito de ação.

Ratio iuris Razão do Direito. Fundamento jurídico que serve de suporte à pretensão em juízo.

Ratione materiae Em razão da matéria. Expressão que designa a competência do juiz fixada em razão da matéria ou especialidade, por exemplo, Vara de Família, Vara Cível, Vara Criminal.

Ratione valori Em razão do valor. Expressão utilizada para designar a competência do juiz fixada em razão do valor da causa, como ocorre nas causas cíveis submetidas aos Juizados Especiais tanto da Justiça Comum como da Federal.

Razão social Designação jurídica ou nome adotado por uma sociedade ou empresa comercial. É o nome devidamente registrado sob o qual uma pessoa jurídica se individualiza e exerce suas atividades. Diferencia-se do nome dado a um estabelecimento ou do nome comercial, denominados nome fantasia. Dependendo do tipo de sociedade, a razão social pode ter, na parte final do nome, acrescentada a expressão Ltda., S.A. ou Cia. Ltda.

Razões Ponderações, argumentos ou articulações que expressam a inconformidade da parte recorrente, elaborados por esta em recurso endereçado ao Tribunal de Justiça competente. Razões de apelação; razões do agravo de instrumento.

Razões finais Alegações finais. Memoriais. Exposição das questões de direito e de fato de maior relevância apontadas nos autos feita verbalmente ou por escrito pelas partes em audiência antes da prolação da sentença. Neste caso, o juiz dará a palavra ao advogado do autor e ao do réu, bem como ao órgão do Ministério Público, sucessivamente, pelo prazo de vinte minutos para cada um, prorrogável por dez, a seu critério (art. 454, CPC/73). A critério das partes, as alegações finais poderão ser simplesmente remissivas, ou seja, alusivas ao alegado na petição inicial ou na contestação. No processo penal, as razões finais são oferecidas, pela acusação e pela defesa, por tempo igual ao concedido às partes no processo civil (art. 403, CPP) (*v. Alegações finais*).

▶ Veja CPC/73: "**Art. 454.** Finda a instrução, o juiz dará a palavra ao advogado do autor e ao do réu, bem como ao órgão do Ministério Público, sucessivamente, pelo prazo de 20 (vinte) minutos para cada um, prorrogável por 10 (dez), a critério do juiz. § 1º Havendo litisconsorte ou terceiro, o prazo, que formará com o da prorrogação um só todo, dividir-se-á entre os do mesmo grupo, se não convencionarem de modo diverso. § 2º No caso previsto no art. 56, o opoente sustentará as suas razões em primeiro lugar, seguindo-se-lhe os opostos, cada qual pelo prazo de 20 (vinte) minutos. § 3º Quando a causa apresentar questões complexas de fato ou de direito, o debate oral poderá ser substituído por memoriais, caso em que o juiz designará dia e hora para o seu oferecimento".

▶ Veja CPC/2015: "**Art. 364.** Finda a instrução, o juiz dará a palavra ao advogado do autor e do réu, bem como ao membro do Ministério Público, se for o caso de sua intervenção, sucessivamente, pelo prazo de 20 (vinte) minutos para cada um, prorrogável por 10 (dez) minutos, a critério do juiz. § 1º Havendo litisconsorte ou terceiro interveniente, o prazo, que formará com o da prorrogação um só todo, dividir-se-á entre os do mesmo grupo, se não convencionarem de modo diverso. § 2º Quando a causa apresentar questões complexas de fato ou de direito, o debate oral poderá ser substituído por razões finais escritas, que serão apresentadas pelo autor e pelo réu, bem como pelo Ministério Público, se for o caso de sua intervenção, em prazos sucessivos de 15 (quinze) dias, assegurada vista dos autos. [...] **Art. 366.** Encerrado o debate ou oferecidas as razões finais, o juiz proferirá sentença em audiência ou no prazo de 30 (trinta) dias".

▶ Veja CPP: "**Art. 403.** Não havendo requerimento de diligências, ou sendo indeferido, serão oferecidas alegações finais orais por 20 (vinte) minutos, respectivamente, pela acusação e pela defesa, prorrogáveis por mais 10 (dez), proferindo o juiz, a seguir, sentença. § 1º Havendo mais de um acusado, o tempo previsto para a defesa de cada um será individual. § 2º Ao assistente do Ministério Público, após a manifestação desse, serão concedidos 10 (dez) minutos, prorrogando-se por igual período o tempo de manifestação da defesa. § 3º O juiz poderá, considerada a complexidade do caso ou o número de acusados, conceder às partes o prazo de 5 (cinco) dias sucessivamente para a apresentação de memoriais. Nesse caso, terá o prazo de 10 (dez) dias para proferir a sentença. **Art. 404.** Ordenado diligência considerada imprescindível, de ofício ou a requerimento da parte, a audiência será concluída sem as alegações finais. Parágrafo único. Realizada, em seguida, a diligência determinada, as partes apresentarão, no prazo sucessivo de 5 (cinco) dias, suas alegações finais, por memorial, e, no prazo de 10 (dez) dias, o juiz proferirá a sentença".

■ Ação indenizatória. Dano moral. Agressões físicas e ameaças com arma de fogo. Abertura de prazo comum para apresentação de memoriais, por si só, não gera nulidade da sentença.

Ausência de prejuízo. Resultado da demanda não é prova de prejuízo. Princípio da instrumentalidade das formas. Modificação do *quantum* indenizatório na instância especial. Arbitramento em valor razoável. Súmula n. 07. Os reiterados recursos interpostos pelo agravante apenas geram o aumento do valor da indenização a que fora condenado, ante a incidência contínua de juros legais moratórios. Agravo regimental desprovido. (STJ, Ag. Reg. no Ag. n. 1.383.508/MS, 3ª T., rel. Min. Paulo de Tarso Sanseverino, j. 08.11.2011, *DJe* 18.11.2011)

- *Habeas corpus*. Prisão em flagrante. Excesso de prazo na formação da culpa. Ocorrência. Superação da Súmula n. 52 do STJ. Memoriais apresentados há quase oito meses. Sentença não prolatada. 1. É evidente o constrangimento ilegal a que se encontra submetida a paciente se sua custódia cautelar perdura por quase 1 ano e 9 meses e ela já apresentou memoriais há quase oito meses, sem que fosse proferida a sentença. Se a demora decorre da necessidade de regularizar a defesa de um corréu, o feito deveria ter sido desmembrado. 2. Não se pode admitir que a paciente permaneça custodiada por quase oito meses, após a apresentação de memoriais, sem a prática de qualquer ato processual, vale dizer, com o feito totalmente paralisado com relação a ela. A flagrante ilegalidade autoriza a superação do óbice previsto no Enunciado n. 52 da Súmula desta Corte. 3. Fere o princípio da razoabilidade adiar a prestação jurisdicional de todos os coautores, preservando suas custódias provisórias, em razão da demora ocasionada pela defesa de apenas um deles. Recomendação de ofício no tocante aos corréus que já apresentaram memoriais. 4. *Habeas corpus* concedido para que a paciente seja colocada em liberdade, devendo assinar termo de compromisso de comparecimento a todos os atos do processo, sob pena de revogação, com a recomendação de que o processo seja desmembrado quanto aos réus que já apresentaram memoriais. (STJ, *HC* n. 179.955/SP, 6ª T., rel. Min. Haroldo Rodrigues (Desembargador convocado do TJ/CE), rel. p/ Acórdão Min. Maria Thereza de Assis Moura, j. 04.11.2010, *DJe* 17.12.2010)

Reabilitação Ato ou fato de fazer alguém retornar ao estado ou capacidade física ou jurídica anterior.

Reabilitação criminal Instituto de direito penal que tem por objetivo conceder ao condenado com pena cumprida o direito de ter seu nome reabilitado, sem que conste em certidões expedidas pelo poder público menção alguma à condenação anteriormente sofrida. "A reabilitação é pura medida de política penal, uma recompensa concedida ao indivíduo que, embora justamente condenado no juízo criminal, revela, após o cumprimento da pena principal, constância de boa conduta, e haja reparado, quando possa, o dano resultante do crime. Consiste ela em reintegrar o condenado nos direitos que lhe tenham sido tirados pela condenação, temporária ou permanentemente. [...] Inspirada em razões de utilidade política, a reabilitação figura, no direito penal positivo, ao lado das medidas tendentes a prevenir indiretamente a reincidência, estimulando a reeducação moral dos criminosos" (ESPÍNOLA FILHO, Eduardo, *Código de Processo Penal brasileiro anotado*. 6.ed. Rio de Janeiro, Rio, 1980, v. VII, p. 326). A reabilitação alcança todas as penas aplicadas em sentença definitiva, assegurando ao condenado o sigilo dos registros sobre seu processo e sua condenação. A reabilitação poderá ser requerida quando decorrerem dois anos a partir do dia em que for extinta, de qualquer modo, a pena ou quando terminar sua execução, computando-se o período de prova da suspensão e o do livramento condicional (arts. 93 a 95, CP).

▶ Veja CP: "**Art. 93.** A reabilitação alcança quaisquer penas aplicadas em sentença definitiva, assegurando ao condenado o sigilo dos registros sobre o seu processo e condenação. Parágrafo único. A reabilitação poderá, também, atingir os efeitos da condenação, previstos no art. 92 deste Código, vedada reintegração na situação anterior, nos casos dos incisos I e II do mesmo artigo. **Art. 94.** A reabilitação poderá ser requerida, decorridos 2 (dois) anos do dia em que for extinta, de qualquer modo, a pena ou terminar sua execução, computando-se o período de prova da suspensão e o do livramento condicional, se não sobrevier revogação, desde que o condenado: I – tenha tido domicílio no País no prazo acima referido; II – tenha dado, durante esse tempo, demonstração efetiva e constante de bom comportamento público e privado; III – tenha ressarcido o dano causado pelo crime ou demonstre a absoluta impossibilidade de o fazer, até o dia do pedido, ou exiba documento que comprove a renúncia da vítima ou novação da dívida. Parágrafo único. Negada a reabilitação, poderá ser requerida, a qualquer tempo, desde que o pedido seja instruído com novos elementos comprobatórios dos requisitos necessários. **Art. 95.** A reabilitação será revogada, de ofício ou a requerimento do Ministério Público, se o reabilitado for condenado, como reincidente, por decisão definitiva, a pena que não seja de multa".

- Pena. Regime. Progressão. Indeferimento do benefício a sentenciado que cumpre pena pela prática de três crimes, sendo que dois deles provocam grande risco à sociedade, com longa pena a cumprir. Inconformismo manifestado sob alegação de preenchimento dos requisitos exigidos em lei. Inadmissibilidade. Dúvidas quanto a readaptação e reabilitação do condenado ao convívio social. Existência. Realização de exame criminológico. Necessidade. Conversão do julgamento em diligência. Recurso parcialmente provido. (TJSP, Ag. de Execução Penal. n. 2.694.806/Presidente Prudente, rel. Des. Otávio Augusto de Almeida Toledo, j. 12.03.2013)

- Pena. Pedido de reabilitação. Principio da dignidade humana. Decisão que indefere o pleito ao argumento de falta de interesse de agir face ao posterior art. 202 da Lei n. 7.210/84 (LEP). CPP, art. 748. CP, art. 92. CF/88, art. 1º, III. Plena vigência do art. 748 do CPP. Sigilo dos registros criminais do apenado é mais bem tutelado pelo instituto da reabilitação do que pelo art. 202 da Lei de Execuções Penais. Só a reabilitação atinge os efeitos da condenação previstos no art. 92 do CP e por isso é instituto mais eficaz e benéfico. Dispositivo da Lei de Execuções que não substitui o instituto da reabilitação. Recurso provido. (TJRJ, Ap. Crim. n. 307/2011, rel. Des. Fatima Clemente, j. 07.06.2011)

Reabilitação de falido Procedimento judicial destinado à declaração da extinção das responsabilidades de ordem civil do devedor falido. Extinguem as obrigações do falido: o pagamento de todos os créditos; o pagamento, depois de realizado todo o ativo, de mais de 50% dos créditos quirografários, sendo facultado ao falido o depósito da quantia necessária para atingir essa porcentagem se para tanto não bastou a integral liquidação do ativo; o decurso do prazo de cinco anos, contado do encerramento da falência, se o falido não tiver sido condenado por prática de crime previsto na Lei de Falências; o decurso do prazo de dez anos, contado do encerramento da falência, se o falido tiver sido condenado por prática de crime previsto na mencionada Lei (art. 158, Lei n. 11.101/2005).

- Veja Lei n. 11.101/2005: "**Art. 158.** Extingue as obrigações do falido: I – o pagamento de todos os créditos; II – o pagamento, depois de realizado todo o ativo, de mais de 50% (cinquenta por cento) dos créditos quirografários, sendo facultado ao falido o depósito da quantia necessária para atingir essa porcentagem se para tanto não bastou a integral liquidação do ativo; III – o decurso do prazo de 5 (cinco) anos, contado do encerramento da falência, se o falido não tiver sido condenado por prática de crime previsto nesta Lei; IV – o decurso do prazo de 10 (dez) anos, contado do encerramento da falência, se o falido tiver sido condenado por prática de crime previsto nesta Lei. **Art. 159.** Configurada qualquer das hipóteses do art. 158 desta Lei, o falido poderá requerer ao juízo da falência que suas obrigações sejam declaradas extintas por sentença. § 1º O requerimento será autuado em apartado com os respectivos documentos e publicado por edital no órgão oficial e em jornal de grande circulação. § 2º No prazo de 30 (trinta) dias contado da publicação do edital, qualquer credor pode opor-se ao pedido do falido. § 3º Findo o prazo, o juiz, em 5 (cinco) dias, proferirá sentença e, se o requerimento for anterior ao encerramento da falência, declarará extintas as obrigações na sentença de encerramento. § 4º A sentença que declarar extintas as obrigações será comunicada a todas as pessoas e entidades informadas da decretação da falência. § 5º Da sentença cabe apelação. § 6º Após o trânsito em julgado, os autos serão apensados aos da falência. **Art. 160.** Verificada a prescrição ou extintas as obrigações nos termos desta Lei, o sócio de responsabilidade ilimitada também poderá requerer que seja declarada por sentença a extinção de suas obrigações na falência".

Reabilitação profissional Serviço da Previdência Social que tem o objetivo de oferecer, aos segurados incapacitados para o trabalho (por motivo de doença ou acidente), os meios de reeducação ou readaptação profissional para seu retorno ao mercado de trabalho. A Previdência Social fornecerá aos segurados os recursos materiais necessários à reabilitação profissional, quando indispensáveis ao desenvolvimento do respectivo programa, incluindo próteses, órteses, instrumentos de trabalho, implementos profissionais, auxílio-transporte e auxílio-alimentação. Concluído o processo de reabilitação, o órgão previdenciário emitirá certificado indicando a atividade para a qual o trabalhador foi capacitado profissionalmente (arts. 89 a 92, Lei n. 8.213/91).

- Veja Lei n. 8.213/91: "**Art. 89.** A habilitação e a reabilitação profissional e social deverão proporcionar ao beneficiário incapacitado parcial ou totalmente para o trabalho, e às pessoas portadoras de deficiência, os meios para a (re)educação e de (re)adaptação profissional e social indicados para participar do mercado de trabalho e do contexto em que vive. Parágrafo único. A reabilitação profissional compreende: *a)* o fornecimento de aparelho de prótese, órtese e instrumentos de auxílio para locomoção quando a perda ou redução da capacidade funcional puder ser atenuada por seu uso e dos equipamentos necessários à habilitação e reabilitação social e profissional; *b)* a reparação ou a substituição dos aparelhos mencionados no inciso anterior, desgastados pelo uso normal ou por ocorrência estranha à vontade do beneficiário; *c)* o transporte do acidentado do trabalho, quando necessário. **Art. 90**. A prestação de que trata o artigo anterior é devida em caráter obrigatório aos segurados, inclusive aposentados e, na medida das possibilidades do órgão da Previdência Social, aos seus dependentes. **Art. 91**. Será concedido, no caso de habilitação e reabilitação profissional, auxílio para tratamento ou exame fora do domicílio do beneficiário, conforme dispuser o Regulamento. **Art. 92**. Concluído o processo de habilitação ou reabilitação social e profissional, a Previdência Social emitirá certificado individual, indicando as atividades que poderão ser exercidas pelo beneficiário, nada impedindo que este exerça outra atividade para a qual se capacitar".

- Seguridade social. Administrativo. Acidente de trabalho. Fornecimento de equipamento essencial à locomoção do acidentado. Lei n. 8.213/91, art. 89. A teor do disposto no art. 89 da Lei n. 8.213/91, o fornecimento, pelo INSS, de equipamentos necessários à locomoção do acidentado condiciona-se à inserção deste em programa de habilitação ou reabilitação profissional. (STJ, REsp n. 374.609/2007, PR, rel. Min. João Otávio de Noronha, j. 08.05.2007, *DJ* 01.06.2007)

- Adicional de periculosidade. Pagamento. Supressão. Acidente do trabalho. Reabilitação profissional promovida pelo INSS. Supressão do adicional de periculosidade. Possibilidade inexistência de lesão. Licitude da alteração. A teor do disposto no art. 193 da CLT, o adicional de periculosidade será devido ao empregado que laborar em condições de periculosidade, dispondo o art. 194 do mesmo Diploma legal que "O direito do empregado ao adicional de insalubridade ou de periculosidade cessará com a eliminação do risco à sua saúde ou integridade física". Neste contexto, o empregado que, submetido ao programa de reabilitação profissional promovido pelo INSS, em decorrência de acidente do trabalho, deixa de exercer a função que o submetia ao labor em condições de periculosidade, perde, de igual modo, o direito ao adicional de periculosidade. Com efeito, a tutela do legislador tem como destinatário o trabalhador que labora em condições de periculosidade. Na hipótese, de concluir-se que não se pode falar em alteração lesiva do contrato de trabalho quando promovida a alteração do cargo anteriormente ocupado pelo reclamante, alteração esta que o fez perder o direito ao adicional de periculosidade, mesmo porque a alteração é, por si só, benéfica. Máxime quando ela é promovida não por ato unilateral do empregador, mas em decorrência de alteração do cargo ocupado, em decorrência de programa de reabilitação profissional promovido pelo órgão previdenciário, em benefício do trabalhador. Sentença de 1º grau que se mantém porque bem aplicou o Direito à espécie. (TRT-3ª Região, RO n. 2.248/2012, rel. Juiz Vicente de Paula M. Júnior, *DJ* 03.12.2012)

Rebus sic stantibus Locução latina que designa a cláusula contratual que tem como premissa o fato de que o contrato somente deve ser cumprido pelo devedor se subsistirem as condições econômicas existentes na data em que foi firmado. Assim, nos contratos de execução continuada ou diferida, se a prestação de uma das partes se tornar excessivamente onerosa, com extrema vantagem para a outra, em virtude de acontecimentos extraordinários e imprevisíveis, o devedor sempre poderá pedir a resolução do contrato (art. 478, CC). Funda-se o princípio na teoria da imprevisão e contrapõe-se ao *pacta sunt servanda*.

▶ Veja CC: "**Art. 478**. Nos contratos de execução continuada ou diferida, se a prestação de uma das partes se tornar excessivamente onerosa, com extrema vantagem para a outra, em virtude de acontecimentos extraordinários e imprevisíveis, poderá o devedor pedir a resolução do contrato. Os efeitos da sentença que a decretar retroagirão à data da citação".

- Teoria da imprevisão. Cláusula *rebus sic stantibus*. Onerosidade excessiva. Revisional de contrato. Fornecimento de energia elétrica. Aplicação da teoria do rompimento da base do negócio jurídico (CDC, art. 6º, V). CCB/2002, arts. 408 e 478. O CDC, em seu art. 6º, V, permite expressamente a revisão das cláusulas contratuais sempre que fatos supervenientes os tornem excessivamente onerosos, não mais exigindo que esses fatos supervenientes sejam imprevisíveis, como na clássica teoria da imprevisão, bastando que sejam inesperados. O encerramento das atividades da empresa autora, sem dúvida, é típico caso de rompimento da base do negócio jurídico, pois, embora previsível, foi um fato não esperado pelo consumidor, que altera as bases negociais de tal forma, que acarreta a deterioração do vínculo obrigacional. O fato se situa na área do risco inerente a qualquer atividade negocial, não podendo ser transferido para o consumidor. Correta a sentença que desobrigou a empresa autora do pagamento da multa por rescisão contratual. Recurso conhecido e desprovido. (TJRJ, Ap. Cível n. 4.490/Ilha do Governador, rel. Des. Ricardo Couto de Castro, j. 16.02.2011)

- Contrato. Consumidor. Teoria da imprevisão. Cláusula *rebus sic stantibu*s. Conceito. Considerações sobre tema. CDC, art. 6º, V. CCB/2002, arts. 478 e 480. [...] Sob essa ótica é de se convir que houve uma mudança imprevisível no pacto, apta a gerar a aplicação da cláusula *rebus sic stantibus*, que consiste justamente no "direito do contratante excessivamente onerado na sua prestação, por efeito de transformações econômicas imprevisíveis no momento em que o contrato foi realizado, de pedir judicialmente a resolução do mesmo, ou a mudança equitativa das condições de execução (prorrogação dos termos, redução de importâncias, reajustamentos, etc.)". (cf. Leib Soibelman. *Enciclopédia do advogado*. 5.ed. Thex, p. 346). [...] (2º TACivSP, Ap. c/ Rev. n. 653.694/SP, rel. Juiz Magno Araújo, j. 25.03.2003)

Receptação Crime contra o patrimônio que consiste em adquirir, receber ou ocultar, em proveito próprio ou alheio, coisa que se sabe ser produto de crime, ou inferir para que terceiro de boa-fé a adquira, receba-a ou a oculte (art. 180, CP).

- Veja CP: "Receptação – **Art. 180.** Adquirir, receber, transportar, conduzir ou ocultar, em proveito próprio ou alheio, coisa que sabe ser produto de crime, ou influir para que terceiro, de boa-fé, a adquira, receba ou oculte: [...]".
- Pena – reclusão, de 1 (um) a 4 (quatro) anos, e multa. Receptação qualificada – § 1º Adquirir, receber, transportar, conduzir, ocultar, ter em depósito, desmontar, montar, remontar, vender, expor à venda, ou de qualquer forma utilizar, em proveito próprio ou alheio, no exercício de atividade comercial ou industrial, coisa que deve saber ser produto de crime: Pena – reclusão, de 3 (três) a 8 (oito) anos, e multa. § 2º Equipara-se à atividade comercial, para efeito do parágrafo anterior, qualquer forma de comércio irregular ou clandestino, inclusive o exercido em residência. § 3º Adquirir ou receber coisa que, por sua natureza ou pela desproporção entre o valor e o preço, ou pela condição de quem a oferece, deve presumir-se obtida por meio criminoso: Pena – detenção, de 1 (um) mês a 1 (um) ano, ou multa, ou ambas as penas. § 4º A receptação é punível, ainda que desconhecido ou isento de pena o autor do crime de que proveio a coisa. § 5º Na hipótese do § 3º, se o criminoso é primário, pode o juiz, tendo em consideração as circunstâncias, deixar de aplicar a pena. Na receptação dolosa aplica-se o disposto no § 2º do art. 155. § 6º Tratando-se de bens e instalações do patrimônio da União, Estado, Município, empresa concessionária de serviços públicos ou sociedade de economia mista, a pena prevista no *caput* deste artigo aplica-se em dobro".

- Apelação criminal. Receptação dolosa. Condução de veículo roubado na saída de favela. Apelante reincidente em crime contra o patrimônio. Conjunto probatório hígido. CP, art. 180. 2. A jurisprudência é pacífica no sentido de imprimir eficácia probatória ao testemunho policial, suficiente a escorar, em linha de princípio, eventual decreto condenatório (TJERJ, Súmula n. 70). 3. O crime de receptação é infração de natureza autônoma, o qual não reclama a identificação e responsabilização do agente do injusto primitivo, do qual proveio a coisa ilícita. 4. A receptação dolosa pressupõe a certeza inequívoca de que o agente sabia da origem delituosa da coisa recebida, adquirida ou ocultada. 5. A prova do elemento subjetivo se aperfeiçoa a partir da análise dos dados objetivos, sensíveis, do fato. Por aquilo que naturalisticamente se observou, aquilata-se, no espectro valorativo, o que efetivamente o agente quis realizar. 6. As regras de experiência comum, segundo o que se observa no cotidiano forense, podem validamente subsidiar a avaliação do contexto jurídico-factual e dele extrair evidências sobre o elemento subjetivo do tipo congruente. (TJRJ, Ap. Crim. n. 957/2013, rel. Des. Carlos Eduardo Roboredo, j. 09.04.2013, *DJ* 11.04.2013)

- Receptação. Caracterização. Flagrado o acusado na posse e condução de motocicleta produto de furto antes praticado por outro indivíduo, inadmissível o acolhimento do pedido absolutório ou desclassificatório, evidenciado o dolo na recepção do bem, que veio, ainda, a ter a placa de identificação substituída por outra de diferente numeração. Recurso não acolhido. (TJSP, Ap. n. 1.257.922/2013, Campinas, rel. Des. Antonio Sérgio Coelho de Oliveira, j. 07.03.2013)

Recesso Suspensão temporária das atividades do Poder Judiciário. Período no qual os magistrados de todos os níveis deixam de exercer temporariamente suas funções, ressalvado os casos de relevante urgência que serão atendidos por um magistrado de plantão para uma região de comarcas. O recesso judicial, via de regra, compreende o intervalo que vai de 20 de dezembro a 6 de janeiro.

Recidiva O que renasce; o que se repete. O mesmo que reincidência.

Reclamação Processo destinado à preservação de competência dos tribunais. Inicialmente prevista na CF de 1988 (art. 102, I, *l*) e regulamentada pelos arts. 156 e seguintes do Regimento Interno do STF e arts. 187 a 192 do Regimento Interno do STJ, foi recepcionada pelo CPC/2015. A reclamação também tem previsão legal na Lei n. 8.038/90, aplicável às ações penais originárias. Sua finalidade, além da preservação da competência, é garantir a autoridade das decisões dos tribunais e a observância de súmula vinculante e de tese firmada em julgamento de casos repetitivos ou de incidente de assunção de competência. A "reclamação, longe de ser uma ação, ou um recurso, é um incidente processual, provocado pela parte ou pelo Procurador-Geral, visando a que o Supremo Tribunal imponha a sua competência quando usurpada, explícita ou implicitamente, por outro qualquer tribunal ou juiz" (MONIZ DE ARAGÃO, Egas. *A correição parcial*. Curitiba, Imprensa da Universidade Federal do Paraná, 1969, p. 110). A reclamação pode ser proposta perante qualquer tribunal, e seu julgamento compete ao órgão jurisdicional cuja competência se busca preservar ou autoridade se pretenda garantir. Deve ser instruída com prova documental e dirigida ao presidente do tribunal; assim que for recebida, será autuada e distribuída ao relator da causa principal, sempre que possível.

▶ Veja CPC/2015: "**Art. 988.** Caberá reclamação da parte interessada ou do Ministério Público para: I – preservar a competência do tribunal; II – garantir a autoridade das decisões do tribunal; III – garantir a observância de decisão do Supremo Tribunal Federal em controle concentrado de constitucionalidade; IV – garantir a observância de enunciado de súmula vinculante e de precedente proferido em julgamento de casos repetitivos ou em incidente de assunção de competência. § 1º A reclamação pode ser proposta perante qualquer tribunal, e seu julgamento compete ao órgão jurisdicional cuja competência se busca preservar ou cuja autoridade se pretenda garantir. § 2º A reclamação deverá ser instruída com prova documental e dirigida ao presidente do tribunal. § 3º Assim que recebida, a reclamação será autuada e distribuída ao relator do processo principal, sempre que possível. § 4º As hipóteses dos incisos III e IV compreendem a aplicação indevida da tese jurídica e sua não aplicação aos casos que a ela correspondam. § 5º É inadmissível a reclamação proposta após o trânsito em julgado da decisão. § 6º A inadmissibilidade ou o julgamento do recurso interposto contra a decisão proferida pelo órgão reclamado não prejudica a reclamação".

▶ Veja Lei n. 8.038/90: "**Art. 13.** Para preservar a competência do Tribunal ou garantir a autoridade das suas decisões, caberá reclamação da parte interessada ou do Ministério Público. Parágrafo único. A reclamação, dirigida ao Presidente do Tribunal, instruída com prova documental, será autuada e distribuída ao relator da causa principal, sempre que possível. **Art. 14.** Ao despachar a reclamação, o relator: I – requisitará informações da autoridade a quem for imputada a prática do ato impugnado, que as prestará no prazo de dez dias; II – ordenará, se necessário, para evitar dano irreparável, a suspensão do processo ou do ato impugnado. **Art. 15.** Qualquer interessado poderá impugnar o pedido do reclamante. **Art. 16.** O Ministério Público, nas reclamações que não houver formulado, terá vista do processo, por cinco dias, após o decurso do prazo para informações. **Art. 17.** Julgando procedente a reclamação, o Tribunal cassará a decisão exorbitante de seu julgado ou determinará medida adequada à preservação de sua competência. **Art. 18.** O Presidente determinará o imediato cumprimento da decisão, lavrando-se o acórdão posteriormente".

Reclamado Nome dado ao réu, geralmente o empregador (pessoa física ou jurídica), no processo trabalhista. Quando pessoa jurídica, o reclamado pode se fazer representar pelo gerente ou por qualquer outro funcionário denominado *preposto* (art. 843, § 1º, CLT).

▶ Veja CLT: "**Art. 843.** [...] § 1º É facultado ao empregador fazer-se substituir pelo gerente, ou qualquer outro preposto que tenha conhecimento do fato, e cujas declarações obrigarão o proponente. [...]".

Reclamante Denominação dada ao autor, geralmente o empregado (pessoa física), na reclamação ou reclamatória trabalhista proposta perante a Justiça do Trabalho.

Reclamatória O mesmo que reclamação, expressão que designa ação proposta perante as varas da Justiça do Trabalho. Dissídio individual trabalhista. Em primeira instância, as varas do trabalho julgam apenas dissídios individuais, que são controvérsias surgidas nas relações de trabalho entre o empregador (pessoa física ou jurídica) e o empregado (este sempre como indivíduo, pessoa física).

■ Competência. Justiça do Trabalho e Justiça Estadual Comum. Reclamatória trabalhista, fundada em vínculo trabalhista e deduzindo pedidos de natureza trabalhista. Julgamento pela Justiça do Trabalho. CF/88, art. 114. No caso dos autos, o autor ajuizou uma reclamatória trabalhista, tendo como causa de pedir a existência (expressamente afirmada na inicial) de um vínculo trabalhista, fazendo pedidos decorrentes desse vínculo. Nos termos como proposta, a causa é da competência da Justiça do Trabalho. Todavia, após processá-la regularmente, o juiz do trabalho, no momento de sentenciar, declinou da competência para a Justiça Estadual, por entender ausente o vínculo trabalhista. Ora, fixada a competência, ao juiz trabalhista cabia julgar a demanda, levando em consideração a causa de pedir e o pedido. Entendendo que não há o vínculo trabalhista afirmado na inicial, cumprir-lhe-ia julgar improcedente o pedido, e não, como fez, declinar da competência para a Justiça Estadual. Não se pode impor ao juiz do Estado julgar uma reclamatória trabalhista. (STJ, Ag. Reg. no Confl. de Comp. n. 92.502/TO, rel. Min. Teori Albino Zavascki, j. 14.05.2008, DJ 02.06.2008)

- Prescrição. Contagem do prazo prescricional quinquenal a partir do ajuizamento da reclamatória. CF/88, art. 7º, XXIX, a. A contagem do prazo prescricional quinquenal inicia-se a partir do ajuizamento da reclamatória, computando-se o tempo de inércia do titular do direito de ação, após a extinção do contrato de trabalho. Do contrário, se fossem somados os períodos bienal e quinquenal, então os empregados que continuam trabalhando na empresa teriam prazo bem menor para reclamar os mesmos direitos do que aqueles que já não lhe prestam mais serviços, o que ofenderia o princípio da igualdade constitucional. (TST, RR n. 363.186, rel. Min. Milton de Moura França, j. 09.05.2001, DJ 08.06.2001)

Reclusão Pena privativa da liberdade aplicada a crimes mais graves cumprida em regime fechado, semiaberto ou aberto. Encarceramento (art. 33, CP).

▸ Veja CP: "**Art. 33.** A pena de reclusão deve ser cumprida em regime fechado, semiaberto ou aberto. A de detenção, em regime semiaberto, ou aberto, salvo necessidade de transferência a regime fechado. § 1º Considera-se: a) regime fechado a execução da pena em estabelecimento de segurança máxima ou média; b) regime semiaberto a execução da pena em colônia agrícola, industrial ou estabelecimento similar; c) regime aberto a execução da pena em casa de albergado ou estabelecimento adequado. [...]".

- Pena. Suspensão condicional da pena. Prática de crime hediondo. Condenação à pena de dois anos de reclusão. *Sursis*. Inadmissibilidade. É incabível a concessão do *sursis* em favor daquele que foi condenado pelo delito de atentado violento ao pudor, ainda que satisfeitos os pressupostos subjetivos e objetivos fixados pelo art. 77/CP, pois, tratando-se de crime hediondo, a sanção privativa de liberdade deve ser cumprida integralmente em regime fechado. (STF, *HC* n. 72.697/6/1999/RJ, rel. Min. Celso de Mello, j. 21.11.1995, DJ 21.05.1999)

- Penal. *Habeas corpus*. Art. 121, *caput*, c/c art. 14, II, CP. (1) impetração substitutiva de recurso especial. Impropriedade da via eleita. Condenação. (2) Pena-base. Desproporcionalidade. Ilegalidade flagrante. (3) Pena-base inferior a quatro anos de reclusão. Circunstância judicial desfavorável (antecedentes). Regime inicial semiaberto. [...] 2. Considerando a sanção abstrata prevista para o crime de homicídio – 6 a 20 anos –, não parece razoável a fixação da pena-base (8 anos e 6 meses de reclusão) do paciente, em decorrência da valoração negativa de apenas uma das circunstâncias judiciais (antecedentes). O *decisum* viola os princípios da razoabilidade e proporcionalidade, sendo de rigor a imposição do patamar de aumento em 1/6, fator que define a pena-base em sete anos de reclusão. Esclareça-se que, em razão da atenuante da confissão espontânea e da tentativa, a reprimenda fica estabelecida em três anos e três meses de reclusão. 3. Nos termos dos arts. 33 e 59 do CP, redimensionada a pena em patamar inferior a quatro anos de reclusão, é apropriada a estipulação do regime inicial semiaberto, eis que existe circunstância judicial desfavorável (maus antecedentes). [...] (STJ, *HC* n. 216.552/MS, 6ª T., rel. Min. Maria Thereza de Assis Moura, j. 17.10.2013, DJe 29.10.2013)

Reconhecimento Ato pelo qual se atesta ou se declara judicial ou extrajudicialmente determinado ato ou determinada situação. Reconhecimento de pessoas, firma, paternidade, domínio.

Reconhecimento de firma Declaração que o notário ou tabelionato faz da autoria de assinatura aposta em documento. Não deve ser confundido com autenticação de documento. Portanto, no art. 411 do CPC/2015, onde se lê "Considera-se *autêntico o documento*", quando o tabelião reconhecer a firma do signatário, declarando que foi aposta em sua presença, salvo melhor juízo, o correto é ler reputa-se *autêntica a assinatura*. O reconhecimento pode ser feito por autenticação, quando o subscritor for reconhecido ou identificado pelo tabelião e assinar em sua presença, ou por semelhança, quando o tabelião confrontar a assinatura com outra existente em seus livros ou cartões de autógrafos e verificar a similitude. O reconhecimento por autenticidade costuma ser exigido nos documentos que visem à prática dos seguintes atos: transmitir ou prometer transmitir propriedade, domínio, posse ou direitos sobre bens móveis, imóveis ou semoventes; alienar ou dispor de direitos pessoais e reais, bem como cedê-los, desistir deles ou renunciar a eles; alienar veículos automotores; prestar aval ou fiança com renúncia ao benefício de ordem; dispor de demais bens ou direitos de conteúdo econômico apreciável; em procurações para postular em juízo que contiverem cláusula de outorga de poderes para receber e dar quitação.

▶ Veja CPC/73: "**Art. 369.** Reputa-se autêntico o documento, quando o tabelião reconhecer a firma do signatário, declarando que foi aposta em sua presença".

▶ Veja CPC/2015: "**Art. 411.** Considera-se autêntico o documento quando: I – o tabelião reconhecer a firma do signatário; II – a autoria estiver identificada por qualquer outro meio legal de certificação, inclusive eletrônico, nos termos da lei; III – não houver impugnação da parte contra quem foi produzido o documento".

▶ Veja Lei n. 8.935/94: "**Art. 6º** Aos notários compete: I – formalizar juridicamente a vontade das partes; II – intervir nos atos e negócios jurídicos a que as partes devam ou queiram dar forma legal ou autenticidade, autorizando a redação ou redigindo os instrumentos adequados, conservando os originais e expedindo cópias fidedignas de seu conteúdo; III – autenticar fatos. **Art. 7º** Aos tabeliães de notas compete com exclusividade: I – lavrar escrituras e procurações, públicas; II – lavrar testamentos públicos e aprovar os cerrados; III – lavrar atas notariais; IV – reconhecer firmas; V – autenticar cópias. [...]".

■ Reconhecimento de firma em procuração com poderes especiais. Precedente da Corte Especial do STJ. 1. Não se conhece do recurso especial quanto às alegações cujo exame demandaria o revolvimento de matéria fático-probatória. Incidência da Súmula n. 7/STJ. 2. A atual redação do art. 38 do CPC, com a redação dada pela Lei n. 8.952/94, passou a dispensar o reconhecimento de firma para as procurações *ad judicia et extra*, o que vale dizer que mesmo os instrumentos com poderes especiais estão acobertados pela dispensa legal. Revisão da jurisprudência da 2ª Turma a partir do precedente da Corte Especial (REsp n. 256.098, Min. Sálvio de Figueiredo Teixeira, *DJ* 07.12.2001). 3. Recurso especial parcialmente conhecido e, nessa parte, improvido. (STJ, REsp n. 716.824/AL, 2ª T., rel. Min. Eliana Calmon, j. 11.04.2006, *DJ* 22.05.2006, p. 185)

■ Agravo regimental no recurso especial. Processual civil. Procuração. [...] 2. Firmou-se o entendimento nesta Corte Superior no sentido de que o art. 38 do CPC, com a redação dada pela Lei n. 8.952/94, dispensa o reconhecimento de firma nas procurações *ad judicia* utilizadas em processo judicial, ainda que contenham poderes especiais. Precedentes do STJ. 2. Agravo regimental desprovido. (STJ, Ag. Reg. no REsp n. 1.259.489/PR, 3ª T., rel. Min. Paulo de Tarso Sanseverino, j. 24.09.2013, *DJe* 30.09.2013)

Reconhecimento de paternidade Ato pelo qual alguém reconhece voluntariamente ou por declaração judicial determinada pessoa como filho. O reconhecimento voluntário de filho pode ser feito: no registro do nascimento; por escritura pública ou escrito particular a ser arquivado em cartório; por testamento, ainda que incidentalmente manifestado; por manifestação direta e expressa perante o juiz, ainda que o reconhecimento não haja sido o objeto único e principal do ato que o contém (art. 1.609, CC; Provimento n. 16/12, CNJ). O reconhecimento judicial se dá por meio da propositura de ação de investigação de paternidade movida pelo suposto filho maior ou pela mãe, representando ou assistindo quando o filho for menor de idade (art. 2º, § 6º, Lei n. 8.560/92).

▶ Veja CC: "**Art. 1.609.** O reconhecimento dos filhos havidos fora do casamento é irrevogável e será feito: I – no registro do nascimento; II – por escritura pública ou escrito particular, a ser arquivado em cartório; III – por testamento, ainda que incidentalmente manifestado; IV – por manifestação direta e expressa perante o juiz, ainda que o reconhecimento não haja sido o objeto único e principal do ato que o contém. [...]".

▶ Veja Lei n. 8.560/92: "**Art. 2º** Em registro de nascimento de menor apenas com a maternidade estabelecida, o oficial remeterá ao juiz certidão integral do registro e o nome e prenome, profissão, identidade e residência do suposto pai, a fim de ser averiguada oficiosamente a procedência da alegação. § 1º O juiz, sempre que possível, ouvirá a mãe sobre a paternidade alegada e mandará, em qualquer caso, notificar o suposto pai, independente de seu estado civil, para que se manifeste sobre a paternidade que lhe é atribuída. § 2º O juiz, quando entender necessário, determinará que a diligência seja realizada em segredo de justiça. § 3º No caso do suposto pai confirmar expressamente a paternidade, será lavrado termo de reconhecimento e remetida certidão ao oficial do registro, para a devida averbação. § 4º Se o suposto pai não atender no prazo de trinta dias, a notificação judicial, ou negar a alegada paternidade, o juiz remeterá os autos ao representante do Ministério Público para que intente, havendo elementos suficientes, a ação de investigação de paternidade. § 5º Nas hipóteses previstas no § 4º deste artigo, é dispensável o ajuizamento de ação de investigação de paternidade pelo Ministério Público se, após o não comparecimento ou a recusa do suposto pai em assumir a paternidade a ele atribuída, a criança for encaminhada para adoção. § 6º A iniciativa conferida ao Ministério Público não impede a quem tenha legítimo interesse de intentar investigação, visando a obter o pretendido reconhecimento da paternidade".

▶ Veja Provimento n. 16, de 17.02.2012 (CNJ): "**Art. 6º** Sem prejuízo das demais modalidades legalmente previstas, o reconhecimento espontâneo de filho poderá ser feito perante Oficial de Registro de Pessoas Naturais, a qualquer tempo, por escrito particular, que será arquivado em cartório. § 1º Para tal finalidade, a pessoa interessada poderá optar pela utilização de termo, cujo preenchimento será providenciado pelo Oficial, conforme modelo anexo a este Provimento, o qual será assinado por ambos. § 2º A fim de efetuar o reconhecimento, o interessado poderá, facultativamente, comparecer a Ofício de Registro de Pessoas Naturais diverso daquele em que lavrado o assento natalício do filho, apresentando cópia da certidão de nascimento deste, ou informando em qual serventia foi realizado o respectivo registro e fornecendo dados para induvidosa identificação do registrado. § 3º No caso do parágrafo precedente, o Oficial perante o qual houver comparecido o interessado remeterá, ao registrador da serventia em que realizado o registro natalício do reconhecido, o documento escrito e assinado em que consubstanciado o reconhecimento, com a qualificação completa da pessoa que reconheceu o filho e com a cópia, se apresentada, da certidão de nascimento".

■ Família. Filiação. Reconhecimento da paternidade. Investigação de paternidade. Prazo prescricional. Decadência. Precedentes do STJ. CCB/2002, art. 1.614. Exegese. O prazo do art. 1.614 do CCB/2002 refere-se ao filho que deseja impugnar reconhecimento de paternidade, e não à ação de investigação desta. Ademais, o prazo previsto no artigo supracitado vem sendo mitigado pela jurisprudência desta Corte Superior. (STJ, Ag. Reg. no AI n. 1.035.876/2008/AP, rel. Min. Sidnei Beneti, j. 04.09.2008, *DJ* 23.09.2008)

■ Filiação. Registro público. Ação negatória de paternidade c/c retificação de registro civil. Verdade biológica que se mostrou desinfluente para o reconhecimento da paternidade aliada ao estabelecimento de vínculo afetivo. I – O Tribunal de origem, ao contrário do que sustenta o ora recorrente, não conferiu à hipótese dos autos o tratamento atinente à adoção à moda brasileira, pois em momento algum adotou a premissa de que o recorrente, ao proceder ao reconhecimento jurídico da paternidade, tinha conhecimento da inexistência de vínculo biológico; [...] III – A alegada dúvida sobre a verdade biológica, ainda que não absolutamente dissipada, mostrou-se irrelevante, desinfluente para que o ora recorrente, incentivado, segundo relata, pela própria família, procedesse ao reconhecimento do recorrido como sendo seu filho, oportunidade, repisa-se, em que o vínculo afetivo há muito encontrava-se estabelecido; IV – A tese encampada pelo ora recorrente no sentido de que somente procedeu ao registro por incorrer em erro substancial, este proveniente da pressão psicológica exercida pela genitora, bem como do fato de que a idade do recorrido corresponderia, retroativamente, à data em que teve o único relacionamento íntimo com aquela, diante do contexto fático constante dos autos, imutável na presente via, não comporta guarida; V – Admitir, no caso dos autos, a prevalência do vínculo biológico sobre o afetivo, quando aquele afigurou-se desinfluente para o reconhecimento voluntário da paternidade, seria, por via transversa, permitir a revogação, ao alvedrio do pai-registral, do estado de filiação, o que contraria, inequivocamente, a determinação legal constante do art. 1.610 do CC. VI – Recurso especial a que se nega provimento. (STJ, REsp n. 1.078.285/MS, rel. Min. Massami Uyeda, j. 13.10.2009, *DJ* 18.08.2010)

Reconhecimento de pessoas Ato praticado no âmbito do processo penal do qual a vítima ou a testemunha participam com a finalidade de reconhecer ou identificar o autor do delito (art. 226, CPP).

▶ Veja CPP: "**Art. 226.** Quando houver necessidade de fazer-se o reconhecimento de pessoa, proceder-se-á pela seguinte forma: I – a pessoa que tiver de fazer o reconhecimento será convidada a descrever a pessoa que deva ser reconhecida; II – a pessoa, cujo reconhecimento se pretender, será colocada, se possível, ao lado de outras que com ela tiverem qualquer semelhança, convidando-se quem tiver de fazer o reconhecimento a apontá-la; III – se houver razão para recear que a pessoa chamada para o reconhecimento, por efeito de intimidação ou outra influência, não diga a verdade em face da pessoa que deve ser reconhecida, a autoridade providenciará para que esta não veja aquela; IV – do ato de reconhecimento lavrar-se-á auto pormenorizado, subscrito pela autoridade, pela pessoa chamada para proceder ao reconhecimento e por duas testemunhas presenciais. Parágrafo único. O disposto no n. III deste artigo não terá aplicação na fase da instrução criminal ou em plenário de julgamento. **Art. 227.** No reconhecimento de objeto, proceder-se-á com as cautelas estabelecidas no artigo anterior, no que for aplicável. **Art. 228.** Se várias forem as pessoas chamadas a efetuar o reconhecimento de pessoa ou de objeto, cada uma fará a prova em separado, evitando-se qualquer comunicação entre elas".

- Agravo regimental em agravo em recurso especial. Penal. Roubo circunstanciado. Alegação de insuficiência de provas. Materialidade e autoria demonstradas. Reconhecimento fotográfico. Provas robustas. Conjunto probatório. Súmulas ns. 7 e 83/STJ. 1. Afirmado pela instância ordinária que houve exauriente perquirição acerca da validade das provas coligidas ao processo originário para a demonstração da autoria delitiva, a análise da pretensão recursal requer o reexame do acervo fático-probatório. Aplicação da Súmula n. 7/STJ. 2. É possível o reconhecimento fotográfico servir como meio idôneo de prova quando corroborado por outros elementos probatórios. Incidência da Súmula n. 83/STJ. 3. Agravo regimental improvido. (STJ, Ag. Reg. no Ag. em REsp n. 337.115/RN, rel. Min. Sebastião Reis Júnior, j. 06.08.2013, DJ 21.08.2013)

- Reconhecimento pessoal. Ratificação em juízo. Nulidade não configurada. Existência de outras provas para a condenação. Depoimentos dos policiais que efetuaram a prisão. 1. A condenação do paciente pelo crime de roubo circunstanciado amparou-se não só no reconhecimento pessoal feito pelas vítimas, mas também pelos depoimentos dos policiais que efetuaram a prisão em flagrante. 2. "Tendo a fundamentação da r. sentença condenatória, no que se refere à autoria do ilícito, se apoiado no conjunto das provas, e não apenas no reconhecimento por parte da vítima, na delegacia, não há que se falar, *in casu*, em nulidade por desobediência às formalidades insculpidas no art. 226 do CPP" (*HC* n. 156.559/SP, 5ª T., rel. Min. Felix Fischer, *DJe* 13.09.2010). [...] (STJ, *HC* n. 244.240/SP, rel. Min. Laurita Vaz, j. 06.08.2013, DJ 13.08.2013)

Reconsideração Ato de tornar a considerar; retomar o exame de uma questão; repensar; reformular uma opinião ou decisão. Em face da inexistência de previsão legal, mostra-se controvertida a possibilidade do pedido de reconsideração no âmbito do direito processual civil. Todavia, aqueles que propugnam sua admissibilidade somente o admitem em relação a despachos e decisões interlocutórias, como nas de antecipação de tutela e concessão de liminares. Já no direito administrativo, o pedido de reconsideração é expressamente admitido (art. 56, Lei n. 9.784/99). A Fapesp, em todos os seus programas regulares, também garante ao solicitante, mediante apresentação de Solicitação de Reconsideração de Decisão, o direito a uma nova análise de sua proposta ou solicitação.

- Veja CPC/73: "**Art. 471.** Nenhum juiz decidirá novamente as questões já decididas, relativas à mesma lide, salvo: I – se, tratando-se de relação jurídica continuativa, sobreveio modificação no estado de fato ou de direito; caso em que poderá a parte pedir a revisão do que foi estatuído na sentença; II – nos demais casos prescritos em lei".

- Veja CPC/2015: "**Art. 505.** Nenhum juiz decidirá novamente as questões já decididas relativas à mesma lide, salvo: I – se, tratando-se de relação jurídica de trato continuado, sobreveio modificação no estado de fato ou de direito, caso em que poderá a parte pedir a revisão do que foi estatuído na sentença; II – nos demais casos prescritos em lei".

- Veja Lei n. 9.784/99: "**Art. 56.** Das decisões administrativas cabe recurso, em face de razões de legalidade e de mérito. § 1º O recurso será dirigido à autoridade que proferiu a decisão, a qual, se não a reconsiderar no prazo de cinco dias, o encaminhará à autoridade superior. § 2º Salvo exigência legal, a interposição de recurso administrativo independe de caução. § 3º Se o recorrente alegar que a decisão administrativa contraria enunciado da súmula vinculante, caberá à autoridade prolatora da decisão impugnada, se não a reconsiderar, explicitar, antes de encaminhar o recurso à autoridade superior, as razões da aplicabilidade ou inaplicabilidade da súmula, conforme o caso".

- Agravo de instrumento. Tutela antecipada. Revogação. Preclusão *pro judicato*. Inocorrência. Aplicação do art. 273, § 4º, do CPC. Cautelaridade. Devoluções e descontos. I. A revogação de tutela antecipada, baseada em novos fatos alegados e provas apresentadas pela parte ré em sede de contestação e pedido de reconsideração, ao mesmo tempo em que não viola o art. 471 do CPC, encontra-se em sintonia com a regra do art. 273, § 4º, do CPC, segundo o qual a tutela antecipada "poderá ser revogada ou modificada a qualquer tempo, em decisão fundamentada". II. Circunstância dos autos em que a mais justa prestação jurisdicional, para o caso concreto perpassa a cautelaridade de se evitar tanto devoluções que possam se revelar descabidas como também coibir descontos que possam se apresentar injustificáveis posteriormente, até mesmo em face do impositivo legal constante no art. 273, § 2º, do CPC. III. Recurso parcialmente provido. (TJMA, AI n. 277032008)

- Execução. Penhora. Nomeação de bens aceita pelo juiz. Pedido de reconsideração. Sucedâneo do recurso cabível após o prazo deste. Preclusão. Recurso especial desacolhido. I – Sem ter interposto agravo contra a decisão de 1º grau que aceitou os bens nomeados à penhora pelo executado, torna-se preclusa para o exequente a oportunidade de insurgir-se contra a nomeação, não podendo fazê-lo meses depois, quando já opostos embargos de devedor. II – Ainda que, em princípio, seja possível a reconsideração de decisão judicial, por meio de petição, não se pode transformá-la em sucedâneo do recurso cabível, quando já ultrapassado o prazo para a interposição deste. (STJ, REsp n. 303.528/TO, 4ª T., rel. Min. Sálvio de Figueiredo Teixeira, j. 21.06.2001, *DJ* 27.08.2001, p. 346)

Reconvenção Modalidade de resposta do réu. Ação própria movida pelo réu (reconvinte) contra o autor (reconvindo) no mesmo processo por este ajuizado, desde que se configure conexão com a ação principal ou com o fundamento de defesa (art. 315, CPC/73).

▸ Veja CPC/73: "**Art. 315.** O réu pode reconvir ao autor no mesmo processo, toda vez que a reconvenção seja conexa com a ação principal ou com o fundamento da defesa. Parágrafo único. Não pode o réu, em seu próprio nome, reconvir ao autor, quando este demandar em nome de outrem. **Art. 316.** Oferecida a reconvenção, o autor reconvindo será intimado, na pessoa do seu procurador, para contestá-la no prazo de 15 (quinze) dias. **Art. 317.** A desistência da ação, ou a existência de qualquer causa que a extinga, não obsta ao prosseguimento da reconvenção. **Art. 318.** Julgar-se-ão na mesma sentença a ação e a reconvenção".

▸ Veja CPC/2015: "**Art. 343.** Na contestação, é lícito ao réu propor reconvenção para manifestar pretensão própria, conexa com a ação principal ou com o fundamento da defesa. § 1º Proposta a reconvenção, o autor será intimado, na pessoa de seu advogado, para apresentar resposta no prazo de 15 (quinze) dias. § 2º A desistência da ação ou a ocorrência de causa extintiva que impeça o exame de seu mérito não obsta ao prosseguimento do processo quanto à reconvenção. § 3º A reconvenção pode ser proposta contra o autor e terceiro. § 4º A reconvenção pode ser proposta pelo réu em litisconsórcio com terceiro. § 5º Se o autor for substituto processual, o reconvinte deverá afirmar ser titular de direito em face do substituído, e a reconvenção deverá ser proposta em face do autor, também na qualidade de substituto processual. § 6º O réu pode propor reconvenção independentemente de oferecer contestação".

▪ Reconvenção. Extinção do processo. Ação monitória e indenizatória. Conexão entre as ações não reconhecida. Inteligência do art. 315 do CPC. Conexão evidente. Demonstração de existência de crédito remanescente. Reconvenção procedente. Recurso do réu provido. (TJSP, Ap. 7.267.826/2013/São Paulo, rel. Des. Airton Pinheiro de Castro, j. 26.03.2013)

▪ Reconvenção. Âmbito. Indenização por danos morais. Conexão com a demanda principal. Não reconhecimento. Inteligência do art. 315 do CPC. Matéria versada na reconvenção que desborda do núcleo principal da demanda indenizatória. Fundamentos jurídicos diversos. Decisão que julgou extinta a reconvenção mantida. Recurso desprovido. (TJSP, AI n. 227.906/2012/Araraquara, rel. Des. Renato Sandreschi Sartorelli, j. 19.12.2012)

Reconvindo A parte que figura como autor no processo e como ré na reconvenção.

Reconvinte A parte que figura como ré no processo e como autor na reconvenção.

Recorrente Aquele que recorre de uma decisão judicial. Autor do recurso, apelante, agravante.

Recorrido Aquele contra o qual se recorre. Apelado, agravado.

Recuperação extrajudicial de empresa Procedimento extrajudicial mediante o qual poderá o devedor – empresário ou sociedade empresária – propor e negociar com os credores plano de recuperação que viabilize a superação da situação de crise econômico-financeira a fim de lhe permitir a preservação da empresa, sua função social e o estímulo à atividade econômica (art. 161, Lei n. 11.101/2005). Poderá requerer recuperação extrajudicial o devedor que, no momento do pedido, preencha os mesmos requisitos exigidos para a recuperação judicial (*v. Recuperação judicial de empresa*).

▸ Veja Lei n. 11.101/2005: "**Art. 161.** O devedor que preencher os requisitos do art. 48 desta Lei poderá propor e negociar com credores plano de recuperação extrajudicial. [...] § 6º A sentença de homologação do plano de recuperação extrajudicial constituirá título executivo judicial, nos termos do art. 584, inciso III do *caput*, da Lei n. 5.869, de 11 de janeiro de 1973 – Código de Processo Civil. **Art. 162.** O devedor poderá requerer a homologação em juízo do plano de recuperação extrajudicial, juntando sua justificativa e o documento que contenha seus termos e condições, com as assinaturas dos credores que a ele aderiram. **Art. 163.** O devedor poderá, também, requerer a homologação de plano de recuperação extrajudicial que obriga a todos os credores por ele abrangidos, desde que assinado por credores que representem mais de 3/5 (três quintos) de todos os créditos de cada espécie por ele abrangidos. [...]".

Recuperação judicial de empresa Processo judicial que tem por objetivo viabilizar a superação da situação de crise econômico-financeira do devedor – empresário ou sociedade empresária –, a fim de permitir a manutenção da fonte produtora, do emprego dos trabalhadores e dos interesses dos credores, promovendo, assim, a preservação da empresa, sua função social e o estímulo à atividade econômica (art. 47, Lei n. 11.101/2005).

▶ Veja Lei n. 11.101/2005: "**Art. 47.** A recuperação judicial tem por objetivo viabilizar a superação da situação de crise econômico-financeira do devedor, a fim de permitir a manutenção da fonte produtora, do emprego dos trabalhadores e dos interesses dos credores, promovendo, assim, a preservação da empresa, sua função social e o estímulo à atividade econômica. **Art. 48.** Poderá requerer recuperação judicial o devedor que, no momento do pedido, exerça regularmente suas atividades há mais de 2 (dois) anos e que atenda aos seguintes requisitos, cumulativamente: I – não ser falido e, se o foi, estejam declaradas extintas, por sentença transitada em julgado, as responsabilidades daí decorrentes; II – não ter, há menos de 5 (cinco) anos, obtido concessão de recuperação judicial; III – não ter, há menos de 5 (cinco) anos, obtido concessão de recuperação judicial com base no plano especial de que trata a Seção V deste Capítulo; IV – não ter sido condenado ou não ter, como administrador ou sócio controlador, pessoa condenada por qualquer dos crimes previstos nesta Lei. § 1º A recuperação judicial também poderá ser requerida pelo cônjuge sobrevivente, herdeiros do devedor, inventariante ou sócio remanescente. § 2º Tratando-se de exercício de atividade rural por pessoa jurídica, admite-se a comprovação do prazo estabelecido no *caput* deste artigo por meio da Declaração de Informações Econômico-fiscais da Pessoa Jurídica – DIPJ que tenha sido entregue tempestivamente".

Recurso Meio legal que a parte utiliza para requerer o reexame de uma decisão, com vistas a sua reforma ou invalidação parcial ou total pelo juiz da causa, por tribunal de justiça ou por tribunal superior. O recurso pode ser interposto pela parte vencida, pelo terceiro prejudicado e pelo Ministério Público. Dos despachos não cabe recurso (art. 504, CPC/73). Cada parte interporá o recurso, independentemente, no prazo e observadas as exigências legais. Sendo, porém, vencidos autor e réu, ao recurso interposto por qualquer deles poderá aderir a outra parte, ficando o recurso adesivo subordinado ao recurso principal. No ato de interposição do recurso, o recorrente comprovará, quando exigido pela legislação pertinente, o respectivo preparo, inclusive porte de remessa e de retorno, sob pena de deserção. Com exceção dos embargos de declaração, o prazo para interpor os recursos e para responder-lhes é de quinze dias.

▶ Veja CPC/73: "**Art. 496.** São cabíveis os seguintes recursos: I – apelação; II – agravo; III – embargos infringentes; IV – embargos de declaração; V – recurso ordinário; VI – recurso especial; VII – recurso extraordinário; VIII – embargos de divergência em recurso especial e em recurso extraordinário".

▶ Veja CPC/2015: "**Art. 994.** São cabíveis os seguintes recursos: I – apelação; II – agravo de instrumento; III – agravo interno; IV – embargos de declaração; V – recurso ordinário; VI – recurso especial; VII – recurso extraordinário; VIII – agravo em recurso especial ou extraordinário; IX – embargos de divergência. **Art. 995.** Os recursos não impedem a eficácia da decisão, salvo disposição legal ou decisão judicial em sentido diverso. Parágrafo único. A eficácia da decisão recorrida poderá ser suspensa por decisão do relator, se da imediata produção de seus efeitos houver risco de dano grave, de difícil ou impossível reparação, e ficar demonstrada a probabilidade de provimento do recurso. **Art. 996.** O recurso pode ser interposto pela parte vencida, pelo terceiro prejudicado e pelo Ministério Público, como parte ou como fiscal da ordem jurídica. Parágrafo único. Cumpre ao terceiro demonstrar a possibilidade de a decisão sobre a relação jurídica submetida à apreciação judicial atingir direito de que se afirme titular ou que possa discutir em juízo como substituto processual. **Art. 997.** Cada parte interporá o recurso independentemente, no prazo e com observância das exigências legais. § 1º Sendo vencidos autor e réu, ao recurso interposto por qualquer deles poderá aderir o outro. [...] **Art. 1.003.** O prazo para interposição de recurso conta-se da data em que os advogados, a sociedade de advogados, a Advocacia Pública, a Defensoria Pública ou o Ministério Público são intimados da decisão. [...]".

Recurso adesivo Modalidade de recurso pelo qual uma parte adere ao recurso da outra, aplicando-se aos casos em que autor e réu são vencidos parcialmente.

▶ Veja CPC/73: "**Art. 500.** Cada parte interporá o recurso, independentemente, no prazo e observadas as exigências legais.

Sendo, porém, vencidos autor e réu, ao recurso interposto por qualquer deles poderá aderir a outra parte. O recurso adesivo fica subordinado ao recurso principal e se rege pelas disposições seguintes: I – será interposto perante a autoridade competente para admitir o recurso principal, no prazo de que a parte dispõe para responder; II – será admissível na apelação, nos embargos infringentes, no recurso extraordinário e no recurso especial; III – não será conhecido, se houver desistência do recurso principal, ou se for ele declarado inadmissível ou deserto. [...]".

▶ Veja CPC/2015: "**Art. 997.** Cada parte interporá o recurso independentemente, no prazo e com observância das exigências legais. § 1º Sendo vencidos autor e réu, ao recurso interposto por qualquer deles poderá aderir o outro. § 2º O recurso adesivo fica subordinado ao recurso independente, sendo-lhe aplicáveis as mesmas regras deste quanto aos requisitos de admissibilidade e julgamento no tribunal, salvo disposição legal diversa, observado, ainda, o seguinte: I – será dirigido ao órgão perante o qual o recurso independente fora interposto, no prazo de que a parte dispõe para responder; II – será admissível na apelação, no recurso extraordinário e no recurso especial; III – não será conhecido, se houver desistência do recurso principal ou se for ele considerado inadmissível".

■ Recurso adesivo. Apelação. Inexistência. Extinção da ação e da reconvenção, ao fundamento de ausência de condição de ação. Sucumbência recíproca. Interposição, pelo autor ou pelo reconvinte, de recurso adesivo ao de apelação. Possibilidade. CPC, arts. 21 e 500, parágrafo único. 1. A previsão do manejo de recurso adesivo no sistema processual brasileiro visa a atender política legislativa e judiciária de solução mais célere dos litígios, por isso que, do ponto de vista teleológico, não se deve interpretar o art. 500 do CPC de forma substancialmente mais restritiva do que se faria com os artigos alusivos à apelação, aos embargos infringentes e aos recursos extraordinários, mesmo porque "ao recurso adesivo se aplicam as mesmas regras do recurso independente, quanto às condições de admissibilidade, preparo e julgamento no tribunal superior" (parágrafo único, art. 500 do CPC). 2. Julgadas extintas a ação e a reconvenção, por ausência de condição da ação, não descaracteriza a sucumbência recíproca apta a propiciar o manejo do recurso adesivo, pois "[a] 'sucumbência recíproca' há de caracterizar-se à luz do teor do julgamento considerado em seu conjunto; não exclui a incidência do art. 500 o fato de haver cada uma das partes obtido vitória total neste ou naquele capítulo". 3. Recurso especial parcialmente provido para que o Tribunal de origem prossiga no julgamento do recurso adesivo, dando por superado o invocado óbice ao seu conhecimento. (STJ, REsp n. 1.109.249/RJ, rel. Min. Luis Felipe Salomão, j. 07.03.2013, *DJ* 19.03.2013)

Recurso administrativo Meio recursal interposto pelo cidadão perante uma autoridade administrativa de grau superior cuja finalidade é reverter uma decisão administrativa que lhe tenha sido desfavorável. O recurso administrativo no âmbito da administração pública federal é regulado pela Lei n. 9.784/99. De uma maneira geral, cabe às diversas juntas de recursos, que atuam em diferentes órgãos da administração, o julgamento dos recursos perante elas interpostos, como Junta Administrativa de Recursos de Infrações – Jari, Junta de Recursos da Previdência Social e outras.

▶ Veja Lei n. 9.784/99: "**Art. 56.** Das decisões administrativas cabe recurso, em face de razões de legalidade e de mérito. § 1º O recurso será dirigido à autoridade que proferiu a decisão, a qual, se não a reconsiderar no prazo de cinco dias, o encaminhará à autoridade superior. § 2º Salvo exigência legal, a interposição de recurso administrativo independe de caução. § 3º Se o recorrente alegar que a decisão administrativa contraria enunciado da súmula vinculante, caberá à autoridade prolatora da decisão impugnada, se não a reconsiderar, explicitar, antes de encaminhar o recurso à autoridade superior, as razões da aplicabilidade ou inaplicabilidade da súmula, conforme o caso. **Art. 57.** O recurso administrativo tramitará no máximo por três instâncias administrativas, salvo disposição legal diversa. **Art. 58.** Têm legitimidade para interpor recurso administrativo: I – os titulares de direitos e interesses que forem parte no processo; II – aqueles cujos direitos ou interesses forem indiretamente afetados pela decisão recorrida; III – as organizações e associações representativas, no tocante a direitos e interesses coletivos; IV – os cidadãos ou associações, quanto a direitos ou interesses difusos. **Art. 59.** Salvo disposição legal específica, é de dez dias o prazo para interposição de recurso administrativo, contado a partir da ciência ou divulgação oficial da decisão recorrida. [...]".

■ Trânsito. Carteira nacional de habilitação – CNH. Suspensão do direito de dirigir. Pendência de recurso administrativo. Renovação de CNH obstada. Inadmissibilidade. CTB, art. 265. CF/88, art. 5º, LIV e LV. A suspensão da CNH e o automático bloqueio de renovação na pendência de recurso administrativo ferem garantias constitucionais e o previsto pelo art. 24 da Resolução n. 182/2005 do Contran. (TJSP, AI n. 868.347/SP, rel. Des. Erasto dos Santos, j. 27.07.2009)

- Administrativo. Registro público. Mandado de segurança. Oficial de registro. Processo administrativo disciplinar. Aplicação da pena de demissão. Recurso administrativo hierárquico sem efeito suspensivo. Inexistência de ilegalidade. Não é ilegal a aplicação da pena de demissão antes de finalizado o julgamento de recurso hierárquico recebido sem efeito suspensivo, conforme o disposto no art. 273 da Lei de Organização Judiciária local. (STJ, RMS n. 26.373/BA, rel. Min. Francisco Falcão, j. 16.12.2008, *DJ* 04.02.2009)

Recurso de agravo de instrumento Recurso interposto contra decisão interlocutória, no prazo de quinze dias, perante o tribunal de justiça. É instrumentalizado por meio de petição, que deverá conter as razões do agravante e ser remetido desde logo ao tribunal *ad quem* para apreciação, quando se pretender obter efeito suspensivo das decisões que possam produzir danos irreparáveis à parte recorrente ou o deferimento, em antecipação de tutela, da pretensão recursal.

▶ Veja CPC/73: "**Art. 522.** Das decisões interlocutórias caberá agravo, no prazo de 10 (dez) dias, na forma retida, salvo quando se tratar de decisão suscetível de causar à parte lesão grave e de difícil reparação, bem como nos casos de inadmissão da apelação e nos relativos aos efeitos em que a apelação é recebida, quando será admitida a sua interposição por instrumento. [...] **Art. 524.** O agravo de instrumento será dirigido diretamente ao tribunal competente, através de petição com os seguintes requisitos: I – a exposição do fato e do direito; II – as razões do pedido de reforma da decisão; III – o nome e o endereço completo dos advogados, constantes do processo".

▶ Veja CPC/2015: "**Art. 1.015.** Cabe agravo de instrumento contra as decisões interlocutórias que versarem sobre: I – tutelas provisórias; II – mérito do processo; III – rejeição da alegação de convenção de arbitragem; IV – incidente de desconsideração da personalidade jurídica; V – rejeição do pedido de gratuidade da justiça ou acolhimento do pedido de sua revogação; VI – exibição ou posse de documento ou coisa; VII – exclusão de litisconsorte; VIII – rejeição do pedido de limitação do litisconsórcio; IX – admissão ou inadmissão de intervenção de terceiros; X – concessão, modificação ou revogação do efeito suspensivo aos embargos à execução; XI – redistribuição do ônus da prova nos termos do art. 373, § 1º; XII – conversão da ação individual em ação coletiva; XIII – outros casos expressamente referidos em lei. Parágrafo único. Também caberá agravo de instrumento contra decisões interlocutórias proferidas na fase de liquidação de sentença ou de cumprimento de sentença, no processo de execução e no processo de inventário. **Art. 1.016.** O agravo de instrumento será dirigido diretamente ao tribunal competente, por meio de petição com os seguintes requisitos: I – os nomes das partes; II – a exposição do fato e do direito; III – as razões do pedido de reforma ou de invalidação da decisão e o próprio pedido; IV – o nome e o endereço completo dos advogados constantes do processo. **Art. 1.017.** A petição de agravo de instrumento será instruída: I – obrigatoriamente, com cópias da petição inicial, da contestação, da petição que ensejou a decisão agravada, da própria decisão agravada, da certidão da respectiva intimação ou outro documento oficial que comprove a tempestividade e das procurações outorgadas aos advogados do agravante e do agravado; II – com declaração de inexistência de qualquer dos documentos referidos no inciso I, feita pelo advogado do agravante, sob pena de sua responsabilidade pessoal; III – facultativamente, com outras peças que o agravante reputar úteis. § 1º Acompanhará a petição o comprovante do pagamento das respectivas custas e do porte de retorno, quando devidos, conforme tabela publicada pelos tribunais. § 2º No prazo do recurso, o agravo será interposto por: I – protocolo realizado diretamente no tribunal competente para julgá-lo; II – protocolo realizado na própria comarca, seção ou subseção judiciárias; III – postagem, sob registro, com aviso de recebimento; IV – transmissão de dados tipo fac-símile, nos termos da lei; V – outra forma prevista em lei. [...]".

- Agravo de instrumento. Ausência de peças essenciais na hipótese (petição da contestação e sentença). Agravo regimental. Violação ao art. 535 do CPC. Súmula n. 288/STF. CPC, art. 541, § 1º. A jurisprudência que se pacificou no âmbito do STJ é no sentido de que cabe ao agravante fiscalizar a formação do instrumento, instando ao juízo ordinário para que se instrua o seu recurso com cópias das peças obrigatórias e daquelas porventura indispensáveis ao julgamento de sua irresignação. Na hipótese dos autos, versando o recurso especial sobre violação ao art. 535 do CPC, o instrumento encontra-se incompleto, eis que não foi trasladada a petição de contestação e a sentença, peças essenciais à formação do instrumento, porquanto imprescindível, para a análise da omissão, o confronto entre as razões do apelo e o acórdão recorrido. Incidência da Súmula n. 288/STF. (STJ, Ag. Reg. no AI n. 477.447/RJ, rel. Min. Francisco Falcão, j. 13.05.2003, *DJ* 18.08.2003)

- Mandado de segurança impetrado contra decisão que determinou a conversão de agravo de instrumento em retido. 1. Trata-se de recurso ordinário em mandado de segurança interposto contra acórdão que não concedeu a ordem em mandado de segurança impetrado contra decisão monocrática que determinou a conversão do agravo de instrumento em agravo retido, nos moldes do art. 527, II, do CPC, na redação da Lei n. 11.187/2005, sob o fundamento de que a ação mandamental não é cabível. 2. Consoante firme jurisprudência do STJ, é cabível mandado de segurança contra decisão que determina a conversão de agravo de instrumento em agravo retido, nos moldes do art. 527, parágrafo único, do CPC. 3. A jurisprudência do STJ também se mostra firme quanto ao entendimento de que, nos termos da regra do art. 527, parágrafo único, do CPC, é irrecorrível a decisão que converte o agravo de instrumento em agravo retido, facultando à parte apenas formular pedido de reconsideração ao próprio relator, que não é requisito indispensável à impetração de mandado de segurança. 4. Ademais, há, também, o entendimento segundo o qual "em se tratando de decisões liminares ou antecipatórias da tutela, o agravo contra elas interposto deve ser, obrigatoriamente, de instrumento". [...] (STJ, RMS n. 38.647/CE, 2ª T., rel. Min. Mauro Campbell Marques, j. 21.08.2012, *DJe* 28.08.2012)

Recurso de agravo de instrumento na Justiça do Trabalho
Aquele que é cabível contra despachos que denegarem a interposição de recursos, como nas hipóteses de intempestividade, deserção (falta de pagamento das custas) e representação irregular (ausência de procuração ou petição sem assinatura do advogado). O agravo de instrumento no processo trabalhista segue as diretrizes da Instrução Normativa n. 16/99 do TST: "I – O agravo de instrumento se rege, na Justiça do Trabalho, pelo art. 897, *b*, §§ 2º, 4º, 5º, 6º e 7º, da Consolidação das Leis do Trabalho, pelos demais dispositivos do direito processual do trabalho e, no que omisso, pelo direito processual comum, desde que compatível com as normas e princípios daquele, na forma desta Instrução. II – Limitado o seu cabimento, no processo do trabalho, aos despachos que denegarem a interposição de recurso (art. 897, *b*, CLT), o agravo de instrumento será dirigido à autoridade judiciária prolatora do despacho agravado, no prazo de oito dias de sua intimação, e processado em autos apartados".

▸ Veja CLT: "**Art. 897.** Cabe agravo, no prazo de 8 (oito) dias: [...] b) de instrumento, dos despachos que denegarem a interposição de recursos. [...] § 2º O agravo de instrumento interposto contra o despacho que não receber agravo de petição não suspende a execução da sentença. [...] § 4º Na hipótese da alínea b deste artigo, o agravo será julgado pelo Tribunal que seria competente para conhecer o recurso cuja interposição foi denegada. § 5º Sob pena de não conhecimento, as partes promoverão a formação do instrumento do agravo de modo a possibilitar, caso provido, o imediato julgamento do recurso denegado, instruindo a petição de interposição: I – obrigatoriamente, com cópias da decisão agravada, da certidão da respectiva intimação, das procurações outorgadas aos advogados do agravante e do agravado, da petição inicial, da contestação, da decisão originária, do depósito recursal referente ao recurso que se pretende destrancar, da comprovação do recolhimento das custas e do depósito recursal a que se refere o § 7º do art. 899 desta Consolidação; II – facultativamente, com outras peças que o agravante reputar úteis ao deslinde da matéria de mérito controvertida. § 6º O agravado será intimado para oferecer resposta ao agravo e ao recurso principal, instruindo-a com as peças que considerar necessárias ao julgamento de ambos os recursos. [...] **Art. 899.** [...] § 8º Quando o agravo de instrumento tem a finalidade de destrancar recurso de revista que se insurge contra decisão que contraria a jurisprudência uniforme do Tribunal Superior do Trabalho, consubstanciada nas suas súmulas ou em orientação jurisprudencial, não haverá obrigatoriedade de se efetuar o depósito referido no § 7º deste artigo".

Recurso de agravo de petição
Recurso que guarda semelhança com o agravo retido do CPC, de interposição perante o juiz trabalhista, nas execuções, por meio de petição nos próprios autos. Para esse efeito, considera-se decisão a sentença que julga os embargos à penhora. Todavia, o agravo de petição só será recebido quando o agravante delimitar, justificadamente, as matérias e os valores impugnados, permitida a execução imediata da parte remanescente até o final, nos próprios autos ou por carta de sentença (art. 897, § 1º, CLT). Assim, entre outros, poderão ser fundamento de agravo de petição os seguintes casos: erro de cálculo; nulidade da penhora; substituição do bem penhorado; e ausência de vista do cálculo.

▸ Veja CLT: "**Art. 897.** Cabe agravo, no prazo de 8 (oito) dias: *a)* de petição, das decisões do Juiz ou Presidente, nas execuções; [...] § 1º O agravo de petição só será recebido quando o agravante delimitar, justificadamente, as matérias e os valores impugnados, permitida a execução imediata da parte remanescente até o final, nos próprios autos ou por carta de sentença. [...] § 3º Na hipótese da alínea a deste artigo, o agravo será julgado pelo próprio tribunal, presidido pela autoridade recorrida, salvo se se tratar de decisão de Juiz do Trabalho de 1ª Instância ou de Juiz de Direito, quando o julgamento competirá a uma das Turmas do Tribunal Regional a que estiver subordinado o prolator da sentença, observado o disposto no art. 679, a quem este remeterá as peças necessárias para o exame da matéria controvertida, em autos apartados, ou nos próprios autos, se tiver sido determinada a extração de carta de sentença. [...] § 5º Sob pena de não conhecimento, as partes promoverão a formação do instrumento do agravo de modo a possibilitar, caso provido, o imediato julgamento do recurso denegado, instruindo a petição de interposição: I – obrigatoriamente, com cópias da decisão agravada, da certidão da respectiva intimação, das procurações outorgadas aos advogados do agravante e do agravado, da petição inicial, da contestação, da decisão originária, do depósito recursal referente ao recurso que se pretende destrancar, da comprovação do recolhimento das custas e do depósito recursal a que se refere o § 7º do art. 899 desta Consolidação; II – facultativamente, com outras peças que o agravante reputar úteis ao deslinde da matéria de mérito controvertida. § 6º O agravado será intimado para oferecer resposta ao agravo e ao recurso principal, instruindo-a com as peças que considerar necessárias ao julgamento de ambos os recursos. [...] **Art. 899.** [...] § 8º Quando o agravo de instrumento tem a finalidade de destrancar recurso de revista que se insurge contra decisão que contraria a jurisprudência uniforme do Tribunal Superior do Trabalho, consubstanciada nas suas súmulas ou em orientação jurisprudencial, não haverá obrigatoriedade de se efetuar o depósito referido no § 7º deste artigo".

- Execução. Parcela vincenda. Agravo de petição. Execução de parcelas vincendas. Cediço que a execução trabalhista constitui uma fase subsequente ao processo de conhecimento que originou a sentença condenatória exequenda, mercê, sobretudo, da iniciativa e impulso oficial do procedimento prevista no art. 878 da CLT. A execução trabalhista não se sujeita a procedimento executório autônomo, a uma ação de execução, isto porque evidenciado o sincretismo processual entre cognição e execução, princípio recentemente abrigado na seara processual civil, através da reforma levada a efeito pela Lei n. 11.232/2005. Diante desse contexto, a execução de parcelas vincendas que, no entender do agravante, se encontram contempladas no processo executório, deve, forçosamente, ser requerida através de petição apresentada nos próprios autos da reclamatória que constituiu o título executivo condenatório. (TRT-3ª Região, Ag. de Petição n. 1.477, rel. Juiz Carlos Roberto Barbosa, *DJ* 06.05.2013)

- Penhora. Bem de família. Agravo de petição. Penhora incidente sobre lote de terreno. Benfeitoria ainda em construção. Imóvel não albergado pela proteção da Lei n. 8.009/90. Consoante textualmente dispõe o art. 5º, da Lei n. 8.009/90, para efeitos de impenhorabilidade considera-se o imóvel residencial próprio do casal ou da entidade familiar destinado à sua residência como moradia permanente. O lote de terreno, na hipótese objeto da constrição judicial e sobre o qual se assenta benfeitoria ainda em construção, não está albergado pela proteção legal, incontroverso o fato de que no local não reside o executado ou sua família. Não cumpridos os requisitos exigidos em lei, expressos e que não comportam interpretação elasticida, sob pena de literal violação, impõe-se a manutenção da decisão agravada. (TRT-3ª Região, Ag. de Petição n. 82.800, rel. Des. Júlio Bernardo do Carmo, *DJ* 04.03.2013)

Recurso de agravo em recurso especial e em recurso extraordinário

Recurso de agravo, interposto no prazo de quinze dias, contra decisão de presidente ou de vice-presidente do tribunal quando não admitido recurso extraordinário ou recurso especial. A petição de agravo será dirigida ao presidente ou vice-presidente do tribunal de origem e independe do pagamento de custas e despesas postais.

- Veja CPC/2015: "**Art. 1.042.** Cabe agravo contra decisão de presidente ou de vice-presidente do tribunal que: I – indeferir pedido formulado com base no art. 1.035, § 6º, ou no art. 1.036, § 2º, de inadmissão de recurso especial ou extraordinário intempestivo; II – inadmitir, com base no art. 1.040, inciso I, recurso especial ou extraordinário sob o fundamento de que o acórdão recorrido coincide com a orientação do tribunal superior; III – inadmitir recurso extraordinário, com base no art. 1.035, § 8º, ou no art. 1.039, parágrafo único, sob o fundamento de que o Supremo Tribunal Federal reconheceu a inexistência de repercussão geral da questão constitucional discutida. § 1º Sob pena de não conhecimento do agravo, incumbirá ao agravante demonstrar, de forma expressa: I – a intempestividade do recurso especial ou extraordinário sobrestado, quando o recurso fundar-se na hipótese do inciso I do *caput* deste artigo; II – a existência de distinção entre o caso em análise e o precedente invocado, quando a inadmissão do recurso: *a)* especial ou extraordinário fundar-se em entendimento firmado em julgamento de recurso repetitivo por tribunal superior; *b)* extraordinário fundar-se em decisão anterior do Supremo Tribunal Federal de inexistência de repercussão geral da questão constitucional discutida. § 2º A petição de agravo será dirigida ao presidente ou vice-presidente do tribunal de origem e independe do pagamento de custas e despesas postais. [...]".

Recurso de agravo interno Recurso processual interposto perante o órgão colegiado competente contra decisão proferida pelo relator, desembargador ou ministro, que não admitir o agravo de instrumento, negar-lhe provimento ou decidir, desde logo, o recurso não admitido na origem. O agravo deve ser interposto através de petição na qual o recorrente impugnará especificadamente os fundamentos da decisão agravada. O agravo interno será dirigido ao relator, que intimará o agravado para manifestar-se sobre recurso no prazo de quinze dias, ao final do qual, não havendo retratação, o relator levá-lo-á a julgamento pelo órgão colegiado com inclusão em pauta. No órgão colegiado, serão observadas, quanto ao processamento, as regras do regimento interno do tribunal.

▶ Veja CPC/2015: "**Art. 1.021.** Contra decisão proferida pelo relator caberá agravo interno para o respectivo órgão colegiado, observadas, quanto ao processamento, as regras do regimento interno do tribunal. § 1º Na petição de agravo interno, o recorrente impugnará especificadamente os fundamentos da decisão agravada. § 2º O agravo será dirigido ao relator, que intimará o agravado para manifestar-se sobre o recurso no prazo de 15 (quinze) dias, ao final do qual, não havendo retratação, o relator levá-lo-á a julgamento pelo órgão colegiado, com inclusão em pauta. § 3º É vedado ao relator limitar-se à reprodução dos fundamentos da decisão agravada para julgar improcedente o agravo interno. § 4º Quando o agravo interno for declarado manifestamente inadmissível ou improcedente em votação unânime, o órgão colegiado, em decisão fundamentada, condenará o agravante a pagar ao agravado multa fixada entre um e cinco por cento do valor atualizado da causa. § 5º A interposição de qualquer outro recurso está condicionada ao depósito prévio do valor da multa prevista no § 4º, à exceção da Fazenda Pública e do beneficiário de gratuidade da justiça, que farão o pagamento ao final".

▪ Súmula n. 116, STJ: A Fazenda Pública e o Ministério Público têm prazo em dobro para interpor agravo regimental no Superior Tribunal de Justiça.

▪ Súmula n. 316, STJ: Cabem embargos de divergência contra acórdão que, em agravo regimental, decide recurso especial.

▪ Embargos de declaração recebidos como agravo interno. 1. Embargos de declaração recebidos como agravo regimental em face do nítido caráter infringente das razões recursais. Aplicação dos princípios da fungibilidade recursal e da economia processual. 2. O título exequendo aferiu expressamente os critérios de cálculo do valor patrimonial da ação – VPA –, de seu valor monetário e, ainda, da quantidade de ações a serem subscritas, de maneira que não há como se afastar os termos em que fixada a condenação à recomposição do diferencial acionário, por nítida ofensa à coisa julgada. 3. Agravo interno a que se nega provimento. (STJ, Emb. Decl. no REsp n. 1.276.160/RS, 4ª T., rel. Min. Raul Araújo, j. 13.03.2012, *DJe* 09.04.2012)

Recurso de agravo penal Recurso de agravo de instrumento cabível, no prazo de cinco dias, contra decisão do relator que não conhecer do agravo interposto contra decisão criminal que não admite recurso extraordinário ou recurso especial, negar-lhe provimento ou decidir, desde logo, o recurso não admitido na origem.

▶ Veja Lei n. 8.038/90: "**Art. 28.** Denegado o recurso extraordinário ou o recurso especial, caberá agravo de instrumento, no prazo de cinco dias, para o Supremo Tribunal Federal ou para o Superior Tribunal de Justiça, conforme o caso. § 1º Cada agravo de instrumento será instruído com as peças que forem indicadas pelo agravante e pelo agravado, dele constando, obrigatoriamente, além das mencionadas no parágrafo único do art. 523 do Código de Processo Civil, o acórdão recorrido, a petição de interposição do recurso e as contrarrazões, se houver. § 2º Distribuído o agravo de instrumento, o relator proferirá decisão. § 3º Na hipótese de provimento, se o instrumento contiver os elementos necessários ao julgamento do mérito do recurso especial, o relator determinará, desde logo, sua inclusão em pauta, observando-se, daí por diante, o procedimento relativo àqueles recursos, admitida a sustentação oral. § 4º O disposto no parágrafo anterior aplica-se também ao agravo de instrumento contra denegação de recurso extraordinário, salvo quando, na mesma causa, houver recurso especial admitido e que deva ser julgado em primeiro lugar. § 5º Da decisão do relator que negar seguimento ou provimento ao agravo de instrumento, caberá agravo para o órgão julgador no prazo de cinco dias".

▪ Súmula n. 699, STF: O prazo para interposição de agravo, em processo penal, é de cinco dias, de acordo com a Lei n. 8.038/90, não se aplicando o disposto a respeito nas alterações da Lei n. 8.950/94 ao Código de Processo Civil.

■ Penal. Agravo regimental. Agravo. Intempestividade. Art. 28 da lei n. 8.038/90. Súmula n. 699/STF. Lei n. 12.322/2010. Prazo. Cinco dias. STF. Entendimento. 1. O prazo para interposição de agravo em matéria criminal é de 5 (cinco) dias, conforme dispõem o art. 28 da Lei n. 8.038/90 e a Súmula n. 699/STF. 2. O Eg. STF, em 13.10.2011, no julgamento da Questão de Ordem no Agravo em Recurso Extraordinário n. 639.846/SP, manteve o disposto na Súmula n. 699/STF, confirmando o entendimento no sentido de que, com a entrada em vigor da Lei n. 12.322/2010, o prazo para a interposição do agravo, em matéria penal, permanece de 5 (cinco) dias. 3. Agravo regimental a que se nega provimento. (STJ, Ag. Reg. no AREsp n. 48.028/SP, 6ª T., rel. Min. Og Fernandes, j. 14.02.2012, *DJe* 29.02.2012)

Recurso de agravo regimental no TST Recurso de exclusiva interposição perante os tribunais superiores, em cujos regimentos internos está regulamentado, que se destina a impugnar decisão do relator que negue seguimento a recurso naquelas instâncias. Todavia, no TST, o agravo regimental tem abrangência mais ampla, porquanto, além das decisões denegatórias de prosseguimento de recurso, é admitido para, no prazo de cinco dias, impugnar: a) despacho do presidente do Tribunal ou de turma que denegar seguimento a recurso de embargos infringentes; b) despacho do presidente do Tribunal que suspender execução de liminares ou de decisão concessiva de mandado de segurança; c) despacho do presidente do tribunal que conceder ou negar suspensão da execução de liminar, antecipação de tutela ou da sentença em cautelar; d) despacho do presidente do Tribunal concessivo de liminar em mandado de segurança ou em ação cautelar; e) despacho do presidente do Tribunal proferido em pedido de efeito suspensivo; f) decisões e despachos proferidos pelo corregedor-geral da Justiça do Trabalho; g) despacho do relator que negar prosseguimento a recurso, ressalvada a hipótese do art. 239; h) despacho do relator que indeferir inicial de ação de competência originária do tribunal; e i) despacho ou decisão do presidente do tribunal, de presidente de turma, do corregedor-geral da Justiça do Trabalho ou relator que causar prejuízo ao direito da parte, ressalvados aqueles contra os quais haja recursos próprios previstos na legislação ou neste regimento. No TST, ao contrário do que ocorre no STJ e no STF, que têm prazo estipulado de cinco dias, o prazo de interposição do agravo regimental é de oito dias, consoante prescreve o art. 235 do seu Regimento Interno (RI). Interposto o agravo por meio de petição, que conterá as razões do pedido de reforma da decisão agravada e será juntada aos próprios autos, sem vistas à parte contrária, o recurso será concluso ao prolator do despacho, que poderá reconsiderá-lo ou determinar sua inclusão em pauta para a apreciação do colegiado competente para o julgamento da ação ou do recurso em que for exarado o despacho (art. 236 do RITST).

Recurso de apelação civil O que é interposto, no prazo de quinze dias, contra decisões definitivas de 1ª instância, que extingue o processo com ou sem julgamento do mérito, perante tribunal de 2ª instância, pelas partes que integram a lide. Recurso do qual a parte pode valer-se para requerer ao juízo de instância superior que reexamine a sentença que lhe foi desfavorável no juízo de primeira instância ou instância inferior. É o instrumento que possibilita que a causa seja submetida a um segundo julgamento por parte de uma turma do tribunal, composta de juízes mais antigos e experientes, denominados desembargadores, que poderão ou não reformar total ou parcialmente a sentença exarada pelo juízo *a quo*. Essa possibilidade de reexame da sentença pelo tribunal de justiça ou pelo tribunal regional federal, órgãos judicantes de 2º grau, se origina do princípio do duplo grau de jurisdição, ou seja, do princípio que estabelece que a sentença definitiva pode ser reapreciada por órgão de jurisdição de hierarquia normalmente superior à daquele que a proferiu. A apelação será total quando a sentença for impugnada em seu todo, ou parcial quando for impugnada apenas em parte. Presume-se total a impugnação quando o apelante não detalhar especificamente a parte da sentença com a qual não concorda.

▶ Veja CPC/73: "**Art. 513.** Da sentença caberá apelação (arts. 267 e 269). **Art. 514.** A apelação, interposta por petição dirigida ao juiz, conterá: I – os nomes e a qualificação das partes; II – os fundamentos de fato e de direito; III – o pedido de nova decisão. [...] **Art. 515.** A apelação devolverá ao tribunal o conhecimento da matéria impugnada. [...]".

▶ Veja CPC/2015: "**Art. 1.009.** Da sentença cabe apelação. § 1º As questões resolvidas na fase de conhecimento, se a decisão a seu respeito não comportar agravo de instrumento, não são cobertas pela preclusão e devem ser suscitadas em preliminar de apelação, eventualmente interposta contra a decisão final, ou nas contrarrazões. § 2º Se as questões referidas no § 1º forem suscitadas em contrarrazões, o recorrente será intimado para, em 15 (quinze) dias, manifestar-se a respeito delas. § 3º O disposto no *caput* deste artigo aplica-se mesmo quando as questões mencionadas no art. 1.015 integrarem capítulo da sentença. **Art. 1.010.** A apelação, interposta por petição dirigida ao juízo de primeiro grau, conterá: I – os nomes e a qualificação das partes; II – a exposição do fato e do direito; III – as razões do pedido de reforma ou de decretação de nulidade; IV – o pedido de nova decisão. [...] **Art. 1.012.** A apelação terá efeito suspensivo. § 1º Além de outras hipóteses previstas em lei, começa a produzir efeitos imediatamente após a sua publicação a sentença que: I – homologa divisão ou demarcação de terras; II – condena a pagar alimentos; III – extingue sem resolução do mérito ou julga improcedentes os embargos do executado; IV – julga procedente o pedido de instituição de arbitragem; V – confirma, concede ou revoga tutela provisória; VI – decreta a interdição. [...]".

■ Súmula n. 331, STJ: A apelação interposta contra sentença que julga embargos à arrematação tem efeito meramente devolutivo.

■ Apelação cível. Fundamentação deficiente. CPC, art. 514, II. A teor do disposto no art. 514, II, do CPC, deve a apelante, nas razões da apelação, expor os fundamentos de fato e de direito pelos quais busca a reforma da decisão recorrida, e não tratar de tema distinto, nem sequer mencionado na petição inicial. (STJ, REsp n. 597.108/PR, rel. Min. João Otávio de Noronha, j. 17.04.2007, *DJ* 07.05.2007)

■ Apelação cível. Fungibilidade recursal. CPC, art. 475, *h*. Tendo sido lançada sentença, em vez de mera decisão interlocutória apreciando a fase de liquidação, é escusável o equívoco da parte ao interpor recurso de apelação, tendo aplicação o princípio da fungibilidade. (TJRS, Ap. Cível n. 23.192.735/Santa Cruz do Sul, rel. Des. Sérgio Fernando de Vasconcellos Chaves, j. 16.07.2008, *DJ* 24.07.2008)

■ Prazo recursal. Intempestividade na hipótese. CPC, arts. 184 e 506. A teor do disposto nos arts. 184 e 506 do CPC, o prazo para oferecimento de recurso conta-se da data seguinte à da publicação da sentença. O recurso é intempestivo e não há fundamento para a extensão do referido prazo por terem os autos saído da secretaria do juízo nos *dies ad quem*, visto que vencida na demanda a parte adversa, não se tendo optado pela interposição de recurso adesivo, hipótese em que seriam tempestivas as razões oferecidas. (TJMG, Ap. Cível n. 280.652/Belo Horizonte, rel. Des. Pedro Henriques, j. 19.08.2002, *DJ* 20.05.2003)

Recurso de apelação penal Recurso cabível, no prazo de cinco dias, ao tribunal competente ou turma de 1º grau, quando se trata de decisão proferida em juizado especial criminal: das sentenças definitivas de condenação ou absolvição dadas por juiz singular; das decisões definitivas, ou com força de definitivas, pronunciadas por juiz singular; das decisões do tribunal do júri quando: a) ocorrer nulidade posterior à pronúncia; b) for a sentença do juiz-presidente contrária à lei expressa ou à decisão dos jurados; c) houver erro ou injustiça no tocante à aplicação da pena ou da medida de segurança; d) for a decisão dos jurados manifestamente contrária à prova dos autos (art. 593, CPP; art. 82, Lei n. 9.099/95). Com a revogação do art. 594 do CPP pela Lei n. 11.719/2008, que determinava o recolhimento do réu à prisão para apelar, o entendimento atual é o de que o recurso do réu deve ser recebido independentemente de seu recolhimento à prisão. Em caso de sentença absolutória, havendo apelação pelo Ministério Público, esse fato não impedirá que o réu seja posto imediatamente em liberdade (art. 596, CPP). Em qualquer hipótese, se à sentença não for interposta apelação pelo Ministério Público no prazo legal, o ofendido ou qualquer das pessoas enumeradas no art. 31 do CPP, ainda que não se tenha habilitado como assistente, poderá interpor apelação, que não terá, porém, efeito suspensivo (art. 598, CPP).

▶ Veja CPP: "**Art. 593.** Caberá apelação no prazo de 5 (cinco) dias: I – das sentenças definitivas de condenação ou absolvição proferidas por juiz singular; II – das decisões definitivas, ou com força de definitivas, proferidas por juiz singular nos casos não previstos no Capítulo anterior; III – das decisões do Tribunal do Júri, quando: *a)* ocorrer nulidade posterior à pronúncia; *b)* for a sentença do juiz-presidente contrária à lei expressa ou à decisão dos jurados; *c)* houver erro ou injustiça no tocante à aplicação da pena ou da medida de segurança; *d)* for a decisão dos jurados manifestamente contrária à prova dos autos. [...] **Art. 599.** As apelações poderão ser interpostas quer em relação a todo o julgado, quer em relação a parte dele. [...] **Art. 603.** A apelação subirá nos autos originais e, a não ser no Distrito Federal e nas comarcas que forem sede de Tribunal de Apelação, ficará em cartório traslado dos termos essenciais do processo referidos no art. 564, III".

- Juizado especial criminal. Competência. Crime de menor potencial ofensivo. Citação edital. Deslocamento da competência para o Juízo Comum. Nos crimes de menor potencial ofensivo, de competência dos juizados especiais criminais, realizada a instrução criminal pelo Juízo Comum, em razão do disposto no art. 66, parágrafo único, da Lei n. 9.099/95, e por este sentenciado o feito, eventual recurso de apelação deve ser julgado pelo Tribunal hierarquicamente superior, por força da *perpetuactio jurisdicionis*. (STJ, Confl. de Comp. n. 79.141/SP, rel. Min. Maria Thereza de Assis Moura, j. 08.08.2007, *DJ* 20.08.2007)

- Competência recursal. Violência doméstica. Incompetência da câmara criminal. Lei n. 11.340/2006, art. 22, II. Consoante os termos da Lei Maria da Penha, aos Juizados de Violência Doméstica e Familiar contra a Mulher, com competência cível e criminal, são atribuídos o processo, o julgamento e a execução das causas decorrentes da prática de violência doméstica e familiar contra a mulher, cabendo-lhes deferir medidas protetivas, que podem ter natureza criminal, cível e familiar. Assim, a competência recursal será determinada não em função ao Juízo prolator da decisão atacada, mas sim em razão da natureza da medida protetiva aplicada. Tendo a matéria em discussão natureza exclusivamente familiar, eis que a autora rebela-se de sentença que julgou improcedente ação cautelar de afastamento do lar conjugal, deve o presente apelo ser apreciado por uma das Câmaras Cíveis do Tribunal de Justiça. (TJRJ, Ap. Crim. n. 6.773, rel. Des. Moacir Pessoa de Araújo, j. 04.11.2009)

Recurso de carta testemunhável Instrumento a ser requerido ao escrivão ou ao secretário do tribunal, conforme o caso, nas 48 horas seguintes ao despacho que denegar o recurso, indicando o requerente as peças do processo que deverão ser trasladadas. Pode ser interposto contra a decisão que denegar o recurso; e a que, embora admitindo o recurso, obstar sua expedição e o seguimento para o juízo *ad quem* (art. 639, CPP).

▶ Veja CPP: "**Art. 639.** Dar-se-á carta testemunhável: I – da decisão que denegar o recurso; II – da que, admitindo embora o recurso, obstar à sua expedição e seguimento para o juízo

ad quem. **Art. 640.** A carta testemunhável será requerida ao escrivão, ou ao secretário do tribunal, conforme o caso, nas 48 (quarenta e oito) horas seguintes ao despacho que denegar o recurso, indicando o requerente as peças do processo que deverão ser trasladadas. **Art. 641.** O escrivão, ou o secretário do tribunal, dará recibo da petição à parte e, no prazo máximo de 5 (cinco) dias, no caso de recurso no sentido estrito, ou de 60 (sessenta) dias, no caso de recurso extraordinário, fará entrega da carta, devidamente conferida e concertada".

- Carta testemunhável. Denegação de apelação. Recurso em sentido estrito. Interposição. Decisão que afaste a incompetência do juízo. CPP, art. 644. Dada a natureza subsidiária da carta testemunhável, ela é sempre cabível quando não houver recurso adequado para a denegação. Estando a carta testemunhável suficientemente instruída, é permitido o imediato julgamento do recurso que lhe deu causa, conforme o disposto no art. 644 do CPP. Na sistemática recursal do CPP, não existe previsão de recurso contra decisão que afaste a pecha de incompetência do juízo, devendo a questão ser levantada em grau de *habeas corpus* ou por ocasião da apelação contra a sentença a ser proferida na causa principal. (TJMG, Carta Test. n. 246.662/São Sebastião do Paraíso, rel. Des. Mercêdo Moreira, j. 23.10.2001, *DJ* 04.10.2002)

- Carta testemunhável. Impugnação de decisão que considerou descabível recurso em sentido estrito. Denúncia. Pretensão de aditamento pelo assistente de acusação. Remessa dos autos ao STF. Inquérito envolvendo parlamentar. Não se reconhece ao assistente de acusação legitimidade para aditar a peça acusatória oferecida pelo Ministério Público, titular exclusivo da ação penal pública (CF/88, art. 129, I). A legitimação subsidiária do ofendido somente é admissível no caso de inércia do titular. Os atos que o assistente de acusação pode praticar estão previstos na lei processual penal, não lhe sendo permitida a iniciativa de modificar, ampliar ou corrigir a atividade do titular da ação penal. Conhecimento da carta testemunhável. Indeferimento do pedido. (STF, Petição n. 1.030/2/1996/SE, rel. Min. Min. Ilmar Galvão, j. 24.04.1996, *DJ* 01.07.1996)

Recurso de embargos de declaração Recurso cabível, no prazo de cinco dias, contra sentença ou acórdão obscuros, contraditórios ou omissos a respeito de fato sobre o qual o juiz ou o tribunal deveriam pronunciar-se. A finalidade dos embargos é obter esclarecimentos acerca da falta de clareza do texto, da incerteza sobre o que nele está expresso, de sua divergência ou da falta de elemento importante que deveria conter a sentença ou o acórdão, bem como corrigir erro material. Em que pese o fato de não serem expressamente previstos como recurso pela CLT, é de consenso que, em face do caráter complementar e supletório do CPC, os embargos declaratórios são também admitidos no processo trabalhista. Assim sendo, à semelhança do que ocorre com as ações cíveis, na Justiça do Trabalho cabem embargos de declaração quando houver na sentença ou no acórdão obscuridade, dúvida ou contradição; e quando for omitido ponto sobre o qual deveria pronunciar-se o juiz ou o tribunal. No concernente às ações submetidas ao procedimento sumaríssimo no âmbito da Justiça do Trabalho, caberão embargos de declaração contra a sentença ou o acórdão no prazo de cinco dias. Seu julgamento deve ocorrer na primeira audiência ou sessão subsequente a sua apresentação, sendo ele registrado na certidão, além de admitido o efeito modificativo da decisão nos casos de omissão e contradição no julgado e manifesto o equívoco no exame dos pressupostos extrínsecos do recurso (art. 897-A, CLT).

▶ Veja CPC/73: "**Art. 535.** Cabem embargos de declaração quando: I – houver, na sentença ou no acórdão, obscuridade ou contradição; II – for omitido ponto sobre o qual devia pronunciar-se o juiz ou tribunal. **Art. 536.** Os embargos serão opostos, no prazo de 5 (cinco) dias, em petição dirigida ao juiz ou relator, com indicação do ponto obscuro, contraditório ou omisso, não estando sujeitos a preparo. **Art. 537.** O juiz julgará os embargos em 5 (cinco) dias; nos tribunais, o relator apresentará os embargos em mesa na sessão subsequente, proferindo voto".

▶ Veja CPC/2015: "**Art. 1.022.** Cabem embargos de declaração contra qualquer decisão judicial para: I – esclarecer obscuridade ou eliminar contradição; II – suprir omissão de ponto ou questão sobre o qual devia se pronunciar o juiz de ofício ou a requerimento; III – corrigir erro material. Parágrafo único. Considera-se omissa a decisão que: I – deixe de se manifestar sobre tese firmada em julgamento de casos repetitivos ou em incidente de assunção de competência aplicável ao caso sob julgamento; II – incorra em qualquer das condutas descritas no art. 489, § 1º. **Art. 1.023.** Os embargos serão opostos, no prazo de 5 (cinco) dias, em petição dirigida ao juiz, com indicação do erro, obscuridade, contradição ou omissão, e não se sujeitam a preparo. § 1º Aplica-se aos embargos de declaração o art. 229. § 2º O juiz intimará o embargado para, querendo, manifestar-se, no prazo de 5 (cinco) dias, sobre os embargos opostos, caso seu eventual acolhimento implique a modificação da decisão embargada. **Art. 1.024.** O juiz julgará os embargos em 5 (cinco) dias. § 1º Nos tribunais, o relator apresentará os embargos em mesa na sessão subsequente, proferindo voto, e, não havendo julgamento nessa sessão, será o recurso incluído em pauta automaticamente. [...] **Art. 1.026.** Os embargos de declaração não possuem efeito suspensivo e interrompem o prazo para a interposição de recurso. [...]".

▶ Veja CLT: "**Art. 897-A.** Caberão embargos de declaração da sentença ou acórdão, no prazo de 5 (cinco) dias, devendo seu julgamento ocorrer na primeira audiência ou sessão subsequente a sua apresentação, registrado na certidão, admitido efeito modificativo da decisão nos casos de omissão e contradição no julgado e manifesto equívoco no exame dos pressupostos extrínsecos do recurso. Parágrafo único. Os erros materiais poderão ser corrigidos de ofício ou a requerimento de qualquer das partes".

▪ Processual civil. Embargos de declaração. Violação do art. 535 do CPC. Omissão. Inexistência. 1. Os embargos de declaração são cabíveis tão somente para sanar obscuridade, contradição ou, ainda, para suprir omissão verificada no julgamento acerca de tema sobre o qual o tribunal deveria ter-se manifestado, o que não ocorreu. 2. Todas as questões trazidas aos autos foram dirimidas de forma clara, expressa e em acórdão devidamente fundamentado, conforme se infere da fundamentação transcrita no corpo deste voto. A embargante não aponta a existência de omissão, obscuridade ou contradição no *decisum*. A pretexto de ofensa ao art. 535 do CPC, busca, na verdade, rediscutir decisão desfavorável, pretensão incabível no âmbito de aclaratórios. 3. Esta Corte Superior, no recurso especial, não é competente para manifestar-se sobre suposta violação de dispositivo constitucional, nem sequer a título de prequestionamento. 4. Embargos de declaração rejeitados. (STJ, Emb. Decl. no Ag. Reg. no Ag. em REsp n. 313.437/RJ, rel. Min. Castro Meira, j. 20.08.2013, *DJ* 30.08.2013)

Recurso de embargos de declaração penal Embargo de declaração é o recurso que pode ser oposto às sentenças e aos acórdãos proferidos pelos tribunais de apelação, câmaras ou turmas, no prazo de dois dias, contados de sua publicação, quando houver na sentença ou no acórdão ambiguidade, obscuridade, contradição ou omissão (arts. 382 e 619, CPP). Conquanto o Código se limite a citar sentenças e acórdãos como decisões embargáveis, expressiva doutrina manifesta-se no sentido de que os embargos de declaração podem ser opostos a qualquer decisão judicial, o que torna passíveis de embargos também as decisões interlocutórias.

▸ Veja CPP: "**Art. 382.** Qualquer das partes poderá, no prazo de 2 (dois) dias, pedir ao juiz que declare a sentença, sempre que nela houver obscuridade, ambiguidade, contradição ou omissão. **Art. 383.** O juiz, sem modificar a descrição do fato contida na denúncia ou queixa, poderá atribuir-lhe definição jurídica diversa, ainda que, em consequência, tenha de aplicar pena mais grave. § 1º Se, em consequência de definição jurídica diversa, houver possibilidade de proposta de suspensão condicional do processo, o juiz procederá de acordo com o disposto na lei. § 2º Tratando-se de infração da competência de outro juízo, a este serão encaminhados os autos. [...] **Art. 619.** Aos acórdãos proferidos pelos Tribunais de Apelação, câmaras ou turmas, poderão ser opostos embargos de declaração, no prazo de 2 (dois) dias contado da sua publicação, quando houver na sentença ambiguidade, obscuridade, contradição ou omissão. **Art. 620.** Os embargos de declaração serão deduzidos em requerimento de que constem os pontos em que o acórdão é ambíguo, obscuro, contraditório ou omisso. § 1º O requerimento será apresentado pelo relator e julgado, independentemente de revisão, na primeira sessão. § 2º Se não preenchidas as condições enumeradas neste artigo, o relator indeferirá desde logo o requerimento".

Recurso de embargos de divergência Recurso cabível em 2ª instância quando o acórdão de turma em recurso extraordinário, ou em recurso especial, divergir do julgamento de qualquer outro órgão do mesmo tribunal, sendo os acórdãos, embargado e paradigma, de mérito (art. 546, CPC/73).

▸ Veja CPC/73: "**Art. 546.** É embargável a decisão da turma que: I – em recurso especial, divergir do julgamento de outra turma, da seção ou do órgão especial; II – em recurso extraordinário, divergir do julgamento da outra turma ou do plenário. Parágrafo único. Observar-se-á, no recurso de embargos, o procedimento estabelecido no regimento interno".

▸ Veja CPC/2015: "**Art. 1.043.** É embargável o acórdão de órgão fracionário que: I – em recurso extraordinário ou em recurso especial, divergir do julgamento de qualquer outro órgão do mesmo tribunal, sendo os acórdãos, embargado e paradigma, de mérito; II – em recurso extraordinário ou em recurso especial, divergir do julgamento de qualquer outro órgão do mesmo tribunal, sendo os acórdãos, embargado e paradigma, relativos ao juízo de admissibilidade; III – em recurso extraordinário ou em recurso especial, divergir do julgamento de qualquer outro órgão do mesmo tribunal, sendo um acórdão de mérito e outro que não tenha conhecido do recurso, embora tenha apreciado a controvérsia; IV – nos processos de competência originária, divergir do julgamento de qualquer outro órgão do mesmo tribunal. [...]".

▪ Súmula n. 158, STJ: Não se presta a justificar embargos de divergência o dissídio com acórdão de Turma ou Seção que não mais tenha competência para a matéria neles versada.

▪ Súmula n. 168, STJ: Não cabem embargos de divergência, quando a jurisprudência do Tribunal se firmou no mesmo sentido do acórdão embargado.

▪ Súmula n. 315, STJ: Não cabem embargos de divergência no âmbito do agravo de instrumento que não admite recurso especial.

▪ Súmula n. 316, STJ: Cabem embargos de divergência contra acórdão que, em agravo regimental, decide recurso especial.

▪ Súmula n. 420, STJ: Incabível, em embargos de divergência, discutir o valor de indenização por danos morais.

▪ Acidente de trânsito. Indenização. A indenização deve corresponder ao montante necessário para repor o veículo nas condições em que se encontrava antes do sinistro, ainda que superior ao valor de mercado; prevalece aí o interesse de quem foi lesado. Embargos de divergência conhecidos e recebidos. (STJ, EREsp n. 324.137, Corte Especial, rel. Min. Ari Pargendler, j. 05.02.2003)

▪ Agravo regimental nos embargos de declaração nos embargos infringentes em agravo. Princípio da fungibilidade. Inaplicabilidade. Erro grosseiro. Agravo não provido. 1. Embora tenham sido autuados como embargos de divergência, a parte opôs embargos infringentes a acórdão da 3ª Turma do STJ que julgou agravo de instrumento interposto contra decisão que não admitiu recurso especial. 2. "Configura-se erro grosseiro a interposição de recurso de embargos infringentes em vez de embargos de divergência" (Ag. Reg. nos Emb. Decl. nos Emb. Infring. no REsp n. 624.813/PR, 3ª T., rel. Min. Ricardo Villas Bôas Cueva, DJe 24.04.2013). 3. Agravo regimental não provido. (STJ, Ag. Reg. nos Emb. Decl. nos Emb. de Divergência em Ag. n. 1.372.432/MS, Corte Especial, rel. Min. Arnaldo Esteves Lima, j. 16.09.2013, DJe 30.10.2013)

Recurso de embargos no TST Recurso cabível na Seção de Dissídios Individuais, no prazo de oito dias, a contar da publicação da conclusão do acórdão, perante o TST, contra decisão não unânime de julgamento e decisões divergentes das turmas que divergirem entre si ou das decisões proferidas pela Seção de Dissídios Individuais (SDI), ou contrárias a súmula ou OJ do TST ou súmula vinculante do STF (art. 894, CLT; art. 3º, Lei n. 7.701/88).

▸ Veja CLT: "**Art. 894.** No Tribunal Superior do Trabalho cabem embargos, no prazo de 8 (oito) dias: I – de decisão não unânime de julgamento que: *a)* conciliar, julgar ou homologar conciliação em dissídios coletivos que excedam a competência territorial dos Tribunais Regionais do Trabalho e estender ou rever as sentenças normativas do Tribunal Superior do Trabalho, nos casos previstos em lei; [...] II – das decisões das Turmas que divergirem entre si ou das decisões proferidas pela Seção de Dissídios Individuais, ou contrárias a súmula ou orientação jurisprudencial do Tribunal Superior do Trabalho ou súmula vinculante do Supremo Tribunal Federal; [...] § 2º A divergência apta a ensejar os embargos deve ser atual, não se considerando tal a ultrapassada por súmula do Tribunal Superior do Trabalho ou do Supremo Tribunal Federal, ou superada por iterativa e notória jurisprudência do Tribunal Superior do Trabalho".

▸ Veja Lei n. 7.701/88: "**Art. 3º** Compete à Seção de Dissídios Individuais julgar: [...] III – em última instância: *a)* os recursos ordinários interpostos contra decisões dos Tribunais Regionais em processos de dissídio individual de sua competência originária; *b)* os embargos das decisões das Turmas que divergirem entre si, ou das decisões proferidas pela Seção de Dissídios Individuais; *c)* os agravos regimentais de despachos denegatórios dos Presidentes das Turmas, em matéria de embargos, na forma estabelecida no Regimento Interno; *d)* os embargos de declaração opostos aos seus acórdãos; *e)* as suspeições arguidas contra o Presidente e demais Ministros que integram a seção, nos feitos pendentes de julgamento; e *f)* os agravos de instrumento interpostos contra despacho denegatório de recurso ordinário em processo de sua competência".

Recurso de revisão criminal Considerado por alguns recurso *sui generis*, misto de ação (ação autônoma de impugnação) e recurso, porém, considerado recurso por imposição legal, "é a provocação, feita pelo réu, ao tribunal competente, nos casos expressos em lei, para que reexamine seu processo já findo absolvendo-o ou beneficiando-o" (CRUZ, João Claudino de Oliveira. *Prática dos recursos*: cíveis e criminais, p. 211). Assim, dispõe o diploma processual penal que a revisão dos processos findos será admitida: quando a sentença condenatória for contrária ao texto expresso da lei penal ou à evidência dos autos; quando a sentença condenatória se fundar em depoimentos, exames ou documentos comprovadamente falsos; quando, após a sentença, se descobrirem novas provas de inocência do condenado ou de circunstância que determine ou autorize diminuição especial de pena (art. 621, CPP). A revisão poderá ser requerida a qualquer tempo, mesmo após o trânsito em julgado da sentença, antes da extinção da pena ou depois, pelo próprio réu ou por procurador legalmente habilitado ou, no caso de morte do réu, por cônjuge, ascendente, descendente ou irmão. Todavia, não será admissível a reiteração do pedido, salvo se fundado em novas provas (arts. 622 e 623, CPP).

▸ Veja CPP: "**Art. 621.** A revisão dos processos findos será admitida: I – quando a sentença condenatória for contrária ao texto expresso da lei penal ou à evidência dos autos; II – quando a sentença condenatória se fundar em depoimentos, exames ou documentos comprovadamente falsos; III – quando, após a sentença, se descobrirem novas provas de inocência do condenado ou de circunstância que determine ou autorize diminuição especial da pena. **Art. 622.** A revisão poderá ser requerida em qualquer tempo, antes da extinção da pena ou após. Parágrafo único. Não será admissível a reiteração do pedido, salvo se fundado em novas provas. **Art. 623.** A revisão poderá ser pedida pelo próprio réu ou por procurador legalmente habilitado ou, no caso de morte do réu, pelo cônjuge, ascendente, descendente ou irmão".

▪ Processual penal. Tráfico ilícito de entorpecentes. Revisão criminal. Absolvição por ausência de provas. Impropriedade da via eleita. Recurso do Ministério Público provido. Condenação mantida. Agravo não provido. CPP, art. 621. 1. Firme o entendimento deste Superior Tribunal de Justiça no sentido de que é inadmissível a utilização do instituto da revisão criminal como um novo recurso de apelação, de forma a propiciar reanálise da prova já existente dos autos. 2. "A fundamentação baseada apenas na fragilidade das provas produzidas não autoriza o e. Tribunal *a quo* a proferir juízo absolutório, em sede de revisão criminal, pois esta situação não se identifica com o alcance do disposto no art. 621, I, do CPP, que exige a demonstração de que a condenação não se fundou em uma única prova sequer, daí ser, portanto, contrária à evidência dos autos" (REsp n. 988.408/SP, 5ª T., rel. Min. Felix Fischer, *DJ* 25.08.2008). 3. Agravo regimental não provido. (STJ, Ag. Reg. no Ag. em REsp n. 14.228/MS, rel. Min. Jorge Mussi, j. 28.05.2013, *DJ* 11.06.2013)

- Revisão criminal. Júri. Sentença definitiva. Possibilidade da desconstituição. Precedente do STF. CPP, art. 621. 1. "A condenação penal definitiva imposta pelo júri é passível, também ela, de desconstituição mediante revisão criminal, não lhe sendo oponível a cláusula constitucional da soberania do veredicto do Conselho de Sentença" (STF, *HC* n. 70.193, 1ª T., rel. Min. Celso de Mello, *DJ* 06.11.2006). (STJ, *HC* n. 137.504/BA, rel. Min. Laurita Vaz, j. 28.08.2012, *DJ* 05.09.2012)

Recurso de revista É aquele que visa à uniformização da jurisprudência e da interpretação das leis, interposto perante o TST, contra decisões proferidas em grau de recurso ordinário, em dissídio individual, pelos tribunais regionais do trabalho (art. 896, CLT).

▶ Veja CLT: "**Art. 896.** Cabe Recurso de Revista para Turma do Tribunal Superior do Trabalho das decisões proferidas em grau de recurso ordinário, em dissídio individual, pelos Tribunais Regionais do Trabalho, quando: *a)* derem ao mesmo dispositivo de lei federal interpretação diversa da que lhe houver dado outro Tribunal Regional do Trabalho, no seu Pleno ou Turma, ou a Seção de Dissídios Individuais do Tribunal Superior do Trabalho, ou contrariarem súmula de jurisprudência uniforme dessa Corte ou súmula vinculante do Supremo Tribunal Federal; *b)* derem ao mesmo dispositivo de lei estadual, Convenção Coletiva de Trabalho, Acordo Coletivo, sentença normativa ou regulamento empresarial de observância obrigatória em área territorial que exceda a jurisdição do Tribunal Regional prolator da decisão recorrida, interpretação divergente, na forma da alínea a; *c)* proferidas com violação literal de disposição de lei federal ou afronta direta e literal à Constituição Federal. § 1º O Recurso de Revista, dotado de efeito apenas devolutivo, será apresentado ao Presidente do Tribunal recorrido, que poderá recebê-lo ou denegá-lo, fundamentando, em qualquer caso, a decisão. [...]".

- Recurso de revista. Ampla defesa. Nulidade da sentença por cerceamento de defesa. Indeferimento de prova testemunhal e prova pericial. Recurso de revista da reclamada não conhecido. Livre convencimento do juiz. Violação ao art. 896 da CLT não configurada. CPC, arts. 120 e 131. CF/88, art. 5º, LV. O julgador, após ampla análise das provas dos autos, ao concluir ser suficiente a prova documental para a formação do seu convencimento, pode dispensar a oitiva de testemunhas e a produção de prova pericial que julgou desnecessárias. O juiz forma o seu convencimento por meio do conjunto probatório, com base na livre possibilidade de apreciar os fatos e circunstâncias constantes dos autos, desde que devidamente fundamentados, nos termos do art. 131 do CPC. Por outro lado, é de se ressaltar que o magistrado detém o poder instrutório, que lhe permite determinar de ofício ou a requerimento das partes a prova necessária à instrução do processo, indeferindo as diligências inúteis ou que entender protelatórias, consoante o disposto no art. 130 do CPC. Nesse contexto, não se verificava a pretendida violação ao art. 5º, LV, da CF/88, na medida em que a parte interpôs os recursos possíveis para reverter o resultado em seu benefício, sendo-lhe sobejamente assegurado o princípio da ampla defesa. O recurso de revista, portanto, não alcançava o mesmo conhecimento, restando intacto o art. 896 consolidado. Recurso de embargos não conhecido. (TST, Emb. em RR n. 1.850.400, rel. Min. Renato de Lacerda Paiva, j. 20.06.2013, *DJ* 01.07.2013)

- Recurso de revista. Impugnação dos fundamentos da decisão recorrida. Inexistência de representação processual. Ausência de decisão em assembleia geral. Súmula n. 422/TST. CLT, art. 896. A fundamentação do recurso de natureza extraordinária, como o de revista, não importa somente na necessidade de indicação de ofensa a dispositivos de lei, mas também na imperatividade de a parte embargante apresentar fundamentação objetiva capaz de desconstituir os fundamentos da decisão impugnada. Note-se que, a teor da Súmula n. 422/TST, não se conhece de recurso para o TST "quando as razões do recorrente não impugnam os fundamentos da decisão recorrida, nos termos em que fora proposta". Recurso de revista de que não se conhece. (TST, RR n. 25.100, rel. Min. Emmanoel Pereira, j. 28.03.2012, *DJ* 13.04.2012)

Recurso especial Recurso interposto no prazo de quinze dias perante o presidente ou o vice-presidente do STJ, contra acórdão de tribunal que: contrariar tratado ou lei federal, ou negar-lhes a vigência; julgar válido ato de governo local contestado em face de lei federal; der a lei federal interpretação divergente da que lhe haja atribuído outro tribunal (art. 105, III, CF). O recurso será interposto mediante petição que conterá: a exposição do fato e do direito; a demonstração do cabimento do recurso interposto; as razões do pedido de reforma ou de invalidação da decisão recorrida (art. 541, CPC/73).

- Súmula n. 5, STJ: A simples interpretação de cláusula contratual não enseja recurso especial.

- Súmula n. 7, STJ: A pretensão de simples reexame de prova não enseja recurso especial.

- Súmula n. 13, STJ: A divergência entre julgados do mesmo Tribunal não enseja recurso especial.

- Súmula n. 83, STJ: Não se conhece do recurso especial pela divergência, quando a orientação do Tribunal se firmou no mesmo sentido da decisão recorrida.

- Súmula n. 86, STJ: Cabe recurso especial contra acórdão proferido no julgamento de agravo de instrumento.

- Súmula n. 123, STJ: A decisão que admite, ou não, o recurso especial deve ser fundamentada, com o exame dos seus pressupostos gerais e constitucionais.

- Súmula n. 126, STJ: É inadmissível recurso especial, quando o acórdão recorrido assenta em fundamentos constitucional e infraconstitucional, qualquer deles suficiente, por si só, para mantê-lo, e a parte vencida não manifesta recurso extraordinário.

- Súmula n. 203, STJ: Não cabe recurso especial contra decisão proferida por órgão de segundo grau dos Juizados Especiais.

- Súmula n. 207, STJ: É inadmissível recurso especial quando cabíveis embargos infringentes contra o acórdão proferido no tribunal de origem.

- Súmula n. 211, STJ: Inadmissível recurso especial quanto à questão que, a despeito da oposição de embargos declaratórios, não foi apreciada pelo tribunal a quo.

- Súmula n. 315, STJ: Não cabem embargos de divergência no âmbito do agravo de instrumento que não admite recurso especial.

- Súmula n. 316, STJ: Cabem embargos de divergência contra acórdão que, em agravo regimental, decide recurso especial.

- Súmula n. 418, STJ: É inadmissível o recurso especial interposto antes da publicação do acórdão dos embargos de declaração, sem posterior ratificação.

- Penal. Agravo regimental no agravo em recurso especial. Interposição do recurso especial antes da publicação do acórdão dos embargos de declaração. Necessidade de posterior ratificação. Verbete n. 418 da Súmula do STJ. Agravo regimental desprovido. Nos termos do Enunciado n. 418 do STJ, "é inadmissível o recurso especial interposto antes da publicação do acórdão dos embargos de declaração, sem posterior ratificação", razão pela qual, apresentado o recurso especial antes da publicação do acórdão dos embargos de declaração, é inafastável o reconhecimento do caráter extemporâneo de sua interposição. Agravo regimental desprovido. (STJ, Ag. Reg. no AREsp n. 190.193/SP, 6ª T., rel. Min. Marilza Maynard (Des. convocada do TJSE), j. 15.10.2013, *DJe* 28.10.2013)

Recurso extraordinário Recurso interposto no prazo de quinze dias perante o presidente ou o vice-presidente do STJ, contra acórdão de tribunal que: contrariar dispositivo da Constituição; declarar a inconstitucionalidade de tratado ou lei federal; julgar válidos lei ou ato do governo local contestado em face da Constituição; julgar válida lei local contestada em face de lei federal (art. 102, III, CF). O recurso será interposto mediante petição que conterá: a exposição do fato e do direito; a demonstração do cabimento do recurso interposto; as razões do pedido de reforma ou de invalidação da decisão recorrida (art. 541, CPC/73; art. 1.029, CPC/2015).

▶ Veja CLT: "**Art. 896-C.** [...] § 14 Aos recursos extraordinários interpostos perante o Tribunal Superior do Trabalho será aplicado o procedimento previsto no art. 543-B da Lei n. 5.869, de 11 de janeiro de 1973 (Código de Processo Civil), cabendo ao Presidente do Tribunal Superior do Trabalho selecionar um ou mais recursos representativos da controvérsia e encaminhá-los ao Supremo Tribunal Federal, sobrestando os demais até o pronunciamento definitivo da Corte, na forma do § 1º do art. 543-B da Lei n. 5.869, de 11 de janeiro de 1973 (Código de Processo Civil). [...]".

- Agravo regimental no recurso extraordinário. Reserva de plenário. Alegação de violação ao art. 97 da Constituição Federal. Inexistência. Tributário. ICMS. I – A obediência à cláusula de reserva de plenário não se faz necessária quando houver orientação consolidada do STF sobre a questão constitucional discutida. II – A jurisprudência desta Corte possui entendimento firmado no sentido de que, nas operações interestaduais, o creditamento do ICMS na operação subsequente deve corresponder ao montante que foi efetivamente recolhido na operação anterior. Precedentes. III – Agravo regimental improvido. (STF, Ag. Reg. no RE n. 491.653, 2ª T., rel. Min. Ricardo Lewandowski, j. 08.05.2012, *DJ* 22.05.2012)

- Recurso extraordinário com agravo (Lei n. 12.322/2010). Embargos de declaração recebidos como recurso de agravo. Servidor público municipal. Readaptação. Legislação de regência. Alegada violação a preceito inscrito na Constituição da República. Revela-se inadmissível o recurso extraordinário, quando a alegação de ofensa resumir-se ao plano do direito meramente local (ordenamento positivo do Estado-membro ou do Município), sem qualquer repercussão direta sobre o âmbito normativo da Constituição da República. (STF, ARE nos Emb. Decl. n. 671.592, 2ª T., rel. Min. Celso de Mello, j. 24.04.2012, *DJe* 14.05.2012)

Recurso ordinário constitucional no STF

Modalidade de recurso dirigida ao STF contra decisões negatórias proferidas em única instância pelos tribunais superiores em mandados de segurança, *habeas data* e mandados de injunção (art. 102, II, CF).

▶ Veja CF: "**Art. 102.** Compete ao Supremo Tribunal Federal, precipuamente, a guarda da Constituição, cabendo-lhe: [...] II – julgar, em recurso ordinário: *a)* o *habeas corpus*, o mandado de segurança, o *habeas data* e o mandado de injunção decididos em única instância pelos Tribunais Superiores, se denegatória a decisão; *b)* o crime político; [...]".

▶ Veja CPC/2015: *v. Recurso ordinário constitucional no STJ*.

■ Recurso ordinário em *habeas corpus*. Processo penal. Impetração denegada no STJ por inadequação da via eleita. Substitutivo de recurso constitucional. Falsificação de documentos. Estelionato. Competência da Justiça Estadual. 1. O STJ observou os procedentes da 1ª Turma desta Suprema Corte que não vem admitindo a utilização de *habeas corpus* em substituição a recurso constitucional. 2. Compete à Justiça Estadual processar e julgar os delitos de estelionato e falsificação de documentos públicos e privados quando ausente lesão a bens, serviços e interesse da União ou de suas entidades autárquicas e empresas públicas, caso dos autos, segundo as decisões de origem. 3. Recurso ordinário em *habeas corpus* a que se nega provimento. (STF, *HC* n. 117.279, 1ª T., rel. Min. Rosa Weber, j. 22.10.2013, *DJe* 08.11.2013)

■ *Habeas corpus*. Julgamento por tribunal superior. Impugnação. A teor do disposto no art. 102, II, *a*, da CF, contra decisão, proferida em processo revelador de *habeas corpus*, a implicar a não concessão da ordem, cabível é o recurso ordinário. Evolução quanto à admissibilidade irrestrita do substitutivo do *habeas corpus*. (STF, *HC* n. 114.973, 1ª T., rel. Min. Marco Aurélio, j. 15.10.2013, *DJe* 04.11.2013)

Recurso ordinário constitucional no STJ

Recurso dirigido ao Superior Tribunal de Justiça contra decisões negatórias proferidas em única instância pelos tribunais regionais federais ou pelos tribunais dos estados e do Distrito Federal e territórios, em mandado de segurança e em causas em que forem partes, de um lado, Estado estrangeiro ou organismo internacional e, do outro, município ou pessoa residente ou domiciliada no país (art. 105, II, CF).

▶ Veja CF: "**Art. 105.** Compete ao Superior Tribunal de Justiça: [...] II – julgar, em recurso ordinário: *a)* os *habeas corpus* decididos em única ou última instância pelos Tribunais Regionais Federais ou pelos tribunais dos Estados, do Distrito Federal e Territórios, quando a decisão for denegatória; *b)* os mandados de segurança decididos em única instância pelos Tribunais Regionais Federais ou pelos tribunais dos Estados, do Distrito Federal e Territórios, quando denegatória a decisão; *c)* as causas em que forem partes Estado estrangeiro ou organismo internacional, de um lado, e, do outro, Município ou pessoa residente ou domiciliada no País; [...]".

▶ Veja CPC/2015: "**Art. 1.027.** Serão julgados em recurso ordinário: I – pelo Supremo Tribunal Federal, os mandados de segurança, os *habeas data* e os mandados de injunção decididos em única instância pelos tribunais superiores, quando denegatória a decisão; II – pelo Superior Tribunal de Justiça: *a)* os mandados de segurança decididos em única instância pelos tribunais regionais federais ou pelos tribunais de justiça dos Estados e do Distrito Federal e Territórios, quando denegatória a decisão; *b)* os processos em que forem partes, de um lado, Estado estrangeiro ou organismo internacional e, de outro, Município ou pessoa residente ou domiciliada no País. § 1º Nos processos referidos no inciso II, alínea *b*, contra as decisões interlocutórias caberá agravo de instrumento dirigido ao Superior Tribunal de Justiça, nas hipóteses do art. 1.015. § 2º Aplica-se ao recurso ordinário o disposto nos arts. 1.013, § 3º, e 1.029, § 5º".

■ Recurso ordinário em *habeas corpus*. Prisão preventiva. Revogação superveniente. Prejudicialidade do pedido neste particular. Homicídio. Trancamento da ação penal. Falta de justa causa. Deficiência de instrução. 1. Fica prejudicado o pedido de revogação da preventiva se, como na espécie, sobrevém decisão, no juízo de 1º grau, colocando o recorrente em liberdade. 2. É deficiente a instrução do *habeas corpus* e, por consequência, do respectivo recurso ordinário, se, pretendendo o trancamento da ação penal, por falta de higidez material da acusação (justa causa), dos autos não consta a cópia da denúncia, que é, por óbvio, a gênese da controvérsia aqui suscitada. 3. O *habeas corpus*, como via mandamental, bem assim o relacionado recurso ordinário, tem de vir instruído com todas as peças aptas a demonstrar o alegado constrangimento ilegal, pois, do contrário, estar-se-á decidindo em tese, o que não é possível à jurisdição criminal, que deve ter sempre os olhos voltados ao caso concreto. 4. Recurso ordinário em *habeas corpus* julgado prejudicado quanto à prisão e não conhecido no tocante ao trancamento da ação penal. (STJ, HC n. 30.783/ES, 6ª T., rel. Min. Maria Thereza de Assis Moura, j. 17.10.2013, *DJe* 29.10.2013)

- *Habeas corpus* substitutivo de recurso ordinário. Descabimento. Crime contra a dignidade sexual. Estupro. Alegação de constrangimento ilegal. Pleito pela revogação da prisão preventiva. 1. Os tribunais superiores restringiram o uso do *habeas corpus* e não mais o admitem como substitutivo de recursos e nem sequer para as revisões criminais. 2. A necessidade da segregação cautelar se encontra fundamentada na garantia da ordem pública, decorrente da periculosidade do paciente, caracterizada pela reiteração de prática delituosa. 3. O STJ, em orientação uníssona, entende que persistindo os requisitos autorizadores da segregação cautelar (art. 312, CPP), é despiciendo o paciente possuir condições pessoais favoráveis. 4. *Habeas corpus* não conhecido por ser substitutivo do recurso cabível. (STJ, HC n. 277.363/PE, 5ª T., rel. Min. Moura Ribeiro, j. 22.10.2013, *DJe* 28.10.2013)

Recurso ordinário trabalhista Recurso ordinário cabível, no prazo de oito dias, contra decisões definitivas ou terminativas de varas e juízos do trabalho; e decisões definitivas ou terminativas dos tribunais regionais, em processos de sua competência originária, quer nos dissídios individuais, quer nos dissídios coletivos (art. 895, CLT). Esse recurso, que guarda correlação com o recurso de apelação na Justiça Comum, deve ser interposto perante o tribunal regional do trabalho ou TST, conforme o caso, para efeito de reexame da prova e da aplicação da lei. Dessa forma, à semelhança da apelação cível, toda decisão que julgar procedente ou improcedente o pedido, ou que o reclamante é carecedor de ação, pode ser objeto de recurso ordinário. Incluem-se, nesses casos, as sentenças que: a) julgam improcedente a reclamação porque consideraram correto o pagamento das verbas rescisórias pelo empregador; b) julgam procedente a reclamação para condenar a reclamada ao pagamento das verbas pleiteadas no pedido inicial; c) julgam o reclamante carecedor de ação por não ser provada a existência de relação de emprego.

▶ Veja CLT: "**Art. 895.** Cabe recurso ordinário para a instância superior: I – das decisões definitivas ou terminativas das Varas e Juízos, no prazo de 8 (oito) dias; e II – das decisões definitivas ou terminativas dos Tribunais Regionais, em processos de sua competência originária, no prazo de 8 (oito) dias, quer nos dissídios individuais, quer nos dissídios coletivos. § 1º Nas reclamações sujeitas ao procedimento sumaríssimo, o recurso ordinário: [...] II – será imediatamente distribuído, uma vez recebido no Tribunal, devendo o relator liberá-lo no prazo máximo de 10 (dez) dias, e a Secretaria do Tribunal ou Turma colocá-lo imediatamente em pauta para julgamento, sem revisor; III – terá parecer oral do representante do Ministério Público presente à sessão de julgamento, se este entender necessário o parecer, com registro na certidão; IV – terá acórdão consistente unicamente na certidão de julgamento, com a indicação suficiente do processo e parte dispositiva, e das razões de decidir do voto prevalente. Se a sentença for confirmada pelos próprios fundamentos, a certidão de julgamento, registrando tal circunstância, servirá de acórdão. § 2º Os Tribunais Regionais, divididos em Turmas, poderão designar Turma para o julgamento dos recursos ordinários interpostos das sentenças prolatadas nas demandas sujeitas ao procedimento sumaríssimo".

- Depósito recursal. Recurso ordinário. Empresa em recuperação judicial. Obrigatoriedade da comprovação de depósito recursal e custas. Deserção. O depósito recursal, além de constituir requisito extrínseco do recurso, tem a função de garantir o juízo para efeito de execução, razão pela qual a reclamada, empregadora, ao recorrer, ainda que se trate de empresa em recuperação judicial, deve efetuar e comprovar que o fez no prazo para interposição do recurso ordinário, bem como demonstrar o pagamento das custas processuais. Destarte, por não ter realizado e comprovado tais recolhimentos no prazo, tem-se como não satisfeitos os requisitos admissibilidade do recurso ordinário da reclamada, daí que inviabilizado seu conhecimento, por deserção, nos termos do art. 7º da Lei n. 5.584/70, bem como da Súmula n. 245 do TST. (TRT-3ª Região, RO n. 770/2013, rel. Juiz Márcio Toledo Gonçalves, *DJ* 18.06.2013)

- Recurso. Tempestividade. Recurso ordinário. Intempestividade. Os registros lançados no sistema de acompanhamento processual do site do TRT têm caráter meramente informativo, não legal. Assim, não eximem a parte da estrita observância das regras legais sobre o decurso dos prazos processuais. Com efeito, é dever da parte interessada cuidar para que o recurso satisfaça os pressupostos recursais e zelar para que seja interposto no prazo próprio. (TRT-3ª Região, AI em RO n. 781/2013, rel. Des. Paulo Roberto de Castro, *DJ* 24.05.2013)

Recurso repetitivo Situação jurídica que se revela pela multiplicidade de recursos interpostos em um tribunal com fundamento em idêntica questão de direito. Nesse caso, o presidente do tribunal de origem selecionará recursos representativos da controvérsia, que serão encaminhados ao STJ, e, independentemente de juízo de admissibilidade, determinará a suspensão do processamento dos demais recursos até o pronunciamento definitivo do STJ). Dependendo do resultado do julgamento do STJ, os recursos especiais sobrestados na origem terão seguimento denegado na hipótese de o acórdão recorrido coincidir com a orientação do STJ ou serão novamente examinados pelo tribunal de origem na hipótese de o acórdão recorrido divergir da orientação do STJ.

▶ Veja CPC/73: "**Art. 543-C.** Quando houver multiplicidade de recursos com fundamento em idêntica questão de direito, o recurso especial será processado nos termos deste artigo. § 1º Caberá ao presidente do tribunal de origem admitir um ou mais recursos representativos da controvérsia, os quais serão encaminhados ao Superior Tribunal de Justiça, ficando suspensos os demais recursos especiais até o pronunciamento definitivo do Superior Tribunal de Justiça. § 2º Não adotada a providência descrita no § 1º deste artigo, o relator no Superior Tribunal de Justiça, ao identificar que sobre a controvérsia já existe jurisprudência dominante ou que a matéria já está afeta ao colegiado, poderá determinar a suspensão, nos tribunais de segunda instância, dos recursos nos quais a controvérsia esteja estabelecida. [...] § 7º Publicado o acórdão do Superior Tribunal de Justiça, os recursos especiais sobrestados na origem: I – terão seguimento denegado na hipótese de o acórdão recorrido coincidir com a orientação do Superior Tribunal de Justiça; ou II – serão novamente examinados pelo tribunal de origem na hipótese de o acórdão recorrido divergir da orientação do Superior Tribunal de Justiça. § 8º Na hipótese prevista no inciso II do § 7º deste artigo, mantida a decisão divergente pelo tribunal de origem, far-se-á o exame de admissibilidade do recurso especial. [...]".

▶ Veja CPC/2015: "**Art. 1.036.** Sempre que houver multiplicidade de recursos extraordinários ou especiais com fundamento em idêntica questão de direito, haverá afetação para julgamento de acordo com as disposições desta Subseção, observado o disposto no Regimento Interno do Supremo Tribunal Federal e no do Superior Tribunal de Justiça. § 1º O presidente ou o vice-presidente de tribunal de justiça ou de tribunal regional federal selecionará 2 (dois) ou mais recursos representativos da controvérsia, que serão encaminhados ao Supremo Tribunal Federal ou ao Superior Tribunal de Justiça para fins de afetação, determinando a suspensão do trâmite de todos os processos pendentes, individuais ou coletivos, que tramitem no Estado ou na região, conforme o caso. [...]".

▶ Veja CLT: "**Art. 896-C.** [...] § 14. Aos recursos extraordinários interpostos perante o Tribunal Superior do Trabalho será aplicado o procedimento previsto no art. 543-B da Lei n. 5.869, de 11 de janeiro de 1973 (Código de Processo Civil), cabendo ao Presidente do Tribunal Superior do Trabalho selecionar um ou mais recursos representativos da controvérsia e encaminhá-los ao Supremo Tribunal Federal, sobrestando os demais até o pronunciamento definitivo da Corte, na forma do § 1º do art. 543-B da Lei n. 5.869, de 11 de janeiro de 1973 (Código de Processo Civil). [...]".

▶ Processual civil. Administrativo. Terreno de marinha. Taxa de ocupação. Atualização. Valor venal do imóvel. DL n. 2.398/87. Matéria julgada sob regime dos recursos repetitivos (REsp n. 1.150.579/SC). 1. No julgamento do REsp n. 1.150.579/SC, de minha relatoria, a 1ª Seção desta Corte Superior pacificou seu entendimento, submetendo-o à sistemática dos recursos repetitivos, no sentido de que, nos termos do art. 1º do DL n. 2.398/87, a majoração da taxa de ocupação dos terrenos de marinha pode ser realizada com base no valor do domínio pleno do terreno, anualmente atualizado pelo Serviço do Patrimônio da União (SPU), sem a prévia notificação do ocupante. 2. Salienta-se que tal atualização anual da taxa de ocupação, mediante reavaliação do valor do domínio pleno do imóvel, não está limitada pela variação inflacionária verificada no mesmo período. 3. Agravo regimental não provido. (STJ, Ag. Reg. no REsp n. 1.387.706/PE, 2ª T., rel. Min. Mauro Campbell Marques, j. 22.10.2013, *DJe* 28.10.2013).

Recursos repetitivos na Justiça do Trabalho À semelhança do que ocorre no direito processual civil, o instituto dos recursos repetitivos também se aplica ao direito do trabalho, quando se verificar a multiplicidade de recursos de revista fundados em idêntica questão de Direito. Situação jurídica que se revela pela multiplicidade de recursos interpostos em um tribunal com fundamento em idêntica questão de Direito (art. 896-C, CLT). Para esse efeito, o presidente da Turma ou da Seção Especializada, por indicação dos relatores, afetará um ou mais recursos representativos da controvérsia para julgamento pela Seção Especializada em Dissídios Individuais ou pelo Tribunal Pleno, sob o rito dos recursos repetitivos, oficiando-se aos presidentes dos TRTs para que suspendam os recursos interpostos em casos idênticos aos afetados como recursos repetitivos, até o pronunciamento definitivo do TST.

▶ Veja CLT: "**Art. 896-C.** Quando houver multiplicidade de recursos de revista fundados em idêntica questão de direito, a questão poderá ser afetada à Seção Especializada em Dissídios Individuais ou ao Tribunal Pleno, por decisão da maioria simples de seus membros, mediante requerimento de um dos Ministros que compõem a Seção Especializada, considerando a relevância da matéria ou a existência de entendimentos divergentes entre os Ministros dessa Seção ou das Turmas do Tribunal. § 1º O Presidente da Turma ou da Seção Especializada, por indicação dos relatores, afetará um ou mais recursos representativos da controvérsia para julgamento pela Seção Especializada em Dissídios Individuais ou pelo Tribunal Pleno, sob o rito dos recursos repetitivos. § 2º O Presidente da Turma ou da Seção Especializada que afetar processo para julgamento sob o rito dos recursos repetitivos deverá expedir comunicação aos demais Presidentes de Turma ou de Seção Especializada, que poderão afetar outros processos sobre a questão para julgamento conjunto, a fim de conferir ao órgão julgador visão global da questão. § 3º O Presidente do Tribunal Superior do Trabalho oficiará os Presidentes dos Tribunais Regionais do Trabalho para que suspendam os recursos interpostos em casos idênticos aos afetados como recursos repetitivos, até o pronunciamento definitivo do Tribunal Superior do Trabalho. § 4º Caberá ao Presidente do Tribunal de origem admitir um ou mais recursos representativos da controvérsia, os quais serão encaminhados ao Tribunal Superior do Trabalho, ficando suspensos os demais recursos de revista até o pronunciamento definitivo do Tribunal Superior do Trabalho. § 5º O relator no Tribunal Superior do Trabalho poderá determinar a suspensão dos recursos de revista ou de embargos que tenham como objeto controvérsia idêntica à do recurso afetado como repetitivo. § 6º O recurso repetitivo será distribuído a um dos Ministros membros da Seção Especializada ou do Tribunal Pleno e a um Ministro revisor. [...]".

Redibir Ato de rejeitar ou conservar com abatimento de preço a coisa adquirida com vício ou defeito oculto (art. 441, CC) (*v. Vício redibitório*).

Redibitórios Diz-se dos vícios ou defeitos ocultos da coisa adquirida que serve de fundamentação à ação redibitória, destinada à obtenção de abatimento do preço ou à rejeição da coisa (art. 441, CC) (*v. Vício redibitório*).

Reexame necessário Obrigatoriedade de reexame, pelos tribunais de justiça ou pelo TRF, de certas sentenças previstas em lei. Há obrigatoriedade do duplo grau de jurisdição, não produzindo efeito senão depois da confirmação pelo tribunal, para a sentença: proferida contra a União, o estado, o Distrito Federal, o município, e as respectivas autarquias e fundações de direito público; que julgar procedentes, no todo ou em parte, os embargos à execução de dívida ativa da Fazenda Pública (art. 475, CPC/73). Nesses casos, não são as partes que estão obrigadas a recorrer, mas tão somente há a obrigatoriedade de os autos serem remetidos ao tribunal, haja ou não apelação, para ali serem apreciados.

▶ Veja CPC/73: "**Art. 475.** Está sujeita ao duplo grau de jurisdição, não produzindo efeito senão depois de confirmada pelo tribunal, a sentença: I – proferida contra a União, o Estado, o Distrito Federal, o Município, e as respectivas autarquias e fundações de direito público; II – que julgar procedentes, no todo ou em parte, os embargos à execução de dívida ativa da Fazenda Pública (art. 585, VI). § 1º Nos casos previstos neste artigo, o juiz ordenará a remessa dos autos ao tribunal, haja ou não apelação; não o fazendo, deverá o presidente do tribunal avocá-los. § 2º Não se aplica o disposto neste artigo sempre que a condenação, ou o direito controvertido, for de valor certo não excedente a 60 (sessenta) salários mínimos, bem como no caso de procedência dos embargos do devedor na execução de dívida ativa do mesmo valor. § 3º Também não se aplica o disposto neste artigo quando a sentença estiver fundada em jurisprudência do plenário do Supremo Tribunal Federal ou em súmula deste Tribunal ou do tribunal superior competente".

▶ Veja CPC/2015: "**Art. 496.** Está sujeita ao duplo grau de jurisdição, não produzindo efeito senão depois de confirmada pelo tribunal, a sentença: I – proferida contra a União, os Estados, o Distrito Federal, os Municípios e suas respectivas autarquias e fundações de direito público; II – que julgar procedentes, no todo ou em parte, os embargos à execução fiscal. § 1º Nos casos previstos neste artigo, não interposta a apelação no prazo legal, o juiz ordenará a remessa dos autos ao tribunal, e, se não o fizer, o presidente do respectivo tribunal avocá-los-á. § 2º Em qualquer dos casos referidos no § 1º, o tribunal julgará a remessa necessária. § 3º Não se aplica o disposto neste artigo quando a condenação ou o proveito econômico obtido na causa for de valor certo e líquido inferior a: I – 1.000 (mil) salários-mínimos para a União e as respectivas autarquias e fundações de direito público; II – 500 (quinhentos) salários-mínimos para os Estados, o Distrito

Federal, as respectivas autarquias e fundações de direito público e os Municípios que constituam capitais dos Estados; III – 100 (cem) salários-mínimos para todos os demais Municípios e respectivas autarquias e fundações de direito público. § 4º Também não se aplica o disposto neste artigo quando a sentença estiver fundada em: I – súmula de tribunal superior; II – acórdão proferido pelo Supremo Tribunal Federal ou pelo Superior Tribunal de Justiça em julgamento de recursos repetitivos; III – entendimento firmado em incidente de resolução de demandas repetitivas ou de assunção de competência; IV – entendimento coincidente com orientação vinculante firmada no âmbito administrativo do próprio ente público, consolidada em manifestação, parecer ou súmula administrativa".

- Súmula n. 45, STJ: No reexame necessário, é defeso, ao Tribunal, agravar a condenação imposta à Fazenda Pública.

- Súmula n. 253, STJ: O art. 557 do CPC, que autoriza o relator a decidir o recurso, alcança o reexame necessário.

- Súmula n. 390, STJ: Nas decisões por maioria, em reexame necessário, não se admitem embargos infringentes.

- Súmula n. 490, STJ: A dispensa de reexame necessário, quando o valor da condenação ou do direito controvertido for inferior a sessenta salários mínimos, não se aplica a sentenças ilíquidas.

- Recurso especial. Eventual ofensa ao art. 535 do CPC. Inexistência. Execução fiscal. Prescrição. Extinção. Reexame necessário. Art. 475, II, do CPC. Sentença de mérito. Possibilidade. 1. Não havendo no acórdão recorrido omissão, obscuridade ou contradição, não fica caracterizada ofensa ao art. 535 do CPC. 2. Na Execução Fiscal, havendo sentença de mérito contra a Fazenda Pública, é obrigatório o duplo grau de jurisdição, uma vez que a situação assemelha-se ao julgamento de procedência de Embargos do Devedor, nos termos do art. 475, II, do Código de Processo Civil. Precedentes da 2ª Turma desta Corte. 3. Recurso especial provido. (STJ, REsp n. 1.385.172/SP, 2ª T., rel. Min. Eliana Calmon, j. 17.10.2013, *DJe* 24.10.2013)

- Ação civil pública. Assentamento em ilhas fluviais de domínio do estado-membro. Rio Paraíba do Sul de domínio da União. Omissões verificadas. Reexame necessário e julgamento *extra petita* (arts. 475, *i*, e 460 do CPC). Violação do art. 535 do CPC. 1. Arguido suposto defeito material ocorrido no julgamento das apelações, caberia ao tribunal de origem, ao decidir os declaratórios do Estado do Rio de Janeiro, deixar explícito, em primeiro lugar, se o caso em debate se enquadra nas hipóteses de reexame necessário e, havendo resposta positiva, decidir se o seu amplo efeito devolutivo abrangeria e obrigaria o enfrentamento da violação do art. 460 do CPC. Por outro lado, concluindo o tribunal de origem, eventualmente, pelo dever de decidir o tema relacionado ao julgamento *extra petita*, caber-lhe-ia analisar, com base no texto da petição inicial, se poderia o Estado ser condenado a recompor a área devastada e a pagar multa. Omissão e violação do art. 535 do CPC verificadas. 3. Recurso especial conhecido e provido. (STJ, REsp n. 1.126.146/RJ, 2ª T., rel. Min. Castro Meira, j. 15.08.2013, *DJe* 22.08.2013)

Reformatio in pejus Reforma de decisão judicial contra o recorrente de forma a prejudicá-lo em relação à sentença condenatória. O ordenamento jurídico brasileiro, quer na área cível, quer na área penal, não admite a *reformatio in pejus*, isto é, o agravamento da situação do réu, seja do ponto de vista quantitativo (pena maior), seja do qualitativo (regime prisional). Em outras palavras, é vedado ao tribunal *ad quem* proferir decisão mais desfavorável que aquela proferida pelo órgão *a quo*. A única exceção a essa regra é no tocante ao recurso do Ministério Público, para efeito de aumento da pena do réu, quando dissentir da pena imposta pelo juízo de 1º grau.

- *Habeas corpus*. Art. 16, parágrafo único, IV, da Lei n. 10.826/2003. (1) Impetração substitutiva de revisão criminal. Impropriedade da via eleita. (2) Recurso exclusivo da defesa. Princípio da proibição da *reformatio in pejus*. 1. Tem-se como imperiosa a necessidade de racionalização do emprego do *habeas corpus* em prestígio ao âmbito de cognição da garantia constitucional e em louvor à lógica do sistema recursal. *In casu*, foi impetrada indevidamente a ordem como substitutiva de revisão criminal. 2. Não há falar em violação do princípio da proibição da *reformatio in pejus*, ao argumento de que condenado o paciente pela prática de crime de posse de arma de fogo, o Tribunal inovara em seu prejuízo, deslocando a imputação para porte do instrumento lesivo. Ocorre que, desde a denúncia, foi apontado que o paciente, segundo seu próprio interrogatório, noticiara o porte da arma que, inclusive, teria sido empregada para o homicídio de terceira pessoa. 3. Ordem não conhecida. (STJ, *HC* n. 181.272/MG, rel. Min. Maria Thereza de Assis Moura, j. 15.08.2013, *DJ* 26.08.2013)

- Violação do art. 535 do CPC não caracterizada. Reexame necessário. Honorários. *Reformatio in pejus*. Impossibilidade. Súmula n. 45/STJ. 1. Não ocorre ofensa ao art. 535, II, do CPC, se o tribunal de origem decide, fundamentadamente, as questões essenciais ao julgamento da lide. 2. Nos termos da Súmula n. 45/STJ, "no reexame necessário, é defeso, ao tribunal, agravar a condenação imposta à Fazenda Pública". Entendimento aplicável ao INSS. 3. É inviável o agravamento da condenação na verba honorária do INSS quando ausente recurso voluntário da parte contrária. 4. Recurso especial provido. (STJ, REsp n. 1.375.962/SP, 2ª T., rel. Min. Eliana Calmon, j. 13.08.2013, *DJe* 15.10.2013)

Regime aberto Regime privativo da liberdade no qual a execução da pena ocorre em casa de albergado ou estabelecimento adequado (art. 33, CP).

▸ Veja CP: "Reclusão e detenção – **Art. 33.** A pena de reclusão deve ser cumprida em regime fechado, semiaberto ou aberto. A de detenção, em regime semiaberto, ou aberto, salvo necessidade de transferência a regime fechado. § 1º Considera-se: [...] c) regime aberto a execução da pena em casa de albergado ou estabelecimento adequado. [...] Regras do regime aberto – **Art. 36.** O regime aberto baseia-se na autodisciplina e senso de responsabilidade do condenado. § 1º O condenado deverá, fora do estabelecimento e sem vigilância, trabalhar, frequentar curso ou exercer outra atividade autorizada, permanecendo recolhido durante o período noturno e nos dias de folga. § 2º O condenado será transferido do regime aberto, se praticar fato definido como crime doloso, se frustrar os fins da execução ou se, podendo, não pagar a multa cumulativamente aplicada".

▪ Súmula n. 493, STJ: É inadmissível a fixação de pena substitutiva (art. 44 do CP) como condição especial ao regime aberto.

▪ Recurso especial repetitivo. Pena. Recurso especial representativo de controvérsia. Regime aberto. Condições especiais. Prestação de serviços à comunidade. *Bis in idem*. Lei n. 7.210/84 (LEP), art. 115. CP, art. 44. 1. É lícito ao juiz estabelecer condições especiais para a concessão do regime aberto, em complementação daquelas previstas na LEP (Lei n. 7.210/84, art. 115), mas não poderá adotar a esse título nenhum efeito já classificado como pena substitutiva (CP, art. 44), porque aí ocorreria o indesejável *bis in idem*, importando na aplicação de dúplice sanção. 2. Recurso especial desprovido. (STJ, REsp n. 1.107.314/PR, rel. Min. Napoleão Nunes Maia Filho, j. 13.12.2010, *DJ* 05.10.2011)

▪ Recurso ordinário em *habeas corpus*. Execução penal. Regime aberto. Ausência de vaga em casa de albergado. Cumprimento da pena em prisão domiciliar até a disponibilização de vaga. Possibilidade. Recurso provido. 1. A teor do entendimento desta Corte, admite-se a concessão da prisão domiciliar ao apenado, cumprindo pena em regime aberto, que se enquadre nas hipóteses do art. 117 da Lei de Execução Penal ou, excepcionalmente, como no caso em tela, quando se encontrar cumprindo pena em estabelecimento compatível com regime mais gravoso, por inexistência de vagas em casa de albergado. 2. Recurso provido para permitir a prisão domiciliar enquanto não existir vaga em estabelecimento prisional compatível com o regime aberto. (STJ, RO em *HC* n. 38.404/MG, rel. Min. Laurita Vaz, j. 13.08.2013, *DJ* 23.08.2013)

Regime de bens Conjunto de princípios e normas que rege a situação patrimonial dos cônjuges e suas relações econômicas com terceiros durante a vigência do casamento. Os regimes de bens previstos pelo CC são: comunhão universal de bens; comunhão parcial de bens; separação de bens; participação final nos aquestos (arts. 1.639 e segs., CC). É permitida a alteração do regime de bens mediante autorização judicial em pedido motivado de ambos os cônjuges, apurada a procedência das razões invocadas e ressalvados os direitos de terceiros (art. 1.639, § 2º, CC).

▸ Veja CC: "**Art. 1.639.** É lícito aos nubentes, antes de celebrado o casamento, estipular, quanto aos seus bens, o que lhes aprouver. § 1º O regime de bens entre os cônjuges começa a vigorar desde a data do casamento. § 2º É admissível alteração do regime de bens, mediante autorização judicial em pedido motivado de ambos os cônjuges, apurada a procedência das razões invocadas e ressalvados os direitos de terceiros".

▸ Veja CPC/2015: "**Art. 734.** A alteração do regime de bens do casamento, observados os requisitos legais, poderá ser requerida, motivadamente, em petição assinada por ambos os cônjuges, na qual serão expostas as razões que justificam a alteração, ressalvados os direitos de terceiros. § 1º Ao receber a petição inicial, o juiz determinará a intimação do Ministério Público e a publicação de edital que divulgue a pretendida alteração de bens, somente podendo decidir depois de decorrido o prazo de 30 (trinta) dias da publicação do edital. § 2º Os cônjuges, na petição inicial ou em petição avulsa, podem propor ao juiz meio alternativo de divulgação da alteração do regime de bens, a fim de resguardar direitos de terceiros. § 3º Após o trânsito em julgado da sentença, serão expedidos mandados de averbação aos cartórios de registro civil e de imóveis e, caso qualquer dos cônjuges seja empresário, ao Registro Público de Empresas Mercantis e Atividades Afins".

- Regime de bens. Inventário. Primeiras declarações. Aplicação financeira mantida por esposa do *de cujus* na vigência da sociedade conjugal. Depósito de proventos de aposentadoria. Possibilidade de inclusão entre o patrimônio a ser partilhado. 2. Os proventos de aposentadoria, percebidos por cônjuge casado em regime de comunhão universal e durante a vigência da sociedade conjugal, constituem patrimônio particular do consorte ao máximo enquanto mantenham caráter alimentar. Perdida essa natureza, como na hipótese de acúmulo do capital mediante depósito das verbas em aplicação financeira, o valor originado dos proventos de um dos consortes passa a integrar o patrimônio comum do casal, devendo ser partilhado quando da extinção da sociedade conjugal. Interpretação sistemática dos comandos contidos nos arts. 1.659, VI, 1.668, V, 1.565, 1.566, III e 1.568, todos do CCB/2002. 3. Recurso especial parcialmente conhecido e desprovido. (STJ, REsp n. 1.053.473/RS, rel. Min. Marco Buzzi, j. 02.10.2012, *DJ* 10.10.2012)

- Família. Concubinato. União estável. Comunhão parcial. Regime de bens. Precedentes do STJ. Lei n. 9.278/96, art. 5º. CCB/2002, art. 1.725. Lei n. 8.971/94. 2. O regime de bens aplicável na união estável é o da comunhão parcial, pelo qual há comunicabilidade ou meação dos bens adquiridos a título oneroso na constância da união, prescindindo-se, para tanto, da prova de que a aquisição decorreu do esforço comum de ambos os companheiros. (STJ, REsp n. 1.171.820/PR, rel. Min. Nancy Andrighi, j. 07.12.2010, *DJ* 27.04.2011)

Regime disciplinar diferenciado Regime disciplinar a que estão sujeitos o preso provisório e o preso condenado pela prática de crime doloso capaz de ocasionar subversão da ordem ou disciplina internas. Tal regime consistirá em seu recolhimento em cela individual; em visitas de duas pessoas, no máximo (sem contar as crianças), por duas horas semanais; e em duas horas de banho de sol por dia, pelo prazo máximo de 360 dias, sem prejuízo da repetição da sanção por nova falta grave da mesma espécie, até o limite de 1/6 da pena estabelecida. Aplica-se também esse regime ao condenado ou preso provisório, nacional ou estrangeiro, que apresente alto risco para a ordem e a segurança do estabelecimento penal ou da sociedade, ou, ainda, sobre os quais recaiam fundadas suspeitas de envolvimento com organizações criminosas, quadrilha ou bando (art. 52, §§ 1º e 2º, LEP).

▶ Veja Lei n. 7.210/84: "**Art. 52.** A prática de fato previsto como crime doloso constitui falta grave e, quando ocasione subversão da ordem ou disciplina internas, sujeita o preso provisório, ou condenado, sem prejuízo da sanção penal, ao regime disciplinar diferenciado, com as seguintes características: I – duração máxima de trezentos e sessenta dias, sem prejuízo de repetição da sanção por nova falta grave de mesma espécie, até o limite de um sexto da pena aplicada; II – recolhimento em cela individual; III – visitas semanais de duas pessoas, sem contar crianças, com duração de duas horas; IV – o preso terá direito à saída da cela por 2 (duas) horas diárias para banho de sol. § 1º O regime disciplinar diferenciado também poderá abrigar presos provisórios ou condenados, nacionais ou estrangeiros, que apresentem alto risco para a ordem e a segurança do estabelecimento penal ou da sociedade. § 2º Estará igualmente sujeito ao regime disciplinar diferenciado o preso provisório ou o condenado sob o qual recaiam fundadas suspeitas de envolvimento ou participação, a qualquer título, em organizações criminosas, quadrilha ou bando".

- *Habeas corpus*. Execução penal. Regime disciplinar diferenciado. Paciente responsável pela elaboração de planos de fuga. Presença dos requisitos necessários para a imposição do constrangimento. 1. Trata-se, *in casu*, de paciente envolvido com conhecida facção criminosa atuante no Estado de São Paulo, mentor e líder de planos de fuga e rebeliões internas no estabelecimento prisional onde custodiado não levadas a cabo em razão de sua transferência para outro presídio. 2. Houve a instauração da devida sindicância – acompanhada por advogado constituído pelo próprio paciente –, que concluiu, ao final, por sua participação nos fatos, inclusive como efetivo líder do grupo insurgente. 3. Encontram-se presentes todos os requisitos legais necessários para imposição do regime disciplinar diferenciado – a saber: requerimento circunstanciado do diretor do estabelecimento, prévia manifestação do Ministério Público e da defesa e o despacho do juiz competente –, inexistindo, *ipso facto*, qualquer ilegalidade no constrangimento imposto ao paciente. 4. Parecer do MPF pela denegação da ordem. 5. Ordem denegada. (STJ, *HC* n. 117.199/SP, 5ª T., rel. Min. Napoleão Nunes Maia Filho, j. 15.09.2009, *DJe* 05.10.2009)

Regime fechado Regime privativo da liberdade no qual a execução da pena ocorre em estabelecimento de segurança máxima ou média (art. 33, CP).

▶ Veja CP: "Reclusão e detenção – **Art. 33.** A pena de reclusão deve ser cumprida em regime fechado, semiaberto ou aberto. A de detenção, em regime semiaberto, ou aberto, salvo necessidade de transferência a regime fechado. § 1º Considera-se: *a)* regime fechado a execução da pena em estabelecimento de segurança máxima ou média; [...] Regras do regime fechado – **Art. 34.** O condenado será submetido, no início do cumprimento da pena, a exame criminológico de classificação para individualização da execução. § 1º O condenado fica sujeito a trabalho no período diurno e a isolamento durante o repouso noturno. § 2º O trabalho será em comum dentro do estabelecimento, na conformidade das aptidões ou ocupações anteriores do condenado, desde que compatíveis com a execução da pena. § 3º O trabalho externo é admissível, no regime fechado, em serviços ou obras públicas".

- Veja Lei n. 7.210/84: "**Art. 126.** O condenado que cumpre a pena em regi-me fechado ou semiaberto poderá remir, por trabalho ou por estudo, parte do tempo de execução da pena. § 1º A contagem de tempo referida no *caput* será feita à razão de: I – 1 (um) dia de pena a cada 12 (doze) horas de frequência escolar – atividade de ensino fundamental, médio, inclusive profissionalizante, ou superior, ou ainda de requalificação profissional – divididas, no mínimo, em 3 (três) dias; II – 1 (um) dia de pena a cada 3 (três) dias de trabalho. § 2º As atividades de estudo a que se refere o § 1º deste artigo poderão ser desenvolvidas de forma presencial ou por metodologia de ensino a distância e deverão ser certificadas pelas autoridades educacionais competentes dos cursos frequentados. § 3º Para fins de cumulação dos casos de remição, as horas diárias de trabalho e de estudo serão definidas de forma a se compatibilizarem. § 4º O preso impossibilitado, por acidente, de prosseguir no trabalho ou nos estudos continuará a beneficiar-se com a remição. § 5º O tempo a remir em função das horas de estudo será acrescido de 1/3 (um terço) no caso de conclusão do ensino fundamental, médio ou superior durante o cumprimento da pena, desde que certificada pelo órgão competente do sistema de educação. § 6º O condenado que cumpre pena em regime aberto ou semiaberto e o que usufrui liberdade condicional poderão remir, pela frequência a curso de ensino regular ou de educação profissional, parte do tempo de execução da pena ou do período de prova, observado o disposto no inciso I do § 1º deste artigo. § 7º O disposto neste artigo aplica-se às hipóteses de prisão cautelar. § 8º A remição será declarada pelo juiz da execução, ouvidos o Ministério Público e a defesa".

- Súmula n. 341, STJ: A frequência a curso de ensino formal é causa de remição de parte do tempo de execução de pena sob regime fechado ou semiaberto.

- Fixação da pena. Execução da pena. Regime fechado. *Modus operandi*. Gravidade concreta. Periculosidade. Manutenção justificada. Coação ilegal não evidenciada. 1. Inviável a imposição do modo intermediário de cumprimento de pena, pois, não obstante a reprimenda do paciente tenha sido definitivamente estabelecida em patamar inferior a oito anos de reclusão, o *modus operandi* empregado no cometimento dos delitos revela a gravidade concreta dos ilícitos perpetrados e a periculosidade do acusado. (STJ, *HC* n. 163.591/SP, rel. Min. Jorge Mussi, j. 24.05.2011, *DJ* 02.06.2011)

- Alimentante que cumpre pena privativa de liberdade em regime fechado. Ausência de rendimentos que possibilitem o cumprimento da pensão. A conclusão é realmente de que o cumprimento de pena em regime prisional fechado impossibilita, por ora, o pagamento da pensão. O fato de o crime ter sido cometido antes da data em que os alimentos foram fixados não leva à conclusão contrária, uma vez que, como bem salientou o Magistrado, ao assumir a obrigação alimentar, o apelado não havia sido sequer denunciado pelo Ministério Público. Embora lamentável, é irrelevante para o julgamento da lide o fato de o delito ter sido praticado contra os próprios filhos. O que importa é a drástica alteração ocorrida na situação pessoal do apelado, que, repita-se, o impossibilita de cumprir temporariamente a obrigação. (TJSP, Ap. Cível n. 270.589/1/1995/São Paulo, rel. Des. Des. Antônio Villen, j. 01.11.1995)

- *Habeas corpus.* Prisão civil. Depositário infiel. Regime fechado de cumprimento da pena. Desconsideração do tempo cumprido em regime domiciliar em razão de decisão judicial. Inadmissibilidade. CF/88, art. 5º, LXVII. Determinado o cumprimento da pena em regime fechado, mas cumprido em regime domiciliar em razão de decisão judicial, é de ser considerado o referido período como de efetivo cumprimento da pena. Ordem de *habeas corpus* parcialmente concedida. (STJ, *HC* n. 27.813/2003/MG, rel. Min. Antônio de Pádua Ribeiro, j. 03.06.2003, *DJ* 04.08.2003)

Regimento interno Conjunto de regras que dispõe sobre a organização e o funcionamento interno de uma instituição, como os tribunais (de contas, de justiça, superiores) e os órgãos legislativos (assembleias legislativas, câmaras de vereadores, Câmara de Deputados, Senado). As normas do regimento interno são consideradas *interna corporis* e, por essa razão, insuscetíveis de serem apreciadas pelo Poder Judiciário, salvo nos casos de ilegalidade e abuso de poder.

- Recurso ordinário em mandado de segurança. Impetração por parlamentares contra ato do presidente da Assembleia Legislativa do Estado do Amazonas. Alegação de descumprimento de normas regimentais. 1. Os entendimentos jurisprudenciais do STF e do STJ convergem: a interpretação de normas constantes dos Regimentos Internos das Assembleias Legislativas, porque ato ligado à atividade política, é da competência exclusiva do órgão legislativo (*interna corporis*), não podendo ser realizada pelo Poder Judiciário. Nada obstante, há necessidade de análise, caso a caso, da existência de violação a direito subjetivo daqueles que reclamam a inobservância das normas do regimento interno, porquanto a eventual violação pode decorrer tanto do não cumprimento de preceitos constitucionais quanto de norma regimental. [...] 4. Recurso ordinário não provido. (STJ, RMS n. 38.430/AM, 1ª T., rel. Min. Benedito Gonçalves, j. 13.08.2013, *DJe* 27.08.2013)

Regime prisional Regime previsto em lei e determinado em sentença no qual deve o condenado cumprir a pena prisional. São modalidades de regimes prisionais: aberto; fechado; semiaberto; e disciplinar diferenciado (arts. 33 a 35, CP; Lei n. 7.210/84 – LEP).

Regime semiaberto Regime privativo da liberdade no qual a execução da pena ocorre em colônia agrícola ou industrial ou estabelecimento similar (art. 33, CP).

▶ Veja CP: "Reclusão e detenção – **Art. 33.** A pena de reclusão deve ser cumprida em regime fechado, semiaberto ou aberto. A de detenção, em regime semiaberto, ou aberto, salvo necessidade de transferência a regime fechado. § 1º Considera--se: [...] b) regime semiaberto a execução da pena em colônia agrícola, industrial ou estabelecimento similar; [...] Regras do regime semiaberto – **Art. 35.** Aplica-se a norma do art. 34 deste Código, caput, ao condenado que inicie o cumprimento da pena em regime semiaberto. § 1º O condenado fica sujeito ao trabalho em comum durante o período diurno, em colônia agrícola, industrial ou estabelecimento similar. § 2º O trabalho externo é admissível, bem como a frequência a cursos supletivos profissionalizantes, de instrução de segundo grau ou superior".

▶ Veja Lei n. 7.210/84: *v. Regime fechado.*

■ Súmula n. 269, STJ: É admissível a adoção do regime prisional semiaberto aos reincidentes condenados a pena igual ou inferior a 4 (quatro) anos se favoráveis as circunstâncias judiciais.

■ Súmula n. 341, STJ: A frequência a curso de ensino formal é causa de remição de parte do tempo de execução de pena sob regime fechado ou semiaberto.

■ Penal e processo penal. Pena inferior a quatro anos. Circunstâncias judiciais desfavoráveis. Fixação do regime semiaberto. Acórdão em conformidade com a jurisprudência desta Corte. 1. É assente que cabe ao aplicador da lei, em instância ordinária, fazer um cotejo fático e probatório a fim de analisar a adequada pena-base a ser aplicada ao réu. Incidência da Súmula n. 7 deste Tribunal. 2. Esta Corte tem assentado que "mostra-se devida a fixação do regime inicial semiaberto ao condenado à pena inferior a quatro anos de reclusão quando presentes circunstâncias judiciais desfavoráveis. Inteligência do art. 33, § 3º, do Código Penal" (*HC* n. 170.719/MG, 6ª T., rel. Min. Sebastião Reis Júnior, *DJe* 14.12.2011). 3. Inviável o conhecimento do recurso como *habeas corpus*, pois o objetivo único do agravo é o destrancamento do apelo excepcional cujo curso fora obstado no Tribunal *a quo*. Assim, não há, nos seus termos, qualquer dos elementos caracterizadores do *habeas corpus*, pois dele não se extrai a necessária indicação a constrangimento, ilegalidade ou a autoridade coatora, todos indispensáveis ao conhecimento da referida ação mandamental. 4. Agravo regimental a que se nega provimento. (STJ, Ag. Reg. no AREsp n. 349.193/ES, 6ª T., rel. Min. Maria Thereza de Assis Moura, j. 27.08.2013, *DJe* 10.09.2013)

Registro Assentamento feito por oficial de cartório em livro próprio de ato jurídico praticado ou de um documento, por ato voluntário ou por determinação da lei, com a finalidade de conferir-lhes forma legal e perpetuar-lhes a existência, além de oficializá-la. O registro pode ser feito manualmente ou por microfilmagem de tal maneira que fique arquivado e permita a reprodução de cópias e certidões. Além de tornar o documento oficial, o registro tem a função de dar publicidade ao documento, ou seja, deixar pública a realização de um negócio. Essa publicidade é fundamental para garantir a validade do documento contra terceiros. Assim, se existirem dois contratos com o mesmo objeto, a preferência legal será daquele registrado em primeiro lugar.

Registro civil das pessoas jurídicas Especialidade de registro público, subordinada ao Poder Judiciário, destinada a promover, entre outros, o registro dos atos constitutivos das sociedades comerciais, do estatuto ou dos compromissos das sociedades civis, religiosas, pias, morais, científicas ou literárias, bem como o das fundações e associações de utilidade pública.

▶ Veja Lei n. 6.015/73: "**Art. 114.** No Registro Civil de Pessoas Jurídicas serão inscritos: I – os contratos, os atos constitutivos, o estatuto ou compromissos das sociedades civis, religiosas, pias, morais, científicas, ou literárias, bem como o das fundações e das associações de utilidade pública; II – as sociedades civis que revestirem as formas estabelecidas nas leis comerciais, salvo as anônimas; III – os atos constitutivos e os estatutos dos partidos políticos. Parágrafo único. No mesmo cartório será feito o registro dos jornais, periódicos, oficinas impressoras, empresas de radiodifusão e agências de notícias a que se refere o art. 8º da Lei n. 5.250, de 09 de fevereiro de 1967. **Art. 115.** Não poderão ser registrados os atos constitutivos de pessoas jurídicas, quando o seu objeto ou circunstâncias relevantes indiquem destino ou atividades ilícitos, ou contrários, nocivos ou perigosos ao bem público, à segurança do Estado e da coletividade, à ordem pública ou social, à moral e aos bons costumes. Parágrafo único. Ocorrendo qualquer dos motivos previstos neste artigo, o oficial do registro, de ofício ou por provocação de qualquer autoridade, sobrestará no processo de registro e suscitará dúvida para o juiz, que a decidirá. **Art. 116.** Haverá, para o fim previsto nos artigos anteriores, os seguintes livros: I – Livro A, para os fins indicados nos números I e II, do art. 114, com 300 (trezentas) folhas; II – Livro B, para matrícula das oficinas impressoras, jornais, periódicos, empresas de radiodifusão e agências de notícias, com 150 (cento e cinquenta) folhas. **Art. 117.** Todos os exemplares de contratos, de atos, de estatuto e de publicações, registrados e arquivados, serão encadernados por períodos certos, acompanhados de índice que facilite a busca e o exame. **Art. 118.** Os oficiais farão índices, pela ordem cronológica e alfabética, de todos os registros e arquivamentos, podendo adotar o sistema de fichas, mas ficando sempre responsáveis por qualquer erro ou omissão. **Art. 119.** A existência legal das pessoas jurídicas só começa com o registro de seus atos constitutivos. Parágrafo único. Quando o funcionamento da sociedade depender de aprovação da autoridade, sem esta não poderá ser feito o registro".

Registro civil das pessoas naturais Cartório ou instituição pública vinculada ao Poder Judiciário. Especialidade de registro público destinada a promover, entre outros, o registro dos atos concernentes a nascimento, casamento e óbito das pessoas naturais.

▶ Veja Lei n. 6.015/73: "**Art. 29.** Serão registrados no Registro Civil de Pessoas Naturais: I – os nascimentos; II – os casamentos; III – os óbitos; IV – as emancipações; V – as interdições; VI – as sentenças declaratórias de ausência; VII – as opções de nacionalidade; VIII – as sentenças que deferirem a legitimação adotiva. § 1º Serão averbados: *a)* as sentenças que decidirem a nulidade ou anulação do casamento, o desquite e o restabelecimento da sociedade conjugal; *b)* as sentenças que julgarem ilegítimos os filhos concebidos na constância do casamento e as que declararem a filiação legítima; *c)* os casamentos de que resultar a legitimação de filhos havidos ou concebidos anteriormente; *d)* os atos judiciais ou extrajudiciais de reconhecimento de filhos ilegítimos; *e)* as escrituras de adoção e os atos que a dissolverem; *f)* as alterações ou abreviaturas de nomes. [...]".

Registro de arma Registro obrigatório de armas de fogo no órgão competente (art. 3º, Lei n. 10.826/2003). O registro da arma, no entanto, não implica necessariamente porte de arma, sendo este exclusivo das pessoas especificamente arroladas na lei.

▶ Veja Lei n. 10.826/2003: "**Art. 3º** É obrigatório o registro de arma de fogo no órgão competente. Parágrafo único. As armas de fogo de uso restrito serão registradas no Comando do Exército, na forma do regulamento desta Lei. **Art. 4º** Para adquirir arma de fogo de uso permitido o interessado deverá, além de declarar a efetiva necessidade, atender aos seguintes requisitos: I – comprovação de idoneidade, com a apresentação de certidões negativas de antecedentes criminais fornecidas pela Justiça Federal, Estadual, Militar e Eleitoral e de não estar respondendo a inquérito policial ou a processo criminal, que poderão ser fornecidas por meios eletrônicos; II – apresentação de documento comprobatório de ocupação lícita e de residência certa; III – comprovação de capacidade técnica e de aptidão psicológica para o manuseio de arma de fogo, atestadas na forma disposta no regulamento desta Lei. § 1º O Sinarm expedirá autorização de compra de arma de fogo após atendidos os requisitos anteriormente estabelecidos, em nome do requerente e para a arma indicada, sendo intransferível esta autorização. § 2º A aquisição de munição somente poderá ser feita no calibre correspondente à arma registrada e na quantidade estabelecida no regulamento desta Lei. § 3º A empresa que comercializar arma de fogo em território nacional é obrigada a comunicar a venda à autoridade competente, como também a manter banco de dados com todas as características da arma e cópia dos documentos previstos neste artigo. § 4º A empresa que comercializa armas de fogo, acessórios e munições responde legalmente por essas mercadorias, ficando registradas como de sua propriedade enquanto não forem vendidas. § 5º A comercialização de armas de fogo, acessórios e munições entre pessoas físicas somente será efetivada mediante autorização do Sinarm. § 6º A expedição da autorização a que se refere o § 1º será concedida, ou recusada com a devida fundamentação, no prazo de 30 (trinta) dias úteis, a contar da data do requerimento do interessado. § 7º O registro precário a que se refere o § 4º prescinde do cumprimento dos requisitos dos incisos I, II e III deste artigo. § 8º Estará dispensado das exigências constantes do inciso III do *caput* deste artigo, na forma do regulamento, o interessado em adquirir arma de fogo de uso permitido que comprove estar autorizado a portar arma com as mesmas características daquela a ser adquirida".

Registro de imóveis Cartório ou instituição pública vinculados ao Poder Judiciário. Especialidade de registro público destinada a promover o registro dos atos concernentes à constituição e à transmissão da propriedade imóvel (art. 1.227, CC; art. 167, Lei n. 6.015/73 – LRP).

▸ Veja CC: "**Art. 1.227.** Os direitos reais sobre imóveis constituídos, ou transmitidos por atos entre vivos, só se adquirem com o registro no Cartório de Registro de Imóveis dos referidos títulos (arts. 1.245 a 1.247), salvo os casos expressos neste Código".

▸ Veja Lei n. 6.015/73: "**Art. 167.** No Registro de Imóveis, além da matrícula, serão feitos: I – o registro: 1) da instituição de bem de família; 2) das hipotecas legais, judiciais e convencionais; 3) dos contratos de locação de prédios, nos quais tenha sido consignada cláusula de vigência no caso de alienação da coisa locada; 4) do penhor de máquinas e de aparelhos utilizados na indústria, instalados e em funcionamento, com os respectivos pertences ou sem eles; 5) das penhoras, arrestos e sequestros de imóveis; 6) das servidões em geral; 7) do usufruto e do uso sobre imóveis e da habitação, quando não resultarem do direito de família; 8) das rendas constituídas sobre imóveis ou a eles vinculadas por disposição de última vontade; [...]".

Registro de marca Registro promovido pela parte interessada junto ao Instituto Nacional de Propriedade Industrial – INPI), cuja finalidade é obter a propriedade exclusiva de uma marca ou sinal característico de um produto ou serviço, para distingui-lo de outros e para que seja utilizado como meio de divulgação e propaganda. Para os efeitos da lei, consideram-se os conceitos de: a) marca de produto ou serviço: usada para distinguir um produto ou serviço de outro idêntico, semelhante ou afim, de origem diversa; b) marca de certificação: usada para atestar a conformidade de um produto ou serviço com determinadas normas ou especificações técnicas, notadamente quanto a qualidade, natureza, material utilizado e metodologia empregada; e c) marca coletiva: usada para identificar produtos ou serviços provindos de membros de determinada entidade (Lei n. 9.279/96).

Registro de obra intelectual Registro facultativo de obra intelectual pelo autor. Para segurança de seus direitos, o autor da obra intelectual poderá registrá-la, conforme sua natureza, na Biblioteca Nacional; na Escola de Música; na Escola de Belas-Artes da Universidade Federal do Rio de Janeiro; no Instituto Nacional do Cinema; ou no Conselho Federal de Engenharia, Arquitetura e Agronomia (Leis n. 5.988/73 e n. 9.610/98).

▸ Veja Lei n. 5.988/73: "**Art. 17.** Para segurança de seus direitos, o autor da obra intelectual poderá registrá-la, conforme sua natureza, na Biblioteca Nacional, na Escola de Música, na Escola de Belas Artes da Universidade Federal do Rio de Janeiro, no Instituto Nacional do Cinema, ou no Conselho Federal de Engenharia, Arquitetura e Agronomia. § 1º Se a obra for de natureza que comporte registro em mais de um desses órgãos, deverá ser registrada naquele com que tiver maior afinidade. § 2º O Poder Executivo, mediante Decreto, poderá, a qualquer tempo, reorganizar os serviços de registro, conferindo a outros Órgãos as atribuições a que se refere este artigo".

▸ Veja Lei n. 9.610/98: "**Art. 18.** A proteção aos direitos de que trata esta Lei independe de registro. **Art. 19.** É facultado ao autor registrar a sua obra no órgão público definido no *caput* e no § 1º do art. 17 da Lei n. 5.988, de 14 de dezembro de 1973. **Art. 20.** Para os serviços de registro previstos nesta Lei será cobrada retribuição, cujo valor e processo de recolhimento serão estabelecidos por ato do titular do órgão da administração pública federal a que estiver vinculado o registro das obras intelectuais. **Art. 21.** Os serviços de registro de que trata esta Lei serão organizados conforme preceitua o § 2º do art. 17 da Lei n. 5.988, de 14 de dezembro de 1973".

Registro de títulos e documentos Cartório ou instituição pública, vinculada ao Poder Judiciário, cuja especialidade é o registro de documentos em geral, entre eles: instrumentos particulares, para a prova das obrigações convencionais de qualquer valor; penhor comum sobre coisas móveis; caução de títulos de crédito pessoal e da dívida pública federal, estadual ou municipal, ou de Bolsa ao portador; contrato de penhor de animais, não compreendido nas disposições do art. 10 da Lei n. 492, de 30.08.1934; contrato de parceria agrícola ou pecuária; mandado judicial de renovação do contrato de arrendamento para sua vigência, quer entre as partes contratantes, quer em face de terceiros; facultativo, de quaisquer documentos, para sua conservação (art. 127, Lei n. 6.015/73).

▶ Veja Lei n. 6.015/73: "**Art. 127.** No Registro de Títulos e Documentos será feita a transcrição: I – dos instrumentos particulares, para a prova das obrigações convencionais de qualquer valor; II – do penhor comum sobre coisas móveis; III – da caução de títulos de crédito pessoal e da dívida pública federal, estadual ou municipal, ou de bolsa ao portador; IV – do contrato de penhor de animais, não compreendido nas disposições do art. 10 da Lei n. 492, de 30 de agosto de 1934; V – do contrato de parceria agrícola ou pecuária; VI – do mandado judicial de renovação do contrato de arrendamento para sua vigência, quer entre as partes contratantes, quer em face de terceiros (art. 19, § 2º, do Decreto n. 24.150, de 20 de abril de 1934); VII – facultativa, de quaisquer documentos, para sua conservação. [...]".

Registros públicos Atividade de registro exercida por oficial de registros públicos, por delegação do poder público, destinada a dar autenticidade, segurança e eficácia aos atos jurídicos. Os registros públicos abrangem as seguintes modalidades: registro civil de pessoas naturais; registro civil de pessoas jurídicas; registro de títulos e documentos; registro de imóveis (art. 1º, Lei n. 6.015/73).

▶ Veja Lei n. 6.015/73: "**Art. 1º** Os serviços concernentes aos Registros Públicos, estabelecidos pela legislação civil para autenticidade, segurança e eficácia dos atos jurídicos, ficam sujeitos ao regime estabelecido nesta Lei. [...]".

Regulamento Ato administrativo geral e normativo expedido privativamente pelo chefe do Executivo, por meio de decreto, visando explicar e detalhar uma lei para sua correta aplicação, ou a expedição de decretos autônomos sobre matéria de sua competência ainda não disciplinada por lei.

Reincidência Prática de um delito ou infração penal por quem já praticou delito anterior. Recidiva. Sua caracterização exige que o crime anterior tenha sido objeto de sentença condenatória transitada em julgado. A reincidência constitui uma agravante e é, por isso, fator de agravamento da pena.

Reincidente Aquele que, sendo condenado pela prática de um delito, vem a cometer outro. O que incorreu em reincidência.

■ Súmula n. 269, STJ: É admissível a adoção do regime prisional semiaberto aos reincidentes condenados a pena igual ou inferior a 4 (quatro) anos se favoráveis as circunstâncias judiciais.

■ Agravo regimental no agravo em recurso especial. Penal. Furto simples. Réu reincidente. Princípio da insignificância. Inaplicabilidade. Recurso improvido. 1. A lei penal não deve ser invocada para atuar em hipóteses desprovidas de significação social, razão pela qual os princípios da insignificância e da intervenção mínima surgem para evitar situações dessa natureza, atuando como instrumentos de interpretação restrita do tipo penal. 2. A reincidência e a habitualidade delitiva implicam maior reprovabilidade da conduta e afastam a incidência do princípio da insignificância, que, frise-se, não foi estruturado para resguardar e legitimar constantes condutas desvirtuadas, mas sim para impedir que desvios ínfimos e isolados sejam sancionados pelo direito penal. No caso, o agravante ostenta seis condenações transitadas em julgado pelo crime de furto, o que impede o reconhecimento da atipicidade material do fato por estar caracterizada a habitualidade criminosa. 3. Agravo regimental a que se nega provimento. (STJ, Ag. Reg. no AREsp n. 388.938/DF, 5ª T., rel. Min. Marco Aurélio Bellizze, j. 17.10.2013, *DJe* 23.10.2013)

Reintegração de posse Providência judicial que visa a assegurar ao possuidor, proprietário ou não, o direito de ser restituído na posse no caso de esbulho (art. 1.210, CC). Nesse caso, incumbe ao autor provar: a sua posse; o esbulho praticado pelo réu; a data do esbulho; a perda da posse (art. 927, CPC/73; art. 560, CPC/2015).

▶ Veja CC: "**Art. 1.210.** O possuidor tem direito a ser mantido na posse em caso de turbação, restituído no de esbulho, e segurado de violência iminente, se tiver justo receio de ser molestado. § 1º O possuidor turbado, ou esbulhado, poderá manter-se ou restituir-se por sua própria força, contanto que o faça logo; os atos de defesa, ou de desforço, não podem ir além do indispensável à manutenção, ou restituição da posse. § 2º Não obsta à manutenção ou reintegração na posse a alegação de propriedade, ou de outro direito sobre a coisa".

- Veja CPC/73: "**Art. 926.** O possuidor tem direito a ser mantido na posse em caso de turbação e reintegrado no de esbulho. **Art. 927.** Incumbe ao autor provar: I – a sua posse; II – a turbação ou o esbulho praticado pelo réu; III – a data da turbação ou do esbulho; IV – a continuação da posse, embora turbada, na ação de manutenção; a perda da posse, na ação de reintegração".

- Veja CPC/2015: "**Art. 560.** O possuidor tem direito a ser mantido na posse em caso de turbação e reintegrado em caso de esbulho. **Art. 561.** Incumbe ao autor provar: I – a sua posse; II – a turbação ou o esbulho praticado pelo réu; III – a data da turbação ou do esbulho; IV – a continuação da posse, embora turbada, na ação de manutenção, ou a perda da posse, na ação de reintegração. **Art. 562.** Estando a petição inicial devidamente instruída, o juiz deferirá, sem ouvir o réu, a expedição do mandado liminar de manutenção ou de reintegração, caso contrário, determinará que o autor justifique previamente o alegado, citando-se o réu para comparecer à audiência que for designada. Parágrafo único. Contra as pessoas jurídicas de direito público não será deferida a manutenção ou a reintegração liminar sem prévia audiência dos respectivos representantes judiciais. **Art. 563.** Considerada suficiente a justificação, o juiz fará logo expedir mandado de manutenção ou de reintegração. **Art. 564.** Concedido ou não o mandado liminar de manutenção ou de reintegração, o autor promoverá, nos 5 (cinco) dias subsequentes, a citação do réu para, querendo, contestar a ação no prazo de 15 (quinze) dias. [...]".

- Reintegração de posse. Arrendamento Mercantil. "Nas ações de reintegração de posse motivadas por inadimplemento de arrendamento mercantil financeiro, quando o produto da soma do valor residual garantido (VRG) quitado com o valor da venda do bem for maior que o total pactuado como VRG na contratação, será direito do arrendatário receber a diferença, cabendo, porém, se estipulado no contrato, o prévio desconto de outras despesas ou encargos contratuais". (Decisão firmada em recurso repetitivo (art. 543-C, CPC), da 2ª Seção do STJ, REsp n. 1.099.212)

Reipersecutória Que acompanha; que segue ou persegue. Ação pessoal reipersecutória: possibilita ao autor retomar para seu patrimônio o que lhe pertence, mas que se encontra em poder de terceiro ou do réu que não cumpriu uma obrigação contratual. Pode ser proposta contra a pessoa obrigada ou contra o possuidor da coisa. É a ação que persegue uma coisa em decorrência de relação obrigacional não honrada pelo devedor. Os atos processuais relativos a uma ação pessoal reipersecutória devem ser registrados no álbum imobiliário, sob pena de não serem oponíveis *erga omnes* (art. 167, I, 21, Lei n. 6.015/73). "As ações pessoais reipersecutórias derivam de uma relação obrigacional decorrente de negócio jurídico, de declaração unilateral de vontade ou de ato ilícito, mas o registro da citação deverá ser feito porque a demanda se refere a imóvel, por ter por objeto a obtenção de um bem de raiz em consequência de obrigação assumida pelo réu. Por exemplo, é o que se dá com ação anulatória de compra e venda de um prédio, não cumulada com a reivindicatória do imóvel vendido ou com a ação que pretende compelir o réu a cumprir compromisso de compra e venda de imóvel por não poder reclamar a adjudicação compulsória. Essas ações pessoais são designadas *reipersecutórias* porque, embora oriundas de relação de direito pessoal, têm por finalidade a aquisição de um direito real ou o esclarecimento de dúvidas sobre uma coisa" (DINIZ, Maria Helena. *Sistemas de registro de imóveis*. São Paulo, Saraiva, 1992, p. 181).

- Veja Lei n. 6.015/73: "**Art. 167.** No Registro de Imóveis, além da matrícula, serão feitos: I – o registro: [...] 21) das citações de ações reais ou pessoais rei-per-se-cu-tórias, relativas a imóveis; [...]".

- Embargos de terceiro. Adquirentes não citados para ação anulatória do título de transferência do imóvel. Inexistência de registro da ação no registro do imóvel. Efeitos não oponíveis *erga omnes*. I – Não tendo sido os adquirentes de boa-fé citados para ação anulatória que tinha por objetivo desconstituir o título que lhes permitiu adquirir o bem, não podem eles sofrer os efeitos da sentença nela produzida, porque não foram partes naquela. II – Os atos processuais relativos a uma ação pessoal reipersecutória (art. 167, I, 21 da Lei n. 6.015/73) devem ser registrados no álbum imobiliário, sob pena de não serem oponíveis *erga omnes*. III – A simples publicação de atos jurisdicionais no órgão do estado não é suficiente para dar-lhes publicidade com eficácia contra terceiros. IV – A publicidade se dá, em regra, pela inscrição (*rectius*, registro) no registro de imóveis e, em casos excepcionais, pela publicação de editais (somente editais e não outros atos do processo) no órgão oficial. Ademais, a publicidade do processo não gera presunção da ciência de terceiros dos atos nele praticados. O referido princípio não tem por finalidade dar eficácia *erga omnes*, mas sim facultar o acesso dos interessados ao que no processo se contém. V – Dispensa-se constar da petição recursal tópico específico contendo as "razões de reforma", se se extraem dos argumentos do recorrente os motivos de sua insurgência. (STJ, REsp n. 60.661/MG, 4ª T., rel. Min. Sálvio de Figueiredo Teixeira, j. 25.02.1997, *DJ* 12.05.1997, p. 18.807)

Reivindicatória Ação judicial pela qual se reivindica ou se reclama alguma coisa que se encontra indevidamente em poder de uma pessoa. Também conhecida por ação petitória. Ação movida pelo proprietário não possuidor contra o possuidor não proprietário para reaver a posse do imóvel (art. 1.228, CC) (*v. Ação reivindicatória*).

Relação causal Tema relativo à responsabilidade civil extracontratual, considerado como terceiro requisito na apuração da responsabilidade, fundado no fato de que o ato ilícito causado deve ser consequência fática ou material da conduta antijurídica do autor (*v. Teoria da causalidade adequada*).

Relação de consumo Relação jurídica que se estabelece entre consumidor e fornecedor tendo como objeto o fornecimento de um produto ou a prestação de um serviço. Em regra, o critério do destinatário final é fator determinante para a caracterização de relação de consumo ou do conceito de consumidor.

- Bancário. Agravo regimental no agravo em recurso especial. Juros remuneratórios. Abusividade não comprovada. Reexame de matéria fática. Súmulas ns. 5 e 7 do STJ. Caracterização da mora. Inscrição em cadastros de inadimplentes. Possibilidade. Decisão mantida. 1. "É admitida a revisão das taxas de juros remuneratórios em situações excepcionais, desde que caracterizada a relação de consumo e que a abusividade (capaz de colocar o consumidor em desvantagem exagerada – art. 51, § 1º, do CDC) fique cabalmente demonstrada, ante as peculiaridades do julgamento em concreto" (REsp n. 1.061.530/RS, submetido ao rito do art. 543-C do CPC, 2ª Seção, rel. Min. Nancy Andrighi, j. 22.10.2008, *DJe* 10.03.2009). 2. No caso dos autos, o acórdão recorrido concluiu que as taxas aplicadas nos contratos analisados não se mostram abusivas. Alterar tal conclusão ensejaria o revolvimento do conjunto fático-probatório dos autos, o que é inviável em recurso especial (Súmula n. 7/STJ). 3. Reconhecida a exigibilidade dos encargos remuneratórios, fica caracterizada a mora, sendo possível a inscrição do nome do devedor em cadastros de inadimplentes. 4. Agravo regimental a que se nega provimento. (STJ, Ag. Reg. no AREsp n. 313.390/RS, 4ª T., rel. Min. Antonio Carlos Ferreira, j. 03.10.2013, *DJe* 23.10.2013)

- Produtor rural de grande porte. Compra e venda de insumos agrícolas. Revisão de contrato. CDC. Não aplicação. I – Tratando-se de grande produtor rural e o contrato referindo-se, na sua origem, à compra de insumos agrícolas, não se aplica o CDC, pois não se trata de destinatário final, conforme bem estabelece o art. 2º do CDC, *in verbis*: "Consumidor é toda pessoa física ou jurídica que adquire ou utiliza produto ou serviço como destinatário final". II – Não havendo relação de consumo, torna-se inaplicável a inversão do ônus da prova prevista no art. 6º, VIII, do CDC, a qual, mesmo nas relações de consumo, não é automática ou compulsória, pois depende de criteriosa análise do julgador a fim de preservar o contraditório e oferecer à parte contrária oportunidade de provar fatos que afastem o alegado contra si. III – O grande produtor rural é um empresário rural e, quando adquire sementes, insumos ou defensivos agrícolas para o implemento de sua atividade produtiva, não o faz como destinatário final, como acontece nos casos da agricultura de subsistência, em que a relação de consumo e a hipossuficiência ficam bem delineadas. [...] (STJ, REsp n. 914.384/MT, 3ª T., rel. M. Massami Uyeda, j. 02.09.2010, *DJe* 01.10.2010)

Relação de emprego Relação de natureza não eventual caracterizada pela subordinação do empregado ao empregador (art. 442, CLT).

- Veja CLT: "**Art. 442.** Contrato individual de trabalho é o acordo tácito ou expresso, correspondente à relação de emprego. Parágrafo único. Qualquer que seja o ramo de atividade da sociedade cooperativa, não existe vínculo empregatício entre ela e seus associados, nem entre estes e os tomadores de serviços daquela".

- Relação de emprego. Constituição de pessoa jurídica. Ementa: recurso ordinário. Empresa constituída para fraudar a legislação trabalhista. Relação de emprego. Reconhecimento que se impõe. A criação de pessoa jurídica fomentada pelo tomador de serviços com o propósito de se esquivar das obrigações e encargos trabalhistas constitui fraude trabalhista. Vigora no direito do trabalho o princípio da irrenunciabilidade, segundo o qual não é permitido às partes, ainda que por vontade própria, renunciar aos direitos trabalhistas inerentes à relação de emprego existente. Constatada a ilicitude da terceirização, impõe-se o reconhecimento do vínculo empregatício diretamente com a empresa tomadora dos serviços, a teor do que dispõem o art. 9º da CLT e a Súmula n. 331, I, do TST. (TRT-3ª Região, RO n. 2.114, rel. Juíza Rosemary de O. Pires, *DJ* 17.06.2013)

- Caracterização. Relação de emprego. Subordinação estrutural. Subordinação jurídica. Art. 3º da CLT. Ainda que louváveis as teses jurídicas que adotam as figuras da subordinação estrutural ou da subordinação reticular no direito do trabalho, prevalece o contido na Consolidação das Leis do Trabalho, que, enquanto não modificada pelo legislador ordinário, permite apenas a subordinação jurídica para caracterizar a relação típica de emprego, dentro dos pressupostos de art. 3º da CLT. (TRT-3ª Região, RO n. 1.978/2012, rel. Des. Emilia Facchini, *DJ* 13.08.2012)

Relação de trabalho Vínculo contratual de prestação de serviços em que o prestador trabalha sem subordinação e por conta própria, como ocorre no caso da prestação de serviços por pessoa terceirizada. A expressão engloba relação de emprego, relação autônoma de trabalho, contratos de prestação de serviços, de empreitada, relação de trabalho eventual, de trabalho avulso e de trabalho temporário. "Relação de trabalho é conceito mais amplo do que relação de emprego. Cuida-se, ademais, de conceito que já estava sedimentado em doutrina. Abrange todas as relações jurídicas em que há a prestação de trabalho por pessoa natural a outra pessoa, natural ou jurídica, tanto no âmbito de contrato de trabalho (art. 442, CLT) como, ainda, no de contrato de prestação de serviços (arts. 593 e seguintes do Código Civil), e mesmo no de outros contratos, como os de transporte, mandato, empreitada etc." (MALLET, Estevão. "Apontamentos sobre a competência da Justiça do Trabalho após a Emenda Constitucional n. 45". In: COUTINHO, Grijalbo Fernandes; FAVA, Marcos Neves (coords.). *Justiça do trabalho*: competência ampliada. São Paulo, LTr, 2005, p. 72).

- Competência. Justiça trabalhista e justiça estadual comum. Contrato de prestação de serviços. Município. Licitação. Relação de trabalho. Alcance. CF/88, art. 114, I (EC n. 45/2004). O termo *relação de trabalho*, previsto no art. 114, I, da CF/88, com redação conferida pela EC n. 45/04, não alcança o contrato de prestação de serviços celebrado entre entidade pública e pessoa física representante de firma individual, após o devido procedimento licitatório, haja vista inexistir o elemento *intuitu personae*. Hipótese análoga à prestação de serviços por pessoa jurídica. (STJ, Confl. de Comp n. 60.010/MG, rel. Min. Castro Meira, j. 27.06.2007, *DJ* 17.09.2007)

- Competência. Justiça Estadual Comum e Justiça Trabalhista. Ação de cobrança de honorários advocatícios contratuais. Índole civil da demanda. Relação de trabalho. Não caracterização. Mesmo com a ampliação da competência da Justiça do Trabalho em decorrência da alteração da expressão *relação de emprego* para *relação de trabalho*, a EC n. 45/04 não retirou a atribuição da Justiça estadual para processar e julgar ação alusiva a relações contratuais de caráter eminentemente civil, diversa da relação de trabalho. A competência *ratione materiae* define-se pela natureza jurídica da controvérsia, delimitada pelo pedido e pela causa de pedir. A ação de cobrança de honorários profissionais supostamente devidos pela prestação de serviços advocatícios não se insere no termo *relação de trabalho*, dado o caráter civil da controvérsia, o que afasta a competência da Justiça laboral. Precedente da Seção: CC n. 48.976/MG, rel. Min. João Otávio de Noronha, *DJ* 28.08.2006. Conflito de competência conhecido para declarar competente o Juízo de Direito da 20ª Vara Cível de Belo Horizonte/MG, o suscitado. (STJ, Confl. de Comp. n. 65.575/MG, rel. Min. Castro Meira, j. 08.08.2007, *DJ* 27.08.2007)

Relativamente incapazes Categoria de pessoas que, em razão de menoridade ou deficiência mental, são impedidas, por lei, de exercer individualmente certos atos. São considerados relativamente incapazes: os maiores de dezesseis anos e menores de dezoito anos; os ébrios habituais, os viciados em tóxicos e os que, por deficiência mental, tenham o discernimento reduzido; os excepcionais, sem desenvolvimento mental completo; os pródigos. Os relativamente incapazes podem praticar atos jurídicos desde que assistidos por seus pais, tutores ou curadores (art. 4º, CC).

▶ Veja CC: "**Art. 4º** São incapazes, relativamente a certos atos, ou à maneira de os exercer: I – os maiores de dezesseis e menores de dezoito anos; II – os ébrios habituais, os viciados em tóxicos, e os que, por deficiência mental, tenham o discernimento reduzido; III – os excepcionais, sem desenvolvimento mental completo; IV – os pródigos. Parágrafo único. A capacidade dos índios será regulada por legislação especial. [...] **Art. 1.690.** Compete aos pais, e na falta de um deles ao outro, com exclusividade, representar os filhos menores de dezesseis anos, bem como assisti-los até completarem a maioridade ou serem emancipados. [...] **Art. 1.747**. Compete mais ao tutor: I – representar o menor, até os dezesseis anos, nos atos da vida civil, e assisti-lo, após essa idade, nos atos em que for parte; II – receber as rendas e pensões do menor, e as quantias a ele devidas; III – fazer-lhe as despesas de subsistência e educação, bem como as de administração, conservação e melhoramentos de seus bens; IV – alienar os bens do menor destinados à venda; V – promover-lhe, mediante preço conveniente, o arrendamento de bens de raiz. [...] **Art. 1.781**. As regras a respeito do exercício da tutela aplicam-se ao da curatela, com a restrição do art. 1.772 e as desta Seção".

Relator Designação dada ao magistrado de 2º grau ou ao ministro de tribunal superior designado para examinar uma causa e relatar, aos demais magistrados componentes da câmara ou da turma, seu parecer ou a maneira como vota nos recursos submetidos a sua apreciação.

▶ Veja CPC/73: "**Art. 549.** Distribuídos, os autos subirão, no prazo de 48 (quarenta e oito) horas, à conclusão do relator, que, depois de estudá-los, os restituirá à secretaria com o seu 'visto'. Parágrafo único. O relator fará nos autos uma exposição dos pontos controvertidos sobre que versar o recurso".

▶ Veja CPC/2015: "**Art. 932.** Incumbe ao relator: I – dirigir e ordenar o processo no tribunal, inclusive em relação à produção de prova, bem como, quando for o caso, homologar autocomposição das partes; II – apreciar o pedido de tutela provisória nos recursos e nos processos de competência originária do tribunal; III – não conhecer de recurso inadmissível, prejudicado ou que não tenha impugnado especificamente os fundamentos da decisão recorrida; IV – negar provimento a recurso que for contrário a: *a)* súmula do Supremo Tribunal Federal, do Superior Tribunal de Justiça ou do próprio tribunal; *b)* acórdão proferido pelo Supremo Tribunal Federal ou pelo Superior Tribunal de Justiça em julgamento de recursos repetitivos; *c)* entendimento firmado em incidente de resolução de demandas repetitivas ou de assunção de competência; V – depois de facultada a apresentação de contrarrazões, dar provimento ao recurso se a decisão recorrida for contrária a: *a)* súmula do Supremo Tribunal Federal, do Superior Tribunal de Justiça ou do próprio tribunal; *b)* acórdão proferido pelo Supremo Tribunal Federal ou pelo Superior Tribunal de Justiça em julgamento de recursos repetitivos; *c)* entendimento firmado em incidente de resolução de demandas repetitivas ou de assunção de competência; VI – decidir o incidente de desconsideração da personalidade jurídica, quando este for instaurado originariamente perante o tribunal; VII – determinar a intimação do Ministério Público, quando for o caso; VIII – exercer outras atribuições estabelecidas no regimento interno do tribunal. [...]".

Relatório Exposição ou narração de atividades ou fatos com discriminação de todos seus aspectos ou elementos. No âmbito administrativo, constitui uma descrição de fatos passados, analisados com o objetivo de orientar o servidor interessado ou o superior imediato com vistas à tomada de decisão. Também é considerado documento oficial no qual uma autoridade expõe a atividade de uma repartição, ou presta conta de seus atos a uma autoridade de nível superior.

Relatório (processo civil) Parte integrante da sentença elaborada pelo juiz ao decidir a causa ou pelo relator ao qual foi distribuído o recurso na instância superior (TJ, TRF, TRT, TST, STJ ou STF). O relatório é um dos requisitos da sentença e do acórdão e deverá conter: nomes das partes, identificação do caso, com a suma do pedido e da contestação, bem como registro das principais ocorrências havidas no andamento do processo (revelia, preliminares, exceções, depoimento de testemunhas, prova pericial, inspeção judicial etc.) (art. 458, CPC/73).

▶ Veja CPC/73: "**Art. 458.** São requisitos essenciais da sentença: I – o relatório, que conterá os nomes das partes, a suma do pedido e da resposta do réu, bem como o registro das principais ocorrências havidas no andamento do processo; II – os fundamentos, em que o juiz analisará as questões de fato e de direito; III – o dispositivo, em que o juiz resolverá as questões, que as partes lhe submeterem".

▶ Veja CPC/2015: "**Art. 489.** São elementos essenciais da sentença: I – o relatório, que conterá os nomes das partes, a identificação do caso, com a suma do pedido e da contestação, e o registro das principais ocorrências havidas no andamento do processo; II – os fundamentos, em que o juiz analisará as questões de fato e de direito; III – o dispositivo, em que o juiz resolverá as questões principais que as partes lhe submeterem. [...]".

Remição Ato ou efeito de remir. Resgate de dívida; liberação de ônus, de obrigação, de um direito. Modo de extinção da hipoteca (art. 1.499, CC) e de redução da pena do condenado mediante o cumprimento de determinados requisitos (art. 126, CP).

▸ Veja CC: "**Art. 1.429.** Os sucessores do devedor não podem remir parcialmente o penhor ou a hipoteca na proporção dos seus quinhões; qualquer deles, porém, pode fazê-lo no todo. Parágrafo único. O herdeiro ou sucessor que fizer a remição fica sub-rogado nos direitos do credor pelas quotas que houver satisfeito. [...] **Art. 1.499.** A hipoteca extingue-se: I – pela extinção da obrigação principal; II – pelo perecimento da coisa; III – pela resolução da propriedade; IV – pela renúncia do credor; V – pela remição; VI – pela arrematação ou adjudicação".

▸ Veja Lei n. 7.210/84: "**Art. 126.** O condenado que cumpre a pena em regime fechado ou semiaberto poderá remir, por trabalho ou por estudo, parte do tempo de execução da pena. § 1º A contagem de tempo referida no caput será feita à razão de: I – 1 (um) dia de pena a cada 12 (doze) horas de frequência escolar – atividade de ensino fundamental, médio, inclusive profissionalizante, ou superior, ou ainda de requalificação profissional – divididas, no mínimo, em 3 (três) dias; II – 1 (um) dia de pena a cada 3 (três) dias de trabalho. § 2º As atividades de estudo a que se refere o § 1º deste artigo poderão ser desenvolvidas de forma presencial ou por metodologia de ensino a distância e deverão ser certificadas pelas autoridades educacionais competentes dos cursos frequentados. § 3º Para fins de cumulação dos casos de remição, as horas diárias de trabalho e de estudo serão definidas de forma a se compatibilizarem. § 4º O preso impossibilitado, por acidente, de prosseguir no trabalho ou nos estudos continuará a beneficiar-se com a remição. § 5º O tempo a remir em função das horas de estudo será acrescido de 1/3 (um terço) no caso de conclusão do ensino fundamental, médio ou superior durante o cumprimento da pena, desde que certificada pelo órgão competente do sistema de educação. § 6º O condenado que cumpre pena em regime aberto ou semiaberto e o que usufrui liberdade condicional poderão remir, pela frequência a curso de ensino regular ou de educação profissional, parte do tempo de execução da pena ou do período de prova, observado o disposto no inciso I do § 1º deste artigo. § 7º O disposto neste artigo aplica-se às hipóteses de prisão cautelar. § 8º A remição será declarada pelo juiz da execução, ouvidos o Ministério Público e a defesa".

▪ Execução. Saldo devedor de contrato de empréstimo. Arrematação do imóvel dado em garantia do juízo. Remição do bem. 1. O art. 693 do CPC, na redação anterior à Lei n. 11.382/2006, dispunha que o auto de arrematação deveria ser lavrado em 24 horas, após a praça ou leilão. A existência desse prazo, que mediava entre o fim da hasta e a lavratura do auto, objetivava possibilitar o exercício do direito de remição, na forma do hoje revogado art. 788, I, do mesmo Diploma Legal. 2. No caso dos autos, é incontroversa a não observância desse prazo, pois o auto de arrematação foi lavrado no mesmo dia da praça, uma sexta-feira, o que veio a conflitar com o pedido de remição oportunamente formulado pelos recorrentes, levando à nulidade do ato. Precedentes. 3. Recurso especial provido para reconhecer a tempestividade do pedido de remição, o qual deverá ser analisado pelo juízo da execução. (STJ, REsp n. 691.137/RS, rel. Min. Raul Araújo, j. 04.10.2012, *DJ* 20.06.2013)

Remissão (1) Perdão, renúncia. Desobrigação do devedor feita espontaneamente pelo credor, sendo causa de extinção de obrigações (art. 385, CC) e não se confundindo, porém, com remição, que significa resgatar uma dívida.

▸ Veja CC: "**Art. 385.** A remissão da dívida, aceita pelo devedor, extingue a obrigação, mas sem prejuízo de terceiro".

▸ Veja CPC/73: "**Art. 794.** Extingue-se a execução quando: [...] III – o credor renunciar ao crédito. Art. 795. A extinção só produz efeito quando declarada por sentença".

▸ Veja CPC/2015: "**Art. 924.** Extingue-se a execução quando: [...] IV – o exequente renunciar ao crédito; [...] **Art. 925.** A extinção só produz efeito quando declarada por sentença".

▸ Veja CTN: "**Art. 156.** Extinguem o crédito tributário: I – o pagamento; II – a compensação; III – a transação; IV – remissão; V – a prescrição e a decadência; VI – a conversão de depósito em renda; VII – o pagamento antecipado e a homologação do lançamento nos termos do disposto no artigo 150 e seus §§ 1º e 4º; VIII – a consignação em pagamento, nos termos do disposto no § 2º do artigo 164; IX – a decisão administrativa irreformável, assim entendida a definitiva na órbita administrativa, que não mais possa ser objeto de ação anulatória; X – a decisão judicial passada em julgado; XI – a dação em pagamento em bens imóveis, na forma e condições estabelecidas em lei. [...]".

▪ Consumidor. Ensino. Repetição do indébito. Contrato de prestação de serviços. Universidade. Mensalidade. Pagamento sem a devida contraprestação em horas-aula. Colação de grau. Remissão. Perdão. Conceito. Inocorrência da hipótese. [...] 5. "Remissão é a liberação graciosa de uma dívida, ou a renúncia efetuada pelo credor, que, espontaneamente, abre mão de seus direitos creditórios, colocando-se na impossibilidade de exigir-lhe o respectivo cumprimento" (MONTEIRO, Washington de Barros; MALUF, Carlos Alberto Dabus. *Curso de direito civil 4*. 35.ed. Rio de Janeiro, Saraiva, p. 354). O próprio Tribunal *a quo*, citando Clóvis Bevilácqua (*Direito das obrigações*. 2.ed. Salvador, Magalhães, p. 165), esclarece: "é o perdão, liberação graciosa da dívida. Poderá ser feita pela entrega, ao devedor, do título constitutivo da obrigação ou por outro qualquer modo capaz e traduzir a verdade de desobrigar o devedor, por se despir o credor dos atributos que lhe davam direito a exigir o cumprimento da obrigação". Portanto, à caracterização da remissão, é necessário o ânimo de perdoar, o que, sem dúvida, não se pode cogitar na hipótese vertente, pois os estudantes não concordaram com a atitude da recorrida. [...] Tampouco se cogita, no caso, em renúncia da dívida – ato unilateral mediante o qual o titular de um direito declara sua vontade de dele se desfazer –, ou, conforme a doutrina de Clóvis Bevilácqua, "ato pelo qual o credor abre mão de seu direito, ou substituindo-o por outro, e, neste caso, será um contrato oneroso, ou sem indenização alguma, e, então, será um ato de liberalidade" (*ibid*.). (STJ, REsp n. 895.480/SC, rel. Min. Luis Felipe Salomão, j. 16.11.2010, *DJ* 22.11.2010)

Remissão (2) Ação ou efeito de remeter ou de fazer referência a determinado ponto, a determinada lei, a determinado artigo, a determinada sentença ou acórdão ou a determinado autor. Notas remissivas contidas em uma obra, por exemplo: "Em seu artigo, o autor faz remissões ao art. 5º da Constituição Federal"; "Alegações finais remissivas à petição inicial".

- Decisão que faz remissão a acórdão exequendo do STJ. Diminuição ou exclusão de verba honorária. Inocorrência. 1. O teor da decisão recorrida bem como os elementos coligidos aos autos não conduzem à conclusão de que houve diminuição ou exclusão dos honorários advocatícios. 2. A decisão vergastada apenas faz remissão a acórdão exequendo emanado pelo STJ, sem acrescentar ou modificar de qualquer forma o seu conteúdo, no que tange aos honorários de advogado. 3. Agravo de instrumento improvido. (TRF-1ª Região, AI n. 2003.01.00.028222-0/MG, 5ª T., rel. Des. Selene Maria de Almeida, *DJ* 16.12.2003, p. 34)

Repercussão geral Instrumento processual que tem por objetivo possibilitar ao STF selecionar os recursos extraordinários que irá analisar, de acordo com critérios de relevância jurídica, política, social ou econômica, de modo a reduzir o número de processos encaminhados à Suprema Corte. Ele foi inserido na CF/88 por meio da EC n. 45/2004, conhecida como "Reforma do Judiciário". Uma vez constatada a existência de repercussão geral, o STF analisa o mérito da questão, e a decisão proveniente dessa análise será aplicada posteriormente pelas instâncias inferiores em casos idênticos. A preliminar de repercussão geral é analisada pelo plenário do STF por meio de um sistema informatizado, com votação eletrônica, ou seja, sem necessidade de reunião física dos membros do tribunal. Para recusar a análise de uma repercussão geral são necessários pelo menos oito votos, caso contrário, o tema deverá ser julgado pela corte. Após o relator do recurso lançar no sistema sua manifestação sobre a relevância do tema, os demais ministros têm vinte dias para votar. As abstenções nessa votação são consideradas como favoráveis à ocorrência de repercussão geral na matéria.

- Alienação fiduciária. Comprovação de quitação. Preliminar formal de repercussão geral. Ausência de fundamentação. Art. 543-A, § 2º, do CPC c/c art. 327, § 1º, do RISTF. 1. A repercussão geral como novel requisito constitucional de admissibilidade do recurso extraordinário demanda que o reclamante demonstre, fundamentadamente, que a indignação extrema encarta questões relevantes do ponto de vista econômico, político, social ou jurídico que ultrapassem os interesses subjetivos da causa (art. 543-A, § 2º, do CPC, introduzido pela Lei n. 11.418/2006, *verbis*: "O recorrente deverá demonstrar, em preliminar do recurso, para apreciação exclusiva do Supremo Tribunal Federal, a existência de repercussão geral"). 2. O recorrente deve demonstrar a existência de repercussão geral nos termos previstos em lei. Nesse sentido, AI n. 731.924/PR, rel. Min. Cármen Lúcia, e AI n. 812.378-AgR/SP, rel. Min. Cezar Peluso, Plenário. 3. O momento processual oportuno para a demonstração das questões relevantes do ponto de vista econômico, político, social ou jurídico que ultrapassem os interesses subjetivos das partes é em tópico exclusivo, devidamente fundamentado, no recurso extraordinário, e não nas razões do agravo regimental, como deseja o agravante. Incide, aqui, o óbice da preclusão consumativa. 4. *In casu*, o acórdão originariamente recorrido assentou: "certificado de registro e licenciamento de veículo automotor adquirido sob alienação fiduciária. Quitação comprovada. Inscrição de gravame indevida. Desprovimento do recurso. Uma vez demonstrada a quitação dos débitos referentes à alienação fiduciária de veículo automotor, não mais deve persistir o respectivo gravame nos documentos de registro perante os órgãos de trânsito. Sentença mantida. Recurso desprovido". 5. Agravo regimental desprovido. (STF, ARE n. 756.040 Ag. Reg., 1ª T., rel. Min. Luiz Fux, j. 22.10.2013, *DJe* 07.11.2013)

Representação É a instituição de que se derivam poderes que investem uma determinada pessoa de autoridade para praticar certos atos ou exercer certas funções, em nome de alguém (arts. 115 a 120, CC).

▶ Veja CC: "**Art. 115.** Os poderes de representação conferem-se por lei ou pelo interessado. **Art. 116.** A manifestação de vontade pelo representante, nos limites de seus poderes, produz efeitos em relação ao representado. **Art. 117.** Salvo se o permitir a lei ou o representado, é anulável o negócio jurídico que o representante, no seu interesse ou por conta de outrem, celebrar consigo mesmo. Parágrafo único. Para esse efeito, tem-se como celebrado pelo representante o negócio realizado por aquele em quem os poderes houverem sido subestabelecidos. **Art. 118.** O representante é obrigado a provar às pessoas, com quem tratar em nome do representado, a sua qualidade e a extensão de seus poderes, sob pena de, não o fazendo, responder pelos atos que a estes excederem. **Art. 119.** É anulável o negócio concluído pelo representante em conflito de interesses com o representado, se tal fato era ou devia ser do conhecimento de quem com aquele tratou. Parágrafo único. É de cento e oitenta dias, a contar da conclusão do negócio ou da cessação da incapacidade, o prazo de decadência para pleitear-se a anulação prevista neste artigo. **Art. 120.** Os requisitos e os efeitos da representação legal são os estabelecidos nas normas respectivas; os da representação voluntária são os da Parte Especial deste Código".

■ Recurso especial repetitivo. Execução fiscal. Recurso especial representativo da controvérsia. Embargos do devedor. Intimação pessoal do representante da Fazenda Pública Municipal. Prerrogativa que também é assegurada no 2º grau de jurisdição. 1. O representante da Fazenda Pública Municipal (caso dos autos), em sede de execução fiscal e respectivos embargos, possui a prerrogativa de ser intimado pessoalmente, em virtude do disposto no art. 25 da Lei n. 6.830/80, sendo que tal prerrogativa também é assegurada no 2º grau de jurisdição, razão pela qual não é válida, nessa situação, a intimação efetuada, exclusivamente, por meio da imprensa oficial ou carta registrada. 2. Recurso especial provido. Acórdão sujeito ao regime previsto no art. 543-C do CPC, c/c Resolução n. 8/2008 da Presidência/STJ. (STJ, REsp n. 1.268.324/PA, rel. Min. Mauro Campbell Marques, j. 17.10.2012, *DJ* 21.11.2012)

■ Aposentadoria rural por idade. Regime de economia familiar. Súmula n. 7/STJ. Vínculos urbanos do cônjuge varão. Recurso especial repetitivo n. 1.304.479/SP. Agravo regimental não provido. 1. No caso dos autos, o tribunal *a quo* asseverou que não há indício razoável de prova material devidamente corroborada pela prova testemunhal, não apresentando conjunto probatório harmônico acerca do efetivo exercício de atividade rural. 2. Quanto aos reflexos da atividade urbana exercida pelo recorrido, ora agravado, importante salientar que o tema foi objeto do julgamento do Recurso Representativo de Controvérsia REsp n. 1.304.479/SP, de relatoria do Min. Herman Benjamin, em que se sedimentou o entendimento segundo o qual o trabalho urbano de um dos membros do grupo familiar não descaracteriza, por si só, os demais integrantes como segurados especiais, devendo ser averiguada a dispensabilidade do trabalho rural para a subsistência do grupo familiar, incumbência esta das instâncias ordinárias. Inteligência da Súmula n. 7/STJ. 3. Agravo regimental não provido. (STJ, Ag. Reg. no AREsp n. 389.619/SC, 2ª T., rel. Min. Mauro Campbell Marques, j. 22.10.2013, *DJe* 28.10.2013)

Representação comercial Atividade exercida de forma autônoma, sem relação de emprego, por pessoa física ou jurídica que desempenha, em caráter não eventual por conta de uma ou mais pessoas, a mediação para a realização de negócios mercantis, agenciando propostas ou pedidos para transmiti-los aos representados, praticando ou não atos relacionados com a execução dos negócios (art. 1º, Lei n. 4.886/65).

▶ Vide Lei n. 4.886/65: "**Art. 1º** Exerce a representação comercial autônoma a pessoa jurídica ou a pessoa física, sem relação de emprego, que desempenha, em caráter não eventual por conta de uma ou mais pessoas, a mediação para a realização de negócios mercantis, agenciando propostas ou pedidos, para, transmiti-los aos representados, praticando ou não atos relacionados com a execução dos negócios. Parágrafo único. Quando a representação comercial incluir poderes atinentes ao mandato mercantil, serão aplicáveis, quanto ao exercício deste, os preceitos próprios da legislação comercial. **Art. 2º** É obrigatório o registro dos que exerçam a representação comercial autônoma nos Conselhos Regionais criados pelo art. 6º desta Lei. [...] **Art. 4º** Não pode ser representante comercial: *a)* o que não pode ser comerciante; *b)* o falido não reabilitado; *c)* o que tenha sido condenado por infração penal de natureza infamante, tais como falsidade, estelionato, apropriação indébita, contrabando, roubo, furto, lenocínio ou crimes também punidos com a perda de cargo público; *d)* o que estiver com seu registro comercial cancelado como penalidade".

Representação criminal Manifestação da vontade do ofendido ou de seu representante legal no sentido de autorizar o Ministério Público a desencadear a persecução penal, nas ações penais públicas condicionadas (art. 39, CPP).

▶ Veja CP: "Ação pública e de iniciativa privada. **Art. 100.** A ação penal é pública, salvo quando a lei expressamente a declara privativa do ofendido. § 1º A ação pública é promovida pelo Ministério Público, dependendo, quando a lei o exige, de representação do ofendido ou de requisição do Ministro da Justiça. [...] Irretratabilidade da representação. **Art. 102.** A representação será irretratável depois de oferecida a denúncia. Decadência do direito de queixa ou de representação. **Art. 103.** Salvo disposição expressa em contrário, o ofendido decai do direito de queixa ou de representação se não o exerce dentro do prazo de 6 (seis) meses, contado do dia em que veio a saber quem é o autor do crime, ou, no caso do § 3º do art. 100 deste Código, do dia em que se esgota o prazo para oferecimento da denúncia".

▶ Veja CPP: "**Art. 24.** Nos crimes de ação pública, esta será promovida por denúncia do Ministério Público, mas dependerá, quando a lei o exigir, de requisição do Ministro da Justiça, ou de representação do ofendido ou de quem tiver qualidade para representá-lo. § 1º No caso de morte do ofendido ou quando declarado ausente por decisão judicial, o direito de representação passará ao cônjuge, ascendente, descendente ou irmão. § 2º Seja qual for o crime, quando praticado em detrimento do patrimônio ou interesse da União, Estado e Município, a ação penal será pública. **Art. 25.** A representação será irretratável, depois de oferecida a denúncia. [...] **Art. 39.** O direito de representação poderá ser exercido, pessoalmente ou por procurador com poderes especiais, mediante declaração, escrita ou oral, feita ao juiz, ao órgão do Ministério Público, ou à autoridade policial. § 1º A representação feita oralmente ou por escrito, sem assinatura devidamente autenticada do ofendido, de seu representante legal ou procurador, será reduzida a termo, perante o juiz ou autoridade policial, presente o órgão do Ministério Público, quando a este houver sido dirigida. § 2º A representação conterá todas as informações que possam servir à apuração do fato e da autoria. § 3º Oferecida ou reduzida a termo a representação, a autoridade policial procederá a inquérito, ou, não sendo competente, remetê-lo-á à autoridade que o for. § 4º A representação, quando feita ao juiz ou perante este reduzida a termo, será remetida à autoridade policial para que esta proceda a inquérito. § 5º O órgão do Ministério Público dispensará o inquérito, se com a representação forem oferecidos elementos que o habilitem a promover a ação penal, e, neste caso, oferecerá a denúncia no prazo de 15 (quinze) dias".

Representação interventiva Ação que resulta em intervenção federal na autonomia política dos estados federados quando estes violem algum princípio sensível à CF. Os princípios estão listados no art. 34, VII, da Constituição, e dizem respeito à forma republicana, ao sistema representativo e à aplicação do mínimo exigido da receita estadual em manutenção e desenvolvimento do ensino e nas ações e serviços públicos de saúde. A representação interventiva também poderá ser invocada no caso da recusa, por parte dos estados, à execução de lei federal. Poderá ser proposta apenas pelo procurador-geral da República. No polo passivo, estão os órgãos estaduais que tenham editado o ato questionado (art. 34, VII, CF; Lei n. 12.562/2011).

▶ Veja CF: "**Art. 34.** A União não intervirá nos Estados nem no Distrito Federal, exceto para: [...] VII – assegurar a observância dos seguintes princípios constitucionais: *a)* forma republicana, sistema representativo e regime democrático; *b)* direitos da pessoa humana; *c)* autonomia municipal; *d)* prestação de contas da administração pública, direta e indireta; *e)* aplicação do mínimo exigido da receita resultante de impostos estaduais, compreendida a proveniente de transferências, na manutenção e desenvolvimento do ensino e nas ações e serviços públicos de saúde".

▶ Veja Lei n. 12.562/2011: "**Art. 1º** Esta Lei dispõe sobre o processo e julgamento da representação interventiva prevista no inciso III do art. 36 da Constituição Federal. **Art. 2º** A representação será proposta pelo Procurador-Geral da República, em caso de violação aos princípios referidos no inciso VII do art. 34 da Constituição Federal, ou de recusa, por parte de Estado-Membro, à execução de lei federal. **Art. 3º** A petição inicial deverá conter: I – a indicação do princípio constitucional que se considera violado ou, se for o caso de recusa à aplicação de lei federal, das disposições questionadas; II – a indicação do ato normativo, do ato administrativo, do ato concreto ou da omissão questionados; III – a prova da violação do princípio constitucional ou da recusa de execução de lei federal; IV – o pedido, com suas especificações. Parágrafo único. A petição inicial será apresentada em 2 (duas) vias, devendo conter, se for o caso, cópia do ato questionado e dos documentos necessários para comprovar a impugnação. **Art. 4º** A petição inicial será indeferida liminarmente pelo relator, quando não for o caso de representação interventiva, faltar algum dos requisitos estabelecidos nesta Lei ou for inepta. Parágrafo único. Da decisão de indeferimento da petição inicial caberá agravo, no prazo de 5 (cinco) dias. **Art. 5º** O Supremo Tribunal Federal, por decisão da maioria absoluta de seus membros, poderá deferir pedido de medida liminar na representação interventiva".

Representação processual Representação em juízo por advogado habilitado necessário a todo aquele que pretenda ingressar com uma ação perante o judiciário.

▸ Veja CPC/2015: "**Art. 71.** O incapaz será representado ou assistido por seus pais, por tutor ou por curador, na forma da lei. [...] **Art. 75.** Serão representados em juízo, ativa e passivamente: I – a União, pela Advocacia-Geral da União, diretamente ou mediante órgão vinculado; II – o Estado e o Distrito Federal, por seus procuradores; III – o Município, por seu prefeito ou procurador; IV – a autarquia e a fundação de direito público, por quem a lei do ente federado designar; V – a massa falida, pelo administrador judicial; VI – a herança jacente ou vacante, por seu curador; VII – o espólio, pelo inventariante; VIII – a pessoa jurídica, por quem os respectivos atos constitutivos designarem ou, não havendo essa designação, por seus diretores; IX – a sociedade e a associação irregulares e outros entes organizados sem personalidade jurídica, pela pessoa a quem couber a administração de seus bens; X – a pessoa jurídica estrangeira, pelo gerente, representante ou administrador de sua filial, agência ou sucursal aberta ou instalada no Brasil; XI – o condomínio, pelo administrador ou síndico. [...] **Art. 103.** A parte será representada em juízo por advogado regularmente inscrito na Ordem dos Advogados do Brasil. Parágrafo único. É lícito à parte postular em causa própria quando tiver habilitação legal. [...] **Art. 182.** Incumbe à Advocacia Pública, na forma da lei, defender e promover os interesses públicos da União, dos Estados, do Distrito Federal e dos Municípios, por meio da representação judicial, em todos os âmbitos federativos, das pessoas jurídicas de direito público que integram a administração direta e indireta".

▪ Processual civil. Agravo no agravo em recurso especial. Representação processual. Irregularidade. Recurso inexistente. 1. É inexistente o agravo no recurso especial interposto por advogado sem procuração nos autos, conforme a Súmula n. 115/STJ. 2. Agravo no agravo em recurso especial não conhecido. (STJ, Ag. Reg. no Ag. em REsp n. 338.411/PE, rel. Min. Nancy Andrighi, j. 27.08.2013, *DJ* 30.08.2013)

▪ Agravo regimental. Agravo em recurso especial. Alegação de ofensa ao art. 37 do CPC. Instância ordinária. Vício de representação sanável. Incidência do art. 13 do CPC. Precedentes. Decisão agravada mantida. Improvimento. 1. Conforme jurisprudência pacífica desta Corte, na instância ordinária, a prática de ato processual por advogado sem procuração nos autos constitui vício sanável, cabendo ao magistrado, nos termos do disposto no art. 13 do CPC, fixar prazo para que seja sanado o defeito. 2. O Agravante não trouxe nenhum argumento capaz de modificar a conclusão do julgado, a qual se mantém por seus próprios fundamentos. 3. Agravo regimental improvido. (STJ, Ag. Reg. no Ag. em REsp n. 337.336/MS, rel. Min. Sidnei Beneti, j. 06.08.2013, *DJ* 27.08.2013)

▪ Processual civil. Agravo no agravo em recurso especial. Representação processual. Irregularidade. Recurso inexistente. 1. É inexistente o agravo no recurso especial interposto por advogado sem procuração nos autos, conforme a Súmula n. 115/STJ. 2. Agravo não conhecido. (STJ, Ag. Reg. no Ag. em REsp n. 289.711/MG, rel. Min. Nancy Andrighi, j. 20.08.2013, *DJ* 23.08.2013)

Representante Designação atribuída à pessoa que exerce uma representação ou representa outra na prática de um ato jurídico judicial ou extrajudicial. O mesmo que procurador. Exemplos: "Representante comercial"; "representante legal". Assim, pais, tutores e curadores são representantes legais dos incapazes; o empregador tem como representante o preposto; aquele que passa uma procuração nomeia como representante o procurador ou mandatário; aquele que pleiteia ou se defende em juízo tem como representante legal o advogado.

Repristinação da lei Restauração de uma lei revogada. Ocorre quando uma lei é revogada por outra e, posteriormente, a própria norma revogadora é revogada por uma terceira lei que, caso assim disponha seu texto legal, poderá determinar que a primeira tenha sua vigência restabelecida. A repristinação só é admitida se for expressa. Assim, a simples revogação da norma revogadora não traz como consequência imediata a repristinação da norma revogada (art. 2º, § 3º, LINDB).

▶ Veja LINDB: "**Art. 2º** [...] § 3º Salvo disposição em contrário, a lei revogada não se restaura por ter a lei revogadora perdido a vigência".

Reprodução assistida Conjunto de técnicas, utilizadas por médicos especializados, que tem como principal objetivo tentar viabilizar a gestação em mulheres com dificuldades de engravidar, seja em decorrência de dificuldades de ovulação, seja por problemas de infertilidade do cônjuge ou companheiro. A reprodução assistida comporta os procedimentos de inseminação artificial e fertilização in vitro. A inseminação artificial homóloga ocorre quando o sêmen utilizado para inseminação é do próprio marido ou companheiro. Nesta situação, o pai e a mãe biológicos são também considerados pais jurídicos para todos os efeitos. Fecundação artificial heteróloga é a modalidade de fecundação para a qual se recorre ao sêmen obtido a partir de doador anônimo. Para o CC, somente o filho nascido da inseminação homóloga gera a presunção da paternidade. Portanto, a regra não se aplica à inseminação heteróloga, salvo se efetivada com o consentimento do marido ou companheiro (art. 1.596, CC).

▶ Veja CC: "**Art. 1.596.** Os filhos, havidos ou não da relação de casamento, ou por adoção, terão os mesmos direitos e qualificações, proibidas quaisquer designações discriminatórias relativas à filiação. **Art. 1.597.** Presumem-se concebidos na constância do casamento os filhos: I – nascidos cento e oitenta dias, pelo menos, depois de estabelecida a convivência conjugal; II – nascidos nos trezentos dias subsequentes à dissolução da sociedade conjugal, por morte, separação judicial, nulidade e anulação do casamento; III – havidos por fecundação artificial homóloga, mesmo que falecido o marido; IV – havidos, a qualquer tempo, quando se tratar de embriões excedentários, decorrentes de concepção artificial homóloga; V – havidos por inseminação artificial heteróloga, desde que tenha prévia autorização do marido".

Requerimento Solicitação. Petição. Pedido. Instrumento que serve para o cidadão ou contribuinte solicitar algo que seja de seu interesse a autoridade administrativa ou órgão do serviço público. Podem ser objeto de requerimento, entre outros: licença para construção de obra; permissão para dirigir automóvel; licença ambiental; prestação jurisdicional; matrícula em universidade; inscrição em concurso público; inscrição em vestibular.

Requisição de pequeno valor Requisição de pequeno valor (RPV) é a espécie de solicitação de pagamento de quantia a que a Fazenda Pública for condenada em processo judicial, para valores totais de até sessenta salários mínimos por beneficiário, sendo encaminhada ao tribunal quando a entidade devedora for sujeita ao Orçamento Geral da União. Considera-se RPV aquela relativa a crédito cujo valor atualizado, por beneficiário, seja igual ou inferior a: sessenta salários mínimos, se a devedora for a Fazenda Federal (art. 17, § 1º, da Lei n. 10.259/2001); quarenta salários mínimos, ou o valor estipulado pela legislação local, se a devedora for a Fazenda Estadual ou a Fazenda Distrital (art. 87, ADCT); e trinta salários mínimos, ou o valor estipulado pela legislação local, se a devedora for a Fazenda Municipal (art. 87, ADCT). Ao requerente, é facultado receber seu crédito por meio de RPV desde que renuncie, expressamente, ao valor excedente. Segundo entendimento do STJ, a opção pelo pagamento por RPV, advinda da renúncia expressa do credor ao valor excedente, ex vi do art. 128, §§ 4º a 6º, da Lei n. 8.213/91, implica "a renúncia do restante dos créditos porventura existentes e que sejam oriundos do mesmo processo", assim como "a quitação total do pedido constante da petição inicial", além de determinar a extinção do processo.

▶ Veja CF: "**Art. 100.** Os pagamentos devidos pelas Fazendas Públicas Federal, Estaduais, Distrital e Municipais, em virtude de sentença judiciária, far-se-ão exclusivamente na ordem cronológica de apresentação dos precatórios e à conta dos créditos respectivos, proibida a designação de casos ou de pessoas nas dotações orçamentárias e nos créditos adicionais abertos para este fim. [...] § 3º O disposto no *caput* deste artigo relativamente à expedição de precatórios não se aplica aos pagamentos de obrigações definidas em leis como de pequeno valor que as Fazendas referidas devam fazer em virtude de sentença judicial transitada em julgado. § 4º Para os fins do disposto no § 3º, poderão ser fixados, por leis próprias, valores distintos às entidades de direito público, segundo as diferentes capacidades econômicas, sendo o mínimo igual ao valor do maior benefício do regime geral de previdência social. [...]".

- Veja ADCT: "**Art. 87.** Para efeito do que dispõem o § 3º do art. 100 da Constituição Federal e o art. 78 deste Ato das Disposições Constitucionais Transitórias serão considerados de pequeno valor, até que se dê a publicação oficial das respectivas leis definidoras pelos entes da Federação, observado o disposto no § 4º do art. 100 da Constituição Federal, os débitos ou obrigações consignados em precatório judiciário, que tenham valor igual ou inferior a: I – 40 (quarenta) salários mínimos, perante a Fazenda dos Estados e do Distrito Federal; II – 30 (trinta) salários mínimos, perante a Fazenda dos Municípios. Parágrafo único. Se o valor da execução ultrapassar o estabelecido neste artigo, o pagamento far-se-á, sempre, por meio de precatório, sendo facultada à parte exequente a renúncia ao crédito do valor excedente, para que possa optar pelo pagamento do saldo sem o precatório, da forma prevista no § 3º do art. 100".

- Veja Lei n. 10.259/2001: "**Art. 17.** Tratando-se de obrigação de pagar quantia certa, após o trânsito em julgado da decisão, o pagamento será efetuado no prazo de 60 (sessenta) dias, contados da entrega da requisição, por ordem do Juiz, à autoridade citada para a causa, na agência mais próxima da Caixa Econômica Federal ou do Banco do Brasil, independentemente de precatório. § 1º Para os efeitos do § 3º do art. 100 da Constituição Federal, as obrigações ali definidas como de pequeno valor, a serem pagas independentemente de precatório, terão como limite o mesmo valor estabelecido nesta Lei para a competência do Juizado Especial Federal Cível (art. 3º, *caput*). § 2º Desatendida a requisição judicial, o juiz determinará o sequestro do numerário suficiente ao cumprimento da decisão. § 3º São vedados o fracionamento, repartição ou quebra do valor da execução, de modo que o pagamento se faça, em parte, na forma estabelecida no § 1º deste artigo, e, em parte, mediante expedição do precatório, e a expedição de precatório complementar ou suplementar do valor pago. § 4º Se o valor da execução ultrapassar o estabelecido no § 1º, o pagamento far-se-á, sempre, por meio do precatório, sendo facultado à parte exequente a renúncia ao crédito do valor excedente, para que possa optar pelo pagamento do saldo sem o precatório, da forma lá prevista".

- Precatório. Crédito de pequeno valor. Art. 128 da Lei n. 8.213/91. Regulamentação operada pela Lei n. 10.099/2000. Aplicação imediata da norma processual. Contradição reconhecida. Embargos de declaração acolhidos. I – Em conformidade com o art. 128 da Lei n. 8.213/91, alterado pela Lei n. 10.099/2000, o crédito executivo considerado de pequeno valor (até R$ 5.180,25), não requer a expedição de precatório, devendo o *quantum* ser pago em até sessenta dias, não admitido o fracionamento. II – Por se tratar de norma estritamente processual, a Lei n. 10.099/2000 deve ser aplicada, de imediato, inclusive aos processos já iniciados antes da sua edição. III – A teor do prescrito no § 6º do mencionado art. 128 da Lei n. 8.213/91: "O pagamento sem precatório, na forma prevista neste artigo, implica quitação total do pedido constante da petição inicial e determina a extinção do processo". Desta forma, havendo valor excedente ao *quantum* legal, e sendo exercida a opção pelo exequente, nos moldes do *caput* do art. 128 da mencionada Norma Previdenciária, deve o magistrado reconhecer a renúncia de eventuais créditos restantes, que sejam oriundos do mesmo processo. IV – Embargos de declaração acolhidos. (STJ, Emb. Decl. no REsp n. 441.670/CE, 5ª T., rel. Min. Gilson Dipp, j. 24.06.2003, *DJ* 04.08.2003, p. 365)

- Precatório/requisição de pequeno valor. Pagamento com atraso. Juros de mora. Período compreendido entre a homologação do cálculo e a expedição do precatório ou RPV. 1. A Corte Especial, a partir do julgamento do Ag. Reg. no EREsp n. 987.453/RS, de relatoria da Ministra Nancy Andrighi, em 28.06.2012, firmou posicionamento no sentido de que, em respeito à coisa julgada, deve prevalecer o comando expresso na sentença que determinou a incidência dos juros moratórios até o efetivo e integral pagamento do precatório. Precedentes das turmas. 2. Agravo regimental não provido. (STJ, Ag. Reg. no REsp n. 1.231.687/RS, 2ª T., rel. Min. Eliana Calmon, j. 06.06.2013, *DJe* 13.06.2013)

Res Coisa; objeto. Exemplo: *"Res* furtiva".

Rescisão de contrato Desfazimento ou anulação judicial do contrato por vício de forma ou consentimento, especialmente quando há lesão contratual, ou seja, quando há, por uma das partes, descumprimento das cláusulas contratuais. Pode ocorrer rescisão do contrato de locação, por exemplo, quando o locatário deixar de pagar o aluguel e os acessórios da locação (art. 62, Lei n. 8.245/91).

Rescisão de sentença Desfazimento judicial da sentença de mérito transitada em julgado nos casos especificados em lei. A sentença de mérito pode ser rescindida quando: se verificar que foi dada por prevaricação, concussão ou corrupção do juiz; proferida por juiz impedido ou absolutamente incompetente; resultar de dolo da parte vencedora em detrimento da parte vencida ou de colusão entre as partes a fim de fraudar a lei; ofender a coisa julgada; violar literal disposição de lei; se fundar em prova cuja falsidade tenha sido apurada em processo criminal ou seja provada na própria ação rescisória; depois da sentença, o autor obtiver documento novo, cuja existência ignorava, ou de que não pôde fazer uso, capaz, por si só, de lhe assegurar pronunciamento favorável; houver fundamento para invalidar confissão, desistência ou transação em que se baseou a sentença; fundada em erro de fato, resultante de atos ou documentos da causa (art. 485, CPC/73) (*v. Ação rescisória*).

▶ Veja CPC/73: "**Art. 485.** A sentença de mérito, transitada em julgado, pode ser rescindida quando: I – se verificar que foi dada por prevaricação, concussão ou corrupção do juiz; II – proferida por juiz impedido ou absolutamente incompetente; III – resultar de dolo da parte vencedora em detrimento da parte vencida, ou de colusão entre as partes, a fim de fraudar a lei; IV – ofender a coisa julgada; V – violar literal disposição de lei; VI – se fundar em prova, cuja falsidade tenha sido apurada em processo criminal ou seja provada na própria ação rescisória; VII – depois da sentença, o autor obtiver documento novo, cuja existência ignorava, ou de que não pôde fazer uso, capaz, por si só, de lhe assegurar pronunciamento favorável; VIII – houver fundamento para invalidar confissão, desistência ou transação, em que se baseou a sentença; IX – fundada em erro de fato, resultante de atos ou de documentos da causa. § 1º Há erro, quando a sentença admitir um fato inexistente, ou quando considerar inexistente um fato efetivamente ocorrido. § 2º É indispensável, num como noutro caso, que não tenha havido controvérsia, nem pronunciamento judicial sobre o fato".

▶ Veja CPC/2015: "**Art. 966.** A decisão de mérito, transitada em julgado, pode ser rescindida quando: I – se verificar que foi proferida por força de prevaricação, concussão ou corrupção do juiz; II – for proferida por juiz impedido ou por juízo absolutamente incompetente; III – resultar de dolo ou coação da parte vencedora em detrimento da parte vencida ou, ainda, de simulação ou colusão entre as partes, a fim de fraudar a lei; IV – ofender a coisa julgada; V – violar manifestamente norma jurídica; VI – for fundada em prova cuja falsidade tenha sido apurada em processo criminal ou venha a ser demonstrada na própria ação rescisória; VII – obtiver o autor, posteriormente ao trânsito em julgado, prova nova cuja existência ignorava ou de que não pôde fazer uso, capaz, por si só, de lhe assegurar pronunciamento favorável; VIII – for fundada em erro de fato verificável do exame dos autos. [...]".

▪ Recurso especial. Discussão sobre matéria essencialmente constitucional. Impossibilidade. [...] O art. 485, II, do CPC, que se indica como violado pelo tribunal *a quo*, apenas inclui, no elenco das causas que justificam a rescisão da sentença, "a ofensa a literal disposição de lei". *In casu*, a recorrente competia, na formulação recursal, indicar, através de motivação justificadora, qual a disposição de lei "literalmente afrontada pelo decisório, pena de tornar impossível a exata compreensão da controvérsia" (Súmula n. 248/STF). Acórdãos paradigmáticos colacionados para confronto e que decidiram sobre matéria constitucional não se prestam a configuração da divergência pretoriana, porquanto o cabimento do especial pressupõe que o acórdão recorrido tenha interpretado a legislação federal. Recursos especiais não conhecidos. Decisão indiscrepante. (STJ, REsp n. 132.535/SC, 1ª T., rel. Min. Demócrito Reinaldo, j. 06.10.1997, *DJ* 10.11.1997, p. 57.712)

▪ Mandado de segurança. Prescrição da pretensão punitiva. Efeitos. Repercussão no âmbito administrativo. Falta administrativa residual. Pena de demissão. Prescrição. Termo *a quo*. Lei n. 8.112/91. 1. A incidência da prescrição da pretensão punitiva importa na rescisão da sentença condenatória, que não faz coisa julgada material, e na supressão de seus efeitos principais e acessórios, resultando, ainda, na perda do direito da ação cognitiva, pois extingue a pretensão do Estado em obter qualquer decisão a respeito do fato criminoso, não acarretando nenhuma responsabilidade para o acusado, tampouco marcando seus antecedentes ou gerando futura reincidência. Equivale, na verdade, à exata proclamação de inocência, pois são apagados os efeitos da sentença condenatória, como se jamais tivesse existido ou sido praticado o crime. [...] (STJ, MS n. 6.877/DF, 3ª Seção, rel. Min. Fernando Gonçalves, j. 25.04.2001, *DJ* 21.05.2001, p. 55)

Reserva de domínio Cláusula do contrato de compra e venda de coisa móvel pela qual o vendedor reserva para si a propriedade até que o preço esteja integralmente pago (art. 521, CC). A cláusula de reserva de domínio deve ser estipulada por escrito e depende de registro no domicílio do comprador para valer contra terceiros (art. 522, CC).

▶ Veja CC: "**Art. 521.** Na venda de coisa móvel, pode o vendedor reservar para si a propriedade, até que o preço esteja integralmente pago. **Art. 522.** A cláusula de reserva de domínio será estipulada por escrito e depende de registro no domicílio do comprador para valer contra terceiros. **Art. 523.** Não pode ser objeto de venda com reserva de domínio a coisa insuscetível de caracterização perfeita, para estremá-la de outras congêneres. Na dúvida, decide-se a favor do terceiro adquirente de boa-fé. **Art. 524.** A transferência de propriedade ao comprador dá-se no momento em que o preço esteja integralmente pago. Todavia, pelos riscos da coisa responde o comprador, a partir de quando lhe foi entregue. **Art. 525.** O vendedor somente poderá executar a cláusula de reserva de domínio após constituir o comprador em mora, mediante protesto do título ou interpelação judicial. **Art. 526.** Verificada a mora do comprador, poderá o vendedor mover contra ele a competente ação de cobrança das prestações vencidas e vincendas e o mais que lhe for devido; ou poderá recuperar a posse da coisa vendida. **Art. 527.** Na segunda hipótese do artigo antecedente, é facultado ao vendedor reter as prestações pagas até o necessário para cobrir a depreciação da coisa, as despesas feitas e o mais que de direito lhe for devido. O excedente será devolvido ao comprador; e o que faltar lhe será cobrado, tudo na forma da lei processual. **Art. 528.** Se o vendedor receber o pagamento à vista, ou, posteriormente, mediante financiamento de instituição do mercado de capitais, a esta caberá exercer os direitos e ações decorrentes do contrato, a benefício de qualquer outro. A operação financeira e a respectiva ciência do comprador constarão do registro do contrato".

- Contrato de compra e venda. Reserva de domínio. Constituição do devedor em mora. Protesto. Desnecessidade de interpelação pessoal. Precedentes. 1. A mora *ex re* independe de interpelação, porquanto decorre do próprio inadimplemento de obrigação positiva, líquida e com termo implementado, cuja matriz normativa é o art. 960, primeira parte, do CC de 1916. À hipótese, aplica-se o brocardo *dies interpellat pro homine* (o termo interpela no lugar do credor). 2. No caso dos autos, havendo contrato de compra e venda com pacto de reserva de domínio, o art. 1.071 do CPC determina a constituição em mora do devedor mediante protesto – independentemente de notificação pessoal –, o que foi providenciado na espécie. Precedentes. 3. Comprovada a mora do devedor, o pedido reconvencional alusivo à rescisão contratual com busca e apreensão dos bens vendidos deve ser acolhido. 4. Recurso especial conhecido e provido. (STJ, REsp n. 762.799/RS, 4ª T., rel. Min. Luis Felipe Salomão, j. 16.09.2010, *DJe* 23.09.2010)

- Mandado de segurança. Venda de veículo automotor. Gravame de reserva de domínio. Certificado de registro e licenciamento. Competência normativa. 1. Não há previsão legal autorizando os Detrans, órgãos de execução, a produzirem normas que regulamentem os procedimentos relativos ao registro de gravames e de licenciamento de veículo. O art. 12, X, do Código de Trânsito Brasileiro – CTB – é cristalino ao dispor ser da competência do Contran: "normatizar os procedimentos sobre a aprendizagem, habilitação, expedição de documentos de condutores, e registro e licenciamento de veículos". 2. Agravo regimental não provido. (STJ, Ag. Reg. no REsp n. 948.478/SC, 2ª T., rel. Min. Castro Meira, j. 16.09.2010, *DJe* 27.09.2010)

Reserva de plenário Cláusula que estabelece que somente pelo voto da maioria absoluta de seus membros ou dos membros do respectivo órgão especial poderão os tribunais declarar a inconstitucionalidade de lei ou ato normativo do poder público (art. 97, CF). Em que pese o fato de os tribunais possuírem órgãos fracionários (turmas, seções, câmaras), em regra com composição de julgadores em número bem inferior à composição total da corte, considera-se praticamente impossível esses órgãos conseguirem reunir a maioria absoluta dos membros do tribunal para declarar a inconstitucionalidade de uma norma.

▸ Veja CF: "**Art. 97.** Somente pelo voto da maioria absoluta de seus membros ou dos membros do respectivo órgão especial poderão os tribunais declarar a inconstitucionalidade de lei ou ato normativo do Poder Público".

- Súmula vinculante n. 10, STF: Viola a cláusula de reserva de plenário (CF, art. 97) a decisão de órgão fracionário de tribunal que, embora não declare expressamente a inconstitucionalidade de lei ou ato normativo do Poder Público, afasta a sua incidência no todo ou em parte.

Resilição de contrato Desfazimento de um contrato por simples manifestação de vontade de uma ou de ambas as partes. Dissolução do contrato por mútuo consentimento ou por ato unilateral, como ocorre com término do contrato por prazo determinado. A resilição pode ser bilateral (distrato) ou unilateral (denúncia) (arts. 472 e 473, CC).

▸ Veja CC: "**Art. 472.** O distrato faz-se pela mesma forma exigida para o contrato. **Art. 473.** A resilição unilateral, nos casos em que a lei expressa ou implicitamente o permita, opera mediante denúncia notificada à outra parte. [...]".

- Resilição de contrato de compra e venda de imóvel. Culpa da construtora. Devolução de parcelas pagas pelo adquirente. Juros de mora. Termo *a quo*. Desembolso de cada prestação. Recurso a que se nega provimento. 1. De acordo com a jurisprudência desta Corte, nos casos de rescisão de contrato de compra e venda de imóvel, por culpa da construtora, a restituição das parcelas pagas pelo adquirente deve ser realizada, com incidência de juros de mora, desde o efetivo desembolso de cada prestação. 2. Agravo regimental não provido. (STJ, Ag. Reg. no AREsp n. 345.459/MG, 4ª T., rel. Min. Luis Felipe Salomão, j. 19.09.2013, DJe 24.09.2013)

■ Manutenção do contrato de seguro de vida em grupo, ao argumento de que abusiva a resilição unilateral pela seguradora. Restabelecida a sentença de improcedência. 1. Rescisão unilateral do contrato de seguro de vida em grupo. O exercício, pela seguradora, da faculdade (igualmente conferida ao consumidor) de não renovação do seguro coletivo, consoante estipulado em cláusula contratual, não encerra conduta abusiva sob a égide do Diploma Consumerista ou inobservância da boa-fé objetiva, notadamente na hipótese em que previamente notificado o segurado de sua intenção de rescisão unilateral (fundada na ocorrência de desequilíbrio atuarial) e não aceita a proposta alternativa apresentada. [...] 2. Agravo regimental não provido. (STJ, Ag. Reg. no REsp n. 1.210.136/SP, 4ª T., rel. Min. Marco Buzzi, j. 19.09.2013, DJe 27.09.2013)

Res judicata Coisa julgada. Relação jurídica já apreciada e decidida judicialmente. Sentença transitada em julgado da qual não cabe mais recurso (art. 467, CPC/73). De acordo com a CF, "a lei não prejudicará o direito adquirido, o ato jurídico perfeito e a coisa julgada" (art. 5º, XXXVI) (v. *Coisa julgada*).

Resolução Ato emanado de autoridade competente de um órgão de deliberação coletiva para estabelecer normas regulamentares. Indica o ato pelo qual a autoridade pública ou o poder público tomam uma decisão, impõem uma ordem ou estabelecem uma medida de ordem administrativa ou regulamentar.

Resolução de contrato Dissolução judicial do contrato em caso de inadimplemento culposo ou fortuito. Funda-se no inadimplemento contratual de uma ou de ambas as partes.

■ Ação de rescisão de contrato de compra e venda de imóvel c/c pedido de reintegração de posse. Decisão monocrática negando provimento ao reclamo, mantida a inadmissão do recurso especial. 1. Correta aplicação das Súmulas ns. 282 e 356 do STF. O conteúdo normativo inserto nos arts. 1º do Decreto Lei n. 745/69 e 32 da Lei n. 6.766/79, cuja violação é defendida no reclamo, não foi objeto de exame pela instância ordinária, nem foram opostos embargos de declaração a fim de suscitar a discussão do tema neles contido. 2. Alegada necessidade de prévia formalização do distrato (art. 472 do CC de 2002). Acórdão estadual que afastou a norma atinente à "resilição bilateral", por considerar que os autos retratam hipótese de resolução contratual por inexecução voluntária, não tendo os réus/adquirentes se desincumbido de demonstrar fato impeditivo/modificativo/extintivo do direito dos autores/alienantes, qual seja, a quitação do preço ajustado. Inviabilidade de reexame do contexto fático probatório dos autos no âmbito do julgamento do recurso especial. Incidência da Súmula n. 7/STJ. 3. Agravo regimental desprovido. (STJ, Ag. Reg. no Ag. n. 1.179.803/PR, 4ª T., rel. Min. Marco Buzzi, j. 22.10.2013, DJe 30.10.2013)

■ Resolução de contrato de promessa de compra e venda. Enriquecimento sem causa. Prescrição. Prazo trienal. 1. Com o novo regramento acerca dos prazos prescricionais, aplica-se às ações de restituição de quantia, na rescisão de contrato de promessa de compra e venda de imóvel, o prazo trienal, pois fundadas no princípio da vedação do enriquecimento sem causa. 2. Agravo regimental desprovido. (STJ, Ag. Reg. no REsp n. 1.377.090/RJ, 3ª T., rel. Min. Paulo de Tarso Sanseverino, j. 22.10.2013, DJe 28.10.2013)

Resolução por onerosidade excessiva Resolução do contrato de execução continuada ou diferida que a lei faculta à parte caso a prestação a que está obrigada se torne excessivamente onerosa, com extrema vantagem para a outra parte, em virtude de acontecimentos extraordinários e imprevisíveis. Aplica-se a teoria da imprevisão (art. 478, CC) (v. *Teoria da imprevisão*).

■ Ação de rescisão contratual. Compra e venda de soja. Entrega futura. Rescisão. Onerosidade excessiva. Teoria da imprevisão. Inaplicabilidade. 1. Reconhecidas no acórdão de origem as bases fáticas em que se fundamenta o mérito, não configura reexame de fatos e provas sua mera valoração. 2. Nos contratos agrícolas de venda para entrega futura, o risco é inerente ao negócio. Nele não se cogita a imprevisão. 3. Agravo não provido. (STJ, Ag. Reg. no REsp n. 1.210.389/MS, 3ª T., rel. Min. Nancy Andrighi, j. 24.09.2013, DJe 27.09.2013)

■ Penhor agrícola. Cana-de-açúcar. Execução. Penhora sobre o álcool, como subproduto da safra. Pretensão a que a penhora seja levantada. Transferência do penhor a safras futuras. Impossibilidade. 1. Qualquer penhora de bens, em princípio, pode mostrar-se onerosa ao devedor, mas essa é uma decorrência natural da existência de uma dívida não paga. O princípio da vedação à onerosidade excessiva não pode ser convertido em uma panaceia, que leve a uma ideia de proteção absoluta do inadimplente em face de seu credor. Alguma onerosidade é natural ao procedimento de garantia de uma dívida, e o art. 620 do CPC destina-se apenas a decotar exageros evidentes, perpetrados em situações nas quais uma alternativa mais viável mostre-se clara. 2. Se o próprio contrato de penhor agrícola prevê a transferência do encargo ao subproduto da safra, não se pode argumentar com a impossibilidade dessa transferência. Se há onerosidade excessiva nessa operação, o devedor deve se valer dos mecanismos previstos em lei para substituição da garantia. [...] 4. Recurso especial conhecido e improvido. (STJ, REsp n. 1.278.247/SP, 3ª T., rel. Min. Nancy Andrighi, j. 20.09.2012, *DJe* 12.11.2012)

Responsabilidade civil Obrigação que alguém tem de reparação do dano a outrem em razão de obrigação assumida ou da prática de ato ilícito (arts. 186 e 927, CC). A responsabilidade civil é independente da criminal, não se podendo questionar mais sobre a existência do fato, ou sobre quem seja seu autor, quando estas questões se acharem decididas no juízo criminal (art. 935, CC).

▶ Veja CC: "**Art. 927.** Aquele que, por ato ilícito (arts. 186 e 187), causar dano a outrem, fica obrigado a repará-lo. Parágrafo único. Haverá obrigação de reparar o dano, independentemente de culpa, nos casos especificados em lei, ou quando a atividade normalmente desenvolvida pelo autor do dano implicar, por sua natureza, risco para os direitos de outrem".

▪ Responsabilidade civil. Relação extracontratual. Competência afeta às câmaras com competência para apreciar a matéria responsabilidade civil. A responsabilidade civil extracontratual se insere na competência das câmaras integrantes dos 3º e 5º Grupos Cíveis. Tratando-se de pedido de reparação de danos morais oriundos de inscrição nos cadastros de proteção ao crédito por banco de dados com o qual a parte autora não entretém relação contratual, a competência para julgar o feito é de uma das câmaras integrantes dos supra referidos grupos cíveis. Competência declinada. (TJRS, Ap. Cível n. 70.057.137.796, 16ª Câm. Cível, rel. Paulo Sérgio Scarparo, j. 06.11.2013)

▪ Embargos de declaração em apelação cível. Direito público não especificado. DMAE. Lomba do Pinheiro. Fornecimento de água. Responsabilidade civil. Danos materiais e morais. Culpa. O art. 37, § 6º, da Constituição Federal apenas estabelece a responsabilidade objetiva da administração em casos de danos decorrentes de atos comissivos de seus agentes. Tratando-se de conduta omissiva lesiva, faz-se necessária a comprovação de culpa em uma de suas modalidades. A prova produzida demonstra que não houve culpa da ré pelo desabastecimento de água, configurando-se excepcionais circunstâncias climáticas que acarretaram a interrupção no fornecimento de energia elétrica, indispensável ao bombeamento de água ao bairro em que residem os demandantes, também prejudicado pela existência de ligações clandestinas e ausência de reservatórios em grande parte das residências. Impossibilidade de rediscussão da matéria. Acórdão que fundamenta claramente a questão debatida. Embargos que dizem pretender prequestionar dispositivos de lei arrolados, sem qualquer fundamentação. Embargos de declaração desacolhidos. (TJRS, Emb. Decl. n. 70.057.116.220, 2ª Câm. Cível, rel. Almir Porto da Rocha Filho, j. 06.11.2013)

Responsabilidade civil da companhia aérea Responsabilidade imputada às companhias aéreas em razão de danos contratuais, aos passageiros, à bagagem, à carga e a terceiros na superfície. Além de outros, o transportador responde pelo dano decorrente de morte ou lesão de passageiro, causada por acidente ocorrido durante a execução do contrato de transporte aéreo, a bordo de aeronave ou no curso das operações de embarque e desembarque; e de atraso do transporte aéreo contratado (art. 256, Lei n. 7.565/86).

▶ Veja CBA: "**Art. 246.** A responsabilidade do transportador (artigos 123, 124 e 222, parágrafo único), por danos ocorridos durante a execução do contrato de transporte (artigos 233, 234, § 1º, 245), está sujeita aos limites estabelecidos neste Título (artigos 257, 260, 262, 269 e 277). **Art. 247.** É nula qualquer cláusula tendente a exonerar de responsabilidade o transportador ou a estabelecer limite de indenização inferior ao previsto neste Capítulo, mas a nulidade da cláusula não acarreta a do contrato, que continuará regido por este Código (artigo 10). **Art. 248.** Os limites de indenização, previstos neste Capítulo, não se aplicam se for provado que o dano resultou de dolo ou culpa grave do transportador ou de seus prepostos. § 1º Para os efeitos deste artigo, ocorre o dolo ou culpa grave quando o transportador ou seus prepostos quiseram o resultado ou assumiram o risco de produzi-lo. § 2º O demandante deverá provar, no caso de dolo ou culpa grave dos prepostos, que estes atuavam no exercício de suas funções. § 3º A sentença, no Juízo Criminal, com trânsito em julgado, que haja decidido sobre a existência do ato doloso ou culposo e sua autoria, será prova suficiente. [...] **Art. 256.** O transportador responde pelo dano decorrente: I – de morte ou lesão de passageiro, causada por acidente ocorrido durante a execução do contrato de transporte aéreo, a bordo de aeronave ou no curso das operações de embarque e desembarque; II – de atraso do transporte aéreo contratado. § 1º O transportador não será responsável: *a)* no caso do item I, se a morte ou lesão resultar, exclusivamente, do estado de saúde do passageiro, ou se o acidente decorrer de sua culpa exclusiva; *b)* no caso do item II, se ocorrer motivo de força maior ou comprovada determinação da autoridade aeronáutica, que será responsabilizada. § 2º A responsabilidade do transportador estende-se: *a)* a seus tripulantes, diretores e empregados que viajarem na aeronave acidentada, sem prejuízo de eventual indenização por acidente de trabalho; *b)* aos passageiros gratuitos, que viajarem por cortesia. **Art. 257.** A responsabilidade do transportador, em relação a cada passageiro e tripulante, limita-se, no caso de morte ou lesão, ao valor correspondente, na data do pagamento, a 3.500 (três mil e quinhentas) Obrigações do Tesouro Nacional – OTN, e, no caso de atraso do transporte, a 150 (cento e cinquenta) Obrigações do Tesouro Nacional – OTN. [...] **Art. 260.** A responsabilidade do transportador por dano, consequente da destruição, perda ou avaria da bagagem despachada ou conservada em mãos do passageiro, ocorrida durante a execução do contrato de transporte aéreo, limita-se ao valor correspondente a 150 (cento e cinquenta) Obrigações do Tesouro Nacional – OTN, por ocasião do pagamento, em relação a cada passageiro. **Art. 261.** Aplica-se, no que couber, o que está disposto na seção relativa à responsabilidade por danos à carga aérea (artigos 262 a 266). **Art. 262.** No caso de atraso, perda, destruição ou avaria de carga, ocorrida durante a execução do contrato do transporte aéreo, a responsabilidade do transportador limita-se ao valor correspondente a 3 (três) Obrigações do Tesouro Nacional – OTN por quilo, salvo declaração especial de valor feita pelo expedidor e mediante o pagamento de taxa suplementar, se for o caso (artigos 239, 241 e 244). **Art. 263.** Quando para a execução do contrato de transporte aéreo for usado outro meio de transporte, e houver dúvida sobre onde ocorreu o dano, a responsabilidade do transportador será regida por este Código (artigo 245 e Parágrafo único). [...] **Art. 267.** Quando não houver contrato de transporte (artigos 222 a 245), a responsabilidade civil por danos ocorridos durante a execução dos serviços aéreos obedecerá ao seguinte: I – no serviço aéreo privado (artigos 177 a 179), o proprietário da aeronave responde por danos ao pessoal técnico a bordo e às pessoas e bens na superfície, nos limites previstos, respectivamente, nos artigos 257 e 269 deste Código, devendo contratar seguro correspondente (artigo 178, §§ 1º e 2º); II – no transporte gratuito realizado por empresa de transporte aéreo público, observa-se o disposto no artigo 256, § 2º, deste Código; III – no transporte gratuito realizado pelo Correio Aéreo Nacional, não haverá indenização por danos à pessoa ou bagagem a bordo, salvo se houver comprovação de culpa ou dolo dos operadores da aeronave. **Art. 268.** O explorador responde pelos danos a terceiros na superfície, causados, diretamente, por aeronave em voo, ou manobra, assim como por pessoa ou coisa dela caída ou projetada. § 1º Prevalece a responsabilidade do explorador quando a aeronave é pilotada por seus prepostos, ainda que exorbitem de suas atribuições. § 2º Exime-se o explorador da responsabilidade se provar que: I – não há relação direta de causa e efeito entre o dano e os fatos apontados; II – resultou apenas da passagem da aeronave pelo espaço aéreo, observadas as regras de tráfego aéreo; III – a aeronave era operada por terceiro, não preposto nem dependente, que iludiu a razoável vigilância exercida sobre o aparelho; IV – houve culpa exclusiva do prejudicado".

Responsabilidade civil do dono do animal

O ordenamento jurídico atribui ao dono ou detentor do animal a responsabilidade pela indenização dos prejuízos que o animal vier a causar. A responsabilidade resulta da presunção de culpa do dono do animal. Basta ao ofendido provar que sofreu o dano, que este dano foi devido a um animal e que este pertence ao réu (art. 936, CC). Nada obstante, o dono ou detentor do animal poderá eximir-se da responsabilidade desde que comprove um dos seguintes fatos: a) que guardava e vigiava o animal com o cuidado preciso; b) que o animal foi provocado por outro; c) que houve imprudência do ofendido; d) que o fato resultou de caso fortuito ou força maior.

▶ Veja CC: "**Art. 936.** O dono, ou detentor, do animal ressarcirá o dano por este causado, se não provar culpa da vítima ou força maior".

Responsabilidade civil do Estado

As pessoas jurídicas de direito público e as de direito privado prestadoras de serviços públicos responderão pelos danos que seus agentes, nessa qualidade, causarem a terceiros, assegurado o direito de regresso contra o responsável nos casos de dolo ou culpa (art. 37, § 6º, CF). A responsabilidade do Estado é objetiva, ou seja, a que se dá independentemente da comprovação da culpa, pela atuação lesiva dos agentes públicos e seus delegados, seja na administração direta, seja na indireta.

- Veja CF: "**Art. 37.** A administração pública direta e indireta de qualquer dos Poderes da União, dos Estados, do Distrito Federal e dos Municípios obedecerá aos princípios de legalidade, impessoalidade, moralidade, publicidade e eficiência e, também, ao seguinte: [...] § 6º As pessoas jurídicas de direito público e as de direito privado prestadoras de serviços públicos responderão pelos danos que seus agentes, nessa qualidade, causarem a terceiros, assegurado o direito de regresso contra o responsável nos casos de dolo ou culpa. [...]".
- Súmula n. 39, STJ: Prescreve em vinte anos a ação para haver indenização, por responsabilidade civil, de sociedade de economia mista.
- Responsabilidade civil do Estado. Vistoria que considera regular a situação do veículo. Posterior apreensão por se tratar de veículo furtado. 1. A responsabilidade pela perda de veículo decorrente de ato da polícia judiciária, em razão de tratar-se de veículo furtado, não pode ser imputada ao órgão de trânsito que realizou a vistoria, ainda que esta tenha sido realizada em data anterior à da alienação do bem. Precedentes do STF. 2. Embargos de declaração recebidos como agravo regimental. Agravo regimental não provido. (STJ, Emb. Decl. no AREsp n. 114.186/RS, 2ª T., rel. Min. Castro Meira, j. 25.06.2013, *DJe* 23.10.2013)

Responsabilidade civil do patrão

Responsabilidade do patrão ou comitente por atos praticados por seus empregados, serviçais e prepostos, no exercício do trabalho que lhes competir, ou em razão dele, ainda que não haja culpa sua (arts. 932 e 933, CC). A responsabilidade do patrão ou proponente por atos praticados por seus empregados ou prepostos decorre da culpa in eligendo, ou seja, do fato que resulta da má escolha do empregado. Assim, demonstrando o ofendido a existência do dano e que este foi praticado por culpa do empregado, restará provada a culpa do patrão desde que o empregado se encontrasse a serviço, no exercício do trabalho ou por ocasião deste.

- Veja CC: "**Art. 932.** São também responsáveis pela reparação civil: [...] III - o empregador ou comitente, por seus empregados, serviçais e prepostos, no exercício do trabalho que lhes competir, ou em razão dele; [...] **Art. 933.** As pessoas indicadas nos incisos I a V do artigo antecedente, ainda que não haja culpa de sua parte, responderão pelos atos praticados pelos terceiros ali referidos".
- Súmula n. 341, STF: É presumida a culpa do patrão ou comitente pelo ato culposo do empregado ou preposto.

- Responsabilidade civil. Ato do preposto. Culpa reconhecida. Responsabilidade do empregador. (art. 1.521, III, CC/16; art. 932, III, CC/2002). Ato praticado fora do horário de serviço e contra as ordens do patrão. Irrelevância. Culpa concorrente. 1. A responsabilidade do empregador depende da apreciação quanto à responsabilidade antecedente do preposto no dano causado – que é subjetiva – e a responsabilidade consequente do preponente, que independe de culpa, observada a exigência de o preposto estar no exercício do trabalho ou o fato ter ocorrido em razão dele. 2. Tanto em casos regidos pelo CC de 1916 quanto nos regidos pelo CC de 2002, responde o empregador pelo ato ilícito do preposto se este, embora não estando efetivamente no exercício do labor que lhe foi confiado ou mesmo fora do horário de trabalho, vale-se das circunstâncias propiciadas pelo trabalho para agir, se de tais circunstâncias resultou facilitação ou auxílio, ainda que de forma incidental, local ou cronológica, à ação do empregado. 3. No caso, o preposto teve acesso à máquina retroescavadeira – que foi má utilizada para transportar a vítima em sua *concha* – em razão da função de caseiro que desempenhava no sítio de propriedade dos empregadores, no qual a mencionada máquina estava depositada, ficando por isso evidenciado o liame funcional entre o ilícito e o trabalho prestado. 4. Ademais, a jurisprudência sólida da Casa entende ser civilmente responsável o proprietário de veículo automotor por danos gerados por quem lho tomou de forma consentida. Precedentes. 5. Pela aplicação da teoria da guarda da coisa, a condição de guardião é imputada a quem tem o comando intelectual da coisa, não obstante não ostentar o comando material ou mesmo na hipótese de a coisa estar sob a detenção de outrem, como o que ocorre frequentemente nas relações ente preposto e preponente. [...] (STJ, REsp n. 1.072.577/PR, 4ª T., rel. Min. Luis Felipe Salomão, j. 12.04.2012, *DJe* 26.04.2012)

Responsabilidade civil dos pais

Responsabilidade dos pais, assim como de tutores e curadores, pelos atos praticados por filhos, pupilos e curatelados que estiverem sob sua autoridade e em sua companhia (art. 932, CC). Até completarem 18 anos, a responsabilidade de pais, tutores e curadores é solidária, absoluta e exclusiva. Desse modo, somente na hipótese dos bens do menor não bastarem para suprir o valor de eventual indenização é que os bens de seu responsável serão afetados de forma subsidiária (art. 942, CC).

- Veja CC: "**Art. 932.** São também responsáveis pela reparação civil: I - os pais, pelos filhos menores que estiverem sob sua autoridade e em sua companhia; II – o tutor e o curador, pelos pupilos e curatelados, que se acharem nas mesmas condições; [...] **Art. 942.** Os bens do responsável pela ofensa ou violação do direito de outrem ficam sujeitos à reparação do dano causado; e, se a ofensa tiver mais de um autor, todos responderão solidariamente pela reparação. Parágrafo único. São solidariamente responsáveis com os autores os coautores e as pessoas designadas no art. 932".

- ECA. Medida de proteção. Evasão escolar de adolescente. Responsabilidade dos pais. Aos pais é imposto o dever legal de cuidar e de se responsabilizar pelos atos dos filhos menores de idade. Logo, independente da vontade da criança ou do adolescente, é obrigatória a manutenção e frequência no estabelecimento de ensino, não importando o quão árdua possa ser essa tarefa. Previsão de multa. Imputar a uma família de poucos recursos financeiros o pagamento de uma multa pecuniária por descumprimento dos deveres do poder familiar extrapola aquilo que é razoável, uma vez que tal multa, onerando os pais, pode agravar a situação econômica e não irá resolver o problema do adolescente a ser protegido. Deram parcial provimento ao apelo. (TJRS, Ap. Cível n. 70.055.693.667, 8ª Câm. Cível, rel. Alzir Felippe Schmitz, j. 26.09.2013)

- Responsabilidade civil. Agressão física. Jogo de futebol. Responsabilidade dos pais do agressor. Art. 932, I, do CPC. Aplicabilidade. Ato ilícito reconhecido apenas com relação ao menor de idade. Ônus da prova. Dano estético e dano moral. Caracterizados. Valor da indenização. Readequação. I – Nos termos do art. 932, I, do CC os pais são responsáveis pela reparação decorrentes dos atos ilícitos praticados pelos filhos menores, mesmo que no curso da ação sobrevenha a maioridade civil, justamente porque sobre eles exercem o poder familiar, sendo que dentre as várias obrigações está o dever de vigilância. II – Competia ao autor fazer prova no sentido de que, além da injusta agressão perpetrada pelo réu frente ao seu filho, também foi por ele agredido. A prova dos autos não se mostra apta a demonstrar o fato alegado, ônus que competia ao requerente, nos termos do art. 333, I, do CPC. III – São cumuláveis o dano estético e o dano moral, conforme precedentes do STJ. IV – O dano estético resta caracterizado em razão da deformidade no olho esquerdo decorrente da fratura do assoalho da órbita, que ocasionou a motilidade ocular. V – O valor da indenização por dano moral, além do caráter preventivo e punitivo, em casos como o dos autos, deve observar o poderio econômico das partes. Valor da indenização reduzido, readequando-se o termo inicial da correção monetária. Súmula n. 362 do STJ. Recurso de apelação parcialmente provido. Recurso adesivo provido. (TJRS, Ap. Cível n. 70.046.154.936, 6ª Câm. Cível, rel. Artur Arnildo Ludwig, j. 13.12.2012)

Responsabilidade civil do transportador Responsabilidade atribuída ao transportador de responder pelos danos causados às pessoas transportadas e suas bagagens, salvo motivo de força maior, sendo nula qualquer cláusula excludente da responsabilidade (art. 134, CC).

- Veja CC: **Art. 734.** O transportador responde pelos danos causados às pessoas transportadas e suas bagagens, salvo motivo de força maior, sendo nula qualquer cláusula excludente da responsabilidade. Parágrafo único. É lícito ao transportador exigir a declaração do valor da bagagem a fim de fixar o limite da indenização. **Art. 735.** A responsabilidade contratual do transportador por acidente com o passageiro não é elidida por culpa de terceiro, contra o qual tem ação regressiva. **Art. 736.** Não se subordina às normas do contrato de transporte o feito gratuitamente, por amizade ou cortesia. Parágrafo único. Não se considera gratuito o transporte quando, embora feito sem remuneração, o transportador auferir vantagens indiretas. **Art. 737.** O transportador está sujeito aos horários e itinerários previstos, sob pena de responder por perdas e danos, salvo motivo de força maior. **Art. 738.** A pessoa transportada deve sujeitar-se às normas estabelecidas pelo transportador, constantes no bilhete ou afixadas à vista dos usuários, abstendo-se de quaisquer atos que causem incômodo ou prejuízo aos passageiros, danifiquem o veículo, ou dificultem ou impeçam a execução normal do serviço. Parágrafo único. Se o prejuízo sofrido pela pessoa transportada for atribuível à transgressão de normas e instruções regulamentares, o juiz reduzirá equitativamente a indenização, na medida em que a vítima houver concorrido para a ocorrência do dano".

Responsabilidade da pessoa jurídica Responsabilidade civil atribuída às pessoas jurídicas de direito público interno por atos praticados por seus agentes que nessa qualidade causem danos a terceiros, ressalvado direito regressivo contra os causadores do dano, se houver, por parte destes, culpa ou dolo (art. 43, CC).

- Veja CC: "**Art. 43.** As pessoas jurídicas de direito público interno são civilmente responsáveis por atos dos seus agentes que nessa qualidade causem danos a terceiros, ressalvado direito regressivo contra os causadores do dano, se houver, por parte destes, culpa ou dolo".

Responsabilidade ilimitada

Responsabilidade de cunho ilimitado atribuída aos sócios de determinadas sociedades, como a sociedade comum (art. 990, CC), sociedade em nome coletivo (art. 1.039, CC) e sociedade em comandita (art. 1.045, CC). Na sociedade cooperativa, a responsabilidade dos sócios é ilimitada quando o sócio responde solidária e ilimitadamente pelas obrigações sociais (art. 1.095, § 2º, CC).

▸ Veja CC: "**Art. 986.** Enquanto não inscritos os atos constitutivos, reger-se-á a sociedade, exceto por ações em organização, pelo disposto neste Capítulo, observadas, subsidiariamente e no que com ele forem compatíveis, as normas da sociedade simples. [...] **Art. 990.** Todos os sócios respondem solidária e ilimitadamente pelas obrigações sociais, excluído do benefício de ordem, previsto no art. 1.024, aquele que contratou pela sociedade. [...] **Art. 1.039.** Somente pessoas físicas podem tomar parte na sociedade em nome coletivo, respondendo todos os sócios, solidária e ilimitadamente, pelas obrigações sociais. Parágrafo único. Sem prejuízo da responsabilidade perante terceiros, podem os sócios, no ato constitutivo, ou por unânime convenção posterior, limitar entre si a responsabilidade de cada um. [...] **Art. 1.045.** Na sociedade em comandita simples tomam parte sócios de duas categorias: os comanditados, pessoas físicas, responsáveis solidária e ilimitadamente pelas obrigações sociais; e os comanditários, obrigados somente pelo valor de sua quota. [...] **Art. 1.095.** Na sociedade cooperativa, a responsabilidade dos sócios pode ser limitada ou ilimitada. § 1º É limitada a responsabilidade na cooperativa em que o sócio responde somente pelo valor de suas quotas e pelo prejuízo verificado nas operações sociais, guardada a proporção de sua participação nas mesmas operações. § 2º É ilimitada a responsabilidade na cooperativa em que o sócio responde solidária e ilimitadamente pelas obrigações sociais".

Responsabilidade limitada

É a responsabilidade dos sócios de sociedade limitada que fica restrita ao valor de suas respectivas cotas e na qual todos respondem solidariamente pela integralização do capital social (art. 1.052, CC). Na empresa individual de responsabilidade limitada, a responsabilidade da pessoa titular é restrita ao capital social devidamente integralizado (art. 980-A, CC). Na sociedade em comandita simples, uma categoria de sócios, os comanditários, pode ser obrigada somente pelo valor de sua cota (art. 1.045, CC).

▸ Veja CC: "**Art. 980-A.** A empresa individual de responsabilidade limitada será constituída por uma única pessoa titular da totalidade do capital social, devidamente integralizado, que não será inferior a 100 (cem) vezes o maior salário mínimo vigente no País. [...] **Art. 1.052.** Na sociedade limitada, a responsabilidade de cada sócio é restrita ao valor de suas quotas, mas todos respondem solidariamente pela integralização do capital social. **Art. 1.053.** A sociedade limitada rege-se, nas omissões deste Capítulo, pelas normas da sociedade simples. Parágrafo único. O contrato social poderá prever a regência supletiva da sociedade limitada pelas normas da sociedade anônima. **Art. 1.054.** O contrato mencionará, no que couber, as indicações do art. 997, e, se for o caso, a firma social. [...] **Art. 1.095.** Na sociedade cooperativa, a responsabilidade dos sócios pode ser limitada ou ilimitada. § 1º É limitada a responsabilidade na cooperativa em que o sócio responde somente pelo valor de suas quotas e pelo prejuízo verificado nas operações sociais, guardada a proporção de sua participação nas mesmas operações. § 2º É ilimitada a responsabilidade na cooperativa em que o sócio responde solidária e ilimitadamente pelas obrigações sociais".

Responsabilidade objetiva

Responsabilidade fundada na premissa de que basta a ocorrência do fato para imputar ao autor a responsabilidade pelo devido ressarcimento, sendo desnecessária a comprovação da culpa. A simples existência da relação de causalidade entre o dano experimentado pela vítima e o ato do agente determina o dever de indenizar, tenha este último agido culposamente ou não. A responsabilidade civil do Estado por atos comissivos ou omissivos de seus agentes é de natureza objetiva, ou seja, dispensa a comprovação de culpa (art. 37, § 6º, CF).

▸ Veja CF: "**Art. 37.** [...] § 6º As pessoas jurídicas de direito público e as de direito privado prestadoras de serviços públicos responderão pelos danos que seus agentes, nessa qualidade, causarem a terceiros, assegurado o direito de regresso contra o responsável nos casos de dolo ou culpa. [...]".

▸ Veja CC: "**Art. 931.** Ressalvados outros casos previstos em lei especial, os empresários individuais e as empresas respondem independentemente de culpa pelos danos causados pelos produtos postos em circulação".

■ Responsabilidade objetiva do exequente. Ausência de indicação do prejuízo suportado pelo executado. Súmula n. 7/STJ. 1. A responsabilidade objetiva a que alude o art. 475-O, I, do CPC, pressupõe a indicação da ocorrência de um dano, prescindindo, tão somente, da demonstração de culpa ou dolo do exequente. 2. A respectiva liquidação nos mesmos autos visa apenas à definição do valor do prejuízo suportado pelo executado, sem a necessidade de instauração de um novo processo. 3. Se o tribunal de origem concluiu que o executado sequer mencionou quais foram os danos por ele sofridos, a alteração desse entendimento exige o reexame de fatos e provas constantes dos autos, vedado em recurso especial pela Súmula n. 7/STJ. 4. Agravo não provido. (STJ, Ag. Reg. no REsp n. 1.371.833/PR, 3ª T., rel. Min. Nancy Andrighi, j. 03.09.2013, DJe 09.09.2013)

- Responsabilidade civil do Estado. Morte de preso. Estabelecimento prisional. Responsabilidade objetiva. Indenização por danos morais. 1. A jurisprudência do STJ reconhece a responsabilidade objetiva do Estado nos casos de morte de preso custodiado em unidade prisional. 2. Para que se examine a alegativa de que não há nexo de causalidade entre o ato ilícito e o dano, na hipótese, faz-se necessário o revolvimento dos elementos fático-probatórios da demanda, o que não é permitido no âmbito do apelo especial. Incidência da Súmula n. 7/STJ. 3. A redução do *quantum* indenizatório a título de danos morais apenas é possível caso verificada a exorbitância do valor fixado pela Corte de origem, o que não ocorreu no caso. Precedente: Ag. Reg. no REsp n. 1.325.255/MS, 2ª T., rel. Min. Mauro Campbell Marques, j. 11.06.2013, DJe 17.06.2013. 4. Agravo regimental a que se nega provimento. (STJ, Ag. Reg. no AREsp n. 346.952/PE, 2ª T., rel. Min. Og Fernandes, j. 15.10.2013, DJe 23.10.2013)

Responsabilidade solidária Aquela que é atribuída a mais de um devedor ou obrigado, quando todos concorrem na mesma obrigação, cada um obrigado à dívida toda (art. 264, CC). Se a ofensa tiver mais de um autor, todos responderão solidariamente pela reparação. A solidariedade resulta da lei ou da vontade das partes (art. 265, CC). São solidariamente responsáveis com os autores os coautores e as pessoas designadas no art. 932 (art. 942, CC).

> ▶ Veja CC: "**Art. 264.** Há solidariedade, quando na mesma obrigação concorre mais de um credor, ou mais de um devedor, cada um com direito, ou obrigado, à dívida toda. **Art. 265.** A solidariedade não se presume; resulta da lei ou da vontade das partes. **Art. 266.** A obrigação solidária pode ser pura e simples para um dos cocredores ou codevedores, e condicional, ou a prazo, ou pagável em lugar diferente, para o outro. [...] **Art. 942.** Os bens do responsável pela ofensa ou violação do direito de outrem ficam sujeitos à reparação do dano causado; e, se a ofensa tiver mais de um autor, todos responderão solidariamente pela reparação. Parágrafo único. São solidariamente responsáveis com os autores os coautores e as pessoas designadas no art. 932".

- Súmula n. 430, STJ: O inadimplemento da obrigação tributária pela sociedade não gera, por si só, a responsabilidade solidária do sócio-gerente.

- Alienação de veículo automotor. Multas. Responsabilidade solidária do alienante. Interpretação mitigada do art. 134 do CTB. 1. Conforme jurisprudência desta Corte, "Comprovada a transferência da propriedade do veículo, afasta-se a responsabilidade do antigo proprietário pelas infrações cometidas após a alienação, mitigando-se, assim, o comando do art. 134 do CTB" (Ag. Reg. no REsp n. 1.024.8687/SP, 2ª T., rel. Min. César Asfor Rocha, DJe 06.09.2011). 2. A decisão impugnada, ao contrário do que alega a agravante, não declarou a inconstitucionalidade do art. 134 do CTB, tendo tão somente indicado a adequada exegese do referido dispositivo legal. 3. Agravo regimental a que se nega provimento. (STJ, Ag. Reg. no REsp n. 1.378.941/PR, 1ª T., rel. Min. Sérgio Kukina, j. 17.09.2013, DJe 24.09.2013)

- Ação de cobrança de aluguel de máquinas. Contrato de subempreitada. Legitimidade passiva. Reexame fático-probatório dos autos. 1. O Tribunal de origem, a partir do detido exame fático-probatório dos autos e das peculiaridades do caso concreto, entendeu que a sociedade indicada como ré é parte legítima para responder pela dívida, reconhecendo a existência de responsabilidade solidária entre a empresa ré e a subempreitada, bem como a *culpa in eligendo* na conduta da ora recorrente. 2. O acolhimento da pretensão recursal, para que se alcance conclusão diversa, demandaria o reexame do mencionado suporte, obstando a admissibilidade do especial (Súmula n. 7/STJ). 3. Recurso especial improvido. (STJ, REsp n. 1.321.765/RO, 3ª T., rel. Min. Sidnei Beneti, j. 06.08.2013, DJe 21.08.2013)

Responsabilidade subjetiva Responsabilidade que se configura mediante a comprovação de que o causador do dano agiu com dolo ou culpa. Nesse caso, é condição para a obtenção de indenização por aquele que sofreu o dano a demonstração da culpa do ofensor e o nexo causal entre a conduta desse e o dano (arts. 186 e 927, CC).

> ▶ Veja CC: "**Art. 186.** Aquele que, por ação ou omissão voluntária, negligência ou imprudência, violar direito e causar dano a outrem, ainda que exclusivamente moral, comete ato ilícito. **Art. 187.** Também comete ato ilícito o titular de um direito que, ao exercê-lo, excede manifestamente os limites impostos pelo seu fim econômico ou social, pela boa-fé ou pelos bons

costumes. [...] **Art. 927.** Aquele que, por ato ilícito (arts. 186 e 187), causar dano a outrem, fica obrigado a repará-lo. Parágrafo único. Haverá obrigação de reparar o dano, independentemente de culpa, nos casos especificados em lei, ou quando a atividade normalmente desenvolvida pelo autor do dano implicar, por sua natureza, risco para os direitos de outrem".

- Erro médico. Necessidade de comprovação da culpa. Súmula n. 7/STJ. Responsabilidade do hospital. Subjetiva. Agravo regimental desprovido. 1. O Eg. Tribunal de origem concluiu que a autora não conseguiu demonstrar que o corpo estranho encontrado em seu abdômen foi deixado pelo preposto médico do hospital ora agravado, no procedimento cirúrgico de 1993, pois teria realizado outra cirurgia anteriormente. Modificar tal entendimento demandaria análise do acervo fático-probatório dos autos, o que é vedado pela Súmula n. 7/STJ. 2. No julgamento do REsp n. 258.389/SP, da relatoria do eminente Min. Fernando Gonçalves (*DJ* 16.06.2005), este Pretório já decidiu que "a responsabilidade dos hospitais, no que tange à atuação técnico-profissional dos médicos que neles atuam ou a eles sejam ligados por convênio, é subjetiva, ou seja, dependente da comprovação de culpa dos prepostos, presumindo-se a dos preponentes. Nesse sentido são as normas dos arts. 159, 1521, III, e 1.545 do CC de 1916 e, atualmente, as dos arts. 186 e 951 do novo CC, bem com a Súmula n. 341/STF ("É presumida a culpa do patrão ou comitente pelo ato culposo do empregado ou preposto"), de modo que não comporta guarida a assertiva de que a responsabilidade do hospital seria objetiva na hipótese. 3. Agravo regimental a que se nega provimento. (STJ, Ag. Reg. no Ag. 1.261.145/SP, 4ª T., rel. Min. Raul Araújo, j. 13.08.2013, *DJe* 03.09.2013)

Responsabilidade subsidiária Responsabilidade acessória imputada a um devedor na hipótese de o devedor principal não cumprir a obrigação. Pressupõe o esgotamento da obrigação de um devedor, considerado principal, após o qual passa a responder o devedor subsidiário. Podemos citar como exemplo o fiador, cuja responsabilidade – se não renunciou expressamente a isso ("benefício de ordem") – é acionada após ser constatada a impossibilidade de cumprimento da obrigação por parte do devedor afiançado. Hipótese de obrigação subsidiária é a das empresas que se utilizam de mão de obra terceirizada. Nesse caso, não cumprindo a empresa terceirizada com as obrigações trabalhistas, responde por elas, subsidiariamente, a empresa tomadora do serviço. Também na fiança, a responsabilidade do fiador é subsidiária, salvo se se estipular solidariedade entre este e o devedor principal.

▸ Veja CC: "**Art. 1.744.** A responsabilidade do juiz será: I – direta e pessoal, quando não tiver nomeado o tutor, ou não o houver feito oportunamente; II – subsidiária, quando não tiver exigido garantia legal do tutor, nem o removido, tanto que se tornou suspeito".

- Súmula n. 435, TST: Art. 557 do CPC. Aplicação subsidiária ao processo do trabalho (conversão da OJ n. 73 da SBDI-2) Aplica-se subsidiariamente ao processo do trabalho o art. 557 do Código de Processo Civil.

- Não há base legal para que, antes de buscar bens da empresa tomadora dos serviços, deva o juízo da execução diligenciar na busca de patrimônio dos sócios da empresa terceirizada. Tanto estes quanto a empresa terceirizante são responsáveis subsidiários, inexistindo ordem de preferência entre eles. (TRT-2ª Região, Ap. n. 0.236.200-27.2003.5.02.0037, 1ª T., rel. Wilson Fernandes, *DOe* 09.06.2011)

- Agravo de instrumento. Direito tributário. Execução fiscal. Prescrição intercorrente. *Actio nata*. A prescrição intercorrente em relação ao sócio responsável pelo crédito tributário não tem como termo inicial a citação da pessoa jurídica, mas sim o momento da *actio nata*, ou seja, o momento em que restou configurada a responsabilidade subsidiária do sócio e, consequentemente, a possibilidade de redirecionamento da execução fiscal. Prescrição não efetivada, no caso, porquanto não decorridos mais de cinco anos entre a *actio nata* e a citação do executado. Recurso provido. (TJRS, AI n. 70.055.872.097, 1ª Câm. Cível, rel. Carlos Roberto Lofego Caníbal, j. 30.10.2013)

Ressarcir Ato de compensar ou reparar o prejuízo causado. O mesmo que indenizar. Ressarcimento de prejuízos ou danos causados a alguém. Exemplo: o proprietário do prédio vizinho tem direito a ressarcimento pelos prejuízos que sofrer, não obstante haverem sido realizadas as obras acautelatórias (art. 1.311, CC).

▸ Veja CC: "**Art. 1.311.** Não é permitida a execução de qualquer obra ou serviço suscetível de provocar desmoronamento ou deslocação de terra, ou que comprometa a segurança do prédio vizinho, senão após haverem sido feitas as obras acautelatórias. Parágrafo único. O proprietário do prédio vizinho tem direito a ressarcimento pelos prejuízos que sofrer, não obstante haverem sido realizadas as obras acautelatórias".

- Condomínio. Ação monitória. Prescrição. Ressarcimento das despesas de manutenção do condomínio pagas pela administradora. O prazo prescricional para a pretensão de ressarcimento das despesas de manutenção do condomínio pagas pela administradora, lastreada em documentos escritos (notas fiscais, recibos e extratos da conta-corrente do condomínio), é de cinco anos, conforme disposto no art. 206, § 5º, I, do Código Civil de 2002. Honorários advocatícios. Majoração. A fixação dos honorários advocatícios deve observar o grau de zelo do profissional, o lugar da prestação do serviço, além da natureza e importância da causa, o trabalho realizado pelo advogado e o tempo exigido para o seu serviço. Apelação do autor desprovida. Apelação do condomínio-réu provida. (TJRS, Ap. Cível n. 70.055.640.858, 19ª Câm. Cível, rel. Marco Antonio Angelo, j. 05.11.2013)

- Vício do produto. Veículo zero quilômetro. Ressarcimento do preço. Art. 18, § 2º, II, do CDC. Impossibilidade de aplicação de percentual de depreciação. Em se tratando de ação de reparação de danos fundada em vício do produto, a solução legal apresentada pelo Código de Defesa do Consumidor é o ressarcimento do preço pago pelo consumidor, devidamente corrigido, nos termos do art. 18, § 2º, II, do CDC. Considerando que a rescisão do contrato é imputável à fornecedora, por haver colocado no mercado produto com vícios de qualidade, não há falar em aplicação de percentual de depreciação do bem, a ser deduzido do valor da condenação. Demais pontos. Inexistência de omissão, obscuridade ou contradição. Prequestionamento. Não devem ser acolhidos os embargos declaratórios se inexistente omissão, contradição ou obscuridade no *decisum*, mesmo para fins de prequestionamento. Inteligência do art. 535 do CPC. Hipótese em que a alegada omissão não restou configurada. Pretensão de rediscussão da matéria, o que se mostra inviável pela via eleita, já que o recurso ora manejado, originariamente, possui natureza integrativa. Inexistência de obrigação de o julgador em pronunciar-se sobre cada uma das alegações ou dispositivos legais citados pelas partes, de forma pontual, bastando que apresente argumentos suficientes às razões de seu convencimento. Precedentes. Embargos acolhidos parcialmente, no efeito meramente declaratório. (TJRS, Emb. Decl. n. 70.056.852.213, 10ª Câm. Cível, rel. Paulo Roberto Lessa Franz, j. 31.10.2013)

Resseguro Seguro contratado por uma seguradora com uma empresa resseguradora cuja finalidade é que a segunda cubra os riscos assumidos pela primeira perante os segurados. Operação de transferência de riscos de uma cedente, com vistas a sua própria proteção. As operações de resseguro podem ser automáticas ou facultativas. Ocorre a primeira quando a cedente acorda com o ressegurador ou resseguradores a cessão de uma carteira de riscos previamente definidos entre as partes e compreendendo mais de uma apólice ou plano de benefícios, subscritos ao longo de um período predeterminado em contrato; ocorre a segunda quando o ressegurador ou resseguradores dão cobertura a riscos referentes a uma única apólice ou plano de benefícios ou grupo de apólices ou planos de benefícios já definidos na contratação entre as partes (Resolução CNSP n. 160/2007).

Restauração de autos Renovação total ou parcial de autos inutilizados, extraviados ou indevidamente retidos (art. 1.063, CPC/73).

- Veja CPC/2015: "**Art. 712.** Verificado o desaparecimento dos autos, eletrônicos ou não, pode o juiz, de ofício, qualquer das partes ou o Ministério Público, se for o caso, promover-lhes a restauração. Parágrafo único. Havendo autos suplementares, nestes prosseguirá o processo. **Art. 713.** Na petição inicial declarará a parte o estado do processo ao tempo do desaparecimento dos autos, oferecendo: I – certidões dos atos constantes do protocolo de audiências do cartório por onde haja corrido o processo; II – cópia das peças que tenha em seu poder; III – qualquer outro documento que facilite a restauração. **Art. 714.** A parte contrária será citada para contestar o pedido no prazo de 5 (cinco) dias, cabendo-lhe exibir as cópias, as contrafés e as reproduções dos atos e dos documentos que estiverem em seu poder. [...]".

Restritivamente Refere-se a restrito ou limitado. De modo restritivo; com restrição. Sentido estrito (*stricto*). Interpretação restritiva é a que se contrapõe à interpretação extensiva. A fiança deve ser interpretada restritivamente (art. 819, CC). "As normas que criam privilégios ou prerrogativas especiais devem ser interpretadas restritivamente, não se encontrando as empresas públicas inseridas no conceito de Fazenda Pública previsto no art. 188 do CPC" (STJ, REsp n. 429.087).

- Veja CC: "**Art. 819.** A fiança dar-se-á por escrito, e não admite interpretação extensiva".

Retenção Direito de reter coisa alheia, assegurado a uma das partes, até que a outra satisfaça determinada obrigação. Salvo disposição em contrário, o locatário goza do direito de retenção, no caso de benfeitorias necessárias, ou no de benfeitorias úteis, se estas houverem sido feitas com expresso consentimento do locador (art. 578, CC).

▶ Veja CC: "**Art. 578.** Salvo disposição em contrário, o locatário goza do direito de retenção, no caso de benfeitorias necessárias, ou no de benfeitorias úteis, se estas houverem sido feitas com expresso consentimento do locador. [...] **Art. 1.219.** O possuidor de boa-fé tem direito à indenização das benfeitorias necessárias e úteis, bem como, quanto às voluptuárias, se não lhe forem pagas, a levantá-las, quando o puder sem detrimento da coisa, e poderá exercer o direito de retenção pelo valor das benfeitorias necessárias e úteis".

Retificar Ato de alterar, corrigir ou modificar alguma coisa. Em relação aos imóveis, quando o registro ou a averbação forem omissos, imprecisos ou não exprimirem a verdade, a retificação será feita pelo oficial do Registro de Imóveis competente, a requerimento do interessado, por meio de procedimento administrativo, sendo facultado ao interessado requerer a retificação por meio de procedimento judicial (arts. 212 a 226, Lei n. 6.015/73).

▶ Veja Lei n. 6.015/73: "**Art. 212.** Se o registro ou a averbação for omissa, imprecisa ou não exprimir a verdade, a retificação será feita pelo Oficial do Registro de Imóveis competente, a requerimento do interessado, por meio do procedimento administrativo previsto no art. 213, facultado ao interessado requerer a retificação por meio de procedimento judicial. Parágrafo único. A opção pelo procedimento administrativo previsto no art. 213 não exclui a prestação jurisdicional, a requerimento da parte prejudicada. **Art. 213.** O oficial retificará o registro ou a averbação: I – de ofício ou a requerimento do interessado nos casos de: *a)* omissão ou erro cometido na transposição de qualquer elemento do título; *b)* indicação ou atualização de confrontação; *c)* alteração de denominação de logradouro público, comprovada por documento oficial; *d)* retificação que vise a indicação de rumos, ângulos de deflexão ou inserção de coordena-das georreferenciadas, em que não haja alteração das medidas perimetrais; *e)* alteração ou inserção que resulte de mero cálculo matemático feito a partir das medidas perimetrais constantes do registro; *f)* reprodução de descrição de linha divisória de imóvel confrontante que já tenha sido objeto de retificação; *g)* inserção ou modificação dos dados de qualificação pessoal das partes, comprovada por documentos oficiais, ou mediante despacho judicial quando houver necessidade de produção de outras provas; II – a requerimento do interessado, no caso de inserção ou alteração de medida perimetral de que resulte, ou não, alteração de área, instruído com planta e memorial descritivo assinado por profissional legalmente habilitado, com prova de anotação de responsabilidade técnica no competente Conselho Regional de Engenharia e Arquitetura – CREA, bem assim pelos confrontantes. [...] § 11. Independe de retificação: I – a regularização fundiária de interesse social realizada em Zonas Especiais de Interesse Social, promovida por Município ou pelo Distrito Federal, quando os lotes já estiverem cadastrados individualmente ou com lançamento fiscal há mais de 10 (dez) anos; II – a adequação da descrição de imóvel rural às exigências dos arts. 176, §§ 3º e 4º, e 225, § 3º, desta Lei; III – a adequação da descrição de imóvel urbano decorrente de transformação de coordenadas geodésicas entre os sistemas de georreferenciamento oficiais; IV – a averbação do auto de demarcação urbanística e o registro do parcelamento decorrente de projeto de regularização fundiária de interesse social de que trata a Lei n. 11.977, de 7 de julho de 2009; e V – o registro do parcelamento de glebas para fins urbanos anterior a 19 de dezembro de 1979, que esteja implantado e integrado à cidade, nos termos do art. 71 da Lei n. 11.977, de 7 de julho de 2009. [...] **Art. 216.** O registro poderá também ser retificado ou anulado por sentença em processo contencioso, ou por efeito do julgado em ação de anulação ou de declaração de nulidade de ato jurídico, ou de julgado sobre fraude à execução".

Retratação Revogação, desfazimento, desmentido. Retirada voluntária da declaração de vontade, cessando seus efeitos. Qualidade de ato ou contrato com cláusula de retrovenda ou que pode ser desfeito pela vontade de uma das partes (*v. Retrovenda*).

Retroatividade Atividade no passado. Efeito que se volta para o passado abrangendo tempo anterior. Em regra, as leis não retroagem para alcançar atos praticados no passado em razão do princípio que determina que a lei só deve dispor para o futuro, não podendo, em matéria penal, retroagir, salvo para beneficiar o réu (art. 5º, XL, CF; art. 2º, parágrafo único, CP). Já em relação a uma sentença de nulidade de ato, que possui efeitos *ex tunc*, a decisão tem efeito retroativo, tornando sem valor o ato praticado (*v. Irretroatividade da lei*).

▶ Veja CF: "**Art. 5º** [...] XL – a lei penal não retroagirá, salvo para beneficiar o réu; [...]".

▶ Veja CP: "Lei penal no tempo. **Art. 2º** Ninguém pode ser punido por fato que lei posterior deixa de considerar crime, cessando em virtude dela a execução e os efeitos penais da sentença condenatória. Parágrafo único. A lei posterior, que de qualquer modo favorecer o agente, aplica-se aos fatos anteriores, ainda que decididos por sentença condenatória transitada em julgado".

■ Princípio da retroatividade da lei penal mais benigna. Cisão de dispositivos legais. Inadmissibilidade. Recurso extraordinário. Devolução dos autos pela Vice-presidência do STJ, para os fins do art. 543-B, § 3º, do CPC. Manutenção da decisão com base no § 4 do mesmo dispositivo legal. [...] 3. A 3ª Seção deste STJ pacificou o entendimento no sentido de que é cabível, em tese, a aplicação retroativa da Lei n. 11.343/2006, desde que o resultado da incidência das suas disposições, na íntegra, seja mais favorável ao réu do que o advindo da utilização da Lei n. 6.368/76, sendo vedada, porém, a combinação de leis. 4. Escorreito, portanto, o acórdão desta 5ª Turma que negou provimento ao agravo em recurso especial, decidindo pela impossibilidade de se aplicar o § 4º do art. 33 da Lei n. 11.343/2006 sobre a pena do art. 12 da Lei n. 6.368/76. [...] (STJ, REsp n. 1.189.603/MG, 5ª T., rel. Min. Laurita Vaz, j. 17.10.2013, *DJe* 29.10.2013)

Retrovenda Cláusula de contrato de compra e venda na qual se estipula que o vendedor poderá resgatar a coisa vendida, dentro de um prazo determinado, pagando o mesmo preço ou preço diverso previamente convencionado (art. 505, CC).

▶ Veja CC: "**Art. 505.** O vendedor de coisa imóvel pode reservar-se o direito de recobrá-la no prazo máximo de decadência de três anos, restituindo o preço recebido e reembolsando as despesas do comprador, inclusive as que, durante o período de resgate, se efetuaram com a sua autorização escrita, ou para a realização de benfeitorias necessárias. **Art. 506.** Se o comprador se recusar a receber as quantias a que faz jus, o vendedor, para exercer o direito de resgate, as depositará judicialmente. Parágrafo único. Verificada a insuficiência do depósito judicial, não será o vendedor restituído no domínio da coisa, até e enquanto não for integralmente pago o comprador. **Art. 507.** O direito de retrato, que é cessível e transmissível a herdeiros e legatários, poderá ser exercido contra o terceiro adquirente. **Art. 508.** Se a duas ou mais pessoas couber o direito de retrato sobre o mesmo imóvel, e só uma o exercer, poderá o comprador intimar as outras para nele acordarem, prevalecendo o pacto em favor de quem haja efetuado o depósito, contanto que seja integral".

■ Compra e venda. Bem imóvel. Pacto de retrovenda. Natureza jurídica. Cláusulas especiais. Considerações sobre o tema. CCB, art. 1.140. CCB/2002, art. 505. [...] Para atender a eventual dificuldade econômica do vendedor, pode ser pactuado no contrato de compra e venda que ele, vendedor alienante, se reserva o direito de readquirir o bem transmitido, em certo prazo, restituindo o preço acrescido das despesas realizadas pelo comprador. Em outras palavras: ao termo do prazo convencionado, o bem vendido retorna ao patrimônio do vendedor, mediante o pagamento recebido mais as despesas advindas da transação, voltando as partes ao *statu quo ante*. Trata-se, portanto, de condição resolutiva presente no contrato de compra e venda, com as consequências próprias da resolução de domínio. "Resolvido o domínio pelo implemento da condição ou pelo advento do termo, entendem-se também resolvidos os direitos reais concedidos na sua pendência, e o proprietário, em cujo favor se opera a resolução, pode reivindicar a coisa do poder de quem o detenha" (art. 647 do CC). Orlando Gomes doutrina que: "A compra e venda é contrato bilateral, simplesmente consensual, oneroso, comunitário, ou aleatório, de execução instantânea, ou diferida" (*Contratos*, 2.ed. Rio de Janeiro: Forense, 1966, p. 213). No decorrer de sua explanação, assegura: "O contrato de compra e venda admite a inserção de cláusulas especiais que lhe modificam a fisionomia, submetendo-o à disciplina de regras particulares". E ainda: "As figuras nascidas da oposição de tais cláusulas denominam-se pactos adjetos à compra e venda. Tais são: 1ª) a retrovenda – cláusula de retrovenda, 2ª) a venda a contento – *pactum displicentiae*; 3ª) a preempção ou preferência; 4ª) o pacto de melhor comprador – *addictio in diem*; 5ª) o pacto comissório; 6ª) a reserva de domínio – *pactum reservati dominii*" (*op. cit.*, p. 243). Especialmente sobre a retrovenda, discorre: "A retrovenda é o pacto adjeto ao contrato de compra e venda pelo qual o vendedor se reserva o direito de, no decurso de certo prazo, reaver o bem imóvel que vendeu, restituindo o preço mais as despesas feitas pelo comprador" (*op. cit.*, p. 245). (TAMG, Ap. Cível n. 362.349/Francisco de Sá, rel. Juiz Gouvêa Rios, j. 11.04.2003, *DJ* 10.09.2003)

■ Promessa de compra e venda. Ação de cumprimento de cláusula contratual. Compra e venda com pacto retrovenda. Locação. Ação de despejo por falta de pagamento. Caso em que a ação de cumprimento de cláusula contratual de retrovenda foi ajuizada antes de vencido o prazo estipulado no contrato, e o depósito, ainda que não efetuado de imediato, foi realizado em prazo razoável, considerando o conjunto de circunstâncias peculiares ao caso concreto, hipótese que conduz à procedência do pedido e ao retorno do imóvel ao domínio dos autores. Descabe, neste caso, o despejo, mas tão somente a condenação dos locatários inadimplentes ao pagamento dos alugueres vencidos e impagos, da data prevista no contrato de locação até a data do ajuizamento da ação de cumprimento de cláusula contratual, com a incidência dos encargos previstos na avença. Por maioria, deram parcial provimento ao recurso. (TJRS, Ap. Cível n. 70.043.391.051, 18ª Câm. Cível, rel. Pedro Celso Dal Prá, j. 18.10.2012)

Revel Diz-se da parte que, citada legalmente por carta AR ou oficial de justiça, não comparece em juízo; réu ou reconvindo que não comparece a juízo quando deveria apresentar defesa, incorrendo em revelia.

Revelia Expressão que indica a falta de contestação ou resposta do réu aos termos da petição inicial oferecida pelo autor da ação (art. 319, CPC/73). O efeito da revelia é que reputar-se-ão verdadeiros os fatos afirmados pelo autor. Diz-se que o réu não tem o dever de contestar o pedido, mas tem o ônus de fazê-lo. "Se o réu não responde ao autor, incorre em revelia, o que cria para o demandado inerte um particular estado processual, passando a ser tratado como um ausente ao processo. A revelia permite a continuidade da ação independentemente da presença do réu. Todos os atos processuais, em consequência dessa atitude, passam a ser praticados sem intimação ou ciência do réu, ou seja, o processo passa a correr à revelia do demandado, numa verdadeira abolição do princípio do contraditório" (THEODORO JÚNIOR, *Curso de direito processual civil*. 2.ed. Rio de Janeiro, Forense, 1986, v. l, p.423). No entanto, ao réu revel será lícita a produção de provas, contrapostas àquelas produzidas pelo autor, desde que se faça representar nos autos antes de encerrar-se a fase instrutória.

▶ Veja CPC/73: "**Art. 319.** Se o réu não contestar a ação, reputar-se-ão verdadeiros os fatos afirmados pelo autor. **Art. 320.** A revelia não induz, contudo, o efeito mencionado no artigo antecedente: I – se, havendo pluralidade de réus, algum deles contestar a ação; II – se o litígio versar sobre direitos indisponíveis; III – se a petição inicial não estiver acompanhada do instrumento público, que a lei considere indispensável à prova do ato. **Art. 321.** Ainda que ocorra revelia, o autor não poderá alterar o pedido, ou a causa de pedir, nem demandar declaração incidente, salvo promovendo nova citação do réu, a quem será assegurado o direito de responder no prazo de 15 (quinze) dias".

▶ Veja CPC/2015: "**Art. 344.** Se o réu não contestar a ação, será considerado revel e presumir-se-ão verdadeiras as alegações de fato formuladas pelo autor. **Art. 345.** A revelia não produz o efeito mencionado no art. 344 se: I – havendo pluralidade de réus, algum deles contestar a ação; II – o litígio versar sobre direitos indisponíveis; III – a petição inicial não estiver acompanhada de instrumento que a lei considere indispensável à prova do ato; IV – as alegações de fato formuladas pelo autor forem inverossímeis ou estiverem em contradição com prova constante dos autos. [...] **Art. 348.** Se o réu não contestar a ação, o juiz, verificando a inocorrência do efeito da revelia previsto no art. 344, ordenará que o autor especifique as provas que pretenda produzir, se ainda não as tiver indicado. **Art. 349.** Ao réu revel será lícita a produção de provas, contrapostas às alegações do autor, desde que se faça representar nos autos a tempo de praticar os atos processuais indispensáveis a essa produção".

■ Revelia. Presunção *juris tantum* de veracidade dos fatos articulados na inicial. Fato que não conduz necessariamente à procedência do pedido. [...] Por conseguinte, a intempestividade da contestação não implica necessariamente na procedência do pedido. Nesse sentido, e com base nas alegações tecidas pelo autor, não há como ser aplicada a pena de confissão, porquanto, e como será melhor analisado a seguir, não logrou o autor na comprovação do fato constitutivo de seu direito. Quanto ao mérito. Como asseverado pelo d. Juízo *a quo*: "Não se trata de ação em que se persegue eventual indenização por má utilização da conta por negligência do banco, mas de pedido de reposição de valores que foram sacados". Ora, observa-se da inicial que o próprio correntista afirma que os valores depositados não tinham origem, não lhes sendo devidos. Nesse sentido, como acolher a pretensão inicial, já que o autor não logrou no fato constitutivo de seu direito a comprovar que teria direito a reposição destes valores? Patente, assim, a ofensa ao art. 333, I, do CPC, não se cogitando da inversão do ônus da prova, já que o próprio recorrente afirma que desconhecia a origem dos depósitos. E nem se diga que estes poderiam ser em face da venda de uma fazenda e gado (fls. 131) realizada pelo apelante, pois, para tanto, necessário que se produzisse prova contundente nesse sentido. "O mais notório e ilustrativo dos ônus processuais é o da prova. Ao demonstrar a ocorrência dos fatos de seu interesse, a parte está favorecendo o acolhimento de sua própria pretensão" (DINAMARCO, Cândido Rangel. *Instituições de direito processual civil*, v. 11, p. 205). Assim, não obstante o reconhecimento da revelia, acolher tal pretensão se constituiria em verdadeiro enriquecimento sem justa causa, o que é vedado pela ordenação jurídica. Por conseguinte, não prospera o pedido de pagamento de eventuais diferenças decorrentes dos expurgos inflacionários decorrentes dos planos econômicos Bresser e Verão. (TJSP, Ap. Cível n. 7.364.881/São Paulo, rel. Des. Wellington Maia da Rocha, j. 05.08.2009)

Revelia penal No processo penal, a revelia é o instrumento legal que permite a continuidade da ação penal independentemente da presença do acusado. Pelos princípios constitucionais da ampla defesa e do contraditório, para a validade da relação processual é necessário que o réu tenha total conhecimento da imputação e meios para contrariá-la. Não só deverá ser citado como também lhe será oferecido tempo suficiente para preparar a defesa.

▶ Veja CPP: "**Art. 361.** Se o réu não for encontrado, será citado por edital, com o prazo de 15 (quinze) dias. **Art. 362.** Verificando que o réu se oculta para não ser citado, o oficial de justiça certificará a ocorrência e procederá à citação com hora certa, na forma estabelecida nos arts. 227 a 229 da Lei n. 5.869, de 11 de janeiro de 1973 – Código de Processo Civil. Parágrafo único. Completada a citação com hora certa, se o acusado não comparecer, ser-lhe-á nomeado defensor dativo. **Art. 363.** O processo terá completada a sua formação quando realizada a citação do acusado. [...] § 1º Não sendo encontrado o acusado, será procedida a citação por edital. [...] **Art. 366.** Se o acusado, citado por edital, não comparecer, nem constituir advogado, ficarão suspensos o processo e o curso do prazo prescricional, podendo o juiz determinar a produção antecipada das provas consideradas urgentes e, se for o caso, decretar prisão preventiva, nos termos do disposto no art. 312. [...]".

Revisão criminal Pedido formulado pelo condenado para que a sentença condenatória seja reexaminada pelo tribunal, sob fundamento de que ela é injusta, nos casos previstos na lei. A revisão criminal é ajuizada quando já não cabe nenhum outro recurso contra a decisão. Julgando procedente a revisão, o tribunal poderá alterar a classificação da infração, absolver o réu, modificar a pena ou anular o processo (arts. 621 a 631, CPP). Possuem legitimidade para propor a ação o réu, o procurador legalmente habilitado ou, no caso de morte do réu, cônjuge, ascendente, descendente ou irmão (art. 623, CPP). Além da absolvição ou diminuição da pena, é possível pedir indenização por erro judicial (art. 630). A competência para processar e julgar a revisão é do STF quando referente a condenações por ele proferidas. A revisão dos processos findos será admitida: quando a sentença condenatória for contrária ao texto expresso da lei penal ou à evidência dos autos; quando a sentença condenatória se fundar em depoimentos, exames ou documentos comprovadamente falsos; quando, após a sentença, se descobrirem novas provas de inocência do condenado ou de circunstância que determine ou autorize diminuição especial da pena.

▶ Veja CPP: "**Art. 621.** A revisão dos processos findos será admitida: I – quando a sentença condenatória for contrária ao texto expresso da lei penal ou à evidência dos autos; II – quando a sentença condenatória se fundar em depoimentos, exames ou documentos comprovadamente falsos; III – quando, após a sentença, se descobrirem novas provas de inocência do condenado ou de circunstância que determine ou autorize diminuição especial da pena. **Art. 622.** A revisão poderá ser requerida em qualquer tempo, antes da extinção da pena ou após. Parágrafo único. Não será admissível a reiteração do pedido, salvo se fundado em novas provas. **Art. 623.** A revisão poderá ser pedida pelo próprio réu ou por procurador legalmente habilitado ou, no caso de morte do réu, pelo cônjuge, ascendente, descendente ou irmão. **Art. 624.** As revisões criminais serão processadas e julgadas: I – pelo Supremo Tribunal Federal, quanto às condenações por ele proferidas; II – pelo Tribunal Federal de Recursos, Tribunais de Justiça ou de Alçada, nos demais casos. § 1º No Supremo Tribunal Federal e no Tribunal Federal de Recursos o processo e julgamento obedecerão ao que for estabelecido no respectivo regimento interno. § 2º Nos Tribunais de Justiça ou de Alçada, o julgamento será efetuado pelas câmaras ou turmas criminais, reunidas em sessão conjunta, quando houver mais de uma, e, no caso contrário, pelo tribunal pleno. § 3º Nos tribunais onde houver quatro ou mais câmaras ou turmas criminais, poderão ser constituídos dois ou mais grupos de câmaras ou turmas para o julgamento de revisão, obedecido o que for estabelecido no respectivo regimento interno. [...] **Art. 626.** Julgando procedente a revisão, o tribunal poderá alterar a classificação da infração, absolver o réu, modificar a pena ou anular o processo. Parágrafo único. De qualquer maneira, não poderá ser agravada a pena imposta pela decisão revista".

- *Habeas corpus* substitutivo de recurso ordinário. Descabimento. Tráfico de drogas. Alegação de constrangimento ilegal. Pleito pela revogação da prisão preventiva. Circunstâncias autorizadoras presentes. Precedentes. 1. Os tribunais superiores restringiram o uso do *habeas corpus* e não mais o admitem como substitutivo de recursos e nem sequer para as revisões criminais. 2. A necessidade da segregação cautelar se encontra fundamentada na participação do paciente no tráfico de entorpecentes, diante das circunstâncias da prisão e da variedade de entorpecentes (dez porções de maconha e quinze porções de *crack*), o que evidencia a dedicação ao delito da espécie, alicerce suficiente para a motivação da garantia da ordem pública. 3. *Habeas corpus* não conhecido, por ser substitutivo do recurso cabível. (STJ, *HC* n. 277.657/SP, 5ª T., rel. Min. Moura Ribeiro, j. 22.10.2013, *DJe* 28.10.2013)

- Revisão criminal. Peculato. Apropriação de arma de fogo por policial civil. Prescrição. Nulidade. Perda da função pública. 1. A revisão criminal, embora via processual cujo objetivo é a reparação de um erro judiciário, não tem natureza recursal. É, ao contrário, ação judicial, cuja admissibilidade está atrelada às hipóteses estabelecidas no art. 621 do CPP. Daí que o seu conhecimento e, como consequência, sua viabilidade dependem da demonstração de eventual contrariedade entre a sentença e a lei ou a evidência dos autos, da comprovação da falsidade de provas que tenham fundamentado a decisão condenatória, ou do surgimento de novas provas da inocência do condenado ou de circunstância que determine ou autorize a redução da pena. 2. No caso, não se operou a prescrição se entre os marcos interruptivos da prescrição não se passaram oito anos, considerando a pena privativa de liberdade imposta (dois anos e seis meses). Também não configura nulidade a inversão da ordem de inquirição das testemunhas quando as de defesa são inquiridas por carta precatória, antes das testemunhas de acusação, conforme exceção expressamente admitida pelo Código de Processo Penal. [...] Revisão procedente em parte. (TJRS, Revisão Criminal n. 70.054.047.386, 2º Grupo de Câm. Criminais, rel. Nereu José Giacomolli, j. 08.11.2013)

Revogação Supressão ou cancelamento de ato legítimo e eficaz. Modalidade discricionária de extinção de ato administrativo válido que ocorre por razões de oportunidade e conveniência. Nesse caso, a revogação deve ser feita pela mesma autoridade que praticou o ato revogado e por meio do mesmo instrumento jurídico. Ao passo que a anulação pode ser feita pelo Poder Judiciário e pela administração, a revogação é privativa desta porque seus fundamentos – oportunidade e conveniência – são vedados à apreciação do Judiciário. No processo de falência e recuperação de empresas, em razão de não se tratarem de atos administrativos, são revogáveis os atos praticados com a intenção de prejudicar credores, provando-se o conluio fraudulento entre o devedor e o terceiro que com ele contratar e o efetivo prejuízo sofrido pela massa falida (art. 130, Lei n. 11.101/2005 – Lei de Falências). Revoga-se, por exemplo, prisão preventiva, livramento condicional, ato administrativo, portaria, medida cautelar, testamento, procuração, doação. No âmbito do direito civil a revogação pode ser feita por iniciativa da parte nos casos expressamente previstos na lei, como ocorre com a doação, o testamento e o mandato.

- Veja CC: "**Art. 14.** É válida, com objetivo científico, ou altruístico, a disposição gratuita do próprio corpo, no todo ou em parte, para depois da morte. Parágrafo único. O ato de disposição pode ser livremente revogado a qualquer tempo. [...] **Art. 555.** A doação pode ser revogada por ingratidão do donatário, ou por inexecução do encargo. [...] **Art. 682.** Cessa o mandato: I – pela revogação ou pela renúncia; [...] **Art. 1.969.** O testamento pode ser revogado pelo mesmo modo e forma como pode ser feito".

- Veja Lei n. 11.101/2005: "**Art. 130.** São revogáveis os atos praticados com a intenção de prejudicar credores, provando-se o conluio fraudulento entre o devedor e o terceiro que com ele contratar e o efetivo prejuízo sofrido pela massa falida. **Art. 131.** Nenhum dos atos referidos nos incisos I a III e VI do art. 129 desta Lei que tenham sido previstos e realizados na forma definida no plano de recuperação judicial será declarado ineficaz ou revogado. **Art. 132.** A ação revocatória, de que trata o art. 130 desta Lei, deverá ser proposta pelo administrador judicial, por qualquer credor ou pelo Ministério Público no prazo de 3 (três) anos contado da decretação da falência. **Art. 133.** A ação revocatória pode ser promovida: I – contra todos os que figuraram no ato ou que por efeito dele foram pagos, garantidos ou beneficiados; II – contra os terceiros adquirentes, se tiveram conhecimento, ao se criar o direito, da intenção do devedor de prejudicar os credores; III – contra os herdeiros ou legatários das pessoas indicadas nos incisos I e II do caput deste artigo. **Art. 134.** A ação revocatória correrá perante o juízo da falência e obedecerá ao procedimento ordinário previsto na Lei n. 5.869, de 11 de janeiro de 1973 – Código de Processo Civil".

- Súmula n. 473, STF: A administração pode anular seus próprios atos quando eivados de vícios que os tornam ilegais, porque deles não se originam direitos; ou revogá-los, por motivo de conveniência ou oportunidade, respeitados os direitos adquiridos e ressalvada, em todos os casos, a apreciação judicial.

- Administrativo. Processual civil. Concurso público para provimento do cargo de professor. Exigência de apresentação de diploma no ato da posse. Não cumprimento. Anulação do ato pela administração pública. Instauração de processo administrativo. [...] 1. A questão que foi objeto de análise no âmbito desta Corte foi a da necessidade de abertura de procedimento administrativo para anulação do ato que tornou sem efeito a nomeação da impetrante ao cargo de professora de ensino médio, classe A, nível 5. 2. A anulação do ato administrativo de revogação de posse acarreta o retorno ao *status quo ante*, produzindo efeitos *ex tunc*, entendimento este que se encontra consolidado nesta Corte. [...] (STJ, Emb. Decl. no Ag. Reg. no RMS n. 12.924/RS, 6ª T., rel. Min. Ericson Maranho (Des. convocado do TJSP), j. 10.02.2015, *DJe* 26.02.2015)

Revogação da lei Ato pelo qual se torna sem efeito uma lei ou um dispositivo legal. Substituição de uma lei por outra. Quando a revogação é total, dá-se o nome de ab-rogação; quando é parcial, diz-se que houve uma derrogação da lei.

- Dispositivos constitucionais. Análise. Não cabimento. Pedido de sobrestamento do processo. Indeferimento. Multa processual. 1. O STJ firmou orientação no sentido de que "a MP n. 2.225-45/2001, com a revogação dos artigos 3º e 10 da Lei n. 8.911/94, autorizou a incorporação da gratificação relativa ao exercício de função comissionada no período de 08.04.1998 a 04.09.2001, transformando tais parcelas, desde logo, em VPNI – Vantagem Pessoal Nominalmente Identificada" (REsp n. 1.261.020/CE, 1ª Seção, rel. Min. Mauro Campbell Marques, j. 24.10.2012, *DJe* 07.11.2012). [...] (STJ, Ag. Reg. nos Emb. Decl. no REsp n. 1.264.384/RS, 2ª T., rel. Min. Eliana Calmon, j. 15.10.2013, *DJe* 24.10.2013)

Revogação expressa Revogação da lei anterior feita pelo legislador, em cláusula específica, no próprio corpo da nova lei. A cláusula de revogação deverá enumerar, expressamente, leis ou disposições legais revogadas (art. 9º, LC n. 95/98).

Revogação tácita Revogação da lei anterior decorrente de incompatibilidade ou divergência normativa entre a lei nova e a anterior.

Rito Sequência de atos praticados para impulsionar o processo; fases de um processo; procedimento. Trajeto a ser percorrido desde o início até o fim do processo. De acordo com a celeridade empregada aos atos, o rito processual pode ser classificado em ordinário, sumário ou sumaríssimo. O rito ordinário é o mais longo e demorado, pois requer uma sequência maior de atos processuais. O rito sumário é mais concentrado e, por isso, exige menos atos, sendo, portanto, mais curto e mais célere. Já o rito sumaríssimo é o mais rápido de todos eles. É o rito utilizado nos juizados especiais. No processo penal, o rito ou procedimento comum é classificado em: ordinário, quando tiver por objeto crime cuja sanção máxima cominada for igual ou superior a quatro anos de pena privativa de liberdade; sumário, quando tiver por objeto crime cuja sanção máxima cominada seja inferior a quatro anos de pena privativa de liberdade; e sumaríssimo, para as infrações penais de menor potencial ofensivo na forma da lei.

- Veja CPC/2015: "**Art. 318.** Aplica-se a todas as causas o procedimento comum, salvo disposição em contrário deste Código ou de lei. Parágrafo único. O procedimento comum aplica-se subsidiariamente aos demais procedimentos especiais e ao processo de execução".

Rito abreviado Faculdade concedida ao relator de uma ação direta de inconstitucionalidade de submeter o processo diretamente ao plenário do tribunal, no caso de relevância da matéria e de seu significado para a ordem social e a segurança jurídica ser especial. O plenário poderá julgar definitivamente a ação após a prestação das informações, no prazo de dez dias, e a manifestação do advogado-geral da União e do procurador-geral da República, sucessivamente, no prazo de cinco dias cada um. Nesse caso, a liminar não é analisada, sendo julgado diretamente o mérito da ação (art. 12, Lei n. 9.868/99).

- Veja Lei n. 9.868/99: "**Art. 12.** Havendo pedido de medida cautelar, o relator, em face da relevância da matéria e de seu especial significado para a ordem social e a segurança jurídica, poderá, após a prestação das informações, no prazo de dez dias, e a manifestação do Advogado-Geral da União e do Procurador-Geral da República, sucessivamente, no prazo de cinco dias, submeter o processo diretamente ao Tribunal, que terá a faculdade de julgar definitivamente a ação".

Rito ordinário Desenvolvimento processual instituído para todas as causas a que não se atribua rito especial ou próprio, como o sumaríssimo.

Rito sumaríssimo Rito orientado pelos critérios da oralidade, simplicidade, informalidade, economia processual e celeridade, buscando, sempre que possível, a conciliação ou a transação. É o rito adotado nos juizados especiais cíveis na Justiça comum, na Justiça Federal e na Justiça do Trabalho.

Rol de testemunhas Relação ou lista de testemunhas constante da petição inicial, contestação ou defesa prévia criminal, produzida pelo advogado no processo com a finalidade de prestarem depoimento em favor da parte ou do indiciado. No direito processual civil, são admitidas até dez testemunhas, podendo ser reduzidas a três quando se tratar de provar o mesmo fato. Do rol deverá constar, além do nome, profissão, residência e local de trabalho de cada testemunha, e se o advogado pretende que elas sejam devidamente intimadas a depor. No processo criminal, a acusação poderá arrolar até o máximo de oito testemunhas (art. 406, § 2º, CPP).

▶ Veja CPC/2015: "**Art. 357.** Não ocorrendo nenhuma das hipóteses deste Capítulo, deverá o juiz, em decisão de saneamento e de organização do processo: [...] § 4º Caso tenha sido determinada a produção de prova testemunhal, o juiz fixará prazo comum não superior a 15 (quinze) dias para que as partes apresentem rol de testemunhas. § 5º Na hipótese do § 3º, as partes devem levar, para a audiência prevista, o respectivo rol de testemunhas. § 6º O número de testemunhas arroladas não pode ser superior a 10 (dez), sendo 3 (três), no máximo, para a prova de cada fato. § 7º O juiz poderá limitar o número de testemunhas levando em conta a complexidade da causa e dos fatos individualmente considerados. [...] **Art. 450.** O rol de testemunhas conterá, sempre que possível, o nome, a profissão, o estado civil, a idade, o número de inscrição no Cadastro de Pessoas Físicas, o número de registro de identidade e o endereço completo da residência e do local de trabalho. **Art. 451.** Depois de apresentado o rol de que tratam os §§ 4º e 5º do art. 357, a parte só pode substituir a testemunha: I – que falecer; II – que, por enfermidade, não estiver em condições de depor; III – que, tendo mudado de residência ou de local de trabalho, não for encontrada".

▶ Veja CPP: "**Art. 406.** O juiz, ao receber a denúncia ou a queixa, ordenará a citação do acusado para responder a acusação, por escrito, no prazo de 10 (dez) dias. § 1º O prazo previsto no caput deste artigo será contado a partir do efetivo cumprimento do mandado ou do comparecimento, em juízo, do acusado ou de defensor constituído, no caso de citação inválida ou por edital. § 2º A acusação deverá arrolar testemunhas, até o máximo de 8 (oito), na denúncia ou na queixa. § 3º Na resposta, o acusado poderá arguir preliminares e alegar tudo que interesse a sua defesa, oferecer documentos e justificações, especificar as provas pretendidas e arrolar testemunhas, até o máximo de 8 (oito), qualificando-as e requerendo sua intimação, quando necessário".

■ *Habeas corpus*. Desnecessidade de prisão. Homicídio. Paciente primário, com residência fixa e emprego regular. Rol de testemunhas. 1. A prisão preventiva, medida extrema, é cabível em casos excepcionais, pois a liberdade, em razão do princípio constitucional da presunção da inocência, é regra que ocupa patamar superior à prisão. No caso em tela, trata-se de homicídio qualificado, com paciente primário, residência fixa e emprego lícito. Não verificada a necessidade de manutenção da medida *ultima ratio* do sistema. 2. O art. 396-A do CPP prevê o momento adequado ao oferecimento do rol de testemunhas. Contudo, segundo a nova sistemática procedimental, não possuindo defensor constituído, mormente quando preso, o acusado somente é posto diante do juízo no final do processo, quando esgotado o prazo ao oferecimento do rol de testemunhas, motivo por que a preclusão há de ser relativizada diante da garantia da ampla defesa. Ademais, sendo obrigatória a defesa e nesta peça são arroladas as testemunhas, é de ser admitido o rol fora de prazo. Liminar confirmada. Ordem concedida. (TJRS, *HC* n. 70.056.596.182, 3ª Câm. Criminal, rel. Nereu José Giacomolli, j. 07.11.2013)

■ Agravo de instrumento. Direito privado não especificado. Ação de reintegração de posse. Rol de testemunhas. Momento para sua apresentação. Art. 407 do CPC. Segundo correta exegese do art. 407 do CPC, somente é exigível a apresentação do rol de testemunhas quando houver a designação da data da audiência de instrução e julgamento. Não sendo designada a data da audiência, possível sua apresentação em momento posterior, já que inocorrente preclusão. Precedentes da Corte. De outro lado, apresentado o rol em momento anterior à designação da data da audiência, é manifestamente tempestivo. Agravo provido por decisão monocrática do relator. (TJRS, AI n. 70.057.127.094, 18ª Câm. Cível, rel. Pedro Celso Dal Prá, j. 30.10.2013)

Roubo Crime contra o patrimônio que consiste na subtração clandestina de coisa alheia móvel para si ou para outrem mediante grave ameaça ou violência à pessoa, ou reduzindo-a à impotência para agir (art. 157, CP). Diferencia-se do furto, que é praticado sem violência à vítima.

▶ Veja CP: "Roubo. **Art. 157.** Subtrair coisa móvel alheia, para si ou para outrem, mediante grave ameaça ou violência a pessoa, ou depois de havê-la, por qualquer meio, reduzido à impossibilidade de resistência: Pena – reclusão, de 4 (quatro) a 10 (dez) anos, e multa. § 1º Na mesma pena incorre quem, logo depois de subtraída a coisa, emprega violência contra pessoa ou grave ameaça, a fim de assegurar a impunidade do crime ou a detenção da coisa para si ou para terceiro. § 2º A pena aumenta-se de um terço até metade: I – se a violência ou ameaça é exercida com emprego de arma; II – se há o concurso de duas ou mais pessoas; III – se a vítima está em serviço de transporte de valores e o agente conhece tal circunstância; IV – se a subtração for de veículo automotor que venha a ser transportado para outro Estado ou para o exterior; V – se o agente mantém a vítima em seu poder, restringindo sua liberdade. § 3º Se da violência resulta lesão corporal grave, a pena é de reclusão, de 7 (sete) a 15 (quinze) anos, além de multa; se resulta morte, a reclusão é de 20 (vinte) a 30 (trinta) anos, sem prejuízo da multa".

■ Roubo. Momento consumativo. Apreensão e consequente perícia da arma (faca). Desnecessidade. Comprovação por outros meios de prova. 1. Considera-se consumado o crime de roubo no momento em que o agente obtém a posse da *res furtiva*, ainda que não seja mansa e pacífica, ou haja perseguição policial, sendo prescindível que o objeto do crime saia da esfera de vigilância da vítima. 2. É desnecessária, para a configuração da causa de aumento de pena no roubo, a apreensão e perícia de arma (faca) quando a sua utilização puder ser demonstrada por outros meios de prova. 3. Agravo regimental a que se nega provimento. (STJ, Ag. Reg. no AREsp n. 327.647/BA, 6ª T., rel. Min. Rogerio Schietti Cruz, j. 08.10.2013, *DJe* 28.10.2013)

■ Roubo e furto. Impossibilidade de reconhecimento de continuidade delitiva. Crimes de espécies diferentes. Precedentes do STF e do STJ. Ordem de *habeas corpus* denegada. 1. O crime continuado é ficção jurídica que se evidencia quando o agente, mediante mais de uma ação ou omissão, comete mais de um crime da mesma espécie, sendo necessário também que os delitos guardem conexão no que diz respeito ao tempo, ao lugar, à maneira de execução e a outras características que façam presumir a continuidade delitiva (art. 71, *caput*, do CP). 2. Não há como reconhecer a continuidade delitiva entre os crimes de roubo e furto, pois são infrações penais de espécies diferentes e que têm definição legal autônoma. Precedentes do STF e do STJ. 3. Ordem de *habeas corpus* denegada. (STJ, *HC* n. 214.157/RS, 5ª T., rel. Min. Laurita Vaz, j. 17.10.2013, *DJe* 29.10.2013)

Sacado Banco ou pessoa contra quem são sacados letra de câmbio, cheque ou qualquer ordem de pagamento.

Saisine Expressão francesa considerada uma ficção jurídica que autoriza a transmissão imediata do domínio dos bens do *de cujus* ao herdeiro legítimo ou testamentário a partir do momento da morte do autor da herança, ainda que esta seja desconhecida.

- ▶ Veja CC: "**Art. 1.784.** Aberta a sucessão, a herança transmite-se, desde logo, aos herdeiros legítimos e testamentários".

- ■ Tributário. ITCD. Fato gerador. Princípio da *saisine*. Súmula n. 112/STF. 1. Cinge-se a controvérsia em saber o fato gerador do ITCD – Imposto de Transmissão *Causa Mortis*. 2. Pelo princípio da *saisine*, a lei considera que no momento da morte o autor da herança transmite seu patrimônio, de forma íntegra, a seus herdeiros. Esse princípio confere à sentença de partilha no inventário caráter meramente declaratório, haja vista que a transmissão dos bens aos herdeiros e legatários ocorre no momento do óbito do autor da herança. 3. Forçoso concluir que as regras a serem observadas no cálculo do ITCD serão aquelas em vigor ao tempo do óbito do *de cujus*. 4. Incidência da Súmula n. 112/STF. Recurso especial provido. (STJ, REsp n. 1.142.872/RS, 2ª T., rel. Min. Humberto Martins, j. 20.10.2009, DJe 29.10.2009)

- ■ Herança jacente. Sucessão. Legitimidade. Declaração de vacância. Ao ente público não se aplica o princípio da *saisine*. Segundo entendimento firmado pela C. Segunda Seção, a declaração de vacância é o momento em que o domínio dos bens jacentes se transfere ao patrimônio público. Ocorrida a declaração de vacância após a vigência da Lei n. 8.049, de 10.06.1990, legitimidade cabe ao Município para recolher os bens jacentes. Recurso especial não conhecido. (STJ, REsp n. 164.196/RJ, 4ª T., rel. Min. Barros Monteiro, j. 03.09.1998, DJ 04.10.1999, p. 59)

Salário Remuneração devida pelo empregador ao empregado pela prestação de serviço decorrente da relação de emprego. Denomina-se *vencimentos* quando pago ao funcionário público.

Salário-maternidade Benefício previdenciário devido à segurada da Previdência Social, durante 120 dias, com início no período entre 28 dias antes do parto e a data de ocorrência deste, observadas as situações e condições previstas na legislação no que concerne à proteção à maternidade. O mesmo benefício é concedido à segurada da Previdência Social que adotar ou obtiver guarda judicial para fins de adoção de criança pelo período de 120 dias, se a criança tiver até 1 ano de idade; de sessenta dias, se a criança tiver entre 1 e 4 anos de idade; e de trinta dias, se a criança tiver de 4 a 8 anos de idade. O salário-maternidade para a segurada empregada ou trabalhadora avulsa consistirá em uma renda mensal igual à sua remuneração integral (arts. 71 e 72, Lei n. 8.213/91).

- ▶ Veja Lei n. 8.213/91: "**Art. 71.** O salário-maternidade é devido à segurada da Previdência Social, durante 120 (cento e vinte) dias, com início no período entre 28 (vinte e oito) dias antes do parto e a data de ocorrência deste, observadas as situações e condições previstas na legislação no que concerne à proteção à maternidade. **Art. 71-A.** Ao segurado ou segurada da Previdência Social que adotar ou obtiver guarda judicial para fins de adoção de criança é devido salário-maternidade pelo período de 120 (cento e vinte) dias. § 1º O salário-maternidade de que trata este artigo será pago diretamente pela Previdência Social. § 2º Ressalvado o pagamento do salário-maternidade à mãe biológica e o disposto no art. 71-B, não poderá ser concedido o benefício a mais de um segurado, decorrente do mesmo processo de adoção ou guarda, ainda que os cônjuges ou companheiros estejam submetidos a Regime Próprio de Previdência Social. [...] **Art. 71-C.** A percepção do salário-maternidade, inclusive o previsto no art. 71-B, está condicionada ao afastamento do segurado do trabalho ou da atividade desempenhada, sob pena de suspensão do benefício. [...] **Art. 73.** Assegurado o valor de um salário-mínimo, o salário-maternidade para as demais seguradas, pago diretamente pela Previdência Social, consistirá: I – em um valor correspondente ao do seu último salário-de-contribuição, para a segurada empregada doméstica; II – em um doze avos do valor sobre o qual incidiu sua última contribuição anual, para a segurada especial; III – em um doze avos da soma dos doze últimos salários-de-contribuição, apurados em um período não superior a quinze meses, para as demais seguradas".

- Pagamento. Responsabilidade. Salário-maternidade. Responsabilidade pelo pagamento. Conquanto o salário-maternidade se trate de um benefício cuja responsabilidade é, com efeito, do órgão previdenciário, não se pode olvidar do que estabelece o parágrafo primeiro do art. 72 da Lei n. 8213/91, segundo o qual "Cabe à empresa pagar o salário-maternidade devido à respectiva empregada gestante, efetivando-se a compensação, observado o disposto no art. 248 da CF, quando do recolhimento das contribuições incidentes sobre a folha de salários e demais rendimentos pagos ou creditados, a qualquer título, à pessoa física que lhe preste serviço". Ainda que se considere, portanto, a ausência de previsão no acordo celebrado entre as partes que a empresa seria a responsável pelo pagamento do benefício, ficou evidente que a sua responsabilidade subsistiria, eis que também entabulado que o contrato de trabalho permaneceria em pleno vigor. E é neste contexto que toda e qualquer responsabilidade, inclusive aquela inerente ao pagamento do salário-maternidade, também subsiste até que o seu término seja efetivamente e formalmente concretizado. (TRT-3ª Região, Ag. de Petição n. 610/2012, rel. Juiz Vicente de Paula M. Júnior, *DJ* 26.11.2012)

- Trabalhador doméstico. Empregada doméstica. Salário-maternidade. Licença-maternidade. Lei n. 8.213/91, art. 71. Até o advento da Lei n. 11.234, que veio a ser promulgada em 19.07.2006, a licença-maternidade da empregada doméstica era regulamentada pelo art. 71 da Lei n. 8.213/91, com a redação da Lei n. 8.861/94 que firmava a responsabilidade da Previdência Social. Considerando que a reclamada recolheu todas as contribuições previdenciárias do período em que vigeu o pacto laboral, não há falar em indenização substitutiva. (TRT-2ª Região, RO n. 60.090/SP, rel. Juíza Rosa Maria Zuccaro, j. 12.11.2007, *DJ* 04.12.2007)

Salvados Diz-se do que se recolhe sem danos de acidente de grandes proporções, como mercadorias recolhidas de naufrágio, incêndio, inundação.

Sanção No direito penal, expressa pena, castigo ou repreminda estipulados pelo Estado com a finalidade de garantir o cumprimento de uma lei. Consequência desfavorável decorrente do descumprimento de uma norma jurídica. No âmbito legislativo, significa a aprovação dada a uma lei pelo chefe do Poder Executivo.

Saneamento de processo Ato de sanear o processo. Exame dos pressupostos processuais que o juiz realiza na ação com a finalidade de considerá-la apta a ser processada, instruída e julgada (art. 331, CPC/73). Eliminação de irregularidades ou vícios em um processo. Poderá o juiz, nesse caso, entre outras providências, pôr termo ao processo, mediante sentença, se a questão prévia for de mérito ou decisão terminativa, sem conhecimento do mérito, se extinguir o processo, ou ainda mediante declaratória da nulidade do processo; poderá também ordenar diligências para suprir nulidades ou irregularidades ou declarar o processo isento de vícios. No que se refere aos pressupostos processuais, como requisitos para a legitimidade do processo, cumpre proceder à análise dos pressupostos subjetivos – competência e insuspeição do juiz, e capacidade das partes – e dos pressupostos objetivos, extrínsecos à relação processual – inexistência de fatos impeditivos, e intrínsecos – subordinação do procedimento às normas legais.

▶ Veja CPC/73: "**Art. 264.** Feita a citação, é defeso ao autor modificar o pedido ou a causa de pedir, sem o consentimento do réu, mantendo-se as mesmas partes, salvo as substituições permitidas por lei. Parágrafo único. A alteração do pedido ou da causa de pedir em nenhuma hipótese será permitida após o saneamento do processo. [...] **Art. 331.** [...] § 3º Se o direito em litígio não admitir transação, ou se as circunstâncias da causa evidenciarem ser improvável sua obtenção, o juiz poderá, desde logo, sanear o processo e ordenar a produção da prova, nos termos do § 2º".

▶ Veja CPC/2015: "**Art. 357.** Não ocorrendo nenhuma das hipóteses deste Capítulo, deverá o juiz, em decisão de saneamento e de organização do processo: I – resolver as questões processuais pendentes, se houver; II – delimitar as questões de fato sobre as quais recairá a atividade probatória, especificando os meios de prova admitidos; III – definir a distribuição do ônus da prova, observado o art. 373; IV – delimitar as questões de direito relevantes para a decisão do mérito; V – designar, se necessário, audiência de instrução e julgamento. § 1º Realizado o saneamento, as partes têm o direito de pedir esclarecimentos ou solicitar ajustes, no prazo comum de 5 (cinco) dias, findo o qual a decisão se torna estável. § 2º As partes podem apresentar ao juiz, para homologação, delimitação consensual das questões de fato e de direito a que se referem os incisos II e IV, a qual, se homologada, vincula as partes e o juiz. § 3º Se a causa apresentar complexidade em matéria de fato ou de direito, deverá o juiz designar audiência para que o saneamento seja feito em cooperação com as partes, oportunidade em que o juiz, se for o caso, convidará as partes a integrar ou esclarecer suas alegações. [...]".

Seguradora Empresa autorizada pela Susep a contratar seguros. Mediante o recebimento do prêmio, ela assume o risco e garante a indenização em caso de ocorrência de sinistro amparado pelo contrato de seguro.

Segurança jurídica Certeza proporcionada pelo direito positivo a cada um diante da previsibilidade das decisões judiciais. Implica a preservação dos princípios constitucionais básicos de igualdade e segurança, ou seja, tratar de forma igual os casos iguais e prever como serão julgados os casos futuros semelhantes. Para atender a esse objetivo, ou seja, aos princípios da legalidade, da segurança jurídica, da duração razoável do processo, da proteção da confiança e da isonomia, é de consenso que cumpre aos tribunais uniformizarem sua jurisprudência e mantê-la estável, íntegra e coerente, bem como aos magistrados respeitarem a jurisprudência dominante e os enunciados das súmulas editadas pelos tribunais superiores.

▶ Veja CPC/2015: "**Art. 926.** Os tribunais devem uniformizar sua jurisprudência e mantê-la estável, íntegra e coerente. § 1º Na forma estabelecida e segundo os pressupostos fixados no regimento interno, os tribunais editarão enunciados de súmula correspondentes a sua jurisprudência dominante. § 2º Ao editar enunciados de súmula, os tribunais devem ater-se às circunstâncias fáticas dos precedentes que motivaram sua criação. **Art. 927.** Os juízes e os tribunais observarão: I – as decisões do Supremo Tribunal Federal em controle concentrado de constitucionalidade; II – os enunciados de súmula vinculante; III – os acórdãos em incidente de assunção de competência ou de resolução de demandas repetitivas e em julgamento de recursos extraordinário e especial repetitivos; IV – os enunciados das súmulas do Supremo Tribunal Federal em matéria constitucional e do Superior Tribunal de Justiça em matéria infraconstitucional; V – a orientação do plenário ou do órgão especial aos quais estiverem vinculados. § 1º Os juízes e os tribunais observarão o disposto no art. 10 e no art. 489, § 1º, quando decidirem com fundamento neste artigo. § 2º A alteração de tese jurídica adotada em enunciado de súmula ou em julgamento de casos repetitivos poderá ser precedida de audiências públicas e da participação de pessoas, órgãos ou entidades que possam contribuir para a rediscussão da tese. § 3º Na hipótese de alteração de jurisprudência dominante do Supremo Tribunal Federal e dos tribunais superiores ou daquela oriunda de julgamento de casos repetitivos, pode haver modulação dos efeitos da alteração no interesse social e no da segurança jurídica. § 4º A modificação de enunciado de súmula, de jurisprudência pacificada ou de tese adotada em julgamento de casos repetitivos observará a necessidade de fundamentação adequada e específica, considerando os princípios da segurança jurídica, da proteção da confiança e da isonomia. § 5º Os tribunais darão publicidade a seus precedentes, organizando-os por questão jurídica decidida e divulgando-os, preferencialmente, na rede mundial de computadores".

■ Execução fiscal. Interrupção pela citação válida (feito anterior à LC n. 118/2005), que retroage à data da propositura da ação. Citação válida pendente por mais de cinco anos após a propositura da execução fiscal. Prescrição verificada. 1. O STJ assentou o entendimento segundo o qual, na cobrança judicial do crédito tributário, a interrupção do lustro prescricional operada pela citação válida (redação original do CTN) ou pelo despacho que a ordena (redação do CTN dada pela LC n. 118/2005) sempre retroage à data da propositura da ação (art. 219, § 1º do CPC c/c art. 174, I, do CTN). [...] 2. Todavia, conforme salientado pelo Magistrado de piso ao proferir sentença mais de sete anos após ajuizada a execução, até aquele momento a recorrida não havia sido citada, de modo que, tendo a execução sido promovida antes da alteração implementada pela LC n. 118/2005, é imperioso o reconhecimento da prescrição, em razão da segurança jurídica, uma vez que o conflito caracterizador da lide deve estabilizar-se, após o decurso de determinado tempo sem promoção da parte interessada, pela via da prescrição, impondo segurança jurídica aos litigantes, uma vez que a prescrição indefinida afronta os princípios informadores do sistema tributário [...] 3. Agravo Regimental desprovido. (STJ, Ag. Reg. no AREsp n. 190.118/MT, 1ª T., rel. Min. Napoleão Nunes Maia Filho, j. 01.10.2013, *DJe* 24.10.2013)

- Direito penal. Negativa de vigência ao art. 224, *a*, do CP. Inexistência de violência. Consentimento da vítima. Divergência jurisprudencial. Estupro. Violência presumida. 1. O STF firmou o entendimento de que a violência em relação à vítima menor de 14 anos, de que trata o art. 224, *a*, do CP, na redação anterior à Lei n. 12.015/2009, é absoluta. 2. Em decorrência da segurança jurídica, a vinculação ao precedente judicial é essencial para que a sociedade confie no Poder Judiciário. Portanto, desarrazoado o desrespeito à jurisprudência consolidada nos Tribunais Superiores, em particular no STF. 3. Recurso especial provido para, ressalvado o ponto de vista do Relator, cassar o acórdão *a quo* e condenar o recorrido, nos termos da denúncia, pelo delito descrito no art. 213 c/c os arts. 224, *a*, 225, § 1º, I, e § 2º, e 226, III, todos do CP, vigentes à época dos fatos, determinando-se o envio dos autos ao Tribunal de origem para, diante das circunstâncias fáticas contidas nos autos, fixar a adequada dosimetria da pena e verificar a possibilidade da retroatividade de lei penal mais benéfica, nos termos deste voto. (STJ, REsp n. 1.122.681/SP, 6ª T., rel. Min. Sebastião Reis Júnior, j. 10.09.2013, *DJe* 01.10.2013)

Seguro Contrato pelo qual o segurador se obriga, mediante o pagamento do prêmio, a garantir interesse legítimo do segurado, relativo a pessoa ou coisa, contra riscos predeterminados (art. 757, CC). "Pelo contrato de seguro, a empresa seguradora obriga-se para com uma pessoa, mediante contribuição por esta prometida, a lhe pagar certa quantia, se ocorrer o risco previsto. Assim, ocorrido o evento previsto, cumpre à seguradora pagar o valor do seguro. Nesse momento surge para o segurado, ou para o beneficiário, um direito de crédito, imediatamente exigível" (BRANCO, Elcir Castello. *Do seguro obrigatório de responsabilidade civil*. Rio de Janeiro, Ed. Jurídica e Universitária, 1971, p. 37-8). A contratação do contrato de seguro inicia com a proposta, documento provisório que discrimina as condições apresentadas pela seguradora e aceitas pelo segurado. Depois disso, é elaborado o contrato, documento permanente que contém a transcrição do que foi acertado na proposta. Nele devem constar a cláusula de valor do bem segurado e as obrigações de ambas as partes na eventualidade da ocorrência de dano ao bem segurado. Por último, a seguradora emite a apólice, que consiste na formalização do contrato assinado. Nela constam os dados pessoais do contratante e os do objeto segurado e o tipo de cobertura escolhido. Embora as seguradoras tenham o prazo de quinze dias para encaminhar a apólice ao segurado, considera-se que, nesse período, o contrato já está em vigor.

Seguro de responsabilidade civil Contrato pelo qual o segurador, mediante cobrança de prêmio estipulado, garante ao segurado o pagamento de indenização em decorrência de eventual acidente com a coisa segurada. Pelo contrato de seguro, o segurador se obriga, mediante o pagamento do prêmio, a garantir interesse legítimo do segurado, relativo a pessoa ou coisa, contra riscos predeterminados (art. 757, CC). "O seguro de responsabilidade se distingue dos outros seguros de dano porque garante uma obrigação, ao passo que os últimos garantem direitos; ele surge como consequência do ressarcimento de uma dívida de responsabilidade, a cargo do segurado; os demais nascem da lesão ou perda de um direito de propriedade (seguro do prédio contra incêndio, do navio contra a fortuna do mar, das mercadorias transportadas), de um direito real (seguro do prédio gravado pelo credor hipotecário) ou simples direito de crédito (seguro da mercadoria transportada pelo transportador que quer o preço do transporte)" (DIAS, José de Aguiar. *Da responsabilidade civil*. 11.ed. Rio de Janeiro, Renovar, 2006, p. 1.124 e 1.132).

▸ Veja CC: "**Art. 757.** Pelo contrato de seguro, o segurador se obriga, mediante o pagamento do prêmio, a garantir interesse legítimo do segurado, relativo a pessoa ou coisa, contra riscos predeterminados. Parágrafo único. Somente pode ser parte, no contrato de seguro, como segurador, entidade para tal fim legalmente autorizada. **Art. 758.** O contrato de seguro prova-se com a exibição da apólice ou do bilhete do seguro, e, na falta deles, por documento comprobatório do pagamento do respectivo prêmio. **Art. 759.** A emissão da apólice deverá ser precedida de proposta escrita com a declaração dos elementos essenciais do interesse a ser garantido e do risco".

Seguro obrigatório Também conhecido por DPVAT, criado pela Lei n. 6.194/74, é o seguro de valor único, cobrado dos proprietários de veículos uma vez por ano, na época de seu licenciamento, que se destina a cobrir os danos pessoais de veículos automotores. O seguro obrigatório tem por objetivo amparar as vítimas de acidentes de trânsito em todo o território nacional por meio de ressarcimento e indenização em casos de atropelamento e acidentes com ferimento que resultem em invalidez temporária, permanente ou morte. Consideram-se, quanto à abrangência, o transporte individual ou coletivo e o transporte de cargas, envolvendo pessoas transportadas ou não e incluindo proprietários, motoristas, seus beneficiários ou dependentes. As indenizações do DPVAT são pagas independentemente de apuração de culpa, da identificação do veículo ou de outras apurações, desde que haja vítimas, transportadas ou não. No caso de morte, a indenização é paga ao cônjuge ou companheiro, na falta destes, aos herdeiros. A vítima, ou o beneficiário do seguro, nos casos de acidente automobilístico, pode requerer a indenização em qualquer seguradora associada à Federação Nacional de Seguros, mediante a apresentação da cópia do boletim de ocorrência expedido pelo DETRAN, cédula de identidade, CPF, documentos que comprovam os gastos médico-hospitalares ou a prova da legitimidade sucessória em face da vítima nos casos do evento morte. O valor da indenização do DPVAT, em caso de morte, conforme a legislação aplicável à espécie, corresponde a quarenta vezes o salário mínimo nacional (art. 3º, *a*, da Lei n. 6.194/74). A essa norma não se sobrepõe a Portaria editada pelo Conselho Nacional dos Seguros Privados que limita a indenização ao valor de R$ 6.754,01.

▶ Veja DL n. 73/66: "**Art. 20.** Sem prejuízo do disposto em leis especiais, são obrigatórios os seguros de: *a)* danos pessoais a passageiros de aeronaves comerciais; *b)* responsabilidade civil do proprietário de aeronaves e do transportador aéreo; *c)* responsabilidade civil do construtor de imóveis em zonas urbanas por danos a pessoas ou coisas; *d)* bens dados em garantia de empréstimos ou financiamentos de instituições financeiras pública; *e)* garantia do cumprimento das obrigações do incorporador e construtor de imóveis; *f)* garantia do pagamento a cargo de mutuário da construção civil, inclusive obrigação imobiliária; *g)* edifícios divididos em unidades autônomas; *h)* incêndio e transporte de bens pertencentes a pessoas jurídicas, situados no País ou nêle transportados; [...] *j)* crédito à exportação, quando julgado conveniente pelo CNSP, ouvido o Conselho Nacional do Comércio Exterior (CONCEX); *l)* danos pessoais causados por veículos automotores de vias terrestres e por embarcações, ou por sua carga, a pessoas transportadas ou não; *m)* responsabilidade civil dos transportadores terrestres, marítimos, fluviais e lacustres, por danos à carga transportada. Parágrafo único. Não se aplica à União a obrigatoriedade estatuída na alínea *h* deste artigo. **Art. 21.** Nos casos de seguros legalmente obrigatórios, o estipulante equipara-se ao segurado para os eleitos de contratação e manutenção do seguro. [...]".

▶ Veja Lei n. 6.194/74: "**Art. 3º** Os danos pessoais cobertos pelo seguro estabelecido no art. 2º desta Lei compreendem as indenizações por morte, por invalidez permanente, total ou parcial, e por despesas de assistência médica e suplementares, nos valores e conforme as regras que se seguem, por pessoa vitimada: [...] I – R$ 13.500,00 (treze mil e quinhentos reais) – no caso de morte; II – até R$ 13.500,00 (treze mil e quinhentos reais) – no caso de invalidez permanente; e III – até R$ 2.700,00 (dois mil e setecentos reais) – como reembolso à vítima – no caso de despesas de assistência médica e suplementares devidamente comprovadas. [...]".

■ Seguro obrigatório. DPVAT. Consórcio. Legitimidade de qualquer seguradora que opera no sistema. De acordo com a legislação em vigor, que instituiu sistema elogiável e satisfatório para o interesse de todas as partes envolvidas, qualquer seguradora que opera no sistema pode ser acionada para pagar o valor da indenização, assegurado seu direito de regresso. Precedente. Recurso conhecido e provido. (STJ, REsp n. 401.418/MG, 4ª T., rel. Min. Ruy Rosado de Aguiar, j. 23.04.2002, DJ 10.06.2002, p. 220)

■ Agravo de instrumento. Decisão monocrática. Seguros. Ação de cobrança. Seguro obrigatório (DPVAT). Competência territorial declinada de ofício. Descabimento. Faculdade da parte autora. Trata-se de agravo de instrumento interposto em face da decisão que declinou de ofício a competência territorial, para processamento e julgamento do feito à Comarca de Charqueadas/RS. Com efeito, em se tratando de ação que envolve cobrança de seguro DPVAT, a parte autora tem a faculdade de escolher entre o foro do seu próprio domicílio, o do local do acidente ou, ainda, o do domicílio do réu. Precedentes do e. STJ. Ademais, no caso em testilha é incabível a declinação de ofício da competência, conforme o disposto na Súmula n. 33 do STJ: "A incompetência relativa não pode ser declarada de ofício". Dessa feita, impositiva a manutenção da competência da 6ª Vara Cível do Foro Central da Comarca de Porto Alegre para processamento e julgamento da presente demanda judicial. Agravo de instrumento provido monocraticamente. (TJRS, AI n. 70.057.379.240, 6ª Câm. Cível, rel. Niwton Carpes da Silva, j. 07.11.2013)

Sentença Decisão proferida por juiz competente que põe termo ao processo, julgando ou não o mérito da causa. É o pronunciamento por meio do qual o juiz, independentemente da resolução do mérito, põe fim ao processo ou a alguma de suas fases. Diferencia-se, portanto, de despachos e decisões interlocutórias, as quais, em razão de características e efeitos específicos, não têm o poder de encerrar o processo. O juiz é obrigado por lei a proferir sentença, não podendo omitir-se alegando lacuna ou obscuridade do ordenamento jurídico. São requisitos da sentença: o relatório, que conterá nomes das partes, identificação do caso, com a suma do pedido e da contestação, bem como registro das principais ocorrências havidas no andamento do processo; os fundamentos, em que o juiz analisará as questões de fato e de direito; o dispositivo, em que o juiz resolverá as questões principais que as partes lhe submeterem.

▶ Veja CPC/73: "**Art. 162.** Os atos do juiz consistirão em sentenças, decisões interlocutórias e despachos. § 1º Sentença é o ato do juiz que implica alguma das situações previstas nos arts. 267 e 269 desta Lei. [...] **Art. 164.** Os despachos, decisões, sentenças e acórdãos serão redigidos, datados e assinados pelos juízes. Quando forem proferidos, verbalmente, o taquígrafo ou o datilógrafo os registrará, submetendo-os aos juízes para revisão e assinatura. Parágrafo único. A assinatura dos juízes, em todos os graus de jurisdição, pode ser feita eletronicamente, na forma da lei. **Art. 165.** As sentenças e acórdãos serão proferidos com observância do disposto no art. 458; as demais decisões serão fundamentadas, ainda que de modo conciso".

▶ Veja CPC/2015: "**Art. 140.** O juiz não se exime de decidir sob a alegação de lacuna ou obscuridade do ordenamento jurídico. [...] **Art. 203.** Os pronunciamentos do juiz consistirão em sentenças, decisões interlocutórias e despachos. § 1º Ressalvadas as disposições expressas dos procedimentos especiais, sentença é o pronunciamento por meio do qual o juiz, com fundamento nos arts. 485 e 487, põe fim à fase cognitiva do procedimento comum, bem como extingue a execução. [...] **Art. 489.** São elementos essenciais da sentença: I – o relatório, que conterá os nomes das partes, a identificação do caso, com a suma do pedido e da contestação, e o registro das principais ocorrências havidas no andamento do processo; II – os fundamentos, em que o juiz analisará as questões de fato e de direito; III – o dispositivo, em que o juiz resolverá as questões principais que as partes lhe submeterem. [...]".

Sentença de pronúncia Sentença pela qual o juiz, expondo as razões de seu convencimento, fundado nos indícios que se colheram no sumário e declarando o dispositivo legal em que se acha incurso o pronunciamento, decide encaminhar o acusado a julgamento pelo Tribunal do Júri. A decisão não tem caráter definitivo, uma vez que o juiz, embasado nas evidências, apenas proclama a autoria do crime (art. 413, CPP).

▶ Veja CPP: "**Art. 413.** O juiz, fundamentadamente, pronunciará o acusado, se convencido da materialidade do fato e da existência de indícios suficientes de autoria ou de participação. § 1º A fundamentação da pronúncia limitar-se-á à indicação da materialidade do fato e da existência de indícios suficientes de autoria ou de participação, devendo o juiz declarar o dispositivo legal em que julgar incurso o acusado e especificar as circunstâncias qualificadoras e as causas de aumento de pena. § 2º Se o crime for afiançável, o juiz arbitrará o valor da fiança para a concessão ou manutenção da liberdade provisória. § 3º O juiz decidirá, motivadamente, no caso de manutenção, revogação ou substituição da prisão ou medida restritiva de liberdade anteriormente decretada e, tratando-se de acusado solto, sobre a necessidade da decretação da prisão ou imposição de quaisquer das medidas previstas no Título IX do Livro I deste Código. **Art. 414.** Não se convencendo da materialidade do fato ou da existência de indícios suficientes de autoria ou de participação, o juiz, fundamentadamente, impronunciará o acusado. Parágrafo único. Enquanto não ocorrer a extinção da punibilidade, poderá ser formulada nova denúncia ou queixa se houver prova nova".

Sentido estrito De modo restritivo ou estrito (*stricto*), com restrição, limitado, apertado. Contrapõe-se ao sentido amplo ou extensivo (*lato*). A pós-graduação em sentido estrito ou *stricto sensu* corresponde aos cursos de mestrado e doutorado.

Separação de corpos Medida cautelar consistente na saída de um dos cônjuges do lar do casal como medida liminar da separação litigiosa ou do divórcio (art. 1.562, CC).

- Veja CC: "**Art. 1.562.** Antes de mover a ação de nulidade do casamento, a de anulação, a de separação judicial, a de divórcio direto ou a de dissolução de união estável, poderá requerer a parte, comprovando sua necessidade, a separação de corpos, que será concedida pelo juiz com a possível brevidade".

- Família. Casamento. Medida cautelar. Separação de corpos. Concessão. Efeitos. Lei n. 6.515/77, art. 7º, § 1º. CPC, art. 796. CCB/2002, art. 1.566. CCB, art. 231. [...] 2. Na data em que se concede a separação de corpos, desfazem-se os deveres conjugais, bem como o regime matrimonial de bens; e a essa data retroagem os efeitos da sentença de separação judicial ou divórcio. (STJ, REsp n. 1.065.209/SP, rel. Min. João Otávio de Noronha, j. 08.06.2010, *DJ* 16.06.2010)

- Ação de divórcio. Separação de corpos cumulada com alimentos provisórios. Filho menor. Majoração. Descabimento. Descabe decretar a separação de corpos do casal quando esse já se encontra separado de fato, ausente prova de que o agravado esteja importunando a agravante. Partes que residem em estados diferentes. A fixação de alimentos, inclusive os provisórios, há de atender ao binômio possibilidade-necessidade. Situação que recomenda o arbitramento de alimentos provisórios com moderação e em atenção ao que consta nos autos, até que, com as provas que ainda serão produzidas, reste melhor visualizada a real situação financeira do alimentante e as necessidades do alimentando. Agravo de instrumento parcialmente provido, de plano. (TJRS, AI n. 70.056.460.959, 7ª Câm. Cível, rel. Jorge Luís Dall'Agnol, j. 04.10.2013)

Separação de fato Separação resultante de uma situação fática, não decorrente de lei. Separação do casal por ato voluntário antes de se efetivar o divórcio decretado pelo juiz.

- Sucessão. Comunhão universal de bens. Sucessão aberta quando havia separação de fato. Impossibilidade de comunicação dos bens adquiridos após a ruptura da vida conjugal. 1. O cônjuge que se encontra separado de fato não faz jus ao recebimento de quaisquer bens havidos pelo outro por herança transmitida após decisão liminar de separação de corpos. 2. Na data em que se concede a separação de corpos, desfazem-se os deveres conjugais, bem como o regime matrimonial de bens; e a essa data retroagem os efeitos da sentença de separação judicial ou divórcio. 3. Recurso especial não conhecido. (STJ, REsp n. 1.065.209/SP, 4ª T., rel. Min. João Otávio de Noronha, j. 08.06.2010, *DJe* 16.06.2010)

- Divórcio consensual. Separação de fato. Homologação. Audiência de ratificação. Necessidade. 1. Mesmo havendo acordo firmado pelas partes ajustando o divórcio consensual, havendo interesses de menores envolvidos, é imperiosa a realização da audiência de ratificação. 2. Trata-se, pois, de exigência expressa do art. 40, § 2º, da Lei n. 6.515/77, sendo que a inobservância da forma legal acarreta a nulidade da decisão, pois a solenidade prevista na lei visa resguardar direitos indisponíveis e dar à família a especial proteção determinada pelo art. 226 da Constituição Federal. Recurso provido. (TJRS, Ap. Cível n. 70.056.975.717, 7ª Câm. Cível, rel. Sérgio Fernando de Vasconcellos Chaves, j. 23.10.2013)

Separação extrajudicial Modalidade de dissolução da sociedade conjugal feita por meio de escritura pública, elaborada por tabelião, permitida aos cônjuges ou companheiros, desde que não haja nascituro ou filhos incapazes (*v. Ação de separação judicial*).

- Veja CPC/73: "**Art. 1.124-A.** A separação consensual e o divórcio consensual, não havendo filhos menores ou incapazes do casal e observados os requisitos legais quanto aos prazos, poderão ser realizados por escritura pública, da qual constarão as disposições relativas à descrição e à partilha dos bens comuns e à pensão alimentícia e, ainda, ao acordo quanto à retomada pelo cônjuge de seu nome de solteiro ou à manutenção do nome adotado quando se deu o casamento. § 1º A escritura não depende de homologação judicial e constitui título hábil para o registro civil e o registro de imóveis. § 2º O tabelião somente lavrará a escritura se os contratantes estiverem assistidos por advogado comum ou advogados de cada um deles ou por defensor público, cuja qualificação e assinatura constarão do ato notarial. § 3º A escritura e demais atos notariais serão gratuitos àqueles que se declararem pobres sob as penas da lei".

- Veja CPC/2015: "**Art. 733.** O divórcio consensual, a separação consensual e a extinção consensual de união estável, não havendo nascituro ou filhos incapazes e observados os requisitos legais, poderão ser realizados por escritura pública, da qual constarão as disposições de que trata o art. 731. § 1º A escritura não depende de homologação judicial e constitui título hábil para qualquer ato de registro, bem como para levantamento de importância depositada em instituições financeiras. § 2º O tabelião somente lavrará a escritura se os interessados estiverem assistidos por advogado ou por defensor público, cuja qualificação e assinatura constarão do ato notarial".

Separação judicial Modalidade de dissolução da sociedade conjugal procedida perante o Poder Judiciário a requerimento de um ou de ambos os cônjuges. A separação judicial pode ser feita de forma consensual ou litigiosa (*v. Ação de separação judicial*).

Sequestro Medida cautelar que consiste na apreensão e no depósito de bens móveis, imóveis ou semoventes do proprietário para resguardar o direito do requerente.

▸ Veja CPC/2015: "**Art. 301.** A tutela de urgência de natureza cautelar pode ser efetivada mediante arresto, sequestro, arrolamento de bens, registro de protesto contra alienação de bem e qualquer outra medida idônea para asseguração do direito".

Sequestro de aeronave Medida cautelar destinada à apreensão e ao depósito de aeronave em caso de desapossamento por meio ilegal ou de dano à propriedade privada provocado pela aeronave que nela fizer pouso forçado. Não se admite o sequestro de nenhuma aeronave empregada em serviços aéreos públicos (arts. 153 e 154, Lei n. 7.565/86, CBA).

▸ Veja CBA: "**Art. 153.** Nenhuma aeronave empregada em serviços aéreos públicos (artigo 175) poderá ser objeto de sequestro. Parágrafo único. A proibição é extensiva à aeronave que opera serviço de transporte não regular, quando estiver pronta para partir e no curso de viagem da espécie. **Art. 154.** Admite-se o sequestro: I – em caso de desapossamento da aeronave por meio ilegal; II – em caso de dano à propriedade privada provocado pela aeronave que nela fizer pouso forçado. Parágrafo único. Na hipótese do inciso II, não será admitido o sequestro se houver prestação de caução suficiente a cobrir o prejuízo causado".

Serviços notariais Assim como os de registro, são os serviços de organização técnica e administrativa destinados a garantir publicidade, autenticidade, segurança e eficácia dos atos jurídicos (art. 1º, Lei n. 8.935/94).

▸ Veja Lei n. 8.935/94: "**Art. 1º** Serviços notariais e de registro são os de organização técnica e administrativa destinados a garantir a publicidade, autenticidade, segurança e eficácia dos atos jurídicos. [...] **Art. 3º** Notário, ou tabelião, e oficial de registro, ou registrador, são profissionais do direito, dotados de fé pública, a quem é delegado o exercício da atividade notarial e de registro. **Art. 4º** Os serviços notariais e de registro serão prestados, de modo eficiente e adequado, em dias e horários estabelecidos pelo juízo competente, atendidas as peculiaridades locais, em local de fácil acesso ao público e que ofereça segurança para o arquivamento de livros e documentos. § 1º O serviço de registro civil das pessoas naturais será prestado, também, nos sábados, domingos e feriados pelo sistema de plantão. § 2º O atendimento ao público será, no mínimo, de seis horas diárias".

Servidão Restrição que sofre o proprietário em seu direito de uso e gozo do prédio em favor de outro proprietário para favorecer a este aumentando-lhe a utilidade. A servidão proporciona utilidade para o prédio dominante e grava o prédio serviente, que pertence a diverso dono, e constitui-se mediante declaração expressa dos proprietários, ou por testamento, e subsequente registro no Cartório de Registro de Imóveis (art. 1.378, CC).

▸ Veja CC: "**Art. 1.378.** A servidão proporciona utilidade para o prédio dominante, e grava o prédio serviente, que pertence a diverso dono, e constitui-se mediante declaração expressa dos proprietários, ou por testamento, e subsequente registro no Cartório de Registro de Imóveis. **Art. 1.379.** O exercício incontestado e contínuo de uma servidão aparente, por dez anos, nos termos do art. 1.242, autoriza o interessado a registrá-la em seu nome no Registro de Imóveis, valendo-lhe como título a sentença que julgar consumado a usucapião. Parágrafo único. Se o possuidor não tiver título, o prazo da usucapião será de vinte anos".

Servidão de passagem Direito concedido ao proprietário do prédio dominante de trafegar pelo prédio serviente caso não haja outro caminho (art. 1.285, CC).

▸ Veja CC: "**Art. 1.285.** O dono do prédio que não tiver acesso a via pública, nascente ou porto, pode, mediante pagamento de indenização cabal, constranger o vizinho a lhe dar passagem, cujo rumo será judicialmente fixado, se necessário. [...]".

▪ Possessória. Reintegração de posse. Servidão de passagem. Pedido de extinção. Impossibilidade. Hipótese de servidão de passagem e não de passagem forçada. Comprovado o exercício da servidão, sem restrição e por décadas. Irrelevância de existir outro acesso para alcançar a via pública. Ausência das hipóteses de extinção da servidão, previstas no art. 1.389 do CCB/2002. Improcedência mantida. Recurso não provido. (TJSP,

Ap. n. 1.296.896/2013/Presidente Prudente, rel. Des. Sérgio Seiji Shimura, j. 30.01.2013)

- Possessória. Reintegração de posse. Servidão de passagem. Comprovada a existência de servidão de trânsito aparente e contínua por muitos anos. Posse antiga. Desnecessidade de registro na matrícula do imóvel. Direito à proteção possessória reconhecido. Esbulho caracterizado. Procedência mantida. Recurso não provido. (TJSP, Ap. n. 7.347.062/2013/Rancharia, rel. Des. Sandra Maria Galhardo Esteves, j. 08.05.2013).

Sic Expressão latina que se emprega entre parênteses, no final de uma citação ou no meio de uma frase, para indicar reprodução textual do original ou chamar atenção para o que se afirma, por mais errado ou estranho que pareça. Assim, desta forma, como está escrito.

Silogismo Raciocínio dedutivo que se forma com três proposições: premissa maior, enunciado de um juízo; premissa menor, declaração de caso particular contido na premissa maior; e conclusão, derivada de maneira lógica e cabal das duas primeiras. Diz-se que toda sentença corresponde a um silogismo, em que a lei seria a premissa maior, os fatos, a premissa menor e a decisão, a conclusão lógica.

Simulação Defeito do ato jurídico que consiste na falta de correspondência com a vontade real de quem o pratica (art. 167, § 1º, CC). Dissimulação. Ocorre venda simulada quando feita por ascendente a descendente mediante a participação de um terceiro adquirente que, após a compra, transfere o bem ao descendente como forma de burlar a exigência de consentimento dos demais descendentes na forma do art. 496 do CC.

▶ Veja CC: "**Art. 167**. É nulo o negócio jurídico simulado, mas subsistirá o que se dissimulou, se válido for na substância e na forma. § 1º Haverá simulação nos negócios jurídicos quando: I – aparentarem conferir ou transmitir direitos a pessoas diversas daquelas às quais realmente se conferem, ou transmitem; II – contiverem declaração, confissão, condição ou cláusula não verdadeira; III – os instrumentos particulares forem antedatados, ou pós-datados. [...]".

- Compra e venda. Simulação. Negócio jurídico. Pessoa interposta. Casamento. Ex-cônjuge. Meação. Indenização. Metade do valor do aluguel. CCB/2002, arts. 167, 1.315 e 1.319. CCB, art. 102, I e II. [...] 2. Das circunstâncias de fato delineadas na instância ordinária – aquisição de imóvel que pertenceu ao antigo casal por pessoa interposta, com recursos do patrimônio ainda em comunhão, seguida de transferência para a genitora do próprio ex-marido, mantendo-se o bem no uso exclusivo do próprio – resulta configurada a ocorrência de simulação, com a finalidade de lesar a ex-esposa. Diante da simulação relativa, com a participação de contratante de boa-fé, prevalece o negócio oculto, na hipótese em que ele é legal e tem causa jurídica válida. 3. Anulados os negócios jurídicos por meio dos quais a cônjuge virago foi privada da propriedade de bens que integravam a sua meação, é devida indenização relativa ao período em que ex-marido deteve a posse exclusiva do bem e em valor correspondente à metade do valor do aluguel do imóvel, desde a citação e enquanto perdurar a ocupação exclusiva. 4. Recurso especial conhecido em parte e nesta parte provido. (STJ, REsp n. 330.182/PR, rel. Min. Maria Isabel Gallotti, j. 04.12.2010, *DJ* 04.02.2011)

Sinalagmático Qualidade do que é bilateral, importando em igualdade de direitos e deveres para as partes contratantes. Contrato sinalagmático.

Sindicância Procedimento de competência de órgão estatal ou administrativo com a finalidade de, mediante diligências, apurar irregularidades praticadas por servidores públicos no âmbito da administração pública. "[...] é o meio sumário de que se utiliza a administração do Brasil para, sigilosa ou publicamente, com indiciados ou não, proceder à apuração de ocorrências anômalas no serviço público, as quais, confirmadas, fornecerão elementos concretos para imediata abertura de processo administrativo contra o funcionário público responsável; não confirmadas as irregularidades, o processo sumário será arquivado" (CRETELLA JÚNIOR, José. Prática do processo administrativo. 6.ed. São Paulo, RT, 2008, p. 65). Dependendo da gravidade da irregularidade e a critério da autoridade instauradora, a sindicância poderá ser conduzida por um sindicante ou por uma comissão de dois ou três servidores. Aplicam-se à sindicância as disposições do processo administrativo disciplinar relativo ao contraditório e ao direito à ampla defesa, especialmente a citação do indiciado para apresentar defesa escrita, no prazo de dez dias, assegurando-lhe vista ao processo na repartição (art. 5º, LV, CF; art. 145, parágrafo único, CC; arts. 152 e 161, § 1º, Lei n. 8.112/90).

- Veja Lei n. 8.112/90: "**Art. 143.** A autoridade que tiver ciência de irregularidade no serviço público é obrigada a promover a sua apuração imediata, mediante sindicância ou processo administrativo disciplinar, assegurada ao acusado ampla defesa. [...] § 3º A apuração de que trata o *caput*, por solicitação da autoridade a que se refere, poderá ser promovida por autoridade de órgão ou entidade diverso daquele em que tenha ocorrido a irregularidade, mediante competência específica para tal finalidade, delegada em caráter permanente ou temporário pelo Presidente da República, pelos presidentes das Casas do Poder Legislativo e dos Tribunais Federais e pelo Procurador-Geral da República, no âmbito do respectivo Poder, órgão ou entidade, preservadas as competências para o julgamento que se seguir à apuração. **Art. 144.** As denúncias sobre irregularidades serão objeto de apuração, desde que contenham a identificação e o endereço do denunciante e sejam formuladas por escrito, confirmada a autenticidade. Parágrafo único. Quando o fato narrado não configurar evidente infração disciplinar ou ilícito penal, a denúncia será arquivada, por falta de objeto. **Art. 145.** Da sindicância poderá resultar: I – arquivamento do processo; II – aplicação de penalidade de advertência ou suspensão de até 30 (trinta) dias; III – instauração de processo disciplinar. Parágrafo único. O prazo para conclusão da sindicância não excederá 30 (trinta) dias, podendo ser prorrogado por igual período, a critério da autoridade superior".

- Administrativo. Servidor público estadual. Estágio probatório. Exoneração. Sindicância. Instauração. Possibilidade. Contraditório e ampla defesa. 1. A jurisprudência deste STJ firmou-se no sentido da prescindibilidade da instauração de processo administrativo disciplinar para exoneração de servidor em estágio probatório, mostrando suficiente a abertura de sindicância, desde que assegurados os princípios da ampla defesa e do contraditório, como ocorreu na espécie. 2. Inexiste violação do princípio da presunção de inocência, quando a principal motivação da exoneração do servidor é a falta de preenchimento do requisito legal de conduta ilibada para permanecer no quadro de servidores da Polícia Civil do Estado de Mato Grosso, e não a ocorrência de ação penal em curso. 3. É assente na jurisprudência desta Corte Superior de Justiça o entendimento de que o controle jurisdicional dos processos administrativos se restringe à regularidade do procedimento, à luz dos princípios do contraditório e da ampla defesa, sem exame do mérito do ato administrativo. 4. Recurso ordinário a que se nega provimento. (STJ, RO em MS n. 22.567/MT, rel. Min. Og Fernandes, j. 28.04.2011, *DJ* 11.05.2011)

Sinecura Emprego ou cargo que exige pouco ou nenhum trabalho em relação à remuneração obtida.

Sobreaviso Situação na qual o empregado efetivo permanece em casa, aguardando que a qualquer momento o empregador o requisite para executar serviços imprevistos ou para substituição de outros empregados que faltem à escala organizada. Cada escala de sobreaviso será, no máximo, de 24 horas. As horas de sobreaviso, para todos os efeitos, serão contadas à razão de um terço do salário normal (art. 244, § 2º, CLT).

- Veja CLT: "**Art. 244.** As estradas de ferro poderão ter empregados extranumerários, de sobreaviso e de prontidão, para executarem serviços imprevistos ou para substituições de outros empregados que faltem à escala organizada. § 1º Considera-se 'extranumerário' o empregado não efetivo, candidato à efetivação, que se apresentar normalmente ao serviço, embora só trabalhe quando for necessário. O extranumerário só receberá os dias de trabalho efetivo. § 2º Considera-se de 'sobreaviso' o empregado efetivo, que permanecer em sua própria casa, aguardando a qualquer momento o chamado para o serviço. Cada escala de 'sobreaviso' será, no máximo, de 24 (vinte e quatro) horas. As horas de 'sobreaviso', para todos os efeitos, serão contadas à razão de 1/3 (um terço) do salário normal. § 3º Considera-se de 'prontidão' o empregado que ficar nas dependências da Estrada, aguardando ordens. A escala de prontidão será, no máximo, de 12 (doze) horas. As horas de prontidão serão, para todos os efeitos, contadas à razão de 2/3 (dois terços) do salário-hora normal. § 4º Quando, no estabelecimento ou dependência em que se achar o empregado, houver facilidade de alimentação, as 12 (doze) horas de prontidão, a que se refere o parágrafo anterior, poderão ser contínuas. Quando não existir essa facilidade, depois de 6 (seis) horas de prontidão, haverá sempre um intervalo de 1 (uma) hora para cada refeição, que não será, nesse caso, computada como de serviço".

Sobrepartilha Nova partilha feita nos mesmos autos do inventário para distribuição de bens remanescentes que não tinham sido descritos ou partilhados, por não se saber que o *de cujus* os tinha ou por serem remotos, litigiosos, sonegados ou de difícil e morosa liquidação (art. 2.022, CC).

- Veja CC: "**Art. 2.022.** Ficam sujeitos a sobrepartilha os bens sonegados e quaisquer outros bens da herança de que se tiver ciência após a partilha".

▶ Veja CPC/2015: "**Art. 669.** São sujeitos à sobrepartilha os bens: I – sonegados; II – da herança descobertos após a partilha; III – litigiosos, assim como os de liquidação difícil ou morosa; IV – situados em lugar remoto da sede do juízo onde se processa o inventário. Parágrafo único. Os bens mencionados nos incisos III e IV serão reservados à sobrepartilha sob a guarda e a administração do mesmo ou de diverso inventariante, a consentimento da maioria dos herdeiros. **Art. 670.** Na sobrepartilha dos bens, observar-se-á o processo de inventário e de partilha. Parágrafo único. A sobrepartilha correrá nos autos do inventário do autor da herança".

■ Cessão de direitos hereditários. Decisão que indefere a expedição de alvará e determina que a sobrepartilha seja processada por instrumento público, fora dos autos. Partilha já homologada. Os cessionários ostentam legitimidade para postular a adjudicação dos bens inventariados, desde que comprovem o pagamento dos tributos devidos, mormente quando não há oposição dos herdeiros e da Fazenda. Estando já ultimada a partilha, urge a execução de sobrepartilha, nos mesmos autos do inventário findo. Conhecimento e provimento do recurso. (TJRJ, AI n. 55.043.620.108.190.000, rel. Des. Rogerio De Oliveira Souza, j. 13.04.2010)

■ Partilha. Ação anulatória. Acolhimento de pedido sucessivo de sobrepartilha dos bens sonegados. Precedentes do STJ. CPC, art. 1.040, I. Os bens sonegados na separação judicial sujeitam-se à sobrepartilha, ainda que seja esta realizada a partir do acolhimento de pedido sucessivo formulado pela parte autora em ação anulatória da partilha. Precedente, q.v. *verbi gratia*, REsp n. 770.709/SC, 3ª T., rel. Min. Ari Pargendler, j. 20.05.2008, *DJe* 20.06.2008. (STJ, REsp n. 237.704/2009/PR, rel. Min. Carlos Fernando Mathias, j. 25.11.2008, *DJ* 02.02.2009)

Sociedade   Contrato celebrado por pessoas que reciprocamente se obrigam a contribuir, com bens ou serviços, para o exercício de atividade econômica e a partilha, entre si, dos resultados (art. 981, CC).

▶ Veja CC: "**Art. 981.** Celebram contrato de sociedade as pessoas que reciprocamente se obrigam a contribuir, com bens ou serviços, para o exercício de atividade econômica e a partilha, entre si, dos resultados. Parágrafo único. A atividade pode restringir-se à realização de um ou mais negócios determinados. **Art. 982.** Salvo as exceções expressas, considera-se empresária a sociedade que tem por objeto o exercício de atividade própria de empresário sujeito a registro (art. 967); e, simples, as demais. Parágrafo único. Independentemente de seu objeto, considera-se empresária a sociedade por ações; e, simples, a cooperativa. **Art. 983.** A sociedade empresária deve constituir-se segundo um dos tipos regulados nos arts. 1.039 a 1.092; a sociedade simples pode constituir-se de conformidade com um desses tipos, e, não o fazendo, subordina-se às normas que lhe são próprias. Parágrafo único. Ressalvam-se as disposições concernentes à sociedade em conta de participação e à cooperativa, bem como as constantes de leis especiais que, para o exercício de certas atividades, imponham a constituição da sociedade segundo determinado tipo. **Art. 984.** A sociedade que tenha por objeto o exercício de atividade própria de empresário rural e seja constituída, ou transformada, de acordo com um dos tipos de sociedade empresária, pode, com as formalidades do art. 968, requerer inscrição no Registro Público de Empresas Mercantis da sua sede, caso em que, depois de inscrita, ficará equiparada, para todos os efeitos, à sociedade empresária. Parágrafo único. Embora já constituída a sociedade segundo um daqueles tipos, o pedido de inscrição se subordinará, no que for aplicável, às normas que regem a transformação. **Art. 985.** A sociedade adquire personalidade jurídica com a inscrição, no registro próprio e na forma da lei, dos seus atos constitutivos (arts. 45 e 1.150)".

Sociedade anônima   Companhia ou sociedade cujo capital é dividido em ações e nas quais a responsabilidade dos sócios ou acionistas é limitada ao preço de emissão das ações subscritas ou adquiridas (art. 1º, Lei n. 6.404/76).

▶ Veja Lei n. 6.404/76: "Características – **Art. 1º** A companhia ou sociedade anônima terá o capital dividido em ações, e a responsabilidade dos sócios ou acionistas será limitada ao preço de emissão das ações subscritas ou adquiridas. Objetivo social – **Art. 2º** Pode ser objeto da companhia qualquer empresa de fim lucrativo, não contrário à lei, à ordem pública e aos bons costumes. § 1º Qualquer que seja o objeto, a companhia é mercantil e se rege pelas leis e usos do comércio. § 2º O estatuto social definirá o objeto de modo preciso e completo. § 3º A companhia pode ter por objeto participar de outras sociedades; ainda que não prevista no estatuto, a participação é facultada como meio de realizar o objeto social, ou para beneficiar-se de incentivos fiscais".

Sociedade de economia mista   Pessoa jurídica de direito privado com participação majoritária ou minoritária do Estado. Reveste-se, necessariamente, da natureza de sociedade anônima.

Sociedade em comandita simples   Aquela formada por duas espécies de sócios: os comanditados, com responsabilidade solidária e ilimitada; e os comanditários, com responsabilidade limitada (art. 1.045, CC).

▶ Veja CC: "**Art. 1.045.** Na sociedade em comandita simples tomam parte sócios de duas categorias: os comanditados, pessoas físicas, responsáveis solidária e ilimitadamente pelas obrigações sociais; e os comanditários, obrigados somente pelo valor de sua quota. [...]".

Sociedade em conta de participação   Sociedade que apresenta duas categorias de sócios: ocultos e ostensivos. Os sócios ostensivos são os únicos responsáveis perante terceiros (art. 991, CC).

▶ Veja CC: "**Art. 991.** Na sociedade em conta de participação, a atividade constitutiva do objeto social é exercida unicamente pelo sócio ostensivo, em seu nome individual e sob sua própria e exclusiva responsabilidade, participando os demais dos resultados correspondentes. [...]".

Sociedade em nome coletivo   Formada por uma só classe de sócios solidária e limitadamente responsáveis pelas obrigações sociais sob firma ou razão social (art. 1.039, CC).

▶ Veja CC: "**Art. 1.039.** Somente pessoas físicas podem tomar parte na sociedade em nome coletivo, respondendo todos os sócios, solidária e ilimitadamente, pelas obrigações sociais. [...]".

Sociedade empresária   É a sociedade que tem por objeto o exercício de atividade própria de empresário sujeito a registro (art. 982, CC). A sociedade empresária deve constituir-se segundo um dos tipos regulados nos arts. 1.039 a 1.092 do CC, ou seja, em nome coletivo, em comandita simples, limitada, anônima e em comandita por ações (art. 983, CC).

▶ Veja CC: "**Art. 981.** Celebram contrato de sociedade as pessoas que reciprocamente se obrigam a contribuir, com bens ou serviços, para o exercício de atividade econômica e a partilha, entre si, dos resultados".

Sociedade por cotas de responsabilidade limitada   Sociedade em que a responsabilidade dos sócios é limitada ao montante das cotas subscritas por cada um (art. 1.052, CC).

▶ Veja CC: "**Art. 1.052.** Na sociedade limitada, a responsabilidade de cada sócio é restrita ao valor de suas quotas, mas todos respondem solidariamente pela integralização do capital social".

Sociedade simples   Sociedade não empresária cujo objeto é o exercício de atividade rural ou intelectual, de natureza científica, literária ou artística (arts. 982 e 983, CC). São sociedades não sujeitas à falência, constituídas mediante registro no Cartório de Registro Civil das Pessoas Jurídicas, ato necessário para adquirirem personalidade jurídica (art. 985, CC). Podem se revestir nas formas de sociedade *simples pura* e sociedade *simples limitada*. Na sociedade simples pura, os sócios respondem ilimitadamente pelas dívidas contraídas pela empresa, podendo haver sócio que participe apenas com serviço; na sociedade simples limitada, os sócios respondem limitadamente ao valor do capital social, desde que totalmente integralizado, não podendo ter sócio que participe apenas com serviço.

▶ Veja CC: "**Art. 982.** Salvo as exceções expressas, considera-se empresária a sociedade que tem por objeto o exercício de atividade própria de empresário sujeito a registro (art. 967); e, simples, as demais. Parágrafo único. Independentemente de seu objeto, considera-se empresária a sociedade por ações; e, **simples**, a cooperativa. **Art. 983.** A sociedade empresária deve constituir-se segundo um dos tipos regulados nos arts. 1.039 a 1.092; a sociedade simples pode constituir-se de conformidade com um desses tipos, e, não o fazendo, subordina-se às normas que lhe são próprias. Parágrafo único. Ressalvam-se as disposições concernentes à sociedade em conta de participação e à cooperativa, bem como as constantes de leis especiais que, para o exercício de certas atividades, imponham a constituição da sociedade segundo determinado tipo". [grifamos]

Solidariedade   Vinculação jurídica pela qual, na mesma obrigação, concorrem vários credores ou devedores, cada qual com direito ou obrigação na dívida toda (art. 264, CC). A solidariedade não se presume, pois resulta da lei ou da vontade das partes (art. 265, CC). A solidariedade pode ser ativa ou passiva (arts. 267 a 285, CC).

▶ Veja CC: "**Art. 264.** Há solidariedade, quando na mesma obrigação concorre mais de um credor, ou mais de um devedor, cada um com direito, ou obrigado, à dívida toda. **Art. 265.** A solidariedade não se presume; resulta da lei ou da vontade das partes".

■ Denunciação da lide. Seguro. Seguradora litisdenunciada em ação de reparação de danos movida em face do segurado.

Responsabilidade solidária. Solidariedade. Condenação direta e solidária. Possibilidade. 1. Para fins do art. 543-C do CPC, em ação de reparação de danos movida em face do segurado, a seguradora denunciada pode ser condenada direta e solidariamente junto com este a pagar a indenização devida à vítima, nos limites contratados na apólice. 2. Recurso especial não provido. (STJ, REsp n. 925.130/SP, rel. Min. Luis Felipe Salomão, j. 08.02.2012, *DJ* 20.04.2012)

▶ Sistema Único de Saúde. Fornecimento de medicamento. Solidariedade entre União, estados e municípios. Agravo regimental desprovido. 1. O STJ, em reiterados precedentes, tem decidido que o funcionamento do Sistema Único de Saúde – SUS – é de responsabilidade solidária dos entes federados, de forma que qualquer deles tem legitimidade para figurar no polo passivo de demanda que objetive o acesso a medicamentos. 2. Agravo regimental a que se nega provimento. (STJ, Ag. Reg. no REsp n. 1.340.499/PR, rel. Min. Sérgio Kukina, j. 25.06.2013, *DJ* 02.08.2013)

Solidariedade ativa É aquela atribuída a uma pluralidade de credores e pela qual cada um dos credores solidários tem direito a exigir do devedor o cumprimento da prestação por inteiro (art. 267, CC).

▶ Veja CC: "**Art. 267.** Cada um dos credores solidários tem direito a exigir do devedor o cumprimento da prestação por inteiro. **Art. 268.** Enquanto alguns dos credores solidários não demandarem o devedor comum, a qualquer daqueles poderá este pagar. **Art. 269.** O pagamento feito a um dos credores solidários extingue a dívida até o montante do que foi pago. **Art. 270.** Se um dos credores solidários falecer deixando herdeiros, cada um destes só terá direito a exigir e receber a quota do crédito que corresponder ao seu quinhão hereditário, salvo se a obrigação for indivisível. **Art. 271.** Convertendo-se a prestação em perdas e danos, subsiste, para todos os efeitos, a solidariedade. **Art. 272.** O credor que tiver remitido a dívida ou recebido o pagamento responderá aos outros pela parte que lhes caiba. **Art. 273.** A um dos credores solidários não pode o devedor opor as exceções pessoais oponíveis aos outros. **Art. 274.** O julgamento contrário a um dos credores solidários não atinge os demais; o julgamento favorável aproveita-lhes, a menos que se funde em exceção pessoal ao credor que o obteve".

Solidariedade passiva É aquela atribuída a uma pluralidade de devedores e pela qual o credor tem direito a exigir e receber de um ou de alguns dos devedores, parcial ou totalmente, a dívida comum; se o pagamento tiver sido parcial, todos os demais devedores continuam obrigados solidariamente pelo resto (art. 275, CC).

▶ Veja CC: "**Art. 275.** O credor tem direito a exigir e receber de um ou de alguns dos devedores, parcial ou totalmente, a dívida comum; se o pagamento tiver sido parcial, todos os demais devedores continuam obrigados solidariamente pelo resto. Parágrafo único. Não importará renúncia da solidariedade a propositura de ação pelo credor contra um ou alguns dos devedores. **Art. 276.** Se um dos devedores solidários falecer deixando herdeiros, nenhum destes será obrigado a pagar senão a quota que corresponder ao seu quinhão hereditário, salvo se a obrigação for indivisível; mas todos reunidos serão considerados como um devedor solidário em relação aos demais devedores. **Art. 277.** O pagamento parcial feito por um dos devedores e a remissão por ele obtida não aproveitam aos outros devedores, senão até à concorrência da quantia paga ou relevada. **Art. 278.** Qualquer cláusula, condição ou obrigação adicional, estipulada entre um dos devedores solidários e o credor, não poderá agravar a posição dos outros sem consentimento destes. **Art. 279.** Impossibilitando-se a prestação por culpa de um dos devedores solidários, subsiste para todos o encargo de pagar o equivalente; mas pelas perdas e danos só responde o culpado. **Art. 280.** Todos os devedores respondem pelos juros da mora, ainda que a ação tenha sido proposta somente contra um; mas o culpado responde aos outros pela obrigação acrescida. **Art. 281.** O devedor demandado pode opor ao credor as exceções que lhe forem pessoais e as comuns a todos; não lhe aproveitando as exceções pessoais a outro codevedor. **Art. 282.** O credor pode renunciar à solidariedade em favor de um, de alguns ou de todos os devedores. Parágrafo único. Se o credor exonerar da solidariedade um ou mais devedores, subsistirá a dos demais. **Art. 283.** O devedor que satisfez a dívida por inteiro tem direito a exigir de cada um dos codevedores a sua quota, dividindo-se igualmente por todos a do insolvente, se o houver, presumindo-se iguais, no débito, as partes de todos os codevedores. **Art. 284.** No caso de rateio entre os codevedores, contribuirão também os exonerados da solidariedade pelo credor, pela parte que na obrigação incumbia ao insolvente. **Art. 285.** Se a dívida solidária interessar exclusivamente a um dos devedores, responderá este por toda ela para com aquele que pagar".

■ Seguro DPVAT. Ação de complementação de indenização securitária. Legitimidade passiva de seguradora diversa da que realizou o pagamento a menor. Solidariedade passiva. CCB/2002, art. 275, *caput* e parágrafo único. Incidência. Lei

n. 6.194/74, art. 7º. 1. A jurisprudência é sólida em afirmar que as seguradoras integrantes do consórcio do seguro DPVAT são solidariamente responsáveis pelo pagamento das indenizações securitárias, podendo o beneficiário cobrar o que é devido de qualquer uma delas. 2. Com efeito, incide a regra do art. 275, *caput* e parágrafo único, do CCB/2002, segundo a qual o pagamento parcial não exime os demais obrigados solidários quanto ao restante da obrigação, tampouco o recebimento de parte da dívida induz a renúncia da solidariedade pelo credor. 3. Resulta claro, portanto, que o beneficiário do seguro DPVAT pode acionar qualquer seguradora integrante do grupo para o recebimento da complementação da indenização securitária, não obstante o pagamento administrativo realizado a menor tenha sido efetuado por seguradora diversa. 4. Recurso especial provido. (STJ, REsp n. 1.108.715/PR, rel. Min. Luis Felipe Salomão, j. 15.05.2012, *DJ* 28.05.2012)

Solidariedade tributária Solidariedade pelo pagamento do tributo atribuída, por lei, às pessoas que tenham interesse comum na situação que constitua o fato gerador da obrigação principal e às pessoas expressamente designadas por lei (art.124, CTN).

▸ Veja CTN: "**Art. 124.** São solidariamente obrigadas: I – as pessoas que tenham interesse comum na situação que constitua o fato gerador da obrigação principal; II – as pessoas expressamente designadas por lei. Parágrafo único. A solidariedade referida neste artigo não comporta benefício de ordem".

▪ Tributário. Empresa de mesmo grupo econômico. Solidariedade passiva. Discussão acerca da legitimidade passiva da empresa-cabeça do grupo econômico. [...] Discute-se a legitimidade passiva da empresa-cabeça do grupo econômico para fazer parte do polo passivo de execução fiscal ajuizada contra outra empresa da mesma corporação. Dispõe o art. 124 do CTN: "São solidariamente obrigadas: I – as pessoas que tenham interesse comum na situação que constitua o fato gerador da obrigação principal; II – as pessoas expressamente designadas por lei". A meu ver, o simples fato de duas empresas fazerem parte do mesmo grupo econômico não justifica a existência de interesse comum para efeitos tributários, que implica a existência da premissa de serem ambas sujeitos passivos da relação jurídica que embasa a execução fiscal. [...] Com efeito, apenas o fato de pertencerem ao mesmo grupo econômico não justifica o entendimento de que exista o interesse comum. Seria necessário que ambas as empresas confluíssem na atuação para o objeto da execução fiscal, o que não ficou caracterizado nos autos. [...] (STJ, Ag. Reg. no REsp n. 985.652/2009/RS, rel. Min. Castro Meira, j. 16.12.2008, *DJ* 09.02.2009)

Sonegação de bens Ocultação dolosa de bens que deveriam constar do inventário por responsabilidade do inventariante ou de qualquer dos herdeiros (art. 1.992, CC).

▸ Veja CC: "**Art. 1.992.** O herdeiro que sonegar bens da herança, não os descrevendo no inventário quando estejam em seu poder, ou, com o seu conhecimento, no de outrem, ou que os omitir na colação, a que os deva levar, ou que deixar de restituí-los, perderá o direito que sobre eles lhe cabia".

Sonegação fiscal Fraude decorrente da omissão voluntária do contribuinte no recolhimento dos tributos a que está obrigado em razão de lei. Também comete fraude quem se utiliza de procedimentos que violem diretamente a lei fiscal ou o regulamento fiscal. A sonegação fiscal ou tributária é considerada crime contra a ordem tributária, punível com pena de 2 a 5 anos de reclusão e multa (Lei n. 8.137/90).

▸ Veja Lei n. 8.137/90: "**Art. 1º** Constitui crime contra a ordem tributária suprimir ou reduzir tributo, ou contribuição social e qualquer acessório, mediante as seguintes condutas: I – omitir informação, ou prestar declaração falsa às autoridades fazendárias; II – fraudar a fiscalização tributária, inserindo elementos inexatos, ou omitindo operação de qualquer natureza, em documento ou livro exigido pela lei fiscal; III – falsificar ou alterar nota fiscal, fatura, duplicata, nota de venda, ou qualquer outro documento relativo à operação tributável; IV – elaborar, distribuir, fornecer, emitir ou utilizar documento que saiba ou deva saber falso ou inexato; V – negar ou deixar de fornecer, quando obrigatório, nota fiscal ou documento equivalente, relativa a venda de mercadoria ou prestação de serviço, efetivamente realizada, ou fornecê-la em desacordo com a legislação: Pena – reclusão, de 2 (dois) a 5 (cinco) anos, e multa. Parágrafo único. A falta de atendimento da exigência da autoridade, no prazo de 10 (dez) dias, que poderá ser convertido em horas em razão da maior ou menor complexidade da matéria ou da dificuldade quanto ao atendimento da exigência, caracteriza a infração prevista no inciso V. **Art. 2º** Constitui crime da mesma natureza: I – fazer declaração falsa ou omitir declaração sobre rendas, bens ou fatos, ou empregar outra fraude, para eximir-se, total ou parcialmente, de pagamento de tributo; II – deixar de recolher, no prazo legal, valor de tributo ou de contribuição social, descontado ou cobrado, na qualidade de sujeito passivo de obrigação e que deveria recolher aos cofres públicos; III – exigir, pagar ou receber, para si ou para o contribuinte beneficiário, qualquer percentagem sobre a parcela dedutível ou deduzida de imposto ou de contribuição como incentivo fiscal; IV – deixar de aplicar, ou aplicar em desacordo com o estatuído, incentivo fiscal ou parcelas de imposto liberadas por órgão ou entidade de desenvolvimento; V – utilizar ou divulgar programa de processamento de dados que permita ao sujeito passivo da obrigação tributária possuir informação contábil diversa daquela que é, por lei, fornecida à Fazenda Pública: Pena – detenção, de 6 (seis) meses a 2 (dois) anos, e multa".

- Penal. Agravo regimental. Agravo. Documento falso. Uso. Recibo. Despesas odontológicas. Comprovação. Dedução. Absorção. Sonegação fiscal. 1. A conduta do agente de apresentar recibos ideologicamente falsos à Receita Federal, como forma de comprovar a dedução de despesas para a redução da base de cálculo do Imposto de Renda, visou unicamente perpetrar o crime previsto no art. 1º da Lei n. 8.137/90, configurando as demais condutas, pois, simples fase do *iter criminis*. 2. Não há justa causa para o prosseguimento do feito em relação ao uso de documento falso, por não se vislumbrar a autonomia entre os delitos. Precedentes. [...] 4. Agravo regimental a que se nega provimento. (STJ, Ag. Reg. no Ag. em REsp n. 350.165/2013/PE, rel. Min. Og Fernandes, j. 15.08.2013, *DJ* 30.08.2013)

- *Habeas corpus*. Crime tributário. Crime societário. Sonegação fiscal. Procedimento fiscal. Ausência. Pleito de trancamento. Informações da Receita. Procedimento fiscal realizado. 1. Tendo sido realizado procedimento administrativo fiscal em relação ao crédito tributário que, por meio de pessoa jurídica, teria ocorrido o delito de sonegação, há lastro para a promoção da ação penal. Não é necessário que se promova, em relação a cada um dos corréus, na qualidade de pessoas físicas, procedimento administrativo. (STJ, *HC* n. 86.309/MS, rel. Min. Maria Thereza de Assis Moura, j. 08.02.2011, *DJ* 28.02.2011)

Sonegados Diz-se dos bens que deveriam constar do inventário e que foram ocultos ou subtraídos dolosamente pelo inventariante ou por qualquer dos herdeiros (art. 1.992, CC).

▶ Veja CC: "**Art. 1.992**. O herdeiro que sonegar bens da herança, não os descrevendo no inventário quando estejam em seu poder, ou, com o seu conhecimento, no de outrem, ou que os omitir na colação, a que os deva levar, ou que deixar de restituí-los, perderá o direito que sobre eles lhe cabia. **Art. 1.993.** Além da pena cominada no artigo antecedente, se o sonegador for o próprio inventariante, remover-se-á, em se provando a sonegação, ou negando ele a existência dos bens, quando indicados. **Art. 1.994.** A pena de sonegados só se pode requerer e impor em ação movida pelos herdeiros ou pelos credores da herança. Parágrafo único. A sentença que se proferir na ação de sonegados, movida por qualquer dos herdeiros ou credores, aproveita aos demais interessados. **Art. 1.995.** Se não se restituírem os bens sonegados, por já não os ter o sonegador em seu poder, pagará ele a importância dos valores que ocultou, mais as perdas e danos. **Art. 1.996.** Só se pode arguir de sonegação o inventariante depois de encerrada a descrição dos bens, com a declaração, por ele feita, de não existirem outros por inventariar e partir, assim como arguir o herdeiro, depois de declarar-se no inventário que não os possui".

- Ação ordinária de colação e sonegados. Depósito expressivo em caderneta de poupança conjunta do *de cujus* com herdeiros. Apropriação pelos herdeiros. 1. Devem ser relacionados no inventário valores vultosos de caderneta de poupança conjunta, mantida por herdeiros com o *de cujus*, ante a retirada deste da titularidade da conta, permanecendo o valor, não trazido ao inventário, em poder dos herdeiros. 2. Válido o julgamento da matéria obrigacional, antecedente do direito à colação, de alta indagação e dependente de provas, por Juízo de Vara Cível, para o qual declinada, sem recurso, a competência, pelo Juízo do Inventário. Matéria, ademais, não cognoscível por esta Corte (Súmula n. 280/STF). 3. Ação de colação adequada, não se exigindo a propositura, em seu lugar, de ação de sobrepartilha, consequência do direito de colação de sonegados cujo reconhecimento é antecedente necessário da sobrepartilha. 4. O direito à colação de bens do *de cujus* em proveito de herdeiros necessários subsiste diante da partilha amigável no processo de inventário, em que omitida a declaração dos bens doados inoficiosamente e que, por isso, devem ser colacionados. 5. Recurso especial improvido. (STJ, REsp n. 1.343.263/CE, 3ª T., rel. Min. Sidnei Beneti, j. 04.04.2013, *DJe* 11.04.2013)

Stricto jure Refere-se ao rigor do Direito, ao rígido formalismo legal do ato jurídico que não permite a ampliação do sentido da norma que o regulamenta (art. 104, CC; art. 10, CPC/2015).

▶ Veja CC: "**Art. 104.** A validade do negócio jurídico requer: I – agente capaz; II – objeto lícito, possível, determinado ou determinável; III – forma prescrita ou não defesa em lei".

Stricto sensu De modo restritivo ou estrito, com restrição, limitado, apertado. Contrapõe-se a sentido amplo ou extensivo (*lato*). No sentido literal, estrito, exato, que não permite interpretação extensiva. A pós-graduação em sentido estrito ou *stricto sensu* corresponde aos cursos de mestrado e doutorado.

Sublocação de imóvel Contrato de locação firmado pelo locatário com terceiro, estranho ao contrato, denominado sublocatário. A sublocação exige autorização expressa do locador (arts. 13 a 16, Lei n. 8.245/91).

▸ Veja Lei n. 8.245/91: "**Art. 13.** A cessão da locação, a sublocação e o empréstimo do imóvel, total ou parcialmente, dependem do consentimento prévio e escrito do locador. § 1º Não se presume o consentimento pela simples demora do locador em manifestar formalmente a sua oposição. § 2º Desde que notificado por escrito pelo locatário, de ocorrência de uma das hipóteses deste artigo, o locador terá o prazo de trinta dias para manifestar formalmente a sua oposição. [...] **Art. 14.** Aplicam-se às sublocações, no que couber, as disposições relativas às locações. **Art. 15.** Rescindida ou finda a locação, qualquer que seja sua causa, resolvem-se as sublocações, assegurado o direito de indenização do sub-locatário contra o sub-locador. **Art. 16.** O sublocatário responde subsidiariamente ao locador pela importância que dever ao sublocador, quando este for demandado e, ainda, pelos aluguéis que se vencerem durante a lide".

Sub-rogação Ato pelo qual, por força de lei ou convenção, uma pessoa ou coisa é substituída por outra, a qual fica sub-rogada nos direitos a ela inerentes. No direito das obrigações, o pagamento com sub-rogação é utilizado para saldar uma dívida substituindo-se o sujeito da obrigação sem extingui-la (arts. 346 a 351, CC).

Sub-rogação convencional É a que decorre de convenção na qual o credor, após receber o pagamento de terceiro, transfere-lhe expressamente todos seus direitos; ou quando terceira pessoa empresta ao devedor a quantia precisa para solver a dívida sob a condição expressa de ficar o mutuante sub-rogado nos direitos do credor satisfeito (art. 347, CC).

▸ Veja CC: "**Art. 347.** A sub-rogação é convencional: I – quando o credor recebe o pagamento de terceiro e expressamente lhe transfere todos os seus direitos; II – quando terceira pessoa empresta ao devedor a quantia precisa para solver a dívida, sob a condição expressa de ficar o mutuante sub-rogado nos direitos do credor satisfeito. **Art. 348.** Na hipótese do inciso I do artigo antecedente, vigorará o disposto quanto à cessão do crédito. **Art. 349.** A sub-rogação transfere ao novo credor todos os direitos, ações, privilégios e garantias do primitivo, em relação à dívida, contra o devedor principal e os fiadores. **Art. 350.** Na sub-rogação legal o sub-rogado não poderá exercer os direitos e as ações do credor, senão até à soma que tiver desembolsado para desobrigar o devedor. **Art. 351.** O credor originário, só em parte reembolsado, terá preferência ao sub-rogado, na cobrança da dívida restante, se os bens do devedor não chegarem para saldar inteiramente o que a um e outro dever".

Sub-rogação legal É a que decorre de lei ou de pleno direito em favor do credor que paga a dívida do devedor comum; do adquirente do imóvel hipotecado, que paga a credor hipotecário; bem como do terceiro que efetiva o pagamento para não ser privado de direito sobre imóvel; ou do terceiro interessado que paga a dívida, pela qual era ou podia ser obrigado, no todo ou em parte (art. 346, CC).

▸ Veja CC: "**Art. 346.** A sub-rogação opera-se, de pleno direito, em favor: I – do credor que paga a dívida do devedor comum; II – do adquirente do imóvel hipotecado, que paga a credor hipotecário, bem como do terceiro que efetiva o pagamento para não ser privado de direito sobre imóvel; III – do terceiro interessado, que paga a dívida pela qual era ou podia ser obrigado, no todo ou em parte".

Subsidiariedade Refere-se ao que é subsidiário, supletivo ou complementar. Uma das formas de aplicação desse princípio é a referência que o legislador costuma fazer quando inclui na lei dispositivo que menciona que outra lei já existente se aplica subsidiariamente à lei nova. É o que ocorre com a CLT, que determina: a) o direito comum será fonte subsidiária do direito do trabalho naquilo que não for incompatível com os princípios fundamentais deste (art. 8º, parágrafo único); b) nos casos omissos, o direito processual comum será fonte subsidiária do direito processual do trabalho (art. 769). No âmbito da responsabilidade civil, a responsabilidade de pais, tutores e curadores em relação aos atos praticados por menores de 18 anos sob sua guarda é solidária, *absoluta* e exclusiva. Desse modo, somente na hipótese de os bens do menor não bastarem para suprir o valor de eventual indenização, os bens de seu responsável serão afetados de forma subsidiária (art. 942, CC).

▶ Veja CC: "**Art. 227.** [...] Parágrafo único. Qualquer que seja o valor do negócio jurídico, a prova testemunhal é admissível como subsidiária ou complementar da prova por escrito. [...] **Art. 986.** Enquanto não inscritos os atos constitutivos, reger-se-á a sociedade, exceto por ações em organização, pelo disposto neste Capítulo, observadas, subsidiariamente e no que com ele forem compatíveis, as normas da sociedade simples. [...] **Art. 996.** Aplica-se à sociedade em conta de participação, subsidiariamente e no que com ela for compatível, o disposto para a sociedade simples, e a sua liquidação rege-se pelas normas relativas à prestação de contas, na forma da lei processual. [...] **Art. 1.091.** Somente o acionista tem qualidade para administrar a sociedade e, como diretor, responde subsidiária e ilimitadamente pelas obrigações da sociedade. [...] **Art. 1.744.** A responsabilidade do juiz será: I – direta e pessoal, quando não tiver nomeado o tutor, ou não o houver feito oportunamente; II – subsidiária, quando não tiver exigido garantia legal do tutor, nem o removido, tanto que se tornou suspeito".

▶ Veja CPC/2015: "**Art. 15.** Na ausência de normas que regulem processos eleitorais, trabalhistas ou administrativos, as disposições deste Código lhes serão aplicadas supletiva e subsidiariamente".

▶ Veja CLT: "**Art. 8º** As autoridades administrativas e a Justiça do Trabalho, na falta de disposições legais ou contratuais, decidirão, conforme o caso, pela jurisprudência, por analogia, por equidade e outros princípios e normas gerais de direito, principalmente do direito do trabalho, e, ainda, de acordo com os usos e costumes, o direito comparado, mas sempre de maneira que nenhum interesse de classe ou particular prevaleça sobre o interesse público. Parágrafo único. O direito comum será fonte subsidiária do direito do trabalho, naquilo em que não for incompatível com os princípios fundamentais deste. [...] **Art. 769.** Nos casos omissos, o direito processual comum será fonte subsidiária do direito processual do trabalho, exceto naquilo em que for incompatível com as normas deste Título".

Subsídio Contribuição financeira dada por uma entidade pública ou privada a alguém ou a outra entidade com o objetivo de financiar total ou parcialmente suas atividades ou a aquisição de determinados bens. Exemplos: subsídios para ONGs; subsídios para a compra da casa própria; subsídios agrícolas. Também corresponde ao auxílio financeiro que o governo estabelece ou subscreve para certas atividades com o objetivo de estabilizar os preços de produtos, de modo a estimular as exportações. É também empregado como: salários ou vencimentos do presidente da República, dos parlamentares e dos ministros dos tribunais superiores; substrato ou embasamento teórico para a formulação, entendimento ou complementação de uma tese ou estudo.

▶ Veja CF: "**Art. 27.** [...] § 2º O subsídio dos Deputados Estaduais será fixado por lei de iniciativa da Assembleia Legislativa, na razão de, no máximo, setenta e cinco por cento daquele estabelecido, em espécie, para os Deputados Federais, observado o que dispõem os arts. 39, § 4º, 57, § 7º, 150, II, 153, III, e 153, § 2º, I. [...] **Art. 28.** [...] § 2º Os subsídios do Governador, do Vice-Governador e dos Secretários de Estado serão fixados por lei de iniciativa da Assembleia Legislativa, observado o que dispõem os arts. 37, XI, 39, § 4º, 150, II, 153, III, e 153, § 2º, I. [...] **Art. 37.** [...] § 12. Para os fins do disposto no inciso XI do *caput* deste artigo, fica facultado aos Estados e ao Distrito Federal fixar, em seu âmbito, mediante emenda às respectivas Constituições e Lei Orgânica, como limite único, o subsídio mensal dos Desembargadores do respectivo Tribunal de Justiça, limitado a noventa inteiros e vinte e cinco centésimos por cento do subsídio mensal dos Ministros do Supremo Tribunal Federal, não se aplicando o disposto neste parágrafo aos subsídios dos Deputados Estaduais e Distritais e dos Vereadores. [...] **Art. 39.** [...] § 4º O membro de Poder, o detentor de mandato eletivo, os Ministros de Estado e os Secretários Estaduais e Municipais serão remunerados exclusivamente por subsídio fixado em parcela única, vedado o acréscimo de qualquer gratificação, adicional, abono, prêmio, verba de representação ou outra espécie remuneratória, obedecido, em qualquer caso, o disposto no art. 37, X e XI. [...] **Art. 93.** [...] V – o subsídio dos Ministros dos Tribunais Superiores corresponderá a noventa e cinco por cento do subsídio mensal fixado para os Ministros do Supremo Tribunal Federal e os subsídios dos demais magistrados serão fixados em lei e escalonados, em nível federal e estadual, conforme as respectivas categorias da estrutura judiciária nacional, não podendo a diferença entre uma e outra ser superior a dez por cento ou inferior a cinco por cento, nem exceder a noventa e cinco por cento do subsídio mensal dos Ministros dos Tribunais Superiores, obedecido, em qualquer caso, o disposto nos arts. 37, XI, e 39, § 4º; [...]".

Subsídios agrícolas Diz-se do auxílio financeiro ou investimento ofertado pelo governo aos agricultores para viabilizar economicamente suas atividades. Os subsídios podem ser fornecidos diretamente, sob a forma de pagamento em dinheiro, ou podem constituir apoio indireto. Constituem subsídios agrícolas, por exemplo, a disponibilização do seguro agrícola a baixo custo, a anistia ou renegociação de dívidas dos agricultores prejudicados por secas ou inundações, aquisição direta de produto constante da pauta de Política de Preço Mínimo quando o preço de mercado estiver abaixo do preço mínimo, mediante repasse de recursos pelo Tesouro Nacional. Na prática, podem-se também verificar os subsídios negativos, que ocorrem quando os agricultores são incentivados a não produzir uma determinada cultura ou produto, como forma de estabilizar o mercado. Alguns governantes consideram os subsídios agrícolas, assim como os destinados a outras atividades econômicas, uma forma de protecionismo.

Substabelecimento Ato pelo qual o mandatário ou procurador transfere a terceiro, parcial ou totalmente, os poderes que lhe foram conferidos pelo mandante no mandato (art. 665, CC). O substabelecimento pode ser total (sem reserva) ou parcial (com reserva). É sem reserva quando o substabelecente transfere todos os poderes, afastando-se por completo do processo em que atuava; é com reserva quando o substabelecente transfere apenas alguns poderes ao substabelecido (como o de substituí-lo em uma audiência ou na prática de determinado ato judicial), reservando-se os poderes mais importantes, como os de acordar, transigir, receber, dar quitação etc. O substabelecimento do mandato sem reserva de poderes exige o prévio e inequívoco conhecimento do cliente. Tratando-se de mandato com reserva, o substabelecido deve ajustar antecipadamente seus honorários com o substabelecente (art. 24, Código de Ética e Disciplina da OAB).

▶ Veja CC: "**Art. 655.** Ainda quando se outorgue mandato por instrumento público, pode substabelecer-se mediante instrumento particular".

Subsunção Ato ou efeito de subsumir, isto é, incluir um fato ou uma norma a outra norma de maior alcance. Enquadramento do caso concreto à norma legal em abstrato aplicável. Adequação de uma conduta ou de fato concreto à norma jurídica. "No caso, embora a conduta do apenado – pesca em período proibido – atenda tanto à tipicidade formal (pois constatada a subsunção do fato à norma incriminadora) quanto à subjetiva, na medida em que comprovado o dolo do agente, não há como reconhecer presente a tipicidade material, pois em seu poder foram apreendidos apenas seis peixes, devolvidos com vida ao seu *habitat*, conduta que não é suficiente para desestabilizar o ecossistema" (STJ, Ag. Reg. no REsp n. 1.320.020/RS).

■ Embargos à execução. Responsabilidade por sucessão. Art. 133 do CTN. Contrato de locação. Subsunção à hipótese legal. Não ocorrência. 1. "A responsabilidade do art. 133 do CTN ocorre pela aquisição do fundo de comércio ou estabelecimento, ou seja, pressupõe a aquisição da propriedade com todos os poderes inerentes ao domínio, o que não se caracteriza pela celebração de contrato de locação, ainda que mantida a mesma atividade exercida pelo locador" (REsp n. 1.140.655/PR, 2ª T., rel. Min. Eliana Calmon, j. 17.12.2009, *DJe* 19.02.2010). 2. Recurso especial provido. (STJ, REsp n. 1.293.144/RS, 2ª T., rel. Min. Castro Meira, j. 16.04.2013, *DJe* 26.04.2013)

Subvenção Apoio financeiro que consiste na aplicação de recursos públicos não reembolsáveis diretamente em empresas, para compartilhar com elas os custos e riscos inerentes a suas atividades, com a finalidade de incrementar as atividades de inovação e a sua competitividade. Há duas modalidades de subvenções: as *subvenções sociais*, que se destinam a instituições públicas ou privadas de caráter assistencial ou cultural, sem finalidade lucrativa; as *subvenções econômicas*, que se destinam a empresas públicas ou privadas de caráter industrial, comercial, agrícola ou pastoril.

▶ Veja CF: "**Art. 19.** É vedado à União, aos Estados, ao Distrito Federal e aos Municípios: I – estabelecer cultos religiosos ou igrejas, subvencioná-los, embaraçar-lhes o funcionamento ou manter com eles ou seus representantes relações de dependência ou aliança, ressalvada, na forma da lei, a colaboração de interesse público; [...] **Art. 199.** A assistência à saúde é livre à iniciativa privada. [...] § 2º É vedada a destinação de recursos públicos para auxílios ou subvenções às instituições privadas com fins lucrativos. [...]".

▶ Veja Lei n. 4.320/64: "**Art. 12.** A despesa será classificada nas seguintes categorias econômicas: [...] § 2º Classificam-se como Transferências Correntes as dotações para despesas às quais não corresponda contraprestação direta em bens ou serviços, inclusive para contribuições e subvenções destinadas a atender à manifestação de outras entidades de direito público ou privado. § 3º Consideram-se subvenções, para os efeitos desta lei, as transferências destinadas a cobrir despesas de custeio das entidades beneficiadas, distinguindo-se como: I – subvenções sociais, as que se destinem a instituições públicas ou privadas de caráter assistencial ou cultural, sem finalidade lucrativa; II – subvenções econômicas, as que se destinem a empresas públicas ou privadas de caráter industrial, comercial, agrícola ou pastoril".

▶ Veja Lei n. 8.694/93: "**Art. 25.** É vedada a inclusão, na lei orçamentária anual e em seus créditos adicionais, de dotações a título de subvenções sociais, ressalvadas aquelas destinadas a: I – municípios, para atendimento de ações de assistência social, de saúde e de educação, de natureza continuada; II – entidades privadas sem fins lucrativos, de atividade de natureza continuada, que preencham uma das seguintes condições: *a)* sejam de atendimento direto ao público nas áreas de assistência social, à saúde ou à educação e estejam registradas no Conselho Nacional de Assistência Social (CNAS); *b)* sejam vinculadas a organismos internacionais de natureza filantrópica, institucional ou assistencial; *c)* atendam ao disposto no art. 61 do Ato das Disposições Constitucionais Transitórias. Parágrafo único. Para habilitar-se ao recebimento de subvenção social, a entidade privada sem fins lucrativos deverá apresentar declaração atualizada de, no mínimo, três autoridades locais, quanto ao bom funcionamento e comprovante de regularidade do mandato de sua diretoria".

▶ Veja Lei n. 10.973/2004: "**Art. 19.** A União, as ICT e as agências de fomento promoverão e incentivarão o desenvolvimento de produtos e processos inovadores em empresas nacionais e nas entidades nacionais de direito privado sem fins lucrativos voltadas para atividades de pesquisa, mediante a concessão de recursos financeiros, humanos, materiais ou de infraestrutura, a serem ajustados em convênios ou contratos específicos, destinados a apoiar atividades de pesquisa e desenvolvimento, para atender às prioridades da política industrial e tecnológica nacional. § 1º As prioridades da política industrial e tecnológica nacional de que trata o *caput* deste artigo serão estabelecidas em regulamento. § 2º A concessão de recursos financeiros, sob a forma de subvenção econômica, financiamento ou participação societária, visando ao desenvolvimento de produtos ou processos inovadores, será precedida de aprovação de projeto pelo órgão ou entidade concedente. § 3º A concessão da subvenção econômica prevista no § 1º deste artigo implica, obrigatoriamente, a assunção de contrapartida pela empresa beneficiária, na forma estabelecida nos instrumentos de ajuste específicos. § 4º O Poder Executivo regulamentará a subvenção econômica de que trata este artigo, assegurada a destinação de percentual mínimo dos recursos do Fundo Nacional de Desenvolvimento Científico e Tecnológico – FNDCT. [...]".

▶ Veja Lei n. 11.196/2005: "**Art. 21.** A União, por intermédio das agências de fomento de ciências e tecnologia, poderá subvencionar o valor da remuneração de pesquisadores, titulados como mestres ou doutores, empregados em atividades de inovação tecnológica em empresas localizadas no território brasileiro, na forma do regulamento. [...] **Art. 23.** O gozo dos benefícios fiscais e da subvenção de que tratam os arts. 17 a 21 desta Lei fica condicionado à comprovação da regularidade fiscal da pessoa jurídica".

Sucessão Transmissão de direitos feita por ato *inter vivos* ou *mortis causa*. No primeiro caso, é a substituição do titular do direito, como ocorre com a compra e venda. No segundo caso, denominado *sucessão hereditária*, a transmissão se dá em razão da morte do titular.

Sucessão *ab intestato* É a sucessão decorrente de lei sem que incidam disposições testamentárias. Sucessão sem testamento. Opõe-se à sucessão testamentária.

Sucessão definitiva É aquela que ocorre em caráter definitivo no caso de bens deixados por pessoa desaparecida e declarada ausente e que se abre a pedido dos interessados dez anos depois de passada em julgado a sentença que concede a abertura da sucessão provisória (art. 37, CC).

▶ Veja CC: "**Art. 37.** Dez anos depois de passada em julgado a sentença que concede a abertura da sucessão provisória, poderão os interessados requerer a sucessão definitiva e o levantamento das cauções prestadas. **Art. 38.** Pode-se requerer a sucessão definitiva, também, provando-se que o ausente conta oitenta anos de idade, e que de cinco datam as últimas notícias dele. **Art. 39.** Regressando o ausente nos dez anos seguintes à abertura da sucessão definitiva, ou algum de seus descendentes ou ascendentes, aquele ou estes haverão só os bens existentes no estado em que se acharem, os sub-rogados em seu lugar, ou o preço que os herdeiros e demais interessados houverem recebido pelos bens alienados depois daquele tempo. Parágrafo único. Se, nos dez anos a que se refere este artigo, o ausente não regressar, e nenhum interessado promover a sucessão definitiva, os bens arrecadados passarão ao domínio do Município ou do Distrito Federal, se localizados nas respectivas circunscrições, incorporando-se ao domínio da União, quando situados em território federal".

Sucessão hereditária Transmissão de bens e direitos que constituem a herança de pessoa falecida a seus herdeiros legítimos e testamentários. A sucessão, que decorre de lei ou por disposição de última vontade (testamento), é aberta no lugar do último domicílio do falecido (arts. 1.784 e segs., CC). Com o falecimento de alguém, ocorre a *saisine*, instituto que autoriza a transmissão imediata do domínio dos bens do *de cujus* ao herdeiro legítimo ou testamentário a partir do momento da morte do autor da herança, ainda que esta seja desconhecida.

▶ Veja CC: "**Art. 1.784.** Aberta a sucessão, a herança transmite-se, desde logo, aos herdeiros legítimos e testamentários. **Art. 1.785.** A sucessão abre-se no lugar do último domicílio do falecido. **Art. 1.786.** A sucessão dá-se por lei ou por disposição de última vontade. **Art. 1.787.** Regula a sucessão e a legitimação para suceder a lei vigente ao tempo da abertura daquela. **Art. 1.788.** Morrendo a pessoa sem testamento, transmite a herança aos herdeiros legítimos; o mesmo ocorrerá quanto aos bens que não forem compreendidos no testamento; e subsiste a sucessão legítima se o testamento caducar, ou for julgado nulo. **Art. 1.789.** Havendo herdeiros necessários, o testador só poderá dispor da metade da herança. **Art. 1.790.** A companheira ou o companheiro participará da sucessão do outro, quanto aos bens adquiridos onerosamente na vigência da união estável, nas condições seguintes: I – se concorrer com filhos comuns, terá direito a uma quota equivalente à que por lei for atribuída ao filho; II – se concorrer com descendentes só do autor da herança, tocar-lhe-á a metade do que couber a cada um daqueles; III – se concorrer com outros parentes sucessíveis, terá direito a um terço da herança; IV – não havendo parentes sucessíveis, terá direito à totalidade da herança".

■ Sucessão hereditária. Cessão de direitos hereditários a estranho. Direito de preferência. CCB, art. 1.139. Exegese. É controvertida na doutrina e na jurisprudência a questão relativa à aplicação, à cessão de direitos hereditários, da norma do art. 1.139 do CCB, que veda ao condômino de bem indivisível a venda de sua parte a estranho sem antes oferecê-la aos demais. De qualquer forma, porém, na hipótese em exame, como o apelante não pleiteou o seu alegado direito no prazo de seis meses previsto no citado dispositivo legal, ocorreu a decadência. (TJRJ, Ap. Cível n. 12.074, rel. Des. Cássia Medeiros, j. 04.09.2001, *DJ* 01.11.2001)

■ Sucessão. Comoriência. Acidente de veículo. Óbito simultâneo. CCB/2002, art. 8º. Ocorrendo o óbito simultâneo de pessoas que têm relação de sucessão hereditária, e na impossibilidade de precisar qual deles faleceu primeiro, presumir-se-ão simultaneamente mortos. Em consequência, não há transmissão de direitos hereditários entre os comorientes. (TJMG, Ap. Cível n. 118.706/2008/Conselheiro Lafaiete, rel. Des. Caetano Levi Lopes, j. 19.08.2008, *DJ* 09.09.2008)

Sucessão legítima É a sucessão legal ou decorrente de lei (arts. 1.829 e 1.845, CC). A sucessão legítima defere-se na seguinte ordem: aos descendentes, em concorrência com o cônjuge sobrevivente, salvo se este for casado com o falecido no regime da comunhão universal, ou no da separação obrigatória de bens, ou se, no regime da comunhão parcial, o autor da herança não houver deixado bens particulares; aos ascendentes, em concorrência com o cônjuge; ao cônjuge sobrevivente; aos colaterais. A sucessão legítima compreende duas classes de herdeiros: os necessários e os concorrentes (estes denominados facultativos por alguns autores). São herdeiros necessários: os descendentes e os ascendentes. Aos herdeiros necessários é concedido o privilégio da legítima: o direito à metade do patrimônio pertencente aos pais ou do pertencente aos filhos se estes não tiverem prole (art. 1.846, CC).

▶ Veja CC: "**Art. 1.829.** A sucessão legítima defere-se na ordem seguinte: I – aos descendentes, em concorrência com o cônjuge sobrevivente, salvo se casado este com o falecido no regime da comunhão universal, ou no da separação obrigatória de bens (art. 1.640, parágrafo único); ou se, no regime da comunhão parcial, o autor da herança não houver deixado bens particulares; II – aos ascendentes, em concorrência com o cônjuge; III – ao cônjuge sobrevivente; IV – aos colaterais. [...] **Art. 1.845.** São herdeiros necessários os descendentes, os ascendentes e o cônjuge".

- Sucessão legítima. Cônjuge. Herdeiro necessário. CCB/2002, art. 1.829. A nova ordem de sucessão legítima estabelecida no CC/02 incluiu o cônjuge na condição de herdeiro necessário e, conforme o regime matrimonial de bens, concorrente com os descendentes. (STJ, RMS n. 22.684/RJ, rel. Min. Nancy Andrighi, j. 07.05.2007, DJ 28.05.2007)

- Inventário e partilha. Falecimento sem testamento, nem descendentes ou ascendentes. Herança a ser atribuída ao cônjuge sobrevivente, mesmo que casado no regime de separação de bens. CCB, art. 1.603, III. A sucessão legítima, inexistindo descendentes ou ascendentes e, à míngua de testamento, defere-se ao cônjuge sobrevivente, sendo irrelevante o regime de bens do casamento havido entre a inventariada e o cônjuge sobrevivente. (TJSP, AI n. 74.753/SP, rel. Des. Oliveira Lima, j. 30.04.1986)

Sucessão provisória Sucessão de bens deixados por pessoa desaparecida que se abre provisoriamente, a pedido dos interessados, um ano após a arrecadação dos bens, ou três anos se ela deixou representante ou procurador (art. 26, CC).

- ▶ Veja CC: "**Art. 26.** Decorrido um ano da arrecadação dos bens do ausente, ou, se ele deixou representante ou procurador, em se passando três anos, poderão os interessados requerer que se declare a ausência e se abra provisoriamente a sucessão. **Art. 27.** Para o efeito previsto no artigo anterior, somente se consideram interessados: I – o cônjuge não separado judicialmente; II – os herdeiros presumidos, legítimos ou testamentários; III – os que tiverem sobre os bens do ausente direito dependente de sua morte; IV – os credores de obrigações vencidas e não pagas. **Art. 28.** A sentença que determinar a abertura da sucessão provisória só produzirá efeito cento e oitenta dias depois de publicada pela imprensa; mas, logo que passe em julgado, proceder-se-á à abertura do testamento, se houver, e ao inventário e partilha dos bens, como se o ausente fosse falecido. § 1º Findo o prazo a que se refere o art. 26, e não havendo interessados na sucessão provisória, cumpre ao Ministério Público requerê-la ao juízo competente. § 2º Não comparecendo herdeiro ou interessado para requerer o inventário até trinta dias depois de passar em julgado a sentença que mandar abrir a sucessão provisória, proceder-se-á à arrecadação dos bens do ausente pela forma estabelecida nos arts. 1.819 a 1.823. [...] **Art. 35.** Se durante a posse provisória se provar a época exata do falecimento do ausente, considerar-se-á, nessa data, aberta a sucessão em favor dos herdeiros, que o eram àquele tempo. **Art. 36.** Se o ausente aparecer, ou se lhe provar a existência, depois de estabelecida a posse provisória, cessarão para logo as vantagens dos sucessores nela imitidos, ficando, todavia, obrigados a tomar as medidas assecuratórias precisas, até a entrega dos bens a seu dono".

- Seguro de vida. Declaração de ausência da segurada. Abertura de sucessão provisória. Pagamento da indenização. Necessidade de se aguardar a abertura da sucessão definitiva, quando será presumida a morte da pessoa natural. 1. O instituto da ausência e o procedimento para o seu reconhecimento revelam um *iter* que se inaugura com a declaração, perpassa pela abertura da sucessão provisória e se desenvolve até que o decênio contado da declaração da morte presumida se implemente. 2. Transcorrido o interregno de um decênio, contado do trânsito em julgado da decisão que determinou a abertura da sucessão provisória, atinge sua plena eficácia a declaração de ausência, consubstanciada na morte presumida do ausente e na abertura da sua sucessão definitiva. 3. A lei, fulcrada no que normalmente acontece, ou seja, no fato de que as pessoas, no trato diário de suas relações, não desaparecem intencionalmente sem deixar rastros, elegeu o tempo como elemento a solucionar o dilema, presumindo, em face do longo transcurso do tempo, a probabilidade da ocorrência da morte do ausente. 4. Estabelecida pela lei a presunção da morte natural da pessoa desaparecida, é o contrato de seguro de vida alcançado por esse reconhecimento, impondo-se apenas que se aguarde pelo momento da morte presumida e a abertura da sucessão definitiva. 5. Recurso especial a que se nega seguimento. (STJ, REsp n. 1.298.963/SP, 3ª T., rel. Min. Paulo de Tarso Sanseverino, j. 26.11.2013, DJe 25.02.2014)

Sucessão testamentária É resultante de testamento ou disposição de última vontade manifestada em vida pelo *de cujus*. Toda pessoa capaz pode dispor, por testamento, da totalidade de seus bens, ou de parte deles, para depois de sua morte (art. 1.857, CC). Na sucessão testamentária, podem ainda ser chamados a suceder: os filhos ainda não concebidos de pessoas indicadas pelo testador, desde que vivas estas ao se abrir a sucessão; as pessoas jurídicas; e as pessoas jurídicas cuja organização for determinada pelo testador sob a forma de fundação (art. 1.799, CC).

- ▶ Veja CC: "**Art. 1.799.** Na sucessão testamentária podem ainda ser chamados a suceder: I – os filhos, ainda não concebidos, de pessoas indicadas pelo testador, desde que vivas estas ao abrir-se a sucessão; II – as pessoas jurídicas; III – as pessoas jurídicas, cuja organização for determinada pelo testador sob a forma de fundação. [...] **Art. 1.857.** Toda pessoa capaz pode dispor, por testamento, da totalidade dos seus bens, ou de parte deles, para depois de sua morte. § 1º A legítima dos herdeiros necessários não poderá ser incluída no testamento. § 2º São válidas as disposições testamentárias de caráter não patrimonial, ainda que o testador somente a elas se tenha limitado. **Art. 1.858.** O testamento é ato personalíssimo, podendo ser mudado a qualquer tempo. **Art. 1.859.** Extingue-se em cinco anos o direito de impugnar a validade do testamento, contado o prazo da data do seu registro".

- Testamento. Representação. Inexistência. Sucessão testamentária. CCB/2002, art. 1.851. O instituto da representação consiste no chamamento dos parentes em linha reta, do herdeiro legítimo falecido antes do autor da herança, para suceder em seu lugar. [...] O atual CC reservou o Livro V para o Direito das Sucessões e tratou, no Título II, da Sucessão Legítima e, no Título III, da Sucessão Testamentária. Dispôs sobre o direito de representação, no art. 1.851, Capítulo III, do Título II, ou seja, na sucessão legítima, mas não existe a mesma previsão para a sucessão testamentária. Portanto, ainda que o documento fosse válido como disposição testamentária, não ocorrendo a transmissão ao legatário, os apelantes não podem mesmo suceder por representação, o que torna impertinente o inconformismo. [...] (TJMG, Ap. Cível n. 118.706/2008/Conselheiro Lafaiete, rel. Des. Caetano Levi Lopes, j. 19.08.2008, *DJ* 09.09.2008)

- Sucessão testamentária. Testamento. Hermenêutica. Conflito de normas. Primazia da vontade do testador. CCB, art. 1.750. CCB/2002, art. 1.793. I – Nos termos do art. 1.750 do CCB/1916 (a que corresponde o art. 1.793 do CCB/2002), "sobrevindo descendente sucessível ao testador, que o não tinha, ou não o conhecia, quando testou, rompe-se o testamento em todas as suas disposições, se esse descendente sobreviver ao testador". II – No caso concreto, o novo herdeiro, que sobreveio, por adoção *post mortem*, já era conhecido do testador que expressamente o contemplou no testamento e ali consignou, também, a sua intenção de adotá-lo. A pretendida incidência absoluta do art. 1.750 do CCB/1916 em vez de preservar a vontade esclarecida do testador, implicaria a sua frustração. III – A aplicação do texto da lei não deve violar a razão de ser da norma jurídica que encerra, mas é de se recusar, no caso concreto, a incidência absoluta do dispositivo legal, a fim de se preservar a *mens legis* que justamente inspirou a sua criação. IV – Recurso especial não conhecido. (STJ, REsp n. 985.093/2010, RJ, rel. Min. Humberto Gomes de Barros, j. 05.08.2010, *DJ* 24.09.2010)

Sujeito passivo da obrigação principal Em direito tributário, é a pessoa obrigada ao pagamento de tributo ou penalidade pecuniária. Pode ser ela contribuinte, quando tenha relação pessoal e direta com a situação que constitua o respectivo fato gerador; ou responsável, quando, sem revestir a condição de contribuinte, sua obrigação decorra de disposição expressa de lei (art. 121, CTN).

▶ Veja CTN: "**Art. 121.** Sujeito passivo da obrigação principal é a pessoa obrigada ao pagamento de tributo ou penalidade pecuniária. Parágrafo único. O sujeito passivo da obrigação principal diz-se: I – contribuinte, quando tenha relação pessoal e direta com a situação que constitua o respectivo fato gerador; II – responsável, quando, sem revestir a condição de contribuinte, sua obrigação decorra de disposição expressa de lei. **Art. 122.** Sujeito passivo da obrigação acessória é a pessoa obrigada às prestações que constituam o seu objeto. **Art. 123.** Salvo disposições de lei em contrário, as convenções particulares, relativas à responsabilidade pelo pagamento de tributos, não podem ser opostas à Fazenda Pública, para modificar a definição legal do sujeito passivo das obrigações tributárias correspondentes".

Súmula Sumário, restrito, resumo. Súmula de jurisprudência. Síntese de decisões uniformes proferidas pelos tribunais. Conjunto de, no mínimo, três acórdãos de um mesmo tribunal em que se adota a mesma interpretação sobre a mesma questão jurídica. As súmulas podem ser restritas a um tribunal ou gerais, quando emitidas como vinculantes pelo STF. O CPC veda ao relator acolher recurso que não esteja em conformidade com súmula do STJ ou do STF.

▶ Veja CPC/73: "**Art. 479.** O julgamento, tomado pelo voto da maioria absoluta dos membros que integram o tribunal, será objeto de súmula e constituirá precedente na uniformização da jurisprudência. Parágrafo único. Os regimentos internos disporão sobre a publicação no órgão oficial das súmulas de jurisprudência predominante".

▶ Veja CPC/2015: "**Art. 926.** Os tribunais devem uniformizar sua jurisprudência e mantê-la estável, íntegra e coerente. § 1º Na forma estabelecida e segundo os pressupostos fixados no regimento interno, os tribunais editarão enunciados de súmula correspondentes a sua jurisprudência dominante. § 2º Ao editar enunciados de súmula, os tribunais devem ater-se às circunstâncias fáticas dos precedentes que motivaram sua criação".

Súmula vinculante A súmula de jurisprudência com efeito vinculante é a que é aprovada pelo STF, de ofício ou por provocação e mediante decisão de 2/3 de seus membros, após reiteradas decisões sobre a matéria constitucional em análise. A partir de sua publicação na imprensa oficial, ela terá efeito vinculante em relação aos demais órgãos do Poder Judiciário e à administração pública direta e indireta, nas esferas federal, estadual e municipal. Depois da EC n. 45/2004, que acrescentou o art. 103-A à Constituição, a súmula editada pelo STF passou a ter efeito vinculante sobre decisões futuras.

▶ Veja CF: "**Art. 103-A.** O Supremo Tribunal Federal poderá, de ofício ou por provocação, mediante decisão de dois terços dos seus membros, após reiteradas decisões sobre matéria constitucional, aprovar súmula que, a partir de sua publicação na imprensa oficial, terá efeito vinculante em relação aos demais órgãos do Poder Judiciário e à administração pública direta e indireta, nas esferas federal, estadual e municipal, bem como proceder à sua revisão ou cancelamento, na forma estabelecida em lei. § 1º A súmula terá por objetivo a validade, a interpretação e a eficácia de normas determinadas, acerca das quais haja controvérsia atual entre órgãos judiciários ou entre esses e a administração pública que acarrete grave insegurança jurídica e relevante multiplicação de processos sobre questão idêntica. § 2º Sem prejuízo do que vier a ser estabelecido em lei, a aprovação, revisão ou cancelamento de súmula poderá ser provocada por aqueles que podem propor a ação direta de inconstitucionalidade. § 3º Do ato administrativo ou decisão judicial que contrariar a súmula aplicável ou que indevidamente a aplicar, caberá reclamação ao Supremo Tribunal Federal que, julgando-a procedente, anulará o ato administrativo ou cassará a decisão judicial reclamada, e determinará que outra seja proferida com ou sem a aplicação da súmula, conforme o caso".

▶ Veja CPC/2015: "**Art. 927.** Os juízes e os tribunais observarão: I – as decisões do Supremo Tribunal Federal em controle concentrado de constitucionalidade; II – os enunciados de súmula vinculante; III – os acórdãos em incidente de assunção de competência ou de resolução de demandas repetitivas e em julgamento de recursos extraordinário e especial repetitivos; IV – os enunciados das súmulas do Supremo Tribunal Federal em matéria constitucional e do Superior Tribunal de Justiça em matéria infraconstitucional; V – a orientação do plenário ou do órgão especial aos quais estiverem vinculados. § 1º Os juízes e os tribunais observarão o disposto no art. 10 e no art. 489, § 1º, quando decidirem com fundamento neste artigo. § 2º A alteração de tese jurídica adotada em enunciado de súmula ou em julgamento de casos repetitivos poderá ser precedida de audiências públicas e da participação de pessoas, órgãos ou entidades que possam contribuir para a rediscussão da tese. [...]".

■ Ofensa ao contraditório e à ampla defesa não configurada. Demissão de servidor público estadual. Defesa técnica. Súmula vinculante n. 5/STF. Cerceamento de defesa. Inexistência. Recurso ordinário improvido. 1. Demonstrado nos autos que foram garantidas ao recorrente, parte processada interessada, condições regulares de defesa e acesso ao processo administrativo, não se configura lesão aos princípios do contraditório e da ampla defesa. 2. O STF, por meio da Súmula Vinculante n. 5, estabeleceu que a falta de defesa técnica por advogado no processo administrativo não ofende a Constituição Federal, desde que seja concedida a oportunidade de serem efetivados o contraditório e a ampla defesa, condição que no caso foi observada. 3. Constatado que os argumentos de recurso não estão fundados em prova pré-constituída do direito alegado, não se configura o pretendido direito líquido e certo à anulação de decreto estadual que determinou a demissão do recorrente do cargo de auditor fiscal do Tesouro Nacional. Recurso ordinário improvido. (STJ, RMS n. 32.169, rel. Min. Humberto Martins, j. 02.05.2013, *DJ* 17.06.2013)

■ Contrato. Bancário. Abertura de crédito rotativo ("cheque especial"). Revisional. Limitação de juros em 12% (doze por cento) ao ano. Impossibilidade. Aplicação da Súmula vinculante n. 7 e da Súmula n. 596 do STF. Ausente contratação escrita quanto aos juros praticados pelo Banco, prevalecem juros remuneratórios à taxa média de mercado divulgadas pelo BACEN, salvo se a cobrada pelo Banco for mais vantajosa para o cliente. Recurso parcialmente provido neste tópico. (TJSP, Ap. n. 7.288.439/Ourinhos, rel. Des. Cesar Mecchi Morales, j. 28.02.2013)

Superior Tribunal de Justiça (STJ) Tribunal superior criado pela CF/88, em substituição ao extinto TFR e com sede em Brasília, composto de, no mínimo, 33 ministros nomeados pelo presidente da República, entre brasileiros com mais de 35 e menos de 65 anos, de notável saber jurídico e reputação ilibada, depois de aprovada a escolha pelo Senado Federal, entre juízes dos TRFs, desembargadores dos tribunais de justiça, advogados e membros do Ministério Público. É dividido em seis turmas, agrupadas em três seções especializadas, e tem por atribuição o exame de recursos especiais oriundos de todos os tribunais dos estados e TRFs, manifestando-se sobre questões que anteriormente eram submetidas à apreciação do STF (que hoje se ocupa exclusivamente com as questões constitucionais). Havendo repetição de julgamentos idênticos pelas turmas, a seção especializada edita uma súmula, que passa a servir de paradigma para julgamento a respeito de matéria semelhante. No que se refere a julgamentos divergentes, estes conduzem ao "incidente de uniformização de jurisprudência", originado de aprofundados debates, do qual resulta sumulado o entendimento da maioria. O STJ, além de sua competência originária e em recurso ordinário, julga em recurso especial as causas decididas em única ou última instância quando a decisão recorrida (art. 105, III, CF): a) contrariar tratado ou lei federal, ou negar-lhes vigência; b) julgar válido ato de governo local contestado em face de lei federal; c) der à lei federal interpretação divergente da que lhe haja atribuído outro tribunal.

▶ Veja CF: "**Art. 104.** O Superior Tribunal de Justiça compõe-se de, no mínimo, trinta e três Ministros. Parágrafo único. Os Ministros do Superior Tribunal de Justiça serão nomeados pelo Presidente da República, dentre brasileiros com mais de trinta e cinco e menos de sessenta e cinco anos, de notável saber jurídico e reputação ilibada, depois de aprovada a escolha pela maioria absoluta do Senado Federal, sendo: I – um terço dentre juízes dos Tribunais Regionais Federais e um terço dentre desembargadores dos Tribunais de Justiça, indicados em lista tríplice elaborada pelo próprio Tribunal; II – um terço, em partes iguais, dentre advogados e membros do Ministério Público Federal, Estadual, do Distrito Federal e Territórios, alternadamente, indicados na forma do art. 94".

Superior Tribunal de Justiça Desportiva (STJD) Órgão autônomo e independente da Confederação Brasileira de Futebol (CBF), com natureza jurídica de ente despersonalizado, composto pelo Tribunal Pleno e por cinco Comissões Disciplinares, destinado a julgar, em grau de recurso e em última instância, as infrações desportivas advindas de decisões dos tribunais de justiça desportiva estaduais (TJDs).

▶ Veja CF: "**Art. 217.** É dever do Estado fomentar práticas desportivas formais e não formais, como direito de cada um, observados: [...] § 1º O Poder Judiciário só admitirá ações relativas à disciplina e às competições desportivas após esgotarem-se as instâncias da justiça desportiva, reguladas em lei. § 2º A justiça desportiva terá o prazo máximo de sessenta dias, contados da instauração do processo, para proferir decisão final. [...]".

Superior Tribunal Militar (STM) Órgão de última instância da Justiça Militar, com sede em Brasília, composto de quinze ministros vitalícios, nomeados pelo presidente da República, depois de aprovada a indicação pelo Senado Federal, sendo três entre oficiais-generais da Marinha, quatro entre oficiais-generais do Exército, três entre oficiais-generais da Aeronáutica, todos da ativa e do posto mais elevado da carreira, e cinco entre civis. Os ministros civis serão escolhidos pelo presidente da República entre brasileiros maiores de 35 anos, sendo: três advogados de notório saber jurídico e conduta ilibada, com mais de dez anos de efetiva atividade profissional; dois, por escolha paritária, entre juízes auditores e membros do Ministério Público da Justiça Militar (art. 123, CF).

▶ Veja CF: "**Art. 123.** O Superior Tribunal Militar compor-se-á de quinze Ministros vitalícios, nomeados pelo Presidente da República, depois de aprovada a indicação pelo Senado Federal, sendo três dentre oficiais-generais da Marinha, quatro dentre oficiais-generais do Exército, três dentre oficiais-generais da Aeronáutica, todos da ativa e do posto mais elevado da carreira, e cinco dentre civis. Parágrafo único. Os Ministros civis serão escolhidos pelo Presidente da República dentre brasileiros maiores de trinta e cinco anos, sendo: I – três dentre advogados de notório saber jurídico e conduta ilibada, com mais de dez anos de efetiva atividade profissional; II – dois, por escolha paritária, dentre juízes auditores e membros do Ministério Público da Justiça Militar. **Art. 124.** À Justiça Militar compete processar e julgar os crimes militares definidos em lei. Parágrafo único. A lei disporá sobre a organização, o funcionamento e a competência, da Justiça Militar".

Supérstite Expressão usada para designar o cônjuge sobrevivente ou viúvo: "Cônjuge supérstite".

Superveniência Circunstância de um fato ocorrer após outro tomado como referência. Fato, causa ou motivo superveniente. Exemplo: "incapacidade superveniente".

- Veja CC: "**Art. 1.361.** Considera-se fiduciária a propriedade resolúvel de coisa móvel infungível que o devedor, com escopo de garantia, transfere ao credor. [...] § 3º A propriedade superveniente, adquirida pelo devedor, torna eficaz, desde o arquivamento, a transferência da propriedade fiduciária. [...] **Art. 1.861.** A incapacidade superveniente do testador não invalida o testamento, nem o testamento do incapaz se valida com a superveniência da capacidade".

- Súmula n. 336, STJ: A mulher que renunciou aos alimentos na separação judicial tem direito à pensão previdenciária por morte do ex-marido, comprovada a necessidade econômica superveniente.

Supremo Tribunal Federal (STF) Órgão máximo do Poder Judiciário brasileiro, com sede em Brasília, cuja função é julgar recursos que tenham como objeto matéria constitucional. O STF, que funciona como autêntico guarda da Constituição, tem por competência o julgamento da ação direta de inconstitucionalidade, da ação declaratória de constitucionalidade e do recurso extraordinário nos casos em que a decisão recorrida (art. 102, III, CF): a) contrariar dispositivo da Constituição; b) declarar a inconstitucionalidade de tratado ou lei federal; c) julgar válidos lei ou ato de governo local contestados em face da Constituição; d) julgar válida lei local contestada em face de lei federal. O STF é composto de onze ministros, nomeados pelo presidente da República depois de aprovada a escolha pela maioria absoluta do Senado Federal entre cidadãos com mais de 35 e menos de 65 anos de idade de notável saber jurídico e reputação ilibada.

- Veja CF: "**Art. 101.** O Supremo Tribunal Federal compõe-se de onze Ministros, escolhidos dentre cidadãos com mais de trinta e cinco e menos de sessenta e cinco anos de idade, de notável saber jurídico e reputação ilibada. Parágrafo único. Os Ministros do Supremo Tribunal Federal serão nomeados pelo Presidente da República, depois de aprovada a escolha pela maioria absoluta do Senado Federal".

Supressão de instância Eliminação ou não observância de instância recursal nas causas que não sejam de competência originária dos tribunais em contrariedade ao princípio do duplo grau de jurisdição.

- Prisão domiciliar. Supressão de instância. Matéria não analisada na origem. Recurso não conhecido. Constrangimento ilegal demonstrado. Excepcionalidade da situação evidenciada. Ordem concedida de ofício. 1. Da análise dos autos, verifica-se que a questão não foi dirimida pela corte de origem, pois considerou a matéria suscitada já dirimida, sem tecer qualquer outra aferição sobre a controvérsia. Todavia, a questão é de suma importância, pois atinente ao direito de locomoção, à liberdade e à vida do paciente, albergados constitucionalmente (art. 5º, LXVII, da CF), não podendo, assim, esta Corte deixar de apreciá-la [...]. (STJ, *HC* n. 26.814/RS, 5ª T., rel. Min. Jorge Mussi, j. 23.02.2010, *DJe* 29.03.2010)

Suprimento Ato de suprir falha ou omissão, de completar ato, de corrigir uma irregularidade. Convalidação. Suprimento judicial para confirmação do casamento contraído por menor após este completar a idade núbil (art. 1.553, CC); suprimento judicial da outorga de um dos cônjuges ao outro quando o primeiro a denegue sem motivo justo ou lhe seja impossível concedê-la (art. 1.648, CC).

- Veja CC: "**Art. 1.553.** O menor que não atingiu a idade núbil poderá, depois de completá-la, confirmar seu casamento, com a autorização de seus representantes legais, se necessária, ou com suprimento judicial. [...] **Art. 1.648.** Cabe ao juiz, nos casos do artigo antecedente, suprir a outorga, quando um dos cônjuges a denegue sem motivo justo, ou lhe seja impossível concedê-la. **Art. 1.649.** A falta de autorização, não suprida pelo juiz, quando necessária (art. 1.647), tornará anulável o ato praticado, podendo o outro cônjuge pleitear-lhe a anulação, até dois anos depois de terminada a sociedade conjugal. Parágrafo único. A aprovação torna válido o ato, desde que feita por instrumento público, ou particular, autenticado. **Art. 1.650.** A decretação de invalidade dos atos praticados sem outorga, sem consentimento, ou sem suprimento do juiz, só poderá ser demandada pelo cônjuge a quem cabia concedê-la, ou por seus herdeiros".

- Veja CPC/2015: "**Art. 73.** O cônjuge necessitará do consentimento do outro para propor ação que verse sobre direito real imobiliário, salvo quando casados sob o regime de separação absoluta de bens. [...] **Art. 74.** O consentimento previsto no art. 73 pode ser suprido judicialmente quando for negado por um dos cônjuges sem justo motivo, ou quando lhe seja impossível concedê-lo. Parágrafo único. A falta de consentimento, quando necessário e não suprido pelo juiz, invalida o processo".

- Citação. Suprimento. Comparecimento espontâneo do réu. Advogado. Procuração para o foro em geral. CPC, art. 214, § 1º. O comparecimento espontâneo do réu, nos termos do art. 214, § 1º, do CPC, supre a falta de citação, ainda que o advogado que comparece e apresenta contestação tenha procuração com poderes apenas para o foro em geral, desde que de tal ato não resulte nenhum prejuízo à parte. (STJ, REsp n. 685.322/SP, rel. Min. Nancy Andrighi, j. 29.11.2006, *DJ* 11.12.2006)

- Casamento. Pedido de suprimento judicial de outorga uxória. Cônjuges separados. Competência. Foro do domicílio do réu. Matéria de família não caracterizada. CPC, art. 94. Separados judicialmente os cônjuges, é competente o juízo do foro do domicílio do réu para o exame do pedido de suprimento judicial de outorga uxória, ainda que a outorga se refira a acordo de divisão de bens imóveis. (STJ, REsp n. 122.013/SP, rel. Min. Antônio de Pádua Ribeiro, j. 24.05.2005, *DJ* 01.07.2005)

Sursis Diz-se da suspensão condicional da pena imposta ao réu nos casos previstos em lei. Benefício que o juiz concede ao condenado primário isentando-o do cumprimento da pena de reclusão ou detenção sob certas condições e prazo determinado (art. 696, CPP) (*v. Suspensão condicional da pena*).

Suspeição Circunstância de ordem pessoal ou decorrente de parentesco que veda a participação de determinadas pessoas no processo. A suspeição poderá ser alegada pelas partes por meio de exceção contra juiz da causa, Ministério Público, serventuário de justiça, perito e intérprete. A parte interessada deverá arguir o impedimento ou a suspeição, em petição fundamentada e devidamente instruída, na primeira oportunidade em que lhe couber falar nos autos (arts. 135 e segs., CPC/73).

- Veja CPC/73: "**Art. 135.** Reputa-se fundada a suspeição de parcialidade do juiz, quando: I – amigo íntimo ou inimigo capital de qualquer das partes; II – alguma das partes for credora ou devedora do juiz, de seu cônjuge ou de parentes destes, em linha reta ou na colateral até o terceiro grau; III – herdeiro presuntivo, donatário ou empregador de alguma das partes; IV – receber dádivas antes ou depois de iniciado o processo; aconselhar alguma das partes acerca do objeto da causa, ou subministrar meios para atender às despesas do litígio; V – interessado no julgamento da causa em favor de uma das partes. Parágrafo único. Poderá ainda o juiz declarar-se suspeito por motivo íntimo. [...] **Art. 138.** [...] § 1º A parte interessada deverá arguir o impedimento ou a suspeição, em petição fundamentada e devidamente instruída, na primeira oportunidade em que lhe couber falar nos autos; o juiz mandará processar o incidente em separado e sem suspensão da causa, ouvindo o arguido no prazo de 5 (cinco) dias, facultando a prova quando necessária e julgando o pedido. [...]".

- Veja CPC/2015: "**Art. 145.** Há suspeição do juiz: I – amigo íntimo ou inimigo de qualquer das partes ou de seus advogados; II – que receber presentes de pessoas que tiverem interesse na causa antes ou depois de iniciado o processo, que aconselhar alguma das partes acerca do objeto da causa ou que subministrar meios para atender às despesas do litígio; III – quando qualquer das partes for sua credora ou devedora, de seu cônjuge ou companheiro ou de parentes destes, em linha reta até o terceiro grau, inclusive; IV – interessado no julgamento do processo em favor de qualquer das partes. § 1º Poderá o juiz declarar-se suspeito por motivo de foro íntimo, sem necessidade de declarar suas razões. [...] **Art. 148.** Aplicam-se os motivos de impedimento e de suspeição: I – ao membro do Ministério Público; II – aos auxiliares da justiça; [...]".

- Suspeição e imparcialidade do magistrado. Art. 254 do CPP. Suposta animosidade e preconceito em relação ao réu não comprovada. Desconfiguração do vício da imparcialidade. O discurso empolgado, a utilização de certos termos inapropriados em relação aos réus, além da manifestação de indignação no tocante aos crimes, não configura, por si, causa de suspeição do julgador. Não bastasse, o rol previsto no art. 254 do Código de Processo Penal, segundo a jurisprudência dominante desta Corte, não admite alargamento e interpretação extensiva. (STJ, REsp n. 1.315.619/RJ, rel. Min. Campos Marques, j. 15.08.2013, *DJ* 30.08.2013)

- Cabimento. Exceção de suspeição. Não configurada. Não se verifica a suspeição por suposta inimizade entre o juiz e os advogados da parte, pois a norma jurídica cuidou apenas da situação em que a inimizade se dá entre a própria parte e o magistrado. Ao elencar as situações objetivas do impedimento de atuação do magistrado, em seu art. 134, o CPC tratou de hipóteses em relação à pessoa das partes e também de seus advogados, situação distinta quando se trata de suspeição. Portanto, pode-se concluir que, em regra, é juridicamente impossível o pedido de declaração de suspeição fundado em alegação de existência de inimizade entre o magistrado excepto e os procuradores das partes. (TRT-3ª Região, Exceção de Suspeição n. 4.002.156, rel. Des. Stela Álvares da S. Campos, *DJ* 12.06.2013)

Suspensão condicional da pena

O mesmo que *sursis*. Suspensão pelo juiz, por tempo não inferior a 2 nem superior a 6 anos, da execução das penas de reclusão e detenção que não excedam dois anos, ou, por tempo não inferior a 1 nem superior a 3 anos, da execução da pena de prisão simples desde que: a) o sentenciado não haja sofrido, no país ou no estrangeiro, condenação irrecorrível por outro crime à pena privativa da liberdade, salvo o disposto no parágrafo único do art. 46 do CP; b) os antecedentes e a personalidade do sentenciado, os motivos e as circunstâncias do crime autorizem a presunção de que não tornará a delinquir (art. 696, CPP).

▶ Veja CPP: "**Art. 696.** O juiz poderá suspender, por tempo não inferior a 2 (dois) nem superior a 6 (seis) anos, a execução das penas de reclusão e de detenção que não excedam a 2 (dois) anos, ou, por tempo não inferior a 1 (um) nem superior a 3 (três) anos, a execução da pena de prisão simples, desde que o sentenciado: I – não haja sofrido, no País ou no estrangeiro, condenação irrecorrível por outro crime a pena privativa da liberdade, salvo o disposto no parágrafo único do art. 46 do Código Penal; II – os antecedentes e a personalidade do sentenciado, os motivos e as circunstâncias do crime autorizem a presunção de que não tornará a delinquir. Parágrafo único. Processado o beneficiário por outro crime ou contravenção, considerar-se-á prorrogado o prazo da suspensão da pena até o julgamento definitivo".

■ *Sursis* processual. Condição: prestação pecuniária ou serviços à comunidade. Princípio da legalidade. Violação. Constrangimento. Ocorrência. 1. A prestação pecuniária ou de serviços à comunidade por corporificar pena depende de previsão legal para sujeitar alguém ao seu cumprimento. Desta forma, é inviável, à míngua de comando respectivo, impor, como condição da suspensão do processo, nos moldes do art. 89 da Lei n. 9.099/95, prestação pecuniária ou serviços à comunidade. 2. Agravo regimental improvido. (STJ, Ag. Reg. no REsp n. 1.300.071/2013/RS, rel. Min. Maria Thereza de Assis Moura, j. 28.05.2013, *DJ* 05.06.2013)

■ Violência doméstica. Lei Maria da Penha. Pena. Substituição. Impossibilidade. Caso concreto. Suspensão condicional da pena. *Sursis*. Nos crimes praticados com violência ou grave ameaça não é possível a substituição da pena, na forma do art. 44 do CP. A doutrina é pacífica, porém, em permitir a substituição quando se trata de infração de menor potencial ofensivo, ainda que presente a violência ou grave ameaça, como ocorre nos crimes de lesão leve, ameaça e constrangimento ilegal. O crime de violência doméstica, porém, não ostenta a natureza de delito de pequeno potencial ofensivo, não sendo possível a substituição, sem prejuízo da aplicação do *sursis*, porquanto o encarceramento deve ser deixado para casos especiais, quando se manifestar extremamente necessário, o que não ocorre no caso presente. (TJRJ, Ap. Crim. n. 6.678, rel. Des. Marcus Basilio, j. 29.09.2010)

Suspensão condicional do processo

Medida judicial alternativa, no âmbito do processo penal, que poderá ser proposta pelo Ministério Público ao oferecer a denúncia de, nos crimes em que a pena mínima cominada for igual ou inferior a um ano, suspender o processo por 2 a 4 anos, desde que o acusado não esteja sendo processado ou não tenha sido condenado por outro crime, presentes os demais requisitos que autorizariam a suspensão condicional da pena. Aceita a proposta pelo acusado e seu defensor, na presença do juiz, este, recebendo a denúncia, poderá suspender o processo, submetendo o acusado a período de prova sob as seguintes condições: reparação do dano, salvo impossibilidade de fazê-lo; proibição de frequentar determinados lugares; proibição de ausentar-se da comarca onde reside sem autorização do juiz; comparecimento pessoal e obrigatório a juízo, mensalmente, para informar e justificar suas atividades (art. 89, Lei n. 9.099/95). "A suspensão condicional do processo, permitida pela Lei n. 9.099/95, art. 89, configura verdadeiro negócio jurídico processual, uma vez que o Juiz e as partes acordam suas vontades com a finalidade de obter, no processo, fim determinado, qual seja, suspender, mediante condições (umas obrigatórias e outras facultativas), a suspensão do curso da relação processual. Assim, se a parte obrigada não cumpre as condições subordinantes da suspensão, a suspensão deve ser revogada se o descumprimento atinge condições obrigatórias e pode o Juiz revogá-la se a condição descumprida é simplesmente facultativa. Ao fazê-lo, não há constrangimento ilegal reparável pela via do *habeas corpus*" (TJRJ, *HC* n. 2.246/0/1999/RJ, rel. Des. Gama Malcher, j. 08.04.1999, *DJ* 28.09.1999).

▸ Veja Lei n. 9.099/95: "**Art. 89.** Nos crimes em que a pena mínima cominada for igual ou inferior a 1 (um) ano, abrangidas ou não por esta Lei, o Ministério Público, ao oferecer a denúncia, poderá propor a suspensão do processo, por 2 (dois) a 4 (quatro) anos, desde que o acusado não esteja sendo processado ou não tenha sido condenado por outro crime, presentes os demais requisitos que autorizariam a suspensão condicional da pena (art. 77 do Código Penal). § 1º Aceita a proposta pelo acusado e seu defensor, na presença do juiz, este, recebendo a denúncia, poderá suspender o processo, submetendo o acusado a período de prova, sob as seguintes condições: I – reparação do dano, salvo impossibilidade de fazê-lo; II – proibição de frequentar determinados lugares; III – proibição de ausentar-se da comarca onde reside, sem autorização do juiz; IV – comparecimento pessoal e obrigatório a juízo, mensalmente, para informar e justificar suas atividades. § 2º O juiz poderá especificar outras condições a que fica subordinada a suspensão, desde que adequadas ao fato e à situação pessoal do acusado. § 3º A suspensão será revogada se, no curso do prazo, o beneficiário vier a ser processado por outro crime ou não efetuar, sem motivo justificado, a reparação do dano. § 4º A suspensão poderá ser revogada se o acusado vier a ser processado, no curso do prazo, por contravenção, ou descumprir qualquer outra condição imposta. § 5º Expirado o prazo sem revogação, o juiz declarará extinta a punibilidade. § 6º Não correrá a prescrição durante o prazo de suspensão do processo. § 7º Se o acusado não aceitar a proposta prevista neste artigo, o processo prosseguirá em seus ulteriores termos".

▪ Súmula n. 696, STF: Reunidos os pressupostos legais permissivos da suspensão condicional do processo, mas se recusando o Promotor de Justiça a propô-la, o Juiz, dissentindo, remeterá a questão ao Procurador-Geral, aplicando-se por analogia o art. 28 do Código de Processo Penal.

▪ Súmula n. 243, STJ: O benefício da suspensão do processo não é aplicável em relação às infrações penais cometidas em concurso material, concurso formal ou continuidade delitiva, quando a pena mínima cominada, seja pelo somatório, seja pela incidência da majorante, ultrapassar o limite de 1 (um) ano.

▪ Súmula n. 337, STJ: É cabível a suspensão condicional do processo na desclassificação do crime e na procedência parcial da pretensão punitiva.

▪ Suspensão condicional do processo. Oferecimento do benefício ao acusado por parte do juízo competente em ação penal pública. O juízo competente deverá, no âmbito de ação penal pública, oferecer o benefício da suspensão condicional do processo ao acusado caso constate, mediante provocação da parte interessada, não só a insubsistência dos fundamentos utilizados pelo Ministério Público para negar o benefício, mas o preenchimento dos requisitos especiais previstos no art. 89 da Lei n. 9.099/95. A suspensão condicional do processo representa um direito subjetivo do acusado na hipótese em que atendidos os requisitos previstos no art. 89 da Lei dos Juizados Especiais Cíveis e Criminais. Por essa razão, os indispensáveis fundamentos da recusa da proposta pelo Ministério Público podem e devem ser submetidos ao juízo de legalidade por parte do Poder Judiciário. [...]. (STJ, *HC* n. 131.108/RJ, rel. Min. Jorge Mussi, j. 18.12.2012)

Suspensão da execução (*v. Suspensão do processo de execução*).

Suspensão da execução fiscal Suspensão do curso da execução enquanto não forem localizados o devedor ou os bens sobre os quais possa recair a penhora. Decorrido o prazo máximo de um ano sem que sejam encontrados o devedor ou bens penhoráveis, o juiz ordenará o arquivamento dos autos. Encontrados que sejam, a qualquer tempo, o devedor ou os bens, serão desarquivados os autos para o prosseguimento da execução (art. 40, Lei n. 6.830/80).

▸ Veja Lei n. 6.830/80: "**Art. 40.** O juiz suspenderá o curso da execução, enquanto não for localizado o devedor ou encontrados bens sobre os quais possa recair a penhora, e, nesses casos, não correrá o prazo de prescrição. § 1º Suspenso o curso da execução, será aberta vista dos autos ao representante judicial da Fazenda Pública. § 2º Decorrido o prazo máximo de 1 (um) ano, sem que seja localizado o devedor ou encontrados bens penhoráveis, o juiz ordenará o arquivamento dos autos. § 3º Encontrados que sejam, a qualquer tempo, o devedor ou os bens, serão desarquivados os autos para prosseguimento da execução. § 4º Se da decisão que ordenar o arquivamento tiver decorrido o prazo prescricional, o juiz, depois de ouvida a Fazenda Pública, poderá, de ofício, reconhecer a prescrição intercorrente e decretá-la de imediato. § 5º A manifestação prévia da Fazenda Pública prevista no § 4º deste artigo será dispensada no caso de cobranças judiciais cujo valor seja inferior ao mínimo fixado por ato do Ministro de Estado da Fazenda".

- Veja Lei n. 8.038/90: "**Art. 25.** Salvo quando a causa tiver por fundamento matéria constitucional, compete ao Presidente do Superior Tribunal de Justiça, a requerimento do Procurador-Geral da República ou da pessoa jurídica de direito público interessada, e para evitar grave lesão à ordem, à saúde, à segurança e à economia pública, suspender, em despacho fundamentado, a execução de liminar ou de decisão concessiva de mandado de segurança, proferida, em única ou última instância, pelos Tribunais Regionais Federais ou pelos Tribunais dos Estados e do Distrito Federal. § 1º O Presidente pode ouvir o impetrante, em cinco dias, e o Procurador-Geral quando não for o requerente, em igual prazo. § 2º Do despacho que conceder a suspensão caberá agravo regimental. § 3º A suspensão de segurança vigorará enquanto pender o recurso, ficando sem efeito, se a decisão concessiva for mantida pelo Superior Tribunal de Justiça ou transitar em julgado".

- Veja Lei n. 12.016/2009: "**Art. 15.** Quando, a requerimento de pessoa jurídica de direito público interessada ou do Ministério Público e para evitar grave lesão à ordem, à saúde, à segurança e à economia públicas, o presidente do tribunal ao qual couber o conhecimento do respectivo recurso suspender, em decisão fundamentada, a execução da liminar e da sentença, dessa decisão caberá agravo, sem efeito suspensivo, no prazo de 5 (cinco) dias, que será levado a julgamento na sessão seguinte à sua interposição. § 1º Indeferido o pedido de suspensão ou provido o agravo a que se refere o *caput* deste artigo, caberá novo pedido de suspensão ao presidente do tribunal competente para conhecer de eventual recurso especial ou extraordinário. § 2º É cabível também o pedido de suspensão a que se refere o § 1º deste artigo, quando negado provimento a agravo de instrumento interposto contra a liminar a que se refere este artigo. § 3º A interposição de agravo de instrumento contra liminar concedida nas ações movidas contra o poder público e seus agentes não prejudica nem condiciona o julgamento do pedido de suspensão a que se refere este artigo. § 4º O presidente do tribunal poderá conferir ao pedido efeito suspensivo liminar se constatar, em juízo prévio, a plausibilidade do direito invocado e a urgência na concessão da medida. § 5º As liminares cujo objeto seja idêntico poderão ser suspensas em uma única decisão, podendo o presidente do tribunal estender os efeitos da suspensão a liminares supervenientes, mediante simples aditamento do pedido original".

- Súmula n. 314, STJ: Em execução fiscal, não localizados bens penhoráveis, suspende-se o processo por um ano, findo o qual inicia-se o prazo da prescrição quinquenal intercorrente.

- Arquivamento com baixa do processo na origem. Impossibilidade na situação. O parcelamento administrativo constitui causa de suspensão da exigibilidade do crédito tributário e, consequentemente, da execução fiscal durante o prazo concedido, na forma do art. 151, VI, do CTN e art. 792 do CPC. Possível a determinação de arquivamento administrativo do processo, com prévia suspensão, desde que não haja baixa na distribuição, permitida a reativação a qualquer momento, a requerimento das partes. Decisão monocrática. Agravo de instrumento provido. (TJRS, AI n. 70.055.096.333, 2ª Câm. Cível, rel. Almir Porto da Rocha Filho, j. 13.06.2013)

- Processual civil. Agravo regimental no agravo. Recurso especial. Execução fiscal. Prescrição intercorrente. Súmula n. 314/STJ. Demora na citação. Súmula n. 106/STJ. Reexame de prova. Óbice da Súmula n. 7/STJ. 1. É desnecessária a intimação da Fazenda Pública da suspensão da execução, bem como do ato de arquivamento, o qual decorre do transcurso do prazo de um ano de suspensão e é automático, conforme dispõe a Súmula n. 314 desta Corte: "Em execução fiscal, não localizados bens penhoráveis, suspende-se o processo por um ano, findo o qual se inicia o prazo da prescrição quinquenal intercorrente". Nessa linha, é prescindível, também, a intimação da Fazenda Pública da suspensão por ela mesma requerida. 2. O reexame de matéria de prova é inviável em sede de recurso especial (Súmula n. 7/STJ). 3. "O STJ vem flexibilizando a literalidade do disposto no art. 40, § 4º, da Lei n. 6.830/80 para manter a decisão que decreta a prescrição intercorrente sem oitiva prévia da Fazenda Pública quando esta, no recurso interposto contra a sentença de extinção do feito, não demonstra o prejuízo suportado (compatibilização com o princípio processual *pas de nullitè sans grief*)". (STJ, Ag. Reg. no REsp n. 1.236.887/RS, 2ª T., rel. Min. Herman Benjamin, *DJe* 17.10.2011)

Suspensão de segurança Pedido feito no âmbito do mandado de segurança pelo procurador-geral da República, Ministério Público ou por pessoa de direito público interessada, ao presidente de tribunal para que seja cassada liminar ou decisão de outros tribunais, em única ou última instância, nos casos de lesão à ordem, à saúde, à segurança e à economia pública. A petição inicial deverá ser acompanhada da cópia da decisão que concedeu o mandado de segurança. Sendo a causa fundada em questão constitucional, a ação deve ser ajuizada no STF (art. 25, Lei n. 8.038/90; art. 15, Lei n. 12.016/2009).

- Não cabimento do pedido de suspensão. Indevida utilização do incidente como sucedâneo recursal. Pedido de suspensão indeferido. Agravo regimental desprovido. I – Consoante a legislação de regência (v.g. Lei n. 8.437/92 e n. 12.016/2009) e a jurisprudência deste Superior Tribunal e do col. Pretório Excelso, somente será cabível o pedido de suspensão quando a decisão proferida contra o Poder Público puder provocar grave lesão à ordem, à saúde, à segurança e à economia públicas. II – In casu, contudo, mostra-se ausente um dos requisitos para a formulação do pedido nesta Eg. Corte Superior, qual seja, a ação originária proposta contra o Poder Público que formula o pedido de suspensão, sendo inviável, portanto, a concessão do pleito do requerente em virtude da inafastabilidade deste óbice de natureza preliminar. III – Desta forma, revela-se nítido o caráter recursal da presente insurgência, o que é vedado na estreita via da suspensão de segurança, cujo juízo político tem cabimento apenas para se evitar a grave lesão à ordem, saúde, segurança ou economia públicas. Agravo regimental desprovido. (STJ, Ag. Reg. na SLS n. 1.787/PB, Corte Especial, rel. Min. Felix Fischer, j. 02.10.2013, DJe 11.10.2013)

- Acórdão em pedido de suspensão de segurança. Decisão com natureza política. Não cabimento do apelo extremo. 1. A jurisprudência desta Corte Superior é no sentido de não ser cabível o recurso especial de decisões proferidas no âmbito do pedido de suspensão de segurança, uma vez que o apelo extremo visa combater argumentos que digam respeito a exame de legalidade, ao passo que o pedido de suspensão ostenta juízo político. 2. "Ainda que o pleito, no recurso especial, recaia sobre questões formais no procedimento de suspensão de liminar, tal fato não possui o condão de alterar a natureza jurídica da decisão que concede ou nega a suspensão. Eventuais irregularidades formais constituem ilegalidade a ser enfrentada na via mandamental, e não no recurso especial" (Ag. Reg. no REsp n. 1.207.495/RJ, 2ª T., rel. Min. Humberto Martins, j. 14.04.2011, DJe 26.04.2011). [...] 4. No presente caso, não convém excepcionar a regra, porquanto o juízo realizado para conceder a suspensão foi meramente político e não técnico-jurídico. 5. Recurso especial não conhecido. (STJ, REsp n. 1.379.717/DF, 2ª T., rel. Min. Mauro Campbell Marques, j. 24.09.2013, DJe 02.10.2013)

Suspensão do contrato de trabalho Paralisação temporária da execução do contrato de trabalho nos casos especificados em lei: serviço militar obrigatório, exercício de encargo público ou função equiparada, exercício de mandato sindical, suspensão disciplinar, greve, auxílio-doença, aposentadoria por invalidez, participação em curso ou programa de qualificação profissional (arts. 471 a 476-A, CLT).

- Veja CLT: "**Art. 471.** Ao empregado afastado do emprego, são asseguradas, por ocasião de sua volta, todas as vantagens que, em sua ausência, tenham sido atribuídas à categoria a que pertencia na empresa. **Art. 472.** O afastamento do empregado em virtude das exigências do serviço militar, ou de outro encargo público, não constituirá motivo para alteração ou rescisão do contrato de trabalho por parte do empregador. [...] **Art. 475.** O empregado que for aposentado por invalidez terá suspenso o seu contrato de trabalho durante o prazo fixado pelas leis de previdência social para a efetivação do benefício. [...] **Art. 476-A.** O contrato de trabalho poderá ser suspenso, por um período de 2 (dois) a 5 (cinco) meses, para participação do empregado em curso ou programa de qualificação profissional oferecido pelo empregador, com duração equivalente à suspensão contratual, mediante previsão em convenção ou acordo coletivo de trabalho e aquiescência formal do empregado, observado o disposto no art. 471 desta Consolidação. [...]".

- Contrato de trabalho (suspensão e interrupção). Aposentado. Aposentadoria por invalidez. Suspensão do contrato de trabalho. Vínculo empregatício mantido. Manutenção devida do plano de saúde. A aposentadoria por invalidez provoca a suspensão do contrato de trabalho em relação aos efeitos principais, quais sejam, a prestação de serviços, o pagamento de salários e a contagem por tempo de serviço. Todavia, o direito ao plano de saúde não decorre da prestação de serviços, mas, sim, do contrato de trabalho. Permanecem sem alteração os demais efeitos do contrato de trabalho, como no caso concreto a manutenção do plano de saúde, porque subsiste intacto o vínculo empregatício. O reclamante, portanto, faz jus à manutenção do plano de saúde. (TRT-2ª Região, RO n. 32.587/2013, rel. Des. Riva Fainberg Rosenthal, DJ 14.06.2013)

- Auxílio-doença. Suspensão do contrato de trabalho. Dignidade da pessoa humana. Função social da empresa. Plano de saúde assegurado pela empresa, restabelecimento. Sabidamente, o afastamento do empregado para a percepção de auxílio-doença, nos termos do art. 476 da CLT, ocasiona a suspensão do contrato de trabalho. Nesse aspecto, cumpre esclarecer que a predita suspensão pode ser definida como uma situação excepcional em que o pacto empregatício, na maior parte das vezes por motivos alheios à vontade das partes, cessa quase que totalmente os seus efeitos, sem que isso, porém, gere a sua extinção. Em tal interregno, porém, se encontram suspensas a maioria dos direitos e obrigações recíprocos existentes entre os contratantes, isso porque, no caso de suspensão do contrato de trabalho, o empregado não presta serviços, fazendo com que o empregador, consequentemente, não pague seus salários, bem como que não seja contado, para todos os fins legais, o respectivo tempo de serviço. A despeito disso, o art. 471 da CLT estabelece que "ao empregado afastado do emprego, são asseguradas, por ocasião de sua volta, todas as vantagens que, em sua ausência, tenham sido atribuídas à categoria a que pertencia na empresa". Doutro tanto, a suspensão do contrato de trabalho não impede que direitos outros, que não decorram da contraprestação laboral propriamente dita, possam continuar sendo concedidos aos empregados da empresa. Logo, ainda que o contrato de trabalho esteja suspenso, o plano de saúde que o Autor percebia antes de seu afastamento incorporou-se ao seu contrato de trabalho, sendo ilícita a supressão de tal benefício, a teor do art. 468 da CLT e da Súmula n. 51, I, do C. TST. [...]. (TRT-3ª Região, RO n. 1.624/2012, rel. Des. Márcio Ribeiro do Valle, *DJ* 02.10.2012)

Suspensão do crédito tributário
Suspensão da exigibilidade do crédito tributário em relação ao contribuinte que se dá nos casos de: moratória; depósito do seu montante integral; reclamações e recursos, nos termos das leis reguladoras do processo tributário administrativo; concessão de medida liminar em mandado de segurança; concessão de medida liminar ou de tutela antecipada, em outras espécies de ação judicial; parcelamento (art. 151, CTN).

▸ Veja CTN: "**Art. 151.** Suspendem a exigibilidade do crédito tributário: I – moratória; II – o depósito do seu montante integral; III – as reclamações e os recursos, nos termos das leis reguladoras do processo tributário administrativo; IV – a concessão de medida liminar em mandado de segurança; V – a concessão de medida liminar ou de tutela antecipada, em outras espécies de ação judicial; VI – o parcelamento. Parágrafo único. O disposto neste artigo não dispensa o cumprimento das obrigações acessórias dependentes da obrigação principal cujo crédito seja suspenso, ou dela consequentes".

■ Súmula n. 437, STJ: A suspensão da exigibilidade do crédito tributário superior a quinhentos mil reais para opção pelo Refis pressupõe a homologação expressa do comitê gestor e a constituição de garantia por meio do arrolamento de bens.

■ Tributário. Pedido de compensação (via administrativa). Suspensão da exigibilidade do crédito tributário. 1. A Primeira Seção/STJ, ao apreciar os EREsp n. 850.332/SP (rel. Min. Eliana Calmon, *DJe* 12.08.2008), pacificou entendimento no sentido de que o pedido de compensação e o recurso interposto contra o seu indeferimento suspendem a exigibilidade do crédito tributário, na forma prevista no art. 151, III, do CTN, ainda que o pedido de compensação refira-se a créditos de precatório. Considerando que o crédito tributário estava com a sua exigibilidade suspensa quando do ajuizamento da execução fiscal, impõe-se a extinção do feito executivo, em razão da impossibilidade de sua propositura. No mesmo sentido: Ag. Reg. no REsp n. 1.129.800/PR, 2ª T., rel. Min. Castro Meira, *DJe* 16.02.2012; Ag. Reg. no AREsp n. 7.658/PR, 2ª T., rel. Min. Cesar Asfor Rocha, *DJe* 19.06.2012; Ag. Reg. no REsp n. 1.339.403/RS, 2ª T., rel. Min. Mauro Campbell Marques, *DJe* 28.09.2012. 2. Agravo regimental não provido. (STJ, Ag. Reg. no REsp n. 1.359.862/PR, 2ª T., rel. Min. Mauro Campbell Marques, j. 02.05.2013, *DJe* 07.05.2013)

■ Suspensão do crédito tributário. Impossibilidade de praticar atos processuais. 1. Afasta-se violação do art. 535, II, do CPC quando o tribunal de origem analisa de forma adequada e suficiente a controvérsia apresentada em recurso especial. 2. Suspenso o crédito tributário pelo parcelamento, fica suspenso também o processo de execução fiscal. Tal fato em regra impede a substituição ou o reforço da penhora, nos termos do art. 266 do CPC. 3. Recurso especial não provido. (STJ, REsp n. 1.318.188/PR, 2ª T., rel. Min. Eliana Calmon, j. 05.09.2013, *DJe* 17.09.2013)

Suspensão do prazo prescricional civil
Ocorre enquanto perdurarem determinadas situações previstas em lei, como no caso de casamento, poder familiar, tutela e curatela. Mais especificamente: entre os cônjuges na constância da sociedade conjugal; entre ascendentes e descendentes durante o poder familiar; entre tutelados ou curatelados e seus tutores ou curadores durante a tutela ou curatela; contra os incapazes; contra os ausentes do país em serviço público da União, dos estados ou municípios; contra os que se acharem servindo nas Forças Armadas em tempo de guerra; pendendo condição suspensiva (arts. 197 a 199, CC).

▸ Veja CC: "**Art. 197.** Não corre a prescrição: I – entre os cônjuges, na constância da sociedade conjugal; II – entre ascendentes e descendentes, durante o poder familiar; III – entre tutelados ou curatelados e seus tutores ou curadores, durante a tutela ou curatela. **Art. 198.** Também não corre a prescrição: I – contra os incapazes de que trata o art. 3º; II – contra os ausentes do País em serviço público da União, dos Estados ou dos Municípios; III – contra os que se acharem servindo nas Forças Armadas, em tempo de guerra. **Art. 199.** Não corre igualmente a prescrição: I – pendendo condição suspensiva; [...]".

Suspensão do prazo prescricional penal No âmbito dos direitos penal e processual penal, ocorre nos seguintes casos: a) enquanto não resolvida, em outro processo, questão de que dependa o reconhecimento da existência do crime (art. 116, I, CP); b) enquanto o agente cumpre pena no estrangeiro (art. 116, II, CP); c) se o acusado, citado por edital, não comparecer, nem constituir advogado (art. 366, CPP); d) estando o acusado no estrangeiro, em lugar sabido, enquanto não ocorrer o cumprimento da carta rogatória de citação (art. 368, CPP).

- Veja CP: "**Art. 116.** Antes de passar em julgado a sentença final, a prescrição não corre: I – enquanto não resolvida, em outro processo, questão de que dependa o reconhecimento da existência do crime; II – enquanto o agente cumpre pena no estrangeiro. Parágrafo único. Depois de passada em julgado a sentença condenatória, a prescrição não corre durante o tempo em que o condenado está preso por outro motivo".

- Veja CPP: "**Art. 366.** Se o acusado, citado por edital, não comparecer, nem constituir advogado, ficarão suspensos o processo e o curso do prazo prescricional, podendo o juiz determinar a produção antecipada das provas consideradas urgentes e, se for o caso, decretar prisão preventiva, nos termos do disposto no art. 312. [...] **Art. 367.** O processo seguirá sem a presença do acusado que, citado ou intimado pessoalmente para qualquer ato, deixar de comparecer sem motivo justificado, ou, no caso de mudança de residência, não comunicar o novo endereço ao juízo. **Art. 368.** Estando o acusado no estrangeiro, em lugar sabido, será citado mediante carta rogatória, suspendendo-se o curso do prazo de prescrição até o seu cumprimento. **Art. 369.** As citações que houverem de ser feitas em legações estrangeiras serão efetuadas mediante carta rogatória".

- Súmula n. 415, STJ: O período de suspensão do prazo prescricional é regulado pelo máximo da pena cominada.

Suspensão do processo Paralisação ou cancelamento temporário do trâmite processual por convenção das partes ou em virtude de lei. A suspensão do processo por convenção das partes nunca poderá exceder seis meses; nas hipóteses legais o prazo máximo de suspensão é de um ano.

- Veja CPC/73: "**Art. 265.** Suspende-se o processo: I – pela morte ou perda da capacidade processual de qualquer das partes, de seu representante legal ou de seu procurador; II – pela convenção das partes; III – quando for oposta exceção de incompetência do juízo, da câmara ou do tribunal, bem como de suspeição ou impedimento do juiz; IV – quando a sentença de mérito: *a)* depender do julgamento de outra causa, ou da declaração da existência ou inexistência da relação jurídica, que constitua o objeto principal de outro processo pendente; *b)* não puder ser proferida senão depois de verificado determinado fato, ou de produzida certa prova, requisitada a outro juízo; *c)* tiver por pressuposto o julgamento de questão de estado, requerido como declaração incidente; V – por motivo de força maior; VI – nos demais casos, que este Código regula. § 1º No caso de morte ou perda da capacidade processual de qualquer das partes, ou de seu representante legal, provado o falecimento ou a incapacidade, o juiz suspenderá o processo, salvo se já tiver iniciado a audiência de instrução e julgamento; [...] § 3º A suspensão do processo por convenção das partes, de que trata o n. II, nunca poderá exceder 6 (seis) meses; findo o prazo, o escrivão fará os autos conclusos ao juiz, que ordenará o prosseguimento do processo. [...] § 5º Nos casos enumerados nas letras *a*, *b* e *c* do n. IV, o período de suspensão nunca poderá exceder 1 (um) ano. Findo este prazo, o juiz mandará prosseguir no processo. **Art. 266.** Durante a suspensão é defeso praticar qualquer ato processual; poderá o juiz, todavia, determinar a realização de atos urgentes, a fim de evitar dano irreparável".

- Veja CPC/2015: "**Art. 313.** Suspende-se o processo: I – pela morte ou pela perda da capacidade processual de qualquer das partes, de seu representante legal ou de seu procurador; II – pela convenção das partes; III – pela arguição de impedimento ou de suspeição; IV – pela admissão de incidente de resolução de demandas repetitivas; V – quando a sentença de mérito: *a)* depender do julgamento de outra causa ou da declaração de existência ou de inexistência de relação jurídica que constitua o objeto principal de outro processo pendente; *b)* tiver de ser proferida somente após a verificação de determinado fato ou a produção de certa prova, requisitada a outro juízo; VI – por motivo de força maior; VII – quando se discutir em juízo questão decorrente de acidentes e fatos da navegação de competência do Tribunal Marítimo; VIII – nos demais casos que este Código regula. [...] § 4º O prazo de suspensão do processo nunca poderá exceder 1 (um) ano nas hipóteses do inciso V e 6 (seis) meses naquela prevista no inciso II. [...]".

- Súmula n. 354, STJ: A invasão do imóvel é causa de suspensão do processo expropriatório para fins de reforma agrária.

- Desapropriação para fins de reforma agrária obstada pela invasão do imóvel. Impossibilidade de reexame de matéria fática em sede de recurso especial. Súmula n. 7/STJ. 1. Impossível rever a premissa fática fixada pelas instâncias ordinárias sobre ter ou não a invasão influído na avaliação da produtividade do imóvel, por demandar o reexame do acervo fático-probatório dos autos, a atrair o óbice da Súmula n. 7/STJ. 2. Orientação adotada pela Corte de origem em sintonia com a jurisprudência desta Corte, no sentido de que "a invasão do imóvel é causa de suspensão do processo expropriatório para fins de reforma agrária" (Súmula n. 354/STJ). 3. "Qualquer que seja a data da invasão, anterior ou posterior, ou mesmo sua extensão, se total ou mínima, o esbulho possessório acarreta a suspensão do processo expropriatório quanto aos atos mencionados no art. 2º, § 6º, da Lei n. 8.629/93" (Ag. Reg. no REsp n. 1.249.579/AL, *DJe* 04.09.2013). 4. Agravo regimental não provido. (STJ, Ag. Reg. no Ag. n. 1.432.291/BA, 2ª T., rel. Min. Eliana Calmon, j. 08.10.2013, *DJe* 18.10.2013)

- Responsabilidade civil. Danos morais e materiais. Concomitância com ação penal. Sobrestamento da ação civil. Faculdade do juiz. 1. Diante do princípio da independência entre as esferas civil e penal, a suspensão do processo cível até o julgamento definitivo da ação penal é faculdade conferida ao magistrado, não sendo possível a imposição obrigatória de tal suspensão. 2. Alterar a conclusão do Tribunal de origem quanto à necessidade da suspensão do processo demandaria o reexame do contexto fático probatório dos autos, inviável em recurso especial, a teor do que dispõe a Súmula n. 7/STJ. 3. Agravo regimental a que se nega provimento. (STJ, Ag. Reg. no AREsp n. 193.978/SC, 4ª T., rel. Min. Antonio Carlos Ferreira, j. 24.09.2013, *DJe* 30.09.2013)

Suspensão do processo de execução
Suspensão do processo de execução nos casos previstos em lei. Suspende-se a execução: no todo ou em parte, quando recebidos com efeito suspensivo os embargos à execução; nas hipóteses previstas no art. 265, I a III; quando o devedor não possuir bens penhoráveis (art. 791, CPC/73).

- ▶ Veja CPC/73: "**Art. 791.** Suspende-se a execução: I – no todo ou em parte, quando recebidos com efeito suspensivo os embargos à execução (art. 739-A); II – nas hipóteses previstas no art. 265, I a III; III – quando o devedor não possuir bens penhoráveis. **Art. 792.** Convindo as partes, o juiz declarará suspensa a execução durante o prazo concedido pelo credor, para que o devedor cumpra voluntariamente a obrigação. Parágrafo único. Findo o prazo sem cumprimento da obrigação, o processo retomará o seu curso. **Art. 793.** Suspensa a execução, é defeso praticar quaisquer atos processuais. O juiz poderá, entretanto, ordenar providências cautelares urgentes".

- ▶ Veja CPC/2015: "**Art. 921.** Suspende-se a execução: I – nas hipóteses dos arts. 313 e 315, no que couber; II – no todo ou em parte, quando recebidos com efeito suspensivo os embargos à execução; III – quando o executado não possuir bens penhoráveis; IV – se a alienação dos bens penhorados não se realizar por falta de licitantes e o exequente, em 15 (quinze) dias, não requerer a adjudicação nem indicar outros bens penhoráveis; V – quando concedido o parcelamento de que trata o art. 916. [...]".

- Processual civil. Execução. CEF. Suspensão. Bens penhoráveis não encontrados. Art. 791, III, do CPC. Prazo vinculado à prescrição do débito. 1. O art. 791, III, do CPC determina a suspensão de execução "quando o devedor não possuir bens penhoráveis". 2. O Eg. STJ tem entendido que "o prazo de suspensão da execução, com base no art. 791-III, CPC, vincula-se à prescrição do débito exequendo, cujo prazo, em regra, não tem curso durante a suspensão, ainda que se trate de prescrição intercorrente, sendo de ressalvar-se, todavia, que flui o prazo prescricional se o credor não atender às diligências necessárias ao andamento do feito, uma vez intimado a realizá-las" (REsp n. 327.329/RJ). 3. Tendo a exequente (CEF) atendido às diligências necessárias ao regular prosseguimento da demanda, não há que se extinguir o processo por ter sido "suspenso pelo prazo máximo permitido pela lei civil, com base no art. 267, III, c/c art. 598 e 791, II, todos do CPC", devendo a execução ficar suspensa por prazo indeterminado. 4. Apelação provida para anular a sentença e determinar que a execução fique suspensa até a localização de bens do devedor ou pelo prazo prescricional legal. (TRF-1ª Região, AC n. 1.693/GO, 6ª T., rel. Des. Souza Prudente, j. 17.02.2006)

- Agravo regimental no recurso especial. Suspensão do processo executivo. Suspensão do prazo prescricional. Inocorrência de prescrição. Precedentes. 1. É firme o entendimento em ambas as Turmas que compõem a egrégia Segunda Seção de que, suspenso o processo de execução por ausência de bens penhoráveis, não flui o prazo prescricional pelo mesmo período, inclusive atinente à prescrição intercorrente. 2. As circunstâncias fáticas que interferiram no cômputo do prazo prescricional, suficientes para impedir a prescrição intercorrente do título executivo, não podem ser reexaminadas nesta Corte, ante o óbice da Súmula n. 7 do STJ. 2. Agravo regimental não provido. (STJ, Ag. Reg. no REsp n. 1.385.552/DF, 3ª T., rel. Min. Ricardo Villas Bôas Cueva, j. 03.10.2013, *DJe* 10.10.2013)

Sustentação oral Exposição ou defesa oral feita por advogado do recorrente, e do recorrido, perante os desembargadores ou ministros da Câmara ou turma, durante o julgamento do recurso no tribunal (art. 565, CPC/73).

- Veja CPC/73: "**Art. 565.** Desejando proferir sustentação oral, poderão os advogados requerer que na sessão imediata seja o feito julgado em primeiro lugar, sem prejuízo das preferências legais. Parágrafo único. Se tiverem subscrito o requerimento os advogados de todos os interessados, a preferência será concedida para a própria sessão".

- Veja CPC/2015: "**Art. 937.** [...] § 1º A sustentação oral no incidente de resolução de demandas repetitivas observará o disposto no art. 984, no que couber. § 2º O procurador que desejar proferir sustentação oral poderá requerer, até o início da sessão, que o processo seja julgado em primeiro lugar, sem prejuízo das preferências legais. § 3º Nos processos de competência originária previstos no inciso VI, caberá sustentação oral no agravo interno interposto contra decisão de relator que o extinga. § 4º É permitido ao advogado com domicílio profissional em cidade diversa daquela onde está sediado o tribunal realizar sustentação oral por meio de videoconferência ou outro recurso tecnológico de transmissão de sons e imagens em tempo real, desde que o requeira até o dia anterior ao da sessão".

- Alegação de nulidade da sessão de julgamento do agravo regimental por ausência de prévia intimação. Não ocorrência. Feito levado em mesa. Inteligência do art. 91, I, do RISTJ. Sustentação oral. Expressa vedação regimental (art. 159 do RISTJ). I – O STJ já pacificou o entendimento de que não é cabível a sustentação oral nos recursos de agravo regimental e embargos de declaração, dispensando-se, inclusive, a prévia intimação das partes da sessão de julgamento. Inteligência do art. 91, I, combinado com o art. 159 do Regimento Interno desta Corte Superior. Esse entendimento é compartilhado também pelo STF que, em recursos da mesma natureza, também indefere pedidos de prévia intimação da sessão de julgamento e de sustentação oral, com base em seu Regimento Interno. II – A fundamentação adotada no acórdão é suficiente para respaldar a conclusão alcançada, pelo quê ausente pressuposto a ensejar a oposição de embargos de declaração. III- Embargos de declaração rejeitados. (STJ, Emb. Decl. no Ag. Reg. no Ag. n. 1.429.988/PE, 5ª T., rel. Min. Regina Helena Costa, j. 03.10.2013, *DJe* 09.10.2013)

Tabelião Tabelião ou notário é o profissional do Direito dotado de fé pública a quem é delegado o exercício das atividades notarial e de registro. A delegação para o exercício das atividades notarial e de registro depende dos seguintes requisitos: habilitação em concurso público de provas e títulos; nacionalidade brasileira; capacidade civil; quitação das obrigações eleitorais e militares; diploma de bacharel em Direito; verificação de conduta condigna para o exercício da profissão (arts. 3º e 14, Lei n. 8.935/94).

▶ Veja Lei n. 8.935/94: "**Art. 1º** Serviços notariais e de registro são os de organização técnica e administrativa destinados a garantir a publicidade, autenticidade, segurança e eficácia dos atos jurídicos. [...] **Art. 3º** Notário, ou tabelião, e oficial de registro, ou registrador, são profissionais do direito, dotados de fé pública, a quem é delegado o exercício da atividade notarial e de registro. **Art. 4º** Os serviços notariais e de registro serão prestados, de modo eficiente e adequado, em dias e horários estabelecidos pelo juízo competente, atendidas as peculiaridades locais, em local de fácil acesso ao público e que ofereça segurança para o arquivamento de livros e documentos. § 1º O serviço de registro civil das pessoas naturais será prestado, também, nos sábados, domingos e feriados pelo sistema de plantão. § 2º O atendimento ao público será, no mínimo, de seis horas diárias".

Tabelião de notas Tabelião a quem compete, com exclusividade: lavrar escrituras e procurações públicas; lavrar testamentos públicos e aprovar os cerrados; lavrar atas notariais; reconhecer firmas; autenticar cópias (art. 7º, Lei n. 8.935/94).

▶ Veja Lei n. 8.935/94: "**Art. 7º** Aos tabeliães de notas compete com exclusividade: I – lavrar escrituras e procurações, públicas; II – lavrar testamentos públicos e aprovar os cerrados; III – lavrar atas notariais; IV – reconhecer firmas; V – autenticar cópias. Parágrafo único. É facultado aos tabeliães de notas realizar todas as gestões e diligências necessárias ou convenientes ao preparo dos atos notariais, requerendo o que couber, sem ônus maiores que os emolumentos devidos pelo ato. **Art. 8º** É livre a escolha do tabelião de notas, qualquer que seja o domicílio das partes ou o lugar de situação dos bens objeto do ato ou negócio. **Art. 9º** O tabelião de notas não poderá praticar atos de seu ofício fora do Município para o qual recebeu delegação".

■ Danos materiais causados por titular de serventia extrajudicial. Atividade delegada. Responsabilidade do notário. Precedentes. 1. A jurisprudência mais recente desta Corte foi firmada no sentido da responsabilidade dos notários e oficiais de registro por danos causados a terceiros, não permitindo a interpretação de que há responsabilidade pura do ente estatal. 2. Em hipóteses como a dos autos, em que houve delegação de atividade estatal, verifica-se que o desenvolvimento dessa atividade se dá por conta e risco do delegatário, tal como ocorre com as concessões e as permissões de serviços públicos, nos termos do que dispõem os incisos II, III e IV da Lei n. 8.987/95. 3. "O art. 22 da Lei n. 8.935/94 é claro ao estabelecer a responsabilidade dos notários e oficiais de registro por danos causados a terceiros, não permitindo a interpretação de que deve responder solidariamente o ente estatal" (REsp n. 1.087.862/AM, 2ª T., rel. Min. Herman Benjamin, j. 02.02.2010, *DJe* 19.05.2010). Agravo regimental improvido. (STJ, Ag. Reg. no Ag. Reg. no AREsp n. 273.876/SP, 2ª T., rel. Min. Humberto Martins, j. 14.05.2013, *DJe* 24.05.2013)

Tabelião de protesto de títulos Tabelião a quem compete, especificamente: protocolar de imediato os documentos de dívida para prova do descumprimento da obrigação; intimar os devedores dos títulos para aceitá-los, devolvê-los ou pagá-los sob pena de protesto; receber o pagamento dos títulos protocolados dando quitação; lavrar o protesto registrando o ato em livro próprio, em microfilme ou sob outra forma de documentação; acatar o pedido de desistência do protesto formulado pelo apresentante; averbar o cancelamento do protesto e as alterações necessárias para atualização dos registros efetuados; expedir certidões de atos e documentos que constem de seus registros e papéis (art. 11, Lei n. 8.935/94).

▶ Veja Lei n. 8.935/94: "**Art. 11.** Aos tabeliães de protesto de título compete privativamente: I – protocolar de imediato os documentos de dívida, para prova do descumprimento da obrigação; II – intimar os devedores dos títulos para aceitá-los, devolvê-los ou pagá-los, sob pena de protesto; III – receber o pagamento dos títulos protocolizados, dando quitação; IV – lavrar o protesto, registrando o ato em livro próprio, em microfilme ou sob outra forma de documentação; V – acatar o pedido de desistência do protesto formulado pelo apresentante; VI – averbar: *a)* o cancelamento do protesto; *b)* as alterações necessárias para atualização dos registros efetuados; VII – expedir certidões de atos e documentos que constem de seus registros e papéis. Parágrafo único. Havendo mais de um tabelião de protestos na mesma localidade, será obrigatória a prévia distribuição dos títulos".

Tabelionato Denominação dada ao estabelecimento ou local em que os tabeliães ou notários exercem suas atividades profissionais. Também conhecido como *cartório,* o local recebe denominação de acordo com sua especialidade: tabelionato ou cartório de notas; tabelionato ou cartório de protestos.

Tácito Diz-se daquilo que não é expresso, que está subentendido. A aceitação do mandato pode ser tácita e resulta do começo da execução (art. 659, CC).

▶ Veja CC: "**Art. 656.** O mandato pode ser expresso ou tácito, verbal ou escrito. [...] **Art. 659.** A aceitação do mandato pode ser tácita, e resulta do começo de execução".

Tarifa Valor que o usuário paga facultativamente por algum serviço público não essencial prestado por empresas concessionárias de serviços públicos em nome do Estado. São exemplos tarifas de transporte público, de energia elétrica, de telefonia e de coleta de lixo.

Taxa Espécie de tributo pago pelo contribuinte para obter um serviço público prestado pelo Estado. Seu pagamento está relacionado à prestação de serviço público ou ao exercício do poder de polícia em benefício do contribuinte como forma de contraprestação (art. 145, II, CF). As taxas cobradas pela União, pelos estados, pelo Distrito Federal ou pelos municípios, no âmbito de suas respectivas atribuições, têm como fato gerador o exercício regular do poder de polícia, ou a utilização, efetiva ou potencial, de serviço público específico e divisível, prestado ao contribuinte ou posto a sua disposição (art. 77, CTN). Pode receber outras denominações, como tarifa, conta, preço público ou passagem.

▶ Veja CF: "**Art. 145.** A União, os Estados, o Distrito Federal e os Municípios poderão instituir os seguintes tributos: I – impostos; II – taxas, em razão do exercício do poder de polícia ou pela utilização, efetiva ou potencial, de serviços públicos específicos e divisíveis, prestados ao contribuinte ou postos a sua disposição; III – contribuição de melhoria, decorrente de obras públicas. [...]".

▶ Veja CTN: "**Art. 77.** As taxas cobradas pela União, pelos Estados, pelo Distrito Federal ou pelos Municípios, no âmbito de suas respectivas atribuições, têm como fato gerador o exercício regular do poder de polícia, ou a utilização, efetiva ou potencial, de serviço público específico e divisível, prestado ao contribuinte ou posto à sua disposição. Parágrafo único. A taxa não pode ter base de cálculo ou fato gerador idênticos aos que correspondam a imposto, nem ser calculada em função do capital das empresas. **Art. 78.** Considera-se poder de polícia atividade da administração pública que, limitando ou disciplinando direito, interesse ou liberdade, regula a prática de ato ou abstenção de fato, em razão de interesse público concernente à segurança, à higiene, à ordem, aos costumes, à disciplina da produção e do mercado, ao exercício de atividades econômicas dependentes de concessão ou autorização do Poder Público, à tranquilidade pública ou ao respeito à propriedade e aos direitos individuais ou coletivos. Parágrafo único. Considera-se regular o exercício do poder de polícia quando desempenhado pelo órgão competente nos limites da lei aplicável, com observância do processo legal e, tratando-se de atividade que a lei tenha como discricionária, sem abuso ou desvio de poder. **Art. 79.** Os serviços públicos a que se refere o art. 77 consideram-se: I – utilizados pelo contribuinte: *a)* efetivamente, quando por ele usufruídos a qualquer título; *b)* potencialmente, quando, sendo de utilização compulsória, sejam postos à sua disposição mediante atividade administrativa em efetivo funcionamento; II – específicos, quando possam ser destacados em unidades autônomas de intervenção, de utilidade ou de necessidade públicas; III – divisíveis, quando suscetíveis de utilização, separadamente, por parte de cada um dos seus usuários. **Art. 80.** Para efeito de instituição e cobrança de taxas, consideram-se compreendidas no âmbito das atribuições da União, dos Estados, do Distrito Federal ou dos Municípios aquelas que, segundo a Constituição Federal, as Constituições dos Estados, as Leis Orgânicas do Distrito Federal e dos Municípios e a legislação com elas compatível, competem a cada uma dessas pessoas de direito público".

Taxa de serviço Valor pecuniário instituído para a remuneração dos serviços prestados aos clientes por hotéis e estabelecimentos bancários. É discutível a exigência por parte dos hotéis sob o fundamento de repasse como gorjeta aos empregados. Em relação aos bancos, a Resolução CMN n. 3.919/2010 classifica em quatro modalidades os serviços prestados às pessoas físicas pelas instituições financeiras e demais instituições autorizadas pelo Banco Central a funcionar: a) serviços essenciais: aqueles que não podem ser cobrados; b) serviços prioritários: aqueles relacionados a contas de depósitos, transferência de recursos, operações de crédito e arrendamento mercantil, cartão de crédito básico e cadastro, somente podendo ser cobrados os serviços constantes da Lista de Serviços da Tabela I, anexa à Resolução CMN n. 3.919/2010, devendo ainda ser observados a padronização, as siglas e os fatos geradores da cobrança, também estabelecidos por meio da citada Tabela I; c) serviços especiais: aqueles cuja legislação e regulamentação específicas definem as tarifas e as condições em que são aplicáveis, a exemplo dos serviços referentes ao crédito rural, ao sistema financeiro da habitação – SFH, ao FGTS, ao fundo PIS/Pasep, às chamadas contas-salário, bem como às operações de microcrédito de que trata a Resolução CMN n. 3.422 de 2006; d) serviços diferenciados: aqueles que podem ser cobrados desde que explicitadas ao cliente ou ao usuário as condições de utilização e pagamento.

Taxa judiciária Remuneração da prestação de serviços de natureza judiciária cobrada pelos órgãos do Poder Judiciário aos que requerem a prestação jurisdicional, com exceção dos beneficiados pela assistência judiciária gratuita (art. 145, II, CF).

▶ Veja CF: "**Art. 145.** A União, os Estados, o Distrito Federal e os Municípios poderão instituir os seguintes tributos: I – impostos; II – taxas, em razão do exercício do poder de polícia ou pela utilização, efetiva ou potencial, de serviços públicos específicos e divisíveis, prestados ao contribuinte ou postos a sua disposição; III – contribuição de melhoria, decorrente de obras públicas. § 1º Sempre que possível, os impostos terão caráter pessoal e serão graduados segundo a capacidade econômica do contribuinte, facultado à administração tributária, especialmente para conferir efetividade a esses objetivos, identificar, respeitados os direitos individuais e nos termos da lei, o patrimônio, os rendimentos e as atividades econômicas do contribuinte. § 2º As taxas não poderão ter base de cálculo própria de impostos".

Taxa Selic Sistema Especial de Liquidação e Custódia – Selic – é a taxa obtida mediante o cálculo da taxa média ponderada e ajustada das operações de financiamento por um dia, lastreadas em títulos públicos federais e cursadas no referido sistema ou em câmaras de compensação e liquidação de ativos, na forma de operações compromissadas. Operações compromissadas são operações de venda de títulos com compromisso de recompra assumido pelo vendedor, concomitante com o compromisso de revenda assumido pelo comprador, para liquidação no dia útil seguinte. Estão aptas a realizar operações compromissadas por um dia útil, fundamentalmente, as instituições financeiras habilitadas, tais como bancos, caixas econômicas, sociedades corretoras de títulos e valores mobiliários e sociedades distribuidoras de títulos e valores mobiliários (fonte: Banco Central do Brasil). A taxa Selic costuma ser utilizada, entre outros casos, para atualização monetária de cálculos judiciais e remuneração dos depósitos na caderneta de poupança.

▶ Veja Lei n. 8.177/91: "**Art. 12.** Em cada período de rendimento, os depósitos de poupança serão remunerados: I – como remuneração básica, por taxa correspondente à acumulação das TRD, no período transcorrido entre o dia do último crédito de rendimento, inclusive, e o dia do crédito de rendimento, exclusive; II – como remuneração adicional, por juros de: *a)* 0,5% (cinco décimos por cento) ao mês, enquanto a meta da taxa Selic ao ano, definida pelo Banco Central do Brasil, for superior a 8,5% (oito inteiros e cinco décimos por cento);

ou b) 70% (setenta por cento) da meta da taxa Selic ao ano, definida pelo Banco Central do Brasil, mensalizada, vigente na data de início do período de rendimento, nos demais casos. § 1º A remuneração será calculada sobre o menor saldo apresentado em cada período de rendimento. § 2º Para os efeitos do disposto neste artigo, considera-se período de rendimento: I – para os depósitos de pessoas físicas e entidades sem fins lucrativos, o mês corrido, a partir da data de aniversário da conta de depósito de poupança; II – para os demais depósitos, o trimestre corrido a partir da data de aniversário da conta de depósito de poupança".

- Ação de indenização. Acidente de trânsito. Negligência. Súmula n. 283/STF. Juros moratórios. Taxa Selic. Precedentes. Decisão agravada mantida. Improvimento. 1. Reconhecida a negligência da Recorrente na sinalização do óleo na pista a fim de evitar a ocorrência de acidentes, o que é, por si só, fundamento suficiente para manter o julgado e não atacado no Apelo Especial tal fundamento, aplica-se a Súmula n. 283/STF. 2. "O STJ firmou posicionamento no sentido de que os juros serão calculados à base de 0,5% ao mês, nos termos do art. 1.062 do CC de 1916 até a entrada em vigor do novo CC (Lei n. 10.406/2002). A partir da vigência do novo CC (Lei n. 10.406/2002), os juros moratórios deverão observar a taxa que estiver em vigor para a mora do pagamento de impostos devidos à Fazenda Nacional (art. 406). Atualmente, a taxa dos juros moratórios a que se refere o referido dispositivo é a taxa referencial do Sistema Especial de Liquidação e Custódia – Selic" (Emb. Decl. no Ag. Reg. no Ag. n. 1.160.335/MG, 3ª T., rel. Min. Ricardo Villas Bôas Cueva, j. 27.11.2012, DJe 06.12.2012). 3. O agravo não trouxe nenhum argumento novo capaz de modificar a conclusão do julgado, a qual se mantém por seus próprios fundamentos. 4. Agravo regimental improvido. (STJ, Ag. Reg. no AREsp n. 381.421/SC, 3ª T., rel. Min. Sidnei Beneti, j. 24.09.2013, DJe 08.10.2013)

Taxativo Diz-se daquilo que é categórico, expresso, limitado ou restrito. Nesse sentido, rol taxativo ou *numerus clausus* indica que o legislador restringiu a aplicação da lei àqueles casos e somente a eles, não permitindo aplicação extensiva a outros casos. Difere-se de exemplificativo ou *numerus apertus*. Assim, se da lei consta a expressão "entre outras" ou "entre outros casos especificados em lei", indica ser a relação meramente exemplificativa (*numerus apertus*), permitindo a aplicação da lei a outros casos. Exemplo: art. 22 da Lei n. 11.340/2006.

- Veja Lei n. 11.340/2006: "**Art. 22.** Constatada a prática de violência doméstica e familiar contra a mulher, nos termos desta Lei, o juiz poderá aplicar, de imediato, ao agressor, em conjunto ou separadamente, as seguintes medidas protetivas de urgência, entre outras: I – suspensão da posse ou restrição do porte de armas, com comunicação ao órgão competente, nos termos da Lei n. 10.826, de 22 de dezembro de 2003; II – afastamento do lar, domicílio ou local de convivência com a ofendida; III – proibição de determinadas condutas, entre as quais: a) aproximação da ofendida, de seus familiares e das testemunhas, fixando o limite mínimo de distância entre estes e o agressor; b) contato com a ofendida, seus familiares e testemunhas por qualquer meio de comunicação; c) frequentação de determinados lugares a fim de preservar a integridade física e psicológica da ofendida; IV – restrição ou suspensão de visitas aos dependentes menores, ouvida a equipe de atendimento multidisciplinar ou serviço similar; V – prestação de alimentos provisionais ou provisórios. [...]".

- ECA. Ato infracional análogo ao tráfico ilícito de drogas. Medida de internação. Ilegalidade. Súmula n. 492/STJ. Ausência de subsunção ao rol taxativo do art. 122 do ECA. Recurso desprovido. 1. A internação, medida socioeducativa extrema, somente está autorizada nas hipóteses taxativamente previstas no art. 122 do ECA. 2. "O ato infracional análogo ao tráfico de drogas, por si só, não conduz obrigatoriamente à imposição de medida socioeducativa de internação do adolescente". Súmula n. 492 do Superior Tribunal de Justiça. 3. Recurso desprovido. (STJ, Ag. Reg. no HC n. 277.897/SP, 5ª T., rel. Min. Laurita Vaz, j. 22.10.2013, DJe 05.11.2013)

- IPI. Isenção na compra de automóveis. Portador de deficiência física. Art. 1º, § 1º, da Lei n. 8.989/95. Rol taxativo. Art. 111 do CTN. Deficiência comprovada. Isenção mantida. 1. Não há violação do art. 535 do CPC quando a prestação jurisdicional é dada na medida da pretensão deduzida, com enfrentamento e resolução das questões abordadas no recurso. 2. O art. 1º da Lei n. 8.989/95 determina a concessão de isenção de IPI na aquisição de automóveis por portadores de deficiência física, visual, mental severa ou profunda, ou autistas, diretamente ou por intermédio de seu representante legal. 3. A concessão do benefício para deficientes físicos restringe-se às situações enumeradas no § 1º, do art. 1º, da Lei n. 8.989/95. 4. Hipótese em que a moléstia adquirida pela recorrida enquadra-se entre as elencadas no referido artigo. Concessão de IPI mantida. Recurso especial improvido. (STJ, REsp n. 1.370.760/RN, 2ª T., rel. Min. Humberto Martins, j. 27.08.2013, DJe 06.09.2013)

Temerário Ousado, imprudente, abusivo. Assim, diz-se *lide temerária* a lide incabível, absurda, destinada apenas a causar incômodo ou prejuízo a terceiro, sujeitando seu autor à penalidade por litigância de má-fé (art. 17, V, CPC/73). Em caso de lide temerária, o advogado será solidariamente responsável com seu cliente, desde que coligado com este para lesar a parte contrária, o que será apurado em ação própria (art. 32, EAOAB).

- Veja CPC/2015: "**Art. 79.** Responde por perdas e danos aquele que litigar de má-fé como autor, réu ou interveniente. **Art. 80.** Considera-se litigante de má-fé aquele que: I – deduzir pretensão ou defesa contra texto expresso de lei ou fato incontroverso; II – alterar a verdade dos fatos; III – usar do processo para conseguir objetivo ilegal; IV – opuser resistência injustificada ao andamento do processo; V – proceder de modo temerário em qualquer incidente ou ato do processo; VI – provocar incidente manifestamente infundado; VII – interpuser recurso com intuito manifestamente protelatório".

- Veja EAOAB: "**Art. 32.** O advogado é responsável pelos atos que, no exercício profissional, praticar com dolo ou culpa. Parágrafo único. Em caso de lide temerária, o advogado será solidariamente responsável com seu cliente, desde que coligado com este para lesar a parte contrária, o que será apurado em ação própria".

- Omissão quanto à condenação solidária do advogado ao pagamento de multa por litigância de má fé. [...] 3. A responsabilização solidária do advogado, nas hipóteses de lide temerária, ocorrerá somente após a verificação da existência de conluio entre o cliente e seu patrono, a ser apurada em ação própria. A condenação ao pagamento da multa por litigância de má fé deve ser limitada às partes, pois o profissional da advocacia está sujeito exclusivamente ao controle disciplinar da Ordem dos Advogados do Brasil. Precedente. 4. Embargos de declaração parcialmente acolhidos, com modificação do julgado. (STJ, Emb. Decl. no RMS n. 31.708/RS, 3ª T., rel. Min. Nancy Andrighi, j. 10.08.2010, DJe 20.08.2010)

- Improbidade administrativa. Violação do art. 535 do CPC não caracterizada. Art. 17, § 8º, da Lei n. 8.429/92. [...] 2. Na fase prevista no art. 17, § 8º, da Lei n. 8.429/92, o magistrado deve limitar-se a um juízo preliminar sobre a inexistência do ato de improbidade, da improcedência da ação ou da inadequação da via eleita, a fim de evitar a ocorrência de lides temerárias. 3. Hipótese em que o recorrente busca a apreciação de argumentos sobre o mérito da ação civil pública e sua eventual participação em atos de improbidade, o que é inviável nesse momento processual, devendo ser objeto de análise por ocasião do julgamento da demanda principal. 4. Recurso especial não provido. (STJ, REsp n. 1.008.568/PR, 2ª T., rel. Min. Eliana Calmon, j. 23.06.2009, DJe 04.08.2009)

Tempestivo Diz-se do ato que foi praticado no tempo previsto ou tempestivamente, ou seja, dentro do prazo legal. Quando praticado fora do prazo, diz-se que o ato é intempestivo ou praticado a destempo, sendo, nesse caso, declarado ato precluso.

Teoria Conjunto de princípios, pensamentos ou ideias empregados para definir ou explicar determinado fenômeno, tese ou tema de interesse geral. Constituem exemplos a teoria do conhecimento, a teoria da evolução e a teoria da relatividade, entre outras.

Teoria da aparência Teoria fundada no fato de uma pessoa considerada por todos como titular de um direito, embora não o sendo, concretizar um ato jurídico com terceiro de boa-fé com fundamento em uma realidade aparente. Teoria que pressupõe que uma situação irreal (simples aparência) seja aceita como verídica desde que presentes determinados requisitos. Tais requisitos são, objetivamente: a) situação de fato cercada de circunstâncias tais que manifestamente se apresentem como se fossem uma segura situação de direito; b) situação de fato que assim passa a ser considerada segundo a ordem geral e normal das coisas – *error communis fact jus*; c) que, nas mesmas condições anteriores, apresente o titular aparente como se fosse titular legítimo, ou direito como se realmente existisse. E subjetivamente: a) a incidência em erro de quem, de boa-fé, a mencionada situação de fato como situação de direito considera; b) a escusabilidade desse erro apreciada segundo a situação pessoal de quem nele incorreu (TJRJ, Ap. n. 586-89, 1ª Câm. Cível, rel. Des. Renato Maneschy, j. 18.04.1989, in *ADV JUR*, 1990, p. 136, v. 48.146). A teoria da aparência encontra pressuposto no CC (art. 309).

- Veja CC: "**Art. 309.** O pagamento feito de boa-fé ao credor putativo é válido, ainda provado depois que não era credor".

- Serviço público. Citação. Pessoa jurídica. Teoria da aparência. Fornecimento de água. Cobrança da tarifa pelo consumo mínimo presumido. Legalidade. Precedentes. Recurso especial provido. 1. Consoante entendimento já consolidado nesta Corte Superior, com base na Teoria da Aparência, considera-se válida a citação de pessoa jurídica feita na pessoa de funcionário que se apresenta a oficial de justiça como representante legal, sem mencionar qualquer ressalva quanto à inexistência de poderes (STJ, Precedente: Ag. Reg. no EREsp n. 205.275/PR, rel. Min. Eliana Calmon, *DJ* de 18.09.2002). (STF, REsp n. 739.397/RJ, 1ª T., rel. Min. Teori Albino Zavascki, j. 26.06.2007)

- Execução fiscal. Citação de pessoa jurídica. Teoria da aparência. Aplicação. Jurisprudência do STJ. Art. 174 do CTN. Inocorrência de prescrição. 1. Acórdão recorrido em consonância com a jurisprudência pacificada nesta Corte, no sentido de adotar-se a Teoria da Aparência, reputando-se válida a citação da pessoa jurídica quando esta é recebida por quem se apresenta como representante legal da empresa e recebe citação sem ressalva quanto à inexistência de poderes de representação em juízo. Aplicação da Súmula n. 83/STJ. (STJ, REsp n. 741.732/SP, 2ª T., rel. Min. Eliana Calmon, j. 07.06.2005)

Teoria da causalidade adequada Teoria que entende que, para a existência da relação de causalidade, se requer que o agente haja determinado ou produzido o resultado mediante uma conduta proporcionada e adequada. Para essa teoria, nem todo antecedente que concorra para o resultado é causa. Esta seria apenas o antecedente, abstratamente, a deflagração do resultado. Ocorrendo um dano, é necessário verificar se o fato que o originou era capaz de produzi-lo. Nesse sentido, diz-se que a causa era adequada a produzir o efeito. Exige-se do julgador um juízo de valor abstrato para verificar se a causa do dano ordinariamente é apta a produzir aquele resultado. Assim, nem todas as condições serão causa, mas tão somente aquela apropriada a produzir o dano.

- Responsabilidade civil. Prescrição. Não configuração. Fuga de paciente menor de estabelecimento hospitalar. Agravamento da doença. Morte subsequente. Nexo de causalidade. Concorrência de culpas. [...] 3. Na aferição do nexo de causalidade, a doutrina majoritária de direito civil adota a teoria da causalidade adequada ou do dano direto e imediato, de maneira que somente se considera existente o nexo causal quando o dano é efeito necessário e adequado de uma causa (ação ou omissão). Essa teoria foi acolhida pelo CC de 1916 (art. 1.060) e pelo CC de 2002 (art. 403). [...] (STJ, REsp n. 1.307.032/PR, 4ª T., rel. Min. Raul Araújo, j. 18.06.2013, *DJe* 01.08.2013)

- Queda de veículo automotor inerte. Causalidade adequada. Ausência. Dever de indenizar. Inexistência. 1. Os danos pessoais sofridos por quem reclama indenização do seguro DPVAT devem ser efetivamente "causados por veículos automotores de via terrestre, ou por sua carga", nos termos do art. 2º, da Lei n. 6.194/74. Ou seja, o veículo há de ser o causador do dano e não mera concausa passiva do acidente. 2. No caso concreto, tem-se que o veículo automotor, de onde caíra o autor, estava parado e somente fez parte do cenário do infortúnio, não sendo possível apontá-lo como causa adequada (possível e provável) do acidente. 3. Recurso especial não provido. (STJ, REsp n. 1.185.100/MS, 4ª T., rel. Min. Luis Felipe Salomão, j. 15.02.2011, *DJe* 18.02.2011)

- Responsabilidade civil do estado e do tabelião. Impossibilidade de execução hipotecária. Nexo causal. Inexistência. [...] 2. A imputação de responsabilidade civil – contratual ou extracontratual, objetiva ou subjetiva – supõe a presença de dois elementos de fato (a conduta do agente e o resultado danoso) e um elemento lógico-normativo, o nexo causal (que é lógico, porque consiste num elo referencial, numa relação de pertencialidade, entre os elementos de fato; e é normativo, porque tem contornos e limites impostos pelo sistema de Direito). 3. Relativamente ao elemento normativo do nexo causal em matéria de responsabilidade civil, vigora, no Direito brasileiro, o princípio de causalidade adequada (ou do dano direto e imediato), cujo enunciado pode ser decomposto em duas partes: a primeira (que decorre, *a contrario sensu*, do art. 159 do CC/16 e do art. 927 do CC/2002, que fixa a indispensabilidade do nexo causal), segundo a qual ninguém pode ser responsabilizado por aquilo a que não tiver dado causa; e a outra (que decorre do art. 1.060 do CC/16 e do art. 403 do CC/2002, que fixa o conteúdo e os limites do nexo causal) segundo a qual somente se considera causa o evento que produziu direta e concretamente o resultado danoso. [...] (STJ, REsp n. 1.198.829/MS, 1ª T., rel. Min. Teori Albino Zavascki, j. 05.10.2010, *DJe* 25.11.2010)

Teoria da causa madura Teoria da causa pronta, ou seja, a que autoriza o juiz a julgar a lide no estado em que se encontra o processo, sempre que a causa versar somente sobre questão de direito e estiver em condições de julgamento imediato, ou seja, não necessitar de produção de outras provas além das que já constam nos autos. A teoria da causa madura prestigia os princípios da celeridade e da instrumentalidade sem que nenhuma das partes saia prejudicada.

▶ Veja CPC/73: "**Art. 515.** A apelação devolverá ao tribunal o conhecimento da matéria impugnada. [...] § 3º Nos casos de extinção do processo sem julgamento do mérito (art. 267), o tribunal pode julgar desde logo a lide, se a causa versar questão exclusivamente de direito e estiver em condições de imediato julgamento. [...]".

▶ Veja CPC/2015: "**Art. 355.** O juiz julgará antecipadamente o pedido, proferindo sentença com resolução de mérito, quando: I – não houver necessidade de produção de outras provas; II – o réu for revel, ocorrer o efeito previsto no art. 344 e não houver requerimento de prova, na forma do art. 349. **Art. 356.** O juiz decidirá parcialmente o mérito quando um ou mais dos pedidos formulados ou parcela deles: I – mostrar-se incontroverso; II – estiver em condições de imediato julgamento, nos termos do art. 355".

■ Capitalização mensal. Tabela Price. Abusividade de ofício. Não ocorrência. Teoria da causa madura. Devolutividade ampla. 1. "Nos casos de extinção do processo sem julgamento do mérito (art. 267), o tribunal pode julgar desde logo a lide, se a causa versar questão exclusivamente de direito e estiver em condições de imediato julgamento" (art. 515, § 3º, do CPC). 2. Possibilidade de o Tribunal de origem, aplicando a teoria da causa madura, conhecer de matéria não suscitada nas razões da apelação. 3. Devolutividade ampla, em extensão e profundidade, na hipótese. [...] (STJ, Ag. Reg. no REsp n. 1.349.312/SP, 3ª T., rel. Min. Paulo de Tarso Sanseverino, j. 24.02.2015, *DJe* 03.03.2015)

■ Agravo em recurso especial. Violação ao art. 535 do CPC. Inocorrência. Causa madura. Art. 515, § 3º, do CPC. [...] 1. Não ocorre ofensa ao art. 535 do CPC, quando o Tribunal de origem dirime, fundamentadamente, as questões que lhe são submetidas, apreciando integralmente a controvérsia posta nos presentes autos. 2. Vigora no STJ o entendimento de que "A regra do art. 515, § 3º, do CPC deve ser interpretada em consonância com a preconizada pelo art. 330, I, do CPC, razão pela qual, ainda que a questão seja de direito e de fato, não havendo necessidade de produzir prova (causa madura), poderá o Tribunal julgar desde logo a lide, no exame da apelação interposta contra a sentença que julgara extinto o processo sem resolução de mérito". (STJ, EREsp n. 874.507/SC, Corte Especial, rel. Min. Arnaldo Esteves Lima, j. 19.06.2013, *DJe* 01.07.2013)

Teoria da equivalência de condições Também conhecida como *conditio sine qua non*, essa teoria preconiza que tudo o que concorra para o resultado é causa; todo antecedente é causa. Considera causa do dano qualquer evento que contribua para causá-lo. Assim, não fosse a presença de cada uma das condições na hipótese concreta, o dano não ocorreria. Como o próprio nome diz, as condições são equiparadas às causas. A crítica que se faz a essa teoria é que se poderia imputar responsabilidade a um sem-número de pessoas de forma ilimitada.

Teoria da imprevisão Teoria que corresponde à cláusula *rebus sic stantibus* do direito privado, que permite a resolução do contrato de execução continuada ou diferida se a prestação de uma das partes se tornar excessivamente onerosa, com extrema vantagem para a outra, em virtude de acontecimentos extraordinários e imprevisíveis (art. 478, CC).

▶ Veja CC: "**Art. 478.** Nos contratos de execução continuada ou diferida, se a prestação de uma das partes se tornar excessivamente onerosa, com extrema vantagem para a outra, em virtude de acontecimentos extraordinários e imprevisíveis, poderá o devedor pedir a resolução do contrato. Os efeitos da sentença que a decretar retroagirão à data da citação".

■ Compra de safra futura de soja. Elevação do preço do produto. Teoria da imprevisão. Inaplicabilidade. Onerosidade excessiva. Inocorrência. 1. A cláusula *rebus sic stantibus* permite a inexecução de contrato comutativo – de trato sucessivo ou de execução diferida – se as bases fáticas sobre as quais se ergueu a avença alterarem-se, posteriormente, em razão de acontecimentos extraordinários, desconexos com os riscos ínsitos à prestação subjacente. 2. Nesse passo, em regra, é inaplicável a contrato de compra futura de soja a teoria da imprevisão, porquanto o produto vendido, cuja entrega foi diferida a um curto espaço de tempo, possui cotação em bolsa de valores e a flutuação diária do preço é inerente ao negócio entabulado. 3. A variação do preço da saca da soja ocorrida após a celebração do contrato não se consubstancia acontecimento extraordinário e imprevisível, inapto, portanto, à revisão da obrigação com fundamento em alteração das bases contratuais. 4. Ademais, a venda antecipada da soja garante a aferição de lucros razoáveis, previamente identificáveis, tornando o contrato infenso a quedas abruptas no preço do produto. Em realidade, não se pode falar em onerosidade excessiva, tampouco em prejuízo para o vendedor, mas tão somente em percepção de um lucro aquém daquele que teria, caso a venda se aperfeiçoasse em momento futuro. 5. Recurso especial conhecido e provido. (STJ, REsp n. 849.228/GO, 4ª T., rel. Min. Luis Felipe Salomão, j. 03.08.2010, *DJe* 12.08.2010)

Teoria do adimplemento substancial Teoria fundada no entendimento de que não pode o credor rescindir o contrato caso haja cumprimento de parte essencial da obrigação assumida pelo devedor. É admitida pela doutrina e pela jurisprudência com o objetivo de limitar o exercício do direito do credor e, dessa forma, preservar o vínculo contratual.

- Contrato de arrendamento mercantil para aquisição de veículo (*leasing*). Pagamento de 31 das 36 parcelas devidas. Resolução do contrato. Ação de reintegração de posse. Descabimento. Medidas desproporcionais diante do débito remanescente. Aplicação da teoria do adimplemento substancial. 1. É pela lente das cláusulas gerais previstas no CC de 2002, sobretudo a da boa-fé objetiva e da função social, que deve ser lido o art. 475, segundo o qual "[a] parte lesada pelo inadimplemento pode pedir a resolução do contrato, se não preferir exigir-lhe o cumprimento, cabendo, em qualquer dos casos, indenização por perdas e danos". 2. Nessa linha de entendimento, a teoria do substancial adimplemento visa a impedir o uso desequilibrado do direito de resolução por parte do credor, preterindo desfazimentos desnecessários em prol da preservação da avença, com vistas à realização dos princípios da boa-fé e da função social do contrato. 3. No caso em apreço, é de se aplicar a da teoria do adimplemento substancial dos contratos, porquanto o réu pagou: "31 das 36 prestações contratadas, 86% da obrigação total (contraprestação e VRG parcelado) e mais R$ 10.500,44 de valor residual garantido". O mencionado descumprimento contratual é inapto a ensejar a reintegração de posse pretendida e, consequentemente, a resolução do contrato de arrendamento mercantil, medidas desproporcionais diante do substancial adimplemento da avença. [...] (STJ, REsp n. 1.051.270/RS, 4ª T., rel. Min. Luis Felipe Salomão, j. 04.08.2011, *DJe* 05.09.2011).

Teoria do contrato não cumprido Teoria fundada na exceção do contrato não cumprido ou *exceptio non adimpleti contractus*, cuja premissa é que, nos contratos bilaterais, nenhum dos contratantes, antes de cumprida sua obrigação, pode exigir o implemento da do outro (art. 476, CC).

▶ Veja CC: "**Art. 476.** Nos contratos bilaterais, nenhum dos contratantes, antes de cumprida a sua obrigação, pode exigir o implemento da do outro".

- Direito civil. Contratos. Rescisão. Necessidade. Exceção de contrato não cumprido. Requisitos. Nulidade parcial. Manutenção do núcleo do negócio jurídico. Boa-fé objetiva. Requisitos. [...] A exceção de contrato não cumprido somente pode ser oposta quando a lei ou o próprio contrato não determinar a quem cabe primeiro cumprir a obrigação. Estabelecida a sucessividade do adimplemento, o contraente que deve satisfazer a prestação antes do outro não pode recusar-se a cumpri-la sob a conjectura de que este não satisfará a que lhe corre. Já aquele que detém o direito de realizar por último a prestação pode postergá-la enquanto o outro contratante não satisfizer sua própria obrigação. A recusa da parte em cumprir sua obrigação deve guardar proporcionalidade com a inadimplência do outro, não havendo de se cogitar da arguição da exceção de contrato não cumprido quando o descumprimento é parcial e mínimo. [...] (STJ, REsp n. 981.750/MG, 3ª T., rel. Min. Nancy Andrighi, j. 13.04.2010, *DJe* 23.04.2010).

Teoria do diálogo das fontes Teoria idealizada na Alemanha pelo jurista Erik Jayme, professor da Universidade de Heidelberg, segundo a qual o Direito deve ser interpretado de forma sistemática e coordenada, em contraposição ao entendimento de que as leis devem ser aplicadas de forma isolada umas das outras.

Teoria do domínio do fato Teoria desenvolvida pelo alemão Claus Roxin: sustenta que uma pessoa que ocupa uma posição de influência dentro de determinado aparato organizado de poder e dá o comando para que se execute um delito tem de também responder como autor e não só como partícipe. Nesse caso, essa pessoa, agindo com intenção criminosa, envolve outros comparsas no esquema para conseguir seus objetivos. Essa teoria permite incriminar uma pessoa que, embora não tenha participação direta na execução do delito, tem participação central nos fatos.

Teratológica Diz-se da decisão aberrante ou anormal que contraria a lógica e o bom senso. Não há entendimento unânime acerca do que seja uma decisão teratológica ou aberrante, ficando o critério à mercê do subjetivismo de cada julgador. Todavia, quando caracterizada a teratologia, o fundamento é de que as decisões assim qualificadas não só violaram algum preceito normativo, como contaram com algum elemento que fugia ao bom senso e à proporcionalidade.

- Agravo regimental. Decisão que aplica a sistemática da repercussão geral. Carta testemunhável. Não cabimento. I. Contra decisão que aplica a sistemática da repercussão geral é possível apenas a interposição de agravo regimental, mostrando-se a interposição de Carta Testemunhável manifestamente incabível e teratológica. II. A única hipótese de remessa de recurso ao STF, na aplicação da repercussão geral, será aquela prevista no art. 543-B, § 4º, do CPC. III. Agravo regimental desprovido. (STJ, Ag. Reg. nos Emb. Decl. no Ag. Reg. no RE nos Emb. Decl. no Ag. Reg. no AREsp n. 13.611/SC, Corte Especial, rel. Min. Gilson Dipp, j. 17.04.2013, *DJe* 24.04.2013)

- Agravo regimental no mandado de segurança. Impetração contra ato judicial. Teratologia e prejuízo irreparável ou de difícil reparação. Ausência. Fundamento não impugnado. Aplicação da Súmula n. 182/STJ. Agravo não conhecido. 1. A utilização do mandado de segurança contra ato judicial somente é admitida em situações teratológicas, abusivas, que possam gerar dano irreparável, e o recurso previsto não tenha ou não possa obter efeito suspensivo. 2. Incumbe ao agravante infirmar, nas razões do regimental, todos os fundamentos que, individualmente, dão suporte à decisão agravada. Aplicação, por analogia, das Súmulas n. 182/STJ e n. 283/STF. 3. Agravo regimental não conhecido. (STJ, Ag. Reg. no MS n. 18.597/DF, Corte Especial, rel. Min. Arnaldo Esteves Lima, j. 17.04.2013, *DJe* 02.05.2013)

Terceirização Procedimento pelo qual uma empresa ou órgão da administração pública, denominado tomador dos serviços, contrata pessoas sem vínculo trabalhista para a realização de atividades que não constituem seu objetivo principal ou sua atividade-fim. A atividade-fim é também considerada atividade preponderante por caracterizar a unidade de produto, operação ou objetivo final, para cuja obtenção todas as demais atividades convirjam exclusivamente em regime de conexão funcional (art. 581, § 2º, CLT). Nesse caso, entende-se que o terceirizado ou a empresa terceirizada realiza uma atividade-meio ou propiciadora da atividade-fim, como serviços de manutenção, limpeza, vigilância etc. De qualquer modo, a contratação de trabalhador por meio de empresa interposta não gera vínculo de emprego com os órgãos da administração pública direta, indireta e fundacional (art. 37, II, CF), nem com o tomador a contratação de serviços de conservação e limpeza, bem como a de serviços especializados ligados à atividade-meio do tomador, desde que inexistentes a pessoalidade e a subordinação direta (art. 2º, Lei n. 7.102/83).

- Veja CLT: "Art. 581. [...] § 2º Entende-se por atividade preponderante a que caracterizar a unidade de produto, operação ou objetivo final, para cuja obtenção todas as demais atividades convirjam, exclusivamente, em regime de conexão funcional".

- Mandado de segurança. Trabalhista. Multa imposta pela fiscalização do trabalho. Cooperativa. Desempenho de atividade-fim. Terceirização da atividade fim. Impossibilidade. CLT, art. 442, parágrafo único. O mandado de segurança é o remédio constitucional destinado a corrigir violação a direito líquido e certo, aferível de plano, independentemente de dilação probatória. No caso os fatos estão provados. Não basta alegar-se que a mão de obra é terceirizada para justificar a ausência de anotação na CTPS dos trabalhadores, se a realidade demonstra tentativa de burlar a legislação trabalhista, dissimulando a relação empregatícia. Não é cabível a terceirização de serviços relacionados com a atividade-fim da empresa. (TRF-1ª Região, Ap. no MS n. 1.811/MA, rel. Des. Fed. Selene Maria de Almeida, j. 09.12.2002, *DJ* 28.04.2002)

- Concurso público. Preenchimento de cargo de advogado de furnas. Contratação de mão de obra terceirizada na função para a qual foi aprovado o impetrante. Conveniência, oportunidade e existência de dotação orçamentária para a contratação. CF/88, art. 37, II. Ao optar por servidores terceirizados, mesmo dispondo de cadastro de reserva com número de aprovados suficiente para o preenchimento das vagas, Furnas violou princípio fundamental insculpido no art. 37, II, da CF/88, que é consectário lógico de outro princípio igualmente constitucional, qual seja, o da impessoalidade. A terceirização no presente caso revela manobra que visa burlar a forma prescrita na Lei Maior para o preenchimento de emprego público. (TJRJ, Ap. Cível n. 13.137/2007, rel. Des. Agostinho Teixeira, j. 21.08.2007)

Terceirizada Empresa à qual se vinculam empregados que realizam atividade-meio ou propiciadora da atividade-fim, como serviços de manutenção, limpeza, vigilância etc., a outra pessoa jurídica de direito público ou privado.

Terceiro Pessoa estranha a uma relação jurídica ou processual. Aquele que, embora não sendo parte originária na elaboração de um ato jurídico ou no estabelecimento de uma relação processual, pode vir a ser afetado ou demonstrar interesse na coisa objeto do contrato ou na solução da lide. Assim, pendendo uma causa entre duas ou mais pessoas, o terceiro que tiver interesse jurídico em que a sentença seja favorável a uma delas poderá intervir no processo para assisti-la (art. 50, CPC/73). Pode também o terceiro intervir no processo (intervenção de terceiros) mediante oposição, nomeação à autoria, denunciação da lide e chamamento ao processo (arts. 56 a 80, CPC/73), além de propor ação rescisória (art. 485, CPC/73) e embargos de terceiro (art. 1.046, CPC/73).

▶ Veja CC: "**Art. 172.** O negócio anulável pode ser confirmado pelas partes, salvo direito de terceiro. [...] **Art. 304.** Qualquer interessado na extinção da dívida pode pagá-la, usando, se o credor se opuser, dos meios conducentes à exoneração do devedor. Parágrafo único. Igual direito cabe ao terceiro não interessado, se o fizer em nome e à conta do devedor, salvo oposição deste. **Art. 305.** O terceiro não interessado, que paga a dívida em seu próprio nome, tem direito a reembolsar-se do que pagar; mas não se sub-roga nos direitos do credor. Parágrafo único. Se pagar antes de vencida a dívida, só terá direito ao reembolso no vencimento. **Art. 306.** O pagamento feito por terceiro, com desconhecimento ou oposição do devedor, não obriga a reembolsar aquele que pagou, se o devedor tinha meios para ilidir a ação. [...] **Art. 436.** O que estipula em favor de terceiro pode exigir o cumprimento da obrigação. Parágrafo único. Ao terceiro, em favor de quem se estipulou a obrigação, também é permitido exigi-la, ficando, todavia, sujeito às condições e normas do contrato, se a ele anuir, e o estipulante não o inovar nos termos do art. 438. **Art. 437.** Se ao terceiro, em favor de quem se fez o contrato, se deixar o direito de reclamar-lhe a execução, não poderá o estipulante exonerar o devedor. **Art. 438.** O estipulante pode reservar-se o direito de substituir o terceiro designado no contrato, independentemente da sua anuência e da do outro contratante. Parágrafo único. A substituição pode ser feita por ato entre vivos ou por disposição de última vontade. **Art. 439.** Aquele que tiver prometido fato de terceiro responderá por perdas e danos, quando este o não executar. Parágrafo único. Tal responsabilidade não existirá se o terceiro for o cônjuge do promitente, dependendo da sua anuência o ato a ser praticado, e desde que, pelo regime do casamento, a indenização, de algum modo, venha a recair sobre os seus bens. **Art. 440.** Nenhuma obrigação haverá para quem se comprometer por outrem, se este, depois de se ter obrigado, faltar à prestação".

▶ Veja CPC/73: "**Art. 50.** Pendendo uma causa entre duas ou mais pessoas, o terceiro, que tiver interesse jurídico em que a sentença seja favorável a uma delas, poderá intervir no processo para assisti-la. Parágrafo único. A assistência tem lugar em qualquer dos tipos de procedimento e em todos os graus da jurisdição; mas o assistente recebe o processo no estado em que se encontra".

▶ Veja CPC/2015: "**Art. 119.** Pendendo causa entre 2 (duas) ou mais pessoas, o terceiro juridicamente interessado em que a sentença seja favorável a uma delas poderá intervir no processo para assisti-la. Parágrafo único. A assistência será admitida em qualquer procedimento e em todos os graus de jurisdição, recebendo o assistente o processo no estado em que se encontre. [...] **Art. 674.** Quem, não sendo parte no processo, sofrer constrição ou ameaça de constrição sobre bens que possua ou sobre os quais tenha direito incompatível com o ato constritivo, poderá requerer seu desfazimento ou sua inibição por meio de embargos de terceiro. § 1º Os embargos podem ser de terceiro proprietário, inclusive fiduciário, ou possuidor. § 2º Considera-se terceiro, para ajuizamento dos embargos: I – o cônjuge ou companheiro, quando defende a posse de bens próprios ou de sua meação, ressalvado o disposto no art. 843; II – o adquirente de bens cuja constrição decorreu de decisão que declara a ineficácia da alienação realizada em fraude à execução; III – quem sofre constrição judicial de seus bens por força de desconsideração da personalidade jurídica, de cujo incidente não fez parte; IV – o credor com garantia real para obstar expropriação judicial do objeto de direito real de garantia, caso não tenha sido intimado, nos termos legais dos atos expropriatórios respectivos. [...] **Art. 967.** Têm legitimidade para propor a ação rescisória: I – quem foi parte no processo ou o seu sucessor a título universal ou singular; II – o terceiro juridicamente interessado; III – o Ministério Público: [...]".

Terceiro setor Denominação atribuída ao setor constituído por organizações sem fins lucrativos e não governamentais que tem como objetivo gerar serviços de caráter público. Setor composto por um conjunto de entidades que tenham como objetivo e finalidade o desenvolvimento de ações voltadas à produção do bem comum. Fazem parte dos terceiro setor fundações, ONGs, entidades beneficentes e o conjunto de pessoas físicas e jurídicas que participam com doações.

Termo (1) Instrumento escrito. Redução à forma escrita de um ato jurídico judicial ou extrajudicial com a finalidade de confirmar, atestar ou salvaguardar direitos. Exemplos: "termo de audiência"; "termo nos autos"; "termo de conciliação"; "termo de responsabilidade"; "termo de rescisão"; "termo de abertura"; "termo circunstanciado"; "termo de ajustamento de conduta".

▶ Veja CPC/73: "**Art. 349.** A confissão judicial pode ser espontânea ou provocada. Da confissão espontânea, tanto que requerida pela parte, se lavrará o respectivo termo nos autos; [...] **Art. 448.** Antes de iniciar a instrução, o juiz tentará conciliar as partes. Chegando a acordo, o juiz mandará tomá-lo por termo. **Art. 449.** O termo de conciliação, assinado pelas partes e homologado pelo juiz, terá valor de sentença".

▶ Veja CPC/2015: "**Art. 639.** No prazo estabelecido no art. 627, o herdeiro obrigado à colação conferirá por termo nos autos ou por petição à qual o termo se reportará os bens que recebeu ou, se já não os possuir, trar-lhes-á o valor. [...] **Art. 657.** A partilha amigável, lavrada em instrumento público, reduzida a termo nos autos do inventário ou constante de escrito particular homologado pelo juiz, pode ser anulada por dolo, coação, erro essencial ou intervenção de incapaz, observado o disposto no § 4º do art. 966. [...] **Art. 845.** Efetuar-se-á a penhora onde se encontrem os bens, ainda que sob a posse, a detenção ou a guarda de terceiros. § 1º A penhora de imóveis, independentemente de onde se localizem, quando apresentada certidão da respectiva matrícula, e a penhora de veículos automotores, quando apresentada certidão que ateste a sua existência, serão realizadas por termo nos autos. [...] **Art. 906.** Ao receber o mandado de levantamento, o exequente dará ao executado, por termo nos autos, quitação da quantia paga. [...]".

Termo (2) Indicação da data ou do momento em que se inicia ou se extingue um prazo ou um negócio jurídico, isto é, o *dies a quo* (dia de início) e o *dies ad quem* (dia do final). Termo inicial do prazo; termo final do prazo.

Termo circunstanciado Documento elaborado pela autoridade policial com a finalidade de substituir o auto de prisão em flagrante delito, especificamente nas ocorrências em que for constatada infração de menor potencial ofensivo. Trata-se de uma peça na qual a autoridade policial que tomar conhecimento da infração penal, com o autor previamente identificado, registrará de forma sumária as características do fato.

▶ Veja Lei n. 9.099/95: "**Art. 69.** A autoridade policial que tomar conhecimento da ocorrência lavrará termo circunstanciado e o encaminhará imediatamente ao Juizado, com o autor do fato e a vítima, providenciando-se as requisições dos exames periciais necessários. [...]".

■ Apelação cível. Direito público não especificado. Declaração de ilegalidade de ato administrativo. Termo circunstanciado. Dano moral. A lavratura de termo circunstanciado se dá por força da lei (art. 69, da Lei n. 9.099/95), independente da vontade da vítima. No caso dos autos, a parte apelante não logrou demonstrar a existência de qualquer registro negativo em seu nome. Inexistência de dano moral. Negado provimento ao recurso de apelação. Unânime. (TJRS, Ap. Cível n. 70.044.792.109, 2ª Câm. Cível, rel. João Barcelos de Souza Junior, j. 28.11.2012)

■ Apelação criminal. Exploração de jogo de azar. Contravenção penal. Menor potencial ofensivo. Lei n. 9.099/95. Competência. Tratando o feito de condenação pela contravenção penal do jogo de azar, que, nos termos do art. 61 da Lei n. 9.099/95, é considerada infração de menor potencial ofensivo, inclusive o feito tendo seguido todo o procedimento previsto para os Juizados Especiais Criminais, com início por Termo Circunstanciado e audiência onde apresentada defesa oral e prévia ao recebimento da denúncia, inexiste motivos para que este Colegiado reveja a decisão respectiva, cuja competência é das Turmas Recursais. Declinada a competência às turmas recursais criminais. (TJRS, Ap. Crime n. 70.044.148.237, 8ª Câm. Criminal, rel. Fabianne Breton Baisch, j. 02.09.2011)

Termo de ajustamento de conduta (TAC) O termo de ajustamento de conduta, também conhecido como compromisso de ajustamento de conduta, é o instrumento jurídico destinado a colher do causador de dano à criança e ao adolescente ou de dano ao consumidor coletivamente considerado um título executivo extrajudicial de obrigação de fazer, não fazer ou de indenizar, mediante o qual o compromitente assume a obrigação de adequar sua conduta às exigências legais sob pena de sanções fixadas no próprio termo.

▶ Veja ECA: "**Art. 211.** Os órgãos públicos legitimados poderão tomar dos interessados compromisso de ajustamento de sua conduta às exigências legais, o qual terá eficácia de título executivo extrajudicial".

▶ Veja Lei n. 7.347/85: "**Art. 5º** Têm legitimidade para propor a ação principal e a ação cautelar: [...] § 6º Os órgãos públicos legitimados poderão tomar dos interessados compromisso de ajustamento de sua conduta às exigências legais, mediante cominações, que terá eficácia de título executivo extrajudicial".

■ Compromisso de ajustamento de conduta. Título executivo extrajudicial. Legitimidade do Ministério Público para propor a execução. 1. Consoante decidiu esta Turma, ao julgar o REsp n. 443.407/SP (rel. Min. João Otávio de Noronha, *DJ* 25.04.2006, p. 106), encontra-se em plena vigência o § 6º do art. 5º da Lei n. 7.347/85, de forma que o descumprimento de compromisso de ajustamento de conduta celebrado com o Ministério Público viabiliza a execução da multa nele prevista. No referido julgamento, ficou consignado que a Mensagem n. 664/90, do Presidente da República – a qual vetou parcialmente o Código de Defesa do Consumidor –, ao tratar do veto aos arts. 82, § 3º, e 92, parágrafo único, fez referência ao art. 113, mas não o vetou. 2. Recurso especial provido para reconhecer a força executiva do compromisso de ajustamento de conduta firmado com o Município de Curitiba e a legitimidade do Ministério Público para o ajuizamento da execução. (STJ, REsp n. 828.319/PR, 2ª T., rel. Min. Mauro Campbell Marques, j. 16.12.2010, *DJe* 08.02.2011)

Termo de compromisso Instrumento escrito por meio do qual alguém se compromete perante outro, ou perante uma entidade, a cumprir uma obrigação de fazer ou abster-se de fazer determinada coisa. Também se pode assumir um compromisso mediante a cláusula compromissória, pela qual as partes, em um contrato, se dispõem a submeter à arbitragem os litígios que possam vir a surgir relativamente a tal contrato (Lei n. 9.307/96).

▸ Veja Lei n. 9.307/96: "**Art. 3º** As partes interessadas podem submeter a solução de seus litígios ao juízo arbitral mediante convenção de arbitragem, assim entendida a cláusula compromissória e o compromisso arbitral. **Art. 4º** A cláusula compromissória é a convenção através da qual as partes em um contrato comprometem-se a submeter à arbitragem os litígios que possam vir a surgir, relativamente a tal contrato. § 1º A cláusula compromissória deve ser estipulada por escrito, podendo estar inserta no próprio contrato ou em documento apartado que a ele se refira. [...]".

Termo de compromisso ambiental Termo de compromisso, com força de título executivo extrajudicial, celebrado por órgãos ambientais integrantes do Sisnama responsáveis pela execução de programas e projetos relativos ao meio ambiente e pelo controle e fiscalização de estabelecimentos e atividades suscetíveis de degradação da qualidade ambiental, com pessoas físicas ou jurídicas responsáveis pela construção, instalação, ampliação e funcionamento de estabelecimentos e atividades utilizadores de recursos ambientais, considerados efetiva ou potencialmente poluidores, de modo a permitir que as mencionadas pessoas possam promover as necessárias correções de suas atividades para atendimento das exigências impostas pelas autoridades ambientais competentes (art. 79-A, Lei n. 9.605/98).

▸ Veja Lei n. 9.605/98: "**Art. 79-A.** Para o cumprimento do disposto nesta Lei, os órgãos ambientais integrantes do Sisnama, responsáveis pela execução de programas e projetos e pelo controle e fiscalização dos estabelecimentos e das atividades suscetíveis de degradarem a qualidade ambiental, ficam autorizados a celebrar, com força de título executivo extrajudicial, termo de compromisso com pessoas físicas ou jurídicas responsáveis pela construção, instalação, ampliação e funcionamento de estabelecimentos e atividades utilizadores de recursos ambientais, considerados efetiva ou potencialmente poluidores. § 1º O termo de compromisso a que se refere este artigo destinar-se-á, exclusivamente, a permitir que as pessoas físicas e jurídicas mencionadas no *caput* possam promover as necessárias correções de suas atividades, para o atendimento das exigências impostas pelas autoridades ambientais competentes, sendo obrigatório que o respectivo instrumento disponha sobre: [...]".

Terras devolutas Espécie de terras públicas não integradas ao patrimônio particular nem formalmente arrecadadas ao patrimônio público e que ainda não foram objeto de processo discriminatório. São devolutas, na faixa da fronteira, nos territórios federais e no Distrito Federal, as terras que, não sendo próprias nem aplicadas a algum uso público federal, estadual, territorial ou municipal, não se incorporaram ao domínio privado (art. 5º, DL n. 9.760/46). O processo discriminatório de terras tem por objetivo separar as terras devolutas das terras particulares para incorporá-las ao patrimônio do Estado (*v. Ação discriminatória*).

▸ Veja DL n. 9.760/46: "**Art. 5º** São devolutas, na faixa da fronteira, nos Territórios Federais e no Distrito Federal, as terras que, não sendo próprios nem aplicadas a algum uso público federal, estadual territorial ou municipal, não se incorporaram ao domínio privado: *a)* por força da Lei n, 601, de 18 de setembro de 1850, Decreto n, 1.318, de 30 de janeiro de 1854, e outras leis e decretos gerais, federais e estaduais; *b)* em virtude de alienação, concessão ou reconhecimento por parte da União ou dos Estados; *c)* em virtude de lei ou concessão emanada de governo estrangeiro e ratificada ou reconhecida, expressa ou implicitamente, pelo Brasil, em tratado ou convenção de limites; *d)* em virtude de sentença judicial com força de coisa julgada; *e)* por se acharem em posse contínua e incontestada com justo título e boa-fé, por termo superior a 20 (vinte) anos; *f)* por se acharem em posse pacífica e ininterrupta, por 30 (trinta) anos, independentemente de justo título e boa-fé; *g)* por força de sentença declaratória proferida nos termos do art. 148 da Constituição Federal, de 10 de Novembro de 1937. Parágrafo único. A posse a que a União condiciona a sua liberalidade não pode constituir latifúndio e depende do efetivo aproveitamento e morada do possuidor ou do seu preposto, integralmente satisfeitas por estes, no caso de posse de terras situadas na faixa da fronteira, as condições especiais impostas na lei".

Terrenos de marinha São terrenos de marinha, em uma profundidade de 33 metros, medidos horizontalmente para a parte da terra da posição da linha da preamar média de 1831: os situados no continente, na costa marítima e nas margens dos rios e lagoas, até onde se faça sentir a influência das marés; e os que contornam as ilhas situadas em zona onde se faça sentir a influência das marés (art. 2º, DL n. 9.760/46). A ocupação por parte de particulares costuma ser feita pelo regime de aforamento, passando o ocupante a ter o domínio útil sobre o terreno de marinha (*v. Aforamento*).

▶ Veja DL n. 9.760/46: "**Art. 2º** São terrenos de marinha, em uma profundidade de 33 (trinta e três) metros, medidos horizontalmente, para a parte da terra, da posição da linha do preamar-médio de 1831: *a)* os situados no continente, na costa marítima e nas margens dos rios e lagoas, até onde se faça sentir a influência das marés; *b)* os que contornam as ilhas situadas em zona onde se faça sentir a influência das marés. Parágrafo único. Para os efeitos deste artigo a influência das marés é caracterizada pela oscilação periódica de 5 (cinco) centímetros pelo menos, do nível das águas, que ocorra em qualquer época do ano. **Art. 3º** São terrenos acrescidos de marinha os que se tiverem formado, natural ou artificialmente, para o lado do mar ou dos rios e lagoas, em seguimento aos terrenos de marinha. **Art. 4º** São terrenos marginais os que banhados pelas correntes navegáveis, fora do alcance das marés, vão até a distância de 15 (quinze) metros, medidos horizontalmente para a parte da terra, contados desde a linha média das enchentes ordinárias".

■ Usucapião. Modo de aquisição originária da propriedade. Terreno de marinha. Bem público. Demarcação por meio de procedimento administrativo disciplinado pelo DL n. 9.760/46. Impossibilidade de declaração da usucapião. 1. Embora seja dever de todo magistrado velar a CF, para que se evite supressão de competência do egrégio STF, não se admite apreciação, em sede de recurso especial, de matéria constitucional, ainda que para viabilizar a interposição de recurso extraordinário. 2. A usucapião é modo de aquisição originária da propriedade, portanto é descabido cogitar em violação ao art. 237 da Lei n. 6.015/73, pois o dispositivo limita-se a prescrever que não se fará registro que dependa de apresentação de título anterior, a fim de que se preserve a continuidade do registro. Ademais, a sentença anota que o imóvel usucapiendo não tem matrícula no registro de imóveis. 3. Os terrenos de marinha, conforme disposto nos arts. 1º, *a*, do DL n. 9.760/46 e 20, VII, da CF, são bens imóveis da União, necessários à defesa e à segurança nacional, que se estendem à distância de 33 metros para a área terrestre, contados da linha do preamar médio de 1.831. Sua origem remonta aos tempos coloniais, incluem-se entre os bens públicos dominicais de propriedade da União, tendo o CC adotado presunção relativa no que se refere ao registro de propriedade imobiliária, por isso, em regra, o registro de propriedade não é oponível à União 4. A Súmula n. 340/STF orienta que, desde a vigência do CC de 1916, os bens dominicais, como os demais bens públicos, não podem ser adquiridos por usucapião, e a Súmula n. 496/STJ esclarece que "os registros de propriedade particular de imóveis situados em terrenos de marinha não são oponíveis à União". [...] 8. Recurso especial a que se nega provimento. (STJ, REsp n. 1.090.847/RS, 4ª T., rel. Min. Luis Felipe Salomão, j. 23.04.2013, *DJe* 10.05.2013)

Tertium genus Terceiro gênero ou terceira espécie. Locução usada para referir-se a uma terceira possibilidade, diferente das ordinárias ou comuns. Diz-se, por exemplo, que o processo cautelar foi criado como o terceiro gênero – *tertium genus* –, situando-se ao lado dos processos de conhecimento e execução.

■ Previdenciário. Ausência de omissão no julgado *a quo*. Ação cautelar. Compensação de créditos previdenciários. Súmula n. 212/STJ. Incompatibilidade. Honorários. Súmula n. 7/STJ. 1. Discute-se nos autos o seguinte: a) ação cautelar como meio para se pleitear a compensação de contribuições previdenciárias; e b) negativa de vigência do art. 535, II, do CPC, sob o argumento de que o Tribunal *a quo* supostamente não analisou o art. 20, § 4º, do CPC, na fixação de honorários advocatícios. 2. Inexistente a alegada violação do art. 535 do CPC, pois a prestação jurisdicional ajustou-se à pretensão deduzida, conforme se depreende da análise do julgado recorrido. 3. A Primeira Seção do STJ determinou, na sessão de 11 de maio de 2005, nova redação para o Enunciado n. 212 da Súmula do STJ, *verbis*: "A compensação de créditos tributários não pode ser deferida em ação cautelar ou por medida liminar cautelar ou antecipatória". 4. O aludido entendimento jurisprudencial deflui da instrumentalidade característica da tutela cautelar, isto é, *tertium genus*, forma indireta de prática jurisdicional, pois almeja resguardar ou assegurar os efeitos decorrentes de outro processo. [...] (STJ, REsp n. 983.852/SP, 4ª T., rel. Min. Humberto Martins, j. 12.08.2008, *DJe* 26.08.2008)

■ Proventos de aposentadoria. Adicional da Lei n. 1.711/52, art. 184, II. Vantagem assegurada a cargo de carreira. Ministro do STJ: cargo isolado. Impossibilidade de regime híbrido de caráter individual. Precedentes do STF. 1. O adicional previsto no art. 184, II, da Lei n. 1.711/52 é vantagem assegurada ao servidor que se aposenta na última classe do cargo de carreira, não sendo devida, portanto, a quem se aposenta em cargo de provimento isolado. 2. É firme a jurisprudência do STF no sentido de que o cargo de ministro do STJ não é de carreira, mas de provimento isolado. Quem nele se aposenta, portanto, não faz jus à vantagem de que trata o art. 184, II, da Lei n. 1.711/52, ainda mais se, quando da posse nesse cargo, o dispositivo já não estava mais em vigor. 3. A garantia de preservação do direito adquirido, prevista no art. 5º, XXXVI, da CF, assegura ao seu titular, como é natural, também a faculdade de exercê-lo. Mas de exercê-lo nas condições e sob a configuração em que o direito foi formado e foi adquirido. Ela não serve para sustentar a criação e o exercício de um direito de *tertium genus*, composto das vantagens de dois regimes diferentes, cujo exercício cumulativo não é permitido. 4. No caso, embora tenha adquirido anteriormente o direito de se aposentar como desembargador federal, o demandante se aposentou, efetivamente, como ministro do STJ, cujo direito também veio adquirir em momento posterior. Não há autorização legal ou constitucional para o exercício simultâneo e cumulativo de ambos os direitos assim adquiridos, nem para a transposição isolada de certa vantagem de um cargo para outro. 5. Recurso provido (STJ, REsp n. 1.238.439/DF, 1ª T., rel. Min. Teori Albino Zavascki, j. 01.12.2011, *DJe* 05.03.2012)

Testador Aquele que, por meio de declarações de última vontade expressas em testamento, dispõe sobre seus bens para depois de sua morte. Toda pessoa capaz pode dispor, por testamento, da totalidade de seus bens, ou de parte deles, para depois de sua morte (art. 1.857, CC). Havendo herdeiros necessários, o testador só poderá dispor da metade da herança (parte disponível) (art. 1.789, CC). As disposições que excederem a parte disponível reduzir-se-ão aos limites dela (art. 1.967, CC). Quando o testador só em parte dispuser da cota hereditária disponível, o remanescente pertencerá aos herdeiros legítimos (art. 1.966, CC).

▶ Veja CC: "**Art. 1.857.** Toda pessoa capaz pode dispor, por testamento, da totalidade dos seus bens, ou de parte deles, para depois de sua morte. § 1º A legítima dos herdeiros necessários não poderá ser incluída no testamento. § 2º São válidas as disposições testamentárias de caráter não patrimonial, ainda que o testador somente a elas se tenha limitado".

Testamenteiro Pessoa designada por testador ou juiz para fazer cumprir disposições de última vontade mediante testamento ou codicilo; o que executa um testamento; o mesmo que testamentário (art. 1.976, CC). Qualquer pessoa natural, desde que idônea e capaz, pode ser nomeada testamenteira. Feita a nomeação, o encargo não é delegável, nem se transmite aos herdeiros do testamenteiro, embora possa este se fazer representar mediante procurador com poderes especiais (art. 1.985, CC). É facultado ao testador nomear um ou mais testamenteiros, conjunta ou separadamente, para darem cumprimento às disposições de última vontade (art. 1.976, CC). Os testamenteiros podem ser nomeados em ordem sucessiva, para serem substitutos, no caso de não aceitação ou impossibilidade do primeiro nomeado. Se o testador não se referir expressamente à atuação conjunta dos testamenteiros plurais, entende-se que os nomeou sucessivamente. Na falta de testamenteiro nomeado pelo testador, compete ao cônjuge a execução do testamento. Não havendo nem um nem outro, será testamenteiro o herdeiro nomeado pelo juiz (art. 1.984, CC).

▶ Veja CC: "**Art. 1.976.** O testador pode nomear um ou mais testamenteiros, conjuntos ou separados, para lhe darem cumprimento às disposições de última vontade".

Testamento Ato unilateral, gratuito, solene e revogável pelo qual alguém dispõe de seu patrimônio para depois da morte, ou faz outras declarações de última vontade (art. 1.857, CC). São testamentos ordinários o público, o cerrado e o particular; são especiais o marítimo, o aeronáutico e o militar (arts. 1.862 e 1.886, CC).

- ▶ Veja CC: "**Art. 1.862.** São testamentos ordinários: I – o público; II – o cerrado; III – o particular. [...] **Art. 1.886.** São testamentos especiais: I – o marítimo; II – o aeronáutico; III – o militar".

- ■ Agravo regimental no agravo em recurso especial. Direito das sucessões. Testamento. Superveniência de descendente. Rompimento. Não ocorrência. Presunção de que o falecido testaria de forma diversa inexistente no caso concreto. 1. O art. 1.973 do CC de 2002 trata do rompimento do testamento por disposição legal, espécie de revogação tácita pela superveniência de fato que retira a eficácia da disposição patrimonial. Encampa a lei uma presunção de que se o fato fosse de conhecimento do testador – ao tempo em que testou –, não teria ele testado ou o agiria de forma diversa. 2. Nesse passo, o mencionado artigo somente tem incidência se, à época da disposição testamentária, o falecido não tivesse prole ou não a conhecesse, mostrando-se inaplicável na hipótese de o falecido já possuir descendente e sobrevir outro(s) depois da lavratura do testamento. Precedentes desta Corte Superior. 3. Agravo regimental a que se nega provimento. (STJ, Ag. Reg. no AREsp n. 229.064/SP, 4ª T., rel. Min. Luis Felipe Salomão, j. 03.10.2013, DJe 15.10.2013)

Testamento aeronáutico É aquele que se permite fazer por quem estiver em viagem, a bordo de aeronave, perante pessoa designada pelo comandante, nos moldes do testamento marítimo (art. 1.889, CC). O testamento aeronáutico, assim como o marítimo, caducará se o testador não morrer na viagem ou nos noventa dias subsequentes a seu desembarque (art. 1.891, CC).

- ▶ Veja CC: "**Art. 1.889.** Quem estiver em viagem, a bordo de aeronave militar ou comercial, pode testar perante pessoa designada pelo comandante, observado o disposto no artigo antecedente. **Art. 1.890.** O testamento marítimo ou aeronáutico ficará sob a guarda do comandante, que o entregará às autoridades administrativas do primeiro porto ou aeroporto nacional, contra recibo averbado no diário de bordo".

Testamento cerrado Testamento escrito ou assinado pelo testador ou por outra pessoa a seu rogo; o testador entrega-o ao tabelião, em presença de duas testemunhas, declarando ser aquele seu testamento e pede que seja aprovado; o tabelião lavra o auto de aprovação, que é lido, em seguida, ao testador e às testemunhas e assinado por todos (art. 1.868, CC). Trata-se de testamento sigiloso, uma vez que nem o testamenteiro nem o tabelião conhecem seu teor. No auto de aprovação, o tabelião declara que o testador lhe entregou o testamento e que este é válido. Depois de lido, assinado e cerrado pelo tabelião, o testamento é entregue ao testador (art. 1.874, CC). Não pode fazer testamento cerrado quem não saiba ou não possa ler (art. 1.872, CC). Podem, no entanto, fazê-lo os surdos-mudos contanto que o escrevam e o assinem (art. 1.873, CC). Caso seja violado pelo testador ou por qualquer outra pessoa, o testamento será considerado revogado (art. 1.972, CC).

- ▶ Veja CC: "**Art. 1.868.** O testamento escrito pelo testador, ou por outra pessoa, a seu rogo, e por aquele assinado, será válido se aprovado pelo tabelião ou seu substituto legal, observadas as seguintes formalidades: I – que o testador o entregue ao tabelião em presença de duas testemunhas; II – que o testador declare que aquele é o seu testamento e quer que seja aprovado; III – que o tabelião lavre, desde logo, o auto de aprovação, na presença de duas testemunhas, e o leia, em seguida, ao testador e testemunhas; IV – que o auto de aprovação seja assinado pelo tabelião, pelas testemunhas e pelo testador. Parágrafo único. O testamento cerrado pode ser escrito mecanicamente, desde que seu subscritor numere e autentique, com a sua assinatura, todas as páginas".

- ■ Ação de anulação de testamento cerrado. Inobservância de formalidades legais. Incapacidade da autora. Quebra do sigilo. Captação da vontade. Presença simultânea das testemunhas. 1. Em matéria testamentária, a interpretação deve ser voltada no sentido da prevalência da manifestação de vontade do testador, orientando, inclusive, o magistrado quanto à aplicação do sistema de nulidades, que apenas não poderá ser mitigado, diante da existência de fato concreto, passível de colocar em dúvida a própria faculdade que tem o testador de livremente dispor acerca de seus bens, o que não se faz presente nos autos. 2. O acórdão recorrido, forte na análise do acervo fático-probatório dos autos, afastou as alegações da incapacidade física e mental da testadora; de captação de sua vontade; de quebra do sigilo do testamento, e da não simultaneidade das testemunhas ao ato de assinatura do termo de encerramento. 3. A questão da nulidade do testamento pela não observância dos requisitos legais à sua validade, no caso, não prescinde do reexame do acervo fático-probatório carreado ao processo, o que é vedado em âmbito de especial, em consonância com o Enunciado n. 7 da Súmula desta Corte. 4. Recurso especial a que se nega provimento. (STJ, REsp n. 1.001.674/SC, 3ª T., rel. Min. Paulo de Tarso Sanseverino, j. 05.10.2010, DJe 15.10.2010)

Testamento marítimo É o que se permite fazer por quem estiver em viagem, a bordo de navio nacional, perante o comandante, em presença de duas testemunhas, por forma que corresponda ao testamento público ou ao cerrado (art. 1.888, CC). O testamento ficará sob a guarda do comandante, cumprindo-lhe entregá-lo às autoridades administrativas do primeiro porto em que aportar (art. 1.890, CC). O testamento caducará se o testador não morrer na viagem ou nos noventa dias que se seguirem a seu desembarque em terra, onde possa fazer qualquer outro testamento na forma ordinária (art. 1.891, CC).

▶ Veja CC: "**Art. 1.888.** Quem estiver em viagem, a bordo de navio nacional, de guerra ou mercante, pode testar perante o comandante, em presença de duas testemunhas, por forma que corresponda ao testamento público ou ao cerrado. Parágrafo único. O registro do testamento será feito no diário de bordo".

Testamento militar É o testamento que pode ser feito por militares e demais pessoas a serviço das Forças Armadas em campanha, dentro do País ou fora dele, assim como em praça sitiada, ou que esteja de comunicação interrompida (art. 1.893, CC). Normalmente, o testamento caduca, permanecendo, depois, o testador por noventa dias seguidos em lugar onde possa testar na forma ordinária (art. 1.895, CC).

▶ Veja CC: "**Art. 1.893.** O testamento dos militares e demais pessoas a serviço das Forças Armadas em campanha, dentro do País ou fora dele, assim como em praça sitiada, ou que esteja de comunicações interrompidas, poderá fazer-se, não havendo tabelião ou seu substituto legal, ante duas, ou três testemunhas, se o testador não puder, ou não souber assinar, caso em que assinará por ele uma delas. § 1º Se o testador pertencer a corpo ou seção de corpo destacado, o testamento será escrito pelo respectivo comandante, ainda que de graduação ou posto inferior. § 2º Se o testador estiver em tratamento em hospital, o testamento será escrito pelo respectivo oficial de saúde, ou pelo diretor do estabelecimento. § 3º Se o testador for o oficial mais graduado, o testamento será escrito por aquele que o substituir".

Testamento nuncupativo É o testamento feito de forma verbal em iminente risco de morte. O militar empenhado em combate, ou ferido, confia sua última vontade a duas testemunhas. No entanto, não produz efeitos se o testador não morrer na guerra ou convalescer do ferimento (art. 1.896, CC).

▶ Veja CC: "**Art. 1.893.** O testamento dos militares e demais pessoas a serviço das Forças Armadas em campanha, dentro do País ou fora dele, assim como em praça sitiada, ou que esteja de comunicações interrompidas, poderá fazer-se, não havendo tabelião ou seu substituto legal, ante duas, ou três testemunhas, se o testador não puder, ou não souber assinar, caso em que assinará por ele uma delas. [...] **Art. 1.896.** As pessoas designadas no art. 1.893, estando empenhadas em combate, ou feridas, podem testar oralmente, confiando a sua última vontade a duas testemunhas. Parágrafo único. Não terá efeito o testamento se o testador não morrer na guerra ou convalescer do ferimento".

Testamento particular É aquele (hológrafo ou privado) assinado pelo testador e lido na presença de pelo menos três testemunhas, que o subscrevem (art. 1.876, CC). Em circunstâncias excepcionais, declaradas na cédula, o testamento particular, de próprio punho e assinado pelo testador, pode dispensar testemunhas (art. 1.789, CC).

▶ Veja CC: "**Art. 1.876.** O testamento particular pode ser escrito de próprio punho ou mediante processo mecânico. § 1º Se escrito de próprio punho, são requisitos essenciais à sua validade seja lido e assinado por quem o escreveu, na presença de pelo menos três testemunhas, que o devem subscrever. § 2º Se elaborado por processo mecânico, não pode conter rasuras ou espaços em branco, devendo ser assinado pelo testador, depois de o ter lido na presença de pelo menos três testemunhas, que o subscreverão. **Art. 1.877.** Morto o testador, publicar-se-á em juízo o testamento, com citação dos herdeiros legítimos".

■ Testamento Particular. Ação de abertura, registro e cumprimento. Demanda que se presta à análise de vícios extrínsecos do testamento, não se mostrando a via processual adequada para discussão de outros defeitos. Capacidade da testadora e autenticidade de sua assinatura que deverão ser analisadas em ação própria. Sentença mantida. Recurso não provido. (TJSP, Ap. n. 5.980.814/SP, rel. Des. Marcia Regina Dalla Déa Barone, j. 26.03.2013)

Testamento público Testamento público é aquele escrito por tabelião, ou por seu substituto legal, em seu livro de notas, de acordo com as declarações do testador, e lido em voz alta pelo tabelião ou pelo testador na presença de duas testemunhas que também assinam o documento (art. 1.864, CC). Trata-se, portanto, de testamento aberto (não sigiloso) e, uma vez que exige declaração de viva voz, não pode ser feito por surdo-mudo, embora possa sê-lo por pessoa surda (art. 1.866, CC). O testamento público é obrigatório para testadores analfabetos ou cegos (arts. 1.865 e 1.867, CC).

- Veja CC: "**Art. 1.864.** São requisitos essenciais do testamento público: I – ser escrito por tabelião ou por seu substituto legal em seu livro de notas, de acordo com as declarações do testador, podendo este servir-se de minuta, notas ou apontamentos; II – lavrado o instrumento, ser lido em voz alta pelo tabelião ao testador e a duas testemunhas, a um só tempo; ou pelo testador, se o quiser, na presença destas e do oficial; III – ser o instrumento, em seguida à leitura, assinado pelo testador, pelas testemunhas e pelo tabelião. Parágrafo único. O testamento público pode ser escrito manualmente ou mecanicamente, bem como ser feito pela inserção da declaração de vontade em partes impressas de livro de notas, desde que rubricadas todas as páginas pelo testador, se mais de uma".

- Testamento. Público. Registro e cumprimento determinados. Admissibilidade. Documento autêntico. Insurgência. Ajuizamento, pela agravante, de ação declaratória de nulidade do testamento. Questão prejudicial que demandaria a suspensão deste feito. Descabimento. Demanda objetivando à análise da regularidade formal do testamento. Questões internas e eventuais nulidades em seu conteúdo. Necessidade de ajuizamento de ação própria. Decisão mantida. Recurso desprovido. (TJSP, AI n. 2.259.951/Santos, rel. Des. Miguel Ângelo Brandi Júnior, j. 24.04.2013)

Testemunha Pessoa que preenche os requisitos legais para ser convocada a depor, judicial ou extrajudicialmente, sobre ato ou fato de que tenha conhecimento. No processo judicial, podem depor como testemunhas todas as pessoas, exceto as incapazes, impedidas ou suspeitas.

- Cerceamento de defesa. Inocorrência. Dilação de prazo para apresentação de rol de testemunhas. Descabimento. Penhora de veículo. Possibilidade. 1. Intimação é o ato pelo qual se dá ciência a alguém de ato ou termo do processo, para que faça ou deixe de fazer alguma coisa, e é feita na pessoa do advogado da parte ou, quando for o caso, ao seu representante legal. 2. É totalmente descabida a alegação de cerceamento de defesa, pois o defensor compareceu à solenidade e, ainda mais, por ter sido dilatado o prazo para apresentação de rol de testemunhas, tarefa esta que compete ao patrono da parte, seja advogado particular ou defensor público. 3. Sendo líquida certa e exigível a obrigação alimentar, não tendo o devedor comprovado pagamentos e sendo prioritário o crédito alimentar, é cabível a penhora e a adjudicação do automóvel, que não é essencial para a atividade laboral do devedor, pois é imperioso o atendimento da obrigação alimentar. Recurso desprovido. (TJRS, Ap. Cível n. 70.056.970.171, 7ª Câm. Cível, rel. Sérgio Fernando de Vasconcellos Chaves, j. 13.11.2013)

Testemunha informante Testemunha informante ou não compromissada é a testemunha impedida ou suspeita que, quando ouvida, não está obrigada a dizer a verdade, pois se presume que tenha interesse no processo. Nesse caso, o juiz atribuirá ao depoimento o valor que possa merecer. Exemplos: pai, mãe e irmão de qualquer uma das partes (art. 405, § 4º, CPC/73).

- Veja CPC/73: "**Art. 405.** Podem depor como testemunhas todas as pessoas, exceto as incapazes, impedidas ou suspeitas. [...] § 4º Sendo estritamente necessário, o juiz ouvirá testemunhas impedidas ou suspeitas; mas os seus depoimentos serão prestados independentemente de compromisso (art. 415) e o juiz lhes atribuirá o valor que possam merecer".

- Veja CPC/2015: "**Art. 447.** [...] § 4º Sendo necessário, pode o juiz admitir o depoimento das testemunhas menores, impedidas ou suspeitas. § 5º Os depoimentos referidos no § 4º serão prestados independentemente de compromisso, e o juiz lhes atribuirá o valor que possam merecer".

Testemunha instrumentária Aquela que assiste aos atos formalizados em um instrumento cuja validade depende de sua presença. É a que atesta a regularidade de um ato, ou seja, a testemunha que confirma a autenticidade de um ato realizado. São exemplos: testemunha que assina um contrato; testemunha testamentária; testemunha do interrogatório extrajudicial (art. 6º, V, parte final, CPP); testemunha do auto de prisão em flagrante (art. 304, §§ 2º e 3º, CPP).

- Veja CPP: "**Art. 6º** Logo que tiver conhecimento da prática da infração penal, a autoridade policial deverá: [...] V – ouvir o indiciado, com observância, no que for aplicável, do disposto no Capítulo III do Título VII, deste Livro, devendo o respectivo termo ser assinado por 2 (duas) testemunhas que lhe tenham ouvido a leitura; [...] **Art. 304.** [...] § 2º A falta de testemunhas da infração não impedirá o auto de prisão em flagrante; mas, nesse caso, com o condutor, deverão assiná-lo pelo menos duas pessoas que hajam testemunhado a apresentação do preso à autoridade. § 3º Quando o acusado se recusar a assinar, não souber ou não puder fazê-lo, o auto de prisão em flagrante será assinado por duas testemunhas, que tenham ouvido sua leitura na presença deste".

- Sucessão. Formalização de testamento. Testemunha. CCB, art. 1.648. O acórdão deu regular aplicação ao art. 1.648 do CCB, que prevê a exigência de que pelo menos três testemunhas que assinaram o testamento particular o confirmem. Na hipótese, apenas duas o fizeram, motivo pelo qual, de acordo com a determinação do referido dispositivo, foi indeferido o pedido de formalização do testamento. (STJ, Ag. Reg. no AI n. 621.663/MG, rel. Min. Carlos Alberto Menezes Direito, j. 21.06.2007, *DJ* 17.09.2007)

Testemunha ocular É a testemunha que depõe sobre fatos que ela mesma presenciou.

Testemunhas impedidas Em razão de impedimento legal, não podem depor em juízo as seguintes pessoas: cônjuge, bem como ascendente e descendente em qualquer grau, ou colateral, até o 3º grau, de alguma das partes, por consanguinidade ou afinidade, salvo se o exigir o interesse público, ou, tratando-se de causa relativa ao estado da pessoa, não se puder obter de outro modo a prova que o juiz repute necessária ao julgamento do mérito; o que é parte na causa; o que intervém em nome de uma parte, como tutor na causa do menor, representante legal da pessoa jurídica, juiz, advogado e outros que assistam ou tenham assistido as partes (art. 405, § 2º, CPC/73).

▶ Veja CPC/73: "**Art. 405.** Podem depor como testemunhas todas as pessoas, exceto as incapazes, impedidas ou suspeitas. [...] § 2º São impedidos: I – o cônjuge, bem como o ascendente e o descendente em qualquer grau, ou colateral, até o terceiro grau, de alguma das partes, por consanguinidade ou afinidade, salvo se o exigir o interesse público, ou, tratando-se de causa relativa ao estado da pessoa, não se puder obter de outro modo a prova, que o juiz repute necessária ao julgamento do mérito; II – o que é parte na causa; III – o que intervém em nome de uma parte, como o tutor na causa do menor, o representante legal da pessoa jurídica, o juiz, o advogado e outros, que assistam ou tenham assistido as partes".

▶ Veja CPC/2015: "**Art. 447.** [...] § 2º São impedidos: I – o cônjuge, o companheiro, o ascendente e o descendente em qualquer grau e o colateral, até o terceiro grau, de alguma das partes, por consanguinidade ou afinidade, salvo se o exigir o interesse público ou, tratando-se de causa relativa ao estado da pessoa, não se puder obter de outro modo a prova que o juiz repute necessária ao julgamento do mérito; II – o que é parte na causa; III – o que intervém em nome de uma parte, como o tutor, o representante legal da pessoa jurídica, o juiz, o advogado e outros que assistam ou tenham assistido as partes. [...]".

Testemunhas incapazes São pessoas que, em razão de incapacidade física ou mental ou de idade, são impedidas de depor em juízo. São considerados incapazes: o interdito por demência; o que, acometido por enfermidade ou debilidade mental ao tempo em que ocorreram os fatos, não podia discerni-los ou, ao tempo em que deve depor, não está habilitado a transmitir as percepções; o menor de 16 anos; o cego e o surdo quando a ciência do fato depender dos sentidos que lhes faltam (art. 405, § 1º, CPC/73).

▶ Veja CPC/73: "**Art. 405.** Podem depor como testemunhas todas as pessoas, exceto as incapazes, impedidas ou suspeitas. § 1º São incapazes: I – o interdito por demência; II – o que, acometido por enfermidade, ou debilidade mental, ao tempo em que ocorreram os fatos, não podia discerni-los; ou, ao tempo em que deve depor, não está habilitado a transmitir as percepções; III – o menor de 16 (dezesseis) anos; IV – o cego e o surdo, quando a ciência do fato depender dos sentidos que lhes faltam".

▶ Veja CPC/2015: "**Art. 447.** [...] § 1º São incapazes: I – o interdito por enfermidade ou deficiência mental; II – o que, acometido por enfermidade ou retardamento mental, ao tempo em que ocorreram os fatos, não podia discerni-los, ou, ao tempo em que deve depor, não está habilitado a transmitir as percepções; III – o que tiver menos de 16 (dezesseis) anos; IV – o cego e o surdo, quando a ciência do fato depender dos sentidos que lhes faltam. [...]".

Testemunhas suspeitas São pessoas que em razão de suspeição atribuída por lei são impedidas de depor em juízo. São consideradas suspeitas: o condenado por crime de falso testemunho havendo transitado em julgado a sentença; o que, por seus costumes, não for digno de fé; o inimigo capital da parte ou seu amigo íntimo; o que tiver interesse no litígio (art. 405, § 3º, CPC/73).

▸ Veja CPC/73: "**Art. 405.** Podem depor como testemunhas todas as pessoas, exceto as incapazes, impedidas ou suspeitas. [...] § 3º São suspeitos: I – o condenado por crime de falso testemunho, havendo transitado em julgado a sentença; II – o que, por seus costumes, não for digno de fé; III – o inimigo capital da parte, ou o seu amigo íntimo; IV – o que tiver interesse no litígio. § 4º Sendo estritamente necessário, o juiz ouvirá testemunhas impedidas ou suspeitas; mas os seus depoimentos serão prestados independentemente de compromisso (art. 415) e o juiz lhes atribuirá o valor que possam merecer".

▸ Veja CPC/2015: "**Art. 447.** [...] § 3º São suspeitos: I – o inimigo da parte ou o seu amigo íntimo; II – o que tiver interesse no litígio. [...]".

Título Documento jurídico pelo qual se outorga um direito ou se estabelece uma obrigação. Documento financeiro que representa uma dívida pública ou valor comercial. Modo de transmissão ou aquisição de direitos e da propriedade.

Título ao portador É o título de crédito cuja transferência se opera pela simples tradição, ou seja, quando nele não se indica expressa e nominalmente o nome de seu legítimo beneficiário (art. 904, CC). É exemplo o cheque ao portador, assim denominado porque nele não consta o nome do beneficiário e não sendo, por isso, nominal. O possuidor de título ao portador tem direito à prestação nele indicada mediante sua simples apresentação ao devedor (art. 905, CC).

▸ Veja CC: "**Art. 904.** A transferência de título ao portador se faz por simples tradição. **Art. 905.** O possuidor de título ao portador tem direito à prestação nele indicada, mediante a sua simples apresentação ao devedor. Parágrafo único. A prestação é devida ainda que o título tenha entrado em circulação contra a vontade do emitente. **Art. 906.** O devedor só poderá opor ao portador exceção fundada em direito pessoal, ou em nulidade de sua obrigação. **Art. 907.** É nulo o título ao portador emitido sem autorização de lei especial".

Título à ordem É o título de crédito que contém a cláusula à ordem pela qual o emitente por meio de endosso autoriza a transferência do crédito a terceiro. O endosso deve ser lançado pelo endossante no verso ou anverso do próprio título. Pode o endossante designar o endossatário, e para a validade do endosso, dado no verso do título, é suficiente sua simples assinatura. A transferência por endosso completa-se com a tradição do título (art. 910, CC).

▸ Veja CC: "**Art. 910.** O endosso deve ser lançado pelo endossante no verso ou anverso do próprio título. § 1º Pode o endossante designar o endossatário, e para validade do endosso, dado no verso do título, é suficiente a simples assinatura do endossante. § 2º A transferência por endosso completa-se com a tradição do título. § 3º Considera-se não escrito o endosso cancelado, total ou parcialmente. **Art. 911.** Considera-se legítimo possuidor o portador do título à ordem com série regular e ininterrupta de endossos, ainda que o último seja em branco. Parágrafo único. Aquele que paga o título está obrigado a verificar a regularidade da série de endossos, mas não a autenticidade das assinaturas. **Art. 912.** Considera-se não escrita no endosso qualquer condição a que o subordine o endossante. Parágrafo único. É nulo o endosso parcial".

Título de crédito Instrumento jurídico escrito, literal e autônomo, que contém obrigação de pagar soma determinada, firmado pelo devedor em favor do credor. Cártula, título cambial ou cambiário. O título de crédito, documento necessário ao exercício do direito literal e autônomo nele contido, somente produz efeito quando preencher os requisitos da lei, ou seja, data da emissão, indicação precisa dos direitos que confere e assinatura do emitente (arts. 887 e 889, CC). São considerados títulos de crédito ou títulos cambiais, entre outros: cheque, nota promissória, letra de câmbio e duplicata.

▸ Veja CC: "**Art. 887.** O título de crédito, documento necessário ao exercício do direito literal e autônomo nele contido, somente produz efeito quando preencha os requisitos da lei. **Art. 888.** A omissão de qualquer requisito legal, que tire ao escrito a sua validade como título de crédito, não implica a invalidade do negócio jurídico que lhe deu origem. **Art. 889.** Deve o título de crédito conter a data da emissão, a indicação precisa dos direitos que confere, e a assinatura do emitente. § 1º É a vista o título de crédito que não contenha indicação de vencimento. § 2º Considera-se lugar de emissão e de pagamento, quando não indicado no título, o domicílio do emitente. § 3º O título poderá ser emitido a partir dos caracteres criados em computador ou meio técnico equivalente e que constem da escrituração do emitente, observados os requisitos mínimos previstos neste artigo".

Título executivo extrajudicial É o título não originado de sentença, o que resulta apenas de convenção entre as partes. Constitui fundamento para a ação de execução. São títulos executivos extrajudiciais, entre outros, a nota promissória, a letra de câmbio, o cheque e a duplicata (art. 585, CPC/73).

▶ Veja CPC/73: "**Art. 585.** São títulos executivos extrajudiciais: I – a letra de câmbio, a nota promissória, a duplicata, a debênture e o cheque; II – a escritura pública ou outro documento público assinado pelo devedor; o documento particular assinado pelo devedor e por duas testemunhas; o instrumento de transação referendado pelo Ministério Público, pela Defensoria Pública ou pelos advogados dos transatores; III – os contratos garantidos por hipoteca, penhor, anticrese e caução, bem como os de seguro de vida; IV – o crédito decorrente de foro e laudêmio; V – o crédito, documentalmente comprovado, decorrente de aluguel de imóvel, bem como de encargos acessórios, tais como taxas e despesas de condomínio; VI – o crédito de serventuário de justiça, de perito, de intérprete, ou de tradutor, quando as custas, emolumentos ou honorários forem aprovados por decisão judicial; VII – a certidão de dívida ativa da Fazenda Pública da União, dos Estados, do Distrito Federal, dos Territórios e dos Municípios, correspondente aos créditos inscritos na forma da lei; VIII – todos os demais títulos a que, por disposição expressa, a lei atribuir força executiva".

▶ Veja CPC/2015: "**Art. 784.** São títulos executivos extrajudiciais: I – a letra de câmbio, a nota promissória, a duplicata, a debênture e o cheque; II – a escritura pública ou outro documento público assinado pelo devedor; III – o documento particular assinado pelo devedor e por 2 (duas) testemunhas; IV – o instrumento de transação referendado pelo Ministério Público, pela Defensoria Pública, pela Advocacia Pública, pelos advogados dos transatores ou por conciliador ou mediador credenciado por tribunal; V – o contrato garantido por hipoteca, penhor, anticrese ou outro direito real de garantia e aquele garantido por caução; VI – o contrato de seguro de vida em caso de morte; VII – o crédito decorrente de foro e laudêmio; VIII – o crédito, documentalmente comprovado, decorrente de aluguel de imóvel, bem como de encargos acessórios, tais como taxas e despesas de condomínio; IX – a certidão de dívida ativa da Fazenda Pública da União, dos Estados, do Distrito Federal e dos Municípios, correspondente aos créditos inscritos na forma da lei; X – o crédito referente às contribuições ordinárias ou extraordinárias de condomínio edilício, previstas na respectiva convenção ou aprovadas em assembleia geral, desde que documentalmente comprovadas; XI – a certidão expedida por serventia notarial ou de registro relativa a valores de emolumentos e demais despesas devidas pelos atos por ela praticados, fixados nas tabelas estabelecidas em lei; XII – todos os demais títulos aos quais, por disposição expressa, a lei atribuir força executiva. [...]".

Título executivo judicial É o título emitido pelo Poder Judiciário, constante de decisão judicial, que habilita o portador ou beneficiado a requerer judicialmente o cumprimento de sentença. Constituem títulos executivos judiciais, entre outros, a sentença que reconheça a existência de obrigação de fazer, não fazer, entregar coisa ou pagar quantia e a sentença penal condenatória transitada em julgado (art. 475-N, CPC/73).

▶ Veja CPC/73: "**Art. 475-N.** São títulos executivos judiciais: I – a sentença que reconheça a existência de obrigação de fazer, não fazer, entregar coisa ou pagar quantia; II – a sentença penal condenatória transitada em julgado; III – a sentença homologatória de conciliação ou de transação, ainda que inclua matéria não posta em juízo; IV – a sentença arbitral; V – o acordo extrajudicial, de qualquer natureza, homologado judicialmente; VI – a sentença estrangeira, homologada pelo Superior Tribunal de Justiça; VII – o formal e a certidão de partilha, exclusivamente em relação ao inventariante, aos herdeiros e aos sucessores a título singular ou universal. [...] **Art. 1.102-C.** No prazo previsto no art. 1.102-B, poderá o réu oferecer embargos, que suspenderão a eficácia do mandado inicial. Se os embargos não forem opostos, constituir-se-á, de pleno direito, o título executivo judicial, convertendo-se o mandado inicial em mandado executivo e prosseguindo-se na forma do Livro I, Título VIII, Capítulo X, desta Lei. [...] § 3º Rejeitados os embargos, constituir-se-á, de pleno direito, o título executivo judicial, intimando-se o devedor e prosseguindo-se na forma prevista no Livro I, Título VIII, Capítulo X, desta Lei. [...]".

▶ Veja CPC/2015: "**Art. 515.** São títulos executivos judiciais, cujo cumprimento dar-se-á de acordo com os artigos previstos neste Título: I – as decisões proferidas no processo civil que reconheçam a exigibilidade de obrigação de pagar quantia, de fazer, de não fazer ou de entregar coisa; II – a decisão homologatória de autocomposição judicial; III – a decisão homologatória de autocomposição extrajudicial de qualquer natureza; IV – o formal e a certidão de partilha, exclusivamente em relação ao inventariante, aos herdeiros e aos sucessores a título singular ou universal; V – o crédito de auxiliar da justiça, quando as custas, emolumentos ou honorários tiverem sido aprovados por decisão judicial; VI – a sentença penal condenatória transitada em julgado; VII – a sentença arbitral; VIII – a sentença estrangeira homologada pelo Superior Tribunal de Justiça; IX – a decisão interlocutória estrangeira, após a concessão do exequatur à carta rogatória pelo Superior Tribunal de Justiça; [...] § 1º Nos casos dos incisos VI a IX, o devedor será citado no juízo cível para o cumprimento da sentença ou para a liquidação no prazo de 15 (quinze) dias. § 2º A autocomposição judicial pode envolver sujeito estranho ao processo e versar sobre relação jurídica que não tenha sido deduzida em juízo. [...] **Art. 701.** Sendo evidente o direito do autor, o juiz deferirá a expedição de mandado de pagamento, de entrega de coisa ou para execução de obrigação de fazer ou de não fazer, concedendo ao réu prazo de 15 (quinze) dias para o cumprimento e o pagamento de honorários advocatícios de cinco por cento do valor atribuído à causa. [...] § 2º Constituir-se-á de pleno direito o título executivo judicial, independentemente de qualquer formalidade, se não realizado o pagamento e não apresentados os embargos previstos no art. 702, observando-se, no que couber, o Título II do Livro I da Parte Especial. [...]".

Título gratuito   Instrumento jurídico originado de ato ou contrato pelo qual somente uma das partes assume a obrigação de transmitir direitos, sem que haja alguma contraprestação da outra, que apenas figura como beneficiária. Exemplo clássico de contrato gratuito ou a título gratuito é a doação.

Título nominativo   É o título de crédito emitido em favor de pessoa cujo nome conste no registro do emitente (art. 921, CC). Transfere-se o título nominativo mediante termo, em registro do emitente, assinado pelo proprietário e pelo adquirente ou por endosso que contenha o nome do endossatário (arts. 922 e 923, CC).

▶ Veja CC: "**Art. 921.** É título nominativo o emitido em favor de pessoa cujo nome conste no registro do emitente. **Art. 922.** Transfere-se o título nominativo mediante termo, em registro do emitente, assinado pelo proprietário e pelo adquirente. **Art. 923.** O título nominativo também pode ser transferido por endosso que contenha o nome do endossatário. § 1º A transferência mediante endosso só tem eficácia perante o emitente, uma vez feita a competente averbação em seu registro, podendo o emitente exigir do endossatário que comprove a autenticidade da assinatura do endossante. § 2º O endossatário, legitimado por série regular e ininterrupta de endossos, tem o direito de obter a averbação no registro do emitente, comprovada a autenticidade das assinaturas de todos os endossantes. § 3º Caso o título original contenha o nome do primitivo proprietário, tem direito o adquirente a obter do emitente novo título, em seu nome, devendo a emissão do novo título constar no registro do emitente".

Título oneroso   Instrumento jurídico pelo qual se estabelecem prestações recíprocas entre o que adquire e o que transmite o direito. Assim ocorre na relação de compra e venda, pela qual o comprador assume a obrigação de pagar e o vendedor a de entregar a coisa vendida.

Toga   Espécie de vestimenta preta que os magistrados dos tribunais usam durante os julgamentos, assim como aqueles que colam grau em curso universitário. Beca, vestes talares.

Togado   Aquele que usa toga, como os magistrados dos tribunais durante os julgamentos. Diz-se também dos magistrados de carreira (juiz togado) para diferenciá-los de outros juízes não concursados oriundos da advocacia ou do Ministério Público (v. Juiz togado).

Tombamento   Ato emanado de autoridade do Serviço do Patrimônio Histórico e Artístico Nacional pelo qual se declara que determinado bem ou local, em razão de seu valor histórico, artístico, paisagístico, turístico, cultural ou científico, precisa ser preservado, proibindo-se sua alteração ou demolição. Forma de proteção ao patrimônio público garantida pela CF. O tombamento de coisa pertencente à pessoa natural ou à pessoa jurídica de direito privado se fará voluntária ou compulsoriamente; o dos bens pertencentes à União, aos estados e aos municípios se fará de ofício, mas deverá ser notificado à entidade a que pertencer, ou sob cuja guarda estiver a coisa tombada, a fim de produzir os necessários efeitos (arts. 5º e 6º, DL n. 25/37).

▶ Veja DL n. 25/37: "**Art. 5º** O tombamento dos bens pertencentes à União, aos Estados e aos Municípios se fará de ofício, por ordem do diretor do Serviço do Patrimônio Histórico e Artístico Nacional, mas deverá ser notificado à entidade a quem pertencer, ou sob cuja guarda estiver a coisa tombada, afim de produzir os necessários efeitos. **Art. 6º** O tombamento de coisa pertencente à pessoa natural ou à pessoa jurídica de direito privado se fará voluntária ou compulsoriamente. **Art. 7º** Proceder-se-á ao tombamento voluntário sempre que o proprietário o pedir e a coisa se revestir dos requisitos necessários para constituir parte integrante do patrimônio histórico e artístico nacional, a juízo do Conselho Consultivo do Serviço do Patrimônio Histórico e Artístico Nacional, ou sempre que o mesmo proprietário anuir, por escrito, à notificação, que se lhe fizer, para a inscrição da coisa em qualquer dos Livros do Tombo. **Art. 8º** Proceder-se-á ao tombamento compulsório quando o proprietário se recusar a anuir à inscrição da coisa. **Art. 9º** O tombamento compulsório se fará de acordo com o seguinte processo: 1) o Serviço do Patrimônio Histórico e Artístico Nacional, por seu órgão competente, notificará o proprietário para anuir ao tombamento, dentro do prazo de quinze dias, a contar do recebimento da notificação, ou para, si o quiser impugnar, oferecer dentro do mesmo prazo as razões de sua impugnação. 2) no caso de não haver impugnação dentro do prazo assinado, que é fatal, o diretor do Serviço do Patrimônio Histórico e Artístico Nacional mandará por simples despacho que se proceda à inscrição da coisa no competente Livro do Tombo. 3) se a impugnação for oferecida dentro do prazo assinado, far-se-á vista da mesma, dentro de outros quinze dias fatais, ao órgão de que houver emanado a iniciativa do tombamento, afim de sustentá-la. Em seguida, independentemente de custas, será o processo remetido ao Conselho Consultivo do Serviço do Patrimônio Histórico e Artístico Nacional, que proferirá decisão a respeito, dentro do prazo de sessenta dias, a contar do seu recebimento. Dessa decisão não caberá recurso".

Torpe Aquilo que é escuso, infame, desonesto ou imoral. Diz-se motivo torpe o que é moralmente reprovável e socialmente desprezado. O motivo torpe constitui uma das circunstâncias que agravam a pena (art. 61, CP). Considera-se princípio de Direito que a ninguém é dado beneficiar-se da própria torpeza (*nemo auditur propriam turpitudinem suam allegans*).

▶ Veja CP: "**Art. 61.** São circunstâncias que sempre agravam a pena, quando não constituem ou qualificam o crime: I – a reincidência; II – ter o agente cometido o crime: *a)* por motivo fútil ou torpe; [...]".

■ Administrativo. Convênio pró-rural. Boa-fé objetiva. Súmulas n. 5 e n. 7/STJ. Princípio do não enriquecimento ilícito. 1. As conclusões do acórdão recorrido quanto à violação ao princípio da boa-fé objetiva não podem ser afastadas sem a revisão do contexto fático-probatório, o que é vedado em recurso especial, Súmulas n. 5 e n. 7 do STJ. 2. Se o Poder Público continuou recebendo a prestação de serviços pelo recorrido sem se opor, não pode, agora, valer-se de disposição legal que prestigia a nulidade do contrato porque isso configuraria uma tentativa de se valer da própria torpeza, comportamento vedado pelo ordenamento jurídico por conta do prestígio da boa-fé objetiva (orientadora também da administração pública). Precedentes do STJ. 3. Agravo regimental não provido. (STJ, Ag. Reg. no AREsp n. 260.223/PE, 2ª T., rel. Min. Herman Benjamin, j. 18.12.2012, *DJe* 08.05.2013)

■ *Habeas corpus*. Estatuto da Criança e do Adolescente. Ato infracional equiparado ao crime de tentativa de homicídio qualificado. Medida socioeducativa de internação. Ausência de fundamentação. Inocorrência. Medida em consonância com o art. 122 do ECA. 1. Tratando-se de ato infracional equiparado ao crime de tentativa de homicídio qualificado, possível a aplicação da medida socioeducativa de internação, a teor do que disciplina o art. 122, I, do ECA. 2. Ademais, as características do ato infracional sugerem a elevada torpeza do paciente, que, em razão de uma simples discussão, derrubou a vítima ao solo, auxiliando o comparsa a desferir facadas no pescoço daquela, não resultando em morte por circunstâncias alheias à sua vontade. 3. Ordem denegada. (STJ, *HC* n. 201.867/MS, 6ª T., rel. Min. Og Fernandes, j. 19.05.2011, *DJe* 01.06.2011)

Tradição Entrega da coisa cujo domínio a pessoa adquire. A propriedade das coisas móveis não se transfere pelos negócios jurídicos antes da tradição. Subentende-se a tradição quando o transmitente continua a possuir a coisa pelo constituto possessório; quando cede ao adquirente o direito à restituição da coisa, que se encontra em poder de terceiro; ou quando o adquirente já está na posse da coisa por ocasião do negócio jurídico (art. 1.267, CC).

▶ Veja CC: "**Art. 1.267.** A propriedade das coisas não se transfere pelos negócios jurídicos antes da tradição. Parágrafo único. Subentende-se a tradição quando o transmitente continua a possuir pelo constituto possessório; quando cede ao adquirente o direito à restituição da coisa, que se encontra em poder de terceiro; ou quando o adquirente já está na posse da coisa, por ocasião do negócio jurídico".

- Compra e venda. Bem móvel. Automóvel. Aquisição de boa-fé. Transferência de propriedade que se opera mediante simples tradição. Recibos de compra e venda que corroboram as afirmativas do requerente. Procedência da ação de declaração de domínio mantida. Recurso não provido. (TJSP, Ap. n. 6.995/Dracena, rel. Des. Antonio Benedito do Nascimento, j. 19.12.2012)

- Penhor mercantil. Garantia de mútuo. Tradição simbólica. Bens fungíveis e consumíveis depositados em poder do representante da mutuária. Admite-se a tradição simbólica para o aperfeiçoamento do contrato de penhor mercantil, apresentando-se incabível, entretanto, em sendo os bens apenhados fungíveis e consumíveis, a sua exigência por meio da ação de depósito, seja porque aplicáveis em casos tais as regras do mútuo (CCB, art. 1.280), seja por existência de incompatibilidade com o dever de custódia. (STJ, REsp n. 40.174/MG, rel. Min. Sálvio de Figueiredo Teixeira, j. 18.12.1997, DJ 27.04.1998)

Tradição brevi manu Tradição da coisa que se opera quando aquele que a possuía em nome alheio passa a possuir em nome próprio (art. 1.267, parágrafo único, *in fine*, CC).

▶ Veja CC: "**Art. 1.267.** [...] Parágrafo único. Subentende-se a tradição quando o transmitente continua a possuir pelo constituto possessório; quando cede ao adquirente o direito à restituição da coisa, que se encontra em poder de terceiro; ou quando o adquirente já está na posse da coisa, por ocasião do negócio jurídico".

Traditio brevi manu (*v. Tradição* brevi manu).

Tramitação Andamento de processo que segue as formalidades legais e de praxe previstas na lei processual e nos códigos de organização judiciária; trâmite; rito processual.

Transação Ato jurídico pelo qual as partes previnem ou extinguem obrigações litigiosas mediante concessão mútua. A transação far-se-á por escritura pública nas obrigações em que a lei o exija, ou por instrumento particular naquelas em que ela o admita; se recair sobre direitos contestados em juízo, será feita por escritura pública, ou por termo nos autos assinado pelos transigentes e homologado pelo juiz (arts. 840 e segs., CC). No CPC/2015, a expressão "transação" foi substituída por "autocomposição" (art. 515). A decisão homologatória de conciliação, de transação ou autocomposição, ainda que inclua matéria não posta em juízo, é considerada título executivo judicial (art. 475-N, CPC/73; art. 515, CPC/2015).

▶ Veja CC: "**Art. 840.** É lícito aos interessados prevenirem ou terminarem o litígio mediante concessões mútuas. **Art. 841.** Só quanto a direitos patrimoniais de caráter privado se permite a transação. **Art. 842.** A transação far-se-á por escritura pública, nas obrigações em que a lei o exige, ou por instrumento particular, nas em que ela o admite; se recair sobre direitos contestados em juízo, será feita por escritura pública, ou por termo nos autos, assinado pelos transigentes e homologado pelo juiz. **Art. 843.** A transação interpreta-se restritivamente, e por ela não se transmitem, apenas se declaram ou reconhecem direitos. **Art. 844.** A transação não aproveita, nem prejudica senão aos que nela intervierem, ainda que diga respeito a coisa indivisível. § 1º Se for concluída entre o credor e o devedor, desobrigará o fiador. § 2º Se entre um dos credores solidários e o devedor, extingue a obrigação deste para com os outros credores. § 3º Se entre um dos devedores solidários e seu credor, extingue a dívida em relação aos codevedores".

▶ Veja CPC/2015: "**Art. 515.** São títulos executivos judiciais, cujo cumprimento dar-se-á de acordo com os artigos previstos neste Título: [...] II – a decisão homologatória de autocomposição judicial; III – a decisão homologatória de autocomposição extrajudicial de qualquer natureza; [...]".

- Execução de sentença. Transação. Honorários advocatícios. Renúncia. Súmulas ns. 5 e 7 do STJ. 1. Hipótese em que as partes transigiram extrajudicialmente para que cada uma arcasse com os honorários advocatícios de seus respectivos patronos. 2. Verificar se o instrumento celebrado abarcou honorários fixados na execução de sentença encontra óbice nas Súmulas ns. 5 e 7 do STJ. 3. Recurso especial não conhecido. (STJ, REsp n. 1.247.703/PR, 2ª T., rel. Min. Herman Benjamin, j. 07.06.2011, DJe 10.06.2011)

- Pedido de reconsideração de decisão proferida no âmbito de agravo de instrumento. Art. 544 do CPC. Recurso especial. Violação do art. 26 do CPC. Transação. Questão de fato e prova. Súmulas ns. 5 e 7 do STJ. 1. Transação extintiva do processo. Controvérsia acerca dos ônus das despesas processuais. Análise dos termos da transação. Impossibilidade. Pretensão de superação dos termos das Súmulas ns. 5 e 7, sob a invocação da violação do art. 26 do CPC. 2. Quando a aferição da violação da lei federal implica avaliação de fatos e interpretação de cláusulas transacionais, sobressaem os óbices à admissão, erigidos nas Súmulas ns. 5 e 7 do STJ. 3. A regra que envolve a transação é a de que as próprias partes que transigiram estabeleçam a quem cabe as despesas e os honorários de advogado. Somente quando o negócio jurídico de transação for omisso a esse respeito é que incide a norma do art. 26, § 2º, devendo o juiz dividir entre elas a despesa, de forma proporcional ao que restou convencionado na transação. 4. Agravo regimental a que se nega provimento. (STJ, Ag. Reg. no Ag. n. 462.952/MG, 1ª T., rel. Min. Luiz Fux, j. 03.04.2003, *DJ* 22.04.2003, p. 208)

Transação penal   Instituto de direito processual aplicado às infrações de menor potencial ofensivo que consiste em acordo feito entre o Ministério Público e o acusado, mediante o qual aquele propõe a aplicação de pena restritiva de direitos ou multa, com o objetivo de afastar eventual condenação penal e seus efeitos. Aceita a proposta pelo autor da infração e por seu defensor, será ela submetida à apreciação do juiz, o qual, se a acolher, aplicará a pena restritiva de direitos ou multa, que não importará em reincidência, sendo registrada apenas para impedir novamente o mesmo benefício no prazo de cinco anos. A imposição da sanção não constará de certidão de antecedentes criminais, salvo para os fins previstos no mesmo dispositivo, e não terá efeitos civis, facultando-se aos interessados propor ação cabível no juízo cível (art. 76, Lei n. 9.099/95).

▶ Veja Lei n. 9.099/95: "**Art. 76.** Havendo representação ou tratando-se de crime de ação penal pública incondicionada, não sendo caso de arquivamento, o Ministério Público poderá propor a aplicação imediata de pena restritiva de direitos ou multas, a ser especificada na proposta. [...]".

■ Juizado especial criminal. Desacato. Oferta de transação penal. Aceitação. Inadimplemento das condições. Ocorrência. Oferecimento da denúncia. Cabimento. 1. No âmbito desta Corte, havia se consolidado o entendimento segundo o qual a sentença homologatória da transação penal possuía eficácia de coisa julgada formal e material, o que tornaria definitiva a razão pela qual não seria possível a posterior instauração ou prosseguimento de ação penal quando o acusado descumpria o acordo homologado judicialmente. 2. Entretanto, o STF reconheceu a repercussão geral do tema, por ocasião da análise do RE n. 602.072/RS (*DJe* 26.02.2010), tendo o Pleno daquela Corte decidido que é possível a propositura de ação penal em decorrência do não cumprimento das condições estabelecidas em transação penal homologada judicialmente, o que ocasionou também a alteração do entendimento dessa Corte de Justiça. Precedentes. 3. Ordem denegada. (STJ, *HC* n. 217.659/MS, rel. Min. Maria Thereza de Assis Moura, j. 01.03.2012, *DJ* 03.09.2012)

■ Juizado especial criminal. Turma recursal. Lesão corporal culposa. Transação penal. Prévia composição civil. Necessidade. Vítima não intimada. Ausência do Ministério Público e de advogado. Homologação. Nulidade. Tratando-se em tese de crime do art. 303 da Lei n. 9.503/97, ou seja, infração de pequeno potencial ofensivo, não pode prevalecer a decisão que homologou a transação penal sem prévia tentativa de composição civil. Ademais, a transação foi ofertada pelo conciliador na ausência do representante do Ministério Público e de advogado assistindo ao autor do fato, sendo que, após a realização do ato, a proposta foi modificada pelo *parquet* e rejeitada pela defesa técnica. Nulidade da audiência e da homologação respectiva. Ordem de *habeas corpus* conhecida e concedida para declarar a nulidade da sentença homologatória e determinar a designação de nova audiência preliminar. (TJRJ, *HC* n. 22.331, rel. Des. João Ziraldo Maia, j. 29.05.2012, *DJ* 04.06.2012)

Transigir   Ato de prevenir ou extinguir obrigações mediante concessão recíproca. Consentir em parte no que não se aceita como justo, razoável ou verdadeiro, a fim de acabar com uma diferença ou litígio. Transação, acordo (art. 840, CC) (*v. Transação*).

Trânsito em julgado   Efeito produzido pela sentença contra a qual não caiba mais recurso. Efeito da coisa julgada ou *res iudicata* (*v. Coisa julgada*).

Translado   Ato de transportar algo ou alguém de um ponto a outro. A expressão costuma ser usada para indicar a transferência de uma pessoa morta de um ponto para outro. O mesmo que *transfer*, expressão que indica o transporte de turistas do aeroporto para o hotel e vice-versa.

Transmissão   Ato de alguém transmitir ou transferir alguma coisa para outro. Transmissão da propriedade, transmissão da posse, transmissão de direitos, transmissão de cargo, transmissão de poderes.

Transmissão *causa mortis*   Transmissão ou transferência de bens aos herdeiros ou sucessores decorrente do falecimento de uma pessoa, o *de cujus*, que deixa bens a serem inventariados e transmitidos. Decorre da sucessão hereditária, isto é, em razão da morte do proprietário dos bens e da consequente abertura do inventário. Por ocasião do inventário, compete ao juiz, depois de ouvida a Fazenda Pública, proceder ao cálculo do imposto de transmissão *causa mortis* – ITCD.

Transmissão da propriedade Transferência do domínio que uma pessoa faz a outra por ato *inter vivos* ou *causa mortis*. A transferência da propriedade ou de domínio se opera por meio de compra e venda, doação, adjudicação, usucapião e sucessão. A transmissão da coisa móvel se dá com a tradição; a transmissão de imóvel somente se consolida mediante o registro do título translativo no Cartório de Registro de Imóveis (arts. 1.227 e 1.245, CC).

- Veja CC: "**Art. 1.227**. Os direitos reais sobre imóveis constituídos, ou transmitidos por atos entre vivos, só se adquirem com o registro no Cartório de Registro de Imóveis dos referidos títulos (arts. 1.245 a 1.247), salvo os casos expressos neste Código. [...] **Art. 1.245**. Transfere-se entre vivos a propriedade mediante o registro do título translativo no Registro de Imóveis. § 1º Enquanto não se registrar o título translativo, o alienante continua a ser havido como dono do imóvel. § 2º Enquanto não se promover, por meio de ação própria, a decretação de invalidade do registro, e o respectivo cancelamento, o adquirente continua a ser havido como dono do imóvel. **Art. 1.246**. O registro é eficaz desde o momento em que se apresentar o título ao oficial do registro, e este o prenotar no protocolo. **Art. 1.247**. Se o teor do registro não exprimir a verdade, poderá o interessado reclamar que se retifique ou anule. Parágrafo único. Cancelado o registro, poderá o proprietário reivindicar o imóvel, independentemente da boa-fé ou do título do terceiro adquirente".

- Penhora. Imóvel penhorado de propriedade de ex-cônjuge estranho à execução fiscal. Registro público. Ausência de registro do formal de partilha. 1. A transmissão da propriedade de bem imóvel, na dicção do art. 1.245 do CC, opera-se com o registro do título translativo no Registro de Imóveis, sem o qual o alienante continua a ser havido como dono do imóvel. 2. A Lei n. 6.015, a seu turno, prevê a compulsoriedade do registro e averbação dos títulos ou atos constitutivos, declaratórios, translativos e extintivos de direitos reais sobre imóveis reconhecidos em lei, *inter vivos* ou *mortis causa*, quer para sua constituição, transferência e extinção, quer para sua validade em relação a terceiros, quer para a sua disponibilidade. 3. Deveras, à luz dos referidos Diplomas legais, sobressai clara a exigência do registro dos títulos translativos da propriedade imóvel por ato *inter vivos*, onerosos ou gratuitos, porquanto os negócios jurídicos, em nosso ordenamento jurídico, não são hábeis a transferir o domínio do bem. Assim, titular do direito é aquele em cujo nome está transcrita a propriedade imobiliária. 4. Entrementes, a jurisprudência do STJ, sobrepujando a questão de fundo sobre a questão da forma, como técnica de realização da justiça, vem conferindo interpretação finalística à Lei de Registros Públicos. Assim é que foi editada a Súmula n. 84/STJ, com a seguinte redação: "É admissível a oposição de embargos de terceiro fundados em alegação de posse advinda de compromisso de compra e venda de imóvel, ainda que desprovido do registro". 5. "O CTN nem o CPC, em face da execução, não estabelecem a indisponibilidade de bem alforriado de constrição judicial. A pré-existência de dívida inscrita ou de execução, por si, não constitui ônus *erga omnes*, efeito decorrente da publicidade do registro público. Para a demonstração do *consilium fraudis* não basta o ajuizamento da ação. A demonstração de má-fé pressupõe ato de efetiva citação ou de constrição judicial ou de atos reipersecutórios vinculados a imóvel para que as modificações na ordem patrimonial configurem a fraude. Validade da alienação a terceiro que adquiriu o bem sem conhecimento de constrição já que nenhum ônus foi dado à publicidade. Os precedentes desta Corte não consideram fraude de execução a alienação ocorrida antes da citação do executado alienante" (EREsp n. 31.321/SP, rel. Min. Milton Luiz Pereira, *DJ* 16.11.1999). 6. A transferência de propriedade de bem imóvel opera-se independentemente do registro do formal de partilha no Cartório de Imóveis, sendo certa a impossibilidade de realização de penhora decorrente de execução fiscal ajuizada contra o ex-cônjuge, consoante o entendimento da Corte. (STJ, REsp n. 848.070/GO, rel. Min. Luiz Fux, j. 03.03.2009, *DJ* 25.03.2009)

Transmissão *inter vivos* Transmissão ou transferência de bens que uma pessoa viva faz a outra. A transmissão pode ocorrer mediante contrato de compra e venda, doação ou adjudicação. A transmissão da coisa móvel se opera com a tradição; já a transmissão de imóvel somente se consolida mediante o registro do título translativo no Cartório de Registro de Imóveis (arts. 1.227 e 1.245, CC).

- Veja CC: "**Art. 1.245**. Transfere-se entre vivos a propriedade mediante o registro do título translativo no Registro de Imóveis. [...]".

Transporte Contrato pelo qual alguém se obriga, mediante retribuição, a transportar, de um lugar para outro, pessoas ou coisas (art. 730, CC).

▸ Veja CC: "**Art. 730.** Pelo contrato de transporte alguém se obriga, mediante retribuição, a transportar, de um lugar para outro, pessoas ou coisas".

Transporte de coisas
Contrato pelo qual o transportador se obriga, mediante certa retribuição, a transportar coisas de um lugar para outro. A coisa, entregue ao transportador, deve estar caracterizada por sua natureza, valor, peso, quantidade e o mais que for necessário para que não se confunda com outras, devendo o destinatário ser indicado ao menos por nome e endereço (arts. 730 e 743, CC).

▸ Veja CC: "**Art. 743.** A coisa, entregue ao transportador, deve estar caracterizada pela sua natureza, valor, peso e quantidade, e o mais que for necessário para que não se confunda com outras, devendo o destinatário ser indicado ao menos pelo nome e endereço. **Art. 744.** Ao receber a coisa, o transportador emitirá conhecimento com a menção dos dados que a identifiquem, obedecido o disposto em lei especial. Parágrafo único. O transportador poderá exigir que o remetente lhe entregue, devidamente assinada, a relação discriminada das coisas a serem transportadas, em duas vias, uma das quais, por ele devidamente autenticada, ficará fazendo parte integrante do conhecimento".

Transporte de pessoas
Contrato pelo qual o transportador se obriga, mediante certa retribuição, a transportar pessoas de um lugar para outro (art. 730, CC). O transportador responde pelos danos causados às pessoas transportadas e suas bagagens, salvo motivo de força maior, sendo nula qualquer cláusula excludente da responsabilidade (art. 734, CC). A responsabilidade contratual do transportador por acidente com o passageiro não é elidida por culpa de terceiro, contra o qual tem ação regressiva (art. 735, CC).

▸ Veja CC: "**Art. 734.** O transportador responde pelos danos causados às pessoas transportadas e suas bagagens, salvo motivo de força maior, sendo nula qualquer cláusula excludente da responsabilidade. Parágrafo único. É lícito ao transportador exigir a declaração do valor da bagagem a fim de fixar o limite da indenização. **Art. 735.** A responsabilidade contratual do transportador por acidente com o passageiro não é elidida por culpa de terceiro, contra o qual tem ação regressiva. **Art. 736.** Não se subordina às normas do contrato de transporte o feito gratuitamente, por amizade ou cortesia. Parágrafo único. Não se considera gratuito o transporte quando, embora feito sem remuneração, o transportador auferir vantagens indiretas".

Traslado
Nome dado à cópia extraída por tabelião ou oficial de registro de instrumentos ou documentos lançados em suas notas.

▸ Veja CC: "**Art. 217.** Terão a mesma força probante os traslados e as certidões, extraídos por tabelião ou oficial de registro, de instrumentos ou documentos lançados em suas notas. **Art. 218.** Os traslados e as certidões considerar-se-ão instrumentos públicos, se os originais se houverem produzido em juízo como prova de algum ato".

Tréplica
Diz-se da resposta a uma réplica. No júri, é o direito da defesa de responder a questões da acusação formuladas pelo Ministério Público (arts. 476, § 4º, e 477, CPP).

▸ Veja CPP: "**Art. 476.** Encerrada a instrução, será concedida a palavra ao Ministério Público, que fará a acusação, nos limites da pronúncia ou das decisões posteriores que julgaram admissível a acusação, sustentando, se for o caso, a existência de circunstância agravante. § 1º O assistente falará depois do Ministério Público. § 2º Tratando-se de ação penal de iniciativa privada, falará em primeiro lugar o querelante e, em seguida, o Ministério Público, salvo se este houver retomado a titularidade da ação, na forma do art. 29 deste Código. § 3º Finda a acusação, terá a palavra a defesa. § 4º A acusação poderá replicar e a defesa treplicar, sendo admitida a reinquirição de testemunha já ouvida em plenário. **Art. 477.** O tempo destinado à acusação e à defesa será de uma hora e meia para cada, e de uma hora para a réplica e outro tanto para a tréplica. [...]".

Tribunal
Órgão do Poder Judiciário, de instância superior, composto de julgadores recrutados entre juízes togados, advogados e membros do Ministério Público oriundos do quinto constitucional, que se reúnem em câmaras ou turmas para julgar causas originárias e recursos proferidos contra decisões de instância inferior.

Tribunal de Justiça Desportiva (TJD)
Órgão judicante, integrante da Justiça desportiva e que funciona junto às entidades regionais da administração do desporto, que tem por função o julgamento das infrações desportivas no âmbito de sua competência. Cada estado possui o seu próprio TJD, cujas decisões podem ser questionadas por meio de recurso ao STJD.

Tribunal do Júri Denominação conferida ao tribunal formado por jurados, cidadãos escolhidos pelo juiz-presidente, para que, sob juramento, decidam, de fato, sobre a condenação ou não do acusado que está sendo julgado. É presidido por magistrado de carreira e composto de 21 juízes de fato (leigos), ou jurados, sete dos quais são escolhidos para compor o Conselho de Sentença (art. 425, § 2º, CPP) (v. Jurado e Júri).

Tribunal estadual Órgão do Poder Judiciário estadual, de instância superior, composto de desembargadores recrutados entre juízes togados de última estância, advogados e membros do Ministério Público oriundos do quinto constitucional, que se reúnem em câmaras para julgar causas originárias e recursos proferidos contra decisões de instância inferior.

Tribunal Regional do Trabalho (TRT) Tribunal que corresponde à segunda instância trabalhista com competência para julgar recursos ordinários e agravos de petição e, originariamente, dissídios coletivos, ações rescisórias e mandados de segurança, entre outros. São compostos de, no mínimo, sete juízes, recrutados, quando possível, na respectiva região e nomeados pelo presidente da República entre brasileiros com mais de 30 e menos de 65 anos, sendo: 1/5 entre advogados com mais de dez anos de efetiva atividade profissional e membros do Ministério Público do Trabalho com mais de dez anos de efetivo exercício, observado o disposto no art. 94; os demais, mediante promoção de juízes do trabalho por antiguidade e merecimento alternadamente (art. 115, CF). Atualmente, existem 24 TRTs distribuídos pelos diversos estados brasileiros. Sua área de jurisdição normalmente corresponde aos limites territoriais de cada estado-membro.

Tribunal Regional Eleitoral (TRE) Tribunal com sede nas capitais dos estados e no Distrito Federal, que atua como órgão judiciário eleitoral de segunda instância. Compõem-se: 1) mediante eleição, pelo voto secreto: a) de dois juízes entre os desembargadores do Tribunal de Justiça; b) de dois juízes, entre juízes de Direito, escolhidos pelo Tribunal de Justiça; 2) de um juiz do TRF com sede na capital do estado ou no Distrito Federal, ou, não havendo, de juiz federal, escolhido, em qualquer caso, pelo TRF respectivo; 3) por nomeação, pelo presidente da República, de dois juízes entre seis advogados de notável saber jurídico e idoneidade moral, indicados pelo Tribunal de Justiça. Compete aos TREs: 1) processar e julgar originariamente: a) registro e cancelamento do registro dos diretórios estaduais e municipais de partidos políticos, bem como de candidatos a governador, vice-governador e membro do Congresso Nacional e das Assembleias Legislativas; b) conflitos de jurisdição entre juízes eleitorais do respectivo estado; c) suspeição ou impedimento de seus membros, procurador regional e funcionários de sua secretaria, assim como de juízes e escrivães eleitorais; d) crimes eleitorais cometidos pelos juízes eleitorais; e) reclamações relativas a obrigações impostas por lei aos partidos políticos, quanto a sua contabilidade e à apuração da origem de seus recursos; 2) julgar os recursos interpostos: a) contra atos de juízes e decisões proferidas por eles e pelas juntas eleitorais; b) contra decisões dos juízes eleitorais que concederem ou denegarem *habeas corpus* ou mandado de segurança.

Tribunal Regional Federal (TRF) Tribunal que corresponde à Justiça federal de 2ª instância, com competência para julgar recursos em causas decididas por juízes federais de 1º grau em ações que envolvam a União, autarquias e empresas públicas, bem como recursos de decisões proferidas por juízes de Direito em causas que envolvam matéria previdenciária (art. 109, § 3º, CF) e em execuções fiscais (art. 109, § 3º, CF; art. 15, I, Lei n. 5.010/66). Também julgam, originariamente, juízes federais de sua área de jurisdição, incluídos os da Justiça Militar e da Justiça do Trabalho, nos crimes comuns e de responsabilidade, e membros do Ministério Público da União, ressalvada a competência da Justiça Eleitoral; revisões criminais e ações rescisórias de julgados seus ou dos juízes federais da região; mandados de segurança e *habeas data* contra ato do próprio tribunal ou de juiz federal; *habeas corpus* quando a autoridade coatora for juiz federal; e conflitos de competência entre juízes federais vinculados ao tribunal. São integrados por desembargadores federais escolhidos entre os juízes federais de 1ª instância, membros do Ministério Público e representantes da OAB, nomeados pelo presidente da República, nos termos da CF. Atualmente, existem cinco TRFs distribuídos por diversas capitais brasileiras, cada qual com jurisdição em diversos estados. Atualmente existem cinco TRFs, cada qual com a seguinte jurisdição: TRF1 (1ª Região): Seções Judiciárias do Acre, Amapá, Amazonas, Bahia, Distrito Federal, Goiás, Maranhão, Mato Grosso, Minas Gerais, Pará, Piauí, Rondônia, Roraima e Tocantins; TRF2 (2ª Região): Seções Judiciárias do Rio de Janeiro e Espírito Santo; TRF3 (3ª Região): Seções Judiciárias de São Paulo e Mato Grosso do Sul; TRF4 (4ª Região): Seções Judiciárias do Rio Grande do Sul, Paraná e Santa Catarina; TRF5 (5ª Região): Seções Judiciárias de Alagoas, Ceará, Paraíba, Pernambuco, Rio Grande do Norte e Sergipe.

Tribunal Superior do Trabalho (TST) Tribunal, com sede em Brasília, que tem por principal função uniformizar a jurisprudência trabalhista. Julga, em última instância, recursos de revista, recursos ordinários e agravos de instrumento contra decisões de TRTs e dissídios coletivos de categorias organizadas em nível nacional, além de mandados de segurança, embargos opostos a suas decisões e ações rescisórias. É composto de 27 ministros, escolhidos entre brasileiros com mais de 35 e menos de 65 anos de idade, nomeados pelo presidente da República, após aprovação pelo Senado Federal, sendo: 1/5 entre advogados com mais de dez anos de efetiva atividade profissional e membros do Ministério Público do Trabalho com mais de dez anos de efetivo exercício, observado o disposto no art. 94 da CF; os demais entre juízes dos TRTs, oriundos da magistratura de carreira, indicados pelo próprio TST.

Tribunal Superior Eleitoral (TSE) Tribunal, com sede em Brasília, cuja competência é julgar, em última instância, recursos interpostos contra as decisões dos tribunais regionais, inclusive os que versarem sobre matéria administrativa. Ao TSE também compete processar e julgar originariamente: a) registro e cassação de registro de partidos políticos, de seus diretórios nacionais e de candidatos à presidência e vice-presidência da República; b) conflitos de jurisdição entre tribunais regionais e juízes eleitorais de estados diferentes; c) suspeição ou impedimento de seus membros, do procurador-geral e dos funcionários de sua secretaria; d) crimes eleitorais e comuns que lhes forem conexos cometidos por seus próprios juízes e por juízes dos tribunais regionais; e) reclamações relativas a obrigações impostas por lei aos partidos políticos, quanto a sua contabilidade e à apuração da origem de seus recursos; f) impugnações à apuração do resultado geral, proclamação dos eleitos e expedição de diploma na eleição de presidente e vice-presidente da República; g) pedidos de desaforamento dos feitos não decididos nos tribunais regionais dentro de trinta dias da conclusão ao relator, formulados por partido, candidato, Ministério Público ou parte legitimamente interessada; h) reclamações contra seus próprios juízes que, no prazo de trinta dias a contar da conclusão, não houverem julgado os feitos a eles distribuídos; i) ação rescisória, nos casos de inelegibilidade, desde que intentada dentro de 120 dias de decisão irrecorrível, possibilitando-se o exercício do mandato eletivo até seu trânsito em julgado (art. 22, Lei n. 4.737/65). O Tribunal é composto de, no mínimo, sete membros, escolhidos: 1) mediante eleição pelo voto secreto: a) três juízes entre os ministros do STF; b) dois juízes entre os ministros do STJ; 2) por nomeação do presidente da República: dois juízes entre seis advogados de notável saber jurídico e idoneidade moral, indicados pelo STF. O TSE elegerá seu presidente e vice-presidente entre os ministros do STF, e o corregedor eleitoral, entre os ministros do STJ (art. 119, CF).

Tributo Prestação pecuniária compulsória, em moeda ou cujo valor nela se possa exprimir, que não seja sanção de ato ilícito, instituída em lei e cobrada mediante atividade administrativa plenamente vinculada (art. 3º, CTN). São tributos os impostos, as taxas e a contribuição de melhoria.

▶ Veja Lei n. 5.172/66: "**Art. 3º** Tributo é toda prestação pecuniária compulsória, em moeda ou cujo valor nela se possa exprimir, que não constitua sanção de ato ilícito, instituída em lei e cobrada mediante atividade administrativa plenamente vinculada. **Art. 4º** A natureza jurídica específica do tributo é determinada pelo fato gerador da respectiva obrigação, sendo irrelevantes para qualificá-la: I – a denominação e demais características formais adotadas pela lei; II – a destinação legal do produto da sua arrecadação. **Art. 5º** Os tributos são impostos, taxas e contribuições de melhoria".

Troca Troca ou permuta é o contrato pelo qual um dos contratantes se obriga a transferir ao outro a propriedade de uma coisa mediante o recebimento da propriedade de outra que não seja dinheiro (art. 533, CC). Diferentemente do que ocorre na relação de compra e venda, na qual uma das contraprestações deve ser necessariamente em dinheiro; na troca, o dinheiro aparece apenas acidentalmente, não descaracterizando o contrato quando utilizado tão somente para igualar o valor das coisas trocadas na hipótese de serem desiguais. Exemplo: troca de um veículo usado por um novo, pagando-se a diferença do valor em dinheiro.

▶ Veja CC: "**Art. 533.** Aplicam-se à troca as disposições referentes à compra e venda, com as seguintes modificações: I – salvo disposição em contrário, cada um dos contratantes pagará por metade as despesas com o instrumento da troca; II – é anulável a troca de valores desiguais entre ascendentes e descendentes, sem consentimento dos outros descendentes e do cônjuge do alienante".

Turbação Qualquer ato externo que impeça alguém de exercitar o direito da posse ou atente contra ele. O possuidor tem direito a ser mantido na posse em caso de turbação, restituído no caso de esbulho e segurado de violência iminente se tiver justo receio de ser molestado (art. 1.210, CC) (*v. Manutenção de posse*).

▶ Veja CC: "**Art. 1.210.** O possuidor tem direito a ser mantido na posse em caso de turbação, restituído no de esbulho, e segurado de violência iminente, se tiver justo receio de ser molestado. § 1º O possuidor turbado, ou esbulhado, poderá manter-se ou restituir-se por sua própria força, contanto que o faça logo; os atos de defesa, ou de desforço, não podem ir além do indispensável à manutenção, ou restituição da posse. § 2º Não obsta à manutenção ou reintegração na posse a alegação de propriedade, ou de outro direito sobre a coisa".

▪ Possessória. Reintegração de posse. Imóvel adquirido durante união estável entre o autor e a genitora da ré. Expulsão do autor pela enteada pouco antes da abertura da sucessão em razão da morte da companheira. Nítido caso de turbação e não esbulho já que o autor abandonou voluntariamente o imóvel em razão de desavenças. Direito possessório da ré originado pela sucessão da sua mãe (*saisine*). Inexistência de direito real de habitação em favor do autor, nos termos do art. 1.831 do CC, pelo fato do autor não residir no imóvel ao tempo da abertura da sucessão da sua companheira. Administração da herança, por sua vez, que, em princípio, não cabe à ré, por não ser a filha mais velha da falecida, nos termos do art. 1.797, II, do CC. Hipótese na qual a posse fica, provisoriamente, com a ré, até abertura de inventário e homologação de partilha do imóvel, assegurado ao autor a percepção de frutos civis sobre sua parte ideal. Arbitramento, nesse particular, de aluguéres em favor do autor. Recurso parcialmente provido, com observação. (TJSP, Ap. n. 2.014.082/Guarulhos, rel. Des. José Jacob Valente, j. 30.01.2013)

▪ Possessória. Manutenção de posse. Servidão aparente de passagem. Atos de turbação. Entre as ações que amparam as servidões, encontra-se a de manutenção de posse para repelir atos de turbação sobre servidão de passagem exercida de forma inconteste e contínua a ensejar aquisição de propriedade por usucapião (CCB/2002, art. 1.379), direito que não se confunde com o direito de passagem forçada definido no art. 1.285 do CCB. Irrelevante a existência de outros acessos ao terreno. Atos de turbação configurados. Conflito entre possuidores. Retirada de cerca e imposição de embaraços para o exercício da servidão visando mudança do acesso para o imóvel. Sentença mantida. Determinação para reconstrução de cerca e respeito ao exercício da posse. (TJRJ, Ap. Cível n. 25.387, rel. Des. Cláudio Luís Braga dell'Orto, j. 10.06.2008)

Tutela Encargo ou múnus civil conferido por lei a pessoa juridicamente capaz para administrar os bens e cuidar da conduta de pessoa menor de idade, órfão de pai e mãe ou que esteja fora do pátrio poder, representando-a em todos os atos da vida civil (art. 1.728, CC).

▶ Veja CC: "**Art. 1.728.** Os filhos menores são postos em tutela: I – com o falecimento dos pais, ou sendo estes julgados ausentes; II – em caso de os pais decaírem do poder familiar. **Art. 1.729.** O direito de nomear tutor compete aos pais, em conjunto. Parágrafo único. A nomeação deve constar de testamento ou de qualquer outro documento autêntico". [...] **Art. 1.731.** Em falta de tutor nomeado pelos pais incumbe a tutela aos parentes consanguíneos do menor, por esta ordem:

I – aos ascendentes, preferindo o de grau mais próximo ao mais remoto; II – aos colaterais até o terceiro grau, preferindo os mais próximos aos mais remotos, e, no mesmo grau, os mais velhos aos mais moços; em qualquer dos casos, o juiz escolherá entre eles o mais apto a exercer a tutela em benefício do menor".

Tutela antecipada em caráter antecedente Medida judicial requerida na petição inicial nos casos em que a urgência for contemporânea à propositura da ação, mediante exposição da lide, do direito que se busca realizar e do perigo de dano ou do risco ao resultado útil do processo. Pode o autor, no caso, limitar-se ao requerimento da tutela antecipada e à indicação do pedido de tutela final (art. 303, CPC/2015).

▸ Veja CPC/2015: "**Art. 303.** Nos casos em que a urgência for contemporânea à propositura da ação, a petição inicial pode limitar-se ao requerimento da tutela antecipada e à indicação do pedido de tutela final, com a exposição da lide, do direito que se busca realizar e do perigo de dano ou do risco ao resultado útil do processo. § 1º Concedida a tutela antecipada a que se refere o caput deste artigo: I – o autor deverá aditar a petição inicial, com a complementação de sua argumentação, a juntada de novos documentos e a confirmação do pedido de tutela final, em 15 (quinze) dias ou em outro prazo maior que o juiz fixar; II – o réu será citado e intimado para a audiência de conciliação ou de mediação na forma do art. 334; III – não havendo autocomposição, o prazo para contestação será contado na forma do art. 335. § 2º Não realizado o aditamento a que se refere o inciso I do § 1º deste artigo, o processo será extinto sem resolução do mérito. § 3º O aditamento a que se refere o inciso I do § 1º deste artigo dar-se-á nos mesmos autos, sem incidência de novas custas processuais. § 4º Na petição inicial a que se refere o caput deste artigo, o autor terá de indicar o valor da causa, que deve levar em consideração o pedido de tutela final. [...]".

Tutela cautelar Procedimento judicial que visa a prevenir, conservar, defender ou assegurar a eficácia de um direito. Ato de prevenção requerido pelo interessado no caso de ameaça a direito e quando houver fundado receio de que uma parte, antes do julgamento da lide, cause ao direito da outra lesão grave e de difícil reparação. Quando concedidas em procedimento preparatório, as medidas cautelares conservam sua eficácia no prazo de trinta dias, após o qual deve a parte propor a ação principal (arts. 806 e 807, CPC/73; art. 308, CPC/2015).

▸ Veja CPC/73: "**Art. 796.** O procedimento cautelar pode ser instaurado antes ou no curso do processo principal e deste é sempre dependente. **Art. 797.** Só em casos excepcionais, expressamente autorizados por lei, determinará o juiz medidas cautelares sem a audiência das partes. **Art. 798.** Além dos procedimentos cautelares específicos, que este Código regula no Capítulo II deste Livro, poderá o juiz determinar as medidas provisórias que julgar adequadas, quando houver fundado receio de que uma parte, antes do julgamento da lide, cause ao direito da outra lesão grave e de difícil reparação".

▸ Veja CPC/2015: "**Art. 305.** A petição inicial da ação que visa à prestação de tutela cautelar em caráter antecedente indicará a lide e seu fundamento, a exposição sumária do direito que se objetiva assegurar e o perigo de dano ou o risco ao resultado útil do processo. Parágrafo único. Caso entenda que o pedido a que se refere o caput tem natureza antecipada, o juiz observará o disposto no art. 303. **Art. 306.** O réu será citado para, no prazo de 5 (cinco) dias, contestar o pedido e indicar as provas que pretende produzir. **Art. 307.** Não sendo contestado o pedido, os fatos alegados pelo autor presumir-se-ão aceitos pelo réu como ocorridos, caso em que o juiz decidirá dentro de 5 (cinco) dias. Parágrafo único. Contestado o pedido no prazo legal, observar-se-á o procedimento comum. **Art. 308.** Efetivada a tutela cautelar, o pedido principal terá de ser formulado pelo autor no prazo de 30 (trinta) dias, caso em que será apresentado nos mesmos autos em que deduzido o pedido de tutela cautelar, não dependendo do adiantamento de novas custas processuais. [...]".

■ Medida cautelar. Processo. Sentença. "No processo principal cuida-se do bem; no cautelar, da segurança. Por isso, o programa do processo principal concentra seu objeto na ambiciosa fórmula da busca da verdade, enquanto o da cautelar se contenta com o designo mais modesto da busca da probabilidade. Assim, têm – processo principal e processo cautelar – campos de instrução distintos e inconfundíveis". Se a sentença prolatada no processo cautelar adentra no campo do principal, ela é *extra petita*, porque decidiu matéria estranha ao objeto da ação cautelar, na qual cuida-se da segurança. Sentença assim prolatada vulnera o art. 458, III, do CPC, sendo que o STF em situação que tal, entendeu que a decisão é inexistente. (*RTJ* n. 128/950)

■ Apelação. Medida cautelar de busca e apreensão. Ajuizamento de medida cautelar (satisfativa) em lugar da ação principal. Inadequação da via processual eleita. Falta de interesse processual. Extinção do processo sem resolução do mérito. Carência da ação mantida. Apelo improvido. (TJSP, Ap. 1.219.804.120.058.260.000/SP, 29ª Câm. de Direito Privado, rel. Pereira Calças, j. 31.08.2011, *DJ* 05.09.2011)

Tutela cautelar em caráter antecedente
Medida judicial, requerida de forma antecedente, destinada a assegurar um direito sujeito a perigo de dano ou de risco ao resultado útil do processo (art. 305, CPC/2015).

▶ Veja CPC/2015: "**Art. 305.** A petição inicial da ação que visa à prestação de tutela cautelar em caráter antecedente indicará a lide e seu fundamento, a exposição sumária do direito que se objetiva assegurar e o perigo de dano ou o risco ao resultado útil do processo. Parágrafo único. Caso entenda que o pedido a que se refere o caput tem natureza antecipada, o juiz observará o disposto no art. 303. **Art. 306.** O réu será citado para, no prazo de 5 (cinco) dias, contestar o pedido e indicar as provas que pretende produzir. **Art. 307.** Não sendo contestado o pedido, os fatos alegados pelo autor presumir-se-ão aceitos pelo réu como ocorridos, caso em que o juiz decidirá dentro de 5 (cinco) dias. Parágrafo único. Contestado o pedido no prazo legal, observar-se-á o procedimento comum. **Art. 308.** Efetivada a tutela cautelar, o pedido principal terá de ser formulado pelo autor no prazo de 30 (trinta) dias, caso em que será apresentado nos mesmos autos em que deduzido o pedido de tutela cautelar, não dependendo do adiantamento de novas custas processuais. [...] **Art. 309.** Cessa a eficácia da tutela concedida em caráter antecedente, se: I – o autor não deduzir o pedido principal no prazo legal; II – não for efetivada dentro de 30 (trinta) dias; III – o juiz julgar improcedente o pedido principal formulado pelo autor ou extinguir o processo sem resolução de mérito. Parágrafo único. Se por qualquer motivo cessar a eficácia da tutela cautelar, é vedado à parte renovar o pedido, salvo sob novo fundamento".

Tutela de evidência
Medida judicial que tem por objetivo obter a antecipação dos efeitos da sentença que o demandante procura alcançar por meio da ação ajuizada. A tutela de evidência será concedida independentemente da demonstração de perigo de dano ou de risco ao resultado útil do processo (art. 311, CPC/2015).

▶ Veja CPC/2015: "**Art. 311.** A tutela da evidência será concedida, independentemente da demonstração de perigo de dano ou de risco ao resultado útil do processo, quando: I – ficar caracterizado o abuso do direito de defesa ou o manifesto propósito protelatório da parte; II – as alegações de fato puderem ser comprovadas apenas documentalmente e houver tese firmada em julgamento de casos repetitivos ou em súmula vinculante; III – se tratar de pedido reipersecutório fundado em prova documental adequada do contrato de depósito, caso em que será decretada a ordem de entrega do objeto custodiado, sob cominação de multa; IV – a petição inicial for instruída com prova documental suficiente dos fatos constitutivos do direito do autor, a que o réu não oponha prova capaz de gerar dúvida razoável. Parágrafo único. Nas hipóteses dos incisos II e III, o juiz poderá decidir liminarmente".

Tutela de urgência
Tutela antecipada concedida quando houver elementos que evidenciem a probabilidade do direito e o perigo de dano ou o risco ao resultado útil do processo (art. 300, CPC/2015). Pode ser concedida liminarmente e, conforme o caso, mediante a exigência de caução real ou fidejussória idônea para ressarcir os danos que a outra parte possa vir a sofrer.

▶ Veja CPC/2015: "**Art. 300.** A tutela de urgência será concedida quando houver elementos que evidenciem a probabilidade do direito e o perigo de dano ou o risco ao resultado útil do processo. § 1º Para a concessão da tutela de urgência, o juiz pode, conforme o caso, exigir caução real ou fidejussória idônea para ressarcir os danos que a outra parte possa vir a sofrer, podendo a caução ser dispensada se a parte economicamente hipossuficiente não puder oferecê-la. § 2º A tutela de urgência pode ser concedida liminarmente ou após justificação prévia. § 3º A tutela de urgência de natureza antecipada não será concedida quando houver perigo de irreversibilidade dos efeitos da decisão".

■ Tutela antecipada. Presença da verossimilhança e do risco de dano irreparável. Autora que alega existência de descontos em sua conta corrente sem que tenha realizado qualquer empréstimo. Instituição financeira que não provou a existência de contratação capaz de justificar a cobrança impugnada, tampouco trouxe indícios, o que equivale a nada provar. Cabível, em sede de tutela antecipada, o cancelamento dos descontos controversos e a vedação da inscrição do nome da autora nos cadastros restritivos, pois presente a verossimilhança e o risco de dano irreparável ou de difícil reparação. Interlocutória mantida. Negado seguimento ao recurso, por decisão monocrática. (TJRS, AI n. 70.050.771.997, 18ª Câm. Cível, rel. Nelson José Gonzaga, j. 10.09.2012)

■ Antecipação de tutela. Liminar não concedida. Requisitos do art. 273 do CPC não evidenciados. O deferimento da tutela antecipada pressupõe o preenchimento dos requisitos dispostos no art. 273 do CPC. No caso, carece o pedido da parte autora de prova inequívoca do direito e da verossimilhança de suas alegações, pois os elementos trazidos aos autos não se mostram suficientes ao fim de propiciar o reconhecimento do direito arguido pela agravante. (TJRS, AI n. 70.050.678.861, 18ª Câm. Cível, rel. Pedro Celso Dal Pra, j. 10.09.2012)

Tutelado Pessoa submetida à tutela mediante nomeação de tutor. Pupilo. Os menores são postos em tutela: quando falecerem os pais ou estes forem julgados ausentes; quando os pais forem destituídos do poder familiar (art. 1.728, CC).

▶ Veja CC: "**Art. 1.728.** Os filhos menores são postos em tutela: I – com o falecimento dos pais, ou sendo estes julgados ausentes; II – em caso de os pais decaírem do poder familiar. **Art. 1.729.** O direito de nomear tutor compete aos pais, em conjunto. Parágrafo único. A nomeação deve constar de testamento ou de qualquer outro documento autêntico".

Tutela provisória Procedimento judicial que visa a prevenir, conservar, defender ou assegurar provisoriamente um direito. Pode fundamentar-se em urgência ou evidência e ser concedida em caráter antecedente ou incidental (art. 294, CPC/2015). A tutela provisória deverá ser requerida ao juízo da causa e, quando antecedente, ao juízo competente para conhecer do pedido principal (art. 299, CPC/2015).

▶ Veja CPC/2015: "**Art. 294.** A tutela provisória pode fundamentar-se em urgência ou evidência. Parágrafo único. A tutela provisória de urgência, cautelar ou antecipada, pode ser concedida em caráter antecedente ou incidental. **Art. 295.** A tutela provisória requerida em caráter incidental independe do pagamento de custas. **Art. 296.** A tutela provisória conserva sua eficácia na pendência do processo, mas pode, a qualquer tempo, ser revogada ou modificada. Parágrafo único. Salvo decisão judicial em contrário, a tutela provisória conservará a eficácia durante o período de suspensão do processo. **Art. 297.** O juiz poderá determinar as medidas que considerar adequadas para efetivação da tutela provisória. Parágrafo único. A efetivação da tutela provisória observará as normas referentes ao cumprimento provisório da sentença, no que couber. **Art. 298.** Na decisão que conceder, negar, modificar ou revogar a tutela provisória, o juiz motivará seu convencimento de modo claro e preciso. **Art. 299.** A tutela provisória será requerida ao juízo da causa e, quando antecedente, ao juízo competente para conhecer do pedido principal. Parágrafo único. Ressalvada disposição especial, na ação de competência originária de tribunal e nos recursos a tutela provisória será requerida ao órgão jurisdicional competente para apreciar o mérito".

Tutor Pessoa investida da tutela, nomeada pelos pais em testamento, e designada em razão de parentesco ou indicada pelo juiz (arts. 1.731 e 1.732, CC). Compete ao tutor, entre outras coisas: representar o menor, até os 16 anos, nos atos da vida civil e assisti-lo, após essa idade, nos atos em que for parte; dirigir-lhe a educação, defendê-lo e prestar-lhe alimentos, conforme os seus haveres e condição; adimplir os demais deveres que normalmente cabem aos pais, ouvida a opinião do menor, se este já contar 12 anos de idade; receber as rendas e pensões do menor e as quantias a ele devidas; fazer-lhe as despesas de subsistência e educação, bem como as de administração, conservação e melhoramento de seus bens; alienar os bens do menor destinados à venda; aceitar por ele heranças, legados ou doações, ainda que com encargos; vender seus bens móveis cuja conservação não convier, e os imóveis nos casos em que for permitido; propor em juízo as ações pelo menor, ou nelas assisti-lo, e promover todas as diligências a bem deste, assim como defendê-lo nos pleitos contra ele movidos (arts. 1.740, 1.747 e 1.748, CC).

▶ Veja CC: " [...] **Art. 1.740.** Incumbe ao tutor, quanto à pessoa do menor: I – dirigir-lhe a educação, defendê-lo e prestar-lhe alimentos, conforme os seus haveres e condição; II – reclamar do juiz que providencie, como houver por bem, quando o menor haja mister correção; III – adimplir os demais deveres que normalmente cabem aos pais, ouvida a opinião do menor, se este já contar doze anos de idade. **Art. 1.741.** Incumbe ao tutor, sob a inspeção do juiz, administrar os bens do tutelado, em proveito deste, cumprindo seus deveres com zelo e boa-fé. [...] **Art. 1.747.** Compete mais ao tutor: I – representar o menor, até os dezesseis anos, nos atos da vida civil, e assisti-lo, após essa idade, nos atos em que for parte; II – receber as rendas e pensões do menor, e as quantias a ele devidas; III – fazer-lhe as despesas de subsistência e educação, bem como as de administração, conservação e melhoramentos de seus bens; IV – alienar os bens do menor destinados a venda; V – promover-lhe, mediante preço conveniente, o arrendamento de bens de raiz. **Art. 1.748.** Compete também ao tutor, com autorização do juiz: I – pagar as dívidas do menor; II – aceitar por ele heranças, legados ou doações, ainda que com encargos; III – transigir; IV – vender-lhe os bens móveis, cuja conservação não convier, e os imóveis nos casos em que for permitido; V – propor em juízo as ações, ou nelas assistir o menor, e promover todas as diligências a bem deste, assim como defendê-lo nos pleitos contra ele movidos. Parágrafo único. No caso de falta de autorização, a eficácia de ato do tutor depende da aprovação ulterior do juiz".

▶ Veja CPC/2015: "**Art. 759.** O tutor ou o curador será intimado a prestar compromisso no prazo de 5 (cinco) dias contado da: I – nomeação feita em conformidade com a lei; II – intimação do despacho que mandar cumprir o testamento ou o instrumento público que o houver instituído. § 1º O tutor ou o curador prestará o compromisso por termo em livro rubricado pelo juiz. § 2º Prestado o compromisso, o tutor ou o curador assume a administração dos bens do tutelado ou do interditado. **Art. 760.** O tutor ou o curador poderá eximir-se do encargo apresentando escusa ao juiz no prazo de 5 (cinco) dias contado: I – antes de aceitar o encargo, da intimação para prestar compromisso; II – depois de entrar em exercício, do dia em que sobrevier o motivo da escusa. [...]".

Ultra petita Fora do pedido, que vai além do pedido. A sentença não deve decidir além do que foi pedido pelo autor, nem aquém (*citra petita*), nem fora da questão proposta na inicial (*extra petita*).

Ultratividade da lei Expressão originária de *ultra*, que significa *além de*, e de *atividade*, que significa *em ação* ou *em vigor*. Refere-se, portanto, à atuação da lei além de sua vida útil, ou seja, além do término de sua vigência. Refere-se a uma norma que, embora não esteja mais em vigor, continua a reger as relações jurídicas consolidadas em sua vigência. Por exemplo, no direito das sucessões, o que regula a sucessão e a legitimação para suceder é a lei vigente ao tempo da abertura daquela (art. 1.787, CC). No direito penal, quando uma lei posterior pune mais gravemente ou severamente um fato criminoso, revogando de forma expressa a lei anterior que o punia mais brandamente, prevalecerá a lei mais benéfica. Desse modo, diz-se que a lei anterior é ultrativa, mas somente para os fatos ocorridos durante sua vigência. Se a lei anterior for a mais rigorosa, não será ultrativa e, ao contrário, a lei posterior é que retroagirá.

- *Habeas corpus*. Crime de tortura contra adolescente. Lei n. 8.069/90. ECA. Superveniência da Lei n. 9.455/97. *Abolitio criminis*. Inocorrência. Ultratividade da lei mais benéfica. Em matéria penal, a nova lei que redefine a conduta criminal, editada no curso do processo, não provoca o fenômeno da *abolitio criminis*, ensejando, todavia, a ultratividade da lei penal antiga mais benigna. Embora o art. 233 da Lei n. 8.069/90 (ECA), que tipificava o crime de tortura contra menores, tenha sido revogado pelo art. 4º da Lei n. 9.455/97, esta conduta recebeu definição criminal neste novo Diploma Legal, de forma mais gravosa, impondo-se, portanto, a aplicação da lei anterior, mais benéfica. Recurso ordinário desprovido. (STJ, *HC* n. 10.049/CE, 6ª T., rel. Min. Vicente Leal, j. 06.12.2001, *DJ* 18.02.2002, p. 494)

União estável Entidade familiar decorrente da convivência entre duas pessoas, estabelecida fora do âmbito do casamento, mediante o preenchimento dos requisitos legais (art. 1.723, CC). Embora conste da lei e da própria CF que a união estável é estabelecida entre homem e mulher, os tribunais, ao longo dos anos, vêm reconhecendo o direito das pessoas de mesmo sexo também pleitearem o seu reconhecimento.

▶ Veja CF: "**Art. 226.** A família, base da sociedade, tem especial proteção do Estado. [...] § 3º Para efeito da proteção do Estado, é reconhecida a união estável entre o homem e a mulher como entidade familiar, devendo a lei facilitar sua conversão em casamento. [...]".

▶ Veja CC: "**Art. 1.723.** É reconhecida como entidade familiar a união estável entre o homem e a mulher, configurada na convivência pública, contínua e duradoura e estabelecida com o objetivo de constituição de família. § 1º A união estável não se constituirá se ocorrerem os impedimentos do art. 1.521; não se aplicando a incidência do inciso VI no caso de a pessoa casada se achar separada de fato ou judicialmente. [...]".

▶ Veja CPC/2015: "**Art. 732.** As disposições relativas ao processo de homologação judicial de divórcio ou de separação consensuais aplicam-se, no que couber, ao processo de homologação da extinção consensual de união estável. **Art. 733.** O divórcio consensual, a separação consensual e a extinção consensual de união estável, não havendo nascituro ou filhos incapazes e observados os requisitos legais, poderão ser realizados por escritura pública, da qual constarão as disposições de que trata o art. 731. [...]".

- Pensão por morte. União estável. Requisitos legais. Estável reconhecida mesmo na condição de casado do *de cujus*. Existência de separação de fato. Afastamento de concubinato. Possibilidade. Precedentes. Súmula n. 83/STJ. [...] 2. O entendimento desta Corte é no sentido de admitir o reconhecimento da união estável mesmo que ainda vigente o casamento, desde que haja comprovação da separação de fato dos casados, havendo, assim, distinção entre concubinato e união estável, tal como reconhecido no caso dos autos. Precedentes. Súmula n. 83/STJ. Agravo regimental improvido. (STJ, Ag. Reg. no AREsp n. 597.471/RS, 2ª T., rel. Min. Humberto Martins, j. 09.12.2014, *DJe* 15.12.2014)

União estável homoafetiva Entidade familiar decorrente da convivência entre duas pessoas de mesmo sexo, estabelecida fora do âmbito do casamento, mediante o preenchimento dos mesmos requisitos exigidos para o reconhecimento da união estável heterossexual (art. 1.723, CC). Em que pese esse direito não constar expressamente da lei, os tribunais têm reconhecido o direito das pessoas de mesmo sexo pleitearem o reconhecimento da união estável.

- Ação de reconhecimento de união homoafetiva *post mortem*. Equiparação à união estável heteroafetiva. Requisitos. Súmula n. 7/STJ. Divisão do patrimônio adquirido ao longo do relacionamento. Presunção de esforço comum. Desnecessidade. [...] 2. Há possibilidade jurídica de reconhecimento de união estável homoafetiva pelo ordenamento jurídico brasileiro por realizar os princípios da dignidade da pessoa humana e da igualdade, aplicando-se, por analogia, a legislação atinente às relações estáveis heteroafetivas, tendo em vista a caracterização dessa relação como modelo de entidade familiar (STF, ADI n. 4.277/DF, rel. Min. Ayres Britto, *DJe* 05.05.2011). 3. Assentando o Tribunal local restar comprovada a existência de união afetiva entre pessoas do mesmo sexo, é de se reconhecer o direito do companheiro sobrevivente à meação dos bens adquiridos a título oneroso ao longo do relacionamento, independentemente da prova do esforço comum, que nesses casos, é presumida, conforme remansosa jurisprudência do STJ. 4. Embargos de declaração acolhidos, com efeitos modificativos, para negar provimento ao recurso especial. (STJ, Emb. Decl. no REsp n. 633.713/RS, 3ª T., rel. Min. Ricardo Villas Bôas Cueva, j. 11.02.2014, *DJe* 28.02.2014)

Uniformização de jurisprudência Instituto processual também conhecido por incidente de uniformização de jurisprudência, instaurado perante o tribunal quando ocorrer relevante questão de Direito que enseje conveniente prevenção ou composição de divergência entre órgãos fracionários do tribunal. É de iniciativa do relator, de ofício ou a requerimento das partes ou do Ministério Público, mediante proposta de que o recurso seja julgado pelo órgão colegiado que o regimento interno dispuser como competente para uniformização de jurisprudência.

- Veja CPC/2015: "**Art. 926.** Os tribunais devem uniformizar sua jurisprudência e mantê-la estável, íntegra e coerente. § 1º Na forma estabelecida e segundo os pressupostos fixados no regimento interno, os tribunais editarão enunciados de súmula correspondentes a sua jurisprudência dominante. § 2º Ao editar enunciados de súmula, os tribunais devem ater-se às circunstâncias fáticas dos precedentes que motivaram sua criação".

Uniformização de jurisprudência dos Juizados Especiais Incidente de uniformização que ocorre a pedido da parte vencida no recurso perante a turma regional dos Juizados Especiais Federais no caso de outra turma recursal (estado diferente) ter entendimento divergente (contrário) sobre a mesma questão jurídica objeto do recurso. O julgamento desse pedido de uniformização será realizado pela turma regional de uniformização, composta dos presidentes das turmas recursais de cada um dos estados-membros da região onde se localiza o TRF, nos mesmos moldes feitos pelas turmas recursais. O pedido de uniformização também se pode dar em nível nacional, havendo divergência de entendimento entre turmas recursais de diferentes regiões, sendo o pedido de uniformização endereçado à turma nacional de uniformização, composta de juízes de turmas recursais de todo o país.

Usucapião Modo originário de aquisição da propriedade móvel e imóvel por alguém pelo decurso do tempo. Funda-se na posse continuada e de boa-fé durante o período fixado em lei (arts. 1.238 e segs., CC).

Usucapião coletivo Aquisição da propriedade imóvel, mediante sentença declaratória, de áreas urbanas com mais de 250 m², ocupadas por população de baixa renda para sua moradia, por cinco anos, ininterruptamente e sem oposição, onde não for possível identificar os terrenos ocupados por cada possuidor, desde que os possuidores não sejam proprietários de outro imóvel urbano ou rural (art. 10, Estatuto da Cidade).

▶ Veja Lei n. 10.257/2001 (Estatuto da Cidade): "**Art. 10.** As áreas urbanas com mais de duzentos e cinquenta metros quadrados, ocupadas por população de baixa renda para sua moradia, por 5 (cinco) anos, ininterruptamente e sem oposição, onde não for possível identificar os terrenos ocupados por cada possuidor, são susceptíveis de serem usucapidas coletivamente, desde que os possuidores não sejam proprietários de outro imóvel urbano ou rural. [...]".

Usucapião como defesa De acordo com iterativa jurisprudência, é possível a arguição de exceção de usucapião em contestação de ação reivindicatória, quando presentes as condições imprescindíveis ao reconhecimento da prescrição aquisitiva como tese de defesa da posse, com o intuito único e exclusivo de afastar a pretensão possessória. Porém, para ser declarada a prescrição aquisitiva, sendo caso de usucapião ordinário ou extraordinário, somente será possível mediante ação própria ou reconvenção nos próprios autos, pelo que se tem como inoperante o simples pedido feito na contestação. Já em relação aos demais tipos de usucapião existentes, quais sejam o especial rural ou urbano, e o coletivo, mesmo arguidos em matéria de defesa poderão ter em suas sentenças um título hábil para o registro (art. 13, Estatuto da Cidade; art. 7º, Lei n. 6.969/81).

▶ Veja Lei n. 6.969/81: "**Art. 7º** A usucapião especial poderá ser invocada como matéria de defesa, valendo a sentença que a reconhecer como título para transcrição no Registro de Imóveis".

▶ Veja Lei n. 10.257/2001 (Estatuto da Cidade): "**Art. 13.** A usucapião especial de imóvel urbano poderá ser invocada como matéria de defesa, valendo a sentença que a reconhecer como título para registro no cartório de registro de imóveis".

■ Súmula n. 237, STF: O usucapião pode ser arguido em defesa.

■ Ação reivindicatória. Alegação de usucapião como matéria de defesa. Possibilidade. Ação própria. Necessidade. Contradição. Inexistência. [...] 2. Na espécie, o Tribunal de origem ressaltou que a alegação de usucapião pode ser utilizada como matéria de defesa na ação reivindicatória; todavia, o pleno reconhecimento da satisfação de todos os requisitos exigidos para o usucapião é matéria reservada para a ação própria. Assim, acolhida a alegação de usucapião como matéria de defesa em ação reivindicatória, os réus não dispõem de título para a transcrição da propriedade no Cartório de Registro de Imóveis. 3. Dessa sorte, a conclusão adotada pelo Tribunal de origem está em consonância com a jurisprudência desta Corte Superior, de que "o acolhimento da tese de defesa, estribada na prescrição aquisitiva, com a consequente improcedência da reivindicatória de forma alguma implica a imediata transcrição do imóvel em nome da prescribente, ora recorrente, que, para tanto, deverá, por meio de ação própria, obter o reconhecimento judicial que declare a aquisição da propriedade" (REsp n. 652.449/SP). (STJ, Ag. Reg. no REsp n. 1.270.530/MG, 4ª T., rel. Min. Luis Felipe Salomão, j. 21.03.2013, DJe 05.04.2013)

■ Posse (bens imóveis). Ação reivindicatória. Ação do titular do domínio contra quem ocupa a área sem título. Exceção de usucapião desacolhida. Posse precária. Trata-se de ação reivindicatória na qual os demandantes postulam a posse (propriedade e o direito de sequela inerente a ela) do imóvel adquirido através de sucessão hereditária, julgada procedente na origem. A ação reivindicatória, como se diz, é ação do proprietário não possuidor, contra o possuidor, não proprietário e depende da comprovação cabal da titularidade do domínio, da precisa individuação da coisa e da posse injusta do réu. É o caso dos autos. Possível a arguição de exceção de usucapião em contestação de ação reivindicatória, quando presentes as condições imprescindíveis ao reconhecimento da prescrição aquisitiva, como tese de defesa da posse. No caso dos autos, os requisitos aventados no art. 1.238 do CC/2002, quais sejam a posse mansa, pacífica e ininterrupta, não estão configurados, tendo em vista que o panorama probatório demonstrou que o demandado apenas residia no imóvel reivindicado, porque auxiliava o *de cujus* nos cuidados inerentes à propriedade, o que afasta a posse mansa e pacífica. Apelação desprovida. (TJRS, Ap. Cível n. 70.033.966.151, 18ª Câm. Cível, rel. Newton Carpes da Silva, j. 08.09.2011)

Usucapião de coisa móvel Modalidade de aquisição da propriedade móvel por aquele que possuir coisa móvel como sua, contínua e incontestadamente, durante três anos, com justo título e boa-fé, ou durante cinco anos independentemente de título ou boa-fé (arts. 1.260 e 1.261, CC).

▶ Veja CC: "**Art. 1.260.** Aquele que possuir coisa móvel como sua, contínua e incontestadamente durante três anos, com justo título e boa-fé, adquirir-lhe-á a propriedade. **Art. 1.261.** Se a posse da coisa móvel se prolongar por cinco anos, produzirá usucapião, independentemente de título ou boa-fé.

Art. 1.262. Aplica-se à usucapião das coisas móveis o disposto nos arts. 1.243 e 1.244".

▪ Usucapião. Uso de linha telefônica. Admissibilidade de aquisição do direito por usucapião. Possibilidade jurídica do pedido. (TAMG, Ap. Cível n. 108.014/Ipatinga, rel. Juiz Pinheiro Lago, j. 06.08.1991)

Usucapião de imóvel
Uma das modalidades de aquisição da propriedade imóvel (art. 1.238 e segs., CC). Modo originário de aquisição da propriedade conferido àquele que, sem interrupção, nem oposição, por tempo determinado, possuir como seu um imóvel. O mesmo que prescrição aquisitiva. A declaração judicial da aquisição da propriedade mediante usucapião constitui título hábil para o registro no Cartório de Registro de Imóveis (art. 1.241, CC). Os bens públicos não estão sujeitos a usucapião (art. 102, CC). O art. 216-A da Lei n. 6.015/73 também permite ao interessado pleitear a aquisição do imóvel por usucapião perante o oficial do registro de imóveis (v. *Usucapião extrajudicial*).

▸ Veja CC: "**Art. 1.238.** Aquele que, por quinze anos, sem interrupção, nem oposição, possuir como seu um imóvel, adquire-lhe a propriedade, independentemente de título e boa-fé; podendo requerer ao juiz que assim o declare por sentença, a qual servirá de título para o registro no Cartório de Registro de Imóveis. Parágrafo único. O prazo estabelecido neste artigo reduzir-se-á a dez anos se o possuidor houver estabelecido no imóvel a sua moradia habitual, ou nele realizado obras ou serviços de caráter produtivo. **Art. 1.239.** Aquele que, não sendo proprietário de imóvel rural ou urbano, possua como sua, por cinco anos ininterruptos, sem oposição, área de terra em zona rural não superior a cinquenta hectares, tornando-a produtiva por seu trabalho ou de sua família, tendo nela sua moradia, adquirir-lhe-á a propriedade. **Art. 1.240.** Aquele que possuir, como sua, área urbana de até duzentos e cinquenta metros quadrados, por cinco anos ininterruptamente e sem oposição, utilizando-a para sua moradia ou de sua família, adquirir-lhe-á o domínio, desde que não seja proprietário de outro imóvel urbano ou rural. [...]".

▪ Usucapião. Forma de aquisição originária da propriedade, e não derivada. Defesa oposta pelo réu adquirente, de aquisição por usucapião ordinário. O usucapião é forma originária de adquirir. O usucapiente não adquire de outrem; simplesmente adquire. Assim, são irrelevantes vícios de vontade ou defeitos inerentes a eventuais atos causais de transferência da posse. No usucapião ordinário, bastam o tempo e a boa-fé, aliados ao justo título, hábil em tese à transferência do domínio. (STJ, REsp n. 23/PR, rel. Min. Athos Carneiro, j. 19.09.1989)

▪ Usucapião. Imóvel objeto de promessa de compra e venda. Instrumento que atende ao requisito de justo título e induz a boa-fé do adquirente. [...] 4. A declaração de usucapião é forma de aquisição originária da propriedade ou de outros direitos reais, modo que se opõe à aquisição derivada, a qual se opera mediante a sucessão da propriedade, seja de forma singular, seja de forma universal. Vale dizer que, na usucapião, a propriedade não é adquirida do anterior proprietário, mas, em boa verdade, contra ele. A propriedade é absolutamente nova e não nasce da antiga. É adquirida a partir da objetiva situação de fato consubstanciada na posse *ad usucapionem* pelo interregno temporal exigido por lei. Aliás, é até mesmo desimportante que existisse antigo proprietário. [...] (STJ, REsp n. 941.464/SC, 4ª T., rel. Min. Luis Felipe Salomão, j. 24.04.2012, *DJe* 29.06.2012)

Usucapião especial de imóvel urbano
Aquisição da propriedade imóvel, mediante sentença declaratória, por aquele que possuir como sua área ou edificação urbana de até 250 m², por cinco anos, ininterruptamente e sem oposição, utilizando-a para sua moradia ou de sua família, desde que não seja proprietário de outro imóvel urbano ou rural (art. 9º, Estatuto da Cidade).

▸ Veja Lei n. 10.257/2001: "**Art. 9º** Aquele que possuir como sua área ou edificação urbana de até 250 m² (duzentos e cinquenta metros quadrados), por 5 (cinco) anos, ininterruptamente e sem oposição, utilizando-a para sua moradia ou de sua família, adquirir-lhe-á o domínio, desde que não seja proprietário de outro imóvel urbano ou rural. [...]".

Usucapião extrajudicial
Procedimento administrativo, efetivado pelo interessado, representado por advogado, perante o oficial do registro de imóveis em que estiver registrado o imóvel, que permite obter o reconhecimento do usucapião na forma e nos casos legais. O pedido de usucapião administrativo é facultativo, de modo que a rejeição do pedido extrajudicial não impede o ajuizamento de ação de usucapião (art. 216-A, Lei n. 6.015/73 – Lei de Registros Públicos).

▸ Veja Lei n. 6.015/73: "**Art. 216-A.** Sem prejuízo da via jurisdicional, é admitido o pedido de reconhecimento extrajudicial de usucapião, que será processado diretamente perante o cartório do registro de imóveis da comarca em que estiver situado o imóvel usucapiendo, a requerimento do interessado, representado por advogado, instruído com: I – ata notarial lavrada pelo tabelião, atestando o tempo de posse do requerente e seus antecessores, conforme o caso e suas circunstâncias; II – planta e memorial descritivo assinado por profissional legalmente habilitado, com prova de anotação de responsabilidade técnica no respectivo conselho de fiscalização profissional, e pelos titulares de direitos reais e de outros direitos registrados ou averbados na matrícula do imóvel usucapiendo e na matrícula dos imóveis confinantes; III – certidões negativas dos distribuidores da comarca da situação do imóvel e do domicílio do requerente; IV – justo título ou quaisquer outros documentos que demonstrem a origem, a continuidade, a natureza e o tempo da posse, tais como o pagamento dos impostos e das taxas que incidirem sobre o imóvel. [...] § 9º A rejeição do pedido extrajudicial não impede o ajuizamento de ação de usucapião. § 10. Em caso de impugnação do pedido de reconhecimento extrajudicial de usucapião, apresentada por qualquer um dos titulares de direito reais e de outros direitos registrados ou averbados na matrícula do imóvel usucapiendo e na matrícula dos imóveis confinantes, por algum dos entes públicos ou por algum terceiro interessado, o oficial de registro de imóveis remeterá os autos ao juízo competente da comarca da situação do imóvel, cabendo ao requerente emendar a petição inicial para adequá-la ao procedimento comum".

Usucapião extraordinário Aquisição da propriedade imóvel, mediante sentença declaratória, por aquele que possuir, por quinze anos sem interrupção nem oposição um imóvel como seu, independentemente de título e boa-fé. O prazo será reduzido a dez anos se o possuidor houver estabelecido no imóvel sua moradia habitual ou nele realizado obras ou serviços de caráter produtivo (art. 1.238, CC).

▶ Veja CC: "**Art. 1.238.** Aquele que, por quinze anos, sem interrupção, nem oposição, possuir como seu um imóvel, adquire-lhe a propriedade, independentemente de título e boa-fé; podendo requerer ao juiz que assim o declare por sentença, a qual servirá de título para o registro no Cartório de Registro de Imóveis. Parágrafo único. O prazo estabelecido neste artigo reduzir-se-á a dez anos se o possuidor houver estabelecido no imóvel a sua moradia habitual, ou nele realizado obras ou serviços de caráter produtivo".

■ Usucapião extraordinário. Posse mais que vintenária, fundada em instrumento público de cessão de direitos hereditários. Irrelevância de eventual vício no título. Demonstrando os autores, com base em instrumento público de cessão de direitos hereditários, posse mais que vintenária sobre toda a área objeto da ação e, presentes os demais requisitos legais, julga-se procedente a ação de usucapião extraordinário. (TJSP, Emb. Decl. n. 136.322/1991, rel. Des. Silvério Ribeiro, j. 17.09.1991)

Usucapião ordinário Aquisição da propriedade imóvel, mediante sentença declaratória, por quem contínua e incontestadamente, com justo título e boa-fé, possuir um imóvel por dez anos. No entanto, será de cinco anos o prazo se o imóvel houver sido adquirido, onerosamente, com base no registro constante do respectivo cartório, cancelado posteriormente, desde que os possuidores nele tiverem estabelecido sua moradia ou realizado investimentos de interesse social e econômico (art. 1242, CC).

▶ Veja CC: "**Art. 1.242.** Adquire também a propriedade do imóvel aquele que, contínua e incontestadamente, com justo título e boa-fé, o possuir por dez anos. Parágrafo único. Será de cinco anos o prazo previsto neste artigo se o imóvel houver sido adquirido, onerosamente, com base no registro constante do respectivo cartório, cancelada posteriormente, desde que os possuidores nele tiverem estabelecido a sua moradia, ou realizado investimentos de interesse social e econômico".

■ Usucapião ordinário. Justo título. Documento particular de transferência de lote urbano. Boa-fé não controvertida. Procedência. CCB, art. 551. Pessoas pobres, em pequena cidade do interior, na simplicidade de suas vidas, negociaram o lote questionado por instrumento particular. Em seu entender, firmaram válida compra e venda à qual, como obrigação, não se pode recusar subsistência e, por isso, o caráter de justo título para gerar usucapião. (TJSP, Ap. Cível n. 56.627/1985/ Cardoso, rel. Des. Jorge Almeida, j. 29.05.1985)

■ Usucapião ordinário. Defesa em ação reivindicatória. Caracterização do compromisso particular de compra e venda como justo título. Causa hábil a justificar a posse com ânimo de dono. Não se pode deixar de reconhecer ao compromissário-comprador, que quita o preço, o *animus domini*, a intenção de possuir a coisa como sua, como proprietário, independente de estar ou não o instrumento registrado. Tem ele a posse *ad usucapionem*. A posição rígida da doutrina deve ser afastada ante a nova realidade social. (TJSP, Embs. Infring. n. 74.237/1987/SP, rel. Des. Roque Komatsu, j. 22.09.1987)

Usucapião rural Aquisição da propriedade imóvel, mediante sentença declaratória, por aquele que, não sendo proprietário de imóvel rural ou urbano, possuir como sua, por cinco anos ininterruptos, sem oposição, área de terra em zona rural não superior a 50 h, tornando-a produtiva por seu trabalho ou de sua família, tendo nela sua moradia (art. 1.239, CC).

▶ Veja CC: "**Art. 1.239.** Aquele que, não sendo proprietário de imóvel rural ou urbano, possua como sua, por cinco anos ininterruptos, sem oposição, área de terra em zona rural não superior a cinquenta hectares, tornando-a produtiva por seu trabalho ou de sua família, tendo nela sua moradia, adquirir-lhe-á a propriedade".

■ Usucapião especial. Imóvel rural. Conceito que se orienta pela destinação do bem. Irrelevância de situar-se no perímetro urbano se é utilizado para atividades agrícolas. Carência afastada. Lei n. 6.969/81, art. 1º. Ainda que localizado no perímetro urbano, o imóvel não deixará de ser propriedade rústica, se sua destinação for o exercício da atividade agrícola ou pastoril, em qualquer das suas modalidades. (TJSP, Ap. Cível n. 108.985/1989/Osasco, rel. Des. Godofredo Mauro, j. 14.06.1989)

■ Registros públicos. Ação de usucapião. Imóvel rural. Individualização. Memorial descritivo georreferenciado. Necessidade. Leis n. 6.015/73 e n. 10.267/2001. 1- O princípio da especialidade impõe que o imóvel, para efeito de registro público, seja plenamente identificado, a partir de indicações exatas de suas medidas, características e confrontações. 2- Cabe às partes, tratando-se de ação que versa sobre imóvel rural, informar com precisão os dados individualizadores do bem, mediante apresentação de memorial descritivo que contenha as coordenadas dos vértices definidores de seus limites, georreferenciadas ao Sistema Geodésico Brasileiro. Inteligência do art. 225, *caput*, e § 3º, da Lei n. 6.015/73. 3- Recurso especial provido. (STJ, REsp n. 1.123.850/RS, 3ª T., rel. Min. Nancy Andrighi, j. 16.05.2013, *DJe* 27.05.2013)

Usucapião urbano Aquisição da propriedade imóvel, mediante sentença declaratória, por aquele que possuir como sua área urbana de até 250 m² por cinco anos, ininterruptamente e sem oposição, utilizando-a para sua moradia ou de sua família, desde que não seja proprietário de outro imóvel urbano ou rural (art. 1.240, CC).

▶ Veja CC: "**Art. 1.240.** Aquele que possuir, como sua, área urbana de até duzentos e cinquenta metros quadrados, por cinco anos ininterruptos e sem oposição, utilizando-a para sua moradia ou de sua família, adquirir-lhe-á o domínio, desde que não seja proprietário de outro imóvel urbano ou rural. § 1º O título de domínio e a concessão de uso serão conferidos ao homem ou à mulher, ou a ambos, independentemente do estado civil. [...]".

■ Usucapião. Usucapião urbano. Instituto novo criado pela CF/88. Ocupação por prazo mínimo de cinco anos. Impossibilidade de contar o prazo antes da vigência da atual constituição. CF/88, art. 183. O termo inicial para contagem dos cinco anos de posse, no usucapião urbano criado pela CF/88, só pode ser coincidente ou posterior à data da entrada em vigor do atual texto constitucional, e nunca anterior. (TJSP, Ap. Cível n. 142.124/1991, rel. Des. Silvério Ribeiro, j. 14.05.1991)

Usufruto Direito real pelo qual o usufrutuário pode fruir utilidades e frutos de uma coisa enquanto temporariamente destacados da propriedade. Uso da coisa alheia, durante certo tempo, retirando frutos, utilidades e vantagens que a coisa produzir. São partes no usufruto: o nu-proprietário, o dono do bem do qual se destacam os direitos de uso; e o usufrutuário, o beneficiário, aquele que usufrui esse direito, podendo retirar da coisa alheia, durante certo tempo, frutos e utilidades que ela produz (art. 1.390, CC) (*v. Doação com reserva de usufruto*).

▶ Veja CC: "**Art. 1.390.** O usufruto pode recair em um ou mais bens, móveis ou imóveis, em um patrimônio inteiro, ou parte deste, abrangendo-lhe, no todo ou em parte, os frutos e utilidades". **Art. 1.391.** O usufruto de imóveis, quando não resulte de usucapião, constituir-se-á mediante registro no Cartório de Registro de Imóveis. **Art. 1.392.** Salvo disposição em contrário, o usufruto estende-se aos acessórios da coisa e seus acrescidos".

Usura Crime contra a economia popular decorrente da prática de ato de agiotagem ou usura, que consiste em cobrar juros, comissões ou descontos porcentuais sobre dívidas em dinheiro superiores à taxa permitida por lei. Também caracteriza o crime obter ou estipular em qualquer contrato, abusando da premente necessidade, inexperiência ou leviandade de outra parte, lucro patrimonial que exceda 1/5 do valor corrente ou justo da prestação feita ou prometida (art. 4º, Lei n. 1.521/51).

▶ Veja Lei n. 1.521/51: "**Art. 4º** Constitui crime da mesma natureza a usura pecuniária ou real, assim se considerando: *a)* cobrar juros, comissões ou descontos percentuais, sobre dívidas em dinheiro superiores à taxa permitida por lei; cobrar ágio superior à taxa oficial de câmbio, sobre quantia permutada por moeda estrangeira; ou, ainda, emprestar sob penhor que seja privativo de instituição oficial de crédito; *b)* obter, ou estipular, em qualquer contrato, abusando da premente necessidade, inexperiência ou leviandade de outra parte, lucro patrimonial que exceda o quinto do valor corrente ou justo da prestação feita ou prometida. Pena – detenção, de 6 (seis) meses a 2 (dois) anos, e multa, de cinco mil a vinte mil cruzeiros. § 1º Nas mesmas penas incorrerão os procuradores, mandatários ou mediadores que intervierem na operação usuária, bem como os cessionários de crédito usurário que, cientes de sua natureza ilícita, o fizerem valer em sucessiva transmissão ou execução judicial. § 2º São circunstâncias agravantes do crime de usura: I – ser cometido em época de grave crise econômica; II – ocasionar grave dano individual; III – dissimular-se a natureza usurária do contrato; IV – quando cometido: *a)* por militar, funcionário público, ministro de culto religioso; por pessoa cuja condição econômico-social seja manifestamente superior à da vítima; *b)* em detrimento de operário ou de agricultor; de menor de 18 (dezoito) anos ou de deficiente mental, interditado ou não. [...]".

- Ação revisional de contrato de financiamento. Decisão monocrática do presidente do STJ dando parcial provimento ao recurso especial da casa bancária. Insurgência do autor. 1. Eventual vício existente na capacidade postulatória deve ser [...] 3. A jurisprudência desta Corte é assente no sentido de que os juros remuneratórios cobrados pelas instituições financeiras não sofrem a limitação imposta pelo Decreto n. 22.626/33 (Lei de Usura), a teor do disposto na Súmula n. 596/STF (cf. REsp n. 1.061.530 de 22.10.2008, julgado pela 2ª Seção segundo o rito dos recursos repetitivos) 4. Esta Corte Superior, no julgamento do REsp n. 973.827/RS, rel. para acórdão Min. Maria Isabel Gallotti, submetido ao procedimento dos recursos repetitivos (art. 543-C do CPC), assentou entendimento de que é permitida a capitalização de juros com periodicidade inferior a um ano em contratos celebrados após 31.03.2000, data da publicação da MP n. 1.963-17/2000, em vigor como MP n. 2.170-01, desde que expressamente pactuada. No aludido julgamento, a 2ª Seção deliberou que a previsão no contrato bancário de taxa de juros anual superior ao duodécuplo da mensal é suficiente para caracterizar a expressa pactuação e permitir a cobrança da taxa efetiva anual contratada, hipótese dos autos. [...] (STJ, Ag. Reg. no REsp n. 1.260.463/RS, 4ª T., rel. Min. Marco Buzzi, j. 11.06.2013, *DJe* 14.06.2013)

Utilidade pública Proveito ou vantagem que se retira de alguma coisa em benefício do interesse público ou coletivo e que constitui um dos fundamentos para a desapropriação de imóvel urbano particular (art. 5º, XXIV, CF). "A utilidade pública se apresenta quando a transferência de bens de terceiros para a administração é conveniente, embora não seja imprescindível" (MEIRELLES, Hely Lopes. *Direito administrativo brasileiro*. 19.ed. São Paulo, Malheiros, 1994, p. 516).

- Veja CF: "**Art. 5º** [...] XXIV – a lei estabelecerá o procedimento para desapropriação por necessidade ou utilidade pública, ou por interesse social, mediante justa e prévia indenização em dinheiro, ressalvados os casos previstos nesta Constituição; [...]".

- Desapropriação. Declaração de utilidade pública. Insuficiência de simples repetição de texto legal. Circunstâncias que indicam desvio de finalidade. Exame da legitimidade do ato, pelo Poder Judiciário, como freio ao arbítrio da administração pública. Concessão de mandado de segurança para anular a desapropriação. (STJ, REsp n. 1.225/1990/Espírito Santo, rel. Min. Geraldo Sobral, j. 14.03.1990)

- Desapropriação por utilidade pública. Valor da indenização contemporâneo à data da avaliação do bem expropriado e não o da imissão na posse. Nos termos da jurisprudência do STJ, nas ações de desapropriação por utilidade pública, o valor da indenização será contemporâneo à data da avaliação, não sendo relevante a data em que ocorreu a imissão na posse, tampouco a data em que se deu a vistoria do ente expropriante. Agravo regimental improvido. (STJ, Ag. Reg. no REsp n. 1.381.403/MS, 2ª T., rel. Min. Humberto Martins, j. 15.08.2013, *DJe* 26.08.2013)

Uxória Relativo à mulher casada e aos atos que lhe competem praticar durante a convivência conjugal para conferir legitimidade a ato praticado pelo marido, como na fiança e na alienação de imóveis comuns. Diz-se, também, outorga uxória, vênia conjugal (art. 1.647, CC).

- Veja CC: "**Art. 1.647.** Ressalvado o disposto no art. 1.648, nenhum dos cônjuges pode, sem autorização do outro, exceto no regime da separação absoluta: I – alienar ou gravar de ônus real os bens imóveis; II – pleitear, como autor ou réu, acerca desses bens ou direitos; III – prestar fiança ou aval; IV – fazer doação, não sendo remuneratória, de bens comuns, ou dos que possam integrar futura meação. Parágrafo único. São válidas as doações nupciais feitas aos filhos quando casarem ou estabelecerem economia separada. **Art. 1.648.** Cabe ao juiz, nos casos do artigo antecedente, suprir a outorga, quando um dos cônjuges a denegue sem motivo justo, ou lhe seja impossível concedê-la".

- Fiança. Outorga uxória. Ausência. Vício que invalida totalmente a garantia, mas que só pode ser alegado pelo cônjuge que não concedeu a vênia conjugal. É pacífico neste STJ o entendimento de que a falta da outorga uxória invalida a fiança por inteiro. No caso dos autos, todavia, a falta da vênia conjugal foi arguida tão somente pelo cônjuge que prestou a fiança sem a autorização de sua esposa. Nesse caso, é de se aplicar a orientação desta Corte no sentido de não conferir, ao cônjuge que concedeu a referida garantia fidejussória sem a outorga uxória, legitimidade para arguir a sua invalidade, permitindo apenas ao outro cônjuge que a suscite, nos termos do art. 1.650 do CCB/2002. (STJ, REsp n. 832.669/SP, rel. Min. Maria Thereza de Assis Moura, j. 17.05.2007, *DJ* 04.06.2007)

Vacância Qualidade do que está vago, como ocorre nos serviços ou atividades públicas nas hipóteses previstas em lei, como na exoneração e demissão. Diz-se, também, da herança jacente quando não aparecem herdeiros para reivindicar os bens (art. 1.820, CC).

▶ Veja CC: "**Art. 1.820.** Praticadas as diligências de arrecadação e ultimado o inventário, serão expedidos editais na forma da lei processual, e, decorrido um ano de sua primeira publicação, sem que haja herdeiro habilitado, ou penda habilitação, será a herança declarada vacante".

▶ Veja Lei n. 8.112/90: "**Art. 33.** A vacância do cargo público decorrerá de: I – exoneração; II – demissão; III – promoção; [...] VI – readaptação; VII – aposentadoria; VIII – posse em outro cargo inacumulável; IX – falecimento".

Vacatio legis Período que decorre do dia da publicação da lei à data em que ela entra em vigor, durante o qual prevalece a lei anterior sobre o mesmo assunto.

Valetudinário Indivíduo debilitado, doente ou inválido que não tem condições de custear seu tratamento de saúde ou prover o próprio sustento.

Valor da causa Importância que obrigatoriamente deve ser atribuída à causa pelo autor e que, em regra, representa o valor que o autor pretende obter do réu na ação. A toda causa será atribuído um valor certo, ainda que não tenha conteúdo econômico imediato. A definição do valor da causa tem como objetivo a determinação do rito processual e da competência do juízo, devendo, por isso, sempre constar da petição inicial. O réu poderá impugnar, em preliminar da contestação, o valor atribuído à causa pelo autor. "Para atender aos diversos fins já aludidos, a toda causa deverá ser atribuído um valor, cuja estimação a de ser feita mesmo em relação as causas que não tenham conteúdo econômico, caso em que a avaliação é livre ao autor, sendo franqueado ao réu, porém, impugná-la, conforme o disposto no art. 261. Nas causas que tiverem valor certo, entretanto, nenhuma liberdade de estimá-lo terá o autor, pois essa faculdade somente lhe é outorgada nas causas em que ele seja incerto, ou que não tenham conteúdo econômico" (ARAGÃO, Egas Dirceu Moniz de. *Comentários ao Código de Processo Civil*: V. II, arts. 154-269. 9.ed. rev. e atual. Rio de Janeiro: Forense, 1998. p. 314).

▶ Veja CPC/2015: "**Art. 293.** O réu poderá impugnar, em preliminar da contestação, o valor atribuído à causa pelo autor, sob pena de preclusão, e o juiz decidirá a respeito, impondo, se for o caso, a complementação das custas".

▪ Valor da causa. Separação judicial litigiosa. Conteúdo predominantemente moral. Causa de valor inestimável. [...] As ações de separação judicial litigiosa não versam, exatamente, sobre os bens do casal, objetivando, de forma precípua, a dissolução da sociedade conjugal, da qual a partilha do patrimônio comum é apenas uma consequência natural e lógica. Face o conteúdo predominantemente moral que têm ações tais, são elas tidas como de valor inestimável, com o que a fixação do respectivo valor fica ao livre arbítrio da parte autora. Contudo, ainda que se trate de causa de valor inestimável, mesmo que a sua valoração seja livre e arbitrária, ainda assim inexiste qualquer vedação legal a obstar que se considere essa estimação o valor do patrimônio a ser partilhado, impondo-se a manutenção daquele valor que, dentro dessa ótica, é atribuído pela separanda à ação, quando, em relação à totalidade dos bens do casal, apresenta-se ele moderado. (TJSC, AI n. 3.549/7/Imbituba, rel. Des. Carlos Prudêncio, *DJ* 15.07.1997)

- Ação declaratória de nulidade de sentença. Impugnação ao valor da causa. Critério legal. 1. As regras que delimitam o valor da causa são de ordem pública, sendo que toda causa deve ter um valor certo, ainda que sem conteúdo econômico imediato. 2. Apenas quando a causa é desprovida de qualquer conteúdo econômico, ou sendo ele inestimável, é que se atribui à causa um valor mínimo, fixado no regimento de custas, denominado "valor de alçada". 3. Tendo a causa conteúdo econômico imediato, o valor da causa deve corresponder a ele, aplicando-se as regras do art. 259 do CPC. 4. É evidente o caráter patrimonial da ação de nulidade de sentença, pois pretende anular a adjudicação dos bens, que foram expressamente arrolados e possuem conteúdo econômico imediato. Recurso desprovido. (TJRS, AI n. 70.047.332.671, 7ª Câm. Cível, rel. Sérgio Fernando de Vasconcellos Chaves, j. 25.07.2012)

Valor estimativo Valor que o próprio interessado, por arbítrio, atribui a algum bem diante da ausência de um valor real e concreto. É estimativo, por exemplo, o valor que o autor atribui à ação quando, por ausência de parâmetros, o objeto da lide não pode ser mensurado economicamente, como ocorre com o valor de indenização por danos morais. Diz-se também de valor estimativo, ou de afeição, aquele conferido a um objeto ao qual a pessoa se vincula de forma afetiva ou sentimental, como por exemplo um retrato de família ou uma joia presenteada por um ascendente.

- Agravo regimental. Ação de indenização. Danos morais e materiais. *Quantum* indenizatório. Valor estimativo. Sucumbência recíproca. Inexistência. O montante pleiteado na petição inicial da ação de indenização por danos morais e materiais é meramente estimativo, sem observância de quaisquer parâmetros quantitativos para aferir a indenização decorrente dos danos causados, não servindo, pois, de base para conceber a reciprocidade dos ônus sucumbenciais. Entendimento coaduna-se com a jurisprudência do STJ. Incidência do Enunciado n. 83 da Súmula/STJ. Agravo improvido. (STJ, Ag. Reg. no Ag. n. 725.644/DF, 4ª T., rel. Min. Massami Uyeda, j. 12.06.2007, DJ 29.06.2007, p. 633)

- Agravo de instrumento. Ensino particular. Impugnação ao valor da causa. Cumulação de pedidos. Dano material e extrapatrimonial. Tratando-se de ação de indenização em que se cumula pretensão de danos extrapatrimoniais e materiais, indicando desde logo a parte autora o proveito econômico pretendido quanto a estes, o valor da causa deve corresponder, no mínimo, ao valor deste dano. Inteligência do art. 258 do CPC. Danos extrapatrimoniais de valor estimativo e meramente informativo, uma vez que a fixação do *quantum* indenizatório compatível ao caso concreto será definido pelo juízo sentenciante. Precedentes desta Corte. Negado seguimento ao recurso. (TJRS, AI n. 70.055.140.867, 6ª Câm. Cível, rel. Luís Augusto Coelho Braga, j. 01.08.2013)

Vara Nome dado a um setor específico do foro no qual o juiz exerce a jurisdição de primeira instância. Em comarcas de maior expressão, onde há pluralidade de juízes, cada juiz responde por uma vara, tendo competência específica para determinada matéria processual, ou seja, matéria ou processo cível, ou matéria ou processo criminal. Quanto mais expressiva for a comarca, maior será o número de juízes e, por consequência, maior também será o número de varas especializadas, como: vara cível (1ª, 2ª ou mais); vara criminal (1ª, 2ª ou mais); vara de família (a que trata das ações de natureza pessoal: separação, divórcio, alimentos, investigação de paternidade etc.); vara das sucessões (a que trata das ações de inventário, partilha, arrolamento, testamento); vara de família e sucessões (a que engloba matéria das duas varas anteriores, reúne as atribuições das duas varas em uma só); vara da fazenda. Cada vara possui, além de um juiz, um cartório, sob a responsabilidade de um escrivão, e um oficial de justiça, afora outros funcionários necessários para mover a máquina judiciária.

Varão Refere-se ao homem ou ao sexo masculino. "Cônjuge varão".

Variação de recurso Modificação ou alteração de um recurso, mediante a substituição do recurso correto por outro, desde que interposto no mesmo prazo exigido para o recurso correto e que a parte não incorra em má-fé ou erro grosseiro. É também conhecida por fungibilidade de recurso ou recurso fungível (*v. Fungibilidade*).

Varoa Diz-se do cônjuge do sexo feminino. A expressão *virago*, amplamente utilizada no meio jurídico, é contestada pelos eruditos, para quem o correto é *cônjuge varoa*.

Vencimento Término de um prazo anteriormente fixado para alguém cumprir uma obrigação ou praticar determinado ato processual. Termo final ou *dies ad quem*. Vencimento do prazo da nota promissória. Vencimento do prazo do boleto bancário. Vencimento do prazo para contestar. No processo civil, salvo disposição em contrário, computar-se-ão os prazos excluindo o dia do começo e incluindo o do vencimento. Considera-se prorrogado o prazo até o primeiro dia útil subsequente se o vencimento cair em feriado ou em dia em que for determinado o fechamento do fórum; ou quando o expediente forense for encerrado antes da hora normal (art. 184, CPC/73).

▸ Veja CPC/73: "**Art. 184.** Salvo disposição em contrário, computar-se-ão os prazos, excluindo o dia do começo e incluindo o do vencimento. § 1º Considera-se prorrogado o prazo até o primeiro dia útil se o vencimento cair em feriado ou em dia em que: I – for determinado o fechamento do fórum; II – o expediente forense for encerrado antes da hora normal. [...]".

▸ Veja CPC/2015: "**Art. 224.** Salvo disposição em contrário, os prazos serão contados excluindo o dia do começo e incluindo o dia do vencimento. § 1º Os dias do começo e do vencimento do prazo serão protraídos para o primeiro dia útil seguinte, se coincidirem com dia em que o expediente forense for encerrado antes ou iniciado depois da hora normal ou houver indisponibilidade da comunicação eletrônica. § 2º Considera-se como data de publicação o primeiro dia útil seguinte ao da disponibilização da informação no Diário da Justiça eletrônico. § 3º A contagem do prazo terá início no primeiro dia útil que seguir ao da publicação".

Vencimentos Salário pago pelos órgãos públicos aos servidores públicos em geral, variável de acordo com a extensão e a complexidade do trabalho.

Venda a contento Cláusula especial da compra e venda que se entende realizada sob condição suspensiva ainda que a coisa tenha sido entregue ao comprador (art. 519, CC). Venda "caracterizada pela subordinação de uma condição suspensiva, qual seja aquela em que o comprador aprecie as qualidades da coisa que lhe foi entregue" (ROSENVALD, Nelson. *Código Civil comentado*. 5.ed. São Paulo, Manole, 2011, p. 569).

▸ Veja CC: "**Art. 509.** A venda feita a contento do comprador entende-se realizada sob condição suspensiva, ainda que a coisa lhe tenha sido entregue; e não se reputará perfeita, enquanto o adquirente não manifestar seu agrado. **Art. 510.** Também a venda sujeita a prova presume-se feita sob a condição suspensiva de que a coisa tenha as qualidades asseguradas pelo vendedor e seja idônea para o fim a que se destina. **Art. 511.** Em ambos os casos, as obrigações do comprador, que recebeu, sob condição suspensiva, a coisa comprada, são as de mero comodatário, enquanto não manifeste aceitá-la. **Art. 512.** Não havendo prazo estipulado para a declaração do comprador, o vendedor terá direito de intimá-lo, judicial ou extrajudicialmente, para que o faça em prazo improrrogável".

■ Apelação cível e recurso adesivo. Responsabilidade civil. Venda a contento do comprador. Na hipótese em exame, muito embora inexistente a condição expressa no ajuste quanto à força de glúten "W" da matéria prima (trigo), há prova inconteste de que se trata de característica necessária ao aperfeiçoamento do objeto do contrato, que se destinava ao fabrico de farinha para indústria de macarrão. Além disso, restou provado o ajuste quanto à necessidade de posterior exame do produto para a concretização do negócio, caracterizando a venda a contento do comprador, de modo que inexiste o alegado descumprimento contratual a ensejar a indenização pretendida. Sendo lícita a recusa, resta prejudicada a discussão acerca da oscilação de mercado de preço do produto, bem como dos prejuízos que a parte autora afirmou ter sofrido. Honorários advocatícios. Nas causas em que não há condenação, a fixação da verba honorária deve ocorrer por equidade, seguindo os vetores do § 4º, art. 20, do CPC, sob pena do aviltamento na remuneração do profissional da advocacia. Honorários majorados. Apelo desprovido. Recurso adesivo provido. (TJRS, Ap. Cível n. 70.039.429.790, 9ª Câm. Cível, rel. Tasso Caubi Soares Delabary, j. 26.09.2012)

■ Contrato de compra e venda de trigo. Prática comercial que demonstra tratar-se de venda a contento. Exigência, para sua concretização, da aceitação do produto pela compradora, após exame da carga-amostra. Rejeição da mercadoria por não se enquadrar nos padrões técnicos exigidos por essa. Comunicação à corretora que intermediou o negócio. Contrato não perfectibilizado. Sentença de improcedência mantida. Apelo desprovido. Unânime. (TJRS, Ap. Cível n. 70.002.545.820, 20ª Câm. Cível, rel. Rubem Duarte, j. 05.11.2003)

Venda *ad corpus* É aquela que ocorre quando se fixa um preço único para a totalidade do imóvel vendido, com divisas e confrontações certas, considerando-se meramente enunciativa a referência a suas dimensões. Nessa modalidade de venda, o imóvel é alienado como corpo certo e individualizado, como sói acontecer com o terreno que possua divisas e confrontações certas e determinadas. Assim, se a venda for qualificada como *ad corpus*, mesmo na hipótese de falta de área, não será facultado ao adquirente exigir a suplementação da área a menor, pois se entende que, nesse caso, o imóvel foi adquirido em razão do conjunto individuado e não em atenção à área declarada (art. 500, § 3º, CC).

- Veja CC: "**Art. 500.** Se, na venda de um imóvel, se estipular o preço por medida de extensão, ou se determinar a respectiva área, e esta não corresponder, em qualquer dos casos, às dimensões dadas, o comprador terá o direito de exigir o complemento da área, e, não sendo isso possível, o de reclamar a resolução do contrato ou abatimento proporcional ao preço. [...] § 3º Não haverá complemento de área, nem devolução de excesso, se o imóvel for vendido como coisa certa e discriminada, tendo sido apenas enunciativa a referência às suas dimensões, ainda que não conste, de modo expresso, ter sido a venda *ad corpus*".

- Apelação cível. Promessa de compra e venda. Ação reivindicatória. Pretensão com índole de ação *quanti minoris*. Compra e venda de fração de terras. Vendedor que, após a alienação, percebeu que a área alienada era maior. Decadência do direito de propor ação com o objetivo de devolução do excesso. Art. 501 do Código Civil. Hipótese, ademais, em que, se analisada a pretensão sob a ótica da ação reivindicatória, estaria a demanda igualmente fadada ao insucesso. Venda *ad corpus*, que legitima a posse dos demandados na integralidade da fração negociada, ainda que conste no contrato área menor. Referência à área do imóvel apenas enunciativa. Negaram provimento. Unânime. (TJRS, Ap. Cível n. 70.052.566.825, 18ª Câm. Cível, rel. Pedro Celso Dal Prá, j. 28.02.2013)

Venda *ad mensuram* Venda que implica determinação do preço por unidade ou medida de extensão, constituindo-se a área como condição do preço. Por consequência, toda venda de imóvel pelo valor de "tanto por metro quadrado, por hectare ou por alqueire" caracteriza a venda *ad mensuram*. Uma vez caracterizada a venda dessa forma e constatado que a área não corresponde às dimensões dadas, poderá o adquirente adotar uma das seguintes providências: exigir o complemento da área por meio da ação ordinária *ex empto* ou *ex vendito*; ou, não sendo a complementação possível, exigir abatimento proporcional do preço pela ação ordinária *quanti minoris*; ou, ainda, requerer a rescisão do contrato com a cominação de perdas e danos (art. 500, CC). Entretanto, caso a diferença encontrada pelo adquirente seja inferior a 1/20, segundo o art. 500, parágrafo único, existe a presunção de que a menção à área foi usada apenas para indicar a área aproximada do imóvel, não podendo o adquirente exigir a complementação. Assim, se o comprador adquiriu 1 ha (10.000 m^2) e constatar que lhe faltam 450 m^2 (área inferior a 1/20, que seria 500 m^2), não poderá utilizar-se da ação *ex empto*.

- Veja CC: "**Art. 500.** Se, na venda de um imóvel, se estipular o preço por medida de extensão, ou se determinar a respectiva área, e esta não corresponder, em qualquer dos casos, às dimensões dadas, o comprador terá o direito de exigir o complemento da área, e, não sendo isso possível, o de reclamar a resolução do contrato ou abatimento proporcional ao preço. § 1º Presume-se que a referência às dimensões foi simplesmente enunciativa, quando a diferença encontrada não exceder de um vigésimo da área total enunciada, ressalvado ao comprador o direito de provar que, em tais circunstâncias, não teria realizado o negócio. § 2º Se em vez de falta houver excesso, e o vendedor provar que tinha motivos para ignorar a medida exata da área vendida, caberá ao comprador, à sua escolha, completar o valor correspondente ao preço ou devolver o excesso. [...]".

- Ação reivindicatória. Imóvel urbano adquirido com medidas específicas. Venda *ad mensuram* e não *ad corpus*. Distinção. Ação da atual adquirente contra os primitivos vendedores, que só entregaram parte da área. Desnecessidade da prova testemunhal. Duvidoso usucapião alegado em defesa, porque não consumado e evidente a má-fé. Procedência. (TJMG, Ap. Cível n. 75.648/São Sebastião do Paraíso, rel. Des. Léllis Santiago, j. 22.11.1988)

- Compromisso de compra e venda. Venda *ad mensuram*. Ação visando à restituição do preço pago a maior. Ação *ex empto*. Prazo prescricional. Não aplicação do art. 178, § 5º, IV, do CCB. O procedimento que visa à restituição do preço pago a maior, em razão de venda de terreno entregue com diferença de metragem a menor, tem natureza jurídica de ação *ex empto*, cuja prescrição é vintenária, não se aplicando o disposto no art. 178, § 5º, IV, do CCB. Precedente da Turma (REsp n. 52.663/SP, *DJU* 12.06.1995). (STJ, REsp n. 32.580/SP, rel. Min. Sálvio de Figueiredo Teixeira, j. 24.06.1996, *DJ* 12.08.1996)

Venda a *non domino* Venda de coisa alheia ou daquilo que não é proveniente do dono. A anulação da venda, nesse caso, decorre do princípio de Direito segundo o qual somente pode dar em compra e venda quem é proprietário ou seu legítimo representante para esse fim. Quem não é proprietário, ou não tem poderes de proprietário, não pode transferir a propriedade que não tem. A venda efetuada pelo *non domino* é nula de pleno direito; e, sendo nula, é impossível o reconhecimento de seu domínio mesmo por via da adjudicação compulsória. Desse modo, a venda só produz efeito entre vendedor e comprador, não tendo efeito contra o verdadeiro proprietário. Cancelado o registro, poderá o proprietário reivindicar o imóvel, independentemente da boa-fé ou do título do terceiro adquirente (art. 1.247, parágrafo único, CC). "É princípio elementar de Direito que somente pode dar em compra e venda quem é proprietário ou o seu legítimo representante para este fim. Quem não é proprietário, ou não tem poderes de proprietário, não pode transferir a propriedade que não tem. A venda efetuada pelo *non domino* é nula de pleno direito, e sendo nula, impossível reconhecimento do seu domínio via da adjudicação compulsória" (TJRT, Ap. n. 10.930, 17.07.1986, 1ª CC, rel. Des. Licínio Stefani, in *ADV JUR*, 1986, p. 732, v. 30.473).

- Veja CC: "**Art. 1.245.** Transfere-se entre vivos a propriedade mediante o registro do título translativo no Registro de Imóveis. § 1º Enquanto não se registrar o título translativo, o alienante continua a ser havido como dono do imóvel. § 2º Enquanto não se promover, por meio de ação própria, a decretação de invalidade do registro, e o respectivo cancelamento, o adquirente continua a ser havido como dono do imóvel. **Art. 1.246.** O registro é eficaz desde o momento em que se apresentar o título ao oficial do registro, e este o prenotar no protocolo. **Art. 1.247.** Se o teor do registro não exprimir a verdade, poderá o interessado reclamar que se retifique ou anule. Parágrafo único. Cancelado o registro, poderá o proprietário reivindicar o imóvel, independentemente da boa-fé ou do título do terceiro adquirente".

- Compra e venda. Venda a *non domino*. Bem imóvel. Cartório. Oficial de registro. Indenização. Interesse de agir. Ao adquirente de imóvel a *non domino*, enquanto não cancelada a transcrição levada a efeito em seu nome no registro imobiliário, falece interesse processual para a propositura de ação reparatória contra o cartório e seu oficial por danos decorrentes do registro da falsa escritura pública utilizada pelo vendedor. (TAMG, Ap. Cível n. 208.405/1/1996/Belo Horizonte, rel. Juiz Alvim Soares, j. 12.03.1996, *DJ* 12.10.1996)

- Compra e venda. Venda a *non domino*. Procuração falsa. Boa-fé dos terceiros adquirentes. Irrelevância. Nulidade declarada. Irrelevância da boa-fé dos adquirentes, posto que a venda foi feita em detrimento dos proprietários do imóvel, vítimas de sórdida fraude. (STJ, REsp n. 122.853/2000/SP, rel. Min. Ari Pargendler, j. 23.05.2000, *DJ* 07.08.2000)

- Inventário. Sonegados. Sonegação de bens. Imóveis. Venda de metade de bens. Alienação a *non domino*. Posterior alienação dos imóveis a terceiros de boa-fé. [...] Distinção entre a situação jurídica dos envolvidos nos atos iniciais e a realidade que envolve os terceiros de boa-fé. Ocorrência de venda a *non domino* dos imóveis, uma vez que a vendedora somente era proprietária da metade dos bens. Declaração de nulidade da compra e venda realizada inicialmente. Anulação que não será registrada no fólio imobiliário para não prejudicar a subsequente cadeia dominial dos imóveis. Solução da questão na fase de execução da sentença, que se resolverá em perdas e danos. Teoria da aparência. A ordem jurídica confere relevância à aparência por reverência à tutela do tráfico jurídico. Ponderação de valores. Prevalência dos interesses de terceiros de boa-fé. (TJRJ, Ap. Cível n. 48.109, rel. Des. Edson Vasconcelos, j. 10.12.2008)

Venda com reserva de domínio Contrato de compra e venda de coisa móvel em que se insere cláusula pela qual o vendedor reserva para si a propriedade até que o preço esteja integralmente pago (art. 521, CC). A cláusula de reserva de domínio deve ser estipulada por escrito e depende de registro no domicílio do comprador para valer contra terceiros (art. 522, CC).

- Veja CC: "**Art. 521.** Na venda de coisa móvel, pode o vendedor reservar para si a propriedade, até que o preço esteja integralmente pago. **Art. 522.** A cláusula de reserva de domínio será estipulada por escrito e depende de registro no domicílio do comprador para valer contra terceiros. **Art. 523.** Não pode ser objeto de venda com reserva de domínio a coisa insuscetível de caracterização perfeita, para estremá-la de outras congêneres. Na dúvida, decide-se a favor do terceiro adquirente de boa-fé. **Art. 524.** A transferência de propriedade ao comprador dá-se no momento em que o preço esteja integralmente pago. Todavia, pelos riscos da coisa responde o comprador, a partir de quando lhe foi entregue. **Art. 525.** O vendedor somente poderá executar a cláusula de reserva de domínio após constituir o comprador em mora, mediante protesto do título ou interpelação judicial. **Art. 526.** Verificada a mora do comprador, poderá o vendedor mover contra ele a competente ação de cobrança das prestações vencidas e vincendas e o mais que lhe for devido; ou poderá recuperar a posse da coisa vendida. **Art. 527.** Na segunda hipótese do artigo antecedente, é facultado ao vendedor reter as prestações pagas até o necessário para cobrir a depreciação da coisa, as despesas feitas e o mais que de direito lhe for devido. O excedente será devolvido ao comprador; e o que faltar lhe será cobrado, tudo na forma da lei processual. **Art. 528.** Se o vendedor receber o pagamento à vista, ou, posteriormente, mediante financiamento de instituição do mercado de capitais, a esta caberá exercer os direitos e ações decorrentes do contrato, a benefício de qualquer outro. A operação financeira e a respectiva ciência do comprador constarão do registro do contrato".

- Reserva de domínio. Compra e venda. Mora comprovada. Ação de apreensão e depósito da coisa. Reintegração de posse. Petição inicial hígida. CPC, art. 1.070. No contrato de compra e venda com reserva de domínio, ao vendedor é lícito requerer a apreensão e depósito da coisa e a reintegração definitiva na sua posse, se não purgada a mora. Ocorrendo-a, rescinde-se o contrato independentemente de declaração judicial. (TJSC, Ap. Cível n. 4.501/0/1998/Jaraguá do Sul, rel. Des. Newton Trisotto, *DJ* 19.10.1998)

- Prova. Terceiro que adquire veículo gravado com reserva de domínio. Desconhecimento do fato. Apreensão judicial. Quem pensa ter adquirido a propriedade plena de veículo automotor, e se vê surpreendido pela apreensão judicial do bem, que se encontrava gravado com reserva de domínio, só precisa instruir a ação de indenização contra o Estado com o certificado de registro fornecido, sem qualquer ressalva, pelo Detran. (STJ, REsp n. 21.503/SP, rel. Min. Ari Pargendler, j. 28.03.1996, *DJ* 29.04.1996)

- Reserva de domínio. Compra e venda. Medida cautelar. Ação de apreensão e depósito proposta por empresa domiciliada no estrangeiro. Inexigibilidade da caução. CPC, arts. 836, I, 1.070 e 1.071. Na venda a prazo com reserva de domínio, revelando-se inadimplente o devedor, o credor pode requerer a apreensão e depósito da coisa vendida (CPC, art. 1.071) ou ajuizar-lhe a ação de execução fundada no título extrajudicial (CPC, art. 1.070); não há como exigir a caução no primeiro caso, se ela está dispensada no segundo (CPC, art. 836, I). (STJ, REsp n. 447.324/SP, rel. Min. Ari Pargendler, j. 17.02.2002, *DJ* 16.06.2003)

Venda sobre documentos Venda fundada em documentos. Modalidade de venda simbólica, pela qual a tradição da coisa se opera mediante simples entrega de seu título representativo e de outros documentos exigidos no contrato (art. 529, CC). Não havendo estipulação em contrário, o pagamento deve ser efetuado na data e no lugar da entrega dos documentos (art. 530, CC). É o que ocorre, por exemplo, quando o pagamento é feito por ocasião da assinatura da escritura de compra e venda no tabelionato e, ato contínuo, o vendedor entrega as chaves da casa vendida ao comprador.

▶ Veja CC: "**Art. 529.** Na venda sobre documentos, a tradição da coisa é substituída pela entrega do seu título representativo e dos outros documentos exigidos pelo contrato ou, no silêncio deste, pelos usos. Parágrafo único. Achando-se a documentação em ordem, não pode o comprador recusar o pagamento, a pretexto de defeito de qualidade ou do estado da coisa vendida, salvo se o defeito já houver sido comprovado. **Art. 530.** Não havendo estipulação em contrário, o pagamento deve ser efetuado na data e no lugar da entrega dos documentos. **Art. 531.** Se entre os documentos entregues ao comprador figurar apólice de seguro que cubra os riscos do transporte, correm estes à conta do comprador, salvo se, ao ser concluído o contrato, tivesse o vendedor ciência da perda ou avaria da coisa. **Art. 532.** Estipulado o pagamento por intermédio de estabelecimento bancário, caberá a este efetuá-lo contra a entrega dos documentos, sem obrigação de verificar a coisa vendida, pela qual não responde. Parágrafo único. Nesse caso, somente após a recusa do estabelecimento bancário a efetuar o pagamento, poderá o vendedor pretendê-lo, diretamente do comprador".

Venerando Venerável; respeitável. Aquilo que merece ser acatado em razão de proceder de pessoa respeitável. Tratamento respeitoso que se costuma usar com autoridades, especialmente com juízes de Direito. Exemplos: "Veneranda sentença"; "venerando despacho".

Vênia Permissão para fazer uma afirmação ou refutar uma posição adotada por outrem. Licença; consentimento; autorização. *Data venia* (com a devida permissão). O mesmo que *permissa venia* ou *concessa venia*. Exemplos: "Sendo dada permissão" ou "sendo concedida permissão" para dizer ou fazer algo.

Vênia conjugal Autorização de um dos cônjuges ao outro para que este pratique isoladamente ato para o qual se exige participação ou consentimento de ambos (art. 1.647, CC). Outorga uxória ou marital.

- Veja CC: "**Art. 1.647**. Ressalvado o disposto no art. 1.648, nenhum dos cônjuges pode, sem autorização do outro, exceto no regime da separação absoluta: I – alienar ou gravar de ônus real os bens imóveis; II – pleitear, como autor ou réu, acerca desses bens ou direitos; III – prestar fiança ou aval; IV – fazer doação, não sendo remuneratória, de bens comuns, ou dos que possam integrar futura meação. Parágrafo único. São válidas as doações nupciais feitas aos filhos quando casarem ou estabelecerem economia separada. **Art. 1.648**. Cabe ao juiz, nos casos do artigo antecedente, suprir a outorga, quando um dos cônjuges a denegue sem motivo justo, ou lhe seja impossível concedê-la".

- Veja Lei n. 8.245/91: "**Art. 3º** O contrato de locação pode ser ajustado por qualquer prazo, dependendo de vênia conjugal, se igual ou superior a dez anos. Parágrafo único. Ausente a vênia conjugal, o cônjuge não estará obrigado a observar o prazo excedente".

■ Fiança. Outorga uxória. Ausência. Vício que invalida totalmente a garantia, mas que só pode ser alegado pelo cônjuge que não concedeu a vênia conjugal. É pacífico neste STJ o entendimento de que a falta da outorga uxória invalida a fiança por inteiro. No caso dos autos, todavia, a falta da vênia conjugal foi arguida tão somente pelo cônjuge que prestou a fiança sem a autorização de sua esposa. Nesse caso, é de se aplicar a orientação desta Corte no sentido de não conferir, ao cônjuge que concedeu a referida garantia fidejussória sem a outorga uxória, legitimidade para arguir a sua invalidade, permitindo apenas ao outro cônjuge que a suscite, nos termos do art. 1.650 do CCB/2002. (STJ, REsp n. 832.669/SP, rel. Min. Maria Thereza de Assis Moura, j. 17.05.2007, *DJ* 04.06.2007)

■ Família. Casamento. Avalista. Ação anulatória de aval. Outorga uxória e marital. Outorga conjugal para cônjuges casados sob o regime da separação obrigatória de bens. 1. É necessária a vênia conjugal para a prestação de aval por pessoa casada sob o regime da separação obrigatória de bens, à luz do art. 1.647, III, do CCB/2002. 2. A exigência de outorga uxória ou marital para os negócios jurídicos de (presumidamente) maior expressão econômica previstos no art. 1.647 do CCB/2002 (como a prestação de aval ou a alienação de imóveis) decorre da necessidade de garantir a ambos os cônjuges meio de controle da gestão patrimonial, tendo em vista que, em eventual dissolução do vínculo matrimonial, os consortes terão interesse na partilha dos bens adquiridos onerosamente na constância do casamento. 3. Nas hipóteses de casamento sob o regime da separação legal, os consortes, por força da Súmula n. 377/STF, possuem o interesse pelos bens adquiridos onerosamente ao longo do casamento, razão por que é de rigor garantir-lhes o mecanismo de controle de outorga uxória/marital para os negócios jurídicos previstos no art. 1.647 do CCB/2002. (STJ, REsp n. 1.163.074/PB, rel. Min. Massami Uyeda, j. 15.12.2009, *DJ* 04.02.2010)

Venire contra factum proprium Exercício de uma posição jurídica que se demonstra contraditória com o comportamento anterior do exercente. A ninguém é permitido invocar em seu favor um vício a que ele mesmo deu causa. Ao julgar um recurso especial, a 3ª Turma do STJ decidiu que a assinatura irregular escaneada em uma nota promissória, aposta pelo próprio emitente, constitui "vício que não pode ser invocado por quem lhe deu causa", pois "a ninguém é lícito fazer valer um direito em contradição com a sua conduta anterior ou posterior interpretada objetivamente, segundo a lei, os bons costumes e a boa-fé". Nesse caso, o emitente, que havia aposta assinatura irregular escaneada em uma nota promissória, sustentava que, para a validade do título, a assinatura deveria ser de próprio punho, conforme o que determina a legislação (REsp n. 1.192.678).

■ Ação declaratória de nulidade de título de crédito. Nota promissória. Assinatura escaneada. Descabimento. Invocação do vício por quem o deu causa. Aplicação da teoria dos atos próprios sintetizada nos brocardos latinos *tu quoque* e *venire contra factum proprium*. 1. A assinatura de próprio punho do emitente é requisito de existência e validade de nota promissória. 2. Possibilidade de criação, mediante lei, de outras formas de assinatura, conforme ressalva do Brasil à Lei Uniforme de Genebra. 3. Inexistência de lei dispondo sobre a validade da assinatura escaneada no Direito brasileiro. 4. Caso concreto, porém, em que a assinatura irregular escaneada foi aposta pelo próprio emitente. 5. Vício que não pode ser invocado por quem lhe deu causa. 6. Aplicação da teoria dos atos próprios, como concreção do princípio da boa-fé objetiva, sintetizada nos brocardos latinos *tu quoque* e *venire contra factum proprium*, segundo a qual a ninguém é lícito fazer valer um direito em contradição com a sua conduta anterior ou posterior interpretada objetivamente, segundo a lei, os bons costumes e a boa-fé. [...] (STJ, REsp n. 1.192.678/PR, 3ª T., rel. Min. Paulo de Tarso Sanseverino, j. 13.11.2012, *DJe* 26.11.2012)

- Verba honorária de sucumbência. Ausência de condenação. Art. 20, § 4º, do CPC. Falta de razoabilidade que não se depreende do acórdão recorrido. [...] 2. O princípio da vedação ao comportamento contraditório (*venire contra factum proprium*) impede que a parte defenda, em agravo regimental, tese diametralmente oposta à que defendera em recurso especial. 3. No âmbito do recurso especial, o STJ admite modificar o montante da verba honorária de sucumbência em hipóteses excepcionais, quando a desproporção entre a remuneração do causídico e os aspectos gerais da causa puder evidenciar que a verba foi fixada em patamar excessivo ou irrisório. [...] 6. Agravo regimental não provido. (STJ, Ag. Reg. no AREsp n. 318.341/GO, 2ª T., rel. Min. Eliana Calmon, j. 06.08.2013, *DJe* 14.08.2013)

Verbi gratia Pela graça da palavra; por exemplo; *v. g.* O mesmo que *exempli gratia* (*e. g*). Exemplo: "Pode ocorrer rescisão do contrato de locação, *verbi gratia*, quando o locatário deixar de pagar o aluguel e acessórios da locação (art. 62, Lei n. 8.245/91)".

Verbis Com essas palavras; com as mesmas palavras; exatamente igual; sem tirar nem pôr; tal e qual. Utiliza-se o termo para indicar que um texto foi transcrito ou dito fielmente como o original, ou seja, pelas mesmas palavras. A expressão tem, na prática, significado igual ao de *ipsis litteris*, ou seja, literalmente, textualmente. O mesmo que *in verbis* ou *ipsis verbis*.

Veredicto O que é declarado como verdade. Sentença proferida pelo juiz ou decisão do Tribunal do Júri.

Verossimilhança Qualidade ou caráter de verossímil. Semelhante à verdade; que parece verdadeiro; bastante provável.

Vias de fato Contravenção penal que consiste em empregar força física contra outra pessoa sem, contudo, causar-lhe lesão corporal (art. 21, LCP; art. 140, CP).

- ▶ Veja CP: "Injúria. **Art. 140.** Injuriar alguém, ofendendo-lhe a dignidade ou o decoro: [...] § 2º Se a injúria consiste em violência ou vias de fato, que, por sua natureza ou pelo meio empregado, se considerem aviltantes: Pena – detenção, de 3 (três) meses a 1 (um) ano, e multa, além da pena correspondente à violência. [...]".

- ▶ Veja Lei n. 3.688/41 (LCP): "Vias de fato. **Art. 21.** Praticar vias de fato contra alguém: Pena – prisão simples, de 15 (quinze) dias a 3 (três) meses, ou multa, se o fato não constitui crime. Parágrafo único. Aumenta-se a pena de um terço até a metade se a vítima é maior de 60 (sessenta) anos".

- Ação penal pública incondicionada. Representação. Hermenêutica. Contravenção de vias de fato. Dec.-lei n. 3.688/41 (LCP), art. 17. Inexistência de alteração pela Lei n. 9.099/95, art. 88. A regra do art. 17 da LCP, segundo a qual a persecução das contravenções penais se faz mediante ação pública incondicionada, não foi alterada, sequer com relação à de vias de fato, pelo art. 88 Lei n. 9.099/95, que condicionou à representação a ação penal por lesões corporais leves. (STF, *HC* n. 80.617/MG, rel. Min. Sepúlveda Pertence, j. 20.03.2001, *DJ* 04.05.2001)

- Lei n. 11.340/2006 (Lei Maria da Penha). Prática de violência doméstica e familiar contra mulher. Infração penal cometida mediante violência. Vias de fato. Ação penal pública incondicionada. Tratando-se de infração penal cometida mediante violência (física) no âmbito doméstico, a ação é penal pública incondicionada. Nesta linha, o STF, na ADI n. 4.424, de 09.02.2012, publicada no *DJe* n. 35 e no *DOU*, de 17.02.2012, confirmou que as infrações penais da Lei Maria da Penha, cometidos mediante violência, são processados através de ação penal pública incondicionada. Tratando-se de controle concentrado de constitucionalidade, a interpretação conforme realizada pelo STF tem eficácia *erga omnes* e efeito vinculante em relação aos órgãos do Poder Judiciário (CF, art. 102, § 2º; e parágrafo único do art. 28 da Lei n. 9.868/99). Já realizada a ponderação e harmonização principiológica pela Corte Constitucional, que assentou a natureza incondicionada da ação penal no contexto dos autos. O art. 41 da Lei n. 11.340/2006 aplica-se também à contravenção penal de vias de fato, conforme a jurisprudência do STF. Recurso provido. Por maioria. (TJRS, Recurso em Sentido Estrito n. 70.055.490.874, 3ª Câm. Criminal, rel. Jayme Weingartner Neto, j. 07.11.2013)

Vício redibitório Vício ou defeito oculto da coisa recebida em razão de contrato comutativo, já existente antes da celebração do negócio jurídico, impedindo que ela seja utilizada ou que lhe diminua o valor (art. 441, CC). O vício pode ensejar a ação redibitória, destinada a obter o abatimento do preço ou a rejeitar a coisa (art.

442, CC). Quanto ao prazo que a lei assegura ao comprador para denunciar os defeitos; de um lado, há o art. 445 do CC, consignando o prazo de trinta dias contado da entrega efetiva; e, de outro, a Lei n. 8.078/90 (CDC) prescrevendo o art. 26, II e § 3º, que o direito de reclamar pelo vício oculto de produto durável caduca em noventa dias, iniciando-se o prazo decadencial no momento em que ficar evidenciado o defeito. Diante dessa duplicidade de prazos, o entendimento que predomina na doutrina é o de que o contrato de compra e venda será regido pelo CC apenas na hipótese de relação entre consumidores (pessoa física x pessoa física). Aplica-se, por exemplo, na compra e venda de veículos quando o vendedor é um particular que não explore atividade econômica relacionada com o comércio de veículos. Por outro lado, aplicar-se-á o CDC quando o veículo for adquirido de uma concessionária ou de uma revenda de veículos.

▶ Veja CC: "**Art. 441.** A coisa recebida em virtude de contrato comutativo pode ser enjeitada por vícios ou defeitos ocultos, que a tornem imprópria ao uso a que é destinada, ou lhe diminuam o valor. [...]".

▶ Veja CDC: "**Art. 26.** O direito de reclamar pelos vícios aparentes ou de fácil constatação caduca em: I – trinta dias, tratando-se de fornecimento de serviço e de produto não duráveis; II – noventa dias, tratando-se de fornecimento de serviço e de produto duráveis. § 1º Inicia-se a contagem do prazo decadencial a partir da entrega efetiva do produto ou do término da execução dos serviços. [...]".

■ Compra e venda. Aquisição para revenda de um lote de calçados (105 pares). Ato jurídico. Negócio jurídico. Vício de consentimento (erro). Vício redibitório. Distinção. Venda conjunta de coisas. O equívoco inerente ao vício redibitório não se confunde com o erro substancial, vício de consentimento previsto na Parte Geral do Código Civil, tido como defeito dos atos negociais. O legislador tratou o vício redibitório de forma especial, projetando inclusive efeitos diferentes daqueles previstos para o erro substancial. O vício redibitório, da forma como sistematizado pelo CC/16, cujas regras foram mantidas pelo CCB/2002, atinge a própria coisa, objetivamente considerada, e não a psique do agente. O erro substancial, por sua vez, alcança a vontade do contratante, operando subjetivamente em sua esfera mental. O art. 1.138 do CC/16, cuja redação foi integralmente mantida pelo art. 503 do CCB/2002, deve ser interpretado com temperamento, sempre tendo em vista a necessidade de se verificar o reflexo que o defeito verificado em uma ou mais coisas singulares tem no negócio envolvendo a venda de coisas compostas, coletivas ou de universalidades de fato. (STJ, REsp n. 991.317/2009/MG, rel. Min. Nancy Andrighi, j. 03.12.2009, *DJ* 18.12.2009)

Vintena Antiga denominação que se dá ao prêmio, no valor de 1 a 5%, que o testador fixa em testamento ou que o juiz arbitra, para ser conferido ao testamenteiro pela execução do testamento.

▶ Veja CC: "**Art. 1.987.** Salvo disposição testamentária em contrário, o testamenteiro, que não seja herdeiro ou legatário, terá direito a um prêmio, que, se o testador não o houver fixado, será de um cinco por cento, arbitrado pelo juiz, sobre a herança líquida, conforme a importância dela e maior ou menor dificuldade na execução do testamento. Parágrafo único. O prêmio arbitrado será pago à conta da parte disponível, quando houver herdeiro necessário".

Virago (*v. Varoa*).

Vista à parte Determinação judicial para que as partes tomem conhecimento de ato praticado no processo e, em determinado prazo, sobre ele se manifestem. Direito conferido às partes que integram o processo de serem cientificadas de atos praticados ou novos documentos juntados ao processo para que possam a respeito deles se manifestar.

Vista dos autos Ato pelo qual se toma conhecimento do conteúdo de uma decisão processual. Ato pelo qual o escrivão, por ordem do juiz, libera os autos, aos advogados das partes ou ao Ministério Público, para que tomem ciência do despacho do juiz e se manifestem a respeito. O advogado tem o direito de examinar, em cartório de justiça e secretaria de tribunal, autos de qualquer processo; requerer, como procurador, vista dos autos de qualquer processo pelo prazo de cinco dias; e retirar os autos do cartório ou da secretaria, pelo prazo legal, sempre que lhe competir falar neles por determinação do juiz, nos casos previstos em lei (art. 107, CPC/2015; art. 7º, EAOAB).

▶ Veja CPC/2015: "**Art. 107.** O advogado tem direito a: I – examinar, em cartório de fórum e secretaria de tribunal, mesmo sem procuração, autos de qualquer processo, independentemente da fase de tramitação, assegurados a obtenção de cópias e o registro de anotações, salvo na hipótese de segredo de justiça, nas quais apenas o advogado constituído terá acesso aos autos; II – requerer, como procurador, vista dos autos de qualquer processo, pelo prazo de 5 (cinco) dias; III – retirar os autos do cartório ou da secretaria, pelo prazo legal, sempre que neles lhe couber falar por determinação do juiz, nos casos previstos em lei. § 1º Ao receber os autos, o advogado assinará carga em livro ou documento próprio. § 2º Sendo o prazo comum às partes, os procuradores poderão retirar os autos somente em conjunto ou mediante prévio ajuste, por petição nos autos. § 3º Na hipótese do § 2º, é lícito ao procurador retirar os autos para obtenção de cópias, pelo prazo de 2 (duas) a 6 (seis) horas, independentemente de ajuste e sem prejuízo da continuidade do prazo. § 4º O procurador perderá no mesmo processo o direito a que se refere o § 3º se não devolver os autos tempestivamente, salvo se o prazo for prorrogado pelo juiz".

▶ Veja EAOAB: "**Art. 7º** São direitos do advogado: [...] XIII – examinar, em qualquer órgão dos Poderes Judiciário e Legislativo, ou da Administração Pública em geral, autos de processos findos ou em andamento, mesmo sem procuração, quando não estejam sujeitos a sigilo, assegurada a obtenção de cópias, podendo tomar apontamentos; XIV – examinar em qualquer repartição policial, mesmo sem procuração, autos de flagrante e de inquérito, findos ou em andamento, ainda que conclusos à autoridade, podendo copiar peças e tomar apontamentos; XV – ter vista dos processos judiciais ou administrativos de qualquer natureza, em cartório ou na repartição competente, ou retirá-los pelos prazos legais; XVI – retirar autos de processos findos, mesmo sem procuração, pelo prazo de dez dias; [...]".

■ Advogado com poderes tão somente para obtenção de carga dos autos. Intimação para devolução dos autos realizada em nome do patrono que os retirou. Art. 196 do CPC. Imposição de penalidade apenas após o decurso do prazo sem o retorno dos autos. 1. É direito do procurador retirar os autos do cartório mediante assinatura no livro de carga (art. 40, III, do CPC c/c art. 7º, XV, da Lei n. 8.906/94), cabendo-lhe, em contrapartida, devolvê-los no prazo legal, sob pena de perda do direito à vista fora do cartório e de imposição de multa (art. 196 do CPC c/c art. 7º, § 1º, 3, da Lei n. 8.906/94), se não o fizer no prazo de 24 horas após sua intimação pessoal. Além disso, é possível o desentranhamento das alegações e documentos que houver apresentado (art. 195 do mesmo *Codex*) e comunicação à Ordem dos Advogados para eventual procedimento disciplinar (art. 196, parágrafo único). 2. A intimação deve ser efetuada por mandado, na pessoa do advogado que retirou os autos e cujo nome consta do livro de carga, somente podendo ser aplicadas as referidas penalidades após ultrapassado o prazo legal, sem a devida restituição. 3. No caso concreto, o processo foi retirado por advogada a quem conferiu-se substabelecimento com poderes restritos, sendo certa sua restituição no prazo de 24 horas (fl. 157). Não obstante, foi aplicada sanção de vedação a futuras cargas, bem como foi estendida a penalidade a todos os advogados e estagiários representantes da parte (fl. 141), ainda que não intimados, denotando a irregularidade da sanção imposta. 4. Recurso especial provido. (STJ, REsp n. 1.089.181/DF, 4ª T., rel. Min. Luis Felipe Salomão, j. 04.06.2013, *DJe* 17.06.2013)

Vistoria Meio de prova pericial que consiste na inspeção *in loco* de alguma coisa ou algum lugar. Ela é feita pessoalmente pelo juiz ou por perito para o esclarecimento de fatos controvertidos (art. 420, CPC/73).

▶ Veja CPC/73: "**Art. 420.** A prova pericial consiste em exame, vistoria ou avaliação. Parágrafo único. O juiz indeferirá a perícia quando: I – a prova do fato não depender do conhecimento especial de técnico; II – for desnecessária em vista de outras provas produzidas; III – a verificação for impraticável".

▶ Veja CPC/2015: "**Art. 464.** A prova pericial consiste em exame, vistoria ou avaliação. § 1º O juiz indeferirá a perícia quando: I – a prova do fato não depender de conhecimento especial de técnico; II – for desnecessária em vista de outras provas produzidas; III – a verificação for impraticável. [...]".

Vistoria *ad perpetuam* Modalidade de prova pericial antecipada, requerida pelo interessado quando haja fundado receio de que venha a tornar-se impossível ou muito difícil a verificação de certos fatos na pendência da ação (art. 846, CPC/73). É também denominada vistoria *ad perpetuam rei memoriam* (*v.* Antecipação de provas).

▶ Veja CPC/73: "**Art. 846.** A produção antecipada da prova pode consistir em interrogatório da parte, inquirição de testemunhas e exame pericial".

▶ Veja CPC/2015: "**Art. 381.** A produção antecipada da prova será admitida nos casos em que: I – haja fundado receio de que venha a tornar-se impossível ou muito difícil a verificação de certos fatos na pendência da ação; II – a prova a ser produzida seja suscetível de viabilizar a autocomposição ou outro meio adequado de solução de conflito; III – o prévio conhecimento dos fatos possa justificar ou evitar o ajuizamento de ação. [...]".

- Produção antecipada de provas. Vistoria *ad perpetuam rei memoriam*. Contestação. CPC, art. 803. Como sabido, a sentença, em produção antecipada de provas, limita-se a apreciar os requisitos formais da prova, de modo que é denominada sentença homologatória. Aqui, a recorrente diz que inexistem os defeitos alegados na inicial. Tal, como é do ensinamento doutrinário, deve ser objeto de apreciação nos autos de eventual ação principal, como ensina Humberto Theodoro Júnior, ao tratar da valoração da prova antecipada, dizendo que: "A valoração da prova pertence ao Juiz da causa principal e não ao Juiz da medida cautelar. No curso do procedimento cautelar sequer há controvérsia ou discussão sobre o mérito da prova. A coleta de depoimentos ou a realização de laudos periciais em procedimentos cautelares antecipatórios não muda a natureza da prova realmente feita, transformando-os em prova documental" (*Curso de direito processual civil*, v. II, 3. ed. Rio de Janeiro, Forense, p. 1.255). (TJSP, Ap. Cível n. 218.787/2/1993/São José dos Campos, rel. Des. Nelson Schiesari, j. 28.12.1993)

- Prestação de serviços. Ação cautelar de produção antecipada de provas. Cautelar. Vistoria. Suspensão de obras. Segurança do estado de fato objeto da perícia. A ação cautelar de exame pericial (*ad perpetuam rei memoriam*), preparatória ou incidental, visa produção preventiva da prova registrando determinado estado de fato que possa ser alterado por ação natural ou humana. O deferimento liminar de vistoria de imóvel ou construção justifica ordem de paralisação de obras no prédio para manter o estado de fato e assegurar o resultado da perícia. Negado seguimento ao recurso. (TJRS, AI n. 70.057.045.189, 18ª Câm. Cível, rel. João Moreno Pomar, j. 02.11.2013)

Vitaliciedade Qualidade do que é vitalício, isto é, do que perdura durante toda a vida de uma pessoa. Garantia constitucional de que gozam os juízes no exercício de sua função. No 1º grau de jurisdição, só será adquirida pelos juízes após dois anos de exercício, dependendo a perda do cargo, nesse período, de deliberação do tribunal a que o juiz estiver vinculado e, nos demais casos, de sentença judicial transitada em julgado (art. 95, I, CF).

▶ Veja CF: "**Art. 95.** Os juízes gozam das seguintes garantias: I – vitaliciedade, que, no primeiro grau, só será adquirida após dois anos de exercício, dependendo a perda do cargo, nesse período, de deliberação do tribunal a que o juiz estiver vinculado, e, nos demais casos, de sentença judicial transitada em julgado; [...]".

Vocação hereditária Ordem de chamamento ou convocação das pessoas com direito à sucessão para efeito de virem se habilitar ao quinhão que na herança lhes cabe (art. 1.798, CC).

▶ Veja CC: "**Art. 1.798.** Legitimam-se a suceder as pessoas nascidas ou já concebidas no momento da abertura da sucessão. **Art. 1.799.** Na sucessão testamentária podem ainda ser chamados a suceder: I – os filhos, ainda não concebidos, de pessoas indicadas pelo testador, desde que vivas estas ao abrir-se a sucessão; II – as pessoas jurídicas; III – as pessoas jurídicas, cuja organização for determinada pelo testador sob a forma de fundação".

Warrant Conhecimento de depósito. Título de crédito, à ordem, transmissível, emitido pelas companhias de armazéns gerais, representativo das mercadorias dadas em depósito (art. 15, Decreto n. 1.102/1903). Confere ao depositante a possibilidade de negociar as mercadorias em depósito. Assim, em vez de as mercadorias circularem, circulam os títulos que as representam. A emissão de *warrant* sem o cumprimento dos requisitos dos arts. 1º a 4º do Decreto n. 1.102/1903 ou as outras hipóteses do art. 35 são consideradas crimes. O CP define a emissão de tais títulos em desacordo com a disposição legal como crime de fraude (art. 178, CP).

▶ Veja Decreto n. 1.102/1903: "**Art. 15.** Os armazéns gerais emitirão, quando lhes for pedido pelo depositante, dois títulos unidos, mas separáveis à vontade, denominados – 'conhecimento de depósito' e *warrant*. § 1º Cada um destes títulos deve ser à ordem e conter, além de sua designação particular; 1º a denominação da empresa do armazém geral e sua sede; 2º o nome, profissão e domicílio do depositante ou de terceiro por este indicado; 3º O lugar e o prazo do depósito, facultado aos interessados acordarem, entre si, na transferência posterior das mesmas mercadorias de um para outro armazém da emitente ainda que se encontrem em localidade diversa da em que foi feito o depósito inicial. Em tais casos, far-se-ão, nos conhecimentos *warrants* respectivos, as seguintes anotações: [...]".

Xavecar Agir de forma ilícita ou desonesta; praticar atos fraudulentos.

Xenofilia Estima ou simpatia excessiva por cultura, pessoas ou coisas estrangeiras.

Xenofobia Aversão a pessoas e coisas estrangeiras. Sentimento de antipatia, desconfiança, temor ou rejeição por pessoas estranhas a seu meio e sua cultura.

Xenófobo Aquele que tem xenofobia. Quem tem aversão a coisas ou pessoas estrangeiras.

Zona Área, região ou espaço limitado. Área delimitada natural ou artificialmente.

Zona contígua É aquela que compreende a faixa que se estende das 12 às 24 milhas marítimas, contadas a partir das linhas de base que servem para medir a largura do mar territorial. Na zona contígua, o Brasil poderá tomar as medidas de fiscalização necessárias para evitar e reprimir infrações a leis e regulamentos aduaneiros, fiscais, de imigração ou sanitários em seu território ou em seu mar territorial (arts. 4º e 5º, Lei n. 8.617/93).

▶ Veja Lei n. 8.617/93: "**Art. 4º** A zona contígua brasileira compreende uma faixa que se estende das doze às vinte e quatro milhas marítimas, contadas a partir das linhas de base que servem para medir a largura do mar territorial. **Art. 5º** Na zona contígua, o Brasil poderá tomar as medidas de fiscalização necessárias para: I – evitar as infrações às leis e aos regulamentos aduaneiros, fiscais, de imigração ou sanitários, no seu territórios, ou no seu mar territorial; II – reprimir as infrações às leis e aos regulamentos, no seu território ou no seu mar territorial".

Zona de fronteira Área considerada indispensável à segurança nacional correspondente à faixa interna de 150 quilômetros de largura paralela à linha divisória terrestre do território nacional designada faixa de fronteira (art. 1º, Lei n. 6.634/79).

▶ Veja Lei n. 6.634/79: "**Art. 1º** É considerada área indispensável à Segurança Nacional a faixa interna de 150 Km (cento e cinquenta quilômetros) de largura, paralela à linha divisória terrestre do território nacional, que será designada como Faixa de Fronteira. **Art. 2º** Salvo com o assentimento prévio do Conselho de Segurança Nacional, será vedada, na Faixa de Fronteira, a prática dos atos referentes a: I – alienação e concessão de terras públicas, abertura de vias de transporte e instalação de meios de comunicação destinados à exploração de serviços de radiodifusão de sons ou radiodifusão de sons e imagens; II – Construção de pontes, estradas internacionais e campos de pouso; III – estabelecimento ou exploração de indústrias que interessem à Segurança Nacional, assim relacionadas em decreto do Poder Executivo. IV – instalação de empresas que se dedicarem às seguintes atividades: *a)* pesquisa, lavra, exploração e aproveitamento de recursos minerais, salvo aqueles de imediata aplicação na construção civil, assim classificados no Código de Mineração; *b)* colonização e loteamento rurais; V – transações com imóvel rural, que impliquem a obtenção, por estrangeiro, do domínio, da posse ou de qualquer direito real sobre o imóvel; VI – participação, a qualquer título, de estrangeiro, pessoa natural ou jurídica, em pessoa jurídica que seja titular de direito real sobre imóvel rural; [...]".

Zona de livre comércio Área de livre comércio criada por um grupo de países que concordou em eliminar tarifas, cotas e barreiras alfandegárias e comerciais que recaem sobre a maior parte dos bens importados e exportados entre eles, com o objetivo de estimular o comércio entre os países participantes. Nas zonas de livre comércio, cada país mantém sua própria pauta aduaneira e sua política comercial para com terceiros países. As zonas de livre comércio possuem um tratado de livre comércio (TLC), acordo internacional entre determinados países para conceder uma série de benefícios de forma mútua caracterizando o livre comércio. Existem três tipos de tratado comercial: zona de livre comércio, união aduaneira e união econômica. O TLC geralmente é usado nas organizações de integração econômica, como o Tratado Norte-Americano de Livre Comércio (Nafta), que envolve Canadá, México, Estados Unidos da América e Chile.

Zona de proteção ambiental Área, em geral extensa, com certo grau de ocupação humana, dotada de atributos abióticos, bióticos, estéticos ou culturais especialmente importantes para a qualidade de vida e o bem-estar das populações humanas. Sua demarcação tem como objetivos básicos proteger a diversidade biológica, disciplinar o processo de ocupação e assegurar a sustentabilidade do uso dos recursos naturais (art. 15, Lei n. 9.985/2000).

▸ Veja Lei n. 9.985/2000: "**Art. 15.** A Área de Proteção Ambiental é uma área em geral extensa, com um certo grau de ocupação humana, dotada de atributos abióticos, bióticos, estéticos ou culturais especialmente importantes para a qualidade de vida e o bem-estar das populações humanas, e tem como objetivos básicos proteger a diversidade biológica, disciplinar o processo de ocupação e assegurar a sustentabilidade do uso dos recursos naturais. § 1º A Área de Proteção Ambiental é constituída por terras públicas ou privadas. § 2º Respeitados os limites constitucionais, podem ser estabelecidas normas e restrições para a utilização de uma propriedade privada localizada em uma Área de Proteção Ambiental. § 3º As condições para a realização de pesquisa científica e visitação pública nas áreas sob domínio público serão estabelecidas pelo órgão gestor da unidade. § 4º Nas áreas sob propriedade privada, cabe ao proprietário estabelecer as condições para pesquisa e visitação pelo público, observadas as exigências e restrições legais. § 5º A Área de Proteção Ambiental disporá de um Conselho presidido pelo órgão responsável por sua administração e constituído por representantes dos órgãos públicos, de organizações da sociedade civil e da população residente, conforme se dispuser no regulamento desta Lei".

Zona de segurança nacional Área correspondente à faixa interna de 150 quilômetros de largura paralela à linha divisória terrestre do território nacional designada faixa de fronteira (art. 1º, Lei n. 6.634/79).

▸ Veja Lei n. 6.634/79: "**Art. 1º** É considerada área indispensável à Segurança Nacional a faixa interna de 150 Km (cento e cinquenta quilômetros) de largura, paralela à linha divisória terrestre do território nacional, que será designada como Faixa de Fronteira. **Art. 2º** Salvo com o assentimento prévio do Conselho de Segurança Nacional, será vedada, na Faixa de Fronteira, a prática dos atos referentes a: I – alienação e concessão de terras públicas, abertura de vias de transporte e instalação de meios de comunicação destinados à exploração de serviços de radiodifusão de sons ou radiodifusão de sons e imagens; II – Construção de pontes, estradas internacionais e campos de pouso; III – estabelecimento ou exploração de indústrias que interessem à Segurança Nacional, assim relacionadas em decreto do Poder Executivo. IV – instalação de empresas que se dedicarem às seguintes atividades: *a)* pesquisa, lavra, exploração e aproveitamento de recursos minerais, salvo aqueles de imediata aplicação na construção civil, assim classificados no Código de Mineração; *b)* colonização e loteamento rurais; V – transações com imóvel rural, que impliquem a obtenção, por estrangeiro, do domínio, da posse ou de qualquer direito real sobre o imóvel; VI – participação, a qualquer título, de estrangeiro, pessoa natural ou jurídica, em pessoa jurídica que seja titular de direito real sobre imóvel rural; [...]".

Zona econômica exclusiva Zona que compreende a faixa que se estende das 12 às 200 milhas marítimas contadas a partir das linhas de base que servem para medir a largura do mar territorial. Na zona econômica exclusiva, o Brasil tem direito de soberania para fins de exploração e aproveitamento, conservação e gestão dos recursos naturais, vivos ou não, das águas sobrejacentes ao leito do mar, do leito do mar e de seu subsolo, além de tudo o que se refere a outras atividades com vistas à exploração e ao aproveitamento da zona para fins econômicos (arts. 6º e 7º, Lei n. 8.617/93).

▸ Veja Lei n. 8.617/93: "**Art. 6º** A zona econômica exclusiva brasileira compreende uma faixa que se estende das doze às duzentas milhas marítimas, contadas a partir das linhas de base que servem para medir a largura do mar territorial. **Art. 7º** Na zona econômica exclusiva, o Brasil tem direitos de soberania para fins de exploração e aproveitamento, conservação e gestão dos recursos naturais, vivos ou não vivos, das águas sobrejacentes ao leito do mar, do leito do mar e seu subsolo, e no que se refere a outras atividades com vistas à exploração e ao aproveitamento da zona para fins econômicos. **Art. 8º** Na zona econômica exclusiva, o Brasil, no exercício de sua jurisdição, tem o direito exclusivo de regulamentar a investigação científica marinha, a proteção e preservação do meio marítimo, bem como a construção, operação e uso de todos os tipos de ilhas artificiais, instalações e estruturas. Parágrafo único. A investigação científica marinha na zona econômica exclusiva só poderá ser conduzida por outros Estados com o consentimento prévio do Governo brasileiro, nos termos da legislação em vigor que regula a matéria. **Art. 9º** A realização por outros Estados, na zona econômica exclusiva, de exercícios ou manobras militares, em particular as que impliquem o uso de armas ou explosivos, somente poderá ocorrer com o consentimento do Governo brasileiro. **Art. 10.** É reconhecido a todos os Estados o gozo, na zona econômica exclusiva, das liberdades de navegação e sobrevoo, bem como de outros usos do mar internacionalmente lícitos, relacionados com as referidas liberdades, tais como os ligados à operação de navios e aeronaves".

Zona eleitoral   Região geograficamente delimitada em um estado gerenciada pelo cartório eleitoral, que centraliza e coordena os eleitores ali domiciliados. Pode ser composta de mais de um município ou de parte dele. Normalmente, segue a divisão de comarcas da Justiça estadual. Circunscrição administrativa da Justiça Eleitoral.

Zona franca   Área ou região determinada de um país na qual, por medida legal, há redução ou ausência de certos impostos e tarifas, especialmente alfandegárias, como meio de incentivar seu comércio e desenvolvimento (art. 15-A, DL n. 1.455/76). As zonas francas são lugares onde o governo estimula a criação de empresas e indústrias cobrando impostos abaixo dos valores normais, além de ajudar com capital financeiro. No Brasil, existe a Zona Franca de Manaus, um centro financeiro implantado em 1967 pelo governo brasileiro com o objetivo de viabilizar uma base econômica na Amazônia e promover a melhor integração produtiva dessa região ao país, a fim de garantir a soberania estadual sobre suas fronteiras. A Zona Franca de Manaus abrange Acre, Amazonas, Rondônia, Roraima e as cidades de Macapá e Santana, no Amapá.

▶ Veja DL n. 1.455/76: "**Art. 15-A.** Poderá ser autorizada a instalação de lojas francas para a venda de mercadoria nacional ou estrangeira contra pagamento em moeda nacional ou estrangeira. § 1º A autorização mencionada no *caput* deste artigo poderá ser concedida às sedes de Municípios caracterizados como cidades gêmeas de cidades estrangeiras na linha de fronteira do Brasil, a critério da autoridade competente. § 2º A venda de mercadoria nas lojas francas previstas neste artigo somente será autorizada à pessoa física, obedecidos, no que couberem, as regras previstas no art. 15 e demais requisitos e condições estabelecidos pela autoridade competente".

Zona residencial   Parte ou região de uma cidade, assim definida pelo Plano Diretor do município, destinada a construções exclusivamente residenciais, onde são vedados a construção de prédios que excedam um número determinado de pisos e o funcionamento de estabelecimentos comerciais ou de serviços.

Zona rural   Designação de região ou área não urbanizada, ou não integrada à zona urbana, destinada a atividades de agricultura e pecuária, turismo rural, silvicultura ou conservação ambiental.

Zona urbana   Zona definida em lei municipal observando o requisito mínimo da existência de pelo menos dois melhoramentos indicados a seguir, construídos ou mantidos pelo poder público: meio-fio ou calçamento, com canalização de águas pluviais; abastecimento de água; sistema de esgotos sanitários; rede de iluminação pública, com ou sem posteamento para distribuição domiciliar; escola primária ou posto de saúde a uma distância máxima de três quilômetros do imóvel considerado (art. 32, § 1º, CTN). O IBGE define zona urbana como toda sede de município e de distrito, não levando em consideração o tamanho da cidade nem a quantidade de habitantes.

▶ Veja CTN: "**Art. 32.** O imposto, de competência dos Municípios, sobre a propriedade predial e territorial urbana tem como fato gerador a propriedade, o domínio útil ou a posse de bem imóvel por natureza ou por acessão física, como definido na lei civil, localizado na zona urbana do Município. § 1º Para os efeitos deste imposto, entende-se como zona urbana a definida em lei municipal, observado o requisito mínimo da existência de melhoramentos indicados em pelo menos dois dos incisos seguintes, construídos ou mantidos pelo Poder Público: I – meio-fio ou calçamento, com canalização de águas pluviais; II – abastecimento de água; III – sistema de esgotos sanitários; IV – rede de iluminação pública, com ou sem posteamento para distribuição domiciliar; V – escola primária ou posto de saúde a uma distância máxima de 3 (três) quilômetros do imóvel considerado. § 2º A lei municipal pode considerar urbanas as áreas urbanizáveis, ou de expansão urbana, constantes de loteamentos aprovados pelos órgãos competentes, destinados à habitação, à indústria ou ao comércio, mesmo que localizados fora das zonas definidas nos termos do parágrafo anterior".